CÓDIGO
PENAL
COMENTADO

Inclui MATERIAL SUPLEMENTAR em sua versão digital

Jurisprudência selecionada por artigo

Escaneie o *QR Code* e saiba como acessar

> *https://uqr.to/1ybi0*

ROGÉRIO GRECO

CÓDIGO
PENAL
COMENTADO

18ª edição revista, atualizada e ampliada

gen | atlas

■ Fechamento desta edição: *20.12.2024*

■ **Atendimento ao cliente: (11) 5080-0751 | faleconosco@grupogen.com.br**

■ Direitos exclusivos para a língua portuguesa
Copyright © 2025 by
Editora Atlas Ltda.
Uma editora integrante do GEN | Grupo Editorial Nacional
Travessa do Ouvidor, 11 – Térreo e 6º andar
Rio de Janeiro – RJ – 20040-040
www.grupogen.com.br

■ Capa: Joyce Matos

■ **CIP-BRASIL. CATALOGAÇÃO NA PUBLICAÇÃO**
SINDICATO NACIONAL DOS EDITORES DE LIVROS, RJ

G829c
18. ed.

Greco, Rogério
Código penal comentado / Rogério Greco. - 18. ed., rev. e atual. - Barueri [SP] :
Atlas, 2025.
1096 p. ; 25 cm.

índice remissivo
ISBN 978-65-5977-687-0

1. Direito penal - Brasil. 2. Brasil. [Código penal (1940)]. I. Título.

24-94925

CDU: 343.2(81)

Gabriela Faray Ferreira Lopes - Bibliotecária - CRB-7/6643

O Autor

Rogério Greco, ocupando, atualmente, o cargo de Secretário de Estado de Justiça e Segurança Pública de Minas Gerais, integrou o Ministério Público de Minas Gerais entre os anos de 1989 e 2019. Foi vice-presidente da Associação Mineira do Ministério Público (biênio 1997-1998) e membro do conselho consultivo daquela entidade de classe (biênio 2000-2001). É membro fundador do Instituto de Ciências Penais (ICP) e da Associação Brasileira dos Professores de Ciências Penais, e membro eleito para o Conselho Superior do Ministério Público durante os anos de 2003, 2006 e 2008; Professor do Curso de Pós-Graduação de Direito Penal da Fundação Escola Superior do Ministério Público de Minas Gerais; Pós-doutor pela Università Degli Studi di Messina (Itália); Doutor pela Universidade de Burgos (Espanha); Mestre em Ciências Penais pela Faculdade de Direito da Universidade Federal de Minas Gerais (UFMG); formado pela National Defense University (William J. Perry Center for Hemispheric Defense Studies) (Estados Unidos); especialista em Direito Penal (Teoria do Delito) pela Universidade de Salamanca (Espanha); Membro titular da banca examinadora de Direito Penal do XLVIII Concurso para Ingresso no Ministério Público de Minas Gerais; palestrante em congressos e universidades em todo o País. É autor das seguintes obras: *Direito penal* (Belo Horizonte: Cultura); *Estrutura jurídica do crime* (Belo Horizonte: Mandamentos); *Concurso de pessoas* (Belo Horizonte: Mandamentos); *Direito penal – lições* (Rio de Janeiro: Impetus); *Curso de direito penal – parte geral e parte especial* (Rio de Janeiro: Atlas); *Código Penal comentado – doutrina e jurisprudência* (Rio de Janeiro: Forense); *Atividade policial – aspectos penais, processuais penais, administrativos e constitucionais* (Rio de Janeiro: Impetus); *Vade mecum penal e processual penal* (coordenador) (Rio de Janeiro: Impetus); *A retomada do Complexo do Alemão* (Rio de Janeiro: Impetus); *Virado do avesso – um romance históricoteológico sobre a vida do apóstolo Paulo* (Rio de Janeiro: Nah-Gash); *Sistema prisional – colapso atual e soluções alternativas* (Rio de Janeiro: Impetus); *Crimes hediondos e tortura* (Rio de Janeiro: Impetus); *Terrorismo* (Rio de Janeiro: Impetus); *Organização criminosa* (Rio de Janeiro: Impetus); *Abuso de autoridade* (Salvador: JusPodivm); *Derechos humanos, crisis de la prisión y modelo de justicia penal* (Espanha: Publicia Editorial); *Direito penal estruturado* (Rio de Janeiro: Método); *Medicina legal* (Rio de Janeiro: Impetus); *Crimes hediondos e equiparados* (Rio de Janeiro: Atlas). É embaixador de Cristo.

Fale direto com o autor pelo *e-mail*:
rogerio.greco@terra.com.br

pelo Instagram:
@rogerio.greco

e pelo *site*:
www.rogeriogreco.com.br

Nota do Autor

A humanidade caminha para o fim. Os meios de comunicação divulgam, quase que diariamente, atrocidades cometidas pelo ser humano. Filhos que matam os próprios pais, violência nas ruas, tráfico de drogas financiado pelas elites, políticos corruptos que, mediante a subtração de dinheiro público, fazem com que milhares de pessoas padeçam nas filas dos hospitais, crianças não tenham merenda escolar, remédios não cheguem às farmácias.

O homem, por opção própria, resolveu afastar-se do seu Criador. O meio jurídico, principalmente, vive na sua soberba. Pessoas arrogantes acreditam, muitas vezes, que o cargo que ocupam as faz melhores do que as outras. A inteligência, o conhecimento, o reconhecimento e a sensação de autossuficiência têm o poder de nos afastar de Deus e fazer com que tenhamos vergonha da Sua Palavra.

Criamos a ilusão de que nossas teorias jurídicas conseguirão, de alguma forma, resolver os problemas pelos quais a sociedade tem passado, embora, no fundo, saibamos que somos impotentes, pois o problema da humanidade não se resolve com leis.

O problema do homem está dentro dele. Embora rico, transformou-se em um miserável, pois resolveu virar as costas para Deus. Tudo foi criado por Deus para o nosso prazer. Nós, como filhos dEle, temos direito à Sua herança. Se os homens tivessem conhecimento da grandeza e das verdades constantes da Palavra de Deus, entenderiam que Ele tem sempre o melhor reservado para nós. Isso me faz lembrar uma história de um sujeito que, ao fazer uma viagem de navio, só tinha o dinheiro exato da passagem. Como a viagem duraria sete dias, ficou encolhido em sua cabine, sem participar de nada, pois tinha vergonha da sua situação, de não poder comprar absolutamente nada. Assim, somente bebia a água que corria na torneira de seu quarto, deixando de se alimentar durante todo o período. No último dia de viagem, faminto, resolveu atrever-se a participar do banquete de despedida que estava sendo realizado. Na sua imaginação, como aquele seria o último dia, o máximo que lhe podia ocorrer se não pagasse a conta do banquete era ser repreendido pelo capitão do navio.

Assim, comeu e bebeu fartamente, pois tinha muita fome em virtude do jejum forçado por que havia passado. No final, após alimentar-se muito bem, chamou o garçom e foi logo confessando o que havia feito: "Amigo, embora tenha me alimentado abundantemente, não tenho como pagar essa refeição, pois somente tive condições de comprar o bilhete para a viagem". O garçom, ouvindo essa explicação, sorrindo, retrucou-lhe: "Não se preocupe com isso, pois todas as refeições estavam incluídas no preço da passagem, e você tinha direito ao café, ao almoço e ao jantar desde o primeiro dia".

Somos assim com Deus. Privamo-nos de tudo o que Ele tem reservado de bom para nós, simplesmente pelo fato de não O conhecermos, de não sabermos que, por causa do sacrifício de Jesus, que venceu a morte por nós, podemos agora ser chamados de filhos de Deus.

No nosso dia a dia, envolvemo-nos com tantos problemas que nos esquecemos da melhor parte, ou seja, estar na presença de Deus. Marta e Maria eram irmãs, e, no dia em que Jesus as visitou, Maria sentou-se aos pés do Senhor sem preocupar-se com mais nada e começou a ouvi-Lo. Por outro lado, Marta corria de um lado para o outro, preocupada com a refeição que seria servida naquele dia, e, vendo que sua irmã não saía de perto de Jesus, pediu-Lhe que a repreendesse, no sentido de obrigá-la a ajudá-la. No entanto, em resposta, Jesus disse-lhe: "Marta! Marta! Andas inquieta e te preocupas com muitas coisas. Entretanto, pouco é necessário ou mesmo uma só coisa; Maria, pois, escolheu a boa parte, e esta não lhe será tirada" (Lucas 10:41-42).

Jesus havia mostrado a Marta de que nada adiantava as preocupações do mundo, que Maria havia escolhido a melhor parte. Essa escolha tem um poder transformador.

Zaqueu, um cobrador de impostos, corrupto, odiado pelo seu povo, também sentiu o poder transformador de Deus. No dia em que teve a oportunidade de conhecer a Jesus, arrependido, disse: "Senhor, resolvo dar aos pobres a metade dos meus bens; e, se nalguma coisa tenho defraudado alguém, restituo quatro vezes mais" (Lucas 19:8).

O mesmo acontece conosco nos dias de hoje. Homens que têm o coração endurecido, quando têm um encontro verdadeiro com o Senhor, tornam-se amorosos; aqueles que vivem da prática de crimes já não tornam a delinquir; enfim, quando o homem se voltar novamente para Deus, a humanidade se transformará. Não haverá necessidade de leis punindo este ou aquele comportamento, pois o homem, naturalmente, terá em seu coração o desejo de não fazer o mal.

As pessoas se esqueceram de que Jesus foi crucificado para pagar o preço dos nossos pecados. Somos livres agora. É como se Ele fosse, figurativamente, o preço da passagem, a passagem para nossa libertação. No entanto, ainda vivemos presos, oprimidos, tristes, deprimidos, porque não sabemos o que temos. Jesus venceu a morte para nos dar a vida.

Jesus nos exorta a pedir a Deus aquilo de que necessitamos, pois Ele já pagou o preço. Tudo se consumou na vitória de Jesus. Nossos pecados foram perdoados; nossas doenças, curadas; nossas feridas, saradas. No capítulo 7, versículos 7 a 12, do Evangelho de Mateus, Jesus afirma:

> "Pedi, e dar-se-vos-á; buscai e achareis; batei, e abrir-se-á. Pois todo o que pede recebe; o que busca encontra; e, a quem bate, abrir-se-á. Ou qual dentre vós é o homem que, se porventura o filho lhe pedir pão, lhe dará pedra? Ou, se lhe pedir um peixe, lhe dará uma cobra? Ora, se vós, que sois maus, sabeis dar boas dádivas aos vossos filhos, quanto mais vosso Pai, que está nos céus, dará boas coisas aos que lhe pedirem? Tudo quanto, pois, quereis que os homens vos façam, assim fazei-o vós também a eles".

Embora tudo esteja à nossa disposição, Deus não nos força a nada. Tudo depende de uma decisão nossa, de nosso livre-arbítrio, ou seja, a escolha nos pertence. Podemos ficar atônitos com o nosso dia a dia, tal como Marta, ser corruptos como Zaqueu, ou descansar aos pés do nosso Senhor, como Maria (irmã de Marta).

Hoje, para entrarmos no descanso do nosso Deus, devemos entregar nossa vida a Jesus, Aquele que nos comprou com Seu sangue. Por isso, se for da sua vontade participar do banquete de Deus, de tudo aquilo que de melhor Ele tem reservado para você, faça esta oração de entrega. Se ao final concordar com o que leu, diga um Amém bem forte e experimente o poder que vem dos céus:

Senhor Jesus, eu não Te vejo, mas creio que Tu és o Filho de Deus, que morreste por mim naquele madeiro para a remissão dos meus pecados. Reconheço que Tu és o único e suficiente Salvador da minha alma. Escreve meu nome no livro da vida e dá-me a salvação eterna. Amém.

Tenho certeza de que, no dia em que a humanidade fizer a opção de retornar aos braços, ao aconchego do seu Criador, já não haverá mais necessidade do Direito Penal.

Que Deus abençoe você.

Maranata.

Rogério Greco

Sumário

Parte Geral

PARTE ESPECIAL

Código Penal

DECRETO-LEI nº 2.848, DE 7 DE DEZEMBRO DE 1940.

O PRESIDENTE DA REPÚBLICA, usando da atribuição que lhe confere o art. 180 da Constituição, decreta a seguinte Lei:

Parte Geral
Título I – Da Aplicação da Lei Penal

Anterioridade da lei
Art. 1º Não há crime sem lei anterior que o defina. Não há pena sem prévia cominação legal.

Introdução

O princípio da legalidade veio insculpido no inc. XXXIX do art. 5º da Constituição Federal, que diz: *Não há crime sem lei anterior que o defina, nem pena sem prévia cominação legal –*, redação que pouco difere daquela contida no art. 1º do Código Penal.

É o princípio da legalidade, sem dúvida alguma, um dos mais importantes do Direito Penal. Conforme se extrai do art. 1º do Código Penal, bem como do inc. XXXIX do art. 5º da Constituição Federal, não se fala na existência de crime se não houver uma lei definindo-o como tal. A lei é a única fonte do direito penal quando se quer proibir ou impor condutas sob a ameaça de sanção. Tudo o que não for expressamente proibido é lícito em direito penal. Por essa razão, Von Liszt diz que o "Código Penal é a Carta Magna do delinquente".[1]

Origem

Alguns autores atribuem a origem desse princípio à Magna Carta Inglesa, de 1215, editada ao tempo do Rei João Sem Terra, cujo art. 39 vinha assim redigido: *Art. 39. Nenhum homem livre será detido, nem preso,* nem despojado de sua propriedade, de suas liberdades ou livres usos, nem posto fora da lei, nem exilado, nem perturbado de maneira alguma; e não poderemos, nem faremos pôr a mão sobre ele, a não ser em virtude de um juízo legal de seus pares e segundo as leis do País.

No entanto, foi com a Revolução Francesa que o princípio atingiu os moldes exigidos pelo Direito Penal, conforme se pode verificar pela redação dos arts. 7º, 8º e 9º[2] da Declaração dos Direitos do Homem e do Cidadão, de 1789, o que levou Eduardo García de Enterría a afirmar que "o princípio da legalidade dos delitos e das penas, intuído pela ilustração e concretado no grande livro de Beccaria, teve sua entrada solene na história através destes artigos da Declaração".[3]

Funções

O princípio da legalidade possui quatro funções fundamentais:

1ª) proibir a retroatividade da lei penal que de alguma forma prejudique o agente (*nullum crimen nulla poena sine lege praevia*);

2ª) proibir a criação de crimes e penas pelos costumes (*nullum crimen nulla poena sine lege scripta);*

3ª) proibir o emprego de analogia para criar crimes, fundamentar ou agravar penas (*nullum crimen nulla poena sine lege stricta*);

4ª) proibir incriminações vagas e indeterminadas (*nullum crimen nulla poena sine lege certa*).

---

[1] Dissertando sobre a expressão cunhada por Von Liszt, ou seja, de que o Código Penal era a "Magna Carta do delinquente", Claus Roxin aduz que "isso significa o seguinte: que assim como em seu momento a *Magna Charta Libertatum* britânica (1215) protegia o indivíduo das intromissões arbitrárias do poder estatal, o Código Penal põe a coberto o cidadão (tanto o honrado quanto o desonrado) de todo o castigo por uma conduta que não tenha sido claramente declarada punível antes do fato" (*Derecho penal* – parte general, t. 1, p. 138).

[2] **Art. 7º** Ninguém pode ser acusado, preso ou detido senão nos casos determinados pela lei e de acordo com as formas por esta prescritas. Os que solicitam, expedem, executam ou mandam executar ordens arbitrárias devem ser punidos; mas qualquer cidadão convocado ou detido em virtude da lei deve obedecer imediatamente, caso contrário torna-se culpado de resistência. **Art. 8º** A lei apenas deve estabelecer penas estrita e evidentemente necessárias e ninguém pode ser punido senão por força de uma lei estabelecida e promulgada antes do delito e legalmente aplicada. **Art. 9º** Todo acusado é considerado inocente até ser declarado culpado e, se se julgar indispensável prendê-lo, todo o rigor desnecessário à guarda da sua pessoa deverá ser severamente reprimido pela lei.

[3] GARCÍA DE ENTERRÍA, Eduardo. *La lengua de los derechos* – la formación del derecho público europeo tras la revolución francesa, p. 158.

⚖ A Sexta Turma do STJ, seguindo a orientação do STF, adotou o entendimento de que a ausência de descrição normativa de organização criminosa, antes do advento da Lei nº 12.850/2013, conduz à atipicidade da conduta prevista no art. 1º, VII, da Lei nº 9.613/1998. A ausência de descrição normativa do conceito de organização criminosa, à época dos fatos, anteriores à Lei nº 12.850/2013, impede seu reconhecimento, não só como crime antecedente da lavagem de dinheiro mas também para caracterizar as hipóteses equiparadas, descritas nos §§ 1º e 2º do art. 1º da Lei nº 9.613/1998, em observância ao princípio da irretroatividade da lei penal, inscrito no art. 1º do CP (STJ, REsp 1.482.076/CE, Rel. Min. Nefi Cordeiro, 6ª T., *DJe* 10/04/2019).

Nesse sentido:

⚖ TJSC, AC 2012.042239-9, Rel. Des. Carlos Alberto Civinski, j. 11/06/2013.

Legalidade formal e legalidade material

A legalidade formal encontra-se ligada, diretamente, à obediência às formas exigidas para a criação do diploma legal, a exemplo do que ocorre com o procedimento necessário para a sua tramitação, *quorum* para aprovação do projeto, etc. Contudo, em um Estado Constitucional de Direito, no qual se pretenda adotar um modelo penal garantista, além da legalidade formal deve haver, também, aquela de cunho material. Devem ser obedecidas não somente as formas e procedimentos impostos pela Constituição, mas também, e principalmente, o seu conteúdo, respeitando-se suas proibições e imposições para a garantia de nossos direitos fundamentais por ela previstos. Aqui, adota-se não a *mera legalidade*, mas, sim, como preleciona Ferrajoli, um princípio de *estrita legalidade*.[4]

Vigência e validade da lei

O conceito de vigência da lei penal está para a legalidade formal assim como o conceito de validade está para a legalidade material. A lei penal formalmente editada pelo Estado pode, decorrido o período de *vacatio legis*, ser considerada em vigor. Contudo, sua vigência não é suficiente, ainda, para que possa vir a ser efetivamente aplicada. Assim, somente depois da aferição de sua validade, isto é, somente depois de conferir sua conformidade com o texto constitucional é que ela terá plena aplicabilidade, sendo considerada, portanto, válida.

Termo inicial de aplicação da lei penal

Se a lei penal vier, de alguma forma, prejudicar o agente (com a criação, por exemplo, de novas figuras típicas, causas de aumento de pena, circunstâncias agravantes etc.), seu termo inicial de aplicação será, obrigatoriamente, o do início de sua *vigência*.

No entanto, se a lei penal vier beneficiar o agente, ou seja, em caso de *lex mitior*, existe a possibilidade de ser aplicada ao caso concreto antes mesmo da sua entrada em vigor, visto que, segundo as determinações contidas no inc. XL do art. 5º da Constituição Federal e no parágrafo único do art. 2º do Código Penal, a lei posterior que de qualquer modo favorecer o agente deverá retroagir, ainda que o fato já tenha sido decidido por sentença condenatória transitada em julgado. O raciocínio que se faz, *in casu*, é no sentido de que se a lei, obrigatoriamente, terá de retroagir a fim de beneficiar o agente, por que não a aplicar antes mesmo do início da sua vigência, mediante a sua só publicação? Por economia de tempo, portanto, não se exige que se aguarde a sua vigência, podendo ser aplicada a partir da sua publicação.

Diferença entre princípio da legalidade e princípio da reserva legal

Alguns autores, a exemplo de Flávio Augusto Monteiro de Barros,[5] procuram levar a efeito uma distinção entre o princípio da legalidade e o da reserva legal. Segundo parte da doutrina, a diferença residiria no fato de que, falando-se tão somente em *princípio da legalidade,* estaríamos permitindo a adoção de quaisquer dos diplomas descritos no art. 59 da Constituição Federal (leis complementares, leis ordinárias, leis delegadas, medidas provisórias, decretos legislativos, resoluções); ao contrário, quando fazemos menção ao *princípio da reserva legal*, estamos limitando a criação legislativa, em matéria penal, tão somente às leis ordinárias – que é a regra geral – e às leis complementares.

Acreditamos que o melhor seria restringir ainda mais a possibilidade de edição de diplomas penais, ficando limitada tal possibilidade às leis complementares, tal como ocorre na Espanha, que adota as chamadas Leis Orgânicas, que lhes são equivalentes. Assim, com a exigência de um *quorum* qualificado para a sua aprovação (maioria absoluta, de acordo com o art. 69 da Constituição Federal), tentaríamos, de alguma forma, conter a "fúria do legislador", evitando a tão repugnada *inflação legislativa*.

De qualquer forma, apesar das posições em contrário, mesmo adotando-se a expressão *princípio da legalidade* em sede de Direito Penal, outro raciocínio não se pode ter a não ser permitir a criação legislativa, nessa matéria, somente por intermédio de leis ordinárias e leis complementares, como visto, razão pela qual não vemos interesse em tal distinção.

Princípio da reserva legal e princípio da tipicidade

⚖ Em Direito Penal tem exponencial relevo o princípio da reserva legal, do qual emana o princípio da tipicidade, que preconiza ser imperativo que

[4] FERRAJOLI, Luigi. *Derechos y garantías* – la ley del más débil, p. 66.

[5] BARROS, Flávio Augusto Monteiro de. *Direito penal*, p. 29-30.

a conduta reprovável se encaixe no modelo descrito na lei penal vigente na data da ação ou da omissão (STJ, REsp 300092/DF, Rel. Min. Vicente Leal, 6ª T., *DJ* 22/04/2003, p. 277).

Princípios afins

Além do princípio da legalidade, existem outros princípios considerados fundamentais para o Direito Penal. Muitos deles encontram previsão expressa na Constituição Federal, a exemplo do princípio da individualização da pena (art. 5º, inc. XLVI); outros, tal como ocorre com o princípio da culpabilidade (art. 5º, inc. LVII). Apontaremos, a seguir, alguns desses princípios fundamentais:

Princípio da intervenção mínima

O princípio da intervenção mínima, ou *ultima ratio*, é o responsável não somente pela indicação dos bens de maior relevo que merecem a especial atenção do Direito Penal,[6] mas se presta, também, a fazer com que ocorra a chamada descriminalização. Se é com base nesse princípio que os bens são selecionados para permanecer sob a tutela do Direito Penal, porque considerados como os de maior importância, também será com fundamento nele que o legislador, atento às mutações da sociedade, que com a sua evolução deixa de dar importância a bens que, no passado, eram da maior relevância, fará retirar do nosso ordenamento jurídico-penal certos tipos incriminadores.

A lei penal não deve ser invocada para atuar em hipóteses desprovidas de significação social, razão pela qual os princípios da insignificância e da intervenção mínima surgem para atuar como instrumentos de interpretação restrita do tipo penal. Entretanto, a ideia não pode ser aceita sem restrições, sob pena de o Estado dar margem a situações de perigo, na medida em que qualquer cidadão poderia se valer de tal princípio para justificar a prática de pequenos ilícitos, incentivando, por certo, condutas que atentem contra a ordem social (STJ, AgRg no AREsp 1.127.535/MG, Rel. Min. Reynaldo Soares da Fonseca, 5ª T., *DJe* 1º/06/2018).

Nesse sentido:

STJ, HC 215.522/RS, Rel. Min. Gurgel de Faria, 5ª T., *DJe* 10/11/2015; STJ, HC 189400/RS, Rel. Min. Og Fernandes, 6ª T., *DJe* 1º/08/2012; STJ, HC 201439/SP, Rel. Min. Haroldo Rodrigues, 6ª T., *DJe* 10/08/2011.

Princípio da lesividade ou da ofensividade

O princípio da lesividade ou da ofensividade, cuja origem se atribui ao período iluminista, que por intermédio do movimento de secularização procurou desfazer a confusão que havia entre o direito e a moral, possui, no escólio de Nilo Batista,[7] quatro principais funções, a saber:

a)   proibir a incriminação de uma atitude interna (pensamentos, cogitações etc.);

b)   proibir a incriminação de uma conduta que não exceda o âmbito do próprio autor;

c)   proibir a incriminação de simples estados ou condições existenciais;

d)   proibir a incriminação de condutas desviadas que não afetem qualquer bem jurídico.

O sistema jurídico há de considerar a relevantíssima circunstância de que a privação da liberdade e a restrição de direitos do indivíduo somente se justificam quando estritamente necessárias à própria proteção das pessoas, da sociedade e de outros bens jurídicos que lhes sejam essenciais, notadamente naqueles casos em que os valores penalmente tutelados se exponham a dano, efetivo ou potencial, impregnado de significativa lesividade. O Direito Penal não se deve ocupar de condutas que produzam resultado, cujo desvalor – por não importar em lesão significativa a bens jurídicos relevantes – não represente, por isso mesmo, prejuízo importante, seja ao titular do bem jurídico tutelado, seja à integridade da própria ordem social (STF, HC 98152/MG, Rel. Min. Celso de Mello, 2ª T., *DJ* 05/06/2009, p. 584).

Nesse sentido:

STF, RHC 81057/SP, Rel.ª Min.ª Ellen Gracie, 1ª T., *DJ* 09/04/2005, p. 30.

Princípio da adequação social

O princípio da adequação social, concebido por Hans Welzel, possui dupla função. Uma delas é a de restringir a abrangência do tipo penal, limitando sua interpretação e dele excluindo as condutas consideradas socialmente adequadas e aceitas pela sociedade.[8] Sua segunda função é dirigida ao legislador em duas vertentes. A primeira delas orienta o legislador quando da seleção das condutas que deseja proibir ou impor, com a finalidade de proteger os bens considerados mais importantes. Se a conduta que está na mira do legislador for considerada socialmente adequada, não poderá reprimi-la valendo-se do Direito Penal. Tal princípio serve-lhe, portanto, como norte. A segunda vertente destina-se a fazer com que o le-

---

[6] José E. Sáinz-Cantero Caparrós preleciona que "o setor punitivo somente deve ocupar-se das agressões mais intoleráveis aos bens jurídicos mais transcendentes, porque é o setor que impõe as mais traumáticas sanções" (*La codelinquencia en los delitos imprudentes en el código penal de 1995*, p. 73).

[7] BATISTA, Nilo. *Introdução crítica ao direito penal brasileiro*, p. 92-94.

[8] Merece registro a crítica de Luis Greco quando aduz que, "por sua imprecisão, a teoria da adequação social é predominantemente recusada pela doutrina. Hoje, ela parece reduzida a um *critério de interpretação*: as elementares dos tipos devem ser concretizadas de tal maneira que não abranjam fatos socialmente adequados" (Introdução. In: ROXIN, Claus. *Funcionalismo e imputação objetiva no direito penal*, p. 32-33).

gislador repense os tipos penais e retire do ordenamento jurídico a proteção sobre aqueles bens cujas condutas já se adaptaram perfeitamente à evolução da sociedade. Assim, da mesma forma que o princípio da intervenção mínima, o princípio da adequação social, nesta última função, destina-se precipuamente ao legislador, orientando-o na escolha de condutas a serem proibidas ou impostas, bem como na revogação de tipos penais.

⚖ 1. A Terceira Seção desta Corte de Justiça, ao julgar o REsp 1.193.196/MS, representativo de controvérsia, firmou-se no sentido de "considerar típica, formal e materialmente, a conduta prevista no artigo 184, § 2º, do Código Penal, afastando, assim, a aplicação do princípio da adequação social, de quem expõe à venda CD'S e DVD'S "piratas" [REsp 1.193.196/MG, Rel. Min. Maria Thereza de Assis Moura, 3ª S., *DJe* 04/12/2012]. (HC 531.030/SP, Rel. Min. Rogerio Schietti Cruz, 6ª T., julgado em 23/06/2020, *DJe* 01/07/2020).

Nesse sentido:

⚖ STJ, AgRg no REsp 1.767.921/SP, Rel. Min. Antônio Saldanha Palheiro, 6ª T., *DJe* 01/02/2019; STJ, AgRg no REsp 1.566.553/MG, Rel. Min. Ribeiro Dantas, 5ª T., *DJe* 08/05/2017; STJ, HC 336820/RS, Rel.ª Min.ª Maria Thereza de Assis Moura, 6ª T., *DJe* 11/12/2015; STJ, REsp 1435872/MG, Rel. Min. Rogério Schietti Cruz, 6ª T., *DJe* 1º/07/2014; STF, HC 120.994/SP, Rel. Min. Luiz Fux, 1ª T., *DJe* 16/05/2014.

Princípio da fragmentariedade

Conforme esclarece Muñoz Conde, "nem todas as ações que atacam bens jurídicos são proibidas pelo Direito Penal, nem tampouco todos os bens jurídicos são protegidos por ele. O Direito penal, repito mais uma vez, se limita somente a castigar as ações mais graves contra os bens jurídicos mais importantes, daí seu caráter 'fragmentário', pois de toda a gama de ações proibidas e bens jurídicos protegidos pelo ordenamento jurídico, o Direito Penal só se ocupa de uma parte, fragmentos, se bem que da maior importância".[9]

⚖ Pelo princípio da fragmentariedade, corolário dos princípios da intervenção mínima e da reserva legal, somente os bens jurídicos mais relevantes e somente as lesões mais acentuadas a esses bens jurídicos mais relevantes é que devem ser protegidas pelo Direito Penal. 4. Queixa crime rejeitada por ausência de justa causa. (Agravo Regimental na Ação Penal 933/DF, STJ, Corte Especial, unânime, Rel. Min. Benedito Gonçalves, julgado em 25/08/2020, *DJ* 31/08/2020).

Nesse sentido:

⚖ STJ, REsp 1.677.957/PR, Rel. Min. Ricardo Villas Bôas Cueva, 3ª T., *DJe* 30/04/2018; STJ, AgRg no AREsp 615.494/MS, Rel. Min. Reynaldo Soares da Fonseca, 5ª T.,

DJe 09/06/2015; TJ-RJ, AC 0127063-49.2013.8.19.0001, Rel. Des. Paulo Rangel, *DJe* 04/03/2015; STF, RHC 89624/RS, Rel.ª Min.ª Cármen Lúcia, 1ª T., *DJ* 07/12/2006, p. 511.

Princípio da insignificância (ou da bagatela)

Analisado em sede de tipicidade material, abrangida pelo conceito de tipicidade conglobante, tem a finalidade de afastar do âmbito do Direito Penal aqueles fatos que, à primeira vista, estariam compreendidos pela figura típica, mas que, dada a sua pouca ou nenhuma importância, não podem merecer a atenção do ramo mais radical do ordenamento jurídico. Os fatos praticados sob o manto da insignificância são reconhecidos como de *bagatela*.

⚖ A aplicação do princípio da insignificância, causa excludente de tipicidade material, admitida pela doutrina e pela jurisprudência em observância aos postulados da fragmentariedade e da intervenção mínima do Direito Penal, demanda o exame do preenchimento de certos requisitos objetivos e subjetivos exigidos para o seu reconhecimento, traduzidos no reduzido valor do bem tutelado e na favorabilidade das circunstâncias em que foi cometido o fato criminoso e de suas consequências jurídicas e sociais (AgRg no HC 577.257/SC – Agravo regimental no *habeas corpus* 2020/0099401-5, Rel. Min. Jorge Mussi, 5ª T., julgado em 16/06/2020, *DJe* 24/06/2020).

Nesse sentido:

⚖ STF, RHC 146.304 AgR/MS, Rel. Min. Ricardo Lewandowski, 2ª T., *DJe* 27/03/2018; STJ, HC 506.166/ES, Rel. Min. Felix Fischer, 5ª T., 1º/08/2019; STJ, HC 421.930/SC, Rel. Min. Ribeiro Dantas, 5ª T., *DJe* 16/02/2018; STJ, AgRg no AREsp 971.485/ES, Rel. Min. Jorge Mussi, 5ª T., *DJe* 07/06/2017; STJ, HC 323.311/RJ, Rel. Min. Ribeiro Dantas, 5ª T., *DJe* 03/06/2016; STJ, HC 341.187/SP, Rel. Min. Nefi Cordeiro, 6ª T., *DJe* 20/05/2016; STF, HC 133.252/MG, Rel.ª Min.ª Cármen Lúcia, 2ª T., *DJe* 08/04/2016.

Princípio da insignificância e roubo

⚖ Quanto ao pleito de reconhecido da atipicidade material da conduta imputada ao réu em razão do pequeno valor da *res furtivae*, a jurisprudência do Superior Tribunal de Justiça afasta a aplicabilidade do princípio da insignificância em crimes cometidos mediante o uso de violência ou grave ameaça, como o roubo. Precedentes (STJ, HC 395.469/SP, Rel. Min. Ribeiro Dantas, 5ª T., *DJe* 28/06/2017).

Nesse sentido:

⚖ STJ, HC 136.059/MS, Rel. Min. Rogério Schietti Cruz, 6ª T., *DJe* 18/04/2016; STJ, HC 313.640/SP, Rel. Min. Gurgel de Faria, 5ª T., *DJe* 03/03/2015.

Princípio da insignificância e bem de pequeno valor no furto

⚖ É possível a aplicação do princípio da insignificância para o agente que praticou o furto de um carri-

---

[9] MUÑOZ CONDE, Francisco. *Introducción al derecho penal*, p. 71-72.

nho de mão avaliado em R$ 20,00 (3% do salário-mínimo), mesmo ele possuindo antecedentes criminais por crimes patrimoniais (STF, RHC 174784/MS, 1ª T., Rel. Orig. Min. Marco Aurélio, Red. p/ o ac. Min. Alexandre de Moraes, julgado em 11/02/2020).

Nesse sentido:

⚖ STF, RHC 139.551/DF, Rel. Min. Ricardo Lewandowski, 2ª T., *DJe* 1º/02/2018; STJ, HC 479.412/SP, Rel. Min. Sebastião Reis Junior, 6ª T., *DJe* 13/06/2019; STJ, AgRg no REsp 1.573.100/RJ, Rel. Min. Antônio Saldanha Palheiro, 6ª T., *DJe* 09/06/2016; STF, HC 120083/SC, Rel. Min. Teori Zavascki, 2ª T., *DJe* 06/08/2014.

Princípio da Insignificância e furto qualificado

⚖ A despeito da presença de qualificadora no crime de furto possa, à primeira vista, impedir o reconhecimento da atipicidade material da conduta, a análise conjunta das circunstâncias pode demonstrar a ausência de lesividade do fato imputado, recomendando a aplicação do princípio da insignificância (STJ, HC 553.872-SP, 5ª T., Rel. Min. Reynaldo Soares da Fonseca, julgado em 11/02/2020).

Princípio da insignificância e a Lei nº 11.343/2006

⚖ O princípio da insignificância é incompatível com a prática do tráfico de drogas, pouco importando a quantidade de entorpecente. PENA – DOSIMETRIA – CIRCUNSTÂNCIAS JUDICIAIS. A valoração de circunstâncias judiciais, no que inserida na dosimetria da pena, envolve, de regra, o justo ou injusto, não encerrando ilegalidade (HC 129.489, Rel. Min. Marco Aurélio, 1ª T., julgado em 17/09/2019, *DJe* 03/10/2019).

Nesse sentido:

⚖ STJ, AgRg no REsp 1.733.645/SP, Rel. Min. Reynaldo Soares da Fonseca, 5ª T., *DJe* 15/06/2018; STJ, AgRg no REsp 1.578.209/SC, Rel.ª Min.ª Maria Thereza de Assis Moura, 6ª T., *DJe* 27/06/2016; STJ, HC 135.508/ES, Rel. Min. Rogério Schietti Cruz, 6ª T., *DJe* 21/06/2016.

Princípio da insignificância e reiteração delitiva

⚖ A existência de maus antecedentes e a reiteração no mesmo tipo de crime levaram a Quinta Turma do Superior Tribunal de Justiça (STJ) a negar *habeas corpus* que pedia a aplicação do princípio da insignificância em favor de homem que invadiu uma construção e tentou furtar uma lata de tinta avaliada em R$ 45 (STJ, HC 605.459/MG, Rel. Min. Joel Ilan Paciornik, 5ª T., *DJe* 18/02/2021).

Nesse sentido:

⚖ STF, HC 181389 AgR/SP, 2ª T., Rel. Min. Gilmar Mendes, julgado em 14/04/2020; STF, HC 119.844 AgR/MG, Rel. Min. Roberto Barroso, 1ª T., j. 29/06/2018; STJ, RHC 87.996/MG, Rel. Min. Joel Ilan Paciornik, 5ª T., *DJe* 06/10/2017; STJ, AgRg no AREsp 1.481.785/MG, Rel. Min. Reynaldo Soares da Fonseca, 5ª T., *DJe* 28/06/2019; STJ, AgRg no AREsp 1.079.760/MG, Rel. Min. Ribeiro Dantas, 5ª T., *DJe* 18/08/2017; STJ, AgRg no HC 287.397/MG, Rel. Min.

Ericson Maranho – Desembargador convocado do TJ-SP, 6ª T., *DJe* 19/04/2016; STJ, AgRg no AREsp 474296/MT, Rel.ª Min.ª Laurita Vaz, 5ª T., *DJe* 1º/08/2014.

Em sentido contrário:

⚖ (...) a reincidência e/ou a reiteração delitiva não constituem óbices intransponíveis ao reconhecimento da atipicidade material, presente a insignificância da conduta. Nesse sentido, este Supremo Tribunal tem aplicado o princípio da insignificância – ainda que configurada hipótese de reincidência – em situações nas quais fique evidenciado que a ação supostamente delituosa, embora formalmente típica, revela, em razão de sua mínima lesividade, *ausência de dano efetivo ou potencial ao patrimônio da vítima, ensejando o reconhecimento da atipicidade material da conduta, pela ausência de ofensividade ao bem jurídico tutelado pela norma penal, independente da reincidência do paciente* (HC 186.374-AgR/SP, Rel. Min. Cármen Lúcia, Segunda Turma, *DJe* 16.10.2020). (HC 176.564/SP, Rel. Min. Rose Weber, *DJe* 01/02/2021).

Nesse mesmo sentido contrário:

⚖ STJ, HC 588.860/RJ, Rel. Min. Nefi Cordeiro, 6ª T., julgado em 01/09/2020, *DJe* 17/09/2020; STJ, HC 593.652/MG, Rel. Min. Nefi Cordeiro, 6ª T., julgado em 01/09/2020, *DJe* 16/09/2020; AgRg no HC 579.593/SC, Rel. Min. Laurita Vaz, 6ª T., julgado em 01/09/2020, *DJe* 17/09/2020; STJ, HC 507.642/SC, Rel. Min. Nefi Cordeiro, 6ª T., *DJe* 12/08/2019.

Princípio da insignificância e ato infracional

⚖ O princípio da insignificância é um instrumento restritivo da tipicidade penal, pelo qual, não basta que uma conduta se ajuste formalmente ao comportamento descrito no tipo penal incriminador, também deve haver lesão ou ameaça de lesão ao bem jurídico tutelado. No caso, o Tribunal *a quo* nem sequer conheceu a questão, o que obsta o exame inaugural nesta Corte Superior. De todo modo, não se mostra possível reconhecer um reduzido grau de reprovabilidade na conduta de quem, de forma reiterada, comete vários delitos ou comete habitualmente atos infracionais (STJ, RHC 106.885/MG, Rel.ª Min.ª Laurita Vaz, 6ª T., *DJe* 25/06/2019).

Nesse sentido:

⚖ STJ, AgRg no AREsp 1.250.555/MS, Rel.ª Min.ª Maria Thereza de Assis Moura, 6ª T., *DJe* 09/04/2018; STJ, HC 292.824/SP, Rel. Min. Gurgel de Faria, 5ª T., *DJe* 05/08/2015; STJ, HC 182.441/RS, Rel.ª Min.ª Laurita Vaz, 5ª T., j. 14/06/2011, *Informativo* nº 477; STJ, HC 163349; Proc. 2010/0032032-5/RS, Rel. Min. Napoleão Nunes Maia Filho, 5ª T., *DJe* 28/06/2010.

Princípio da insignificância e crime militar

⚖ De acordo com a jurisprudência desta Corte, o princípio da insignificância não se aplica aos crimes militares. Precedentes (STJ, AgRg no AREsp 786.731/SP, Rel. Min. Reynaldo Soares da Fonseca, 5ª T., *DJe* 25/05/2016).

Nesse sentido:

⚖ STF, HC 94685/CE, Rel.ª Min.ª Ellen Gracie, j. 30/10/2008.

Princípio da Insignificância e Lei nº 10.826/2003

⚖ 1. A Sexta Turma desta Casa, alinhando-se ao Supremo Tribunal Federal, passou a admitir a aplicação do princípio da insignificância aos crimes previstos na Lei n. 10.826/2003, esclarecendo que a ínfima quantidade de munição apreendida, aliada à ausência de artefato bélico apto ao disparo, evidencia a inexistência de riscos à incolumidade pública. Precedentes. 2. A posse de substância entorpecente apreendida com outra pessoa no mesmo contexto fático não pode ser impeditivo para a aplicação do referido princípio, uma vez que tal conduta não foi atribuída ao paciente conforme se depreende da denúncia formulada, que lhe imputou somente o crime previsto no Estatuto do Desarmamento. 3. Agravo regimental desprovido (AgRg no HC 612.341/SC, Rel. Min. Antonio Saldanha Palheiro, 6ª T., julgado em 03/11/2020, *DJe* 16/11/2020).

Nesse sentido:

⚖ STJ, REsp 1.817.955, Rel. Min. Joel Ilan Paciornik, *DJe* 05/08/2019; STJ, AgInt no REsp 1.593.404/GO, Rel. Min. Nefi Cordeiro, 6ª T., *DJe* 03/04/2018; STJ, HC 358.862/RS, Rel. Min. Reynaldo Soares da Fonseca, 5ª T., *DJe* 1º/08/2016; STJ, REsp 1252964/PR, Rel.ª Min.ª Maria Thereza de Assis Moura, 6ª T., *DJe* 04/08/2014.

Princípio da insignificância e crimes ambientais

⚖ (...) II – A aplicação do princípio da insignificância, como causa de atipicidade da conduta, especialmente em se tratando de crimes ambientais, é cabível desde que presentes os seguintes requisitos: conduta minimamente ofensiva, ausência de periculosidade do agente, reduzido grau de reprovabilidade do comportamento e lesão jurídica inexpressiva. III – No caso dos autos, o delito em análise se trata da supressão de 02 troncos de árvores nativas, sem autorização do órgão ambiental competente, portanto, não demonstrada a ínfima ofensividade ao bem ambiental tutelado. Ademais, o Eg. Tribunal de origem consignou que o agravante é reincidente específico, o que impede o reconhecimento do aludido princípio. Agravo regimental desprovido (AgRg no REsp 1.850.002/MG, Rel. Min. Felix Fischer, 5ª T., julgado em 16/06/2020, *DJe* 24/06/2020).

Nesse sentido:

⚖ STJ, REsp 1.770.667/RS, Rel. Min. Nefi Cordeiro, 6ª T., *DJe* 04/04/2019; STJ, RHC 64.039/RS, Rel. Min. Ribeiro Dantas, 5ª T., *DJe* 03/06/2016.

Princípio da Insignificância e Lei nº 11.340/2006 (Lei Maria da Penha)

No que diz respeito aos crimes ou contravenções penais praticados contra mulher no âmbito das relações domésticas, o Superior Tribunal de Justiça publicou no *DJe* de 18 de setembro de 2017 a Súmula nº 589, dizendo:

⚖ **Súmula nº 589:** É inaplicável o princípio da insignificância nos crimes ou contravenções penais praticados contra a mulher no âmbito das relações domésticas.

Por outro lado, "é inaplicável o princípio da insignificância nos crimes ou contravenções penais praticados contra a mulher no âmbito das relações domésticas" (enunciado sumular 589/STJ) (...) (HC 602.745/SP, Rel. Min. Reynaldo Soares da Fonseca, 5ª T., julgado em 13/10/2020, *DJe* 20/10/2020).

Princípio da insignificância e estelionato previdenciário

⚖ (...) 2. "Não é possível a aplicação do princípio da insignificância ao crime de estelionato contra a Previdência Social independentemente dos valores obtidos indevidamente pelo agente, pois, consoante jurisprudência do STJ e do STF, em se tratando de estelionato cometido contra entidade de direito público, considera-se o alto grau de reprovabilidade da conduta do agente, que atinge a coletividade como um todo" (AgRg no AREsp 1476284/PE, Rel. Ministro Ribeiro Dantas, Quinta Turma, julgado em 25/06/2019, *DJe* 01/07/2019). (...) (AgRg no REsp 1849115/SC, Rel. Min. Nefi Cordeiro, 6ª T., j. 16/06/2020, *DJe* 23/06/2020).

Princípio da individualização da pena

Encontra-se previsto no art. 5º, inc. XLVI, da Constituição Federal, com a seguinte redação: *A lei regulará a individualização da pena*[10] *e adotará, entre outras, as seguintes: a) privação ou restrição da liberdade; b) perda de bens; c) multa; d) prestação social alternativa; e) suspensão ou interdição de direitos.* A individualização da pena deverá ocorrer nas seguintes fases: *cominação (de competência do legislador), aplicação (de competência do julgador)* e *execução* (que compete ao juiz da execução penal).

⚖ A individualização da pena é uma atividade em que o julgador está vinculado a parâmetros abstratamente cominados pela lei, sendo-lhe permitido, entretanto, atuar discricionariamente na escolha da sanção penal aplicável ao caso concreto, após o exame percuciente dos elementos do delito e em decisão motivada (STJ, AgRg no HC 504.043/SP, Rel. Min. Ribeiro Dantas, 5ª T., *DJe* 20/08/2019).

---

[10] Preleciona Bettiol que "todo direito penal moderno é orientado no sentido da individualização das medidas penais, porquanto se pretende que o tratamento penal seja totalmente voltado para características pessoais do agente a fim de que possa corresponder aos fins que se pretende alcançar com a pena ou com as medidas de segurança" (*Direito penal*, p. 336).

Nesse sentido:

⚖ STJ, HC 417.665/MG, Rel. Min. Ribeiro Dantas, 5ª T., *DJe* 1º/08/2018; STJ, MC 8902/RS, Rel. Min. Hélio Quaglia Barbosa, 6ª T., *DJ* 18/12/2006, p. 518.

Princípio da proporcionalidade

Embora remontem à Antiguidade, suas raízes somente conseguiram firmar-se durante o período iluminista, principalmente com a obra intitulada *Dos Delitos e das Penas,* de autoria do Marquês de Beccaria, cuja primeira edição veio a lume em 1764. Em seu § XLII, Cesare Bonesana concluiu que, "para não ser um ato de violência contra o cidadão, a pena deve ser, de modo essencial, pública, pronta, necessária, a menor das penas aplicável nas circunstâncias referidas, *proporcionada ao delito* e determinada pela lei". Alberto Silva Franco, dissertando sobre o princípio em tela, aduz: "O princípio da proporcionalidade exige que se faça um juízo de ponderação sobre a relação existente entre o bem que é lesionado ou posto em perigo (gravidade do fato) e o bem de que pode alguém ser privado (gravidade da pena). Toda vez que, nessa relação, houver um desequilíbrio acentuado estabelece-se, em consequência, inaceitável desproporção. O princípio da proporcionalidade rechaça, portanto, o estabelecimento de cominações legais (proporcionalidade em abstrato) e a imposição de penas (proporcionalidade em concreto) que careçam de relação valorativa com o fato cometido considerado em seu significado global. Tem, em consequência, um duplo destinatário: o Poder Legislativo (que tem de estabelecer penas proporcionadas, em abstrato, à gravidade do delito) e o juiz (as penas que os juízes impõem ao autor do delito têm de ser proporcionadas à sua concreta gravidade)."[11]

Do princípio da proporcionalidade são extraídas duas importantes vertentes, a saber: a proibição do excesso *(übermassverbot)* e a *proibição de proteção deficiente (untermassverbot).*

⚖ A ponderação das circunstâncias judiciais não constitui mera operação aritmética, em que se atribuem pesos absolutos a cada uma delas, mas sim exercício de discricionariedade vinculada, devendo o Direito pautar-se pelo princípio da proporcionalidade e, também, pelo elementar senso de justiça. Precedentes (AgRg no AREsp 1.694.215/PB, Rel. Min. Reynaldo Soares da Fonseca, 5ª T., julgado em 06/10/2020, *DJe* 13/10/2020).

Nesse sentido:

⚖ STJ, HC 449.356/RJ, Rel. Min. Reynaldo Soares da Fonseca, 5ª T., *DJe* 1º/08/2018; STJ, RHC 87.615/MG, Rel.ª

Min.ª Maria Thereza de Assis Moura, 6ª T., *DJe* 09/10/2017; STJ, EDcl no HC 170092/SP, Rel.ª Min.ª Maria Thereza de Assis Moura, 6ª T., *DJe* 21/02/2011; TJMG, Processo 1.0325.08.009178-9/001, Rel. Des. Adilson Lamounier, j. 06/07/2009.

Princípio da responsabilidade pessoal, da pessoalidade (ou intranscendência da pena)

Encontra-se previsto no art. 5º, inc. XLV, da Constituição Federal, que diz: *Nenhuma pena passará da pessoa do condenado, podendo a obrigação de reparar o dano e a decretação do perdimento de bens ser, nos termos da lei, estendidas aos sucessores e contra eles executadas, até o limite do valor do patrimônio transferido.*

Princípio da limitação das penas ou proibição da pena indigna

A Constituição Federal, visando a impedir qualquer tentativa de retrocesso quanto à cominação das penas levadas a efeito pelo legislador, preceitua, no inc. XLVII de seu art. 5º, *que não haverá penas:* a) *de morte, salvo em caso de guerra declarada, nos termos do art. 84, XIX;* b) *de caráter perpétuo;* c) *de trabalhos forçados;* d) *de banimento;* e) *cruéis.*

Princípio da culpabilidade

O princípio da culpabilidade não se encontra no rol dos chamados princípios constitucionais expressos, podendo, no entanto, ser extraído do texto constitucional, principalmente do chamado princípio da dignidade da pessoa humana.[12] Possui três sentidos fundamentais: 1) culpabilidade como elemento integrante do conceito analítico de crime; 2) culpabilidade como princípio medidor da pena; 3) culpabilidade como princípio impedidor da responsabilidade penal objetiva (responsabilidade penal sem culpa ou pelo resultado).

⚖ A remessa de valores por meio do sistema de "dólar-cabo" constitui meio normal para a consecução do delito, não configurando, por si só, fato que justifique a exasperação da pena, mormente se o réu era apenas um dos clientes da organização criminosa que se limitou a enviar recursos ao exterior, sem qualquer demonstração formal de que teria ele ciência da complexidade do esquema e que desempenhava qualquer papel de relevância na organização ou no sistema financeiro e bancário, pena de violação do princípio da culpabilidade (AgRg no REsp 1.561.308/RS, Rel. Min. Maria Thereza de Assis Moura, 6ª T., julgado em 14/08/2018, *DJe* 29/08/2018).

---

[11] SILVA FRANCO, Alberto. *Crimes hediondos*, p. 67.

[12] Olga Sánchez Martínez ainda aponta outros princípios que podem ser concebidos como fonte constitucional do princípio da culpabilidade: "Mais diversos ainda são os preceitos constitucionais aos quais se atribui o implícito reconhecimento do princípio da culpabilidade. Alguns o contemplam na ideia de dignidade da pessoa humana, outros no livre desenvolvimento da personalidade, outros no valor justiça ou na segurança jurídica, também se entende contido no princípio da legalidade e na presunção de inocência, ou na configuração do Estado como social e democrático de direito e, finalmente, no princípio da reinserção social do delinquente" (*Los principios en el derecho y la dogmática penal*, p. 85-86).

Nesse sentido:

⚖ STJ, AgInt no HC 350.918/SC, Rel. Min. Antônio Saldanha Palheiro, 6ª T., *DJe* 03/05/2016.

Princípio da dignidade da pessoa humana

Embora de difícil tradução, podemos construir um conceito de dignidade da pessoa humana entendendo-a como uma qualidade irrenunciável e inalienável, que integra a própria condição humana. É algo inerente ao ser humano, um valor que não pode ser suprimido, em virtude da sua própria natureza. Até o mais vil, o homem mais detestável, o criminoso mais frio e cruel, é portador desse valor. Podemos adotar o conceito proposto por Ingo Wolfgang Sarlet, que procurou condensar alguns dos pensamentos mais utilizados para a definição do conceito de dignidade da pessoa humana, dizendo ser "a qualidade intrínseca e distintiva de cada ser humano que o faz merecedor do mesmo respeito e consideração por parte do Estado e da comunidade, implicando, neste sentido, um complexo de direitos e deveres fundamentais que assegurem a pessoa tanto contra todo e qualquer ato de cunho degradante e desumano, como venham a lhe garantir as condições existenciais mínimas para uma vida saudável, além de propiciar e promover sua participação ativa e corresponsável nos destinos da própria existência e da vida em comunhão com os demais seres humanos".[13]

⚖ A República Federativa do Brasil, fundada, entre outros, na dignidade da pessoa humana e na cidadania, consagra como garantia "aos litigantes, em processo judicial ou administrativo, e aos acusados em geral, (...) o contraditório e ampla defesa, com os meios e recursos a ela inerentes" (art. 5º, LV, da Constituição Federal). "O devido processo legal, amparado pelos princípios da ampla defesa e do contraditório, é corolário do Estado Democrático de Direito e da dignidade da pessoa humana, pois permite o legítimo exercício da persecução penal e eventualmente a imposição de uma justa pena em face do decreto condenatório proferido", assim, "compete aos operadores do direito, no exercício das atribuições e/ou competência conferida, o dever de consagrar em cada ato processual os princípios basilares que permitem a conclusão justa e legítima de um processo, ainda que para condenar o réu" (HC 91.474/RJ, Rel. Min. Arnaldo Esteves Lima, 5ª T., *DJe* 02/08/2010) (STJ, HC 229.019/SE, Rel. Min. Ribeiro Dantas, 5ª T., *DJe* 28/06/2018).

Nesse sentido:

⚖ STJ, HC 333.606/TO, Rel. Min. Reynaldo Soares da Fonseca, 5ª T., *DJe* 23/02/2016; TJ-RJ, Ag EP 0067605-70.2014.8.19.0000, Rel. Des. Paulo Rangel, *DJe* 03/06/2015;

STF, HC 86000/PE, Rel. Min. Gilmar Mendes, 2ª T., *DJ* 02/02/2007, p. 159.

Anomia e antinomia

A anomia pode ser concebida de duas formas: em virtude da ausência de normas, ou, ainda, embora existindo essas normas, a sociedade não lhes dá o devido valor, continuando a praticar as condutas por elas proibidas como se tais normas não existissem, pois confiam na impunidade. Por mais paradoxal que possa parecer, aquilo que chamamos de *inflação legislativa*, ou seja, o número excessivo de normas, pode nos conduzir à sensação de anomia. Isto é, quanto mais normas, maior a sensação de ausência de leis, em face do sentimento de impunidade. Além disso, assevera, com precisão, Sergio Gabriel Torres que "a inflação penal gera a impossibilidade de conhecer todas as proibições e mandados existentes".[14]

Como bem observado por Ralf Dahrendorf, "o caminho para a anomia seria um caminho ao longo do qual as sanções iriam sendo progressivamente enfraquecidas. Os responsáveis deixam de aplicar as sanções; indivíduos e grupos são isentos delas. A impunidade torna-se cotidiana".[15]

Para René Ariel Dotti:

"A primeira das propostas fundamentais para reverter esse quadro de anomia que envolve o sistema criminal consiste na necessidade de se levar a frente um amplo movimento de descriminalização e despenalização. Somente por esse caminho será possível resgatar o prestígio do magistério penal que ficou profundamente abalado nas últimas décadas diante da massificação dos processos de incriminação e da consequente ineficácia das reações penais contra o delito."[16]

Antinomia, na precisa definição de Bobbio, é aquela "situação que se verifica entre duas normas incompatíveis, pertencentes ao mesmo ordenamento jurídico e tendo o mesmo âmbito de validade."[17] Se houver uma relação de contrariedade entre normas existentes num mesmo ordenamento jurídico, qual delas deverá ser aplicada? Se, por exemplo, uma norma proíbe determinado comportamento, enquanto outra, existente no mesmo ordenamento jurídico, determina que se realize aquela conduta proibida pela outra norma, qual das duas deverá ser aplicada? Com a finalidade de resolver o problema da antinomia jurídica, Bobbio propõe a aplicação dos seguintes critérios: *a)* o critério cronológico; *b)* o critério hierárquico; *c)* o critério da especialidade. Assim, de acordo com o primeiro critério, devemos verificar se houve entre as normas distância temporal, de modo que a segunda, editada posteriormente, revogue a primeira. Pelo critério hie-

[13] SARLET, Ingo Wolfgang. *Dignidade da pessoa humana e direitos fundamentais*, p. 60.

[14] TORRES, Sergio Gabriel. *Características y consecuencias del derecho penal de emergencia* – la emergencia del miedo, p. 141.

[15] DAHRENDORF, Ralf. *A lei e a ordem*, p. 30-31.

[16] DOTTI, René Ariel. *Curso de direito penal* – parte geral, p. 37-38.

[17] BOBBIO, Norberto. *Teoria do ordenamento jurídico*, p. 88.

9

rárquico e de acordo com um sistema de Constituição rígida, devemos aplicar a hierarquia das normas, segundo a visão piramidal, tendo a Constituição no seu vértice, de modo que em qualquer confronto entre, por exemplo, uma lei ordinária e a Constituição, esta deverá prevalecer. Pode acontecer, contudo, que os dois critérios anteriores não consigam resolver o problema, pois as normas foram editadas simultaneamente, bem como gozam do mesmo *status* hierárquico, a exemplo do confronto entre duas leis ordinárias. Nesse caso, poderá ser aplicado, ainda, o critério da especialidade, no qual a lei especial afastará a aplicação daquela tida como geral.

Os princípios que se propõem a resolver o conflito aparente de normas penais serão analisados a seguir.

Concurso (ou conflito) aparente de normas penais

Fala-se em concurso aparente de normas quando, para determinado fato, aparentemente, existem duas ou mais normas que poderão sobre ele incidir. Como a própria denominação sugere, o conflito existente entre normas de direito penal é meramente aparente. Se é tão somente aparente, quer dizer que, efetivamente, não há que se falar em conflito quando da aplicação de uma dessas normas ao caso concreto.

Na precisa conceituação de Frederico Marques:

"O concurso de normas tem lugar sempre que uma conduta delituosa pode enquadrar-se em diversas disposições da lei penal. Diz-se, porém, que esse conflito é tão só aparente, porque se duas ou mais disposições se mostram aplicáveis a um dado caso, só uma dessas normas, na realidade, é que o disciplina."[18]

O conflito, porque aparente, deverá ser resolvido com a análise dos seguintes princípios:

a) princípio da especialidade;
b) princípio da subsidiariedade;
c) princípio da consunção;
d) princípio da alternatividade.

O princípio da consunção é aplicável quando há uma sucessão de condutas com existência de um nexo de dependência, no qual exsurge a ausência de desígnios autônomos, e há uma relação de *minus* e *plus*, de todo e parte, de inteiro e fração (STJ, AgRg no AREsp 1.565.430/GO, Rel. Min. Nefi Cordeiro, 6ª T., julgado em 18/02/2020, *DJe* 21/02/2020).

Nesse sentido:

RHC 130.332/DF, Rel. Min. Nefi Cordeiro, 6ª T., julgado em 15/09/2020, *DJe* 23/09/2020.

Dez axiomas do garantismo penal

A teoria garantista penal, desenvolvida por Ferrajoli,[19] tem sua base fincada em dez axiomas, ou seja, em dez máximas que dão suporte a todo o seu raciocínio. São eles:

1. *Nulla poena sine crimine;*
2. *Nullum crimen sine lege;*
3. *Nulla lex (poenalis) sine necessitate;*
4. *Nulla necessitas sine injuria;*
5. *Nulla injuria sine actione;*
6. *Nulla actio sine culpa;*
7. *Nulla culpa sine judicio;*
8. *Nullum judicium sine accusatione;*
9. *Nulla accusatio sine probatione;*
10. *Nulla probatio sine defensione.*

Por intermédio do primeiro brocardo – *nulla poena sine crimine* –, entende-se que somente será possível a aplicação de pena quando houver, efetivamente, a prática de determinada infração penal, que, a seu turno, também deverá estar expressamente prevista na lei penal – *nullum crimen sine lege.* A lei penal somente poderá proibir ou impor comportamentos, sob a ameaça de sanção, se houver absoluta necessidade de proteger determinados bens, tidos como fundamentais ao nosso convívio em sociedade, em atenção ao chamado direito penal mínimo – *nulla lex (poenalis) sine necessitate.* As condutas tipificadas pela lei penal devem, obrigatoriamente, ultrapassar a pessoa do agente, isto é, não poderão se restringir à sua esfera pessoal, à sua intimidade, ou ao seu particular modo de ser, somente havendo possibilidade de proibição de comportamentos quando estes vierem a atingir bens de terceiros – *nulla necessitas sine injuria* –, exteriorizados mediante uma ação – *nulla injuria sine actione* –, sendo que, ainda, somente as ações culpáveis poderão ser reprovadas – *nulla actio sine culpa.*

Os demais brocardos garantistas erigidos por Ferrajoli apontam para a necessidade de adoção de um sistema nitidamente acusatório, com a presença de um juiz imparcial e competente para o julgamento da causa – *nulla culpa sine judicio* – que não se confunda com o órgão de acusação – *nullum judicium sine accusatione.* Fica, ainda, a cargo deste último o ônus probatório, que não poderá ser transferido para o acusado da prática de determinada infração penal – *nulla accusatio sine probatione* –, devendo ser-lhe assegurada a ampla defesa, com todos os recursos a ela inerentes – *nulla probatio sine defensione.*

Garantismo hiperbólico e monocular *versus* garantismo integral

Infelizmente, a teoria garantista ganhou uma visão equivocada no Brasil. A sociedade, para um determinado segmento doutrinário tido como garantista, é sempre reconhecida como o algoz, impulsionador da criminalidade, sendo o autor da infração tratado como se fora vítima dessa mesma sociedade.

Os réus são sempre considerados os mais vulneráveis, diante de um Estado "opressor". São sempre a parte mais frágil, mais débil. Esquecem-se, contudo, completamente alheios à realidade, que a sociedade não

---

[18] MARQUES, José Frederico. *Tratado de direito penal*, v. II, p. 457.
[19] FERRAJOLI, Luigi. *Direito e razão*, p. 74-75.

somente precisa, como também merece ser protegida, principalmente diante de uma nova criminalidade, oculta, mas terrivelmente cruel, como ocorre com os chamados crimes do colarinho branco, praticados, normalmente, por agentes de classe média, média alta e alta, que sempre gozaram do benefício da impunidade. Surge, assim, por conta desse raciocínio completamente equivocado, o chamado garantismo hiperbólico e monocular.

Dissertando sobre o tema, Douglas Fischer, com precisão, esclarece:

"Têm-se encontrado reiteradas manifestações doutrinárias e jurisprudenciais em que há simples *referência* aos ditames do *garantismo penal* ou da *doutrina de garantias*, sem que se veja nelas a assimilação, na essência, de qual a extensão e quais os critérios da aplicação das bases teóricas invocadas. Em muitas situações, ainda, há (pelo menos alguma) distorção dos reais pilares fundantes da doutrina de Luigi Ferrajoli (*quiçá pela compreensão não integral de seus postulados*). Daí que falamos, em nossa crítica, que se tem difundido um *garantismo penal* unicamente *monocular* e *hiperbólico*; evidencia-se desproporcionalmente e de forma *isolada* (monocular) a necessidade de proteção *apenas dos direitos fundamentais individuais* dos cidadãos que se veem investigados, processados ou condenados"[20].

Com a finalidade de corrigir essas distorções, Douglas Fischer, de forma magistral, propõe o estudo e aplicação daquilo que convencionou denominar *garantismo integral*. Segundo o renomado autor, isso significa:

"Que a compreensão e a defesa dos ordenamentos penal e processual penal também reclamam uma interpretação sistemática (por isso *integral*) dos princípios, das regras e dos valores constitucionais para tentar justificar que, a partir da Constituição Federal de 1988 (...), há também *novos paradigmas* influentes *também* (ao que interesse precipuamente aqui) em matéria penal e processual penal. Diante de uma Constituição que preveja, explícita ou implicitamente, a necessidade de proteção de bens jurídicos (individuais e coletivos) e de proteção *ativa* dos interesses da sociedade e dos investigados e/ou processados, incumbe o dever de se visualizar os contornos *integrais* do sistema garantista"[21].

Deve-se proteger e assegurar a aplicação, portanto, não somente dos direitos fundamentais individuais, ou seja, correspondentes àquele que, supostamente, praticou a infração penal, como também proteger os bens jurídicos que permitem que tenhamos uma vida regular, segura e pacífica em sociedade. Todos, portanto, merecem essa proteção e reconhecimento por parte do Estado, razão pela qual fala-se, corretamente, em *garantismo integral*.

> **Lei penal no tempo**
> **Art. 2º** Ninguém pode ser punido por fato que lei posterior deixa de considerar crime, cessando em virtude dela a execução e os efeitos penais da sentença condenatória.
> **Parágrafo único.** A lei posterior, que de qualquer modo favorecer o agente, aplica-se aos fatos anteriores, ainda que decididos por sentença condenatória transitada em julgado.

Introdução

A regra geral, trazida no próprio texto da Constituição Federal, é a da irretroatividade *in pejus*, ou seja, a da absoluta impossibilidade de a lei penal retroagir para, de qualquer modo, prejudicar o agente; a exceção é a retroatividade *in mellius*, quando a lei vier, também, de qualquer modo, favorecê-lo, conforme se dessume do inc. XL de seu art. 5º, assim redigido: *A lei penal não retroagirá, salvo para beneficiar o réu.*

Princípio da extra-atividade da lei penal

Extra-atividade é a capacidade que tem a lei penal de se movimentar no tempo regulando fatos ocorridos durante a sua vigência, mesmo depois de ter sido revogada, ou de retroagir no tempo, a fim de regular situações ocorridas anteriormente à sua vigência, desde que benéficas ao agente. Temos, portanto, a extra-atividade como gênero, de onde seriam espécies a *ultra-atividade* e a *retroatividade*.

Ultra-atividade

Fala-se em ultra-atividade quando a lei, mesmo depois de revogada, continua a regular os fatos ocorridos durante a sua vigência, porque mais benéfica ao agente.

Não se conhece de *abolitio criminis* quando, na sucessão de leis penais, inexiste a descontinuidade normativa-típica. A *abolitio criminis* ocorre quando não há previsão, na *novatio legis*, da hipótese tratada – afastada, pois, do campo penal – na lei anterior. Caso contrário, sendo esta apenas mais benéfica, persiste a incriminação até pela via da ultra-atividade da *lex mitior* (STJ, AgRg no REsp 1.408.507/PR, Rel. Min. Felix Fischer, 5ª T., *DJe* 20/09/2017).

Nesse sentido:

STF, HC 100882/SP, Rel. Min. Ricardo Lewandowski, 1ª T., *DJe* 25/06/2010, p. 45; STJ, HC 124598/SP, Rel. Min. Felix Fischer, 5ª T., *DJe* 22/06/2009; STJ, HC 46083/GO, Rel.ª Min.ª Laurita Vaz, 5ª T., *DJ* 05/02/2007, p. 268.

Retroatividade

É a possibilidade conferida à lei penal de retroagir no tempo, a fim de regular os fatos ocorridos anterior-

---

[20] FISCHER, Douglas. O que é garantismo (penal) integral? *In*: FISCHER, Douglas *et al.* (Org.). *Garantismo penal integral* – questões penais e processuais, criminalidade moderna e aplicação do modelo garantista no Brasil, p. 69.

[21] FISCHER, Douglas. O que é garantismo (penal) integral? *In*: FISCHER, Douglas *et al.* (Org.). *Garantismo penal integral* – questões penais e processuais, criminalidade moderna e aplicação do modelo garantista no Brasil, p. 69.

mente à sua entrada em vigor, desde que benéfica ao agente.

⚖ A majorante do uso de arma branca, *in casu*, faca, utilizada pelo agente no crime de roubo, etiquetada no art. 157, § 2º, inciso I, do Código Penal, foi abolida do *ordenamento jurídico com o advento da Lei nº 13.654/2018. Assim, por constituir hipótese de novatio legis in mellius*, tem aplicação aos fatos pretéritos (STJ, AgRg no AREsp 1.415.167/PI, Rel.ª Min.ª Laurita Vaz, 6ª T., *DJe* 05/06/2019).

Nesse sentido:

⚖ STJ, HC 449.410/SP, Rel. Min. Ribeiro Dantas, 5ª T., *DJe* 1º/08/2018; STJ, AgRg no HC 252.144/SP, Rel. Min. Nefi Cordeiro, 6ª T., *DJe* 13/03/2017; STJ, AgRg no REsp 1.534.688/SP, Rel.ª Min.ª Maria Thereza de Assis Moura, 6ª T., *DJe* 28/03/2016; STJ, HC 253963/RS, Rel.ª Min.ª Laurita Vaz, 5ª T., *DJe* 26/03/2014; STJ, HC 123413/RJ, Rel. Min. Jorge Mussi, 5ª T., *DJe* 06/04/2009; STJ, HC 59777/SP, Rel. Min. Gilson Dipp, 5ª T., *DJ* 06/10/2006, p. 407.

Novatio legis in mellius

De acordo com o parágrafo único do art. 2º do Código Penal, a lei posterior, que de qualquer modo favorecer o agente, aplica-se aos fatos anteriores, ainda que decididos por sentença condenatória transitada em julgado. A *novatio legis in mellius* será sempre, portanto, retroativa, sendo aplicada aos fatos ocorridos anteriormente à sua vigência, ainda que tenham sido decididos por sentença condenatória já transitada em julgado. Se, por exemplo, surgir uma lei nova reduzindo a pena mínima de determinada infração penal, deve aquela que foi aplicada ao agente ser reduzida a fim de atender aos novos limites,[22] mesmo que a sentença que o condenou já tenha transitado em julgado. Só não terá aplicação a lei nova, no exemplo fornecido, se o agente já tiver cumprido a pena que lhe fora imposta.

⚖ 1. Esta Corte – HC 535.063/SP, Terceira Seção, Rel. Ministro Sebastião Reis Junior, julgado em 10/06/2020 – e o Supremo Tribunal Federal – AgRg no HC 180.365, Primeira Turma, Rel. Min. Rosa Weber, julgado em 27/03/2020; AgR no HC 147.210, Segunda Turma, Rel. Min. Edson Fachin, julgado em 30/10/2018 –, pacificaram orientação no sentido de que não cabe *habeas corpus* substitutivo do recurso legalmente previsto para a hipótese, impondo-se o não conhecimento da impetração, salvo quando constatada a existência de flagrante ilegalidade no ato judicial impugnado. 2. Esta Corte Superior firmou entendimento no sentido de que os delitos de porte ou posse de arma de fogo, acessório ou munição, possuem natureza de crime de perigo abstrato, tendo como objeto jurídico a segurança coletiva, não se exigindo comprovação da potencialidade lesiva do armamento, prescindindo, portanto, de exame pericial. 3. Não se identifica flagrante ilegalidade no acórdão impugnado sendo incabível o pleito de absolvição ao fundamento de atipicidade da conduta, já que a tese defensiva não encontra amparo na jurisprudência do STJ, segundo a qual os delitos tipificados no Estatuto do desarmamento de posse e porte ilegal de armas possuem natureza de crime de perigo abstrato. Além disso, não houve perícia atestando a absoluta inidoneidade da arma, fato esse que não pode ser modificado nesta estreita via do habeas corpus. 4. Não se vislumbra ilegalidade pelo fato de a denúncia ter subsumido a conduta ao artigo 16, parágrafo único, inciso IV, da Lei n. 10.826/2003 e a condenação ter se dado pelo caput do art. 14 do mesmo diploma legal. Trata-se, pois, de aplicação do instituto da *emendatio libelli*, vez que não houve modificação quanto ao fato descrito na exordial acusatória. De fato, como na hipótese dos autos, o magistrado pode dar nova classificação jurídica ao fato definido na denúncia ao prolatar a sentença (*emendatio libelli*), prescindindo de aditamento da peça exordial ou mesmo de abertura de prazo para a defesa se manifestar, já que o réu se defende dos fatos narrados pela acusação e não dos dispositivos de lei indicados. 5. Nos termos da jurisprudência desta Corte, "a *emendatio libelli* pode ser aplicada em segundo grau, desde que nos limites do art.617 do Código de Processo Penal, que proíbe a *reformatio in pejus* (HC n. 247.252/PR, Rel. Ministro JORGE MUSSI, Quinta Turma, DJe 25/3/2014). 6. Por força dos Decretos 9.785/2019 e 9.847/2019, o armamento apreendido possui calibre .40, que passou a ser considerado como de uso permitido após alteração normativa. Nesse passo, conforme o reconhecido no parecer ministerial, "a norma penal posterior deve incidir de forma imediata a fatos anteriores, mesmo que decididos por sentença transitada em julgado, quando favorecer de qualquer modo o agente, em harmonia com o princípio constitucional da retroatividade da lei penal mais benigna inserto no artigo 5º, inciso XL, da CF/88 e artigo 2º, parágrafo único, do CP" (e-STJ, fl.61). 7. O tempo transcorrido após o cumprimento ou extinção da pena não opera efeitos quanto à validade da condenação anterior, para fins de valoração negativa dos antecedentes, como circunstância judicial desfavorável. Isso porque o Código Penal adotou o sistema da perpetuidade, haja vista que o legislador não limitou temporalmente a configuração dos maus antecedentes ao período depurador quinquenal, ao contrário do que se verifica na reincidência (CP, art. 64, I), hipótese em que vigora o sistema da temporariedade. Não houve, pois, ilegalidade na valoração dos antecedentes na pena-base. 8. *Writ* não conhecido." (HC 602.237/SP, Rel. Min. Ribeiro Dantas, 5ª T., julgado em 03/11/2020, *DJe* 12/11/2020).

---

[22] Estamos partindo do princípio de que ao agente foi aplicada a pena mínima relativa àquela infração penal que teve sua pena diminuída.

Novatio legis in pejus

Se a lei posterior à prática do fato vier, de alguma forma, prejudicar o agente, prevalecerá a regra absoluta da irretroatividade, nos termos do art. 5º, inc. XL, da Constituição Federal, que diz que *a lei penal não retroagirá, salvo para beneficiar o réu*.

Novatio legis in pejus e crimes permanentes e continuados

Aplica-se a Súmula nº 711 do STF, que diz: *A lei penal mais grave aplica-se ao crime continuado ou ao crime permanente, se a sua vigência é anterior à cessação da continuidade ou da permanência.*

Abolitio criminis

Encontra-se prevista no *caput* do art. 2º do Código Penal, que diz que *ninguém pode ser punido por fato que lei posterior deixa de considerar crime, cessando em virtude dela a execução e os efeitos penais da sentença condenatória.*

⚖ O delito foi praticado com emprego de arma branca, situação não mais abrangida pela majorante do roubo, cujo dispositivo de regência foi recentemente modificado pela Lei nº 13.654/2018, que revogou o inciso I do § 2º do art. 157 do Código Penal. Diante da *abolitio criminis* promovida pela lei mencionada e tendo em vista o disposto no art. 5º, XL, da Constituição Federal, de rigor a aplicação da *novatio legis in mellius*, excluindo-se a causa de aumento do cálculo dosimétrico (STJ, AgRg no REsp 1.805.794/DF, Rel. Min. Jorge Mussi, 5ª T., *DJe* 07/06/2019).

Nesse sentido:

⚖ STJ, AgRg no REsp 1.481.399/DF, Rel. Min. Nefi Cordeiro, 6ª T., *DJe* 04/10/2017.

Descriminalização

A ocorrência da *abolitio criminis* conduz à chamada descriminalização, ou seja, o fato que anteriormente era considerado como uma infração penal passa a ser considerado como um *indiferente penal*.

⚖ 1. A conduta prevista no artigo 28 da Lei n. 11.343/2006 não foi descriminalizada, mas apenas despenalizada pela nova Lei de Drogas. Assim, em princípio, não tendo havido a *abolitio criminis*, a prática do crime descrito no artigo 28 da Lei n. 11.343/2006 tem aptidão de gerar os mesmos efeitos secundários que uma condenação por qualquer outro crime gera, como a reincidência e a revogação obrigatória da suspensão condicional do processo, como previsto no artigo 89, § 3º, da Lei n. 9.099/1995. Todavia, importantes ponderações no âmbito desta Corte Superior têm sido feitas no que diz respeito aos efeitos que uma condenação por tal delito pode gerar (REsp 1795962/SP, Rel. Min. Ribeiro Dantas, Quinta Turma, *DJe* 26/03/2020). 2. Em recente julgado deste Tribunal entendeu-se que "em face dos questionamentos acerca da proporcionalidade do direito penal para o controle do consumo de drogas em prejuízo de outras medidas de natureza extrapenal relacionadas às políticas de redução de danos, eventualmente até mais severas para a contenção do consumo do que aquelas previstas atualmente, o prévio apenamento por porte de droga para consumo próprio, nos termos do artigo 28 da Lei de Drogas, não deve constituir causa geradora de reincidência (REsp 1.672.654/SP, Rel. Ministra Maria Thereza de Assis Moura, Sexta Turma, julgado em 21/08/2018, *DJe* 30/08/2018). Outrossim, vem-se entendendo que a prévia condenação pela prática da conduta descrita no art. 28 da Lei n.11.343/2006, justamente por não configurar a reincidência, não pode obstar, por si só, a concessão de benefícios como a incidência da causa de redução de pena prevista no § 4º do art. 33 da mesma lei ou a substituição da pena privativa de liberdade por restritivas de direitos (REsp 1795962/SP, Rel. Min. Ribeiro Dantas, Quinta Turma, *DJe* 26/03/2020). 3. O principal fundamento para este entendimento toma por base uma comparação entre o delito do artigo 28 da Lei de Drogas e a contravenção penal, concluindo-se que, uma vez que a contravenção penal (punível com pena de prisão simples) não configura a reincidência, revela-se desproporcional considerar, para fins de reincidência, o prévio apenamento por posse de droga para consumo próprio (que, embora seja crime, é punido apenas com advertência sobre os efeitos das drogas, prestação de serviços à comunidade e medida educativa de comparecimento a programa ou curso educativo, ou seja, medidas mais amenas) (REsp 1.795.962/SP, Rel. Min. Ribeiro Dantas, Quinta Turma, *DJe* 26/03/2020). 4. Agravo regimental desprovido (AgRg no REsp 1.845.722/SP, Rel. Min. Joel Ilan Paciornik, 5ª T., julgado em 04/08/2020, *DJe* 13/08/2020).

Nesse sentido:

⚖ STJ, AgRg no REsp 1.778.346/SP, Rel. Min. Sebastião Reis Junior, 6ª T., *DJe* 03/05/2019; STJ, HC 422.310/DF, Rel.ª Min.ª Maria Thereza de Assis Moura, 6ª T., *DJe* 11/05/2018; STJ, HC 339.592/SP, Rel. Min. Ribeiro Dantas, 5ª T., *DJe* 15/04/2016; STF, HC 94397/BA, Rel. Min. Cezar Peluso, 2ª T., *DJe* 23/04/2010, p. 57; STF, Inq 2584/SP, Rel. Min. Carlos Britto, Tribunal Pleno, *DJ* 05/06/2009.

Natureza jurídica da abolitio criminis

É considerada uma causa de extinção da punibilidade, prevista no art. 107, III, do Código Penal.

Efeitos da abolitio criminis

Além de conduzir à extinção da punibilidade, a *abolitio criminis* faz cessar todos os efeitos *penais* da sentença condenatória, permanecendo, contudo, seus efeitos *civis*. Extrai-se do *caput* do art. 2º do Código Penal que, havendo a descriminalização e uma vez cessados os efeitos penais da sentença condenatória, deverá ser providenciada a retirada do nome do agente do rol dos culpados, não podendo a sua condenação ser considerada para fins de reincidência ou mesmo antecedentes penais. Os efeitos civis, ao contrário, não serão atingidos pela *abolitio criminis*. Sabe-se que com a sentença penal condenatória transitada em julgado forma-se, para a vítima da infração penal, um título executivo de natureza judicial, nos termos do inciso VI do art. 515 do Código de Processo Civil (Lei nº 13.105, de 16 de março de 2015) e do art. 63, parágrafo único, do Código de Processo Penal. Se houver o trânsito em julgado da condenação penal do agente, a vítima não necessita ingressar em juízo com uma ação de conhecimento visando à reparação dos prejuízos por ela experimentados. Não precisará discutir o chamado *an debeatur* (deve-se?), mas, agora, após o trânsito em julgado da sentença penal condenatória, somente procurará apurar o *quantum debeatur* (quanto se deve?), independentemente do valor já nela fixado pelo juiz, nos termos do art. 387, IV, do Código de Processo Penal, com a redação que lhe foi dada pela Lei nº 11.719, de 20 de junho de 2008. Esse título executivo judicial que é dado à vítima, sendo um efeito civil da sentença penal condenatória, será mantido mesmo que ocorra a *abolitio criminis*.

⚖ Extrai-se dos autos que o delito foi praticado com emprego de arma branca, situação não mais abrangida pela majorante do roubo, cujo dispositivo de regência foi recentemente modificado pela Lei nº 13.654/2018, que revogou o inciso I do § 2º do art. 157 do Código Penal. Diante da *abolitio criminis* promovida pela lei mencionada e tendo em vista o disposto no art. 5º, XL, da Constituição Federal, de rigor a aplicação da *novatio legis in mellius*, excluindo-se a causa de aumento do cálculo dosimétrico. Agravo regimental não provido. Ordem de *habeas corpus* concedida de ofício para afastar a causa especial de aumento de pena prevista no art. 157, § 2º, I, do Código Penal e redimensionar a pena do agravante, nos termos detalhados no voto, estendendo os efeitos ao corréu, conforme o art. 580 do Código de Processo Penal (STJ, AgRg no AREsp 1.238.681/ES, Rel. Min. Jorge Mussi, 5ª T., *DJe* 1º/08/2018).

Nesse sentido:

⚖ STJ, HC 181.204/SP, Rel. Min. Rogério Schietti Cruz, 6ª T., *DJe* 29/06/2016; STJ, HC 130234/RJ, Rel.ª Min.ª Laurita Vaz, 5ª T., *DJe* 15/06/2009.

Abolitio criminis temporalis

Tem-se entendido por *abolitio criminis temporalis*, ou suspensão da tipicidade, a situação na qual a aplicação de determinado tipo penal encontra-se temporariamente suspensa, não permitindo, consequentemente, a punição do agente que pratica o comportamento típico durante o prazo da suspensão. Veja-se, por exemplo, o que ocorreu com a posse irregular de arma de fogo de uso permitido, prevista pelo art. 12 do Estatuto do Desarmamento (Lei nº 10.826/2003). O art. 30 do mesmo diploma legal, com a nova redação que lhe foi dada pela Lei nº 11.706, de

16 de junho de 2008, determinou que *os possuidores e proprietários de arma de fogo de uso permitido ainda não registrada deverão solicitar seu registro até o dia 31 de dezembro de 2008, mediante apresentação de documento de identificação pessoal e comprovante de residência fixa, acompanhados de nota fiscal de compra ou comprovação da origem lícita da posse, pelos meios de prova admitidos em direito, ou declaração firmada na qual constem as características da arma e a sua condição de proprietário, ficando este dispensado do pagamento de taxas e do cumprimento das demais exigências constantes dos incs. I a III do caput do art. 4º desta Lei.*

A Lei nº 11.922, de 13 de abril de 2009, em seu art. 20, prorrogou para 31 de dezembro de 2009 os prazos de que tratam o § 3º do art. 5º e o art. 30, ambos da Lei nº 10.826, de 22 de dezembro de 2003.

O Superior Tribunal de Justiça, em 11 de junho de 2014, editou a Súmula nº 513, com seguinte enunciado:

⚖ **Súmula nº 513**: A abolitio criminis *temporária prevista na Lei nº 10.826/2003 aplica-se ao crime de posse de arma de fogo de uso permitido com numeração, marca ou qualquer outro sinal de identificação raspado, suprimido ou adulterado, praticado somente até 23/10/2005.*

⚖ A Terceira Seção desta Corte Superior, no julgamento do REsp 1.311.408/RN, Rel. Min. Sebastião Reis Júnior, julgado em 13/03/2013, *DJe* 20/05/2013, firmou posicionamento no sentido de que a *abolitio criminis* temporária prevista na Lei 10.826/2003 aplica-se ao crime de posse de arma de fogo de uso permitido com numeração, marca ou qualquer outro sinal de identificação raspado, suprimido ou adulterado, praticado somente até 23/10/2005. Incidência da Súmula 513/STJ (AgRg no REsp 1.853.865/SP, Rel. Min. Reynaldo Soares da Fonseca, 5ª T., julgado em 16/06/2020, *DJe* 23/06/2020).

Nesse sentido:

⚖ STJ, AgRg no REsp 1.451.170/DF, Rel. Min. Joel Ilan Paciornik, 5ª T., *DJe* 29/06/2018; STJ, HC 339.378/RS, Rel. Min. Felix Fischer, 5ª T., *DJe* 1º/08/2016; STJ, HC 290.765/SP, Rel. Min. Ribeiro Dantas, 5ª T., *DJe* 21/06/2016.

Abolitio criminis e princípio da continuidade normativo-típica

Pode ocorrer que determinado tipo penal incriminador seja expressamente revogado, mas seus elementos venham a migrar para outro tipo penal já existente, ou mesmo criado por uma nova lei. Nesses casos, embora aparentemente tenha havido a abolição da figura típica, temos aquilo que se denomina de *continuidade normativo-típica*.

Não ocorrerá, portanto, a *abolitio criminis*, mas sim a permanência da conduta anteriormente incriminada, só que constante de outro tipo penal. A título de exemplo, podemos citar o que ocorreu com o revogado art. 12 da Lei nº 6.368/76, cujos elementos foram abrangidos pela atual figura típica constante do art. 33 da Lei nº 11.343/2006. Também podemos raciocinar com o revogado delito de atentado violento ao pudor, onde seus elementos migraram para a nova figura típica constante do art. 213 do Código Penal, com a redação que lhe foi conferida pela Lei nº 12.015, de 7 de agosto de 2009.

No mesmo sentido, reconhecendo o princípio da continuidade normativo-típica, já decidiram o STJ e o STF:

📎 1. Conforme entendimento desta Corte Superior, não houve ocorrência de *abolitio criminis* com relação à conduta imputada ao recorrido (art. 125, XIII, da Lei nº 6.815/1980, revogada pela Lei nº 13.445/2017). Isso porque, apesar da ab-rogação do Estatuto do Estrangeiro, a atitude permanece sendo crime, porquanto prevista no art. 299 do Código Penal (falsidade ideológica), devendo ser observado o princípio da continuidade normativa. Precedentes. 2. Agravo regimental não provido (AgRg no HC 434.541/SP, Rel. Min. Ribeiro Dantas, 5ª T., julgado em 28/04/2020, *DJe* 05/05/2020).

Nesse sentido:

📎 STJ, HC 333.694/SP, Rel. Min. Jorge Mussi, 5ª T., *DJe* 16/03/2016; STJ, REsp 1.492.642/RS, Rel. Min. Sebastião Reis Junior, 6ª T., *DJe* 15/06/2015; STJ, AgRg no HC 299.865/SP, Rel. Min. Walter de Almeida Guilherme, Desembargador convocado do TJ-SP, 5ª T., *DJe* 02/02/2015; STJ, HC 253963/RS, Rel.ª Min.ª Laurita Vaz, 5ª T., *DJe* 26/03/2014; STF, 88144/SP, 2ª T., Rel. Min. Eros Grau, j. 04/04/2006.

Sucessão de leis no tempo

Ocorre quando várias leis se sucedem regulando a mesma matéria.

Lei intermediária

É aquela que, levando-se em consideração a sucessão de leis no tempo, se encontra entre a lei que estava em vigor na data do fato e aquela que se encontrava vigente na data da sentença.

Sucessão de complementos da norma penal em branco

Pode ocorrer que a sucessão não seja, especificamente, da norma penal em branco em si, mas sim do complemento que a faz ser compreendida, para que possa ser aplicada ao caso concreto.

Como dissemos anteriormente, a norma penal em branco pode ser subdividida em: *a)* homogênea, em sentido amplo ou homóloga, isto é, aquela cujo complemento provém da mesma fonte legislativa; ou *b)* heterogênea, em sentido estrito ou heteróloga, cujo complemento é oriundo de fonte legislativa diversa. Assim, se houver sucessão de complemento da norma penal em branco, favorável ao agente, poderá ser

levado a efeito o raciocínio correspondente à retroatividade benéfica? A doutrina se divide com relação a essa possibilidade.

Rogério Sanches Cunha, com perfeição, resume as diversas posições doutrinárias, apontando quatro correntes, a saber:

"*1ª corrente*: Paulo José da Costa Júnior ensina que a alteração do complemento da norma penal em branco *deve sempre retroagir, desde que mais benéfica ao acusado,* tendo em vista o mandamento constitucional (a lei posterior, que de qualquer modo favorecer o agente, aplica-se aos fatos anteriores) e o direito de liberdade do cidadão.

2ª corrente: em sentido contrário, Frederico Marques entende que a alteração da norma complementadora, mesmo que benéfica, *terá efeitos irretroativos,* por não admitir a revogação das normas em consequência da revogação de seus complementos.

3ª corrente: Mirabete, por sua vez, ensina que *só tem importância a variação da norma complementar na aplicação retroativa da lei penal em branco quando esta provoca uma real modificação da figura abstrata do direito penal,* e não quando importe a mera modificação de circunstância que, na realidade, deixa subsistente a norma penal.

4ª corrente: por fim, Alberto Silva Franco (seguido pelo STF) leciona que *a alteração* de um complemento de uma *norma penal em branco homogênea sempre teria efeitos retroativos,* vez que, a norma complementar, como lei ordinária que é, também foi submetida a rigoroso e demorado processo legislativo. A situação, contudo, se inverte quando se tratar de norma penal em branco heterogênea. Neste caso, a situação se modifica para comportar duas soluções. *Quando a legislação complementar não se reveste de excepcionalidade e nem traz consigo a sua autorrevogação,* como é o caso das portarias sanitárias estabelecedoras das moléstias cuja notificação é compulsória, *a legislação complementar, então, pela sua característica, se revogada ou modificada, poderá conduzir também à descriminalização.*"[23]

Combinação de leis

Fala-se em combinação de leis quando, a fim de atender aos princípios da ultra-atividade e da retroatividade *in mellius,* ao julgador é conferida a possibilidade de extrair de dois diplomas os dispositivos que atendam aos interesses do agente, desprezando aqueles outros que o prejudiquem. Discute-se se é possível esse tipo de raciocínio, uma vez que, segundo parte da doutrina[24] e de nossos tribunais, o julgador estaria criando um terceiro gênero de lei, o que lhe seria vedado. Pela possibilidade da aplicação das partes que forem favoráveis ao agente, assim já se manifestou Assis Toledo: "Em matéria de direito transitório, não se pode estabelecer dogmas rígidos como esse

[23] CUNHA, Rogério Sanches. *Manual de direito penal* – parte geral, p. 110-111.
[24] Nesse sentido, Nélson Hungria (*Comentários ao código penal,* v. I, t. I, p. 109) e Aníbal Bruno (*Direito penal,* t. I, p. 256).

da proibição da combinação de leis".[25] Entendemos que a combinação de leis levada a efeito pelo julgador, ao contrário de criar um terceiro gênero, atende aos princípios constitucionais da ultra-atividade e da retroatividade benéficas. Se a lei anterior, já revogada, possui pontos que, de qualquer modo, beneficiam o agente, deverá ser ultra-ativa; se na lei posterior que revogou o diploma anterior também existem aspectos que o beneficiam, por respeito aos imperativos constitucionais, devem ser aplicados. Veja-se, por exemplo, o que ocorre com a hipótese de sucessão entre as Leis nºs 6.368/76 e 11.343/2006. No revogado art. 12 da Lei nº 6.368/76, a pena mínima era de 3 (três) anos de reclusão, sendo que a lei nova, prevendo a mesma hipótese (art. 33), aumentou-a para 5 (cinco) anos. No entanto, o § 4º do art. 33 da Lei nº 11.343/2006 previu uma causa especial de redução de pena que não existia quando estava em vigor o diploma anterior. Nesse caso, aquele que praticou o tráfico ilícito de drogas sob a vigência da lei anterior (6.368/76) poderá, se for o caso, ser condenado a uma pena mínima de 3 (três) anos, além de, se for primário, de bons antecedentes, e não se dedicar às atividades criminosas, nem integrar organização criminosa, se beneficiar da redução de um sexto a dois terços, prevista pela lei posterior. Nesse caso, como se percebe, os dois diplomas seriam aplicados ao caso concreto, em obediência à determinação constante do art. 5º, inc. XL, da Constituição Federal.

Infelizmente, nossos Tribunais Superiores consolidaram seus entendimentos no sentido de não permitir a combinação de leis utilizando-se parcialmente de cada uma delas, sob o argumento de que se assim fizéssemos, estaríamos criando um terceiro gênero de lei e, consequentemente, desrespeitando o art. 2º da CF.

⚖ A pretensão de reconhecimento da causa de diminuição da pena prevista no art. 149-A, § 2º, do CP, não merece subsistir. A aplicação retroativa da Lei nº 13.344/2016 só poderá ocorrer em sua integralidade, porquanto o entendimento desta Corte Superior é o de impossibilidade de combinação de leis. Na hipótese, se aplicada a Lei nº 13.344/2016, além da diminuição da pena pleiteada pela agravante, deverá também incidir a causa de aumento prevista no § 1º, inciso IV, do art. 149-A na terceira fase da dosimetria da pena. Desta forma, o art. 231, § 2º, do Código Penal, com a redação anterior às alterações legislativas efetuadas pelas Leis nos 11.106/2005 e 12.015/2009, mostra-se mais benéfico para a agravante, devendo ser mantida sua aplicação (STJ, AgRg no AREsp 1.131.361/RJ, Rel. Min. Ribeiro Dantas, 5ª T., *DJe* 24/09/2019).

Nesse sentido:

⚖ STJ, AgRg no AREsp 954.614/PR, Rel. Min. Joel Ilan Paciornik, 5ª T., *DJe* 26/02/2019; STJ, HC 451.199/SP, Rel. Min. Reynaldo Soares da Fonseca, 5ª T., *DJe* 29/06/2018;

STJ, HC 306.536/PE, Rel. Min. Jorge Mussi, 5ª T., *DJe* 24/05/2017; STJ, REsp 1.288.328/DF, Rel. Min. Rogério Schietti Cruz, 6ª T., *DJe* 15/05/2017; STJ, AgRg no REsp 1.215.088/PR, Rel. Min. Marco Aurélio Bellizze, 5ª T., *DJe* 28/08/2015; STF, ARE 703.988 AgR-ED/SP, Rel. Min. Dias Toffoli, 1ª T., *DJe* 04/06/2014; STF, HC 110516 AgR-ED/SP, Rel. Min. Luiz Fux, 1ª T., *DJe* 18/12/2013.

Consolidando essa posição, foi editada, pelo STJ, a Súmula nº 501, publicada no *DJe* de 28 de outubro de 2013, que diz:

⚖ **Súmula nº 501.** *É cabível a aplicação retroativa da Lei 11.343/06, desde que o resultado da incidência das suas disposições, na íntegra, seja mais favorável ao réu do que o advindo da aplicação da Lei 6.368/76, sendo vedada a combinação de leis.*

Competência para a aplicação da *lex mitior*

Uma vez transitada em julgado a sentença penal condenatória, como regra, a competência para aplicação da *lex mitior* é transferida para o juízo das execuções, conforme determina o art. 66, I, da Lei de Execução Penal. O STF, anteriormente à vigência da Lei nº 7.210/84, por intermédio da Súmula nº 611, já havia entendido que:

⚖ **Súmula nº 611.** *Transitado em julgado a sentença condenatória, compete ao juízo das execuções a aplicação da lei mais benigna.*

No entanto, toda vez que, para efeitos de aplicação da lei nova mais benéfica, o julgador tiver que rever o mérito, reavaliando as provas, a competência será a do Tribunal ao qual corresponderia o julgamento do recurso respectivo.

Irretroatividade da *lex gravior* e medidas de segurança

Embora exista controvérsia sobre o tema, uma vez que parte da doutrina entende que a irretroatividade da suposta *lex gravior* é absoluta, somos partidários da corrente que assevera que, tratando-se de modificações relativas a aplicação ou ao cumprimento de medida de segurança, em virtude de sua natureza eminentemente curativa, tais modificações nunca são levadas a efeito em prejuízo do agente, mas, sim, em seu benefício, razão pela qual não poderíamos falar em *novatio legis in pejus* ou em *lex gravior*, podendo ser aplicadas aos fatos praticados anteriormente à sua vigência. Nesse sentido, são as lições de Assis Toledo, quando diz: "Em relação às medidas de caráter puramente assistencial ou curativo, estabelecidas em lei para os inimputáveis, parece-nos evidentemente correta a afirmação de sua aplicabilidade imediata, quando presente o estado de perigosidade, ainda que possam apresentar-se mais gravosas, pois os remédios reputados mais eficientes não podem deixar de ser ministrados aos pacientes deles carecedores só

---

[25] TOLEDO, Francisco de Assis. *Princípios básicos de direito penal*, p. 38.

pelo fato de serem mais amargos ou mais dolorosos. Aqui, sim, se poderia falar em diferença substancial entre a pena e a medida, para admitir-se a exclusão da última das restrições impostas à primeira pelo art. 5º, XXXIX e XL, da Constituição."[26]

Aplicação da *lex mitior* durante o período de *vacatio legis*

Pode acontecer que a lei nova contenha dispositivos benéficos, sendo considerada, assim, uma *novatio legis in mellius*. Nesse caso, para que possa vir a ser aplicada, é preciso que aguardemos o início de sua vigência, ou basta a sua só publicação? Embora tal posicionamento não seja unânime, a maior parte de nossos doutrinadores, a exemplo do Ministro Vicente Cernicchiaro,[27] entende ser possível a aplicação da *lex mitior* mesmo durante o período de *vacatio legis*, muito embora tenham existido em nossa história leis penais que permaneceram em *vacatio legis* durante longo período e vieram a ser revogadas sem sequer terem entrado em vigor, como foi o caso do Código Penal de 1969.

Vacatio legis indireta

Tem-se entendido como *vacatio legis* indireta a hipótese em que a lei, além do seu normal período de *vacatio legis*, em seu próprio corpo, prevê outro prazo para que determinados dispositivos possam ter aplicação, a exemplo do que ocorreu com o art. 30 da Lei nº 10.826, de 22 de dezembro de 2003 (Estatuto do Desarmamento), com a nova redação que lhe foi dada pela Lei nº 11.706, de 19 de junho de 2008, *verbis*:

Art. 30. Os possuidores e proprietários de arma de fogo de uso permitido ainda não registrada deverão solicitar seu registro até o dia 31 de dezembro de 2008, mediante apresentação de documento de identificação pessoal e comprovante de residência fixa, acompanhados de nota fiscal de compra ou comprovação da origem lícita da posse, pelos meios de prova admitidos em direito, ou declaração firmada na qual constem as características da arma e a sua condição de proprietário, ficando este dispensado do pagamento de taxas e do cumprimento das demais exigências constantes dos incs. I a III do caput do art. 4º desta Lei.

Posteriormente, a Lei nº 11.922, de 13 de abril de 2009, em seu art. 20, prorrogou *para 31 de dezembro de 2009 os prazos de que tratam o § 3º do art. 5º e o art. 30, ambos da Lei nº 10.826, de 22 de dezembro de 2003.*

⚖ 1. Com a publicação da Lei n. 11.922, de 13 de abril de 2009, o prazo previsto no art. 30 do Estatuto do Desarmamento foi prorrogado para 31 de dezembro de 2009 no que se refere exclusivamente à posse

de arma de fogo de uso permitido. 2. *In casu*, considera-se ser típica a conduta atribuída ao recorrente em relação ao art. 12 da Lei n. 10.826/03, pois não se encontra abarcada pela excepcional *vacatio legis* indireta prevista nos arts. 30 e 32 da Lei n. 10.826/03, tendo em vista que a busca efetuada na sua residência ocorreu em 17/12/2011. 3. A posse ilegal de arma de fogo de uso permitido configura o delito de perigo abstrato capitulado no art. 12 da Lei n. 10.826/03 (Estatuto do Desarmamento), sendo dispensável a prova de efetiva situação de risco ao bem jurídico tutelado. 4. Agravo regimental desprovido (AgRg no AREsp 881.265/SP, Rel. Min. Joel Ilan Paciornik, 5ª T., julgado em 14/09/2017, *DJe* 22/09/2017).

Retroatividade da jurisprudência

Pode a posição de nossos tribunais, principalmente os superiores, modificar-se com o passar dos anos. Essa mudança pode ocorrer tanto em prejuízo como em benefício do agente que praticou determinada infração penal. Se houver modificação para pior, a situação anteriormente definida com base na posição mais benéfica, agora modificada, deverá ser mantida. Por outro lado, se houver modificação benéfica, isto é, quando o Tribunal se posicionava de determinada forma e, agora, afastando-se do pensamento anterior, o modifica em benefício do agente, tal pensamento deverá retroagir, aplicando-se aos casos anteriormente julgados. Nesse sentido, Nilo Batista, Zaffaroni, Alagia e Slokar prelecionam: "Quando a jurisprudência massivamente muda de critério e considera atípica uma ação que até esse momento qualificara como típica (ou quando julga simples o delito que até então considerara qualificado, ou justificado o que considerara antijurídico, etc.) provoca um escândalo político, pois duas pessoas que realizaram idênticas ações reguladas pela mesma lei terão sido julgadas de modo que uma resultou condenada e a outra absolvida, só porque uma delas foi julgada antes. Elementares razões de equidade, assim como o art. 5º da Constituição, impõem que se tome aquela primeira condenação como uma sentença contraposta ao texto expresso da lei penal reinterpretada, viabilizando sua revisão (art. 621, inc. I, do CPP)."[28]

O tema, entretanto, não é pacífico, principalmente no que diz respeito à abrangência do raciocínio da retroatividade.

Limitando a possibilidade de aplicação da nova posição jurisprudencial benéfica ao agente, André Estefam assevera que deve "ter-se em mente, em primeiro lugar, que nosso país não adota o sistema do precedente judicial, de modo que as decisões proferidas por tribunais *não* têm caráter vinculante. Há, contudo, *exceções* (súmula vinculante e controle concen-

---

[26] TOLEDO, Francisco de Assis. *Princípios básicos de direito penal*, p. 41-42.11.

[27] CERNICCHIARO, Luiz Vicente; COSTA JÚNIOR, Paulo José da. *Direito penal na Constituição*, p. 88.

[28] BATISTA, Nilo; ZAFFARONI, Eugenio Raúl; ALAGIA, Alejandro; SLOKAR, Alejandro. *Direito penal brasileiro*, v. 1, p. 224.

trado de constitucionalidade pelo STF) e, somente nesses casos, é que terá relevância verificar se, caso surja novo entendimento mais brando por parte da jurisprudência, este deve alcançar fatos já protegidos com o manto da coisa julgada".[29]

Conflito de leis penais no tempo

Quando as normas incriminadoras tutelam bens jurídicos diversos, inocorre o denominado conflito de leis penais no tempo (STJ, REsp 815079/SP, Rel. Min. Félix Fischer, 5ª T., 14/05/2007, p. 382).

Lei supressiva de incriminação (art. 2º do CPM)
Art. 2º Ninguém pode ser punido por fato que lei posterior deixa de considerar crime, cessando em virtude dela a execução e os efeitos penais da sentença condenatória. (Redação dada pela Lei nº 14.688, de 2023)

Lei excepcional ou temporária
Art. 3º A lei excepcional ou temporária, embora decorrido o período de sua duração ou cessadas as circunstâncias que a determinaram, aplica-se ao fato praticado durante sua vigência.

Lei temporária

É aquela que já traz expresso em seu texto o seu prazo de validade, ou seja, a data do início, bem como a do término de sua vigência, razão pela qual é considerada uma *lei autorrevogável*, a exemplo do que ocorreu com a Lei nº 12.663, de 5 de junho de 2012, que dispôs sobre as medidas relativas à Copa das Confederações, FIFA 2013, à Copa do Mundo FIFA 2014 e aos eventos relacionados que foram realizados no Brasil. Conforme se verifica pelo art. 36 do referido diploma legal, os tipos previstos no Capítulo VIII, correspondente às disposições penais, teriam vigência até o dia 31 de dezembro de 2014.

Da mesma forma, a Lei nº 13.284, de 10 de maio de 2016, dispondo sobre as medidas relativas aos Jogos Olímpicos e Paraolímpicos de 2016 e aos eventos relacionados, realizados no Brasil, criou uma série de tipos penais, a exemplo da utilização indevida de símbolos oficiais (art. 17), marketing de emboscada por associação (art. 19), dentre outros, que tiveram sua vigência limitada ao dia 31 de dezembro de 2016, conforme o disposto no art. 23 do diploma legal apontado.

A ação penal não deve ser trancada, seja porque não houve *abolitio criminis* em relação à sonegação de tributos, seja porque se interprete o art. 4º da EC/93 como dispositivo legal excepcional ou temporário. Dessa forma, havendo a descrição de conduta típica, indícios de autoria e materialidade do delito,

como *in casu*, a ação merece continuidade (STJ, RHC 8433/MG, Rel. Min. José Arnaldo da Fonseca, *DJ* 31/05/1999, p. 158).
Nesse sentido:
STF, HC 73168/SP, Rel. Min. Moreira Alves, 1ª T., *DJ* 15/03/1996, p. 7.204.

Lei excepcional

É aquela editada em virtude de situações excepcionais, cuja vigência é limitada pela própria duração da aludida situação que levou à edição do diploma legal, a exemplo daquelas que buscam regular fatos ocorridos durante o estado de guerra ou mesmo calamidade pública.

A lei excepcional temporária, como a que fixa a tabela de preços, aplica-se aos fatos praticados durante a sua vigência, ainda que ultrapassado seu prazo de duração, não dando ensejo à invocação de lei mais benigna a posterior revogação da tabela, uma vez que a conduta punível é a cobrança de preço abusivo (TAMG, Ap. 11209, Rel. José Loyola, *RT* 592, p. 383).

Sucessão de leis temporárias ou excepcionais

Encerrado o período de sua vigência, ou cessadas as circunstâncias anormais que a determinaram, têm-se por revogadas as leis temporária e excepcional. Mesmo aceitando o raciocínio de Alberto Silva Franco, que diz que "a ultra-atividade dessas leis visa a frustrar o emprego de expedientes tendentes a impedir a imposição de suas sanções a fatos praticados nas proximidades de seu termo final de vigência ou da cessação das circunstâncias excepcionais que a justificaram",[30] não poderíamos suscitar a colisão dessas espécies de leis com o princípio da retroatividade da *lex mitior*, insculpido no art. 5º, XL, da Constituição da República? Frederico Marques, em defesa da extra-atividade, aduz: "A ultra-atividade da lei temporária ou excepcional não atinge os princípios constitucionais de nosso Direito Penal intertemporal porque a *lex mitior* que for promulgada ulteriormente para um crime que a lei temporária pune mais severamente não retroagirá porque as situações tipificadas são diferentes. [...] Nas leis temporárias e excepcionais, antes que sua eficácia no tempo como lei penal, o que temos de apreciar, como preponderante, é a contribuição do *tempus* como elemento de punibilidade na estrutura da norma. A eficácia temporal vem ínsita no preceito e decorrido o prazo de vigência desaparece o império da lei. Mas por ter sido elaborada em função de acontecimentos anormais, ou em razão de uma eficácia previamente limitada no tempo, não se pode esquecer de que a própria tipicidade dos fatos cometidos sob seu império inclui o fator temporal como pressuposto da ilicitude punível ou da agravação da

[29] STEFAM, André. *Direito penal* – parte geral, v. 1, p. 150.
[30] SILVA FRANCO, Alberto. *Código penal e sua interpretação jurisprudencial* – parte geral, p. 93.

sanção."[31] Em sentido contrário, merece destaque a lúcida posição assumida por Nilo Batista, Zaffaroni, Alagia e Slokar, quando afirmam: "A fórmula imperativa e incondicional mediante a qual a Constituição consagrou o princípio (art. 5º, inc. XL, CR) questiona duramente a exceção aberta pela lei (art. 3º), e a doutrina brasileira começou, após 1988 – houve quem o fizesse ainda na regência da Constituição de 1946 – a caminhar na direção de compreender que também as leis penais temporárias e excepcionais não dispõem de ultratividade em desfavor do réu. Corresponderá ao legislador, perante situações calamitosas que requeiram drástica tutela penal de bens jurídicos, prover para que os procedimentos constitucionalmente devidos possam exaurir-se durante a vigência da lei; o que ele não pode fazer é abrir uma exceção em matéria que o constituinte erigiu como garantia individual. Cabe, pois, entender que o art. 3º do Código Penal não foi recebido pela Constituição da República".[32]

Entendemos que a razão se encontra com a última posição, uma vez que, não tendo a Constituição Federal ressalvado a possibilidade de ultra-atividade *in pejus* das leis temporárias e excepcionais, não será possível tal interpretação, devendo prevalecer o entendimento no sentido de que o art. 3º do Código Penal, em tema de sucessão de leis no tempo, não foi recepcionado pela atual Carta Constitucional, para fins de aplicação da lei anterior em prejuízo do agente. Assim, portanto, havendo sucessão de leis temporárias ou excepcionais, prevalecerá a regra constitucional da extra-atividade *in mellius*, ou seja, sempre que a lei anterior for benéfica, deverá gozar dos efeitos da ultra-atividade; ao contrário, sempre que a posterior beneficiar o agente, deverá retroagir, não se podendo, outrossim, excepcionar a regra constitucional.

⚖ Inaplicável à hipótese o constante no art. 3º do Código Penal, se a norma integrativa veio simplesmente alterar os limites de dispensa e inexigibilidade de licitação, previstos na Lei nº 8.666/93, como complemento desta, e sem alterar o tipo penal ali descrito, uma vez que o fato continua sendo punível, exatamente como era ao tempo de sua prática. Precedentes (STJ, REsp 474989/RS, Rel. Min. Gilson Dipp, 5ª T., *DJ* 25/08/2003, p. 358).

Tempo do crime

Art. 4º Considera-se praticado o crime no momento da ação ou omissão, ainda que outro seja o momento do resultado.

Teorias

O primeiro marco ao confronto das leis que se sucederam no tempo deverá ser identificado com clareza. É necessário, pois, apontar com precisão o chamado *tempo do crime*, com base no qual nosso raciocínio se desdobrará.

Várias teorias disputam o tratamento do tema relativo ao tempo do crime, podendo-se destacar as seguintes:

a)   teoria da atividade;
b)   teoria do resultado;
c)   teoria mista ou da ubiquidade.

Pela *teoria da atividade*, tempo do crime será o da ação ou da omissão, ainda que outro seja o momento do resultado. Para essa teoria, o que importa é o momento da conduta, comissiva ou omissiva, mesmo que o resultado dela se distancie no tempo.

Já a *teoria do resultado* determina que tempo do crime será, como sua própria denominação nos está a induzir, o da ocorrência do resultado. Aqui, sobreleva-se a importância do momento do resultado da infração penal.

A *teoria mista ou da ubiquidade* concede igual relevo aos dois momentos apontados pelas teorias anteriores, asseverando que tempo do crime será o da ação ou o da omissão, bem como o do momento do resultado.

O Código Penal adotou a teoria da atividade, conforme se verifica pela redação de seu art. 4º.

⚖ Competência *racione loci* que é determinada pelo lugar que se consuma a infração, ou no caso de tentativa, pelo lugar em que for praticado o último ato de execução e, não sendo conhecido o lugar da infração, deverá ser a competência regulada pelo domicílio ou residência do réu. Inteligência dos arts. 70, 72 e 73 do Código de Processo Penal (TJ-RJ, CC 0012333-58.2014.8.19.0011, Rel. Des. Paulo Rangel, *DJe* 02/06/2015).

Nesse sentido:

⚖ TJSP, Rel. Aristides Pedroso de Albuquerque Neto, j. 06/03/1999.

Territorialidade

Art. 5º Aplica-se a lei brasileira, sem prejuízo de convenções, tratados e regras de direito internacional, ao crime cometido no território nacional.

§ 1º Para os efeitos penais, consideram-se como extensão do território nacional as embarcações e aeronaves brasileiras, de natureza pública ou a serviço do governo brasileiro onde quer que se encontrem, bem como as aeronaves e as embarcações brasileiras, mercantes ou de propriedade privada, que se achem, respectivamente, no espaço aéreo correspondente ou em alto-mar.

§ 2º É também aplicável a lei brasileira aos crimes praticados a bordo de aeronaves ou embarcações estrangeiras de propriedade privada, achando-se aquelas em pouso no território nacional ou

[31] Apud LOPES, Maurício Antônio Ribeiro. *Princípio da legalidade penal*, p. 96-97.
[32] BATISTA, Nilo; ZAFFARONI, Eugenio Raúl; ALAGIA, Alejandro; SLOKAR, Alejandro. *Direito penal brasileiro*, v. 1, p. 217.

em voo no espaço aéreo correspondente, e estas em porto ou mar territorial do Brasil.

Princípio da territorialidade

O art. 5º, *caput*, do Código Penal determina a aplicação da lei brasileira, sem prejuízo de convenções, tratados e regras de direito internacional, ao crime cometido no território nacional. É a regra da territorialidade. Pela redação do mencionado artigo, percebe-se que no Brasil não se adotou uma teoria absoluta da territorialidade, mas, sim, uma teoria conhecida como *temperada*, haja vista que o Estado, mesmo sendo soberano, em determinadas situações, pode abrir mão da aplicação de sua legislação, em virtude de convenções, tratados e regras de direito internacional referido, tal como previsto do *caput* do artigo. Na intocável lição de Hungria, "o Código criou um temperamento à *impenetrabilidade* do direito interno ou à exclusividade da ordem jurídica do Estado sobre o seu território, permitindo e reconhecendo, em determinados casos, a validez da lei de outro Estado. É obséquio à boa convivência internacional, e quase sempre sob a condição de reciprocidade, que o território do Estado se torna *penetrável* pelo exercício de alheia soberania".[33]

Mirabete assevera que, em sentido estrito, o "território abrange o solo (e subsolo) sem solução de continuidade e com limites reconhecidos, as águas interiores, o mar territorial, a plataforma continental e o espaço aéreo".[34]

O § 1º do art. 5º do Código Penal considerou, para efeitos penais, como extensão do território nacional as embarcações e aeronaves brasileiras, de natureza pública ou a serviço do governo brasileiro onde quer que se encontrem, bem como as aeronaves e as embarcações brasileiras, mercantes ou de propriedade privada, que se achem, respectivamente, no espaço aéreo correspondente ou em alto-mar. Esta segunda parte do artigo significa que onde não houver soberania de qualquer país, como é o caso do alto-mar e o espaço aéreo a ele correspondente, se houver uma infração penal a bordo de uma aeronave ou embarcação mercante ou de propriedade privada, de bandeira nacional, será aplicada a legislação brasileira.

O § 2º do art. 5º do Código Penal determinou, também, a aplicação da lei brasileira aos crimes praticados a bordo de aeronaves ou embarcações estrangeiras de propriedade privada, achando-se as aeronaves em pouso no território nacional ou em voo no espaço aéreo correspondente e as embarcações, em porto ou mar territorial do Brasil. O legislador, como se verifica na redação do mencionado parágrafo, referiu-se tão somente às aeronaves e embarcações estrangeiras de propriedade privada, haja vista que as de natureza pública ou a serviço do governo estrangeiro são também consideradas como extensão do território correspondente à sua bandeira, tal como previsto no § 1º do art. 5º do Código Penal, para as aeronaves e embarcações de natureza pública ou a serviço do governo brasileiro.

⚖ O crime também foi cometido no Brasil, tendo o acórdão reconhecido que a execução e os efeitos da lavagem de dinheiro ocorreram no território nacional, assim admite-se a persecução penal pela justiça brasileira, independentemente de outra condenação no exterior. Desta forma, adota-se o princípio da territorialidade previsto no art. 5º do Código Penal – CP, segundo o qual aplica-se a lei brasileira a qualquer crime cometido no Brasil. Todavia, segundo a previsão do art. 8º CP, a pena cumprida no estrangeiro vai atenuar a repreenda imposta aqui (STJ, RHC 78.684/SP, Rel. Min. Joel Ilan Paciornik, 5ª T., *DJe* 08/02/2019).

Nesse sentido:

⚖ STJ, HC 161.425/AL, Rel. Min. Joel Ilan Paciornik, 5ª T., *DJe* 02/05/2018; HC 108.478/SP, Rel. Min. Adilson Vieira Macabu (Desembargador convocado do TJ/RJ), 5ª T., j. 22/02/2011, *Informativo* nº 464; STJ, HC 41892/SP, Rel. Min. Arnaldo Esteves Lima, 5ª T., *DJ* 22/08/2005 p. 319; STJ, HC 40913/SP, Rel. Min. Arnaldo Esteves Lima, 5ª T., *RSTJ* 195, p. 459.

Lugar do crime
Art. 6º Considera-se praticado o crime no lugar em que ocorreu a ação ou omissão, no todo ou em parte, bem como onde se produziu ou deveria produzir-se o resultado.

Teorias

Três teorias têm como escopo a determinação do lugar do crime, a saber:
a)   teoria da atividade;
b)   teoria do resultado;
c)   teoria mista ou da ubiquidade.

Pela *teoria da atividade*, lugar do crime é o da ação ou da omissão, ainda que outro seja o da ocorrência do resultado. Já a *teoria do resultado* despreza o lugar da conduta e defende a tese de que lugar do crime será, tão somente, aquele em que ocorrer o resultado. A *teoria da ubiquidade ou mista* adota as duas posições anteriores e aduz que o lugar do crime será o da ação ou da omissão, bem como onde se produziu ou deveria produzir-se o resultado.

Nosso Código Penal adotou a teoria da ubiquidade, conforme se verifica pela leitura de seu art. 6º.

Com a adoção da teoria da ubiquidade resolvem-se os problemas já há muito apontados pela doutrina, como aqueles relacionados aos *crimes a distância*. Na situação clássica, suponhamos que alguém, residen-

---

[33] HUNGRIA, Nélson. *Comentários ao código penal*, p. 149.
[34] MIRABETE, Julio Fabbrini. *Manual de direito penal – parte geral*, p. 73.

te na Argentina, enviasse uma carta-bomba tendo como destinatário uma vítima que residisse no Brasil. A carta-bomba chega ao seu destino e, ao abri-la, a vítima detona o seu mecanismo de funcionamento, fazendo-a explodir, causando-lhe a morte. Se adotada no Brasil a teoria da atividade e na Argentina a teoria do resultado, o agente, autor do homicídio, ficaria impune. A adoção da teoria da ubiquidade resolve problemas de Direito Penal Internacional. Ela não se destina à definição de competência interna, mas, sim, à determinação da competência da justiça brasileira. Embora competente a justiça brasileira, pode acontecer que, em virtude de convenções, tratados e regras de Direito Internacional, o Brasil deixe de aplicar a sua lei penal aos crimes cometidos no território nacional.

📖 Como regra, a fixação da competência de foro ou territorial segue a teoria do resultado, sendo determinante o lugar da consumação da infração, ou do último ato da execução, nas hipóteses de tentativa (art. 70 do CPP), tendo como critério subsidiário o domicílio do réu (CPP, art. 72). A denominada competência por prevenção, que pressupõe distribuição (CPP, art. 75, parágrafo único), no geral, é utilizado como critério subsidiário de fixação da competência territorial, baseado na cronologia do exercício de atividade jurisdicional, mesmo que antes de oferecida denúncia ou queixa, necessariamente entre dois ou mais juízes igualmente competentes ou com competência cumulativa, consoante aponta o art. 83 do CPP (STJ, RHC 86.888/SP, Rel. Min. Ribeiro Dantas, 5ª T., *DJe* 27/09/2017).

Nesse sentido:

📖 STJ, CC 143.621/PR, Rel. Min. Rogério Schietti Cruz, S. 3, *DJe* 07/06/2016; STJ, RHC 22295/MS, Rel.ª Min.ª Jane Silva, 5ª T., *DJ* 17/12/2007, p. 229.

Competência da Justiça Federal

📖 Tendo a importação de drogas início no Paraguai (droga antes vinda da Bolívia) para ingresso e revenda no Brasil, é caso de crime à distância, com início no estrangeiro, mas resultado no país, sendo assim aplicável a lei penal brasileira pela teoria da ubiquidade, com foro na jurisdição federal (crime à distância com resultado no Brasil, por crime constante de tratado internacional onde é o Brasil signatário) (STJ, RHC 88.869/RS, Rel. Min. Nefi Cordeiro, 6ª T., *DJe* 13/11/2018).

Nesse sentido:

📖 STJ, CC 158.747/DF, Rel. Min. Sebastião Reis Junior, 3ª S., *DJe* 19/06/2018; STJ, CC 146.393/SP, Rel. Min. Felix Fischer, S. 3, *DJe* 1º/07/2016; STJ, CC 121.941/PR, Rel. Min. Newton Trisotto, Desembargador convocado do TJ-SC, 5ª T., *DJe* 16/04/2015; STJ, AgRg no CC 118914/SC, Rel.ª Min.ª

Laurita Vaz, 3ª Seção, *DJe* 07/03/2012; STJ, HC 24858/GO, Rel. Min. Paulo Medina, 6ª T., *RSTJ* 184, p. 508.

Juizado Especial Criminal

Nos termos do art. 63 da Lei nº 9.099/95, *a competência do Juizado será determinada pelo lugar em que foi praticada a infração penal.*

Crimes conexos

📖 Incontroversa a existência de conexão entre delitos estaduais e delito federal, é de se aplicar a regra prevista no Enunciado nº 122 da Súmula desta Corte, que determina a prevalência da competência especial da Justiça Federal em detrimento da competência comum e residual da Justiça Estadual, para o julgamento conjunto dos delitos. A melhor exegese do Verbete nº 122 da Súmula desta Corte é a que preconiza que, havendo um crime federal, com menor pena cominada abstratamente, e um crime estadual, com maior pena, ambos conexos, o critério utilizado para a fixação não será o que considera o *quantum* apenatório (nos termos do art. 78, II, "a", do CPP), mas, sim, a força atrativa exercida pela jurisdição federal. Como decorrência dessa *vis atrativa*, a competência deve ser determinada pelo lugar em que foi cometido o delito de competência da Justiça Federal, ainda que ele tenha pena mais branda que os delitos estaduais a ele conexos (STJ, CC 146.160/MT, Rel. Min. Reynaldo Soares da Fonseca, S. 3, *DJe* 14/06/2016).

Nesse sentido:

📖 TRF 1ª Reg., ACr 2006.38.03.001203-9/MG, Rel.ª Des.ª Fed. Mônica Sifuentes, *DJe* 07/03/2014; STJ, HC 103741/SP, Rel. Min. Arnaldo Esteves Lima, *DJe* 03/11/2008; STJ, HC 26288/SP, Rel. Min. Hamilton Carvalhido, 6ª T., *DJU* 11/04/2005, p. 385; STF, HC 81617/MT, Rel. Min. Carlos Velloso, 2ª T., *DJ* 28/06/2002, p. 142.

Súmula nº 122 do STJ

📖 *Compete à Justiça Federal o processo e julgamento unificado dos crimes conexos de competência federal e estadual, não se aplicando a regra do art. 78, II, a do Código de Processo Penal.*

Crimes permanentes e continuados

Conforme lições de Francisco Dirceu Barros, "nas ações consideradas juridicamente como unidade (delito permanente, crime continuado), o crime tem-se por praticado no lugar em que se verificar um dos elementos do fato unitário".[35]

📖 A jurisprudência vigente neste Tribunal encontra-se firmada no sentido de que, embora a regra seja a fixação da competência pelo lugar da prática da infração penal, havendo a constatação da habitualidade criminosa, a continuidade delitiva ou a permanência, o critério para estabelecer o foro competente segue

---

[35] BARROS, Francisco Dirceu. *Código Penal – parte geral*, p. 32.

as regras previstas no art. 71, do CPP, qual seja, a prevenção, que, em comarcas diversas, estabelece-se com base na primazia da atuação no processo (STJ, AgRg no AREsp 806.274/MG, Rel. Min. Jorge Mussi, 5ª T., *DJe* 28/06/2018).

Extraterritorialidade

Art. 7º Ficam sujeitos à lei brasileira, embora cometidos no estrangeiro:

I – os crimes:

a) contra a vida ou a liberdade do Presidente da República;

b) contra o patrimônio ou a fé pública da União, do Distrito Federal, de Estado, de Território, de Município, de empresa pública, sociedade de economia mista, autarquia ou fundação instituída pelo Poder Público;

c) contra a administração pública, por quem está a seu serviço;

d) de genocídio, quando o agente for brasileiro ou domiciliado no Brasil;

II – os crimes:

a) que, por tratado ou convenção, o Brasil se obrigou a reprimir;

b) praticados por brasileiro;

c) praticados em aeronaves ou embarcações brasileiras, mercantes ou de propriedade privada, quando em território estrangeiro e aí não sejam julgados.

§ 1º Nos casos do inciso I, o agente é punido segundo a lei brasileira, ainda que absolvido ou condenado no estrangeiro.

§ 2º Nos casos do inciso II, a aplicação da lei brasileira depende do concurso das seguintes condições:

a) entrar o agente no território nacional;

b) ser o fato punível também no país em que foi praticado;

c) estar o crime incluído entre aqueles pelos quais a lei brasileira autoriza a extradição;

d) não ter sido o agente absolvido no estrangeiro ou não ter aí cumprido a pena;

e) não ter sido o agente perdoado no estrangeiro ou, por outro motivo, não estar extinta a punibilidade, segundo a lei mais favorável.

§ 3º A lei brasileira aplica-se também ao crime cometido por estrangeiro contra brasileiro fora do Brasil, se, reunidas as condições previstas no parágrafo anterior:

a) não foi pedida ou foi negada a extradição;

b) houve requisição do Ministro da Justiça.

Princípio da extraterritorialidade

Ao contrário do princípio da territorialidade, cuja regra geral é a aplicação da lei brasileira àqueles que praticarem infrações penais *dentro* do territó-rio nacional, incluídos aqui os casos considerados ficticiamente como sua extensão, o princípio da extra-territorialidade preocupa-se com a aplicação da lei brasileira às infrações penais cometidas além de nossas fronteiras, em países estrangeiros.

A extraterritorialidade pode ser *incondicionada* ou *condicionada*.

Extraterritorialidade incondicionada, como o próprio nome sugere, é a possibilidade de aplicação da lei penal brasileira a fatos ocorridos no estrangeiro, sem que, para tanto, seja necessário o concurso de qualquer condição. As hipóteses de extraterritorialidade incondicionada estão previstas no inciso I do art. 7º do Código Penal.

Em qualquer das hipóteses do inciso I do art. 7º do Código Penal, o agente será punido segundo a lei brasileira, ainda que absolvido ou condenado no estrangeiro. Em caso de condenação, terá aplicação a regra insculpida no art. 8º do Código Penal, que diz que "a pena cumprida no estrangeiro atenua a pena imposta no Brasil pelo mesmo crime, quando diversas, ou nela é computada, quando idênticas", evitando-se, dessa forma, o *bis in idem*, ou seja, ser o agente punido duas vezes pelo mesmo fato.

No que diz respeito ao crime de genocídio, deve ser ressalvada, ainda, a jurisdição do Tribunal Penal Internacional, conforme o § 4º do art. 5º da Constituição Federal, acrescentado pela Emenda nº 45/2004, à qual o Brasil aderiu, conforme se verifica no Decreto nº 4.388, de 25 de setembro de 2002.

A extraterritorialidade condicionada encontra-se prevista no inciso II do art. 7º do Código Penal.

As condições para a aplicação da lei brasileira nos casos previstos pelo inciso II do art. 7º do Código Penal, que possuem a natureza jurídica de condições objetivas de punibilidade, são as previstas no § 2º do mesmo artigo.

O § 3º do art. 7º do Código Penal dispõe, ainda, que a lei brasileira aplica-se também ao crime cometido por estrangeiro contra brasileiro fora do Brasil, se reunidas as condições previstas no § 2º do mesmo artigo: *a)* não foi pedida ou negada a extradição; *b)* houve requisição do Ministro da Justiça. Acolhe-se, aqui, o chamado *princípio da defesa* ou da *personalidade passiva*.

De acordo com as inovações trazidas pela Emenda Constitucional nº 45/2004, compete aos juízes federais processar e julgar as causas relativas aos direitos humanos a que se refere o § 5º do art. 109 da Constituição Federal.

1. Não há se falar em extraterritorialidade, uma vez que se tratam de crimes transnacionais, os quais tocam igualmente o território nacional, autorizando, assim, a aplicação das leis brasileiras a todos os envolvidos, conforme disciplinam os arts. 5º e 6º do Código Penal. 2. As instâncias ordinárias concluíram pela efetiva configuração do crime de redução à condição análoga à de escravo, uma vez

que se "restringiu a locomoção das vítimas em razão de dívida contraída com o empregador". Nesse contexto, não é possível, na via eleita, revolver o conjunto probatório dos autos, com o objetivo de desconstituir as conclusões alcançadas pelas instâncias de origem, haja vista o óbice do enunciado n. 7/STJ. 3. A pena de ambos os delitos foi fixada acima do mínimo legal, uma vez que "a condenada atuou para promover o tráfico de mulheres (ela própria anteriormente uma vítima), oriundas de famílias pobres de um dos estados mais carentes do Brasil (o Rio Grande do Norte)". Nesse contexto, encontra-se devidamente fundamentada a maior reprovabilidade da conduta da recorrente, não havendo se falar em ofensa ao art. 59 do Código Penal. 4. Agravo regimental a que se nega provimento (AgRg no REsp 1.821.522/RN, Rel. Min. Reynaldo Soares da Fonseca, 5ª T., julgado em 04/08/2020, *DJe* 13/08/2020).

Competência da Justiça Brasileira

In casu, o v. acórdão fixou a competência da Justiça Federal para o julgamento da ação penal em que o recorrente, que é brasileiro nato, foi denunciado pela prática de homicídio de cidadão paraguaio, ocorrido no Paraguai, e teve o pedido de extradição indeferido pelo Supremo Tribunal Federal, em razão de sua condição de nacional. Aplicável ao caso, o Decreto nº 4.975/2004, que incorporou ao ordenamento jurídico brasileiro o Tratado de Extradição entre o Governo da República Federativa do Brasil e os Estados partes do Mercosul, no qual estabelece que, na impossibilidade de extradição do acusado por ser nacional da parte requerida, a obrigação de "promover o julgamento do indivíduo" (art. 11.3, do Tratado de Extradição). A competência da Justiça Federal para processar o feito se extrai da matéria – cooperação internacional, com esteio no art. 109, III, IV e X, da Constituição Federal (STJ, RHC 97.535/RS, Rel. Min. Felix Fischer, 5ª T., *DJe* 1º/08/2018).

Nesse sentido:

STJ, RHC 80.618/PR, Rel. Min. Felix Fischer, 5ª T., *DJe* 12/06/2017; STJ, CC 107.397/DF, Rel. Min. Nefi Cordeiro, S. 3, *DJe* 1º/10/2014; STJ, CC 120887/DF, Rel.ª Min.ª Alderita Ramos de Oliveira, Desembargadora convocada do TJPE, S3, *DJe* 20/02/2013; STJ, CC 122119/DF, Rel. Min. Marco Aurélio Bellizze, 3ª Seção, *DJe* 15/08/2012; STJ, HC 18307/MT, Rel. Min. Hamilton Carvalhido, 6ª T., *DJ* 10/03/2003, p. 313.

Aeronaves

Hipótese de condenação pelo porte de arma de fogo de uso permitido, mas sem autorização (Lei nº 10.826/2003 – art. 14), desmuniciada, transportada em bagagem despachada, em aeronave, e apreendida depois do desembarque, em solo. Incompetência

da Justiça Federal (STF, RE 463.500). Apesar da literalidade da regra do inciso IX do art. 109, CF, ao prever que compete aos juízes federais processar e julgar 'os crimes cometidos a bordo de navios ou aeronaves', nem todo crime cometido em tais circunstâncias será da competência da Justiça Federal. É indispensável que haja, também, o interesse específico e direto da União, quer como pessoa jurídica de direito público externo (implicação internacional), quer como pessoa jurídica de direito público interno (envolvimento de alienígenas) (TRF 1ª Reg., ACr 2007.34.00.032353-2/DF, Rel. Des. Fed. Olindo Menezes, *DJe* 04/08/2014).

Nesse sentido:

STJ, HC 50450/MS, Rel. Min. Gilson Dipp, 5ª T., *DJ* 05/02/2007, p. 270.

Extradição

Compete à Justiça Federal o processamento e o julgamento da ação penal que versa sobre crime praticado no exterior, o qual tenha sido transferido para a jurisdição brasileira, por negativa de extradição, aplicável o art. 109, IV, da CF (STJ, RHC 88.432/AP, Rel. Min. Nefi Cordeiro, 6ª T., *DJe* 08/03/2019).

Nesse sentido:

STF, Ext 1.349/DF, Rel.ª Min.ª Rosa Weber, 1ª T., *DJe* 03/03/2015.

Extinção da punibilidade

Não se concederá a extradição, quando estiver extinta, em decorrência de qualquer causa legal, a punibilidade do extraditando, notadamente verificando-se a consumação da prescrição penal, seja nos termos da lei brasileira, seja segundo o ordenamento positivo do Estado requerente. A satisfação da exigência concernente à dupla punibilidade constitui requisito essencial ao deferimento do pedido extradicional. Observância, na espécie, do postulado da dupla punibilidade (STF, Ext 953/RFA, Rel. Min. Celso de Mello, Tribunal Pleno, *DJ* 11/11/2005, p. 6).

Cidadão naturalizado

O Pleno concluiu o julgamento da Questão de Ordem na Extradição nº 1.010-7, sob a relatoria do Min. Joaquim Barbosa, assentando a impossibilidade de extraditar-se cidadão naturalizado quando a legislação do país requerente não permite a reciprocidade (STF, Ext 170.924/2006, Rel. Min. Marco Aurélio, *DJ* 27/11/2006, p. 39).

Conflito de competência

A divulgação, pela *internet*, de técnicas de cultivo de planta destinada à preparação de substância entorpecente não atrai, por si só, a competência federal. Ainda que se trate, no caso, de hospedeiro estrangeiro, a ação de incitar desenvolveu-se no território nacional, daí não se justificando a aplicação dos incs.

IV e V do art. 109 da Constituição. Caso, pois, de competência estadual (STJ, CC 62949/PR, Rel. Min. Nilson Naves, 3ª Seção, *DJ* 26/02/2007, p. 549).

Pena cumprida no estrangeiro
Art. 8º A pena cumprida no estrangeiro atenua a pena imposta no Brasil pelo mesmo crime, quando diversas, ou nela é computada, quando idênticas.

Princípio do *ne bis in idem*
Pela regra contida no art. 8º do Código Penal, evita--se que o agente seja punido duplamente pelo mesmo fato. Conforme esclarece Guilherme de Souza Nucci, "caso a pena cumprida no exterior seja idêntica à que for aplicada no Brasil (exemplo: pena privativa de liberdade no exterior e pena privativa de liberdade no Brasil), será feita a compensação; caso a pena *cumprida* no exterior seja diversa da que for aplicada no Brasil (exemplo: multa no exterior e privativa de liberdade no Brasil), a pena a ser fixada pelo juiz brasileiro há de ser atenuada".[36]

⚖ 1. O crime também foi cometido no Brasil, tendo o acórdão reconhecido que a execução e os efeitos da lavagem de dinheiro ocorreram no território nacional, assim admite-se a persecução penal pela justiça brasileira, independentemente de outra condenação no exterior. 2. Desta forma, adota-se o princípio da territorialidade previsto no art. 5º do Código Penal – CP, segundo o qual aplica-se a lei brasileira a qualquer crime cometido no Brasil. Todavia, segundo a previsão do art. 8º CP, a pena cumprida no estrangeiro vai atenuar a reprimenda imposta aqui. 3. Recurso desprovido (RHC 78.684/SP, Rel. Min. Joel Ilan Paciornik, 5ª T., julgado em 04/12/2018, *DJe* 08/02/2019).

Nesse sentido:
⚖ STJ, HC 41892/SP, Rel. Min. Arnaldo Esteves Lima,5ª T., *DJ* 22/08/2005 p. 319.

Eficácia de sentença estrangeira
Art. 9º A sentença estrangeira, quando a aplicação da lei brasileira produz na espécie as mesmas consequências, pode ser homologada no Brasil para:
I – obrigar o condenado à reparação do dano, a restituições e a outros efeitos civis;
II – sujeitá-lo a medida de segurança.
Parágrafo único. A homologação depende:
a) para os efeitos previstos no inciso I, de pedido da parte interessada;
b) para os outros efeitos, da existência de tratado de extradição com o país de cuja autoridade judi-ciária emanou a sentença, ou, na falta de tratado, de requisição do Ministro da Justiça.

Eficácia da sentença estrangeira
A sentença judicial é um ato de soberania do Estado. Contudo, seria de todo ineficaz e insuficiente se não pudéssemos executá-la, a fim de fazer valer a decisão nela contida. Como regra, sua execução, como ato soberano, deveria ficar adstrita aos limites territoriais do Estado que a proferiu. Mas, como bem observa Alberto Silva Franco, "para combater com maior eficiência, dentro de suas fronteiras, a prática de fatos criminosos, o Estado se vale, por exceção, de atos de soberania de outros Estados, aos quais atribui certos e determinados efeitos. Para tanto, homologa a sentença penal estrangeira, de modo a torná-la um verdadeiro título executivo nacional, ou independentemente de prévia homologação, dá-lhe o caráter de fato jurídico relevante".[37]

⚖ A sentença penal estrangeira que determina a perda de bens imóveis do requerido situados no Brasil, por terem sido adquiridos com recursos provenientes da prática de crimes, não ofende a soberania nacional, porquanto não há deliberação específica sobre a situação desses bens ou sobre a sua titularidade, mas apenas sobre os efeitos civis de uma condenação penal, sendo certo que tal confisco, além de ser previsto na legislação interna, encontra arrimo na Convenção das Nações Unidas contra o Crime Organizado Transnacional (Convenção de Palermo), promulgada pelo Decreto nº 5.015/2004, e no Tratado de Cooperação Jurídica em Matéria Penal, internalizado pelo Decreto nº 6.974/2009. Precedente da Corte Especial (STJ, AgInt na SEC 10.250/EX, Rel. Min. Luis Felipe Salomão, CE, *DJe* 23/05/2019).

Nesse sentido:
⚖ STF, Ext 1.223/DF, Rel. Min. Celso de Mello, 2ª T., *DJe* 28/02/2014.

Competência para homologação da sentença estrangeira
Compete ao Superior Tribunal de Justiça, nos termos da alínea *i*, acrescentada ao inc. I do art. 105 da Constituição Federal pela Emenda nº 45/2004, a homologação das sentenças estrangeiras que, anteriormente, era levada a efeito pelo Supremo Tribunal Federal, de acordo com a revogada alínea *h*, I, do art. 102. Da mesma forma, o inciso VIII do art. 515 do Código de Processo Civil (Lei nº 13.105, de 16 de março de 2015), assevera:
Art. 515. São títulos executivos judiciais, cujo cumprimento dar-se-á de acordo com os artigos previstos neste Título:
[...]

---

[36] NUCCI, Guilherme de Souza. *Código penal comentado*, p. 83.
[37] SILVA FRANCO, Alberto. *Código penal e sua interpretação jurisprudencial* – parte geral, v. I, t. I, p. 182-183.

VIII – a sentença estrangeira homologada pelo Superior Tribunal de Justiça;

Súmula nº 420 do STF

Não se homologa sentença proferida no estrangeiro sem prova do trânsito em julgado.

⚖️ Para se conceder a homologação de sentença estrangeira não é indispensável carta de sentença. Basta que a sentença se revista das formalidades externas necessárias à sua execução, contenha os elementos indispensáveis à compreensão dos fatos em que se fundou, seja motivada e tenha conclusão. No tocante ao objeto da condenação, não é preciso que seja determinado, sendo suficiente que seja determinável (STF, HSE, Rel. Min. Thompson Flores, *DJU* 24/10/1975, p. 7.759).

Contagem de prazo
Art. 10. O dia do começo inclui-se no cômputo do prazo. Contam-se os dias, os meses e os anos pelo calendário comum.

Prazo penal e prazo processual penal

No que diz respeito à contagem dos prazos, o art. 10 do Código Penal estabelece uma regra diversa daquela existente no § 1º do art. 798 do Código de Processo Penal. Diz o art. 10 do estatuto repressivo que o *dia do começo inclui-se no cômputo do prazo*, ao passo que o § 1º do art. 798 do Código de Processo Penal determina que *não se computará no prazo o dia do começo, incluindo-se, porém, o do vencimento.*

Calendário gregoriano

O art. 10 do Código Penal determina que os dias, os meses e os anos sejam contados pelo calendário comum, isto é, pelo calendário conhecido como gregoriano. Conforme Ney Moura Teles, "o dia é o período de tempo compreendido entre a meia-noite e a meia-noite seguinte. O mês é contado de acordo com o número de dias que cada um tem: 28 ou 29 (fevereiro), 30 (abril, junho, setembro e novembro) e 31 os demais. O ano terá 365 ou 366 dias".[38]

Contagem do prazo decadencial

⚖️ Consta dos autos que foi apresentada queixa-crime contra a paciente em 17/09/2018. Contudo, o impetrante afirma que a querelante tomou conhecimento da suposta ofensa e da sua autoria em 17/03/2018, motivo pelo qual o prazo decadencial de 6 meses, previsto no art. 38 do Código de Processo Penal, se esgotou em 16/09/2018, conforme contagem disciplinada pelo art. 10 do Código Penal (STJ, HC 491.470/RS, Rel. Min. Reynaldo Soares da Fonseca, 5ª T., *DJe* 29/03/2019).

Nesse sentido:

⚖️ STJ, RHC 51.849/MG, Rel. Min. Ribeiro Dantas, 5ª T., *DJe* 15/12/2017; STJ, APn 390/DF, Rel. Min. Félix Fischer, CE, *RSTJ* 194, p. 21; STJ, APn 350/DF, Rel. Min. Nilson Naves, CE, *RSTJ* 193, p. 21.

Prazo prescricional

⚖️ O prazo de prescrição é prazo de natureza penal, expresso em anos, contando-se na forma preconizada no art. 10 do Código Penal, na linha do calendário comum, o que significa dizer que o prazo de um ano tem início em determinado dia e termina na véspera do mesmo dia do mês e ano subsequentes. Os meses e anos são contados não *ex numero*, mas *ex numeratione dierum*, ou seja, não se atribui 30 dias para o mês, nem 365 dias para o ano, sendo irrelevante o número de dias do mês – 28, 29, 30 e 31 –, mas o espaço entre duas datas idênticas de meses consecutivos (STJ, REsp 188681/SC, Rel. Min. Vicente Leal, 6ª T., *RT* 785, p. 571).

Hora do nascimento

⚖️ A legislação penal sufragou o calendário gregoriano para o cômputo do prazo. O período do dia começa a zero hora e se completa às 24 horas. Inclui-se o dia do começo. A idade é mencionada por ano. Não se leva em conta a hora do nascimento. O dia do começo, normativamente, independe do instante da ocorrência do nascimento. Termina às 24 horas. Assim, a pessoa nascida ao meio-dia completa o primeiro dia de vida à meia-noite (STJ, REsp 16849/SP, Rel. Min. Luiz Vicente Cernicchiaro, 6ª T., *DJ* 14/06/1993, p. 11.792).

Frações não computáveis da pena
Art. 11. Desprezam-se, nas penas privativas de liberdade e nas restritivas de direitos, as frações de dia, e, na pena de multa, as frações de cruzeiro.

Desprezo das frações

O art. 11 do Código Penal determina que sejam desprezadas, nas penas privativas de liberdade e nas restritivas de direito, as frações de dia, e, na pena de multa, as frações de "cruzeiro".

Isso significa que ninguém pode ser condenado, por exemplo, ao cumprimento de uma pena que tenha a duração de um mês e seis horas. Se alguém for encaminhado à penitenciária às 23 horas do dia 08/08/2015, a fim de cumprir uma pena privativa de liberdade correspondente a seis meses de detenção, o primeiro dia, isto é, o dia 08/08/2015, deverá ser incluído no cômputo do cumprimento da pena, não importando se, naquele dia, o condenado tenha permanecido somente uma hora preso.

---

[38] TELES, Ney Moura. *Direito penal – parte geral*, p. 147.

Conforme assevera José Cirilo de Vargas, "as frações do dia obviamente são as horas, os minutos e os segundos. Não tem qualquer sentido o juiz condenar um acusado a um ano, três meses, vinte dias, quinze horas e trinta minutos de pena privativa de liberdade. Desprezam-se, como determina a lei, as horas e os minutos, no caso".[39]

⚖ Não se computam na pena de multa as frações de dia-multa, aplicando-se à mesma, por analogia *in bonam partem*, o princípio do art. 11 do CP, que manda serem desprezadas as frações de dia das penas privativas de liberdade (*RT* 702, p. 362).

Penas pecuniárias

Com a alteração da nossa moeda, onde se lê *cruzeiro*, na segunda parte do art. 11 do Código Penal, leia-se *real*. Aqui, quis o legislador deixar de lado a condenação em centavos. Nos valores correspondentes às penas pecuniárias deverão, portanto, ser desprezadas as frações de real.

Legislação especial

Art. 12. As regras gerais deste Código aplicam-se aos fatos incriminados por lei especial, se esta não dispuser de modo diverso.

Aplicação das regras gerais do Código Penal

À falta de regulamentação específica para os fatos incriminados pela legislação especial, aplicam-se as regras gerais do Código Penal. Contudo, quando o estatuto especial dispuser de modo diverso, suas regras prevalecerão sobre aquelas gerais previstas no Código Penal, a exemplo do que ocorre com a impossibilidade de ser reconhecida a tentativa na hipótese de contravenção penal, haja vista que a regra expressa no art. 4º do diploma especial (Lei das Contravenções Penais) diz *não ser punível a tentativa de contravenção,* razão pela qual ficará afastada a regra constante do art. 14, II, do Código Penal.

⚖ A alteração genérica da legislação, sem explicitação acerca das leis especiais, não pode revogar textos destas últimas (*lex generalis non derogat lex specialis*) *ex vi*, também, art. 12 do Código Penal (STJ, HC 10.440/SP, Rel. Min. Félix Fischer, 5ª T., *DJU* 25/10/99, p. 10).

Princípio da especialidade e a Lei nº 8.072/90

Como regra, o juiz, ao determinar o regime inicial de cumprimento de pena, deverá observar o disposto no art. 33, § 2º, do Código Penal. Assim, por exemplo, aquele que for condenado a uma pena inferior a 8 (oito) anos, presentes os demais requisitos legais, deverá cumpri-la, inicialmente, em regime semiaberto. No entanto, o § 1º do art. 2º da Lei nº 8.072/90, com a Redação dada pela Lei nº 11.464/2007, asse-

vera que a pena, por qualquer dos delitos previstos naquele artigo (crimes hediondos, a prática de tortura e o tráfico de drogas), será cumprida inicialmente em regime fechado. Dessa forma, não importa, por exemplo, que o sujeito tenha sido condenado ao cumprimento de uma pena de cinco anos de reclusão por ter praticado o delito tipificado no art. 33, *caput*, da Lei nº 11.343/2006, que não terá direito ao regime semiaberto, conforme determina o referido art. 33, § 2º, do Código Penal. Aplica-se, *in casu*, o princípio da especialidade, ficando a regra geral, constante do Código Penal, afastada pela regra especial, prevista na Lei nº 8.072/90.

Embora tenha sido uma opção político-criminal a imposição do regime inicial fechado para os crimes previstos na Lei nº 8.072/90, nossos Tribunais Superiores têm quebrado essa regra, em nossa opinião, equivocadamente, ao assim entenderem:

⚖ No tocante ao regime inicial de cumprimento de pena, cumpre destacar que a estipulação do regime inicial fechado – contida no § 1º do art. 2º da Lei nº 8.072, que fora alterado pela Lei nº 11.464/2007 – foi superada pelo Pretório Excelso, órgão responsável pela análise de compatibilidade das leis com a Constituição Federal, em decisões recentes. [...] Diante disso, a Sexta Turma desta Corte adotou o entendimento de que, ante o *quantum* de pena aplicado, é possível a fixação do regime semiaberto ou o aberto para o início do cumprimento da reprimenda reclusiva, em conformidade com o previsto no art. 33 do Código Penal [...]. Registre-se, por oportuno, que o Plenário do Supremo Tribunal Federal, por maioria de votos, [...] declarou incidentalmente a inconstitucionalidade, com efeito *ex nunc*, do § 1º do art. 2.º da Lei nº 8.072/90, com redação dada pela Lei nº 11.464/2007. [...] Assim, restou superada pela Suprema Corte e por este Tribunal Superior a obrigatoriedade do regime inicial fechado aos condenados por tráfico ilícito de entorpecentes" (STJ, HC 429.540/SP, Rel.ª Min.ª Maria Thereza de Assis Moura, 6ª T., *DJe* 09/04/2018).

Nesse sentido:

⚖ STJ, HC 282.232/SP, Rel. Min. Rogério Schietti Cruz, 6ª T., *DJe* 15/05/2015; STJ, HC 313.879/SP, Rel.ª Min.ª Maria Thereza de Assis Moura, 6ª T., *DJe* 13/04/2015.

Princípio da especialidade e a Lei nº 11.343/2006

⚖ Em razão do princípio da especialidade, adotou-se o entendimento da prevalência do rito da Lei de Drogas, que prevê o interrogatório do acusado como primeiro ato da instrução processual (art. 57 da Lei nº 11.343/2006), sobre o procedimento comum ordinário, vedada a combinação de leis processuais, nos termos do art. 394, § 2º, do CPP. Precedentes. A partir da nova orientação firmada pelo Supremo Tribunal Federal, no HC 127.900/AM, o interrogatório

---

[39] VARGAS, José Cirilo de. *Instituições de direito penal* – parte geral, t. I, p. 154.

previsto no art. 400 do CPP, com redação da Lei nº 11.719/2008, aplica-se a todos procedimentos regidos por legislação especial, por se tratar de lei posterior mais benéfica ao acusado. A despeito da modulação dos efeitos da decisão do STF, no julgamento do HC 127.900/AM, não há nulidade na adoção do procedimento insculpido no art. 400 do CPP pela instância ordinária, priorizando o princípio da ampla defesa, seja pela ausência de prejuízo, pois aplicável norma mais benéfica ao réu, seja porque observado o procedimento pertinente. Precedentes (STJ, AgInt no REsp 1.480.236/RS, Rel. Min. Nefi Cordeiro, 6ª T., *DJe* 21/05/2018).

Nesse sentido:

STJ, HC 307.174/SP, Rel. Min. Jorge Mussi, 5ª T., *DJe* 18/04/2016; STJ, HC 328.158/MS, Rel. Min. Ericson Maranho – Desembargador convocado do TJ-SP, 6ª T., *DJe* 16/11/2015.

Título II – Do Crime

Teoria do delito

A Teoria do delito tem a finalidade de identificar os elementos que integram a infração penal, criando um roteiro a ser obrigatoriamente seguido pelos aplicadores do direito, que, por meio dele, poderão concluir ou não pela existência da infração penal. Embora o crime seja insuscetível de fragmentação, pois é um todo unitário,[1] para efeitos de estudo, faz-se necessária a análise de cada uma de suas características ou elementos fundamentais, isto é, o fato típico, a antijuridicidade e a culpabilidade. Podemos dizer que cada um desses elementos, na ordem em que foram apresentados, é um antecedente lógico e necessário à apreciação do elemento seguinte. Welzel, dissertando sobre o tema, diz: "A tipicidade, a antijuridicidade e a culpabilidade são três elementos que convertem uma ação em um delito. A culpabilidade – a responsabilidade pessoal por um fato antijurídico – pressupõe a antijuridicidade do fato, do mesmo modo que a antijuridicidade, por sua vez, tem de estar concretizada em tipos legais. A tipicidade, a antijuridicidade e a culpabilidade estão relacionadas logicamente de tal modo que cada elemento posterior do delito pressupõe o anterior."[2]

Distinção entre crimes/delitos e as contravenções penais

Não existe diferença substancial entre um crime (que significa o mesmo que delito) e uma contravenção penal. O legislador, mediante critério político criminal, ao proibir determinado comportamento sob ameaça de sanção de natureza penal, é que fará a opção, de acordo com a gravidade do fato. Como, na verdade, é a pena cominada em abstrato que dita essa gravidade, o art. 1º da Lei de Introdução ao Código Penal (Decreto-Lei nº 3.914, de 9 de dezembro de 1941) criou um critério de distinção entre o crime e a contravenção penal, dizendo: *Art. 1º Considera-se crime a infração penal a que a lei comina pena de reclusão ou de detenção, quer isoladamente, quer alternativa ou cumulativamente com a pena de multa; contravenção, a infração penal a que a lei comina, isoladamente, pena de prisão simples ou multa, ou ambas, alternativa ou cumulativamente.*

A quebra do critério de distinção pela Lei nº 11.343/2006

Embora o art. 1º da Lei de Introdução ao Código Penal nos forneça um critério para a distinção entre crime e contravenção penal, essa regra foi quebrada pela Lei nº 11.343/2006, haja vista que, ao cominar, no preceito secundário do seu art. 28, as penas relativas ao delito de *consumo de drogas*, não fez previsão de qualquer pena privativa de liberdade (reclusão, detenção ou prisão simples), tampouco da pena pecuniária (multa). Assim, analisando o mencionado art. 28, como podemos saber se estamos diante de um crime ou de uma contravenção penal? A saída será levar a efeito uma interpretação sistêmica do artigo, que está inserido no Capítulo III, que diz respeito aos crimes e às penas. Assim, de acordo com a redação constante do aludido capítulo, devemos concluir que o *consumo de drogas* faz parte do rol dos crimes, não se tratando, pois, de contravenção penal.

⚖ O art. 1º da LICP – que se limita a estabelecer um critério que permite distinguir quando se está diante de um crime ou de uma contravenção – não obsta a que lei ordinária superveniente adote outros critérios gerais de distinção, ou estabeleça para determinado crime – como o fez o art. 28 da Lei nº 11.343/2006 – pena diversa da privação ou restrição da liberdade, a qual constitui somente uma das opções constitucionais passíveis de adoção pela lei incriminadora (CF/88, art. 5º, XLVI e XLVII) (STF, RE-QO 430105/RJ, Min. Sepúlveda Pertence, 1ª T., DJ 27/04/2007, p. 69).

Luiz Flávio Gomes, no entanto, dissertando contrariamente à posição por nós defendida, aduz que "a posse de droga para consumo pessoal passou a configurar uma infração *sui generis*. Não se trata de 'crime' nem de 'contravenção penal' porque somente foram cominadas penas alternativas, abandonando-se a pena de prisão. Adotava-se no Brasil o sistema bipartido, que significava o seguinte: infração penal é um gênero que comportava duas espécies, que são o crime ou o delito e as contravenções penais. Agora temos um sistema tripartido: crime ou delito, contravenções penais e infração *sui generis*".[3]

---

[1] Francisco Bueno Arús, dissertando sobre o conceito unitário do crime, diz, com acerto: "Penso que a Escola penalista nazista de Kiel tinha razão em um ponto: que o delito é *um ente unitário*, não fracionável em partes, perceptível pelo intelecto de maneira global, ainda que, para compreender melhor sua essência, seja didático explicar sucessivamente seus diversos caracteres" (*La ciencia del derecho penal* – um modelo de inseguridad jurídica, p. 67).

[2] WELZEL, Hans. *Derecho penal alemán*, p. 57.

[3] GOMES, Luiz Flávio; BIANCHINI, Alice; CUNHA Rogério Sanches; OLIVEIRA, William Terra de. *Nova lei de drogas comentada*, p. 110.

Conceito de crime

No Brasil, não existe um conceito legal de crime, ficando esse conceito a cargo da doutrina. Embora a Lei de Introdução ao Código Penal nos forneça um critério de distinção entre o crime e a contravenção penal, pela leitura do seu art. 1º não conseguimos destacar os elementos ou características indispensáveis ao conceito de infração penal. Esse, na verdade, é um conceito que veio evoluindo ao longo dos anos, sendo que várias teorias surgiram com a finalidade de explicá-lo.

Conceitos formal e material de crime

Não foram poucos os doutrinadores que, durante anos, tentaram fornecer esse conceito de delito. Interessa-nos, no momento, refletir somente sobre aqueles mais difundidos. Assim, mesmo que de maneira breve, faremos a análise dos seguintes conceitos:[4]

a) formal;

b) material.

Conforme os ensinamentos de Bettiol, "duas concepções opostas se embatem entre si com a finalidade de conceituar o crime: uma, de caráter formal, outra, de caráter substancial. A primeira atém-se ao crime *sub especie iuris*, no sentido de considerar o crime 'todo o fato humano, proibido pela lei penal'. A segunda, por sua vez, supera este formalismo considerando o crime 'todo o fato humano lesivo de um interesse capaz de comprometer as condições de existência, de conservação e de desenvolvimento da sociedade'."[5]

Sob o aspecto formal, crime seria toda conduta que atentasse, que colidisse frontalmente contra a lei penal editada pelo Estado. Considerando-se seu aspecto material, conceituamos o crime como aquela conduta que viola os bens jurídicos mais importantes.

Na verdade, os conceitos formal e material não traduzem com precisão o que seja crime.

Conceito analítico de crime

O conceito analítico do crime procura, como sua própria denominação sugere, analisar os elementos ou características que integram a infração penal, permitindo ao intérprete, após sua averiguação, concluir ou não pela sua prática. Assis Toledo, discorrendo sobre o tema, esclarece que, "substancialmente, o crime é um fato humano que lesa ou expõe a perigo bens jurídicos (jurídico-penais) protegidos. Essa definição é, porém, insuficiente para a dogmática penal, que necessita de outra mais analítica, apta a pôr à mostra os aspectos essenciais ou os elementos estruturais do conceito de crime. E dentre as várias definições analíticas que têm sido propostas por importantes penalistas, parece-nos mais aceitável a que considera as três notas fundamentais do fato-crime, a saber: ação típica (tipicidade), ilícita ou antijurídica (ilicitude) e culpável (culpabilidade). O crime, nessa concepção que adotamos, é, pois, ação típica, ilícita e culpável."[6]

Elementos que integram o conceito analítico de crime

Segundo a maioria dos doutrinadores, para que se possa falar em crime é preciso que o agente tenha praticado uma ação típica, ilícita e culpável. Alguns autores, a exemplo de Mezger e, entre nós, Basileu Garcia, sustentam que a punibilidade também integra tal conceito, sendo o crime, pois, uma ação típica, ilícita, culpável e punível. Estamos com Juarez Tavares,[7] que assevera que a punibilidade não faz parte do delito, sendo somente sua consequência.

A função do conceito analítico[8] é a de analisar todos os elementos ou características que integram o conceito de infração penal sem que com isso se queira fragmentá-lo. O crime é, certamente, um todo unitário e indivisível. Ou o agente comete o delito (fato típico, ilícito e culpável) ou o fato por ele praticado será considerado um indiferente penal. O estudo estratificado ou analítico permite-nos, com clareza, verificar a existência ou não da infração penal; daí sua importância.

Na precisa lição de Roxin, "quase todas as teorias do delito até hoje construídas são sistemas de elementos, isto é, elas dissecam o comportamento delitivo em um número de diferentes elementos (objetivos, subjetivos, normativos, descritivos etc.), que são posicionados nos diversos estratos da construção do crime, constituindo algo como um mosaico do quadro legislativo do fato punível. Esta forma de proceder acaba

---

[4] "Conceito definitorial de delito – segundo a teoria do *labeling approach* (ou teoria do etiquetamento). Para esta teoria, o delito carece de consistência material (ou ontológica), mas, mais do que isso, são os processos de reação social – é dizer, o controle social mesmo – que criam a conduta desviada, ou seja, a conduta não é desviada *em si* (qualidade negativa inerente à conduta), mas em razão dum processo social – arbitrário e discriminatório – de reação e seleção. O delito (comportamento desviado, por excelência) é, em consequência, uma *etiqueta*, que se associa a certas pessoas, sobretudo em razão do seu *status* social (do delinquente) e da vítima, da repercussão social, das suas consequências, da reação das partes envolvidas etc." (Queiroz, Paulo de Souza. *Direito penal* – Introdução crítica, p. 95-96).

[5] BETTIOL, Giuseppe. *Direito penal*, v. I, p. 209.

[6] TOLEDO, Francisco de Assis. *Princípios básicos de direito penal*, p. 80.

[7] TAVARES, Juarez. *Teorias do delito*, p. 1.

[8] Conforme esclarece Cezar Roberto Bitencourt, "a elaboração do conceito analítico começou com Carmignani (1833), embora encontre antecedentes em Deciano (1551) e Bohemero (1732). Para Carmignani, a ação delituosa compor-se-ia do concurso de uma força física e de uma força moral. A força física estaria a ação executora do dano material do delito, e na força moral situar-se-ia a culpabilidade e o dano moral do delito. Essa construção levou ao sistema bipartido do conceito clássico de crime, dividido em aspectos objetivo e subjetivo. A construção do conceito analítico do delito, no entanto, veio a completar-se com a contribuição decisiva de Beling (1906), com a introdução do elemento tipicidade. Embora a inicialmente confusa e obscura definição desses elementos estruturais, que se depuraram ao longo do tempo, o conceito analítico, predominante, passou a definir o crime como ação típica, antijurídica e culpável" (BITENCOURT, Cezar Roberto; MUÑOZ CONDE, Francisco. *Teoria geral do delito*, p. 22).

levando a que se voltem grandes esforços à questão sobre que posicionamento no sistema do delito deve ocupar esta ou aquela elementar do crime; pode-se descrever a história da teoria do delito nas últimas décadas como uma migração de elementares dos delitos entre diferentes andares do sistema".[9]

Adotamos, portanto, de acordo com essa visão analítica, o conceito de crime como o *fato típico, ilícito e culpável*.

O *fato típico*, segundo uma visão finalista, é composto dos seguintes elementos:

a) *conduta* dolosa ou culposa, comissiva ou omissiva;

b) *resultado*;

c) *nexo de causalidade* entre a conduta e o resultado;

d) *tipicidade* (formal e conglobante).

A *ilicitude*, termo sinônimo de antijuridicidade, é aquela relação de contrariedade, de antagonismo, que se estabelece entre a conduta do agente e o ordenamento jurídico. A licitude ou a juridicidade da conduta praticada é encontrada por exclusão, ou seja, somente será lícita a conduta se o agente houver atuado amparado por uma das causas excludentes da ilicitude previstas no art. 23 do Código Penal. Além das causas legais de exclusão da antijuridicidade, a doutrina ainda faz menção a outra, de natureza supralegal, qual seja, o *consentimento do ofendido*. Contudo, para que possa ter o condão de excluir a ilicitude, é preciso, quanto ao consentimento:

a) que o ofendido tenha capacidade para consentir;

b) que o bem sobre o qual recaia a conduta do agente seja disponível;

c) que o consentimento tenha sido dado anteriormente, ou pelo menos numa relação de simultaneidade à conduta do agente. Ausente um desses requisitos, o consentimento do ofendido não poderá afastar a ilicitude do fato.

Culpabilidade é o juízo de reprovação pessoal que se faz sobre a conduta ilícita do agente. São elementos integrantes da culpabilidade, de acordo com a concepção finalista por nós assumida:

a) imputabilidade;

b) potencial consciência sobre a ilicitude do fato;

c) exigibilidade de conduta diversa.

Assim, na precisa conceituação de Zaffaroni, "delito é uma conduta humana individualizada mediante um dispositivo legal (tipo) que revela sua proibição (típica), que por não estar permitida por nenhum preceito jurídico (causa de justificação) é contrária ao ordenamento jurídico (antijurídica) e que, por ser exigível do autor que atuasse de outra maneira nessa circunstância, lhe é reprovável (culpável)".[10]

Zaffaroni e Pierangeli[11] querendo, figurativamente, demonstrar o conceito analítico de crime, o comparam a uma rocha. Aduzem que para que a rocha possa ser estudada com mais detalhes pelos geólogos é preciso que seja cortada em estratos, sem que com isso fique descaracterizada. Trazendo essa lição para o Direito Penal, surge, tomando empréstimo da geologia, o chamado *conceito estratificado de crime*, que quer dizer o mesmo que conceito analítico. Asseveram os autores que o crime é composto pelos seguintes estratos: ação típica, ilicitude e culpabilidade.

Muñoz Conde acrescenta, ainda, mais uma característica ao conceito analítico do crime, qual seja, a *punibilidade*. Para o renomado professor espanhol, a infração penal é, portanto, definida analiticamente como uma *ação ou omissão típica, antijurídica, culpável e punível*.[12]

Há autores, no entanto, a exemplo de Damásio,[13] Dotti,[14] Mirabete[15] e Delmanto,[16] que entendem que o crime, sob o aspecto formal, é um fato típico e antijurídico, sendo que a culpabilidade é um pressuposto para a aplicação da pena.

Conduta

A ação, ou conduta, compreende qualquer comportamento humano *comissivo* (positivo) ou *omissivo* (negativo), podendo ser ainda *dolosa* (quando o agente quer ou assume o risco de produzir o resultado) ou *culposa* (quando o agente infringe o seu dever de cuidado, atuando com negligência, imprudência ou imperícia).

Conduta praticada por pessoa jurídica

A pessoa jurídica não pratica uma conduta, mas sim uma *atividade*, conforme se depreende do § 3º do art. 225 da Constituição Federal e da Lei nº 9.605/98.

⚖ Embora num primeiro momento o elemento volitivo necessário para a configuração de uma conduta delituosa tenha sido considerado o óbice à responsabilização criminal da pessoa jurídica, é certo que nos dias atuais esta é expressamente admitida, conforme preceitua, por exemplo, o art. 225, § 3º, da Constituição Federal. E ainda que tal responsabilização seja possível apenas nas hipóteses legais, não há dúvidas de que a personalidade fictícia atribuída à pessoa jurídica não pode servir de artifício para a prática de

[9] ROXIN, Claus. *Política criminal e sistema jurídico-penal*, p. 85-86.

[10] ZAFFARONI, Eugenio Raúl. *Manual de derecho penal – parte general*, p. 324.

[11] ZAFFARONI, Eugenio Raúl; PIERANGELI, José Henrique. *Manual de direito penal brasileiro*.

[12] BITENCOURT, Cezar Roberto; MUÑOZ CONDE, Francisco. *Teoria geral do delito*, p. 5.

[13] JESUS, Damásio E. de. *Direito penal – parte geral*, p. 94.

[14] DOTTI, René Ariel. *Curso de direito penal – parte geral*, p. 335-339.

[15] MIRABETE, Julio Fabbrini. *Manual de direito penal – parte geral*, p. 94.

[16] DELMANTO, Celso. *Código penal comentado*, p. 18-19.

condutas espúrias por parte das pessoas naturais responsáveis pela sua condução. Com base nestas considerações é que se sedimentou o entendimento no sentido de que nos crimes societários, embora a denúncia não possa ser de todo genérica, é válida quando, apesar de não descrever minuciosamente as atuações individuais dos acusados, demonstra um liame entre o seu agir e a suposta prática delituosa, caracterizado pela condição de sócios ou administradores da pessoa jurídica, estabelecendo a plausibilidade da imputação e possibilitando o exercício da ampla defesa, caso em que se consideram preenchidos os requisitos do art. 41 do Código de Processo Penal (STJ, EDcl no AgRg no AREsp 774.580/SC, Rel. Min. Jorge Mussi, 5ª T., *DJe* 1º/06/2018).

Nesse sentido:

⚖ STJ, RHC 69.896/SP, Rel. Min. Nefi Cordeiro, 6ª T., *DJe* 12/05/2016; STJ, EDcl no REsp 622724/SC, Rel. Min. Felix Fischer, 5ª T., *DJ* 29/08/2005, p. 385.

Responsabilidade penal da pessoa jurídica (Sistema ou teoria da dupla imputação)

⚖ [...] o Pretório Excelso e este Superior Tribunal de Justiça, revendo posicionamento firmado anteriormente, abandonaram a teoria da dupla imputação ou da coautoria necessária, tendo em vista que o art. 225, § 3º, da Constituição Federal não condiciona a responsabilização penal da pessoa jurídica por crimes ambientais à simultânea persecução penal da pessoa física em tese responsável no âmbito da empresa [...]. [...] é admitida a responsabilização penal da pessoa física, ainda que absolvida a pessoa jurídica, porquanto inexiste imposição legal da dupla imputação das pessoas física e jurídica nos crimes ambientais [...]. (Informações Complementares à Ementa) (AgRg no AREsp 1.465.998/DF, Rel. Min. Jorge Mussi, 5ª T., julgado em 04/08/2020, *DJe* 31/08/2020).

Nesse sentido:

⚖ STJ, AgRg no RMS 48.851/PA, Rel. Min. Nefi Cordeiro, 6ª T., *DJe* 26/02/2018; AgRg nos EDcl no RMS 50.590/ES, Rel. Min. Felix Fischer, 5ª T., j. 12/09/2017, *DJe* 18/09/2017; STJ, RMS 49.909/SC, Rel. Min. Reynaldo Soares da Fonseca, 5ª T., *DJe* 21/06/2017; STJ, RHC 64.219/MS, Rel. Min. Reynaldo Soares da Fonseca, 5ª T., *DJe* 30/03/2016; TRF 1ª Reg., RSE 0001713-44.2012.4.01.3809/MG, Rel. Des. Fed. Henrique Gouveia da Cunha, *DJe* 24/01/2014; TJMG, HC 0606801-26.2012.8.13.0000, Rel. Des. Rubens Gabriel Soares, *DJe* 29/06/2012; STJ, REsp 889528/SC, Rel. Min. Felix Fischer, 5ª T., *DJ* 18/06/2007, p. 303; STJ, REsp 564960/

SC; REsp 2003/01073684, Rel. Min. Gilson Dipp; 5ª T., *DJ* 13/06/2005, p. 331; *RDR* 34, p. 419.

Conceito de ação – causal, final e social

Segundo a concepção causalista, devemos analisar o conceito de ação em dois momentos diferentes. O primeiro, proposto inicialmente pela teoria clássica, no sistema causal-naturalista criado por Liszt e Beling, diz ser a ação o movimento humano voluntário produtor de uma modificação no mundo exterior. Nas palavras de Franz von Liszt, "ação é, pois, o fato que repousa sobre a vontade humana, a mudança do mundo exterior referível à vontade do homem. Sem ato de vontade não há ação, não há injusto, não há crime: *cogitationis poenam nemo patitur*. Mas também não há ação, não há injusto, não há crime sem uma mudança operada no mundo exterior, sem um resultado".[17]

A concepção clássica recebeu inúmeras críticas no que diz respeito ao conceito de ação por ela proposto, puramente natural, uma vez que, embora conseguisse explicar a ação em sentido estrito, não conseguia solucionar o problema da omissão.

Ainda de acordo com a concepção causalista, mas, agora, num momento posterior, segundo a teoria neoclássica, a ação, nas lições de Paz Aguado, "deixa de ser absolutamente natural para estar inspirada de um certo sentido normativo que permita a compreensão tanto da ação em sentido estrito (positiva) como a omissão. Agora a ação se define como o comportamento humano voluntário manifestado no mundo exterior".[18] Com o finalismo de Welzel,[19] a ação passou a ser concebida como o *exercício de uma atividade final*.[20] É a ação, portanto, um comportamento humano voluntário, dirigido a uma finalidade qualquer. O homem, quando atua, seja fazendo ou deixando de fazer alguma coisa a que estava obrigado, dirige a sua conduta sempre à determinada finalidade, que pode ser *ilícita* (quando atua com dolo, por exemplo, querendo praticar qualquer conduta proibida pela lei penal) ou *lícita* (quando não quer cometer delito algum, mas que, por negligência, imprudência ou imperícia, causa um resultado lesivo, previsto pela lei penal).

De acordo com a teoria social da ação, conforme preleciona Daniela de Freitas Marques, "o conceito jurídico de comportamento humano é toda atividade humana *social* e *juridicamente relevante*, segundo os padrões axiológicos de uma determinada época, dominada ou dominável pela vontade".[21] Ou, ainda, segundo as palavras de Johannes Wessels, um dos

---

[17] VON LISZT, Franz. *Tratado de direito penal alemão*, t. I, p. 193.

[18] CUESTA AGUADO, Paz Mercedes de La. *Tipicidad e imputación objetiva*, p. 48.

[19] WELZEL, Hans. *Derecho penal alemán*, p. 39.

[20] "O ponto de partida do modelo final de ação é a distinção entre *fato natural* e *ação humana*: o fato natural é fenômeno determinado pela causalidade, um produto mecânico de relações causais cegas; a ação humana é acontecimento dirigido pela vontade consciente do fim. Na ação humana, a vontade é a energia produtora da ação, enquanto a consciência do fim é sua direção inteligente: a finalidade dirige a causalidade para configurar o futuro conforme o plano do autor" (Santos, Juarez Cirino dos. *A moderna teoria do fato punível*, p. 15).

[21] MARQUES, Daniela de Freitas. *Elementos subjetivos do injusto*, p. 67.

maiores defensores dessa teoria, "o conceito de ação, comum a todas as formas de conduta, reside na relevância social da ação ou da omissão. Interpreta a ação como fator estruturante conforme o sentido da realidade social, com todos os seus aspectos pessoais, finalistas, causais e normativos".[22]

Ausência de conduta

A ação regida pela vontade é sempre uma ação final, isto é, dirigida à consecução de um fim. Se não houver vontade dirigida a uma finalidade qualquer, não se pode falar em conduta. Preleciona Zaffaroni: "A vontade implica sempre uma finalidade, porque não se concebe que haja vontade de nada ou vontade para nada; sempre a vontade é vontade de algo, quer dizer, sempre a vontade tem um conteúdo, que é uma finalidade."[23]

Se o agente não atua dolosa ou culposamente, não há ação. Isso pode acontecer quando o sujeito se vir impedido de atuar, como nos casos de:

a)   força irresistível;
b)   movimentos reflexos;
c)   estados de inconsciência.

Fases de realização da ação

Para que o agente possa alcançar sua finalidade, sua ação deve passar, necessariamente, por duas fases: interna e externa.

A fase interna, na lição de Welzel,[24] é aquela que transcorre na "esfera do pensamento" e é composta:

a)   pela representação e pela antecipação mental do resultado a ser alcançado;
b)   pela escolha dos meios a serem utilizados;
c)   pela consideração dos efeitos colaterais ou concomitantes à utilização dos meios escolhidos.

Na fase externa, o agente exterioriza tudo aquilo que havia arquitetado mentalmente, colocando em prática o plano criminoso, procedendo a uma realização no mundo exterior.

Inicialmente, pensávamos que essas fases de realização da ação diziam respeito, tão somente, às ações de natureza dolosa, tanto é que, em edições anteriores, colocamos essa observação em nota de rodapé.

No entanto, analisando mais detidamente, percebemos que também podem ser atribuídas às ações culposas, cuja finalidade, como regra, será lícita. Assim, por exemplo, aquele que almeja chegar à casa mais cedo, a fim de assistir a uma partida de futebol, representa e antecipa mentalmente o que quer fazer. Em seguida, escolhe os meios para que chegue até sua

casa. Suponhamos que, nesse caso, tenha optado por dirigir. Contudo, devido à sua pressa em chegar mais cedo em casa, imprime velocidade excessiva. Isso permite raciocinar com a possibilidade de ocorrência de efeitos colaterais ou concomitantes a esse comportamento, vale dizer, a possibilidade de colidir com outro veículo, de atropelar um pedestre etc. Muñoz Conde, exemplificando, assevera:

"Quando o autor conduz um carro além da velocidade permitida pode pretender uma finalidade absolutamente lícita (chegar a tempo ao local de trabalho), mas, os meios empregados para isso (conduzir imprudentemente um carro) ou os efeitos concomitantes (a morte de um pedestre atropelado) são valorados pela lei penal".[25]

O raciocínio, portanto, é o mesmo que se faz quando a ação é de natureza dolosa só que, como se percebe, com características especiais, já que a finalidade do agente é lícita.

Tipo penal

Tipo, como a própria denominação induz, é o modelo, o padrão de conduta que o Estado, por meio de seu único instrumento – a lei –, visa impedir que seja praticada, ou determina que seja levada a efeito por todos nós. A palavra tipo, na lição de Cirilo de Vargas, "constitui uma tradução livre do vocábulo *Tatbestand*, empregada no texto do art. 59 do código penal alemão de 1871, e provinha da expressão latina *corpus delicti*. O tipo, portanto, é a descrição precisa do comportamento humano, feita pela lei penal."[26] É, também, a *fattispecie*, o *fatto típico* ou simplesmente o *fatto* do Direito Penal italiano, conforme assevera Sheila Selim.[27]

Tipicidade penal

Tipicidade diz respeito à subsunção perfeita da conduta praticada pelo agente ao modelo abstrato previsto na lei penal, isto é, a um tipo penal incriminador, ou, conforme preceitua Muñoz Conde, "é a adequação de um fato cometido à descrição que dele se faz na lei penal. Por imperativo do princípio da legalidade, em sua vertente do *nullum crimen sine lege*, só os fatos tipificados na lei penal como delitos podem ser considerados como tal".[28] Entretanto, esse conceito de simples acomodação do comportamento do agente ao tipo não é suficiente para que possamos concluir pela tipicidade penal, uma vez que esta é formada pela conjugação da tipicidade formal (ou legal) com a tipicidade conglobante.

---

[22] WESSELS, Johannes. *Derecho penal* – parte general, p. 23-24.

[23] ZAFFARONI, Eugenio Raúl. *Manual de derecho penal* – parte general, p. 342.

[24] WELZEL, Hans. *Derecho penal alemán*, p. 40.

[25] MUÑOZ CONDE, Francisco. *Teoría general del delito*, p. 28.

[26] VARGAS, José Cirilo de. *Do tipo penal*, p. 19.

[27] SALES, Sheila Jorge Selim de. *Dos tipos plurissubjetivos*, p. 23.

[28] MUÑOZ CONDE, Francisco. *Teoria geral do delito*, p. 41.

⚖ (...) A posse irregular de munições por agente dotado de periculosidade, mesmo sem arma de fogo a pronto alcance, reduz de forma relevante o nível de segurança pública, bem tutelado pelo art.12 da Lei de Armas, o que torna formal e materialmente típica a conduta (...) (AgRg no RHC 133.381/RN, Rel. Min. Rogerio Schietti Cruz, 6ª T., julgado em 06/10/2020, *DJe* 16/10/2020).

Tipicidade formal

Mediante o conceito de tipicidade formal podemos verificar se o comportamento praticado pelo agente encontra moldura em alguma das figuras típicas previstas em nosso ordenamento jurídico-penal. Assim, por exemplo, na hipótese de o agente derrubar, culposamente, uma prateleira de cristais no interior de uma loja de departamentos, concluiríamos pela ausência de tipicidade formal, tendo em vista a falta de previsão legal, no Código Penal, para a conduta que, culposamente, vier a destruir, inutilizar ou deteriorar coisa alheia.

Tipicidade conglobante

Para que ocorra a chamada tipicidade conglobante, devemos verificar se o comportamento formalmente típico praticado pelo agente é: *a)* antinormativo; *b)* materialmente típico. A tipicidade conglobante surge quando comprovado, no caso concreto, que a conduta praticada pelo agente é considerada antinormativa, isto é, contrária à norma penal, e não imposta ou fomentada por ela, bem como ofensiva a bens de relevo para o Direito Penal (tipicidade material).

Explicando o conceito de antinormatividade, Zaffaroni e Pierangeli, exemplificando com o caso de um oficial de justiça que, cumprindo uma ordem de penhora e sequestro de um quadro, de propriedade de um devedor a quem se executa em processo regular, por seu legítimo credor, para a cobrança de um crédito vencido, aduzem: "A lógica mais elementar nos diz que o tipo não pode proibir o que o direito ordena e nem o que ele fomenta. Pode ocorrer que o tipo legal pareça incluir estes casos na tipicidade, como sucede com o do oficial de justiça, e, no entanto, quando penetramos um pouco mais no alcance da norma que está anteposta ao tipo, nos apercebemos que, interpretada como parte da ordem normativa, a conduta que se ajusta ao tipo legal não pode estar proibida, porque a própria ordem normativa a ordena e a incentiva".[29] A tipicidade material, a seu turno, que integra o conceito de tipicidade conglobante, seria o critério por meio do qual se afere a importância do bem no caso concreto, sendo o lugar apropriado para a análise do chamado princípio da insignificância.

⚖ A tipicidade conglobante surge quando comprovado, no caso concreto, que a conduta praticada pelo agente é considerada antinormativa, isto é, contrária à norma penal, e não imposta ou fomentada por ela, bem como ofensiva a bens de relevo para o Direito Penal (tipicidade material). Na lição de Zaffaroni e Pierangeli, não é possível que no ordenamento jurídico, que se entende como perfeito, uma norma proíba tudo aquilo que outra imponha ou fomente. (...). Portanto, a antinomia existente deverá ser solucionada pelo próprio ordenamento jurídico" (GRECO, Rogério. *Curso de Direito Penal*: Parte Geral. 20 ed. Niterói/RJ: Impetus, 2018, p. 261/262). (...) (STJ, Embargos Declaratórios no Agravo Regimental nos Embargos Declaratórios no Agravo em Recurso Especial 1.421.747/SC, 5ª T., unânime, Rel. Min. Joel Ilan Paciornik, julgado em 10/03/2020, *DJ* 19/05/2020).

Nesse sentido:

⚖ STJ, AgRg no HC 420.513/MG, Rel.ª Min.ª Maria Thereza, 6ª T., *DJe* 27/03/2018; STJ, REsp 1.464.450/SC, Rel. Min. Joel Ilan Paciornik, 5ª T., *DJe* 23/08/2017; STJ, HC 318.043/MS, Rel. Min. Felix Fischer, 5ª T., *DJe* 23/06/2015; TJ-RJ, AC 0048767-49.2009.8.19.0002, Rel. Des. Paulo Rangel, *DJe* 24/03/2015; STJ, REsp 457679/RS, Rel. Min. Felix Fischer, 5ª T., *DJ* 04/08/2003, p. 368.

Adequação típica

Poderá ser compreendida como de subordinação imediata (direta) ou de subordinação mediata (indireta). *Adequação típica de subordinação imediata ou direta* – Ocorrerá quando houver perfeita adequação entre a conduta do agente e o tipo penal incriminador. No homicídio, por exemplo, haverá essa adequação quando houver a morte da vítima. A partir daí, poderemos falar em adequação típica de subordinação imediata, pois a conduta do agente se amoldou diretamente ao tipo previsto no art. 121 do Código Penal. Se neste há descrição da conduta de "matar alguém" e se o agente causou a morte de seu semelhante, seu comportamento se subsume perfeitamente ao modelo abstrato previsto na lei penal (tipo). *Adequação típica de subordinação mediata ou indireta* – Pode acontecer ainda que, embora o agente atue com vontade de praticar a conduta proibida por determinado tipo incriminador, seu comportamento não consiga se adequar diretamente a essa figura típica. É o caso, por exemplo, da tentativa de homicídio. Se João, querendo causar a morte de Antônio, contra ele vier a descarregar toda a munição existente em sua arma e, mesmo assim, errar o alvo, sua conduta não se adequará imediatamente àquela descrita no art. 121 do Código Penal, uma vez que este exige o resultado morte da vítima.

Fases de evolução do tipo

Podemos destacar três fases na evolução do tipo. Inicialmente, o tipo possuía caráter puramente descritivo. Não havia sobre ele valoração alguma, servindo tão somente para descrever as condutas proibidas

---

[29] ZAFFARONI, E. Raúl; PIERANGELI, J. Henrique. *Manual de direito penal brasileiro*, p. 458.

(comissivas ou omissivas) pela lei penal. Beling, citado por Cirilo de Vargas, dissertando sobre a evolução do conceito de tipo, diz que, "no primeiro momento, é concebida como descrição pura, sendo os fatos típicos conhecidos independentemente de juízos de valor".[30]

Na lição de Fragoso, "com a obra de Beling, *Die Lehre von Verbrechen*, publicada em 1906, o conceito de *Tatbestand*, ou seja, o conceito de tipo, assumiu um significado técnico mais restrito. Para Beling, o tipo não tem qualquer conteúdo valorativo, sendo meramente objetivo e descritivo, representando o lado exterior do delito, sem qualquer referência à antijuridicidade e à culpabilidade. Haveria no tipo, tão somente, uma delimitação descritiva de fatos relevantes penalmente, sem que isso envolvesse uma valoração jurídica dos mesmos".[31] Numa segunda fase, o tipo passou a ter caráter indiciário da ilicitude. Isso quer dizer que quando o agente pratica um fato típico, provavelmente, esse fato também será antijurídico. A tipicidade de um comportamento, segundo Muñoz Conde, "não implica, pois, a sua antijuridicidade, senão apenas indício de que o comportamento pode ser antijurídico (função indiciária do tipo)".[32] O tipo, portanto, exercendo essa função indiciária, é considerado a *ratio cognoscendi* da antijuridicidade. Conforme preleciona Zaffaroni, "a tipicidade opera como um indício de antijuridicidade, como um desvalor provisório, que deve ser configurado ou desvirtuado mediante a comprovação de causas de justificação. Em razão disso é que Max Ernst Mayer fazia um gráfico da relação entre a tipicidade e a antijuridicidade dizendo que ambas se comportavam como a fumaça e o fogo respectivamente, quer dizer que a fumaça (tipicidade) seria um indício do fogo (antijuridicidade)".[33]

Na terceira fase, o tipo passou a ser a própria razão de ser da ilicitude, a sua *ratio essendi*. Não há que se falar em fato típico se a conduta praticada pelo agente for permitida pelo ordenamento jurídico. É como se houvesse uma fusão entre o fato típico e a antijuridicidade, de modo que, se afastássemos a ilicitude, estaríamos eliminando o próprio fato típico.

Fontán Balestra, analisando a teoria da *ratio essendi*, diz que para Mezger o tipo é "o injusto descrito concretamente pela lei em seus diversos artigos e a cuja realização vai ligada à sanção penal. E, ao tratar a tipicidade dentro do estudo da antijuridicidade, adota Mezger uma posição extrema com respeito à de Beling: o que atua tipicamente, diz, atua também antijuridicamente, enquanto não houver uma causa de exclusão do injusto. O tipo jurídico-penal que descreve dito atuar típico tem, portanto, a mais alta significação no referente à existência da antijuridicidade penalmente relevante da ação: é fundamento real e de validez (*ratio essendi*) da antijuridicidade".[34]

Teoria dos elementos negativos do tipo

Como consequência da adoção do conceito de ser o tipo a *ratio essendi* da antijuridicidade, surgiu a chamada teoria dos elementos negativos do tipo. Para essa teoria, em síntese, toda vez que não for ilícita a conduta do agente não haverá o próprio fato típico. É que, para ela, estando a antijuridicidade fazendo parte do tipo penal, se a conduta do agente for lícita em virtude da existência de uma causa de justificação, o fato deixará de ser típico. As causas de justificação (art. 23 do Código Penal), portanto, servem como elementos negativos do tipo, pois, se presentes no caso concreto, conduzirão à atipicidade do comportamento praticado pelo agente.

Classificação dos tipos penais

Tipo básico e tipos derivados

Entende-se por tipo básico ou fundamental o modelo mais simples da descrição da conduta proibida ou imposta pela lei penal. Com base nessa forma mais simples, surgem os chamados tipos derivados que, em virtude de determinadas circunstâncias, podem aumentar ou diminuir a reprimenda prevista no tipo básico. Os tipos derivados podem ser, portanto, qualificados ou privilegiados.

Os dados que compõem o tipo básico ou fundamental (inserido no *caput*) são elementares (*essentialia delicti*); aqueles que integram o acréscimo, estruturando o tipo derivado (qualificado ou privilegiado) são circunstâncias (*accidentalia delicti*) (STJ, REsp 1.415.502/MG, Rel. Min. Felix Fischer, 5ª T., *DJe* 17/02/2017).

Tipos normais e tipos anormais (classificação ultrapassada)

Falava-se em tipos normais e anormais quando predominava, em nosso Direito Penal, a teoria causal, natural ou mecanicista da ação. Dizia-se que tipo normal era aquele que continha apenas elementos objetivos (descritivos) e tipo anormal aquele que, além dos elementos objetivos, vinha impregnado de elementos subjetivos e normativos. Hoje em dia, tal distinção perdeu o sentido, já que em todos os tipos podemos visualizar, de acordo com uma concepção finalista, tanto os elementos subjetivos quanto os necessários elementos objetivos.

---

[30] BELING apud Vargas, José Cirilo de. *Do tipo penal*, p. 21.

[31] FRAGOSO, Heleno Cláudio. *Conduta punível*, p. 117-118.

[32] MUÑOZ CONDE, Francisco. *Teoria geral do delito*, p. 43.

[33] ZAFFARONI, Eugenio Raúl. *Manual de derecho penal* – parte general, p. 387.

[34] FONTÁN BALESTRA, Carlos. *Misión de garantía del derecho penal*, p. 31-32.

Tipos fechados e tipos abertos

Fechados são os tipos que possuem uma descrição completa, perfeita do comportamento que se quer proibir ou impor, a exemplo do que ocorre com o art. 155, *caput*, do Código Penal. *Abertos* são aqueles que a lei penal não descreve detalhadamente a conduta que se quer proibir ou impor, ficando esse trabalho de acomodação entregue ao julgador, a exemplo do que ocorre, como regra, com os delitos culposos.

⚖ O crime culposo é um tipo aberto que necessita para a sua aferição de uma persecução minudente apta a demonstrar, pelo veio da negligência, no caso concreto, omissão relevante e que tenha contribuído para o evento morte (...) (RHC 85.689/DF, Rel. Min. Maria Thereza de Assis Moura, 6ª T., julgado em 05/09/2017, *DJe* 18/09/2017).

Tipo complexo

Fala-se em tipo complexo quando no tipo penal há o encontro de elementos objetivos com elementos de natureza subjetiva. É o tipo eminentemente finalista, onde o dolo e culpa são analisados juntamente com os demais elementos constantes do tipo penal. A ausência de qualquer deles conduzirá a atipicidade do fato. Assim, se o agente, não agindo dolosa ou culposamente, vier a causar a morte de alguém, não poderá ser responsabilizado pelo delito de homicídio. Da mesma forma, se queria matar um animal e, por erro, vier a causar a morte de alguém, em sendo inevitável o erro, o fato será também considerado atípico, em virtude da aplicação do art. 20 do CP.

Tipo simples e tipo misto

Entende-se por tipo simples aquele em que o tipo penal prevê tão somente um único comportamento, vale dizer, um único núcleo, a exemplo do que ocorre com o delito de homicídio (art. 121 do CP). Tipo misto, ou multinuclear, é aquele em que há a previsão de mais de um comportamento, como é o caso do art. 28 da Lei nº 11.343/2006. Os tipos mistos são subdivididos em: *mistos cumulativos* (onde a prática de mais de uma conduta pelo agente importará no reconhecimento do concurso de crimes, como ocorre no art. 244 do Código Penal), e *mistos alternativos* (em que a prática de mais de um comportamento importará em *crime único*, como nas hipóteses constantes do *caput* do art. 180 do diploma repressivo).

⚖ [...] É firme o entendimento desta Corte Superior de que "o crime de tráfico de drogas é tipo misto alternativo restando consumado quando o agente pratica um dos vários verbos nucleares inserido no artigo 33, *caput*, da Lei n. 11.343/2006, sendo a venda prescindível ao seu reconhecimento" (HC 382.306/RS, Min. Reynaldo Soares da Fonseca, 5ª T., julgado em 07/02/2017, *DJe* 10/02/2017) (HC 404.514/PE, Min. Ribeiro Dantas, 5ª T., *DJe* 12/03/2018) (AgRg no

REsp 1.863.836/RS, Rel. Min. Sebastião Reis Júnior, 6ª T., julgado em 06/10/2020, *DJe* 14/10/2020).

Injusto penal (injusto típico)

Uma vez analisados o fato típico e a antijuridicidade e concluído que a conduta do agente é realmente típica e ilícita, dizemos que houve um injusto penal, ou, na lição de Ronaldo Tanus Madeira, "a valoração de uma ilicitude como um injusto processa-se no instante em que o julgador considera que o agente realizou uma conduta típica e não justificada".[35]

Classificação doutrinária dos crimes

Crimes comissivos e crimes omissivos (próprios e impróprios)

Nos crimes comissivos, o tipo penal prevê um comportamento positivo (art. 155 do CP); ao contrário, nos crimes omissivos próprios, a conduta prevista no núcleo do tipo é negativa (art. 135 do CP). No entanto, nos chamados crimes omissivos impróprios (comissivos por omissão ou omissivos qualificados), a conduta prevista no tipo penal é positiva, só que, em virtude da posição de garantidor de que o agente é investido, será praticada via omissão (art. 13, § 2º, do CP).

⚖ Crime omissivo próprio ou impróprio que acarreta a impossibilidade de coautoria diante do dever geral de atuação de cada indivíduo. Nos crimes omissivos cada qual responde pela omissão individualmente, com base no dever que lhe é imposto, diante da situação típica de perigo ou diante de sua posição de garantidor (TJ-RJ, HC 0056629-04.2014.8.19.0000, Rel. Des. Paulo Rangel, *DJe* 31/03/2015).

Crime consumado e crime tentado

O art. 14 do Código Penal entende por consumado o crime quando nele se reúnem todos os elementos de sua definição legal (inc. I), e tentado quando, iniciada a execução, não se consuma por circunstâncias alheias à vontade do agente (inc. II).

⚖ Em relação à tentativa, o Código Penal, em seu art. 14, inciso II, adotou a teoria objetiva quanto à punibilidade da tentativa, pois, malgrado semelhança subjetiva com o crime consumado, diferencia a pena aplicável ao agente doloso de acordo com o perigo de lesão ao bem jurídico tutelado. Nessa perspectiva, a jurisprudência desta Corte adota critério de diminuição do crime tentado de forma inversamente proporcional à aproximação do resultado representado: quanto maior o *iter criminis* percorrido pelo agente, menor será a fração da causa de diminuição (HC 502.584/SP, Rel. Min. Felix Fischer, 5ª T., julgado em 06/06/2019, *DJe* 11/06/2019) (...) (AgRg no AgRg no AREsp 1.710.516/SP, Rel. Min. Reynaldo

---

[35] MADEIRA, Ronaldo Tanus. *A estrutura jurídica da culpabilidade*, p. 141.

Soares da Fonseca, 5ª T., julgado em 06/10/2020, *DJe* 13/10/2020).

Nesse sentido:

STJ, HC 504.245/SP, Rel. Min. Felix Fischer, 5ª T., *DJe* 21/05/2019; STJ, HC 297.551/MG, Rel. Min. Rogério Schietti Cruz, 6ª T., *DJe* 12/03/2015.

Crime doloso e crime culposo

Nos termos do art. 18 do Código Penal, diz-se doloso o crime quando o agente quis o resultado ou assumiu o risco de produzi-lo (inc. I), e culposo quando o agente deu causa ao resultado por imprudência, negligência ou imperícia (inc. II). De acordo com o parágrafo único do mencionado artigo, salvo os casos expressos em lei, ninguém pode ser punido por fato previsto como crime, senão quando o pratica dolosamente.

Crime impossível

Ocorre quando, em razão da utilização de um meio absolutamente ineficaz, ou em virtude da absoluta impropriedade do objeto, será impossível consumar-se o crime (art. 17 do CP).

A Terceira Seção desta Corte, no julgamento do REsp nº 1.385.621/MG, submetido ao rito dos recursos repetitivos, firmou o entendimento de que, embora os sistemas eletrônicos de vigilância e de segurança tenham por objetivo evitar furtos, sua eficiência apenas minimiza as perdas dos comerciantes, porquanto não impedem, de modo absoluto, a ocorrência de subtrações no interior de estabelecimentos comerciais (STJ, AgRg no REsp 1.801.348/SP, Rel. Min. Felix Fischer, 5ª T., *DJe* 20/05/2019).

Nesse sentido:

STJ, HC 445.564/SP, Rel.ª Min.ª Maria Thereza de Assis Moura, 6ª T., *DJe* 24/05/2018; STJ, AgRg no AREsp 1098654/PR, Rel. Min. Reynaldo Soares da Fonseca, 5ª T., *DJe* 20/09/2017; STJ, HC 338.684/SP, Rel. Min. Nefi Cordeiro, 6ª T., *DJe* 16/05/2016; STJ, HC 351.194/SP, Rel. Min. Ribeiro Dantas, 5ª T., *DJe* 13/06/2016; TJ-RJ, AC 0022275-54.2013.8.19.0204, Rel. Des. Paulo Rangel, *DJe* 10/02/2015.

Crime putativo

É o que só existe na imaginação do agente, sendo, na verdade, um fato considerado atípico, por ausência de previsão legal.

Crime material

É aquele cuja consumação depende da produção naturalística de um resultado (ex.: art. 121 do CP).

Crime formal

Também conhecido como *delito de resultado cortado* ou *de consumação antecipada*, é aquele em que o legislador antecipa a consumação ao momento da prática da conduta prevista pelo núcleo do tipo, não se exigindo a produção naturalística do resultado (ex.: art. 159 do CP).

Crime de mera conduta

Como a própria denominação induz, não prevê qualquer produção naturalística de resultado no tipo penal. Narra, tão somente, o comportamento que se quer proibir ou impor, não fazendo menção ao resultado material, tampouco exigindo sua produção (ex.: art. 150 do CP).

Crime comum

É o que pode ser praticado por qualquer pessoa (ex.: art. 121 do CP).

Crime próprio

É aquele cujo tipo penal exige uma qualidade ou condição especial dos sujeitos ativos ou passivos (ex.: art. 123 do CP).

Crime de mão própria

É aquele cuja execução é intransferível, indelegável, devendo ser levado a efeito pelo próprio agente, isto é, "com suas próprias mãos", para entendermos literalmente o seu significado. São infrações penais consideradas *personalíssimas*, que somente determinadas pessoas, e mais ninguém, pode praticá-las (ex.: art. 342 do CP).

Crimes hediondos

São os previstos como tais pela Lei nº 8.072/90.

Crimes militares próprios e impróprios

São próprios os crimes militares quando a previsão do comportamento incriminado somente encontra moldura no Código Penal Militar, não havendo previsão de punição do mesmo comportamento em outras leis penais (ex.: art. 203 do CPM). Impróprios são aqueles crimes previstos na legislação castrense, que também se encontram no Código Penal ou em leis especiais (ex.: furto ou lesões corporais).

Crimes qualificados pelo resultado

Quando o agente atua com dolo na conduta e dolo quanto ao resultado qualificador (ex.: art. 129, § 1º, do CP), ou dolo na conduta e culpa no que diz respeito ao resultado qualificador (ex.: art. 129, § 3º, do CP).

Crime preterdoloso

Quando o agente atua com dolo na conduta e culpa com relação ao resultado (ex.: art. 129, § 3º, do CP).

O crime preterdoloso não tem seu tipo fundamental doloso alterado pelo resultado qualificador culposo nada obstando, em consequência, a incidência inequívoca e obrigatória da agravante genérica do artigo 61, inciso II, alínea 'c' do Código Penal, como é de regra nos crimes intencionais quando praticados à traição, de emboscada, ou mediante dissimulação, ou outro recurso que dificulte ou impossibilite a defesa da vítima (STJ, REsp 1254749/SC, Rel.ª Min.ª Maria Thereza de Assis Moura, 6ª T., *DJe* 27/05/2014).

Crime continuado

Ocorre quando o agente, mediante mais de uma ação ou omissão, pratica dois ou mais crimes da mesma espécie e, pelas condições de tempo, lugar, maneira de execução e outras semelhantes, devem os subsequentes ser havidos como continuação do primeiro (art. 71 do CP).

Crime multitudinário

É o cometido por uma multidão delinquente, geralmente, numa situação de tumulto.

⚖ Nos chamados crimes de autoria coletiva, embora a vestibular acusatória não possa ser de todo genérica, é válida quando, apesar de não descrever minuciosamente as atuações individuais dos acusados, demonstra um liame entre o seu agir e a suposta prática delituosa, estabelecendo a plausibilidade da imputação e possibilitando o exercício da ampla defesa. Precedentes (STJ, RHC 98.045/RJ, Rel. Min. Jorge Mussi, 5ª T., *DJe* 28/06/2018).

Nesse sentido:

⚖ TJ-MG, HC 0245221-29.2016.8.13.0000, Rel. Des. Eduardo Brum, *DJe* 1º/06/2016.

Crime de dano

É aquele que, para a sua consumação, deve haver a efetiva lesão ao bem juridicamente protegido pelo tipo (ex.: art. 163 do CP).

Crime de perigo

É aquele no qual o tipo penal prevê um comportamento que traz perigo de dano ao bem juridicamente protegido. Pode ser subdividido em *crime de perigo concreto* (no qual há necessidade de se provar que o comportamento praticado criou, efetivamente, a situação de perigo ao bem jurídico, como ocorre com o art. 309 da Lei nº 9.503/97) ou *crime de perigo abstrato*, também reconhecido como de perigo presumido, em que basta a prática do comportamento previsto pelo tipo para que a infração penal reste consumada, independentemente da produção efetiva de perigo ao bem juridicamente tutelado, a exemplo do que ocorre com a posse irregular de arma de fogo de uso permitido (art. 14 da Lei nº 10.826, de 22 de dezembro de 2003), bem como o art. 306 do Código de Trânsito Brasileiro, que, com a nova redação que lhe foi dada pela Lei nº 12.760, de 20 de dezembro de 2012, presume o perigo do comportamento daquele que é surpreendido conduzindo veículo automotor *com capacidade psicomotora alterada em razão da influência de álcool ou de outra substância psicoativa que determine dependência.*

⚖ Esta Corte Superior firmou entendimento no sentido de que os delitos de porte ou posse de arma de fogo, acessório ou munição, possuem natureza de crime de perigo abstrato, tendo como objeto jurídico a segurança coletiva, não se exigindo comprovação da potencialidade lesiva do armamento, prescindindo, portanto, de exame pericial (...) (HC 602.237/SP, Rel. Min. Ribeiro Dantas, 5ª T., julgado em 03/11/2020, *DJe* 12/11/2020).

Nesse sentido:

⚖ STJ, HC 490.237/SC, Rel. Min. Jorge Mussi, 5ª T., *DJe* 28/03/2019; AgRg nos EDcl no REsp 1.875.151/MG, Rel.ª Min.ª Laurita Vaz, 6ª T., j. 08/09/2020, *DJe* 22/09/2020; AgRg no REsp 1.854.277/SP, Rel. Min. Reynaldo Soares da Fonseca, 5ª T., j. 25/08/2020, *DJe* 31/08/2020; STJ, RHC 97.585/SP, Rel.ª Min.ª Maria Thereza de Assis Moura, 6ª T., *DJe* 02/08/2018; STJ, REsp 1.439.150/RS, Rel. Min. Rogério Schietti Cruz, 6ª T., *DJe* 16/10/2017; STJ, AgRg no REsp 1.574.444/RJ, Rel. Min. Reynaldo Soares da Fonseca, 5ª T., *DJe* 1º/08/2016; STF, HC 106163/RJ, Rel. Min. Gilmar Mendes, 2ª T., *DJe* 14/09/2012.

Crime simples

É aquele em que, mediante a análise da figura típica, somente conseguimos visualizar uma única infração penal, que é justamente aquela por ela própria criada (ex.: art. 121 do CP).

Crime complexo

É aquele em que, mediante a análise da figura típica, conseguimos visualizar a fusão de dois ou mais tipos penais (ex.: art. 157 do CP).

⚖ O latrocínio é crime complexo, formado pela união dos crimes de roubo e homicídio, realizados em conexão consequencial ou teleológica e com *animus necandi*. Estes crimes perdem a autonomia quando compõem o crime complexo de latrocínio, cuja consumação exige a execução da totalidade do tipo (...) (HC 449.110/SP, Rel. Min. Ribeiro Dantas, 5ª T., julgado em 02/06/2020, *DJe* 10/06/2020).

Nesse sentido:

⚖ STJ, HC 384.875/SP, Rel. Min. Ribeiro Dantas, 5ª T., *DJe* 26/03/2018; STJ, HC 320.873/SP, Rel. Min. Reynaldo Soares da Fonseca, 5ª T., *DJe* 29/06/2016.

Crimes qualificados

Surgem quando, geralmente, as penas mínima e máxima cominadas no parágrafo são superiores àquelas previstas no *caput* do artigo (ex.: art. 121, § 2º, do CP).

Crimes privilegiados

Embora somente pudesse ser considerado como privilegiado o crime quando as penas mínima e máxima (ou pelo menos uma delas) fossem inferiores àquelas cominadas no *caput*, a doutrina, majoritariamente, também considera privilegiado o delito na hipótese de aplicação de causas de redução de pena (ex.: art. 121, § 1º, do CP).

Crime de bagatela

A expressão *crime de bagatela* é característica da hipótese na qual se afirma a necessidade de aplicação do *princípio da insignificância*. São fatos que não se amoldam ao conceito de tipicidade material, necessário à configuração da tipicidade penal.

⚖ "1. Para que o fato seja considerado criminalmente relevante, não basta a mera subsunção formal a um tipo penal. Deve ser avaliado o desvalor representado pela conduta humana, bem como a extensão da lesão causada ao bem jurídico tutelado, com o intuito de aferir se há necessidade e merecimento da sanção, à luz dos princípios da fragmentariedade e da subsidiariedade. 2. As hipóteses de aplicação do princípio da insignificância se revelam com mais clareza no exame da punibilidade concreta – possibilidade jurídica de incidência de uma pena –, que atribui conteúdo material e sentido social a um conceito integral de delito como fato típico, ilícito, culpável e punível, em contraste com estrutura tripartite (formal). 3. Por se tratar de categorias de conteúdo absoluto, a tipicidade e a ilicitude não comportam dimensionamento do grau de ofensa ao bem jurídico tutelado – compreendido a partir da apreciação dos contornos fáticos e dos condicionamentos sociais em que se inserem o agente e a vítima. 4. O diálogo entre a política criminal e a dogmática na jurisprudência sobre a bagatela é também informado pelos elementos subjacentes ao crime, que se compõem do valor dos bens subtraídos e do comportamento social do acusado nos últimos anos. 5. A reincidência ou reiteração delitiva é elemento histórico objetivo, e não subjetivo, ao contrário do que o vocábulo possa sugerir. Isso porque não se avalia o agente (o que poderia resvalar em um direito penal do autor), mas, diferentemente, analisa-se, de maneira objetiva, o histórico penal do indivíduo, que poderá indicar aspecto impeditivo da incidência da referida exclusão da punibilidade. Essa análise, portanto, não se traduz no exame do indivíduo em si ou no que ele representa para a sociedade como pessoa, mas nas consequências reais, concretas e objetivas, extraídas de seu comportamento histórico avesso ao direito e na perspectiva, apoiada em tais evidências, de recidiva de tal comportamento. Sob pena de violação do princípio da isonomia, o indivíduo que furta uma vez não pode ser igualado ao que furta habitualmente, escorando-se este, conscientemente, na impunidade. 6. O legislador penal confere relevo ao histórico de vida pregressa do réu para outorgar-lhe a redução da pena, em forma de causa especial de diminuição da sanção, como, v.g., se verifica em diversas cominações da parte especial, a exemplo da descrita no art. 155, § 2º, do CP, reproduzida em diversos outros preceitos penais, como nos arts. 171, § 1º, 168, § 3º, 180, § 5º, e 337-A, § 2º. Em todos esses dispositivos, fica evidenciado, sem margem a tergiversações, que o legislador penal, máxime em crimes que afetam o patrimônio alheio, dá importância ao comportamento pretérito do agente para conceder-lhe o benefício da redução da pena. De igual modo, a Parte Geral do Código Penal dá vários exemplos de interferência da primariedade e/ou dos bons antecedentes penais do réu para fins de individualizar a sanção ou para conceder ou não certos benefícios. Destaco os arts. 44, III, 59, *caput*, 71, parágrafo único, 77, II, e 83. Igualmente, em leis extravagantes (*v.g.*, art. 2º, § 2º, da Lei n. 8.072/1990) e na Lei de Execução Penal (art. 112 da Lei n. 7.210/1984) (...) (HC 596.596/SP, Rel. Min. Rogerio Schietti Cruz, 6ª T., julgado em 20/10/2020, *DJe* 28/10/2020).

Nesse sentido:

⚖ STJ, AgRg no HC 505.483/SP, Rel. Min. Reynaldo Soares da Fonseca, 5ª T., *DJe* 28/06/2019; AgRg no REsp 1.835.048/SP, Rel.ª Min.ª Laurita Vaz, 6ª T., j. 23/06/2020, *DJe* 04/08/2020; STJ, AgRg no HC 442.414/MS, Rel. Min. Reynaldo Soares da Fonseca, 5ª T., *DJe* 08/05/2018; STJ, AgRg no HC 293.906/ES, Rel. Min. Joel Ilan Paciornik, 5ª T., *DJe* 14/08/2017; STJ, AgRg no REsp 1.320.415/RS, Rel. Min. Ribeiro Dantas, 5ª T., *DJe* 29/06/2016; STJ, REsp 1.395.088/RS, Rel. Min. Rogério Schietti Cruz, 6ª T., *DJe* 02/02/2016.

Crime falho

Ocorre nas hipóteses da chamada *tentativa perfeita ou acabada*, em que o agente, de acordo com a sua concepção, esgota tudo aquilo que entendia como necessário e suficiente à consumação da infração penal, que somente não ocorre por circunstâncias alheias à sua vontade.

Crime instantâneo

É aquele que se consuma no momento da conduta praticada pelo agente (ex.: art. 129 do CP).

Crime instantâneo de efeitos permanentes

Ocorre quando o resultado da conduta praticada pelo agente é permanente, irreversível (ex.: art. 121 do CP).

⚖ O STJ entende que o estelionato praticado contra o INSS, na circunstância de intermediação realizada por terceiros para concessão irregular de benefícios, é considerado crime instantâneo de efeitos permanentes. Precedente (...) (AgRg no REsp 1.860.685/PR, Rel. Min. Rogerio Schietti Cruz, 6ª T., julgado em 16/06/2020, *DJe* 26/06/2020).

Crime permanente

É aquele cuja consumação se prolonga no tempo (ex.: art. 148 do CP).

⚖ Poluição ambiental qualificada. Artigos 54 § 1º, I, II, III e IV e § 3º, e 56, § 1º, I e II, c/c 58, I, da Lei n. 9.605/1998. Envio e armazenamento de resíduos tóxicos. Providências para reparação do dano causado. Não efetivação. Natureza permanente da conduta. Não cessação da atividade.

Impossibilidade de aferição da prescrição. As condutas delituosas previstas nos artigos 54, § 1º, I, II, III e IV e § 3º e 56, § 1º, I e II, c/c 58, I, da Lei n. 9.605/1998, que se resumem na ação de causar poluição ambiental que provoque danos à população e ao próprio ambiente, em desacordo com as exigências estabelecidas na legislação de proteção, e na omissão em adotar medidas de precaução nos casos de risco de dano grave ou irreversível ao ecossistema, são de natureza permanente, para fins de aferição da prescrição (STJ, AgRg no REsp 1.847.097-PA, Rel. Min. Joel Ilan Paciornik, 5ª T., julgado em 05/03/2020).

Nesse sentido:

⚖ STJ, AgRg no REsp 1.732.455/PB, Rel. Min. Antônio Saldanha Palheiro, 6ª T., *DJe* 24/05/2019; STJ, HC 451.502/SP, Rel. Min. Ribeiro Dantas, 5ª T., *DJe* 1º/08/2018; STJ, HC 407.689/SP, Rel. Min. Ribeiro Dantas, 5ª T., *DJe* 27/09/2017; STJ, AgRg no REsp 1366191/RJ, Rel. Min. Og Fernandes, 6ª T., *DJe* 21/06/2013.

Crime a prazo

É aquele em que o tipo penal exige, para sua configuração, o decurso de certo espaço de tempo (ex.: art. 169, II, do CP).

Delito de intenção

É o gênero do qual são espécies o *delito de resultado cortado* e o *crime mutilado de dois atos*. "Denominam-se *delitos de intenção* (ou de tendência interna transcendente) aqueles em que o agente quer e persegue um resultado que não necessita ser alcançado de fato para a consumação do crime (tipos incongruentes). Dividem-se em delitos de resultado cortado e delitos mutilados de dois atos. Nos primeiros, o agente espera que o resultado externo, querido e perseguido – e que se situa fora do tipo – se produza sem a sua intervenção direta (exemplo: extorsão mediante sequestro – art. 159 – crime no qual a vantagem desejada não precisa concretizar-se, mas se vier a concretizar-se será por ato de outrem). Nos últimos, o agente quer alcançar, por ato próprio, o resultado fora do tipo (ex.: a falsificação de moeda – art. 289 – que supõe a intenção de uso ou de introdução na circulação do dinheiro falsificado)".[36]

Crimes de opinião

Importa em abuso na liberdade da manifestação do pensamento, podendo ser praticado por qualquer meio que tenha a possibilidade de difundir as ideias do agente, por exemplo, por meio de palavras, divulgação na imprensa, livros, artigos, revistas etc. O inciso LII do art. 5º da CF assevera, contudo, que não será concedida a extradição de estrangeiro por crime político ou de opinião.

Crimes à distância, crimes plurilocais e crimes em trânsito

Flávio Augusto Monteiro de Barros traduz a diferença entre eles, dizendo: "Segundo o lugar do evento, os crimes podem ser:

a) À distância: quando a conduta e o resultado se desenvolvem em dois ou mais países. O assunto está relacionado ao problema da lei penal no espaço;

b) Plurilocal: quando a conduta e o resultado se desenvolvem em duas ou mais comarcas, dentro do mesmo país. Exemplo: a vítima é ferida na cidade de Piraju, mas morre em Bauru. A questão é relevante no tema da competência territorial (art. 70 do CPP);

c) Em trânsito: quando uma parcela da conduta se realiza num país, sem lesar ou pôr em perigo bem jurídico de seus cidadãos. Ex.: 'A', do Paraguai, envia, para o Japão, uma carta ofendendo 'B', sendo que essa carta tem uma ligeira passagem pelo correio brasileiro, até prosseguir o seu rumo ao Japão."[37]

Crime habitual

É o delito em virtude do qual se exige do agente um comportamento reiterado, necessário à sua configuração (ex.: art. 284 do CP).

⚖ Pacificou-se nos Tribunais Superiores o entendimento de que o crime de gestão fraudulenta classifica-se como habitual impróprio, bastando uma única ação para que se configure. Precedentes do STJ e do STF (STJ, HC 284.546/SP, Rel. Min. Jorge Mussi, 5ª T., *DJe* 08/03/2016).

Nesse sentido:

⚖ STJ, REsp 705334/RS, Rel. Min. Gilson Dipp, 5ª T., *DJ* 19/09/2005, p. 372.

Crime principal e crime acessório

Há crimes que, para sua existência, estão íntima e necessariamente ligados à prática de outros, surgindo entre eles a relação entre *principal* e *acessório*. Tomemos como exemplo o delito de receptação. Diz o *caput* do art. 180 do Código Penal: **Art. 180.** *Adquirir, receber, transportar, conduzir ou ocultar, em proveito próprio ou alheio, coisa que sabe ser produto de crime, ou influir para que terceiro, de boa-fé, a adquira, receba ou oculte.* Como se percebe pela redação do mencionado artigo, somente haverá receptação se a coisa que o agente adquiriu, por exemplo, for *produto de crime*. Para que ocorra a receptação, portanto, deverá ter havido um delito principal – furto, roubo

---

[36] TOLEDO, Francisco de Assis. *Princípios básicos de direito penal*, p. 151.

[37] BARROS, Flávio Augusto Monteiro de. *Direito penal* – parte geral, p. 92.

etc. –, havendo entre eles uma relação de principal e acessório.

Infração de menor potencial ofensivo
É aquela a que a lei comina pena máxima não superior a 2 (dois) anos, cumulada ou não com multa, nos termos do art. 61 da Lei nº 9.099/95.

Crimes monossubjetivos e crimes plurissubjetivos
Monossubjetivos ou *unissubjetivos* são os crimes cuja conduta núcleo pode ser praticada por uma única pessoa, a exemplo do que ocorre com o homicídio, furto, lesão corporal etc. *Plurissubjetivos*, ao contrário, são aqueles em que o tipo penal exige a presença de duas ou mais pessoas, sem as quais o crime não se configura, como é o caso da associação criminosa (art. 288 do Código Penal), da rixa (art. 137 do Código Penal) etc. São também reconhecidos como crimes de concurso necessário.

Crimes uniofensivos e crimes pluriofensivos
Uniofensivos são os crimes nos quais somente se protege um único bem jurídico, como é o caso do art. 155 do Código Penal, em que se leva a efeito a proteção do patrimônio, ou no crime de homicídio, em que se protege tão somente a vida. Ao contrário, há outros crimes em que se consegue visualizar a proteção de dois ou mais bens jurídicos, mesmo que haja precipuidade entre eles, razão pela qual são reconhecidos como pluriofensivos. Assim, no crime de latrocínio, por exemplo, protege-se precipuamente o patrimônio, sem descartar a proteção da vida.

Crimes de subjetividade passiva única e crimes de subjetividade passiva dupla
Os primeiros são aqueles nos quais o tipo penal prevê somente um único sujeito passivo. Assim, no homicídio, por exemplo, há somente uma única vítima, isto é, aquela que foi alvo da conduta criminosa praticada pelo agente.
Entretanto, há outras infrações penais em que se atinge mais de uma pessoa (subjetividade passiva dupla), ou seja, duas ou mais pessoas podem considerar-se vítimas da infração penal levada a efeito pelo agente, como ocorre com o delito de aborto provocado sem o consentimento da gestante, em que a gestante e o feto podem ser considerados vítimas do delito em questão (art. 125 do Código Penal). Na violação de correspondência, tipificada no art. 151 do Código Penal, da mesma forma, são consideradas vítimas do delito o remetente e o destinatário.

Crime de ímpeto
Ocorre quando o agente pratica a conduta nele prevista de forma impensada, explosiva, emocionada, sem que, para tanto, tenha tempo para refletir a respeito do seu comportamento criminoso.

Crime progressivo
Na definição de Hungria, "ocorre quando, da conduta inicial que realiza um tipo de crime, o agente passa a ulterior atividade, realizando outro tipo de crime, de que aquele é etapa *necessária* ou elemento constitutivo (reconhecida a unidade jurídica, segundo a regra do *ubi major, minor cessat*)".[38] Dessa forma, para se chegar ao homicídio, ou seja, para que o agente alcance o resultado morte, deverá produzir na vítima, numa relação de anterioridade, lesões corporais, razão pela qual o crime a ser absorvido é conhecido *delito de passagem*.

Crime exaurido
Ocorre quando há esgotamento completo da figura típica.

Crimes de atentado ou de empreendimento
São aqueles nos quais a tentativa é elevada ao mesmo *status* do delito consumado, não havendo possibilidade de redução da pena, tendo em vista a sua previsão expressa no tipo penal (ex.: art. 352 do CP).

Crimes vagos
Na definição de Damásio de Jesus, "são os que têm por sujeito passivo entidades sem personalidade jurídica, como a família, o público ou a sociedade. Ex.: ato obsceno (CP, art. 233)".[39]

Crimes ambientais
São aqueles que atingem o nosso meio ambiente, causando dano ou, mesmo, perigo de lesão à nossa fauna, flora etc. (ex.: Lei nº 9.605/98).

Crimes unissubsistentes (ou monossubsistentes) e crimes plurissubsistentes
Os primeiros são aqueles em que há uma concentração de atos, não sendo possível o raciocínio em termos do fracionamento do *iter criminis*, a exemplo do que ocorre com a injúria ou mesmo a ameaça verbal. Ao contrário, nos chamados *crimes plurissubsistentes*, existe possibilidade real de se percorrer, "passo a passo", o caminho do crime. O agente cogita, prepara-se e executa a infração penal em momentos distintos e visualizáveis, tal como ocorre com os chamados crimes materiais, como é o caso do furto, das lesões corporais etc.

Crimes transeuntes e crimes não transeuntes
Os primeiros são aqueles cuja prática não deixa vestígios, a exemplo dos delitos praticados por intermédio da palavra verbal (injúria, ameaça etc.); já os segun-

---

[38] HUNGRIA, Nélson. *Comentários ao código penal*, v. I, t. II, p. 48-49.
[39] JESUS, Damásio E. de. *Direito penal* – parte geral, p. 184.

dos permitem a produção de prova pericial, pelo fato de deixarem vestígios, como ocorre com as lesões corporais.

Crimes conexos
São aqueles que, de alguma forma, podem ser entendidos como ligados, unidos.

Crimes falimentares
São aqueles previstos pelos arts. 168 a 178 da Lei nº 11.101, de 9 de fevereiro de 2005, que regula a recuperação judicial, extrajudicial e a falência do empresário e da sociedade empresária.

Crimes em licitações e contratos administrativos
São aqueles previstos nos arts. 337-E a 337-P do CP, introduzidos pela Lei 14.133, de 1ª de abril de 2021.

Crimes de responsabilidade
Nos termos preconizados por Ricardo Cunha Chimenti, Fernando Capez, Márcio F. Elias Rosa e Marisa F. Santos, "correspondem a infrações político-administrativas cujas sanções importam a vacância do cargo, a desinvestidura do agente e sua inabilitação por período de tempo certo para o exercício de funções públicas. Consistem, assim, em sanções não penais (art. 52, parágrafo único, da CF/1988), e podem ser aplicadas sem prejuízo destas".[40]

Crimes subsidiários
São aqueles cuja aplicação depende de ser afastada a infração penal principal. São considerados, na expressão de Hungria, "soldados de reserva".[41] Essa subsidiariedade pode ser expressa, quando a própria lei faz sua ressalva (a exemplo do que ocorre com os arts. 238, 239, 249 e 307 do CP), ou tácita (implícita), quando a ocorrência de um delito mais grave, afasta a aplicação da norma subsidiária, a exemplo do art. 311 do CTB, que somente será aplicado quando não houver um resultado danoso, tal como o previsto pelo art. 302 do mesmo diploma legal.

Crimes funcionais
São os que só podem ser praticados por quem exerce cargo, emprego ou função pública, tal como aqueles previstos pelo art. 327 do CP. Os crimes funcionais subdividem-se em:
a) próprios;
b) impróprios.
Crimes funcionais próprios são os que a ausência da qualidade de funcionário do agente torna o fato um indiferente penal, vale dizer, o fato passa a ser completamente atípico, como acontece com o delito de prevaricação, tipificado no art. 319 do Código Penal. Ao contrário, nos chamados *crimes funcionais impróprios*, uma vez afastada a condição de funcionário

público, o fato é desclassificado para outra infração penal, a exemplo do que ocorre com o peculato-furto, previsto pelo § 1º do art. 312 do Código Penal. Aquele que, por exemplo, não gozando do *status* de funcionário público, subtrai um bem móvel pertencente à Administração Pública, deverá ser responsabilizado pelo delito de furto.

A jurisprudência desta Corte Superior de Justiça e do Supremo Tribunal Federal se consolidou no sentido de que a defesa preliminar prevista no procedimento dos crimes de responsabilidade dos funcionários públicos só se aplica quando a denúncia versa sobre os delitos funcionais típicos previstos nos arts.312 a 326 do Código Penal (STJ, RHC 80.225/MG, Rel. Min. Ribeiro Dantas, 5ª T., *DJe* 22/09/2017).

Nesse sentido:

STJ, RHC 38.811/SP, Rel. Min. Reynaldo Soares da Fonseca, 5ª T., *DJe* 13/06/2016; STJ, RHC 63.624/DF, Rel. Min. Felix Fischer, 5ª T., *DJe* 02/02/2016; TJMG, AC 1.0000.07.453939-6/000, Rel. Des. José Antonino Baía Borges, *DJ* 20/06/2007; STF, MS 21294/DF, Rel. Min. Sepúlveda Pertence, Tribunal Pleno, *DJ* 21/09/2001, p. 42.

Crimes de ação múltipla ou de conteúdo variado
São os que preveem uma multiplicidade de comportamentos nucleares, sendo que a prática de vários deles pelo agente não importa, consequentemente, numa multiplicidade de crimes.

Nos crimes de ação múltipla ou de conteúdo variado, mesmo que o agente pratique várias condutas previstas no tipo, deverá ser responsabilizado por somente uma infração penal.

Veja-se, por exemplo, o art. 122 do Código Penal. Aquele que induz ou instiga alguém a suicidar-se ou a praticar automutilação ou prestar-lhe auxílio material para que o faça, mesmo que, hipoteticamente, tenha conseguido levar a efeito os três comportamentos previstos pelo tipo penal, somente responderá por um único delito. Também é a hipótese do art. 33 da Lei nº 11.343/2006, que diz: *Importar, exportar, remeter, preparar, produzir, fabricar, adquirir, vender, expor à venda, oferecer, ter em depósito, transportar, trazer consigo, guardar, prescrever, ministrar, entregar a consumo ou fornecer drogas ainda que gratuitamente, sem autorização ou em desacordo com determinação legal ou regulamentar*. Se o agente, por exemplo, além de adquirir, tiver em depósito a droga para fins de tráfico ilícito, somente será responsabilizado por um único crime.

A doutrina, entretanto, ainda leva a efeito uma diferença entre os crimes de ação múltipla ou de conteúdo variado, dividindo os tipos penais que os preveem em: *tipo misto alternativo* e *tipo misto cumulativo*.

[40] CHIMENTI, Ricardo Cunha; CAPEZ, Fernando; ROSA, Márcio F. Elias; SANTOS, Marisa F. *Curso de direito constitucional*, p. 271.
[41] HUNGRIA, Nélson. *Comentários ao código penal*, v. I, t. II, p. 139.

Seguindo as lições de James Tubenchlak, "no *tipo misto alternativo*, o agente responderá por um só crime tanto se perfizer uma conduta dentre as enunciadas alternativamente quanto na hipótese de vulnerar mais de um núcleo. Exemplos: os tipos dos arts. 122 do CP ('induzir', 'instigar' ou 'prestar--lhe auxílio'), 150 do CP ('entrar' ou 'permanecer') [...]".[42] Da mesma forma, entendemos que o art. 213 do Código Penal, com a nova redação que lhe foi dada pela Lei nº 12.015, de 7 de agosto de 2009, também se amolda ao conceito de tipo misto alternativo, embora exista divergência doutrinária sobre o tema.

No *tipo misto cumulativo*, a prática de mais de um comportamento pelo agente importará no reconhecimento do concurso material de crimes, a exemplo do que ocorre com o delito tipificado no art. 244 do Código Penal.

⚖ O crime do art. 240 do ECA se insere no contexto de proibição da produção e registro visual, por qualquer meio, de cenas de sexo explícito, no sentido da interpretação autêntica do art. 241-F do ECA, envolvendo crianças e adolescentes, o que caracteriza violência sexual, nos termos do art. 4º da Lei nº 13.431/2017. Trata-se de crime comum, de subjetividade passiva própria, consistente em tipo misto alternativo, de forma que a prática de mais de um verbo típico no mesmo contexto implica a subsunção típica única (...) Primeiramente, o fato de ter fotografado e filmado as cenas de sexo indica a execução de dois verbos, com dupla conduta, todavia, representando subordinação típica única, tendo em vista sua realização no mesmo contexto fático. Por conseguinte, da execução de mais de um verbo típico representa único crime, dada a natureza de crime de ação múltipla ou conduta variada do tipo em comento (STJ, PExt no HC 438.080/MG, Rel. Min. Ribeiro Dantas, 5ª T., *DJe* 11/06/2019).

Nesse sentido:
⚖ STJ, CC 146.393/SP, Rel. Min. Felix Fischer, S. 3, *DJe* 1º/07/2016; STJ, AgRg no HC 286.666/SP, Rel. Min. Reynaldo Soares Fonseca, 5ª T., *DJe* 22/06/2015.

Crimes de forma livre e crimes de forma vinculada
Os primeiros são aqueles cuja redação típica não exige um comportamento especial, previamente definido, para fins de sua caracterização, a exemplo do que acontece com os delitos de homicídio e lesão corporal. Ao contrário, crimes de forma vinculada são aqueles cujos tipos nos quais estão previstos determinam o modo como devem ser praticados, vinculando-lhes a forma de cometimento, a exemplo do que ocorre com o curandeirismo (art. 284 do Código Penal).

Crimes de ensaio ou de experiência (flagrante preparado ou provocado)
Diz respeito às hipóteses do chamado flagrante preparado ou provocado, quando alguém provoca, estimula o agente a praticar a infração penal e, simultaneamente, toma todas as providências necessárias para prendê-lo em flagrante delito.

⚖ **Súmula nº 145 do STF**: Não há crime, quando a preparação do flagrante pela polícia torna impossível a sua consumação.

O fato foi noticiado por produção jornalística, mediante contato telefônico de paciente fictício, integrante da equipe de reportagem identificado com nome falso, a quem foi posteriormente entregue receituário sem comparecimento ao consultório médico. Configurado crime impossível, na modalidade crime de ensaio, nos termos do art. 17 do CP e Súmula 145/STF, porquanto demonstrada flagrante indução do sujeito ativo do delito por terceiro, que se passou por falso paciente, a fim de solicitar prescrição de medicamento sem prévio exame clínico (STJ, AgRg nos EDcl no AREsp 1.184.410/SP, Rel. Min. Nefi Cordeiro, 6ª T., *RSTJ*, vol. 253, p. 819).

Nesse sentido:
⚖ STJ, AgRg no HC 438.565/SP, Rel. Min. Reynaldo Soares da Fonseca, 5ª T., *DJe* 29/06/2018; STJ, AgRg no AREsp 1.098.654/PR, Rel. Min. Reynaldo Soares da Fonseca, 5ª T., *DJe* 20/09/2017; STJ, RHC 38.810/MG, Rel. Min. Jorge Mussi, 5ª T., *DJe* 18/11/2015.

Crimes remetidos
Diz-se *remetido* o crime quando o tipo penal remete o intérprete a outra figura típica, para que ele possa ser entendido e aplicado, como acontece, por exemplo, na hipótese prevista pelo art. 304 do Código Penal.

Crimes aberrantes
Denominam-se *crimes aberrantes* as três hipóteses nas quais pode ser levado a efeito o raciocínio correspondente às *aberratio*, vale dizer: *aberratio ictus*, *aberratio criminis* e, ainda, *aberratio causae*.

Crimes internacionais
São aqueles que dizem respeito à violação de uma norma penal internacional prevista em tratado ou convenção internacional, sujeita à jurisdição do Tribunal Penal Internacional.

Crimes emergentes
São reconhecidos como crimes emergentes aqueles que são fruto de uma sociedade considerada como pós-moderna, a exemplo dos delitos cibernéticos, os crimes ambientais, novas modalidades de extorsão mediante sequestro, tráfico de drogas, de armas e de pessoas, lavagem de dinheiro, terrorismo, crime organizado etc. São delitos que vão surgindo à medida

---

[42] TUBENCHLAK, James. *Teoria do crime*, p. 34-35.

que a sociedade vai se "desenvolvendo", criando novas realidades, levando, muitas vezes, o seu combate em nível internacional.

Crimes condicionados e crimes incondicionados

A maioria dos crimes não exige qualquer condição externa para que possam se configurar, razão pela qual são reconhecidos como crimes incondicionados, a exemplo do que ocorre com o homicídio. Existem outras infrações penais, contudo, que exigem a realização de uma condição externa para que restem caracterizadas, razão pela qual são reconhecidas como crimes condicionados, como é o caso, segundo as lições de André Estefam, dos "crimes falimentares ou falitários, cuja punibilidade depende da superveniência da sentença que decreta a falência, concede a recuperação judicial ou concede a recuperação extrajudicial (art. 180 da Lei nº 11.101/2005). São também crimes condicionados aqueles previstos no art. 7º, II, do CP (casos de extraterritorialidade condicionada da lei penal brasileira)"[43].

Crimes de trânsito

São todos aqueles praticados na direção de veículo automotor, onde terão incidência os tipos penais previstos no Código de Trânsito Brasileiro (Lei nº 9.503/97), a exemplo do que ocorre com os arts. 302 e 303 do aludido diploma legal, que preveem, respectivamente, o homicídio culposo e a lesão corporal culposa, praticados na direção de veículo automotor. Caso o veículo automotor, por exemplo, seja utilizado como instrumento para a prática de um crime de homicídio doloso, ou mesmo de uma lesão corporal também dolosa, não estaremos diante de um verdadeiro crime de trânsito, mas sim de infrações penais tipificadas no Código Penal.

Crimes de acumulação ou crimes de dano cumulativo

Nas precisas lições de Cleber Masson:
"Esta classificação tem origem na Dinamarca (*kumulations delikte*), e parte da seguinte premissa: determinadas condutas são incapazes, isoladamente, de ofender o valor ou interesse protegido pela norma penal. Contudo, a repetição delas, cumulativamente consideradas, constitui crime, em face da lesão ou perigo de lesão ao bem jurídico. Exemplo: Embora o comportamento seja imoral e ilícito, quem joga lixo uma única vez e em quantidade pequena às margens de um riacho não comete o crime de poluição. Contudo, se esta conduta for reiterada, surgirá o delito tipificado no art. 54 da Lei nº 9.605/98 – Lei dos Crimes Ambientais."[44]

Crimes societários

⚖ Nos crimes societários, embora não possa ser de todo genérica, a denúncia é válida quando demonstra um liame entre o agir dos sócios ou administradores e a suposta prática delituosa, apesar de não individualizar pormenorizadamente as atuações de cada um deles, o que estabelece a plausibilidade da imputação e possibilita o exercício da ampla defesa, cumprindo o contido no art. 41 do Código Penal. Precedentes (STJ, AgRg no RHC 81.346/SP, Rel. Min. Jorge Mussi, 5ª T., *DJe* 18/02/2019).

Nesse sentido:

⚖ STJ, RHC 86.056/PE, Rel. Min. Jorge Mussi, 5ª T., *DJe* 11/10/2017; STJ, HC 121.035/ES, Rel. Min. Rogério Schietti Cruz, 6ª T., *DJe* 03/08/2016.

Relação de causalidade

Art. 13. O resultado, de que depende a existência do crime, somente é imputável a quem lhe deu causa. Considera-se causa a ação ou omissão sem a qual o resultado não teria ocorrido.

Superveniência de causa independente

§ 1º A superveniência de causa relativamente independente exclui a imputação quando, por si só, produziu o resultado; os fatos anteriores, entretanto, imputam-se a quem os praticou.

Relevância da omissão

§ 2º A omissão é penalmente relevante quando o omitente devia e podia agir para evitar o resultado. O dever de agir incumbe a quem:

a) tenha por lei obrigação de cuidado, proteção ou vigilância;

b) de outra forma, assumiu a responsabilidade de impedir o resultado;

c) com seu comportamento anterior, criou o risco da ocorrência do resultado.

Relação de causalidade

O nexo causal, ou relação de causalidade, é o elo necessário que une a conduta praticada pelo agente ao resultado por ela produzido.

⚖ Não obstante o recorrente figurar como um dos sócios da pessoa jurídica, não foi descrito o necessário nexo causal entre a conduta a ele atribuída e a ofensa ao bem jurídico tutelado pela norma penal. Apesar de ser difícil a demonstração da individualização da conduta, da atenta leitura da peça acusatória, verifica-se que não se demonstrou de que forma o recorrente concorreu para o fato delituoso descrito na acusação, ou seja, não se demonstrou o mínimo vínculo entre o acusado e o crime a ele imputado, o que é inadmissível (STJ, RHC 84.450/TO, Rel. Min. Sebastião Reis Junior, 6ª T., *DJe* 15/05/2019).

---

[43] STEFAM, André. *Direito penal* – parte geral, v. 1, p. 102.
[44] MASSON, Cleber. *Direito penal esquematizado* – parte geral, v. 1, p. 213.

Nesse sentido:

📖 STJ, RHC 93.645/PR, Rel. Min. Sebastião Reis Junior, 6ª T., *DJe* 06/06/2018; TRF 1ª Reg., ACr 0030539-87.2010.4.01.3700/MA, Rel. Des. Fed. Mário Cesar Ribeiro, *DJe* 08/08/2014; STJ, HC 50804/SP, Rel.ª Min.ª Maria Thereza de Assis Moura, 6ª T., *DJe* 1º/12/2008.

Natureza jurídica do resultado de que cuida o art. 13 do Código Penal

A posição majoritária se posiciona no sentido de que o resultado mencionado pelo art. 13 do Código Penal é aquele de natureza material, naturalístico. Nesse sentido, preleciona Sheila Bierrenbach que "a relação de causalidade refere-se, exclusivamente, aos delitos de resultado, cuja superveniência coincide com a consumação. Trata-se do nexo de causa e efeito que há de existir entre a conduta do agente e o evento descrito no tipo".[45] Em sentido contrário, a nosso ver com razão, Luiz Flávio Gomes aduz que "Não existe crime sem resultado, diz o art. 13. A existência do crime depende de um resultado. Leia-se: todos os crimes exigem um resultado. Se é assim, pergunta-se: qual resultado é sempre exigido para a configuração do crime? Lógico que não pode ser o resultado natural (ou naturalístico ou típico), porque esse só é exigido nos crimes materiais. Crimes formais e de mera conduta não possuem ou não exigem resultado (natural). Consequentemente, o resultado exigido pelo art. 13 só pode ser o jurídico. Este, sim, é que está presente em todos os crimes. Que se entende por resultado jurídico? É a ofensa ao bem jurídico, que se expressa numa lesão ou perigo concreto de lesão. Esse resultado jurídico possui natureza normativa (é um juízo de valor que o juiz deve fazer em cada caso para verificar se o bem jurídico protegido pela norma entrou no raio de ação dos riscos criados pela conduta)."[46]

📖 Por força do princípio da equivalência dos antecedentes (art. 13 do CP), a causalidade da participação é sempre aferida em concreto e *a posteriori*, jamais em abstrato (STJ, HC 32106/RO, Rel. Min. Paulo Medina, 6ª T., *DJ* 20/09/2004, p. 335).

Teorias sobre a relação de causalidade

Várias teorias surgiram com o fim de elucidar o problema da relação de causalidade. Dentre elas, as três que mais se destacaram foram as seguintes:

a) teoria da causalidade adequada (teoria da adequação);
b) teoria da relevância jurídica;
c) teoria da equivalência dos antecedentes causais (ou da *conditio sine qua non*).

Pela teoria da causalidade adequada, elaborada por Von Kries, causa é a condição necessária e adequada a determinar a produção do evento.

📖 Consoante a doutrina da causalidade adequada, a causa é o antecedente não só necessário, mas, também, adequado à produção do resultado, demonstrando que nem todas as condições serão causa, mas apenas aquela que for a mais apropriada a produzir o evento (TJMG, AC 2.0000. 00.500205-5/000, Rel. Des. Otávio Portes, *DJ* 10/11/2006).

A teoria da relevância entende como causa a condição relevante para o resultado. Luís Greco, dissertando sobre o tema, procurando descobrir o significado do juízo de relevância, diz que, "primeiramente, ele engloba dentro de si o juízo de adequação. Será irrelevante tudo aquilo que for imprevisível para o homem prudente, situado no momento da prática da ação. Só o objetivamente previsível é causa relevante. Mezger vai um pouco além da teoria da adequação, ao trabalhar, simultaneamente, com um segundo critério: *a interpretação teleológica dos tipos*. Aqui, não é possível enumerar nada de genérico: será o *telos* específico de cada tipo da parte especial que dirá o que não pode mais ser considerado relevante".[47]

Assim, no conhecido exemplo daquele que joga um balde de água em uma represa completamente cheia, fazendo com que se rompa o dique, não pode ser responsabilizado pela inundação, pois sua conduta não pode ser considerada relevante a ponto de ser-lhe imputada a infração penal tipificada no art. 254 do Código Penal.

Pela teoria da equivalência dos antecedentes causais, de Von Buri, adotada pelo nosso Código Penal, considera-se causa a ação ou a omissão sem a qual o resultado não teria ocorrido. Isso significa que todos os fatos que antecedem o resultado se equivalem, desde que indispensáveis à sua ocorrência. Verifica-se se o fato antecedente é causa do resultado baseada em uma eliminação hipotética.

Processo hipotético de eliminação

Tradicionalmente, tem-se atribuído a criação do chamado "processo hipotético de eliminação" ao professor sueco Thyrén. Isso, no entanto, foi contestado, com autoridade, por Juan Carlos Ferré Olivé, Miguel Ángel Nuñez Paz, William Terra de Oliveira e Alexis Couto de Brito, que aduzem:

"Não é correto – como alguns autores brasileiros por muitos anos o fizeram – atribuir a 'invenção' ou autoria da fórmula da 'eliminação hipotética' ao sueco Johan Carl Wilhelm Thyrén (*Lund, 1861-1933). Na verdade Thyrén em sua obra *Tratados de Filosofia jurídica – considerações sobre as teorias da causalidade penal* (*Abhandlungen aus der rechtsphilosophie* – I, *Bemerkungen zu den kriminalistischen kausalitätstheorien*), publicada em 1894, apenas elabora uma lou-

---

[45] BIERRENBACH, Sheila de Albuquerque. *Crimes omissivos impróprios*, p. 56.
[46] GOMES, Luiz Flávio. *Princípio da ofensividade no direito penal*, p. 59-60.
[47] GRECO, Luís. Introdução: In: ROXIN, Claus. *Funcionalismo e imputação objetiva no direito penal*, p. 29.

vável resenha sobre as teorias existentes da época e menciona a expressão 'eliminação hipotética' ao descrever a teoria encampada por Von Buri. Buscando-se as origens de tal afirmação na literatura pátria não se encontra uma citação do texto de Thyrén, e a única referência de suposta leitura é encontrada na obra de Costa e Silva, com menção em uma nota de rodapé na qual o autor apenas elogia o trabalho do sueco".[48]

No entanto, independentemente de quem seja efetivamente seu autor, para que possamos utilizar, corretamente, a "fórmula" da eliminação hipotética, temos que fazer um exercício mental da seguinte maneira:

1º) temos de pensar no fato que entendemos como influenciador do resultado;

2º) devemos suprimir mentalmente esse fato da cadeia causal;

3º) se, como consequência dessa supressão mental, o resultado vier a se modificar, é sinal de que o fato suprimido mentalmente deve ser considerado como causa desse resultado.

Espécies de causas

As causas, assim consideradas aquelas que interferem na produção do resultado, podem ser *absoluta* ou *relativamente independentes*. Estas, por sua vez, podem ser preexistentes, concomitantes ou supervenientes.

Absolutamente independentes são aquelas que não possuem qualquer relação com a conduta praticada pelo agente.

Relativamente independentes são aquelas que possuem uma ligação com o comportamento levado a efeito pelo agente.

Preexistentes (existiam antes), concomitantes (ocorreram ao mesmo tempo), supervenientes (aconteceram posteriormente) à conduta do agente.

Linha de desdobramento físico

O resultado é considerado um desdobramento natural do comportamento praticado pelo agente.

O contexto dos fatos permite concluir que a vítima foi morta por inimigos, de maneira que não haveria como o hospital prever a tentativa de homicídio em razão de outra ação criminosa. Relata-se, inclusive, que os seguranças do hospital haviam sido rendidos. Conclui-se que não houve omissão do Município na prestação do serviço, porquanto não existe nexo causal que implique na culpabilidade do Ente pela morte ocorrida nos aposentos do hospital. O fato é imprevisível, e rompe o nexo causal (ST, AgInt nos EDcl no AREsp 1.255.321/SP, Rel. Min. Napoleão Nunes Maia Filho, 1ª T., julgado em 22/06/2020, *DJe* 25/06/2020).

Nesse sentido:

STJ, HC 42559/PE, Rel. Min. Arnaldo Esteves Lima, 5ª T., *DJ* 24/04/2006, p. 420).

Omissão como causa do resultado

Ao fornecer o conceito de causa, o Código não fez distinção entre a ação ou a omissão. Pela simples leitura da parte final do *caput* do art. 13, chegamos à conclusão de que a omissão também poderá ser considerada causa do resultado, bastando que para isso o omitente tenha o dever jurídico de impedir, ou pelo menos tentar impedir, o resultado lesivo.

Ação esperada

A lei penal não pune alguém porque simplesmente deixou de fazer alguma coisa. Pune-se, no entanto, porque o agente deixou de fazer aquilo que a lei esperava que fizesse. Somente a lei, portanto, pode impor a realização de algum comportamento. Caso o agente não leve a efeito o comportamento esperado, abre-se a possibilidade de punição.

Como ressalta Muñoz Conde:

"O delito omissivo consiste, sempre, portanto, na omissão de determinada ação que o sujeito tinha a obrigação de realizar e que podia realizar. Portanto, o delito de omissão é sempre, estruturalmente, um delito que consiste na *infração de um dever*. Mas não de um dever social ou moral, senão de um dever jurídico. Na realidade, no fundo de todo delito existe sempre uma infração de um dever, o dever de respeitar o bem jurídico protegido no tipo penal em questão (não matar, não furtar etc.), mas o essencial no delito de omissão é que esse dever se descumpre ao omitir o sujeito uma ação mandada e, portanto, esperada pelo Ordenamento jurídico".[49]

Crimes omissivos próprios e impróprios

Crimes omissivos próprios, puros ou simples, segundo Mirabete, "são os que objetivamente são descritos com uma conduta negativa, de não fazer o que a lei determina, consistindo a omissão na transgressão da norma jurídica e não sendo necessário qualquer resultado naturalístico. Para a existência do crime basta que o autor se omita quando deve agir".[50]

Crimes omissivos impróprios, comissivos por omissão ou omissivos qualificados são aqueles em que, para sua configuração, é preciso que o agente possua um dever de agir para evitar o resultado.[51] Esse dever de agir não é atribuído a qualquer pessoa, como acontece em alguns crimes omissivos próprios, a exemplo do art. 135 do Código Penal, mas tão somente àquelas

[48] FERRÉ OLIVÉ, Juan Carlos; NUÑEZ PAZ, Miguel Ángel; OLIVEIRA, William Terra de; BRITO, Alexis Couto de. *Direito penal brasileiro – parte geral – princípios fundamentais e sistema*, p. 275.

[49] MUÑOZ CONDE, Francisco. *Teoría general del delito*, p. 49.

[50] MIRABETE, Julio Fabbrini. *Manual de direito penal – parte geral*, p. 124.

[51] Há crimes omissivos próprios ou puros que só podem ser cometidos por determinadas pessoas, sendo, portanto, classificados doutrinariamente como delitos próprios, como é o caso do art. 269 do Código Penal, que prevê a omissão de notificação de doença em que somente o médico pode ser o sujeito ativo.

que gozem do *status* de garantidoras da não ocorrência do resultado.

Relevância da omissão

Nos termos do § 2º do art. 13 do Código Penal, *a omissão é penalmente relevante quando o omitente devia e podia agir para evitar o resultado.*
Pela redação inicial do artigo, podemos observar que a lei penal exige a conjugação de duas situações: o *dever de agir* (elencado nas alíneas *a*, *b* e *c*) com o *poder agir*.
O dever de agir, apontado nas alíneas do § 2º do art. 13 do Código Penal, é considerado, na definição de Sheila de Albuquerque Bierrenbach, um dever especial de proteção: "Dever específico, imposto apenas ao garante. Diverso daquele outro dever nascido, de forma imediata, da norma preceptiva, contida na Parte Especial do Código, que obriga a todos indistintamente. Deste modo, à luz do art. 135 do estatuto penal, que tipifica a 'omissão de socorro', cabe a todos cumprir o mandamento legal, agindo para evitar ou tentar evitar que o perigo que ronda o bem jurídico protegido pela norma efetive-se, transformando-se em dano. Trata-se, pois, de dever genérico de proteção."[52]

⚖ Nas imputações pela prática de crime comissivo por omissão, para que se configure a materialidade do delito, é imprescindível a descrição da conduta (omitida) devida, idônea e suficiente para obstar o dano ocorrido (STJ, RHC 39627/RJ, Rel. Min. Rogério Schietti Cruz, 6ª T., *DJe* 30/04/2014).

Nesse sentido:

⚖ STJ, HC 134.409/SP, Rel. Min. Jorge Mussi, 5ª T., j. 16/08/2011, *Informativo* nº 481; STJ, HC 68871/PR, Rel.ª Min.ª Maria Thereza de Assis Moura, 6ª T., *DJe* 05/10/2009.

A posição de garantidor

Nas alíneas do § 2º do art. 13 do Código Penal, encontramos as situações que impõem ao agente a posição de garantidor da evitabilidade do resultado.
O que a lei deseja, nessas situações por ela elencadas, é que o agente atue visando, pelo menos, a tentar impedir o resultado. É como se ela lhe dissesse: "Faça alguma coisa, porque você está obrigado a isto; caso contrário, o resultado lesivo será a você atribuído." O garante, portanto, nas situações elencadas pelo Código Penal, tem o dever de agir para tentar impedir o resultado. Estas são as situações que impõem ao agente a posição de garantidor:
a) tenha por lei obrigação de cuidado, proteção ou vigilância;
b) de outra forma, assumiu a responsabilidade de impedir o resultado;
c) com seu comportamento anterior, criou o risco da ocorrência do resultado.

⚖ Não há como negar a autoria delitiva da apelante O. G. S., seja na modalidade comissiva, ao assinar o Contrato de Prestação de Serviços com a empresa de seu ex-marido G. P. de Serviços (juntado às fls. 138/140), contrato este que lhe transferiu, na prática, a administração da G.; seja na modalidade de crime omissivo impróprio, também chamado de comissivo por omissão, nos termos do art. 13, § 2º, "b" do Código Penal, cuja conduta consiste na não execução de uma atividade predeterminada juridicamente exigida do agente (STJ, HC 505.045, Rel. Min. Antônio Saldanha Palheiro, publicação 05/08/2019).

Nesse sentido:

⚖ STJ, REsp 1.618.975/PR, Rel. Min. Sebastião Reis Junior, 6ª T., *DJe* 13/03/2017; STJ, RHC 46.823/MT, Rel. Min. Reynaldo Soares da Fonseca, 5ª T., *DJe* 15/04/2016; TJ-MG, RSE 0310447-17.2013.8.13.0701, Rel. Des. Rubens Gabriel Soares, *DJe* 24/02/2016; TJ-RJ, HC 0056629-04.2014.8.19.0000, Rel. Des. Paulo Rangel, *DJe* 31/03/2015.

Cominação de pena diferenciada ao garantidor

Como vimos, o garantidor responderá pelo resultado que devia e podia evitar. Assim, só a título de reforço de raciocínio, imagine-se que um policial, durante sua ronda noturna, perceba que alguém esteja praticando um crime de roubo. Cansado, mesmo podendo agir, dada a superioridade do armamento que portava, uma vez que o agente do roubo trazia consigo somente uma faca de cozinha, resolve abandonar a vítima à sua própria sorte, permitindo, assim, o sucesso do crime contra o patrimônio. Aqui, pergunta-se: por qual infração penal deverá responder o policial que, devendo e podendo, se omitiu, permitindo a consumação do crime tipificado no art. 157 do Código Penal? Ao contrário do que se poderia inicialmente imaginar, o funcionário público/policial não responderá pelo delito de prevaricação, mas sim o delito de roubo, ou seja, aquele que, devendo e podendo, não tentou evitar. As mesmas penas previstas para o crime praticado pelo agente autor do roubo lhe serão aplicadas, ou seja, aquelas cominadas no preceito secundário do art. 157 do diploma repressivo. Essa, portanto, é a regra.
Essa regra, contudo, sofre exceções, a exemplo do que ocorre com o § 2º do art. 1º da Lei nº 9.455, de 7 de abril de 1997, quando, após cominar àqueles que praticam o crime de tortura uma pena de reclusão, de dois a oito anos, no que diz respeito ao garantidor, assevera, *verbis*:
§ 2º Aquele que se omite em face dessas condutas, quando tinha o dever de evitá-las ou apurá-las, incorre na pena de detenção de um a quatro anos.
Assim, como se percebe, a pena cominada ao garantidor é a metade daquela prevista para o autor da tortura. No entanto, ambos serão responsabilizados pelo delito de tortura, ou seja, a infração penal do autor/

---

[52] BIERRENBACH, Sheila de Albuquerque. *Crimes omissivos impróprios*, p. 91.

executor e a do garantidor são idênticas, modificando-se, no entanto, as penas em virtude das quais serão responsabilizados.

Crimes omissivos por comissão

Há algum tempo se discute doutrinariamente a possibilidade de ocorrência do chamado *crime omissivo por comissão*, que seria aquele em que o agente, mediante um comportamento positivo, impede que terceira pessoa realize a conduta a que estava obrigada, com a finalidade de produzir determinado resultado. A título de exemplo, imagine-se a hipótese em que o agente, querendo causar a morte da vítima, que estava se afogando, impede a ação do salva-vidas; ou, ainda, a hipótese em que o agente, ao saber que a vítima, seu maior inimigo, havia sido picado por uma cobra, vai até o hospital e quebra a única ampola contendo o antídoto, que seria aplicado à vítima, naquele instante, pelo médico responsável pelo atendimento; ou, também, na hipótese em que o agente, percebendo que a vítima estava se afogando, rasga o bote com o qual seria levado a efeito o seu resgate em alto-mar.

Existe controvérsia doutrinária sobre o tema. Fragoso aduz que, para Von Weber, "essa espécie de crime ocorreria quando se viola uma norma que impõe uma ordem de ativar-se, em conjunto com uma proibição de impedir a ocorrência do resultado". E continua dizendo que, na Itália, Manzini afirmava, peremptoriamente, que existiam certos crimes omissivos que podiam ser praticados mediante ação. No entanto, juntamente com Armin Kaufmann, Fragoso,[53] nega, a nosso ver com razão, a possibilidade de ocorrência dessa figura omissiva.

Com a devida *venia* das posições em contrário, entendemos que, se o agente, com seu comportamento comissivo, impede que alguém, seja ele garantidor ou não, venha a praticar um comportamento que, no caso concreto, lhe era exigido, deverá responder pelo resultado a título de comissão, e não de omissão, pois, efetivamente, fez alguma coisa para que o resultado viesse a se produzir.

Assim, nos exemplos citados, se o agente impede a ação do salva-vidas, quebra a ampola que continha o antídoto ou rasga o bote inflável, tudo isso com a finalidade de causar a morte da vítima, responderá pelo delito de homicídio doloso, praticado comissivamente, e não por um delito omissivo, levado a efeito via comissão.

Teoria da imputação objetiva

A teoria da imputação objetiva surgiu com a finalidade de limitar o alcance da chamada teoria da equivalência dos antecedentes causais, sem, contudo, abrir mão desta última.[54] Por intermédio dela, deixa-se de lado a observação de uma relação de causalidade puramente material para se valorar outra, de natureza jurídica, normativa.[55] Com base nos ensaios de Richard Honig,[56] autor da obra *Causalidade e Imputação Objetiva*, trazida a público em 1930, cuja finalidade era resolver os problemas criados pela teoria da equivalência dos antecedentes causais e a teoria da adequação, Roxin desenvolve o conceito de imputação objetiva.

Procurando fugir dos dogmas causais, Roxin,[57] fundamentando-se no chamado *princípio do risco*, criou uma teoria geral da imputação para os *crimes de resultado* com quatro vertentes que impedirão sua imputação objetiva. São elas:

a) diminuição do risco;
b) criação de um risco juridicamente relevante;
c) aumento do risco permitido;
d) esfera de proteção da norma como critério de imputação.

Com fundamento no argumento segundo o qual o comportamento social do homem é vinculado a papéis, Jakobs traça quatro instituições jurídico-penais sobre as quais desenvolve a teoria da imputação objetiva, a saber:

a) risco permitido;
b) princípio da confiança;
c) proibição de regresso;
d) competência ou capacidade da vítima.

Pela teoria da imputação objetiva, afasta-se a tipicidade objetiva da conduta em casos de autocolocação em risco pela vítima, tais como a hipótese em que o motorista, na condução de seu veículo em atenção às regras de tráfego, é surpreendido pela vítima que, de inopino, se lança à frente do automóvel em uma autoestrada, visando a atravessar irregularmente a via, militando em favor do acusado, neste caso, ainda, o princípio da confiança. Não se pode reconhecer a tipicidade da conduta pelo só fato de o motorista

---

[53] FRAGOSO, Heleno Cláudio. Crimes omissivos por comissão *(?)*. Disponível em: <http://www.buscalegis.ufsc.br/revistas/index.php/buscalegis/article/view/11339/10904>. Acesso em: 3 ago. 2010.

[54] "A realização do risco, ao contrário do que pensam alguns, não substituiu a causalidade, mas a pressupõe: é impossível dizer que determinado risco se realizou no resultado, se a conduta do autor não foi sequer *conditio sine qua non*, ou, para utilizar a teoria mais aceita na Alemanha atualmente, condição segundo uma lei natural, do resultado" (GRECO, Luís. Introdução. In: ROXIN, Claus. *Funcionalismo e imputação objetiva no direito penal*, p. 88-89).

[55] Nesse sentido, afirma Fernando Galvão: "Pode-se distinguir causalidade material de imputação objetiva. A relação de causalidade material relaciona uma conduta a um determinado resultado no plano naturalístico e constitui pressuposto para a imputação objetiva nos crimes materiais. A definição do critério a ser utilizado para estabelecer a vinculação resulta de opção político-criminal, que acolhe qualquer das diversas teorias elaboradas para a determinação da causalidade. A imputação objetiva, por sua vez, é atribuição normativa da produção de determinado resultado a um indivíduo, de modo a viabilizar sua responsabilização" (*Imputação objetiva*, p. 43).

[56] *Apud* PARMA, Carlos. *Culpabilidad*, p. 94.

[57] ROXIN, Claus. *Problemas fundamentais de direito penal*, p. 148.

estar embriagado se, no caso concreto, esse risco não permitido por ele criado não tiver se realizado no resultado danoso, o qual teria se dado independentemente dessa circunstância, pelo que, pela própria teoria da *conditio sine qua non*, a prévia ingestão de bebida alcoólica não pode ser tida como causa do crime (STJ, AREsp 1.304.661, Rel. Min. Joel Ilan Paciornik, publicação 17/06/2019).

Nesse sentido:

⚖ STJ, REsp 822.517/DF, Rel. Min. Gilson Dipp, 5ª T., *LEXSTJ*, v. 218, p. 362; TJSP, AC 0001739-09.2010.8.26.0050, Rel. Des. Guilherme de Souza Nucci, *DJe* 24/07/2014; TJMG, AC 1.0625.10.011730-2/001, Rel. Des. Paulo Cézar Dias, *DJe* 20/11/2013; STJ, REsp 822517/DF, Rel. Min. Gilson Dipp, 5ª T., *DJ* 29/06/2007, p. 697; STJ, Rel. Min. Arnaldo Esteves Lima, 6ª T., *DJ* 10/04/2006, p. 245.

> **Art. 14. Diz-se o crime:**
> **Crime consumado**
> I – consumado, quando nele se reúnem todos os elementos de sua definição legal;
> **Tentativa**
> II – tentado, quando, iniciada a execução, não se consuma por circunstâncias alheias à vontade do agente.
> **Pena de tentativa**
> **Parágrafo único.** Salvo disposição em contrário, pune-se a tentativa com a pena correspondente ao crime consumado, diminuída de um a dois terços.

Iter criminis

É composto pelas seguintes fases: *a)* cogitação (*cogitatio*); *b)* preparação (atos preparatórios); *c)* execução (atos de execução); *d)* consumação (*summatum opus*); *e)* exaurimento.[58]

Consumação

Segundo o inc. I do art. 14 do Código Penal, diz-se consumado o crime quando nele se reúnem todos os elementos de sua definição legal. Conforme sua classificação doutrinária, cada crime tem sua particularidade. Assim, nem todos os delitos possuem o mesmo instante consumativo. A consumação, portanto, varia de acordo com a infração penal selecionada pelo agente.

Momento consumativo nos crimes

a) *materiais e culposos*: quando se verifica a produção do resultado naturalístico, ou seja, quando há a modificação no mundo exterior. Ex.: homicídio (art. 121 do CP);

b) *omissivos próprios*: com a abstenção do comportamento imposto ao agente. Ex.: omissão de socorro (art. 135 do CP);

c) *mera conduta*: com o simples comportamento previsto no tipo, não se exigindo qualquer resultado naturalístico. Ex.: violação de domicílio (art. 150 do CP);

d) *formais*: com a prática da conduta descrita no núcleo do tipo, independentemente da obtenção do resultado esperado pelo agente, que, caso aconteça, será considerado como mero exaurimento do crime. Ex.: extorsão mediante sequestro (art. 159 do CP);

e) *qualificados pelo resultado*: com a ocorrência do resultado agravador. Ex.: lesão corporal qualificada pelo resultado aborto (art. 129, § 2º, V, do CP);

f) *permanentes*: enquanto durar a permanência, uma vez que o crime permanente é aquele cuja consumação se prolonga, perpetua-se no tempo. Ex.: sequestro e cárcere privado (art. 148 do CP).

Não punibilidade da cogitação e dos atos preparatórios

O inc. II do art. 14 do Código Penal assevera que o crime é tentado quando, *iniciada a execução, não se consuma por circunstâncias alheias à vontade do agente.*

A lei penal, com a redação dada ao aludido inciso, limitou a punição dos atos praticados pelo agente a partir de sua execução, deixando de lado a cogitação e os atos preparatórios.

⚖ Veja-se que o prévio planejamento do crime é impunível, pois sabe-se que, no estudo do *iter criminis*, os atos preparatórios não são passíveis de incriminação. Somente a partir dos atos de execução é que se pode imputar um delito a determinado agente que pratica qualquer das elementares do crime, ou para ele concorre, de qualquer forma (STJ, Ag 1.362.760, Rel. Min. Antônio Saldanha Palheiro, publicação 06/08/2019).

Nesse sentido:

⚖ TJMG, AC 0474535-32.2012.8.13.0079, Rel. Des. Marcílio Eustáquio dos Santos, *DJe* 29/08/2014; STJ, REsp 818741/BA, Rel.ª Min.ª Laurita Vaz, 5ª T., *DJ* 23/04/2007, p. 302.

Diferença entre atos preparatórios e atos de execução

Talvez um dos maiores problemas que enfrentamos ao iniciarmos o estudo do Direito Penal seja, justamente, tentar diferenciar os atos preparatórios, não puníveis pela nossa lei, dos chamados atos de execução, uma vez que a linha que os separa é por demais tênue.

---

[58] Para Cezar Roberto Bitencourt, o *iter criminis* possui tão somente quatro fases, encerrando-se com a consumação do delito (BITENCOURT, Cezar Roberto; MUÑOZ CONDE, Francisco. *Teoria geral do delito*, p. 464).

Várias teorias surgiram, ao longo do tempo, com a finalidade de elaborar essa distinção. A conclusão de que determinado ato praticado pelo agente é preparatório ou de execução tem repercussões importantíssimas. Como visto, a cogitação e os atos preparatórios não são puníveis, uma vez que a lei penal somente se interessa pelo fato quando o agente, ressalvadas as hipóteses de punição dos atos preparatórios como infrações autônomas (exemplo: art. 291 do Código Penal), inicia os atos de execução.

Assim, se considerarmos como preparatório o ato, com ele não se importará o Direito Penal, ao passo que, se o interpretarmos como de execução, sobre ele já terá incidência a lei, podendo-se falar, a partir daí, pelo menos, em tentativa, caso o agente não chegue à consumação por circunstâncias alheias à sua vontade. Dentre as inúmeras teorias que surgiram com a finalidade de definir a tentativa, podemos citar as seguintes:

- *teoria subjetiva*: haveria tentativa quando o agente, de modo inequívoco, exteriorizasse sua conduta no sentido de praticar a infração penal. Esta teoria se satisfaz tão somente com o fato do agente revelar sua intenção criminosa através de atos inequívocos, não fazendo distinção, outrossim, entre atos preparatórios e atos de execução;
- *teorias objetivas*: formal e material. Para a teoria formal-objetiva, concebida por Beling, somente poderíamos falar em tentativa quando o agente já tivesse praticado a conduta descrita no núcleo do tipo penal. A teoria material-objetiva busca ser um complemento da primeira. Segundo Carlos Parma, por intermédio dela se incluem "ações que por sua necessária vinculação com a ação típica, aparecem como parte integrante dela, segundo uma natural concepção ou que produzem uma imediata colocação em perigo de bens jurídicos";[59]
- *teoria da hostilidade ao bem jurídico*: Era a teoria preconizada por Mayer. Para se concluir pela tentativa, teria de se indagar se houve ou não uma agressão direta ao bem jurídico.
  "Ato executivo (ou de tentativa) é o que ataca efetiva e imediatamente o bem jurídico; ato preparatório é o que possibilita, mas não é ainda, sob o prisma objetivo, o ataque ao bem jurídico."[60]
- *teoria da impressão*: essa teoria, de acordo com os ensinamentos de Paulo César Busato, "justifica a punibilidade da tentativa em função da impressão provocada pela conduta do agente. Toda conduta que produz na comunidade a impressão de uma agressão ao direito, prejudicando sua validade na consciência comunitária, é perigosa e, como tal, merecedora de castigo."[61]

Na verdade, não obstante os esforços expendidos por um grande número de doutrinadores a fim de demarcar a fronteira entre os atos preparatórios e os de execução, tal tarefa, mesmo nos dias de hoje, ainda não foi superada. Há atos que, com toda certeza, reputaríamos como preparatórios ao início da execução da infração penal, como, *v.g.*, a aquisição da arma de fogo pelo agente e a procura pelo automóvel mais fácil de ser subtraído, em face da ausência de dispositivos de segurança; há outros que, também com absoluta certeza, entenderíamos como de execução, como no caso de o agente já estar se retirando do interior da casa da vítima levando consigo algumas joias a ela pertencentes, ou mesmo daquele que inicia o acionamento da arma puxando-lhe o gatilho.

Embora existam os atos extremos, em que não há possibilidade de serem confundidos, a controvérsia reside naquela zona cinzenta na qual, por mais que nos esforcemos, não teremos a plena convicção se o ato é de preparação ou de execução. Ainda não surgiu, portanto, teoria suficientemente clara e objetiva que pudesse solucionar esse problema.

A distinção entre atos preparatórios e executórios é tormentosa e exige uma conjugação de critérios, tendo como ponto de partida a teoria objetivo-formal, de Beling, associada a outros parâmetros subjetivos e objetivos (como a complementação sob a concepção natural, proposta por Hans Frank), para que, consoante o tirocínio do julgador, seja possível definir se, no caso concreto, foram exteriorizados atos tão próximos do início do tipo que, conforme o plano do autor, colocaram em risco o bem jurídico tutelado. Tal solução é necessária para se distinguir o começo da execução do crime, descrito no art. 14, II, do CP e o começo de execução da ação típica. Quando o agente penetra no verbo nuclear, sem dúvida, pratica atos executórios. No entanto, comportamentos periféricos que, conforme o plano do autor, uma vez externados, evidenciam o risco relevante ao bem jurídico tutelado também caracterizam início da execução do crime (STJ, RHC 113.634, Rel.ª Min.ª Laurita Vaz, publicação 05/08/2019).

Nesse sentido:

STJ, REsp 1.252.770/RS, Rel. Min. Rogério Schietti Cruz, 6ª T., *DJe* 26/03/2015; STJ, HC 147729/SP, Rel. Min. Jorge Mussi, 5ª T., *DJe* 20/06/2012.

Dúvida se o ato é preparatório ou de execução

Se, no caso concreto, depois de analisar detidamente a conduta do agente e uma vez aplicadas todas as teorias existentes que se prestam a tentar distinguir os atos de execução, que se configurarão em tentativa, dos atos meramente preparatórios, ainda assim persistir a dúvida, esta deverá ser resolvida em benefício

[59] PARMA, Carlos. *La tentativa*, p. 56.
[60] Apud HUNGRIA, Nélson. *Comentários ao código penal*, v. I, t. II, p. 84.
[61] BUSATO, Paulo César. *Direito penal – parte geral*, p. 678.

do agente. Seguindo a lição de Hungria, "nos casos de irredutível dúvida sobre se o ato constitui um ataque ao bem jurídico ou apenas uma predisposição para esse ataque, o juiz terá de pronunciar o *non liquet*, negando a existência da tentativa".[62]

⚖ Para distinguir a diferença entre atos preparatórios para a prática de um crime e atos de execução propriamente ditos, há que se considerar dois fatores essenciais: a idoneidade e a inequivocidade da conduta do agente. Quando ele pratica atos inequívocos e idôneos para o cometimento do delito, aí começa a execução do crime (TJSC, AC, Rel. Ernani Ribeiro, *RTJE* 114, p. 265).

Elementos que caracterizam o crime tentado

Para que se possa falar em tentativa, é preciso que:

a) a conduta seja dolosa, isto é, que exista uma vontade livre e consciente de querer praticar determinada infração penal;

b) o agente ingresse, obrigatoriamente, na fase dos chamados atos de execução;

c) não consiga chegar à consumação do crime, por circunstâncias alheias à sua vontade.

⚖ A jurisprudência desta Corte Superior firmou o entendimento no sentido de que é plenamente possível a ocorrência de latrocínio em sua forma tentada, quando não se obtenha o resultado morte, bastando a comprovação de que, no decorrer da prática delitiva, o agente tenha atentado contra a vida da vítima, com a intenção de matá-la, não atingindo o resultado, por circunstâncias alheias à sua vontade (STJ, AgRg no HC 429.657/MG, Rel.ª Min.ª Maria Thereza de Assis Moura, 6ª T., *DJe* 16/04/2018).

Nesse sentido:

⚖ Ap. Crim. 110.346-3, Rel. Celso Limongi, Ribeirão Pires, j. 20/11/1991.

Tentativa perfeita e tentativa imperfeita

Podemos distinguir a tentativa em perfeita e imperfeita. Fala-se em *tentativa perfeita, acabada,* ou *crime falho,* quando o agente esgota, segundo o seu entendimento, todos os meios que tinha ao seu alcance a fim de alcançar a consumação da infração penal, que somente não ocorre por circunstâncias alheias à sua vontade. Diz-se *imperfeita,* ou *inacabada,* a tentativa em que o agente é interrompido durante a prática dos atos de execução, não chegando, assim, a fazer tudo aquilo que intencionava, visando a consumar o delito.

⚖ Situação que não caracteriza desistência voluntária dos agentes (art. 15, CP). O caminho por eles percorrido caracteriza tentativa perfeita, já que a fase de execução foi integralmente realizada, na medida em que o requerimento do benefício previdenciário foi apresentado ao INSS (STJ, AREsp 1.476.284, Rel. Min. Ribeiro Dantas, publicação 06/06/2019).

Nesse sentido:

⚖ TJ-MG, AC 3150415-44.2014.8.13.0024, Rel. Des. Jaubert Carneiro Jaques, *DJe* 25/05/2016; TJSC, Processo 2013.031431-8, Rel.ª Des.ª Marli Mosimann Vargas, j. 18/02/2014; TJMG, AC 1.0395.03.004239-8/001, Rel.ª Des.ª Jane Silva, *DJ* 13/01/2007.

Tentativa e contravenção penal

Em virtude da determinação expressa constante do art. 4º do Decreto-Lei nº 3.688/41, não é punível a tentativa de contravenção penal.

Tentativa branca

Fala-se em tentativa branca, ou incruenta, quando o agente, não obstante ter utilizado os meios que tinha ao seu alcance, não consegue atingir a pessoa ou a coisa contra a qual deveria recair sua conduta.

⚖ Sendo incontroverso nos autos que a hipótese é de tentativa branca, já que, apesar de o paciente ter efetuado disparos de arma de fogo enquanto travava luta corporal com a vítima, nenhum deles a atingiu, sendo certo, portanto, que o bem jurídico (vida), neste caso, embora tenha sofrido ameaça, não foi minimamente lesado pela conduta delituosa, deve ser aplicada a fração de 2/3, que é a máxima prevista no dispositivo de regência, nos termos da jurisprudência dessa Corte Superior. Precedentes (STJ, HC 574.589/BA, Rel. Min. Ribeiro Dantas, 5ª T., julgado em 23/06/2020, *DJe* 30/06/2020).

Nesse sentido:

⚖ STJ, REsp 117253/DF, Rel. Min. Vicente Leal, 6ª T., *RJADCOAS* 10, p. 611.

Teorias sobre a punibilidade do crime tentado

Para solucionar o problema da punição da tentativa, surgiram, basicamente, duas teorias: a subjetiva e a objetiva.

Segundo a teoria subjetiva, o agente que deu início aos atos de execução de determinada infração penal, embora, por circunstâncias alheias à sua vontade, não tenha alcançado o resultado inicialmente pretendido, responde como se a tivesse consumado. Basta, como se vê, que sua vontade seja dirigida à produção de um resultado criminoso qualquer, não importando se efetivamente ele venha ou não a ocorrer. Aqui será aplicada ao agente a pena cominada ao crime consumado, não incidindo, outrossim, redução alguma pelo fato de ter permanecido a infração penal na fase do *conatus* (tentativa).

Já a teoria objetiva, adotada como regra pelo nosso Código, entende que deve existir uma redução na pena quando o agente não consiga, efetivamente, consumar a infração penal. Quer dizer, a pena para a tentativa deve ser menor do que aquela aplicada ao agente que consegue preencher todos os elementos da figura típica. Tal regra, contudo, sofre exceções,

---

[62] HUNGRIA, Nélson. *Comentários ao código penal*, v. I, t. II, p. 85.

como no caso em que o legislador pune a tentativa com as mesmas penas do crime consumado, prevendo-a expressamente no tipo, a exemplo do art. 352 do Código Penal. Por essa razão, ou seja, por causa da ressalva contida no parágrafo único do art. 14, é que podemos concluir ter o Código Penal adotado a teoria objetiva temperada, moderada ou matizada, isto é, a regra é que a pena correspondente ao crime tentado sofra uma redução. Contudo, tal regra sofre exceções, conforme previsto pelo próprio artigo. Assim, embora adotando-se uma teoria objetiva, ela não é *pura*, mas, sim, como dissemos, temperada, moderada ou matizada.

📖 [...] VI – Com efeito, o Código Penal, em seu art. 14, II, adotou a teoria objetiva quanto à punibilidade da tentativa, pois, malgrado semelhança subjetiva com o crime consumado, diferencia a pena aplicável ao agente doloso de acordo com o perigo de lesão ao bem jurídico tutelado. Nessa perspectiva, a jurisprudência desta Corte adota critério de diminuição do crime tentado de forma inversamente proporcional à aproximação do resultado representado: quanto maior o iter criminis percorrido pelo agente, menor será a fração da causa de diminuição. VII – No caso em apreço, a Corte local aplicou a redução pela tentativa em 1/2 (meio), tendo em vista o iter criminis percorrido pelo agente. Neste contexto, não se vislumbra ilegalidade perpetrada a ser reparada. Ademais, o acolhimento do inconformismo, segundo as alegações vertidas nas razões da impetração, demanda o revolvimento do acervo fático-probatório dos autos, situação vedada na via estreita do habeas corpus. Agravo regimental desprovido (AgRg no HC 578.076/SP, Rel. Min. Felix Fischer, 5ª T., julgado em 01/09/2020, *DJe* 14/09/2020).

Tentativa e redução de pena

O percentual de redução não é meramente opção do julgador, livre de qualquer fundamento. Assim, visando trazer critérios que possam ser aferidos no caso concreto, evitando decisões arbitrárias, entende a doutrina que quanto mais próximo o agente chegar à consumação da infração penal, menor será o percentual de redução; ao contrário, quanto mais distante o agente permanecer da consumação do crime, maior será a redução.

📖 O Código Penal, em seu art. 14, II, adotou a teoria objetiva quanto à punibilidade da tentativa, pois, malgrado semelhança subjetiva com o crime consumado, diferencia a pena aplicável ao agente doloso de acordo com o perigo de lesão ao bem jurídico tutelado. Nessa perspectiva, a jurisprudência desta Corte reconhece o critério de diminuição do crime tentado

de forma inversamente proporcional à aproximação do resultado representado: quanto maior o iter criminis percorrido pelo agente, menor será a fração da causa de diminuição (STJ, HC 574.589/BA, Rel. Min. Ribeiro Dantas, 5ª T., julgado em 23/06/2020, *DJe* 30/06/2020).

Nesse sentido:

📖 STJ, HC 502.584/SP, Rel. Min. Felix Fischer, 5ª T., *DJe* 11/06/2019; STJ, AgRg no AREsp 1.124.565/PR, Rel. Min. Jorge Mussi, 5ª T., *DJe* 29/06/2018; STJ, HC 406.773/AC, Rel. Min. Ribeiro Dantas, 5ª T., *DJe* 27/09/2017; STJ, HC 351.408/SP, Rel. Min. Felix Fischer, 5ª T., *DJe* 23/05/2016.

Tentativa e dolo eventual

Questão extremamente complexa é a possibilidade de ser admitida a tentativa nas hipóteses de dolo eventual. Ao contrário do que possa parecer, mesmo tratando-se de dolo (eventual), o raciocínio não flui de forma tranquila como acontece quando estamos diante do dolo por excelência, que é o dolo direto, seja ele de primeiro ou de segundo grau. A doutrina espanhola, em sua maioria, entende, no caso em exame, ser perfeitamente admissível o *conatus*. Muñoz Conde, com o brilhantismo que lhe é peculiar, mesmo admitindo a controvérsia sobre o tema, assevera que, "na medida em que o tipo do respectivo delito admita a comissão dolosa eventual, [...], caberá também a tentativa com esta forma de imputação subjetiva, ainda que o normal na tentativa seja o dolo direto, pelo menos de segundo grau".[63] José Cerezo Mir, sem enfrentar o tema com profundidade, afirma que "a tentativa é compatível, segundo a opinião dominante, com o dolo eventual".[64] No Brasil, Frederico Marques também entende como perfeitamente admissível a tentativa no dolo eventual.[65]

No mesmo sentido, aduz Fernando Galvão que "os crimes que se realizam com dolo eventual admitem tentativa. No plano objetivo, sendo possível fracionar a conduta, a tentativa é perfeitamente compatível com o dolo eventual. Se o dolo eventual é caracterizado pela postura subjetiva de assumir a ocorrência do resultado, o comportamento é tendencioso à realização de tal objetivo e pode haver a interrupção que autoriza uma responsabilidade diminuída".[66]

📖 É compatível com a imputação de homicídio tentado o dolo eventual atribuído à conduta. Precedentes (STJ, REsp 1.790.039/RS, Rel. Min. Rogério Schietti Cruz, 6ª T., *DJe* 02/08/2019).

Nesse sentido:

📖 STF, HC 165.200 AgR/MG, Rel. Min. Roberto Barroso, 1ª T., *DJe* 14/05/2019; STJ, REsp 1.486.745/SP, Rel. Min. Sebastião Reis Junior, 6ª T., *DJe* 12/04/2018; STJ, AgRg no REsp 1.176.324/RS, Rel. Min. Reynaldo Soares da Fonseca,

---

[63] BITENCOURT, Cezar Roberto; MUÑOZ CONDE, Francisco. *Teoria geral do delito*, p. 450.

[64] CEREZO MIR, José. *Curso de derecho penal español* – parte general, v. III, p. 186.

[65] MARQUES, José Frederico. *Tratado de direito penal*, v. II, p. 384.

[66] GALVÃO, Fernando. *Direito penal* – parte geral, p. 720.

5ª T., *DJe* 23/02/2016; STJ, HC 147729/SP, Rel. Min. Jorge Mussi, 5ª T., *DJe* 20/06/2012.

Apesar da força do pensamento dos mencionados autores, acreditamos ser o dolo eventual completamente incompatível com a tentativa. Bustos Ramirez e Hormazábal Malarée não admitem essa hipótese, dizendo que "não é possível a tentativa com dolo eventual, pois [...] o dolo eventual tem a estrutura de uma imprudência a que, por razões político-criminais, se aplica a pena do delito doloso".[67]

O dolo eventual mostra-se incompatível com o crime tentado, porquanto a tentativa – determinada pela vontade – somente pode ser considerada quando a conduta for finalística e dirigida à produção de um resultado, o que, à evidência, não ocorre quando o agente apenas assume o risco de produzi-lo. Desclassificação para o crime de lesão corporal (TJRS, RSE nº 70081915670, Rel. Des. Honório Gonçalves da Silva Neto, *DJe* 23/09/2019).

Independentemente do paralelo que se tente traçar entre o dolo eventual e a culpa consciente, o fato é que, nos casos concretos, o raciocínio da tentativa torna-se inviável. A própria definição legal do conceito de tentativa nos impede de reconhecê-la nos casos em que o agente atua com dolo eventual. Quando o Código Penal, em seu art. 14, II, diz ser o crime tentado quando, iniciada a execução, não se consuma por circunstâncias alheias à *vontade* do agente, nos está a induzir, mediante a palavra *vontade*, que a tentativa somente será admissível quando a conduta do agente for finalística e diretamente dirigida à produção de um resultado, e não nas hipóteses em que somente assuma o risco de produzi-lo, nos termos propostos pela teoria do assentimento. O art. 14, II, do Código Penal adotou, portanto, para fins de reconhecimento do dolo, tão somente, a teoria da vontade.

Crime de trânsito. Denúncia por homicídio tentado com dolo eventual. Decisão pronunciatória. Necessidade de reforma. Impossibilidade lógica de admitir-se a tentativa no dolo eventual. Desclassificação do delito (TJRS, Rese 70028712321, Rel. Des. Manuel José Martinez Lucas, *DJ* 1º/07/2009).

Desistência voluntária e arrependimento eficaz
Art. 15. O agente que, voluntariamente, desiste de prosseguir na execução ou impede que o resultado se produza, só responde pelos atos já praticados.

Desistência voluntária

Na primeira parte do art. 15 do Código Penal, encontramos a chamada desistência voluntária. A primeira ilação que se extrai desse artigo é que, para que se possa falar em desistência voluntária, é preciso que o agente já tenha ingressado na fase dos atos de execução. Caso ainda se encontre praticando atos preparatórios, sua conduta será considerada um indiferente penal.

Para caracterizar a desistência voluntária, prevista no art. 15 do Código Penal, é necessário que o agente interrompa a execução do crime pela própria vontade. Se a interrupção ocorre por circunstâncias externas, alheias à vontade do agente, resta configurada a tentativa e não a desistência voluntária (STJ, REsp 1.761.667, Rel.ª Min.ª Laurita Vaz, publicação 12/04/2019).

Nesse sentido:

STJ, AgRg no AREsp 1.214.790/CE, Rel. Min. Ribeiro Dantas, 5ª T., *DJe* 23/05/2018; STJ, HC 391.987/SP, Rel.ª Min.ª Maria Thereza de Assis Moura, 6ª T., *DJe* 31/08/2017; STJ, AgRg no REsp 1.549.809/DF, Rel.ª Min.ª Maria Thereza de Assis Moura, 6ª T., *DJe* 24/02/2016; TJ-RJ, AC 0458479-25.2014.8.19.0001, Rel. Des. Paulo Rangel, *DJe* 02/06/2016; TJSC, AC 2011.083981-4, Rel. Des. Carlos Alberto Civinski, j. 28/05/2013; STJ, REsp 1109383/RN, Rel. Min. Napoleão Nunes Maia Filho, 5ª T., *DJe* 03/05/2010.

Política criminal

A lei penal, por motivos de política criminal, prefere punir menos severamente o agente que, valendo-se desse benefício legal, deixa de persistir na execução do crime, impedindo sua consumação, do que puni-lo com mais severidade, por já ter ingressado na sua fase executiva. É preferível tentar impedir o resultado mais grave a simplesmente radicalizar na aplicação da pena.

Ponte de Ouro de Franz von Liszt

Conforme as lições de Franz von Liszt:
"No momento em que o agente transpõe a linha divisória entre os atos preparatórios impunes e o começo de execução punível, incorre na pena cominada contra a tentativa. Semelhante fato não pode mais ser alterado, suprimido ou "anulado retroativamente". Pode, porém, a lei, por considerações de política criminal, construir uma ponte de ouro para a retirada do agente que já se tornara passível de pena."[68]

Voluntariedade, e não espontaneidade

Impõe a lei penal que a desistência seja voluntária, mas não espontânea. Isso quer dizer que não importa se a ideia de desistir no prosseguimento da execução criminosa partiu do agente, ou se foi ele induzido a isso por circunstâncias externas que, se deixadas de lado, não o impediriam de consumar a infração penal. O importante, aqui, como diz Johannes Wessels, "é que o agente continue sendo dono de suas decisões".[69]

---

[67] BUSTOS RAMIREZ, Juan J.; HORMAZÁBAL MALARÉE, Hernán. *Lecciones de derecho penal*, v. II, p. 269.

[68] VON LISZT, Franz. *Tratado de direito penal alemão*, p. 342.

[69] WESSELS, Johannes. *Derecho penal – parte general*, p. 186.

⚖ Consiste a desistência voluntária no abandono voluntário – e não necessariamente espontâneo – no prosseguimento dos atos executórios, que ocorre independentemente de impedimentos obrigatórios (TJ-MG, RSE 0944866-37.2015.8.13.0024, Rel. Des. Beatriz Pinheiro Caires, *DJe* 07/03/2016).

Nesse sentido:

⚖ TJMG, ACr 1.0433.04.109269-6/001, 4ª Câm. Crim., Rel. Eli Lucas de Mendonça, *DJ* 08/02/2008.

Fórmula de Frank

A fim de distinguirmos quando o agente desistiu voluntariamente de quando não chegou a consumar o crime por circunstâncias alheias à sua vontade, devemos aplicar ao caso concreto a chamada "Fórmula de Frank".[70] Na análise do fato, e de maneira hipotética, se o agente disser a si mesmo "posso prosseguir, mas não quero", será o caso de desistência voluntária, porque a interrupção da execução ficará a seu critério, pois ainda continuará sendo o senhor de suas decisões; se, ao contrário, o agente disser "quero prosseguir, mas não posso", estaremos diante de um crime tentado, uma vez que a consumação só não ocorreu em virtude de circunstâncias alheias à vontade do agente.

Responsabilidade do agente somente pelos atos já praticados

A finalidade desse instituto é fazer com que o agente jamais responda pela tentativa. Isso quer dizer que, se houver desistência voluntária, o agente não responderá pela tentativa em virtude de ter interrompido, voluntariamente, os atos de execução que o levariam a alcançar a consumação da infração penal por ele pretendida inicialmente. Ao agente é dado o benefício legal de, se houver desistência voluntária, somente responder pelos atos já praticados, isto é, será punido por ter cometido aquelas infrações penais que antes eram consideradas delito-meio, para a consumação do delito-fim.

⚖ Nos termos do art. 15 do Código Penal, configura-se o arrependimento eficaz quando o agente "impede que o resultado se produza", situação em que "só responde pelos atos já praticados" (TJ-MG, AC 0035463-58.2014.8.13.0621, Rel. Des. Catta Preta, *DJe* 20/06/2016).

Nesse sentido:

⚖ TJMG, AC 2.0000.00.498287-4/000, Rel. Des. Vieira de Brito, *DJ* 18/02/2006.

Arrependimento eficaz

Fala-se em arrependimento eficaz quando o agente, depois de esgotar todos os meios de que dispunha para chegar à consumação da infração penal, arrepende-se e atua em sentido contrário, evitando a produção do resultado inicialmente por ele pretendido.

⚖ (...) 2. "O instituto do arrependimento eficaz e da desistência voluntária somente são aplicáveis a delito que não tenha sido consumado" (AgRg no REsp 1549.809/DF, Rel. Min. Maria Thereza de Assis Moura, 6ª T., julgado em 02/02/2016, *DJe* 24/02/2016). 3. Assim, uma vez que os crimes formais se consumam no momento da conduta (dispensando resultado naturalístico), são eles incompatíveis com o arrependimento eficaz (...) (AgRg no AREsp 1.548.430/RS, Rel. Min. Ribeiro Dantas, 5ª T., julgado em 17/12/2019, *DJe* 19/12/2019).

Nesse sentido:

⚖ STJ, HC 506.893, Rel. Min. Felix Fischer, publicação 30/05/2019; TJ-DT, AC 953956, Rel. Des. Silvanio Barbosa dos Santos, *DJe* 13/07/2016; TJSC, AC 2012.042239-9, Rel. Des. Carlos Alberto Civinski, j. 11/06/2013; TJMG, AC 1.0024.06.975509-8/001, Rel. Des. William Silvestrini, *DJ* 17/10/2006; STJ, REsp 64384/PR, Rel. Min. Luiz Vicente Cernicchiaro, 6ª T., *RSTJ* 85, p. 392.

Natureza jurídica da desistência voluntária e do arrependimento eficaz

Para Hungria,[71] essas são causas de extinção da punibilidade não previstas no art. 107 do Código Penal. Defendendo posição contrária à de Hungria, Frederico Marques, citado por Damásio,[72] concluiu que o caso não é de extinção de punibilidade, mas, sim, de atipicidade do fato, posição à qual nos filiamos.

Diferença entre desistência voluntária e arrependimento eficaz

Conforme se verifica pela própria redação do art. 15, quando o agente se encontra, ainda, praticando atos de execução, fala-se em desistência se, voluntariamente, a interrompe; já no arrependimento eficaz, o agente esgota tudo aquilo que estava à sua disposição para alcançar o resultado, isto é, pratica todos os atos de execução que entende como suficientes e necessários à consumação da infração penal, mas arrepende-se e impede a produção do resultado.

Em síntese, na desistência voluntária, o processo de execução do crime ainda está em curso; no arrependimento eficaz, a execução já foi encerrada.

⚖ A norma estabelece dois institutos que apresentam a mesma consequência, desistência voluntária e arrependimento eficaz; a diferença entre eles reside nas modalidades de crimes tentados. Se a tentativa é imperfeita ou inacabada só é possível a desistência voluntária. Se a tentativa é perfeita ou acabada só é possível o arrependimento eficaz. Isso

---

[70] *Apud* HUNGRIA, Nélson. *Comentários ao código penal*, v. I, t. II, p. 96.
[71] HUNGRIA, Nélson. *Comentários ao código penal*, v. I, t. II, p. 93.
[72] JESUS, Damásio E. de. *Direito penal – parte geral*, p. 296.

porque enquanto o agente continua desenvolvendo sua conduta executiva, que não se consumou, é possível interromper a ação (desistir); mas quando já esgotada a conduta e só falta a produção do resultado, exige-se um movimento que impeça a produção deste (STJ, AREsp 1.345.109, Rel. Laurita Vaz, *DJe* 22/10/2018).

Nesse sentido:

⚖ TACrim/SP, AC, Rel. J. L. Oliveira, *JTACrim*/SP 78, p. 283.

Não impedimento da produção do resultado

Embora o agente tenha desistido voluntariamente de prosseguir na execução ou, mesmo depois de tê-la esgotado, atue no sentido de evitar a produção do resultado, se este vier a ocorrer, o agente não será beneficiado com os institutos da desistência voluntária e do arrependimento eficaz.

⚖ Consumado o delito de furto mostra-se inviável o reconhecimento de arrependimento eficaz, uma vez que o agente não impediu que o resultado do crime se produzisse (TJSC, AC 2013.016430-4, Rel. Des. Paulo Roberto Sartorato, j. 16/07/2013).

Arrependimento posterior

Art. 16. Nos crimes cometidos sem violência ou grave ameaça à pessoa, reparado o dano ou restituída a coisa, até o recebimento da denúncia ou da queixa, por ato voluntário do agente, a pena será reduzida de um a dois terços.

Natureza jurídica

Cuida-se de causa geral de diminuição de pena.

Política criminal

No item 15 da Exposição de Motivos da Parte Geral do Código Penal, o legislador justificou a criação do instituto do arrependimento posterior dizendo: *Essa inovação constitui providência de Política Criminal e é instituída menos em favor do agente do crime do que da vítima. Objetiva-se, com ela, instituir um estímulo à reparação do dano, nos crimes cometidos sem violência ou grave ameaça à pessoa.*

⚖ A aplicação da causa geral de redução de pena do art. 16 do CP pressupõe que o delito não tenha sido cometido com violência ou grave ameaça. Embora tenha o réu devolvido à vítima parte da quantia subtraída, inviável o reconhecimento do arrependimento posterior, pois o delito de roubo foi cometido com grave ameaça mediante o emprego de arma de fogo (STJ, HC 115056/SP, Rel. Min. Jorge Mussi, 5ª T., *DJe* 1º/02/2010).

Momentos para a reparação do dano ou a restituição da coisa

O instituto do arrependimento posterior só é cabível se ocorrer nas seguintes fases:

a) quando a reparação do dano ou a restituição da coisa é feita ainda na fase extrajudicial, isto é, enquanto estiverem em curso as investigações policiais; ou

b) mesmo depois de encerrado o inquérito policial, com sua consequente remessa à Justiça, pode o agente, ainda, valer-se do arrependimento posterior, desde que restitua a coisa ou repare o dano por ele causado à vítima até o recebimento da denúncia ou da queixa.

⚖ 1. Não há falar em incidência da Súmula 7/STJ. Trata-se de matéria eminentemente jurídica acerca da não comprovação da restituição da *res furtiva* ter se dado antes do recebimento da denúncia, o que evidencia a impossibilidade do reconhecimento do instituto do arrependimento posterior. 2. A aplicação do art. 16 do Código Penal exige a comprovação da integral reparação do dano ou da restituição da coisa até o recebimento da denúncia, devendo o ato ser voluntário. Na espécie, os mencionados requisitos não foram comprovados (HC 438.562/RR, Min. Laurita Vaz, Sexta Turma, *DJe* 30/05/2019). 3. A não comprovação do requisito objetivo atinente à temporalidade da restituição da res furtiva, por si só, impede o reconhecimento da causa de redução de pena (...) (AgRg no REsp 1.799.096/RS, Rel. Min. Sebastião Reis Júnior, 6ª T., julgado em 13/10/2020, *DJe* 19/10/2020).

Ato voluntário do agente

Não há necessidade, portanto, de que o próprio agente tenha tido a ideia de restituir a coisa ou de reparar o dano para se beneficiar com a redução de pena. Pode acontecer que tenha sido convencido por terceira pessoa a restituir a coisa ou a reparar o dano, sendo seu arrependimento considerado para efeitos de redução.

⚖ O arrependimento posterior depende de ato voluntário do acusado, não incidindo a benesse se a reparação se der por ato de terceira pessoa. (...) (AgRg no AREsp 1.6581.782/RS, Rel. Min. Ribeiro Dantas, 5ª T., julgado em 16/06/2020, *DJe* 23/06/2020).

Nesse sentido:

⚖ STJ, HC 463.772, Rel. Min. Ribeiro Dantas, publicação 07/08/2019; STJ, AgRg no AREsp 868.942/SP, Rel. Min. Jorge Mussi, 5ª T., *DJe* 04/04/2018; STJ, AgRg no HC 400.294/SP, Rel. Min. Felix Fischer, 5ª T., *DJe* 18/09/2017; STJ, HC 262254/SP, Rel.ª Min.ª Laurita Vaz, 5ª T., *DJe* 17/02/2014; TJSC, AC 2012.042239-9, Rel. Des. Carlos Alberto Civinski, j. 11/06/2013; STJ, AgRg nos EDcl no AREsp 303464/DF, Rel. Min. Campos Marques, Desembargador convocado do TJ/PR, 5ª T., *DJe* 05/06/2013.

Reparação ou restituição total, e não parcial

Há duas situações distintas que merecem ser objeto de análise. Na primeira delas, que diz respeito à restituição da coisa, esta deve ser total para que se possa aplicar a redução, não se cogitando, aqui, do conformismo ou da satisfação da vítima quanto à recuperação parcial dos bens que lhe foram subtraídos. Na segunda, ou seja, não havendo mais a possibilidade de restituição da coisa, como quando o agente a destruiu ou dela se desfez, para que se possa falar em arrependimento posterior é preciso que exista a reparação do dano.

📖 É possível o reconhecimento da causa de diminuição de pena prevista no art. 16 do Código Penal (arrependimento posterior) para o caso em que o agente fez o ressarcimento da dívida principal (efetuou a reparação da parte principal do dano) antes do recebimento da denúncia, mas somente pagou os valores referentes aos juros e correção monetária durante a tramitação da ação penal. Nas exatas palavras do STF: "É suficiente que ocorra arrependimento, uma vez reparada parte principal do dano, até o recebimento da inicial acusatória, sendo inviável potencializar a amplitude da restituição". (STF, HC 165.312/SP, Rel. Min. Marco Aurélio, 1ª T., julgado em 14/04/2020).

Nesse sentido:

📖 STJ, HC 510.695, Rel. Min. Rogério Schietti Cruz, 02/08/2019; STJ, AgRg no AREsp 1.168.994/DF, Rel. Min. Joel Ilan Paciornik, 5ª T., *DJe* 15/12/2017; STJ, AgRg no RHC 56.387/CE, Rel. Min. Antônio Saldanha Palheiro, 6ª T., *DJe* 23/03/2017; STJ, HC 338.840/SC, Rel.ª Min.ª Maria Thereza de Assis Moura, 6ª T., *DJe* 19/02/2016; STJ, HC 20051/RJ, Rel.ª Min.ª Laurita Vaz, 5ª T., *DJ* 05/02/2007, p. 264.

Extensão da redução aos coautores

No caso de dois agentes que, por exemplo, praticam um delito de furto, pode acontecer que somente um deles (o que detinha em seu poder os bens subtraídos) voluntariamente restitua a *res furtiva* à vítima. Nessa hipótese, se a restituição tiver sido total, entendemos que ambos os agentes deverão ser beneficiados com a redução, mesmo que um deles não os tenha entregado voluntariamente à vítima. Se a restituição for parcial, como dissemos, a nenhum deles será aplicada a causa geral de redução, uma vez que, nesse caso, deve operar-se a restituição total da coisa.

Se não houver possibilidade de restituição da coisa, para que possa ser aplicada a redução relativa ao arrependimento posterior é preciso que ocorra a reparação do dano. Aqui, seguindo a mesma linha de raciocínio, se um dos agentes a levar a efeito, a redução poderá ser estendida também ao coautor.

📖 A causa de diminuição de pena do arrependimento posterior pode incidir nos crimes cometidos sem violência ou grave ameaça à pessoa quando houver a reparação integral, voluntária e tempestiva do dano, mesmo que realizada por terceiros, por se tratar de circunstância objetiva que se estende a todos os coautores ou partícipes do crime (STJ, APn 629/RO, Rel.ª Min.ª Nancy Andrighi, CE, *DJe* 10/08/2018).

Nesse sentido:

📖 STJ, REsp 1.578.197/SP, Rel. Min. Sebastião Reis Junior, 6ª T., *DJe* 09/05/2016; STJ, REsp 264283/SP, Rel. Min. Felix Fischer, 5ª T., *DJ* 19/03/2001, p. 132.

Diferença entre arrependimento posterior e arrependimento eficaz

A diferença básica entre arrependimento posterior e arrependimento eficaz reside no fato de que naquele o resultado já foi produzido e, neste último, o agente impede sua produção.

Deve ser frisado, ainda, que não se admite a aplicação da redução de pena relativa ao arrependimento posterior aos crimes cometidos com violência ou grave ameaça, não havendo essa restrição para o arrependimento eficaz.

No primeiro, há uma redução obrigatória de pena; no segundo, o agente só responde pelos atos já praticados, ficando afastada, portanto, a punição pela tentativa da infração penal cuja execução havia sido iniciada.

📖 O arrependimento posterior do agente, que é causa obrigatória de redução de pena – hipótese dos autos –, não se confunde com a figura do arrependimento eficaz, que impede a consumação do crime (STJ, RHC 17106/BA, Rel. Min. Og Fernandes, 6ª T., *RT*, v. 881, p. 542).

Súmula nº 554 do STF

Diz a Súmula nº 554 do STF: *O pagamento de cheque emitido sem suficiente provisão de fundos, após o recebimento da denúncia, não obsta ao prosseguimento da ação penal.* Numa interpretação a *contrario sensu* da referida súmula, chegamos à conclusão de que não será possível o início da ação penal se o agente efetuar o pagamento relativo ao cheque por ele emitido sem suficiente provisão de fundos, *até o recebimento da denúncia.*

Saliente-se, contudo, que a referida súmula já havia sido publicada anteriormente à vigência da nova Parte Geral do Código Penal, que inovou nosso ordenamento jurídico com a criação do instituto do arrependimento posterior como causa obrigatória de redução da pena, quando houver reparação do dano ou restituição da coisa, nos crimes cometidos sem violência ou grave ameaça, até o recebimento da denúncia ou da queixa. A indagação que surge agora é a seguinte: Terá aplicação a súmula nº 554 do STF, mesmo diante do instituto do arrependimento posterior? A maior parte de nossos doutrinadores entende de forma positiva, opinando pela aplicação da súmula nos casos específicos de cheques emitidos sem suficiente provisão de fundos, ficando as demais situações regidas pelo art. 16 do Código Penal quando a ele se amoldarem.

Reparação do dano após o recebimento da denúncia

Se a reparação do dano ou a restituição da coisa é feita por ato voluntário do agente, até o recebimento da denúncia ou da queixa, nos crimes cometidos sem violência ou grave ameaça, aplica-se a causa geral de redução de pena do art. 16 do Código Penal; se a reparação do dano ou restituição da coisa é feita antes do julgamento, mas depois do recebimento da denúncia ou da queixa, embora não se possa falar na aplicação da causa de redução de pena prevista no art. 16 do Código Penal, ao agente será aplicada a circunstância atenuante elencada na alínea *b* do inc. III do art. 65 do diploma repressivo.

Arrependimento posterior e crime culposo

Embora a lei penal proíba o reconhecimento do arrependimento posterior nos crimes cometidos com violência ou grave ameaça à pessoa, isso não impede a aplicação da mencionada causa geral de redução de pena quando estivermos diante de delitos de natureza culposa, a exemplo do que ocorre com as lesões corporais.

Arrependimento posterior e crimes não patrimoniais

⚖ Inviável o reconhecimento do arrependimento posterior na hipótese de homicídio culposo na direção de veículo automotor, uma vez que o delito do art. 302 do Código de Trânsito Brasileiro não pode ser encarado como crime patrimonial ou de efeito patrimonial. Na espécie, a tutela penal abrange o bem jurídico mais importante do ordenamento jurídico, a vida, que, uma vez ceifada, jamais poderá ser restituída, reparada. Precedente. Em sede de habeas corpus vigora a proibição da *reformatio in pejus*, princípio imanente ao processo penal (HC 126869/RS, Rel. Min. Dias Toffoli, 23/06/2015 – Informativo 791 do STF) (AgRg no HC 510.052/RJ, Rel. Min. Nefi Cordeiro, 6ª T., julgado em 17/12/2019, *DJe* 04/02/2020).

Nesse sentido:

⚖ STJ, AgRg nos EDcl no AREsp 775.827/RJ, Rel.ª Min.ª Maria Thereza de Assis Moura, 6ª T., *DJe* 21/06/2016; STJ, REsp 1.242.294/PR, Rel. Min. Sebastião Reis Junior, 6ª T., *DJe* 03/02/2015.

Aplicação mais benéfica ao agente

Pode ocorrer a hipótese em que, embora, à primeira vista, o fato praticado pelo agente preencha as exigências contidas no art. 16 do Código Penal, na situação concreta a causa geral de redução de pena seja afastada em virtude da aplicação de outra norma mais benéfica ao agente.

Assim, imagine-se a hipótese em que o agente tenha cometido o delito de peculato culposo, tipificado no art. 312, § 1º, do diploma repressivo. Mesmo que o agente tenha, voluntariamente, reparado o dano anteriormente ao recebimento da denúncia, não terá aplicação o art. 16, mas sim o § 2º do art. 312, ambos do Código Penal, uma vez que este último diz, *verbis*:

§ 3º No caso do parágrafo anterior, a reparação do dano, se precede à sentença irrecorrível, extingue a punibilidade; se lhe é posterior, reduz de metade a pena imposta.

Assim, por ser, comparativamente, o § 3º, do art. 312 do Código Penal mais benéfico do que o art. 16 do mesmo diploma legal, a aplicação deste último ficará afastada.

Crime impossível
Art. 17. Não se pune a tentativa quando, por ineficácia absoluta do meio ou por absoluta impropriedade do objeto, é impossível consumar-se o crime.

Tentativa e crime impossível

Quando o legislador inicia a redação do artigo que prevê o crime impossível, parte da premissa de que o agente já ingressara na fase dos chamados atos de execução, e a consumação da infração penal só não ocorre por circunstâncias alheias à sua vontade.

Chegamos a tal ilação porque na redação inicial do artigo está expresso que *não se pune a tentativa*, e somente podemos falar em tentativa quando o agente, nos termos do art. 14, II, do Código Penal, já tinha dado início aos atos de execução objetivando alcançar a consumação do crime por ele pretendido.

Por essa razão é que o crime impossível também é conhecido como *tentativa inidônea*,[73] inadequada ou *quase crime*.

Teorias

Várias teorias surgiram com o escopo de elucidar o crime impossível. Dentre elas, podemos destacar duas: *teoria subjetiva* e *teoria objetiva*.

A teoria objetiva biparte-se em teoria objetiva pura e teoria objetiva temperada (moderada ou matizada). Para a teoria subjetiva, de Von Buri, não importa se o meio ou o objeto é absoluta ou relativamente ineficaz ou impróprio, pois, para a configuração da tentativa, basta que o agente tenha agido com vontade de praticar a infração penal. Ressalte-se que o agente, para essa teoria, é punido pela sua intenção delituosa, mesmo que no caso concreto bem algum se colocasse em situação de perigo. Segundo Hun-

---

[73] Esclarece Miguel Ángel Nuñez Paz que "na tentativa inidônea, o autor crê erroneamente na concorrência de um elemento objetivo do tipo inexistente (dispara contra uma pessoa morta, crendo-a viva; trata-se do chamado erro de tipo ao revés" (*El delito intentado*, p. 119).

gria, mesmo de acordo com a teoria subjetiva, "deve ter-se em conta somente a vontade criminosa, desde que manifesta pela conduta do agente".[74]

A teoria subjetiva atende a um sentimento natural do homem, que, em muitas situações, indaga a si próprio: Se o agente deu mostras suficientes de que queria cometer o crime, praticando atos de execução tendentes a consumá-lo, por que deverá ficar impune se não conseguir alcançar o resultado em virtude da ocorrência de uma circunstância alheia à sua vontade?

Em lado diametralmente oposto se encontra a teoria objetiva pura. Para essa teoria, não importa se o meio ou o objeto eram absoluta ou relativamente inidôneos para que se pudesse chegar ao resultado cogitado pelo agente, uma vez que em nenhuma dessas situações responderá pela tentativa. Na lição de Hungria, segundo essa teoria, "não se pode distinguir entre inidoneidade absoluta ou relativa: em ambos os casos, não há bem jurídico em perigo e, portanto, não existe fato punível".[75]

Em situação intermediária encontra-se a teoria objetiva temperada, moderada ou matizada, que entende somente puníveis os atos praticados pelo agente quando os meios e os objetos são relativamente eficazes ou impróprios, isto é, quando há alguma possibilidade de o agente alcançar o resultado pretendido.

A teoria objetiva temperada foi a adotada pelo legislador brasileiro.

🖋 O crime impossível, também denominado tentativa inadequada, inidônea ou impossível, caracteriza-se pela impossibilidade de ocorrência da consumação, seja em razão da absoluta ineficácia do meio ou absoluta impropriedade do objeto, em observância da teoria objetiva temperada, adotada pelo art. 17 do Código Penal. Entrementes, dentro da sistemática da referida teoria, se os meios empregados ou o objeto do crime forem apenas relativamente inidôneos a produzir o resultado representado pelo agente, haveria tentativa, uma vez que o resultado somente não teria ocorrido por circunstância alheias à vontade do agente (CP, art. 14, II).

Adotando a teoria objetiva temperada, a Terceira Seção deste Superior Tribunal de Justiça, no julgamento de recurso especial processado sob a forma do art. 543-C[76] do Código de Processo Civil, consagrou a tese de que, embora os sistemas eletrônicos de vigilância e de segurança tenham por objetivo a evitação de furtos, sua eficiência apenas minimiza as perdas dos comerciantes, visto que não impedem, de modo absoluto, a ocorrência de subtrações no interior de estabelecimentos comerciais. Nesse sentido, no mesmo julgamento, foi consolidado o entendimento de que somente se configura a hipótese de delito impossível quando, na dicção do art. 17 do Código Penal, por ineficácia absoluta do meio ou por absoluta impropriedade do objeto, é impossível consumar-se o crime (STJ, HC 351.194/SP, Rel. Min. Ribeiro Dantas, 5ª T., *DJe* 13/06/2016).

Nesse sentido:

🖋 TJRJ, AC 0212057-10.2013.8.19.0001, Rel. Des. Carlos Eduardo Roboredo, j. 26/08/2014.

Meio

É todo instrumento utilizado na prática da infração penal.

Objeto

É a pessoa ou a coisa contra a qual recai a conduta do agente.

Ineficácia absoluta do meio

Diz respeito ao fato de que, por mais que o agente quisesse, o resultado jamais se consumaria levando-se em consideração o meio por ele utilizado, a exemplo daquele que dispara em alguém com uma arma de fogo sem munição.

🖋 (...) 3. Ambas as Turmas que compõem a Terceira Seção desta Corte Superior orientaram-se no sentido da atipicidade da conduta perpetrada, diante da ausência de afetação do referido bem jurídico, tratando-se de crime impossível pela ineficácia absoluta do meio (REsp 1.699.710/MS, Min. Maria Thereza de Assis Moura, 6ª T., *DJe* 13/11/2017; e HC 438.148/MS, Min. Ribeiro Dantas, 5ª T., *DJe* 30/05/2018). 4. A Segunda Turma do Supremo Tribunal Federal posicionou-se no sentido de desconsiderar a potencialidade lesiva na hipótese em que pouca munição é apreendida desacompanhada de arma de fogo (RHC 143.449/MS, Min. Ricardo Lewandowski, 2ª T., *DJe* 09/10/2017) (AgRg no REsp 1.841.147/RS, Rel. Min. Sebastião Reis Júnior, 6ª T., julgado em 25/08/2020, *DJe* 02/09/2020).

Nesse sentido:

🖋 STJ, RHC 78.502/BA, Rel. Min. Felix Fischer, 5ª T., *DJe* 02/03/2018.

Absoluta impropriedade do objeto

Significa que a coisa ou a pessoa sobre a qual recai a conduta é imprópria para efeitos de reconhecimento da figura típica, como no caso do agente que atira em um cadáver acreditando que estivesse atirando em um ser humano vivo.

---

[74] HUNGRIA, Nélson. *Comentários ao código penal*, v.I, t. II, p. 101.

[75] HUNGRIA, Nélson. *Comentários ao código penal*, v.I, t. II, p. 99.

[76] Art. 1.036 CPC/15. Sempre que houver multiplicidade de recursos extraordinários ou especiais com fundamento em idêntica questão de direito, haverá afetação para julgamento de acordo com as disposições desta Subseção, observado o disposto no Regimento Interno do Supremo Tribunal Federal e no do Superior Tribunal de Justiça.

⚖ Os fatos delineados pelas instâncias ordinárias demonstram que a agravante foi surpreendida na saída do estabelecimento comercial, pois um cliente comunicou a prática criminosa a um dos funcionários da loja, não havendo que falar em absoluta ineficácia do meio ou absoluta impropriedade do objeto, de modo a reconhecer a ocorrência do crime impossível. 2. Ademais, verifica-se que a agravante obteve a posse da res furtiva, ainda que por breve espaço de tempo, caracterizando, conforme jurisprudência desta Corte, a consumação do delito, ante a teoria do apprehensio. 3. Ressalta-se que "No julgamento do REsp 1.385.621/MG (representativo da controvérsia), consolidou-se orientação de que os sistemas de vigilância eletrônica ou de monitoramento por fiscais do próprio estabelecimento comercial não impedem de forma completamente eficaz a ocorrência de furto no seu interior. Assim, não há falar em crime impossível tão somente por sua presença ou acionamento" (AgRg no REsp 1.540.541/RJ, Rel. Min. Ericson Maranho (Desembargador convocado do TJ/SP), 6ª T., julgado em 25/08/2015, *DJe* 15/09/2015) (AgInt no REsp 1830.937/RS, Rel. Min. Joel Ilan Paciornik, 5ª T., julgado em 07/11/2019, *DJe* 19/11/2019).

Nesse sentido:

⚖ STJ, HC 417.383/SP, Rel.ª Min.ª Maria Thereza de Assis Moura, 6ª T., *DJe* 19/12/2017; STJ, HC 278239/MG, Rel. Min. Jorge Mussi, 5ª T., *DJe* 12/06/2014; STJ, HC 110587/DF, Rel. Min. Felix Fischer, 5ª T., *DJe* 02/02/2009.

Súmula nº 145 do STF

Por intermédio da Súmula nº 145 do STF que diz que *não há crime quando a preparação do flagrante pela polícia torna impossível a sua consumação*, foi pacificado o entendimento daquela Corte no sentido de que, em determinadas situações, se a polícia preparar o flagrante de modo a tornar impossível a consumação do delito, tal situação importará em crime impossível, não havendo, por conseguinte, qualquer conduta que esteja a merecer a reprimenda do Estado.

Uma vez preparado o flagrante pela polícia, a total impossibilidade de se consumar a infração penal pretendida pelo agente pode ocorrer tanto no caso de absoluta ineficácia do meio por ele utilizado como no de absoluta impropriedade do objeto. Temos visto a distinção entre o chamado *flagrante preparado* e o *flagrante esperado*. Mas qual a diferença entre os dois tipos de flagrante? No primeiro, isto é, no flagrante preparado, o agente é estimulado pela vítima, ou mesmo pela autoridade policial, a cometer a infração penal com o escopo de prendê-lo. A vítima e a autoridade policial, bem como terceiros que se prestem a esse papel, são conhecidos como *agentes provocadores*. Já no flagrante esperado não haveria essa estimulação por parte da vítima, da autoridade policial ou mesmo de terceiros, no sentido de induzir o agente à prática do delito. O agente, aqui, não é induzido a cometer delito algum. Nesses casos, tendo a autoridade policial prévio conhecimento da intenção do agente em praticar a infração penal, o aguarda, sem estimulá-lo a absolutamente nada, e cuida de todos os detalhes de modo a evitar a consumação do crime. Fala-se, nessa hipótese, em possibilidade de tentativa.

⚖ No flagrante preparado, a polícia provoca o agente a praticar o delito e, ao mesmo tempo, impede a sua consumação, cuidando-se, assim, de crime impossível, ao passo que no flagrante forjado a conduta do agente é criada pela polícia, tratando-se de fato atípico (...) (AgRg no AREsp 1.579.303/SP, Rel. Min. Jorge Mussi, 5ª T., julgado em 06/02/2020, *DJe* 19/02/2020).

Nesse sentido:

⚖ STJ, RHC 38.810/MG, Rel. Min. Jorge Mussi, 5ª T., *DJe* 18/11/2015; STJ, HC 20283/SP, Rel. Min. Gilson Dipp, 5ª T., *DJ* 04/06/2007.

A diferença entre esses tipos de flagrantes, como se percebe, reside no fato de que, no flagrante preparado ou provocado, o agente é induzido, é estimulado a cometer a infração penal; já no flagrante esperado não existe esse estímulo, mas o agente é impedido de praticar o delito pelo fato de ter a autoridade policial tomado conhecimento prévio da ação criminosa.

Não vislumbramos, contudo, qualquer distinção que importe em atribuir a tentativa no flagrante esperado e o crime impossível no flagrante preparado. Se o agente, analisando o caso concreto, estimulado ou não a praticar o crime, não tinha como alcançar sua consumação porque dele soubera com antecedência a autoridade policial e preparou tudo de modo a evitá-la, não podemos lhe atribuir o *conatus*.

Não importa se o flagrante é preparado ou esperado. Desde que o agente não tenha qualquer possibilidade, em hipótese alguma, de chegar à consumação do delito, o caso será o de crime impossível, considerando-se a absoluta ineficácia do meio por ele empregado, ou a absoluta impropriedade do objeto.

Se, porventura, restar consumada a infração penal, mesmo que tenham sido tomadas todas as providências para evitá-la, o agente responderá pelo crime, haja vista que, nesse caso, tendo conseguido alcançar o resultado inicialmente pretendido, é sinal de que os meios ou os objetos não eram absolutamente ineficazes ou impróprios.

Diferença entre crime impossível e crime putativo

Na precisa distinção feita por Maggiore, no delito putativo "o agente crê haver efetuado uma ação delituosa que existe somente em sua fantasia; em outras palavras, julga punível um fato que não merece castigo. No delito impossível o agente crê atuar de modo a ocasionar um resultado que, pelo contrário, não pode ocorrer, ou porque falta o objeto, ou porque a conduta não foi de todo idônea".[77]

Dispositivos de segurança em veículo

⚖ O chamado crime impossível somente ocorre quando o agente não consegue chegar à consumação do delito, seja pela ineficácia absoluta do meio ou em virtude da absoluta impropriedade do objeto. A utilização de dispositivos de segurança em veículos é necessária para evitar a ocorrência de ações delituosas, não podendo ser utilizada como forma de assegurar a impunidade. O simples fato de existir dispositivo de segurança não pode afastar a configuração do delito de furto, em sua forma tentada (TJ-MG, AC 1500385-52.2006.8.13.0024, Rel.ª Des.ª Beatriz Pinheiro Caires, *DJe* 14/09/2011).

Nesse sentido:

⚖ TJMG, AC 1.0479. 06.106644-1/001, Rel. Des. Pedro Vergara, *DJ* 10/02/2007.

Estabelecimento comercial com vigilante

⚖ A instância ordinária verificou a partir das provas dos autos que os lacres de segurança existentes nas peças de roupas subtraídas e a constante vigilância dos funcionários do *shopping* e do estabelecimento vitimado não constituíram empecilho para a consumação do delito patrimonial, que se deu com a inversão da posse sobre os referidos objetos, ainda que vigiada (...) (AgRg no AREsp 1.669.996/DF, Rel. Min. Jorge Mussi, 5ª T., julgado em 19/05/2020, *DJe* 29/05/2020).

Nesse sentido:

⚖ TJ-RJ, AC 0424236-89.2013.8.19.0001, Rel. Des. José Muiños Piñeiro Filho, *DJe* 02/08/2016; TJMG, AC 1.0145.05.214953-4/002, Rel. Des. Pedro Vergara, *DJ* 29/06/2007.

Estabelecimento comercial com vigilância eletrônica

⚖ A teor da Súmula n. 567 desta Corte Especial, a existência de sistema de monitoramento eletrônico ou a observação do praticante do furto pelo segurança do bar, como ocorreu na espécie, não rende ensejo, por si só, ao automático reconhecimento da existência de crime impossível (AgRg no AREsp 1.626.886/DF, Rel. Min. Joel Ilan Paciornik, 5ª T., julgado em 28/04/2020, *DJe* 04/05/2020).

Nesse sentido:

⚖ STJ, HC 521.748, Rel. Min. Jorge Mussi, publicação 22/08/2019; AgRg no HC 583.297/SC, Rel. Min. Felix Fischer, 5ª T., j. 18/08/2020, *DJe* 25/08/2020; STJ, AgRg no AREsp 1.243.984/DF, Rel. Min. Joel Ilan Paciornik, 5ª T., *DJe* 28/06/2018; STJ, HC 338.684/SP, Rel. Min. Nefi Cordeiro, 6ª T., *DJe* 16/05/2016; TJ-RJ, AC 1041481-32.2011.8.19.0002, Rel. Des. Marcus Henrique Pinto Basílio, *DJe* 30/05/2016; STJ, REsp 1.385.621/MG, Rel. Min. Rogério Schietti Cruz, S3, *DJe* 02/06/2015.

> **Art. 18. Diz-se o crime:**
> **Crime doloso**
> I – doloso, quando o agente quis o resultado ou assumiu o risco de produzi-lo;
> **Crime culposo**
> II – culposo, quando o agente deu causa ao resultado por imprudência, negligência ou imperícia.
> **Parágrafo único.** Salvo os casos expressos em lei, ninguém pode ser punido por fato previsto como crime, senão quando o pratica dolosamente.

Conceito de dolo

Dolo[78] é a vontade e a consciência dirigidas a realizar a conduta prevista no tipo penal incriminador. Conforme preleciona Welzel, "toda ação consciente é conduzida pela decisão da ação, quer dizer, pela consciência do que se quer – o momento intelectual – e pela decisão a respeito de querer realizá-lo – o momento volitivo. Ambos os momentos, conjuntamente, como fatores configuradores de uma ação típica real, formam o dolo (= dolo do tipo)";[79] ou, ainda, na lição de Zaffaroni, "dolo é uma vontade determinada que, como qualquer vontade, pressupõe um conhecimento determinado".[80] Assim, podemos perceber que o dolo é formado por um elemento intelectual e um elemento volitivo.

Habeas corpus

⚖ Se as instâncias ordinárias, com base em circunstâncias concretas dos autos, entenderam que a conduta imputada ao paciente é revestida de dolo, tal premissa não pode ser constituída em sede de *writ*, porquanto não cabe nesta via estreita o revolvimento detido do conjunto fático-probatório. Precedentes (STJ, HC 336.590/DF, Rel. Min. Ribeiro Dantas, 5ª T., *DJe* 10/05/2016).

---

[77] MAGGIORE, Giuseppe. *Derecho penal*, v. I, p. 545-546.

[78] Dissertando sobre as origens do dolo, Patricia Laurenzo Copello esclarece que "o dolo, como pressuposto do delito, aparece pela primeira vez no Direito romano, onde foi concebido com perfis muito nítidos e definidos, identificando-o com a intenção ou, melhor ainda, com a 'má intenção' ou malícia na realização do fato ilícito. Deste modo ficava superada a primitiva concepção do ilícito penal como mera causação objetiva de resultados, exigindo-se a 'intenção imoral dirigida a um fim antijurídico' – o 'dolus malus' – como fundamento para a aplicação da pena pública" (*Dolo y conocimiento*, p. 27).

[79] WELZEL, Hans. *Derecho penal alemán*, p. 77.

[80] ZAFFARONI, Eugenio Raúl. *Manual de derecho penal* – parte general, p. 405.

Nesse sentido:

📎 STF, HC 90017/AP, Rel. Min. Ricardo Lewandowski, 1ª T., *DJ* 14/09/2007, p. 44; STJ, HC 16738/SP, Rel.ª Min.ª Laurita Vaz, 5ª T., *DJ* 03/10/2005, p. 285.

Tipo doloso como regra

Dispõe o parágrafo único do art. 18 do Código Penal: *Salvo os casos expressos em lei, ninguém pode ser punido por fato previsto como crime, senão quando o pratica dolosamente.* A regra contida nesse parágrafo é a de que todo crime é doloso, somente havendo a possibilidade de punição pela prática de conduta culposa se a lei assim o previr expressamente. Em síntese, o dolo é a regra; a culpa, a exceção.

Teorias do dolo

Podemos destacar quatro teorias a respeito do dolo:
a) teoria da vontade;
b) teoria do assentimento;
c) teoria da representação;
d) teoria da probabilidade.

Segundo a *teoria da vontade*, dolo seria tão somente a vontade livre e consciente de querer[81] praticar a infração penal, isto é, de querer levar a efeito a conduta prevista no tipo penal incriminador.

Já a *teoria do assentimento* diz que atua com dolo aquele que, antevendo como possível o resultado lesivo com a prática de sua conduta, mesmo não o querendo de forma direta, não se importa com sua ocorrência, assumindo o risco de vir a produzi-lo. Aqui o agente não quer o resultado diretamente, mas o entende como possível e o aceita. Segundo a precisa lição de Juarez Tavares, "a *teoria do consentimento* ou da assunção é a teoria dominante e tem por base uma vinculação emocional do agente para com o resultado. Vale dizer, exige não apenas o conhecimento ou a previsão de que a conduta e o resultado típicos podem realizar-se, como também que o agente se ponha de acordo com isso ou na forma de *conformar-se* ou de *aceitar* ou de *assumir o risco* de sua produção".[82]

Para a *teoria da representação*, podemos falar em dolo toda vez que o agente tiver tão somente a previsão do resultado como possível e, ainda assim, decidir pela continuidade de sua conduta. Para os adeptos dessa teoria, não se deve perquirir se o agente havia assumido o risco de produzir o resultado, ou se, mesmo o prevendo como possível, acreditava sinceramente na sua não ocorrência. Para a teoria da representação, não há distinção entre dolo eventual e culpa consciente, uma vez que a antevisão do resultado leva à responsabilização do agente a título de dolo.

Segundo a *teoria da probabilidade*, conforme as lições de José Cerezo Mir, "se o sujeito considerava provável a produção do resultado estaríamos diante do dolo eventual. Se considerava que a produção do resultado era meramente possível, se daria a imprudência consciente ou com representação".[83] Na verdade, a teoria da probabilidade trabalha com dados estatísticos, ou seja, se, de acordo com determinado comportamento praticado pelo agente, estatisticamente, houvesse grande probabilidade de ocorrência do resultado, estaríamos diante do dolo eventual.

Espécies de dolo

Costuma-se distinguir o dolo em: *direto* e *indireto*. O dolo direto se biparte em: *dolo direto de primeiro grau* e *dolo direto de segundo grau*. O dolo indireto, a seu turno, pode ser concebido como: *dolo alternativo* e *dolo eventual*. A alternatividade do dolo pode ser: *subjetiva* (quando se referir à pessoa) e *objetiva* (quando disser respeito ao resultado).

Dolo eventual e teoria da cegueira deliberada (cegueira intencional ou *willful blindness*, do mundo anglo-saxão)

Ultimamente, tem-se concluído pelo dolo eventual nos casos da chamada cegueira deliberada, que ocorre nas hipóteses em que o agente, mesmo diante de situações gritantes, onde a probabilidade de ter ocorrido uma infração penal é enorme, insiste em levar a efeito o seu comportamento, desconsiderando esse fato. Como esclarecem Juan Carlos Ferré Olivé, Miguel Ángel Nuñez Paz, William Terra de Oliveira e Alexis Couto de Brito:

"Haveria tal situação quando o sujeito renuncia voluntariamente em adquirir os conhecimentos que, se computados, levariam à presença do dolo (por exemplo, se lhe oferecem uma grande soma de dinheiro para transportar objetos de natureza suspeitosa, mas o sujeito opta por vendar os olhos, já que não quer conhecer algo que lhe possa prejudicar)".[84]

E continuam suas lições, dizendo:

"No Brasil, a aplicação de tal teoria vem ganhando destaque no âmbito dos delitos relacionados com o

---

[81] "O verbo *querer*, empregado para exprimir a vontade humana, é um verbo auxiliar que necessita, sempre, de um verbo principal para explicitar seu conteúdo; neste caso, o verbo *querer* deve ser completado com o verbo *realizar*, porque o direito penal proíbe *realizar* crimes e, portanto, o componente *volitivo* do dolo define-se como *querer realizar* o tipo objetivo de um crime" (Santos, Juarez Cirino dos. *A moderna teoria do fato punível*, p. 63).

[82] TAVARES, Juarez. *Teoria do injusto penal*, p. 278-279.

[83] CEREZO MIR, José. *Curso de derecho penal español* – parte general, v. II, p. 149.

[84] FERRÉ OLIVÉ, Juan Carlos; NUÑEZ PAZ, Miguel Ángel; OLIVEIRA, William Terra de; BRITO, Alexis Couto de. *Direito penal brasileiro* – parte geral – princípios fundamentais e sistema, p. 333.

crime organizado, especialmente o narcotráfico e a lavagem de dinheiro".[85]

Situação extremamente controvertida, e objeto de intensas discussões com a Ordem dos Advogados do Brasil, diz respeito ao fato de um advogado receber seus honorários de uma pessoa que, sabidamente, por exemplo, vive de atividades ilícitas. Imagine-se a hipótese em que o advogado tenha que fazer a defesa de um "famoso" traficante, que vive exclusivamente do tráfico de drogas, ou mesmo políticos que, evidentemente, estejam envolvidos com corrupção e, estes últimos, jamais conseguiriam pagar os vultosos honorários com suas rendas lícitas. O correto, salvo melhor juízo, seria a impossibilidade de pagamento de honorários, devendo os acusados serem defendidos pela Defensoria Pública, ou mesmo por advogados dativos, sem qualquer pagamento, ou um pagamento imposto pelo Juízo criminal ao Estado.

Consabido que a denominada teoria da cegueira deliberada, criação doutrinária e jurisprudencial, preconiza que é possível a condenação pelo crime de lavagem de capitais, ainda que ausente o dolo direto, sendo admitida a punição a título de dolo eventual, desde que presentes alguns requisitos, a saber, que o agente crie consciente e voluntariamente barreiras ao conhecimento da intenção de deixar de tomar contato com a atividade ilícita, se ela vier a ocorrer, quando teria plenas condições de investigar a proveniência ilícita dos bens. Partindo-se dessa premissa, a fim de que não reste configurada vedada responsabilidade penal objetiva, a comprovação do dolo (elemento subjetivo do tipo) deve ser feita por meios de prova objetivos, de maneira a demonstrar uma relação psicológica do sujeito com os fatos delitivos, com base nas circunstâncias de cada caso concreto (STJ, REsp 1.671.278, Rel. Min. Feliz Fischer, publicação 07/03/2019).

Dolo geral (hipótese de erro sucessivo)

Fala-se em dolo geral (*dolus generalis*), segundo Welzel, "quando o autor acredita haver consumado o delito quando na realidade o resultado somente se produz por uma ação posterior, com a qual buscava encobrir o fato",[86] ou, ainda, na definição de Hungria, "quando o agente, julgando ter obtido o resultado intencionado, pratica segunda ação com diverso propósito e só então é que efetivamente o dito resultado se produz".[87] Exemplificando, os insignes juristas trazem à colação caso do agente que após desferir golpes de faca na vítima, supondo-a morta, joga o corpo dela em um rio, vindo esta, na realidade, a morrer por afogamento. A discussão

travada na Alemanha cingia-se ao fato de que, com a primeira conduta, o agente não havia alcançado o resultado morte, razão pela qual deveria responder por um crime tentado; em virtude de seu segundo comportamento, isto é, o fato de jogar o corpo da vítima num rio, seria responsabilizado por homicídio culposo.

Dolo genérico e dolo específico

Fazia-se, quando prevalecia a teoria natural da ação, a distinção entre dolo genérico e dolo específico. Dizia-se que dolo genérico era aquele em que no tipo penal não havia indicativo algum do elemento subjetivo do agente ou, melhor dizendo, não havia indicação alguma da finalidade da conduta do agente. Dolo específico, a seu turno, era aquele em que no tipo penal podia ser identificado o que denominamos de *especial fim de agir*. No tipo do art. 121 do Código Penal, por exemplo, não há, segundo os adeptos dessa distinção, indicação alguma da finalidade do agente, razão pela qual vislumbravam, ali, o dolo genérico. Ao contrário, no caso de tipos penais como o do art. 159 do Código Penal, em que na sua redação encontramos expressões que indicam a finalidade da conduta do agente (com o fim de etc.), existiria um dolo específico.

Dolo normativo (*dolus malus*)

Na precisa lição de Assis Toledo, "a teoria extremada do dolo – a mais antiga – situa o dolo na culpabilidade e a consciência da ilicitude no próprio dolo. O dolo é, pois, um dolo normativo, o *dolus malus* dos romanos, ou seja: vontade, previsão e mais o conhecimento de que se realiza uma conduta proibida (consciência atual da ilicitude). A teoria limitada do dolo quer ser um aperfeiçoamento da anterior, pois desta não diverge a não ser em alguns pontos: substitui o conhecimento atual da ilicitude pelo conhecimento potencial da ilicitude; além disso, exige a consciência da ilicitude material, não puramente formal".[88]

Dolo subsequente (*dolus subsequens* ou dolo consecutivo)

Para efeito de raciocínio, estaríamos diante de uma hipótese, por exemplo, em que o agente tivesse produzido um resultado sem que, para tanto, houvesse qualquer conduta penalmente relevante, em face da inexistência de dolo ou culpa ou, mesmo, diante de um fato inicialmente culposo, sendo que, após verificar a ocorrência desse resultado, o agente teria se alegrado ou mesmo aceitado sua produção. Conforme bem observado por Günter Stratenwerth, como

[85] FERRÉ OLIVÉ, Juan Carlos; NUÑEZ PAZ, Miguel Ángel; OLIVEIRA, William Terra de; BRITO, Alexis Couto de. *Direito penal brasileiro – parte geral – princípios fundamentais e sistema*, p. 333.

[86] WELZEL, Hans. *Derecho penal alemán*, p. 89.

[87] HUNGRIA, Nélson. *Comentários ao código penal*, v. I, t. II, p. 182.

[88] TOLEDO, Francisco de Assis. *Princípios básicos de direito penal*, p. 282-283.

não se pode querer realizar o que já aconteceu, a "mera aprovação retroativa de um resultado já produzido nunca constitui dolo".[89]

Dolo de propósito e dolo de ímpeto

A doutrina também faz distinção entre os chamados dolo de propósito e dolo de ímpeto. Rogério Sanches Cunha, com precisão, aduz que:

"É denominado dolo de propósito a vontade e consciência refletida, pensada, premeditada. Difere-se do dolo de ímpeto, caracterizado por ser repentino, sem intervalo entre a fase da cogitação e de execução do crime. Nem sempre a premeditação agrava a pena do crime, mas o ímpeto poderá corresponder a uma privilegiada (art. 121, § 1º, CP) ou circunstância atenuante (art. 65, III, "c", CP)."[90]

Ausência de dolo em virtude de erro de tipo

O erro, numa concepção ampla, é a falsa percepção da realidade. Aquele que incorre em erro imagina uma situação diversa daquela realmente existente. O erro de tipo, na precisa lição de Zaffaroni, "é o fenômeno que determina a ausência de dolo quando, havendo uma tipicidade objetiva, falta ou é falso o conhecimento dos elementos requeridos pelo tipo objetivo".[91] No exemplo do caçador que atira em seu companheiro supondo-o um animal, não podemos, mesmo sendo inescusável o erro, vislumbrar o dolo em sua conduta. Isso porque, pelo exemplo fornecido, a vontade do agente não era de matar alguém e, sim, um animal que ele supunha estar naquele local. Tampouco tinha consciência de que matava um ser humano. Dessa forma, a consequência natural do erro de tipo é a de, sempre, afastar o dolo do agente, permitindo, contudo, sua punição pela prática de um crime culposo, se houver previsão legal, conforme determina o *caput* do art. 20 do Código Penal, assim redigido: *O erro sobre elemento constitutivo do tipo legal de crime exclui o dolo, mas permite a punição por crime culposo, se previsto em lei.*

Conceito e elementos do crime culposo

Na lição de Mirabete, tem-se conceituado o crime culposo como "a conduta humana voluntária (ação ou omissão) que produz resultado antijurídico não querido, mas previsível, e excepcionalmente previsto, que podia, com a devida atenção, ser evitado".[92] Nota-se, portanto, que para a caracterização do delito culposo é preciso a conjugação de vários elementos, a saber:

a) conduta humana voluntária, comissiva ou omissiva;

b) inobservância de um dever objetivo de cuidado (negligência, imprudência ou imperícia);

c) o resultado lesivo não querido, tampouco assumido, pelo agente;

d) nexo de causalidade entre a conduta do agente que deixa de observar o seu dever de cuidado e o resultado lesivo dela advindo;

e) previsibilidade (objetiva e subjetiva);

f) tipicidade.

⚖ (...) O delito culposo exige a descrição da conduta culposa, com seu respectivo elemento caracterizador: imprudência, negligência ou imperícia. Não se admite que, na peça acusatória, conste apenas um agir lícito (dirigir veículo automotor) e o resultado morte ou lesão corporal sem a efetiva demonstração do nexo causal, como por exemplo: ausência de reparos devidos no veículo, velocidade acima da média que, em tese, poderia impedir a frenagem a tempo ou outro dado concreto que demonstre a ausência de observância do dever objetivo de cuidado. O simples fato de o réu estar na direção do veículo automotor no momento do acidente ou mesmo a perda do freio, por si só, não autoriza a instauração de processo criminal por crime de homicídio culposo ou lesão corporal culposa se não restar narrada a inobservância de dever objetivo de cuidado e o nexo de causalidade com o resultado. No caso, a denúncia encontra-se amparada na narrativa de que "o veículo perdeu os freios e o denunciado aumentou a velocidade descendo a serra sem controle", o que não se revela suficiente para a aferição de eventual responsabilidade penal no evento narrado, devendo ser ressaltado que não foi realizada qualquer perícia nos freios ou na parte mecânica do caminhão ou sequer no local do acidente, não havendo lastro probatório mínimo para se apurar, justamente, o elemento normativo tipo, ou seja, a culpa por eventual imprudência, negligência ou imperícia do acusado (HC 543.922/PB, Rel. Min. Ribeiro Dantas, 5ª T., julgado em 11/02/2020, *DJe* 14/02/2020).

Nesse sentido:

⚖ STJ, AREsp 1.385.473, Rel. Min. Joel Ilan Paciornik, publicação 15/02/2019; STF, HC 120.165/RS, Rel. Min. Dias Toffoli, 1ª T., *DJe* 20/03/2014; STJ, HC 186451/RS, Rel. Min. Jorge Mussi, 5ª T., *RT*, v. 937, p. 644.

Imprudência, negligência e imperícia

Mais do que uma conceituação de crime culposo, o inc. II do art. 18 do Código Penal nos fornece as modalidades de condutas que fazem com que o agente deixe de observar o seu exigível dever de cuidado. Esta falta de observância ao dever de cuidado pode

---

[89] STRATENWERTH, Günter. *Derecho penal* – parte general 1, p. 171.

[90] CUNHA, Rogério Sanches. *Manual de direito penal* – parte geral, p. 179.

[91] ZAFFARONI, Eugenio Raúl. *Manual de derecho penal* – parte general, p. 411.

[92] MIRABETE, Julio Fabbrini. *Manual de direito penal* – parte geral, p. 138.

ocorrer em virtude de imprudência, negligência ou imperícia do agente.

🖋 O crime a ele imputado traz como elemento do tipo a culpa, cujas modalidades são a imprudência, a imperícia e a negligência. Esta tem como característica normativa, o desatendimento do cuidado objetivo exigido do autor (STJ, REsp 1.819.932, Rel. Min. Antônio Saldanha Palheiro, publicação 15/08/2019).

Nesse sentido:

🖋 STJ, REsp 1.580.438/PR, Rel. Min. Rogério Schietti Cruz, 6ª T., *DJe* 18/04/2016.

Imprudente seria a conduta positiva praticada pelo agente que, por não observar seu dever de cuidado, causasse o resultado lesivo que lhe era previsível. Na definição de Aníbal Bruno, "consiste a imprudência na prática de um ato perigoso sem os cuidados que o caso requer".[93] Por exemplo, imprudente é o motorista que imprime velocidade excessiva ao seu veículo ou o que desrespeita um sinal vermelho em um cruzamento etc. A imprudência é, portanto, um fazer alguma coisa.

🖋 O condutor de automóvel que realiza ultrapassagem em trecho de rodovia com faixa contínua, invadindo a contramão e causando colisão com motocicleta que trafegava em sentido contrário, causando a morte de motociclista, pratica conduta ilícita, caracterizada pela imprudência (TJMG, AC 1.0024.02.801342-3/001, Rel. Des. Eduardo Maniré da Cunha, *DJ* 30/11/2006).

A *negligência*, ao contrário, é um deixar de fazer aquilo que a diligência normal impunha. É o caso, por exemplo, do motorista que não conserta os freios já gastos de seu automóvel ou o do pai que deixa arma de fogo ao alcance de seus filhos menores.

🖋 Não há falar em negligência na conduta de quem deixa de fiscalizar serviço alheio, desde que executado por profissional qualificado e especificamente contratado para tal fim, tendo em vista que, nessa hipótese, aplica-se o princípio da confiança (TJMG, AC 1.0701.04.070527-2/001, Rel. Des. Hélcio Valentim, *DJ* 1º/08/2007).

Fala-se em *imperícia* quando ocorre uma inaptidão, momentânea ou não, do agente para o exercício de arte, profissão ou ofício. Diz-se que a imperícia está ligada, basicamente, à atividade profissional do agente. Um cirurgião plástico, *v.g.*, durante um ato cirúrgico, pode praticar atos que, naquela situação específica, conduzam à imperícia.

🖋 O homicídio culposo se caracteriza com a imprudência, negligência ou imperícia do agente, modalidades da culpa que não se confundem com a inobservância de regra técnica da profissão, que é causa especial de aumento de pena que se situa no campo da culpabilidade, por conta do grau de reprovabilidade da conduta concretamente praticada. Precedentes (STJ, HC 94973/RJ, Rel.ª Min.ª Laurita Vaz, 5ª T., *DJe* 30/06/2008).

Crime culposo e tipo aberto

Os crimes culposos são considerados tipos abertos. Isso porque não existe uma definição típica completa e precisa para que se possa, como acontece em quase todos os delitos dolosos, adequar a conduta do agente ao modelo abstrato previsto na lei. A redação do tipo culposo é diferente daquela destinada ao delito doloso. Em virtude disso, Welzel diz: "Nos delitos culposos a ação do tipo não está determinada legalmente. Seus tipos são, por isso, 'abertos' ou 'com necessidade de complementação', já que o juiz tem que 'completá-los' para o caso concreto."[94]

Embora os tipos culposos possam ser considerados como abertos, existem algumas exceções a essa regra, a exemplo do que ocorre com a receptação culposa, prevista no § 3º, do art. 180 do Código Penal, onde há a narração completa do comportamento típico, e também o art. 38 da Lei nº 11.343, de 23 de agosto de 2006.

🖋 O crime culposo é um tipo aberto que necessita para a sua aferição de uma persecução minudente apta a demonstrar, pelo veio da negligência, no caso concreto, omissão relevante e que tenha contribuído para o evento morte. Constatação, pela prova pré-constituída, de que o recorrente não se houve com negligência e, por isso mesmo, a ele não pode ser debitada a responsabilidade pela morte da vítima por eletroplessão. Figura o recorrente na denúncia, em realidade, apenas pelo fato de ser representante da empresa promotora do evento esportivo, o que não é aceitável (STJ, RHC 85.689/DF, Rel.ª Min.ª Maria Thereza de Assis Moura, 6ª T., *DJe* 18/09/2017).

Culpa consciente e culpa inconsciente

A culpa inconsciente distingue-se da culpa consciente no que diz respeito à previsão do resultado; naquela, o resultado, embora previsível, não foi previsto pelo agente; nesta, o resultado é previsto, mas o agente, confiando em si mesmo, nas suas habilidades pessoais, acredita *sinceramente* que este não venha a ocorrer. A culpa inconsciente é a culpa sem previsão e a culpa consciente é a culpa com previsão.

Diferença entre culpa consciente e dolo eventual

Na culpa consciente, o agente, embora prevendo o resultado, acredita sinceramente na sua não ocorrência; o resultado previsto não é querido ou mesmo assumido pelo agente. Já no dolo eventual, o agente,

[93] BRUNO, Aníbal. *Direito penal*, p. 88.
[94] WELZEL, Hans. *Derecho penal alemán*, p. 157.

embora não queira diretamente o resultado, assume o risco de vir a produzi-lo. Na culpa consciente, o agente, sinceramente, acredita que pode evitar o resultado; no dolo eventual, o agente não quer diretamente produzir o resultado, mas, se este vier a acontecer, pouco importa.

O dolo eventual está previsto na segunda parte do inciso I do art. 18 do Código Penal, que diz ser o crime doloso quando o agente quis o resultado ou *assumiu o risco de produzi-lo*.

Assim, para efeitos de distinção, raciocinemos com o exemplo do exímio atirador de facas, em que a pessoa que com ele trabalha fica presa a um alvo giratório. O atirador representa como possível o fato de acertar na pessoa que se encontra presa ao alvo. No entanto, em razão de sua habilidade pessoal, confia sinceramente que esse resultado não vá ocorrer. Caso erre o alvo, estaremos diante de um crime culposo (homicídio ou lesão corporal), que lhe deverá ser imputado a título de culpa consciente. Por outro lado, imagine-se a hipótese em que, em uma manifestação popular, um dos participantes resolva detonar um rojão de fogos em direção a determinado policial, seu vizinho, aproveitando-se da ocasião para se vingar de uma animosidade anterior que havia entre eles. Tal policial, contudo, estava ao lado de outro companheiro de farda, que também fora visto pelo agente. Ainda assim, mesmo antevendo como possível acertar o outro policial, que o agente nem sequer conhecia e nada tinha contra ele, leva adiante seu plano criminoso, acende o rojão e faz a mira, vindo, contudo, atingir a vítima que se encontrava ao lado de seu vizinho. Nesse caso, embora o agente não quisesse diretamente a produção desse resultado, havia assumido, aceitado o risco de produzi-lo, podendo por ele ser responsabilizado a título de dolo eventual.

A seu turno, por ser tênue a linha entre o dolo eventual e a culpa consciente, o elemento subjetivo que caracteriza o injusto penal deve estar bem indicado em dados empíricos constantes dos autos e referidos expressamente na denúncia, o que não ocorreu na hipótese aqui analisada, visto que se inferiu o dolo eventual a partir da simples afirmação de que 'a denunciada deixou de atender a vítima, pouco se importando com a ocorrência do resultado morte' (STJ, RHC 39627/RJ, Rel. Min. Rogério Schietti Cruz, 6ª T., *DJe* 30/04/2014).

Dolo eventual ou culpa consciente nos delitos praticados na direção de veículos automotores

Muito se tem discutido ultimamente quanto aos chamados delitos de trânsito. Os jornais, quase que diariamente, nos dão notícias de motoristas que, além de embriagados, dirigem em velocidade excessiva e, em virtude disso, produzem resultados lastimáveis. Em geral, ou causam a morte ou deixam sequelas gravíssimas em suas vítimas. Em razão do elevado número de casos de delitos ocorridos no trânsito, surgiram, em vários Estados da Federação, associações com a finalidade de combater esse tipo de criminalidade. O movimento da mídia exigindo punições mais rígidas fez com que juízes e promotores passassem a enxergar o delito de trânsito cometido nessas circunstâncias, ou seja, quando houvesse a conjugação da velocidade excessiva com a embriaguez do motorista atropelador, como hipótese de dolo eventual, tudo por causa da frase contida na segunda parte do inciso I do art. 18 do Código Penal, que diz ser dolosa a conduta quando o agente *assume o risco de produzir o resultado*.

Tal fórmula vinha se espalhando por todo o país, conforme se verifica nos seguintes julgados:

Em verdade, é tormentosa a delimitação da fronteira divisória entre dolo eventual e culpa consciente na teoria do crime, máxime em hipóteses de homicídios causados na direção de automóvel. O tema me leva, sempre que com ele me defronto, a refletir sobre a particular dificuldade de chegar a uma conclusão sobre o elemento anímico que move a conduta do agente, haja vista que nem sempre o que pensa ou delibera o acusado em sua psique se materializa em atos externos. Pessoalmente, em crimes praticados na condução de veículos automotores, em que o próprio condutor é uma das pessoas afetadas pelo fato ocorrido, a tendência natural é concluir pela mera ausência do dever de cuidado objetivo, até porque, salvo exceções, normalmente as pessoas não se utilizam desse meio para cometer homicídios e, mesmo quando embriagadas, na maioria das vezes, agem sob a sincera crença de que têm capacidade de conduzir o seu veículo sem provocar acidentes. Exemplos de dolo eventual mais pungentes e mais claramente perceptíveis podem ser mencionados, como a "brincadeira" conhecida como roleta-russa, em que há quase percepção de que acontecerá um resultado danoso, e acaba o agente anuindo a ele. Mas, em situações de crime no tráfego viário, à exceção dos casos de "racha", em que a competição seja assistida por populares e que já sugere um risco calculado e eventualmente assumido pelos competidores (que preveem e assumem o risco de que um pequeno acidente pode causar a morte dos circunstantes), é mais espinhoso sustentar haja o condutor do veículo causador do acidente anuído ao resultado. Parece haver concordância entre os doutrinadores pátrios de que o nosso Código Penal se filiou, de maneira geral, à teoria finalista da ação, na qual o dolo e a culpa traduzem o elemento subjetivo do tipo. E, quanto ao dolo, há também certo consenso de que o art. 18, I, do CP que dispõe ser doloso o crime quando o agente, com sua atuação, quis o resultado ou assumiu o risco de produzi-lo deve ter a sua última parte interpretada de acordo com a teoria do consentimento, do assentimento ou da assunção (STJ, AREsp 1.450.517, Rel. Min. Rogério Schietti Cruz, publicação 20/08/2019).

Nesse sentido:

STJ, AgRg no REsp 1.579.818/SC, Rel. Min. Felix Fischer, 5ª T., *DJe* 1º/08/2017; STJ, HC 226.338/SC, Rel. Min. Rogério Schietti Cruz, 6ª T., *DJe* 28/04/2016; STJ, HC 301.295/SP, Rel. Min. Sebastião Reis Junior, 6ª T., *DJe* 13/05/2015; STJ, HC 296.621/DF, Rel. Min. Walter de Almeida Guilherme, Desembargador convocado do TJ-SP, 5ª T., *DJe* 11/11/2014.

A questão não era tão simples como se pensava. Essa fórmula criada, ou seja, embriaguez + velocidade excessiva = dolo eventual, não podia prosperar. Não se podia partir do princípio de que todos aqueles que dirigiam embriagados e/ou com velocidade excessiva não se importavam em causar a morte ou mesmo lesões em outras pessoas. O dolo eventual, como vimos, reside no fato de o agente não se importar com a ocorrência do resultado por ele antecipado mentalmente, ao contrário da culpa consciente, em que este mesmo agente, tendo a previsão do que poderia acontecer, acredita, sinceramente, que o resultado lesivo não viria a ocorrer. No dolo eventual, o agente não se preocupa com a ocorrência do resultado por ele previsto porque o aceita. Para ele, tanto faz, pouco importa. Na culpa consciente, ao contrário, o agente não quer, nem assume o risco de produzir o resultado, porque se importa com sua ocorrência. O agente confia que, mesmo atuando, o resultado previsto será evitado.

Merece ser frisado, ainda, que o Código Penal, como analisado, não adotou a teoria da representação, mas, sim, as teorias da vontade e a do assentimento. Exige-se, portanto, para a caracterização do dolo eventual, que o agente anteveja como possível o resultado e o aceite, não se importando realmente com sua ocorrência.

Com isso queremos salientar que nem todos os casos em que houver a fórmula embriaguez + velocidade excessiva haverá dolo eventual. Também não estamos afirmando que não há possibilidade de ocorrer tal hipótese. Só a estamos rejeitando como uma fórmula matemática, absoluta.

Imagine o exemplo daquele que, durante a comemoração de suas bodas de prata, beba excessivamente e, com isso, se embriague. Encerrada a festividade, o agente, juntamente com sua esposa e três filhos, resolve voltar rapidamente para a sua residência, pois queria assistir a uma partida de futebol que seria transmitida pela televisão. Completamente embriagado, dirige em velocidade excessiva, a fim de chegar a tempo para assistir ao início do jogo. Em razão do seu estado de embriaguez, conjugado com a velocidade excessiva que imprimia ao veículo, colide o seu automóvel com outro veículo, causando a morte de toda a sua família. Pergunta-se: Será que o agente, embora dirigindo embriagado e em velocidade excessiva, não se importava com a ocorrência dos resultados? É claro que se importava.

Hungria, com precisão, também nos esclarece com um exemplo em que aduz: "Um motorista, dirigindo o seu carro com grande velocidade, já em atraso para atender ao compromisso de um encontro amoroso, divisa à sua frente um transeunte, que, à aproximação do veículo, fica atarantado e vacilante, sendo atropelado e morto. Evidentemente, o motorista previu a possibilidade desse evento; mas, deixando de reduzir ou anular a marcha do carro, teria aceito o risco de matar o transeunte, ou confiou em que este se desviasse a tempo de não ser alcançado? Na dúvida, a solução não pode ser outra senão a do reconhecimento de um homicídio simplesmente culposo (culpa consciente)".[95]

A insegurança começou a reinar. Fatos similares eram julgados de formas diferentes. Se um determinado acidente automobilístico recebesse a atenção da mídia, na hipótese em que um dos condutores houvesse agido numa das situações acima indicadas, vale dizer, em estado de embriaguez e/ou em velocidade excessiva, fatalmente seria indiciado, denunciado e levado a julgamento pelo Tribunal do Júri, por homicídio doloso, a título de dolo eventual. Se outro acidente, muito parecido com o que anunciamos, tivesse a sorte de não ser percebido pela mídia, como regra, seria submetido a julgamento pelo juízo singular e, se fosse o caso, condenado pela prática de um delito de natureza culposa.

Assim, a diferença doutrinária entre dolo eventual e culpa consciente foi sendo pulverizada, quando seu raciocínio era feito levando-se em consideração fatos lesivos ocorridos através do tráfego de veículos automotores.

Alguma coisa tinha de ser feita para mudar essa situação. O erro praticado até então residia no fato de que a Justiça (aqui entendida como todos os seus operadores, desde a fase policial, passando pela *opinio delicti* do Ministério Público, até seu efetivo julgamento pelo Poder Judiciário) havia pervertido conceitos básicos do Direito Penal em prol de condenações mais duras contra esses motoristas que, constantemente, ceifavam vidas inocentes. Como se percebe sem muito esforço, não competia à Justiça essa tarefa, pois que, equivocadamente, mudava conceitos há muito consolidados pelo Direito Penal, a fim de dar uma satisfação à sociedade a respeito de fatos que, realmente, mereciam uma maior resposta penal por parte do Estado.

A solução correta, no entanto, teria de vir da lei. Era a lei que tinha de prever essas situações, não interferindo nos conceitos doutrinários consolidados pelo Direito Penal. Assim, ao longo dos anos,

---

[95] HUNGRIA, Nelson. *Comentários ao Código Penal*, v. 1, T. II, p. 120.

desde a edição do Código de Trânsito Brasileiro (Lei nº 9.503, de 23 de setembro de 1997), alterações foram sendo feitas.

Dessa forma, inicialmente, o homicídio e as lesões corporais culposas praticadas na direção de veículo automotor deixaram de ser punidos pelo Código Penal, sendo tais comportamentos especializados com o Código de Trânsito Brasileiro. Além dessas infrações penais, outras foram criadas prevendo a punição de comportamentos que causavam situação de perigo, como, o delito tipificado no art. 306 do CTB, que teve sua redação original modificada duas vezes, sendo a primeira em 2008 e a segunda em 2012, culminando, atualmente, em prever o comportamento daquele que conduz veículo automotor com capacidade psicomotora alterada em razão da influência de álcool ou de outra substância psicoativa que determine dependência.

Embora houvesse, como dissemos, a necessidade de se apontar, por meio da lei, quais os comportamentos que mereciam uma punição mais severa, tendo em vista que as modalidades culposas dos crimes de homicídio e lesão corporal culposos na direção de veículo automotor já não mais atendiam aos clamores sociais, o legislador, por meio da Lei nº 12.971, de 9 de maio de 2014, de forma completamente equivocada, fez inserir o § 2º ao art. 302 do Código de Trânsito Brasileiro, que dizia, *verbis*:

§ 2º Se o agente conduz veículo automotor com capacidade psicomotora alterada em razão da influência de álcool ou de outra substância psicoativa que determine dependência ou participa, em via, de corrida, disputa ou competição automobilística ou ainda de exibição ou demonstração de perícia em manobra de veículo automotor, não autorizada pela autoridade competente:

Penas – reclusão, de 2 (dois) a 4 (quatro) anos, e suspensão ou proibição de se obter a permissão ou a habilitação para dirigir veículo automotor.

O absurdo era tão grande que, em vez de criar uma modalidade qualificada de homicídio culposo, praticado na direção de veículo automotor, o legislador cominou as mesmas penas previstas para o *caput* do mencionado artigo, modificando, somente, a pena de detenção para reclusão, o que, na prática, não faria qualquer diferença significativa.

Assim, o que era para ser um homicídio culposo qualificado, em virtude do maior grau de reprovação do comportamento praticado pelo agente nas situações previstas pelo § 2º, somente teve o condão de ratificar as hipóteses como as de um crime culposo, com as mesmas penas para ele anteriormente previstas, afastando-se, consequentemente, o raciocínio correspondente ao delito de homicídio com dolo eventual.

Em 04 de maio de 2016, a Lei nº 13.281 revogou o mencionado § 2º do art. 302, eliminando a incoerência anteriormente apontada. No entanto, em 19 de dezembro de 2017, foi editada a Lei nº 13.546, que acrescentou um § 3º ao art. 302 do Código de Trânsito Brasileiro, dizendo, *verbis*:

§ 3º Se o agente conduz veículo automotor sob a influência de álcool ou de qualquer outra substância psicoativa que determine dependência:

Penas – reclusão, de cinco a oito anos, e suspensão ou proibição do direito de se obter a permissão ou a habilitação para dirigir veículo automotor.

Agora, portanto, o fato de causar a morte de alguém na direção de veículo automotor sob a influência de álcool ou de qualquer outra substância psicoativa que determine dependência importará na aplicação da qualificadora, como regra, não se descartando, dependendo do caso concreto, o dolo eventual.

Decisão do júri sobre dolo eventual ou culpa consciente

⚖ (...) 4. O entendimento adotado pelo Tribunal de Justiça deve ser mantido, na medida em que as circunstâncias fáticas traçadas no aresto impugnado permitem submeter a acusação ao crivo do Conselho de Sentença, tendo em vista que o agravante, após ingerir bebida alcoólica, estava conduzindo veículo automotor acima da velocidade máxima da via e, embriagado, invadiu a contramão, tendo perdido a direção do veículo e, assim, colidido com o carro da vítima, que, ferida, precisou submeter-se a cirurgia, a qual, posteriormente, culminou em sua morte. 5. "Consoante reiterados pronunciamentos deste Tribunal de Uniformização Infraconstitucional, o deslinde da controvérsia sobre o elemento subjetivo do crime, especificamente, se o acusado atuou com dolo eventual ou culpa consciente, fica reservado ao Tribunal do Júri, juiz natural da causa, no qual a defesa poderá desenvolver amplamente a tese contrária à imputação penal" (AgRg no AREsp 1.166.037/PB, Rel. Min. Reynaldo Soares da Fonseca, 5ª T., julgado em 17/12/2019, *DJe* 19/12/2019). 6. Ademais, confrontar o caso dos autos com outro, conforme pretende o agravante, com o fim de afastar o dolo eventual e obter, assim, a desclassificação do delito para a forma culposa, encontraria óbice na Súmula 7 do STJ, incabível na presente via. Noutro giro, decisão anterior, em processo supostamente análogo ao presente, não vincula o magistrado em outros feitos, os quais são analisados de acordo com o caso concreto, observado o princípio do livre convencimento motivado do julgador (AgRg nos EDcl no AREsp 1.633.337/MG, Rel. Min. Ribeiro Dantas, 5ª T., julgado em 12/05/2020, *DJe* 18/05/2020).

Nesse sentido:

⚖ STJ, REsp 1.794.695/PR, Rel. Min. Nefi Cordeiro, 6ª T., *DJe* 1º/08/2019; AgRg no AREsp 1.619.107/MG, Rel. Min. Jorge Mussi, 5ª T., j. 23/06/2020, *DJe* 04/08/2020; AgRg no REsp 1.848.945/PR, Rel. Min. Jorge Mussi, 5ª T., j. 13/04/2020, *DJe* 20/04/2020; AgRg no AREsp 1.604.763/MG, Rel. Min. Reynaldo Soares da Fonseca, 5ª T., j.

05/03/2020, *DJe* 18/03/2020; AgRg no AREsp 1.619.107/MG, Rel. Min. Jorge Mussi, 5ª T., j. 23/06/2020, *DJe* 04/08/2020; STJ, AgRg no REsp 1.417.752/SC, Rel. Min. Ribeiro Dantas, 5ª T., *DJe* 21/03/2018; STJ, HC 267.068/SC, Rel. Min. Reynaldo Soares da Fonseca, 5ª T., *DJe* 29/02/2016.

Racha

Vide art. 308 do Código de Trânsito Brasileiro, com a nova redação que lhe foi conferida pela Lei nº 19 de dezembro de 2017, *verbis*:

Art. 308. Participar, na direção de veículo automotor, em via pública, de corrida, disputa ou competição automobilística ou ainda de exibição ou demonstração de perícia em manobra de veículo automotor, não autorizada pela autoridade competente, gerando situação de risco à incolumidade pública ou privada:

Penas – detenção, de 6 (seis) meses a 3 (três) anos, multa e suspensão ou proibição de se obter a permissão ou a habilitação para dirigir veículo automotor.

§ 1º Se da prática do crime previsto no caput resultar lesão corporal de natureza grave, e as circunstâncias demonstrarem que o agente não quis o resultado nem assumiu o risco de produzi-lo, a pena privativa de liberdade é de reclusão, de 3 (três) a 6 (seis) anos, sem prejuízo das outras penas previstas neste artigo.

§ 2º Se da prática do crime previsto no caput resultar morte, e as circunstâncias demonstrarem que o agente não quis o resultado nem assumiu o risco de produzi-lo, a pena privativa de liberdade é de reclusão de 5 (cinco) a 10 (dez) anos, sem prejuízo das outras penas previstas neste artigo." (NR)

🔎 Afirmar se o agente agiu com dolo eventual ou culpa consciente é tarefa que deve ser analisada pela Corte Popular, juiz natural da causa, de acordo com a narrativa dos fatos constantes da denúncia e com o auxílio do conjunto fático-probatório produzido no âmbito do devido processo legal, o que impede a análise do elemento subjetivo de sua conduta por este Sodalício. Concluindo o acórdão recorrido, de forma fundamentada, acerca da materialidade do crime e da existência de indícios de autoria suficientes para submeter o agravante a julgamento perante o Tribunal do Júri, não há que se falar em ilegalidade na decisão do colegiado estadual. Na hipótese em apreço considerou-se especialmente que ambos os acusados estariam embriagados e disputando "racha" em uma rodovia, imprimindo alta velocidade em seus veículos até que, ao realizar manobra de ultrapassagem, um dos automotores colidiu na traseira do veículo em que se encontravam os ofendidos, dando causa ao acidente que veio a vitimar fatalmente duas pessoas e a causar lesões corporais em outra (STJ, AgRg nos EDcl no AREsp 1.101.708/SP, Rel. Min. Jorge Mussi, 5ª T., *DJe* 04/05/2018).

Nesse sentido:

🔎 STJ, AgRg no REsp 1.320.344/DF, Rel. Min. Reynaldo Soares da Fonseca, 5ª T., *DJe* 1º/08/2017; STJ, AgRg no REsp 1.525.082/SP, Rel. Min. Reynaldo Soares da Fonseca, 5ª T., *DJe* 1º/06/2016; STJ, HC 87962/SP, Rel. Min. Napoleão Nunes Maia Filho, 5ª T., *DJe* 09/12/2008; TJMG, AC 1.0110.03.000466-4/001, Rel. Des. Judimar Biber, *DJ* 10/07/2007.

Culpa imprópria

Fala-se em culpa imprópria nas hipóteses das chamadas descriminantes putativas em que o agente, em virtude de erro evitável pelas circunstâncias, dá causa dolosamente a um resultado, mas responde como se tivesse praticado um delito culposo.

Compensação e concorrência de culpas

Embora não se admita a compensação de culpas em Direito Penal, a concorrência é plenamente possível.

Excepcionalidade do crime culposo

De acordo com o disposto no parágrafo único do art. 18 do Código Penal, o dolo é a regra; a culpa, a exceção. Aquele que, de forma imprudente, (culposa), causar dano a um terceiro não pratica infração alguma de natureza penal, haja vista que o art. 163 do Código Penal não fez a previsão dessa modalidade de conduta. Deverá o agente, portanto, na esfera civil, reparar o dano por ele causado à vítima.

Culpa presumida

Não é admitida a presunção de culpa em Direito Penal.

🔎 O crime culposo é definido, em regra, por um tipo penal aberto, no qual se encaixa todo comportamento que viola o dever objetivo de cuidado. Assim, a contribuição para o evento culposo revela sempre coautoria, devendo aquele que de qualquer modo concorreu para o resultado, que violou o dever de cuidado, ser autor de sua própria negligência, imprudência ou imperícia. O conceito de culpa traduz a conduta voluntária, dirigida a objetivo, em regra, lícito, porém que resulta em ilícito penal, não desejado, mas previsível e evitável. Nos delitos culposos, a autoria está atrelada à conduta que infringe o dever de cautela, limitando-se, portanto, àquele que tinha esse dever. Não há se falar, contudo, em culpa presumida, devendo ser referido elemento sempre demonstrado e provado pela acusação (TJ-MG, AC 1556387-79.2008.8.13.0183, Rel.ª Des.ª Luziene Barbosa Lima – JD Convocada, *DJe* 04/03/2016).

Nesse sentido:

🔎 STJ, REsp 224709/MG, Rel. Min. José Arnaldo da Fonseca, 5ª T., *DJ* 16/02/2004, p. 284.

Tentativa nos delitos culposos

Parte da doutrina aceita a possibilidade de tentativa nos crimes culposos, quando da ocorrência da chamada culpa imprópria (culpa por extensão, por assimilação, por equiparação), isto é, quando o agente, nos casos de erro evitável nas descriminantes putativas, atua com dolo, mas responde pelo resultado causado com as penas correspondentes ao delito culposo.

Princípio da confiança e crimes culposos

O princípio da confiança, principalmente desenvolvido pela jurisprudência alemã, é de fundamental importância quando da verificação de um comportamento a que se atribui um agir culposo.

Vivemos em sociedade, e isso nos impõe determinadas regras de comportamento que, se observadas, diminuirão os riscos naturais a ela inerentes. Hoje, por exemplo, o trânsito de veículos nas grandes cidades contribui, assustadoramente, para os índices de mortes e lesões. No entanto, não podemos abrir mão desse conforto que nos proporciona a sociedade moderna.

Mesmo sabendo dos riscos naturais de conduzir um veículo automotor, nossa vida seria insuportável se não tivéssemos tranquilidade suficiente para fazê-lo nas vias públicas. Aqui, mais do que nunca, deve ser aplicado o princípio da confiança. Perguntas simples, como: Por que meu automóvel pode se movimentar e transpor um cruzamento de ruas, quando o sinal de trânsito está aberto, ou seja, quando aparece a luz verde? Porque confio que o motorista que se encontra na outra via, com o sinal vermelho, não o ultrapassará. Simples, assim. Se o motorista do sinal vermelho não respeita a sinalização e, por conta desse comportamento, ocorre um acidente, ocasionando lesão ou morte no motorista ou passageiros que com ele se encontravam, e que ultrapassaram corretamente o cruzamento quando o sinal estava verde, isso nos permite iniciar uma conclusão pelo crime culposo.

Welzel, explicando esse raciocínio, diz:

"A jurisprudência estabeleceu e desenvolveu o 'princípio da confiança' fundamentalmente para o trânsito urbano e segundo o qual, o que participa no trânsito pode confiar em que os demais se comportem também corretamente, enquanto não lhe conste o contrário por circunstâncias especiais do caso".[96]

Crime culposo e agravante genérica

⚖ Como bem salientou o Ministro Ribeiro Dantas, no julgamento da decisão monocrática proferida no REsp nº 1.609.126/DF, *DJe* 08/10/2018, o crime culposo é justamente aquele em que o agente é punido mesmo constatada a ausência de intenção quanto ao resultado. Assim, uma vez não pretendido e nem previsto o resultado, não há como o agente ser punido pela especial condição da vítima, pois esta não é "escolhida" pelo agente. Sabe-se que a jurisprudência vem admitindo a incidência das agravantes genéricas nas hipóteses de crimes pre-

terdolosos, isso porque estes são crimes em que há intenção do agente na produção de um resultado, o que não se vislumbra quanto aos crimes culposos (STJ, REsp 1.783.411, Rel. Min. Reynaldo Soares da Fonseca, publicação 30/04/2019).

Nesse sentido:

⚖ STF, HC 120.165/RS, Rel. Min. Dias Toffoli, 1ª T., *DJe* 20/03/2014.

Agravação pelo resultado

Art. 19. Pelo resultado que agrava especialmente a pena, só responde o agente que o houver causado ao menos culposamente.

Finalidade

Eliminar a chamada responsabilidade penal objetiva, também conhecida como responsabilidade penal sem culpa ou pelo resultado, evitando-se, dessa forma, que o agente responda por resultados que sequer ingressaram na sua órbita de previsibilidade.

Princípio da culpabilidade

O item 16 da Exposição de Motivos da Parte Geral do Código Penal explica a adoção expressa do princípio da culpabilidade no art. 19 do Código Penal, dizendo: *16. Retoma o Projeto, no art. 19, o princípio da culpabilidade, nos denominados crimes qualificados pelo resultado, que o Código vigente submeteu à injustificada responsabilidade objetiva. A regra se estende a todas as causas de aumento situadas no desdobramento causal da ação.*

Crimes qualificados pelo resultado

Conforme preleciona Roxin, "historicamente, os delitos qualificados pelo resultado procedem da teoria, elaborada pelo Direito Canônico, do chamado *versari in re illicita* [...], conforme a qual qualquer pessoa responderá, ainda que não tenha culpa, por todas as consequências que derivem de sua ação proibida".[97]

Atualmente, ocorre o crime qualificado pelo resultado quando o agente atua com dolo na conduta e dolo quanto ao resultado qualificador, ou dolo na conduta e culpa no que diz respeito ao resultado qualificador. Daí dizer-se que todo crime preterdoloso é um crime qualificado pelo resultado, mas nem todo crime qualificado pelo resultado é um crime preterdoloso. Há, portanto, dolo e dolo, ou dolo e culpa.

Conforme ressaltam Juan Carlos Ferré Olivé, Miguel Ángel Nuñez Paz, William Terra de Oliveira e Alexis Couto de Brito:

"A preterintencionalidade pode ser *homogênea* (trata-se do mesmo bem jurídico, mas se aplica um tipo de maior gravidade, por exemplo, lesões leves

---

[96] WELZEL, Hans. *El nuevo sistema del derecho penal* – una introducción a la doctrina de la acción finalista, p. 115.

[97] ROXIN, Claus. *Derecho penal* – parte general, p. 335.

e lesões agravadas) ou *heterogênea* (quando atingem diferentes bens jurídicos, por exemplo, lesões e homicídio)".[98]

🗒 Como se sabe, o injusto tipificado pelo art. 157, § 3º, do Código Penal exibe contornos de um autêntico crime qualificado pelo resultado, em cujo preceito incriminador a lei agrega elemento que constitui um plus de gravidade, em termos de expressão naturalística, frente ao que já se acha emoldurado pelo tipo fundamental (Mirabete, *Manual de Direito Penal*, Atlas, vol. II, 14ª ed., p. 47). Em outras palavras, "configura-se o latrocínio, se durante ou após o delito, adveio o homicídio" (*RJJE* 93/273). O Supremo Tribunal Federal também já pacificou o entendimento de que o latrocínio se consuma com o simples advento do resultado morte, ainda que não tenha havido subtração, a qualquer título ou pretexto. A Súmula nº 610 do STF expressamente dispõe que: "Há crime de latrocínio, quando o homicídio se consuma, ainda que não realize o agente a subtração de bens da vítima" (STJ, HC 485.468, Rel.ª Min.ª Laurita Vaz, publicação 02/08/2019).

Nesse sentido:

🗒 STF, HC 143.100/SC, Rel. Min. Roberto Barroso, *DJe* 10/11/2017; STJ, HC 226.359/DF, Rel. Min. Ribeiro Dantas, 5ª T., *DJe* 12/08/2016; STJ, REsp 1.254.749/SC, Rel.ª Min.ª Maria Thereza de Assis Moura, 6ª T., *DJe* 27/05/2014; TRF 1ª Reg., ACr 0019731-59.2011.4.01.4000/PI, Rel. Des. Fed. Ítalo Fioravanti Sabo Mendes, *DJe* 28/07/2014.

Crítica aos crimes preterdolosos

Embora nosso ordenamento jurídico preveja uma série de crimes preterdolosos, sua existência contradiz a regra constante do parágrafo único do art. 18 do Código Penal, que assevera: *Salvo os casos expressos em lei, ninguém pode ser punido por fato previsto como crime, senão quando o pratica dolosamente.*

Isso porque, nas hipóteses em que o resultado qualificador deva ser atribuído ao agente a título de culpa, não existe nenhuma ressalva nos artigos constantes do Código Penal ou na legislação extravagante. Em algumas situações, o resultado qualificador poderá ser imputado tanto a título de dolo como de culpa. Veja-se, por exemplo, o que ocorre com a lesão corporal qualificada pela perda ou inutilização de membro, sentido ou função. Esse resultado, como é cediço, poderá ter sido querido inicialmente pelo agente, fazendo, outrossim, parte do seu dolo, ou poderá ter sido produzido culposamente. Em ambas as hipóteses, o agente responderá pelo delito qualificado.

🗒 Em crimes preterdolosos ou preterintencionais, imprescindível é que a denúncia impute a previsibilidade e culpa no crime consequente, sob pena de indevida responsabilização objetiva em Direito Penal, com atribuição de responsabilidade apenas pelo nexo causal. Tendo a denúncia apenas narrado as agressões e o nexo causal com o resultado morte, expressamente não desejado pelos recorrentes, mas deixando de descrever o elemento subjetivo culposo no resultado morte, tem-se como inepta a peça acusatória para persecução por este crime (STJ, RHC 59.551/SP, Rel. Min. Nefi Cordeiro, 6ª T., *DJe* 23/08/2016).

Nesse sentido:

🗒 STJ, REsp 285560/SP, Rel. Min. Felix Fischer, 5ª T., *RSTJ* 160, p. 461.

Erro sobre elementos do tipo

Art. 20. O erro sobre elemento constitutivo do tipo legal de crime exclui o dolo, mas permite a punição por crime culposo, se previsto em lei.

Descriminantes putativas

§ 1º É isento de pena quem, por erro plenamente justificado pelas circunstâncias, supõe situação de fato que, se existisse, tornaria a ação legítima. Não há isenção de pena quando o erro deriva de culpa e o fato é punível como crime culposo.

Erro determinado por terceiro

§ 2º Responde pelo crime o terceiro que determina o erro.

Erro sobre a pessoa

§ 3º O erro quanto à pessoa contra a qual o crime é praticado não isenta de pena. Não se consideram, neste caso, as condições ou qualidades da vítima, senão as da pessoa contra quem o agente queria praticar o crime.

Conceito de erro

Erro, seguindo a lição de Luiz Flávio Gomes, "é a falsa representação da realidade ou o falso ou equivocado conhecimento de um objeto (é um estado positivo). Conceitualmente, o erro difere da ignorância: esta é a falta de representação da realidade ou o desconhecimento total do objeto[99] (é um estado negativo)".[100]

Erro de tipo

Entende-se por erro de tipo aquele que recai sobre as elementares, circunstâncias ou qualquer dado que se agregue à determinada figura típica, ou ainda

---

[98] FERRÉ OLIVÉ, Juan Carlos; NUÑEZ PAZ, Miguel Ángel; OLIVEIRA, William Terra de; BRITO, Alexis Couto de. *Direito penal brasileiro – parte geral – princípios fundamentais e sistema*, p. 337.

[99] "O objeto do erro de tipo não tem a extensão sugerida pela lei penal: o tipo legal é um conceito *constituído* de elementos subjetivos e objetivos, mas o erro de tipo só pode incidir sobre *elemento objetivo* do tipo legal, um conceito menos abrangente do que *elemento constitutivo* do tipo legal, que inclui a dimensão subjetiva do tipo" (Santos, Juarez Cirino dos. *A moderna teoria do fato punível*, p. 82).

[100] GOMES, Luiz Flávio. *Erro de tipo e erro de proibição*, p. 23.

aquele, segundo Damásio, incidente sobre os "pressupostos de fato de uma causa de justificação ou dados secundários da norma penal incriminadora".[101] Segundo Wessels, ocorre um "erro de tipo quando alguém não conhece, ao cometer o fato, uma circunstância que pertence ao tipo legal. O erro de tipo é o reverso do dolo do tipo: quem atua 'não sabe o que faz', falta-lhe, para o dolo do tipo, a representação necessária".[102]

Quando o agente tem essa "falsa representação da realidade", falta-lhe, na verdade, a consciência de que pratica uma infração penal e, dessa forma, resta afastado o dolo que, como vimos, é a vontade livre e consciente de praticar a conduta incriminada.

⚖ Por força do recente julgamento do REsp Repetitivo n. 1.480.881/PI, Rel. Ministro Rogerio Schietti, a Terceira Seção desta Corte Superior sedimentou a jurisprudência, então já dominante, pela presunção absoluta da violência em casos da prática de conjunção carnal ou ato libidinoso diverso com pessoa menor de 14 anos. Súmula n. 593 do STJ. Na espécie, a ofendida, à época com 12 anos de idade, foi submetida à prática de conjunção carnal. O réu, naquele tempo, contava 22 anos de idade. O erro quanto ao elemento objetivo do tipo deve ser inescusável e, aceitar, com larguesa, a incidência dessa excludente de tipicidade nos delitos de natureza sexual pode, com muita facilidade e conveniência, definir a responsabilidade penal do ato a partir da avaliação subjetiva do agente sobre o corpo da vítima (AgRg no REsp 1.847.890/MG, Rel. Min. Rogerio Schietti Cruz, 6ª T., julgado em 28/04/2020, *DJe* 30/04/2020).

Nesse sentido:

⚖ STJ, AgRg no REsp 1.756.188/SP, Rel. Min. Rogério Schietti Cruz, 6ª T., *DJe* 27/06/2019; AgRg nos EDcl no AgRg nos EDcl no AREsp 1.545.171/SP, Rel. Min. Joel Ilan Paciornik, 5ª T., j. 28/04/2020, *DJe* 12/05/2020; STJ, REsp 1.464.450/SC, Rel. Min. Joel Ilan Paciornik, 5ª T., *DJe* 23/08/2017; STJ, AgRg no REsp 1.290.412/ES, Rel. Min. Jorge Mussi, 5ª T., *DJe* 11/11/2014; TJ-RJ, AC 0003380-84.2012.8.19.0073, Rel. Des. Paulo Sérgio Rangel do Nascimento, *DJe* 13/06/2014; TJMG, AC 1.0024.06.106430-9/001, Rel. Des. Judimar Biber, *DJ* 30/05/2007.

Consequências do erro de tipo

O erro de tipo, afastando a vontade e a consciência do agente, exclui sempre o dolo. Entretanto, há situações em que se permite a punição em virtude de sua conduta culposa, se houver previsão legal. Podemos falar, assim, em *erro de tipo invencível* (escusável, justificável, inevitável) e *erro de tipo vencível* (inescusável, injustificável, evitável).

⚖ O desconhecimento da idade da vítima pode circunstancialmente excluir o dolo do acusado quanto à condição de vulnerável, bem como descaracterizar a qualificadora do art. 213, § 1º, do CP, mediante a ocorrência do chamado erro de tipo (art. 20 do CP) (STJ, AgRg no REsp 1.639.356/MG, Rel. Min. Jorge Mussi, 5ª T., *DJe* 19/02/2018).

Erro de tipo essencial e erro de tipo acidental

Ocorre o *erro de tipo essencial* quando o erro do agente recai sobre elementares, circunstâncias ou qualquer outro dado que se agregue à figura típica. O erro de tipo essencial, se inevitável, afasta o dolo e a culpa; se evitável, permite seja o agente punido por um crime culposo, se previsto em lei. O *erro acidental*, ao contrário do essencial, não tem o condão de afastar o dolo (ou o dolo e a culpa) do agente, e, na lição de Aníbal Bruno, "não faz o agente julgar lícita a ação criminosa. Ele age com a consciência da antijuridicidade do seu comportamento, apenas se engana quanto a um elemento não essencial do fato ou erra no seu movimento de execução".[103]

Poderá o erro acidental ocorrer nas seguintes hipóteses:

a) erro sobre o objeto (*error in objecto*);
b) erro sobre a pessoa (*error in persona*) – art. 20, § 3º, do Código Penal;
c) erro na execução (*aberratio ictus*) – art. 73 do Código Penal;
d) resultado diverso do pretendido (*aberratio criminis*) – art. 74 do Código Penal;
e) *aberratio causae*.

Descriminantes putativas

Diz respeito à situação em que o agente, nos termos do § 1º do art. 20 do Código Penal, por erro plenamente justificado pelas circunstâncias, supõe situação de fato que, se existisse, tornaria a ação legítima. O agente, portanto, atua acreditando estar agindo justificadamente, ou seja, em legítima defesa, em estado de necessidade, no estrito cumprimento de dever legal ou no exercício regular de direito quando, na verdade, a situação que permitiria tal atuação não existe no mundo real, sendo, tão somente, imaginada por ele.

Efeitos das descriminantes putativas

Nos termos do art. 20, § 1º, do Código Penal, o erro plenamente justificável pelas circunstâncias, ou seja, o erro escusável isenta o agente de pena. Sendo inescusável, embora ele tenha agido com dolo, será responsabilizado como se tivesse praticado um delito culposo.

---

[101] JESUS, Damásio E. de. *Direito penal* – parte geral, v. I, p. 265.

[102] WESSELS, Johannes. *Derecho penal* – parte general, p. 129.

[103] BRUNO, Aníbal. *Direito penal* – parte geral, t. II, p. 123.

Acusado que, em face de errônea apreciação da realidade fática, supôs atuar em legítima defesa porque, ao retirar-se do salão durante o tiroteio, deparando-se com um indivíduo, contra ele atirou, pensando ser integrante do grupo de agressores. Incidência da descriminante putativa derivada de erro de tipo permissivo [...] (TJRS, Ap. Crim. 696162858, 2ª Câm. Crim., Rel. Luiz Armando Bertanha de Souza Leal, j. 22/05/1997).

Hipóteses de erro nas descriminantes putativas

Para que se tenha um erro de tipo, nas hipóteses de descriminantes putativas, é preciso que o agente erre, como diz o § 1º do art. 20 do Código Penal, sobre uma *situação de fato* que, se existisse, tornaria a ação legítima.

Diante dessa expressão, podemos fazer a seguinte ilação: somente quando o agente tiver uma falsa percepção da realidade no que diz respeito à situação de fato que o envolvia, levando-o a crer que poderia agir amparado por uma causa de exclusão da ilicitude, é que estaremos diante de um erro de tipo. Quando o erro do agente recair sobre a existência ou mesmo sobre os limites de uma causa de justificação, o problema não se resolve como erro de tipo, mas, sim, como erro de proibição, previsto no art. 21 do Código Penal.

Para o reconhecimento da legítima defesa putativa, seria necessário prova induvidosa, a cargo da defesa, nos termos dispostos no art. 156 do CPP, das circunstâncias que antecederam os fatos, de modo a justificar a suposição do réu de estar face uma agressão atual e injusta (TJMG, AC 0043476-71.2002.8.13.0393, Rel. Des. Paulo Cezar Dias, *DJe* 21/08/2012).

Nesse sentido:

TJMG, AC 0342881-11.2008.8.13.0515, Rel. Des. Cássio Salomé, *DJe* 20/08/2012; TJMG, AC 3035860-95.2006.8.13.0702, Rel. Des. Adilson Lamounier, *DJe* 23/01/2012.

Teorias extremada e limitada da culpabilidade

Segundo Assis Toledo, para a "teoria extremada da culpabilidade todo e qualquer erro que recaia sobre uma causa de justificação é erro de proibição",[104] não importando, aqui, distinguir se o erro em que incorreu o agente incide sobre uma situação de fato, sobre a existência ou mesmo sobre os limites de uma causa de justificação.

A teoria limitada da culpabilidade difere da teoria anterior em um ponto muito importante: para a teoria limitada, se o erro do agente recair sobre uma *situação fática*, estaremos diante de um erro de tipo, que passa a ser denominado de *erro de tipo permissi-*

vo; caso o erro do agente não recaia sobre uma situação de fato, mas, sim, sobre os limites ou a própria existência de uma causa de justificação, o erro passa a ser, agora, o de proibição.

A nova Parte Geral do Código Penal adotou a teoria limitada da culpabilidade, conforme se dessume do item 17 da sua exposição de motivos.

Teoria da culpabilidade que remete às consequências jurídicas

Conforme preleciona Luiz Flávio Gomes, "o erro de tipo permissivo, segundo a moderna visão da culpabilidade, não é um erro de tipo incriminador excludente do dolo nem pode ser tratado como erro de proibição: é um erro *sui generis* (*recte*: erro de proibição *sui generis*), excludente da *culpabilidade dolosa*: se inevitável, destarte, exclui a culpabilidade dolosa, e não o dolo, não restando nenhuma responsabilidade penal para o agente; se vencível o erro, o agente responde pela *culpabilidade negligente* (pela pena do crime culposo, se previsto em lei), não pela pena do crime doloso, com a possibilidade de redução. [...] Esta solução apresentada pela 'teoria da culpabilidade que remete à consequência jurídica' é a que, segundo penso, está inteiramente de acordo com o nosso *jus positum*. É ela que, adequadamente ao Código Penal brasileiro, explica a natureza jurídica, as características e as consequências do erro nas descriminantes putativas fáticas (erro de tipo permissivo), disciplinado no art. 20, § 1º, do CP".[105]

Delito putativo por erro de tipo

Ocorre o delito putativo por erro de tipo, também conhecido como *delito de alucinação*, quando o agente supõe praticar uma infração penal que, na verdade, por ausência de um elemento constante do tipo, é um fato considerado como um indiferente penal, a exemplo daquele que, no exemplo fornecido por Paulo Cesar Busato, "traz consigo um invólucro contendo um pó branco, adquirido do traficante como se fosse cocaína, o qual, depois, constata-se ser apenas talco, não está cometendo crime".[106]

Erro de subsunção

Ocorre o erro de subsunção, nas precisas lições de Luiz Flávio Gomes e Antonio García-Pablos de Molina, quando o erro do agente recai:

"Sobre conceitos jurídicos, ou seja, sobre a compreensão do sentido jurídico de um requisito (normativo) previsto no tipo legal. No erro de subsunção há, portanto, uma valoração jurídica equivocada, isto é, há uma interpretação jurídica errônea do que está contido no tipo. O erro de subsunção não afasta a

---

[104] TOLEDO, Francisco de Assis. *Princípios básicos de direito penal*, p. 285.

[105] GOMES, Luiz Flávio. *Erro de tipo e erro de proibição*, p. 184.

[106] BUSATO, Paulo César. *Direito penal* – parte geral, p. 653.

responsabilidade penal do agente (ou seja: é irrelevante).

Quem erra sobre o conceito de documento contido nos arts. 297 e ss. do CP responde pelo delito de falsidade normalmente. Quem supõe que um cheque não é documento ou não é documento público e o falsifica, responde pelo delito."[107]

Assim, o erro de subsunção não elimina o dolo ou a culpa, fazendo com que o agente responda pela infração penal por ele cometida. No entanto, como bem destacado por Rogério Sanches Cunha, dependendo da situação concreta, poderá "incidir a atenuante genérica do art. 66 do Código Penal".[108]

Erro sobre a ilicitude do fato

Art. 21. O desconhecimento da lei é inescusável. O erro sobre a ilicitude do fato, se inevitável, isenta de pena; se evitável, poderá diminuí-la de um sexto a um terço.

Parágrafo único. Considera-se evitável o erro se o agente atua ou se omite sem a consciência da ilicitude do fato, quando lhe era possível, nas circunstâncias, ter ou atingir essa consciência.

Diferença entre o desconhecimento da lei e a falta de consciência sobre a ilicitude do fato

Parece que, por meio da redação constante do *caput* do art. 21, o Código Penal tenta fazer uma distinção entre o desconhecimento da lei e a falta de conhecimento sobre a ilicitude do fato, distinção esta que acaba caindo por terra em virtude da existência do chamado erro de proibição direto, conforme veremos mais adiante.

Consciência real e consciência potencial sobre a ilicitude do fato

A diferença fundamental entre consciência real e consciência potencial reside no fato de que, naquela, o agente deve, efetivamente, saber que a conduta que pratica é ilícita; na consciência potencial, basta a possibilidade que o agente tinha, no caso concreto, de alcançar esse conhecimento.

Segundo Sanzo Brodt, "conforme a concepção finalista da teoria do delito, à reprovação penal não é necessária a atual consciência da ilicitude; basta a possibilidade de obtê-la. Daí conceituarmos consciência da ilicitude como a capacidade de o agente de uma conduta proibida, na situação concreta, apreender a ilicitude de seu comportamento".[109]

A potencial consciência da ilicitude é pressuposto do conceito analítico de crime urdido pela teoria normativa pura da culpabilidade. O conceito de culpabilidade a que remete o art. 59 do Diploma Penal não se refere à sua acepção como pressuposto da responsabilidade penal, mas como juízo de desvalor sobre a conduta perpetrada ou o resultado produzido, de sorte que a gravidade concreta do caso *sub judice* importaria na necessidade de agravamento da pena. Assim, não é admissível valoração negativa da culpabilidade sob a justificativa de que o agente tinha plena consciência da ilicitude de suas ações, conforme ocorreu na espécie (STJ, HC 453.169/RS, Rel.ª Min.ª Laurita Vaz, 6ª T., *DJe* 17/06/2019).

Nesse sentido:

STJ, RHC 41.883/MG, Rel. Min. Reynaldo Soares Fonseca, 5ª T., *DJe* 13/04/2016; TJSC, AC 2012.024637-3, Rel. Des. Paulo Roberto Sartorato, j. 26/03/2013; TJMG, AC 1.0024.05.583594-6/001, Rel.ª Des.ª Beatriz Pinheiro Caires, *DJ* 03/03/2007.

Consciência profana do injusto

De acordo com as lições de Cezar Roberto Bitencourt, "com a evolução do estudo da culpabilidade, não se exige mais a consciência da ilicitude, mas sim a potencial consciência. Não mais se admitem presunções irracionais, iníquas e absurdas. Não se trata de uma consciência técnico-jurídica, formal, mas da chamada consciência profana do injusto, constituída do conhecimento da antissocialidade, da imoralidade ou da lesividade de sua conduta. E, segundo os penalistas, essa consciência provém das normas de cultura, dos princípios morais e éticos, enfim, dos conhecimentos adquiridos na vida em sociedade. São conhecimentos que, no dizer de Binding, vêm naturalmente com o ar que a gente respira".[110]

Restando comprovado o porte ilegal voluntário e consciente de arma de fogo, com numeração raspada, pelo acusado, que tinha plena ciência da ilicitude de sua conduta, impõe-se a sua condenação pela prática do delito previsto no art. 16, parágrafo único, inc. IV, da Lei nº 10.826/2003 (TJMG, AC 1.0024.05.583594-6/001, Rel.ª Des.ª Beatriz Pinheiro Caires, *DJ* 03/03/2007).

Nesse sentido:

TJMG, AC 1.0000.00.351102-9/000, Rel.ª Des.ª Márcia Milanez, *DJ* 26/09/2003.

Espécies de erro sobre a ilicitude do fato

O erro sobre a ilicitude do fato, ou erro de proibição, pode ser:

a) direto;
b) indireto;
c) mandamental.

Erro de proibição direto – Diz-se direto quando o erro do agente recai sobre o conteúdo proibitivo de uma norma penal. Nas lições de Assis Toledo, no

---

[107] GOMES, Luiz Flávio; GARCIA-PABLOS DE MOLINA, Antonio. *Direito penal* – parte geral, v. 2, p. 393.

[108] CUNHA, Rogério Sanches. *Manual de direito penal* – parte geral, p. 198.

[109] SANZO BRODT, Luis Augusto. *Da consciência da ilicitude no direito penal*, p. 17-18.

[110] BITENCOURT, Cezar Roberto. *Manual de direito penal*, p. 326-327.

erro de proibição direto o agente, "por erro inevitável, realiza uma conduta proibida, ou por desconhecer a norma proibitiva, ou por conhecê-la mal, ou por não compreender o seu verdadeiro âmbito de incidência".[111]

Erro de proibição indireto – Na precisa definição de Jescheck, "também constitui erro de proibição a suposição errônea de uma causa de justificação, se o autor erra sobre a existência ou os limites da proposição permissiva (erro de permissão)".[112]

Afastada a alegação de erro de proibição indireto inevitável diante da demonstração de que a ré possuía consciência do caráter ilícito da conduta praticada e da impossibilidade de atender pacientes em consultas odontológicas particulares concomitantemente ao exercício do magistério sob o regime de dedicação exclusiva, não sendo comprovada pela justificação do erro pelas circunstâncias do caso (STJ, AREsp 1.394.763, Rel. Min. Joel Ilan Paciornik, publicação 10/04/2019).

Nesse sentido:

STJ, AgRg no AREsp 962.729/RS, Rel. Min. Felix Fischer, 5ª T., *DJe* 19/02/2018; TJPR, Processo 1154652-8, Rel. Des. José Mauricio Pinto de Almeida, *DJe* 09/05/2014; TJBA, AC 0000608-83.2012.8.05.0253, *DJe* 19/12/2013.

Erro mandamental – É aquele que incide sobre o mandamento contido nos crimes omissivos, sejam eles próprios ou impróprios. Conforme preleciona Cezar Bitencourt, é o "erro que recai sobre uma norma mandamental, sobre uma norma impositiva, sobre uma norma que manda fazer, que está implícita, evidentemente, nos tipos omissivos."[113]

Erro sobre elementos normativos do tipo

Há discussão doutrinária a respeito da natureza jurídica do chamado erro sobre os elementos normativos do tipo. Elementos normativos são aqueles cujos conceitos são provenientes de uma norma, ou aqueles sobre os quais o intérprete, obrigatoriamente, deverá realizar um juízo de valor, a exemplo do que ocorre com as expressões *indevidamente* (art. 40, *caput*, da Lei nº 6.538/78) e *sem justa causa* (art. 153 do CP).

Alcides Munhoz Neto assevera ser preciso fazer a distinção entre elementos jurídico-normativos do tipo e elementos jurídico-normativos da ilicitude: "São elementos jurídico-normativos do tipo os conceitos que se constituem em circunstâncias do fato criminoso, como 'cheque', *warrant*, 'documento', 'coisa alheia', 'moeda de curso legal' etc.

São elementos jurídico-normativos da ilicitude os que acentuam o desvalor da conduta, como 'indevidamente', 'sem observância de disposição legal', 'sem justa causa' ou 'sem licença da autoridade'. Embora incorporadas à descrição legal, estas referências à antijuridicidade não são circunstâncias constitutivas do fato típico; apenas ressaltam, desnecessariamente, a ilicitude comum a todas as condutas delituosas, ou estabelecem, *a contrario sensu,* especiais situações de licitude, a exemplo do que sucede com a 'licença da autoridade', que só excepcionalmente justifica determinados comportamentos (CP 1940, arts. 166 e 253). Nos dois casos, entretanto, o relevo dado à antijuridicidade nada acrescenta a estrutura do tipo. O erro sobre elemento jurídico-normativo da ilicitude é erro de proibição e como tal deve ser tratado. O erro sobre elementos jurídico-normativos do tipo é erro sobre circunstância constitutiva do crime e a este deve ser equiparado".[114]

Sanzo Brodt, seguindo a posição adotada por Jair Leonardo Lopes, aduz que "não há razão para distinguir entre elementos normativos do tipo e elementos normativos da ilicitude. Já que estão integrados ao tipo, o erro que incide sobre esses elementos será sempre o erro de tipo".[115] Filiamo-nos a esta última corrente.

Consequências do erro de proibição

As consequências do erro de proibição estão descritas no art. 21 do Código Penal, que diz, na sua segunda parte, que o erro sobre a ilicitude do fato, se inevitável, isenta de pena; se evitável, poderá diminuí-la de um sexto a um terço.

Diferença entre erro de proibição e delito putativo

Quando falamos em erro de proibição direto estamos querendo dizer que o agente supunha ser lícita uma conduta que, no entanto, era proibida pelo nosso ordenamento jurídico. No exemplo do turista que fuma um cigarro de maconha no Brasil, ele acredita, por erro, que a sua conduta não importa na prática de qualquer infração penal. Não quer, portanto, praticar crime.

No que diz respeito ao delito putativo, o raciocínio é outro. Podemos dizer que erro de proibição e delito putativo são como que o verso e o reverso. Isso porque no crime putativo o agente quer praticar uma infração penal que, na verdade, não se encontra prevista em nosso ordenamento jurídico-penal. O agente acredita ser proibida sua conduta quando, na verdade, é um indiferente penal.

---

[111] TOLEDO, Francisco de Assis. *Princípios básicos de direito penal,* p. 270.

[112] JESCHECK, Hans-Heinrich. *Tratado de derecho penal,* v. I, p. 632.

[113] BITENCOURT, Cezar Roberto; MUÑOZ CONDE, Francisco. *Teoria geral do delito,* p. 421.

[114] MUNHOZ NETTO, Alcides. *A ignorância da antijuridicidade em matéria penal,* p. 133-134.

[115] SANZO BRODT, Luís Augusto. *Da consciência da ilicitude no direito penal brasileiro,* p. 84.

Erro de validez

O erro de validez, ou erro sobre a validade da norma, pode ser considerado como uma variável do erro de proibição. O autor, de acordo com as lições de Welzel:

"Conhece a proibição, mas crê que não é válida, porque segundo sua opinião infringe uma norma jurídica positiva hierarquicamente superior, por exemplo, da Constituição, ou um princípio metapositivo. Aqui regem também as regras do erro de proibição. Se o erro é desculpável, o fato ficará impune; se não é desculpável, o fato segue sendo punível.

O erro de validez pode ser, sobretudo, desculpável se o autor confia na correção da decisão de um tribunal inferior, que havia negado erroneamente a validez da norma".[116]

Erro de proibição culturalmente condicionado

Pode ocorrer, como é o caso do Brasil, que, dentro de um determinado país, em que supostamente todos estão obrigados às disposições contidas em um mesmo ordenamento jurídico, coexistam culturas diferentes, a exemplo dos índios, cuja proteção está prevista no art. 231 da Constituição Federal, que diz, *verbis*:

Art. 231. São reconhecidos aos índios sua organização social, costumes, línguas, crenças e tradições, e os direitos originários sobre as terras que tradicionalmente ocupam, competindo à União demarcá-las, proteger e fazer respeitar todos os seus bens.

Em algumas situações, essas pessoas, que integram sociedades culturalmente diferentes, não conseguem internalizar as normas de outras culturas. Nesse contexto é que surge a discussão a respeito do chamado erro de proibição culturalmente condicionado, que ocorre, segundo Juan Carlos Ferré Olivé, Miguel Ángel Nuñez Paz, William Terra de Oliveira e Alexis Couto de Brito, quando o sujeito, muitas vezes, "conhece a antijuridicidade da norma, mas não compreende por que deve ser punido por condutas que realiza normalmente, conforme seus costumes ancestrais. Nesse conceito compreende-se o erro sobre a validade da norma, que acontecerá quando acreditar que essas disposições não lhe obrigam juridicamente porque existem outras normas mais específicas que regulam a vida em sua comunidade. Os efeitos desse erro serão semelhantes aos do erro de proibição: se for inevitável isentará de responsabilidade, e se evitável, diminuirá a pena".[117]

Culpabilidade

É o juízo de reprovação pessoal que se realiza sobre a conduta típica e ilícita praticada pelo agente. Nas lições de Welzel, "culpabilidade é a 'reprovabilidade' da configuração da vontade. Toda culpabilidade é, segundo isso, 'culpabilidade de vontade'. Somente aquilo a respeito do qual o homem pode algo voluntariamente lhe pode ser reprovado como culpabilidade".[118] Na definição de Cury Urzúa, "a culpabilidade é reprovabilidade do fato típico e antijurídico, fundada em que seu autor o executou não obstante que na situação concreta podia submeter-se às determinações e proibições do direito".[119]

Elementos da culpabilidade na concepção finalista

Nos moldes da concepção trazida pelo finalismo de Welzel, a culpabilidade é composta pelos seguintes elementos normativos:

a) imputabilidade;
b) potencial consciência sobre a ilicitude do fato;
c) exigibilidade de conduta diversa.

Exigibilidade de conduta diversa

Diz respeito à possibilidade que tinha o agente de, no momento da ação ou da omissão, agir de acordo com o direito, considerando-se a sua particular condição de pessoa humana. Cury Urzúa define a exigibilidade como a "possibilidade, determinada pelo ordenamento jurídico, de atuar de uma forma distinta e melhor do que aquela a que o sujeito se decidiu".[120]

Coculpabilidade

Partindo do pressuposto de que, em algumas infrações penais, o agente, excluído socialmente, poderia ter sido premido à prática de crimes, a teoria da coculpabilidade propõe, basicamente, duas alternativas, a saber: a) nas situações extremas, conduziria à absolvição, a exemplo do que ocorre quando um casal de mendigos tem relação sexual embaixo de um viaduto, fato que, em uma situação de normalidade, possibilitaria a sua condenação pela prática do delito tipificado no art. 233 do Código Penal; b)

[116] WELZEL, Hans. *El nuevo sistema del derecho penal* – una introducción a la doctrina de la acción finalista, p. 185-186.

[117] FERRÉ OLIVÉ, Juan Carlos; NUÑEZ PAZ, Miguel Ángel; OLIVEIRA, William Terra de; BRITO, Alexis Couto de. *Direito penal brasileiro* – parte geral – princípios fundamentais e sistema, p. 491.

[118] WELZEL, Hans. *Derecho penal alemán*, p. 167.

[119] CURY URZÚA, Enrique. *Derecho penal* – parte general, t. II, p. 7.

[120] CURY URZÚA, Enrique. *Derecho penal* – parte general, t. II, p. 76.

poderá ser aplicada a circunstância atenuante genérica prevista pelo art. 66 do Código Penal.

Cristiano Rodrigues, com o brilhantismo que lhe é peculiar, defende a possibilidade de ser arguida a inexigibilidade de conduta diversa como causa supralegal a fim de possibilitar a absolvição do agente, levando-se em consideração a teoria da coculpabilidade, dizendo que: "somente através da ampliação do conceito de exigibilidade de conduta diversa em face da normalidade das circunstâncias concretas, e de uma aceitação mais ampla da inexigibilidade como causa de exculpação (mesmo sem expressa previsão legal), tornar-se-á possível instrumentalizar, materializar e aplicar a Teoria da Coculpabilidade em nosso ordenamento jurídico, passo fundamental na direção de um Direito Penal garantista, humano e mais isonômico"[121].

Exigibilidade de conduta diversa e o tribunal do júri

O art. 482 do Código de Processo Penal, com a nova redação que lhe foi dada pela Lei nº 11.689, de 9 de junho de 2008, em nossa opinião, eliminou a dúvida que existia no que dizia respeito à possibilidade de se arguir, em Plenário do Júri, a inexigibilidade de conduta diversa como causa supralegal de exclusão da culpabilidade. Isso porque as partes poderão alegar os fatos que conduzirão a essa conclusão, ou seja, de que o acusado, nas circunstâncias em que se encontrava, não podia ter agido de forma diferente. Dessa forma, os jurados, se forem convencidos pelos argumentos expendidos pelas partes, deverão responder afirmativamente ao quesito legal, constante do § 2º do mencionado art. 483 do estatuto processual, assim redigido: *O jurado absolve o acusado?*

Como destaca Paulo Rangel, "com a nova quesitação não importa qual seja a tese da defesa, isto é, se legítima defesa, inexigibilidade de conduta diversa ou coação moral irresistível, por exemplo, pois a pergunta é uma só: *O jurado absolve o acusado?* Se os jurados absolverem o réu, não se saberá qual foi a tese acatada, se houver mais de uma".[122]

Exigibilidade de conduta diversa e agente infiltrado

Não somente o Código Penal prevê hipóteses legais de inexigibilidade de conduta diversa. Encontramos essa situação, também, na legislação extravagante, a exemplo do que ocorre com o parágrafo único do art. 13 da Lei nº 12.850, de 2 de agosto de 2013, que definiu *organização criminosa* e, dentre outras providências, dispôs sobre a investigação criminal e os meios de obtenção da prova, que, após cuidar do tema correspondente à infiltração de agentes, na seção II, do seu capítulo II, diz, textualmente:

Art. 13. O agente que não guardar, em sua atuação, a devida proporcionalidade com a finalidade da investigação, responderá pelos excessos praticados:

Parágrafo único. Não é punível, no âmbito da infiltração, a prática de crime pelo agente infiltrado no curso da investigação, quando inexigível conduta diversa.

Quer isso dizer que, por exemplo, se um agente infiltrado em uma organização criminosa, para que ganhe a confiança do grupo, durante as investigações, for obrigado a torturar alguém a mando dos seus chefes, se esse comportamento for necessário para que não seja descoberta sua verdadeira identidade e coloque em risco sua própria segurança, poderá ser praticado, uma vez que estará o agente acobertado pela excludente da culpabilidade da inexigibilidade de conduta diversa. No entanto, somente os atos realmente necessários deverão estar amparados, pois se, no caso concreto, verificar-se que a conduta do agente podia ser evitada, já que não era necessária para a manutenção da sua atuação infiltrada, deverá o agente responder pelo delito praticado.

Vide, ainda, a infiltração de agentes prevista pelo § 6º, que foi inserido no art. 1º da Lei nº 9.613/98, pela Lei nº 13.964/19 (Pacote Anticrime).

Coação irresistível

Inicialmente, devemos ressaltar que a coação mencionada no citado art. 22 é aquela de natureza moral (*vis compulsiva*), e não física (*vis absoluta*). Isso porque a coação física afasta a própria conduta do agente, por ausência de dolo ou culpa. No caso de coação moral irresistível, o coagido pratica, geralmente, um fato típico e antijurídico. O injusto penal por ele cometido é que não lhe poderá ser imputado, pois, em virtude da coação a que foi submetido, não se lhe podia exigir uma conduta conforme o direito.

O recorrente, ao repassar a gratificação que recebia pelo exercício de função, a fim de obter vantagem futura consistente na incorporação de tal vantagem na remuneração, violou os deveres de honestidade, lealdade à Administração Pública e de conduta ética, atentando contra a moralidade administrativa. Apesar de o recorrente ter plena consciência da ilicitude do ato, preferiu anuir com a improbidade perpetrada pelo vereador, ao invés de denunciá-lo, para beneficiar a si próprio. Evidente, assim, a correta caracterização do ato ímprobo descrito no art. 11 da Lei nº 8.429/1992, sendo absurda a tese de coação irresistível (STJ, REsp 1.778.169/GO, Rel. Min. Herman Benjamin, 2ª T., *DJe* 11/03/2019).

Nesse sentido:

STJ, AREsp 1.505.158, Rel. Min. Antônio Saldanha Palheiro, publicação 1º/08/2019; STJ, AgInt no REsp 1.374.728/RS, Rel. Min. Lázaro Guimarães – Desembargador convocado do TRF 5ª Região, 4ª T., *DJe* 16/02/2018;

[121] RODRIGUES, Cristiano. *Temas controvertidos de direito penal*, p. 252.
[122] RANGEL, Paulo. *Direito processual penal*, p. 619.

STJ, REsp 1.136.233/CE, Rel. Min. Rogério Schietti Cruz, 6ª T., *DJe* 29/02/2016; TJRS, AC 70053353744, Rel. Gaspar Marques Batista, j. 09/05/2013.

Coação resistível

Nos casos de coação resistível, embora o fato seja considerado típico, ilícito e culpável, poderá ser aplicada ao agente a circunstância atenuante prevista no art. 65, III, *c*, primeira parte, do Código Penal.

Estrita obediência a ordem, não manifestamente ilegal, de superior hierárquico

A estrita obediência a ordem, não manifestamente ilegal, de superior hierárquico afasta a culpabilidade do agente em virtude de não lhe ser exigível, nessas condições, um comportamento conforme o direito. Para que possa ser beneficiado com essa causa legal de exclusão da culpabilidade, é preciso, nos termos do art. 22, a presença de vários requisitos, a saber: *a)* que a ordem seja proferida por superior hierárquico; *b)* que essa ordem não seja manifestamente ilegal; *c)* que o cumpridor da ordem se atenha aos limites da ordem.

Hierarquia

Hierarquia é relação de Direito Público. Para que a máquina administrativa possa funcionar com eficiência, é preciso que exista uma escala hierárquica entre aqueles que detêm o poder de mando e seus subordinados. Nesse sentido, Frederico Marques, quando aduz que para que se possa falar em obediência hierárquica é preciso que "exista dependência funcional do executor da ordem dentro do serviço público, em relação a quem lhe ordenou a prática do ato delituoso".[123] Isso quer dizer que não há relação hierárquica entre particulares, como no caso do gerente de uma agência bancária e seus subordinados, bem como tal relação inexiste nas hipóteses de temor reverencial entre pais e filhos ou mesmo entre líderes religiosos e seus fiéis.

Objeção de consciência

Existem determinadas situações que fazem com que algumas pessoas se recusem, terminantemente, a cumprir as determinações legais em virtude de sua consciência. Muitas vezes, preferem a morte a aviltar suas convicções pessoais. Isso, de forma simplificada, é o que a doutrina reconhece como *objeção de consciência*.

Bruno Heringer Júnior, dissertando sobre o tema, esclarece, com perfeição, que "a particularidade da escusa de consciência reside na irresistibilidade, para o agente individual, dos imperativos morais que segue, o que pode provocar situações de con-

flito verdadeiramente existenciais, não lhe deixando margem de ação lícita, senão ao custo de significativo comprometimento de sua personalidade".[124]

Cuidando a respeito do tema, determina o inc. VIII do art. 5º da Constituição Federal que *ninguém será privado de direitos por motivo de crença religiosa ou de convicção filosófica ou política, salvo se as invocar para eximir-se de obrigação legal a todos imposta e recusar-se a cumprir prestação alternativa, fixada em lei.*

Elder Lisbôa Ferreira da Costa, com a precisão que lhe é peculiar, faz distinção entre duas modalidades de objeção de consciência, denominando-as endógena e exógena. De acordo com o dileto amigo e renomado autor:

"O Estado tem o dever de respeitar a *objeção de consciência endógena*, ou seja, aquela pessoal, que diz respeito somente ao *Eu* do ser humano. É sua concepção de mundo, de felicidade. Se tenho a firme convicção e consciência que para ser feliz não necessito professar esta ou aquela religião, seguir determinado partido político, ou mesmo tomar sangue em qualquer hipótese, os direitos humanos têm que ter instrumentos que amparem esta objeção. São os preceitos da dignidade humana. Na verdade, temos aqui a concepção de felicidade que cada um traz para si, devendo o Estado respeitar essa escolha. Revela-se que o exercício desta objeção, não pode afetar direitos de terceiros.

De outra sorte, a *objeção de consciência exógena* é aquela onde estou em nome do Estado para aplicar determinada lei ou preceito de conformidade com os direitos humanos. Pode ser como agente delegado de uma concessão, ou permissão do serviço público. Não poderia agora invocar objeção de consciência para não aplicar. Exemplo: uma jovem entra em um hospital depois de um grave acidente. O médico, por pertencer a determinado credo, 'alega' objeção de consciência para não proceder determinada terapia, como ministrar sangue por exemplo.[125]

Exclusão de ilicitude

Art. 23. Não há crime quando o agente pratica o fato:

I – em estado de necessidade;

II – em legítima defesa;

III – em estrito cumprimento de dever legal ou no exercício regular de direito.

Excesso punível

Parágrafo único. O agente, em qualquer das hipóteses deste artigo, responderá pelo excesso doloso ou culposo.

---

[123] MARQUES, José Frederico. *Tratado de direito penal*, v.II, p. 310.

[124] HERINGER JÚNIOR, Bruno. *Objeção de consciência e direito penal* – justificação e limites, p. 118.

[125] WELZEL, Hans. *Derecho penal alemán*, p. 100.

Ilicitude ou antijuridicidade

É a relação de antagonismo, de contrariedade entre a conduta do agente e o ordenamento jurídico (*ilicitude formal*) que cause lesão, ou exponha a perigo de lesão, um bem juridicamente protegido (*ilicitude material*).

Necessidade do elemento subjetivo nas causas de justificação

De acordo com a precisa lição de Welzel, "as causas de justificação possuem elementos objetivos e subjetivos. Para a justificação de uma ação típica não basta que se deem os elementos objetivos de justificação, senão que o autor deve conhecê-los e ter, ademais, as tendências subjetivas especiais de justificação. Assim, por exemplo, na legítima defesa ou no estado de necessidade (justificante), o autor deverá conhecer os elementos objetivos de justificação (a agressão atual ou o perigo atual) e ter a vontade de defesa ou de salvamento. Se faltar um ou outro elemento subjetivo de justificação, o autor não se justifica apesar da existência dos elementos objetivos de justificação."[126]

Estrito cumprimento de dever legal

O Código não se preocupou em definir o conceito de estrito cumprimento de dever legal, tal como procedeu com o estado de necessidade e a legítima defesa. Contudo, seus elementos caracterizadores podem ser visualizados pela só expressão "estrito cumprimento de dever legal".

Aqui, da mesma forma que as demais causas de justificação, exige-se a presença de seus elementos objetivos e subjetivos.

Inicialmente, é preciso que haja um *dever legal* imposto ao agente, dever este que, em geral, é dirigido àqueles que fazem parte da Administração Pública, tais como os policiais e oficiais de justiça, pois que, conforme preleciona Juarez Cirino dos Santos, "o estrito cumprimento de dever legal compreende os deveres de intervenção do funcionário na esfera privada para assegurar o cumprimento da lei ou de ordens de superiores da administração pública, que podem determinar a realização justificada de tipos legais, como a coação, privação de liberdade, violação de domicílio, lesão corporal etc."[127] Em segundo lugar, é necessário que o cumprimento a esse dever se dê nos exatos termos impostos pela lei, não podendo em nada ultrapassá-los.

⚖ E não se trata de estrito cumprimento de dever legal, como alegado pelo ora apelante. Isso porque qualquer determinação de superior hierárquico no sentido de deixar processos "na gaveta" certamente não está prevista no rol de atribuições de funcioná-

rios públicos, remunerados com o dinheiro da população para prestar um serviço público (STJ, REsp 1.823.012, Rel. Min. Regina Helena Costa, publicação 14/08/2019).

Nesse sentido:

⚖ TJ-RS, AC 70064919830, Rel. Des. Rogério Gesta Leal, j. 23/07/2015; TJPR, AC 6.816130-6,Rel. Des. Lidio José Rotoli de Macedo, *DJe* 24/02/2012.

Com a devida *venia*, confundindo a situação de legítima defesa com o estrito cumprimento de dever legal, já decidiu o TJMG:

⚖ Se por um lado o delito de disparo de arma de fogo não exija resultado naturalístico à sua configuração, pois a singular relevância do bem enseja que o Direito Penal se antecipe em sua tutela, por outro se impõe a absolvição do acusado que, na condição de policial, age amparado pela excludente de ilicitude do estrito cumprimento do dever legal ao tentar a abordagem de indivíduo que estaria pulando o muro de uma residência e ao ser advertido de longe, saca sua arma e dispara contra o policial, vindo o mesmo a revidar os disparos a fim de arrostar o mau, como meio para atender ao dever declinado no art. 301 do Código de Processo Penal (TJMG, AC 1.0479.04.074997-6/001, Rel. Des. Judimar Biber, *DJ* 15/05/2009).

Exercício regular de direito

Tal como ocorre com o estrito cumprimento de dever legal, sua definição ficou a cargo da doutrina, sendo que seus elementos podem ser extraídos da expressão exercício regular de direito. Esse direito pode surgir de situações expressas nas regulamentações legais em sentido amplo, ou até mesmo dos costumes, ou, na precisa lição de Paulo José da Costa Júnior, "o conceito de direito, empregado pelo inc. III do art. 23, compreende todos os tipos de direito subjetivo, pertençam eles a este ou àquele ramo do ordenamento jurídico – de direito penal, de outro ramo do direito público ou privado – podendo ainda tratar-se de norma codificada ou consuetudinária".[128]

Consentimento do ofendido

O consentimento do ofendido, na teoria do delito, pode ter dois enfoques com finalidades diferentes:
a) afastar a tipicidade;
b) excluir a ilicitude do fato.

Para que o consentimento do ofendido possa excluir a ilicitude, deverão estar presentes os seguintes requisitos:
   1) que o ofendido tenha capacidade para consentir;

---

[126] FERREIRA DA COSTA, Elder Lisbôa. *Tratado de direito penal* – historicidade e atualidade do penalismo, p. 234-235.
[127] SANTOS, Juarez Cirino dos. *A moderna teoria do fato punível*, p. 187.
[128] COSTA JÚNIOR, Paulo José da. *Direito penal objetivo*, p. 62.

2) que o bem sobre o qual recaia a conduta do agente seja disponível;

3) que o consentimento tenha sido dado anteriormente ou pelo menos numa relação de simultaneidade à conduta do agente.

Excesso punível

Ao contrário do que ocorria com a Parte Geral do Código Penal de 1940, que previa o excesso culposo na hipótese de legítima defesa, o parágrafo único do art. 23 da atual Parte Geral estendeu a possibilidade de reconhecimento do excesso punível às quatro causas de justificação elencadas nos incisos do mencionado art. 23.

Estado de necessidade

Art. 24. Considera-se em estado de necessidade quem pratica o fato para salvar de perigo atual, que não provocou por sua vontade, nem podia de outro modo evitar, direito próprio ou alheio, cujo sacrifício, nas circunstâncias, não era razoável exigir-se.

§ 1º Não pode alegar estado de necessidade quem tinha o dever legal de enfrentar o perigo.

§ 2º Embora seja razoável exigir-se o sacrifício do direito ameaçado, a pena poderá ser reduzida de um a dois terços.

Estado de necessidade

Diferentemente da legítima defesa, em que o agente atua defendendo-se de uma agressão injusta, no estado de necessidade, a regra é de que ambos os bens em conflito estejam amparados pelo ordenamento jurídico. Esse conflito de bens é que levará, em virtude da situação em que se encontravam, à prevalência de um sobre o outro. Figurativamente, seria como se o ordenamento jurídico colocasse os bens em conflito, cada qual em um dos pratos de uma balança. Ambos estão por ele protegidos. Contudo, em determinadas situações, somente um deles prevalecerá em detrimento do outro.

Para que se caracterize o estado de necessidade é preciso a presença de todos os elementos objetivos previstos no tipo do art. 24 do CP, bem como o elemento de natureza subjetiva, que se configura no fato de saber ou pelo menos acreditar que atua nessa condição.

In casu, a) a paciente foi presa em flagrante e, ao final da instrução, foi condenada à pena de 4 (quatro) meses de reclusão pela suposta prática do delito previsto no art. 155, *caput*, c/c o art. 14, II, do Código Penal (tentativa de furto), pois, tentou subtrair 1 (um) pacote de fraldas, avaliado em R$ 45,00 (quarenta e cinco reais) de um estabelecimento comercial. b) A atipicidade da conduta está configurada pela aplicabilidade do princípio da bagatela e por estar caracterizado, *mutatis mutandis*, o furto famélico, diante do estado de necessidade presumido evidenciado pelas circunstâncias do caso (STJ, REsp 1.821.155, Rel. Min. Sebastião Reis Junior, publicação 21/08/2019).

Nesse sentido:

STJ, AgRg no AREsp 304.132/AC, Rel. Min. Ribeiro Dantas, 5ª T., *DJe* 24/08/2016; STJ, REsp 410054/PR, Rel. Min. Félix Fischer, 5ª T., *DJ* 03/02/2003 p. 344.

Estado de necessidade justificante e estado de necessidade exculpante

Para a teoria unitária, adotada pelo nosso Código Penal, todo estado de necessidade é justificante, ou seja, tem a finalidade de eliminar a ilicitude do fato típico praticado pelo agente. A teoria diferenciadora, por sua vez, traça uma distinção entre o *estado de necessidade justificante* (que afasta a ilicitude) e o *estado de necessidade exculpante* (que elimina a culpabilidade), considerando-se os bens em conflito. Mesmo para a teoria diferenciadora existe uma divisão interna quanto à ponderação dos bens em conflito. Para uma corrente, haverá estado de necessidade justificante somente nas hipóteses em que o bem afetado foi de valor inferior àquele que se defende. Assim, haveria estado de necessidade justificante, por exemplo, no confronto entre a vida e o patrimônio, ou seja, para salvar a própria vida, o agente destrói patrimônio alheio. Nas demais situações, vale dizer, quando o bem salvaguardado fosse de valor igual ou inferior àquele que se agride, o estado de necessidade seria exculpante.

Código Penal Militar

O Código Penal Militar adotou a teoria diferenciadora em seus arts. 39 e 43.

Prática de fato para salvar de perigo atual

Assis Toledo, ao enfrentar o tema, deixou transparecer que, na expressão perigo atual, está abrangida, também, a iminência, quando aduz que "perigo é a probabilidade de dano. Perigo atual ou iminente (a atualidade engloba a iminência do perigo) é o que está prestes a concretizar-se em um dano, segundo um juízo de previsão mais ou menos seguro. Se o dano já ocorreu, o perigo perde a característica da atualidade".[129] Em sentido contrário é a posição de José Frederico Marques que, apegando-se à letra da lei, que consigna somente a atualidade do perigo, diz daí não se incluir "o perigo iminente porque é evidente que não se pode exigir o requisito da iminência da realização do dano".[130] Entendemos que a ra-

---

[129] TOLEDO, Francisco de Assis. *Princípios básicos de direito penal*, p. 184-185.

[130] *Apud* JESUS, Damásio E. de. *Direito penal*, v. I, p. 324.

zão se encontra com a maioria dos autores, que concluiu que na expressão *perigo atual* também está incluído o perigo iminente. Somente afastará a referida causa de exclusão da ilicitude o perigo passado, ou seja, o perigo já ocorrido, bem como o perigo remoto ou futuro, no qual não haja uma possibilidade quase que imediata de dano.

Perigo provocado pelo agente

Na redação do art. 24 do Código Penal, ressalvou o legislador a possibilidade de ser arguido o estado de necessidade, desde que a situação de perigo não tenha sido provocada pela *vontade* do agente. Assim, o que significa a expressão "que não provocou por sua vontade", contida no referido art. 24? Vontade quer dizer dolo, somente, ou dolo e culpa? Embora exista controvérsia doutrinária, a exemplo de Noronha, que dizia que "o fato de no art. 24 ler-se '[...] perigo atual, que não provocou por sua vontade [...]' não é indicativo de dolo, já que na culpa (*stricto sensu*) também existe vontade – vontade na ação causal e, por exceção, até no próprio resultado",[131] entendemos que a expressão "que não provocou por sua vontade" quer traduzir tão somente a conduta dolosa do agente na provocação da situação de perigo, seja esse dolo direto ou eventual.

Evitabilidade do dano

Conforme a lição de Reyes Echandia, "a inevitabilidade do perigo supõe que, dadas as concretas circunstâncias pessoais, temporais e espaciais com as quais o agente teve de atuar, a ação lesiva executada para salvar-se a si mesmo ou livrar outro do perigo, tenha sido a mais eficaz e, ao mesmo tempo, a que causou o menor dano possível ao titular do bem jurídico afetado". Com apoio em Manzini, continua o mestre dizendo que "se deve entender evitável o perigo e, como consequência, não justificável a conduta, não somente quando o autor podia escolher conduta lícita ou indiferente para salvar-se, senão também quando, podendo escolher entre várias condutas delitivas, preferiu voluntariamente a mais grave ou a que causava maior dano [...]", concluindo que "em tais condições, se o perigo pode ser evitado pela via da fuga, esta deve ser escolhida, sem que seja válido argumentar que seria decisão humilhante, dado que no estado de necessidade não se reage contra injusto agressor, senão que se lesiona a quem não tenha criado o perigo; por esta razão, o dano que se lhe ocasiona tem que ser a *ultima ratio* para salvar-se ou a um terceiro".[132]

Estado de necessidade próprio e de terceiros

O estado de necessidade é próprio quando a situação importa na criação de perigo para os bens pertencentes àquele que atua amparado por essa causa de justificação, ao contrário do que ocorre com o estado de necessidade de terceiros, em que os bens protegidos pertencem a outro que não àquele que atua nessa condição.

Razoabilidade do sacrifício

O princípio da razoabilidade, norteador do estado de necessidade, vem expresso no art. 24 do Código Penal, pela expressão *cujo sacrifício, nas circunstâncias, não era razoável exigir-se*. Aqui sobreleva a necessidade da ponderação dos bens em conflito, para se concluir se o bem que é defendido pelo agente é de valor superior, igual ou mesmo inferior àquele que é atacado.

O acusado ao tempo do fato possuía totais condições de trabalhar em atividade lícita remunerada, mas preferiu adotar o meio mais rápido de obter dinheiro, já que o tráfico de entorpecentes tem por motivação o lucro fácil. No caso concreto, houve a clara violação de bem jurídico protegido pela norma – saúde pública – com a conduta do réu, cujo objetivo era a obtenção de benefícios próprios que poderiam ser atingidos pelo trabalho honesto. De mais a mais, sequer restou demonstrado qualquer perigo ou mesmo ameaça atual a "direito próprio ou alheio, cujo sacrifício, nas circunstâncias, não era razoável exigir-se", consoante exigência do art. 24 do CP, razão por que não há falar em excludente de ilicitude. Desclassificação. Eventual dependência química do réu – sequer comprovada – não impede a prática delituosa, tendo em vista que incomum não é a figura do usuário-traficante (TJ-RS, AC 70067410936, Rel. Des. Victor Luiz Barcellos Lima, j. 10/03/2016).

Nesse sentido:

TJSP, AC, Rel. Octávio Stucchi, *RT* 400, p. 113.

Dever legal de enfrentar o perigo

Detalhe importante contido no § 1º do art. 24 do Código Penal está na expressão *dever legal*. A pergunta que se faz é a seguinte: Na expressão dever legal está contido tão somente aquele dever imposto pela lei, ou aqui também está abrangido, por exemplo, o dever contratual? Hungria posiciona-se no sentido de que somente o dever legal impede a alegação do estado de necessidade, e não o dever jurídico de uma forma geral, tal como o dever contratual. Diz o mestre que "o direito é um complexo harmonioso de normas, não admitindo conflitos, realmente tais, em seu seio".[133] Costa e Silva e Ben-

---

[131] NORONHA, Magalhães. *Direito penal*, v. I, p. 183-184.

[132] REYES ECHANDÍA, Alfonso. *Antijuridicidad*, p. 80.

[133] HUNGRIA, Nélson. *Comentários ao código penal*, v. I, t. II, p. 279.

to de Faria[134] entendem, entretanto, ser abrangido o dever contratual. Ora, quando o Código fala apenas em lei, não se pode ler também contrato. O dever de que aqui se cogita é tão somente o que se apresenta diretamente imposto *ex lege*.

Estado de necessidade defensivo e agressivo

Diz-se defensivo o estado de necessidade quando a conduta do agente dirige-se diretamente ao produtor da situação de perigo, a fim de eliminá-la. Agressivo seria o estado de necessidade em que a conduta do necessitado sacrificasse bens de um inocente não provocador da situação de perigo.

Elemento subjetivo no estado de necessidade

Para que possa ser erigida a causa de justificação do estado de necessidade é preciso que o agente tenha conhecimento de que atua ou, no mínimo, acredite que atua nessa condição. Caso contrário, não poderá por ela ser beneficiado.

Excesso no estado de necessidade

Vide excesso na legítima defesa.

Aberratio e estado de necessidade

Será possível o raciocínio das hipóteses relativas aos crimes aberrantes quando estivermos diante de uma situação de estado de necessidade.

Estado de necessidade putativo

Ocorre quando, imaginando existir uma situação de perigo atual, o agente pratica o fato produzindo lesão em bens de terceiros, aplicando-se, aqui, a regra constante do art. 20, § 1º, do Código Penal.

Estado de necessidade e dificuldades econômicas

Embora não seja pacífico esse entendimento, acreditamos ser perfeitamente admissível a aplicação do raciocínio relativo ao estado de necessidade alegado pelo agente que se encontra premido por dificuldades econômicas extremas, que colocam em risco a sua vida ou a saúde, bem como a de seus familiares.

⚖ Estado de necessidade. Não comprovação da situação atual de extrema necessidade, a qual não reste ao agente alternativa a não ser a prática do ilícito penal com vistas à sobrevivência. Dificuldades financeiras que não podem ser utilizadas como escusas para subtração do patrimônio alheio (STJ, HC 531.029, Rel. Min. Antônio Saldanha Palheiro, 05/09/2019).

Nesse sentido:

⚖ STJ, REsp 1.448.502, Rel. Min. Antônio Saldanha Palheiro, publicação 19/08/2019; STJ, RHC 92.194/MG, Rel. Min. Reynaldo Soares da Fonseca, 5ª T., *DJe* 21/02/2018; STJ, HC 394.663/SP, Rel.ª Min.ª Maria Thereza de Assis Moura, 6ª T., *DJe* 23/06/2017; STJ, AgRg no REsp 1.591.408/PR, Rel. Min. Sebastião Reis Junior, 6ª T., *DJe* 17/06/2016; STJ, AgRg no AREsp 832.864/SP, Rel. Min. Rogério Schietti Cruz, 6ª T., *DJe* 05/09/2016; TJ-RJ, AC 0438811-39.2012.8.19.0001, Rel. Des. Paulo Rangel, *DJe* 03/06/2015; TJSC, AC 2012.007892-1, Rel. Des. Carlos Alberto Civinski, j. 11/06/2013.

Efeitos civis do estado de necessidade

O Código Civil, conforme se verifica pela redação do seu art. 188, II, não considera ilícito o ato daquele que atua em estado de necessidade e que, por se encontrar diante de uma situação de perigo iminente, vê-se obrigado a deteriorar ou a destruir a coisa alheia ou produzir lesão a pessoa a fim de remover esse perigo.

Contudo, embora o ato não seja considerado ilícito, como ambos os bens em conflito estão amparados pelo ordenamento jurídico, o Código Civil permitiu àquele que sofreu com a conduta daquele que agiu em estado de necessidade obter uma indenização deste último, correspondente aos prejuízos experimentados.

⚖ O col. Tribunal *a quo*, à luz dos princípios da livre apreciação da prova e do livre convencimento motivado, bem como mediante análise do contexto fático-probatório dos autos, entendeu que ficou configurado o dever de indenizar, e também que o estado de necessidade não afasta a responsabilidade civil do agente – incidência da Súmula nº 7 do Superior Tribunal de Justiça (STJ, AgInt no AREsp 411.894/ES, Rel. Min. Lázaro Guimarães – Desembargador convocado do TRF 5ª Região, 4ª T., *DJe* 20/08/2018).

Legítima defesa

Art. 25. Entende-se em legítima defesa quem, usando moderadamente dos meios necessários, repele injusta agressão, atual ou iminente, a direito seu ou de outrem.

Parágrafo único. Observados os requisitos previstos no *caput* deste artigo, considera-se também em legítima defesa o agente de segurança pública que repele agressão ou risco de agressão a vítima mantida refém durante a prática de crimes.

Fundamentos da legítima defesa

Conforme esclarecem Ferré Olivé, Miguel Ángel Nuñez Paz, William Terra de Oliveira e Alexis Couto de Brito:

"O embasamento da legítima defesa é duplo. Por um lado, encontramos um *fundamento individual*, já que todos os seres humanos têm um direito básico que lhes permite se autoproteger diante de situações de perigo provocadas por agressões injustas. Neste caso, autoriza-se a lesão de um bem jurídico do

---

[134] *Apud* HUNGRIA, Nélson. *Comentários ao código penal*, v. I, t. II, p. 279.

agressor para salvaguardar o bem jurídico da vítima. Por outro, também existe um *fundamento coletivo*, que consiste na prevalência do Direito. Assim, outorga-se validez ao princípio que estabelece que o Direito não tem por que ceder diante do injusto, neste caso representado pela agressão injusta. Ao se produzir tal agressão, a proteção jurídica deve recair sobre o agredido. O Estado não está fisicamente presente para defendê-lo (através da polícia, promotores, juízes etc.) e, portanto, o Direito somente poderá reafirmar sua vigência se outorga uma autorização prévia ao cidadão, permitindo-lhe realizar sua própria proteção. No fundamento coletivo não entra em jogo a tutela do bem jurídico individual, mas sim o retorno da prevalência do ordenamento jurídico, que foi questionado pelo agressor".[135]

Bens amparados pela legítima defesa

Zaffaroni e Pierangeli, dissertando sobre o tema, prelecionam: "A defesa a direito seu ou de outrem, abarca a possibilidade de defender legitimamente qualquer bem jurídico".[136] No entanto, excepcionando-do a regra, Muñoz Conde assevera que "os bens jurídicos comunitários não podem ser objeto de legítima defesa",[137] posição corroborada por José Cerezo Mir, quando afirma: "Os bens jurídicos supraindividuais, cujo portador é a sociedade (por exemplo, a fé pública, a saúde pública, a segurança do tráfego) ou o Estado, como órgão do poder soberano (a segurança exterior e interior do Estado, a ordem pública, o reto funcionamento da Administração Pública, da Administração da Justiça etc.), não são, por isso, suscetíveis de legítima defesa. Somente quando o Estado atuar como pessoa jurídica serão seus bens jurídicos (a propriedade, por exemplo) suscetíveis de legítima defesa."[138]

Espécies de legítima defesa

Podemos apontar duas espécies de legítima defesa, a saber:

a) legítima defesa autêntica (real);

b) legítima defesa putativa (imaginária).

⚖ O conselho de sentença não foi contra a prova dos autos, uma vez que reconheceu a materialidade delitiva e a autoria dos disparos na pessoa do apelado, contudo acolheu a tese defensiva de legítima defesa putativa, a qual encontra total guarida nas provas carreadas aos autos, haja vista os depoimentos das próprias vítimas no sentido de que durante a discussão de trânsito entre o apelado e a vítima João

Carlos, a frente do rádio do carro deste caiu no chão, ocasião em que se abaixou para apanhá-la, e ao levantar com a mesma na mão, o apelado confundiu tal objeto com uma arma e, desta forma efetuou os disparos (TJ-RJ, AC 0008951-77.2002.8.19.0205, Rel. Des. Fernando Antônio de Almeida, *DJe* 13/07/2016).

Nesse sentido:

⚖ TJSC, AC 2011.055579-8, Rel. Des. Carlos Alberto Civinski, j. 05/03/2013.

Injusta agressão

Esclarece Maurach que, "por agressão deve entender-se a ameaça humana de lesão de um interesse juridicamente protegido";[139] ou, ainda, na lição de Welzel, "por agressão deve entender-se a ameaça de lesão de interesses vitais juridicamente protegidos (bens jurídicos), proveniente de uma conduta humana".[140]

⚖ Situação em que, muito embora os investigados alegassem ter agido em legítima defesa, as imagens de vídeo coletadas pela Polícia Civil demonstram a deliberada intenção do policial de derrubar o civil da motocicleta, de chutá-lo quando deitado no solo e de desferir um tiro mortal, sem que o civil esboce qualquer reação nesse ínterim. Reforçam essa conclusão a necropsia que detectou tiro "de diante para trás e de cima para baixo" e a constatação, pela perícia, de que não havia arma diversa da dos policiais no local dos fatos. Havendo nítidos indícios de que o homicídio foi cometido com dolo, é de se reconhecer a competência da Justiça Comum estadual para o processamento e julgamento tanto do Inquérito Policial quanto da eventual ação penal dele originada (STJ, CC 158.084/RS, Rel. Min. Reynaldo Soares da Fonseca, 3ª S., *DJe* 05/06/2018).

Nesse sentido:

⚖ TJES, ACr 11070156952, 2ª Câm. Crim., Rel. Des. Sérgio Luiz Teixeira Gama, *DJES* 16/07/2010, p. 137.

Meios necessários

Meios necessários são todos aqueles eficazes e suficientes à repulsa da agressão que está sendo praticada ou que está prestes a acontecer.

⚖ Age em legítima defesa aquele que, usando moderadamente dos meios necessários, repele injusta agressão atual ou iminente. Ausentes quaisquer desses pressupostos, inviável o reconhecimento da excludente de ilicitude (art. 25 do Código Penal). Não há contradição nas respostas oferecidas pelos

---

[135] FERRÉ OLIVÉ, Juan Carlos; NUÑEZ PAZ, Miguel Ángel; OLIVEIRA, William Terra de; BRITO, Alexis Couto de. *Direito penal brasileiro – parte geral – princípios fundamentais e sistema*, p. 393-394.

[136] ZAFFARONI, Eugenio Raúl; PIERANGELI, José Henrique. *Manual de direito penal brasileiro*, p. 582.

[137] MUÑOZ CONDE, Francisco. BITENCOURT, Cezar Roberto. *Teoria geral do delito*, p. 247.

[138] CEREZO MIR, José. *Curso de derecho penal – parte general*, v. II, p. 209.

[139] MAURACH, Reinhart. *Derecho penal – parte general*, p. 440.

[140] WELZEL, Hans. *Derecho penal alemán*, p. 101.

jurados quando, a despeito de reconhecerem que o agente se defendeu de uma agressão iminente, atestam ser esta justa e, por conseguinte, afastam a legítima defesa por ausência de um dos requisitos necessários ao seu reconhecimento – injustiça da agressão (STJ, AgRg no Ag 1.157.150/SP, Rel. Min. Marco Aurélio Bellizze, 5ª T., *DJe* 03/10/2013).

Nesse sentido:
⚖ TJSC, AC 2013.002261-1, Rel. Des. Ricardo Roesler, j. 12/03/2013.

Moderação no uso dos meios necessários

Além de o agente selecionar o meio adequado à repulsa, é preciso que, ao agir, o faça com moderação, sob pena de incorrer no chamado excesso. Quer a lei impedir que ele, agindo inicialmente numa situação amparada pelo direito, utilizando os meios necessários, atue de forma imoderada, ultrapassando aquilo que, efetivamente, seria necessário para fazer cessar a agressão que estava sendo praticada.

⚖ Exige-se, para se caracterizar a legítima defesa, que concorram, simultaneamente, a agressão injusta, atual ou iminente; direito próprio ou alheio; meios necessários usados moderadamente; e o chamado *animus defendendi*. Além da desproporção entre a ação em cotejo e as alegadas injustas agressões e ameaças noticiadas, porém não demonstradas, o réu também não comprovou ter agido com *animus defendendi*, sendo vedado ao mesmo se escusar da responsabilidade que lhe é inerente sob o pretexto de ter agido em legítima defesa (TJMG, AC 0065676-15.2000.8.13.0079, Rel. Des. Walter Luiz, *DJe* 17/09/2012).

Nesse sentido:
⚖ TJMG, AC 7999100-25.2007.8.13.0024, Rel. Des. Marcílio Eustáquio Santos, *DJe* 25/05/2012.

Atualidade e iminência da agressão

Considera-se como atual a agressão que já esteja efetivamente acontecendo; iminente, a seu turno, é aquela que está prestes a acontecer.

⚖ Não se constata a apontada contradição na decisão do Conselho de Sentença que, embora tenha reconhecido que o paciente agiu em defesa própria, entendeu que a agressão da vítima não era atual ou iminente, afastando, nos termos do art. 25 do Código Penal, a caracterização da legítima defesa, por ausência de um dos seus elementos (STJ, HC 89513/SP, Rel.ª Min.ª Laurita Vaz, 5ª T., *DJe* 08/02/2010).

Defesa de direito próprio ou de terceiro

Há possibilidades, ainda, de o agente não só defender-se a si mesmo, como também de intervir na defesa de terceira pessoa, mesmo que esta última não lhe seja próxima, como nos casos de amizade e parentesco. Fala-se, assim, em *legítima defesa própria* e *legítima defesa de terceiros*.

Agressão ou risco de agressão à vítima mantida refém durante a prática de crimes

A Lei nº 13.964, de 24 de dezembro de 2019, inseriu o parágrafo único ao art. 25 do Código Penal, dizendo, *verbis*:

Parágrafo único. Observados os requisitos previstos no caput *deste artigo, considera-se também em legítima defesa o agente de segurança pública que repele agressão ou risco de agressão a vítima mantida refém durante a prática de crimes.*

Inicialmente, vale dizer que tal parágrafo não se fazia necessário. Isso porque, como se percebe sem muito esforço, narra uma situação de agressão atual, em que a vítima é mantida como refém durante a prática de crimes levados a efeito pelo agente.

Assim, se o agente de segurança pública vier a repelir agressão ou risco de agressão à vítima mantida refém durante a prática de crimes, esse comportamento, sem discussão, se amoldará ao conceito de legítima defesa, ficando em aberto, contudo, a discussão correspondente ao excesso.

Por *agente de segurança pública*, podemos entender todos aqueles que fazem parte do rol do art. 144 da Constituição Federal, com a nova redação que lhe foi conferida pela Emenda Constitucional nº 104, de 4 de dezembro de 2019, que diz:

Art. 144. A segurança pública, dever do Estado, direito e responsabilidade de todos, é exercida para a preservação da ordem pública e da incolumidade das pessoas e do patrimônio, através dos seguintes órgãos:
I – polícia federal;
II – polícia rodoviária federal;
III – polícia ferroviária federal;
IV – polícias civis;
V – polícias militares e corpos de bombeiros militares;
VI – polícias penais federal, estaduais e distrital.
(...)
§ 8º Os Municípios poderão constituir guardas municipais destinadas à proteção de seus bens, serviços e instalações, conforme dispuser a lei.

Não podemos descartar, ainda, o emprego das Forças Armadas na chamada garantia da lei e da ordem, onde, efetivamente, atuam como força de segurança pública em situações excepcionais, conforme se verifica pelo art. 15 e parágrafos da Lei Complementar nº 97, de 9 de junho de 1999.

O parágrafo único do art. 25 do Código Penal menciona, expressamente, para efeitos de reconhecimento da legítima defesa, que a conduta do agente de segurança pública seja dirigida no sentido de repelir *agressão* ou *risco de agressão*. Aqui, quando menciona *agressão*, quer dizer que esta já está efetivamente acontecendo, a exemplo de quando a vítima está sendo espancada pelo agente, quando já sofreu um disparo de arma de fogo etc.; *risco de agressão* significa que a agressão em si ainda não aconteceu, mas está na iminência de acontecer.

Em todas essas hipóteses, a vítima é mantida como refém durante a prática de crimes pelo agente, ou seja, encontra-se privada do seu direito ambulatorial de ir, vir ou permanecer onde bem entender.

Elemento subjetivo na legítima defesa

Para que se possa falar em legítima defesa, não basta somente a presença de seus elementos de natureza objetiva, descritos no art. 25 do Código Penal. É preciso que, além deles, saiba o agente que atua nessa condição, ou, pelo menos, acredita agir assim, pois, caso contrário, não se poderá cogitar de exclusão da ilicitude de sua conduta, permanecendo esta, ainda, contrária ao ordenamento jurídico.

O depoimento da testemunha Adriano corroborou o depoimento de Jurema, afirmando que a vítima estava aparentemente embriagada, e que Isael havia chegado no local já armado. Nesse sentido, não há que se falar em legítima defesa, pois não foram preenchidos os requisitos necessários para o seu reconhecimento. O réu não agiu para defender-se, mas sim com o único objetivo de levar o desafeto a óbito. A ausência do requisito de ordem subjetiva leva à exclusão da legítima defesa (TJ-RJ, RSE 0126012-28.1998.8.19.0001, Rel. Des. Claudio Tavares de Oliveira Junior, *DJe* 05/09/2016).

Legítima defesa e agressão de inimputáveis

Embora exista controvérsia doutrinária, será possível a legítima defesa contra agressão praticada por inimputável.

Legítima defesa recíproca

Pela simples leitura do art. 25 do Código Penal verifica-se a total impossibilidade de ocorrer a chamada legítima defesa recíproca (autêntica *versus* autêntica). Isso porque as duas agressões são injustas, não se cogitando, nessa hipótese, em legítima defesa, pois ambas as condutas são contrárias ao ordenamento jurídico. Somente poderá ser aventada a hipótese de legítima defesa se um dos agentes agredir injustamente o outro, abrindo-se ao ofendido a possibilidade de defender-se legitimamente.

A tese de legítima defesa é manifestamente insubsistente. Não foi produzido qualquer elemento probatório nesse sentido e, especialmente, inexiste no Direito brasileiro a figura da legítima defesa real recíproca – hipótese em que um agressor atacaria sua vítima em virtude da lícita repulsa exercida por essa. A legítima defesa autêntica, evidentemente, pressupõe agressão injusta, o que não se tem no caso em exame, considerando que o réu iniciou a violência, apertando e segurando sua companheira. E não há falar em aplicação do princípio da intervenção mínima do Direito Penal, considerando que a dignidade da mulher deve ser alçada aos mais importan-

tes postos de tutela estatal (TJ-RS, AC 70069445047, Rel. Des. Dálvio Leite Dias Teixeira, j. 27/07/2016).

Nesse sentido:

TJ-DF, 20130910290806APR, Rel. Des. Cesar Loyola, *DJe* 13/07/2016; TJ-RJ, AC 0010977-86.2010.8.19.0037, Rel.ª Des.ª Mônica Tolledo de Oliveira, j. 12/05/2015; TJSC, AC 2011.038531-1, Rel. Des. Newton Varella Júnior, j. 30/04/2013.

Legítima defesa da honra

"Legítima defesa da honra" não é, tecnicamente, legítima defesa. A traição se encontra inserida no contexto das relações amorosas. Seu desvalor reside no âmbito ético e moral, não havendo direito subjetivo de contra ela agir com violência. Quem pratica feminicídio ou usa de violência com a justificativa de reprimir um adultério não está a se defender, mas a atacar uma mulher de forma desproporcional, covarde e criminosa. O adultério não configura uma agressão injusta apta a excluir a antijuridicidade de um fato típico, pelo que qualquer ato violento perpetrado nesse contexto deve estar sujeito à repressão do direito penal (STF, ADPF 779 MC-Ref/DF, Rel. Min. Dias Toffoli, *DJe* 20/05/2021).

Legítima defesa putativa *versus* legítima defesa autêntica (real)

Não obstante a impossibilidade de falarmos em legítima defesa recíproca quando ocorrerem, simultaneamente, duas agressões injustas, não podemos negar a possibilidade de coexistirem uma legítima defesa putativa e uma legítima defesa real.

Legítima defesa *versus* estado de necessidade

Embora não se possa falar em legítima defesa recíproca (autêntica *versus* autêntica), seria possível cogitar de situação em que um dos agentes atue em legítima defesa e o outro em estado de necessidade? Absolutamente não. Isso porque aquele que age em estado de necessidade pratica uma conduta amparada pelo ordenamento jurídico, mesmo que esta conduta venha ofender bens também juridicamente protegidos.

Legítima defesa contra a multidão

Cleber Masson assevera que "prevalece o entendimento pela sua admissibilidade, pois o instituto da legítima defesa reclama tão somente uma agressão injusta, atual ou iminente, a direito próprio ou alheio, emanada de seres humanos, pouco importando sejam eles individualizados ou não". Em sentido contrário, aponta a opinião de Vincenzo La Medica, para quem o comportamento de defesa contra a multidão configura estado de necessidade".[141]

---

[141] MASSON, Cleber. *Direito penal – parte geral*, p. 391.

Legítima defesa preventiva

⚖ O ordenamento jurídico não comporta as excludentes de "legítima defesa preventiva" ou "estado de necessidade virtual", de forma que a simples alegação de que poderia ser agredido por desafetos não justifica a conduta de possuir armas ilegais, até porque a intenção do Estatuto do Desarmamento foi obstar a banalização do uso de armas de fogo, evitando que conflitos corriqueiros terminem em agressões a tiros (TJ-MG, AC 0309899-83.2011.8.13.0079, Rel. Des. Renato Martins Jacob, *DJe* 13/06/2016).

Nesse sentido:

⚖ TJMG, AC 0015026-04.2011.8.13.0620, Rel. Des. Eduardo Brum, *DJe* 27/02/2012.

Excesso na legítima defesa

O excesso, segundo o parágrafo único do art. 23 do Código Penal, pode ser considerado doloso ou culposo.

Diz-se doloso o excesso em duas situações:

a) quando o agente, mesmo depois de fazer cessar a agressão, continua o ataque porque quer causar mais lesões ou mesmo a morte do agressor inicial (excesso doloso em sentido estrito); ou

b) quando o agente, também, mesmo depois de fazer cessar a agressão que era praticada contra a sua pessoa, pelo fato de ter sido agredido inicialmente, em virtude de erro de proibição indireto (erro sobre os limites de uma causa de justificação), acredita que possa ir até o fim, matando o seu agressor, por exemplo.

Ocorre o excesso culposo nas seguintes situações:

a) quando o agente, ao avaliar mal a situação que o envolvia, acredita que ainda está sendo ou poderá vir a ser agredido e, em virtude disso, dá continuidade à repulsa, hipótese na qual será aplicada a regra do art. 20, § 1º, segunda parte, do Código Penal; ou

b) quando o agente, em virtude da má avaliação dos fatos e da sua negligência no que diz respeito a aferição das circunstâncias que o cercavam, excede-se em virtude de um "erro de cálculo quanto à gravidade do perigo ou quanto ao *modus* da reação" (excesso culposo em sentido estrito).[142]

Conforme esclarece Aramis Nassif, "não se consagra o excesso pelo comportamento tecnicamente culposo, pois a culpa, no sistema penal brasileiro, diz com comportamento imprudente, negligente ou imperito. Como identificar na ação de alguém que, sofrendo agressão injusta atual ou iminente, para defender-se adote conduta meramente imprudente, negligente ou imperita?"[143]

⚖ Para configurar a legítima defesa é imprescindível que estejam presentes os requisitos: agressão injusta, atual ou iminente, uso moderado dos meios e que não haja excesso culposo ou doloso. Basta examinar as provas testemunhais e o laudo de exame de lesões corporais da vítima para excluir citada tese defensiva (TJ-DF, Processo 20150310024478APR, Rel. Des. João Timóteo de Oliveira, *DJe* 08/06/2016).

Nesse sentido:

⚖ TJMG, AC 0005220-28.2005.8.13.0628, Rel. Des. Evandro Lopes da Costa Teixeira, *DJe* 13/07/2012.

Excesso intensivo e excesso extensivo

Ocorrerá o excesso intensivo quando o autor, "por consternação, medo ou susto, excede a medida requerida para a defesa;"[144] ou, na definição de Fragoso, é o excesso "que se refere à *espécie* dos meios empregados ou ao grau de sua utilização".[145]

Diz-se extensivo o excesso quando o agente, inicialmente, fazendo cessar a agressão injusta que era praticada contra a sua pessoa, dá continuidade ao ataque, quando este já não mais se fazia necessário.

Excesso na causa

Fala-se em excesso na causa quando há "inferioridade do valor do bem ou interesse defendido, em confronto com o atingido pela repulsa".[146]

Excesso exculpante

É o que tem por finalidade afastar a culpabilidade do agente sob o argumento da inexigibilidade de conduta diversa.

⚖ O excesso exculpante não se confunde com o excesso doloso ou culposo, por ter como causas a alteração no ânimo, o medo, a surpresa. Ocorre quando é oposta à agressão injusta, atual ou iminente, reação intensiva, que ultrapassa os limites adequados a fazer cessar a agressão (STF, HC 72341/RS, Rel. Min. Maurício Correa, 2ª T., *DJ* 20/03/1998, p. 5).

Legítima defesa sucessiva

É a originária do excesso da legítima defesa, em que o agressor inicial se transforma em vítima e a vítima, a seu turno, se transforma em agressora.

Legítima defesa e *aberratio ictus*

Pode ocorrer que determinado agente, almejando repelir agressão injusta, agindo com *animus defendendi*, acabe ferindo outra pessoa que não o seu agressor, ou mesmo a ambos (agressor e terceira

---

[142] HUNGRIA, Nélson. *Comentários ao código penal*, v. I, t. II, p. 304-305.

[143] NASSIF, Aramis. *O novo júri brasileiro*, p. 151.

[144] MIRABETE, Julio Fabbrini. *Manual de direito penal* – parte geral, p. 182.

[145] FRAGOSO, Heleno Cláudio. *Lições de direito penal* – parte geral, p. 188.

[146] HUNGRIA, Nélson. *Comentários ao código penal*, v. I, t. II, p. 305.

pessoa). Nesse caso, embora tenha sido ferida ou mesmo morta outra pessoa que não o seu agressor, o resultado advindo da aberração no ataque (*aberratio ictus*) estará também amparado pela causa de justificação da legítima defesa, não podendo, outrossim, por ele responder criminalmente.

Efeitos civis da legítima defesa

Nos termos do inc. I do art. 188 do Código Civil, aquele que atua em legítima defesa não pratica ato ilícito capaz de suportar a obrigação de indenizar.

A legítima defesa putativa derivada de erro inescusável, como a que é verificada na hipótese em exame, não é capaz de afastar o dever de indenizar, pois o erro na interpretação da situação fática decorre da imprudência do causador do dano (STJ, AREsp 1.481.536, Rel. Min. Ricardo Villas Bôas Cueva, publicação 16/08/2019).

Nesse sentido:

STJ, REsp 1.660.182/GO, Rel.ª Min.ª Nancy Andrighi, 3ª T., *DJe* 23/03/2018; STJ, REsp 1.596.589/AL, Rel. Min. Sérgio Kukina, 1ª T., *DJe* 27/06/2016; TJMG, Ap 0009559-66.2001.8.13.0629, Rel. Des. Eduardo Marine da Cunha, *DJe* 20/07/2012.

Ofendículos

Ofendículos, na definição de Mirabete, "são aparelhos predispostos para a defesa da propriedade (arame farpado, cacos de vidro em muros etc.) visíveis e a que estão equiparados os 'meios mecânicos' ocultos (eletrificação de fios, de maçanetas de portas, a instalação de armas prontas para disparar à entrada de intrusos etc.)".[147]

Apesar da definição do renomado autor, entendemos que os ofendículos não se prestam somente à defesa do patrimônio, mas também à vida, à integridade física etc., daqueles que os utilizam como artefato de defesa.

A discussão maior a respeito dos ofendículos cinge-se à apuração de sua natureza jurídica. Hungria os considerava como uma situação de *legítima defesa preordenada*. Isso porque os instrumentos somente agiriam quando os bens estivessem sendo agredidos e, dessa forma, já haveria uma situação de defesa legítima. Outros, ao contrário, a exemplo de Aníbal Bruno, entendem que aqueles que utilizam os ofendículos atuam no *exercício regular de um direito*. Afirma o mestre pernambucano que "a essa mesma categoria de exercício de um direito pertence o ato do indivíduo que, para defender a sua propriedade, cerca-a de vários meios de proteção, as chamadas defesas predispostas ou *offendicula*".[148]

Habeas corpus e legítima defesa

O *habeas corpus* não se presta para a apreciação de alegações que buscam a absolvição do paciente e o reconhecimento do privilégio, em virtude da necessidade de revolvimento do conjunto fático-probatório, o que é inviável na via eleita. Se as instâncias ordinárias, mediante valoração do acervo probatório produzido nos autos, entenderam, de forma fundamentada, não ocorrido o privilégio do homicídio e a legítima defesa putativa, inviável nesta célere via do *habeas corpus*, que exige prova pré-constituída, pretender conclusão diversa. Ademais, a revisão criminal somente é admitida caso reste configurada uma das hipóteses elencadas no art. 621 do Código de Processo Penal. Entrementes, neste *writ*, a defesa apenas pretendeu rediscutir fatos, sem que tenha sido comprovada a presença de novas provas capazes de justificar o pleito absolutório (STJ, HC 493.740/PR, Rel. Min. Ribeiro Dantas, 5ª T., *DJe* 27/05/2019).

Nesse sentido:

STJ, HC 419.290/SP, Rel. Min. Reynaldo Soares da Fonseca, 5ª T., *DJe* 27/02/2018; STJ, HC 326.530/SP, Rel. Min. Reynaldo Soares da Fonseca, 5ª T., *DJe* 10/08/2016; STF, RHC 90524/SC, Rel. Min. Joaquim Barbosa, 2ª T., *DJ* 09/05/2008.

Absolvição sumária

O art. 415, *caput* e incisos, do Código de Processo Penal, com a nova redação que lhes foi dada pela Lei nº 11.689, de 9 de junho de 2008, preveem a absolvição sumária do agente que havia sido denunciado pela prática, em tese, de crime da competência do Tribunal do Júri, dizendo, *verbis*:

Art. 415. O juiz, fundamentadamente, absolverá desde logo o acusado, quando:

I – provada a inexistência do fato;

II – provado não ser ele autor ou partícipe do fato;

III – o fato não constituir infração penal;

IV – demonstrada causa de isenção de pena ou de exclusão do crime.

Parágrafo único. Não se aplica o disposto no inc. IV do caput deste artigo ao caso de inimputabilidade prevista no caput do art. 26 do Decreto-Lei nº 2.848, de 7 de dezembro de 1940 – Código Penal, salvo quando esta for a única tese defensiva.

De acordo com a jurisprudência desta Corte, a absolvição sumária por legítima defesa, somente há de ter lugar, quando houver prova inequívoca da excludente, a demonstrá-la de forma peremptória. No caso em apreço, a Corte de origem, soberana na análise dos elementos fáticos e probatórios dos autos, reformou a sentença de primeiro grau e, de forma fundamentada, absolveu sumariamente o agravado diante da comprovação estreme de dúvidas de que

---

[147] MIRABETE, Julio Fabbrini. *Manual de direito penal* – parte geral, p. 190.
[148] BRUNO, Aníbal. *Direito penal* – parte geral, t. II, p. 9.

ele agiu em legítima defesa (STJ, AgRg no AREsp 1.441.680/GO, Rel. Min. Ribeiro Dantas, 5ª T., *DJe* 09/04/2019).

Nesse sentido:

⚖ STJ, AgRg no AREsp 872.992/PE, Rel. Min. Sebastião Reis Junior, 6ª T., *DJe* 1º/07/2016; STJ, HC 295.547/RS, Rel. Min. Felix Fischer, 5ª T., *DJe* 04/09/2015; TJSC, Recurso Criminal 2012.059167-0, Rel. Des. Newton Varella Júnior, j. 20/06/2013; TJSC, Recurso Criminal 2012.091209-4, Rel. Des. Newton Varella Júnior, j. 20/06/2013; TJMG, AC 3644727-91.2007.8.13.0702, Rel. Des. Cássio Salomé, *DJe* 20/08/2012.

Pronúncia e legítima defesa

O art. 413 e seu § 1º do Código de Processo Penal, com a nova redação que lhes foi dada pela Lei nº 11.689, de 9 de junho de 2008, no que diz respeito à pronúncia do acusado, dizem, *verbis*:

Art. 413. *O juiz, fundamentadamente, pronunciará o acusado, se convencido da materialidade do fato e da existência de indícios suficientes de autoria ou de participação.*

§ 1º A fundamentação da pronúncia limitar-se-á à indicação da materialidade do fato e da existência de indícios suficientes de autoria ou de participação, devendo o juiz declarar o dispositivo legal em que julgar incurso o acusado e especificar as circunstâncias qualificadoras e as causas de aumento de pena.

⚖ Na hipótese de dúvida acerca da legítima defesa durante a fase do *judicium accusationis*, deve o magistrado submeter à apreciação pelo Tribunal do Júri, sem que isso configure excesso de linguagem (STJ, AgRg nos EDcl no REsp 1.761.586/CE, Rel. Min. Nefi Cordeiro, 6ª T., *DJe* 21/06/2019).

Nesse sentido:

⚖ STJ, AgRg no AREsp 1.126.998/GO, Rel. Min. Reynaldo Soares da Fonseca, 5ª T., *DJe* 02/10/2017; STJ, REsp 1.575.493/RS, Rel. Min. Rogério Schietti Cruz, 6ª T., *DJe* 31/03/2016; STJ, RHC 63.880/PR, Rel. Min. Jorge Mussi, 5ª T., *DJe* 09/03/2016; STF, HC 90909/SP, Rel. Min. Marco Aurélio, 1ª T., *DJ* 21/11/2008.

Forças policiais que repelem agressão injusta

Pode acontecer, e não é incomum, que policiais sejam vítimas de agressões injustas e, repelindo essas agressões, venham a causar lesões ou mesmo a morte de seus agressores. Nesse caso, pelo fato de pertencerem às forças de segurança, agiriam eles sob o manto do estrito cumprimento do dever legal, ou estariam amparados pela legítima defesa? Entendemos que o caso se amolda, com mais perfeição, à legítima defesa, tendo em vista a situação de agressão injusta que por eles fora repelida.

No entanto, há posições em contrário que defendem, equivocadamente, a nosso ver, a existência do estrito cumprimento do dever legal. Nesse sentido, Ferré Olivé, Miguel Ángel Nuñez Paz, William Terra de Oliveira e Alexis Couto de Brito aduzem:

"Uma agressão injusta não dará lugar à legítima defesa, mas sim ao estrito cumprimento do dever legal (art. 23, III, do CP), salvo quando o policial encontrar-se fora de serviço e atuando como particular".[149]

Com todo respeito aos renomados autores, não podemos com eles concordar. Isso porque não existe, para as forças policiais, um *dever legal* de causar lesões ou mesmo de matar seus agressores. É a situação de agressão injusta que permitirá essas alternativas, quando os policiais agirão em defesa de suas próprias pessoas, ou mesmo na defesa de terceiros.

Imagine-se a cena em que uma viatura policial é recebida a tiros por um grupo de traficantes fortemente armados. Repelindo essa injusta agressão, os policiais reagem e matam seus agressores. Não se pode alegar, aqui, o estrito cumprimento do dever legal, já que no Brasil não existe, como regra, a possibilidade de pena de morte (salvo nos casos de guerra declarada, nos termos do inc. XLVII, alínea "a", do art. 5º da CF). As mortes dos agressores, contudo, estarão plenamente justificadas em virtude da alegação da legítima defesa, se observados todos os demais requisitos dessa causa de justificação.

[149] FERRÉ OLIVÉ, Juan Carlos; NUÑEZ PAZ, Miguel Ángel; OLIVEIRA, William Terra de; BRITO, Alexis Couto de. *Direito penal brasileiro* – parte geral – princípios fundamentais e sistema, p. 398.

Título III – Da Imputabilidade Penal

Inimputáveis

Art. 26. É isento de pena o agente que, por doença mental ou desenvolvimento mental incompleto ou retardado, era, ao tempo da ação ou da omissão, inteiramente incapaz de entender o caráter ilícito do fato ou de determinar-se de acordo com esse entendimento.

Redução de pena

Parágrafo único. A pena pode ser reduzida de um a dois terços, se o agente, em virtude de perturbação de saúde mental ou por desenvolvimento mental incompleto ou retardado não era inteiramente capaz de entender o caráter ilícito do fato ou de determinar-se de acordo com esse entendimento.

Imputabilidade (capacidade de culpabilidade)

Para que o agente possa ser responsabilizado pelo fato típico e ilícito por ele cometido, é preciso que seja imputável. A imputabilidade, portanto, é a possibilidade de se atribuir, imputar o fato típico e ilícito ao agente. A imputabilidade é a regra; a inimputabilidade, a exceção.

Sanzo Brodt assevera: "A imputabilidade é constituída por dois elementos: um intelectual (capacidade de entender o caráter ilícito do fato), outro volitivo (capacidade de determinar-se de acordo com esse entendimento). O primeiro é a capacidade (genérica) de compreender as proibições ou determinações jurídicas. *Bettiol* diz que o agente deve poder 'prever as repercussões que a própria ação poderá acarretar no mundo social', deve ter, pois, 'a percepção do significado ético-social do próprio agir'. O segundo, a 'capacidade de dirigir a conduta de acordo com o entendimento ético-jurídico. Conforme *Bettiol*, é preciso que o agente tenha condições de avaliar o valor do motivo que o impele à ação e, do outro lado, o valor inibitório da ameaça penal".[1]

O Código Penal erigiu as hipóteses que, segundo critério político-legislativo, conduziriam à inimputabilidade do agente, a saber:

I – inimputabilidade por doença mental;

II – inimputabilidade por imaturidade natural.

Inimputabilidade por doença mental ou desenvolvimento mental incompleto ou retardado

Pela redação do *caput* do mencionado art. 26, verifica-se que o Código Penal adotou a conjugação de dois critérios que nos levam a concluir pela inimputabilidade do agente, a saber:

a) existência de uma doença mental ou desenvolvimento mental incompleto ou retardado (critério biológico);

b) a absoluta incapacidade de, ao tempo da ação ou da omissão, entender o caráter ilícito do fato ou de determinar-se de acordo com esse entendimento (critério psicológico).

Isso significa que o Código Penal, pelo seu art. 26, *caput*, adotou o *critério biopsicológico* para a aferição da inimputabilidade do agente.

Em sede de inimputabilidade (ou semi-imputabilidade), vigora, entre nós, o critério biopsicológico normativo. Dessa maneira, não basta simplesmente que o agente padeça de alguma enfermidade mental, faz-se mister, ainda, que exista prova (*v.g.*, perícia) de que este transtorno realmente afetou a capacidade de compreensão do caráter ilícito do fato (requisito intelectual) ou de determinação segundo esse conhecimento (requisito volitivo) à época do fato, *i.e.*, no momento da ação criminosa (STJ, HC 33401/RJ, Min. Felix Fischer, 5ª T., *DJ* 03/11/2004, p. 212).

Doença mental

A expressão *doença mental* já de há muito vem sendo criticada. Conforme assevera Nélson Hungria, essa expressão "não colheu aprovação geral no seio da classe médica", cuja preferência se inclina para a locução *alienação mental*. Explicando os motivos pelos quais o legislador havia acolhido a expressão *doença mental* em vez de *alienação mental*, diz Nélson Hungria: "O título 'alienação mental', ainda que tivesse um sentido incontroverso em psiquiatria, prestar-se-ia, na prática judiciária, notadamente no tribunal de juízes de fato, a deturpações e mal-entendidos. Entre gente que não cultiva a ciência psiquiátrica, *alienação mental* pode ser entendida de modo amplíssimo, isto é, como todo estado de quem está *fora de si*, alheio a si, ou de quem deixa de ser igual a si mesmo, seja ou não por causa patológica. [...] a preferência pela expressão 'doença mental' veio de que esta, nos tempos mais recentes, já superado em parte o critério de classificação a que aludia Gruhle, abrange todas as psicoses, quer as *orgânicas* e *tóxicas*, quer as *funcionais* (funcionais propriamente ditas e sintomáticas), isto é, não só as resultantes de processo patológico instalado no mecanismo cerebral precedentemente são (paralisia geral progressiva, sífilis cerebral, demência senil, arteriosclerose cerebral, psicose traumática etc.) e as causadas por venenos *ab externo* (alcoolismo, morfinismo, cocainismo, saturnismo etc.) ou *toxinas metabólicas* (consecutivas a transtornos do metabo-

---

[1] SANZO BRODT, Luís Augusto. *Da consciência da ilicitude no direito penal brasileiro*, p. 46.

lismo produzidos por infecções agudas, enfermidades gerais etc.), como também as que representam perturbações mentais ligadas ao psiquismo normal por transições graduais ou que assentam, como diz Bumke, muito verossimilmente sobre anomalias não tanto da estrutura quanto da função do tecido nervoso ou desvios puramente quantitativos, que nada mais traduzem que variedades da disposição física normal, a que correspondem funcionalmente desvios da normal conduta psíquica (esquizofrenia, loucura circular, histeria paranoia)".[2]

Desenvolvimento mental incompleto ou retardado

Sob essa expressão se agrupam, ainda nas lições de Hungria, "não só os deficitários congênitos do desenvolvimento psíquico ou *oligofrênicos* (idiotas, imbecis, débeis mentais), como os que o são por carência de certos sentidos (surdos-mudos) e até mesmo os silvícolas inadaptados".[3] Abrindo um parêntese nas precisas lições do mestre, é preciso ressaltar que os surdos-mudos, nos dias de hoje, como regra, têm uma vida basicamente igual à daqueles que não possuem a deficiência da surdo-mudez. A possibilidade de entender e fazer-se entender já não permite alocar os surdos-mudos na categoria de pessoas com desenvolvimento mental incompleto ou retardado.

Vale ressaltar, ainda, o disposto no art. 2º, do Estatuto da Pessoa com Deficiência (Lei nº 13.146/15), que diz que "considera-se pessoa com deficiência aquela que tem impedimento de longo prazo de natureza física, mental, intelectual ou sensorial, o qual, em interação com uma ou mais barreiras, pode obstruir sua participação plena e efetiva na sociedade em igualdade de condições com as demais pessoas".

Sentença absolutória imprópria

Se comprovada a total inimputabilidade do agente, deverá ele ser absolvido, nos termos do inc. VI do art. 386 do Código de Processo Penal, conforme nova redação que lhe foi dada pela Lei nº 11.690, de 9 de junho de 2008, aplicando-se-lhe, por conseguinte, medida de segurança. Daí dizer-se que tal sentença é impropriamente absolutória, uma vez que, embora absolvendo o inimputável, aplica-se-lhe medida de segurança.

Semi-imputabilidade

O parágrafo único do art. 26 do Código Penal prevê a redução de pena de um a dois terços para aquele que, em virtude de perturbação de saúde mental ou por desenvolvimento mental incompleto ou retardado, *não era inteiramente capaz de entender o caráter ilícito do fato ou de determinar-se de acordo com esse entendimento.*

A diferença básica entre o *caput* do art. 26 e seu parágrafo único reside no fato de que, neste último, o agente *não era* inteiramente incapaz de entender a ilicitude do fato ou de determinar-se de acordo com esse entendimento. Isso quer dizer que o agente pratica um fato típico, ilícito e culpável. Será, portanto, condenado, e não absolvido, como acontece com aqueles que se amoldam ao *caput* do art. 26. Contudo, o juízo de censura que recairá sobre a conduta do agente deverá ser menor em virtude de sua perturbação da saúde mental ou de seu desenvolvimento mental incompleto ou retardado, razão pela qual a lei determina ao julgador que reduza sua pena entre um a dois terços.

A jurisprudência desta Corte Superior é pacífica no sentido de que, constatada a semi-imputabilidade do réu, o magistrado, valendo-se da discricionariedade fundamentada, poderá optar por aplicar pena privativa de liberdade com o redutor previsto no art. 26, parágrafo único, do CP, ou submetê-lo a tratamento ambulatorial ou medida de internação, conforme preconiza o art. 98 do Estatuto Repressivo (STJ, HC 499.985/MG, Rel. Min. Reynaldo Soares da Fonseca, 5ª T., *DJe* 14/06/2019).

Nesse sentido:

STJ, HC 430.382/MG, Rel. Min. Ribeiro Dantas, 5ª T., *DJe* 24/04/2018; STJ, HC 399.243/SP, Rel.ª Min.ª Maria Thereza de Assis Moura, 6ª T., *DJe* 28/08/2017; STJ, HC 298.252/SP, Rel. Min. Reynaldo Soares da Fonseca, 5ª T., *DJe* 28/04/2016; TJMG, AC 2659628-39.2011.8.13.0024, Rel. Des. Júlio Cezar Guttierrez, *DJe* 19/08/2014; TJPR, Processo 1067348-2/01, Rel. Des. Jorge Wagih Massad, *DJe* 23/07/2014; TJMG, AC 0416687-54.2010.8.13.0145, Rel. Des. Furtado de Mendonça, *DJe* 17/08/2012; STJ, HC 186149/DF, Rel. Min. Jorge Mussi, 5ª T., *DJe* 19/08/2011.

Substituição da pena por medida de segurança para o semi-imputável

Se o condenado, na hipótese do parágrafo único do art. 26 do Código Penal, necessitar de especial tratamento curativo, poderá o juiz, com base no art. 98 do Código Penal, substituir a pena privativa de liberdade pela internação, ou tratamento ambulatorial, pelo prazo mínimo de um a três anos, nos termos do art. 97 e seus parágrafos, do Código Penal.

Súmula nº 525 do STF: A medida de segurança não será aplicada em segunda instância, quando só o réu tenha recorrido.

Não há que se falar em *reformatio in pejus* quando o tribunal de origem, ao julgar o recurso exclusivo da defesa, substitui a pena privativa de liberdade por uma medida de segurança, acolhendo um dos pedidos formulados em favor do réu. Não se vislumbra ofensa ao Enunciado sumular nº 525 do Supremo Tribunal Federal. Atualmente, prevalecendo o siste-

---

[2] HUNGRIA, Nélson. *Comentários ao código penal*, v. I, t. II, p. 333-335.

[3] HUNGRIA, Nélson. *Comentários ao código penal*, v. I, t. II, p. 336.

ma vicariante, é possível que o tribunal de origem, ao apreciar o recurso da defesa, substitua a pena privativa de liberdade por uma medida de segurança, desde que comprovada a semi-imputabilidade do réu e a necessidade do tratamento. Doutrina e jurisprudência (STJ, HC 331.164/RJ, Rel.ª Min.ª Maria Thereza de Assis Moura, 6ª T., *DJe* 03/12/2015).

Denúncia oferecida em face de um inimputável

Tomando conhecimento de que um agente comprovadamente inimputável praticou um fato típico e antijurídico, deve o Promotor de Justiça denunciá-lo, narrando com exatidão os fatos por ele cometidos, para que, durante a instrução do processo, possa ser assegurada sua ampla defesa. Ao final da peça acusatória, deverá o membro do *Parquet*, mencionando a causa dirimente da culpabilidade, pugnar pela *absolvição* do réu, com a consequente aplicação de medida de segurança. Não haverá possibilidade, nessa hipótese, de ser formulado pedido condenatório, haja vista que a peça teria de ser rejeitada por faltar-lhe uma das condições necessárias ao regular exercício do direito de ação, qual seja, a *possibilidade jurídica do pedido*.

Absolvição sumária

Vide parágrafo único do art. 415 do Código de Processo Penal, com a nova redação que lhe foi dada pela Lei nº 11.689, de 9 de junho de 2008.

É cediço que a reforma processual operada em 2008 trouxe ao magistrado a possibilidade de absolver sumariamente o réu quando verificar: i) a existência manifesta de causa excludente da ilicitude; ii) a existência manifesta de causa excludente da culpabilidade do agente, salvo inimputabilidade; iii) que o fato narrado não constitui crime; ou iv) extinta a punibilidade do agente. Poderá também, segundo preconiza abalizada doutrina, rever, após as alegações defensivas, a presença das condições da ação e pressupostos processuais. Dessarte, a nova regulamentação do tema permite concluir que, uma vez não verificadas as hipóteses de absolvição sumária, deverá se dar seguimento ao feito, sem maiores considerações, designando-se data para a audiência a ser realizada, sob pena de configurar-se antecipação do provimento jurisdicional, sem a produção das provas sob o crivo do contraditório e da ampla defesa (STJ, RMS 47.774/SP, Rel. Min. Felix Fischer, 5ª T., *DJe* 04/05/2016).

Nesse sentido:

TJMG, AC 1.0035.07.088762-1/001, Rel. Des. Judimar Biber, *DJ* 06/02/2009; TJMG, AC 1.0210.04. 018192-2/001, Rel.ª Des.ª Beatriz Pinheiro Caires, *DJ* 23/03/2006.

Semi-imputabilidade e julgamento pelo Júri

Vide art. 483, inc. IV, do Código de Processo Penal, com a nova redação que lhe foi dada pela Lei nº 11.689, de 9 de junho de 2008.

Encerrado o juízo de admissibilidade da acusação com a pronúncia, qualquer prova incidental deverá ser submetida ao crivo do Tribunal de Júri, inexistindo nulidade da pronúncia diante da posterior instauração do incidente de insanidade mental. A absolvição sumária exige juízo de certeza, inexistente em laudo que atesta doença relativamente capaz de influir no controle do agente. Nessa situação, devido é o enfrentamento de todas as teses (inclusive de inimputabilidade ou semirresponsabilidade) pelos jurados, como ocorreu. Não há nulidade na valoração do laudo que nega inimputabilidade a agente com indicado transtorno de personalidade, incapaz de afastar a compreensão acerca do caráter ilícito da conduta ou de se controlar (STJ, AgInt no HC 474.366/AC, Rel. Min. Nefi Cordeiro, 6ª T., *DJe* 18/03/2019).

Nesse sentido:

TJ-MG, AC 0011800-62.2014.8.13.0142, Rel. Des. Marcílio Eustáquio Santos, *DJe* 20/04/2016; TJMG, AC 1.0000.00.317032-1/000, Rel. Des. Tibagy Salles, *DJ* 21/02/2003.

Cleptomania

Provado que o apelante cometeu o crime que lhe foi imputado, é incabível a solução absolutória. Não se pode ignorar que *clepto* vem do grego *kléptein*, que significa furtar, roubar; daí a mania de furtar. Mas, não se pode, nem se deve restringir o alcance do mal ao furto, porque, dadas as circunstâncias do estelionato, que motivou sua condenação, o apelante experimentou o que compulsivamente buscava, isto é, a sensação de risco, própria da cleptomania. Com efeito, acompanhado daquele a quem furtara o cartão, o usou, como se fosse seu, em determinada compra de valor mínimo. Assim, conhecido o recurso, fica parcialmente provido, para, considerando-se o pequeno valor da vantagem obtida e que o apelante tem sua capacidade de autodeterminação reduzida pela comprovada cleptomania, abrandar sua pena e declarar extinta a punibilidade por força da prescrição, tendo em vista o tempo decorrido entre o recebimento da denúncia e a edição da sentença. Unanimidade (TJ-RJ, AC 0130370-60.2003.8.19.0001, Rel. Des. Nildson Araujo da Cruz, *DJe* 08/01/2009).

Nesse sentido:

TJMG, AC 2.0000.00.480898-2/000, Rel. Des. Ediwal José de Morais, *DJ* 30/03/2005.

Inimputável preso e constrangimento ilegal

Conforme reiterada jurisprudência deste Superior Tribunal, a prisão que antecede a condenação transitada em julgado só pode ser imposta ou mantida quando evidenciada, com explícita e concreta fundamentação, a necessidade da rigorosa providência. No caso, o magistrado singular, corroborado pelo Tribunal de origem, ao absolver sumariamente o acusado, acolhendo a tese de inimputabilidade, e aplicar-lhe medida segurança de internação, negou-lhe o direito de recorrer em liberdade, sem apontar elementos novos e concretos que justificassem a manutenção da prisão, bem como não se atentou para o fato de que, reconhecendo a inimputabilidade do acusado, não poderia submetê-lo à segregação cautelar destinada aos presos comuns. Sobreveio o julgamento do recurso de apelação interposto pela defesa contra a decisão que, acolhendo a tese de inimputabilidade, absolveu sumariamente o paciente, aplicando-lhe medida de internação. Na ocasião, a Corte estadual deu provimento ao apelo para pronunciar o paciente pelo crime de homicídio simples tentado, tendo em vista a existência de outra tese defensiva, além da inimputabilidade, nada afirmando a respeito da manutenção, ou não, da prisão preventiva. Tal situação demonstra que o constrangimento ilegal decorrente da ausência de fundamentação da segregação cautelar persiste (STJ, HC 336.560/SP, Rel. Min. Sebastião Reis Junior, 6ª T., *DJe* 29/03/2016).

Nesse sentido:

⚖ STJ, HC 108517/SP, Rel. Min. Arnaldo Esteves Lima, 5ª T., *DJe* 20/10/2008; STJ, HC 60232/ES, Rel. Min. Gilson Dipp, 5ª T., *DJ* 18/12/2006, p. 429.

Substituição da internação por medida de tratamento ambulatorial

⚖ Em casos excepcionais, admite-se a substituição da internação por medida de tratamento ambulatorial quando a pena estabelecida para o tipo é a reclusão, notadamente quando manifesta a desnecessidade da internação (STF, HC 85.401/RS, 2ª T., Rel. Min. Cezar Peluso, *DJe* 12/02/2010).

Inimputabilidade e incidente de sanidade mental

⚖ Somente a dúvida relevante sobre a integridade mental do acusado serve de motivação para a instauração do incidente de insanidade mental, sendo certo que o simples requerimento, por si só, não obriga o juiz a determinar a sua realização. *In casu*, o interrogado não deu qualquer indício de inimputabilidade (STJ, AgInt no REsp 1.727.673/SP, Rel. Min. Felix Fischer, 5ª T., *DJe* 30/05/2018).

Nesse sentido:

⚖ STJ, AgRg no REsp 1.503.533/SC, Rel. Min. Reynaldo Soares da Fonseca, 5ª T., *DJe* 25/05/2018; STJ, HC 325.052/SP, Rel. Min. Felix Fischer, 5ª T., *DJe* 07/12/2015; STJ, RHC 62.075/BA, Rel.ª Min.ª Maria Thereza de Assis Moura, 6ª T., *DJe* 22/10/2015.

Semi-imputabilidade e indulto

⚖ O Supremo Tribunal Federal, no julgamento do Recurso Extraordinário nº 628.658, em repercussão geral, firmou entendimento de que "Reveste-se de legitimidade jurídica a concessão, pelo Presidente da República, do benefício constitucional do indulto (CF, art. 84, XII), que traduz expressão do poder de graça do Estado, mesmo se se tratar de indulgência destinada a favorecer pessoa que, em razão de sua inimputabilidade ou semi-imputabilidade, sofre medida de segurança, ainda que de caráter pessoal e detentivo" (STJ, HC 321.432/MG, Rel. Min. Ribeiro Dantas, 5ª T., *DJe* 29/08/2016).

> ### Menores de dezoito anos
> **Art. 27.** Os menores de 18 (dezoito) anos são penalmente inimputáveis, ficando sujeitos às normas estabelecidas na legislação especial.

Inimputabilidade por imaturidade natural

A inimputabilidade por imaturidade natural ocorre em virtude de uma presunção legal, na qual, por questões de política criminal, entendeu o legislador brasileiro que os menores de 18 anos não gozam de plena capacidade de entendimento que lhes permita imputar a prática de um fato típico e ilícito. Adotou-se, portanto, o critério puramente *biológico*.

⚖ A habilitação para conduzir veículo automotor e ciclomotor só pode ser conferida ao penalmente imputável (STJ, MS 6245/DF, Rel. Min. Garcia Vieira, S1, *RSTJ* 124, p. 91).

Nesse sentido:

⚖ STJ, REsp 90105/GO, Rel. Min. Cid Flaquer Scartezzini, 5ª T., *RSTJ* 104, p. 450.

Previsão constitucional

Nossa Constituição Federal teve a preocupação de consignar expressamente, em seu art. 228, que são penalmente inimputáveis os menores de dezoito anos, sujeitos às normas da legislação especial.

Redução da maioridade penal

Apesar da inserção no texto de nossa Constituição Federal referente à maioridade penal, tal fato não impede, caso haja vontade política para tanto, de ser levada a efeito sua redução, uma vez que o mencionado art. 228 não se encontra entre aqueles considerados irreformáveis, uma vez que não se amolda ao rol das cláusulas pétreas elencadas nos incs. I a IV do § 4º do art. 60 da Carta Magna.[4]

A única implicação prática da previsão da inimputabilidade penal no texto da Constituição Federal, segundo nosso posicionamento, é que, agora, somente por meio de um procedimento qualificado de emenda, a maioridade penal poderá ser reduzida, ficando impossibilitada tal redução via lei ordinária.

---

[4] Em sentido contrário posiciona-se René Ariel Dotti, quando diz que a inimputabilidade "constitui uma das garantias fundamentais da pessoa humana, embora topograficamente não esteja incluída no respectivo Título (II) da Constituição que regula a matéria. Trata-se de um dos *direitos individuais* inerentes à relação do art. 5º, caracterizando, assim, uma *cláusula pétrea*" (*Curso de direito penal* – parte geral, p. 412-413).

Prova da menoridade

Deve ser feita por certidão de nascimento expedida pelo registro civil ou documento que o substitua, a exemplo da carteira de identidade, conforme determina o parágrafo único do art. 155 do Código de Processo Penal, com a nova redação que lhe foi dada pela Lei nº 11.690, de 9 de junho de 2008.

✍ É assente na jurisprudência deste Superior Tribunal o entendimento de que a certidão de nascimento não é o único documento idôneo para comprovar a idade do adolescente corrompido, que também pode ser atestada por outros documentos oficiais, dotados de fé pública, emitidos por órgãos estatais de identificação civil e cuja veracidade somente pode ser afastada mediante prova em contrário (STJ, HC 447.357/SP, Rel. Min. Felix Fischer, 5ª T., *DJe* 28/06/2018).

Nesse sentido:

✍ STJ, HC 160.039/DF, Rel. Min. Gilson Dipp, 5ª T., *DJe* 18/10/2010; STJ, RHC 8784/RJ, Rel. Min. Edson Vidigal, 5ª T., *DJ* 08/03/2000, p. 131; STJ, HC 9.062/PA, Rel. Min. Vicente Leal, 6ª T., *DJU* 18/10/1999, p. 282.

Competência para julgamento

✍ É da competência do juízo do lugar da ação ou omissão processar e julgar o ato infracional equiparado a crime, observadas as regras de conexão, continência e prevenção (art. 147, § 1º, do ECA), que assim permanece ainda que haja alteração de residência do menor infrator. Em consagração ao princípio do 'fortalecimento dos vínculos familiares e comunitários no processo socioeducativo' (art. 35, inc. IX, da Lei nº 12.594/2012), o art. 147, § 2º, do ECA prevê a delegação da execução de medidas socioeducativas do Juízo do local de residência do representado, ao qual, em regra – embora não necessariamente – deve ser reconhecida a competência para tais providências (STJ, CC 156903/SP, Rel. Min. Ribeiro Dantas, 3ª S., *DJe* 17/04/2018).

Nesse sentido:

✍ STJ, CC 38430/BA, Rel. Min. Felix Fischer, S3, *DJ* 18/08/2003, p. 150.

Emoção e paixão

Art. 28. Não excluem a imputabilidade penal:

I – a emoção ou a paixão;

Embriaguez

II – a embriaguez, voluntária ou culposa, pelo álcool ou substância de efeitos análogos.

§ 1º. É isento de pena o agente que, por embriaguez completa, proveniente de caso fortuito ou força maior, era, ao tempo da ação ou da omissão, inteiramente incapaz de entender o caráter ilícito do fato ou de determinar-se de acordo com esse entendimento.

§ 2º. A pena pode ser reduzida de um a dois terços, se o agente, por embriaguez, proveniente de caso fortuito ou força maior, não possuía, ao tempo da ação ou da omissão, a plena capacidade de entender o caráter ilícito do fato ou de determinar-se de acordo com esse entendimento.

Emoção e paixão

O inc. I do art. 28 do Código Penal assevera que a emoção e a paixão não excluem a imputabilidade penal. A *emoção*, segundo Montovoni, "é uma intensa perturbação afetiva, de breve duração e, em geral, de desencadeamento imprevisto, provocada como reação afetiva a determinados acontecimentos e que acaba por predominar sobre outras atividades psíquicas (ira, alegria, medo, espanto, aflição, surpresa, vergonha, prazer erótico etc.). *Paixão* é um estado afetivo violento e mais ou menos duradouro, que tende a predominar sobre a atividade psíquica, de forma mais ou menos alastrante ou exclusiva, provocando algumas vezes alterações da conduta que pode tornar-se de todo irracional por falta de controle (certas formas de amor sexual, de ódio, de ciúme, de cupidez, de entusiasmo, de ideologia política)".[5]

Crime passional

Com essa redação, o Código Penal permitiu a punição dos chamados crimes passionais, ou seja, aqueles que são motivados por uma intensa paixão ou emoção. Os crimes passionais, como sabemos, são alegados com frequência perante o Tribunal do Júri, cuja composição do Conselho de Sentença é formada, geralmente, por pessoas leigas, que desconhecem as leis penais. Julgam de acordo com o próprio sentimento e colocam na urna o voto da sua consciência. Não precisam motivar suas decisões, razão pela qual aceitam as teses, tanto da acusação como da defesa, que mais lhe satisfazem a natureza. Com muita frequência, os jurados acolhem o descontrole emocional do réu e o absolvem do crime por ele cometido. Embora a perturbação mental sofrida pelo réu, advinda da sua emoção ou paixão, não afaste, no juízo singular, sua imputabilidade, isso não impede que os seus pares o absolvam, após se colocarem no lugar do agente.[6]

---

[5] *Apud* SILVA FRANCO, Alberto. *Código penal e sua interpretação jurisprudencial* – parte geral, v. I, t. I, p. 430.
[6] Merece registro o pensamento de Roberto Lyra, quando diz que "o verdadeiro passional não mata. O amor é, por natureza e por finalidade, criador, fecundo, solidário, generoso. Ele é o cliente das pretorias, das maternidades, dos lares e não dos necrotérios, dos cemitérios, dos manicômios. O amor, o amor mesmo, jamais desceu ao banco dos réus. Para os fins da responsabilidade, a lei considera apenas o momento do crime. E nele o que atua é o ódio. O amor não figura nas cifras da mortalidade e sim na da natalidade; não tira, põe gente no mundo. Está nos berços e não nos túmulos" (*Como julgar, como defender, como acusar*, p. 97).

Sob o domínio de violenta emoção e sob a influência de violenta emoção

Existe diferença, de acordo com a redação do Código Penal, entre o *domínio* e a *influência* de violenta emoção, sendo aquele um sentimento arrebatador, que pode conduzir à redução da pena na hipótese prevista no § 1º do art. 121 do estatuto repressivo, e esta última, sendo de menor intensidade, importará na aplicação da circunstância atenuante prevista no art. 65, III, *c*, do mesmo diploma penal.

Embriaguez alcoólica

Na definição de Eduardo Rodrigues, embriaguez alcoólica é a "perturbação psicológica mais ou menos intensa, provocada pela ingestão do álcool, que leva a total ou parcial incapacidade de entendimento e volição".[7]

Actio libera in causa

Na precisa definição de Narcélio de Queiroz, devemos entender por *actio libera in causa* "os casos em que alguém, no estado de não imputabilidade, é causador, por ação ou omissão, de algum resultado punível, tendo se colocado naquele estado, ou propositadamente, com a intenção de produzir o evento lesivo, ou sem essa intenção, mas tendo previsto a possibilidade do resultado, ou, ainda, quando a podia ou devia prever".[8]

⚖ Dada a adoção da teoria da *actio libera in causa* pelo Código Penal, somente a embriaguez completa, decorrente de caso fortuito ou força maior que reduza ou anule a capacidade de discernimento do agente quanto ao caráter ilícito de sua conduta, é causa de redução ou exclusão da responsabilidade penal nos termos dos §§ 1º e 2º do art. 28 do Diploma Repressor (STJ, AgRg no AREsp 1.247.201/DF, Rel. Min. Jorge Mussi, 5ª T., *DJe* 1º/06/2018).

Nesse sentido:

⚖ STJ, AgInt no HC 350.918/SC, Rel. Min. Antônio Saldanha Palheiro, 6ª T., *DJe* 03/05/2016; STJ, AgRg no REsp 1165821/PR, Rel. Min. Jorge Mussi, 5ª T., *DJe* 13/08/2012; STJ, REsp 908.396/MG, Rel. Min. Arnaldo Esteves Lima, 5ª T., *DJe* 30/03/2009.

Embriaguez voluntária

A embriaguez voluntária se biparte em voluntária em sentido estrito e culposa.

Diz-se voluntária em sentido estrito a embriaguez quando o agente, volitivamente, faz a ingestão de bebidas alcoólicas com a finalidade de se embriagar. É muito comum essa espécie de embriaguez, haja vista que principalmente os jovens, quando querem comemorar alguma data que considerem importante, dizem que "beberão até cair". Querem, outrossim, colocar-se em estado de embriaguez.

Culposa é aquela espécie de embriaguez, também dita voluntária, em que o agente não faz a ingestão de bebida alcoólica querendo embriagar-se, mas, deixando de observar o dever de cuidado, ingere quantidade suficiente que o coloca em estado de embriaguez. Nessa hipótese, o agente, por descuido, por falta de costume ou mesmo sensibilidade do organismo, embriaga-se sem que fosse sua intenção colocar-se nesse estado.

Nas duas modalidades de embriaguez voluntária, o agente será responsabilizado pelos seus atos, mesmo que, ao tempo da ação ou da omissão, seja inteiramente incapaz de entender o caráter ilícito do fato ou de determinar-se de acordo com esse entendimento. Se sua ação, como diz a teoria da *actio libera in causa*, foi livre na causa, ou seja, no ato de ingerir bebida alcoólica, poderá o agente ser responsabilizado criminalmente pelo resultado.

⚖ Diferentemente da embriaguez decorrente de caso fortuito ou de força maior, em que há isenção ou diminuição de pena, a denominada embriaguez voluntária ou culposa, salvo quando preordenada – a qual configura circunstância agravante, resultando em aumento de pena –, conquanto não induza inimputabilidade, afeta a capacidade do autor de entender o caráter ilícito da conduta e de se autodeterminar-se conforme tal entendimento, de sorte que se, de um lado, não se presta para atenuar a reprimenda, não pode, de outro, servir como fundamento para seu recrudescimento (STJ, HC 190.486/ES, Rel. Min. Nefi Cordeiro, 6ª T., *DJe* 1º/10/2015).

Nesse sentido:

⚖ TJES, ACr 11080061911, 2ª Câm. Crim., Rel. Des. Subst. Walace Pandolpho Kiffer, *DJES* 13/08/2010, p. 191; AC 1.0283. 06.005959-1/001, Rel. Des. José Antonino Baía Borges, *DJ* 21/07/2009; TJMG, AC 1.0355.04.003711-9/001, Rel. Des. Eduardo Brum, *DJ* 23/01/2009.

Embriaguez involuntária

A embriaguez involuntária pode ser proveniente de caso fortuito ou força maior.

Costuma-se chamar de caso fortuito o evento atribuído à natureza e força maior aquele produzido pelo homem. Assim, no clássico evento daquele que, em visita a um alambique, escorrega e cai dentro de um barril repleto de cachaça, se, ao fazer a ingestão da bebida ali existente, vier a embriagar-se, sua embriaguez será proveniente de caso fortuito. Suponhamos, agora, que durante um assalto a vítima do crime de roubo, após ser amarrada, seja forçada a ingerir bebida alcoólica e venha a se embriagar. Essa embriaguez será considerada proveniente de força maior.

Para que possa ser afastada a culpabilidade do agente, isentando-o de pena, é preciso, conforme determina o § 1º do inc. II do art. 28 do Código Penal, que a

[7] RODRIGUES, Eduardo Silveira Melo. *A embriaguez e o crime*, p. 9.

[8] QUEIROZ, Narcélio de. *Teoria da "actio libera in causa" e outras teses*, p. 37.

involuntária e completa embriaguez do agente seja conjugada com sua total incapacidade de entender o caráter ilícito do fato ou de determinar-se de acordo com esse entendimento.

🔎 No sistema penal brasileiro, somente a embriaguez acidental exclui a imputabilidade se for completa, ou no caso se incompleta, atenua a pena do crime praticado pelo agente, nos termos do art. 28, §§ 1º e 2º, do Código Penal. A embriaguez involuntária, proveniente de caso fortuito ou de força maior, é a única que exclui a culpabilidade do agente, devendo, para tanto, restar suficientemente demonstrada, não podendo o agente se valer deste argumento apenas porque estivesse embriagado ou drogado no momento dos fatos, sem que cuidasse de oferecer prova insofismável da involuntariedade de sua conduta (TJ-RJ, AC 0030537-57.2013.8.19.0021, Rel. Des. Luciano Silva Barreto, *DJe* 22/06/2016).

Nesse sentido:

🔎 TJMG, AC 1.0261.07.0564 35-4/001, Rel. Des. Walter Pinto da Rocha, *DJ* 04/02/2009.

Isenção de pena na Lei Antidrogas

Da mesma forma que a embriaguez completa, proveniente de caso fortuito ou força maior, também isenta de pena, como vimos, deverá ser considerado isento de pena o agente que, nos termos do art. 45 da Lei Antidrogas, sob o efeito de droga, proveniente de caso fortuito ou força maior, era, ao tempo da ação ou da omissão, qualquer que tenha sido a infração penal praticada, inteiramente incapaz de entender o caráter ilícito do fato ou de determinar-se de acordo com esse entendimento.

Sérgio Ricardo de Souza, analisando com precisão o mencionado artigo, preleciona que "não está afastada a possibilidade de aplicação dessa causa de exclusão da imputabilidade em relação a qualquer dos crimes previstos nesta Lei, desde que fique demonstrado que, em razão da dependência, ou sob o efeito, proveniente de caso fortuito ou força maior, de droga, o agente era, ao tempo da ação ou da omissão, inteiramente incapaz de entender o caráter ilícito do fato ou de determinar-se de acordo com esse entendimento e isso resta evidente, por estar expressamente previsto na cabeça do art. 45 que ele se aplica 'qualquer que tenha sido a infração penal praticada'. A ênfase do legislador serve para afastar controvérsias jurisprudenciais que estiveram presentes na vigência das leis revogadas, havendo quem entendesse que a referida causa de inimputabilidade não se aplicava ao tráfico".[9]

🔎 A simples alegação defensiva de dependência química não é suficiente à absolvição decorrente da imputabilidade, ainda mais em se tratando de drogadição voluntária, que não ilide o réu de responsabilidade sobre seus atos, muito menos há de ate-

nuar sua reprimenda. Qualquer causa de isenção da pena exige demonstração cabal de que o agente tenha agido em razão da dependência química ou sob o efeito de droga, proveniente de caso fortuito ou força maior, bem como de que ele, ao tempo da ação ou omissão, não fosse inteiramente incapaz de compreender o caráter ilícito do fato ou de determinar-se de acordo com este entendimento, o que não restou comprovado nos autos, já que, embora existam indícios de uso de drogas por parte do acusado, não houve perícia demonstrando a dependência, a falta de capacidade de discernimento quanto à ilicitude da sua conduta ou eventual anomalia psíquica decorrente do abuso de drogas – o que se afigurava indispensável (TJ-RS, AC 70056187768, Rel. Des. José Luiz John dos Santos, j. 27/08/2015).

Nesse sentido:

🔎 TJRS, AC 70051406197, Rel.ª Des.ª Laura Louzada Jaccottet, j. 16/05/2013.

Embriaguez involuntária incompleta

Prevista pelo § 2º do art. 28 do Código Penal, continua a exigir a embriaguez involuntária, proveniente do caso fortuito ou de força maior, contudo, tal embriaguez não é completa e, em virtude disso, o agente tem alguma capacidade de, ao tempo da ação ou da omissão, entender o caráter ilícito do fato ou determinar-se de acordo com esse entendimento. Dessa forma, o fato por ele cometido é considerado típico, ilícito e culpável. Dado o seu estado de embriaguez involuntário, o juízo de censura sobre sua conduta será menor, razão pela qual sua pena deverá ser reduzida de um a dois terços.

Redução de pena na Lei Antidrogas

O art. 46 da Lei Antidrogas, tal como o § 2º do art. 28 do Código Penal, prevê uma causa de redução de pena dizendo:

Art. 46. As penas podem ser reduzidas de um terço a dois terços se, por força das circunstâncias previstas no art. 45 desta Lei, o agente não possuía, ao tempo da ação ou da omissão, a plena capacidade de entender o caráter ilícito do fato ou de determinar-se de acordo com esse entendimento.

🔎 A simples alegação de dependência química não é suficiente à aplicação da excludente da pena preconizada no art. 45 da Lei nº 11.343/2006 ou da causa de redução de pena prevista no art. 46 do mesmo diploma legal, ainda mais em se tratando de drogadição voluntária, que não ilide o réu de responsabilidade sobre seus autos, muito menos há de atenuar sua reprimenda. Outrossim, as supramencionadas causas de isenção/redução da pena exigem demonstração cabal de que o agente tenha agido em razão da dependência química ou sob o efeito de droga, proveniente

---

[9] SOUZA, Sérgio Ricardo de. *A nova lei antidrogas*, p. 72.

de caso fortuito ou força maior, bem como de que ele, ao tempo da ação ou omissão, não fosse inteiramente incapaz de compreender o caráter ilícito do fato ou de determinar-se de acordo com este entendimento, o que não restou comprovado nos autos, já que, embora existam indícios de uso de drogas por parte do acusado, ele é feito de maneira voluntária e não houve perícia demonstrando a dependência, a falta de capacidade de discernimento quanto à ilicitude da sua conduta, ou eventual anomalia se afigurava indispensável (TJ-RS, AC 70069957876, Rel. Des. José Luiz John dos Santos, j. 14/09/2016).

Nesse sentido:

TJMT, Ap., Rel. Flávio José Bertin, j. 07/04/1999, *RT* 768/650; TJBA, Ap. Crim. 19.405-4/95, Rel. José Alfredo, j. 13/06/1995.

Título IV – Do Concurso de Pessoas

Art. 29. Quem, de qualquer modo, concorre para o crime incide nas penas a este cominadas, na medida de sua culpabilidade.

§ 1º. Se a participação for de menor importância, a pena pode ser diminuída de um sexto a um terço.

§ 2º. Se algum dos concorrentes quis participar de crime menos grave, ser-lhe-á aplicada a pena deste; essa pena será aumentada até metade, na hipótese de ter sido previsível o resultado mais grave.

Concurso de pessoas

Fala-se em concurso de pessoas quando duas ou mais pessoas concorrem para a prática de uma mesma infração penal. Essa colaboração recíproca pode ocorrer tanto nos casos em que são vários os autores como naqueles em que existirem autores e partícipes.

⚖ A jurisprudência do Superior Tribunal de Justiça é firme no sentido de que a caracterização do concurso de agentes não exige a identificação do comparsa, sendo suficiente a concorrência de duas ou mais pessoas na execução do crime, circunstância evidenciada no caso (STJ, HC 380.712/RS, Rel. Min. Reynaldo Soares da Fonseca, 5ª T., *DJe* 24/02/2017).

Nesse sentido:

⚖ STJ, HC 162221/SP, Rel.ª Min.ª Maria Thereza de Assis Moura, 6ª T., *DJe* 29/04/2013; STJ, REsp 76011/BA, Rel. Min. Luiz Vicente Cernicchiaro, *LEXSTJ* 114, p. 351; TASP, Ap. 46099, Rel. Cardoso Rolim, *RT* 378, p. 307.

Requisitos para o concurso de pessoas

Para que se possa concluir pelo concurso de pessoas, será preciso verificar a presença dos seguintes requisitos: *a)* pluralidade de agentes e de condutas; *b)* relevância causal de cada conduta; *c)* liame subjetivo entre os agentes; *d)* identidade de infração penal.

⚖ Concurso de agentes que exige requisitos objetivos: 1. Pluralidades de condutas mesmo que idênticas; 2. Relevância causal de cada uma das ações para com o resultado e a identidade de resultado; e requisito subjetivo: união de vontades entre os agentes. Logo, se cada conduta foi isoladamente perpetrada não se está falando de concurso de agentes (TJ-RJ, HC 0056629-04.2014.8.19.0000, Rel. Des. Paulo Rangel, *DJe* 31/03/2015).

Teorias sobre o concurso de pessoas

a) teoria pluralista;
b) teoria dualista;
c) teoria monista.

Para a teoria pluralista, haverá tantas infrações penais quantos forem o número de autores e partícipes. Já a teoria dualista distingue o crime praticado pelos autores daquele cometido pelos partícipes. Para essa teoria, haverá uma infração penal para os autores e outra para os partícipes. A teoria monista, também conhecida como unitária, adotada pelo nosso Código Penal, aduz que todos aqueles que concorrem para o crime incidem nas penas a este cominadas, na medida de sua culpabilidade. Para a teoria monista, existe um crime único, atribuído a todos aqueles que para ele concorreram, autores ou partícipes. Embora o crime seja praticado por diversas pessoas, permanece único e indivisível.

⚖ O Código Penal adota, como regra, a teoria monista, segundo a qual, presentes a pluralidade de agentes e a convergência de vontades voltada à prática da mesma infração penal, todos aqueles que contribuem para o delito incidem nas penas a ele cominadas, na medida da sua culpabilidade (STJ, REsp 1.799.010/GO, Rel. Min. Sebastião Reis Junior, 6ª T., *DJe* 07/05/2019).

Nesse sentido:

⚖ STJ, EDcl no REsp 1.638.488/PE, Rel.ª Min.ª Maria Thereza de Assis Moura, 6ª T., *DJe* 29/06/2018; STJ, HC 343.601/SC, Rel. Min. Ribeiro Dantas, *DJe* 10/03/2016; STF, HC 97652-2/RS, 2ª T., Rel. Min. Joaquim Barbosa, *DJe* 18/09/2009.

Espécies de concurso de pessoas

O concurso poderá ocorrer na modalidade de coautoria ou de participação.

⚖ Não constitui ilegalidade cada autor, coautor ou partícipe responder pelas suas circunstâncias pessoais, dentre as quais se situa a motivação do delito – o executor será responsabilizado por ter aceitado retirar a vida de outrem mediante o recebimento de uma contraprestação, já o autor intelectual será responsabilizado pela sua intenção ao ter dado causa à prática infracional, como é o caso dos autos: a paciente – acusada de ser a suposta mandante do homicídio (STJ, RHC 14900/SC, Rel. Min. Jorge Scartezzini, 5ª T., *DJ* 09/08/2004, p. 277).

Conceitos de autor

Há conceito restritivo e conceito extensivo de autor.

Conceito restritivo de autor

Para os que adotam um conceito restritivo, autor será somente aquele que praticar a conduta descrita no *núcleo* do tipo penal. Todos demais que, de alguma forma, o auxiliarem, embora não realizem a conduta narrada pelo verbo do tipo penal, serão considerados partícipes.

Conceito extensivo de autor

O conceito extensivo de autor encontra-se numa situação diametralmente oposta à do conceito restritivo. Pelo fato de partir da teoria da equivalência das condições, os adeptos do conceito extensivo não fazem distinção entre autores e partícipes. Todos aqueles que, de alguma forma, colaboram para a prática do fato são considerados autores.

Teoria do domínio do fato

Autor é aquele que decide o *se*, o *como* e o *quando* da infração penal; é o senhor de suas decisões.

Domínio funcional sobre o fato

Baseia-se na ideia de *divisão de tarefas*. Nilo Batista, com autoridade, depois de afirmar que a ideia de divisão de trabalho é fundamental ao conceito de coautoria, dissertando sobre o *domínio funcional do fato*, aduz: "Só pode interessar como coautor quem detenha o domínio (funcional) do fato; desprovida deste atributo, a figura cooperativa poderá situar-se na esfera da participação (instigação ou cumplicidade). O domínio funcional do fato não se subordina à execução pessoal da conduta típica ou de fragmento desta, nem deve ser pesquisado na linha de uma divisão aritmética de um domínio 'integral' do fato, do qual tocaria a cada coautor certa fração. Considerando-se o fato concreto, tal como se desenrola, o coautor tem reais interferências sobre o 'Se' e o seu 'Como'; apenas, face à operacional fixação de papéis, não é o único a tê-las, a finalisticamente conduzir o sucesso. Pode-se, entretanto, afirmar com Roxin que cada coautor tem a sorte do fato total em suas mãos, 'através de sua função específica na execução do sucesso total, porque se recusasse sua própria colaboração faria fracassar o fato."[1]

1. A teoria do domínio do fato funciona como uma *ratio*, a qual é insuficiente, por si mesma, para aferir a existência do nexo de causalidade entre o crime e o agente. É equivocado afirmar que um indivíduo é autor porque detém o domínio do fato se, no plano intermediário ligado à realidade, não há nenhuma circunstância que estabeleça o nexo entre sua conduta e o resultado lesivo. 2. Não há, portanto, como considerar, com base na teoria do domínio do fato, que a posição de gestor, diretor ou sócio administrador de uma empresa implica a presunção de que houve a participação no delito, se não houver, no plano fático-probatório, alguma circunstância que o vincule à prática delitiva. 3. Na espécie, a acusada assumiu a propriedade da empresa de composição grá-

fica personalizada, em virtude do súbito falecimento de seu cônjuge. Movida pela pouca experiência para a condução da empresa, delegou as questões tributárias aos gerentes com conhecimento técnico especializado, bem como a empresas de consultoria. Tal constatação, longe de representar incursão no plano fático, é reconhecida, de modo incontroverso, pelas instâncias ordinárias, que concluíram pela ação equivocada na contratação e na delegação da condução fiscal da empresa. 4. Diante desse quadro, não há como imputar-lhe o delito de sonegação de tributo com base, única e exclusivamente, na teoria do domínio do fato, máxime porque não houve descrição de nenhuma circunstância que indique o nexo de causalidade, o qual não pode ser presumido. 5. O delito de sonegação fiscal, previsto no art. 1º, II, da Lei n.8.137/1990, exige, para sua configuração, que a conduta do agente seja dolosa, consistente na utilização de procedimentos (fraude) que violem de forma direta a lei ou o regulamento fiscal, com objetivo de favorecer a si ou terceiros, por meio da sonegação. Há uma diferença inquestionável entre aquele que não paga tributo por circunstâncias alheias à sua vontade de pagar (dificuldades financeiras, equívocos no preenchimento de guias etc.) e quem, dolosamente, sonega o tributo com a utilização de expedientes espúrios e motivado por interesses pessoais. 6. Na hipótese, o quadro fático descrito na imputação é mais indicativo de conduta negligente ou imprudente. A constatação disso é reforçada pela delegação das operações contábeis sem a necessária fiscalização, situação que não se coaduna com o dolo, mas se aproxima da culpa em sentido estrito, não prevista no tipo penal em questão. 7. Recurso especial provido para absolver a acusada (REsp 1.854.893/SP, Rel. Min. Rogerio Schietti Cruz, 6ª T., julgado em 08/09/2020, *DJe* 14/09/2020).

Nesse sentido:

TJ-RS, AC 70069070852, Rel. Des. Naele Ochoa Piazzeta, j. 14/09/2016; STJ, AgRg no AREsp 465.499/ES, Rel. Min. Rogério Schietti Cruz, 6ª T., *DJe* 07/05/2015; TJ-RJ, AC 0002825-85.2012.8.19.0067, Rel. Des. Paulo Rangel, *DJe* 29/01/2014.

Coautoria

A teoria do domínio do fato fica mais evidente quando diversas pessoas, unidas pelo vínculo subjetivo, resolvem praticar uma mesma infração penal. Aqui, mais do que nunca, será de extrema importância saber quais são os autores e os partícipes. Na lapidar lição de Welzel, "a coautoria é autoria; sua particularidade consiste em que o domínio do fato unitário é comum a várias pessoas. Coautor é quem possuindo as qualidades pessoais de autor é portador da decisão comum a respeito do fato e em virtude disso toma parte na execução do delito".[2]

---

[1] BATISTA, Nilo. *Concurso de agentes*, p. 77.
[2] WELZEL, Hans. *Derecho penal alemán*. p. 129.

🖎 Na coautoria, todos os agentes possuem o domínio comum do fato típico, mediante uma divisão de tarefas. Não é necessário que todos os agentes pratiquem o verbo descrito no tipo; basta que a sua conduta, atípica, se isoladamente observada, seja essencial para a realização do fato típico. Dessa forma, em se tratando de coautoria, todos os agentes respondem pela prática do mesmo delito praticado (STJ/AgRg no AREsp 1.364.031/MG, Rel. Min. Rogerio Schietti Cruz, 6ª T., julgado em 05/05/2020, *DJe* 12/05/2020).

Nesse sentido:

🖎 TJMG, AC 1.0512. 06.031578-9/001, Rel. Des. Walter Pinto da Rocha, *DJ* 06/02/2007; STJ, APn 702/AP, Rel. Min. Nancy Andrighi, Revisor Ministra Laurita Vaz, Corte Especial, julgado em 03/08/2020, *DJe* 14/08/2020; RHC 126.876/SP, Rel. Min. Nefi Cordeiro, 6ª T., julgado em 25/08/2020, *DJe* 04/09/2020; HC 516.153/SC, Rel. Min. Ribeiro Dantas, 5ª T., julgado em 18/08/2020, *DJe* 24/08/2020.

Autoria direta e autoria indireta

Autor pode ser aquele que executa diretamente a conduta descrita pelo núcleo do tipo penal, ocasião em que será reconhecido como autor direto ou autor executor; ou poderá ser, também, aquele que se vale de outra pessoa, que lhe serve, na verdade, como instrumento para a prática da infração penal, sendo, portanto, chamado de autor indireto ou mediato.

Autoria mediata

Seguindo as lições de Wessels, "autor mediato é quem comete o fato punível 'por meio de outra pessoa', ou seja, realiza o tipo legal de um delito comissivo doloso de modo tal que, ao levar a cabo a ação típica, faz com que atue para ele um 'intermediário' na forma de um instrumento".[3]

Nesse caso, para que se possa falar em autoria indireta ou mediata, será preciso que o agente detenha o controle da situação, isto é, que tenha o domínio do fato. Nosso Código Penal prevê expressamente quatro casos de autoria mediata, a saber:

a) *erro determinado por terceiro* (art. 20, § 2º, do CP);

b) *coação moral irresistível* (art. 22, primeira parte, do CP);

c) *obediência hierárquica* (art. 22, segunda parte, do CP); e

d) *caso de instrumento impunível em virtude de condição ou qualidade pessoal* (art. 62, III, segunda parte, do CP).

Além dessas hipóteses, pode ocorrer, ainda, a autoria mediata, quando o autor se vale de interposta pessoa que não pratica qualquer comportamento – doloso ou culposo – em virtude da presença de uma causa de exclusão da ação, como ocorre nas situações de força irresistível do homem e do estado de inconsciência.

🖎 Comete o crime descrito no art. 157, § 2º, I e II, c/c o art. 61, II, "d", do CP, o acusado que, conforme demonstrou a prova testemunhal e as intercepções telefônicas, embora preso, teve participação mediata ou intelectual na prática de roubo majorado pelo emprego de arma e concurso de pessoas, com a agravante do uso de explosivos, contra Agência da Caixa Econômica Federal – CEF, na cidade de Campo Maior/PI (STJ, AREsp 1.435.395, Rel. Min. Antônio Saldanha Palheiro, publicado em 29/03/2019).

Nesse sentido:

🖎 TJ-MG, AC 0023826-19.2013.8.13.0598, Rel. Des. Rubens Gabriel Soares, *DJe* 14/08/2015; TJRS, Ap. Crim. 70002786135, 8ª Câm. Crim., Rel. Tupinambá Pinto de Azevedo, j. 29/10/2003.

Autoria mediata e crimes próprios

Entendemos ser perfeitamente possível a autoria mediata em crimes próprios, desde que o autor mediato possua as qualidades ou condições especiais exigidas pelo tipo penal. Zaffaroni e Pierangeli, esclarecendo o tema, afirmam: "O autor mediato deve reunir todos os caracteres que o tipo exige com relação ao autor, ou o *intraneus* (o funcionário, por exemplo), que se vale do *extraneus* (não funcionário) para praticar uma corrupção, é autor do crime de corrupção, mas o *extraneus* que se vale do *intraneus* não é autor mediato, por não possuir as condições típicas."[4]

Autoria mediata e crimes de mão própria

Tem-se entendido, majoritariamente, não ser cabível autoria mediata em crimes de mão própria, uma vez que estes últimos são considerados personalíssimos, ou seja, aqueles que necessitam, para sua configuração, da atuação pessoal e intransferível do agente. No entanto, embora a posição doutrinária majoritária não admita a autoria mediata nos crimes de mão própria, no exemplo do crime de falso testemunho, pode haver quebra da regra geral. Assim, imagine-se a hipótese em que a testemunha seja coagida, irresistivelmente, a prestar um depoimento falso para beneficiar o autor da coação. Nesse caso, de acordo com a norma constante do art. 22 do Código Penal, somente será punido o autor da coação, sendo este, portanto, um caso de autoria mediata.

Assim, podemos dizer que, como regra, não se admite autoria mediata nos crimes de mão própria. No entanto, como toda regra, poderá sofrer exceções, como a do caso apontado, em que será possível a autoria mediata em um crime de falso testemunho praticado mediante coação irresistível.

🖎 A tipificação da conduta relativa ao porte ilegal de arma de fogo de uso permitido (art. 14 da Lei nº 10.826/2006) não exige a qualidade especial do sujeito ativo, podendo ser praticado por qualquer pessoa,

---

[3] WESSELS, Johannes. *Derecho penal*, p. 159.

[4] ZAFFARONI, Eugenio Raúl; PIERANGELI, José Henrique. *Manual de direito penal brasileiro* – parte geral, p. 672.

não havendo que se falar em crime de mão própria. Ainda que apenas um dos agentes esteja portando a arma de fogo, é possível que os demais tenham concorrido de qualquer forma para a prática delituosa, motivo pelo qual devem responder na medida de sua participação, nos termos do art. 29 do Código Penal (STJ, AgRg no REsp 1.577.945/RJ, Rel. Min. Jorge Mussi, 5ª T., *DJe* 1º/02/2017).

Nesse sentido:

⚖ STJ, CC 139.742/DF, Rel. Min. Gurgel de Faria, S. 3, *DJe* 1º/02/2016; STJ, RHC 42.290/MG, Rel. Min. Rogério Schietti Cruz, 6ª T., *DJe* 23/09/2015; STJ, REsp 761354/PR, Rel. Min. Felix Fischer, 5ª T., *DJ* 16/10/2006, p. 421.

Coautoria e crimes próprios

Não haverá óbice algum nos delitos próprios, no que diz respeito à possibilidade de existirem, no critério de distribuição de funções, vários autores que, com unidade de desígnio, pratiquem a mesma infração penal, podendo-se falar, aqui, em coautoria. Poderão dois funcionários públicos, agindo em concurso, subtrair, valendo-se da facilidade que essa qualidade lhes proporcionava, um microcomputador existente na repartição na qual ambos trabalhavam. O crime de peculato é próprio, pois somente pode ser praticado por quem possua a qualidade de funcionário público. Contudo, embora próprio, admite a autoria mediata, bem como a coautoria, aplicando-se, com perfeição, a teoria do domínio funcional do fato.

⚖ A despeito de ser crime próprio, o agente que concorre para o evento delitivo também responde pelos atos praticados, a teor do art. 29 do Código Penal (STJ, AgRg nos EDcl no AgRg nos EDcl no AREsp 232.937/SC, Rel. Min. Leopoldo de Arruda Raposo – Desembargador Convocado do TJ-PE, 5ª T., *DJe* 24/06/2015).

Coautoria em crimes de mão própria

Da mesma forma que, como regra, não se admite em infrações penais dessa natureza a autoria mediata, também deverá ser afastada a possibilidade de coautoria. Isso porque, por se tratar de infrações personalíssimas, não há a possibilidade de divisão de tarefas. O delito, portanto, só pode ser realizado pessoalmente pelo agente previsto no tipo penal.

Em sentido contrário, já decidiu o STJ:

⚖ Entendimento desta Corte de que é possível, em tese, atribuir a advogado a coautoria pelo crime de falso testemunho (STJ, REsp 402783/SP/Rec. Esp. 2001/0193430-6; 5ª T., Rel. Min. José Arnaldo da Fonseca, *DJ* 13/10/2003, p. 403).

Embora não se possa falar em coautoria em delitos de mão própria, nada impede que haja concurso de partícipes. Os partícipes, mesmo não possuindo o domínio sobre o fato, podem, de alguma forma, concorrer para a infração penal, induzindo, instigando ou auxiliando materialmente o autor.

⚖ O delito de falso testemunho, apesar de ser considerado delito de "mão própria", admite a participação, nas modalidades de induzimento e instigação, ressalvadas raras exceções. Precedentes desta Corte e do STF (STJ, REsp 659.512/RS, Rel. Min. Gilson Dipp, 5ª T., *DJ* 29/11/2004, p. 397).

Autor intelectual

Fala-se em autoria intelectual quando se quer referir ao "homem inteligente" do grupo, aquele que traça o plano criminoso, com todos os seus detalhes. Segundo a lição de Damásio, "na autoria intelectual o sujeito planeja a ação delituosa, constituindo o crime produto de sua criatividade".[5]

Pode acontecer até mesmo que ao autor intelectual não seja atribuída qualquer função executiva do plano criminoso por ele pensado, o que não afasta, contudo, seu *status* de autor. Pelo contrário. Pela teoria do domínio do fato percebe-se, com clareza, sua importância para o sucesso da infração penal.

O art. 62, I, do Código Penal diz que a pena será ainda agravada em relação ao agente que *promove, ou organiza a cooperação no crime ou dirige a atividade dos demais agentes.*

Autor de determinação

Pierangeli e Zaffaroni trazem uma hipótese na qual não se pode falar em autoria, direta ou indireta, tampouco em participação, mas que, diante da redação do art. 29 do Código Penal, permite punir o agente pelo fato de ter determinado a prática da infração penal, sendo chamado, em razão disso, de *autor de determinação.*

Esclarecendo seu raciocínio, trazem à colação a hipótese de alguém que se valha de outro, que não realiza conduta para cometer um delito de mão própria: uma mulher dá sonífero à outra e depois hipnotiza um amigo, ordenando-lhe que com aquela mantenha conjunção carnal durante o transe. O hipnotizado não realiza conduta, ao passo que a mulher não pode, nessa situação, ser autora de estupro, porque é delito de mão própria. Tampouco é partícipe, pois falta o injusto alheio em que cooperar ou a que determinar.[6] Mesmo após a nova Redação dada pela Lei nº 12.015, de 7 de agosto de 2009, ao delito de estupro, o exemplo ainda é válido. Isso porque o art. 213 do Código Penal prevê a conjunção carnal, ou seja, a relação sexual normal, o coito vagínico, que só pode ser realizado entre um homem e uma mulher.

Considerando-se o estupro, praticado mediante conjunção carnal, como crime de mão própria, no caso em exame, a mulher que ministra o sonífero à

---

[5] JESUS, Damásio E. de. *Teoria do domínio do fato no concurso de pessoas*, p. 19.
[6] ZAFFARONI, Eugenio Raúl; PIERANGELI, José Henrique. *Manual de direito penal brasileiro – parte geral*, p. 676.

outra, bem como que hipnotiza o homem que, durante o transe, é levado a manter relações sexuais com aquela, não pode ser autora mediata de estupro. Tampouco poderá ser partícipe, pois, adotada pela maioria dos autores a *teoria da acessoriedade limitada da participação*, somente poderá haver a participação quando o autor vier a praticar um fato típico e ilícito. Pelo exemplo fornecido, o homem que manteve a conjunção carnal com a mulher que estava sob o efeito do sonífero não pratica conduta dolosa ou culposa. Portanto, se não há conduta penalmente relevante, não há fato típico, e, se não há fato típico, não haverá crime.

O que fazer, então? Será que a agente que criou toda essa situação ficará impune?

Para essas hipóteses em que não se pode falar em autoria ou participação, surge outra figura, vale dizer, a do autor de determinação. Será punido, segundo os renomados tratadistas, com as penas correspondentes à infração penal que houverem determinado, e, não, segundo eles, como autores dessa infração penal: "Não se trata de autoria de delito, mas de um *tipo especial de concorrência*, em que o autor só pode ser apenado como autor da determinação em si e não do delito a que tenha determinado. A mulher não é apenada como autora de estupro, mas lhe será aplicada a pena deste crime por haver cometido o *delito de determinar* para o estupro."[7,8]

Autoria por convicção

Ocorre naquelas hipóteses em que o agente conhece efetivamente a norma, mas a descumpre por razões de consciência, que pode ser política, religiosa, filosófica etc.

Reinhart Maurach e Heinz Zipf esclarecem, no que diz respeito ao delinquente por convicção, que o autor não desconhece o "desvalor de sua ação para o direito vigente e as concepções ético-sociais, mas que devido às suas convicções morais, religiosas ou políticas se sente obrigado ao fato [...]. Esse autor atuou corretamente segundo as leis de sua ética individual, da norma obrigacional reclamada para si".[9]

Coautoria sucessiva

A regra é de que todos os coautores iniciem, juntos, a empreitada criminosa. Mas pode acontecer que alguém, ou mesmo o grupo, já tenha começado a percorrer o *iter criminis*, ingressando na fase dos atos de execução, quando outra pessoa adere à conduta criminosa daquele, e agora, unidos pelo vínculo psicológico, passam, juntos, a praticar a infração penal. Em casos como esse, quando o acordo de vontade vier a ocorrer após o início da execução, fala-se em coautoria sucessiva.

Suponhamos que **A** perceba que seu irmão **B** está agredindo **C**. Querendo auxiliá-lo, **A** se une a **B** para que, juntos, espanquem a **C**. Como o crime de lesões corporais já estava em andamento, o ingresso de **A** no fato é tido como caso de coautoria sucessiva.

Limites da coautoria sucessiva

É possível o conhecimento de *habeas corpus* após o trânsito em julgado em que se requer a desclassificação do delito se se tratar apenas de tese jurídica, analisável a partir do que restou consignado na sentença, sem a necessidade de extensão probatória. Não é admissível a coautoria após a consumação do crime, salvo se comprovada a existência de ajuste prévio. A pessoa que participa apenas no momento do exaurimento do crime comete crime de favorecimento real, se sabe prestar auxílio destinado a tornar seguro o proveito do crime (HC 39732/RJ, Rel.ª Min.ª Maria Thereza de Assis Moura, 6ª T., j. 26/06/2007, *DJ* 03/09/200, p. 225).

Autoria colateral, autoria incerta e autoria desconhecida

Fala-se em *autoria colateral* quando dois agentes, embora convergindo suas condutas para a prática de determinado fato criminoso, não atuam unidos pelo liame subjetivo. Diz-se *incerta* a autoria quando, embora possamos apontar aqueles que, provavelmente, praticaram a infração penal, não podemos indicar, com precisão, o seu autor. Ressalta-se que a autoria incerta resulta de uma situação de autoria colateral, pois os agentes não podem ter agido unidos pelo liame subjetivo, o que faria com que todos fossem considerados autores, independentemente de se apontar com precisão, por exemplo, aquele que praticou o ato de execução que culminou com a consumação da infração penal. Já nos casos de *autoria desconhecida*, como a própria denominação diz, não se conhece aquele (ou aqueles) que, provavelmente foram o autor (ou autores) da infração penal.

Autoria de escritório (aparatos organizados de poder)

Zaffaroni e Pierangeli dissertam sobre outra modalidade de autoria, chamada *autoria de escritório*.

Essa nova modalidade de autoria, tida como mediata pelos renomados autores, "pressupõe uma 'máquina de poder', que pode ocorrer tanto num Estado em que se rompeu com a toda legalidade, como numa organização paraestatal (um Estado dentro do Estado),

---

[7] ZAFFARONI, Eugenio Raúl; PIERANGELI, José Henrique. *Manual de direito penal brasileiro* – parte geral, p. 678.

[8] Obs.: Na modalidade *ter conjunção carnal*, uma vez que, atualmente, de acordo com a nova redação legal, ocorrerá o estupro não somente quando o agente constrange alguém, mediante violência ou grave ameaça, a ter conjunção carnal, como também a praticar ou permitir que com ele se pratique outro ato libidinoso.

[9] MAURACH, Reinhart; ZIPF, Heinz. *Derecho penal* – parte general, v. 1, p. 584.

ou como uma máquina de poder autônoma 'mafiosa', por exemplo".[10]

Embora tratada como autoria mediata, o fato de alguém cumprir as ordens de um grupo criminoso extremamente organizado não o reduz à condição de mero instrumento, tal como acontece nos casos em que se pode falar em autoria mediata. Aqui, como em qualquer outro grupo organizado, como o "Comando Vermelho", existente nas favelas e nos morros da cidade do Rio de Janeiro, aquele que executa as ordens emanadas pelo "cabeça da organização" o faz tendo o domínio funcional do fato que lhe fora atribuído. Não pode ser considerado simples instrumento, mas, na concepção de Zaffaroni e Pierangeli, trata-se de caso de *autoria mediata especial*.

De acordo com as lições de Juan Carlos Ferré Olivé, Miguel Ángel Nuñez Paz, William Terra de Oliveira e Alexis Couto de Brito:

"Devem existir quatro requisitos imprescindíveis para se atribuir o domínio do fato ao autor por detrás: (I) poder de mando; (II) desvinculação do aparato organizado do ordenamento jurídico; (III) fungibilidade do executor imediato; e (IV) disponibilidade do fato consideravelmente elevada por parte do executor material".[11]

Participação

Já afirmamos que o autor é o protagonista da infração penal. É ele quem exerce o papel principal. Contudo, não raras as vezes, o protagonista pode receber o auxílio daqueles que, embora não desenvolvendo atividades principais, exercem papéis secundários, mas que influenciam na prática da infração penal. Estes, que atuam como coadjuvantes na história do crime, são conhecidos como partícipes.

Modalidades de participação

Como atividade acessória, a participação pode ser *moral* ou *material*.

Diz-se moral a participação nos casos de induzimento (que é tratado pelo Código Penal como determinação) e instigação. Material seria a participação por cumplicidade (prestação de auxílios materiais).

Induzir ou determinar é criar, incutir, colocar, fazer brotar a ideia criminosa na cabeça do agente/autor. Nessa modalidade de participação, o autor não tinha a ideia criminosa, cuja semente lhe é lançada pelo partícipe. A participação por instigação limita-se a reforçar, estimular uma ideia criminosa já existente na mente do autor. A função do partícipe, com a sua instigação, é fazer com que o agente fortaleça sua intenção delitiva. A atuação do instigador, nas lições de Pierangeli e Zaffaroni, "deve ser decisiva no sentido

de orientar e de determinar a execução, pelo autor, de uma conduta típica e antijurídica. Todavia, a punição da instigação decorre de ter levado o autor a decidir pela prática do crime, não pelo fato de ter-lhe dado a ideia, que até poderia ter sido dada por outrem".[12]

Na cumplicidade ou prestação de auxílios materiais, o partícipe facilita materialmente a prática da infração penal, por exemplo, cedendo a escada para aquele que deseja adentrar na casa da vítima, a fim de levar a efeito uma subtração, ou o que empresta sua arma para que o autor possa causar a morte de seu desafeto. Em toda prestação de auxílios materiais existe embutida uma dose de instigação. Aquele que empresta a escada ou sua arma para o autor está estimulando-o, mesmo que indiretamente, a praticar a infração penal, reforçando, portanto, sua ideia criminosa.

⚖ Não há falar em aplicação da minorante pela participação de menor importância (art. 29, § 1º, do CP) na hipótese em que evidenciada a alta relevância causal da atuação da recorrida para que concretizados os fatos típicos, bem como a gravidade da contribuição prestada, tendo restado inconteste que a ré auxiliou ativamente o condenado na prática dos estupros contra os menores (STJ, REsp 1.359.411/MG, Rel.ª Min.ª Maria Thereza de Assis Moura, 6ª T., *DJe* 16/05/2016).

Nesse sentido:

⚖ TJRS, Ap. Crim. 70012052403, 8ª Câm. Crim., Rel. Roque Miguel Fank, j. 10/08/2005.

Cumplicidade necessária

Tem-se levado a efeito a distinção entre cumplicidade necessária e cumplicidade desnecessária, entendendo-se aquela nas hipóteses em que o bem ou o auxílio material são entendidos como escassos, ou seja, não poderiam ser fornecidos normalmente por qualquer pessoa, como ocorreria na segunda situação.

Teorias sobre a acessoriedade da participação

São quatro as teorias que disputam o tratamento sobre a acessoriedade da participação, a saber:
a) teoria da acessoriedade mínima;
b) teoria da acessoriedade limitada;
c) teoria da acessoriedade máxima; e
d) teoria da hiperacessoriedade.

Para a teoria da acessoriedade mínima, haverá participação punível a partir do momento em que o autor já tiver realizado uma conduta típica. Basta, para essa teoria, que o autor pratique um fato típico, para que possa haver a responsabilização penal do partícipe. A teoria da acessoriedade limitada pune a participação se o autor tiver levado a efeito uma conduta típica e ilícita. Para a teoria da acessoriedade máxima, so-

---

[10] ZAFFARONI, Eugenio Raúl; PIERANGELI, José Henrique. *Manual de direito penal brasileiro* – parte geral, p. 672.

[11] FERRÉ OLIVÉ, Juan Carlos; NUÑEZ PAZ, Miguel Ángel; OLIVEIRA, William Terra de; BRITO, Alexis Couto de. *Direito penal brasileiro* – parte geral – princípios fundamentais e sistema, p. 552.

[12] PIERANGELI, José Henrique. *Escritos jurídico-penais*, p. 73.

mente haverá a punição do partícipe se o autor tiver praticado uma conduta típica, ilícita e culpável. A teoria da hiperacessoriedade vai mais além e diz que a participação somente será punida se o autor tiver praticado um fato típico, ilícito, culpável e punível.

Instigação a autores e a fatos determinados

A participação deve dirigir-se a fatos e a pessoas determinadas. Não se estimula, genericamente, ao cometimento de fatos não determinados. O instigador, seguindo as lições de Zaffaroni e Pierangeli, "deve pretender o cometimento de um fato determinado, isto é, de um delito determinado",[13] da mesma forma que deve dirigir-se a pessoa ou pessoas determinadas.

Participação punível – desistência voluntária e arrependimento do autor

Nas hipóteses de desistência voluntária ou de arrependimento eficaz do autor, o partícipe não será beneficiado com a regra contida no art. 15 do Código Penal, uma vez que, ao ser iniciada a execução, ali nasceu a possibilidade de puni-lo.[14] Em sentido contrário, Nilo Batista aduz que a "impunidade do partícipe é decorrência da acessoriedade da participação",[15] ou seja, se a desistência ou o arrependimento do autor o levar à atipicidade da conduta inicial por ele praticada, tal fato deverá ser estendido ao partícipe. No mesmo sentido é a posição de Esther de Figueiredo Ferraz,[16] quando diz: "se o executor desiste voluntariamente da consumação do crime ou impede que o resultado se produza, responderá apenas pelos atos já praticados (art. 13), beneficiando-se dessa circunstância inteiramente alheia às respectivas vontades os vários partícipes, uma vez que a isso conduz a doutrina unitária do concurso acolhida pelo art. 25."[17]

Arrependimento do partícipe

Se o partícipe houver induzido ou instigado o autor, incutindo-lhe a ideia criminosa ou reforçando-a a ponto de este decidir-se pelo cometimento do delito, e vier a se arrepender, somente não será responsabilizado penalmente se conseguir fazer com que o autor não pratique a conduta criminosa. Caso contrário, ou seja, se não tiver sucesso na sua missão de evitar que o delito seja cometido, depois de ter induzido ou instigado inicialmente o autor, seu arrependimento não será eficaz e, portanto, não afastará sua responsabilidade penal como ato acessório ao praticado pelo

autor. Nesse sentido, o posicionamento de Jescheck, quando diz: "Se o partícipe se esforçou em vão para fazer com que o autor desistisse, a sua desistência foi fracassada. A desistência pode, ao contrário, ter êxito, quando o partícipe impede voluntariamente a consumação do fato para o qual havia cooperado".[18]

No que diz respeito à cumplicidade (prestação de auxílios materiais), a solução para o partícipe nos parece mais tranquila. Se houve, de parte dele, a promessa de que emprestaria a arma a ser utilizada pelo autor e, antes que ela seja entregue, desiste de participar, e se o autor comete o delito valendo-se de outro instrumento que não aquele prometido pelo partícipe, este último não poderá ser penalmente responsabilizado. Aplica-se o mesmo raciocínio se já havia emprestado a arma e, antes da prática da infração penal, consegue reavê-la, impedindo o autor de usá-la.

Participação em cadeia (participação de participação)

É perfeitamente admissível, a exemplo da hipótese em que **A** induza **B** a induzir **C** a causar a morte de **D**. Ou que **A**, induza **B** a emprestar sua arma a **C**, para que este venha causar a morte de **D**.

Participação sucessiva

Damásio de Jesus preleciona que "a participação sucessiva ocorre quando, presente o induzimento (determinação) ou instigação do executor, sucede outra determinação ou instigação. Ex.: **A** instiga **B** a matar **C**. Após essa participação, o agente **D**, desconhecendo a precedente participação de **A**, instiga **B** a matar **C**. Se a instigação do sujeito **D** foi eficiente em face do nexo de causalidade, é considerado partícipe do homicídio".[19]

Participação por omissão

A participação moral, segundo posição amplamente majoritária, é impossível de ser realizada por omissão. Nilo Batista, de forma absoluta, assevera: "Inimaginável o doloso processo de convencimento à resolução criminosa que se não estruture numa atuação positiva; nesse campo, poder-se-ia até abrir mão das palavras, porém nunca de uma ação."[20]

Já a participação material, contudo, pode concretizar-se numa inação do partícipe, que, com a sua omissão, contribui para a ocorrência da infração penal. Merece frisar que o partícipe que contribui para o fato, au-

---

[13] ZAFFARONI, Eugenio Raúl; PIERANGELI, José Henrique. *Manual de direito penal brasileiro* – parte geral, p. 695.

[14] Nesse sentido também o entendimento de José Cerezo Mir, que, depois de analisar a nova redação do Código Penal espanhol, afirma que "a desistência do autor não determina a impunidade dos partícipes", uma vez que entende ser o instituto da desistência voluntária uma causa pessoal de exclusão de pena, ou seja, uma escusa absolutória (*Curso de derecho penal español* – parte general, v. III, p. 192-193).

[15] BATISTA, Nilo. *Concurso de agentes*, p. 135-136.

[16] FERRAZ, Esther de Figueiredo. *A codelinquência no direito penal brasileiro*, p. 173-174.

[17] Os arts. 13 e 25 referidos na citação correspondem, respectivamente, aos arts. 15 e 29 da nova parte geral do Código Penal.

[18] JESCHECK, Hans-Heinrich. *Tratado de derecho penal* – parte general, v. II, p. 749.

[19] JESUS, Damásio E. de. *Direito penal* – parte geral, v. I, p. 376.

[20] BATISTA, Nilo. *Concurso de agentes*, p. 133.

xiliando materialmente sua execução, não pode, em qualquer hipótese, ser considerado garantidor da não ocorrência desse mesmo fato, pois, caso contrário, se, tendo o dever de agir para impedir o resultado, nada faz, responderá pela infração penal a título de autoria, e não de participação.

Raciocinemos com o seguinte exemplo fornecido por Nilo Batista: "Numa firma comercial, o empregado **A** vem subtraindo semanalmente certa importância em dinheiro; **B**, que não é tesoureiro, nem caixa, nem exerce qualquer outra função que fizesse possível conceber o dever especial, mas que pode de alguma forma facilitar o acesso de **A** ao cofre, omite providências (chaves, horários etc.) que significariam obstáculos à atividade de **A**, desejando, por raiva do patrão, que a perda patrimonial seja expressiva."[21]

Participação de menor importância

O § 1º do art. 29 do Código Penal somente terá aplicação nos casos de participação (instigação e cumplicidade), não se aplicando às hipóteses de coautoria. Não se poderá falar, portanto, em coautoria de menor importância, a fim de atribuir a redução de pena a um dos coautores. Isso porque, segundo posição adotada pela teoria do domínio funcional do fato, observando-se o critério de distribuição de tarefas, coautor é aquele que tem o domínio funcional do fato que lhe fora atribuído pelo grupo, sendo sua atuação, assim, relevante para o sucesso da empreitada criminosa. Dessa forma, toda atuação daquele que é considerado coautor é importante para a prática da infração penal, não se podendo, portanto, falar em "participação de menor importância".

⚖ Não se verifica manifesta ilegalidade, pois houve a indicação de fundamentação concreta para a fixação da fração da causa de diminuição do art. 29 do Código Penal em 1/6, tendo vem vista a concorrência eficaz da agente para a consecução dos delitos e que não há indícios de que ela tenha tido a pretensão de participar de crimes menos graves e sendo a sua participação apenas um pouco menos aviltante (STJ, AgRg no RHC 126.464/RJ, Rel. Min. Nefi Cordeiro, 6ª T., julgado em 16/06/2020, *DJe* 23/06/2020).

Nesse sentido:

⚖ STJ, HC 519.362, Rel. Min. Antônio Saldanha Palheiro, publicado em 29/08/2019; STJ, HC 428.693/SP, Rel. Min. Ribeiro Dantas, 5ª T., *DJe* 30/05/2018; STJ, HC 377.270/RS, Rel. Min. Ribeiro Dantas, 5ª T., *DJe* 09/06/2017; STJ, HC 346.297/DF, Rel. Min. Reynaldo Soares da Fonseca, 5ª T., *DJe* 09/03/2016; TJRS, AC 70053540555, Rel. Ícaro Carvalho de Bem Osório, j. 12/07/2013; TJMG, AC 1.0418.06.000 610-7/001, Rel. Des. Eduardo Brum, *DJ* 07/07/2009; TJRS, AC 70012052403, Rel. Des. Roque Miguel Frank, 8ª Câm., j. 10/08/2005.

Participação em crime menos grave (desvio subjetivo de conduta)

Pelo que se dessume do mencionado parágrafo, o legislador pretendeu punir os concorrentes nos limites impostos pela finalidade de sua conduta, ou seja, se queria concorrer para o cometimento de determinada infração penal, se o seu dolo era voltado no sentido de cooperar e praticar determinado crime, não poderá responder pelo desvio subjetivo de conduta atribuído ao autor executor.

Imaginemos o seguinte exemplo: **A** estimula **B** a causar lesões em **C**. Ao dar início às agressões, **B**, agindo agora com *animus occidendi* (dolo de matar), espanca **C** até a morte. Como se percebe, **B** não fora instigado por **A** a causar a morte de **C**. Tal fato se deveu, exclusivamente, a um desvio subjetivo da conduta de **B**. Em razão do disposto no § 2º do art. 29 do Código Penal, **A** somente deverá ser responsabilizado por seu dolo, ou seja, se a finalidade de sua participação era estimular, instigar o agente a causar lesões em alguém, e se, durante a execução do crime, o autor executor resolver ir mais adiante e praticar outra infração penal que não aquela sugerida ou estimulada pelo partícipe, este último somente será responsabilizado pelo seu dolo. Se o dolo foi o de estimular o agente a cometer o delito de lesões corporais, por ele deverá ser responsabilizado. Se o resultado mais grave fosse previsível para o concorrente, a pena prevista para a infração penal para a qual queria concorrer será aumentada de metade.

⚖ O reconhecimento, pelo Conselho de Sentença, da participação da recorrente para a prática do delito doloso contra a vida, indicando ao executor o local onde se encontrava a vítima e fornecendo a arma de fogo, não constitui óbice à conclusão de que quis participar de delito menos grave, em atenção ao disposto no art. 29, § 2º, do Código Penal, que prevê exceção à teoria monista no concurso de pessoas ao tratar do desvio subjetivo de conduta ou da denominada cooperação dolosamente distinta (STJ, REsp 1.501.270/PR, Rel.ª Min.ª Maria Thereza de Assis Moura, 6ª T., *DJe* 23/10/2015).

Nesse sentido:

⚖ STJ, REsp 669138/DF, Rel. Min. Gilson Dipp, 5ª T., *DJ* 13/06/2005, p. 336.

Punibilidade no concurso de pessoas

Havendo concurso de pessoas, cada agente deverá ser responsabilizado, nos termos da parte final do art. 29 do Código Penal, *na medida de sua culpabilidade*, ou seja, o julgador deverá realizar um juízo de censura sobre cada comportamento praticado pelos agentes, individualmente.

⚖ No que tange à responsabilidade solidária dos réus, o art. 2º da Lei nº 9.605/1998 dispõe que:

---

21 BATISTA, Nilo. *Concurso de agentes*, p. 134.

"Quem, de qualquer forma, concorre para a prática dos crimes previstos nesta Lei, incide nas penas a estes cominadas, na medida da sua culpabilidade, bem como o diretor, o administrador, o membro de conselho e de órgão técnico, o auditor, o gerente, o preposto ou mandatário de pessoa jurídica, que, sabendo da conduta criminosa de outrem, deixar de impedir a sua prática, quando podia agir para evitá-la" (STJ, REsp 1.641.589, Rel. Min. Assusete Magalhães, publicado em 28/05/2019).

Nesse sentido:

⚖ STJ, HC 104.880/MS, Rel. Min. Nilson Naves, 6ª T., *DJe* 09/03/2009; STJ, REsp 575684/SP, Rel. Min. Paulo Medina, 6ª T., *DJ* 23/04/2007, p. 317.

Embora cada agente deva ser responsabilizado na medida de sua culpabilidade, ou seja, de acordo com o juízo de censura que recai sobre o seu comportamento, tal raciocínio não permite que, fora da hipótese prevista pelo § 2º do art. 29 do Código Penal, o julgador dê ao fato definição jurídica diversa para cada um dos coparticipantes, punindo-os, consequentemente, também de forma diversa, a exemplo do que ocorreu no caso relatado no *Habeas Corpus* 97.652/RS, tendo como Relator o Min. Joaquim Barbosa, do STF, em que um dos agentes foi condenado pelo delito consumado e o outro pela modalidade tentada, sendo que ambos agiram em concurso de pessoas, ou seja, convergiram as suas condutas, unidos pelo liame subjetivo, para prática de uma mesma infração penal, observada a divisão de tarefas.

Coautoria em crimes omissivos (próprios e impróprios)

Existe controvérsia doutrinária e jurisprudencial a respeito da possibilidade de coautoria em crimes omissivos. Nilo Batista, com autoridade, afirma: "O dever de atuar a que está adstrito o autor do delito omissivo é indecomponível. Por outro lado, como diz Bacigalupo, a falta de ação priva de sentido o pressuposto fundamental da coautoria, que é a divisão do trabalho; assim, *no es concebible que alguien omita una parte mientras otros omiten el resto*. Quando dois médicos omitem – ainda que de comum acordo – denunciar moléstia de notificação compulsória de que tiveram ciência (art. 269 CP), temos dois autores diretos individualmente consideráveis. A inexistência do acordo (que, de resto, não possui qualquer relevância típica) deslocaria para uma autoria colateral, sem alteração substancial na hipótese. No famoso exemplo de Kaufmann, dos cinquenta nadadores que assistem passivamente ao afogamento do menino, temos cinquenta autores diretos da omissão de socorro. A solução não se altera se se transferem os casos para

a omissão imprópria: pai e mãe que deixam o pequeno filho morrer à míngua de alimentação são autores diretos do homicídio; a omissão de um não 'completa' a omissão do outro; o dever de assistência não é violado em 50% por cada qual."[22]

Para o renomado autor, portanto, não se cogita de coautoria nos delitos omissivos, uma vez que cada agente possui o dever de agir de forma individualizada, indecomponível e intransferível. Se dois garantidores, a exemplo do pai e da mãe, como citou o autor, deixam de fazer aquilo a que estavam obrigados, a fim de tentar evitar a produção do resultado, como a teoria do domínio funcional do fato não se aplica aos crimes omissivos, sejam eles próprios, sejam impróprios, embora tenham agido com identidade de propósito, não será o caso de coautoria, sendo cada um, individualmente, considerado autor.

Em sentido contrário é o entendimento de Cezar Bitencourt, quando afirma "ser perfeitamente possível a coautoria em crime omissivo próprio. Se duas pessoas deixarem de prestar socorro a uma pessoa gravemente ferida, podendo fazê-lo, sem risco pessoal, praticarão, individualmente, o crime autônomo de omissão de socorro. Agora, se essas duas pessoas, de comum acordo, deixarem de prestar socorro, nas mesmas circunstâncias, serão coautoras do crime de omissão de socorro. O princípio é o mesmo dos crimes comissivos: houve consciência e vontade de realizar um empreendimento comum, ou melhor, no caso de não realizá-lo conjuntamente".[23]

Tal raciocínio aplica-se, segundo o renomado autor, também aos crimes omissivos impróprios.

⚖ Coautor nada mais é do que autor, e autor é quem tem o domínio final do fato e não se pode ter o domínio final do fato em um crime culposo: ou o indivíduo tem o dolo e dirige sua conduta a um determinado fim ou ele age com inobservância do dever objetivo de cuidado e acarreta um resultado lesivo por negligência, imprudência ou imperícia, mas isso, no caso em tela, somente pode ser imputado a quem dirigia o automóvel. Crime omissivo próprio ou impróprio que acarreta a impossibilidade de coautoria diante do dever geral de atuação de cada indivíduo. Nos crimes omissivos cada qual responde pela omissão individualmente, com base no dever que lhe é imposto, diante da situação típica de perigo ou diante de sua posição de garantidor (TJ-RJ, HC 0056629-04.2014.8.19.0000, Rel. Des. Paulo Rangel, *DJe* 31/03/2015).

Com a devida *venia* das posições em contrário, filiamo-nos à segunda corrente, acreditando ser possível falar em coautoria nos crimes omissivos, desde que cada agente possua o dever de agir naquele determinado caso concreto.

[22] BATISTA, Nilo. *Concurso de agentes*, p. 65.
[23] BITENCOURT, Cezar Roberto. *Manual de direito penal* – parte geral, p. 445.

Participação em crimes omissivos (próprios e impróprios)

A maioria de nossos autores admite a participação em crimes omissivos, a exemplo de Fontán Balestra quando diz: "Não parece que ofereça dúvida a possibilidade de instigar, que é uma forma de participação nos delitos de omissão. Pode-se instigar a alguém para que faça ou deixe de fazer algo."[24]

Coautoria em delitos culposos

Embora exista controvérsia doutrinária, a tendência contemporânea é a de aceitar a coautoria em delitos culposos. Duas pessoas podem, em um ato conjunto, deixar de observar o dever objetivo de cuidado que lhes cabia e, com a união de suas condutas, produzir um resultado lesivo.

⚖ A coautoria, tanto em crimes dolosos ou culposos, depende da existência de um nexo causal físico ou psicológico ligando os agentes do delito ao resultado (STJ, REsp 25070/MT, Rel. Min. Cid Flaquer Scartezzini, 5ª T., *RT* 706, p. 375).

Nesse sentido:
⚖ STJ, HC 40.474/PR, Rel.ª Min.ª Laurita Vaz, 5ª T., *DJ* 13/02/2006, p. 832; TJMG, AC 2.0000.00.438534-0/000, Rel. Des. Alexandre Victor de Carvalho, *DJ* 26/06/2004.

Participação em crimes culposos

Ao contrário do que acontece com a coautoria em crimes culposos, em que a maioria, hoje em dia, a aceita sem muitas dificuldades, quando nos referimos à participação em crimes culposos, a tendência quase unânime é de rechaçar essa possibilidade. No entanto, estamos com Mariano Silvestroni quando, exemplificando, preleciona que "quem convence a outro de que exceda o limite de velocidade permitido nos leva a cabo uma ação de conduzir suscetível de violar o dever de cuidado na condução veicular. Portanto, afirmar a autoria a respeito de um eventual homicídio culposo é bastante forçado. A solução pela instigação é mais adequada, principalmente quando não existe nenhuma razão para excluir da tipicidade culposa as regras da participação criminal".[25]

Denúncia inepta

⚖ Nos chamados crimes de autoria coletiva, embora a vestibular acusatória não possa ser de todo genérica, é válida quando, apesar de não descrever minuciosamente as atuações individuais dos acusados, demonstra um liame entre o seu agir e a suposta prática delituosa, estabelecendo a plausibilidade da imputação e possibilitando o exercício da ampla defe-

sa. Precedentes (STJ, RHC 98.045/RJ, Rel. Min. Jorge Mussi, 5ª T., *DJe* 29/06/2018).

Nesse sentido:
⚖ STF, HC 118.891/SP, Rel. Min. Edson Fachin, 1ª T., *DJe* 20/10/2015; STF, HC 86520/SP, Rel. Min. Cezar Peluso, 2ª T., *DJ* 08/06/2007, p. 46.

Narração pormenorizada das condutas na denúncia

A jurisprudência desta Corte admite, nos crimes de autoria coletiva, a validade da peça acusatória que, apesar de não descrever minuciosamente as ações individuais dos acusados, demonstra um liame entre o agir e a suposta prática delituosa, estabelecendo a plausibilidade da imputação e possibilitando o exercício da ampla defesa. Precedentes (STJ, AgRg no REsp 1.432.770/MA, Rel. Min. Reynaldo Soares da Fonseca, 5ª T., *DJe* 29/06/2016).

Nesse sentido:
⚖ STJ, RHC 66.363/RJ, Rel.ª Min.ª Maria Thereza de Assis Moura, 6ª T., *DJe* 10/03/2016; STJ, HC 205575/PB, Rel. Min. Jorge Mussi, 5ª T., *DJe* 06/06/2013; STJ, REsp 946.653/RJ, Rel.ª Min.ª Laurita Vaz, 5ª T., j. 02/06/2011, *Informativo* nº 475; STJ, RHC 21482/RS, Rel. Min. Napoleão Nunes Maia Filho, 5ª T., *DJe* 12/04/2010.

Circunstâncias incomunicáveis

Art. 30. Não se comunicam as circunstâncias e as condições de caráter pessoal, salvo quando elementares do crime.

Circunstâncias

São dados periféricos, acessórios, que gravitam ao redor da figura típica, somente interferindo na graduação da pena. A existência ou não de uma circunstância em nada interfere na definição da figura típica, tendo a sua importância limitada ao aumento ou diminuição da pena de determinada infração penal.

Circunstâncias objetivas e subjetivas

Objetivas, materiais ou *reais* são as circunstâncias que, na lição de Alberto Silva Franco, "se relacionam com o fato delituoso em sua materialidade (modos de execução, uso de determinados instrumentos, tempo, ocasião, lugar, qualidades da vítima etc.)".[26] Tais circunstâncias se comunicam se ingressarem na esfera de conhecimento dos coparticipantes.
Subjetivas ou *pessoais* são aquelas que dizem respeito à pessoa do agente, não tendo qualquer relação, como diz Damásio de Jesus, "com a materialidade do delito, como os motivos determinantes, suas condições ou qualidades pessoais e relações com a vítima ou com

[24] FONTÁN BALESTRA, Carlos. *Derecho penal*, p. 450.
[25] SILVESTRONI, Mariano H. *Teoría constitucional del delito*, p. 230.
[26] SILVA FRANCO, Alberto. *Código penal e sua interpretação jurisprudencial* – parte geral, v. I, t. I, p. 491.

outros concorrentes".[27] As circunstâncias de natureza subjetiva não se comunicam aos coparticipantes, a não ser que se transformem em elemento do tipo penal, ou seja, de simples dado periférico, passe a ser um dado essencial à figura típica. Deverá, ainda, para que seja estendida, ingressar na esfera de conhecimento dos coparticipantes.

Elementares

Elementares são dados essenciais à figura típica, sem os quais ou ocorre uma atipicidade absoluta, ou uma atipicidade relativa.[28]

Comunicabilidade

De acordo com a parte final do art. 30 do Código Penal, somente as elementares é que se comunicarão ao coparticipante, desde que ele, no entanto, dela tome conhecimento.

⚖ Em atendimento à teoria monista ou unitária adotada pelo Código Penal, apesar do réu não ter praticado a violência elementar do crime de latrocínio, conforme o entendimento consagrado por este Superior Tribunal de Justiça, havendo prévia convergência de vontades para a prática de tal delito, a utilização de violência ou grave ameaça, necessárias à sua consumação, comunica-se ao coautor, mesmo não sendo ele o executor direto do gravame. Ademais, alterar a conclusão das instâncias ordinárias acerca da relevância causal do paciente na intentada criminosa implicaria revolvimento fático probatório, o que é vedado nesta estreita via (STJ, HC 449.110/SP, Rel. Min. Ribeiro Dantas, 5ª T., julgado em 02/06/2020, *DJe* 10/06/2020).

Nesse sentido:

⚖ STJ, RE nos EDcl no AgRg no REsp 1.638.488, Rel. Min. João Otávio de Noronha, publicado em 25/03/2019; STJ, HC 423.708/SP, Rel. Min. Ribeiro Dantas, 5ª T., *DJe* 12/06/2018; STJ, AgRg no REsp 1.331.942/SP, Rel. Min. Reynaldo Soares da Fonseca, 5ª T., *DJe* 25/05/2016; STJ, HC 121827/GO, Rel.ª Min.ª Marilza Maynard, Desembargadora convocada do TJSE, *DJe* 21/05/2013; STJ, HC 78.404/RJ, Rel. Min. Felix Fischer, 5ª T., *DJe* 09/02/2009.

Casos de impunibilidade

Art. 31. O ajuste, a determinação ou instigação e o auxílio, salvo disposição expressa em contrário, não são puníveis, se o crime não chega, pelo menos, a ser tentado.

Impunibilidade da participação

Sendo a participação uma atividade acessória, sua punição dependerá, obrigatoriamente, da conduta do autor. Assim, se o autor der início à execução de um crime para o qual fora determinado ou auxiliado materialmente pelo partícipe, a partir desse instante permite-se a responsabilização penal pela participação. Caso contrário, ou seja, se o fato praticado pelo autor permanecer tão somente na fase da cogitação, ou mesmo naquela correspondente aos atos preparatórios, a participação não será punível.

⚖ O ajuste impunível, na forma do art. 31 do Código Penal, somente se aplica quando o crime não é ao menos tentado, revelando-se punível como cumplicidade a cooperação dolosa nos atos preparatórios, se o crime vem a ser praticado. O ajuste, como forma de cumplicidade, possui relevância causal, na medida em que serve de estímulo ao autor do fato, que põe em prática o comportamento ajustado. Se os atos preparatórios indicam a intenção de praticar crime menos grave do que aquele efetivamente praticado, os partícipes por ajuste respondem pelo delito preparado, na forma do art. 29, § 2º, do Código Penal. Recurso provido (TJMG, AC 1.0428.05.00 1879-8/001, Rel. Des. Hélcio Valentim, *DJ* 18/05/2009).

Tentativa de participação

Em razão do disposto no art. 31 do Código Penal, que diz que *o ajuste, a determinação ou instigação e o auxílio, salvo disposição expressa em contrário, não são puníveis, se o crime não chega, pelo menos, a ser tentado*, não podemos falar em tentativa de participação. Se o partícipe estimula alguém a cometer determinada infração penal, mas aquele que foi estimulado não pratica qualquer ato de execução tendente a consumá-la, a conduta do partícipe é considerada um indiferente penal.

⚖ Se os atos praticados pelo agente foram meramente preparatórios, não chegaram à iniciativa da execução do crime que lhe é atribuído, são atípicos e, portanto, insuscetíveis de ação penal (TJSP, HC 122.475, Rel. Humberto da Nova, *RT* 464, p. 325).

---

[27] JESUS, Damásio E. de. *Direito penal* – parte geral, v. I, p. 380.
[28] GRECO, Rogério. *Estrutura jurídica do crime*, p. 118.

Título V – Das Penas

Capítulo I – Das Espécies de Pena

Art. 32. As penas são:
I – privativas de liberdade;
II – restritivas de direitos;
III – de multa.

Limitação das penas

Em nosso país, depois de uma longa e lenta evolução, a Constituição Federal, visando a proteger os direitos de todos aqueles que, temporariamente ou não, estão em território nacional, proibiu a cominação de uma série de penas, por entender que todas elas, em sentido amplo, ofendiam a dignidade da pessoa humana, além de fugir, em algumas hipóteses, à sua função preventiva, como veremos mais adiante. O inc. XLVII do art. 5º da Constituição Federal, diz, portanto, que não haverá penas:
a) de morte, salvo no caso de guerra declarada, nos termos do seu art. 84, XIX; b) de caráter perpétuo; c) de trabalhos forçados; d) de banimento; e) cruéis.

Finalidade das penas

Nosso Código Penal, por intermédio de seu art. 59, diz que as penas devem ser necessárias e suficientes à *reprovação* e *prevenção* do crime. Assim, de acordo com nossa legislação penal, entendemos que a pena deve reprovar o mal produzido pela conduta praticada pelo agente, bem como prevenir futuras infrações penais.

A remição da pena possui caráter de contraprestação à atividade exercida pelo Reeducando, sendo vedada a aplicação do benefício além das hipóteses legalmente previstas, para ressarcir eventuais danos suportados em razão das condições físicas do estabelecimento prisional (STJ, HC 441.508, Rel. Min. Antônio Saldanha Palheiro, publicado em 1º/07/2019).

Nesse sentido:

STJ, HC 415.068/MG, Rel. Min. Ribeiro Dantas, 5ª T., *DJe* 28/11/2017; STJ, AgRg no REsp 1.449.226/RN, Rel. Min. Sebastião Reis Junior, 6ª T., *DJe* 15/06/2015; TJ-RJ,

AC 0000015-73.2014.8.19.0001, Rel. Des. Paulo Rangel, *DJe* 14/05/2015.

Teorias absolutas e relativas

As teorias tidas como absolutas advogam a tese da retribuição, sendo que as teorias relativas apregoam a prevenção.[1]

Na reprovação, segundo a teoria absoluta, reside o caráter retributivo da pena. Na precisa lição de Roxin, "a teoria da retribuição não encontra o sentido da pena na perspectiva de algum fim socialmente útil, senão em que mediante a imposição de um mal merecidamente se retribui, equilibra e espia a culpabilidade do autor pelo fato cometido. Se fala aqui de uma teoria 'absoluta' porque para ela o fim da pena é independente, 'desvinculado' de seu efeito social. A concepção da pena como retribuição compensatória realmente já é conhecida desde a antiguidade e permanece viva na consciência dos profanos com uma certa naturalidade: a pena deve ser justa e isso pressupõe que se corresponda em sua duração e intensidade com a gravidade do delito, que o compense".[2]

A teoria relativa se fundamenta no critério da prevenção, que se biparte em:
a) prevenção geral – negativa e positiva;
b) prevenção especial – negativa e positiva.

A prevenção geral pode ser estudada sob dois aspectos. Pela prevenção geral negativa, conhecida também pela expressão *prevenção por intimidação*, a pena aplicada ao autor da infração penal tende a refletir na sociedade, fazendo com que as demais pessoas, que se encontram com os olhos voltados para a condenação de um de seus pares, reflitam antes de praticar qualquer infração penal.[3] Segundo Hassemer, com a prevenção por intimidação "existe a esperança de que os concidadãos com inclinações para a prática de crimes possam ser persuadidos, através da resposta sancionatória à violação do Direito alheio, previamente anunciada, a comportarem-se em conformidade com o Direito; esperança, enfim, de que o Direito Penal

---

[1] Segundo Ferrajoli, "são teorias absolutas todas aquelas doutrinas que concebem a pena como um fim em si própria, ou seja, como 'castigo', 'reação', 'reparação' ou, ainda, 'retribuição' do crime, justificada por seu intrínseco valor axiológico, vale dizer, não um meio, e tampouco um custo, mas, sim, um dever ser metajurídico que possui em si seu próprio fundamento. São, ao contrário, 'relativas' todas as doutrinas *utilitaristas*, que consideram e justificam a pena enquanto meio para a realização do fim utilitário da prevenção de futuros delitos" (*Direito e razão*, p. 204).

[2] ROXIN, Claus. *Derecho penal* – parte general, t. I, p. 81-82.

[3] Ao tempo das cerimônias de suplício, o personagem principal era, na verdade, o povo que a tudo assistia. Um suplício, diz Foucault, "que tivesse sido conhecido, mas cujo desenrolar houvesse sido secreto, não teria sentido. Procurava-se dar o exemplo não só suscitando a consciência de que a menor infração corria sério risco de punição; mas provocando um efeito de terror pelo espetáculo do poder tripudiando sobre o culpado" (*Vigiar e punir*, p. 49).

ofereça sua contribuição para o aprimoramento da sociedade".[4] Existe, outrossim, outra vertente da prevenção geral tida como positiva. Paulo de Souza Queiroz preleciona que, "para os defensores da *prevenção integradora ou positiva*, a pena presta-se não à prevenção negativa de delitos, demovendo aqueles que já tenham incorrido na prática de delito; seu propósito vai além disso: infundir, na consciência geral, a necessidade de respeito a determinados valores, exercitando a fidelidade ao direito; promovendo, em última análise, a integração social".[5]

A prevenção especial, a seu turno, também pode ser concebida em seus dois sentidos. Pela prevenção especial negativa existe a neutralização daquele que praticou a infração penal, com a sua segregação no cárcere. A retirada momentânea do agente do convívio social o impede de praticar novas infrações penais, pelo menos na sociedade da qual foi retirado. Quando falamos em neutralização do agente, deve ser frisado que isso somente ocorre quando a ele for aplicada pena privativa de liberdade. Pela prevenção especial positiva, segundo Roxin, "a missão da pena consiste unicamente em fazer com que o autor desista de cometer futuros delitos".[6] Denota-se, aqui, o caráter ressocializador da pena, fazendo com que o agente medite sobre o crime, sopesando suas consequências, inibindo-o ao cometimento de outros.

As penas devem visar à reeducação do condenado. A história da humanidade teve, tem e terá compromisso com a reeducação e com a reinserção social do condenado. Se fosse doutro modo, a pena estatal estaria fadada ao insucesso (STJ, REsp 662807/MG, Min. Nilson Naves, 6ª T., *DJ* 19/03/2007, p. 398).

Teoria adotada pelo art. 59 do Código Penal

Em razão da redação contida no *caput* do art. 59 do Código Penal, podemos concluir pela adoção, em nossa lei penal, de uma *teoria mista ou unificadora da pena*.

Isso porque a parte final do *caput* do art. 59 do Código Penal conjuga a necessidade de reprovação com a prevenção do crime, fazendo, assim, com que se unifiquem as teorias absoluta e relativa, que se pautam, respectivamente, pelos critérios da retribuição e da prevenção.[7]

Sistemas prisionais

Podemos dizer que a pena de prisão, ou seja, a privação da liberdade como pena principal, foi um avanço na triste história das penas. Segundo nos informa Manoel Pedro Pimentel, a pena de prisão "teve sua origem nos mosteiros da Idade Média, como punição imposta aos monges ou clérigos faltosos, fazendo com que se recolhessem às suas celas para se dedicarem, em silêncio, à meditação e se arrependerem da falta cometida, reconciliando-se assim com Deus".[8]

Os sistemas penitenciários, a seu turno, encontraram suas origens no século XVIII e tiveram, conforme preleciona Cezar Roberto Bitencourt, "além dos antecedentes inspirados em concepções mais ou menos religiosas, um antecedente importantíssimo nos estabelecimentos de Amsterdam, nos *Bridwells* ingleses, e em outras experiências similares realizadas na Alemanha e na Suíça. Esses estabelecimentos não são apenas um antecedente importante dos primeiros sistemas penitenciários, como também marcam o nascimento da pena privativa de liberdade, superando a utilização da prisão como simples meio de custódia".[9]

Dentre os sistemas penitenciários que mais se destacaram durante sua evolução, podemos apontar os sistemas:

a) pensilvânico;

b) auburniano;

c) progressivo.

No sistema pensilvânico ou de Filadélfia, também conhecido como *celular*, o preso era recolhido à sua cela, isolado dos demais, não podendo trabalhar ou mesmo receber visitas, sendo estimulado ao arrependimento pela leitura da Bíblia. Noticia Manoel Pedro Pimentel que "este regime iniciou-se em 1790, na Walnut Street Jail, uma velha prisão situada na rua Walnut, na qual reinava, até então, a mais completa aglomeração de criminosos. Posteriormente, esse regime passou para a Eastern Penitenciary, construída pelo renomado arquiteto Edward Haviland, e que significou um notável progresso pela sua arquitetura e pela maneira como foi executado o regime penitenciário em seu interior".[10]

Esse sistema recebeu inúmeras críticas, uma vez que, além de extremamente severo, impossibilitava a rea-

---

[4] HASSEMER, Winfried. *Três temas de direito penal*, p. 34.

[5] QUEIROZ, Paulo de Souza. *Funções do direito penal*, p. 40.

[6] ROXIN, Claus. *Derecho penal* – parte general, t. I, p. 85.

[7] A Lei nº 11.343, de 23 de agosto de 2006, fugindo à regra do art. 59 do Código Penal, vale-se da palavra *prevenção* quando diz respeito a fatos que envolvam o *usuário ou dependente de drogas*; ao contrário, usa o termo *repressão* sempre que diz respeito a comportamentos que importem no reconhecimento do *tráfico de drogas*. Com isso, fica a dúvida: Quando estivermos diante de usuários ou dependentes de drogas, não se poderá falar em repressão (teoria absoluta) ou, em sentido contrário, quando estivermos diante de situações que importem no tráfico de drogas, não se cogitará de aplicar a pena visando a suas funções preventivas (teoria relativa)? Na verdade, embora o legislador tenha fugido, mais uma vez, à técnica exigida, entendemos que o art. 59 do Código Penal terá plena aplicação, adotando-se, pois, em ambos os casos, vale dizer, *consumo e tráfico de drogas*, a teoria mista, devendo a pena a ser aplicada cumprir as funções de reprovação e prevenção do crime.

[8] PIMENTEL, Manoel Pedro. *O crime e a pena na atualidade*, p. 132.

[9] BITENCOURT, Cezar Roberto. *Manual de direito penal* – parte geral, p. 91.

[10] PIMENTEL, Manoel Pedro. *O crime e a pena na atualidade*, p. 137.

daptação social do condenado, em face do seu completo isolamento.

As críticas ao sistema de Filadélfia ou pensilvânico fizeram com que surgisse outro, que ficou conhecido como *sistema auburniano*, em virtude de ter sido a penitenciária construída na cidade de Auburn, no Estado de Nova York, em 1818. Menos rigoroso que o sistema anterior, este permitia o trabalho dos presos, inicialmente, dentro de suas próprias celas e, posteriormente, em grupos. O isolamento noturno foi mantido. Uma das características principais do sistema auburniano diz respeito ao silêncio absoluto que era imposto aos presos, razão pela qual também ficou conhecido como *silent system*. Manoel Pedro Pimentel aponta as falhas do sistema auburniano aduzindo: "O ponto vulnerável desse sistema era a regra desumana do silêncio. Teria origem nessa regra o costume dos presos se comunicarem com as mãos, formando uma espécie de alfabeto, prática que até hoje se observa nas prisões de segurança máxima, onde a disciplina é mais rígida. Usavam, como até hoje usam, o processo de fazer sinais com batidas nas paredes ou nos canos d'água ou, ainda, modernamente, esvaziando a bacia dos sanitários e falando no que chamam de *boca do boi*. Falhava também o sistema pela proibição de visitas, mesmo dos familiares, com a abolição do lazer e dos exercícios físicos, bem como uma notória indiferença quanto à instrução e ao aprendizado ministrado aos presos."[11]

O sistema progressivo surgiu inicialmente na Inglaterra, sendo posteriormente adotado na Irlanda. Pelo sistema progressivo inglês, que surgiu no início do século XIX, Alexander Maconochie, capitão da Marinha Real, impressionado com o tratamento desumano que era destinado aos presos degredados para a Austrália, resolveu modificar o sistema penal. Na qualidade de diretor de um presídio do condado de Narwich, na ilha de Norfolk, na Austrália, Maconochie criou um sistema progressivo de cumprimento das penas, a ser realizado em três estágios. No primeiro deles, conhecido como *período de prova*, o preso era mantido completamente isolado, a exemplo do que acontecia no sistema pensilvânico; como progressão ao primeiro estágio, era permitido o trabalho comum, observando-se o silêncio absoluto, como preconizado pelo sistema auburniano, bem como o isolamento noturno, "passando depois de algum

tempo para as chamadas *public work-houses*, com vantagens maiores";[12] o terceiro período permitia o livramento condicional.

O sistema progressivo irlandês acrescentou mais uma fase às três mencionadas anteriormente, aperfeiçoando o sistema progressivo. Na precisa lição de Roberto Lyra, "o sistema irlandês de Walter Crofton (1857) concilia os anteriores, baseando-se no rigor da segregação absoluta no primeiro período, e progressiva emancipação, segundo os resultados da emenda. Nessa conformidade, galgam-se os demais períodos – o segundo, com segregação celular noturna e vida em comum durante o dia, porém, com a obrigação do silêncio; o terceiro, o de prisão intermédia (penitenciária industrial ou agrícola), de noite e de dia em vida comum para demonstrar praticamente os resultados das provações anteriores, isto é, a esperada regeneração e a aptidão para a liberdade; por fim, chega-se ao período do livramento condicional".[13]

Espécies de penas

De acordo com o art. 32 do Código Penal, as penas podem ser:

a) privativas de liberdade;

b) restritivas de direitos; e

c) de multa.

As penas privativas de liberdade previstas pelo Código Penal para os crimes ou delitos são as de *reclusão* e *detenção*. Ressalte-se, contudo, que a Lei das Contravenções Penais também prevê sua pena privativa de liberdade, que é a *prisão simples*.

As penas restritivas de direitos, de acordo com a redação dada ao art. 43 do Código Penal pela Lei nº 9.714/98 são: *a)* prestação pecuniária; *b)* perda de bens e valores; *c)* prestação de serviços à comunidade ou a entidades públicas; *d)* interdição temporária de direitos; e *e)* limitação de fim de semana.

A multa penal é de natureza pecuniária e o seu cálculo é elaborado considerando-se o sistema de dias-multa, que poderá variar entre um mínimo de 10 (dez) ao máximo de 360 (trezentos e sessenta) dias-multa, sendo que o valor correspondente a cada dia-multa será de 1/30 do valor do salário mínimo vigente à época dos fatos até 5 (cinco) vezes esse valor. Poderá o juiz, contudo, verificando a capacidade econômica do réu, triplicar o valor do dia-multa, segundo a norma contida no § 1º do art. 60 do Código Penal.

Seção I – Das Penas Privativas de Liberdade

Reclusão e detenção

Art. 33. A pena de reclusão deve ser cumprida em regime fechado, semiaberto ou aberto. A de de-

tenção, em regime semiaberto, ou aberto, salvo necessidade de transferência a regime fechado.

§ 1º Considera-se:

---

[11] PIMENTEL, Manoel Pedro. *O crime e a pena na atualidade*, p. 138.

[12] PIMENTEL, Manoel Pedro. *O crime e a pena na atualidade*, p.140.

[13] LYRA, Roberto. *Comentários ao código penal*, v. II, p. 91.

a) regime fechado a execução da pena em estabelecimento de segurança máxima ou média;

b) regime semiaberto a execução da pena em colônia agrícola, industrial ou estabelecimento similar;

c) regime aberto a execução da pena em casa de albergado ou estabelecimento adequado.

§ 2º As penas privativas de liberdade deverão ser executadas em forma progressiva, segundo o mérito do condenado, observados os seguintes critérios e ressalvadas as hipóteses de transferência a regime mais rigoroso:

a) o condenado a pena superior a 8 (oito) anos deverá começar a cumpri-la em regime fechado;

b) o condenado não reincidente, cuja pena seja superior a 4 (quatro) anos e não exceda a 8 (oito), poderá, desde o princípio, cumpri-la em regime semiaberto;

c) o condenado não reincidente, cuja pena seja igual ou inferior a 4 (quatro) anos, poderá, desde o início, cumpri-la em regime aberto.

§ 3º A determinação do regime inicial de cumprimento da pena far-se-á com observância dos critérios previstos no art. 59 deste Código.

§ 4º O condenado por crime contra a administração pública terá a progressão de regime do cumprimento da pena condicionada à reparação do dano que causou, ou à devolução do produto do ilícito praticado, com os acréscimos legais.

Reclusão e detenção

O Código Penal prevê duas penas privativas de liberdade – a de reclusão e a de detenção – sobre as quais incide uma série de implicações, a exemplo do regime de cumprimento a ser fixado na sentença condenatória etc.

A pena privativa de liberdade vem prevista no preceito secundário de cada tipo penal incriminador, servindo à sua individualização, que permitirá a aferição da proporcionalidade entre a sanção que é cominada em comparação com o bem jurídico por ele protegido.

Embora a reforma da Parte Geral do Código Penal, ocorrida em 1984, tenha mantido a distinção entre as penas de reclusão e de detenção, segundo a opinião de Alberto Silva Franco, essa não foi uma escolha feliz, haja vista que, conforme o renomado autor, "o legislador de 84 manteve a classificação 'reclusão-detenção', acolhida da PG/40 e, sob este ângulo, não se posicionou de acordo com as legislações penais mais modernas, que não mais aceitam, porque as áreas de significado dos conceitos de reclusão e de detenção estão praticamente superpostas e não evidenciam nenhum critério ontológico de distinção. Aliás, para evidenciar a precariedade da classificação, que não se

firma nem na natureza ou gravidade dos bens jurídicos, que com tais penas se pretende preservar, nem ainda na quantidade punitiva maior de uma e menor de outra, basta que se observe o critério diferenciador de que se valeu o legislador".[14]

Apesar da crítica do insigne professor paulista, como deixamos antever acima, algumas diferenças de tratamento podem ser apontadas no Código Penal entre as penas de reclusão e detenção, a saber:

a) a pena de reclusão deve ser cumprida em regime fechado, semiaberto ou aberto. A de detenção, em regime semiaberto, ou aberto, salvo necessidade de transferência a regime fechado (art. 33, *caput*, do CP);

b) no caso de concurso material, aplicando-se cumulativamente as penas de reclusão e de detenção, executa-se primeiro aquela (arts. 69, *caput*, e 76 do CP);

c) como efeito da condenação, a incapacidade para o exercício do poder familiar, da tutela ou da curatela nos crimes dolosos sujeitos à pena de reclusão cometidos contra outrem igualmente titular do mesmo poder familiar, contra filho, filha ou outro descendente, tutelado ou curatelado, bem como nos crimes cometidos contra a mulher por razões da condição do sexo feminino, nos termos do § 1º do art. 121-A do diploma repressivo (art. 92, II, do CP, com a nova redação que lhe foi conferida pela Lei nº 14.994, de 9 de outubro de 2024);

d) no que diz respeito à aplicação de medida de segurança, se o fato praticado pelo inimputável for punível com detenção, o juiz poderá submetê-lo a tratamento ambulatorial (art. 97, *caput*, do CP).

Regimes de cumprimento de pena

Após o julgador ter concluído, em sua sentença, pela prática do delito, afirmando que o fato praticado pelo réu era típico, ilícito e culpável, a etapa seguinte consiste na aplicação da pena. Adotado o critério trifásico pelo art. 68 do Código Penal, o juiz fixará a pena-base atendendo aos critérios do art. 59 do mesmo diploma repressivo; em seguida, serão consideradas as circunstâncias atenuantes e agravantes; por último, as causas de diminuição e de aumento.

O art. 59 do Código Penal, de aferição indispensável para que possa ser encontrada a pena-base, sobre a qual recairão todos os outros cálculos relativos às duas fases seguintes, determina que o *juiz, atendendo à culpabilidade, aos antecedentes, à conduta social, à personalidade do agente, aos motivos, às circunstâncias e às consequências do crime, bem como ao comportamento da vítima, estabelecerá, conforme seja necessário e suficiente para reprovação e prevenção do crime: I) – as penas aplicáveis dentre as cominadas; II) – a quantidade de pena aplicável, dentro dos limites*

---

[14] SILVA FRANCO, Alberto. *Código penal e sua interpretação jurisprudencial*, v. 1, t. 1, p. 506.

previstos; III) – o regime inicial de cumprimento da pena privativa de liberdade; IV) – a substituição da pena privativa de liberdade aplicada, por outra espécie de pena, se cabível.

Como se percebe pelo inc. III do art. 59 do Código Penal, deverá o juiz, ao aplicar a pena ao sentenciado, determinar o regime inicial de seu cumprimento, a saber: *fechado, semiaberto* ou *aberto*. De acordo com a lei penal (art. 33, § 1º, do CP), considera-se regime fechado a execução da pena em estabelecimento de segurança máxima ou média; regime semiaberto a execução da pena em colônia agrícola, industrial ou estabelecimento similar; aberto, a execução da pena em casa de albergado ou estabelecimento adequado.

⚖ Não viola o artigo 33, §§ 1º e 3º, do Código Penal a fixação do regime inicial fechado quando, embora a pena definitiva tenha sido estabelecida em patamar inferior a 8 (oito) anos de reclusão, militavam em desfavor do acusado, a culpabilidade, bem como as circunstâncias e consequências do crime, isso diante da condição social do acusado; à sua alta escolaridade; à experiência profissional; ao longo período em que se manteve ativa a associação criminosa e à complexidade do *iter criminis*, além dos significativos valores envolvidos na empreitada criminosa, ressaltando-se que, apenas a título de propina, foram pagos mais de três milhões de reais (STJ, AgRg no REsp 1.789.273/PR, Rel. Min. Felix Fischer, 5ª T., julgado em 25/08/2020, *DJe* 08/09/2020).

Estabelecimento penal federal de segurança máxima

A Lei nº 11.671, de 8 de maio de 2008, com as modificações que foram introduzidas pela Lei nº 13.964, de 24 de dezembro de 2019, dispôs sobre a transferência e a inclusão de presos em estabelecimentos penais federais de segurança máxima, esclarecendo que tal medida se justificaria no interesse da segurança pública ou do próprio preso, condenado ou provisório (art. 3º).

A inclusão em estabelecimento penal federal de segurança máxima, no atendimento do interesse da segurança pública, será em regime fechado de segurança máxima, com as seguintes características: I – recolhimento em cela individual; II – visita do cônjuge, do companheiro, de parentes e de amigos somente em dias determinados, por meio virtual ou no parlatório, com o máximo de 2 (duas) pessoas por vez, além de eventuais crianças, separados por vidro e comunicação por meio de interfone, com filmagem e gravações; III – banho de sol de até 2 (duas) horas diárias; e IV – monitoramento de todos os meios de comunicação, inclusive de correspondência escrita (art. 3º, § 1º).

Os estabelecimentos penais federais de segurança máxima deverão dispor de monitoramento de áudio e vídeo no parlatório e nas áreas comuns, para fins de preservação da ordem interna e da segurança pública,

vedado seu uso nas celas e no atendimento advocatício, salvo expressa autorização judicial em contrário. As gravações das visitas não poderão ser utilizadas como meio de prova de infrações penais pretéritas ao ingresso do preso no estabelecimento (art. 3º, §§ 2º e 3º).

O referido diploma legal condicionou a admissão do preso à decisão prévia e fundamentada do juízo federal competente, após receber os autos de transferência enviados pelo juízo responsável pela execução penal ou pela prisão provisória (art. 4º), sendo que, uma vez aceita a transferência, a execução penal ficaria a cargo do juízo federal da seção ou subseção judiciária em que estiver localizado o estabelecimento penal federal de segurança máxima ao qual foi recolhido o preso (art. 2º).

São legitimados a requerer a transferência do preso para o estabelecimento penal de segurança máxima a autoridade administrativa, o Ministério Público e o próprio preso. A Lei nº 11.671, de 8 de maio de 2008, determinou, ainda, nos parágrafos do seu art. 5º, procedimento próprio para a formalização do pedido de transferência.

Uma vez admitida a transferência, o juízo de origem deverá encaminhar ao juízo federal os autos da execução penal (art. 6º).

Rejeitada a transferência, o juízo de origem poderá suscitar o conflito de competência perante o Tribunal competente, que o apreciará em caráter prioritário (art. 9º).

A inclusão do preso em estabelecimento penal federal de segurança máxima será excepcional e por prazo determinado. O período de permanência será de até 3 (três) anos, renovável por igual período, quando solicitado motivadamente pelo juízo de origem, observados os requisitos da transferência, e se persistirem os motivos que a determinaram (art. 10 e § 1º).

As decisões relativas à transferência ou à prorrogação da permanência do preso em estabelecimento penal federal de segurança máxima, à concessão ou à denegação de benefícios prisionais ou à imposição de sanções ao preso federal poderão ser tomadas por órgão colegiado de juízes, na forma das normas de organização interna dos tribunais (art. 11-A).

Os Estados e o Distrito Federal poderão construir estabelecimentos penais de segurança máxima, ou adaptar os já existentes, aos quais será aplicável, no que couber, o disposto na Lei nº 11.671, de 8 de maio de 2008 (art. 11-B).

Uso de algemas

O STF, na sessão plenária de 13 de agosto de 2008, aprovou, por unanimidade, a Súmula Vinculante nº 11, disciplinando as hipóteses em que seria cabível o uso de algemas, dizendo:

⚖ **Súmula Vinculante nº 11–** *Só é lícito o uso de algemas em caso de resistência e de fundado receio de fuga ou de perigo à integridade física própria ou alheia,* *por parte do preso ou de terceiros, justificada a excepcionalidade por escrito, sob pena de responsabilidade disciplinar civil e penal do agente ou da autoridade e de nulidade da prisão ou do ato processual a que se refere, sem prejuízo da responsabilidade civil do Estado.*

A contenção por meio de algemas durante a realização da audiência não é um expediente que pode ser empregado sem critérios, devendo ser demonstrada sua necessidade em situações nas quais se vislumbre risco para a segurança do próprio acusado e das demais pessoas presentes no recinto. 2. No caso em tela, a fundamentação apresentada mostra-se suficiente, pois aponta a real necessidade de emprego do meio de contenção a partir das peculiaridades que envolveram a realização da audiência, uma vez que a sala tinha espaço exíguo e estava ocupado por grande número de pessoas com apenas um policial condutor, em contraposição à compleição física do acusado, bem como sua condição de pessoa que recebeu treinamento militar. Ademais, a defesa não logrou êxito em demonstrar a ocorrência de abuso ou prejuízo injustificado decorrente do emprego da medida. Não obstante isso, a desconstituição das premissas fáticas assentadas pelas instâncias de origem, como pretendido, demandaria, à evidência, o revolvimento do acervo fático-probatório, providência incabível em sede de recurso especial, ante o óbice contido na Súmula n. 7/STJ. (...) (STJ, AgRg no AREsp 1.668.686/RJ, Rel. Min. Reynaldo Soares da Fonseca, 5ª T., julgado em 19/05/2020, *DJe* 27/05/2020).

Paulo Rangel, com o brilhantismo que lhe é peculiar, dissertando sobre o tema, com precisão, assevera: "Com a súmula vinculante, a Polícia só poderá algemar o detido quando este oferecer resistência, ameaçar fugir no momento da prisão ou tentar agredir os agentes de polícia ou a si próprio. Dessa forma, ausentes os requisitos acima, o suspeito deve ser preso sem algemas, sob pena de o Estado ser processado civilmente e os agentes responderem administrativa, civil e penalmente. Além disso, o auto de prisão em flagrante ou o ato processual da prisão pode ser anulado.

Cria-se, com a súmula vinculante, um novo vício jurídico: o vício do uso de algemas que acarreta a sanção de nulidade do ato prisional. A autoridade policial deverá justificar, por escrito, o uso de algemas no preso, sob pena da responsabilidade dita na lei. O problema será se a justificação da autoridade policial convencerá a autoridade judiciária que é quem exercerá o papel fiscalizador da legalidade ou não do seu uso. Em outras palavras, inventaram mais uma maneira de anular o APF ou a decisão judicial daqueles que não podem ser presos, mas se forem que não sejam algemados.

Algema e 'camburão' são para pobre, não para *Colarinho-Branco*."[15]

Desde que foram inauguradas as algemas no Brasil, principalmente no trato com os negros africanos que haviam sido retirados violentamente de seu país de origem, quase nenhuma voz se levantou para disciplinar ou mesmo eliminar o seu uso. Isso porque, como sabemos, o sistema penal sempre foi seletivo, sempre teve seu público-alvo.

Ultimamente, após o advento da Constituição Federal de 1988, novos ventos começaram a soprar em nosso país, sendo que, excepcionalmente, pessoas até então tidas como "intocáveis" acabaram caindo nas malhas da Justiça, mesmo que por pouco tempo. Esse "incômodo" despertou, de repente, o interesse pelo uso de algemas, uma vez que, agora, aquelas pessoas que faziam parte da mais "alta sociedade" estavam conhecendo o cheiro e provando a comida servida nos cárceres. Tivemos até o inusitado depoimento de um político, que havia governado um dos maiores Estados da Federação, dizendo-se indignado com a "quentinha" que lhe era servida na cadeia. Para essas pessoas, com certeza, o uso das algemas era por demais constrangedor. Trocar suas pulseiras de ouro, conseguidas ilicitamente à custa de milhões de miseráveis brasileiros, por outra de aço era muito humilhante, e isso não poderia continuar.

Certo é, também, que alguns abusos foram cometidos em nome da suposta "isonomia", ou seja, do tratamento igualitário de todos os presos. No entanto, parece-nos que a ordem foi subvertida, ou seja, em vez de se punir o abuso, puniu-se a situação de normalidade, obrigando a autoridade policial a justificar, por escrito, o uso de algemas. E o pior, como bem ressaltou Paulo Rangel, é que isso poderá até mesmo macular o processo, como aconteceu no HC 91.952-9/SP, em que o STF anulou um julgamento de um acusado por um homicídio triplamente qualificado, em concurso com outra infração penal, pelo fato de ter sido exposto algemado em Plenário do Júri.

Essa decisão de nossa Suprema Corte poderá, segundo entendemos, ter efeito retroativo, a fim de abranger todos os demais casos em que o réu permaneceu algemado durante seu julgamento pelo Tribunal Popular, e isso, com certeza, será o caos da Justiça Penal. Enfim, resta-nos, agora, esperar que algum dos legitimados previstos pelo art. 103 da Constituição Federal venha propor o cancelamento da Súmula Vinculante nº 11 e que, por outro lado, o abuso cometido com o uso de algemas também seja devidamente punido, nas esferas administra, civil e, mesmo, penal.

Objetivando regulamentar o art. 199 da LEP, que diz respeito ao uso de algemas, foi editado o Decreto nº 8.858, de 26 de setembro de 2016, cujos arts. 1º a 3º dizem, *verbis*:

---

15 RANGEL, Paulo. *Direito processual penal*, p. 628-629.

Art. 1º. O emprego de algemas observará o disposto neste Decreto e terá como diretrizes:

I – o inciso III do caput *do art. 1º e o inciso III do* caput *do art. 5º da Constituição, que dispõem sobre a proteção e a promoção da dignidade da pessoa humana e sobre a proibição de submissão ao tratamento desumano e degradante;*

II – a Resolução nº 2010/16, de 22 de julho de 2010, das Nações Unidas sobre o tratamento de mulheres presas e medidas não privativas de liberdade para mulheres infratoras (Regras de Bangkok); e

III – o Pacto de San José da Costa Rica, que determina o tratamento humanitário dos presos e, em especial, das mulheres em condição de vulnerabilidade.

Art. 2º. É permitido o emprego de algemas apenas em casos de resistência e de fundado receio de fuga ou de perigo à integridade física própria ou alheia, causado pelo preso ou por terceiros, justificada a sua excepcionalidade por escrito.

Art. 3º. É vedado emprego de algemas em mulheres presas em qualquer unidade do sistema penitenciário nacional durante o trabalho de parto, no trajeto da parturiente entre a unidade prisional e a unidade hospitalar e após o parto, durante o período em que se encontrar hospitalizada.

A Lei nº 13.434, de 12 de abril de 2017, acrescentou parágrafo único ao art. 292 do Decreto-Lei nº 3.689, de 3 de outubro de 1941 (Código de Processo Penal), para vedar o uso de algemas em mulheres grávidas durante o parto e em mulheres durante a fase de puerpério imediato, dizendo, *verbis*:

Parágrafo único. *É vedado o uso de algemas em mulheres grávidas durante os atos médico-hospitalares preparatórios para a realização do parto e durante o trabalho de parto, bem como em mulheres durante o período de puerpério imediato.*

O emprego de algemas durante o julgamento plenário não viola a Súmula vinculante n.º 11 do Supremo Tribunal Federal, quando necessário para garantir a segurança de todos os presentes, como demonstrado pelo Juiz Presidente do Tribunal do Júri no caso (STJ, HC 507.207/DF, Rel. Min. Laurita Vaz, 6ª T., julgado em 19/05/2020, *DJe* 12/06/2020).

Nesse sentido:

STF, Rcl 31.410 AgR/SP, Rel. Min. Roberto Barroso, 1ª T., *DJe* 24/06/2019; STJ, RHC 98.281/DF, Rel. Min. Nefi Cordeiro, 6ª T., *DJe* 1º/08/2018; STJ, HC 398.111/RS, Rel.ª Min.ª Maria Thereza de Assis Moura, 6ª T., *DJe* 19/09/2017.

Monitoramento eletrônico

Conforme preleciona Edmundo Oliveira: "a partir de suas primeiras experiências na América do Norte, no início dos anos 80, até sua operacionalização na Europa, no meado dos anos 90, o monitoramento eletrônico é louvado por suas propriedades singulares de individualização da pena (Laville & Lameyre, 2003, PP 370-374). Ele evita os efeitos nefastos da dessocialização do encarceramento – principalmente para os delinquentes primários – e facilita a manutenção dos elos familiares e o exercício de uma atividade profissional. Esse sistema permite, também, diminuir a taxa de ocupação nos estabelecimentos penitenciários, acolhendo réus e condenados, a pequenas ou médias penas, a um custo bem menor. A prisão domiciliar sob monitoramento eletrônico afasta de seus beneficiários a promiscuidade e as más condições de higiene, a ociosidade e a irresponsabilidade, encontradas em tantas prisões. Trata-se de um tipo de punição que não acarreta o estigma do associado ao encarceramento, assegurando a continuação de uma vida 'normal' aos olhos do empregador e junto da família".[16]

O sistema de monitoramento eletrônico é feito por meio de um sinalizador GPS. Mas, o que vem a ser um GPS? GPS é um acrônimo, significando em inglês *Global Positioning System* e em português, Sistema de Posicionamento Global. Através do GPS é possível saber a nossa localização exata no planeta. Esse projeto foi iniciado há cerca de 30 anos, pelo governo dos Estados Unidos da América, mais precisamente pelo Departamento de Defesa. Foram lançados para a órbita vários satélites com o objetivo de ultrapassar as limitações dos sistemas de localização, que eram utilizados até aquele momento. O sistema foi sendo constantemente melhorado e, atualmente, conta com 24 satélites em órbita, sendo 12 localizados em cada hemisfério, e 6 estações de controle em terra.[17]

Embora possamos atribuir as origens do monitoramento eletrônico aos irmãos Ralph e Robert Schwitzgebel, que realizaram as primeiras experiências no ano de 1964, nos EUA, com dezesseis jovens reincidentes, podemos apontar o juiz Jack Love, do Estado do Novo México, como o precursor da ideia que, atualmente, vem sendo utilizada em vários países.

O mais interessante é que o juiz Jack Love inspirou-se numa edição de *Amazing Spider-Man* de 1977, em que o rei do crime havia prendido um bracelete no homem-aranha a fim de monitorar seus passos pelas ruas de Nova York. Após ler a história, o juiz Jack Love achou que a ideia poderia, efetivamente, ser utilizada no monitoramento de presos, razão pela qual procurou seu amigo Mike Gross, técnico em eletrônica e informática, a fim de persuadi-lo a produzir os receptores que seriam afixados nos pulsos, tal como havia visto na história em quadrinhos.

Em 1983, ou seja, cinco anos depois, após ter realizado, durante três semanas, testes em si mesmo com o bracelete, o juiz Jack Love determinou o monito-

---

[16] OLIVEIRA, Edmundo. *Direito penal do futuro* – a prisão virtual, p. 9-10.

[17] Os satélites de GPS são equipados com relógios atômicos que têm precisão de bilionésimo de segundos e transmitem continuamente, para os satélites receptores na Terra, sinais digitais de rádio com informações sobre a localização e a hora exata.

ramento de cinco delinquentes na cidade de Albuquerque, a maior cidade do Estado do Novo México. Nascia, também, naquele momento, conforme nos esclarece Edmundo Oliveira, a *National Incarceration Monitor and Control Services*, a primeira empresa a produzir instalações eletrônicas destinadas ao controle de seres humanos.[18]

Atualmente, existem quatro opções técnicas de monitoramento eletrônico que podem ser adaptadas à pessoa em forma de: a) pulseira; b) tornozeleira; c) cinto; e d) *microchip* (implantado no corpo humano). Nas quatro hipóteses apontadas, a utilização pode ocorrer de maneira discreta, permitindo que o condenado cumpra sua pena sem sofrer as influências nefastas do cárcere.

O sistema de monitoramento permite que os encarregados da fiscalização do cumprimento da pena do condenado monitorado saibam, exatamente, a respeito dos seus passos, uma vez que o sistema permite conhecer, com precisão, se a área delimitada está sendo obedecida.

A tendência é que o monitoramento eletrônico fique cada vez mais imperceptível por outras pessoas que não aquele que o utiliza. Quem não se recorda do tamanho inicial dos telefones celulares? Hoje, são multifuncionais, e os menores possíveis. Da mesma forma, em um futuro muito próximo, em vez de pulseiras, tornozeleiras ou cintos, o monitoramento poderá ser feito, por exemplo, por meio de um aparelho contido no relógio de pulso daquele que se viu beneficiado com a sua utilização.

O *microchip* subcutâneo já é uma realidade e impede qualquer visualização por parte de terceiros, podendo, inclusive, conter todas as informações necessárias relativas ao cumprimento da pena do condenado que o utiliza.

Enfim, chegamos à era tecnológica e temos que utilizá-la em benefício do homem que, em um futuro próximo, verá implodir os muros das penitenciárias que durante séculos o aprisionaram. Esse "novo homem" do futuro olhará para trás e não acreditará que seus semelhantes, há poucos séculos, eram enjaulados como animais ferozes, tratados de forma indigna e cruel.

No Brasil, depois de intensos debates, foi publicada a Lei nº 12.258, de 15 de junho de 2010, que previu a possibilidade de fiscalização do condenado por meio da monitoração eletrônica . Com as alterações produzidas pela Lei nº 14.843, de 11 de abril de 2024, de acordo com o art. 146-B da LEP, *o juiz poderá definir a fiscalização por meio da monitoração eletrônica quando: a) autorizar a saída temporária no regime semiaberto; b) determinar a prisão domiciliar; c) aplicar pena privativa de liberdade a ser cumprida nos regimes aberto ou semiaberto, ou conceder progressão para tais regimes; d) aplicar pena restritiva de direitos que estabeleça limitação de frequência a lugares específicos; e) conceder o livramento condicional.*

O art. 146-C, acrescentado à Lei de Execução Penal pela Lei nº 12.258, de 15 de junho de 2010, assevera que o condenado será instruído acerca dos cuidados que deverá adotar com o equipamento eletrônico e dos seguintes deveres: I – receber visitas do servidor responsável pela monitoração eletrônica, responder aos seus contatos e cumprir suas orientações; II – abster-se de remover, de violar, de modificar, de danificar de qualquer forma o dispositivo de monitoração eletrônica ou de permitir que outrem o faça.

Conforme o disposto no parágrafo único, do mencionado art. 146-C, com as alterações produzidas pela Lei nº 14.843, de 11 de abril de 2024, a violação comprovada de qualquer um desses deveres poderá acarretar, a critério do juiz da execução, ouvidos o Ministério Público e a defesa: a) a regressão do regime; b) a revogação da autorização de saída temporária; c) a revogação da prisão domiciliar; d) advertência, por escrito, para todos os casos em que o juiz da execução decidir não aplicar alguma das medidas anteriores; e) a revogação do livramento condicional; f) a conversão da pena restritiva de direitos em pena privativa de liberdade.

O art. 146-D da Lei de Execução Penal, também introduzido pela Lei nº 12.258, de 15 de junho de 2010, determina, ainda, que a monitoração eletrônica poderá ser revogada: I – quando se tornar desnecessária ou inadequada; II – se o acusado ou condenado violar os deveres a que estiver sujeito durante a sua vigência ou cometer falta grave.

Para que ocorra a revogação da monitoração eletrônica, deverá o julgador determinar, antes de sua decisão, a realização de uma *audiência de justificação*, quando serão ouvidos o acusado, devidamente assistido pelo seu defensor, e também o Ministério Público, a exemplo do que ocorre com as hipóteses previstas pelo parágrafo único do art. 146-C da Lei de Execução Penal.

Embora o sistema de monitoramento eletrônico permita o cumprimento das finalidades atribuídas às penas, vale dizer, reprovar e prevenir a prática de infrações penais, parte da doutrina iniciou um movimento contra sua utilização, conforme esclarece Luzón Peña[19], alegando que, primeiramente, essa modalidade de cumprimento de pena é demasiado benigna aos condenados, não possuindo, assim, o necessário efeito intimidante, característico da teoria retributiva. Da mesma forma, continua Luzón Peña[20], no que diz respeito à ressocialização, afirma-se que a sanção se centra somente no controle do condenado, e dedica

---

[18] OLIVEIRA, Edmundo. *Direito penal do futuro* – a prisão virtual, p. 28.
[19] LUZÓN PEÑA, Diego-Manuel. *Control electrónico y sanciones alternativas a la prisión*, p. 58.
[20] LUZÓN PEÑA, Diego-Manuel. *Control electrónico y sanciones alternativas a la prisión*, p. 58.

pouco ou mesmo nenhum esforço no seu tratamento ressocializante.

Em segundo lugar, dizem os opositores do monitoramento eletrônico, não existem estudos suficientemente amplos e rigorosos que tenham por finalidade apontar se, realmente, existe uma eficácia preventivo-especial da sanção daqueles que foram submetidos ao monitoramento eletrônico, em comparação aos condenados que cumpriram suas penas inseridos no sistema prisional. Ou seja, para eles, não se pode dizer, com a necessária precisão, que permitir o cumprimento monitorado de pena *extra muros* não diminui o índice de reincidência.

Com todo o respeito que merecem os opositores do monitoramento eletrônico, não se pode negar que os benefícios de um cumprimento de pena monitorado fora do cárcere são infinitamente superiores aos prejuízos causados no agente que se vê obrigado a cumprir sua pena *intra muros*.

Ressalta Luzón Peña[21] que às acusações de que o monitoramento eletrônico é por demais benigno ao condenado, além de possuir pouca ou nenhuma eficácia intimidante, tem-se rebatido com o correto argumento de que a ele são reservadas somente as infrações penais de pouca gravidade, a exemplo do que ocorre com os delitos de trânsito, subtrações patrimoniais não violentas, consumo de drogas etc., e só excepcionalmente para algum delito que preveja alguma forma de violência, como pode ocorrer com as lesões corporais. Além disso, o prognóstico que se faz do condenado lhe é favorável, ou seja, tudo leva a crer que o cumprimento da pena monitorada *extra muros* exercerá sobre eles os necessários efeitos, evitando-se a prática de futuras infrações penais.

Não podemos nos esquecer de que, mesmo com certo grau de liberdade, temos limitada uma grande parcela desse nosso direito. Assim, por mais que, aparentemente, se mostre benigna ao condenado, ainda assim essa forma de cumprimento de pena poderá exercer sua função preventiva (geral e especial), pois que, para a sociedade, ficará demonstrado que o Estado, por meio do Direito Penal, cumpriu com sua missão protetiva de bens jurídicos, fazendo com que o autor da infração penal fosse por ela responsabilizado com uma pena correspondente ao mal por ele praticado.

Conforme esclarecimentos de Miguel Ángel Iglesias Río e Juan Antonio Pérez Parente, na maioria dos países, a prisão domiciliar com vigilância eletrônica não se contempla como medida única, senão que, com vista à consecução de expectativas ressocializadoras, o controle telemático se insere em um amplo programa de execução diário no qual, além da permanência obrigatória no domicílio ou em um lugar concreto,

se permitem saídas predeterminadas para trabalhar ou participar de sessões de terapia, realizam-se visitas não anunciadas por funcionários competentes (na parte da tarde, à noite, nos fins de semana, nos dias festivos), ou com um pré-aviso de trinta minutos; o sujeito tem de se submeter a uma análise de sangue, de urina ou de ar aspirado para detectar o consumo de álcool ou drogas, várias vezes por semana, praticadas por pessoal médico especializado ou conectadas ao próprio aparato de vigilância (como ocorre na Suécia), cujos resultados são recebidos informatizadamente pela rede telefônica à central.[22]

⚖ A manutenção do monitoramento eletrônico do Agravante que lhe permite relativa liberdade, sendo-lhe assegurado o livre exercício do trabalho, não me parece desarrazoada ou desproporcional, mormente em se considerando que o Paciente cumpre condenação à pena de 8 (oito) anos de reclusão em regime inicial semiaberto, pela prática de crime de roubo. 2. Não há constrangimento ilegal a ser sanado, pois o art. 146-B, inciso IV, da LEP autoriza expressamente o monitoramento eletrônico do custodiado, na hipótese de concessão de prisão domiciliar (STJ, AgRg no HC 544.894/PA, Rel. Min. Laurita Vaz, 6ª T., julgado em 02/06/2020, *DJe* 15/06/2020).

Tecnologias de controle de primeira, segunda e terceira gerações

As tecnologias de controle podem ser divididas em primeira, segunda e terceira gerações.

A *primeira geração de mecanismos de controle* inclui o *sistema ativo* (vigilância eletrônica ativa) e o *sistema passivo* (vigilância eletrônica passiva), ainda no qual se tem implantado também sistemas mistos, que combinam ambos os modelos.

A *vigilância eletrônica ativa* mais frequente é, basicamente, de acordo com as lições de Juan José González Rus[23], integrada por três elementos, a saber: um *transmissor miniatura*, que é fixado ao condenado, de modo que não possa por ele ser removido, a exemplo, como dissemos, das pulseiras, tornozeleiras etc., cuja finalidade é transmitir um sinal, permitindo a aferição do local onde se encontra; um *receptor-transmissor*, instalado no domicílio ou no local onde se tenha determinado que o condenado deverá permanecer submetido à vigilância e cuja finalidade é receber o sinal do transmissor nele colocado, que envia, a seu turno, um sinal ao terceiro componente do sistema, que normalmente é um computador central conectado por via telefônica com o transmissor-receptor, que controla o processo e registra tudo o que ocorre com a vigilância; ou seja, se o condenado, efetivamente, está cumprindo com aquilo que lhe fora determinado

---

[21] LUZÓN PEÑA, Diego-Manuel. *Control electrónico y sanciones alternativas a la prisión*, p. 59.

[22] IGLESIAS RÍOS, Miguel Ángel; PÉREZ PARENTE, Juan Antonio. *La pena de localización permanente y su seguimiento con medios de control electrónico*, p. 409.

[23] GONZÁLEZ RUS, Juan José. *Control electrónico y sistema penitenciario*, p. 72.

na sentença, ou se houve algum descumprimento, a exemplo de ter saído do local permitido etc.

Por meio dessa vigilância eletrônica ativa se confirma, portanto, a presença do condenado em sua casa ou mesmo em outro local determinado pela Justiça, bem como as horas previstas para a prática de determinados comportamentos, ou, pelo contrário, sua ausência do local previamente determinado, o que, certamente, acarretará consequências a seu desfavor. Esse controle, conforme esclarece Luzón Peña,[24] nos Estados Unidos, é feito pelos funcionários que são encarregados do sistema de prova que, em caso de descumprimento pelo condenado, propõem as medidas punitivas correspondentes ou mesmo a aplicação de uma sanção mais dura. Além disso, também possuem a obrigação de manter um contato periódico com o condenado com a finalidade de inspecionar os dispositivos de transmissão (pulseira, tornozeleiras etc.).

Por *vigilância eletrônica passiva* podemos entender aquela que é levada a efeito por meio de um sistema aleatório de chamadas telefônicas, feitas por um computador previamente programado para isso, aos locais onde os condenados se encontram submetidos a essa modalidade de vigilância. Nesse caso, ao ser realizada a ligação, os condenados devem atender pessoalmente o telefone. Conforme esclarece Juan José González Rus[25], nesses casos, é comum que se incorpore ao aparelho telefônico um identificador de voz, evitando-se que o sistema seja burlado pelo condenado, que bem poderia pedir a alguém para que respondesse à chamada em seu lugar. É importante frisar que tanto as chamadas quanto as respostas do condenado permanecem registradas em um sistema informático, que está programado para produzir um alerta caso venha a ocorrer qualquer incidente.

Miguel Ángel Iglesias Río e Juan Antonio Pérez Parente aduzem que a principal vantagem do sistema passivo com controle de voz ou mecanismos digitalizados é sua menor estigmatização pública e, em certos casos, podia chegar-se a prescindir da instalação de transmissores no domicílio do vigiado. Como desvantagens, aponta-se a possível perturbação que as chamadas telefônicas, especialmente no horário noturno, causam ao resto dos moradores ou que o sujeito não escute a chamada por estar no banho, escutando música etc.[26]

A tecnologia de segunda geração foi implantada inicialmente, nos EUA, a partir de 2000, sendo utilizada posteriormente no Canadá e na Grã-Bretanha, cujo referente europeu é o denominado sistema Galileu. O Galileu foi concebido desde o início como um projeto civil, em oposição ao GPS americano, ao Glonass russo e ao Compass chinês, que são de origem militar, tendo várias vantagens, a exemplo da maior precisão, maior segurança, sendo menos sujeito a problemas.

Esse sistema de segunda geração tem a capacidade não somente de controlar a permanência, em determinado lugar, da pessoa que está sendo objeto do monitoramento, senão que, milimetricamente, detecta sua presença fora do local que havia sido delimitado, apontando, precisamente, o lugar e o horário em que esteve.

Para tanto, o vigiado deverá portar um transmissor similar ao utilizado na vigilância eletrônica ativa, cuja finalidade é enviar os dados de seus movimentos à central, fazendo com que seja disparado um alarme sempre que o vigiado se distancie do perímetro dentro do qual fora confinado.

Por último, conforme esclarecem Miguel Ángel Iglesias Río e Juan Antonio Pérez Parente, a *tecnologia de terceira geração* se caracteriza porque ao controle por sistema GPS de permanência ou presença que oferecem os anteriores sistemas apontados se agrega, também, a possibilidade de que a central de vigilância receba informações psicológicas, frequência de pulsações, ritmo respiratório para medir o nível de agressividade de um delinquente violento, a excitação sexual em delinquentes sexuais, cleptômanos ou psicopatas. Assim mesmo, ante qualquer descumprimento das obrigações acordadas judicialmente, algumas versões têm a capacidade para realizar uma intervenção corporal direta no vigiado por meio de descargas elétricas programadas, que repercutem diretamente no sistema nervoso central, ou por meio da abertura de uma cápsula que lhe injeta um tranquilizante ou outra substância, para o caso de neuróticos agressivos, esquizofrênicos ou adeptos do álcool.

Esse drástico procedimento ainda não se implementou em prisão domiciliar com vigilância eletrônica porque constitui um castigo físico atentatório contra a dignidade humana; por outro lado, não leva em conta distintas situações de necessidade – urgência médica, incêndio na casa, um acidente, por exemplo – nas quais o vigiado se vê obrigado a abandonar o lugar e a suportar injustificadamente tais descargas elétricas.[27]

Merece destaque, ainda, a inovação trazida pela Lei nº 12.403, de 4 de maio de 2011, que, ao prever o elenco de medidas cautelares diversas da prisão, no inc. IX do art. 319 do Código de Processo Penal, inseriu a monitoração eletrônica.

Dessa forma, o monitoramento passa a ser possível antes mesmo do trânsito em julgado da sentença penal condenatória, evitando-se a desnecessária segre-

---

[24] LUZÓN PEÑA, Diego-Manuel. *Control electrónico y sanciones alternativas a la prisión*, p. 56.

[25] GONZÁLEZ RUS, Juan José. *Control electrónico y sistema penitenciario*, p. 72.

[26] IGLESIAS RÍOS, Miguel Ángel; PÉREZ PARENTE, Juan Antonio. *La pena de localización permanente y su seguimiento con medios de control electrónico*, p. 414.

[27] IGLESIAS RÍOS, Miguel Ángel; PÉREZ PARENTE, Juan Antonio. *La pena de localización permanente y su seguimiento con medios de control electrónico*, p. 415.

gação cautelar do acusado, possibilitando, assim, que responda à ação penal em liberdade.

A monitoração eletrônica poderá ser aplicada isolada ou cumulativamente a outras medidas cautelares.

As medidas cautelares, de acordo com a nova redação dada pela Lei nº 13.964, de 24 de dezembro de 2019, ao § 2º do art. 282 do Código de Processo Penal, serão decretadas pelo juiz a requerimento das partes ou, quando no curso da investigação criminal, por representação da autoridade policial ou mediante requerimento do Ministério Público.

Ressalvados os casos de urgência ou de perigo de ineficácia da medida, o juiz, ao receber o pedido de medida cautelar, determinará a intimação da parte contrária, para se manifestar no prazo de 5 (cinco) dias, acompanhada de cópia do requerimento e das peças necessárias, permanecendo os autos em juízo, e os casos de urgência ou de perigo deverão ser justificados e fundamentados em decisão que contenha elementos do caso concreto que justifiquem essa medida excepcional (art. 282, § 3º, do CPP).

No caso de descumprimento de qualquer das obrigações impostas, o juiz, mediante requerimento do Ministério Público, de seu assistente ou do querelante, poderá substituir a medida, impor outra em cumulação, ou, em último caso, decretar a prisão preventiva, nos termos do parágrafo único do art. 312 do Código (art. 282, § 4º, do CPP).

O juiz poderá, de ofício ou a pedido das partes, revogar a medida cautelar ou substituí-la quando verificar a falta de motivo para que subsista, bem como voltar a decretá-la, se sobrevierem razões que a justifiquem (art. 282, § 5º, do CPP).

Em razão do advento da Lei n. 13.964/2019 não é mais possível a conversão *ex officio* da prisão em flagrante em prisão preventiva. Interpretação conjunta do disposto nos arts. 3º-A, 282, § 2º, e 311, *caput*, todos do CPP (STJ, RHC 131.263/GO, Rel. Min. Sebastião Reis Jr., *DJe* 15/04/2021).

A prisão preventiva somente será determinada quando não for cabível a sua substituição por outra medida cautelar, observado o art. 319 deste Código, e o não cabimento da substituição por outra medida cautelar deverá ser justificado de forma fundamentada nos elementos presentes do caso concreto, de forma individualizada (art. 282, § 6º, do CPP).

Vide Decreto nº 7.627, de 24 de novembro de 2011, que regulamenta o monitoramento eletrônico.

A Corte Federal *a quo*, reconhecendo que o réu estava preso por considerável tempo, concedeu parcialmente a ordem para substituir a prisão pelo monitoramento eletrônico, o recolhimento noturno e a

proibição de sair da Comarca sem autorização judicial. Considerou, para tanto, as características concretas do delito expostas na inicial acusatória e os fundamentos expostos pela decisão do Magistrado Federal. A Lei nº 12.403/2011, ao alterar significativamente os arts. 319 e 320 do Código de Processo Penal, estabeleceu a possibilidade de imposição de medidas alternativas à prisão cautelar, no intuito de permitir, diante das peculiaridades de cada caso concreto, e dentro dos critérios de razoabilidade e proporcionalidade, estabelecer a medida mais adequada ao caso (STJ, RHC 112.524/DF, Rel.ª Min.ª Laurita Vaz, 6ª T., *DJe* 27/08/2019).

Nesse sentido:

STJ, HC 438.756/RS, Rel. Min. Felix Fischer, 5ª T., *DJe* 11/06/2018; STJ, HC 383.654/RS, Rel. Min. Nefi Cordeiro, 6ª T., *DJe* 09/10/2017; STJ, HC 357.665/RO, Rel.ª Min.ª Maria Thereza de Assis Moura, 6ª T., *DJe* 29/08/2016; STJ, HC 351.208/PR, Rel. Min. Felix Fischer, 5ª T., *DJe* 10/06/2016; TJ-RJ, Ag EP 0005080-18.2015.8.19.0000, Rel. Des. Paulo Rangel, *DJe* 26/06/2015.

Fixação legal do regime inicial de cumprimento de pena

O Código Penal, pelo seu art. 33, § 2º, determina que as penas privativas de liberdade deverão ser executadas em forma progressiva, segundo o mérito do condenado, e fixa os critérios para a escolha do regime inicial de cumprimento de pena, a saber:

a) o condenado à pena de reclusão superior a oito anos deverá começar a cumpri-la em regime fechado;

b) o condenado não reincidente, cuja pena for superior a quatro anos e não exceda a oito, poderá, desde o princípio, cumpri-la em regime semiaberto;

c) o condenado não reincidente, cuja pena for igual ou inferior a quatro anos, poderá, desde o início, cumpri-la em regime aberto.[28]

A fixação de regime mais gravoso do que o imposto em razão da pena deve ser feita com base em fundamentação concreta, a partir das circunstâncias judiciais do art. 59 do Código Penal – CP ou de outro dado que demonstre a extrapolação da normalidade do tipo. Na hipótese, os pacientes praticaram o delito demonstrando ousadia, abordando a vítima no estacionamento de um supermercado, mediante concurso de agentes e, sobretudo, com uso de arma de fogo, artefato que possui grande potencial lesivo. Todos esses elementos, em conjunto, demonstram a maior gravidade do delito e a elevada periculosidade dos pacientes, justificando, assim, a aplicação do regime

---

[28] A Lei nº 9.613/98, que dispôs sobre os crimes de "lavagem" ou ocultação de bens, direitos e valores, em seu art. 1º, § 5º, criou a hipótese de fixação do regime aberto, mesmo a condenação sendo superior ao limite de quatro anos, ainda que reincidente, dizendo, *verbis*: § 5º A pena será reduzida de 1 (um) a 2/3 (dois terços) e começará a ser cumprida em regime aberto, podendo o juiz deixar de aplicá-la ou substituí-la por pena restritiva de direitos, se o autor, coautor ou partícipe colaborar espontaneamente com as autoridades, prestando esclarecimentos que conduzam à apuração das infrações penais e de sua autoria ou à localização dos bens, direitos ou valores objeto do crime.

fechado. Precedentes (STJ, HC 569.446/RJ, Rel. Min. Joel Ilan Paciornik, 5ª T., julgado em 16/06/2020, *DJe* 23/06/2020).

Nesse sentido:

⚖ STJ, AgRg no HC 499.496/SP, Rel. Min. Jorge Mussi, 5ª T., *DJe* 16/08/2019; STJ, AgRg no HC 572.473/SP, Agravo Regimental no *Habeas Corpus* 2020/0084904-9, Rel. Min. Antonio Saldanha Palheiro, 6ª T., j. 02/06/2020, *DJe* 09/06/2020; STJ, AgRg no HC 448.731/SP, Rel. Min. Reynaldo Soares da Fonseca, 5ª T., *DJe* 1º/08/2018; STJ, HC 204330/DF, Rel. Min. Gilson Dipp, 5ª T., *DJe* 28/02/2012; STJ, Rel. Min. Paulo Medina, 6ª T., HC 31441/SP, *DJ* 02/08/2004, p. 572.

Segundo o § 3º do art. 33 do Código Penal, a determinação do regime inicial de cumprimento de pena far-se-á com a observância dos critérios previstos no art. 59.

Assim, a escolha pelo julgador do regime inicial para o cumprimento da pena deverá ser uma conjugação da quantidade de pena aplicada ao sentenciado com a análise das circunstâncias judiciais previstas no art. 59 do Código Penal, principalmente no que diz respeito à última parte do referido artigo, que determina que a pena deverá ser necessária e suficiente para a reprovação e prevenção do crime.

⚖ Sendo a paciente reincidente e portadora de circunstâncias judiciais desfavoráveis (maus antecedentes), o regime fechado mostra-se o mais adequado, ainda que a pena tenha sido fixada em patamar inferior a 4 (quatro) anos de reclusão, não sendo aplicável a Súmula n. 269/STJ: "É admissível a adoção do regime prisional semi-aberto aos reincidentes condenados a pena igual ou inferior a quatro anos se favoráveis as circunstâncias judiciais". VI – A incidência da Súmula n. 269/STJ pressupõe que todas as circunstâncias judiciais sejam favoráveis, o que não ocorre na espécie (STJ, HC 571.800/SC, Rel. Min. Felix Fischer, 5ª T., julgado em 16/06/2020, *DJe* 23/06/2020).

Nesse sentido:

⚖ STJ, EDcl nos EDcl nos EDcl no REsp 1.688.328/SP, Rel. Min. Antônio Saldanha Palheiro, 6ª T., *DJe* 02/08/2018; STJ, HC 585.347/SP, *HC* 2020/0127549-8, Rel. Min. Ribeiro Dantas, 5ª T., j. 16/06/2020, *DJe* 23/06/2020; STJ, AgRg no HC 580.529/SP, Agravo Regimental no *Habeas Corpus* 2020/0110958-2, Rel. Min. Antonio Saldanha Palheiro, 6ª T., j. 16/06/2020, *DJe* 25/06/2020; STF, HC 134.869/SP, Rel. Min. Dias Toffoli, 2ª T., *DJe* 25/08/2016; STJ, AgRg no HC 185132/MT, Rel. Min. Jorge Mussi, 5ª T., *DJe* 23/08/2012; STJ, HC 108.022/SP, Rel. Min. Napoleão Nunes Maia Filho, 5ª T., *DJe* 15/06/2009; STJ, Rel. Min. Arnaldo Esteves Lima, 5ª T., HC 42540/SP, *DJ* 05/12/2005, p. 343.

Suponhamos que o agente tenha sido condenado ao cumprimento de uma pena de seis anos de reclusão. Se analisássemos somente as alíneas do § 2º do art. 33 do Código Penal, teríamos de concluir que, não sendo reincidente, o seu regime inicial seria o semia-

berto. Contudo, além da quantidade de pena aplicada e da primariedade, é preciso saber se as condições judiciais elencadas pelo art. 59 do Código Penal permitem que a pena seja cumprida sob essa modalidade de regime. Não sendo possível, o juiz deverá explicitar os motivos pelos quais está determinando ao sentenciado regime mais rigoroso do que aquele previsto para a quantidade de pena a ele aplicada.

⚖ Não é possível a realização de uma prognose em relação ao futuro regime de cumprimento de pena aplicado ao acusado, no caso de eventual condenação, mormente quando a sua primariedade não é o único requisito a ser examinado na fixação da reprimenda e na imposição do modo inicial do cumprimento da sanção, visto que a orientação desta Corte Superior é firme em asseverar que a análise desfavorável de outras circunstâncias judiciais ou, até mesmo, a menção a elementos concretos dos autos, indicativos do risco de reiteração criminosa e da acentuada reprovabilidade da conduta delitiva, são idôneos para estabelecer regime mais gravoso. Dadas as apontadas circunstâncias do fato e as condições pessoais do acusado, bem como ante o fundado risco de aplicação da lei penal, não se mostra adequada e suficiente a substituição da custódia preventiva por medidas a ela alternativas (art. 282 c/c art. 319 do CPP) (HC 561.043/SP, Rel. Min. Rogerio Schietti Cruz, 6ª T., julgado em 09/06/2020, *DJe* 17/06/2020).

Nesse sentido:

⚖ STJ, AgRg no REsp 1.708.022/MG, Rel. Min. Sebastião Reis Junior, 6ª T., *DJe* 02/08/2018; STF, RHC 116945/SP, Rel. Min. Luiz Fux, 1ª T., *DJe* 1º/07/2013; STF, HC 114388/SP, Rel. Min. Luiz Fux, 1ª T., *DJe* 1º/07/2013; STJ, AgRg no REsp 1327376/SP, Rel. Min. Campos Marques, Desembargador convocado do TJ/PR, 5ª T., *DJe* 1º/07/2013.

O Supremo Tribunal Federal, na sessão plenária de 24 de setembro de 2003, aprovou as Súmulas nº 718 e nº 719, com os seguintes enunciados:

⚖ **Súmula nº 718.** *A opinião do julgador sobre a gravidade em abstrato do crime não constitui motivação idônea para a imposição de regime mais severo do que o permitido segundo a pena aplicada.*

⚖ **Súmula nº 719.** *A imposição do regime de cumprimento mais severo do que a pena aplicada permitir exige motivação idônea.*

O STJ, a seu turno, editou a Súmula nº 440, publicada no *DJe* de 13 de maio de 2010, que diz:

⚖ **Súmula nº 440.** *Fixada a pena-base no mínimo legal, é vedado o estabelecimento de regime prisional mais gravoso do que o cabível em razão da sanção imposta, com base apenas na gravidade abstrata do delito.*

Nos termos do Enunciado nº 440 da Súmula desta Corte, "fixada a pena-base no mínimo legal, é vedado o estabelecimento de regime prisional mais gravoso do que o cabível em razão da sanção imposta, com base apenas na gravidade abstrata do delito". No mesmo sentido, são os Enunciados nos 718 e 719 da Súmula do STF. Ressalva do entendimento deste Relator (STJ, HC 319.495/SP, Rel. Min. Ericson Maranho, Desembargador convocado do TJ-SP, 6ª T., *DJe* 20/05/2015).

Nesse sentido:

⚖ STJ, HC 282.232/SP, Rel. Min. Rogério Schietti Cruz, 6ª T., *DJe* 15/05/2015; STJ, HC 56297/PB, Rel. Min. Hamilton Carvalhido, 6ª T., *DJ* 05/02/2007, p. 399; STJ, REsp 534167/RS, Rel. Min. Felix Fischer, 5ª T., *DJ* 11/10/2004, p. 368.

Registre-se que, no caso de omissão quanto ao regime inicial de cumprimento da pena, não havendo embargos declaratórios, transitada em julgado a sentença penal condenatória, o regime a que será submetido inicialmente o condenado será aquele de acordo com a quantidade de pena aplicada, não podendo o juiz da execução, segundo entendemos, avaliar as circunstâncias judiciais a fim de determinar o cumprimento em regime mais severo. Isso porque o art. 66 da Lei de Execução Penal, que dispõe sobre a competência do juiz da execução, não faz menção à fixação do regime inicial, cuja determinação compete ao juiz do processo de conhecimento, mas somente para os casos de progressão ou regressão. Se durante a execução da pena o condenado demonstrar inaptidão ao regime no qual vem cumprindo sua pena, poderá o juízo da execução determinar sua regressão, conforme o art. 118 da Lei de Execução Penal.

Destacamos, ainda, que, segundo o art. 33, *caput*, do Código Penal, a pena de reclusão poderá ser cumprida em qualquer dos três regimes – fechado, semiaberto ou aberto –, sendo que a pena de detenção somente nos regimes semiaberto ou aberto, salvo a necessidade de regressão para o regime fechado.

Vale ressaltar, ainda, a regra contida no art. 111 da Lei de Execução Penal, que diz que quando houver condenação por mais de um crime, no mesmo processo ou em processos distintos, a determinação do regime de cumprimento será feita pelo resultado da soma ou unificação das penas, observada, quando for o caso, a detração ou remição.

A Lei nº 12.736, de 30 de novembro de 2012, inserindo o § 2º ao art. 387 do Código de Processo Penal, determinou, *verbis*:

§ 2º O tempo de prisão provisória, de prisão administrativa ou de internação, no Brasil ou no estrangeiro, será computado para fins de determinação do regime inicial de pena privativa de liberdade.

Isso significa que o instituto da *detração*, previsto pelo art. 42 do Código Penal, deverá ser observado no instante em que o julgador proferir a sentença condenatória, fixando o regime inicial de cumprimento de pena do condenado. Assim, por exemplo, imagine-se a hipótese em que o agente tenha pratica-

do determinada infração penal e tenha ficado preso cautelarmente por dois anos, sendo, ao final, condenado ao cumprimento de uma pena de nove anos de reclusão. À primeira vista, como vimos, em virtude da quantidade de pena aplicada, o regime inicial de cumprimento da pena seria o *fechado*. No entanto, como já havia cumprido dois anos, em consequência de sua prisão cautelar, o julgador, no ato decisório, não mais precisará fixar o regime fechado ao condenado, podendo determinar o início do cumprimento da pena já em regime semiaberto, se presentes os demais requisitos, conforme preconizado pelo § 3º do art. 33 do diploma repressivo.

Antes da referida alteração legislativa, o julgador fixava o regime de acordo com o *quantum* determinado na sentença condenatória para, posteriormente, levar a efeito a detração, com a consequente modificação do regime de cumprimento de pena (se fosse o caso). Agora, o próprio juiz do processo de conhecimento já poderá antecipar essa providência, permitindo ao condenado o ingresso em regime menos rigoroso, sem necessidade de levar a efeito esse pedido perante o juiz das execuções criminais.

Gravidade da infração penal

Vide Súmulas nº 718 do STF e nº 440 do STJ.

⚖ I – "A Terceira Seção desta Corte, seguindo entendimento firmado pela Primeira Turma do col. Pretório Excelso, firmou orientação no sentido de não admitir a impetração de habeas corpus em substituição ao recurso adequado, situação que implica o não conhecimento da impetração, ressalvados casos excepcionais em que, configurada flagrante ilegalidade apta a gerar constrangimento ilegal, seja possível a concessão da ordem de ofício. II – Com efeito, segundo a jurisprudência pacífica do excelso Supremo Tribunal Federal, "a opinião do julgador sobre a gravidade em abstrato do crime não constitui motivação idônea para a imposição de regime mais severo do que o permitido segundo a pena aplicada" (Súmula n. 718/STF), e "a imposição do regime de cumprimento mais severo do que a pena aplicada permitir exige motivação idônea" (Súmula n. 719/STF). Importante consignar ainda que, "Fixada a pena-base no mínimo legal, é vedado o estabelecimento de regime prisional mais gravoso do que o cabível em razão da sanção imposta, com base apenas na gravidade abstrata do delito" (Súmula n. 440/STJ). III – Na hipótese, verifica-se que o regime inicial fechado foi determinado tão somente com base na gravidade abstrata do delito, não tendo sido apresentado fundamento concreto para imposição de regime mais gravoso do que o cabível em razão do *quantum* de pena aplicado. Sendo o paciente primário, consideradas como favoráveis todas as circunstâncias judiciais do art. 59 do Código Penal (fls. 43-44), o regime inicial aberto mostra-se mais adequado para o resgate da reprimenda de 4 (quatro) anos de reclusão, nos termos do art. 33, § 2º, alínea "c", do Código Penal. IV – Substituição da pena privativa de liberdade por restritiva de direitos. Necessidade do preenchimento dos requisitos objetivos e subjetivos. In casu, observa-se que a Corte local não expôs quais os motivos foram levados a efeito para considerar a substituição da pena privativa de liberdade por restritiva de direitos insuficiente à reprovação do crime. V – Ademais, o paciente é primário e não possui maus antecedentes. Desta feita, "consoante jurisprudência prevalente nesta Corte, inquéritos policiais ou ações penais em curso não podem ser utilizadas para valorar negativamente o requisito subjetivo para a concessão da substituição da pena privativa de liberdade por restritiva de direitos, sob pena de se vulnerar a garantia da presunção de inocência" (RHC n. 33.713/ES, Sexta Turma, Rel.ª Min.ª Maria Thereza de Assis Moura, DJe de 29/10/2013). Nessa linha: AgRg no HC n. 473.479/RS, Sexta Turma, Rel. Min. Nefi Cordeiro, DJe de 18/03/2019; HC n. 166.510/RJ, Sexta Turma, Rel.ª Min.ª Assusete Magalhães, DJe de 13/09/2013; HC n. 143.074/RS, Quinta Turma, de minha relatoria, DJe de 22/03/2010; AgRg no HC n. 473.479/RS, Sexta Turma, Rel. Min. Nefi Cordeiro, DJe de 18/03/2019; HC n. 281.193/RJ, Quinta Turma, Rel.ª Min.ª Laurita Vaz, DJe de 17/02/2014. Writ não conhecido. Ordem concedida de ofício, a fim de fixar o regime inicial aberto e substituir a pena corporal por duas restritivas de direito, as quais deverão ser especificadas pelo Juízo de Direito da Vara de Execuções Penais. (STJ, HC 607.762/RJ, Rel. Min. Felix Fischer, 5ª T., julgado em 03/11/2020, DJe 18/11/2020).

Nesse sentido:

STJ, HC 453.744/SP, Rel. Min. Reynaldo Soares da Fonseca, 5ª T., DJe 1º/08/2018; STJ, AgRg no HC 581.539/RJ, Agravo Regimental no *Habeas Corpus* 2020/0114054-0, Rel. Min. Reynaldo Soares da Fonseca, 5ª T., j. 16/06/2020, DJe 25/06/2020; STF, HC 132.454 AgR/PE, Rel.ª Min.ª Cármen Lúcia, 2ª T., DJe 05/09/2016; STF, RHC 130.700 AgR/MG, Rel. Min. Roberto Barroso, 1ª T., DJe 22/08/2016; STF, HC 133.709/SP, Rel. Min. Gilmar Mendes, 2ª T., DJe 1º/08/2016; STJ, HC 317.402/SP, Rel. Min. Jorge Mussi, 5ª T., DJe 14/05/2015; STJ, HC 263720/SP, Rel. Min. Og Fernandes, 6ª T., DJe 1º/07/2013.

A Lei nº 8.072/90 e a imposição do cumprimento inicial da pena em regime fechado nos crimes nela previstos

Com o objetivo de concretizar a determinação contida no inciso XLIII do art. 5º da Constituição Federal, em 25 de julho de 1990 surgiu a Lei nº 8.072, dispondo sobre os chamados crimes hediondos, a prática de tortura, o tráfico ilícito de entorpecentes e drogas afins e o terrorismo.

Com as suas alterações posteriores, trazidas pelas Leis nos 8.930/1994, 12.015/2009, 12.978/2014, 13.142/2015, 13.964/2019, 14.688/2023, 14.811/2024 e 14.994/2024 o rol das infrações penais tidas como hediondas pela Lei nº 8.072/1990 passou a ser o se-

guinte: I – homicídio (art. 121), quando praticado em atividade típica de grupo de extermínio, ainda que cometido por 1 (um) só agente, e homicídio qualificado (art. 121, § 2º, incisos I, II, III, IV, V, VII, VIII e IX); I-A – lesão corporal dolosa de natureza gravíssima (art. 129, § 2º) e lesão corporal seguida de morte (art. 129, § 3º), quando praticadas contra autoridade ou agente descrito nos arts. 142 e 144 da Constituição Federal, integrantes do sistema prisional e da Força Nacional de Segurança Pública, no exercício da função ou em decorrência dela, ou contra seu cônjuge, companheiro ou parente consanguíneo até terceiro grau, em razão dessa condição; I-B – feminicídio (art. 121-A); II – roubo: a) circunstanciado pela restrição de liberdade da vítima (art. 157, § 2º, inciso V); b) circunstanciado pelo emprego de arma de fogo (art. 157, § 2º-A, inciso I) ou pelo emprego de arma de fogo de uso proibido ou restrito (art. 157, § 2º-B); c) qualificado pelo resultado lesão corporal grave ou morte (art. 157, § 3º); III – extorsão qualificada pela restrição da liberdade da vítima, ocorrência de lesão corporal ou morte (art. 158, § 3º); IV – extorsão mediante sequestro e na forma qualificada (art. 159, *caput* e §§ 1º, 2º e 3º); V – estupro (art. 213, *caput* e §§ 1º e 2º); VI – estupro de vulnerável (art. 217-A, *caput* e §§ 1º, 2º, 3º e 4º); VII – epidemia com resultado morte (art. 267, § 1º); VII-B – falsificação, corrupção, adulteração ou alteração de produto destinado a fins terapêuticos ou medicinais (art. 273, *caput*, e § 1º, § 1º-A, § 1º-B, com a redação dada pela Lei nº 9.677, de 02/07/1998); VIII – favorecimento da prostituição ou de outra forma de exploração sexual de criança ou adolescente ou de vulnerável (art. 218-B, *caput*, e §§ 1º e 2º); IX – furto qualificado pelo emprego de explosivo ou de artefato análogo que cause perigo comum (art. 155, § 4º-A); X – induzimento, instigação ou auxílio a suicídio ou a automutilação realizados por meio da rede de computadores, de rede social ou transmitidos em tempo real (art. 122, *caput* e § 4º); XI – sequestro e cárcere privado cometido contra menor de 18 (dezoito) anos (art. 148, § 1º, inciso IV); XII – tráfico de pessoas cometido contra criança ou adolescente (art. 149-A, *caput*, incisos I a V, e § 1º, inciso II). O crime de genocídio, previsto nos arts. 1º, 2º e 3º da Lei nº 2.889, de 1º de outubro de 1956; o de posse ou porte ilegal de arma de fogo de uso proibido, previsto no art. 16 da Lei nº 10.826, de 22 de dezembro de 2003; o de comércio ilegal de armas de fogo, previsto no art. 17 da Lei nº 10.826, de 22 de dezembro de 2003; o de tráfico internacional de arma de fogo, acessório ou munição, previsto no art. 18 da Lei nº 10.826, de 22 de dezembro de 2003; o de organização criminosa, quando direcionado à prática de crime hediondo ou equiparado, sejam tentados ou consumados; e os crimes previstos no Decreto-Lei nº 1.001, de 21 de outubro de 1969 (Código Penal Militar), que apresentem identidade com os crimes previstos no art. 1º da Lei nº 8.072/1990, e os crimes previstos no § 1º do art.

240 e no art. 241-B da Lei nº 8.069, de 13 de julho de 1990 (Estatuto da Criança e do Adolescente), são considerados hediondos, de acordo com a nova redação dada pelas Leis nos 13.497/2017, 13.964/2019, 14.688/2023, 14.811/2024 e 14.994/2024, ao parágrafo único do art. 1º da Lei nº 8.072/1990.

Com o advento da Lei nº 11.464, de 28 de março de 2007, o § 1º do art. 2º da Lei nº 8.072/1990, que anteriormente determinava que as penas para as infrações penais por ela previstas seriam cumpridas *integralmente* em regime fechado, passou a prever que a pena seria cumprida, inicialmente, em regime fechado.

Com a nova redação dada pela Lei nº 14.994, de 9 de outubro de 2024, ao art. 112 da Lei de Execução Penal, a progressão de regime para os crimes hediondos passou a ser da seguinte forma:

Art. 112. A pena privativa de liberdade será executada em forma progressiva com a transferência para regime menos rigoroso, a ser determinada pelo juiz, quando o preso tiver cumprido ao menos:

[...]

V – 40% (quarenta por cento) da pena, se o apenado for condenado pela prática de crime hediondo ou equiparado, se for primário;

VI – 50% (cinquenta por cento) da pena, se o apenado for:

a) condenado pela prática de crime hediondo ou equiparado, com resultado morte, se for primário, vedado o livramento condicional;

b) condenado por exercer o comando, individual ou coletivo, de organização criminosa estruturada para a prática de crime hediondo ou equiparado; ou

c) condenado pela prática do crime de constituição de milícia privada;

VI-A – 55% (cinquenta e cinco por cento) da pena, se o apenado for condenado pela prática de feminicídio, se for primário, vedado o livramento condicional;

VII – 60% (sessenta por cento) da pena, se o apenado for reincidente na prática de crime hediondo ou equiparado;

VIII – 70% (setenta por cento) da pena, se o apenado for reincidente em crime hediondo ou equiparado com resultado morte, vedado o livramento condicional.

No entanto, por maioria de votos, o Plenário do Supremo Tribunal Federal (STF) concedeu, durante sessão extraordinária realizada no dia 27 de junho de 2012, o *Habeas Corpus (*HC*)* 111840 e declarou, incidentalmente, a inconstitucionalidade do § 1º do art. 2º da Lei nº 8.072/90, com redação dada pela Lei nº 11.464/2007, o qual prevê que a pena por crime de tráfico será cumprida, inicialmente, em regime fechado.

No HC, a Defensoria Pública do Estado do Espírito Santo pediu a concessão do *habeas corpus* para que um condenado por tráfico de drogas pudesse iniciar o cumprimento da pena de seis anos em regime semiaberto, alegando, para tanto, a inconstitucionalidade da norma que determina que os condenados por tráfico devem cumprir a pena em regime inicialmente fechado.

O julgamento teve início em 14 de junho de 2012 e, naquela ocasião, cinco Ministros se pronunciaram pela inconstitucionalidade do dispositivo: Dias Toffoli (Relator), Rosa Weber, Cármen Lúcia Antunes Rocha, Ricardo Lewandowski e Cezar Peluso. Em sentido contrário, pronunciaram-se os Ministros Luiz Fux, Marco Aurélio e Joaquim Barbosa, que votaram pelo indeferimento da ordem.

Na sessão do dia 27 de junho de 2012, em que foi concluído o julgamento, os Ministros Gilmar Mendes, Celso de Mello e Ayres Britto acompanharam o voto do relator, Ministro Dias Toffoli, pela concessão do HC para declarar a inconstitucionalidade do § 1º do art. 2º da Lei nº 8.072/90. De acordo com o entendimento do Relator, o dispositivo contraria a Constituição Federal, especificamente no ponto que trata do princípio da individualização da pena (art. 5º, inciso XLVI).

Assim, a decisão do STF, embora *incidenter tantum*, deverá ser aplicada não somente aos casos futuros, permitindo-se ao julgador, quando possível, a fixação de outro regime inicial de cumprimento de pena, que não o fechado, devendo, ainda, retroagir, a fim de alcançar aquelas condenações, já transitadas em julgado, ou mesmo ainda pendentes de recurso, para que esse novo entendimento seja aplicado a todos os agentes condenados não somente pelo tráfico de drogas, mas a todas as infrações penais previstas na Lei nº 8.072/90, que fizerem jus à fixação de um regime inicial de cumprimento de pena, diverso do fechado.

1. A decisão agravada deve ser mantida por seus próprios fundamentos. 2. O entendimento delineado pelo Tribunal de origem encontra-se alinhado ao desta Corte Superior no sentido de que a Lei dos Crimes Hediondos não faz distinção entre a reincidência comum ou específica ao determinar a fração de 3/5 (três quintos) como lapso temporal para a progressão de regime, e que, consistindo a reincidência em condição pessoal, uma vez reconhecida, influi sobre o requisito objetivo dos benefícios da execução em relação a todas as condenações. Importa acrescer que, não há falar nem em lei mais benéfica, e nem em de qualquer forma prejudicial ao apenado, tendo em vista que o percentual de 60% (consagrado hoje pelo denominado (Pacote Anticrime), corresponde exatamente à anterior fração de 3/5. Precedentes. 3. Agravo regimental desprovido (AgRg no HC 608.770/SC, Rel. Min. Joel Ilan Paciornik, 5ª T., julgado em 17/11/2020, *DJe* 20/11/2020).

Lei de Lavagem de Capitais (Lei nº 9.613/98) e fixação do regime aberto nas hipóteses de delação premiada. Dispõe o § 5º do art. 1º da Lei de Lavagem de Capitais (Lei nº 9.613, de 3 de março de 1998, com a redação que lhe foi dada pela Lei nº 12.683, de 9 de julho de 2012), *verbis:*

§ 5º A pena poderá ser reduzida de um a dois terços e ser cumprida em regime aberto ou semiaberto, facultando-se ao juiz deixar de aplicá-la ou substituí-la, a qualquer tempo, por pena restritiva de direitos, se o autor, coautor ou partícipe colaborar espontaneamente com as autoridades, prestando esclarecimentos que conduzam à apuração das infrações penais, à identificação dos autores, coautores e participes, ou à localização dos bens, direitos ou valores objetos do crime.

Assim, por exemplo, embora o agente, em virtude da infração penal praticada, bem como pela pena aplicada, estivesse sujeito ao cumprimento inicial de sua pena em regime fechado, o mencionado parágrafo, como benefício pela delação, permite ao julgador determinar seu cumprimento inicial em regime aberto ou mesmo semiaberto.

Impossibilidade de cumprimento de pena em regime mais gravoso do que o determinado na sentença penal condenatória

Muito se discute a respeito da possibilidade de o condenado cumprir sua pena em regime mais gravoso do que o determinado pela sentença condenatória. A título de exemplo, suponhamos que tenha sido concedido o regime semiaberto para início do cumprimento da pena aplicada ao condenado. De acordo com o art. 33, § 1º, *b*, do Código Penal, a pena deveria ser cumprida em colônia agrícola, industrial ou estabelecimento similar, podendo o condenado trabalhar durante o período diurno em companhia dos demais presos, sendo-lhe, ainda, permitido o trabalho externo, bem como a frequência a cursos supletivos profissionalizantes, de instrução de segundo grau ou superior. Apesar da previsão legal, o Estado não consegue vaga ou não possui os estabelecimentos previstos para que o condenado cumpra sua pena de acordo com as disposições contidas na lei penal. Indagamos: Deverá o agente, em virtude da negligência do Estado, cumprir sua pena em regime mais rigoroso do que aquele que lhe fora imposto no processo no qual fora condenado? Entendemos que não. Isso porque o condenado tem direito subjetivo em cumprir sua pena sob o regime que lhe foi concedido, de acordo com a sua aptidão pessoal, na sentença condenatória. Da mesma forma, não pode o condenado cumprir sua pena em regime mais rigoroso, por desídia do Estado, se foi determinado na sentença condenatória que o cumprimento se daria em regime aberto, ou seja, em casa de albergado ou estabelecimento similar. Nessa hipótese, entendemos que, se não existe qualquer dos estabelecimentos previstos na alínea *c* do § 1º do art. 33 do Código Penal, excepcionalmente, poderá o condenado cumprir sua pena em prisão domiciliar.

I – É assente nesta Corte Superior de Justiça que o agravo regimental deve trazer novos argumentos capazes de alterar o entendimento anteriormente firmado, sob pena de ser mantida a r. decisão vergastada pelos próprios fundamentos. II – Ainda que a pena tenha permanecido em patamar abaixo de 4 (quatro) anos de reclusão, a reincidente e a presença de circunstâncias judiciais desfavoráveis justifica a fixação do regime mais gravoso, impossibilitando, portanto, a subsunção dos fatos ao disposto pelo artigo 33, § 2º, alíneas "b" ou "c", do Código Penal. III – Nos termos do art. 387, § 2º, do Código de Processo Penal, o cômputo do tempo de prisão provisória na sentença penal condenatória é restrito à finalidade de determinação do regime inicial de cumprimento da pena privativa de liberdade. IV – O abatimento do tempo de prisão provisória do total da condenação decretada neste processo-crime é providência que competirá ao juízo da execução penal, a qual será levada a efeito após o trânsito em julgado e o início do cumprimento da pena, consoante dicção do art. 66, inciso III, "c", da Lei n. 7.210/1984. Agravo regimental desprovido (AgRg no HC 607.519/SP, Rel. Min. Felix Fischer, 5ª T., julgado em 20/10/2020, *DJe* 26/10/2020).

Nesse sentido:

STJ, HC 500.915/RS, Rel. Min. Reynaldo Soares da Fonseca, 5ª T., *DJe* 03/06/2019; STJ, HC 425.276/SC, Rel. Min. Joel Ilan Paciornik, 5ª T., *DJe* 20/06/2018; STF, HC 135.774/SP, Rel. Min. Roberto Barroso, 1ª T., j. 05/09/2017; STF, RE 641.320/RS, Rel. Min. Gilmar Mendes, Pleno, *DJe* 1º/08/2016; STJ, HC 329.432/RS, Rel. Min. Sebastião Reis Junior, 6ª T., *DJe* 28/04/2016; STJ, AgRg no HC 297.069/RS, Rel. Min. Rogério Schietti Cruz, 6ª T., *DJe* 03/06/2015; STJ, HC 300.786/SP, Rel. Min. Gurgel de Faria, 5ª T., *DJe* 1º/06/2015.

Em sentido contrário a essa posição coloca-se Cezar Roberto Bitencourt, quando aduz: "A Lei nº 7.210 afastou peremptoriamente a possibilidade de concessão de prisão domiciliar fora das hipóteses previstas no art. 117. Proibiu a praxe pouco recomendada de alguns magistrados que concediam a prisão domiciliar sob o argumento de que 'inexistia casa de albergado', com irreparáveis prejuízos para a defesa social e que em muito contribuíam para o desprestígio da Justiça Penal. A Exposição de Motivos foi incisiva nesse particular, reconhecendo 'que a prisão-albergue não se confunde com a prisão domiciliar, o Projeto declara, para evitar dúvidas, que o regime aberto não admite a execução da pena em residência particular, salvo quando se tratar de condenado maior de setenta anos ou acometido de grave doença e de condenada com filho menor ou deficiente físico ou mental ou, finalmente, de condenada gestante'."[29]

Apesar da respeitável opinião do professor gaúcho, o que não podemos tolerar é que alguém cumpra sua pena de forma mais grave do que fora determinado em sua condenação. Isso, sim, violaria a Justiça Penal. O condenado tem, já o dissemos, direito subjetivo em

---

[29] BITENCOURT, Cezar Roberto. *Manual de direito penal* – parte geral, p. 423.

cumprir aquilo que lhe foi imposto na sentença condenatória. Merece ressaltar que, para se chegar à conclusão do regime inicial cabível, teve o julgador de analisar não somente a quantidade da pena aplicada, mas também todas as circunstâncias judiciais elencadas pelo art. 59 do Código Penal, razão pela qual suas características pessoais influenciaram na escolha do regime, que, frise-se, não pode ser desprezado pelo Estado. Nesse sentido, o STF, na sessão plenária de 29 de junho de 2016, aprovou a Súmula Vinculante nº 56 que, acertadamente, colocando fim à discussão, determina:

Súmula Vinculante nº 56. A falta de vagas em estabelecimento penal adequado não autoriza a manutenção do condenado em regime prisional mais gravoso, devendo-se observar, nesta hipótese, os parâmetros fixados no RE 641.320/RS.

Progressão e regressão de regime

O § 2º do art. 33 do Código Penal determina que as penas privativas de liberdade deverão ser executadas em forma progressiva, segundo o mérito do condenado. A progressão é um misto de tempo mínimo de cumprimento de pena (critério objetivo) com o mérito do condenado (critério subjetivo). A progressão é uma medida de política criminal que serve de estímulo ao condenado durante o cumprimento de sua pena. A possibilidade de ir galgando regimes menos rigorosos faz com que os condenados tenham a esperança de retorno paulatino ao convívio social.

Apontando critérios de ordem objetiva e subjetiva, o art. 112 da Lei de Execução Penal, com as modificações trazidas pelas Leis nos 13.964, de 24 de dezembro de 2019, e 14.843, de 11 de abril de 2024, diz, *verbis*:

Art. 112. A pena privativa de liberdade será executada em forma progressiva com a transferência para regime menos rigoroso, a ser determinada pelo juiz, quando o preso tiver cumprido ao menos:

I – 16% (dezesseis por cento) da pena, se o apenado for primário e o crime tiver sido cometido sem violência à pessoa ou grave ameaça;

II – 20% (vinte por cento) da pena, se o apenado for reincidente em crime cometido sem violência à pessoa ou grave ameaça;

III – 25% (vinte e cinco por cento) da pena, se o apenado for primário e o crime tiver sido cometido com violência à pessoa ou grave ameaça;

IV – 30% (trinta por cento) da pena, se o apenado for reincidente em crime cometido com violência à pessoa ou grave ameaça;

V – 40% (quarenta por cento) da pena, se o apenado for condenado pela prática de crime hediondo ou equiparado, se for primário;

VI – 50% (cinquenta por cento) da pena, se o apenado for:

a) condenado pela prática de crime hediondo ou equiparado, com resultado morte, se for primário, vedado o livramento condicional;

b) condenado por exercer o comando, individual ou coletivo, de organização criminosa estruturada para a prática de crime hediondo ou equiparado; ou

c) condenado pela prática do crime de constituição de milícia privada;

VI-A – 55% (cinquenta e cinco por cento) da pena, se o apenado for condenado pela prática de feminicídio, se for primário, vedado o livramento condicional;

VII – 60% (sessenta por cento) da pena, se o apenado for reincidente na prática de crime hediondo ou equiparado;

VIII – 70% (setenta por cento) da pena, se o apenado for reincidente em crime hediondo ou equiparado com resultado morte, vedado o livramento condicional.

§ 1º Em todos os casos, o apenado somente terá direito à progressão de regime se ostentar boa conduta carcerária, comprovada pelo diretor do estabelecimento, e pelos resultados do exame criminológico, respeitadas as normas que vedam a progressão.

§ 2º A decisão do juiz que determinar a progressão de regime será sempre motivada e precedida de manifestação do Ministério Público e do defensor, procedimento que também será adotado na concessão de livramento condicional, indulto e comutação de penas, respeitados os prazos previstos nas normas vigentes.

Suponhamos que o agente tenha sido condenado a uma pena de 8 (oito) anos de reclusão, em regime fechado, por ter praticado o crime de peculato, tipificado no art. 312, *caput*, do Código Penal. Por ser considerado reincidente na prática de crime cometido sem violência ou grave ameaça à pessoa, determina o inciso II do art. 112 da Lei de Execuções Penais que a progressão ocorra com o cumprimento de 20% (vinte por cento) da pena, se presente, ainda, o requisito de natureza subjetiva, vale dizer, ostentar boa conduta carcerária, comprovada pelo diretor do estabelecimento, e pelos resultados do exame criminológico, conforme nova redação dada ao § 2º do art. 112 da LEP pela Lei nº 14.843, de 11 de abril de 2024. Assim, cumpridos 1 (um) ano, 7 (sete) meses e 6 (seis) dias, abre-se-lhe a oportunidade de progressão para o regime semiaberto.

Conforme determina o § 2º do art. 112 em análise, a decisão do juiz que determinar a progressão de regime será sempre motivada e precedida de manifestação do Ministério Público e do defensor.

Ponto que gera dúvida em nossa doutrina diz respeito aos cálculos para a segunda progressão de regime. No exemplo acima citado, a primeira progressão ocorreu quando o condenado cumpriu 20% (vinte por cento) da pena que lhe fora imposta. Assim, tendo sido condenado a 8 (oito) anos de reclusão, cumpridos 1 (um) ano, 7 (sete) meses e 6 (seis) dias foi-lhe concedida a progressão. Agora, suponhamos que o condenado, após a sua progressão, esteja cumprindo sua pena em regime semiaberto. A partir de quando terá direito a uma nova progressão para o regime aberto? O cálculo relativo aos 20%, para efeitos de nova progressão deverá ser feito sobre o total da condenação ou sobre o tempo que resta a cumprir? Se fosse sobre o total da condenação, somente após 1 (um) ano 7 (sete) meses e 6 (seis) dias é que o condenado poderia ingressar no regime aberto. Entendemos não ser essa a melhor interpretação da legislação penal. O período de 1 (um) ano, 7 (sete) meses e 6 (seis) dias, que foi considerado para efeito de progressão de regime, já é tido como tempo de pena efetivamente cumprida. Os futuros cálculos, portanto, somente poderão ser realizados sobre o tempo restante de pena a cumprir, deduzido o já cumprido no regime anterior.

Ressalte-se que a progressão também não poderá ser realizada por "saltos", ou seja, deverá sempre obedecer ao regime legal imediatamente seguinte ao qual o condenado vem cumprindo sua pena. Assim, não há possibilidade de, por exemplo, progredir diretamente do regime fechado para o regime aberto, deixando de lado o regime semiaberto.

Nesse sentido, posicionou-se o STJ:

🔨 O pedido de prévia oitiva do apenado para o reconhecimento de falta grave fica prejudicado pela superveniente progressão do paciente. Mesmo que se reconhecesse a mácula, o sentenciado não poderia progredir diretamente para o aberto, tendo em vista a vedação à progressão *per saltum* (STJ, AgRg no HC 452.310/PR, Rel. Min. Joel Ilan Paciornik, 5ª T., *DJe* 17/09/2018).

O § 6º, inserido no art. 112 da Lei de Execuções Penais através da Lei nº 13.964, de 24 de dezembro de 2019, assevera que:

§ 6º O cometimento de falta grave durante a execução da pena privativa de liberdade interrompe o prazo para a obtenção da progressão no regime de cumprimento da pena, caso em que o reinício da contagem do requisito objetivo terá como base a pena remanescente. Tendo em vista a criação do referido parágrafo, se o agente vier a praticar falta grave, prevista pelos arts. 50, 51 e 52 da Lei de Execuções Penais, terá interrompida sua contagem de prazo para efeitos de progressão de regime. Assim, no exemplo que estamos trabalhando, se o agente, condenado a uma pena de 8 (oito) anos de reclusão, em regime fechado, após um ano de efetivo cumprimento de pena, faltando apenas 6 (seis) meses para requerer sua progressão de regime, vier a praticar falta grave, seu prazo será reiniciado e, somente após cumpridos 20% (vinte por cento) sobre a pena remanescente, vale dizer, 7 (sete) anos, é que poderá progredir de regime. No que diz respeito, ainda, à progressão de regime, o Supremo Tribunal Federal, na sessão plenária de 24 de setembro de 2003, aprovou as Súmulas nº 716 e nº 717, que dizem:

🔨 *Súmula nº 716. Admite-se a progressão de regime de cumprimento de pena ou a aplicação imediata de regime menos severo nela determinada, antes do trânsito em julgado da sentença condenatória.*

Súmula nº 717. Não impede a progressão de regime de execução da pena, fixada em sentença não transitada em julgado, o fato de o réu se encontrar em prisão especial.

O STF editou, ainda, a Súmula Vinculante nº 26, publicada no *DJe* de 23 de dezembro de 2009, que diz:

🔨 *Súmula Vinculante nº 26. Para efeito de progressão de regime no cumprimento de pena por crime hediondo, ou equiparado, o juízo da execução observará a inconstitucionalidade do art. 2º da Lei nº 8.072, de 25 de julho de 1990, sem prejuízo de avaliar se o condenado preenche, ou não, os requisitos objetivos e subjetivos do benefício, podendo determinar, para tal fim, de modo fundamentado, a realização de exame criminológico.*

O STJ, a seu turno, editou a Súmula nº 439, publicada no *DJe* de 13 de maio de 2010, com a seguinte redação:

🔨 *Súmula nº 439. Admite-se o exame criminológico pelas peculiaridades do caso, desde que em decisão motivada.*

Hoje, por conta da modificação ocorrida no § 1º do art. 112 da LEP, introduzida pela Lei nº 14.843, de 11 de abril de 2024, o exame criminológico deixou de ser uma possibilidade, passando a ser considerado uma necessidade para efeitos de concessão de progressão de regime.

No que diz respeito à Lei nº 8.072, de 25 de julho de 1990, o STJ firmou seu posicionamento por meio da Súmula nº 471, publicada no *DJe* de 28 de fevereiro de 2011, que diz:

🔨 *Súmula nº 471. Os condenados por crimes hediondos ou assemelhados cometidos antes da vigência da Lei nº 11.464/2007 sujeitam-se ao disposto no art. 112 da Lei nº 7.210/1984 (Lei de Execução Penal) para a progressão de regime prisional.*

1. A Lei de Crimes Hediondos não fazia distinção entre a reincidência genérica e a específica para estabelecer o cumprimento de 3/5 da pena para fins de progressão de regime, é o que se depreende da leitura do § 2º do art. 2º da Lei n. 8.072/1990: A progressão de regime, no caso dos condenados pelos crimes previstos neste artigo, dar-se-á após o cumprimento de 2/5 (dois quintos) da pena, se o apenado for primário, e de 3/5 (três quintos), se reincidente, observado o disposto nos §§ 3º e 4º do art. 112 da Lei n. 7.210, de 11 de julho de 1984 (Lei de Execução Penal). 2. Já a Lei n. 13.964/2019 trouxe significativas mudanças na legislação penal e processual penal, e, nessa toada, revogou o referido dispositivo legal. Agora, os requisitos objetivos para a progressão de regime foram sensivelmente modificados, tendo sido criada uma variedade de lapsos temporais a serem observados antes da concessão da benesse. 3. Ocorre que a atual redação do art. 112 revela a situação ora em exame

(condenado por crime hediondo com resultado morte, reincidente não específico) não foi contemplada na lei nova. Nessa hipótese, diante da ausência de previsão legal, o julgador deve integrar a norma aplicando a analogia *in bonam partem*. Impõe-se, assim, a aplicação do contido no inciso VI, "a", do referido artigo da Lei de Execução Penal, exigindo-se, portanto, o cumprimento de 50% da pena para a progressão de regime, caso não cometida falta grave. 4. Ordem concedida para que a transferência do paciente para regime menos rigoroso observe, quanto ao requisito objetivo, o cumprimento de 50% da pena privativa de liberdade a que condenado, salvo se cometida falta grave (HC 581.315/PR, Rel. Min. Sebastião Reis Júnior, 6ª T., julgado em 06/10/2020, *DJe* 19/10/2020).

Por intermédio da Lei nº 10.763, de 12 de novembro de 2003, foi criado um § 4º ao art. 33 do Código Penal, *verbis*:

§ 4º O condenado por crime contra a administração pública terá a progressão de regime do cumprimento da pena condicionada à reparação do dano que causou, ou à devolução do produto do ilícito praticado, com os acréscimos legais.

Deve ser ressaltado, ainda que, com as modificações produzidas no art. 112 da LEP, através da Lei nº 13.964, de 24 de dezembro de 2019, houve uma alteração significativa no que diz respeito ao percentual que deve ser cumprido pelo condenado para efeitos de possibilitar a sua progressão de regime de cumprimento de pena.

Na maioria das hipóteses elencadas pelos incisos do mencionado art. 112, houve um aumento do tempo necessário de cumprimento de pena. Assim, pergunta-se: O art. 112 deverá ser aplicado, indistintamente, a todos os condenados que almejam progredir de regime? A resposta só pode ser negativa. Isso porque, em se tratando de uma norma de natureza mista, ou seja, possuindo tanto natureza penal como processual penal, deverá ser observado o princípio da extra-atividade. Assim, o art. 112 da LEP, com a nova redação que lhe foi conferida pela Lei nº 13.964, de 24 de dezembro de 2019, somente será aplicado aos fatos praticados após a sua entrada em vigor. Os fatos anteriores serão regidos pelos dispositivos vigentes à época da sua prática.

Nesse sentido, Soraia da Rosa Mendes e Ana Maria Martínez aduzem, com precisão, que:

"A impossibilidade de retroatividade para prejudicar o(a) condenado(a) deverá ser seguida com a implementação da Lei 13.964, vez que de todas as novas temporalidades adotadas, apenas uma é mais benéfica que a lei anterior, trata-se da primeira hipótese

do art. 112 da LEP, que agora estabelece a progressão após cumpridos 16% da pena"[30].

A regressão vem disciplinada no art. 118 da Lei de Execução Penal, que diz que a execução da pena privativa de liberdade ficará sujeita à forma regressiva, com transferência para qualquer dos regimes mais rigorosos, quando o condenado: I – praticar fato definido como crime doloso ou falta grave; II – sofrer condenação, por crime anterior, cuja pena, somada ao restante da pena em execução, torne incabível o regime (conforme art. 111 da LEP).

Inicialmente, deve ser esclarecido que a primeira parte do inciso I do art. 118, segundo entendemos, não foi recepcionada pela nossa Constituição Federal. Isso porque o legislador constituinte, de forma expressa, consagrou em nosso Texto Maior o princípio da presunção de inocência, asseverando, em seu art. 5º, LVII, que ninguém será considerado culpado até o trânsito em julgado da sentença penal condenatória. A título de exemplo, suponhamos que alguém esteja cumprindo sua pena em regime semiaberto e, durante a execução, venha a ser acusado de ter agredido um outro preso, causando-lhe lesões corporais. Segundo determina o inciso I do art. 118 da Lei de Execução Penal, tendo praticado, em tese, um fato definido como crime doloso, poderia, após a audiência de justificação prevista no § 2º do mesmo artigo, ver seu regime regredido, caso o juiz da execução não se convencesse de seus argumentos. Contudo, no caso de fato definido como crime, entendemos que a regressão ocorrerá somente quando houver uma decisão definitiva a respeito da infração penal levada a efeito pelo condenado. Nesse exemplo, embora tivesse ele realmente agredido outro preso, poderia tê-lo feito em legítima defesa, o que afastaria a ocorrência do crime.[31]

A segunda parte do inciso I do art. 118 da Lei de Execução Penal também permite a regressão se o condenado praticar falta grave. O art. 50 da Lei de Execução Penal diz que: *comete falta grave o condenado à pena privativa de liberdade que: I – incitar ou participar de movimento para subverter a ordem ou a disciplina; II – fugir; III – possuir, indevidamente, instrumento capaz de ofender a integridade física de outrem; IV – provocar acidente de trabalho; V – descumprir, no regime aberto, as condições impostas; VI – inobservar os deveres previstos nos incisos II e V do art. 39 da Lei de Execução Penal; VII – tiver em sua posse, utilizar ou fornecer aparelho telefônico, de rádio ou similar, que permita a comunicação com outros presos ou com o ambiente externo* (inciso acrescentado pela Lei nº 11.466, de 28 de março de 2007), *VIII – recusar submeter-se ao procedimento de identificação do perfil ge-*

---

[30] ROSA MENDES, Soraia da; MARTÍNEZ, Ana Maria. *Pacote anticrime* – comentários críticos à Lei 13.964/2019.

[31] Em sentido contrário, assevera Renato Marcão: "Não é necessário que o crime doloso tenha sido objeto de sentença condenatória transitada em julgado. Não ocorre, na hipótese, violação do princípio da presunção de inocência ou estado de inocência" (*Curso de execução penal*, p. 145).

nético. (inciso acrescentado pela Lei nº 13.964, de 24 de dezembro de 2019).[32]

O art. 52 da Lei de Execução Penal, com a nova redação que lhe foi conferida pela Lei nº 13.964, de 24 de dezembro de 2019, também considera falta grave, dizendo, *verbis:*

Art. 52. *A prática de fato previsto como crime doloso constitui falta grave e, quando ocasionar subversão da ordem ou disciplina internas, sujeitará o preso provisório, ou condenado, nacional ou estrangeiro, sem prejuízo da sanção penal, ao regime disciplinar diferenciado, com as seguintes características:*

I – duração máxima de até 2 (dois) anos, sem prejuízo de repetição da sanção por nova falta grave de mesma espécie;

II – recolhimento em cela individual;

III – visitas quinzenais, de 2 (duas) pessoas por vez, a serem realizadas em instalações equipadas para impedir o contato físico e a passagem de objetos, por pessoa da família ou, no caso de terceiro, autorizado judicialmente, com duração de 2 (duas) horas;

IV – direito do preso à saída da cela por 2 (duas) horas diárias para banho de sol, em grupos de até 4 (quatro) presos, desde que não haja contato com presos do mesmo grupo criminoso;

V – entrevistas sempre monitoradas, exceto aquelas com seu defensor, em instalações equipadas para impedir o contato físico e a passagem de objetos, salvo expressa autorização judicial em contrário;

VI – fiscalização do conteúdo da correspondência;

VII – participação em audiências judiciais preferencialmente por videoconferência, garantindo-se a participação do defensor no mesmo ambiente do preso.

Por mais paradoxal que isso possa parecer, houve a rejeição ao veto presidencial quanto ao § 1º do art. 3º-B do CPP, que diz que o preso em flagrante ou por força de mandado de prisão provisória será encaminhado à presença do juiz de garantias no prazo de 24 (vinte e quatro) horas, momento em que se realizará audiência com a presença do Ministério Público e da Defensoria Pública ou de advogado constituído, vedado o emprego de videoconferência. Isso é um verdadeiro contrassenso à uma evolução inevitável trazida pela modernidade, que importa não somente em segurança, mas também em economia e rapidez dos atos processuais.

No que diz respeito à prática de fato definido como crime doloso, o STJ editou a Súmula nº 526, publicada no *DJe* de 18 de maio de 2015, que diz:

⚖ **Súmula nº 526.** O reconhecimento de falta grave decorrente do cometimento de fato definido como crime doloso no cumprimento da pena prescinde do trânsito em julgado de sentença penal condenatória no processo penal instaurado para apuração do fato.

(...) A conclusão do acórdão recorrido está em sintonia com a jurisprudência do Superior Tribunal de Justiça (Súmula 526) de que não é necessário o trânsito em julgado da condenação para o reconhecimento de falta grave e, consequentemente, a aplicação das sanções disciplinares cabíveis, nos casos em que, no curso da execução penal, há o cometimento de crime doloso. Apesar de reconhecida a repercussão geral do tema pelo Supremo Tribunal Federal, o RE n. 776.826/RS encontra-se pendente de julgamento, motivo pelo qual deve ser observada a jurisprudência unânime desta Corte (...) (AgRg no RHC 124.635/GO, Rel. Min. Sebastião Reis Júnior, 6ª T., julgado em 18/08/2020, *DJe* 24/08/2020).

Nova Tese STF: (Tema 758) Falta grave na execução penal, publicação dia 08/01/2021. (...) O reconhecimento de falta grave consistente na prática de fato definido como crime doloso no curso da execução penal dispensa o trânsito em julgado da condenação criminal no juízo do conhecimento, desde que a apuração do ilícito disciplinar ocorra com observância do devido processo legal, do contraditório e da ampla defesa, podendo a instrução em sede de executiva ser suprida por sentença criminal condenatória que verse sobre a materialidade, a autoria e as circunstâncias do crime correspondente à falta grave.

Nesse sentido:

⚖ AgRg no HC 590.178/SC, Rel. Min. Ribeiro Dantas, 5ª T., julgado em 18/08/2020, *DJe* 25/08/2020.

No caso de falta grave, a regressão somente poderá ser determinada após ser ouvido o condenado, numa audiência de justificação (art. 118, § 2º, da LEP).

Decidiu o STJ:

⚖ "Para o reconhecimento da prática de falta disciplinar, no âmbito da execução penal, é imprescindível a instauração de procedimento administrativo pelo diretor do estabelecimento prisional, assegurado o direito de defesa, a ser realizado por advogado constituído ou defensor público nomeado" (REsp n. 1.378.557/RS, Terceira Seção, Rel. Min. Marco Aurélio Bellizze, *DJe* de 21/03/2014, grifei). O Plenário do col. Pretório Excelso, em julgamento do RE nº 398.269/RS, Rel. Exmo. Min. Gilmar Mendes, *DJe* 26/02/2010, concluiu pela inaplicabilidade da Súmula Vinculante nº 5 aos procedimentos administrativos disciplinares realizados em sede de execução penal, ressaltando a imprescindibilidade da defesa técnica nesses procedimentos, sob pena de afronta aos princípios do contraditório e da ampla defesa, aos ditames da LEP e à legislação processual penal. A apuração e aplicação

---

[32] A Lei nº 12.012, de 6 de agosto de 2009, acrescentou ao Código Penal o art. 349-A, que diz, *verbis:*

Art. 349-A. *Ingressar, promover, intermediar, auxiliar ou facilitar a entrada de aparelho telefônico de comunicação móvel, de rádio ou similar, sem autorização legal, em estabelecimento prisional.*

Pena: detenção, de 3 (três) meses a 1 (um) ano.

de sanção disciplinar, em procedimento administrativo disciplinar instaurado para apuração de falta grave supostamente praticada no curso da execução penal sem a presença de defesa técnica, viola os princípios do contraditório e da ampla defesa e configura causa de nulidade absoluta do PAD" (STJ, HC 517.663/MG, Rel. Min. Leopoldo de Arruda Raposo – Desembargador convocado do TJPE, 5ª T., *DJe* 11/10/2019).

Súmula nº 533 do STJ. Para o reconhecimento da prática de falta disciplinar no âmbito da execução penal, é imprescindível a instauração de procedimento administrativo pelo diretor do estabelecimento prisional, assegurado o direito de defesa, a ser realizado por advogado constituído ou defensor público nomeado.

A Lei de Execução Penal também determina a regressão se o condenado sofrer condenação por crime anterior cuja pena, somada ao restante da pena em execução, torne incabível o regime, uma vez que o art. 111 diz que quando houver condenação por mais de um crime, no mesmo processo ou em processos distintos, a determinação do regime de cumprimento será feita pelo resultado da soma ou da unificação das penas, observada, quando for o caso, a detração ou a remição.

A situação nesse inciso difere daquela na qual dissemos não ter sido recepcionada pela Constituição Federal. No inciso I, do art. 118 da LEP, o fato definido como crime doloso foi praticado durante a execução da pena e sob a égide do regime que se pretende regredir. Nesse caso, a condenação transitada em julgado fará com que ocorra a regressão, mesmo que o tempo de pena aplicado, somado ao tempo restante, possibilite, objetivamente, a permanência no regime. Aqui ficou demonstrada a falta de aptidão para o prosseguimento no regime no qual o condenado vinha cumprindo sua pena. Falta-lhe mérito para nele permanecer. Já a segunda hipótese diz respeito a crime – doloso ou culposo, a lei não faz distinção – cometido antes da progressão. Suponhamos que o agente tenha conseguido sua progressão para o regime semiaberto e, durante o cumprimento de sua pena, surja uma condenação por fato praticado anteriormente, acrescentando-lhe mais um ano de privação de liberdade. Se esse período, somado ao tempo que resta da pena a ser cumprida pelo condenado, perfizer um total que permita a manutenção do regime semiaberto, observando-se o § 2º do art. 33 do Código Penal, não haverá necessidade de regressão.

A diferença reside, portanto, no momento da prática do fato definido como crime: se antes ou durante a execução da pena no novo regime.

O STJ tem decidido no sentido de permitir a regressão de regime referida no art. 118, I e II, da LEP, mesmo sem ter ocorrido o trânsito em julgado da sentença penal condenatória:

⚖ (...) III – A jurisprudência do Superior Tribunal de Justiça vem adotando a orientação de que o art. 118, inciso I, da Lei de Execução Penal, estabelece que o apenado ficará sujeito à transferência para qualquer dos regimes mais gravosos quando praticar fato definido como crime doloso ou falta grave, não havendo que se observar a forma progressiva estabelecida no art. 112 do normativo em referência (AgRg no REsp 1575529/MS, Rel. Min. Felix Fischer, 5ª T., julgado em 07/06/2016, *DJe* 17/06/2016). (AgRg no REsp n. 1.672.666/MS, Sexta Turma, Rel. Min. Nefi Cordeiro, *DJe* 26/03/2018). IV – Segundo dispõe o enunciado da Súmula n. 526 desta Corte Superior, "O reconhecimento de falta grave decorrente do cometimento de fato definido como crime doloso no cumprimento da pena prescinde do trânsito em julgado de sentença penal condenatória no processo penal instaurado para apuração do fato". (...) (HC 602.775/MG, Rel. Min. Felix Fischer, 5ª T., julgado em 22/09/2020, *DJe* 29/09/2020).

Nesse sentido:

⚖ REsp 564.971/RS, Rel. Min. Hamilton Carvalhido, 6ª T., j. 07/10/2004, *DJ* 17/12/2004, p. 606.

Para que ocorra a regressão de regime de cumprimento da pena, o STF tem se posicionado afirmando que, primeiramente, deve ter havido a progressão, dizendo:

⚖ "Sentença transitada em julgado determinando o início do cumprimento da pena em regime semiaberto. Regressão de regime em razão da prática de falta grave [o paciente foi beneficiado com a saída temporária e não retornou]. Impossibilidade da regressão de regime do cumprimento da pena: a regressão de regime sem que o réu tenha sido beneficiado pela progressão de regime afronta a lógica. A sanção pela falta grave deve, no caso, estar adstrita à perda dos dias remidos. Ordem concedida" (HC 93.761, Rel. Min. Eros Grau, 2ª T., *DJe* 19/12/2008).

Merece ser ressaltado, ainda, que, ao contrário do que ocorre com a progressão de regime que, como dissemos, não poderá ser realizada "por saltos", devendo o julgador fazer com que o condenado ingresse, presentes os requisitos objetivos e subjetivos, no regime imediatamente posterior àquele que vinha cumprindo sua pena, na regressão o julgador poderá impor ao condenado o regime que, segundo as provas dos autos, lhe pareça o mais adequado. Assim, se ocorrer alguma das hipóteses previstas pelo art. 118 da Lei de Execução Penal, pode o condenado, que vinha cumprindo sua pena em regime aberto, ser transferido, por exemplo, diretamente ao regime fechado, não havendo necessidade de ser submetido, primeiramente, ao regime semiaberto.

Em qualquer caso, deverá o julgador fundamentar sua decisão, explicando os motivos pelos quais entende que o condenado deverá passar a cumprir sua pena neste ou naquele regime.

Jurisprudência em Teses do Superior Tribunal de Justiça, Boletim nº 07, publicado em 19 de fevereiro de 2014, sobre Falta Grave em Execução Penal

1) Após a vigência da Lei nº 11.466, de 28 de março de 2007, constitui falta grave a posse de aparelho celular ou de seus componentes, tendo em vista que a *ratio essendi* da norma é proibir a comunicação entre os presos ou destes com o meio externo.

2) A prática de fato definido como crime doloso no curso da execução penal caracteriza falta grave, independentemente do trânsito em julgado de eventual sentença penal condenatória (Tese julgada sob o rito do art. 543-C do CPC[33]).

3) Diante da inexistência de legislação específica quanto ao prazo prescricional para apuração de falta grave, deve ser adotado o menor lapso prescricional previsto no art. 109 do CP, ou seja, o de 3 anos para fatos ocorridos após a alteração dada pela Lei nº 12.234, de 5 de maio de 2010, ou o de 2 anos se a falta tiver ocorrido até essa data.

4) Para o reconhecimento da prática de falta disciplinar, no âmbito da execução penal, é imprescindível a instauração de procedimento administrativo pelo diretor do estabelecimento prisional, assegurado o direito de defesa, a ser realizado por advogado constituído ou defensor público nomeado (Tese julgada sob o rito do art. 543-C do CPC[34]).

5) A prática de falta grave pode ensejar a regressão cautelar do regime prisional sem a prévia oitiva do condenado, que somente é exigida na regressão definitiva.

6) O cometimento de falta grave enseja a regressão para regime de cumprimento de pena mais gravoso.

7) A prática de falta grave interrompe a contagem do prazo para a obtenção do benefício da progressão de regime.

8) Com o advento da Lei nº 12.433, de 29 de junho de 2011, o cometimento de falta grave não mais enseja a perda da totalidade do tempo remido, mas limita-se ao patamar de 1/3, cabendo ao juízo das execuções penais dimensionar o *quantum*, segundo os critérios do art. 57 da LEP.

9) A falta grave não interrompe o prazo para obtenção de livramento condicional (Súmula nº 441/STJ).

10) A prática de falta grave não interrompe o prazo para aquisição do indulto e da comutação, salvo se houver expressa previsão a respeito no decreto concessivo dos benefícios.

Jurisprudência em teses do Superior Tribunal de Justiça, edição nº 144: falta grave em execução penal – II.

1) Faltas graves cometidas em período longínquo e já reabilitadas não configuram fundamento idôneo para indeferir o pedido de progressão de regime, para que os princípios da razoabilidade e da ressocialização da pena e o direito ao esquecimento sejam respeitados.

2) O cometimento de falta de natureza especialmente grave constitui fundamento idôneo para decretação de perda dos dias remidos na fração legal máxima de 1/3 (art. 127 da Lei n. 7.210/1984 – Lei de Execução Penal).

3) O cometimento de falta grave durante a execução penal autoriza a regressão do regime de cumprimento de pena, mesmo que seja estabelecido de forma mais gravosa do que a fixada na sentença condenatória (art. 118, I, da Lei de Execução Penal – LEP), não havendo falar em ofensa à coisa julgada.

4) Quando não houver regressão de regime prisional, é dispensável a realização de audiência de justificação no procedimento administrativo disciplinar para apuração de falta grave.

5) A prática de falta grave durante o cumprimento da pena não acarreta a alteração da data-base para fins de saída temporária e trabalho externo.

6) A posse de fones de ouvido no interior do presídio é conduta formal e materialmente típica, configurando falta de natureza grave, uma vez que viabiliza a comunicação intra e extramuros.

7) É prescindível a perícia de aparelho celular apreendido para a configuração da falta disciplinar de natureza grave do art. 50, VII, da Lei n. 7.210/1984.

8) O reconhecimento de falta grave prevista no art. 50, III, da Lei n. 7.210/1984 dispensa a realização de perícia no objeto apreendido para verificação da potencialidade lesiva, por falta de previsão legal.

9) É imprescindível a confecção do laudo toxicológico para comprovar a materialidade da infração disciplinar e a natureza da substância encontrada com o apenado no interior de estabelecimento prisional.

10) A posse de drogas no curso da execução penal, ainda que para uso próprio, constitui falta grave.

Jurisprudência em teses do Superior Tribunal de Justiça, edição nº 145: falta grave em execução penal – III.

1) A decisão proferida pela autoridade administrativa prisional em processo administrativo disciplinar – PAD que apura o cometimento de falta grave disciplinar no âmbito da execução penal é ato administrativo, portanto, passível de controle de legalidade pelo Poder Judiciário.

---

[33] Atual art. 1.036 do Código de Processo Civil (Lei nº 13.105, de 16 de março de 2015).

[34] Atual art. 1.036 do Código de Processo Civil (Lei nº 13.105, de 16 de março de 2015).

2) A decisão que reconhece a prática de falta grave disciplinar deverá ser desconstituída diante das hipóteses de arquivamento de inquérito policial ou de posterior absolvição na esfera penal, por inexistência do fato ou negativa de autoria, tendo em vista a atipicidade da conduta.

3) No processo administrativo disciplinar que apura a prática de falta grave, não há obrigatoriedade de que o interrogatório do sentenciado seja o último ato da instrução, bastando que sejam respeitados o contraditório e a ampla defesa, e que um defensor esteja presente.

4) A palavra dos agentes penitenciários na apuração de falta grave é prova idônea para o convencimento do magistrado, haja vista tratar-se de agentes públicos, cujos atos e declarações gozam de presunção de legitimidade e de veracidade.

5) No processo administrativo disciplinar instaurado para apuração de falta grave supostamente praticada no curso da execução penal, a inexistência de defesa técnica por advogado na oitiva de testemunhas viola os princípios do contraditório e da ampla defesa e configura causa de nulidade do PAD.

6) A ausência de defesa técnica em procedimento administrativo disciplinar instaurado para apuração de falta grave em execução penal viola os princípios do contraditório e da ampla defesa e enseja nulidade absoluta do PAD.

7) É dispensável nova oitiva do apenado antes da homologação judicial da falta grave, se previamente ouvido em procedimento administrativo disciplinar, em que foram assegurados o contraditório e a ampla defesa.

8) A nova redação do art. 127 da Lei de Execução Penal – LEP, que prevê a limitação da perda dos dias remidos a 1/3 (um terço) do total no caso da prática de falta grave, deve ser aplicada retroativamente por se tratar de norma penal mais benéfica.

9) O reconhecimento de falta grave no curso da execução penal justifica a perda de até 1/3 do total de dias trabalhados pelo apenado até a data do ato de indisciplina carcerária, ainda que não haja declaração judicial da remição, consoante a interpretação sistemática e teleológica do art. 127 da LEP.

10) O rol do art. 50 da Lei de Execuções Penais (Lei n. 7.210/1984), que prevê as condutas que configuram falta grave, é taxativo, não possibilitando interpretação extensiva ou complementar, a fim de acrescer ou ampliar o alcance das condutas previstas.

Jurisprudência em teses do Superior Tribunal de Justiça, edição nº 146: falta grave em execução penal – IV.

1) É necessária a individualização da conduta para reconhecimento de falta grave praticada pelo apenado em autoria coletiva, não se admitindo a sanção coletiva a todos os participantes indistintamente.

2) A imposição da falta grave ao executado em razão de conduta praticada por terceiro, quando não comprovada a autoria do reeducando, viola o princípio constitucional da intranscendência (art. 5º, XLV, da Constituição Federal).

3) A desobediência aos agentes penitenciários configura falta de natureza grave, a teor da combinação entre os art. 50, VI, e art. 39, II e V, da Lei de Execuções Penais.

4) A inobservância do perímetro estabelecido para monitoramento de tornozeleira eletrônica configura falta disciplinar de natureza grave, nos termos dos art. 50, VI, e art. 39, V, da LEP.

5) A utilização de tornozeleira eletrônica sem bateria suficiente configura falta disciplinar de natureza grave, nos termos dos art. 50, VI, e art. 39, V, da LEP.

6) O rompimento da tornozeleira eletrônica configura falta disciplinar de natureza grave, a teor dos art. 50, VI e art. 146-C da Lei n. 7.210/1984 – LEP.

7) A fuga configura falta grave de natureza permanente, porquanto o ato de indisciplina se prolonga no tempo, até a recaptura do apenado.

8) O marco inicial da prescrição para apuração da falta grave em caso de fuga é o dia da recaptura do foragido.

9) A falta grave pode ser utilizada a fim de verificar o cumprimento do requisito subjetivo necessário para a concessão de benefícios da execução penal.

10) A prática de falta grave no curso da execução penal constitui fundamento idôneo para negar a progressão de regime, ante a ausência de preenchimento do requisito subjetivo.

11) O cometimento de falta disciplinar de natureza grave no curso da execução penal justifica a exigência de exame criminológico para fins de progressão de regime. (*Vide* nova redação dada ao § 1º do art. 112 da LEP pela Lei nº 14.843, de 11 de abril de 2024).

12) Os efeitos da prática de outra infração penal, no curso do livramento condicional, submetem-se às regras próprias deste benefício e, portanto, não se confundem com os consectários legais da falta grave.

13) A falta disciplinar grave impede a concessão do livramento condicional, por evidenciar a ausência do requisito subjetivo relativo ao comportamento satisfatório durante o resgate da pena, nos termos do art. 83, III, do Código Penal – CP.

14) O cometimento de falta grave é motivo idôneo para o indeferimento do benefício da saída temporária, por ausência de preenchimento do requisito subjetivo.

15) A falta grave disciplinar deve ser sopesada pelo órgão jurisdicional na análise do requisito subjetivo para fins de concessão de trabalho externo, nos termos do art. 37 da LEP.

16) Consoante previsão dos art. 50, VI, e art. 39, V, da LEP, configura falta grave a recusa pelo condenado à execução de trabalho interno regularmente determinado pelo agente público competente, não havendo que se confundir o dever de trabalho, referendado pela Convenção Americana de Direitos Humanos (art. 6º), com a pena de trabalho forçado, vedada pela Constituição Federal – art. 5º, XLVIII, *c*.

17) A falta disciplinar de natureza grave praticada no período estabelecido pelos decretos presidenciais que tratam de benefícios executórios impede a concessão de indulto ou de comutação da pena, ainda que a penalidade tenha sido homologada após a publicação das normas.

18) A prática de falta grave durante a execução permite a regressão de regime de pena *per saltum* (art. 118, I, da LEP), sendo desnecessária a observância da forma progressiva estabelecida no art. 112 da mesma lei.

O STJ consolidou seus posicionamentos com a edição das Súmulas nºˢ 533, 534 e 535, publicadas no *DJe* de 15 de junho de 2015:

Súmula nº 533. Para o reconhecimento da prática de falta disciplinar no âmbito da execução penal, é imprescindível a instauração de procedimento administrativo pelo diretor do estabelecimento prisional, assegurado o direito de defesa, a ser realizado por advogado constituído ou defensor público nomeado.

Súmula nº 534. A prática de falta grave interrompe a contagem do prazo para a progressão de regime de cumprimento de pena, o qual se reinicia a partir do cometimento dessa infração.

Súmula nº 535. A prática de falta grave não interrompe o prazo para fim de comutação de pena ou indulto.

Prisão especial

Influenciados pela opinião pública, que se indignava com a maneira pela qual alguns "presos ilustres" aguardavam, em prisão especial, o julgamento de seus processos, o Estado editou a Lei nº 10.258, de 11 de julho de 2001, que criou o inc. V, bem como parágrafos para o art. 295 do Código de Processo Penal, esclarecendo o significado da expressão *prisão especial*, a sua localização no sistema carcerário, os seus requisitos físicos, o transporte do preso especial, bem como seus direitos e deveres.

Em razão da previsão contida no § 2º do art. 295 do Código de Processo Penal, que diz que não havendo estabelecimento específico para o preso especial este será recolhido em cela distinta do mesmo estabelecimento, entendemos como revogada tacitamente a Lei nº 5.256/67, que, por intermédio de seu art. 1º, dispunha:

Art. 1º Nas localidades em que não houver estabelecimento adequado ao recolhimento dos que tenham direito a prisão especial, o juiz, considerando a gravidade das circunstâncias do crime, ouvido o representante do Ministério Público, poderá autorizar a prisão do réu ou indiciado na própria residência, de onde o mesmo não poderá afastar-se sem prévio consentimento judicial.

Isso porque, depois da criação e da introdução do mencionado § 2º do art. 295 do Código de Processo Penal pela Lei nº 10.258, de 11 de junho de 2001, já não mais subsiste o argumento da prisão especial na própria residência do réu ou indiciado, pois, não havendo estabelecimento específico para o preso especial, este será, como diz o aludido parágrafo, recolhido em cela distinta das dos demais presos, mas dentro do sistema carcerário.

O STF aprovou, na sessão plenária de 24 de setembro de 2003, a Súmula nº 717, com o seguinte enunciado:

Súmula nº 717. Não impede a progressão de regime de execução da pena, fixada em sentença não transitada em julgado, o fato de o réu se encontrar em prisão especial.

Prisão-albergue domiciliar

No que se refere ao cumprimento de pena, o art. 117 da Lei de Execução Penal prevê quatro hipóteses em virtude das quais o condenado que cumpre sua pena em regime aberto poderá cumpri-la em residência particular, desde que seja: *I – maior de 70 (setenta) anos; II – portador de doença grave* [a exemplo do que ocorre com os portadores do vírus HIV]; *III – condenada com filho menor ou deficiente físico ou mental; IV – condenada gestante.*[35]

A doutrina e a jurisprudência, em sua maioria, têm considerado como taxativas tais hipóteses, evitando a ampliação do rol acima elencado.[36]

Contudo, merece destaque a discussão a respeito do fato de ter o agente de cumprir a sua pena em regime aberto, sendo que, na comarca na qual deverá ser executada a pena, não existe Casa do Albergado, local destinado a tal fim, conforme determina o art. 93 da Lei de Execução Penal.

Entendemos que o condenado não deverá ser prejudicado no cumprimento da pena que lhe fora imposta, em virtude da inércia do Estado em cumprir as determinações contidas na Lei de Execução Penal, razão pela qual a inexistência de Casa do Albergado permitirá que cumpra sua pena em seu domicílio, ampliando-se, assim, por um motivo justo, o rol do art. 117 da citada lei.

O STF vem mantendo sua posição quanto à taxatividade das hipóteses constantes do art. 117 da Lei de Execução Penal, conforme se verifica pela redação das seguintes ementas:

---

[35] Sobre o tema, vide Res. CNJ 369, de 19/01/2021.

[36] Em virtude da pandemia da Covid-19, o CNJ elaborou a Recomendação 62/2020, posteriormente alterada pelas Recomendações 68 e 78, de 2020.

O Supremo Tribunal Federal concedeu a prisão domiciliar no *habeas corpus* coletivo (HC 143.641/SP, Rel. Min. Ricardo Lewandowski) às mulheres presas, gestantes, puérperas e mães de crianças menores de doze anos de idade ou portadoras de necessidades especiais, excetuados os casos de crimes praticados por elas mediante violência ou grave ameaça, contra seus descendentes ou, ainda, em situações excepcionalíssimas (STJ, RHC 107.405/RS, Rel.ª Min.ª Laurita Vaz, 6ª T., *DJe* 05/06/2019).

Nesse sentido:

STJ, HC 417.665/MG, Rel. Min. Ribeiro Dantas, 5ª T., *DJe* 1º/08/2018; STF, HC 74045-6/RS, Rel. Min. Maurício Corrêa, 2ª T., j. 13/08/1996, *DJU* 04/10/1996, p. 37.102.

No mesmo sentido, o TJRS:

Prisão domiciliar. Ao deferimento da prisão domiciliar, necessária a verificação de enquadramento em circunstâncias especiais, elencadas no art. 117 da LEP, dispositivo que deve ser interpretado restritivamente, porque *numerus clausus*. Superlotação, precárias condições físicas dos estabelecimentos e inexistência de vagas em estabelecimento compatível com o regime carcerário, que não são motivos ensejadores da concessão da benesse. Precedentes (TJRS, Agravo 70053954988, Rel.ª Min.ª Fabianne Breton Baisch, j. 15/05/2013).

O STJ, acertadamente, modificou seu pensamento inicial, passando a entender como possível a concessão da prisão domiciliar, mesmo fora das hipóteses constantes do art. 117 da Lei de Execução Penal, concluindo:

Apesar de o art. 117 da Lei nº 7.210/84 prever taxativamente as hipóteses de cumprimento da pena em residência particular, esta Corte de Justiça tem admitido, excepcionalmente, a concessão da prisão domiciliar quando não houver local adequado ao regime prisional imposto (STJ, HC/RS, Rel. Min. Gurgel de Faria, 5ª T., *DJe* 02/02/2015).

Nesse sentido:

STJ, AgRg no HC 209.452/RJ, Rel. Min. Jorge Mussi, 5ª T., *DJe* 25/08/2014.

A finalidade do cumprimento da pena em regime aberto é de justamente começar a reintegrar o condenado à sociedade, afastando-o do convívio carcerário que, todos sabemos, somente contribui para formar negativamente sua personalidade. A Casa do Albergado tem a função de simular uma residência alheia ao ambiente do cárcere, pois, conforme determina o art. 94 da Lei de Execução Penal, o prédio deverá situar-se em centro urbano, separado dos demais estabelecimentos, e caracterizar-se pela ausência de obstáculos físicos contra a fuga. Isso quer dizer que tal regime baseia-se na confiança que o Estado deposita no condenado. A facilidade em fugir, em virtude da ausência de obstáculos físicos, é mais uma prova por

que terá de passar o condenado. É o último estágio entre o cárcere e a plena liberdade.

Agora, se não houver Casa do Albergado na Comarca na qual o condenado cumpre ou deverá cumprir sua pena, como não se lhe pode impor regime mais rigoroso do que aquele estipulado na sentença condenatória, não resta outra opção a não ser permitir que sua própria residência substitua a Casa do Albergado, com todas as limitações que lhe são inerentes, a exemplo do recolhimento noturno, após o dia de trabalho, bem como aos finais de semana e feriados, diversamente do que acontece nas hipóteses do art. 117 da Lei de Execução Penal, em que o legislador não estipulou qualquer forma de cumprimento da prisão domiciliar. O Juiz poderá, ainda, nos termos do inciso IV do art. 146-B da LEP, determinar seja o condenado monitorado eletronicamente, na hipótese em que for concedida a prisão domiciliar.

Caso o condenado descumpra as regras impostas, aí, sim, pode-se falar em regressão de regime, impondo-lhe aquele que melhor se adaptar ao caso concreto.

A Lei nº 12.403, de 4 de maio de 2011, com a redação que lhe foi conferida pela Lei nº 13.257, de 8 de março de 2016, e a Lei nº 13.769, de 19 de dezembro de 2018, introduziram novas hipóteses de prisão albergue domiciliar, como medida cautelar substitutiva da prisão preventiva, conforme se verifica na redação dos arts. 317, 318, 318-A e 318-B do Código de Processo Penal, *verbis*:

Art. 317. *A prisão domiciliar consiste no recolhimento do indiciado ou acusado em sua residência, só podendo dela ausentar-se com autorização judicial.*

Art. 318. *Poderá o juiz substituir a prisão preventiva pela domiciliar quando o agente for:*

I – maior de 80 (oitenta) anos;

II – extremamente debilitado por motivo de doença grave;

III – imprescindível aos cuidados especiais de pessoa menor de 6 (seis) anos de idade ou com deficiência;

IV – gestante;

V – mulher com filho de até 12 (doze) anos de idade incompletos;

VI – homem, caso seja o único responsável pelos cuidados do filho de até 12 (doze) anos de idade incompletos. Parágrafo único. Para a substituição, o juiz exigirá prova idônea dos requisitos estabelecidos neste artigo.

Art. 318-A. *A prisão preventiva imposta à mulher gestante ou que for mãe ou responsável por crianças ou pessoas com deficiência será substituída por prisão domiciliar, desde que:*

I – não tenha cometido crime com violência ou grave ameaça a pessoa;

II – não tenha cometido o crime contra seu filho ou dependente.

Art. 318-B. *A substituição de que tratam os arts. 318 e 318-A poderá ser efetuada sem prejuízo da aplicação concomitante das medidas alternativas previstas no art. 319 deste Código.*

Tais dispositivos em nada alteram o exposto anteriormente, em virtude de não ter ocorrido qualquer modificação da referida modalidade de prisão na fase de cumprimento de pena.

⚖ A prisão cautelar domiciliar versada nos arts. 317 e 318 do Código de Processo Penal está reservada a acusado em situação excepcional, ou seja, quando há outras situações que a ensejam (STF, HC 132.469/SP, Rel. Min. Marco Aurélio, 1ª T., *DJe* 05/08/2016).

Nesse sentido:

⚖ STJ, HC 358.682/PR, Rel.ª Min.ª Maria Thereza de Assis Moura, 6ª T., *DJe* 12/09/2016; STJ, HC 343.113/RS, Rel. Min. Reynaldo Soares da Fonseca, 5ª T., *DJe* 06/09/2016.

Mulher gestante ou mãe de criança menor de 12 anos

⚖ No caso, a prisão preventiva está devidamente justificada na gravidade em concreto da prática de dois homicídios qualificados, sequestro e cárcere privado qualificado por maus-tratos, corrupção de menores, além de participação em organização criminosa. Destacou também que um dos homicídios "foi praticado mediante tortura e extrema brutalidade dos agentes, em atos típicos de integrantes de organizações criminosas que atuam dentro e fora do estabelecimento prisional", conforme gravação que possibilitou a identificação da paciente. Consta, ainda, que ela está foragida desde o decreto de prisão temporária. Tais circunstâncias sinalizam a necessidade da manutenção da custódia para garantia da ordem pública. 3. O afastamento da prisão domiciliar para mulher gestante ou mãe de criança menor de 12 anos exige fundamentação idônea e casuística, independentemente de comprovação de indispensabilidade da sua presença para prestar cuidados ao filho, sob pena de infringência ao art. 318, inciso V, do Código de Processo Penal, inserido pelo Marco Legal da Primeira Infância (Lei n. 13.257/2016). 4. Não bastasse a compreensão já sedimentada no âmbito desta Casa, o Supremo Tribunal Federal, no julgamento do HC n. 143.641/SP, concedeu *habeas corpus* coletivo "para determinar a substituição da prisão preventiva pela domiciliar – sem prejuízo da aplicação concomitante das medidas alternativas previstas no art. 319 do CPP – de todas as mulheres presas, gestantes, puérperas, ou mães de crianças e deficientes sob sua guarda, nos termos do art. 2º do ECA e da Convenção de Direitos das Pessoas com Deficiências (Decreto Legislativo 186/2008 e Lei 13.146/2015), relacionadas nesse processo pelo DEPEN e outras autoridades estaduais, enquanto perdurar tal condição, excetuados os casos de crimes praticados por elas mediante violência ou grave ameaça, contra seus descendentes ou, ainda, em situações excepcionalíssimas, as quais deverão ser devidamente fundamentadas pelos juízes que denegarem o benefício [...]" (STF, HC n. 143.641/SP, relator Ministro Ricardo Lewandowski, Segunda Turma,

julgado em 20/2/2018, *DJe* de 9/10/2018). 5. No caso vertente, o pedido de prisão domiciliar foi indeferido, pois os delitos imputados à paciente foram cometidos com violência extrema, situação que se enquadra nas exceções mencionadas pelo Supremo Tribunal Federal no julgamento do HC n. 143.641/SP. 6. Pelas mesmas circunstâncias gravosas acima destacadas afasta-se a substituição da custódia em decorrência da pandemia da Covid-19 (STJ, HC 580719/SC, *Habeas Corpus* 2020/0111231-8, Rel. Min. Antonio Saldanha Palheiro, 6ª T., j. 23/06/2020, *DJe* 01/07/2020).

Regras do regime fechado

Art. 34. O condenado será submetido, no início do cumprimento da pena, a exame criminológico de classificação para individualização da execução.

§ 1º O condenado fica sujeito a trabalho no período diurno e a isolamento durante o repouso noturno.

§ 2º O trabalho será em comum dentro do estabelecimento, na conformidade das aptidões ou ocupações anteriores do condenado, desde que compatíveis com a execução da pena.

§ 3º O trabalho externo é admissível, no regime fechado, em serviços ou obras públicas.

Regras do regime fechado

Transitada em julgado a sentença penal condenatória, tendo sido determinado ao condenado o cumprimento de sua pena em regime fechado, será ele encaminhado à penitenciária, nos termos do art. 87 da Lei de Execução Penal, expedindo-se, por conseguinte, guia de recolhimento para a execução, uma vez que, sem ela, ninguém poderá ser recolhido para cumprimento de pena privativa de liberdade (art. 107 da LEP).

O condenado ao cumprimento de pena privativa de liberdade em regime fechado será submetido, no início do cumprimento da pena, a exame criminológico para a obtenção dos elementos necessários a uma adequada classificação e com vista à individualização da execução (art. 8º da LEP e art. 34, *caput,* do CP). O parágrafo único do art. 8º da LEP também preconiza que o condenado ao cumprimento da pena em regime semiaberto também poderá ser submetido ao exame criminológico.

O condenado ao regime fechado fica sujeito a trabalho no período diurno e a isolamento durante o repouso noturno. O trabalho é um direito do preso, segundo o inc. II do art. 41 da Lei de Execução Penal. Por essa razão, se o Estado, em virtude de sua incapacidade administrativa, não lhe fornece trabalho, ele não poderá ser prejudicado por isso, uma vez que o trabalho gera o direito à remição da pena, fazendo com que, para cada três dias de trabalho, o Estado tenha de remir um dia de pena do condenado. Se o Estado não está permitindo que o preso trabalhe, este não poderá ficar prejudicado no que diz respeito à remição de sua pena. Assim, excepcionalmente, deverá ser concedida a remição, mesmo que não haja efetivo trabalho.

Discordando desse posicionamento, Cezar Roberto Bitencourt aduz: "Quando a lei fala que o trabalho é *direito do condenado* está apenas estabelecendo princípios programáticos, como faz a Constituição quando declara que todos têm direito ao trabalho, educação e saúde. No entanto, temos milhões de desempregados, de analfabetos, de enfermos e de cidadãos vivendo de forma indigna. Por outro lado, os que sustentam o direito à remição, independentemente de o condenado ter trabalhado, não defendem também o pagamento da remuneração igualmente prevista na lei, o que seria lógico."[37]

Apesar do brilhantismo do renomado autor, dele ousamos discordar para esclarecer que uma coisa é a remição da pena, que diz respeito diretamente à liberdade do cidadão; outra é o pagamento sem trabalho. Na primeira hipótese, não podemos nos esquecer de que o Estado não pode, por arbítrio, intransigência, inércia ou péssima administração, interferir, ainda mais, no direito de liberdade dos seus cidadãos; na segunda hipótese, estivesse o condenado recebendo por aquilo que não fez, estaria se enriquecendo ilicitamente. Por isso, discordando, nesse ponto, de Cezar Roberto Bitencourt, entendemos que a falta de trabalho para o condenado, por culpa exclusiva do Estado, não impedirá a remição.

Sendo viabilizado o trabalho, este será comum dentro do estabelecimento, na conformidade das aptidões ou ocupações anteriores do condenado, desde que compatíveis com a execução da pena.

O trabalho externo será admissível para os presos em regime fechado somente em serviços ou obras públicas realizadas por órgãos da administração direta e indireta, ou entidades privadas, desde que tomadas as cautelas contra a fuga e em favor da disciplina (art. 36 da LEP). O art. 37 da Lei de Execução Penal ainda aduz que *a prestação de trabalho externo, a ser autorizada pela direção do estabelecimento, dependerá de aptidão, disciplina e responsabilidade, além do cumprimento mínimo de um sexto da pena.*

Importante frisar que o inciso II do § 9º, do art. 25 da Lei 14.133/2021 – Lei de Licitações e Contratos Administrativos, com a finalidade de auxiliar a colocação do condenado ou egresso no mercado de trabalho, determina que o edital do processo licitatório realizado pela Administração Pública poderá, na forma disposta em regulamento, exigir que percentual mínimo da mão de obra responsável pela execução do objeto da contratação seja constituído por oriundos ou egressos do sistema prisional.

A jurisprudência deste Superior Tribunal considera que, para a autorização ao trabalho externo do preso em regime fechado, é imprescindível vigilância direta, mediante escolta, o que, *in casu*, não se faz possível (STJ, AgRg no REsp 1.695.783/RO, Rel. Min. Sebastião Reis Junior, 6ª T., *DJe* 19/02/2018).

Nesse sentido:

STJ, HC 365.436/MG, Rel. Min. Reynaldo Soares da Fonseca, 5ª T., *DJe* 26/09/2016; STJ, HC 98.849/SC, Rel. Min. Arnaldo Esteves Lima, 5ª T., *DJe* 15/06/2009; STJ, HC 45392/DF, Rel. Min. Nilson Naves, 6ª T., *DJ* 03/04/2006, p. 420; STJ, HC 37440/RS, Rel. Min. Gilson Dipp, 5ª T., *DJ* 09/02/2005, p. 210.

Regras do regime semiaberto

Art. 35. Aplica-se a norma do art. 34 deste Código, *caput*, ao condenado que inicie o cumprimento da pena em regime semiaberto.

§ 1º O condenado fica sujeito a trabalho em comum durante o período diurno, em colônia agrícola, industrial ou estabelecimento similar.

§ 2º O trabalho externo é admissível, bem como a frequência a cursos supletivos profissionalizantes, de instrução de segundo grau ou superior.

Regras do regime semiaberto

O art. 35 do Código Penal determina que seja aplicada a norma do art. 34 ao condenado que inicie o cumprimento de sua pena em regime semiaberto. Isso quer dizer que também, nesse regime, poderá ser realizado exame criminológico, nos termos do parágrafo único do art. 8º da Lei de Execução Penal, e da Súmula nº 439 do STJ, publicada no *DJe* de 13 de maio de 2010, que diz ser admitido o exame criminológico pelas peculiaridades do caso, desde que em decisão motivada.

Da mesma forma que ao condenado em regime fechado exige-se a expedição de guia de recolhimento, ao condenado em regime semiaberto, cuja pena deverá ser cumprida em colônia agrícola, industrial ou estabelecimento similar, é permitido o trabalho em comum durante o período diurno.

É admissível o trabalho externo, bem como a frequência a cursos supletivos profissionalizantes, de instrução de segundo grau ou superior.

O trabalho do condenado em regime semiaberto possibilita, também, a remição de sua pena, na proporção acima mencionada, ou seja, três por um (três dias de trabalho por um dia de pena).

A discussão apontada quando do estudo do regime fechado, relativa ao fato de não se possibilitar o trabalho ao preso, aplica-se neste tópico.

O STJ, em 22 de maio de 2002, aprovou a Súmula nº 269, que diz o seguinte:

Súmula nº 269. É admissível a adoção do regime prisional semiaberto aos reincidentes condenados a pena igual ou inferior a quatro anos se favoráveis as circunstâncias judiciais.

---

[37] BITENCOURT, Cezar Roberto. *Manual direito penal*, parte geral, v. 1, p. 436.

A jurisprudência do STJ é firme no sentido de que os sentenciados que cumprem pena no regime semiaberto, como na presente hipótese, ou fechado, têm direito à remição da pena pelo trabalho, consoante a previsão legal do art. 126 da Lei de Execução Penal, com redação dada pela Lei nº 12.433/2011, que prevê que "o condenado que cumpre pena em regime fechado e semiaberto poderá remir, por trabalho ou por estudo, parte do tempo de execução da pena". Entendimento em consonância com a dicção da Súmula 562/STJ (STJ, REsp 1.560.854/RS, Rel. Min. Ribeiro Dantas, 5ª T., *DJe* 26/03/2018).

Neste sentido:

STJ, HC 338.477/SP, Rel. Min. Nefi Cordeiro, 6ª T., *DJe* 1º/06/2016; TJSC, Recurso de Agravo 2014.035135-7, Rel. Des. Roberto Lucas Pacheco, j. 07/08/2014; STJ, HC 133350/SC, Min.ª Rel.ª Laurita Vaz, 5ª T., *DJe* 12/04/2010; STJ, HC 98849/SC, Rel. Min. Arnaldo Esteves Lima, 5ª T., *DJe* 15/06/2009; STJ, REsp 303076/SP, Rel.ª Min.ª Laurita Vaz, 5ª T., *DJ* 02/05/2005, p. 394; STJ, HC 17322/MG, Rel. Min. Fernando Gonçalves, 6ª T., *RSTJ* 152, p. 590; STJ, HC 25764/SC, Rel. Min. Hamilton Carvalhido, 6ª T., *DJ* 06/02/2006, p. 323; STJ, RHC 15359/AC, Rel. Min. Paulo Medina, 6ª T., *DJ* 29/03/2004, p. 279.

Regras do regime aberto

Art. 36. O regime aberto baseia-se na autodisciplina e senso de responsabilidade do condenado.

§ 1º O condenado deverá, fora do estabelecimento e sem vigilância, trabalhar, frequentar curso ou exercer outra atividade autorizada, permanecendo recolhido durante o período noturno e nos dias de folga.

§ 2º O condenado será transferido do regime aberto, se praticar fato definido como crime doloso, se frustrar os fins da execução ou se, podendo, não pagar a multa cumulativamente aplicada.

Regras do regime aberto

O regime aberto é uma ponte para a completa reinserção do condenado na sociedade. O seu cumprimento é realizado em estabelecimento conhecido como Casa do Albergado. Esse regime, baseado na autodisciplina e no senso de responsabilidade do condenado, permite que este, fora do estabelecimento e sem vigilância, trabalhe, frequente curso ou exerça outra atividade autorizada, permanecendo recolhido durante o período noturno e nos dias de folga.

(...) Mantido o *quantum* das penas dos pacientes em patamar superior a 4 anos e não excedente a 8 anos, inviável a fixação do regime aberto, assim como a substituição da pena privativa de liberdade por restritivas de direitos, nos exatos termos dos arts. 33, § 2º, "b", e 44, I, ambos do Código Penal (AgRg no HC 567.637/RS, Rel. Min. Ribeiro Dantas, 5ª T., j. 03/11/2020, *DJe* 12/11/2020).

Nesse sentido:

STJ, HC 26307/SP, Rel. Min. Hamilton Carvalhido, 6ª T., *DJ* 05/02/2007, p. 382.

A guia de recolhimento, também, é uma exigência para esse regime. Isso porque o art. 107 da Lei de Execução Penal determina que ninguém será recolhido, para cumprimento de pena privativa de liberdade, sem a guia expedida pela autoridade judiciária.

A peculiaridade do regime aberto, que o difere dos regimes anteriores, diz respeito ao trabalho. Nos regimes anteriores – fechado e semiaberto –, o trabalho do preso faz com que tenha direito à remição. No regime aberto, não há previsão legal para a remição da pena pelo trabalho, uma vez que somente poderá ingressar nesse regime o condenado que estiver trabalhando ou comprovar a possibilidade de fazê-lo imediatamente.

No entanto, a Lei nº 12.433, de 29 de junho de 2011, incluindo o § 6º ao art. 126 da LEP, assevera que *o condenado que cumpre pena em regime aberto poderá remir, pela frequência a curso de ensino regular ou de educação profissional, parte do tempo de execução da pena, observado o disposto no inc. I do § 1º do referido artigo.*

Vê-se, portanto, que a condição *sine qua non* para o início do cumprimento da pena ou mesmo a sua progressão para o regime aberto é a possibilidade imediata de trabalho do condenado. Sem trabalho não será possível o regime aberto. A Lei de Execução Penal excepciona a exigência do trabalho nas hipóteses do art. 117, a saber: *I – condenado maior de setenta anos; II – condenado acometido de doença grave; III – condenada com filho menor ou deficiente físico ou mental; IV – condenada gestante.*

1. Nos termos do art. 117, *caput* e inciso II, da Lei de Execuções Penais, a prisão domiciliar ao condenado maior de 70 anos ou acometido de doença grave somente é admitida durante o regime aberto. Entretanto, a melhor exegese, extraída da evolução e do aperfeiçoamento das instituições na proteção aos direitos e às garantias fundamentais, permite inferir a viabilidade da medida em qualquer momento do cumprimento da pena, desde que a realidade concreta assim o recomende. 2. O apenado do regime fechado, com 80 anos de idade, cumpria pena de 20 anos de reclusão. Estava em prisão domiciliar, deferida com lastro na Recomendação n. 62/2020 do CNJ, quando o benefício foi cassado pelo Tribunal, por não existir comprovação de doença crônica ou de disseminação do vírus em sua unidade penal. Entretanto, o sentenciado, diabético, sofreu amputação de parte dos membros inferiores e está em quadro de necrose do pé. O retorno ao cárcere, nessas condições de debilidade extrema de saúde, redundaria em sofrimento agudo ao preso. 3. Possibilidade de recolhimento em residência particular, mediante monitoração eletrônica, como medida mais consentânea com o princípio da dignidade da pessoa humana, com lastro no art. 117, I e II, da LEP. 4. *Habeas corpus* concedido para, confirmada a liminar, deferir a prisão domiciliar do reeducando, até o restabelecimento de

sua saúde (HC 612.311/PR, Rel. Min. Rogerio Schietti Cruz, 6ª T., j. 13/10/2020, *DJe* 19/10/2020).

Nesse sentido:

⚖ STJ, HC 413.132/RS, Rel. Min. Felix Fischer, 5ª T., *DJe* 05/03/2018.

Em sentido contrário e, a nosso ver, equivocadamente, já decidiu o TJRS:

⚖ Em não havendo vedação legal para a remição por trabalho de apenados que cumprem pena em regime aberto, deve ser deferido o benefício, de forma a valorizar e incentivar a ressocialização do preso (TJRS, Agravo 70054696356, Rel. José Luiz John dos Santos, j. 13/06/2013).

Nesse sentido contrário:

⚖ TJRS, Agravo 70048397236, Rel.ª Des.ª Catarina Rita Krieger Martins, j. 31/05/2012; TJRS, Agravo 70048549380, Rel. Des. Francesco Conti, j. 24/05/2012.

Note-se que a Lei de Execução Penal fala em trabalho, e não em emprego. Portanto, mesmo que o condenado exerça uma atividade laboral sem registro, a exemplo de venda de produtos de forma autônoma, faxina em residências, lavagem de carros etc., poderá ser inserido no regime aberto. Isso porque o desemprego é uma desgraça que assola nosso país. Não podemos exigir do condenado que consiga uma colocação no mercado de trabalho, após a sua condenação, competindo igualmente com aqueles que mantêm uma folha penal sem anotações. Isso seria impedir, por vias oblíquas, a concessão do regime aberto.

Obviamente que a atividade indicada pelo condenado deverá ser fiscalizada tanto pelo Ministério Público (art. 67 da LEP) como pelo Conselho da Comunidade (art. 81 da LEP), devendo, caso haja alguma irregularidade ou interrupção no trabalho do condenado, ser tal fato comunicado ao Juízo da Execução, para fins de justificação, nos termos do § 2º do art. 118 da Lei de Execuções Penais.

Além da necessidade de estar trabalhando ou comprovar a possibilidade de fazê-lo imediatamente, o inc. II do art. 114 da Lei de Execução Penal ainda exige que o condenado apresente, por seus antecedentes e pelos resultados do exame criminológico, fundados indícios de que irá ajustar-se, com autodisciplina, baixa periculosidade e senso de responsabilidade, ao novo regime.

Tanto o juiz do processo de conhecimento, caso o regime aberto seja o inicialmente previsto para o cumprimento da pena, como o da execução, em caso de progressão de regime, poderão estabelecer condições especiais para a concessão de regime aberto, entre as quais, a fiscalização por monitoramento eletrônico (conforme modificação introduzida pela Lei nº 14.843/2024), sem prejuízo das seguintes condições gerais e obrigatórias: *I – permanecer no local que for designado, durante o repouso e nos dias de folga; II – sair para o trabalho e retornar, nos horários fixados; III – não se ausentar da cidade onde reside, sem autori-* zação judicial; IV – comparecer a juízo, para informar e justificar suas atividades, quando for determinado (art. 115 da LEP).

⚖ Extrai-se que a intenção do legislador, ao facultar a estipulação de condições especiais para o cumprimento do regime aberto, engloba circunstâncias inerentes ao próprio regime, conquanto diversas das obrigatórias previstas no art. 115 da LEP, não sendo a especialidade da condição uma fixação de outra pena pois, se assim o fosse, consistiria em pena em dobro para um mesmo ilícito penal, sem a previsão prévia do legislador ou a imposição na sentença condenatória, incidindo a hipótese em *bis in idem* (STJ, RHC 64.227/MG, Rel.ª Min.ª Maria Thereza de Assis Moura, 6ª T., *DJe* 06/11/2015).

Nesse sentido:

⚖ STJ, REsp 840532/RS, Rel. Min. Gilson Dipp, 5ª T., *DJ* 16/10/2006, p. 429.

Em 13 de agosto de 2012, foi publicada no *DJe* a Súmula nº 493 do STJ, que diz:

⚖ **Súmula 493.** *É inadmissível a fixação de pena substitutiva (art. 44 do CP) como condição especial ao regime aberto.*

Isso significa que o julgador não poderá, a título de imposição de condições para a concessão do regime aberto, determinar qualquer das penas restritivas de direitos previstas pelo art. 43 do diploma repressivo.

Regime aberto e tráfico privilegiado

Regime aberto e recurso em liberdade

⚖ Em que pese a prisão cautelar do Recorrente encontrar fundamento na garantia da ordem pública, uma vez que o Juízo de primeira instância ressaltou a possibilidade concreta de reiteração delitiva, fixado o regime aberto para o inicial cumprimento da sanção penal, o condenado cumprirá sua pena privativa de liberdade desvigiado. Por esse motivo, nos termos da jurisprudência desta Corte Superior de Justiça, em homenagem ao princípio da razoabilidade, a negativa do apelo em liberdade constitui constrangimento ilegal (STJ, RHC 105.775/RO, Rel.ª Min.ª Laurita Vaz, 6ª T., *DJe* 28/03/2019).

Nesse sentido:

⚖ STJ, HC 254069/SP, Rel.ª Min.ª Assusete Magalhães, 6ª T., *DJe* 1º/07/2013.

Regime especial

Art. 37. As mulheres cumprem pena em estabelecimento próprio, observando-se os deveres e direitos inerentes à sua condição pessoal, bem como, no que couber, o disposto neste Capítulo.

Regime especial

Procurando evitar a promiscuidade e a prostituição no sistema carcerário, a lei determina que as mulheres cumpram pena em estabelecimento próprio, observando-se os direitos e deveres inerentes à sua condição pessoal, bem como, no que couber, o disposto no capítulo I do Título V do Código Penal, atendendo-se, assim, ao disposto no art. 5º, XLVIII, que diz que a pena será cumprida em estabelecimentos distintos, de acordo com a natureza do delito, a idade e o *sexo do apenado*.

Esses estabelecimentos prisionais destinados às mulheres deverão possuir, exclusivamente, agentes do sexo feminino na segurança de suas dependências internas, conforme determina o § 3º, incluído no art. 83 da LEP pela Lei nº 12.121, de 15 de dezembro de 2009.

A Lei nº 11.942, de 28 de maio de 2009, preocupando-se com a condição da condenada gestante, parturiente e mãe, alterou o § 2º do art. 83 da LEP, que passou a ter a seguinte redação: os estabelecimentos penais destinados a mulheres serão dotados de berçário, onde as condenadas possam cuidar de seus filhos, inclusive amamentá-los, no mínimo, até 6 (seis) meses de idade, complementando, assim, o art. 89 do mesmo diploma legal, também modificado pela Lei nº 11.942/2009, que diz que a penitenciária de mulheres será dotada de seção para gestante e parturiente e de creche para abrigar crianças maiores de 6 (seis) meses e menores de 7 (sete) anos, com a finalidade de assistir a criança desamparada cuja responsável estiver presa.

Em 6 de outubro de 2015, foi publicada a Lei nº 13.167, que modificou o art. 84 da LEP, dizendo:

Art. 84. O preso provisório ficará separado do condenado por sentença transitada em julgado.

§ 1º Os presos provisórios ficarão separados de acordo com os seguintes critérios:

I – acusados pela prática de crimes hediondos ou equiparados;

II – acusados pela prática de crimes cometidos com violência ou grave ameaça à pessoa;

III – acusados pela prática de outros crimes ou contravenções diversos dos apontados nos incisos I e II.

§ 2º O preso que, ao tempo do fato, era funcionário da Administração da Justiça Criminal ficará em dependência separada.

§ 3º Os presos condenados ficarão separados de acordo com os seguintes critérios:

I – condenados pela prática de crimes hediondos ou equiparados;

II – reincidentes condenados pela prática de crimes cometidos com violência ou grave ameaça à pessoa;

III – primários condenados pela prática de crimes cometidos com violência ou grave ameaça à pessoa;

IV – demais condenados pela prática de outros crimes ou contravenções em situação diversa das previstas nos incisos I, II e III.

§ 4º O preso que tiver sua integridade física, moral ou psicológica ameaçada pela convivência com os demais presos ficará segregado em local próprio.

Regime especial de cumprimento de pena para o índio

A LF-6001 de 1973, em seu art. 56, dispõe que o índio pode cumprir pena em regime especial de semiliberdade no local do funcionamento do órgão federal de assistência (Resumo) (TJRS, HC 696167972, 2ª Câm. Crim., Rel. Délio Spalding de Almeida Wedy, j. 10/10/1996).

Direitos do preso
Art. 38. O preso conserva todos os direitos não atingidos pela perda da liberdade, impondo-se a todas as autoridades o respeito à sua integridade física e moral.

Direitos do preso

O preso conserva todos os direitos não atingidos pela perda da liberdade, impondo-se a todas as autoridades o respeito à sua integridade física e moral (art. 3º da LEP e art. 38 do CP). Talvez esse seja um dos artigos mais desrespeitados de nossa legislação penal. A pena é um mal necessário. No entanto, o Estado, quando faz valer o seu *ius puniendi*, deve preservar as condições mínimas de dignidade da pessoa humana. O erro cometido pelo cidadão ao praticar um delito não permite que o Estado cometa outro, muito mais grave, de tratá-lo como um animal. Se uma das funções da pena é a ressocialização do condenado, certamente num regime cruel e desumano isso não acontecerá.

O art. 41 da Lei de Execução Penal diz que constituem direitos do preso: *I – alimentação suficiente e vestuário; II – atribuição de trabalho e sua remuneração; III – previdência social; IV – constituição de pecúlio; V – proporcionalidade na distribuição do tempo para o trabalho, o descanso e a recreação; VI – exercício das atividades profissionais, intelectuais, artísticas e desportivas anteriores, desde que compatíveis com a execução da pena; VII – assistência material, à saúde, jurídica, educacional, social e religiosa; VIII – proteção contra qualquer forma de sensacionalismo; IX – entrevista pessoal e reservada com o advogado; X – visita do cônjuge, da companheira, de parentes e amigos em dias determinados; XI – chamamento nominal; XII – igualdade de tratamento, salvo quanto às exigências da individualização da pena; XIII – audiência especial com o diretor do estabelecimento; XIV – representação e petição a qualquer autoridade, em defesa de direito; XV – contato com o mundo exterior por meio de correspondência escrita, da leitura e de outros meios de informação que não comprometam a moral e os bons costumes; XVI – atestado de pena a cumprir, emitido anualmente, sob pena da responsabilidade da autoridade judiciária competente.*

Todos os direitos acima são importantes e necessários para que o preso possa cumprir sua pena com dignidade, a fim de ser, futuramente, reinserido no convívio social.

⚖ O direito do preso de receber visitas, assegurado pelo art. 41, X, da Lei de Execuções Penais (Lei nº 7.210/84), não é absoluto e deve ser sopesado, de acordo com a situação específica vivenciada no caso concreto, em conjunto com outros princípios, dentre os quais o que visa a garantir a disciplina e a segurança dentro dos estabelecimentos prisionais, velando, por consequência, também pela integridade física tanto dos reclusos quanto dos que os visitam (STJ, RMS 56.152/SP, Rel. Min. Reynaldo Soares da Fonseca, 5ª T., *DJe* 13/04/2018).

Nesse sentido:

⚖ STJ, AgRg no HC 391.062/SC, Rel. Min. Ribeiro Dantas, 5ª T., *DJe* 11/10/2017; STJ, RHC 54.134/RO, Rel. Min. Reynaldo Soares da Fonseca, 5ª T., *DJe* 13/06/2016.

Direito à assistência religiosa

Quem tem um pouco de experiência na área penal e conhece de perto o sistema carcerário sabe da importância e da diferença entre um preso convertido, ou seja, que teve um encontro com Deus, daquele outro que ainda não teve essa experiência pessoal e continua com os mesmos pensamentos que o levaram a praticar delitos.

Algumas autoridades têm certa resistência a permitir a assistência religiosa, sob o falso argumento de que a segurança daqueles que iriam pregar a palavra de Deus dentro dos estabelecimentos carcerários correria risco. Motins e rebeliões podem acontecer a qualquer momento, sabemos disso. Não só o pregador corre risco, como também os amigos e parentes dos presos que vão visitá-los nos dias permitidos. Mas, embora sem o apoio do Estado, esse trabalho não pode cessar.

Tanto nas cadeias como nas penitenciárias existem celas exclusivas para os presos convertidos. São pessoas diferentes, que não pensam em fugir ou delinquir após o seu retorno à sociedade. Os demais presos com eles têm o conforto necessário para que possam suportar a privação da liberdade. Os crentes em Jesus Cristo, embora presos, são mais livres do que muitos outros que se encontram do lado de fora das grades. É bom lembrar que o apóstolo Paulo, de dentro da sua cela, preso, aguardando julgamento, que afinal o condenou à morte, confortava os irmãos em Cristo que estavam soltos. O apóstolo João, de dentro de uma cela localizada na ilha de Patmos, teve a revelação do livro de *Apocalipse*. Nós não sabemos os desígnios de Deus, mas muitas vezes pode ocorrer que Ele, propositadamente, permita que alguém seja preso, para que sua Palavra seja difundida entre aqueles que mais precisam escutá-la.

Enfim, não podemos tirar a única palavra de esperança dos presos, que é a Palavra de Deus, razão pela qual o acesso deve ser livre aos pregadores. O art. 24 da Lei de Execução Penal, que muitas vezes não é obedecido pelas autoridades encarregadas da administração penitenciária, assevera que *a assistência religiosa, com liberdade de culto, será prestada aos presos e aos internados, permitindo-se-lhes a participação nos serviços organizados no estabelecimento penal, bem como a posse de livros de instrução religiosa*, sendo que, ainda, deverá existir nos estabelecimentos prisionais lugares destinados aos cultos religiosos. Não poderá o preso, contudo, contrariamente à sua vontade, ser obrigado a participar de qualquer atividade religiosa (art. 24, §§ 1º e 2º, da LEP).

Gestantes e mães presas

A Lei nº 11.942, de 28 de maio de 2009, fez inserir na LEP novos direitos às presas gestantes, parturientes, bem como aquelas que tenham filhos com até 7 (sete) anos de idade.

Tal modificação veio ao encontro dos tratados e acordos internacionais de que o Brasil faz parte, em que os Estados signatários se comprometem a fazer com que as presas tenham uma forma digna de cumprimento da pena que lhes fora imposta, não permitindo que seus laços familiares sejam rompidos, principalmente com seus filhos menores e/ou recém-nascidos.

Às presas gestantes, mesmo as provisórias, deverão ser assegurados o acompanhamento médico, desde o pré-natal até o pós-parto, extensivo ao recém-nascido, conforme determina o § 3º do art. 14 da LEP, com a redação que lhe foi dada pela Lei nº 11.942, de 28 de maio de 2009.

Os estabelecimentos penais destinados a mulheres deverão ser dotados de berçário, onde as condenadas possam cuidar de seus filhos, inclusive amamentá-los, no mínimo, até 6 (seis) meses de idade (art. 83, § 2º da LEP). Esse período de amamentação, além de fundamental para o recém-nascido, também evita a depressão pós-parto, uma vez que não rompe com os laços entre mãe e filho.

Como se percebe sem muito esforço, a presa, tal como outra mãe, se apega, instintivamente, ao seu filho recém-nascido, e, podendo dispensar-lhe os cuidados necessários, isso fará com que o cumprimento de sua pena seja menos traumático.

Com muito acerto, a Lei nº 11.942, de 28 de maio de 2009, deu nova redação ao art. 89 da LEP, que diz, *verbis*:

Art. 89. *Além dos requisitos referidos no art. 88, a penitenciária de mulheres será dotada de seção para gestante e parturiente e de creche para abrigar crianças maiores de 6 (seis) meses e menores de 7 (sete) anos, com a finalidade de assistir a criança desamparada cuja responsável estiver presa.*

Parágrafo único. São requisitos básicos da seção e da creche referidas neste artigo:

I – atendimento por pessoal qualificado, de acordo com as diretrizes adotadas pela legislação educacional e em unidades autônomas; e

II – horário de funcionamento que garanta a melhor assistência à criança e à sua responsável.

Por mais que alguns digam que isso, na verdade, importará também na "prisão" da criança, que se vê obrigada a acompanhar o cumprimento de pena da sua mãe, em muitas situações, essas crianças são "jogadas" na casa de familiares que, mesmo contra a vontade, são obrigados a dispensar os cuidados necessários ao desenvolvimento delas.

Esses lares substitutos passam a ser fontes de violência contra essas crianças, que são maltratadas, abusadas sexualmente etc. Por isso, como o Estado não possui programas sérios que atendam às necessidades dos filhos menores daquelas que se encontram presas no sistema penitenciário, o melhor é permitir que a própria mãe cuide de seus filhos, mesmo que, em muitos casos, por um período curto de tempo, até que a criança complete os 7 (sete) anos de idade.

A Lei nº 13.434, de 12 de abril de 2017, acrescentou parágrafo único ao art. 292 do Decreto-Lei nº 3.689, de 3 de outubro de 1941 (Código de Processo Penal), para vedar o uso de algemas em mulheres grávidas durante o parto e em mulheres durante a fase de puerpério imediato, dizendo, *verbis*:

Parágrafo único. É vedado o uso de algemas em mulheres grávidas durante os atos médico-hospitalares preparatórios para a realização do parto e durante o trabalho de parto, bem como em mulheres durante o período de puerpério imediato.

A Lei nº 13.769, de 19 de dezembro de 2018, inseriu o art. 318-A no Código de Processo Penal para prever que a prisão preventiva imposta à mulher gestante ou que for mãe ou responsável por crianças ou pessoas com deficiência será substituída por prisão domiciliar, desde que não tenha cometido crime com violência ou grave ameaça a pessoa e não tenha cometido o crime contra seu filho ou dependente.

Não obstante, acrescentou o § 3º ao art. 112 da Lei de Execução Penal (Lei nº 7.210/1984), para prever requisitos para progressão de regime para mulher gestante ou que for mãe ou responsável por crianças ou pessoas com deficiência, *in verbis*:

§ 3º No caso de mulher gestante ou que for mãe ou responsável por crianças ou pessoas com deficiência, os requisitos para progressão de regime são, cumulativamente:

I – não ter cometido crime com violência ou grave ameaça a pessoa;

II – não ter cometido o crime contra seu filho ou dependente;

III – ter cumprido ao menos 1/8 (um oitavo) da pena no regime anterior;

IV – ser primária e ter bom comportamento carcerário, comprovado pelo diretor do estabelecimento;

V – não ter integrado organização criminosa.

O cometimento de novo crime doloso ou falta grave implicará a revogação do benefício (art. 112, § 4º, da Lei de Execução Penal).

📖 Não há impeditivo legal para a internação de adolescente gestante ou com filho em amamentação, desde que seja garantida atenção integral à saúde do adolescente, além de asseguradas as condições necessárias para que a adolescente submetida à execução de medida socioeducativa de privação de liberdade permaneça com o seu filho durante o período de amamentação (arts. 60 e 63, § 2º da Lei nº 12.594/12 – SINASE) (STJ, HC 543.279-SP, 5ª T., Rel. Min. Reynaldo Soares da Fonseca, julgado em 10/03/2020).

Nesse sentido:

📖 STF, HC 143.641/SP, Rel. Min. Ricardo Lewandowski, j. 20/02/2018, *Informativo* nº 891; STF, HC 156.026 AgR/SP, Rel. Min. Edson Fachin, 2ª T., *DJe* 13/06/2018.

Parâmetros de acolhimento de LGBTQIAP+ em privação de liberdade no Brasil

Em 17 de abril de 2014, foi publicada no *DOU* a Resolução conjunta nº 1, de 15 de abril de 2014, do Conselho Nacional de Política Criminal e Penitenciária (CNPCP) e do Conselho Nacional de Combate à Discriminação, estabelecendo os parâmetros de acolhimento de LGBT em privação de liberdade no Brasil, entendendo-se como LGBT, de acordo com o parágrafo único, do art. 1º da mencionada Resolução, a população composta por lésbicas, *gays*, bissexuais, travestis e transexuais.

Dentre as previsões constantes da mencionada Resolução conjunta, podemos destacar que: a) a pessoa travesti ou transexual em privação de liberdade tem o direito de ser chamada pelo seu nome social, de acordo com o seu gênero, sendo que a admissão no estabelecimento prisional deverá conter o nome social da pessoa presa (art. 2º e parágrafo único); b) às travestis e aos *gays* privados de liberdade em unidades prisionais masculinas, considerando a sua segurança e especial vulnerabilidade, deverão ser oferecidos espaços de vivência específica (art. 3º, *caput*); c) as pessoas transexuais masculinas e femininas devem ser encaminhadas para as unidades prisionais femininas, sendo que às mulheres transexuais deverá ser garantido tratamento isonômico ao das demais mulheres em privação de liberdade (art. 4º e parágrafo único); d) possibilidade de uso de roupas femininas ou masculinas, conforme o gênero, e a manutenção de cabelos compridos, se o tiver, garantindo seus caracteres secundários de acordo com sua identidade de gênero (art. 5º); direito à visita íntima (art. 6º); e) atenção integral à saúde, inclusive com manutenção do tratamento hormonal (art. 7º e parágrafo único); f) acesso e continuidade da sua formação educacional e profissional; g) benefício do auxílio-reclusão aos dependentes do segurado recluso, inclusive ao cônjuge ou companheiro do mesmo sexo (art. 11).

O Estado deverá garantir a capacitação continuada aos profissionais dos estabelecimentos penais considerando a perspectiva dos direitos humanos e os princípios de igualdade e não discriminação, inclusive em relação à orientação sexual e identidade de gênero (art. 10).

Já a Resolução 366 de 20 de janeiro de 2021 do CNJ estabeleceu que em caso de prisão da pessoa autodeclarada parte da população LGBTI, o local de privação de liberdade será definido pelo magistrado em decisão fundamentada, que será proferida após questionamento da preferência da pessoa presa.

Nessa linha:

⚖ Assim, com base em diálogo institucional estabelecido com o Poder Executivo, como explicitado acima, ajusto os termos da cautelar já deferida para outorgar às transexuais e travestis com identidade de gênero feminina o direito de opção por cumprir pena: (i) em estabelecimento prisional feminino; ou (ii) em estabelecimento prisional masculino, porém em área reservada, que garanta a sua segurança (STF, ADPF 527 MC/DF, Rel. Min. Roberto Barroso, julgado em 18/03/2021).

Trabalho do preso

Art. 39. O trabalho do preso será sempre remunerado, sendo-lhe garantidos os benefícios da Previdência Social.

Trabalho do preso e remição de pena

A experiência demonstra que nas penitenciárias onde os presos não exercem qualquer atividade laborativa o índice de tentativas de fuga é muito superior ao daquelas em que os detentos atuam de forma produtiva, aprendendo e trabalhando em determinado ofício.

O trabalho do preso, sem dúvida alguma, é uma das formas mais visíveis de levar a efeito a ressocialização. Mais do que um direito, a Lei de Execução Penal afirma que o condenado à pena privativa de liberdade está obrigado ao trabalho interno na medida de suas aptidões e capacidade (art. 31). Apenas os presos provisórios (art. 31, parágrafo único, da LEP) e o condenado por crime político (art. 200 da LEP) não estão obrigados ao trabalho. O trabalho do preso será remunerado, mediante prévia tabela, não podendo ser inferior a três quartos do salário mínimo (art. 29, *caput*, da LEP).

⚖ 1. Conforme o disposto na Súmula n. 716/STJ, admite-se a progressão de regime de cumprimento da pena ou a aplicação imediata de regime menos severo nela determinada, antes do trânsito em julgado da sentença condenatória. 2. Conforme a jurisprudência desta Corte Superior, a ausência do trânsito em julgado da ação penal originária não obsta a obtenção de benefícios na execução provisória, porém, o art. 31, parágrafo único, da LEP, expressamente dispõe que o trabalho do preso provisório somente poderá ser executado no interior do estabelecimento. 3. Apesar de o paciente estar cumprindo execução provisória em regime semiaberto, a denegação em pleito de trabalho externo a preso provisório não constitui flagrante ilegalidade (HC 602.928/MG, Rel. Min. Nefi Cordeiro, 6ª T., j. 22/09/2020, *DJe* 29/09/2020).

Além da importância psicológico-social que o trabalho traz ao preso, o condenado que cumpre a pena em regime fechado ou semiaberto poderá remir, pelo trabalho, parte do tempo de execução da pena, nos termos do art. 126, *caput*, da Lei de Execução Penal. Não caberá a aplicação do instituto da remição pelo trabalho aos condenados que cumprem sua pena em regime aberto, pois, conforme lição de Mirabete, "a remição é um direito dos condenados que estejam cumprindo a pena em regime fechado ou semiaberto, não se aplicando, assim, ao que se encontra em prisão albergue, já que a este incumbe submeter-se aos papéis sociais e às expectativas derivadas do regime, que lhe concede, em nível objetivo, a liberdade do trabalho contratual. Pela mesma razão, aliás, não se concede a remição ao liberado condicional. Também não tem direito à remição o submetido a pena de prestação de serviço à comunidade, pois o trabalho, nessa espécie de sanção, constitui, essencialmente, o cumprimento da pena".[38]

Em 29 de junho de 2011, foi publicada a Lei nº 12.433, que alterou o art. 126 da Lei de Execução Penal para possibilitar a remição pelo estudo. O condenado que cumpre pena em regime aberto ou semiaberto e o que usufrui liberdade condicional poderão remir, pela frequência a curso de ensino regular ou de educação profissional, parte do tempo de execução da pena ou do período de prova, observado o disposto no inc. I do § 1º do art. 126 da Lei de Execução Penal. Tal disposição aplica-se, ainda, às hipóteses de prisão cautelar (art. 126, §§ 6º e 7º, da LEP).

Por intermédio do instituto da remição pelo trabalho, a contagem do tempo para esse fim será feita à razão de um dia de pena por três de trabalho, sendo que o preso que estiver impossibilitado de prosseguir no trabalho em virtude de acidente continuará a beneficiar-se com a remição (art. 126, § 4º, da LEP, com a nova Redação dada pela Lei nº 12.433, de 29 de junho de 2011).

Em caso de falta grave, o juiz poderá revogar até 1/3 (um terço) do tempo remido, observado o disposto no art. 57 da Lei de Execução Penal, recomeçando a contagem a partir da data da infração disciplinar (art. 127 da LEP).

⚖ Esta Corte, em recentes julgados, vem flexibilizando as regras previstas do art. 126 da LEP a fim de se reconhecer a remição pela leitura, pelo estudo por conta própria e por tarefas de artesanato, não sendo, portanto, razoável que se afaste a remição da pena por atividade laboral devidamente reconhecida pelo estabelecimento prisional – representante de galeria

---

[38] MIRABETE, Julio Fabbrini. *Execução penal*, p. 320.

–, sob pena de se inviabilizar o benefício para apenados que estejam encarcerados em unidades sem outras atividades laborais (STJ, REsp 1.804.266/RS, Rel. Min. Nefi Cordeiro, 6ª T., *DJe* 25/06/2019).

Nesse sentido:

⚖ STF, Rcl 32.976/S, Rel. Min. Alexandre de Moraes, *DJe* 12/02/2019; STF, HC 136.701/MG, Rel. Min. Marco Aurélio, 1ª T., *DJe* 1º/08/2018; STF, HC 124.520/RO, Rel. Min. Roberto Barroso, 1ª T., *DJe* 27/06/2018; STJ, AgRg no HC 351.918/SC, Rel. Min. Felix Fischer, 5ª T., *DJe* 22/08/2016; TJSP, Processo 0036415-94.2014.8.26.0000, Rel. Des. Alcides Malossi Júnior, *DJe* 04/09/2014; STJ, HC 175718, Rel.ª Min.ª Marilza Maynard (Desembargadora convocada), 6ª T., j. 05/12/2013; STJ, EREsp 1.176.486/SP, Rel. Min. Napoleão Nunes Maia Filho, 3ª Seção, j. 28/03/2012; STJ, HC 181099/SP, Rel.ª Min.ª Laurita Vaz, 5ª T., *DJe* 13/08/2012.

O Supremo Tribunal Federal, na Sessão Plenária de 12 de junho de 2008, editou a Súmula Vinculante nº 9, com o seguinte teor:

⚖ **Súmula Vinculante nº 9.** *O disposto no art. 127 da Lei nº 7.210/1984 (Lei de Execução Penal) foi recebido pela ordem constitucional vigente, e não se lhe aplica o limite temporal previsto no* caput *do art. 58.*

O tempo remido será computado como pena cumprida, para todos os efeitos (art. 128 da LEP), ou seja, o cômputo incidirá para a concessão de livramento condicional, indulto, progressão de regime e para a comutação.

O trabalho é, ao mesmo tempo, uma obrigação (art. 31 da LEP) e um direito do preso (art. 41, II, da LEP). Caso o Estado, por intermédio de sua administração carcerária, não o viabilize para que sejam cumpridas as determinações contidas na Lei de Execução Penal, poderá o juiz da execução, diante da inércia ou da incapacidade do Estado de administrar a coisa pública, conceder a remição aos condenados que não puderem trabalhar.

Contudo, existe a outra face da moeda. Suponhamos, agora, que haja possibilidade de trabalho no estabelecimento no qual o condenado esteja cumprindo sua pena e este, terminantemente, pela própria vontade, se recuse a se submeter a ele. Entendemos que a recusa ao trabalho caracteriza negação do requisito de natureza subjetiva, indispensável à obtenção dos demais benefícios que lhe são ofertados durante a execução da pena, a exemplo da progressão de regime (art. 112 da LEP) e do livramento condicional (art. 83, III, do CP). A recusa em trabalhar demonstra sua inaptidão para com o sistema, bem como seu desejo de não se ressocializar.

Em 29 de fevereiro de 2016, foi publicada no *DJe* a Súmula nº 562 do STJ, que diz:

⚖ **Súmula nº 562**. *É possível a remição de parte do tempo de execução da pena quando o condenado, em regime fechado ou semiaberto, desempenha atividade laborativa, ainda que extramuros.*

Preso impossibilitado de trabalhar

⚖ A remição da pena, a teor do art. 126 da Lei de Execução Penal, exige a efetiva realização da atividade laboral ou a frequência em curso (estudo), nos termos do art. 126 da LEP. "Não pode a suposta omissão estatal ser utilizada como causa a ensejar a concessão ficta de um benefício que depende de um real envolvimento da pessoa do apenado em seu progresso educativo e ressocializador" (AgRg no HC 208.619/RO, Rel. Min. Jorge Mussi, 5ª T., *DJe* 14/08/2014) (STJ, AgRg no RHC 35.833/MS, Rel. Min. Leopoldo de Arruda Raposo, Desembargador convocado do TJ-PE, 5ª T., *DJe* 13/05/2015).

Nesse sentido:

⚖ STJ, HC 261.514/SP, Rel. Min. Sebastião Reis Junior, 6ª T., *DJe* 1º/09/2014.

Jornada de trabalho

⚖ A remição da pena pelo trabalho, nos termos do art. 33 c/c 126, § 1º, da LEP, exige jornada diária não inferior a seis nem superior a oito horas, contabilizando-se a quantidade de dias efetivamente trabalhados e não o simples somatório de horas. Precedentes. O Supremo Tribunal Federal, em recente julgado, firmou posicionamento segundo o qual "é obrigatório o cômputo de tempo de trabalho nas hipóteses em que o sentenciado, por determinação da administração penitenciária, cumpra jornada inferior ao mínimo legal de 6 (seis) horas, vale dizer, em que essa jornada não derive de ato de insubmissão ou de indisciplina do preso, diante dos princípios da segurança jurídica e da proteção da confiança, que tornam indeclinável o dever estatal de honrar o compromisso de remir a pena do sentenciado, legítima contraprestação ao trabalho prestado por ele na forma estipulada pela administração penitenciária, sob pena de desestímulo ao trabalho e à ressocialização (RHC 136.509, Rel. Min. Dias Toffoli, 2ª Turma, j. 04/04/2017, *DJe* 27/04/2017). Situação em que o apenado "cumpre pena no regime fechado e realiza serviços de artesanato e prestação de serviços em artefatos de argila no Presídio Inspetor José Martinho Drumond" que se enquadra na hipótese excepcional adotada pelo Supremo Tribunal Federal, afastando a regra contida no art. 126 da LEP acerca da jornada de trabalho (STJ, REsp 1.721.257/MG, Rel. Min. Jorge Mussi, 5ª T., *DJe* 15/06/2018).

Nesse sentido:

⚖ STF, HC 96740/RS, Rel. Min. Gilmar Mendes, 2ª T., 15/03/2011, *Informativo* nº 619; TJRS, Ag 70012053484, 3ª Câm. Crim., Rel.ª Elba Aparecida Nicolli Bastos, j. 21/07/2005; STJ, REsp 79.670/RJ, Rel. Min. Gilson Dipp, 5ª T., *DJ* 29/04/2002, p. 272.

Legislação trabalhista

⚖ O trabalho do preso integra a pena, no seu objetivo ressocializador, não estando sujeita aquela atividade laboral à legislação trabalhista (TJRS, Ag

70011439932, 8ª Câm. Crim., Rel. Luís Carlos Ávila de Carvalho Leite, j. 14/06/2006).

Remição pelo estudo

O STJ, por meio da Súmula 341, publicada no *DJ* de 13 de agosto de 2007, consolidou seu posicionamento no sentido de permitir a remição de pena do condenado que, durante a execução da pena, se dedica aos estudos, dizendo:

⚖ **Súmula nº 341.** *A frequência de curso de ensino formal é causa de remição de parte do tempo de execução de pena sob regime fechado ou semiaberto.*

Em 29 de junho de 2011, foi publicada a Lei nº 12.433, que previu expressamente a remição pelo estudo, ao alterar os arts, 126 a 129 da Lei de Execução Penal, dizendo que o condenado que cumpre a pena em regime fechado ou semiaberto poderá remir, por trabalho ou por estudo, parte do tempo de execução da pena.

A contagem de tempo será feita à razão de 1 (um) dia de pena a cada 12 (doze) horas de frequência escolar (atividade de ensino fundamental, médio, inclusive profissionalizante, ou superior, ou ainda de requalificação profissional) divididas, no mínimo, em 3 (três) dias.

As atividades de estudo poderão ser desenvolvidas de forma presencial ou por metodologia de ensino a distância e deverão ser certificadas pelas autoridades educacionais competentes dos cursos frequentados.

O tempo a remir em função das horas de estudo será acrescido de 1/3 (um terço) no caso de conclusão do ensino fundamental, médio ou superior, durante o cumprimento da pena, desde que certificada pelo órgão competente do sistema de educação.

O condenado que cumpre pena em regime aberto ou semiaberto e o que usufrui liberdade condicional poderão remir, pela frequência a curso de ensino regular ou de educação profissional, parte do tempo de execução da pena ou do período de prova, aplicando-se, também, essas disposições às hipóteses de prisão cautelar.

A autoridade administrativa encaminhará, mensalmente, ao juízo da execução cópia do registro de todos os condenados que estejam trabalhando ou estudando, com informação dos dias de trabalho ou das horas de frequência escolar ou de atividades de ensino de cada um deles.

O condenado autorizado a estudar fora do estabelecimento penal deverá comprovar, mensalmente, por meio de declaração da respectiva unidade de ensino, a frequência e o aproveitamento escolar.

⚖ A Turma, por votação unânime, deu provimento ao agravo regimental e concedeu a ordem para que a paciente faça jus à remição decorrente da aprovação no ENCCEJA, aplicando-se o total de 1.600 horas de estudo, e não as 800 horas como foi fundamentado na decisão agravada do Tribunal de Justiça local, confor-

me a Recomendação 44/2013 do CNJ, devendo esse total ser dividido por 12 horas, encontrando-se o resultado de 133 dias para a aprovação no ENCCEJA, considerando, ainda, o acréscimo de 1/3 (um terço) decorrente da incidência do § 5º daquele mesmo art. 126 da LEP – pois a paciente concluiu o ensino fundamental –, devendo ela obter o direito ao desconto total de 177 dias de sua reprimenda. (STF, AgReg no HC 190.806/SC, Rel. Min. Ricardo Lewandowski, *DJe* 02/06/2021).

Nesse sentido:

⚖ AgRg no RHC 118.912/RO, Rel. Min. Antonio Saldanha Palheiro, 6ª T., julgado em 03/11/2020, *DJe* 16/11/2020; STJ, AgRg no HC 425.660/SP, Rel. Min. Reynaldo Soares da Fonseca, 5ª T., *DJe* 27/06/2019; AgRg no HC 603.951/SC, Rel. Min. Reynaldo Soares da Fonseca, 5ª T., j. 27/10/2020, *DJe* 12/11/2020; STF, HC 132.779 ED/MS, Rel. Min. Alexandre de Moraes, 1ª T., *DJe* 15/12/2017; STJ, REsp 1.666.637/ES, Rel. Min. Sebastião Reis Junior, 6ª T., *DJe* 09/10/2017; STJ, HC 304.959/SP, Rel. Min. Ribeiro Dantas, 5ª T., *DJe* 26/04/2016; TJRS, Agravo 70040266918, Rel. Des. Jaime Piterman, j. 10/05/2012.

Vale ressaltar, ainda, que, visando a proporcionar e estimular o estudo do condenado que cumpre sua pena no estabelecimento prisional, preparando-o para o seu regresso ao convívio em sociedade, a Lei nº 12.245, de 24 de maio de 2010, inseriu o § 4º do art. 83 da Lei de Execução Penal, onde consta a seguinte determinação, *verbis*:

§ 4º *Serão instaladas salas de aula destinadas a cursos do ensino básico e profissionalizante.*

Assim, em todos os estabelecimentos penais deverão não somente ser criadas fisicamente essas salas de aula, como implementadas suas destinações, com a contratação de profissionais habilitados, a fim de fazer com que o preso possa obter a instrução básica necessária ou mesmo capacitar-se mediante algum curso profissionalizante.

Trabalho do preso e RDD

⚖ O Regime Disciplinar Diferenciado impõe ao preso tratamento penitenciário peculiar, mais severo e distinto daquele reservado aos demais detentos, estabelecendo que o preso somente poderá sair da cela individual, diariamente, por duas horas, para banho de sol. Não há previsão, na Lei de Execução Penal, para que o preso, no regime disciplinar diferenciado, deixe a cela para executar trabalho interno, o que também se erige em óbice ao pretendido reconhecimento do direito à remição ficta (STF, RHC 124.775/RO, Rel. Min. Dias Toffoli, 1ª T., *DJe* 19/12/2014).

Jurisprudência em Teses do Superior Tribunal de Justiça, Boletim nº 12, publicado em 14 e maio de 2014, sobre remição

1) Há remição da pena quando o trabalho é prestado fora ou dentro do estabelecimento prisional, uma vez

que o art. 126 da Lei de Execução Penal não faz distinção quanto à natureza do trabalho ou quanto ao local de seu exercício.

2) O tempo remido pelo apenado por estudo ou por trabalho deve ser considerado como pena efetivamente cumprida para fins de obtenção dos benefícios da execução, e não simplesmente como tempo a ser descontado do total da pena.

3) Não há remição da pena na hipótese em que o condenado deixa de trabalhar ou estudar em virtude da omissão do Estado em fornecer tais atividades.

4) Nos regimes fechado e semiaberto, a remição é conferida tanto pelo trabalho quanto pelo estudo, nos termos do art. 126 da Lei de Execução Penal.

5) No regime aberto, a remição somente é conferida se há frequência em curso de ensino regular ou de educação profissional, sendo inviável o benefício pelo trabalho.

6) A remição pelo estudo pressupõe a frequência a curso de ensino regular ou de educação profissional, independentemente da sua conclusão ou do aproveitamento satisfatório.

7) A decisão que reconhece a remição da pena, em virtude de dias trabalhados, não faz coisa julgada nem constitui direito adquirido.

8) Cabe ao juízo da execução fixar a fração aplicável de perda dos dias remidos na hipótese de cometimento de falta grave, observando o limite máximo de 1/3 (um terço) do total e a necessidade de fundamentar a decisão em elementos concretos, conforme o art. 57 da Lei de Execução Penal.

9.1) O período de atividade laboral do apenado que exceder o limite máximo da jornada de trabalho (8 horas) deve ser contado para fins de remição, computando-se um dia de trabalho a cada seis horas extras realizadas.

9.2) O período de atividade laboral do apenado que exceder o limite mínimo (6 horas) deve ser contado para fins de remição, computando-se um dia de trabalho a cada seis horas extras realizadas.

10) A nova redação do art. 127 da Lei de Execução Penal, que prevê a limitação da perda dos dias remidos a 1/3 (um terço) do total no caso da prática de falta grave, deve ser aplicada retroativamente por se tratar de norma penal mais benéfica.

Legislação especial

Art. 40. A legislação especial regulará a matéria prevista nos arts. 38 e 39 deste Código, bem como especificará os deveres e direitos do preso, os critérios para revogação e transferência dos regimes e estabelecerá as infrações disciplinares e correspondentes sanções.

Direitos e deveres do preso

Vide seções I e II, do Capítulo IV, do Título II, da Lei de Execução Penal.

Superveniência de doença mental

Art. 41. O condenado a quem sobrevém doença mental deve ser recolhido a hospital de custódia e tratamento psiquiátrico ou, à falta, a outro estabelecimento adequado.

Superveniência de doença mental

O art. 41 do Código Penal diz que o condenado a quem sobrevém doença mental deve ser recolhido a hospital de custódia e tratamento psiquiátrico ou, à falta desse, a outro estabelecimento adequado.

A primeira observação que deve ser feita com relação a esse artigo diz respeito ao fato de a lei penal mencionar o termo *condenado*. Por causa dessa redação, devemos entender que o agente cometeu um fato típico, ilícito e culpável, sendo, portanto, condenado. Devemos entender, assim, que o agente, ao tempo da ação ou da omissão, era pessoa imputável. Entretanto, após dar início ao cumprimento de sua pena, sobreveio-lhe doença mental, razão pela qual deverá ser recolhido a hospital de custódia e tratamento psiquiátrico ou a outro estabelecimento que possa ministrar-lhe o tratamento adequado à sua doença.

O art. 183 da Lei de Execução Penal ainda dispõe que, *quando no curso da execução da pena privativa de liberdade, sobrevier doença mental ou perturbação da saúde mental, o Juiz, de ofício, a requerimento do Ministério Público, da Defensoria Pública ou da autoridade administrativa, poderá determinar a substituição da pena por medida de segurança.*

Merece registro o esclarecimento levado a efeito por Francisco Dirceu Barros, quando assevera que "para a doença ocorrida durante a execução da pena, só pode haver duas possibilidades: I – se a doença for transitória, será aplicado o art. 41 do Código Penal, ou seja, o condenado será transferido para o hospital penitenciário, sem alterar a pena; II – se a doença for de caráter duradouro ou permanente, a pena será convertida em medida de segurança, conforme dispõe o art. 183 da LEP".[39]

1. Consoante disposto nos artigos 41 e 42 do CP, a detração deve ser aplicada, dentre outras hipóteses, em casos de superveniência de doença mental do executado que acarretou em seu recolhimento em hospital de custódia e tratamento ou em estabelecimento adequado. 1.1. No caso em tela, o Tribunal de origem não constatou a doença mental do executado e nem a adequação do estabelecimento no qual ele esteve internado. De fato, para se concluir de modo diverso seria necessário o revolvimento fático-probatório, vedado conforme Súmula n. 7 do STJ. 2. Agra-

---

[39] BARROS, Francisco Dirceu. *Código penal* – parte geral, p. 267.

vo regimental desprovido (AgRg no REsp 1.777.612/TO, Rel. Min. Joel Ilan Paciornik, 5ª T., julgado em 05/11/2019, *DJe* 11/11/2019).

Nesse sentido:

⚖ STJ, AgRg no HC 469.698/SP, Rel. Min. Reynaldo Soares da Fonseca, 5ª T., *DJe* 19/02/2019; STJ, RHC 73.677/MG, Rel. Min. Ribeiro Dantas, 5ª T., *DJe* 19/05/2017; STJ, HC 324.885/SP, Rel. Min. Joel Ilan Paciornik, 5ª T., *DJe* 15/08/2016; STJ, HC 24455/SP, Rel. Min. Gilson Dipp, 5ª T., *DJ* 19/05/2003, p. 242.

Detração

Art. 42. Computam-se, na pena privativa de liberdade e na medida de segurança, o tempo de prisão provisória, no Brasil ou no estrangeiro, o de prisão administrativa e o de internação em qualquer dos estabelecimentos referidos no artigo anterior.

Detração

A detração é o instituto jurídico mediante o qual computam-se, na pena privativa de liberdade e na medida de segurança, o tempo de prisão provisória, no Brasil ou no estrangeiro, o de prisão administrativa e o de internação em qualquer dos estabelecimentos referidos no art. 41 do Código Penal.

É muito comum acontecer que, mesmo antes do trânsito em julgado da sentença penal condenatória, o agente venha a ser preso provisoriamente. As espécies de prisão provisória ou cautelar são as seguintes: *a)* prisão em flagrante; *b)* prisão preventiva; *c)* prisão temporária.[40]

É lógico e razoável que aquele que estava preso, aguardando julgamento, se ao final vier a ser condenado, esse período em que foi privado de sua liberdade deva ser descontado quando do cumprimento de sua pena.

Contudo, alguns problemas podem surgir com relação à possibilidade de detração. Suponhamos que o agente tenha cometido vários delitos e somente num dos processos em que estava sendo julgado foi decretada sua prisão preventiva. As condenações começaram a surgir em outros processos que não aquele no qual havia sido decretada sua prisão, e por meio do qual, na verdade, acabou sendo absolvido. Pergunta-se: Poderá o condenado ser beneficiado com a detração, já que a prisão cautelar foi decretada em processo no qual fora absolvido? Sim, visto que o condenado estava respondendo, simultaneamente, a várias infrações penais, razão pela qual será possível descontar na sua pena o tempo em que esteve preso cautelarmente. O art. 111 da Lei de Execução Penal nos ajuda a entender essa situação dizendo que quando houver

condenação por mais de um crime, no mesmo processo ou em processos distintos, a determinação do regime de cumprimento será feita pelo resultado da soma ou da unificação das penas, observada, quando for o caso, a detração ou remição.

Imaginemos, agora, uma hipótese diferente. O agente foi absolvido, tempos atrás, de uma imputação que lhe fora feita. Naquela oportunidade, havia sido decretada sua prisão cautelar, tendo permanecido preso durante sessenta dias, até que sobreveio sua absolvição. Um ano depois de ter sido absolvido, o agente cometeu um crime e por esse fato veio a ser condenado a dois anos de pena privativa de liberdade. Pergunta-se: Poderá, nesse caso, ser realizada a detração? Não. Isso porque, segundo entendemos, para que haja detração os processos devem tramitar simultaneamente. Caso contrário, como bem alertou Damásio,[41] o agente teria uma "carta de crédito" para infrações penais futuras. O fato de ter sido preso cautelarmente em processo no qual fora absolvido poderá gerar o direito a uma indenização pelo Estado. Isso, entretanto, não significa que fique com um crédito para com a Justiça Penal, para a prática de infrações futuras.

⚖ (...) XXIII – O atual entendimento do Supremo Tribunal Federal não permite concluir que o período em que o recorrente cumpriu provisoriamente a pena estabelecida na condenação seja computado para fins de detração penal ou fixação do regime inicial de cumprimento da pena, porquanto a execução provisória da condenação, embora já não seja admitida, não se confunde com a prisão provisória a que se referem o art. 42 do Código Penal e o art. 387, § 2º, do Código de Processo Penal. XXIV – A detração de pena pressupõe a existência de lapso temporal em que o condenado, antes do início do cumprimento da sanção, tenha estado segregado por força de prisão em flagrante, prisão temporária ou prisão preventiva. XXV – O tempo de pena que foi executado antecipadamente, conquanto não possa ser computado para fins de detração penal e fixação do regime inicial de cumprimento da sanção, deverá ser utilizado para fins de progressão de regime, de concessão de livramento condicional e de indulto ou comutação de penas (EDcl no AgRg no REsp 1.765.139/PR, Rel. Min. Felix Fischer, 5ª T., julgado em 01/09/2020, *DJe* 15/09/2020).

Nesse sentido:

⚖ STJ, HC 496.049/MG, Rel. Min. Felix Fischer, 5ª T., *DJe* 20/05/2019; AgRg no REsp 1.792.710/PR, Rel. Min. Felix Fischer, 5ª T., j. 15/09/2020, *DJe* 23/09/2020; STJ, AgRg no AREsp 1.148.526/ES, Rel. Min. Reynaldo Soares da Fonseca, 5ª T., *DJe* 25/05/2018; STF, RHC 142.463/MG, Rel. Min. Luiz Fux, 1ª T., *DJe* 03/10/2017; STF, HC 109599/RS, Rel. Min.

---

[40] A prisão em virtude de sentença penal condenatória recorrível e a prisão em virtude de sentença de pronúncia, que também se encontravam no rol das prisões de natureza cautelar, foram revogadas, respectivamente, pela Lei nº 11.719, de 20 de junho de 2008, e pela Lei nº 11.689, de 9 de junho de 2008.

[41] JESUS, Damásio E. de. *Direito penal* – parte geral, p. 464.

Teori Zavascki, 2ª T., *DJe* 13/03/2013; STF, RHC 110576/DF, Rel. Min. Ayres Britto, 2ª T., *DJe* 26/06/2012; STF, HC 109519/RS, Rel.ª Min.ª Rosa Weber, 1ª T., *DJe* 16/04/2012; STJ, HC 202618/RS, Rel. Min. Sebastião Reis Júnior, 6ª T., *DJe* 1º/08/2012; STJ, HC 152366/RS, Min.ª Rel.ª Laurita Vaz, 5ª T., *DJe* 21/06/2010; STJ, REsp 878574/RS, Rel. Min. Gilson Dipp, 5ª T., *DJ* 29/06/2007, p. 706.

Prisão administrativa, como bem destacou Cezar Roberto Bitencourt, "que não se confunde com a prisão civil *stricto sensu,* não tem natureza penal e pode decorrer de infração disciplinar, hierárquica, ou mesmo de infrações praticadas por particulares, nacionais ou estrangeiros, contra a Administração Pública".[42]

O art. 42 do Código Penal fala também em tempo de internação em hospital de custódia e tratamento psiquiátrico ou em outro estabelecimento adequado para efeitos de detração na medida de segurança.

Na verdade, o que se espera deduzir não é o tempo em que o sujeito ficará internado para fins de tratamento. A detração aqui mencionada diz respeito ao tempo em que o juiz determinou para a realização do primeiro exame de cessação de periculosidade, uma vez que, segundo o art. 97, § 1º, do Código Penal, a internação, ou tratamento ambulatorial, será por tempo indeterminado, perdurando enquanto não for averiguada, mediante perícia médica, a cessação de periculosidade. O prazo mínimo deverá ser de um a três anos. Esse prazo mínimo mencionado pela lei é, repetimos, para a realização do primeiro exame de cessação de periculosidade.

Suponhamos que o inimputável tenha causado a morte de alguém. Ainda na fase de instrução processual, verificou-se a sua total incapacidade de compreensão do caráter ilícito do fato e, antes da sentença que o absolveu e aplicou a medida de segurança, foi determinada a sua imediata internação para fins de tratamento. A partir desse momento, já terá iniciado o prazo de contagem para a realização do primeiro exame de cessação de periculosidade, que ocorrerá no prazo determinado pelo art. 97, § 1º, do Código Penal, a ser estipulado pelo juiz.

O raciocínio relativo à detração também pode ser aplicado ao Estatuto da Criança e do Adolescente, conforme já decidiu o STJ:

⚖ Recurso em *habeas corpus.* ECA. Internação. Fuga do menor. Maioridade penal. Restabelecimento da medida socioeducativa. Constrangimento inexistente. Recurso parcialmente provido. Ajustada a execução da medida socioeducativa de internação ao art. 122, § 5º, da Lei nº 8.069/90, não há falar em

constrangimento ilegal, devendo, contudo, ser computado no seu tempo, aquele em que o infrator esteve privado de sua liberdade (RHC 12924/RS; Recurso ordinário em *Habeas Corpus* 2002/0068769-5, 6ª T., Min. Hamilton Carvalhido, publicado no *DJ* em 04/08/2003, p. 425).

O instituto da detração também deverá ser observado quando da prolação da decisão condenatória, para efeitos de fixação do regime inicial de cumprimento da pena privativa de liberdade, de acordo com o § 2º do art. 387 do Código de Processo Penal, incluído pela Lei nº 12.736, de 30 de novembro de 2012, diz, *verbis:*

§ 2º O tempo de prisão provisória, de prisão administrativa ou de internação, no Brasil ou no estrangeiro, será computado para fins de determinação do regime inicial de pena privativa de liberdade.

Detração e prescrição

⚖ O período em que o agravante esteve preso preventivamente não pode ser utilizado para fins de definição do prazo prescricional. Precedentes (STF, RHC 164.273 AgR/GO, Rel. Min. Edson Fachin, *DJe* 1º/08/2019).

Nesse sentido:

⚖ STJ, HC 406.380/SP, Rel. Min. Reynaldo Soares da Fonseca, 5ª T., *DJe* 31/08/2017; STJ, AgRg no AREsp 884.674/ES, Rel. Min. Joel Ilan Paciornik, 5ª T., *DJe* 03/06/2016; STF, HC 100001/RJ, Rel. Min. Marco Aurélio, 1ª T., *DJe* 18/06/2010, p. 571; STJ, HC 67.491/SP, Rel. Min. Arnaldo Esteves Lima, 5ª T., *DJ* 05/11/2007, p. 304.

Competência para determinar a detração

⚖ Na hipótese, o Tribunal de origem ao julgar o recurso de apelação, em consonância com o entendimento desta Corte, reconheceu que a detração, já que não aplicada pelo juiz sentenciante, deverá ser pleiteada e analisada pelo juízo das execuções, porquanto este tem, de fato, mais elementos para avaliar a possibilidade do recorrente iniciar o cumprimento da pena em regime mais brando, considerando o tempo de prisão cautelar (STJ, HC 443.498/SP, Rel. Min. Felix Fischer, 5ª T., *DJe* 15/06/2018).

Nesse sentido:

⚖ STJ, HC 357.440/SP, Rel.ª Min.ª Maria Thereza de Assis Moura, 6ª T., *DJe* 29/08/2016; STJ, AgRg no REsp 1.505.160/SP, Rel.ª Min.ª Maria Thereza de Assis Moura, 6ª T., *DJe* 10/06/2015; STJ, HC 169072/SP, Min. Rel. Og Fernandes, 6ª T., *DJe* 1º/07/2010.

---

[42] BITENCOURT, Cezar Roberto. *Manual de direito penal* – parte geral, p. 434.

Seção II – Das Penas Restritivas de Direitos

Penas restritivas de direitos

Art. 43. As penas restritivas de direitos são:

I – prestação pecuniária;

II – perda de bens e valores;

III – limitação de fim de semana;

IV – prestação de serviço à comunidade ou a entidades públicas;

V – interdição temporária de direitos;

VI – limitação de fim de semana.

Espécies de penas restritivas de direitos

Com o advento da Lei nº 9.714/98, foi ampliado o rol das penas restritivas de direitos elencadas pelo art. 43 do Código Penal. Duas foram adicionadas e uma outra recebeu um acréscimo. Nos termos do referido artigo, as penas restritivas de direito são as seguintes: 1ª) prestação pecuniária; 2ª) perda de bens e valores; 3ª) prestação de serviço à comunidade ou a entidades públicas; 4ª) interdição temporária de direitos; e 5ª) limitação de fim de semana.

Com a nova redação dada ao art. 43, foram criadas as penas de prestação pecuniária e de perda de bens e valores, sendo, ainda, admitida a prestação de serviços a entidades públicas.

Na precisa observação de Luiz Flávio Gomes, "o art. 43 do Código Penal foi o primeiro dispositivo alterado pela Lei nº 9.714/98. Quem lê o novo preceito legal tem a superficial e enganosa impressão de que teria havido única mudança: de três teriam passado para cinco as penas restritivas de direitos. Nada mais falacioso. Primeiro, porque antes não tínhamos apenas três penas restritivas de direitos. Não se pode esquecer de que a pena de interdição temporária subdividia-se em três. Logo, tínhamos cinco penas restritivas. E no art. 60, § 2º, estava prevista a multa substitutiva. Desse modo, contávamos antes com seis penas substitutivas (cinco restritivas mais a multa). Agora, após a reforma legislativa, temos dez (nove restritivas mais a multa)".[43]

Segundo Luiz Flávio Gomes, essas seriam as seis penas substitutivas previstas pelo Código Penal, que se transformariam em dez, em virtude da existência de quatro subdivisões da chamada interdição temporá-

ria de direitos, mais a possibilidade da *prestação de outra natureza*, conforme art. 45, § 2º: 1ª) prestação pecuniária; 2ª) perda de bens e valores; 3ª) prestação de serviços à comunidade ou entidades públicas; 4ª) interdição temporária de direitos; 5ª) limitação de fim de semana; 6ª) multa substitutiva. Concluindo seu raciocínio, preleciona: "Se considerarmos que a interdição temporária de direitos subdivide-se doravante em quatro (proibição do exercício de cargo, proibição do exercício de profissão, suspensão da habilitação para dirigir veículo e proibição de frequentar determinados lugares), já chegamos a nove. A última sanção cominada é a prestação de outra natureza – art. 45, § 2º".[44]

Agora, com a edição da Lei nº 12.550, de 15 dezembro de 2011, que fez inserir o inc. V no art. 47 do Código Penal, prevendo a *proibição de inscrever-se em concurso, avaliação ou exame públicos*, temos, na verdade, onze penas restritivas de direitos.

Com relação às penas restritivas de direitos, é importante salientar que, embora o art. 44 diga que são autônomas, na verdade, até a edição da Lei nº 11.343/2006, não existiam tipos penais nos quais a pena prevista no seu preceito secundário fosse única e exclusivamente a restrição de direitos. Tais penas, agora, como regra, são substitutivas, ou seja, primeiramente aplica-se a pena privativa de liberdade e, quando possível, presentes os requisitos legais, procede-se à sua substituição.[45]

⚖ (...) 2. A Terceira Seção desta Corte Superior pacificou o entendimento de que não se afigura possível a execução da pena restritiva de direitos antes do trânsito em julgado da condenação. 3. Agravo regimental parcialmente provido, apenas para revogar a determinação de início da execução provisória da pena (AgRg no AREsp 1556149/RS, Rel. Min. Laurita Vaz, 6ª T., j. 17/12/2019, *DJe* 04/02/2020).

Embora o Código Penal as trate como penas restritivas de direitos, nem todas possuem essa natureza. Como bem destacou Cezar Roberto Bitencourt, "a denominação penas 'restritivas de direitos' não foi muito feliz, pois, de todas as modalidades de sanções sob a referida rubrica, somente uma refere-se especificamente à 'restrição de direitos'. As outras – pres-

---

[43] GOMES, Luiz Flávio. *Penas e medidas alternativas à prisão*, p. 103.

[44] GOMES, Luiz Flávio. *Penas e medidas alternativas à prisão*, p. 104.

[45] A Lei nº 11.343, de 23 de agosto de 2006, quebrou a regra segundo a qual as penas restritivas de direitos seriam aplicadas em substituição às privativas de liberdade, conforme se verifica pela redação constante do seu art. 28, *verbis*:

 Art. 28. *Quem adquirir, guardar, tiver em depósito, transportar ou trouxer consigo, para consumo pessoal, drogas sem autorização ou em desacordo com determinação legal ou regulamentar será submetido às seguintes penas:*

 I – *advertência sobre os efeitos das drogas;*

 II – *prestação de serviços à comunidade;*

 III – *medida educativa de comparecimento a programa ou curso educativo.*

 Agora, portanto, de acordo com o mencionado artigo constante da Lei Antidrogas, a pena de prestação de serviços à comunidade, por exemplo, não terá natureza de pena substitutiva, não se prestando, outrossim, à substituição da pena de privação de liberdade, que não foi sequer prevista no artigo mencionado.

tação pecuniária e perda de bens e valores – são de natureza pecuniária; prestação de serviços à comunidade e limitação de fim de semana referem-se mais especificamente à restrição da liberdade do apenado".[46]

Esclarece, ainda, Francisco Dirceu Barros que "o réu não tem direito de escolher qual o tipo de pena alternativa ele deve cumprir, pois, no Direito brasileiro, a fixação da espécie de pena alternativa é tarefa do Juiz, ao contrário de algumas legislações, que determinam a audiência e a concordância da defesa, como, por exemplo, o Código Penal Português".[47]

⚖️ A prestação pecuniária prevista no art. 43, I, do CP tem por finalidade precípua a reparação do dano causado pelo crime, devendo, por isso, guardar relação de equilíbrio para com o prejuízo suportado pelo ofendido, que, no caso, foi Erário (STJ, AgRg no AREsp 1.377.027/SP, Rel. Min. Reynaldo Soares da Fonseca, 5ª T., *DJe* 25/03/2019).

Nesse sentido:

⚖️ STJ, AgRg no RMS 56.158/PA, Rel. Min. Nefi Cordeiro, 6ª T., *DJe* 29/06/2018; STJ, AgRg no HC 447.852/SC, Rel. Min. Ribeiro Dantas, 5ª T., *DJe* 30/05/2018; HC 164.056-SP, Rel.ª Min.ª Maria Thereza de Assis Moura, j. 10/06/2010, *Informativo* nº 438; STJ, HC 88.826/DF, Rel.ª Min.ª Laurita Vaz, 5ª T., *DJe* 11/05/2009; STJ, HC 53.334/RJ, Rel.ª Min.ª Maria Thereza de Assis Moura, 6ª T., *DJe* 25/05/2009.

Medida socioeducativa e restrição de direitos

⚖️ Ao menor infrator são impostas medidas socioeducativas, que devem ser concebidas em consonância com os elevados objetivos da sua reeducação, sendo relevantes para a obtenção desse resultado o respeito à sua dignidade. As medidas socioeducativas previstas no art. 112 do ECA não se revestem da mesma natureza jurídica das penas restritivas de direito, em razão do que não se lhes aplicam as disposições previstas na lei processual penal relativas à prescrição da pretensão punitiva (STJ, REsp 270.181/SC, Rel. Min. Vicente Leal, 6ª T., *DJ* 06/05/2002, p. 333).

Art. 44. As penas restritivas de direitos são autônomas e substituem as privativas de liberdade, quando:

I – aplicada pena privativa de liberdade não superior a quatro anos e o crime não for cometido com violência ou grave ameaça à pessoa ou, qualquer que seja a pena aplicada, se o crime for culposo;

II – o réu não for reincidente em crime doloso;

III – a culpabilidade, os antecedentes, a conduta social e a personalidade do condenado, bem como os motivos e as circunstâncias indicarem que essa substituição seja suficiente.

§ 1º (VETADO)

---

§ 2º Na condenação igual ou inferior a um ano, a substituição pode ser feita por multa ou por uma pena restritiva de direitos; se superior a um ano, a pena privativa de liberdade pode ser substituída por uma pena restritiva de direitos e multa ou por duas restritivas de direitos.

§ 3º Se o condenado for reincidente, o juiz poderá aplicar a substituição, desde que, em face de condenação anterior, a medida seja socialmente recomendável e a reincidência não se tenha operado em virtude da prática do mesmo crime.

§ 4º A pena restritiva de direitos converte-se em privativa de liberdade quando ocorrer o descumprimento injustificado da restrição imposta. No cálculo da pena privativa de liberdade a executar será deduzido o tempo cumprido da pena restritiva de direitos, respeitado o saldo mínimo de trinta dias de detenção ou reclusão.

§ 5º Sobrevindo condenação a pena privativa de liberdade, por outro crime, o juiz da execução penal decidirá sobre a conversão, podendo deixar de aplicá-la se for possível ao condenado cumprir a pena substitutiva anterior.

Requisitos para a substituição

O art. 44 do Código Penal elenca os requisitos necessários e indispensáveis para que o juiz possa levar a efeito a substituição da pena privativa de liberdade pela restritiva de direitos. São requisitos considerados cumulativos, ou seja, todos devem estar presentes para que se possa realizar a substituição. Dois deles, segundo entendemos, são de ordem objetiva (incs. I e II do art. 44) e o terceiro, de natureza subjetiva (inc. III do art. 44).

⚖️ Conforme o entendimento esposado por este Superior Tribunal de Justiça, a concessão do benefício do art. 44 do Código Penal depende do preenchimento dos requisitos de natureza objetiva e subjetivas, cabendo ao Julgador analisar a pertinência da conversão da pena corporal em restritiva de direitos, com base nos elementos dos autos (Precedente) (STJ, HC 240141/RS, Rel. Min. Gilson Dipp, 5ª T., *DJe* 20/06/2012).

Faremos, em seguida, a análise de cada um, isoladamente.

O primeiro requisito, de ordem objetiva, diz que é possível a substituição quando *aplicada pena privativa de liberdade não superior a 4 (quatro) anos e o crime não for cometido com violência ou grave ameaça à pessoa ou, qualquer que seja a pena aplicada, se o crime for culposo* (art. 44, I, do CP).

⚖️ A ausência de cumprimento do requisito objetivo previsto no art. 44, I, do Código Penal (sanção superior a 4 anos de reclusão) impede a substituição

---

[46] BITENCOURT, Cezar Roberto. *Manual de direito penal* – parte geral, p. 437-438.
[47] BARROS, Francisco Dirceu. *Código penal* – parte geral, p. 282.

da reprimenda privativa de liberdade por restritivas de direitos (STJ, AgRg no HC 490.413/SP, Rel. Min. Rogério Schietti Cruz, 6ª T., *DJe* 12/08/2019).

Nesse sentido:

⚖ STJ, HC 317.689/SP, Rel.ª Min.ª Maria Thereza de Assis Moura, 6ª T., *DJe* 13/05/2015.

A primeira exigência contida no inc. I diz respeito à quantidade da pena. A substituição somente se viabiliza se a pena aplicada não for superior a quatro anos, nos casos de infrações dolosas, uma vez que para os delitos culposos a lei não fez qualquer ressalva com relação ao limite de pena aplicada. Sendo dolosa a infração penal, se a pena aplicada não for superior a quatro anos, teremos de verificar, ainda, se o crime foi cometido com o emprego de violência ou grave ameaça à pessoa, uma vez que, nesses casos, mesmo a pena permanecendo no limite estipulado pelo inc. I, o agente não poderá ser beneficiado com a substituição.

⚖ (...) Malgrado fixação da pena base no mínimo legal, o estabelecimento do regime mais severo do que o indicado pelo *quantum* da reprimenda baseou-se na gravidade concreta do delito. No caso, o paciente praticou o roubo em estabelecimento comercial, trancando o funcionário em um dos cômodos do imóvel, na companhia de seu filho, contando ainda com o auxílio de ao menos dois comparsas não identificados para a prática das subtrações. Ademais, as instâncias ordinárias constataram que a ação criminosa se mostrou muito bem estruturada e organizada pelos réus. Tudo isso evidencia a necessidade de resposta estatal superior, dada a maior reprovabilidade da conduta, em atendimento ao princípio da individualização da pena. Fixada a pena acima de 4 anos de reclusão, sendo o crime doloso e cometido mediante grave ameaça, percebe-se ser inviável a substituição da pena privativa de liberdade por restritiva de direitos, conforme art. 44, I, do Código Penal (HC 591.048/SP, Rel. Min. Ribeiro Dantas, 5ª T., j. 25/08/2020, *DJe* 03/09/2020).

Nesse sentido:

⚖ STJ, REsp 1.735.503/SP, Rel. Min. Jorge Mussi, 5ª T., *DJe* 15/06/2018; STJ, AgRg no REsp 1.557.673/MS, Rel. Min. Ribeiro Dantas, 5ª T., *DJe* 28/09/2016; STJ, AgRg no REsp 1.389.164/RO, Rel. Min. Rogério Schietti Cruz, 6ª T., *DJe* 08/05/2015; STF, HC 99828/SP, Rel. Min. Gilmar Mendes, 2ª T., 17/05/2011, *Informativo* nº 627.

A primeira indagação que se levanta é a seguinte: se uma das finalidades da substituição é justamente evitar o encarceramento daquele que teria sido condenado ao cumprimento de uma pena de curta duração, nos crimes de lesão corporal leve, de constrangimento ilegal, perseguição, ou ameaça, onde a violência ou agrave ameaça fazem parte desses tipos, estaria impossibilitada a substituição? Entendemos que não, pois se as infrações penais se amoldam àquelas consideradas de menor potencial ofensivo, sendo o seu julgamento realizado até mesmo no Juizado Especial Criminal, seria um verdadeiro contrassenso impedir, justamente nesses casos, a substituição. Assim, se a infração penal for da competência do Juizado Especial Criminal, em virtude da pena máxima a ela cominada, entendemos que, mesmo que haja o emprego de violência ou grave ameaça, será possível a substituição.

A *inexistência da reincidência em crime doloso* é o segundo requisito exigido pelo inc. II do art. 44 do Código Penal. Isso quer dizer que se qualquer uma das duas infrações penais que estão sendo colocadas em confronto, a fim de aferir a reincidência, for de natureza culposa, mesmo sendo o réu considerado tecnicamente reincidente, isso não impedirá a substituição. Ou seja, exige a lei, como fator impeditivo da concessão da substituição, a reincidência dolosa, isto é, tanto a infração penal anterior como a posterior são de natureza dolosa. Caso contrário, aberta estará a possibilidade de aplicação de pena substitutiva à prisão.

Embora, pelo menos inicialmente, a reincidência dolosa impeça a substituição, o § 3º do art. 44 do Código Penal fez uma ressalva no sentido de que, *se o condenado for reincidente, o juiz poderá aplicar a substituição, desde que, em face de condenação anterior, a medida seja socialmente recomendável e a reincidência não se tenha operado em virtude de prática do mesmo crime.*

⚖ (...) Tendo em vista a reincidência específica de um dos agravantes, não faz jus à substituição da pena privativa de liberdade por restritiva de direitos. Precedentes (...) (AgRg no HC 586.198/SC, Rel. Min. Nefi Cordeiro, 6ª T., j. 08/09/2020, *DJe* 14/09/2020).

Portanto, o juiz terá de avaliar se, mesmo tendo havido condenação anterior por crime doloso, sendo concedida a substituição, ela atingirá a sua dupla finalidade: evitar o desnecessário encarceramento do condenado, impedindo, com isso, o seu contato com presos que cumprem penas em virtude da prática de infrações graves, afastando-o do ambiente promíscuo e dessocializador do sistema penitenciário, bem como se a substituição também trará em si o seu efeito preventivo. Caso o julgador perceba que em caso de substituição da pena de prisão pela restrição de direitos, em razão de condenação anterior, esta não surtirá qualquer efeito, deve prevalecer a regra do inc. III do art. 44, ficando impossibilitada a substituição.

Em todo caso, se houver condenação pela *prática do mesmo crime anterior*, sendo o condenado reincidente específico, também não se permitirá a substituição, de acordo com a última parte do § 3º do art. 44 do Código Penal.

⚖ (...) A existência de circunstância judicial desfavorável e de duas condenações definitivas anteriores geradoras de reincidência evidenciam que a substituição da pena privativa de liberdade por restritivas de direitos não se mostra medida socialmente recomendável, nos termos do art. 44, II e III, do CP (AgRg no REsp 1856593/PR, Rel. Min. Rogerio Schietti Cruz, 6ª T., j. 12/08/2020, *DJe* 26/08/2020).

Nesse sentido:

STJ, AgRg no AREsp 1.669.495/DF, Rel. Min. Laurita Vaz, 6ª T., julgado em 09/06/2020, *DJe* 23/06/2020; STJ, AgRg no HC 267200/SP, Rel.ª Min.ª Marilza Maynard (Desembargadora convocada do TJ/SE), 5ª T., *DJe* 17/06/2013.

O requisito de natureza subjetiva encontra-se no inc. III do art. 44 do Código Penal, que, juntamente com os dois anteriores, possibilita a substituição desde que *a culpabilidade, os antecedentes, a conduta social e a personalidade do condenado, bem como os motivos e as circunstâncias indiquem que essa substituição seja suficiente.*

Esse terceiro requisito serve de norte ao julgador para que determine a substituição somente nos casos em que se demonstrar ser ela a opção que atenda tanto o condenado como a sociedade. Pena restritiva de direitos não quer significar impunidade ou mesmo descaso para com a proteção dos bens jurídicos mais importantes tutelados pelo Direito Penal. A pena, como diz a última parte do *caput* do art. 59 do Código Penal, deve ser necessária e suficiente para a reprovação e a prevenção do crime.

Para que o sentenciado seja beneficiado com a substituição da pena privativa de liberdade por restritiva de direitos, é indispensável o preenchimento dos requisitos objetivos e subjetivos constantes do art. 44 do Código Penal (Precedentes) (STJ, HC 104.184/SP, Rel. Min. Felix Fischer, 5ª T., *DJe* 02/02/2009).

Nesse sentido:

TJMG, Processo 1.0155.03. 003389-0/001[1], Rel. Judimar Biber, *DJ* 14/08/2007.

(...) Na hipótese, inexiste qualquer constrangimento ilegal a ser sanado pelo *writ*, uma vez que o paciente detém circunstâncias judiciais desfavoráveis, fundamentos que justificam a não substituição da pena privativa de liberdade por restritivas de direitos, em consonância com o disposto pelo art. 44, inciso III, do Código Penal (AgRg no HC 578.424/SC, Rel. Min. Felix Fischer, 5ª T., j. 15/09/2020, *DJe* 23/09/2020).

Nesse sentido:

STJ, AgRg no REsp 1.860.327/SC, Rel. Min. Ribeiro Dantas, 5ª T., julgado em 09/06/2020, *DJe* 18/06/2020.

Substituição no § 2º do art. 44 do CP

(...) Acerca da substituição de pena privativa de liberdade por restritivas de direito, o art. 44, § 2º, do Código Penal dispõe que, "Na condenação igual ou inferior a 1 (um) ano, a substituição pode ser feita por multa ou por uma pena restritiva de direitos; se

superior a 1 (um) ano, a pena privativa de liberdade pode ser substituída por uma pena restritiva de direitos e multa ou por duas restritivas de direitos". Na hipótese, inexiste qualquer constrangimento ilegal a ser sanado pelo *writ*, uma vez que o paciente detém circunstâncias judiciais desfavoráveis, fundamentos que justificam a não substituição da pena privativa de liberdade por restritivas de direitos, em consonância com o disposto pelo art. 44, inciso III, do Código Penal (AgRg no HC 578.424/SC, Rel. Min. Felix Fischer, 5ª T., j. 15/09/2020, *DJe* 23/09/2020).

Nesse sentido:

AgRg no HC 497.073/SC, Rel. Min. Antonio Saldanha Palheiro, 6ª T., julgado em 04/08/2020, *DJe* 10/08/2020; AgRg no HC 586.198/SC, Rel. Min. Nefi Cordeiro, 6ª T., julgado em 08/09/2020, *DJe* 14/09/2020.

Direito subjetivo à substituição

A fim de encontrar a pena-base para o delito cometido pelo agente, deverá o juiz analisar, uma a uma, todas as circunstâncias judiciais previstas no art. 59 do Código Penal, primeiro momento do critério trifásico previsto pelo art. 68 do mesmo estatuto. Ao final das três fases, estabelecido o regime prisional, concluindo-se pela aplicação de pena não superior a quatro anos, não sendo o sentenciado reincidente em crime doloso, o juiz deverá reavaliar as circunstâncias judiciais, à exceção das consequências do crime e do comportamento da vítima, cuja análise não foi exigida pelo inc. III do art. 44 do Código Penal, a fim de se decidir pela substituição, sendo esta considerada direito subjetivo do sentenciado, caso se amolde às exigências legais.

Nesse sentido, Celso Delmanto, Roberto Delmanto, Roberto Delmanto Júnior e Fábio M. de Almeida Delmanto prelecionam que "a lei impõe várias condições para a substituição, uma delas de valoração subjetiva (a indicação da *suficiência* da medida). Todavia, caso o acusado preencha os requisitos legais da substituição, esta não lhe pode ser negada, arbitrariamente, pelo juiz. Se o julgador entender que falta algum requisito para a concessão, deve fundamentar a negativa da substituição (CR/88, art. 93, IX), pois ela é *direito público subjetivo do acusado*, desde que este preencha todas as condições exigidas pela lei. Sendo o condenado reincidente genérico em crime doloso, a lei exige, ainda, que a substituição seja socialmente recomendável em face da condenação anterior".[48]

(...) 5. Nos termos da jurisprudência desta Corte, "não existe direito subjetivo do réu em optar, na substituição da pena privativa de liberdade por restritiva de direitos, se prefere a duas penas restritivas de direito ou uma restritiva de direitos e uma multa" (AgRg no HC 456.224/SC, Quinta Turma, Rel. Min. Joel Ilan Paciornik, *DJe* 1º/4/2019) (...) (AgRg no HC

---

[48] DELMANTO, Celso; DELMANTO, Roberto; DELMANTO JÚNIOR, Roberto; DELMANTO, Fábio M. de Almeida. *Código penal comentado*, p. 89.

601.104/SC, Rel. Min. Ribeiro Dantas, 5ª T., julgado em 18/08/2020, *DJe* 25/08/2020).

Nesse sentido:

⚖ STJ, HC 324.583/SP, Rel. Min. Ribeiro Dantas, 5ª T., *DJe* 15/03/2016; HC 562.028/PB, Rel. Min. Ribeiro Dantas, 5ª T., j. 19/05/2020, *DJe* 27/05/2020; STJ, HC 101205/SP, Rel.ª Min.ª Maria Thereza de Assis Moura, 6ª T., *DJe* 21/02/2011; STJ, HC 91.616/MG, Rel. Min. Napoleão Nunes Maia Filho, 5ª T., *DJe* 22/06/2009.

Substituição da pena e Tráfico de Drogas

Diz o § 4º do art. 33 da Lei nº 11.343, de 23 de agosto de 2006, *verbis*:

§ 4º Nos delitos definidos no caput e no § 1º deste artigo, as penas poderão ser reduzidas de um sexto a dois terços, vedada a conversão em penas restritivas de direitos, desde que o agente seja primário, de bons antecedentes, não se dedique às atividades criminosas nem integre organização criminosa.

No entanto, em 15 de fevereiro de 2012, o Senado Federal, por meio da Resolução nº 05, suspendeu a execução da expressão "vedada a conversão em penas restritivas de direitos" do § 4º do art. 33 da Lei nº 11.343, de 23 de agosto de 2006, declarada inconstitucional, por decisão definitiva do Supremo Tribunal Federal, nos autos do *Habeas Corpus* nº 97.256/RS.

Portanto, em caso de tráfico de drogas, previstos no *caput* e no § 1º do art. 33 da Lei nº 11.343, de 23 de agosto de 2006, será possível a aplicação de pena restritiva de direitos em substituição à privativa de liberdade.

⚖ (...) 3. As instâncias de origem apresentaram motivação idônea para refutar a aplicação da causa de diminuição prevista no art. 33, § 4º, da Lei n. 11.343/2006, porquanto ressaltaram a quantidade de entorpecentes (5.425g de maconha, distribuídos em seis tijolos; 1.266g de cocaína, na forma de crack, "envoltas em papel alumínio e distribuídas em 199 'pedras' da droga, substâncias entorpecentes" – fl. 57), apetrechos utilizados na traficância e a arma de fogo apreendidos, que demonstram a dedicação do Paciente às atividades criminosas. 4. Adequada a imposição do regime mais gravoso, ante o *quantum* da pena imposta e a presença de circunstância judicial desfavorável, conforme previsão contida no art. 33, §§ 2.º e 3.º, do Código Penal. 5. Não houve violação ao princípio do non bis in idem, pois a "quantidade e a qualidade da droga apreendida podem ser consideradas tanto para afastar a incidência da minorante do § 4º do art. 33 da Lei de Drogas como para estabelecer o regime prisional mais gravoso ao sentenciado, nos termos do entendimento remansoso desta Corte Superior" (AgRg no HC 536.742/MS, Rel. Min. Jorge Mussi, Quinta Turma, julgado em 12/11/2019, *DJe* 28/11/2019). 6. Por fim, incabível a substituição da pena reclusiva por penas restritivas de direito em razão da ausência do preenchimento do requisito contido no art. 44, inciso I, do Código Penal (...) (AgRg no

HC 504.801/SP, Rel. Min. Laurita Vaz, 6ª T., julgado em 15/09/2020, *DJe* 29/09/2020).

Nesse sentido:

⚖ STJ, AgRg no HC 504.986/SP, Rel. Min. Reynaldo Soares da Fonseca, 5ª T., *DJe* 05/08/2019; STJ, AgRg no HC 413.409/SP, Rel. Min. Jorge Mussi, 5ª T., *DJe* 1º/08/2018; STJ, HC 405.365/SP, Rel. Min. Reynaldo Soares da Fonseca, 5ª T., *DJe* 31/08/2017; STJ, HC 364.314/SP, Rel. Min. Reynaldo Soares da Fonseca, 5ª T., *DJe* 30/09/2016; STJ, HC 301.856/SP, Rel. Min. Newton Trisotto, Desembargador convocado do TJ-SC, 5ª T., *DJe* 19/05/2015.

Conversão da pena restritiva de direitos em privativa de liberdade

⚖ 1. Não há ofensa ao art. 44, § 4º, do Código Penal, pois, após a conversão das penas restritivas de direito em privativa de liberdade, não há mais se falar mais se falar em "tempo cumprido da pena restritiva de direitos", haja vista já ter ocorrido a conversão. Tem-se em verdade, mera liberalidade do recorrente, que não pode lhe beneficiar, ao argumento de se tratar de atuação de boa-fé, uma vez que o recorrente tinha plena ciência de que não poderia mais cumprir a pena restritiva de direitos, haja vista sua intimação pessoal e a "proibição expressa contida na própria decisão". (...) 2. Nessa linha de intelecção, tendo o recorrente cumprido as penas restritivas de direitos, mesmo após a conversão dessas em privativa de liberdade, comprovada sua efetiva ciência, constata-se, ao contrário do que sustenta a defesa, a ausência de boa-fé, não sendo possível o recorrente se beneficiar pela prática de condutas que, em verdade, desvirtuam o ordenamento jurídico. 3. Agravo Regimental a que se nega provimento (STJ, AgRG no REsp 1.842.959/RS, 5ª T., Rel. Min. Reynaldo Soares da Fonseca, julgado em 04/08/2020, *DJ* 13/08/2020).

Nesse sentido:

⚖ STF, HC 147.895 AgR/SP, Rel. Min. Gilmar Mendes, 2ª T., *DJe* 16/04/2019; STJ, RHC 96.829/RS, Rel. Min. Reynaldo Soares da Fonseca, 5ª T., *DJe* 07/05/2018; STJ, HC 411.098/SP, Rel. Min. Reynaldo Soares da Fonseca, 5ª T., *DJe* 26/09/2017; STJ, HC 251.312/SP, Rel. Min. Moura Ribeiro, 5ª T., j. 18/02/2014; STJ, HC 100.203-PR, Rel.ª Min.ª Maria Thereza de Assis Moura, j. 10/02/2009; STJ, HC 112.088/RS, Rel. Min. Napoleão Nunes Maia Filho, 5ª T., *DJe* 18/05/2009.

Cumulação com pena privativa de liberdade

⚖ Nos termos da posição majoritária adotada no Superior Tribunal de Justiça, a pena restritiva de direitos que sobrevêm ao condenado que cumpre pena privativa de liberdade, apesar de não se enquadrar nas hipóteses legais de conversão previstas no art. 44, §§ 4º e 5º, do Código Penal, somente pode ser cumprida simultaneamente caso haja compatibilidade, o que não se constata quando o apenado se encontra em regime semiaberto ou fechado, como no caso. Ressalva de entendimento do Relator (STJ, AgRg no

HC 318.983/SP, Rel. Min. Sebastião Reis Junior, 6ª T., *DJe* 06/05/2015).

Nesse sentido:

STJ, HC 166814/SP, Rel.ª Min.ª Maria Thereza de Assis Moura, 6ª T., *DJe* 28/06/2013.

Conversão das penas restritivas de direitos

Art. 45. Na aplicação da substituição prevista no artigo anterior, proceder-se-á na forma deste e dos arts. 46, 47 e 48.

§ 1º A prestação pecuniária consiste no pagamento em dinheiro à vítima, a seus dependentes ou a entidade pública ou privada com destinação social, de importância fixada pelo juiz, não inferior a 1 (um) salário mínimo nem superior a 360 (trezentos e sessenta) salários mínimos. O valor pago será deduzido do montante de eventual condenação em ação de reparação civil, se coincidentes os beneficiários.

§ 2º No caso do parágrafo anterior, se houver aceitação do beneficiário, a prestação pecuniária pode consistir em prestação de outra natureza.

§ 3º A perda de bens e valores pertencentes aos condenados dar-se-á, ressalvada a legislação especial, em favor do Fundo Penitenciário Nacional, e seu valor terá como teto – o que for maior – o montante do prejuízo causado ou do provento obtido pelo agente ou por terceiro, em consequência da prática do crime.

§ 4º (Vetado)

Conversão das penas restritivas de direitos

A pena restritiva de direitos converte-se em privativa de liberdade quando ocorrer o descumprimento injustificado da restrição imposta. No cálculo da pena privativa de liberdade a executar, será deduzido o tempo cumprido da pena restritiva de direitos, respeitado o saldo mínimo de 30 (trinta) dias de detenção ou reclusão (art. 44, § 4º, do CP).

O § 1º do art. 181 da Lei de Execução Penal determina que a pena de prestação de serviços à comunidade será convertida quando o condenado: *a) não for encontrado por estar em lugar incerto e não sabido, ou desatender à intimação por edital; b) não comparecer, injustificadamente, à entidade ou programa em que deva prestar serviço; c) recusar-se, injustificadamente, a prestar o serviço que lhe foi imposto; d) praticar falta grave; e) sofrer condenação por outro crime à pena privativa de liberdade, cuja execução não tenha sido suspensa.* Ressaltamos que a alínea *e* do § 1º do art. 181 da Lei de Execução Penal foi revogada tacitamente pelo § 5º do art. 44 do Código Penal, que, com a Redação dada pela Lei nº 9.714/98, diz: *Sobrevindo condenação a pena privativa de liberdade, por outro crime, o juiz da execução penal decidirá sobre a conversão, podendo deixar de aplicá-la se for possível ao condenado cumprir a pena substitutiva anterior.*

Pela redação das alíneas, percebe-se que o juiz da execução, mesmo tendo o poder de determinar a conversão da pena restritiva de direitos em privativa de liberdade (art. 66, V, *b*, da LEP), deverá, inicialmente, em caso de não ter sido encontrado o condenado, intimá-lo por edital, sendo que somente após essa formalidade, não respondendo ao chamado da Justiça Penal, é que poderá ser decretada a conversão. A conversão também ocorre na hipótese de não comparecimento à entidade ou programa designado, bem como na recusa da prestação do serviço, desde que não haja justificativa para tanto. Assim, entendemos que, antes de ser levada a efeito a conversão, deverá o juiz da execução designar uma audiência de justificação, a fim de que o condenado nela exponha os motivos pelos quais não está cumprindo o disposto na sentença. A falta grave também se encontra no rol dos motivos que permitem a conversão. O art. 51 da LEP diz que comete falta grave o condenado à pena restritiva de direitos que: *I – descumprir, injustificadamente, a restrição imposta; II – retardar, injustificadamente, o cumprimento da obrigação imposta; III – inobservar os deveres previstos nos incs. II e V do art. 39 desta Lei.* Com relação ao surgimento de nova condenação, devemos analisar se ela deveu-se a crime cometido antes ou depois da substituição da pena privativa de liberdade em restritiva de direitos, uma vez que suas consequências são diversas. Se o crime foi cometido anteriormente à substituição, entendemos que terá aplicação do disposto no § 5º do art. 44 do Código Penal, que diz que *sobrevindo condenação a pena privativa de liberdade, por outro crime, o juiz da execução penal decidirá sobre a conversão, podendo deixar de aplicá-la se for possível ao condenado cumprir a pena substitutiva anterior.* Contudo, se a condenação surgir em virtude de crime cometido durante o cumprimento da pena alternativa, entendemos que esta última deverá ser convertida em pena privativa de liberdade, haja vista que, assim agindo, o condenado demonstrou sua inaptidão ao cumprimento da pena substitutiva.

Entretanto, havendo a conversão da pena restritiva de direitos em privativa de liberdade, não importando o motivo, no cálculo da pena privativa de liberdade a executar será deduzido o tempo cumprido da pena restritiva de direitos, respeitado o saldo mínimo de trinta dias de detenção ou reclusão. Isso quer dizer que o condenado que descumpre as condições que lhe foram impostas para a substituição não perderá o tempo de pena efetivamente cumprido por ele, devendo, contudo, mesmo que a revogação tenha ocorrido nos últimos dias de cumprimento da pena alternativa à prisão, ser recolhido pelo tempo mínimo de trinta dias de detenção ou reclusão. Com essa redação do § 4º do art. 44 do Código Penal não permitiu o legislador que o condenado, já no final de sua pena, deixasse de cumpri-la rigorosamente nos termos que foram determinados na sentença.

Outro ponto que merece ser destacado diz respeito ao cálculo do cumprimento da pena de prestação de serviços à comunidade ou a entidades públicas, para efeitos de conversão. A lei penal diz que a cada hora de serviços prestados pelo condenado será deduzido um dia na sua pena privativa de liberdade. Então, nas penas de prestação de serviços à comunidade ou a entidades públicas, devemos calcular o número de horas trabalhadas que serão deduzidas na proporção de um por um, ou seja, uma hora por um dia de pena, a fim de que possamos aferir o resíduo que será convertido em pena privativa de liberdade, observando-se, sempre, o saldo mínimo de 30 dias de detenção ou reclusão.

⚖ 1. O Tribunal de origem considerou, diante das peculiaridades do caso, que as penas restritivas de direitos impostas pelo Juiz sentenciante (prestação de serviços à comunidade ou a entidades públicas e prestação pecuniária) são as medidas socialmente recomendáveis para a prevenção e reparação do delito de tráfico de drogas, cometido pela paciente. Assim, para desconstituir o entendimento firmado pelo Tribunal estadual e modificar as espécies de penas restritivas de direitos, qual seja, para uma restritiva de direitos e uma de multa, seria necessário o revolvimento do conjunto fático-probatório, o que é inviável nesta via mandamental 2. Registre-se que "não existe direito subjetivo do réu em optar, na substituição da pena privativa de liberdade por restritiva de direitos, se prefere a duas penas restritivas de direito ou uma restritiva de direitos e uma multa" (AgRg no HC 456.224/SC, Rel. Min. Joel Ilan Paciornik, 5ª T., *DJe* 1º/04/2019) 3. Agravo regimental desprovido (AgRg no HC 618.418/SC, Rel. Min. Ribeiro Dantas, 5ª T., julgado em 27/10/2020, *REPDJe* 12/11/2020, *DJe* 03/11/2020).

Nesse sentido:

⚖ STJ, HC 223126/SP, Rel.ª Min.ª Maria Thereza de Assis Moura, 6ª T., *DJe* 26/02/2014.

Prestação pecuniária

A prestação pecuniária, segundo o § 1º do art. 45 do Código Penal, consiste no pagamento em dinheiro à vítima, a seus dependentes ou à entidade pública ou privada, com destinação social, de importância fixada pelo juiz, não inferior a um salário mínimo nem superior a 360 (trezentos e sessenta) salários mínimos. O valor pago será deduzido do montante de eventual condenação em ação de reparação civil, se coincidentes os beneficiários.

⚖ Nos termos do § 1º do art. 45 do Código Penal, a finalidade da prestação pecuniária é reparar o dano causado pela infração penal, motivo pelo qual não precisa guardar correspondência ou ser proporcional à pena privativa de liberdade irrogada ao acusado (ut, HC nº 144.299/PR, Rel. Min. Jorge Mussi, 5ª T., *DJe* 26/09/2011) (STJ, AgRg no AREsp 1.467.117/

PR, Rel. Min. Reynaldo Soares da Fonseca, 5ª T., *DJe* 14/06/2019).

Quando o juiz do processo de conhecimento condena o réu à pena de prestação pecuniária, vários detalhes devem ser observados:

1º) a vítima e seus dependentes têm prioridade no recebimento da prestação pecuniária, não podendo o juiz determinar o seu pagamento à entidade pública ou privada quando houver aqueles;

2º) nas infrações penais onde não haja vítima, a exemplo do delito de associação criminosa (art. 288 do CP), poderá a prestação pecuniária ser dirigida à entidade pública ou privada com destinação social;

3º) a condenação tem seus limites estipulados em, no mínimo, 1 (um) salário mínimo e, no máximo, 360 (trezentos e sessenta) salários;

4º) o valor pago a vítima ou a seus dependentes será deduzido do montante em ação de reparação civil, no caso de serem coincidentes os beneficiários.

Para que a pena privativa de liberdade possa ser substituída pela prestação pecuniária, não há necessidade de ter ocorrido um prejuízo material, podendo ser aplicada nas hipóteses em que a vítima sofra um dano moral.

O § 2º do art. 45 do Código Penal ressalva que, se houver aceitação do beneficiário, a prestação pecuniária pode consistir em *prestação de outra natureza*. O que significa prestação de outra natureza? A Exposição de Motivos da Lei nº 9.714/98 nos fornece dois exemplos do que se pode entender como prestação de outra natureza, e que já vinham sendo praticados anteriormente, principalmente nos juizados especiais, sem que houvesse previsão legal para tanto. São eles: a oferta de mão de obra e a doação de cestas básicas.

⚖ A jurisprudência desta Corte Superior convergiu para o entendimento de que não há impedimento legal ou lógico para que, na fixação dos termos da suspensão condicional do processo, sejam acrescidas outras condições adequadas ao caso concreto, tais como penas restritivas de direitos, prestação de serviços comunitários, o fornecimento de cestas básicas a instituições filantrópicas ou a prestação pecuniária, nos termos do art. 89, § 2º, da Lei nº 9.099/1995 (STJ, RHC 62.798/RS, Rel. Min. Ericson Maranho – Desembargador convocado do TJ-SP, 6ª T., *DJe* 14/12/2015).

Em sentido contrário, já decidiu o TJMG que, por não existir previsão legal, a condenação do agente a dar cestas básicas viola a Constituição (Processo 1.0024.03.982796-9/001[1], Rel. Alexandre Victor de Carvalho, *DJ* 23/06/2006).

Sem a finalidade de limitar o mencionado parágrafo, podemos entender como prestação de outra natureza qualquer prestação que possua um valor econômico, mas que não consista em pagamento em dinheiro. Se, por exemplo, o agente, em vez de pagar à vítima determinada quantia em dinheiro fixada pelo juiz, lhe propuser que receba o seu automóvel como pagamento, se esta aceitar a oferta, estará cumprida a pena. Ou também, na hipótese sugerida pela Exposição de Motivos, pode o condenado, pedreiro profissional, acertar que seu pagamento será feito com trabalho, combinando, prévia e expressamente, o serviço a ser realizado.

A prestação de outra natureza fez com que parte da doutrina entendesse pela sua inconstitucionalidade, sob o argumento de que a Constituição Federal, em face do princípio da legalidade, proíbe as chamadas penas indeterminadas.

Nesse sentido:

📖 TJMG, Processo 1.0000.05.423569-2/000[1], Rel. Eduardo Brum, *DJ* 26/05/2006.

Conversão da pena de prestação pecuniária

📖 1. O Tribunal de origem dispôs quanto à penalidade pecuniária aplicada ao agravante que: a pena de prestação pecuniária deve ser fixada atentando à situação financeira do acusado e, nessa medida, deve ser arbitrada de modo a não torná-lo insolvente; todavia, não pode ser fixada em valor irrisório que sequer seja sentida como sanção. [...] fortes indicativos de que o réu atua em nome de organização criminosa de elevada capacidade financeira. São representativos de tal envolvimento, por exemplo, o elevado valor de mercadorias (eletrônicos, drogas, dentre outros) apreendidas, sonegação de significativa importância nos crimes tributários, pagamento de fiança de alto montante ou, ainda, exercício de atividade empresarial (contemporânea ou não aos fatos e a sentença condenatória). [...] No caso, não há pena de multa, e a prestação pecuniária (2 salários mínimos), dividida pelo número de meses da pena privativa de liberdade aplicada (30 meses), resulta em montante inferior a 30% do salário mínimo vigente. [...] Assim, tendo em conta a renda a ser considerada como auferida pela acusada e os demais critérios balizadores anteriormente expostos, é possível concluir que o arbitramento da pena pecuniária em 2 salários mínimos é necessário e suficiente para a reprovação e prevenção do crime, tampouco se mostra excessivo ou ilegal. Ademais, a mera alegação de ausência de capacidade financeira não desmerece a fixação do *quantum* pelo juízo de primeiro grau (...) (AgRg no REsp 1858996/RS, Rel. Min. Sebastião Reis Júnior, 6ª T., j. 25/08/2020, *DJe* 02/09/2020).

A incapacidade financeira para adimplir a prestação não dá ensejo ao seu abrandamento para valor inferior a um salário mínimo, quantia mínima estabelecida pelo artigo 45, § 1º, do Código Penal (TJSC, AC 2013.043230-0, Rel. Des. Paulo Roberto Sartorato, j. 11/03/2014).

Nesse sentido:

📖 TJMG, Processo 1.0000.06.443651-2/000[1], Rel. Alexandre Victor de Carvalho, *DJ* 24/02/2007; TJMG, Processo 1.0431.03.008577-0/001[1], Rel. Eli Lucas de Mendonça, *DJ* 03/10/2006; TJMG, Processo 1.0000.06.438473-8/000[1], Rel. William Silvestrini, *DJ* 18/08/2006.

Cumulação da prestação pecuniária com a pena de multa

📖 A pena de multa e a prestação pecuniária possuem naturezas jurídicas diversas, logo, não há impeditivo legal para que haja condenação, como *in casu*, consistente em prestação pecuniária substitutiva da pena privativa de liberdade cumulada com a pena de multa, determinada pelo tipo penal. Precedentes (STJ, HC 88.826/DF, Rel.ª Min.ª Laurita Vaz, 5ª T., *DJe* 11/05/2009).

Violência doméstica e familiar contra a mulher

Atendendo ao disposto no § 8º do art. 226 da Constituição Federal, bem como à Convenção sobre a eliminação de todas as formas de discriminação contra as mulheres e a Convenção Interamericana para prevenir, punir e erradicar a violência contra a mulher, foi editada a Lei nº 11.340, de 7 de agosto de 2006, criando mecanismos para coibir a violência doméstica e familiar contra a mulher.

O art. 17 do mencionado estatuto legal limitou a substituição, nos casos de violência doméstica e familiar contra a mulher, da pena privativa de liberdade, dizendo ser *vedada a aplicação, nos casos de violência doméstica e familiar contra a mulher, de penas de cesta básica ou outras de prestação pecuniária, bem como a substituição de pena que implique o pagamento isolado de multa.*

O Superior Tribunal de Justiça publicou no *DJe* de 18 de setembro de 2017 a Súmula nº 588, dizendo:

📖 ***Súmula nº 588:*** A prática de crime ou contravenção penal contra a mulher com violência ou grave ameaça no ambiente doméstico impossibilita a substituição da pena privativa de liberdade por restritiva de direitos.

As Leis nºs 13.505, de 8 de novembro de 2017, e 13.880, de 8 de outubro de 2019, acrescentaram dispositivos à Lei nº 11.340, de 7 de agosto de 2006 (Lei Maria da Penha), dispondo sobre o direito da mulher em situação de violência doméstica e familiar de ter atendimento policial e pericial especializado, ininterrupto e prestado, preferencialmente, por servidores do sexo feminino, além de prever a apreensão de arma de fogo sob posse de agressor em casos de violência doméstica, conforme se verifica pela leitura dos arts. 10-A, 12, VI-A, e 12-A:

Art. 10-A. É direito da mulher em situação de violência doméstica e familiar o atendimento policial e pericial especializado, ininterrupto e prestado por servidores – preferencialmente do sexo feminino – previamente capacitados.

§ 1º A inquirição de mulher em situação de violência doméstica e familiar ou de testemunha de violência doméstica, quando se tratar de crime contra a mulher, obedecerá às seguintes diretrizes:

I – salvaguarda da integridade física, psíquica e emocional da depoente, considerada a sua condição peculiar de pessoa em situação de violência doméstica e familiar;

II – garantia de que, em nenhuma hipótese, a mulher em situação de violência doméstica e familiar, familiares e testemunhas terão contato direto com investigados ou suspeitos e pessoas a eles relacionadas;

III – não revitimização da depoente, evitando sucessivas inquirições sobre o mesmo fato nos âmbitos criminal, cível e administrativo, bem como questionamentos sobre a vida privada.

§ 2º Na inquirição de mulher em situação de violência doméstica e familiar ou de testemunha de delitos de que trata esta Lei, adotar-se-á, preferencialmente, o seguinte procedimento:

I – a inquirição será feita em recinto especialmente projetado para esse fim, o qual conterá os equipamentos próprios e adequados à idade da mulher em situação de violência doméstica e familiar ou testemunha e ao tipo e à gravidade da violência sofrida;

II – quando for o caso, a inquirição será intermediada por profissional especializado em violência doméstica e familiar designado pela autoridade judiciária ou policial;

III – o depoimento será registrado em meio eletrônico ou magnético, devendo a degravação e a mídia integrar o inquérito.

[...]

Art. 12. Em todos os casos de violência doméstica e familiar contra a mulher, feito o registro da ocorrência, deverá a autoridade policial adotar, de imediato, os seguintes procedimentos, sem prejuízo daqueles previstos no Código de Processo Penal:

[...]

VI-A – verificar se o agressor possui registro de porte ou posse de arma de fogo e, na hipótese de existência, juntar aos autos essa informação, bem como notificar a ocorrência à instituição responsável pela concessão do registro ou da emissão do porte, nos termos da Lei nº 10.826, de 22 de dezembro de 2003 (Estatuto do Desarmamento);

[...]

Art. 12-A. Os Estados e o Distrito Federal, na formulação de suas políticas e planos de atendimento à mulher em situação de violência doméstica e familiar, darão prioridade, no âmbito da Polícia Civil, à criação de Delegacias Especializadas de Atendimento à Mulher (Deams), de Núcleos Investigativos de Feminicídio e de equipes especializadas para o atendimento e a investigação das violências graves contra a mulher.

Importante frisar que o inciso I, do § 9º, do art. 25 da Lei 14.133/2021 – Lei de Licitações e Contratos Administrativos, com a finalidade de auxiliar a colocação no mercado de trabalho das mulheres vítimas de violência doméstica, determina que o edital do processo licitatório realizado pela Administração Pública poderá, na forma disposta em regulamento, exigir que percentual mínimo da mão de obra responsável pela execução do objeto da contratação seja constituído por mulheres vítimas de violência doméstica.

Perda de bens e valores

Preconiza o § 3º do art. 45 do Código Penal que a perda de bens e valores pertencentes aos condenados dar-se-á, ressalvada a legislação especial, em favor do Fundo Penitenciário Nacional, e seu valor terá como teto – o que for maior – o montante do prejuízo causado ou do proveito obtido pelo agente ou por terceiro, em consequência da prática do crime.

Os bens de que trata o parágrafo podem ser móveis ou imóveis. Valores são tanto a moeda corrente depositada em conta bancária como todos os papéis que, a exemplo das ações, representam importâncias negociáveis na bolsa de valores.

Ressaltando a diferença existente entre a perda de bens e valores e o confisco previsto no Código Penal, Luiz Flávio Gomes assevera que "só cabe o confisco dos instrumentos do crime (*instrumenta sceleris*) e dos produtos do crime (*producta sceleris)* ou do proveito obtido com ele (CP, art. 91), isto é, bens intrinsecamente antijurídicos; por seu turno, a perda de bens não requer sejam bens frutos de crime (*fructus sceleris*). O que o condenado vai perder são seus bens ou valores legítimos, os que integram seu patrimônio lícito. Nesse caso, portanto, dispensa-se a prova da origem ilícita deles".[49]

Diz o Código Penal que a perda de bens e valores pertencentes aos condenados será em favor do Fundo Penitenciário Nacional, ressalvada a legislação especial. A ressalva diz respeito a outras destinações, indicadas em legislação especial.

A Lei nº 13.964, de 24 de dezembro de 2019, criou uma nova hipótese de perda do produto ou proveito do crime, acrescentando o art. 91-A ao Código Penal, dizendo:

Art. 91-A. Na hipótese de condenação por infrações às quais a lei comine pena máxima superior a 6 (seis) anos de reclusão, poderá ser decretada a perda, como produto ou proveito do crime, dos bens correspondentes à diferença entre o valor do patrimônio do condenado e aquele que seja compatível com o seu rendimento lícito.

§ 1º Para efeito da perda prevista no caput deste artigo, entende-se por patrimônio do condenado todos os bens:

---

[49] GOMES, Luiz Flávio. *Penas e medidas alternativas à prisão*, p. 136.

I – de sua titularidade, ou em relação aos quais ele tenha o domínio e o benefício direto ou indireto, na data da infração penal ou recebidos posteriormente; e

II – transferidos a terceiros a título gratuito ou mediante contraprestação irrisória, a partir do início da atividade criminal.

§ 2º O condenado poderá demonstrar a inexistência da incompatibilidade ou a procedência lícita do patrimônio.

§ 3º A perda prevista neste artigo deverá ser requerida expressamente pelo Ministério Público, por ocasião do oferecimento da denúncia, com indicação da diferença apurada.

§ 4º Na sentença condenatória, o juiz deve declarar o valor da diferença apurada e especificar os bens cuja perda for decretada.

§ 5º Os instrumentos utilizados para a prática de crimes por organizações criminosas e milícias deverão ser declarados perdidos em favor da União ou do Estado, dependendo da Justiça onde tramita a ação penal, ainda que não ponham em perigo a segurança das pessoas, a moral ou a ordem pública, nem ofereçam sério risco de ser utilizados para o cometimento de novos crimes.

Prestação de serviços à comunidade ou a entidades públicas

Art. 46. A prestação de serviços à comunidade ou a entidades públicas é aplicável às condenações superiores a seis meses de privação da liberdade.

§ 1º A prestação de serviços à comunidade ou a entidades públicas consiste na atribuição de tarefas gratuitas ao condenado.

§ 2º A prestação de serviço à comunidade dar-se-á em entidades assistenciais, hospitais, escolas, orfanatos e outros estabelecimentos congêneres, em programas comunitários ou estatais.

§ 3º As tarefas a que se refere o § 1º serão atribuídas conforme as aptidões do condenado, devendo ser cumpridas à razão de uma hora de tarefa por dia de condenação, fixadas de modo a não prejudicar a jornada normal de trabalho.

§ 4º Se a pena substituída for superior a um ano, é facultado ao condenado cumprir a pena substitutiva em menor tempo (art. 55), nunca inferior à metade da pena privativa de liberdade fixada.

Prestação de serviços à comunidade

A prestação de serviços à comunidade ou a entidades públicas consiste na atribuição de tarefas gratuitas ao condenado, que serão por ele levadas a efeito em entidades assistenciais, hospitais, escolas, orfanatos e outros estabelecimentos congêneres, em programas comunitários ou estatais, sendo que as tarefas que lhe serão atribuídas devem ser de acordo com as suas aptidões, devendo ser cumpridas à razão de uma hora de tarefa por dia de condenação, fixadas de modo a

não prejudicar a jornada normal de trabalho (art. 46, §§ 1º, 2º e 3º).

Nos termos do art. 46, § 2º, a pena de prestação de serviço à comunidade dar-se-á em entidades assistenciais, hospitais, escolas, orfanatos e outros estabelecimentos congêneres, em programas comunitários ou estatais. O horário de cumprimento da pena de prestação de serviços à comunidade deverá ser fixado de forma a não prejudicar a atividade profissional do condenado (STJ, HC 17142/PE, Rel. Min. Fernando Gonçalves, 6ª T., *RSTJ* 158, p. 543).

Uma vez concedida a substituição pelo juiz do processo de conhecimento, transitada em julgado a sentença penal condenatória, os autos serão remetidos ao juízo da execução para, nos termos do art. 149 da Lei de Execução Penal: *I – designar a entidade ou programa comunitário ou estatal, devidamente credenciado ou convencionado, junto ao qual o condenado deverá trabalhar gratuitamente, de acordo com as suas aptidões; II – determinar a intimação do condenado, cientificando-o da entidade, dias e horários em que deverá cumprir a pena; III – alterar a forma de execução, a fim de ajustá-las às modificações ocorridas na jornada de trabalho.*

Compete ao Juízo da Execução Penal fixar os dias e o horário de cumprimento da pena de prestação de serviços à comunidade e zelar pela sua duração até metade da pena privativa de liberdade, nos termos dos arts. 149, II, da LEP, e 46, § 4º, do CP. Ausente qualquer justificativa ou prévia autorização com acordo de compensação para cumprimento da prestação de serviços à comunidade em quantidade de horas superiores àquelas estipuladas por mês em audiência, inexiste ilegalidade na desconsideração do tempo excedido (STJ, REsp 1.599.455/PR, Rel. Min. Joel Ilan Paciornik, 5ª T., *DJe* 13/05/2019).

Nesse sentido:

TJ-MG, AC 0200657-36.2011.8.13.0518, Rel. Alexandre Victor de Carvalho, *DJe* 07/03/2016.

Com a nova redação dada pela Lei nº 9.714/98, o § 3º do art. 46 do Código Penal revogou tacitamente o § 1º do art. 149 da LEP, devendo o condenado, agora, conforme suas aptidões, cumprir as tarefas a que se refere o § 1º do art. 46 do Código Penal à razão de 1 (uma) hora de tarefa por dia de condenação, fixada de modo a não prejudicar a jornada normal de trabalho.

Embora o § 3º do art. 46 do Código Penal diga que as tarefas terão a duração diária de 1 (uma) hora, de modo a não prejudicar a jornada normal de trabalho, podemos entender esse tempo como o mínimo exigido do condenado, uma vez que, se por sua vontade, tiver o interesse de abreviar a execução de sua pena, assim poderá fazê-lo, haja vista que o § 4º do art. 46 do Código Penal diz que, *se a pena substituída for superior a 1 (um) ano, é facultado ao condenado cumprir a pena substitutiva em menor tempo (art. 55), nunca inferior à ½ (metade) da pena privativa de liberdade fixada.*

A execução terá início a partir da data do primeiro comparecimento (art. 149, § 2º, da LEP), devendo a entidade beneficiada com a prestação de serviços encaminhar ao juiz da execução relatório circunstanciado das atividades do condenado, bem como, a qualquer tempo, comunicação sobre ausência ou falta disciplinar (art. 150 da LEP).

A prestação de serviços à comunidade ou a entidades públicas somente será aplicada às condenações superiores a seis meses de privação da liberdade (art. 46, *caput*, do CP), sendo que, até seis meses, poderão ser aplicadas as penas substitutivas previstas nos incs. I (prestação pecuniária), II (perda de bens e valores), V (interdição temporária de direitos) e VI (limitação de fim de semana) do art. 43 do Código Penal, além da multa.

⚖ Nos termos do art. 46 do Código Penal, a pena restritiva de direitos consistente na prestação de serviços à comunidade é aplicável apenas às condenações superiores a 6 (seis) meses de privação de liberdade (Precedentes) (STJ, HC 332.732/SP, Rel. Min. Felix Fischer, 5ª T., *DJe* 15/12/2015).

Essa regra foi excepcionada no que diz respeito ao delito de consumo de drogas, previsto pelo art. 28 da Lei nº 11.343/2006, em que se poderá aplicar a pena de prestação de serviços à comunidade pelo prazo máximo de 5 (cinco) meses, ou 10 (dez) meses havendo reincidência (art. 28, §§ 3º e 4º). No mais, conforme adverte Guilherme de Souza Nucci, poderá ser aplicado o Código Penal, sendo que o "condenado a cumprirá à razão de uma hora-tarefa por dia de condenação, num total de sete horas por semana, ajustando-se a maneira de executá-la de acordo com a conveniência do trabalho regular do condenado (art. 46, § 3º, do CP). Não poderá haver antecipação, afinal, esta somente é permitida quando a pena atinge patamar superior a um ano (art. 46, § 4º, do CP), o que não é o caso da Lei nº 11.343/2006".[50]

⚖ Não se aplica à pena de multa o disposto no art. 46, § 4º, do Estatuto Repressor, o qual diz respeito, exclusivamente, à pena restritiva de direitos referente à prestação de serviços à comunidade ou a entidades públicas (STJ, HC 33831/PE, Rel. Min. Gilson Dipp, 5ª T., *DJ* 02/08/2004, p. 455).

Interdição temporária de direitos

Art. 47. As penas de interdição temporária de direitos são:

I – proibição do exercício de cargo, função ou atividade pública, bem como de mandato eletivo;

II – proibição do exercício de profissão, atividade ou ofício que dependam de habilitação especial, de licença ou de autorização do poder público;

III – suspensão de autorização ou de habilitação para dirigir veículo;

IV – proibição de frequentar determinados lugares;

V – proibição de inscrever-se em concurso, avaliação ou exame públicos.

Proibição do exercício de cargo, função ou atividade pública, bem como mandato eletivo

A proibição de exercício de cargo, função ou atividade pública, bem como de mandato eletivo, tem caráter temporário, razão pela qual não se confunde com o previsto no inc. I do art. 92 do Código Penal, que diz ser efeito da condenação a perda do cargo, função pública ou mandato eletivo quando aplicada pena privativa de liberdade por tempo igual ou superior a um ano, nos crimes praticados com abuso de poder ou violação de dever para com a Administração Pública ou quando for aplicada pena privativa de liberdade por tempo superior a quatro anos nos demais casos.

Diz o § 1º do art. 154 da Lei de Execução Penal que, na hipótese de pena de interdição do art. 47, I, do Código Penal, a autoridade deverá, em 24 horas, contadas do recebimento do ofício expedido pelo juiz da execução determinando a suspensão temporária do exercício de cargo, função ou atividade pública, bem como mandato eletivo, baixar ato, a partir do qual a execução terá início.

⚖ (...) Os efeitos secundários da condenação não se confundem com as penas restritivas de direito, sobretudo com a de interdição temporária de direitos, pois são reflexos extrapenais mediatos da condenação e de duração permanente, podendo ser impostos de forma fundamentada na sentença aos condenados por crimes cometidos com abuso de poder ou violação de dever com a Administração à pena igual ou superior a um ano (art. 92, I, "a", do CP). Na presente hipótese, o crime de peculato-desvio (art. 312, *caput*, segunda figura, do CP), cometido pelos réus, é crime cuja prática ofende o dever de fidelidade do funcionário público com a Administração, sobretudo em razão das responsabilidades que o cargo público de Conselheiro de Tribunal de Contas deveria observar no controle das despesas públicas, e a pena que lhes foi imposta tem duração superior a um ano, o que autoriza a decretação da perda do cargo público até então ocupado (APn 702/AP, Rel. Min. Nancy Andrighi, Corte Especial, julgado em 03/08/2020, *DJe* 14/08/2020).

Proibição do exercício de profissão, atividade ou ofício que dependam de habilitação especial, de licença ou de autorização do Poder Público

Nas precisas lições de Alberto Silva Franco, "é evidente o dúplice caráter, retributivo e preventivo, da

---

[50] NUCCI, Guilherme de Souza. *Leis penais e processuais penais comentadas*, p. 758.

pena em questão. De um lado, a proibição do exercício possui uma conotação significativamente aflitiva, pois recai sobre o trabalho do condenado, atingindo-o em seu normal meio de vida. De outro, tem um aspecto nitidamente preventivo na medida em que impede que a atividade lícita, reconhecida pelo Estado, seja destinada a distorções criminosas. A proibição do exercício não tem, no entanto, um alcance indiscriminado: refere-se, como é lógico, a uma determinada profissão, atividade ou ofício, deixando campo livre à atração do condenado fora dessa área específica. Do contrário, equivaleria a uma verdadeira condenação à fome".[51]

Na hipótese, por exemplo, de um médico ter sido condenado por ter, no exercício de suas atividades profissionais, culposamente causado a morte de um paciente, mesmo que o Conselho Regional de Medicina entenda por bem aplicar-lhe uma sanção, poderá o juiz do processo de conhecimento, substituindo a pena privativa de liberdade, condenar-lhe a essa pena de interdição temporária de direitos, proibindo-lhe de, pelo tempo da pena privativa de liberdade aplicada, exercer sua profissão. Nesse caso, conforme o § 2º do art. 154 da Lei de Execução Penal, o Juízo da Execução determinará a apreensão dos documentos que autorizam o exercício do direito do interditado que, nesse caso, será a sua carteira de médico.

A interdição temporária de direitos tem expressa previsão legal, como pena alternativa, abrangendo a proibição de exercício de profissão, atividade ou ofício dependentes de autorização do poder público, licença ou habilitação, ao teor dos arts. 43, inc. V, c.c. 47, inc. II, todos do Código Penal. É firme a jurisprudência do Superior Tribunal de Justiça no sentido de que, tendo um dado crime sido cometido no exercício de determinada profissão, não é desarrazoada a substituição da pena privativa de liberdade pela suspensão da referida atividade profissional, durante o mesmo prazo da condenação (STJ, HC 354.657/AC, Rel. Min. Felix Fischer, 5ª T., DJe 29/09/2016).

Suspensão de autorização ou de habilitação para dirigir veículo

A suspensão de autorização ou de habilitação para dirigir veículo somente será cabível, como substituição à pena privativa de liberdade aplicada, quando a infração penal cometida pelo condenado for de natureza culposa e relacionada com a condução de veículo automotor, uma vez que, se o crime tiver sido doloso e se o agente tiver utilizado seu veículo como instrumento para o cometimento do delito, não terá aplicação tal modalidade de interdição temporária de direitos. Nesse caso, poderá ser determinada como

efeito da condenação a inabilitação para dirigir veículo, nos termos do inc. III do art. 92 do Código Penal.

Se a pena privativa de liberdade, fixada de maneira isolada, foi substituída por duas penas restritivas de direitos, sendo uma delas a descrita no inc. III do art. 47 do Código Penal – interdição temporária de direitos consistente na suspensão da habilitação para dirigir veículo automotor – deve-se aplicar a regra do art. 55 do Código Penal, segundo a qual as penas restritivas de direitos terão a mesma duração da pena privativa de liberdade substituída (REsp 495402/AC, 5ª T., Rel. Min. Gilson Dipp, DJU 22/9/2003) (STJ, REsp 970.994/PR, Rel. Min. Felix Fischer, 5ª T., DJe 03/11/2008).

Salienta Luiz Regis Prado que, "por óbvio, a suspensão de autorização ou de habilitação para dirigir veículo não poderá substituir a pena privativa de liberdade no caso de o agente não possuir autorização ou habilitação quando da prática delituosa, ou mesmo na hipótese da obtenção ocorrer até a prolação da sentença".[52]

Proibição de frequentar determinados lugares

A substituição da pena privativa de liberdade pela proibição de frequentar determinados lugares vem recebendo severas críticas de nossos doutrinadores, principalmente pela quase total impossibilidade de fiscalização do seu cumprimento pelo condenado.

Conforme preleciona Guilherme de Souza Nucci, "a proibição de frequentar determinados lugares é uma condição imposta no contexto de outras penas ou benefícios da execução penal ou de leis especiais, como o livramento condicional (art. 132, § 2º, c, da Lei de Execução Penal), o regime aberto (art. 115 da Lei de Execução Penal, como condição geral), a suspensão condicional do processo (art. 89, § 1º, II, da Lei nº 9.099/95). Ainda assim é quase impossível a sua devida fiscalização, podendo-se, eventualmente e de maneira casual, apenas descobrir que o condenado ou réu vem frequentando lugares proibidos, como botequins ou zonas de prostituição. Estabelecer tal proibição, como pena restritiva de direitos autônoma e substitutiva da privativa de liberdade, com a devida vênia, foi um arroubo".[53]

Proibição de inscrever-se em concurso, avaliação ou exame públicos

A Lei nº 12.550, de 15 de dezembro de 2011, fez a previsão de mais uma interdição temporária de direitos, vale dizer, a proibição de inscrever-se em concurso, avaliação ou exame públicos, inserindo o inc. V no art. 47 do Código Penal.

[51] SILVA FRANCO, Alberto. *Código Penal e sua interpretação jurisprudencial* – parte geral, v. 1, t. I, p. 811-812.
[52] PRADO, Luiz Regis. *Comentários ao código penal*, p. 227-228.
[53] NUCCI, Guilherme de Souza. *Código penal comentado*, p. 162.

Para que a mencionada interdição temporária de direitos venha a ser aplicada, deverá ter alguma ligação a infrações penais que digam respeito a fatos que, de alguma forma, traduzam a finalidade do agente de beneficiar-se, *v.g.*, fraudulentamente, com sua aprovação em concurso, avaliação ou exame públicos.

Assim, por exemplo, imagine-se a hipótese em que o agente seja surpreendido portando e utilizando, antecipadamente, o gabarito das questões que seriam solicitadas em determinado concurso, fornecidas, indevidamente, por algum servidor público inescrupuloso ou mesmo adquirido por ele mediante algum outro meio ilegal. Nesse caso, o candidato que estava participando do certame poderá ser condenado à prática do crime de *fraudes em certames de interesse público,* previsto pelo art. 311-A, do Código Penal, com a redação que lhe foi conferida pela Lei nº 12.550, de 15 de dezembro de 2011, abrindo-se a possibilidade, presentes os demais requisitos legais, de substituição da pena privativa de liberdade pela interdição temporária de direitos relativa à proibição de inscrever-se em concurso, avaliação ou exame públicos.

⚖️ 1. Como regra geral, a simples existência de inquéritos ou processos penais em curso não autoriza a eliminação de candidatos em concursos públicos, o que pressupõe: (i) condenação por órgão colegiado ou definitiva; e (ii) relação de incompatibilidade entre a natureza do crime em questão e as atribuições do cargo concretamente pretendido, a ser demonstrada de forma motivada por decisão da autoridade competente. 2. A lei pode instituir requisitos mais rigorosos para determinados cargos, em razão da relevância das atribuições envolvidas, como é o caso, por exemplo, das carreiras da magistratura, das funções essenciais à justiça e da segurança pública (CRFB/1988, art. 144), sendo vedada, em qualquer caso, a valoração negativa de simples processo em andamento, salvo situações excepcionalíssimas e de indiscutível gravidade (STF, RE 560.900/DF, Rel. Min. Roberto Barroso, *DJE* 17/08/2020).

Limitação de fim de semana

Art. 48. A limitação de fim de semana consiste na obrigação de permanecer, aos sábados e domingos, por 5 (cinco) horas diárias, em casa de albergado ou outro estabelecimento adequado.

Parágrafo único. Durante a permanência poderão ser ministrados ao condenado cursos e palestras ou atribuídas atividades educativas.

Limitação de fim de semana

Conforme o art. 48 do Código Penal, a limitação de fim de semana consiste na obrigação de permanecer, aos sábados e domingos, por cinco horas diárias, em casa de albergado ou outro estabelecimento adequado. Caberá ao juiz da execução determinar a intimação do condenado, cientificando-o do local, dias e horários em que deverá cumprir a pena (art. 151 da LEP), sendo que a execução terá início a partir da data do primeiro comparecimento (art. 151, parágrafo único, da LEP).

Durante a permanência poderão ser ministrados ao condenado cursos e palestras ou atribuídas atividades educativas (art. 48, parágrafo único, do CP e art. 152 da LEP).

O estabelecimento designado encaminhará, mensalmente, ao juiz da execução relatório, bem assim comunicará, a qualquer tempo, a ausência ou falta disciplinar do condenado.

⚖️ Nas situações em que não houver casa de albergado na localidade, esta Corte já entendeu que o cumprimento da pena de limitação de fim de semana deve se dar em outro estabelecimento adequado ou em regime domiciliar. Precedentes (STJ, REsp 1.716.888/GO, Rel. Min. Jorge Mussi, 5ª T., *DJe* 25/05/2018).

Nesse sentido:

⚖️ STJ, AgRg no AREsp 678.653/MG, Rel. Min. Jorge Mussi, 5ª T., *DJe* 10/05/2017; STJ, RHC 67.949/MG, Rel. Min. Nefi Cordeiro, 6ª T., *DJe* 16/06/2016; STJ, RHC 26714/MG, Rel. Min. Arnaldo Esteves Lima, 5ª T., *DJe* 17/05/2010; STJ, HC 60.919/DF, Rel. Min. Gilson Dipp, 5ª T., *DJ* 30/10/2006, p. 361.

Seção III – Da Pena de Multa

Multa

Art. 49. A pena de multa consiste no pagamento ao fundo penitenciário da quantia fixada na sentença e calculada em dias-multa. Será, no mínimo, de 10 (dez) e, no máximo, de 360 (trezentos e sessenta) dias-multa.

§ 1º O valor do dia-multa será fixado pelo juiz não podendo ser inferior a um trigésimo do maior salário mínimo mensal vigente ao tempo do fato, nem superior a 5 (cinco) vezes esse salário.

§ 2º O valor da multa será atualizado, quando da execução, pelos índices de correção monetária.

Pena de multa

A multa é uma das três modalidades de pena cominadas pelo Código Penal e consiste no pagamento ao fundo penitenciário da quantia fixada na sentença e calculada em dias-multa.

Possui natureza personalíssima, isto é, seu pagamento não poderá ser exigido dos herdeiros do condenado caso este venha a falecer. Nesse sentido, afirma

Luiz Regis Prado que "a multa, em matéria penal, é rigorosamente pessoal, não se transmitindo aos herdeiros do réu ou a terceiros, pois a ideia de pena, que também subsiste na pena de multa, reproduz nela a condição da personalidade".[54]

⚖ A multa, incluída no preceito secundário do tipo, nada mais é do que decorrência legal da condenação, descabendo ao magistrado excluí-la. Saliente-se, ainda, que sua aplicação não implica, de per si, infringência ao princípio da intranscendência, segundo o qual a pena imposta ao acusado não passará da sua pessoa. Apelo improvido (TJRS, AC nº 70046560421, Rel. Des. Marco Antônio Ribeiro de Oliveira, j. 21/03/2012).

Sistema de dias-multa

Com a reforma ocorrida na Parte Geral do Código Penal por intermédio da Lei nº 7.209, de 11 de julho de 1984, houve substancial modificação no que diz respeito à cominação da pena de multa nos tipos penais incriminadores. Antes da reforma, os preceitos secundários desses tipos penais especificavam os valores correspondentes à pena de multa, o que fazia com que, em pouco tempo, em virtude da inflação que sempre dominou o País, sua aplicação caísse no vazio. A substituição do valor da multa consignado em moeda corrente para o sistema de dias-multa permite que sua aplicação seja sempre atual, como veremos a seguir.

Assim, com a finalidade de adaptar a legislação penal ao novo sistema de dias-multa, o art. 2º da Lei nº 7.209/84 determinou: *São canceladas, na Parte Especial do Código Penal e nas leis especiais alcançadas pelo art. 12 do Código Penal, quaisquer referências a valores de multas, substituindo-se a expressão* multa de *por* multa. Dessa forma, caso encontremos na legislação penal em vigor qualquer indicação a valores correspondentes à pena de multa, devemos desconsiderá-los e entendê-los, simplesmente, como referência à pena de multa, que será calculada de acordo com o sistema de dias-multa.

A pena de multa será, no mínimo, de 10 e, no máximo, de 360 dias-multa. O valor do dia-multa será fixado pelo juiz, não podendo ser inferior a um trigésimo do valor do maior salário-mínimo mensal vigente à época do fato, nem superior a cinco vezes esse salário (art. 49, § 1º, do CP). Na fixação da pena de multa, o juiz deve atender, principalmente, à situação econômica do réu, podendo seu valor ser aumentado até o triplo se o juiz considerar que é ineficaz, embora aplicada no máximo (art. 60 e § 1º do CP). O valor da multa será atualizado, quando da execução, pelos índices de correção monetária (art. 49, § 2º, do CP).

⚖ (...) 6. É firme a jurisprudência desta Corte Superior no sentido de que "a quantidade de dias-multa deve guardar correspondência à sanção corporal aplicada. Afigura-se desproporcional o aumento do

número de dias-multa em patamar superior àquele efetivado para a sanção privativa de liberdade, devendo ser reconhecida a manifesta ilegalidade, que reclama a concessão de habeas corpus de ofício, operando-se o seu redimensionamento" (AgRg no AREsp 900.438/RS, Rel. Min. Jorge Mussi, Quinta Turma, julgado em 06/02/2018, *DJe* 19/02/2018). 7. Na espécie, fixada a pena-base em 4 (quatro) anos e 9 (nove) meses de reclusão, para o delito de roubo previsto no art. 157, caput, do CP, revela-se desproporcional, diante dos limites mínimo e máximo previstos no art. 49, do CP, a pena de multa fixada em 350 (trezentos e cinquenta) dias-multa, devendo ser redimensionada (...) (AgRg no AREsp 1688698/TO, Rel. Min. Reynaldo Soares da Fonseca, 5ª T., julgado em 16/06/2020, *DJe* 23/06/2020).

Nesse sentido:

⚖ STJ, REsp 896171/SC, Rel. Min. Felix Fischer, 5ª T., *DJ* 04/06/2007, p. 424; STJ, HC 47006/PE, Rel. Min. Gilson Dipp, 5ª T., *DJ* 08/05/2006 p. 245.

Fixação da pena de multa

⚖ A pena de multa deve ser fixada em duas fases. Na primeira, fixa-se o número de dias-multa, considerando-se as circunstâncias judiciais (art. 59 do CP). Na segunda, determina-se o valor de cada dia-multa, levando-se em conta a situação econômica do réu (STJ, HC 132.351/DF, Rel. Min. Felix Fischer, 5ª T., *DJe* 05/10/2009).

Nesse sentido:

⚖ STJ, HC 49463/RJ, Rel. Min. Gilson Dipp, 5ª T., *DJ* 10/04/2006, p. 256; STJ, HC 56150/RS, Rel. Min. Gilson Dipp, 5ª T., *DJ* 09/10/2006, p. 324.

Pena de multa na Lei nº 11.343/2006

Fugindo à regra constante no art. 49 do Código Penal, que determinou que o número de dias-multa variaria entre 10 (dez) a 360 (trezentos e sessenta), a Lei nº 11.343/2006, nas infrações penais tipificadas nos arts. 33 a 39, consignou, em seu preceito secundário, um número de dias-multa muito superior àquele fixado pelo Código Penal.

A título de exemplo, o art. 33 da Lei Antidrogas comina uma pena de reclusão de 5 (cinco) a 15 (quinze) anos e pagamento de 500 (quinhentos) a 1.500 (mil e quinhentos) dias-multa. O valor de cada dia-multa, nos termos preconizados pelo art. 43 do mencionado diploma legal, será determinado de acordo com as condições econômicas do acusado, não podendo ser inferior a um trinta avos e nem superior a 5 (cinco) vezes o maior salário-mínimo. No entanto, na hipótese de concurso de crimes, determina o parágrafo único do referido art. 43 que as multas serão impostas sempre cumulativamente, podendo ser aumentadas até o

---

[54] PRADO, Luiz Regis. *Comentários ao código penal*, p. 232.

décuplo se, em virtude da situação econômica do acusado, o juiz as considerar ineficazes, ainda que aplicadas no máximo.

Merecem registro as observações de Alexandre Bizzotto e Andréia de Brito Rodrigues quando esclarecem que "em todas as situações que envolvam a operação de dosimetria de pena, seja de pena privativa de liberdade ou de pena de multa, devem ser explicitamente demonstradas em dados objetivos contidos nos autos".[55]

Situação econômica do réu e isenção do pagamento da multa

⚖ Esta Corte Superior firmou o entendimento de que não é viável a isenção da pena de multa imposta ao acusado, sob o argumento de que não teria condições econômico-financeiras de efetuar o seu pagamento, uma vez que tal pleito não possui previsão no ordenamento jurídico (STJ, HC 295.958/RS, Rel. Min. Ribeiro Dantas, 5ª T., *DJe* 03/08/2016).

Nesse sentido:

⚖ STF, EP 12 ProgReg-AgR/DF, Rel. Min. Roberto Barroso, Plenário, *DJe* 11/06/2015; STJ, REsp 717.403/RS, Rel. Min. Hamilton Carvalhido, 6ª T., *DJe* 04/08/2008.

Pagamento da multa
Art. 50. A multa deve ser paga dentro de 10 (dez) dias depois de transitada em julgado a sentença. A requerimento do condenado e conforme as circunstâncias, o juiz pode permitir que o pagamento se realize em parcelas mensais.
§ 1º A cobrança da multa pode efetuar-se mediante desconto no vencimento ou salário do condenado quando:
a) aplicada isoladamente;
b) aplicada cumulativamente com pena restritiva de direitos;
c) concedida a suspensão condicional da pena.
§ 2º O desconto não deve incidir sobre os recursos indispensáveis ao sustento do condenado e de sua família.

Pagamento da pena de multa

Uma vez transitada em julgado a sentença penal condenatória, a multa deverá ser paga dentro de dez dias. A requerimento do condenado e conforme as circunstâncias, o juiz pode permitir que o pagamento se realize em parcelas mensais (art. 50 do CP). O juiz, antes de decidir, poderá determinar diligências para verificar a real situação econômica do condenado e, ouvido o Ministério Público, fixará o número de prestações (art. 169, § 1º, da LEP). A cobrança da multa pode efetuar-se mediante o desconto no vencimento ou no salário do condenado quando: *a)* apli-

cada isoladamente; *b)* aplicada cumulativamente com pena restritiva de direitos; *c)* concedida a suspensão condicional da pena. O desconto não deve incidir sobre os recursos indispensáveis ao sustento do condenado e de sua família (art. 50, §§ 1º e 2º, do CP).

Caso não haja o pagamento do valor correspondente à pena de multa no prazo de dez dias e não tendo o condenado solicitado o seu parcelamento, deverá ser extraída certidão da sentença condenatória com trânsito em julgado, que valerá como título executivo judicial, para fins de execução.

Conversão da Multa e revogação
Art. 51. Transitada em julgado a sentença condenatória, a multa será executada perante o juiz da execução penal e será considerada dívida de valor, aplicáveis as normas relativas à dívida ativa da Fazenda Pública, inclusive no que concerne às causas interruptivas e suspensivas da prescrição.
§ 1º (Revogado).
§ 2º (Revogado).

Execução da pena de multa

O art. 51 do Código Penal, modificado inicialmente pela Lei nº 9.268, de 1º de abril de 1996, com redação atual dada pela Lei nº 13.964, de 24 de dezembro de 2019, diz:
Art. 51. Transitada em julgado a sentença condenatória, a multa será executada perante o juiz da execução penal e será considerada dívida de valor, aplicáveis as normas relativas à dívida ativa da Fazenda Pública, inclusive no que concerne às causas interruptivas e suspensivas da prescrição.

A referida Lei nº 9.268/96 revogou, ainda, os parágrafos do art. 51 do Código Penal, que diziam respeito ao modo de conversão e à revogação da conversão da pena de multa. Naquela época, na conversão da pena de multa em pena privativa de liberdade, cada dia-multa correspondia a um dia de detenção, não podendo ser superior a um ano. Mesmo depois de convertida em pena privativa de liberdade, se houvesse o pagamento da pena de multa a conversão ficava sem efeito.

Essa impossibilidade de conversão da pena de multa em pena privativa de liberdade veio em boa hora. Todos nós conhecemos o drama do sistema carcerário. Cadeias superlotadas servem como penitenciárias. As penitenciárias já não têm vagas suficientes para abrigar uma demanda enorme de condenados. Todos os dias, praticamente, os meios de comunicação divulgam uma rebelião de presos em alguma parte do País.

Na verdade, as modificações trazidas pela Lei nº 9.268/98 vieram resolver dois problemas que atormentavam os penalistas.

[55] BIZZOTTO, Alexandre; RODRIGUES, Andréia de Brito. *Nova lei de drogas*, p. 101.

O primeiro era que a conversão da pena de multa em pena privativa de liberdade contribuía tão somente para agravar o problema da "superlotação" do sistema carcerário, fazendo, ainda, com que os condenados que haviam cometido infrações penais "leves" viessem a dividir o mesmo espaço físico com aqueles outros condenados a infrações penais graves. O cumprimento da pena acabava se transformando numa "Escola do Crime." A revolta pela conversão da pena de multa, conjugada com o convívio com presos perigosos e contumazes na prática de crimes, acabava deturpando a personalidade do condenado, e quando ele era posto em liberdade colocava em prática tudo aquilo de ruim que havia aprendido dentro do sistema prisional.

O segundo ponto que merece destaque diz respeito ao fato de que somente os condenados pobres, que não tinham condição de pagar a pena de multa, é que viam suas penas convertidas. Dissemos, linhas atrás, que existe uma certa dificuldade na aplicação da pena de multa por parte de alguns julgadores. O fato de não saber lidar corretamente com a aplicação da pena de multa fazia com que, no caso concreto, as sensações de impunidade e injustiça se misturassem. Inúmeras vezes tivemos contato com sentenças que, independentemente da análise do art. 68 do Código Penal, bem como da capacidade econômica do réu, aplicavam a multa em seu mínimo legal, ou seja, dez dias-multa, à razão de um trigésimo do valor do salário-mínimo vigente à época dos fatos, corrigidos monetariamente. Traduzindo em valores aproximados de hoje, somente a título de exemplo, o condenado à pena de multa teria de recolher a importância de R$ 350,00 (trezentos e cinquenta reais). Indagamos o seguinte: Será que alguém, de classe média ou média alta, deixaria de recolher R$ 350,00 (trezentos e cinquenta reais) para que não sofresse o constrangimento de se ver recolhido por dez dias numa cadeia pública ou em qualquer outro estabelecimento prisional, dormindo juntamente com presos perigosos, que tentarão violentá-lo durante as madrugadas, tendo, ainda, de se alimentar com uma "quentinha" de péssima qualidade? Obviamente que a resposta é negativa. Com certeza absoluta, o homem de classe média conseguiria efetuar o pagamento da pena de multa, a fim de não vê-la convertida em privativa de liberdade. Agora, indagamos: Será que aquele trabalhador que mora na favela, pai de seis filhos, que paga aluguel e que ganha um salário-mínimo por mês, teria condições de pagar a pena de multa que lhe fora aplicada no valor de R$ 350,00 (trezentos e cinquenta reais), ou seja, equivalente a um terço daquilo que recebe mensalmente? Aqui, a resposta negativa tem outro sentido. No primeiro exemplo, o condenado de classe média ou média alta jamais deixaria de pagar a pena de multa nesse valor; do outro lado, o trabalhador assalariado não teria condições de recolhê-la, sob

pena de deixar de levar o necessário alimento para a sua casa.

Como se percebe pelo exemplo fornecido, mais uma vez, o pobre era preso e o condenado das classes média e alta permanecia solto. E não adianta argumentar que o condenado insolvente não podia ter a sua pena de multa convertida em pena privativa de liberdade, porque sabemos que, na prática, não era assim que as coisas funcionavam. Os promotores de Justiça, em sua maioria, em vez de atentarem para o processo de execução previsto na Lei de Execução Penal (art. 164), depois de terem sido cientificados pela certidão do escrivão que o prazo para o pagamento da pena de multa pelo condenado havia decorrido sem o devido recolhimento, solicitavam, pura e simplesmente, a sua conversão, sendo que os juízes, também, em sua maioria, num despacho de duas linhas, atendiam ao pedido do Ministério Público e determinavam a expedição de mandado de prisão.

Hoje, com a nova redação dada ao art. 51, já não se pode falar em conversão da pena de multa em privação de liberdade. A multa, embora de natureza penal, é considerada dívida de valor, devendo ser aplicada na sua cobrança as normas relativas à dívida ativa da Fazenda Pública, ou seja, a Lei de Execução Fiscal, inclusive no que concerne às causas interruptivas e suspensivas da prescrição.

Vale registrar, ainda, que o STF, na ADIn 7.032, por unanimidade, na sessão virtual de 5 de março de 2024 a 22 março de 2024, deu parcial provimento ao pedido, para conferir ao art. 51 do Código Penal interpretação no sentido de que, cominada conjuntamente com a pena privativa de liberdade, a pena de multa obsta o reconhecimento da extinção da punibilidade, salvo na situação de comprovada impossibilidade de seu pagamento pelo apenado, ainda que de forma parcelada, acrescentando, ainda, a possibilidade de o juiz de execução extinguir a punibilidade do apenado, no momento oportuno, concluindo essa impossibilidade de pagamento por meio de elementos comprobatórios constantes dos autos, nos termos do voto do Relator, Min. Flávio Dino.

Competência para a execução da pena de multa

Como a nova redação inicialmente dada ao art. 51 do Código Penal pela Lei nº 9.268/1996, embora considerasse a multa como dívida de valor e determinasse que a sua cobrança obedeceria às normas da legislação relativa à dívida ativa da Fazenda Pública, não fizesse menção a quem seria o legitimado a propor a referida execução, bem como a Vara competente para processá-la, surgiu a dúvida se seria, ainda, o Ministério Público, na Vara de Execuções Penais, ou o Procurador da Fazenda, numa das Varas de Fazenda Pública Estadual. Assim, portanto, duas correntes se formaram.

Hoje, com a atual redação dada ao art. 51 do Código Penal pela Lei nº 13.964, de 24 de dezembro de 2019, a discussão perdeu completamente o sentido, haja vista que o referido artigo menciona, expressamente, que a multa será executada perante o juiz da execução penal.

Assim, o legitimado ativo para propor a ação de execução da pena de multa será o órgão de execução do Ministério Público, com atribuições nessa área, sendo competente o juiz da execução penal, aplicáveis as normas relativas à dívida ativa da Fazenda Pública, inclusive no que concerne às causas interruptivas e suspensivas da prescrição.

⚖ (i) O Ministério Público é o órgão legitimado para promover a execução da pena de multa, perante a Vara de Execução Criminal, observado o procedimento descrito pelos artigos 164 e seguintes da Lei de Execução Penal; (ii) Caso o titular da ação penal, devidamente intimado, não proponha a execução da multa no prazo de 90 (noventa) dias, o Juiz da execução criminal dará ciência do feito ao órgão competente da Fazenda Pública (Federal ou Estadual, conforme o caso) para a respectiva cobrança na própria Vara de Execução Fiscal, com a observância do rito da Lei 6.830/1980 (STF, ADI 3.150/DF, Rel. Min. Marco Aurélio, Rel. Ac. Roberto Barroso, *DJe* 06/08/2019).

Execução da multa e ameaça ao direito de liberdade

⚖ A inadequação da pena de multa não tem o condão, por si só, de caracterizar ofensa ou ameaça a sua liberdade de locomoção, razão pela qual não é cabível o manejo do *habeas corpus*, uma vez que, caso descumprida, não poderá ser convertida em pena privativa de liberdade, nos termos do art. 51 do Código Penal. Inteligência do Enunciado nº 693 da Súmula do Supremo Tribunal Federal (STJ, AgRg

no HC 339.182/RJ, Rel. Min. Jorge Mussi, 5ª T., *DJe* 30/03/2016).

Nesse sentido:

⚖ STJ, HC 145197/SP, Rel. Min. Felix Fischer, 5ª T., *DJe* 03/05/2010.

Suspensão da execução da multa
Art. 52. É suspensa a execução da pena de multa, se sobrevém ao condenado doença mental.

Suspensão da execução da multa

Vide art. 167 da Lei de Execução Penal.

Prescrição da pena de multa

Embora a execução da pena de multa seja suspensa se sobrevém ao condenado doença mental, isso não suspende ou mesmo interrompe o curso do prazo prescricional, previsto pelo art. 114 do Código Penal.

⚖ [...] a nova redação do art. 51 do Código Penal não retirou o caráter penal da multa. Assim, embora se apliquem as causas suspensivas da prescrição previstas na Lei n. 6.830/80 e as causas interruptivas disciplinadas no art. 174 do Código Tributário Nacional, o prazo prescricional continua sendo regido pelo art. 114, inciso II, Código Penal (REsp 1.724.316/ES, Rel. Min. Nefi Cordeiro, 6ª T., julgado em 26/05/2020, *DJe* 02/06/2020).

Nesse sentido:

⚖ STJ, AgRg nos EDcl no REsp 1.793.735/SP, Rel. Min. Joel Ilan Paciornik, 5ª T., *DJe* 04/06/2019; REsp 1.724.316/ES, Rel. Min. Nefi Cordeiro, 6ª T., j. 26/05/2020, *DJe* 02/06/2020; STJ, EDcl nos EDcl no AgRg no Ag 1324312/SP, Rel. Min. Marco Aurélio Bellizze, 5ª T., *DJe* 19/06/2013.

Capítulo II – Da Cominação das Penas

Penas privativas de liberdade
Art. 53. As penas privativas de liberdade têm seus limites estabelecidos na sanção correspondente a cada tipo legal de crime.

Limites das penas

As penas privativas de liberdade têm seus limites mínimo e máximo previstos nos preceitos secundários de cada tipo penal incriminador, a exemplo do que ocorre com o delito de furto simples, cujas penas variam de 1 (um) a 4 (quatro) anos de reclusão. Excepcionalmente, tal como ocorre no Código Penal Militar ou no Código Eleitoral, o preceito secundário do tipo penal prevê tão somente a pena máxima, a exemplo do art. 296 desse último diploma legal, que diz: *Promover desordem que prejudique os trabalhos eleitorais: Pena – detenção até 2 (dois) meses e pagamento de 60 (sessenta) a 90 (noventa) dias-multa.*

Penas restritivas de direitos
Art. 54. As penas restritivas de direitos são aplicáveis, independentemente de cominação na parte especial, em substituição à pena privativa de liberdade, fixada em quantidade inferior a 1 (um) ano, ou nos crimes culposos.

Substituição da pena privativa de liberdade

Vide art. 44 do Código Penal.

Execução da pena restritiva de direitos

⚖ O art. 147 da Lei de Execuções Penais determina que a pena restritiva de direitos será aplicada somente após o trânsito em julgado da sentença penal condenatória. O entendimento até então esposado pelo Plenário do Supremo Tribunal Federal sobre a possibilidade da execução antecipada da pena deu-se pela análise de medidas cautelares nas Ações Declaratórias de Constitucionalidade 43 e 44, que ainda aguardam pronunciamento de mérito. Por sua vez, a decisão proferida no ARE 964.246/SP, julgado pela sistemática da repercussão geral, não tratou especificamente de execução antecipada de pena restritiva de direito, vedada pelo art. 147 da LEP, mas, tão somente, de pena privativa de liberdade, hipótese essa prevista no art. 283 do Código de Processo Penal (STF, ARE 1.175.109-AgR/MG, Rel. Min. Ricardo Lewandowski, 2ª T., *DJe* 26/04/2019).

Nesse sentido:

📖 STJ, HC 78145/MA, Rel. Min. Felix Fischer, 5ª T., *DJ* 13/08/2007 p. 401.

Execução provisória

📖 Não é admissível a execução da pena restritiva de direitos antes do trânsito em julgado da condenação, em observância do entendimento majoritário da Terceira Seção, por ocasião do julgamento dos EREsp nº 1.619.087/SC e, recentemente, do HC nº 435.092/SP, com a ressalva de compreensão pessoal diversa (STJ, HC 505.751/RS, Rel. Min. Rogério Schietti Cruz, 6ª T., *DJe* 02/08/2019).

Art. 55. As penas restritivas de direitos referidas nos incisos III, IV, V e VI do art. 43 terão a mesma duração da pena privativa de liberdade substituída, ressalvado o disposto no § 4º do art. 46.

Duração da pena restritiva de direitos

📖 Ressalvada a hipótese do art. 46, § 4º, do Código Penal, a pena restritiva de direitos, consistente em prestação de serviços à comunidade, deve ter a mesma duração da pena substituída, independentemente da fixação de outra pena alternativa (STJ, AgRg no HC 369.967/SC, Rel. Min. Nefi Cordeiro, 6ª T., *DJe* 12/09/2018).

Nesse sentido:

📖 TJSC, AC 2013.043230-0, Rel. Des. Paulo Roberto Sartorato, j. 11/03/2014; STJ, REsp 970.994/PR, Rel. Min. Felix Fischer, 5ª T., *DJe* 03/11/2008; TJMG, Rel. Hyparco Immesi, Processo 1.0515.03.007393-3/001[1], *DJ* 09/09/2005.

Ausência de menção na sentença do tempo de duração das penas restritivas de direitos

📖 A ausência de menção, na sentença condenatória, acerca do tempo de duração da pena restritiva de limitação de fim de semana, não induz condenação de caráter perpétuo, uma vez que o art. 55 do CP atribui, expressamente, às penas substitutivas insertas nos incs. IV (prestação de serviços à comunidade ou entidades públicas), V (interdição temporária de direitos) e VI (limitação de fim de semana), do art. 43 de idêntico Codex – com a ressalva do § 4º do art. 46, atinente à prestação de serviços –, a mesma duração

da sanção privativa de liberdade substituída (TJMG, Processo 1.0000.05.423569-2/000[1], Rel. Eduardo Brum, *DJ* 26/05/2006).

Art. 56. As penas de interdição, previstas nos incisos I e II do art. 47 deste Código, aplicam-se para todo o crime cometido no exercício de profissão, atividade, ofício, cargo ou função, sempre que houver violação dos deveres que lhes são inerentes.

Penas de interdição

📖 A interdição temporária de direitos tem expressa previsão legal, como pena alternativa, abrangendo a proibição de exercício de profissão, atividade ou ofício dependentes de autorização do poder público, licença ou habilitação, ao teor dos arts. 43, inc. V, c.c. 47, inc. II, todos do Código Penal. É firme a jurisprudência do Superior Tribunal de Justiça no sentido de que, tendo um dado crime sido cometido no exercício de determinada profissão, não é desarrazoada a substituição da pena privativa de liberdade pela suspensão da referida atividade profissional, durante o mesmo prazo da condenação (STJ, HC 354.657/AC, Rel. Min. Felix Fischer, 5ª T., *DJe* 29/09/2016).

Nesse sentido:

📖 STJ, AgRg nos EDcl nos EDcl no AREsp 878.026/PR, Rel. Min. Sebastião Reis Junior, 6ª T., *DJe* 1º/09/2016; TJMG, AC 1.0280.11.000305-8/001, Rel.ª Des.ª Denise Pinho da Costa Val, *DJe* 31/07/2014; STJ, HC 95.335/DF, Rel. Min. Arnaldo Esteves Lima, 5ª T., *DJe* 04/08/2008; STJ, REsp 7994 68/AP, Rel. Min. Hamilton Carvalhido, *DJ* 09/04/2007, p. 290.

Art. 57. A pena de interdição, prevista no inciso III do art. 47 deste Código, aplica-se aos crimes culposos de trânsito.

Pena de interdição e crime culposo de trânsito

📖 Com o desenvolvimento da legislação de trânsito, buscando resguardar a segurança viária, conter o crescimento no número de acidentes e retirar de circulação motoristas que punham e risco a vida integridade física das demais pessoais, a suspensão da habilitação para dirigir veículo automotor, antes restrita a mera penalidade de cunho administrativo, passou a ser disciplinada como sanção criminal autônoma, tanto pelo Código Penal – CP, ao defini-la como modalidade de pena restritiva de direitos, como pelo Código de Trânsito Brasileiro – CTB, ao definir penas principais e acessórias para os denominados "crimes de trânsito". Assim, nos termos do art. 292 do CTB, a suspensão da habilitação para dirigir veículo automotor pode ser imputada como espécie de sanção penal, aplicada isolada ou cumulativamente com outras penas. Dada a natureza penal da sanção, atrai-se todo o regramento jurídico referente ao Direito Criminal e à teoria da pena, inclusive as regras de extinção da punibilidade. Nos termos do art. 117, V, do Estatuto Repressor, o curso da prescrição interrompe-se pelo início ou cumprimento da "pena". Não tendo o legislador infraconstitucional estabelecido distinção entre pena acessória e principal como marco interruptivo, não cabe ao intérprete fazê-lo (*ubi lex non distinguir nec nos distinguere debemus*). A entrega da Carteira Nacional de Habilitação em Juízo, em cumprimento à condenação da suspensão do direito de dirigir veículo automotor, possui o condão de deflagrar a execução da pena, interrompendo a prescrição da pretensão executória estatal (art. 117, V, do CP), inclusive em relação à pena privativa de liberdade – substituída por restritivas de direitos –, cumulativamente imposta ao acusado como penalidade principal (STJ, HC 398.587/RS, Rel.ª Min.ª Maria Thereza de Assis Moura, 6ª T., *DJe* 26/02/2018).

Nesse sentido:

⚖ STJ, REsp 1.481.502/RJ, Rel. Min. Gurgel de Faria, 5ª T., *DJe* 03/11/2015; TJMG, AC 6745559-10.2009.8.13.0024, Rel. Des. Jaubert Carneiro Jaques, *DJe* 31/01/2012; TJMG,

AC 1.0672.02.096395-1/001, Rel. Des. Maria Celeste Porto, *DJ* 10/12/2008; TJMG, Processo 1.0309.04. 001091-5/001(1), Rel.ª Jane Silva, *DJ* 18/04/2007.

⚖ Tema 486: É constitucional a imposição da pena de suspensão de habilitação para dirigir veículo automotor ao motorista profissional condenado por homicídio culposo no trânsito (STF, RE 607.107/MG, Rel. Min. Roberto Barroso, *DJe* 14/04/2020).

Pena de multa

Art. 58. A multa, prevista em cada tipo legal de crime, tem os limites fixados no art. 49 e seus parágrafos deste Código.

Parágrafo único. A multa prevista no parágrafo único do art. 44 e no § 2º do art. 60 deste Código aplica-se independentemente de cominação na parte especial.

Sistema de dias-multa

Vide art. 49 e parágrafos do Código Penal.

Capítulo III – Da Aplicação da Pena

Fixação da pena

Art. 59. O juiz, atendendo à culpabilidade, aos antecedentes, à conduta social, à personalidade do agente, aos motivos, às circunstâncias e consequências do crime, bem como ao comportamento da vítima, estabelecerá, conforme seja necessário e suficiente para reprovação e prevenção do crime:

I – as penas aplicáveis dentre as cominadas;

II – a quantidade de pena aplicável, dentro dos limites previstos;

III – o regime inicial de cumprimento da pena privativa de liberdade;

IV – a substituição da pena privativa da liberdade aplicada, por outra espécie de pena, se cabível.

Individualização da pena

⚖ Em relação à individualização da pena, o STF fixou o entendimento de que "o processo de individualização da pena é tarefa de caráter subjetivo, devendo as diretrizes do artigo 59 do CP ser sopesadas em consonância com as condições pessoais do agente e as objetivas de cada fato delituoso", de forma que "não se aplica um critério meramente matemático de comparação entre penas cominadas a delitos distintos, com intervalos diversos entre a pena máxima e a pena mínima, sob pena de violação do princípio da individualização" [...] (STJ, APn 702/AP, Rel. Min. Nancy Andrighi, Rev. Min. Laurita Vaz, Corte Especial, julgado em 03/08/2020, *DJe* 14/08/2020).

Nesse sentido:

⚖ STJ, HC 515.074/CE, Rel. Min. Ribeiro Dantas, 5ª T., *DJe* 23/08/2019; HC 579.142/SP, *Habeas Cor-*

pus 2020/0105538-8, Rel. Min. Ribeiro Dantas, 5ª T., j. 02/06/2020, *DJe* 15/06/2020; STJ, AgRg no AREsp 1.585.440/SP, 2019/0280611-1, Rel. Min. Reynaldo Soares da Fonseca, 5ª T., j. 13/04/2020, *DJe* 15/04/2020; STJ, HC 243.062/RN, Rel. Min. Ribeiro Dantas, 5ª T., *DJe* 28/09/2016; STJ, HC 139000/ES, Rel. Min. Napoleão Nunes Maia Filho, 5ª T., *DJe* 1º/02/2010; STJ, HC 81949, Rel.ª Min.ª Laurita Vaz, 5ª T., *DJe* 08/02/2010.

Consideração sobre a consciência da ilicitude da conduta

⚖ Hipótese em que o Tribunal *a quo*, ao valorar negativamente a culpabilidade da acusada, destoou do entendimento desta Corte segundo o qual "a potencial consciência da ilicitude ou a exigibilidade de conduta diversa são pressupostos da culpabilidade em sentido estrito, não fazendo parte do rol das circunstâncias judiciais do art. 59 do Código Penal, logo, não constitui elemento idôneo a justificar a exacerbação da pena-base" (STJ, RHC 41.883/MG, Rel. Min. Reynaldo Soares da Fonseca, 5ª T., *DJe* 13/04/2016).

Nesse sentido:

⚖ STJ, HC 63759/RS, Rel. Min. Gilson Dipp, 5ª T., *DJ* 23/10/2006, p. 342.

Circunstâncias judiciais

O *caput* do art. 59 do Código Penal prevê as chamadas circunstâncias judiciais, que deverão ser analisadas quando da fixação da pena-base pelo julgador, atendendo, assim, à determinação contida no art. 68 do mesmo diploma repressivo.

⚖ "A ponderação das circunstâncias judiciais do art. 59 do Código Penal não é uma operação aritmética em que se dá pesos absolutos a cada uma delas, a serem extraídas de cálculo matemático levando-se em conta as penas máxima e mínima cominadas ao delito cometido pelo agente" (AgRg no HC 188.873/AC, Rel. Min. Jorge Mussi, 5ª T., *DJe* 16/10/2013). (STJ, HC 549.460/SP, Rel. Min. Ribeiro Dantas, 5ª T., julgado em 23/06/2020, *DJe* 01/07/2020).

Nesse sentido:

⚖ STJ, AgRg no HC 511.206/SP, Rel. Min. Joel Ilan Paciornik, 5ª T., *DJe* 27/08/2019; AgRg no AREsp 1.476.032/PR, Agravo Regimental no Agravo em Recurso Especial 2019/0096564-2, Rel.ª Min.ª Laurita Vaz, 6ª T., j. 09/06/2020, *DJe* 23/06/2020; STJ, AgRg no AREsp 1.622.603/MS, Agravo Regimental no Agravo em Recurso Especial 2019/0343535-4, Rel. Min. Reynaldo Soares da Fonseca, 5ª T., j. 20/02/2020, *DJe* 02/03/2020; STJ, HC 410.543/SP, Rel. Min. Reynaldo Soares da Fonseca, 5ª T., *DJe* 02/10/2017; STJ, HC 283.110/SP, Rel. Min. Newton Trisotto, Desembargador convocado do TJ-SC, 5ª T., *DJe* 19/05/2015; STJ, AgRg no HC 279.579/MT, Rel. Min. Jorge Mussi, 5ª T., *DJe* 26/02/2015; STJ, AgRg no HC 270368/DF, Rel. Min. Jorge Mussi, 5ª T., *DJe* 20/06/2014; STF, RHC 119961/DF, Rel.ª Min.ª Rosa Weber, 1ª T., *DJe* 22/05/2014; STJ, HC 189128/RJ, Rel.ª Min.ª Maria Thereza de Assis Moura, 6ª T., *DJe* 1º/07/2013; STJ, HC 255955/PE, Rel.ª Min.ª Laurita Vaz, 5ª T., *DJe* 1º/07/2013.

Pena desproporcional

⚖ Não se vislumbra violação do primado da proporcionalidade, na escolha do modo fechado para o início de expiação da pena, ainda que a sanção aplicada não supere 4 anos de reclusão e o crime tenha sido cometido sem violência, pois, nos termos do art. 33, §§ 2º e 3º do Código Penal – parâmetros legais para a fixação do regime prisional –, a reincidência e a fixação da pena-base acima do mínimo impõem o recrudescimento do regime prisional. A fixação do regime inicial fechado não decorreu do *quantum* da pena imposta (2 anos, 8 meses e 20 dias de reclusão), mas da reincidência e da negativação de circunstância judicial, de modo que eventual detração do período de prisão provisória não afetaria a escolha do regime prisional inicial (AgRg no HC 571458 / SP, Rel. Min. Nefi Cordeiro, 6ª T., julgado em 09/06/2020, *DJe* 16/06/2020).

Nesse sentido:

⚖ STJ, HC 124396/SP, Rel. Min. Arnaldo Esteves Lima, 5ª T., *DJe* 30/03/2009; STJ, HC 80892/RJ, Rel.ª Min.ª Laurita Vaz, 5ª T., *DJe* 09/03/2009; TJMG, AC 1.0479.06.106644-1/001, Rel. Des. Pedro Vergara, *DJ* 10/02/2007.

Culpabilidade

A culpabilidade, como juízo de reprovação que recai sobre a conduta típica e ilícita praticada pelo agente, é um dos elementos integrantes do conceito tripartido de crime. Assim, concluindo pela prática da infração penal, afirmando ter o réu praticado um fato típico, ilícito e culpável, o juiz passará a aplicar a pena.

Percebe-se, portanto, que a condenação somente foi possível após ter sido afirmada a culpabilidade do agente. Agora, passando à fase seguinte, terá o julgador de encontrar a pena justa a ser aplicada. Logo no primeiro momento, quando irá determinar a pena-base, o art. 59 do Código Penal impõe ao julgador, por mais uma vez, a análise da culpabilidade. Temos de realizar, dessa forma, dupla análise da culpabilidade: na primeira, dirigida à configuração da infração penal, quando se afirmará que o agente que praticou o fato típico e ilícito era imputável, que tinha conhecimento sobre a ilicitude do fato que cometia e, por fim, que lhe era exigível um comportamento diverso; na segunda, a culpabilidade será aferida com o escopo de influenciar na fixação da pena-base. A censurabilidade do ato terá como função fazer com que a pena percorra os limites estabelecidos no preceito secundário do tipo penal incriminador.

⚖ A culpabilidade, para fins do art. 59 do CP, deve ser compreendida como juízo de reprovabilidade sobre a conduta, apontando maior ou menor censurabilidade do comportamento do réu. Nesse compasso, para a sua adequada valoração devem ser levadas em consideração as especificidades fáticas do delito, bem como as condições pessoais do agente no contexto em que praticado o crime (STJ, AgRg no HC 579.082/SP, Rel. Min. Felix Fischer, 5ª T., julgado em 16/06/2020, *DJe* 29/06/2020).

Nesse sentido:

⚖ STJ, AgRg no AgRg no AREsp 1.439.521/MT, Rel. Min. Jorge Mussi, 5ª T., *DJe* 13/08/2019; STJ, AgRg no HC 579.082/SP, Agravo Regimental no *Habeas Corpus* 2020/0105356-0, Rel. Min. Felix Fischer, 5ª T., j. 16/06/2020, *DJe* 29/06/2020; AgRg no AREsp 1.567.786/SP, Agravo Regimental no Agravo em Recurso Especial 2019/0252828-7, Rel. Min. Ribeiro Dantas, 5ª T., j. 19/05/2020, *DJe* 27/05/2020; STJ, HC 306.586/RJ, Rel. Min. Ribeiro Dantas, 5ª T., *DJe* 1º/08/2018; STJ, HC 300.062/PI, Rel. Min. Reynaldo Soares da Fonseca, 5ª T., *DJe* 30/06/2017; STJ, AgRg no HC 254.781/SP, Rel. Min. Rogério Schietti Cruz, 6ª T., *DJe* 07/05/2015; STJ, HC 235465/RN, Rel. Min. Marco Aurélio Bellizze, 5ª T., *DJe* 25/06/2013; TJSC, AC 2013.019118-1, Rel.ª Des.ª Cinthia Beatriz da Silva Bittencourt Schaefer, j. 25/06/2013; STJ, REsp 1199497/DF, Rel. Min. Gilson Dipp, 5ª T., *DJe* 14/08/2012; STJ, REsp 1048574/GO, Rel. Min. Arnaldo Esteves Lima, 5ª T., *DJe* 30/03/2009.

Antecedentes

Os antecedentes dizem respeito ao histórico criminal do agente que não se preste para efeitos de reincidência. Entendemos que, em virtude do princípio constitucional da presunção de inocência, somente as condenações anteriores com trânsito em julgado, que não sirvam para forjar a reincidência, é que poderão ser consideradas em prejuízo do sentenciado, fazendo com que a sua pena-base comece a caminhar nos limites estabelecidos pela lei penal.

O STJ, com acerto, no *DJe* de 13 de maio de 2010, fez publicar a Súmula nº 444, que diz:

🔖 **Súmula nº 444.** *É vedada a utilização de inquéritos policiais e ações penais em curso para agravar a pena-base.*

Inquéritos ou ações penais em andamento não maculam o réu como detentor de maus antecedentes, tampouco com má conduta social e personalidade desvirtuada. Essa é a inteligência do enunciado sumular nº 444/STJ, *in verbis*: "É vedada a utilização de inquéritos policiais e de ações penais em curso para agravar a pena-base". A jurisprudência deste Superior Tribunal de Justiça é assente no sentido de que a condenação por crime anterior, com trânsito em julgado posterior à prática delitiva em apuração, pode ensejar a exasperação da pena-base, a título de maus antecedentes (STJ, HC 500.446/RJ, Rel. Min. Felix Fischer, 5ª T., *DJe* 27/06/2019).

Nesse sentido:

🔖 STJ, HC 447.799/RJ, Rel. Min. Ribeiro Dantas, 5ª T., *DJe* 1º/08/2018; STJ, HC 291.414/SP, Rel. Min. Reynaldo Soares da Fonseca, 5ª T., *DJe* 30/09/2016; STJ, HC 359.759/RS, Rel. Min. Ribeiro Dantas, 5ª T., *DJe* 28/09/2016; STJ, HC 359.085/SP, Reynaldo Soares da Fonseca, 5ª T., *DJe* 23/09/2016.

Felizmente, o STF, mudando sua posição no julgamento do RE 591.054, através de seu Plenário, passou a entender que:

🔖 A existência de inquéritos policiais ou de ações penais sem trânsito em julgado não pode ser considerada como maus antecedentes para fins de dosimetria da pena (STF, HC 104.266/RJ, Rel. Min. Teori Zavascki, 2ª T., *DJe* 26/05/2015).

Nesse sentido:

🔖 STF, RE 591.054/SC, Rel. Min. Marco Aurélio, 2ª T., *DJe* 26/02/2015.

Com relação, ainda, aos antecedentes, o STJ tem decidido:

🔖 A condenação definitiva por fato anterior ao crime descrito na denúncia, mas com trânsito em julgado posterior à data do ilícito penal, ainda que não configure a agravante da reincidência, pode caracterizar maus antecedentes e impedir a concessão da substituição da pena privativa de liberdade por restritivas de direito, pois diz respeito ao histórico do apenado (art. 44, III, do CP) (STJ, AgRg no REsp 1.486.797/GO, Rel. Min. Rogério Schietti Cruz, 6ª T., *DJe* 15/05/2015).

Nesse sentido:

🔖 TJSC, AC 2013.019118-1, Rel.ª Des.ª Cinthia Beatriz da Silva Bittencourt Schaefer, j. 25/06/2013; STJ, HC 237276/RS, Rel.ª Min.ª Marilza Maynard, Desembargadora convocada do TJ/SE, 5ª T., *DJe* 24/06/2013.

Já segundo o STF:

🔖 Tema 150 – Não se aplica para o reconhecimento dos maus antecedentes o prazo quinquenal de prescrição da reincidência, previsto no art. 64, I, do Código Penal (STF, RE 593.818/SC, Rel. Min. Roberto Barroso, *DJe* 23/11/2020).

Em 27 de junho de 2019 foi publicada no *DJe* a Súmula nº 636 do STJ, que diz:

🔖 **Súmula nº 636:** *A folha de antecedentes criminais é documento suficiente a comprovar os maus antecedentes e a reincidência.*

Assim, com base na decisão sumulada, não há necessidade de expedição de certidão criminal, por exemplo, para efeitos de comprovação dos maus antecedentes (ou mesmo a reincidência), sendo suficiente, para tal finalidade, a existência da folha de antecedentes criminais, onde constem tais anotações.

Conduta social

Por conduta social quer a lei traduzir o comportamento do agente perante a sociedade. Verifica-se o seu relacionamento com seus pares, procura-se descobrir o seu temperamento, se calmo ou agressivo, se possui algum vício, a exemplo de jogos ou bebidas, enfim, tenta-se saber como é o seu comportamento social, que poderá ou não ter influenciado no cometimento da infração penal.

Importante salientar que conduta social não se confunde com antecedentes penais, razão pela qual determinou a lei a análise delas em momentos distintos.

🔖 Cabível reconhecer a conduta social como vetor negativo para a exasperação da pena-base, pois foi ressaltado, de forma idônea, que o Paciente era um pai e marido violento, tinha péssimo relacionamento com a família e com os vizinhos e gastava toda sua remuneração em álcool e drogas não contribuindo com o orçamento doméstico, demonstrando comportamento incompatível com o cidadão comum perante a sociedade. Como se sabe, a circunstância judicial referente à conduta social retrata a avaliação do comportamento do agente no convívio social, familiar e laboral, perante a coletividade em que está inserido (STJ, HC 507.207/DF, Rel. Min. Laurita Vaz, Órgão 6ª T., julgado em 19/05/2020, *DJe* 12/06/2020).

Nesse sentido:

🔖 STJ, AgRg no AREsp 1.486.598/SE, Rel. Min. Antônio Saldanha Palheiro, 6ª T., *DJe* 27/08/2019; STJ, REsp 1.579.578-PR, Rel. Min. Rogerio Schietti Cruz, 6ª T., j. 04/02/2020, *Informativo* 666; STJ, HC 440.751/SC, Rel. Min. Ribeiro Dantas, 5ª T., *DJe* 20/06/2018; STJ, AgRg no REsp 1.441.443/PB, Reynaldo Soares da Fonseca, 5ª T., *DJe* 26/09/2016; STJ, HC 132.857/DF, Rel. Min. Nefi Cordeiro, 6ª T., *DJe* 18/06/2015; STJ, HC 264.087/PA, Rel. Min. Nefi Cordeiro, 6ª T., *DJe* 29/04/2015.

Personalidade do agente

Conforme destacou Ney Moura Teles, "a personalidade não é um conceito jurídico, mas do âmbito de outras ciências – da psicologia, psiquiatria, antropologia – e deve ser entendida como um complexo de características individuais próprias, adquiridas, que determinam ou influenciam o comportamento do sujeito".[56]

Acreditamos que o julgador não possui capacidade técnica necessária para a aferição de personalidade do agente, incapaz de ser por ele avaliada sem uma análise detida e apropriada de toda a sua vida, a começar pela infância. Somente os profissionais de saúde (psicólogos, psiquiatras, terapeutas, etc.), é que, talvez, tenham condições de avaliar essa circunstância judicial. Dessa forma, entendemos que o juiz não deverá levá-la em consideração no momento da fixação da pena-base.

Merece ser frisado, ainda, que a consideração da personalidade é ofensiva ao chamado *direito penal do fato*, pois prioriza a análise das características pessoais do seu autor.

⚖ A aferição dos fatores negativos da personalidade do criminoso está fundada em laudo psiquiátrico que registrou apresentar o réu hostilidade, insensibilidade e irresponsabilidade quanto ao crime praticado e ao seu papel na sociedade, o que permite o aumento da pena-base por existirem nos autos, elementos suficientes e que efetivamente permitiram ao julgador ter uma conclusão segura sobre a questão (STJ, HC 507.207/DF, Rel. Min. Laurita Vaz, 6ª T., julgado em 19/05/2020, *DJe* 12/06/2020).

Nesse sentido:

⚖ STJ, HC 443.678/PE, Rel. Min. Ribeiro Dantas, 5ª T., *DJe* 26/03/2019; STJ, HC 424.433/SP, Rel. Min. Ribeiro Dantas, 5ª T., *DJe* 1º/08/2018; STJ, HC 410.410/SC, Rel. Min. Reynaldo Soares da Fonseca, 5ª T., *DJe* 27/09/2017; STJ, HC 352.027/ES, Rel. Min. Reynaldo Soares da Fonseca, 5ª T., *DJe* 23/09/2016; STJ, AgRg no AREsp 643.334/SP, Rel.ª Min.ª Maria Thereza de Assis Moura, 6ª T., *DJe* 23/04/2015; STJ, HC 133800/MS, Rel.ª Min.ª Laurita Vaz, 5ª T., *DJe* 28/06/2010; STJ, HC 89321/MS, Rel.ª Min.ª Laurita Vaz, 5ª T., *DJe* 06/04/2009.

Diferença entre personalidade e maus antecedentes criminais

⚖ A personalidade do agente resulta da análise do seu perfil subjetivo, no que se refere a aspectos morais e psicológicos, para que se afira a existência de caráter voltado à prática de infrações penais, com base em elementos probatórios dos autos aptos a demonstrar desvio de personalidade. Ainda que o agente possua vasto histórico criminal, com diversas condenações transitadas em julgado, elas devem ser divididas para, na segunda fase da dosimetria, configurar a reincidência, e, na primeira etapa, serem sopesadas apenas como maus antecedentes, sob pena de *bis in idem*, não restando, no caso, justificado o aumento da pena a título de personalidade. Em relação aos antecedentes, a primariedade do réu foi reconhecida na dosagem da pena do crime de homicídio tentado, o que evidencia contradição no julgado, ficando, portanto, afastada a valoração negativa de tal balizadora (STJ, PExt no HC 542.909/ES, Rel. Min. Ribeiro Dantas, 5ª T., julgado em 16/06/2020, *DJe* 23/06/2020).

Nesse sentido:

⚖ STJ, HC 388.005/PE, Rel. Min. Ribeiro Dantas, 5ª T., *DJe* 1º/07/2019; STJ, HC 440.751/SC, Rel. Min. Ribeiro Dantas, 5ª T., *DJe* 20/06/2018; TJRS, Ap. Crim. 70012350963, 8ª Câm. Crim., Rel. Marco Antônio Ribeiro de Oliveira, j. 28/09/2005.

Motivos

Os motivos são as razões que antecederam e levaram o agente a cometer a infração penal. Nas lições de Pedro Vergara, "os motivos determinantes da ação constituem toda a soma dos fatores que integram a personalidade humana e são suscitados por uma representação cuja idoneidade tem o poder de fazer convergir, para uma só direção dinâmica, todas as nossas forças psíquicas".[57]

⚖ Os fatos de o réu ter condições de entender o caráter ilícito de sua conduta e de ter agido com vontade livre e consciente para a prática do delito não constituem motivação idônea para justificar o aumento da pena-base, sob a justificativa de exacerbação da culpabilidade. É errôneo valorar negativamente a motivação se o crime foi cometido com a finalidade de obter dinheiro para comprar drogas, mormente porque 'tal circunstância não possui relação direta com o fato delituoso, bem assim o tratamento atual conferido pelo ordenamento jurídico ao usuário de entorpecente dirige-se a um modelo terapêutico, não mais repressivo, e sim voltado à recuperação' (HC 113.011/MS, 6ª Turma, Rel. Min. Og Fernandes, *DJe* de 5/4/2010). A ausência de motivação concreta, com mera utilização de critério matemático (objetivo) para o aumento da pena acima da razão mínima, portanto, é ilegal (STJ, HC 167936/MG, Rel.ª Min.ª Laurita Vaz, 5ª T., *DJe* 13/08/2012).

Circunstâncias

Na definição de Alberto Silva Franco, "circunstâncias são elementos acidentais que não participam da estrutura própria de cada tipo, mas que, embora estranhas à configuração típica, influem sobre a quantidade punitiva para efeito de agravá-la ou abrandá-la. As circunstâncias apontadas em lei são as circunstâncias legais (atenuantes e agravantes) que estão enumeradas nos arts. 61, 62 e 65 da PG/84 e são de cogente incidência. As circunstâncias inominadas são as circunstâncias judiciais a que se refere o art. 59 da PG/84 e, apesar de não especificadas em nenhum texto legal, podem, de acordo com uma avaliação discricionária

[56] TELES, Ney Moura. *Direito penal – parte geral*, v. II, p. 125-126.

[57] VERGARA, Pedro. *Dos motivos determinantes no direito penal*, p. 563-564.

do juiz, acarretar um aumento ou uma diminuição de pena. Entre tais circunstâncias, podem ser incluídos o lugar do crime, o tempo de sua duração, o relacionamento existente entre o autor e vítima, a atitude assumida pelo delinquente no decorrer da realização do fato criminoso etc."[58]

No tocante às circunstâncias do crime, o decreto condenatório demonstrou que o modus operandi do delito revela gravidade concreta superior à ínsita aos crimes de roubo e estupro, pois o delito foi praticado na presença da filha da vítima de tenra idade, a qual, inclusive, foi constantemente usada para ameaçá-la (HC 423.221/SP, Rel. Min. Ribeiro Dantas, 5ª T., julgado em 23/06/2020, *DJe* 26/06/2020).

Nesse sentido:

STJ, AgRg no AREsp 1.291.474/RJ, Rel. Min. Rogerio Schietti Cruz, 6ª T., julgado em 09/06/2020, *DJe* 17/06/2020; STJ, HC 547.898/SP, Rel. Min. Ribeiro Dantas, 5ª T., julgado em 09/06/2020, *DJe* 15/06/2020.

Consequências do crime

As consequências do crime constituem um dado importante a ser observado quando da aplicação da pena-base. A morte de alguém casado e com filhos menores, de cujo trabalho todos dependiam para sobreviverem, ou a hipótese daquele que, imprudentemente, deixando de observar o seu necessário dever de cuidado, atropela uma pessoa que efetuava a travessia de uma avenida, fazendo com que a vítima viesse a perder os movimentos do corpo, tornando-se uma pessoa paralítica, são, efetivamente, dados que devem merecer a consideração do julgador no momento em que for encontrar a pena-base.

Sobre o desvalor das consequências do crime, também houve justificativa concreta, as quais excederam os limites do tipo penal violado, em razão do "considerável prejuízo patrimonial, além de dor e abalo psicológico insuperáveis (confira-se, a respeito, os depoimentos prestados em plenário pelas testemunhas Ademir Marques Caldeira de Mendonça e Carlos Eduardo Cuencas de Mendonça; no particular, aliás, tais declarações em plenário falam por si, expressando com maior intensidade, fidelidade e clareza o que se tentou externar acima com palavras", o que exige resposta penal superior, em atendimento aos princípios da proporcionalidade e da individualização da pena. Nesse diapasão, insta consignar que se considera idônea a valoração do impacto familiar causado pela morte de seu provedor, porque ultrapassa o fato da perda de um ente familiar, hipótese que seria inerente ao tipo penal (HC 410.047/PE, Quinta Turma, Rel. Min. Ribeiro Dantas, *DJe* 10/05/2018) (STJ, AgRg no HC 579.082/SP, Rel. Min. Felix Fischer, 5ª T., julgado em 16/06/2020, *DJe* 29/06/2020).

Nesse sentido:

STJ, HC 447.799/RJ, Rel. Min. Ribeiro Dantas, 5ª T., *DJe* 1º/08/2018; STJ, AgRg no AREsp 648.151/MS, Rel. Min. Ericson Maranho, Desembargador convocado do TJ-SP, 6ª T., *DJe* 20/05/2015; STJ, HC 235465/RN, Rel. Min. Marco Aurélio Bellizze, 5ª T., *DJe* 25/06/2013.

Comportamento da vítima

Pode a vítima ter contribuído para o cometimento da infração penal pelo agente.

Conforme preleciona Cleber Masson, por comportamento da vítima, podemos entender pela "atitude da vítima, que tem o condão de provocar ou facilitar a prática do crime".[59] Trata-se de uma circunstância judicial que somente poderá ser considerada em benefício do sentenciado.

(...) É entendimento consolidado neste Superior Tribunal de Justiça que o comportamento da vítima, que em nada concorreu para a prática delitiva, não poderá ser sopesado para fins de exasperação da pena-base, tratando-se de circunstância neutra ou favorável. Não restando evidente a interferência decisiva da vítima no desdobramento causal, como no presente caso, essa circunstância deve ser considerada neutra. O fato de a vítima ter mantido relacionamento amoroso com a esposa do paciente não demonstra que ela concorreu, de alguma maneira, para a prática delitiva, sendo descabido falar em valoração favorável da referida circunstância judicial. Eventuais ofensas dirigidas ao paciente, ainda que sejam reconhecidas pelo Tribunal do Júri, do mesmo modo, não são suficientes para tornar o comportamento da vítima circunstância favorável, sob pena de que qualquer inimizade ou desentendimento implique redução da pena na primeira fase da dosimetria (...) (HC 596.624/SP, Rel. Min. Ribeiro Dantas, 5ª T., julgado em 25/08/2020, *DJe* 03/09/2020).

Nesse sentido:

STJ, AgRg no HC 497.773/AP, Rel. Min. Reynaldo Soares da Fonseca, 5ª T., *DJe* 1º/07/2019; STJ, PExt no HC 542.909/ES, Pedido de extensão no *Habeas Corpus* 2019/0326012-5, Rel. Min. Ribeiro Dantas, 5ª T., j. 16/06/2020, *DJe* 23/06/2020; STJ, AgRg no REsp 1.667.814/AL, Rel. Min. Ribeiro Dantas, 5ª T., *DJe* 18/04/2018; STJ, HC 308.693/AL, Rel. Min. Joel Ilan Paciornik, 5ª T., *DJe* 12/09/2016; STJ, HC 255231/MG, Rel. Min. Marco Aurélio Bellizze, 5ª T., *DJe* 04/03/2013.

Penas aplicáveis dentre as cominadas

As penas cominadas pelo Código Penal são as de reclusão, detenção e multa.

Na Lei das Contravenções Penais existe, ainda, previsão para a pena de prisão simples.

---

[58] SILVA FRANCO, Alberto. *Código penal e sua interpretação jurisprudencial*, v. I, t. I, p. 900.

[59] MASSON, Cleber. *Código Penal comentado*. 6. ed. Rio de Janeiro: Método, 2019. p. 359.

Quantidade de pena aplicável, dentro dos limites previstos

Na Parte Especial do Código Penal, ao definir as infrações penais, os tipos penais incriminadores preveem, em seus preceitos secundários, as penas mínima e máxima, sendo estes, portanto, os limites que nortearão o julgador quando da fixação da pena-base, não podendo, outrossim, aplicar, nesse primeiro momento, pena inferior ao mínimo previsto, ou superior ao máximo cominado.

✍ Adotado o sistema trifásico pelo legislador pátrio, na primeira etapa do cálculo, a pena-base será fixada conforme a análise das circunstâncias do art. 59 do Código Penal. Tratando-se de condenado por delitos previstos na Lei de Drogas, o art. 42 da referida norma estabelece a preponderância dos vetores referentes à quantidade e à natureza da droga, assim como à personalidade e à conduta social do agente sobre as demais elencadas no art. 59 do Código Penal (STJ, HC 416.685/MG, Rel. Min. Ribeiro Dantas, 5ª T., *DJe* 22/05/2018).

Nesse sentido:

✍ STJ, AgRg no AREsp 954.910/DF, Rel.ª Min.ª Maria Thereza de Assis Moura, 6ª T., *DJe* 12/09/2016; STJ, HC 188043/SP, Rel.ª Min.ª Maria Thereza de Assis Moura, 6ª T., *DJe* 18/06/2013.

Regime inicial de cumprimento da pena privativa de liberdade

Ao fixar a pena, deverá o julgador determinar o regime inicial para seu cumprimento, observando-se o disposto no art. 33 do Código Penal.

✍ A dosimetria da pena exige do julgador uma cuidadosa ponderação dos efeitos ético-sociais da sanção penal e das garantias constitucionais, especialmente a garantia da individualização do castigo e da motivação das decisões judiciais. Garantias essas que alcançam a ulterior fase de fixação do regime inicial para o cumprimento da pena. Isto nos exatos termos do inc. III do art. 59 do Código Penal (STF, HC 96384/BA. Rel. Min. Carlos Britto, 1ª T., *DJ* 03/04/2009, p. 707).

Substituição da pena privativa de liberdade aplicada por outra espécie de pena, se cabível

A substituição será cabível nos termos do art. 44 do Código Penal.

Erro ou ilegalidade na dosimetria da pena

✍ A orientação reiteradamente firmada nesta Corte é no sentido de que somente nas hipóteses de erro ou ilegalidade prontamente verificável na dosimetria da reprimenda, em flagrante afronta ao art. 59 do Código Penal, pode esta Corte reexaminar o *decisum* em tal aspecto (STJ, HC 74482/PR, Rel. Min. Gilson Dipp, 5ª T., *DJ* 06/08/2007 p. 575).

Jurisprudência em Teses do Superior Tribunal de Justiça, Boletim nº 26, publicado em 10 de dezembro de 2014, sobre aplicação da pena – circunstâncias judiciais

1) O aumento da pena-base em virtude das circunstâncias judiciais desfavoráveis (art. 59, CP) depende de fundamentação concreta e específica que extrapole os elementos inerentes ao tipo penal.

2) Não há ilegalidade na análise conjunta das circunstâncias judiciais comuns aos corréus, desde que seja feita de forma fundamentada e com base nas semelhanças existentes.

3) A culpabilidade normativa, que engloba a consciência da ilicitude e a exigibilidade de conduta diversa e que constitui elementar do tipo penal, não se confunde com a circunstância judicial da culpabilidade (art. 59 do CP), que diz respeito à demonstração do grau de reprovabilidade ou censurabilidade da conduta praticada.

4) A premeditação do crime evidencia maior culpabilidade do agente criminoso, autorizando a majoração da pena-base.

5) O prazo de cinco anos do art. 64, I, do Código Penal, afasta os efeitos da reincidência, mas não impede o reconhecimento de maus antecedentes.

6.1) Os atos infracionais não podem ser considerados maus antecedentes para a elevação da pena-base, tampouco para a reincidência.

6.2) Os atos infracionais podem ser valorados negativamente na circunstância judicial referente à personalidade do agente.

6.3) Os atos infracionais não podem ser considerados como personalidade desajustada ou voltada para a criminalidade para fins de exasperação da pena-base.

7) A reincidência penal não pode ser considerada como circunstância agravante e, simultaneamente, como circunstância judicial (Súmula nº 241/STJ).

8) O registro decorrente da aceitação de transação penal pelo acusado não serve para o incremento da pena-base acima do mínimo legal em razão de maus antecedentes, tampouco para configurar a reincidência.

9) É vedada a utilização de inquéritos policiais e ações penais em curso para agravar a pena-base (Súmula nº 444/STJ).

10) Havendo diversas condenações anteriores com trânsito em julgado, não há *bis in idem* se uma for considerada como maus antecedentes e a outra como reincidência.

11) Para valoração da personalidade do agente é dispensável a existência de laudo técnico confeccionado por especialistas nos ramos da psiquiatria ou da psicologia.

12) O expressivo prejuízo causado à vítima justifica o aumento da pena-base, em razão das consequências do crime.

13) O comportamento da vítima em contribuir ou não para a prática do delito não acarreta o aumento da pena-base, pois a circunstância judicial é neutra e não pode ser utilizada em prejuízo do réu.

Critérios especiais da pena de multa

Art. 60. Na fixação da pena de multa o juiz deve atender, principalmente, à situação econômica do réu.

§ 1º A multa pode ser aumentada até o triplo, se o juiz considerar que, em virtude da situação econômica do réu, é ineficaz, embora aplicada no máximo.

Multa substitutiva

§ 2º A pena privativa de liberdade aplicada, não superior a 6 (seis) meses, pode ser substituída pela de multa, observados os critérios dos incisos II e III do art. 44 deste Código.

Habeas corpus e verificação da capacidade econômica

⚖ Verificar se a situação econômica do réu é, ou não, condizente com a multa aplicada não pode ser objeto de *habeas corpus*, por implicar a necessidade de reexame de fatos e de provas (STF, HC 72657/MT, Rel. Min. Moreira Alves, 5ª T., *DJ* 09/08/1996, p. 27.100).

Recurso especial e pena de multa

⚖ A teor do art. 60, *caput* e § 1º, do CP, a fixação do valor unitário da pena de multa deve observar principalmente a situação econômica do réu, podendo ser aumentada até o triplo, quando o juiz, embora aplicada no máximo, considerá-la ineficaz para o apenado. A reavaliação pretendida pela defesa, portanto, implicaria o reexame do conjunto fático-probatório para se aferir a real condição econômico-financeira do réu. Em suma, "para se chegar à conclusão adversa a das instâncias ordinárias, como pretende a defesa, seria imprescindível o reexame da prova e não a sua mera revaloração, o que **é vedado na via do recurso especial**, tendo em vista o óbice do enunciado sumular nº 7 deste Superior Tribunal de Justiça. (EDcl no AgRg no AREsp 826.192/RS, Rel. Ministro Felix Fischer, Quinta Turma, julgado em 14/11/2017, *DJe* 22/11/2017). Precedentes (STJ, AgRg no REsp 1858911/PR, Agravo Regimental no Recurso Especial 2020/0012782-7, Rel. Min. Jorge Mussi, 5ª T., j. 13/04/2020, *DJe* 20/04/2020).

Nesse sentido:

⚖ AgRg no REsp 1.854.277/SP, Rel. Min. Reynaldo Soares da Fonseca, 5ª T., julgado em 25/08/2020, *DJe* 31/08/2020.

Proporcionalidade entre as penas de privação de liberdade e multa

⚖ De acordo com a compreensão desta Corte, a pena de multa deve ser aplicada proporcionalmente à pena privativa de liberdade (STJ, HC 102741/RS, Rel.ª Min.ª Maria Thereza de Assis Moura, *DJe* 16/11/2009).

Substituição da pena privativa de liberdade cumulada com a pena de multa

⚖ Cominadas cumulativamente, em lei especial, penas privativas de liberdade e pecuniária, é defesa a substituição da prisão por multa (enunciado 171 da Súmula de Jurisprudência deste STJ) (STJ, REsp 1114099/SP, Rel. Min. Napoleão Nunes Maia Filho, 5ª T., *DJe* 15/03/2010).

Substituição da pena privativa de liberdade pela de multa

⚖ (...) registre-se que, "nos termos da jurisprudência consolidada por esta Corte Superior, não existe direito subjetivo do réu em optar, na substituição da pena privativa de liberdade por restritiva de direitos, se prefere a duas penas restritivas de direito ou uma restritiva de direitos e uma multa" (AgRg no HC 456.224/SC, Quinta Turma, Rel. Min. Joel Ilan Paciornik, *DJe* 01/04/2019) (HC 583.839/SC, Rel. Min. Felix Fischer, 5ª T., julgado em 16/06/2020, *DJe* 23/06/2020).

Nesse sentido:

⚖ TJMG, Processo 2.0000.00.476578-6/000[1], Rel. Maria Celeste Porto, *DJ* 18/06/2005.

Pena de multa aplicada isoladamente nos casos de violência doméstica contra a mulher

Em julgamento do recurso repetitivo (Tema 1.189), a Terceira Seção do Superior Tribunal de Justiça (STJ), em acórdão publicado em 16 de junho de 2023, fixou a tese de que "A vedação constante do art. 17 da Lei n. 11.340/2006 (Lei Maria da Penha) obsta a imposição, nos casos de violência doméstica e familiar contra a mulher, de pena de multa isoladamente, ainda que prevista de forma autônoma no preceito secundário do tipo penal imputado".

Circunstâncias agravantes

Art. 61. São circunstâncias que sempre agravam a pena, quando não constituem ou qualificam o crime:

I – a reincidência;

II – ter o agente cometido o crime:

a) por motivo fútil ou torpe;

b) para facilitar ou assegurar a execução, a ocultação, a impunidade ou vantagem de outro crime;

c) à traição, de emboscada, ou mediante dissimulação, ou outro recurso que dificultou ou tornou impossível a defesa do ofendido;

d) com emprego de veneno, fogo, explosivo, tortura ou outro meio insidioso ou cruel, ou de que podia resultar perigo comum;

e) contra ascendente, descendente, irmão ou cônjuge;

f) com abuso de autoridade ou prevalecendo-se de relações domésticas, de coabitação ou de hospitalidade, ou com violência contra a mulher na forma da lei específica;

g) com abuso de poder ou violação de dever inerente a cargo, ofício, ministério ou profissão;

h) contra criança, maior de 60 (sessenta) anos, enfermo ou mulher grávida;

i) quando o ofendido estava sob a imediata proteção da autoridade;

j) em ocasião de incêndio, naufrágio, inundação ou qualquer calamidade pública, ou de desgraça particular do ofendido;

l) em estado de embriaguez preordenada.

Circunstâncias

Circunstâncias são dados periféricos que gravitam ao redor da figura típica e têm por finalidade diminuir ou aumentar a pena aplicada ao sentenciado. Por permanecerem ao lado da definição típica, as circunstâncias em nada interferem na definição jurídica da infração penal. As elementares, ao contrário, são dados essenciais, indispensáveis à definição da figura típica, sem os quais o fato poderá ser considerado atípico – hipótese de atipicidade absoluta –, ou haverá aquilo que chamamos de desclassificação – atipicidade relativa.

Quantum para agravar a pena

Merece ser frisado, ainda, que o Código Penal não fornece um *quantum* para fins de atenuação ou agravação da pena, ao contrário do que ocorre com as chamadas causas de diminuição ou de aumento, que devem ser observadas no terceiro momento do critério trifásico previsto no art. 68 do diploma repressivo. Para elas, o Código Penal reservou essa diminuição ou aumento em frações, a exemplo do que ocorre com o § 1º do seu art. 155, quando diz que a pena será aumentada em *um terço* se o furto for praticado durante o repouso noturno.

Até quanto podemos, outrossim, agravar ou atenuar a pena-base fixada?

Ante a ausência de critérios previamente definidos pela lei penal, devemos considerar o princípio da razoabilidade como reitor para essa atenuação ou agravação da pena. Contudo, em face da fluidez desse conceito de razoabilidade, a doutrina tem entendido

que "razoável" seria agravar ou atenuar a pena-base em até um sexto do *quantum* fixado, fazendo-se, pois, uma comparação com as causas de diminuição e de aumento de pena.

Como bem observado por Cezar Roberto Bitencourt, "o Código não estabelece a quantidade de aumento ou de diminuição das agravantes e atenuantes legais genéricas, deixando-a à discricionariedade do juiz. No entanto, sustentamos que a variação dessas circunstâncias não deve ir muito além do limite mínimo das majorantes e minorantes, que é fixado em um sexto. Caso contrário, as agravantes e as atenuantes se equipararìam àquelas causas modificadoras da pena, que, a nosso juízo, apresentam maior intensidade, situando-se pouco abaixo das qualificadoras (no caso das majorantes)".[60]

Assim, na ausência de determinação legal, acreditamos que, no máximo, as atenuantes e agravantes poderão fazer com que a pena-base seja diminuída ou aumentada em até *um sexto*.

⚖ (...) 3. Quanto à fração de aumento em razão da agravante, cumpre ressaltar que o Código Penal não estabelece limites mínimo e máximo de aumento da pena a serem aplicados em razão das circunstâncias agravantes e atenuantes, cabendo ao magistrado fixar o patamar necessário dentro dos parâmetros razoáveis e proporcionais. 4. Ainda que inexistam critérios mínimo e máximo de exasperação, predomina nesta Corte o entendimento de que a majoração da sanção em patamar superior a 1/6, na segunda fase, pela incidência de agravante demanda fundamentação concreta, o que não ocorreu na hipótese dos autos. Não obstante o acusado ostente várias condenações transitadas em julgado, apenas uma delas foi utilizada para na segunda fase para configurar a reincidência, sendo as demais utilizadas na primeira fase para exasperar a pena-base. (...) (AgRg no HC 456.060/RJ, Rel. Min. Reynaldo Soares da Fonseca, 5ª T., julgado em 23/06/2020, *DJe* 30/06/2020).

Nesse sentido:

⚖ STJ, AgRg no HC 497.773/AP, Rel. Min. Reynaldo Soares da Fonseca, 5ª T., *DJe* 1º/07/2019; STJ, HC 441.352/SC, Rel. Min. Jorge Mussi, 5ª T., *DJe* 1º/06/2018; STJ, HC 294.594/SP, Reynaldo Soares da Fonseca, 5ª T., *DJe* 22/06/2016; STJ, HC 158848/DF, Rel. Min. Og Fernandes, 6ª T., *DJe* 10/05/2010.

Reincidência

Será analisada quando do estudo dos arts. 63 e 64 do Código Penal.

Taxatividade do rol constante do art. 61 do Código Penal

Por se tratar de circunstâncias que agravam a pena, o rol constante do art. 61 do Código Penal é taxativo,

[60] BITENCOURT, Cezar Roberto. *Código penal comentado*, p. 219.

não se admitindo sua ampliação por via de interpretação ou mesmo pelo emprego de analogia.

Tribunal do Júri

Após a edição da Lei nº 11.689, de 9 de junho de 2008, que alterou dispositivos do Código de Processo Penal relativos ao Tribunal do Júri, nos termos do *caput* do seu art. 476, embora as circunstâncias agravantes devam ser sustentadas pela acusação durante a sessão de julgamento, não existe mais a possibilidade de serem submetidas ao crivo do Conselho de Sentença, devendo o juiz presidente considerar, tão somente, a sua aplicação no caso de condenação do acusado, conforme determina o art. 492, I, *b,* do mencionado diploma processual penal.

⚖ Nos julgamentos realizados perante o Tribunal do júri, as circunstâncias agravantes ou atenuantes somente poderão ser consideradas na formulação da dosimetria da pena quando debatidas em plenário. Precedentes (STJ, AgRg no AREsp 1.648.032/MS, Rel. Min. Nefi Cordeiro, 6ª T., julgado em 23/06/2020, *DJe* 29/06/2020).

Nesse sentido:

⚖ AgRg no AREsp 1.473.832/DF, Rel. Min. Joel Ilan Paciornik, 5ª T., julgado em 22/09/2020, *DJe* 30/09/2020.

Ter o agente cometido o crime: por motivo fútil ou torpe

Fútil é aquele motivo insignificante, gritantemente desproporcional. Torpe é o motivo abjeto, vil, que nos causa repugnância, pois atenta contra os mais basilares princípios éticos e morais. Exemplo do primeiro seria o caso de o agente agredir o garçom que, equivocadamente, debitara-lhe uma cerveja a mais na conta; já com relação ao segundo, temos as hipóteses citadas por Mirabete daquele que espanca uma meretriz que não quer ser explorada ou a testemunha que prestou depoimento contra os interesses do agente.

⚖ A jurisprudência desta Corte Superior entende não ser incompatível a qualificadora do motivo fútil com o dolo eventual, pois o dolo do agente, direto ou indireto, não se confunde com o motivo que ensejou a conduta capaz de colocar em risco a vida da vítima (STJ, REsp 1.779.570/RS, Rel.ª Min.ª Laurita Vaz, 6ª T., *DJe* 27/08/2019).

Nesse sentido:

⚖ STJ, AgRg no HC 440.945/MG, Rel. Min. Nefi Cordeiro, 6ª T., *DJe* 11/06/2018; STJ, AgRg no AgRg no AREsp 209.620/MT, Rel. Min. Leopoldo de Arruda Raposo – Desembargador convocado do TJ-PE, 5ª T., *DJe* 08/06/2015; TJSC, AC 2011.084321-5, Rel. Des. Paulo Roberto Sartorato, j. 19/02/2013.

Para facilitar ou assegurar a execução, a ocultação, a impunidade ou vantagem de outro crime

Na primeira hipótese, ou seja, quando o agente comete o crime para facilitar ou assegurar a execução de outro crime, existe, na verdade, uma relação de meio e fim. O crime-meio é cometido para que tenha sucesso o crime-fim. No segundo caso, o agente pratica o delito com a finalidade de ocultar outro por ele levado a efeito. Na terceira hipótese, o delito é conhecido, mas o agente procura manter desconhecida sua autoria, assegurando-lhe a impunidade. Por fim, a prática da infração, em cuja pena está sendo aplicada a circunstância agravante, foi dirigida a assegurar a vantagem de outro crime por ele cometido.

⚖ (...) VI – Ao fazer incidir a agravante prevista no artigo 61, inciso II, "b", do Código Penal, o Tribunal de Apelação, soberano na análise do conjunto fático-probatório, concluiu que os ativos ilegalmente reciclados tiveram origem em delitos relacionados a fraudes licitatórias, e foram utilizados para assegurar o pagamento de propina ofertada aos agentes públicos. Portanto, apreciar a questão fora da moldura fática estampada no acórdão objurgado, necessariamente, esbarraria no óbice referente da Súmula 07 desta Corte Superior (...) (AgRg no REsp 1.792.710/PR, Rel. Min. Felix Fischer, 5ª T., julgado em 15/09/2020, *DJe* 23/09/2020).

À traição, de emboscada, ou mediante dissimulação, ou outro recurso que dificultou ou tornou impossível a defesa do ofendido

Traição, na definição de Hungria, é o delito "cometido mediante ataque súbito e sorrateiro, atingindo a vítima, descuidada ou confiante, antes de perceber o gesto criminoso".[61] Emboscada é a tocaia, ou seja, o agente aguarda a vítima passar, para, então, surpreendê-la. Dissimulação, ainda na lição de Hungria é "a ocultação da intenção hostil, para acometer a vítima de surpresa".[62] O artigo determina, ainda, seja procedida a uma interpretação analógica, uma vez que sua fórmula genérica diz que ainda agravará a pena qualquer outro recurso que dificulte ou torne impossível a defesa do ofendido. Dificultar é criar embaraços para a defesa da vítima; tornar impossível é inviabilizar, completamente, essa defesa.

⚖ Conforme o entendimento que prevalece nesta Corte Superior, o elemento surpresa capaz de dificultar a defesa da vítima é próprio do dolo direto, não sendo compatível com o dolo eventual, pois neste o resultado morte não é diretamente desejado pelo agente (STJ, REsp 1.779.570/RS, Rel.ª Min.ª Laurita Vaz, 6ª T., *DJe* 27/08/2019).

---

[61] HUNGRIA, Nélson. *Comentários ao código penal*, v. V, p. 166.
[62] HUNGRIA, Nélson. *Comentários ao código penal*, v. V, p. 166.

Nesse sentido:

⚖ TJMG, Processo 2.0000.00.517817-6/000[1], Rel. Des. William Silvestrini, *DJ* 25/11/2006.

Com o emprego de veneno, fogo, explosivo, tortura ou outro meio insidioso ou cruel, ou de que podia resultar perigo comum

Conforme preleciona Aníbal Bruno, "o veneno é o tipo do meio insidioso, que alcança a vítima sem que ela o perceba, impedindo a sua defesa e a natural reação contra o agente, do mesmo modo que a tortura e a asfixia são meios cruéis, destinados a provocar na vítima sofrimentos físicos ou morais maiores do que os necessários para a prática do crime, ou dirigidos a que este se consuma de maneira mais dolorosa e constrangedora, assim como o fogo e o explosivo exemplificam meios capazes de produzir perigo comum, em que ao dano da vítima, em geral cruel, se junta a ameaça a bens de outrem, no círculo de ação do meio perigoso. Em todos esses casos e outros análogos, a maldade do agente aumenta a reprovabilidade do seu ato, conduzindo ao acréscimo da medida penal".[63]

⚖ A circunstância do emprego de material explosivo ou meio que gera perigo comum, por não configurar elementar do tipo de lesão corporal, pode caracterizar agravante nos termos do art. 61, II, *d*, CP (STJ, AgRg no REsp 1.525.390/SC, Rel. Min. Nefi Cordeiro, 6ª T., *DJe* 03/04/2018).

Nesse sentido:

⚖ TJRS, RESE 70054637103, Rel. Julio Cesar Finger, j. 10/07/2013.

Contra ascendente, descendente, irmão ou cônjuge

A prova do parentesco deverá constar, obrigatoriamente, dos autos, mediante documentos próprios (carteira de identidade, certidão de nascimento ou certidão de casamento etc.), não podendo a circunstância agravante ser aplicada na sua ausência. Não importa, ainda, que o parentesco seja natural ou proveniente de adoção. Como a última figura da alínea *e* faz menção ao cônjuge, não podemos nela admitir a pessoa do(a) companheiro(a), sob pena de ser realizada a chamada analogia *in malam partem*, o que não impede que, neste caso, seja aplicada a circunstância agravante elencada pela alínea *f*, cuja análise será feita adiante.

⚖ A agravante de que trata o art. 61, II, *e*, do Código Penal não incide nas hipóteses de crime praticado contra companheiro(a), pois a lei faz menção apenas ao cônjuge e, na seara criminal, não se admite o emprego da analogia em prejuízo do réu *(in malam partem)* para agravar a pena (STJ, REsp 1201880/RS, Rel.ª Min.ª Maria Thereza de Assis Moura, 6ª T., *DJe* 14/05/2013).

Nesse sentido:

⚖ TJMG, Processo 1.0024.95.095097-2/001[1], Rel. Des. Tibagy Salles, *DJ* 24/08/2004.

Com abuso de autoridade ou prevalecendo-se de relações domésticas, de coabitação ou de hospitalidade, ou com violência contra a mulher na forma da lei específica

Na precisa lição de Magalhães Noronha, "abuso é o uso ilegítimo, é usar mal, no caso, a autoridade que possui, seja de natureza particular ou pública, desde que não compreendida na alínea seguinte".[64] Entende-se por relações domésticas, ainda seguindo as lições de Magalhães Noronha, aquelas "estabelecidas entre os componentes de uma família, entre patrões e criados, empregados, professores e amigos da casa".[65] Coabitar, no sentido do texto legal, quer dizer habitar ou morar em lugar comum, diversamente da hospitalidade, que se traduz, em regra, numa situação passageira ou momentânea, como as visitas. Por violência contra a mulher devemos entender aquela prevista pelo art. 5º da Lei nº 11.340, de 7 de agosto de 2006, que diz, *verbis*: *Art. 5º Para os efeitos desta Lei, configura violência doméstica e familiar contra a mulher qualquer ação ou omissão baseada no gênero que lhe cause morte, lesão, sofrimento físico, sexual ou psicológico e dano moral ou patrimonial: I – no âmbito da unidade doméstica, compreendida como o espaço de convívio permanente de pessoas, com ou sem vínculo familiar, inclusive as esporadicamente agregadas; II – no âmbito da família, compreendida como a comunidade formada por indivíduos que são ou se consideram aparentados, unidos por laços naturais, por afinidade ou por vontade expressa; III – em qualquer relação íntima de afeto, na qual o agressor conviva ou tenha convivido com a ofendida, independentemente de coabitação. Parágrafo único. As relações pessoais enunciadas neste artigo independem de orientação sexual.*

⚖ (...) III – A alegação de violação ao non bis in idem não merece prosperar, eis que, "O art. 17 da Lei n. 11.340/2006 foi editado com a finalidade de refrear o suposto agressor da mulher de reiterar nas condutas delituosas, não estando mais sujeito ao mero pagamento de multa em decorrência de violência contra a mulher. Já a agravante prevista no art. 61, II, 'f', do CP, visa ao incremento da pena diante da maior gravidade dos atos delituosos com prevalência de relações domésticas, de coabitação ou de hospitalidade, ou com violência contra a mulher. Dessa forma, patente a conclusão de que os preceitos possuem fundamentos distintos, não sendo aptos à configuração do suscitado bis in idem, não havendo nenhuma ilegalidade na incidência da aludida agravante, aplicada em rela-

[63] BRUNO, Aníbal. *Direito penal*, p. 128.

[64] NORONHA, Edgard Magalhães. *Direito penal*, v. 1, p. 249.

[65] NORONHA, Edgard Magalhães. *Direito penal*, v. 1.

ção ao crime de ameaça, ainda que em conjunto com outras disposições da Lei n. 11.340/2006" (AgRg no HC 459.128/SC, Quinta Turma, Rel. Min. Reynaldo Soares da Fonseca, *DJe* de 16/11/2018). Precedentes (...) (AgRg no HC 596.298/SC, Rel. Min. Felix Fischer, 5ª T., julgado em 08/09/2020, *DJe* 14/09/2020).

Nesse sentido:

⚖ STJ, AgRg no AREsp 1.439.546/RJ, Rel. Min. Reynaldo Soares da Fonseca, 5ª T., *DJe* 05/08/2019; STJ, REsp 1388316/RS, Rel. Min. Sebastião Reis Junior, 6ª T., *DJe* 10/04/2014; STJ, HC 175816/RS, Rel. Min. Marco Aurélio Bellizze, 5ª T., *DJe* 28/06/2013.

Com abuso de poder ou violação de dever inerente a cargo, ofício, ministério ou profissão

Cargo e ofício dizem respeito aos chamados servidores públicos. Ministério encontra-se normalmente ligado a atividades religiosas. Profissão, como assevera Celso Delmanto, "é a atividade habitualmente exercida por alguém, como seu meio de vida",[66] a exemplo do médico, engenheiro etc.

⚖ As circunstâncias do crime não se inferem ilegalidade na primeira fase da dosimetria, pois o decreto condenatório demonstrou que o *modus operandi* do delito revela gravidade concreta superior à ínsita aos crimes desta natureza, visto que "o 11º Ofício de Notas do Município de Petrópolis foi usado como pano de fundo para a realização da indigitada fraude, sob pretexto de agilização do serviço que antes era realizado por despachantes, circunstância que demonstra a ousadia e o desrespeito da acusada para com a sociedade e, especialmente, para com o ofendido, inegavelmente de boa-fé", não tendo sido utilizado este fundamento em qualquer outra fase da dosimetria como alega a defesa. (...) Não há o reclamado *bis in idem*, visto que, ao contrário do sustentado pelo impetrante, a situação funcional não foi levada em conta para majorar a pena-base na primeira fase de fixação da reprimenda, como se constata pela simples leitura do trecho do v. acórdão impugnado acima reproduzido, mas na segunda fase, com a incidência da agravante prevista no art. 61, inciso II, alínea "g", do Código Penal. O que foi levado em conta na primeira fase está mais relacionado às circunstâncias e consequências do crime, tendo a pena-base sido fixada acima do mínimo em razão do efetivo esquema operado pela paciente na empreitada criminosa (AgRg no HC 579.171/RJ, Rel. Min. Felix Fischer, 5ª T., julgado em 18/08/2020, *DJe* 25/08/2020).

Nesse sentido:

⚖ STJ, REsp 1121689/SP, Rel. Min. Moura Ribeiro, 5ª T., *DJe* 14/05/2014; TJDF, Ap. 8498, Rel. Nélson Hungria, *RF* 113, p. 205.

Contra criança, maior de 60 (sessenta) anos, enfermo ou mulher grávida

O art. 2º da Lei nº 8.069/90 (Estatuto da Criança e do Adolescente) estabeleceu que se considera criança a pessoa com até 12 anos de idade incompletos e adolescente, aquela entre 12 e 18 anos de idade. Assim, em virtude dessa opção legal, somente poderá haver a aplicação da circunstância prevista na primeira figura da alínea *h* quando a vítima tiver menos de 12 anos de idade. Com relação à segunda figura, o Estatuto da Pessoa Idosa, no lugar da palavra *velho*, utilizada pela antiga redação da alínea, fez inserir a expressão *maior de 60 (sessenta) anos*, nos fornecendo um dado de natureza objetiva para fins de aplicação da circunstância agravante. Enfermo é aquele que está acometido por uma enfermidade que o torna debilitado, vulnerável, tendo, por essa razão, reduzida sua condição de defesa. Grávida é a mulher em cujo útero já se encontra um embrião ou o feto. Para que esta agravante seja aplicada, é preciso que, obrigatoriamente, ela ingresse na esfera de conhecimento, ou seja, o agente, efetivamente, deverá ter conhecimento do estado de gravidez da vítima.

⚖ Nos casos em que se pratica o delito contra vítima maior de 60 (sessenta) anos, imperiosa a aplicação da agravante prevista no art.61, II, *h*, do Código Penal, por ser de natureza objetiva (AgRg nos EDcl no REsp 1.837.495/BA, Rel. Min. Jorge Mussi, 5ª T., julgado em 05/05/2020, *DJe* 18/05/2020).

Nesse sentido:

⚖ STJ, HC 305.744/SP, Rel. Min. Reynaldo Soares da Fonseca, 5ª T., *DJe* 12/06/2018; STJ, AgRg no AREsp 1.078.688/SP, Rel. Min. Jorge Mussi, 5ª T., *DJe* 06/10/2017; STJ, HC 255231/MG, Rel. Min. Marco Aurélio Bellizze, 5ª T., *DJe* 04/03/2013; STJ, REsp 1166589/SC, Rel. Min. Sebastião Reis Júnior, 6ª T., *DJe* 04/06/2012; STJ, HC 145928/SP, Rel.ª Min.ª Laurita Vaz, 5ª T., *DJe* 17/05/2011; STJ, HC 83977/SP, Rel. Min. Napoleão Nunes Maia Filho, 5ª T., *DJe* 20/10/2008.

Quando o ofendido estava sob a imediata proteção da autoridade

Essa hipótese demonstra o desrespeito do agente diante das autoridades constituídas. Mesmo, como diz a agravante, estando o ofendido sob a imediata proteção da autoridade, isso não foi suficiente para inibir sua conduta. Conforme salientado por Aníbal Bruno, "o que se ofende não é só o bem jurídico do indivíduo, mas o respeito à autoridade que o tem sob sua imediata proteção e cresce ainda a reprovação do fato pela audácia do agente, a pertinácia com que leva adiante o seu desígnio criminoso, apesar da situação particular de garantia em que se encontra a sua vítima".[67]

---

[66] DELMANTO, Celso. *Código penal comentado*, p. 107.
[67] BRUNO, Aníbal. *Direito penal*, t. III, p. 129.

Em ocasião de incêndio, naufrágio, inundação ou qualquer calamidade pública, ou de desgraça particular do ofendido

Quando a infração penal é cometida durante a ocorrência de uma calamidade pública, a exemplo daquelas mencionadas pela alínea *j* (incêndio, naufrágio ou inundação) ou mesmo durante uma pandemia, existe um natural enfraquecimento na proteção de determinados bens, facilitando, sobremaneira, a ação criminosa do agente. A prática de infração penal durante situações calamitosas é fator demonstrativo da insensibilidade do agente, que, além de não se importar com o infortúnio alheio, ainda contribui para o maior sofrimento. A agravante será aplicada, também, na hipótese de desgraça particular do ofendido, ou seja, além daquela situação de calamidade pública, que atinge um número considerável de pessoas, preocupou-se a lei penal também com a particular situação do ofendido. Celso Delmanto diz que a última parte da mencionada alínea "refere-se ao aproveitamento de situação de luto, acidente ou enfermidade da vítima ou de seus familiares",[68] podendo-se acrescentar a essas hipóteses quaisquer outras que atinjam o ofendido de modo a deprimi-lo, fazendo com que fique por demais fragilizado, a exemplo da separação judicial da vítima, a internação de um de seus filhos para a realização de tratamento de desintoxicação etc.

Em estado de embriaguez preordenada

As modalidades de embriaguez voluntária vêm expressas no inc. II do art. 28 do Código Penal, podendo-se bipartir, como dissemos, em embriaguez voluntária em sentido estrito e embriaguez culposa. Na primeira, o agente faz a ingestão de bebida alcoólica com a finalidade de se embriagar; na segunda, embora não tendo essa finalidade, culposamente se coloca em estado de embriaguez. A agravante da embriaguez preordenada encontra-se prevista na modalidade de embriaguez voluntária em sentido estrito. Contudo, a finalidade do agente não é somente embriagar-se, mas colocar em estado de embriaguez com o fim de praticar determinada infração penal. Embora entendamos dessa forma a embriaguez preordenada, podemos em alguns casos afirmar também que o agente, colocando-se em estado de embriaguez, já não saberá o que fazer, podendo sua atitude, ser até mesmo completamente diversa daquela que esperava. Se desejava matar alguém, quando, já em completo estado de embriaguez, encontra o seu desafeto em vez de levar adiante o seu intento criminoso, a mudança de personalidade causada pela ingestão de bebida alcoólica pode fazer com que sua intenção agressiva se transforme em outro sentimento completamente diverso.

Enfim, embora não podendo o agente ter a certeza do que fará em estado de embriaguez, se sua finalidade, ao fazer a ingestão de bebida alcoólica, era praticar determinada infração penal, se esta for efetivamente levada a efeito, terá plena aplicação a agravante em discussão.

⚖ Diferentemente da embriaguez decorrente de caso fortuito ou de força maior, em que há isenção ou diminuição de pena, a denominada embriaguez voluntária ou culposa, salvo quando preordenada – a qual configura circunstância agravante, resultando em aumento de pena –, conquanto não induza inimputabilidade, afeta a capacidade do autor de entender o caráter ilícito da conduta e de se autodeterminar conforme tal entendimento, de sorte que se, de um lado, não se presta para atenuar a reprimenda, não pode, de outro, servir como fundamento para seu recrudescimento (STJ, HC 190.486/ES, Rel. Min. Nefi Cordeiro, 6ª T., *DJe* 1º/10/2015).

Nesse sentido:

⚖ TJMG, Processo 1.0071.05.022574-8/001[1], Rel. Des. Herculano Rodrigues, *DJ* 13/09/2006.

Agravantes no caso de concurso de pessoas
Art. 62. A pena será ainda agravada em relação ao agente que:
I – promove, ou organiza a cooperação no crime ou dirige a atividade dos demais agentes;
II – coage ou induz outrem à execução material do crime;
III – instiga ou determina a cometer o crime alguém sujeito à sua autoridade ou não punível em virtude de condição ou qualidade pessoal;
IV – executa o crime, ou nele participa, mediante paga ou promessa de recompensa.

Promove, ou organiza a cooperação no crime ou dirige a atividade dos demais agentes

Com essa redação, o inc. I do art. 62 do Código Penal permite agravar a pena do chefe do grupo criminoso, aquele que se destaca pela sua capacidade de organizar e dirigir os demais. É o "cabeça pensante", o homem inteligente do grupo, que tem a capacidade de conduzir os demais ao sucesso da infração penal. Como bem destacou Jair Leonardo Lopes, "não há dúvida de que quem toma a iniciativa da prática do crime, traçando a atividade dos demais agentes, urdindo toda a trama, distribuindo as tarefas, revela a sua intensa disposição de delinquir, impondo-se a agravação de sua pena. Neste nível estaria o chamado 'poderoso chefão' da máfia italiana ou o 'chefe da gang' norte-americana ou, entre nós, os dirigentes de quadrilhas como no chamado 'Comando Vermelho', 'Esquadrões da morte' ou, mais recentemente, o PCC

---

[68] DELMANTO, Celso. *Código penal comentado*, p. 99.

(Primeiro Comando da Capital), existente no Estado de São Paulo".[69]

As hipóteses mencionadas por Jair Leonardo Lopes, atualmente, se amoldariam ao conceito de organização criminosa, conforme se verifica pela redação do § 1º do art. 1º da Lei nº 12.850, de 2 de agosto de 2013. Também, aqui, haveria uma agravação da pena para aquele que exerce atividade de comando, conforme se verifica pelo § 3º, do art. 2º da referida lei, que diz, *verbis*:

§ 3º A pena é agravada para quem exerce o comando, individual ou coletivo, da organização criminosa, ainda que não pratique pessoalmente os atos de execução.

Não há falar em falta de fundamentação para a aplicação da agravante prevista no art. 62, I, do Código Penal se evidenciado nos autos que o paciente era quem dirigia as atividades dos demais agentes, exercendo inegável liderança, não sendo a via do *habeas corpus* própria à revisão do entendimento assim firmado pela instância ordinária (STJ, AgRg no HC 383.360/SP, Rel. Min. Nefi Cordeiro, 6ª T., *DJe* 19/06/2018).

Nesse sentido:

STJ, REsp 1.537.773/SC, Rel. Min. Sebastião Reis Junior, 6ª T., *DJe* 19/09/2016; TJMG, Processo 1.0527.06.976437-3/001[1], Rel. Des. Walter Pinto da Rocha, *DJ* 12/09/2006; TJMG, Processo 2.0000.00.411634-1/000[1], Rel. Des. Eduardo Brum, *DJ* 07/10/2003.

Coage ou induz outrem à execução material do crime

A coação mencionada pelo inc. II do art. 62 do Código Penal pode ser irresistível ou resistível. Na coação dita irresistível, somente o coator responderá pelo crime praticado pelo coagido, nos termos do art. 22 do Código Penal, que diz que se o fato é cometido sob coação irresistível somente é punível o autor da coação. Assim, sobre a pena aplicada ao coator, relativa ao injusto penal levado a efeito pelo coagido, ainda se fará incidir a agravante em estudo. Na coação resistível, coator e coagido responderão pela infração penal praticada por este último; contudo, a lei determina que sobre a pena aplicada ao primeiro se faça incidir a agravante. A segunda hipótese prevista pelo inc. II do art. 62 do Código Penal diz respeito àquele que induz outrem à execução material do crime. Segundo o item 53 da exposição de motivos da nova Parte Geral do Código Penal, *o Projeto dedicou atenção ao agente que no concurso de pessoas desenvolve papel saliente. No art. 62, reproduz-se o texto do Código atual, acrescentando-se, porém, como agravante, a ação de induzir outrem à execução material do crime. Estabelece-se, assim, paralelismo com os elementos do tipo do art. 122 que, com a nova redação trazida pela Lei nº 13.964, de 24 de dezembro de 2019, passa agora a ser o de induzimento, instigação ou auxílio a suicídio* ou a automutilação. Induzir quer dizer colocar, criar a ideia criminosa na cabeça do agente; instigar significa reforçar, estimular uma ideia já existente. A lei penal fez opção por agravar a pena somente daquele que cria a ideia delituosa na cabeça do agente, autor da infração penal, deixando de lado a simples instigação. Embora se saiba que o autor exerça uma atividade principal e o partícipe uma atividade acessória, essa obrigatoriamente dependente daquela, merece ser frisado que, se não concorrem quaisquer outras causas que agravem a pena e se todas as circunstâncias judiciais forem favoráveis a ambos, a pena do partícipe, em virtude da aplicação dessa circunstância agravante, deverá ser maior do que a pena do autor, que executa materialmente o crime.

Instiga ou determina a cometer o crime alguém sujeito à sua autoridade ou não punível em virtude de condição ou qualidade pessoal

A primeira parte do inciso diz respeito àquele que instiga ou determina a cometer o crime alguém sujeito à sua autoridade. Instigar, como vimos acima, significa reforçar, acoroçoar uma ideia criminosa já existente; a determinação, conforme salienta Fernando Galvão da Rocha, "não possui o mesmo sentido que a indução, prevista no inciso anterior, posto que na hipótese ora em análise existe uma especial relação de autoridade que confere ao agente um poder de sujeitar à sua vontade o comportamento do outro indivíduo".[70] A autoridade mencionada pode ser pública ou privada, tais como a relação hierárquica entre servidores públicos, a familiar entre pais e filhos, a religiosa etc. A segunda parte do inciso cuida daquele que instiga ou determina a cometer o crime alguém não punível em virtude de sua condição ou qualidade pessoal. Note-se que o inciso fala em não punível, que não se confunde com o "inculpável". O fato praticado deve, portanto, ser típico, ilícito e culpável. Contudo, em virtude de uma condição ou qualidade pessoal não será punível, a exemplo das chamadas escusas absolutórias, ou imunidades penais de caráter pessoal, previstas no art. 181 do Código Penal. Se alguém, por exemplo, é instigado por outrem a subtrair um relógio pertencente a seu pai para que, vendendo-o, possa comprar certa quantidade de maconha para seu consumo, o fato por ele levado a efeito será considerado típico, ilícito e culpável, havendo, portanto, o crime. Contudo, em virtude da escusa absolutória existente no art. 181, II, do Código Penal, o agente não poderá ser punido, o que não impede que aquele que o estimulou ou o induziu responda pela infração penal praticada, cuja pena será, ainda, agravada, nos termos do inciso em estudo.

---

[69] LOPES, Jair Leonardo. *Curso de direito penal – parte geral*, p. 207.
[70] ROCHA, Fernando Galvão da. *Aplicação da pena*, p. 192.

A instigação, como provocação psicológica que é, consiste em exercitar, animar, estimular um propósito já formado, colaborando voluntariamente para que resolução criminosa se transforme em execução (TJMG, Rec. 2408, Rel. Des. Alencar Araripe, *RF* 178, p. 375).

Executa o crime, ou nele participa, mediante paga ou promessa de recompensa

A execução ou a participação no crime mediante paga ou promessa de recompensa demonstra a completa insensibilidade, a cupidez, a ausência de princípios morais básicos do agente. Tais hipóteses configuram o chamado motivo torpe, conceituado por Hungria como "o motivo que mais vivamente ofende a moralidade média ou o sentimento ético-social comum. É o motivo abjeto, ignóbil, repugnante, que imprime ao crime um caráter de extrema vileza ou imoralidade".[71]

Não há incompatibilidade entre o reconhecimento da qualificativa do concurso de agentes e o da agravante da execução mediante paga (TJMG, Rel. Des. Alencar Araripe Ap. 13541, *RF* 186, p. 354).

Reincidência

Art. 63. Verifica-se a reincidência quando o agente comete novo crime, depois de transitar em julgado a sentença que, no País ou no estrangeiro, o tenha condenado por crime anterior.

Reincidência

O art. 63 do Código Penal diz que a reincidência ocorre quando o agente comete novo crime, depois de transitar em julgado a sentença que, no País ou no estrangeiro, o tenha condenado por crime anterior.

O mencionado artigo refere-se a três fatos indispensáveis à caracterização da reincidência: 1º) prática de crime anterior; 2º) trânsito em julgado da sentença condenatória; 3º) prática de novo crime, após o trânsito em julgado da sentença penal condenatória.

Reincidência específica

Como regra geral, o Código Penal afastou a chamada reincidência específica, sendo suficiente a prática de crime anterior – independentemente das suas características –, que pode ou não ser idêntico ou ter o mesmo bem juridicamente protegido pelo crime posterior, praticado após o trânsito em julgado da sentença condenatória. Contudo, ao cuidar, por exemplo, do livramento condicional, exigiu, para a sua concessão, que fossem cumpridos mais de dois terços da pena, nos casos de condenação por crime hediondo, prática de tortura, tráfico ilícito de entorpecentes e drogas afins, e terrorismo, se o apenado não for *reincidente específico* em crimes dessa natureza, excepcionando a regra geral. Com o advento da Lei nº 13.964, de 24 de dezembro de 2019, no que diz respeito à progressão de regime, o art. 112 da Lei de Execução Penal passou, agora, a dispor em seu inciso VII da seguinte redação:

Art. 112. A pena privativa de liberdade será executada em forma progressiva com a transferência para regime menos rigoroso, a ser determinada pelo juiz, quando o preso tiver cumprido ao menos:

(...)

VII – 60% (sessenta por cento) da pena, se o apenado for reincidente na prática de crime hediondo ou equiparado;

Reincidência na Lei das Contravenções Penais

A Lei das Contravenções Penais traz sua própria regra no que diz respeito à reincidência, dizendo em seu art. 7º: *Verifica-se a reincidência quando o agente pratica uma contravenção depois de passar em julgado a sentença que o tenha condenado, no Brasil ou no estrangeiro, por qualquer crime, ou, no Brasil, por motivo de contravenção.*

Comprovação

A reincidência, que até então poderia ser comprovada tão somente através de certidão expedida pelo cartório criminal, passou a ser reconhecida, também, via folha de antecedentes criminais, conforme se verifica pela Súmula nº 636 do Superior Tribunal de Justiça, que diz:

Súmula nº 636: A folha de antecedentes criminais é documento suficiente a comprovar os maus antecedentes e a reincidência.

Momento de consideração

Prevista como circunstância agravante, somente no segundo momento de aplicação da pena é que poderá ser considerada a reincidência, razão pela qual o STJ, por intermédio da Súmula 241, posicionou-se no sentido de que *a reincidência penal não pode ser considerada como circunstância agravante e, simultaneamente, como circunstância judicial.*

Para fins de comprovação da reincidência, é necessária documentação hábil que traduza o cometimento de novo crime depois de transitar em julgado a sentença condenatória por crime anterior, mas não se exige, contudo, forma específica para a comprovação. Desse modo, é possível que a reincidência do réu seja demonstrada com informações processuais extraídas dos sítios eletrônicos dos tribunais (STF, HC 162.548-AgR/SP, 1ª T., Rel. Min. Rosa Weber, julgado em 16/06/2020).

---

[71] HUNGRIA, Nélson. *Comentários ao código penal*, v. V, p. 161.

Nesse sentido:

⚖ TJMG, Processo 2.0000.00. 349939-0/000[1], Rel. Des. Alexandre Victor de Carvalho, *DJ* 13/04/2002.

Reincidência e maus antecedentes

⚖ Nos termos da jurisprudência desta Corte, condenações anteriores ao prazo depurador de 5 anos, malgrado não possam ser valoradas na segunda fase da dosimetria como reincidência, constituem motivação idônea para a exasperação da pena-base a título de maus antecedentes (STJ, HC 478.773/SP, Rel. Min. Ribeiro Dantas, 5ª T., *DJe* 08/04/2019).

Nesse sentido:

⚖ STJ, AgRg no HC 445.570/SC, Rel. Min. Felix Fischer, 5ª T., *DJe* 09/08/2018; STJ, HC 362.098/RS, Rel. Min. Antônio Saldanha Palheiro, 6ª T., *DJe* 09/10/2017.

Reincidência e condenação por consumo de drogas

⚖ Conforme o recente entendimento deste Tribunal, "em face dos questionamentos acerca da proporcionalidade do direito penal para o controle do consumo de drogas em prejuízo de outras medidas de natureza extrapenal relacionadas às políticas de redução de danos, eventualmente até mais severas para a contenção do consumo do que aquelas previstas atualmente, o prévio apenamento por porte de droga para consumo próprio, nos termos do art. 28 da Lei de Drogas, não deve constituir causa geradora de reincidência" (REsp 1.672.654/SP, Rel.ª Min.ª Maria Thereza de Assis Moura, 6ª T., j. 21/08/2018, *DJe* 30/08/2018) (STJ, HC 478.773/SP, Rel. Min. Ribeiro Dantas, 5ª T., *DJe* 08/04/2019).

Nesse sentido:

⚖ STJ, HC 447.338/SC, Rel. Min. Ribeiro Dantas, 5ª T., *DJe* 28/08/2018; STJ, HC 407.882/SP, Rel. Min. Ribeiro Dantas, 5ª T., *DJe* 30/05/2018.

Reincidência e ato infracional

⚖ O fato de o paciente possuir passagem pela prática de ato infracional, embora não seja hábil para o reconhecimento da reincidência ou de maus antecedentes, é circunstância que revela a sua periculosidade social e a sua inclinação à prática de crimes, demonstrando a real possibilidade de que, solto, volte a delinquir (STJ, HC 518.336/SP, Rel. Min. Jorge Mussi, 5ª T., *DJe* 04/09/2019).

Nesse sentido:

⚖ STJ, HC 451.516/RJ, Rel. Min. Reynaldo Soares da Fonseca, 5ª T., *DJe* 1º/08/2018; STJ, HC 224.037/MS, Rel. Min. Rogério Schietti Cruz, 6ª T., *DJe* 27/04/2015.

Bis in idem

Paulo Queiroz, asseverando que a consideração da reincidência seria ofensiva ao princípio do *ne bis in idem*, diz:

"Ao se punir mais gravemente um crime, tomando-se por fundamento um delito anterior, está-se, em verdade, a valorar e castigar, por mais uma vez, a infração anteriormente praticada, em relação à qual o autor já foi sentenciado, chegando-se, por vezes, a absurdos, como, por exemplo, estabelecer o juiz, depois de fixar a pena-base em vinte anos de prisão por latrocínio, aumentá-la de metade em razão da reincidência (mais dez anos). Nota: o crime anterior (um furto) fora apenado em dois anos de prisão. A rigor, portanto, o condenado estará a cumprir a mesma pena por mais cinco vezes."

⚖ Não há *bis in idem* quando, havendo mais de uma qualificadora, uma delas for utilizada para qualificar o delito e as demais forem consideradas como circunstâncias desfavoráveis, seja para agravar a pena na segunda etapa da dosimetria, seja para elevar a reprimenda básica na primeira fase. Precedentes (STJ, AgRg no HC 512.372/PE, Rel. Min. Jorge Mussi, 5ª T., *DJe* 22/08/2019).

Nesse sentido:

⚖ STJ, HC 316.718/SP, Rel. Min. Reynaldo Soares da Fonseca, 5ª T., *DJe* 1º/08/2018; STJ, HC 283.232/SP, Rel. Min. Ribeiro Dantas, 5ª T., *DJe* 03/08/2016; TJ-RJ, AC 0152432-11.2014.8.19.0001, Rel. Des. Paulo Rangel, *DJe* 05/05/2015.

Art. 64. Para efeito de reincidência:
I – não prevalece a condenação anterior, se entre a data do cumprimento ou extinção da pena e a infração posterior tiver decorrido período de tempo superior a 5 (cinco) anos, computado o período de prova da suspensão ou do livramento condicional, se não ocorrer revogação;
II – não se consideram os crimes militares próprios e políticos.

Não reconhecimento da reincidência

Com essa redação, o art. 64 do Código Penal elimina de nosso sistema a perpetuidade dos efeitos da condenação anterior, determinando que esta não prevalecerá se entre a data de cumprimento ou da extinção da pena tiver decorrido período de tempo superior a cinco anos. Para fins de contagem desse prazo, quando ao condenado tiver sido concedida a suspensão condicional da pena ou o livramento condicional, o início da contagem do prazo de cinco anos ocorrerá a partir da data da audiência admonitória ou da cerimônia do livramento condicional, desde que não revogada a medida e declarada a extinção da pena (arts. 82 e 90 do CP).

Se não houver revogação do *sursis* ou do livramento condicional, ultrapassado o período de cinco anos, não poderá a condenação anterior ser considerada para efeito de reincidência, prevalecendo tão somente para configuração dos maus antecedentes.

⚖ 1. É certo que nesta Corte Superior de Justiça é pacífica a jurisprudência de que as condenações anteriores transitadas em julgado, alcançadas pelo prazo depurador de 05 (cinco) anos previsto no art. 64, inciso I, do Código Penal, embora afastem os efeitos da reincidência, não impedem a configuração de maus antecedentes. 2. Contudo, há julgados no sentido de que os maus antecedentes, quando os registros forem muito antigos, podem sofrer relativização, admitindo-se o afastamento de sua análise desfavorável, em aplicação à teoria do direito ao esquecimento (REsp 1.707.948/RJ, Rel. Min. Rogerio Schietti Cruz, *DJe* 16/04/2018). (...) (HC 547.465/RJ, Rel. Min. Laurita Vaz, 6ª T., julgado em 22/09/2020, *DJe* 06/10/2020).

Nesse sentido:

⚖ STJ, HC 428.189/RS, Rel. Min. Ribeiro Dantas, 5ª T., *DJe* 28/06/2018; HC 547.465/RJ, Rel.ª Min.ª Laurita Vaz, 6ª T., j. 22/09/2020, *DJe* 06/10/2020; HC 515.516/SP, Rel. Min. Felix Fischer, 5ª T., j. 05/05/2020, *DJe* 15/05/2020; STJ, HC 319.708/MS, Rel.ª Min.ª Maria Thereza de Assis Moura, 6ª T., *DJe* 13/05/2015; STJ, AgRg no REsp 1.191.237/SE, Rel. Min. Nefi Cordeiro, 6ª T., *DJe* 24/04/2015; STJ, AgRg no HC 296.178/MT, Rel. Min. Sebastião Reis Junior, 6ª T., DJe 12/03/2015.

Desconsideração dos crimes militares próprios e políticos

O inc. II do art. 64 do Código Penal também assevera que para efeito de reincidência não se consideram os crimes militares próprios e políticos. Zaffaroni e Pierangeli prelecionam: "Os delitos militares dividem-se em próprios, impróprios e falsos militares. São delitos militares próprios aqueles que só um militar pode cometer, por sua própria condição, os quais, se realizados por pessoa que não seja militar, são atípicos. Delitos militares impróprios são aqueles em que há comprometimento de bens jurídicos militares e não militares, vale dizer que, se cometidos por um militar, são mais ou menos graves, mas que, se fosse praticado por um não militar, continuariam a ser, igualmente, típicos. Falsos delitos militares são os delitos comuns atribuídos à jurisdição militar, quando cometidos por um militar. Os únicos que não contam para a reincidência são os delitos militares próprios, isto é, os primeiros".[72]

Pelo fato de a lei penal não fazer distinção entre os crimes políticos próprios ou impróprios, as duas hipóteses encontram-se previstas no inc. II do art. 64 do Código Penal.

Maus antecedentes

⚖ **Súmula nº 636 do STJ:** *A folha de antecedentes criminais é documento suficiente a comprovar os maus antecedentes e a reincidência.*

O Superior Tribunal de Justiça tem entendimento de que o tempo transcorrido após o cumprimento ou a extinção da pena não impede a análise desfavorável de tais circunstâncias, tendo em vista a adoção pelo Código Penal do sistema da perpetuidade, ao contrário do que se verifica na reincidência (art. 64, I), pois o legislador não limitou temporalmente a configuração dos maus antecedentes ao período depurador quinquenal. Nos precedentes colacionados pelo agravante, nos quais houve a relativização desse entendimento pelo excessivo decurso do tempo, observa-se que as condenações anteriores haviam transitado em julgado ou sido extinta a punibilidade há mais de 15 anos da data dos fatos apurados nos respectivos autos. No presente caso, quanto à condenação anterior atingida pelo período depurador, nota-se que a extinção da punibilidade só transitou em julgado 04/08/2011, ou seja, 7 anos antes do delito apurado nesses autos, período que não se configura como excessivo, ultrapassando apenas em 2 anos o período depurador (STJ, AgRg no HC 502.268/MS, Rel. Min. Ribeiro Dantas, 5ª T., *DJe* 23/08/2019).

Nesse sentido:

⚖ STJ, AgInt no REsp 1.716.818/RJ, Rel.ª Min.ª Maria Thereza de Assis Moura, 6ª T., *DJe* 14/03/2018; STJ, HC 338.010/SP, Rel. Min. Ribeiro Dantas, 5ª T., *DJe* 15/04/2016; STJ, HC 179949/RJ, Rel.ª Min.ª Laurita Vaz, 5ª T., *DJe* 06/06/2013; STJ, HC 204048/SP, Rel. Min. Sebastião Reis Júnior, 6ª T., *DJe* 29/06/2012.

Ao contrário do que ocorre com o Superior Tribunal de Justiça, que não vê qualquer limite temporal para reconhecimento dos maus antecedentes, o Supremo Tribunal Federal passou a entender, a exemplo do que ocorre com a reincidência (art. 64, I, do CP), que

⚖ "as condenações transitadas em julgado há mais de cinco anos não poderão ser caracterizadas como maus antecedentes para efeito de fixação da pena, conforme previsão do art. 64, I, do CP ["Para efeito de reincidência: I – não prevalece a condenação anterior, se entre a data do cumprimento ou extinção da pena e a infração posterior tiver decorrido período de tempo superior a 5 (cinco) anos, computado o período de prova da suspensão ou do livramento condicional, se não ocorrer revogação"]. Esse é o entendimento da Segunda Turma, que, em conclusão de julgamento e por maioria, concedeu a ordem em *habeas corpus* para restabelecer a decisão do tribunal de justiça que afastara os maus antecedentes, considerada condenação anterior ao período depurador (CP, art. 64, I),

---

[72] ZAFFARONI, Eugênio Raúl; PIERANGELI, José Henrique. *Manual de direito penal brasileiro* – parte geral, p. 846.

para efeito de dosimetria da pena – v. *Informativo* 778. A Turma afirmou que o período depurador de cinco anos teria a aptidão de nulificar a reincidência, de forma que não poderia mais influenciar no *quantum* de pena do réu e em nenhum de seus desdobramentos. Observou que seria assente que a *ratio legis* consistiria em apagar da vida do indivíduo os erros do passado, já que houvera o devido cumprimento de sua punição, de modo que seria inadmissível atribuir à condenação o *status* de perpetuidade, sob pena de violação aos princípios constitucionais e legais, sobretudo o da ressocialização da pena. A Constituição vedaria expressamente, na alínea *b* do inciso XLVII do art. 5º, as penas de caráter perpétuo. Esse dispositivo suscitaria questão acerca da proporcionalidade da pena e de seus efeitos para além da reprimenda corporal propriamente dita. Nessa perspectiva, por meio de cotejo das regras basilares de hermenêutica, constatar-se-ia que, se o objetivo primordial fosse o de se afastar a pena perpétua, reintegrando o apenado no seio da sociedade, com maior razão dever-se-ia aplicar esse raciocínio aos maus antecedentes. Ademais, o agravamento da pena-base com fundamento em condenações transitadas em julgado há mais de cinco anos não encontraria previsão na legislação pátria, tampouco na Constituição, mas se trataria de uma analogia *in malam partem*, método de integração vedado em nosso ordenamento. Por fim, determinou ao tribunal de origem que procedesse à nova fixação de regime prisional, sem considerar a gravidade abstrata do delito, nos termos do art. 33, §§ 2º e 3º, do CP. Vencidos os Ministros Teori Zavascki e Cármen Lúcia, que concediam parcialmente a ordem, apenas quanto à fixação do regime prisional" (STF, HC 126.315/SP, Rel. Min. Gilmar Mendes, 2ª T., *Informativo* 799, 23/09/2015).

Circunstâncias atenuantes

Art. 65. São circunstâncias que sempre atenuam a pena:

I – ser o agente menor de 21 (vinte e um), na data do fato, ou maior de 70 (setenta) anos, na data da sentença;

II – o desconhecimento da lei;

III – ter o agente:

a) cometido o crime por motivo de relevante valor social ou moral;

b) procurado, por sua espontânea vontade e com eficiência, logo após o crime, evitar-lhe ou minorar-lhe as consequências, ou ter, antes do julgamento, reparado o dano;

c) cometido o crime sob coação a que podia resistir, ou em cumprimento de ordem de autoridade superior, ou sob a influência de violenta emoção, provocada por ato injusto da vítima;

d) confessado espontaneamente, perante a autoridade, a autoria do crime;

e) cometido o crime sob a influência de multidão em tumulto, se não o provocou.

Redução da pena aquém do mínimo em virtude da aplicação de circunstâncias atenuantes

Objeto de muita discussão tem sido a possibilidade de se reduzir a pena-base aquém do mínimo ou de aumentá-la além do máximo nesse segundo momento de fixação da pena. O STJ, por intermédio da Súmula nº 231, expressou o seu posicionamento no sentido de que *a incidência da circunstância atenuante não pode conduzir à redução da pena abaixo do mínimo legal*. Essa, infelizmente, tem sido a posição da maioria de nossos autores, bem como de nossos tribunais, que, numa interpretação *contra legem*, não permitem a redução da pena-base, em virtude da existência de uma circunstância atenuante, se aquela tiver sido fixada em seu patamar mínimo.

(...) 2. O Supremo Tribunal Federal, no julgamento do RE 597.270 QO-RG, pela sistemática da repercussão geral, consolidou o entendimento segundo o qual "circunstância atenuante genérica não pode conduzir à redução da pena abaixo do mínimo legal" (...) (Tema 158) (AgRg no RE nos EDcl no AgRg no AREsp 1.625.149/DF, Rel. Min. Maria Thereza de Assis Moura, Corte Especial, julgado em 25/08/2020, *DJe* 28/08/2020).

Nesse sentido:

STJ, HC 507.331/SP, Rel. Min. Joel Ilan Paciornik, 5ª T., *DJe* 19/08/2019; STJ, HC 362.331/SP, Rel. Min. Reynaldo Soares da Fonseca, 5ª T., *DJe* 04/10/2016.

Dissemos que tal interpretação é contrária à lei porque o art. 65 não excepciona sua aplicação aos casos em que a pena-base tenha sido fixada acima do mínimo legal. Pelo contrário. O mencionado artigo afirma, categoricamente, que *são circunstâncias que* sempre *atenuam a pena*. Por que razão utilizaria o legislador o advérbio *sempre* se fosse sua intenção deixar de aplicar a redução, em virtude da existência de uma circunstância atenuante, quando a pena-base fosse fixada em seu grau mínimo?

De acordo com o que temos defendido, já decidiu o TJRS que

os princípios da proporcionalidade e da individualização da pena abrigam a possibilidade de, estando a pena-base fixada no mínimo legal, romper com este limite se presente atenuante prevista legalmente (TJRS, Ap. Crim. 70020082814, 5ª Câm. Crim. Rel. Des. Aramis Nassif, j. 11/07/2007).

Possibilidade, na visão da Câmara, de fixação da pena aquém do mínimo legal, por incidência de atenuante (TJRS, AC 70029176542, Rel. Des. Luís Gonzaga da Silva Moura, *DJ* 30/07/2009).

Nesse sentido:

TJRS, Ap. Crim. 70017019944, 5ª Câm. Crim. Rel.ª Des.ª Genacéia da Silva Alberton, j. 23/05/2007.

Rol exemplificativo

Diferentemente dos arts. 61 e 62 do Código Penal, que preveem as circunstâncias agravantes, o rol disposto no art. 65 não é taxativo, uma vez que o art. 66 diz que *a pena poderá ser ainda atenuada em razão de circunstância relevante, anterior ou posterior ao crime, embora não prevista expressamente em lei.*

Tribunal do Júri

Após a edição da Lei nº 11.689, de 9 de junho de 2008, que alterou dispositivos do Código de Processo Penal relativos ao Tribunal do Júri, embora as circunstâncias atenuantes devam ser sustentadas pela defesa, ou mesmo pela acusação, durante a sessão de julgamento, não existe mais a possibilidade de serem submetidas ao crivo do Conselho de Sentença, mediante quesito próprio, devendo tão somente o juiz presidente considerar sua aplicação no caso de condenação do acusado, conforme determina o art. 492, I, *b*, do mencionado diploma processual penal.

⚖ Com o advento da Lei n. 11.689, de 9 de junho de 2008 – a qual modificou o capítulo sobre o procedimento do júri –, as circunstâncias agravantes e atenuantes não mais são objeto de quesitação, de tal sorte que caberá ao magistrado considerá-las no momento da dosimetria da pena, em consonância com o que foi sustentado em plenário pelas partes, nos termos do art. 492, I, "b" do Código de Processo Penal. Precedentes. *In casu*, não houve menção à folha de antecedentes criminais do paciente, a justificar o reconhecimento da agravante da reincidência. Ademais, pela leitura da Ata de julgamento, às e-STJ, fls. 900/904, não houve referência à sua reincidência, ou que seus antecedentes criminais hajam sido mencionados, ou mesmo que tenha havido pedido expresso da acusação nesse sentido. Desse modo, verifiquei a ocorrência do patente constrangimento ilegal apontado pelo impetrante, de modo que a dosimetria da pena do paciente foi refeita, ficando sua reprimenda definitivamente estabilizada em 6 anos de reclusão. Apesar de o novo montante da sanção e do afastamento da agravante da reincidência permitirem, em tese, a fixação do regime intermediário, deveria ser mantido o regime mais gravoso, em virtude da gravidade concreta da conduta perpetrada – quatro disparos de arma de fogo contra a vítima –, o que está em harmonia com a jurisprudência desta Corte Superior, que é pacífica no sentido de que a existência de circunstâncias judiciais desfavoráveis, ou, ainda, outra situação que demonstre a gravidade concreta do delito perpetrado, como in casu, são condições aptas a recrudescer o regime prisional, em detrimento apenas do *quantum* de pena imposta. Precedentes. Agravo regimental não provido (AgRg no HC 580.498/PR, Rel. Min. Reynaldo Soares da Fonseca, 5ª T., julgado em 18/08/2020, *DJe* 24/08/2020).

Nesse sentido:

⚖ STJ, HC 507.883/RS, Rel. Min. Rogério Schietti Cruz, 6ª T., *DJe* 10/06/2019; STF, HC 106376/MG, Rel.ª Min.ª Cármen Lúcia, j. 1º/03/2011, 1ª T., *Informativo* nº 618.

Se o agente for menor de 21 (vinte e um), na data do fato, ou maior de 70 (setenta) anos, na data da sentença

Em várias de suas passagens, o Código Penal se preocupa em dar um tratamento diferenciado aos agentes em razão da idade. Cuida de modo especial daqueles que, ao tempo da ação ou da omissão, eram menores de 21 anos, uma vez que ainda não estão completamente amadurecidos e vivem uma das fases mais complicadas do desenvolvimento humano, que é a adolescência. Estão, na verdade, numa fase de mudança, saindo da adolescência e ingressando na fase adulta. A segunda hipótese diz respeito àqueles que, na data da sentença, já tenham completado 70 anos de idade. A vida média do brasileiro gira em torno dos 70 anos. A lei penal, atenta a esse dado importante, foi sábia ao cuidar do septuagenário de forma diferenciada, pois que o castigo da pena poderá, muitas vezes, abreviar a sua morte. A idade do agente determina não somente a redução de sua pena no segundo momento do critério trifásico, como também influencia, por exemplo, na concessão do *sursis* (art. 77, § 2º, do CP) ou no cálculo da prescrição (art. 115 do CP). Segundo a Súmula nº 74 do STJ, *para efeitos penais, o reconhecimento da menoridade do réu requer prova por documento hábil.*

Não somente a menoridade exige prova por meio de documento hábil, mas também ao septuagenário, a fim de que lhe sejam aplicados os dispositivos legais a que faz jus, uma vez que o parágrafo único do art. 155 do Código de Processo Penal, com a nova redação que lhe foi dada pela Lei nº 11.690, de 9 de junho de 2008, determina que *somente quanto ao estado das pessoas serão observadas as restrições estabelecidas na lei civil.*

⚖ Com efeito, quanto à comprovação da menoridade, esta Corte possui precedentes nos quais se reconhece a prescindibilidade da certidão de nascimento ou carteira de identidade (STF, HC 173.738/MG, Rel. Min. Luiz Fux, publicado em 06/08/2019).

Nesse sentido:

⚖ STJ, HC 449.819/MG, Rel. Min. Felix Fischer, 5ª T., *DJe* 09/08/2018; STJ, HC 354.581/SP, Rel.ª Min.ª Maria Thereza de Assis Moura, 6ª T., *DJe* 30/09/2016; STJ, HC 325.961/RJ, Rel. Min. Ribeiro Dantas, 5ª T., *DJe* 24/08/2016; STJ, RHC 38.345/ES, Rel. Min. Newton Trisotto, Desembargador convocado do TJ-SC, 5ª T., *DJe* 15/06/2015.

Agente que completa 70 anos quando do julgamento do recurso

🔨 Agente maior de setenta anos na data do julgamento da apelação. Nas hipóteses em que a condenação ocorrer em sede de decisão colegiada condenatória, em razão de o agente possuir foro especial por prerrogativa de função, quando houver reforma da sentença absolutória ou, ainda, quando a reforma for apenas parcial da sentença condenatória em sede de recurso, deve incidir a atenuante obrigatória prevista no art. 65, I, do CP (STJ, HC 91430/MG, Rel. Min. Arnaldo Esteves Lima, 5ª T., *DJ* 07/02/2008, p. 1).

Nesse sentido:

🔨 STJ, HC 67830/SC, Rel. Min. Gilson Dipp, 5ª T., *DJ* 18/06/2007 p. 283.

Desconhecimento da lei

Ao fazer a introdução do chamado erro de proibição, o art. 21 do Código Penal diz que *o desconhecimento da lei é inescusável*. Com essa redação, embora possamos discutir a sua eficácia em razão da existência do erro de proibição direto, o recado que o Código Penal nos dá é o seguinte: de nada importa a alegação do desconhecimento da lei, pois, ainda assim, o injusto penal praticado poderá ser considerado culpável. Contudo, embora não tenha o condão, segundo o mencionado art. 21, de afastar a infração penal, o desconhecimento da lei servirá como circunstância legal atenuante. Na precisa lição de Fernando Galvão da Rocha, "o fato concreto do desconhecimento da lei não admite graduações; ou o agente conhece a lei ou a desconhece. No entanto, o juiz deve utilizar-se de critérios seguros para mensurar a quantidade da redução de pena decorrente da aplicação da atenuante e realizar a dosimetria da reprimenda. Sendo o desconhecimento da lei circunstância atenuante da pena, afigura-se justo que a redução da reprimenda guarde relação com a maior ou menor influência que o desconhecimento da lei exerceu sobre a configuração da vontade delitiva. Quanto maior a influência do desconhecimento da lei, maior a redução de pena".[73]

🔨 (...) 2. Neste caso, há elementos suficientes que demonstram a ocorrência de prejuízo ao patrimônio público e de dolo específico na conduta do agente, que teria dispensado as formalidades de contratação durante um ano inteiro, o que, de fato, sepulta as teses defensivas, sobretudo a de desconhecimento da lei, tendo em vista que o paciente já estava no exercício do segundo mandato como prefeito municipal. 3. Assim, presentes os elementos que dão suporte às conclusões das instâncias antecedentes a respeito da autoria e da materialidade delitiva, não se vislumbra

motivo para reformar as conclusões das instâncias antecedentes, inexistindo constrangimento legal a ser sanado por esta via. 4. Agravo regimental improvido (AgRg no HC 580.098/MA, Rel. Min. Reynaldo Soares da Fonseca, 5ª T., julgado em 23/06/2020, *DJe* 30/06/2020).

Cometido o crime por motivo de relevante valor social ou moral

Valor social é aquele que atende mais aos interesses da sociedade do que aos do próprio agente, individualmente considerado. Seguindo a cátedra de Hungria, deve-se entender "por motivo social aquele que corresponde, mais particularmente, aos interesses coletivos, ou é suscitado por específicas paixões ou preocupações sociais, nobres em si mesmas e condizentes com a atual organização da sociedade".[74] Valor moral, ao contrário, é o valor individualizado, atributo pessoal do agente. Como bem observado por Jair Leonardo Lopes, "o motivo de relevante valor moral é de ordem pessoal e pode determinar uma reação diante, p. ex., de uma ofensa à honra do agente. Trata-se do crime cuja motivação está de conformidade com os padrões de valores morais do meio em que vive o agente, ou da própria classe social a que pertence".[75]

Procurado, por sua espontânea vontade e com eficiência, logo após o crime, evitar-lhe ou minorar-lhe as consequências, ou ter, antes do julgamento, reparado o dano

Inicialmente, deve ser frisado que a atenuante em estudo não se confunde com o arrependimento eficaz ou, mesmo, o arrependimento posterior. Isso porque a primeira parte da alínea *b* fala em evitar ou minorar as consequências do crime, ou seja, a infração já foi consumada e o agente somente procura minimizar seus efeitos, razão pela qual não se confunde com o arrependimento eficaz, que evita a consumação do crime; do mesmo modo, a última parte da alínea *b* se distingue do arrependimento posterior, haja vista que neste a reparação do dano ou a restituição da coisa é feita, nos termos do art. 16 do Código Penal, até o recebimento da denúncia ou da queixa, e na atenuante em questão a reparação do dano é levada a efeito após o recebimento da denúncia ou da queixa, mas antes do julgamento do processo. A atitude de, por sua espontânea vontade, logo após o crime, evitar-lhe ou minorar-lhe as consequências ou a reparação do dano experimentado pela vítima demonstra o arrependimento do agente na prática da infração penal, devendo, pois, por essa razão, ser a sua pena atenuada.

---

[73] ROCHA, Fernando Galvão da. *Aplicação da pena*, p. 201-202.

[74] HUNGRIA, Nélson. *Comentários ao código penal*, p. 123-124.

[75] LOPES, Jair Leonardo. *Curso de direito penal – parte geral*, p. 210.

⚖ Não cabe aumento de pena em crime culposo contra a pessoa, se o réu tenta fugir, descurando inteiramente da vítima, mas em seguida se arrepende e volta ao local do crime (TJSP, Ap. 21782, Rel. Thomaz Carvalhal, *RT* 177, p. 93).

Nesse sentido:

⚖ TRF 1ª Reg., HC 11766-0/MT, Rel. Tourinho Neto, *DJU* 22/10/1990, p. 24.757.

Cometido o crime sob coação a que podia resistir, ou em cumprimento de ordem de autoridade superior, ou sob a influência de violenta emoção, provocada por ato injusto da vítima

A alínea *c* destaca três hipóteses de atenuação da pena: *a)* coação resistível; *b)* cumprimento de ordem de autoridade superior; *c)* influência de violenta emoção, provocada por ato injusto da vítima. A coação a que alude a alínea *c* é aquela a que o agente podia resistir, pois, caso contrário, sendo irresistível, estaria afastada a culpabilidade em virtude de não lhe ser exigido outro comportamento, punindo-se, conforme determina o art. 22 do Código Penal, somente o autor da coação.

Raciocínio idêntico fazemos quando o agente cumpre a ordem emanada de seu superior, conhecendo a sua ilegalidade. Também no art. 22 do Código Penal está determinado que se o fato é cometido em estrita obediência a ordem não manifestamente ilegal, de superior hierárquico, só é punível o autor da ordem. Nas duas situações, coação resistível e cumprimento de ordem de autoridade superior, embora o agente responda pela infração penal, sua pena deve ser reduzida em razão da influência da coação ou da ordem emanada da autoridade superior sobre o seu comportamento. Poderia ter evitado o cometimento do crime, mas a sua fraqueza de personalidade levou-o a praticá-lo. Assim, embora condenado, deverá ter sua pena atenuada.

A última hipótese da alínea em estudo diz respeito ao crime cometido sob a influência de violenta emoção, provocada por ato injusto da vítima. A vítima não comete qualquer agressão injusta, pois, se assim agisse, permitiria ao agente atuar em legítima defesa. No crime de homicídio privilegiado, a pena é reduzida de um sexto a um terço se o agente comete o crime sob o domínio de violenta emoção, logo em seguida à injusta provocação da vítima. Note-se que a atenuante em estudo não exige o domínio, mas tão somente a influência de violenta emoção. Deixar-se dominar é perder completamente o controle da situação; influenciar-se é agir quando o ato podia ser evitado, mas a violenta emoção o impulsionou a praticá-lo. A influência é um *minus* em relação ao domínio. Merece ser aplicada a atenuante, uma vez que a vítima, com o seu comportamento injusto, provocou a prática da infração penal pelo agente.

Confessado espontaneamente, perante a autoridade, a autoria do crime

Destaca Alberto Silva Franco que "a alínea *d* do nº III do art. 65 da PG/84 modificou, sensivelmente, o texto anterior. Para que se reconheça a atenuante, basta agora ter o agente confessado perante a autoridade (policial ou judiciária) a autoria do delito, e que tal confissão seja espontânea. Não é mais mister que a confissão se refira às hipóteses de autoria ignorada do crime, ou de autoria imputada a outrem. Desde que o agente admita o seu envolvimento na infração penal, incide a atenuante para efeitos de minorar a sanção punitiva".[76] Poderá o agente, até mesmo, confessar o crime no qual foi preso em flagrante delito simplesmente com a finalidade de obter a atenuação de sua pena.

Como a lei não distingue, como bem asseverou Alberto Silva Franco, pouco importa se a autoria é conhecida, incerta ou ignorada. Desde que o agente a confesse, terá direito à redução de sua pena. Vale lembrar, contudo, que nesse conceito de autoridade podemos também incluir o Ministério Público, pois, não raro, nos dias de hoje, o Promotor de Justiça permanece à frente de investigações criminais procedidas em seu próprio gabinete. Nesses casos, havendo confissão por parte do agente, esta também deverá ser considerada para efeitos de aplicação da atenuante. Merece ser ressaltado, contudo, que se o agente, que havia confessado a prática da infração penal perante a autoridade policial, ao ser ouvido no inquérito policial, vier a se retratar em juízo, entendemos que tal retratação terá o condão de impedir o reconhecimento da referida atenuante.

⚖ Não se beneficia da circunstância atenuante obrigatória da confissão espontânea o acusado que desta se retrata em juízo. A retratação judicial da anterior confissão efetuada perante a polícia judiciária obsta a invocação e a aplicação da circunstância atenuante referida no art. 65, III, do Código Penal (STF, HC 69.188/SP, *DJU* 26/3/1993, p. 5.003) (TJMG, AC 1.0223.06.185651-2/001, Rel. Des. Eli Lucas de Mendonça, *DJ* 03/05/2007).

No entanto, em sentido contrário, tem-se considerado a circunstância atenuante na hipótese em que o julgador tenha se valido da confissão do agente, mesmo que, posteriormente, tenha ele se retratado.

⚖ (...) Nos moldes da Súmula 545/STJ, a atenuante da confissão espontânea deve ser reconhecida, ainda que tenha sido parcial ou qualificada, seja ela judicial ou extrajudicial, e mesmo que o réu venha a dela se retratar, quando a manifestação for utilizada para fundamentar a sua condenação. (...) (HC 596.624/SP, Rel. Min. Ribeiro Dantas, 5ª T., julgado em 25/08/2020, *DJe* 03/09/2020).

---

[76] FRANCO, Alberto Silva. *Código Penal e sua interpretação jurisprudencial* – parte geral, v.1, t. 1, p. 1.049.

Nesse sentido:

⚖ STJ, EDcl no AgRg no HC 494.295/MS, Rel. Min. Nefi Cordeiro, 6ª T., *DJe* 12/08/2019; STJ, AgRg no AREsp 1.640.414/DF, Rel. Min. Sebastião Reis Júnior, 6ª T., julgado em 09/06/2020, DJe 18/06/2020; STJ, HC 424.201/MS, Rel. Min. Jorge Mussi, 5ª T., *DJe* 1º/08/2018; STJ, HC 313.351/ SP, Rel. Min. Joel Ilan Paciornik, 5ª T., *DJe* 06/10/2016; STJ, HC 284.766/RJ, Rel. Min. Rogério Schietti Cruz, 6ª T., *DJe* 22/04/2015; STJ, HC 184559/MS, Rel. Min. Jorge Mussi, 5ª T., *DJe* 13/06/2012.

Também importará a aplicação da circunstância atenuante correspondente à confissão espontânea mesmo se esta tiver sido parcial ou incompleta.

⚖ Nos termos da jurisprudência desta Corte, nos casos em que a confissão do acusado servir como um dos fundamentos para a condenação, deve ser aplicada a atenuante em questão, pouco importando se a confissão foi espontânea ou não, se foi total ou parcial, ou mesmo se foi realizada só na fase policial com posterior retração em juízo (STJ, AgRg no REsp 1.360.791/SP, Rel. Min. Reynaldo Soares da Fonseca, 5ª T., *DJe* 05/10/2016).

Nesse sentido:

⚖ STJ, HC 282343/SP, Rel.ª Min.ª Maria Thereza de Assis Moura, 6ª T., *DJe* 18/08/2014.

⚖ **Súmula nº 545 do STJ:** *Quando a confissão for utilizada para a formação do convencimento do julgador, o réu fará jus à atenuante prevista no art. 65, III, "d", do Código Penal.*

Súmula nº 630 do STJ: *A incidência da atenuante da confissão espontânea no crime de tráfico ilícito de entorpecentes exige o reconhecimento da traficância pelo acusado, não bastando a mera admissão da posse ou propriedade para uso próprio.*

Confissão qualificada

Inicialmente, o STJ vinha se recusando a aplicar a atenuante quando fosse a hipótese da chamada confissão qualificada. Posteriormente, mudou seu posicionamento, e passou a entendê-la como possível, dizendo:

⚖ No que tange à confissão espontânea, nos moldes da Súmula 545/STJ, a atenuante deve ser reconhecida, ainda que tenha sido parcial ou qualificada, seja ela judicial ou extrajudicial, e mesmo que o réu venha a dela se retratar, quando a manifestação for utilizada para fundamentar a sua condenação. Tratando-se de julgamento realizado pelo Tribunal do Júri, todavia, considerando a dificuldade em se concluir pela utilização pelos jurados da confissão espontânea para justificar a condenação, este Superior Tribunal de Justiça firmou o entendimento de que é suficiente que a tese defensiva tenha sido debatida em plenário, seja ventilada pela defesa técnica ou alegada pelo réu em seu depoimento. No caso, verifica-se que a confis-

são qualificada do réu em outro processo foi utilizada pelo Ministério Público ao sustentar a condenação, impondo-se, assim, o reconhecimento da atenuante da confissão espontânea (STJ, HC 581.967/SC, Rel. Min. Ribeiro Dantas, 5ª T, julgado 23/06/2020, *DJe* 26/06/2020).

Nesse sentido:

⚖ STF, HC 173.746/SP, Rel. Min. Cármen Lúcia, publicado em 06/08/2019; STJ, AgRg no REsp 1.557.653/MG, Rel. Min. Antônio Saldanha Palheiro, 6ª T., *DJe* 25/09/2017; STJ, HC 439.019/PB, Rel. Min. Jorge Mussi, 5ª T., *DJe* 1º/08/2018; STJ, AgRg no REsp 1359503/MG, Rel. Min. Campos Marques, Desembargador convocado do TJPR, *DJe* 21/05/2013; STJ, HC 211294/MS, Rel. Min. Gilson Dipp, 5ª T., *DJe* 1º/08/2012; STJ, AgRg no REsp 999783/MS, Rel.ª Min.ª Maria Thereza de Assis Moura, 6ª T., *DJe* 28/02/2011; STJ, HC 325.163/SP, Rel.ª Min.ª Maria Thereza de Assis Moura, 6ª T., *DJe* 03/08/2015; STJ, HC 87.337/SP, Rel. Min. Nefi Cordeiro, 6ª T., *DJe* 25/06/2015.

Cometido o crime sob a influência de multidão em tumulto, se não o provocou

Terá aplicação a atenuante em tela toda vez que alguém cometer o crime por influência da multidão delinquente. Pode ocorrer que, num estádio de futebol, por exemplo, a briga entre torcidas desperte uma pancadaria indiscriminada. A ação do grupo pode, muitas vezes, influenciar o agente ao cometimento da infração penal. Se não foi ele quem provocou a situação de tumulto, poderá ser beneficiado pela atenuante, pois, segundo Jair Leonardo Lopes, "na multidão em tumulto o comportamento do indivíduo deixa de ser o próprio para ser aquele da própria multidão".[77] Embora concordemos com o renomado professor de Minas Gerais, o fato de o agente ser influenciado pela multidão não nos induz implicitamente a aceitar, entre eles, qualquer liame subjetivo, devendo cada um responder pelo seu comportamento ilícito e pelos resultados lesivos dele advindos.

Confissão espontânea e delação premiada

⚖ Não há confundir a confissão espontânea com a delação premiada, providência político-criminalmente orientada, dependente do concurso de condições estranhas à atenuante em questão. Tendo a segunda um espectro de atuação mais amplo, impactando diversos outros bens jurídicos, e, não só a mais eficiente e célere Administração da Justiça, justifica-se o *discrímen* no caráter de abrandamento da repri-menda. Daí o fato de o legislador ter dado tratamento diferente aos dois institutos, não havendo a possibilidade de aplicação analógica de um com relação ao outro (STJ, HC 183279/DF, Rel.ª Min.ª Maria Thereza de Assis Moura, 6ª T., *DJe* 1º/07/2013).

---

[77] LOPES, Jair Leonardo. *Curso de direito penal – parte geral*, p. 213.

Possibilidade de compensação da atenuante da confissão espontânea com a agravante da reincidência

A Terceira Seção, no julgamento do Recurso Especial Representativo de Controvérsia 1.341.370/MT, firmou o entendimento de que, aferidas as especificidades do caso concreto, "é possível, na segunda fase da dosimetria da pena, a compensação da atenuante da confissão espontânea com a agravante da reincidência" (HC 423221/SP, *Habeas Corpus* 2017/0285296-4, Rel. Min. Ribeiro Dantas, 5ª T., j. 23/06/2020, *DJe* 26/06/2020).

Art. 66. A pena poderá ser ainda atenuada em razão de circunstância relevante, anterior ou posterior ao crime, embora não prevista expressamente em lei.

Circunstância atenuante inominada

O art. 66 do Código Penal, demonstrando a natureza exemplificativa do rol existente no art. 65, diz que *a pena poderá ser ainda atenuada em razão de circunstância relevante, anterior ou posterior ao crime, embora não prevista expressamente em lei.*

Assim, por exemplo, pode o juiz considerar o fato de que o ambiente no qual o agente cresceu e se desenvolveu psicologicamente o influenciou no cometimento do delito; pode, também, acreditar no seu sincero arrependimento, mesmo que, no caso concreto, em virtude de sua condição pessoal, não tenha tido possibilidades, como diz a alínea *b* do inc. III do art. 65 do Código Penal, de logo após o crime evitar-lhe ou minorar-lhe as consequências, ou mesmo reparar o dano etc.

Aplicação cumulativa de circunstância inominada com outra elencada no art. 65 do Código Penal

Admissível a aplicação cumulativa da atenuante da confissão espontânea com uma atenuante inominada, desde que por motivos distintos, a critério subjetivo do órgão julgador. Reduções com fundamentações distintas. Descaracterizado, assim, o alegado *bis in idem*. Recurso conhecido, mas desprovido (STJ, REsp 303073/DF, Rel. Min. José Arnaldo da Fonseca, 5ª T., *DJ* 09/06/2003, p. 285/*RJADCOAS* 46, p. 540).

Concurso de circunstâncias agravantes e atenuantes

Art. 67. No concurso de agravantes e atenuantes, a pena deve aproximar-se do limite indicado pelas circunstâncias preponderantes, entendendo-se como tais as que resultam dos motivos determinantes do crime, da personalidade do agente e da reincidência.

Motivos determinantes

Motivos determinantes são aqueles que impulsionaram o agente ao cometimento do delito, tais como o motivo fútil, torpe, de relevante valor social ou moral.

Personalidade do agente

São dados pessoais, inseparáveis da sua pessoa, como é o caso da idade (menor de 21 na data do fato e maior de 70 anos na data da sentença).

Reincidência

Demonstra que a condenação anterior não conseguiu exercer seu efeito preventivo no agente, pois, ainda assim, veio a praticar novo crime após o trânsito em julgado da decisão condenatória anterior, demonstrando, com isso, a sua maior reprovação.

A questão atinente à compensação entre a reincidência e a confissão espontânea foi pacificada no julgamento dos EREsp nº 1.154.752/RS e do Recurso Especial Representativo de Controvérsia nº 1.341.370/MT. No primeiro, julgado em 23/05/2012 (*DJe* 04/09/2012), a Terceira Seção deste Superior Tribunal fixou o entendimento de que, observadas as peculiaridades do caso concreto, "é possível, na segunda fase da dosimetria da pena, a compensação da agravante da reincidência com a atenuante da confissão espontânea, por serem igualmente preponderantes, de acordo com o art. 67 do Código Penal". A Terceira Seção desta Corte Superior reafirmou seu posicionamento, ao julgar o HC nº 365.963/SP (*DJe* 23/11/2017) e admitiu a possibilidade de compensação entre a reincidência específica e a confissão (STJ, AgRg no REsp 1.475.884/RO, Rel. Min. Rogério Schietti Cruz, 6ª T., *DJe* 09/08/2018).

Nesse sentido:

STJ, HC 168301/DF, Rel. Min. Og Fernandes, 6ª T., *DJe* 1º/07/2010.

Em sentido contrário:

Conforme o entendimento consolidado pela Terceira Seção desta Corte, muito embora se reconheça a compensação da confissão espontânea com a reincidência, em se tratando de réu multirreincidente, a compensação integral implicaria ofensa aos princípios da individualização da pena e da proporcionalidade, mormente porque a multirreincidência exige maior reprovação, devendo, pois, prevalecer sobre a atenuante (STJ, HC 441.162/SP, Rel. Min. Felix Fischer, 5ª T., *DJe* 1º/08/2018).

Nesse sentido contrário:

STJ, REsp 1050137/DF, Rel.ª Min.ª Laurita Vaz, 5ª T., *DJe* 02/08/2010.

Concurso de agravantes e atenuantes

Se houver o concurso de uma circunstância preponderante com outra que não tenha essa natureza, prevalecerá aquela no segundo momento da aplicação da pena. No concurso de circunstâncias agravantes e atenuantes de idêntico valor, a existência de ambas levará ao afastamento das duas, ou seja, não se aumenta ou diminui a pena nesse segundo momento.

Nossos Tribunais Superiores parecem não se entender quanto ao tema, conforme se verifica pelos julgados adiante colacionados:

⚖ Concorrentes, no caso concreto, a atenuante de confissão prevista no art. 65, inciso III, alínea "d", do Código Penal, bem como a agravante de reincidência, prevista no art. 61, inciso I, do Código Penal – uma vez que a ré possui condenação transitada em julgado em 08/09/2010, pelo processo n. 022/2.06.0010492-1, ainda sem extinção ou cumprimento da pena –, procedo à compensação entre estas, pois são elas de igual preponderância e de caráter pessoal, conforme já referido anteriormente (STJ, REsp 1.834.565, Rel. Min. Antônio Saldanha Palheiro, publicado em 11/09/2019).

Nesse sentido:

⚖ STJ, HC 444.719/SP, Rel. Min. Ribeiro Dantas, 5ª T., *DJe* 1º/08/2018; STJ, HC 410.410/SC, Rel. Min. Reynaldo Soares da Fonseca, 5ª T., *DJe* 27/09/2017; STJ, AgRg no AREsp 1.019.526/MG, Rel. Min. Rogério Schietti Cruz, 6ª T., *DJe* 15/05/2017; STJ, HC 337.434/SP, Rel. Min. Joel Ilan Paciornik, 5ª T., *DJe* 29/09/2016; STF, RHC 120677/SP, Rel. Min. Ricardo Lewandowski, 2ª T., *DJe* 02/04/2014; STF, HC 96061/MS, Rel. Min. Teori Zavascki, 2ª T., j. 03/04/2013.

Menoridade

⚖ No tocante à segunda fase da dosimetria, este Superior Tribunal de Justiça já firmou o entendimento de que a confissão espontânea (Recurso Especial Representativo de Controvérsia 1.341.370/MT) e a menoridade relativa, sendo atributos da personalidade do agente, são igualmente preponderantes com a reincidência e os motivos do delito, consoante disposto no art. 67 do Código Penal (STJ, HC 403.623/SP, Rel. Min. Ribeiro Dantas, 5ª T., *DJe* 19/12/2017).

Nesse sentido:

⚖ STJ, HC 355.358/SP, Rel. Min. Reynaldo Soares da Fonseca, 5ª T., *DJe* 30/09/2016.

Maior de 70 anos na data da sentença

⚖ Não há que se falar em compensação entre a agravante genérica do crime cometido contra pessoa idosa, com a atenuante do art. 65, inc. I, parte final, do Código Penal, se à época da sentença o réu não havia atingido a idade de 70 anos (STJ, HC 43937/RJ, Rel. Min. Paulo Galotti, 6ª T., *DJ* 03/10/2005, p. 341, *RSTJ* 198, p. 599).

Jurisprudência em teses do Superior Tribunal de Justiça, publicada na edição nº 29, sobre aplicação da pena – agravantes e atenuantes

1) A incidência da circunstância atenuante não pode conduzir à redução da pena abaixo do mínimo legal (Súmula nº 231/STJ).

2) Em observância ao critério trifásico da dosimetria da pena estabelecido no art. 68 do Código Penal, não é possível a compensação entre institutos de fases distintas.

3) O aumento na terceira fase de aplicação da pena no crime de roubo circunstanciado exige fundamentação concreta, não sendo suficiente para a sua exasperação a mera indicação do número de majorantes (Súmula nº 443/STJ).

4) Incide a atenuante prevista no art. 65, inc. III, alínea *d*, do CP na chamada confissão qualificada, hipótese em que o autor confessa a autoria do crime, embora alegando causa excludente de ilicitude ou culpabilidade.

5) A condenação transitada em julgado pelo crime de porte de substância entorpecente para uso próprio gera reincidência e maus antecedentes, sendo fundamento idôneo para agravar a pena tanto na primeira como na segunda fase da dosimetria.

6) Para efeitos penais, o reconhecimento da menoridade do réu requer prova por documento hábil (Súmula nº 74/STJ).

7) Diante do reconhecimento de mais de uma qualificadora, somente uma enseja o tipo qualificado, enquanto as outras devem ser consideradas circunstâncias agravantes, na hipótese de previsão legal, ou, de forma residual, como circunstância judicial do art. 59 do Código Penal.

8) A agravante da reincidência pode ser comprovada com a folha de antecedentes criminais, não sendo obrigatória a apresentação de certidão cartorária.

9) É possível, na segunda fase do cálculo da pena, a compensação da agravante da reincidência com a atenuante da confissão espontânea (Tese julgada sob o rito do art. 543-C do CPC/1973 [correspondente ao art. 1.036 do CPC/2015]).

10) Nos casos em que há múltipla reincidência, é inviável a compensação integral entre a reincidência e a confissão.

Cálculo da pena

Art. 68. A pena-base será fixada atendendo-se ao critério do art. 59 deste Código; em seguida serão consideradas as circunstâncias atenuantes e agravantes; por último, as causas de diminuição e de aumento.

Parágrafo único. No concurso de causas de aumento ou de diminuição previstas na parte especial, pode o juiz limitar-se a um só aumento ou a uma só diminuição, prevalecendo, todavia, a causa que mais aumente ou diminua.

Aplicação da pena

A individualização da pena ocorre em três fases distintas. A primeira delas, chamada por Frederico Marques de individualização legislativa, "é a que o legislador estabelece quando discrimina as sanções cabíveis, delimita as espécies delituosas e formula o preceito sancionador das normas incriminadoras, ligando a cada um dos fatos típicos uma pena que varia entre um mínimo e um máximo claramente determinados. A individualização legislativa, por outra parte, domina e dirige as demais porque é a lei que traça as normas de conduta do juiz e dos órgãos da execução penal, na aplicação das sanções".[78]

Tendo o réu incorrido em qualquer uma das infrações elencadas em nosso Código Penal, parte-se para o segundo momento da individualização da pena, agora de competência do julgador. Do plano abstrato (fase da cominação) mergulhamos no plano concreto (fase da aplicação), cabendo ao juiz do processo penal de conhecimento aplicar àquele que praticou um fato típico, ilícito e culpável uma sanção penal que seja necessária e suficiente para a reprovação e prevenção do crime. Ainda no escólio de Frederico Marques, "a sentença é, por si, a individualização concreta do comando emergente da norma legal. Necessário é, por isso, que esse trabalho de aplicação da lei se efetue com sabedoria e justiça, o que só se consegue armando o juiz de poderes discricionários na graduação e escolha das sanções penais. Trata-se de um *arbitrium regulatum*, como diz Bellavista 'consistente na faculdade a ele expressamente concedida, sob a observância de determinados critérios, de estabelecer a quantidade concreta da pena a ser imposta, entre o mínimo e o máximo legal para individualizar as sanções cabíveis'".[79]

Com a finalidade de orientar o julgador neste momento tão importante que é o da aplicação da pena, a lei penal traçou uma série de etapas que, obrigatoriamente, deverão ser por ele observadas, sob pena de se macular o ato decisório, podendo conduzir até mesmo à sua nulidade.

Além disso, a pena encontrada pelo julgador deve ser proporcional ao mal produzido pelo condenado, sendo, pois, na definição do Código Penal (art. 59, parte final), aquela *necessária* e *suficiente* para a reprovação e a prevenção do crime.

Cálculo da pena

O art. 68 do Código Penal determina que a pena será aplicada observando-se três fases distintas.

⚖ É nula a sentença que, não observando a estrita individualização das penas, analisa conjuntamente as etapas da dosimetria da pena, mesmo havendo pluralidade de réus, impedindo-os que bem saibam as razões que motivaram a fixação do *quantum* da reprimenda estatal (TJMG, Processo 2.0000.00.440979-0/000[1], Rel. Des. Antônio Armando dos Anjos, *DJ* 16/10/2004).

Inicialmente, deverá o julgador encontrar a chamada pena-base, sobre a qual incidirão os demais cálculos. Nos tipos penais incriminadores existe uma margem entre as penas mínima e máxima, permitindo ao juiz, depois da análise das circunstâncias judiciais previstas pelo art. 59 do Código Penal, fixar aquela que seja mais apropriada ao caso concreto.

Cada uma dessas circunstâncias judiciais deve ser analisada e valorada individualmente, não podendo o juiz simplesmente se referir a elas de forma genérica, quando da determinação da pena-base, sob pena de se macular o ato decisório, uma vez que tanto o réu como o Ministério Público devem entender os motivos pelos quais o juiz fixou a pena-base naquela determinada quantidade. Entendemos, principalmente, que se o juiz fixou a pena-base acima do mínimo legal é direito do réu saber o porquê dessa decisão, que possivelmente será objeto de ataque quando de seu recurso. Nesse sentido a posição dominante em nossos tribunais, conforme se verifica pelas ementas abaixo colacionadas:

⚖ Na dosimetria da pena, os fatos posteriores ao crime em julgamento não podem ser utilizados como fundamento para valorar negativamente a culpabilidade, a personalidade e a conduta social do réu. Precedentes citados (HC 268.762-SC, 5ª T., *DJe* 29/10/2013; HC 210.787-RJ, 5ª T., *DJe* 16/09/2013; HC 189.385/RS, Rel. Min. Sebastião Reis Júnior, j. 20/02/2014).

Nesse sentido:

⚖ STJ, HC 100639/MS, Rel.ª Min.ª Laurita Vaz, 6ª T., *DJe* 07/06/2010; STF, HC 69.141-2, Rel. Min. Celso de Melo, *DJU* de 28/08/1992, p. 13.453.

Depois de fixar a pena-base, em seguida serão consideradas as circunstâncias atenuantes e agravantes, previstas na Parte Geral do Código Penal (arts. 61 e 65).

⚖ A Terceira Seção, no julgamento do Recurso Especial Representativo de Controvérsia 1.341.370/MT, firmou o entendimento de que, aferidas as especificidades do caso concreto, "é possível, na segunda fase da dosimetria da pena, a compensação da atenuante da confissão espontânea com a agravante da reincidência". Em 11/10/17, no julgamento do *Habeas Corpus* 365.963/SP, firmou a jurisprudência no sentido de que a especificidade da reincidência não obstaculiza sua compensação com a atenuante da confissão espontânea. Evidenciado que o acórdão impugnado ressalta que, apesar da existência de três títulos condenatórios transitados em julgado quando da prática delitiva, dois foram utilizados para majorar a pena a título de maus antecedentes, sendo que apenas uma condenação foi sopesada na segunda fase da dosimetria, não há qualquer óbice à compensação

---

[78] MARQUES, José Frederico. *Tratado de direito penal*, v. III, p. 297.
[79] MARQUES, José Frederico. *Tratado de direito penal*, v. III, p. 300.

integral da atenuante da confissão espontânea com a agravante da reincidência (HC 573.675/SP, Rel. Min. Ribeiro Dantas, 5ª T., julgado em 09/06/2020, *DJe* 17/06/2020).

Nesse sentido:

⚖ STF, HC 169.894/RJ, Rel. Min. Ricardo Lewandowski, publicado em 13/08/2019; STJ, AgRg no REsp 1.732.297/MG, Rel. Min. Antônio Saldanha Palheiro, 6ª T., *DJe* 02/08/2018; STJ, HC 386.477/SP, Rel. Min. Antônio Saldanha Palheiro, 6ª T., *DJe* 22/08/2017; STJ, HC 265.556/GO, Rel. Min. Gurgel de Faria, 5ª T., *DJe* 21/05/2015.

Quando houver concurso entre atenuantes e agravantes, a pena deve aproximar-se do limite indicado pelas circunstâncias preponderantes, entendendo-se como tais as que resultam dos motivos determinantes do crime, da personalidade do agente e da reincidência (art. 67 do Código Penal).

O terceiro momento de aplicação da pena, como já deixamos antever, diz respeito às causas de diminuição e de aumento. Nesse terceiro momento de aplicação da pena não existem discussões sobre a possibilidade de sua redução aquém do mínimo ou o seu aumento além do máximo, pois, se isso acontecesse, *v.g.*, a pena do crime tentado deveria ser sempre a mesma que a do consumado.

Quando houver concurso de causas de aumento ou de diminuição previstas na Parte Especial, pode o juiz limitar-se a um só aumento ou a uma só diminuição, prevalecendo, todavia, a causa que mais aumente ou diminua (art. 68, parágrafo único, do Código Penal).

⚖ A jurisprudência da Suprema Corte é no sentido de que o art. 68, parágrafo único, do Código Penal, não exige que o juiz aplique uma única causa de aumento referente à parte especial do Código Penal, quando estiver diante de concurso de majorantes, mas que sempre justifique a escolha da fração imposta. No caso, a Corte de origem olvidou-se de motivar a adoção das frações de aumento de forma cumulada, tendo se limitado a ressaltar a incidência das duas majorantes, o que não serve como justificativa para o incremento sucessivo (HC 585.347/SP, Rel. Min. Ribeiro Dantas, 5ª T., julgado em 16/06/2020, *DJe* 23/06/2020).

Nesse sentido:

⚖ STJ, HC 560.960/SP, Rel. Min. Ribeiro Dantas, 5ª T., julgado em 09/06/2020, *DJe* 15/06/2020; STJ, HC 560.960/SP, Rel. Min. Ribeiro Dantas, 5ª T., julgado em 09/06/2020, *DJe* 15/06/2020.

Aplicação da pena no concurso de crimes

Na sentença que reconhecer o concurso de crimes, em qualquer das suas três hipóteses – concurso material, concurso formal e crime continuado –, deverá o juiz aplicar, isoladamente, a pena correspondente a cada infração penal praticada. Após, segue-se a aplicação das regras correspondentes aos aludidos concursos.

Tal raciocínio faz-se mister porque o próprio Código Penal determina, no art. 119, que, *no caso de concurso de crimes, a extinção da punibilidade incidirá sobre a pena de cada um, isoladamente*, ou seja, o juiz não poderá levar a efeito o cálculo da prescrição sobre o total da pena aplicada no caso de concurso de crimes, devendo-se conhecer, de antemão, as penas que por ele foram aplicadas em seu ato decisório e que correspondem a cada uma das infrações praticadas isoladamente.

Pena de multa

⚖ No cálculo da pena de multa, o Juiz deve observar o critério trifásico, fixando a pena-base nos termos do art. 59 do Código Penal e seguir conforme o *iter* traçado pelo art. 68 do diploma repressivo (TJMG, Processo 1.0024.03.146265-8/001[1], Rel. Des. Maria Celeste Porto, *DJ* 12/12/2006).

Nesse sentido:

⚖ TJRS, Ap. Crim. 698526944, 7ª Câm. Crim., Rel. Des. José Antônio Paganella Boschi, j. 1º/07/1999.

Habeas corpus

⚖ É viável o exame da dosimetria da pena por meio de *habeas corpus*, devido a eventual desacerto na consideração de circunstância ou errônea aplicação do método trifásico, se daí resultar flagrante ilegalidade e prejuízo ao réu (STJ, HC 47006/PE, Rel. Min. Gilson Dipp, 5ª T., *DJ* 08/05/2006, p. 245).

Revisão criminal

⚖ Em sede de revisão criminal, o pedido de alteração de pena somente deve ser conhecido quando manifesta a ilegalidade ou irregularidade na aplicação da reprimenda, o que não é o caso. Não há erro, ilegalidade ou irregularidade a reconhecer no cálculo da pena, que foi fixada no mínimo legalmente previsto para o caso concreto, ou seja, roubo majorado (pena-base de 04 anos, elevada em 1/3 pela majorante) (TJRS, RC 70060135621, Rel. Des. Ícaro Carvalho de Bem Osório, j. 15/08/2014).

Nesse sentido:

⚖ TJMG, Processo 2.0000.00.421777-4/000[1], Rel. Des. Eduardo Brum, *DJ* 04/09/2004.

Concurso material

Art. 69. Quando o agente, mediante mais de uma ação ou omissão, pratica dois ou mais crimes, idênticos ou não, aplicam-se cumulativamente as penas privativas de liberdade em que haja incorrido. No caso de aplicação cumulativa de penas de reclusão e de detenção, executa-se primeiro aquela.

§ 1º Na hipótese deste artigo, quando ao agente tiver sido aplicada pena privativa de liberdade, não suspensa, por um dos crimes, para os demais

> será incabível a substituição de que trata o art. 44 deste Código.
> § 2º Quando forem aplicadas penas restritivas de direitos, o condenado cumprirá simultaneamente as que forem compatíveis entre si e sucessivamente as demais.

Concurso de crimes

O problema do concurso de delitos, como frisou Maggiore, "é também um problema de concurso de penas. Assim como no concurso de várias pessoas num mesmo delito se pergunta: Que pena deve aplicar-se a cada um dos coparticipantes? Assim, no concurso de vários delitos cometidos por uma só pessoa se perguntará: Que pena deverá aplicar-se a essa pessoa por todos os delitos por ela praticados? É necessário determinar, pois, qual é o regime penal a que deve ser submetido o que incorre em diversos delitos".[80]

Diferença entre ação e atos

A ação pode ser composta por um ou vários atos. Os atos são, portanto, os componentes de uma ação e dela fazem parte. Isso quer dizer que os atos que compõem uma ação não são ações em si mesmos, mas, sim, partes de um todo. Pode o agente, por exemplo, agindo com *animus necandi*, efetuar um ou vários disparos em direção ao seu desafeto, causando-lhe a morte. A ação consiste na conduta finalisticamente dirigida a causar a morte da vítima. Se, para tanto, o agente efetua vários disparos, cada um deles será considerado um elo nessa cadeia que é a conduta. Os disparos são, assim, atos que formam a conduta do agente. Não teríamos, no exemplo fornecido, várias ações de atirar, mas, sim, vários atos que compõem a ação única de matar alguém.

Requisitos e consequências do concurso material ou real de crimes

Requisitos:
a) mais de uma ação ou omissão;
b) a prática de dois ou mais crimes.
Consequência: aplicação cumulativa das penas privativas de liberdade em que haja incorrido.

Aplicação da regra do concurso material

A questão do chamado concurso material cuida da hipótese de quando o agente, mediante mais de uma ação ou omissão, poderá ser responsabilizado, em um mesmo processo, em virtude da prática de dois ou mais crimes. Caso as infrações tenham sido cometidas em épocas diferentes, investigadas por meio de processos também diferentes, que culminaram em várias condenações, não se fala, segundo nossa posição, em concurso material, mas, sim, em soma ou unificação das penas aplicadas, nos termos do art. 66, III, *a*, da Lei de Execução Penal, com a finalidade de ser iniciada a execução penal.

O concurso material surge quando o agente, mediante mais de uma ação ou omissão, pratica dois ou mais crimes que tenham entre si uma relação de contexto, ou em que ocorra a conexão ou a continência,[81] cujos fatos criminosos poderão ser analisados em um mesmo processo, quando, a final, se comprovados, farão com que o agente seja condenado pelos diversos delitos que cometeu. Nessa ocasião, como veremos a seguir, o juiz cumulará materialmente as penas de cada infração penal por ele levada a efeito. Essa posição que assumimos é minoritária, não sendo a adotada pela maioria esmagadora de nossos autores, a exemplo de Flávio Augusto Monteiro de Barros, que aduz: "Caracteriza-se o concurso material ainda quando alguns dos delitos venham a ser cometidos e julgados depois de os restantes o terem sido, porque não há necessidade de conexão entre eles, podendo os diversos delitos ser objeto de processos diferentes".[82]

Para nós, o fato de determinada infração penal ter sido julgada e posteriormente a ela outra vier a ser praticada, a soma das penas não deve ser tratada como hipótese de concurso material de crimes, embora duas ou mais infrações penais tenham ocorrido. Aqui, preferimos dizer que haverá tão somente a soma das penas, pelo juízo da execução, para fins de início de seu cumprimento, ou sua unificação com a finalidade de atender ao limite previsto pelo art. 75 do Código Penal, que agora é de 40 (quarenta) anos, com a modificação trazida pela Lei nº 13.964, de 24 de dezembro de 2019.

⚖ Ficam configurados os crimes de roubo e extorsão, em concurso material, se o agente, após subtrair bens da vítima, mediante emprego de violência ou grave ameaça, a constrange a entregar o cartão bancário e a respectiva senha, para sacar dinheiro de sua conta-corrente (STJ, HC 127.320/SP, Rel. Min. Rogério Schietti Cruz, 6ª T., *DJe* 15/05/2015).

---

[80] MAGGIORE, Giuseppe. *Derecho penal*, v. II, p. 153.

[81] Assevera-se nos arts. 76 e 77 do Código de Processo Penal, a respeito dos institutos da conexão e da continência: Art. 76. *A competência será determinada pela conexão: I – se, ocorrendo duas ou mais infrações, houverem sido praticadas, ao mesmo tempo, por várias pessoas reunidas, ou por várias pessoas em concurso, embora diverso o tempo e o lugar, ou por várias pessoas, umas contras as outras; II – se, no mesmo caso, houverem sido umas praticadas para facilitar ou ocultar as outras, ou para conseguir impunidade ou vantagem em relação a qualquer delas; III – quando a prova de uma infração ou de qualquer de suas circunstâncias elementares influir na prova de outra infração. Art. 77. A competência será determinada pela continência quando: I – duas ou mais pessoas forem acusadas pela mesma infração; II – no caso de infração cometida nas condições previstas nos arts. 70, 73 e 74 do Código Penal.* (Estes últimos artigos foram atualizados e, no original, dizem respeito aos arts. 51, § 1º, 53, segunda parte, e 54 da revogada Parte Geral do Código Penal de 1940.)

[82] BARROS, Flávio Augusto Monteiro de. *Direito penal – parte geral*, v. 1, p. 439.

Aplicação cumulativa de penas de reclusão e detenção

A parte final do *caput* do art. 69 diz ainda que, *no caso de aplicação cumulativa de penas de reclusão e de detenção, executa-se primeiro aquela*, sendo que, conforme observou Heleno Fragoso,[83] essa disposição é inútil porque não há praticamente diferença entre uma e outra das penas privativas de liberdade que se cumpram sob o mesmo regime.

⚖ Conforme art. 29, *caput*, do Código Penal, em decorrência do concurso material, as penas privativas de liberdade e de multa devem ser somadas, em relação a Cícero Amélio da Silva, do que resultam 3 (três) anos de reclusão. Não se diferenciam as penas de reclusão e detenção quando, no concurso, uma delas é de reclusão. Isso porque a única finalidade de haver a distinção entre uma e outra figura, conforme determina o art. 33, *caput*, do Código Penal, é o estabelecimento de regime inicial de cumprimento da pena. Como, aqui, há concurso com crime punido com reclusão, a distinção perde o sentido, além de a pena inicial estar sendo estabelecida em regime semiaberto (STJ, APn 830/DF, Rel. Min. Herman Benjamin, CE, *DJe* 02/04/2019).

Nesse sentido:

⚖ STJ, HC 325.645/MS, Rel. Min. Felix Fischer, 5ª T., *DJe* 29/09/2016.

Concurso material homogêneo e heterogêneo

Pela expressão *idênticos ou não*, contida no *caput* do art. 69 do Código Penal, podemos concluir pela existência de dois tipos de concurso material: homogêneo e heterogêneo.

Fala-se em concurso material homogêneo quando o agente comete dois crimes idênticos, não importando se a modalidade praticada é simples, privilegiada ou qualificada. Por outro lado, ocorrerá o concurso material heterogêneo quando o agente vier a praticar duas ou mais infrações penais diversas. Como a regra adotada pelo Código Penal é a do cúmulo material, tal distinção não tem relevância prática, ao contrário do que ocorre, por exemplo, com o concurso formal, cuja análise será feita mais adiante.

Concurso material e penas restritivas de direitos

Comentando com precisão os §§ 1º e 2º do art. 69 do Código Penal, Alberto Silva Franco preleciona: "É perfeitamente possível a ocorrência de concurso material de infrações com a aplicação cumulativa de penas privativas de liberdade que comportem substituição por penas restritivas de direito, em regime também cumulativo. Se, no entanto, em relação a uma delas, a pena privativa de liberdade não tiver sido suspensa, a substituição das demais, de acordo com o art. 44 da PG/84, torna-se inviável. Obsta tal procedimento o § 1º do art. 69 da PG/84. Por outro lado, no caso de aplicação cumulada de penas restritivas de direitos, a execução dessas penas poderá ser simultânea (suspensão de habilitação para dirigir veículos, por um fato e prestação de serviços à comunidade, por outro) se entre elas houver compatibilidade, ou sucessiva (duas penas de limitação de fim de semana) se tal compatibilidade inocorrer."[84]

Suspensão condicional do processo

⚖ **Súmula nº 243 do STJ**: *O benefício da suspensão do processo não é aplicável em relação às infrações penais cometidas em concurso material, concurso formal ou continuidade delitiva, quando a pena mínima cominada, seja pelo somatório, seja pela incidência da majorante, ultrapassar o limite de um (01) ano.*

Consoante estabelece a Súmula 243/STJ, "o benefício da suspensão do processo não é aplicável em relação às infrações penais cometidas em concurso material, concurso formal ou continuidade delitiva, quando a pena mínima cominada, seja pelo somatório, seja pela incidência da majorante, ultrapassar o limite de um (01) ano" (STJ, RHC 102.541/SP, Rel. Min. Ribeiro Dantas, 5ª T., *DJe* 1º/07/2019).

Nesse sentido:

⚖ STJ, HC 422.719/SP, Rel. Min. Reynaldo Soares da Fonseca, 5ª T., *DJe* 25/04/2018; STJ, HC 48174/SC, Rel. Min. Paulo Medina, 6ª T., *DJ* 1º/08/2006, p. 553.

Fiança

⚖ Não se revela cabível a fiança criminal quando, em concurso material a soma das penas mínimas abstratamente cominadas for superior a dois (2) anos de reclusão. Precedentes (STF, HC 79376/RJ, Rel. Min. Celso de Mello, *RTJ* 193, p. 936).

Concurso material e continuidade delitiva

⚖ O Código Penal adotou a Teoria Mista ou Objetivo-subjetiva para a caracterização do crime continuado, segundo a qual é necessário que estejam preenchidos, cumulativamente, requisitos de ordem objetiva (pluralidade de ações, mesmas condições de tempo, lugar e modo de execução) e de ordem subjetiva, assim entendido como a unidade de desígnios havida entre os eventos delituosos. O Magistrado aplicou, na sentença, o concurso material de crimes, visto que houve pluralidade de condutas com modos distintos de execução – por atropelamento e por facadas. A premissa da Corte de origem, de que houve conexão modal entre os delitos, mostra-se, portanto, em descompasso com a denúncia, a decisão de pronúncia e a sentença. Recurso especial provido a

---

[83] FRAGOSO, Heleno Cláudio. *Lições de direito penal – parte geral*, p. 348.
[84] FRANCO, Alberto Silva. *Código penal e sua interpretação jurisprudencial – parte geral*, v. 1, t. 1, p. 1.101.

fim de afastar a continuidade delitiva e restabelecer a pena e o regime inicial fixados em sentença (STJ, REsp 1.588.037/GO, Rel. Min. Rogério Schietti Cruz, 6ª T., *DJe* 14/05/2019).

Nesse sentido:

⚖ TJRS, 1º Grupo de Câm. Crim., Emb. Inf. 70010963122, Rel. Des. Marco Aurélio de Oliveira Canosa, j. 04/08/2006.

Reiteração criminosa

⚖ Constatada a mera reiteração habitual, em que as condutas criminosas são autônomas e isoladas, deve ser aplicada a regra do concurso material de crimes (STJ, HC 140927/RJ, Rel. Min. Arnaldo Esteves Lima, 5ª T., *DJe* 07/06/2010).

Concurso formal

Art. 70. Quando o agente, mediante uma só ação ou omissão, pratica dois ou mais crimes, idênticos ou não, aplica-se-lhe a mais grave das penas cabíveis ou, se iguais, somente uma delas, mas aumentada, em qualquer caso, de um sexto até metade. As penas aplicam-se, entretanto, cumulativamente, se a ação ou omissão é dolosa e os crimes concorrentes resultam de desígnios autônomos, consoante o disposto no artigo anterior.

Parágrafo único. Não poderá a pena exceder a que seria cabível pela regra do art. 69 deste Código.

Natureza jurídica do concurso formal

Fontán Balestra preleciona que duas teorias disputam o tratamento correspondente à natureza jurídica do concurso formal, a saber: teoria da unidade de delito e a tese da pluralidade. Diz o autor argentino que "a primeira das teorias enunciadas afirma que, não obstante a lesão de várias leis penais, existe um só delito. Na realidade, a expressão *concurso ideal* denota, por si mesma, a inexistência de uma verdadeira pluralidade de delitos, e indica que, ainda quando se tenham concretizado várias figuras, somente se há cometido um delito. Para a tese da pluralidade, a lesão de vários tipos penais significa a existência de vários delitos. O fato de que no concurso ideal exista tão somente uma ação resulta sem significado para esta doutrina",[85] sendo que ao final de seu raciocínio o renomado autor aponta a teoria da unidade de delito como a de sua preferência.

⚖ As condutas de possuir arma de fogo e munições de uso permitido e de uso restrito, apreendidas em um mesmo contexto fático, configuram concurso formal de delitos. Precedentes (STJ, HC 501.737/SP, Rel. Min. Reynaldo Soares da Fonseca, 5ª T., *DJe* 27/06/2019).

Nesse sentido:

⚖ STJ, HC 446.462/SP, Rel. Min. Felix Fischer, 5ª T., *DJe* 28/06/2018; STJ, HC 403.558/SP, Rel. Min. Ribeiro Dantas, 5ª T., *DJe* 11/10/2017; STJ, HC 199.635/SP, Rel. Min. Joel Ilan Paciornik, 5ª T., *DJe* 29/09/2016; STJ, HC 280192/SP, Rel. Min. Rogério Schietti Cruz, 6ª T., *DJe* 06/06/2014.

Requisitos e consequências do concurso formal ou ideal

Requisitos:

a) uma só ação ou omissão;

b) prática de dois ou mais crimes.

Consequências:

a) aplicação da mais grave das penas, aumentada de um sexto até metade;

b) aplicação de somente uma das penas, se iguais, aumentada de um sexto até metade;

c) aplicação cumulativa das penas, se a ação ou omissão é dolosa, e os crimes resultam de desígnios autônomos.

Concurso formal homogêneo e heterogêneo

As infrações praticadas pelo agente podem ou não ter a mesma tipificação penal. Se idênticas as tipificações, o concurso será reconhecido como homogêneo; se diversas, será heterogêneo, ou, nas lições de Enrique Cury Urzúa, "o concurso é homogêneo quando com um mesmo fato realiza várias vezes o mesmo tipo penal, como, por exemplo, se com um mesmo disparo se dá a morte de duas pessoas, ou proferindo uma só expressão se injuria a muitos indivíduos. Por sua vez, o concurso é heterogêneo quando com um só fato se satisfazem as exigências de distintos tipos penais",[86] a exemplo daquele que querendo causar a morte de uma pessoa também fere outra que por ali passava.

Dependendo do concurso, se homogêneo ou heterogêneo, o Código Penal traz soluções diversas no momento da aplicação da pena. Se homogêneo, o juiz, ao reconhecer o concurso formal, deverá aplicar uma das penas, que serão iguais em virtude da prática de uma mesma infração penal, devendo aumentá-la de um sexto até a metade; se heterogêneo o concurso, o juiz deverá selecionar a mais grave das penas e, também nesse caso, aplicar o percentual de aumento de um sexto até metade.

⚖ 1. A teor do que dispõe o art. 70 do Código Penal, verifica-se o concurso formal de crimes quando o agente, mediante uma só ação ou omissão, pratica dois ou mais crimes, idênticos ou não. 2. No caso dos autos, verifica-se a existência de concurso formal entre os crimes, porquanto a corrupção de menores se deu em razão da prática do delito do furto qualificado, constatando-se, assim, uma só ação para a prática de dois crimes. 3. Não há que se falar em reexame de provas, tendo em vista que a aplicação da regra do

---

[85] FONTÁN BALESTRA, Carlos. *Derecho penal*, p. 491-492.

[86] CURY URZÚA, Enrique. *Derecho penal* – parte general, t. II, p. 279.

concurso formal de crimes no presente caso amparou-se na narrativa dos fatos consignados no acórdão impugnado, no qual se verificou a inexistência de condutas distintas e desígnios autônomos, tendo ambos os delitos ocorridos no mesmo contexto fático. Precedentes (...) (AgRg no HC 617.526/AC, Rel. Min. Reynaldo Soares da Fonseca, 5ª T., julgado em 20/10/2020, *DJe* 26/10/2020).

Concurso formal próprio (perfeito) e impróprio (imperfeito)

A distinção varia de acordo com a existência do elemento subjetivo do agente ao iniciar a sua conduta. Nos casos em que a conduta do agente é culposa na sua origem, sendo todos os resultados atribuídos ao agente a esse título, ou na hipótese de que a conduta seja dolosa, mas o resultado aberrante lhe seja imputado culposamente, o concurso será reconhecido como próprio ou perfeito. Assim, por exemplo, se alguém, imprudentemente, atropelar duas pessoas que se encontravam no ponto de ônibus, causando-lhes a morte, teremos um concurso formal próprio ou perfeito. No mesmo sentido, no caso daquele que, almejando lesionar o seu desafeto, contra ele arremessa uma garrafa de cerveja que o acerta, mas também atinge outra pessoa que se encontrava próxima a ele, causando-lhe também lesões, teremos uma primeira conduta dolosa e também um resultado que lhe poderá ser atribuído a título de culpa, razão pela qual esta modalidade de concurso formal será tida como própria ou perfeita.

Situação diversa é aquela contida na parte final do *caput* do art. 70 do Código Penal, em que a lei penal fez prever a possibilidade de o agente atuar com desígnios autônomos, querendo, dolosamente, a produção de ambos os resultados.

Ao concurso formal próprio ou perfeito, seja ele homogêneo ou heterogêneo, aplica-se o percentual de aumento de um sexto até metade. Quanto ao concurso formal impróprio ou imperfeito, pelo fato de ter o agente atuado com desígnios autônomos, almejando dolosamente a produção de todos os resultados, a regra será a do cúmulo material, isto é, embora tenha praticado uma conduta única, produtora de dois ou mais resultados, se esses resultados tiverem sido por ele queridos inicialmente, em vez da aplicação do percentual de aumento de um sexto até metade, suas penas serão cumuladas materialmente.

⚖ 1. Entende-se caracterizado o concurso formal próprio quando ocorre subtração de bens, mediante uma só ação, num mesmo contexto fático, contra vítimas diversas, alcançando patrimônios diferentes. Precedentes. 2. No caso dos autos, a Corte de origem entendeu acerca da caracterização do concurso formal próprio, considerando a subtração ocorrida no mesmo momento, atingindo vítimas e patrimônios diversos. 3. A alteração das conclusões apresentadas pelo Tribunal estadual ensejaria o vedado revolvimento de fatos e provas, inviável na via especial, nos termos do óbice da Súmula n. 7/STJ (...) (AgRg no AREsp 1.643.848/PR, Rel. Min. Jorge Mussi, 5ª T., julgado em 23/06/2020, *DJe* 04/08/2020).

Nesse sentido:

⚖ AgRg no AREsp 1.635.061/MG, Rel. Min. Jorge Mussi, 5ª T., j. 23/06/2020, *DJe* 04/08/2020; STJ, AgRg no HC 443.242/MG, Agravo Regimental no *Habeas Corpus* 2018/0072603-8, Rel. Min. Ribeiro Dantas, 5ª T., j. 16/06/2020, *DJe* 23/06/2020; STJ, AgRg no REsp 1.860.327/SC, Agravo Regimental no Recurso Especial 2020/0025494-5, Rel. Min. Ribeiro Dantas, 5ª T., j. 09/06/2020, *DJe* 18/06/2020; AgRg no HC 612.147/SP, Rel. Min. Reynaldo Soares da Fonseca, 5ª T., j. 13/10/2020, *DJe* 20/10/2020; AgRg no RHC 126.745/PR, Rel. Min. Felix Fischer, 5ª T., j. 15/09/2020, *DJe* 23/09/2020; STJ, HC 325.411/SP, Rel. Min. Ribeiro Dantas, 5ª T., *DJe* 25/04/2018; STJ, AgRg no HC 347.208/SC, Rel. Min. Antônio Saldanha Palheiro, 6ª T., *DJe* 09/10/2017; STJ, HC 205.706/RJ, Rel. Min. Ribeiro Dantas, 5ª T., *DJe* 24/08/2016; STJ, AgRg no REsp 1189138/MG, Rel.ª Min.ª Maria Thereza de Assis Moura, 6ª T., *DJe* 21/06/2013; STF, RHC 112871/DF, Rel.ª Min.ª Rosa Weber, 1ª T., *DJe* 30/04/2013; STJ, HC 132870/RJ, Rel. Min. Felix Fischer, 5ª T., *DJe* 02/08/2010.

Concurso material benéfico

Sempre que a regra do concurso material for mais benéfica do que a prevista para o concurso formal, esta última deverá ser desprezada, aplicando-se aquela.

⚖ (...) 3. O concurso formal próprio ou perfeito (CP, art. 70, primeira parte), cuja regra para a aplicação da pena é a da exasperação, foi criado com intuito de favorecer o réu nas hipóteses de pluralidade de resultados não derivados de desígnios autônomos, afastando-se, pois, os rigores do concurso material (CP, art. 69). Por esse motivo, o parágrafo único do art. 70 do Código Penal impõe o afastamento da regra da exasperação, se esta se mostrar prejudicial ao réu, em comparação com o cúmulo material. Trata-se, portanto, da regra do concurso material benéfico como teto do produto da exasperação da pena. 4. *In casu*, o Tribunal de origem condenou o paciente pela prática de três crimes de roubo em concurso formal próprio, exasperando-se em 1/5 a pena para 6 anos, 4 meses e 24 dias de reclusão. Sucessivamente, aplicou-se o concurso material benéfico dos três crimes de roubo em concurso formal com o crime de corrupção de menores, chegando-se à pena final de 7 anos, 4 meses e 24 dias de reclusão. Não há falar, como pretende o paciente, em concurso formal único entre os crimes de roubo e o de corrupção de menores, com exasperação de 1/4, porquanto os crimes ocorreram por meio de condutas diversas: os três crimes de roubo por uma conduta com vários atos em um momento e entre esses e o de corrupção de menores, em circunstâncias diversas. 5. O paciente foi condenado à penal final de 7 anos, 4 meses e 24 dias de reclusão, é primário e a sua pena-base foi fixada acima do mínimo legal, portanto, nos termos do art. 33, § 2º, "b", e § 3º, do Código Penal, de rigor a fixação do regime inicial de cumprimento de pena semiaberto. (...) (HC 526.809/MG, Rel. Min. Ribeiro Dantas, 5ª T., julgado em 07/11/2019, *DJe* 19/11/2019).

Nesse sentido:

⚖ STF, RE 118364/PR, Rel. Min. Francisco Rezek, 2ª T., *DJ* 12/05/1989, p. 7.796.

Aplicação da pena

Antes de aplicar o percentual previsto pelo art. 70, *caput*, do Código Penal, o juiz deverá encontrar a pena de cada infração penal, isoladamente. Após, selecionará a mais grave das penas aplicadas ou, se iguais, somente uma delas, e sobre ela fará incidir o cálculo correspondente ao concurso formal de crimes, aumentando-a, em qualquer caso, de um sexto até metade, desde que as infrações penais não resultem de desígnios autônomos, ou seja, desde que a vontade do agente não tenha sido dirigida finalisticamente no sentido de praticar cada uma delas.

⚖ Em se tratando de concurso formal de crimes, a pena deverá ser fixada distintamente para cada um dos delitos, realizando-se, em seguida, o aumento previsto pelo art. 70, do CP (STJ, HC 109.832/DF, Rel. Min. Felix Fischer, 5ª T., *DJe* 15/12/2009).

Dosagem da pena

No concurso formal próprio ou perfeito aplica-se a mais grave das penas cabíveis ou, se iguais, somente uma delas, devendo o juiz, em qualquer caso, aplicar o percentual de aumento de um sexto até a metade. A variação da aplicação do percentual de aumento dependerá do número de infrações penais cometidas pelo agente, consideradas pelo concurso formal de crimes. Assim, quanto maior for o número de infrações, maior será o percentual de aumento; ao contrário, quanto menor for o número de infrações penais consideradas, menor será o percentual de aumento de pena, devendo o julgador ter a sensibilidade necessária na análise de cada caso.

⚖ Nos termos da jurisprudência desta Corte, o aumento decorrente do concurso formal deve se dar de acordo com o número de infrações. Na espécie, cometidas duas infrações, é adequada a escolha da fração de aumento de 1/6 (STJ, HC 467.756/RJ, Rel. Min. Reynaldo Soares da Fonseca, 5ª T., *DJe* 06/05/2019).

Nesse sentido:

⚖ STJ, AgRg no HC 446.360/AC, Rel. Min. Antônio Saldanha Palheiro, 6ª T., *DJe* 02/08/2018.

Suspensão condicional do processo

⚖ O benefício da suspensão do processo não é aplicável em relação às infrações penais cometidas em concurso material, concurso formal ou continuidade delitiva, quando a pena mínima comi-

nada, seja pelo somatório, seja pela incidência da majorante, ultrapassar o limite de um (1) ano (STJ, HC 48174/SC, Rel. Min. Paulo Medina, 6ª T., *DJ* 1º/08/2006, p. 553).

Diferença entre concurso material e concurso formal

⚖ Para distinguir o concurso material do concurso formal, é imprescindível verificar se o Agente praticou uma ou mais ações, e se atingiu uma ou mais vítimas, com patrimônios únicos ou diversos. *In casu*, as instâncias ordinárias – soberanas na análise fático-probatória – concluíram que, embora somente uma vítima tenha sido lesada, a ação não foi única. Por isso, deve entender-se que as condutas foram praticadas em concurso material (STJ, HC 162862/SP, Rel.ª Min.ª Laurita Vaz, 5ª T., *DJe* 21/05/2012).

Concurso formal e crime único

⚖ Conforme a iterativa jurisprudência desta Corte, não há que se falar em crime único quando, num mesmo contexto fático, são subtraídos bens pertencentes a vítimas distintas, caracterizando concurso formal, por terem sido atingidos patrimônios diversos, nos moldes do art. 70 do Código Penal. No caso, as instâncias ordinárias constataram haver pluralidade de vítimas, conclusão esta que não é obstada pelo fato de uma das vítimas ser sócia da outra vítima, que é uma pessoa jurídica, ao que se depreende dos fatos (STJ, AgRg no HC 443.242/MG, Rel. Min. Ribeiro Dantas, 5ª T., julgado em 16/06/2020, *DJe* 23/06/2020).

Nesse sentido:

⚖ AgRg no REsp 1.856.109/RS, Rel. Min. Rogerio Schietti Cruz, 6ª T., j. 16/06/2020, *DJe* 26/06/2020; STJ, PExt no HC 438.080/MG, Rel. Min. Ribeiro Dantas, 5ª T., *DJe* 02/09/2019; STJ, HC 430.716/SP, Rel. Min. Reynaldo Soares da Fonseca, 5ª T., *DJe* 29/06/2018; STJ, AgRg no REsp 1.243.675/SP, Rel. Min. Reynaldo Soares da Fonseca, 5ª T., *DJe* 29/08/2016; TJ-RJ, AC 0034501-56.2013.8.19.0054, Rel. Des. Paulo Rangel, *DJe* 03/06/2015.

Jurisprudência em Teses do Superior Tribunal de Justiça, Boletim nº 23, publicado em 29 de outubro de 2014, sobre concurso formal.

1) O roubo praticado contra vítimas diferentes em um único contexto configura o concurso formal, e não crime único, ante a pluralidade de bens jurídicos ofendidos.

2) A distinção entre o concurso formal próprio e o impróprio relaciona-se com o elemento subjetivo do agente, ou seja, a existência ou não de desígnios autônomos.

3) É possível o concurso formal entre o crime do art. 2º da Lei nº 8.176/91 (que tutela o patrimônio da União, proibindo a usurpação de suas matérias-primas), e o crime do art. 55 da Lei nº 9.605/98 (que protege o meio ambiente, proibindo a extração de

recursos minerais), não havendo conflito aparente de normas já que protegem bens jurídicos distintos.

4) Não há crime único, podendo haver concurso formal, quando, no mesmo contexto fático, o agente incide nas condutas dos arts. 14 (porte ilegal de arma de fogo de uso permitido) e 16 (posse ou porte ilegal de arma de fogo de uso proibido) da Lei nº 10.826/2003.

4.2) Não há crime único, podendo haver concurso material, quando, no mesmo contexto fático, o agente incide nas condutas dos arts. 14 (porte ilegal de arma de fogo de uso permitido) e 16 (posse ou porte ilegal de arma de fogo de uso restrito) da Lei nº 10.826/2003.

5) O aumento decorrente do concurso formal deve se dar de acordo com o número de infrações.

6) A apreensão de mais de uma arma de fogo, acessório ou munição, em um mesmo contexto fático, não caracteriza concurso formal ou material de crimes, mas delito único.

7) O benefício da suspensão do processo não é aplicável em relação às infrações penais cometidas em concurso material, concurso formal ou continuidade delitiva, quando a pena mínima cominada, seja pelo somatório, seja pela incidência da majorante, ultrapassar o limite de um (01) ano (Súmula nº 243 do STJ).

8) No concurso de crimes, o cálculo da prescrição da pretensão punitiva é feito considerando cada crime isoladamente, não se computando o acréscimo decorrente do concurso formal, material ou da continuidade delitiva.

9) No caso de concurso de crimes, a pena considerada para fins de competência e transação penal será o resultado da soma ou da exasperação das penas máximas cominadas ao delito.

Crime continuado
Art. 71. Quando o agente, mediante mais de uma ação ou omissão, pratica dois ou mais crimes da mesma espécie e, pelas condições de tempo, lugar, maneira de execução e outras semelhantes, devem os subsequentes ser havidos como continuação do primeiro, aplica-se-lhe a pena de um só dos crimes, se idênticas, ou a mais grave, se diversas, aumentada, em qualquer caso, de um sexto a dois terços.

Parágrafo único. Nos crimes dolosos, contra vítimas diferentes, cometidos com violência ou grave ameaça à pessoa, poderá o juiz, considerando a culpabilidade, os antecedentes, a conduta social e a personalidade do agente, bem como os motivos e as circunstâncias, aumentar a pena de um só dos crimes, se idênticas, ou a mais grave, se diversas, até o triplo, observadas as regras do parágrafo único do art. 70 e do art. 75 deste Código.

Origem
Afirma Bettiol que "a figura do crime continuado não é de data recente. As suas origens 'políticas' acham-se sem dúvida no *favor rei* que impeliu os juristas da Idade Média a considerar como furto único a pluralidade de furtos, para evitar as consequências draconianas que de modo diverso deveriam ter lugar: a pena de morte ao autor de três furtos, mesmo que de leve importância. Os nossos práticos insistiam particularmente na contextualidade cronológica da prática dos vários crimes, para considerá-los como crime único, se bem que houvesse também quem se preocupasse em encontrar a unidade do crime no *uno impetu* com o qual os crimes teriam sido realizados. Da Idade Média, a figura do crime continuado foi trasladada para todas as legislações [...]".[87]

Natureza jurídica
Três principais teorias disputam o tratamento sobre a natureza jurídica do crime continuado, a saber: *a)* teoria da unidade real; *b)* teoria da ficção jurídica e *c)* teoria mista.

A teoria da unidade real entende como crime único as várias condutas que, por si sós, já se constituiriam em infrações penais. Na escorreita proposição de Vera Regina de Almeida Braga, "intenção e lesão únicas dariam lugar a um único delito, composto de várias ações. O crime continuado consistiria em um *ens reale*".[88]

A teoria da ficção jurídica entende que as várias ações levadas a efeito pelo agente que, analisadas individualmente, já consistiam em infrações penais, são reunidas e consideradas fictamente como um delito único. Finalmente, a teoria mista reconhece no crime continuado um terceiro crime, fruto do próprio concurso. Nossa lei penal adotou a teoria da ficção jurídica,[89] entendendo que, uma vez concluída pela continuidade delitiva, deverá a pena do agente sofrer exasperação.

⚖ A continuidade delitiva é uma ficção jurídica que beneficia o agente, segundo a qual vários delitos cometidos são entendidos como desdobramento do primeiro, conforme o preenchimento dos requisitos objetivos e subjetivos. Verificados os requisitos legais, o Magistrado escolherá qualquer das penas, se idênticas, ou a maior delas, se distintas, aumentando a reprimenda, na terceira fase, em 1/6 a 2/3, a depender da quantidade de infrações praticadas. Dessa forma,

---

[87] BETTIOL, Giuseppe. *Direito penal*, v. II, p. 312.

[88] BRAGA, Vera Regina de Almeida. *Pena de multa substitutiva no concurso de crimes*, p. 59.

[89] Conforme esclarece Alcides da Fonseca Neto, "a natureza jurídica da continuidade delitiva é explicada pela teoria da ficção jurídica, pela qual ela é resultante de uma aglutinação legal tão só para fins de aplicação de uma pena, muito embora existam, no plano ontológico, vários delitos, ou seja, a unificação não retira a autonomia dos crimes componentes da cadeia delituosa" (*O crime continuado*, p. 342).

desnecessária a dosimetria de cada delito, quando idênticos, quer porque não alterará a sanção final, quer porque não há qualquer prejuízo, tendo em vista que foram observadas as diretrizes do art. 68 do Código Penal (STJ, HC 529.593/GO, Rel. Min. Laurita Vaz, 6ª T., julgado em 16/06/2020, *DJe* 29/06/2020).

Nesse sentido:

⚖ STJ, HC 199.635/SP, Rel. Min. Joel Ilan Paciornik, 5ª T., *DJe* 29/09/2016; STJ, HC 262842/SP, Rel.ª Min.ª Laurita Vaz, 5ª T., *DJe* 16/05/2014; STJ, REsp 1196299/SP, Rel. Min. Marco Aurélio Bellizze, 5ª T., *DJe* 08/05/2013.

Requisitos e consequências do crime continuado

Requisitos:

a)   mais de uma ação ou omissão;
b)   prática de dois ou mais crimes, da mesma espécie;
c)   condições de tempo, lugar, maneira de execução e outras semelhantes;
d)   os crimes subsequentes devem ser havidos como continuação do primeiro.

Consequências:

a)   aplicação da pena de um só dos crimes, se idênticas, aumentada de um sexto a dois terços;
b)   aplicação da mais grave das penas, se diversas, aumentada de um sexto a dois terços;
c)   nos crimes dolosos, contra vítimas diferentes, cometidos com violência ou grave ameaça à pessoa, aplicação da pena de um só dos crimes, se idênticas, aumentada até o triplo;
d)   nos crimes dolosos, contra vítimas diferentes, cometidos com violência ou grave ameaça à pessoa, aplicação da mais grave das penas, se diversas, aumentada até o triplo.

⚖ O crime continuado é benefício penal, modalidade de concurso de crimes, que, por ficção legal, consagra unidade incindível entre os crimes parcelares que o formam, para fins específicos de aplicação da pena. Para a sua aplicação, a norma extraída do art. 71, *caput*, do Código Penal exige, concomitantemente, três requisitos objetivos: I) pluralidade de condutas; II) pluralidade de crime da mesma espécie; III) e condições semelhantes de tempo lugar, maneira de execução e outras semelhantes (conexão temporal, espacial, modal e ocasional). Adotando a teoria objetivo-subjetiva ou mista, a doutrina e jurisprudência inferiram implicitamente da norma um requisito outro de ordem subjetiva, que é a unidade de desígnios na prática dos crimes em continuidade delitiva, exigindo-se, pois, que haja um liame entre os crimes, apto a evidenciar de imediato terem sido os crimes subsequentes continuação do primeiro, isto é, os crimes parcelares devem resultar de um plano previamente elaborado pelo agente. No caso dos crimes de roubo majorado e latrocínio, sequer é necessário avaliar o requisito subjetivo supracitado ou o lapso temporal entre os crimes, porquanto não há adimplemento do requisito objetivo da pluralidade de crimes da mesma espécie. São assim considerados aqueles crimes tipificados no mesmo dispositivo legal, consumados ou tentada, na forma simples, privilegiada ou tentada, e além disso, devem tutelar os mesmos bens jurídicos, tendo, pois, a mesma estrutura jurídica. Perceba que o roubo tutela o patrimônio e a integridade física (violência) ou o patrimônio e a liberdade individual (grave ameaça); por outro lado, o latrocínio, o patrimônio e a vida (STJ, HC 449.110/SP, Rel. Min. Ribeiro Dantas, 5ª T., julgado em 02/06/2020, *DJe* 10/06/2020).

Nesse sentido:

⚖ STJ, HC 381.617/RS, Rel. Min. Ribeiro Dantas, 5ª T., *DJe* 28/06/2017; STJ, HC 186168/RJ, Rel.ª Min.ª Maria Thereza de Assis Moura, 6ª T., *DJe* 1º/07/2013.

Crimes da mesma espécie

O agente pode, mediante mais de uma ação ou omissão, praticar dois ou mais crimes da mesma espécie. A primeira dúvida em relação à redação do artigo em estudo é justamente saber o que significa *crimes da mesma espécie*. Várias posições foram ganhando corpo ao longo dos anos, sendo que duas merecem destaque, porque principais. A primeira posição considera crimes da mesma espécie aqueles que possuem o *mesmo bem juridicamente protegido*, ou, na linha de raciocínio de Fragoso, "crimes da mesma espécie não são apenas aqueles previstos no mesmo artigo de lei, mas também aqueles que ofendem o mesmo bem jurídico e que apresentam, pelos fatos que os constituem ou pelos motivos determinantes, caracteres fundamentais comuns".[90] Assim, furto e roubo, roubo e extorsão seriam da mesma espécie. A segunda posição aduz que crimes da mesma espécie são aqueles que possuem a mesma tipificação penal, não importando se simples, privilegiados ou qualificados, se tentados ou consumados. Esta é a posição de Aníbal Bruno quando diz que "cada ação deve fundamentalmente constituir a realização punível do mesmo tipo legal, isto é, essas ações repetidas devem representar dois ou mais crimes da mesma espécie, podendo reunir-se a forma consumada com a tentativa, a forma simples com a agravada. Os bens jurídicos podem ter o mesmo ou diverso titular".[91] Ao contrário, portanto, da posição anterior, para esta não poderia haver continuidade entre furto e roubo, uma vez que tais infrações penais encontram moldura em figuras típicas diferentes. Para nós, crimes da mesma espécie são

---

[90] FRAGOSO, Heleno Cláudio. *Lições de direito penal*, p. 351.
[91] BRUNO, Aníbal. *Direito penal*, t. 2º, p. 302.

aqueles que possuem o mesmo bem juridicamente protegido.[92]

⚖ Conforme a orientação jurisprudencial deste Superior Tribunal de Justiça é inviável o reconhecimento da continuidade delitiva entre os crimes de roubo e de extorsão, por se tratarem de delitos de espécies distintas, ainda que cometidos no mesmo contexto temporal. Precedentes (STJ, HC 552.481/SP, Rel. Min. Joel Ilan Paciornik, 5ª T., julgado em 18/02/2020, *DJe* 02/03/2020).

Nesse sentido:

⚖ STJ, HC 461.794/SC, Rel. Min. Reynaldo Soares da Fonseca, 5ª T., *DJe* 14/02/2019; STJ, AgRg no REsp 1.797.986/GO, Rel. Min. Jorge Mussi, 5ª T., *DJe* 24/09/2019; STJ, HC 299.516/SP, Rel. Min. Reynaldo Soares da Fonseca, 5ª T., *DJe* 29/06/2018; STJ, HC 343.976/SP, Rel. Min. Felix Fischer, 5ª T., *DJe* 19/09/2016; STJ, HC 297.632/SP, Rel.ª Min.ª Maria Thereza de Assis Moura, 6ª T., *DJe* 21/05/2015; STJ, HC 83611/SP, Rel.ª Min.ª Laurita Vaz, 5ª T., *DJe* 1º/03/2010; STJ, HC 140936/RJ, Rel. Min. Felix Fischer, 5ª T., *DJe* 22/02/2010; STJ, REsp 738337/DF, REsp 2005/0030253-6, Rel.ª Min.ª Laurita Vaz, j. 17/11/2005, *DJ* 19/12/2005, p. 466.

A posição majoritária de nossos Tribunais Superiores é no sentido de considerar como crimes da mesma espécie aqueles que tiverem a mesma configuração típica (simples, privilegiada ou qualificada).

Condições de tempo, lugar, maneira de execução ou outras semelhantes

⚖ Exige o art. 71 do Código Penal que o agente atue em determinado tempo, a fim de que sejam aplicadas as regras relativas ao crime continuado. Também com relação a esse ponto existe divergência doutrinária e jurisprudencial, em razão da ausência de um critério rígido para a sua aferição, pois, conforme assevera Ney Moura Teles, "como mensurar essa quantidade de tempo, com base em quais critérios? Este problema é de difícil solução. Não se pode realizar análise meramente aritmética, mas entre os crimes deve mediar tempo que indique a persistência de um certo liame psíquico que sugira uma sequência entre os dois fatos".[93] Não há, portanto, como determinar o número máximo de dias ou mesmo de meses para que se possa entender pela continuidade delitiva. Deverá, isto sim, segundo entendemos, haver uma relação de contexto entre os fatos, para que o crime continuado não se confunda com a reiteração criminosa. Apesar da impossibilidade de ser delimitado objetivamente um tempo máximo para a configuração do crime continuado, o STF lançou luz sobre o tema ao firmar, e a consolidar, o entendimento de

que, excedido o intervalo de 30 dias entre os crimes, não é possível ter-se o segundo delito como continuidade do primeiro: HC 73.219/SP, Rel. Min. Maurício Corrêa, *DJ* 26/4/1996, e HC 69.896, Rel. Min. Marco Aurélio, *DJ* 2/4/1993. A habitualidade ou a reiteração criminosa distingue-se da continuidade delitiva, consoante reiteradamente vem decidindo esta Corte: HC 74.066/SP, Rel. Min. Maurício Corrêa, 2ª T., *DJ* 11/10/1996; HC 93.824/RS, Rel. Min. Eros Grau, 2ª T., *DJe* 15/08/2008; e HC 94.970, Rel. Min. Ricardo Lewandowski, 1ª T., *DJe* 28/11/2008. *Habeas corpus* denegado (STF, HC 107636/RS, Rel. Min. Luiz Fux, 1ª T., *DJe* 21/03/2012).

Também existe controvérsia quanto à distância entre os vários lugares nos quais os delitos foram praticados. Discute-se sobre a possibilidade de se verificar o crime continuado somente em um mesmo bairro, em uma mesma cidade, comarca ou em até Estados diversos. O STF já entendeu que o fato de serem diversas as cidades nas quais o agente perpetrou os crimes (São Paulo, Santo André e São Bernardo do Campo) não afasta a reclamada conexão espacial, pois elas são muito próximas uma da outra, e integram, como é notório, uma única região metropolitana (RE, Rel. Xavier de Albuquerque, *RT* 542/455).

⚖ Em sentido contrário, já se posicionou o TJMG, ao afirmar que inviável o reconhecimento de crime continuado quando efetuado roubos em diferentes cidades, pois ausente o requisito de identidade na territorialidade (Rel. Des. Maria Luíza de Marilac, 3ª Câm. Crim., DJe 29/09/2011).

A nosso ver, da mesma forma que o critério temporal, no que diz respeito ao critério espacial deverá haver uma relação de contexto entre as ações praticadas em lugares diversos pelo agente, seja esse lugar um bairro, cidade, comarca ou até Estados diferentes. Nada impede que um grupo especializado em roubo a bancos, por exemplo, resolva, num mesmo dia, praticar vários assaltos em cidades diferentes que, embora vizinhas, não pertençam ao mesmo Estado.

A maneira de execução dos delitos, ou seja, o *modus operandi* do agente ou do grupo, também é um fator importante para a verificação do crime continuado. Um estelionatário que pratica um mesmo golpe, como o do bilhete premiado, ou aquele que comumente leva a efeito os delitos de furto valendo-se de sua destreza utilizam o mesmo meio de execução. O critério, contudo, não é tão simples como se possa imaginar. O agente, embora possa ter um padrão de comportamento, nem sempre o repetirá, o que não poderá impedir o reconhecimento da continuidade delitiva, desde que, frisamos mais uma vez, exista

---

[92] Nesse sentido, com maestria, sentencia Patrícia Mothé Glioche Béze: "Adotada a teoria da ficção jurídica, que é a posição majoritária na doutrina e jurisprudência, o crime continuado é modalidade de concurso de crimes e não haveria obstáculo para se reconhecer como crimes da mesma espécie os que ofendem o mesmo bem jurídico, desde que presentes os outros requisitos do crime continuado (dentre eles a maneira de execução). Assim, podem ser crimes da mesma espécie aqueles que estão em artigos de lei diferentes, desde que sejam semelhantes entre si, adotando-se a teoria objetiva para ou objetivo-subjetiva" (*Concurso formal e crime continuado*, p. 148).

[93] TELES, Ney Moura. *Direito penal* – parte geral, v. 2, p. 187.

uma relação de contexto, de unicidade entre as diversas infrações penais.

Permite o Código Penal, ainda, o emprego da interpretação analógica, uma vez que, após se referir às condições de tempo, lugar e maneira de execução, apresenta *outras semelhantes*. Isso quer dizer que as condições objetivas indicadas pelo artigo devem servir de parâmetro à interpretação analógica por ele permitida, existindo alguns julgados, conforme noticia Alberto Silva Franco, que "têm entendido que o aproveitamento das mesmas oportunidades e das mesmas relações pode ser incluído no conceito de *condições semelhantes*".[94]

Os crimes subsequentes devem ser havidos como continuação do primeiro

Exige o art. 71 do Código Penal, ainda, que, em razão das condições de tempo, lugar, maneira de execução e outras semelhantes, *devem os subsequentes ser havidos como continuação do primeiro*, ou seja, as infrações penais posteriores devem ser entendidas como continuação da primeira. Embora seja clara a redação do artigo, que com ela procura fazer a distinção entre o crime continuado e a reiteração criminosa, paradoxalmente, segundo entendemos, a Exposição de Motivos da nova parte geral do Código Penal adota a chamada teoria objetiva no crime continuado.

Para que se possa melhor conhecer a discussão, é preciso saber que três teorias disputam o tratamento do crime continuado, a saber:

a) teoria objetiva;
b) teoria subjetiva; e
c) teoria objetivo-subjetiva.

A teoria objetiva preconiza que para o reconhecimento do crime continuado basta a presença de requisitos objetivos que, pelo art. 71 do Código Penal, são as condições de tempo, lugar, maneira de execução e outras semelhantes. Não há, para essa teoria, necessidade de se aferir a *unidade de desígnio*, por nós denominada de *relação de contexto*, entre as diversas infrações penais.

⚖ (...) 11. O Superior Tribunal de Justiça adotou a teoria mista, pela qual a ficção jurídica do crime continuado exige como requisito de ordem subjetiva o dolo global ou unitário entre os crimes parcelares. No caso, as instâncias ordinárias ressaltaram que não está presente o requisito subjetivo necessário à caracterização do aludido instituto penal, já que o réu não teria agido com o ânimo de cometer um roubo em continuação do outro. 12. Em razão do necessário reexame fático, é inviável no espectro de cognição do habeas corpus avaliar a conduta do paciente, a fim de reconhecer a ficção jurídica da continuidade delitiva, uma vez que é imperativo aferir o elemento anímico do agente e concluir se o comportamento humano voluntário foi psiquicamente direcionado

a finalidades autônomas ou se há dolo global entre os delitos parcelares (...) (HC 541.177/AC, Rel. Min. Ribeiro Dantas, 5ª T., julgado em 04/02/2020, *DJe* 12/02/2020).

Nesse sentido:

⚖ STJ, AgRg no HC 426.556/MS, Rel. Min. Nefi Cordeiro, 6ª T., *DJe* 03/04/2018; STJ, AgRg no REsp 1.629.450/MG, Rel. Min. Nefi Cordeiro, 6ª T., *DJe* 04/10/2017; STJ, AgRg no AREsp 154061/SP, Rel.ª Min.ª Laurita Vaz, 5ª T., *DJe* 1º/08/2014; STJ, HC 120042/DF, Rel.ª Min.ª Jane Silva, 6ª T., *DJe* 02/02/2009.

Diz a teoria subjetiva que, independentemente dos requisitos de natureza objetiva (condições de tempo, lugar, maneira de execução ou outras semelhantes), a *unidade de desígnio* ou, para nós, a relação de contexto entre as infrações penais é suficiente para que se possa caracterizar o crime continuado.

A última teoria, que possui natureza híbrida, exige tanto as condições objetivas como o indispensável dado subjetivo, ou seja, deverão ser consideradas não só as condições de tempo, lugar, maneira de execução e outras semelhantes, como também a *unidade de desígnio* ou *relação de contexto* entre as ações criminosas.

Acreditamos que a última teoria – objetivo-subjetiva – é a mais coerente com o nosso sistema penal, que não quer que as penas sejam excessivamente altas, quando desnecessárias, mas também não tolera a reiteração criminosa. O criminoso de ocasião não pode ser confundido com o criminoso contumaz.

⚖ O crime continuado é benefício penal, modalidade de concurso de crimes, que, por ficção legal, consagra unidade incindível entre os crimes parcelares que o formam, para fins específicos de aplicação da pena. Para a sua aplicação, a norma extraída do art. 71, *caput*, do Código Penal exige, concomitantemente, três requisitos objetivos: I) pluralidade de condutas; II) pluralidade de crime da mesma espécie; III) condições semelhantes de tempo, lugar, maneira de execução e outras semelhantes (conexão temporal, espacial, modal e ocasional); IV) e, por fim, adotando a teoria objetivo-subjetiva ou mista, a doutrina e a jurisprudência inferiram implicitamente da norma um requisito da unidade de desígnios na prática dos crimes em continuidade delitiva, exigindo-se, pois, que haja um liame entre os crimes, apto a evidenciar de imediato terem sido esses delitos subsequentes continuação do primeiro, isto é, os crimes parcelares devem resultar de um plano previamente elaborado pelo agente (STJ, HC 490.707/SC, Rel. Min. Ribeiro Dantas, 5ª T., *DJe* 1º/03/2019).

Nesse sentido:

⚖ STJ, REsp 1.196.358/SP, Rel. Min. Nefi Cordeiro, 6ª T., *DJe* 12/06/2015; STJ, AgRg no REsp 1.258.206/SP, Rel. Min. Rogério Schietti Cruz, 6ª T., *DJe* 16/04/2015;

[94] FRANCO, Alberto Silva. *Código penal e sua interpretação jurisprudencial* – parte geral, v. 1, t. I, p. 1139.

STJ, HC 206784/SP, Rel.ª Min.ª Laurita Vaz, 5ª T., *DJe* 29/06/2012.

Patrícia Mothé Glioche Béze, traçando a diferença entre crime continuado e a reiteração criminosa, assevera: "O fundamento da exasperação da pena não visa com certeza, beneficiar o agente que, reiteradamente, pratica crimes parecidos entre si, como o estelionatário, que vive da prática de 'golpes'. Fundamentando-se no critério da menor periculosidade, da benignidade ou da utilidade prática, a razão de ser do instituto do crime continuado não coaduna com a aplicação do benefício da exasperação da pena para aquele agente mais perigoso, que faz do crime profissão e vive deliberadamente à margem da lei.
A habitualidade é, portanto, diferente da continuação. A culpabilidade na habitualidade é mais intensa do que na continuação, não podendo, portanto, ter tratamento idêntico".[95]
Nesse sentido, já se posicionou o STJ, conforme se verifica nas ementas abaixo transcritas:

Para a caracterização do crime continuado não basta a simples repetição dos fatos delituosos em breve espaço de tempo, pois a atual teoria penal, corroborada pela jurisprudência dominante nos Tribunais Superiores, preconiza a exigência de unidade de desígnios, em que os atos criminosos estejam entrelaçados, ou melhor, necessário se torna levar em conta tanto os elementos objetivos, como os subjetivos do agente. Continuidade delitiva não reconhecida (STJ, REsp 39.883-5, Rel. Min. Fláquer Scartezzini, *DJU* 28/02/1994, p. 2.911).

A expressão contida no art. 71 do Código Penal – *devem os subsequentes ser havidos como continuação do primeiro* – mais do que nos permitir, nos obriga a chegar a essa conclusão.[96]

Nos termos do art. 71 do Código Penal, aplica-se a regra do crime continuado, quando o agente, mediante mais de uma ação ou omissão, pratica dois ou mais crimes da mesma espécie e, pelas condições de tempo, lugar, maneira de execução e outras semelhantes, devem os subsequentes ser havidos como continuação do primeiro. No caso, se os delitos de estelionato foram praticados dentro de idêntico contexto, em harmônicas condições de tempo, lugar e maneira de execução, guardando entre si unidade de desígnio, o fato de ter sido praticado contra vítimas distintas não afasta a incidência da regra da

continuidade delitiva. Precedentes do STJ (STJ, HC 114549/SP, Rel. Min. Arnaldo Esteves Lima, 5ª T., *DJe* 02/03/2009).
Em sentido contrário, já decidiu o STF:

A caracterização da continuidade delitiva prescinde do preenchimento de requisitos objetivos (mesmas condições de tempo lugar e *modus operandi*) e subjetivos (unidade de desígnios) (STF, HC 121.548/PE, Rel. Min. Luiz Fux, 1ª T., *DJe* 08/05/2014).

Crimes dolosos, contra vítimas diferentes, cometidos com violência ou grave ameaça à pessoa

O parágrafo único do art. 71 do Código Penal diz que *nos crimes dolosos, contra vítimas diferentes, cometidos com violência ou grave ameaça à pessoa, poderá o juiz, considerando a culpabilidade, os antecedentes, a conduta social e a personalidade do agente, bem como os motivos e as circunstâncias, aumentar a pena de um só dos crimes, se idênticas, ou a mais grave, se diversas, até o triplo, observadas as regras do parágrafo único do art. 70 e do art. 75 deste Código*, permitindo expressamente, portanto, a aplicação da ficção jurídica do crime continuado nas infrações penais praticadas contra vítimas diferentes, cometidas com violência ou grave ameaça à pessoa.
Com a redação trazida pela Parte Geral de 84, cai por terra a Súmula nº 605 do STF, que dizia não se admitir a continuidade delitiva nos crimes contra a vida. Hoje, portanto, será perfeitamente admissível a hipótese de aplicação das regras do crime continuado àquele que, por vingança, resolve exterminar com todos os homens pertencentes a uma família rival à sua, ou, na hipótese de roubo, julgada pelo STF, cuja ementa merece ser transcrita:

Habeas corpus – Crime de roubo qualificado em diversos apartamentos do mesmo edifício – Ocorrência de crime continuado qualificado (CP, parágrafo único do art. 71) – Presente a pluralidade de condutas e a de crimes dolosos da mesma espécie, praticados com emprego de armas, nas mesmas condições de tempo, lugar e maneira de execução, ocorre a hipótese de crime continuado qualificado, ou específico, previsto no par. único do art. 71 do Código Penal (STF, HC 72.280-6, Rel. Min. Maurício Corrêa, *DJU* 26/04/1996, p. 13.114).

Nesse sentido:

STJ, AgRg no REsp 1.604.256/MG, Rel. Min. Jorge Mussi, 5ª T., *DJe* 07/03/2019.

---

[95] BÉZE, Patrícia Mothé Glioche. *Concurso formal e crime continuado*, p. 155.
[96] "Sob a égide do antigo paradigma causal de fato punível, o critério do legislador para determinar a relação de *continuação* deveria ser, necessariamente, objetivo e, por isso, a relação de *continuação* dos fatos típicos devia ser interpretada de um ponto de vista objetivo. Mas, adotado pelo legislador o sistema *finalista* como paradigma da parte geral do Código Penal, a estrutura das ações típicas *continuadas* – como, aliás, a estrutura de qualquer ação típica, inclusive das ações típicas em concorrência *material e formal* –, é constituída de elementos objetivos e subjetivos, cujo exame é necessário para determinar não só a existência de *crimes da mesma espécie*, mas, também, para verificar a existência da relação de continuação da ação típica anterior *através* das ações típicas posteriores" (Santos, Juarez Cirino dos. *A moderna teoria do fato punível*, p. 340-341).

Crime continuado simples e crime continuado qualificado

A possibilidade de haver a continuidade delitiva nas infrações penais em que o agente tenha atuado com o emprego de violência ou grave ameaça à pessoa, contra vítimas diferentes, fez surgir a distinção entre o crime continuado simples e o crime continuado qualificado. Diz-se simples o crime continuado nas hipóteses do *caput* do art. 71 do Código Penal; qualificado é o crime continuado previsto no parágrafo único do art. 71 do mesmo diploma repressivo, que permite aumentar a pena de um só dos crimes, se idênticas, ou a mais grave, se diversas, até o triplo.

O parágrafo único do art. 71 do Código Penal determina sejam observadas as regras do parágrafo único do art. 70, que prevê o chamado concurso material benéfico, bem como a do art. 75, que cuida do limite das penas. O concurso material benéfico será visto mais adiante. A referência ao art. 75 do Código Penal não impede de ser aplicada uma pena superior a quarenta anos ao agente, pois o mencionado artigo diz textualmente que *o tempo de cumprimento das penas privativas de liberdade não pode ser superior a 40 (quarenta) anos*, ou seja, à primeira vista, o condenado não poderá cumprir ininterruptamente mais do que quarenta anos, podendo, contudo, ser condenado a uma pena bem superior àquela a que deverá efetivamente cumprir.

⚖ (...) VIII – O art. 71, *caput* e parágrafo único, do Código Penal preveem duas modalidades de crime continuado. Enquanto na continuidade qualificada o órgão julgador observará a quantidade de condutas praticadas em paralelo como a culpabilidade do autor; na continuidade simples impera o chamado critério objetivo puro, ou seja, a fração de exasperação é diretamente proporcional ao número de reiterações delitivas (...) (AgRg no REsp 1.792.710/PR, Rel. Min. Felix Fischer, 5ª T., julgado em 15/09/2020, *DJe* 23/09/2020).

Nesse sentido:

⚖ STJ, HC 344.251/MS, Rel. Min. Reynaldo Soares da Fonseca, 5ª T., *DJe* 26/09/2016.

Consequências do crime continuado

Nas hipóteses de crime continuado simples, determina a lei a aplicação da pena de um só dos crimes, se idênticas, ou a mais grave, se diversas, aumentada, em qualquer caso, de um sexto a dois terços.

No caso do chamado crime continuado qualificado, o juiz, após considerar a culpabilidade, os antecedentes, a conduta social e a personalidade do agente, bem como os motivos e as circunstâncias, poderá aumentar a pena de um só dos crimes, se idênticas, ou a mais grave, se diversas, até o triplo. O triplo da pena para uma das infrações cometidas pelo agente será o teto máximo para o aumento correspondente ao crime continuado. E qual seria o aumento mínimo?

Fazendo-se uma interpretação sistêmica do Código Penal, chegamos à conclusão de que o aumento mínimo será de um sexto, o mesmo previsto para o *caput* do art. 71, uma vez que não seria razoável que o juiz procedesse a aumento inferior ao determinado na hipótese de crime continuado simples que, em tese, se configura em situação menos grave do que a do parágrafo único.

Concurso material benéfico

O parágrafo único do art. 71 determina que seja observada a regra relativa ao concurso material benéfico, prevista no parágrafo único do art. 70 do Código Penal. O mesmo raciocínio que fizemos ao analisar o concurso formal pode ser transportado para o tema correspondente ao crime continuado. A ficção do crime continuado, por razões de política criminal, foi criada em benefício do agente. Assim, não seria razoável que um instituto criado com essa finalidade viesse, quando da sua aplicação, prejudicá-lo. Se o juiz, portanto, ao levar a efeito os cálculos do aumento correspondentes ao crime continuado, verificar que tal instituto, se aplicado, será mais gravoso do que se houvesse o concurso material de crimes, deverá desprezar as regras daquele e proceder ao cúmulo material das penas.

Dosagem da pena no crime continuado

Da mesma forma que o concurso formal, no crime continuado, seja simples ou qualificado, o percentual de aumento da pena varia de acordo com o número de infrações penais praticadas.

⚖ A exasperação da pena do crime de maior pena, realizado em continuidade delitiva, será determinada, basicamente, pelo número de infrações penais cometidas, parâmetro este que especificará no caso concreto a fração de aumento, dentro do intervalo legal de 1/6 a 2/3. Nesse diapasão, esta Corte Superior de Justiça possui o entendimento consolidado de que, em se tratando de aumento de pena referente à continuidade delitiva, aplica-se a fração de aumento de 1/6 pela prática de 2 infrações; 1/5, para 3 infrações; 1/4 para 4 infrações; 1/3 para 5 infrações; 1/2 para 6 infrações e 2/3 para 7 ou mais infrações. *In casu*, tratando-se de 5 delitos perpetrados em continuidade delitiva, deve ser reduzido o incremento de uma das penas em 1/3 (STJ, HC 565.127/SP, Rel. Min. Ribeiro Dantas, 5ª T., julgado em 26/05/2020, *DJe* 01/06/2020).

Nesse sentido:

⚖ STJ, AgRg no AREsp 1.467.830/RN, Rel. Min. Reynaldo Soares da Fonseca, 5ª T., *DJe* 04/10/2019; STJ, HC 547.945/SP, *Habeas Corpus* 2019/0353668-7, Rel. Min. Ribeiro Dantas, 5ª T., j. 04/02/2020, *DJe* 12/02/2020; STJ, AgRg no HC 506.187/SP, Rel. Min. Reynaldo Soares da Fonseca, 5ª T., *DJe* 27/06/2019; STJ, HC 447.799/RJ, Rel. Min. Ribeiro Dantas, 5ª T., *DJe* 1º/08/2018; STJ, HC 408.304/SP, Rel. Min. Ribeiro

Dantas, 5ª T., *DJe* 11/10/2017; STJ, HC 367.448/ES, Rel. Min. Reynaldo Soares da Fonseca, 5ª T., *DJe* 26/09/2016.

Crime continuado e *novatio legis in pejus*

Pode acontecer que, durante a cadeia de infrações penais praticadas pelo agente, parte dela seja cometida durante a vigência de uma lei nova, que agravou, por exemplo, a situação anterior. Ou seja, parte das infrações penais foi praticada durante a vigência da Lei *A*, e outra parte durante a vigência da Lei *B*, sendo a lei posterior mais gravosa.

O que fazer diante dessa situação? Sabe-se que a ficção do crime continuado foi criada com a finalidade de beneficiar o agente, desde que presentes todos os seus requisitos, dando-se a ideia, fictamente, de infração única. Também afirmamos, com base no disposto na parte final do parágrafo único do art. 70 do Código Penal, que se a regra relativa à continuidade delitiva for prejudicial ao agente, deverá ser desprezada, aplicando-se, pois, o chamado concurso material benéfico. No que diz respeito à sucessão de leis no tempo, respondendo à nossa indagação, o STF tem decidido reiteradamente no sentido de que a lei posterior, mesmo que mais gravosa, será aplicada a toda cadeia de infrações penais, conforme se observa nos julgados abaixo colacionados, posição com a qual nos filiamos, haja vista que, mesmo conhecedores da nova lei penal, os agentes que, ainda assim, insistiram em cometer novos delitos deverão ser responsabilizados pelo todo, com base na lei nova.

⚖ Se o paciente praticou a série de crimes sob o império de duas leis, sendo mais grave a posterior, aplica-se a nova disciplina penal a toda ela, tendo em vista que o delinquente já estava advertido da maior gravidade da sanção e persistiu na prática da conduta delituosa (STF, HC 76680, Rel. Min. Ilmar Galvão, 1ª T., *DJU* 12/06/1998).

A reiteração das decisões do Supremo Tribunal Federal levou aquela Corte Suprema, na sessão plenária de 24 de setembro de 2003, a aprovar a Súmula nº 711, que diz:

⚖ **Súmula nº 711.** *A lei penal mais grave aplica-se ao crime continuado ou ao crime permanente, se a sua vigência é anterior à cessação da continuidade ou da permanência.*

Em sentido contrário, Alcides da Fonseca Neto assevera que, "na sucessão de leis no tempo, para o caso de crime praticado em continuidade delitiva, em cujo lapso sobreveio lei mais severa, deve ser aplicada lei anterior – *lex mitior*"[97] – reconhecendo-se sua ultra-atividade em favor do réu (art. 5º, XL, da CF).

Suspensão condicional do processo

⚖ **Súmula nº 243 do STJ**: *O benefício da suspensão do processo não é aplicável em relação às infrações*

penais cometidas em concurso material, concurso formal ou continuidade delitiva, quando a pena mínima cominada, seja pelo somatório, seja pela incidência da majorante, ultrapassar o limite de um (01) ano.

1. Nos termos do enunciado 243 da Súmula deste Superior Tribunal de Justiça, "o benefício da suspensão do processo não é aplicável em relação às infrações penais cometidas em concurso material, concurso formal ou continuidade delitiva, quando a pena mínima cominada, seja pelo somatório, seja pela incidência da majorante, ultrapassar o limite de um (01) ano". 2. O mesmo entendimento é aplicável à transação penal, que não pode ser ofertada aos acusados de crimes cuja pena máxima, considerado o concurso material, ultrapasse 2 (dois) anos, limite para que se considere a infração de menor potencial ofensivo. Precedente. 3. Na espécie, o recorrente foi acusado de praticar, em concurso formal, os crimes previstos nos artigos 2º da Lei 8.176/1991 e 55 da Lei 9.605/1998, cujas penas máximas são, respectivamente, de 5 (cinco) anos de detenção e de 1 (um) ano de detenção, as quais, somadas, ultrapassam os limites previstos na Lei 9.099/1995, o que demonstra que, quando iniciada a ação penal em apreço, não fazia jus aos benefícios da transação penal ou da suspensão condicional do processo. 4. Em momento algum no curso do processo criminal em apreço a defesa questionou o não oferecimento de transação penal ao acusado, o que só veio a ocorrer por ocasião da oposição de embargos de declaração contra a sentença condenatória, o que revela a preclusão do exame do tema. Precedentes. 5. Recurso desprovido (RHC 66.196/RJ, Rel. Min. Jorge Mussi, 5ª T., j. 19/05/2016, *DJe* 27/05/2016).

Nesse sentido:
⚖ STF, HC 83163/SP, Rel. Min. Joaquim Barbosa, Tribunal Pleno, *DJ* 19/06/2009, p. 153.

Crime continuado e reiteração criminosa

⚖ Uma vez evidenciada a reiteração indicativa de delinquência habitual ou profissional, impossível reconhecer a continuidade delitiva em favor dos recorrentes (STJ, REsp 1.655.072/MT, Rel. Min. Rogerio Schietti Cruz, 6ª T., *DJe* 20/02/2018).

Nesse sentido:
⚖ STJ, HC 303.815/DF, Rel. Min. Ribeiro Dantas, 5ª T., *DJe* 20/09/2016; STJ, HC 297.624/MS, Rel. Min. Rogério Schietti Cruz, 6ª T., *DJe* 02/03/2015; STF, HC 114725/SP, Rel. Min. Ricardo Lewandowski, 2ª T., *DJe* 17/06/2013.

Jurisprudência em Teses do Superior Tribunal de Justiça, Boletim nº 17, publicado em 6 de agosto de 2014, sobre Crime Continuado I

1) Para a caracterização da continuidade delitiva é imprescindível o preenchimento de requisitos de ordem objetiva – mesmas condições de tempo, lugar e

---

[97] FONSECA NETO, Alcides da. *O crime continuado*, p. 147.

forma de execução – e de ordem subjetiva – unidade de desígnios ou vínculo subjetivo entre os eventos (Teoria Mista ou Objetivo-subjetiva).

2) A continuidade delitiva, em regra, não pode ser reconhecida quando se tratarem de delitos praticados em período superior a 30 (trinta) dias.

3) A continuidade delitiva pode ser reconhecida quando se tratarem de delitos ocorridos em comarcas limítrofes ou próximas.

4) A continuidade delitiva não pode ser reconhecida quando se tratarem de delitos cometidos com modos de execução diversos.

5) Não há crime continuado quando configurada habitualidade delitiva ou reiteração criminosa.

6) Quando se tratar de crime continuado, a prescrição regula-se pela pena imposta na sentença, não se computando o acréscimo decorrente da continuação (Súmula 497/STF).

7) A lei penal mais grave aplica-se ao crime continuado ou ao crime permanente, se a sua vigência é anterior à cessação da continuidade delitiva ou da permanência (Súmula 711/STF).

8.1) O estupro e atentado violento ao pudor cometidos contra a mesma vítima e no mesmo contexto devem ser tratados como crime único, após a nova disciplina trazida pela Lei n. 12.015/09.

8.2) É possível reconhecer a continuidade delitiva entre estupro e atentado violento ao pudor quando praticados contra vítimas diversas ou fora do mesmo contexto, desde que presentes os requisitos do artigo 71 do Código Penal.

8.3) A Lei nº 12.015/09, ao incluir no mesmo tipo penal os delitos de estupro e atentado violento ao pudor, possibilitou a caracterização de crime único ou de crime continuado entre as condutas, devendo retroagir para alcançar os fatos praticados antes da sua vigência, por se tratar de norma penal mais benéfica.

9) No concurso de crimes, a pena considerada para fins de fixação da competência do Juizado Especial Criminal será o resultado da soma, no caso de concurso material, ou da exasperação, na hipótese de concurso formal ou crime continuado, das penas máximas cominadas aos delitos.

Jurisprudência em Teses do Superior Tribunal de Justiça, Boletim nº 20, publicado em 17 de setembro de 2014, sobre crime continuado II.

1) Para a caracterização da continuidade delitiva, são considerados crimes da mesma espécie aqueles previstos no mesmo tipo penal.

2) É possível o reconhecimento de crime continuado entre os delitos de apropriação indébita previ-

denciária (art. 168-A do CP) e de sonegação de contribuição previdenciária (art. 337-A do CP).

3) Presentes as condições do art. 71 do Código Penal, deve ser reconhecida a continuidade delitiva no crime de peculato-desvio.

4) Não é possível reconhecer a continuidade delitiva entre os crimes de roubo (art. 157 do CP) e de latrocínio (art. 157, § 3º, segunda parte, do CP)[98] porque apesar de serem do mesmo gênero não são da mesma espécie.

5) Não é possível reconhecer a continuidade delitiva entre os crimes de roubo (art. 157 do CP) e de extorsão (art. 158 do CP), pois são infrações penais de espécies diferentes.

6) Admite-se a continuidade delitiva nos crimes contra a vida.

7) O entendimento da Súmula nº 605 do STF – "não se admite continuidade delitiva nos crimes contra a vida" – encontra-se superado pelo parágrafo único do art. 71 do Código Penal, criado pela reforma de 1984.

8) Na continuidade delitiva prevista no *caput* do art. 71 do CP, o aumento se faz em razão do número de infrações praticadas e de acordo com a seguinte correlação: 1/6 para duas infrações; 1/5 para três; 1/4 para quatro; 1/3 para cinco; 1/2 para seis; 2/3 para sete ou mais ilícitos.

9) Na continuidade delitiva específica, prevista no parágrafo único do art. 71 do CP, o aumento fundamenta-se no número de infrações cometidas e nas circunstâncias judiciais do art. 59 do CP.

10) Caracterizado o concurso formal e a continuidade delitiva entre infrações penais, aplica-se somente o aumento relativo à continuidade, sob pena de *bis in idem*.

11) No crime continuado, as penas de multa devem ser somadas, nos termos do art. 72 do CP.

12) No crime continuado, a pena de multa deve ser aplicada mediante o critério da exasperação, tendo em vista a inaplicabilidade do art. 72 do CP.

13) O reconhecimento dos pressupostos do crime continuado, notadamente as condições de tempo, lugar e maneira de execução, demanda dilação probatória, incabível na via estreita do *habeas corpus*.

Multas no concurso de crimes
Art. 72. No concurso de crimes, as penas de multa são aplicadas distinta e integralmente.

Multas no concurso de crimes

Nas hipóteses de concurso material, concurso formal ou mesmo crime continuado, as penas de multa deverão ser aplicadas isoladamente para cada infra-

---

[98] Obs.: Atualmente, o delito de latrocínio, após a modificação levada a efeito pela Lei nº 13.654, de 23 de abril de 2018, encontra-se previsto no inc. II do § 3º do art. 157 do Código Penal.

ção penal. Imagine-se que alguém tenha praticado quatro crimes em concurso formal. Aqui, em vez de ser aplicado o percentual de aumento de um sexto até metade, as penas de multa serão encontradas isoladamente.

Embora com relação ao concurso material e ao concurso formal imperfeito não haja maiores discussões, no que diz respeito à aplicação da multa nas hipóteses de concurso formal perfeito e continuidade delitiva existe divergência doutrinária e jurisprudencial. Preleciona Alberto Silva Franco: "Se se entender que se trata de um concurso de crimes, não há dúvida de que a solução será igual à do concurso formal. Considerando-se, no entanto, que se cuida de uma hipótese não de concurso de crimes, mas, sim, de unidade legal de infrações, ou melhor, de crime único, o art. 72 da PG/84 não teria aplicabilidade e, nessa situação, a exacerbação punitiva incidiria necessariamente na determinação do número de dias-multa, dentro do sistema de dias-multa ora acolhido na PG/84. Destarte, a divergência que já existe em nível jurisprudencial persistiria."[99]

⚖️ No concurso de crimes, as penas de multa são aplicadas distinta e integralmente. Inteligência do art. 72 do Código Penal (TJ-MG, AC 0502007-03.2015.8.13.0079, Rel. Des. Renato Martins Jacob, *DJe* 12/09/2016).

Nesse sentido:

⚖️ TJMG, Processo 1.0313.05. 156384-6/001[1], Rel. Des. William Silvestrini, *DJ* 06/06/2006; STJ, REsp 519429/SP, Rel. Min. Arnaldo Esteves Lima, 5ª T., *DJ* 10/10/2005, p. 412; STJ, REsp 493227/SP, Rel. Min. José Arnaldo da Fonseca, 5ª T., *DJ* 22/09/2003, p. 356.

Erro na execução

Art. 73. Quando, por acidente ou erro no uso dos meios de execução, o agente, ao invés de atingir a pessoa que pretendia ofender, atinge pessoa diversa, responde como se tivesse praticado o crime contra aquela, atendendo-se ao disposto no § 3º do art. 20 deste Código. No caso de ser também atingida a pessoa que o agente pretendia ofender, aplica-se a regra do art. 70 deste Código.

Crimes aberrantes

São três as hipóteses dos chamados *crimes aberrantes*, a saber: a) *aberratio ictus*; b) *aberratio criminis*; c) *aberratio causae*. Somente as duas primeiras encontram previsão legal, respectivamente, nos arts. 73 e 74 do Código Penal. Ocorrerá a chamada *aberratio causae*, ou aberração na causa, quando o resultado pretendido pelo agente advier de uma outra causa, que não aquela pretendida por ele inicialmente, mas que se encontra abrangida pelo seu dolo. Assim, su-

ponhamos que o agente, querendo causar a morte da vítima por afogamento, a arremesse, por exemplo, da ponte Rio – Niterói, sendo que, antes de cair na baía de Guanabara, a vítima choca-se com um dos pilares da aludida ponte e morre em virtude de traumatismo craniano, e não por afogamento, como inicialmente pretendia o agente. Pode acontecer, ainda, que ocorra um resultado aberrante também na hipótese em que o agente, após efetuar dois disparos, supondo já ter causado a morte da vítima, com a finalidade de ocultar o suposto cadáver, coloca-a em uma cova, enterrando-a, sendo que esta, na verdade, ainda se encontrava viva, vindo, contudo, a morrer asfixiada.

⚖️ (...) "A norma prevista no art. 73 do Código Penal afasta a possibilidade de se reconhecer a ocorrência de crime culposo quando decorrente de erro na execução na prática de crime doloso" (HC 210.696/MS, Rel. Min. Joel Ilan Paciornik, 5ª T., julgado em 19/09/2017, *DJe* 27/09/2017). (...) (REsp 1.853.219/RS, Rel. Min. Nefi Cordeiro, 6ª T., julgado em 02/06/2020, *DJe* 08/06/2020).

Erro na execução

Também conhecido por *aberratio ictus*, que significa *desvio no golpe* ou *aberração no ataque*.

⚖️ (...) 3. Delimitado o contexto fático pelas instâncias ordinárias de que o acusado, objetivando atingir a vítima, por erro na execução, atingiu o seu comparsa, que faleceu, correta a tipificação da conduta como latrocínio consumado. (...) 5. O aumento da pena-base em 2 anos não configura ilegalidade ou ofensa à proporcionalidade, porquanto devidamente motivado e arrazoado, sobretudo se considerados o mínimo e máximo da pena abstratamente cominada ao tipo penal do art. 157, § 3º, II do CP. (...) (AgRg no AREsp 1.557.416/PE, Rel. Min. Nefi Cordeiro, 6ª T., julgado em 12/05/2020, *DJe* 18/05/2020).

Nesse sentido:

⚖️ STJ, RE 1.853.219/RS, Rel. Min. Nefi Cordeiro, DJe 08/06/2020; TJMG, Processo 1.0105.97.003426-7/001, Rel. Des. Adilson Lamounier, *DJ* 06/07/2009.

Erro de pessoa para pessoa

Para que se possa falar em *aberratio ictus* deve ocorrer a seguinte situação: *a)* o agente quer atingir uma pessoa; *b)* contudo, por acidente ou erro no uso dos meios de execução, vem a atingir uma pessoa diversa.

⚖️ Em se tratando de caso em que a condenação se dá por *aberratio ictus*, o fato de que terceiro foi atingido, em lugar da vítima real, em razão de erro na execução, constitui elementar do tipo, uma vez que a responsabilidade do agente se dá pela norma do art. 73 do Código Penal, segundo o qual a punição deve ocorrer como se se tratasse da vítima realmente alvejada (STJ, REsp 1.492.921/DF, Rel. Min. Sebastião Reis Junior, 6ª T., *DJe* 1º/09/2016).

Nesse sentido:

TJMG, Rese 1.0236.06.008812-7/001, Rel. Des. Ediwal José de Morais, *DJ* 01/04/2009.

Aberratio ictus com unidade simples

Nessa hipótese, o agente, em vez de atingir a pessoa que pretendia ofender, atinge pessoa diversa, produzindo um único resultado (morte ou lesão corporal). O art. 73 do Código Penal determina, neste caso, seja aplicada a regra do erro sobre a pessoa, prevista no § 3º do art. 20 do Código Penal. Assim, se houver a produção do resultado morte em pessoa diversa, o agente responderá por um único crime de homicídio doloso consumado, como se efetivamente tivesse atingido a pessoa a quem pretendia ofender. Se queria a morte de seu pai e, por erro na execução, matar um estranho, responderá pelo delito de homicídio, aplicando-se, ainda, a circunstância agravante prevista no art. 61, II, *e*, primeira figura do Código Penal (ter cometido o crime contra ascendente). Se, contudo, ainda agindo com *animus necandi*, atingir terceira pessoa, causando-lhe lesões corporais, deverá o agente responder pela tentativa de homicídio.

(...) 2. A norma prevista no art. 73 do Código Penal afasta a possibilidade de se reconhecer a ocorrência de crime culposo quando decorrente de erro na execução na prática de crime doloso. Reconhecido pelo Conselho de Sentença, o dolo na conduta do agente que efetua disparo de arma de fogo contra vítima e acaba por acertar terceiro em razão de erro na execução *(aberratio ictus)*, se mostra contraditória resposta afirmativa no sentido de que a morte do terceiro decorreu de culpa (ut, HC n. 210.696/MS, Rel. Ministro Joel Ilan Paciornik, Quinta Turma, DJe 27/9/2017). 3. A fixação da pena-base – com fundamento nas circunstâncias judiciais do art. 59 do Código Penal – não se dá por critério puramente objetivo ou matemático, uma vez que é admissível certa discricionariedade do órgão julgador, desde que vinculada aos elementos concretos dos autos. A propósito: HC n. 400.119/RJ, desta Relatoria, *DJe* de 1º/08/2017 e AgRg no AREsp n. 1.013.311/MS, Rel. Min. Ribeiro Dantas, Quinta Turma, *DJe* 26/02/2018). 4. A redução da pena basilar pelo Tribunal se deu com observância do cálculo realizado pelo juiz sentenciante que considerou o parâmetro suficiente para reprovação e prevenção do delito. 5. No caso, o juiz sentenciante exasperou a pena base em 04 (quatro) anos e 06 (seis) meses e ficando afastada uma das referidas circunstâncias, a pena foi reduzida em 1/4 (um quarto) (...) (AgRg no AREsp 1.604.763/MG, Rel. Min. Reynaldo Soares da Fonseca, 5ª T., julgado em 05/03/2020, *DJe* 18/03/2020).

Aberratio ictus com unidade complexa

Há um resultado duplo, razão pela qual a unidade é tida como complexa. Aplica-se, nesse caso, a regra do concurso formal de crimes, prevista no art. 70 do Código Penal. São quatro as hipóteses de *aberratio ictus* com unidade complexa, partindo-se do pressuposto de que em todos os casos o agente atua com o dolo de matar: 1º) o agente atira em **A**, causando não somente sua morte, como também a de **B**. Responderá pelo crime de homicídio doloso consumado, com a pena aumentada de 1/6 até metade; 2º) o agente mata **A** e fere **B**. Responderá pelo homicídio consumado, aplicando-se também o aumento previsto pelo art. 70; 3º) o agente fere **A** e **B**. Deverá ser responsabilizado pela tentativa de homicídio, aplicando-se o aumento de 1/6 até metade; 4º) o agente fere **A**, aquele contra o qual havia atuado com dolo de matar; contudo, acaba produzindo o resultado morte em **B**. Responderá pelo homicídio doloso consumado, aplicando-se o aumento do concurso formal de crimes.

Ocorre *aberratio ictus* com resultado duplo, ou unidade complexa, de que dispõe o art. 73, segunda parte, do CP, quando, na execução do crime de homicídio doloso, além do resultado intencional, sobrevém outro não pretendido, decorrente de erro de pontaria, em que, além da vítima originalmente visada, outra é atingida por erro na execução. (...) Alvejada, além da pessoa que se visava atingir, vítima diversa, por imprecisão dos atos executórios, deve ser a ela estendido o elemento subjetivo (dolo), aplicando-se a regra do concurso formal. (...) "Por se tratar de hipótese de *aberratio ictus* com duplicidade de resultado, e não tendo a defesa momento algum buscando desvincular os resultados do erro na execução, a tese de desclassificação do delito para a forma culposa em relação somente ao resultado não pretendido, só teria sentido se proposta também para o resultado pretendido" (HC 105.305/RS, Rel. Min. Felix Fischer, 5ª T., julgado em 27/11/2008, *DJe* 09/02/2009). (REsp 1.853.219/RS, Rel. Min. Nefi Cordeiro, 6ª T., julgado em 02/06/2020, *DJe* 08/06/2020).

Nesse sentido:

STJ, AgRg no REsp 1.553.373/SP, Rel. Min. Jorge Mussi, 5ª T., *DJe* 04/06/2019; TJ-DFT, RC 20160020107929RVC, Rel. Des. Silvanio Barbosa dos Santos, *DJe* 15/09/2016; TJRS, AC nº 70048015960, Rel. Des. Francesco Conti, j. 28/06/2012.

Necessidade de previsibilidade do resultado aberrante

Se o resultado aberrante não tiver sido previsível, não se poderá cogitar da hipótese de *aberratio ictus*, pois, caso contrário, estaríamos aceitando a possibilidade de responsabilizar objetivamente o agente.

Aberratio ictus e dolo eventual

Se o caso é de erro na execução, aquele que atinge outra pessoa que não aquela que pretendia ofender, somente se poderá cogitar em *aberratio* se o resultado for proveniente de culpa, afastando-se o erro na hipótese de dolo, seja ele direto ou mesmo eventual. Isso porque se o agente queria (diretamente) ou não se importava em produzir o resultado por ele previsto e aceito, agindo com dolo eventual, não há falar em *erro na execução*.

⚖ O cometimento de uma só conduta, que acarreta resultados diversos, um dirigido pelo dolo direto e outro pelo dolo eventual, configura a diversidade de desígnios. Precedente do STF. Hipótese em que se verifica o concurso formal imperfeito, que se caracteriza pela ocorrência de mais de um resultado, através de uma só ação, cometida com propósitos autônomos (STJ, REsp 138.557/DF, Rel. Min. Gilson Dipp, 5ª T., RT, v. 807, p. 577).

Nesse sentido:
⚖ STF, HC 73548/SP, Rel. Min. Ilmar Galvão, 1ª T., *DJ* 17/05/1996, p. 16.328.

Concurso material benéfico

Em qualquer das hipóteses de *aberratio ictus* com unidade complexa, ou seja, com a produção de dois resultados, deverá ser observada a regra do concurso material benéfico.

Conflito de competência

⚖ 1. A Defensoria Pública da União impetrou o *mandamus* sustentando a incompetência da Justiça Federal ao argumento de que o paciente teria incidido em erro quanto ao estabelecimento contra o qual teria sido praticado o delito de dano. Conforme tese da defesa, o paciente pensava dirigir sua conduta contra a Prefeitura do Município, pois estava transtornado em razão de ter sido demitido de uma autarquia municipal, não tendo motivo algum para atacar a Polícia Federal. Destarte, o núcleo da controvérsia consiste em analisar se o art.20, § 3º, do Código Penal tem o condão alterar regras de competência. 2. O acórdão impugnado não merece reparos uma vez que o art. 20, § 3º, do Código Penal – que trata do erro sobre a pessoa – é normalmente destinado à fase de aplicação da pena não podendo ser invocado para alterar regras de competência definidas pela Constituição Federal – CF. Conforme art. 109, inciso IV, da Lei Maior, "aos juízes federais compete processar e julgar crimes políticos e infrações penais praticados em detrimento de bens, serviços ou interesses da União ou de suas autarquias ou empresas públicas, excluídas as contravenções e ressalvada a competência da Justiça Militar e Justiça Eleitoral". 3. Da leitura da denúncia extrai-se a imputação da prática do crime de dano contra patrimônio da União bem como, do crime de desacato e ameaça direcionado a policiais federais. Nesse contexto, não se identifica flagrante ilegalidade no acórdão que reconheceu o interesse da União na apuração das condutas delitivas imputadas ao ora paciente. Precedentes. 4. Suposto erro sobre a pessoa ou mesmo erro na execução do delito não têm o condão de alterar a competência para a prestação jurisdicional. Precedente: CC 27.368/SP, Rel. Ministro José Arnaldo da Fonseca, 3ª S., *DJ* 27/11/2000. 5. Agravo regimental ao qual se nega provimento (AgRg no HC 560.391/DF, Rel. Min. Joel Ilan Paciornik, 5ª T., julgado em 04/08/2020, *DJe* 10/08/2020).

Nesse sentido:
⚖ STJ, CC 27368/SP, Rel. Min. José Arnaldo da Fonseca, 1ª T., p. 123/*JBC* 39, p. 286.

Reparação dos danos

⚖ O agente que, estando em situação de legítima defesa, causa ofensa a terceiro, por erro na execução, responde pela indenização do dano, se provada no juízo cível a sua culpa. Negado esse fato pela instância ordinária, descabe condenar o réu a indenizar o dano sofrido pela vítima. Arts. 1.540 e 159 do CC (STJ, REsp 152030/DF, Rel. Min. Ruy Rosado de Aguiar, 4ª T., *RSTJ* 113, p. 290/*RT* 756 p. 190).

> **Resultado diverso do pretendido**
> **Art. 74.** Fora dos casos do artigo anterior, quando, por acidente ou erro na execução do crime, sobrevém resultado diverso do pretendido, o agente responde por culpa, se o fato é previsto como crime culposo; se ocorre também o resultado pretendido, aplica-se a regra do art. 70 deste Código.

Resultado diverso do pretendido

Também conhecido por *aberratio criminis ou aberratio delicti*, que tem o significado de *desvio do crime*.

⚖ Lesões corporais. Resultado diverso do pretendido. Impossibilidade de responsabilidade objetiva. Se a vítima fraturou o braço em decorrência de queda provocada pela esquiva do golpe do réu, responderá o agressor tão somente por lesões corporais simples, pois não era previsível que de seu golpe resultasse uma fratura que afastaria a vítima de suas atividades habituais por mais de 30 (trinta) dias (TJMG, Processo 1.0000.00.347203-2/000(1), Rel. Des. Erony da Silva, *DJ* 26/11/2003).

Hipóteses

Conforme as lições de Damásio de Jesus, "enquanto na *aberratio ictus* existe erro de execução a *persona in personam*, na *aberratio criminis* há erro na execução do tipo a *personam in rem* ou a *re in personam*. No primeiro caso, o agente quer atingir uma pessoa e ofende outra (ou ambas). No segundo, quer atingir um bem jurídico e ofende outro (de espécie diversa)."[100]

Concurso material benéfico

Em qualquer das hipóteses de *aberratio criminis* com unidade complexa, ou seja, com a produção de dois resultados, deverá ser observada a regra do concurso material benéfico.

Limite das penas

Art. 75. O tempo de cumprimento das penas privativas de liberdade não pode ser superior a 40 (quarenta) anos.

§ 1º. Quando o agente for condenado a penas privativas de liberdade cuja soma seja superior a 40 (quarenta) anos, devem elas ser unificadas para atender ao limite máximo deste artigo.

§ 2º. Sobrevindo condenação por fato posterior ao início do cumprimento da pena, far-se-á nova unificação, desprezando-se, para esse fim, o período de pena já cumprido.

Limite das penas

Em obediência ao disposto no art. 5º, XLVII, da Constituição Federal, que proíbe as penas de caráter perpétuo, diz o *caput* do art. 75 do Código Penal, com a nova redação que lhe foi conferida pela Lei nº 13.964, de 24 de dezembro de 2019, que o *tempo de cumprimento das penas privativas de liberdade não pode ser superior a 40 (quarenta) anos.*

Tempo de cumprimento

Não se confunde com tempo de condenação. Poderá o agente ser condenado a 300 anos, por exemplo. No entanto, de acordo com a determinação legal, não poderá cumprir, efetivamente, como regra, período superior a 40 (quarenta) anos.

Diferença entre *soma* e *unificação*

Soma é um critério matemático, no qual todas as penas aplicadas serão computadas a fim de que se conheça o seu total; *unificação* é o critério mediante o qual o julgador deverá desprezar, para efeitos de cumprimento da pena, o tempo que exceder a 40 (quarenta) anos.

Competência para decidir sobre a soma ou a unificação de penas

De acordo com o art. 66, III, *a*, da LEP, compete ao Juízo das Execuções.

Tempo sobre o qual deverão ser procedidos os cálculos para a concessão dos "benefícios" legais

Tratando-se de direito subjetivo do condenado ou falando-se em benefícios legais, não importando, no momento, esse tipo de discussão, os cálculos a serem realizados durante a execução da pena deverão incidir sobre o total das penas unificadas, ou seja, quarenta anos, ou sobre o total da soma das penas aplicadas ao condenado?

Como a própria indagação indica, duas correntes se formaram. A primeira, por questões de política criminal, assevera que todos os cálculos durante a execução da pena deverão ser realizados sobre a pena unificada. Assim, suponhamos que alguém tivesse sido condenado a trezentos anos. Realizada a unificação, deixada de lado a "gordura" de duzentos e sessenta anos, o condenado dá início ao cumprimento de sua pena unificada em quarenta anos. Considerando o fato de que o condenado preenche todos os requisitos exigidos para a concessão do livramento condicional, por exemplo, bem como era reincidente em crime doloso, sendo que devia cumprir mais da metade da pena, nos termos do art. 83, inciso II, do Código Penal, esse cálculo deverá ser realizado sobre quarenta anos. Dessa forma, cumpridos mais de vinte anos, poderá o condenado pleitear o livramento condicional, mesmo que sua pena somada seja de trezentos anos. Essa corrente aduz que se os cálculos fossem levados a efeito sobre o total das penas somadas isso geraria uma desmotivação, pelo condenado, durante o cumprimento de sua pena, eis que teria de cumpri-la integralmente, sem que lhe fosse dada qualquer perspectiva de saída do sistema penitenciário antes do final do cumprimento de sua pena, unificada em quarenta anos. Nesse sentido são as lições de Ney Moura Teles, quando diz:

"O cumprimento de qualquer pena privativa de liberdade só faz sentido se existir, na mente do condenado, a perspectiva de alcançar a liberdade. Aquele que tiver a certeza de que somente ganhará a liberdade após 30 anos[101] de reclusão, não terá nenhuma razão para respeitar, no presídio e fora dele, qualquer dos valores protegidos pelo direito. Se com o sistema progressivo de cumprimento de penas privativas de liberdade, com a possibilidade concreta e real de alçar regimes mais brandos, nossas penitenciárias são verdadeiras escolas de aperfeiçoamento do crime, muito mais o seriam se uma parcela dos condenados não tivesse nenhuma perspectiva de obtenção de liberdade, ainda que a semiliberdade dos regimes semiaberto e aberto. Por isso que melhor, por plenamente coerente com o sistema progressivo brasileiro, e, principalmente, por atender aos interesses democráticos da nossa sociedade, é que a pena de 30

---

[100] JESUS, Damásio E. de. *Direito penal*, p. 280.
[101] Obs.: A Lei nº 13.964, de 24 de dezembro de 2019, alterou o limite de tempo para cumprimento de pena para quarenta anos.

anos[102], unificada, destina-se não só ao efetivo cumprimento, mas também para o cálculo dos diversos benefícios permitidos aos condenados."[103]

A segunda corrente, adotando posição contrária à anterior, aduz que os cálculos deverão ser procedidos sobre o total da soma das penas aplicadas. Isso porque, explicam, se os cálculos fossem levados a efeito sobre o total das penas unificadas, geraria um tratamento desigual entre os condenados, privilegiando aqueles que cometeram maior número de crimes. Suponhamos que o agente já tenha sido condenado por dois crimes de latrocínio a uma pena de cinquenta anos de reclusão. Depois das referidas condenações, e antes que houvesse a sua unificação, para que se desse início ao efetivo cumprimento da pena, o agente poderia praticar quantas infrações penais lhe conviesse, pois, se condenado por elas, em nada repercutiria no cumprimento de sua pena, e mais, em nada interferiria quando houvesse possibilidade de pleitear qualquer dos benefícios existentes durante a fase da execução da pena.

Na sessão plenária de 24 de setembro de 2003, o Supremo Tribunal Federal, consolidando sua posição, aprovou a Súmula nº 715, que diz:

⚖ *Súmula nº 715. A pena unificada para atender ao limite de trinta anos[104] de cumprimento, determinado pelo art. 75 do Código Penal, não é considerada para a concessão de outros benefícios, como o livramento condicional ou regime mais favorável de execução.*

A nosso ver, entendemos que a razão se encontra com a nossa Corte Maior. Conforme já argumentado acima, se adotássemos a unificação como regra geral para todos os cálculos, além de ser o teto máximo de cumprimento da pena, estaríamos ofendendo o princípio da isonomia, que determina, simplificadamente, que os iguais sejam tratados igualmente, bem como que os desiguais tenham tratamento desigual. Não podemos comparar aquele condenado que, depois de cometer um grande número de infrações penais, foi por elas condenado a duzentos e cinquenta anos de reclusão, com aquele que praticou um número bem menor e foi condenado a quarenta anos. É certo que o preso deverá sentir-se estimulado a cumprir sua pena, atendendo às regras do sistema carcerário, acenando-lhe o Estado com uma série de benefícios que anteciparão o seu retorno ao convívio social; contudo, também é certo que o Estado não pode estimular a prática de infrações penais, o que aconteceria se o condenado tivesse sempre que levar a efeito os cálculos para a concessão de certos benefícios sobre o total da pena unificada.

Condenação por fato posterior ao início do cumprimento da pena

Embora a lei tenha, inicialmente, determinado o cumprimento máximo de 40 anos, se o agente vier, após a unificação, a ser condenado por fato posterior ao início do cumprimento da pena, deverá ser realizada nova unificação, sendo desprezado, para esse fim, o período de pena já cumprido. Assim, de acordo com a redação prevista pelo § 2º do art. 75 do Código Penal, o limite de efetivo cumprimento poderá ser superior a 40 anos. Veja-se, por exemplo, o que tem ocorrido com frequência em nossas penitenciárias, onde presos causam a morte de outros, pertencentes a grupos rivais. Nesses casos, o período de pena já cumprido será desprezado, devendo ser sua nova condenação somada ao tempo restante de cumprimento da pena, para efeitos de ser realizada nova unificação, caso ultrapasse, novamente, o limite de 40 anos.

Medida de segurança

⚖ *Súmula nº 527 do STJ. O tempo de duração da medida de segurança não deve ultrapassar o limite máximo da pena abstratamente cominada ao delito praticado (DJe 18/05/2015).*

Concurso de infrações

Art. 76. No concurso de infrações, executar-se-á primeiramente a pena mais grave.

Ordem de execução das penas

⚖ (...) II – Esta Corte Superior de Justiça pacificou o entendimento de que, no caso de nova condenação a pena restritiva de direitos a quem esteja cumprindo pena privativa de liberdade em regime fechado ou semiaberto, é inviável a suspensão do cumprimento daquelas – ou a execução simultânea das penas. O mesmo se dá quando o agente estiver cumprindo pena restritiva de direitos e lhe sobrevém nova condenação à pena privativa de liberdade. Nesses casos, nos termos do art. 111 da LEP, deve-se proceder à unificação das penas, não sendo aplicável o art. 76 do Código Penal. III – *In casu*, como o cumprimento da sanção privativa de liberdade em regime fechado é inconciliável com as restritivas de direitos impostas, não há ilegalidade na determinação pelo d. Juízo das execuções de reconversão das penas alternativas supervenientes em privativa de liberdade. (...) (HC 528.001/MG, Rel. Min. Leopoldo de Arruda Raposo (Desembargador convocado do TJ/PE), 5ª T., julgado em 17/12/2019, *DJe* 19/12/2019).

---

[102] Obs.: A Lei nº 13.964, de 24 de dezembro de 2019, alterou o limite de tempo para cumprimento de pena para quarenta anos.

[103] TELES, Ney Moura. *Direito penal – parte geral*, v. 2, p. 201-202.

[104] Obs.: A Lei nº 13.964, de 24 de dezembro de 2019, alterou o limite de tempo para cumprimento de pena para quarenta anos.

Nesse sentido:

⚖ STJ, HC 505.768/SP, Rel. Min. Nefi Cordeiro, 6ª T., *DJe* 12/08/2019; STJ, REsp 1.696.103/MS, Rel. Min. Jorge Mussi, 5ª T., *DJe* 28/05/2018.

Concurso de crimes e pena de multa
Vide art. 72 do Código Penal.

Capítulo IV – Da Suspensão Condicional da Pena

Requisitos da suspensão da pena
Art. 77. A execução da pena privativa de liberdade, não superior a 2 (dois) anos, poderá ser suspensa, por 2 (dois) a 4 (quatro) anos, desde que:
I – o condenado não seja reincidente em crime doloso;
II – a culpabilidade, os antecedentes, a conduta social e personalidade do agente, bem como os motivos e as circunstâncias autorizem a concessão do benefício;
III – Não seja indicada ou cabível a substituição prevista no art. 44 deste Código.
§ 1º A condenação anterior a pena de multa não impede a concessão do benefício.
§ 2º A execução da pena privativa de liberdade, não superior a quatro anos, poderá ser suspensa, por quatro a seis anos, desde que o condenado seja maior de setenta anos de idade, ou razões de saúde justifiquem a suspensão.

Finalidade
Verdadeira medida descarcerizadora, a suspensão condicional da pena tem por finalidade evitar o aprisionamento daqueles que foram condenados a penas de curta duração, evitando-se, com isso, o convívio promíscuo e estigmatizante do cárcere.

Direito subjetivo do condenado ou faculdade do juiz?
Pela redação do art. 77 do Código Penal, somos induzidos, equivocadamente, a acreditar ser uma faculdade do juiz, pois o mencionado artigo diz que *a execução da pena privativa de liberdade, não superior a 2 (dois) anos, poderá ser suspensa, por 2 (dois) a 4 (quatro) anos...*
A lei penal usa a expressão *poderá ser suspensa*, sugerindo ser uma faculdade do juiz. Contudo, esse não é o melhor entendimento. Isso porque o art. 157 da Lei de Execução Penal determina que o juiz ou tribunal, na sentença que aplicar pena privativa de liberdade, na situação determinada pelo seu art. 156,[105] deverá pronunciar-se motivadamente sobre a suspensão condicional, quer a conceda, quer a denegue.
Ao determinar o obrigatório pronunciamento do juiz, a lei penal exigiu fossem analisados todos os requisitos que possibilitam a suspensão condicional da pena, os quais, se preenchidos, conduzirão à sua concessão pelo juiz. Assim, trata-se de direito subjetivo do condenado, e não simples faculdade do julgador.

⚖ De rigor a concessão do *sursis*, nos termos do art. 77 do Código Penal, haja vista que a pena imposta é de dois anos, o paciente não é reincidente, possui circunstâncias judiciais favoráveis e não é cabível a substituição da pena privativa de liberdade por restritiva de direitos, porquanto o crime foi cometido mediante violência, consoante restrição do art. 44, I, primeira parte, do Código Penal (STJ, HC 433.033/SP, Rel. Min. Ribeiro Dantas, 5ª T., *DJe* 09/04/2018).

Nesse sentido:

⚖ STJ, HC 104363/PA, Rel. Min. Arnaldo Esteves Lima, 5ª T., *DJe* 30/03/2009; TJMG, Processo 2.0000.00.485037-9/000[1], Rel. Des. Vieira de Brito, *DJ* 04/06/2005.

Em sentido contrário,

⚖ muito embora os benefícios previstos nos arts. 44 e 77 do Código Penal não constituam direitos subjetivos do acusado, dependendo da satisfação dos requisitos subjetivos e objetivos que a lei prevê, o magistrado, para negá-los, deve proferir decisão suficientemente motivada. Decisão que indique de modo concreto as razões pelas quais não se faz jus a tais favores de índole penal. Precedentes (STF, HC 84985/MG, Rel. Min. Carlos Britto, 1ª T., *DJ* 05/05/2006, p. 18).

Aplicação do *sursis*
Concluindo pela prática da infração penal, o juiz condenará o réu e dará início ao cálculo da pena, atendendo ao critério trifásico previsto pelo art. 68 do Código Penal. Se o *quantum* da pena total aplicada se encontrar nos limites previstos pelo art. 77 do Código Penal, deverá o juiz analisar os requisitos necessários à concessão do *sursis*. Se presentes, concederá a suspensão condicional da pena e, na própria sentença condenatória, especificará as condições a que se terá de sujeitar o condenado, em substituição à sua privação de liberdade, pois, segundo o art. 78 do Código Penal, *durante o prazo da suspensão, o condenado ficará sujeito à observação e ao cumprimento das condições estabelecidas pelo juiz.*

⚖ Fixada a pena acima de 2 anos de reclusão com a valoração negativa de circunstância judicial, incabível a suspensão condicional da pena, nos termos do art. 77 do CP (STJ, AgInt no REsp 1.762.487/SP, Rel. Min. Nefi Cordeiro, 6ª T., *DJe* 23/05/2019).

Nesse sentido:

⚖ TJSC, AC 2014.016098-3, Rel. Des. Paulo Roberto Sartorato, j. 15/07/2014; STJ, RHC 6870/SP, Rel. Min. Cid Flaquer Scartezzini, 5ª T., *RT* 758, p. 496.

---

[105] Lei de Execução Penal, art. 156: *O juiz poderá suspender, pelo período de 2 (dois) a 4 (quatro) anos, a execução da pena privativa de liberdade, não superior a 2 (dois) anos, na forma prevista nos arts. 77 a 82 do Código Penal.*

Requisitos para a concessão do *sursis*

Os requisitos objetivos são: no chamado *sursis sim-ples*, a condenação de pena privativa de liberdade não superior a dois anos; no *sursis etário ou no sursis hu-manitário*, a condenação de pena privativa de liber-dade não superior a quatro anos.

Os requisitos subjetivos são: *a)* que o condenado não seja reincidente em crime doloso; *b)* a culpabilidade, os antecedentes, a conduta social e personalidade do agente, bem como os motivos e as circunstâncias au-torizem a concessão do benefício.

O primeiro requisito de natureza subjetiva diz res-peito ao fato de não ser o condenado *reincidente em crime doloso*.

Dois detalhes merecem destaque em virtude da re-dação legal. Primeiro, a prática de *crime* anterior; segundo, o *crime* anterior deve ter sido cometido *dolosamente*. Assim, se o agente tiver cometido an-teriormente uma contravenção penal, tal fato não impedirá a concessão do benefício. Se, contudo, tiver praticado um crime, este somente impossibilitará a concessão do *sursis* se houver sido cometido dolo-samente, ou seja, a condenação anterior por crime culposo não impede a aplicação da suspensão con-dicional da pena.

Deve-se ressaltar, ainda, o fato de que, mesmo que o agente tenha sido condenado anteriormente pela prática de crime doloso, se a ele tiver sido aplicada *pena de multa*, isolada ou mesmo em substituição à pena privativa de liberdade, tal condenação não im-pedirá a concessão do benefício, uma vez que o art. 77, § 1º, do Código Penal não levou a efeito qualquer distinção.

⚖ A condenação anterior à pena de multa não im-pede a concessão de *sursis* (art. 77, § 1º, do Código Penal). A conversão da pena de multa em prisão deve ser considerada desinfluente para a natureza da con-denação, à vista da concessão do *sursis* de pena prisio-nal imposto por fato criminoso subsequente, princi-palmente porque tal conversão foi banida do sistema de direito vigente, o que a faz ininvocável (STJ, HC 17423/SP, Rel. Min. Hamilton Carvalhido, 6ª T., *DJ* 19/12/2002, p. 432, *RSTJ* 167, p. 639).

O segundo requisito de ordem subjetiva veio previsto pelo inc. II do art. 77 do Código Penal, a saber: a cul-pabilidade, os antecedentes, a conduta social e per-sonalidade do agente, os motivos e as circunstâncias autorizem a concessão do benefício.

Tais requisitos, se favoráveis, trazem a presunção de que o condenado está apto a merecer a suspensão condicional da pena que lhe fora aplicada, uma vez que, em virtude da sua análise, presume-se que não voltará a delinquir. Nas lições de Cezar Roberto Bi-tencourt, "o conceito de pena necessária de Von Liszt

adotado no final do art. 59 se consolida no inc. II do art. 77. Os elementos definidores da medida da pena, culpabilidade, antecedentes, conduta social, perso-nalidade do réu, motivos e circunstâncias do crime informarão da conveniência ou não da suspensão da execução da pena aplicada na sentença".[106]

⚖ Atendidos os requisitos exigidos pelo art. 77 do Código Penal, afigura-se viável a concessão do be-nefício da suspensão condicional da pena (*sursis*) na hipótese, sendo irrelevante o fato de tratar-se de cri-me cometido mediante grave ameaça exercida com simulacro de arma de fogo. Precedentes (STJ, AgRg no AREsp 1.177.648/SP, Rel. Min. Jorge Mussi, 5ª T., *DJe* 14/03/2018).

Nesse sentido:

⚖ STJ, REsp 1262591/MG, Rel. Min. Sebastião Reis Jú-nior, 6ª T., *DJe* 18/03/2013; STJ, HC 217567/RJ, Rel.ª Min.ª Laurita Vaz, 5ª T., *DJe* 25/06/2012; *RT* 721, p. 428.

Suspensão condicional da pena e aplicação da subs-tituição prevista no art. 44 do Código Penal

A suspensão condicional da pena somente será pos-sível se não for indicada ou cabível a substituição prevista pelo art. 44 do Código Penal. Salienta José Antônio Paganella Boschi: "Com o advento da Lei nº 9.714/98, esse instituto, aliás, perdeu muito de seu espaço e vigor, porque se passou a admitir a substitui-ção da pena privativa por restritiva de direitos e mul-ta nas condenações de até *quatro anos*, ou seja, bem acima do limite que ensejava ou a substituição ou a concessão do *sursis* (ou seja, dois anos).

Como resultado da interpretação literal do Código, portanto, a concessão da suspensão condicional da pena só será tecnicamente possível quando a reclusão ou detenção não ultrapassar a dois anos e na sentença o juiz declarar não cabível a substituição por restritiva de direitos (p. ex.: crime cometido com emprego de violência à pessoa – cuja pena não pode ser substituí-da –, mas sua execução pode ser suspensa mediante condições)".[107]

⚖ 1. Esta Corte Superior firmou-se no sentido de que a condenação por crime anterior, com trânsito em julgado posterior à prática delitiva em apuração, justifica a valoração negativa da circunstância judicial dos antecedentes, lastreando a exasperação da pena--base. 2. Nos termos do art. 77, III, do CP, incabível a concessão de *sursis*, quando concedida na origem a substituição da pena privativa de liberdade por restri-tivas de direitos. (...) (AgRg no AREsp 1.557.396/PR, Rel. Min. Nefi Cordeiro, 6ª T., julgado em 12/05/2020, *DJe* 18/05/2020).

Nesse sentido:

⚖ STJ, AgInt no AREsp 1.290.257/RN, Rel.ª Min.ª Laurita Vaz, 6ª T., *DJe* 1º/04/2019; STJ, AgRg no AREsp 1.177.648/

---

[106] BITENCOURT, Cezar Roberto. *Falência da pena de prisão*, p. 230-231.
[107] BOSCHI, José Antônio Paganella. *Das penas e seus critérios de aplicação*, p. 390.

SP, Rel. Min. Ribeiro Dantas, 5ª T., *DJe* 26/02/2018; STJ, HC 127.173/RS, Rel.ª Min.ª Laurita Hilário Vaz, 5ª T., *DJe* 1º/02/2010; TJMG, AC 1.0090.07.015801-0/001, Rel. Des. Pedro Vergara, *DJ* 20/07/2009.

Espécies de *sursis*

O Código Penal prevê quatro espécies de suspensão condicional da pena, a saber:

a) *sursis* simples;

b) *sursis* especial;

c) *sursis* etário;

d) *sursis* humanitário.

O *sursis* simples veio previsto pelo § 1º do art. 78 do Código Penal. Uma vez determinado o período de prova, no qual deverá cumprir todas as condições que lhe foram determinadas na sentença penal condenatória, o condenado, no primeiro ano do prazo, deverá prestar serviços à comunidade (art. 46 do CP) ou submeter-se à limitação de fim de semana (art. 48 do CP).

⚖ Ainda que o art. 79 do Código Penal permita ao juiz a aplicação de outras condições a que ficará subordinada a suspensão, desde que adequadas ao fato e à situação pessoal do condenado, não é possível a cumulação daquelas previstas nos §§ 1º (*sursis* simples) e 2º (*sursis* especial), pois estas são substitutivas daquelas, desde que preenchidos os requisitos legais (TJ-MG, AC 3170805-06.2012.8.13.0024, Rel. Des. Fortuna Grion, *DJe* 07/10/2016).

O *sursis* especial encontra-se no § 2º do art. 78 do Código Penal. Nesta segunda modalidade, se o condenado tiver reparado o dano, salvo a impossibilidade de fazê-lo, e se as circunstâncias do art. 59 lhe forem inteiramente favoráveis, o juiz poderá substituir a exigência do § 1º, ou seja, a prestação de serviços à comunidade ou a limitação de fim de semana, pelas seguintes condições, aplicadas cumulativamente: a) proibição de frequentar determinados lugares; b) proibição de ausentar-se da comarca onde reside, sem autorização do juiz; c) comparecimento pessoal e obrigatório a juízo, mensalmente, para informar e justificar suas atividades. Além dessas condições, poderá o juiz impor outras, nos termos do art. 79 do Código Penal, desde que adequadas ao fato e à situação pessoal do condenado.

⚖ O *sursis* especial é concedido quando as circunstâncias do crime forem totalmente favoráveis ao condenado e tiver ele reparado o dano, salvo impossibilidade de fazê-lo. Ausente tal reparação, é inadmissível a concessão do benefício especial (STJ, REsp 858542/SE, Rel. Min. Gilson Dipp, 5ª T., *DJ* 29/06/2007, p. 703). *Sursis* etário é aquele concedido ao maior de 70 anos de idade que tenha sido condenado a uma pena privativa de liberdade não superior a quatro anos. Nessa hipótese, a pena poderá ser suspensa por quatro a seis anos.

⚖ A substituição da pena privativa de liberdade por pena restritiva de direito, como previsto no art. 44 do Código Penal, importa em proporcionar ao condenado septuagenário situação penal mais benigna do que a concessão de *sursis* etário, previsto no art. 77, § 2º, do mesmo Estatuto (STJ, RHC 9659/MG, Rel. Min. Vicente Leal, 6ª T., p. 251/*JBC* 41, p. 443/*LEXSTJ* 145, p. 268).

O *sursis* humanitário foi uma inovação trazida pela Lei nº 9.714/98, permitindo, agora, ao condenado a uma pena não superior a quatro anos, ver concedida a suspensão condicional pelo período de quatro a seis anos, desde que razões de saúde a justifiquem. Assim, condenados portadores do vírus HIV, tuberculosos, paraplégicos ou aqueles que tenham sua saúde seriamente abalada poderão ser beneficiados com o *sursis*, evitando, dessa forma, o agravamento da sua situação que certamente aconteceria se fosse colocado no cárcere.

Diferenças entre o *sursis* e a suspensão condicional do processo

1ª) no *sursis*, o agente foi condenado e a concessão da suspensão condicional da pena somente ocorrerá após o trânsito em julgado da sentença condenatória, na audiência admonitória;

2ª) na suspensão condicional do processo, o juiz somente recebe a denúncia, sendo que os demais atos do processo ficarão suspensos, não havendo que se falar, pois, em condenação do réu;

3ª) a vítima que figurou no processo no qual foi concedido o *sursis* tem direito a seu título executivo judicial, nos termos do inciso VI do art. 515 do Código de Processo Civil (Lei nº 13.105, de 16 de março de 2015);

4ª) a vítima que figura no processo em que houve a suspensão, como não existe condenação com trânsito em julgado, não tem direito a qualquer título executivo judicial;

5ª) o beneficiário com o *sursis*, depois do período de prova, não apaga seus dados criminais, servindo a condenação em que houve a suspensão condicional da pena para forjar a reincidência ou os maus antecedentes do agente;

6ª) como não há condenação, uma vez cumpridas as condições especificadas na sentença que concedeu a suspensão condicional do processo, expirado o prazo sem revogação, o juiz declarará a extinção da punibilidade, não servindo tal declaração para fins de reincidência ou mesmo maus antecedentes.

⚖ 1. "Os requisitos de admissibilidade da suspensão condicional do processo encontram-se taxativamente elencados no art. 89, *caput*, da Lei n. 9.099/95, a saber: (I) pena mínima cominada igual ou inferior a um ano; (II) inexistência de outro processo em curso ou condenação anterior por crime; (III) presença dos requisitos elencados no art. 77 do Código Penal:

não reincidência em crime doloso aliada à análise favorável da culpabilidade, dos antecedentes, da conduta social, da personalidade do agente, bem como dos motivos e circunstâncias do delito que autorizem a concessão do benefício" (RHC 91.575/MG, Rel. Min. Maria Thereza de Assis Moura, 6ª T., julgado em 19/06/2018, *DJe* 29/06/2018). 2. A existência de processos anteriores revela que o recorrente não preenche os requisitos legais, previstos pelo art. 89 da Lei 9.099/95, para a obtenção do *sursis* processual. 3. Agravo regimental desprovido (AgRg no AREsp 1.691.132/TO, Rel. Min. Joel Ilan Paciornik, 5ª T., julgado em 22/09/2020, *DJe* 28/09/2020).

Nesse sentido:

⚖ STJ, RHC 55.119/MG, Rel.ª Min.ª Maria Thereza de Assis Moura, 6ª T., *DJe* 06/05/2015; STJ, RHC 42.864/SC, Rel. Min. Jorge Mussi, 5ª T., *DJe* 22/04/2015; STJ, HC AgRg nos EDcl no REsp 825208/RS, Rel.ª Min.ª Laurita Vaz, 5ª T., *DJe* 02/08/2010; STJ, HC 87992/RJ, Rel.ª Min.ª Maria Thereza de Assis Moura, 6ª T., *DJ* 25/02/2008, p. 365.

Sursis e crime militar

⚖ *Sursis*: sendo forma de execução penal, posto sem privação da liberdade, impede, enquanto não extinta a pena, a transferência para a reserva remunerada (L. 6.880/80 – Est. dos Militares –, art. 97, § 4º) (STF, HC 80203/RJ, Rel. Min. Sepúlveda Pertence, 1ª T., *DJ* 13/10/2000, p. 11).

Sursis e concurso de crimes

⚖ No concurso material de crimes, a regra é a soma das penas, para todos os efeitos, de sorte que se em razão de tal for ultrapassado o teto legal (dois anos), já não será possível a concessão do benefício ou direito, mesmo presentes as condições subjetivas do condenado. No caso, entretanto, de concurso material de crimes punidos com reclusão e detenção – ainda que pela modificação introduzida pela Lei nº 6.416, aquela comporta *sursis* quando inferior a dois anos – a regra de cumprimento sucessivo das penas em tela e a diversidade (programática e teórica) do modo de execução faz com que não se somem, de sorte que é possível a suspensão condicional, mesmo quando o total das penas for superior a dois anos, se ambas menores (TJRS, Ap. Crim. 27182, 2ª Câm. Crim., Rel. Des. Alaor Antônio Wiltgen Terra, j. 04/11/1982).

Sursis e tráfico de drogas

⚖ Esta Corte Superior de Justiça se posicionou no sentido da possibilidade de conceder a suspensão condicional da pena a condenado por crime hediondo, desde que preenchidos os requisitos do art. 77, § 2º, do Código Penal (STJ, REsp 1.320.387/SP, Rel. Min. Nefi Cordeiro, 6ª T., *DJe* 09/03/2016).

Nesse sentido:

⚖ STJ, RHC 28489/DF, Rel. Min. Gilson Dipp, 5ª T., *DJe* 28/02/2012; STJ, HC 144543/RJ, Rel. Min. Napoleão Nunes Maia Filho, 5ª T., *DJe* 02/08/2010.

> **Art. 78.** Durante o prazo da suspensão, o condenado ficará sujeito à observação e ao cumprimento das condições estabelecidas pelo juiz.
>
> § 1º No primeiro ano do prazo, deverá o condenado prestar serviços à comunidade (art. 46) ou submeter-se à limitação de fim de semana (art. 48).
>
> § 2º Se o condenado houver reparado o dano, salvo impossibilidade de fazê-lo, e se as circunstâncias do art. 59 deste Código lhe forem inteiramente favoráveis, o juiz poderá substituir a exigência do parágrafo anterior pelas seguintes condições, aplicadas cumulativamente:
>
> a) proibição de frequentar determinados lugares;
>
> b) proibição de ausentar-se da comarca onde reside, sem autorização do juiz;
>
> c) comparecimento pessoal e obrigatório a juízo, mensalmente, para informar e justificar suas atividades.

Condições sursitárias – legais e judiciais

Legais são aquelas já determinadas previamente pela lei penal, elencadas pelo § 2º do art. 78 do Código Penal, a saber: *a)* proibição de frequentar determinados lugares; *b)* proibição de ausentar-se da comarca onde reside, sem autorização do juiz; *c)* comparecimento pessoal e obrigatório a juízo, mensalmente, para informar e justificar suas atividades. Judiciais são as condições determinadas pelo juiz, devendo ser adequadas ao fato, bem como à situação pessoal do condenado (art. 79 do CP). Não poderá o julgador, por exemplo, arbitrar condições vexatórias, humilhantes ou que agridam a consciência do condenado. Mirabete aduz com precisão que "também se entende que não se devem aplicar condições *ociosas*, ou seja, aquelas reguladas por dispositivos legais próprios, como a de pagar as custas e a multa; a de indenizar o dano; a de não portar arma; de o contraventor não trazer consigo material de jogo". Afirma, por oportuno, "que as condições não podem constituir, em si mesmas, penas não previstas para hipótese, nem implicar violação de direitos individuais de ordem constitucional ou depender de fatos estranhos ao sentenciado. Por essas razões, têm os tribunais cancelado condições impostas pelo juiz, tais como: a de recolher-se na hora certa; a de não dirigir veículo; a de não beber [...]".[108]

⚖ Não havendo nos autos prova no sentido de que o acusado tenha buscado reparar o dano, torna-se incabível a aplicação do *sursis* especial, previsto no § 2º do art. 78 do Código Penal. Nada obsta a fixação de

---

[108] MIRABETE, Julio Fabbrini. *Manual de direito penal* – parte geral, p. 330-331.

prestação de serviços à comunidade com outras me-didas, quando adequadas ao fato e à situação pessoal do agressor (STJ, AgRg no AREsp 1.211.475/SP, Rel. Min. Nefi Cordeiro, 6ª T., *DJe* 23/08/2019).

Nesse sentido:

⚖ STJ, HC 440.286/RS, Rel. Min. Ribeiro Dantas, 5ª T., *DJe* 20/06/2018; STJ, AgRg no REsp 1.457.006/SP, Rel. Min. Jorge Mussi, 5ª T., *DJe* 02/10/2017; TJ-MG, AC 0077231-78.2015.8.13.0701, Rel. Des. Fortuna Grion, *DJe* 15/06/2016; TJSC, AC 2011.099901-7, Rel. Des. Paulo Roberto Sartorato, j. 10/12/2013.

Audiência admonitória

Transitada em julgado a sentença penal condenatória, o juiz da execução designará data para a realização da audiência admonitória, na qual serão lidas ao condenado todas as condições que lhe foram impostas ao cumprimento do *sursis*, advertindo-o das consequências de nova infração penal e do descumprimento das condições impostas (art. 160 da LEP). Se intimado, pessoalmente ou por edital, com prazo de vinte dias, o agente não comparecer injustificadamente à audiência admonitória, a suspensão ficará sem efeito e será executada imediatamente a pena (art. 161 da LEP). Comparecendo à audiência admonitória, depois de ouvir a leitura das condições que lhe foram impostas para a suspensão condicional da sua pena, deverá o condenado dizer se as aceita, dando-se, assim, início ao período de prova, ou se as recusa, preferindo cumprir a pena privativa de liberdade que lhe fora aplicada por intermédio da sentença penal condenatória.

⚖ 1. "Esta Corte possui a orientação de que somente após o trânsito em julgado e designada audiência admonitória pelo juízo da execução penal é que poderá o apenado renunciar ao sursis, caso não concorde com as condições estabelecidas e entenda ser mais benéfico o cumprimento da pena privativa de liberdade" (REsp 1.384.417/DF, Rel. Min. Rogerio Schietti Cruz, Sexta Turma, *DJe* 06/04/2015). 2. Agravo regimental desprovido (AgRg no AREsp 1.428.394/SP, Rel. Min. Joel Ilan Paciornik, 5ª T., julgado em 19/05/2020, *DJe* 29/05/2020).

Nesse sentido:

⚖ TJ-DFT, Processo 20130910178224APR, Rel.ª Des.ª Ana Maria Amarante, *DJe* 06/10/2016; TJ-MG, Processo 0011333-76.2013.8.13.0382, Rel. Des. Catta Preta, *DJe* 02/06/2016; TJMG, Processo 1.0027.09.203694-9/001, Rel. Des. Paulo Calmon Nogueira da Gama, *DJe* 09/05/2014.

Condenado que não comparece a audiência admonitória

A suspensão ficará sem efeito, devendo ser executada imediatamente a pena, nos termos do art. 161 da LEP.

Modificação das condições

O juiz poderá, a qualquer tempo, de ofício, a requerimento do Ministério Público ou mediante proposta do Conselho Penitenciário, modificar as condições e regras estabelecidas na sentença, ouvido o condenado (art. 158, § 2º, da LEP).

Fiscalização do cumprimento das condições

Regulada nos Estados, territórios e Distrito Federal por normas supletivas, a fiscalização será atribuída a serviço social penitenciário, patronato, conselho da comunidade ou instituição beneficiada com a prestação de serviços, inspecionados pelo Conselho Penitenciário, pelo Ministério Público, ou por ambos, devendo o juiz da execução suprir, por ato, a falta das normas supletivas (art. 158, § 3º, da LEP).

> **Art. 79.** A sentença poderá especificar outras condições a que fica subordinada a suspensão, desde que adequadas ao fato e à situação pessoal do condenado.

Cesta básica

⚖ O art. 17 da Lei nº 11.340/2006 é explícito ao vedar a substituição da pena por multa ou cesta básica, bem como não há previsão legal, no art. 77 do CP, da possibilidade de exercer estas modalidades como condições da suspensão condicional. Recurso improvido (TJ-RS, AC 70067944686, Rel.ª Des.ª Rosaura Marques Borba, j. 14/07/2016).

Nesse sentido:

⚖ TRF 1ª Reg., ACr 0011193-17.2010.4.01.4100/RO, Rel. Des. Fed. Tourinho Neto, *DJe* 25/03/2011; TJMG, Processo 1.0433.01. 018696-6/001[1], Rel. Des. Judimar Biber, *DJ* 17/08/2007.

Necessidade de devolução aos cofres públicos do valor apropriado como condição sursitária

⚖ Normal a condição sursitária que impõe ao sentenciado o dever de restituir aos cofres públicos numerário por ele retido indevidamente (TJMG, Processo 1.0000.00. 114480-7/000[1], Rel. Des. Gudesteu Biber, *DJ* 26/06/1998).

> **Art. 80.** A suspensão não se estende às penas restritivas de direitos nem à multa.

⚖ A suspensão condicional (*sursis*) só é admissível em relação à pena privativa de liberdade; não, assim, quanto a pena meramente restritiva de direitos, como é o caso de prestação de serviços à comunidade. Interpretação dos arts. 697 do CPP, 156 e 157 da LEP (nº 7.210, de 11/7/1984), 77, *caput*, e inc. III, 44, III, 32, 33, 43, 78, §§ 1º e 2º, e 80 do C. Penal (STF, HC 67308/RS, Rel. Min. Sydney Sanches, 1ª T., *DJ* 19/05/1989, p. 8.441).

Revogação obrigatória

Art. 81. A suspensão será revogada se, no curso do prazo, o beneficiário:

I – é condenado, em sentença irrecorrível, por crime doloso;

II – frustra, embora solvente, a execução de pena de multa ou não efetua, sem motivo justificado, a reparação do dano;

III – descumpre a condição do § 1º do art. 78 deste Código.

Revogação facultativa

§ 1º A suspensão poderá ser revogada se o condenado descumpre qualquer outra condição imposta ou é irrecorrivelmente condenado, por crime culposo ou por contravenção, a pena privativa de liberdade ou restritiva de direitos.

Prorrogação do período de prova

§ 2º Se o beneficiário está sendo processado por outro crime ou contravenção, considera-se prorrogado o prazo da suspensão até o julgamento definitivo.

§ 3º Quando facultativa a revogação, o juiz pode, ao invés de decretá-la, prorrogar o período de prova até o máximo, se este não foi o fixado.

Revogação obrigatória

As causas elencadas pelo art. 81 do Código Penal, se ocorrerem, importarão na obrigatória revogação da suspensão condicional da pena.

Na hipótese prevista no inc. I do art. 81 do Código Penal, a revogação do *sursis* é obrigatória, não dispondo o magistrado de discricionariedade diante de uma segunda condenação irrecorrível pela prática de crime doloso. Sendo assim, se a revogação, na espécie, é medida necessária, decorrente de condição objetiva, não há razão para a prévia audiência do apenado, diversamente das situações de revogação nas quais existe a possibilidade, no caso concreto, de não ser o benefício revogado (STJ, RHC 18521/MG, Rel. Min. Arnaldo Esteves Lima, 5ª T., *DJ* 07/05/2007 p. 335).

Nesse sentido:

STJ, HC 59557/RJ, Rel.ª Min.ª Laurita Vaz, 5ª T., *DJ* 16/10/2006, p. 407; TJMG, Processo 1.0000.05.418366-0/000[1], Rel. Des. Gudesteu Biber, *DJ* 26/04/2005.

Condenado, em sentença irrecorrível, por crime doloso

Se o condenado já estava sendo processado por outro crime ou se cometeu outro delito após ter iniciado o período de prova da suspensão condicional da pena, tal fato fará com que este seja prorrogado até o julgamento definitivo. Sobrevindo nova condenação por crime doloso, o *sursis* será revogado, devendo o condenado dar início ao cumprimento de ambas

as penas privativas de liberdade. Contudo, se for condenado a uma pena de multa ou, mesmo, a uma pena privativa de liberdade que foi substituída pela pena de multa, entendemos que, mesmo havendo essa nova condenação por crime doloso, tal fato não terá o condão de obrigar a revogação.

Inexiste constrangimento ilegal quanto à revogação do benefício da suspensão condicional da pena em razão de condenação pelo cometimento de outro crime durante o período de prova, desde que não tenha sido extinta a punibilidade do agente mediante sentença transitada em julgado, nos termos do inc. I do art. 81 do Código Penal (STJ, HC 97702/SP, Rel.ª Min.ª Laurita Vaz, 5ª T. *DJe* 23/06/2008).

Nesse sentido:

STJ, HC 33279/SP, Rel. Min. Hamilton Carvalhido, 6ª T., *DJ* 06/02/2006, p. 333.

Frustra, embora solvente, a execução de pena de multa ou não efetua, sem motivo justificado, a reparação do dano

Após a modificação do art. 51 do Código Penal, cuja nova redação foi dada pela Lei nº 9.268/96, foi afastada de nosso ordenamento jurídico a possibilidade de se converter a pena de multa, considerada como dívida de valor, em pena privativa de liberdade, o que levou Alberto Silva Franco a afirmar que, "se prevalece a regra da inconversibilidade da multa, não há como subsistir a frustração de sua execução como causa obrigatória de revogação do *sursis* de que trata a primeira parte do inc. II do art. 81 do Código Penal. Há, como se percebe, evidente incompatibilidade entre o sistema inovado do art. 51 com o do art. 81, II, em sua primeira parte, não mais se cogitando de 'frustração da execução' como causa de revogação obrigatória do *sursis*, subsistindo tão somente a parte segunda deste dispositivo que trata da ausência injustificada da reparação do dano".[109]

Ainda quanto à segunda parte do inciso em estudo, importa salientar que não é a simples ausência de reparação do dano que fará com que o *sursis* seja obrigatoriamente revogado, mas, sim, a não reparação sem motivo justificado. Se o condenado, em virtude de sua atual condição econômico-financeira, não tiver recursos suficientes para levar a efeito a reparação dos danos por ele causados, não haverá possibilidade de revogação da suspensão.

Descumpre a condição do § 1º do art. 78 do Código Penal

Refere-se ao descumprimento, no primeiro ano de prazo, da obrigação de prestar serviços à comunidade ou submeter-se à limitação de fim de semana imposta ao *sursis* simples.

[109] SILVA FRANCO, Alberto. *Código penal e sua interpretação jurisprudencial* – parte geral, v. 1, t. 1, p. 1.323.

⚖ Não há que se falar na dedução do período de prestação de serviços à comunidade cumprido como uma das condições do *sursis*, em caso de revogação desse benefício, devendo a pena ser cumprida integralmente (TJMG, Processo 1.0000.00. 304411-2/000[1], Rel. Des. Mercêdo Moreira, *DJ* 02/04/2003).

Revogação facultativa – causas

a) descumprimento de qualquer condição sursitária; *b)* condenação irrecorrível, por crime culposo ou por contravenção, a pena privativa de liberdade ou restritiva de direitos.

⚖ O cumprimento do prazo do *sursis* não aciona imediata e automaticamente a declaração da extinção da punibilidade, tendo em vista tratar-se de procedimento incidental sujeito às determinações do contraditório. Em face disso, possível a averiguação posterior da eficiência do benefício, se o transcurso foi satisfatório e se o beneficiário atendeu aos pressupostos legais exigidos, caso em que a revogação, mesmo que operada após o período de prova, se afigura correta ante os parâmetros legais. Não bastasse isso, o fato reclama o entendimento no sentido da revogação automática com a simples ocorrência das condenações no prazo da suspensão condicional (STJ, HC 26578/RJ, Rel. Min. José Arnaldo da Fonseca, 5ª T., *RSTJ* 186, p. 491).

Prorrogação automática do período de prova

Se o beneficiário está sendo processado por outro crime ou contravenção, considera-se prorrogado o prazo da suspensão até o julgamento definitivo.

⚖ O período de prova do *sursis* fica automaticamente prorrogado quando o beneficiário está sendo processado por outro crime ou contravenção. E a superveniência de sentença condenatória irrecorrível é caso de revogação obrigatória do benefício, mesmo quando ultrapassado o período de prova. Deve ser determinada a prorrogação do período de prova até o julgamento definitivo dos processos em andamento (STJ, REsp 723090/MG, Rel. Min. Gilson Dipp, 5ª T., *DJ* 16/10/2006, p. 417).

Causas de revogação facultativa e prorrogação do período de prova

Permite a lei penal, ainda, que o juiz, quando facultativa a revogação, em vez de decretá-la, prorrogue o período de prova até o máximo, se este não foi fixado (art. 81, § 3º).

Sursis e prisão domiciliar

⚖ Não evidenciado que a prisão domiciliar tenha sido revogada durante o seu regular cumprimento, é descabido o efeito retroativo da decisão que anulou o referido benefício, com fundamento na prática de falta grave pelo paciente, e a desconside-

ração do tempo de pena já cumprido. Não há como aplicar as regras relativas à suspensão condicional da pena ao regime de prisão domiciliar, já que, nesta última hipótese, o sentenciado encontra-se, de fato, cumprindo pena, ainda mais se o regime de domicílio foi deferido sob o fundamento de falta de vaga no regime aberto, estabelecido na sentença condenatória. A prisão domiciliar tornou-se, *in casu*, sucedâneo do regime prisional aberto, sendo que o paciente permaneceu cumprindo a reprimenda que lhe foi imposta. O instituto do *sursis* significa a suspensão do cumprimento da pena, sob a imposição de certas condições, sendo que, se revogado o referido benefício, o sentenciado deverá, efetivamente, cumprir a reprimenda imposta na condenação. Características substanciais da suspensão condicional da pena e do regime de prisão domiciliar que são diversas. Revogada a prisão domiciliar anteriormente concedida ao paciente, pelo advento de nova condenação em regime fechado, deve ser computado o período já cumprido para fins de concessão do benefício do livramento condicional. Impõe-se a cassação do acórdão impugnado, bem como da decisão monocrática que atribuiu efeito retroativo à revogação do regime de prisão domiciliar, nesta parte, para que o período de cumprimento da pena no mencionado regime seja considerado para todos os fins, especialmente para a obtenção do livramento condicional. Ordem concedida, nos termos do voto do Relator (STJ, HC 23579/MG, Rel. Min. Gilson Dipp, 5ª T., *JBC* 49, p. 158).

Consequência da revogação do *sursis*

⚖ A consequência da revogação do *sursis* da pena é o cumprimento da reprimenda privativa de liberdade imposta no édito condenatório que se encontrava suspensa diante do preenchimento dos requisitos constantes no art. 77 do Código Penal (STJ, HC 142263/RS, Rel. Min. Felix Fischer, 5ª T., 1º/02/2010).

Cumprimento das condições

Art. 82. Expirado o prazo sem que tenha havido revogação, considera-se extinta a pena privativa de liberdade.

Cumprimento das condições

A extinção da pena privativa de liberdade deverá ser decretada nos autos pelo juízo das execuções, ouvido sempre o Ministério Público. Isso porque, se o condenado tiver respondendo a outras ações penais, não poderá o julgador decretar a extinção da pena, pois se o beneficiário estiver sendo processado por outro crime ou contravenção considera-se prorrogado o prazo da suspensão até o julgamento definitivo, nos termos do § 2º do art. 81 do Código Penal.

Deverá o Ministério Público, antes de opinar pela decretação da extinção da pena, requerer aos órgãos competentes a folha de antecedentes criminais do beneficiário, a fim de saber se existe, ainda, algum outro processo pendente de julgamento. Depois de certificar-se de que não existe outro feito além daquele no qual o condenado estava cumprindo as condições sursitárias, expirado o período de prova, deverá emitir parecer favorável à decretação da extinção da pena, pois já decidiu o STJ:

📖 Constitui ofensa ao art. 67 da LEP o juízo da execução declarar extinta a punibilidade atribuída ao réu, em gozo de suspensão condicional da pena, pelo simples fato de estar vencido o período de prova, sem que antes abrisse vista ao Ministério Público, para seu pronunciamento. Tratando-se de processo executivo, ou de incidente de execução, é ampla a sua atuação fiscalizadora (Rel. Min. José Cândido, *RJDTACrim* 6, p. 287).

Capítulo V – Do Livramento Condicional

Requisitos do livramento condicional

Art. 83. O juiz poderá conceder livramento condicional ao condenado a pena privativa de liberdade igual ou superior a 2 (dois) anos, desde que:

I – cumprida mais de um terço da pena se o condenado não for reincidente em crime doloso e tiver bons antecedentes;

II – cumprida mais da metade se o condenado for reincidente em crime doloso;

III – comprovado:

a) bom comportamento durante a execução da pena;

b) não cometimento de falta grave nos últimos 12 (doze) meses;

c) bom desempenho no trabalho que lhe foi atribuído; e

d) aptidão para prover a própria subsistência mediante trabalho honesto;

IV – tenha reparado, salvo efetiva impossibilidade de fazê-lo, o dano causado pela infração;

V – cumpridos mais de dois terços da pena, nos casos de condenação por crime hediondo, prática de tortura, tráfico ilícito de entorpecentes e drogas afins, tráfico de pessoas e terrorismo, se o apenado não for reincidente específico em crimes dessa natureza.

Parágrafo único. Para o condenado por crime doloso, cometido com violência ou grave ameaça à pessoa, a concessão do livramento ficará também subordinada à constatação de condições pessoais que façam presumir que o liberado não voltará a delinquir.

Livramento condicional

Como medida de política criminal, o livramento condicional permite que o condenado abrevie sua reinserção no convívio social cumprindo parte da pena em liberdade, desde que presentes os requisitos de ordem subjetiva e objetiva, mediante o cumprimento de determinadas condições.

📖 Esta Corte Superior de Justiça sedimentou entendimento no sentido de que "a aplicação de um critério temporal na análise do requisito subjetivo para o livramento condicional não pode ser limi-

tado a um breviíssimo período de tempo, qual seja, os últimos 6 (seis) meses de cumprimento de pena, devendo-se proceder ao exame do mérito durante todo o curso da execução penal" (AgRg no AREsp nº 733.396/DF, 5ª T., Rel. Min. Jorge Mussi, *DJe* 09/03/2016). Conquanto não interrompa a contagem do prazo para fins de livramento condicional (Súmula 441/STJ), a prática de falta grave impede a concessão do referido benefício, por evidenciar a ausência do requisito subjetivo exigido durante o resgate da pena, nos termos do art. 83, III, do Código Penal, e que deve ser aferido durante todo o período de cumprimento da punição. Precedentes (STJ, AgRg no REsp 1.720.745/MS, Rel. Min. Felix Fischer, 5ª T., *DJe* 28/06/2018).

Nesse sentido:

📖 STJ, EDcl no AgRg no AREsp 787.778/DF, Rel. Min. Reynaldo Soares da Fonseca, 5ª T., *DJe* 26/09/2016; TJMG, Processo 1.0000.08. 486414-9/001, Rel. Des. Judimar Biber, *DJ* 10/07/2009; STJ, REsp 662567/PA, Rel.ª Min.ª Laurita Vaz, 5ª T., *DJ* 26/09/2005, p. 441.

Competência para concessão

O pedido de livramento condicional deverá ser dirigido ao juiz da execução, que, depois de ouvidos o Ministério Público e o Conselho Penitenciário, deverá concedê-lo se presentes os requisitos do art. 83, incisos e parágrafo único do Código Penal, pois trata-se de direito subjetivo do condenado, e não uma faculdade do julgador, como induz a redação contida no *caput* do art. 83 do estatuto repressivo.

O § 2º do art. 112 da Lei de Execução Penal, com a nova redação que lhe foi conferida pela Lei nº 13.964, de 24 de dezembro de 2019, diz que *a decisão do juiz que determinar a progressão de regime será sempre motivada e precedida de manifestação do Ministério Público e do defensor, procedimento que também será adotado na concessão de livramento condicional, indulto e comutação de penas, respeitados os prazos previstos nas normas vigentes.*

📖 Consoante o art. 131 da LEP, o livramento condicional pode ser concedido pelo juiz da execução, desde que presentes os requisitos do art. 83 do CPB, ouvidos o Ministério Público e o Conselho Penitenciário. A presença dos requisitos objetivos não é suficiente à concessão do livramento condicional se, analisados os requisitos subjetivos, restar constatada prática de faltas graves pelo reiterado descumprimento das condições impostas no regime aberto (TJMG, Processo 1.0000.05.425346-3/001[1], Rel. Des. Armando Freire, *DJ* 29/11/2005).

Nesse sentido:

⚖ TJMG, Processo 1.0000.03.402725-0/001[1], Rel. Des. José Antonino Baía Borges, *DJ* 03/08/2004.

Requisitos do livramento condicional

São os previstos no art. 83 do Código Penal.

⚖ 1. Inexiste ilegalidade a justificar a impetração de habeas corpus substitutivo quando o acórdão impugnado está de acordo com a firme jurisprudência do Superior Tribunal de Justiça. 2. Para a concessão do benefício do livramento condicional, deve o reeducando preencher os requisitos de natureza objetiva (fração de cumprimento da pena) e subjetiva (comportamento satisfatório, conforme anterior redação da lei, durante a execução da pena, bom desempenho no trabalho que lhe foi atribuído e aptidão para prover o próprio sustento de maneira lícita). 3. De acordo com os precedentes desta Casa, fatos ocorridos durante a execução penal podem, sim, justificar o indeferimento do pleito de livramento condicional pelo inadimplemento do requisito subjetivo. 4. Conforme a Súmula 439/STJ, é admissível, para a concessão do benefício, o exame criminológico pelas peculiaridades do caso, desde que em decisão motivada (...) (AgRg no HC 501.313/SP, Rel. Min. Sebastião Reis Júnior, 6ª T., julgado em 06/10/2020, *DJe* 09/10/2020).

Nesse sentido:

⚖ STJ, AgRg no REsp 1.720.759/MS, Rel. Min. Sebastião Reis Junior, 6ª T., *DJe* 12/06/2018; STJ, HC 266868/SP, Rel.ª Min.ª Alderita Ramos de Oliveira, Desembargadora convocada do TJ/PE, 6ª T., *DJe* 12/06/2013; TJMG, HC 0199686-87.2010.8.13.0000, Rel. Des. Ediwal Jose de Morais, 1ª Câmara Criminal, *DJEMG* 11/08/2010; STJ, HC 149623/SP, Rel. Min. Felix Fischer, 5ª T., *DJe* 02/08/2010.

Pena privativa de liberdade igual ou superior a dois anos

Para que seja viabilizado o livramento condicional é preciso que o total das penas privativas de liberdade aplicadas seja igual ou superior a 2 (dois) anos, mesmo que, para se chegar a esse *quantum,* sejam somadas todas as penas correspondentes às diversas infrações penais praticadas, nos termos do art. 84 do Código Penal.

⚖ 1. A teor do disposto no art. 83 do Código Penal, o livramento condicional será deferido aos condenados com pena privativa de liberdade superior a 2 anos, desde que atendidos determinados requisitos objetivos e subjetivos, constituindo estes na comprovação de comportamento satisfatório durante a exe-

cução da pena, a saber, observância das obrigações que lhe foram impostas, bom desempenho no trabalho que lhe fora atribuído e aptidão para prover a própria subsistência mediante trabalho honesto. (...) (AgRg no HC 617.615/SP, Rel. Min. Ribeiro Dantas, 5ª T., julgado em 20/10/2020, *DJe* 22/10/2020).

Cumprida mais de um terço da pena se o condenado não for reincidente em crime doloso e tiver bons antecedentes

Se o agente tiver sido condenado anteriormente por um crime culposo ou por contravenção penal, tal fato não impedirá a concessão do benefício após cumpridos mais de um terço da pena, uma vez que a lei penal, nessa hipótese, somente veda o livramento condicional se for ele reincidente em crime doloso.

Outro ponto que merece destaque diz respeito aos maus antecedentes. Tanto a reincidência em crime doloso como os maus antecedentes impedem a concessão do livramento condicional com o cumprimento de apenas mais de um terço do total das penas aplicadas. Contudo, a interpretação de maus antecedentes feita no mencionado artigo deve limitar-se somente àquelas condenações anteriores com trânsito em julgado que não se prestem a forjar a reincidência em crime doloso.

O cumprimento de mais de um terço da pena é o requisito objetivo exigido pelo inc. I, sendo a não reincidência em crime doloso e os bons antecedentes os de natureza subjetiva.

⚖ Nos termos do art. 83, I-IV, e parágrafo único do CP, para a concessão do livramento condicional não basta apenas o cumprimento de mais de 1/3, restando necessário o preenchimento de requisitos subjetivos, entre eles comprovação do comportamento satisfatório durante a execução da reprimenda (TJMG, Processo 1.0000.06.437958-9/001[1], Rel. Des. Walter Pinto da Rocha, *DJ* 06/02/2007).

Nesse sentido:

⚖ STJ, HC 57300/SP, Rel. Min. Gilson Dipp, 5ª T., *DJ* 05/02/2007, p. 275.

Cumprida mais da metade da pena se o condenado for reincidente em crime doloso

A segunda hipótese do livramento condicional está destinada aos condenados reincidentes em crimes dolosos.

Entendemos, também, que o portador de maus antecedentes, em face da redação do inciso anterior, deve cumprir mais da metade da pena, a fim de poder requerer a concessão do livramento condicional.

O cumprimento de mais da metade da pena é o requisito objetivo, no caso do reincidente em crime doloso ou portador de maus antecedentes.

⚖ O condenado reincidente em crime doloso, para a concessão do livramento condicional, é necessário preencher o requisito objetivo previsto no art. 83, II, do Código Penal, consistente no cumprimento de metade da pena. Em havendo pluralidade de condenações, as penas devem ser unificadas, realizando-se o cálculo do livramento condicional sobre o montante obtido, nos termos do art. 84 do Código Penal (STF, HC 166.740 AgR/RO, Rel. Min. Alexandre de Moraes, 1ª T., *DJe* 16/11/2018).

Nesse sentido:

STJ, REsp 1.492.726/RS, Rel. Min. Nefi Cordeiro, 6ª T., *DJe* 24/04/2015.

Comprovado bom comportamento durante a execução da pena; não cometimento de falta grave nos últimos 12 (doze) meses; bom desempenho no trabalho que lhe foi atribuído; e aptidão para prover a própria subsistência mediante trabalho honesto.

O inc. III do art. 83 do Código Penal foi modificado pela Lei nº 13.964, de 24 de dezembro de 2019. Além de uma mudança pequena no texto anterior, a única diferença foi a inclusão da necessidade de aferição do não cometimento de falta grave nos últimos 12 (doze) meses.

Assim, o condenado deverá comprovar que durante a execução de sua pena cumpriu as obrigações que lhe são determinadas pelo art. 39 da Lei de Execução Penal, bem como ter tido um comportamento disciplinado, obedecendo aos servidores responsáveis pelo serviço de carceragem e respeitando-os, opondo-se aos movimentos individuais ou coletivos de fuga ou subversão da ordem ou da disciplina, executando os trabalhos, as tarefas e as ordens recebidas, enfim, demonstrando que a pena estava cumprindo a sua função ressocializadora.

Embora se exija do condenado a observação de suas obrigações legais, também deve-se considerar o modo como ele está sendo cuidado pelo Estado. Muitas vezes, servidores públicos despreparados tratam os condenados de maneira desumana e degradante, gerando revolta no meio carcerário. Assim, se um preso se revolta porque está sendo tratado de forma humilhante, contrária àquilo a que o Estado se propôs a fim de ressocializá-lo, não podemos considerar esse fato em seu prejuízo. Para tanto, embora, não raras as vezes, os juízes se valham de meras certidões emitidas pelo sistema penitenciário, que têm por finalidade certificar sobre esse requisito de natureza subjetiva, dependendo do caso, deverá o juiz, antes de negar o livramento condicional, ouvir as razões pelas quais o condenado deixou de cumprir as obrigações que lhe eram exigidas, a fim de não produzir uma revolta ainda maior.

Exige a alínea *b* do inc. III em estudo que o condenado não tenha cometido falta grave nos últimos 12 (doze) meses. Os arts. 50, 51 e 52 da LEP apontam quais são as faltas consideradas como graves, dizendo: *Art. 50. Comete falta grave o condenado à pena*

privativa de liberdade que: I – incitar ou participar de movimento para subverter a ordem ou a disciplina; II – fugir; III – possuir, indevidamente, instrumento capaz de ofender a integridade física de outrem; IV – provocar acidente de trabalho; V – descumprir, no regime aberto, as condições impostas; VI – inobservar os deveres previstos nos incisos II e V, do artigo 39, desta Lei. VII – tiver em sua posse, utilizar ou fornecer aparelho telefônico, de rádio ou similar, que permita a comunicação com outros presos ou com o ambiente externo; VIII – recusar submeter-se ao procedimento de identificação do perfil genético. Parágrafo único. O disposto neste artigo aplica-se, no que couber, ao preso provisório. Art. 51. Comete falta grave o condenado à pena restritiva de direitos que: I – descumprir, injustificadamente, a restrição imposta; II – retardar, injustificadamente, o cumprimento da obrigação imposta; III – inobservar os deveres previstos nos incisos II e V, do artigo 39, desta Lei. O art. 52 da LEP, com a nova redação que lhe foi conferida pela Lei nº 13.964, de 24 de dezembro de 2019, assevera que a prática de fato previsto como crime doloso constitui falta grave.

Exige-se, também, que o condenado tenha um bom desempenho no trabalho que lhe foi atribuído, esforçando-se para dar o seu melhor, exercendo, com excelência, as atividades que lhe foram conferidas.

O condenado deverá, também, comprovar sua aptidão para prover a própria subsistência mediante trabalho honesto. Não se está exigindo, aqui, que o condenado tenha, por exemplo, uma promessa de trabalho na qual terá a sua carteira devidamente registrada. Há no país um percentual considerável correspondente àqueles que trabalham no chamado "mercado informal". São camelôs, vendedores ambulantes, artesãos etc., que, embora não tenham registro em sua carteira profissional, conseguem se manter, recebendo, muitas vezes, importâncias superiores às da classe assalariada. Dessa forma, não está a lei exigindo que o condenado comprove que terá sua carteira registrada quando estiver em liberdade, mas, sim, que, mediante um trabalho honesto, lícito, seja ele qual for, poderá subsistir.

Tenha reparado, salvo efetiva impossibilidade de fazê-lo, o dano causado pela infração

A reparação do dano causado pela infração penal levada a efeito pelo agente é um dos requisitos de ordem subjetiva elencados pelo art. 83 do Código Penal. Segundo as lições de Mirabete, "não pode postular o benefício o sentenciado que, não demonstrando haver satisfeito as obrigações civis resultantes do crime, igualmente não faça a prova da impossibilidade de reparar o dano causado pelo delito".[110]

A simples ausência de propositura de ação de indenização por parte da vítima não supre a necessidade de

---

[110] MIRABETE, Júlio Fabbrini. *Manual de direito penal* – parte geral, p. 336.

o condenado comprovar que não reparou o dano por absoluta impossibilidade de fazê-lo. Nesse sentido, decidiu o STF:

🔨 Livramento condicional – Condições de admissibilidade – Prova – Reparação do dano ou impossibilidade de fazê-lo – Ônus que incumbe ao réu e que não pode ser suprido com a apresentação de certidão negativa de ação indenizatória promovida pela vítima – Omissão que implica indeferimento do pedido – Inteligência dos arts. 83, IV, do CP, 710, V, do CPP, e 131 da Lei nº 7.210/84 (HC, MS, Rel. Min. Francisco Rezek, *RT* 649, p. 361).

Não tendo o condenado condições de reparar o dano causado pela infração penal, deverá comprovar essa situação nos autos. Se assim o fizer, poderá ser-lhe concedido o benefício, preenchidos os demais requisitos (art. 83, IV, do Código Penal).

Cumpridos mais de dois terços da pena, nos casos de condenação por crime hediondo, prática de tortura, tráfico ilícito de entorpecentes e drogas afins, tráfico de pessoas e terrorismo, se o apenado não for reincidente específico em crimes dessa natureza.

A primeira delas diz respeito ao tempo de cumprimento da pena. Anteriormente à Lei nº 8.072/90, o condenado deveria cumprir mais de um terço de sua pena, se não reincidente em crime doloso e de bons antecedentes, ou mais da metade, se reincidente em crime doloso ou portador de maus antecedentes. Agora, um novo estágio para cumprimento da pena foi introduzido ao art. 83 do Código Penal, vale dizer, mais de dois terços se o agente vier praticar qualquer das infrações penais previstas pela Lei nº 8.072/90, bem como o delito de tráfico de pessoas, tipificado no art. 149-A do Código Penal, desde que não seja reincidente específico em crimes dessa natureza.

Pelo que se verifica de leitura do inciso V do art. 83 do diploma repressivo, o primeiro requisito à concessão do livramento condicional será o cumprimento de mais de dois terços da pena. Além do maior tempo de cumprimento da pena, o condenado não poderá ser considerado reincidente específico em crimes dessa natureza. Cuidando sobre o tema, Alberto Silva Franco assevera:

"O segundo requisito é tratado, no texto legal, de forma negativa. Não basta que tenha fluído, na fase executória, lapso temporal superior a dois terços da duração da pena privativa de liberdade para que possa ser aplicada, ao condenado, a medida penal do livramento condicional. É mister ainda que o apenado não seja 'reincidente específico'. No baú dos trastes penais, num canto de entretecidas teias de aranha, o legislador de 90 descobriu o conceito já tão dilapidado de 'reincidência específica' e cuidou de reanimá-

-lo. Ao dar-lhe nova vida, não se preocupou, contudo, em redefini-lo para efeito de alargar ou de restringir sua conhecida área de significado."[111]

O que significa a expressão *reincidência específica em crimes dessa natureza?* O inciso II do art. 46 da revogada Parte Geral do Código Penal de 1940 dizia haver a reincidência específica quando os crimes são da mesma natureza, sendo que o § 2º do mesmo artigo assim a conceituava: "Consideram-se crimes da mesma natureza os previstos no mesmo dispositivo legal, bem como os que, embora previstos em dispositivos diversos, apresentam, pelos fatos que os constituem ou por seus motivos determinantes, caracteres fundamentais comuns."

A Lei nº 8.072/90, ao inserir o inciso V ao art. 83 do Código Penal, expressou de forma diversa daquela mencionada pela Parte Geral do Código Penal de 1940, ao impossibilitar o livramento condicional ao apenado reincidente específico em *crimes dessa natureza.* Essa locução levou parte de nossa doutrina a entender a *reincidência específica em crime dessa natureza,* prevista no inciso V do art. 83 do Código Penal, da seguinte forma, conforme deixa claro Antônio Lopes Monteiro:

"O texto diz que o condenado não deve ser reincidente específico 'em crimes dessa natureza', referindo-se aos anteriormente mencionados: 'crime hediondo, prática da tortura, tráfico ilícito de entorpecentes e drogas afins e terrorismo'. De modo que reincidente específico, para efeito da lei, é o sujeito que comete crime hediondo, terrorismo, de drogas ou tortura depois de transitar em julgado sentença que, no País ou no estrangeiro, o tenha condenado por um desses mesmos crimes. E dentro do elenco pode haver diversificação: o primeiro delito pode referir-se a drogas; o segundo pode ser hediondo; o anterior pode ser a tortura; o segundo, terrorismo."[112]

Colocando-se contrariamente à posição anterior, Alberto Silva Franco preleciona:

"A interpretação da locução 'em crimes dessa natureza', por apresentar um feitio literal, de caráter puramente gramatical, não se acomoda à noção comum, corrente, de reincidência específica. Não se trata, no caso, de uma reincidência qualquer, isto é, do cometimento pelo agente de um novo crime, indiferentemente de seus caracteres fundamentais, depois do trânsito em julgado da sentença que o tenha condenado por crime anterior. A reincidência que deve ser levada em conta tem características próprias, exclusivas: tem sua especificidade. E tal especificidade reside, exatamente, na comunicabilidade dos dados de composição típica dos dois delitos. [...] O que relaciona o estupro, simples ou qualificado, ao delito de terrorismo? O que há de comum entre o crime de epidemia com resultado morte e o delito de tortura?

---

[111] SILVA FRANCO, Alberto. *Crimes hediondos*, p. 148.

[112] MONTEIRO, Antônio Lopes. *Crimes hediondos*, p. 116-117.

Evidentemente, nada. Em ponto algum de relevo, os referidos tipos suportam um juízo aproximativo. Onde buscar, então, a conotação específica dessa reincidência?"[113]

Acreditamos que a razão esteja com Alberto Silva Franco, ao exigir que se considere reincidência específica a prática de infrações penais idênticas, isto é, aquelas que encontram moldura no mesmo tipo penal. Dessa forma, não se poderia considerar como reincidente específico o agente que viesse a ser condenado, inicialmente, pelo crime de estupro e, posteriormente, por um crime de tráfico de drogas, ou pelo delito de tráfico de pessoas. Para que seja considerado reincidente específico, o agente deverá praticar a mesma infração penal, não importando se na modalidade simples, ou mesmo qualificada, bastando que o fato praticado encontre previsão na mesma figura típica, a exemplo daquele que havia sido condenado anteriormente pelo crime de estupro simples (art. 213, *caput*, do CP) e, posteriormente, vem a cometer outro estupro, só que agora qualificado pelo resultado morte da vítima (art. 213, § 2º, do CP).

Vale ressaltar que, no que diz respeito à prática de crimes hediondos com resultado morte, a Lei nº 13.964, de 24 de dezembro de 2019, e a Lei nº 14.994, de 9 de outubro de 2024, proibiram a concessão de livramento condicional, conforme se verifica pela leitura dos incisos VI, *a*, VI-A e VIII, do art. 112 da Lei de Execução Penal, por ela inseridos, que dizem, *verbis*:

Art. 112. A pena privativa de liberdade será executada em forma progressiva com a transferência para regime menos rigoroso, a ser determinada pelo juiz, quando o preso tiver cumprido ao menos:
[...]
VI – 50% (cinquenta por cento) da pena, se o apenado for:
a) condenado pela prática de crime hediondo ou equiparado, com resultado morte, se for primário, vedado o livramento condicional;
[...]
VI-A – 55% (cinquenta e cinco por cento) da pena, se o apenado for condenado pela prática de feminicídio, se for primário, vedado o livramento condicional;
VIII – 70% (setenta por cento) da pena, se o apenado for reincidente em crime hediondo ou equiparado com resultado morte, vedado o livramento condicional.

⚖ "O tema encontra-se pacificado nesta Corte no sentido de que o delito de associação para o tráfico de drogas, embora não seja equiparado aos hediondos, exige, em razão do princípio da especialidade, o cumprimento da fração de 2/3 para concessão do livramento condicional, nos termos do art. 44, parágrafo único, da Lei n. 11.343/06" (AgRg no HC 566.686/SP, Rel. Min. Joel Ilan Paciornik, 5ª T., julgado em 18/08/2020, *DJe* 24/08/2020).

Crimes cometidos com violência ou grave ameaça à pessoa

O parágrafo único do art. 83 do Código Penal diz, textualmente: *Parágrafo único: Para o condenado por crime doloso, cometido com violência ou grave ameaça à pessoa, a concessão do livramento ficará também subordinada à constatação de condições pessoais que façam presumir que o liberado não voltará a delinquir.* Pela redação do mencionado parágrafo, estão dispensados desse prognóstico de que não voltarão a delinquir os condenados por crimes culposos, bem como por aqueles cometidos sem violência ou grave ameaça à pessoa. Sendo dolosa a infração penal e havendo, ainda, como elemento do tipo a violência ou a grave ameaça à pessoa, embora a lei penal não exija formalmente qualquer exame, seria de bom alvitre a realização do exame criminológico, previsto pelo art. 8º da Lei de Execução Penal, visando a constatar as condições pessoais do condenado que façam presumir que, se concedido o livramento condicional, não voltará a delinquir.

⚖ Não basta para a obtenção de livramento condicional o preenchimento dos requisitos de ordem objetiva, necessário prova do satisfatório comportamento durante a execução da pena. Ao condenado por crime doloso, cometido com violência ou grave ameaça à pessoa, a concessão do livramento condicional ficará subordinada, ainda, à constatação de condições pessoais que façam presumir que, ao ser liberado, não voltará a delinquir, tal como estabelece o art. 83, parágrafo único, do CP. Não preenchidos os requisitos de ordem subjetiva, não se defere o livramento condicional (TJ-MG, AC 0896215-46.2015.8.13.0000, Rel. Des. Fortuna Grion, *DJe* 30/03/2016).

Nesse sentido:
⚖ STJ, HC 77209/SP, Rel. Min. Gilson Dipp, 5ª T., *DJ* 06/08/2007, p. 585; STJ, HC 74245/RJ, Rel.ª Min.ª Laurita Vaz, 5ª T., *DJ* 06/08/2007, p. 574.

Livramento condicional e execução provisória da sentença

O Supremo Tribunal Federal, na sessão plenária de 24 de setembro de 2003, aprovou a Súmula nº 716 que, embora dirigida aos casos de progressão de regime e aplicação de regime menos severo do que o determinado na sentença, pode, mediante um raciocínio analógico, ser ampliada para as hipóteses de livramento condicional, quando ainda não houver o trânsito em julgado da sentença penal condenatória.

Diz a referida Súmula nº 716:

⚖ *Súmula nº 716. Admite-se a progressão de regime de cumprimento de pena ou a aplicação imediata de regime menos severo nela determinada, antes do trânsito em julgado da sentença condenatória.*

---
[113] SILVA FRANCO, Alberto. *Crimes hediondos*, p. 149.

Em sentido contrário,

não é possível que pena aplicada por sentença penal condenatória não transitada em julgado venha a integrar cálculo do total da pena a ser cumprida, para efeito de concessão de livramento condicional (STJ, HC 48269/RJ, Rel.ª Min.ª Maria Thereza de Assis Moura, 6ª T., *DJ* 14/05/2007, p. 399).

Súmula nº 439 do STJ – Exame criminológico

Súmula 439. *Admite-se o exame criminológico pelas peculiaridades do caso, desde que em decisão motivada.*

(...) 2. Para a concessão do benefício do livramento condicional, deve o reeducando preencher os requisitos de natureza objetiva (fração de cumprimento da pena) e subjetiva (comportamento satisfatório, conforme anterior redação da lei, durante a execução da pena, bom desempenho no trabalho que lhe foi atribuído e aptidão para prover o próprio sustento de maneira lícita). 3. De acordo com os precedentes desta Casa, fatos ocorridos durante a execução penal podem, sim, justificar o indeferimento do pleito de livramento condicional pelo inadimplemento do requisito subjetivo. 4. Conforme a Súmula 439/STJ, é admissível, para a concessão do benefício, o exame criminológico pelas peculiaridades do caso, desde que em decisão motivada. 5. No caso, o Tribunal paulista, ao decidir como decidiu, procedeu a um atento exame do mérito da condenada e entendeu incabível a benesse, ao menos naquele momento, fundamentando concretamente a sua decisão de necessidade de submissão da ora agravante ao exame pericial. Essa conclusão encontra respaldo na jurisprudência desta Corte, pois, ela teria praticado duas faltas disciplinares de natureza grave, consistentes em desrespeito a servidor público, ocorridas em 08/04/2014 e 06/06/2014. Após ser beneficiada, em 28/07/2016, com a progressão ao regime semiaberto, ela abandonou o cumprimento da pena, deixando de retornar da saída temporária que lhe tinha sido concedida em 23/12/2016. Somente foi recapturada em 24/01/2017. Para o Tribunal local, tais circunstâncias são suficientes a recomendar a prudência na concessão de benefícios, mostrando-se imprescindível que, ao menos, a agravada fosse submetida em 2019 a exame criminológico (AgRg no HC 501.313/SP, Rel. Min. Sebastião Reis Júnior, 6ª T., julgado em 06/10/2020, *DJe* 09/10/2020).

Súmula nº 441 do STJ – falta grave

Súmula 441. *A falta grave não interrompe o prazo para obtenção de livramento condicional.*

Apesar de a falta grave não interromper o prazo para a obtenção de livramento condicional – Súmula 441/STJ –, as faltas disciplinares praticadas no decorrer da execução penal justificam o indeferimento do benefício, pelo inadimplemento do requisito subjetivo (STJ,

AgRg no REsp 1.720.759/MS, Rel. Min. Sebastião Reis Junior, 6ª T., *DJe* 12/06/2018).

1. Consolidou-se nesta Corte Superior de Justiça entendimento no sentido de que, conquanto não interrompa a contagem do prazo para fins de livramento condicional (enunciado n. 441 da Súmula do STJ), a prática de falta grave impede a concessão do aludido benefício, por evidenciar a ausência do requisito subjetivo exigido durante o resgate da pena, nos termos do art. 83, III, do Código Penal. 2. Hipótese em que o apenado, durante a execução da pena, praticou infrações disciplinares de natureza grave (abandono do regime semiaberto, desrespeito e burla à vigilância, bem como posse de lâmina de aço), razão pela qual não implementado, efetivamente, o requisito subjetivo para concessão da benesse. 3. Registre-se, por oportuno, que, para a concessão do livramento condicional, o magistrado deve avaliar o efetivo cumprimento do requisito subjetivo, não estando adstrito ao atestado de bom comportamento carcerário, sob pena de se tornar mero homologador da manifestação do diretor do estabelecimento prisional. Precedentes desta Corte. 4. Em hipótese similar, decidiu esta Superior Corte que a prática de faltas graves é indicativa da ausência de cumprimento do requisito subjetivo da progressão de regime. A circunstância de o paciente já haver se reabilitado, pela passagem do tempo, desde o cometimento das sobreditas faltas, não impede que se invoque o histórico de infrações praticadas no curso da execução penal, como indicativo de mau comportamento carcerário (HC n. 347.194/SP, Rel. Min. Felix Fischer, julgado em 28/06/2016). 5. Por fim, "A jurisprudência deste Tribunal Superior é no sentido de que a prática de falta disciplinar grave, muito embora não interrompa a contagem do prazo para fins de livramento condicional (Súmula n. 441), impede a concessão da benesse por evidenciar a ausência do requisito subjetivo relativo ao comportamento satisfatório durante o resgate da pena, nos termos do que exige o art. 83, inciso III, do Código Penal, circunstância que afasta a alegação de *bis in idem*. (AgRg no REsp 1617279/SC, Rel. Ministro Jorge Mussi, Quinta Turma, julgado em 19/04/2018, *DJe* 27/04/2018). 6. Agravo regimental não provido (AgRg no HC 600.011/SC, Rel. Min. Reynaldo Soares da Fonseca, 5ª T., julgado em 06/10/2020, *DJe* 15/10/2020).

Nesse sentido:

STJ, HC 406.091/SP, Rel. Min. Felix Fischer, 5ª T., *DJe* 11/10/2017; STJ, HC 369.296/SP, Rel. Min. Reynaldo Soares da Fonseca, 5ª T., *DJe* 30/09/2016; STJ, HC 312.173/RJ, Rel. Min. Ribeiro Dantas, 5ª T., *DJe* 28/09/2016; STJ, AgRg no REsp 1382007/DF, Rel. Min. Jorge Mussi, 5ª T., *DJe* 11/06/2014; STJ, HC 241088/RS, Rel.ª Min.ª Laurita Vaz, 5ª T., *DJe* 26/03/2013.

Soma de penas
Art. 84. As penas que correspondem a infrações diversas devem somar-se para efeito do livramento.

Súmula nº 715 do STF

A pena unificada para atender ao limite de trinta anos de cumprimento, determinado pelo art. 75 do Código Penal, não é considerada para a concessão de outros benefícios, como o livramento condicional ou regime mais favorável de execução.

Obs.: Com a nova redação do art. 75 do Código Penal, o limite passou a ser de 40 (quarenta) anos.

Soma das penas

A decisão impugnada amolda-se ao entendimento firmado por este Supremo Tribunal Federal, no sentido de que, havendo pluralidade de condenações, as penas que correspondem a infrações penais diversas devem somar-se para o cálculo do livramento condicional (STF, HC 166.740 AgR/RO, Rel. Min. Luiz Fux, 1ª T., DJe 27/03/2019).

Nesse sentido:

STJ, AgRg no REsp 1.720.625/RO, Rel. Min. Ribeiro Dantas, 5ª T., DJe 11/05/2018; STJ, HC 315.592/RS, Rel. Min. Antônio Saldanha Palheiro, 6ª T., DJe 26/08/2016.

Especificações das condições
Art. 85. A sentença especificará as condições a que fica subordinado o livramento.

Condições para o cumprimento do livramento condicional

Nos termos do § 1º do art. 132 da Lei de Execução Penal, serão sempre impostas ao liberado condicional as seguintes obrigações: *a)* obter ocupação lícita, dentro do prazo razoável, se for apto para o trabalho; *b)* comunicar periodicamente ao juiz sua ocupação; *c)* não mudar do território da comarca do Juízo da Execução sem prévia autorização deste. Além dessas, o § 2º do art. 132 da Lei de Execução Penal diz ainda ser facultado ao juiz da execução impor ao liberado as obrigações de: *a)* não mudar de residência sem comunicação ao juiz e à autoridade incumbida da observação cautelar e de proteção; *b)* recolher-se à habitação em hora fixada; *c)* não frequentar determinados lugares; *d)* utilizar equipamento de monitoração eletrônica, conforme modificação introduzida no § 2º do art. 132 da LEP pela Lei nº 14.843, de 11 de abril de 2024. O juiz, de ofício, a requerimento do Ministério Público, da Defensoria Pública ou mediante representação do Conselho Penitenciário, e ouvido o liberado, poderá modificar as condições especificadas na sentença, devendo o respectivo ato decisório ser lido ao liberado por uma das autoridades ou funcionários indicados no inc. I do *caput* do art. 137 da Lei de Execução Penal, observado o disposto nos incs. II

e III e §§ 1º e 2º do mesmo artigo, de acordo com a nova redação dada ao seu art. 144 pela Lei nº 12.313, de 19 de agosto de 2010.

O Superior Tribunal de Justiça firmou entendimento no sentido de que a prática de fato definido como crime durante o livramento condicional tem regras próprias, previstas nos arts. 83 a 90 do Código Penal, e nos arts. 131 a 146 da Lei de Execução Penal, não se confundindo, portanto, com os consectários legais decorrentes de falta grave praticada durante o cumprimento da pena. No caso dos autos, apesar de o apenado ter cometido crime doloso durante o período em que estava sob livramento condicional, não podem ser aplicados os consectários legais inerentes à falta disciplinar de natureza grave ao reeducando, como a regressão do regime de cumprimento de pena para o semiaberto, a perda de 1/3 (um terço) dos dias eventualmente remidos e alteração da data-base para futuros benefícios (STJ, AgRg no HC 344.486/RS, Rel. Min. Jorge Mussi, 5ª T., DJe 13/03/2018).

Nesse sentido:

TJ-RJ, HC 0006530-93.2015.8.19.0000, Rel. Des. Paulo Rangel, DJe 26/06/2015; TJRS, Agravo 70061108916, Rel.ª Des.ª Fabianne Breton Baisch, j. 05/09/2014; TJMG, Processo 1.0000.06.441302-4/001[1], Rel. Eduardo Brum, pub. 10/01/2007.

Procedimento do livramento condicional
Vide art. 137 da Lei de Execução Penal.

Desnecessidade de ser ouvido o Conselho Penitenciário para a concessão do livramento

O Superior Tribunal de Justiça tem entendimento reiterado de que não se exige a prévia oitiva do Conselho Penitenciário para fins de concessão do livramento condicional, segundo a nova redação do art. 112 da LEP dada pela Lei nº 10.792/2003. Precedentes (STJ, HC 350.902/SP, Rel. Min. Ribeiro Dantas, 5ª T., DJe 28/06/2016).

Nesse sentido:

TJMG, Processo 1.0000.08.478480-0/001, Rel. Des. Pedro Vergara, DJ 29/06/2009.

Revogação do livramento
Art. 86. Revoga-se o livramento, se o liberado vem a ser condenado a pena privativa de liberdade, em sentença irrecorrível:
I – por crime cometido durante a vigência do benefício;
II – por crime anterior, observado o disposto no art. 84 deste Código.

Revogação obrigatória

Poderá ocorrer em duas hipóteses. Na primeira, em virtude de ter o agente cometido novo crime após ter sido colocado em liberdade, quando já havia iniciado o cumprimento das condições aplicadas ao livramento condicional. A prática de novo crime demonstra sua inaptidão para cumprir o restante da pena anterior em liberdade, devendo, pois, ser revogado o benefício, somando-se as penas, anterior e posterior, para efeitos de novo cumprimento. Na segunda, se o liberado vier a ser condenado por crime anterior, se a soma do tempo que resta a cumprir com a nova condenação não permitir sua permanência em liberdade, deverá ser revogado o benefício.

⚖ O livramento condicional é concedido mediante imposição de determinadas condições previstas no art. 1.321 da Lei de Execução Penal, de modo que o descumprimento implica na revogação do benefício que nos termos do art. 140 da LEP, dar-se-á nas hipóteses previstas nos arts. 86 e 87 do Código Penal e o art. 86, I, do referido Diploma prevê a revogação do benefício, obrigatoriamente, se o liberado vier a ser condenado, à pena privativa de liberdade, por sentença irrecorrível, pela prática de crime cometido durante a sua vigência. Assim, tem-se que o apenado descumpriu as condições estabelecidas para concessão do livramento condicional, pois cometeu novo crime durante o curso da benesse e, após o devido processo legal, teve o benefício revogado em decorrência da condenação transitada em julgado pela prática de novo crime, conforme exigência legal (STF, RHC 171.931/SC, Rel. Min. Ricardo Lewandowski, *DJe* 12/06/2019).

Nesse sentido:

⚖ STJ, HC 398.352/PR, Rel. Min. Felix Fischer, 5ª T., *DJe* 20/09/2017; TJ-RS, Agravo 70070627732, Rel.ª Des.ª Genacéia da Silva Alberton, j. 05/10/2016; STJ, RHC 42.864/SC, Rel. Min. Jorge Mussi, 5ª T., *DJe* 02/04/2015; STJ, HC 281269/SP, Rel. Min. Marco Aurélio Bellizze, 5ª T., *DJe* 23/04/2014; STF, HC 105497/RJ, Rel. Min. Gilmar Mendes, 2ª T., j. 15/02/2011, *Informativo* nº 616; STJ, HC 118370/RS, Rel.ª Min.ª Laurita Vaz, 5ª T., *DJe* 09/02/2009.

Revogação facultativa

Art. 87. O juiz poderá, também, revogar o livramento, se o liberado deixar de cumprir qualquer das obrigações constantes da sentença, ou for irrecorrivelmente condenado, por crime ou contravenção, a pena que não seja privativa de liberdade.

Revogação facultativa

O art. 87 do Código Penal deverá ser analisado juntamente com os arts. 141 e 142 da Lei de Execução Penal.

O descumprimento de qualquer das obrigações constantes da sentença possibilita a revogação do livramento condicional.

No que diz respeito ao monitoramento eletrônico, assevera o inciso VIII do parágrafo único do art. 146-C da LEP que a violação comprovada dos deveres pre-

vistos neste artigo poderá acarretar, a critério do juiz da execução, ouvidos o Ministério Público e a defesa, a revogação do livramento condicional, conforme modificação introduzida pela Lei nº 14.843, de 11 de abril de 2024.

Na hipótese de revogação facultativa em virtude da prática de infração penal cometida anteriormente à vigência do livramento, será computado como tempo de cumprimento de pena o período de prova, sendo permitida, para a concessão de novo livramento, a soma do tempo das duas penas (art. 141 da LEP). Dessa forma, o liberado não perderá o tempo de pena já cumprido em liberdade, uma vez que a infração penal pela qual foi condenado foi cometida anteriormente à concessão do benefício.

⚖ O art. 87 do Código Penal dispõe que o juiz poderá, também, revogar o livramento, se o liberado deixar de cumprir qualquer das obrigações constantes da sentença, ou for irrecorrivelmente condenado, por crime ou contravenção, a pena que não seja privativa de liberdade revogação facultativa. O art. 141 da Lei de Execução Penal estabelece que se a revogação for motivada por infração penal anterior à vigência do livramento, computar-se-á como tempo de cumprimento da pena o período de prova, sendo permitida, para a concessão de novo livramento, a soma do tempo das 2 (duas) penas. Por seu turno, o art. 142 do mesmo diploma legal reza que, no caso de revogação por outro motivo, não se computará na pena o tempo em que esteve solto o liberado, e tampouco se concederá, em relação à mesma pena, novo livramento. Esta Corte Superior de Justiça possui entendimento de que na hipótese de revogação do livramento condicional em razão do descumprimento das obrigações constantes da sentença, não se computará como pena cumprida o prazo em que o apenado esteve em solto, a teor do art. 142 da Lei de Execução Penal (STJ, AgRg no REsp 1.244.333/RS, Rel. Min. Ribeiro Dantas, 5ª T., *DJe* 26/05/2017).

Nesse sentido:

⚖ TJMG, HC 1.0000.09.499222-9/0001, Rel.ª Des.ª Márcia Maria Milanez Carneiro, *DJEMG* 21/08/2009; TJMG, Processo 1.0000.09.489634-7/001, Rel. Des. Judimar Biber, *DJ* 10/07/2009; TJMG, HC 1.0000.09.4967189/000, Rel. Des. Alexandre Victor de Carvalho, *DJ* 06/07/2009.

Audiência de justificação

Antes de revogar o livramento, pelo fato de não estar o liberado cumprindo as condições impostas na sentença, deverá o julgador ouvi-lo em audiência própria, permitindo que se justifique. Ao final, se os argumentos do liberado convencerem o juiz da execução, deverá ser mantido o livramento; caso contrário, se não houver escusa razoável para o descumprimento das condições impostas, poderá o juiz da execução revogar o benefício, sendo que, nesse caso, não se computará na pena o tempo em que esteve solto o liberado, tampouco se concederá, em relação à mesma pena, novo livramento (art. 142 da LEP).

⚖ Esta Corte firmou o entendimento de que a prática de outra infração penal durante o período de prova do livramento condicional autoriza a suspensão cautelar do referido benefício, nos termos do art. 145 da LEP, sendo desnecessária a prévia ouvida do reeducando, o que ocorrerá apenas na sua revogação definitiva, em audiência de justificação, a teor do art. 86 do Código Penal. Precedentes (STJ, RHC 61.626/MG, Rel. Min. Ribeiro Dantas, 5ª T., *DJe* 1º/12/2015).

Nesse sentido:

⚖ TJMG, Processo 1.0000. 07.456093-9/001[1], Rel. Des. Eli Lucas de Mendonça, *DJ* 08/08/2007; TJMG, Processo 1.0000.04.415151-2/001(1), Rel. Des. Kelsen Carneiro, *DJ* 12/08/2005; TJMG, Processo 1.0000.00.196840-3/00 0[1], Rel. Des. Gudesteu Biber, *DJ* 1º/08/2000.

Efeitos da revogação

Art. 88. Revogado o livramento, não poderá ser novamente concedido, e, salvo quando a revogação resulta de condenação por outro crime anterior àquele benefício, não se desconta na pena o tempo em que esteve solto o condenado.

Efeitos da revogação

Como penalidade por ter praticado o crime após o início do livramento condicional, o liberado perderá todo o período em que permaneceu livre. Assim, se o condenado, após dois anos de efetivo cumprimento de sua pena, restando ainda quatro anos a cumprir, e decorrido um ano de livramento condicional vier a praticar novo crime, esse tempo que permaneceu em liberdade, cumprindo determinadas condições, será perdido. O tempo total de pena anterior – quatro anos – será somado ao da condenação posterior, para efeitos de cumprimento da pena privativa de liberdade.

Prisão do liberado

Praticada pelo liberado outra infração penal, o juiz poderá ordenar sua prisão, ouvidos o Conselho Penitenciário e o Ministério Público, suspendendo o curso do livramento condicional, cuja revogação, entretanto, ficará dependendo da decisão final (art. 145 da LEP).

Pedido de revogação

A revogação será decretada a requerimento do Ministério Público, mediante representação do Conse-

lho Penitenciário, ou de ofício, pelo juiz , ouvido o liberado (art. 143 da LEP).

Extinção

Art. 89. O juiz não poderá declarar extinta a pena, enquanto não passar em julgado a sentença em processo a que responde o liberado, por crime cometido na vigência do livramento.

Crime cometido durante a vigência do benefício

Se o liberado tiver cometido novo crime durante a vigência do livramento, não poderá o juiz declarar extinta a pena enquanto não transitar em julgado a sentença no processo a que responde o liberado. Isso porque, caso venha a ser condenado, de acordo com o art. 88 do Código Penal, perderá o tempo em que esteve em liberdade, conforme já frisado anteriormente.

⚖ É da competência do Juízo das Execuções, nos casos de cometimento de novo delito durante o período de prova do livramento condicional, a suspensão cautelar do benefício e, sobrevindo a condenação com trânsito em julgado, de sua revogação. Consoante o disposto no art. 90 do Código Penal – CP e 146 da Lei de Execuções Penais – LEP, não é possível prorrogar, suspender ou revogar o livramento condicional após o escoamento do período de prova, mesmo que em razão da prática de novo delito durante o referido período, pois, terminado o prazo, considera-se extinta a pena privativa de liberdade (STJ, HC 357.145/SP, Rel. Min. Joel Ilan Paciornik, 5ª T., *DJe* 15/08/2016).

Nesse sentido:

⚖ STJ, RHC 62.896/PE, Rel. Min. Jorge Mussi, 5ª T., *DJe* 27/05/2016; STJ, HC 305.718/SP, Rel. Min. Felix Fischer, 5ª T., *DJe* 08/04/2015; TJRS, Agravo 70061108601, Rel.ª Des.ª Fabianne Breton Baisch, j. 05/09/2014; TJSP, Ag 0043493-42.2014.8.26.0000, Rel. Des. Péricles Piza, *DJe* 08/09/2014; STJ, HC 251284/SP, Rel. Min. Marco Aurélio Bellizze, 5ª T., *DJe* 11/06/2013; TJRJ, 8ª Câm. Crim., HC 2007.059.03494, Rel. Des. Suely Lopes Magalhães, j. 26/07/2007.

Ausência de suspensão ou revogação do livramento condicional

⚖ *Súmula nº 617 do STJ: A ausência de suspensão ou revogação do livramento condicional antes do término do período de prova enseja a extinção da punibilidade pelo integral cumprimento da pena.*

Art. 90. Se até o seu término o livramento não é revogado, considera-se extinta a pena privativa de liberdade.

Extinção da pena

Tendo cumprido todo o período de prova sem que tenha havido revogação do benefício, o juiz, de ofício, a requerimento do interessado, do Ministério Público ou mediante representação do Conselho Penitenciário, declarará a extinção da pena, salvo enquanto não passar em julgado a sentença em processo a que responde o liberado, por crime cometido durante a vigência do benefício (art. 89 do CP).

Caso o delito tenha sido praticado anteriormente à vigência do benefício, como o liberado não perderá o tempo correspondente ao período em que esteve solto, poderá ser declarada a extinção da pena privativa de liberdade, uma vez expirado o prazo do livramento, sem que tenha havido revogação (art. 90 do CP e 146 da LEP).

⚖ As decisões proferidas pelas instâncias ordinárias estão em dissonância com o entendimento deste Tribunal Superior, de que o livramento condicional

deve ser suspenso ou revogado de forma expressa no curso do período de prova. Do contrário, a pena restará extinta, nos termos dos arts. 90 do Código Penal – CP e 146 da Lei de Execução Penal – LEP (STJ, AgRg no HC 511.819/SP, Rel. Min. Joel Ilan Paciornik, 5ª T., *DJe* 05/08/2019).

Nesse sentido:

⚖ STJ, AgRg no HC 398.496/SP, Rel.ª Min.ª Maria Thereza de Assis Moura, 6ª T., *DJe* 31/08/2017; STJ, AgRg no HC 350.006/MS, Rel. Min. Reynaldo Soares da Fonseca, 5ª T., *DJe* 26/08/2016; STJ, HC 290.526/SP, Rel. Min. Jorge Mussi, 5ª T., *DJe* 18/03/2015; STJ, HC 271357/RJ, Rel.ª Min.ª Marilza Maynard (Desembargadora convocada do TJSE), 6ª T., *DJe* 05/05/2014.

Capítulo VI – Dos Efeitos da Condenação

Efeitos genéricos e específicos

Art. 91. São efeitos da condenação:

I – tornar certa a obrigação de indenizar o dano causado pelo crime;

II – a perda em favor da União, ressalvado o direito do lesado ou de terceiro de boa-fé:

a) dos instrumentos do crime, desde que consistam em coisas cujo fabrico, alienação, uso, porte ou detenção constitua fato ilícito;

b) do produto do crime ou de qualquer bem ou valor que constitua proveito auferido pelo agente com a prática do fato criminoso.

§ 1º Poderá ser decretada a perda de bens ou valores equivalentes ao produto ou proveito do crime quando estes não forem encontrados ou quando se localizarem no exterior.

§ 2º Na hipótese do § 1º, as medidas assecuratórias previstas na legislação processual poderão abranger bens ou valores equivalentes do investigado ou acusado para posterior decretação de perda.

Efeitos genéricos da condenação

Até a edição da Lei nº 13.964, de 24 de dezembro de 2019, vinha-se entendendo que os efeitos da condenação previstos pelo art. 91 do Código Penal eram genéricos, pois que não havia necessidade de sua declaração expressa na sentença condenatória, e que aqueles arrolados pelo art. 92 do mesmo diploma legal eram específicos, os quais o juiz deveria, motivadamente, declarar na sentença. Tal afirmação sempre nos pareceu incorreta, pois, como se comprovará mais adiante, existem hipóteses no art. 91 do Código Penal nas quais o julgador deverá sobre elas motivar-se expressamente, a fim de que produza os seus efeitos legais.

A criação do art. 91-A pela Lei nº 13.964, de 24 de dezembro de 2019, veio a corroborar nosso raciocí

nio, pois que a referida perda do produto ou proveito do crime, dos bens correspondentes à diferença entre o valor do patrimônio do condenado e aquele que seja compatível com o seu rendimento lícito deverá, sempre e obrigatoriamente, ser explicitada na decisão condenatória. Fosse um efeito automático, conforme distinção feita acima, o artigo em questão não receberia a numeração de 91-A, mas sim de 92-A.

Além do disposto de modo genérico no Código Penal, o ordenamento jurídico prevê inúmeros efeitos decorrentes de uma condenação penal, como, *v.g.*, a indenização civil pela prática de homicídio, lesão, crimes contra a honra ou ofensa à liberdade pessoal (arts. 948, 949, 953 e 954, respectivamente, do CC); a vedação da administração de empresa aos condenados a pena que vede, ainda que temporariamente, o acesso a cargos públicos; ou por crime falimentar, de prevaricação, peita ou suborno, concussão, peculato; ou contra a economia popular, contra o sistema financeiro nacional, contra as normas de defesa da concorrência, contra as relações de consumo, a fé pública ou a propriedade, enquanto perdurarem os efeitos da condenação (art. 1.011, § 1º, do CC); o surgimento de impedimento matrimonial pela prática do crime de homicídio (art. 1.521, inciso VII, do CC); a suspensão do poder familiar (art. 1.637, parágrafo único, do Código Civil); serve de fundamento para a indignidade ou deserdação na herança (arts. 1.814 e 1.961 do Código Civil); é fundamento para a perda de mandato de Deputado ou Senador, caso a casa respectiva assim decida (nos termos do art. 55, VI e § 2º da CF); não serão concedidas as naturalizações ordinária e especial, nos termos, respectivamente, dos arts. 65, IV, e 69, III, da Lei nº 13.445, de 24 de maio de 2017, que instituiu a Lei de Migração.

Merece registro, ainda, que a legislação penal especial também prevê outros efeitos, como se percebe pela leitura do art. 7º da Lei de Lavagem de Capitais, exemplificativamente.

⚖ A concessão do indulto afasta o efeito principal decorrente da condenação, qual seja, o próprio cumprimento da pena anteriormente fixada pela sentença condenatória. No entanto, os efeitos secundários da condenação, tais como aqueles elencados no art. 91 do Código Penal, mas não a eles restritos, não são afetados pela concessão do indulto, ante a inexistência de previsão legal neste sentido, restando mantidas, assim, as devidas anotações junto aos cartórios e ofícios distribuidores acerca da existência do feito (STJ, AgInt no RHC 66.190/PR, Rel. Min. Joel Ilan Paciornik, 5ª T., *DJe* 21/03/2019).

Nesse sentido:

⚖ STJ, HC 45323/SP, 5ª T., Min. Gilson Dipp, *DJ* 10/04/2006, p. 241.

Tornar certa a obrigação de indenizar o dano causado pelo crime

Embora sejam independentes as esferas cível e penal, a sentença penal condenatória com trânsito em julgado evidencia, quando possível, o dano causado pelo agente mediante a prática de sua conduta típica, ilícita e culpável, gerando, pois, para a vítima, um título executivo de natureza judicial, conforme o inciso VI do art. 515 do Código de Processo Civil (Lei nº 13.105, de 16 de março de 2015).

O inc. IV do art. 387 do Código de Processo Penal, com a nova redação determinada pela Lei nº 11.719, de 20 de junho de 2008, diz que o juiz, ao proferir a sentença condenatória, *fixará valor mínimo para reparação dos danos causados pela infração, considerando os prejuízos sofridos pelo ofendido.*

Conforme preleciona Andrey Borges de Mendonça, a reforma "visou afastar este longo caminho de liquidação da sentença penal condenatória. Determina, assim, que o magistrado deve fixar um valor *mínimo* para a reparação dos danos causados pela infração, considerando os prejuízos sofridos pelo ofendido. Este valor mínimo torna o título executivo líquido, ao menos em parte, a permitir que a vítima, desde logo, proceda ao cumprimento da sentença perante o juízo cível. Completa o art. 63, parágrafo único, do CPP que este valor mínimo fixado na sentença condenatória não impedirá a parte de buscar a liquidação para a apuração do dano efetivamente sofrido".[114]

⚖ Consoante dispõe o art. 91, I, do Código Penal: "são efeitos da condenação: I – tornar certa a obrigação de indenizar o dano causado pelo crime". Referido dispositivo trata do efeito extrapenal genérico da condenação, de efeito automático, pois não necessita ser expressamente pronunciado pelo juiz na sentença condenatória para se tornar título executivo judicial a embasar eventual propositura da ação civil *ex delicto*. Com a alteração instituída pela Lei Federal nº 11.719/2008, o inciso IV do art. 387 do Código

de Processo Penal – CPP possibilitou que o juiz, ao proferir a sentença condenatória, fixe valor mínimo para reparação dos danos causados pela infração, considerando os prejuízos sofridos pelo ofendido. Assim, o aludido dispositivo apenas permitiu a antecipação do momento processual para fixação de um valor mínimo para reparação de danos causados por uma infração penal. Esta Corte Superior de Justiça entende que "a aplicação do instituto disposto no art. 387, IV, do CPP, referente à reparação de natureza cível, na prolação da sentença condenatória, requer a dedução de um pedido expresso do querelante ou do Ministério Público, em respeito às garantias do contraditório e da ampla defesa" (AgRg no AREsp 1.309.078/PI, Rel. Min. Rogerio Schietti Cruz, 6ª T., j. 23/10/2018, *DJe* 16/11/2018) (STJ, AgRg nos EDcl no AREsp 1.296.627/PR, Rel. Min. Joel Ilan Paciornik, 5ª T., *DJe* 1º/02/2019).

Perda em favor da União, ressalvado o direito do lesado ou de terceiro de boa-fé, dos instrumentos do crime, desde que consistam em coisas cujo fabrico, alienação, uso, porte ou detenção constitua fato ilícito; do produto do crime ou de qualquer bem ou valor que constitua proveito auferido pelo agente com a prática do fato criminoso

Instrumentos do crime, na definição de Cezar Roberto Bitencourt, "são os objetos, isto é, são as coisas materiais empregadas para a prática e execução do delito".[115] Como a lei penal fala expressamente em *instrumentos do crime*, não há que se falar em perda dos instrumentos destinados à prática de contravenção penal.

Somente poderão ser perdidos em favor da União os instrumentos do crime que se constituam em coisas cujo fabrico, alienação, uso, porte ou detenção constitua fato ilícito. Se alguém, por exemplo, dolosamente, vier a utilizar o seu automóvel a fim de causar lesão na vítima, o fato de ter se valido do seu veículo como instrumento do crime não fará com que ele seja perdido em favor da União, pois o seu uso não constitui fato ilícito, o que não impedirá, contudo, a aplicação do efeito específico da condenação previsto no inc. III do art. 92 do Código Penal.

Também não perderá a sua arma, por exemplo, o agente que vier a utilizá-la na prática de crime, desde que possua autorização para o seu porte.

Ressalve-se, ainda, como determinado pelo inc. II do art. 91 do Código Penal, o direito do lesado ou de terceiro de boa-fé, que não poderá ter seus instrumentos perdidos caso venham a ser utilizados indevidamente pelo agente condenado pela prática da infração penal, desde que não consistam em coisas cujo fabrico, alienação, uso, porte ou detenção constitua fato ilícito, bem como que não ocorra qualquer

---

[114] MENDONÇA, Andrey Borges de. *Nova reforma do código de processo penal*, p. 239.
[115] BITENCOURT, Cezar Roberto. *Manual de direito penal* – parte geral, v.1, p. 628.

das modalidades de concurso de pessoas, vale dizer, a coautoria ou a participação. Na definição de Roberto Lyra, "produtos do crime (*producta sceleris*) são as coisas adquiridas diretamente com o crime (coisa roubada), ou mediante sucessiva especificação (joia feita com o ouro roubado), ou conseguidas mediante alienação (dinheiro da venda do objeto roubado) ou criadas com o crime (moeda falsa). Também se inclui no confisco outro qualquer bem ou valor, que importe proveito, desde que haja sido auferido pelo agente, e não por terceiros, com a prática do crime. Assim: o preço deste, os bens economicamente apreciáveis dados ou prometidos ao agente para que cometa o crime, a contraprestação que corresponde à prestação da atividade criminosa, a retribuição desta".[116]

Com o confisco do produto do crime ou dos bens ou valores que constituam proveito auferido pelo agente com a prática do fato criminoso, evita-se que o condenado obtenha qualquer vantagem com a prática de sua infração penal.

⚖ Nos termos da jurisprudência desta Corte Superior, a expropriação de bens em favor da União pela prática do crime de tráfico ilícito de entorpecentes tem previsão em foro constitucional, nos termos do art. 243, parágrafo único, da Constituição Federal e decorre da sentença penal condenatória, conforme regulamentado, primeiramente e de forma geral, no art. 91, inc. II, do Código Penal, e ao depois, especificamente, no art. 63, da Lei nº 11.343/2006. A impenhorabilidade do bem de família é oponível em qualquer processo de execução civil, fiscal, previdenciária, trabalhista ou de outra natureza, salvo quando tiver sido adquirido com produto de crime ou para execução de sentença penal condenatória a ressarcimento, indenização ou perdimento de bens, nos termos do art. 3º, inc. VI, da Lei nº 8.009/90 (STJ, AgRg no AREsp 580.102/RS, Rel. Min. Jorge Mussi, 5ª T., *DJe* 04/05/2018).

Nesse sentido:

⚖ STJ, RMS 32.644/GO, Rel. Min. Ribeiro Dantas, 5ª T., *DJe* 22/09/2017; STJ, REsp 1366894/RS, Rel.ª Min.ª Nancy Andrighi, 3ª T., *DJe* 02/06/2014; TJMG, Processo 1.0245.08. 137786-4/001, Rel. Des. Antônio Armando dos Anjos, *DJ* 24/07/2009; TJMG, Processo 1.0024.08.992413-8/001, Rel. Des. Eduardo Brum, *DJ* 29/05/2009; STJ, REsp 960586/SC, Rel. Min. Arnaldo Esteves Lima, S3, *DJe* 06/04/2009; TJMG, Processo 1.0024.05.814557-4/001[1], Rel. Des. Otávio Portes, *DJ* 27/07/2007; TJMG, Processo 1.0024.95. 108052-2/001[1], Rel. Des. Luiz Carlos Biasutti, *DJ* 10/05/2004; TJMG, Processo 1.0000.00.134760-8/000[1], Rel. Des. Zulman Galdino, *DJ* 12/02/1999.

O STF, na ADPF 569, por unanimidade, na Sessão Virtual de 10 de maio de 2024 a 17 de maio de 2024 "conheceu parcialmente da presente arguição e, na parte conhecida, confirmou a medida cautelar concedida e julgou parcialmente procedente o pedido formulado na inicial para, conferindo interpretação conforme ao art. 91, II, 'b', do Código Penal, ao art. 4º, IV, da Lei 12.850/2013 e ao art. 7º, I e § 1º, da Lei 9.613/1998, assentar que, não havendo previsão legal específica acerca da destinação de receitas derivadas provenientes de sistemas normativos de responsabilização pessoal, a qual vincula os órgãos jurisdicionais no emprego de tais recursos, tais ingressos, como aqueles originados de acordos de colaboração premiada, devem observar os estritos termos do art. 91 do Código Penal, sendo destinados, à míngua de lesados e de terceiros de boa-fé, à União para sujeitarem-se à apropriação somente após o devido processo orçamentário constitucional, vedando-se sua distribuição de maneira diversa, seja por determinação ou acordo firmado pelo Ministério Público, seja por ordem judicial, excetuadas as previsões legais específicas. Tudo nos termos do voto do Relator".

Obrigação de decidir fundamentadamente

Embora tratado como efeito automático da sentença penal condenatória transitada em julgado, entendemos que o julgador deverá, na sua decisão, fundamentá-la adequadamente ao fato, apontando, por exemplo, os motivos que o levaram a presumir que o apartamento adquirido pelo agente fora fruto da subtração dos valores por ele levada a efeito, que o saldo existente em sua conta bancária deveu-se à subtração dos valores por ele realizada etc. O confisco é medida extrema, excepcional, e dessa forma deve ser cuidada, somente tendo aplicação quando o julgador tiver a convicção de que os produtos, bens e valores são provenientes da prática de crime, uma vez que, conforme já decidiu o TJSP,

⚖ o confisco só se justifica quando houver prova concludente de que o bem é produto do crime (Rel. Des. Marcial Hollanda, *JTJ – Lex* 172, p. 309).

Deve ser afastada a pena de perda do cargo público quando se verifica ausência de fundamentação idônea na decisão que a determinou (STJ, REsp 810931/RS, Rel. Min. Gilson Dipp, 5ª T., *DJ* 06/08/2007, p. 649).

Nesse sentido:

⚖ STJ, AgRg no AREsp 954.614/PR, Rel. Min. Joel Ilan Paciornik, 5ª T., *DJe* 20/05/2019.

Poderá ser decretada a perda de bens ou valores equivalentes ao produto ou proveito do crime quando estes não forem encontrados ou quando se localizarem no exterior.

Pode ocorrer a hipótese em que o agente tenha se desfeito ou mesmo escondido o produto ou proveito do crime, a exemplo daquele que adquire um imóvel no exterior ou mesmo que deposite, em uma agência bancária localizada fora do território nacional, o

---

[116] LYRA, Roberto. *Comentários ao Código Penal*, v. II, p. 462-463.

valor obtido criminosamente. Nesses casos, mesmo não sendo encontrados, poderá o julgador decretar a perda de bens ou valores que são equivalentes ao produto ou proveito do crime, impedindo, assim, que o agente continue auferindo lucro derivado de seu comportamento criminoso.

Tal efeito da condenação, embora tenha sido inserido no Código Penal pela Lei nº 12.694, de 24 de julho de 2012, que dispôs sobre o processo e o julgamento colegiado em primeiro grau de jurisdição de crimes praticados por organizações criminosas, não se aplica somente a estas últimas, mas sim a qualquer infração penal, tenha sido ou não praticada por organização criminosa, onde o agente tenha conseguido ocultar, no país ou no exterior, os bens ou valores correspondentes ao produto ou proveito do crime.

Esse perdimento, no entanto, de bens ou valores que não aqueles diretamente auferidos com a prática criminosa, deve ser equivalente ao produto ou proveito do crime.

Essa inovação trazida pelo Código Penal já constava em Convenções Internacionais, das quais o Brasil era signatário, a exemplo da Convenção de Palermo (art. 12, item 1, *a*), promulgada pelo Decreto Presidencial nº 5.015, de 12 de março de 2004; Convenção das Nações Unidas contra a corrupção (art. 31, item 1, *a*) promulgada pelo Decreto Presidencial nº 5.687, de 31 de janeiro de 2006 e, ainda, a Convenção das Nações Unidas contra o tráfico ilícito de entorpecentes e de substâncias psicotrópicas (art. 5º, item 1, *a*), promulgada pelo Decreto Presidencial nº 154, de 26 de junho de 1991.

⚖ A sentença penal estrangeira que determina a perda de bens imóveis do requerido situados no Brasil, por terem sido adquiridos com recursos provenientes da prática de crimes, não ofende a soberania nacional, porquanto não há deliberação específica sobre a situação desses bens ou sobre a sua titularidade, mas apenas sobre os efeitos civis de uma condenação penal, sendo certo que tal confisco, além de ser previsto na legislação interna, encontra arrimo na Convenção das Nações Unidas contra o Crime Organizado Transnacional (Convenção de Palermo), promulgada pelo Decreto nº 5.015/2004, e no Tratado de Cooperação Jurídica em Matéria Penal, internalizado pelo Decreto nº 6.974/2009. Precedente da Corte Especial. Os bens imóveis confiscados não serão transferidos para a titularidade do país interessado, mas serão levados à hasta pública, nos termos do art. 133 do Código de Processo Penal (STJ, AgInt na SEC 10.250/EX, Rel. Min. Luis Felipe Salomão, CE, *DJe* 23/05/2019).

Nesse sentido:

⚖ STJ, SEC 10.612/EX, Rel.ª Min.ª Laurita Vaz, CE, *DJe* 28/06/2016.

Na hipótese do § 1º, as medidas assecuratórias previstas na legislação processual poderão abranger bens ou valores equivalentes do investigado ou acusado para posterior decretação de perda.

O capítulo VI do Título VI do Código de Processo Penal cuida das chamadas Medidas Assecuratórias, a saber: a) sequestro; b) hipoteca legal; e c) arresto.

Dessa forma, nos termos do § 2º do art. 91 do Código Penal, será possível a aplicação de uma dessas medidas assecuratórias com a finalidade de abranger os bens ou valores equivalentes ao produto ou proveito do crime quando estes não forem encontrados ou quando se localizarem no exterior, de acordo com a dicção do § 1º do mesmo artigo.

O § 2º do art. 91 do Código Penal faz menção a investigado ou acusado. Assim, as medidas assecuratórias poderão ser levadas a efeito ainda na fase investigatória, ou seja, a fase correspondente ao inquérito policial, quando o suposto autor da infração penal ainda goza do *status* de investigado ou indiciado, ou após o início da ação penal em juízo, quando passa a ser reconhecido como acusado ou réu.

Tais medidas destinam-se a assegurar a posterior decretação da perda dos bens e valores equivalentes ao produto ou proveito do crime.

Merece destaque a inovação trazida pela Lei nº 12.694, de 24 de julho de 2012, que diz, *verbis*:

Art. 144-A. *O juiz determinará a alienação antecipada para preservação do valor dos bens sempre que estiverem sujeitos a qualquer grau de deterioração ou depreciação, ou quando houver dificuldade para sua manutenção.*

⚖ Não existe preclusão *pro judicato* que impeça a decretação do perdimento de bens em momento posterior à sentença. Tal decretação após a sentença não implica tampouco em *reformatio in pejus*, já que, nos termos do art. 91, II, *b*, do CP, a decretação do perdimento de bens que constituem produto do crime em favor da União corresponde a efeito automático da condenação do acusado (STJ, RMS 56.799/MT, Rel. Min. Reynaldo Soares da Fonseca, 5ª T., *DJe* 20/06/2018).

Nesse sentido:

⚖ STJ, RMS 49.540/RS, Rel. Min. Ribeiro Dantas, 5ª T., *DJe* 22/09/2017.

Art. 91-A. Na hipótese de condenação por infrações às quais a lei comine pena máxima superior a 6 (seis) anos de reclusão, poderá ser decretada a perda, como produto ou proveito do crime, dos bens correspondentes à diferença entre o valor do patrimônio do condenado e aquele que seja compatível com o seu rendimento lícito.

§ 1º Para efeito da perda prevista no *caput* deste artigo, entende-se por patrimônio do condenado todos os bens:

I – de sua titularidade, ou em relação aos quais ele tenha o domínio e o benefício direto ou indireto, na data da infração penal ou recebidos posteriormente; e

II – transferidos a terceiros a título gratuito ou mediante contraprestação irrisória, a partir do início da atividade criminal.

§ 2º O condenado poderá demonstrar a inexistência da incompatibilidade ou a procedência lícita do patrimônio.

§ 3º A perda prevista neste artigo deverá ser requerida expressamente pelo Ministério Público, por ocasião do oferecimento da denúncia, com indicação da diferença apurada.

§ 4º Na sentença condenatória, o juiz deve declarar o valor da diferença apurada e especificar os bens cuja perda for decretada.

§ 5º Os instrumentos utilizados para a prática de crimes por organizações criminosas e milícias deverão ser declarados perdidos em favor da União ou do Estado, dependendo da Justiça onde tramita a ação penal, ainda que não ponham em perigo a segurança das pessoas, a moral ou a ordem pública, nem ofereçam sério risco de ser utilizados para o cometimento de novos crimes.

Na hipótese de condenação por infrações às quais a lei comine pena máxima superior a 6 (seis) anos de reclusão, poderá ser decretada a perda, como produto ou proveito do crime, dos bens correspondentes à diferença entre o valor do patrimônio do condenado e aquele que seja compatível com o seu rendimento lícito.

O art. 91-A foi inserido ao Código Penal através da Lei nº 13.964, de 24 de dezembro de 2019. Fruto de intensa discussão, o artigo foi pensado a partir de operações que identificavam uma diferença significativa entre o patrimônio lícito do agente e aquele que não tinha qualquer comprovação, embora não se conseguisse apontar, com precisão, sua origem ilícita.

Agora, existe uma presunção *iuris tantum* da origem criminosa dessa diferença patrimonial. Contudo, o *caput* do art. 91-A do Código Penal somente permite que ocorra tal presunção quando à infração penal praticada pelo agente for cominada pena máxima superior a 6 (seis) anos de reclusão, a exemplo do que ocorre com o delito de constituição de milícia privada (art. 288-A do CP), cuja pena máxima cominada é de 8 (oito) anos de reclusão.

Assim, não será qualquer infração penal que permitirá a aplicação desse efeito da condenação, mas tão somente aquelas de natureza grave, e desde que também nela se visualize algum produto ou proveito de crime. Dessa forma, o autor de um delito de homicídio, mesmo que comprove essa situação de abismo patrimonial lícito e não justificável, à primeira vista, não poderá sofrer esse efeito da condenação.

Essa perda do presumido produto ou proveito do crime, que diz respeito à diferença entre o valor do patrimônio do condenado e aquele que seja compatível com o seu rendimento lícito é também reconhecida pela expressão *confisco alargado*.

O § 1º do art. 91-A do Código Penal diz que para efeito da perda prevista em seu *caput*, entende-se por patrimônio do condenado todos os bens:

I – de sua titularidade, ou em relação aos quais ele tenha o domínio e o benefício direto ou indireto, na data da infração penal ou recebidos posteriormente; e

II – transferidos a terceiros a título gratuito ou mediante contraprestação irrisória, a partir do início da atividade criminal.

Como não poderia ser diferente, em se tratando de uma presunção *iuris tantum*, que admite prova em contrário, o § 2º do art. 91-A do Código Penal assevera que o condenado poderá demonstrar a inexistência da incompatibilidade ou a procedência lícita do patrimônio, oportunidade em que não será possível o confisco.

Essa apuração da diferença entre o valor do patrimônio do condenado e aquele que seja compatível com o seu rendimento lícito deverá ter sido realizada na fase das investigações. Isso porque o § 3º do referido artigo esclarece que a perda por ele prevista deverá ser requerida expressamente pelo Ministério Público, por ocasião do oferecimento da denúncia, com indicação da diferença apurada. Como a denúncia é a peça que inaugura a fase processual, com o encerramento, em tese, das investigações, a redação do mencionado parágrafo nos leva a afirmar que esse é o momento adequado para se indicar a diferença patrimonial apurada. Na denúncia, além da narração dos fatos criminosos, com a imputação de sua autoria, o Ministério Público deve requerer, expressamente, a perda, como produto ou proveito do crime, dos bens correspondentes à diferença entre o valor do patrimônio do denunciado, e possível condenado, e aquele que seja compatível com o seu rendimento lícito, indicando a diferença apurada.

Na sentença condenatória, o juiz deve declarar o valor da diferença apurada e especificar os bens cuja perda for decretada, conforme determinado pelo § 4º do art. 91-A do diploma repressivo.

O § 5º do art. 91-A do Código Penal determina, ainda, que os instrumentos utilizados para a prática de crimes por organizações criminosas e milícias deverão ser declarados perdidos em favor da União ou do Estado, dependendo da Justiça onde tramita a ação penal, ainda que não ponham em perigo a segurança das pessoas, a moral ou a ordem pública, nem ofereçam sério risco de ser utilizados para o cometimento de novos crimes.

Art. 92. São também efeitos da condenação:

I – a perda de cargo, função pública ou mandato eletivo:

a) quando aplicada pena privativa de liberdade por tempo igual ou superior a um ano, nos crimes praticados com abuso de poder ou violação de dever para com a Administração Pública;

b) quando for aplicada pena privativa de liberdade por tempo superior a 4 (quatro) anos nos demais casos.

II – a incapacidade para o exercício do poder familiar, da tutela ou da curatela nos crimes dolosos sujeitos à pena de reclusão cometidos contra outrem igualmente titular do mesmo poder familiar, contra filho, filha ou outro descendente, tutelado ou curatelado, bem como nos crimes cometidos contra a mulher por razões da condição do sexo feminino, nos termos do § 1º do art. 121-A deste Código;

§ 1º Os efeitos de que trata este artigo não são automáticos, devendo ser motivadamente declarados na sentença pelo juiz, mas independem de pedido expresso da acusação, observado o disposto no inciso III do § 2º deste artigo.

§ 2º Ao condenado por crime praticado contra a mulher por razões da condição do sexo feminino, nos termos do § 1º do art. 121-A deste Código serão:

I – aplicados os efeitos previstos nos incisos I e II do *caput* deste artigo;

II – vedadas a sua nomeação, designação ou diplomação em qualquer cargo, função pública ou mandato eletivo entre o trânsito em julgado da condenação até o efetivo cumprimento da pena;_

III – automáticos os efeitos dos incisos I e II do *caput* e do inciso II do § 2º deste artigo.

Efeitos específicos da condenação

As hipóteses de efeitos específicos da condenação, previstas no art. 92 do Código Penal, como bem observado por Jair Leonardo Lopes, são "verdadeiras penas acessórias mascaradas de efeitos da condenação".[117] Devem ser declarados expressamente no *decisum* condenatório, sob pena de não serem aplicados, haja vista que não são considerados como efeitos automáticos da sentença penal condenatória transitada em julgado, tal como, atualmente, esclarece o § 1º do art. 92 do CP, que diz que os efeitos de que trata este artigo não são automáticos, devendo ser motivadamente declarados na sentença pelo juiz, mas independem de pedido expresso da acusação, observado o disposto no inciso III do § 2º do mencionado artigo.

Perda do cargo, função pública ou mandato eletivo nas hipóteses da alínea *a* e *b* do inc. I do art. 92 do Código Penal

As hipóteses tratadas pelo inc. I do art. 92 do Código Penal, conforme assevera Cezar Roberto Bitencourt, "não se destinam exclusivamente aos chamados crimes funcionais (arts. 312 a 347 do CP), mas a qualquer crime que um funcionário público cometer com *violação de deveres* que a sua condição de funcionário impõe, cuja pena de prisão aplicada seja igual ou superior a um ano, ou, então, a qualquer crime praticado por funcionário público, cuja pena aplicada seja superior a quatro anos".[118]

A alínea *a* do inc. I do art. 92 do Código Penal prevê a perda do cargo, função pública ou mandato eletivo quando aplicada pena privativa de liberdade por tempo igual ou superior a um ano, nos crimes praticados com abuso de poder ou violação de dever para com a Administração Pública.

Como assevera a alínea *b* do inc. I do art. 92 do Código Penal, não importando a natureza da infração penal, se o agente vier a ser condenado a uma pena privativa de liberdade superior a quatro anos, poderá ser decretada a perda do cargo, função pública ou mandato eletivo.

⚖ (...) Os efeitos secundários da condenação não se confundem com as penas restritivas de direito, sobretudo com a de interdição temporária de direitos, pois são reflexos extrapenais mediatos da condenação e de duração permanente, podendo ser impostos de forma fundamentada na sentença aos condenados por crimes cometidos com abuso de poder ou violação de dever com a Administração à pena igual ou superior a um ano (art. 92, I, "a", do CP) (...) (APn 702/AP, Rel. Min. Nancy Andrighi, Corte Especial, julgado em 03/08/2020, *DJe* 14/08/2020).

Nesse sentido:

⚖ STJ, HC 505.751/RS, Rel. Min. Rogério Schietti Cruz, 6ª T., *DJe* 02/08/2019; STJ, AgRg no HC 397.513/RJ, Rel. Min. Nefi Cordeiro, 6ª T., *DJe* 19/06/2018; STJ, AgRg no AREsp 564.054/MT, Rel. Min. Jorge Mussi, 5ª T., *DJe* 20/09/2017; STJ, AgRg no REsp 1.444.444/SP, Rel.ª Min.ª Maria Thereza de Assis Moura, 6ª T., *DJe* 24/02/2016; STJ, REsp 1.561.248/GO, Rel. Min. Reynaldo Soares da Fonseca, 5ª T., *DJe* 1º/12/2015; STJ, AgRg no AREsp 46266/SP, Rel.ª Min.ª Laurita Vaz, 5ª T., *DJe* 1º/08/2012; STJ, AgRg no REsp 1207006/RS, Rel. Min. Sebastião Reis Júnior, 6ª T., *DJe* 09/04/2012; STJ, AgRg no AREsp 24097/MG, Rel.ª Min.ª Laurita Vaz, 5ª T., *DJe* 07/03/2012.

A incapacidade para o exercício do poder familiar, da tutela ou da curatela nos crimes dolosos sujeitos à pena de reclusão cometidos contra outrem igualmente titular do mesmo poder familiar, contra filho,

---

[117] LOPES, Jair Leonardo. *Curso de direito penal* – parte geral, p. 241.

[118] BITENCOURT, Cezar Roberto. *Manual de direito penal* – parte geral, v. 1, p. 630.

filha ou outro descendente, tutelado ou curatelado, bem como nos crimes cometidos contra a mulher por razões da condição do sexo feminino, nos termos do § 1º do art. 121-A do CP.

Através do inc. II do art. 92 do Código Penal, com a nova redação que lhe foi conferida pela Lei nº 14.994, de 9 de outubro de 2024, busca-se proteger todos aqueles que possuem o poder familiar, sejam eles o pai ou a mãe, os filhos, descendentes, tutelados ou curatelados. Hoje, aos pais compete, em condições de igualdade, criar, educar, enfim, praticar todos os atos necessários ao crescimento dos filhos, exigindo que lhes prestem obediência e respeito, tal como explicitam os incs. I e IX do art. 1.634 do Código Civil. A modificação legal teve a preocupação, também, de incluir nesse efeito da condenação ambos os titulares do poder familiar, incapacitando, para o seu exercício, aquele que vier a praticar um crime doloso, sujeito à pena de reclusão, cometido contra o outro detentor desse mesmo poder, tal como ocorre, com frequência, nas hipóteses de violência doméstica.

Incumbe ao tutor, sob a inspeção do juiz, reger a pessoa do menor, velar por ele e administrar-lhe os bens (art. 1.741 do CC), sendo, ainda, obrigação do curador cuidar da pessoa e dos bens do curatelado.

Assim, de acordo com o novo dispositivo legal, aquele que vier a praticar um crime doloso, sujeito à pena de reclusão, não importando a quantidade de pena cominada em abstrato ou mesmo aplicada em concreto, será declarado incapacitado para o exercício do poder familiar, da tutela ou da curatela, se praticado contra:

a)   o outro titular do poder familiar;

b)   filho ou filha (sendo essa distinção completamente desnecessária, pois que a palavra filho é o gênero de onde se extraem tanto as pessoas do sexo masculino, como feminino);

c)   outro descendente (aqui não importando o grau em linha reta, podendo tratar-se de netos, bisnetos etc.);

d)   tutelados;

e)   curatelados.

Portanto, não haverá possibilidade de declarar-se esse efeito secundário da condenação na hipótese, por exemplo, em que o detentor do poder familiar, tutela ou curatela pratica um crime doloso punido com pena de detenção, como pode ocorrer na hipótese em que um pai agride seu filho, produzindo-lhe lesão corporal de natureza leve, prevista no *caput* do art. 129 do Código Penal.

Da mesma forma, encontram-se excluídas as infrações de natureza culposa, a exemplo do que ocorre quando um pai, de forma imprudente, causa um acidente de trânsito com seu veículo automotor, fazendo com que seu filho fique paralítico.

Mesmo sendo dolosa a infração penal, punida com pena de reclusão, se for praticada contra outra pessoa que não a cotitular do mesmo poder familiar, filho, filha, tutelado ou curatelado não poderá ser declarado esse efeito da condenação. Imagine-se a hipótese em que o curador esteja sendo processado pelo crime de estupro contra alguém que não seja o curatelado. Se vier a ser definitivamente condenado por este crime, isto não fará com que seja declarado incapacitado para o exercício da curatela.

A Lei nº 14.994/2024 previu, também, a **incapacidade para o exercício do poder familiar, da tutela ou da curatela nos crimes cometidos contra a mulher por razões da condição do sexo feminino, nos termos do § 1º do art. 121-A do Código Penal, que diz:**

§ 1º Considera-se que há razões da condição do sexo feminino quando o crime envolve:

I – violência doméstica e familiar;

II – menosprezo ou discriminação à condição de mulher.

Vide § 2º do art. 23 do ECA, com a redação dada pela Lei nº 13.715, de 24 de setembro de 2018.

Efeitos não automáticos

A Lei nº 14.994/2024 inseriu o § 1º ao art. 92 do Código Penal, que diz, *verbis*:

§ 1º Os efeitos de que trata este artigo não são automáticos, devendo ser motivadamente declarados na sentença pelo juiz, mas independem de pedido expresso da acusação, observado o disposto no inciso III do § 2º deste artigo.

Aqui, embora o referido parágrafo mencione, expressamente, a sentença proferida pelo juiz, entendemos que os mencionados efeitos da condenação também se aplicam aos acórdãos, ou seja, à decisões proferidas pelos Tribunais.

O julgador poderá, motivadamente, declarar os efeitos da condenação referidos no art. 92 do Código Penal, mesmo que não tenha havido qualquer pedido da acusação nesse sentido.

Embora a regra de que os mencionados efeitos não sejam automáticos, vale dizer, que dependam de declaração expressa na decisão proferida pelo juiz de primeiro grau ou pelo Tribunal, o inciso III do art. 92 do Código Penal prevê algumas exceções, asseverando que os efeitos serão automáticos, isto é, que serão aplicados independentemente de declaração expressa e motivada, nas hipóteses dos incisos I e II do *caput* e do inciso II do § 2º do art. 92 do Código Penal.

Efeitos para o condenado por crime praticado contra a mulher por razões da condição do sexo feminino

Nos termos do § 2º do art. 92 do Código Penal, ao condenado por crime praticado contra a mulher por razões da condição do sexo feminino, nos termos do § 1º do art. 121-A, do citado diploma legal, serão:

I – aplicados os efeitos previstos nos incisos I e II do caput *deste artigo;*

II – *vedadas a sua nomeação, designação ou diploma-ção em qualquer cargo, função pública ou mandato eletivo entre o trânsito em julgado da condenação até o efetivo cumprimento da pena;*
III – *automáticos os efeitos dos incisos I e II do caput e do inciso II do § 2º deste artigo.*

Crimes contra a propriedade imaterial

Vide art. 530-G do Capítulo IV (Do Processo e do Julgamento dos Crimes contra a Propriedade Ima-terial), do Título II (Dos Processos Especiais), do Livro II (Dos Processos em Espécie) do Código de Processo Penal, acrescentado pela Lei nº 10.695, de 1º de julho de 2003.

Lei de tortura

O § 5º do art. 1º da Lei nº 9.455, de 7 de abril de 1997, assegura que a condenação acarretará a perda do cargo, função ou emprego público e a interdição para seu exercício pelo dobro do prazo da pena apli-cada.
Existe controvérsia doutrinária no que diz respeito à necessidade de serem declarados expressamente es-ses efeitos na sentença penal condenatória, ou se po-dem ser considerados automáticos, bastando a con-denação do agente pela prática do crime de tortura. Sheila Bierrenbach, dissertando sobre o tema, asse-vera: "Confrontando este parágrafo com o art. 92 do Código Penal, verifica-se que, enquanto os efeitos específicos previstos no estatuto básico devem ser motivadamente declarados na sentença, os ora ana-lisados são automáticos, decorrendo tão somente da condenação, não carecendo de manifestação do juiz da sentença."[119]
Em sentido contrário e, segundo entendemos, *per-missa venia*, corretamente, Marcos Ramayana aduz que o § 5º do art. 1º da Lei de Tortura exige que "o juiz declare expressamente na parte dispositiva da sentença a perda do cargo, função ou emprego pú-blico",[120] não podendo ser considerados, portanto, como automáticos.
Vide Lei nº 12.847, de 2 de agosto de 2013, que ins-tituiu o Sistema Nacional de Prevenção e Combate à Tortura, criou o Comitê Nacional de Prevenção e Combate à Tortura e o Mecanismo Nacional de Prevenção e Combate à Tortura, e deu outras pro-vidências.

⚖ A tortura, tipificada pela Lei nº 9.455/1997, é considerada crime comum, mesmo quando pratica-da por militar, tendo por efeito necessário e automá-tico da condenação a perda do cargo, função ou em-prego público a que o agente estiver investido (STF, ARE 1.105.783 AgR/RN, Rel. Min. Roberto Barroso, 1ª T., *DJe* 12/06/2018).

Favorecimento da prostituição ou de outra forma de exploração sexual de criança ou adolescente ou de vulnerável

O art. 218-B, inserido no Código Penal pela Lei nº 12.015, de 7 de agosto de 2009, e com a rubrica (*no-men juris* ou indicação marginal) que lhe foi dada posteriormente pela Lei nº 12.978, de 21 de maio de 2014, prevê o delito de *favorecimento da prostituição ou de outra forma de exploração sexual de criança ou adolescente ou de vulnerável.*
O § 3º do mencionado artigo constituiu como efeito obrigatório da condenação a cassação da licença de localização e de funcionamento do estabelecimen-to onde são levadas a efeito a prostituição ou outra forma de exploração sexual de alguém menor de 18 (dezoito) anos ou que, por enfermidade ou defici-ência mental, não tem o necessário discernimento para a prática do ato, a exemplo do que pode ocorrer em boates, casas de show, hotéis, motéis etc.

Fixação do valor mínimo para reparação dos da-nos causados pela infração penal

Determina o inc. IV do art. 387 do Código de Pro-cesso Penal, com a nova redação que lhe foi conferi-da pela Lei nº 11.719, de 20 de junho de 2008, que o juiz, ao proferir sentença condenatória, fixará o va-lor mínimo para reparação dos danos causados pela infração penal, considerando os prejuízos sofridos pelo ofendido, sendo que o parágrafo único, do art. 63, do mesmo diploma processual, a seu turno, as-severa que transitada em julgado a sentença conde-natória, a execução poderá ser efetuada pelo valor fixado nos termos do inc. IV do *caput* do art. 387 do Código de Processo Penal, sem prejuízo da liqui-dação para apuração do dano efetivamente sofrido. Trata-se, outrossim, de mais um efeito da condena-ção, que deverá ser enfrentado expressamente pelo juiz quando da prolação do decreto condenatório. De acordo com as precisas lições de Renato Brasilei-ro de Lima, "a fixação desse valor mínimo para repa-ração dos danos causados pela infração independe de pedido explícito, sem que se possa arguir eventu-al violação aos princípios do contraditório, da ampla defesa e da inércia da jurisdição. Ora, mesmo antes do advento da Lei nº 11.719/08, que deu nova reda-ção ao art. 387, IV do CPP, o Código Penal já pre-ceituava em seu art. 91, I, que é efeito automático de toda e qualquer sentença penal condenatória tran-sitada em julgado sujeitar o condenado à obrigação de reparar o dano causado pelo delito. Por isso, não é necessário que conste da peça acusatória tal pedi-do, vez que se trata de efeito genérico e automático da condenação. Aplica-se, pois, o mesmo raciocínio ao art. 387, IV, do CPP: a fixação do valor mínimo da indenização é aí colocada como parte integrante

---

[119] BIERRENBACH, Sheila; LIMA, Walberto Fernandes. *Comentários à lei de tortura* – aspectos penais e processuais penais, p. 79.
[120] RAMAYANA, Marcos. *Leis penais especiais comentadas*, p. 266.

da sentença condenatória. Trata-se de efeito automático da sentença condenatória, que só não deve ser fixado pelo juiz em duas hipóteses: a) infração penal da qual não resulte prejuízo à vítima determinada; b) não comprovação dos prejuízos sofridos pelo ofendido"[121].

Crimes resultantes de preconceito de raça ou de cor

Determina o art. 16 da Lei nº 7.716, de 5 de janeiro de 1989: *Art. 16. Constitui efeito da condenação a perda do cargo ou função pública, para o servidor público, e a suspensão do funcionamento do estabelecimento particular por prazo não superior a três meses.* Esses efeitos, de acordo com o disposto do art. 18 do referido diploma legal, não são automáticos, devendo ser motivadamente declarados na sentença. *Art. 18. Os efeitos de que tratam os arts. 16 e 17 desta Lei não são automáticos, devendo ser motivadamente declarados na sentença.*

Lei que regula a recuperação judicial, a extrajudicial e falência do empresário e da sociedade empresária

Diz o art. 181, inc. I a II, §§ 1º e 2º, da Lei nº 11.101, de 9 de fevereiro de 2005:
Art. 181. São efeitos da condenação por crime previsto nesta Lei:
I – a inabilitação para o exercício de atividade empresarial;
II – o impedimento para o exercício de cargo ou função em conselho de administração, diretoria ou gerência das sociedades sujeitas a esta Lei;
III – a impossibilidade de gerir empresa por mandato ou por gestão de negócio.
§ 1º Os efeitos de que trata este artigo não são automáticos, devendo ser motivadamente declarados na sentença, e perdurarão até 5 (cinco) anos após a extinção da punibilidade, podendo, contudo, cessar antes pela reabilitação penal.
§ 2º Transitada em julgado a sentença penal condenatória, será notificado o Registro Público de Empresas para que tome as medidas necessárias para impedir novo registro em nome dos inabilitados.

Membros do Ministério Público e da Magistratura

Embora possam ter praticado uma infração penal em virtude da qual advenham os efeitos da condenação previstos no art. 92, I, *a* e *b*, do Código Penal, tendo em vista a garantia constitucional da *vitaliciedade,* prevista, para a Magistratura, no inc. I do art. 95 da Constituição Federal e para o Ministério Público, na alínea *a* do inc. I do § 5º do art. 128 da mesma Carta Magna, somente poderão perder o cargo mediante decisão transitada em julgado em ação própria para esse fim.

Lei nº 12.850, de 2 de agosto de 2013 (Organização Criminosa)

A Lei nº 12.850, de 2 de agosto de 2013, definiu o conceito de organização criminosa, dispôs também sobre a investigação criminal, os meios de obtenção da prova, as infrações penais correlatas, bem como o procedimento a ser aplicado.

Após trazer um novo conceito dizendo, no § 1º, do art. 1º, que se considera como organização criminosa "a associação de 4 (quatro) ou mais pessoas estruturalmente ordenada e caracterizada pela divisão de tarefas, ainda que informalmente, com o objetivo de obter, direta ou indiretamente, vantagem de qualquer natureza, mediante a prática de infrações penais, cujas penas máximas sejam superiores a 4 (quatro) anos, ou que sejam de caráter transnacional", tipificou o delito de organização criminosa, dizendo, em no art. 2º, *verbis:*

Art. 2º Promover, constituir, financiar ou integrar, pessoalmente ou por interposta pessoa, organização criminosa:
Pena – reclusão, de 3 (três) a 8 (oito) anos, e multa, sem prejuízo das penas correspondentes às demais infrações penais praticadas.

Independentemente da pena a ser aplicada ao funcionário público que venha a ser condenado pela infração penal apontada, a Lei 12.850/2013, art. 2º, § 6º, determina, como efeito da condenação com trânsito em julgado, a perda do cargo, função, emprego ou mandato eletivo e a interdição para o exercício de função ou cargo público pelo prazo de 8 (oito) anos subsequentes ao cumprimento da pena.

Identificação do perfil genético como efeito da condenação

Diz o art. 9º-A, incluído na Lei de Execução Penal pela Lei nº 12.654, de 28 de maio de 2012:
Art. 9º-A O condenado por crime doloso praticado com violência grave contra a pessoa, bem como por crime contra a vida, contra a liberdade sexual ou por crime sexual contra vulnerável, será submetido, obrigatoriamente, à identificação do perfil genético, mediante extração de DNA (ácido desoxirribonucleico), por técnica adequada e indolor, por ocasião do ingresso no estabelecimento prisional.

Cuida-se de efeito genérico da condenação, não havendo necessidade de ser declarado na sentença penal condenatória.

Proibição de homenagem na denominação de bens públicos

A Lei nº 12.781, de 10 de janeiro de 2013, criou um efeito genérico para que os condenados pela prática

---

[121] LIMA, Renato Brasileiro de. *Curso de processo penal,* p. 289-290.

de crime de redução a condição análoga à de escravo sejam proibidos de serem homenageados com a colocação de seus nomes em bens públicos, de qualquer natureza, pertencentes à União ou às pessoas jurídicas da administração indireta, dizendo, em seu art. 1º:

Art. 1º É proibido, em todo o território nacional, atribuir nome de pessoa viva ou que tenha se notabilizado pela defesa ou exploração de mão de obra escrava, em qualquer modalidade, a bem público, de qualquer natureza, pertencente à União ou às pessoas jurídicas da administração indireta.

Trata-se de efeito automático, não havendo, outrossim, necessidade de ser motivadamente declarado na sentença penal condenatória.

Perda de cargo pela prática de crime comum cometido por militar

⚖ Tratando-se de crime comum praticado por militar, compete à Justiça Comum decretar a perda

do cargo, enquanto efeito da condenação, consoante previsto no art. 92, I, b, do Código Penal. Precedentes (STF, ARE 721878 AgR/MS, Rel.ª Min.ª Weber, 1ª T., *DJe* 18/02/2014).

Condenação e perda da aposentaria

⚖ A jurisprudência desta Corte firmou no sentido de que a cassação dos proventos da reserva remunerada, assim como ocorre com a aposentadoria do servidor público civil, não constitui efeito extrapenal da condenação, diante da impossibilidade de interpretação analógica *in malam partem* do art. 92, inciso I, do Código Penal (STJ, AgRg no REsp 1.743.955/SC, Rel. Min. Jorge Mussi, 5ª T., *DJe* 06/06/2019).

Nesse sentido:

⚖ STJ, AgRg no AREsp 980.297/RN, Rel. Min. Felix Fischer, 5ª T., *DJe* 23/03/2018.

Capítulo VII – Da Reabilitação

Reabilitação
Art. 93. A reabilitação alcança quaisquer penas aplicadas em sentença definitiva, assegurando ao condenado o sigilo dos registros sobre o seu processo e condenação.
Parágrafo único. A reabilitação poderá, também, atingir os efeitos da condenação, previstos no art. 92 deste Código, vedada reintegração na situação anterior, nos casos dos incisos I e II do mesmo artigo.

Aplicabilidade

Jair Leonardo Lopes, analisando o instituto da reabilitação, afirma, categoricamente: "A nós parece que nem os efeitos acrescidos à condenação pelo art. 92 merecem aplausos, nem a reabilitação, que, tal como disciplinada no Código (arts. 93 a 95), não tem qualquer alcance prático. Quanto a esta, o seu mais importante efeito, que seria o de assegurar ao condenado o sigilo dos registros sobre seu processo e condenação, é obtido, atualmente, de modo imediato e eficaz, por aplicação do art. 202 da Lei nº 7.210/1984 (Lei de Execução Penal – LEP), desde que tenha sido cumprida ou extinta a pena."[122]
Também não há possibilidade de reabilitação nas hipóteses dos incs. I e II do art. 92 do Código Penal. Resta-nos, portanto, somente uma única utilidade do instituto da reabilitação, qual seja, a de fazer com que o condenado que tenha sido declarado na sentença condenatória inabilitado para dirigir veículo, pois o havia utilizado como instrumento para a prá-

tica de crime doloso, tenha, novamente, restaurada sua habilitação.

⚖ A perenização do estigma de criminoso para fins de aplicação da reprimenda não se coaduna com o princípio *tempus omnia solvet* e a teoria do direito ao esquecimento, cuja essência pode ser invocada, com temperamentos, em benefício daqueles sobre quem recai o peso de uma condenação penal há muito transitada em julgado (STJ, AgRg no REsp 1.720.446/PR, Rel. Min. Rogerio Schietti Cruz, 6ª T., *DJe* 30/04/2019).

Nesse sentido:

⚖ STJ, REsp 1.580.644/SP, Rel.ª Min.ª Maria Thereza de Assis Moura, 6ª T., *DJe* 13/06/2016; TJ-DFT, Processo 20000110314828RMO, Rel. Des. César Loyola, *DJe* 27/07/2016; STJ, HC 32372/SC, Rel. Min. Hamilton Carvalhido, *DJ* 05/12/2005, p. 379; TJMG, Processo 1.0000.00.307654-4/000[1], Rel. Des. Mercêdo Moreira, *DJ* 14/08/2003.

Art. 94. A reabilitação poderá ser requerida, decorridos 2 (dois) anos do dia em que for extinta, de qualquer modo, a pena ou terminar sua execução, computando-se o período de prova da suspensão e o do livramento condicional, se não sobrevier revogação, desde que o condenado:
I – tenha tido domicílio no País no prazo acima referido;
II – tenha dado, durante esse tempo, demonstração efetiva e constante de bom comportamento público e privado;

---

[122] LOPES, Jair Leonardo. *Curso de direito penal – parte geral*, p. 243.

III – tenha ressarcido o dano causado pelo crime ou demonstre a absoluta impossibilidade de o fazer, até o dia do pedido, ou exiba documento que comprove a renúncia da vítima ou novação da dívida.

Parágrafo único. Negada a reabilitação, poderá ser requerida, a qualquer tempo, desde que o pedido seja instruído com novos elementos comprobatórios dos requisitos necessários.

Requisitos para reabilitação

O art. 94 do Código Penal elenca os requisitos necessários ao pedido de reabilitação.

A decisão proferida pelo juízo de 1º grau, deferindo a reabilitação criminal, deve ser mantida quando preenchidos os requisitos dos arts. 94 do CP e 744 do CPP (TJ-MG, Processo 3582299-73.2007.8.13.0702, Rel. Des. Herbert Carneiro, *DJe* 20/04/2016).

Nesse sentido:

RT 544, p. 349; TJMG, Processo 1.0021.05.930471-3/001[1], Rel. Des. Gudesteu Biber, *DJ* 11/10/2005; TJRS, Recurso de Ofício, 70006565949, 8ª Câm. Crim., Rel. Des. Sylvio Baptista Neto, j. 07/04/2004; TJMG, Processo 2.0000.00. 473202-5/000(1), Rel. Ediwal José de Morais, pub. 14/12/2004; Recurso em Sentido Estrito 159.783-3/SP, Rel. Canguçu de Almeida, CCrim 2, v.u., 24/04/1995.

Competência

Pelo fato de não ter incluído no rol de suas competências (art. 66 da LEP) a apreciação do pedido de reabilitação, tem-se entendido que o conhecimento de tal pedido competirá ao juízo do conhecimento, e não ao da execução, nos termos do art. 743 do Código de Processo Penal, somente revogado parcialmente.[123]

A reabilitação é meio de suprimir os efeitos e assegurar o sigilo dos registros sobre o processo e a condenação, segundo o art. 93 do Código Penal. Por consequência, deve ser processado e julgado pelo juízo da condenação e só tem lugar após a extinção da pena ou término da execução (art. 94 do CP), portanto o instituto não tinha por que figurar na lei destinada a disciplinar a execução penal (STJ, REsp 43799/RJ, Rel. Min. Pedro Acioli, 6ª T., *RT* 712, p. 475).

Nesse sentido:

TJSP, *RT* 613, p. 287.

Recurso do indeferimento do pedido de reabilitação

Negado seu pedido de reabilitação, poderá o condenado levar a efeito outro, desde que preenchidos os requisitos legais exigidos ou, caso não se conforme com a decisão, poderá interpor recurso de apelação.

Impera a concessão do benefício pretendido de reabilitação criminal, satisfeitos os requisitos legais dispostos no art. 743 e seguintes do Código de Processo Penal, tais como o decurso do prazo após o integral cumprimento da pena, boa conduta e não constatação de novas imputações criminais. O recurso de ofício permanece em vigor após a promulgação da Lei de Execução Penal, conforme precedentes do STJ (TJMG, Rel. Des. Márcia Milanez, Processo 1.0011.03. 002610-5/001[1], *DJ* 31/08/2004).

Art. 95. A reabilitação será revogada, de ofício ou a requerimento do Ministério Público, se o reabilitado for condenado, como reincidente, por decisão definitiva, a pena que não seja de multa.

Revogação da reabilitação

Conforme observado por Ney Moura Teles, são dois os requisitos que permitem a revogação da reabilitação, a saber: "*a)* a condenação transitada em julgado posterior deve ser à pena privativa de liberdade; *b)* a condenação deve se dar com o reconhecimento de que o reabilitado é reincidente. O fato pelo qual o reabilitado será condenado deverá, portanto, ter ocorrido após o trânsito em julgado da sentença penal que o condenou pelo crime anterior (art. 63 do CP). Se, todavia, tiver transcorrido cinco anos entre a data do cumprimento da pena anterior ou da sua extinção e o fato novo, computado nesse tempo o período de prova do *sursis* e do livramento condicional, não se falará igualmente em reincidência (art. 64, I, CP)."[124]

Não é possível a declaração da reabilitação do condenado quando configurada a reincidência, haja vista o fato desta ser causa de revogação daquela (CP, art. 95) (STJ, HC 14202/SP, Rel. Min. Edson Vidigal, 5ª T., *DJ* 13/08/2001, p. 182).

[123] Nesse sentido, BITENCOURT, Cezar Roberto. *Manual de direito penal*, p. 638; SILVA FRANCO, Alberto. *Código penal e sua interpretação jurisprudencial*, p. 1.430; CAPEZ, Fernando. *Curso de direito penal* – parte geral, p. 484.
[124] TELES, Ney Moura. *Direito penal* – parte geral, v. II, p. 257.

Título VI – Das Medidas de Segurança

Finalidade das medidas de segurança

As medidas de segurança têm uma finalidade diversa da pena, pois se destinam à cura ou, pelo menos, ao tratamento daquele que praticou um fato típico e ilícito. Assim sendo, aquele que for reconhecidamente declarado inimputável, deverá ser absolvido, pois o art. 26, *caput*, do Código Penal diz *ser isento de pena o agente que, por doença mental ou desenvolvimento mental incompleto ou retardado, era, ao tempo da ação ou da omissão, inteiramente incapaz de entender o caráter ilícito do fato ou de determinar-se de acordo com esse entendimento*, sendo que o Código de Processo Penal, em seu art. 386, VI, com a nova redação que lhe foi dada pela Lei nº 11.690, de 9 de junho de 2008, assevera que o juiz absolverá o réu, mencionando a causa na parte dispositiva, desde que reconheça existirem circunstâncias que excluam o crime ou isentem o réu de pena, ou mesmo se houver fundada dúvida sobre sua existência.

Vide também parágrafo único do art. 415 do Código de Processo Penal, com a nova redação que lhe foi dada pela Lei nº 11.689, de 9 de junho de 2008.

⚖ A aplicação rígida da norma penal pode implicar em resultados incompatíveis com o propósito terapêutico da medida de segurança, o que reclama uma aplicação jurídico-penal constitucionalmente adequada ao princípio da dignidade da pessoa humana (art. 1º, III, da CF/88) e à inovação legislativa introduzida pela reforma psiquiátrica (Lei nº 10.216/2001) (TJ-MG, AC 2650478-34.2011.8.13.0024, Rel. Des. Julio Cézar Guttierrez, *DJe* 13/07/2016).

Nesse sentido:

⚖ STJ, HC 108517/SP, Rel. Min. Arnaldo Esteves Lima, 5ª T., *DJe* 20/10/2008.

Espécies de medida de segurança

O tratamento a que será submetido o inimputável sujeito à medida de segurança poderá ocorrer dentro de um estabelecimento hospitalar ou fora dele. Assim, a medida de segurança poderá iniciar-se em regime de internação ou por meio de tratamento ambulatorial.

Dessa forma, podemos considerar que as medidas de segurança podem ser detentivas (internação em hospital de custódia e tratamento psiquiátrico ou, à falta, em outro estabelecimento adequado) ou restritivas (tratamento ambulatorial).

⚖ Esta Corte Superior de Justiça possui entendimento consolidado no sentido de que, apenas é cabível a imposição de medida de segurança de tratamento ambulatorial se o fato previsto como crime for punível com detenção (STJ, AgRg no REsp 1.779.990/MG, Rel. Min. Felix Fischer, 5ª T., *DJe* 30/04/2019).

Nesse sentido:

⚖ STJ, HC 394.821/MS, Rel. Min. Reynaldo Soares da Fonseca, 5ª T., *DJe* 29/08/2017; STJ, HC 313.907/SP, Rel. Min. Gurgel de Faria, 5ª T., *DJe* 18/05/2015; STJ, HC 113016/MS, Rel.ª Min.ª Jane Silva, 6ª T., *DJe* 09/12/2008.

Início do cumprimento da medida de segurança

Vide arts. 171 e 173 da LEP.

Extinção da punibilidade

Aplicam-se às medidas de segurança as causas extintivas da punibilidade previstas na legislação penal, incluindo-se, obviamente, entre elas, a prescrição.

⚖ A prescrição nos casos de sentença absolutória imprópria é regulada pela pena máxima abstratamente cominada ao delito. Precedentes (STJ, AgRg no HC 469.698/SP, Rel. Min. Reynaldo Soares da Fonseca, 5ª T., *DJe* 19/02/2019).

Nesse sentido:

⚖ TJ-DFT, Processo 20160020103410RAG, Rel. Des. Esdras Neves, *DJe* 15/06/2016; STJ, RHC 30915/SP, Rel. Min. Rogério Schietti Cruz, 6ª T., *DJe* 04/08/2014; STJ, REsp HC 1103071/RS, Rel. Min. Arnaldo Esteves Lima, 5ª T., *DJe* 29/03/2010.

Internação cautelar

A Lei nº 12.403, de 4 de maio de 2011, modificando o art. 319 do Código de Processo Penal, previu, expressamente, em seu inc. VII, a chamada internação provisória, como espécie de medida cautelar diversa da prisão, dizendo, *verbis*:

Art. 319. *São medidas cautelares diversas da prisão:*

[...];

VII – internação provisória do acusado nas hipóteses de crimes praticados com violência ou grave ameaça, quando os peritos concluírem ser inimputável ou semi-imputável (art. 26 do Código Penal) e houver risco de reiteração;

[...].

⚖ 1. Havendo a suposta prática de crime praticado com violência ou grave ameaça, a internação provisória poderá ser aplicada como medida cautelar diversa da prisão quando for o acusado inimputável ou semi-imputável e houver risco de reiteração, nos termos do art.319, VII do Código Penal. 2. Conforme consta do acórdão recorrido, o recorrente teria envolvimento em outras condutas delituosas, inclusive com trânsito em julgado, o que autoriza sua segregação cautelar para garantia da ordem pública, como forma de evitar a reiteração delitiva. No caso, havendo ainda dúvidas razoáveis quanto à sanidade mental do recorrente, já lhe tendo sido inclusive aplicado medidas de segurança de tratamento ambulatorial nos autos do Processo n. 2006.01.1.129789-6, mostra-se acertada a decisão recorrida que substituiu a prisão preventiva pela aplicação da medida cautelar de internação provisória. 3. É inviável a aplicação de medidas cautelares diversas da prisão ou da internação provisória, pois a gravidade concreta da conduta delituosa indica que a ordem pública não estaria acautelada com a soltura do recorrente. 4. Recurso desprovido (RHC 114.768/DF, Rel. Min. Ribeiro Dantas, 5ª T., julgado em 01/10/2019, *DJe* 07/10/2019).

Medida de segurança e indulto

⚖ O Supremo Tribunal Federal, no julgamento do Recurso Extraordinário nº 628.658, em repercussão geral, firmou entendimento de que "Reveste-se de legitimidade jurídica a concessão, pelo Presidente da República, do benefício constitucional do indulto (CF, art. 84, XII), que traduz expressão do poder de graça do Estado, mesmo se se tratar de indulgência destinada a favorecer pessoa que, em razão de sua inimputabilidade ou semi-imputabilidade, sofre medida de segurança, ainda que de caráter pessoal e detentivo". No caso dos autos, o Juízo da execução, uma vez preenchidos os requisitos do Decreto Presidencial nº 8.172/2013, deferiu ao paciente o indulto. Todavia, o Tribunal de origem anulou a decisão de primeiro grau, ao entendimento de que a medida de segurança possui natureza diversa da pena, restando incompatível o benefício do indulto com a medida de segurança, determinando, de ofício, a realização de perícia médica para averiguar a cessação de periculosidade do agente, vinculando ao resultado do exame técnico eventual declaração de extinção de punibilidade do agente. Consoante entendimento firmado neste Superior Tribunal, não é possível condicionar a concessão de indulto a requisitos não previstos no decreto de regência, cuja elaboração é da competência discricionária e exclusiva do Presidente da República, a teor do art. 84, XII, da Constituição Federal (STJ, HC 321.432/MG, Rel. Min. Ribeiro Dantas, 5ª T., *DJe* 29/08/2016).

Imposição da medida de segurança para inimputável

Art. 97. Se o agente for inimputável, o juiz determinará sua internação (art. 26). Se, todavia, o fato previsto como crime for punível com detenção, poderá o juiz submetê-lo a tratamento ambulatorial.

Prazo

§ 1º A internação, ou tratamento ambulatorial, será por tempo indeterminado, perdurando enquanto não for averiguada, mediante perícia médica, a cessação de periculosidade. O prazo mínimo deverá ser de 1 (um) a 3 (três) anos.

Perícia médica

§ 2º A perícia médica realizar-se-á ao termo do prazo mínimo fixado e deverá ser repetida de ano em ano, ou a qualquer tempo, se o determinar o juiz da execução.

Desinternação ou liberação condicional

§ 3º A desinternação, ou a liberação, será sempre condicional devendo ser restabelecida a situação anterior se o agente, antes do decurso de 1 (um) ano, pratica fato indicativo de persistência de sua periculosidade.

§ 4º Em qualquer fase do tratamento ambulatorial, poderá o juiz determinar a internação do agente, se essa providência for necessária para fins curativos.

Internação do inimputável

O art. 97 do Código Penal aduz ainda que, *se o agente for inimputável, o juiz determinará sua internação (art. 26). Se, todavia, o fato previsto como crime for punível com detenção, poderá o juiz submetê-lo a tratamento ambulatorial.* Entendemos que, independentemente dessa disposição legal, o julgador tem a faculdade de optar pelo tratamento que melhor se adapte ao inimputável, não importando se o fato definido como crime é punido com pena de reclusão ou de detenção.

⚖ Via de regra, consoante a diretriz do art. 97 do CP, se o agente for inimputável, o juiz determinará sua internação. Caso o fato previsto como crime seja punível com detenção, poderá o indivíduo ser submetido a tratamento ambulatorial. O critério não é inflexível. Mesmo acontecido um delito apenado com reclusão, o juiz poderá, excepcionalmente, à luz do princípio da proporcionalidade, sujeitar o inimputável a tratamento ambulatorial, desde que constate, indene de dúvidas, a desnecessidade da internação para o fim de cura da periculosidade (STJ, HC 469.039/SP, Rel. Min. Rogério Schietti Cruz, 6ª T., *DJe* 03/12/2018).

Nesse sentido:

⚖ STJ, AgRg no HC 239.624/MG, Rel. Min. Ribeiro Dantas, 5ª T., *DJe* 10/05/2018; STJ, HC 394.072/MS, Rel.ª Min.ª Maria Thereza de Assis Moura, 6ª T., *DJe* 30/05/2017; STJ, REsp 912668/SP, Rel. Min. Rogério Schietti Cruz, 6ª T., *DJe* 07/04/2014; STJ, HC 231124/SP, Rel.ª Min.ª Laurita Vaz, 5ª T., *DJe* 30/04/2013.

Prazo de cumprimento da medida de segurança

A medida de segurança, como providência judicial curativa, não tem prazo certo de duração, persistindo enquanto houver necessidade do tratamento destinado à cura ou à manutenção da saúde mental do inimputável. Ela terá duração enquanto não for constatada, por meio de perícia médica, a chamada cessação da periculosidade do agente, podendo, não raras as vezes, ser mantida até o falecimento do paciente.

⚖ A teor do art. 97, § 1º, do Código Penal, a medida de segurança, na modalidade de internação ou tratamento ambulatorial, será por tempo indeterminado até que cesse a periculosidade do agente. Por outro lado, assim que verificada a atenuação ou a cessação da periculosidade de sentenciado que ainda necessitar de tratamento de saúde (doença crônica), deverá ser progressivamente levantada a sua internação, a depender do caso, com a sua passagem para a etapa de semi-internação; a sua desinternação condicionada à inserção em hospital comum da rede local; ou o seu encaminhamento a tratamento em regime ambulatorial (STJ, HC 383.687/SP, Rel. Min. Felix Fischer, 5ª T., *DJe* 1º/08/2017).

Nesse sentido:

⚖ STJ, HC 285953/RS, Rel.ª Min.ª Laurita Vaz, 5ª T., *DJe* 24/06/2014; STJ, HC 112227/RS, Rel. Min. Jorge Mussi, 5ª T., *DJe* 09/08/2010.

Esse raciocínio levou parte da doutrina a afirmar que o prazo de duração das medidas de segurança não pode ser completamente indeterminado, sob pena de ofender o princípio constitucional que veda a prisão perpétua, principalmente tratando-se de medida de segurança detentiva, ou seja, aquela cumprida em regime de internação,[1] pois, segundo as lições de Zaffaroni e Pierangeli, "não é constitucionalmente aceitável que, a título de tratamento, se estabeleça a possibilidade de uma privação de liberdade perpétua, como coerção penal. Se a lei não estabelece o limite máximo, é o intérprete quem tem a obrigação de fazê-lo".[2]

Dessa forma, conclui Cezar Roberto Bitencourt, "começa-se a sustentar, atualmente, que a medida de segurança não pode ultrapassar o limite máximo da pena abstratamente cominada ao delito, pois esse seria 'o limite da intervenção estatal, seja a título de pena, seja a título de medida', na liberdade do indivíduo, embora não prevista expressamente no Código Penal, adequando-se à proibição constitucional do uso da prisão perpétua".[3]

Nesse sentido, o STJ consolidou seu posicionamento com a edição da Súmula nº 527, publicada no *DJe* de 6 de abril de 2015, dizendo:

⚖ **Súmula nº 527.** *O tempo de duração da medida de segurança não deve ultrapassar o limite máximo da pena abstratamente cominada ao delito praticado.*

O prazo de duração da medida de segurança não deve ultrapassar o limite máximo da pena abstratamente cominada ao delito cometido. Precedentes (STJ, AgRg no AREsp 357.508/DF, Rel. Min. Nefi Cordeiro, 6ª T., *DJe* 03/02/2015).

O STF, no entanto, já tem decidido no sentido de que o tempo de duração da medida de segurança não pode exceder ao limite máximo de trinta anos, conforme se verifica pela ementa abaixo transcrita:

⚖ A medida de segurança deve perdurar enquanto não haja cessado a periculosidade do agente, limitada, contudo, ao período máximo de trinta anos. A melhora do quadro psiquiátrico do paciente autoriza o juízo de execução a determinar procedimento de desinternação progressiva, em regime de semi-internação (STF, HC 97621/RS, Rel. Min. Cézar Peluso, 2ª T., j. 02/06/2009, *DJ* 26/06/2009, p. 592).

Nesse sentido:

⚖ HC 84219/SP, Rel. Min. Marco Aurélio, 1ª T., j. 16/08/2005, *DJ* 23/09/2005, p. 16.

Hoje, com a modificação trazida pela Lei nº 13.964, de 24 de dezembro de 2019, ao art. 75 do Código Penal, aumentando para 40 anos o tempo de cumprimento da pena, essa posição do STF deverá mudar, adaptando-se à nova determinação legal.

Prazo mínimo para realização do exame de cessação de periculosidade

Um a três anos, de acordo com o art. 175 da LEP (ressalvado o disposto no art. 176 do mesmo diploma legal).

⚖ Ainda que o acórdão impugnado tenha determinado o prazo mínimo legal (1 ano) para averiguação da cessação da periculosidade, estando o paciente submetido a medida de segurança, o juiz da execução poderá ordenar, a qualquer tempo, a realização de nova perícia, conforme dispõe o art. 176 da LEP (STJ, HC 313.907/SP, Rel. Min. Gurgel de Faria, 5ª T., *DJe* 18/05/2015).

Nesse sentido:

⚖ STJ, HC 34777/SP, Rel. Min. Paulo Medina, 6ª T., *DJ* 12/09/2005, p. 374; STJ, HC 42683/SP, Rel. Min. Gilson Dipp, 5ª T., *DJ* 03/10/2005, p. 298.

Realização do exame de cessação da periculosidade antes do término do prazo

Vide art. 176 da LEP.

---

[1] Nesse sentido, GOMES, Luiz Flávio. *Medidas de segurança e seus limites. Revista Brasileira de Ciências Criminais*, nº 2, p. 66 *et seq.*, 1993.

[2] ZAFFARONI, Eugênio Raúl; PIERANGELI, José Henrique. *Manual de direito penal brasileiro – parte geral*, p. 858.

[3] BITENCOURT, Cezar Roberto. *Manual de direito penal – parte geral*, v. 1, p. 645.

Perícia médica

Deverá ser realizada ao final do prazo mínimo fixado na sentença e deverá ser repetida de ano em ano, ou a qualquer tempo, se o determinar o juiz da execução.

Desinternação ou liberação condicional

Concedida a desinternação ou a liberação, o juiz da execução estipulará certas condições que devem ser observadas pelo agente, conforme preconiza o art. 178 da Lei de Execução Penal.

A jurisprudência do Superior Tribunal de Justiça é firme no sentido de que, pela previsão contida nos arts. 97, § 1º, do Código Penal e 175, II, da Lei de Execução Penal, somente com base em parecer médico poderá o magistrado decidir acerca da liberação do internado (STJ, AgRg no REsp 1.555.227/MG, Rel. Min. Nefi Cordeiro, 6ª T., *DJe* 23/04/2018).

Nesse sentido:

STJ, RHC 20599/BA, Rel. Min. Felix Fischer, 5ª T., *DJe* 23/06/2008.

Reinternação

Pode acontecer que o agente, após sua desinternação – tendo iniciado o tratamento ambulatorial, ou mesmo na hipótese de ter sido esse tratamento o escolhido para o início do cumprimento da medida de segurança –, demonstre que a medida não está sendo suficientemente eficaz para a sua cura, razão pela qual poderá o juiz da execução determinar, fundamentadamente, a internação do agente em Hospital de Custódia e Tratamento Psiquiátrico ou outro local com dependências médicas adequadas.

Demonstrada a ineficiência da medida de segurança aplicada de tratamento ambulatorial, tendo em vista que o agente não comparece nos dias determinados, deixando de se submeter ao tratamento médico prescrito, pode e deve o Juízo proceder sua conversão em internação em hospital de custódia. No caso, a medida de tratamento ambulatorial revelou-se insuficiente para fazer cessar a periculosidade demonstrada pelo paciente, que descumpre reiteradamente as intimações para a continuidade do tratamento, além de se recusar a ingerir a medicação prescrita, permanecendo com uma postura agressiva e ameaçadora em relação aos respectivos familiares (STJ, HC 40222/SP, Rel. Min. Arnaldo Esteves Lima, 5ª T., *RT* 851, p. 492).

Nesse sentido:

STJ, HC 44288/SP, Rel. Min. Felix Fischer, 5ª T., *DJ* 20/02/2006, p. 353.

Substituição da pena por medida de segurança para o semi-imputável

Art. 98. Na hipótese do parágrafo único do art. 26 deste Código e necessitando o condenado de especial tratamento curativo, a pena privativa de liberdade pode ser substituída pela internação, ou tratamento ambulatorial, pelo prazo mínimo de 1 (um) a 3 (três) anos, nos termos do artigo anterior e respectivos §§ 1º a 4º.

Medida de segurança substitutiva aplicada ao semi-imputável

As colocações que devem ser feitas são as seguintes: o semi-imputável foi condenado; foi-lhe aplicada uma pena; agora, em virtude da necessidade de especial tratamento curativo, pois sua saúde mental encontra-se perturbada, a pena privativa de liberdade a ele aplicada poderá ser substituída pela internação ou pelo tratamento ambulatorial.

Embora a lei determine, da mesma forma que o inimputável, que a internação ou o tratamento ambulatorial seja por prazo indeterminado, pois o art. 98 nos remete ao art. 97 e seus §§ 1º ao 4º, entendemos que, nesse caso especificamente, o tempo da medida de segurança jamais poderá ser superior ao tempo da condenação do agente. Querer auxiliar o agente portador de enfermidade mental retirando-o do convívio pernicioso do cárcere é uma conduta extremamente louvável, desde que o condenado não tenha de se submeter a uma medida de segurança que ultrapasse o tempo de sua condenação, uma vez que, se assim acontecesse, estaríamos agravando sua situação, mesmo que utilizássemos o argumento do tratamento curativo, dizendo que a medida de segurança seria o remédio adequado ao seu mal.

Havendo medida de segurança substitutiva de pena privativa de liberdade, a sua duração não pode ultrapassar ao tempo determinado para cumprimento da pena. (Precedentes) (STJ, HC 56828/SP, Rel. Min. Felix Fischer, 5ª T., *DJ* 04/09/2006, p. 311).

Dissertando sobre o tema, Luiz Regis Prado traz à colação os diversos posicionamentos, prelecionando: "Na primeira hipótese de substituição (semi-imputabilidade), entende-se, por um lado, que a medida de segurança imposta não poderá exceder a duração da pena que havia sido aplicada pelo juiz. Se o prazo se esgotasse sem que o paciente se encontrasse plenamente recuperado, o mesmo deveria ser colocado à disposição do juízo cível competente. Em sentido oposto, argumenta-se que o prazo de duração da medida de segurança não deverá se ater à duração da pena substituída, cabendo tal procedimento somente na hipótese de superveniência de doença mental (art. 682, § 2º, do CPP). Nesse caso, o tempo dedicado ao tratamento terapêutico do condenado será computado para os fins de detração penal (art. 42 do CP)."[4]

Apenas é cabível a imposição de medida de segurança de tratamento ambulatorial se o fato previsto como crime for punível com detenção (STJ,

---

[4] PRADO, Luiz Regis. *Curso de direito penal brasileiro* – parte geral, p. 471.

HC 397.174/RJ, Rel. Min. Felix Fischer, 5ª T., *DJe* 28/06/2017).

Nesse sentido:

STJ, HC 141.598/GO, Rel. originário Min. Celso Limongi (Desembargador convocado do TJ/SP), Rel. Min. Og Fernandes, 6ª T., j. 17/05/2011, *Informativo* nº 473; STJ, HC 94660/RJ, Rel. Min. Napoleão Nunes Maia Filho, *DJe* 19/12/2008; STJ, HC 41419/SP, Rel. Min. Nilson Naves, 6ª T., *DJ* 07/11/2005, p. 391.

Direitos do internado

Art. 99. O internado será recolhido a estabelecimento dotado de características hospitalares e será submetido a tratamento.

Direitos do internado

O art. 3º da Lei de Execução Penal assegura ao condenado e ao internado todos os direitos não atingidos pela sentença ou pela Lei, sendo que o art. 99 do Código Penal, com a rubrica correspondente aos direitos do internado, diz que este será recolhido a estabelecimento dotado de características hospitalares e será submetido a tratamento.

Isso significa que aquele a quem o Estado aplicou medida de segurança, por reconhecê-lo inimputável, não poderá, por exemplo, ser recolhido a uma cela de delegacia policial, ou mesmo a uma penitenciária em razão de não haver vaga em estabelecimento hospitalar próprio, impossibilitando-lhe, portanto, o início do tratamento.

Consoante entendimento deste Superior Tribunal, é indevida a segregação, em estabelecimento prisional comum, de inimputável submetido a medida de segurança de internação em hospital de custódia e tratamento, mesmo na hipótese de ausência de vaga nas instituições adequadas (STJ, AgRg no RHC 107.147/SP, Rel. Min. Ribeiro Dantas, 5ª T., *DJe* 25/03/2019).

Nesse sentido:

STJ, HC 385.198/SC, Rel. Min. Felix Fischer, 5ª T., *DJe* 06/06/2017; STJ, HC 18803/SP, Rel. Min. Hamilton Carvalhido, 6ª T., *RT* 805, p. 542; TJMG, Processo 1.0000.09.494988-0/000, Rel. Des. José Antonino Baía Borges, *DJ* 09/06/2009; STJ, HC 108517/SP, Rel. Min. Arnaldo Esteves Lima, 5ª T., *DJe* 20/10/2008; TJMG, Processo 1.0000.04.413936-8/000[1], Rel. Des. Beatriz Pinheiro Caires, *DJ* 1º/12/2004; TJMG, Processo 1.0000.00.261977-3/000[1], Rel. Des. José Carlos Abud, *DJ* 1º/12/2002; STF, HC 71733/SP, Rel. Min. Francisco Rezek, 2ª T., *DJ* 10/08/1995, p. 23.555.

Título VII – Da Ação Penal

Ação pública e de iniciativa privada

Art. 100. A ação penal é pública, salvo quando a lei expressamente a declara privativa do ofendido.

§ 1º A ação pública é promovida pelo Ministério Público, dependendo, quando a lei o exige, de representação do ofendido ou de requisição do Ministro da Justiça.

§ 2º A ação de iniciativa privada é promovida mediante queixa do ofendido ou de quem tenha qualidade para representá-lo.

§ 3º A ação de iniciativa privada pode intentar-se nos crimes de ação pública, se o Ministério Público não oferece denúncia no prazo legal.

§ 4º No caso de morte do ofendido ou de ter sido declarado ausente por decisão judicial, o direito de oferecer queixa ou de prosseguir na ação passa ao cônjuge, ascendente, descendente ou irmão.

Conceito de ação

Conforme esclarece Humberto Theodoro Júnior, "modernamente, prevalece a conceituação da ação como *direito público subjetivo* exercitável pela parte para exigir do Estado a obrigação da tutela jurisdicional, pouco importando seja esta de amparo ou desamparo à pretensão de quem o exerce. É, por isso, abstrato. E, ainda, autônomo, porque pode ser exercitado sem sequer relacionar-se com a existência de um direito subjetivo material, em casos como o da ação declaratória negativa. É, finalmente, *instrumental*, porque se refere sempre à decisão a uma pretensão ligada ao direito material (positiva ou negativa)."[1]

Condições da ação

São condições necessárias ao regular exercício do direito de ação de natureza penal:

a) legitimidade das partes;
b) interesse de agir;
c) possibilidade jurídica do pedido;
d) justa causa.[2]

⚖ Por se tratar de crime de calúnia contra pessoa morta (art. 138, § 2º, do Código Penal), os querelantes – mãe, pai, irmã e companheira em união estável da vítima falecida – são partes legítimas para ajuizar a ação penal privada, nos termos do art. 24, § 1º, do Código de Processo Penal ("§ 1º No caso de morte do ofendido ou quando declarado ausente por decisão

judicial, o direito de representação passará ao cônjuge, ascendente, descendente ou irmão") (STJ, APn 912/RJ, Rel.ª Min.ª Laurita Vaz, CE, *DJe* 22/08/2019).

Nesse sentido:

⚖ STJ, RHC 66.716/MG, Rel. Min. Ribeiro Dantas, 5ª T., *DJe* 30/03/2016; STJ, HC 145748/SP, Rel. Min. Felix Fischer, 5ª T., *DJe* 02/08/2010; STJ, Ap. 418, Rel. Min. José Delgado, Corte Especial, *DJ* 03/04/2006, p. 196.

⚖ **Súmula nº 642 do STJ:** *O direito à indenização por danos morais transmite-se com o falecimento do titular, possuindo os herdeiros da vítima legitimidade ativa para ajuizar ou prosseguir a ação indenizatória.*

⚖ **Súmula nº 648 do STJ:** *A superveniência da sentença condenatória prejudica o pedido de trancamento da ação penal por falta de justa causa feito em* habeas corpus.

Rejeição da denúncia ou queixa

O art. 395 do Código de Processo Penal, com a redação determinada pela Lei nº 11.719, de 20 de junho de 2008, dispõe, *verbis*: **Art. 395**. *A denúncia ou queixa será rejeitada quando:*
I – for manifestamente inepta;
II – faltar pressuposto processual ou condição para o exercício da ação penal; ou
III – faltar justa causa para o exercício da ação penal.

Espécies de ação penal

O Código Penal e a legislação processual penal preveem duas espécies de ação penal, a saber: ação penal pública e ação penal privada. A regra prevista no art. 100 do Código Penal diz que toda ação penal é pública, salvo quando a lei expressamente a declara como privativa do ofendido.

Iniciativa

Na verdade, todas as ações são públicas, variando, contudo, sua iniciativa, que pode ser pública (quando proposta por órgão oficial) ou privada.

Espécies de ação de iniciativa pública

a) incondicionada ou *b)* condicionada à representação do ofendido ou à requisição do Ministro da Justiça.

Princípios informadores da ação penal de iniciativa pública

a) obrigatoriedade ou legalidade;

---

[1] THEODORO JÚNIOR, Humberto. *Curso de direito processual civil*, v. 1, p. 53.

[2] Em posição contrária, José Barcelos de Souza afirma não ser "a justa causa uma condição autônoma, uma quarta condição da ação" (*Direito processual civil e penal*, p. 161).

b) oficialidade;

c) indisponibilidade;

d) indivisibilidade; e

e) intranscendência.

⚖ Na ação penal pública, vigoram os princípios da obrigatoriedade e da indivisibilidade da ação penal, os quais, respectivamente, preconizam que o Ministério Público não pode dispor sobre o conteúdo ou a conveniência do processo. Porém, não é necessário que todos os agentes ingressem na mesma oportunidade no polo passivo da ação, podendo haver posterior aditamento da denúncia (STJ, HC 27119/RS, Rel. Min. Gilson Dipp, 5ª T., *DJ* 25/8/2003, p. 341).

Espécies de ação penal de iniciativa privada

a) privada propriamente dita;

b) privada subsidiária da pública; e

c) privada personalíssima.

Ação penal de iniciativa privada subsidiária da pública

Vide art. 5º, LIX, da CF. Poderá ser intentada nos crimes de ação de iniciativa pública, se o Ministério Público não oferecer denúncia no prazo legal. Se houver manifestação pelo arquivamento levada a efeito pelo Ministério Público, para a maioria da doutrina, não poderá ser proposta a ação penal subsidiária. Em sentido contrário, Hélio Tornaghi, entendendo que será possível a ação penal subsidiária mesmo com o pedido de arquivamento do Ministério Público.[3]

⚖ Encontra-se em consonância com o entendimento esposado por essa Corte Superior de Justiça o acórdão *a quo*, na medida em que se revela inaplicável a perempção em ação penal de iniciativa pública. A aplicação do instituto é restrita às hipóteses de ação penal exclusivamente privada e de ação penal privada personalíssima, não abrangendo nem as hipóteses de ação penal subsidiária da pública – que poderá se proceder também mediante denúncia (STJ, AgRg nos EDcl no REsp 1.492.636/SP, Rel. Min. Ribeiro Dantas, 5ª T., *DJe* 28/06/2018).

Nesse sentido:

⚖ STJ, RMS 50.780/SP, Rel. Min. Rogério Schietti Cruz, 6ª T., *DJe* 02/02/2017; STJ, AgRg no AREsp 568.936/PB, Rel. Min. Reynaldo Soares da Fonseca, 5ª T., *DJe* 1º/06/2016; TRF 1ª Reg., RSE 2009.38.00.020139-3/MG, Rel. Des. Fed. Hilton Queiroz, *DJe* 29/06/2012; STJ, HC 133227/BA, Rel. Min. Felix Fischer, 5ª T., *DJe* 14/12/2009; STJ, CE AgRg na APn 302/DF, *DJ* 18/12/2006, p. 274; STJ, HC 64564/GO, Rel. Min. Arnaldo Esteves Lima, 5ª T., *DJ* 09/04/2007, p. 259; STJ, HC 46959/RJ, Rel. Min. Arnaldo Esteves Lima, 5ª T., *DJ* 18/12/2006, p. 415.

Princípios informadores da ação penal de iniciativa privada

a) oportunidade;

b) disponibilidade;

c) indivisibilidade.

Representação criminal ou requisição do Ministro da Justiça

Tanto a representação criminal como a requisição do Ministro da Justiça são consideradas *condições de procedibilidade* para o regular exercício da ação penal de iniciativa pública condicionada, sem as quais se torna impossível a abertura de inquérito policial ou o oferecimento de denúncia pelo Ministério Público.

⚖ A jurisprudência desta Corte firmou-se no sentido de que a representação no caso dos crimes de ação penal pública condicionada não exige maiores formalidades, sendo suficiente demonstração inequívoca por parte da vítima no seu interesse em levar adiante a persecução penal (STJ, RHC 113.461/CE, Rel. Min. Reynaldo Soares da Fonseca, 5ª T., *DJe* 07/08/2019).

1. A retroatividade da norma que previu a ação penal pública condicionada, como regra, no crime de estelionato, é desaconselhada por, ao menos, duas ordens de motivos. (...) Nesse sentido, verifica-se que o STF, por ambas as turmas, já se manifestou no sentido da irretroatividade da lei que instituiu a condição de procedibilidade no delito previsto no art. 171 do CP. 3. Em relação ao aspecto material, tem-se que a irretroatividade do art. 171, §5º, do CP, decorre da própria mens legis, pois, mesmo podendo, o legislador previu apenas a condição de procedibilidade, nada dispondo sobre a condição de prosseguibilidade. Ademais, necessário ainda registrar a importância de se resguardar a segurança jurídica e o ato jurídico perfeito (art. 25 do CPP), quando já oferecida a denúncia. (STJ, HC 610.201/SP, Rel. Min. Ribeiro Dantas, DJe 08/04/2021)

Nesse sentido:

⚖ STJ, RHC 59.822/SP, Rel. Min. Ribeiro Dantas, 5ª T., *DJe* 15/12/2017; STJ, HC 326.170/BA, Rel. Min. Nefi Cordeiro, 6ª T., *DJe* 09/03/2016; STF, *RT* 618, p. 401; STJ, HC 99468/SP, Rel.ª Min.ª Laurita Vaz, 5ª T., *DJe* 09/03/2009.

Lei Maria da Penha e necessidade de representação

Por maioria de votos, o Plenário do Supremo Tribunal Federal, julgou, equivocadamente, procedente a Ação Direta de Inconstitucionalidade (ADI 4.424) para, segundo aquela Corte Superior, dar interpretação conforme aos arts. 12, inc. I, e 16, ambos da Lei nº 11.340/2006, a fim de assentar a natureza incondicionada da ação penal em caso de crime de lesão, pouco importando a extensão desta.

---

[3] TORNAGHI, Hélio. *Compêndio de processo penal*, v. II, p. 490-491.

O art. 16 da chamada Lei "Maria da Penha" dispõe que as ações penais públicas "são condicionadas à representação da ofendida", mas, para a maioria dos ministros do STF, essa circunstância acaba por esvaziar a proteção constitucional assegurada às mulheres.

Entendemos, com a devida *venia*, que essa posição equivocada do STF trará um prejuízo enorme às famílias, uma vez que, em muitos casos, a mulher que foi agredida pelo seu marido, companheiro etc., o perdoa e retoma sua vida conjugal. Com essa decisão, o STF, entregando a iniciativa da ação penal exclusivamente ao Ministério Público, faz com que, na prática, a reconciliação do casal se inviabilize, uma vez que o fato de ter uma ação penal em curso, ou mesmo uma condenação pelo delito de lesão corporal de natureza leve, será um "fantasma" na vida daquelas pessoas, sendo motivo de novas desavenças.

Ao que parece, com todo respeito, a Suprema Corte deixou de lado as estatísticas em infrações penais dessa natureza e quis assumir um papel superprotetor da mulher vítima de violência doméstica. Obviamente que não somos a favor da impunidade. No entanto, nos casos de lesão corporal de natureza leve, a prática forense nos ensina que o melhor é deixar a decisão da investigação policial e o início da ação penal, com o oferecimento da representação, a cargo da mulher. O fato de existirem algumas situações, não desconhecidas, em que a mulher, intimidada pelo seu marido ou companheiro, não leva ao conhecimento da autoridade policial a violência por ela sofrida, não permite que o STF chame para si essa responsabilidade e transforme a natureza da ação penal em pública condicionada à representação. No entanto, agora, infelizmente, caberá, exclusivamente, ao Ministério Público essa decisão.

Também foi esclarecido que não compete aos Juizados Especiais julgar os crimes cometidos no âmbito da Lei Maria da Penha.

No que tange ao crime de ameaça, conforme a dicção do art. 16 da Lei nº 11.340/2006, "nas ações penais públicas condicionadas à representação da ofendida de que trata esta Lei, só será admitida a renúncia à representação perante o juiz, em audiência especialmente designada com tal finalidade, antes do recebimento da denúncia e ouvido o Ministério Público". Considerando a retratação da suposta ofendida em juízo, em audiência designada para tal fim, antes do recebimento da denúncia, deve ser reconhecida a ausência de condição de procedibilidade quanto ao crime de ameaça, pois, nos termos do art. 147, parágrafo único, trata-se de crime de ação penal pública condicionada, que se procede mediante representação (STJ, RHC 88.515/RJ, Rel. Min. Ribeiro Dantas, 5ª T., *DJe* 30/05/2018).

Nesse sentido:

STJ, HC 371.470/RS, Rel. Min. Reynaldo Soares da Fonseca, 6ª T., *DJe* 02/02/2017; STJ, HC 357.885/SP, Rel.

Min. Jorge Mussi, 5ª T., *DJe* 31/08/2016; STJ, AgRg no REsp 1.585.273/MG, Rel. Min. Joel Ilan Paciornik, 5ª T., *DJe* 1º/08/2016; STF, ADI 4424/DF, Rel. Min. Marco Aurélio, j. 09/02/2012, *Informativo* 654.

O Superior Tribunal de Justiça, consolidando também sua posição, editou a Súmula nº 542, publicada no *DJe* de 31 de agosto de 2015, que diz:

Súmula nº 542. *A ação penal relativa ao crime de lesão corporal resultante de violência doméstica contra a mulher é pública incondicionada.*

Morte do ofendido ou declaração de ausência

Não se tratando de ação penal de natureza personalíssima, quando houver a morte do ofendido ou de ter sido declarado ausente por decisão judicial, o direito de oferecer queixa ou de prosseguir na ação passa ao cônjuge, ascendente, descendente ou irmão.

Desarquivamento do inquérito policial e provas novas

Arquivado o inquérito policial, por despacho do juiz, a requerimento do Promotor de Justiça, não pode a ação penal ser iniciada, sem novas provas (STF, Súmula nº 524).

A superveniência de novas provas autoriza o desarquivamento do inquérito policial e o consequente oferecimento da denúncia, a teor do disposto no art. 18 do Código de Processo Penal, não havendo falar em ofensa à coisa julgada material (STJ, HC 239.899/MG, Rel.ª Min.ª Laurita Vaz, 5ª T., *DJe* 13/05/2014).

Nesse sentido:

STJ, HC 122328/SP, Rel. Min. Og Fernandes, 6ª T., *DJe* 14/12/2009; STJ, APn 311/RO, Ação Penal 2000/0043398-5/CE, Corte Especial, Rel. Min. Humberto Gomes de Barros, *DJ* 04/09/2006, p. 198.

Suspensão condicional do processo e ação penal de iniciativa privada

O benefício processual previsto no art. 89 da Lei nº 9.099/1995, mediante a aplicação da analogia *in bonam partem*, prevista no art. 3º do Código de Processo Penal, é cabível também nos casos de crimes de ação penal privada. Precedentes do STJ (STJ, RHC 17061/RJ, Rel. Min. Hélio Quaglia Barbosa, 6ª T., *DJ* 26/6/2006, p. 199).

Nesse sentido:

STJ, HC 17431/SP, Rel. Min. Vicente Leal, 6ª T., *DJ* 23/06/2003, p. 444.

Queixa-crime não assinada pelo querelante

Constituiu óbice ao regular desenvolvimento da ação penal a falta de menção do fato criminoso no instrumento de mandato visando à propositura da queixa-crime, que também não foi assinada pela querelante com o advogado constituído. Segundo os arts. 43, III,[4] 44 e 568, todos do Código de Processo Penal, a citada omissão só pode ser suprida dentro do prazo decadencial, tendo em vista que a expressão 'a todo tempo' significa 'enquanto for possível' (STJ, HC 45017/GO, Rel. Min. Hélio Quaglia Barbosa, 6ª T., *DJ* 27/3/2006, p. 339).

Procuração e poderes para queixa-crime

⚖ A exigência de poderes especiais, assim como a menção expressa ao fato criminoso na procuração, para instauração de ação penal privada (CPP, art. 44), possui relevante razão prática, qual seja, delimitar a responsabilidade penal do mandante para o caso de eventual denunciação caluniosa, bem como a sua responsabilidade civil por eventuais danos injustamente causados ao querelado (TJPR, Processo 1105069-2, Rel.ª Des.ª Lilian Romero, *DJe* 19/02/2014).

Nesse sentido:

⚖ TJMG, Processo 1.0000.13.061687-3/000, Rel.ª Des.ª Beatriz Pinheiro Caires, *DJe* 30/09/2013; TJMG, Processo 2.0000.00.475739-5/000[1], Rel. Des. Antônio Armando dos Anjos, *DJ* 09/08/2005; STJ, HC 67830/SC, Rel. Min. Gilson Dipp, 5ª T., *DJ* 18/06/2007, p. 283.

Desistência da ação penal de iniciativa privada

⚖ A desistência da ação penal privada pode ocorrer a qualquer momento, somente surgindo óbice intransponível quando já existente decisão condenatória transitada em julgado (STF, Tribunal Pleno, HC 83228/MG, Rel. Min. Marco Aurélio, *DJ* 11/11/2005, p. 6).

A ação penal no crime complexo
Art. 101. Quando a lei considera como elemento ou circunstâncias do tipo legal fatos que, por si mesmos, constituem crimes, cabe ação pública em relação àquele, desde que, em relação a qualquer destes, se deva proceder por iniciativa do Ministério Público.

Ação penal no crime complexo

O art. 101 do Código Penal recebeu severas críticas de nossa doutrina, em razão da sua inutilidade. Segundo Mirabete, "essa disposição é tida pelos doutrinadores como inócua e até prejudicial à interpretação. Isso porque a lei adotou o sistema de especificar claramente quando o delito deve ser apurado mediante ação privada, sendo os demais submetidos à ação pública".[5] Ney Moura Teles também afirma que "esse dispositivo é desnecessário porque sempre que a ação for de iniciativa privada, deverá constar expressamente essa disposição legal, por força do que determina o art. 100 do Código Penal".[6]

Irretratabilidade da representação
Art. 102. A representação será irretratável depois de oferecida a denúncia.

Representação

É o ato por meio do qual o ofendido ou seu representante legal manifesta seu interesse no sentido de ser dado início à *persecutio criminis*. Ressalte-se que a representação do ofendido ou de seu representante legal não precisa conter grandes formalismos. Nela, o ofendido ou seu representante legal simplesmente declara, esclarece a sua vontade no sentido de possibilitar ao Ministério Público a apuração dos fatos narrados, a fim de formar a sua convicção pessoal para, se for o caso, dar início à ação penal pelo oferecimento de denúncia.

⚖ De acordo com entendimento já pacificado nesta Corte Superior de Justiça, a representação da vítima ou de seus representantes legais para a investigação ou deflagração de ação penal prescinde de qualquer rigor formal, bastando a demonstração inequívoca de que a vítima tem interesse na persecução penal, o que ocorreu na hipótese dos autos, visto que a ofendida, acompanhada de seus familiares, dirigiu-se até a Promotoria local para narrar o ocorrido, bem como ratificou suas declarações posteriormente perante a autoridade policial e se submeteu a exame pericial junto ao Serviço Médico Legal (STJ, HC 466047/SC, Rel. Min. Reynaldo Soares da Fonseca, 5ª T., *DJe* 1º/03/2019).

Nesse sentido:

⚖ STJ, HC 134866/ES, Rel. Min. Napoleão Nunes Maia Filho, 5ª T., *DJe* 28/06/2010; STF, RHC 99086/RS, Rel. Min. Ricardo Lewandowski, 1ª T., *DJe* 20/08/2010.

Em julgamento sob o rito dos recursos repetitivos (**Tema 1.167**), a Terceira Seção do Superior Tribunal de Justiça (STJ), em acórdão publicado em 29 de março de 2023, definiu que "a audiência prevista no **artigo 16 da Lei 11.340/2006** tem por objetivo confirmar a retratação, não a representação, e não pode ser designada de ofício pelo juiz. Sua realização somente é necessária caso haja manifestação do desejo da vítima de se retratar, trazida aos autos antes do recebimento da denúncia".

Irretratabilidade da representação

Somente será possível a retratação da representação até o *oferecimento* da denúncia. Note-se que a lei fala em *oferecimento* e não em *recebimento*. Assim, depois de oferecida a denúncia, mesmo que não tenha sido ainda recebida pelo julgador, será impossível o reconhecimento da retratação.

---

[4] O art. 43 do Código de Processo Penal foi revogado expressamente pela Lei nº 11.719, de 20 de junho de 2008, e substituído pelo art. 395 da mesma legislação processual, onde se verificam, agora, as causas de rejeição da denúncia ou queixa.

[5] MIRABETE, Julio Fabbrini. *Manual de direito penal* – parte geral, p. 375.

[6] TELES, Ney Moura. *Direito penal* – parte geral, v. 2, p. 275.

⚖ É firme a jurisprudência desta Corte no sentido de que, depois de oferecida a denúncia, a representação do ofendido será irretratável, consoante o disposto nos arts. 102 do Código Penal e 25 do Código de Processo Penal. Precedentes (STJ, AgInt no REsp 1.719.900/RN, Rel.ª Min.ª Laurita Vaz, 6ª T., *DJe* 29/03/2019).

Nesse sentido:
⚖ STJ, REsp 1353534/RS, Rel.ª Min.ª Marilza Maynard – Desembargadora convocada do TJSE, 5ª T., *DJe* 22/03/2013; STJ, HC 103054/SP, Rel. Min. Jorge Mussi, 5ª T., *DJe* 16/03/2009.

Vide art. 16 da Lei nº 11.340, de 7 de agosto de 2006.[7]

Decadência do direito de queixa ou de representação
Art. 103. Salvo disposição expressa em contrário, o ofendido decai do direito de queixa ou de representação se não o exerce dentro do prazo de 6 (seis) meses, contado do dia em que veio a saber quem é o autor do crime, ou, no caso do § 3º do art. 100 deste Código, do dia em que se esgota o prazo para oferecimento da denúncia.

Decadência
A decadência é o instituto jurídico mediante o qual a vítima, ou quem tenha qualidade para representá-la, perde o seu direito de queixa ou de representação em virtude do decurso de um certo espaço de tempo.

⚖ Inexistindo cunho decisório, no caso em si, da magistrada que, ao apreciar o recebimento da inicial acusatória, decide, tão somente, pela declinação de competência, baixa e remessa dos autos à jurisdição comum, subsiste o interesse da parte ofendida ao oferecimento da queixa-crime, não havendo falar-se em decadência (STJ, AgRg no RHC 81.487/RJ, Rel. Min. Nefi Cordeiro, 6ª T., *DJe* 03/04/2018).

Nesse sentido:
⚖ STJ, RHC 23550/SP, Rel.ª Min.ª Laurita Vaz, 5ª T., *DJe* 16/03/2009.

Induzimento a erro essencial e ocultação de impedimento
Vide art. 236, parágrafo único, do Código Penal.

Início da contagem do prazo decadencial
Como regra, após 6 (seis) meses contados do dia em que o ofendido veio a saber quem é o autor do crime, ou, no caso do § 3º do art. 100 do Código Penal, do dia em que se esgota o prazo para oferecimento da denúncia.

⚖ Como regra, o prazo da decadência é de 06 (seis) meses e em se tratando de causa de extinção da punibilidade o prazo tem natureza penal, devendo ser

contado nos termos do art. 10 do Código Penal e não de acordo com o art. 798, § 1º do Código de Processo Penal, quer dizer, inclui-se no cômputo do prazo o *dies a quo* (STJ, APn 562/MS, Rel. Min. Felix Fischer, Corte Especial, *DJe* 24/06/2010).

Nesse sentido:
⚖ STJ, HC 53893/GO, Rel. Min. Félix Fischer, 5ª T., *DJ* 12/02/2007, p. 279; STJ, CE, APn 409/DF, Rel. Min. Barros Monteiro, *DJ* 11/09/2006, p. 211.

Renúncia expressa ou tácita do direito de queixa
Art. 104. O direito de queixa não pode ser exercido quando renunciado expressa ou tacitamente.
Parágrafo único. Importa renúncia tácita ao direito de queixa a prática de ato incompatível com a vontade de exercê-lo; não a implica, todavia, o fato de receber o ofendido a indenização do dano causado pelo crime.

Renúncia expressa ou tácita
A renúncia ao direito de queixa pode ser expressa ou tácita. Diz-se expressa a renúncia quando formalizada por meio de declaração assinada pelo ofendido, por seu representante legal ou procurador com poderes especiais (art. 50 do CPP). Renúncia tácita ao direito de queixa é aquela na qual, nos termos do parágrafo único do art. 104 do Código Penal, o ofendido pratica atos incompatíveis com a vontade de exercê-lo, como nas hipóteses daquele que convida o autor do crime para ser seu padrinho de casamento ou para com ele constituir uma sociedade.

⚖ A renúncia tácita pressupõe que o querelante pratique ato incompatível com o desejo de processar o ofensor, que se consuma antes do oferecimento da queixa-crime. No caso, a queixa-crime foi oferecida e a conversa civilizada ocorreu em programa de rede nacional, um ato que, apenas por sua existência, não configura uma renúncia tácita (STJ, RHC 48.216/RJ, Rel. Min. Sebastião Reis Junior, 6ª T., *DJe* 24/05/2018).

Nesse sentido:
⚖ TJ-DFT, Processo 20130111375109APR, Rel. Des. Humberto Ulhôa, *DJe* 11/02/2016; TJRS, Processo 70051416410, Rel. Des. Aristides Pedroso de Albuquerque Neto, j. 23/04/2013; STJ, HC 19088/SP, Rel. Min. Félix Fischer, 5ª T., *RSTJ* 168, p. 461; STJ/CE, Apn 186/DF, Rel. Min. José Delgado, *DJ* 17/06/2002, p. 180; STJ, HC 12815/SP, Rel. Min. Felix Fischer, 5ª T., *RSTJ* 152, p. 473/*RT* 798, p. 564.

Perdão do ofendido
Art. 105. O perdão do ofendido, nos crimes em que somente se procede mediante queixa, obsta ao prosseguimento da ação.

---

[7] *Art. 16. Nas ações penais públicas condicionadas à representação da ofendida de que trata esta Lei, só será admitida a renúncia à representação perante o juiz, em audiência especialmente designada com tal finalidade, antes do recebimento da denúncia e ouvido o Ministério Público.*

Perdão do ofendido

O perdão do ofendido, que poderá ser concedido somente nas hipóteses em que se procede mediante queixa, pode ser: *a)* processual; *b)* extraprocessual; *c)* expresso; e *d)* tácito. Diz-se *processual* o perdão do ofendido quando levado a efeito *intra-autos*, após ter sido iniciada a ação penal de iniciativa privada; *extraprocessual* quando procedido fora dos autos da ação penal de iniciativa privada; *expresso*, quando constar de declaração assinada pelo ofendido, por seu representante legal ou procurador com poderes especiais (art. 56 do CPP); *tácito*, quando o ofendido pratica ato incompatível com a vontade de prosseguir na ação penal por ele iniciada (art. 106, § 1º, do CP).

⚖ O perdão do ofendido somente é admitido nas ações penais exclusivamente privadas, de forma que o instituto não tem qualquer aplicabilidade nas ações cuja titularidade é do Ministério Público (TJMG, Processo 1.0518.11.013040-9/001, Rel.ª Des.ª Denise Pinheiro da Costa Val, *DJe* 10/05/2013).

Nesse sentido:

⚖ TJSC, AC 2011.084321-5, Rel. Des. Paulo Roberto Sartorato, j. 19/02/2013; STJ, HC 45417/SP, Rel. Min. Paulo Medina, 6ª T., *DJ* 25/09/2006, p. 311; STF, RHC 64846/SP, Rel. Min. Moreira Alves, 1ª T., *DJ* 15/04/1987, p. 6.834.

Art. 106. O perdão, no processo ou fora dele, expresso ou tácito:

I – se concedido a qualquer dos querelados, a todos aproveita;

II – se concedido por um dos ofendidos, não prejudica o direito dos outros;

III – se o querelado o recusa, não produz efeito.

§ 1º Perdão tácito é o que resulta da prática de ato incompatível com a vontade de prosseguir na ação.

§ 2º Não é admissível o perdão depois que passa em julgado a sentença condenatória.

Hipóteses

De acordo com o inc. I do art. 106 do Código Penal, o perdão do ofendido deverá ser dirigido a todos aqueles que, em tese, praticaram a infração penal, não podendo o querelante, portanto, escolher contra quem deverá prosseguir a ação penal por ele intentada. Caso seja da vontade dos demais querelados, o perdão do ofendido concedido a um deles deverá ser estendido a todos.

A segunda hipótese prevista pelo inc. II do art. 106 do Código Penal diz que se o perdão for concedido por um dos ofendidos isso não prejudica o direito dos outros. Isso quer dizer que, sendo a ação penal proposta por vários querelantes, pode cada um deles,

individualmente, se for da sua vontade, conceder o perdão sem que, com isso, os demais se vejam também obrigados a perdoar. Na precisa lição de Aloysio de Carvalho Filho, "se o crime feriu a vários indivíduos, irmanando-os na reação, não lhes pode impor a lei que sejam, também, solidários na piedade para com o ofensor. O perdão não é mercê coletiva, e sim individual. Quem quiser concedê-lo é livre de o fazer, mas o benefício não afeta o direito dos outros ofendidos. Qualquer desses, apesar do perdão, pode proceder contra o ofensor, para a sua punição".[8]

O inc. III do mencionado art. 106 demonstra a natureza bilateral do perdão, esclarecendo que o querelado tem o direito de recusá-lo, caso ele seja oferecido pelo ofendido. O querelado, entendendo que não praticou qualquer infração penal, pode não aceitar o perdão, pugnando pelo regular andamento do processo, a fim de alcançar um provimento jurisdicional absolutório. Mesmo que seja essa a sua intenção, ou seja, mesmo que queira um julgamento definitivo dos fatos que foram levados ao crivo do Judiciário, não havendo aceitação do perdão pelo querelado, poderá o querelante gerar a extinção da punibilidade fazendo com que a ação penal seja considerada perempta, como na hipótese em que o querelante deixa de promover o andamento do processo durante trinta dias seguidos.

Se o querelante já houver completado 18 anos de idade, somente ele poderá conceder o perdão, estando revogada pelo Código Civil a primeira parte do art. 52 do CPP.[9]

Se o querelado for mentalmente enfermo ou retardado mental e não tiver representante legal, ou colidirem os interesses deste com os do querelado, a aceitação do perdão caberá ao curador que o juiz lhe nomear (art. 53 do CPP).

Concedido o perdão mediante declaração expressa nos autos, o querelado será intimado a dizer, dentro de três dias, se o aceita, devendo, ao mesmo tempo, ser cientificado de que o seu silêncio importará em aceitação (art. 58 do CPP). A aceitação do perdão fora do processo constará de declaração assinada pelo querelado, por seu representante legal ou procurador com poderes especiais (art. 59 do CPP).

Extinção da punibilidade

Aceito o perdão, o juiz julgará extinta a punibilidade (art. 107, V, última figura, do CP e art. 58, parágrafo único, do CPP).

⚖ O perdão do ofendido, seja ele expresso ou tácito, só é causa de extinção da punibilidade nos crimes que se apuram exclusivamente por ação penal privada. (Precedente) (STJ, HC 44280/MG, Rel. Des. Min. Felix Fischer, 5ª T., *DJ* 13/2/2006, p. 836).

---

[8] CARVALHO FILHO, Aloysio de. *Comentários ao Código Penal*, v. IV, p. 61.

[9] **Art. 52.** Se o querelante for menor de 21 (vinte e um) e maior de 18 (dezoito) anos, o direito de perdão poderá ser exercido por ele ou por seu representante legal, mas o perdão concedido por um, havendo oposição do outro, não produzirá efeito.

Nesse sentido:

⚖ TJRS, Ap. Crim. 698145786, 8ª Câm. Crim., Rel. Tupinambá Pinto de Azevedo, j. 10/03/1999; Queixa-Crime 19.551-0/SP, Rel. Nelson Schiesari, j. 09/11/1994; Rec., Rel. Ítalo Galli, *RT* 488, p. 367; STF, *RTJ* 42, p. 444.

Habeas corpus

⚖ O perdão do ofendido, aceito pelo querelado, nos crimes de ação privada, acarreta, de pronto, a decretação da extinção da punibilidade em favor do agente, a teor do art. 107, V, do CP. Unanimidade (TJCE, Processo 2006.0000.0893-1/0, Rel. Des. Luiz Gerardo de Pontes Brígido, *DJ* 30/10/2006).

Nesse sentido:

⚖ STF, HC 82405/SP, Rel. Min. Maurício Corrêa, 2ª T., j. 18/03/2003; TJRJ, AC 1998.050.01453, Rel. Des. Walmir de Oliveira Silva, j. 05/11/1998.

Perdão da Ofendida e Lei Maria da Penha

⚖ Lesões corporais leves. Violência doméstica. Condenação a 3 meses de detenção, substituída por limitação de fim de semana, por ter infringido o disposto no art. 129, *caput* do CP, c.c/ o art. 5º, III e 7º, I, ambos da Lei nº 11.340/06. Pedido de absolvição com fundamento no perdão da ofendida, na atipicidade da conduta insignificante e na ofensa ao princípio da intervenção mínima. Não colhimento. Crime de ação penal pública. Descabimento do perdão. Vítima que não manifestou nenhum interesse processual em perdoar o acusado. Lesões corporais leves decorrentes de puxão de cabelo e cabeçada. Condutas violentas que não podem ser tidas como insignificantes ou justificadoras do princípio da intervenção mínima (TJSP, AC 0029336-78.2011.8.26.0482, Rel. Des. Otávio de Almeida Toledo, *DJe* 14/05/2014).

Acordo de não persecução penal

A Lei nº 13.964, de 24 de dezembro de 2019, regulamentou o acordo de não persecução penal, dizendo no art. 28-A do Código de Processo Penal:

Art. 28-A. *Não sendo caso de arquivamento e tendo o investigado confessado formal e circunstancialmente a prática de infração penal sem violência ou grave ameaça e com pena mínima inferior a 4 (quatro) anos, o Ministério Público poderá propor acordo de não persecução penal, desde que necessário e suficiente para reprovação e prevenção do crime, mediante as seguintes condições ajustadas cumulativa e alternativamente:*

I – reparar o dano ou restituir a coisa à vítima, exceto na impossibilidade de fazê-lo;

II – renunciar voluntariamente a bens e direitos indicados pelo Ministério Público como instrumentos, produto ou proveito do crime;

III – prestar serviço à comunidade ou a entidades públicas por período correspondente à pena mínima cominada ao delito diminuída de um a dois terços, em local a ser indicado pelo juízo da execução, na forma do art. 46 do Decreto-Lei nº 2.848, de 7 de dezembro de 1940 (Código Penal);

IV – pagar prestação pecuniária, a ser estipulada nos termos do art. 45 do Decreto-Lei nº 2.848, de 7 de dezembro de 1940 (Código Penal), a entidade pública ou de interesse social, a ser indicada pelo juízo da execução, que tenha, preferencialmente, como função proteger bens jurídicos iguais ou semelhantes aos aparentemente lesados pelo delito; ou

V – cumprir, por prazo determinado, outra condição indicada pelo Ministério Público, desde que proporcional e compatível com a infração penal imputada.

§ 1º Para aferição da pena mínima cominada ao delito a que se refere o caput deste artigo, serão consideradas as causas de aumento e diminuição aplicáveis ao caso concreto.

§ 2º O disposto no caput deste artigo não se aplica nas seguintes hipóteses:

I – se for cabível transação penal de competência dos Juizados Especiais Criminais, nos termos da lei;

II – se o investigado for reincidente ou se houver elementos probatórios que indiquem conduta criminal habitual, reiterada ou profissional, exceto se insignificantes as infrações penais pretéritas;

III – ter sido o agente beneficiado nos 5 (cinco) anos anteriores ao cometimento da infração, em acordo de não persecução penal, transação penal ou suspensão condicional do processo; e

IV – nos crimes praticados no âmbito de violência doméstica ou familiar, ou praticados contra a mulher por razões da condição de sexo feminino, em favor do agressor.

§ 3º O acordo de não persecução penal será formalizado por escrito e será firmado pelo membro do Ministério Público, pelo investigado e por seu defensor.

§ 4º Para a homologação do acordo de não persecução penal, será realizada audiência na qual o juiz deverá verificar a sua voluntariedade, por meio da oitiva do investigado na presença do seu defensor, e sua legalidade.

§ 5º Se o juiz considerar inadequadas, insuficientes ou abusivas as condições dispostas no acordo de não persecução penal, devolverá os autos ao Ministério Público para que seja reformulada a proposta de acordo, com concordância do investigado e seu defensor.

§ 6º Homologado judicialmente o acordo de não persecução penal, o juiz devolverá os autos ao Ministério Público para que inicie sua execução perante o juízo de execução penal.

§ 7º O juiz poderá recusar homologação à proposta que não atender aos requisitos legais ou quando não for realizada a adequação a que se refere o § 5º deste artigo.

§ 8º Recusada a homologação, o juiz devolverá os autos ao Ministério Público para a análise da necessidade de complementação das investigações ou o oferecimento da denúncia.

§ 9º A vítima será intimada da homologação do acordo de não persecução penal e de seu descumprimento.

§ 10. Descumpridas quaisquer das condições estipuladas no acordo de não persecução penal, o Ministério Público deverá comunicar ao juízo, para fins de sua rescisão e posterior oferecimento de denúncia.

§ 11. O descumprimento do acordo de não persecução penal pelo investigado também poderá ser utilizado pelo Ministério Público como justificativa para o eventual não oferecimento de suspensão condicional do processo.

§ 12. A celebração e o cumprimento do acordo de não persecução penal não constarão de certidão de antecedentes criminais, exceto para os fins previstos no inciso III do § 2º deste artigo.

§ 13. Cumprido integralmente o acordo de não persecução penal, o juízo competente decretará a extinção de punibilidade.

§ 14. No caso de recusa, por parte do Ministério Público, em propor o acordo de não persecução penal, o investigado poderá requerer a remessa dos autos a órgão superior, na forma do art. 28 deste Código.

1. Mostra-se incompatível com o propósito do instituto do Acordo de Não Persecução Penal (ANPP) o recebimento da denúncia e o encerramento da prestação jurisdicional na instância ordinária, com a condenação do acusado, como no presente caso. Precedentes. 2. Agravo regimental desprovido (AgRg na PET no REsp 1.846.021/RS, Rel. Min. Joel Ilan Paciornik, 5ª T., julgado em 03/11/2020, *DJe* 16/11/2020).

Título VIII – Da Extinção da Punibilidade

Extinção da punibilidade
Art. 107. Extingue-se a punibilidade:
I – pela morte do agente;
II – pela anistia, graça ou indulto;
III – pela retroatividade de lei que não mais considera o fato como criminoso;
IV – pela prescrição, decadência ou perempção;
V – pela renúncia do direito de queixa ou pelo perdão aceito, nos crimes de ação privada;
VI – pela retratação do agente, nos casos em que a lei a admite;
VII – *(Revogado pela Lei nº 11.106, de 28/03/2005.)*
VIII – *(Revogado pela Lei nº 11.106, de 28/03/2005.)*
IX – pelo perdão judicial, nos casos previstos em lei.

Punibilidade

Para a maioria da doutrina, a punibilidade não faz parte do conceito analítico do crime. Alguns autores, no entanto, a exemplo de Muñoz Conde, a incluem nesse conceito, definindo o delito como "a ação ou omissão típica, antijurídica, culpável e punível".[1] Para os autores que adotam essa divisão quadripartida do conceito analítico do crime, as causas extintivas da punibilidade conduzirão ao afastamento da própria infração penal.

O exercício do *jus puniendi* encontra limitação não só nas garantias constitucionais que conferem legitimidade a eventual decreto condenatório; é restringido também pelo tempo, cuja inércia ao longo de determinado prazo, fixado pelo preceito secundário do tipo penal, impõe ao Estado o dever de não mais agir. Esse dever estatal constitui a faceta do direito do cidadão agressor ao conceito mais atual de *right to be forgotten* ou *right to be let alone*, é dizer, direito ao esquecimento. No Direito Penal brasileiro, o conceito já é regulamentado há anos, de um modo amplamente considerado, pelos institutos da extinção da punibilidade (art. 107 do Código Penal) e da reabilitação (art. 93 do CP), considerando que, seja por um ato comissivo (como o perdão judicial ou do ofendido, por exemplo) ou omissivo (no qual o tempo, pelo seu decurso, age positivamente em favor do sujeito, tal como a prescrição ou a decadência), surge, indubitavelmente, o direito do agente regenerar-se perante a sociedade (STJ, RHC 89.948/RS, Rel. Min. Ribeiro Dantas, 5ª T., *DJe* 25/06/2019).

Rol exemplificativo

Embora o art. 107 do Código Penal faça o elenco das causas de extinção da punibilidade, este não é taxativo, pois, em outras de suas passagens, também prevê fatos que possuem a mesma natureza jurídica, a exemplo do § 3º do art. 312 do Código Penal, bem como do § 5º do art. 89 da Lei nº 9.099/1995.

Declaração de extinção da punibilidade

O art. 61 do Código de Processo Penal determina que, *em qualquer fase do processo, o juiz, se reconhecer extinta a punibilidade, deverá declará-lo de ofício.*

Morte do agente

O art. 62 do Código de Processo Penal determina: *No caso de morte do acusado, o juiz somente à vista da certidão de óbito, e depois de ouvido o Ministério Público, declarará extinta a punibilidade.*

Certidão de óbito falsa

Se com a utilização da certidão falsa for declarada a extinção da punibilidade de determinado fato em virtude do qual o agente estava sendo processado, ou mesmo já tendo sido por ele condenado, deverá ser responsabilizado somente pelo crime de falso, uma vez que nosso ordenamento jurídico não tolera a chamada revisão *pro societate*.

O STF, posicionando-se contrariamente ao entendimento anterior, decidiu:

Revogação do despacho que julgou extinta a punibilidade do réu, à vista de atestado de óbito baseado em registro comprovadamente falso; sua admissibilidade, vez que referido despacho, além de não fazer coisa julgada em sentido estrito, funda-se exclusivamente em fato juridicamente inexistente, não produzindo quaisquer efeitos (*RTJ* 93, p. 986).

Da mesma forma, tem decidido o STJ:

Penal. *Habeas corpus*. Decisão que extinguiu a punibilidade do réu pela morte. Certidão de óbito falsa. Violação à coisa julgada. Inocorrência. O desfazimento da decisão que, admitindo por equívoco a morte do agente, declarou extinta a punibilidade, não constitui ofensa à coisa julgada (STF – HC 60095-RJ, Rel. Min. Rafael Mayer). Ordem denegada (STJ, HC 31234/MG, Rel. Min. Felix Fischer, 5ª T., *DJ* 09/02/2004, p. 198).

---

[1] MUÑOZ CONDE, Francisco; BITENCOURT, Cezar Roberto. *Teoria geral do delito*, p. 5.

Anistia, graça e indulto

Pela anistia, o Estado renuncia ao seu *ius puniendi*, perdoando a prática de infrações penais que, normalmente, têm cunho político. A regra, portanto, é de que a anistia se dirija aos chamados crimes políticos (*anistia especial*).[2] Contudo, nada impede que a anistia também seja concedida a crimes comuns (*anistia comum*). A concessão da anistia é de competência da União, conforme preceitua o art. 21, XVII, da Constituição Federal, e se encontra no rol das atribuições do Congresso Nacional, sendo prevista pelo art. 48, VIII, de nossa Lei Maior. Pode ser concedida antes ou depois da sentença penal condenatória, sempre retroagindo a fim de beneficiar os agentes. Segundo Aloysio de Carvalho Filho, "a anistia pode ser concedida em termos *gerais* ou *restritos*. Quando a anistia restrita exclui determinados fatos, ou determinados indivíduos, ou grupos, ou classes de indivíduos, diz--se *parcial*; quando estabelece cláusulas para a fruição do benefício, diz-se *condicional*. A anistia geral ou absoluta não conhece exceção de crimes ou de pessoas, nem se subordina a limitações de qualquer espécie".[3] De acordo com o art. 2º, I, da Lei nº 8.072/1990, os crimes hediondos, a prática de tortura, o tráfico ilícito de entorpecentes e drogas afins e o terrorismo são insuscetíveis de anistia. O art. 187 da Lei de Execução Penal determina: *Concedida a anistia, o juiz, de ofício, a requerimento do interessado ou do Ministério Público, por proposta da autoridade administrativa ou do Conselho Penitenciário, declarará extinta a punibilidade.*

A anistia ainda pode ser reconhecida como: a) *própria*, quando concedida anteriormente à sentença penal condenatória; b) *imprópria*, quando concedida após a sentença penal condenatória transitada em julgado.

A graça e o indulto são da competência do Presidente da República, embora o art. 84, XII, da Constituição Federal somente faça menção a este último, subentendendo-se ser a graça o indulto individual. A diferença entre os dois institutos é de que a graça é concedida individualmente a uma pessoa específica, sendo que o indulto é concedido de maneira coletiva a fatos determinados pelo Chefe do Poder Executivo.

Nos termos do art. 188 da Lei de Execução Penal, a graça, modernamente conhecida como indulto individual, poderá ser provocada por petição do condenado, por iniciativa do Ministério Público, do Conselho Penitenciário ou da autoridade administrativa, sendo que a petição, acompanhada dos documentos que a instruírem, será entregue ao Conselho Penitenciário para a elaboração de parecer e posterior encaminhamento ao Ministério da Justiça (art. 189 da LEP).

Elder Lisbôa Ferreira da Costa, apontando as raízes históricas do indulto, preleciona:

"O indulto teve sua primeira aparição no direito hebreu, quando do julgamento de Jesus Cristo. À época, era costume o 'perdão' a um preso, que era solto durante o período da páscoa judaica. Isto era feito por intermédio de pedido do povo, e contava com a concordância de Roma através de seu governador. Naquela época, Pôncio Pilatos, já que a Judeia era uma possessão Romana".[4]

O indulto coletivo, ou simplesmente indulto, é, normalmente, concedido anualmente pelo Presidente da República, por meio de decreto. Pelo fato de ser editado próximo ao final de ano, esse indulto acabou ficando conhecido como *indulto de natal*.

Não é possível conceder a graça (indulto individual) ou o indulto (indulto coletivo) às infrações penais previstas pela Lei nº 8.072/1990.

Merece registro, ainda, o fato de que a Lei nº 9.455/1997 omitiu-se com relação ao indulto, dizendo, no § 6º do art. 1º, que *o crime de tortura é inafiançável e insuscetível de graça ou anistia.*

Súmula nº 631 do STJ: *O indulto extingue os efeitos primários da condenação (pretensão executória), mas não atinge os efeitos secundários, penais ou extrapenais.*

Para a concessão de indulto devem ser observados, tão somente, os requisitos elencados no decreto presidencial respectivo, não competindo ao magistrado criar novas regras ou estabelecer outras condições além daquelas já previstas na referida norma, sob pena de ofensa ao princípio da legalidade, pois é da competência privativa do Presidente da República a tarefa de estabelecer os limites para a concessão da benesse (STJ, AgRg no REsp 1.721.009/SC, Rel. Min. Joel Ilan Paciornik, 5ª T., *DJe* 10/08/2018).

Nesse sentido:

TRF 1ª Reg., AGEPN 0028765-47.2009.4.01.3800/MG, Rel. Des. Fed. Hilton Queiroz, *e-DJF1* 03/07/2013, p. 1.728; TJRS, Agravo 70050551886, Rel. Des. Sylvio Baptista Neto, j. 26/09/2012; TJRS, Agravo 70049459928, Rel.ª Des.ª Genacéia da Silva Alberton, j. 15/08/2012; TJRS, Agravo 70048095673, Rel.ª Des.ª Lizete Andreis Sebben, j. 09/08/2012.

---

[2] Conforme a Lei nº 6.683, de 28 de agosto de 1979, que, por intermédio de seu art. 1º, concedeu anistia *a todos quantos, no período compreendido entre 2 de setembro de 1961 e 15 de agosto de 1979, cometeram crimes políticos ou conexos com estes, crimes eleitorais, aos que tiveram seus direitos políticos suspensos e aos servidores da Administração Direta e Indireta, de Fundações vinculadas ao Poder Público, aos servidores dos Poderes Legislativo e Judiciário, aos militares e aos dirigentes e representantes sindicais, punidos com fundamento em Atos Institucionais e Complementares.*

[3] CARVALHO FILHO, Aloysio de. *Comentários ao código penal*, v. IV, p. 126.

[4] FERREIRA DA COSTA, Elder Lisbôa. *Tratado de direito penal – historicidade e atualidade do penalismo*, p. 738-739.

Jurisprudência em teses do Superior Tribunal de Justiça, Boletim nº 139, publicado em 06 de janeiro de 2020, sobre indulto e comutação da pena.

1) O instituto da graça, previsto no art. 5º, XLIII, da Constituição Federal, engloba o indulto e a comutação de pena, estando a competência privativa do Presidente da República para a concessão desses benefícios limitada pela vedação estabelecida no referido dispositivo constitucional.

2) A sentença que concede o indulto ou a comutação de pena tem natureza declaratória, não havendo como impedir a concessão dos benefícios ao sentenciado, se cumpridos todos os requisitos exigidos no decreto presidencial.

3) O deferimento do indulto e da comutação das penas deve observar estritamente os critérios estabelecidos pela Presidência da República no respectivo ato de concessão, sendo vedada a interpretação ampliativa da norma, sob pena de usurpação da competência privativa disposta no art. 84, XII, da Constituição e, ainda, ofensa aos princípios da separação entre os poderes e da legalidade.

4) A análise do preenchimento do requisito objetivo para a concessão dos benefícios de indulto e de comutação de pena deve considerar todas as condenações com trânsito em julgado até a data da publicação do decreto presidencial, sendo indiferente o fato de a juntada da guia de execução penal ter ocorrido em momento posterior à publicação do referido decreto.

5) A superveniência de condenação, seja por fato anterior ou posterior ao início do cumprimento da pena, não altera a data-base para a concessão da comutação de pena e do indulto.

6) O indulto e a comutação de pena incidem sobre as execuções em curso no momento da edição do decreto presidencial, não sendo possível considerar na base de cálculo dos benefícios as penas já extintas em decorrência do integral cumprimento.

7) Para a concessão de indulto, deve ser considerada a pena originalmente imposta, não sendo levada em conta, portanto, a pena remanescente em decorrência de comutações anteriores.

8) O cumprimento da fração de pena prevista como critério objetivo para a concessão de indulto deve ser aferido em relação a cada uma das sanções alternativas impostas, consideradas individualmente.

9) Compete ao Juízo da Execução Fiscal a apreciação do pedido de indulto em relação à pena de multa convertida em dívida de valor.

10) Não dispondo o decreto autorizador de forma contrária, os condenados por crimes de natureza hedionda têm direito aos benefícios de indulto ou de comutação de pena, desde que as infrações penais tenham sido praticadas antes da vigência da Lei nº 8.072/1990 e suas modificadoras.

11) É possível a concessão de comutação de pena aos condenados por crime comum praticado em concurso com crime hediondo, desde que o apenado tenha cumprido as frações referentes aos delitos comum e hediondo, exigidas pelo respectivo decreto presidencial.

12) É possível a concessão de indulto aos condenados por crime de tráfico de drogas privilegiado (§ 4º do art. 33 da Lei nº 11.343/2006), por estar desprovido de natureza hedionda.

13) O indulto humanitário requer, para sua concessão, a necessária comprovação, por meio de laudo médico oficial ou por médico designado pelo juízo da execução, de que a enfermidade que acomete o sentenciado é grave, permanente e exige cuidados que não podem ser prestados no estabelecimento prisional.

14) O indulto extingue os efeitos primários da condenação (pretensão executória), mas não atinge os efeitos secundários, penais ou extrapenais (Súmula nº 631/STJ).

Retroatividade de lei que não mais considera o fato como criminoso

Vide abolitio criminis.

⚖ Conforme precedentes desta Corte, a *abolitio criminis temporalis* prevista na Lei nº 10.826/2003 (Sinarm) retroage para alcançar fatos cometidos na vigência da Lei nº 9.437/1997 (STJ, AgRg no REsp 1.451.170/DF, Rel. Min. Joel Ilan Paciornik, 5ª T., *DJe* 29/06/2018).

Nesse sentido:

⚖ STJ, REsp 850405/RS, Rel. Min. Felix Fischer, 5ª T., *DJ* 29/06/2007, p. 701; STJ, HC 53657/SP, Rel. Min. Arnaldo Esteves Lima, 5ª T., *DJ* 04/09/2006, p. 303; STJ, REsp 373422/SP, Rel. Min. Vicente Leal, 6ª T., *DJ* 27/05/2002, p. 207.

Prescrição, decadência e perempção

A *prescrição* é o instituto jurídico mediante o qual o Estado, por não ter tido capacidade de fazer valer seu direito de punir em determinado tempo previsto pela lei, faz com que ocorra a extinção da punibilidade.

Decadência é o instituto jurídico mediante o qual a vítima, ou quem tenha qualidade para representá-la, perde seu direito de queixa ou de representação em virtude do decurso de um certo espaço de tempo.

⚖ A decadência é causa de extinção da punibilidade. Todavia, a repristinação dos fatos ofensivos por outros deve ser considerada como fato novo e, por conseguinte, pela continuação, reabre o prazo decadencial. Inteligência do art. 38 do Código de Processo Penal, combinado com art. 107, IV, do Código Penal (TJRS, Proc. Crim. 693160186, 4ª Câm. Crim., Rel. Des. Luiz Melíbio Uiracaba Machado, j. 03/10/1995).

Perempção é instituto jurídico aplicável às ações penais de iniciativa privada propriamente ditas ou personalíssimas, não se destinando, contudo, àquela considerada como privada subsidiária da pública. Não tem aplicação, portanto, nas ações penais de iniciativa pública incondicionada ou condicionada à representação do ofendido, uma vez que o art. 60 do Código de Processo Penal determina que, *nos casos em que somente se procede mediante queixa, considerar-se-á perempta a ação penal: I – quando, iniciada esta, o querelante deixar de promover o andamento do processo durante 30 (trinta) dias seguidos; II – quando, falecendo o querelante, ou sobrevindo sua incapacidade, não comparecer em juízo, para prosseguir no processo, dentro do prazo de 60 (sessenta) dias, qualquer das pessoas a quem couber fazê-lo, ressalvado o disposto no art. 36; III – quando o querelante deixar de comparecer, sem motivo justificado, a qualquer ato do processo a que deva estar presente, ou deixar de formular o pedido de condenação nas alegações finais; IV – quando, sendo o querelante pessoa jurídica, esta se extinguir sem deixar sucessor.*

Além das hipóteses previstas pelo art. 60 do Código de Processo Penal, entende-se pela perempção, também, havendo a morte do querelante no caso de induzimento a erro essencial e ocultação de impedimento (art. 236 do CP), haja vista que pela natureza da ação penal, que é personalíssima, a morte do querelante impede o prosseguimento da ação penal.

Como bem destacou Mirabete, a perempção, como perda do direito de prosseguir na ação penal de iniciativa privada, é uma "sanção jurídica, imposta ao querelante por sua inércia, negligência ou contumácia. Não pode ocorrer, portanto, antes de proposta a queixa".[5]

Encontra-se em consonância com o entendimento esposado por essa Corte Superior de Justiça o acórdão a quo, na medida em que se revela inaplicável a perempção em ação penal de iniciativa pública. A aplicação do instituto é restrita às hipóteses de ação penal exclusivamente privada e de ação penal privada personalíssima, não abrangendo nem as hipóteses de ação penal subsidiária da pública – que poderá se proceder também mediante denúncia (STJ, AgRg nos EDcl no REsp 1.492.636/SP, Rel. Min. Ribeiro Dantas, 5ª T., julgado em 19/06/2018, *DJe* 28/06/2018).

Nesse sentido:

STJ, REsp 605871/SP, Rel. Min. Felix Fischer, 5ª T., *DJ* 14/06/2004, p. 274; STJ, REsp 45743/RJ, Rel. Min. Pedro Acioly, 6ª T., *RT* 712, p. 478.

Renúncia ao direito de queixa ou perdão aceito nos crimes de ação privada

A *renúncia* pode ser expressa ou tácita. Poderá ser formalizada por meio de procurador com poderes especiais (art. 50 do CPP). Se for dirigida a um dos autores, deverá ser estendida a todos, em virtude do princípio da indivisibilidade (art. 49 do CPP). Nesse sentido, decidiu o STJ:

Quando terceiras pessoas atuam como coautores na prática do delito de calúnia, não pode o ofendido escolher quem deve responder pelo delito, pela indivisibilidade da ação penal. Todos os coautores devem figurar no polo passivo da queixa-crime, sob pena de extinção da punibilidade. Precedentes (STJ, APn 572/BA, Rel.ª Min.ª Eliana Calmon, Corte Especial, *DJe* 04/02/2010).

Nesse sentido:

STJ, HC 19088/SP, Rel. Min. Felix Fischer, 5ª T., *RSTJ* 168, p. 461.

O perdão do ofendido, que poderá ser concedido somente nas hipóteses em que se procede mediante queixa, pode ser: *a)* processual; *b)* extraprocessual; *c)* expresso; e *d)* tácito. Nos termos do art. 106 do Código Penal, *o perdão, no processo ou fora dele, expresso ou tácito: I – se concedido a qualquer dos querelados, a todos aproveita; II – se concedido por um dos ofendidos, não prejudica o direito dos outros; III – se o querelado o recusa, não produz efeito.*

Retratação do agente nos casos em que a lei a admite

Retratação, na definição de Guilherme de Souza Nucci, "é o ato pelo qual o agente reconhece o erro que cometeu e o denuncia à autoridade, retirando o que anteriormente havia dito".[6]

Pela retratação, o agente volta atrás naquilo que disse, fazendo com que a verdade dos fatos seja, efetivamente, trazida à luz.

Em várias de suas passagens, a legislação penal permitiu ao autor do fato retratar-se, como ocorre nos crimes de calúnia e difamação (art. 143 do CP), nos de falso testemunho e de falsa perícia (art. 342, § 2º, do CP).

No que diz respeito aos crimes de violência contra mulher em que a ação penal seja condicionada à sua representação, o STF, na ADI 7.267, julgamento em 22 de agosto de 2023, tendo como relator o Min. Edson Fachin, decidiu que "apenas a ofendida pode requerer a designação da audiência para a renúncia à representação, sendo vedado ao Poder Judiciário designá-la de ofício ou a requerimento de outra parte".

Perdão judicial, nos casos previstos em lei

O perdão judicial não se dirige a toda e qualquer infração penal, mas, sim, àquelas previamente determinadas pela lei. Assim, não cabe ao julgador aplicar o perdão judicial nas hipóteses em que bem entender, mas tão somente nos casos predeterminados pela lei penal.

Com esse raciocínio, pelo menos *ab initio*, torna-se impossível a aplicação da analogia *in bonam partem*

[5] MIRABETE, Julio Fabbrini. *Código de processo penal interpretado*, p. 121.
[6] NUCCI, Guilherme de Souza. *Código penal comentado*, p. 287.

quando se tratar de ampliação das hipóteses de perdão judicial. Isso porque a lei penal afirmou categoricamente que o perdão judicial somente seria concedido nos casos por ela previstos, afastando-se, portanto, qualquer outra interpretação.

⚖ É cabível o instituto do perdão judicial no tráfico de drogas, desde que preenchidos os requisitos do art. 13 da Lei nº 9.807/99 (STJ, AgRg no REsp 1450658/CE, Rel. Min. Jorge Mussi, 5ª T., *DJe* 04/05/2018).

Nesse sentido:

⚖ STJ, REsp 1.444.699/RS, Rel. Min. Rogério Schietti Cruz, 6ª T., *DJe* 09/06/2017; STJ, AgRg no REsp 1.538.372/CE, Rel. Min. Sebastião Reis Junior, 6ª T., *DJe* 22/06/2016; STJ, HC 55430/RS, Rel. Min. Gilson Dipp, 5ª T., *DJ* 29/05/2006, p. 283; STJ, HC 22806/AC, Rel. Min. Hamilton Carvalhido, 6ª T., *DJ* 14/11/2005, p. 407; STJ, HC 21442/SP, Rel. Min. Jorge Scartezzini, 5ª T., *RT* 814, p. 548.

Natureza da sentença concessiva do perdão judicial

⚖ **Súmula nº 18 do STJ:** *A sentença concessiva do perdão judicial é declaratória da extinção da punibilidade, não subsistindo qualquer efeito condenatório.*

Concebida a sentença concessiva do perdão judicial como de natureza extintiva da punibilidade, nenhum efeito secundário pode persistir (STJ, REsp 2201/SP, Rel. Min. William Patterson, 6ª T., *RSTJ* 16, p. 480).

Perdão judicial na Lei nº 9.503/1997 (Código de Trânsito Brasileiro)

Para a maioria de nossos doutrinadores, a exemplo de Luiz Flávio Gomes,[7] Damásio de Jesus[8] e Maurício Antônio Ribeiro Lopes[9], quebrando a regra geral, será possível a analogia do perdão judicial, previsto no Código Penal, aos crimes de lesão corporal culposa e homicídio culposo (arts. 302 e 303 do CTB), praticados na direção de veículo automotor. Em sentido contrário, Rui Stoco, não admitindo o recurso da analogia *in bonam partem*.[10]

⚖ (...) 2. Não há empecilho a que se aplique o perdão judicial nos casos em que o agente do homicídio culposo – mais especificamente nas hipóteses de crime de trânsito – sofra sequelas físicas gravíssimas e permanentes, como, por exemplo, ficar tetraplégico, em estado vegetativo, ou incapacitado para o trabalho. 3. A análise do grave sofrimento, apto a ensejar, também, a inutilidade da função retributiva da pena, deve ser aferido de acordo com o estado emocional de que é acometido o sujeito ativo do crime, em decorrência da sua ação culposa. 4. A melhor doutrina, quando a avaliação está voltada para o sofrimento psicológico do agente, enxerga no § 5º a exigência

de um vínculo, de um laço prévio de conhecimento entre os envolvidos, para que seja "tão grave" a consequência do crime ao agente. A interpretação dada, na maior parte das vezes, é no sentido de que só sofre intensamente o réu que, de forma culposa, matou alguém conhecido e com quem mantinha laços afetivos. 5. O que se pretende é conferir à lei interpretação mais razoável e humana, sem jamais perder de vista o desgaste emocional (talvez perene) que sofrerá o acusado dessa espécie de delito, uma vez que era irmão da vítima. 6. Recurso especial a que se dá provimento, para declarar extinta a punibilidade do réu pelo homicídio culposo do irmão, em decorrência da concessão de perdão judicial, mantidos os demais termos da condenação (REsp 1.871.697/MA, Rel. Min. Rogerio Schietti Cruz, 6ª T., julgado em 25/08/2020, *DJe* 04/09/2020).

Nesse sentido:

⚖ STJ, AgRg no REsp 1.339.809/MT, Rel. Min. Reynaldo Soares da Fonseca, 5ª T., *DJe* 29/02/2016; STJ, REsp 1.355.178/DF, 6ª T., Rel. Min. Rogerio Schietti Cruz, j. 05/06/2014; TJMG, Processo 1.0151.07.022058-8/001, Rel. Des. Vieira de Brito, *DJ* 19/06/2009.

Perdão judicial na Lei nº 9.807/1999

⚖ *Vide* art. 13.

Perdão judicial na Lei nº 10.409/2002[11]

⚖ O perdão judicial e a redução de pena somente serão obrigatórios, passando consequentemente a tornar-se direitos subjetivos do réu, se presentes, de modo efetivo, os pressupostos previstos no § 3º do vetado art. 32 da Lei nº 10.409/2002, isto é, se com a revelação da existência de organização criminosa permitiu-se a prisão de um ou mais de seus integrantes, ou a apreensão do produto, da substância ou droga ilícita, e que represente realmente uma contribuição para os interesses da justiça (TJMG, Processo 1.0481.04.037145-4/001[1], Rel. Des. Gudesteu Biber, *DJ* 02/12/2005).

Perdão judicial e a Lei de Organização Criminosa (Lei nº 12.850, de 2 de agosto de 2013)

A Lei nº 12.850, de 2 de agosto de 2013, previu, na Seção I do Capítulo I, a chamada colaboração premiada, dizendo, em seu art. 4º, que, *verbis:*

Art. 4º *O juiz poderá, a requerimento das partes, conceder o perdão judicial, reduzir em até 2/3 (dois terços) a pena privativa de liberdade ou substituí-la por restritiva de direitos daquele que tenha colaborado efetiva e voluntariamente com a investigação e com o processo*

---

[7] GOMES, Luiz Flávio. *Estudos de direito penal e processo penal*, p. 30.

[8] JESUS, Damásio E. de. *Crimes de trânsito*, p. 50.

[9] LOPES, Maurício Antônio Ribeiro. *Crimes de trânsito*, p. 162-163.

[10] STOCO, Rui. *Código de trânsito brasileiro: disposições penais e suas incongruências. Boletim do IBCCrim* nº 61, p. 9.

[11] A Lei nº 10.409/02 foi revogada pela Lei nº 11.343/06 (Lei Antidrogas).

criminal, desde que dessa colaboração advenha um ou mais dos seguintes resultados:

I – a identificação dos demais coautores e partícipes da organização criminosa e das infrações penais por eles praticadas;

II – a revelação da estrutura hierárquica e da divisão de tarefas da organização criminosa;

III – a prevenção de infrações penais decorrentes das atividades da organização criminosa;

IV – a recuperação total ou parcial do produto ou do proveito das infrações penais praticadas pela organização criminosa;

V – a localização de eventual vítima com a sua integridade física preservada.

Art. 108. A extinção da punibilidade de crime que é pressuposto, elemento constitutivo ou circunstância agravante de outro não se estende a este. Nos crimes conexos, a extinção da punibilidade de um deles não impede, quanto aos outros, a agravação da pena resultante da conexão.

⚖ Se conexos os crimes em concurso material, cada um conserva a sua independência relativamente à prescrição (TRF, AC 4.622/RS, Rel. Adhemar Raymundo, *DJU*, 13/05/1982, p. 4.510).

Prescrição antes de transitar em julgado a sentença

Art. 109. A prescrição, antes de transitar em julgado a sentença final, salvo o disposto no § 1º do art. 110 deste Código, regula-se pelo máximo da pena privativa de liberdade cominada ao crime, verificando-se:

I – em 20 (vinte) anos, se o máximo da pena é superior a 12 (doze);

II – em 16 (dezesseis) anos, se o máximo da pena é superior a 8 (oito) anos e não excede a 12 (doze);

III – em 12 (doze) anos, se o máximo da pena é superior a 4 (quatro) anos e não excede a 8 (oito);

IV – em 8 (oito) anos, se o máximo da pena é superior a 2 (dois) anos e não excede a 4 (quatro);

V – em 4 (quatro) anos, se o máximo da pena é igual a 1 (um) ano ou, sendo superior, não excede a 2 (dois);

VI – em 3 (três) anos, se o máximo da pena é inferior a 1 (um) ano.

Prescrição das penas restritivas de direito

Parágrafo único. Aplicam-se às penas restritivas de direito os mesmos prazos previstos para as privativas de liberdade.

Fundamentos da prescrição

Vários fundamentos surgiram ao longo dos anos para justificar a necessidade da prescrição, podendo-se destacar entre eles o *esquecimento* a respeito da infração penal, o desaparecimento da necessidade do exemplo ao meio social, a dispersão de provas, além do fator tranquilidade para aquele que praticou a infração penal, pois um erro cometido no passado não pode persegui-lo para sempre.

Damásio de Jesus aduz que "a prescrição, em face de nossa legislação penal, tem tríplice fundamento: 1º) o decurso do tempo (teoria do esquecimento do fato); 2º) a correção do condenado; e 3º) a negligência da autoridade."[12]

Momento para reconhecimento da prescrição

Vide art. 61 do Código de Processo Penal.

⚖ A despeito da ausência de requerimento anterior da parte, a prescrição penal é matéria de ordem pública aferível a todo momento e em qualquer instância. O acórdão embargado não considerou a possível incidência da prescrição após o provimento condenatório proferido pelo Tribunal de Justiça do Estado de São Paulo, razão por que necessário se faz o sanar a omissão (STJ, EDcl no AgRg no REsp 1.659.917/SP, Rel. Min. Jorge Mussi, 5ª T., *DJe* 06/06/2019).

Nesse sentido:

⚖ STJ, EDcl nos EDcl nos EDcl no AgRg no RE no AgRg nos EAREsp 680.850/RJ, Rel. Min. Humberto Martins, CE, *DJe* 25/05/2018; STJ, AgRg no AREsp 590.051/RS, Rel. Min. Sebastião Reis Junior, 6ª T., *DJe* 09/10/2017; STJ, AgRg no REsp 1.394.133/AL, Rel. Min. Jorge Mussi, 5ª T., *DJe* 05/10/2016.

Natureza jurídica da prescrição

Ainda hoje se discute a respeito da natureza jurídica da prescrição, ou seja, se a prescrição é um instituto jurídico de natureza material (penal), processual (processual penal) ou mista.

Cezar Roberto Bitencourt preleciona que "para o ordenamento jurídico brasileiro, contudo, é instituto de direito material, regulado pelo Código Penal, e, nessas circunstâncias, conta-se o dia do seu início",[13] posição à qual nos filiamos.

Prescrição das medidas socioeducativas

⚖ **Súmula nº 338 do STJ** – *A prescrição penal é aplicável nas medidas socioeducativas.*

1. Nos termos do enunciado n. 338 da Súmula do STJ, a prescrição penal é aplicável nas medidas socioeducativas. Diante disso, a jurisprudência desta Corte firmou o entendimento de que, uma vez aplicada medida socioeducativa sem termo final, deve ser considerado o período máximo de 3 anos de duração da

[12] JESUS, Damásio E. de. *Prescrição penal*, p. 22.

[13] BITENCOURT, Cezar Roberto. *Manual de direito penal* – parte geral, v. 1, p. 672.

medida de internação, para o cálculo do prazo prescricional da pretensão socioeducativa, e não o tempo da medida que poderá efetivamente ser cumprida até que a envolvida complete 21 anos de idade. 2. Agravo regimental não provido (AgRg no REsp 1.856.028/SC, Rel. Min. Reynaldo Soares da Fonseca, 5ª T., julgado em 12/05/2020, *DJe* 19/05/2020).

Espécies de prescrição

Prescrição da pretensão punitiva e prescrição da pretensão executória.

🔊 É clara a distinção estampada na jurisprudência deste eg. Superior Tribunal de Justiça quanto aos efeitos penais secundários da declaração da prescrição punitiva e executória. O *distinguishing* reside justamente no fato de não ter se consolidado o título condenatório penal na primeira hipótese. Se nem mesmo podem ser considerados negativos os antecedentes do acusado em decorrência de pretérita condenação, com prescrição punitiva declarada, com muito mais razão tal conjuntura fática se mostra irrelevante para a valoração da culpabilidade do acusado, enquanto juízo de desvalor subjetivo de sua conduta (STJ/AgRg no REsp 1.789.273/PR, Rel. Min. Felix Fischer, 5ª T., julgado em 25/08/2020, *DJe* 08/09/2020).

Nesse sentido:

🔊 STJ, HC 42338/MG, Rel. Min. Arnaldo Esteves Lima, 5ª T., *DJ* 22/08/2005, p. 321.

Prescrição antes de transitar em julgado

Com a redação dada ao art. 109, percebe-se que o primeiro cálculo a ser feito sobre a prescrição deve recair sobre a pena máxima cominada em abstrato para cada infração penal. Se o cálculo deve ser realizado antes mesmo de qualquer sentença condenatória, em que nela é concretizada a pena aplicada ao agente, podemos concluir que a prescrição que leva em consideração a pena máxima cominada a cada infração penal diz respeito à pretensão punitiva do Estado.

Esses prazos fornecidos pelos incisos do art. 109 do Código Penal servirão não somente para o cálculo da prescrição, considerando-se a pena máxima em abstrato, como também para aqueles relativos à pena já concretizada na sentença condenatória.

🔊 A jurisprudência desta Corte Federal Superior é firme no sentido de que a interrupção do curso da prescrição se dá, em regra, com a publicação da sentença condenatória em cartório, que em nada se confunde com a intimação das partes, pessoalmente ou por intermédio do órgão de imprensa oficial (STJ, REsp 453868/PR, Rel. Min. Hamilton Carvalhido, 6ª T., *DJ* 02/08/2004, p. 582).

Prescrição das penas restritivas de direitos

Como as penas restritivas de direitos são substitutivas, o prazo para efeitos de cálculo de prescrição será aquele previsto para a pena privativa de liberdade aplicada. Embora tenha havido substituição da pena privativa de liberdade pela restritiva de direitos, o tempo de cumprimento desta última será o mesmo daquela.

🔊 Se aos crimes ambientais imputados à agravante for possível, além da pena de multa, ser aplicada cumulativamente medida restritiva de direitos, como na hipótese, deve-se levar em consideração para o cálculo do prazo prescricional em abstrato o disposto no art. 109, parágrafo único, do Código Penal, segundo o qual, antes de transitar em julgado a sentença final, aplicam-se às penas restritivas de direito o mesmo prazo previsto para as privativas de liberdade (STJ, AgRg no RMS 59.533/SP, Rel. Min. Jorge Mussi, 5ª T., *DJe* 06/06/2019).

Nesse sentido:

🔊 STJ, HC 334.606/MG, Rel. Min. Antônio Saldanha Palheiro, 6ª T., *DJe* 1º/08/2016; STJ, HC 305.039/SP, Rel. Min. Jorge Mussi Cruz, 5ª T., *DJe* 03/02/2015; STJ, HC 232764/RS, Rel.ª Min.ª Maria Thereza de Assis Moura, 6ª T., *DJe* 29/06/2012.

Prescrição e consumo de drogas

Como o art. 28 da Lei nº 11.343, de 23 de agosto de 2006, não previu qualquer pena de privação de liberdade que pudesse servir de orientação para efeitos de cálculo do prazo prescricional, o art. 30 do citado diploma legal determinou expressamente:

Art. 30. *Prescrevem em 2 (dois) anos a imposição e a execução das penas, observado, no tocante à interrupção do prazo, o disposto nos arts. 107 e seguintes do Código Penal.*

Prescrição pela pena em perspectiva (ideal, hipotética ou pela pena virtual)

Muito se tem discutido a respeito daquilo que se convencionou chamar de *reconhecimento antecipado da prescrição em razão da pena em perspectiva.*

Embora não concordemos em reconhecer aquilo que ainda não ocorreu efetivamente, como seria o caso do reconhecimento da prescrição considerando-se uma provável pena a ser aplicada ao autor do fato, a situação merece uma análise mais detalhada, até mesmo para trazer outros fundamentos que possam conduzir à extinção do processo, sem resolução do mérito, uma vez que, após a edição da Lei nº 12.234, de 5 de maio de 2010, já não é mais possível levar a efeito o raciocínio correspondente à prescrição retroativa, contada a partir da data do fato, até o efetivo recebimento da denúncia.

Assim, a discussão, agora, terá somente um foco, vale dizer, a extinção da punibilidade levando-se em consideração o raciocínio da prescrição pela pena em perspectiva (ideal, hipotética ou virtual).

O STJ, ratificando seu posicionamento, fez editar a Súmula nº 438, publicada no *DJe* de 13 de maio de 2010, com o seguinte enunciado:

*⚖ **Súmula nº 438.** É inadmissível a extinção da punibilidade pela prescrição da pretensão punitiva com fundamento em pena hipotética, independentemente da existência ou sorte do processo penal.*

1. O interesse de agir ministerial, que repousa na necessidade de aplicação da lei penal a fato definido como crime, não pode ser obstado pelo reconhecimento da prescrição pela pena virtual, sem amparo legal, em flagrante violação à Súmula 438/STJ, segundo a qual: É inadmissível a extinção da punibilidade pela prescrição da pretensão punitiva com fundamento em pena hipotética, independentemente da existência ou sorte do processo penal. 2. Contudo, considerando que o crime de homicídio culposo imputado aos agravantes ocorreu em 20/08/2012, e até a presente data não houve causa interruptiva do prazo prescricional, porque a Denúncia ainda não foi recebida, e considerando também a pena máxima em abstrato do crime imputado, acrescida da causa de aumento na fração máxima (art. 121, §§ 3º e 4º, do CP), o que corresponde a 4 anos, e, nos termos do art. 109, inc. IV, do CP, que estabelece o prazo prescricional de 8 anos, então, a pretensão punitiva prescreveu no dia 19/08/2020. 3. Agravos regimentais improvidos, e concedido habeas corpus de ofício, a fim de reconhecer a prescrição da pretensão punitiva, e declarar extinta a punibilidade dos agravantes Pedro Alcântara Ribeiro Neto, Daniel Dianas Ribeiro e José Norberto Vieira de Miranda (AgRg no AREsp 1.708.563/SP, Rel. Min. Nefi Cordeiro, 6ª T., julgado em 15.09.2020, *DJe* 23.09.2020).

Nesse sentido:

⚖ STJ, AgRg nos EDcl no REsp 1.756.128/AM, Rel.ª Min.ª Laurita Vaz, 6ª T., *DJe* 22/02/2019; STJ, AgRg no RMS 56.158/PA, Rel. Min. Nefi Cordeiro, 6ª T., *DJe* 29/06/2018; STJ, RHC 40.750/MT, Rel. Min. Reynaldo Soares da Fonseca, 5ª T., *DJe* 24/05/2017.

No mesmo sentido,

⚖ o Supremo Tribunal Federal rejeita a construção doutrinária da chamada prescrição em perspectiva ou prescrição antecipada. Isso por ausência de previsão legal da pretendida causa de extinção da punibilidade. Precedentes (STF, HC 105167/SP, Rel. Min. Ayres Britto, 2ª T., *DJe* 18/06/2012).

Entendemos que a posição, com a devida *venia*, é equivocada. Isso porque, para que uma ação tenha início, ou mesmo para que possa caminhar até seu final julgamento, é preciso que se encontrem presentes as chamadas condições para o regular exercício do direito de ação, vale dizer: *a)* legitimidade; *b)* interesse; *c)* possibilidade jurídica do pedido; e *d)* justa causa.

O interesse de agir elencado como uma das condições da ação se biparte em: interesse-necessidade e interesse-utilidade da medida. Para que se possa aplicar pena haverá sempre necessidade de um procedimento formal em juízo, com todos os controles que lhe são inerentes. Portanto, sempre na jurisdição penal estará preenchida a condição interesse de agir, na modalidade necessidade da medida. Contudo, o interesse-utilidade nem sempre estará presente, como no exemplo por nós citado.[14] Qual seria a utilidade da ação penal que movimentaria toda a complexa e burocrática máquina judiciária, quando, de antemão, já se tem conhecimento de que ao final da instrução processual, quando o julgador fosse aplicar a pena, a quantidade seria suficiente para que fosse declarada a extinção da punibilidade com base na prescrição da pretensão punitiva estatal? Seria fazer com que todos os envolvidos no processo penal trabalhassem em vão.

Assim, imagine-se a hipótese em que o agente tenha sido processado pela prática de um delito de lesão corporal de natureza leve, cuja pena varia de 3 (três) meses a 1 (um) ano de detenção. Vamos deixar de lado o fato de que, normalmente, esse delito é julgado pelo Juizado Especial Criminal. Suponhamos que o fato tenha ocorrido em 1º de junho de 2010 e a denúncia tenha sido recebida no dia 30 de agosto de 2010. No entanto, decorridos mais de 4 anos após o recebimento da denúncia, a instrução do processo ainda não havia sido encerrada. O juiz, a título de raciocínio, durante a correição, que é realizada anualmente, depara com esse processo e percebe, mediante uma análise antecipada de todo o conjunto probatório, que se o réu vier a ser condenado, jamais receberá a pena máxima prevista pelo art. 129, *caput*, do Código Penal, ou seja, sua pena, em caso de condenação, será inferior a 1 (um) ano.

De acordo com a nova Redação dada pela Lei nº 12.234, de 5 de maio de 2010, ao inc. VI do art. 109 do Código Penal, a prescrição ocorrerá em 3 (três) anos, se o máximo da pena é inferior a 1 (um) ano.

Assim, de acordo com o nosso exemplo, no momento em que o juiz depara com aquele processo, durante o procedimento de correição, destinado a aferir a regularidade dos feitos que estão em tramitação, verifica que já se passaram mais de 4 (anos) e que a pena, em caso de condenação, será inferior a 1 (um) ano. Isso significa que, se o réu for realmente condenado, fatalmente deverá ser reconhecida a chamada prescrição retroativa, contada a partir do recebimento da denúncia, até publicação da sentença condenatória recorrível.

Dessa forma, perguntamos: Por que levar adiante a instrução do processo se, ao final, pelo que tudo indica, será declarada a extinção da punibilidade, em virtude do reconhecimento da prescrição? Aqui, segundo nosso raciocínio, o julgador deverá extinguir o processo, sem resolução do mérito, nos termos do art. 485, VI, do Código de Processo Civil (Lei nº 13.105, de 16 de março de 2015), uma vez que, naquele exato instante, pode constatar a ausência de uma das condições necessárias ao regular exercício do direito de ação, vale dizer, o chamado interesse-utilidade da medida.

Portanto, mesmo que, agora, tenha uma aplicação mais limitada, uma vez que foi extinta, pela Lei nº 12.234, de 5 de maio de 2010, a possibilidade de ser reconhecida a prescrição retroativa, contada a partir da data do fato até o recebimento da denúncia, a possibilidade de se raciocinar com a chamada prescrição pela pena em perspectiva, ideal, hipotética ou virtual ainda se mantém, e, sendo assim, não podemos concordar com a Súmula 438 do STJ que inadmitiu, radicalmente, seu reconhecimento.

⚖ Na espécie, incabível o trancamento da ação penal, porquanto se encontra suficientemente delineado na denúncia o delito de estelionato que teria sido praticado. Além disso, falta amparo legal para o reconhecimento da chamada prescrição pela pena em perspectiva ou antecipada (STJ, RHC 67.179/MA, Rel. Min. Sebastião Reis Junior, 6ª T., *DJe* 08/03/2016).

Nesse sentido:

⚖ STJ, EDcl na APn 702/AP, Rel. Min. João Otávio de Noronha, CE, *DJe* 18/11/2015; STJ, HC 237264/SP, Rel.ª Min.ª Alderita Ramos De Oliveira (Desembargadora convocada do TJ/PE), 6ª T., *DJe* 20/06/2012; STJ, REsp 817505/PR, Rel. Min. Gilson Dipp, 5ª T., *DJ* 15/05/2006, p. 290.

Falta Grave e Prescrição

⚖ 2. As Turmas que compõem a Terceira Seção desta Corte firmaram o entendimento de que, em razão da ausência de legislação específica, a prescrição da pretensão de se apurar falta disciplinar, cometida no curso da execução penal, deve ser regulada, por analogia, pelo prazo do art. 109 do Código Penal, com a incidência do menor lapso previsto, atualmente de três anos, conforme dispõe o inciso VI do aludido artigo. 3. In casu, conforme consta do voto condutor do acórdão impugnado, a falta grave foi cometida em 04/04/2017 (fuga em 26/12/2013, com recaptura do sentenciado em 04/04/2017), tendo sido determinada a instauração de procedimento administrativo disciplinar para a respectiva apuração. 4. O termo inicial do prazo prescricional, no caso de fuga, é a data da recaptura, por ser uma infração disciplinar de natureza permanente (HC n. 362.895/RS, Rel. Min. Felix Fischer, Quinta Turma, julgado em 14/02/2017, *DJe* 22/02/2017). 5. A conduta foi praticada após a edição da Lei n. 12.234/2010, cujo menor lapso prescricional é de 3 anos, prazo ainda não implementado (HC 527.625/SP, julgado em 12/11/2019).

Nesse sentido:

⚖ STJ, RHC 71.109/RJ, Rel. Min. Joel Ilan Paciornik, 5ª T., *DJe* 1º/08/2018; STJ, HC 111.650/RS, Rel. Min. Og Fernandes, 6ª T., j. 28/06/2011, *Informativo* nº 479.

Imprescritibilidade

A Constituição Federal, excepcionando a regra da prescritibilidade, elegeu duas hipóteses em que a pretensão punitiva ou mesmo executória do Estado não são atingidas, a saber:

1ª) a prática de racismo (art. 5º, XLII, da CF), prevista pela Lei nº 7.716/1989, com as alterações introduzidas pelas Leis nº 8.081/1990, nº 9.459/1997, nº 12.288/2010, nº 12.735/2012 e nº 14.532/2023; e

2ª) a ação de grupos armados, civis ou militares, contra a ordem constitucional e o Estado Democrático (art. 5º, XLIV, da CF).

Sentença absolutória imprópria

⚖ A medida de segurança se insere no gênero sanção penal, do qual figura como espécie, ao lado da pena. Por tal razão, o Código Penal não necessita dispor especificamente sobre a prescrição no caso de aplicação exclusiva de medida de segurança ao acusado inimputável, aplicando-se, assim, nestes casos, a regra inserta no art. 109, do Código Penal (HC 41.744/SP). Somente haverá prescrição da pretensão executória se, entre o trânsito em julgado (para a acusação) da sentença absolutória imprópria e o início de cumprimento da medida de segurança, transcorrer prazo superior ao tempo previsto no art. 109 do CP, considerada a pena máxima cominada ao crime praticado. O tempo de cumprimento da medida de segurança não poderá superar a data do reconhecimento do fim da periculosidade do agente, bem como, independentemente da cessação da periculosidade, não poderá ultrapassar o limite máximo da pena abstratamente cominada ao crime praticado nem poderá ser superior a 30 anos. Precedente do STJ (STJ, REsp, HC 1103071/RS, Rel. Min. Arnaldo Esteves Lima, 5ª T., *DJe* 29/03/2010).

Nesse sentido:

⚖ TJRS, AC 70014512396, 8ª C., Rel. Des. Marlene Landvoigt, *DJ* 20/06/2007.

Prescrição e medida de segurança

⚖ O Superior Tribunal de Justiça firmou o entendimento de que a medida de segurança tem natureza punitiva, razão pela qual a ela se aplicam o instituto da prescrição e o tempo máximo de duração de 30 anos, em respeito ao disposto no art. 5º, XLVII, "b", da Constituição Federal e aos princípios da isonomia e da proporcionalidade (STJ, HC 235.810/SP, Rel. Min. Gurgel de Faria, 5ª T., *DJe* 09/10/2014).

Nesse sentido:

⚖ STF, HC 107777/RS, Rel. Min. Ayres Britto, 2ª T., *DJe* 16/04/2012; STJ, HC 182973/DF, Rel.ª Min.ª Laurita Vaz, 5ª T., *DJe* 26/06/2012.

Causas especiais de aumento de pena

⚖ Segundo entendimento desta Corte, as causas especiais de aumento de pena devem ser consideradas para fins de contagem de prescrição em abstrato. 3. Ordem denegada (STJ, HC 45452/SP, Rel. Min. Hélio Quaglia Barbosa, 6ª T., *DJ* 26/06/2006, p. 206).

Prescrição e infração disciplinar

⚖ O prazo prescricional previsto na lei penal se aplica às infrações disciplinares também capituladas como crime independentemente da apuração criminal da conduta do servidor. Para se aplicar a regra do § 2º do art. 142 da Lei nº 8.112/90 não se exige que o fato esteja sendo apurado na esfera penal (não se exige que tenha havido oferecimento de denúncia ou instauração de inquérito policial). Se a infração disciplinar praticada for, em tese, também crime, deve ser aplicado o prazo prescricional previsto na legislação penal independentemente de qualquer outra exigência (STJ, MS 20.857-DF, Rel. Min. Napoleão Nunes Maia Filho, 1ª S., Rel. Acd. Min. Og Fernandes, julgado em 22/05/2019).

Nesse sentido:

⚖ STJ, HC 227.469/MG, Rel.ª Min.ª Laurita Vaz, 5ª T., *DJe* 12/03/2013.

Prescrição e efeito específico da condenação

⚖ A jurisprudência desta Corte entende que extinta a pena privativa de liberdade pela prescrição da pretensão punitiva, o mesmo destino deve ser dado à pena dela decorrente de inabilitação para o exercício de cargo ou função pública, tendo em vista sua acessoriedade (STJ, AgRg no REsp 1420216/RN, Rel. Min. Moura Ribeiro, 5ª T., *DJe* 14/04/2014).

Prescrição e ato infracional

⚖ Conforme jurisprudência consolidado no âmbito desta eg. Corte Superior, "nos termos do enunciado n. 338 da Súmula do STJ, a prescrição penal é aplicável nas medidas socioeducativas. Diante disso, a jurisprudência desta Corte firmou o entendimento de que, uma vez aplicada medida socioeducativa sem termo final, deve ser considerado o período máximo de 3 anos de duração da medida de internação, para o cálculo do prazo prescricional da pretensão socioeducativa, e não o tempo da medida que poderá efetivamente ser cumprida até que a envolvida complete 21 anos de idade" (AgRg no REsp 1.856.028/SC, Quinta Turma, Rel. Min. Reynaldo Soares da Fonseca, DJe de 19/05/2020). Precedentes. Agravo regimental desprovido (AgRg no REsp 1.887.084/SC, Rel. Min. Felix Fischer, 5ª T., julgado em 15/09/2020, *DJe* 22/09/2020).

Nesse sentido:

⚖ STJ, AgRg no AREsp 1.218.434/SP, Rel. Min. Nefi Cordeiro, 6ª T., *DJe* 18/02/2019; STJ, AgRg no AREsp 1219149/SP, Rel. Min. Jorge Mussi, 5ª T., *DJe* 20/04/2018; STJ, HC 354.037/SP, Rel. Min. Nefi Cordeiro, 6ª T., *DJe* 17/06/2016.

Prescrição depois de transitar em julgado sentença final condenatória

Art. 110. A prescrição depois de transitar em julgado a sentença condenatória regula-se pela pena aplicada e verifica-se nos prazos fixados no artigo anterior, os quais se aumentam de 1/3 (um terço), se o condenado é reincidente.

§ 1º A prescrição, depois da sentença condenatória com trânsito em julgado para a acusação ou depois de improvido seu recurso, regula-se pela pena aplicada, não podendo, em nenhuma hipótese, ter por termo inicial data anterior à da denúncia ou queixa.

§ 2º [...]. *(Revogado pela Lei nº 12.234, de 05/05/2010.)*

Natureza da prescrição

A doutrina, de forma geral, considera a hipótese do art. 110 do Código Penal como a de prescrição da pretensão executória. Contudo, discordamos desse ponto de vista, uma vez que somente podemos falar em prescrição da pretensão executória quando o Estado já tiver formado o seu título executivo judicial, o que somente acontece após o trânsito em julgado para ambas as partes e, ainda, com a efetiva possibilidade de execução do título executivo judicial formado por meio do trânsito em julgado da sentença penal condenatória. Caso contrário, mesmo que, aparentemente, tenha havido a concretização da pena que fora aplicada ao agente, se o Estado não teve, por um instante sequer, a possibilidade de fazer valer sua decisão condenatória, executando a pena infligida ao condenado, a prescrição não poderá ser considerada como da pretensão executória, mas, sim, da pretensão punitiva.

Condenado reincidente

Depois de muito se discutir se o aumento previsto para os referidos prazos seria aplicado quando da análise da prescrição da pretensão punitiva ou da pretensão executória, o STJ editou a Súmula nº 220, que diz que *a reincidência não influi no prazo da prescrição da pretensão punitiva.*

Isso quer dizer que somente no que diz respeito à execução do julgado é que haverá o aumento de um terço para o reincidente, não se falando em tal aumento quando o cálculo disser respeito à prescrição da pretensão punitiva.

⚖ Se a sentença condenatória reconheceu ser o acusado reincidente, o prazo prescricional deve ser aumentado de um terço, nos termos do art. 110, *caput,* do CP. Descabido o argumento de ocorrência da extinção da punibilidade do paciente pela prescrição da pretensão executória, pois entre a data do trânsito em julgado da sentença para a acusação e o início do cumprimento da reprimenda imposta, considerando o fato de o réu ser reincidente, não se consumou o lapso temporal necessário para tanto (STJ, HC 60585/SP, Rel. Min. Gilson Dipp, 5ª T., *DJ* 05/02/2007, p. 281).

Nesse sentido:

🔖 STJ, RHC 9323/RJ, Rel. Min. Jorge Scartezzini, 5ª T., *DJ* 24/04/2000, p. 62.

Pena aplicada

Será utilizada para efeitos dos cálculos da prescrição, desde que tenha havido trânsito em julgado para a acusação, ou improvido seu recurso, em face da impossibilidade de *reformatio in pejus* se houver recurso somente da defesa.

⚖️ A prescrição depois de transitada em julgado a sentença condenatória regula-se pela pena aplicada, sendo que o tempo de prisão processual não influi na contagem do prazo prescricional (Precedentes) (STJ, HC 60799/SP, Rel. Min. Felix Fischer, 5ª T., *DJ* 26/02/2007, p. 621).

Prescrição retroativa

Diz *retroativa*, atualmente, após a revogação do § 2º do art. 110 do Código Penal, a modalidade de prescrição calculada com base na pena aplicada na sentença penal condenatória recorrível, com trânsito em julgado para o Ministério Público ou para o querelante, contada a partir da data do recebimento da denúncia, até a data da publicação da sentença ou acórdão condenatórios recorríveis.

Antes da modificação trazida pela Lei nº 12.234, de 5 de maio de 2010, o primeiro marco de contagem da prescrição retroativa era a chamada *data do fato*, ou seja, a data em que o crime havia sido praticado. Agora, o primeiro marco para essa contagem, levando-se em consideração a pena em concreto, ou seja, aquela efetivamente concretizada na sentença ou no acórdão condenatórios recorríveis é, efetivamente, a data do recebimento da denúncia ou da queixa.

A título de raciocínio, imagine-se a hipótese em que o agente tenha cometido, no dia 1º de junho de 2010, o delito de tentativa de furto simples. O inquérito policial foi inaugurado, sendo concluído e enviado para a Justiça no dia 30 de junho de 2010. Após analisar os fatos, o Ministério Público emite sua *opinio delicti* e oferece denúncia, pela tentativa de furto, no dia 10 de agosto de 2010, tendo sido a peça inicial de acusação recebida no dia 11 de agosto do mesmo ano. Por uma série de motivos que podem ocorrer (a exemplo da ausência de juiz na comarca, desídia, extravio injustificado dos autos, sobrecarga de processos, ausência de funcionários no cartório etc.), o processo somente chegou a seu termo, com prolação e publicação da sentença penal condenatória, no dia 20 de agosto de 2013, condenando o acusado ao cumprimento de uma pena de 8 meses de reclusão. Ao tomar ciência da condenação do réu, o Ministério Público deixou decorrer *in albis* o prazo para recurso, ou seja, não se manifestou contrariamente à decisão, dela apelando, por exemplo. A defesa, a seu turno, manifestou o seu inconformismo e apelou da sentença penal condenatória.

Em virtude da ausência de apelação por parte do Ministério Público, por mais que a decisão tenha sido equivocada, a pena aplicada ao sentenciado jamais poderá ser modificada, para pior pelo Tribunal responsável pelo julgamento do recurso. Assim, na pior das hipóteses, a pena aplicada se manteria no *quantum* fixado pelo julgador de primeiro grau, vale dizer, 8 (oito) meses de reclusão.

A partir de agora, ou seja, desde o momento em que não houve recurso por parte do Ministério Público, permitindo que a pena fosse concretizada no total aplicado pelo juiz, essa pena, ou seja, 8 (oito) meses, servirá de cálculo para efeitos de aferição da ocorrência ou não da chamada prescrição retroativa.

Antes da entrada em vigor da Lei nº 12.234, de 5 de maio de 2010, teríamos que voltar à data do fato e calcular se, entre essa data (que no exemplo fornecido foi 1 de junho de 2010) e a data do recebimento da denúncia (11 de agosto de 2010), já teria decorrido período igual ou superior a 3 (três) anos, de acordo com o inc. VI do art. 109, com a nova redação que lhe foi conferida pela lei acima mencionada. Agora, após as referidas modificações, esse cálculo terá início a partir da data do recebimento da denúncia (11 de agosto de 2010), até o próximo marco interruptivo da prescrição (sentença penal condenatória recorrível, publicada em 20 de agosto de 2013).

Como entre a data do recebimento da denúncia e a da publicação da sentença penal condenatória recorrível já havia decorrido período superior a 3 (três) anos, podemos concluir ter ocorrido a chamada prescrição retroativa.

No entanto, qual seria a natureza jurídica dessa prescrição retroativa, ou seja, a prescrição retroativa diz respeito à pretensão punitiva ou à pretensão executória do Estado? Como vimos ao estudarmos as espécies de prescrições, as consequências são bem distintas entre elas. Assim, a afirmação por uma ou por outra trará diferentes e importantes consequências para o sentenciado.

Entendemos que, como o Estado, mesmo depois de chegar a um decreto condenatório, não conseguiu formar seu título executivo judicial, a prescrição retroativa deverá ser considerada como hipótese de prescrição da pretensão punitiva, com todas as consequências inerentes a esse reconhecimento, a exemplo de não servir para efeitos de reincidência, maus antecedentes, formação de título executivo judicial para a vítima etc.

⚖ A atual redação do art. 110, § 1º, do CP veda a aplicação da prescrição retroativa entre a data do fato e do recebimento da denúncia, contudo, como norma de natureza de direito penal, incide o princípio *tempus regit actum*, o que significa que, no caso, não terá efeito porquanto o fato praticado foi anterior à Lei nº 12.234/2010, que promoveu a sua alteração (STJ, RHC 89.948/RS, Rel. Min. Ribeiro Dantas, 5ª T., *DJe* 25/06/2019).

Nesse sentido:

⚖ STJ, HC 435.623/AP, Rel. Min. Felix Fischer, 5ª T., *DJe* 23/03/2018; STJ, AgRg no REsp 1.572.333/SC, Rel. Min. Sebastião Reis Junior, 6ª T., *DJe* 1º/07/2016; STF, HC 108337/RJ, Rel. Min. Dias Toffoli, 1ª T., *DJe* 15/03/2012.

Prescrição superveniente ou intercorrente

Considera-se como *superveniente* a prescrição a que é contada a partir da publicação da sentença ou acórdão condenatórios recorríveis, tomando-se por base o trânsito em julgado para a acusação ou o improvimento do seu recurso. É reconhecida pelo nome de *superveniente* justamente por ocorrer após a sentença ou acórdãos condenatórios recorríveis.

Assim, para que se possa concluir pela prescrição superveniente: *a)* deve existir uma sentença ou acórdão condenatório recorríveis, fixando uma determinada quantidade de pena, que será utilizada para efeitos de cálculo, de acordo com o art. 109 do Código Penal; *b)* deverá ter ocorrido o trânsito em julgado para a acusação (Ministério Público ou querelante); *c)* não pode ter ocorrido a prescrição retroativa, contada a partir da data do recebimento da denúncia, até a publicação da sentença ou do acórdão condenatórios recorríveis; *d)* será calculada para frente, ou seja, a partir da sentença ou do acórdão condenatórios recorríveis.

Embora o art. 110 e seu § 1º façam menção, apenas, à *sentença condenatória*, devemos entender essa expressão em seu sentido amplo, ou seja, como uma decisão judicial condenatória, monocrática (sentença) ou coletiva (acórdão), a partir da qual será contado o tempo para efeito de reconhecimento ou não da prescrição.

Não é incomum, no dia a dia forense, que muitos recursos sejam interpostos com a finalidade de fazer com que a sentença condenatória de primeiro grau, por exemplo, não transite em julgado. A finalidade, em alguns casos, é a de, justamente, buscar a prescrição superveniente, pois que muitos Tribunais demoram, excessivamente, em julgar os recursos interpostos, permitindo que ocorra a extinção da punibilidade.

Essa foi a razão, inclusive, para a modificação ocorrida no art. 116, II, do Código Penal, trazida pela Lei nº 13.964, de 24 de dezembro de 2019, dizendo que antes de passar em julgado a sentença final, a prescrição não corre na pendência de embargos de declaração ou de recursos aos Tribunais Superiores, quando inadmissíveis;

Os termos *superveniente, intercorrente* e *subsequente* traduzem a mesma modalidade de prescrição, embora exista uma predileção doutrinária e jurisprudencial pelo primeiro, ou seja, pela denominação *prescrição superveniente*.

A prescrição superveniente ou intercorrente atinge a pretensão punitiva do Estado, uma vez que não permite a confecção do título executivo judicial.

⚖ A prescrição após transitada em julgado a sentença condenatória para a acusação é regulada pela pena em concreto (art. 112, inc. I, do CP), individualmente verificada quanto a cada crime (art. 119 do CP), razão pela qual o prazo prescricional aplicável a cada um dos delitos é de 12 anos, haja vista que as penas são superiores a 4 e não excedem 8 anos de reclusão (art. 109, inc. III, do CP), devendo, no entanto, ser reduzido pela metade (art. 115 do CP) no presente caso, ou seja, 6 (seis) anos, pois o embargante era, ao tempo do crime, menor de 21 anos. Assim, levando-se em consideração o último marco interruptivo, qual seja, a condenação em primeiro grau (13/03/2007), há que se reconhecer, de ofício, a prescrição da pretensão punitiva, visto que desde o referido marco interruptivo e a presente data transcorreu período superior a 6 (seis) anos (STJ, EDcl no AgRg no REsp 1.450.835/DF, Rel. Min. Felix Fischer, 5ª T., *DJe* 28/09/2016).

Nesse sentido:

⚖ AR, Rel. Min. Célio Borja, *RT* 672, p. 386; REsp, Rel. Min. José Dantas, *RSTJ* 22, p. 312; STJ, EDcl nos EDcl no REsp 636205/RS, Rel. Min. Gilson Dipp, 5ª T., *DJ* 06/03/2006, p. 428.

Termo inicial da prescrição antes de transitar em julgado a sentença final

Art. 111. A prescrição, antes de transitar em julgado a sentença final, começa a correr:

I – do dia em que o crime se consumou;

II – no caso de tentativa, do dia em que cessou a atividade criminosa;

III – nos crimes permanentes, do dia em que cessou a permanência;

IV – nos de bigamia e nos de falsificação ou alteração de assentamento do registro civil, da data em que o fato se tornou conhecido.

V – nos crimes contra a dignidade sexual ou que envolvam violência contra a criança e o adolescente, previstos neste Código ou em legislação especial, da data em que a vítima completar 18 (dezoito) anos, salvo se a esse tempo já houver sido proposta a ação penal.

Marco inicial da contagem do prazo prescricional

O marco inicial da contagem do prazo inicia-se com a consumação do delito. No caso de tentativa, considera-se iniciado o prazo prescricional no dia em que cessou a atividade criminosa. Nos crimes permanentes, a contagem terá início a partir do dia em que cessar a permanência. Nos crimes de bigamia e nos de falsificação ou alteração de assentamento do registro civil, a contagem terá início a partir da data em que o fato se tornou conhecido. Nos crimes contra a dignidade sexual ou que envolvam violência contra a criança e o adolescente, previstos neste Código ou em legislação especial, da data em que a vítima completar 18 (dezoito) anos, salvo se a esse tempo já houver sido proposta a ação penal, conforme nova redação dada ao inciso V, do art. 111 do Código Penal, pela Lei nº 14.344, de 24 de maio de 2022, conhecida por "Lei Henry Borel".

Vale frisar que todas essas hipóteses dizem respeito ao início do prazo para a contagem da prescrição da pretensão punitiva do Estado. Inicialmente, considerando-se a pena máxima cominada em abstrato para a infração penal e, posteriormente, caso não tenha ocorrido com base na pena máxima em abstrato, para o cálculo, a pena aplicada na sentença penal condenatória com trânsito em julgado para a acusação.

A Lei nº 12.234, de 5 de maio de 2010, revogou o § 2º do art. 110 do Código Penal, impedindo que o reconhecimento da prescrição, após o trânsito em julgado da sentença para a acusação, levando-se em consideração, como marco inicial, data anterior ao recebimento da denúncia.

📐 A prescrição retroativa da pretensão punitiva tem por referência a pena em concreto, sendo aferida, nos termos do art. 109 do CP, após o trânsito em julgado da condenação e segundo os marcos interruptivos descritos no art. 117 do Código Penal, não podendo ter por termo inicial data anterior à da denúncia ou queixa (art. 110 do CP) (STJ, RHC 89.948/RS, Rel. Min. Ribeiro Dantas, 5ª T., DJe 25/06/2019).

Nesse sentido:

📐 HC 84.262/DF, Rel. Min. Celso de Mello, *DJ* 29/04/2005, p. 45; STJ, HC 31077/GO, Rel. Min. Gilson Dipp, 5ª T., *DJ* 25/02/2004, p. 203.

> **Termo inicial da prescrição após a sentença condenatória irrecorrível**
>
> **Art. 112.** No caso do art. 110 deste Código, a prescrição começa a correr:
>
> I – do dia em que transita em julgado a sentença condenatória, para a acusação, ou a que revoga a suspensão condicional da pena ou o livramento condicional;
>
> II – do dia em que se interrompe a execução, salvo quando o tempo da interrupção deva computar-se na pena.

Natureza jurídica

À exceção da primeira parte do inc. I do art. 112 do Código Penal, que pode dizer respeito à prescrição da pretensão punitiva, todas as demais hipóteses previstas pelos incs. I e II do mencionado artigo cuidam do

termo inicial da prescrição da pretensão executória estatal. Nessas hipóteses, o Estado já formou o seu título executivo, restando, apenas, executá-lo.

📐 Nos termos do art. 112, I, CP, o termo inicial da contagem do prazo prescricional da prescrição executória é o do trânsito em julgado da sentença condenatória para a acusação, no caso, ocorrido em 11/04/2017. Tendo-se iniciada a execução penal em 13/06/2017, não decorreu, assim, o prazo de 12 anos da última baliza (STJ, RHC 89.948/RS, Rel. Min. Ribeiro Dantas, 5ª T., *DJe* 25/06/2019).

Nesse sentido:

📐 STJ, AgRg no HC 426.775/SP, Rel. Min. Felix Fischer, 5ª T., *DJe* 21/05/2018; STJ, RHC 55.840/SC, Rel. Min. Jorge Mussi, 5ª T., *DJe* 14/05/2015; STJ, AgRg no REsp 1433108/SP, Rel. Min. Marco Aurélio Bellizze, 5ª T., *DJe* 02/05/2014.

Em sentido contrário:

📐 O termo inicial da contagem do prazo prescricional da pretensão executória é o trânsito em julgado para ambas as partes, porquanto somente neste momento é que surge o título penal passível de ser executado pelo Estado. Desta forma, não há como se falar em início da prescrição a partir do trânsito em julgado para a acusação, tendo em vista a impossibilidade de se dar início à execução da pena, já que ainda não haveria uma condenação definitiva, em respeito ao disposto no art. 5º, inc. LVII, da Constituição Federal (STJ, HC 218388/DF, Rel. Min. Jorge Mussi, 5ª T., *DJe* 15/02/2012).

Revogação do *sursis* ou do livramento condicional

A partir da data do trânsito em julgado da decisão que revogou o *sursis,* tem início o prazo prescricional, que será contado considerando-se a pena privativa de liberdade cujo cumprimento havia sido suspenso condicionalmente.

Quanto ao livramento condicional, também devemos dar início à contagem do prazo prescricional a partir da data do trânsito em julgado da sentença que o houver revogado.

📐 Se o beneficiário vem a ser processado por outro delito, o período de provas do *sursis* é prorrogado até o julgamento definitivo. Uma vez condenado por crime doloso, a revogação é obrigatória, não se computando, no período de prova, o prazo prescricional para o delito cuja pena estava suspensa (STJ, HC 6469/SP, Rel. Min. Felix Fischer, 5ª T., *RT* 756, p. 514).

O tempo do *sursis* não se inclui na contagem para efeito de prescrição da pretensão punitiva (STJ, HC 1215/SP, Rel. Min. Edson Vidigal, 5ª T., *RT* 697, p. 362).

Interrupção da execução da pena

O inc. II do art. 112 do Código Penal cuida da hipótese em que a execução é interrompida, seja, por exemplo, pela fuga do condenado ou pelo fato de ter ele sido internado em razão de doença mental. Segundo José Cirilo de Vargas, "o dia da fuga é o termo inicial.

Na segunda parte do inciso, dá-se diferente: sobrevindo doença mental ou internação do sentenciado (arts. 41 e 42 do CP), o tempo de interrupção da execução será contado como de cumprimento de pena, não se podendo, por isso, correr o prazo de prescrição de maneira simultânea".[15]

Prescrição no caso de evasão do condenado ou de revogação do livramento condicional

Art. 113. No caso de evadir-se o condenado ou de revogar-se o livramento condicional, a prescrição é regulada pelo tempo que resta da pena.

Evasão do condenado

A prescrição será contada pelo tempo restante de pena a cumprir.

Cuida-se, *in casu*, da chamada prescrição da pretensão executória, uma vez que a lei penal se refere ao *condenado*, vale dizer, aquele que já se encontrava cumprindo, efetivamente, a pena que lhe fora aplicada pelo Estado.

Após o início do cumprimento da pena, tem-se que eventual fuga reinicia a contagem do prazo prescricional, o qual se regula pelo restante da pena a cumprir e a partir da data da fuga (arts. 113 e 107, inc. V, c/c § 2º, do Código Penal). Dessa forma, quando o paciente se evadiu, em 12/12/2013, ainda restavam a cumprir 7 (sete) anos, 3 (três) meses e 23 (vinte e três) dias de reclusão, a prescrever em 12 (doze) anos, nos termos do art. 109, inc. III, do Código Penal. Assim, tendo se evadido em 12/12/2013, tem-se que a prescrição ocorrerá apenas em 11/12/2025, conforme assentou a Corte local (STJ, HC 400.704/SP, Rel. Min. Reynaldo Soares da Fonseca, 5ª T., *DJe* 31/08/2017).

Nesse sentido:

STJ, AgRg no RHC 44.021/SP, Rel. Min. Gurgel de Faria, 5ª T., *DJe* 10/06/2015; STJ, HC 222485/SP, Rel.ª Min.ª Laurita Vaz, 5ª T., *DJe* 1º/07/2013; STJ, RHC 25207/MT, Rel.ª Min.ª Laurita Vaz, 5ª T., *DJe* 13/04/2009; STJ, HC 22182/MG, Rel. Min. Paulo Gallotti, 6ª T., *DJ* 23/04/2007, p. 311.

Revogação do livramento condicional

Devemos dar início à contagem do prazo prescricional a partir da data do trânsito em julgado da sentença que o houver revogado. Contudo, o prazo deverá ser contado de acordo com o tempo que resta da pena.[16]

O cálculo da prescrição pela pena residual, conforme prevê o art. 113 do Código Penal, limita-se às hipóteses de evasão e de revogação do livramento condicional. Vale dizer, o citado dispositivo tem interpretação restritiva. Hipótese na qual a medida

restritiva de direitos foi convertida em privativa de liberdade, em razão do descumprimento, por força do art. 44, § 4º, do CP, aplicável somente para calcular o tempo de pena a ser executado, sem influência no prazo prescricional (STJ, RHC 99.969/RS, Rel. Min. Felix Fischer, 5ª T., *DJe* 19/09/2018).

Nesse sentido:

STJ, HC 344.960/SP, Rel. Min. Reynaldo Soares da Fonseca, 5ª T., *DJe* 11/03/2016; STJ, HC 56196/SC, Rel. Min. Felix Fischer, 5ª T., *DJ* 20/11/2006, p. 347; STF, HC 81879-0/SP, Rel. Min. Sepúlveda Pertence, *DJ* 06/08/2002.

Prescrição da multa

Art. 114. A prescrição da pena de multa ocorrerá:
I – em 2 (dois) anos, quando a multa for a única cominada ou aplicada;
II – no mesmo prazo estabelecido para prescrição da pena privativa de liberdade, quando a multa for alternativa ou cumulativamente cominada ou cumulativamente aplicada.

Prescrição da multa

Com a nova redação dada pela Lei nº 9.268/96, o art. 114 do Código Penal passou a prever dois prazos prescricionais distintos para a pena de multa. Segundo Cezar Roberto Bitencourt, "trata-se de uma inovação supérflua, que apenas inovou para pior: de um lado, a redação do inciso primeiro já constava da redação anterior do art. 114; de outro, a redação do inciso segundo constava do art. 118, que não foi revogado por tal lei. Tem o mérito de deixar claro que a presença da multa continua sendo regulada pelo Código Penal".[17]

Entendemos que tais prazos prescricionais dizem respeito tanto à pretensão punitiva quanto à pretensão executória do Estado. Em sentido contrário, posiciona-se Fernando Capez, quando afirma que "a prescrição da pretensão executória da multa dar-se-á sempre em 5 anos, e a execução será realizada separadamente da pena privativa de liberdade, perante a Vara da Fazenda Pública, uma vez que a nova lei determinou que, para fins de execução, a pena pecuniária fosse considerada dívida de valor".[18]

Quanto ao pedido de aplicação à agravante do prazo prescricional previsto no art. 114, inciso I, do Código Penal, que se refere à pena de multa isoladamente cominada ou aplicada, especificamente quanto à prescrição dos crimes cometidos por pessoas jurídicas, verifica-se que o Tribunal de origem decidiu em harmonia com a jurisprudência deste Sodalício, que entende que, em virtude da omissão da Lei nº 9.605/1998, adotam-se, subsidiariamente,

---

[15] VARGAS, José Cirilo de. *Instituições de direito penal*, p. 236.

[16] Aqui deverão ser observados os arts. 141 e 142 da Lei de Execução Penal e o art. 88 do Código Penal.

[17] BITENCOURT, Cezar Roberto; PRADO, Luiz Regis. *Código penal anotado*, p. 423.

[18] CAPEZ, Fernando. *Curso de direito penal* – parte geral, v. 1, p. 600.

as disposições do Código Penal, nos termos do seu art. 109 e do art. 79 da Lei nº 9.605/1998 (STJ, AgRg no RMS 59.533/SP, Rel. Min. Jorge Mussi, 5ª T., *DJe* 06/06/2019).

Nesse sentido:

 STJ, AgRg no AREsp 1.279.188/ES, Rel.ª Min.ª Maria Thereza de Assis Moura, 6ª T., *DJe* 04/06/2018; TJ-RS, Recurso Crime 71006121388, Rel. Des. Luis Gustavo Zanella Piccinin, *DJe* 24/08/2016; STJ, AgRg no REsp 722201/SP, Rel. Min. Celso Limongi (Desembargador convocado do TJ/SP), 6ª T., *DJe* 02/08/2010.

Pena de multa no ECA

 O marco inicial para a contagem do prazo prescricional para a cobrança da multa administrativa imposta, em razão de infração prevista no ECA, é o trânsito em julgado para efeito de pagamento da multa e não a data da infração administrativa (STJ, REsp 1.323.653/SC, Rel. Min. Mauro Campbell Marques, 2ª T., 1º/04/2013).

Nesse sentido:

 TJMG, APCV 1.0024.03.915378-8/0011, Rel. Des. Antônio Sérvulo, 6ª Câm. Cív., *DJEMG* 29/01/2010; STJ, EDcl no AgRg no REsp 737054/SP, Rel. Min. José Delgado, 1ª T., *DJ* 20/02/2006, p. 228.

Redução dos prazos de prescrição

Art. 115. São reduzidos de metade os prazos de prescrição quando o criminoso era, ao tempo do crime, menor de 21 (vinte e um) anos, ou, na data da sentença, maior de 70 (setenta) anos.

Política criminal

O art. 115 do Código Penal, por razões de política criminal, determina a redução pela metade dos prazos prescricionais quando o agente era, ao tempo do crime, ou seja, no momento da ação ou omissão, menor de 21 anos, ou, na data da sentença, maior de 70 anos.

 A Terceira Seção desta Corte Superior firmou o entendimento no sentido de que o termo "sentença" contido no art. 115 do Código Penal se refere à primeira decisão condenatória, seja a do juiz singular ou a proferida pelo Tribunal, não se operando a redução do prazo prescricional quando o édito repressivo é confirmado em sede de apelação ou de recurso de natureza extraordinária (STJ, HC 503.356/SP, Rel. Min. Nefi Cordeiro, 6ª T., *DJe* 23/08/2019).

Nesse sentido:

 STJ, AgRg no RHC 94.376/SP, Rel. Min. Rogério Schietti Cruz, 6ª T., *DJe* 1º/06/2018; STJ, AgRg no REsp 1.513.633/MS, Rel. Min. Jorge Mussi, 5ª T., *DJe* 15/04/2015; STJ, AgRg no REsp 1.496.950/SP, Rel. Min. Nefi Cordeiro, 6ª T., *DJe* 04/03/2015; STF, AI 844400 AgR/RS, Rel.ª Min.ª Rosa Weber, 1ª T., *DJe* 08/05/2012; STF, HC 107200/RS, Rel. Min. Celso de Mello, 2ª T., j. 28/06/2011, *Informativo* nº 633.

Documento hábil

De acordo com a Súmula nº 74 do STJ,

 para efeitos penais, o reconhecimento da menoridade do réu requer prova por documento hábil (certidão de nascimento, carteira de identidade, carteira de habilitação, etc.).

O reconhecimento da redução do prazo prescricional pela metade, nos termos do art. 115 do Código Penal, requer a apresentação de documentos que atestem de forma segura a idade do agente (STJ, AgRg no REsp 1342353/ES, Rel.ª Min.ª Maria Thereza de Assis Moura, 6ª T., *DJe* 18/06/2013).

70 anos completados até o acórdão condenatório

Existe controvérsia jurisprudencial sobre a extensão do reconhecimento do cômputo de metade do prazo prescricional para aqueles que completam 70 anos depois da sentença condenatória até o acórdão proferido pelos tribunais.

 Os prazos prescricionais se relacionam com os pilares que sustentam o instituto da prescrição, isto é, com o decurso do tempo, que pode levar ao esquecimento do fato, e a circunstância de que eventual inércia deve ser suportada pelo Estado, mercê de sua atuação basear-se no *ius puniendi*. Já a redução dos prazos prescricionais pela idade avançada do agente orienta-se pelo vetor constitucional da dignidade da pessoa humana, representada pela necessidade de proteção à velhice, a qual merece tratamento especial, à vista dos efeitos deletérios decorrentes da longa duração do processo. Por expressa previsão do art. 115 do CP, são reduzidos pela metade os prazos de prescrição quando o criminoso era, na data da sentença, maior de 70 anos. O termo sentença deve ser compreendido como a primeira decisão condenatória, seja sentença ou acórdão proferido em apelação. Precedentes (STJ, HC 316.110/SP, Rel. Min. Rogério Schietti Cruz, 6ª T., *DJe* 1º/07/2019).

Nesse sentido:

 STJ, AgRg no AREsp 1.259.744/SP, Rel.ª Min.ª Maria Thereza de Assis Moura, 6ª T., *DJe* 04/06/2018; STJ, HC 118.862/BA, Rel. Min. Jorge Mussi, j. 12/05/2009; TJSP, AC, Rel. Des. Marino Falcão, *RT* 614, p. 282; STJ, HC 44554/SP, Rel. Min. Felix Fischer, 5ª T., *DJ* 03/04/2006, p. 375; STJ, AgRg no AREsp 586.722/DF, Rel. Min. Reynaldo Soares da Fonseca, 5ª T., *DJe* 1º/09/2017; STF, RHC 125.565/DF, Rel. Min. Teori Zavascki, 2ª T., *DJe* 20/05/2015.

Causas impeditivas da prescrição

Art. 116. Antes de passar em julgado a sentença final, a prescrição não corre:

I – enquanto não resolvida, em outro processo, questão de que dependa o reconhecimento da existência do crime;

II – enquanto o agente cumpre pena no exterior;

III – na pendência de embargos de declaração ou de recursos aos Tribunais Superiores, quando inadmissíveis; e

IV – enquanto não cumprido ou não rescindido o acordo de não persecução penal.

Parágrafo único. Depois de passada em julgado a sentença condenatória, a prescrição não corre durante o tempo em que o condenado está preso por outro motivo.

Causas suspensivas ou impeditivas da prescrição

São aquelas que suspendem o curso do prazo prescricional, que começa a correr pelo tempo restante, após cessadas as causas que a determinaram. Dessa forma, o tempo anterior é somado ao tempo posterior à cessação da causa que determinou a suspensão do curso do prazo prescricional. O Código Penal dispõe sobre as causas suspensivas no art. 116.

⚖ Prevalece no STJ o entendimento no sentido de que o regramento trazido no art. 116, parágrafo único, do CP abrange também aqueles que se encontram cumprindo pena em regime aberto, prisão domiciliar ou em livramento condicional. Dessa forma, encontrando-se o paciente cumprindo pena em livramento condicional, o curso da prescrição da pretensão executória não teve início com o trânsito em julgado para o Ministério Público, haja vista a existência de causa impeditiva. Ainda que assim não fosse, verifico que o paciente foi beneficiado com o livramento condicional apenas em 11/07/2016. Assim, mesmo que se acolhesse a tese da defesa, no sentido de que o cumprimento da pena em livramento condicional não teria o condão de impedir o curso da prescrição da pretensão executória, esta teria iniciado seu curso apenas em 11/07/2016, pois o cumprimento de pena por outro crime teria impedido o início do seu curso com o trânsito em julgado para o Ministério Público. Nesse contexto, não teria decorrido o lapso de quatro anos necessário ao reconhecimento da prescrição da pretensão executória da pena (STJ, HC 429.545/SP, Rel. Min. Reynaldo Soares da Fonseca, 5ª T., *DJe* 07/05/2018).

Nesse sentido:

⚖ STJ, HC 209626/SP, Rel.ª Min.ª Maria Thereza de Assis Moura, 6ª T., *DJe* 26/02/2014; STJ, RHC 16584/RS, Rel. Min. José Arnaldo da Fonseca, 5ª T., *DJ* 11/04/2005, p. 333.

Prazo de duração da suspensão da prescrição

⚖ Em relação à prescrição da pretensão executória, tal análise cabe ao juízo da execução, uma vez que demanda a verificação de "diversas informações, não apenas quanto ao trânsito em julgado para a acusação e início da execução da pena, como também acerca da ocorrência de incidentes que interferem diretamente na contagem do prazo prescricional, nos ter-

mos do disposto nos arts. 116, parágrafo único e 117, incisos V e VI, ambos do CP" (AgRg no HC 457.810/SP, Rel. Min. Nefi Cordeiro, 6ª T., j. 08/11/2018, *DJe* 23/11/2018) (STJ, AgRg nos EDcl no AREsp 736.046/PE, Rel. Min. Ribeiro Dantas, 5ª T., *DJe* 15/02/2019).

Nesse sentido:

⚖ STJ, AgRg no AREsp 1.140.931/DF, Rel. Min. Rogério Schietti Cruz, 6ª T., *DJe* 04/12/2017; TJRS, Ap. Crim. 70006954291, 8ª Câm. Crim., Rel. Des. Roque Miguel Fank, j. 17/12/2003.

Inciso I – Como exemplo da primeira hipótese de suspensão, prevista pelo inc. I do art. 116 do Código Penal, podemos citar o delito de bigamia. Se a validade do casamento anterior estiver sendo discutida no juízo cível, o curso da ação penal ficará suspenso, suspendendo-se, também, o prazo prescricional, até que seja resolvida a questão prejudicial. Sendo decidida a questão prejudicial, o processo retoma seu curso normal, bem como tem-se por reiniciado o lapso prescricional, ficando o juízo criminal vinculado à decisão proferida pelo juízo cível.

Inciso II – O inc. II do art. 116 do Código Penal cuida da hipótese do agente que cumpre pena no exterior. Conforme lição de Frederico Marques, "a razão desse impedimento está na impossibilidade de obter-se a extradição do criminoso; e como poderia o tempo de cumprimento da pena no estrangeiro ser tal que o da prescrição corresse por inteiro, consignou o legislador a regra em foco, para evitar que se extinguisse o direito estatal de punir".[19] Em sentido contrário, se o agente cumpre pena no Brasil, não ocorrerá a suspensão do prazo da prescrição.

Inciso III – A Lei nº 13.964, de 24 de dezembro de 2019, além de modificar o inc. II, substituindo a palavra *estrangeiro* por *exterior*, criou mais dois incisos no art. 116 do Código Penal. O inciso III prevê como causa suspensiva da prescrição a *pendência de embargos de declaração ou de recursos aos Tribunais Superiores, quando inadmissíveis*. Quando a lei menciona embargos de declaração e, logo em seguida, se refere a recursos aos Tribunais Superiores, devemos entender que o primeiro, qual seja, os embargos de declaração foram dirigidos à sentença de primeiro grau ou mesmo ao acórdão dos Tribunais, que não sejam os Superiores. Por outro lado, ao se referir a *recursos aos Tribunais Superiores*, podemos entender todos os recursos cabíveis, incluindo os embargos de declaração. Por *Superiores* somente podemos compreender o Tribunal Superior Eleitoral (TSE), o Superior Tribunal Militar (STM), o Superior Tribunal de Justiça (STJ) e o Supremo Tribunal Federal (STF), que possuem competência na área penal.

Somente haverá a suspensão do prazo prescricional se os recursos forem inadmissíveis. Em sendo admiti-

---

[19] MARQUES, José Frederico. *Tratado de direito penal*, v. III, p. 505.

dos, não terão força para suspender o curso do prazo prescricional.

Inciso IV – Também inserido ao art. 116 do Código Penal pela Lei nº 13.964, de 24 de dezembro de 2019, assevera que da mesma forma não corre a prescrição *enquanto não cumprido ou não rescindido o acordo de não persecução penal*. O acordo de não persecução penal encontra-se previsto no art. 28-A do Código de Processo Penal, que diz:

Art. 28-A. Não sendo caso de arquivamento e tendo o investigado confessado formal e circunstancialmente a prática de infração penal sem violência ou grave ameaça e com pena mínima inferior a 4 (quatro) anos, o Ministério Público poderá propor acordo de não persecução penal, desde que necessário e suficiente para reprovação e prevenção do crime, mediante as seguintes condições ajustadas cumulativa e alternativamente:

I – reparar o dano ou restituir a coisa à vítima, exceto na impossibilidade de fazê-lo;

II – renunciar voluntariamente a bens e direitos indicados pelo Ministério Público como instrumentos, produto ou proveito do crime;

III – prestar serviço à comunidade ou a entidades públicas por período correspondente à pena mínima cominada ao delito diminuída de um a dois terços, em local a ser indicado pelo juízo da execução, na forma do art. 46 do Decreto-Lei nº 2.848, de 7 de dezembro de 1940 (Código Penal);

IV – pagar prestação pecuniária, a ser estipulada nos termos do art. 45 do Decreto-Lei nº 2.848, de 7 de dezembro de 1940 (Código Penal), a entidade pública ou de interesse social, a ser indicada pelo juízo da execução, que tenha, preferencialmente, como função proteger bens jurídicos iguais ou semelhantes aos aparentemente lesados pelo delito; ou

V – cumprir, por prazo determinado, outra condição indicada pelo Ministério Público, desde que proporcional e compatível com a infração penal imputada.

(...)

§ 10. Descumpridas quaisquer das condições estipuladas no acordo de não persecução penal, o Ministério Público deverá comunicar ao juízo, para fins de sua rescisão e posterior oferecimento de denúncia.

§ 11. O descumprimento do acordo de não persecução penal pelo investigado também poderá ser utilizado pelo Ministério Público como justificativa para o eventual não oferecimento de suspensão condicional do processo.

§ 12. A celebração e o cumprimento do acordo de não persecução penal não constarão de certidão de antecedentes criminais, exceto para os fins previstos no inciso III do § 2º deste artigo.

§ 13. Cumprido integralmente o acordo de não persecução penal, o juízo competente decretará a extinção de punibilidade.

§ 14. No caso de recusa, por parte do Ministério Público, em propor o acordo de não persecução penal, o in-

vestigado poderá requerer a remessa dos autos a órgão superior, na forma do art. 28 deste Código.

Cumprimento de pena por outro processo

O parágrafo único do art. 116 do Código Penal determina que depois de passada em julgado a sentença condenatória, a prescrição não corre durante o tempo em que o condenado está preso por outro motivo. Não há falar, nessa hipótese, em prescrição da pretensão executória.

O cumprimento de pena imposta em outro processo, ainda que em regime aberto ou em prisão domiciliar, impede o curso da prescrição executória. Assim, não há que se falar em fluência do prazo prescricional, o que impede o reconhecimento da extinção de sua punibilidade (STJ, AgRg no RHC 123.523-SP, Rel. Min. Jorge Mussi, 5ª T., j. 13/04/2020).

Parlamentares

Recebida a denúncia contra Senador ou Deputado, por crime ocorrido após a diplomação, o Supremo Tribunal Federal dará ciência à Casa respectiva, que, por iniciativa de partido político nela representado e pelo voto da maioria de seus membros, poderá, até a decisão final, sustar o andamento da ação (§ 3º do art. 53 da CF). O pedido de sustação será apreciado pela Casa respectiva no prazo improrrogável de quarenta e cinco dias do seu recebimento pela Mesa Diretora (CF, art. 53, § 4º). *A sustação do processo suspende a prescrição, enquanto durar o mandato* (CF, art. 53, § 5º).

Suspensão condicional do processo

Caso venha a ser concedida, não correrá o prazo prescricional, nos termos do art. 89, § 6º, da Lei nº 9.099/95.

Citação por edital

Se o acusado, citado por edital, não comparecer, nem constituir advogado, ficarão suspensos o processo e o curso do prazo prescricional, podendo o juiz determinar a produção antecipada das provas consideradas urgentes e, se for o caso, decretar a prisão preventiva, nos termos do disposto no art. 312 (art. 366 do CPP).

O prazo máximo de suspensão do curso do processo e do prazo prescricional regular-se-á pela pena máxima em abstrato cominada, observados os prazos de prescrição previstos no art. 109 do Código Penal, nos termos do Enunciado nº 415 da Súmula do STJ. Descabe falar-se em necessária citação pessoal da recorrente quando da retomada do processo, visto que o fato de não ter sido encontrada, quando da instauração da ação penal, deu ensejo à citação por edital e, por conseguinte, à suspensão do curso do processo e do prazo prescricional, de modo que, passados mais de 13 (treze) anos do fato em si, operou-se, sobre essa fase do processo, a preclusão, devendo o feito ter o seu regular prosseguimento (STJ, RHC 69.270/SP, Rel. Min. Felix Fischer, 5ª T., *DJe* 26/08/2016).

Nesse sentido:

⚖ STJ, HC 159429/SP, Rel. Min. Felix Fischer, 5ª T., *DJe* 02/08/2010; TJRS, RSE 70009522616, 8ª Câm. Crim., Rel. Des. Luís Carlos Ávila de Carvalho Leite, j. 02/03/2005; TJRS, Emb. Infr. 70011971652, 4º Grupo Câm. Crim., Rel. Des. Nereu José Giacomolli, j. 26/08/2005; TJRS, RSE 70007800964, 8ª Câm. Crim., Rel. Roque Miguel Fank, j. 25/08/2004.

Suspensão do prazo prescricional e Súmula 415 do STJ

O Superior Tribunal de Justiça aprovou a Súmula 415, publicada no *DJe* 16 de dezembro de 2009, que diz:

⚖ **Súmula nº 415.** *O período de suspensão do prazo prescricional é regulado pelo máximo da pena cominada.*

Ante o silêncio da norma acerca de qual seria o prazo para a suspensão, esta Corte Superior consolidou o entendimento no sentido de que o período máximo da suspensão do prazo prescricional, no caso do artigo 366 do Código de Processo Penal, não pode ultrapassar aquele previsto no artigo 109 do Código Penal, considerada a pena máxima abstratamente prevista em lei para o delito analisado (STJ, AgRg no HC 105560/SP, Rel. Min. Rogério Schietti Cruz, 6ª T., *DJe* 27/06/2014).

Assim, para as hipóteses previstas pelo art. 366 do Código de Processo Penal, a suspensão do prazo prescricional será regulada pelo máximo da pena cominada em abstrato, nos termos do art. 109 do Código Penal.

Acusado que se encontra no estrangeiro, em lugar sabido

Estando o acusado no estrangeiro, em lugar sabido, será citado mediante carta rogatória, suspendendo-se o curso do prazo de prescrição até o seu cumprimento (art. 368 do CPP).

⚖ Prescrição. Pretensão punitiva. Inocorrência. Alegação de posterioridade da norma que previu a expedição de carta rogatória como causa de suspensão do prazo prescricional. Irrelevância, ante o não transcurso do lapso após o recebimento da denúncia – Inteligência do art. 117, I, do CP (TJSP, *RT* 837, p. 586).

Colaboração premiada na Lei nº 12.850, de 2 de agosto de 2013

A Lei nº 12.850, de 2 de agosto de 2013, cuidando da colaboração premiada, no que diz respeito à organização criminosa, em seu § 3º do art. 4º, assevera:

§ 3º O prazo para oferecimento de denúncia ou o processo, relativos ao colaborador, poderá ser suspenso por até 6 (seis) meses, prorrogáveis por igual período, até que sejam cumpridas as medidas de colaboração, suspendendo-se o respectivo prazo prescricional.

Causas interruptivas da prescrição

Art. 117. O curso da prescrição interrompe-se:

I – pelo recebimento da denúncia ou da queixa;

II – pela pronúncia;

III – pela decisão confirmatória da pronúncia;

IV – pela publicação da sentença ou acórdão condenatórios recorríveis;

V – pelo início ou continuação do cumprimento da pena;

VI – pela reincidência.

§ 1º Excetuados os casos dos incisos V e VI deste artigo, a interrupção da prescrição produz efeitos relativamente a todos os autores do crime. Nos crimes conexos, que sejam objeto do mesmo processo, estende-se aos demais a interrupção relativa a qualquer deles.

§ 2º Interrompida a prescrição, salvo a hipótese do inciso V deste artigo, todo o prazo começa a correr, novamente, do dia da interrupção.

Causas interruptivas da prescrição

Ao contrário do que ocorre com as causas suspensivas, que permitem a soma do tempo anterior ao fato que deu causa à suspensão da prescrição, com o tempo posterior, as causas interruptivas têm o condão de fazer com que o prazo, a partir delas, seja novamente reiniciado, ou seja, após cada causa interruptiva da prescrição deve ser procedida nova contagem do prazo, desprezando-se, para esse fim, o tempo anterior ao marco interruptivo.

⚖ A jurisprudência desta Corte Superior firmou-se no sentido de que o acórdão confirmatório da condenação não é causa interruptiva da prescrição. Precedentes (STJ, AgInt no REsp 1.789.323/RS, Rel. Min. Sebastião Reis Junior, 6ª T., *DJe* 03/09/2019).

Nesse sentido:

⚖ STJ, AgRg no HC 428.989/RN, Rel. Min. Jorge Mussi, 5ª T., *DJe* 09/08/2018; STJ, RHC 8391/GO, Rel. Min. Luiz Vicente Cernicchiaro, 6ª T., *RMP* 11, p. 498.

Recebimento da denúncia ou queixa

A prescrição é interrompida na data do despacho de *recebimento*, não importando a data do *oferecimento* da denúncia ou da queixa.

⚖ 1. Considera-se, para efeito de contagem do prazo para extinção da punibilidade pela prescrição, a data indicada pelo magistrado em sua decisão de recebimento da denúncia, independentemente do dia em que recebidos os autos na secretaria, ao contrário da sentença condenatória, que efetivamente depende de sua publicação em cartório, nos termos do art. 117, IV, do Código Penal (AgRg no RHC 125.371/

SP, Rel. Min. Rogerio Schietti Cruz, 6ª T., julgado em 02/06/2020, *DJe* 10/06/2020).

Nesse sentido:

STF, HC 104907/PE, Rel. Min. Celso de Mello, 2ª T., j. 10/05/2011, *Informativo* nº 626; STJ, Apn 94/DF, Rel. Min. Edson Vidigal, CE, *DJ* 11/03/2002, p. 151; STJ, RHC 6488/GO, Rel. Min. William Patterson, 6ª T., *RT* 753, p. 562.

Recebimento da denúncia ou queixa na nova legislação processual penal

As alterações no Código de Processo Penal levadas a efeito pela Lei nº 11.719, de 20 de junho de 2008, trouxeram alguns impasses. Isso porque, em duas passagens distintas, constantes dos arts. 396 e 399, fez-se menção ao recebimento da denúncia. Agora, a pergunta que fazemos é a seguinte: Em qual dos momentos previstos no Código de Processo Penal poderá ser reconhecido o recebimento da denúncia para efeitos de interrupção da prescrição? Seria na primeira oportunidade em que o julgador tomasse conhecimento da denúncia ou queixa (art. 396, *caput*, do CPP), ou após a resposta do réu (art. 399 do CPP)? Essas respostas, como percebemos, são extremamente importantes, uma vez que, dependendo do caso concreto, poderá importar no reconhecimento ou não da prescrição.

Duas posições se formaram após a edição do referido diploma legislativo. A primeira, entendendo que a denúncia deve ser considerada como recebida nos termos do art. 396 do Código de Processo Penal. Nesse sentido, podemos citar as lições de Nereu José Giacomolli, quando diz: "Da maneira como se estruturou a reforma, não há como ser sustentado ser o segundo momento o verdadeiro momento do recebimento da acusação. É o que se infere de uma leitura sistemática do art. 363 do CPP (processo penal se forma com a citação do acusado); do art. 366 do CPP (suspensão do processo após a citação por edital, quando o réu não comparecer e nem constituir advogado) e do art. 397 do CPP (absolvição sumária). Todos esses atos processuais e decisões ocorrem antes do recebimento da denúncia que está no art. 399 do CPP. Portanto, o momento do recebimento da acusação é o que se encontra previsto no art. 396 do CPP."[20]

Em sentido contrário, Paulo Rangel aduz: "Não há dúvida de que o legislador cometeu uma falta grave dentro da área da redação do recebimento da denúncia e merece um cartão vermelho. A denúncia apenas é recebida no art. 399 e a razão é simples:

A uma, quando a denúncia é oferecida, o juiz determina a citação do réu para responder à acusação.

A duas, oferecida a resposta prévia, o juiz é chamado a se manifestar sobre a presença ou não das causas mencionadas no art. 397, isto é, se absolve sumariamente ou não o acusado.

A três, não absolvendo sumariamente o réu, aí, sim, o juiz recebe a denúncia e determina audiência de instrução e julgamento.

Perceba que são passos, coerentes, que devem ser dados pelo juiz. Não faz sentido o juiz receber a denúncia no art. 396 e citar o réu para oferecer a resposta prévia. Por que a resposta prévia então? A resposta prévia é uma inovação das leis modernas que entraram em vigor no ordenamento jurídico possibilitando ao juiz ouvir primeiro o acusado, antes de colocá-lo no banco dos réus. É o exercício do contraditório e da ampla defesa, pois receber a denúncia antes da resposta prévia não faria sentido.

A Lei de Drogas – nº 11.343/2006 – também tem a mesma regra em seus arts. 55 e 56 onde o juiz apenas recebe a denúncia depois da manifestação da defesa.

A Lei do Jecrim nº 9.099/1995 – tem o art. 81, que permite que primeiro a defesa responda à acusação para depois o juiz receber ou não a acusação.

A expressão *recebê-la-á* do art. 396 não significa tecnicamente juízo de admissibilidade da acusação, mas sim o ato de 'entrar na posse' da petição inicial penal. Recebe em suas mãos a petição inicial. Se a denúncia é distribuída à vara criminal, ela é entregue ao juiz que a recebe em suas mãos, sem exercer ainda o juízo de admissibilidade."[21]

Entendemos, com a devida *venia*, que a razão se encontra com a segunda corrente, que preleciona que o recebimento da denúncia só acontece, efetivamente, no art. 399 do Código de Processo Penal. Isso porque, como bem salientou Paulo Rangel, inicialmente, ou seja, no momento previsto pelo art. 396 do Código de Processo Penal, o juiz toma o primeiro contato com a acusação.

Ali, se observar que a inicial padece de vícios graves, a exemplo da ausência de uma das condições necessárias para o regular exercício do direito de ação, como a ilegitimidade da parte, já a rejeitará de plano. Se, pelo menos superficialmente, tudo estiver em ordem, determinará a citação do acusado para que apresente sua resposta, por escrito, no prazo de 10 (dez) dias.

Após a resposta do réu, depois de sopesar os argumentos e as provas trazidas para os autos, se não for o caso de rejeição, ou mesmo de absolvição sumária, receberá a denúncia ou queixa e designará dia e hora para a audiência, ordenando a intimação do acusado, de seu defensor, do Ministério Público e, se for o caso, do querelante e do assistente, conforme dispõe o art. 399 do Código de Processo Penal.

Concluímos, outrossim, que somente nesse momento é que se considerará interrompida a prescrição, levando-se a efeito, consequentemente, os cálculos relativos aos prazos prescricionais.

---

[20] GIACOMOLLI, Nereu José. *Reformas (?) do processo penal*, p. 64-65.

[21] RANGEL, Paulo. *Direito processual penal*, p. 495.

Em sentido contrário, já decidiu o STJ:

⚖ A par da divergência doutrinária instaurada, na linha do entendimento majoritário (Andrey Borges de Mendonça; Leandro Galluzzi dos Santos; Walter Nunes da Silva Junior; Luiz Flávio Gomes; Rogério Sanches Cunha e Ronaldo Batista Pinto), é de se entender que o recebimento da denúncia se opera na fase do art. 396 do Código de Processo Penal. Apresentada resposta pelo réu nos termos do art. 396-A do mesmo diploma legal, não verificando o julgador ser o caso de absolvição sumária, dará prosseguimento ao feito, designando data para a audiência a ser realizada. A fundamentação referente à rejeição das teses defensivas, nesta fase, deve limitar-se à demonstração da admissibilidade da demanda instaurada, sob pena, inclusive, de indevido prejulgamento no caso de ser admitido o prosseguimento do processo-crime (HC 138089/SC, *Habeas Corpus* 2009/0106982-9, Rel. Min. Felix Fischer, 5ª T., *DJe* 22/03/2010).

Aditamento à denúncia

Não interrompe a prescrição, a não ser que contenha novos fatos que se traduzam em nova infração penal,[22] ou que importe em inclusão de novo acusado.[23] O *caput* do art. 384 do Código de Processo Penal, com a nova redação que lhe foi dada pela Lei nº 11.719, de 20 de junho de 2008, diz, textualmente: ***Art. 384.** Encerrada a instrução probatória, se entender cabível nova definição jurídica do fato, em consequência de prova existente nos autos de elemento ou circunstância da infração penal não contida na acusação, o Ministério Público deverá aditar a denúncia ou queixa, no prazo de 5 (cinco) dias, se em virtude desta houver sido instaurado o processo em crime de ação pública, reduzindo-se a termo o aditamento, quando feito oralmente.*

⚖ O aditamento da denúncia não se constitui em causa interruptiva da prescrição quando se circunscreve a retificar lapso verificado por ocasião do oferecimento da exordial, consistente, apenas, na descrição de circunstâncias fáticas já conhecidas em momento anterior ao início da ação penal (STJ, HC 23493/RS, Rel. Min. Felix Fischer, 5ª T., *RSTJ* 174, p. 461).

Nesse sentido:

⚖ STJ, REsp 276841/SP, Rel. Min. José Arnaldo da Fonseca, 5ª T., *DJ* 1º/07/2002, p. 371.

Despacho anterior anulado

O prazo prescricional será interrompido somente a partir do novo despacho de recebimento da peça inaugural, pois, segundo o STF,

⚖ termo inicial do prazo prescricional é o recebimento válido da denúncia e não despacho anterior de recebimento anulado (HC, Rel. Des. Thompson Flores, *RTJ* 95, p. 1.058).

É possível decisão que decreta a nulidade dos atos processuais posteriores à decisão que recebeu a denúncia, mantendo, contudo, hígido o seu recebimento. Inalterado o referido ato de recebimento, não pode deixar de considerá-lo válido para fins de interrupção da prescrição, conforme preceitua o art. 117, inc. I, do Código Penal – CP (STJ, AgRg no RHC 96.799/PR, Rel. Min. Joel Ilan Paciornik, 5ª T., *DJe* 03/08/2018).

Despacho que rejeita a denúncia ou a queixa

Não interrompe a prescrição.

⚖ O acórdão que dá provimento ao recurso contra a rejeição da denúncia vale desde logo como seu recebimento, nos termos do que dispõe o enunciado 709 da Súmula do Pretório Excelso. Deve, portanto, ser considerado como marco interruptivo da prescrição (STJ, AgRg no AREsp 8610/BA, Rel.ª Min.ª Maria Thereza de Assis Moura, 6ª T., *DJe* 22/06/2011).

Denúncia ou queixa recebida por juiz incompetente

Não interrompe a prescrição, somente o interrompendo, de acordo com Cezar Roberto Bitencourt, o recebimento renovado pelo *juiz natural*.[24]

⚖ Doutrina e jurisprudência são uniformes no sentido de que o recebimento da denúncia por magistrado absolutamente incompetente não interrompe o curso do prazo prescricional (STJ, RHC 29599/RS, Rel. Min. Jorge Mussi, 5ª T., *DJe* 20/06/2013).

Pronúncia

Nos processos de competência do Júri, a decisão de pronúncia interrompe a prescrição, contando-se tal marco interruptivo a partir da sua publicação em cartório, ou na data da inserção no sistema, nos casos dos processos eletrônicos.

Nesse sentido, prelecionam Luiz Carlos Betanho e Marcos Zilli: "A data da interrupção é o dia em que a decisão de pronúncia é baixada em cartório, o que pode corresponder ou não à data colocada pelo juiz".[25]

⚖ (...) 3. O art. 117, inciso II, do Código Penal, estabelece expressamente a sentença de pronúncia como marco interruptivo da prescrição. 4. A desclassificação da conduta no julgamento do recurso em sentido estrito para crime de competência do Juízo singular, constitui reforma da pronúncia por *error in judicando*. Nesse caso, é mantida a validade do ato jurisdicional e, por consequência, seu efeito como marco interruptivo da prescrição. Diferente seria se tivesse havido a anulação da pronúncia, por *error in procedendo*, quando a própria validade do ato jurisdicional teria sido atingida. 5.

---

[22] *JUTACrim* 35, p. 180.

[23] *RJD* 2, p. 128.

[24] BITENCOURT, Cezar Roberto. *Manual de direito penal* – parte geral, v. 1, p. 683.

[25] BETANHO, Luiz Carlos; ZILLI, Marcos. Arts. 107 a 120. In: FRANCO, Alberto Silva; STOCO, Rui (Coord.). *Código penal e sua interpretação* – doutrina e jurisprudência, p. 610.

De forma análoga, observa-se que o acórdão que, ao julgar a apelação defensiva, reforma a sentença condenatória e absolve o Acusado, não retira da sentença reformada o seu efeito de ter interrompido a prescrição. 6. *In casu*, a pena de detenção imposta ao Agravante, considerada para fins de prescrição sem a incidência do concurso formal (art. 70 do CP), é de 4 (quatro) anos. Nessas condições, o prazo prescricional é de 8 (oito) anos. 7. Portanto, diante da interrupção da prescrição, pela pronúncia, em 30/12/2009 (fls. 2.357-2.369), não se consumou o citado lapso prescricional entre o recebimento da denúncia, em 22/11/2004 (fls.529-533) e a publicação da sentença condenatória, em 08/05/2017 (fl.3.508), devendo ser reformado o acórdão recorrido. 8. Não há necessidade de que o Tribunal de origem promova novo exame da apelação, na medida em que, com o provimento do recurso especial do *Parquet* estadual – afastando a prescrição reconhecida no julgamento dos embargos infringentes (fls. 3.932-3.959) –, foi resgatado o aresto atinente ao julgamento das apelações defensivas (fls. 3.699-3.773), por meio do qual foram analisadas, debatidas e decididas todas as teses e fatos apresentados pela Defesa do ora Embargante. (...) 10. No que diz respeito à necessidade de que, afastada a prescrição da pretensão punitiva, seja determinada a devolução dos autos ao Tribunal a quo para julgar as demais alegações defensivas contidas nos embargos infringentes opostos na origem (fls. 3.890-3.909), com razão o Agravante, porquanto não houve pronunciamento daquela Corte acerca dos citados temas (...) (AgRg nos EDcl nos EDcl no REsp 1.816.442/RS, Rel. Min. Laurita Vaz, 6ª T., julgado em 22/09/2020, *DJe* 06/10/2020).

Nesse sentido:

🖋 STJ, REsp 658059/MG, Rel. Min. Gilson Dipp, 5ª T., *DJ* 13/12/2004, p. 439; STJ, RHC 9777/MG, Rel. Min. José Arnaldo da Fonseca, 5ª T., *LEXSTJ* 134, p. 297.

Desclassificação que afasta a competência do Júri

Se houver recurso da sentença de pronúncia e o Tribunal se manifestar no sentido da desclassificação da infração penal para aquela que não se encontre entre as de competência do Júri, remetendo os autos ao juízo monocrático competente, a pronúncia já não mais terá força interruptiva.

🖋 A sentença válida de pronúncia interrompe a prescrição, não sendo importante que o Júri venha a desclassificar o crime de homicídio qualificado para lesão corporal, pois seus efeitos permanecem (STJ, REsp 76593/SP, Rel. Min. Edson Vidigal, 5ª T., *RSTJ* 101, p. 244).

Desclassificação que mantém a competência do Júri

Se a desclassificação ainda disser respeito a crime de competência do Júri, mantida estará a interrupção da prescrição pela pronúncia. Da mesma forma, a desclassificação determinada pelo Conselho de Sentença

não afastará o efeito interruptivo da prescrição atribuído à sentença de pronúncia.

🖋 A sentença de pronúncia é causa interruptiva da contagem do prazo prescricional, carecendo de relevância o fato de haver o Tribunal do Júri desclassificado o delito de homicídio qualificado para o de lesões corporais de natureza grave (RE 11.813, Rel. Costa Lima, *DJU* de 07/10/1991, p. 13.980).

O STJ, firmando o seu posicionamento, editou a Súmula nº 191, que diz:

🖋 *Súmula nº 191.* A pronúncia é causa interruptiva da prescrição, ainda que o Tribunal do Júri venha a desclassificar o crime.

Anulação da pronúncia

A interrupção ocorrerá a partir da publicação da segunda pronúncia em cartório, ou na data da inserção no sistema, nos casos dos processos eletrônicos.

Decisão confirmatória da pronúncia

🖋 A interrupção do prazo prescricional se dá no dia da realização do julgamento, e não no dia da publicação do acórdão no *Diário da Justiça*. Com esse entendimento, a Turma indeferiu *habeas corpus* impetrado contra decisão tomada em ação penal originária pelo Tribunal de Justiça, em que se alegava a extinção da punibilidade pela prescrição da pretensão punitiva, considerando o lapso de tempo entre o recebimento da denúncia e o dia da publicação do acórdão condenatório (STF, HC 76.448-RS, Ac. da 2ª T. em 17/02/1998, Rel. Min. Néri da Silveira, *Informativo do Supremo Tribunal Federal* 100, *DORJ* 13/03/1998, Seção I, p. 4.).

Sentença ou acórdão condenatórios recorríveis

Interromperá a prescrição quando da sua publicação em cartório, e não a partir da sua publicação no órgão oficial de imprensa.

🖋 Recentemente, o Supremo Tribunal Federal, no julgamento do HC n. 176.473, de relatoria do Exmo. Ministro Alexandre de Moraes, pacificou novo posicionamento acerca do tema, fixando a premissa segundo a qual, "[n]os termos do inciso IV do artigo 117 do Código Penal, o Acórdão condenatório sempre interrompe a prescrição, inclusive quando confirmatório da sentença de 1.º grau, seja mantendo, reduzindo ou aumentando a pena anteriormente imposta" (EDcl no AgRg no RHC n. 109.530/RJ, relator Ministro RIBEIRO DANTAS, QUINTA TURMA, julgado em 26/5/2020, DJe 1º/6/2020)." (STJ/AgRg no AREsp 1.275.955/SP, Rel. Min. Antonio Saldanha Palheiro, 6ª T., julgado em 23/06/2020, *DJe* 01/07/2020).

Nesse sentido:

🖋 STJ, AgRg no AREsp 557.907/SP, Rel. Min. Antônio Saldanha Palheiro, 6ª T., *DJe* 18/06/2019; AgRg no HC 398.047/SP, Rel. Min. Ribeiro Dantas, 5ª T., j. 08/09/2020, *DJe* 15/09/2020; STJ, AgRg nos EDcl no REsp 1.687.713/

SP, Agravo Regimental nos Embargos de Declaração no Recurso Especial 2017/0191445-6, Rel. Min. Rogerio Schietti Cruz, 6ª T., j. 09/06/2020, *DJe* 17/06/2020; RHC 129.021/RO, Rel. Min. Joel Ilan Paciornik, 5ª T., j. 08/09/2020, *DJe* 14/09/2020; STF, RE 1237572 AgR, Rel. Min. Marco Aurélio, Rel. p/ Acórdão Min. Alexandre de Moraes, 1ª T., j. 26/11/2019; STF, RE 1.241.683 AgR/RS, Rel. orig. Min. Marco Aurélio, Red. p/ o Acórdão Min. Alexandre de Moraes, 1ª T., j. 04/02/2020; STJ, HC 390.384/MG, Rel. Min. Jorge Mussi, 5ª T., *DJe* 31/05/2017; STJ, AgRg no REsp 1.060.205/RS, Rel. Min. Nefi Cordeiro, 6ª T., *DJe* 19/05/2015; STF, RHC 101886 ED/SP, Rel.ª Min.ª Cármen Lúcia, 2ª T., *DJe* 07/05/2013; STJ, AgRg no AREsp 75419/SP, Rel.ª Min.ª Alderita Ramos de Oliveira, Desembargadora convocada do TJPE, 6ª T., *DJe* 1º/04/2013; STJ, REsp 77.050, Rel. Min. Luiz Vicente Cernicchiaro, *DJU* 13/05/1996, p. 15.583.

Em sentido contrário:

⚖ Nos termos do inciso IV do artigo 117 do Código Penal, o Acórdão condenatório sempre interrompe a prescrição, inclusive quando confirmatório da sentença de 1º grau, seja mantendo, reduzindo ou aumentando a pena anteriormente imposta (STF, HC 176.473, Rel. Min. Alexandre de Moraes, Tribunal Pleno, *DJe* 10/09/2020).

O art. 389 do Código de Processo Penal diz que a *sentença será publicada em mão do escrivão, que lavrará nos autos o respectivo termo, registrando-a em livro especialmente destinado a esse fim.*
O acórdão condenatório recorrível pode ser confirmatório da sentença condenatória de primeiro grau ou o que condenou, pela primeira vez, o acusado (em grau de recurso ou como competência originária). Como a Lei nº 11.596, de 29 de novembro de 2007, ao dar nova redação ao inc. IV do art. 117 do Código Penal não fez qualquer distinção, vários acórdãos sucessíveis, desde que recorríveis, podem interromper a prescrição.
Em sentido contrário, André Estefam aduz, a nosso ver equivocadamente, *permissa venia*, que somente o acórdão que reforma a sentença absolutória, condenando o réu em grau de recurso, é que pode interromper a prescrição, ressaltando que o acórdão que confirma a sentença condenatória não possui esse efeito.[26]

⚖ (...) 2. Nos termos da atual jurisprudência desta Corte Superior e do Supremo Tribunal Federal, o acórdão que confirma a sentença condenatória é marco interruptivo da prescrição, nos termos do art. 117, IV, do Código de Processo Penal, CPP. Precedentes. 3. O entendimento desta Corte Superior é no sentido de que, para fins de prescrição, a data do trânsito em julgado retroage à data do escoamento do prazo para a interposição do recurso admissível. Em outras

palavras, a decisão que nega seguimento a recurso possui natureza declaratória, com efeito *ex tunc*, de forma que o trânsito em julgado se opera quando do término do prazo para a interposição do recurso cabível que não fora admitido (...) (RHC 129.021/RO, Rel. Min. Joel Ilan Paciornik, 5.ª T., j. 08/09/2020, *DJe* 14/09/2020).

Em sentido contrário:

⚖ STJ, AgRg no AgRg no REsp 1.393.682/MG, Rel.ª Min.ª Maria Thereza de Assis Moura, 6ª T., *DJe* 06/05/2015.

Estamos com Paulo Queiroz quando, criticando essa posição assumida por parte de nossos doutrinadores, afirma que "o equívoco é manifesto. Primeiro porque esta lei não faz distinção entre acórdão condenatório e confirmatório da sentença condenatória, distinção que é própria da decisão de pronúncia, por outras razões; no particular a distinção é arbitrária, portanto. Segundo porque o acórdão que confirma a sentença condenatória a substitui. Terceiro, porque este acórdão é tão condenatório quanto qualquer outro. Quarto, porque a distinção implicaria conferir a este acórdão efeito próprio de absolvição. Quinto, porque não faria sentido algum que o acórdão que condena pela primeira vez interrompesse o prazo prescricional e o seguinte não. Finalmente, se os argumentos no sentido de distinguir acórdão condenatório e confirmatório faziam sentido antes da reforma, já agora não o fazem mais."[27]
A simples leitura do resultado durante a sessão do Tribunal já é suficiente para se concluir pela publicação do acórdão e consequente interrupção da prescrição.

Sentença condenatória anulada

A interrupção ocorrerá com a publicação da nova decisão.

⚖ A sentença penal condenatória anulada não interrompe a prescrição. (Precedentes do STJ e do STF.) (STJ, HC 30535/PR, Rel. Min. Felix Fischer, 5ª T., *DJ* 09/02/2004, p. 196).

Sentença concessiva do perdão judicial

Não interrompe a prescrição, tendo em vista ser de natureza meramente declaratória de extinção da punibilidade, nos termos da Súmula 18 do STJ.

Início ou continuação do cumprimento da pena

A data de início ou continuação do cumprimento da pena interrompe a prescrição da pretensão executória do Estado.

⚖ As instâncias ordinárias deixaram de reconhecer o implemento do prazo prescricional, uma vez que, diversamente da alegação do recorrente, não há se falar em prisão processual, mas sim em início do

---

[26] ESTEFAM, André. *Direito penal* – parte geral, p. 467.
[27] QUEIROZ, Paulo. *Direito Penal* – parte geral, p. 433.

cumprimento da pena, com expedição de guia própria e prisão em 30/05/2014. O recorrente apenas foi colocado em liberdade em virtude do deferimento de liminar que suspendeu a execução da pena, situação que não elide o marco interruptivo. Portanto, não há dúvidas de que o recorrente efetivamente deu início ao cumprimento da pena, situação que interrompe o prazo prescricional, nos termos do que consta do art. 117, inc. V, do Código Penal: "o curso da prescrição interrompe-se pelo início ou continuação do cumprimento da pena" (STJ, RHC 96.316/MS, Rel. Min. Reynaldo Soares da Fonseca, 5ª T., *DJe* 30/05/2018).

Nesse sentido:

⚖ STJ, EDcl no RHC 15447/SC, Rel.ª Min.ª Laurita Vaz, 5ª T., *DJ* 06/02/2006, p. 288; STJ, RHC 4275/RJ, Rel. Min. Edson Vidigal, 5ª T., *DJ* 05/02/1996, p. 1.408.

Reincidência

Como ressaltam Zaffaroni e Pierangeli, a prescrição da pretensão executória é interrompida "na data do trânsito em julgado de nova sentença condenatória, ou seja, com sentença condenatória por um segundo crime e não na data do cometimento desse crime, muito embora parte da jurisprudência se oriente em sentido contrário, ora pela data da prática do novo crime, ora pela data da instauração de nova ação penal".[28]

⚖ Consoante o entendimento pacificado nesta Corte Superior de Justiça, a reincidência, como causa de interrupção da prescrição da pretensão executória, é contada a partir da prática do novo delito, e não do trânsito em julgado de eventual sentença condenatória (STJ, HC 360.940/SC, Rel. Min. Jorge Mussi, 5ª T., *DJe* 22/09/2016).

Nesse sentido:

⚖ STJ, HC 185048/SP, Rel. Min. Og Fernandes, 5ª T., *DJe* 29/06/2012.

Efeitos da interrupção

Excetuados os casos dos incs. V e VI do art. 117 do Código Penal, a interrupção da prescrição produz efeitos relativamente a todos os autores do crime. Nos crimes conexos, que sejam objeto do mesmo processo, estende-se aos demais a interrupção relativa a qualquer deles.

⚖ A decretação da prescrição da pretensão punitiva do Estado impede, tão-somente, a formação do título executivo judicial na esfera penal, indispensável ao exercício da pretensão executória pelo ofendido, mas não fulmina o interesse processual no exercício da pretensão indenizatória a ser deduzida no juízo cível pelo mesmo fato (STJ, REsp 1.802.170, Rel. Min. Nancy Andrighi, 3ª T., *DJe* 26/02/2020).

Nesse sentido:

⚖ STJ, HC 398.587/RS, Rel.ª Min.ª Maria Thereza de Assis Moura, 6ª T., *DJe* 26/02/2018; STF, HC 71983/SP, Rel. Min. Marco Aurélio, 2ª T., *DJ* 31/05/1996, p. 18.801.

Prescrição da pretensão executória de pena alternativa

⚖ O marco determinante da interrupção do prazo prescricional da pretensão executória da pena alternativa é "o efetivo início do seu cumprimento no local designado pelo Juízo das Execuções" (HC 268.085/SP, Rel. Min. Moura Ribeiro, 5ª T., julg. 11/02/2014; HC 305.039/SP, Rel. Min. Jorge Mussi, 5ª T., julg. 16/12/2014; HC 203.786/SP, Rel.ª Min.ª Maria Thereza de Assis Moura, 6ª T., julg. 11/03/2014) (STJ, HC 314.862/SP) (STJ, HC 303.800/SP, Rel. Min. Newton Trisotto, Desembargador convocado do TJ-SC, 5ª T., *DJe* 05/05/2015).

Art. 118. As penas mais leves prescrevem com as mais graves.

⚖ Impõe-se a decretação da prescrição da pretensão punitiva, com base na pena fixada em concreto, pois já transcorreu lapso de mais 12 (doze) anos desde o último marco interruptivo da prescrição, isto é, a data do recebimento da denúncia, em 1º/07/2003 (vol. 10, fl. 3.513). A pena de multa relativa ao art. 317 do CP, também deve ser considerada prescrita, dada a ocorrência da prescrição da pena privativa da liberdade, conforme o disposto nos arts. 114, inc. II, e 118, ambos do Código Penal (STJ, APn 804/DF, Rel. Min. Og Fernandes, CE, *DJe* 07/03/2019).

Nesse sentido:

⚖ STJ, AgRg no AREsp 590.044/SP, Rel. Min. Jorge Mussi, 5ª T., *DJe* 16/12/2014; STJ, REsp 628730/SP, Rel. Min. Gilson Dipp, 5ª T., *DJ* 13/06/2005, p. 333; STJ, REsp 255646/MG, Rel.ª Min.ª Laurita Vaz, 5ª T., *RSTJ* 182, p. 447.

Art. 119. No caso de concurso de crimes, a extinção da punibilidade incidirá sobre a pena de cada um, isoladamente.

Concurso de crimes

Em razão da determinação contida no mencionado art. 119 do Código Penal, embora a pena final aplicada possa ter sido fruto de um concurso de crimes, para efeitos de prescrição, teremos de encontrar a pena de cada uma das infrações penais, individualmente, e sobre ela fazer o cálculo prescricional.

⚖ Tratando-se de concurso de crimes, e a extinção da punibilidade incidirá sobre a pena de cada um, isoladamente (art. 119, do Código Penal). Quando se tratar de crime continuado, a prescrição regula-se pela pena imposta na sentença, não se computando o acréscimo decorrente da continuação (Súmula n.

---

[28] ZAFFARONI, Eugênio Raúl; PIERANGELI, José Henrique. *Manual de direito penal brasileiro* – parte geral, p. 760.

497/STF). Considerando-se a data do último crime de estelionato foi em junho de 2004 e da denúncia recebida em 17/1/2012, bem como que a sentença anulada havia fixado as penas em 1 ano e 9 meses de reclusão (réu Carlos) e 1 ano e 6 meses de reclusão (réus Ricardo e Maria Fernanda), verifica-se o decurso dos 4 anos de prazo prescricional, nos termos do art. 109, V, c/c art. 110, § 2º (redação mais benéfica aos réus, anterior à da Lei 12.234/2010), ambos do Código Penal, devendo, portanto, ser reconhecida a extinção da punibilidade pela prescrição da pretensão punitiva dos delitos imputados ao paciente e aos corréus (STJ, AgRg no HC 564.758/SP, Rel. Min. Nefi Cordeiro, 6ª T., julgado em 16/06/2020, *DJe* 26/06/2020).

Nesse sentido:

⚖ STJ, AgRg no REsp 1.832.213/SC, Agravo Regimental no Recurso Especial 2019/0242694-3, Rel. Min. Reynaldo Soares da Fonseca, 5ª T., j. 03/12/2019, *DJe* 12/12/2019; STJ, EDcl no AgRg no RE nos EREsp 1.619.087/SC, Rel. Min. Humberto Martins, CE, *DJe* 22/03/2019; STJ, EDcl no AgRg no REsp 1.450.835/DF, Rel. Min. Felix Fischer, 5ª T., *DJe* 28/09/2016; STJ, REsp 1106603/SP, Rel. Min. Moura Ribeiro, 5ª T., *DJe* 27/06/2014; STJ, REsp 164762/SP, Rel. Min. Luiz Vicente Cernicchiaro, 6ª T., *LEXSTJ* 117, p. 342; STJ, HC 45140/DF, Rel. Min. Nilson Naves, 6ª T., *DJ* 06/02/2006, p. 358.

Súmula nº 497 do STF

⚖ *Quando se tratar de crime continuado, a prescrição regula-se pela pena imposta na sentença, não se computando o acréscimo decorrente da continuação.*

Perdão judicial

Art. 120. A sentença que conceder perdão judicial não será considerada para efeitos de reincidência.

Perdão judicial e reincidência

Como a natureza jurídica da sentença que concede o perdão judicial é declaratória de extinção da punibilidade, não poderá ser considerada para efeitos de reincidência.

⚖ Penal. Perdão judicial. Efeitos secundários. Alcance. Concebida a sentença concessiva do perdão judicial como de natureza extintiva da punibilidade, nenhum efeito secundário pode persistir. Recurso Especial Improvido (REsp 2201/SP, REsp 1990/0001454-9, Rel. Min. William Patterson, 6ª T., *RSTJ* 16, p. 480).

Súmula nº 18 do STJ

⚖ *A sentença concessiva do perdão judicial é declaratória da extinção da punibilidade, não subsistindo qualquer efeito condenatório.*

Concessão de perdão judicial e interesse em recorrer

Uma vez concedido o perdão judicial, nossos Tribunais têm decidido que falta ao sentenciado interesse de agir no sentido de recorrer para efeitos de modificação da decisão.

⚖ Perdão judicial. Extinção da punibilidade. Interesse de agir. Sendo o *perdão judicial* uma causa de extinção da punibilidade, falta ao seu beneficiário interesse processual para recorrer (*RJTAMG* 48, p. 378). Não podemos, no entanto, concordar com essa decisão, pois o sentenciado tem o direito subjetivo de alcançar um decreto absolutório, não devendo, obrigatoriamente, contentar-se com a sentença que lhe concedeu o perdão judicial. Há, portanto, segundo nossa posição, interesse de agir.

Título I – Dos Crimes contra a Pessoa

Capítulo I – Dos Crimes contra a Vida

Homicídio simples
Art. 121. Matar alguém:
Pena – reclusão, de 6 (seis) a 20 (vinte) anos.

Caso de diminuição de pena
§ 1º Se o agente comete o crime impelido por motivo de relevante valor social ou moral, ou sob o domínio de violenta emoção, logo em seguida a injusta provocação da vítima, o juiz pode reduzir a pena de 1/6 (um sexto) a 1/3 (um terço).

Homicídio qualificado
§ 2º Se o homicídio é cometido:
I – mediante paga ou promessa de recompensa, ou por outro motivo torpe;
II – por motivo fútil;
III – com emprego de veneno, fogo, explosivo, asfixia, tortura ou outro meio insidioso ou cruel, ou de que possa resultar perigo comum;
IV – à traição, de emboscada, ou mediante dissimulação ou outro recurso que dificulte ou torne impossível a defesa do ofendido;
V – para assegurar a execução, a ocultação, a impunidade ou vantagem de outro crime:
Pena – reclusão, de doze a trinta anos.
VI – Revogado pela Lei nº 14.994, de 9 de outubro de 2024.
VII – contra autoridade ou agente descrito nos arts. 142 e 144 da Constituição Federal, integrantes do sistema prisional e da Força Nacional de Segurança Pública, no exercício da função ou em decorrência dela, ou contra seu cônjuge, companheiro ou parente consanguíneo até terceiro grau, em razão dessa condição;
VIII – com emprego de arma de fogo de uso restrito ou proibido;

Homicídio contra menor de 14 (quatorze) anos
IX – contra menor de 14 (quatorze) anos:

Pena – reclusão, de 12 (doze) a 30 (trinta) anos.
§ 2º-A. Revogado pela Lei nº 14.994/2024.
§ 2º-B. A pena do homicídio contra menor de 14 (quatorze) anos é aumentada de:
I – 1/3 (um terço) até a metade se a vítima é pessoa com deficiência ou com doença que implique o aumento de sua vulnerabilidade;
II – 2/3 (dois terços) se o autor é ascendente, padrasto ou madrasta, tio, irmão, cônjuge, companheiro, tutor, curador, preceptor ou empregador da vítima ou por qualquer outro título tiver autoridade sobre ela.
III – 2/3 (dois terços) se o crime for praticado em instituição de educação básica pública ou privada.

Homicídio culposo
§ 3º Se o homicídio é culposo:
Pena – detenção, de 1 (um) a 3 (três) anos.

Aumento de pena
§ 4º No homicídio culposo, a pena é aumentada de 1/3 (um terço), se o crime resulta de inobservância de regra técnica de profissão, arte ou ofício, ou se o agente deixa de prestar imediato socorro à vítima, não procura diminuir as consequências do seu ato, ou foge para evitar prisão em flagrante. Sendo doloso o homicídio, a pena é aumentada de 1/3 (um terço) se o crime é praticado contra pessoa menor de 14 (quatorze) ou maior de 60 (sessenta) anos.
§ 5º Na hipótese de homicídio culposo, o juiz poderá deixar de aplicar a pena, se as consequências da infração atingirem o próprio agente de forma tão grave que a sanção penal se torne desnecessária.
§ 6º A pena é aumentada de 1/3 (um terço) até a metade se o crime for praticado por milícia privada, sob o pretexto de prestação de serviço de segurança, ou por grupo de extermínio.
§ 7º Revogado pela Lei nº 14.994/2024.

O primeiro homicídio

A Bíblia nos relata a história do primeiro homicídio, cometido por Caim contra seu irmão Abel, em Gênesis, Capítulo 4, versículo 8.

Homicídio simples, privilegiado e qualificado

O homicídio simples, previsto no *caput* do art. 121 do Código Penal, cuja pena de reclusão varia de 6 (seis) a 20 (vinte) anos, possui a redação mais compacta de todos os tipos penais incriminadores, que diz: *matar alguém*. O núcleo *matar* diz respeito à ocisão da vida de um homem, por outro homem. *Alguém* deve ser entendido como o *ser vivo*, nascido de mulher. O § 1º do art. 121 do Código Penal prevê o chamado homicídio privilegiado. Na verdade, a expressão *homicídio privilegiado*, embora largamente utilizada pela doutrina e pela jurisprudência, nada mais é do que uma *causa especial de redução de pena*, tendo influência no terceiro momento do cálculo da pena. Localizado após as causas de diminuição de pena encontra-se o homicídio qualificado, no § 2º do art. 121 do Código Penal, cominando uma pena de reclusão de 12 (doze) a 30 (trinta) anos.

Classificação doutrinária

Crime comum, tanto no que diz respeito ao sujeito ativo, quanto ao sujeito passivo; simples; de forma livre (como regra, pois existem modalidades qualificadas que indicam os meios e modos para a prática do delito, como ocorre nas hipóteses dos incs. III e IV), podendo ser cometido dolosa ou culposamente, comissiva ou omissivamente (nos casos de omissão imprópria, quando o agente possuir *status* de garantidor); de dano; material; instantâneo de efeitos permanentes; não transeunte; monossubjetivo; plurissubsistente; podendo figurar, também, a hipótese de *crime de ímpeto* (como no caso da violenta emoção, logo em seguida à injusta provocação da vítima).

Sujeito ativo e sujeito passivo

Sujeito ativo do delito de homicídio pode ser qualquer pessoa, haja vista tratar-se de um delito comum. *Sujeito passivo*, da mesma forma, também pode ser qualquer pessoa, em face da ausência de qualquer especificidade constante do tipo penal.

A Lei nº 13.142, de 6 de julho de 2015, inserindo o inciso VII no § 2º do art. 121 do Código Penal também o especializou, quando o qualificou tendo em vista a especial condição do sujeito passivo, vale dizer, quando o homicídio tiver como sujeito passivo autoridade ou agente descrito nos arts. 142 e 144 da Constituição Federal, integrantes do sistema prisional e da Força Nacional de Segurança Pública, no exercício da função ou em decorrência dela, ou contra seu cônjuge, companheiro ou parente consanguíneo até terceiro grau, em razão dessa condição. Assim, nesses casos, sujeitos passivos somente serão aqueles arrolados nos incisos VI e VII do § 2º do art. 121 do Código Penal.

Objeto material e bem juridicamente protegido

Objeto material do delito é a *pessoa* contra a qual recai a conduta praticada pelo agente. *Bem juridicamente protegido* é a vida e, num sentido mais amplo, a pessoa.

Exame de corpo de delito

Tratando-se de crime material, infração penal que deixa vestígios (não transeunte), o homicídio, para que possa ser atribuído a alguém, exige a confecção do indispensável exame de corpo de delito, direto ou indireto, conforme determinam os arts. 158 e 167 do CPP.

⚖ O aresto objurgado alinha-se a entendimento pacificado neste Sodalício no sentido de que, quando a conduta deixar vestígios, o exame de corpo de delito é indispensável à comprovação da materialidade do crime, podendo o laudo pericial ser suprido por outras provas somente quando os vestígios tenham desaparecido por completo ou o lugar se tenha tornado impróprio para a constatação dos peritos (STJ, AgRg no AREsp 860.122/RS, Rel. Min. Jorge Mussi, 5ª T., *DJe* 23/09/2016).

Nesse sentido:

⚖ TJRS, 1ª Câm., Rese 70027447374, Rel. Des. Marco Antônio Ribeiro de Oliveira, *DJ* 25/03/2009; STJ, HC 92644/DF, Rel.ª Min.ª Maria Thereza de Assis Moura, 6ª T., *DJe* 15/06/2009; STJ, REsp 1008913/RS, Rel. Min. Arnaldo Esteves Lima, 5ª T., *DJe* 09/03/2009; STJ, HC 109478/MG, Rel. Min. Felix Fischer, 5ª T., *DJe* 09/03/2009; STJ, HC 79735/RJ, Rel.ª Min.ª Maria Thereza de Assis Moura, 6ª T., *DJ* 03/12/2007, p. 368.

Cadeia de Custódia

O art. 158-A, inserido no Código de Processo Penal pela Lei nº 13.964, de 24 de dezembro de 2019, criou a chamada cadeia de custódia, dizendo, *verbis*:

Art. 158-A. Considera-se cadeia de custódia o conjunto de todos os procedimentos utilizados para manter e documentar a história cronológica do vestígio coletado em locais ou em vítimas de crimes, para rastrear sua posse e manuseio a partir de seu reconhecimento até o descarte.

§ 1º O início da cadeia de custódia dá-se com a preservação do local de crime ou com procedimentos policiais ou periciais nos quais seja detectada a existência de vestígio.

§ 2º O agente público que reconhecer um elemento como de potencial interesse para a produção da prova pericial fica responsável por sua preservação.

§ 3º Vestígio é todo objeto ou material bruto, visível ou latente, constatado ou recolhido, que se relaciona à infração penal.

Os arts. 158-B a 158-F, também inseridos no mesmo diploma processual pela Lei nº 13.964, de 24 de dezembro de 2019, especificam e cuidam de todos os procedimentos necessários à manutenção e documentação histórica cronológica do vestígio coletado.

Elemento subjetivo

O elemento subjetivo constante do *caput* do art. 121 do Código Penal é o dolo, ou seja, a vontade livre e consciente de matar alguém. O agente atua com o chamado *animus necandi* ou *animus occidendi*. A conduta do agente, portanto, é dirigida finalistica-mente a causar a morte de um homem.

Pode ocorrer o homicídio tanto a título de dolo direto, seja ele de primeiro ou de segundo grau, como eventual.

Modalidades comissiva e omissiva

Pode o delito ser praticado comissivamente quando o agente dirige sua conduta com o fim de causar a morte da vítima, ou omissivamente, quando deixa de fazer aquilo a que estava obrigado em virtude da sua qualidade de garantidor (crime omissivo impróprio), conforme preconizado pelo art. 13, § 2º, alíneas *a*, *b*, e *c* do Código Penal, agindo dolosamente em ambas as situações.

Meios de execução

Delito de forma livre, o homicídio pode ser pratica-do mediante diversos meios, que podem ser subdi-vididos em: *a)* diretos; *b)* indiretos; *c)* materiais; *d)* morais.

Podemos citar como exemplos de meios *diretos* na prática do homicídio o disparo de arma de fogo, a es-ganadura etc.; *indiretos*, o ataque de animais açulados pelo dono; os meios *materiais* podem ser mecâni-cos, químicos, patológicos; os meios *morais* são, por exemplo, o susto, o medo, a emoção violenta.

Consumação e tentativa

A consumação do delito de homicídio ocorre com o resultado morte. Admite-se a tentativa na modalida-de dolosa.

Homicídio privilegiado

Cuida-se, na verdade, de causa especial de diminui-ção de pena, também conhecida como *minorante*. Se afirmada no caso concreto, obrigará a redução da pena, não se tratando de faculdade do julgador, mas, sim, direito subjetivo do agente. O § 1º do art. 121 do Código Penal pode ser dividido em duas partes. Na primeira, residiria o *motivo de relevante valor social ou moral*; na segunda, quando o agente atua *sob o do-mínio de violenta emoção, logo em seguida à injusta provocação da vítima*.

A fração mínima de redução decorrente do ho-micídio privilegiado revela-se proporcional e concre-tamente motivada no acórdão recorrido, segundo o qual o delito foi perpetrado em local diverso daquele em que teria ocorrido a injusta provocação, tendo decorrido tempo suficiente para que o agravante pu-desse refletir melhor sobre sua conduta. Além disso, ele aguardou a saída da vítima do clube onde estava, interceptando-a dentro do táxi. A Corte de origem

consignou que o réu agiu com mais cólera e frieza do que com violenta emoção (STJ, AgRg no REsp 950.404/RS, Rel. Min. Antônio Saldanha Palheiro, 6ª T., *DJe* 21/03/2019).

Nesse sentido:

STJ, AgRg no AREsp 1.041.612/PR, Rel. Min. Joel Ilan Paciornik, 5ª T., *DJe* 13/03/2018; STJ, AgInt no HC 380.429/SP, Rel. Min. Nefi Cordeiro, 6ª T., *DJe* 31/08/2017; TJES, AC 048109001932, Rel. Sérgio Bizotto Pessoa de Mendonça, *DJe* 13/07/2011.

Motivo de relevante valor social ou moral

Relevante valor social é aquele motivo que atende aos interesses da coletividade. Não interessa tão so-mente ao agente, mas, sim, ao corpo social. A mor-te de um traidor da pátria, no exemplo clássico da doutrina, atenderia a coletividade, encaixando-se no conceito de valor social. Podemos traçar um pa-ralelo com a morte de um *político corrupto*, por um agente revoltado com a situação de impunidade no país.

Relevante valor moral é aquele que, embora impor-tante, é considerado levando-se em conta os interes-ses do agente. Seria, por assim dizer, um *motivo egois-ticamente considerado*, a exemplo do pai que mata o estuprador de sua filha.

As hipóteses de *eutanásia* também se amoldam à pri-meira parte do § 1º do art. 121 do Código Penal.

Não há que se ter como contraditória a decisão dos jurados que não vislumbra a ocorrência do ho-micídio privilegiado e, de outro lado, reconhece a incidência da atenuante prevista no art. 65, III, *a*, do Código Penal (Precedente). O privilégio contido no § 1º do art. 121 do CP, não se confunde com a atenuan-te genérica do art. 65, III, *a*, do mesmo diploma legal (STJ, HC 47448/MS, Rel. Min. Felix Fischer, 5ª T., *DJ* 13/02/2006, p. 839).

Sob o domínio de violenta emoção, logo em seguida a injusta provocação da vítima

Sob o domínio significa que o agente deve estar *com-pletamente dominado* pela situação. Caso contrário, se somente agiu influenciado, a hipótese não será de redução de pena em virtude da aplicação da mi-norante, mas tão somente de atenuação, em face da existência da circunstância prevista na alínea *c* do inc. III do art. 65 do Código Penal (*sob a influên-cia de violenta emoção, provocada por ato injusto da vítima*).

O reconhecimento da figura privilegiada cons-tante no § 1º do art. 121 do CP, de que o réu agiu sob violenta emoção, após injusta provocação da vítima, por ser de natureza subjetiva, é compatível com as qualificadoras de ordem objetiva, como na hipótese, do emprego de recurso que impossibilitou a defesa do ofendido. Precedentes (STJ, AgRg no REsp 950.404/RS, Rel. Min. Antônio Saldanha Palheiro, 6ª T., *DJe* 21/03/2019).

Nesse sentido:

⚖ TJDFT, APR 19980110369450, Rel. Getúlio Pinheiro, 2ª T., Crim., j. 22/02/2007, *DJ* 22/03/2007, p. 116; APR 20010110076124, Rel. Aparecida Fernandes, 2ª T. Crim., *DJ* 21/11/2007, p. 253.

Emoção, na definição de Hungria, "é um estado de ânimo ou de consciência caracterizado por uma viva excitação do sentimento. É uma forte e transitória perturbação da efetividade, a que estão ligadas certas variações somáticas ou modificações particulares das funções da vida orgânica (pulsar precípite do coração, alterações térmicas, aumento da irrigação cerebral, aceleração do ritmo respiratório, alterações vasimotoras, intensa palidez ou intenso rubor, tremores, fenômenos musculares, alteração das secreções, suor, lágrimas etc.)".

Logo em seguida denota relação de imediatidade, de proximidade com a provocação injusta a que foi submetido o agente. Isso não significa, contudo, que *logo em seguida* não permita qualquer espaço de tempo. O que a lei busca evitar, com a utilização dessa expressão, é que o agente que, provocado injustamente, possa ficar "ruminando" sua vingança, sendo, ainda assim, beneficiado com a diminuição da pena. Não elimina, contudo, a hipótese daquele que, injustamente provocado, vai até sua casa em busca do instrumento do crime, para com ele produzir o homicídio. Devemos entender a expressão *logo em seguida* utilizando um critério de razoabilidade.

Injusta provocação diz respeito ao fato de ter a vítima, com seu comportamento, feito eclodir a reação do agente. Injusta provocação não se confunde com injusta agressão, uma vez que esta última permite a atuação do agredido em legítima defesa, afastando a ilicitude da conduta.

⚖ O homicídio praticado friamente horas após pretendida injusta provocação da vítima não pode ser considerado privilegiado. A simples existência de emoção por parte do acusado igualmente não basta a seu reconhecimento, pois não se pode outorgar privilégios aos irascíveis ou às pessoas que facilmente se deixam dominar pela cólera (TJSP, AC, Rel. Gonçalves Sobrinho, *RT* 572, p. 325).

Homicídio qualificado

As qualificadoras constantes dos incisos do § 2º do art. 121 do Código Penal dizem respeito aos *motivos* (I, II, VI, VII e IX), *meios* (III e VIII), *modos* (IV) e *fins* (V).

⚖ [...] no delito de homicídio, havendo pluralidade de qualificadoras, uma delas indicará o tipo qualificado, enquanto as demais poderão indicar uma circunstância agravante, desde que prevista no artigo 61 do Código Penal, ou, residualmente, majorar a pena-base, como circunstância judicial [...]. (STJ, AgRg no HC 524.573/ES, Rel. Min. Laurita Vaz, 6ª T., julgado em 12/05/2020, *DJe* 28/05/2020 – Informações Complementares à Ementa).

Qualificadoras são circunstâncias e não elementares

⚖ Os dados que compõem o tipo básico ou fundamental (inserido no *caput*) são elementares (*essentialia delicti*); aqueles que integram o acréscimo, estruturando o tipo derivado (qualificado ou privilegiado) são circunstâncias (*accidentalia delicti*) (STJ, REsp 1.415.502/MG, Rel. Min. Felix Fischer, 5ª T., *DJe* 17/02/2017).

Paga ou promessa de recompensa

A paga é o valor ou qualquer outra vantagem, tenha ou não natureza patrimonial, *recebida antecipadamente*, para que o agente leve a efeito a empreitada criminosa. Já na *promessa de recompensa*, como a própria expressão demonstra, o agente não recebe antecipadamente, mas, sim, existe uma promessa de pagamento futuro. Tanto a paga quanto a promessa de recompensa não devem possuir, necessariamente, natureza patrimonial, podendo ser de qualquer natureza, a exemplo de uma promessa de casamento ou mesmo uma relação sexual. Embora exista controvérsia doutrinária e jurisprudencial, o mandante do crime não responderá por essa qualificadora, que diz respeito tão somente ao executor, podendo sua conduta, contudo, se amoldar a um motivo torpe, fútil ou, até mesmo, de relevante valor moral ou social.

⚖ Aliás, no ponto, a colenda Quinta Turma do Superior Tribunal de Justiça, no julgamento do Resp 1.415.502/MG (Rel. Ministro Felix Fischer, *DJe* 17/02/2017), firmou compreensão no sentido de que o motivo torpe (por exemplo, a qualificadora da paga ou promessa de recompensa) não é elementar do crime de homicídio e, em consequência, possuindo caráter pessoal, não se comunica sequer aos mandantes (STJ, AgRg no AgRg no AREsp 1.322.867/SP, Rel. Min. Joel Ilan Paciornik, 5ª T., julgado em 23/06/2020, *DJe* 29/06/2020).

Nesse sentido:

⚖ STJ, HC 447.390/SC, Rel.ª Min.ª Laurita Vaz, 6ª T., *DJe* 30/04/2019; STJ, REsp 1.415.502/MG, Rel. Min. Felix Fischer, 5ª T., *DJe* 17/02/2017; STJ, HC 99.144/RJ, Rel. Min. Og Fernandes, 6ª T., j. 04/11/2008.

Motivo torpe

O inc. I se vale de uma interpretação analógica, dando a entender que a paga e a promessa de recompensa são motivos torpes. Torpe é o motivo abjeto que causa repugnância, nojo, sensação de repulsa pelo fato praticado pelo agente.

Vingança

⚖ A vingança como motivo é aquela que mais vivamente ofende a moralidade média, o senso ético social comum. É o motivo abjeto, repugnante, indigno. A realidade fática, as características do acontecimento, as peculiaridades relevantes e as condições das pessoas envolvidas é que nortearão o intérprete na acolhida ou na repulsa do gravame. Embora reprovável, não se pode acoimar de repugnante o sentimento do acusado no presente caso, que matou a vítima para vingar a morte de seu pai, a qual ocorreu quando o réu era criança e de forma violenta, pois, depois de ser morto, seu pai fora jogado aos porcos. Tal circunstância, no passado, afasta, de plano, a apontada torpeza do motivo (STJ, REsp 1.637.001/PR, Rel. Min. Rogério Schietti Cruz, 6ª T., *DJe* 19/12/2017).

Nesse sentido:

⚖ TJRS, RESE 70052860954, Rel. Des. Nereu José Giacomolli, j. 28/03/2013; STJ, HC 80107/SP, Rel. Min. Felix Fischer, 5ª T., *DJ* 25/02/2008, p. 339; TJMG, Processo 1.0000.00.297427-7/000[1], Rel. Min. Mercêdo Moreira, pub. 12/03/2003.

Ciúmes e motivo torpe

⚖ Esta Corte possui jurisprudência no sentido de que, a depender do contexto, o ciúme pode caracterizar o motivo torpe que qualifica o crime de homicídio, cabendo ao Tribunal do Júri tal valoração, caso a caso. Precedentes (STJ, AgRg no AREsp 1.134.833/SP, Rel. Min. Joel Ilan Paciornik, 5ª T., *DJe* 1º/02/2018).

Nesse sentido:

⚖ STJ, AgRg no AREsp 363919/PR, Rel. Min. Jorge Mussi, 5ª T., *DJe* 21/05/2014; TJRS, RESE 70052860954, Rel. Des. Nereu José Giacomolli, j. 28/03/2013; TJMG, Processo 1.0433.04.138531-4/001[1], Rel. Min. Paulo Cézar Dias, pub. 19/04/2006.

Motivo fútil

É o motivo insignificante, que faz com que o comportamento do agente seja desproporcional. Segundo Heleno Fragoso, "é aquele que se apresenta, como antecedente psicológico, desproporcionado com a gravidade da reação homicida, tendo-se em vista a sensibilidade moral média".[1]

⚖ O Tribunal de origem entendeu que o xingamento verificado durante a primeira discussão havida entre o réu e a vítima imprimiu maior seriedade ao desentendimento instaurado entre ambos, razão por que não considerou fútil a motivação do crime contra a vida e, assim, determinou o novo julgamento da ação penal. 2. Contudo, a análise da questão relativa ao xingamento e à agressão física praticados pelo ofendido contra o agravante foi submetida ao conhecimento e deliberação do conselho de sentença, que, à toda evidência, se posicionou pela desproporcionalidade entre o crime de homicídio e a sua causa, qualificando-a como fútil dentro do contexto fático que lhes foi apresentado. 3. Em outras palavras, à luz da interpretação que fez sobre as provas dos autos, o tribunal do júri julgou mais adequado reconhecer o homicídio qualificado, na forma do art. 121, § 2º, II, do Código Penal, optando pela versão que considerou mais adequada no caso concreto (STJ, AgRg no

REsp 1.864.231/MG, Rel. Min. Jorge Mussi, 5ª T., julgado em 16/06/2020, *DJe* 25/06/2020).

Embriaguez e motivo fútil

⚖ Em que pese o estado de embriaguez possa, em tese, reduzir ou eliminar a capacidade do autor de entender o caráter ilícito ou determinar-se de acordo com esse entendimento, tal circunstância não afasta o reconhecimento da eventual futilidade de sua conduta. Precedentes do STJ (STJ, REsp 908396/MG, Rel. Min. Arnaldo Esteves Lima, 5ª T., *DJe* 30/03/2009).

Nesse sentido:

⚖ TJRJ, 2007.050.00956/AP, 8ª Câm. Crim., Rel. Valmir de Oliveira Silva, j. 22/05/2007.

Ciúmes e motivo fútil

⚖ Na linha dos precedentes desta Corte, "o sentimento de ciúme pode tanto inserir-se na qualificadora do inciso I ou II do § 2º, ou mesmo no privilégio do § 1º, ambos do art. 121 do CP, análise feita concretamente, caso a caso (STJ, REsp 1.415.502/MG, Rel. Min. Felix Fischer, 5ª T., *DJe* 17/02/2017).

Nesse sentido:

⚖ TJRS, RSE, 70019252436, 3ª Câm. Rel.ª Des.ª Elba Aparecida Nicolli Bastos, *DJ* 13/10/2007; TJRS, Recurso em Sentido Estrito 70023116387, 3ª Câm. Crim., Rel.ª Elba Aparecida Nicolli Bastos, j. 13/03/2008; STJ, RHC 019268, Rel.ª Min.ª Jane Silva (Desembargadora convocada do TJMG), *DJ* 28/02/2008.

Ausência de motivo

⚖ A jurisprudência desta Corte Superior não admite que a ausência de motivo seja considerada motivo fútil, sob pena de se realizar indevida analogia em prejuízo do acusado. Precedente (STJ, HC 369.163/SC, Rel. Min. Joel Ilan Paciornik, 5ª T., *DJe* 06/03/2017).

Nesse sentido:

⚖ STJ, HC 152548/MG, Rel. Min. Jorge Mussi, 5ª T., *DJe* 25/04/2011; STJ, REsp 769651/SP, Rel.ª Min.ª Laurita Vaz, 5ª T., *DJ* 15/05/2006, p. 281.

Emprego de veneno, fogo, explosivo, asfixia, tortura ou outro meio insidioso ou cruel, ou de que possa resultar perigo comum

Veneno, que deve ser ministrado insidiosamente, ou seja, sem que a vítima tenha conhecimento, é, de acordo com as lições de Almeida Júnior, Taylor e Fonzes Diacon: "*a)* toda substância que, atuando química ou bioquimicamente sobre o organismo, lesa a integridade corporal ou a saúde do indivíduo ou lhe produz a morte; *b)* toda substância, que, introduzida, por absorção, no sangue, é capaz de afetar seriamente a saúde ou destruir a vida; *c)* uma substância quími-

---

[1] FRAGOSO, Heleno Cláudio. *Lições de direito penal – parte especial (arts. 121 a 160)*, p. 53.

ca definida que, introduzida no organismo, age, até a dose tóxica, proporcionalmente à massa e ocasiona desordens, podendo acarretar a morte".[2]

A utilização de *fogo* também qualifica o homicídio, uma vez que se trata de meio extremamente cruel à sua execução. Infelizmente, a mídia tem noticiado, com certa frequência, a utilização de fogo em mortes de mendigos, índios, enfim, de pessoas em situação de grande vulnerabilidade, que vivem embaixo de viadutos, em praças públicas etc. Também é comum a veiculação de informações de traficantes que se valem desse meio cruel a fim de causar a morte de suas vítimas, normalmente prendendo-as entre pneus de caminhão, para, logo em seguida, embebidas em combustível, atear-lhes fogo no corpo, fazendo, assim, uma fogueira humana.

Explosivo é o meio utilizado pelo agente que traz perigo, também, a um número indeterminado de pessoas. Matar a vítima arremessando contra ela uma granada qualifica o homicídio pelo uso de explosivo. Segundo Hungria, "na sua decomposição brusca, o explosivo opera a violenta deslocação e destruição de matérias circunjacentes. Não há que distinguir entre *substâncias e aparelhos ou engenhos* explosivos. Entre os explosivos mais conhecidos, podem ser citados os derivados da nitroglicerina (*dinamite*), da nitrobenzina (*belite*), do nitrocresol (*cresolite*), da nitronaftalina (*schneiderite, chedite*), do nitrotolueno (*trotil ou tolite*), do trinitofenol ou ácido pícrico (*melinite, lidite*), o algodão-pólvora (explosivo mediante choque), os fulminatos, os explosivos com base de *ar líquido* etc."[3]

Asfixia é a supressão da respiração. Conforme lições de Hungria, "o texto legal não distingue entre *asfixia mecânica* e *asfixia tóxica* (produzida por gases deletérios, como o óxido de carbono, o gás de iluminação, o cloro, o bromo etc.). A asfixia mecânica pode ocorrer: a) por oclusão dos orifícios respiratórios (nariz e boca) ou sufocação direta; b) por oclusão das vias aéreas (glote, laringe, traqueia, brônquios); c) por compressão da caixa torácica (sufocação indireta); d) por supressão funcional do campo respiratório. Os processos de provocação da asfixia mecânica são o *enforcamento*, o *imprensamento*, o *estrangulamento*, o *afogamento*, a *submersão*, a *esganadura*".[4]

A *tortura*[5], também, encontra-se no rol dos meios considerados cruéis, que têm por finalidade qualificar o homicídio. Importa ressaltar que a tortura, qualificadora do homicídio, não se confunde com aquela prevista pela Lei nº 9.455, de 7 de abril de 1997, uma vez que, no homicídio, a tortura é um meio para se alcançar o resultado morte, enquanto, na legislação específica, ela é um fim em si mesma.

Insidioso é o meio utilizado pelo agente sem que a vítima dele tome conhecimento; *cruel*, a seu turno, é aquele que causa um sofrimento excessivo, desnecessário à vítima enquanto viva, obviamente, pois a crueldade praticada após a sua morte não qualifica o delito. Esquartejar uma pessoa ainda viva configura-se meio cruel à execução do homicídio; esquartejá-la após a sua morte já não induz a ocorrência da qualificadora. *Perigo comum* é aquele que abrange um número indeterminado de pessoas.

🖋 Não há incompatibilidade entre o dolo eventual reconhecimento do meio cruel, na medida em que o dolo do agente, direto ou indireto, não exclui a possibilidade de a prática delitiva envolver o emprego de meio mais reprovável, como veneno, fogo, explosivo, asfixia, tortura ou outro meio insidioso ou cruel (art. 121, § 2º, III, do CP) (STJ, AgRg no REsp 1.573.829/SC, Rel. Min. Reynaldo Soares da Fonseca, 5ª T., julgado em 09/04/2019). (STJ, REsp 1.829.601-PR, Rel. Min. Nefi Cordeiro, 6ª T., julgado em 04/02/2020).

Nesse sentido:

🖋 STJ, HC 472.380/TO, Rel. Min. Reynaldo Soares da Fonseca, 5ª T., *DJe* 20/05/2019; STJ, REsp 1.430.435/RS, Rel. Min. Rogerio Schietti Cruz, 6ª T., *DJe* 30/03/2015; TJSC, Recurso Criminal 2012.080804-9, Rel. Des. Jorge Schaefer Martins, j. 23/05/2013.

Multiplicidade de golpes

🖋 É entendimento desta Corte que a reiteração de golpes na vítima, ao menos em princípio e para fins de pronúncia, é circunstância indiciária do "meio cruel" previsto no inc. III do § 2º do art. 121 do Código Penal, não se tratando, pois, de qualificadora manifestamente improcedente que autorize o excepcional decote pelo juiz da pronúncia, pena de usurpação da competência constitucionalmente atribuída ao Tribunal do Júri (STJ, AgRg no REsp 1.721.923/PR, Rel. Min. Nefi Cordeiro, 6ª T., *DJe* 19/06/2018).

Nesse sentido:

🖋 STJ, REsp 1241987/PR, Rel.ª Min.ª Maria Thereza de Assis de Moura, 6ª T., *DJe* 24/02/2014; TJSC, RESE 2013.024379-6, Rel. Des. Volnei Celso Tomazini, j. 16/07/2013; TJMG, Processo 1.0103.07.003039-2/001, Rel. Judimar Biber, *DJ* 11/01/2008; TJDFT, SER 20030510003757, Rel. Sérgio Rocha, 2ª T. Crim., *DJ* 22/03/2007, p. 115; STJ, REsp 743110/MG, Rel. Min. Felix Fischer, 5ª T., *DJ* 27/03/2006, p. 322.

Perícia

🖋 Negando o exame pericial o emprego de meio cruel para a execução do homicídio, tal qualificadora só poderá ser acolhida se houver nos autos provas

---

[2] *Apud* DOUGLAS, William; CALHAU, Lélio Braga; KRYMCHANTOWSKY, Abouch V.; DUQUE, Flávio Granado. *Medicina legal*, p. 125.

[3] HUNGRIA, Nélson. *Comentários ao código penal*, v. V, p. 163-164.

[4] HUNGRIA, Nelson. *Comentários ao código penal*, v. V, p. 164.

[5] *Vide* Lei nº 12.847, de 2 de agosto de 2013, que instituiu o Sistema Nacional de Prevenção e Combate à Tortura, criou o Comitê Nacional de Prevenção e Combate à Tortura e o Mecanismo Nacional de Prevenção e Combate à Tortura, além de adotar outras providências.

suficientes para desconstituir tal exame (TJCE, APn 1998.02737-3, 2ª Câm. Crim., Rel. Des. José Evandro Nogueira Lima, *DJCE* 07/04/2000).

À traição, de emboscada, ou mediante dissimulação ou outro recurso que dificulte ou torne impossível a defesa do ofendido

Segundo as lições de Guilherme de Souza Nucci, "trair significa enganar, ser infiel, de modo que, no contexto do homicídio, é a ação do agente que colhe a vítima por trás, desprevenida, sem ter esta qualquer visualização do ataque. O ataque súbito, pela frente, pode constituir *surpresa*, mas não traição".[6]

⚖ Havendo provas nos autos, estreme de dúvidas, de que a vítima não foi colhida de surpresa, pois poderia facilmente prever uma reação violenta do ora recorrente, é de rigor que a qualificadora do emprego de recurso que impossibilitou sua defesa (§ 2º, IV, do art. 121, do CP) seja excluída da decisão de pronúncia (TJPR, Acórdão 22401, Recurso em Sentido Estrito, 1ª Câm. Crim., Rel. Mário Helton Jorge, j. 17/01/2008, *DJ* 7.558).

A *emboscada* pode ser entendida como uma espécie de traição. Nela, contudo, o agente se coloca escondido, de tocaia, aguardando a vítima passar, para que o ataque tenha sucesso.

Dissimular tem o significado de ocultar a intenção homicida, fazendo-se passar por amigo, conselheiro, enfim, dando falsas mostras de amizade, a fim de facilitar o cometimento do delito.

A fórmula genérica contida na parte final do inc. IV em estudo faz menção à utilização de recurso que *dificulte* ou *torne impossível* a defesa do ofendido. *Dificultar*, como se percebe, é um *minus* em relação ao *tornar impossível* a defesa do ofendido. Naquele, a vítima tem alguma possibilidade de defesa, mesmo que dificultada por causa da ação do agente. *Tornar impossível* é eliminar, completamente, qualquer possibilidade de defesa por parte da vítima, a exemplo da hipótese em que esta é morta enquanto dormia.

⚖ O recurso que dificulta ou torna impossível a defesa do ofendido é aquele que se assemelha à traição, emboscada ou dissimulação. Não basta que a vítima não espere o ato agressivo, é necessário que se configurem hipóteses de surpresa para a vítima. Trata-se de fórmula genérica em que se exige que o recurso utilizado tenha a mesma natureza das qualificadoras da traição, emboscada e dissimulação (fórmulas estas casuísticas). Essa qualificadora traduz um modo insidioso da atividade executiva do crime, que obsta a defesa da vítima, comprometendo total ou parcialmente seu potencial defensivo (TJRS, RSE 70035215474, 3ª Câmara Criminal, Rel. Des. Odone Sanguiné, *DJERS* 30/07/2010).

Nesse sentido:

⚖ TJMG, Processo 1.0223.08.249168-7/001, Rel. Min. Antônio Armando dos Anjos, *DJ* 15/07/2009; TJMG, Processo 1.0000.00.297427-7/000 [1], Rel. Min. Mercêdo Moreira, pub. 12/03/2003.

Para assegurar a execução, a ocultação, a impunidade ou a vantagem de outro crime

Toda vez que for aplicada a qualificadora em estudo, o homicídio deverá ter relação com outro crime, havendo, outrossim, a chamada *conexão*.

Julio Fabbrini Mirabete, com precisão, assevera: "Essas circunstâncias, que configurariam a rigor motivo torpe, originam casos de conexão teleológica ou consequencial. A conexão *teleológica* ocorre quando o homicídio é perpetrado como meio para executar outro crime (homicídio para poder provocar um incêndio). A conexão consequencial ocorre quando é praticado ou para *ocultar* a prática de outro delito (homicídio contra o perito que vai apurar apropriação indébita do agente), ou para assegurar a *impunidade* dele (homicídio da testemunha que pode identificar o agente como autor de um roubo), ou para fugir à prisão em flagrante (*RT* 434/358), ou para garantir a *vantagem* do produto, preço ou proveito de crime (homicídio contra o coautor de roubo ou furto para apossar-se da *res furtiva*)".[7]

Diz-se *teleológica* a conexão quando se leva em consideração o fim em virtude do qual é praticado o homicídio. No caso da qualificadora do inc. V, será considerada teleológica a conexão quando o homicídio é cometido com o fim de assegurar a execução de outro crime. Por exemplo, matar o vigilante da agência bancária no dia anterior à prática do crime de roubo. Ressalte-se que, neste caso, o homicídio é cometido para que se assegure a execução de um crime futuro.

Consequencial é a conexão em que o homicídio é cometido com a finalidade de assegurar a ocultação ou a vantagem de outro crime. Ao contrário da situação anterior, aqui o delito de homicídio é praticado com vista a ocultar, assegurar a impunidade ou a vantagem de um crime já cometido.

Quando se busca assegurar a *ocultação*, o que se pretende, na verdade, é manter desconhecida a infração penal praticada, a exemplo do marido que mata a única testemunha que o viu enterrar o corpo de sua mulher, também morta por ele. Já quando o agente visa assegurar a *impunidade*, a infração penal é conhecida, mas a sua autoria ainda se encontra ignorada, a exemplo da hipótese do agente que mata também a única testemunha que presenciou o homicídio, cujo corpo fora deixado em um local público. Quanto à *vantagem de outro crime*, conforme esclarece Hungria, "o propósito do agente é garantir a fruição de qualquer vantagem, patrimonial ou não, direta ou in-

[6] NUCCI, Guilherme de Souza. *Código penal comentado*, p. 392.

[7] MIRABETE, Julio Fabbrini. *Manual de direito penal*, p. 74.

direta, resultante de outro crime",[8] como no caso daquele que mata seu companheiro de roubo para que fique sozinho com o produto do crime.

Com relação às qualificadoras contidas no inc. V em exame, devem ser ressaltadas as seguintes indagações:

1) se o agente comete o homicídio com o fim de assegurar a execução de outro crime que, por um motivo qualquer, não vem a ser praticado, ainda deve subsistir a qualificadora? Sim, haja vista a maior censurabilidade do comportamento daquele que atua motivado por essa finalidade;

2) se o agente comete o homicídio a fim de assegurar a ocultação ou a impunidade de um delito já prescrito, também subsiste a qualificadora? Sim, pelas mesmas razões apontadas acima;

3) se o agente pratica o homicídio para assegurar, em tese, a impunidade de um crime impossível, na hipótese, por exemplo, em que mata a testemunha que o viu apunhalar a suposta vítima, que já estava morta? Segundo Damásio, "a qualificadora subsiste, uma vez que o Código pune a maior culpabilidade do sujeito, revelada em sua conduta subjetiva";[9]

4) e se o homicídio é cometido com o fim de assegurar a execução, a ocultação, a impunidade ou a vantagem de uma *contravenção penal*? Em virtude da proibição da analogia *in malam partem*, não se pode ampliar a qualificadora a fim de nela abranger, também, as contravenções penais, sob pena de ser violado o princípio da legalidade em sua vertente do *nullum crimen nulla poena sine lege stricta*, podendo o agente, entretanto, dependendo da hipótese, responder pelo homicídio qualificado pelo motivo torpe ou fútil.

Contra autoridade ou agente descrito nos arts. 142 e 144 da Constituição Federal, integrantes do sistema prisional e da Força Nacional de Segurança Pública, no exercício da função ou em decorrência dela, ou contra seu cônjuge, companheiro ou parente consanguíneo até terceiro grau, em razão dessa condição

A Lei nº 13.142, de 6 de julho de 2015, inseriu o inciso VII, ao § 2º do art. 121 do Código Penal, criando mais uma modalidade qualificada, na hipótese em que o agente praticar o crime de homicídio contra autoridade ou agente descrito nos arts. 142 e 144 da Constituição Federal, integrantes do sistema prisional e da Força Nacional de Segurança Pública, no exercício da função ou em decorrência dela, ou contra seu cônjuge, companheiro ou parente consanguíneo até terceiro grau, em razão dessa condição.

De acordo com a redação constante do inciso VII do § 2º do art. 121 do Código Penal, são considerados sujeitos passivos os integrantes:

I – das Forças Armadas – Exército, Marinha ou Aeronáutica (art. 142 da CF);

II – polícia federal;

III – polícia rodoviária federal;

IV – polícia ferroviária federal;

V – polícias civis;

VI – polícias militares e corpos de bombeiros militares.

VII – polícias penais federal, estaduais e distrital.

§ 1º A polícia federal, instituída por lei como órgão permanente, organizado e mantido pela União e estruturado em carreira, destina-se a:

I – apurar infrações penais contra a ordem política e social ou em detrimento de bens, serviços e interesses da União ou de suas entidades autárquicas e empresas públicas, assim como outras infrações cuja prática tenha repercussão interestadual ou internacional e exija repressão uniforme, segundo se dispuser em lei;

II – prevenir e reprimir o tráfico ilícito de entorpecentes e drogas afins, o contrabando e o descaminho, sem prejuízo da ação fazendária e de outros órgãos públicos nas respectivas áreas de competência;

III – exercer as funções de polícia marítima, aeroportuária e de fronteiras;

IV – exercer, com exclusividade, as funções de polícia judiciária da União.

§ 2º A polícia rodoviária federal, órgão permanente, organizado e mantido pela União e estruturado em carreira, destina-se, na forma da lei, ao patrulhamento ostensivo das rodovias federais.

§ 3º A polícia ferroviária federal, órgão permanente, organizado e mantido pela União e estruturado em carreira, destina-se, na forma da lei, ao patrulhamento ostensivo das ferrovias federais.

§ 4º Às polícias civis, dirigidas por delegados de polícia de carreira, incumbem, ressalvada a competência da União, as funções de polícia judiciária e a apuração de infrações penais, exceto as militares.

§ 5º Às polícias militares cabem a polícia ostensiva e a preservação da ordem pública; aos corpos de bombeiros militares, além das atribuições definidas em lei, incumbe a execução de atividades de defesa civil.

§ 5º-A. Às polícias penais, vinculadas ao órgão administrador do sistema penal da unidade federativa a que pertencem, cabe a segurança dos estabelecimentos penais.

§ 6º As polícias militares e os corpos de bombeiros militares, forças auxiliares e reserva do Exército subordinam-se, juntamente com as polícias civis e as polícias penais estaduais e distrital, aos Governadores dos Estados, do Distrito Federal e dos Territórios.

§ 7º A lei disciplinará a organização e o funcionamento dos órgãos responsáveis pela segurança pública, de maneira a garantir a eficiência de suas atividades.

[8] HUNGRIA, Nélson. *Comentários ao código penal*, v. V, p. 169.
[9] JESUS, Damásio E. de. *Direito penal*, v. 2, p. 71.

§ 8º Os Municípios poderão constituir guardas municipais destinadas à proteção de seus bens, serviços e instalações, conforme dispuser a lei.

§ 9º A remuneração dos servidores policiais integrantes dos órgãos relacionados neste artigo será fixada na forma do § 4º do art. 39.

§ 10. A segurança viária, exercida para a preservação da ordem pública e da incolumidade das pessoas e do seu patrimônio nas vias públicas:

I – compreende a educação, engenharia e fiscalização de trânsito, além de outras atividades previstas em lei, que assegurem ao cidadão o direito à mobilidade urbana eficiente; e

II – compete, no âmbito dos Estados, do Distrito Federal e dos Municípios, aos respectivos órgãos ou entidades executivos e seus agentes de trânsito, estruturados em Carreira, na forma da lei.

Da mesma forma, serão considerados sujeitos passivos o cônjuge, companheiro ou parente consanguíneo até o terceiro grau, em razão dessa condição, ou seja, considerando seu vínculo familiar com qualquer uma das autoridades ou agentes previstos pelos arts. 142 e 144 da Constituição Federal, conforme elenco acima indicado.

Só estão abrangidos pelo inciso VII, do § 2º do art. 121 do Código Penal aqueles que exerçam uma função policial *lato sensu*, e integrantes do sistema prisional, e não as demais autoridades, mesmo que ligadas de alguma forma à Justiça Penal.

Para que incida a qualificada *sub examen* é preciso que o homicídio tenha sido praticado enquanto algumas das autoridades ou agentes acima mencionados estiverem no exercício da função ou em decorrência dela.

Infelizmente, temos tido notícias frequentes de policiais mortos durante o exercício de suas funções. Em muitos casos, criminosos passam em frente a postos policiais, ou mesmo diante de viaturas, e efetuam disparos, querendo simplesmente causar-lhes a morte. Isso ocorre, inclusive, em locais supostamente pacificados, a exemplo das comunidades cariocas, onde já foram instaladas Unidades de Polícia Pacificadora. Da mesma forma, quando criminosos identificam, ou descobrem locais de residências de policiais, vão à sua captura, a fim de matá-los. Quando os homicídios são praticados nessas circunstâncias, ou seja, durante o exercício da função ou em decorrência dela, é que se poderá aplicar a qualificadora em questão.

O que estamos querendo afirmar, com isso, é que não é pelo fato de ser vítima de homicídio uma autoridade ou agente descrito nos arts. 142 e 144 da Constituição Federal que, automaticamente, entenderemos pelo homicídio qualificado. Isso porque a morte de uma dessas pessoas poderá ser ocasionada por diversos outros motivos, que afastarão a qualificadora em estudo. Assim, por exemplo, se durante uma discussão sobre futebol, o agente acaba causando a morte de um policial militar, que com ele se encontrava no interior de um bar, o fato poderá se amoldar a outro tipo qualificado, que não o previsto no inciso VII do § 2º do art. 121 do Código Penal.

Será possível, ainda, o reconhecimento da qualificadora, mesmo na hipótese em que a autoridade ou o agente descrito nos arts. 142 e 144 da Constituição Federal já esteja aposentado, desde que, como temos frisado, o homicídio se dê em razão da função que exercia anteriormente. Assim, não é incomum que, por exemplo, alguém venha a matar um policial que acabara de se aposentar, pelo simples fato de ter exercido suas funções na Polícia Militar, na Polícia Civil etc.

Se o homicídio for praticado contra cônjuge, companheiro ou parente consanguíneo até terceiro grau, de alguma das autoridades ou agentes descritos nos arts. 142 e 144 da Constituição Federal, em razão dessa condição, o fato também será qualificado. No que diz respeito ao cônjuge ou companheiro, não há dúvida na interpretação. O problema surge quando a lei faz menção a parente consanguíneo até o terceiro grau. *Parentes consanguíneos* seriam pai, mãe e filhos (em primeiro grau), irmãos, avós e netos (em segundo grau), e tios, sobrinhos, bisavós e bisnetos (em terceiro grau). *Parentes por afinidade*, que não estão abrangidos pela qualificadora em estudo, são sogro, sogra, genro, nora, padrasto, madrasta e enteados, cunhados.

Como a lei utilizou a palavra *consanguíneo*, como ficaria a situação do filho adotivo, mesmo que a Constituição Federal, em seu art. 227, § 6º, tenha proibido quaisquer designações discriminatórias? O art. 1.593 do Código Civil diz que o parentesco é natural ou civil, conforme resulte de consanguinidade ou outra origem. Assim, temos que concluir, forçosamente, que não existe consanguinidade quando o filho for adotivo, mesmo que não possamos mais utilizar essa expressão discriminatória. Não há consanguinidade, ou seja, relação de sangue, que permite um reconhecimento de um tronco comum com relação ao filho adotivo. Dessa forma, infelizmente, se o homicídio for praticado contra o filho adotivo de um policial, em razão dessa condição, não poderemos aplicar a qualificadora do inciso VII do § 2º do art. 121 do Código Penal, tendo em vista que, caso assim fizéssemos, estaríamos utilizando a chamada analogia *in malam partem*.

Como se trata de uma qualificadora de natureza subjetiva, será impossível a aplicação da causa especial de diminuição de pena prevista no § 1º do art. 121 do diploma repressivo, não se admitindo, outrossim, o chamado homicídio qualificado-privilegiado.

Com emprego de arma de fogo de uso restrito ou proibido

O inciso VIII do § 2º do art. 121 do Código penal havia vetado pelo Presidente da República, e fazia parte do chamado "Pacote Anticrime". Contudo, na sessão de 19 de abril de 2021, o referido veto foi rejeitado pelo Congresso Nacional, que o fez inserir no Código Penal.

Assim, nos termos do mencionado inciso VIII, o emprego de arma de fogo de uso restrito ou proibido importará no reconhecimento do homicídio qualificado.

Em 25 de junho de 2019, foi publicado o Decreto nº 9.847, cujos incisos II e III do art. 2º, definindo os conceitos de arma de fogo de uso restrito e de uso proibido, dizem:

Art. 2º Para fins do disposto neste Decreto, adotam-se as definições e classificações constantes do Anexo I ao Decreto nº 10.030, de 30 de setembro de 2019, e considera-se, ainda:

I – registros precários – dados referentes ao estoque de armas de fogo, acessórios e munições das empresas autorizadas a comercializá-los; e

II – registros próprios – aqueles realizados por órgãos, instituições e corporações em documentos oficiais de caráter permanente.

Contra menor de 14 (catorze) anos

A Lei nº 14.344, de 24 de maio de 2002, conhecida como "Lei Henry Borel", inseriu o inciso IX ao § 2º do art. 121 do Código Penal, criando mais uma qualificadora quando o homicídio for praticado contra menor de 14 (catorze) anos.

Por menor de 14 anos devemos entender aqueles que ainda não atingiram essa idade, ou seja, somente incidirá a qualificadora quando o agente ainda não estiver com catorze anos completos.

Para que incida a referida qualificadora, deverá o agente conhecer a idade da vítima, pois, caso contrário, poderá ser alegado o chamado erro de tipo, previsto no art. 20 do estatuto repressivo.

A idade da vítima deverá, ainda, ser demonstrada nos autos, através de documento hábil, nos termos do art. 155 do Código de Processo Penal.

Dolo eventual e qualificadoras

A qualificadora do meio cruel é compatível com o dolo eventual (STJ, REsp 1.829.601-PR, 6ª T., Rel. Min. Nefi Cordeiro, julgado em 04/02/2020).

Nesse sentido:

STJ, AgRg no REsp 1.573.829/SC, Rel. Min. Reynaldo Soares da Fonseca, 5ª T., *DJe* 13/05/2019; STJ, HC 454.375/SP, Rel. Min. Reynaldo Soares da Fonseca, 5ª T., *DJe* 10/08/2018; STJ, REsp 1.486.745/SP, Rel. Min. Sebastião Reis Júnior, 6ª T., *DJe* 12/04/2018; STF, HC 111.442/RS, Rel. Min. Gilmar Mendes, 2ª T., j. 28/08/2012; STJ, REsp 1.601.276/RJ, Rel. Min. Rogério Schietti Cruz, 6ª T., *DJe* 23/06/2017; STJ, REsp 1.556.874/RJ, Rel. Min. Jorge Mussi, 5ª T., *DJe* 03/10/2016; STJ, REsp 1.277.036/SP, Rel. Min. Jorge Mussi, 5ª T., *DJe* 10/01/2014; STJ, AgRg no REsp 1.349.051/SP, Rel.ª Min.ª Maria Thereza de Assis Moura, 6ª T., *DJe* 03/09/2013; STF, HC 95136/PR, Rel. Min. Joaquim Barbosa, 2ª T., j. 1º/03/2011, *Informativo*

nº 618; STF, RHC 92571/DF, Rel. Min. Celso de Mello, j. 30/06/2009.

Competência para julgamento do homicídio doloso

O Tribunal do Júri é o competente para julgar os crimes dolosos contra a vida, consumados ou tentados (art. 74, § 1º, do Código de Processo Penal) destacando-se entre eles o homicídio, em todas as suas modalidades – simples, privilegiada e qualificada, conforme se verifica na alínea *d* do inc. XXXVIII do art. 5º da Constituição Federal.

Trata-se de *habeas corpus* em que se discute a competência para o processamento e julgamento de crimes dolosos contra a vida em se tratando de violência doméstica. No caso, cuida-se de homicídio qualificado tentado. Alega a impetração sofrer o paciente constrangimento ilegal em decorrência da decisão do tribunal *a quo* que entendeu competente o juizado especial criminal para processar e julgar, até a fase de pronúncia, os crimes dolosos contra a vida praticados no âmbito familiar. A Turma concedeu a ordem ao entendimento de que, consoante o disposto na própria lei de organização judiciária local (art. 19 da Lei nº 11.697/2008), é do tribunal do júri a competência para o processamento e julgamento dos crimes dolosos contra a vida, ainda que se trate de delito cometido no contexto de violência doméstica. Precedentes citados: HC 163.309/DF, *DJe* 1º/02/2011; e HC 121.214/DF, *DJe* 08/06/2009 (STJ, HC 145.184/DF, Rel.ª Min.ª Laurita Vaz, 5ª T., j. 03/03/2011, *Informativo* nº 465).

Homicídio culposo

O agente produz o resultado morte mediante seu comportamento imprudente, negligente ou imperito.

(...) O Superior Tribunal de Justiça já se manifestou no sentido de que a figura prevista no art. 302, § 3º, do CTB é aplicada ao crime de homicídio culposo, como uma forma qualificada na hipótese do agente agir mediante a influência de álcool, circunstância diversa da identificada nos autos, na qual a conduta descrita foi entendida como dolosa pelo Tribunal do Júri, na modalidade de dolo eventual (AgRg no AREsp 1.619.107/MG, Rel. Min. Jorge Mussi, 5ª T., julgado em 23/06/2020, *DJe* 04/08/2020).

Nesse sentido:

STJ, RHC 102.992/SP, Rel. Min. Nefi Cordeiro, 6ª T., *DJe* 11/04/2019; AgRg no AgRg nos EDcl no AREsp 1.619.066/SP, Rel. Min. Jorge Mussi, 5ª T., j. 19/05/2020, *DJe* 28/05/2020; STJ, RHC 22557/SP, Rel. Min. Haroldo Rodrigues, 6ª T., *DJe* 28/06/2011.

Negligência médica

O Tribunal *a quo* valorou negativamente as circunstâncias do crime, em razão do intenso sofrimento pelo qual passou a vítima, de pouca idade, antes de vir a óbito, o qual decorreu de complicação pós-cirúrgica. Cuida-se de elemento concreto não inerente ao tipo penal de homicídio culposo, mostrando-se idôneo o fundamento para justificar a majoração da pena-base. Se a caracterização da culpa está lastreada na negligência (omissão no dever de cuidado) e a aplicação da causa de aumento da inobservância de regra técnica se assenta em outros fatos (prescrição de medicamento inadequado), inexiste o alegado *bis in idem* na incidência da aludida majorante (STJ, REsp 1.385.814/MG, Rel. Min. Sebastião Reis Junior, 6ª T., *DJe* 15/09/2016).

Nesse sentido:

⚖ TJSP, AC 150220108260589, Rel. Des. Machado de Andrade, *DJe* 11/06/2013; TJMG, Processo 1.0384.00.008361-6/001[1], Rel. Des. Pedro Vergara, *DJ* 22/06/2007; TJRS, Ap. Crim. 70018563890, 2ª Câm. Crim., Rel.ª Des.ª Elba Aparecida Nicolli Bastos, j. 25/09/2007.

Causas de aumento de pena quando o homicídio é praticado contra menor de 14 (quatorze) anos

O § 2º-B foi inserido ao art. 121 do Código Penal pela Lei nº 14.344, de 24 de maio de 2022, prevendo, em seu inciso I, o aumento de 1/3 (um terço) até a metade se a vítima é pessoa com deficiência ou com doença que implique o aumento de sua vulnerabilidade, e no inciso II o aumento de 2/3 (dois terços) se o autor é ascendente, padrasto ou madrasta, tio, irmão, cônjuge, companheiro, tutor, curador, preceptor ou empregador da vítima ou por qualquer outro título tiver autoridade sobre ela.

Trata-se de majorantes que somente serão aplicadas nas hipóteses em que a vítima do homicídio for menor de 14 (catorze) anos.

Havendo o concurso de causas especiais de aumento de pena, deverá ser observado o parágrafo único do art. 68 do Código Penal, podendo o juiz limitar-se a um só aumento, prevalecendo, contudo, a causa que mais aumente.

Embora o § 2º-B do art. 121 do Código Penal não o diga expressamente, tal como ocorreu no § 4º do mesmo artigo, as majorantes, em virtude de sua situação topográfica, somente serão aplicadas às hipóteses de homicídio doloso contra vítima menor de 14 (catorze) anos.

Causas de aumento de pena do § 4º do art. 121 do Código Penal

O § 4º do art. 121 do Código Penal prevê o aumento de 1/3 (um terço) da pena nas seguintes hipóteses:

1) homicídio culposo:
   a) se o crime resulta de inobservância de regra técnica de profissão, arte ou ofício;
   b) se o agente deixa de prestar imediato socorro à vítima, não procura diminuir as consequências do seu ato, ou foge para evitar a prisão em flagrante;

2) homicídio doloso:
   a) se o crime é cometido contra pessoa menor de 14 (quatorze) ou maior de 60 (sessenta) anos.

Tendo em vista o fato de que ser menor de 14 (quatorze) anos passou a se configurar como uma qualificadora do crime de homicídio, conforme o disposto no inciso IX, inserido no §2º do art. 121 do Código Penal, pela Lei nº 14.344, de 24 de maio de 2022, a primeira majorante em estudo (se o crime é cometido contra pessoa menor de 14 [quatorze]) não poderá ser aplicada, sob pena de ocorrer o chamado bis in idem, ao contrário das hipóteses específicas elencadas pelos incisos I e II do §2º-B do mesmo artigo.

A sua manutenção serve, tão somente, para efeitos de aplicação do § 7º do art. 129 do Código Penal.

Haverá um aumento também de 1/3 (um terço) quando a vítima for maior de 60 (sessenta anos).

Para que incida o aumento previsto pelo § 4º do art. 121 do Código Penal o agente deverá conhecer a idade da vítima, pois, caso contrário, poderá ser arguido o chamado erro de tipo (art. 20 do CP).

⚖ As instâncias ordinárias, soberanas na análise das circunstâncias fáticas da causa, entenderam que o recorrente praticou o delito previsto no art. 121, § 4º, do Código Penal, pois, na qualidade de médico, ao ser chamado, por três vezes, deixou de prestar atendimento a paciente que veio a óbito, por estar dormindo e mesmo após ser acordado e tomar conhecimento do fato, não foi ao local. Não configura *bis in idem*, a incidência conjunta da causa de aumento da pena definida pelo art. 121, § 4º, do Código Penal, relativa à inobservância de regra técnica de profissão, arte ou ofício, no homicídio culposo cometido com imperícia médica. 6. Agravo regimental parcialmente provido, tão somente, para afastar a intempestividade do agravo em recurso especial (STJ, AgRg nos EDcl no AREsp 1.686.212/SE, Rel. Min. Reynaldo Soares da Fonseca, 5ª T., julgado em 23/06/2020, *DJe* 30/06/2020).

Nesse sentido:

⚖ STJ, AgRg nos EDcl no REsp 1.661.283/PA, Rel. Min. Nefi Cordeiro, 6ª T., *DJe* 26/03/2019; STJ, AgRg no AREsp 1.078.977/RJ, Rel. Min. Joel Ilan Paciornik, 5ª T., *DJe* 02/04/2018; STJ, AgRg no AREsp 746.465/RJ, Rel. Min. Joel Ilan Paciornik, 5ª T., *DJe* 31/08/2016; STJ, HC 222.216/RJ, Rel. Min. Jorge Mussi, 5ª T., *DJe* 27/04/2015.

Inobservância de regra técnica

O aumento da pena se deve ao fato de que o agente, mesmo tendo os conhecimentos das técnicas exigidas ao exercício de sua profissão, arte ou ofício, não os utiliza por leviandade, sendo maior, portanto, o juízo de reprovação que deve recair sobre o seu comportamento.

⚖ (...) Nos termos da jurisprudência desta Quinta Turma, correta a aplicação da causa de aumento prevista no art. 121, § 4º, do CP em razão de uma maior reprovabilidade pela ausência de observância das regras técnicas de profissão ou ofício na ocasião do cometimento da conduta criminosa (REsp 1.609.502/MT, Rel. Min. Ribeiro Dantas, 5ª T., julgado em 02/06/2020, *DJe* 15/06/2020).

Nesse sentido:

STJ, AgRg no AREsp 1.097.076/SP, Rel. Min. Reynaldo Soares da Fonseca, 5ª T., *DJe* 28/02/2018; STJ, RHC 22.557/SP, Rel. Min. Haroldo Rodrigues (Desembargador convocado do TJ/CE), 6ª T., j. 17/05/2011, *Informativo* nº 473; STJ, REsp 606170/SC, Rel.ª Min.ª Laurita Vaz, 5ª T., *RT*, v. 845, p. 543; STJ, RHC 17530/RS, Rel. Min. Arnaldo Esteves Lima, 5ª T., *DJ* 26/09/2005, p. 407.

O agente deixa de prestar o imediato socorro à vítima, não procura diminuir as consequências do seu ato, ou foge para evitar a prisão em flagrante

Na primeira hipótese, o agente demonstra sua insensibilidade para com o sofrimento alheio, cuja autoria se lhe atribui. Aquele que, culposamente, ofende, inicialmente, a integridade corporal ou a saúde de alguém deve fazer o possível para que se evite a produção do resultado mais gravoso, vale dizer, a morte da vítima. A negação do socorro demonstra a maior reprovabilidade do comportamento, que merecerá, consequentemente, maior juízo de reprovação. Da mesma forma, aumenta-se a pena aplicada quando o agente *não procura diminuir as consequências de seu ato*, quer dizer, segundo Hungria, que não tenta, "na medida do possível, atenuar o dano ocasionado por sua culpa, como quando, por exemplo, deixa de transportar a malferida vítima ao primeiro posto hospitalar ou a uma farmácia, ou omite qualquer providência indicada pela necessidade do seu urgente tratamento".[10] Como exemplo cita-se aquele que, sabendo que a vítima não possui condições financeiras para arcar com o custo do tratamento e medicamentos, não a auxilia materialmente nesse sentido, deixando-a à própria sorte, ou também naquele caso em que o agente, ameaçado de ser linchado pela população revoltada com o seu comportamento, não busca socorro junto às autoridades.

A última das majorantes aplicáveis ao homicídio culposo diz respeito ao fato do agente que foge para evitar sua prisão em flagrante. *Ab initio* deve ser destacado o fato de que se a vida do agente correr perigo, como acontece quando o seu linchamento é iminente, tendo em vista a manifestação de populares que se encontravam no local do acidente, não se lhe pode exigir que permaneça no local dos fatos, afastando-se, outrossim, a majorante.

Perdão judicial

Será cabível na hipótese de homicídio culposo, podendo o juiz deixar de aplicar a pena se as consequências da infração atingirem o próprio agente de

forma tão grave que a sanção penal se torne desnecessária. Entendemos que o perdão judicial pode ser entendido sob os dois aspectos, ou seja, como um *direito subjetivo* do acusado ou como uma *faculdade do julgador*. Isso dependerá da hipótese concreta e das pessoas envolvidas. Assim, sendo o caso de crime cometido por ascendente, descendente, cônjuge, companheiro ou irmão, o perdão judicial deverá ser encarado como um direito subjetivo do agente, uma vez que, nesses casos, presume-se que a infração penal atinja o agente de forma tão grave que a sanção penal se torna desnecessária.

Por outro lado, há situações em que o julgador deverá, caso a caso, verificar a viabilidade ou não da aplicação do perdão judicial. Imagine-se a hipótese daquele que, querendo mostrar sua arma ao seu melhor amigo, acidentalmente, faz com que ela dispare, causando-lhe a morte. Seria aplicável, aqui, o perdão judicial, uma vez que o agente que causou a morte de seu melhor amigo ficou tremendamente abalado psicologicamente, pensando, inclusive, em dar cabo da própria vida, em razão da sua imprudência? A resposta virá, como dissemos, no caso concreto, não se podendo generalizar, como nas situações em que houver uma relação de parentesco próximo entre o agente e a vítima, conforme destacamos anteriormente.

Não é possível a extensão do efeito de extinção da punibilidade pelo perdão judicial, concedido em relação a homicídio culposo que resultou na morte da mãe do autor, para outro crime, tão somente por terem sido praticados em concurso formal (Precedente do STF) (STJ, REsp 1009822/RS, Rel. Min. Felix Fischer, 5ª T., *DJe* 03/11/2008).

Perdão judicial no Código de Trânsito Brasileiro

Embora não conste expressamente no CTB, em face do veto presidencial do artigo que previa o perdão judicial para os crimes de homicídio culposo e lesão corporal culposa praticados na direção de veículo automotor, acreditamos, com a corrente majoritária, ser possível, por questões de política criminal, a aplicação do perdão judicial aos arts. 302 e 303 do Código de Trânsito Brasileiro. Isso porque não seria razoável entender que, embora as razões que fizeram inserir o perdão judicial para os crimes de homicídio culposo e lesão corporal culposa tenham sido, sem dúvida, o elevado número de acidentes de trânsito, agora que foram criadas infrações penais específicas para esse tipo de acidente, o perdão judicial não pudesse ser aplicado.

1. O texto do § 5º do art. 121 do Código Penal não definiu o caráter das consequências, mas não deixa dúvidas quanto à forma grave com que essas devem atingir o agente, ao ponto de tornar desnecessária a sanção penal. 2. Não há empecilho a que se

10 HUNGRIA, Nélson. *Comentários ao código penal*, v. V, p. 188.

aplique o perdão judicial nos casos em que o agente do homicídio culposo – mais especificamente nas hipóteses de crime de trânsito – sofra sequelas físicas gravíssimas e permanentes, como, por exemplo, ficar tetraplégico, em estado vegetativo, ou incapacitado para o trabalho. 3. A análise do grave sofrimento, apto a ensejar, também, a inutilidade da função retributiva da pena, deve ser aferido de acordo com o estado emocional de que é acometido o sujeito ativo do crime, em decorrência da sua ação culposa. 4. A melhor doutrina, quando a avaliação está voltada para o sofrimento psicológico do agente, enxerga no § 5º a exigência de um vínculo, de um laço prévio de conhecimento entre os envolvidos, para que seja "tão grave" a consequência do crime ao agente. A interpretação dada, na maior parte das vezes, é no sentido de que só sofre intensamente o réu que, de forma culposa, matou alguém conhecido e com quem mantinha laços afetivos. 5. O que se pretende é conferir à lei interpretação mais razoável e humana, sem jamais perder de vista o desgaste emocional (talvez perene) que sofrerá o acusado dessa espécie de delito, uma vez que era irmão da vítima. 6. Recurso especial a que se dá provimento, para declarar extinta a punibilidade do réu pelo homicídio culposo do irmão, em decorrência da concessão de perdão judicial, mantidos os demais termos da condenação (STJ, REsp 1.871.697/MA, Rel. Min. Rogerio Schietti Cruz, 6ª T., julgado em 25/08/2020, *DJe* 04/09/2020).

Nesse sentido:

STJ, REsp 1.444.699/RS, Rel. Min. Rogério Schietti Cruz, 6ª T., *DJe* 09/06/2017; AgRg no REsp 1.854.277/SP, Rel. Min. Reynaldo Soares da Fonseca, 5ª T., j. 25/08/2020, *DJe* 31/08/2020; STJ, REsp 1455178/DF, Rel. Min. Rogério Schietti Cruz, 6ª T., *DJe* 06/06/2014; TJSP, AC 00813541120108260224, Rel. Des. Salles Abreu, *DJe* 20/05/2013; TJPR, 3ª Câm., AC 0231400-7, Rel. Des. Jorge Wagih Massad, *DJ* 16/10/2003.

Homicídio praticado por milícia privada, sob o pretexto de prestação de serviço de segurança, ou por grupo de extermínio

A Lei nº 12.720, de 27 de setembro de 2012, acrescentou o § 6º ao art. 121 do Código Penal, asseverando que a pena é aumentada de 1/3 (um terço) até a metade se o crime for praticado por milícia privada, sob o pretexto de prestação de serviço de segurança, ou por grupo de extermínio. Ao se referir à *milícia privada* está dizendo respeito àquela de natureza paramilitar, isto é, a uma organização não estatal, que atua ilegalmente, mediante o emprego da força, com a utilização de armas, impondo seu regime de terror em determinada localidade.

Embora de difícil tradução, mas para efeitos de aplicação da causa especial de aumento de pena prevista no § 6º do art. 121 do Código Penal, podemos, inicialmente, subdividir as milícias em públicas, isto é,

pertencentes, oficialmente, ao Poder Público, e *privadas*, vale dizer, criadas às margens do aludido Poder. Dessa forma, as milícias podem ser consideradas, ainda, militares ou paramilitares. *Militares* são as forças policiais pertencentes à Administração Pública, que envolvem não somente as Forças Armadas (Exército, Marinha e Aeronáutica), como também às forças policiais (polícia militar), que tenham uma função específica, determinada legalmente pelas autoridades competentes. *Paramilitares* são associações não oficiais cujos membros atuam ilegalmente, com o emprego de armas, com estrutura semelhante à militar. Essas forças paramilitares utilizam as técnicas e táticas policiais oficiais por elas conhecidas, a fim de executarem seus objetivos anteriormente planejados. Não é raro ocorrer e, na verdade, acontece com frequência, que pessoas pertencentes a grupos paramilitares também façam parte das forças militares oficiais do Estado, a exemplo de policiais militares, bombeiros, agentes penitenciários, policiais civis e federais.

As milícias consideradas criminosas, ou seja, que se encontram à margem da lei, eram, inicialmente, formadas por policiais, ex-policiais e também por civis (entendidos aqui aqueles que nunca fizeram parte de qualquer força policial).

Suas atividades, no começo, cingiam-se à proteção de comerciantes e moradores de determinada região da cidade. Para tanto, cobravam pequenos valores individuais, que serviam como remuneração aos serviços de segurança por elas prestados. Como as milícias eram armadas, havia, normalmente, o confronto com traficantes, que eram expulsos dos locais ocupados, como também os pequenos criminosos (normalmente pessoas que costumavam praticar crimes contra o patrimônio).

Com o passar do tempo, os membros integrantes das milícias despertaram para o fato de que, além do serviço de segurança, podiam também auferir lucros com outros serviços, por eles monopolizados, como aconteceu com os transportes realizados pelas "vans" e motocicletas, com o fornecimento de gás, TV a cabo (vulgarmente conhecido como "gatonet"), fornecimento ilegal de água, luz etc.

Podemos tomar como parâmetro, para efeitos de definição de milícia privada, as lições do sociólogo Ignácio Cano, citado no Relatório Final da Comissão Parlamentar de Inquérito da Assembleia Legislativa do Estado do Rio de Janeiro (p. 36), quando aponta as seguintes características que lhe são peculiares:

1. controle de um território e da população que nele habita por parte de um grupo armado irregular;
2. o caráter coativo desse controle;
3. o ânimo de lucro individual como motivação central;
4. um discurso de legitimação referido à proteção dos moradores e à instauração de uma ordem;

5.   a participação ativa e reconhecida dos agentes do Estado.

Se o homicídio, portanto, for praticado por algum membro integrante de milícia privada, sob o pretexto de prestação de serviço de segurança, a pena deverá ser especialmente aumentada de 1/3 (um terço) até a metade. Assim, por exemplo, imagine-se a hipótese em que um integrante da milícia, agindo de acordo com a ordem emanada do grupo, mate alguém porque se atribuía à vítima a prática frequente de crimes contra o patrimônio naquela região, ou mesmo que a milícia determine a morte de um traficante que, anteriormente, ocupava o local no qual levava a efeito o tráfico ilícito de drogas. As mortes, portanto, são produzidas sob o falso argumento de estar se levando a efeito a segurança do local, com a eliminação de criminosos.

Nesses casos, todos aqueles que compõem a milícia deverão responder pelo delito de homicídio, com a pena especialmente agravada, uma vez que seus integrantes atuam em concurso de pessoas, e a execução do crime praticada por um deles é considerada uma simples divisão de tarefas, de acordo com a teoria do domínio funcional sobre o fato.

A Lei nº 12.720, de 27 de setembro de 2012 criou, ainda, o delito de *constituição de milícia privada*, inserindo o art. 288-A no Código Penal.

Embora não faça parte de uma milícia, com as características acima apontadas, poderá ocorrer que o homicídio tenha sido praticado por alguém pertencente a um grupo de extermínio, ou seja, um grupo, geralmente, de "justiceiros", que procura eliminar aqueles que, segundo seus conceitos, por algum motivo, merecem morrer. Podem ser contratados para a empreitada de morte, ou podem cometer, gratuitamente, os crimes de homicídio de acordo com a "filosofia" do grupo criminoso, que escolhe suas vítimas para que seja realizada uma "limpeza".

Pena, ação penal e suspensão condicional do processo

Para o homicídio simples, a pena é de reclusão, de 6 (seis) a 20 (vinte) anos; nas formas qualificadas, a pena é de reclusão, de 12 (doze) a 30 (trinta) anos; no homicídio culposo, a pena é de detenção, de 1 (um) a 3 (três) anos.

A ação penal no delito de homicídio, seja doloso, seja culposo, é de iniciativa pública incondicionada.

Será possível, pelo menos *ab initio*, a confecção de proposta de suspensão condicional do processo para o delito de homicídio culposo.

⚖ A jurisprudência desta Corte e do Supremo Tribunal Federal tem proclamado que, em caso de crime doloso contra a vida cometido por mais de uma pessoa, aquele que não ostenta foro por prerrogativa de função deve ser julgado perante o Júri Popular, em consonância com o preceito normativo do art. 5º, XXXVIII, *d*, da Constituição Federal (STJ, HC 52105/ES, Rel. Min. Og Fernandes, 6ª T., *DJe* 13/06/2011).

Homicídio simples considerado como hediondo

É aquele praticado em atividade típica de grupo de extermínio, ainda que cometido por um só agente, nos termos do art. 1º, I, da Lei nº 8.072/1990, com a alteração promovida pela Lei nº 13.964, de 24 de dezembro de 2019.

Eduardo Luiz Santos Cabette[11], de forma mais incisiva, e contrário a essa possibilidade, adverte:

"Atualmente não é mais, nem mesmo teoricamente, correta a afirmação de que pode haver um homicídio simples hediondo, desde que cometido em ação de grupo de extermínio. Isso porque ou o homicídio será qualificado ou será majorado pelo § 6º, jamais simples. No caso das milícias privadas, como já dito, normalmente será qualificado. Levantando-se a hipótese meramente teórica de que seja, em um caso concreto, simples embora perpetrado por milícia, não haverá crime hediondo, já que a Lei nº 8.072/90 não o prevê em seu rol taxativo, mas apenas os grupos de extermínio."

Possibilidade de homicídio qualificado-privilegiado

Majoritariamente, a doutrina, por questões de política criminal, posiciona-se favoravelmente à aplicação das minorantes ao homicídio qualificado, desde que as qualificadoras sejam de natureza objetiva, a fim de que ocorra compatibilidade entre elas.

Dessa forma, poderia haver, por exemplo, um homicídio praticado mediante emboscada (qualificadora de natureza objetiva), tendo o agente atuado impelido por um motivo de relevante valor moral (minorante de natureza subjetiva).

O que se torna inviável, no caso concreto, é a concomitância de uma qualificadora de natureza subjetiva com o chamado, equivocadamente, privilégio, visto serem incompatíveis, a exemplo daquele que mata seu desafeto por um motivo fútil e ao mesmo tempo de relevante valor moral. São situações excludentes entre si.

⚖ O reconhecimento da figura privilegiada constante no § 1º do art. 121 do CP, de que o réu agiu sob violenta emoção, após injusta provocação da vítima, por ser de natureza subjetiva, é compatível com as qualificadoras de ordem objetiva, como na hipótese, do emprego de recurso que impossibilitou a defesa do ofendido. Precedentes (STJ, AgRg no REsp 950.404/RS, Rel. Min. Antônio Saldanha Palheiro, 6ª T., *DJe* 21/03/2019).

---

[11] CABETTE, Eduardo Luiz Santos. Considerações iniciais sobre a Lei nº 12.720/12: novas majorantes nos crimes de homicídio e lesões corporais e o novo crime de constituição de milícia privada. Disponível em: <http://www.ambitojuridico.com.br/site/?n_link=revista_artigos_leitura&artigo_id=12427>. Acesso em: 13 maio 2017.

Nesse sentido:

⚖ STJ, REsp 1.274.563/MT, Rel. Min. Rogério Schietti Cruz, 6ª T., *DJe* 29/06/2016; STJ, HC 199602/SP, Rel.ª Min.ª Maria Thereza de Assis Moura, 6ª T., *DJe* 24/03/2014; STJ, REsp 1060902/SP, Rel.ª Min.ª Laurita Vaz, 5ª T., *DJe* 29/06/2012.

Homicídio qualificado-privilegiado como crime hediondo

Majoritariamente, a doutrina repele a natureza hedionda do homicídio qualificado-privilegiado, haja vista que – é o argumento – não se compatibiliza a essência do delito objetivamente qualificado, tido como hediondo, com o privilégio de natureza subjetiva.[12]

⚖ As espécies de homicídio não explicitadas na lei dos crimes hediondos, tal como sua figura privilegiada, não são consideradas como tais, por haver a explicitação na Lei nº 8.072/90 das características peculiares que imprimem às figuras típicas o caráter repugnante, sendo que a hipótese da causa de diminuição de pena prevista no art. 33, § 4º, da Lei nº 11.343/2006, diversamente daquela, tem por objeto o histórico do criminoso, e não as características do crime praticado (STJ, HC 206888/RS, Rel. Min. Gilson Dipp, 5ª T., *DJe* 08/02/2012).

Nesse sentido:

⚖ HC 153728/SP, HC 2009/0223917-8, Rel. Min. Felix Fischer, 5ª T., j. 13/04/2010.

Presença de mais de uma qualificadora

Uma corrente entende que todas as qualificadoras devem ser analisadas no momento da fixação da pena-base. Se a pena cominada à modalidade qualificada do homicídio varia de 12 (doze) a 30 (trinta) anos de reclusão, o julgador, uma vez reconhecidas duas ou três qualificadoras, poderia, sob esse fundamento, considerando-se as circunstâncias judiciais elencadas no art. 59 do Código Penal, fixar uma pena-base, em tese, maior do que aplicaria em face da existência de uma única qualificadora.

Em sentido contrário, tendo em vista que muitas das qualificadoras do homicídio fazem parte do elenco constante do art. 61 do Código Penal, tem-se entendido, de forma majoritária, que o julgador deverá, quando da fixação da pena-base, levar em consideração tão somente uma qualificadora, servindo as demais para fins de agravação da pena, no segundo momento do critério trifásico. Assim, seria afastada a possibilidade de o julgador fixar a pena-base em patamar muito superior ao mínimo legal, pois não mais poderia fundamentar sua decisão na multiplicidade de qualificadoras. Por outro lado, somente poderia, de acordo com o melhor posicionamento doutri-

nário, agravar em até um sexto a pena-base dada a existência de circunstâncias agravantes, o que, político-criminalmente, atenderia melhor aos interesses do acusado, que não receberia uma pena excessivamente longa.

O STJ vem decidindo reiteradamente nos seguintes sentidos:

⚖ Nos moldes da jurisprudência desta Corte, "no delito de homicídio, havendo pluralidade de qualificadoras, uma delas indicará o tipo qualificado, enquanto as demais poderão indicar uma circunstância agravante, desde que prevista no artigo 61 do Código Penal, ou, residualmente, majorar a pena-base, como circunstância judicial" (AgRg no REsp 1.644.423/MG, Rel. Ministra Maria Thereza de Assis Moura, 6ª T., julgado em 7/3/2017, *DJe* 17/03/2017). No caso, considerando se tratar de homicídio duplamente qualificado, remanesce uma qualificadora ser sopesada na primeira fase da dosimetria, a título de "circunstâncias do crime", ficando mantida a pena-base acima do mínimo legal (STF, RHC 124.932/PE, Rel. Min. Ribeiro Dantas, 5ª T., julgado em 16/06/2020, *DJe* 23/06/2020).

Nesse sentido:

⚖ STJ, AgRg no REsp 1.553.373/SP, Rel. Min. Jorge Mussi, 5ª T., *DJe* 04/06/2019; STJ, AgRg no HC 562.135/CE, Agravo Regimental no *Habeas Corpus* 2020/0038400-8, Rel. Min. Rogerio Schietti Cruz, 6ª T., j. 23/06/2020, *DJe* 1º/07/2020; STJ, AgRg no AREsp 1.480.030/BA, Agravo Regimental no Agravo em Recurso Especial 2019/0103980-6, Rel.ª Min.ª Laurita Vaz, 6ª T., j. 09/06/2020, *DJe* 23/06/2020; STJ, AgRg no AREsp 809.662/GO, Rel. Min. Jorge Mussi, 5ª T., *DJe* 1º/06/2018; STJ, HC 132.866/MS, Rel. Min. Nefi Cordeiro, 6ª T., *DJe* 1º/07/2015; STJ, HC 143.149/SP, Rel. Min. Gurgel de Faria, 5ª T., *DJe* 09/06/2015.

Homicídio praticado por policial militar – competência para julgamento

A partir das modificações trazidas pela Lei nº 9.299/1996, se um militar vier a causar a morte de um civil, a competência para o processo e julgamento será do Tribunal do Júri.

Considera-se militar, nos termos do art. 22 do CPM, com a redação que lhe foi dada pela Lei nº 14.688/2023, qualquer pessoa que, em tempo de paz ou de guerra, seja incorporada a instituições militares ou nelas matriculada, para servir em posto ou em graduação ou em regime de sujeição à disciplina militar.

A Emenda nº 45, de 8 de dezembro de 2004, dando nova redação ao § 4º do art. 125 da Constituição Federal, ratificando o posicionamento anterior, asseverou: *§ 4º Compete à Justiça Militar estadual processar e julgar os militares dos Estados, nos crimes militares*

---

[12] O STJ já decidiu reiteradas vezes pelo não reconhecimento da natureza hedionda do homicídio qualificado-privilegiado, conforme se verifica nas transcrições parciais das ementas que se seguem: "O homicídio qualificado-privilegiado é estranho ao elenco dos crimes hediondos" (Rel. Min. Hamilton Carvalhido, 6ª T., HC 2002/0082726-5, j. 03/02/2004); "Ante a inexistência de previsão legal, bem como o menor desvalor da conduta em comparação ao homicídio qualificado consumado ou tentado, o homicídio qualificado-privilegiado não pode ser considerado como crime hediondo" (HC 2000/0038818-1, Rel. Min. Edson Vidigal, 5ª T., j. 13/09/2000).

definidos em lei e as ações judiciais contra atos discipli-nares, ressalvada a competência do Júri quando a ví-tima for civil, cabendo ao tribunal competente decidir sobre a perda do posto e da patente dos oficiais e da graduação das praças.

⚖ Conforme precedente do Supremo Tribunal Federal, "para a definição da competência da Justiça Militar, a Carta Política de 1988 (art. 124) adota a tipi-ficação do delito como critério objetivo da atribuição da mesma competência" [...]. Ou seja, tem-se com-petência da Justiça especializada Militar sempre que a lei considerar determinado crime como sendo mi-litar. A previsão constitucional em relação à compe-tência da Justiça Militar estadual também adota o cri-tério objetivo da natureza jurídica do crime, militar ou não, para definir a competência desta. Há, porém, duas importantes distinções. Primeira, na Justiça Mi-litar estadual cumulam-se as competências criminal e administrativo-disciplinar. Segunda diferença, no âmbito estadual, a Justiça castrense jamais julgará civil (Súmula 53/STJ. "Compete à Justiça Comum Es-tadual processar e julgar civil acusado de prática de crime contra instituições militares estaduais"). (STJ, HC 550.998/MG, Rel. Min. Ribeiro Dantas, 5ª T., j. 23/06/2020, *DJe* 26/06/2020, Informações Comple-mentares à Ementa).

Nesse sentido:

⚖ STJ, HC 257958/SP, Rel.ª Min.ª Maria Thereza de Assis de Moura, 6ª T., *DJe* 24/06/2014.

Diferença entre eutanásia, distanásia e ortotanásia

A *eutanásia* diz respeito à prática do chamado *homi-cídio piedoso*, no qual o agente antecipa a morte da vítima, acometida de uma doença incurável, com a finalidade, quase sempre, de abreviar-lhe algum tipo de sofrimento. Em geral, a eutanásia é praticada a pe-dido ou com o consentimento da própria vítima. A *eutanásia* também tem sido traduzida como "morte serena, boa morte, morte sem sofrimento".

A *distanásia* importa em uma morte lenta, prolon-gada, com muito sofrimento, a exemplo daqueles pacientes que são mantidos vivos por meio de apa-relhos, sem qualquer chance de sobrevida caso esses aparelhos venham a ser desligados. Como bem ob-servado por Léo Pessini, "trata-se da atitude médi-ca que, visando salvar a vida do paciente terminal, submete-o a grande sofrimento. Nessa conduta não se prolonga a vida propriamente dita, mas o processo de morrer".[13]

Ortotanásia, de acordo com as lições de Genival Ve-loso de França, diz respeito à "suspensão de meios medicamentosos ou artificiais de vida de um paciente em coma irreversível e considerado em 'morte ence-fálica', quando há grave comprometimento da coor-denação da vida vegetativa e da vida de relação".[14]

Transmissão dolosa do vírus HIV

Entendemos que, nessa hipótese, como não existe, ainda, a cura definitiva para os portadores de Aids, mesmo que o "coquetel de medicamentos" permita, atualmente, considerável sobrevida, o fato deverá se amoldar ao tipo do art. 121 do Código Penal, consu-mado (se a vítima vier a falecer como consequência da síndrome adquirida) ou tentado (se, mesmo de-pois de contaminada, ainda não tiver morrido).

Nossos Tribunais Superiores, no entanto, têm decidi-do contrariamente à tipificação desse comportamen-to ao art. 121 do Código Penal, conforme se verifica pelos seguintes julgados:

⚖ O Supremo Tribunal Federal, no julgamento do HC 98.712/RJ, Rel. Min. Marco Aurélio (1ª T., *DJe* 17/12/2010), firmou a compreensão de que a conduta de praticar ato sexual com a finalidade de transmi-tir AIDS não configura crime doloso contra a vida. Assim não há constrangimento ilegal a ser reparado de ofício, em razão de não ter sido o caso julgado pelo Tribunal do Júri. O ato de propagar síndrome da imunodeficiência adquirida não é tratado no Ca-pítulo III, Título I, da Parte Especial do Código Penal (art. 130 e seguintes), onde não há menção a enfer-midades sem cura. Inclusive, nos debates havidos no julgamento do HC 98.712/RJ, o eminente Ministro Ricardo Lewandowski, ao excluir a possibilidade de a Suprema Corte, naquele caso, conferir ao delito a classificação de "Perigo de contágio de moléstia gra-ve" (art. 131 do Código Penal), esclareceu que, "no atual estágio da ciência, a enfermidade é incurável, quer dizer, ela não é só grave, nos termos do art. 131". Na hipótese de transmissão dolosa de doença incurável, a conduta deverá será apenada com mais rigor do que o ato de contaminar outra pessoa com moléstia grave, conforme previsão clara do art. 129, § 2º, inciso II, do Código Penal. A alegação de que a vítima não manifestou sintomas não serve para afas-tar a configuração do delito previsto no art. 129, § 2º, inciso II, do Código Penal. É de notória sabença que o contaminado pelo vírus do HIV necessita de cons-tante acompanhamento médico e de administração de remédios específicos, o que aumenta as probabili-dades de que a enfermidade permaneça assintomáti-ca. Porém, o tratamento não enseja a cura da moléstia (STJ, HC 160.982/DF, Rel.ª Min.ª Laurita Vaz, 5ª T., *DJe* 28/05/2012, *RT*, v. 925, p. 663).

Nesse sentido:

⚖ STF, HC 98.712/SP, Rel. Min. Marco Aurélio, 1ª T., *DJe* 16/12/2010, *RT*, v. 100, nº 906, 2011, p. 453-468.

Transmissão do vírus HIV sem dolo ou culpa

O agente somente poderá ser responsabilizado pela transmissão dolosa ou culposa do vírus HIV, pois conforme preleciona Luiz Carlos Furquim Vieira Se-

---

[13] PESSINI, Léo. Distanásia: até quando investir sem agredir. Disponível em: <http//www.cfm.org.br/revista/ 411996/dist.htm>.

[14] FRANÇA, Genival Veloso de. *Fundamentos de medicina legal*, p. 200.

gundo, "caso o sujeito não saiba que tem a doença, sendo totalmente imprevisível que era portador da mesma (exemplo: sujeito que se contamina ao espetar o pé em seringa que estava jogada no meio da areia da praia, achando que pisou em concha), não há que se falar em homicídio culposo ou lesão corporal culposa caso este venha a manter relação sexual com outra pessoa e ocorra a contaminação desta, pois em Direito Penal não há responsabilidade objetiva, sendo assim, só pode ser responsabilizado o sujeito que atuou com dolo ou culpa (responsabilidade subjetiva)".[15]

Pronúncia e homicídio privilegiado

A fundamentação da pronúncia, conforme preconiza o § 1º do art. 413 do Código de Processo Penal, com a nova redação que lhe foi dada pela Lei nº 11.689, de 9 de junho de 2008, *limitar-se-á à indicação da materialidade do fato e da existência de indícios suficientes de autoria ou de participação, devendo o juiz declarar o dispositivo legal em que julgar incurso o acusado e especificar as circunstâncias qualificadoras e as causas de aumento de pena.*

A decisão de pronúncia não é o momento oportuno para o reconhecimento da existência de alegado homicídio privilegiado, na modalidade de haver o crime sido cometido sob o domínio de violenta emoção, logo em seguida a injusta provocação da vítima, cabendo ao Tribunal do Júri decidir a respeito (TJPR, 1ª Câm. RSE 0381361-2, Foro Regional de Araucária da Região Metropolitana de Curitiba, Rel. Des. Jesus Sarrão, j. 03/05/2007).

Pronúncia e qualificadoras

Vide § 1º do art. 413 do Código de Processo Penal, com a nova redação que lhe foi dada pela Lei nº 11.689, de 9 de junho de 2008.

As qualificadoras do crime de homicídio só podem ser excluídas da pronúncia quando, de forma incontroversa, mostrarem-se absolutamente improcedentes, sem qualquer apoio nos autos – o que não se observa na hipótese em exame –, sob pena de se invadir a competência constitucional do Tribunal do Júri. Na hipótese, constata-se que a matéria atinente à qualificadora do recurso que dificultou a defesa da vítima deve ser objeto de deliberação pelo juiz natural da causa, isto é, o Conselho de Sentença (STJ, AgRg no REsp 1.845.702/RS, Rel. Min. Laurita Vaz, 6ª T., julgado em 16/06/2020, *DJe* 29/06/2020).

Nesse sentido:

STJ, AgRg no AREsp 1.055.463/RJ, Rel. Min. Antônio Saldanha Palheiro, 6ª T., *DJe* 27/08/2019; AgRg no REsp 1.812.226/RS, Rel.ª Min.ª Laurita Vaz, 6ª T., j. 30/06/2020, *DJe* 04/08/2020; STJ, AgRg no AREsp 1.627.810/SP, Agravo Regimental no Agravo em Recurso Especial 2019/0355966-2, Rel. Min. Nefi Cordeiro, 6ª T., j. 16/06/2020, *DJe* 23/06/2020; STJ, AgRg nos EDcl no REsp 1.711.927/SP, Rel.

Min. Ribeiro Dantas, 5ª T., *DJe* 15/08/2018; STJ, HC 152548/MG, Rel. Min. Jorge Mussi, 5ª T., *DJe* 25/04/2011; STJ, REsp 1122263/RS, Rel. Min. Og Fernandes, 6ª T., *DJe* 11/04/2011.

Homicídio praticado contra mulher grávida

O crime de homicídio praticado contra mulher grávida, ciente o agente do estado de gravidez da vítima, enseja o concurso com o delito de aborto. Caso o agente deseje também o aborto, com desígnio autônomo, aplica-se a regra do concurso material (TJMG, Processo 1.0433.04.138531-4/001[1], Rel. Paulo Cézar Dias, pub. 19/04/2006).

Coautoria em homicídio culposo

A denúncia imputa homicídio culposo em coautoria. São requisitos indispensáveis ao concurso de agentes a pluralidade de agentes e de condutas, a relevância causal de cada conduta, o liame subjetivo entre os agentes e a identidade de infração. Não se verificando liame subjetivo, não há se falar em concurso de agentes, devendo cada um responder pela sua própria ação ou omissão. Ademais, só pode ser considerado coautor aquele que tem participação importante e necessária ao cometimento da infração. Não é possível, a não ser de forma reflexa, atribuir-se aos demais denunciados a imperícia do denunciado Emerson ao içar a comporta com sobrepeso, pois nem ao menos é possível concluir-se que sua conduta tenha entrado na esfera de conhecimento dos demais. Dessa forma, na forma como trazida, a imputação revela verdadeira responsabilidade penal objetiva, a qual, como se sabe, não é admitida no ordenamento jurídico pátrio. Não tendo a inicial narrado o liame subjetivo entre os demais denunciados e o autor da conduta imperita que ocasionou a morte da vítima, e não se verificando a relevância causal da negligência imputada, tem-se que a denúncia não apresenta todos os elementos necessários à imputação do crime em coautoria. A acusação não se desincumbiu de delinear de forma adequada a coautoria no crime culposo, o que revela a inépcia da denúncia, vício que prejudica o exercício da ampla defesa (STJ, RHC 97.515/RS, Rel. Min. Reynaldo Soares da Fonseca, 5ª T., *DJe* 30/05/2018).

Nesse sentido:

STJ, REsp 25070/MT, Rel. Min. Cid Flaquer Scartezzini, 5ª T., *RT* 706, p. 375; STJ, HC 40474/PR, Rel.ª Min.ª Laurita Vaz, 5ª T., *DJ* 13/02/2006, p. 832.

Julgamento pelo júri sem a presença do réu

Dadas as alterações levadas a efeito no Código de Processo Penal, não mais se exige a presença do réu em plenário do Júri para que possa ser realizado o seu julgamento. O art. 457 e parágrafos, com a redação determinada pela Lei nº 11.689, de 9 de junho de 2008, dizem, *verbis:*

---

[15] SEGUNDO, Luiz Carlos Furquim Vieira. *Crimes contra a vida*, p. 25.

Art. 457. *O julgamento não será adiado pelo não comparecimento do acusado solto, do assistente ou do advogado do querelante, que tiver sido regularmente intimado.*

§ 1º Os pedidos de adiamento e as justificações de não comparecimento deverão ser, salvo comprovado motivo de força maior, previamente submetidos à apreciação do juiz presidente do Tribunal do Júri.

§ 2º Se o acusado preso não for conduzido, o julgamento será adiado para o primeiro dia desimpedido da mesma reunião, salvo se houver pedido de dispensa de comparecimento subscrito por ele e seu defensor.

Andrey Borges de Mendonça esclarece, com precisão, que, "embora seja facultado ao acusado, em princípio, ausentar-se da sessão de julgamento, tal disposição não deve ser considerada absoluta. Em determinadas situações, será necessária a presença do réu em plenário, mesmo contra a sua vontade. Caso o juiz entenda, por exemplo, que há necessidade de reconhecimento pessoal do acusado, especialmente nas situações em que há dúvida sobre a autoria delitiva, poderá determinar a condução coercitiva do acusado, se não comparecer à sessão. Do contrário, os jurados seriam impossibilitados de conhecer a verdade dos fatos, especialmente no tocante à autoria delitiva.

No caso de réu preso, a regra é a do comparecimento, devendo a autoridade providenciar a sua apresentação. Se não tiver sido conduzido, por qualquer motivo, deve haver adiamento para o primeiro dia desimpedido. No entanto, é possível a dispensa da presença do acusado preso em plenário, se houver pedido de dispensa de comparecimento subscrito pelo acusado e por seu defensor (não basta, portanto, a assinatura de um deles)."[16]

Há tratados internacionais de direitos humanos, no entanto, que preconizam disposição diversa, embora não se refiram especificamente ao procedimento do júri, conforme se verifica pelo seguinte julgado do STF:

⚖ O acusado, embora preso, tem o direito de comparecer, de assistir e de presenciar, sob pena de nulidade absoluta, os atos processuais, notadamente aqueles que se produzem na fase de instrução do processo penal, que se realiza, sempre, sob a égide do contraditório. São irrelevantes, para esse efeito, as alegações do poder público concernentes à dificuldade ou inconveniência de proceder à remoção de acusados presos a outros pontos da própria comarca, do Estado ou do País, eis que razões de mera conveniência administrativa não têm – nem podem ter – precedência sobre as inafastáveis exigências de cumprimento e respeito ao que determina a Constituição. Doutrina. Jurisprudência (HC 86.634/RJ, Rel. Min. Celso de Mello, *v.g.*). O direito de audiência, de um lado, e o direito de presença do réu, de outro, esteja ele preso ou não, traduzem prerrogativas jurídicas

essenciais que derivam da garantia constitucional do *due process of law* e que asseguram, por isso mesmo, ao acusado, o direito de comparecer aos atos processuais a serem realizados perante o juízo processante, ainda que situado este em local diverso daquele em que esteja custodiado o réu. Pacto Internacional sobre Direitos Civis e Políticos/ONU (Art. 14, nº 3, *d*) e Convenção Americana de Direitos Humanos/OEA (Art. 8º, § 2º, *d* e *f*). Precedente: HC 86.634/RJ, Rel. Min. Celso de Mello. Essa prerrogativa processual reveste-se de caráter fundamental, pois compõe o próprio estatuto constitucional do direito de defesa, enquanto complexo de princípios e de normas que amparam qualquer acusado em sede de persecução criminal, mesmo que se trate de réu processado por suposta prática de crimes hediondos ou de delitos a estes equiparados. Precedentes (STF, HC 93503/SP, Rel. Min. Celso de Mello, 2ª T., j. 02/06/2009, *DJe* 148, div. 06/08/2009, pub. 07/08/2009, Ement. 02368-03 PP-00456, *RT* 98, nº 889, p. 514-525, 2009).

Homicídio decorrente de intervenção policial

Não é incomum que, durante confrontos policiais, o suposto autor de determinada infração penal, ou mesmo alguém contra quem tenha sido expedido um mandado de prisão, possa vir a morrer. A polícia, nesses casos, ao narrar o aludido confronto, normalmente fazia menção à resistência oferecida pelo agente, que colocava em risco a vida ou mesmo a integridade física dos policiais que participavam daquela diligência. Assim, convencionou-se formalizar essa narrativa em um documento chamado *auto de resistência*, onde se informava que o agente havia sido morto dada a resistência ativa por ele empregada. Nesses casos, os policiais relatavam uma situação de agressão injusta, que lhes permitia agir em legítima defesa.

Como o número de autos de resistência aumentou sensivelmente ao longo dos anos, a Secretaria Especial de Direitos Humanos, da Presidência da República, entendeu por bem em regulamentar essas hipóteses, fazendo editar a Resolução nº 8, de 20 de dezembro de 2012 que, após algumas considerações, asseverou:

Art. 1º *As autoridades policiais devem deixar de usar em registros policiais, boletins de ocorrência, inquéritos policiais e notícias de crimes designações genéricas como 'autos de resistência', 'resistência seguida de morte', promovendo o registro, com o nome técnico de 'lesão corporal decorrente de intervenção policial' ou 'homicídio decorrente de intervenção policial', conforme o caso.*

Merece ser ressaltado, por oportuno, que quando houver a prática de uma infração penal com a existência de reféns, será aplicado o parágrafo único do art. 25 do Código Penal, que diz:

---

[16] MENDONÇA, Andrey Borges de. *Nova reforma do código de processo penal*, p. 76.

Parágrafo único. Observados os requisitos previstos no caput *deste artigo, considera-se também em legítima defesa o agente de segurança pública que repele agressão ou risco de agressão a vítima mantida refém durante a prática de crimes.*

Vale registrar, ainda, o disposto no art. 14-A do CPP, com a inclusão dos §§ 3º a 5º, que haviam sido vetados pelo Presidente da República, que dizem:

Art. 14-A. Nos casos em que servidores vinculados às instituições dispostas no art. 144 da Constituição Federal figurarem como investigados em inquéritos policiais, inquéritos policiais militares e demais procedimentos extrajudiciais, cujo objeto for a investigação de fatos relacionados ao uso da força letal praticados no exercício profissional, de forma consumada ou tentada, incluindo as situações dispostas no art. 23 do Decreto-Lei nº 2.848, de 7 de dezembro de 1940 (Código Penal), o indiciado poderá constituir defensor.

§ 1º Para os casos previstos no caput *deste artigo, o investigado deverá ser citado da instauração do procedimento investigatório, podendo constituir defensor no prazo de até 48 (quarenta e oito) horas a contar do recebimento da citação.*

§ 2º Esgotado o prazo disposto no § 1º deste artigo com ausência de nomeação de defensor pelo investigado, a autoridade responsável pela investigação deverá intimar a instituição a que estava vinculado o investigado à época da ocorrência dos fatos, para que essa, no prazo de 48 (quarenta e oito) horas, indique defensor para a representação do investigado.

§ 3º Havendo necessidade de indicação de defensor nos termos do § 2º deste artigo, a defesa caberá preferencialmente à Defensoria Pública, e, nos locais em que ela não estiver instalada, a União ou a Unidade da Federação correspondente à respectiva competência territorial do procedimento instaurado deverá disponibilizar profissional para acompanhamento e realização de todos os atos relacionados à defesa administrativa do investigado.

§ 4º A indicação do profissional a que se refere o § 3º deste artigo deverá ser precedida de manifestação de que não existe defensor público lotado na área territorial onde tramita o inquérito e com atribuição para nele atuar, hipótese em que poderá ser indicado profissional que não integre os quadros próprios da Administração.

§ 5º Na hipótese de não atuação da Defensoria Pública, os custos com o patrocínio dos interesses dos investigados nos procedimentos de que trata este artigo correrão por conta do orçamento próprio da instituição a que este esteja vinculado à época da ocorrência dos fatos investigados.

§ 6º As disposições constantes deste artigo se aplicam aos servidores militares vinculados às instituições dispostas no art. 142 da Constituição Federal, desde que os fatos investigados digam respeito a missões para a Garantia da Lei e da Ordem.

Homicídio no Código Penal Militar

Vide arts. 205 e 206 do Decreto-Lei nº 1.001/69 (Código Penal Militar).

Prioridade de tramitação do processo do homicídio quando praticado em atividade típica de grupo de extermínio, ainda que cometido por um só agente, e homicídio qualificado (art. 121, § 2º, incs. I, II, III, IV, V, VI ,VII, VIII e IX)

A Lei nº 13.285, de 10 de maio de 2016, acrescentou o art. 394-A ao Código de Processo Penal, tendo sido modificado pela Lei nº 14.994, de 9 de outubro de 2024, determinando, *verbis*:

Art. 394-A. Os processos que apurem a prática de crime hediondo ou violência contra a mulher terão prioridade de tramitação em todas as instâncias.

Destituição do poder familiar

Vide parágrafo único do art. 1.638 do Código Civil, com a redação que lhe foi conferida pela Lei nº 13.715, de 24 de setembro de 2018.

Extração de DNA

Diz o art. 9º-A da LEP, *verbis*:

Art. 9º-A. O condenado por crime doloso praticado com violência grave contra a pessoa, bem como por crime contra a vida, contra a liberdade sexual ou por crime sexual contra vulnerável, será submetido, obrigatoriamente, à identificação do perfil genético, mediante extração de DNA (ácido desoxirribonucleico), por técnica adequada e indolor, por ocasião do ingresso no estabelecimento prisional.

Jurisprudência em teses do Superior Tribunal de Justiça, Edição nº 75: Tribunal do Júri – I

1) O ciúme, sem outras circunstâncias, não caracteriza motivo torpe.

2) Cabe ao Tribunal do Júri decidir se o homicídio foi motivado por ciúmes, assim como analisar se referido sentimento, no caso concreto, qualifica o crime.

3) Na fase de pronúncia, cabe ao Tribunal do Júri a resolução de dúvidas quanto à aplicabilidade de excludente de ilicitude.

4) A exclusão de qualificadora constante na pronúncia só pode ocorrer quando manifestamente improcedente e descabida, sob pena de usurpação da competência do Tribunal do Júri.

5) A complementação do número regulamentar mínimo de 15 (quinze) jurados por suplentes de outro plenário do mesmo Tribunal do Júri, por si só, não enseja nulidade do julgamento.

6) Viola o princípio da soberania dos veredictos a anulação parcial de decisão proferida pelo Conselho de Sentença acerca da qualificadora sem a submissão do réu a novo Júri.

7) A ausência do oferecimento das alegações finais em processos de competência do Tribunal do Júri não acarreta nulidade, uma vez que a decisão de pronúncia encerra juízo provisório acerca da culpa.

8) A simples leitura da pronúncia no Plenário do Júri não leva à nulidade do julgamento, que somente ocorre se a referência for utilizada como argumento de autoridade que beneficie ou prejudique o acusado.

9) Na intimação pessoal do réu acerca de sentença de pronúncia ou condenatória do Júri, a ausência de apresentação do termo de recurso ou a não indagação sobre sua intenção de recorrer não gera nulidade do ato.

10) A sentença de pronúncia deve limitar-se à indicação da materialidade do delito e aos indícios de autoria para evitar nulidade por excesso de linguagem e para não influenciar o ânimo do Conselho de Sentença.

11) É possível rasurar trecho ínfimo da sentença de pronúncia para afastar eventual nulidade decorrente de excesso de linguagem.

12) Reconhecida a nulidade da pronúncia por excesso de linguagem, outra decisão deve ser proferida, visto que o simples envelopamento e desentranhamento da peça viciada não é suficiente.

13) A competência para o processo e julgamento do latrocínio é do juiz singular e não do Tribunal do Júri. (Súmula nº 603/STF)

14) Compete ao Tribunal do Júri decretar, motivadamente, como efeito da condenação, a perda do cargo ou função pública, inclusive de militar quando o fato não tiver relação com o exercício da atividade na caserna.

15) A pronúncia é causa interruptiva da prescrição, ainda que o Tribunal do Júri venha a desclassificar o crime. (Súmula nº 191/STJ)

Jurisprudência em teses do Superior Tribunal de Justiça, Edição nº 78: Tribunal do Júri – II

1) O emprego de algemas deve ser medida excepcional e a utilização delas em plenário de júri depende de motivada decisão judicial, sob pena de configurar constrangimento ilegal e de anular a sessão de julgamento. (Vide Súmula Vinculante nº 11)

2) Compete às instâncias ordinárias, com base no cotejo fático carreado aos autos, absolver, pronunciar, desclassificar ou impronunciar o réu, sendo vedado em sede de recurso especial o revolvimento do acervo fático-probatório. (Súmula nº 7/STJ)

3) As nulidades existentes na decisão de pronúncia devem ser arguidas no momento oportuno e por meio do recurso próprio, sob pena de preclusão.

4) A leitura em plenário do júri dos antecedentes criminais do réu não se enquadra nos casos apresenta-

dos pelo art. 478, incs. I e II, do Código de Processo Penal, inexistindo óbice à sua menção por quaisquer das partes.

5) O exame de controvérsia acerca do elemento subjetivo do delito é reservado ao Tribunal do Júri, juiz natural da causa.

6) É nula a decisão que determina o desaforamento de processo da competência do júri sem audiência da defesa. (Súmula nº 712/STF)

7) Eventuais nulidades ocorridas em Plenário do Júri, decorrentes de impedimento ou suspeição de jurados, devem ser arguidas no momento oportuno, sob pena de preclusão.

8) É absoluta a nulidade do julgamento, pelo júri, por falta de quesito obrigatório. (Súmula nº 156/STF)

9) Após as modificações no rito do Tribunal do Júri introduzidas pela Lei nº 11.689/2008, o quesito genérico de absolvição (art. 483, III, do CPP) não pode ser tido como contraditório em relação ao reconhecimento da autoria e da materialidade do crime.

10) Possíveis irregularidades na quesitação devem ser arguidas após a leitura dos quesitos e a explicação dos critérios pelo Juiz presidente, sob pena de preclusão (art. 571, inciso VIII, do CPP).

11) É nulo o julgamento quando os quesitos forem apresentados com má redação ou quando forem formulados de modo complexo, a ponto de causarem perplexidade ou de dificultarem o entendimento dos jurados.

12) O efeito devolutivo da apelação contra decisões do Júri é adstrito aos fundamentos da sua interposição. (Súmula nº 713/STF)

13) Não viola o princípio da soberania dos veredictos a cassação da decisão do Tribunal do Júri manifestamente contrária à prova dos autos.

14) A soberania do veredicto do Tribunal do Júri não impede a desconstituição da decisão por meio de revisão criminal.

Feminicídio

Art. 121-A. Matar mulher por razões da condição do sexo feminino:

Pena – reclusão, de 20 (vinte) a 40 (quarenta) anos.

§ 1º Considera-se que há razões da condição do sexo feminino quando o crime envolve:

I – violência doméstica e familiar;

II – menosprezo ou discriminação à condição de mulher.

§ 2º A pena do feminicídio é aumentada de 1/3 (um terço) até a metade se o crime é praticado:

I – durante a gestação, nos 3 (três) meses posteriores ao parto ou se a vítima é a mãe ou a responsável por criança, adolescente ou pessoa com deficiência de qualquer idade;

II – contra pessoa menor de 14 (catorze) anos, maior de 60 (sessenta) anos, com deficiência ou portadora de doenças degenerativas que acarretem condição limitante ou de vulnerabilidade física ou mental;

III – na presença física ou virtual de descendente ou de ascendente da vítima;

IV – em descumprimento das medidas protetivas de urgência previstas nos incisos I, II e III do *caput* do art. 22 da Lei nº 11.340, de 7 de agosto de 2006 (Lei Maria da Penha);

V – nas circunstâncias previstas nos incisos III, IV e VIII do § 2º do art. 121 deste Código.

Coautoria

§ 3º Comunicam-se ao coautor ou partícipe as circunstâncias pessoais elementares do crime previstas no § 1º deste artigo.

Introdução

Infelizmente, inúmeras infrações penais são praticadas no interior dos lares, no seio das famílias. Desde agressões verbais, ofensivas às honras subjetiva e objetiva das pessoas, passando por ameaças, lesões corporais, crimes contra o patrimônio, violências sexuais, homicídios e tantos outros. Esses fatos passaram a merecer uma atenção especial dos criminólogos, que identificaram os chamados *broken homes* (lares desfeitos ou quebrados) como fonte geradora de delitos dentro e também fora deles.

Contudo, isso não quer dizer que esse grupo de pessoas apontado como vulnerável, ou seja, mulheres e crianças, seja vítima somente no interior dos lares. As mulheres, principalmente, pela sua simples condição de pertencerem ao sexo feminino, têm sido vítimas dentro e fora deles, o que levou o legislador a despertar para uma maior proteção.

Sob a ótica de uma necessária e diferenciada proteção à mulher, o Brasil editou o Decreto nº 1.973, em 1º de agosto de 1996, promulgando a Convenção Interamericana para Prevenir, Punir e Erradicar a Violência contra a Mulher, concluída em Belém do Pará, em 9 de junho de 1994.

Seguindo as determinações contidas na aludida Convenção, em 7 de agosto de 2006 foi publicada a Lei nº 11.340, criando mecanismos para coibir a violência doméstica e familiar contra a mulher, nos termos do § 8º do art. 226 da Constituição Federal, que ficou popularmente conhecida como "Lei Maria da Penha", a qual, além de dispor sobre a criação dos Juizados de Violência Doméstica e Familiar contra a Mulher, estabeleceu medidas de assistência e proteção às mulheres em situação de violência

doméstica e familiar, nos termos dispostos no art. 1º da mencionada lei.

Em 9 de março de 2015, indo mais além, fruto do Projeto de Lei do Senado nº 8.305/2014, foi publicada a Lei nº 13.104, que criou, como modalidade de homicídio qualificado, o chamado *feminicídio*, que ocorre quando uma mulher vem a ser vítima de homicídio simplesmente por razões de sua condição de sexo feminino. Atualmente, o feminicídio, após a edição da Lei nº 14.994, de 9 de outubro de 2024, deixou de ser uma qualificadora do delito de homicídio, passando a ser considerado como uma infração penal autônoma, tipificada no art. 121-A do Código Penal.

Existem várias modalidades de feminicídio, entre as quais podemos citar:

a) Feminicídio íntimo: ocorre quando o sujeito ativo, seja ele um homem ou mesmo uma mulher, tinha com a vítima (mulher) uma relação íntima, afetiva ou mesmo familiar;

b) Feminicídio não íntimo: ocorre quando o sujeito ativo, seja ele um homem ou uma mulher, não tinha com a vítima (mulher), uma relação íntima, afetiva ou familiar;

c) Feminicídio racial: quando uma mulher é morta apenas por pertencer a uma etnia ou grupo racial específico, o que ocorre, com frequência, em países em estado de guerra;

d) Feminicídio cultural: ocorre quando uma mulher é morta em virtude de determinadas culturas, tal como acontece em países que matam a mulher que engravidou fora do casamento, ou mesmo que queria divorciar-se do marido. Da mesma forma, podemos encaixar no modelo de feminicídio cultural a morte de uma mulher pela razão de ser lésbica, ou seja, de sua opção sexual dirigir-se a outras mulheres.

e) Feminicídio sexual: ocorre quando a mulher, vítima de um crime sexual, é morta em virtude da simples objetificação do seu corpo. Aqui, seria uma espécie de punição daquele para com a vítima, a quem tem repulsa pelo fato de ser mulher.

Devemos observar, entretanto, que não é pelo fato de uma mulher figurar como sujeito passivo do delito tipificado no art. 121-A do Código Penal que já estará caracterizado o delito de feminicídio. Para que reste configurada a infração penal em estudo, nos termos do mencionado artigo, o crime deverá ser praticado por *razões de condição de sexo feminino*, o que efetivamente ocorrerá quando envolver, conforme o disposto em seu § 1º:

I – *violência doméstica*[17] *e familiar;*

II – *menosprezo ou discriminação à condição de mulher.*

---

[17] A Lei nº 13.505, de 8 de novembro de 2017, acrescentou dispositivos à Lei nº 11.340, de 7 de agosto de 2006 (Lei Maria da Penha), dispondo sobre o direito da mulher em situação de violência doméstica e familiar de ter atendimento policial e pericial especializado, ininterrupto e prestado, preferencialmente, por servidores do sexo feminino, dizendo, em seus arts. 10-A e 12-A: *Art. 10-A. É direito da mulher em situação de violência doméstica e familiar o atendimento policial e pericial especializado, ininterrupto e prestado por servidores – preferencialmente do sexo feminino – previamente capacitadas. § 1º A inquirição de mulher em situação de violência doméstica e familiar ou de testemunha de violência doméstica, quando se tratar de crime contra a mulher, obedecerá às seguintes diretrizes: I – salvaguarda da integridade física, psí-*

Assim, por exemplo, imagine a hipótese em que alguém, que havia sido dispensado de seu trabalho por sua empregadora, uma empresária, resolve matá-la por não se conformar com a sua dispensa, sem justa causa. Neste caso, como se percebe, a morte não foi levada a efeito simplesmente pela condição de mulher da empregadora, razão pela qual não ocorrerá o crime de feminicídio, mas sim o delito de homicídio, tipificado no art. 121 do Código Penal.

Agora, raciocinemos com a hipótese em que o marido mata sua esposa, dentro de um contexto de violência doméstica e familiar. Para fins de reconhecimento das hipóteses de violência doméstica e familiar deverá ser utilizado como referência o art. 5º da Lei nº 11.340, de 7 de agosto de 2006.

Em ocorrendo uma das hipóteses previstas nos incisos acima transcritos, já será possível o reconhecimento do feminicídio.

O inciso II do § 1º do art. 121-A do Código Penal assegura ser também considerado feminicídio quando a morte de uma mulher se der por menosprezo ou discriminação a essa sua condição. *Menosprezo*, aqui, pode ser entendido no sentido de desprezo, sentimento de aversão, repulsa, repugnância a uma pessoa do sexo feminino; *discriminação* tem o sentido de tratar de forma diferente, distinguir pelo fato da condição de mulher da vítima.

Merece ser frisado, por oportuno, que o feminicídio pode ser praticado por qualquer pessoa, seja ela do sexo masculino ou feminino. Assim, não existe óbice ao reconhecimento do crime se, numa relação homoafetiva feminina, uma das parceiras, vivendo em um contexto de unidade doméstica, vier a causar a morte de sua companheira.

Para que possa ocorrer o feminicídio, é preciso, como vimos anteriormente, que o sujeito passivo seja uma mulher, e que o crime tenha sido cometido por razões da sua condição de sexo feminino. Assim, vale a pergunta, quem pode ser considerada mulher, para efeitos de reconhecimento do feminicídio?

Inicialmente, podemos apontar um critério de *natureza psicológica*, ou seja, embora alguém seja do sexo masculino, psicologicamente, acredita pertencer ao sexo feminino, ou vice-versa, vale dizer, mesmo tendo nascido mulher, acredita, psicologicamente, ser do sexo masculino, a exemplo do que ocorre com os chamados transexuais.

O segundo critério, apontado e defendido por Francisco Dirceu Barros, diz respeito àquele de natureza biológica. Segundo o renomado autor, por meio dele:

"Identifica-se a mulher em sua concepção genética ou cromossômica. Neste caso, como a neocolpovulvoplastia altera a estética, mas não a concepção genética, não será possível a aplicação da qualificadora do feminicídio[18].

O critério *biológico* identifica homem ou mulher pelo sexo morfológico, sexo genético e sexo endócrino:

a) *sexo morfológico* ou somático resulta da soma das características genitais (órgão genitais externos, pênis e vagina, e órgãos genitais internos, testículos e ovários) e extragenitais somáticas (caracteres secundários – desenvolvimento de mamas, dos pelos pubianos, timbre de voz etc.);

b) *sexo genético* ou cromossômico é responsável pela determinação do sexo do indivíduo através dos genes ou pares de cromossomos sexuais (XY – masculino e XX – feminino) e;

c) *sexo endócrino* é identificado nas glândulas sexuais, testículos e ovários, que produzem hormônios sexuais (testosterona e progesterona) responsáveis em conceder à pessoa atributos masculino ou feminino."[19]

Com todo respeito às posições em contrário, entendemos que o único critério que nos traduz, com a segurança necessária exigida pelo Direito, e em especial o Direito Penal, é o critério que podemos denominar de *jurídico*. Assim, somente aquele que for portador de um registro oficial (certidão de nascimento, documento de identidade etc.) em que figure, expressamente, o seu sexo feminino, é que poderá ser considerado sujeito passivo do feminicídio.

Aqui, pode ocorrer que a vítima tenha nascido com o sexo masculino, havendo tal fato constado expressamente de seu registro de nascimento. No entanto,

quica e emocional da depoente, considerada a sua condição peculiar de pessoa em situação de violência doméstica e familiar; II – garantia de que, em nenhuma hipótese, a mulher em situação de violência doméstica e familiar, familiares e testemunhas terão contato direto com investigados ou suspeitos e pessoas a eles relacionadas; III – não revitimização da depoente, evitando sucessivas inquirições sobre o mesmo fato nos âmbitos criminal, cível e administrativo, bem como questionamentos sobre a vida privada. § 2º Na inquirição de mulher em situação de violência doméstica e familiar ou de testemunha de delitos de que trata esta Lei, adotar-se-á, preferencialmente, o seguinte procedimento: I – a inquirição será feita em recinto especialmente projetado para esse fim, o qual conterá os equipamentos próprios e adequados à idade da mulher em situação de violência doméstica e familiar ou testemunha e ao tipo e à gravidade da violência sofrida; II – quando for o caso, a inquirição será intermediada por profissional especializado em violência doméstica e familiar designado pela autoridade judiciária ou policial; III – o depoimento será registrado em meio eletrônico ou magnético, devendo a degravação e a mídia integrar o inquérito. Art. 12-A. Os Estados e o Distrito Federal, na formulação de suas políticas e planos de atendimento à mulher em situação de violência doméstica e familiar, darão prioridade, no âmbito da Polícia Civil, à criação de Delegacias Especializadas de Atendimento à Mulher (Deams), de Núcleos Investigativos de Feminicídio e de equipes especializadas para o atendimento e a investigação das violências graves contra a mulher.

[18] Obs.: Hoje, o feminicídio é uma infração penal autônoma, tipificada no art. 121-A do Código Penal, e não uma qualificadora do crime de homicídio, mas o raciocínio ainda permanece o mesmo para efeito de reconhecimento da sua configuração, razão pela qual mantivemos as lições do renomado autor.

[19] BARROS, Francisco Dirceu. Feminicídio e neocolpovulvoplastia: as implicações legais do conceito de mulher para os fins penais. Disponível em: <http://franciscodirceubarros.jusbrasil.com.br/artigos/173139537/feminicidio-e-neocolpovulvoplastia-as-implicacoes-legais--do-conceito-de-mulher-para-os-fins-penais>. Acesso em: 14 mar. 2015.

posteriormente, ingressando com uma ação judicial, vê sua pretensão de mudança de sexo atendida, razão pela qual, por conta de uma determinação do Poder Judiciário, seu registro original vem a ser modificado, passando a constar, agora, como pessoa do sexo feminino. Somente a partir desse momento é que poderá, segundo nossa posição, ser considerada como sujeito passivo do feminicídio.

Assim, concluindo, das três posições possíveis, isto é, entre os critérios psicológico, biológico e jurídico, somente este último nos traz a segurança necessária para efeitos de reconhecimento do conceito de mulher.

Além disso, não podemos estender tal conceito a outros critérios que não o jurídico, uma vez que, *in casu*, estamos diante de uma norma penal incriminadora, que deve ser interpretada o mais restritamente possível, evitando-se uma indevida ampliação do seu conteúdo que ofenderia, frontalmente, o princípio da legalidade, em sua vertente *nullum crimen nulla poena sine lege stricta*.

Nessa linha de raciocínio, assim já decidiu o TJDFT, conforme se verifica pelos fundamentos do julgado abaixo colacionado:

Admite-se como sujeito passivo de feminicídio a mulher transgênero, quando demonstrado que o crime foi motivado pelo menosprezo ou discriminação à condição de gênero da vítima. O réu, pronunciado pela tentativa de feminicídio e corrupção de menor (art. 121, § 2º, VI, § 2º-A, II, do CP c/c art. 244-B da Lei nº 8.069/1990), interpôs recurso em sentido estrito a fim de excluir referida qualificadora, sob a alegação de a vítima ser mulher transgênero e, biologicamente, portanto, não pertencer ao sexo feminino, condição objetiva do tipo penal. Ao analisar o recurso, os Desembargadores esclareceram que, na fase de pronúncia, a circunstância qualificadora somente pode ser afastada se completamente dissociada do conjunto probatório ou comprovada sua inexistência. Na hipótese, os Julgadores entenderam que há indícios suficientes de que o crime foi motivado "por ódio à condição de transexual" da ofendida, o que caracteriza menosprezo e discriminação ao gênero feminino por ela adotado, inclusive com a alteração do registro civil. Ressaltaram que o conceito histórico-social do gênero é mais abrangente que o do sexo biológico, uma vez que aquele abarca as características psicológicas e comportamentais desenvolvidas pela pessoa conforme seu fenótipo – masculino ou feminino. Destacaram a dupla vulnerabilidade dos transgêneros femininos, os quais estão sujeitos tanto à discriminação relativa à condição de mulher quanto ao preconceito enfrentado para se obter o reconhecimento da identidade de gênero assumida. Ressaltaram a complexidade da questão e o ineditismo da matéria. Por fim, concluíram que o sujeito passivo do delito de feminicídio também deve alcançar vítimas transgêneros femininas e julgaram improcedente o recurso (Acórdão 1184804, 20180710019530RSE, Rel. Des. Waldir Leôncio Lopes Júnior, 3ª T. Crim., j. 04/07/2019, DJe 12/07/2019).

A Sexta Turma do STJ, a seu turno, conforme consta em seu *website*, cujo processo encontra-se em segredo de justiça:

"estabeleceu que a Lei Maria da Penha também deve ser aplicada aos casos de violência doméstica ou familiar contra mulheres transgênero. O relator do recurso, ministro Rogerio Schietti Cruz, considerou que, por se tratar de vítima mulher, independentemente do seu sexo biológico, e tendo ocorrido a violência em ambiente familiar – no caso dos autos, o pai agrediu a própria filha *trans* –, deveria ser aplicada a legislação especial.

Com base na doutrina jurídica, Schietti afirmou que o elemento diferenciador da abrangência da Lei Maria da Penha é o gênero feminino, o qual nem sempre coincide com o sexo biológico. O objetivo da lei, segundo ele, é prevenir, punir e erradicar a violência doméstica e familiar que se pratica contra a mulher por causa do gênero, e não em virtude do sexo".[20]

O Superior Tribunal de Justiça publicou no *DJe* de 18 de setembro de 2017 a Súmula nº 588, dizendo:

📖 *Súmula nº 588.* A prática de crime ou contravenção penal contra a mulher com violência ou grave ameaça no ambiente doméstico impossibilita a substituição da pena privativa de liberdade por restritiva de direitos.

Classificação doutrinária

Crime comum, no que diz respeito ao sujeito ativo, e próprio quanto ao sujeito passivo, uma vez que somente a mulher poderá ser vítima do crime de feminicídio; simples; de forma livre, doloso, podendo ser praticado comissiva ou omissivamente (nos casos de omissão imprópria, quando o agente possuir *status* de garantidor); de dano; material; instantâneo de efeitos permanentes; não transeunte; monossubjetivo; plurissubsistente; podendo figurar, também, a hipótese de *crime de ímpeto*.

Sujeito ativo e sujeito passivo

Qualquer pessoa poderá ser considerada sujeito ativo do delito de feminicídio, não importando o gênero, isto é, tanto pode ser cometido por um homem quanto por uma outra mulher.

Sujeito passivo somente poderá ser a *mulher*, tendo em vista a indicação constante do tipo penal em estudo.

Objeto material e bem juridicamente protegido

Objeto material do delito é a *mulher*, contra a qual recai a conduta praticada pelo agente.

[20] Disponível em: <https://www.stj.jus.br/sites/portalp/Paginas/Comunicacao/Noticias/2023/29012023-Sexta-Turma-estendeu-protecao-da--Lei-Maria-da-Penha-para-mulheres-trans.aspx>. Acesso em: 19 nov. 2023.

Bem juridicamente protegido é a vida e, num sentido mais amplo, a pessoa, haja vista que o delito de feminicídio encontra-se inserido no capítulo correspondente aos crimes contra a vida, no Título I do Código Penal, que prevê os crimes contra a pessoa.

Exame de corpo de delito

Tratando-se de crime material, infração penal que deixa vestígios, o feminicídio, para que possa ser atribuído a alguém, exige a confecção do indispensável exame conforme determinam os arts. 158 e 167 do Código de Processo Penal.

Somente na ausência completa de possibilidade de realização do exame de corpo de delito, seja ele direto, seja indireto, é que a prova testemunhal poderá suprir-lhe a falta, nos termos preconizados pelo art. 167 do Código de Processo Penal.

Deverão os *peritos*, portanto, confeccionar o necessário laudo pericial com base no exame direto no corpo da vítima, ou, ainda, por meio de informações (documentos, materiais, testemunhos etc.) que os faça concluir pela sua morte, narrando, precisamente, os motivos pelos quais são levados a acreditar na sua efetiva ocorrência.

Somente não havendo possibilidade de confeccionar o laudo pericial é que a prova testemunhal poderá ser considerada, em substituição a ele.[21]

Cadeia de custódia

O art. 158-A, inserido no Código de Processo Penal pela Lei nº 13.964, de 24 de dezembro de 2019, criou a chamada cadeia de custódia.

Os arts. 158-B a 158-F, também inseridos no mesmo diploma processual pela Lei nº 13.964, de 24 de dezembro de 2019, cuidam e especificam todos os procedimentos necessários à manutenção e à documentação histórica cronológica do vestígio coletado.

Elemento subjetivo

O dolo é o elemento subjetivo previsto pelo tipo penal do art. 121-A do Código Penal, que prevê o delito de feminicídio, não havendo, outrossim, previsão para a modalidade de natureza culposa.

Modalidades comissiva e omissiva

Pode o delito ser praticado comissivamente quando o agente dirige sua conduta com o fim de causar a morte da vítima, ou omissivamente, quando deixa de fazer aquilo a que estava obrigado em virtude da sua qualidade de garantidor (crime omissivo impróprio), conforme preconizado pelo art. 13, § 2º, alíneas *a*, *b*, e *c*, do Código Penal, agindo dolosamente em ambas as situações.

Isso significa que o agente pode causar a morte de uma mulher, por razões da condição do sexo feminino, atirando contra ela, ou, na qualidade de garan-tidora de sua manutenção, por exemplo, almejando a sua morte, não lhe fornecendo a alimentação necessária à sua sobrevivência, o que pode ocorrer com uma criança que ainda necessite dos cuidados de seus pais, e estes, querendo a sua morte, pelo fato de ser uma menina, a deixam morrer de inanição.

A redação contida no art. 121-A do Código Penal, portanto, prevê um comportamento comissivo, que poderá, entretanto, ser praticado via omissão, em virtude da posição de garante ocupada pelo agente.

Meios de execução

Tal como ocorre no homicídio, o feminicídio é considerado um delito de forma livre, podendo ser praticado mediante diversos meios, que podem ser subdivididos em: *a*) diretos (como ocorre quando a mulher é morta a pauladas, com facadas, pedradas, tiros etc.); *b*) indiretos (a exemplo do que acontece com o ataque estimulado pelo agente a uma pessoa com enfermidade mental, ou mesmo um animal); *c*) materiais (podem ser mecânicos, químicos, patológicos); ou *d*) morais (tal como ocorre com o susto, o medo, a emoção violenta etc.).

Consumação e tentativa

O delito de feminicídio se consuma quando ocorre o resultado morte da mulher.

Em se tratando de um crime plurissubsistente, em que se pode fracionar o *iter criminis*, torna-se possível o raciocínio correspondente à tentativa.

Causas de aumento de pena

§ 2º A pena do feminicídio é aumentada de 1/3 (um terço) até a metade se o crime é praticado:

I – durante a gestação, nos 3 (três) meses posteriores ao parto ou se a vítima é a mãe ou a responsável por criança, adolescente ou pessoa com deficiência de qualquer idade;

II – contra pessoa menor de 14 (catorze) anos, maior de 60 (sessenta) anos, com deficiência ou portadora de doenças degenerativas que acarretem condição limitante ou de vulnerabilidade física ou mental;

III – na presença física ou virtual de descendente ou de ascendente da vítima;

IV – em descumprimento das medidas protetivas de urgência previstas nos incisos I, II e III do *caput* do art. 22 da Lei nº 11.340, de 7 de agosto de 2006 (Lei Maria da Penha);

V – nas circunstâncias previstas nos incisos III, IV e VIII do § 2º do art. 121 deste Código.

Faremos a análise individualizada de cada uma das majorantes a seguir.

---

[21]   Quanto ao procedimento de registro civil sem que haja a localização do corpo, a Lei nº 6.015/1973 prevê, em seu art. 88, a possibilidade de justificação de óbito.

I – durante a gestação, nos 3 (três) meses posteriores ao parto ou se a vítima é a mãe ou a responsável por criança, adolescente ou pessoa com deficiência de qualquer idade

Ab initio, para que as causas de aumento de pena previstas pelo inciso I do § 2º do art. 121-A do Código Penal possam ser aplicadas é preciso que, anteriormente, tenham ingressado na esfera de conhecimento do agente, ou seja, para que o autor do feminicídio possa ter sua pena majorada, quando de sua conduta tinha que saber, obrigatoriamente, que a vítima se encontrava grávida, há três meses, tinha realizado seu parto, ou que a vítima é a mãe ou a responsável por criança, adolescente ou pessoa com deficiência de qualquer idade. Caso contrário, ou seja, se tais fatos não forem do conhecimento do agente, será impossível a aplicação das referidas majorantes, sob pena de adotarmos a tão repudiada responsabilidade penal objetiva, também conhecida como responsabilidade penal sem culpa ou pelo resultado.

Na primeira parte do inciso I *sub examen*, podemos extrair as seguintes hipóteses, partindo do pressuposto de que o agente conhecia a gravidez da vítima, e que agia com a finalidade de praticar um feminicídio:

– *a mulher e o feto sobrevivem* – nesse caso, o agente deverá responder pela tentativa de feminicídio e pela tentativa de aborto;

– *a mulher e o feto morrem* – aqui, deverá responder pelo feminicídio consumado e pelo aborto consumado;

– *a mulher morre e o feto sobrevive* – nesta hipótese, teremos um feminicídio consumado, em concurso com uma tentativa de aborto;

– *a mulher sobrevive e o feto morre* – *in casu*, será responsabilizado pelo feminicídio tentado, em concurso com o aborto consumado.

Entendemos que, em virtude da necessidade de aplicação do concurso de crimes, ou seja, feminicídio (consumado ou tentado) e aborto (consumado ou tentado), a majorante em estudo jamais poderá ser aplicada, pois, caso contrário, adotaríamos o chamado *bis in idem*, ou seja, a gestação estaria sendo considerada tanto para a majoração da pena do feminicídio quanto para a caracterização do delito de aborto. Assim, podemos afirmar que a inovação legislativa é natimorta, ou seja, já surgiu sem vida, impossibilitada de ser aplicada em quaisquer dessas hipóteses.

A segunda situação prevista no inciso I do § 1º do art. 121-A do Código Penal assevera que se o agente causa a morte da mulher por razões da condição de sexo feminino, nos 3 (três) meses posteriores ao parto, também terá sua pena majorada. Aqui, conta-se o primeiro dia do prazo de 3 (três) meses na data em que praticou a conduta, e não no momento do resultado morte. Assim, por exemplo, se o agente deu início aos atos de execução do crime de feminicídio, agredindo a vítima a facadas, e esta vem a falecer somente uma semana após as agressões, para efeito de

contagem do prazo de 3 (três) meses será levado em consideração o dia em que desferiu os golpes, conforme determina o art. 4º do Código Penal, que diz que se considera praticado o crime no momento da ação ou da omissão, ainda que outro seja o momento do resultado.

A última hipótese constante no inciso I do § 1º do art. 121-A do diploma repressivo diz respeito ao fato de o agente ter causado a morte de uma mulher que é a mãe ou a responsável por criança, adolescente ou pessoa com deficiência de qualquer idade. O juízo de censura, de culpabilidade, torna-se maior nesse caso, uma vez que o autor do feminicídio colocará também em risco a criação daqueles que estavam sendo cuidados pela vítima (entendidos, aqui, como pessoas vulneráveis), morta por razões da sua condição do sexo feminino.

II – contra pessoa menor de 14 (catorze) anos, maior de 60 (sessenta) anos, com deficiência ou portadora de doenças degenerativas que acarretem condição limitante ou de vulnerabilidade física ou mental

Tal como ocorre com o inciso I, analisado anteriormente, para que as majorantes constantes do inciso II sejam aplicadas ao agente é preciso que todas elas tenham ingressado na esfera de conhecimento do agente, pois, caso contrário, poderá ser alegado o erro de tipo, afastando-se, consequentemente, o aumento de pena.

Deverá, ainda, ser demonstrado nos autos, por meio de documento hábil, que a vítima era menor de 14 (catorze) anos ou maior de 60 (sessenta) anos. Tal prova deve ser feita por certidão de nascimento, expedida pelo registro civil ou documento que o substitua, a exemplo da carteira de identidade, conforme determina o parágrafo único do art. 155 do Código de Processo Penal, de acordo com a redação que lhe foi conferida pela Lei nº 11.690, de 9 de junho de 2008, que diz que *somente quanto ao estado das pessoas serão observadas as restrições estabelecidas na lei civil.*

A deficiência da vítima que, nos termos do art. 4º do Decreto nº 3.298, de 20 de dezembro de 1999, que regulamentou a Lei nº 7.853, de 24 de outubro de 1989, pode ser física, auditiva, visual, mental e múltipla, poderá ser comprovada por laudo pericial, ou por outros meios capazes de afastar a dúvida. Assim, por exemplo, imagine-se a hipótese em que o agente cause a morte de sua mulher, paraplégica, fato que era do conhecimento de todos. Aqui, *v.g.*, a paraplegia da vítima poderá ser demonstrada, inclusive, por intermédio da prova testemunhal, não havendo necessidade de laudo médico. O que se quer, na verdade, é que o julgador tenha certeza dos fatos que conduzirão a um aumento de pena considerável, quando da aplicação do art. 68 do Código Penal.

Doenças degenerativas são aquelas que recebem essa denominação porque provocam, efetivamente, a degeneração de todo o organismo, e envolvem vasos sanguíneos, tecidos, ossos, visão, órgãos internos e cérebro. Essas doenças levam à alteração do funcionamento de uma célula, um tecido ou um órgão. Podemos citar como exemplos de doenças degenerativas o Mal de Alzheimer, a esclerose múltipla, a arteriosclerose, as doenças cardíacas e da coluna vertebral, o diabetes etc. Para que possa ser aplicada a causa especial de aumento de pena em estudo, é preciso, ainda, que, além de portador de uma doença reconhecidamente degenerativa, essa doença imponha uma condição limitante ou mesmo de vulnerabilidade física ou mental. Assim, por exemplo, pode a vítima ser portadora de diabetes, sem que isso a limite de alguma maneira. Nesse caso, não poderia ser aplicada a majorante.

Em ocorrendo a hipótese de feminicídio contra uma mulher maior de 60 (sessenta), não será aplicada a circunstância agravante prevista na alínea h do art. 61 do Código Penal, pois, caso contrário, estaríamos levando a efeito o chamado *bis in idem*, em que um mesmo fato estaria incidindo duas vezes em prejuízo do agente. Nesses casos, terá aplicação o inciso II do § 1º do art. 121-A do Código Penal, também devido à sua especialidade.

III – na presença física ou virtual de descendente ou virtual de descendente ou de ascendente da vítima

Para que possa ser aplicada a majorante do inciso III do § 1º do art. 121-A do Código Penal é preciso que o feminicídio tenha sido praticado *na presen*ça de algum descendente ou de ascendente da vítima, ou seja, qualquer um dos parentes mencionados deve presenciar, quer dizer, testemunhar a prática do crime.

Isso pode acontecer tanto com uma presença física, isto é, o descendente ou o ascendente da vítima podem estar no mesmo local onde o delito de morte é cometido, como também podem presenciá-lo *virtualmente*, por meio, por exemplo, de um computador ou mesmo de um smartphone que captava as imagens da cena do crime. Assim, imagine a hipótese em que a vítima mantinha com sua mãe, que morava em outra cidade, uma conversa com áudio e vídeo, por um programa de computador quando, de repente, seu marido, agindo com vontade de matá-la, mesmo sabendo que sua sogra a tudo assistia, efetua os disparos com uma arma de fogo ou golpes de faca. Nesse caso, podemos dizer que, mesmo à distância, o fato foi praticado na presença da ascendente da vítima.

O ato de matar a vítima na presença de seu descendente ou ascendente sofre um maior juízo de reprovação, uma vez que o agente produzirá, nessas pessoas, um trauma quase irremediável. Assim, raciocinemos com outra hipótese em que o marido mata a sua esposa na presença de seu filho, que contava na época dos fatos com apenas 7 anos de idade. O trauma dessa cena violenta o acompanhará a vida toda. Infelizmente, tal fato tem sido comum e faz com que aquele que

presenciou, por exemplo, a morte brutal de sua mãe cresça, ou mesmo conviva até a sua morte, com problemas psicológicos seríssimos, repercutindo na sua vida em sociedade.

O que importa, portanto, é que tanto o descendente quanto o ascendente presenciem o feminicídio, devendo o autor do crime sofrer um maior juízo de reprovação.

Além de o agente que pratica o feminicídio ter que saber que as pessoas que se encontravam presentes quando da sua ação criminosa eram descendentes ou ascendentes da vítima, para que a referida causa de aumento de pena possa ser aplicada é preciso, também, que haja prova do parentesco nos autos, produzida por meio dos documentos necessários (certidão de nascimento, documento de identidade etc.), conforme preconiza o parágrafo único do art. 155 do Código de Processo Penal referido anteriormente.

IV – em descumprimento das medidas protetivas de urgência previstas nos incisos I, II e III do *caput* do art. 22 da Lei nº 11.340, de 7 de agosto de 2006 (Lei Maria da Penha)

A pena também será aumentada de 1/3 (um terço) até a metade se o crime for praticado em descumprimento das medidas protetivas de urgência previstas nos incisos I, II e III do *caput* do art. 22 da chamada Lei Maria da Penha.

V – nas circunstâncias previstas nos incisos III, IV e VIII do § 2º do art. 121 deste Código

Também haverá a aplicação da causa especial de aumento de pena de 1/3 (um terço) até a metade se o crime for praticado nas circunstâncias previstas nos incisos III, IV e VIII do § 2º do art. 121 do Código Penal, vale dizer:

a) com emprego de veneno, fogo, explosivo, asfixia, tortura ou outro meio insidioso ou cruel, ou de que possa resultar perigo comum (inciso III do art. 121 do CP);

b) à traição, de emboscada, ou mediante dissimulação ou outro recurso que dificulte ou torne impossível a defesa do ofendido (inciso IV do art. 121 do CP);

c) com emprego de arma de fogo de uso restrito ou proibido (inciso VIII do art. 121 do CP).

Para que não sejamos repetitivos, remetemos o leitor aos referidos incisos, já devidamente analisados quando do estudo das qualificadoras constante do crime de homicídio.

Concurso de pessoas (Da coautoria)

Diz o § 3º do art. 121-A do Código Penal:

§ 3º Comunicam-se ao coautor ou partícipe as circunstâncias pessoais elementares do crime previstas no § 1º deste artigo.

Realmente, parece que o legislador desconhece a legislação que ele próprio cria e/ou modifica. Na rubrica que antecede o § 3º do art. 121-A do diploma penal, dando o *nomen juris* ao instituto que seria estudado no parágrafo, ele se refere à *coautoria*, e não ao *concurso de pessoas*, conforme disposto no Título VI da Parte Geral do Código Penal.

Parece que se esqueceu que a coautoria é uma espécie do gênero *concurso de pessoas*, que abrange, também, a chamada participação. Assim, o concurso de pessoas pode ocorrer na modalidade de coautoria (que exercem um papel principal na prática da infração penal) e também de partícipes (cuja função é secundária e dependente da principal, ou seja, do autor ou coautores).

Embora a rubrica constante do § 2º do art. 121-A do Código Penal se referia à coautoria, seu texto nos conduz a presumir que não somente os coautores poderão ser responsabilizados pelo feminicídio, como também os partícipes, uma vez que, por sua determinação expressa, as circunstâncias pessoais elementares do crime de feminicídio, ou seja, a morte de uma mulher por razões da condição do sexo feminino quando o crime envolve violência doméstica e familiar, menosprezo ou discriminação à condição de mulher, serão a eles estendidas, tal como expressamente previsto no art. 30 do Código Penal.

Assim, por exemplo, se o agente, motivado a matar uma mulher simplesmente porque a discriminava em virtude dessa condição pessoal, solicita a um amigo o empréstimo de uma arma de fogo, narrando-lhe a finalidade, se a utiliza na prática do feminicídio, aquele que a emprestou responderá, também, na qualidade de partícipe, pelo crime de feminicídio.

Da mesma forma alguém que auxilia o autor a matar uma mulher, por razões da condição do sexo feminino, praticando atos de execução, sendo que ele sequer a conhecia ou mesmo não se amoldava às situações elencadas pelos incisos I e II do § 1º do art. 121-A do Código Penal, ainda assim responderá pelo feminicídio, com uma pena que variará entre um mínimo de 20 (vinte) e um máximo de 40 (quarenta) anos de reclusão, haja vista a comunicação dessas elementares constante do tipo penal em estudo.

Pena e ação penal

A pena cominada para o delito de feminicídio, prevista no preceito secundário do art. 121-A do Código Penal, é de reclusão, de 20 (vinte) a 40 (quarenta) anos.

Nos termos do § 2º do art. 121-A do Código Penal, a pena do feminicídio é aumentada de 1/3 (um terço) até a metade se o crime é praticado: I – durante a gestação, nos 3 (três) meses posteriores ao parto ou se a vítima é a mãe ou a responsável por criança, adolescente ou pessoa com deficiência de qualquer idade; II – contra pessoa menor de 14 (catorze) anos, maior de 60 (sessenta) anos, com deficiência ou portadora de doenças degenerativas que acarretem condição limitante ou de vulnerabilidade física ou mental;

III – na presença física ou virtual de descendente ou de ascendente da vítima; IV – em descumprimento das medidas protetivas de urgência previstas nos incisos I, II e III do *caput* do art. 22 da Lei nº 11.340, de 7 de agosto de 2006 (Lei Maria da Penha); V – nas circunstâncias previstas nos incisos III, IV e VIII do § 2º do art. 121 já citado.

A ação penal é de iniciativa pública incondicionada.

Destaques

Prioridade de tramitação do processo de feminicídio
Determina o art. 394-A, com a redação determinada pela Lei nº 14.994, de 9 de outubro de 2024:
Art. 394-A. *Os processos que apurem a prática de crime hediondo ou violência contra a mulher terão prioridade de tramitação em todas as instâncias.*

Destituição do poder familiar
O parágrafo único do art. 1.638 do Código Civil, com a redação que lhe foi conferida pela Lei nº 13.715, de 24 de setembro de 2018, assevera que, *verbis*:
Art. 1.638. *Perderá por ato judicial o poder familiar o pai ou a mãe que:*
[...]
Parágrafo único. *Perderá também por ato judicial o poder familiar aquele que:*
I – praticar contra outrem igualmente titular do mesmo poder familiar:
a) homicídio, feminicídio ou lesão corporal de natureza grave ou seguida de morte, quando se tratar de crime doloso envolvendo violência doméstica e familiar ou menosprezo ou discriminação à condição de mulher;
b) [...]
II – praticar contra filho, filha ou outro descendente:
a) homicídio, feminicídio ou lesão corporal de natureza grave ou seguida de morte, quando se tratar de crime doloso envolvendo violência doméstica e familiar ou menosprezo ou discriminação à condição de mulher;
b) [...].

Femicídio e feminicídio

A palavra femicídio é traduzida como a morte de uma mulher, o que não será, necessariamente, um feminicídio, que é também a morte de uma mulher, mas por razões da condição do sexo feminino, que são aquelas elencadas nos incisos I e II do § 1º do art. 121-A do Código Penal.

Assim, não necessariamente toda morte de uma mulher será caracterizada como um feminicídio, mas não deixa de ser um femicídio, podendo-se afirmar que o femicídio é um gênero, do qual o feminicídio é sua espécie. Em ocorrendo um femicídio, o agente responderá pelo art. 121 do Código Penal; por outro lado, em havendo um feminicídio, deverá ser responsabilizado pelo tipo penal constante do art. 121-A do mesmo diploma repressivo.

Lesbicídio

Fala-se em lesbicídio nas hipóteses em que uma mulher é morta em razão da sua orientação sexual, e pode ser praticado tanto por um homem como por outra mulher. O lesbicídio se amolda ao feminicídio cultural, conforme apontamos em nossa introdução ao tema, quando discorremos a respeito de algumas espécies de feminicídio.

Competência para julgamento do feminicídio

Em se tratando de um crime doloso contra a vida, competirá ao Tribunal do Júri o julgamento do crime feminicídio, nos termos da alínea *d* do inciso XXXVIII do art. 5º da CF.

Induzimento, instigação ou auxílio a suicídio ou a automutilação

Art. 122. Induzir ou instigar alguém a suicidar-se ou a praticar automutilação ou prestar-lhe auxílio material para que o faça:

Pena – reclusão, de 6 (seis) meses a 2 (dois) anos.

§ 1º Se da automutilação ou da tentativa de suicídio resulta lesão corporal de natureza grave ou gravíssima, nos termos dos §§ 1º e 2º do art. 129 deste Código:

Pena – reclusão, de 1 (um) a 3 (três) anos.

§ 2º Se o suicídio se consuma ou se da automutilação resulta morte:

Pena – reclusão, de 2 (dois) a 6 (seis) anos.

§ 3º A pena é duplicada:

I – se o crime é praticado por motivo egoístico, torpe ou fútil;

II – se a vítima é menor ou tem diminuída, por qualquer causa, a capacidade de resistência.

§ 4º A pena é aumentada até o dobro se a conduta é realizada por meio da rede de computadores, de rede social ou transmitida em tempo real.

§ 5º Aplica-se a pena em dobro se o autor é líder, coordenador ou administrador de grupo, de comunidade ou de rede virtual, ou por estes é responsável.

§ 6º Se o crime de que trata o § 1º deste artigo resulta em lesão corporal de natureza gravíssima e é cometido contra menor de 14 (quatorze) anos ou contra quem, por enfermidade ou deficiência mental, não tem o necessário discernimento para a prática do ato, ou que, por qualquer outra causa, não pode oferecer resistência, responde o agente pelo crime descrito no § 2º do art. 129 deste Código.

§ 7º Se o crime de que trata o § 2º deste artigo é cometido contra menor de 14 (quatorze) anos ou contra quem não tem o necessário discernimento para a prática do ato, ou que, por qualquer outra causa, não pode oferecer resistência, responde o agente pelo crime de homicídio, nos termos do art. 121 deste Código.

Introdução

A Lei nº 13.968, de 26 de dezembro de 2019, modificou, significativamente, o delito tipificado no art. 122 do Código Penal. Antes da referida alteração legislativa tínhamos, tão somente, o delito de induzimento, instigação e auxílio a suicídio. Agora, o tipo penal foi ampliado como indica o nome da rubrica atual, vale dizer: induzimento, instigação e auxílio a suicídio ou a automutilação.

Como se percebe, a conduta do agente pode ter duas finalidades distintas. A primeira delas é dirigida finalisticamente a fazer com que a vítima pratique o ato extremo, vindo a retirar a própria vida; a segunda, o agente induz ou instiga a vítima a se automutilar, ou seja, faz com que esta produza lesões em seu corpo.

Classificação doutrinária

Crime comum; simples; de forma livre; doloso (pois que o tipo penal não fez previsão expressa da modalidade culposa); comissivo (podendo, entretanto, ser praticado omissivamente nos casos de omissão imprópria); de dano; material; instantâneo de efeitos permanentes (em caso de morte da vítima); não transeunte; monossubjetivo; plurissubsistente; de conteúdo variado (crimes de ação múltipla, podendo o agente levar a efeito os vários comportamentos previstos no tipo – induzir, instigar ou auxiliar –, devendo responder, tão somente, por uma única infração penal).

Sujeito ativo e sujeito passivo

Em se tratando de um delito comum, tanto com relação ao sujeito ativo quanto ao sujeito passivo, o delito de induzimento, instigação e auxílio a suicídio ou a automutilação pode ser praticado por qualquer pessoa. Sujeito passivo, da mesma forma, poderá ser qualquer pessoa.

Participação moral e participação material

Ocorre a *participação moral* nas hipóteses de induzimento ou instigação ao suicídio ou à automutilação. *Induzir* significa fazer nascer, criar a ideia suicida ou automutiladora na vítima. *Instigar*, a seu turno, demonstra que a ideia de eliminar a própria vida ou de automutilar-se já existia, sendo que o agente, dessa forma, reforça, estimula a ideia já preconcebida.

Na *participação material*, o agente auxilia materialmente a vítima a conseguir o seu intento, fornecendo, por exemplo, o instrumento que será utilizado na execução do suicídio ou na automutilação (revólver, faca, navalha, lâmina, corda para se enforcar, cigarro para se queimar etc.) ou mesmo simplesmente esclarecendo como usá-los.

A peça vestibular ao imputar ao acusado a prática do delito tipificado no art. 122 do Código Penal, é certo, aponta uma das formas do crime em questão: induzimento. Impõe-se, então, invocar a autoridade científica de quem a tem inconcussa: o mestre Nélson

Hungria: 'Três são as formas do crime em questão: o induzimento, a instigação e o auxílio. Quase nenhuma é a diferença entre induzir e instigar. Induzir significa persuadir ou levar alguém a praticar algum ato. Instigar, além desse mesmo significado, encerra também o de acoroçoar um designo. O induzimento pressupõe a iniciativa na formação da vontade de outrem, enquanto a instigação pode ter um caráter secundário ou acessório, ou de adesão e estímulo a um propósito já concebido, para afastar qualquer hesitação ou perplexidade.' (*Comentários ao código penal.* Rio de Janeiro: Forense, 1981, v.u., p. 232). Também induzimento a suicídio são os maus-tratos reiteradamente infligidos a alguém, vindo este a matar-se de desespero, uma vez que haja o dolo, direto ou eventual, específico do crime, isto é, a intenção ou aceitação do risco de que a vítima se suicide' (*op. cit.* p. 234) (TJRS, RSE 70008851933, 2ª Câm. Crim., Rel. Marco Aurélio de Oliveira Canosa, j. 30/11/2006).

Prática de atos de execução

Se o agente, de qualquer forma, pratica algum ato dirigido a causar a morte da vítima, deverá ser responsabilizado pelo homicídio, ou pelas lesões corporais causadas na vítima, e não pelo delito do art. 122 do Código Penal.

Objeto material e bem juridicamente protegido

A vida e a integridade física são os bens juridicamente protegidos pelo tipo do art. 122 do Código Penal, com a nova redação que lhe foi conferida pela Lei nº 13.968, de 26 de dezembro de 2019, sendo que a pessoa contra a qual é dirigida a conduta do agente é o objeto material do crime de induzimento, instigação e auxílio a suicídio ou a automutilação.

Elemento subjetivo

O delito de induzimento, instigação e auxílio a suicídio ou a automutilação somente pode ser praticado dolosamente, seja o dolo direto ou eventual, ficando afastada sua punição mediante a modalidade culposa. Assim, o agente deve dirigir finalisticamente sua conduta no sentido de criar a ideia suicida ou automutiladora na vítima, ou mesmo estimulá-la ou auxiliá-la materialmente a esse fim.

Modalidades qualificadas

Os §§ 1º e 2º do art. 122 do Código Penal, com a redação que lhes foi conferida pela Lei nº 13.968, de 26 de dezembro de 2019, preveem as modalidades qualificadas do delito de induzimento, instigação e auxílio a suicídio ou a automutilação, dizendo, *verbis*:
§ 1º Se da automutilação ou da tentativa de suicídio resulta lesão corporal de natureza grave ou gravíssima, nos termos dos §§ 1º e 2º do art. 129 deste Código:
Pena – reclusão, de 1 (um) a 3 (três) anos.
§ 2º Se o suicídio se consuma ou se da automutilação resulta morte:
Pena – reclusão, de 2 (dois) a 6 (seis) anos.

Modalidades comissiva e omissiva

As condutas previstas no tipo penal em estudo somente podem ser praticadas comissivamente.
Contudo, será possível o raciocínio correspondente à omissão imprópria se o agente, na condição de garantidor, nos termos do art. 13, § 2º, do Código Penal, podendo, dolosamente nada fizer para impedir que a vítima se suicide ou se automutile.

Consumação e tentativa

O *caput* do art. 122 do Código Penal, com a redação dada pela Lei nº 13.968, de 26 de dezembro de 2019, prevê pena de reclusão, de 6 (seis) meses a 2 (dois) anos para aquele que induzir ou instigar alguém a suicidar-se ou a praticar automutilação ou prestar auxílio material para que o faça.
A nova redação constante do preceito secundário do mencionado *caput* difere substancialmente da que fora revogada. Antes, no que dizia respeito ao induzimento, instigação e auxílio ao suicídio, já que não havia previsão para a automutilação, o delito somente se consumava quando ocorria a morte ou, pelo menos, lesões corporais de natureza grave na vítima. Hoje, tal postura foi modificada, como veremos a seguir.
Assim, no que diz respeito ao comportamento tipificado no *caput* do art. 122 do Código Penal, o delito se consuma quando a vítima, após ter sido induzida, instigada ou auxiliada materialmente pelo agente, dá início a atos tendentes a eliminar a própria vida ou a se automutilar. Em se tratando de um delito material, quando a vítima tenta contra a própria vida, produzindo ou não, em si mesma, lesões corporais de natureza leve, ou quando, efetivamente, se automutila, ofendendo sua integridade corporal, nesse exato instante entendemos como consumado o delito de induzimento, instigação e auxílio a suicídio ou a automutilação.
Da mesma forma, somente restará consumada a modalidade qualificada prevista no § 1º do art. 122 do Código Penal quando a vítima, induzida, instigada ou auxiliada materialmente, leva a efeito o comportamento tendente a eliminar a própria vida ou a se automutilar, advindo, daí, lesão corporal de natureza grave ou gravíssima, isto é, aquelas previstas nos §§ 1º e 2º do art. 120 do diploma repressivo.
Se o suicídio se consuma, ocorrendo a morte da vítima, ou se o automutilador também vem a falecer, mesmo não sendo essa sua intenção inicial, restará consumado o delito na modalidade prevista no § 2º do mencionado art. 122.
Em se tratando de um delito plurissubsistente, será perfeitamente admissível a tentativa.

Causas de aumento de pena

Dizem os §§ 3º, 4º e 5º do art. 122 do Código Penal:
§ 3º A pena é duplicada:
I – se o crime é praticado por motivo egoístico, torpe ou fútil;

II – se a vítima é menor ou tem diminuída, por qualquer causa, a capacidade de resistência.

§ 4º A pena é aumentada até o dobro se a conduta é realizada por meio da rede de computadores, de rede social ou transmitida em tempo real.

§ 5º Aplica-se a pena em dobro se o autor é líder, coordenador ou administrador de grupo, de comunidade ou de rede virtual, ou por estes é responsável.

Preconizam os incisos I e II do § 3º do art. 122 do Código Penal que a pena será duplicada: I – se o crime é praticado por motivo egoístico, torpe ou fútil; II – se a vítima é menor ou tem diminuída, por qualquer causa, a capacidade de resistência.

Inicialmente, devemos salientar que os §§ 3º, 4º e 5º do mencionado art. 122 contêm causas especiais de aumento de pena (ou majorantes), e não qualificadoras, como afirmam alguns autores, a exemplo de Frederico Marques.[22]

Assim, somente no terceiro momento do critério trifásico de aplicação da pena é que será considerada a majorante, duplicando-se a pena que tiver sido encontrada até aquela fase.

Imagine-se a hipótese em que o julgador, após condenar o agente pela prática do delito em tela, comece o raciocínio correspondente à aplicação da pena. Suponhamos que todas as circunstâncias judiciais lhe sejam favoráveis, razão pela qual, tendo em vista que a vítima, efetivamente, viera a falecer, fixa a pena-base no mínimo legal, vale dizer, em 2 (dois) anos. No momento seguinte, ou seja, quando da análise das circunstâncias atenuantes ou agravantes, o juiz percebe a existência de uma certidão de nascimento nos autos comprovando que o agente era menor de 21 anos à época, devendo, portanto, nos termos do art. 65, I, do Código Penal, atenuar a pena-base que lhe fora aplicada. Suponhamos que a redução tenha sido de 2 (dois) meses, ficando, agora, a pena em 1 (um) ano e 10 (dez) meses de reclusão. No terceiro momento, o juiz verifica, mediante a análise do conjunto probatório, que o réu praticou o delito impelido por um motivo egoístico, e duplica a pena até então encontrada, que passa a perfazer o total de 3 (três) anos e 8 (oito) meses.

Entendidas como causas especiais de aumento de pena, vamos à análise de cada uma delas, individualmente:

a) *Motivo egoístico.* Por motivo egoístico entende-se o motivo mesquinho, torpe, que cause certa repugnância, a exemplo da hipótese em que o agente induz seu irmão a cometer o suicídio a fim de herdar, sozinho, o patrimônio deixado pelos seus pais. Guilherme de Souza Nucci ainda o define dizendo tratar-se "do excessivo apego a si mesmo, o que evidencia o desprezo pela vida alheia, desde que algum benefício concreto advenha ao agente. Logicamente merece maior punição."[23]

b) *Motivo torpe ou fútil.* Torpe é o motivo abjeto, que causa repugnância, nojo, sensação de repulsa pelo fato praticado pelo agente, a exemplo daquele que induz a vítima ao suicídio com a finalidade de herdar-lhe a herança; fútil é o motivo insignificante, havendo uma desproporcionalidade no comportamento praticado pelo agente.

c) *Vítima menor.* Quando a lei fala em vítima menor, está se referindo àquela menor de 18 anos, data em que se inicia a maturidade penal, e maior de 14 anos.

d) Vítima que tem diminuída, por qualquer causa, a capacidade de resistência. A lei fala em *diminuição da capacidade de resistência*, e não em eliminação dessa capacidade. Se a vítima não pode oferecer resistência, o delito será o de homicídio, nos termos preconizados pelo § 7º do art. 122 do Código Penal. Podem ser citados como exemplos de diminuição de capacidade o fato de estar a vítima embriagada, sob o efeito de drogas, deprimida, angustiada, com algum tipo de enfermidade grave etc.

Diz o § 4º do art. 122 do Código Penal que a pena é aumentada até o dobro se a conduta é realizada por meio da rede de computadores, de rede social ou transmitida em tempo real.

A Lei nº 14.811/2024, inserindo o inciso X no art. 1º da Lei nº 8.072/90 passou a reconhecer como hediondo o crime de induzimento, instigação ou auxílio a suicídio ou à automutilação, desde que realizados por meio da rede de computadores, de rede social ou transmitidos em tempo real. Embora querendo entender como hedionda somente a infração penal em estudo quando praticada por meio da rede de computadores, de rede social ou transmitidos em tempo real, o legislador, de forma equivocada e sem a menor técnica, fez inserir, entre parênteses, a referência ao art. 122, *caput* e § 4º, dando a entender que também a modalidade simples de induzimento, instigação ou auxílio a suicídio ou à automutilação também seria considerada como hedionda, ao contrário do que consta, expressamente, na menção do *nomen juris* da infração penal por ele mesmo eleita. Enfim, atecnias à parte, somente será considerado hediondo o delito de induzimento, instigação ou auxílio a suicídio ou à automutilação quando realizados por meio da rede de computadores, de rede social ou transmitidos em tempo real, ficando afastada as demais hipóteses.

Por *rede de computadores* podemos entender um conjunto de equipamentos interligados, que possibilitam a troca de dados, de informações entre si. Existem vários tipos de rede, a exemplo da Internet, das redes de área local (LAN), das redes de área pessoal (PAN), das redes de campus, das redes globais (GAN), das Internetworks, das *metropolitan area network* (MAN) etc.

A rede social é uma plataforma cuja finalidade principal é conectar pessoas e compartilhar informações

22 MARQUES, José Frederico. *Tratado de direito penal*, v. IV, p. 167.
23 NUCCI, Guilherme de Souza. *Código penal comentado*, p. 401.

entre elas, e pode possuir tanto um caráter pessoal como de natureza comercial ou profissional. Podem se configurar através de diversas formas, a exemplo de sites ou mesmo aplicativos. Hoje em dia, existem diversas redes sociais, a exemplo do Facebook, Instagram, Linkedin, Twitter, WhatsApp, Facebook Messenger, YouTube, Snapchat etc.

Por transmissão em tempo real, podemos entender qualquer meio que possibilite a comunicação entre o agente e a vítima.

A pena poderá ser aumentada até o dobro. Assim, nos perguntamos: Qual seria o aumento mínimo a ser aplicado pelo julgador, em ocorrendo qualquer das hipóteses previstas pelo § 4º do art. 122 do Código Penal? Entendemos que o aumento mínimo deverá ser de 1/6 (um sexto), para que seja mantida a coerência com as demais causas de aumento de pena, previstas no Código Penal, que adota esse padrão mínimo. Assim, quanto maior a gravidade da conduta e a facilidade obtida para a prática do crime através da utilização da rede de computadores, ou da rede social, ou mesmo quando transmitida em tempo real, maior será o aumento da pena.

Dispõe, ainda, o § 5º do art. 122 do Código Penal, com a redação determinada pela Lei nº 14.811/2024, que se aplica a pena em dobro se o autor é líder, coordenador ou administrador de grupo, de comunidade ou de rede virtual, ou por estes é responsável.

Aqui, impõe-se um maior juízo de reprovação para aqueles que, efetivamente, ocupam posição de liderança, coordenação ou administração de grupo, de comunidade ou de rede virtual, ou mesmo por estes é responsável.

Vítimas vulneráveis

Os §§ 6º e 7º do art. 122 do Código Penal trouxeram hipóteses em que as vítimas se encontram em situação de vulnerabilidade, que as impede de raciocinar com relação aos atos que praticam. Em alguns casos, há uma presunção absoluta dessa incapacidade, a exemplo do que ocorre com os menores de 14 anos. Em outros, essa situação deverá ser demonstrada no caso concreto, como na comprovação do discernimento do portador de enfermidade ou deficiência mental.

Assim, diz o § 6º do referido art. 122, *verbis*:

§ 6º Se o crime de que trata o § 1º deste artigo resulta em lesão corporal de natureza gravíssima e é cometido contra menor de 14 (quatorze) anos ou contra quem, por enfermidade ou deficiência mental, não tem o necessário discernimento para a prática do ato, ou que, por qualquer outra causa, não pode oferecer resistência, responde o agente pelo crime descrito no § 2º do art. 129 deste Código.

Inicialmente, o § 6º nos remete ao § 1º, ambos do art. 122 do Código Penal, asseverando que o agente será responsabilizado pelo delito tipificado no § 2º do art. 129 do Código Penal se do induzimento, instigação ou auxílio material vier a ocorrer lesão corporal gravíssima na vítima, independentemente de a finalida-

de dessa última ser a prática do suicídio ou a automutilação.

Embora o § 1º do art. 122 faça menção tanto a lesão corporal de natureza grave como também às gravíssimas, somente haverá a aplicação do § 6º do mesmo artigo se houver lesão corporal gravíssima. Assim, por exemplo, se a vítima for menor de 14 anos e, em razão da automutilação, sofrer lesão corporal de natureza grave, o fato continuará a ser punido tão somente pelo § 1º do art. 129 do estatuto repressivo.

São considerados vulneráveis, para efeitos de aplicação do § 6º do art. 122 do Código Penal, as vítimas:

a) menores de 14 anos;
b) portadoras de enfermidade ou deficiência mental, que não tenham o necessário discernimento para a prática do ato;
c) que por qualquer outra causa não puderem oferecer resistência.

Já o § 7º do art. 122 do Código Penal aduz que:

§ 7º Se o crime de que trata o § 2º deste artigo é cometido contra menor de 14 (quatorze) anos ou contra quem não tem o necessário discernimento para a prática do ato, ou que, por qualquer outra causa, não pode oferecer resistência, responde o agente pelo crime de homicídio, nos termos do art. 121 deste Código.

A falta de técnica do legislador fica evidente nesse parágrafo. Por que razão mencionaria no § 6º o portador de enfermidade ou deficiência mental, e não exigiria essa condição no § 7º do mesmo artigo? Na verdade, o que muda nos dois parágrafos é tão somente a gravidade do resultado. No § 6º, exige-se que tenha ocorrido uma lesão corporal gravíssima, isto é, qualquer uma daquelas existentes no rol do § 2º do art. 129 do Código Penal. No § 7º, exige-se que tenha ocorrido o resultado morte.

Enfim, para efeitos de aplicação do § 7º do art. 122 do Código Penal, são essas as pessoas consideradas vulneráveis:

a) menores de 14 anos;
b) as que não tenham o necessário discernimento para a prática do ato;
c) as que por qualquer outra causa, não puderem oferecer resistência.

Pena, ação penal e suspensão condicional do processo

A pena prevista pelo *caput* do art. 122 do Código Penal é de reclusão, de 6 (seis) meses a 2 (dois) anos.

A pena será de reclusão, de 1 (um) a 3 (três) anos, de acordo com o § 1º do art. 122 do diploma repressivo se da automutilação ou da tentativa de suicídio resultar lesão corporal de natureza grave ou gravíssima, nos termos dos §§ 1º e 2º do art. 129 do Código Penal. Se o suicídio se consuma ou se da automutilação resultar morte, a pena será de reclusão, de 2 (dois) a 6 (seis) anos, conforme preconiza o § 2º do art. 122 do Código Penal.

De acordo com o § 6º do art. 122, se o crime de que trata o § 1º deste artigo resulta em lesão corporal de natureza gravíssima e é cometido contra menor de 14 (quatorze) anos ou contra quem, por enfermidade ou deficiência mental, não tem o necessário discernimento para a prática do ato, ou que, por qualquer outra causa, não pode oferecer resistência, responderá o agente pelo crime descrito no § 2º do art. 129 do Código Penal.

Se o crime de que trata o § 2º do art. 122 do Código Penal é cometido contra menor de 14 (quatorze) anos ou contra quem não tem o necessário discernimento para a prática do ato, ou que, por qualquer outra causa, não pode oferecer resistência, responderá o agente pelo crime de homicídio (art. 121 do CP), conforme determina o § 7º do art. 122 do Código Penal.

A ação penal é de iniciativa pública incondicionada. Com relação à infração penal tipificada no *caput* do art. 122 do Código Penal, teremos que avaliar duas situações distintas. A primeira delas diz respeito ao fato de o agente agir com a finalidade de induzir, instigar ou auxiliar materialmente a vítima ao suicídio. Aqui, sem dúvida, teríamos a prática de um crime doloso contra a vida, independentemente do fato de a pena máxima cominada em abstrato ser de, tão somente, dois anos, o que nos induziria, equivocadamente, a entender pela competência do Juizado Especial Criminal. *In casu*, em se tratando de induzimento, instigação ou auxílio material ao suicídio a competência para o processo e o julgamento será do Tribunal do Júri, nos termos da alínea *d* do inciso XXXVIII do art. 5º da Constituição Federal, que diz, *verbis*:

XXXVIII – é reconhecida a instituição do júri, com a organização que lhe der a lei, assegurados:

(...)

d) a competência para o julgamento dos crimes dolosos contra a vida;

No que diz respeito ao induzimento, instigação e auxílio à automutilação, não sendo um crime doloso contra a vida, mas sim contra a integridade física, por mais que esteja, equivocadamente, inserido no Capítulo I (Dos crimes contra a vida) do Título I (Dos crimes contra a pessoa) do Código Penal, será o dolo do agente que definirá a natureza da infração penal. Assim, portanto, no que diz respeito ao induzimento, instigação e auxílio material à automutilação, por não se tratar de um crime doloso contra a vida, mas sim de um delito doloso contra a integridade física da vítima, tendo em vista a pena máxima cominada em abstrato no *caput* do art. 122 do Código Penal, a competência, para este delito será do Juizado Especial Criminal, nos termos dos arts. 60 e 61 da Lei nº 9.099/95, que dizem:

Art. 60. *O Juizado Especial Criminal, provido por juízes togados ou togados e leigos, tem competência para a conciliação, o julgamento e a execução das infrações penais de menor potencial ofensivo, respeitadas as regras de conexão e continência.*

Art. 61. *Consideram-se infrações penais de menor potencial ofensivo, para os efeitos desta Lei, as contravenções penais e os crimes a que a lei comine pena máxima não superior a 2 (dois) anos, cumulada ou não com multa.*

Ab initio, será possível proposta de suspensão condicional do processo nas infrações penais tipificadas no *caput* e no § 1º do art. 122 do Código Penal.

Suicídio conjunto (pacto de morte)

Podemos citar o exemplo trazido à colação por Hungria, quando os namorados pactuados em morrer juntos optam por fazê-lo por asfixia de gás carbônico, "e, enquanto um abria o bico de gás, o outro calafetava as frinchas do compartimento. Se qualquer deles sobrevive, responderá por *homicídio*, pois concorreu materialmente no *ato executivo* da morte do outro. Se ambos sobrevivem, responderão por tentativa de homicídio. No caso em que somente um deles tivesse calafetado as frestas e aberto o bico de gás, responderá este, na hipótese de sobrevivência de ambos, por tentativa de homicídio, enquanto o outro responderá por instigação a suicídio".[24]

Greve de fome

As autoridades constituídas, na qualidade de garantidoras, têm o dever de impedir a greve de fome, a exemplo do que ocorre no interior de penitenciárias, podendo agir no sentido de impedir a morte dos grevistas, pois, caso contrário, poderão ser responsabilizadas pelo resultado morte.

Testemunhas de Jeová

Na hipótese de ser imprescindível a transfusão de sangue, mesmo sendo a vítima maior e capaz, em caso de recusa, tal comportamento deverá ser encarado com uma tentativa de suicídio, podendo o médico intervir, inclusive sem o seu consentimento, uma vez que atuaria amparado pelo inc. I do § 3º do art. 146 do Código Penal, que diz não se configurar constrangimento ilegal a *intervenção médica ou cirúrgica, sem o consentimento do paciente ou de seu representante legal, se justificada por iminente perigo de vida*.

Transfusão de sangue. Testemunhas de Jeová. Não cabe ao Poder Judiciário, no sistema jurídico brasileiro, autorizar ou ordenar tratamentos médico-cirúrgicos e/ou hospitalares, salvo casos excepcionalíssimos e salvo quando envolvidos os interesses de menores. Se iminente o perigo de vida, é direito e dever do médico empregar todos os tratamentos, inclusive cirúrgicos, para salvar o paciente, mesmo contra a vontade deste, de seus familiares e de quem quer que seja, ainda que a oposição seja ditada por motivos religiosos. Importa ao médico e ao hospital demonstrar que utilizaram a ciência e a técnica apoiadas em séria literatura médica, mesmo que haja divergências quanto ao melhor tratamento. O Judiciário não serve para diminuir os riscos da profissão médica ou da atividade hospitalar. Se a transfusão de sangue for tida

---

24 HUNGRIA, Nélson. *Comentários ao código penal*, v. V, p. 232.

como imprescindível, conforme sólida literatura médico-científica (não importando naturais divergências), deve ser concretizada, se para salvar a vida do paciente, mesmo contra a vontade das testemunhas de Jeová, mas desde que haja urgência e perigo iminente de vida (art. 146, § 3º, inc. I, do CP). Caso concreto em que não se verificava tal urgência. O direito à vida antecede o direito à liberdade, aqui incluída a liberdade de religião; é falácia argumentar com os que morrem pela liberdade, pois aí se trata de contexto fático totalmente diverso. Não consta que morto possa ser livre ou lutar por sua liberdade. Há princípios gerais de ética e de direito que, aliás, norteiam a Carta das Nações Unidas, que precisam se sobrepor às especificidades culturais e religiosas, sob pena de se homologarem as maiores brutalidades; entre eles estão os princípios que resguardam os direitos fundamentais relacionados com a vida e a dignidade humanas. Religiões devem preservar a vida, e não exterminá-la (TJRS, Ap. Cív. 595000373, 6ª Câm. Cív., Des. Sérgio Gischkow Pereira, j. 28/03/1995.)

Jogo da baleia azul

A baleia azul é um jogo que, provavelmente, teria surgido na Rússia, se alastrando por todas as redes sociais. Essa expressão "baleia azul" diz respeito ao fenômeno de baleias encalhadas, taxadas, equivocadamente, de suicidas. Seus líderes usam perfis falsos, dificultando, assim, seu reconhecimento e, consequentemente, sua prisão.

A finalidade do jogo é fazer com que seus participantes, normalmente crianças e adolescentes, cumpram tarefas diárias, perfazendo um total de 50. Essas tarefas, em sua maioria, envolvem automutilações, que devem ser devidamente registradas via fotografia, ou mesmo filmadas, e enviadas ao chamado "curador/líder" do grupo, cuja finalidade é coordenar o jogo e fazer o passo a passo com as vítimas, induzindo-as e incitando-as às automutilações.

A última de todas as tarefas é o suicídio.

O jogo também é feito com intimidações, pois aqueles que desejam dele sair são ameaçados por esses covardes "curadores/ líderes/administradores".

Infelizmente, o jogo já se espalhou por todo o território nacional, deixando um rastro de vítimas inocentes. Agora, após a edição da Lei nº 13.968, de 26 de dezembro de 2019, com a inclusão da automutilação no art. 122 do Código Penal, a conduta desses criminosos se amoldará, com precisão, ao tipo penal em exame, onde, como regra, será aplicada a causa especial de aumento de pena prevista no § 4º do art. 122 do Código Penal, aumentando-se a pena até o dobro, uma vez que a conduta do agente é praticada por meio da rede de computadores ou pelas redes sociais, podendo, ainda, ser aplicada a majorante do § 5º do mesmo artigo, na hipótese de ser descoberto o chamado curador, que na verdade se encontra numa posição de liderança, fazendo jus, assim, a um aumento de metade da pena que lhe for imposta.

Disparo de arma de fogo pelo suicida

⚖ Não é típica a conduta da pessoa que efetua disparo de arma de fogo como ato preparatório para o suicídio (TJRJ, Acórdão 398, Processo 0436051, 82ª Câm. Crim., Rel. Carlos Augusto A. de Mello, j. 10/01/2008, DJ 7.545).

Julgamento pelo júri sem a presença do réu

Vide art. 457, §§ 1º e 2º, do CPP.

Provocação direta ou auxílio a suicídio no Código Penal Militar

Vide art. 207 do Decreto-Lei nº 1.001/69 (Código Penal Militar).

Infanticídio

Art. 123. Matar, sob a influência do estado puerperal, o próprio filho, durante o parto ou logo após:

Pena – detenção, de 2 (dois) a 6 (seis) anos.

Introdução

Analisando-se a figura típica do infanticídio, percebe-se que se trata, na verdade, de uma modalidade especial de homicídio, que é cometido considerando determinadas condições particulares do sujeito ativo, que atua influenciado pelo estado puerperal, em meio a certo espaço de tempo, pois que o delito deve ser praticado durante o parto ou logo após. Seus traços marcantes e inafastáveis são, portanto, os seguintes:

a) que o delito seja cometido *sob a influência do estado puerperal*;

b) que tenha como objeto o *próprio filho* da parturiente;

c) que seja cometido *durante o parto* ou, pelo menos, *logo após*.

⚖ O simples fato de matar a filha, logo após o parto, não autoriza dizer que foi sob a influência do estado puerperal. Necessário que haja provas de que a recorrente estivesse sob forte perturbação psíquica e hormonal, sendo incapaz de discernir e de se autodeterminar, sem forças para inibir o seu *animus necandi*. Contudo, havendo documentos médicos que atestem a higidez mental da acusada, deve-se deixar a cargo do Conselho de Sentença decidir se a vítima agiu ou não sob influência do estado puerperal, eventualmente desclassificando o crime de homicídio para o delito de infanticídio e, caso prevaleça a tese acusatória, também a questão relativa às qualificadoras deve ser submetida à apreciação do Tribunal do Júri (TJ-MG, RSE 0002195-12.2015.8.13.0028, Rel. Des. Correa Camargo, DJe 22/01/2016).

Nesse sentido:

⚖ TJ-DFT, Processo 20131310028556RSE, Rel. Des. Silvanio Barbosa dos Santos, DJe 06/10/2015; TJMG, AC 1.0702.04.170251-6/001, Rel. Des. Renato Martins Jacob, DJ 08/05/2009; TJRS, Recurso em Sentido Estrito

70014057491, 3ª Câm. Crim., Rel.ª Elba Aparecida Nicolli Bastos, j. 09/03/2006.

Classificação doutrinária

Crime próprio (pois que somente pode ser cometido pela mãe, que atua influenciada pelo estado puerperal); simples; de forma livre; doloso, comissivo e omissivo impróprio (uma vez que o sujeito ativo goza do *status* de garantidor); de dano; material; plurissubsistente; monossubjetivo; não transeunte; instantâneo de efeitos permanentes.

⚖ A destruição do feto durante o parto caracteriza o crime de homicídio, desde que não praticada por quem se encontrar nas condições do privilégio previsto no art. 123 (infanticídio) do Código Penal (TJMG, Processo 2.0000.00.432144-2/000 [1], Rel. Alexandre Victor, pub. 29/05/2004).

Puerpério

Jorge de Rezende, traduzindo um conceito médico de puerpério, esclarece: *"Puerpério, sobreparto ou pós-parto, é o período cronologicamente variável, de âmbito impreciso, durante o qual se desenrolam todas as manifestações involutivas e de recuperação da genitália materna havidas após o parto. Há, contemporaneamente, importantes modificações gerais, que perduram até o retorno do organismo às condições vigentes antes da prenhez. A relevância e a extensão desses processos são proporcionais ao vulto das transformações gestativas experimentadas, isto é, diretamente subordinadas à duração da gravidez."*[25]

Sob a influência do estado puerperal

É um critério *fisiopsíquico* ou *biopsíquico*, no qual se exige a conjugação do estado puerperal, com a influência por ele exercida na agente. Se não houver essa influência no comportamento da gestante, o fato deverá ser tratado como homicídio (*Vide* item 40 da Exposição de Motivos da Parte Especial do Código Penal).

⚖ Parte da jurisprudência vem entendendo que a influência do estado puerperal na conduta da agente, que mata o próprio filho após o parto, é presumida. Há entendimento contrário. No caso, considerando que os fatos não ocorreram logo após o parto, não há como reconhecer a influência do estado puerperal (RSE, 224.577-3/Barretos, 4ª Câm. Crim. de Férias 'Julho/98', Rel. Passos de Freitas, *v.u.*, 23/07/1998).

Prova pericial

Conforme esclarece Francisco Dirceu Barros, "o entendimento da jurisprudência majoritária é no sentido da dispensa da perícia médica para a constatação do estado puerperal, visto que este é efeito normal e corriqueiro de qualquer parto. O que na realidade existe é uma presunção *juris tantum*, ou seja, até que se prove ao contrário, a mulher após o parto tem perturbações psicológicas e físicas, geralmente normais, mas, quando intensas causa um distúrbio tão grande que a mulher pode eliminar o neonato".[26]

⚖ Estado puerperal. Prova. Perícia médica dispensável. Efeito normal de qualquer parto. Inteligência do art. 123 do CP (TJSP, *RT* 655, p. 272).

Nesse sentido:

⚖ RSE 155.886-3, Rel. Gomes de Amorim, 1ª Câm. Crim., j. 24/04/1995.

Inimputabilidade

Se a parturiente, completamente perturbada psicologicamente, dada a intensidade do seu estado puerperal, considerado aqui como de nível máximo, provocar a morte de seu filho durante o parto ou logo após, deverá ser tratada como inimputável, afastando-se, outrossim, a sua culpabilidade e, consequentemente, a própria infração penal.

⚖ Ré. Inimputável em razão de doença mental. Estado puerperal. Correta absolvição sumária com aplicação de medida de segurança (TJRS, RD 70014810014, 1ª Câm. Crim., Rel. Ranolfo Vieira, *DJ* 21/06/2006).

Sujeito ativo e sujeito passivo

Somente a mãe pode ser sujeito ativo da mencionada infração penal, tendo como sujeito passivo seu próprio filho.

Limite temporal

A expressão *durante o parto* indica o momento a partir do qual o fato deixa de ser considerado como aborto e passa a ser entendido como infanticídio. Dessa forma, o marco inicial para o raciocínio correspondente à figura típica do infanticídio é, efetivamente, o *início do parto*. A doutrina tem afirmado, portanto, que o início do parto pode ocorrer, considerando-se os dados acima, em três momentos, a saber: *a)* com a dilatação do colo do útero;[27] *b)* com o rompimento da membrana amniótica;[28] *c)* com a incisão das camadas abdominais, no parto cesariana. A expressão *logo após* o parto, a seu turno, deve ser entendida à luz do *princípio da razoabilidade*. A medicina aponta o período de seis a oito semanas como tempo de duração normal do puerpério.[29] Como seria possível, então, entender como infanticídio a morte do filho produzida pela própria mãe, ainda influenciada pelo estado puerperal, dois meses e meio após o parto?

Não nos parece razoável tal entendimento, uma vez que a lei penal usa, expressamente, a expressão *logo*

[25] REZENDE, Jorge de. O puerpério. In: REZENDE, Jorge de *et al.* (Coord.). *Obstetrícia*, p. 373.

[26] BARROS, Francisco Dirceu. *Direito penal – parte especial*, v. 1, p. 125.

[27] NORONHA, Edgard Magalhães. *Direito penal*, v. 2, p. 43.

[28] NUCCI, Guilherme de Souza. *Código penal comentado*, p. 403.

[29] REZENDE, Jorge de. O puerpério. In: REZENDE, Jorge de *et al.* (Coord.). *Obstetrícia*, p. 373.

após o parto, e não somente *após o parto*. Fosse intenção da lei reconhecer o delito de infanticídio a partir do início do parto, agindo a gestante influenciada pelo estado puerperal, teria afirmado expressamente isso. Não foi o que aconteceu.

Assim, a parturiente somente será beneficiada com o reconhecimento do infanticídio se, entre o início do parto e a morte do próprio filho, houver uma relação de proximidade, a ser analisada sob o enfoque do princípio da razoabilidade.

Os fatos descritos na denúncia são claros e determinados, podendo caracterizar, em tese, o crime de homicídio culposo por inobservância de regra técnica, não prosperando a alegação de ocorrência de "aborto culposo provocado por terceiro" ou de crime impossível em razão do bebê ter sido retirado do ventre materno sem vida, pois consta dos autos que a mãe já havia entrado em trabalho de parto há mais de oito horas e os batimentos cardíacos foram monitorados por todo esse período até não mais serem escutados. Iniciado o trabalho de parto, não há falar mais em aborto, mas em homicídio ou infanticídio, conforme o caso, pois não se mostra necessário que o nascituro tenha respirado para configurar o crime de homicídio, notadamente quando existem nos autos outros elementos para demonstrar a vida do ser nascente, razão pela qual não se vislumbra a existência do alegado constrangimento ilegal que justifique o encerramento prematuro da persecução penal. O trancamento da ação penal, por ser medida de exceção, somente cabe nas hipóteses em que se demonstrar, à luz da evidência, a atipicidade da conduta, a extinção da punibilidade ou outras situações comprováveis de plano, suficientes para interromper antecipadamente a persecução penal, circunstâncias que não se verificam no presente caso (STJ, HC 228.998/MG, Rel. Min. Marco Aurélio Bellizze, 5ª T., julgado em 23/10/2012, *DJe* 30/10/2012, *RT* vol. 928 p. 727).

Elemento subjetivo

Não tendo sido prevista a modalidade culposa no art. 123 do Código Penal, o crime de infanticídio somente pode ser cometido dolosamente, seja o dolo direto ou, mesmo, eventual.

Consumação e tentativa

Crime material, o delito de infanticídio se consuma com a morte do nascente ou do neonato, daí a necessidade de ser produzida prova no sentido de se verificar se, durante os atos de execução, estava vivo o nascente ou neonato, pois, caso contrário, estaremos diante da hipótese de crime impossível, em razão da absoluta impropriedade do objeto. É admissível a tentativa, tendo em vista a possibilidade de fracionamento do *iter criminis*.

Modalidades comissiva e omissiva

O delito de infanticídio pode ser praticado comissiva ou omissivamente (conforme art. 13, § 2º, do CP).

Objeto material e bem juridicamente protegido

O bem juridicamente protegido é a vida do nascente ou do neonato, sendo estes últimos considerados como o objeto material do delito de infanticídio.

Prova da vida

A prova da vida do nascente ou do neonato é crucial. Existem exames, a exemplo das *docimasias respiratórias*, que são produzidos para comprovar se houve vida no nascente, ou seja, aquele que ainda se encontrava no processo de expulsão do útero materno, bem como do neonato, isto é, aquele que acabara de nascer. Em caso de ausência da prova pericial, poderemos nos socorrer subsidiariamente da prova testemunhal, nos termos do art. 167 do Código de Processo Penal.

Pena e ação penal

A pena cominada ao delito de infanticídio é a de detenção de 2 (dois) a 6 (seis) anos. A ação penal é de iniciativa pública incondicionada.

Infanticídio com vida intrauterina

Para nós, o divisor de águas entre o crime de aborto e o de infanticídio é, efetivamente, o início do parto, e não se a vida era intra ou extrauterina, embora exista controvérsia doutrinária e jurisprudencial nesse sentido.

Merece destaque a extraordinária lição de Hungria, quando assevera: "O Código atual ampliou o conceito do infanticídio: o sujeito passivo deste já não é apenas o *recém-nascido*, mas também o feto *nascente*. Ficou, assim, dirimida a dúvida que se apresentava no regime do Código anterior, quando o crime se realizava *in ipso partu*, isto é, na parte de transição da vida uterina para a vida extrauterina. Já não há mais identificar-se, em tal hipótese, o simples *aborto* – solução que, em face do Código de 90, era aconselhada pelo princípio do *in dubio pro reo*: o crime é infanticídio. Deixou de ser condição necessária do infanticídio a *vida autônoma* do fruto da concepção. O feto vindo à luz já representa, do ponto de vista biológico, antes mesmo de totalmente desligado do corpo materno, uma *vida humana*. Sob o prisma jurídico penal, é, assim, antecipado o início da *personalidade*. Remonta esta ao início do parto, isto é, à apresentação do feto no orifício do útero. Já então o feto passa a ser uma *unidade social*. Não se pode negar que o feto nascente seja um ser *vivo*, embora não possua todas as atividades vitais."[30]

---

[30] HUNGRIA, Nélson. *Comentários ao código penal*, v. V, p. 250-251.

Erro sobre a pessoa

Na hipótese, por exemplo, em que a parturiente almejava causar a morte de seu próprio filho e, por erro, acaba matando o filho de sua colega de quarto, aplica-se a regra correspondente ao erro sobre a pessoa, devendo ser responsabilizada pelo infanticídio.

Concurso de pessoas

Vejamos as hipóteses possíveis:

a) a parturiente e o terceiro executam a conduta núcleo do tipo do art. 123, ou seja, ambos praticam comportamentos no sentido de causar a morte do recém-nascido;

b) somente a parturiente executa a conduta de matar o próprio filho, com a participação do terceiro;

c) somente o terceiro executa a conduta de matar o filho da parturiente, contando com o auxílio desta.

Para que as hipóteses sejam resolvidas corretamente, mister se faz alertar para as determinações contidas nos arts. 29 e 30 do Código Penal.

O primeiro raciocínio que deveríamos fazer seria no sentido de que a condição de parturiente e a influência do estado puerperal sobre o *animus* são condições de caráter pessoal. A regra geral determina, assim, que não se comuniquem ao coparticipante, salvo nos casos em que figurarem como elementos do tipo.

Por elementos ou elementares devemos considerar todos aqueles dados indispensáveis à definição típica, sem os quais o fato se torna atípico ou há, no mínimo, desclassificação. Se, por exemplo, a parturiente mata o próprio filho, logo após o parto, sem que tenha agido influenciada pelo estado puerperal, a ausência dessa elementar (sob a influência do estado puerperal) fará com que seja responsabilizada pelo resultado morte a título de homicídio. Haverá, portanto, uma desclassificação do delito de infanticídio para o crime de homicídio.

Percebe-se, pois, a importância de se concluir pela existência de uma elementar.

As circunstâncias, ao contrário, são dados periféricos à definição típica. Não interferem na figura típica em si, somente tendo a finalidade de fazer com que a pena seja aumentada ou diminuída. Nada mais.

No caso em exame, como já deixamos antever, a *influência do estado puerperal* não pode ser considerada mera circunstância, mas, sim, elementar do tipo do art. 123, que tem vida autônoma comparativamente ao delito do art. 121.

Em razão disso, nos termos do art. 30 do Código Penal, se for do conhecimento do terceiro que, de alguma forma, concorre para o crime, deverá a ele se comunicar.

Partindo desses pressupostos, vamos trabalhar com as hipóteses apresentadas.

Inicialmente, parturiente e terceiro praticam a conduta núcleo do art. 123, que é o verbo matar. Ambos, portanto, praticam atos de execução no sentido de causar a morte, por exemplo, do recém-nascido.

A gestante, não temos dúvida, que atua influenciada pelo estado puerperal, causando a morte do próprio filho logo após o parto, deverá ser responsabilizada pelo infanticídio. O terceiro, que também executa a ação de matar, da mesma forma, deverá responder pelo mesmo delito, conforme determina o art. 30 do Código Penal.

Hungria discorda dessa conclusão argumentando que o delito de infanticídio é personalíssimo, sendo incomunicável a influência do estado puerperal.[31]

Fragoso, ratificando as lições de Hungria, diz ser inadmissível o concurso de pessoas no crime de infanticídio, argumentando que "o privilégio se funda numa diminuição da imputabilidade, que não é possível estender aos partícipes. Na hipótese de coautoria (realização de atos de execução por parte do terceiro), parece-nos evidente que o crime deste será o de homicídio".[32]

Em defesa de nosso posicionamento, trazemos à colação os ensinamentos de Noronha que, com particular lucidez, afirma: "Não há dúvida alguma de que o *estado puerperal* é *circunstância* (isto é, estado, condição, particularidade etc.) *pessoal* e que, sendo *elementar* do delito, comunica-se, *ex vi* do art. 30, aos coparticipes. Só mediante texto expresso tal regra poderia ser derrogada".[33]

E conclui o renomado autor: "A não comunicação ao corréu só seria compreensível se o infanticídio fosse mero caso de *atenuação do homicídio* e não um *tipo* inteiramente à parte, completamente autônomo em nossa lei".[34]

As observações feitas por Noronha são precisas. O infanticídio, ao contrário do que afirma a doutrina, *permissa venia*, não é modalidade de homicídio privilegiado. Seria se figurasse como um parágrafo do art. 121 do Código Penal. Cuida-se, portanto, de verdadeiro delito autônomo, razão pela qual tudo aquilo que estiver contido em seu tipo será considerado elementar, e não circunstância, devendo, pois, nos termos da determinação contida no art. 30 do Código Penal, comunicar-se ao coparticipante, desde que todos os elementos sejam de seu conhecimento.

Fosse o delito de infanticídio previsto simplesmente como um parágrafo do art. 121 do Código Penal, deveria ser reconhecido como modalidade de homicídio privilegiado e, consequentemente, seus dados seriam considerados circunstâncias, deixando, a partir de então, de acordo com a mesma regra já apontada no art. 30 do diploma repressivo, de se comunicar aos coparticipantes.

[31] HUNGRIA, Nélson. *Comentários ao código penal*, v. V, p. 259.
[32] FRAGOSO, Heleno Cláudio. *Lições de direito penal* – parte especial (arts. 121 a 160), p. 80.
[33] NORONHA, Edgard Magalhães. *Direito penal*, v. 2, p. 47.
[34] NORONHA, Edgard Magalhães. *Direito penal*, v. 2, p. 48.

Não tendo sido essa a opção da lei penal, todos aqueles que, juntamente com a parturiente, praticarem atos de execução tendentes a produzir a morte do recém-nascido ou do nascente, se conhecerem o fato de que aquela atua influenciada pelo estado puerperal, deverão ser, infelizmente, beneficiados com o reconhecimento do infanticídio.

Quando é a própria parturiente que, sozinha, causa a morte do recém-nascido, mas com a participação de terceiro que, por exemplo, a auxilia materialmente, fornecendo-lhe o instrumento do crime, ou orientando-a a como utilizá-lo, ambos, da mesma forma, responderão pelo infanticídio, já que a parturiente atuava influenciada pelo estado puerperal e o terceiro que a auxiliou conhecia essa particular condição, concorrendo, portanto, para o sucesso do infanticídio.

A última hipótese seria aquela em que somente o terceiro praticasse os atos de execução, com o auxílio e a mando da parturiente, que atua influenciada pelo estado puerperal. Damásio, com precisão, alerta: "Se o terceiro mata a criança, a mando da mãe, qual o fato principal determinado pelo induzimento? Homicídio ou infanticídio? Não pode ser homicídio, uma vez que, se assim fosse, haveria outra incongruência: se a mãe matasse a criança, responderia por delito menos grave (infanticídio); se induzisse ou instigasse o terceiro a executar a morte do sujeito passivo, responderia por delito mais grave (coautoria no homicídio). Segundo entendemos, o terceiro deveria responder por delito de homicídio. Entretanto, diante da formulação típica desse crime em nossa legislação, não há fugir à regra do art. 30: como a influência do estado puerperal e a relação de parentesco são elementos do tipo, comunicam-se entre os fatos dos participantes. Diante disso, o terceiro responde por delito de infanticídio. Não deveria ser assim. O crime de terceiro deveria ser homicídio. Para nós, a solução do problema está em transformar o delito de infanticídio em tipo privilegiado de homicídio."[35]

Em suma, se o terceiro acede à vontade da parturiente, que, influenciada pelo estado puerperal, dirige finalisticamente sua conduta no sentido de causar, durante o parto ou logo após, a morte do recém-nascido ou nascente, em qualquer das modalidades de concurso de pessoas, de acordo com a regra contida no art. 30 do Código Penal, deverá ser responsabilizado pelo delito de infanticídio.

Julgamento pelo júri sem a presença da ré
Vide art. 457, §§ 1º e 2º, do CPP.

Aplicação das circunstâncias agravantes do art. 61, II, *e*, segunda figura, e *h*, primeira figura, do Código Penal

No que diz respeito ao infanticídio, não terão aplicação as circunstâncias agravantes do art. 61, II, *e*, segunda figura (contra descendente), e *h*, primeira figura (contra criança), do Código Penal, pois, caso contrário, ocorreria o chamado *bis in idem*.

Modalidade Culposa

Inexistindo nos autos a prova de que a mãe quis ou assumiu o risco da morte do filho, não se configura o crime de infanticídio, em qualquer de suas formas, eis que inexiste para a espécie a forma culposa (TJES, Rec. Rel. José Eduardo Grandi Ribeiro, *RTJE* 55, p. 255).

Aborto provocado pela gestante ou com seu consentimento
Art. 124. Provocar aborto em si mesma ou consentir que outrem lho provoque:
Pena – detenção, de 1 (um) a 3 (três) anos.

Aborto provocado por terceiro
Art. 125. Provocar aborto, sem o consentimento da gestante:
Pena – reclusão, de 3 (três) a 10 (dez) anos.
Art. 126. Provocar aborto com o consentimento da gestante:
Pena – reclusão, de 1 (um) a 4 (quatro) anos.
Parágrafo único. Aplica-se a pena do artigo anterior, se a gestante não é maior de 14 (quatorze) anos, ou é alienada ou débil mental, ou se o consentimento é obtido mediante fraude, grave ameaça ou violência.

Forma qualificada
Art. 127. As penas cominadas nos dois artigos anteriores são aumentadas de 1/3 (um terço), se, em consequência do aborto ou dos meios empregados para provocá-lo, a gestante sofre lesão corporal de natureza grave; e são duplicadas, se, por qualquer dessas causas, lhe sobrevém a morte.
Art. 128. Não se pune o aborto praticado por médico:

Aborto necessário
I – se não há outro meio de salvar a vida da gestante;

Aborto no caso de gravidez resultante de estupro
II – se a gravidez resulta de estupro e o aborto é precedido de consentimento da gestante ou, quando incapaz, de seu representante legal.

Introdução
Nosso Código Penal não define claramente o aborto, usando tão somente a expressão *provocar aborto*, ficando a cargo da doutrina e da jurisprudência o esclarecimento dessa expressão.

---

[35] JESUS, Damásio E. de. *Direito penal*, v. 2, p.113.

Aníbal Bruno preleciona: "Segundo se admite geralmente, provocar aborto é interromper o processo fisiológico da gestação, com a consequente morte do feto. Tem-se admitido muitas vezes o aborto ou como a expulsão prematura do feto, ou como a interrupção do processo de gestação. Mas nem um nem outro desses fatos bastará isoladamente para caracterizá-lo."[36]

O Código Penal, quebrando a regra trazida pela teoria monista, pune, de forma diversa, dois personagens que estão envolvidos diretamente no aborto, vale dizer, a gestante e o terceiro que nela realiza as manobras abortivas.

Caso a própria gestante execute as manobras tendentes à expulsão do feto, praticará o crime de autoaborto. Se for um terceiro que o realiza, devemos observar se o seu comportamento se deu com ou sem o consentimento da gestante, pois que as penas são diferentes para cada uma dessas situações.

Houve, também, previsão para as hipóteses em que a gestante sofre lesão corporal de natureza grave, ou ocorre sua morte, havendo, outrossim, uma causa especial de aumento de pena para cada um desses resultados agravadores.

Também a lei penal fez previsão expressa da possibilidade de realização do aborto nos casos em que a vida da gestante correr risco com a manutenção da gravidez, ou quando esta for resultante de estupro, desde que o aborto seja precedido de seu consentimento ou, quando incapaz, de seu representante legal.

Vide Portaria do MS nº 2.561, de 23 de setembro de 2020, que dispõe que "o Procedimento de Justificação e Autorização da Interrupção da Gravidez nos casos previstos em lei compõe-se de quatro fases que deverão ser registradas no formato de termos, arquivados anexos ao prontuário médico, garantida a confidencialidade desses termos".

Classificação doutrinária

Crime de mão própria, quando realizado pela própria gestante (autoaborto), sendo comum nas demais hipóteses quanto ao sujeito ativo; considera-se próprio quanto ao sujeito passivo, pois que somente o feto e a mulher grávida podem figurar nessa condição; pode ser comissivo ou omissivo (desde que a omissão seja imprópria); doloso; de dano; material; instantâneo de efeitos permanentes (caso ocorra a morte do feto, consumando o aborto); não transeunte; monossubjetivo; plurissubsistente; de forma livre.

Início e término da proteção pelo tipo penal de aborto

A vida tem início a partir da concepção ou fecundação, isto é, desde o momento em que o óvulo feminino é fecundado pelo espermatozoide masculino. Contudo, para fins de proteção por intermédio da lei penal, a vida só terá relevância após a *nidação*, que diz respeito à *implantação do óvulo já fecundado no útero materno*, o que ocorre 14 (quatorze) dias após a fecundação.

Assim, enquanto não houver a nidação não haverá possibilidade de proteção a ser realizada por meio da lei penal. Dessa forma, afastamos de nosso raciocínio inúmeras discussões relativas ao uso de dispositivos ou substâncias que seriam consideradas abortivas, mas que não têm o condão de repercutir juridicamente, pelo fato de não permitirem, justamente, a implantação do óvulo já fecundado no útero materno. Da mesma forma, não se configurará aborto na hipótese de *gravidez ectópica*, quando o óvulo fecundado não consegue chegar até o útero, mas se desenvolve fora dele. É o mesmo caso da gravidez tubária, na qual o ovo se desenvolve nas Trompas de Falópio. Se a vida, para fins de proteção pelo tipo penal que prevê o delito de aborto, tem início a partir da nidação, o termo *ad quem* para essa específica proteção se encerra com o *início do parto*.

Portanto, o início do parto faz com que seja encerrada a possibilidade de realização do aborto, passando a morte do nascente a ser considerada *homicídio* ou *infanticídio*, dependendo do caso concreto.

A destruição da vida intrauterina antes do início do parto caracteriza a hipótese de aborto, cuja punição a título de culpa não é prevista pelo Código Penal brasileiro. Contudo, se a morte ocorreu depois de iniciado o parto, a hipótese é de homicídio, caso não tenha sido praticado pela mãe sob influência do estado puerperal. O início do parto é marcado pelo período de dilatação do colo do útero, consoante a doutrina penal. Eventual erro na escolha do procedimento médico, desde que honesto, não caracteriza conduta negligente. Absolvição decretada (TJMG, Processo 1.0134.99.012239-9/001[1], Rel. Des. Alexandre Victor de Carvalho, *DJ* 30/01/2007).

Espécies de aborto

Podem ocorrer duas espécies de aborto, a saber:

a) natural ou espontâneo;

b) provocado (dolosa ou culposamente).

Ocorre o chamado *aborto natural* ou *espontâneo* quando o próprio organismo materno se encarrega de expulsar o produto da concepção.

Por outro lado, temos o *aborto provocado*, sendo esta provocação subdividida em: dolosa e culposa (também reconhecida como acidental).

As espécies dolosas são aquelas previstas nos arts. 124 (autoaborto ou aborto provocado com o consentimento da gestante), 125 (aborto provocado por terceiro sem o consentimento da gestante) e 126 (aborto provocado por terceiro com o consentimento da gestante).

Não houve previsão legal para a modalidade de provocação culposa do aborto, razão pela qual se uma gestante, com seu comportamento culposo, vier a

---

[36] BRUNO, Aníbal. *Crimes contra a pessoa*, p. 160.

dar causa à expulsão do feto, o fato será considerado como um *indiferente penal*.

Sujeito ativo e sujeito passivo

Para que se possa identificar, com precisão, o sujeito ativo e o sujeito passivo do aborto, faz-se mister uma análise individualizada de cada figura típica constante dos arts. 124, 125 e 126 do Código Penal.

O art. 124 fez a previsão do *aborto provocado pela gestante (autoaborto) ou o aborto provocado com seu consentimento*. No autoaborto, por ser um crime de mão própria, temos somente a gestante como sujeito ativo do crime, sendo o óvulo fecundado, embrião ou feto, ou seja, o produto da concepção, protegido em suas várias etapas de desenvolvimento, o sujeito passivo.

Já no art. 125, que prevê o delito de aborto provocado por terceiro, sem o consentimento da gestante, tem-se entendido que qualquer pessoa pode ser sujeito ativo dessa modalidade de aborto, uma vez que o tipo penal não exige nenhuma qualidade especial, sendo o sujeito passivo, de forma precípua, o produto da concepção e, de maneira secundária, a própria gestante. Conforme preconiza Cezar Roberto Bitencourt, "nessa espécie de aborto, há *dupla subjetividade passiva*: o feto e a gestante".[37]

A última modalidade diz respeito ao aborto provocado por terceiro, com o consentimento da gestante. Aqui também qualquer pessoa poderá ser sujeito ativo do crime. Quanto ao sujeito passivo, entendemos que somente o fruto da concepção (óvulo fecundado, embrião ou feto) é que poderá gozar desse *status*, pois que, se a gestante permitir que com ela sejam praticadas as manobras abortivas, as lesões de natureza leve porventura sofridas não a conduzirão a também assumir o *status* de sujeito passivo, dado o seu consentimento. Contudo, sendo graves as lesões ou ocorrendo a morte da gestante, esta também figurará como sujeito passivo, mesmo que secundariamente, haja vista a invalidade de seu consentimento, em decorrência da gravidade dos resultados.

Bem juridicamente protegido e objeto material

O bem juridicamente protegido, de forma precípua, por meio dos três tipos penais incriminadores (arts. 123, 124 e 125 do CP), é a *vida humana em desenvolvimento*. Luiz Regis Prado alerta que, de modo geral, "no aborto provocado por terceiro (com ou sem o consentimento da gestante) tutelam-se também – ao lado da vida humana dependente (do embrião ou do feto) – a vida e a incolumidade física e psíquica da mulher grávida. Todavia, apenas é possível vislumbrar a liberdade ou a integridade pessoal como bens jurídicos secundariamente protegidos em se tratando de aborto não consentido (art. 125 do CP) ou qualificado pelo resultado (art. 127 do CP)".[38]

O objeto material do delito de aborto pode ser o óvulo fecundado, o embrião ou o feto, razão pela qual o aborto poderá ser considerado *ovular* (se cometido até os dois primeiros meses da gravidez), *embrionário* (praticado no terceiro ou quarto mês de gravidez) e, por último, *fetal* (quando o produto da concepção já atingiu os cinco meses de vida intrauterina e daí em diante).

Elemento subjetivo

Os crimes de autoaborto, aborto provocado por terceiro sem o consentimento da gestante e aborto provocado por terceiro com o consentimento da gestante somente podem ser praticados a título de dolo, seja ele direto ou eventual. Não houve previsão da modalidade culposa para o delito de aborto.

⚖ Diante da ausência do elemento subjetivo do dolo específico na conduta do agente, denunciado por crime de aborto provocado sem o consentimento da gestante, ainda que o médico faça opção por procedimento pouco recomendável para o caso, não há elementos para se afirmar que agiu dolosamente, com intenção de provocar o aborto da gestante e a morte do feto, impondo-se, nos termos do art. 409 do CPP, a sua impronúncia (TJMG-0.05.023644-2/001 Rel. Antônio Armando dos Anjos, pub. 09/04/2008).

Consumação e tentativa

O delito de aborto se consuma com a efetiva morte do produto da concepção. Não há necessidade que o óvulo fecundado, embrião ou o feto seja expulso, podendo, até mesmo, ocorrer sua petrificação no útero materno. Na qualidade de crime material, podendo-se fracionar o *iter criminis*, é perfeitamente admissível a tentativa de aborto.

Modalidades comissiva e omissiva

As normas existentes nos tipos penais dos arts. 124, 125 e 126 são de natureza proibitiva, isto é, proíbe-se o comportamento previsto naquelas figuras típicas, que é o de provocar aborto. As condutas previstas expressamente são, portanto, comissivas.

Entretanto, será possível a prática do crime de aborto por omissão, desde que o agente goze o *status* de garantidor.

Causas de aumento de pena

Os resultados apontados no art. 127 do Código Penal – *lesão corporal grave* e *morte* – somente podem ter sido produzidos culposamente, tratando-se, na espécie, de crime preterdoloso, ou seja, o dolo do agente era o de produzir tão somente o aborto, e, além da morte do feto, produz lesão corporal grave na gestante ou lhe causa a morte. Assim, as lesões corporais graves e a morte somente podem ser imputadas ao agente a título de culpa. Se ele queria, com seu com-

[37] BITENCOURT, Cezar Roberto. *Tratado de direito penal*, p. 159.
[38] PRADO, Luiz Regis. *Curso de direito penal brasileiro*, v. 2, p. 94.

portamento inicial, dirigido à realização do aborto, produzir na gestante lesão corporal grave ou mesmo sua morte, responderá pelos dois delitos (aborto + lesão corporal grave ou aborto + homicídio) em concurso formal impróprio, pois que atua com desígnios autônomos, aplicando-se a regra do cúmulo material de penas.

Prova da vida

O aborto é um crime que deixa vestígios, razão pela qual, nos termos do *caput* do art. 158 do Código de Processo Penal, *será indispensável o exame de corpo de delito, direto ou indireto, não podendo supri-lo a confissão do acusado.*

Contudo, também de acordo com o art. 167 do diploma processual penal, *não sendo possível o exame de corpo de delito, por haverem desaparecido os vestígios, a prova testemunhal poderá suprir-lhe a falta.*

📐 Em se tratando da acusação de crime de aborto, os exames de gravidez e laudo pericial de exame de corpo de delito não são imprescindíveis para a comprovação da materialidade delitiva. Ainda que o abortamento seja crime que, em regra, deixa vestígios, é possível a dispensa de exame pericial quando estiver evidente que eles já desapareceram, conforme art. 167 do Código de Processo Penal (TJMS, HC 2009.011199-1/0000-00, Rel. Des. Romero Osme Dias Lopes, 2ª T. Criminal, *DJEMS* 15/07/2009, 52).

Nesse sentido:

📐 TJRS, Recurso em Sentido Estrito 70017373150, Rel. Laís Rogéria Alves Barbosa, 2ª Câm. Crim., j. 1º/03/2007; STJ, HC 11515/RJ, HC 1999/0116251-3, Rel. Min. Fernando Gonçalves, 6ª T., *DJ* 18/12/2000; TJMG, Ap. Crim. 113.007/9, 2ª Câm. Crim. Rel. Des. Paulo Tinôco, j. 17/09/1998.

Meios de realização do aborto

O aborto pode ser realizado com a utilização de diversos meios. Mirabete os sintetiza, dizendo: "Os processos utilizados podem ser químicos, orgânicos, físicos ou psíquicos. São substâncias que provocam a intoxicação do organismo da gestante e o consequente aborto: o fósforo, o chumbo, o mercúrio, o arsênico (*químicos*), e a quinina, a estricnina, o ópio, a beladona etc. (*orgânicos*). Os meios *físicos* são os *mecânicos* (traumatismo do ovo com punção, dilatação do colo do útero, curetagem do útero, microcesária), *térmicos* (bolsas de água quente, escalda-pés etc.) ou *elétricos* (choque elétrico por máquina estática). Os meios *psíquicos* ou *morais* são os que agem sobre o psiquismo da mulher (sugestão, susto, terror, choque moral etc.)."[39]

Julgamento pelo júri sem a presença do réu

Vide art. 457, §§ 1º e 2º, do CPP.

Pena, ação penal e suspensão condicional do processo

Ao crime de autoaborto, ou mesmo na hipótese de a gestante consentir que nela seja realizado o aborto (art. 124 do CP), foi cominada uma pena de detenção, de 1 (um) a 3 (três) anos. Nos casos de aborto provocado por terceiro, para aqueles que o realizam *sem o consentimento da gestante,* a pena será de reclusão, de 3 (três) a 10 (dez) anos; se o delito é cometido *com o consentimento da gestante,* a pena será de reclusão, de 1 (um) a 4 (quatro) anos.

Tanto no delito de autoaborto (ou mesmo quando a gestante consente que nela seja realizado o aborto por terceiro) como no de aborto provocado por terceiro, com o consentimento da gestante, em virtude da pena mínima cominada a essas duas infrações penais, tipificadas nos arts. 124 e 126 do diploma repressivo, será permitida a proposta de suspensão condicional do processo, presentes seus requisitos legais. Entretanto, no delito de aborto provocado por terceiro, com o consentimento da gestante, tal proposta restará inviabilizada se houver a produção de lesões corporais de natureza grave ou a morte da gestante, pois que serão aplicadas as majorantes previstas no art. 127 do Código Penal, ultrapassando, assim, o limite de 1 (um) ano previsto para a pena mínima cominada à infração penal, determinado pelo art. 89 da Lei nº 9.099/95.

📐 A suspensão condicional do processo não é direito subjetivo do acusado; sua concessão é de competência exclusiva do Ministério Público, sempre de maneira fundamentada (Súmula nº 696). A inextensão do benefício ao codenunciado pelo crime de aborto não viola os princípios do devido processo legal e do contraditório, visto que se encontra devidamente motivada (STF, HC 84.935/GO, Rel. Min. Joaquim Barbosa, 2ª T., *DJ* 20/05/2005).

Nesse sentido:

📐 STJ, RHC 7.379/RS, Rel. Min. Felix Fischer, 5ª T., *RSTJ* 110, p. 358.

A ação penal, em todas as modalidades de aborto, é de iniciativa pública incondicionada.

Aborto legal

O art. 128 do Código Penal prevê duas modalidades de aborto legal, ou seja, o aborto que pode ser realizado em virtude de autorização da lei penal: *a)* aborto terapêutico (curativo) ou profilático (preventivo); e *b)* aborto sentimental, humanitário ou ético.

Vide Portaria do MS nº 2.561, de 23 de setembro de 2020, que dispõe que "o Procedimento de Justificação e Autorização da Interrupção da Gravidez nos casos previstos em lei compõe-se de quatro fases que deverão ser registradas no formato de termos, arquivados anexos ao prontuário médico, garantida a confidencialidade desses termos"

---

[39] MIRABETE, Julio Fabbrini. *Manual de direito penal,* p. 95.

✍ O pedido de interrupção da gravidez está alicerçado nas complicações geradas à saúde da jovem e na configuração do ato infracional análogo ao estupro de vulnerável, dada a presunção absoluta de violência. Conquanto haja a defesa comprovado a existência de determinados fatores acidentais na gravidez da jovem, não há documento assinado por profissional da saúde que demonstre o seu iminente risco de morte. Infirmar a conclusão alcançada pela Corte de origem demandaria necessária dilação probatória, iniciativa inviável no âmbito desta ação constitucional. Em que pese o caráter limítrofe da situação apresentada – um casal de namorados, ela com 13 e ele com 14 anos de idade, que, em decorrência de ato sexual consentido, enfrenta o peso de uma gravidez não desejada –, a rigor, se trata de caso de ato análogo a estupro de vulnerável (art. 217-A do Código Penal). Acerca da configuração do delito em situações como a dos autos (na espécie, ato infracional análogo), por força do recente julgamento do REsp repetitivo nº 1.480.881/PI, de minha relatoria, a Terceira Seção desta Corte Superior sedimentou a jurisprudência, então já dominante, pela presunção absoluta da violência em casos da prática de conjunção carnal ou ato libidinoso diverso com pessoa menor de 14 anos. A vulnerabilidade da vítima é o elemento definidor para a caracterização do delito, de modo que o fato de ser o agente ainda um adolescente não exclui a ocorrência do ato infracional. Configurada a presunção de violência, houve ato infracional análogo ao caso de estupro de vulnerável (art. 217-A do Código Penal), circunstância que, por si só, permitiria a autorização do procedimento. A gravidez encontra-se, aproximadamente, na trigésima primeira semana, de modo que, a esta altura, uma intervenção médica destinada à retirada do feto do útero materno pode representar riscos ainda maiores tanto à vida da paciente quanto à da criança em gestação. *Habeas corpus* não conhecido (STJ, REsp 1.444.699/RS, Rel. Min. Rogério Schietti Cruz, 6ª T., *DJe* 19/09/2016).

Nesse sentido:

✍ TJRS, Agr. Inst. 70018163246, Câmara de Medidas Urgentes Criminal, Rel. Marcelo Bandeira Pereira, j. 03/01/2007.

Gestante que perde o filho em acidente de trânsito

Pode acontecer que a própria gestante, estando na direção de seu veículo automotor, venha, por exemplo, culposamente, a colidir com um poste, causando, em virtude do impacto sofrido, o aborto.

Nesse caso, não deverá ser responsabilizada criminalmente, haja vista a inexistência de previsão legal para a modalidade culposa de aborto.

De outro lado, pode ser que a gestante tenha sido vítima de acidente de trânsito, tendo sido seu veículo atingido por terceiro que, agindo de forma imprudente, dirigindo em velocidade excessiva, com ela colidiu, causando-lhe, também, em virtude do impacto, o aborto.

Aqui, ao contrário do raciocínio anterior, o agente causador do aborto, embora não possa ser responsabilizado penalmente por esse resultado, poderá responder pelas lesões corporais de natureza culposa produzidas na gestante em virtude da expulsão prematura do produto da concepção.

Morte de fetos gêmeos

Suponha-se que o agente coloque substância química abortiva na refeição da gestante, almejando a interrupção da gravidez, que, de antemão, era sabidamente gemelar.

O agente, portanto, além de conhecer o estado gravídico da gestante, sabia que a sua gestação era de fetos gêmeos.

Ocorrendo a morte dos produtos da concepção, quais seriam os crimes por ele praticados?

No caso em exame, aplica-se a regra do concurso formal impróprio de crimes, contida na segunda parte do art. 70, *caput*, do Código Penal, haja vista que com sua conduta única o agente produziu dois resultados que faziam parte do seu dolo, agindo, portanto, com desígnios autônomos com relação a eles.

Nesse primeiro exemplo não existe qualquer dificuldade de raciocínio. Imagine-se, agora, entretanto, que o agente tenha querido produzir o resultado aborto na gestante, acreditando que sua gravidez era simples, quando, na verdade, havia concebido fetos gêmeos, causando a morte de ambos.

Pergunta-se: deverá o agente responder pelo aborto em concurso formal, da mesma forma que no exemplo anterior?

Aqui, entendemos que não. Embora tenha atuado no sentido de praticar o aborto, ministrando à gestante substância química abortiva, somente poderá responder subjetivamente pelos resultados produzidos. Se não conhecia a gravidez gemelar, segundo entendemos, não poderá ser-lhe aplicada a regra do concurso formal impróprio, devendo responder por um único aborto.

Podemos raciocinar, ainda, com uma terceira hipótese. Suponha-se agora que a gestante, almejando praticar o aborto, vá até uma clínica que realize esse tipo de serviço. No início de sua curetagem, o "médico" percebe que sua gravidez era gemelar, o que não era de seu conhecimento. O médico, sem comunicar tal fato à gestante, interrompe a gravidez com a retirada de ambos os fetos, que morrem.

Pergunta-se: Quais os delitos praticados pelo médico que realizou o aborto com o consentimento da gestante e pela gestante que a ele se submeteu volitivamente?

Entendemos que o médico deverá ser responsabilizado pelos dois abortos (arts. 125 e 126 do Código Penal), aplicando-se a regra do concurso formal impróprio, vale dizer, embora conduta única, produtora de dois resultados, pelo fato de ter agido com desígnios autônomos, ser-lhe-á aplicado o cúmulo material, devendo ser somadas as penas dos dois abortos.

Já a gestante, como desconhecia a gravidez gemelar, somente poderá responder por um único delito de aborto, afastando o concurso de crimes.

Agressão a mulher sabidamente grávida

a) se o agente almejava o aborto, responderá pelo delito tipificado no art. 125 do CP; *b)* se não tinha essa finalidade, mas esse resultado lhe era previsível, deverá ser responsabilizado pelo art. 129, § 2º, V, Código Penal.

⚖ Não existe a alegada consunção entre os delitos de homicídio e aborto decorrente do assassinato de mulher grávida. A consunção ocorre, quando o delito a ser absorvido pelo outro faz parte do tipo penal do absorvente ou é meio necessário para a consumação do último ou os fatos são antefato e pós-fato impuníveis. Nenhuma das hipóteses ocorre no caso em tela. O homicídio de mulher grávida e, em consequência, o aborto do feto são crimes autônomos (TJ-RS, AC 70068349513, Rel. Des. Sylvio Baptista Neto, *DJe* 11/05/2016).

Gestante que tenta o suicídio

Deverá ser imputado à gestante o delito de tentativa de aborto, uma vez que, almejando eliminar a própria vida, consequentemente, produziria a morte do feto, razão pela qual, se sobrevive, não ocorrendo a morte do feto, deverá ser responsabilizada pelo *conatus*.

Caso haja a morte do feto, terá cometido o delito de aborto consumado.

Desistência voluntária e arrependimento eficaz

No crime de autoaborto, se a gestante dá início às manobras abortivas, mas as interrompe durante sua execução, teremos aqui a aplicação da desistência voluntária, sendo atípicos os atos por ela eventualmente realizados que, de alguma forma, vieram a produzir-lhe lesões corporais, uma vez que não se pune a autolesão. Também pode ocorrer que, após esgotado tudo aquilo que tinha ao seu alcance no sentido de realizar o aborto, por exemplo, fazendo uso de substâncias abortivas, a gestante, arrependida de seu ato, procure neutralizar, com algum antídoto, a substância ingerida anteriormente.

Se, nas hipóteses criadas, não sobrevém o aborto, ou seja, tanto na desistência quanto no arrependimento foi eficaz a intervenção da gestante no sentido de evitar a produção do resultado aborto, não será responsabilizada criminalmente por qualquer delito.

No caso do terceiro que inicia os atos de execução tendentes à produção do aborto, com o consentimento da gestante, se desiste voluntariamente de prosseguir com esses atos, ou impede que o resultado se produza – dado o seu arrependimento eficaz –, não deverá ser responsabilizado também por qualquer infração penal se os atos já praticados se configurarem em lesões corporais de natureza leve, passíveis de afastamento mediante o consentimento da gestante.

Havendo lesões corporais graves, como o consentimento da gestante não tem o condão de afastar a ilicitude do comportamento praticado pelo agente, este deverá responder por elas.

No caso de aborto provocado por terceiro sem o consentimento da gestante, o agente sempre, nas hipóteses de desistência e arrependimento eficaz, responderá pelos atos já praticados. Se produziu lesões corporais leves, responderá pela infração penal prevista no *caput* do art. 129 do Código Penal; se graves ou gravíssimas, deverá ser responsabilizado levando-se em consideração, respectivamente, os parágrafos 1º e 2º do art. 129 do diploma repressivo.

Em qualquer situação, se o aborto vier a ocorrer, mesmo tendo os agentes se esforçado ao máximo para que isso não acontecesse, deverão por ele responder, cada qual na sua situação (autoaborto, aborto provocado por terceiro sem o consentimento da gestante e aborto provocado por terceiro com o consentimento da gestante).

Crime impossível

Poderá ser levado a efeito tanto no que diz respeito à *ineficácia absoluta do meio* (a exemplo da ministração de uma substância completamente inócua a causar o aborto) ou da *absoluta impropriedade do objeto* (como ocorre na hipótese de inexistência de gravidez).

⚖ Tendo sido atestado por laudo pericial que o procedimento utilizado pelo recorrido era eficaz para causar abortamento, não merece prosperar a tese defensiva de se tratar de crime impossível por absoluta ineficácia do meio (TJ-MG, AC 0971211-43.2009.8.13.0382, Rel. Des. Marcílio Eustáquio Santos, *DJe* 13/02/2015).

Nesse sentido:

⚖ TJRS, Ap. Crim. 70010338937, 3ª Câm. Crim., Rel.ª Elba Aparecida Nicolli Bastos, j. 07/04/2005; TJMG, AC 1.0000.00. 297365-9/000, Des. José Antonino Baía Borges, *DJ* 12/11/2002.

Aborto econômico

Ocorre quando a gestante que se encontra grávida, como regra, por mais uma vez, dada sua falta de conhecimento na utilização de meios contraceptivos, ou mesmo diante de sua impossibilidade de adquiri-los, não podendo arcar com a manutenção de mais um filho em decorrência de sua condição de miserabilidade, resolve interromper a gravidez, eliminando o produto da concepção, causando a sua morte.

Não encontramos, nesses casos, qualquer causa de justificação ou mesmo de exculpação que tenha por finalidade afastar a ilicitude ou a culpabilidade daquela que atuou impelida por essa motivação econômica.

Ordem judicial para a realização do aborto legal

A lei penal e a lei processual penal não preveem nenhum tipo de formalização judicial no sentido de obter uma ordem para que seja levada a efeito qualquer uma das modalidades do chamado aborto legal, seja aquele de natureza terapêutica ou profilática, previsto no inc. I do art. 128 do Código Penal, ou mesmo o de natureza sentimental ou humanitário, cuja previsão expressa encontra-se no inc. II do mencionado artigo.

⚖ Uma vez comprovado, mediante laudo médico conclusivo, que a gestante necessita, sob pena de vir a óbito, de tratamento quimioterápico e radioterápico que se revela incompatível com a continuidade da gravidez, a autorização para interromper a gestação é medida que se revela necessária (STJ, HC 266445/GO, Rel. Min. Campos Marques, Desembargador convocado do TJPR, 5ª T., *DJe* 12/04/2013).

Nesse sentido:

⚖ TJRS, Ap. Crim. 700196 13397, 2ª Câm. Crim., Rel. Laís Rogéria Alves Barbosa, j. 12/07/2007.

Concurso de pessoas no delito de aborto

No crime de aborto existe exceção à regra da teoria monista, adotada pelo art. 29 do Código Penal. Mediante o confronto dos arts. 124 e 126 do Código Penal, percebemos que, se a gestante procura alguém para que nela possa realizar o aborto, o médico que levou a efeito as manobras abortivas responderá por uma infração penal (art. 126 do CP), e a gestante por outra (art. 124 do CP), quando, de acordo com a teoria monista, deveríamos ter uma única infração penal distribuída entre a gestante e o médico, razão pela qual não podemos considerar *pura* a teoria monista adotada pelo Código Penal, mas, sim, moderada, temperada ou matizada, dadas as exceções existentes. Merece destaque, também, em sede de concurso de pessoas, a discussão relativa à participação no crime de aborto. Não há qualquer dúvida quanto ao seu cabimento, em qualquer das três modalidades constantes dos arts. 124, 125 e 126 do Código Penal.

Assim, para fins de raciocínio, se a gestante é induzida por seu namorado a praticar o aborto e se, efetivamente, vier a realizá-lo, este deverá ser responsabilizado penalmente pela sua participação no crime do art. 124 do Código Penal.

Se um médico, por exemplo, é convencido por um amigo de profissão a realizar um aborto em uma gestante que foi procurá-lo especificamente com essa finalidade, aquele que o induziu deverá ser considerado partícipe do delito tipificado no art. 126.

Da mesma forma, se alguém é induzido a praticar um aborto na gestante sem o consentimento dela, aquele que fez nascer a ideia criminosa na mente do agente deverá ser responsabilizado pelo delito previsto pelo art. 125 do diploma repressivo, se este vier a ser executado pelo autor.

A questão ganha relevo quando deparamos com as causas de aumento de pena previstas no art. 127 do Código Penal.

Se, no caso concreto, entendermos, por exemplo, que a participação se deu no comportamento previsto no art. 124 do Código Penal, e se, porventura, vier a gestante, no autoaborto, sofrer lesões corporais de natureza grave, ou mesmo falecer, o agente que a induziu não responderá pela participação com sua pena especialmente agravada, pois que a lei afirma, claramente, que a majorante somente incidirá nos dois artigos anteriores ao art. 127, vale dizer, naqueles artigos que preveem o aborto provocado por terceiro, sem o consentimento da gestante, e também o aborto provocado por terceiro, com o consentimento da gestante.

Ao contrário, se a participação disser respeito a qualquer desses dois artigos (arts. 125 e 126 do CP) e se, em consequência do aborto ou dos meios empregados para provocá-lo, a gestante sofrer lesões corporais de natureza grave ou se vier a morrer, terão aplicação os aumentos previstos no art. 127 do Código Penal.

⚖ Optando o legislador por considerar na pena cominada para o crime a maior ou a menor reprovabilidade (culpabilidade) de cada agente do aborto consentido, a excludente da ilicitude reconhecida em favor da gestante não se comunica aos demais corréus, cuja culpabilidade para o crime foi de maior importância. Enquanto a gestante apenas consentiu, a estes coube provocar o aborto. Logo, não há que se falar em ausência de justa causa para os corréus pelo fato de a gestante ter sido absolvida com excludente da ilicitude; o estado de necessidade era condição de caráter pessoal, da corré, não abrangendo os demais (TJSP, EI, Rel. Cerqueira Leite, *RT* 724, p. 611).

Gestante que morre ao realizar o aborto, sendo que o feto sobrevive

No caso em questão, estaríamos diante de uma tentativa de aborto, uma vez que este se consuma somente com a morte do produto da concepção, cuja pena será especialmente agravada em decorrência da morte da gestante.

Aborto eugênico

⚖ Mandado de segurança. Decisão atacada que indeferiu pedido de interrupção de gravidez por malformação fetal. Pleito formulado aos 05 (cinco) meses de gestação. Problema de saúde do feto que não se confunde com a anencefalia, analisada pelo C. STF na ADPF nº 54. Impossibilidade de analogia em se tratando de direito à vida, constitucionalmente assegurado. Ausência de alegação ou demonstração de que o feto apresente qualquer dano cerebral que lhe retire a notória capacidade de sentir e de sofrer, máxime em se tratando de gestação que ora já atingiu o sexto mês. Sofrimento psicológico da mãe que, embora mereça compreensão e respeito, não pode se sobrepor ao direito à vida do feto e à perspectiva de sofrimento físico quando da pretendida interrupção da gravidez. Não alegação ou demonstração de risco para a vida da mãe (art. 128, I, do Código Penal). Ausência de direito líquido e certo da impetrante a interromper a vida do nascituro. Inteligência do art. 5º da Constituição Federal e do art. 2º do Código Civil. Segurança denegada (TJSP, Processo 2091871-92.2014.8.26.0000, Rel. De Paula Santos, *DJe* 29/7/2014).

Nesse sentido:

STF, ADPF 54/DF, Rel. Min. Marco Aurélio, j. 11 e 12/04/2012, *Informativo* nº 661.

Diagnóstico de Anencefalia para antecipação terapêutica do parto

Vide Resolução CFM nº 1.989, de 10 de maio de 2012, que definiu os critérios para o diagnóstico de anencefalia, que deverá servir de parâmetro para efeitos de reconhecimento da possibilidade de interrupção da gravidez.

Abortamento por redução embrionária

Francisco Dirceu Barros, dissertando precisamente sobre o tema, aduz que o "aborto em estudo ocorreria quando a gestante estivesse grávida de trigêmeos, quadrigêmeos etc., ou seja, de uma quantidade de embriões que tornasse a gravidez 'inviável'. Com a inviabilidade da gravidez motivada pelo número excessivo de embriões, evidentemente, detectada através de perícia, seria juridicamente possível o aborto de alguns dos embriões, daí o nome *redução embrionária*, para salvar a gestação dos demais".[40]

Majorante nos crimes contra a dignidade sexual

O inc. III do art. 234-A, com a nova redação que lhe foi dada pela Lei nº 13.718, de 24 de setembro de 2018, determina que a pena para os crimes contra a dignidade sexual, previstos no Título VI, seja aumentada de metade a 2/3 (dois terços), se do crime resulta gravidez. A aludida causa especial de aumento de pena procura evitar, por exemplo, a prática de abortos legais, na hipótese em que a vítima tenha sido estuprada, resultando o fato em gravidez.

Atendimento obrigatório e integral de pessoas em situação de violência sexual

Em 1º de agosto de 2013, foi editada a Lei nº 12.845, que dispôs sobre o atendimento obrigatório e integral de pessoas em situação de violência sexual, considerando como tal aquelas, para efeitos da mencionada lei, que tenham sido vítimas de atividade sexual não consentida, como é o caso do delito de estupro, que tenha resultado em gravidez.

Atendimento humanizado às vítimas de violência sexual pelos profissionais de segurança pública e da rede de atendimento do Sistema Único de Saúde (SUS)

Vide Decreto nº 7.958, de 13 de março de 2013.

Capítulo II – Das Lesões Corporais

Lesão corporal

Art. 129. Ofender a integridade corporal ou a saúde de outrem:

Pena – detenção, de três meses a um ano.

Lesão corporal de natureza grave

§ 1º Se resulta:

I – incapacidade para as ocupações habituais, por mais de 30 (trinta) dias;

II – perigo de vida;

III – debilidade permanente de membro, sentido ou função;

IV – aceleração de parto:

Pena – reclusão, de 1 (um) a 5 (cinco) anos.

§ 2º Se resulta:

I – incapacidade permanente para o trabalho;

II – enfermidade incurável;

III – perda ou inutilização do membro, sentido ou função;

IV – deformidade permanente;

V – aborto:

Pena – reclusão, de 2 (dois) a 8 (oito) anos.

Lesão corporal seguida de morte

§ 3º Se resulta morte e as circunstâncias evidenciam que o agente não quis o resultado, nem assumiu o risco de produzi-lo:

Pena – reclusão, de 4 (quatro) a 12 (doze) anos.

Diminuição de pena

§ 4º Se o agente comete o crime impelido por motivo de relevante valor social ou moral ou sob o domínio de violenta emoção, logo em seguida a injusta provocação da vítima, o juiz pode reduzir a pena de 1/6 (um sexto) a 1/3 (um terço).

Substituição da pena

§ 5º O juiz, não sendo graves as lesões, pode ainda substituir a pena de detenção pela de multa, de duzentos mil réis a dois contos de réis:

I – se ocorre qualquer das hipóteses do parágrafo anterior;

II – se as lesões são recíprocas.

Lesão corporal culposa

§ 6º Se a lesão é culposa:

Pena – detenção, de 2 (dois) meses a 1 (um) ano.

---

[40] BARROS, Francisco Dirceu. *Direito penal*, parte especial, v. 1, p. 145.

Aumento de pena

§ 7º Aumenta-se a pena de 1/3 (um terço) se ocorrer qualquer das hipóteses dos §§ 4º e 6º do art. 121 deste Código.

§ 8º Aplica-se à lesão culposa o disposto no § 5º do art. 121.

Violência Doméstica

§ 9º Se a lesão for praticada contra ascendente, descendente, irmão, cônjuge ou companheiro, ou com quem conviva ou tenha convivido, ou, ainda, prevalecendo-se o agente das relações domésticas, de coabitação ou de hospitalidade:
Pena – reclusão, de 2 (dois) a 5 (cinco) anos.

§ 10. Nos casos previstos nos §§ 1º a 3º deste artigo, se as circunstâncias são as indicadas no § 9º deste artigo, aumenta-se a pena em 1/3 (um terço).

§ 11. Na hipótese do § 9º deste artigo, a pena será aumentada de um terço se o crime for cometido contra pessoa portadora de deficiência.

§ 12. Se a lesão for praticada contra autoridade ou agente descrito nos arts. 142 e 144 da Constituição Federal, integrantes do sistema prisional e da Força Nacional de Segurança Pública, no exercício da função ou em decorrência dela, ou contra seu cônjuge, companheiro ou parente consanguíneo até terceiro grau, em razão dessa condição, a pena é aumentada de um a dois terços.

§ 13. Se a lesão for praticada contra a mulher, por razões da condição do sexo feminino, nos termos do § 2º-A do art. 121 deste Código:
Pena – reclusão, de 1 (um) a 4 (quatro anos).

Introdução

O crime de lesão corporal pode ocorrer por meio de oito modalidades diferentes, a saber:

a) lesão corporal leve – art. 129, *caput,* do CP;
b) lesão corporal grave – art. 129, § 1º, do CP;
c) lesão corporal gravíssima – art. 129, § 2º, do CP;
d) lesão corporal seguida de morte – art. 129, § 3º, do CP;
e) lesão corporal culposa – art. 129, § 6º, do CP;
f) violência doméstica – art. 129, § 9º, do CP;
g) lesão qualificada praticada contra mulher, por razões de condições do sexo feminino – art. 129, § 13, do CP.

O *caput* do art. 129 do Código Penal, definindo o tipo penal de lesões corporais, usa o verbo ofender, procedente da palavra latina *offendere,* utilizada no sentido de fazer mal a alguém, lesar, ferir, atacar etc.

Prossegue a redação legal apontando que essa ofensa é dirigida contra a *integridade corporal* ou a *saúde* de outrem.

Conforme apontado precisamente por Hungria, "o crime de lesão corporal consiste em qualquer dano ocasionado por alguém, sem *animus necandi,* à integridade física ou a saúde (fisiológica ou mental) de outrem. Não se trata, como o *nomen juris* poderia sugerir *prima facie,* apenas do mal infligido à inteireza anatômica da pessoa. *Lesão corporal* compreende toda e qualquer ofensa ocasionada à normalidade funcional do corpo ou organismo humano, seja do ponto de vista anatômico, seja do ponto de vista fisiológico ou psíquico. Mesmo a desintegração da saúde mental é lesão corporal, pois a inteligência, a vontade ou a memória dizem com a atividade funcional do cérebro, que é um dos mais importantes órgãos do corpo. Não se concebe uma perturbação mental sem um dano à saúde, e é inconcebível um dano à saúde sem um mal corpóreo ou uma alteração do corpo. Quer como alteração da integridade física, quer como perturbação do equilíbrio funcional do organismo (saúde), a lesão corporal resulta sempre de uma *violência* exercida sobre a pessoa".[41]

Da mesma forma, entende-se como delito de lesão corporal não somente aquelas situações de ofensa à integridade corporal ou à saúde da vítima criadas originalmente pelo agente, como também a agravação de uma situação já existente.

Como a lei penal define o delito de lesão corporal dizendo ser a ofensa à integridade corporal ou a saúde de *outrem,* quem devemos entender por esse *outrem*? Por *outrem* devemos entender, como raciocínio inicial, tão somente o ser humano vivo. Assim, não há possibilidade de se cogitar de lesões corporais em pessoas jurídicas, animais ou, ainda, coisas inanimadas. *Outrem,* portanto, é o *ser vivo*. Dessa forma, com essa definição, também são excluídos os cadáveres. Assim, aquele que agride um cadáver, destruindo parcialmente seu corpo morto, pode, dependendo do elemento subjetivo e da situação específica em estudo, cometer o crime de destruição de cadáver (art. 211 do CP), vilipêndio a cadáver (art. 212 do CP) ou, mesmo, o delito de dano (art. 163 do CP). Tudo isso vai depender, como deixamos antever, do elemento subjetivo do agente, bem como da situação efetiva em que se encontra o cadáver (dentro do túmulo, utilizado em pesquisas anatômicas universitárias etc.).

Entretanto, devemos esclarecer a partir de quando esse *ser vivo* já se encontrará sob a proteção do art. 129 do diploma repressivo. Será que o ser ainda em formação já pode ter a sua integridade física e a sua saúde protegidas pelo tipo penal em estudo? Ou seja, é possível a proteção por intermédio do art. 129 do Código Penal do *ser* humano com vida intrauterina, em seus três estágios de evolução, sendo, ainda, um óvulo, um embrião ou mesmo um feto?

Existe controvérsia doutrinária nesse sentido.

---

[41] HUNGRIA, Nélson. *Comentários ao código penal,* v. V, p. 313.

Luiz Regis Prado, quando identifica o *objeto material* do crime de lesão corporal, afirma ser "o ser humano vivo, a partir do momento do início do parto até sua morte",[42] descartando, ao que parece, a possibilidade de o crime de lesões corporais ser cometido, por exemplo, contra o feto ainda em formação no útero materno.

Em sentido contrário posiciona-se Ney Moura Teles, argumentando: "Evidente, pois, que também o ser em formação possui uma integridade corporal que sustenta sua vida. Se esta é protegida, aquela também o é. E assim deve ser porque importa, para a sociedade, a proteção dos seres humanos em formação não somente contra ações que o destruam, mas também aquelas que o lesionam em sua integridade corporal ou que danificam sua saúde.

Seria contrassenso imaginar que a lesão ao feto ou ao embrião, a amputação de um de seus membros ou a ofensa a sua saúde, a um de seus órgãos componentes, fosse um indiferente penal. Também absurdo é considerar o ser humano em formação apenas uma parte do corpo da gestante e incriminar a conduta apenas por ter ela atingido também a gestante. Ainda porque é perfeitamente possível uma lesão atingir tão somente o feto, deixando íntegro o corpo ou a saúde da gestante".[43]

Entendemos assistir razão a essa última posição. O elemento subjetivo do agente é que direciona seu comportamento, apontando para a infração penal por ele pretendida. Se o agente queria, como sugeriu o professor Ney Moura Teles, ofender a integridade corporal ou a saúde do feto, deverá responder pelo delito de lesões corporais, devendo-se, unicamente, comprovar que, ao tempo da sua ação, o feto encontrava-se vivo, condição indispensável à configuração do delito.

Dessa forma, a proteção mediante o art. 129 do Código Penal tem início a partir do momento em que surge uma nova vida carregada dentro do útero materno, o que ocorre com a nidação, já estudada quando analisamos o delito de aborto.

Merece ser destacado, ainda, o fato de que a *ausência de dor* ou *efusão de sangue* não descaracteriza as lesões corporais, devendo ser procedida, como veremos em continuidade ao nosso estudo, a diferença entre o delito de lesões corporais e a contravenção penal de vias de fato, sob a luz do princípio da insignificância.

Em consonância com o princípio da lesividade, principalmente na vertente por ele proposta, que proíbe a incriminação de uma conduta que não exceda ao âmbito do próprio autor, conforme destaca Nilo Batista, é que se "veda a punibilidade da autolesão",[44] não podendo o legislador brasileiro criar figuras típi-

cas, por exemplo, proibindo automutilações. Mesmo na hipótese do art. 122 do CP, pune-se tão somente aquele que induziu ou instigou a vítima a praticar a automutilação ou a prestar-lhe auxílio material para que o faça, mas nunca aquele que, efetivamente, se automutilou.

Não há qualquer ilegalidade no fato de a condenação referente a delitos praticados em ambiente doméstico ou familiar estar lastreada no depoimento prestado pela ofendida, já que tais ilícitos geralmente são praticados à clandestinidade, sem a presença de testemunhas, e muitas vezes sem deixar rastros materiais, motivo pelo qual a palavra da vítima possui especial relevância (STJ, AgRg no AREsp 1.225.082/MS, Rel. Min. Jorge Mussi, 5ª T., *DJe* 11/05/2018).

Nesse sentido:

STJ, AgRg no AREsp 962.903/DF, Rel. Min. Reynaldo Soares da Fonseca, 5ª T., *DJe* 23/09/2016; TJRS, ACr 70050187459, Rel. Sylvio Baptista Neto, j. 05/09/2012.

Classificação doutrinária

Crime comum quanto ao sujeito ativo, bem como, em regra, quanto ao sujeito passivo, à exceção, neste último caso, das hipóteses previstas no inc. IV do § 1º, no inc. V do § 2º, bem como nos §§ 9º e 13, todos do art. 129 do Código Penal; crime material; de forma livre; comissivo; omissivo impróprio; instantâneo (em algumas situações, a exemplo da perda de membro, quando pode ser considerado como instantâneo de efeitos permanentes); de dano; monossubjetivo; plurissubsistente; não transeunte.

Sujeito ativo e sujeito passivo

A lei penal não individualiza determinado sujeito ativo para o crime de lesões corporais, razão pela qual qualquer pessoa pode gozar desse *status*, não se exigindo nenhuma qualidade especial.

No que diz respeito ao sujeito passivo, à exceção do inc. IV do § 1º e do inc. V do § 2º do art. 129 do Código Penal, que preveem, respectivamente, como resultados qualificadores das lesões corporais a *aceleração de parto* e o *aborto*, bem como dos §§ 9º e 13, que preveem também a modalidade qualificada relativa à violência doméstica e a lesão praticada contra mulher, por razões de condições do sexo feminino, qualquer pessoa pode assumir essa posição.

Nas exceções apontadas – *aceleração de parto* e *aborto* –, somente a gestante pode ser considerada sujeito passivo, bem como aquele que seja ascendente, descendente, irmão, cônjuge ou companheiro, ou com quem conviva ou tenha convivido, ou, ainda, quando se prevalece o agente das relações domésticas, de coabitação ou de hospitalidade, ou quando a lesão for

[42] PRADO, Luiz Regis. *Curso de direito penal brasileiro*, v. 2, p. 121.
[43] TELES, Ney Moura. *Direito penal*, v. II, p. 198-199.
[44] BATISTA, Nilo. *Introdução crítica ao direito penal*, p. 92.

praticada contra mulher, por razões de condições do sexo feminino, sendo os crimes, nesses casos, entendidos como próprios com relação ao sujeito passivo, pois que os tipos penais os identificam.

Ney Moura Teles ainda alerta para o fato de que, "quando a ofensa recair sobre o ser humano em formação, sujeito passivo é a coletividade, a sociedade, o Estado, o interesse estatal na preservação da integridade corporal ou da saúde do ser humano em formação".[45]

Objeto material e bem juridicamente protegido

Bens juridicamente protegidos, segundo o art. 129 do Código Penal, são a integridade corporal e a saúde do ser humano.

Objeto material é a pessoa humana, mesmo que com vida intrauterina, sobre a qual recai a conduta do agente no sentido de ofender-lhe a integridade corporal ou a saúde.

Exame de corpo de delito

Sendo um crime que deixa vestígios (não transeunte), há necessidade de ser produzida prova pericial, comprovando-se a natureza das lesões, isto é, se leve, grave ou gravíssima (*vide* arts. 167, 168 e 564, III, alínea *b*, do Código Processo Penal).

⚖ Consoante a jurisprudência do Superior Tribunal de Justiça, "no curso do processo penal, admite-se que o juiz, de modo subsidiário, possa – com respeito ao contraditório e à garantia de motivação das decisões judiciais – determinar a produção de provas que entender pertinentes e razoáveis, a fim de dirimir dúvidas sobre pontos relevantes, seja por força do princípio da busca da verdade, seja pela adoção do sistema do livre convencimento motivado" (RHC 59.475/SP, Rel. Min. Maria Thereza de Assis Moura, Sexta Turma, julgado em 09/06/2015, *DJe* 18/06/2015). Em caso de lesões corporais, se o primeiro exame pericial tiver sido incompleto, o art. 168 do Código de Processo Penal, expressamente, dispõe que se procederá a exame complementar por determinação da autoridade judiciária, de ofício. Na hipótese dos autos, a determinação, no curso do processo penal, embora de ofício, da complementação de exame de corpo de delito já anexado aos autos, não se confunde com a hipótese na qual o magistrado substitui as partes no tocante à produção das provas (STJ, AgRg no RHC 119.112/RJ, Rel. Min. Reynaldo Soares da Fonseca, 5ª T., julgado em 19/05/2020, *DJe* 27/05/2020).

Nesse sentido:

⚖ STJ, HC 495.722/SC, Rel.ª Min.ª Laurita Vaz, 6ª T., *DJe* 11/06/2019; STJ, AgRg no RHC 69.195/SP, Rel. Min.

Felix Fischer, 5ª T., *DJe* 08/06/2018; STJ, AgRg no AREsp 1.009.886/MS, Rel. Min. Reynaldo Soares da Fonseca, 5ª T., *DJe* 24/02/2017; TJMG, AC 0087025-76.2007.8.13.0775, Rel. Des. Renato Martins Jacob, *DJe* 1º/10/2012; TJRS, RCrim 71001587716, Rel. Alberto Delgado Neto, Turma Recursal Criminal, j. 31/03/2008.

Elemento subjetivo

Como o crime de lesão corporal pode ser praticado mediante oito modalidades diferentes, conforme apontamos em nossa introdução, deixaremos a análise do elemento subjetivo de cada uma delas quando do estudo pormenorizado dos parágrafos do art. 129 do Código Penal, somente ressaltando, nesta oportunidade, que a modalidade simples da figura típica, prevista no *caput* do mencionado artigo, que prevê o delito de lesão corporal de natureza leve, somente pode ser praticada a título de dolo, seja ele direto ou eventual.

O dolo de causar lesão é reconhecido por intermédio das expressões latinas *animus laedendi* ou *animus vulnerandi*.

Modalidades qualificadas consideradas graves ou gravíssimas

São as previstas nos §§ 1º (lesão corporal grave), 2º (lesão corporal gravíssima), 3º (lesão corporal seguida de morte) e 9º (violência doméstica) do Código Penal.

Lesão corporal grave

Incapacidade para as ocupações habituais, por mais de 30 (trinta) dias – Esse resultado pode ter sido produzido dolosa ou culposamente. Álvaro Mayrink da Costa preleciona: "A lei brasileira fala em *ocupações habituais*, o que significa que não se limita ao *trabalho* da vítima, mas a toda atividade laborativa, não entendida só a atividade de natureza lucrativa, pois o conceito é funcional e não econômico. Entenda-se como *atividade corporal*, física ou intelectual, razão pela qual pode ser sujeito passivo tanto o *ancião*, como a criança ou o adolescente incapacitado de continuar sua preparação profissional. Outrossim, é necessário que a atividade não seja juridicamente *ilícita*, podendo ser eticamente desvalorada (a *prostituta* que teve seu braço fraturado pode ser sujeito passivo do tipo agravado)".[46]

⚖ A perda da dentição pode implicar redução da capacidade mastigatória e até, eventualmente, dano estético, o qual, apesar de manter o seu caráter definitivo – se não reparado em procedimento interventivo –, não pode ser, na hipótese, de tal monta a qualificar a vítima como uma pessoa deformada (STJ, AgInt no AgInt no REsp 1.716.581/SP, Rel. Min. Joel Ilan Paciornik, 5ª T., *DJe* 19/12/2018).

[45] TELES, Ney Moura. *Direito penal*, v. II, p. 194.
[46] COSTA, Álvaro Mayrink da. *Direito penal* – parte especial, p. 227.

Nesse sentido:

⚖ STJ, AgRg no AREsp 145181/RS, Rel. Min. Marco Aurélio Bellizze, 5ª T., *DJe* 28/06/2013; TJMG, AC 0057871-47.2006.8.13.0775, Rel. Des. Silas Vieira, *DJe* 04/05/2012; TJRS, AC 70022182083, 1ª Câm. Crim., Rel. Des. Marco Antônio Ribeiro de Oliveira, *DJ* 29/01/2008.

Haverá necessidade de exame complementar para efeitos de configuração da qualificadora, nos termos do art. 168, § 2º, do Código Processo Penal.

⚖ A ausência do laudo complementar gera a desclassificação do crime de lesão corporal de natureza grave para o de natureza leve (art. 129, *caput*, do CP), mister quando ausente qualquer prova que justifique a qualificação do delito (TJPR, 1ª Câm. Crim. AC 0341963-4/Campina da Lagoa, Rel. Juiz Conv. Mário Helton Jorge, j. 14/06/2007).

Nesse sentido:

⚖ TJRS, AC 70022182083, 1ª Câm. Crim., Rel. Des. Marco Antônio Ribeiro de Oliveira, *DJ* 29/01/2008.

Perigo de vida – Trata-se de qualificadora de natureza culposa, sendo as lesões corporais qualificadas pelo perigo de vida um crime eminentemente *preterdoloso*, ou seja, havendo dolo no que diz respeito ao cometimento das lesões corporais e culpa quanto ao resultado agravador.

Se o agente, quando agredia a vítima, atuava com dolo no sentido de causar-lhe perigo de vida, na verdade agia com o dolo do delito de homicídio, razão pela qual, sobrevivendo a vítima, deverá responder por tentativa de homicídio, e não por lesão corporal qualificada pelo perigo de vida.

⚖ O traumatismo craniano, com necessidade de intervenção cirúrgica, confere perigo de vida (TJRS, Ap. Crim. 70015276868, 1ª Câm. Crim., Rel. Ivan Leomar Bruxel, j. 11/10/2006).

Debilidade permanente de membro, sentido ou função: *debilidade*, no sentido empregado pela lei penal, significa *enfraquecimento* ou *redução* da capacidade funcional. Quando se exige *debilidade permanente,* para fins de configuração da qualificadora em estudo, não se deve entender a *permanência* no sentido de eterno, melhor ainda, sem possibilidade de retorno à capacidade original. A melhor ilação do inciso em estudo é aquela que entende a permanência no sentido de *duradouro,* mesmo que reversível após longo tempo.

⚖ Muito embora a perda de dois dentes possa não resultar na perda ou inutilização da função mastigatória – o que tipificaria a lesão corporal gravíssima –, certo é que acarretará a redução ou o enfraquecimento da capacidade funcional, que antes era desenvolvida com mais peças dentárias. Bem tipificado, portanto, o delito em comento como lesões corporais de

natureza grave, deve ser mantida a qualificadora da debilidade permanente da função (TJRS, Processo nº 70042267336, Rel.ª Des.ª Rosane Ramos de Oliveira Michels, j. 19/01/2012).

Os *membros* são subdivididos em superiores e inferiores. Por *membros superiores* devem ser entendidos o braço, o antebraço e a mão. *Inferiores,* a seu turno, são a coxa, a perna e o pé. Os dedos, como salienta Guilherme de Souza Nucci, "são apenas partes dos membros, de modo que a perda de um dos dedos constitui-se em debilidade permanente da mão ou do pé".[47]

O ser humano possui cinco *sentidos*: visão, olfato, audição, tato e paladar. Se em razão das lesões sofridas houver debilidade em qualquer um deles, qualifica-se o crime. Assim, por exemplo, a vítima que, agredida violentamente, perdeu um dos olhos, ou mesmo ficou surda de um de seus ouvidos. O caso é tratado como debilidade, isto é, diminuição, redução da capacidade de enxergar ou ouvir. Se tivesse ficado completamente cega ou surda, como veremos adiante, o caso não seria tratado como debilidade, mas, sim, como perda ou inutilização do sentido, transformando a lesão corporal de grave em gravíssima, nos termos do inc. III do § 2º do art. 129 do Código Penal.

Função, segundo a definição de Hungria, "é a atuação específica exercida por qualquer órgão. As principais funções são em número de sete: *digestiva, respiratória, circulatória, secretora, reprodutora, sensitiva* e *locomotora*".[48] Tratando-se de órgãos duplos, a exemplo dos rins, a perda de um deles se configura em *debilidade permanente* da função renal, e não perda dessa referida função. Obviamente que, no caso sugerido, se a vítima somente contava com um dos rins, uma vez que já havia se submetido a uma cirurgia para extração do outro órgão, a perda do segundo rim, obrigando-a a realizar, em regime de urgência, um transplante, importará na aplicação da qualificadora correspondente à lesão gravíssima, prevista no inc. III do § 2º do art. 129 do Código Penal.

⚖ A questão do prazo do laudo complementar (se extemporâneo ou não), previsto no § 2º do art. 168 do Código de Processo Penal, para validar a tipificação da conduta como qualificada, perdeu relevância, porquanto, ainda que afastada a hipótese da incapacidade para ocupações habituais por mais de trinta dias (prevista no inc. I), permanece a qualificadora da debilidade permanente de função, o que, por si só, conduz à subsunção da conduta no § 1º do art. 129 do Código Penal (STJ, REsp 600706/SE, Rel. Min. Arnaldo Esteves Lima, 5ª T., *DJ* 10/04/2006, p. 267).

Aceleração de parto – Embora a lei penal se valha da expressão *aceleração de parto* para qualificar a lesão

---

[47] NUCCI, Guilherme de Souza. *Código penal comentado*, p. 416.

[48] HUNGRIA, Nélson. *Comentários ao código penal*, v. V, p. 323.

corporal, teria sido melhor a utilização da expressão *antecipação de parto*, uma vez que somente se pode acelerar aquilo que já teve início.

A qualificadora da aceleração de parto somente pode ser atribuída ao agente a título de culpa, sendo a infração penal, ou seja, a lesão corporal qualificada pela aceleração de parto, de natureza preterdolosa.

Se o agente atuava no sentido de interromper a gravidez com a consequente expulsão do feto, o seu dolo era o de aborto, e não o de lesão corporal qualificada pela aceleração de parto.

Lesão corporal gravíssima

Incapacidade permanente para o trabalho: esse resultado qualificador pode ter sido produzido dolosa ou culposamente. Admite-se tanto o dolo direto quanto o eventual; na modalidade culposa, como já temos alertado nos estudos anteriores, faz-se mister seja o resultado previsível para o agente.

A *incapacidade* diz respeito à impossibilidade, de caráter duradouro, para o trabalho. Álvaro Mayrink da Costa, analisando a natureza do trabalho para o qual está incapacitada a vítima, assevera: "A doutrina advoga que significa *qualquer modalidade de trabalho* e não especificamente o trabalho a que a vítima se dedicava. Contudo, há necessidade de serem estabelecidas certas restrições, visto que não se pode exigir de um intelectual ou de um artista que se inicie na atividade de pedreiro. Fixa-se o campo do factualmente possível e não no teoricamente imaginável."[49]

A incapacidade deve ser permanente, isto é, duradoura, mas não necessariamente perpétua. É possível que a vítima, algum tempo depois de sofrida a lesão, volte a se capacitar normalmente para o trabalho. O que importa, aqui, é que essa incapacidade tenha caráter duradouro, sem tempo certo para se restabelecer.

Enfermidade incurável: Cezar Roberto Bitencourt esclarece que enfermidade "é um processo patológico em curso. *Enfermidade incurável* é a doença cuja *curabilidade* não é conseguida no atual estágio da Medicina, pressupondo um processo patológico que afeta a saúde em geral. A *incurabilidade* deve ser conformada com dados da ciência atual, com um *juízo de probabilidade*".[50]

A medicina aponta algumas doenças que são entendidas como incuráveis, a exemplo da lepra, da tuberculose, da sífilis, da epilepsia etc.

Problema que hoje envolve muita discussão diz respeito à transmissão do vírus HIV. Imagine-se a hipótese em que o agente, querendo, efetivamente, transmitir o vírus HIV à vítima, nela aplique uma injeção contendo sangue contaminado. Pergunta-se: Qual seria o delito imputado ao agente uma vez que, embora contaminada, a vítima ainda se encontra viva? Poderíamos raciocinar em termos de lesão corporal qualificada pela enfermidade incurável?

Entendemos que não. Mais do que uma enfermidade incurável, a Aids é considerada uma doença mortal, cuja cura ainda não foi anunciada expressamente. Os chamados "coquetéis de medicamentos" permitem que o portador leve uma vida "quase" normal, com algumas restrições. Contudo, as doenças oportunistas aparecem, levando a vítima ao óbito. Dessa forma, mais do que uma enfermidade incurável, a transmissão dolosa do vírus HIV pode se amoldar, segundo nosso ponto de vista, à modalidade típica prevista pelo art. 121 do Código Penal, consumado ou tentado.

No entanto, já decidiu o STJ, citando decisão do STF,

⚖ que na hipótese de transmissão dolosa de doença incurável, a conduta deverá será apenada com mais rigor do que o ato de contaminar outra pessoa com moléstia grave, conforme previsão clara do art. 129, § 2º inc. II, do Código Penal. A alegação de que a Vítima não manifestou sintomas não serve para afastar a configuração do delito previsto no art. 129, § 2º, inc. II, do Código Penal. É de notória sabença que o contaminado pelo vírus do HIV necessita de constante acompanhamento médico e de administração de remédios específicos, o que aumenta as probabilidades de que a enfermidade permaneça assintomática. Porém, o tratamento não enseja a cura da moléstia. Não pode ser conhecido o pedido de *sursis* humanitário se não há, nos autos, notícias de que tal pretensão foi avaliada pelas instâncias antecedentes, nem qualquer informação acerca do estado de saúde do Paciente (STJ, HC 160982/DF, Rel.ª Min.ª Laurita Vaz, 5ª T., *DJe* 28/05/2012).

Nesse sentido:

⚖ TJ-DFT, AC 20100111516183APR, Rel. Des. Roberval Casemiro Belinati, *DJe* 09/05/2016.

Admite-se que a qualificadora da *enfermidade incurável* possa resultar do comportamento doloso ou mesmo culposo do agente.

⚖ Nos termos da jurisprudência do Superior Tribunal de Justiça, presente mais de uma circunstância que qualifique o delito, é possível utilizar uma delas para configurar a forma qualificada do delito e a outra como circunstância judicial desfavorável para exasperar a pena-base. No caso, a qualificadora da enfermidade incurável foi utilizada para reconhecer a conduta de lesão corporal gravíssima, enquanto as qualificadoras de incapacidade para exercer funções habituais por mais de 30 dias e de debilidade permanente de membro foram empregadas para exasperar a pena-base (STJ, AgRg no AREsp 1.250.907/SC, Rel. Min. Rogério Schietti Cruz, 6ª T., *DJe* 02/08/2018).

Perda ou inutilização de membro, sentido ou função: esse resultado pode ter sido produzido dolosa ou culposamente pelo agente. Comparativamente à le-

---

[49] COSTA, Álvaro Mayrink da. *Direito penal* – parte especial, p. 235.

[50] BITENCOURT, Cezar Roberto. *Tratado de direito penal* – parte especial, p. 192-193.

são grave que importe em debilidade, mais do que o simples enfraquecimento, a qualificadora em exame exige a perda, isto é, a ablação de qualquer membro, superior ou inferior, ou mesmo sua completa inutilização. Isso significa que, mesmo existindo o membro, não possui ele qualquer capacidade física de ser utilizado. Quando a vítima, por exemplo, sofre lesões no braço, tornando-o débil, fraco, mas ainda podendo ser utilizado, embora não mais com a força e a capacidade anteriores, a hipótese será resolvida como sendo *debilidade*; ao contrário, se as lesões sofridas pela vítima fazem com que seu braço, embora fisicamente ainda preso ao seu corpo, não possa mais ser utilizado para qualquer movimento rotineiro, o caso será o de *inutilização*.

⚖ A perda de uma mão configura inutilização de membro, decorrendo a incapacidade para exercer o trabalho profissional anterior, mas não a inabilitação total (TJRS, Ap. Crim. 70018349167, 3ª Câm. Crim., Rel.ª Elba Aparecida Nicolli Bastos, j. 15/03/2007).

No mesmo sentido é o raciocínio quanto à perda ou inutilização de sentido ou função.

Deformidade permanente: Deformar significa, aqui, modificar esteticamente a forma anteriormente existente. Grande parte de nossos doutrinadores entende que, para que se possa aplicar a qualificadora em estudo, há necessidade de que a deformidade seja aparente, causando constrangimento à vítima perante a sociedade.

Dissertando sobre a deformidade permanente, diz Noronha: "Acerca do conceito desta, variam as opiniões: uns exigem que o dano estético seja de vulto, impressionando logo o observador; outros contentam-se com o prejuízo mínimo; e ainda outros colocam-se entre esses dois grupos; a lesão à estética deve ser de certa monta, preocupando, causando mesmo vexame ao portador e desgosto ou desagrado a quem o vê, sem ser necessário atingir os limites de coisa horripilante ou aleijão. É a opinião que nos parece mais certa."[51]

Além do mais, a lei penal não exige que o dano seja visível, isto é, que esteja ao alcance de todos. Pode, em muitas situações, ser visto tão somente por um número limitado de pessoas, a exemplo dos danos ocorridos em partes do corpo da vítima que somente serão percebidos pelo seu marido.

O que se exige para que se configure a qualificadora é que a deformidade tenha certo significado, quer dizer, não seja um dano insignificante, quase que desprezível, como a marca deixada no corpo da vítima que lhe proporciona um aspecto de "arranhão".

A deformidade, de acordo com o raciocínio antes expendido, deverá modificar de forma visível e grave o corpo da vítima, mesmo que essa visibilidade somente seja limitada a algumas pessoas.

Não se deve entender a *permanência* no sentido de perpetuidade, ou seja, sem possibilidade de retorno à capacidade original. A melhor ilação do inciso em estudo é aquela que entende a permanência num sentido *duradouro*, mesmo que reversível, por exemplo, com o recurso à cirurgia plástica, pois que, conforme corretamente afirmam Calderón Cerezo e Choclán Montalvo, a "enfermidade é apreciável penalmente ainda que sua correção posterior seja possível mediante tratamento cirúrgico".[52]

Poderá a qualificadora ser atribuída a título de dolo, direto ou eventual, ou culpa.

⚖ O Tribunal *a quo* entendeu que não cabia, *in casu*, o acúmulo das qualificadoras dos incs. III e IV do § 2º do art. 129 do Código Penal, de forma que manteve apenas a deformidade permanente. Assim, diante da utilização desta deformidade advinda da lesão para caracterizar a forma gravíssima do delito, a consideração negativa das consequências do delito ante o argumento de que o acusado causou "sofrimento perene à vítima e familiares" constitui *bis in idem* (STJ, AgRg no AREsp 156.886/PE, Rel. Min. Rogério Schietti Cruz, 6ª T., *DJe* 02/02/2017).

Nesse sentido:

⚖ STJ, REsp 1.620.158/RJ, Rel. Min. Rogério Schietti Cruz, 6ª T., *DJe* 20/09/2016; TJPR, 2ª Câm. Crim. AC 0185563-8/Ponta Grossa, Rel. Juiz Conv. Antônio Loyola Vieira, j. 30/05/2007.

Aborto: Tal como a hipótese de aceleração de parto, para que o aborto qualifique as lesões corporais sofridas pela vítima, o resultado não poderá ter sido querido, direta ou eventualmente, pelo agente, sendo, portanto, um resultado qualificador que somente poderá ser atribuído a título de culpa.

Trata-se, outrossim, de crime preterdoloso.

Lesão corporal seguida de morte

Cuida-se, no caso, de crime eminentemente preterdoloso. A conduta do agente deve ter sido finalisticamente dirigida à produção das lesões corporais, tendo o resultado morte sido produzido a título de culpa.

⚖ No crime preterdoloso, espécie de delito qualificado pelo resultado, é possível a incidência de agravante genérica prevista no art. 61 do Código Penal. Precedente (STJ, AgRg no AREsp 499.488/SC, Rel. Min. Rogério Schietti Cruz, 6ª T., *DJe* 17/04/2017).

Nesse sentido:

⚖ STJ, RHC 59.551/SP, Rel. Min. Nefi Cordeiro, 6ª T., *DJe* 23/08/2016; TJMG, AC 1.0525.06.009977-3/001, Rel. Des. Armando Freire, *DJ* 13/01/2009; TJMG, AC 1.0702.03.091640-8/001, Rel. Des. Adilson Lamounier, *DJ* 15/08/2008.

51 NORONHA, Edgard Magalhães. *Direito penal*, v. 2, p. 72.
52 CEREZO, Ángel Calderón; MONTALVO, José Antonio Choclán. *Derecho penal*, t. II, p. 70.

Crime hediondo

A Lei nº 13.142, de 6 de julho de 2015 inseriu o inciso I-A, ao art. 1º da Lei nº 8.072/90, passando a considerar como hedionda a lesão corporal dolosa de natureza gravíssima (art. 129, § 2º, do CP), e também a lesão corporal seguida de morte (art. 129, § 3º, do CP), quando praticadas contra autoridade ou agente descrito nos arts. 142 e 144 da Constituição Federal, integrantes do sistema prisional e da Força Nacional de Segurança Pública, no exercício da função ou em decorrência dela, ou contra seu cônjuge, companheiro ou parente consanguíneo até terceiro grau, em razão dessa condição.

Lesão corporal culposa

Exige-se, para a caracterização do § 6º do art. 129 do Código Penal, que estejam presentes todos os requisitos necessários à configuração do delito culposo, devendo o julgador realizar um trabalho de adequação à figura típica, haja vista tratar-se de tipo penal aberto.

Lesão corporal culposa praticada na direção de veículo automotor

Se a lesão corporal culposa for praticada na direção de veículo automotor, em virtude do princípio da especialidade, será aplicado o art. 303 do Código de Trânsito Brasileiro (Lei nº 9.503/1997).

⚖ O delito culposo exige a descrição da conduta culposa, com seu respectivo elemento caracterizador: imprudência, negligência ou imperícia. Não se admite que, na peça acusatória, conste apenas um agir lícito (dirigir veículo automotor) e o resultado morte ou lesão corporal sem a efetiva demonstração do nexo causal, como por exemplo: ausência de reparos devidos no veículo, velocidade acima da média que, em tese, poderia impedir a frenagem a tempo ou outro dado concreto que demonstre a ausência de observância do dever objetivo de cuidado. 2. O simples fato de o réu estar na direção do veículo automotor no momento do acidente ou mesmo a perda do freio, por si só, não autoriza a instauração de processo criminal por crime de homicídio culposo ou lesão corporal culposa se não restar narrada a inobservância de dever objetivo de cuidado e o nexo de causalidade com o resultado. 3. No caso, a denúncia encontra-se amparada na narrativa de que "o veículo perdeu os freios e o denunciado aumentou a velocidade descendo a serra sem controle", o que não se revela suficiente para a aferição de eventual responsabilidade penal no evento narrado, devendo ser ressaltado que não foi realizada qualquer perícia nos freios ou na parte mecânica do caminhão ou sequer no local do acidente, não havendo lastro probatório mínimo para se apurar, justamente, o elemento normativo tipo, ou seja, a culpa por eventual imprudência, negligência ou imperícia do acusado (HC 543.922/PB, Rel. Min.

Ribeiro Dantas, 5ª T., julgado em 11/02/2020, *DJe* 14/02/2020).

Violência doméstica

A Lei nº 10.886, de 17 de junho de 2004, acrescentou os §§ 9º e 10º ao art. 129 do Código Penal, criando, por intermédio do primeiro, o delito de *violência doméstica*. Vale ressaltar que quase todas as situações previstas no mencionado parágrafo já figuravam em nosso Código Penal como circunstâncias agravantes, previstas nas alíneas *e* e *f* do inc. II do seu art. 61. Agora, especificamente no crime de lesão corporal, terão o condão de qualificá-lo, uma vez que a Lei nº 11.340, de 7 de agosto de 2006, que criou mecanismos para coibir a violência doméstica e familiar contra a mulher, embora mantendo a redação original do § 9º do art. 129 do Código Penal, modificou a pena anteriormente cominada. A Lei nº 14.994/2024 passou a prever uma pena de reclusão, de 2 (dois) a 5 (cinco) anos.

Merece ser esclarecido, nesta oportunidade, que o § 9º do art. 129 do Código Penal deverá ser aplicado não somente aos casos em que a *mulher* for vítima de violência doméstica ou familiar, mas a todas as pessoas, sejam do sexo masculino ou feminino, que se amoldarem às situações narradas pelo tipo.

No entanto, quando a mulher for vítima de violência doméstica ou familiar, figurando como sujeito passivo do delito de lesões corporais, tal fato importará em tratamento mais severo ao autor da infração penal, haja vista que o art. 41 da Lei nº 11.340, de 7 de agosto de 2006, proíbe a aplicação da Lei nº 9.099/95, impedindo, assim, a proposta de suspensão condicional do processo, mesmo que a pena mínima cominada ao delito seja de 1 (um) ano.

⚖ Nos crimes de violência doméstica, a palavra da vítima adquire especial relevância, mormente quando corroborada pelos demais elementos de prova contidos nos autos, tal como ocorre na hipótese vertente. Precedentes (STJ, AgRg no REsp 1.684.423/SP, Rel. Min. Joel Ilan Paciornik, 5ª T., *DJe* 06/10/2017).

Nesse sentido:

⚖ STJ, HC 84831/RJ, Rel. Min. Felix Fischer, 5ª T., *DJ* 05/05/2008.

Além disso, deve ser lembrado que a hipótese de violência doméstica, prevista no § 9º do art. 129 do Código Penal, ainda que resulte em lesão corporal leve, é qualificada. Por isso, de acordo com a posição majoritária da doutrina, seria possível a aplicação das penas substitutivas previstas no art. 44 do Código Penal.

No entanto, se o sujeito passivo for *mulher*, tal substituição não poderá importar na aplicação de cesta básica ou outras de prestação pecuniária, bem como no pagamento isolado de multa, nos termos preconizados pelo art. 17 da Lei nº 11.340, de 7 de agosto de 2006.

Em 18 de setembro de 2017, o Superior Tribunal de Justiça publicou as Súmulas nºs 588 e 589, dizendo:

⚖ ***Súmula nº 588****: A prática de crime ou contravenção penal contra a mulher com violência ou grave ameaça no ambiente doméstico impossibilita a substituição da pena privativa de liberdade por restritiva de direitos.*

Súmula nº 589*: É inaplicável o princípio da insignificância nos crimes ou contravenções penais praticados contra a mulher no âmbito das relações domésticas.*

No dia 22 de novembro de 2017, a 3ª Seção do Superior Tribunal de Justiça aprovou a Súmula nº 600, dizendo:

⚖ *Súmula nº 600: Para a configuração da violência doméstica e familiar prevista no artigo 5º da Lei nº 11.340/2006 (Lei Maria da Penha) não se exige a coabitação entre autor e vítima.*

A Lei nº 13.505, de 8 de novembro de 2017, acrescentou dispositivos à Lei nº 11.340, de 7 de agosto de 2006 (Lei Maria da Penha), dispondo sobre o direito da mulher em situação de violência doméstica e familiar de ter atendimento policial e pericial especializado, ininterrupto e prestado, preferencialmente, por servidores do sexo feminino, tendo sido, ainda, modificada pelas Leis nºs 13.827, de 13 de maio de 2019, 13.880, de 09 de outubro de 2019, 13.882, de 08 de outubro de 2019, e 13.894, de 29 de outubro de 2019, para autorizar, nas hipóteses que especifica, a aplicação de medida protetiva de urgência, pela autoridade judicial ou policial, à mulher em situação de violência doméstica e familiar, ou a seus dependentes, e para determinar o registro da medida protetiva de urgência em banco de dados mantido pelo Conselho Nacional de Justiça; para prever a apreensão de arma de fogo sob posse de agressor em casos de violência doméstica, na forma em que especifica; para garantir a matrícula dos dependentes da mulher vítima de violência doméstica e familiar em instituição de educação básica mais próxima de seu domicílio; para prever a competência dos Juizados de Violência Doméstica e Familiar contra a Mulher para a ação de divórcio, separação, anulação de casamento ou dissolução de união estável nos casos de violência e para tornar obrigatória a informação às vítimas acerca da possibilidade de os serviços de assistência judiciária ajuizarem as ações mencionadas; alterando, ainda, a Lei nº 13.105, de 16 de março de 2015 (Código de Processo Civil), para prever a competência do foro do domicílio da vítima de violência doméstica e familiar para a ação de divórcio, separação judicial, anulação de casamento e reconhecimento da união estável a ser dissolvida, para determinar a intervenção obrigatória do Ministério Público nas ações de família em que figure como parte vítima de violência doméstica e familiar, e para estabelecer a prioridade de tramitação dos procedimentos judiciais em que figure como parte vítima de violência doméstica e familiar.

⚖ A qualificadora relativa ao crime praticado em contexto de violência doméstica é de ordem objetiva e compatível com a agravante do motivo fútil, de natureza subjetiva (STJ, HC 480.406/SC, Rel. Min. Rogerio Schietti Cruz, 6ª T., *DJe* 25/04/2019).

Nesse sentido:

⚖ STJ, RHC 55.594/MG, Rel. Min. Nefi Cordeiro, 6ª T., *DJe* 26/09/2016; STJ, AgRg no RHC 74.107/SP, Rel. Min. Nefi Cordeiro, 6ª T., *DJe* 26/09/2016; TJ-RJ, CC 0081939-17.2012.8.19.0021, Rel. Des. Paulo Rangel, *DJe* 17/07/2015; TJ-RJ, CC 0025512-29.2014.8.19.0021, Des. Rel. Paulo Rangel, *DJe* 1º/07/2015; STJ, RHC 43.927/RS, Rel. Min. Rogério Schietti Cruz, 6ª T., *DJe* 07/05/2015; STJ, HC 290650/MS, Rel. Min. Marco Aurélio Bellizze, 5ª T., *DJe* 22/05/2014; STJ, RHC 27622/RJ, Rel. Min. Jorge Mussi, 5ª T., *DJe* 23/08/2012.

Jurisprudência em teses do Superior Tribunal de Justiça, Edição nº 111: Provas no Processo Penal – II

4) Nos delitos praticados em ambiente doméstico e familiar, geralmente praticados à clandestinidade, sem a presença de testemunhas, a palavra da vítima possui especial relevância, notadamente quando corroborada por outros elementos probatórios acostados aos autos.

9) É necessária a realização do exame de corpo de delito para comprovação da materialidade do crime quando a conduta deixar vestígios, entretanto, o laudo pericial será substituído por outros elementos de prova na hipótese em que as evidências tenham desaparecido ou que o lugar se tenha tornado impróprio ou, ainda, quando as circunstâncias do crime não permitirem a análise técnica.

Lesão qualificada praticada contra mulher, por razões de condições do sexo feminino

O § 13 foi inserido ao art. 129 do Código Penal pela Lei nº 14.188, de 28 de julho de 2021, qualificando a lesão corporal quando for praticada contra a mulher, por razões da condição do sexo feminino, tendo sido modificado pela Lei nº 14.994/2024, que diz, *verbis*:

§ 13. *Se a lesão é praticada contra a mulher, por razões da condição do sexo feminino, nos termos do § 1º do art. 121-A deste Código:*

Pena – reclusão, de 2 (dois) a 5 (cinco) anos.

Inicialmente, vale frisar que a mencionada qualificadora será aplicada desde que a lesão sofrida pela mulher não seja considerada gravíssima, uma vez que, neste caso, pelo fato de a pena máxima cominada, prevista no § 2º do art. 129, vale dizer, 8 (oito) anos, ser superior àquela constante do § 13 em estudo, isto é, 5 (cinco) anos, será sobre ela que serão realizados os cálculos relativos ao critério trifásico de aplicação da pena constante do art. 68 do Código Penal.

Por razões da condição do sexo feminino, nos termos do § 2º-A do art. 121 do Código Penal, podemos entender o crime que envolva:

I – *violência doméstica e familiar;*

II – *menosprezo ou discriminação à condição de mulher.*

Para que não sejamos repetitivos, remetemos o leitor ao art. 121-A do Código Penal, que prevê o delito de feminicídio, em que discorremos sobre as hipóteses mencionadas nos incisos I (violência doméstica e familiar) e II (menosprezo ou discriminação à condição de mulher).

Diminuição de pena

A redução de pena, obrigatória em nossa opinião se presentes os requisitos que a autorizam, é aplicável a todas as modalidades de lesão: leve, grave, gravíssima e seguida de morte. Apesar da situação topográfica do § 9º do art. 129 do Código Penal, que prevê o delito de violência doméstica, entendemos, por questões de política criminal, deva também ser estendida a essa infração penal a diminuição de pena constante do § 4º do mesmo artigo. Isso porque ocorrem, com muita frequência, agressões consideradas domésticas que foram praticadas pelo agente em decorrência de provocações da própria vítima, possibilitando, nesse caso, a redução da pena.

🖎 Para o reconhecimento da causa de diminuição prevista no art. 129, § 4º, do CP é necessário que o agente atue sob o domínio de violenta emoção, logo após injusta provocação da vítima, circunstância que demanda prova inequívoca do comportamento intimidatório do ofendido, não caracterizado nos autos (TJMG, Processo 1.0223.02.099371-1/001[1], Rel. Walter Pinto da Rocha, pub. 24/04/2007).

Nesse sentido:

🖎 TJSC, Rel. Álvaro Wandelli, Ap. 97.006101-3, j. 23/09/1997.

Substituição da pena

Assevera o § 5º do art. 129 do Código Penal:

§ 5º. *O juiz, não sendo graves as lesões, pode ainda substituir a pena de detenção pela de multa:*

I – *se ocorre qualquer das hipóteses do parágrafo anterior;*

II – *se as lesões são recíprocas.*

O inc. I do parágrafo em exame aduz que o juiz poderá substituir a pena de detenção pela de multa quando o agente, praticando uma lesão corporal de natureza leve, cometer o crime impelido por motivo de relevante valor social ou moral, ou sob o domínio de violenta emoção, logo em seguida à injusta provocação da vítima.

Por lesões corporais de natureza leve devemos entender aquelas previstas no *caput* do art. 129, bem como em seu § 9º, que criou o delito de *violência doméstica*. Na verdade, ocorrendo lesões corporais leves e tendo o agente cometido o crime por motivo de relevante valor social ou moral, ou sob domínio de violenta emoção, logo em seguida à injusta provocação da vítima, o julgador deverá aplicar um dos parágrafos que se destinam a beneficiar o agente. Se entender que, no caso concreto, a redução da pena é a que melhor atende às determinações contidas na parte final do *caput* do art. 59 do Código Penal, que diz que a pena a ser aplicada deve ser aquela necessária e suficiente para a reprovação e prevenção do crime, deverá levar a efeito a redução prevista no § 4º do art. 129. Se, ao contrário, entender que a pena de multa atende aos interesses de política criminal, deverá desprezar o aludido § 4º e aplicar o § 5º do art. 129.

Na hipótese de violência doméstica ou familiar contra a mulher, ficará impossibilitada a substituição da pena privativa de liberdade pela pena de multa, aplicada isoladamente, tendo em vista a determinação expressa do art. 17 da Lei nº 11.340, de 7 de agosto de 2006.

O importante é ressaltar que, embora o julgador tenha essa discricionariedade no caso concreto, uma das soluções deve ser aplicada, ou seja, ou reduz a pena privativa de liberdade prevista no *caput* do art. 129 ou a substitui pela pena pecuniária. Ele não poderá deixar de lado uma das soluções legais apresentadas, uma vez que se cuida, na espécie, de direito subjetivo do sentenciado, e não de mera faculdade do julgador.

Quando ocorrer reciprocidade nas lesões corporais, também de natureza leve, poderá ser substituída a pena.

🖎 O privilégio previsto no § 5º, inc. I, do art. 129, do Código Penal não se aplica às hipóteses em que a vítima causa lesões ao ofensor em legítima defesa. Assim, somente se pode falar em lesões recíprocas se as duas partes entraram em luta injustamente (TJMG, AC 0036071-37.2010.8.13.0414, Rel.ª Des.ª Beatriz Pinheiro Caires, *DJe* 25/06/2012).

Aumento de pena

Vide discussões sobre o art. 121, §§ 4º e 6º do Código Penal.

Aumento de pena em caso de violência doméstica: se a lesão for praticada contra ascendente, descendente, irmão, cônjuge ou companheiro, ou com quem conviva ou tenha convivido, ou, ainda, prevalecendo-se o agente das relações domésticas, de coabitação ou de hospitalidade, teremos que verificar a sua natureza para fins de aplicação dos §§ 9º e 10. Sendo leves as lesões, desde que praticadas contra as pessoas indicadas acima, ou nas circunstâncias apontadas, terá aplicação o § 9º do art. 129 do Código Penal, que prevê mais uma modalidade qualificada.

No caso de terem sido consideradas graves ou gravíssimas, ou ainda na hipótese de lesão corporal seguida de morte, se forem praticadas nas circunstâncias do § 9º do art. 129 do Código Penal, ainda deverá ser aplicada ao agente o aumento de um terço previsto pelo § 10 do mesmo artigo.

⚖ É manutenível a incidência de causa de aumento de pena pela omissão de socorro, nos termos dos arts. 129, § 7º, e 121, § 4º, do CP, para o agente que se queda inerte diante de situação lastimável da vítima, deixando-a agonizar por várias horas, agravando o seu estado clínico e tornando inócuo o encaminhamento tardio a hospital (TJMG, Processo 1.0432.03.003886-8/001[1], Rel. Tibagy Sales, pub. 07/05/2004).

A Lei nº 13.142, de 6 de julho de 2015, por sua vez, acrescentou o § 12 ao art. 129 do Código Penal, com a seguinte redação:

§ 12. Se a lesão for praticada contra autoridade ou agente descrito nos arts. 142 e 144 da Constituição Federal, integrantes do sistema prisional e da Força Nacional de Segurança Pública, no exercício da função ou em decorrência dela, ou contra seu cônjuge, companheiro ou parente consanguíneo até terceiro grau, em razão dessa condição, a pena é aumentada de um a dois terços.

Ao contrário do que ocorreu com o delito de homicídio, onde o mencionado diploma legal criou uma qualificadora, aqui, em sede de lesões corporais, determinou um aumento de pena, variando entre um a dois terços, aplicando-se a todas as modalidades de lesões corporais dolosas, vale dizer, leve, grave e gravíssima, não sendo compatível a majorante na hipótese de lesão corporal de natureza culposa.

Aplica-se, *in casu*, tudo o que foi dito em relação ao delito de homicídio, razão pela qual remetemos o leitor às discussões realizadas quando do estudo daquela infração penal, a fim de não sermos repetitivos.

Pessoa portadora de deficiência

A Lei nº 11.340, de 7 de agosto de 2006, que criou mecanismos para coibir a violência doméstica e familiar contra a mulher, fez inserir o § 11 ao art. 129 do Código Penal, acrescentando mais uma causa especial de aumento de pena, dizendo: *§ 11. Na hipótese do § 9º deste artigo, a pena será aumentada de um terço se o crime for cometido contra pessoa portadora de deficiência.*

Por pessoa portadora de deficiência deve ser entendida aquela especificada na Lei 13.146, de 6 de julho de 2015, que instituiu a Lei Brasileira de Inclusão da Pessoa com Deficiência (Estatuto da Pessoa com Deficiência). O art. 2º da mencionada lei considera pessoa com deficiência aquela que tem impedimento de longo prazo de natureza física, mental, intelectual ou sensorial, o qual, em interação com uma ou mais barreiras, pode obstruir sua participação plena e efetiva na sociedade em igualdade de condições com as demais pessoas. § 1º A avaliação da deficiência, quando necessária, será biopsicossocial, realizada por equipe multiprofissional e interdisciplinar e considerará: I – os impedimentos nas funções e nas estruturas do corpo; II – os fatores socioambientais, psicológicos e

pessoais; III – a limitação no desempenho de atividades; e IV – a restrição de participação. § 2º O Poder Executivo criará instrumentos para avaliação da deficiência.

Como o § 11 do art. 129 do Código Penal não fez qualquer distinção, entendemos que poderá ser aplicado a todas essas hipóteses de deficiência.

Tortura

Vide Lei nº 9.455, de 7 de abril de 1997.

⚖ Uma vez presente a submissão do infante, a quem o apelante tinha o dever moral e legal de guardar e proteger; o intenso sofrimento físico, testificado pelas múltiplas lesões, não há que se falar em lesões corporais graves, e, sim, em crime de tortura (TJDFT, APR 20010710152450, Rel. Nilsoni de Freitas, 2ª T. Crim., *DJ* 13/02/2008, p. 2.409).

Perdão judicial

De maneira idêntica ao delito de homicídio, o perdão judicial veio previsto no § 8º do art. 129 do Código Penal, que diz: *Aplica-se à lesão culposa o disposto no § 5º do art. 121.*

Sendo assim, solicitamos a leitura dos comentários levados a efeito quando da análise do perdão judicial no delito de homicídio culposo.

⚖ O juiz pode conceder o perdão judicial se as consequências da infração atingirem o próprio agente de forma tão grave que a sanção penal se torne desnecessária. As consequências a que o parágrafo se refere tanto podem ser físicas (ex: ferimento no agente) como morais (morte ou lesão em parentes ou pessoas ligadas ao agente por afinidade) (*Código penal.* Edição Profissional. São Paulo: Saraiva, 1980, fl. 104) (STJ, REsp 33580/RS, Rel. Min. Pedro Acioli, 6ª T., *Rev. Jur.* 194, p. 4.198).

Modalidades comissiva e omissiva

O crime de lesões corporais pode ser praticado comissiva ou omissivamente, sendo que, neste último caso, o agente deverá gozar do *status* de garantidor, amoldando-se a qualquer uma das alíneas previstas no § 2º do art. 13 do Código Penal.

Consumação e tentativa

Consuma-se o delito com a efetiva produção da ofensa à integridade corporal ou à saúde da vítima, incluindo-se, também, os resultados qualificadores previstos pelos §§ 1º, 2º, e 3º, que preveem, respectivamente, as lesões graves, gravíssimas e seguidas de morte.

No que diz respeito à tentativa, ela será perfeitamente admissível na hipótese de lesão corporal de natureza leve.

Sendo graves ou gravíssimas as lesões, somente se admitirá a tentativa nos casos em que o delito não for classificado como *preterdoloso*. Assim, portanto, não há falar em tentativa nas hipóteses de lesão corporal qualificada pelo: 1) perigo de vida; 2) aceleração de parto; 3) aborto.

Da mesma forma, não se admitirá a tentativa no delito de lesão corporal seguida de morte, em face da sua natureza preterdolosa.

Pena, ação penal, transação penal, competência para julgamento e suspensão condicional do processo

Ao delito de lesão corporal leve ou simples foi cominada uma pena de detenção de 3 (três) meses a 1 (um) ano; à lesão corporal de natureza culposa foi reservada uma pena de detenção, de 2 (dois) meses a 1 (um) ano, sendo que para a modalidade qualificada, prevista pelo § 9º do art. 129 do Código Penal, foi prevista uma pena de detenção de 3 (três) meses a 3 (três) anos, nos termos da modificação procedida pela Lei nº 11.340/2006.

O § 13 diz que se a lesão é praticada contra a mulher, por razões da condição do sexo feminino, nos termos do § 1º do art. 121-A do Código Penal, a pena será de reclusão, de 2 (dois) a 5 (cinco) anos.

Tanto a ação penal quanto as investigações policiais somente poderão ter início, nesses casos, com a necessária representação do ofendido, conforme determina o art. 88 da Lei nº 9.099/1995.

Por maioria de votos, o Plenário do Supremo Tribunal Federal julgou, a nosso ver, equivocadamente, procedente a Ação Direta de Inconstitucionalidade (ADI 4424) para, segundo aquela Corte Superior, dar interpretação conforme aos arts. 12, inc. I, e 16, ambos da Lei nº 11.340/2006, a fim de assentar a natureza incondicionada da ação penal em caso de crime de lesão corporal, pouco importando a extensão desta.

O art. 16 da chamada Lei "Maria da Penha" dispõe que as ações penais públicas "são condicionadas à representação da ofendida", mas, para a maioria dos ministros do STF essa circunstância acaba por esvaziar a proteção constitucional assegurada às mulheres.

Entendemos, com a devida *venia*, que essa posição equivocada do STF trará prejuízo enorme às famílias, uma vez que, em muitos casos, a mulher que foi agredida pelo seu marido, companheiro etc. o perdoa e retoma sua vida conjugal. Com essa decisão, o STF, entregando a iniciativa da ação penal exclusivamente ao Ministério Público, faz com que, na prática, a reconciliação do casal se inviabilize, uma vez que o fato de ter uma ação penal em curso, ou mesmo uma condenação pelo delito de lesão corporal de natureza leve, será um "fantasma" na vida daquelas pessoas, sendo motivo de novas desavenças.

Ao que parece, com todo respeito, a Suprema Corte deixou de lado as estatísticas em infrações penais dessa natureza e quis assumir um papel superprotetor da mulher vítima de violência doméstica. Obviamente que não somos a favor da impunidade. No entanto, nos casos de lesão corporal de natureza leve, a prática forense nos ensina que o melhor é deixar a decisão da investigação policial e o início da ação penal, com o oferecimento da representação, a cargo da mulher. O fato de existirem algumas situações, não desconhecidas, em que a mulher, intimidada pelo seu marido ou companheiro, não leva ao conhecimento da autoridade policial a violência por ela sofrida, não permite que o STF chame para si essa responsabilidade e transforme a natureza da ação penal em pública condicionada à representação. No entanto, agora, infelizmente, caberá, exclusivamente, ao Ministério Público essa decisão. Também foi esclarecido que não compete aos Juizados Especiais julgar os crimes cometidos no âmbito da Lei Maria da Penha.

⚖ ***Súmula nº 536 do STJ*** *– A suspensão condicional do processo e a transação penal não se aplicam na hipótese de delitos sujeitos ao rito da Lei Maria da Penha (DJe 15/06/2015).*

A jurisprudência desta Corte é firme em assinalar ser possível a concessão de suspensão condicional da pena aos crimes e às contravenções penais praticados em contexto de violência doméstica, desde que preenchidos os requisitos previstos no art. 77 do Código Penal, nos termos reconhecidos na sentença condenatória restabelecida (STJ, AgRg no REsp 1.691.667/RJ, Rel. Min. Rogério Schietti Cruz, 6ª T., DJe 09/08/2018).

Nesse sentido:

⚖ STJ, REsp 1.623.144/MG, Rel. Min. Nefi Cordeiro, 6ª T., DJe 29/08/2017; STJ, AgRg no RHC 74.107/SP, Rel. Min. Nefi Cordeiro, 6ª T., DJe 26/09/2016; STJ, RHC 40582/RJ, Rel. Min. Rogério Schietti Cruz, 6ª T., DJe 03/02/2015; STJ, HC 232734/DF, Rel.ª Min.ª Maria Thereza de Assis Moura, 6ª T., DJe 08/03/2013; STF, ADI 4424/DF, rel. Min. Marco Aurélio, 09/02/2012, *Informativo* 654.

O Superior Tribunal de Justiça, consolidando também sua posição, editou a Súmula nº 542, publicada no *DJe* de 31 de agosto de 2015, que diz:

⚖ ***Súmula nº 542.*** *A ação penal relativa ao crime de lesão corporal resultante de violência doméstica contra a mulher é pública incondicionada.*

Tendo em vista a pena máxima cominada em abstrato, regra geral é que os delitos de lesão corporal de natureza leve (à exceção da violência doméstica e familiar contra a mulher) e culposa sejam de competência dos Juizados Especiais Criminais,[53] havendo possibilidade, até mesmo, de composição dos danos

---

[53] O delito de violência doméstica não será da competência dos Juizados Especiais Criminais, tendo em vista a alteração da pena a ele cominada, levada a efeito pela Lei nº 11.340, de 7 de agosto de 2006, que elevou a pena máxima para 3 (três) anos, podendo, contudo, ser levada a efeito proposta de suspensão condicional do processo, em razão da pena mínima cominada no § 9º do art. 129 do Código Penal. Tratando-se de violência doméstica e familiar contra a mulher, será competente o Juizado de Violência Doméstica e Familiar contra a Mulher, criado pela Lei nº 11.340, de 7 de agosto de 2006, não se aplicando, aqui, os institutos previstos pela Lei nº 9.099/95.

ou transação penal, nos termos dos arts. 72 e 76 da Lei nº 9.099/1995.

Não sendo realizada a composição dos danos, o que impediria, se homologada pelo juiz, o início da ação penal dada a renúncia ao direito de queixa ou representação, bem como se não aceita a transação penal, para os delitos de lesões corporais leves ou culposas ainda existe a possibilidade de ser procedida a proposta de *suspensão condicional do processo*, conforme o art. 89 da Lei nº 9.099/1995.

Para o delito de lesão corporal grave, previsto no § 1º do art. 129 do Código Penal, foi cominada pena de reclusão de 1 (um) a 5 (cinco) anos.

A ação penal é de iniciativa pública incondicionada, já que não há qualquer ressalva no artigo, conforme orientação contida no *caput* do art. 100 e seu § 1º do Código Penal.

Tendo em vista a pena mínima cominada, há possibilidade de ser confeccionada proposta de suspensão condicional do processo, desde que a mulher não figure como sujeito passivo, nas hipóteses previstas pela Lei nº 11.340/2006. Não será possível a transação penal.

A pena é de reclusão de 2 (dois) a 8 (oito) anos na hipótese de lesão corporal gravíssima, prevista no § 2º do art. 129 do Código Penal.

A ação penal é de iniciativa pública incondicionada.

Para a lesão corporal seguida de morte, prevista no § 3º do art. 129 do Código Penal, foi cominada uma pena de reclusão, de 4 (quatro) a 12 (doze) anos, sendo, também, incondicionado o início da ação penal.

⚖️ No caso de concurso de crimes, a pena considerada para fins de apresentação da proposta de transação penal (Lei nº 9.099, art. 76), será o resultado da soma, no caso de concurso material, ou a exasperação, na hipótese de concurso formal ou crime continuado, das penas máximas cominadas aos delitos. Com efeito, se desse somatório resultar um período de apenamento superior a 2 (dois) anos, fica afastada a possibilidade de aplicação do benefício da transação penal. 'O benefício da suspensão do processo não é aplicável em relação às infrações penais cometidas em concurso material, concurso formal ou continuidade delitiva, quando a pena mínima cominada, ou seja, pelo somatório, seja pela incidência da majorante, ultrapassar o limite de (01) anos' (Súmula nº 243/STJ) (STJ, HC 29001/SC, Rel. Min. Felix Fischer, 5ª T., *DJ* 24/11/2003, p. 339).

No que diz respeito à lesão corporal culposa praticada na direção de veículo automotor, a Lei nº 11.705, de 19 de junho de 2008, alterando o art. 291 do Código de Trânsito brasileiro, passou a determinar o seguinte:

§ 1º Aplica-se aos crimes de trânsito de lesão corporal culposa o disposto nos arts. 74, 76 e 88 da Lei nº 9.099, de 26 de setembro de 1995, exceto se o agente estiver:
I – sob a influência de álcool ou qualquer outra substância psicoativa que determine dependência;
II – participando, em via pública, de corrida, disputa ou competição automobilística, de exibição ou demonstração de perícia em manobra de veículo automotor, não autorizada pela autoridade competente;
III – transitando em velocidade superior à máxima permitida para a via em 50 km/h (cinquenta quilômetros por hora).

Lesão corporal na Lei de remoção de órgãos, tecidos e partes do corpo humano para fins de transplante e tratamento
Vide art. 14 da Lei nº 9.434, de 4 de fevereiro de 1997.

Lesão corporal no Código Penal Militar
Vide arts. 209 e 210 do Decreto-Lei nº 1.001/69 (Código Penal Militar).

Prioridade de tramitação do processo de lesão corporal dolosa de natureza gravíssima (art. 129, § 2º) e lesão corporal seguida de morte (art. 129, § 3º), quando praticadas contra autoridade ou agente descrito nos arts. 142 e 144 da Constituição Federal, integrantes do sistema prisional e da Força Nacional de Segurança Pública, no exercício da função ou em decorrência dela, ou contra seu cônjuge, companheiro ou parente consanguíneo até terceiro grau, em razão dessa condição
A Lei nº 14.994, de 9 de outubro de 2024, alterou o art. 394-A do Código de Processo Penal, determinando, *verbis*:
Art. 394-A. Os processos que apurem a prática de crime hediondo ou violência contra a mulher terão prioridade de tramitação em todas as instâncias.

Destituição do poder familiar
Vide parágrafo único do art. 1.638 do Código Civil, com a redação que lhe foi conferida pela Lei nº 13.715, de 24 de setembro de 2018.

Capítulo III – Da Periclitação da Vida e da Saúde

Perigo de contágio venéreo

Art. 130. Expor alguém, por meio de relações sexuais ou qualquer ato libidinoso, a contágio de moléstia venérea, de que sabe ou deve saber que está contaminado:

Pena – detenção, de 3 (três) meses a 1 (um) ano, ou multa.
§ 1º Se é intenção do agente transmitir a moléstia: Pena – reclusão, de 1 (um) a 4 (quatro) anos, e multa.
§ 2º Somente se procede mediante representação.

Introdução

O tipo penal do art. 130 do Código Penal traz em seu corpo um elemento normativo que precisa ser esclarecido pela medicina, vale dizer, a chamada moléstia venérea. Conforme ressalta Cezar Roberto Bitencourt, "o texto legal fala, genericamente, em *moléstia venérea*, sem qualquer outra definição ou limitação. Ante a omissão do texto legal, a definição de *moléstia venérea* compete à medicina. Assim, a exemplo do que ocorre com as *substâncias entorpecentes* (que causam dependência física ou psíquica), são admitidas como *moléstias venéreas*, para efeitos penais, somente aquelas que o Ministério da Saúde catalogar como tais, e esse rol deve variar ao longo do tempo, acompanhando não só a evolução dos costumes, mas, particularmente, os avanços da própria ciência médica. A Aids, que não é moléstia venérea e que não se transmite somente por atos sexuais, poderá tipificar o crime do art. 131, lesão corporal seguida de morte ou até mesmo homicídio, dependendo da intenção do agente, mas nunca o crime de perigo de contágio venéreo".[54]

O núcleo e*xpor*, contido no art. 130 do Código Penal, demonstra a natureza da infração penal em estudo, tratando-se, portanto, de crime de perigo, pois que não exige o dano ao bem juridicamente tutelado, que ocorreria com a efetiva transmissão da moléstia venérea. Assim, basta que a vítima tenha sido exposta ao perigo de contágio, mediante a prática de relações sexuais ou qualquer ato de libidinagem, de moléstia venérea de que o agente sabia, ou pelo menos devia saber estar contaminado, para que se caracterize a infração penal em exame.

⚖ Estupro. Vítima que apresenta infecção. Doença que não constitui propriamente mal de origem venérea. Falta de prova segura de seu relacionamento com o ato sexual. Hipótese, ademais, em que o acusado não foi submetido a exame destinado a constatar ser ele portador do mesmo mal. Periclitação da vida e da saúde, na modalidade de perigo de contágio venéreo, descaracterizada. Absolvição pelo delito do art. 130 do CP decretada (TJSP) (*RT* 618, p. 304).

Classificação doutrinária

Crime próprio quanto ao sujeito ativo (uma vez que somente a pessoa contaminada é que poderá praticá-lo), sendo comum quanto ao sujeito passivo (pois que qualquer pessoa pode figurar como vítima deste crime); de forma vinculada (pois que a lei penal exige, para fins de reconhecimento de sua configuração, a prática de relações sexuais ou atos libidinosos); de perigo concreto (podendo ocorrer a hipótese de crime de dano, prevista no § 1º do art. 130 do CP); doloso (sendo o dolo direto ou mesmo eventual); comissivo; instantâneo; transeunte (quando a vítima não se contaminar); não transeunte (quando houver

o efetivo contágio da vítima); unissubjetivo; plurissubsistente; condicionado à representação.

Sujeito ativo e sujeito passivo

O delito pode ser praticado por qualquer pessoa, sendo condição exigida pelo tipo, contudo, que essa pessoa esteja efetivamente contaminada por uma doença venérea, razão pela qual, dada essa limitação, é que o entendemos como um delito próprio.
Sujeito passivo pode ser qualquer pessoa.

Objeto material e bem juridicamente protegido

Objeto material do crime de perigo de contágio venéreo é a pessoa com quem o sujeito ativo mantém relação sexual ou pratica qualquer ato libidinoso, podendo ser, como já o dissemos, o homem ou a mulher.
Bem juridicamente protegido pelo tipo é a vida e a saúde, conforme nos informa o Capítulo III do Título I do Código Penal, onde está inserido o art. 130.

Elemento subjetivo

Para a configuração do delito de perigo de contágio venéreo, exige-se que o agente, no momento do contato sexual, saiba – ou pelo menos deva saber – que esteja contaminado.
As expressões contidas no mencionado artigo – *sabe ou deve saber que está contaminado* – são motivo de intensa controvérsia doutrinária e jurisprudencial. Discute-se se tais expressões são indicativas tão somente de dolo ou podem permitir também o raciocínio com a modalidade culposa.
Para nós, somente pode ser praticado dolosamente, não se permitindo a responsabilidade penal a título de culpa, frisando-se, ainda, a sua natureza jurídica de crime de perigo concreto.

⚖ Perigo de contágio venéreo. Descaracterização. Apelante inculto e simplório. Desconhecimento de que estava contaminado por doença venérea. Necessidade. Não configuração. Absolvição determinada. Recurso parcialmente provido para esse fim (TJSP, Ap. Crim. 218.517-3/Lorena, 4ª Câm. Crim., Rel. Hélio Freitas, j. 19/08/1997, *v.u.*).

Consumação e tentativa

Crime de perigo concreto, consuma-se no momento em que, por meio de relação sexual ou qualquer ato libidinoso, a vítima tenha se encontrado numa situação de possível contaminação da doença venérea da qual o agente era portador.
Entendemos perfeitamente admissível a tentativa, independentemente que se cuide, na espécie, de crime de perigo.

---

[54] BITENCOURT, Cezar Roberto. *Tratado de direito penal*, v. 2, p. 208-209.

Modalidade qualificada

O § 1º do art. 130 do Código Penal diz que, se for intenção do agente transmitir a moléstia, a pena será de reclusão, de 1 (um) a 4 (quatro) anos, e multa.

Como se percebe pela redação do mencionado parágrafo, o agente atua com dolo de dano, ou seja, o dolo de, efetivamente, transmitir a moléstia de que é portador, produzindo, dessa forma, lesão à integridade corporal ou à saúde da vítima.

Se a vítima se contamina, poderemos raciocinar com esse resultado de duas formas distintas: ou entendendo-o como mero exaurimento da figura típica qualificada do art. 130 do Código Penal, ou desclassificando-o para o delito de lesões corporais, conforme veremos quando das discussões das questões que se seguirão.

Pena, ação penal, competência para julgamento e suspensão condicional do processo

A pena cominada para a modalidade simples é a de detenção, de 3 (três) meses a 1 (um) ano, ou multa, e para a modalidade qualificada é de reclusão, de 1 (um) a 4 (quatro) anos, e multa.

Na modalidade simples, a multa pode ser aplicada como pena alternativa à privação da liberdade; na modalidade qualificada, a multa é aplicada com a pena de privação da liberdade.

Como regra, a modalidade fundamental de perigo de contágio venéreo se amolda ao conceito de infração penal de menor potencial ofensivo, sendo-lhe aplicados todos os institutos previstos pela Lei nº 9.099/1995, a exemplo da suspensão condicional do processo.

Na modalidade qualificada, há possibilidade de concessão de suspensão condicional do processo em decorrência da pena mínima cominada ao § 1º, vale dizer, 1 (um) ano de reclusão.

A ação penal, em ambas as modalidades – simples e qualificada –, é de iniciativa pública condicionada à representação do ofendido, ou seja, daquele que foi efetivamente exposto à situação de perigo, conforme se dessume do § 2º do art. 130 do diploma repressivo.

🔨 O art. 130 do CP, em seu § 2º, estabelece a necessidade de representação para o início do processo. E quando o Código Penal exige tal conduta, esta é absoluta, nos termos do art. 100 do referido Código (TJMG, APCR 3028171-22.2008.8.13.0672, Rel. Des. Júlio Cezar Guttierrez, *DJEMG* 16/06/2010).

Prova pericial

Para que se possa reconhecer o delito tipificado no *caput* do art. 130 do Código Penal, é fundamental que se comprove, mediante prova pericial, que o agente se encontrava, no momento da ação, contaminado por uma moléstia venérea.

Consentimento do ofendido

Embora exista controvérsia doutrinária a respeito, entendemos que, se a moléstia venérea de que o agente é portador se encontra no rol daquelas que causam perturbação orgânica de natureza leve, poderá a vítima, sabendo dessa situação, consentir no ato sexual, afastando, consequentemente, a ocorrência do delito. Em sentido contrário, se a doença venérea produz lesão corporal de natureza grave, ou mesmo pode conduzir à morte, o consentimento não será válido.

Necessidade de contato pessoal

Tem-se entendido majoritariamente pela necessidade do contato pessoal, não se configurando o delito, por exemplo, na hipótese daquele que envia esperma pelos correios, trazendo perigo de contaminação para a vítima que com ele mantém contato.

Da mesma forma, para que se caracterize o delito os atos devem ser eminentemente sexuais, ou seja, aqueles atos que têm por finalidade deixar aflorar a libido, o desejo sexual do agente. Assim, comportamentos como apertar a mão não se configuram no delito em estudo.

Efetiva contaminação da vítima

Se, em decorrência do ato sexual praticado pelo agente, a vítima vier a se contaminar com uma moléstia venérea por ele transmitida, qual será a classificação jurídica da infração penal?

Respondendo a essa indagação, afirma Damásio: "Contágio venéreo constitui lesão corporal. Pareceu ao legislador melhor definir o fato no capítulo dos crimes da periclitação da vida e da saúde, e não no art. 129, que define o delito de lesão corporal. Assim, se há transmissão da moléstia, permanece a responsabilidade em termos de crime de perigo de contágio venéreo."[55]

Ney Moura Teles, a seu turno, complementa o raciocínio dizendo: "Se do contágio resultarem apenas lesões corporais leves, prevalece o crime do art. 130. Se resultarem lesões corporais graves ou gravíssimas, responderá o agente pelo crime do art. 129, § 1º ou § 2º. Se resultar morte, responderá por lesão corporal seguida de morte."[56]

Crime impossível – Vítima já contaminada pela mesma doença, ou, ainda, a hipótese do agente já curado

Podemos raciocinar em ambas as hipóteses com o chamado crime impossível, seja pela ineficácia absoluta do meio, seja pela absoluta impropriedade do objeto.

---

[55] JESUS, Damásio E. de. *Direito penal*, v. 2, p. 150.
[56] TELES, Ney Moura. *Direito penal*, v. 2, p. 226.

D.S.T. (Doenças Sexualmente Transmissíveis) e transmissão do vírus HIV

De acordo com o Departamento de DST do Governo brasileiro, Aids e Hepatites Virais são consideradas como doenças sexualmente transmissíveis: *a)* Aids; *b)* cancro mole; *c)* clamídia e gonorreia; *d)* condiloma acuminado (HPV); *e)* doença inflamatória pélvica (DIP); *f)* donovanose; *g)* hepatites virais; *h)* herpes; *i)* infecção pelo vírus T-linfotrópico humano (HTLV); *j)* Linfogranuloma venéreo; *k)* sífilis; *l)* tricomoníase. Como se percebe pela relação acima transcrita, a Aids pode ser considerada como uma doença sexualmente transmissível. No entanto, embora a Aids possa ser transmitida por meio de relação sexual, ela não pode ser considerada simplesmente uma moléstia venérea, razão pela qual, caso ocorra sua transmissão por esse meio, o fato não poderá se amoldar ao tipo penal do art. 130 do diploma repressivo.

A doutrina, como já deixamos antever, tenta resolver o problema da transmissão do vírus HIV sob o enfoque do dolo do agente. Assim, se era a sua finalidade a contaminação da vítima, almejando a sua morte, deverá responder pela tentativa de homicídio (enquanto esta se mantiver viva), ou pelo delito de homicídio consumado (em ocorrendo a morte).

Nesse sentido, são perfeitas as lições de Cleber Masson quando assevera:

"A AIDS (Síndrome da Imunodeficiência Adquirida), doença fatal e incurável, não é moléstia venérea, uma vez que pode ser transmitida por formas diversas da relação sexual e dos atos libidinosos. Se um portador do vírus HIV, consciente da letalidade da moléstia, efetua intencionalmente com terceira pessoa ato libidinoso que transmite a doença, matando-a, responde por homicídio doloso consumado. E, se a vítima não falecer, a ele deve ser imputado o crime de homicídio tentado. Não há falar no crime de perigo de contágio venéreo (CP, art. 130), uma vez que o dolo do agente dirige-se à morte da vítima."[57]

✍ Crimes de lesão corporal gravíssima e perigo de contágio venéreo (arts. 129, § 2º, II, c/c o 130, ambos do CP). A denúncia imputa ao recorrente, na qualidade de parceiro amoroso (namorado), no período de 27 de março de 2012 até aproximadamente junho do mesmo ano, na condição de portador do vírus HIV e ciente de tal condição de saúde, haver mantido relações sexuais com a vítima, sem a devida proteção – preservativo –, o que acarretou a transmissão da doença incurável. A imputação é direta, não se podendo negar a existência de lastro probatório mínimo e firme que evidencie o nexo causal, a conduta típica imputada e a existência de elementos indicativos de que o ora recorrente é seu autor (STJ, RHC 58.563/RJ, Rel. Min. Sebastião Reis Junior, 6ª T., *DJe* 08/09/2016).

Morte da vítima quando era intenção do agente transmitir-lhe a doença

Se houver a morte da vítima quando era intenção do agente apenas transmitir-lhe a doença, deverá este ser responsabilizado pelo crime de lesão corporal seguida de morte, uma vez que o seu dolo era de dano (transmissão da moléstia venérea de que era portador), sendo-lhe imputado o resultado morte a título de culpa (já que esse resultado não fazia parte do seu dolo, mas lhe era previsível), aplicando-se a regra do art. 19 do Código Penal.

Crimes contra a dignidade sexual e transmissão de D.S.T.

O inc. IV do art. 234-A, acrescentado ao Código Penal pela Lei nº 12.015, de 7 de agosto de 2015 e alterado pela Lei nº 13.718, de 24 de setembro de 2018, assevera que a pena será aumentada:

IV – de 1/3 (um terço) a 2/3 (dois terços), se o agente transmite à vítima doença sexualmente transmissível de que sabe ou deveria saber ser portador, ou se a vítima é idosa ou pessoa com deficiência.

Perigo de contágio de moléstia grave
Art. 131. Praticar, com o fim de transmitir a outrem moléstia grave de que está contaminado, ato capaz de produzir o contágio:
Pena – reclusão, de 1 (um) a 4 (quatro) anos, e multa.

Introdução

Apesar de sua localização no capítulo correspondente aos crimes de perigo (da periclitação da vida e da saúde), o art. 131 do Código Penal, da mesma forma que o § 1º do art. 130 do mesmo diploma repressivo, narra um *delito de dano*.

Na verdade, a conduta do agente é dirigida finalisticamente à produção de um dano, qual seja, a transmissão de moléstia grave de que está contaminado. Contudo, como veremos em tópico próprio, a lei penal se satisfaz simplesmente com a exteriorização do comportamento dirigido a esse fim, independentemente da efetiva produção desse resultado.

Levando-se a efeito uma análise do tipo, podemos concluir que o legislador se satisfaz com a prática do comportamento destinado à transmissão de moléstia grave, mesmo que esta não ocorra efetivamente, tratando-se, pois, de crime de natureza formal.

Ao contrário do que determina o art. 130 do Código Penal, que somente se configura se houver a prática de atos de natureza sexual, o delito do art. 131 pode ser considerado como de *forma livre*, podendo o agente praticar *atos de qualquer natureza* que possuam eficácia para a transmissão da moléstia de que está contaminado.

---

[57] MASSON, Cleber. *Direito penal esquematizado* – parte especial, v. 2, p. 127.

Dessa forma, pode o agente valer-se de meios *diretos* ou *indiretos* à consecução da transmissão da moléstia grave. Meios *diretos* dizem respeito àqueles em que houver um contato pessoal do agente, a exemplo do aperto de mão, do beijo, do abraço etc. *Indiretos* são aqueles que decorrem da utilização de quaisquer instrumentos capazes de transmitir a moléstia grave, a exemplo de seringas, bebidas etc.

Pode, até mesmo, valer-se de atos sexuais para o fim de transmitir doença que não seja de natureza venérea.

O conceito de *moléstia grave* deve ser fornecido pela medicina. Segundo Hungria, "a *gravidade* da moléstia, bem como a sua *contagiosidade* e a relação de causalidade entre a conduta do agente e o perigo concreto de contágio, tem de ser pericialmente averiguada. São moléstias transmissíveis, entre outras, as que o Regulamento de Saúde Pública declara de notificação compulsória, como sejam a febre amarela, a peste, o cólera e doenças coleriformes, o tifo exantemático, a varíola, o alastrim, a difteria, a infecção puerperal, a infecção do grupo tífico-paratífico, a lepra, a tuberculose aberta, o impaludismo, o sarampo e outros exantemas febris, as disenterias, a meningite cérebro-espinhal, a paralisia infantil ou moléstia de HEINE-MEDIN, o tracoma, a leishmaniose. As moléstias venéreas, sem dúvida alguma, estão incluídas entre as moléstias graves transmissíveis, configurando-se o crime de que ora se trata, e não o do art. 130, § 1º, se o *meio* ocasionante do perigo de contágio é extragenital ou extrassexual".[58]

Trata-se, portanto, de norma penal em branco, havendo necessidade de buscar o elenco das moléstias consideradas graves no órgão competente (Ministério da Saúde).

Classificação doutrinária

Crime próprio quanto ao sujeito ativo (pois que somente aquele que está contaminado por uma moléstia grave pode praticá-lo) e comum quanto ao sujeito passivo; doloso; formal (uma vez que o tipo penal não exige a efetiva contaminação, mas, sim, a conduta dirigida finalisticamente a transmitir a moléstia grave); comissivo, podendo também ser comissivo por omissão (nos casos em que o agente goze do *status* de garantidor); de forma livre; instantâneo; monossubjetivo; plurissubsistente; de dano (embora previsto no capítulo correspondente aos crimes de perigo).

Objeto material e bem juridicamente protegido

Objeto material no art. 131 do Código Penal seria a pessoa contra a qual é dirigida a conduta que tem por finalidade contagiá-la com a moléstia grave.

Bem juridicamente protegido pelo tipo penal é a integridade corporal ou a saúde da vítima.

Sujeito ativo e sujeito passivo

Somente a pessoa contaminada por uma moléstia grave poderá ser sujeito ativo do delito tipificado no art. 131 do Código Penal, razão pela qual, dada essa especificação típica, consideramos como *próprio* o delito de *perigo de contágio de moléstia grave*. Qualquer pessoa poderá figurar como sujeito passivo.

Elemento subjetivo

Trata-se de infração eminentemente dolosa, cujo tipo penal exige *um especial fim de agir*, vale dizer, a prática de ato *com o fim de transmitir a outrem moléstia grave de que está contaminado*.

Não há possibilidade, ainda, de punição a título de culpa, podendo o agente ser responsabilizado, se houver o efetivo contágio da vítima, pelas lesões corporais de natureza culposa nela produzidas por meio da doença por ele transmitida, ou homicídio culposo se ela, em razão da doença pela qual fora contaminada, vier a morrer.

No crime de perigo de contágio de moléstia grave, a intenção de transmitir a moléstia é dolo específico do delito. Não havendo prova da intenção do réu de transmitir a moléstia, a absolvição se justifica [...] (TJRJ, Ap. Crim. 2003.050.01325, 5ª Câm. Crim., Rel. Des. Marly Macedônio França, j. 11/11/2003).

Consumação e tentativa

Consuma-se o delito com a prática dos atos destinados à transmissão da moléstia grave, independentemente do fato de ter sido a vítima contaminada ou não. Admite-se a tentativa, uma vez que podemos fracionar o *iter criminis*, tratando-se, portanto, de um delito plurissubsistente.

Prova pericial

Vide art. 130 do Código Penal.

Pena, ação penal e suspensão condicional do processo

A pena cominada no preceito secundário do art. 131 do Código Penal é de reclusão, de 1 (um) a 4 (quatro) anos, e multa.

Em virtude da pena mínima cominada, torna-se perfeitamente admissível a suspensão condicional do processo, presentes os requisitos exigidos pelo art. 89 da Lei nº 9.099/1995.

A ação penal é de iniciativa pública incondicionada.

Utilização de objeto contaminado que não diga respeito ao agente

O agente que, embora não sendo portador de qualquer doença, se valer de um instrumento contaminado por moléstia grave, a fim de transmiti-la à vítima, pratica o delito tipificado no art. 131 do Código Penal?

---

[58] HUNGRIA, Nélson. *Comentários ao código penal*, v. V, p. 401.

A resposta só pode ser negativa, uma vez que o tipo exige, como um dos elementos necessários à sua configuração, que o agente esteja contaminado por moléstia grave, e que atue no sentido de transmiti-la a alguém.

Se o agente utilizar um instrumento contaminado por moléstia grave de terceiro, por exemplo, poderá ser responsabilizado a título de lesões corporais, consumadas ou tentadas, se o seu dolo era o de ofender a integridade corporal ou a saúde de outrem, podendo variar, até mesmo, a natureza das lesões (leve, grave ou gravíssima), nos termos do art. 129 do Código Penal.

Crime impossível

Podemos raciocinar com a hipótese de crime impossível, tanto pela ineficácia absoluta do meio (agente que não é portador de qualquer doença), como pela absoluta impropriedade do objeto (vítima já contaminada com a doença grave que o agente pretende transmitir-lhe).

Vítima que morre em virtude da doença grave

Se o dolo era de lesão, ou seja, o de ofender a integridade corporal ou a saúde da vítima, e se esta vem a morrer em decorrência de seu organismo não resistir à moléstia grave que lhe fora transmitida, o caso deverá ser resolvido como hipótese de lesão corporal seguida de morte, devendo, aqui, ser observada a regra contida no art. 19 do Código Penal.

Transmissão do vírus HIV

No caso de querer o agente transmitir o vírus HIV, entendemos que o seu dolo será o de homicídio, e não o do delito tipificado no art. 131 do Código Penal.

⚖ Havendo dolo de matar, a relação sexual forçada e dirigida à transmissão do vírus da AIDS é idônea para a caracterização da tentativa de homicídio (STJ, HC 9378/RS, Rel. Min. Hamilton Carvalhido, 6ª T., *JSTJ* 21, p. 383).

Nesse sentido:

⚖ TJSP, *RT* 656, p. 286; TJSP, 3º Grupo de Câmaras, RvCr 232.233-3/1-00, Rel. Luzia Galvão Lopes, j. 14/09/2000; STJ, HC 160982/DF, Rel.ª Min.ª Laurita Vaz, 5ª T., *DJe* 28/05/2012.

Perigo para a vida ou saúde de outrem

Art. 132. Expor a vida ou a saúde de outrem a perigo direto e iminente:

Pena – detenção, de 3 (três) meses a 1 (um) ano, se o fato não constitui crime mais grave.

Parágrafo único. A pena é aumentada de 1/6 (um sexto) a 1/3 (um terço) se a exposição da vida ou da saúde de outrem a perigo decorre do transporte de pessoas para a prestação de serviços em estabelecimentos de qualquer natureza, em desacordo com as normas legais.

Introdução

Conforme explicações constantes do item 46 da Exposição de Motivos da Parte Especial do Código Penal, trata-se de um crime de caráter eminentemente subsidiário. Não o informa o *animus necandi* ou o *animus laedendi*, mas apenas a consciência e vontade de expor a vítima a grave perigo. O perigo concreto, que constitui o seu elemento objetivo, é limitado a determinada pessoa, não se confundindo, portanto, o crime em questão com os de perigo comum ou contra a incolumidade pública.

Cuida-se, portanto, de um *crime de perigo concreto*, no qual deve ser comprovado que o comportamento do agente trouxe, efetivamente, perigo para o bem jurídico por ele protegido.

O crime tipificado no art. 132 do Código Penal assume, verdadeiramente, as características próprias das infrações penais de perigo. *Ab initio*, jamais poderá haver dolo de dano, pois, caso contrário, ocorreria a desclassificação da infração penal. Não poderá, dessa forma, pretender a produção de qualquer resultado lesivo, mas tão somente criar a situação de perigo. Veja-se o exemplo clássico do atirador de facas. Quando ele faz o arremesso das facas em direção a um painel onde se encontra a vítima, ao atirar, sabe que o seu comportamento traz perigo para a vida ou para a saúde da vítima. Contudo, não atua querendo acertá-la, pois, nesse caso, agiria com dolo de dano.

Também merece ser frisada a natureza subsidiária dos crimes de perigo. Na hipótese do art. 132 do Código Penal, foi consignado no tipo penal aquilo que a doutrina denomina de *subsidiariedade expressa*, haja vista que a própria lei se preocupou em alertar para o fato de que a infração penal de perigo somente será punida se não houver a produção de um resultado mais grave, ou seja, o dano.

Para que se caracterize o delito previsto no art. 132 do diploma penal, será preciso que ele seja cometido contra pessoa ou, pelo menos, pessoas individualizáveis, pois não se cuida na espécie de crime de perigo comum, ou seja, aquele que atinge um número indeterminado de pessoas, sendo, portanto, um crime de perigo individual ou, pelo menos, individualizável.

Se o delito for cometido contra um número indeterminado de pessoas, a hipótese será cuidada no Capítulo I (Dos Crimes de Perigo Comum), do Título VIII (Dos Crimes contra a Incolumidade Pública) do Código Penal.

Determina o tipo do art. 132 do Código Penal, ainda, que o perigo seja direto e iminente. Guilherme de Souza Nucci esclarece ser este "o risco palpável de dano voltado a pessoa determinada. A conduta do sujeito exige, para configurar este delito, a inserção de uma vítima certa numa situação de risco real – e não presumido –, experimentando uma circunstância muito próxima ao dano. Entendemos, respeitadas as doutas opiniões em contrário, que o legislador teria sido mais feliz ao usar o termo 'atual', em lugar de 'iminente'. Ora, o que se busca coibir, exigindo o *perigo concreto*, é a exposição da vida ou da saúde de alguém a um risco de dano determinado, palpável e iminente, ou seja, que está para acontecer. O dano é iminente, mas o perigo é atual, de modo que melhor teria sido dizer 'perigo direto e atual'. O perigo iminente é uma situação quase impalpável e imperceptível (poderíamos dizer, penalmente irrelevante), pois falar em perigo já é cuidar de uma situação de risco, que é imaterial, fluida, sem estar claramente definida".[59]

🖎 Perigo para a vida ou saúde de outrem. Art. 132 do Código Penal. Prova judicializada que indica que o réu, ao sair de sua garagem em velocidade excessiva, trafegou rente a caminhão ali estacionado, em uma rua de considerável largura, e expôs a vítima e terceira pessoa a perigo de vida, que só não foram atropeladas porque lograram fugir, um por entre a cabine e o tanque de gasolina, outra para a frente do veículo. O delito em análise exige dolo de perigo, e não de dano (TJ-RS, Recurso Crime nº 71005381140, Rel. Des. Edson Jorge Cechet, j. 26/10/2015).

Nesse sentido:

🖎 STJ, APn 290/PR, Rel. Min. Felix Fischer, CE, *DJ* 26/09/2005, p. 159; TJMG, Processo 2.0000.00. 350100-6/000 [1], Rel. Alexandre Victor de Carvalho, pub. 23/03/2002; TJSP, Ap. 1185631-2, Rel. José Urban, j. 29/06/2000.

Classificação doutrinária

Crime comum quanto ao sujeito ativo, bem como quanto ao sujeito passivo; de perigo concreto (pois há necessidade inafastável de ser demonstrado que o comportamento do agente criou, efetivamente, a situação de perigo para a vida ou saúde de outrem); doloso; comissivo ou omissivo impróprio; de forma livre; subsidiário (conforme determinado expressamente no art. 132 do Código Penal); instantâneo; transeunte (ou, em algumas situações em que seja possível a prova pericial, não transeunte); monossubjetivo; plurissubsistente.

Objeto material e bem juridicamente protegido

Objeto material do delito de perigo tipificado no art. 132 do Código Penal é a pessoa, ou as pessoas, contra a(as) qual(ais) recai a conduta praticada pelo sujeito ativo.

Bens juridicamente protegidos pelo tipo são a vida e a integridade corporal ou saúde de outrem.

Sujeito ativo e sujeito passivo

Qualquer pessoa pode ser sujeito ativo ou mesmo sujeito passivo do delito em estudo.

Modalidades comissiva e omissiva

O núcleo *expor*, constante do art. 132 do Código Penal, pressupõe um comportamento *comissivo*. No entanto, pode a infração penal ser praticada omissivamente, desde que o agente se encontre na posição de garantidor.

Consumação e tentativa

Consuma-se o delito com a prática do comportamento que, efetivamente, trouxe perigo para a vida ou para a saúde da vítima.

A tentativa é admissível, desde que, no caso concreto, se possa visualizar o fracionamento do *iter criminis*.

Elemento subjetivo

O delito de perigo para a vida ou saúde de outrem somente pode ser praticado dolosamente, seja o dolo direto ou eventual, não havendo previsão para a modalidade culposa.

🖎 O crime de perigo para a vida ou a saúde de outrem (art. 132 do Código Penal) exige para a adequação típica comprovação do dolo específico do agente de expor a perigo o bem jurídico tutelado. II. Não havendo prova inconcussa e estreme de dúvidas de que o réu tinha o propósito específico de expor a saúde da vítima a risco, ao impedi-la de ingressar em casa no horário em que precisava administrar medicação, imperiosa a decretação da sua absolvição, em razão do princípio do *in dubio pro reo* (TJ-RS, AC 70064473424, Rel. Des. José Luiz John dos Santos, j. 22/06/2016).

Nesse sentido:

🖎 TJPR, Ac. 21523, Recurso em Sentido Estrito, Rel. Des. Jesus Sarrão, j. 16/08/2007, *DJ* 7.450; *RT* 757, p. 651; *RT* 768, p. 610.

Causa especial de aumento de pena

A majorante constante do parágrafo único do art. 132 foi inserida no Código Penal por intermédio da Lei nº 9.777, de 29 de dezembro de 1998.

Tal criação típica foi dirigida a coibir comportamentos muito comuns, principalmente nas zonas rurais, de transporte clandestino e perigoso de trabalhadores, a exemplo do que ocorre, inclusive, em propriedades privadas, com os chamados "boias-frias".

O aumento de 1/6 (um sexto) a 1/3 (um terço) deverá ser levado a efeito considerando-se a probabilidade de dano decorrente do transporte ilegal, ou seja, quanto mais perigoso for o transporte, quanto mais se aproximar da probabilidade de dano às pessoas transportadas, maior será o percentual de aumento.

Pena, ação penal, competência para julgamento e suspensão condicional do processo

A pena cominada ao crime previsto no art. 132 do Código Penal é de detenção, de 3 (três) meses a 1

---

[59] NUCCI, Guilherme de Souza. *Código penal comentado*, p. 429.

(um) ano, sendo que o preceito secundário do mencionado artigo ressalta a sua natureza subsidiária, determinando a sua aplicação somente se o fato praticado pelo agente não constitui crime mais grave.

A ação penal é de iniciativa pública incondicionada. Compete, pelo menos inicialmente, ao Juizado Especial Criminal o processo e julgamento do delito.

Será possível a confecção de proposta de suspensão condicional do processo, nos termos do art. 89 da Lei nº 9.099/1995.

Produção de perigo a um número determinado de pessoas

Quando for evidenciada a colocação em perigo de grupos de pessoas ou, pelo menos, mais de uma pessoa, a regra a ser considerada será a do concurso formal ou ideal de crimes, aplicando-se, portanto, o art. 70 do Código Penal.

⚖ Acusado que agride motorista de ônibus em movimento. Perigo para os passageiros do coletivo. Dolo eventual manifesto. Condenação mantida. Inteligência do art. 132 do CP (*RT* 540, p. 311).

Consentimento do ofendido

Se o bem jurídico que sofre perigo de lesão for a integridade corporal ou a saúde da vítima, entendemos que o seu consentimento terá o condão de afastar a ilicitude da conduta levada a efeito pelo agente. Contudo, como também já afirmamos, se o comportamento perigoso trouxer em si a probabilidade de ocorrência de lesão corporal de natureza grave ou gravíssima, ou mesmo perigo para a vida da vítima, nesse caso entendemos que o consentimento não terá a força suficiente para afastar o delito.

Resultado morte ou lesões corporais

Se o comportamento do agente resultar em morte da vítima, em razão do princípio da subsidiariedade expressa, contido no preceito secundário do art. 132 do Código Penal, o agente deverá responder pelo delito de homicídio culposo.

Ocorrendo lesões corporais, em virtude também da determinação contida no mencionado preceito secundário, que diz que a pena cominada é a de detenção, de 3 (três) meses a 1 (um) ano, *se o fato não constitui crime mais grave*, como a pena da lesão corporal de natureza culposa, que seria a aplicável às lesões sofridas pela vítima é menor do que do crime de perigo em estudo, de acordo com a própria determinação contida no tipo, o crime de perigo deve ser imputado ao agente, mesmo tendo havido lesão, pois que, caso contrário, havendo dano, ou seja, lesões corporais, estaríamos atribuindo uma pena menor do que se tivesse ocorrido tão somente o perigo.

Como é a pena que dita a gravidade da infração penal, ou seja, quanto maior a pena mais grave a infração penal, temos de concluir que, nesse caso, a colocação dolosa em perigo deve ser tratada mais severamente do que a produção culposa de um resultado lesivo.

Disparo de arma de fogo em via pública

Somente se configurará o delito do art. 132 do Código Penal mediante disparo de arma de fogo, quando: *a)* o disparo for efetuado em lugar não habitado; *b)* não for em via pública ou em direção a ela; *c)* quando o dolo não seja de dano, vale dizer, quando o agente não tinha a intenção de ferir ou causar a morte da vítima.

⚖ A conduta tipificada no art. 15 da Lei nº 10.826/2003 é mais grave do que aquela prevista no art. 132 do Código Penal, uma vez que, embora de perigo abstrato, a ação de disparar arma de fogo em local habitado e em via pública representa um risco à integridade física de uma coletividade, isto é, de todos que habitam a localidade e cercanias; não apenas de uma pessoa específica, situação prevista no art. 132 do Código Penal. Logo, não há desproporção na sanção cominada (STJ, REsp 1.494.303/SP, Rel. Min. Sebastião Reis Junior, 6ª T., *DJe* 16/12/2014).

Nesse sentido:

⚖ TJDF, Rec. 2007.06.1.012687-3, Rel. Des. Roberval Casemiro Belinati, *DJDFTE* 21/10/2009, p. 171.

Abandono de incapaz

Art. 133. Abandonar pessoa que está sob seu cuidado, guarda, vigilância ou autoridade, e, por qualquer motivo, incapaz de defender-se dos riscos resultantes do abandono:

Pena – detenção, de 6 (seis) meses a 3 (três) anos.

§ 1º Se do abandono resulta lesão corporal de natureza grave:

Pena – reclusão, de 1 (um) a 5 (cinco) anos.

§ 2º Se resulta a morte:

Pena – reclusão, de 4 (quatro) a 12 (doze) anos.

Aumento de pena

§ 3º As penas cominadas neste artigo aumentam-se de 1/3 (um terço):

I – se o abandono ocorre em lugar ermo;

II – se o agente é ascendente ou descendente, cônjuge, irmão, tutor ou curador da vítima;

III – se a vítima é maior de 60 (sessenta) anos.

Introdução

Podemos destacar os seguintes elementos constantes da redação típica do art. 133 do Código Penal: *a)* o ato de abandonar; *b)* pessoa que está sob o cuidado, guarda, vigilância ou autoridade do agente; *c)* incapaz de defender-se dos riscos resultantes do abandono.

O núcleo *abandonar* pressupõe o comportamento de deixar à própria sorte, desamparar, deixar só, ou seja, o agente afasta-se da pessoa que estava sob sua guarda, proteção, vigilância ou autoridade, permitindo que ela venha a correr os riscos do abandono, face à sua incapacidade de defesa.

A lei penal especificou, ainda, aqueles que poderiam ser responsabilizados criminalmente pelo abandono, em razão de sua particular relação com a vítima do delito. Segundo Hungria, o texto legal "fala, minudentemente, em relação de *cuidado, guarda, vigilância* e *autoridade*. *Cuidado* significa a assistência a pessoas que, de regra, são capazes de valer a si mesmas, mas que, acidentalmente, venham a perder essa capacidade (ex.: o marido é obrigado a cuidar da esposa enferma, e *vice-versa*). *Guarda* é a assistência a pessoas que não prescindem dela, e compreende necessariamente a *vigilância*. Esta importa em zelo pela segurança pessoal, mas sem o rigor que caracteriza a *guarda*, a que pode ser alheia (ex.: o guia alpino *vigia* pela segurança de seus companheiros de ascensão, mas não os tem sob sua *guarda*). Finalmente, a assistência decorrente da relação de *autoridade* é a inerente ao vínculo de *poder* de uma pessoa sobre outra, quer a *potestas* seja de direito público, quer de direito privado. Se a violação do dever de assistência é praticada por *ascendente, descendente, cônjuge, irmão, tutor ou curador*, dá-se uma agravante especial (§ 3º, n. II, do art. 133)".[60]

⚖ Caso dos autos em que o réu abandonou seus filhos de 15 e 12 anos, deixando-os sozinhos na casa em que residiam, sem alimentos, roupas e outros bens de uso doméstico, vindo, os menores, a passar por privações e dificuldades, devendo o acusado ser condenado pela prática do crime de abandono de incapaz, cabível a majoração da pena, nos termos do previsto no art. 133, § 3º, II, do Código Penal (TJRS, ACr 70035082890, Rel. Des. José Antônio Hirt Preiss, *DJERS* 28/07/2010).

A vítima, ainda, deve ser incapaz de defender-se dos riscos resultantes do abandono, incapacidade esta que pode ser *absoluta, relativa* (ou *acidental*), *durável* ou, ainda, *temporária*. Incapacidade *absoluta*, conforme esclarece Mirabete, é "inerente à condição da vítima (crianças de tenra idade, p. ex.) [...] *relativa* ou *acidental* (pelo modo, lugar ou tempo de abandono) [...] *durável* (menores e paralíticos) ou *temporária* (enfermidade aguda, ebriedade etc.)".[61] Além da incapacidade da vítima de se defender dos riscos resultantes do abandono, há necessidade de se comprovar a efetiva e concreta situação de perigo em que se viu envolvida.

Vale ressalvar que estamos diante de um crime de perigo, de natureza concreta, e não de um crime de dano. Assim, não poderá o agente querer, com o seu abandono, causar a morte ou mesmo ofender a saúde da vítima, pois, caso contrário, responderá por esses resultados.

⚖ Comprovado que a ré deixou seus dois filhos, um de quatro anos e outro de apenas dois anos de idade, sozinhos e desamparados em casa e que tal situação não foi excepcional, mas deliberada, nem justificada por qualquer causa excludente de culpabilidade, a condenação deve ser mantida (TJ-DFT, AC 20120310022775APR, Rel. Des. Jesuino Rissato, *DJe* 14/09/2016).

Nesse sentido:

⚖ TJRS, AC 70016308835, 2ª Câm. Crim., Rel.ª Des.ª Lúcia de Fátima Cerveira, *DJ* 18/03/2009; TJPR, 4ª Câm. Crim. (TA), AC 0233029-0, Goioerê, Rel. Des. Lauro Augusto Fabrício de Melo, j. 18/12/2003; TJSP, Ap. 1323503/5, Rel. Oliveira Passos, j. 24/10/2002.

Classificação doutrinária

Crime próprio (pois o tipo penal aponta quem pode ser considerado como sujeito ativo, bem como aqueles que poderão figurar como sujeito passivo); de perigo concreto (não basta demonstrar o ato de abandono, mas, sim, que esse comportamento trouxe perigo para a vida ou saúde da vítima); doloso; de forma livre; comissivo ou omissivo impróprio; monossubjetivo; plurissubsistente; transeunte (como regra); instantâneo.

⚖ Configura o *crime de abandono* a violação do dever de zelar pela segurança, pela vida e pela saúde do *incapaz*, sendo o mesmo *crime* instantâneo (TJMG, 2.0000.00. 481565-2/000, Rel.ª Des.ª Maria Celeste Porto, *DJ* 26/02/2005).

Objeto material e bem juridicamente protegido

Esclarece Noronha que "objetividade jurídica, portanto, é o interesse relativo à segurança do indivíduo que, por si, não se pode defender ou proteger, preservando sua incolumidade física".[62]

Objeto material do delito é a pessoa que sofre com o abandono, isto é, aquela que se encontra sob os cuidados, guarda, vigilância ou autoridade do agente.

Sujeito ativo e sujeito passivo

Sujeito ativo do crime de abandono de incapaz somente pode ser aquele que, de acordo com uma obrigação legal ou contratual, está obrigado a cuidar da vítima, a guardá-la, vigiá-la ou tê-la sob sua autoridade.

Sujeito passivo é aquela pessoa que se encontra sob os cuidados, guarda, vigilância ou autoridade do sujeito ativo.

Consumação e tentativa

Consuma-se o delito de abandono de incapaz no instante em que o abandono produz *efetiva situação de perigo concreto* para a vítima. Será possível a tentativa.

---

[60] HUNGRIA, Nélson. *Comentários ao código penal*, v. V, p. 418-419.

[61] MIRABETE, Julio Fabbrini. *Manual de direito penal*, v. 2, p. 131.

[62] NORONHA, Edgard Magalhães. *Direito penal*, v. 2, p. 87.

⚖ Pelo menos no abandono comissivo, é perfeitamente possível a tentativa no delito de abandono de incapaz. Se o agente é surpreendido no ato do depósito, ou quando já está se distanciando da vítima, mas antes que esta corra perigo, é inegável o *conatus* (*RT* 581, p. 318).

Elemento subjetivo

O dolo é o elemento subjetivo exigido pelo tipo de abandono de incapaz. Não se admite a responsabilização criminal do agente a título de culpa.

⚖ Configurado o dolo de abandonar, na modalidade eventual, se demonstrado que a ré deixou seu filho de apenas cinco anos de idade, em casa, sozinho, com o portão aberto, no período noturno, permitindo que ele saísse e se perdesse por horas até que viatura policial o encontrasse vagando ao lado de uma rodovia, colocando em perigo sua incolumidade física (TJ-DFT, AC 20140810019356APR, Rel. Des. Nilsoni de Freitas, *DJe* 26/04/2016).

Nesse sentido:

⚖ TJRS, AC 70041105297, Rel.ª Des.ª Rosane Ramos de Oliveira Michels, j. 30/08/2012; TJMG, APCR 0182923-10.2007.8.13.0390, Rel. Des. Alberto Deodato Neto, *DJEMG* 07/05/2010.

Modalidades comissiva e omissiva

O núcleo abandonar, previsto pelo art. 133 do Código Penal, permite que o agente pratique o delito tanto comissiva quanto omissivamente.

É possível, por exemplo, que o agente transporte a vítima de um lugar para outro, com o intuito de abandoná-la, ou pode, ele mesmo, deixar a vítima no lugar em que esta já se encontrava, abandonando-a à própria sorte.

Modalidades qualificadas

Os §§ 1º e 2º do art. 133 do Código Penal preveem as modalidades qualificadas do abandono de incapaz, *verbis*:

§ 1º Se do abandono resulta lesão corporal de natureza grave:
Pena – reclusão, de 1 (um) a 5 (cinco) anos.
§ 2º Se resulta morte:
Pena – reclusão, de 4 (quatro) a 12 (doze) anos.
Os parágrafos acima transcritos traduzem hipóteses de crimes eminentemente preterdolosos.

⚖ Abandono de incapaz. Art. 133, § 2º, do Código Penal. Falecimento em decorrência da falta de assistência. Vontade livre e consciente de deixar as crianças caracterizada. Irrelevância ter a ré reassumido os cuidados. Assistência então já violada (TJSP, AC 243572-3, Rel. Cerqueira Leite, j. 28/06/1999).

Causas de aumento de pena

Os incs. I, II e III do § 3º do art. 133 do Código Penal elencam as seguintes majorantes, que têm por finali-

dade aumentar em um terço as penas nele cominadas, a saber:
I – se o abandono ocorre em lugar ermo;
II – se o agente é ascendente ou descendente, cônjuge, irmão, tutor ou curador da vítima;
III – se a vítima é maior de 60 (sessenta) anos.

Pena, ação penal e suspensão condicional do processo

Em sua modalidade fundamental, o art. 133 do Código Penal prevê uma pena de detenção, de 6 (seis) meses a 3 (três) anos; se do abandono resultar lesão corporal de natureza grave, a pena será de reclusão, de 1 (um) a 5 (cinco) anos; e se resultar a morte, será de reclusão, de 4 (quatro) a 12 (doze) anos.

A ação penal, em todas as modalidades do delito de abandono de incapaz, vale dizer, simples ou qualificadas, é de iniciativa pública incondicionada.

Na sua modalidade fundamental, bem como na forma qualificada pela lesão corporal de natureza grave, será possível a proposta de suspensão condicional do processo, exceto, nessa última hipótese, se houver a aplicação da majorante prevista no § 3º do art. 133 do Código Penal.

Quando do abandono sobrevém lesão corporal de natureza culposa

Haverá concurso de crimes entre o abandono de incapaz e as lesões corporais de natureza culposa, advindas da situação do abandono.

Aplicação da majorante do § 3º em razão da união estável

Para que seja preservado o princípio da legalidade, cuja vertente contida no brocardo *nullum crimen nulla poena sine lege stricta* proíbe o emprego da analogia *in malam partem*, temos de rechaçar a possibilidade de ser aplicada ao companheiro a mencionada causa especial de aumento de pena, devendo o legislador rever tal posicionamento a fim de incluí-lo, expressamente, no inciso agravador, sob pena de cuidar de forma diferente, de situações similares, em gritante ofensa ao princípio da isonomia.

Constitucionalismo fraterno

⚖ 1. No caso, a Paciente foi presa em flagrante, no dia 05/11/2018, e condenada como incursa no art. 33 da Lei n.º 11.343/2006, à pena de 5 (cinco) anos de reclusão, além de 500 (quinhentos) dias-multa, em regime fechado, vedado o apelo em liberdade. 2. Apesar de haver fundamentação suficiente para a segregação cautelar – já que a Paciente foi flagrada "em poder de 5 pinos de cocaína, sendo localizados mais 35 nas proximidades de onde estava e outros 192 no interior de sua residência" –, verifica-se que a Acusada possui filhos com menos de 12 (doze) anos de idade, os crimes não foram cometidos com emprego de violência ou grave ameaça a pessoa e a vítima do delito não é sua descendência. 3. O Supremo Tribunal Federal concedeu *habeas corpus* coletivo (HC n.º 143.641/SP, Rel. Min. Ricardo Lewandowski) às mulheres presas, gestantes, puérperas e mães de crianças menores de doze anos de idade ou portadoras de necessidades especiais, excetuados os casos de crimes praticados por elas mediante violência ou grave ameaça, contra seus descendentes ou, ainda, em situações excepcionalíssimas, as quais deverão ser devidamente fundamentadas pelos Juízes que não reconhecerem o direito à prisão domiciliar. 4. O Exmo. Ministro Relator do *mandamus* na Suprema Corte, no dia 24/10/2018, esclareceu que: "não configura situação excepcionalíssima, apta a evitar a concessão da ordem no caso concreto, o fato de o flagrante ter sido realizado pela suposta prática de tráfico de entorpecentes na residência da presa, porque não é justo nem legítimo penalizar a presa e aos que dela dependem por eventual deficiência na capacidade de fiscalização das forças de segurança." 5. Conforme o entendimento firmado pela Sexta Turma do Superior Tribunal de Justiça, a necessidade dos cuidados maternos à criança menor de doze anos é legalmente presumida. Assim, o fato de a Paciente ter sido denunciada pelo crime de abandono de incapaz, há cinco anos atrás, inclusive porque não foi utilizado pelas instâncias ordinárias para indeferir o pedido de prisão domiciliar, não impede a concessão da benesse no presente *writ*. 6. Ordem de *habeas corpus* concedida para determinar a colocação da Paciente em prisão domiciliar, nos termos do art. 318, inciso V, do Código de Processo Penal, mediante condições a serem definidas pelo Juiz de primeiro grau, salvo se por outro motivo estiver presa, sem prejuízo da aplicação concomitante das medidas alternativas previstas no art. 319 do Código de Processo Penal, conforme previsto no art. 318-B do mesmo Código (STJ, HC 513554/SP, *Habeas Corpus* 2019/0159843-5, Rel.ª Min.ª Laurita Vaz, 6ª T., j. 25/06/2019, *DJe* 02/08/2019).

Nesse sentido:

STJ HC 487.763/SP, Rel. Min. Reynaldo Soares da Fonseca, 5ª T., julgado em 02/04/2019, *DJe* 16/04/2019.

Exposição ou abandono de recém-nascido

Art. 134. Expor ou abandonar recém-nascido, para ocultar desonra própria:

Pena – detenção, de 6 (seis) meses a 2 (dois) anos.

§ 1º Se do fato resulta lesão corporal de natureza grave:

Pena – detenção, de 1 (um) a 3 (três) anos.

§ 2º Se resulta a morte:

Pena – detenção, de 2 (dois) a 6 (seis) anos.

Introdução

O art. 134 do Código Penal, ao definir o crime de exposição ou abandono de recém-nascido, cria, na verdade, uma modalidade especial de abandono de incapaz, uma vez que, não se pode negar, o recém-nascido goza do *status* de incapaz exigido pelo art. 133 do mesmo estatuto repressivo.

No entanto, preferiu a lei penal dar tratamento diferenciado a esse tipo de abandono, levando em consideração alguns dados que o tornam especial comparativamente ao abandono de incapaz.

Assim, o art. 134 do Código Penal pune aquele que expõe ou abandona recém-nascido para ocultar *desonra própria*.

Podemos destacar, por meio da redação típica, os seguintes elementos: *a)* a situação de exposição ou abandono; *b)* a condição de recém-nascido; *c)* o especial fim de agir com que atua a agente, que procura, com o seu comportamento, *ocultar desonra própria*.

Nélson Hungria critica a redação típica quanto aos núcleos *expor* e *abandonar*, pois que, segundo o renomado autor, não há diferença entre eles. Assim, esclarece: "No art. 134, o Código destaca, como *delictum exceptum*, a hipótese de ser o sujeito passivo um *recém-nascido* e proceder o agente para ocultar desonra própria. É de indagar-se, porém, qual a razão por que, no art. 133, só se fala em *abandonar*, enquanto, no art. 134, já se fala em *expor* ou *abandonar*. Será que a *exposição* difere do *abandono*? Se assim fosse, teria o Código incidido no absurdo de deixar impune a *exposição* de *recém-nascido* quando não praticada *honoris causa*, isto é, uma hipótese mais grave do que a prevista no art. 134. Tal, porém, não acontece. Os verbos 'expor' e 'abandonar' são empregados, sob ponto de vista jurídico-penal, com idêntico sentido. Atualmente, está desacreditada a ambígua distinção que se fazia entre *exposição* e *abandono*."[63]

Diferentemente do que ocorre com o incapaz, como mencionado no art. 133 do Código Penal, no art. 134 a lei exige a qualidade de recém-nascido, ou seja, aquele que acabou de nascer, vale dizer, o neonato, bem como aquele que possui poucas horas ou mesmo alguns dias de vida. Não se pode conceber como recém-nascido aquele que, com alguns meses de vida, é abandonado pela mãe, que tinha por finalidade ocultar desonra própria. Nesse caso, acreditamos, o delito será aquele previsto pelo art. 133 do Código Penal, isto é, abandono de incapaz, mesmo que a mãe atue com essa finalidade especial, uma vez que todos os elementos da figura típica devem estar presentes no momento da aferição da tipicidade do comportamento praticado pelo agente.

O último elemento exigido pelo tipo penal do art. 134 do Código Penal, traduzido pela expressão *para ocultar desonra própria*, revela o especial fim de agir com que atua a mãe. É o crime praticado *honoris causa*, ou seja, por uma questão de honra. A mãe deseja ocultar a gravidez para que a sua honra não se veja maculada.

63 HUNGRIA, Nélson. *Comentários ao código penal*, v. V, p. 416.

📖 Abandono de recém-nascido. Delito configurado. Prova satisfatória a respeito. Intuito de ocultar a desonra. Circunstância que não o descaracteriza. Condenação confirmada. Inteligência do art. 134 do CP (*RT* 542, p. 369).

Nesse sentido:

📖 TJSP, Ap. Cív. 41.850-0, Câmara Especial, Rel. Alves Braga, j. 25/06/1998.

Classificação doutrinária

Crime próprio no que diz respeito ao sujeito ativo e ao sujeito passivo; de perigo concreto; doloso; de forma livre; comissivo ou omissivo impróprio; instantâneo; monossubjetivo; plurissubsistente; transeunte (como regra, a não ser nas hipóteses qualificadas, em que se verifica a lesão corporal de natureza grave ou a morte do recém-nascido).

Objeto material e bem juridicamente protegido

Os bens juridicamente protegidos pelo art. 134 do Código Penal são a vida e a saúde do recém-nascido. Objeto material é o recém-nascido, sobre o qual recai o abandono.

Sujeito ativo e sujeito passivo

Somente a mãe pode ser considerada sujeito ativo do delito de abandono de recém-nascido, uma vez que, conforme adverte Hungria, "não gozará do *privilegium* nem mesmo o marido da mulher infiel que abandonar o neonato adulterino, pois a desonra, em tal caso, não é dele, mas da esposa".[64]

Sujeito passivo é o recém-nascido.

📖 Art. 134 do CP. Imputação do delito ao porteiro do edifício em cujo elevador a criança foi abandonada, uma vez que, tendo notícia dos fatos, teria deixado de tomar as medidas necessárias para o socorro do recém-nascido. Inexistência, nos autos, de qualquer demonstração de que o acusado fosse o pai, ou de algum vínculo subjetivo entre a sua conduta e a da mãe não identificada, a verdadeira responsável pelo abandono do recém-nascido (TJSP, HC 996.524.3/1-0000-000/SP, 12ª Câm. Crim. Rel. Eduardo Pereira, *v.u.*, j. 29/11/2006, voto nº 13.442).

Consumação e tentativa

Consuma-se o delito no momento em que a exposição ou o abandono resultar em perigo concreto para a vida ou para a saúde do recém-nascido.

A tentativa é admissível.

Elemento subjetivo

O dolo é o elemento subjetivo característico do delito de exposição ou abandono de recém-nascido, devendo-se, ainda, segundo a doutrina majoritária, apontar outro elemento subjetivo, caracterizado pelo chamado *especial fim de agir*, que, no caso da infração

penal em exame, seria a finalidade de ocultar desonra própria.

Não se admite a modalidade culposa por ausência de previsão legal.

📖 O *animus necandi* não pode, de plano, ser afastado da conduta da mãe que, após dar à luz sozinha, abandona recém-nascido, ainda com a placenta em um banhado, morte que não se consumou porque, encontrado por vizinhos, recebeu eficiente socorro médico. Inexistindo elemento probatório a demonstrar que psiquicamente perturbada sua consciência e vontade, por efeito do estado puerperal, salvo as condições de miséria em que vivia, não se pode, de plano, operar a desclassificação da conduta (TJRS, RSE 70014057491, 3ª Câm. Crim., Rel.ª Elba Aparecida Nicolli Bastos, j. 09/03/2006).

Modalidades comissiva e omissiva

O delito de exposição ou abandono de recém-nascido pode ser praticado comissiva ou omissivamente.

Modalidades qualificadas

Tal como ocorre com os parágrafos do art. 133 do Código Penal, as modalidades qualificadas do delito de exposição ou abandono de recém-nascido, previstas nos §§ 1º e 2º do art. 134 somente podem ser imputadas ao agente a título de culpa, tratando-se, portanto, de crimes de natureza preterdolosa.

Pena, ação penal, competência para julgamento e suspensão condicional do processo

A pena prevista no *caput* do art. 134 do Código Penal é de detenção, de 6 (seis) meses a 2 (dois) anos; se do fato resultar lesão corporal de natureza grave, nos termos do § 1º do art. 134 do diploma repressivo, a pena será de detenção, de 1 (um) a 3 (três) anos; se advier a morte do recém-nascido, conforme determina o § 2º do mesmo artigo, a pena será de detenção, de 2 (dois) a 6 (seis) anos.

Na modalidade fundamental, a competência para julgamento do delito em exame será do Juizado Especial Criminal, sendo possível a proposta de suspensão condicional do processo não somente nesse caso, mas também na forma qualificada prevista pelo § 1º do art. 134 do Código Penal.

Em todas as modalidades – simples ou qualificadas –, a ação penal será de *iniciativa pública incondicionada*.

Omissão de socorro

Art. 135. Deixar de prestar assistência, quando possível fazê-lo sem risco pessoal, à criança abandonada ou extraviada, ou à pessoa inválida ou ferida, ao desamparo ou em grave e iminente perigo; ou não pedir, nesses casos, o socorro da autoridade pública:

---

[64] HUNGRIA, Nélson. *Comentários ao código penal*, v. V, p. 426.

Pena – detenção, de 1 (um) a 6 (seis) meses, ou multa.

Parágrafo único. A pena é aumentada de metade, se da omissão resulta lesão corporal de natureza grave, e triplicada, se resulta a morte.

Introdução

O núcleo *deixar* está colocado no texto do art. 135 do Código Penal no sentido de *não fazer algo*, ou seja, não prestar assistência, não assistir, não ajudar, quando possível fazê-lo, *sem risco pessoal*, à criança abandonada ou extraviada, ou à pessoa inválida ou ferida, ao desamparo ou em grave e iminente perigo; ou não pedir, nesses casos, o socorro da autoridade pública.

Por *criança abandonada ou extraviada* devemos entender aquela que, de acordo com o art. 2º do Estatuto da Criança e do Adolescente (Lei nº 8.069/90) não tenha, ainda, completado 12 anos de idade e que tenha, por algum motivo, sido abandonada à própria sorte por aqueles que eram seus responsáveis ou, no caso da criança extraviada, que tenha com eles perdido o contato ou a vigilância, não sabendo retornar ao seu encontro.

Pessoa inválida, segundo a concepção de Hungria, "é toda aquela que, entregue a si mesma, não pode prover a própria segurança, seja isto por suas próprias condições normais ou por acidente (velhos, enfermos, aleijados, paralíticos, cegos etc.)".[65]

Pessoa ferida é aquela que teve ofendida sua integridade corporal ou saúde, seja por ação de terceiros, caso fortuito ou até mesmo por vontade própria, como no caso daquele que tentou contra a própria vida e conseguiu sobreviver, sendo incapaz de, por si mesmo, buscar auxílio a fim de evitar a produção de um dano maior à sua pessoa.

Em ambas as hipóteses, ou seja, pessoa inválida ou ferida, a vítima deve encontrar-se ao desamparo, isto é, abandonada, sem os cuidados exigidos à manutenção da sua integridade corporal ou saúde, bem como da sua vida.

Hungria assevera ser "grave e iminente o perigo que ameaça atualmente a vida da pessoa ou, de modo notável, a sua incolumidade física ou fisiológica".[66]

A segunda parte do *caput* do art. 135 do Código Penal traduz um comportamento alternativo, assim redigido: *ou não pedir, nesses casos, o socorro da autoridade pública.*

Isso significa que, não sendo possível ao agente prestar, ele próprio, o socorro, deverá pedir auxílio às autoridades competentes. Nesse sentido, são as lições de Luiz Regis Prado, quando aduz: "Ao encontrar o sujeito passivo, fica o agente adstrito a uma assistência *direta* (deve prestar assistência pessoalmente) ou *indireta* (deve solicitar o socorro da autoridade pú-

blica). Não cabe, porém, ao sujeito ativo optar, ao seu talante, por uma ou outra alternativa. Em determinadas hipóteses, a situação de perigo em que se acha a vítima impede a demora na prestação do socorro, de forma que a simples comunicação daquela à autoridade pública resulta inoperante. Diante de casos de urgência, a intervenção posterior da autoridade será fatalmente inútil, o que compele o agente a prestar assistência diretamente, desde que possa fazê-lo sem risco pessoal. O socorro, aqui, deve ser imediato, equivalendo a demora do agente ao descumprimento do comando de agir.

Logo, o recurso à autoridade pública (assistência mediata) é antes supletivo ou subsidiário, ou seja, é cabível apenas quando se revelar capaz de arrostar tempestivamente o perigo ou quando a assistência direta oferecer riscos à incolumidade do agente."[67]

Somente responderá pelo delito de omissão de socorro o agente que podia prestar a assistência sem *risco pessoal*. Havendo risco para o agente, o fato será atípico no que diz respeito à sua assistência direta, mas não o exime de responsabilidade, se também, podendo, não procura socorro com a autoridade pública.

Não havendo possibilidade de assunção de qualquer dos comportamentos, vale dizer, prestar diretamente a assistência, ou buscar o socorro da autoridade pública competente, o fato será atípico.

Questão que deve ser esclarecida diz respeito a quem se amolda ao conceito de autoridade pública. Juízes, promotores de justiça, por exemplo, gozam do *status* de autoridade pública. Mas será essa autoridade a que se refere a lei penal? Obviamente que não, mas, sim, àquelas que, por definição legal, tenham o dever de afastar o perigo, como acontece com os bombeiros e policiais.

Nesse sentido, Guilherme de Souza Nucci preleciona que autoridade pública "não é qualquer 'autoridade pública', ou seja, funcionário do Estado que tem a obrigação de atender aos pedidos de socorro. Por outro lado é dever de quem aciona a autoridade buscar quem realmente pode prestar assistência. Muito fácil seria, para alguém se desvincular do dever de buscar ajuda concreta, ligar, por exemplo, para a casa de um Promotor de Justiça – que não tem essa função pública – dizendo que há um ferido no meio da rua, aguardando socorro. É curial que o indivíduo acione os órgãos competentes, como a polícia ou os bombeiros".[68]

🖋 Responde pelo delito previsto no art. 121, §§ 3º e 4º e não pelo delito de omissão de socorro (art. 135 do CP) o médico que, estando de plantão e, de sobreaviso em sua residência é acionado, mas negligentemente deixa de comparecer ao hospital, ministrando, por telefone, medicação (TJMG, AC 1.0384.00.008361-6/001, Rel. Des. Pedro Vergara, *DJ* 22/06/2007).

---

[65] HUNGRIA, Nélson. *Comentários ao código penal*, v. V, p. 431.

[66] HUNGRIA, Nélson. *Comentários ao código penal*, v. V, p. 431.

[67] PRADO, Luiz Regis. *Curso de direito penal brasileiro*, v. 2, p. 188.

[68] NUCCI, Guilherme de Souza. *Código penal comentado*, p. 436.

Nesse sentido:

⚖ TJSC, Ap. 2004.014030-4, Rel. Amaral e Silva, j. 22/02/2005; TJSC, Inq. 03.009730-9, Rel. Maurílio Moreira Leite, j. 27/10/2004; TJSP, Ap. 1234401/1, Rel. Amador Pedroso, j. 05/02/2001; TJSC, REC 9368, Rel. Sólon d'Eça Neves, j. 04/06/1993; STJ, RHC 62/RJ, Rel. Min. William Patterson, 6ª T., *RSTJ* 3, p. 820; STF, RHC 42472/SP, Rel. Min. Pedro Chaves, Tribunal Pleno, *RTJ* 34-01, p. 32.

Classificação doutrinária

Crime comum quanto ao sujeito ativo e próprio com relação ao sujeito passivo, nas hipóteses em que a lei exige dele uma qualidade especial; de perigo concreto (devendo ser demonstrado que a omissão do agente trouxe, efetivamente, uma situação de perigo para a vítima); doloso; de forma livre; omissivo próprio; instantâneo; monossubjetivo; podendo ser considerado, dependendo da situação, unissubsistente ou plurissubsistente; transeunte (como regra).

Objeto material e bem juridicamente protegido

O crime de omissão de socorro, como nos induz o Capítulo III do Título I da Parte Especial do Código Penal, tem como bens juridicamente protegidos a *vida* e a *saúde*.

Objeto material é a criança abandonada ou extraviada, ou a pessoa inválida ou ferida, ao desamparo, que se encontra na situação de grave e iminente perigo.

Sujeito ativo e sujeito passivo

Qualquer pessoa pode ser sujeito ativo do delito. Sujeito passivo é a criança abandonada ou extraviada, a pessoa inválida ou ferida, ou que se encontre ao desamparo ou em grave e iminente perigo.

Consumação e tentativa

Não é a simples omissão em socorrer, ou seja, a negativa em prestar o socorro, que consuma o delito em exame, mas, sim, a negação do socorro que importa, concretamente, em risco para a vida ou para a saúde da vítima, tratando-se, pois, embora exista controvérsia doutrinária, de uma infração penal de perigo concreto. Adverte Fernando Galvão, com precisão, que: "Tratando-se de crime omissivo próprio para o qual a conduta pode prolongar-se no tempo, deve-se entender que a consumação ocorre quando o omitente deixar passar a última oportunidade de realizar a ação de salvamento esperada antes que ocorra o aumento do perigo, a diminuição das chances de salvamento ou a ocorrência do dano."[69]

No que diz respeito à tentativa, estamos com Juarez Tavares quando aduz que "nos crimes omissivos próprios não se admite tentativa, porque, uma vez que a omissão esteja tipificada na lei como tal, se o sujeito

se omite, o crime já se consuma; se o sujeito não se omite, realiza ele o que lhe foi mandado."[70]

⚖ A omissão de socorro se consuma quando, sem justa causa, o agente causador do acidente evade-se do local, deixando de tomar as medidas necessárias para o pronto atendimento à vítima (TJPR, AC 0376411-4, Foro Central da Região Metropolitana de Curitiba, 5ª Câm. Crim., Rel. Des. Jorge Wagih Massad, un., j. 14/06/2007).

Nesse sentido:

⚖ TJDFT, 200504100 89718APJ, 1ª T. Recursal dos Juizados Especiais Cíveis e Criminais do DF, Rel. Esdras Neves, j. 15/08/2006, *DJ* 04/09/2006, p. 92.

Elemento subjetivo

O delito de omissão de socorro somente admite a modalidade dolosa, seja o dolo direto ou eventual, não se punindo, portanto, a omissão de socorro a título de culpa.

⚖ O elemento subjetivo do crime de omissão de socorro é a vontade consciente e livre de não prestar assistência a quem o agente sabe estar necessitando. O delito em apreço somente é punido a título de dolo, direto ou eventual (TJSP, AC, Rel. Castro Duarte, *RT* 568, p. 262).

Causas de aumento de pena

A doutrina, majoritariamente, aduz que as causas de aumento de pena previstas no parágrafo único do art. 135 do Código Penal somente poderão ser atribuídas ao agente a título de culpa, tratando-se, portanto, de um crime preterdoloso, ou seja, dolo com relação à omissão, e culpa no que diz respeito ao resultado: lesão corporal de natureza grave ou morte.

Nesse sentido, Ney Moura Teles preconiza: "No parágrafo único estão previstos dois crimes preterdolosos, o primeiro qualificado por lesões corporais de natureza grave, com pena aumentada de metade, e o outro pela morte da vítima, quando a pena será triplicada."[71] No entanto, não vemos qualquer obstáculo no fato de querer o agente o resultado morte da vítima se a situação de perigo em que esta se encontra não foi provocada por ele, caso em que o transformaria em agente garantidor e, consequentemente, responsável pela produção do resultado.

⚖ Médico que não atende a chamado para avaliação direta de paciente em estado grave. Morte da vítima. Atuação do sujeito ativo que poderia ter evitado o resultado. Aplicação do art. 135, parágrafo único, do CP – Voto vencido (*RT* 636, p. 301).

---

[69] GALVÃO, Fernando. *Direito penal – crimes contra a pessoa*, p. 212.

[70] TAVARES, Juarez. *As controvérsias em torno dos crimes omissivos*, p. 89.

[71] TELES, Ney Moura. *Direito penal*, v. 2, p. 245.

Pena, ação penal, competência para julgamento e suspensão condicional do processo

O preceito secundário do art. 135 do Código Penal prevê uma pena de detenção, de 1 (um) a 6 (seis) meses, ou multa.

Para a hipótese do *caput* do art. 135 do Código Penal, em decorrência da quantidade máxima de pena prevista em abstrato, a competência para o julgamento do delito de omissão de socorro, pelo menos *ab initio*, será do Juizado Especial Criminal, sendo possível a aplicação de todos os institutos que lhe são inerentes. Ocorrendo lesão corporal de natureza grave, aumentando-se a pena a metade, ou morte, caso em que a pena será triplicada, ainda assim persiste a competência do Juizado Especial Criminal, haja vista que, mesmo triplicando a pena máxima cominada em abstrato, seu limite não ultrapassa os dois anos, o que permite que seja, ainda, considerada como infração penal de menor potencial ofensivo.

Existe a possibilidade alternativa de aplicação da pena privativa de liberdade ou da pena de multa, devendo o juiz, no caso concreto, determinar aquela que seja, nos termos da parte final do art. 59 do Código Penal, necessária e suficiente para reprovação e prevenção do crime. A ação penal é de iniciativa pública incondicionada.

Agente que não socorre vítima atropelada temendo agravar a situação

Nesse caso, o agente não se nega simplesmente a socorrer. Há uma motivação justa que permite afastar a censurabilidade de seu comportamento, sob o argumento da inexigibilidade de conduta diversa.

Contudo, embora, segundo a sua concepção, não possa prestar diretamente o socorro à vítima, obrigatoriamente, deverá buscar o auxílio da autoridade competente, sob pena de ser responsabilizado pelo delito de omissão de socorro.

⚖ Não deve ser decotada a majorante disposta no art. 302, parágrafo único, inciso III, do CTB, quando as provas constantes nos autos demonstrarem que o réu deixou de prestar socorro à vítima, quando possível fazê-lo sem risco pessoal (TJMG, AC 1.0295.10.001072-3/001, Rel. Des. Jaubert Carneiro Jaques, *DJe* 31/07/2014).

Concurso de pessoas nos delitos omissivos

Entendemos pela admissibilidade de concurso de pessoas em sede de crimes omissivos, sejam eles próprios, como é o caso do delito de omissão de socorro, ou mesmo impróprios. Em sentido contrário, Luiz Regis Prado afirma que "o crime de omissão de socorro não dá lugar ao concurso de pessoas (nem coautoria, nem participação)".[72]

Agente que imagina que corre risco, quando, na verdade, este não existe

Aplicam-se, *in casu,* as regras relativas ao erro de tipo, uma vez que, para o agente, segundo a sua concepção, havia risco pessoal. Como incorreu em erro sobre uma elementar existente no tipo do art. 135 do Código Penal – *sem risco pessoal* –, o fato não lhe poderá ser imputado a título de omissão de socorro.

Obrigação solidária e necessidade de ser evitado o resultado

O delito de omissão de socorro traduz um dever solidário, dirigido a todos nós. Assim, se várias pessoas podem, em determinada situação, prestar o socorro, tal obrigação é atribuída a todas elas, indistintamente. Na qualidade de obrigação solidária, se algum dos sujeitos se habilita a prestar o socorro, não se exige que os demais pratiquem o mesmo comportamento. O que a lei penal exige, na verdade, é que façamos alguma coisa. Se alguém, dentre as pessoas que podiam prestar o socorro, se habilita, podendo fazê-lo por si mesmo, sem o auxílio dos demais, não há falar em omissão de socorro com relação àquelas pessoas que nada fizeram.

Contudo, se o agente que tentou levar a efeito o socorro não podia fazê-lo a contento sem a ajuda dos demais, os que permaneceram inertes serão responsabilizados pela omissão de socorro. Caso mais alguém se habilite, conforme raciocínio anterior, isentos estarão de responsabilidade aqueles outros que somente assistiram ao resgate.

⚖ Não se mostrando despicienda a conduta exigida e nem havendo risco pessoal para o agente, é de se reconhecer a majorante específica da omissão porquanto inobservado o dever de agir calcado em basilar obrigação de solidariedade (STJ, REsp 207148/MG, Rel. Min. Félix Fischer, 5ª T., *DJ* 04/09/2000, p. 178).

Demora na prestação do auxílio

⚖ Acusado que, embora a vítima, seu cunhado e que consigo morava, estivesse mal de saúde, em face de agressão recebida de outrem, demora a lhe prestar auxílio. Morte por derrame cerebral. Condenação decretada. Inteligência do art. 135, parágrafo único, do CP (TJSC) (*RT* 541, p. 426).

Apesar da decisão do TJSC, não podemos atribuir o delito de omissão de socorro a alguém se não for evidenciado o seu dolo. Assim, a demora em prestar socorro pode configurar-se numa negligência, não prevista no tipo penal em estudo, devendo-se concluir, pois, pela atipicidade da conduta.

Omissão de socorro no Estatuto da Pessoa Idosa

Vide art. 97 da Lei nº 10.741/2003.

---

[72] PRADO, Luiz Regis. *Curso de direito penal brasileiro*, v. 2, p. 185.

Omissão de socorro no Código de Trânsito brasileiro

Vide art. 304 da Lei nº 9.503/1997, com a nova redação que lhe foi conferida pela Lei nº 14.599, de 19 de junho de 2023, que diz:

Art. 304. Deixar o condutor do veículo, na ocasião do sinistro, de prestar imediato socorro à vítima, ou, não podendo fazê-lo diretamente, por justa causa, deixar de solicitar auxílio da autoridade pública:

Penas – detenção, de seis meses a um ano, ou multa, se o fato não constituir elemento de crime mais grave.

⚖ O Código Penal estabelece a iniciativa estatal para as ações penais que envolvem crimes complexos, desde que, na formação desses delitos, esteja contida a descrição de ao menos um crime com persecução penal que dependa da iniciativa pública incondicionada, caso fosse considerado isoladamente. 2. É complexo o delito que compreende, na descrição do seu tipo básico ou derivado, a existência de fatos que podem ser considerados, por si mesmos, delitos autônomos. Nessa perspectiva, o crime de lesão corporal culposa no trânsito, com a causa de aumento de pena pela omissão de socorro, não pode ser considerado complexo para fins de persecução penal, porquanto a omissão de socorro não faz parte do tipo básico ou derivado, mas se trata de causa de aumento de pena. Logo, a persecução penal somente é possível mediante ação pública condicionada à representação (STJ, HC 447.351/DF, Rel. Min. Antonio Saldanha Palheiro, Rel. p/ Acórdão Min. Rogerio Schietti Cruz, 6ª T., julgado em 17/12/2019, *DJe* 13/02/2020).

Nesse sentido:

⚖ STJ, AgRg no AREsp 1.006.681/SP, Rel. Min. Felix Fischer, 5ª T., *DJe* 23/03/2018; STJ, AgRg no AgRg no AREsp 713.473/PR, Rel. Min. Reynaldo Soares da Fonseca, 5ª T., *DJe* 12/08/2016; TJ-RS, AC 70069622843, Rel. Des. Ingo Wolfgang Sarlet, j. 31/08/2016; TJ-DFT, AC 20110710353834APR, Rel. Des. Roberval Casemiro Belinati, *DJe* 16/12/2015; TJRS, AC 70045883121, Rel.ª Des.ª Rosane Ramos de Oliveira Michels, j. 09/02/2012; TJDFT, APR 20030710127258, Rel. Vaz de Mello, 2ª T. Crim., j. 26/10/2006, *DJ* 22/03/2007, p. 119.

Omissão de Socorro no Código Penal Militar

Vide art. 201 do Decreto-Lei nº 1.001/69 (Código Penal Militar).

Recusa da vítima em deixar-se socorrer

Se o agente verificar, no caso concreto, que se trata de criança abandonada ou extraviada, ou pessoa inválida ou ferida, ao desamparo ou em grave e iminente perigo, deverá, mesmo contra a vontade expressa da vítima, prestar-lhe o necessário socorro, sob pena de ser responsabilizado pelo delito tipificado no art. 135 do Código Penal.

Isso porque os bens juridicamente protegidos pelo tipo penal, que define a omissão de socorro, são indisponíveis. Não estamos nos referindo, por exemplo, a qualquer lesão que a vítima pudesse sofrer se não fosse socorrida a tempo, mas, sim, como esclarece a própria lei penal, ao perigo grave e iminente para a sua saúde, para sua integridade física, único bem, *in casu*, que se poderia cogitar de disposição, já que a vida, em qualquer situação, é um bem de natureza indisponível.

Condicionamento de atendimento médico-hospitalar emergencial

Art. 135-A. Exigir cheque-caução, nota promissória ou qualquer garantia, bem como o preenchimento prévio de formulários administrativos, como condição para o atendimento médico-hospitalar emergencial.

Pena – detenção, de 3 (três) meses a 1 (um) ano, e multa

Parágrafo único. A pena é aumentada até o dobro se da negativa de atendimento resulta lesão corporal de natureza grave, e até o triplo se resulta a morte.

Introdução

Já faz muito tempo que se transformou em um comportamento-padrão, praticado por hospitais, clínicas médicas e outros estabelecimentos de saúde, a exigência de cheque-caução, nota promissória ou outra garantia para que alguém, em situação de emergência, pudesse receber o necessário socorro.

No afã de se resguardar de uma eventual inadimplência do paciente, ou mesmo de seus familiares, em caso de morte daquele, as instituições de saúde adotaram esse procedimento, burocratizando, sobremaneira, o atendimento daquele que necessitava de imediato socorro, ocasionando, muitas vezes, uma piora do quadro de saúde ou mesmo a morte do paciente[73].

Merece ser ressaltado que tal proibição de exigência[74] já se encontrava prevista na Resolução Normativa nº 44, de 24 de julho de 2003, da Agência Nacional de Saúde, que dispõe sobre a proibição da exigência de caução por parte dos prestadores de serviços contratados, credenciados, cooperados ou referenciados das Operadoras de Planos de Assistência à Saúde.

O Código Civil e também o Código de Defesa do Consumidor, à sua maneira, ou seja, mesmo que não

---

[73] Segundo noticiou a imprensa, a proposta do novo tipo penal foi apresentada pelo Governo Federal aproximadamente um mês após a morte do Secretário de Recursos Humanos do Ministério do Planejamento, Duvanier Paiva Ferreira, que faleceu no mês de janeiro de 2012, aos 56 anos de idade, em virtude de um infarto, após ter procurado socorro em dois hospitais privados em Brasília, que lhe exigiu a entrega de cheque-caução para que pudesse ser levado a efeito seu atendimento.

[74] Os Estados de Minas Gerais e São Paulo já haviam editado leis específicas nesse sentido, respectivamente, a Lei Estadual nº 14.790, de 20 de outubro de 2003, e a Lei Estadual nº 14.471, de 22 de junho de 2011, proibindo, em situação de urgência e emergência, a exigência de depósito prévio para internação na rede privada.

enfrentando casuisticamente a situação prevista pelo artigo em estudo, já vedavam essa prática.

Concluindo que as determinações contidas nos diplomas citados (Código Civil, Código de Defesa do Consumidor, Resolução Normativa) não eram fortes o suficiente a fim de inibir o comportamento por elas proibido, entendeu por bem o legislador fazer editar a Lei nº 12.653, de 28 de maio de 2012, criando uma nova figura típica e encerrando, com isso, também uma discussão anteriormente existente, quando parte de nossos doutrinadores se posicionava pela possibilidade de configuração do delito de extorsão indireta, tipificado no art. 160 do Código Penal, ou ainda pelo delito de omissão de socorro, previsto no art. 135 do mesmo diploma repressivo.

A numeração recebida pelo tipo penal em estudo, vale dizer, 135-A, é significativa no sentido de apontar que o condicionamento de atendimento médico-hospitalar emergencial pode ser considerado uma espécie de *omissão de socorro*, já que o art. 135 do Código Penal cuida desta última figura típica, ambas inseridas no Capítulo III, do Título I do Código Penal, que diz respeito à periclitação da vida e da saúde.

Nesse sentido, assevera Paulo César Busato que o art. 135-A do Código Penal:

"Nada mais é do que uma especialização do crime de omissão de socorro, que só veio à tona como nova criação jurídica em virtude de ser uma situação concreta de comum ocorrência. Não obstante, todos os casos aqui abrangidos já se encontravam sob tutela jurídica do art. 135, anteriormente.

Daí que esta seja claramente uma forma de uso simbólico do Direito penal, que visa não mais do que à produção de um "efeito placebo" na sociedade, anestesiando-a contra a falta de prestação de atendimento médico de qualidade."[75]

Para efeitos de reconhecimento da infração penal tipificada no art. 135-A do Código Penal, que recebeu o *nomen juris* de *condicionamento de atendimento médico-hospitalar emergencial*, são necessários os seguintes elementos, a saber: a) o núcleo *exigir*; b) a entrega de *cheque-caução, nota promissória* ou *qualquer garantia,* bem como o *preenchimento prévio de formulários administrativos*; c) como *condição* para o *atendimento médico-hospitalar emergencial*.

Exigir, no delito *sub examen*, tem o significado de tornar necessário, impor, ordenar, ou seja, a conduta do agente é dirigida finalisticamente no sentido de fazer com que alguém cumpra, como requisito para o seu socorro, uma das exigências impostas pelo estabelecimento de saúde, que supostamente garantirá o pagamento pelos serviços prestados ao paciente.

A referida exigência diz respeito à confecção e entrega, pelo próprio paciente, quando possível, ou por alguém por ele responsável (normalmente uma pessoa que tenha com ele relação de amizade ou parentesco), de cheque-caução (cheque dado como garantia de um pagamento futuro), nota promissória ou qualquer garantia, vale dizer, qualquer documento que se traduza em um reconhecimento de dívida, que poderá importar, posteriormente, em uma ação de cobrança ou mesmo em uma ação de execução, a exemplo do que ocorre com os contratos.

Da mesma forma, configura-se na infração penal em estudo a exigência de preenchimento *prévio* de formulários administrativos. Aqui, devemos ressalvar que a instituição de saúde não está proibida de levar a efeito o preenchimento de tais formulários, que, na verdade, deverão ser produzidos para que os dados fundamentais do pacientes sejam por ela conhecido. O que se proíbe, na verdade, é que se priorize esse ato burocrático em detrimento do socorro que deve ser imediatamente prestado. Uma vez atendido o paciente, ele próprio, ou as pessoas que lhe são próximas (amigos e familiares), devem cumprir essa obrigação administrativa. Percebe-se, com clareza, que o que se procura evitar é o agravamento da situação do paciente, que não pode esperar o cumprimento de exigências burocráticas para que venha, efetivamente, a ser atendido.

Tais exigências devem servir como *condição* para que seja realizado o atendimento médico-hospitalar emergencial. Assim, devem ocorrer anteriormente ao atendimento de que necessitava a vítima/paciente, que não pode ser socorrida em virtude daquelas exigências.

O tipo penal faz menção a atendimento médico-hospitalar *emergencial*. Existe diferença terminológica entre *urgência e emergência* médica. A Resolução nº 1.451, de 10 de março de 1995, do Conselho Federal de Medicina, estabelece, nos parágrafos primeiro e segundo do seu art. 1º, as definições para os conceitos de *urgência e emergência*.

Em ambas as hipóteses, existe a necessidade de tratamento médico imediato, razão pela qual, embora o tipo penal do art. 135-A faça menção tão somente ao atendimento médico-hospitalar *emergencial*, devemos nele também compreender o atendimento médico de *urgência*.

Em sentido contrário, Rogério Sanches Cunha, erigindo a tese da legalidade estrita, aduz que:

"Somente a *emergência* é elementar do novel tipo incriminador, ajustando-se a indevida exigência, no caso de *urgência*, ao delito de omissão de socorro previsto no art. 135 do CP."[76]

Merece ser ressaltado, por oportuno, que o estabelecimento de saúde, após o efetivo socorro prestado àquele que necessitava de atendimento médico-hospitalar emergencial pode confeccionar, por exemplo, um contrato de prestação de serviços a fim de garantir a cobrança futura de seus serviços prestados, caso

---

[75] BUSATO, Paulo César. *Direito penal* – parte especial 1, p. 183-184.
[76] CUNHA, Sanches Rogério. *Manual de direito penal* – parte especial, volume único, p. 173.

não ocorra o pagamento pelo paciente ou por aqueles que por ele são responsáveis.

O tipo penal não tem a função de instituir o "calote" nas instituições médicas, mas, sim, preservar a vida e a saúde daqueles que necessitam de imediato atendimento, sem que sejam priorizadas as preocupações financeiras com o futuro pagamento do tratamento utilizado. Nada impede que, no futuro, em caso de inadimplemento, seja procedida a cobrança dos gastos efetuados. O que não se pode é sobrepor os interesses financeiros à vida ou à saúde daquele que necessitava de imediato atendimento.

Embora o tipo penal não faça menção expressa, é dirigido especificamente à rede privada, uma vez que não é possível qualquer tipo de cobrança na rede pública, sob pena de incorrerem os responsáveis pela cobrança indevida, por exemplo, nos delitos de corrupção passiva, concussão etc.

Classificação doutrinária

Crime próprio (tanto com relação ao sujeito ativo, como ao sujeito passivo); de perigo concreto (devendo ser demonstrado que a conduta do agente trouxe, efetivamente, uma situação de perigo para a vítima); doloso; de forma vinculada (uma vez que o comportamento deve ser dirigido no sentido de exigir cheque-caução, nota promissória, ou qualquer garantia, bem como o preenchimento prévio de formulários administrativos, como condição para o atendimento médico-hospitalar emergencial) comissivo (podendo, no entanto, ser praticado via omissão imprópria, nos termos do art. 13, § 2º, do Código Penal); instantâneo; monossubjetivo; unissubsistente; transeunte (como regra).

Objeto material e bem juridicamente protegido

Objeto material é a pessoa de quem é exigida a confecção do cheque-caução, nota promissória ou qualquer garantia, bem como o preenchimento prévio de formulários administrativos, como condição para o atendimento médico-hospitalar emergencial, como também o próprio paciente/vítima, que necessita do imediato atendimento.

Bens juridicamente protegidos, de acordo com o Capítulo III, do Título I do Código Penal são a *vida* e a *saúde*.

Sujeito ativo e sujeito passivo

Sujeito ativo é aquele que *determina* que o atendimento médico-hospitalar emergencial somente poderá ser realizado ser houver a entrega do cheque-caução, da nota promissória ou qualquer garantia, bem como o preenchimento prévio de formulários administrativos como condição para o atendimento médico-hospitalar emergencial. Normalmente, quem estipula essas condições para efeitos de atendimento é o diretor do estabelecimento de saúde ou qualquer outro gestor que esteja à frente da administração.

O problema surge quando o empregado, que trabalha no setor de admissão de pacientes, cumpre as ordens emanadas da direção e não permite o atendimento daquele que se encontrava em situação de emergência. Nesse caso, entendemos que haverá o concurso de pessoas, devendo, ambos (diretor e empregado) responder pela infração penal em estudo.

Sujeito passivo será tanto a vítima/paciente, que necessita do imediato atendimento médico-hospitalar quanto aquele de quem, em virtude de alguma impossibilidade da vítima/paciente, foi exigida a entrega do cheque-caução, nota promissória ou qualquer garantia, bem como o preenchimento prévio de formulários administrativos como condição para o atendimento médico-hospitalar emergencial.

Consumação e tentativa

O delito se consuma no instante em que a *exigência* de cheque-caução, nota promissória ou qualquer garantia, bem como o preenchimento prévio de formulários administrativos, é levada a efeito como *condição* para o atendimento médico-hospitalar emergencial, antes, portanto, do efetivo e necessário atendimento.

Tratando-se de um crime formal, a consumação ocorrerá mesmo que no momento em que é feita a exigência, a vítima não tenha sua situação agravada. Não há necessidade, assim, de qualquer produção naturalística de resultado (agravamento da situação da vítima/paciente ou mesmo a sua morte) para que o crime reste consumado. Basta, portanto, que o comportamento praticado tenha, efetivamente, criado uma situação de perigo para a vida ou a saúde daquele que necessitava do atendimento médico-hospitalar emergencial.

Entendemos, *in casu*, não ser admissível a tentativa, haja vista que não conseguimos visualizar, ao contrário do que ocorre com o delito de concussão, que contém o mesmo núcleo, ou seja, o verbo *exigir*, a possibilidade de fracionamento do *iter criminis*.

Elemento subjetivo

O dolo é o elemento subjetivo exigido pelo tipo penal que prevê o delito de *condicionamento de atendimento médico-hospitalar emergencial*, não havendo previsão legal para a modalidade de natureza culposa.

Modalidades comissiva e omissiva

O núcleo *exigir* pressupõe um comportamento comissivo por parte do agente. No entanto, o delito poderá ser praticado via omissão imprópria quando o agente, garantidor, dolosamente, podendo, nada fizer para impedir a prática do delito em estudo, por ele devendo responder nos termos preconizados pelo art. 13, § 2º, do Código Penal.

Causa especial de aumento de pena

Determina o parágrafo único do art. 135-A do Código Penal, *verbis*:

Parágrafo único. *A pena é aumentada até o dobro se da negativa de atendimento resulta lesão corporal de natureza grave, e até o triplo se resulta a morte.*

As causas de aumento de pena previstas no parágrafo único acima transcrito somente poderão ser atribuídas ao agente a título de culpa, tratando-se, portanto, de um crime preterdoloso, ou seja, dolo com relação à exigência de cheque-caução, nota promissória ou qualquer garantia, bem como o preenchimento prévio de formulários administrativos, como condição para o atendimento médico-hospitalar emergencial e culpa no que diz respeito ao resultado: lesão corporal de natureza grave ou morte.

Pena, ação penal, competência para julgamento e suspensão condicional do processo

A pena cominada no preceito secundário do art. 135-A do Código Penal é de detenção, de 3 (três) meses a 1 (um) ano, e multa.

A pena é aumentada até o dobro se da negativa de atendimento resulta lesão corporal de natureza grave, e até o triplo se resulta a morte.

Tendo em vista a pena máxima cominada em abstrato, se não houver o resultado morte, a competência será, *ab initio*, do Juizado Especial Criminal.

Em qualquer situação, mesmo se houver o resultado morte, como a pena mínima não ultrapassará o limite previsto pelo art. 89 da Lei nº 9.099/95, será possível a realização de proposta de suspensão condicional do processo.

A ação penal é de iniciativa pública incondicionada.

Obrigação da afixação de cartaz ou equivalente em estabelecimentos de saúde que realizem atendimento médico-hospitalar emergencial

O art. 2º da Lei nº 12.653, de 28 de maio de 2012, determina a afixação de cartaz ou equivalente em estabelecimentos de saúde que realizem atendimento médico-hospitalar emergencial, com a informação do tipo penal em estudo.

Estatuto da Pessoa Idosa e recusa de outorga de procuração à entidade de atendimento

Vide art. 103 da Lei nº 10.741/2003.

Maus-tratos

Art. 136. Expor a perigo a vida ou a saúde de pessoa sob sua autoridade, guarda ou vigilância, para fim de educação, ensino, tratamento ou custódia, quer privando-a de alimentação ou cuidados indispensáveis, quer sujeitando-a a traba-

lho excessivo ou inadequado, quer abusando de meios de correção ou disciplina:

Pena – detenção, de 2 (dois) meses a 1 (um) ano, ou multa.

§ 1º Se do fato resulta lesão corporal de natureza grave:

Pena – reclusão, de 1 (um) a 4 (quatro) anos.

§ 2º Se resulta a morte:

Pena – reclusão, de 4 (quatro) a 12 (doze) anos.

§ 3º Aumenta-se a pena de 1/3 (um terço), se o crime é praticado contra pessoa menor de 14 (catorze) anos.

Introdução

Crime próprio, o delito de maus-tratos só pode ser cometido por quem tenha *autoridade, guarda,* ou exerça *vigilância* sobre a vítima. Hungria esclarece: "*Guarda* é a assistência a pessoas que não prescindem dela, e compreende necessariamente a *vigilância.* Esta importa zelo pela segurança pessoal, mas sem o rigor que caracterizaria a *guarda,* a que pode ser alheia (ex.: o guia alpino *vigia* pela segurança de seus companheiros de ascensão, mas não os tem sob sua *guarda*). Finalmente, a assistência decorrente da relação de *autoridade* é a inerente ao vínculo de *poder* de uma pessoa sobre outra, quer a *potestas* seja de direito público, quer de direito privado."[77]

Contudo, além dessa particular condição que especializa o delito de maus-tratos, aquele que se encontra numa dessas situações deve agir para fim de *educação, ensino, tratamento ou custódia.* Ou seja, o delito de maus-tratos é caracterizado por esse especial fim de agir com que atua o agente. Caso contrário, ou seja, se não houver essa motivação especial, o fato poderá ser desclassificado para outra modalidade típica. Assim, a finalidade especial com que atua o agente – *educação, ensino, tratamento ou custódia* – se traduz, na verdade, na sua motivação.

Frederico Marques afirma: "Educação é conceito empregado, no tipo, com o sentido de atividade para infundir hábitos a fim de aperfeiçoar, sob o aspecto moral ou cultural, a personalidade humana. Ensino significa o estrito trabalho docente de ministrar conhecimentos. Tratamento compreende não só o cuidado clínico e assistência ao doente, como ainda ação de prover à subsistência de uma pessoa. Custódia é a detenção de alguém em virtude de motivos que a lei autoriza."[78]

Além de indicar essa finalidade especial que deve conter o comportamento do agente, o tipo penal que define o delito de maus-tratos ainda aponta os meios utilizados pelo agente à consecução desses fins. Crime de ação múltipla, os maus-tratos podem se dar por meio da:

a) privação de alimentação;

---

[77] HUNGRIA, Nélson. *Comentários ao código penal*, v. V, p. 419.

[78] MARQUES, José Frederico. *Tratado de direito penal*, v. IV, p. 365.

b) privação dos cuidados indispensáveis;
c) sujeição a trabalhos excessivos;
d) sujeição a trabalhos inadequados;
e) abuso nos meios de correção ou disciplina.

Privar de alimentação significa suprimir os alimentos necessários e indispensáveis à manutenção da vida ou à preservação da saúde da vítima.

A segunda modalidade de comissão do delito diz respeito à privação dos cuidados indispensáveis. Cuidados, aqui, têm um sentido amplo, conforme adverte Ney Moura Teles: "Cuidados indispensáveis são aqueles mínimos relativos ao vestuário, acomodação, higiene, assistência médica e odontológica. Não se trata de obrigar o agente a fazer aquilo que fugir de suas possibilidades, mas, dentro dessas, não privar a vítima sem qualquer razão justificada."[79]

Sujeitar a vítima a trabalhos excessivos é fazer com que atue além das suas forças, além do padrão de normalidade atribuído às pessoas, a exemplo do pai que obriga seu filho a varrer ininterruptamente a casa por mais de dez horas consecutivas. Inadequado é o trabalho que não se conforma com as particulares condições da vítima, como no exemplo também daquele que, sob o argumento de educar seu filho de apenas 10 anos de idade, determina que este o ajude na construção de sua casa, carregando sacos de cimento de 50 kg. Apesar do exagero do exemplo, a diferença que podemos fazer entre trabalho excessivo e inadequado reside no fato de que o trabalho excessivo está para o tempo, assim como o trabalho inadequado está para a sua qualidade.

A última das modalidades de cometimento do delito de maus-tratos talvez seja a mais comum, vale dizer, o abuso de meios de correção ou disciplina. O agente atua com o chamado *animus corrigendi* ou *disciplinandi*. Contudo, abusa do seu direito de corrigir ou disciplinar.

Abusar tem o significado de ir além do permitido. Muito se discute, hoje em dia, se os pais devem ou não corrigir seus filhos, aplicando-lhes, em algumas ocasiões, castigos corporais. Mesmo correndo o risco de ser criticado, acredito que algumas correções moderadas não traumatizam a criança. Quantas vezes deparamos com crianças em *shopping centers* que são verdadeiras dominadoras. Obrigam seus pais a fazer exatamente aquilo que desejam. Caso contrário, aprontam escândalos insuportáveis.

Creio, firmemente, que a Bíblia é a Palavra de Deus, e ela nos mostra, em várias passagens, o que devemos fazer para educar nossos filhos e as consequências dessa educação. Vejamos no Livro de Provérbios:

• Capítulo 3, versículo 12: "Porque o Senhor repreende a quem ama, assim como o pai, ao filho a quem quer bem."

• Capítulo 13, versículo 24: "O que retém a vara aborrece a seu filho, mas o que o ama, cedo o disciplina."

• Capítulo 19, versículo 19, primeira parte: "Castiga o teu filho, enquanto há esperança [...]."

• Capítulo 22, versículo 6: "Ensina a criança no caminho em que deve andar e, ainda quando for velho, não se desviará dele."

• Capítulo 29, versículo 15: "A vara e a disciplina dão sabedoria, mas a criança entregue a si mesma vem a envergonhar a sua mãe."

• Capítulo 29, versículo 17: "Corrige o teu filho, e te dará descanso, dará delícias à tua alma."

Não pretendo ser mal compreendido. O que estou afirmando é que a palavra utilizada pelo tipo penal do art. 136, vale dizer, *abuso*, diz respeito ao excesso nos meios de correção ou disciplina.

Em 26 de junho de 2014, no entanto, foi publicada a Lei nº 13.010, que ficou conhecida inicialmente como "lei da palmada", que alterou a Lei nº 8.069, de 13 de julho de 1990 (Estatuto da Criança e do Adolescente), para, segundo ela, "estabelecer o direito da criança e do adolescente de serem educados e cuidados sem o uso de castigos físicos ou de tratamento cruel ou degradante".

O art. 18-A, inserido no Estatuto da Criança e do Adolescente pela mencionada Lei nº 13.010, de 26 de junho de 2014, diz, *verbis*:

Art. 18-A. A criança e o adolescente têm o direito de ser educados e cuidados sem o uso de castigo físico ou de tratamento cruel ou degradante, como formas de correção, disciplina, educação ou qualquer outro pretexto, pelos pais, pelos integrantes da família ampliada, pelos responsáveis, pelos agentes públicos executores de medidas socioeducativas ou por qualquer pessoa encarregada de cuidar deles, tratá-los, educá-los ou protegê-los.

Parágrafo único. Para os fins desta Lei, considera-se:

I – castigo físico: ação de natureza disciplinar ou punitiva aplicada com o uso da força física sobre a criança ou o adolescente que resulte em:

a) sofrimento físico; ou

b) lesão;

II – tratamento cruel ou degradante: conduta ou forma cruel de tratamento em relação à criança ou ao adolescente que:

a) humilhe; ou

b) ameace gravemente; ou

c) ridicularize.

A pergunta que nos fazemos, após a modificação do Estatuto da Criança e do Adolescente é a seguinte: Se um pai, agindo *animus corrigendi*, ou seja, com a finalidade de corrigir seu filho, lhe der uma palmada, não abusando, assim, desse meio de correção ou disciplina, por causa da inovação legislativa, já terá incorrido no crime de maus-tratos? Obviamente que a resposta só pode ser negativa.

Na verdade, a inovação trazida pela Lei nº 13.010, de 26 de junho de 2014, não modificou o raciocínio le-

---

[79] TELES, Ney Moura. *Direito penal*, v. 2, p. 250.

vado a efeito quando da interpretação da última parte, constante do *caput* do art. 136 do Código Penal. Com isso queremos afirmar que somente incorrerá no delito de maus-tratos o agente que expuser a perigo a vida ou a saúde de pessoa sob sua autoridade, guarda ou vigilância, para fins de educação, ensino, tratamento ou custódia.

Por outro lado, a consequência de uma das práticas dos comportamentos previstos no art. 18-A do Estatuto da Criança e do Adolescente, de acordo com a inovação trazida pela Lei nº 13.010, de 26 de junho de 2014, será uma daquelas previstas no art. 18-B do citado diploma legal, que diz textualmente:

Art. 18-B. Os pais, os integrantes da família ampliada, os responsáveis, os agentes públicos executores de medidas socioeducativas ou qualquer pessoa encarregada de cuidar de crianças e de adolescentes, tratá-los, educá-los ou protegê-los que utilizarem castigo físico ou tratamento cruel ou degradante como formas de correção, disciplina, educação ou qualquer outro pretexto estarão sujeitos, sem prejuízo de outras sanções cabíveis, às seguintes medidas, que serão aplicadas de acordo com a gravidade do caso:

I – encaminhamento a programa oficial ou comunitário de proteção à família;

II – encaminhamento a tratamento psicológico ou psiquiátrico;

III – encaminhamento a cursos ou programas de orientação;

IV – obrigação de encaminhar a criança a tratamento especializado;

V – advertência.

Parágrafo único. As medidas previstas neste artigo serão aplicadas pelo Conselho Tutelar, sem prejuízo de outras providências legais.

Assim, concluindo, a correção ou a disciplina, mesmo que cause sofrimento físico a uma criança ou adolescente, ainda não importará no cometimento do delito de maus-tratos. Para que reste configurada a figura típica em estudo, haverá necessidade de que seja identificado, além do abuso dos meios de correção, a efetiva exposição de perigo da vida ou da saúde da criança ou do adolescente que estava sob sua autoridade, guarda ou vigilância.

Não se aplicam ao crime de maus-tratos as circunstâncias agravantes previstas pelas alíneas *e*, *f* e *h* do inc. II do art. 61 do Código Penal, haja vista serem elementares do delito tipificado no art. 136 do Código Penal.

⚖ O excesso na imposição de castigo pelo pai à filha menor que com ele coabita atrai a incidência do art. 5º da Lei Maria da Penha, quando observado que a violência, além de estar estritamente ligada ao contexto familiar, decorre inequivocamente da vulnerabilidade do gênero feminino e da hipossuficiência ou inferioridade física da vítima frente àquele que é imputado como seu algoz. É dizer, quando constatado que a condição de mulher da vítima foi fator determinante para a agressão supostamente perpetrada por seu genitor (STJ, REsp 1.616.165/DF, Rel. Min. Rogério Schietti Cruz, 6ª T., *DJe* 22/06/2018).

Classificação doutrinária

Crime próprio (o delito de maus-tratos somente pode ser cometido por quem tenha autoridade, guarda ou vigilância sobre a vítima, que é o seu sujeito passivo); de perigo concreto; doloso; de forma vinculada (pois o tipo penal aponta os meios em virtude dos quais pode ser cometido, por exemplo, privando a vítima de alimentação ou cuidados indispensáveis); comissivo ou omissivo; instantâneo, podendo ocorrer, também, a hipótese de permanência (quando a vítima permanece privada de alimentação, por exemplo); monossubjetivo; plurissubsistente; não transeunte (pois que, em geral, deixa vestígios passíveis de se aferir mediante perícia); de ação múltipla ou conteúdo variado (podendo o agente praticar os vários comportamentos previstos pelo tipo, a exemplo de sujeitar a vítima a trabalho excessivo, bem como abusar dos meios de correção, somente sendo responsabilizado por uma única infração penal).

Objeto material e bem juridicamente protegido

Os bens juridicamente protegidos pelo tipo penal que prevê o delito de maus-tratos são a vida e a saúde.

Objeto material é a pessoa contra quem é dirigida a conduta perigosa praticada pelo agente, ou seja, aquele que estiver sob sua autoridade, guarda ou vigilância.

Sujeito ativo e sujeito passivo

Somente pode ser sujeito ativo quem detém autoridade, guarda ou vigilância sobre a vítima.

Sujeito passivo, a seu turno, é aquele que está sob a autoridade, a guarda ou a vigilância do agente.

⚖ O crime de tortura, assim como o de maus-tratos, são crimes próprios, eis que só podem ser cometidos por pessoa responsável por outra, sendo indispensável a condição de 'garante' do sujeito ativo em relação ao sujeito passivo, de fato ou de direito, distinguindo-se os crimes pelo elemento volitivo, ou seja, enquanto, no primeiro, o *animus* é causar um intenso sofrimento físico ou mental da vítima, no segundo, o autor excede-se na imposição de medidas coercitivas ou disciplinares (TJMG, Processo 1.0054.05.015921-6/001[1], Rel. Antônio Armando dos Anjos, pub. 20/09/2006).

Nesse sentido:

⚖ STJ, HC 23362/RJ, HC 2002/0081677-6, Min. Paulo Medina, 5ª T., *DJ* 1º/08/2005, p. 559.

Consumação e tentativa

Consuma-se o delito com a efetiva criação de perigo para a vida ou para a saúde do sujeito passivo. A criação efetiva do perigo deve ficar demonstrada no caso concreto.

A tentativa é admissível desde que se possa visualizar o fracionamento do *iter criminis*.

⚖ O crime de maus-tratos, em qualquer de suas modalidades, é crime de perigo: necessário e suficiente para a sua existência é o perigo de dano à incolumidade da vítima (TJMG, Processo 1.0000.00.267609-6/000 [1], Rel. Márcia Milanez, pub. 26/04/2002).

Elemento subjetivo

É o dolo, seja ele direto ou mesmo eventual, não se admitindo a modalidade culposa.

⚖ Se as agressões sofridas pelas vítimas, três crianças indefesas, foram demasiadamente violentas e desproporcionais aos motivos alegados pelos acusados (cunho corretivo ou educativo), restando explícito o dolo destes de submeter os ofendidos sob sua guarda, com emprego de violência, a intenso sofrimento físico e psicológico como forma de aplicar castigo pessoal, não há como se acolher o pedido de desclassificação para o crime de maus-tratos previsto no art. 136 do Código Penal (TJ-MG, AC 0101145-63.2014.8.13.0134, Rel. Des. Agostinho Gomes de Azevedo, *DJe* 17/06/2016).

Nesse sentido:

⚖ TJRJ, Processo 2006.054.00232, Rel. Marcus Basílio j. 27/03/2007; TJPR, AC 0379508-4/Ibiporã, 1ª Câm. Crim., Rel. Juiz Conv. Mário Helton Jorge, un. j. 08/03/2007.

Modalidades comissiva e omissiva

Por se tratar de crime de ação múltipla ou de conteúdo variado, o delito de maus-tratos admite tanto a modalidade comissiva quanto a omissiva.

Modalidades qualificadas

Todas as modalidades qualificadas previstas pelos §§ 1º e 2º do art. 136 somente podem ser atribuídas ao agente a título de culpa, tratando-se, portanto, de crimes eminentemente preterdolosos.

⚖ A figura típica do art. 136 do Código Penal visa punir quem coloca em risco a vida ou a saúde de outrem. Assim, respondem pelo delito, na forma qualificada, os pais que dolosamente se descuidam da alimentação e das condições mínimas de higiene de filha de nove meses, ocasionando-lhe a morte (TJMG, Processo 1.0000. 00.252163-1/000 [1], Rel.ª Márcia Milanez, pub. 26/02/2002).

Causa de aumento de pena

O § 3º foi acrescentado ao art. 136 do Código Penal por intermédio da Lei nº 8.069/1990 (Estatuto da Criança e do Adolescente), com a finalidade de punir mais severamente, de acordo com a sua regra geral, aqueles que viessem a praticar o delito em estudo contra vítimas menores de 14 anos.

⚖ Pratica o crime de maus tratos previsto no art. 136, § 3º, do Código Penal, o pai que, em razão da constante ingestão de bebida alcoólica, priva suas filhas menores de 14 anos de alimentação e acesso à residência durante o dia e à noite, obrigando-as a buscar auxílio na residência de parentes e vizinhos, bem como dormirem no galpão sobre as palhas, sob precárias condições de higiene. As palavras de assistente social, conselheira tutelar, vizinhos e parentes são suficientes para demonstrar os maus tratos praticados (TJRS, ACr 70035208842, Rel. Des. Marco Antônio Ribeiro de Oliveira, *DJERS* 17/06/2010).

Pena, ação penal, competência para julgamento e suspensão condicional do processo

O crime de maus-tratos, em sua modalidade fundamental, é punido com uma pena de detenção, de 2 (dois) meses a 1(um) ano, ou multa, sendo, pelo menos inicialmente, de competência do Juizado Especial Criminal, uma vez que, de acordo com a pena cominada ao *caput* do mencionado artigo, essa modalidade de infração penal se encontra no rol daquelas consideradas como de menor potencial ofensivo, aplicando-se, consequentemente, os institutos que lhe são inerentes (transação penal e suspensão condicional do processo), mesmo que cometido contra vítima menor de 14 anos, uma vez que a pena máxima em abstrato não superará os dois anos, bem como a pena mínima não será superior a 1 (um) ano, fazendo com que, ainda assim, permaneça a competência do aludido Juizado e continue a permitir a proposta de suspensão condicional do processo.

Poderá o juiz, no entanto, optar entre a aplicação da pena privativa de liberdade e a multa, atendendo ao disposto na parte final do art. 59 do Código Penal, que diz que a pena deve ser necessária e suficiente para reprovação e prevenção do crime. No caso concreto, o juiz, fundamentadamente, deverá optar por uma delas, demonstrando que sua escolha é a que melhor se adapta ao agente.

⚖ O julgamento do crime de maus-tratos contra pessoa menor de quatorze anos deve ser realizado pelo Juizado Especial Criminal (STJ, REsp 610142/RJ, REsp 2003/020 2420-3, Min. Gilson Dipp, 5ª T., *DJ* 02/08/2004, p. 544).

Se do fato resultar lesão corporal de natureza grave, a pena será de reclusão, de 1 (um) a 4 (quatro) anos.

Se o crime não for cometido contra vítima menor de 14 anos, permite-se a confecção de proposta de suspensão condicional do processo, tendo em vista a pena mínima cominada.

Se resulta a morte, a pena será de reclusão, de 4 (quatro) a 12 (doze) anos.

A ação penal, em qualquer das modalidades do crime de maus-tratos – simples ou qualificado –, é de iniciativa pública incondicionada.

Maus-tratos contra pessoa idosa

Vide art. 99 da Lei nº 10.741/2003.

⚖ Para a decretação da custódia cautelar exigem-se indícios suficientes de autoria e não a prova cabal desta, o que somente poderá ser verificado em eventual *decisum* condenatório, após a devida instrução dos autos. Na hipótese, verifica-se que as instâncias ordinárias entenderam haver indícios suficientes de autoria para a decretação da prisão preventiva. Concluir em sentido contrário, contudo, demandaria extenso revolvimento fático-probatório, procedimento vedado nesta via recursal. III – Na hipótese, o decreto prisional encontra-se devidamente fundamentado em dados concretos extraídos dos autos, para a garantia da ordem pública, notadamente se considerada a periculosidade do agente, evidenciada pelo modus operandi da conduta supostamente praticada, consistente em crime de tortura e maus-tratos, praticado com emprego de violência, produzindo intenso sofrimento físico e mental nos idosos, sendo que uma das vítimas estava com um hematoma abaixo do olho, resultado das agressões sofridas, e em outra o pé já estava em estado de putrefação, ressalta-se a maneira como os indiciados vinham executando os crimes de tortura, de não prestação de assistência aos idosos e de apropriação dos proventos deles, com evidentes requintes de crueldade e pelo motivo que em tese o determinou, o lucro fácil, circunstâncias que demonstram sua periculosidade concreta e revelam a necessidade da segregação cautelar imposta. (Precedentes). (...) (STJ, RHC 120.861/RS, Rel. Min. Leopoldo de Arruda Raposo (Desembargador convocado do TJ/PE), 5ª T., julgado em 03/12/2019, *DJe* 10/12/2019, *REVPRO* vol. 507 p. 157).

Nesse sentido:

⚖ TJRS, AC 70047920723, Rel. Des. Ícaro Carvalho de Bem Osório, j. 14/06/2012.

Maus-tratos e crime de tortura

Não existe coincidência de motivação entre o delito de tortura, previsto no inc. II do art. 1º da Lei nº 9.455/1997 e o crime de maus-tratos. Neste, o agente atua para fins de educação, ensino, tratamento ou custódia; naquele, como forma de aplicar castigo pessoal ou medida de caráter preventivo.

⚖ Como cediço, no tipo do crime de maus-tratos, mister se faz que o dolo seja de repreensão como forma de correção e que, no excesso, não haja a in-

tenção de causar intenso sofrimento na vítima. No caso, há narrativas de empurrões; amarrando-a; tapas nas pernas; o pegar de forma violenta, o empurrar de maneira violenta na direção da cadeira higiênica etc., fatos que lhe causaram ferimentos graves no corpo e, principalmente, em seu estado psíquico, sendo, portanto, visível a intenção da acusada em imprimir um sofrimento que extrapola qualquer intenção de correção. Tese defensiva de desclassificação para o delito de maus-tratos que não se acolhe (TJ-RJ, AC 0198664- 18.2013.8.19.0001, Rel. Des. Paulo Rangel, *DJe* 1º/07/2015).

Nesse sentido:

⚖ TJDFT, APR 2002091 0096147, Rel. Getúlio Pinheiro, 2ª T. Crim., j. 12/11/2007, *DJ* 25/01/2008, p. 708.

Maus-tratos à criança e/ao adolescente

A Lei nº 8.069/90 prevê medidas de proteção às crianças e adolescentes vítimas de maus-tratos, nos seguintes dispositivos:

Art. 13. *Os casos de suspeita ou confirmação de castigo físico, de tratamento cruel ou degradante e de maus-tratos contra criança ou adolescente serão, obrigatoriamente, comunicados ao Conselho Tutelar da respectiva localidade, sem prejuízo de outras providências legais.*

Art. 56. *Os dirigentes de estabelecimentos de ensino fundamental comunicarão ao Conselho Tutelar os casos de:*
I – maus-tratos envolvendo seus alunos;

Art. 87. *São linhas de ação da política de atendimento:*
[...]
III – serviços especiais de prevenção e atendimento médico e psicossocial às vítimas de negligência, maus-tratos, exploração, abuso, crueldade e opressão;

Art. 101. *Verificada qualquer das hipóteses previstas no art. 98, a autoridade competente poderá determinar, dentre outras, as seguintes medidas:*
§ 2º Sem prejuízo da tomada de medidas emergenciais para proteção de vítimas de violência ou abuso sexual e das providências a que alude o art. 130 desta Lei, o afastamento da criança ou adolescente do convívio familiar é de competência exclusiva da autoridade judiciária e importará na deflagração, a pedido do Ministério Público ou de quem tenha legítimo interesse, de procedimento judicial contencioso, no qual se garanta aos pais ou ao responsável legal o exercício do contraditório e da ampla defesa.

Art. 130. *Verificada a hipótese de maus-tratos, opressão ou abuso sexual impostos pelos pais ou responsável, a autoridade judiciária poderá determinar, como medida cautelar, o afastamento do agressor da moradia comum.*

Maus-tratos no Código Penal Militar

Vide art. art. 213 do Decreto-Lei nº 1.001/69 (Código Penal Militar).

Competência

⚖ O art. 5º da Lei Maria da Penha configura como violência doméstica e familiar contra a mulher toda espécie de agressão (ação ou omissão), baseada no gênero, isto é, na condição hipossuficiente da mulher, que lhe cause morte, lesão, sofrimento físico, sexual ou psicológico e dano moral ou patrimonial, importando em violação dos direitos humanos, independente da habitualidade da agressão. No caso de maus tratos praticados pelo pai contra a filha, a hipossuficiência da vítima decorre da sua condição de criança – pela idade – e não em face da vulnerabilidade de gênero numa relação intrafamiliar. Havendo estatuto próprio de proteção da criança vítima de violência, não se pode aplicar indistintamente uma lei criada com a finalidade de proteger a mulher da violência masculina, em razão, principalmente, da sua inferioridade física. A competência para exame da matéria, com amparo no edital nº 58/2008-CO-MAG, é do Juizado da Infância de Juventude – e não do Juizado Especial Criminal –, visto que é noticiado o delito previsto no art. 136 do CP, cujas vítimas são crianças (TJRS, ReSE 70047943709, Rel. Des. Francesco Conti, j. 24/05/2012).

Nesse sentido:

⚖ STJ, CC 94767/MS, Rel. Min. Napoleão Nunes Maia Filho, S3, *DJe* 08/08/2008; TJMG, Processo 2.0000.00.414800-7/000 [1], Rel. Eduardo Brum, pub. 04/11/2003; TJSC, CJ 205, Rel. Jorge Mussi, j. 24/04/1995.

Capítulo IV – Da Rixa

Rixa

Art. 137. Participar de rixa, salvo para separar os contendores:

Pena – detenção, de 15 (quinze) dias a 2 (dois) meses, ou multa.

Parágrafo único. Se ocorre morte ou lesão corporal de natureza grave, aplica-se, pelo fato da participação na rixa, a pena de detenção, de 6 (seis) meses a 2 (dois) anos.

Introdução

Para Hungria, rixa é "uma briga entre mais de duas pessoas, acompanhada de vias de fato ou violências recíprocas, pouco importando que se forme *ex improviso* ou *ex propósito*".[80] Queiroz de Moraes define a rixa como "o conflito que, surgindo de improviso entre três ou mais pessoas, cria para estas uma situação de perigo imediato à integridade corporal ou a saúde. Existe a situação de perigo mencionada, quando os rixantes lutam confusamente entre si, empregando vias de fato, ou outros meios quaisquer, como pedradas, tiros etc., que ponham em risco a integridade corporal ou a saúde tanto dos contendores como de outras pessoas que se encontrem no local ou longe, mas ao alcance dos instrumentos usados. Caracteriza-se a confusão pelo tumulto que se verifica e é demonstrada pela impossibilidade ou dificuldade de conhecer-se bem a ação de todos os partícipes. O emprego dos referidos meios põe em risco a pessoa visada e a confusão estende o perigo aos demais".[81]

Percebe-se, portanto, que para a configuração do delito de rixa exige-se a presença de, pelo menos, três pessoas, que brigam indiscriminadamente entre si. O que caracteriza a rixa, na verdade, é a confusão existente no entrevero. Não é, assim, pelo fato de três pessoas estarem envolvidas numa briga que já devemos raciocinar em termos do delito de rixa. Isso porque pode acontecer, por exemplo, que duas pessoas, unidas entre si, lutem contra uma outra, e aí não teremos o delito de rixa, mas o de lesões corporais.

A finalidade da criação do delito de rixa foi evitar a impunidade que reinaria em muitas situações, nas quais não se pudesse apontar, com precisão, o autor inicial das agressões, bem como aqueles que agiram em legítima defesa. Por isso, pune-se a simples *participação na rixa*, de modo que todos aqueles que dela tomaram parte serão responsabilizados por esse delito.

⚖ Para a configuração do crime de Rixa, art. 137 do Código Penal, é indispensável que não ocorra a individualização nítida das condutas, o que não é o caso dos presentes autos (TJ-DFT, AC 20120610145476APR, Rel. Des. João Timóteo de Oliveira, *DJe* 30/05/2014).

Nesse sentido:

⚖ TJPR, AC 5.844194-1, Rel. Des. Naor R. de Macedo Neto, *DJe* 06/06/2012; TJMG, Processo 1.0024.04.465925-8/002, Rel. Des. Paulo Cezar Dias, *DJ* 02/06/2007; TJMG, Processo 1.0529.03. 000778-3/001 [1], Rel. Antônio Carlos Cruvinel, pub. 24/01/2006; STJ, APn 35/GO, Rel. Min. Américo Luz, CE, *RCJ*, v. 45, p. 188.

Classificação doutrinária

Crime comum com relação ao sujeito ativo, bem como quanto ao sujeito passivo; de perigo concreto (pois que a participação na rixa importa numa efetiva criação de risco para a vida e para a saúde das pessoas); doloso; de forma livre; comissivo e, caso o agente goze do *status* de garantidor, também omissivo impróprio; instantâneo; plurissubjetivo, havendo neces-

---

[80] HUNGRIA, Nélson. *Comentários ao código penal*, v. VI, p. 14.
[81] MORAES, Flávio Queiroz de. *Delito de rixa*, p. 35-36.

sidade, para fins de sua configuração, da presença de, pelo menos, três pessoas, sendo que as condutas são consideradas *contrapostas*, vale dizer, umas contra as outras; plurissubsistente (uma vez que se pode fracionar o *iter criminis*); não transeunte, como regra, pois que as lesões corporais sofridas pelos contendores podem ser comprovadas mediante exame pericial.

📖 Há rixa quando houver concurso de pessoas em condutas contrapostas (TJRS, Rec. Crim. 71001061886, Turma Recursal Criminal, Turmas Recursais, Rel. Nara Leonor Castro Garcia, j. 20/11/2006).

Objeto material e bem juridicamente protegido

Os bens juridicamente protegidos pelo tipo penal que prevê o delito de rixa são a integridade corporal e a saúde, bem como a vida.

Objeto material são os próprios contendores, ou seja, são os rixosos que participam da agressão tumultuária, praticando condutas contrapostas uns contra os outros.

Sujeito ativo e sujeito passivo

Os rixosos são, ao mesmo tempo, sujeitos ativos e passivos. Aquele que, com o seu comportamento, procura agredir o outro participante é considerado sujeito ativo do delito em questão; da mesma forma, aquele que não só agrediu, como também fora agredido durante a sua participação na rixa, também é considerado sujeito passivo do crime.

Consumação e tentativa

Para que se caracterize o delito de rixa há necessidade que os agentes iniciem os atos de agressão, que podem se constituir em vias de fato, lesões corporais, podendo, até mesmo, chegar ao resultado morte.

Isso quer dizer que não há delito de rixa quando várias pessoas se ofendem reciprocamente, com impropérios, palavras injuriosas etc. O delito de rixa exige, portanto, *atos de violência*. Contudo, não há necessidade de *contato físico*. Pode ocorrer o delito de rixa com arremesso de objetos. É muito comum ocorrer a rixa com arremesso de cadeiras, garrafas de cerveja etc.

Entendemos, portanto, que, quando os contendores dão início às agressões recíprocas, seja por meio do contato pessoal ou de arremesso de objetos, nesse momento, está consumado o delito de rixa.

Partindo do pressuposto de que o delito de rixa se consuma quando os contendores iniciam os atos de violência, será possível o raciocínio relativo à tentativa?

Para que a resposta flua com mais facilidade, é preciso que façamos a distinção entre as rixas *ex improviso* e *ex proposito*.

Chama-se *ex improviso* a rixa quando a agressão tumultuária tem início repentinamente, ou seja, sem que tenha havido qualquer combinação prévia. De repente, todos os contendores se veem envolvidos numa situação de agressões recíprocas. *Ex proposito* é a rixa concebida antecipadamente pelos contendores. Todos resolvem que, naquele dia e local, ocorrerão as agressões tumultuárias.

Alguns autores, a exemplo de Carrara, exigem que a agressão, para o fim de caracterização do delito de rixa, seja súbita.[82] Para o renomado autor, portanto, não há falar em rixa *ex proposito*, mas tão somente em rixa *ex improviso*.

Na mesma linha de raciocínio de Carrara, Queiroz de Moraes entende que "a natureza da rixa exige que não tenha sido preparada a luta. Não deve ser esta resultado de cogitação anterior de seus partícipes. Sem dúvida, pode prender-se a fato há muito acontecido, a velha malquerença entre os rixantes. Não importa. O ódio antigo ou a ira momentânea devem eclodir naquele instante, repercutindo em sua consciência, impulsionando-lhes a vontade e determinando-lhes a ação".[83]

Hungria, a seu turno, contrariamente às posições acima transcritas, esclarece: "Não se pode dizer que a rixa seja sempre uma *improvisa certatio*. As mais das vezes, deriva de uma subitânea exaltação de ânimos; mas pode também ser 'preordenada' ou resultar *ex proposito*".[84]

Entendemos perfeitamente admissível a rixa *ex proposito*. Imagine-se a hipótese em que *gangs* rivais marquem um encontro a fim de "passar a limpo" qual delas, efetivamente, é superior às demais. Sendo pelo menos em três grupos rivais distintos, nada impede que se caracterize o delito de rixa.

E quanto à tentativa?

Fragoso assevera que "a tentativa deste crime, conquanto difícil de configurar-se, é possível".[85]

Já tivemos oportunidade de ressaltar que toda vez que pudermos fracionar o *iter criminis* será possível o raciocínio da tentativa, como acontece com os chamados crimes plurissubsistentes. A rixa amolda-se ao conceito de crime plurissubsistente, razão pela qual, dependendo da hipótese concreta a ser analisada, poderá ser possível o raciocínio da tentativa.

Imagine-se o caso da rixa *ex proposito*, em que os contendores, ao chegarem ao local por eles determinado, são interrompidos por policiais que tomaram conhecimento da convenção criminosa, quando já estavam dando início aos atos de execução. É hipótese difícil de acontecer, porque, para que se possa

---

[82] CARRARA, Francesco. *Programa de derecho criminal*, v. I, p. 408.

[83] MORAES, Flávio Queiroz de. *Delito de rixa*, p. 53.

[84] HUNGRIA, Nélson. *Comentários ao código penal*, v. VI, p. 19.

[85] FRAGOSO, Heleno Cláudio. *Lições de direito penal – parte especial (arts. 121 a 160)*, p. 178.

falar em tentativa de rixa, temos de concluir que os atos praticados pelos contendores já podiam ser considerados atos de execução, pois, caso contrário, se entendermos os atos como de mera preparação ao cometimento do delito, não se poderá cogitar de tentativa punível.

Elemento subjetivo

O delito de rixa somente pode ser praticado dolosamente. Além do mais, não se consegue visualizar outro dolo que não seja o dolo direto.

Por não haver previsão expressa no tipo penal, não se admite a rixa de natureza culposa.

⚖ O dolo específico desse crime se caracteriza pela intenção de agredir os demais contendores, exteriorizada de forma consciente pelo agente [...] (TJDFT, APJ 20060 110768154, Rel. José Guilherme, 1ª T. Rec. dos Juizados Especiais Cíveis e Criminais do DF, j. 29/05/2007, *DJ* 03/07/2007, p. 178).

Modalidades comissiva e omissiva

A regra é de que o delito de rixa seja praticado por meio de uma conduta positiva por parte dos rixosos. Quando a lei penal usa a expressão *participar de rixa*, está pressupondo um comportamento ativo, ou seja, um fazer alguma coisa no sentido de, no mínimo, praticar vias de fato.

Contudo, questão que demonstra interesse diz respeito ao fato de ser possível ou não participação omissiva no delito de rixa.

Entendemos que somente será possível a modalidade omissiva no delito de rixa quando o omitente gozar do *status* de garantidor. Assim, por exemplo, suponhamos que, no interior da cela de uma delegacia de polícia, os cincos detentos que ali se encontravam comecem a se agredir reciprocamente, gerando uma pancadaria indiscriminada. O carcereiro, que tinha obrigação legal de evitar ou, pelo menos, interromper as agressões, apartando os contendores, a tudo assiste passivamente, divertindo-se, inclusive, com o ocorrido.

Nesse caso, poderá o carcereiro, na qualidade de garantidor, ser responsabilizado pelo delito de rixa, por omissão.

Modalidade qualificada

A rixa será considerada qualificada quando ocorrer a morte ou a lesão corporal de natureza grave, não importando, pois, se esses resultados foram finalisticamente queridos pelos rixosos ou se ocorreram culposamente.

⚖ Rixa qualificada. Autor da lesão corporal de natureza grave recebida pela vítima, entretanto, identificado. Hipótese em que só ele responderá por ela, em concurso material com o outro delito – Decisão mantida – Inteligência do art. 137, parágrafo único, do CP (TJRJ) (*RT* 550, p. 354).

Pena, ação penal, competência para julgamento e suspensão condicional do processo

A pena cominada ao delito de rixa simples é de detenção, de 15 (quinze) dias a 2 (dois) meses, ou multa, sendo que para a rixa qualificada a pena é de detenção, de 6 (seis) meses a 2 (dois) anos.

Tanto a rixa simples como a qualificada são de competência, pelo menos inicialmente, do Juizado Especial Criminal, uma vez que, em ambos os casos, a pena máxima cominada em abstrato não ultrapassa o limite de 2 (dois) anos, determinado pelo art. 61 da Lei nº 9.099/1995, com a nova redação que lhe foi dada pela Lei nº 11.313, de 28 de junho de 2006, sendo possível, ainda, a aplicação dos institutos da transação penal, bem como da suspensão condicional do processo.

No que diz respeito à rixa simples, poderá o julgador, observando a parte final do art. 59 do Código Penal, determinar a aplicação de uma pena privativa de liberdade ou uma pena de multa, apontando, fundamentadamente, qual delas melhor atenderá as funções que lhe são reservadas, vale dizer, reprovação e prevenção do crime.

A ação penal é de iniciativa pública incondicionada, seja a rixa simples ou qualificada.

Inimputáveis e desconhecidos integrantes da rixa

O delito de rixa pressupõe um número mínimo de três pessoas que se agridem reciprocamente.

Podemos computar nesse número mínimo os contendores inimputáveis, bem como aqueles que, embora participantes do delito, não foram identificados na fase de inquérito policial, ou de confecção do termo circunstanciado, em caso de competência do Juizado Especial Criminal.

Conforme determina a parte final do art. 137 do Código Penal, somente aquele que ingressa na rixa para separar os contendores não poderá fazer parte do número mínimo exigido para o seu cômputo.

Meios de cometimento do delito de rixa

Para que se caracterize o delito de rixa é preciso que ocorram ofensas corporais.

Não é imprescindível, contudo, como já dissemos, que os agentes tenham contato pessoal entre si, podendo a rixa ocorrer através de arremessos de objetos. Dos meios utilizados, poderemos visualizar na rixa a ocorrência de vias de fato, lesão corporal ou morte dos contendores, cada qual repercutindo de forma diferente no que diz respeito à aplicação da pena.

Vias de fato e lesão corporal de natureza leve

Se os únicos resultados produzidos forem aqueles que dizem respeito às vias de fato, ou seja, que importam em empurrões, tapas etc., que não se traduzem em lesões corporais, os contendores somente deverão responder pelo delito de rixa, ficando as contravenções penais de vias de fato por ele absorvidas.

Se as lesões corporais forem de natureza leve, o contendor que a praticou deverá, além do delito de rixa simples, responder também por elas.

Não fosse assim, chegaríamos ao absurdo de entender que, se dois agentes, querendo resolver "no braço" uma contenda anterior, após marcarem data para uma luta entre eles, praticarem, reciprocamente, lesões corporais de natureza leve, cada um seria responsável pelas suas lesões, punidas, de acordo com o art. 129, *caput*, do Código Penal, com uma pena de detenção, de 3 (três) meses a 1 (um) ano.

Agora, se várias pessoas, que se agridem reciprocamente numa pancadaria indiscriminada, que resulta também em lesões corporais leves em todos os rixosos, respondessem tão somente pelo delito de rixa simples, seriam responsabilizadas, nos termos do *caput* do art. 137, com uma pena de detenção, de 15 (quinze) dias a 2 (dois) meses ou multa.

Dessa forma, uma situação que, pelo menos em tese, é mais grave, pois envolve um número maior de pessoas, seria punida menos severamente.

Portanto, entendemos que o delito de rixa somente absorve as vias de fato, devendo o agente ser responsabilizado, no entanto, pelas lesões corporais, em concurso de crimes.

Lesão corporal de natureza grave e morte resultantes da rixa

O parágrafo único do art. 137 do Código Penal, prevendo a modalidade qualificada do delito de rixa, utiliza a seguinte expressão: se ocorre morte ou lesão corporal de natureza grave, aplica-se, *pelo fato da participação na rixa*, a pena de detenção, de 6 (seis) meses a 2 (dois) anos.

Isso significa que, pelo simples fato de ter participado na rixa, ocorrendo morte ou lesão corporal de natureza grave, a pena a ser aplicada será a da modalidade qualificada.

Contudo, devemos analisar as várias hipóteses que podem ocorrer, a saber:

a) contendor que ingressa na rixa após ter ocorrido a morte ou a lesão corporal de natureza grave;

b) contendor que sai da rixa antes da ocorrência da morte ou da lesão corporal de natureza grave.

No primeiro caso, ou seja, quando o agente ingressa na rixa após ter ocorrido a morte ou a lesão corporal de natureza grave, não poderá ser responsabilizado pelo delito qualificado, pois que sua participação em nada contribuiu para a ocorrência daqueles resultados.

Por outro lado, tem-se entendido que, mesmo o agente tendo se retirado da contenda antes da ocorrência do resultado morte ou lesão corporal de natureza grave, deverá responder pela rixa qualificada.

Concurso de crimes entre a rixa (simples ou qualificada) e as lesões corporais leves ou graves, e o homicídio

São vários os aspectos que devem ser analisados quando estivermos diante do delito de rixa em que sobrevenham lesões corporais (leves ou graves) ou a morte de um dos rixosos, desde que identificado o autor desses resultados.

Assim, podemos visualizar as seguintes hipóteses:

a) rixa e lesões corporais simples;

b) rixa e lesões corporais graves;

c) rixa e homicídio.

A primeira discussão pertinente diz respeito à modalidade de concurso de crimes a ser aplicado, vale dizer, o *concurso material* ou *concurso formal* de crimes. A doutrina majoritária se inclina pela tese do concurso material de crimes.

No item 48, § 2º, da Exposição de Motivos da Parte Especial do Código Penal, verificamos a posição do Ministro Francisco Campos:

48. [...]

§ 2º A participação na rixa é punida independentemente das consequências desta. Se ocorre a morte ou lesão corporal grave de algum dos contendores, dá-se uma condição de maior punibilidade, isto é, a pena cominada ao simples fato de participação na rixa é especialmente agravada. A pena cominada à rixa em si mesma é aplicável separadamente da pena correspondente ao resultado lesivo (homicídio ou lesão corporal), mas serão ambas aplicadas cumulativamente (como no caso de concurso material) em relação aos contendores que concorrerem para a produção desse resultado.

No mesmo sentido, Álvaro Mayrink da Costa, quando diz: "Na hipótese da identificação do autor da morte ou da lesão corporal de natureza grave, aplica-se o *concurso real de tipos penais*, respondendo pelo homicídio ou lesão corporal de natureza grave e participação em rixa simples."[86]

Apesar de a posição majoritária adotar a tese do concurso material de crimes, *permissa venia*, entendemos, no caso de concurso entre a rixa e outra infração (lesões leves, graves ou mesmo homicídio), que a regra do concurso formal é que deverá ser aplicada, uma vez que, se analisarmos detidamente os fatos, veremos que, na verdade, o que existe é tão somente uma *situação de rixa*, quer dizer, o agente está envolvido numa situação de agressão tumultuária, na qual sua vontade é dirigida finalisticamente a causar lesões ou mesmo a morte do outro contendor. O dolo, aqui, é o de produzir um dano à vítima, também contendora.

Assim, entendemos que seria melhor o raciocínio correspondente ao concurso formal de crimes, em que podemos visualizar uma única conduta, produtora de dois ou mais resultados, ou seja, com seu

---

[86] COSTA, Álvaro Mayrink da. *Direito penal* – parte especial, p. 359.

comportamento o agente não só se integra ao grupo dos rixosos, como também produz um resultado lesivo a outro contendor.

A segunda discussão que merece destaque diz respeito ao fato de que, uma vez identificado o contendor que causou as lesões graves ou a morte da vítima, por quais infrações penais deverá ser responsabilizado. Aqui, também, a doutrina se divide em:

a)   rixa qualificada, mais as lesões graves ou morte;

b)   rixa simples, mais as lesões graves ou morte.

Hungria é taxativo ao afirmar: "Se averiguado quais os contendores que praticaram o homicídio ou lesão grave, ou concorreram diretamente para tais crimes, responderão eles individualmente por estes, em concurso material com o de *rixa qualificada*."[87]

Em sentido contrário, preconiza Luiz Regis Prado: "Determinados o autor (ou autores) ou partícipes do homicídio ou da lesão corporal grave, aqueles responderão por tais delitos em concurso material com a rixa simples."[88]

Entendemos ser melhor a segunda posição, uma vez que, sendo permitida a responsabilização do agente que praticou o homicídio ou as lesões corporais de natureza grave em concurso (seja ele formal ou material) com o delito de rixa qualificada, estaríamos permitindo a adoção do repudiado *bis in idem*, ou seja, um mesmo fato – lesão corporal grave ou morte – repercutindo duas vezes sobre o comportamento do agente.

O terceiro raciocínio gira em torno daquele que sofreu lesão corporal de natureza grave. Deveria ele, pelo fato de ter participado da rixa, responder pelo delito de rixa qualificada, mesmo tendo sido ele próprio a vítima das lesões corporais de natureza grave que tiveram o condão de qualificar o delito?

Entendemos que não, embora exista posição em contrário.

Magalhães Noronha, concluindo pela responsabilidade do contendor que se feriu gravemente por rixa qualificada, explica: "Responde também por delito qualificado o rixoso ferido gravemente. Não há dizer ter sido ele já punido mais que os outros pois a lei não considera essa espécie de punição, como também não distingue. Como quer que seja, é justamente a ofensa que lhe foi produzida que torna *real* a rixa qualificada. Nada impede, entretanto, que o juiz tenha a circunstância em consideração, ao aplicar a pena."[89]

Rogério Sanches Cunha sintetiza as discussões, dizendo, com a clareza que lhe é peculiar, que existem três sistemas de punição, a saber:

"a)   *da solidariedade absoluta*: se da rixa resultar lesão corporal grave ou morte, todos os participantes respondem pelo evento (lesão corporal grave ou homicídio), independentemente de se apurar quem foi o seu real autor. Essa posição conduz a injustiça, punindo-se inocentes com severidade desnecessária;

b)   *da cumplicidade correspectiva*: havendo morte ou lesão grave, e não sendo apurado o seu autor, todos os participantes respondem por esse resultado, sofrendo, entretanto, sanção correspondente à média da sanção do autor e do partícipe (estabelece-se uma pena determinada para todos, porém mais leve que a das lesões ou homicídio);

c)   *autonomia*: a rixa é punida por si mesma, independentemente do resultado agravador (morte ou lesão grave), o qual, se ocorrer, somente qualificará o crime. Apenas o causador dos graves ferimentos ou morte (se identificado) é que responderá também pelos crimes de lesão corporal dolosa, de natureza grave, ou homicídio. Este é o critério adotado pelo nosso CP."[90]

Grupos opostos

Não haverá rixa, mas lesões corporais recíprocas (ou mesmo vias de fato ou homicídio).

Não ocorre o crime de rixa, e sim vias de fato e homicídio, quando se trata de luta de dois grupos distintos, com participação possível de ser individualizada (TJMT, Rec., Rel. Milton Figueiredo Ferreira Mendes, *RT* 508, p. 397).

Nesse sentido:

TJSC, Ap. 33.518, Rel. Nilton Macedo Machado, j. 09/03/1996.

Rixa simulada

Não se configura no tipo penal do art. 137, pois aqueles que a simulam não atuam, na verdade, com a finalidade de agredir os demais participantes, agindo, pois, com o chamado *animus jocandi*.

Participação na rixa e participação no crime de rixa

Participar da rixa é fazer parte dela como um dos contendores. Essa participação pode ocorrer desde o início da contenda, ou mesmo depois de já iniciada, mas enquanto durar a rixa.

A participação no crime de rixa diz respeito a uma das modalidades de concurso de pessoas e pode acontecer mediante:

a)   participação moral;

b)   participação material.

Ocorre a participação moral quando o agente induz ou instiga o autor à prática da infração penal. Assim, aquele que convence alguém a entrar na

---

[87] HUNGRIA, Nélson. *Comentários ao código penal*, v. VI, p. 24.

[88] PRADO, Luiz Regis. *Curso de direito penal brasileiro*, v. 2, p. 214.

[89] NORONHA, Edgard Magalhães. *Direito penal*, v. 2, p. 109.

[90] CUNHA, Sanches Rogério. *Manual de direito penal* – parte especial, volume único, p. 185.

rixa ou, mesmo de fora, incita, estimula os contendores, será considerado partícipe no crime de rixa.

Já na chamada participação material, existe uma prestação de auxílios materiais, ou seja, o agente, como no caso de fornecimento de instrumentos que serão utilizados no delito, facilita, de alguma forma, a prática da infração penal. No caso da rixa, imagine-se a hipótese em que o agente, sabendo da intenção de um dos contendores, forneça-lhe um taco de beisebol, para que seja usado durante o entrevero. Teríamos, aqui, uma participação no delito de rixa, na modalidade prestação de auxílios materiais.

Possibilidade de legítima defesa no crime de rixa

Para que todos os participantes da rixa sejam condenados por esse delito, parte-se do pressuposto de que as agressões por eles praticadas sejam injustas.

Assim, na verdade, todos os que participam da contenda atuam, ilicitamente, uns contra os outros.

Nesse caso, poderia haver alguma situação em que fosse possível o raciocínio da legítima defesa?

A doutrina seleciona algumas hipóteses, sobre as quais dissertaremos.

A) A primeira delas diz respeito à modificação dos meios com base nos quais a rixa era travada. Assim, por exemplo, se todos estavam se agredindo reciprocamente com socos e pontapés e um dos rixosos, de repente, saca um revólver e, com ele, pretende atirar em outro contendor, este poderá se defender legitimamente, podendo, inclusive, dependendo da situação, chegar até mesmo a produzir o resultado morte do rixoso que, certamente, o mataria.

Nesse caso, embora um dos contendores tenha agido em legítima defesa, causando a morte do outro rixoso, não poderá ser responsabilizado, como se percebe, pelo delito de homicídio, somente devendo responder pelo delito de rixa qualificada pelo resultado morte, pois que o parágrafo único do art. 137 do Código Penal exige tão somente que a morte ocorra pelo fato da participação na rixa.

Assim, não somente o rixoso que agiu em legítima defesa responderá por rixa qualificada, como também todos os demais participantes.

B) Pode ocorrer, também, que um terceiro, que ingresse na rixa a fim de separar os contendores, seja injustamente agredido e, agindo em legítima defesa, venha produzir a morte de um dos rixosos. Aqui, nenhum problema existe para que seja feito o raciocínio da legítima defesa, uma vez que, aquele que intervém na rixa com o fim de acabar com ela, separando os contendores, não pratica qualquer agressão injusta. Se vem a ser repelido, agredido injustamente por um dos rixosos, poderá, naturalmente, atuar em legítima defesa.

Contudo, se ocorrer a morte de seu agressor, um dos rixosos, todos os demais deverão responder pelo delito de rixa qualificada, pois a morte também adveio em virtude da participação na rixa.

C) Também poderá ocorrer a hipótese em que ocorra a intervenção de um terceiro, estranho à rixa, que venha em defesa de um corrixante.

Nesse caso, a própria Exposição de Motivos à Parte Especial do Código Penal esclarece, no último parágrafo do item 48:

48. *Segundo se vê do art. 137,* in fine, *a participação na rixa deixará de ser crime se o participante visa apenas separar os contendores. É claro que também não haverá crime se a intervenção constituir* legítima defesa, *própria ou de terceiro.*

Portanto, se alguém intervém não com a finalidade de também participar da rixa, mas, sim, com o propósito de defender um terceiro, como no caso daquele que percebe que seu irmão está sendo duramente espancado por um dos contendores e atua querendo salvá-lo, poderá ser beneficiado com o raciocínio da legítima defesa de terceiros.

Rixa no Código Penal Militar

Vide art. 211 do Decreto-Lei nº 1.001/69 (Código Penal Militar).

Lei Geral do Esporte

Infelizmente, temos assistido, com muita frequência, a tumultos e violências provocados por torcidas organizadas. Muitas vezes, esses confrontos entre torcidas são orquestrados por meio das redes sociais. Nesse caso, se duas torcidas rivais, após marcarem antecipadamente um local, ou mesmo improvisadamente, se digladiarem, agredindo-se reciprocamente, teríamos, *in casu,* a ocorrência do delito de rixa? Já expusemos anteriormente que não, ou seja, quando houver dois grupos distintos estaremos diante da hipótese de lesões corporais recíprocas.

No entanto, existe previsão expressa para a punição desse comportamento na Lei nº 14.597, de 14 de junho de 2023, que instituiu a Lei Geral do Esporte, que diz, textualmente:

Art. 201. *Promover tumulto, praticar ou incitar a violência ou invadir local restrito aos competidores ou aos árbitros e seus auxiliares em eventos esportivos:*

Pena – reclusão, de 1 (um) a 2 (dois) anos, e multa.

§ 1º Incorrerá nas mesmas penas o torcedor que:

I – promover tumulto, praticar ou incitar a violência em um raio de 5.000 m (cinco mil metros) ao redor do local de realização do evento esportivo ou durante o trajeto de ida e volta do local da realização do evento;

II – portar, deter ou transportar, no interior da arena esportiva, em suas imediações ou no seu trajeto, em dia de realização de evento esportivo, quaisquer instrumentos que possam servir para a prática de violência;

III – participar de brigas de torcidas.

Capítulo V – Dos Crimes contra a Honra

Calúnia
Art. 138. Caluniar alguém, imputando-lhe falsamente fato definido como crime:
Pena – detenção, de 6 (seis) meses a 2 (dois) anos, e multa.
§ 1º Na mesma pena incorre quem, sabendo falsa a imputação, a propala ou divulga.
§ 2º É punível a calúnia contra os mortos.
Exceção da verdade
§ 3º Admite-se a prova da verdade, salvo:
I – se, constituindo o fato imputado crime de ação privada, o ofendido não foi condenado por sentença irrecorrível;
II – se o fato é imputado a qualquer das pessoas indicadas no nº I do art. 141;
III – se do crime imputado, embora de ação pública, o ofendido foi absolvido por sentença irrecorrível.

Introdução

A calúnia é o mais grave de todos os crimes contra a honra previstos pelo Código Penal.

Na narração da conduta típica, a lei penal aduz expressamente à imputação *falsa* de um *fato* definido como *crime*.

Para a configuração do delito de calúnia, entende-se que devem estar presentes, simultaneamente, (i) a imputação de fato determinado e qualificado como crime; (ii) o elemento normativo do tipo, consistente na falsidade da imputação e o (iii) elemento subjetivo do tipo, o denominado *animus calunniandi*, sendo que no caso concreto, não tendo o Querelado imputado a Querelante um fato específico, determinado e concreto que seja qualificado como crime, a conduta é atípica para o delito de calúnia (STJ, APn 886/DF, Rel. Min. Mauro Campbell Marques, Rel. p/ Acórdão Min. Napoleão Nunes Maia Filho, Corte Especial, julgado em 23/09/2019, *DJe* 24/10/2019).

Nesse sentido:

STJ, APn 912/RJ, Rel.ª Min.ª Laurita Vaz, CE, *DJe* 22/08/2019; STJ, AgRg no REsp 1.695.289/SP, Rel. Min. Joel Ilan Paciornik, 5ª T., *DJe* 14/02/2019; STJ, AgRg no AREsp 992.183/DF, Rel. Min. Joel Ilan Paciornik, 5ª T., *DJe* 20/06/2018; TJRJ, PC 0030711-03.2011.8.19.0000, Rel.ª Des.ª Leila Mariano, j. 30/07/2012; TRF 4ª Reg., ACr 2007.72.05.004226-0, SC, Rel. Des. Fed. Luiz Fernando Wowk Penteado, *DEJF* 07/06/2010, p. 880; TJSP, Ap. Crim. 993 8383200, 7ª Câm. de Direito Criminal, Rel. Christiano Kuntz, reg. 02/04/2008.

Assim, podemos indicar os três pontos principais que especializam a calúnia com relação às demais infrações penais contra a honra, a saber:

a) a imputação de um *fato*;
b) esse fato imputado à vítima deve, obrigatoriamente, ser *falso*;
c) além de falso, o fato deve ser definido como *crime*.

Também ocorrerá o delito de calúnia quando *o fato em si for verdadeiro*, ou seja, quando houver, realmente, a prática de um fato definido como crime, sendo que *o agente imputa falsamente a sua autoria à vítima*.

Dessa forma, tanto ocorrerá a calúnia quando houver a imputação falsa de fato definido como crime, como na hipótese de o fato ser verdadeiro, mas falsa a sua atribuição à vítima.

Toda vez que o fato imputado falsamente à vítima for classificado como contravenção penal, em respeito ao princípio da legalidade, não poderemos subsumi-lo ao crime de calúnia, devendo ser entendido como delito de difamação.

Portanto, para que se configure a calúnia, deve existir sempre uma imputação falsa de um fato, definido como crime. Caso não seja um fato, mas, sim, um atributo negativo quanto à pessoa da vítima, o crime será de injúria; sendo um fato que não se configure em crime, podendo até mesmo ser uma contravenção penal, o delito será o de difamação; acreditando o agente que o fato definido como crime é verdadeiro, incorrerá em erro de tipo, afastando-se o dolo do art. 138, podendo, contudo, ainda ser responsabilizado pelo delito de difamação, embora possa ser discutível essa classificação, conforme veremos mais detidamente adiante.

Merece ser ressaltado, ainda, que o fato imputado pelo agente à vítima deve ser *determinado*. Conforme salienta Aníbal Bruno, "não basta, por exemplo, dizer que a vítima furtou. É necessário particularizar as circunstâncias bastantes para identificar o acontecido, embora sem as precisões e minúcias que, muitas vezes, só poderiam resultar de investigações que não estariam ao alcance do acusador realizar".[91]

No caso concreto, não tendo o Querelado imputado ao Querelante um fato específico, determinado e concreto que seja qualificado como crime, a conduta é atípica para o delito de calúnia. A tipificação do crime imputado deve ser certa, determinada e precisa, sob pena de se instalar, no sistema de persecução penal, a atribuição difusa, inespecífica e genérica, capaz de abranger qualquer incriminação e impossibilitar a ampla defesa da pessoa acoimada da prática ilícita. Queixa-crime rejeitada, nos termos da brilhante manifestação do Ministério Público Federal (STJ, AgRg na APn 313/DF, Rel. Min. Napoleão Nunes Maia Filho, CE, *DJe* 18/04/2018).

---

[91] BRUNO, Aníbal. *Crimes contra a pessoa*, p. 289.

Nesse sentido:

⚖ TJSP, RESE 1429351/1, Rel. Salvador D'Andréa, j. 07/10/2004.

Também não poderá configurar-se como calúnia a imputação de fatos inverossímeis, como no exemplo daquele que atribui a alguém a subtração da estátua do Cristo Redentor, afixada no morro do Corcovado, na cidade do Rio de Janeiro.

Classificação doutrinária

Crime comum (uma vez que o tipo penal não exige qualquer qualidade ou condição especial tanto para o sujeito ativo como para o sujeito passivo); formal (uma vez que a sua consumação ocorre mesmo que a vítima não tenha sido, efetivamente, maculada em sua honra objetiva, bastando que o agente divulgue, falsamente, a terceiro, fato definido como crime); doloso; de forma livre; instantâneo; comissivo (podendo ser, também, omissivo impróprio, desde que o agente goze do *status* de garantidor); monossubjetivo; unissubsistente ou plurissubsistente (pois que o ato de caluniar pode ser concentrado ou, ainda, fracionado, oportunidade em que se poderá visualizar a tentativa); transeunte (sendo que, em algumas situações, poderá ser considerado não transeunte, a exemplo do agente que divulga a terceiro, por meio de carta, um fato definido como crime falsamente atribuído à vítima); de conteúdo variado (podendo o agente não somente caluniar a vítima, como também se esforçar no sentido de divulgá-la a mais pessoas, devendo responder, portanto, por uma só infração penal).

Objeto material e bem juridicamente protegido

Bem juridicamente protegido pelo tipo penal que prevê o delito de calúnia é a honra, aqui concebida objetivamente. Ou seja, protege-se o conceito que o agente entende que a vítima goza em seu meio social. Objeto material é a pessoa contra a qual são dirigidas as imputações ofensivas à sua honra objetiva.

⚖ (...) A honra apresenta caráter personalíssimo, constituindo-se em atributo inarredável da personalidade individual. Assim, quando se fala em calúnia, injúria e difamação, está-se, na verdade, cogitando de ofensa à honra de uma determinada pessoa, individualmente considerada. Precedentes do STJ e do STF (...) (STJ, AgRg no REsp 1.824.447/RS, Rel. Min. Ribeiro Dantas, 5ª T., julgado em 06/02/2020, *DJe* 12/02/2020).

Sujeito ativo e sujeito passivo

Qualquer pessoa pode figurar como sujeito ativo ou como sujeito passivo do crime de calúnia.

Poderá também a pessoa jurídica figurar como sujeito passivo do crime de calúnia desde que o crime a ela atribuído falsamente seja tipificado na Lei nº 9.605/1998. Nas demais hipóteses, ou seja, fora da lei ambiental, o fato deverá ser considerado crime de difamação, em face da impossibilidade das demais infrações penais serem praticadas pelas pessoas morais.

Paulo Queiroz, no entanto, não limita a possibilidade de poder figurar a pessoa jurídica como vítima do delito de calúnia somente nos crimes ambientais, dizendo:

"Que a empresa é passível, sim, de sofrer imputação de fato ou qualidade desonrosa, atribuição de delito, inclusive, e não necessariamente delito ambiental.

Primeiro, porque o Código fala de atribuição de "fato definido como crime" e não de "prática de crime". Segundo, porque o sucesso empresarial depende grandemente da sua reputação social (fama) no mercado em que atua. O bom nome da empresa é, portanto, tão ou mais importante do que o nome da pessoa física. Terceiro, porque, se a pessoa jurídica é passível de sofrer "dano moral" (Súmula nº 227 do STJ), é perfeitamente passível que esse dano moral assuma também caráter criminoso."[92]

Consumação e tentativa

A calúnia se consuma quando um terceiro, que não o sujeito passivo, toma conhecimento da imputação falsa de fato definido como crime.

FRAGOSO, Heleno Cláudio. *Lições de direito penal – parte especial (arts. 121 a 160, CP)*, p. 206.

Dependendo do meio pelo qual é executado o delito, há possibilidade de se reconhecer a tentativa.

⚖ A consumação do delito de calúnia eventualmente praticado, que ocorre na data em que a imputação falsa de crime chega ao conhecimento de terceira pessoa, serve apenas como termo inicial do prazo de prescrição da pretensão punitiva (art. 111, I, do CP). Tal data não necessariamente coincidirá com o termo inicial do prazo de decadência para oferecimento da queixa-crime, que apenas se inicia no dia em que a vítima vem a saber quem é o autor do crime (art. 38 do CPP). A dúvida a respeito da data de conhecimento da autoria não pode conduzir à extinção da punibilidade do querelado, por exigir prova inequívoca. Precedentes (STJ, REsp 1.416.920/GO, Rel. Min. Sebastião Reis Junior, 6ª T., *DJe* 14/05/2015).

Nesse sentido:

⚖ STJ, HC 71407/SP, Rel. Min. Felix Fischer, 5ª T., *DJe* 03/11/2008.

Elemento subjetivo

O delito de calúnia somente admite a modalidade dolosa, ou seja, o chamado *animus caluniandi*, a vontade de ofender a honra objetiva do sujeito passivo, sendo admitidas, entretanto, quaisquer modalidades de dolo, seja ele direto ou mesmo eventual.

---

[92] QUEIROZ, Paulo *et al. Curso de direito penal – parte especial*, v. 2, p. 153.

Não há previsão de modalidade culposa.

⚖ Assim, em se tratando de crimes contra a honra, deve ficar clara a intenção do agente de macular a honra alheia de pessoa determinada. Sem o dolo específico e sem a individualização da vítima, não se pode falar em crimes de calúnia, difamação ou injúria (STJ, AgRg no REsp 1.824.447/RS, Rel. Min. Ribeiro Dantas, 5ª T., data do Julgamento 06/02/2020, *DJe* 12/02/2020).

Nesse sentido:

⚖ STJ, APn 912/RJ, Rel.ª Min.ª Laurita Vaz, CE, *DJe* 22/08/2019; STJ, AgRg no REsp 1.543.226/DF, Rel. Min. Reynaldo Soares da Fonseca, 5ª T., *DJe* 1º/08/2016; TJPR, AC 33743646-4, Rel. Des. Lidio José Rotoli de Macedo, *DJe* 22/03/2012.

Agente que propala ou divulga a calúnia

Ao contrário do que ocorre com a previsão contida no *caput* do art. 138 do Código Penal, em que o autor da calúnia pode também atuar com dolo eventual, no § 1º do mesmo artigo somente se admite o dolo direto, uma vez que o agente que propala ou divulga a calúnia da qual teve ciência deve conhecer da falsidade da imputação.

A dúvida com relação à veracidade dos fatos definidos como crime que se imputam à vítima poderá desclassificar a infração penal para aquela prevista pelo art. 139 do Código Penal, vale dizer, a difamação.

Calúnia contra os mortos

O § 2º do art. 138 do Código Penal diz ser *punível a calúnia contra os mortos.*

Inicialmente, vale a observação de que o Capítulo V, onde estão consignados os crimes contra a honra, está contido no Título I do Código Penal, que prevê os chamados "crimes contra a pessoa".

Certo é que o morto não goza mais do *status* de *pessoa,* como também é certo que não mais se subsume ao conceito de *alguém,* previsto no *caput* do art. 138 do diploma repressivo.

Contudo, sua memória merece ser preservada, impedindo-se, com a ressalva feita no § 2º acima mencionado, que também seus parentes sejam, mesmo que indiretamente, atingidos pela força da falsidade do fato definido como crime, que lhe é imputado.

O Código Penal somente ressalvou a possibilidade de calúnia contra os mortos, não admitindo as demais modalidades de crimes contra a honra, vale dizer, a difamação e a injúria.

⚖ (...) Por se tratar de crime de calúnia contra pessoa morta (art. 138, § 2º, do Código Penal), os Querelantes – mãe, pai, irmã e companheira em união estável da vítima falecida – são partes legítimas para ajuizar a ação penal privada, nos termos do art. 24, § 1º, do Código de Processo Penal ("§ 1º No caso de morte do ofendido ou quando declarado ausente por decisão judicial, o direito de represen-

tação passará ao cônjuge, ascendente, descendente ou irmão"). 3. A companheira, em união estável reconhecida, goza do mesmo status de cônjuge para o processo penal, podendo figurar como legítima representante da falecida. Vale ressaltar que a interpretação extensiva da norma processual penal tem autorização expressa no art. 3º do CPP ("A lei processual penal admitirá interpretação extensiva e aplicação analógica, bem como o suplemento dos princípios gerais de direito"). 4. Ademais, "o STF já reconheceu a 'inexistência de hierarquia ou diferença de qualidade jurídica entre as duas formas de constituição de um novo e autonomizado núcleo doméstico', aplicando-se a união estável entre pessoas do mesmo sexo as mesmas regras e mesmas consequências da união estável heteroafetiva [...]" (RE 646.721, Rel. Min. Marco Aurélio, Rel. p/ Acórdão Min. Roberto Barroso, Tribunal Pleno, julgado em 10/05/2017, Acórdão Eletrônico Repercussão Geral – Mérito *DJe*-204 divulg. 08-09-2017, public. 11-09-2017). (...) (STJ, APn 912/RJ, Rel. Min. Laurita Vaz, Corte Especial, julgado em 07/08/2019, *DJe* 22/08/2019).

Nesse sentido:

⚖ STJ, APn 912/RJ, Rel.ª Min.ª Laurita Vaz, CE, *DJe* 22/08/2019.

Exceção da verdade

Chama-se exceção da verdade a faculdade atribuída ao suposto autor do crime de calúnia de demonstrar que, efetivamente, os fatos por ele narrados são verdadeiros, afastando-se, portanto, com essa comprovação, a infração penal a ele atribuída.

O momento oportuno para se erigir a *exceptio veritatis* é o da resposta do réu, previsto pelo art. 396 do Código de Processo Penal, com a nova redação que lhe foi dada pela Lei nº 11.719, de 20 de junho de 2008, ou o constante do art. 81 da Lei nº 9.099/1995.

O art. 523 do Código de Processo Penal estabelece, ainda, que, *quando for oferecida a exceção da verdade, o querelante poderá contestá-la no prazo de 2 (dois) dias, podendo ser inquiridas as testemunhas arroladas na queixa, ou outras indicadas naquele prazo, em substituição às primeiras, ou para completar o máximo legal.*

O § 3º do art. 138 do Código Penal, contudo, ressalva as situações em virtude das quais se torna impossível a arguição da exceção da verdade, dizendo:

§ 3º Admite-se a prova da verdade, salvo:

I – se, constituindo o fato imputado crime de ação privada, o ofendido não foi condenado por sentença irrecorrível;

II – se o fato é imputado a qualquer das pessoas indicadas no nº I do art. 141;

III – se do crime imputado, embora de ação pública, o ofendido foi absolvido por sentença irrecorrível.

Na primeira hipótese capitulada, não há possibilidade de arguição da *exceptio veritatis* quando se tratar de crime cuja ação penal seja de iniciativa privada – propriamente dita ou personalíssima – se o ofendido não foi definitivamente condenado, quer dizer, se a sentença penal condenatória não houver transitado em julgado. Enquanto estiver pendente de julgamento a ação penal, seja em primeiro grau ou em grau de recurso, não poderá ser erigida a exceção da verdade. Segundo a opinião dominante, tampouco poderá ser arguida a *exceptio veritatis* caso o ofendido não tenha sequer sido processado criminalmente pelo fato definido como crime que lhe imputa o agente.

Hungria, esclarecendo a posição assumida pela lei penal, diz: "A primeira exceção explica-se pelo raciocínio de que é um simples corolário do próprio critério de política criminal que informa o instituto da ação privada. Se, no tocante a certos crimes, a lei, para evitar ao ofendido maior escândalo ou desassossego com o *strepitus judicii*, ou para ensejar sua reconciliação com o ofensor, deixa ao seu exclusivo arbítrio a iniciativa ou prosseguimento da ação penal, não se compreenderia que fosse outorgada a terceiros a faculdade de proclamar o fato *coram populo* e comprová-lo *coram judice*. Incidiria a lei em flagrante contradição, se tal permitisse. A *ratio essendi* da proibição da *exceptio veritatis*, aqui, somente cessa quando já sobreveio condenação irrecorrível do sujeito passivo. Não há falar-se, no caso, em cerceamento de defesa. Se, contrabalançando os interesses em jogo, a lei entendeu em vedar a *demonstratio veri*, não era dado ao réu ignorar a ressalva legal e, se não se abstém de formular a acusação, incorrendo na sanção penal, *imputet sibi*."[93]

No mesmo sentido, Luiz Regis Prado afirma: "A impossibilidade de arguição da exceção da verdade, *in casu*, é justificada pelo princípio da disponibilidade da ação penal privada. Caberá ao ofendido ou a quem tenha qualidade para representá-lo intentá-la mediante queixa (arts. 100, § 2º, CP; 30, CPP)."[94]

Apesar da autoridade dos mencionados autores, bem como da força dos raciocínios por eles expendidos, ousamos discordar da posição a que chegaram, uma vez que, analisando o fato sob um enfoque garantista, não seria razoável permitir a condenação de alguém que está sendo processado por ter, supostamente, praticado o crime de calúnia, imputando a outrem um fato *verdadeiro* definido como crime, não importando se a ação é ou não de iniciativa privada propriamente dita ou mesmo personalíssima.

É que a Constituição da República, promulgada em 5 de outubro de 1988, no Capítulo correspondente aos Direitos e Garantias Fundamentais, determinou, no inc. LV do seu art. 5º:

LV – aos litigantes, em processo judicial ou administrativo, e aos acusados em geral são assegurados o contraditório e ampla defesa, com os meios e recursos a ela inerentes.

Como se percebe sem muito esforço, o inc. I do § 3º do art. 138 do Código Penal, ao proibir a exceção da verdade quando o ofendido não tenha sido condenado por sentença irrecorrível, deve ser reinterpretado de acordo com o enfoque constitucional do princípio da ampla defesa.

Segundo nosso raciocínio, caso exista uma ação penal em curso, visando à apuração de um delito que se atribui à suposta vítima da calúnia, deverá o julgador suspender o curso da ação penal que apura o delito de calúnia, aguardando a confirmação da existência ou não do fato, que se entende como falso, definido como crime.

O que não se pode, contudo, é simplesmente impedir a defesa do querelado, ou seja, daquele que está sendo submetido a um processo penal, simplesmente pelo fato de não ter havido, ainda, trânsito em julgado da sentença penal condenatória.

Seria um enorme contrassenso impedir a sua defesa, condenando-o pela prática do delito de calúnia para, ao final, quando já tivesse transitado a sentença penal condenatória que teve o condão de apontar a prática do delito que se atribuía à suposta vítima, obrigá-lo a ingressar novamente em juízo com uma ação de revisão criminal, uma vez que, sendo comprovado o cometimento do delito que imputou à suposta vítima, afastada estará a elementar *falsamente*, exigida pelo tipo penal do art. 138 do Código Penal.

Dessa forma, a primeira conclusão a que chegamos é que, quando existe uma ação penal de iniciativa privada em andamento, que busca apurar a infração penal que é atribuída à suposta vítima do delito de calúnia, deveria o julgador, que se encontra à frente do processo que apura o delito contra a honra, suspender o andamento da ação penal, admitindo a *exceptio veritatis*, a fim de que sua decisão sobre a existência ou não do delito de calúnia fique dependendo da conclusão a que se chegar nos autos em que se apura o crime atribuído pelo agente à suposta vítima.

E quando sequer existir ação penal?

A lei penal prevê a impossibilidade de arguição da exceção da verdade quando, constituindo o fato imputado crime de ação privada, o ofendido não foi condenado por sentença irrecorrível.

E claro que, quando a suposta vítima do crime de calúnia não tiver sido processada criminalmente, não haverá decisão condenatória transitada em julgado. Contudo, isso impediria a arguição da exceção da verdade, com a finalidade de demonstrar que os fatos a ele imputados são verdadeiros, o que conduziria à atipicidade com relação ao delito de calúnia?

[93] HUNGRIA, Nélson. *Comentários ao código penal*, v. VI, p. 82.
[94] PRADO, Luiz Regis. *Curso de direito penal brasileiro*, v. 2, p. 228.

Por mais uma vez temos de erigir a bandeira do princípio da ampla defesa, ao contrário do que aduz a doutrina amplamente majoritária, conforme podemos constatar acima através das posições de Hungria e Luiz Regis Prado.

Contudo, não seria lógico, razoável, condenar uma pessoa pela prática de um delito que não cometeu simplesmente por presumi-lo como ocorrido, em face da impossibilidade que tem de levar a efeito a prova de sua alegação.

É claro que aquele que é vítima de um crime, cuja persecução penal depende de sua iniciativa, não pode ser obrigado a ingressar em juízo a fim de apurar a prática de uma infração penal de que foi vítima e da qual, na verdade, pretende esquecer-se, não se submetendo ao constrangimento de uma ação penal.

Entretanto, outra coisa é condenar alguém pelo simples fato de ter divulgado a prática de um delito que, efetivamente, ocorreu, mas que, por razões particulares, não foi objeto de investigação.

Estaríamos, aqui, violando não somente o princípio da ampla defesa, mas também o da presunção de inocência. Na verdade, ao impedirmos o agente de demonstrar que o fato por ele atribuído à suposta vítima, definido como crime, é verdadeiro, estamos presumindo que ele seja culpado.

O inc. II do § 3º do art. 138 do Código Penal também não admite a exceção da verdade se o fato é imputado a qualquer das pessoas indicadas no nº I do art. 141, vale dizer, o Presidente da República ou chefe de governo estrangeiro.

Na verdade, também temos de reinterpretar tal dispositivo de acordo com os atuais enfoques constitucionais.

Quando se argui a *exceptio veritatis*, os sujeitos da ação penal mudam de posição. O querelante passa a ser chamado de *excepto* e o querelado, ou seja, o réu da ação penal que visa apurar seu suposto crime contra a honra, passa a ser o *excipiente*.

No caso de crime atribuído ao Presidente da República, bem como ao chefe de governo estrangeiro, não seria razoável, dadas as posições que ocupam, colocá-los como réus em acusações propostas por quem não possui legitimidade constitucional para tanto.

Conforme esclarecimentos de Cezar Roberto Bitencourt, "aqui, com essa ressalva, pretende-se somente proteger o cargo e a função do mais alto mandatário da Nação e dos chefes de governos estrangeiros. A importância e a dignidade da função de chefe da Nação asseguram-lhe uma espécie *sui generis* de 'imunidade', garantindo que somente poderá ser acusado de ações criminosas pelas autoridades que tenham atribuições para tanto e perante a autoridade competente.

Estende-se o mesmo tratamento ao chefe do governo estrangeiro, abrangendo não apenas o chefe de Estado, mas também o chefe de governo (primeiro-ministro,

presidente de conselho, presidente de governo etc.). A imputação da prática de fato criminoso, mesmo verdadeiro, vilipendiaria a autoridade que desempenha e exporia ao ridículo o presidente da República, além de levá-lo a um vexame incompatível com a grandeza de seu cargo. Na verdade, o chefe de Estado ou o chefe de governo de um país, de certa forma, personifica o Estado que representa, e as boas relações internacionais não admitem que qualquer cidadão de um país possa impunemente atacar a honra de um chefe de governo estrangeiro, mesmo que os fatos sejam verdadeiros, coisa que deve ser resolvida nos altos escalões diplomáticos; em caso contrário, pode sobrevir até mesmo o rompimento de relações diplomáticas".[95]

Embora o raciocínio do ilustre penalista gaúcho seja brilhante, ousamos dele discordar, ao menos parcialmente.

Certo é que aquele que não tem legitimidade para tanto não poderá levar o Presidente da República, por exemplo, ao banco dos réus, invertendo os polos da relação processual anteriormente formada com o início da ação penal relativa ao delito de calúnia no qual o Presidente figurava como vítima.

Outra coisa, contudo, é condenar um inocente que divulgou um fato verdadeiro, sendo, portanto, atípico o seu comportamento, simplesmente porque o autor do crime é o Presidente da República.

Nesse caso, embora não possamos admitir a *exceptio veritatis*, com inversão dos papéis anteriores, não podemos aceitar passivamente a condenação de um inocente, presumindo-se verdadeiros os fatos contra ele imputados na ação penal que busca apurar o delito de calúnia.

Tal posição também colidiria com os princípios constitucionais da ampla defesa e da presunção de inocência. Nesse caso, a solução seria permitir, mesmo que tão somente em sede de defesa, a comprovação do crime que se atribui ao Presidente da República ou ao chefe de governo estrangeiro. Uma vez comprovada a prática do delito, o agente deverá ser absolvido na ação penal relativa ao crime de calúnia; não tendo sucesso nessa comprovação, a condenação será imposta, se ficar comprovado que sabia da falsidade dos fatos por ele imputados à vítima, tidos como criminosos.

O que não se pode, portanto, é impedir sua defesa, mesmo que no seu exercício venha a se comprovar a prática de um crime levado a efeito pelo Chefe Supremo do Poder Executivo. Sendo comprovado o delito praticado pelo Presidente da República, deverá o julgador, ou mesmo o representante do Ministério Público, enviar cópia dos autos àquele que tem atribuições para, perante o Tribunal competente, dar início a uma outra ação penal.

Nesse sentido, Paulo Queiroz, em reforço ao nosso raciocínio, aduz, corretamente a nosso ver, que: "Os incisos I e II não foram recepcionados pela Constituição de 1988, por afrontarem, em especial, o direi-

---
[95] BITENCOURT, Cezar Roberto. *Tratado de direito penal*, v. 2, p. 343-344.

to ao contraditório e à ampla defesa e, pois, possibilitarem a condenação de pessoa inocente e por fato que, a rigor, não configura crime algum."[96]

No inc. III do § 3º do art. 138 do Código Penal, proíbe-se a prova da verdade quando o ofendido tiver sido absolvido em sentença irrecorrível do crime que lhe atribuiu o agente.

Aqui, embora o inc. III faça menção à ação de iniciativa pública, havendo absolvição, por sentença irrecorrível, não importando a natureza da ação penal – se pública ou privada a sua iniciativa –, não poderá ser arguida a exceção da verdade, uma vez que o fato já fora decidido judicialmente.

Como bem ressalvado por Fragoso, "trata-se de respeitar o pronunciamento judicial (*res judicata pro veritate habetur*), cuja veracidade está protegida por presunção absoluta, que não admite prova em contrário"[97].

⚖ Exceção da verdade. Calúnia. Ameaça atribuída a promotor quando da realização da audiência. Alegações do excipiente não comprovadas. Rejeição da exceção. Não tendo o excipiente (querelado) comprovado a veracidade de suas alegações, incabível o acolhimento da exceção da verdade oposta (TJ-RJ, Acórdão 0053513-87.2015.8.19.0021, Rel. Des. Antônio Eduardo Ferreira Duarte, *DJe* 14/07/2016).

Nesse sentido:

⚖ TJRJ, Exceção de Verdade 2007.222.00001, Rel. Des. Paulo César Salomão, j. 11/10/2007; STJ, ExVerd 50/SP, Rel. Min. Luiz Fux, CE, *DJ* 21/05/2007, p. 528; TJMG, Processo 2.0000.00. 347975-8/000 [1], Rel. Alexandre Victor de Carvalho, pub. 09/03/2002; STJ, ExVerd 9/DF, Rel. Min. Antônio de Pádua Ribeiro, CE, *RSTJ* 39, p. 71.

Pena, ação penal, competência para julgamento e suspensão condicional do processo

A pena cominada ao delito de calúnia é a de detenção, de 6 (seis) meses a 2 (dois) anos, e multa, aplicando-a também àquele que, sabendo falsa a imputação, a propala ou divulga, conforme determina o § 1º do art. 138 do Código Penal.

A pena será aumentada de um terço, nos termos do *caput* do art. 141 do Código Penal, se a calúnia for cometida:

I – contra o Presidente da República, ou contra chefe de governo estrangeiro;

II – contra funcionário público, em razão de suas funções, ou contra os Presidentes do Senado Federal, da Câmara dos Deputados ou do Supremo Tribunal Federal;

III – na presença de várias pessoas, ou por meio que facilite a sua divulgação;

IV – contra criança, adolescente, pessoa maior de 60 (sessenta) anos ou pessoa com deficiência, exceto na hipótese prevista no § 3º do art. 140 deste Código.

Poderá, ainda, vir a ser dobrada, se a calúnia for cometida mediante paga ou promessa de recompensa, conforme determina o § 1º do art. 141 do diploma repressivo.

Determina, ainda, o § 2º do art. 141 do CP que se o crime é cometido ou divulgado em quaisquer modalidades das redes sociais da rede mundial de computadores, aplica-se em triplo a pena, e seu § 3º "Se o crime é cometido contra a mulher por razões da condição do sexo feminino, nos termos do § 1º do art. 121-A deste Código, aplica-se a pena em dobro".

A ação penal será de iniciativa privada, conforme determina o *caput* do art. 145 do Código Penal, sendo, contudo, de iniciativa pública condicionada à requisição do Ministro da Justiça, quando o delito for praticado contra o Presidente da República ou chefe de governo estrangeiro, ou de iniciativa pública condicionada à representação do ofendido, quando o crime for cometido contra funcionário público, em razão de suas funções, de acordo com o parágrafo único do art. 145 do Código Penal, com a nova redação que lhe foi conferida pela Lei nº 12.033, de 29 de setembro de 2009.

O STF, por meio da Súmula nº 714, assim se posicionou:

⚖ **Súmula nº 714.** *É concorrente a legitimidade do ofendido, mediante queixa, e do Ministério Público, condicionada à representação do ofendido, para a ação penal por crime contra a honra de servidor público em razão do exercício de suas funções.*

Compete, pelo menos inicialmente, ao Juizado Especial Criminal o processo e julgamento do delito tipificado no art. 138 do Código Penal, desde que não seja aplicado o art. 141 do mesmo diploma legal, tendo em vista que a pena máxima cominada em abstrato não ultrapassa o limite de 2 (dois) anos.

Será possível a confecção de proposta de suspensão condicional do processo, nos termos do art. 89 da Lei nº 9.099/1995.

⚖ Os crimes contra a honra (Capítulo V, Título I, da Parte Especial do Código Penal) são processados mediante ação penal privada, iniciada por queixa-crime, nos termos do art. 145 do Código Penal. Neste caso, porém, houve ofensa à honra de funcionário público no exercício das suas funções, o que consubstancia hipótese de legitimidade concorrente, tanto do ofendido quanto do Ministério Público, sendo que a atuação do *Parquet* condiciona-se à representação, nos termos do enunciado nº 714 da Súmula do Supremo Tribunal Federal (STJ, RHC 113.461/CE, Rel. Min. Reynaldo Soares da Fonseca, 5ª T., *DJe* 07/08/2019).

---

[96] QUEIROZ, Paulo *et al. Curso de direito penal* – parte especial, v. 2, p. 164.

[97] FRAGOSO, Heleno Cláudio. *Lições de direito penal* – parte especial (arts. 121 a 160 CP), p. 195.

Nesse sentido:

TJRJ, ReSE 0016133-98.2012.8.19.0000, Rel. Des. Marcus Basílio, j. 22/05/2012; STJ, APN 390/DF, Rel. Min. Felix Fischer, CE, *DJ* 10/04/2006.

Procedimento criminal

Vide arts. 519 a 523 do CPP.

Competência para o julgamento

"É do Superior Tribunal de Justiça a competência para processar e julgar a queixa-crime em questão, que imputa o crime de calúnia a Desembargadora do TJRJ, pois, caso contrário, a Acusada teria de responder perante juiz de direito vinculado ao mesmo Tribunal, o que afrontaria a isenção e independência que norteiam a atividade jurisdicional. Precedentes". QO na APn 878/DF, Rel. Min. Benedito Gonçalves, Corte Especial, julgado em 21/11/2018, *DJe* 19/12/2018; APn 895/DF, Rel. Min. Nancy Andrighi, Corte Especial, julgado em 15/05/2019, *DJe* 07/06/2019 (STJ, APn 912/RJ, Rel. Min. Laurita Vaz, Corte Especial, julgado em 07/08/2019, *DJe* 22/08/2019).

Nesse sentido:

CC 136.700/SP Rel. Min. Rogerio Schietti, S. 3, *DJe* 1º/10/2015; STJ, CC 145.424/SP, Rel. Min. Ribeiro Dantas, 5ª T., *DJe* 26/04/2016; TJRJ, HC 2006.055.00093, 5ª Câm. Crim., Rel.ª Des.ª Maria Helena Salcedo, j. 12/12/2006.

Pessoas desonradas e crime impossível

Por mais desonrada que seja a pessoa, ainda sim poderá ser sujeito passivo do crime de calúnia, não se podendo cogitar a tese do crime impossível. A honra, tanto de natureza objetiva, quanto a subjetiva, diz respeito a um atributo da personalidade do ser humano, sendo, portanto, inalienável. Por mais que nos cause repugnância o comportamento de alguém, ainda assim, lhe restará um resquício dessa característica, afastando-se, consequentemente, o raciocínio correspondente ao crime impossível.

Calúnia implícita ou equívoca e reflexa

É possível que o agente, ao atribuir a alguém falsamente a prática de um fato definido como crime, não o faça de forma expressa, podendo ser a calúnia, assim, considerada *implícita ou equívoca* e *reflexa*.

Implícita ou equívoca seria a calúnia quando o agente, embora não expressamente, permitisse que o interlocutor entendesse a mensagem dada, que contém a imputação falsa de um fato definido como crime, como no exemplo daquele que diz: "Eu, pelo menos, nunca tive relações sexuais à força com nenhuma mulher", dando a entender que a vítima da calúnia havia praticado um crime de estupro.

Reflexa, no exemplo de Hungria, pode ocorrer quando o agente diz, por exemplo, que um juiz decidiu o fato dessa forma porque foi subornado.[98] Com rela-

ção ao juiz, a calúnia é entendida como *expressa*, uma vez que o agente está lhe atribuindo falsamente um fato definido como delito de corrupção passiva, e *reflexa* no que diz respeito àquele beneficiado com a decisão, uma vez que teria praticado, a seu turno, o delito de corrupção ativa.

Exceção de notoriedade

A finalidade da exceção da notoriedade do fato é demonstrar que, para o agente, o fato que atribuía à vítima era verdadeiro, segundo foi induzido a crer. Atua, portanto, em erro de tipo, afastando-se o dolo e, consequentemente, eliminando a infração penal. *Vide* arts. 396, 396-A (com a redação que lhes foi conferida pela Lei nº 11.719, de 20 de junho de 2008) e 523 do Código de Processo Penal.

Calúnia proferida no calor de uma discussão

A exaltação do agente no momento em que profere falsamente o fato definido como crime terá o condão de eliminar o seu dolo, afastando, consequentemente, a infração penal?

Embora tenha discussão a respeito, entendemos que não. Não importa se os fatos foram mencionados quando o agente se encontrava calmo ou se os proferiu no calor de alguma discussão. O que importa, de acordo com a exigência típica, é que tenha atuado com o elemento subjetivo exigido pelo delito de calúnia, ou seja, agiu com o fim de macular a honra objetiva da vítima, imputando-lhe falsamente um fato definido como crime.

Presença do ofendido

A calúnia atinge a chamada honra objetiva da vítima, isto é, o conceito que ela goza junto ao seu meio social, razão pela qual não se exige a presença do ofendido, pois que o delito se consuma quando terceiro, que não a vítima, toma conhecimento dos fatos falsos a ela atribuídos, definidos como crime.

Diferença entre calúnia e denunciação caluniosa

Para que ocorra a calúnia, basta que ocorra a imputação falsa de um fato definido como crime; para fins de configuração da denunciação caluniosa, deve ocorrer uma imputação de crime a alguém que o agente sabe inocente, sendo fundamental que o seu comportamento dê causa à instauração de inquérito policial, de procedimento investigatório criminal, de processo judicial, de processo administrativo disciplinar, de inquérito civil ou de ação de improbidade administrativa contra alguém, imputando-lhe crime, infração ético-disciplinar ou ato ímprobo de que o sabe inocente.

A calúnia, concorrendo com a denunciação caluniosa, é por esta absorvida. E sendo a mesma crime de ação pública incondicionada, seu *dominus litis* é o Ministério Público, não prevendo a lei pro-

[98] HUNGRIA, Nélson. *Comentários ao código penal*, v. VI, p. 67.

cessual penal qualquer recurso para a hipótese de deferimento por pedido de arquivamento dos autos por ele formulado (TJSP, Rec., Rel. Corrêa Dias, *RT* 608, p. 313).

Consentimento do ofendido

Tem-se entendido que a honra é um bem disponível, razão pela qual, se presentes os demais requisitos necessários à validade do consentimento – capacidade para consentir e antecedência ou concomitância do consentimento –, poderá ser afastado o delito de calúnia.

Erro de tipo

⚖ O delito de calúnia somente se caracteriza quando imputada falsamente a alguém a prática de um fato definido como crime, sendo indispensável a ciência de que essa imputação é falsa. Ocorre erro de tipo se o réu possui a certeza ou fundada suspeita de que a imputação direcionada à vítima corresponde à verdade (TJ-MG, AC 0005183-85.2010.8.13.0414, Rel. Des. Correa Camargo, *DJe* 14/05/2014).

Diferença entre a calúnia e a difamação

a) na calúnia, a imputação do fato deve ser falsa, ao contrário da difamação que não exige a sua falsidade; *b*) na calúnia, além de falso o fato, deve ser definido como crime; na difamação, há somente a imputação de um fato ofensivo à reputação da vítima, não podendo ser um fato definido como crime, podendo, contudo, consubstanciar-se em contravenção penal.

⚖ O crime de calúnia, para a sua configuração, reclama a imputação de fato específico, que seja criminoso, e a intenção de ofender à honra; enquanto para o delito de difamação pressupõe-se, para a concretização, a existência de ofensa à honra, objetivo do querelante (STF, Inq. 2915/PA, Rel. Min. Luiz Fux, Pleno, *DJe* 31/05/2013).

Diferença entre calúnia e injúria

A primeira diferença entre a calúnia e a injúria reside em que naquela existe uma imputação de *fato* e nesta o que se atribui à vítima é uma qualidade pejorativa à sua dignidade ou decoro.

Com a calúnia, atinge-se a honra objetiva, isto é, o conceito que o agente presume gozar em seu meio social; já a injúria atinge a chamada honra subjetiva, quer dizer, o conceito ou atributos que o agente tem ou acredita ter de si mesmo.

Assim, por exemplo, imputar falsamente a alguém a prática do tráfico de entorpecentes configura-se calúnia; chamar alguém de traficante de drogas caracteriza o crime de injúria.

⚖ Os crimes de calúnia e difamação ofendem a chamada honra objetiva. A consumação ocorre quando terceiro (excluídos autor e vítima) tomam

conhecimento do feito. A injúria, ao contrário, porque relativa à honra subjetiva quando a irrogação for conhecida do sujeito passivo. A decadência, relativa à injúria, tem o termo *a quo* no dia de seu conhecimento (STJ, RHC 5134/MG, Rel. Min. Luiz Vicente Cernicchiaro, 6ª T., *RJTAMG* 67, p. 503).

Foro por prerrogativa de função da exceção da verdade

Vide art. 85 do Código de Processo Penal e art. 96, III, da Constituição Federal.

⚖ Conexo os delitos contra a honra em face de autoridade com prerrogativa de foro, incumbe ao STJ o julgamento da *exceptio veritatis* já instruída (STJ, ExVerd 50/SP, Rel. Min. Luiz Fux, Corte Especial, *DJ* 21/05/2007, p. 528)

Advogado e defesa em juízo

⚖ No art. 7º, § 2º, da Lei n. 8.906/1994, a imunidade dos advogados restringe-se aos crimes de injúria e de difamação, e pressupõe que as manifestações sejam proferidas no exercício de sua atividade, ainda que fora do juízo. A prática de atos pelo advogado submete-se e restringe-se ao exame da estrita legalidade, não podendo ser invocada a imunidade profissional, que não é absoluta, para respaldar o cometimento de eventuais atos ilícitos, pois, do contrário, apresentar-se-ia de modo inconciliável com a dignidade da profissão, atentando contra todo o conjunto normativo que lhe rege o exercício regular e legítimo. Precedentes. A prática de condutas ilícitas e típicas exige a intervenção do Direito Penal (STJ, RHC 114.587/BA, Rel. Min. Sebastião Reis Júnior, 6ª T., julgado em 16/06/2020, *DJe* 26/06/2020).

Nesse sentido:

⚖ STJ, HC 396.551/SP, Rel. Min. Reynaldo Soares da Fonseca, 5ª T., *DJe* 16/10/2017; STJ, AgRg no RHC 106.978/RJ, Agravo Regimental no Recurso Ordinário em *Habeas Corpus* 2018/0345120-2, Rel.ª Min.ª Laurita Vaz, 6ª T., j. 17/12/2019, *DJe* 03/02/2020; STJ, HC 352.390/DF, Rel. Min. Jorge Mussi, 5ª T., *DJe* 1º/08/2016; STJ, RHC 48.554/MG, Rel.ª Min.ª Maria Thereza de Assis Moura, 6ª T., *DJe* 09/03/2015; *RJDTACrim*/SP 14, p. 221; STJ, HC 95930/BA, Rel. Min. Napoleão Nunes Maia Filho, 5ª T., *DJe* 16/03/2009; STJ, HC 90733/AL, Rel. Min. Felix Fischer, 5ª T., *DJe* 02/02/2009.

Início do prazo prescricional

⚖ Nos termos do art. 119 do CP, no caso de concurso de crimes, a extinção da punibilidade incidirá sobre a pena de cada um, isoladamente, e Súmula 497 do STF, quando se tratar de crime continuado, a prescrição regula-se pela pena imposta na sentença, não se computando o acréscimo decorrente da continuação. 2. Tendo em vista o *quantum* de pena fixado para o recorrente (7 meses) pela prática dos crimes do art. 232

do ECA, excluído o aumento do concurso de crimes, o prazo prescricional é de 3 (três) anos para cada crime, conforme determina o art. 109, inciso VI, do CP. Assim, constata-se a implementação da prescrição da pretensão punitiva, pois, entre a publicação da sentença condenatória (setembro/2016) até os dias de hoje, passaram-se mais de 3 anos. (...) (STJ, AgRg no REsp 1.832.213/SC, Agravo Regimental no Recurso Especial 2019/0242694-3, Rel. Min. Reynaldo Soares da Fonseca, 5ª T., julgado em 03/12/2019, *DJe* 12/12/2019).

Nesse sentido:

📖 STJ, APn 895/DF, Rel.ª Min.ª Nancy Andrighi, CE, *DJe* 07/06/2019; TJSP, EmD 1233 869/2-1, Rel. Eduardo Pereira, j. 03/05/2001.

Calúnia no Código Eleitoral

Vide art. 324 da Lei nº 4.737/65.

📖 O crime de calúnia prescrito no art. 324 do Código Eleitoral exige finalidade eleitoral para que reste configurado. Sendo o eventual crime de calúnia praticado em conversa privada por candidato ao pleito eleitoral contra pessoa não diretamente interessada nas eleições, e aparentemente sem fins de obter vantagem eleitoral, resta afastada a figura típica especial do art. 324 do Código Eleitoral e subsiste o tipo penal previsto no art. 138 do Código Penal, se for o caso (STJ, CC 72445/RS, 3ª Seção, Rel. Min. Arnaldo Esteves Lima, *DJ* 25/10/2007, p. 122).

Calúnia no Código Penal Militar

Vide art. 214 e parágrafos do Decreto-Lei nº 1.001/69 (Código Penal Militar).

Difamação

Art. 139. Difamar alguém, imputando-lhe fato ofensivo à sua reputação:

Pena – detenção, de três meses a um ano, e multa.

Exceção da verdade

Parágrafo único. A exceção da verdade somente se admite se o ofendido é funcionário público e a ofensa é relativa ao exercício de suas funções.

Introdução

Para que se configure a difamação deve existir uma imputação de fatos determinados, sejam eles falsos ou verdadeiros, à pessoa determinada ou mesmo a pessoas também determinadas, que tenha por finalidade macular a sua reputação, vale dizer, sua honra objetiva.

📖 Os crimes de calúnia e difamação exigem, para sua ocorrência, a imputação de fato certo e determinado, narrado especificamente em determinadas condições de tempo e lugar (STJ, AgRg no AREsp 1.422.649/DF, Rel. Min. Rogerio Schietti Cruz, 6ª T., julgado em 09/06/2020, *DJe* 18/06/2020).

Nesse sentido:

📖 STJ, APn 912/RJ, Rel.ª Min.ª Laurita Vaz, CE, *DJe* 22/08/2019; STJ, CC 157.328/MG, Rel. Min. Reynaldo Soares da Fonseca, 3ª S., *DJe* 05/06/2018; STF, Inq. 2915/PA, Rel. Min. Luiz Fux, Pleno, *DJe* 31/05/2013; TJSP, Processo 1176983/0, Rel. Marco Nahum, j. 15/02/2000.

Classificação doutrinária

Crime comum com relação ao sujeito ativo, bem como quanto ao sujeito passivo; formal; doloso; de forma livre; comissivo (podendo, sendo garantidor o agente, ser praticado via omissão imprópria); instantâneo; monossubjetivo; unissubsistente ou plurissubsistente (dependendo do meio de execução de que se vale o agente na sua prática, podendo haver uma concentração dos atos, ou mesmo um fracionamento do *iter criminis*, cabendo a tentativa nessa última hipótese); transeunte (como regra, pois que pode ser praticado por meios que permitam a prova pericial, a exemplo da difamação escrita).

Objeto material e bem juridicamente protegido

A honra objetiva é o bem juridicamente protegido pelo tipo penal que prevê o delito de difamação, sendo nesse caso visualizada por meio da reputação da vítima no seu meio social.

Objeto material é a pessoa contra a qual são dirigidos os fatos ofensivos à sua honra objetiva.

Sujeito ativo e sujeito passivo

Crime comum quanto ao sujeito ativo, a difamação pode ser praticada por qualquer pessoa.

Da mesma forma, qualquer pessoa pode ser considerada sujeito passivo do delito em estudo, não importando se pessoa física ou jurídica.

Consumação e tentativa

Tem-se por consumada a infração penal quando terceiro, que não a vítima, toma conhecimento dos fatos ofensivos à reputação desta última.

📖 Consuma-se o crime de difamação quando a imputação chega ao conhecimento de outrem que não a vítima (STF, RHC, Rel. Min. Alfredo Buzaid, *RT* 591, p. 412).

Às vezes nos soa um pouco ilógico entender que a consumação se dá quando terceiro toma conhecimento dos fatos ofensivos à reputação da vítima, mas exigimos, em geral, que esses mesmos fatos cheguem ao conhecimento dela para que, se for da sua vontade, possa ser proposta ação penal contra o agente difamador, no prazo de 6 (seis) meses, sob pena de ocorrer a decadência do seu direito de ação.

Deve ser frisado, por oportuno, que, embora o prazo decadencial de 6 (seis) meses seja contado do dia em que a vítima vem a saber quem é o autor do crime, conforme determina o art. 38 do Código de Processo Penal, a afirmação do momento de consumação do delito possui outros efeitos, a exemplo da contagem do prazo prescricional.

Assim, o art. 111 do Código Penal assevera:

Art. 111. A prescrição, antes de transitar em julgado a sentença final, começa a correr:

I – do dia em que o crime se consumou;

[...].

Dessa forma, no caso dos crimes de calúnia e difamação, em que se protege a honra objetiva da vítima, teremos contagens de prazos diferentes. A primeira destinada ao reconhecimento da prescrição, ou pelo menos a fim de indicar o primeiro marco para sua contagem, vale dizer, a data em que o crime se consumou, isto é, quando terceiro, que não a vítima, tomou conhecimento dos fatos, com as características que lhe são peculiares na calúnia e na difamação; a segunda, quando a vítima deles toma conhecimento, tem por finalidade o início da contagem do prazo decadencial, quando já se conhece sua autoria, destinado, por exemplo, ao oferecimento da queixa-crime.

Discute-se, ainda, sobre a possibilidade de tentativa no crime de difamação. O mesmo raciocínio que levamos a efeito quando estudamos o delito de calúnia aplica-se à difamação. O fundamental será apontar os meios utilizados na prática do delito, o que fará com que visualizemos se estamos diante de um crime monossubsistente ou plurissubsistente.

Se monossubsistente, não se admite tentativa, pois que os atos que integram o *iter criminis* não podem ser fracionados. Se *plurissubsistentes*, torna-se perfeitamente admissível a tentativa. Assim, se a difamação for verbal, proferida por meio de palavras, não se admite o *conatus*, pois, ou os fatos ofensivos à reputação da vítima são verbalizados com terceiros, consumando a infração penal, ou o agente se cala nem sequer ultrapassa a fase da cogitação; ao contrário, pode ser que na difamação escrita os fatos somente não cheguem ao conhecimento de terceiro por circunstâncias alheias à vontade do agente, como no exemplo em que o agente vai até a agência dos correios e envia a carta ao seu destinatário, contendo a exposição de fatos ofensivos à reputação da vítima, que acaba se extraviando ou mesmo se perdendo, dada a ocorrência de um incêndio na agência dos correios ou coisa parecida.

Não podemos deixar de reconhecer, nessa hipótese, que o agente, ao postar a carta na agência dos Correios, deu início à execução de um crime de difamação que só não se consumou por circunstâncias alheias à sua vontade.

É claro que a hipótese é acadêmica, pois que, se a carta se perdeu no incêndio da agência dos Correios, a vítima jamais tomará conhecimento do seu conteúdo e, consequentemente, não saberá da ofensa à sua honra objetiva. Assim, se não souber da difamação, não dará início, obviamente, à ação penal.

Elemento subjetivo

O delito de difamação somente admite a modalidade dolosa, seja o dolo direto, seja mesmo eventual, não sendo punível a difamação culposa, por ausência de previsão legal.

A honra apresenta caráter personalíssimo, constituindo-se em atributo inarredável da personalidade individual. Assim, quando se fala em calúnia, injúria e difamação, está-se, na verdade, cogitando de ofensa à honra de uma determinada pessoa, individualmente considerada. Precedentes do STJ e do STF. 5. Assim, em se tratando de crimes contra a honra, deve ficar clara a intenção do agente de macular a honra alheia de pessoa determinada. Sem o dolo específico e sem a individualização da vítima, não se pode falar em crimes de calúnia, difamação ou injúria (STJ, AgRg no REsp 1.824.447/RS, Rel. Min. Ribeiro Dantas, 5ª T., julgado em 06/02/2020, *DJe* 12/02/2020).

Nesse sentido:

STJ, AgInt no REsp 1.548.520/MG, Rel. Min. Sebastião Reis Junior, 6ª T., *DJe* 22/06/2016; STJ, AgRg no AREsp 482.234/SP, Rel. Min. Gurgel de Faria, 5ª T., *DJe* 02/06/2015; TJDF, Rec. 2009.01.1.046817-6, Rel. Des. Arnoldo Camanho, *DJDFTE* 16/03/2010, p. 165.

Exceção da verdade

Como regra, não é admitida a exceção da verdade no delito de difamação, pois que, mesmo sendo verdadeiros os fatos ofensivos à reputação da vítima, ainda assim se concluirá pela tipicidade da conduta levada a efeito pelo agente.

Dessa forma, de nada adiantaria comprovar que os fatos divulgados pelo agente são verdadeiros, uma vez que, ainda assim, se consubstanciariam na infração penal tipificada no art. 139 do Código Penal.

Contudo, o parágrafo único do mencionado art. 139 ressalvou admitir a *exceptio veritatis* se o ofendido é funcionário público e se a ofensa é relativa ao exercício de suas funções.

A exceção da verdade é meio processual de defesa, é instituto de defesa indireta do réu, podendo ser apresentada nos processos em que se apuram crimes de calúnia e de difamação, quando praticados em detrimento de funcionário público no exercício de suas funções. Tem-se entendido que referido instituto defensivo deve ser apresentado na primeira oportunidade em que a defesa se manifestar nos autos. No entanto, o rito dos processos que tramitam em tribunais superiores prevê a apresentação de defesa preliminar antes mesmo do recebimento da denúncia, no prazo de 15 (quinze) dias, conforme dispõe o art. 4º da Lei nº 8.038/90. Prevê, ademais, após o recebimento da denúncia, o prazo de 5 (cinco) dias para a defesa prévia, contado do interrogatório ou da intimação do defensor dativo, nos termos do art. 8º da referida Lei (STJ, HC

202.548/MG, Rel. Min. Reynaldo Soares da Fonseca, 5ª T., *DJe* 1º/12/2015).

Nesse sentido:

⚖ STJ, AgRg na ExVerd 22/ES, Rel.ª Min.ª Eliana Calmon, *JSTJ* 14, p. 55, *RSTJ* 130, p. 17.

Foro Privilegiado

⚖ É da competência do Superior Tribunal de Justiça o julgamento da exceção da verdade quando o excepto é autoridade com foro privilegiado sujeito à sua jurisdição (STJ, ExVerd 42/ES, Corte especial, Rel. Min. Hamilton Carvalhido, *DJ* 03/09/2007, p. 109).

Nesse sentido:

⚖ STJ, AgRg na ExVerd 21/CE, Rel.ª Min.ª Eliana Calmon, CE, *JSTJ* 22, p. 89.

Excepto que deixou de exercer a função pública

⚖ Revela-se inadmissível, no presente caso, o processamento da exceção da verdade, porquanto o excepto não mais exerce qualquer função pública, o que, na lição de abalizada doutrina (*v.g.*, Heleno Cláudio Fragoso; Magalhães Noronha; Nelson Hungria; Adalberto José Q. T. de Camargo Aranha e Luis Régis Prado), retira a justificativa para a medida, excepcional, no caso do delito de difamação. Agravo regimental desprovido (STJ, AgRg nos EDcl na ExVerd 52/DF, Corte especial, Rel. Min. Felix Fischer, *DJ* 27/03/2008, p. 1).

Pena, ação penal, competência para julgamento e suspensão condicional do processo

A pena cominada ao delito de difamação é de detenção, de 3 (três) meses a 1 (um) ano, e multa.

A pena será aumentada de um terço, nos termos do *caput* do art. 141 do Código Penal, se a difamação for cometida:

I – *contra o Presidente da República, ou contra chefe de governo estrangeiro;*

II – *contra funcionário público, em razão de suas funções, ou contra os Presidentes do Senado Federal, da Câmara dos Deputados ou do Supremo Tribunal Federal;*

III – *na presença de várias pessoas, ou por meio que facilite a divulgação da calúnia, da difamação ou da injúria;*

IV – *contra criança, adolescente, pessoa maior de 60 (sessenta) anos ou pessoa com deficiência, exceto na hipótese prevista no § 3º do art. 140 deste Código.*
[...].

Poderá a pena, ainda, vir a ser dobrada se a difamação for cometida mediante paga ou promessa de recompensa, conforme preconiza o parágrafo primeiro do art. 141 do diploma repressivo.

Determina, ainda, o § 2º do art. 141 do CP que se o crime é cometido ou divulgado em quaisquer modalidades das redes sociais da rede mundial de computadores, aplica-se em triplo a pena.

Conforme o disposto no § 3º do art. 141 do Código Penal, se o crime é cometido contra a mulher por razões da condição do sexo feminino, nos termos do § 1º do art. 121-A do Código Penal, aplica-se a pena em dobro.

A ação penal será de iniciativa privada, de acordo com o *caput* do art. 145 do Código Penal, sendo, contudo, de iniciativa pública condicionada à requisição do Ministro da Justiça quando o delito for praticado contra o Presidente da República ou chefe de governo estrangeiro, ou de iniciativa pública condicionada à representação do ofendido quando o crime for cometido contra funcionário público, em razão de suas funções, de acordo com o parágrafo único do art. 145 do Código Penal, com a nova redação que lhe foi conferida pela Lei nº 12.033, de 29 de setembro de 2009.

O STF, por intermédio da Súmula nº 714, assim se posicionou:

⚖ *Súmula nº 714. É concorrente a legitimidade do ofendido, mediante queixa, e do Ministério Público, condicionada à representação do ofendido, para a ação penal por crime contra a honra de servidor público em razão do exercício de suas funções.*

Compete, pelo menos inicialmente, ao Juizado Especial Criminal o processo e julgamento do delito tipificado no art. 139 do Código Penal, tendo em vista que a pena máxima cominada em abstrato não ultrapassa o limite de 2 (dois) anos, nos termos do art. 61 da Lei nº 9.099/95, com a nova redação que lhe foi dada pela Lei nº 11.313, de 28 de junho de 2006.

Será possível a confecção de proposta de suspensão condicional do processo, de acordo com o art. 89 da Lei nº 9.099/95.

⚖ A determinação da competência territorial para a apuração de crimes contra a honra praticados na internet relaciona-se ao local no qual as redes sociais são alimentadas, no qual ocorre a divulgação do conteúdo supostamente ofensivo. Precedentes (STJ, APn 895/DF, Rel.ª Min.ª Nancy Andrighi, CE, *DJe* 07/06/2019).

Consentimento do ofendido

Sendo a honra um bem de natureza disponível, nada impede que a suposta vítima, desde que capaz, consinta em ser difamada pelo agente.

Presença do ofendido

Não há necessidade da presença do ofendido para que o delito se consume.

Pessoa jurídica como sujeito passivo da difamação

Entendemos que a pessoa jurídica pode ser sujeito passivo do crime de difamação, uma vez que, possuindo honra objetiva, esta poderá ser afetada em virtude da conduta praticada pelo agente, levada a efeito para denegrir sua imagem perante a sociedade, podendo, com esse comportamento, macular, por exemplo, sua credibilidade etc. No entanto, a jurisprudência não é pacífica quanto a essa possibilidade.

⚖ A pessoa jurídica, por não ser uma pessoa natural, não possui honra subjetiva, estando, portanto, imune às violências a esse aspecto de sua personalidade, não podendo ser ofendida com atos que atinjam a sua dignidade, respeito próprio e autoestima (STJ, REsp 1.650.725/MG, Rel.ª Min.ª Nancy Andrighi, 3ª T., *DJe* 26/05/2017).

Nesse sentido:

⚖ STF, RHC 83091/DF, Rel. Min. Marco Aurélio, 1ª T., j. 05/08/2003.

Em sentido contrário:

⚖ STJ, AgRg no Ag 672522/PR, Rel. Min. Felix Fischer, 5ª T., *DJ* 17/10/2005, p. 335.

Difamador sem credibilidade

Da mesma forma como ocorre com o delito de calúnia, não importa à configuração da difamação a falta de credibilidade do agente. Aquele que, costumeiramente, tem o hábito de falar mal das pessoas, imputando fatos ofensivos à reputação delas, deverá ser responsabilizado pelo delito de difamação, a partir do instante em que terceira pessoa, que não a vítima, toma conhecimento dos fatos.

Divulgação ou propalação da difamação

Embora não exista regra expressa nesse sentido, obviamente que quem propala ou divulga uma difamação deve responder por esse delito, uma vez que tanto o propalador quanto o divulgador são, da mesma forma, difamadores. Aquele que toma conhecimento, por meio de terceiros, de fatos ofensivos à reputação da vítima e, por sua vez, leva adiante a notícia difamatória também deve ser considerado um agente difamador.

Difamação dirigida à vítima

Luiz Regis Prado, analisando o tema, preleciona: "Caso a imputação seja dirigida diretamente à pessoa visada, sem que seja ouvida, lida ou percebida por terceiro, não configura a difamação, mesmo que aquela a revele a outrem".[99] Contudo, isso não quer dizer, segundo entendemos, que o agente não deva ser responsabilizado por qualquer infração penal. Se das imputações difamatórias a vítima puder extrair fatos que, mesmo que indiretamente, venham atingir a sua honra subjetiva, poderá o agente também responder pelo delito de injúria.

Vítima que conta os fatos a terceira pessoa

Se a própria vítima é quem se encarrega de contar a terceiros a imputação ofensiva que lhe foi feita pelo agente, não restará caracterizada a difamação, mas tão somente o delito de injúria, de menor gravidade comparativamente ao crime de difamação.

Agente que escreve fatos ofensivos à honra da vítima em seu diário

Não se configura o delito.

Exceção de notoriedade

Ao contrário do que ocorre com o delito de calúnia, a exceção de notoriedade não tem qualquer efeito no que diz respeito ao reconhecimento da difamação, uma vez que, nesta última, não há necessidade de que o fato atribuído seja falso, podendo ser verdadeiro, e mais, de conhecimento público.

Difamação no Código Eleitoral

Vide art. 325 da Lei nº 4.737/65.

⚖ Os crimes de difamação e injúria prescritos, respectivamente, nos arts. 325 e 326 do Código Eleitoral, exigem finalidade eleitoral para que restem configurados. Ou seja, esse tipo de delito "somente se concretiza quando eventual ofensa ao decoro ou à dignidade ocorrer em propaganda eleitoral ou com fins de propaganda" (CC 134.005/PR, Rel. Min. Rogério Schietti Cruz, S. 3, *DJe* 16/06/2014) (STJ, CC 123.057/BA, Rel. Min. Ribeiro Dantas, S. 3, *DJe* 19/05/2016).

Nesse sentido:

⚖ TJSP, Queixa-Crime 4939333000, 4ª Câm. Direito Criminal, Rel. Des. Luiz Antonio de Salles Abreu, reg. 30/08/2007.

Difamação no Código Penal Militar

Vide art. 215 do Decreto-Lei nº 1.001/69 (Código Penal Militar).

Injúria

Art. 140. Injuriar alguém, ofendendo-lhe a dignidade ou o decoro:

Pena – detenção, de 1 (um) a 6 (seis) meses, ou multa.

§ 1º O juiz pode deixar de aplicar a pena:

I – quando o ofendido, de forma reprovável, provocou diretamente a injúria;

II – no caso de retorsão imediata, que consista em outra injúria.

§ 2º Se a injúria consiste em violência ou vias de fato, que, por sua natureza ou pelo meio empregado, se considerem aviltantes:

Pena – detenção, de 3 (três) meses a 1 (um) ano, e multa, além da pena correspondente à violência.

---

[99] PRADO, Luiz Regis. *Curso de direito penal brasileiro*, v. 2, p. 239.

§ 3º Se a injúria consiste na utilização de elementos referentes a religião ou à condição de pessoa idosa ou com deficiência:
Pena – reclusão, de 1 (um) a 3 (três) anos, e multa.

Introdução

De todas as infrações penais tipificadas no Código Penal que visam proteger a honra, a injúria, na sua modalidade fundamental, é a considerada menos grave. Entretanto, por mais paradoxal que possa parecer, a injúria se transforma na mais grave infração penal contra a honra quando consiste na utilização de elementos referentes à raça, cor, etnia, religião, origem ou à condição de pessoa idosa ou portadora de deficiência, sendo denominada, aqui, de *injúria preconceituosa*, cuja pena a ela cominada se compara àquela prevista para o delito de homicídio culposo, sendo, até mesmo, mais severa, pois que ao homicídio culposo se comina uma pena de *detenção*, de 1 (um) a 3 (três) anos, e na injúria preconceituosa uma pena de *reclusão*, de 1 (um) a 3 (três) anos e multa, sendo discutida sua proporcionalidade comparativamente às demais infrações penais.

Numa posição intermediária, situa-se a injúria real, prevista pelo § 2º do art. 140 do Código Penal, cuja pena se compara à do delito de difamação.

Portanto, resumindo, o Código Penal trabalha com três espécies de injúria:

a) *injúria simples*, prevista no *caput* do art. 140;
b) *injúria real*, consignada no § 2º do art. 140;
c) *injúria preconceituosa*, tipificada no § 3º do art. 140.

Ao contrário da calúnia e da difamação, com a tipificação do delito de injúria busca-se proteger a chamada *honra subjetiva*, ou seja, o conceito, em sentido amplo, que o agente tem de si mesmo.

Esclarece Aníbal Bruno: "Injúria é a palavra ou gesto ultrajante com que o agente ofende o sentimento de dignidade da vítima. O Código distingue, um pouco ociosamente, dignidade e decoro. A diferença entre esses dois elementos do tipo é tênue e imprecisa, o termo dignidade podendo compreender o decoro. Entre nós costumava-se definir a dignidade como o sentimento que tem o indivíduo do seu próprio valor social e moral; o decoro como a sua respeitabilidade. Naquela estariam contidos os valores morais que integram a personalidade do indivíduo; neste as qualidades de ordem física e social que conduzem o indivíduo à estima de si mesmo e o impõem ao respeito dos que com ele convivem. Dizer de um sujeito que ele é trapaceiro seria ofender sua dignidade. Chamá-lo de burro, ou de coxo seria atingir seu decoro."[100]

Assim, portanto, de acordo com uma eleição não muito clara das situações, como bem destacado por Aníbal Bruno, o Código Penal faz uma distinção entre o ataque à *honra/dignidade* e à *honra/decoro* do ofendido.

Como regra, na injúria não existe imputação de fatos, mas, sim, de atributos pejorativos à pessoa do agente. Dessa forma, chamá-lo de bicheiro configura-se como injúria; dizer à terceira pessoa que a vítima está "bancando o jogo do bicho" caracteriza difamação.

⚖ A configuração do crime de injúria reclama, pois, além de a conduta ser capaz de lesar a dignidade ou o decoro da pessoa ofendida, que ela tenha sido praticada com a presença de especial fim de agir, correspondente à vontade de ofender e denegrir a honra do ofendido, o que é denominado pela doutrina de *animus injuriandi* (STJ, APn 895/DF, Rel.ª Min.ª Nancy Andrighi, CE, *DJe* 07/06/2019).

Nesse sentido:

⚖ STJ, APn 884/DF, Rel. Min. Benedito Gonçalves, CE, *DJe* 10/05/2018; STJ, APn 813/DF, Rel. Min. Felix Fischer, CE, *DJe* 12/04/2016.

Importante destacar a impossibilidade de se punir o agente por fatos que traduzem, no fundo, a mesma ofensa. No exemplo citado, mesmo tendo o agente falado com terceira pessoa, na presença da vítima, que esta se enriqueceu à custa de ter explorado o jogo do bicho, afirmando, logo em seguida, ser o ofendido bicheiro, não podemos considerar uma mesma situação fática para imputar duas infrações penais diferentes ao agente, que nesse caso são a difamação e a injúria. Aqui, a infração mais grave, a difamação, absorverá a infração penal menos grave, a injúria.

Classificação doutrinária

Crime comum com relação ao sujeito ativo, bem como quanto ao sujeito passivo; doloso; formal; de forma livre; comissivo (podendo ser praticado omissivamente, se o agente gozar do *status* de garantidor); instantâneo; monossubjetivo; unissubsistente ou plurissubsistente (dependendo do meio utilizado na prática do delito); transeunte (como regra, ressalvada a possibilidade de se proceder à perícia nos meios utilizados pelo agente ao cometimento da infração penal).

Objeto material e bem juridicamente protegido

A honra subjetiva é o bem juridicamente protegido pelo tipo penal que prevê o delito de injúria, o qual, segundo Muñoz Conde, se traduz "na consciência e no sentimento que tem a pessoa de sua própria valia e prestígio, quer dizer, a *autoestima*".[101]

Objeto material do delito de injúria é a pessoa contra a qual é dirigida a conduta praticada pelo agente.

---

[100] BRUNO, Aníbal. *Crimes contra a pessoa*, p. 300.
[101] MUÑOZ CONDE, Francisco. *Derecho penal – parte especial*, p. 274.

Sujeito ativo e sujeito passivo

Qualquer pessoa pode ser sujeito ativo do delito de injúria. É regra geral que qualquer pessoa física possa ser considerada como sujeito passivo da mencionada infração penal, sendo de todo impossível que a pessoa jurídica ocupe também essa posição, haja vista que a pessoa moral não possui honra subjetiva a ser protegida, mas tão somente honra objetiva.

Conforme observa Fernando Galvão:

"Como a injúria ofende a honra subjetiva da vítima, não podem ser sujeitos passivos do crime em exame a pessoa morta e a pessoa jurídica, pois estas não possuem a capacidade para o sentimento da própria honorabilidade ou respeitabilidade."[102]

Quando se trata de pessoa jurídica, o tema da ofensa à honra propõe uma distinção inicial: a honra subjetiva, inerente à pessoa física, que está no psiquismo de cada um e pode ser ofendida com atos que atinjam a sua dignidade, respeito próprio, autoestima etc. causadores de dor, humilhação, vexame; a honra subjetiva, externa ao sujeito, que consiste no respeito, admiração, apreço, consideração que os outros dispensam à pessoa. Por isso se diz ser a injúria um ataque à honra subjetiva, à dignidade da pessoa, enquanto a difamação é ofensa à reputação que o ofendido goza no âmbito social onde vive. A pessoa jurídica, criação da ordem legal, não tem capacidade de sentir emoção e dor, estando por isso desprovida de honra subjetiva e imune à injúria (TJ-DFT, 20120410068715APC, Rel. Des. João Egmont, *DJe* 02/04/2014).

Trabalhando com o critério da razoabilidade, não há qualquer problema em se afirmar que os inimputáveis podem ser considerados sujeitos passivos da injúria.

Consumação e tentativa

Considerando que o delito atinge a honra subjetiva, consuma-se a injúria no momento em que a vítima toma conhecimento das palavras ofensivas à sua dignidade ou decoro.

Entretanto, não se faz necessária a presença da vítima no momento em que o agente profere, por exemplo, as palavras que são ofensivas à sua honra subjetiva. Assim, se alguém, em conversa com terceiro, chama a vítima de mau-caráter e esta vem a saber disso pouco tempo depois, o delito de injúria se consuma quando ela toma conhecimento, mas não exige a sua presença no momento em que a agressão à sua honra é proferida.

Dependendo do meio utilizado na execução do crime de injúria, será perfeitamente possível o reconhecimento da tentativa.

A respeito do delito de injúria, é sabido que, para seu cometimento, não se imputa um fato determinado, mas é irrogado juízo de valor, contendo qualificação negativa ou defeitos que importam menoscabo, ultraje ou vilipêndio de determinada pessoa. No caso, as expressões tidas como injuriosas são genéricas e dirigidas de forma indeterminada. Na resposta escrita acostada aos autos, a querelada desfaz qualquer ilação de que tenham tais expressões sido irrogadas diretamente ao querelante quando afirma que "não direcionou suas palavras a nenhuma das partes específicas do processo, mas sim aos envolvidos, visando à pacificação dos ânimos" (STJ, APn 881/DF, Rel. Min. Og Fernandes, Corte Especial, julgado 15/08/2018, *DJe* 21/08/2018).

Nesse sentido:

TJSP, Processo 1247491/5, Rel. Osni de Souza, j. 19/04/2001.

Elemento subjetivo

É o dolo, seja ele direto ou mesmo eventual. Há necessidade do chamado *animus injuriandi*, pois, caso contrário, o fato será atípico. Assim, as palavras, por exemplo, ditas com *animus jocandi*, ou seja, com a intenção de brincar com a vítima, mesmo que essa última seja extremamente sensível, não poderão configurar o delito de injúria.

Desde os praxistas que se diz que quando as palavras são injuriosas, presume-se a intenção de injuriar. Ainda que a Querelante tivesse adotado, como disse o Querelado, atitudes agressivas a ele, ofensivas, desmoralizando-o, sua reação não poderia ser a que teve, pois poderia processá-la, por ele ser uma autoridade, um magistrado, uma pessoa de alta qualificação, um intelectual com alta estima perante a sociedade. No entanto, preferiu o Querelado usar de palavras que depreciam fortemente a querelante. (...) (STJ, APn 886/DF, Rel. Min. Mauro Campbell Marques, Rel. p/ Acórdão Min. Napoleão Nunes Maia Filho, Corte Especial, julgado em 23/09/2019, *DJe* 24/10/2019).

Nesse sentido:

STJ, APn 895/DF, Rel.ª Min.ª Nancy Andrighi, CE, *DJe* 07/06/2019; STJ, HC 396.551/SP, Rel. Min. Reynaldo Soares da Fonseca, 5ª T., *DJe* 16/10/2017; TJ-RJ, AC 0024167-30.2015.8.19.0203, Rel. Des. Manoel Tavares Cavalcanti, *DJe* 29/07/2016.

A injúria não admite a modalidade culposa, em face da inexistência de previsão legal.

Meios de execução e formas de expressão da injúria

São inigualáveis as linhas escritas por Hungria, nas quais ele procura demonstrar a diversidade dos meios e formas que podem ser utilizados no cometimento do delito de injúria, razão pela qual nos permitimos transcrevê-las integralmente: "Variadíssimos são os meios pelos quais se pode cometer a injúria. São, afinal, todos os meios de expressão do pensamento: a palavra oral, escrita, impressa ou reproduzida mecanicamente, o desenho, a imagem, a caricatura, a pin-

102 GALVÃO, Fernando. *Direito penal* – crimes contra a pessoa, p. 298.

tura, a escultura, a alegoria ou símbolo, gestos, sinais, atitudes, atos. Há toda uma série de *atos* reputados injuriosos, ainda que não compreendidos na órbita especial do § 2º do art. 140: a esputação sobre alguém, ainda que sem atingir o alvo; o beijo dado contra a vontade de quem o recebe e sem fim libidinoso (pois, do contrário, será crime *contra os costumes);*[103] afixar rabo em alguém; apresentar capim ou milho a uma pessoa, dizendo-lhe: 'come'; promover um funeral fictício etc. Um caso interessante pode ser figurado: certo indivíduo, para vingar-se de um seu desafeto, ensina a um papagaio a insultá-lo. A solução deve ser idêntica à do caso do *mandatário irresponsável*: a palavra do papagaio é como se fora a própria palavra do seu dono. Até mesmo simples *sons* podem ser insultantes. Exemplos: imitar o uivo do cão, o ornejo do asno ou o ruído de gases intestinais, para vexar uma cantora ou um orador.

Multifária é, igualmente, a forma da injúria. Pode esta ser *direta ou oblíqua* (mediata); direta, quando se refere a qualidades desonrosas inerentes ao ofendido; oblíqua quando atinge uma pessoa particularmente cara ao ofendido (exemplo: 'teu filho é um canalha')... Da injúria oblíqua distingue-se a injúria *reflexa*, isto é, a que atinge também alguém em ricochete. Exemplo: quando se diz de um homem casado que é 'cornudo', injuria-se também a sua esposa.

A injúria pode ser também:

a) *explícita* (expressa de modo franco e positivo) ou *equívoca* (ambígua, velada, fugidia);

b) *implícita* ou *per argumentum a contrario* (exemplo: 'não vou à festa em sua casa porque não sou um desclassificado'; 'não posso deixar-me ver em tua companhia, porque não sou um ladrão');

c) *por exclusão* (como quando declaro honestas determinadas pessoas de um grupo, omitindo referência às demais);

d) *interrogativa* ('será você um gatuno?');

e) *dubitativa* ou *suspeitosa* ('talvez seja Fulano um intrujão');

f) *irônica* (quando alguém, como dizia Farinácio, *'alteri dicit aliquid bonum, sed ironice etc. um animo injuriandi'*);

g) *reticente* ou *elíptica* ('a senhora X, formosa e... modelar');

h) *por fingido quiprocó* ('o meretríssimo, digo, meritíssimo juiz');

i) *condicionada* ou *por hipótese* (quando se diz de alguém que seria um canalha, se tivesse praticado tal ou qual ação, sabendo-se que ele realmente a praticou);

j) *truncada* ('a senhora X não passa de uma p...');

k) *simbólica* (dar-se o nome de alguém a um cão ou asno; imprimir o retrato de alguém em folhas de papel higiênico; pendurar chifres à porta de um homem casado)."[104]

Realmente, a capacidade de imaginação e a precisão no raciocínio são características marcantes em Hungria, que conseguiu, como nenhum outro, quase esgotar as possibilidades de meios de execução e formas no cometimento do delito de injúria.

Perdão judicial

É considerado como uma faculdade do julgador e ocorrerá, nos termos dos incs. I e II do § 1º do art. 140 do Código Penal quando: *a)* o ofendido, de forma reprovável, provocou diretamente a injúria e; *b)* no caso de retorsão imediata, que consista em outra injúria.

Em sentido contrário, Yuri Carneiro Coêlho assevera que:

"Se o juízo reconhecer as hipóteses aqui previstas, trata-se de direito público subjetivo do réu, que entendemos não pode ser negado, ou seja, com o reconhecimento na sentença da situação geradora da possibilidade de concessão do perdão judicial, deve o magistrado concedê-la."[105]

⚖ Se o próprio ofendido, de certa forma, provocou a atitude injuriosa do réu, insinuando fato ofensivo ao mesmo, pode o juiz deixar de aplicar a pena. É a hipótese do perdão judicial, que se inclui entre as causas de extinção de punibilidade (TASP, Ap. 17291, Rel. Mendes Franca, *RT* 290, p. 292).

Nesse sentido:

⚖ TJRJ, Ap. Crim. 2007.050.02400, 4ª Câm. Crim., Rel. Des. Francisco José de Azevedo, j. 11/09/2007.

Modalidades qualificadas

O art. 140 do Código Penal prevê, em seus §§ 2º e 3º, duas modalidades qualificadas de injúria.

A primeira delas, denominada *injúria real*, ocorre quando a injúria consiste em violência ou vias de fato, que, por sua natureza ou pelo meio empregado, são consideradas aviltantes.

⚖ Injúria real. Condenação que se afasta porque não caracterizados os elementos normativos violência e vias de fato infamantes (TJRJ, Embargos Infringentes e de Nulidade 2007.054.00059, 3ª Câm. Crim., Rel. Des. Marco Aurélio Bellizze, j. 12/06/2007).

A segunda, reconhecida como *injúria preconceituosa*, diz respeito à injúria praticada com a utilização de elementos referentes à religião ou à condição de pessoa idosa ou com deficiência.

⚖ Quando a ação penal pública depender de representação do ofendido ou de seu representante legal, tal manifestação de vontade, condição específica de procedibilidade sem a qual é inviável a propositura do

---

[103] Atualmente, considerados como crimes contra a dignidade sexual, de acordo com a redação que lhe foi dada pela Lei nº 12.015, de 7 de agosto de 2009.

[104] HUNGRIA, Nélson. *Comentários ao código penal*, v. VI, p. 95-96.

[105] COÊLHO, Yuri Carneiro. *Curso de direito penal didático*, p. 548-549.

processo criminal pelo *dominus litis*, não exige maiores formalidades, sendo desnecessário que haja uma peça escrita nos autos do inquérito ou da ação penal com *nomen iuris* de representação, bastando que reste inequívoco o seu interesse na persecução penal (RHC 62.405/SC, Rel. Min. Ribeiro Dantas, Quinta Turma, *DJe* 09/11/2016). (STJ, AgRg no AREsp 1.411.657/PB, Rel. Min. Reynaldo Soares da Fonseca, 5ª T., julgado em 27/08/2019, *DJe* 10/09/2019).

Nesse sentido:

STJ, APn 829/DF, Rel.ª Min.ª Laurita Vaz, CE, *DJe* 07/10/2016; TJRJ, Emb. Inf. 0001978-62.2005.8.19.0024, Rel.ª Des.ª Maria Angélica Guedes, j. 31/08/2012; TJSP, RESE 10839283500, 5ª Câm. de Direito Criminal, Rel. Des. Carlos Biasotti, reg. 20/12/2007; STJ, RHC 19166/RJ, Rel. Min. Felix Fischer, 5ª T., *DJ* 20/11/2006, p. 342.

Pena, ação penal, competência para julgamento e suspensão condicional do processo

O preceito secundário do art. 140, *caput*, do Código Penal comina ao crime de injúria simples a pena de detenção, de 1 (um) a 6 (seis) meses, ou multa; para a injúria real foi prevista a pena de detenção, de 3 (três) meses a 1 (um) ano, e multa, além da pena correspondente à violência; finalmente, ao delito de injúria preconceituosa, entendeu por bem o legislador em cominar uma pena de reclusão, de 1 (um) a 3 (três) anos e multa.

A pena será aumentada de um terço, nos termos do *caput* do art. 141 do Código Penal, se a injúria for cometida:

I – *contra o Presidente da República, ou contra chefe de governo estrangeiro;*

II – *contra funcionário público, em razão de suas funções, ou contra os Presidentes do Senado Federal, da Câmara dos Deputados ou do Supremo Tribunal Federal;*

III – *na presença de várias pessoas, ou por meio que facilite a divulgação da calúnia, da difamação ou da injúria;*

IV – *contra criança, adolescente, pessoa maior de 60 (sessenta) anos ou pessoa com deficiência, exceto na hipótese prevista no § 3º do art. 140 deste Código.*

Poderá, ainda, vir a ser dobrada, se a injúria for cometida mediante paga ou promessa de recompensa, conforme determina o § 1º, do art. 141 do diploma repressivo.

Determina, ainda, o § 2º do art. 141 do CP que se o crime é cometido ou divulgado em quaisquer modalidades das redes sociais da rede mundial de computadores, aplica-se em triplo a pena.

Conforme o disposto no § 3º do art. 141 do Código Penal, se o crime é cometido contra a mulher por razões da condição do sexo feminino, nos termos do § 1º do art. 121-A do CP, aplica-se a pena em dobro.

A ação penal será de iniciativa privada, conforme determina o *caput* do art. 145 do Código Penal, sendo, contudo, de iniciativa pública condicionada à requisição do Ministro da Justiça, quando o delito for praticado contra o Presidente da República ou chefe de governo estrangeiro, ou de iniciativa pública condicionada à representação do ofendido quando o crime for cometido contra funcionário público, em razão de suas funções, como também na hipótese de injúria preconceituosa, prevista no § 3º do art. 140 do Código Penal, nos termos do parágrafo único do art. 145 do mesmo diploma repressivo, com a nova redação que lhe foi conferida pela Lei nº 12.033, de 29 de setembro de 2009.

O STF, por intermédio da Súmula nº 714, assim se posicionou:

Súmula nº 714. *É concorrente a legitimidade do ofendido, mediante queixa, e do Ministério Público, condicionada à representação do ofendido, para a ação penal por crime contra a honra de servidor público em razão do exercício de suas funções.*

No caso de injúria real, se da violência empregada resultar lesão corporal, a ação penal será de iniciativa pública incondicionada, nos termos do art. 145 do Código Penal.

Compete, pelo menos inicialmente, ao Juizado Especial Criminal o processo e julgamento do delito tipificado no art. 140 do Código Penal, tendo em vista que a pena máxima cominada em abstrato não ultrapassa o limite de 2 (dois) anos, nos termos do art. 61 da Lei nº 9.099/95, com a nova redação que lhe foi dada pela Lei nº 11.313, de 28 de junho de 2006, excepcionando-se a chamada injúria preconceituosa, prevista no § 3º do art. 140 do Código Penal, cuja pena máxima cominada é de 03 (três) anos.

Será possível a confecção de proposta de suspensão condicional do processo nas três modalidades de injúria – simples, real e preconceituosa –, desde que, neste último caso, não incida a majorante prevista no art. 141 do Código Penal.

A condição de procedibilidade da ação penal condicionada deve ser reconhecida quando constatado que, logo depois dos fatos, a vítima compareceu à delegacia para relatar a suposta injúria racial, registrou o boletim de ocorrência, levou testemunha para prestar declarações e assinou o termo, pois inequívoca sua intenção de promover a responsabilidade penal do agente. Precedente (STJ, HC 349.938/SP, Rel. Min. Sebastião Reis Junior, 6ª T., *DJe* 12/04/2016).

Procedimento criminal

Vide arts. 519 a 523 do CPP.

Contexto da injúria

O contexto em que a "injúria" é cometida é fundamental para a sua configuração, oportunidade em que se verificará o dolo do agente, ou seja, a finalidade que tem de ultrajar a honra subjetiva da vítima, ofendendo-lhe a dignidade ou o decoro, ou se, na verdade, busca dar sentido completamente diferente ao de uma agressão à honra daquela pessoa contra a qual são dirigidas as palavras ou atitudes aparentemente injuriosas.

Discussão acalorada

Não vemos por que afastar o delito de injúria justamente nas situações em que ele é cometido com mais frequência. Não nos convence o argumento de que a ira do agente que profere, por exemplo, as palavras injuriosas durante uma acirrada discussão tenha o condão de afastar o seu dolo.

Tinha, como se percebe sem muito esforço, consciência e vontade de ofender a vítima, elementos integrantes do conceito de dolo.

✍ A doutrina pátria leciona: 'O dolo na injúria, ou seja, a vontade e praticar a conduta, deve vir informado no elemento subjetivo do tipo, ou seja, do *animus infamandi* ou *injuriandi*, conhecido pelos clássicos como dolo específico. Inexiste ela nos demais *animii* (*jocandi, criticandi, narrandi* etc.) (itens 138.3 e 139.3)'. Tem-se decidido pela inexistência do elemento subjetivo nas expressões proferidas no calor de uma discussão, no depoimento como testemunha etc. A doutrina assenta, ainda, que o propósito de ofender integra o conteúdo de fato dos crimes contra a honra. Trata-se do chamado 'dolo específico', que é elemento subjetivo do tipo inerente à ação de ofender. Em consequência, não se configura o crime se a expressão ofensiva for realizada sem o propósito de ofender. É o caso, por exemplo, da manifestação eventual ofensiva feita com o propósito de informar ou narrar um acontecimento (*animus narrandi*), ou com o propósito de debater ou criticar (*animus criticandi*), particularmente amplo em matéria política (FRAGOSO, Heleno Cláudio, *Lições de direito penal* – Parte especial; 10. ed., Rio de Janeiro: Forense, 1988, v. 1, p. 221-222.) A jurisprudência da Suprema Corte e da egrégia Corte Especial perfilha o entendimento *supra* delineado, consoante se infere dos seguintes precedentes: Inquérito 1.937 – DF, Rel. Min. Joaquim Barbosa, Tribunal Pleno, *DJ* 27/02/2004; HC 72.062 – SP, Rel. Min. Celso de Mello, 1ª T., *DJ* 21/11/1997; Apn 360 – MG, Rel. Min. Antônio de Pádua Ribeiro, Corte Especial, *DJ* 25/04/2005; APN 342 – PA, Rel. Min. Ary Pargendler, Corte Especial, *DJ* de 21 de novembro de 2.005 (STJ, APn 490/RS, Rel. Min. Luiz Fux, CE, *DJe* 25/09/2008).

Nesse sentido:

✍ TJSP, Queixa-Crime 8539873000, Rel. Des. Carlos Biasotti, reg. 31/10/2007; TJRJ, Ap. Crim. 2007.050.01885, 4ª Câm. Crim., Rel. Des. Fátima Clemente, j. 11/09/2007.

Caracterização da injúria mesmo diante da veracidade das imputações

Não se exige à caracterização da injúria que as imputações ofensivas à honra subjetiva da vítima sejam falsas. Inclusive as verdadeiras, tal como acontece no delito de difamação, são puníveis pela norma do art. 140 do Código Penal.

Assim, chamar de "burro" alguém que, notoriamente, possui pouca sabedoria configura-se como injúria, não importando a veracidade da imputação.

✍ No caso de injúria, não cabe a exceção da verdade, mesmo sendo a vítima funcionário público, e, no de difamação, se o ofendido é funcionário público e a ofensa é relativa ao exercício de suas funções, cabe a *exceptio veritatis*, desde que ela esteja intimamente conexa à questão penal que motivou a propositura da demanda penal (TJMG, Processo 1.0000.03. 402189-9/000 [1], Rel. José Antonino Baía Borges, pub. 03/08/2004).

Diferença entre injúria comum e injúria eleitoral

✍ O crime previsto no art. 326 do Código Eleitoral possui nítida simetria com o crime de injúria previsto no art. 140 do Código Penal, mas com este não se confunde, distinguindo-se, sobretudo, pelo acréscimo de elementares objetivas à figura típica, que acabou por resultar em relevante restrição à sua aplicação, refletindo, também por isso, na maior especialização do objeto jurídico tutelado. Na injúria comum, tutela-se a honra subjetiva, sob o viés da dignidade ou decoro individual e, na injúria eleitoral, protegem-se esses atributos ante o interesse social, que se extrai do direito subjetivo dos eleitores à lisura da competição eleitoral. A injúria eleitoral somente se perfectibiliza quando eventual ofensa ao decoro ou à dignidade ocorrer em propaganda eleitoral ou com fins de propaganda (STJ, CC 134005/PR, Rel. Min. Rogério Schietti Cruz, S3, *DJe* 16/06/2014).

Injúria no Código Penal Militar

Vide arts. 216 e 217 do Decreto-Lei nº 1.001/69 (Código Penal Militar).

Injúria no Código Eleitoral

Vide arts. 326 e 327 da Lei nº 4.737/65.

Divulgação de imagens depreciativas ou injuriosas à pessoa idosa

O art. 105 da Lei nº 10.741, de 1º de outubro de 2003, que dispõe sobre o Estatuto da Pessoa Idosa, prevê uma pena de detenção de 1 (um) a 3 (três) anos e multa para aquele que exibe ou veicula, por qualquer meio de comunicação, informações ou imagens depreciativas ou injuriosas à pessoa idosa, ou seja, aquele que, de acordo com o art. 1º do mencionado estatuto, tem idade igual ou superior a 60 (sessenta) anos.

Absolvição Sumária

✍ A absolvição sumária operada pelo Juízo de piso afastou o dolo específico de ofender a honra subjetiva da vítima, em razão da ausência de previsibilidade de que as palavras injuriosas chegassem ao seu conhecimento. As palavras injuriosas foram proferidas em conversa telefônica com outra interlocutora, razão pela qual a vítima só teve conhecimento por ter as ouvido, acidentalmente, pela extensão telefônica. 2. A jurisprudência do Superior Tribunal de Justiça assenta que o momento da consumação do delito de injúria acontece quando a vítima toma conhecimento da ofensa (precedentes). 3. A recorrente, ao saber que o seu superior hierárquico, vítima no caso, não havia abonado sua falta, proferiu palavras injuriosas por meio telefônico, não sendo previsível que a vítima estivesse ouvindo o teor da conversa pela extensão telefônica. Como a injúria se consuma com a ofensa à honra subjetiva de alguém, não há falar em dolo específico no caso em que a vítima não era seu interlocutor na conversa telefônica (STJ, REsp 1765673/SP, Recurso Especial 2018/0187252-6, Rel. Min. Sebastião Reis Júnior, 6ª T., j. 26/05/2020, *DJe* 29/05/2020).

Nesse sentido:
STJ, AgRg no REsp 1.823.924/RS, Rel. Min. Ribeiro Dantas, 5ª T., julgado em 06/02/2020, *DJe* 12/02/2020.

Crimes resultantes de preconceito de raça ou de cor (Lei nº 7.716/89)

O art. 2º-A foi inserido na Lei nº 7.716, de 5 de janeiro de 1989, por meio da Lei nº 14.532, de 11 de janeiro de 2023, que diz, *verbis*:
Art. 2º-A. Injuriar alguém, ofendendo-lhe a dignidade ou o decoro, em razão de raça, cor, etnia ou procedência nacional.
Pena: reclusão, de 2 (dois) a 5 (cinco) anos, e multa.
Parágrafo único. A pena é aumentada de metade se o crime é cometido mediante o concurso de 2 (duas) ou mais pessoas.

Disposições comuns
Art. 141. As penas cominadas neste Capítulo aumentam-se de um terço, se qualquer dos crimes é cometido
I – contra o Presidente da República, ou contra chefe de governo estrangeiro;
II – contra funcionário público, em razão de suas funções, ou contra os Presidentes do Senado Federal, da Câmara dos Deputados ou do Supremo Tribunal Federal;
III – na presença de várias pessoas, ou por meio que facilite a divulgação da calúnia, da difamação ou da injúria.
IV – contra criança, adolescente, pessoa maior de 60 (sessenta) anos ou pessoa com deficiência, exceto na hipótese prevista no § 3º do art. 140 deste Código.
§ 1º Se o crime é cometido mediante paga ou promessa de recompensa, aplica-se a pena em dobro.
§ 2º Se o crime é cometido ou divulgado em quaisquer modalidades das redes sociais da rede mundial de computadores, aplica-se em triplo a pena.
§ 3º Se o crime é cometido contra a mulher por razões da condição do sexo feminino, nos termos do § 1º do art. 121-A deste Código, aplica-se a pena em dobro.

Calúnia, difamação e injúria praticadas contra funcionário público, em razão de suas funções, ou contra os Presidentes do Senado Federal, da Câmara dos Deputados ou do Supremo Tribunal Federal

A importância do cargo ocupado por determinadas pessoas faz com que o Estado tente preservá-las ao máximo possível.
O conceito de um Presidente da República, por exemplo, tem repercussão não somente interna, ou seja, no próprio país, como também fora dele, tendo até mesmo o condão de alavancar a economia nacional, ou, por outro lado, prejudicar as relações com outros países.
No caso dos autos, a Corte de origem decidiu pela ausência de justa causa para a continuação da ação em que se imputa ao acusado os crimes dos artigos 140 e 141, incisos II e III, do CP e do art. 20 da Lei nº 7.716/1989. Pela leitura da inicial acusatória e do acórdão da Corte local, verifica-se que não há evidência de que as expressões referidas pelo envolvido contra a Promotora de Justiça teriam vinculação com o objeto da causa, com intuito de defesa de seu cliente, não havendo condições, neste momento processual, de se acolher a imunidade profissional do advogado, uma vez que este, em tese, teria agido além de sua condição de defensor. Dessa forma, conforme salientado no voto vencido, se houve outras expressões injuriosas pela vítima, ou eventuais discussões pessoais entre o paciente e a vítima, tais argumentações são matérias a serem observadas na instrução probatória (e-STJ 169). 3. Ademais, conforme se observa na denúncia, houve a narrativa da conduta criminosa imputada ao acusado acerca da prática dos crimes em questão, com todas as circunstâncias relevantes, de maneira suficiente ao exercício do direito de defesa (STJ, AgRg no REsp 1.826.160/PR, Rel. Min. Reynaldo Soares da Fonseca, 5ª T., julgado em 27/08/2019, *DJe* 10/09/2019).

Nesse sentido:
STJ, HC 11448/DF, Rel. Edson Vidigal, 5ª T., *DJ* 1º/08/2000, p. 285.

Calúnia, difamação e injúria praticadas contra funcionário público, em razão de suas funções

Noronha diz que o Código Penal majora "a pena contra a ofensa que se relaciona ao exercício de suas funções; cogita-se, portanto, da *vida funcional*, que deve ser mais fortemente defendida, pois, também, a dignidade da função é aqui atingida. Devem, por isso, a injúria, a difamação ou a calúnia assacadas contra o funcionário relacionar-se ao exercício do cargo que exerce. Se se diz, *v.g.*, que o tesoureiro de certa repartição não passa de vil peculatário, a injúria é qualificada; não assim se se afirma que, em certo dia, ele seduziu determinada donzela: já agora não há qualificação da calúnia, não há aumento de pena".[106]

A Lei nº 14.197, de 1º de setembro de 2021 alterou o inciso II do art. 141 do Código Penal, incluindo, expressamente, os Presidentes do Senado Federal, da Câmara dos Deputados ou do Supremo Tribunal Federal.

Assim, se a calúnia, difamação ou injúria for dirigida a qualquer um deles, haverá o aumento de um terço, conforme determinado pelo *caput* do art. 141 do diploma repressivo.

Deve-se ressaltar, contudo, que os crimes devem dizer respeito à atuação de cada um deles na qualidade de Presidentes do Senado Federal, da Câmara dos Deputados ou do Supremo Tribunal Federal.

Dessa forma, se o presidente do Supremo Tribunal Federal, durante uma discussão em família, é chamado de "corno" por seu cunhado, o fato não diz respeito à sua atuação como Presidente daquela Corte, razão pela qual não incidirá a majorante. Ao contrário, imagine-se agora a hipótese de que alguém impute ao referido Presidente a qualidade de corrupto, dizendo que "vende" suas decisões a preço de ouro. Aqui, como se percebe, os crimes estão ligados diretamente às suas funções como Presidente, passando a incidir a causa especial de aumento de pena.

⚖ "É concorrente a legitimidade do ofendido, mediante queixa, e do Ministério Público, condicionada à representação do ofendido, para a ação penal por crime contra a honra de servidor em razão do exercício de suas funções" (Súmula nº 714 do STF). A eficácia objetiva da representação, interligada ao princípio da indivisibilidade que vige na ação penal pública, confere ao Ministério Público a possibilidade de atuar prontamente contra todos os envolvidos, ainda que a representação não tenha abrangido todos os autores da infração. Logo, admissível o aditamento à denúncia pelo *Parquet* para fins de inclusão de corréu não constante da representação do ofendido (STJ, RHC 46.646/SP, Rel. Min. Reynaldo Soares da Fonseca, 5ª T., *DJe* 15/04/2016).

Nesse sentido:

⚖ STJ, Apn 490/RS, Rel. Min. Luiz Fux, CE, *DJe* 25/09/2008.

Se qualquer dos crimes contra a honra é cometido na presença de várias pessoas, ou por meio que facilite a divulgação da calúnia, da difamação ou da injúria

Interpretando a palavra "várias", chegamos à conclusão de que o Código Penal exige, pelo menos, três pessoas. Isso porque, quando a lei se contenta com apenas duas, ela o diz expressamente, como no caso do art. 155, § 4º, IV; da mesma forma que quando exige um mínimo de quatro pessoas, a exemplo do art. 146, § 1º, utiliza a expressão mais de três pessoas.

⚖ A presença de duas pessoas, apenas, além do Querelante e do Querelado, não equivale à de 'várias' pessoas, como exigível para o reconhecimento da mesma qualificadora, compreendendo-se, como tal, pelo menos três. Preliminar rejeitada. Recurso parcialmente provido. Vencido o Des. Luiz Leite Araújo (TJRJ, Ap. Crim. 2006. 050.06257, 6ª Câm. Crim., Rel.ª Des.ª Maria Zelia Procopio da Silva, j. 11/10/2007).

Além do fato de ter sido cometido na presença de várias pessoas, o inc. III do art. 141 do Código Penal também aumenta especialmente a pena quando o crime for praticado por *meio que facilite a divulgação da calúnia, da difamação ou da injúria*. São exemplos desses meios que facilitam a divulgação dos crimes contra a honra o uso de alto-falantes, a distribuição de prospectos (*folders*), escrever os fatos ou as palavras injuriosas em lugares de fácil acesso, como em muros, viadutos, afixação de *outdoors* etc.

Calúnia, difamação e injúria contra criança, adolescente, pessoa maior de 60 (sessenta) anos ou pessoa com deficiência, exceto na hipótese prevista no § 3º do art. 140 do Código Penal

O inciso IV do art. 141 do CP foi modificado pela Lei nº 14.344, de 24 de maio de 2022.

Considera-se criança, nos termos do art. 2º da Lei nº 8.069/90, a pessoa até doze anos de idade incompletos, e adolescente aquela entre doze e dezoito anos de idade.

Da mesma forma, incidirá a majorante quando a vítima for maior de 60 (sessenta) anos.

Em todas essas hipóteses o agente deverá conhecer a idade da vítima, pois, caso contrário, poderá ser alegado o chamado erro de tipo, afastando-se, se for o caso, a aplicação da aludida causa especial de aumento de pena.

O fato de a vítima ser portadora de deficiência também permite a majoração da pena. *Vide* Lei nº 13.146, de 6 de julho de 2015, que instituiu a Lei Brasileira de Inclusão da Pessoa com Deficiência (Estatuto da Pessoa com Deficiência).

Tal como a idade, o agente deverá conhecer a deficiência da vítima, sob pena de ser arguido o erro de tipo.

Deverá ser demonstrada nos autos a idade da vítima por meio de documento hábil (certidão de nascimento, documento de identidade etc.), conforme determinação contida no parágrafo único do art. 155 do Código de Processo Penal, de acordo com a nova redação que lhe foi dada pela Lei nº 11.690, de 9 de junho de 2008, bem como deverá haver

---

[106] NORONHA, Edgard Magalhães. *Direito penal*, v. 2, p. 133.

prova pericial para fins de aferição da deficiência da vítima.

As hipóteses previstas no inciso IV do art. 141 do CP não se aplicam quando estivermos diante da chamada injúria preconceituosa, prevista no § 3º do art. 140 do diploma repressivo.

Se a calúnia, a difamação ou a injúria são cometidas mediante paga ou promessa de recompensa

No caso em exame, alguém é contratado para denegrir a honra da vítima (objetiva ou subjetiva), havendo aumento na pena em virtude da torpeza dos motivos por meio dos quais o agente pratica a infração penal.

Conforme salienta Cezar Roberto Bitencourt, "nos crimes contra a honra, a *paga ou a promessa de recompensa* é excepcionalmente elevada à condição de *causa de aumento de pena*. Trata-se do chamado *crime mercenário*, que sempre revela maior torpeza do agente, tornando-o merecedor de maior reprovação penal. Nesse caso, em que a pena aplicada deve ser dobrada, mandante e executor respondem igualmente pelo crime com pena majorada. Fundamenta a majoração da pena a vileza do comportamento mercenário dos agentes".[107]

No mesmo sentido, afirma Hungria que no crime mercenário contra a honra deveriam responder com a pena duplicada tanto o executor quanto o mandante.[108]

Entretanto, tal como no inc. I do § 2º do art. 121 do Código Penal, entendemos que a majorante da paga e da promessa de recompensa somente se aplica ao executor mercenário. Pode, até mesmo, aquele que o contratou ter atuado impelido por um motivo de relevante valor social, sendo-lhe aplicada a circunstância atenuante prevista na alínea *a* do inc. III do art. 65 do Código Penal.

Imagine-se a hipótese daquele que, impedido de participar de determinada solenidade, na qual estaria presente um político corrupto, contrate alguém para que expresse sua indignação, ofendendo-lhe a honra subjetiva. Embora incomum, não podemos dizer que o mandante tenha agido impelido por um motivo torpe, característica da paga ou da promessa de recompensa, mas, sim, desejando que fosse exteriorizado um sentimento nacional, em que a nação, indignada com os atos praticados pelo mencionado político corrupto, iria até mesmo se solidarizar com o agente.

Se o crime é cometido ou divulgado em quaisquer modalidades das redes sociais da rede mundial de computadores, aplica-se em triplo a pena

O § 2º do art. 141 do Código Penal havia vetado pelo Presidente da República, e fazia parte do chamado "Pacote Anticrime". Contudo, na sessão de 19 de abril de 2021, o referido veto foi rejeitado pelo Congresso Nacional, que o fez inserir no Código Penal.

Assim, se o crime é cometido ou divulgado em quaisquer modalidades das redes sociais da rede mundial de computadores, aplica-se em triplo a pena. A gravidade da aplicação dessa majorante diz respeito ao fato de que se o crime contra a honra for cometido ou divulgado nas redes sociais, sua capacidade de dano tanto à honra subjetiva, quanto à honra objetiva da vítima são potencialmente maiores, tendo em vista que o fato será do conhecimento de um número enorme de pessoas.

Dessa forma, entende-se ser maior o juízo de censura sobre o comportamento praticado pelo agente, incidindo nessa causa de aumento, a ser aplicada no terceiro momento do critério trifásico, previsto no art. 68 do Código Penal.

Se o crime é cometido contra a mulher por razões da condição do sexo feminino, nos termos do § 1º do art. 121-A deste Código, aplica-se a pena em dobro

O § 3º foi inserido no art. 141 do Código Penal pela Lei nº 14.994/2024.

Se qualquer um dos crimes contra a honra forem praticados contra mulher por razões da condição do sexo feminino, nos termos do § 1º do art. 121-A do diploma repressivo, aplica-se a pena em dobro.

No art. 121-A do Código Penal encontra-se previsto o delito de feminicídio, sendo que o seu § 1º elenca quais são as hipóteses em que a infração penal é praticada contra a mulher, por razões da condição do sexo feminino, dizendo, *verbis*:

§ 1º Considera-se que há razões da condição do sexo feminino quando o crime envolve:

I – violência doméstica e familiar;

II – menosprezo ou discriminação à condição de mulher.

Incidência simultânea dos §§ 1º e 2º do art. 141 do Código Penal

Pode ocorrer, e não incomum, que alguém, mediante paga ou promessa de recompensa, pratique um crime contra a honra de alguém, utilizando-se das redes sociais da rede mundial de computadores.

Assim, pergunta-se: Haveria a aplicação simultânea das duas causas especiais de aumento de pena, previstas, respectivamente, nos §§ 1º e 2º do art. 141 do diploma repressivo?

In casu, será aplicado o parágrafo único do art. 68 do Código Penal, que diz que no concurso de causas de aumento ou de diminuição previstas na parte especial, pode o juiz limitar-se a um só aumento ou a uma só diminuição, prevalecendo, todavia, a causa que mais aumente ou diminua. Dessa forma,

---

[107] BITENCOURT, Cezar Roberto. *Tratado de direito penal*, v. 2, p. 397-398.
[108] HUNGRIA, Nélson. *Comentários ao código penal*, v. VI, p. 116.

prevaleceria o aumento previsto no § 2º do art. 141 do Código Penal, afastando-se a majorante elencada no § 1º do mesmo artigo.

Exclusão do crime

Art. 142. Não constituem injúria ou difamação punível:

I – a ofensa irrogada em juízo, na discussão da causa, pela parte ou por seu procurador;

II – a opinião desfavorável da crítica literária, artística ou científica, salvo quando inequívoca a intenção de injuriar ou difamar;

III – o conceito desfavorável emitido por funcionário público, em apreciação ou informação que preste no cumprimento de dever do ofício.

Parágrafo único. Nos casos dos nºs I e III, responde pela injúria ou pela difamação quem lhe dá publicidade.

Natureza jurídica

Damásio afirma serem *causas especiais de exclusão da antijuridicidade.*[109] No mesmo sentido, Cezar Roberto Bitencourt, embora reconhecendo a divergência doutrinária a respeito da natureza jurídica das mencionadas causas, preferindo denominá-las de *causas especiais de exclusão de crime,* esclarece: "Há grande divergência na doutrina sobre a *natureza jurídica* das hipóteses relacionadas neste dispositivo sobre a *imunidade penal* ou *excludente de crime*. A doutrina tem-se referido à natureza dessas excludentes ora como *causas de exclusão de pena,* subsistindo, portanto, a estrutura criminosa da conduta; ora como *causas de exclusão da antijuridicidade,* quando subsistiria a tipicidade do fato, sendo, excepcionalmente, afastada somente a contrariedade ao direito em razão dessas circunstâncias que legitimariam a ação; e, finalmente, como *causas de exclusão da tipicidade,* ante a ausência do *animus vel diffamandi,* que não ignora, porém, a possibilidade da exclusão da ilicitude do fato. Na verdade, as duas últimas acepções praticamente se confundem ou se complementam."[110]

Na verdade, podemos visualizar naturezas jurídicas diferentes em cada um dos incisos previstos no art. 142 do Código Penal. Em determinadas situações, como na hipótese do inc. I, pode o agente, na discussão da causa, ter proferido palavras que tenham por finalidade macular a honra subjetiva da vítima, não se podendo falar, aqui, em exclusão do dolo, eliminando a tipicidade do fato, mas, sim, em causas que afastam a punibilidade do agente, por questões de política criminal.

Em outras, a exemplo do que ocorre com os incs. II e III, pode o agente não ter atuado com o *animus injuriandi vel diffamandi,* afastando-se, outrossim, o seu dolo e, consequentemente, a própria tipicidade.

Exclusão do crime de calúnia

A lei penal somente ressalva a *injúria* e a *difamação,* não incluindo em suas disposições o crime de *calúnia*.

Ofensa irrogada em juízo, na discussão da causa, pela parte ou por seu procurador

O inc. I do art. 142 do Código Penal cuida da chamada *imunidade judiciária*. Para que possamos compreendê-la melhor, é preciso dissecar o inc. I, com o objetivo de analisar cada uma das situações por ele exigidas, vale dizer: *a)* que a ofensa tenha sido levada a efeito em *juízo; b)* que tenha relação com a discussão da causa; *c)* deve ter sido proferida pela parte ou por seu procurador.

Ofensa irrogada em juízo é aquela produzida perante qualquer autoridade judiciária, logo após aberta a audiência ou sessão. Pode, portanto, a ofensa, de acordo com o que deixamos antever, ser proferida perante um juízo monocrático ou mesmo colegiado, a exemplo do que ocorre com as sessões realizadas nos tribunais. O fundamental é que a audiência ou sessão tenha tido início. Assim, se alguém, no corredor do Fórum, antes de iniciada a audiência para a qual todos estavam convocados, chama o autor da ação penal de aproveitador e desonesto, pois que, segundo o agente, a vítima buscava uma vantagem, por meio da ação judicial, que não lhe era devida, tal fato não será acobertado pela imunidade judiciária.

Pode ser realizada, também, *intra-autos,* ou seja, por escrito, nos autos de um processo qualquer.

Nesse sentido, Luiz Regis Prado afirma: "É imperioso que a ofensa irrogada em juízo, oralmente (*v.g.* debates, interrogatórios, sustentação de recurso etc.), ou por escrito (*v.g.,* petição, alegações finais, memorial, razões de recurso etc.), tenha conexão com o objeto do litígio ou controvérsia."[111]

Além de a obrigatoriedade da ofensa ser irrogada *em juízo,* deve estar ligada à *defesa da causa,* ou seja, deve ter ligação com os fatos que estão sendo discutidos em juízo. Assim, o fato de chamar alguém de *aproveitador* e *desonesto,* na defesa que se faz por conta de uma ação de cobrança que o agente entende como indevida, pode estar acobertado pela imunidade judiciária, haja vista a sua ligação com a causa em litígio; ao contrário, dizer que a vítima é "corno", pois que sua mulher tem o hábito de sair com qualquer pessoa que conhece, não tem a menor ligação com a ação de cobrança, razão pela qual o agente deverá responder pelo crime contra a honra.

[109] JESUS, Damásio E. de. *Direito penal,* v. 2, p. 229.
[110] BITENCOURT, Cezar Roberto. *Tratado de direito penal,* v. 2, p. 399.
[111] PRADO, Luiz Regis. *Curso de direito penal brasileiro,* v. 2, p. 255.

Finalmente, a última exigência legal é que a ofensa seja proferida pela parte ou por seu procurador. Fragoso esclarece os conceitos de parte e de procurador afirmando: "Por parte entende-se qualquer dos sujeitos da relação processual (autor, réu, assistente, opoente, litisconsorte e inclusive os interessados em falência e inventário e o Ministério Público). Procuradores são os profissionais que recebem mandato para representação judicial das partes.

A ofensa pode ser praticada impunemente contra qualquer pessoa, mesmo estranha ao litígio, desde que tenha alguma relação com os fatos que constituem o objeto da ação."[112]

O § 2º do art. 7º do Estatuto da Advocacia, indo mais além do que o inc. I do art. 142 do Código Penal, determina:

§ 2º O advogado tem imunidade profissional, não constituindo injúria, difamação ou desacato puníveis qualquer manifestação de sua parte, no exercício de sua atividade, em juízo ou fora dele, sem prejuízo das sanções disciplinares perante a OAB, pelos excessos que cometer.

O fato de ter estendido a imunidade profissional ao delito de desacato trouxe sérias críticas ao mencionado parágrafo, fazendo com que fosse proposta ação direta de inconstitucionalidade perante o STF (ADI nº 1.127-8), tendo essa Corte, concedendo o pedido de liminar, suspendido a eficácia do termo desacato em 6 de outubro de 1994. Em 17 de maio de 2006, o Plenário do STF declarou a inconstitucionalidade da expressão "ou desacato", afastando, definitivamente, a discussão sobre o tema.

Há quatro situações que merecem análise mais detida no que diz respeito àquele que profere as ofensas ou contra quem elas são irrogadas:

a) ofensa irrogada contra o juiz da causa;
b) ofensa irrogada contra o Ministério Público;
c) ofensa irrogada pelo juiz da causa;
d) ofensa irrogada pelo Ministério Público, que atua na qualidade de *custos legis.*

⚖ A imunidade profissional de que trata o art. 7º, § 2º, da Lei nº 8.906/1994 está longe de ser absoluta. Não há falar em cometimento de eventuais atos ilícitos sob o amparo da imunidade. Reações incompatíveis com a dignidade profissional, que atentem contra os regramentos vigentes, que visam ao exercício regular e legítimo da profissão, não hão de ser acobertados pela garantia do Estatuto da Advocacia (Precedentes) (STJ, HC 396.551/SP, Rel. Min. Reynaldo Soares da Fonseca, 5ª T., *DJe* 16/10/2017).

Nesse sentido:

⚖ STJ, Rcl 15574/RJ, Rel. Min. Rogério Schietti Cruz, S3, *DJe* 15/04/2014; TRF 2ª Reg., HC 2009.02.01.018170-1, Rel. Juiz Fed. Conv. Júlio Emílio Abranches Mansur, *DJU* 03/02/2010, p. 61; STJ, HC 90733/AL, Rel. Min. Felix Fischer, 5ª T., *DJe* 02/02/2009; STJ, HC 71407/SP, Rel.

Min. Felix Fischer, 5ª T., *DJe* 03/11/2008; TJMG, Processo 1.0024.04.455289-1/001[1], Rel. Maria Celeste Porto, pub. 12/05/2007.

Ofensa irrogada contra o juiz da causa

Pode a parte ou seu procurador, na defesa da causa, discutir entre si ou, ainda, o que não é incomum, ser o juiz da causa também envolvido nessa discussão. Não podemos negar que, infelizmente, existem juízes arrogantes que mais parecem ditadores do que magistrados. Pode ocorrer que, na defesa da causa, a parte ou seu procurador ofenda o julgador, praticando os crimes de difamação e/ou injúria. Poderá, nesses casos, ser erigida em favor da parte ou de seu procurador a imunidade judiciária?

Entendemos que sim, uma vez que a lei penal não faz qualquer distinção, exigindo tão somente que seja *na discussão da causa, pela parte ou por seu procurador.* Pode-se, como é cediço, discutir a causa não somente com a parte adversa ou seu procurador, como também com o juiz. Poderá estar ocorrendo uma arbitrariedade gritante praticada pelo julgador, podendo a parte ou seu procurador, na defesa da causa, tentar impedir o ato abusivo. No calor da discussão, se vier, em tese, a praticar difamação ou injúria contra o magistrado que tenha relação com a causa, o fato estará abrangido pela imunidade judiciária.

Assim, por exemplo, se o julgador impede que uma testemunha fundamental à elucidação dos fatos seja ouvida em juízo sem que tenha, para tanto, qualquer motivo razoável, se a parte ou seu procurador, tentando demover o juiz dessa ideia, depois de esgotados todos os argumentos, chamar o juiz de arbitrário e ditador, não poderá responder pelo delito de injúria.

Embora aduzindo a regra de que a imunidade não cobre a ofensa dirigida ao magistrado, com a qual não concordamos, Heleno Fragoso preleciona: "É fácil compreender os excessos de linguagem que os advogados acaso utilizem, ao profligar graves desvios praticados pelas autoridades judiciárias, no cumprimento de seu dever. E isso poderá chegar ao ponto máximo, se todo o juízo se transforma num jogo de cartas marcadas, em que de nada vale a prova, nem o direito, nem a justiça, julgando e condenando os juízes a penas iníquas, os justos e os inocentes, sem qualquer pudor, para atender a interesses que nada têm a ver com os valores supremos que todos perseguimos na realização da justiça.

Somos, os advogados, em tais circunstâncias, os sacerdotes de um culto profanado. E é compreensível que não consigamos sopitar a *justa ira*, que atingiu ao próprio Cristo ao expulsar os vendilhões do templo. O dever de respeito, de lealdade e de exatidão que temos para com os juízes é o respeito mesmo que devemos à obra da justiça e à grande instituição de que os magistrados são os representantes [...]. Não

---

[112] FRAGOSO, Heleno Cláudio. *Lições de direito penal* – Parte especial (arts. 121 a 160, CP), p. 206.

dispensa, portanto, a retidão, a honestidade de propósitos, a compostura e a seriedade dos magistrados, no exercício de suas funções quase divinas. Não merece respeito o juiz corrupto e venal; o juiz covarde ou pusilânime; o juiz que recebe ordens e determinações ou atende aos peditórios e solicitações, abandonando a independência e a imparcialidade, que caracterizam a judicatura."[113]

Hungria não aceitava qualquer ofensa dirigida à autoridade judiciária, mesmo que na discussão da causa, dizendo: "As partes ou respectivos patronos não podem ofender impunemente a autoridade judiciária ou aqueles que intervêm na atividade processual em desempenho de *função pública*. Acima do interesse da indefinida amplitude de defesa de direitos em juízo está o respeito devido à função pública, pois, de outro modo, estaria implantada a indisciplina no foro e subvertido o próprio decoro da justiça."[114]

Entendemos a preocupação de Hungria, contudo não podemos deixar de encarar a realidade dos fatos no que diz respeito à existência de abusos, de arbitrariedades, enfim, de todo tipo de comportamento humano de que são acometidos os magistrados e que causam, como bem destacou Fragoso, um sentimento de revolta nas pessoas que lhe estão sendo submetidas.

É certo que a imunidade judiciária não pode, também, acobertar abusos e indisciplinas sem sentido. O advogado que ofender o juiz, por exemplo, pelo simples fato de ele ter feito uma pergunta que não tinha a menor relevância para o desfecho da causa não pode estar acobertado pela imunidade. A imunidade judiciária, quando erigida contra o julgador, é tomada como um escudo de que a parte e/ou o seu procurador se utilizam para que tenham a liberdade de trazer à luz os atos abusivos, como gênero, do julgador. Caso isso não ocorra, não poderá alegá-la pelo simples fato de arguir que as ofensas foram irrogadas na discussão da causa.

⚖ A imunidade do advogado não é limitada subjetivamente quanto à ofensa irrogada contra magistrado, porque inexiste no ordenamento jurídico tal restrição, entendimento que, com maior rigor, deve prevalecer após a nova ordem constitucional que instituiu a imunidade profissional, mais abrangente que a imunidade judiciária. Embora excessiva, desnecessária e censurável a manifestação do advogado em face da conduta do magistrado, se verificada no contexto da discussão da causa e mediante provocação do juiz do feito quanto à sua atuação, impõe-se o reconhecimento da inviolabilidade profissional (STJ, RHC 14166/RJ, Rel. Min. Paulo Medina, 6ª T., *RDR* 32, p. 442).

Nesse sentido:

⚖ STJ, HC 14675/SP, Rel. Min. Fernando Gonçalves, 6ª T., *DJ* 13/08/2001, p. 285; STJ, RHC 9847/BA, Rel. Min. José Arnaldo da Fonseca, 5ª T., *RSTJ* 160, p. 417.

Ofensa irrogada contra o Ministério Público

O Ministério Público pode ocupar a posição de parte na relação processual ou assumir a postura de fiscal da lei (*custos legis*).

Entendemos que a parte ou seu procurador poderá arguir a imunidade judiciária se, na discussão da causa, vier a difamar ou a injuriar o representante do Ministério Público, não importando a posição que este ocupe, isto é, se parte ou fiscal da lei (art. 127, *caput*, da CF).

Deve ser levado a efeito, aqui, o mesmo raciocínio que fizemos quando analisamos a possibilidade de ofensa irrogada contra o juiz da causa, com o mesmo alerta de que a imunidade judiciária não significa *impunidade pelos abusos cometidos pela parte ou por seu procurador.*

Se, por exemplo, do nada, o procurador da parte, durante a defesa da causa, chamar de *preguiçoso* o representante do Ministério Público simplesmente com a finalidade de ofendê-lo, sem que para tanto tenha tido qualquer motivo justificado, entendemos que não poderá ser beneficiado com a imunidade judiciária.

Isso porque, conforme já salientamos acima, a ofensa deve ter uma ligação direta com a causa que está *sub judice*, não abrigando meros impropérios gratuitos e sem sentido.

A própria imunidade, por exemplo, do advogado, ou seja, do procurador da parte, aquele que é encarregado de sua defesa técnica, encontra limites na Constituição Federal, pois que o seu art. 133 diz o seguinte:

Art. 133. *O advogado é indispensável à administração da justiça, sendo inviolável por seus atos e manifestações no exercício da profissão, nos limites da lei.*

É no Estatuto da Advocacia (Lei nº 8.906/94) que o advogado encontrará os limites que está obrigado a respeitar.

⚖ Apelado que, em petição dirigida ao Supremo Tribunal Federal, ataca com palavras de cunho altamente ofensivo a honra de Promotor de Justiça, chamando-o de inescrupuloso, prevaricador e maquiavélico. Decreto absolutório em dissonância com a prova dos autos. Condenação que se impõe. Atribuição de conduta criminosa a agente público, no exercício de sua função: calúnia configurada. Insatisfação do apelado com a cobrança de pedágio da Linha Amarela não o autoriza a assacar aleivosias contra a honra de Promotor de Justiça que, em promoção de arquivamento lançada em autos, manifestara-se no sentido de ser ininteligível petição elaborada pelo aqui apelado. Ofensas também dirigidas à instituição do Ministério Público. Autoria admitida (TJRJ, Ap. Crim. 2007.050.05771, 4ª Câm. Crim., Rel.ª Des.ª Gizelda Leitão Teixeira, j. 19/02/2008).

---

[113] FRAGOSO, Heleno Cláudio. *Lições de direito penal* – parte especial (arts. 121 a 160, CP), p. 207.
[114] HUNGRIA, Nélson. *Comentários ao código penal*, v. VI, p. 119-120.

Nesse sentido:

⚖ STJ, HC 26176/DF, Rel. Min. José Arnaldo da Fonseca, 5ª T., *DJ* 29/03/2004, p. 257.

Ofensa irrogada pelo juiz da causa

O art. 360 do Código de Processo Civil (Lei nº 13.105, de 16 de março de 2015) traduz os poderes, e também alguns deveres, dirigidos aos magistrados para que possam conduzir com ordem, segurança e urbanidade necessários ao bom andamento das audiências, dizendo:

Art. 360. O juiz exerce o poder de polícia, incumbindo-lhe:

I – manter a ordem e o decoro na audiência;

II – ordenar que se retirem da sala de audiência os que se comportarem inconvenientemente;

III – requisitar, quando necessário, força policial;

IV – tratar com urbanidade as partes, os advogados, os membros do Ministério Público e da Defensoria Pública e qualquer pessoa que participe do processo;

V – registrar em ata, com exatidão, todos os requerimentos apresentados em audiência.

Pode, outrossim, aquele que possui o dever de tratar com urbanidade as partes, os advogados, os membros do Ministério Público e da Defensoria Pública e qualquer pessoa que participe do processo, abusar do seu próprio poder na condução dos trabalhos, e ofender a parte ou seu procurador, proferindo palavras ou frases das quais se extraiam os crimes de difamação ou/injúria. Estaria o julgador também acobertado pela imunidade judiciária?

A resposta só pode ser negativa. Não poderá o juiz, justamente aquele que tem o dever/poder de conduzir os trabalhos na audiência, ignorar essa sua função, de extrema importância, para se deixar influenciar pelo calor das discussões. Sua condição de julgador o afasta da imunidade prevista no inc. I do art. 142 do Código Penal, que é tão somente dirigida àqueles que gozam do *status* de parte ou de seu procurador, razão pela qual deverá eventualmente responder pelos delitos contra a honra praticados durante os seus atos.

Ofensa irrogada pelo Ministério Público, que atua na qualidade de *custos legis*

Se o representante do Ministério Público atua como parte na relação processual, seja ela civil ou penal, estará abrigado pela imunidade judiciária.

Contudo, se atuar no feito na qualidade de fiscal da lei, não mais poderá arguir a mencionada imunidade, pois que, nessa condição, foge aos conceitos de parte e de seu procurador, determinados pelo inc. I do art. 142 do Código Penal.

Guilherme de Souza Nucci, nesse sentido, afirma: "O representante do Ministério Público somente pode ser inserido no contexto da imunidade judiciária (como autor ou como vítima da ofensa) quando atuar no processo como parte. Assim é o caso do Promotor de Justiça que promove a ação penal na esfera criminal. Se ele ofende a parte contrária ou for por ela

ofendido, não há crime. Entretanto, não se considera *parte*, no sentido da excludente de ilicitude, que se refere com nitidez à 'discussão da causa', o representante do Ministério Público quando atua como *fiscal da lei*. Neste caso, conduz-se no processo imparcialmente, tal como deve fazer sempre o magistrado, não devendo 'debater' a sua posição, mas apenas sustentá-la, sem qualquer ofensa ou desequilíbrio."[115]

A opinião desfavorável da crítica literária, artística ou científica, salvo quando inequívoca a intenção de injuriar ou difamar

A crítica é algo que, se não for favorável, quase sempre desagrada às pessoas, chegando, muitas vezes, em razão da sua contundência, a ser considerada uma ofensa contra aquele em virtude do qual é proferida. Entretanto, o Código Penal, por intermédio do inc. II do art. 142, ressalva a possibilidade de ocorrer uma opinião desfavorável da crítica literária, artística ou científica, sem que isso possa se configurar em difamação ou injúria, a não ser nos casos em que for evidente a intenção do agente de macular a honra da vítima, praticando, outrossim, os delitos de difamação e/ou injúria.

Nossa opinião é de que o inc. II do art. 142 do Código Penal possui a natureza de causa que exclui a tipicidade penal, uma vez que o agente que atua na condição de crítico literário, artístico ou científico não atua com *animus injuriandi vel diffamandi*.

O conceito desfavorável emitido por funcionário público, em apreciação ou informação que preste no cumprimento de dever do ofício

Quando o funcionário relata fatos, mesmo que emitindo conceitos desfavoráveis, o faz em benefício da Administração Pública, sendo seu dever de ofício relatar tudo com a maior fidelidade possível, não deixando de informar tudo aquilo que seja do interesse da Administração Pública, mesmo que com seus conceitos venha a, aparentemente, macular a honra objetiva, ou mesmo a honra subjetiva das pessoas.

Trata-se, portanto, de causa de justificação, que exclui a ilicitude do fato, em razão do estrito cumprimento do dever legal.

Nesse sentido, afirma Fragoso: "Também não há crime se o funcionário público emite conceito injurioso ou difamatório sobre alguém, em apreciação ou informação que preste no cumprimento de dever de ofício. A hipótese é de cumprimento de dever legal, que exclui a antijuridicidade da ação.

Deve o funcionário, no desempenho de sua função pública, estar acobertado com a imunidade penal, para que possa livremente emitir opiniões e prestar informações do interesse público, sem o risco de sujeitar-se a processo penal. A concorrência do *animus infamandi* é irrelevante. É indispensável que se trate de ato praticado no cumprimento de dever funcional,

---

[115] NUCCI, Guilherme de Souza. *Código penal comentado*, p. 457.

ou seja, no desempenho de suas funções legais, dentro das atribuições do funcionário."[116]

Possuindo a natureza de causa que afasta a ilicitude do fato, não haverá crime, portanto, por parte do funcionário público que atuar nessa condição.

📖 (...) 3. O art. 142, III do CP dispõe que não constitui injúria ou difamação, o conceito desfavorável emitido por funcionário público, em apreciação ou informação que preste no cumprimento de dever de ofício. Tem-se, assim, elemento negativo do tipo que, uma vez presente, exclui a tipicidade da conduta. Não se harmoniza com o espírito do nosso tempo a banalização das exigências estruturantes das figuras criminais, sob pena de se incrementar a onda punitivista e alastrar os seus efeitos desequilibradores da paz social. 4. Manifestação do douto Ministério Público Federal concluindo que as condutas narradas são atípicas para os delitos contra a honra. 5. Queixa-crime rejeitada, nos termos da manifestação do Ministério Público Federal (AgRg na APn 893/DF, Rel. Min. Napoleão Nunes Maia Filho, Corte Especial, julgado em 07/10/2020, *DJe* 16/10/2020).

Nesse sentido:

📖 STJ, APn 101/ES, Rel. Min. William Patterson/CE, *RT* 752, p. 533.

Agente que dá publicidade à difamação ou à injúria, nos casos dos incs. I e III do art. 142 do Código Penal

Isso significa que não está acobertado pelas imunidades catalogadas nos mencionados incisos aquele que, tomando conhecimento da difamação e/ou da injúria, dá publicidade a elas.

Na verdade, o agente que dá publicidade à difamação ou à injúria pratica um delito autônomo de difamação ou injúria.

Imunidade parlamentar

📖 Recurso especial interposto em 25/04/2016 e atribuído a este gabinete em 03/10/2016. 2. O propósito recursal consiste em determinar o alcance da imunidade parlamentar por ofensas veiculadas tanto no Plenário da Câmara dos Deputados quanto em entrevista divulgada na imprensa e em aplicações na internet. 3. A imunidade parlamentar é um instrumento decorrente da moderna organização do Estado, com a repartição orgânica do poder, como forma de garantir a liberdade e direitos individuais. 4. Para o cumprimento de sua missão com autonomia e independência, a Constituição outorga imunidade, de maneira irrenunciável, aos membros do Poder Legislativo, sendo verdadeira garantia institucional, e não privilégio pessoal. 5. A imunidade parlamentar não é absoluta, pois, conforme jurisprudência do STF, "a inviolabilidade dos Deputados Federais e Senadores, por opiniões palavras e votos, prevista no art. 53 da Constituição da República, é inaplicá-

vel a crimes contra a honra cometidos em situação que não guarda liame com o exercício do mandato". 6. Na hipótese dos autos, a ofensa perpetrada pelo recorrente, segundo a qual a recorrida não "mereceria" ser vítima de estupro, em razão de seus dotes físicos e intelectual, não guarda nenhuma relação com o mandato legislativo do recorrente.7. Considerando que a ofensa foi veiculada em imprensa e na Internet, a localização do recorrente, no recinto da Câmara dos Deputados, é elemento meramente acidental, que não atrai a aplicação da imunidade. 8. Ocorrência de danos morais nas hipóteses em que há violação da cláusula geral de tutela da pessoa humana, seja causando-lhe um prejuízo material, seja violando direito extrapatrimonial, seja praticando em relação à sua dignidade qualquer "mal evidente" ou "perturbação". 9. Ao afirmar que a recorrida não "mereceria" ser estuprada, atribui-se ao crime a qualidade de prêmio, de benefício à vítima, em total arrepio do que prevê o ordenamento jurídico em vigor. Ao mesmo tempo, reduz a pessoa da recorrida à mera coisa, objeto, que se submete à avaliação do ofensor se presta ou não à satisfação de sua lascívia violenta. O "não merece ser estuprada" constitui uma expressão vil que menospreza de modo atroz a dignidade de qualquer mulher. 10. Na hipótese dos autos, a ofensa à dignidade da recorrida é patente, e traz embutida em si a clara intenção de reduzir e prejudicar a concepção que qualquer mulher tem de si própria e perante a sociedade. 11. Recurso especial não provido (REsp 1.642.310/DF, Rel. Min. Nancy Andrighi, 3ª T., julgado em 15/08/2017, *DJe* 18/08/2017)

Nesse sentido:

📖 TJRJ, Queixa-Crime 2006.067.00006, órgão especial, Rel. Des. Manoel Alberto, j. 20/08/2007.

Retratação

Art. 143. O querelado que, antes da sentença, se retrata cabalmente da calúnia ou da difamação, fica isento de pena.

Parágrafo único. Nos casos em que o querelado tenha praticado a calúnia ou a difamação utilizando-se de meios de comunicação, a retratação dar-se-á, se assim desejar o ofendido, pelos mesmos meios em que se praticou a ofensa.

Retratação

Cuida-se, *in casu*, de causa de extinção da punibilidade, prevista expressamente no art. 107, VI, do Código Penal.

Da redação do *caput* do mencionado artigo, destacamos dois pontos fundamentais. Inicialmente, a retratação somente pode ser levada a efeito nos delitos de calúnia e difamação, não sendo possível no tocante à injúria.

---

[116] FRAGOSO, Heleno Cláudio. *Lições de direito penal* – parte especial (arts. 121 a 160, CP), p. 208.

🖋 O ofensor tem oportunidade de se retratar de forma cabal dos crimes de calúnia e difamação até a sentença, quando ficará isento de pena (TJRJ, Ap. Crim. nº 2002. 050.02207, Rel. Des. João Antônio, j. 08/08/2002).

Isso porque, neste caso, a retratação pode ter um efeito mais devastador do que a própria injúria. A retratação sarcástica, por exemplo, pode ter uma repercussão muito mais humilhante do que a injúria inicial.

Assim, imagine-se a hipótese daquele que foi ofendido em sua honra subjetiva, tendo sua orientação sexual questionada pelo agente. Após o início da ação penal, o querelado, procurando se retratar, diz que, na verdade, a vítima é o maior *machão* que já surgiu na história, ou, ainda, na hipótese de o agente ter afirmado que a vítima era um analfabeto inculto e, em sede de retratação, desdizer-se, afirmando, agora, que se cuida da pessoa com conhecimento e cultura equiparáveis a Rui Barbosa.

O segundo detalhe importante do mencionado artigo diz respeito ao fato de que somente pode haver retratação até antes da publicação da sentença. Estando ainda os autos conclusos com o julgador para que possa proferir sua decisão, não tendo esta sido, ainda, publicada em cartório, poderá o querelado retratar-se cabalmente da calúnia e da difamação, ficando, assim, isento de pena.

Se for considerada extemporânea a retratação, na hipótese, por exemplo, de já ter sido publicada a sentença condenatória, poderá ainda o querelado retratar-se em grau de recurso, permitindo, assim, que com esse seu comportamento possa ser aplicada a circunstância atenuante prevista pela alínea *b* do inc. III do art. 65 do Código Penal.

Em 11 de novembro de 2015, foi publicada a Lei nº 13.188, que dispôs sobre o direito de resposta ou retificação do ofendido em matéria divulgada, publicada ou transmitida por veículo de comunicação social, inserindo um parágrafo único ao art. 143 do Código Penal, que diz que *nos casos em que o querelado tenha praticado a calúnia ou a difamação utilizando-se de meios de comunicação, a retratação dar-se-á, se assim desejar o ofendido, pelos mesmos meios em que se praticou a ofensa.*

Aqui, portanto, caso a calúnia ou a difamação tenham sido cometidas através de meios de comunicação, para que a retratação do querelado produza os efeitos previstos no *caput* do art. 143 do diploma repressivo, ou seja, para que conduza à isenção de pena, com a consequente extinção da punibilidade, nos termos do art. 107, VI, do mesmo estatuto penal, se for da vontade do ofendido, deverá ser levada a efeito pelos mesmos meios em que se praticou a ofensa.

Assim, por exemplo, se a calúnia ou a difamação foi publicada em um jornal impresso, de circulação nacional, ou mesmo em um programa de televisão, a retratação deverá ser neles veiculada.

Nesse sentido, determinam os arts. 2º e 4º da Lei nº 13.188, de 11 de novembro de 2015.

🖋 O reconhecimento desse erro por parte do jornalista e a publicação de texto retificador configuram a retratação da matéria antes publicada, o que isentaria o recorrido da pena do crime de difamação, com consequente extinção da punibilidade, nos termos do art. 107, inc. VI, do Código Penal. O fato de a retratação ter se dado um mês após a nota original em nada impede os seus efeitos, uma vez que o prazo legal se encerra apenas com a publicação de eventual sentença condenatória, nos termos do art. 143 do Código Penal (TJ-RJ, RSE 0436352-59.2015.8.19.0001, Rel. Des. Antonio Eduardo Ferreira Duarte, *DJe* 21/09/2016).

Nesse sentido:

🖋 TRF 5ª Reg., RSE 1346, Proc. 2007.81.03.001674-7, CE, Rel. Des. Fed. Francisco Cavalcanti, *DJETRF5* 12/02/2010; TJPE, ACr 0174460-5, Rel. Des. Alexandre Guedes Alcoforado Assunção, *DJEPE* 13/11/2009; STJ, RHC 6718/RJ, Rel. Min. Edson Vidigal, 5ª T., *RT* 751, p. 554; STJ, REsp 320958/ RN, Rel. Min. Arnaldo Esteves Lima, 5ª T., *DJ* 22/10/2007, p. 343.

> **Art. 144.** Se, de referências, alusões ou frases, se infere calúnia, difamação ou injúria, quem se julga ofendido pode pedir explicações em juízo. Aquele que se recusa a dá-las ou, a critério do juiz, não as dá satisfatórias, responde pela ofensa.

Pedido de explicações

O *pedido de explicações* diz respeito a um procedimento anterior ao início da ação penal de iniciativa privada. Pode ocorrer que o agente, embora não afirmando fatos ofensivos à honra da vítima, deixe pairar no ar alguma dúvida, valendo-se de expressões equívocas, com duplo sentido etc.

Diz Aníbal Bruno: "Pode a ofensa dissimular-se na dubiedade de certos termos ou na significação equívoca das expressões empregadas, ficando incerto, assim, o próprio conteúdo da ofensa ou a indicação do seu destinatário. Age o agressor perfidamente, encobrindo o que procurava exprimir, ou envolvendo-o em frases duvidosas, para excitar a atenção dos outros e dar mais efeito ao seu significado injurioso.

Sendo assim ambígua a expressão da ofensa, pode quem se julga por ela atingido pedir explicações em juízo. Se o acusado se recusa a dá-las ou as dá de maneira não satisfatória, responde pela ofensa."[117]

Dessa forma, antes mesmo de ingressar em juízo com a queixa-crime, o Código Penal faculta à vítima, como medida preliminar, vir a juízo pedir explicações.

Pode ser que o agente, supostamente autor de um crime contra a honra, não queira se explicar nessa medida preliminar. Embora, pela redação do art. 143

---

[117] BRUNO, Aníbal. *Crimes contra a pessoa*, p. 323-324.

do Código Penal, pareça que o agente será condenado pela ofensa que praticou, caso não se explique em juízo, ou mesmo se explicando, não o fazendo satisfatoriamente, na verdade isso não importará em confissão ou mesmo em uma condenação antecipada.

Deverá, caso a vítima ingresse em juízo com a queixa, ser procedida à normal instrução processual, com todos os princípios inerentes ao devido processo legal, para que, ao final, comprovado que a expressão dúbia tinha por finalidade macular a honra da vítima, condenar-se o agente pelo delito cometido – calúnia, difamação ou injúria.

Poderá, da mesma forma, ser absolvido se restar demonstrado que nada fez com a finalidade de atingir a honra da vítima.

Se, ao contrário, o agente resolver explicar-se em juízo e, em virtude disso, dissipar a dúvida com relação aos termos e expressões dúbias por ele utilizados que, em tese, macularıam a honra da vítima, restará afastado o seu dolo, eliminando-se, consequentemente, a infração penal a ele atribuída.

Cezar Roberto Bitencourt ainda alerta para o fato de que "o *juízo de equivocidade* é do próprio ofendido e não do juiz que processa o pedido de explicações. Aliás, o juiz não julga nem a equivocidade das palavras que podem ter caráter ofensivo nem a recusa ou a natureza das explicações apresentadas. A *competência* para avaliar (julgar, neste caso, parece-nos uma expressão muito forte) a *eficácia* ou *prestabilidade* das explicações será do juiz da eventual ação penal, quando esta for proposta e se for. Na realidade, o juiz não julga a natureza das explicações ou a sua recusa, mas, havendo o oferecimento da peça preambular da ação penal (denúncia ou queixa), num exame prévio sobre a (in)existência de *justa causa*, avaliará se as explicações atendem os postulados do art. 144. Concebendo-as como satisfatórias, rejeitará a queixa ou a denúncia; o mesmo deverá ocorrer com eventual recusa do interpelado, que silencia".[118]

Finalmente, não existe procedimento específico para o pedido de explicações que venha determinado pelo Código de Processo Penal ou mesmo pelo Código Penal, razão pela qual se tem entendido que o pedido deve ser encaminhado a uma das Varas Criminais competente para o julgamento da ação penal, adotando-se aqui, segundo o magistério de Cezar Roberto Bitencourt,[119] o procedimento previsto no Código de Processo Civil (Lei nº 13.105, de 16 de março de 2015), relativo à notificação e à interpelação, nos termos dos arts. 726 a 729.

⚖ O pedido de explicações constitui típica providência de ordem cautelar, destinada a aparelhar ação penal principal tendente a sentença penal condenatória. O interessado, ao formulá-lo, invoca, em juízo, tutela cautelar penal, visando a que se esclareçam situações revestidas de equivocidade, ambiguidade ou dubiedade, a fim de que se viabilize o exercício futuro de ação penal condenatória. Dessa forma, por não se tratar de ação penal, o pedido de explicações deve tramitar no juízo de 1º grau, porém, se eventualmente houver a propositura de uma ação penal, aí sim em razão do foro da parte interpelada, é que deverá ser analisado por este e. Tribunal de justiça (TJMT, Rec. 130603/2009, Rel. Des. Evandro Stábile, *DJMT* 07/06/2010, p. 5).

Nesse sentido:

⚖ STJ, HC 90.733, Proc. 2007/0219119-6, AL, 5ª T., Rel. Min. Felix Fischer, *DJe* 02/02/2009; STJ, RHC 2506/RJ, Rel. Min. Assis Toledo, 5ª T., *RT* 704, p. 387.

Foro Privilegiado

⚖ A jurisprudência desta Corte é no sentido de que o pedido de explicações somente deve ser processado perante este Tribunal quando a autoridade apresentar prerrogativa de foro *ratione muneris*. A medida em causa não assume natureza de interpelação criminal judicial, o que a qualificaria como típica medida preparatória de futura ação penal referente a delitos contra a honra (STF, Pet-AgR 4076/DF, Tribunal pleno, Rel. Min. Ricardo Lewandowski, j. 29/11/2007).

> **Art. 145.** Nos crimes previstos neste Capítulo somente se procede mediante queixa, salvo quando, no caso do art. 140, § 2º, da violência resulta lesão corporal.
> **Parágrafo único.** Procede-se mediante requisição do Ministro da Justiça, no caso do inciso I do *caput* do art. 141 deste Código, e mediante representação do ofendido, no caso do inciso II do mesmo artigo, bem como no caso do § 3º do art. 140 deste Código.

⚖ Os crimes contra a honra (Capítulo V, Título I, da Parte Especial do Código Penal) são processados mediante ação penal privada, iniciada por queixa-crime, nos termos do art. 145 do Código Penal. Neste caso, porém, houve ofensa à honra de funcionário público no exercício das suas funções, o que consubstancia hipótese de legitimidade concorrente, tanto do ofendido quanto do Ministério Público, sendo que a atuação do *Parquet* condiciona-se à representação, nos termos do enunciado nº 714 da Súmula do Supremo Tribunal Federal (STJ, RHC 113461/CE, Rel. Min. Reynaldo Soares da Fonseca, 5ª T., *DJe* 07/08/2019).

Nesse sentido:

⚖ STJ, RHC 46.646/SP, Rel. Min. Reynaldo Soares da Fonseca, 5ª T., *DJe* 15/04/2016; TJPR, Processo 1127204-5, Rel.

---

[118] BITENCOURT, Cezar Roberto. *Tratado de direito penal*, v. 2, p. 416.
[119] BITENCOURT, Cezar Roberto. *Tratado de direito penal*, v. 2, p. 416.

Des. Laertes Ferreira Gomes, *DJe* 30/04/2014; TJDF, Rec. 2005.03.1.000706-0, Rel. Des. George Lopes Leite, *DJDF-TE* 02/07/2010, p. 146; TJPR, ApCr 0616224-9, Rel.ª Juíza Conv. Lilian Romero, *DJPR* 11/02/2010, p. 430; TJDF, Rec. 2009.01.1.047905-9, Rel. Des. Edson Alfredo Smaniotto, *DJ-DFTE* 28/10/2009, p. 87; TJMS, RSE 2008.008857-2/0000-00, Rel. Des. Carlos Eduardo Contar, *DJEMS* 06/04/2009, p. 46.

Ação penal no Código Penal Militar

⚖ É viável, no caso concreto, o ajuizamento e o processamento de ação penal, independentemente de representação dos ofendidos, porque a ação penal militar – a teor do art. 121 do CPM e do art. 29 do CPPM, e ao contrário da legislação penal comum – é sempre incondicionada, sendo de atribuição exclusiva do Ministério Público Militar o seu exercício (STF, HC 86466/AC, Rel. Min. Menezes Direito, 1ª T., j. 30/10/2007).

Lei de Imprensa não foi recepcionada pela nova ordem constitucional

⚖ Arguição de descumprimento de preceito fundamental (ADPF). Lei de imprensa. Adequação da ação. Regime constitucional da 'liberdade de informação jornalística', expressão sinônima de liberdade de imprensa. A 'plena' liberdade de imprensa como categoria jurídica proibitiva de qualquer tipo de censura prévia. A plenitude da liberdade de imprensa como reforço ou sobretutela das liberdades de manifestação do pensamento, de informação e de expressão artística, científica, intelectual e comunicacional. Liberdades que dão conteúdo às relações de imprensa e que se põem como superiores bens de personalidade e mais direta emanação do princípio da dignidade da pessoa humana. O capítulo constitucional da comunicação social como segmento prolongador das liberdades de manifestação do pensamento, de informação e de expressão artística, científica, intelectual e comunicacional. Transpasse da fundamentalidade dos direitos prolongados ao capítulo prolongador. Ponderação diretamente constitucional entre blocos de bens de personalidade: o bloco dos direitos que dão conteúdo à liberdade de imprensa e o bloco dos direitos à imagem, honra, intimidade e vida privada. Precedência do primeiro bloco. Incidência *a posteriori* do segundo bloco de direitos, para o efeito de assegurar o direito de resposta e assentar responsabilidades penal, civil e administrativa, entre outras consequências do pleno gozo da liberdade de imprensa. Peculiar fórmula constitucional de proteção a interesses privados que, mesmo incidindo *a posteriori*, atua sobre as causas para inibir abusos por parte da imprensa. Proporcionalidade entre liberdade de imprensa e responsabilidade civil por danos morais e materiais a terceiros. Relação de mútua causalidade entre liberdade de imprensa e democracia. Relação de inerência entre pensamento crítico e imprensa livre. A imprensa como instância natural de formação da opinião pública e como alternativa à versão oficial dos fatos. Proibição de monopolizar ou oligopolizar órgãos de imprensa como novo e autônomo fator de inibição de abusos. Núcleo da liberdade de imprensa e matérias apenas periféricamente de imprensa. Autorregulação e regulação social da atividade de imprensa. Não recepção em bloco da Lei nº 5.250/1967 pela nova ordem constitucional. Efeitos jurídicos da decisão. Procedência da ação (STF, ADPF 130/DF, Tribunal Pleno, Rel. Min. Ayres Britto, j. 30/04/2009, *DJe* 208, div. 05/11/2009, pub. 06/11/2009, Ement. 02381-01 PP-00001).

Jurisprudência em Teses do Superior Tribunal de Justiça, Edição nº 130: Crimes Contra a Honra

1) Para a configuração dos crimes contra a honra, exige-se a demonstração mínima do intento positivo e deliberado de ofender a honra alheia (dolo específico), o denominado *animus caluniandi, diffamandi vel injuriandi*.

2) Nos casos em que a inexistência da intenção específica de ofender a honra alheia é flagrante, admite-se, excepcionalmente, em sede de *habeas corpus*, a análise da presença do dolo específico exigido para a caracterização dos crimes contra a honra.

3) Para a caracterização do crime de calúnia, é indispensável que o agente que atribui a alguém fato definido como crime tenha conhecimento da falsidade da imputação.

4) O crime de calúnia não se contenta com afirmações genéricas e de cunho abstrato, devendo a inicial acusatória conter a descrição de fato específico, marcado no tempo, que teria sido falsamente praticado pela pretensa vítima.

5) O juízo de admissibilidade, o processamento e a instrução da exceção da verdade oposta em face de autoridades públicas com prerrogativa de foro devem ser feitos pelo próprio juízo da ação penal originária que, após a instrução dos autos, admitida a *exceptio veritatis*, deve remetê-los à instância decorrente da prerrogativa de função para julgamento do mérito.

6) Não se admite a exceção da verdade quando o excipiente não consegue demonstrar a veracidade da prática de conduta criminosa do excepto.

7) Expressões eventualmente contumeliosas, quando proferidas em momento de exaltação, bem assim no exercício do direito de crítica ou de censura profissional, ainda que veementes, atuam como fatores de descaracterização do elemento subjetivo peculiar aos tipos penais definidores dos crimes contra a honra.

8) A ampla liberdade de informação, opinião e crítica jornalística reconhecida constitucionalmente à imprensa não é um direito absoluto, encontrando limitações, tais como a preservação dos direitos da personalidade, nestes incluídos os direitos à honra, à imagem, à privacidade e à intimidade, sendo vedada

a veiculação de críticas com a intenção de difamar, injuriar ou caluniar.

9) A não recepção pela Constituição Federal de 1988 da Lei de Imprensa (Lei nº 5. 250/1967) não implicou na *abolitio criminis* dos delitos contra a honra praticados por meio da imprensa, pois tais ilícitos permanecem tipificados na legislação penal comum.

10) É concorrente a legitimidade do ofendido, mediante queixa, e do Ministério Público, condicionada à representação do ofendido, para a ação penal por crime contra a honra de servidor público em razão do exercício de suas funções (Súmula nº 714/STF).

11) Os deputados federais e os senadores gozam de imunidade parlamentar material, o que afasta a tipicidade de eventuais condutas, em tese, ofensivas à honra praticadas no âmbito de suas atuações político-legislativas (art. 53 da CF/1988), prerrogativa estendida aos deputados estaduais, a teor do disposto no art. 27, § 1º, da CF/1988.

12) A imunidade em favor do advogado, no exercício da sua atividade profissional, insculpida no art. 7º, § 2º, do Estatuto da OAB (Lei nº 8.906/1994), não abrange o crime de calúnia, restringindo-se aos delitos de injúria e difamação.

13) A parte não responde por crime contra a honra decorrente de peças caluniosas, difamatórias ou injuriosas apresentadas em juízo por advogado credenciado.

Capítulo VI – Dos Crimes contra a Liberdade Individual

Seção I – Dos Crimes contra a Liberdade Pessoal

Constrangimento ilegal

Art. 146. Constranger alguém, mediante violência ou grave ameaça, ou depois de lhe haver reduzido, por qualquer outro meio, a capacidade de resistência, a não fazer o que a lei permite, ou a fazer o que ela não manda:

Pena – detenção, de 3 (três) meses a 1 (um) ano, ou multa.

Aumento de pena

§ 1º As penas aplicam-se cumulativamente e em dobro, quando, para a execução do crime, se reúnem mais de 3 (três) pessoas, ou há emprego de armas.

§ 2º Além das penas cominadas, aplicam-se as correspondentes à violência.

§ 3º Não se compreendem na disposição deste artigo:

I – a intervenção médica ou cirúrgica, sem o consentimento do paciente ou de seu representante legal, se justificada por iminente perigo de vida;

II – a coação exercida para impedir suicídio.

Introdução

O crime de constrangimento ilegal está inserido na Seção I do Capítulo VI do Título I do Código Penal e tem por finalidade proteger a liberdade pessoal, seja ela física ou psicológica.

O tipo penal é composto pelo núcleo *constranger*, que tem o sentido de impedir, limitar ou mesmo dificultar a liberdade de alguém.

Para tanto, o agente atua com violência ou grave ameaça. A violência de que cuida o texto é a chamada *vis corporalis*, ou seja, aquela empreendida contra o próprio corpo da vítima; ao contrário, a grave ameaça se consubstancia na *vis compulsiva, exercendo influência* precipuamente sobre o espírito da vítima, impedindo-a de atuar segundo a sua vontade.

Também prevê o art. 146 do Código Penal uma violência entendida como imprópria, vale dizer, quando o agente, por qualquer outro meio que não a violência ou a grave ameaça, reduz a capacidade de resistência da vítima.

Aníbal Bruno, analisando essa modalidade de violência, afirma: "Como outro qualquer meio que reduza a capacidade de resistência, conforme o Código menciona, devemos compreender ações químicas ou mesmo puramente psíquicas, fora da ameaça, que restrinjam ou anulem a consciência, como o uso de inebriantes, entorpecentes, ou a sugestão hipnótica, ou o emprego das chamadas drogas da verdade ou da confissão, destinadas a violentar o querer do paciente e dele obter declarações sobre fatos que ele pretendia calar. Aliás, com esses processos é que se pode anular de maneira mais eficaz a vontade da vítima."[120]

O constrangimento praticado pelo agente deve ser dirigido no sentido de obrigar a vítima a não fazer aquilo que a lei permite ou mesmo a fazer o que ela não manda.

⚖ Inviável a desclassificação para o crime de constrangimento ilegal, eis que o acervo probatório evidenciou que a grave ameaça exercida foi o meio utilizado pelo agente para tentar subtrair coisas alheias móveis, sendo, portanto, o crime cometido contra o patrimônio e não contra a liberdade da pessoa, pura e simples, como ocorre no delito do art. 146 do CP (TJMG, AC 1.0433.13.009605-3/001, Rel. Des. Marcílio Eustáquio dos Santos, *DJe* 05/09/2014).

Nesse sentido:

⚖ TJDFT, APR 20060110811837, Rel. Iran de Lima, 1ª T. Crim., *DJ* 06/06/2007, p. 96.

---

[120] BRUNO, Aníbal. *Crimes contra a pessoa*, p. 344.

Merece ser frisado que o delito de constrangimento ilegal possui natureza subsidiária, ou seja, somente será considerado se o constrangimento não for elemento típico de outra infração penal.

Devemos ressaltar, ainda, o fato de que a subsidiariedade do crime de constrangimento ilegal não é expressa, tal como ocorre com o crime de perigo para a vida ou saúde de outrem, tipificado no art. 132 do Código Penal, no qual se afirma que somente terá aplicação se o fato não constituir crime mais grave, sendo, portanto, implícita.

⚖️ Para a tipificação da conduta prevista no art. 146 do CP, é necessário que a violência empregada pelo agente vise ao bem jurídico tutelado no referido dispositivo, ou seja, o direito da vítima de fazer o que a Lei permite e não fazer o que ela não manda. Se a violência contra a vítima visou, unicamente, a subtração do bem, o crime verificado é o tipificado no art. 157, do CP (TJMG, APCR 1.0395.09.023044-6/0011, 4ª Câm. Criminal, Rel. Des. Fernando Starling, *DJEMG* 14/04/2010).

Nesse sentido:

⚖️ TJDFT, Ap. 1999.08.1.000987-4, Rel. João Timóteo, pub. 26/05/2004.

Classificação doutrinária

Crime comum com relação ao sujeito ativo, bem como quanto ao sujeito passivo; doloso; material (pois que a sua consumação somente ocorre quando a vítima não faz o que a lei permite ou faz aquilo que ela não manda); de forma livre, podendo ser praticado comissiva ou omissivamente (desde que, nesta última hipótese, o agente goze do *status* de garantidor); instantâneo; subsidiário (somente se configurando a infração penal do art. 146 do Código Penal se o constrangimento não for elemento de outra infração penal mais grave); monossubjetivo; plurissubsistente; de dano; transeunte.

Objeto material e bem juridicamente protegido

Afirma Fragoso: "O objeto da tutela jurídica é a liberdade individual, ou seja, a livre autodeterminação da vontade e da ação. Trata-se de liberdade psíquica (livre formação da vontade, sem coação), e também da liberdade física (liberdade de movimento)."[121]

Objeto material do constrangimento ilegal é a pessoa que, em razão dos meios utilizados pelo agente – violência, grave ameaça ou qualquer outro que lhe reduza a capacidade de resistência –, é obrigada a não fazer o que a lei permite, ou a fazer o que ela não manda.

⚖️ O bem juridicamente tutelado pelo tipo descrito no art. 146 do Código Penal é a liberdade individual da pessoa, tanto física quanto psíquica. O crime em tela (art. 146, CP) possui natureza subsidiária e somente será considerado se o constrangimento não for

elemento típico de outra infração penal (STJ, AgRg no AREsp 523.477/GO, Rel. Min. Gurgel de Faria, 5ª T., *DJe* 28/10/2015).

Sujeito ativo e sujeito passivo

Qualquer pessoa pode ser sujeito ativo bem como sujeito passivo do delito, desde que, neste último caso, possua capacidade de discernimento.

Consumação e tentativa

Consuma-se o delito quando a vítima deixa de fazer o que a lei permite ou faz aquilo que ela não manda. Na qualidade de crime material e plurissubsistente, o constrangimento ilegal admite a tentativa.

Configura-se o delito de constrangimento ilegal na forma tentada se o acusado foi perseguido desde o momento em que subjugou a vítima, impedindo-lhe a liberdade de ação ou inação e tolhendo-a na capacidade de fazer ou deixar de fazer (*RT* 577, p. 384).

⚖️ Nos termos da jurisprudência desta Corte, o delito de submissão à condição análoga à de escravo se configura independentemente de restrição à liberdade dos trabalhadores ou retenção no local de trabalho por vigilância ou apossamento de seus documentos, como crime de ação múltipla e conteúdo variado, bastando, a teor do art. 149 do CP, a demonstração de submissão a trabalhos forçados, a jornadas exaustivas ou a condições degradantes. Precedentes. Devidamente fundamentada a condenação pela prática do referido delito em razão das condições degradantes de trabalho e de habitação a que as vítimas eram submetidas, consubstanciadas no não fornecimento de água potável, no não oferecimento, aos trabalhadores, de serviços de privada por meio de fossas adequadas ou outro processo similar, de habitação adequada, sendo-lhes fornecido alojamento em barracos cobertos de palha e lona, sustentados por frágeis caibros de madeira branca, no meio da mata, sem qualquer proteção lateral, com exposição a riscos, não há falar em absolvição (STJ, REsp 1.843.150/PA, Rel. Min. Nefi Cordeiro, 6ª T., julgado em 26/05/2020, *DJe* 02/06/2020).

Elemento subjetivo

O dolo é o elemento subjetivo do delito de constrangimento ilegal, seja ele direto ou, mesmo, eventual.

⚖️ No delito de constrangimento ilegal o dolo do agente é forçar a vítima a fazer algo ou impedir que ela aja de determinada maneira, utilizando-se, para tanto, de violência ou grave ameaça. Caso concreto em que o dolo do réu era forçar a vítima a reatar a relação amorosa, ameaçando-a de morte e a pessoas próximas dela caso ela não retomasse o relacionamento com ele. Caracterizado o concurso entre constrangimento ilegal (praticado em três oportunidades dife-

---

[121] FRAGOSO, Heleno Cláudio. *Lições de direito penal* – parte especial (arts. 121 a 160 do CP), p. 215.

rentes) e crime de ameaça (TJ-RS, AC 70070422498, Rel. Des. Luiz Mello Guimarães, j. 13/10/2016).

Nesse sentido:

⚖ TJMT, APL 134494/2009, 2ª Câm. Crim., Rel. Des. Teomar de Oliveira Correia, *DJMT* 15/07/2010, p. 35; TJDFT, APR 200103 10121318, Rel. Nilsoni de Freitas, 2ª T. Crim., j. 03/04/2008, *DJ* 30/04/2008, p. 126.

Não há previsão legal para a modalidade culposa.

Modalidades comissiva e omissiva

O tipo penal do art. 146 retrata um modelo comissivo de comportamento, podendo, no entanto, ser praticado via omissão imprópria se o agente gozar do *status* de garantidor.

Causas de aumento de pena

O § 1º do art. 146 do Código Penal determina que as penas aplicam-se cumulativamente e em dobro quando, para a execução do crime, se reúnem mais de três pessoas, ou há emprego de armas.

Inicialmente, devemos dizer o que significa aplicar *cumulativamente*, para depois saber quais serão as penas que deverão ser *duplicadas*.

A palavra *cumulativamente* quer traduzir o fato de que, havendo a reunião de mais de três pessoas, ou seja, no mínimo quatro, para a prática do constrangimento, ou a utilização do emprego de armas, as penas que, inicialmente, eram alternativas, ou seja, privativa de liberdade ou multa, passam a ser cumulativas, quer dizer, privação de liberdade mais a pena pecuniária. Além disso, as penas respectivas serão dobradas, aplicando-se essa causa especial de aumento somente no terceiro momento do critério trifásico de aplicação da pena.

No que diz respeito à expressão *emprego de armas*, a lei penal não faz qualquer distinção entre as chamadas armas próprias e armas consideradas impróprias. Esclarece Hungria: "O texto legal fala em *armas*, no plural, mas apenas para designar o *genus*, e não porque exija, necessariamente, a multiplicidade delas. As *armas* podem ser *próprias* ou *impróprias*: próprias são todos os instrumentos normalmente destinados ao ataque ou a defesa, especificamente apropriados a causar ofensas físicas [...]; impróprias são todos os instrumentos que, embora não destinados aos ditos fins, têm aptidão ofensiva e costumam ser usados para o ataque e a defesa."[122]

Na verdade, na identificação da arma como própria ou imprópria, devemos levar em consideração a precipuidade do seu uso, pois podem ter diversas finalidades que não as de ataque e defesa. Assim, um revólver, por exemplo, tem o uso precípuo de ataque e defesa, mas pode ser utilizado, eventualmente, para quebrar nozes com a sua coronha. Ao contrário, uma faca de cozinha serve, precipuamente, para cortar os

alimentos, mas, eventualmente, pode ser utilizada por alguém para atacar pessoas, ou, mesmo, se defender.

Dessa forma, como já ressaltado por Hungria, a expressão *emprego de armas* abrange qualquer de suas espécies, ou seja, próprias e impróprias.

⚖ A ameaça exercida pelos quadrilheiros contra vítima teve por fim o mesmo desígnio, ou seja, a subtração de eventual importância existente na conta bancária da vítima, logo, meio para execução do crime de roubo, pelo que, os réus devem ser absolvidos do crime tipificado no artigo 146, § 1º, do Código Penal (TJRJ, Ap. Crim. 2008.050.00415, 8ª Câm. Crim., Rel. Des. Valmir Ribeiro, j. 10/04/2008).

Nesse sentido:

⚖ STF, HC 85005/RJ, Rel. Min. Joaquim Barbosa, 2ª T., *DJ* 24/06/2005.

Concurso de crimes

O entendimento doutrinário predominante é de que no § 2º do art. 146 do Código Penal houve a previsão do chamado concurso material de crimes, uma vez que, segundo a sua redação, além das penas cominadas ao constrangimento ilegal serão aplicadas, também, aquelas que dizem respeito à violência praticada.

Esta a posição de Fragoso, quando afirma: "Tal disposição significa que haverá concurso material de crimes sempre que da violência empregada no constrangimento resultarem lesões. Em todos os outros casos em que o constrangimento ilegal é meio para a prática de outro crime praticado contra a vítima, será ele sempre absorvido, ainda que a pena seja mais leve."[123]

Entretanto, *permissa venia*, não acreditamos ser essa a melhor posição. Isso porque, como é cediço, para que se possa falar em concurso material ou real de crimes é preciso, de acordo com o art. 69 do Código Penal, que o agente, mediante *mais de uma ação ou omissão*, pratique dois ou mais crimes, idênticos ou não.

Dessa forma, embora a regra a ser aplicada, conforme a determinação legal, seja a do cúmulo material, tecnicamente, estaremos diante do chamado concurso formal impróprio ou imperfeito, previsto na segunda parte do art. 70 do Código Penal.

Causas que conduzem à atipicidade do fato

Inicialmente, deve ser frisado que, embora exista controvérsia doutrinária sobre a natureza jurídica das causas elencadas no § 3º do art. 146, em virtude da redação contida no mencionado parágrafo, não podemos deixar de compreender que se trata de situações que conduzem à atipicidade do fato praticado pelo agente.

---

[122] HUNGRIA, Nélson. *Comentários ao código penal*, v. VI, p. 161-163.

[123] FRAGOSO, Heleno Cláudio. *Lições de direito penal* – parte especial (arts. 121 a 160 do CP), p. 218.

O referido parágrafo, de forma expressa, afirma que *não se compreendem, na disposição* do art. 146, a intervenção médica ou cirúrgica, sem o consentimento do paciente ou de seu representante legal, se justificada por iminente perigo de vida, e a coação exercida para impedir suicídio, afirmando, outrossim, serem atípicos esses comportamentos, já que excluídos do tipo penal que prevê o constrangimento ilegal.

Aníbal Bruno, entendendo contrariamente ao raciocínio acima exposto, aduz: "O Código menciona expressamente dois casos em que se elimina a ilicitude do constrangimento. Em ambos, o agente encontra-se em situação de necessidade, imposta para a salvação da vida de outrem."[124]

Apesar da autoridade do renomado autor, não entendemos ser essa a melhor posição. Isso porque, para que se pudesse chegar à conclusão de que os comportamentos previstos nos incs. I e II do § 3º do art. 146 são causas de justificação, excluindo a antijuridicidade, seria preciso, primeiro, superar a barreira da tipicidade, o que não se consegue no caso em exame, dada a redação constante do mencionado parágrafo.

Dessa forma, é atípica a intervenção médica ou cirúrgica sem o consentimento do paciente ou de seu representante legal, se justificada por iminente perigo de vida, bem como a coação exercida para impedir suicídio. Na verdade, tal conduta não é antinormativa, ou seja, não contraria a norma prevista no art. 146 do Código Penal, por disposição expressa nesse sentido. Não houvesse tal disposição, ainda assim poderíamos concluir pela atipicidade dos fatos, caso aplicássemos o raciocínio correspondente à tipicidade conglobante que, somada à tipicidade formal, faz surgir a chamada tipicidade penal.

Pena, ação penal, competência para julgamento e suspensão condicional do processo

O preceito secundário do art. 146 do Código Penal prevê uma pena de detenção de 3 (três) meses a 1 (um) ano, ou multa, sendo o seu julgamento de competência do Juizado Especial Criminal, levando-se em consideração a pena máxima cominada em abstrato, aplicando-se todos os institutos que lhe são inerentes (transação penal e suspensão condicional do processo).

A ação penal é de iniciativa pública incondicionada.

Vítima que é constrangida a praticar uma infração penal

Quando analisamos os elementos que caracterizam as hipóteses de constrangimento ilegal, verificamos duas situações: 1) a vítima *não faz o que a lei permite*; e 2) a vítima *faz o que a lei não a obriga fazer*.

Isso significa que o comportamento que a vítima foi constrangida a praticar é um indiferente penal, ou

seja, embora forçada, física ou psicologicamente, a fazer ou a deixar de fazer alguma coisa, esses fatos praticados pela vítima não se consubstanciam em qualquer infração penal.

Assim, por exemplo, em um lugar aberto ao público, no qual seja permitido fumar, um frequentador fisicamente mais forte do que a vítima, incomodado com o cheiro da fumaça do cigarro, impede que a vítima continue a fumá-lo. Naquele local era permitido fumar, entretanto, a vítima foi impedida de fazê-lo. Fumar ou não fumar não se configura como qualquer infração penal. Essa é a ideia do delito de constrangimento ilegal.

Entretanto, pode ser que a vítima, por exemplo, seja constrangida a praticar algum crime. Seja forçada a isso dada a coação moral exercida pelo agente, que ameaça matá-la caso não cumpra suas determinações. Imagine-se o caso daquele que é obrigado, em virtude das ameaças sofridas, a matar alguém, pois, caso contrário, ele é quem seria morto. Não podendo socorrer-se às autoridades, que não dão crédito à sua palavra, não tendo outro recurso, pois que não tem condições de se esconder do agente, a vítima cede à pressão, à coação moral que recaía sobre a sua pessoa e, finalmente, termina por matar alguém.

Pergunta-se: O agente que obrigou o coato a matar uma outra pessoa deverá responder pelo constrangimento ilegal?

Primeiramente, devemos destacar o fato de que o Código Penal, em seu art. 22, sob a rubrica da *coação irresistível e obediência hierárquica*, determina:

Art. 22. *Se o fato é cometido sob coação irresistível ou em estrita obediência a ordem, não manifestamente ilegal, de superior hierárquico, só é punível o autor da coação ou da ordem.*

Assim, somente o coator, no exemplo fornecido, é quem deveria responder pelo delito de homicídio. O coato, na verdade, não passa de mero instrumento nas mãos do coator, tratando-se, portanto, de situação que traduz a hipótese da chamada *autoria mediata*.

A pergunta que devemos responder agora é a seguinte: O coator, ou seja, aquele que constrangeu alguém a matar a vítima, além do delito de homicídio, também deverá ser responsabilizado pelo constrangimento ilegal?

A doutrina se posiciona nesse sentido, conforme lições de Aníbal Bruno: "Se a força é irresistível e o resultado obtido constitui crime, por ele responde não o coagido, a quem falta, na ação, vontade juridicamente válida e, portanto, culpabilidade, mas o coator, que sofrerá a agravação da pena e responderá concorrentemente pelo constrangimento ilegal."[125]

---

[124] BRUNO, Aníbal. *Crimes contra a pessoa*, p. 346.

[125] BRUNO, Aníbal. *Crimes contra a pessoa*, p. 342-343.

Vítima submetida a tortura a fim de praticar um fato definido como crime

A alínea *b* do inc. I do art. 1º da Lei nº 9.455, de 7 de abril de 1997, que definiu os crimes de tortura, diz o seguinte:

Art. 1º Constitui crime de tortura:
I – constranger alguém com emprego de violência ou grave ameaça, causando-lhe sofrimento físico ou mental:
a) [...];
b) para provocar ação ou omissão de natureza criminosa;
[...].

Existe, na mencionada lei, um constrangimento ilegal específico, destinado a causar um sofrimento físico ou mental, a fim de que a vítima pratique uma ação ou omissão de natureza criminosa.

Nesse caso, pergunta-se: caso aquele que tiver sido torturado vier, efetivamente, a praticar uma ação ou omissão de natureza criminosa, o agente torturador deverá responder pelas duas infrações penais, ou seja, pelo delito de tortura, além do fato definido como crime praticado pelo torturado?

Da mesma forma que no delito de constrangimento ilegal, entende-se pelo concurso material de crimes, devendo responder por ambas as infrações penais.

Vale o registro, entretanto, do alerta levado a efeito por Fernando Capez, quando diz: "Compartilhamos também desse posicionamento, contudo, levando em conta que nem toda violência ou grave ameaça é apta a causar intenso sofrimento físico ou mental, importa distinguir as seguintes situações: *a)* se o emprego de violência ou grave ameaça causar intenso sofrimento físico ou mental, o coator responderá pelo crime de tortura em concurso material com a ação ou omissão criminosa realizada pela vítima (autoria mediata); o coagido não responderá por crime algum; *b)* se o emprego de violência ou grave ameaça não causar intenso sofrimento físico ou mental, restando à vítima liberdade de escolha, responderá o coator pelo crime de constrangimento ilegal em concurso material com o crime praticado pelo coagido. É que, ausente o intenso sofrimento físico ou mental, o crime de tortura não se configura, restando a aplicação subsidiária do crime de constrangimento ilegal. O coagido também responderá pelo crime praticado, com incidência da atenuante prevista no art. 65, III, *c*, do Código Penal."[126]

Suicídio como comportamento ilícito, porém atípico

Explica Hungria sobre o tema: "Embora não constitua crime, o suicídio não deixa de ser um fato antijurídico [...]. Não há o *direito de morrer*. O pretenso direito absoluto do indivíduo sobre si mesmo é uma concepção aberrante. O indivíduo não pertence somente a si próprio, senão também à sua família e à sociedade. É um elemento de sinergia e cooperação no *processus* do todo social. A autoeliminação é, portanto, contrária a ordem jurídica, e o impedi-la, ainda que violentamente, não pode incorrer na reprovação do direito."[127]

Consentimento do ofendido

A liberdade, seja física ou psíquica, é um bem disponível. Assim considerada, torna-se perfeitamente possível o consentimento do ofendido no sentido de afastar a ilicitude do comportamento praticado pelo agente, desde que presentes todos os requisitos indispensáveis à sua validade.

Vias de fato em concurso com o constrangimento ilegal

O termo *violência*, utilizado pelo § 2º do art. 146 do Código Penal, abrange tão somente as lesões corporais sofridas pela vítima, ficando absorvidas as vias de fato.

Constrangimento exercido para impedir a prática de um crime

O particular que prende alguém em flagrante delito atua no exercício regular de um direito, não podendo, portanto, ser responsabilizado penalmente pelo constrangimento ilegal.

Antes mesmo, poderíamos concluir pela atipicidade do fato daquele que impede alguém de praticar determinada infração penal, pois que não estaria impedindo alguém de *fazer o que a lei permite*.

Vide, também, o art. 301 do Código de Processo Penal.

Constrangimento exercido para satisfazer uma pretensão legítima

Responde pelo exercício arbitrário das próprias razões, tipificado no art. 345 do Código Penal.

Uso indevido de algemas

O emprego de algemas é excepcional, sendo que a sua utilização depende de motivada decisão judicial, como na espécie, em que o juiz bem se desincumbiu quando fundamentou a restrição nas peculiaridades do processo, consignando que a segurança dos presentes no Júri não poderia ser garantida, por insuficiência do aparato destinado a esse fim e por ser o paciente pessoa de alta periculosidade, já que teria cometido os graves crimes (homicídio qualificado, tentativa de homicídio qualificado e estupro) quando se encontrava em liberdade condicional, já que é reincidente. Súmula Vinculante 11 não violada. Nulidade ausente (STJ, HC 435.951/RS, Rel.ª Min.ª Maria Thereza de Assis Moura, 6ª T., *DJe* 11/05/2018).

[126] CAPEZ, Fernando. *Curso de direito penal*, v. 2, p. 283.
[127] HUNGRIA, Nélson. *Comentários ao código penal*, v. VI, p. 179-180.

Nesse sentido:
STJ, AgRg no AREsp 1.053.049/SP, Rel. Min. Sebastião Reis Junior, 6ª T., *DJe* 02/08/2017; STJ, HC 349.059/SC, Rel. Min. Jorge Mussi, 5ª T., *DJe* 25/05/2016; STF, HC 89.429/RO, Rel. Min. Cármen Lúcia, 1ª T., j. 21/08/2006, *DJ* 02/02/2007, *RDDT* 139, p. 240.

Revista pessoal em empregados e constrangimento ilegal

Não é incomum ter-se notícias de que, em determinadas empresas, ao final do expediente de trabalho, alguns empregadores determinam revistas pessoais em seus empregados, com a finalidade de surpreendê-los na prática de alguma subtração patrimonial. Muitos deles, inclusive, determinam que as pessoas revistadas retirem suas roupas, total ou parcialmente. Nesse caso, haveria constrangimento ilegal? Fernando Galvão, acertadamente, assevera que:

"A revista pessoal é prevista no art. 244 do Código de Processo Penal como medida excepcional, que embora independa de mandado judicial somente é possível no caso de prisão ou quando houver fundada suspeita de que a pessoa esteja na posse de arma proibida ou de objetos ou papéis que constituam corpo de delito, ou quando a medida for determinada no curso de busca domiciliar. Assim, a rotineira revista em empregados ao final da jornada de trabalho constitui manifesto abuso na relação de trabalho e, se for baseada na ameaça de despedir o empregado que não se submete a revista pessoal, pode viabilizar a imputação objetiva do crime de *constrangimento ilegal*."[128]

Constrangimento ilegal no Código Penal Militar

Vide art. 222 do Decreto-Lei nº 1.001/69 (Código Penal Militar).

Constrangimento ilegal no Código de Defesa do Consumidor

O Código de Defesa do Consumidor (Lei nº 8.078, de 11 de setembro de 1990) criou uma modalidade especial de constrangimento ilegal, cominando, em seu art. 71, uma pena de detenção de três meses a um ano e multa, para aquele que se utiliza, na cobrança de dívidas, de ameaça, coação, constrangimento físico ou moral, afirmações falsas incorretas ou enganosas ou de qualquer outro procedimento que exponha o consumidor, injustificadamente, a ridículo ou interfira com seu trabalho, descanso ou lazer.

Constrangimento ilegal e Estatuto da Pessoa Idosa

O Estatuto da Pessoa Idosa criou uma modalidade especial de constrangimento onde a vítima (pessoa com idade igual ou superior a 60 anos) é coagida, de qualquer modo, a doar, contratar, testar ou outorgar procuração, punindo o agente com pena de reclusão de 2 (dois) a 5 (cinco) anos (art. 107 do Estatuto da Pessoa Idosa).

Constrangimento ilegal e abuso de autoridade[129]

Em várias passagens, a Lei nº 13.869, de 5 de setembro de 2019, especializou o constrangimento ilegal, considerando-o como abuso de autoridade, quando praticado, conforme o disposto em seu art. 2º, por agente público, servidor ou não, da administração direta, indireta ou fundacional de qualquer dos Poderes da União, dos Estados, do Distrito Federal, dos Municípios e de Território, reputando como agente público, nos termos do parágrafo único do mencionado artigo, todo aquele que exerce, ainda que transitoriamente ou sem remuneração, por eleição, nomeação, designação, contratação ou qualquer outra forma de investidura ou vínculo, mandato, cargo, emprego ou função em órgão ou entidade abrangido pelo *caput* do citado art. 2º.

Assim, podemos apontar como abuso de autoridade, na modalidade de constrangimento ilegal, os delitos tipificados nos arts. 13, 15 , 15-A (inserido pela Lei nº 14.321, de 31 de março de 2022) e 24 da Lei nº 13.869, de 5 de setembro de 2019, que dizem, *verbis*:

Art. 13. Constranger o preso ou o detento, mediante violência, grave ameaça ou redução de sua capacidade de resistência, a:
I – exibir-se ou ter seu corpo ou parte dele exibido à curiosidade pública;
II – submeter-se à situação vexatória ou a constrangimento não autorizado em lei;
III – produzir prova contra si mesmo ou contra terceiro:
Pena – detenção, de 1 (um) a 4 (quatro) anos, e multa, sem prejuízo da pena cominada à violência.
Art. 15. Constranger a depor, sob ameaça de prisão, pessoa que, em razão de função, ministério, ofício ou profissão, deva guardar segredo ou resguardar sigilo:
Pena – detenção, de 1 (um) a 4 (quatro) anos, e multa.
Parágrafo único. Incorre na mesma pena quem prossegue com o interrogatório:
I – de pessoa que tenha decidido exercer o direito ao silêncio; ou
II – de pessoa que tenha optado por ser assistida por advogado ou defensor público, sem a presença de seu patrono.
Art. 15-A. Submeter a vítima de infração penal ou a testemunha de crimes violentos a procedimentos desnecessários, repetitivos ou invasivos, que a leve a reviver, sem estrita necessidade:
I – a situação de violência; ou
II – outras situações potencialmente geradoras de sofrimento ou estigmatização:
Pena – detenção, de 3 (três) meses a 1 (um) ano, e multa.
§ 1º Se o agente público permitir que terceiro intimide a vítima de crimes violentos, gerando indevida revitimização, aplica-se a pena aumentada de 2/3 (dois terços).

---

[128] GALVÃO, Fernando. *Direito penal – crimes contra a pessoa*, p. 326.
[129] Uma análise aprofundada sobre o tema encontra-se no livro *Abuso de Autoridade – Lei nº 13.869/2019 comentada artigo por artigo*, escrita em coautoria por Rogério Greco e Rogério Sanches Cunha, Editora JusPodivm.

§ 2º Se o agente público intimidar a vítima de crimes violentos, gerando indevida revitimização, aplica-se a pena em dobro.

Art. 24. *Constranger, sob violência ou grave ameaça, funcionário ou empregado de instituição hospitalar pública ou privada a admitir para tratamento pessoa cujo óbito já tenha ocorrido, com o fim de alterar local ou momento de crime, prejudicando sua apuração:*

Pena – detenção, de 1 (um) a 4 (quatro) anos, e multa, além da pena correspondente à violência.

Intimidação sistemática (*bullying*)

Art. 146-A. Intimidar sistematicamente, individualmente ou em grupo, mediante violência física ou psicológica, uma ou mais pessoas, de modo intencional e repetitivo, sem motivação evidente, por meio de atos de intimidação, de humilhação ou de discriminação ou de ações verbais, morais, sexuais, sociais, psicológicas, físicas, materiais ou virtuais:

Pena – multa, se a conduta não constituir crime mais grave.

Intimidação sistemática virtual (*cyberbullying*)

Parágrafo único. Se a conduta é realizada por meio da rede de computadores, de rede social, de aplicativos, de jogos on-line ou por qualquer outro meio ou ambiente digital, ou transmitida em tempo real:

Pena – reclusão, de 2 (dois) anos a 4 (quatro) anos, e multa, se a conduta não constituir crime mais grave.

Introdução

O crime de *intimidação sistemática (bullying)* foi inserido no art. 146-A do Código Penal pela Lei nº 14.811/2024, prevendo o comportamento de intimidar sistematicamente, individualmente ou em grupo, mediante violência física ou psicológica, uma ou mais pessoas, de modo intencional e repetitivo, sem motivação evidente, por meio de atos de intimidação, de humilhação ou de discriminação ou de ações verbais, morais, sexuais, sociais, psicológicas, físicas, materiais ou virtuais, cominando, tão somente, uma pena de multa, em sua modalidade básica, prevista no *caput* do mencionado artigo, se a conduta não constituir crime mais grave.

Inicialmente, merece ser criticada a cominação da pena de multa acima mencionada, inserida no corpo do Código Penal. Isso porque, como é do conhecimento de todos, diz o art. 1º da Lei de Introdução ao Código Penal (Decreto-Lei nº 3.914, de 9 de dezembro de 1941), *verbis:*

Art. 1º *Considera-se crime a infração penal que a lei comina pena de reclusão ou de detenção, quer isoladamente, quer alternativa ou cumulativamente com a pena de multa; contravenção, a infração penal a que*

a lei comina, isoladamente, pena de prisão simples ou de multa, ou ambas, alternativa ou cumulativamente.

Assim, se não houver a prática de um delito mais grave, conforme mencionado no preceito secundário da modalidade básica de *intimidação sistemática (bullying)*, estaremos diante de uma contravenção penal habitando o Código Penal. Mais uma vez, o legislador conseguiu se superar e misturou infrações penais com naturezas diferentes. Fosse sua intenção punir de forma tão insignificante essa modalidade de comportamento, deveria tê-la inserido na Lei de Contravenções Penais (Decreto-Lei nº 3.688, de 3 de outubro de 1941), e não no Código Penal, onde se encontram somente os comportamentos de maior gravidade, razão pela qual são considerados como delitos (ou crimes).

O núcleo *intimidar* tem o sentido de provocar temor, receio, apreensão, medo ou mesmo um constrangimento, razão pela qual segue a numeração típica do delito de constrangimento ilegal, previsto no art. 146 do diploma repressivo. O *caput* do delito em análise exige que essa intimidação seja levada a efeito de maneira sistemática, ou seja, constante, causando uma perturbação física ou psicológica na vítima.

A conduta prevista no tipo, ou seja, a intimidação sistemática, pode ser dirigida a uma única pessoa ou mesmo a um grupo de pessoas, podendo se consistir na prática de violência física, a exemplo do que ocorre com as lesões corporais, ou psicológica, afetando a(s) vítima(s).

O tipo ainda faz menção que a conduta de intimidar sistematicamente deve ocorrer de modo intencional, ou seja, dolosamente, e repetitiva, não se configurando a infração penal quando cometida por uma única vez, podendo, neste caso, ser desclassificada a infração penal, dependo daquilo que pratique o agente, podendo ocorrer o crime de constrangimento ilegal, lesões corporais, ameaça etc.

O *caput* do art. 146-A do Código Penal ainda considerada a prática da intimidação sistemática, mesmo que não haja uma motivação evidente, ou seja, mesmo que o agente não tenha uma motivação qualquer que o tenha levado a assumir esse comportamento criminoso. Isso não quer dizer que, em havendo motivação, o delito seja afastado, por óbvio. O que se quer aqui, ao que parece, é punir o agente que praticou a intimidação sistematicamente mesmo que não houvesse qualquer motivação para tanto.

Os meios através dos quais o delito em estudo pode ser praticado também estão expressos no *caput* do mencionado art. 146-A, vale dizer: atos de intimidação, de humilhação ou de discriminação ou de ações verbais, morais, sexuais, sociais, psicológicas, físicas, materiais ou virtuais. Aqui, procurou o legislador esgotar todas as condutas mediante as quais a intimidação sistemática, ou *bullying*, poderia ser praticada.

Classificação doutrinária

Crime comum com relação ao sujeito ativo, bem como quanto ao sujeito passivo; doloso; material; de forma vinculada (uma vez que o próprio tipo penal, embora esgote, praticamente, os meios de sua prática, aponta o *modus operandi* do agente); comissivo (não se descartando a possibilidade de ser, também, cometido via omissão imprópria, na hipótese em que o agente goze do *status* de garantidor); habitual (tendo em vista que a intimidação deve ser praticada sistematicamente); subsidiário (somente se configurando o delito em exame se a conduta não se constituir em crime mais grave, conforme o disposto no preceito secundário constante do *caput* do art. 146-A do Código Penal); monossubjetivo; plurissubsistente; de dano; transeunte.

Objeto material e bem juridicamente protegido

Bem juridicamente protegido pelo delito de *intimidação sistemática* (*bullying*), tal como ocorre com o delito de constrangimento ilegal, tipificado no art. 146 do diploma punitivo é tanto a liberdade física, quanto a psíquica da vítima.

Objeto material do delito de *intimidação sistemática* (*bullying*) é a pessoa ou grupo de pessoas sobre os quais recai a conduta praticada pelo agente.

Sujeito ativo e sujeito passivo

Crime comum com relação ao sujeito ativo, o delito de *intimidação sistemática* (*bullying*), pode ser praticado por qualquer pessoa, não existindo qualquer condição exigida pelo tipo penal.

Da mesma forma, qualquer pessoa, ou grupo de pessoas, pode ser considerada como sujeito passivo do delito tipificado no art. 146-A do Código Penal.

Consumação e tentativa

Crime habitual, o delito se consuma quando o agente, de forma sistemática, ou seja, de modo intencional e repetitivo, conforme os elementos contidos no tipo penal do art. 146-A do estatuto repressivo, pratica a intimidação, por meio de atos de intimidação, de humilhação ou de discriminação ou de ações verbais, morais, sexuais, sociais, psicológicas, físicas, materiais ou virtuais.

Embora de difícil caracterização, por se tratar de um delito habitual, será possível, dependendo do caso concreto, o reconhecimento da tentativa.

Elemento subjetivo

O dolo é o elemento subjetivo exigido pelo delito de *intimidação sistemática* (bullying), não havendo previsão para a modalidade de natureza culposa.

Modalidades comissiva e omissiva

A conduta de intimidar sistematicamente retrata um modelo comissivo de comportamento. Contudo, nada impede que o agente, garantidor, nos termos do § 2º do art. 13 do Código Penal, devendo e podendo, nada faça para impedir o resultado, razão pela qual poderá ser-lhe atribuído o delito em estudo, via omissão imprópria.

Modalidade qualificada

O parágrafo único do art. 146-A do Código Penal prevê uma modalidade qualificada, denominada de *intimidação sistemática virtual (cyberlullying)* se a conduta é realizada por meio da rede de computadores, de rede social, de aplicativos, de jogos on-line ou por qualquer outro meio ou ambiente digital, ou transmitida em tempo real, cominando uma pena de reclusão, de 2 (dois) anos a 4 (quatro) anos, e multa, se a conduta não constituir crime mais grave.

Pena e ação penal

O preceito secundário do *caput* do art. 146-A do Código Penal (*intimidação sistemática* (*bullying*) prevê uma de pena multa, se a conduta não constituir crime mais grave.

Para a modalidade qualificada, denominada de *intimidação sistemática virtual (cyberlullying)*, constante do parágrafo único do artigo 146-A do Código Penal, a pena é de reclusão, de 2 (dois) anos a 4 (quatro) anos, e multa, se a conduta não constituir crime mais grave.

A ação penal é de iniciativa pública incondicionada.

Ameaça

Art. 147. Ameaçar alguém, por palavra, escrito ou gesto, ou qualquer outro meio simbólico, de causar-lhe mal injusto e grave:

Pena – detenção, de 1 (um) a 6 (seis) meses, ou multa.

§ 1º Se o crime é cometido contra a mulher por razões da condição do sexo feminino, nos termos do § 1º do art. 121-A deste Código, aplica-se a pena em dobro.

§ 2º Somente se procede mediante representação, exceto na hipótese prevista no § 1º deste artigo.

Introdução

O art. 147 do Código Penal aponta os meios pelos quais o autor pode levar a efeito o delito de ameaça. Segundo o diploma repressivo, a ameaça pode ser praticada por meio de palavras, escritos ou gestos. Como regra, o delito de ameaça é mais comumente praticado por meio de palavras. O autor, por exemplo, diz à vítima que irá matá-la quando ela menos esperar. Entretanto, também não é incomum a ameaça feita por escritos, a exemplo de cartas ou mesmo bilhetes que prenunciam um mal injusto que recairá sobre a vítima. Da mesma forma, o gesto traz com ele o recado necessário para que a vítima entenda o que lhe está sendo prometido. Assim, aquele que, olhando para a vítima, passa a "faca" da mão no pescoço, dando-lhe a ideia de que será degolada, consegue, com esse comportamento, transmitir a mensagem de morte.

Como a imaginação das pessoas é fértil e não tendo o legislador condições de catalogar todos os meios possíveis ao cometimento do delito de ameaça, o art. 147 do Código Penal determinou que fosse realizada uma interpretação analógica, ou seja, após apontar, casuisticamente, alguns meios em virtude dos quais poderia ser cometido o delito de ameaça, vale dizer, após uma fórmula exemplificativa – palavra, escrito ou gesto –, a lei penal trouxe uma fórmula genérica – ou qualquer outro meio simbólico.

Imagine-se a hipótese daquele que, almejando ameaçar o seu vizinho, envia-lhe, dentro de uma caixa de sapatos, um passarinho com o pescoço quebrado. Simbolicamente, o passarinho traduz aquilo que se pretende fazer com a vítima. Portanto, a entrega de objetos sinistros, por exemplo, pode configurar-se como delito de ameaça, amoldando-se à formula genérica prevista no art. 147 do Código Penal.

Por isso, diz Hungria: "A ameaça pode traduzir-se por qualquer meio de manifestação de pensamento: verbalmente, por escrito, por gestos, sinais, atos simbólicos, procedendo o agente indissimulada ou encobertamente (*escopelismo*) e posto que a compreenda o ameaçado. Vem daí a qualificação da ameaça em *oral, escrita real ou simbólica*. Exemplos desta última forma: colocar um ataúde à porta de alguém, enviar-lhe uma caveira ou o desenho de um punhal atravessando um corpo humano. A ameaça pode ser *direta* (quando o mal anunciado se refere à pessoa ou patrimônio do sujeito passivo) ou *indireta* (ameaça de dano a uma pessoa vinculada ao sujeito passivo por especiais relações de afeto). Pode ainda ser *explícita* ou *implícita* (exemplo desta segunda espécie: um indivíduo escreve a outro que, para resolver a dissenção entre ambos, 'não tem medo de ir para a cadeia')."[130]

⚖ Para a caracterização do delito previsto no art. 147 do Código Penal, que possui natureza jurídica de delito formal, é suficiente a ocorrência do temor na vítima de que a ameaça proferida em seu desfavor venha a se concretizar (STJ, AgRg no AREsp 1.247.201/DF, Rel. Min. Jorge Mussi, 5ª T., *DJe* 1º/06/2018).

Nesse sentido:

⚖ TJDFT, APR 20040110027576, Rel. Sandra de Santis, 1ª T. Crim., *DJ* 03/03/2008, p. 110.

Assim de acordo com as lições de Hungria, podemos concluir que a ameaça pode ser:

a) direta;
b) indireta;
c) explícita;
d) implícita.

Poderíamos, ainda, acrescentar a essas modalidades a chamada *ameaça condicional*, quando, segundo Cezar Roberto Bitencourt, "dependente de um fato do sujeito passivo ou de outrem: 'Se repetir o que disse, eu lhe parto a cara'; Se fulano me denunciar, eu matarei você' etc."[131]

Contudo, deve-se ter cuidado no que diz respeito à ameaça condicional, quando a realização do mal prometido depender da prática de algum comportamento – positivo ou negativo – da vítima, uma vez que poderá se configurar, nessa hipótese, como delito de constrangimento ilegal, sendo a ameaça, nesse caso, considerada tão somente um elemento que integra aquela figura típica. Assim, por exemplo, se o agente disser à vítima: *Se voltar amanhã à escola eu acabo com você!*, não estará praticando o delito de ameaça, mas, sim, o de constrangimento ilegal, pois que estará, por meio da ameaça, constrangendo a vítima a não fazer o que a lei permite, isto é, de estudar normalmente no local onde se encontra regularmente matriculada.

Exige a lei penal, para fins de configuração do delito de ameaça, que o mal prenunciado pelo agente seja *injusto* e *grave*.

⚖ Resta caracterizado o delito do art. 147 do Código Penal, evidenciado que as intimidações do acusado, ameaçando as vítimas foram sérias e idôneas, infundindo-lhe verdadeiro receio de vir a sofrer mal injusto e grave (TJSP, Ap. Crim. 1099 3793000, Rel. Des. Wilson Barreira, reg. 24/09/2007).

Dessa forma, não há que falar em ameaça quando estivermos diante da presença da promessa de um mal justo. Assim, aquele que ameaça o seu devedor dizendo que irá executar o seu título extrajudicial, caso não seja quitado no prazo por ele indicado, está prometendo um mal. Entretanto, esse mal prometido é *justo*, razão pela qual restaria afastado o delito de ameaça.

Além de injusto, o mal deve ser *grave*, ou seja, deve ser capaz de infundir temor à vítima, caso venha a ser efetivamente cumprida a promessa. Não há gravidade no mal prometido, por exemplo, quando o agente diz que irá cortá-la do seu círculo de amizades, que não a convidará para sua festa de casamento etc.

⚖ Como sabido, nos crimes de ameaça, para a caracterização do mal injusto e grave, é preciso que seja algo nocivo à vítima, além de se constituir em prejuízo grave, sério, verossímil e injusto. Inexiste ameaça quando o mal anunciado é improvável, isto é, liga-se a crendices, conspirações e fatos impossíveis. Por outro lado, é indispensável que o ofendido efetivamente se sinta ameaçado, acreditando que algo de mal lhe pode acontecer (TJ-RJ, RSE 0027643-70.2015.8.19.0205, Rel. Des. Luiz Zveiter, *DJe* 1º/09/2016).

Nesse sentido:

[130] HUNGRIA, Nélson. *Comentários ao código penal*, v. VI, p. 184.
[131] BITENCOURT, Cezar Roberto. *Tratado de direito penal*, v. 2, p. 443.

TJ-RS, RC 71006189245, Rel. Des. Edson Jorge Cechet, j. 10/10/2016; TJ-RJ, AC 0001098-30.2010.8.19.0013, Rel. Des. Paulo Rangel, *DJe* 14/07/2015; TJSP, Ap. 1095757/1, Rel. Lagrasta Neto, j. 29/07/1998; TJDF, Ap. 7321, Rel. Mariz de Barros, j. 24/01/1947; TJMG, AC 119607-0, Rel. Kelsen Carneiro.

Classificação doutrinária

Crime comum quanto ao sujeito ativo, bem como quanto ao sujeito passivo, devendo ser ressalvado, neste último caso, que a vítima deve possuir capacidade de discernimento; doloso; formal (pois que a infração penal se consuma mesmo que a vítima não se sinta intimidada); de forma livre (uma vez que o tipo penal somente exemplifica alguns meios em virtude dos quais o delito poderá ser praticado); comissivo (podendo ser praticado omissivamente, desde que o agente goze do *status* de garantidor); instantâneo; monossubjetivo; unissubsistente ou plurissubsistente (dependendo da forma como é praticada a infração penal); transeunte ou não transeunte (dependendo do fato de a infração penal deixar ou não vestígios).

O crime é de natureza formal, consumando-se no momento em que a vítima é alcançada pela promessa, manifestada pelo agente de forma verbal, por escrito ou gesto, de que estará sujeito a mal injusto e grave, incutindo-lhe fundado temor, não reclamando sua caracterização a produção de qualquer resultado material efetivo (TJDFT, APJ 20060910020037, Rel. José Guilherme, 1ª T. Recursal dos Juizados Especiais Cíveis e Criminais do DF, *DJ* 21/11/2007, p. 260).

Objeto material e bem juridicamente protegido

O bem juridicamente protegido pelo tipo penal de ameaça é a liberdade pessoal, entendida aqui, mesmo que não pacificamente, como liberdade de natureza psíquica.

Fragoso aponta a controvérsia existente sobre o tema dizendo: "O objeto da tutela penal é neste crime a liberdade individual, sob o aspecto da livre autodeterminação da vontade segundo os próprios motivos. A matéria não é pacífica. Alguns autores veem na ameaça ofensa ao sentimento de segurança na ordem jurídica.

A ameaça envolve, sem dúvida, ofensa ao sentimento de segurança na ordem jurídica, com a intranquilidade que gera no espírito do cidadão. Não é esse, porém, o aspecto que a lei penal especialmente protege, mas, sim, o da liberdade psíquica, que será prejudicada pelo sujeito e pelo temor infundido pela ameaça."[132]
Objeto material é a pessoa que sofre a ameaça.

Sujeito ativo e sujeito passivo

Qualquer pessoa pode ser sujeito ativo do delito de ameaça.

À primeira vista, qualquer pessoa também pode ser sujeito passivo do crime de ameaça. Entretanto, para que possa gozar desse *status*, o sujeito passivo deve ter capacidade para discernir a promessa de mal injusto que é proferida contra a sua pessoa, uma vez que com o delito de ameaça se busca proteger a sua liberdade psíquica. Por essa razão, afirma Maggiore que qualquer pessoa pode ser sujeito passivo, "contanto que seja capaz de sentir a intimidação".[133]

Rogério Sanches Cunha, com precisão, preleciona que:

"A individualidade da vítima deve ser tomada em consideração. Assim, a idade, sexo, grau de instrução etc. são fatores que não podem ser desconsiderados na análise do caso concreto. Não se duvida que uma expressão que aterroriza um analfabeto pode nem sequer assustar um universitário; uma promessa de mal injusto pode ser grave para uma moça de pouca idade e não o ser para um senhor de meia-idade. Logo, as circunstâncias do caso concreto demonstrarão se houve ou não o crime."[134]

É importante ressaltar que há diferença entre aquele capaz de sentir a intimidação, para usarmos a expressão de Maggiore, daquele que, embora tendo essa possibilidade, dada sua capacidade de discernimento, não se sente intimidado.

Não é necessário, portanto, que a vítima se intimide, mas, sim, que tão somente tenha essa possibilidade. Assim, as crianças, até certa idade, os doentes mentais, as pessoas jurídicas, por exemplo, não possuem discernimento para entender a promessa de mal injusto que lhes é proferida.

Consumação e tentativa

Crime formal, a ameaça se consuma ainda que, analisada concretamente, a vítima não tenha se intimidado ou mesmo ficado receosa do cumprimento da promessa do mal injusto e grave. Basta, para fins de sua caracterização, que a ameaça tenha a possibilidade de infundir temor em um homem comum e que tenha chegado ao conhecimento deste, não havendo necessidade, até mesmo, da presença da vítima no momento em que as ameaças foram proferidas.

O crime de ameaça é de natureza formal, bastando para sua consumação que a intimidação seja suficiente para causar temor à vítima no momento em que praticado, restando a infração penal configurada ainda que a vítima não tenha se sentido ameaçada (HC 372.327/RS, Rel. Min. Ribeiro Dantas, 5ª T., *DJe* 23/03/2017). Consignado pelo Tribunal *a quo* que o réu ameaçou a vítima de morte caso ela chamasse a polícia ou sua mãe passasse mal de novo, não há falar em atipicidade da conduta (STJ, REsp 1.712.678/DF, Rel. Min. Nefi Cordeiro, 6ª T., *DJe* 10/04/2019).

---

[132] FRAGOSO, Heleno Cláudio. *Lições de direito penal* – parte especial (arts. 121 a 160 do CP), p. 220-221.

[133] MAGGIORE, Giuseppe. *Derecho penal*, v. IV, p. 476.

[134] CUNHA, Sanches Rogério. *Manual de direito penal* – parte especial, volume único, p. 220/221.

Nesse sentido:

⚖ STJ, CC 156.284/PR, Rel. Min. Ribeiro Dantas, 3ª S., *DJe* 06/03/2018; TJ-RS, AC 70070422498, Rel. Des. Luiz Mello Guimarães, j. 13/10/2016.

No que diz respeito à possibilidade de tentativa no delito de ameaça, há controvérsia doutrinária. Noronha, com precisão, afirma:

"Não obstante delito formal, admite ela doutrinariamente a tentativa, por ser fracionável, por apresentar um *iter*. É perfeitamente configurável a tentativa de ameaça por carta, ao contrário do que parece ao douto Hungria, ao refutar Carrara, que alude à carta ameaçadora extraviada, dizendo que só se ficou em atos preparatórios. Cita em seu abono Longo, porém não procede a opinião. O envio, remessa ou expedição de uma carta não é ato preparatório. Se assim fosse, onde estaria a *execução* do delito? Quando ela fosse aberta pelo destinatário (ação executada pelo sujeito passivo) ou ele a lesse (consumação)? Atos preparatórios, no caso, serão, *v.g.*, a aquisição do papel, da tinta etc. A remessa é pleno ato de execução. O recebimento por outrem caracteriza a circunstância alheia à vontade do agente."[135]

Elemento subjetivo

O delito de ameaça somente pode ser cometido dolosamente, seja o dolo direto ou mesmo eventual.

⚖ A ameaça que configura o tipo penal do art. 147 do Código Penal contém uma promessa de mal injusto e grave. O dolo específico desse crime se caracteriza pela intenção de provocar medo na vítima, exteriorizada de forma fria pelo agente (TJDFT, APJ 20060 910020037, Rel. José Guilherme, 1ª T. Recursal dos Juizados Especiais Cíveis e Criminais do DF, *DJ* 21/11/2007, p. 260).

Aquele que, por exemplo, querendo tão somente assustar, agindo com *animus jocandi*, vier a entregar à vítima uma publicação em um jornal, veiculando um aviso fúnebre, no qual constava, justamente, o seu nome, não comete o delito em estudo.

Mesmo que o agente não pretenda, efetivamente, levar a efeito o mal prometido, no momento em que profere a ameaça, deve agir como se fosse realizá-lo, infundindo temor na vítima, ou, pelo menos, mesmo que ela não fique atemorizada, que tenha a possibilidade de perturbar psicologicamente alguém em condições normais.

Não há previsão para a modalidade culposa.

Causa especial de aumento de pena

A Lei nº 14.994, de 9 de outubro de 2024, inseriu o § 1º ao art. 147 do Código Penal, dizendo:

§ 1º Se o crime é cometido contra a mulher por razões da condição do sexo feminino, nos termos do § 1º do art. 121-A deste Código, aplica-se a pena em dobro.

Nos termos do § 1º do art. 121-A, considera-se que há razões da condição do sexo feminino quando o crime envolve:

I – violência doméstica e familiar;

II – menosprezo ou discriminação à condição de mulher.

Pena, ação penal, competência para julgamento e suspensão condicional do processo

O preceito secundário do art. 147 do Código Penal comina uma pena de detenção, de 1 (um) a 6 (seis) meses, ou multa.

⚖ O art. 17 da Lei nº 11.340/2006 expressamente veda a aplicação da multa, de forma autônoma ou isolada, nos crimes de violência doméstica e familiar contra a mulher. Precedentes (STJ, AgRg no REsp 1.801.196/RJ, Rel. Min. Jorge Mussi, 5ª T., *DJe* 06/06/2019).

Conforme previsão do art. 17 da Lei Maria da Penha, não é cabível, em hipóteses de violência ou grave ameaça contra a mulher no âmbito doméstico, a aplicação somente da pena de multa, ainda que o crime pelo qual o réu foi condenado tenha previsão alternativa dessa espécie de sanção. Precedentes (STJ, REsp 1.707.948/RJ, Rel. Min. Rogério Schietti Cruz, 6ª T., *DJe* 16/04/2018).

Dessa forma, pelo menos inicialmente, a competência para o julgamento do delito de ameaça é do Juizado Especial Criminal, uma vez que mencionada infração penal se amolda ao conceito de menor potencial ofensivo, aplicando-se, outrossim, todos os institutos que lhe são inerentes (transação penal e suspensão condicional do processo).

⚖ As acusadas foram condenadas em primeiro grau pelo crime de ameaça, que é de menor potencial ofensivo, nos termos do art. 61 da Lei nº 9.099/95. Não se trata de hipótese de violência doméstica ou familiar descrita no art. 5º da Lei nº 11.340/06, que, no seu art. 41, impede a aplicação da Lei nº 9.099/95. Caso concreto em que a ameaça foi proferida a uma vizinha, sem qualquer relação abrangida pela Lei Maria da Penha. Nos termos do art. 82 da Lei nº 9.099/95, o feito compete às Turmas Recursais. Precedentes (TJRS, Ap. Crim. 70049960313, Rel. Julio Cesar Finger, j. 05/09/2012).

Se o crime é cometido contra a mulher por razões da condição do sexo feminino, nos termos do § 1º do art. 121-A do Código Penal, aplica-se a pena em dobro.

A ação penal é de iniciativa pública, condicionada à representação, exceto na hipótese prevista no § 1º do art. 147 em estudo.

⚖ Essencializando-se os fatos descritos, num primeiro exame, na ameaça de que trata o tipo inserido no art. 147 do Código Penal, embora se cuide de crime de ação pública, depende de representação, mostrando-se inviáveis a requisição ministerial e o

---

[135] NORONHA, Edgard Magalhães. *Direito penal*, v. 2, p. 159.

inquérito policial instaurado em consequência (STJ, HC 22843/PI, 6ª T., Rel. Min. Hamilton Carvalhido, *DJ*. 06/02/2006, p. 322).

Nesse sentido:

STJ, RHC 2253/MG, Rel. Min. José Cândido de Carvalho Filho, 6ª T., *DJ* 01/02/1993 p. 476.

Ameaça de mal futuro

Especificamente no delito tipificado no art. 147 do Código Penal, quando a ameaça ganha vida autônoma, para que possa ser entendida como tal, deverá, obrigatoriamente, cuidar da promessa de um mal futuro, injusto e grave.

A ameaça constante do mencionado art. 147 deve ser cuidada de forma distinta daquela que é prevista como elemento de diversos tipos penais, a exemplo do constrangimento ilegal e do roubo. Nesses crimes, o mal prometido poderá ser imediato. Assim, aquele que determina que alguém "cale a boca", sob pena de ser agredido, em tese, pratica o delito de constrangimento ilegal. A promessa do mal injusto e grave foi feita de modo a acontecer imediatamente. A vítima foi impedida, em razão da ameaça sofrida, de fazer aquilo que a lei permite, devendo o agente, portanto, ser responsabilizado criminalmente por ter cometido o delito de constrangimento ilegal. Da mesma forma, se o agente, armado com uma pistola, aponta a arma para a cabeça da vítima dizendo-lhe para passar todo o dinheiro senão irá morrer, também está utilizando a ameaça para que possa ter sucesso na subtração.

Entretanto, as duas hipóteses mencionadas devem ser cuidadas diferentemente daquela prevista especificamente para o delito de ameaça.

Isso porque, como dissemos, a ameaça tem como bem juridicamente protegido a liberdade psíquica da vítima e, em algumas situações, a sua própria liberdade física, que fica inibida quando a parte psicológica é abalada. Para que isso ocorra, a vítima deve conviver com a angústia do cumprimento da promessa do mal injusto e grave. Deve ter tido tempo suficiente para buscar socorro das autoridades competentes, se for do seu interesse, uma vez que também a instauração de inquérito policial ou mesmo do termo circunstanciado, próprio dos Juizados Especiais Criminais, estará a ela subordinado.

Por outro lado, quando há uma promessa de mal imediato, caso este venha a ser concretizado, a ameaça ficará por ele absorvida.

Há controvérsia doutrinária sobre o tema.

Guilherme de Souza Nucci, entendendo que a ameaça somente se configura quando a promessa do mal seja futura, esclarece: "Há quem sustente ser irrelevante que o mal a ser praticado seja atual ou futuro, vale dizer, quem ameaça outrem de causar-lhe um mal imediato cometeria o mesmo crime de alguém que ameace causar o mal no futuro. Preferimos a

posição daqueles que defendem somente a possibilidade do mal ser futuro. O próprio núcleo do tipo assim exige. Ameaçar, como se viu, é anunciar um mal futuro, ainda que próximo, não tendo cabimento uma pessoa ser processada pelo delito de ameaça quando diz que vai agredir a vítima de imediato, sendo segura por terceiros que separam a contenda. Ou o agente busca intimidar o seu oponente, prometendo-lhe a ocorrência de um mal injusto e grave que vai *acontecer*, ou está prestes a cometer um delito e avizinha-se dos atos executórios, portanto, uma tentativa, caso não chegue à consumação. A preparação de um crime não necessariamente constitui-se em crime autônomo, ou seja, ameaça. Ex.: o sujeito diz que vai pegar a arma para matar o seu rival, o que, de fato, está fazendo. Deve ser considerado um ato preparatório ou até mesmo executório do delito de homicídio. Se o objeto do crime é justamente a tranquilidade de espírito da pessoa – que, de fato, não há durante uma contenda –, como se pode chamar de ameaça o anúncio de um mal imediato?"[136]

Em sentido contrário, afirma Damásio: "A figura típica do art. 147 do CP não exige que o mal seja futuro. Além disso, 'futuro' é tudo aquilo que ainda não aconteceu, referindo-se ao fato que irá ocorrer em instantes ou depois de algum tempo."[137]

Quando dissemos que para a configuração da ameaça a promessa deveria ser de um mal futuro, injusto e grave, queríamos afirmar que a iminência, ou seja, a relação de proximidade entre a promessa e o mal efetivamente praticado, ou, mesmo que seria praticado, caso não tenha ocorrido, configura-se outra infração penal, como bem ressalvou Guilherme de Souza Nucci.

Não se pode confundir, portanto, a ameaça entendida como elemento de determinada infração penal, ou mesmo como momento antecedente à prática de um crime, com a ameaça em si, tipificada no art. 147 do Código Penal, que afeta a tranquilidade psíquica da vítima.

Legítima defesa e o crime de ameaça

Não se pode raciocinar em termos de legítima defesa com relação ao delito de ameaça, uma vez que a promessa do mal, conforme afirmamos acima, deve ser futura, além de injusta e grave, sendo que aquela causa de exclusão da ilicitude, nos termos do *caput* do art. 25 do Código Penal, somente se presta a repelir agressões atuais ou iminentes.

Verossimilhança do mal prometido

Quando a própria lei penal, ao definir o delito de ameaça, diz que o mal prometido deve ser *injusto* e *grave*, implicitamente está querendo traduzir a ideia, também, de mal verossímil, ou seja, aquele que pode ser efetivamente produzido.

[136] NUCCI, Guilherme de Souza. *Código penal comentado*, p. 466.
[137] JESUS, Damásio E. de. *Direito penal*, v. 2, p. 250.

Ameaçar alguém, por exemplo, dizendo-lhe que fará com que um raio caia sobre a sua cabeça está completamente fora das possibilidades de ser realizado, afastando-se, outrossim, o crime.

Ameaça supersticiosa

Há pessoas fragilizadas que acreditam em crendices, simpatias, macumbas ou coisas parecidas.

Pode ser que o agente, conhecendo essa particularidade da vítima, a ameace dizendo que fará uma "macumba" para que ela morra em um desastre de automóvel ou seja atropelada por um veículo qualquer.

Dessa forma, entendemos que a ameaça que se vale de meios supersticiosos é capaz de ofender ao bem juridicamente protegido pelo art. 147 do Código Penal, razão pela qual o agente deverá ser responsabilizado penalmente pelo delito em questão.

Pluralidade de vítimas

Havendo um comportamento único, que tenha por finalidade ameaçar mais de uma pessoa, aplica-se a regra do concurso formal impróprio ou imperfeito, previsto na segunda parte do art. 70 do Código Penal.

Ameaça proferida em estado de ira ou cólera

Não é incomum que, durante discussões acaloradas, um dos contendores ameace o outro, prometendo causar-lhe um mal injusto e grave. Nesse caso, poderíamos identificar o delito de ameaça ou, ao contrário, para sua configuração a ameaça exigiria ânimo calmo e refletido?

A questão não é pacífica. Parte da doutrina assume posição no sentido de que o estado de ira ou cólera afasta o elemento subjetivo do crime de ameaça. Nesse sentido, afirma Carrara: "As ameaças proferidas no ímpeto da cólera não são politicamente imputáveis, e devem ser consideradas como meras expressões jactanciosas."[138]

Também assevera Fragoso que não há crime "se a ameaça constituir apenas uma explosão de cólera, não revelando o propósito de intimidar".[139]

⚖ O estado emocional desestruturado, de nervos ou de exaltação não são subterfúgios para afastar o dolo do agente em ameaçar a vítima, mormente se os autos noticiam que aludida conduta repetiu-se em momentos distintos (TJ-MG, AC 0289114-43.2012.8.13.0701, Rel. Des. Cássio Salomé, *DJe* 14/10/2016).

Nesse sentido:

⚖ TJDF, Rec. 2009.02.1.001019-6, Ac. 437.163, 2ª T. Crim., Rel. Des. Silvânio Barbosa dos Santos, *DJDFTE* 16/08/2010, p. 423; TJMG, APCR 2442838-72.2008.8.13.0313, 5ª Câm.

Crim., Rel. Des. Alexandre Victor de Carvalho, *DJEMG* 16/08/2010; TJDFT, APJ 2005011 1062834, Rel. Fábio Eduardo Marques, 1ª T. Recursal dos Juizados Especiais Cíveis e Criminais do DF, *DJ* 13/09/2007, p. 152.

Apesar da autoridade dos renomados autores, acreditamos, *permissa venia*, não ser essa a melhor posição. Isso porque grande parte das ameaças são proferidas enquanto o agente se encontra em estado colérico. Entretanto, isso não significa afirmar que, em decorrência desse fato, o mal prometido não tenha possibilidades de infundir temor à vítima.

Como vimos, para que se caracterize a ameaça, não há necessidade de que o agente, efetivamente, ao prenunciar a prática do mal injusto e grave, tenha a intenção real de cometê-lo, bastando que seja capaz de infundir temor em um homem normal.

Na verdade, quando proferida em estado de ira ou cólera, a ameaça se torna mais amedrontadora, pois que o agente enfatiza sua intenção em praticar o mal injusto e grave, fazendo com que a vítima, em geral, se veja abalada em sua tranquilidade psíquica.

Noronha ressalva que, em algumas situações, a ameaça se confundia, na verdade, com meras bravatas do agente, quando praticada em estado de cólera, fazendo com que o fato deixasse de ser típico, devido a ausência de dolo. Entretanto, esse fato não tem o condão de sempre eliminar a infração penal, pois, "realmente as ameaças, em regra, são proferidas pelo indivíduo irado ou exaltado".[140]

Ameaça proferida em estado de embriaguez

Outra hipótese controvertida diz respeito à ameaça proferida pelo agente que se encontra em estado de embriaguez.

Parte da doutrina afirma que, nesse caso, a embriaguez afastaria o dolo do agente, a exemplo de Luiz Regis Prado que esclarece não poder "ser havida como séria a ameaça realizada em estado de embriaguez do agente".[141]

Na verdade, a questão não pode ser cuidada em termos absolutos. É claro que, se o agente estiver embriagado a ponto de não saber o que diz, não teremos condições de identificar o dolo em seu comportamento. Entretanto, se a embriaguez foi um fator que teve o poder de soltar os freios inibidores do agente, permitindo que proferisse a promessa de um mal injusto e grave, pois que pretendia infundir temor à vítima, não podemos descartar a caracterização do delito.

Assim, somente aquele estado de embriaguez que torne ridícula a ameaça feita pelo agente é que poderá afastar a infração penal, em razão da evidente ausência de dolo; ao contrário, se o agente, mesmo que sob

---

[138] CARRARA, Francesco. *Programa de derecho criminal*, v. 4, p. 373.

[139] FRAGOSO, Heleno Cláudio. *Lições de direito penal – parte especial (arts. 121 a 160, CP)*, p. 223.

[140] NORONHA, Edgard Magalhães. *Direito penal*, v. 2, p. 160.

[141] PRADO, Luiz Regis. *Curso de direito penal brasileiro*, v. 2, p. 284.

os efeitos do álcool ou de substâncias análogas, tiver consciência do seu comportamento, deverá responder pelas ameaças proferidas.

Assim, podemos concluir com Aldeleine Melhor Barbosa que:

"Não se pode imaginar que a ira/raiva, bem como o uso de bebida alcoólica, inibam a vontade de intimidar. Pelo contrário, muitas vezes tais sentimentos (ira/raiva) apenas potencializam a ameaça, assim como acontece com o sujeito que fez uso do álcool, aumentando o temor da vítima."[142]

⚖ Dada a adoção da teoria da *actio libera in causa* pelo Código Penal, somente a embriaguez completa, decorrente de caso fortuito ou força maior que reduza ou anule a capacidade de discernimento do agente quanto ao caráter ilícito de sua conduta, é causa de redução ou exclusão da responsabilidade penal nos termos dos §§ 1º e 2º do art. 28 do Diploma Repressor (STJ, AgRg no AREsp 1.247.201/DF, Rel. Min. Jorge Mussi, 5ª T., *DJe* 1º/06/2018).

Nesse sentido:

⚖ TJ-RJ, AC 0021294-90.2011.8.19.0011, Rel. Des. Paulo Rangel, *DJe* 04/03/2015; TJSP, Ap. 145959/8, Rel. Wilson Barreira j. 25/10/2004.

Possibilidade de ação penal por tentativa de ameaça

À primeira vista pareceria estranha a possibilidade de ação penal por tentativa de ameaça, pois que, seria o raciocínio, se a vítima tomou conhecimento dos fatos mesmo não estando presente quando a promessa de mal injusto e grave fora proferida pelo agente, o crime já restaria consumado.

Entretanto, podemos visualizar a hipótese em que a vítima ameaçada seja um adolescente com 16 anos de idade. A ameaça, embora não tendo chegado ao seu conhecimento, foi descoberta por seu representante legal, no caso, o seu próprio pai, que, querendo a punição do agente, confecciona sua representação, permitindo o início da *persecutio criminis in judicio*.

Sendo o delito de ameaça de competência, pelo menos inicialmente, dos Juizados Especiais Criminais, será possível que o agente aceite alguma proposta – transação penal ou suspensão condicional do processo –, sem que a própria vítima tenha tido conhecimento dos fatos. Assim, em tese, estaria configurada a *tentativa de ameaça*, mesmo que, nesse caso, não houvesse discussão a respeito da efetiva prática da infração penal, em razão de ter o agente aceitado qualquer das propostas constantes da Lei nº 9.099/1995.

Ameaça reflexa

A ameaça pode ser direta ou indireta, explícita ou implícita e, ainda, condicional.

Direta, quando dirigida imediatamente à pessoa do sujeito passivo ou seu patrimônio; *indireta* quando, embora dirigida ao sujeito passivo, o mal não recaia sobre a sua pessoa ou o seu patrimônio, mas, sim, no de terceiros que lhe são próximos, geralmente por uma relação de afeto; *explícita* quando o agente diz exatamente qual o mal prometido; *implícita* quando deixa entrever, pelo seu comportamento (palavras, escritos, gestos ou qualquer outro meio simbólico), o mal a ser produzido; *condicional*, quando depende de determinado comportamento para que possa se realizar o mal prometido pelo agente.

Da ameaça indireta extrai-se a chamada *ameaça reflexa*, podendo-se concluir, até mesmo, que se trata da mesma situação. Assim, por exemplo, aquele que ameaça os pais de uma criança de apenas 1 ano de idade dizendo que matará seu filho, na verdade, o mal não recairá somente sobre o sujeito passivo, mas, sim, reflexamente sobre terceiro a ele ligado por uma relação afetiva.

Portanto, ameaça reflexa e ameaça indireta querem traduzir a mesma situação, com denominações diferentes.

Ameaça e Lei Maria da Penha

⚖ ***Súmula nº 536 do STJ****. A suspensão condicional do processo e a transação penal não se aplicam na hipótese de delitos sujeitos ao rito da Lei Maria da Penha* (*DJe* 15/06/2015).

A própria Lei nº 11.340/2006, ao criar mecanismos específicos para coibir e prevenir a violência doméstica praticada contra a mulher, buscando a igualdade substantiva entre os gêneros, fundou-se justamente na indiscutível desproporcionalidade física existente entre os gêneros, no histórico discriminatório e na cultura vigente. Ou seja, a fragilidade da mulher, sua hipossuficiência ou vulnerabilidade, na verdade, são os fundamentos que levaram o legislador a conferir proteção especial à mulher e por isso têm-se como presumidos (Precedentes do STJ e do STF) (STJ, AgRg no AREsp 14.39.546/RJ, Rel. Min. Reynaldo Soares da Fonseca, 5ª T., *DJe* 05/08/2019).

Nesse sentido:

⚖ STJ, AgRg no REsp 1.743.996/MS, Rel. Min. Reynaldo Soares da Fonseca, 5ª T., *DJe* 23/05/2019; STJ, REsp 1.735.503/SP, Rel. Min. Jorge Mussi, 5ª T., *DJe* 15/06/2018; STJ, HC 406.951/SP, Rel. Min. Ribeiro Dantas, 5ª T., *DJe* 06/10/2017.

Ameaça e palavra da vítima

⚖ Em casos de violência contra a mulher – seja ela física ou psíquica –, a palavra da vítima é de fundamental importância para a devida elucidação dos fatos, constituindo elemento hábil a fundamentar um veredito condenatório, quando firme e coerente, máxime quando corroborada pelos demais elementos de prova encontrados nos autos (TJ-SC, AC 0008196-

---

[142] BARBOSA, Aldeleine Melhor *et al. Curso de direito penal* – parte especial, v. 2, p. 186.

92.2014.8.24.0011 Rel. Des. Paulo Roberto Sartorato, j. 04/10/2016).

Nesse sentido:

🏛 TJRS, Ap. Crim. 70048284848, Rel. Aristides Pedroso de Albuquerque Neto, j. 30/08/2012.

Ameaça no Código Penal Militar

Vide art. 223 do Decreto-Lei nº 1.001/69 (Código Penal Militar).

Ameaça no Código de Defesa do Consumidor

O Código de Defesa do Consumidor (Lei nº 8.078, de 11 de setembro de 1990) criou uma modalidade especial de ameaça, cominando, em seu art. 71, uma pena de detenção de três meses a um ano e multa, para aquele que se utiliza, na cobrança de dívidas, de ameaça, coação, constrangimento físico ou moral, afirmações falsas incorretas ou enganosas ou de qualquer outro procedimento que exponha o consumidor, injustificadamente, a ridículo ou interfira com seu trabalho, descanso ou lazer.

Perseguição

Art. 147-A. Perseguir alguém, reiteradamente, e por qualquer meio, ameaçando-lhe a integridade física ou psicológica, restringindo-lhe a capacidade de locomoção ou, de qualquer forma, invadindo ou perturbando sua esfera de liberdade ou privacidade.

Pena – reclusão, de 6 (seis) meses a 2 (dois) anos, e multa.

§ 1º A pena é aumentada de metade se o crime é cometido:

I – contra criança, adolescente ou idoso;

II – contra mulher por razões da condição de sexo feminino, nos termos do § 2º-A do art. 121 deste Código;

III – mediante concurso de 2 (duas) ou mais pessoas ou com o emprego de arma.

§ 2º As penas deste artigo são aplicáveis sem prejuízo das correspondentes à violência.

§ 3º Somente se procede mediante representação.

Introdução

O crime de perseguição, conhecido internacionalmente como *stalking*, foi inserido no Código Penal (art. 147-A) através da Lei nº 14.132, de 31 de março de 2021. Não se cuida de um comportamento novo, mas sim de uma conduta que se perde no tempo, embora seu estudo tenha começado, com mais profundidade, na década de 1990, principalmente nos EUA. O núcleo perseguir nos dá a ideia de uma conduta praticada pelo agente que denota insistência, obsessão, comportamento repetitivo no que diz respeito à pessoa da vítima. Está muito ligado à área psicológica

do perseguidor, muitas vezes entendido como sendo um caçador à espreita da sua vítima.

Exige a lei, para efeitos de configuração dessa perseguição, que ela ocorra de forma reiterada, ou seja, constante, habitual. Isso quer dizer que uma única abordagem, mesmo que inconveniente, não se configurará no delito em estudo. Assim, imagine-se a hipótese daquele que, durante uma festa, tenta, a todo custo, ficar amorosamente com uma mulher que ali se encontrava junto com outros amigos. Ela repele a abordagem, pois não se sentiu atraída pelo sujeito. Contudo, o agente volta a insistir várias vezes durante a mesma noite, sendo rejeitado em todas elas. Essa situação é extremamente desconfortável para aquela mulher. No entanto, não poderíamos falar, aqui, em crime de perseguição.

Agora, suponhamos que, inconformado com a rejeição, esse mesmo agente passe a mandar mensagens para a mulher que o havia rejeitado naquela noite. Isso acontece por inúmeras vezes, mesmo tendo sido solicitado a ele que parasse de enviar essas mensagens. Neste caso, já se poderia visualizar o *stalking*.

Há, portanto, uma necessidade de reiteração do comportamento do agente, criando situação de incômodo, desconforto e até mesmo medo para a vítima. Mas, o que significa, realmente, um comportamento reiterado, vale dizer, habitual? Duas condutas já seriam o suficiente para se configurar a perseguição? Essa é uma questão onde somente o caso concreto poderá demonstrar, como exemplificado anteriormente, se os comportamentos levados a efeito pelo agente poderão ou não se configurar em *stalking*. Contudo, entendemos que se os fatos forem praticados, por exemplo, por somente duas vezes, ou seja, se houver uma primeira abordagem por parte do agente, que insistiu em uma segunda, não poderemos falar no delito em estudo, uma vez que isso não importa na reiteração exigida pelo tipo penal que prevê o delito de perseguição. Fosse assim, haveria um sem-número de pessoas processadas por terem insistido, por poucas vezes, em iniciar um relacionamento amoroso não correspondido. O que se quer, na verdade, é evitar a situação de incômodo, perturbação constante sofrida pela vítima, que perdeu a sua paz em virtude dos reiterados comportamentos praticados pelo perseguidor.

É uma espécie de terrorismo psicológico, onde o autor cria na vítima uma intensa ansiedade, medo, angústia, isolamento pelo fato de não saber exatamente quando, mas ter a certeza de que a perseguição acontecerá, abalando-a psicologicamente, impedindo-a, muitas vezes, de exercer normalmente suas atividades. Figurativamente, o comportamento do agente se equipara a um gotejamento constante, criando uma situação de perturbação, desconforto, medo, pânico. Em sendo considerado um crime de forma livre, a perseguição pode se dar de diversas maneiras, com a utilização de qualquer meio. Conforme preleciona Luciana Gerbovic, trata-se:

"de comportamento humano heterogêneo consistente com um tipo particular de assédio, cometido por homens ou mulheres, que pode se configurar por meio de diversas condutas, tais como comunicação direta, física ou virtual, perseguição física e/ou psicológica, contato indireto por meio de amigos, parentes e colegas de trabalho ou qualquer outra forma de intromissão contínua e indesejada na vida privada e/ou íntima de uma pessoa".

E continua suas lições dizendo que:

"*Stalker* é o perseguidor, aquele que escolhe uma vítima, pelas mais diversas razões, e a molesta insistentemente, por meio de atos persecutórios – diretos ou indiretos, presenciais ou virtuais – sempre contra a vontade da vítima. Em outras palavras, *stalker* é quem promove uma 'caçada' física ou psicológica contra alguém".

A internet, de uma forma geral, e as redes sociais, mais especificamente, fizeram com que essas perseguições se potencializassem, dado à facilidade de acesso às vítimas, tal como ocorre com o envio de e-mails, mensagens pelas mais diversas formas (sms, messenger, WhatsApp, directs etc.). Em muitas situações, e exposição contínua das vítimas traz a sensação de que as pessoas às conhecem e que lhe são íntimas. Hoje, esse fenômeno ocorre não somente com as pessoas consideradas como públicas, tal como acontece com os artistas, como também com todas as demais que estejam expostas nas redes sociais.

Podem se configurar como meios para a prática do *stalking* telefonar e permanecer em silêncio, ligar continuamente e desligar tão logo a vítima atenda, fazer ligações o tempo todo, tentando conversar com a vítima, enviar presentes, mensagens por todas as formas possíveis (a exemplo do sms, directs, e-mails, WhatsApp, bilhetes, cartas etc.) sejam elas amorosas ou mesmo agressivas, acompanhar a vítima à distância, aparecer em lugares frequentados comumente pela vítima ou pessoas que lhe são próximas, estacionar o automóvel sempre ao lado do carro da vítima, a fim de que ela saiba que o agente está por ali, à espreita, enviar fotos, músicas, flores, instrumentos eróticos, roupas íntimas, animais mortos, enfim, existe uma infinidade de meios que podem ser utilizados pelo agente na prática da infração penal *sub examen*.

Embora a criminalização da perseguição seja necessária, temos que tomar o máximo cuidado para que não sejam confundidos comportamentos perfeitamente lícitos e aceitos em nossa sociedade. Uma insistência amorosa, por exemplo, mesmo que indesejada, não pode se configurar, automaticamente, em crime. Por isso, somente a hipótese concreta nos trará elementos para que possamos fazer essa distinção, tênue por sinal, entre um comportamento natural do ser humano, em não aceitar, imediatamente, uma negativa ao seu pedido, de uma conduta considerada perseguidora, criminosa, que pode causar na vítima danos à sua integridade física ou psicológica.

São, também, inúmeras as motivações que levam ao *stalker* a praticar a perseguição, a exemplo do inconformismo pelo término de um relacionamento, um amor não correspondido, paixão, ódio, ciúmes, inveja, atração, fixação, frustração, decepção, rejeição, ressentimento, baixa autoestima, vingança, sensação de perda, necessidade de afeto, prazer em desestabilizar alguém, ou mesmo pelo fato de saber que a vítima se abala com facilidade, enfim, são incontáveis os motivos que podem conduzir o agente à prática do comportamento tipificado no artigo em análise.

Conforme a narração típica, através dos meios utilizados, o agente pode:

a) ameaçar a integridade física ou psicológica da vítima;

b) restringir-lhe a capacidade de locomoção; ou

c) de qualquer forma, invadir ou perturbar sua esfera de liberdade ou privacidade.

Muitos filmes retrataram perseguições obsessivas, a exemplo do clássico "Atração Fatal", de 1988, com Glenn Close e Michael Douglas. A perseguidora transformou a vida da vítima em um verdadeiro inferno. Isso pode ocorrer sob diversas formas, como no caso daquele que, de acordo com o tipo penal em exame, ameaça a integridade física ou mesmo psicológica da vítima, tal como ocorre com o delito tipificado no art. 147 do Código Penal, com a diferença de que a ameaça aqui proferida tem uma finalidade específica, vale dizer, a perseguição da vítima.

Da mesma forma, pode o agente, através dos seus atos de perseguição, fazer com que a vítima, amedrontada, veja restringida sua capacidade de locomoção, uma vez que esta última prefere isolar-se do mundo exterior, a ter que se encontrar com o *stalker*.

Por fim, o comportamento criminoso pode chegar a invadir ou perturbar a esfera de liberdade ou privacidade da vítima.

Classificação doutrinária

Crime comum com relação ao sujeito ativo, bem como quanto ao sujeito passivo; doloso; material (pois ocorrerá a consumação quando evidenciado que a perseguição produziu os resultados previsto no tipo penal); de forma livre; habitual; comissivo; monossubjetivo; transeunte ou não transeunte (dependendo do fato de a infração penal deixar ou não vestígios).

Objeto material e bem juridicamente protegido

O delito de perseguição está inserido na Seção I do Capítulo VI do Título I do Código Penal, que prevê os crimes contra a liberdade pessoal. Assim, o bem juridicamente protegido pelo tipo penal em estudo é a liberdade pessoal, entendida, aqui, tanto a de natureza física quanto psíquica, bem como a integridade física da vítima.

A pessoa contra a qual recai a conduta praticada pelo *stalker* é o objeto material do delito tipificado no art. 147-A do diploma repressivo.

Sujeito ativo e sujeito passivo

Crime comum, qualquer pessoa pode ser considerada como sujeito ativo do delito de perseguição, seja ela do sexo masculino ou feminino.

Da mesma forma, qualquer pessoa poderá também figurar, diretamente, como sujeito passivo do delito em análise, além do Estado como sujeito passivo mediato ou indireto. Contudo, como bem alerta Luciana Gerbovic, "a mulher é tradicionalmente a maior vítima nos casos de *stalking*. Por isso o *stalking* acaba sendo tratado, nos países onde é estudado e pesquisado, como uma das formas de violência contra as mulheres".

Consumação e tentativa

Em se tratando de um delito habitual, a infração penal prevista no art. 147-A do diploma repressivo se consuma quando da prática reiterada da perseguição, e por qualquer meio, venha a ameaçar a integridade física ou psicológica da vítima, restringindo-lhe a capacidade de locomoção ou, de qualquer forma, invadindo ou perturbando sua esfera de liberdade ou privacidade.

Nesse caso específico, não conseguimos visualizar a possibilidade de tentativa, uma vez que, ou o agente pratica, reiteradamente, os atos de perseguição e o delito se consuma, ou os fatos praticados anteriores, não reiterados, são considerados como um indiferente penal.

Elemento subjetivo

O dolo é o elemento exigido pelo tipo penal em estudo, não havendo previsão para a modalidade de natureza culposa.

Modalidades comissiva e omissiva

O núcleo perseguir nos induz a concluir que o comportamento deve ser praticado comissivamente, não havendo, outrossim, previsão para a conduta omissiva.

Causas de aumento de pena

As alíneas *a, b* e *c* do § 1º do art. 147-A do Código Penal preveem as causas especiais de aumento de pena, a serem aplicadas no terceiro momento do critério trifásico, previsto no art. 68 do mesmo diploma, dizendo, *verbis*:

§ 1º A pena é aumentada de metade se o crime é cometido:

I – contra criança, adolescente ou idoso;

II – contra mulher por razões da condição de sexo feminino, nos termos do § 2º-A do art. 121 deste Código;

III – mediante concurso de 2 (duas) ou mais pessoas ou com o emprego de arma.

De acordo com o art. 2º da Lei nº 8.069/90, considera-se criança a pessoa até doze anos de idade incompletos, e adolescente aquela entre doze e dezoito anos de idade. Pessoa idosa, conforme o art. 1º, da Lei nº 10.741/2003, é a pessoa com idade igual ou superior a 60 (sessenta) anos. Para que essa majorante seja aplicada ao agente, faz-se necessário que ele conheça essas condições, pois, caso contrário, deverá ser aplicado o raciocínio correspondente ao erro de tipo. Assim, por exemplo, se um agente pratica qualquer dos comportamentos previstos no art. 147-A do Código Penal, acreditando ter a vítima 18 anos completos quando, na verdade, ainda está prestes a completar essa idade, não poderá ser aplicada a causa especial de aumento de pena prevista no inciso I em análise.

Também haverá aumento de metade se o delito for praticado contra mulher por razões da condição de sexo feminino. Atualmente, em virtude da revogação do § 2º-A do art. 121 do Código Penal, pela Lei nº 14.994, de 9 de outubro de 2024, as hipóteses nele previstas encontram-se elencadas nos incisos I e II do § 1º do art. 121-A do estatuto repressivo, que prevê, como modalidade autônoma, o crime de feminicídio. Da mesma forma, será aplicada a majorante quando houver o concurso de 2 (duas) ou mais pessoas ou com o emprego de arma. Aqui, vale destacar que, como a lei não fez distinção, a utilização de qualquer arma no crime, seja ela própria (destinada ao ataque e à defesa, a exemplo do que ocorre com os punhais e armas de fogo) ou imprópria (como é o caso de objetos que, não sendo destinados ao ataque e à defesa, podem exercer essa função, tal como ocorre com cacos de vidro, pedaços de pau etc.), servirá para aplicar o aumento de pena. Assim, tanto faz se o agente se vale de uma arma de fogo ou de uma faca de cozinha para intimidar a vítima, deverá ser aplicada a causa de aumento de pena em estudo.

Concurso de crimes

Determina o § 2º do art. 147-A do Código Penal:

§ 2º As penas deste artigo são aplicáveis sem prejuízo das correspondentes à violência.

No referido § 2º foi previsto o concurso de crimes entre a perseguição (art. 147-A) e o correspondente à violência (tal como ocorre com o art. 129 do CP, em qualquer uma de suas modalidades – leve, grave ou gravíssima).

Aqui, ao contrário do que ocorre com o crime de constrangimento ilegal (art. 146 do CP), poderá se cogitar em concurso material, uma vez que o agente pode, reiteradamente ou não, usar de violência para efeitos de concretização do *stalking*, pois, como já afirmamos anteriormente, cuida-se de um crime habitual, que requer a prática retirada de comportamentos para que reste consumada a infração penal.

Assim, imagine-se a hipótese onde o agente, com o objetivo de abalar psicologicamente a vítima, passe a frequentar o lugar onde esta última costumava almoçar, mostrando-se ostensivamente. Numa dessas aparições, o agente com ela discute e a agride. Como se percebe, o crime de perseguição exigia uma cadeia de atos, sendo que em todos os anteriores à agressão o agente somente fazia questão de demonstrar a sua presença no local. Nesse caso, entendemos que será perfeitamente possível o raciocínio correspondente ao concurso material de crimes, vale dizer, o de perseguição e o de lesões corporais (leve, grave ou gravíssima).

Pena, ação penal, competência para julgamento e suspensão condicional do processo

A pena cominada no preceito secundário do art. 147-A do Código Penal é de reclusão, de 6 (seis) meses a 2 (dois) anos, e multa.

Assim, pelo menos inicialmente, se não houver a aplicação de qualquer das causas especiais de aumento de pena previstas nas alíneas do § 1º, do art. 147-A do diploma repressivo, e tampouco a aplicação do concurso de crimes apontado pelo § 2º do referido artigo, que diz que as penas são aplicáveis sem prejuízo das correspondentes à violência, a competência será do Juizado Especial Criminal, possibilitando-se a aplicação de todos os institutos que lhe são inerentes (transação penal e suspensão condicional do processo).

A ação penal é de iniciativa pública condicionada à representação, nos termos do § 3º do art. 147-A do Código Penal.

Revogação do art. 65 da LCP

Até o advento da Lei nº 14.132, de 31 de março de 2021, que inseriu o delito de perseguição no Código Penal (art. 147-A), entendia-se que esse comportamento (*stalking*) encontrava-se previsto no art. 65 da Lei das Contravenções Penais, que dizia, *verbis*:

Art. 65. Molestar alguém ou perturbar-lhe a tranquilidade, por acinte ou por motivo reprovável:

Pena – prisão simples, de quinze dias a dois meses, ou multa.

A Lei nº 14.132, de 31 de março de 2021, no mesmo instante em que criou o delito de perseguição, por outro lado, revogou também, expressamente, o transcrito art. 65 da LCP, evitando-se, dessa forma, interpretações conflitantes.

Cyberstalking

Hoje em dia, o chamado *cyberstalking*, ou seja, a perseguição que é levada a efeito no mundo virtual, através da internet, ganhou proporções assustadoras, dada a quantidade de ferramentas disponíveis para a sua realização.

A cada momento surgem novos aplicativos que permitem a interação entre as pessoas, o que facilita, sobremaneira, a ocorrência do *cyberstalking*. A ex-

posição constante na internet, através de ferramentas como o *facebook* ou o *instagram*, onde a pessoa posta fotos e vídeos pessoais, fez com que crescesse o *cyberstalking* que, ao contrário do que muitos pensam, não tem como foco somente pessoas conhecidas, famosas, artistas etc., mas, e principalmente, as demais pessoas ditas comuns, ou seja, que não possuem essa projeção.

Como bem apontado por Luciana Gerbovic:

"Mesmo o *cyberstalking* ocorrendo no mundo virtual, seus efeitos são sentidos no mundo físico e podem chegar a ser mais devastadores do que aqueles provocados pelo *stalking*, principalmente em razão da facilitação do anonimato neste meio e da rapidez na divulgação de dados e imagens, que foge ao controle de qualquer pessoa, inclusive das autoridades".

Stalking na Lei Maria da Penha (Lei nº 11.340, de 7 de agosto de 2006)

No inciso II do art. 7º da Lei Maria da Penha, podemos identificar dois comportamentos que se configuram em *stalking*, a saber, a vigilância constante e também a perseguição contumaz, conforme se verifica pela redação abaixo transcrita:

Art. 7º São formas de violência doméstica e familiar contra a mulher, entre outras

I – (...)

II – a violência psicológica, entendida como qualquer conduta que lhe cause dano emocional e diminuição da autoestima ou que lhe prejudique e perturbe o pleno desenvolvimento ou que vise degradar ou controlar suas ações, comportamentos, crenças e decisões, mediante ameaça, constrangimento, humilhação, manipulação, isolamento, vigilância constante, perseguição contumaz, insulto, chantagem, violação de sua intimidade, ridicularização, exploração e limitação do direito de ir e vir ou qualquer outro meio que lhe cause prejuízo à saúde psicológica e à autodeterminação;

Violência psicológica contra a mulher

Art. 147-B. Causar dano emocional à mulher que a prejudique e perturbe seu pleno desenvolvimento ou que vise a degradar ou a controlar suas ações, comportamentos, crenças e decisões, mediante ameaça, constrangimento, humilhação, manipulação, isolamento, chantagem, ridicularização, limitação do direito de ir e vir ou qualquer outro meio que cause prejuízo à sua saúde psicológica e autodeterminação:

Pena – reclusão, de 6 (seis) meses a 2 (dois) anos, e multa, se a conduta não constitui crime mais grave.

Introdução

O art. 147-B foi inserido no Código Penal pela Lei nº 14.188, criando o delito de *violência psicológica contra a mulher*.

Cuida-se, outrossim, de um tipo penal que tem duas finalidades específicas. Na sua primeira parte, o agente atua no sentido de causar dano emocional à mulher, prejudicando e perturbando seu pleno desenvolvimento. A mulher, aqui, por conta do dano sofrido, se sente inferiorizada, menosprezada, incapaz de se desenvolver plenamente.

Na segunda parte, a conduta do agente visa a degradar ou a controlar suas ações, comportamentos, crenças e decisões, mediante ameaça, constrangimento, humilhação, manipulação, isolamento, chantagem, ridicularização, limitação do direito de ir e vir ou qualquer outro meio que cause prejuízo à sua saúde psicológica e autodeterminação.

Como se percebe, houve a criminalização da violência psicológica, prevista no inc. II do art. 7º da Lei nº 11.340/2006, com a redação que lhe foi conferido pela Lei nº 13.772/2018, que diz, *verbis*:

Art. 7º São formas de violência doméstica e familiar contra a mulher, entre outras:

(...)

II – a violência psicológica, entendida como qualquer conduta que lhe cause dano emocional e diminuição da autoestima ou que lhe prejudique e perturbe o pleno desenvolvimento ou que vise degradar ou controlar suas ações, comportamentos, crenças e decisões, mediante ameaça, constrangimento, humilhação, manipulação, isolamento, vigilância constante, perseguição contumaz, insulto, chantagem, violação de sua intimidade, ridicularização, exploração e limitação do direito de ir e vir ou qualquer outro meio que lhe cause prejuízo à saúde psicológica e à autodeterminação;

Gabriel Habib, com a precisão que lhe é peculiar, dissertando sobre o tema, aduz que se trata: "da ofensa que consiste na lesão causada por mecanismos não violentos e consiste na perturbação das funções fisiológicas do organismo, inclusive a alteração do psiquismo, a exemplo de neuroses, depressão, entre outras, ainda que de forma transitória"[143].

Como se percebe pela redação do tipo penal em análise, o agente pode, sem encostar na vítima, ou seja, sem causar-lhe qualquer tipo de lesão de natureza física, atingi-la psicologicamente de tal forma, causando--lhe um dano emocional muitas vezes irreparável. São comuns expressões que importam em ameaça, constrangimento, humilhação, manipulação, isolamento, chantagem, ridicularização, limitação do direito de ir e vir, a exemplo do agente que, com frequência, diz que a vítima o deixar, ele a matará, juntamente com a sua família, ou quando diz que deve ou não usar determinadas roupas, que ficará mal falada, que a vítima se comporta como uma "vadia", que não vale nada, que é mal amada, louca, histérica, que ninguém a suporta, que o agente está fazendo "um favor" de ficar com ela, que não permite que se relacione com pessoas do sexo masculino, que a isola também de suas amigas, pois que as considera como péssimas companhias, quando afirma que mulher gosta de apanhar, quando atribui

qualidades pejorativas à vítimas, a chamando de burra, incapaz, feia, magra, gorda etc. Enfim, são inúmeras as formas de se atingir psicologicamente a mulher.

Embora o delito seja praticado, com mais frequência, pelo homem contra a mulher, isso não impede que o tipo penal ocorra em diversas situações, incluindo, por exemplo, relações homoafetivas. Assim, uma mulher pode agir utilizando-se de violência psicológica, a fim de subjugar sua companheira, causando-lhe prejuízo à sua saúde psicológica.

O tipo penal permite a chamada interpretação extensiva, quando se utiliza da fórmula *ou qualquer outro meio que cause prejuízo à sua saúde psicológica e autodeterminação*. Assim, não somente o emprego da ameaça, constrangimento, humilhação, manipulação, isolamento, chantagem, ridicularização, limitação do direito de ir e vir se constituem em meios para a prática do delito, sendo abrangidos pelo tipo penal em estudo quaisquer outros que com eles se assemelhem e que se prestem a realizar a figura típica.

Trata-se, ainda, de tipo penal expressamente subsidiário, tendo em vista que somente será aplicado se a conduta não se constituir em crime mais grave, conforme preceitua a parte final do preceito secundário do art. 147-B do Código Penal. Assim, por exemplo, se um homem, com a finalidade de humilhar uma mulher, a estupra publicamente, o fato não se amoldará ao tipo penal em estudo, mas sim ao delito tipificado no art. 213 do diploma repressivo. Da mesma forma, se o agente, querendo privar a vítima do seu direito de ir, vir e permanecer onde bem entender, a trancar dentro de casa porque a mulher havia dito que se encontraria com umas amigas em um determinado bar, não responderá pelo crime de *violência psicológica contra a mulher*, mas sim o de *sequestro ou cárcere privado*, previsto no art. 148 do Código Penal.

Classificação doutrinária

Crime comum com relação sujeito ativo, e próprio no que diz respeito ao sujeito passivo; doloso; comissivo (podendo ser praticado via omissão imprópria, na hipótese em que o agente gozar do *status* de garantidor); habitual; monossubjetivo; transeunte ou não transeunte (dependendo do fato de a infração penal deixar ou não vestígios).

Objeto material e bem juridicamente protegido

A mulher sobre a qual recai o comportamento praticado pelo agente é o objeto material do delito em análise. Bens juridicamente protegidos são a liberdade pessoal, entendida, aqui, tanto a de natureza física quanto psíquica, bem como a integridade física da mulher, vítima do delito tipificado no art. 147-B do Código Penal.

Sujeito ativo e sujeito passivo

Crime comum no que diz respeito ao sujeito ativo, o delito de violência psicológica contra a mulher pode-

---

[143] HABIB, Gabriel. Leis Penais Especiais, volume único, p. 1151.

rá ser praticado por qualquer pessoa, mesmo que seja do sexo feminino.

Sujeito passivo somente poderá ser a mulher, tendo em vista a disposição expressa contida no art. 147-B do Código Penal.

Consumação e tentativa

Ponto que merece atenção diz respeito à análise do momento consumativo do delito de violência psicológica contra a mulher. A primeira parte do art. 147-B do Código Penal exige que o comportamento praticado pelo agente seja dirigido a causar dano emocional à mulher que prejudique e perturbe seu pleno desenvolvimento. Na segunda parte do tipo penal, o agente atua visando a degradar ou a controlar suas ações, comportamentos, crenças e decisões, mediante ameaça, constrangimento, humilhação, manipulação, isolamento, chantagem, ridicularização, limitação do direito de ir e vir ou qualquer outro meio que cause prejuízo à sua saúde psicológica e autodeterminação. Entendemos que para que ocorra a consumação, faz-se necessária que a conduta seja habitual, isto é, que o agente, reiteradamente, pratique determinado comportamento, visando abalar psicologicamente a mulher. Importante frisar que a infração penal restará consumada mesmo que a mulher não se tenha deixado abalar com a conduta do agente. Assim, por exemplo, imagine-se a hipótese onde um homem, com frequência, humilhe sua esposa, fato esse presenciado diversas vezes pelos amigos que conviviam com o casal, chamando-a de burra, dizendo que não tinha capacidade para fazer absolutamente nada etc. Esse fato é levado ao conhecimento da autoridade policial através dos amigos que assistiam, constantemente, as cenas de humilhação. Aqui, por mais que a própria mulher não se importasse com o comportamento do marido, entendemos como consumada a infração penal. Importante frisar, ainda, que um ato impulsivo, um xingamento, uma falta de educação momentânea, não têm o condão de configurar a infração penal em estudo, podendo-se falar, dependendo da hipótese, em crime contra a honra.

Por se tratar de um crime habitual, será difícil o reconhecimento da tentativa, mas não pode ser de todo descartada, dependendo do caso concreto apresentado.

Elemento subjetivo

O dolo é o elemento subjetivo exigido pelo tipo penal que prevê o delito de violência psicológica contra a mulher, não havendo previsão para a modalidade de natureza culposa.

A análise do elemento subjetivo deve ser criteriosa, pois, caso contrário, situações normais do dia a dia, mesmo que desagradáveis, constrangedoras, podem conduzir a interpretações equivocadas e acabar por tipificar comportamentos que seriam considerados como indiferentes penais. Assim, por exemplo, o rompimento de um relacionamento amoroso, por si

só, não se configura no delito em estudo, por mais que a mulher tenha a sensação de ter sido humilhada ou mesmo enganada emocionalmente. Por outro lado, se um homem a seduz tão somente com o fim de, posteriormente, humilhá-la com o término do relacionamento, em sua conduta já se poderá vislumbrar o dolo exigido pelo tipo penal em análise.

Em resumo, somente o caso concreto, com a análise do comportamento praticado, é que poderemos concluir se houve ou não o dolo exigido pelo art. 147-B do Código Penal.

Modalidades comissiva e omissiva

As condutas previstas pelo art. 147-B do Código Penal somente podem ser praticadas comissivamente.

No entanto, será possível o raciocínio correspondente à omissão imprópria, quando o agente gozar do *status* de garantidor, nos termos do § 2º do art. 13 do diploma repressivo. Assim, imagine-se a hipótese em que uma mãe presencie, com a habitualidade exigida pelo tipo penal, seu marido humilhando sua filha, que contava com apenas 16 anos de idade, chamando-a agressivamente de vadia toda vez que resolvia sair de casa a fim de se encontrar com seus amigos.

A mãe, mesmo podendo, não somente nada faz para impedir esse comportamento praticado pelo seu esposo, mas com ele concorda, uma vez que entende que sua filha, ainda inimputável, não poderia sair de casa aos finais de semana. Nesse caso, o pai responderia pelo delito de violência psicológica contra a mulher praticado comissivamente, e a mãe, por sua vez, na qualidade de garantidora, seria responsabilizada a título de omissão imprópria pelo mesmo crime.

Pena e ação penal

A pena é de reclusão, de 6 (seis) meses a 2 (dois) anos, e multa, se a conduta não constitui crime mais grave. A ação penal é de iniciativa pública incondicionada.

Violência psicológica contra mulher candidata a cargo eletivo ou detentora de mandato eletivo

A Lei 14.192, de 4 de agosto de 2021, criou uma modalidade especializada de violência psicológica contra a mulher candidata a cargo eletivo ou detentora de mandato eletivo, acrescentando ao Código Eleitoral, *verbis*: "Art. 326-B. Assediar, constranger, humilhar, perseguir ou ameaçar, por qualquer meio, candidata a cargo eletivo ou detentora de mandato eletivo, utilizando-se de menosprezo ou discriminação à condição de mulher ou à sua cor, raça ou etnia, com a finalidade de impedir ou de dificultar a sua campanha eleitoral ou o desempenho de seu mandato eletivo.

Pena – reclusão, de 1 (um) a 4 (quatro) anos, e multa.

Parágrafo único. Aumenta-se a pena em 1/3 (um terço), se o crime é cometido contra mulher:

I – gestante;

II – maior de 60 (sessenta) anos;

III – com deficiência."

Sequestro e cárcere privado
Art. 148. Privar alguém de sua liberdade, mediante sequestro ou cárcere privado:
Pena – reclusão, de 1 (um) a 3 (três) anos.
§ 1º A pena é de reclusão, de dois a cinco anos:
I – se a vítima é ascendente, descendente, cônjuge ou companheiro do agente ou maior de 60 (sessenta) anos;
II – se o crime é praticado mediante internação da vítima em casa de saúde ou hospital;
III – se a privação da liberdade dura mais de 15 (quinze) dias;
IV – se o crime é praticado contra menor de 18 (dezoito) anos;
V – se o crime é praticado com fins libidinosos.
§ 2º Se resulta à vítima, em razão de maus-tratos ou da natureza da detenção, grave sofrimento físico ou moral:
Pena – reclusão, de 2 (dois) a 8 (oito) anos.

Introdução

O art. 148 do Código Penal inicia sua redação com a seguinte expressão: *Privar alguém de sua liberdade.* Liberdade, aqui, tem o sentido de direito de ir, vir ou permanecer, ou seja, cuida-se da liberdade ambulatorial, física.

⚖ A intenção do agente de privar a liberdade da vítima está claramente demonstrada no acórdão. O réu mediante o emprego de violência física (golpes de faca) e psicológica (ameaças) impedia a vítima de sair da casa, anulando sua capacidade de autodeterminação, contrariando, assim, a norma penal prevista no art. 148 do CP (STJ, AgRg no AREsp 826.979/MT, Rel. Min. Ribeiro Dantas, 5ª T., *DJe* 1º/08/2018).

Nesse sentido:
⚖ STJ, REsp 1.622.510/MS, Rel. Min. Reynaldo Soares da Fonseca, 5ª T., *DJe* 09/06/2017; TJRS, Ap. Crim. 70017814807, 2ª Câm. Crim., Rel. Marco Aurélio de Oliveira Canosa, *DJ* 18/01/2008.

Quando a lei penal usa o termo *sequestro* e a expressão *cárcere privado*, à primeira vista temos a impressão de que se trata de situações diferentes. No entanto, majoritariamente, entende-se que sequestro e cárcere privado significam a mesma coisa. A única diferença que se pode apontar entre eles, para que se possa aproveitar todas as letras da lei, é no sentido de que, quando se cuida de sequestro, existe maior liberdade ambulatorial; ao contrário, quando a liberdade ambulatorial é menor, ou seja, o espaço para que a vítima possa se locomover é pequeno, reduzido, trata-se de cárcere privado.

O Código Penal prevê duas modalidades qualificadas de sequestro ou cárcere privado. A primeira delas, de acordo com o § 1º do art. 148, comina uma pena de reclusão, de 2 (dois) a 5 (cinco) anos, quando: I – a vítima é ascendente, descendente, cônjuge ou companheiro do agente ou maior de 60 (sessenta) anos; II – se o crime é praticado mediante internação da vítima em casa de saúde ou hospital; III – se a privação da liberdade dura mais de 15 (quinze) dias; IV – se o crime

é praticado contra menor de 18 (dezoito) anos; V – se o crime é praticado com fins libidinosos. A segunda modalidade qualificada, prevista no § 2º do art. 148, comina pena de reclusão, de 2 (dois) a 8 (oito) anos, se resulta à vítima, em razão dos maus-tratos ou da natureza da detenção, grave sofrimento físico ou moral.

⚖ Praticam o crime de violência arbitrária, em concurso com cárcere privado, policiais militares que, durante período de folga, algemam ilegalmente indivíduos, privando-os de sua liberdade durante 40 (quarenta) minutos, a pretexto de sua condição de policiais (TJMG, Processo 1.0472.03.000446-0/001, Rel. Des. Hélcio Valentim, *DJ* 11/05/2009).

Nesse sentido:
⚖ TJMG, Processo 1.0672.07.266351-7/001, Rel. Des. Antônio Armando dos Anjos, *DJ* 21/05/2009; TJRS, AC 70024517179, 1ª Câm. Crim., Rel. Des. Ivan Leomar Bruxel, *DJ* 29/12/2008; STJ, HC 61488/MS, Rel. Min. Arnaldo Esteves Lima, 5ª T., *DJ* 07/02/2008, p. 1; TJMG, Processo 1.0107.04.911385-8/001[1], Rel. Gudesteu Biber, pub. 1º/04/2005; TJMG, Processo 1.0000.00.242681-5/000 [1], Rel. Odilon Ferreira, pub. 1º/05/2002.

Classificação doutrinária

Crime comum com relação ao sujeito ativo, bem como quanto ao sujeito passivo, à exceção das modalidades qualificadas previstas nos incs. I e IV do § 1º do art. 148 do Código Penal, em que os sujeitos passivos deverão ser as pessoas por ele determinadas; doloso; comissivo ou omissivo impróprio; permanente (uma vez que a consumação da infração penal se perpetua no tempo); material (já que a conduta do agente produz um resultado naturalístico, perceptível por meio dos sentidos, que é a privação da liberdade da vítima); de forma livre; monossubjetivo; plurissubsistente (como regra, uma vez que, dependendo da hipótese, poderá haver concentração de atos, quando, então, passará a ser entendido como unissubsistente).

Objeto material e bem juridicamente protegido

Bem juridicamente protegido pelo tipo do art. 148 do Código Penal é a liberdade pessoal, entendida aqui no sentido de liberdade ambulatorial, liberdade física, ou seja, o direito que toda pessoa tem de ir, vir ou permanecer.
Objeto material é a pessoa privada da liberdade, contra a qual recai a conduta do agente.

Sujeito ativo e sujeito passivo

Qualquer pessoa pode ser sujeito ativo do crime tipificado no art. 148 do Código Penal.
Da mesma forma, qualquer pessoa pode ser sujeito passivo do delito em estudo.

Consumação e tentativa

Consuma-se o delito de sequestro ou cárcere privado com a efetiva impossibilidade de locomoção da vítima, que fica impedida de ir, vir ou mesmo de permanecer onde quer.

Deve ser ressaltado que, para fins de caracterização do crime em estudo, não há necessidade de remoção da vítima, podendo se consumar a infração penal desde que esta, por exemplo, se veja impedida de sair do local onde se encontra. Assim, aquele que tranca a vítima dentro de sua própria casa, impedindo-a de sair, pratica o crime de sequestro.

⚖ Impossível absolver o réu com base na atipicidade da sua conduta, se verificado que o mesmo agiu com a vontade livre e consciente de privar a liberdade das vítimas, sendo irrelevante que o local do confinamento possibilitasse a saída das mesmas se elas estavam sob constante ameaça do acusado que, desta forma, as impedia de livrarem-se daquela situação aflitiva (TJMG, AC 1.0080.07.007829-2/001, Rel. Des. Vieira de Brito, *DJ* 15/04/2009).

Nesse sentido:

⚖ TJRS, Ap. Crim. 70011671823, 2ª Câm. Crim., Rel. Lúcia de Fátima Cerveira, *DJ* 16/01/2008.

O delito de sequestro ou cárcere privado admite a tentativa.

Entretanto, se a vítima, mesmo que por curto espaço de tempo, se viu limitada no seu direito ambulatorial, o delito restará consumado. Para que cheguemos a essa conclusão devemos, obrigatoriamente, trabalhar com o raciocínio do princípio da razoabilidade, a fim de não chegarmos a respostas penais absurdas.

Romeu de Almeida Salles Júnior arrola as posições doutrinárias a esse respeito: "Acerca da duração da privação da liberdade, a doutrina apresenta três posições: 1ª) é irrelevante para a consumação do delito, devendo ser considerada somente na dosagem da pena; 2ª) exige-se que a privação da liberdade perdure por tempo razoável, uma vez que, sendo momentânea, há apenas tentativa; 3ª) não há delito quando a vítima permanece à mercê do sujeito por tempo inexpressivo."[144]

Elemento subjetivo

O dolo, seja ele direto, seja eventual, é o elemento subjetivo do delito de sequestro e cárcere privado, não havendo previsão para a modalidade de natureza culposa.

⚖ O dolo do réu encontra-se configurado na vontade de privar a vítima de sua liberdade de se locomover, empregando violência psicológica e física para impedi-la de sair de sua residência, anulando sua capacidade de autodeterminação, mesmo esta tendo a chave do local. Assim, o constrangimento, exercido mediante violência e ameaças, tinha como objetivo privar sua liberdade de locomoção e de autodeterminação, o que configura o delito previsto no art. 148 do CP (STJ, REsp 1.622.510/MS, Rel. Min. Reynaldo Soares da Fonseca, 5ª T., *DJe* 09/06/2017).

Nesse sentido:

⚖ TJMG, AC 1.0116.07.011691-2/001, Rel. Des. Judimar Biber, *DJ* 15/05/2009; TJMG, Processo 1.0000.00. 337427-9/000 [1], Rel.ª Márcia Milanez, pub. 03/10/2003.

Modalidades comissiva e omissiva

O delito de sequestro e cárcere privado pode ser praticado comissiva ou omissivamente, sendo, portanto, entendida a privação da liberdade em forma de:

a) *detenção*, quando praticado comissivamente;
b) *retenção*, quando levado a efeito omissivamente.

Modalidades qualificadas

Os §§ 1º e 2º do art. 148 do Código Penal trouxeram modalidades qualificadas de sequestro e cárcere privado, sendo que a hipótese prevista no § 2º pune mais severamente do que a do § 1º.

Ab initio, merece destaque o fato de que se, por exemplo, estivermos diante de uma situação que, aparentemente, se amolde a ambos os parágrafos, deverá ter aplicação tão somente de um deles, vale dizer, o que tiver a maior pena cominada.

Vítima ascendente, descendente, cônjuge ou companheiro do agente ou maior de 60 (sessenta) anos.

O inc. I do § 1º do art. 148 do Código Penal teve nova redação determinada pela Lei nº 10.741, de 1º de outubro de 2003 (Estatuto da Pessoa Idosa), sendo, ainda, posteriormente modificado pela Lei nº 11.106, de 28 de março de 2005, que incluiu a figura do companheiro.

À exceção da hipótese em que a vítima é companheira do agente, para que seja efetivamente aplicada a qualificadora faz-se mister a comprovação nos autos, por meio dos documentos necessários (certidão de nascimento, carteira de identidade, certidão de casamento etc.), conforme determina o parágrafo único do art. 155 do Código de Processo Penal, de acordo com a nova redação que lhe foi dada pela Lei nº 11.690, de 9 de junho de 2008.

O reconhecimento das qualificadoras em estudo afasta a aplicação das circunstâncias agravantes previstas nas alíneas *e* e *h* do inc. II do art. 61 do Código Penal.

⚖ O crime praticado contra pessoa acima de 60 (sessenta) anos, embora seja considerado como agravante genérica, prevista no art. 61, inc. II, alínea *h*, é circunstância que qualifica o crime de sequestro e cárcere privado, conforme art. 148, § 1º, inc. I, do CPB, devendo prevalecer este em detrimento daquela, conforme estabelece o próprio art. 61 do CPB (TJPE, APL 0191695-2, 2ª Câm. Crim., Rel. Des. Antônio de Melo e Lima, *DJEPE* 20/04/2010).

Se o crime é praticado mediante internação da vítima em casa de saúde ou hospital

A lei penal menciona *casa de saúde* ou *hospital*, querendo denotar que a internação deverá ocorrer em locais destinados, como regra, ao tratamento da saúde física e mental das pessoas.

---

[144] SALLES JÚNIOR, Romeu de Almeida. *Código penal interpretado*, p. 417.

Contudo, pode ser que a internação não passe de uma fraude praticada pelo agente, no sentido de encobrir a sua verdadeira finalidade, que é a de privar a vítima de sua liberdade ambulatorial. Nesse sentido, afirma Paulo José da Costa Júnior: "Se o crime é praticado internando-se a vítima em casa de saúde ou hospital, onde o agente consegue mascarar sua intenção criminosa, revestindo de aparente legitimidade sua conduta. O médico ou diretor do hospital, que consente na internação criminosa, responde como coautor".[145]

Se a privação da liberdade dura mais de 15 (quinze) dias

A primeira observação a ser feita diz respeito à contagem do prazo, aqui considerado de natureza penal, em que será computado o primeiro dia de privação de liberdade.

Além disso, a lei penal assevera que a privação da liberdade deve durar *mais de 15 (quinze) dias*, ou seja, somente se o agente mantiver a vítima por, no mínimo, 16 (dezesseis) dias em privação de liberdade é que poderá incidir a qualificadora.

Se o crime é praticado contra menor de 18 (dezoito) anos

O inc. IV foi acrescentado ao § 1º do art. 148 do Código Penal pela Lei nº 11.106, de 28 de março de 2005. Dessa forma, se a vítima for menor de 18 (dezoito) anos, o agente deverá responder pela modalidade qualificada de sequestro e cárcere privado.

Faz-se mister a comprovação nos autos da idade da vítima, mediante documento próprio, nos termos do parágrafo único do art. 155 do diploma processual penal. A Lei nº 14.811/2024, inserindo o inciso XI no art. 1º da Lei nº 8.072/90, passou a reconhecer como hediondo o crime de sequestro ou cárcere privado, quando praticado contra menor de 18 (dezoito) anos.

Se o crime é praticado com fins libidinosos

O inc. V também foi acrescentado ao § 1º do art. 148 por intermédio da Lei nº 11.106, de 28 de março de 2005, que, além de alterar a redação de alguns tipos penais constantes do Código Penal, a exemplo dos arts. 215 e 216, aboliu algumas infrações penais, como os crimes de sedução, rapto e adultério.

Qualquer pessoa poderá figurar como sujeito passivo se o agente dirigir o seu comportamento com o fim de praticar atos libidinosos com a vítima. Assim, poderá uma mulher, por exemplo, privar um homem de sua liberdade, com o fim de praticar qualquer ato de natureza libidinosa (conjunção carnal, relação anal, sexo oral etc.). Não importará, ainda, para efeitos de aplicação da qualificadora, que estejamos diante de uma relação heterossexual ou homossexual, pois que ambas se amoldam ao delito em estudo.

Assim, o que importará, na verdade, será a finalidade especial com que atua o agente. O delito será qualificado pelo inc. V ainda que o agente não pratique qualquer ato de natureza libidinosa com a vítima. No entanto, se vier a praticá-lo, haverá o chamado concurso de crimes, respondendo o agente pelo sequestro qualificado em concurso material com o delito sexual, a exemplo do estupro.

Se resulta à vítima, em razão de maus-tratos ou da natureza da detenção, grave sofrimento físico ou moral

A qualificadora é composta por vários elementos de natureza normativa que estão a exigir valoração. Hungria, fazendo um exame sobre eles, disserta: "Por *maus-tratos* se deve entender qualquer ação ou omissão que cause ou possa causar dano ao corpo ou saúde da vítima ou vexá-la moralmente (exercer contra ela violências, privá-la de alimentos ou da possibilidade de asseio, sujeitá-la a zombarias cruéis, não lhe dar agasalho contra o frio etc.). Se dos maus-tratos resultar *lesão corporal* ou *morte*, haverá concurso material de crimes, respondendo o agente na conformidade do art. 51.[146]

A expressão *natureza da detenção* refere-se ao modo e condições objetivas da detenção em si mesma (manter a vítima a ferros ou no tronco, insalubridade do local, forçada promiscuidade da vítima com gente de classe muito inferior à sua, exposição da vítima a males ou perigos que excedem aos da forma simples do crime)".[147]

Pena, ação penal e suspensão condicional do processo

Na sua modalidade simples, o art. 148 do Código Penal prevê uma pena de reclusão, de 1 (um) a 3 (três) anos. Na modalidade qualificada do seu § 1º, comina pena de reclusão, de 2 (dois) a 5 (cinco) anos, sendo que no § 2º a pena é de reclusão, de 2 (dois) a 8 (oito) anos.

Em todas as suas modalidades – simples ou qualificadas –, a ação penal no crime de sequestro e cárcere privado é de iniciativa pública incondicionada.

Será possível a confecção de proposta de suspensão condicional do processo para a infração penal prevista no *caput* do art. 148 do Código Penal, nos termos do art. 89 da Lei nº 9.099/95.

Consentimento do ofendido

A liberdade é um bem de natureza disponível. Dessa forma, poderá a vítima dispor do seu direito de ir, vir e permanecer, desde que presentes todos os requisitos necessários à validade do seu consentimento.

---

[145] COSTA JÚNIOR, Paulo José da. *Direito penal objetivo*, p. 261.

[146] O citado art. 51 do Código Penal de 1940 diz respeito ao atual art. 69, depois da reforma em 1984, e cuida do chamado concurso material.

[147] HUNGRIA, Nélson. *Comentários ao código penal*, v. VI, p. 198.

🖎 Não há que se falar em cárcere privado se a detenção da suposta vítima em determinado lugar se dá com o seu consentimento, ainda que tácito (TJMG, Processo 1.0024.01.075511-4/001[1], Rel. Kelsen Carneiro, pub. 02/08/2005).

Subtração de roupas da vítima

Imagine-se a hipótese daquele que, percebendo que uma mulher tomava banho completamente nua em um rio situado em local não muito frequentado, esconda suas roupas, impedindo-a de sair daquele lugar. Estaria o agente cometendo, no caso, o delito de sequestro?

Nélson Hungria responde a essa indagação dizendo: "Para que se integre o crime, em qualquer de suas variantes, não é necessário que a vítima fique absolutamente impedida de retirar-se do local em que a põe o agente: basta que não possa afastar-se (transportar-se para outro lugar) sem grave perigo pessoal, ou, como diz Florian, 'sem um esforço de que não seja normalmente capaz'.

É reconhecível o crime até mesmo no caso em que a vítima não possa livrar-se por inexperiência ou ignorância das condições do local, ou por estar sob vigilância, ou no caso, sempre figurado, da mulher [...] que é deixada, sem as vestes, num compartimento aberto ou à margem do rio em que se banhava."[148]

Participação ou coautoria sucessiva

O crime de sequestro e cárcere privado encontra-se no rol daqueles considerados *permanentes*, cuja consumação se prolonga no tempo, durando enquanto permanecer a privação da liberdade da vítima, razão pela qual serão admissíveis as hipóteses tanto de participação quanto de coautoria sucessivas.

Sequestro e roubo com pena especialmente agravada pela restrição da liberdade da vítima

Se durante a prática de um crime de roubo a vítima for privada de sua liberdade por um período relativamente curto, teremos tão somente o crime de roubo com a pena especialmente aumentada em razão da aplicação do inc. V do § 2º do art. 157 do Código Penal.

Se for por um período longo de privação de liberdade, podemos raciocinar em termos de concurso material entre o delito de roubo e o de sequestro ou cárcere privado, afastando-se, nesse caso, a causa especial de aumento de pena prevista no inc. V do § 2º do art. 157 do Código Penal, pois, caso contrário, estaríamos aplicando o tão repudiado *bis in idem*.

🖎 O Supremo Tribunal Federal firmou o entendimento de que o delito previsto no art. 148 do Código Penal pressupõe como finalidade precípua a vontade de privar o ofendido da liberdade de locomoção. Nos crimes de roubo, contudo, não fica demonstrado referido ânimo, pois a finalidade da privação de liberdade seria tão somente evitar a comunicação, pelas vítimas, do crime e, assim, garantir o proveito decorrente da empreitada criminosa. Devem ser os pacientes, portanto, absolvidos do crime de cárcere privado (STJ, HC 144.765/RJ, Rel. Min. Nefi Cordeiro, 6ª T., *DJe* 16/11/2015).

Nesse sentido:

🖎 TJMG, Processo 1.0431.06. 032321-6/001, Rel. Des. Pedro Vergara, *DJ* 02/02/2009; TJMG, Processo 1.0251.02. 000259-7/001[1], Rel. Gudesteu Biber, pub. 19/09/2006; TJMG, Processo 1.0313.00. 003479/001[1], Rel. Herculano Rodrigues, pub. 29/04/2004; TJMG, Processo 1.0000. 00.254477-3/000 [1], Rel. Luiz Carlos Biasutti, pub. 05/04/2002.

Vítima mantida como refém

A Lei nº 13.964, de 24 de dezembro de 2019, inseriu o parágrafo único ao art. 25 do Código Penal, dizendo:

Art. 25. (...)

Parágrafo único. *Observados os requisitos previstos no* caput *deste artigo, considera-se também em legítima defesa o agente de segurança pública que repele agressão ou risco de agressão a vítima mantida refém durante a prática de crimes.*

Embora fosse desnecessária essa inclusão, se o agente de segurança pública agir nessas condições, fazendo cessar a situação de agressão injusta que já existia tão somente com a privação de liberdade da vítima, independentemente do fato de esta última estar sendo agredida ou pelo menos com risco de ser agredida, estará acobertado pela legítima defesa, resguardando-se, contudo, a possibilidade de ser analisado o excesso, se houver.

Sequestro e cárcere privado no Estatuto da Criança e do Adolescente

Vide art. 230 da Lei nº 8.069/1990.

Sequestro e cárcere privado no Código Penal Militar

Vide art. 225, e seus parágrafos, do Decreto-Lei nº 1.001/69 (Código Penal Militar).

Sequestro e cárcere privado e a *novatio legis in pejus*

Em sua sessão plenária de 24 de setembro de 2003, o Supremo Tribunal Federal aprovou a Súmula nº 711, que diz:

🖎 **Súmula nº 711.** *A lei penal mais grave aplica-se ao crime continuado ou ao crime permanente, se a sua vigência é anterior à cessação da continuidade ou da permanência.*

---

[148] HUNGRIA, Nélson. *Comentários ao código penal*, v. VI, p. 193.

De acordo com os termos da Súmula nº 711, que expressa o entendimento já pacificado do Supremo Tribunal Federal, deverá ter aplicação a chamada *novatio legis in pejus*, ou seja, a lei posterior, mesmo que mais gravosa, dada a natureza permanente do delito tipificado no art. 148 do Código Penal.

Sequestro e lesão corporal

🗒 A liberdade, direito constitucionalmente assegurado, só pode ser restringida nas hipóteses legais, nos termos do art. 5º, LIV e LXI, da CF. Não configura *bis in idem* o reconhecimento do concurso material dos crimes dos arts. 129 e 148, § 2º, do CP, por possuírem objetividades jurídicas distintas (STJ, REsp 939.888, Proc. 2007/0068493-0/ES, 5ª T., Rel. Min. Arnaldo Esteves Lima, *DJe* 14/09/2009).

Subsidiariedade e *abolitio criminis*

🗒 O paciente foi condenado por infração ao art. 219 do Código Penal, que previa como crime 'raptar mulher honesta, mediante violência, grave ameaça ou fraude, para fim libidinoso'. Esse dispositivo foi revogado expressamente pelo art. 5º da Lei nº 11.106/2005, mas isto não implica *abolitio criminis* como sustenta o impetrante. É que a conduta descrita no tipo penal revogado foi prevista pela mesma lei, de forma mais abrangente, com a redação dada ao art. 148, § 1º, V, do Código Penal [...]. Confrontando o revogado art. 219 com o art. 148, § 1º, V, verifica-se que o fato anteriormente descrito como rapto está contido na descrição do sequestro com fins libidinosos, que incrimina a conduta independentemente de a vítima ser mulher honesta, e da fraude, bastando a retenção que caracteriza o cárcere privado. A *abolitio criminis* ocorre quando a lei nova retira do campo penal a conduta anteriormente incriminada, mas isto, como se viu, não ocorreu na hipótese em exame. No caso, a conduta pela qual foi o paciente condenado continuou a ser prevista como criminosa, integrando um outro tipo penal mais abrangente (STJ, HC 069841, Rel. Min. Nilson Naves, *DJ* 28/02/2008).

Diferença entre cárcere privado e constrangimento ilegal

🗒 O crime de sequestro/cárcere privado, tipificado no art. 148 Código Penal, exige para a sua configuração a restrição da liberdade de ir e vir da vítima, sendo, assim, um crime permanente. Por outro lado, o delito de constrangimento ilegal, descrito no art. 146 do mesmo *Códex*, possui a natureza de crime instantâneo. No caso, o paciente constrangeu a vítima a adentrar no porta-malas de seu veículo automotor (por cerca de 30 minutos), mediante grave ameaça exercida com emprego de uma arma de fogo, assumindo a direção do automóvel para praticar um novo delito de roubo. Assim, a conduta do paciente extrapolou o mero constrangimento ilegal, o que comprova o acerto do acórdão impugnado que tipificou

a conduta como cárcere privado (STJ, HC 395.978/SC, Rel. Min. Reynaldo Soares da Fonseca, 5ª T., *DJe* 30/04/2018).

Nesse sentido:

🗒 TJRJ, AC 0020285-64.2009.8.19.0205, Rel. Des. Siro Darlan de Oliveira, j. 04/09/2012.

> **Redução a condição análoga à de escravo**
>
> **Art. 149.** Reduzir alguém a condição análoga à de escravo, quer submetendo-o a trabalhos forçados ou a jornada exaustiva, quer sujeitando-o a condições degradantes de trabalho, quer restringindo, por qualquer meio, sua locomoção em razão de dívida contraída com o empregador ou preposto:
>
> Pena – reclusão, de 2 (dois) a 8 (oito) anos, e multa, além da pena correspondente à violência.
>
> § 1º Nas mesmas penas incorre quem:
>
> I – cerceia o uso de qualquer meio de transporte por parte do trabalhador, com o fim de retê-lo no local de trabalho;
>
> II – mantém vigilância ostensiva no local de trabalho ou se apodera de documentos ou objetos pessoais do trabalhador, com o fim de retê-lo no local de trabalho.
>
> § 2º A pena é aumentada de metade, se o crime é cometido:
>
> I – contra criança ou adolescente;
>
> II – por motivo de preconceito de raça, cor, etnia, religião ou origem.

Introdução

Após a modificação havida na redação original do tipo do art. 149 do Código Penal, que dizia, tão somente, *reduzir alguém a condição análoga à de escravo*, podemos identificar quando, efetivamente, o delito se configura. Assim, são várias as maneiras que, analogamente, fazem com que o trabalho seja comparado a um regime de escravidão. A lei penal assevera que se reduz alguém a condição análoga à de escravo, dentre outras circunstâncias, quando:

a) o obriga a trabalhos forçados;

b) impõe-lhe jornada exaustiva de trabalho;

c) sujeita-o a condições degradantes de trabalho;

d) restringe, por qualquer meio, sua locomoção em razão de dívida contraída com o empregador ou preposto.

Ao longo do século XX, foram realizadas várias conferências pela Organização Internacional do Trabalho (OIT), com o fim de erradicar a escravidão, a servidão e os trabalhos forçados, culminando com a edição de várias convenções. O recente Decreto 10.088 de 05 de novembro de 2019, que consolidou atos normativos editados pelo Poder Executivo Federal, dispôs sobre a promulgação de convenções e recomendações da Organização Internacional do Trabalho – OIT ratificadas pelo Brasil, trouxe em seu art. 20, Anexo XIV, um novo conceito de trabalhos forçados, dizendo que o termo "trabalho forçado ou obrigatório" *designará todo trabalho ou serviço exigido de um indivíduo sob ameaça de qualquer penalidade e para o qual ele não se ofereceu de espontânea vontade.*

Assim, trabalho forçado diz respeito àquele para o qual a vítima não se ofereceu volitivamente, sendo, portanto, a ele compelido por meios capazes de inibir sua vontade.

Não só trabalhar forçosamente, mas também impor a um trabalhador *jornada exaustiva de trabalho,* isto é, aquela que culmina por esgotar completamente suas forças, minando sua saúde física e mental, se configura no delito em estudo.

⚖️ O fato determinante para a condenação do réu pela prática delitiva do art. 149 do CP decorre das condições degradantes de labor rural a que as vítimas eram submetidas (não fornecimento de EPI, alojamentos insalubres, ausência de água potável, condições indignas para higiene e alimentação, bem como ausência de treinamento para utilização de motosserras), e, para a punição pela fraude processual, foram consideradas a ausência de folha de pagamento e de registro da CTPS, condutas autônomas, que não se confundem e, por consequência, não configuram *bis in idem* (STJ, AgRg no HC 486.268/SC, Rel. Min. Nefi Cordeiro, 6ª T., *DJe* 12/04/2019).

Nesse sentido:

⚖️ STJ, REsp 1.223.781/MA, Rel. Min. Reynaldo Soares da Fonseca, 5ª T., *DJe* 29/08/2016; TRF 1ª Reg., Inq. 0026823-26.2012.4.01.0000/GO, Rel. Des. Fed. Italo Fioravanti Sabo Mendes, *DJe* 04/07/2014; TRF 1ª Reg., RSE 0001809-61.2013.4.01.3603/MT, Rel. Des. Fed. Ney Bello, *DJe* 20/06/2014; TJRS, Ap. Crim. 70018104836, 1ª Câm. Crim., Rel. Marco Antônio Ribeiro de Oliveira, *DJ* 1º/10/2007; STJ, CC 126578/SP, Rel.ª Min.ª Laurita Vaz, *DJe* 1º/04/2013.

Assim, se o trabalhador presta serviços exposto à falta de segurança e com riscos à sua saúde, temos o trabalho em condições degradantes. Se as condições de trabalho mais básicas são negadas ao trabalhador, como o direito de trabalhar em jornada razoável e que proteja sua saúde, garanta-lhe descanso e permita o convívio social, há trabalho em condições degradantes. Se, para prestar o trabalho, o trabalhador tem limitações na sua alimentação, na sua higiene e na sua moradia, caracteriza-se o trabalho em condições degradantes".[149]

⚖️ No art. 149 do Código Penal são previstas condutas alternativas que, isoladamente, subsomem-se ao crime de redução a condição análoga à de escravo, tratando-se, portanto, de crime plurissubsistente. Assim, tendo sido atribuído ao réu o verbo "sujeitar alguém a condições degradantes de trabalho", o simples fato de não ter sido descrito cerceamento do direito de locomoção dos trabalhadores explorados não denota a ausência de tipicidade das condutas descritas na peça acusatória (STJ, AgRg no RHC 85.875/PI, Rel. Min. Ribeiro Dantas, 5ª T., *DJe* 02/05/2018).

Nesse sentido:

⚖️ STJ, CC 127937/GO, Rel. Min. Nefi Cordeiro, S3, *DJe* 06/06/2014; TRF 1ª Reg., ACr 2004.01.00.039591-5/MT, Rel. Juiz Fed. Conv. César Jatahy Fonseca, 3ª T., j. 15/12/2009, *DJF1* 12/02/2010, p. 49; TRF 5ª Reg., ACR 2005.05.00.002369-3, Rel. Des. Marcelo Navarro, *DJ* 08/08/2007, p. 347.

Atividade que se tornou muito comum, principalmente na zona rural, diz respeito ao fato de que o trabalhador, obrigado a comprar sua cesta básica de alimentação de seu próprio empregador, quase sempre por preços superiores aos praticados no mercado, acaba por se transformar em um refém de sua própria dívida, passando a trabalhar tão somente para pagá-la, uma vez que, à medida que o tempo vai passando, dada a pequena remuneração que recebe, conjugada com os preços extorsivos dos produtos que lhe são vendidos, se torna alguém que se vê impossibilitado de exercer o seu direito de ir e vir, em razão da dívida acumulada.

O § 1º do art. 149 ainda responsabiliza criminalmente, com as mesmas penas cominadas ao *caput* do mencionado artigo, aquele que: *I – cerceia o uso de qualquer meio de transporte por parte do trabalhador, com o fim de retê-lo no local de trabalho; II – mantém vigilância ostensiva no local de trabalho ou se apodera de documentos ou objetos pessoais do trabalhador, com o fim de retê-lo no local de trabalho.*

A pena será aumentada de metade, nos termos do § 2º do art. 149 do diploma repressivo, se o crime for cometido: *a)* contra criança ou adolescente; *b)* por motivo de preconceito de raça, cor, etnia, religião ou origem.

⚖️ O tipo objetivo – sujeitar alguém à vontade do agente, escravizar a pessoa humana –, descrito na antiga redação do art. 149 do Código Penal depois da Lei nº 10.803, de 11/12/2003, continuou o mesmo. A nova Lei nº 10.803, de 11/12/2003, apenas explicitou as hipóteses em que se configuram a condição análoga à de escravo, como a submissão a trabalhos forçados, a jornada exaustiva, o trabalho em condições degradantes, a restrição da locomoção, em razão de dívida com o empregador ou preposto. A nova lei sim acrescentou formas qualificadas, punindo o crime com o aumento da pena em metade (TRF 1ª Reg., HC 2007.01.00.013313-4/PA, Rel. Tourinho Neto, *DJ* 15/06/2007, p. 23).

Nesse sentido:

⚖️ TJMG, Processo 1.0596.03.010576-8/001[1], Rel. Beatriz Pinheiro Caires, pub. 04/05/2007.

---

[149] BRITO FILHO, José Cláudio Monteiro de. Trabalho com redução do homem a condição análoga à de escravo e dignidade da pessoa humana. Disponível em: <www.pgt.mpt.gov.br/publicacoes>.

Classificação doutrinária

Crime próprio com relação ao sujeito ativo, bem como quanto ao sujeito passivo (haja vista que somente quando houver uma relação de trabalho entre o agente e a vítima é que o delito poderá se configurar); doloso; comissivo ou omissivo impróprio; de forma vinculada (pois que o art. 149 do Código Penal aponta os meios mediante os quais se reduz alguém à condição análoga à de escravo); permanente (cuja consumação se prolonga no tempo, enquanto permanecerem as situações narradas pelo tipo penal); material; monossubjetivo; plurissubsistente.

Objeto material e bem juridicamente protegido

Bem juridicamente protegido pelo tipo do art. 149 do Código Penal é a liberdade da vítima, que se vê, dada sua redução à condição análoga à de escravo, impedida do seu direito de ir e vir ou mesmo permanecer onde queira.

Objeto material do delito em estudo é a pessoa contra a qual recai a conduta do agente, que a reduz à condição análoga à de escravo.

⚖ O bem jurídico objeto de tutela pelo art. 149 do Código Penal vai além da liberdade individual, já que a prática da conduta em questão acaba por vilipendiar outros bens jurídicos protegidos constitucionalmente como a dignidade da pessoa humana, os direitos trabalhistas e previdenciários, indistintamente considerados (STF, RE 459.510/MT, Rel. Min. Dias Toffoli, Pleno, *DJe* 12/04/2016).

Sujeito ativo e sujeito passivo

Sujeito ativo será o empregador que utiliza a mão de obra escrava. Sujeito passivo, a seu turno, será o empregado que se encontra numa condição análoga à de escravo.

Consumação e tentativa

Consuma-se o delito com a privação da liberdade da vítima, mediante as formas previstas pelo tipo do art. 149 do Código Penal ou com a sua sujeição a condições degradantes de trabalho.

Sendo um delito plurissubsistente, será possível a tentativa.

⚖ Nos termos do consignado no acórdão *a quo*, o crime de redução a condição análoga à de escravo consuma-se com a prática de uma das condutas descritas no art. 149 do CP, sendo desnecessária a presença concomitante de todos os elementos do tipo para que ele se aperfeiçoe, por se tratar de crime doutrinariamente classificado como de ação múltipla ou plurinuclear (STJ, HC 239850/PA, Rel. Min. Gilson Dipp, 5ª T., *DJe* 20/08/2012).

Elemento subjetivo

O dolo é o elemento subjetivo do delito tipificado pelo art. 149 do Código Penal, podendo ser direto ou, mesmo, eventual.

Não se admite a modalidade culposa.

Causa de aumento de pena

O § 2º do art. 149 do Código Penal prevê o aumento de metade da pena se o crime for cometido:

I – contra criança ou adolescente;

II – por motivo de preconceito de raça, cor, etnia, religião ou origem.

Na primeira hipótese, vale dizer, quando o crime é cometido contra criança ou adolescente, temos de trabalhar com os conceitos fornecidos pelo art. 2º da Lei nº 8.069/90.

A segunda causa de aumento de pena, prevista no § 2º do art. 149 do Código Penal, diz respeito, diretamente, à motivação do agente, ou seja, o que o impeliu a reduzir a vítima à condição análoga à de escravo foi o seu preconceito relativo a raça, cor, etnia, religião ou origem.

Pena, ação penal e competência para julgamento

O art. 149 do Código Penal prevê uma pena de reclusão, de 2 (dois) a 8 (oito) anos, e multa, além da pena correspondente à violência, tanto para as hipóteses previstas em seu *caput*, como naquelas elencadas pelo § 1º, vale dizer, nos casos em que há o cerceamento do uso de qualquer meio de transporte por parte do trabalhador com o fim de retê-lo no local de trabalho, bem como quando o agente mantém vigilância no local de trabalho ou se apodera de documentos ou objetos pessoais do trabalhador com o fim de retê-lo no local de trabalho.

A lei penal ressalvou, ainda, a hipótese de concurso de crimes entre a redução à condição análoga à de escravo e a infração penal que disser respeito à violência praticada pelo agente.

A ação penal é de iniciativa pública incondicionada.

A apuração do crime em estudo sempre foi da competência da Justiça Estadual. No entanto, após o julgamento do RE 398.041/PA/STF, em 30 de novembro de 2006, tendo como Relator o Min. Joaquim Barbosa, o Supremo Tribunal Federal passou a entender que a competência seria da Justiça Federal.

⚖ 1. O Pleno do Supremo Tribunal Federal – STF, com apenas um voto vencido, ao julgar o Recurso Extraordinário 459.510, em 26 de novembro de 2015, resolveu que é da Justiça Federal a competência para julgar o crime contra a organização do trabalho previsto no art. 149 do Código Penal – CP. 2. A ação penal ajuizada na Justiça Estadual não pode ser considerada em tramitação a afastar, destarte, a alegação de litispendência, pois o Magistrado Estadual declinou de sua competência para a Justiça Federal e, a despeito da defesa informar o protocolo de medida integrativa e de eventual recurso contra este decisório, os autos da referida ação penal não estão mais em andamento, mas apenas a questão incidente, pois o Tribunal Estadual somente poderá deliberar acerca da competência para o julgamento do feito, o que poderá, se for o caso, justificar um conflito de competência (STJ, AgRg nos EDcl no RHC 125.488/RJ, Rel. Min.

Joel Ilan Paciornik, 5ª T., julgado em 23/06/2020, *DJe* 29/06/2020).

Nesse sentido:

⚖ STF, AP 635/GO, Rel. Min. Celso de Mello, 2ª T., j. 13/10/2016; STF, RE 459.510/MT, Rel. Min. Dias Toffoli, Pleno, *DJe* 12/04/2016; TRF 1ª Reg., Inq. 0026823-26.2012.4.01.0000/GO, Rel. Des. Fed. Ítalo Fioravanti Sabo Mendes, *DJe* 04/07/2014; STJ, CC 132884/GO, Rel.ª Min.ª Marilza Maynard (Desembargadora convocada do TJS), S3, *DJe* 10/06/2014.

Redução à condição análoga à de escravo e termo de ajustamento

⚖ O Termo de Ajustamento de Conduta não afasta os princípios da obrigatoriedade e da indisponibilidade da ação penal. Trata-se de compromisso assumido pelo denunciado de não mais celebrar contratos de trabalho em desconformidade com as leis trabalhistas, sob pena de aplicação de multa estabelecida no termo, não impedem a apuração da responsabilidade penal pela prática de condutas criminosas ocorridas antes ou após a sua assinatura (TRF 1ª Reg., RSE 0017958-35.2013.4.01.3700/MA, Rel. Des. Fed. Hilton Queiroz, *DJe* 15/10/2015).

Tráfico de Pessoas

Art. 149-A. Agenciar, aliciar, recrutar, transportar, transferir, comprar, alojar ou acolher pessoa, mediante grave ameaça, violência, coação, fraude ou abuso, com a finalidade de:

I – remover-lhe órgãos, tecidos ou partes do corpo;

II – submetê-la a trabalho em condições análogas à de escravo;

III – submetê-la a qualquer tipo de servidão;

IV – adoção ilegal; ou

V – exploração sexual.

Pena – reclusão, de 4 (quatro) a 8 (oito) anos, e multa.

§ 1º A pena é aumentada de um terço até a metade se:

I – o crime for cometido por funcionário público no exercício de suas funções ou a pretexto de exercê-las;

II – o crime for cometido contra criança, adolescente ou pessoa idosa ou com deficiência;

III – o agente se prevalecer de relações de parentesco, domésticas, de coabitação, de hospitalidade, de dependência econômica, de autoridade ou de superioridade hierárquica inerente ao exercício de emprego, cargo ou função; ou

IV – a vítima do tráfico de pessoas for retirada do território nacional.

§ 2º A pena é reduzida de um a dois terços se o agente for primário e não integrar organização criminosa.

Introdução

O tráfico de pessoas não é um mal criado pela sociedade contemporânea, pelo contrário. A história da humanidade nos mostra que, já na antiguidade, principalmente nas sociedades grega e, posteriormente, romana, a compra e venda de pessoas era prática comum, principalmente para efeitos de exploração de sua força laboral, ou seja, havia, desde aquela época, o comércio de escravos, que eram tratados como meros objetos.

Esse comércio desumano foi recorrente e permanece, infelizmente, nos dias atuais. O tráfico de seres humanos oriundos, principalmente, da África permaneceu como uma prática regular, que se valia dessa mão de obra escrava para todo tipo de trabalho.

Da mesma forma, sempre foi frequente o comércio de mulheres com o fim de serem exploradas sexualmente. Eram as chamadas "escravas brancas" (*White Slave Trade*), termo que teria aparecido pela primeira vez no ano de 1839, sendo derivado da expressão francesa *traite de blanches*. Normalmente, essas chamadas escravas brancas eram mulheres europeias que eram levadas de seus países de origem, a fim de exercerem a prostituição, principalmente nos bordéis localizados nos Estados Unidos e na Ásia.

Traçando uma evolução sobre os diplomas internacionais que procuraram regular esses temas, Ela Wiecko V. de Castilho preleciona que:

"À preocupação inicial com o tráfico de negros da África, para exploração laboral, agregou-se a do tráfico de mulheres brancas, para prostituição. Em 1904, é firmado em Paris o Acordo para a Repressão do Tráfico de Mulheres Brancas, no ano seguinte convolado em Convenção. Durante as três décadas seguintes foram assinados: a Convenção Internacional para a Repressão do Tráfico de Mulheres Brancas (Paris, 1910), a Convenção Internacional para a Repressão do Tráfico de Mulheres e Crianças (Genebra, 1921), a Convenção Internacional para a Repressão do Tráfico de Mulheres Maiores (Genebra, 1933), o Protocolo de Emenda à Convenção Internacional para a Repressão do Tráfico de Mulheres e Crianças e à Convenção Internacional para a Repressão do Tráfico de Mulheres Maiores (1947), e, por último, a Convenção e Protocolo Final para a Repressão do Tráfico de Pessoas e do Lenocínio (Lake Success, 1949).

Esta sucessão histórica pode ser dividida em duas fases: antes e depois da Convenção de 1949, ou seja, no contexto da Liga das Nações e no âmbito da ONU, com expressa anulação e substituição das normas anteriores".[150]

---

[150] CASTILHO, Ela Wiecko V. de. *Tráfico de pessoas*: da Convenção de Genebra ao Protocolo de Palermo. Política Nacional de Enfrentamento ao Tráfico de Pessoas, Ministério da Justiça, p. 11.

Embora o mundo tenha despertado para a prevenção e o combate ao tráfico de pessoas, seu número, infelizmente, vem crescendo assustadoramente ao longo dos anos, dizendo respeito não somente ao tráfico para fins de trabalho em condições análogas à de escravo, servidão ou exploração sexual, abrangendo outras modalidades como para adoção ilegal ou mesmo para remoção de órgãos, tecidos ou partes do corpo.

De acordo com o relatório sobre tráfico de pessoas feito pela Organização das Nações Unidas – ONU, no ano de 2014, foram identificadas mais de 150 vítimas de diversas nacionalidades, espalhadas por mais de 120 países no mundo. Dos aliciadores e recrutadores, 72% eram homens e 28%, mulheres. No que diz respeito às vítimas, 49% delas eram mulheres adultas, 18% eram homens, 21%, crianças e adolescentes do sexo feminino e os 12% restantes eram crianças e adolescentes do sexo masculino[151].

Conforme, ainda, com o aludido relatório, 53% das vítimas do tráfico de pessoas são exploradas sexualmente, sendo 40% destinadas ao trabalho escravo, 0,3% destinadas à remoção de órgãos, dividindo-se o percentual restante entre as demais formas dessa espécie de criminalidade.

Em 2012, as estimativas da Organização Internacional do Trabalho (OIT)[152] indicavam que, no mundo, havia quase 21 milhões de vítimas de trabalho forçado ou exploradas sexualmente, sendo, dentre elas, aproximadamente 5,5 milhões de crianças. Realmente, são dados estarrecedores, que exigem uma resposta imediata e efetiva por parte dos Estados.

São três os tipos de países onde se pode visualizar o tráfico de pessoas, a saber: a) origem; b) passagem; e c) destino. São reconhecidos como de *origem* aqueles países de onde provêm as pessoas traficadas; de *passagem*, aqueles pelos quais as pessoas traficadas passam, mas não permanecem; c) de *destino*, aqueles considerados como finalidade do tráfico, isto é, países nos quais as pessoas traficadas são conduzidas para que neles permaneçam.

Atualmente, o tráfico de pessoas é a terceira atividade criminosa mais lucrativa do mundo, somente perdendo para o tráfico de armas e de drogas.

Em 12 de março de 2004, foi editado o Decreto nº 5.017, promulgando o Protocolo Adicional à Convenção das Nações Unidas contra o Crime Organizado Transnacional Relativo à Prevenção, Repressão e Punição do Tráfico de Pessoas, em Especial Mulheres e Crianças, adotado em Nova Iorque em 15 de novembro de 2000.

Segundo o art. 3º, alínea *a*, do mencionado Protocolo: *A expressão "tráfico de pessoas" significa o recrutamento, o transporte, a transferência, o alojamento ou o acolhimento de pessoas, recorrendo à ameaça ou uso da força ou a outras formas de coação, ao rapto, à fraude, ao engano, ao abuso de autoridade ou à situação de vulnerabilidade ou à entrega ou aceitação de pagamentos ou benefícios para obter o consentimento de uma pessoa que tenha autoridade sobre outra para fins de exploração. A exploração incluirá, no mínimo, a exploração da prostituição de outrem ou outras formas de exploração sexual, o trabalho ou serviços forçados, escravatura ou práticas similares à escravatura, a servidão ou a remoção de órgãos;*

Percebe-se, portanto, através da definição acima transcrita, que o tráfico de pessoas é considerado como um crime transnacional, a ele se aplicando a Convenção das Nações Unidas contra o Crime Organizado Transnacional e seus três protocolos suplementares[153], cujos temas centrais destinam-se ao tráfico de pessoas (em especial mulheres e crianças), ao tráfico ilícito de migrantes e à luta contra a produção ilícita e ao tráfico de armas de fogo.

O Brasil, portanto, ao promulgar o referido Protocolo, considerando o que consta em seu art. 5º, se comprometeu a criar uma infração penal que tivesse por finalidade impedir a prática dos comportamentos previstos no art. 3º acima transcrito.

Assim, aproximadamente 12 anos após a edição do Decreto nº 5.017, de 12 de março de 2004, foi editada a Lei nº 13.344, de 6 de outubro de 2016, dispondo sobre a prevenção e repressão ao tráfico interno e internacional de pessoas, criando, outrossim, o crime de *tráfico de pessoas*, tipificado no art. 149-A do Código Penal, bem como revogando as infrações penais previstas nos art. 231 e 231-A do mesmo diploma repressivo, que tipificavam, respectivamente, o tráfico internacional de pessoa para fim de exploração sexual e o tráfico interno de pessoa para fim de exploração sexual.

⚖ 1. Após o advento da Lei n. 13.344/16, somente haverá tráfico de pessoas com a finalidade de exploração sexual, em se se tratando de vítima maior de 18 anos, se ocorrer ameaça, uso da força, coação, rapto, fraude, engano ou abuso de vulnerabilidade, num contexto de exploração do trabalho sexual. 2. A prostituição, nem sempre, é uma modalidade de exploração, tendo em vista a liberdade sexual das pessoas, quando adultas e praticantes de atos sexuais consentidos. No Brasil, a prostituição indi-

[151] UNITED NATIONS OFFICE ON DRUGS AND CRIME. *Global Report on Trafficking in Persons* – 2014, p. 5. Disponível em: <https://www.unodc.org/documents/data-and-analysis/glotip/GLOTIP_2014_full_re port.pdf>. Acesso em: 9 out. 2016.

[152] INTERNATIONAL LABOUR ORGANISATION, 'ILO 2012 Global estimates of forced labour', jun. 2012 (covering the period 2002-2011).

[153] Protocolo relativo à Prevenção, Repressão e Punição do Tráfico de Pessoas, em especial Mulheres e Crianças, que Suplementa a Convenção das Nações Unidas contra a Criminalidade Organizada Transnacional (2000); Protocolo contra o Tráfico Ilícito de Migrantes por Via Terrestre, Marítima e Aérea, que Suplementa a Convenção das Nações Unidas contra a Criminalidade Organizada Transnacional (2000); Protocolo contra a Produção Ilícita e o Tráfico de Armas de Fogo, suas Partes e Componentes e Munição (2000).

vidualizada não é crime e muitas pessoas seguem para o exterior justamente com esse propósito, sem que sejam vítimas de traficante algum. 3. No caso, o tribunal a quo entendeu que as supostas vítimas saíram voluntariamente do país, manifestando consentimento de forma livre de opressão ou de abuso de vulnerabilidade (violência, grave ameaça, fraude, coação e abuso). Concluir de forma diversa implica exame aprofundado do material fático-probatório, inviável em recurso especial, a teor da Súm. n. 7/STJ. 4. Agravo regimental a que se nega provimento (AgRg nos EDcl no AREsp 1.625.279/TO, Rel. Min. Reynaldo Soares da Fonseca, 5ª T., julgado em 23/06/2020, *DJe* 30/06/2020).

Previu a lei, portanto, um *tipo misto alternativo*, com os verbos que compõem a figura típica, toda a cadeia que diz respeito ao tráfico de pessoas, desde o seu começo, com o aliciamento da vítima, passando pelo seu transporte, até o acolhimento no local de destino. Dessa forma, o art. 149-A do Código Penal atendeu às normativas internacionais, principalmente ao art. 3º do Protocolo Adicional à Convenção das Nações Unidas contra o Crime Organizado Transnacional Relativo à Prevenção, Repressão e Punição do Tráfico de Pessoas, em Especial Mulheres e Crianças, transcrito acima que, para efeitos de configuração do crime de tráfico de pessoas exige três características indispensáveis, devidamente apontadas no *Manual sobre la lucha contra la trata de personas para profesionales de la justicia penal,* da Oficina de las Naciones Unidas contra la droga y el delito – Unodc[154], a saber:
1) um ato (o que se faz);
2) os meios (como se faz);
3) a finalidade de exploração (por que se faz).

1) Quanto aos atos (o que se faz):

São esses, portanto, os *atos* (condutas, comportamentos) praticados por aqueles que praticam o delito de tráfico de pessoas: *agenciar, aliciar, recrutar, transportar, transferir, comprar, alojar* ou *acolher pessoa.*
Agenciar significa fazer negócios de agenciamento, servir de agente ou intermediário.
Aliciar tem o sentido de atrair, convencer, incitar. De acordo com o Conselho Nacional de Justiça – CNJ:
Os aliciadores, homens e mulheres, são, na maioria das vezes, pessoas que fazem parte do círculo de amizades da vítima ou de membros da família. São pessoas com que as vítimas têm laços afetivos. Normalmente, apresentam bom nível de escolaridade, são sedutores e têm alto poder de convencimento. Alguns são empresários que trabalham ou se dizem proprietários de casas de show, bares, falsas agências de encontros, matrimônios e modelos. As propostas

de emprego que fazem geram na vítima perspectivas de futuro, de melhoria da qualidade de vida.
No tráfico para trabalho escravo, os aliciadores, denominados "gatos", geralmente fazem propostas de trabalho para pessoas desenvolverem atividades laborais na agricultura ou pecuária, na construção civil ou em oficinas de costura. Há casos notórios de imigrantes peruanos, bolivianos e paraguaios aliciados para trabalho análogo ao de escravo em confecções de São Paulo[155].
Recrutar deve ser entendido no sentido de reunir as vítimas, com a finalidade de serem traficadas. Não deixa, contudo, de ser uma forma de aliciamento. Na verdade, o núcleo *aliciar* já seria suficiente para entender e subsumir o comportamento criminoso daquele que capta a vítima para o tráfico de pessoas.
Transportar diz respeito a conduzir de um lugar para outro, não importando a modalidade do transporte, seja ele terrestre, marítimo/pluvial, ou aéreo.
Transferir tem o sentido de passar de um lugar para outro.
Comprar significa adquirir alguém, como se fosse uma coisa, mediante o pagamento em dinheiro ou qualquer outro tipo de compensação financeira. A compra aqui referida, portanto, não importa, obrigatoriamente, no pagamento de uma determinada importância em dinheiro. Pode o agente comprar a vítima comprometendo-se a cumprir uma determinada tarefa, entregando um bem em troca etc. A compra aqui, portanto, significa que a vítima é tratada, efetivamente, como um objeto, que possui um valor financeiro.
Alojar importa em acomodar a vítima em algum imóvel, ou seja, tem o sentido de hospedar.
Acolher tem o sentido de abrigar, mesmo que temporariamente, admitindo a pessoa em seu convívio.

2) Quanto aos meios (como se faz)

No que diz respeito aos *meios*, todos esses comportamentos devem ser praticados mediante: *grave ameaça, violência, coação, fraude* ou *abuso.*
Grave ameaça é a chamada *vis compulsiva*, em que o agente promete à vítima o cumprimento de um mal injusto, futuro e grave, caso esta não leve a efeito aquilo que lhe é solicitado. Esse mal pode recair sobre a própria vítima do tráfico, ou sobre alguém que lhe seja próximo, com quem tenha alguma relação de afinidade, fazendo com que se abale psicologicamente, caso isso venha a acontecer. Não é incomum que traficantes ameacem a vítima, dizendo que matará seus familiares caso não cumpra exatamente as ordens que lhe são determinadas, fazendo, assim, com que a vítima ceda.

---

[154] *Manual sobre la lucha contra la trata de personas para profesionales de la justicia penal*, p. 2.
[155] Disponível em: <http://www.cnj.jus.br/programas-e-acoes/assuntos-fundiarios-trabalho-escravo-e-trafico-de-pessoas/trafico-de-pessoas>. Acesso em: 09 out. 2016.

Violência é a *vis corporalis*, ou seja, a violência física, as agressões que são praticadas contra a própria vítima do tráfico de pessoas.

Coação é uma forma de intimidação, que pode ser praticada através da violência (*vis corporalis*) ou da grave ameaça (*vis compulsiva*).

Fraude, aqui, é todo ardil, engano, simulação no sentido de fazer com que a vítima se iluda com as promessas levadas a efeito pelo agente, acreditando serem verdadeiras quando, na realidade, estará caindo em uma armadilha. Talvez esse seja um dos meios mais utilizados para a prática do tráfico de pessoas, principalmente quando diz respeito às finalidades de *submissão ao trabalho em condições análogas à de escravo* ou *exploração sexual*. Isso porque, normalmente, a vítima, nesses casos, se encontra numa situação de vulnerabilidade, a exemplo daquela pessoa que vive em situação de miséria, está desempregada há muito tempo, vive em um meio promíscuo, vem de um lar destruído, tem baixa instrução, vive na marginalidade etc. As falsas promessas de trabalho, por exemplo, em um país de primeiro mundo, soam como um bálsamo na vítima, que se deixa levar por falsas ilusões. Quando chegam ao seu local de destino, caem na realidade, e se veem obrigadas a se prostituir, a trabalhar em regime de escravidão, sem recebimento de salários ou mesmo com salários muito aquém das suas necessidades etc.

Abuso diz respeito ao uso excessivo, ao desmando de alguém que tem algum poder sobre a vítima, a exemplo do que ocorre com os pais, tutores, curadores etc. Se houver o *consentimento da pessoa* que está sendo traficada, o fato deverá ser considerado como um indiferente penal, atendendo-se, pois, ao que consta no art. 3º, *b*, do Protocolo Adicional à Convenção das Nações Unidas contra o Crime Organizado Transnacional Relativo à Prevenção, Repressão e Punição do Tráfico de Pessoas, em Especial Mulheres e Crianças, que diz, *verbis*:

b) O consentimento dado pela vítima de tráfico de pessoas tendo em vista qualquer tipo de exploração descrito na alínea a) do presente artigo será considerado irrelevante se tiver sido utilizado qualquer um dos meios referidos na alínea a);

Isto significa que o consentimento somente será válido, no sentido de afastar a prática da infração penal, se não tiver havido recurso, no caso concreto, de acordo com a alínea *a* do art. 3º do referido Protocolo: *à ameaça ou uso da força ou a outras formas de coação, ao rapto, à fraude, ao engano, ao abuso de autoridade ou à situação de vulnerabilidade ou à entrega ou aceitação de pagamentos ou benefícios para obter o consentimento de uma pessoa que tenha autoridade sobre outra para fins de exploração.*

3) Quanto à finalidade de exploração (por que se faz)

Merece ser frisado, ainda, que o tipo penal prevê o chamado *especial fim de agir*, configurado nas finalidades de: I – remover-lhe órgãos, tecidos ou partes do corpo; II – submetê-la a trabalho em condições análogas à de escravo; III – submetê-la a qualquer tipo de servidão; IV – adoção ilegal; ou V – exploração sexual.

I – Remoção de órgãos, tecidos ou partes do corpo: é a Lei nº 9.434, de 4 de fevereiro de 1997, que regula a remoção de órgãos, tecidos ou partes do corpo humano para fins de transplante e tratamento. Essa remoção pode ocorrer estando o doador vivo, ou mesmo após a sua morte. O referido diploma legal regulamenta as hipóteses onde isso é possível, dizendo, em seus arts. 3º e 9º e seu § 3º:

Art. 3º A retirada post mortem *de tecidos, órgãos ou partes do corpo humano destinados a transplante ou tratamento deverá ser precedida de diagnóstico de morte encefálica, constatada e registrada por dois médicos não participantes das equipes de remoção e transplante, mediante a utilização de critérios clínicos e tecnológicos definidos por resolução do Conselho Federal de Medicina.*

Art. 9º É permitida à pessoa juridicamente capaz dispor gratuitamente de tecidos, órgãos e partes do próprio corpo vivo, para fins terapêuticos ou para transplantes em cônjuge ou parentes consanguíneos até o quarto grau, inclusive, na forma do § 4º deste artigo, ou em qualquer outra pessoa, mediante autorização judicial, dispensada esta em relação à medula óssea.

§ 1º (vetado)

§ 2º (vetado)

§ 3º Só é permitida a doação referida neste artigo quando se tratar de órgãos duplos, de partes de órgãos, tecidos ou partes do corpo cuja retirada não impeça o organismo do doador de continuar vivendo sem risco para a sua integridade e não represente grave comprometimento de suas aptidões vitais e saúde mental e não cause mutilação ou deformação inaceitável, e corresponda a uma necessidade terapêutica comprovadamente indispensável à pessoa receptora.

O delito de tráfico de pessoas não diz respeito à remoção de órgãos, tecidos ou partes do corpo de pessoa morta, somente sendo aplicado o art. 149-A do Código Penal quando a vítima, ainda viva, é submetida ao tráfico mediante grave ameaça, violência, coação, fraude ou abuso.

Essa conclusão se faz mister porque o art. 149-A do Código Penal faz menção à *pessoa*, isto é, ao ser vivo, haja vista que o cadáver já não goza mais desse *status*. Conforme assevera Elena Florencia Onassis:

"O tráfico de órgãos constitui uma das mais monstruosas atividades do comércio de pessoas, no qual participam profissionais especializados nas áreas de saúde para extrair uma parte do corpo humano e logo vendê-la e obter, por isso, dinheiro. Muitas mais vezes do que se crê, os sequestros ocultam o fim último que é a extração de órgãos, geralmente de pessoas que vivem na marginalidade da pobreza e possuem menos recursos para acessar a Justiça e iniciar uma investigação".[156]

E continua suas lições, dizendo:

"As causas pelas quais este fenômeno, impensável faz algumas décadas, tem aumentado e se espalhado pelo mundo é pela notável desigualdade que existe entre as pessoas para adquirir legitimamente um órgão segundo sua posição econômica, social e cultural. Entre os países que se destacam por operar estas práticas está o Brasil, onde os esquadrões da morte têm sido acusados de traficar órgãos obtidos dos jovens delinquentes a quem eliminavam sem que ninguém investigasse em quais circunstâncias"[157]

Não é incomum, no Brasil, que a pessoa que necessite de um órgão permaneça meses, ou mesmo alguns anos, até que chegue a sua vez de recebê-lo de um doador compatível. Essa demora tem estimulado esse sinistro mercado, onde traficantes inescrupulosos (me perdoem o pleonasmo) vão à caça de suas vítimas, a fim de vender seus órgãos a peso de ouro.

II – submetê-la a trabalho em condições análogas à de escravo: o art. 149 do Código Penal, com a nova redação que lhe foi dada pela Lei nº 10.803, de 11 de dezembro de 2003, especificou as hipóteses caracterizadoras daquele que é reduzido à condição análoga de escravo, quando se submete:

a) a trabalhos forçados;
b) à jornada exaustiva de trabalho;
c) a condições degradantes de trabalho;
d) à restrição, por qualquer meio, de sua locomoção em virtude de dívida contraída com o empregador ou preposto.

Depois da exploração sexual, como veremos mais adiante, a submissão a trabalho em condições análogas à de escravo, de acordo com o relatório da ONU, é a segunda maior causa de tráfico de pessoas.

Como mencionado anteriormente pelo Conselho Nacional de Justiça, no Brasil, tem sido frequente o trabalho escravo em pequenas fábricas de roupas, em comércios, na lavoura etc., seja nos grandes centros urbanos, ou mesmo no interior do país. São chineses, bolivianos, paraguaios, equatorianos, enfim, não somente pessoas vindas da América do Sul fazem parte desse rol desumano.

Os jornais, com uma frequência assustadora, têm flagrado essas pessoas vivendo em condições miseráveis, com pouca comida, em locais insalubres, amontoadas com outras, sem a menor privacidade, recebendo pouco e, às vezes, absolutamente nada pelo seu trabalho.

Muitas pessoas têm se mobilizado no sentido de boicotar produtos que são comercializados por grandes marcas de grife, cujas fábricas encontram-se no continente asiático, ou até mesmo no Brasil, pois se deduz que, grande parte desses empregados, é vítima de um trabalho escravo.

O mais incrível é que muitos desses trabalhadores, ao contrário do que se poderia imaginar, se conformam e até se alegram com essa situação, pois não se sentem explorados, uma vez que em sua terra natal viviam de forma mais miserável ainda e, ali, mesmo diante das piores condições, ainda se sentem melhores do que viviam anteriormente.

III – submetê-la a qualquer tipo de servidão: o legislador inovou o ordenamento jurídico-penal ao inserir a servidão como uma das finalidades do tráfico de pessoas, haja vista que tal situação não era prevista em termos penais.

Assim, para efeitos de reconhecimento da servidão, deverá ser aplicada a Convenção Suplementar sobre a Abolição da Escravatura, do Tráfico de Escravos e das Instituições e Práticas Análogas à Escravatura, adotada em Genebra, em 7 de setembro de 1956, promulgada pelo Decreto 58.563/1966, cujos arts. 1º e 2º, da Seção I, dispõem sobre as Instituições e práticas análogas à escravidão, dizem, *verbis*:

Art. 1º Cada um dos Estados Membros à presente Convenção tomará todas as medidas, legislativas e de outra natureza, que sejam viáveis e necessárias, para obter progressivamente e logo que possível a abolição completa ou o abandono das instituições e práticas seguintes, onde quer ainda subsistam, enquadrem-se ou não na definição de escravidão assinada em Genebra, em 25 de setembro de 1926:

§ 1. A servidão por dívidas, isto é, o estado ou a condição resultante do fato de que um devedor se haja comprometido a fornecer, em garantia de uma dívida, seus serviços pessoais ou os de alguém sobre o qual tenha autoridade, se o valor desses serviços não for equitativamente avaliado no ato da liquidação da dívida ou se a duração desses serviços não for limitada nem sua natureza definida.

§ 2. A servidão, isto é, a condição de qualquer um que seja obrigado pela lei, pelo costume ou por um acordo, a viver e trabalhar numa terra pertencente a outra pessoa e a fornecer a essa outra pessoa, contra remuneração ou gratuitamente, determinados serviços, sem poder mudar sua condição.

§ 3. Toda instituição ou prática em virtude da qual:

§ 4. Uma mulher é, sem que tenha o direito de recusa, prometida ou dada em casamento, mediante remuneração em dinheiro ou espécie entregue a seus pais, tutor, família ou a qualquer outra pessoa ou grupo de pessoas.

§ 5. O marido de uma mulher, a família ou clã deste têm o direito de cedê-la a um terceiro, a título oneroso ou não.

§ 6. A mulher pode, por morte do marido, ser transmitida por sucessão a outra pessoa. § 7. Toda instituição

---

[156] ONASSIS, Elena Florencia. *Trata de personas*: la esclavitud del siglo XXI, p. 56.

[157] ONASSIS, Elena Florencia. *Trata de personas*: la esclavitud del siglo XXI, p. 57.

ou prática em virtude da qual uma criança ou um adolescente de menos de dezoito anos é entregue, quer por seus pais ou um deles, quer por seu tutor, a um terceiro, mediante remuneração ou sem ela, com o fim da exploração da pessoa ou do trabalho da referida criança ou adolescente.

Art. 2º Com o propósito de acabar com as instituições e práticas visadas na "alínea c" do "artigo primeiro" da presente Convenção, os Estados Membros se comprometem a fixar, onde couber, idades mínimas adequadas para o casamento; a estimular adoção de um processo que permita a ambos os futuros cônjuges exprimir livremente o seu consentimento ao matrimônio, em presença de uma autoridade civil ou religiosa competente, e a fomentar o registro dos casamentos.

O § 2º do art. 7º, da referida Convenção, a seu turno, conceitua «pessoa de condição servil», dizendo ser a que se encontra no estado ou condição que resulta de alguma das instituições ou práticas mencionadas no artigo primeiro, transcrito acima.

Conforme as precisas lições de Rogério Sanches Cunha e Ronaldo Batista Pinto:

"Se, todavia, cotejarmos as formas como o delito do art. 149 pode ser cometido com as definições de servidão acima transcritas (art. 1º da Convenção), veremos que as hipóteses de servidão estão inseridas no âmbito da redução a condição análoga à de escravo. Apesar da Convenção, no art. 7º, distinguir, para os seus próprios fins, a escravidão da servidão, devemos ter em mente que suas disposições são destinadas também a países que contemplem a escravidão como situação de direito, ou seja, que admitam a existência efetiva de escravos, tratados como propriedade alheia. Como já destacamos, no entanto, não há no Brasil a condição de escravo, razão pela qual pensamos não ser cabível a distinção".[158]

IV – adoção ilegal: adotar é um dos gestos mais generosos que o ser humano pode praticar. É um ato de amor. Na adoção, no fundo, quem ganha não é o adotado, mas sim o adotante. A Bíblia diz que Deus nos adotou também, e passamos a ser chamados de filhos.

No entanto, muitas vezes, esse gesto de amor se transforma em um negócio, um comércio ilícito, praticado, muitas vezes, por ambas as partes, ou seja, pelos pais daquele que será adotado, que vendem seu filho como se fosse um objeto qualquer, e pela família adotante, que o compra, também, como se fosse uma mercadoria, deixando, muitas vezes, de se submeter a todos os dispositivos legais que regulam o tema, criados para a defesa daquele que tem sua vida entregue nas mãos de uma outra pessoa.

Sabemos que inúmeras razões podem levar uma pessoa a entregar seu filho à adoção. Não nos compete, aqui, julgar quem quer que seja. Contudo, existem

procedimentos a serem obedecidos, que trarão garantias, segurança para aquele que deixa sua família biológica.

O inc. IV do art. 149-A do Código Penal faz menção somente à expressão *adoção ilegal*, podendo haver o tráfico, com essa finalidade, dentro e fora do território nacional, podendo o adotado ter sido levado para o exterior, ou mesmo adotado no território nacional, vítima do tráfico de pessoas.

A adoção vem prevista no ECA – Lei nº 8.069/1990, na Subseção IV, dos arts. 39 a 52-D, sendo disciplinada, inclusive, a adoção internacional. Ilegal é a adoção, portanto, que não atende às exigências legais para sua efetivação.

O ECA criminaliza alguns comportamentos que, supostamente, facilitariam uma adoção ilegal, a exemplo dos seus arts. 237 e 238.

Merece ser ressaltado, ainda, que o Brasil, por meio do Decreto nº 99.710, de 21 de novembro de 1990, promulgou a Convenção sobre os Direitos da Criança.

Importante o alerta feito por Rogério Sanches Cunha e Ronaldo Batista Pinto, quando dizem que:

"Destacamos novamente que o tipo não impede o tráfico de maiores de idade com a finalidade de adoção ilegal. Como exemplo, podemos citar a hipótese em que alguém, titular de valioso patrimônio, seja pelo agente acolhido, mediante abuso, para ser forçado a adotar o mesmo agente, que futuramente se beneficiará da herança. Neste caso, a adoção – que evidentemente deve ser voluntária – seria ilegal, bastante, portanto para caracterizar a finalidade especial".[159]

V – exploração sexual: dados estatísticos comprovam que, de todas as modalidades de tráfico de pessoas, aquele destinado à exploração sexual, seja de mulheres, homens, ou mesmo crianças, supera em mais de 50% o número de vítimas dessa espécie de crime.

O comércio carnal não tem fronteiras. Temos tomado conhecimento, com uma frequência assustadora, pelos meios de comunicação de massa, do grande número, principalmente de mulheres, que partem do Brasil para o exterior, especialmente para os países da Europa, iludidas com promessas de trabalho, ou, até mesmo, com propostas de casamento para, na verdade, exercerem a prostituição.

Há uma preocupação em nível internacional no que diz respeito ao tráfico de pessoas com o fim de serem exploradas sexualmente, mediante, principalmente, o exercício da prostituição. Em 21 de março de 1950, foi concluída, em Nova Iorque, a Convenção das Nações Unidas destinada à *repressão do tráfico de pessoas e do lenocínio*, assinada pelo Brasil em 5 de outubro de 1951 e aprovada pelo Decreto Legislativo nº 6, de

---

[158] CUNHA, Rogério Sanches; PINTO, Ronaldo Batista. *Tráfico de pessoas – Lei 13.344/2016 comentada por artigos*, p. 148.

[159] CUNHA, Rogério Sanches; PINTO, Ronaldo Batista. *Tráfico de pessoas – Lei 13.344/2016 comentada por artigos*, p. 149.

1958, tendo sido depositado o instrumento de ratificação na ONU em 12 de setembro de 1958.[160]

A exploração sexual faz parte do chamado "mercado do sexo" que funciona, conforme adverte Eva T. Silveira Faleiros:

"Como um ramo de negócios no qual há a produção e a comercialização da mercadoria – *serviços e produtos sexuais*. Trata-se de um *produto subjetivo – o prazer,* altamente vendável, que tem *valor de uso.*

A oferta de serviços sexuais, restrita durante séculos quase que exclusivamente à prostituição foi, historicamente, se ampliando e diversificando. Com o desenvolvimento da tecnologia, dos meios de comunicação de massa, da *Internet*, e da sociedade de consumo, bem como a liberalização sexual, se diversificou o comércio do sexo e se desenvolveu extraordinariamente a indústria pornográfica, ou seja, a produção de mercadorias e produtos sexuais. Atualmente encontram-se no mercado do sexo produtos e serviços que se caracterizam por sua grande variedade, níveis de qualidade, de consumidores, de profissionais que empregam, de preços. São produzidos, vendidos e comprados: corpos, pessoas, *shows* eróticos, fotos, revistas, objetos, vídeos, filmes pornográficos.

Existe um enorme mercado consumidor de serviços sexuais, sendo o sexo uma mercadoria altamente vendável e valorizada, principalmente o sexo-jovem, de grande valor comercial".[161]

A Comissão Parlamentar Mista de Inquérito, criada por meio do Requerimento nº 2, de 2003, com a finalidade de investigar as situações de violência e redes de exploração sexual de crianças e adolescentes no Brasil, apontou que:

Na questão do tráfico para fins sexuais, a globalização joga um papel fundamental: "facilitado pela tecnologia, pela migração, pelos avanços dos sistemas de transporte, pela internacionalização da economia e pela desregulamentação dos mercados, o tráfico, no contexto da globalização, articula-se com redes de colaboração global, interconectando-se a mercados e a atividades criminosas, movimentando enormes somas de dinheiro. Os mercados locais e globais do crime organizado, das drogas e do tráfico para fins sexuais, como por exemplo, a Yakusa, as Tríades Chinesas, a Máfia Russa e os Snake Heads, são responsáveis pela transação de quase um bilhão de dólares no mercado internacional de tráfico humano".[162]

Infelizmente, nos dias de hoje, tem sido muito comum o chamado *turismo sexual* que, conforme esclarece Eva T. Silveira Faleiros:

"É o comércio sexual, em cidades turísticas, envolvendo turistas nacionais e estrangeiros e principalmente mulheres jovens, de setores pobres e excluídos, de países de Terceiro Mundo.

O principal serviço sexual comercializado no turismo sexual é a prostituição. Inclui-se neste comércio a pornografia (*shows* eróticos); [...]

O turismo sexual é, talvez, a forma de exploração sexual mais articulada com atividades econômicas, no caso com o desenvolvimento do turismo. Marcel Harzeu, pesquisador da área, aponta as situações de trânsito como importante fator de ruptura de limites e padrões culturais e de liberalização sexual.

As redes de turismo sexual são as que promovem e ganham com o turismo: agências de viagem, guias turísticos, hotéis, restaurantes, bares, barracas de praia, boates, casas de *show,* porteiros, garçons, taxistas. O turismo e as redes do turismo sexual incluem-se numa economia globalizada".[163]

Classificação Doutrinária

Crime comum tanto com relação ao sujeito ativo como ao sujeito passivo; doloso; formal (tendo em vista que os comportamentos previstos no tipo – *agenciar, aliciar, recrutar, transportar, transferir, comprar, alojar* ou *acolher pessoa* – são levados a efeito com alguma das finalidades previstas nos incs. I a V do art. 149-A do Código Penal); comissivo (podendo ser praticado via omissão imprópria na hipótese de o agente gozar do *status* de garantidor); de forma livre; instantâneo (quanto às condutas de agenciar, aliciar, recrutar, transferir e comprar); permanente (no que diz respeito aos núcleos transportar, alojar e acolher); monossubjetivo; plurissubsistente; transeunte (como regra).

Objeto Material e Bem Juridicamente Protegido

Bem juridicamente protegido pelo tipo penal em estudo é a liberdade da vítima, bem como a sua vida ou integridade física, dependendo da modalidade de tráfico de pessoas que seja levada a efeito pelo agente. Objeto material é a pessoa, sobre a qual recai a conduta do agente, que remove seus órgãos, tecidos ou partes do corpo, que a submete a trabalho em condições análogas à de escravo, que a submete a qualquer tipo de servidão, que a adota ilegalmente ou que a explora sexualmente.

Sujeito Ativo e Sujeito Passivo

Qualquer pessoa pode praticar a infração penal prevista no art. 149-A, sendo, portanto, considerado um

---

[160] Em 8 de outubro de 1959, foi promulgada pelo Decreto nº 46.981, publicado no *Diário Oficial* de 13 de outubro de 1959.

[161] FALEIROS, Eva. T. Silveira. A exploração sexual comercial de crianças e de adolescentes no mercado do sexo. In: LIBÓRIO, Renata Maria Coimbra; SOUSA, Sônia M. Gomes (Org.). *A exploração sexual de crianças e adolescentes no Brasil*: reflexões teóricas, relatos de pesquisas e intervenções psicossociais, p. 83.

[162] Diário do Senado Federal, relatório nº 1, de 2004 – CN (final), p. 56.

[163] FALEIROS, Eva. T. Silveira. A exploração sexual comercial de crianças e de adolescentes no mercado do sexo. In: LIBÓRIO, Renata Maria Coimbra; SOUSA, Sônia M. Gomes (Org.). *A exploração sexual de crianças e adolescentes no Brasil*: reflexões teóricas, relatos de pesquisas e intervenções psicossociais, p. 79.

delito comum, que não exige qualquer qualidade especial do sujeito ativo.

Da mesma forma, qualquer pessoa também poderá figurar como sujeito passivo do crime em estudo.

No que diz respeito ao sujeito passivo, vale ressaltar que, em muitos casos, a vítima do tráfico de pessoas não se considera com esse *status*, uma vez que, em muitos casos, por mais que seja explorada, sua situação ainda é melhor do que aquela que vivia anteriormente. Mesmo, por exemplo, trabalhando horas a fio, em situação precária, recebendo pouco ou quase nada, ainda assim se sente privilegiada, uma vez que, segundo alega, de onde foi trazida, vivia na mais absoluta miséria, o que, obviamente, não afasta a infração penal cometida pelo sujeito ativo.

Consumação e Tentativa

Pelo que se depreende da redação típica, estamos diante de um crime formal, de consumação antecipada, não havendo, portanto, necessidade de que a vítima seja, efetivamente, traficada, ou seja, removida ou levada para algum outro lugar para que o crime se configure, bastando que o agente tão somente atue com uma das finalidades exigidas pelo tipo penal do art. 149-A do Código Penal, a saber: I – remover-lhe órgãos, tecidos ou partes do corpo; II – submetê-la a trabalho em condições análogas à de escravo; III – submetê-la a qualquer tipo de servidão; IV – adoção ilegal; ou V – exploração sexual.

Assim, por exemplo, imagine-se a hipótese em que o agente aborda a vítima e, com a finalidade de aliciá-la para a prática de exploração sexual, venha a ameaçá-la, dizendo que caso não faça aquilo que lhe é exigido, seus parentes (pais, filhos etc.) sofrerão as consequências pela sua desobediência. Entendemos, aqui, como consumado o delito, não havendo necessidade sequer de que a vítima seja transportada para outro lugar, ou mesmo que pratique um único caso onde venha a ser explorada sexualmente.

Isso não quer dizer, por outro lado, que o tipo penal não admita a tentativa. Tratando-se de um delito plurissubsistente, em que é possível fracionar o *iter criminis*, esse raciocínio é perfeitamente admissível e dependerá da hipótese concreta. A título de exemplo, imagine-se a hipótese daquele que havia sido encarregado de transportar a vítima, levando-a para o local onde seria explorada sexualmente. Suponhamos que, assim que a vítima ingressa no veículo do agente, seu automóvel é interceptado pela polícia, antes mesmo de começar a se dirigir para o mencionado local. Nesse caso, podemos reconhecer a tentativa de "transporte".

Elemento Subjetivo

Os comportamentos previstos no tipo penal do art. 149-A do Código Penal somente podem ser praticados dolosamente, não havendo previsão para a modalidade de natureza culposa.

O delito *sub examen*, no entanto, prevê o chamado *especial fim de agir*, pois que todos os comportamentos praticados dolosamente devem, obrigatoriamente, ter uma das finalidades elencadas nos incs. I a V do art. 149-A do Código Penal, vale dizer: I – remoção de órgãos, tecidos ou partes do corpo; II – submissão a trabalho em condições análogas à de escravo; III – submissão a qualquer tipo de servidão; IV – adoção ilegal; ou V – exploração sexual.

Modalidades Comissiva e Omissiva

Os núcleos *agenciar, aliciar, recrutar, transportar, transferir, comprar, alojar* ou *acolher*, previstos no *caput* do art. 149-A do Código Penal, pressupõem um comportamento comissivo por parte do agente.

No entanto, dependendo da hipótese concreta, se o agente gozar do *status* de garantidor, poderão ser praticados via omissão imprópria.

Causas Especiais de Aumento de Pena

Diz o § 1º do art. 149-A, do diploma repressivo, que a pena é aumentada de um terço até a metade se:

I – o crime for cometido por funcionário público no exercício de suas funções ou a pretexto de exercê-las.

O conceito de funcionário público encontra-se previsto no art. 327 e § 1º do Código Penal.

Funcionário público, nos termos do mencionado art. 327, para efeitos penais, não somente é aquele ocupante de um *cargo*, que poderíamos denominar funcionário público em sentido estrito, mas também aquele que exerce emprego ou função pública. *Emprego público* é a expressão utilizada para efeitos de identificação de uma relação funcional regida pela Consolidação das Leis do Trabalho, geralmente para o exercício de atividades temporárias. *Função*, de acordo com as precisas lições de José dos Santos Carvalho Filho, "é a atividade em si mesma, ou seja, função é sinônimo de atribuição e corresponde às inúmeras tarefas que constituem o objeto dos serviços prestados pelos servidores públicos."[164]

O exercício de uma função pública, ou seja, aquela inerente aos serviços prestados pela Administração Pública, não pode ser confundido com múnus público, entendido como encargo ou ônus conferido pela lei e imposto pelo Estado em determinadas situações, a exemplo do que ocorre com os tutores, curadores etc.

Exige o inc. I do art. 149-A do Código Penal, para efeitos de aplicação da majorante, que o agente, funcionário público, esteja no exercício de sua função, ou que pratique um dos comportamentos incriminados com o pretexto, isto é, a desculpa, a justificativa de exercê-la.

Aplica-se, aqui, o mesmo raciocínio ao chamado funcionário público por equiparação, previsto pelo § 1º do art. 327 do Código Penal, e também ao fun-

---

[164] CARVALHO FILHO, José dos Santos. *Manual de direito administrativo*, p. 362.

cionário público estrangeiro, cujo conceito encontra moldura no art. 337-D e parágrafo único, todos do mesmo diploma repressivo.

Assim, por exemplo, pode um diplomata, no exercício de suas funções, aliciar alguém com a finalidade de explorá-la sexualmente em outro país.

II – o crime for cometido contra criança, adolescente ou pessoa idosa ou com deficiência.

O art. 2º da Lei nº 8.069/90[165] (Estatuto da Criança e do Adolescente) estabeleceu que se considera *criança* a pessoa com até 12 anos de idade incompletos, e adolescente aquela entre 12 e 18 anos de idade.

Pessoa idosa é aquela, de acordo com o art. 1º da Lei nº 10.741, de 1º de outubro de 2003, com idade igual ou superior a 60 (sessenta) anos.

Para que essas majorantes possam ser aplicadas, é preciso que o agente tenha conhecimento efetivo da idade das vítimas, tomando conhecimento, assim, que se tratava de uma criança, um adolescente ou uma pessoa idosa, pois, caso contrário, poderá ser alegado o chamado erro de tipo.

Por pessoa com deficiência deve ser entendida aquela especificada na Lei nº 13.146, de 06 de julho de 2015, que instituiu a Lei Brasileira de Inclusão da Pessoa com Deficiência (Estatuto da Pessoa com Deficiência). A Lei 13.146/2015, no *caput* do seu art. 2º, considera *pessoa com deficiência aquela que tem impedimento de longo prazo de natureza física, mental, intelectual ou sensorial, o qual, em interação com uma ou mais barreiras, pode obstruir sua participação plena e efetiva na sociedade em igualdade de condições com as demais pessoas.*

O inc. II, do § 1º do art. 149-A do Código Penal será aplicado a todas essas hipóteses incluídas na definição do conceito de pessoa com deficiência, expresso no *caput* do art. 2º da Lei 13.146/2015.

Contudo, tal como ocorre com as situações anteriores, a deficiência da vítima deve fazer parte do conhecimento do agente que pratica a infração penal, a fim de que possa ser aplicada a referida causa especial de aumento de pena.

A Lei nº 14.811/2024, inserindo o inciso XII no art. 1º da Lei nº 8.072/90, passou a reconhecer como hediondo o crime de tráfico de pessoas cometido contra criança ou adolescente, embora, querendo se referir a ele, tenha citado, de forma equivocada e sem a menor técnica, o art. 149-A, *caput*, incisos I a V, e § 1º, inciso II do Código Penal. Temos, obrigatoriamente, que concluir dessa forma justamente pelo fato de ter apontado, especificamente, no referido inciso XII do art. 1º da Lei nº 8.072/90, o tráfico de pessoas cometido contra criança ou adolescente. Assim, por exemplo, embora tenha se referido aos incisos I a V do art.

149-A do diploma repressivo, se for cometido contra alguém maior de 18 anos, o fato não poderá ser reconhecido como um crime hediondo.

III – o agente se prevalecer de relações de parentesco, domésticas, de coabitação, de hospitalidade, de dependência econômica, de autoridade ou de superioridade hierárquica inerente ao exercício de emprego, cargo ou função.

Ao contrário do que ocorre normalmente, o inc. III do art. 149-A do Código Penal não indicou expressamente quais seriam as pessoas consideradas nessa *relação de parentesco*, a exemplo do que ocorre com a alínea *e* do art. 61 do citado diploma legal, que se refere ao crime praticado contra ascendente, descendente, irmão ou cônjuge, ou mesmo no inc. VII do § 2º do art. 121 do Código Penal, quando, ao inserir o delito de homicídio qualificado quando praticado contra autoridade ou agente descrito nos arts. 142 e 144 da Constituição Federal, integrantes do sistema prisional e da Força Nacional de Segurança Pública, no exercício da função ou em decorrência dela, além do cônjuge e companheiro, se referiu expressamente ao *parente consanguíneo até terceiro grau*, em razão dessa condição.

Assim, quem está inserido no contexto da expressão relação de parentesco? Entendemos que, como a lei não fez qualquer distinção, apontando aqueles que poderiam se encontrar nesse *status*, entendemos devam ser aplicados os arts. 1.591 a 1.595 do Código Civil, que se encontram no Subtítulo II (Das Relações de Parentesco), do Capítulo I (Disposições Gerais).

Assim, ampliou-se o espectro de abrangência a fim de reconhecer essa relação de parentesco em suas três ordens, a saber: a) vínculo conjugal; b) consanguinidade; e c) afinidade.

Entende-se por relações domésticas, de acordo com as lições de Magalhães Noronha, aquelas "estabelecidas entre os componentes de uma família, entre patrões e criados, empregados, professores e amigos da casa".[166]

Coabitar, no sentido do texto legal, quer dizer habitar ou morar em lugar comum, diversamente da hospitalidade, que se traduz, em regra, numa situação passageira ou momentânea, como as visitas.

No caso da dependência econômica, prelecionam Rogério Sanches Cunha e Ronaldo Batista Pinto, "o agente se aproveita do fato de que, sem seu respaldo financeiro, a vítima tem limitada a liberdade de dirigir sua vida da forma como lhe apraz"[167]. Há uma espécie de submissão, de vulnerabilidade pelo fato de não poder a vítima se sustentar sem a ajuda econômica do agente.

Relação de autoridade pode ser de natureza pública ou privada. Conforme lições de Fernando Galvão, esse conceito "não compreende apenas o exercício de

---

[165] *Vide* Lei nº 13.431, de 4 de abril de 2017, que estabeleceu o sistema de garantia de direitos da criança e do adolescente vítima ou testemunha de violência e alterou a Lei nº 8.069, de 13 de julho de 1990 (Estatuto da Criança e do Adolescente).

[166] NORONHA, Edgard Magalhães. *Direito penal*, v. 1, p. 249.

[167] CUNHA, Rogério Sanches; PINTO, Ronaldo Batista. *Tráfico de pessoas* – Lei 13.344/2016 comentada por artigos, p. 153.

função pública, mas sim todas as hipóteses em que um indivíduo esteja ligado a outro por uma relação tal que lhe autorize obter o cumprimento de um dever"[168], e continua dizendo, acertadamente, que também é reconhecida nas "hipóteses em que o executor material é indivíduo penalmente incapaz ou não punível, em virtude de condição ou qualidade pessoal"[169].

Superioridade hierárquica inerente ao exercício de emprego, cargo ou função diz respeito a uma relação de Direito Público, a exemplo do que ocorre entre o delegado de polícia e seus agentes, os oficiais de patentes superiores com seus inferiores, entre o juiz de direito e o oficial de justiça etc. Hierarquia, portanto, é relação de Direito Público. Para que a máquina administrativa possa funcionar com eficiência, é preciso que exista uma escala hierárquica entre aqueles que detêm o poder de mando e seus subordinados. Nesse sentido, Frederico Marques, quando aduz que para que se possa falar em obediência hierárquica é preciso que "exista dependência funcional do executor da ordem dentro do serviço público, em relação a quem lhe ordenou a prática do ato delituoso."[170] Isso quer dizer que não há relação hierárquica entre particulares, como no caso do gerente de uma agência bancária e seus subordinados, bem como tal relação inexiste nas hipóteses de temor reverencial entre pais e filhos ou mesmo entre líderes religiosos e seus fiéis.

IV – a vítima do tráfico de pessoas for retirada do território nacional.

Ocorre, aqui, o chamado tráfico internacional de pessoas, quando a vítima do tráfico for retirada do território nacional.

Infelizmente, não há aumento de pena quando a vítima é trazida do exterior, existindo, portanto, uma lacuna legal nesse sentido, ferindo, consequentemente, o princípio da isonomia.

Nesse caso, indagam Rogério Sanches Cunha e Ronaldo Batista Pinto:

Como trabalhar o comportamento daquele que promove a entrada da vítima no nosso país na condição de objeto traficado ("importação")?

Em respeito ao princípio da legalidade, certamente não configura o crime majorado (art. 149-A, § 1º, IV, CP), mas não deve ser tratado, obviamente, como um indiferente penal. Responde o traficante, a depender da conduta praticada, pela figura fundamental (art. 149-A do CP), mantendo, no entanto, o rótulo de tráfico transnacional (pois extrapola as fronteiras do nosso país), inclusive para fins de competência para o processo e julgamento (que, no caso de transnacionalidade, é da Justiça Federal)[171].

Causa Especial de Diminuição de Pena

Diz o § 2º do art. 149-A do Código Penal:

§ 2º A pena é reduzida de um a dois terços se o agente for primário e não integrar organização criminosa.

Cuida-se, portanto, de uma causa especial de diminuição de pena, que deverá ser obrigatoriamente aplicada desde que o agente seja primário e, também, não integre organização criminosa.

São dois requisitos cumulativos, não basta somente a primariedade, ou somente o fato de não integrar organização criminosa, pois ambas as exigências devem estar preenchidas para efeitos de aplicação da minorante. A primariedade é um conceito encontrado por exclusão, ou seja, aquele que não for considerado reincidente, nos termos do art. 63 do Código Penal, deverá ser reconhecido como primário.

O conceito de organização criminosa vem previsto no § 1º do art. 1º da Lei nº 12.850, de 2 de agosto de 2013, que diz:

§ 1º Considera-se organização criminosa a associação de 4 (quatro) ou mais pessoas estruturalmente ordenada e caracterizada pela divisão de tarefas, ainda que informalmente, com objetivo de obter, direta ou indiretamente, vantagem de qualquer natureza, mediante a prática de infrações penais cujas penas máximas sejam superiores a 4 (quatro) anos, ou que sejam de caráter transnacional.

Prevê o § 2º do art. 149-A, outrossim, uma redução obrigatória entre um a dois terços. Assim, como aplicar essa causa especial de diminuição de pena, que terá consequências importantíssimas, principalmente no que diz respeito ao regime inicial de cumprimento da pena aplicada àquele que fora condenado pelo delito de tráfico de pessoas?

Infelizmente, não existe um critério seguro para que o julgador possa percorrer entre os limites mínimo e máximo de diminuição, razão pela qual, como bem asseveram Rogério Sanches Cunha e Ronaldo Batista Pinto: "Na falta de um critério, podemos antever os juízes reduzindo a pena sempre do máximo, lamentavelmente. Mesmo cientes de que a questão será mais bem amadurecida pela jurisprudência, sugerimos que o fator de análise seja o grau e o tempo de submissão da vítima, ou mesmo a maior ou menor colaboração do agente na apuração do crime e a libertação do ofendido".[172]

Pena, Ação Penal, Competência para Julgamento

A pena cominada para o delito de tráfico de pessoas é de reclusão, de 4 (quatro) a 8 (oito) anos, e multa.

De acordo com o § 1º do art. 149-A do Código Penal, a pena é aumentada de um terço até a metade se:

I – o crime for cometido por funcionário público no exercício de suas funções ou a pretexto de exercê-las;

---

[168] GALVÃO, Fernando. *Direito penal – parte geral*, p. 776.
[169] GALVÃO, Fernando. *Direito penal – parte geral*, p. 776.
[170] MARQUES, José Frederico. *Tratado de direito penal*, v. II, p. 310.
[171] CUNHA, Rogério Sanches; PINTO, Ronaldo Batista. *Tráfico de pessoas – Lei 13.344/2016 comentada por artigos*, p. 15.
[172] CUNHA, Rogério Sanches; PINTO, Ronaldo Batista. *Tráfico de pessoas – Lei 13.344/2016 comentada por artigos*, p. 155.

II – o crime for cometido contra criança, adolescente ou pessoa idosa ou com deficiência;

III – o agente se prevalecer de relações de parentesco, domésticas, de coabitação, de hospitalidade, de dependência econômica, de autoridade ou de superioridade hierárquica inerente ao exercício de emprego, cargo ou função; ou

IV – a vítima do tráfico de pessoas for retirada do território nacional.

Nos termos do § 2º do art. 149-A do mesmo diploma legal, a pena é reduzida de um a dois terços "se o agente for primário e não integrar organização criminosa".

A ação penal é de iniciativa pública incondicionada.

A competência para o processo e julgamento do tráfico de pessoas será da Justiça Estadual, exceto quando houver o tráfico transnacional, ou seja, quando o tráfico for para o exterior, ou se a vítima for trazida do exterior para o território nacional, caso em que a competência será da Justiça Federal.

Livramento Condicional

Embora o tráfico de pessoas não se encontre no rol das infrações penais previstas pela Lei nº 8.072/90, tendo em vista a modificação levada a efeito no inc. V do art. 83 do Código Penal, pela Lei nº 13.344, de 6 de outubro de 2016, somente após o cumprimento de mais de dois terços da pena, se o apenado não for reincidente específico em crimes dessa natureza, é que terá direito ao livramento condicional.

Para que seja considerado como reincidente específico, o agente deverá ser condenado pela mesma infração penal, vale dizer, o tráfico de pessoas, cuja decisão condenatória anterior atenda as determinações contidas nos arts. 63 e 64 do Código Penal.

Concurso de Crimes

Além da pena correspondente ao tráfico de pessoas, se houver a efetiva remoção de órgãos, tecidos ou partes do corpo, haverá concurso material entre os delitos tipificados no art. 149-A do Código Penal e aquele previsto no art. 14, §§ 2º a 4º, da Lei nº 9.434, de 4 de fevereiro de 1997, que diz:

2º Se o crime é praticado em pessoa viva, e resulta para o ofendido:

I – incapacidade para as ocupações habituais, por mais de trinta dias;

II – perigo de vida;

III – debilidade permanente de membro, sentido ou função;

IV – aceleração de parto:

Pena – reclusão, de três a dez anos, e multa, de 100 a 200 dias-multa.

§ 3º Se o crime é praticado em pessoa viva e resulta para o ofendido:

I – Incapacidade para o trabalho;

II – Enfermidade incurável;

III – perda ou inutilização de membro, sentido ou função;

IV – deformidade permanente;

V – aborto:

Pena – reclusão, de quatro a doze anos, e multa, de 150 a 300 dias-multa.

§ 4º Se o crime é praticado em pessoa viva e resulta morte:

Pena – reclusão, de oito a vinte anos, e multa de 200 a 360 dias-multa.

Diferença Entre Tráfico de Pessoas e Contrabando de Migrantes

De acordo com a ONU, são as seguintes as diferenças existentes entre o tráfico de pessoas e o contrabando de migrantes:

Consentimento

O contrabando de migrantes, mesmo em condições perigosas e degradantes, envolve o conhecimento e o consentimento da pessoa contrabandeada sobre o ato criminoso. No tráfico de pessoas, o consentimento da vítima de tráfico é irrelevante para que a ação seja caracterizada como tráfico ou exploração de seres humanos, uma vez que ele é, geralmente, obtido sob malogro.

Exploração

O contrabando termina com a chegada do migrante em seu destino, enquanto o tráfico de pessoas envolve, após a chegada, a exploração da vítima pelos traficantes, para obtenção de algum benefício ou lucro, por meio da exploração. De um ponto de vista prático, as vítimas do tráfico humano tendem a ser afetadas mais severamente e necessitam de uma proteção maior.

Caráter Transnacional

Contrabando de migrantes é sempre transnacional, enquanto o tráfico de pessoas pode ocorrer tanto internacionalmente quanto dentro do próprio país[173].

Tráfico Internacional e Interno de Pessoas e Continuidade Normativo Típica

Embora os arts. 231 e 231-A, ambos do Código Penal, tenham sido expressamente revogados pela Lei nº 13.344, de 6 de outubro de 2016, não podemos falar em *abolitio criminis*, tendo em vista que o novo tipo penal, constante do art. 149-A, do mesmo diploma repressivo, previu todas as hipóteses típicas anteriores, razão pela qual devemos aplicar, *in casu*, o princípio da continuidade normativa típica.

No entanto, aqueles que praticaram os delitos de tráfico internacional de pessoa para fim de exploração sexual e tráfico interno de pessoa para fim de exploração sexual, anteriormente à vigência da Lei nº 13.344, de 6 de outubro de 2016, deverão responder pelas penas cominadas nos arts. 231 e 231-A, respectivamente, ambos do Código Penal, tendo em vista que as penas previstas para o crime de tráfico de pessoas são superiores àquelas, aplicando-se, consequentemente, a *lex mitior*.

---

[173] *Tráfico de pessoas e contrabando de migrantes.* Disponível em: <https://www.unodc.org/lpo-brazil/pt/trafico-de-pessoas/index.html>. Acesso em: 15 out. 2016.

Política de Enfrentamento do Tráfico de Pessoas

Em 12 de junho de 2019, foi publicado o Decreto nº 9.833, que dispõe sobre o Comitê Nacional de Enfrentamento ao Tráfico de Pessoas, dizendo, em seus artigos 1º e 2º, *verbis*:

Art. 1º Este Decreto dispõe sobre o Comitê Nacional de Enfrentamento ao Tráfico de Pessoas – Conatrap, no âmbito do Ministério da Justiça e Segurança Pública.

Art. 2º Compete ao Conatrap:

I – propor estratégias para a gestão e a implementação das ações da Política Nacional de Enfrentamento ao Tráfico de Pessoas – PNETP, aprovada pelo Decreto nº 5.948, de 26 de outubro de 2006, e dos planos nacionais de enfrentamento ao tráfico de pessoas;

II – propor a elaboração de estudos e pesquisas e incentivar a realização de campanhas relacionadas ao enfrentamento ao tráfico de pessoas;

III – fomentar e fortalecer a expansão da rede de enfrentamento ao tráfico de pessoas, em especial dos Núcleos de Enfrentamento ao Tráfico de Pessoas e dos Postos Avançados de Atendimento Humanizado ao Migrante;

IV – articular suas atividades àquelas dos Conselhos Nacionais de Políticas Públicas que tenham interface com o enfretamento ao tráfico de pessoas, para promover a intersetorialidade das políticas;

V – articular e apoiar tecnicamente os comitês estaduais, distrital e municipais de enfrentamento ao tráfico de pessoas na definição de diretrizes comuns de atuação, na regulamentação e no cumprimento de suas atribuições;

VI – elaborar relatórios de suas atividades; e

VII – elaborar e aprovar o seu regimento interno.

Tráfico de pessoas e *abolitio criminis*

No caso em tela, as instâncias ordinárias entenderam que as condutas previstas no art. 231-A do CP apenas migraram para o art. 149-A, V, do CP, inexistindo *abolitio criminis*. Todavia, o art. 149-A, V, do CP não abarcou a conduta prevista no art. 231-A, *caput*, do CP, pois trouxe como elementar do tipo penal a prática delitiva mediante grave ameaça, violência, coação, fraude ou abuso. Assim, a conduta prevista no art. 231-A, § 2º, IV, do CP, é que foi alcançada pelo art. 149-A, V, do CP (STJ, AREsp 1.267.282/SP, Rel. Min. Joel Ilan Paciornik, 5ª T., *DJe* 13/05/2019).

Seção II – Dos Crimes contra a Inviolabilidade do Domicílio

Violação de domicílio

Art. 150. Entrar ou permanecer, clandestina ou astuciosamente, ou contra a vontade expressa ou tácita de quem de direito, em casa alheia ou em suas dependências:

Pena – detenção, de 1 (um) a 3 (três) meses, ou multa.

§ 1º Se o crime é cometido durante a noite, ou em lugar ermo, ou com o emprego de violência ou de arma, ou por 2 (duas) ou mais pessoas:

Pena – detenção, de 6 (seis) meses a 2 (dois) anos, além da pena correspondente à violência.

§ 2º (Revogado pela Lei nº 13.869, de 5 de setembro de 2019.)

§ 3º Não constitui crime a entrada ou permanência em casa alheia ou em suas dependências:

I – durante o dia, com observância das formalidades legais, para efetuar prisão ou outra diligência;

II – a qualquer hora do dia ou da noite, quando algum crime está sendo ali praticado ou na iminência de o ser.

§ 4º A expressão "casa" compreende:

I – qualquer compartimento habitado;

II – aposento ocupado de habitação coletiva;

III – compartimento não aberto ao público, onde alguém exerce profissão ou atividade.

§ 5º Não se compreendem na expressão "casa":

I – hospedaria, estalagem ou qualquer outra habitação coletiva, enquanto aberta, salvo a restrição do nº II do parágrafo anterior;

II – taverna, casa de jogo e outras do mesmo gênero.

Introdução

O *caput* do art. 150 do Código Penal traduz as hipóteses em virtude das quais se poderá considerar como violado o domicílio de alguém, perturbando-lhe a tranquilidade do lar.

A lei penal, portanto, trabalha com dois núcleos, vale dizer, os verbos *entrar* e *permanecer*.

Entrar, aqui, no sentido empregado pelo texto, significa invadir, ultrapassar os limites da casa ou suas dependências. Pressupõe um comportamento positivo. *Permanecer*, ao contrário, deve ser entendido no sentido de não querer sair. Só permanece, portanto, quem já estava dentro licitamente, visualizando-se, assim, um comportamento negativo.

Para que seja entendida como violação de domicílio a conduta de entrar ou permanecer, é preciso que o agente a tenha realizado *clandestina* ou *astuciosamente*, ou *contra a vontade expressa* ou *tácita* de quem de direito.

Aníbal Bruno esclarece os conceitos de ingresso clandestino ou astucioso: "Clandestina quando o agente entra ou permanece ocultando-se, dissimulando-se para que ninguém o perceba. Astuciosamente, quando se apresenta atribuindo-se, por exemplo, condição que não possui, como a de guarda sanitário ou de empregado da companhia de gás ou luz, tentando induzir em erro os que tomam conta da casa, ou lançando mão de outro ardil qualquer com que procure afastar ou iludir a vigilância."[174]

À primeira vista, poderíamos pensar que a violação de domicílio somente poderia ser praticada quando o ingresso ou a permanência em casa alheia ou em suas dependências fosse clandestino ou astucioso. Na verdade, os ingressos clandestinos ou astuciosos traduzem algumas modalidades de cometimento da violação de domicílio, pois que também se consideram típicos os ingressos forçado e ostensivo. Assim, imagine-se a hipótese daquele que, inconformado com o término do namoro, contra a vontade expressa de sua ex-namorada, ingressa forçosamente na casa dela, almejando convencê-la a manter o relacionamento amoroso.

Como se percebe pelo exemplo fornecido, o ingresso na residência não foi clandestino, tampouco astucioso, mas, ainda assim, configura-se como hipótese de violação de domicílio.

A entrada ou a permanência deverá, ainda, nos termos do *caput* do art. 150 do Código Penal, ocorrer contra a *vontade expressa* ou *tácita* de quem de direito. Vontade expressa é aquela manifestada claramente por aquele que detém o poder de permitir ou recusar o ingresso de alguém em sua residência. Vontade tácita é aquela de natureza presumida, seja no sentido de permitir, seja no de não tolerar o ingresso de alguém em sua casa.

Somente pode recusar o ingresso ou a permanência de alguém na casa ou em suas dependências, por exemplo, quem detém o poder legal para tanto, vale dizer, aquele a quem a lei aponta por meio da expressão *de quem de direito*.

Hungria, depois de esclarecer que a finalidade do tipo penal de violação de domicílio não é proteger o patrimônio, mas, sim, a liberdade doméstica, diz: "É ao *morador*, seja a que título for (proprietário, locatário, arrendatário, possuidor legítimo, usufrutuário, hóspede etc.), que cabe a faculdade de excluir ou admitir os *extranei*. O *jus prohibendi* pode ser exercido pelo ocupante *more domestico* até mesmo contra o proprietário ou sublocador, pois ele é a pessoa que a lei indica com a expressão *quem de direito*."[175]

Para que seja mais bem entendida a expressão *de quem de direito*, utilizada pelo art. 150 do Código Penal, é preciso esclarecer que existem dois regimes que devem ser observados, para fins de identificação daquele que detém o poder de permitir ou negar o ingresso de alguém em sua casa, vale dizer: *a)* regime de subordinação; *b)* regime de igualdade.

O regime de subordinação é caracterizado pela relação de hierarquia existente entre os diversos moradores. Assim, por exemplo, os pais ocupam uma posição hierárquica superior em relação aos filhos que são dependentes deles e que ainda vivem sustentados por eles sob o mesmo teto. Em escolas, estabeleci-

mentos comerciais etc., devemos apontar aquele que hierarquicamente, possui autoridade para permitir ou impedir o acesso de pessoas àqueles locais.

Ao contrário, quando estamos diante de um regime de igualdade, compete a todos os moradores, igualmente, o poder de permitir ou impedir o ingresso de pessoas no local onde elas se encontram. Como bem observado por Luiz Regis Prado, "sob o regime de *igualdade*, pertence a todos os moradores o direito de inclusão/exclusão. Assim, quando se trata de habitação contendo vários cômodos independentes (*v.g.*, república estudantil), materialmente reunidos, cada morador é dono de seu aposento e pode nele admitir quem quer que seja. Nos espaços comuns (*v.g.*, corredores, saguões, escadas etc.) a autorização para entrada ou permanência pode provir de qualquer um dos moradores. Havendo conflito de vontades, predomina a vontade da maioria ou, em caso de empate, a negativa (*melior est conditio prohibentis*)".[176]

⚖ Evidenciado o fato consistente em que o denunciado efetivamente entrou na casa da vítima, contra a vontade desta, portando uma espingarda, à procura do companheiro da ofendida, com quem havia se desentendido anteriormente, caracterizada a invasão de domicílio (TJRS, AC 70060473030, Rel. Des. Honório Gonçalves da Silva Neto, j. 27/08/2014).

Nesse sentido:

⚖ TJSP, Ap. Crim. 11351753000, 6ª Câm. de Direito Criminal, Rel. Ruy Alberto Leme Cavalheiro, reg. 11/03/2008.

O *caput* do art. 150 do Código Penal diz que a violação de domicílio poderá ocorrer quando o ingresso, seja ele clandestino, astucioso ou ostensivo, vier a ocorrer contra a vontade expressa ou tácita de quem de direito, *em casa alheia ou em suas dependências.*

O § 4º do mencionado art. 150, explicando o conceito de casa que deve ser compreendido para fins de tipificação do delito de violação de domicílio, diz ser: *I – qualquer compartimento habitado; II – aposento ocupado de habitação coletiva; III – compartimento não aberto ao público, onde alguém exerce profissão ou atividade.* Por outro lado, o § 5º do mesmo artigo assevera que *não se compreendem na expressão "casa": I – hospedaria, estalagem ou qualquer outra habitação coletiva, enquanto aberta, salvo a restrição do nº II do § 4º; II – taverna, casa de jogo e outras do mesmo gênero.*

⚖ Manutenção da absolvição pelo crime de violação ao domicílio, tendo em vista que, em se tratando a creche municipal de estabelecimento aberto ao público, eis que não inserta no conceito de casa previsto no § 4º, inc. III, do art. 150 do Código Penal, ainda que estabelecidas restrições para a entrada de pessoas estranhas, não se tem como considerá-la "domicílio" para fins penais. Portanto, ratifica-se a

[174] BRUNO, Aníbal. *Crimes contra a pessoa*, p. 380.
[175] HUNGRIA, Nélson. *Comentários ao código penal*, v. VI, p. 218.
[176] PRADO, Luiz Regis. *Curso de direito penal brasileiro*, v. 2, p. 310.

atipicidade da conduta, rechaçando o pleito ministerial (TJ-RJ, AC 0001238-80.2013.8.19.0006, Rel.ª Des.ª Maria Angélica Guimarães Guerra Guedes, *DJe* 27/01/2016).

Nesse sentido:

⚖ STF, RHC n. 90.376/RJ, Rel. Min. Celso de Mello, j. 03/04/2007.

O artigo, além da expressão *casa*, tipifica como violação de domicílio quando o ingresso e a permanência são levados a efeito em suas *dependências*. Noronha esclarece que por dependências "devem entender-se os lugares acessórios ou complementares da moradia ou habitação: jardim, quintal, garagem, pátio, adega etc. Claro é que tais lugares não devem ser franqueados ao público. Por vezes encontramos em bairro de ricas residências jardins não cercados, que não serão, por isso, dependências, mesmo porque neles não se *entra*. O que caracteriza a *dependência*, além do que se disse, é o fato de se avizinhar da moradia e corresponder as necessidades da atividade nesta desenvolvida. Assim, Eusébio Gómez lembra um exemplo de Marcora, de extensíssimo parque, pertencente a um plutocrata, que tem a uma distância de cinco quilômetros da casa um abrigo rústico qualquer; se alguém aí penetrar, não viola o domicílio, por não perturbar a paz do proprietário".[177]

Merece ser ressaltado, ainda, o fato de que, embora a rubrica ao tipo penal do art. 150 do diploma repressivo dê o *nomen iuris* a esse delito de *violação de domicílio*, não está se referindo, tecnicamente, ao conceito de domicílio utilizado pelo Código Civil (arts. 70 a 78), mas, sim, ao conceito de *casa* explicitado pelo aludido § 4º do art. 150 do Código Penal.

⚖ O delito de invasão de domicílio, previsto no art. 150, *caput*, do Código Penal, exige, para a sua configuração, vontade livre e consciente de entrar ou permanecer em domicílio alheio, contra a vontade expressa ou tácita de quem de direito, o que não ocorre na conduta do agente que, fugindo de perseguição policial, invade residência alheia para se esconder. O exercício do direito da liberdade de locomoção não está condicionado à possibilidade de ação estatal de impor a prisão em flagrante, e ninguém é obrigado a fazer ou deixar de fazer senão o que a lei veda, não havendo vedação ao criminoso que foge para evitar flagrante, de modo a constituir-se um direito seu o exercício deste mesmo direito, desde que não haja qualquer excesso punível, na forma declinada no art. 5º, II, da Constituição Federal, e art. 23, III, do Código Penal (TJMG, Processo 1.0223.06.208206-8/001[1], Rel. Judimar Biber, pub. 03/07/2007).

Nesse sentido:

⚖ TJSC, Ap. 98014089/7, Rel. Álvaro Wandelli, pub. 15/12/1998.

Classificação doutrinária

Crime comum com relação ao sujeito ativo, bem como quanto ao sujeito passivo; doloso; de mera conduta; de forma livre; comissivo (na modalidade entrar) e omissivo (na modalidade permanecer); instantâneo ou permanente (pois a sua consumação se perpetua enquanto houver a violação do domicílio com a permanência do agente em casa alheia ou em suas dependências); monossubjetivo, podendo, também, ser visualizado como unissubsistente (se houver concentração de ato, como ocorre com a modalidade permanecer), ou plurissubsistente (como acontece, como regra, com a modalidade entrar); de ação múltipla ou de conteúdo variado (podendo o agente entrar e ainda permanecer em casa alheia ou em suas dependências, devendo ser responsabilizado por uma única infração penal).

Objeto material e bem juridicamente protegido

A tranquilidade doméstica é o bem juridicamente protegido pelo tipo de violação de domicílio. Como diz a primeira parte do inc. XI do art. 5º da Constituição Federal, a casa é o asilo inviolável do indivíduo, é o seu lugar de descanso, de prazer, de tranquilidade, e deve ser preservada de intromissões, de comportamentos que atinjam a sua paz.

A casa ou suas dependências são consideradas o objeto material do delito em estudo.

Sujeito ativo e sujeito passivo

Por se tratar de crime comum, qualquer pessoa pode gozar do *status* de sujeito ativo do delito de violação de domicílio, inclusive o proprietário do imóvel, por exemplo, objeto material do delito.

Sujeito passivo é aquele identificado pelo tipo do art. 150 do Código Penal por meio da expressão *de quem de direito*. Na verdade, não somente a pessoa a quem a lei atribui a faculdade de negar ou consentir o ingresso em sua casa pode ser considerado sujeito passivo do crime de violação de domicílio. Isso porque, como no delito em estudo se procura proteger a paz doméstica, a tranquilidade no lar, a liberdade que todos nós temos o direito de exercer dentro de nossa casa, qualquer morador poderá figurar como sujeito passivo da referida infração penal, independentemente do regime que se adote, ou seja, de subordinação ou de igualdade.

Consumação e tentativa

O delito de violação de domicílio se consuma quando há o efetivo ingresso do agente na casa da vítima ou em suas dependências, ou no momento em que se recusa a sair, quando nela havia ingressado inicialmente de forma lícita.

⚖ O delito de violação de domicílio é formal, consumando-se com o ingresso do agente em domicílio

---

[177] NORONHA, Edgard Magalhães. *Direito penal*, v. 2, p. 173.

alheio sem a devida permissão ou consentimento (TJ-RS, RC 71006189245, Rel. Des. Edson Jorge Cechet, j. 10/10/2016).

Nesse sentido:

TJRS, Rec. Crim. 71001072628, Rel. Alberto Delgado Neto, Turma Recursal Criminal, *DJ* 15/03/2007.

Tendo em vista a possibilidade de fracionamento do *iter criminis*, sendo um delito considerado *plurissubsistente*, é perfeitamente admissível a tentativa de violação de domicílio na modalidade *entrar*, não sendo possível quando estivermos diante do núcleo *permanecer*. Em sentido contrário, aduz Cezar Roberto Bitencourt que "a *tentativa*, embora de difícil configuração, é, teoricamente, *admissível*. Há *tentativa* quando o agente, pretendendo entrar na casa da vítima, é impedido por esta; ou quando o agente, convidado a retirar-se, pretendendo permanecer no interior da casa alheia, é retirado para fora."[178]

1. No RE n.º 603.616/Tema 280/STF, a Suprema Corte asseverou que a flagrância posterior, sem demonstração de justa causa, não legitima o ingresso dos agentes do Estado em domicílio sem autorização judicial e fora das hipóteses constitucionalmente previstas (art.5º, XI, da CF). 2. Apesar de se verificar precedentes desta Quinta Turma em sentido contrário, entende-se mais adequado com a jurisprudência do Supremo Tribunal Federal o entendimento que exige a prévia realização de diligências policiais para verificar a veracidade das informações recebidas (ex.: "campana que ateste movimentação atípica na residência"). 4. Recurso em *habeas corpus* provido para que sejam declaradas ilícitas as provas derivadas do flagrante na ação penal n. 0006327-46.2015.8.26.0224, em trâmite no Juízo da 4ª Vara Criminalda Comarca de Guarulhos/SP (RHC 89.853/SP, Rel. Min. Ribeiro Dantas, 5ª T., julgado em 18/02/2020, *DJe* 02/03/2020).

Elemento subjetivo

O dolo é o elemento subjetivo característico do delito de violação de domicílio, seja ele direto ou mesmo eventual, não tendo sido prevista a modalidade culposa.

O elemento subjetivo do dolo – necessário à configuração do crime de violação de domicílio – somente se incompatibiliza com o estado de embriaguez completa quando devidamente comprovado (TJSC, Ap. 25477, Rel. Wladimir d'Ivanenko, j. 22/03/1990).

Modalidades comissiva e omissiva

De acordo com os núcleos existentes no art. 150 do Código Penal, o delito de violação de domicílio pode ser praticado comissiva e omissivamente.

Modalidade qualificada

O § 1º do mencionado art. 150 enumera situações que fazem com que a pena para a violação de domicílio seja excessivamente aumentada, quando o crime é cometido:

a) à noite;
b) em lugar ermo;
c) com o emprego de violência;
d) com o emprego de arma;
e) por duas ou mais pessoas.

Noite é o período que começa depois do pôr do sol, até a aurora, ou seja, quando o sol começa a nascer no horizonte. O *emprego de violência*, que qualifica a violação de domicílio, é aquele exercido contra a pessoa, ou seja, a chamada *vis corporalis*, não qualificando a violação de domicílio a violência dirigida à destruição da coisa para o ingresso do agente em casa alheia ou em suas dependências, bem como a ameaça (*vis compulsiva*), desde que não exercida com o emprego de arma. Em sentido contrário, afirma Aníbal Bruno, com apoio majoritário da doutrina: "Violência é a força física com que se anula a oposição do morador, violência contra a pessoa ou contra coisas, praticada pelo agente para entrar no domicílio ou nele permanecer".[179]

O horário de verão obedece ao critério técnico de se reproduzir, em tal estação, condições aproximadas de claridade verificadas ao alvorecer durante o inverno, fazendo com que o pôr do sol ocorra mais tarde. Não se podendo afirmar inequivocamente se havia ou não luz solar na hora do crime, imperiosa a aplicação do princípio *in dubio pro reo* para beneficiar os apelantes, considerando consumado o delito durante o dia, não incidindo a qualificadora prevista no § 1º do art. 150 do Estatuto Repressivo (TJMG, Processo 1.0024.00.093193-1/001[1], Rel. William Silvestrini, pub. 16/01/2007).

Nesse sentido:

TJMG, Processo 1.0016.03.026830-0/001[1], Rel. Paulo Cezar Dias, pub. 06/07/2007; TJSC, Ap. 25821, Rel. Nauro Collaço, pub. 25/02/1991.

O *emprego de arma*, que pode ser própria ou imprópria, deve ser utilizado no sentido de intimidar a vítima, fazendo com que se sinta ameaçada pelo agente. Segundo Fragoso, "bastará, todavia, a intimidação tácita, que se verifica quando o agente porta a arma ostensivamente. A ofensa à liberdade individual é, nestes casos, maior, pela intranquilidade que gera o emprego da arma, não sendo de se desprezar a circunstância do maior perigo que acarreta".[180]

A última qualificadora diz respeito ao *concurso de pessoas* na prática da violação de domicílio. Para que o delito se considere qualificado, não basta o fato de que duas ou mais pessoas entrem ou permaneçam,

---

[178] BITENCOURT, Cezar Roberto. *Código penal comentado*, p. 611.

[179] BRUNO, Aníbal. *Crimes contra a pessoa*, p. 384.

[180] FRAGOSO, Heleno Cláudio. *Lições de direito penal – parte especial (arts. 121 a 160 do CP)*, p. 234.

contra a vontade expressa ou tácita de quem de direito, em casa alheia ou em suas dependências, sendo fundamental que ajam unidas por esse propósito, ou seja, ligadas pelo vínculo psicológico característico do concurso de pessoas. Caso contrário, cada uma delas responderá pela sua violação de domicílio sem a imposição da qualificadora.

Exclusão do crime

O § 3º do art. 150 do Código Penal diz textualmente: *§ 3º Não constitui crime a entrada ou permanência em casa alheia ou em suas dependências:*
I – durante o dia, com observância das formalidades legais, para efetuar prisão ou outra diligência;
II – a qualquer hora do dia ou da noite, quando algum crime está sendo ali praticado ou na iminência de o ser.
A Constituição Federal ampliou as hipóteses previstas no transcrito § 3º do art. 150 do Código Penal, dizendo, no inc. XI do seu art. 5º:
XI – a casa é o asilo inviolável do indivíduo, ninguém nela podendo penetrar sem o consentimento do morador, salvo em caso de flagrante delito ou desastre, ou para prestar socorro, ou durante o dia, por determinação judicial;
[...].
A primeira hipótese diz respeito ao cumprimento de *determinação judicial*, seja para efetuar a *prisão* de alguém ou mesmo para realizar outra diligência, a exemplo do cumprimento de mandado de busca e apreensão. Nesses casos, somente poderá ser cumprida a ordem judicial durante o dia. Assim, por exemplo, tendo sido expedido mandado de prisão, o oficial de justiça ou outra autoridade encarregada de cumpri-lo somente poderá fazê-lo durante o dia, entendendo-se aqui por *dia* o período normal no qual são realizados os atos processuais, nos termos preconizados pelo art. 212 do Código de Processo Civil (Lei nº 13.105, de 16 de março de 2015), que diz:
Art. 212. *Os atos processuais serão realizados em dias úteis, das 6 (seis) às 20 (vinte) horas.*
A Constituição Federal menciona, também, as hipóteses de flagrante delito, desastre ou prestação de socorro, não havendo, nesses casos, qualquer limite temporal, ou seja, pode alguém ingressar em casa alheia, mesmo contra a vontade de quem de direito, seja de dia ou mesmo à noite.
Entretanto, comparando o dispositivo constitucional com a norma penal constante do § 3º do art. 150, são necessárias algumas observações.
Primeiramente, a Constituição Federal menciona a situação de flagrante delito, enquanto o Código Penal aduz o fato de que algum crime esteja sendo praticado em casa alheia ou na iminência de o ser. A fim de compatibilizar as duas regras, com proeminência para aquela de natureza constitucional, que exige a ocorrência de flagrante, deve-se concluir que a expressão *na iminência de o ser*, contida na lei penal,

deve, obrigatoriamente, ser entendida no sentido de que o agente, embora não houvesse ainda consumado o crime, já havia dado início à sua execução, oportunidade em que poderia ser interrompido com o ingresso de terceira pessoa em sua casa, fazendo, com isso, que a infração penal permanecesse na fase da tentativa.
Merece destaque, ainda, o fato de que a lei penal menciona, a fim de permitir o ingresso forçado em casa alheia, a prática de crime, não se referindo, outrossim, à contravenção. Nesse caso, entendemos que a Constituição Federal aumentou as hipóteses de ingresso em casa alheia contra a vontade de quem de direito, pois que mencionou tão somente a situação de flagrante delito, que poderá ocorrer tanto nas hipóteses de cometimento de crimes quanto na prática de contravenções penais.
Em caso de desastre, ou mesmo para prestar socorro, o particular que invade casa alheia com uma dessas finalidades atua em estado de necessidade, afastando-se, portanto, a ilicitude de seu comportamento. Sendo um funcionário público que possua tal obrigação de prestar socorro, a exemplo do que ocorre com os bombeiros, atua acobertado pelo estrito cumprimento de dever legal.
Nas hipóteses de cumprimento de determinação judicial, seja para efetuar prisão ou outra diligência, ou, mesmo, nos casos de flagrante delito, se praticados por funcionário público, estaremos diante da causa de justificação relativa ao estrito cumprimento de dever legal.
Sendo a prisão em flagrante realizada por um particular, nos termos da primeira parte do art. 301 do Código de Processo Penal, estaremos diante da causa de exclusão da ilicitude correspondente ao exercício regular de um direito.
Assim, concluindo, todas as situações elencadas tanto pela Constituição Federal quanto pelo próprio Código Penal dizem respeito a causas de justificação, que têm por finalidade excluir a ilicitude do comportamento realizado pelo agente.

Segundo jurisprudência firmada nesta Corte, o crime de tráfico de drogas de natureza permanente, assim compreendido aquele cuja a consumação se protrai no tempo, não se exige a apresentação de mandado de busca e apreensão ou autorização judicial para o ingresso dos policiais na residência do acusado, quando se tem por objetivo cessar a atividade criminosa, dada a situação de flagrância, conforme ressalva o art. 5º, XI, da Constituição Federal. O Pleno do Supremo Tribunal Federal, no julgamento do RE n. 603.616, reafirmou o referido entendimento, com o alerta de que para a adoção da medida de busca e apreensão sem mandado judicial, faz-se necessária a caracterização de justa causa, consubstanciada em razões as quais indiquem a situação de flagrante delito (STJ, AgRg no HC 569.437/MT, Rel. Min. Ribeiro Dantas, 5ª T., julgado em 26/05/2020, *DJe* 01/06/2020).

Nesse sentido:

⚖ STJ, HC 428.150/RS, Rel.ª Min.ª Maria Thereza de Assis Moura, 6ª T., *DJe* 13/08/2018; TJ-RS, AC 70070826029, Rel. Des. Luiz Mello Guimarães, j. 13/10/2016; TJ-RJ, AC 0010768-15.2014.8.19.0058, Rel.ª Des.ª Maria Angélica Guimarães Guerra Guedes, *DJe* 25/05/2016; STJ, HC 323520/PR, Rel. Min. Hamilton Carvalhido, 6ª T., *DJU* 1º/06/2004; STJ, HC 10.899/GO, Rel. Min. Gilson Dipp, 5ª T., j. 13/03/2001, *DJ* 23/04/2001, p. 166.

Conceito legal de casa

Visando esclarecer qualquer dúvida existente com relação ao conceito de *casa*, diz a norma penal explicativa, contida no § 4º do art. 150 do Código Penal:

§ 4º A expressão "casa" compreende:

I – qualquer compartimento habitado;

II – aposento ocupado de habitação coletiva;

III – compartimento não aberto ao público, onde alguém exerce profissão ou atividade.

A expressão *qualquer compartimento habitado*, conforme esclarece Cezar Roberto Bitencourt, "tem a abrangência suficiente para evitar qualquer dúvida relativamente a moradias eventuais ou transitórias.

Para configurar 'casa', no sentido de *qualquer compartimento habitado*, não é necessário que esteja fixa ou afixada em determinado local; pode ser móvel, flutuante, 'errante', como, por exemplo, barco, *trailer*, *motor-home*, cabina de um trem velho, vagão de metrô abandonado, abrigo embaixo de ponte ou viaduto etc., além de abranger, evidentemente, quarto de pensão, de pensionato etc.".[181]

A expressão *aposento ocupado de habitação coletiva*, embora certamente abrangida pela situação precedente, pois que pode ser compreendida de acordo com o conceito de qualquer compartimento habitado, traduz as hipóteses em que determinada pessoa reside em lugares tais como pensionatos, hotéis, motéis etc.

Por *compartimento não aberto ao público, onde alguém exerce profissão ou atividade*, deve ser compreendido o lugar, segundo Hungria, "que, embora sem conexão com a casa de moradia propriamente dita, serve ao exercício da atividade individual privada. Assim, o escritório do advogado, o consultório do médico, o gabinete do dentista, o laboratório do químico, o *atelier* do artista, a oficina do ourives, etc. A atividade do cidadão, nos tempos modernos, é múltipla e não se exerce apenas no limite estrito da casa de moradia, e há necessidade de tutelar essa atividade em todos os lugares onde ela se abriga".[182]

O § 5º do art. 150, a seu turno, diz que não se compreendem na expressão "casa": *I – hospedaria, estalagem ou qualquer outra habitação coletiva, enquanto aberta, salvo a restrição do inc. II, do § 4º do mesmo diploma legal; II – taverna, casa de jogo e outras do mesmo gênero.*

Pena, ação penal, competência para julgamento e suspensão condicional do processo

O *caput* do art. 150 do Código Penal prevê a pena de detenção, de 1 (um) a 3 (três) meses, ou multa, sendo que o seu § 1º comina, para a violação de domicílio qualificada, a pena de detenção, de 6 (seis) meses a 2 (dois) anos, além da pena correspondente à violência.

Dessa forma, a competência, pelo menos *ab initio*, para julgamento da infração penal prevista pelo tipo fundamental da violação de domicílio será do Juizado Especial Criminal, o mesmo acontecendo com a sua modalidade qualificada, cuja pena máxima cominada em abstrato não ultrapassa dois anos, aplicando-se, outrossim, todos os institutos previstos pela Lei nº 9.099/1995 (transação penal, suspensão condicional do processo).

A ação penal é de iniciativa pública incondicionada.

Concurso de crimes

A modalidade qualificada de violação de domicílio, prevista pelo § 1º do art. 150 do Código Penal, prevê uma pena de detenção, de 6 (seis) meses a 2 (dois) anos, *além da pena correspondente à violência*.

Inicialmente, devemos destacar que a violência aqui referida é tão somente aquela praticada contra a pessoa, e não também contra a coisa, como entende a doutrina majoritária, pelos motivos já expostos acima. Nesse caso, teremos duas infrações penais, vale dizer, a violação de domicílio e a lesão corporal ou homicídio, por exemplo. Assim, havendo concurso de crimes, qual deles seria aplicado à hipótese em estudo: o concurso material ou o concurso formal?

Devemos notar que a violência mencionada no § 1º é um meio para a prática do crime-fim, que é a violação de domicílio, e não o contrário, ou seja, a violação de domicílio como crime-meio para a prática de outro crime-fim, a lesão corporal ou o homicídio, por exemplo, uma vez que, no segundo caso, seria aplicada a regra do concurso aparente de normas, ficando a violação de domicílio absorvida pelo delito-fim.

Nesse sentido, esclarece Noronha que a violação de domicílio é "um crime eminentemente *subsidiário*: é absorvido quando, no caso concreto, serve à execução de outro mais grave. De acordo com essa opinião, o eminente Nelson Hungria escreve que 'a violação de domicílio só se apresenta como crime autônomo quando: a) seja fim a si mesma; b) sirva a fim não criminoso ou haja dúvida sobre o verdadeiro fim do agente; c) seja simples *ato preparatório* de outro crime; d) haja desistência do agente quanto ao crime-fim; e) seja o crime-fim menos severamente punido

[181] BITENCOURT, Cezar Roberto. *Tratado de direito penal*, v. II, p. 474.

[182] HUNGRIA, Nélson. *Comentários ao código penal*, v. VI, p. 217.

(como, por ex., no caso da entrada à noite na casa alheia para *ameaçar* o morador)".

Mas, mesmo de acordo com a opinião prevalente, deve entender-se não ser inadmissível o concurso. Se *A*, por qualquer razão (*v.g.*, para mostrar aos correligionários políticos o pouco caso que faz do adversário), penetra a casa de *B*, e, depois, por qualquer outro fato – protestos deste, gesto de chamar a Polícia, discussão etc. – o agride, há dois crimes em concurso material. Não há falar em prevalência, absorção e quejandos, pois a *entrada* não foi *meio* para a agressão (fim)".[183]

Da mesma forma, responderá pelas duas infrações penais, em concurso material, aquele que, com a finalidade de violar o domicílio, agride a vítima para que possa entrar em sua residência, havendo, no caso, pluralidade de condutas, razão pela qual deverá ser aplicada a regra do art. 69 do Código Penal, atendendo-se, outrossim, à segunda parte do preceito secundário do § 1º do art. 150 do Código Penal.

É certo que o crime de invasão de domicílio, por ser crime subsidiário, não permite a sua existência autônoma na hipótese de furto, no entanto, se o réu pratica mais de uma ação contra vítimas diversas e o crime de furto não se caracteriza para uma das ações, em função do arrependimento eficaz, não há dúvida de que o réu responde pelo crime até então cometido de invasão de domicílio autônomo, sob pena de em se reconhecendo a tentativa de furto, a pena final ficar ainda mais exacerbada (TJMG, AC 1.0116.08.016392-0/001, Rel. Des. Judimar Biber, *DJ* 17/05/2009).

Casa vazia ou desabitada e casa habitada, com ausência momentânea do morador

Considerando que o bem jurídico penalmente protegido pelo art. 150 do Código Penal é a tranquilidade doméstica, poderia se falar em violação de domicílio na hipótese de casa vazia ou desabitada? Não, uma vez que não há possibilidade de agressão ao bem jurídico mencionado, em face da sua inexistência.

Situação completamente diversa é a da casa que, embora normalmente habitada, seus moradores dela se encontram afastados quando do ingresso do agente. Aqui, existe bem jurídico a ser protegido pelo Direito Penal, razão pela qual a prática da violação de domicílio é perfeitamente admissível.

Conforme esclarece Aníbal Bruno, "a entrada em casa vazia, ou construção em ruína, desabitada, não constitui violação de domicílio. Mas se a casa está ocupada, não é necessário para que se formalize o crime que o morador esteja presente no momento da violação".[184]

Caso contrário, não fosse esse o raciocínio dominante, sempre que viajássemos, por exemplo, esse fato seria como que uma "permissão tácita" para que outras pessoas utilizassem nossa casa, o que não é razoável.

Assim, a ausência momentânea do morador não descaracteriza a violação de domicílio levada a efeito pelo agente.

(...) 2. O Supremo Tribunal Federal definiu, em repercussão geral, que o ingresso forçado em domicílio sem mandado judicial apenas se revela legítimo – a qualquer hora do dia, inclusive durante o período noturno – quando amparado em fundadas razões, devidamente justificadas pelas circunstâncias do caso concreto, que indiquem estar ocorrendo, no interior da casa, situação de flagrante delito (RE n. 603.616/RO, Rel. Ministro Gilmar Mendes) *DJe* 8/10/2010). Nessa linha de raciocínio, o ingresso em moradia alheia depende, para sua validade e sua regularidade, da existência de fundadas razões (justa causa) que sinalizem para a possibilidade de mitigação do direito fundamental em questão. É dizer, somente quando o contexto fático anterior à invasão permitir a conclusão acerca da ocorrência de crime no interior da residência é que se mostra possível sacrificar o direito à inviolabilidade do domicílio. Precedentes desta Corte. 3. A Corte Suprema assentou, também, que "o conceito de 'casa', para o fim da proteção jurídico-constitucional a que se refere o art. 5º, XI, da Lei Fundamental, reveste-se de caráter amplo (HC 82.788/RJ, Rel. Min. CELSO DE MELLO, 2ª Turma do STF, julgado em 12/04/2005, *DJe* de 02/06/2006; RE 251.445/GO, Rel. Min. CELSO DE MELLO, decisão monocrática publicada no DJ de 03/08/2000), pois compreende, na abrangência de sua designação tutelar, (a) qualquer compartimento habitado, (b) qualquer aposento ocupado de habitação coletiva e (c) qualquer compartimento privado não aberto ao público, onde alguém exerce profissão ou atividade" (RHC 90.376/RJ, Rel. Min. CELSO DE MELLO, 2ª Turma do STF, julgado em 03/04/2007, *DJe* de 18/05/2007). Conclui-se, portanto, que a proteção constitucional, no tocante à casa, independentemente de seu formato e localização, de se tratar de bem móvel ou imóvel, pressupõe que o indivíduo a utilize para fins de habitação, moradia, ainda que de forma transitória, pois tutela-se o bem jurídico da intimidade da vida privada. 4. Sem desconsiderar a proteção constitucional de que goza a propriedade privada, ainda que desabitada, não se verifica nulidade na busca e apreensão efetuada por policiais, sem prévio mandado judicial, em apartamento que não revela sinais de habitação, nem mesmo de forma transitória ou eventual, se a aparente ausência de residentes no local se alia à fundada suspeita de que tal imóvel é utilizado para a prática de crime permanente (armazenamento de drogas e armas), o que afastaria a proteção constitucional concedida à residência/domicílio.

---

[183] NORONHA, Edgard Magalhães. *Direito penal*, v. 2, p. 177-178.
[184] BRUNO, Aníbal. *Crimes contra a pessoa*, p. 375.

Situação em que, após denúncia anônima detalhada de armazenamento de drogas e de armas, seguida de informações dos vizinhos de que não haveria residente no imóvel, de vistoria externa na qual não foram identificados indícios de ocupação da quitinete (imóvel contendo apenas um colchão, algumas malas, um fogão e janela quebrada, apenas encostada), mas foi visualizada parte do material ilícito, policiais adentraram o local e encontraram grande quantidade de drogas (7kg de maconha prensada, fracionadas em 34 porções; 2.097, 8kg de cocaína em pó, fracionada em 10 tabletes e 51 gramas de cocaína petrificada, vulgarmente conhecida como crack) e de armas (uma submetralhadora com carregador, armamento de uso proibido; 226 munições calibre.45; 16 munições calibre 12; 102 munições calibre 9mm; 53 munições calibre .22; 04 carregadores, 01 silenciador, 02 canos de arma curta, 03 coldres). 5. A transposição de portão em muro externo que cerca prédio de apartamentos, por si só, não implica, necessariamente, afronta à garantia de inviolabilidade do domicílio. Para tanto, seria necessário demonstrar que dito portão estava trancado, ou que havia interfone ou qualquer outro tipo de aparelho/mecanismo de segurança destinado a limitar a entrada de indivíduos que quisessem ter acesso ao prédio já no muro externo, o que não ocorre no caso concreto, em que há, inclusive, depoimento de policial afirmando que o portão estaria aberto. 6. De mais a mais, havendo depoimento de policial, asseverando que teria sido visualizada, pela janela, parte do material ilícito ali existente, é de se concluir que a entrada dos policiais na quitinete em questão se deu em razão da suspeita concreta de flagrância do crime de armazenamento de drogas, que é permanente. 7. Modificar as premissas tidas como válidas pela instância ordinária demandaria o revolvimento de todo o material fático/probatório dos autos, o que inviável na sede mandamental (STJ, HC 588.445/SC, Rel. Min. Reynaldo Soares da Fonseca, 5ª T., julgado em 25/08/2020, *DJe* 31/08/2020).

Nesse sentido:

⚖ TJRS, AC 70025002866, 3ª Câm. Crim., Rel. Des. Elba Aparecida Nicolli Bastos, *DJ* 14/08/2008.

Abuso de autoridade, na modalidade de violação de imóvel alheio ou suas dependências[185]

Vide o art. 22 da Lei nº 13.869, de 05 de setembro de 2019.

Posse de drogas e violação de domicílio

⚖ A existência de denúncia anônima da prática de tráfico de drogas somada à fuga do acusado ao avistar a polícia, por si sós, não configuram fundadas razões a autorizar o ingresso policial no domicílio do acusado sem o seu consentimento ou sem determinação judicial (STJ, RHC 89.853-SP, 5ª T., Rel. Min. Ribeiro Dantas, julgado em 18/02/2020) (STJ, RHC 83.501-SP, 6ª T., Rel. Min. Nefi Cordeiro, julgado em 06/03/2018).

Nesse sentido:

⚖ STJ, HC 428.150/RS, Rel.ª Min.ª Maria Thereza de Assis Moura, 6ª T., *DJe* 13/08/2018; TJMG, HC 1.0000.09.492720-9/000, Rel.ª Des.ª Jane Silva, *DJ* 21/05/2009; TJRJ, Ap. Crim. 2007.050.05649, Rel. Des. Geraldo Prado, j. 28/02/2008.

Competência da justiça militar

⚖ A jurisprudência do Supremo Tribunal Federal firmou entendimento no sentido de que, por não estar inserido no Código Penal Militar, o crime de abuso de autoridade seria da competência da Justiça comum, e os crimes de lesão corporal e de violação de domicílio, por estarem estabelecidos nos arts. 209 e 226 do Código Penal Militar, seriam da competência da Justiça Castrense. [...] (STF, HC 92912/RS, Rel. Min. Cármen Lúcia, *DJ* 19/12/2007).

Violação de domicílio no Código Penal Militar

Vide art. 226 do Decreto-Lei nº 1.001/69 (Código Penal Militar).

Violação de escritório de advocacia

⚖ A teor do art. 7º, II, do Estatuto da Advocacia, é direito do advogado a inviolabilidade de seu escritório ou local de trabalho, bem como de seus instrumentos de trabalho, de sua correspondência escrita, eletrônica, telefônica e telemática, desde que relativas ao exercício da advocacia. No entanto, presentes indícios de autoria e materialidade da prática de crime por parte de advogado a autoridade judiciária competente poderá decretar a quebra da inviolabilidade, em decisão motivada, expedindo mandado de busca e apreensão, específico e pormenorizado, a ser cumprido na presença de representante da OAB (§ 6º do art. 7º do mesmo diploma legal) (STJ, AgRg no HC 349.811/MG, Rel. Min. Reynaldo Soares da Fonseca, julgado em 27/11/2018, 5ª T., *DJe* 10/12/2018).

Seção III – Dos Crimes contra a Inviolabilidade de Correspondência

Violação de correspondência **Art. 151.** Devassar indevidamente o conteúdo de correspondência fechada, dirigida a outrem:	**Pena** – detenção, de 1 (um) a 6 (seis) meses, ou multa. **Sonegação ou destruição de correspondência**

---

[185] Uma análise aprofundada sobre o tema encontra-se no livro *Abuso de Autoridade – Lei 13.869/2019 Comentada artigo por artigo*, escrita em coautoria por Rogério Greco e Rogério Sanches Cunha, editora JusPodivm.

§ 1º Na mesma pena incorre:

I – quem se apossa indevidamente de correspondência alheia, embora não fechada e, no todo ou em parte, a sonega ou destrói;

Violação de comunicação telegráfica, radioelétrica ou telefônica

II – quem indevidamente divulga, transmite a outrem ou utiliza abusivamente comunicação telegráfica ou radioelétrica dirigida a terceiro, ou conversação telefônica entre outras pessoas;

III – quem impede a comunicação ou a conversação referidas no número anterior;

IV – quem instala ou utiliza estação ou aparelho radioelétrico, sem observância de disposição legal.

§ 2º As penas aumentam-se de metade, se há dano para outrem.

§ 3º Se o agente comete o crime, com abuso de função em serviço postal, telegráfico, radioelétrico ou telefônico:

Pena – detenção, de 1 (um) a 3 (três) anos.

§ 4º Somente se procede mediante representação, salvo nos casos do § 1º, IV, e do § 3º.

Notas explicativas

No capítulo correspondente aos direitos e garantias individuais e coletivos, a Constituição Federal assevera, no inc. XII do seu art. 5º:

XII – é inviolável o sigilo da correspondência e das comunicações telegráficas, de dados e das comunicações telefônicas, salvo, no último caso, por ordem judicial, nas hipóteses e na forma que a lei estabelecer para fins de investigação criminal ou instrução processual penal; [...].

Percebe-se, portanto, que é um direito fundamental do ser humano a liberdade de comunicação reservada, ou seja, não destinada ao público em geral, por meio da qual o sujeito possa exteriorizar seus sentimentos sem que, para tanto, qualquer pessoa, que não aquela para qual é dirigida a correspondência, possa ter conhecimento do seu conteúdo.

É preciso registrar, contudo, que o *caput* do art. 151 do Código Penal foi Revogado pela Lei nº 6.538, de 22 de junho de 1978, que dispôs sobre os serviços postais. A doutrina, no entanto, analisa essa revogação sob diversos aspectos.

Cezar Roberto Bitencourt, comentando o artigo em questão, aduz: "Em 1978, a Lei nº 6.538, de 22 de junho desse ano, que disciplinou os serviços postais, revogou o *caput* do art. 151 e seu § 1º, do CP, introduzindo o crime de *quebra de segredo profissional* relativo a correspondência; revogou, parcialmente, os arts. 293, I e II, e 303, ambos do CP. Finalmente, a Lei nº 6.538, de 22 de junho de 1978, passou a disciplinar o crime de *violação de correspondência* e assemelhados, com o mesmo conteúdo do *preceito primário* da re-

dação anteriormente revogada (art. 40), nos seguintes termos: 'Devassar indevidamente o conteúdo de correspondência fechada dirigida a outrem'. Alterou, no entanto, a redação do § 1º, inc. I, do mesmo artigo. Equivocadamente, porém, os Códigos das principais editoras do País, tais como Saraiva, Revista dos Tribunais, Forense, entre outras, mantêm em seus textos, tanto nos Códigos tradicionais quanto nos 'anotados', a redação do texto revogado, induzindo gerações e gerações a erro. O crime antes definido como de 'sonegação ou destruição de correspondência' deixou de ser um crime de conteúdo variado, com a supressão das condutas 'sonegar' ou 'destruir', passando a ser um crime de conduta única, 'apossar-se', as outras duas condutas suprimidas constituem o *elemento subjetivo especial do tipo*: 'para sonegá-la ou destruí-la' (art. 40, § 1º, I, da Lei nº 6.538/1978). Assim, seria mais adequado definir essa infração penal como crime de 'apossamento de correspondência', terminologia que adotamos".[186]

Luiz Regis Prado, tentando salvar aquele que já não pode mais ser ajudado, procura identificar e separar as infrações penais por diploma legal, afirmando: "São as seguintes modalidades de delitos contra a inviolabilidade de correspondência e das demais comunicações previstos pelo Código Penal e pela legislação extravagante:

a) violação de correspondência fechada (art. 40, *caput*, da Lei nº 6.538/1978);

b) apossamento de correspondência para sonegação ou destruição (art. 40, § 1º, da Lei nº 6.538/1978);

c) divulgação, transmissão ou utilização abusiva de comunicação telegráfica, radioelétrica ou telefônica (art. 151, § 1º, II, do CP);

d) impedimento de comunicação telegráfica, radioelétrica ou telefônica (art. 151, § 1º, III, do CP);

e) instalação ou utilização ilegal de estação ou aparelho radioelétrico (art. 70 da Lei nº 4.117/1962);

f) desvio, sonegação, subtração, supressão ou revelação de correspondência comercial (art. 152)."[187]

Apesar do esforço dos renomados autores para tentar aplicar alguns incisos do § 1º do art. 151 do Código Penal, entendemos, *permissa venia*, equivocado tal sacrifício, uma vez que se o *caput* do mencionado art. 151 foi revogado pelo art. 40 da Lei nº 6.538/1978, como é que poderiam subsistir, como se tivessem vida autônoma, os seus parágrafos?

No caso em exame, podemos aplicar duas regras fundamentais, trazidas a lume pela Lei Complementar nº 95, de 26 de fevereiro de 1998, que dispôs sobre a elaboração, a redação, a alteração e a consolidação das leis, atendendo à determinação contida no parágrafo único do art. 59 da Constituição Federal.

A primeira delas, constante do art. 7º, inc. IV, da mencionada lei complementar, determina:

Art. 7º O primeiro artigo do texto indicará o objeto da lei e o respectivo âmbito de aplicação, observados os seguintes princípios:

---

[186] BITENCOURT, Cezar Roberto. *Tratado de direito penal*, v. 2, p. 500-501.
[187] PRADO, Luiz Regis. *Curso de direito penal brasileiro*, v. 2, p. 324.

I – [...];

II – [...];

III – [...];

IV – *o mesmo assunto não poderá ser disciplinado por mais de uma lei, exceto quando a subsequente se destine a complementar lei considerada básica, vinculando-se a esta por remissão expressa.*

A segunda regra, contida na Seção II do Capítulo II da referida lei complementar, que cuida da articulação e da redação das leis, determina, conforme se verifica nos incs. I e II do seu art. 10:

Art. 10. *Os textos legais serão articulados com observância dos seguintes princípios:*

I – a unidade básica de articulação será o artigo, indicado pela abreviatura 'Art.', seguida de numeração ordinal até o nono e cardinal a partir deste;

II – os artigos desdobrar-se-ão em parágrafos ou em incisos; os parágrafos em incisos, os incisos em alíneas e as alíneas em itens.

E, ainda, a alínea *c* do inc. III do art. 11 da Lei Complementar nº 95/1998 completa o nosso raciocínio asseverando:

Art. 11. *As disposições normativas serão redigidas com clareza, precisão e ordem lógica, observadas, para esse propósito, as seguintes normas:*

I – [...];

II – [...];

III – para obtenção de ordem lógica:

[...];

c) expressar por meio dos parágrafos os aspectos complementares à norma enunciada no caput do artigo e as exceções à regra por este estabelecida.

A aplicação dos parágrafos, além de estar completamente inviabilizada pela ausência da norma principal, ou seja, o *caput* do art. 151, ainda tem outros problemas, a começar por não se saber a pena cominada ao delito em estudo, quando praticado na sua, em tese, modalidade fundamental.

Isso porque o § 1º do art. 151 do Código Penal inicia sua redação dizendo: *Na mesma pena incorre*. Ora, pergunta-se: A que pena se refere o mencionado parágrafo, uma vez que já não mais existiria aquela então prevista no preceito secundário do *caput* do mencionado art. 151?

No que diz respeito à modalidade qualificada, prevista no § 3º do art. 151 do Código Penal, ainda conseguimos descobrir a pena a ela cominada, vale dizer, detenção, de 1 (um) a 3 (três) anos. Entretanto, a impossibilidade de aplicação do aludido parágrafo não diz respeito à ausência de preceito secundário, mas, sim, à impossibilidade de compreensão do preceito primário, que diz: *Se o agente comete o crime, com abuso de função em serviço postal, telegráfico, radioelétrico ou telefônico.*

A pergunta, agora, é a seguinte: A que crime se refere o § 3º, uma vez que já não mais existe a infração penal até então tipificada no *caput* do art. 151 do Código Penal?

Como se percebe sem muito esforço, é inútil qualquer tentativa de aplicação dos parágrafos do art. 151 do Código Penal, em face da ausência de definição do comportamento típico principal.

Assim, os comportamentos anteriormente previstos no art. 151 do diploma repressivo, para que possam ser considerados típicos, deverão se amoldar a qualquer uma das figuras que lhes são equivalentes, constantes da Lei nº 4.117, de 27 de agosto de 1962, que institui o Código Brasileiro de Telecomunicações, ou da Lei nº 6.538, de 22 de junho de 1978, que dispôs sobre os serviços postais, além da Lei nº 9.296, de 24 de julho de 1996, que regulamentou o inc. XII, parte final, do art. 5º da Constituição Federal.

Entretanto, faremos a análise dos elementos integrantes da figura típica revogada juntamente com seus parágrafos, a fim de que o leitor possa utilizá-la nas leis especiais que regularam a matéria.

Introdução

O preceito primário do art. 40 da Lei nº 6.538, de 22 de junho de 1978, possui redação idêntica ao revogado art. 151, *verbis*:

Art. 40. *Devassar, indevidamente o conteúdo de correspondência fechada dirigida a outrem:*

Pena – detenção, até 6 (seis) meses, ou pagamento não excedente a 20 (vinte) dias-multa.

Embora seja idêntica à do art. 151 do Código Penal a conduta narrada no preceito primário do art. 40 da Lei nº 6.538/78, essa identidade, contudo, não ocorre no que diz respeito à pena a ele cominada. O art. 151 do Código Penal, na sua extinta modalidade fundamental, previa uma pena de detenção, de 1 (um) a 6 (seis) meses, ou multa, enquanto o art. 40 da Lei que dispôs sobre os serviços postais não indicou o limite mínimo, da mesma forma que limitou a aplicação da pena pecuniária a, no máximo, 20 (vinte) dias-multa. Analisando seus elementos típicos, a começar pelo seu núcleo, concluímos que *devassar* significa tomar conhecimento total ou parcialmente, expor a descoberto, tornar conhecido o conteúdo de correspondência fechada, dirigida a outrem, não havendo necessidade que a correspondência seja aberta ou danificada. Basta que o agente tenha tido conhecimento do seu conteúdo, a exemplo daquele que a coloca sob um facho de luz, possibilitando a leitura, mesmo que parcial, do seu conteúdo.

Por *correspondência* entende-se, conforme a tradução dada pelo art. 47 da Lei nº 6.538/1978, ser *toda comunicação de pessoa a pessoa, por meio de carta, através da via postal, ou por telegrama.*

A correspondência a que alude o artigo é aquela *fechada*, cujo conteúdo é preservado do conhecimento das demais pessoas que não sejam o seu destinatário, e não a correspondência aberta, pois, sendo assim enviada, presume-se que o seu conteúdo possa ser conhecido por todos, a não ser que o fato se amolde, por exemplo, à hipótese do inc. I, do § 1º do art. 151 do Código Penal, quando então poderá o agente ser responsabilizado pela sonegação ou destruição de correspondência. Caso o agente leve a efeito tão somente a leitura de correspondência aberta, o fato será atípico, se não sonegá-la a quem de direito ou, mesmo, destruí-la.

A violação de correspondência, com maltrato à liberdade de pensamento resguardada pela Constituição Federal somente se concretiza quando se tratar de correspondência fechada. De outro lado, a apreensão de documento, representado por minuta de carta já remetida, mediante autorização judicial, não representa afronta ao direito assegurado pelo art. 5º, X, da CF (intimidade, vida privada etc.) porque idêntica proteção é reservada à honra das pessoas, não podendo aquela (intimidade) servir de salvaguarda para maltrato a esta (honra) (STJ, RHC 6719/SP, Rel. Min. Fernando Gonçalves, 6ª T., *RDR* 13, p. 392).

O devassamento deve ser efetuado indevidamente, vale dizer, sem o consentimento de quem de direito, ou fora das hipóteses em que o agente atua amparado por uma causa de justificação, uma vez que o termo *indevidamente* nos fornece a ideia de comportamento ilícito.

A correspondência deve ter sido dirigida a outrem, ou seja, deve ter sido indicado o seu destinatário. Afirma Hungria: "Se não é sobrescritada a pessoa alguma, ou o endereço não permite a identificação de pessoa certa, não incide sob a tutela penal".[188]

Classificação doutrinária

Crime comum em relação ao sujeito ativo, bem como quanto ao sujeito passivo; doloso; de mera conduta; de forma livre; comissivo ou comissivo por omissão (desde que o agente se encontre na posição de garantidor); monossubjetivo; plurissubsistente; instantâneo, podendo ser de efeitos permanentes na hipótese de destruição; de dupla subjetividade passiva (pois tanto o remetente quanto o destinatário são considerados sujeitos passivos do delito em tela).

Objeto material e bem juridicamente protegido

O tipo de violação de correspondência tem, em sentido amplo, como bem juridicamente protegido a liberdade individual e, mais especificamente, a inviolabilidade do sigilo da correspondência. A correspondência é o objeto material do delito em estudo.

Sujeito ativo e sujeito passivo

Qualquer pessoa pode praticar o delito tipificado no art. 40 da Lei nº 6.538/1978, à exceção, obviamente, do remetente e do próprio destinatário, pois que não se pode, no caso do remetente, devassar o conteúdo que ele próprio consignou, bem como o destinatário não o faz indevidamente, como exige o tipo penal, uma vez que a correspondência é a ele dirigida.

Contudo, tanto o remetente como o destinatário são considerados sujeitos passivos do delito em estudo, uma vez que ambos sofrem com a conduta levada

a efeito pelo agente, quando este devassa, indevidamente, conteúdo de correspondência fechada confeccionada por um (remetente) e dirigida ao outro (destinatário).

Merece destaque o fato de que para aqueles que entendem pela não revogação dos parágrafos constantes do art. 151 do Código Penal, na modalidade qualificada de violação de correspondência, sujeito ativo somente será aquele que exercer função em serviço postal, telegráfico, radioelétrico ou telefônico, sendo, dessa forma, considerado delito próprio.

De outro lado, para aqueles que entendem pela revogação de todos os parágrafos do art. 151 do Código Penal, pois que seria impossível sua manutenção depois da revogação do *caput* do mencionado artigo, sendo cometido o delito tipificado no art. 40 da Lei nº 6.538/1978 (violação de correspondência) por pessoa que tenha se prevalecido do cargo, ou com abuso da função, a pena deverá ser agravada nos termos do art. 43 da referida lei que dispôs sobre os serviços postais.

Sonegação ou destruição de correspondência e violação de comunicação telegráfica, radioelétrica ou telefônica

O § 1º do art. 40 da Lei nº 6.538/1978 modificou a redação original do inc. I do § 1º do art. 151 do Código Penal, dizendo, *verbis*:

§ 1º *Incorre nas mesmas penas quem se apossa indevidamente de correspondência alheia, embora não fechada, para sonegá-la ou destruí-la, no todo ou em parte.*

Com a nova redação, basta que o agente tenha se apossado indevidamente de correspondência alheia, mesmo aberta, com o fim de sonegá-la ou destruí-la, no todo ou em parte. Como se percebe, levando-se a efeito uma comparação entre os dois parágrafos, a nova redação dada, com a inclusão do chamado especial fim de agir, transformou o fato em delito de natureza formal. Assim, basta que o agente tenha se apossado indevidamente de correspondência alheia, mesmo não fechada, com o fim de sonegá-la ou destruí-la, para que a infração penal reste caracterizada, não necessitando à sua configuração tenha ela sido efetivamente sonegada ou destruída. Sonegar, no sentido empregado pela lei penal, deve ser entendido como fazer com que a correspondência não chegue ao conhecimento do destinatário; destruir deve ser compreendido como inutilizar, total ou parcialmente, a correspondência.

Os incs. II e III do § 1º do art. 151 do Código Penal dizem respeito à divulgação, transmissão a outrem, utilização ou impedimento de comunicação telegráfica ou radioelétrica ou conversação telefônica.

Prima facie, merece ser destacado que, tendo em vista a Lei nº 9.296/1996, que regulamentou o inc. XII, parte final, do art. 5º da Constituição Federal, entende-se

---

[188] HUNGRIA, Nélson. *Comentários ao código penal*, v. v, p. 236.

como revogada[189] a última parte do inc. II do § 1º do art. 151 do Código Penal, no que diz respeito às conversações telefônicas, aplicando-se, outrossim, o art. 10 do diploma penal especial, que diz:

Art. 10*. Constitui crime realizar interceptação de comunicações telefônicas, de informática ou telemática, promover escuta ambiental ou quebrar segredo da Justiça, sem autorização judicial ou com objetivos não autorizados em lei:*

Pena – reclusão, de 2 (dois) a 4 (quatro) anos, e multa
Parágrafo único. Incorre na mesma pena a autoridade judicial que determina a execução de conduta prevista no caput deste artigo com objetivo não autorizado em lei.

Ney Moura Teles, interpretando os incisos em estudo, preleciona: "São definidas as seguintes condutas proibidas: *impedir, divulgar* e *transmitir*, ou *utilizar abusivamente* comunicação telegráfica ou radioelétrica.

Impedir é interromper, obstar. Divulgar é dar conhecimento da comunicação ao público. Transmitir é narrá-la a uma terceira pessoa, determinada. Utilizar abusivamente é dela se servir para qualquer fim indevido. Será sempre comissiva a conduta.

Comunicação telegráfica é aquela feita através de sinalização elétrica ou radioelétrica a ser convertida, depois, em comunicação escrita que será entregue ao destinatário."[190]

A última hipótese, ou seja, a instalação ou a utilização de aparelho radioelétrico sem observância de disposição legal, foi prevista pelo art. 70 da Lei nº 4.117, de 27 de agosto de 1962, que instituiu o Código Brasileiro de Telecomunicações, *verbis*:

Art. 70*. Constitui crime punível com a pena de detenção de 1 (um) a 2 (dois) anos, aumentada da metade se houver dano a terceiro, a instalação ou utilização de telecomunicações, sem observância do disposto nesta Lei e nos regulamentos.*

Consumação e tentativa

Cada uma das infrações penais previstas pelo art. 151 do Código Penal, bem como pela legislação extravagante (Lei nº 6.538/1978 e Lei nº 4.117/1962), possui momentos consumativos diferentes.

Assim, no que diz respeito à figura contida no *caput* do art. 151 do Código Penal, cuja redação é idêntica àquela contida no art. 40 da Lei nº 6.538/78, o delito se consuma quando, efetivamente, o agente tomar conhecimento do conteúdo, total ou parcialmente, de correspondência fechada dirigida a outrem. A tentativa é admissível, quando, por exemplo, o agente é impedido de tomar conhecimento do conteúdo da correspondência fechada, quando já havia posicionado o estilete para abri-la.

Quanto ao inc. I do § 1º do art. 151, considerando-se a nova redação trazida pelo § 1º do art. 40 da Lei nº 6.538/1978, entendemos que basta que o agente tenha se apossado indevidamente de correspondência alheia, embora não fechada, *com o fim de* sonegá-la ou destruí-la. É suficiente, portanto, o ato de se apossar com o intuito de sonegar ou destruir a correspondência alheia. Caso consiga efetivamente o seu intento, por exemplo, na hipótese de destruição da correspondência, tal fato será visto como mero exaurimento do crime, em face de sua natureza formal, sendo considerado, de acordo com a redação típica, como um delito de consumação antecipada, bastando a prática da conduta prevista no núcleo do tipo para que a infração penal reste consumada. Apesar da natureza formal do delito, também podemos raciocinar em termos de tentativa, desde que, no caso concreto, se possa fracionar o *iter criminis*. Assim, pode ser responsabilizado, a título de tentativa, aquele que, dirigindo finalisticamente sua conduta no sentido de se apossar de correspondência alheia com o fim de sonegá-la ou destruí-la, é impedido por terceiros.

Nos incs. II e III do § 1º do art. 151 do Código Penal, a consumação ocorre quando o agente, efetivamente, divulga, transmite a outrem, utiliza abusivamente ou impede a comunicação ou a conversação telefônica, telegráfica ou radioelétrica. Também é admissível a tentativa, uma vez que se pode considerar todas as hipóteses catalogadas como delitos plurissubsistentes, cujos atos podem ser fracionados.

A última hipótese, prevista pelo art. 70 do Código Brasileiro de Telecomunicações, que revogou o inc. IV do § 1º do art. 151 do Código Penal, se consuma quando o agente instala ou utiliza telecomunicações, sem observância do disposto na Lei nº 4.117/1962 e nos regulamentos pertinentes. Também se pode raciocinar sobre a possibilidade de tentativa.

Anteriormente, o crime de violação de comunicação telefônica era regulado pelo artigo 151, § 1º, parte final, do Código Penal e somente se aperfeiçoava com a divulgação, transmissão ou utilização abusiva da conversação, não constituindo crime a simples interceptação. Com o advento da Lei nº 9.296/96, a simples escuta telefônica ou interceptação telefônica passou a ser punida como crime, mediante ação penal pública, independentemente de representação do ofendido (TJRJ, APL 140638320048190002/RJ 0014063-83.2004.8.19.0002, Rel. Des. Zelia Maria Machado, J. 03/11/2009, 3ª Câm. Cri., *DJe* 16/11/2009).

---

[189] Em sentido contrário, Guilherme de Souza Nucci assevera que "coexistem os tipos penais do art. 10 da Lei nº 9.296/96 e o referido art. 151, § 1º, II do CP. Aquele cuida dos agentes da interceptação ou dos que violaram o segredo de justiça. Este trata dos terceiros que tomaram ciência da conversa de outros, mantida ao telefone, narrando-a a outras pessoas. Vale dizer, o art. 10 destina-se ao interceptador ou a quem viola, diretamente, o sigilo imposto pela Justiça. O art. 151, § 1º, II, do CP, envolve os demais agentes divulgadores do que deveria ser mantido em segredo" (*Leis penais e processuais comentadas*, p. 736).

[190] TELES, Ney Moura. *Direito penal*, v. 2, p. 321.

Nesse sentido:

⚖ TACrim/SP, AC, Rel. José Pacheco, *JTACrim*/SP 96, p. 120; Turmas Recursais/RS, Rec. Crim. 71000940296, Rel. Alberto Delgado Neto, Turma Recursal Criminal, j. 12/02/2007.

Modalidade qualificada

Há controvérsia doutrinária sobre a possível revogação do § 3º do art. 151 do Código Penal.

Luiz Regis Prado, posicionando-se pela revogação, afirma: "A qualificadora ancorada no art. 151, § 3º, do Código Penal, encontra-se inteiramente revogada. Havendo abuso por parte de funcionário de telecomunicações, será aplicável o art. 58 da Lei nº 4.117/1962; nas demais hipóteses (art. 40, *caput* e § 1º, Lei nº 6.538/1978), o funcionário incorrerá no disposto no art. 43 da Lei de Serviços Postais."[191]

Em sentido contrário, concluindo pela vigência do artigo, preleciona Mirabete: "Decidiu-se que não foi extinto pelo crime de abuso de autoridade, previsto no art. 3º, *c*, da Lei nº 4.898/1965[192], que trata do atentado ao sigilo de correspondência, o crime de violação de correspondência previsto no art. 151, § 3º, do CP. Nem todo funcionário pode ser considerado autoridade, no conceito penal, pelo que é lícito distinguir o crime praticado com abuso de função do de abuso de autoridade (*RT* 527/405, 439/405). Necessário, porém, é verificar-se se não ocorrem os crimes previstos no art. 41, e seus incisos, da Lei nº 6.538, ou no art. 58, e seus incisos, da Lei nº 4.117, com a redação determinada pelo Decreto-Lei nº 236."[193]

Para nós, como já afirmamos em notas explicativas, o art. 151 do Código Penal está revogado, pois a falta de *caput* gera um defeito irremediável com relação aos seus parágrafos.

Causa de aumento de pena

Ab initio, para aqueles que entendem pela aplicação do art. 151 do Código Penal, a causa de aumento de pena nele prevista somente poderá ter aplicação ao *caput* e às hipóteses elencadas no § 1º, em face da situação topográfica do § 2º.

Isso quer dizer que a majorante não terá aplicação no que concerne à modalidade qualificada prevista pelo § 3º do mencionado artigo.

O dano mencionado pelo parágrafo transcrito pode ser de natureza material ou mesmo moral.

Elemento subjetivo

O dolo é o elemento subjetivo inerente a todas as infrações penais, não se admitindo, aqui, a punição por qualquer comportamento praticado a título de culpa.

Pena e ação penal

O art. 40 da Lei nº 6.538/1978, que revogou o art. 151 do Código Penal, comina uma pena de detenção, de até 6 (seis) meses, ou pagamento não excedente a 20

(vinte) dias-multa. Deve ser frisado que, pela redação original do art. 151 do Código Penal, a pena cominada ao delito de violação de correspondência era de detenção, de 1 (um) a 6 (seis) meses, ou multa. Comparativamente, a lei que dispôs sobre os serviços postais pode ser considerada uma *novatio legis in melius*, pelo menos no que diz respeito ao *caput* do art. 40.

Isso porque, ao contrário do Código Penal, a lei não especificou a quantidade mínima de pena a ser aplicada, podendo, dessa forma, ser até mesmo de um dia. Além disso, determinou a lei especial que a pena pecuniária poderá ser aplicada no máximo em 20 (vinte) dias-multa, limitação não existente no Código Penal.

Se entendermos pela revogação do *caput* do art. 151 do Código Penal pelo art. 40 da Lei nº 6.538/1978, bem como se levarmos em consideração que, na verdade, a cabeça do artigo constante do Código Penal fora substituída, para fins de aplicação do seu § 1º, teremos que raciocinar com as penas cominadas ao art. 40 da Lei nº 6.538/1978, no que diz respeito aos incs. I, II e III do § 1º do art. 151 do Código Penal.

Excepcionam-se, aqui, ainda, as penas consignadas no art. 70 da Lei nº 4.117/62 (Código Brasileiro de Telecomunicações) – detenção, de 1 (um) a 2 (dois) anos – e no art. 10 da Lei nº 9.296/96 (interceptação telefônica) – reclusão, de 2 (dois) a 4 (quatro) anos, e multa.

A ação penal nos crimes de violação de correspondência e de sonegação ou destruição de correspondência (art. 40, § 1º, da Lei nº 6.538/1978) é de iniciativa pública incondicionada, haja vista que a lei que dispôs sobre os serviços postais não exigiu, ao contrário do Código Penal, a representação.

Em sentido contrário:

⚖ Cuidando a hipótese dos autos de alegada prática de crime de violação de correspondência, de ação pública condicionada à representação, se esta não foi oferecida dentro dos seis meses a que se refere o artigo 103 do Código Penal, ocorre a decadência (TJRJ, RESE 2004.051. 00228, Rel. Des. Sílvio Teixeira, j. 26/04/2005).

No que diz respeito à violação de comunicação telegráfica e radioelétrica, que se encontra tipificada nos incs. II e III do § 1º do art. 151 do Código Penal, a ação penal é de iniciativa pública condicionada à representação, salvo a interceptação telefônica, cuja ação é de iniciativa pública incondicionada.

A ação penal prevista para o crime tipificado no art. 70 da Lei nº 4.117/1962, que revogou o inc. IV do § 2º do art. 151 do Código Penal, é de iniciativa pública incondicionada.

Finalmente, no § 3º do art. 151 do Código Penal, que prevê a modalidade qualificada, nos termos do § 4º do mesmo artigo, a ação é de iniciativa pública incondicionada.

[191] PRADO, Luiz Regis. *Curso de direito penal brasileiro*, v. 2, p. 330.
[192] Obs.: A Lei nº 4.898/1965 foi revogada pela Lei nº 13.869, de 5 de setembro de 2019.
[193] MIRABETE, Julio Fabbrini. *Manual de direito penal*, v. 2, p. 206-207.

⚖ Entregue a correspondência no destino, desobriga a União de qualquer exigência, a competência para apreciar o delito é da justiça comum estadual (STJ, CC 11676/AM, Rel. Min. Felix Fischer, S3, *DJ* 12/05/1997, p. 18.755).

Interceptação de correspondência de presos

A Constituição Federal, no capítulo correspondente aos direitos e deveres individuais e coletivos, inserido no Título II, que diz respeito aos direitos e garantias fundamentais, no inc. XII do seu art. 5º, afirma:

XII – é inviolável o sigilo da correspondência e das comunicações telegráficas, de dados e das comunicações telefônicas, salvo, no último caso, por ordem judicial, nas hipóteses e na forma que a lei estabelecer para fins de investigação criminal ou instrução processual penal.

À primeira vista, poderíamos interpretar a redação constitucional no sentido de somente ter havido ressalva para a possibilidade de se quebrar o sigilo das comunicações telefônicas, por meio de ordem judicial, nos casos apontados pelo texto constante do mencionado inciso, ficando impossibilitada, entretanto, qualquer quebra de sigilo nas demais situações, mantendo-se, assim, regra absoluta para a inviolabilidade do sigilo da correspondência e das comunicações telegráficas e de dados.

Dessa forma, como ficaria, por exemplo, o caso das interceptações de correspondências de presos e até mesmo na hipótese em que o agente figurasse na condição de acusado em uma ação penal?

O Código de Processo Penal, em várias passagens, menciona a possibilidade de apreensão de cartas ou documentos (arts. 240, § 1º, *f*, e 243, § 2º).

E, ainda, embora o inc. XV do art. 41 da Lei de Execução Penal afirme ser direito do preso o contato com o mundo exterior por meio de correspondência escrita, da leitura e de outros meios de informação que não comprometam a moral e os bons costumes, ressalva, em seu parágrafo único, a possibilidade de suspensão ou restrição desse direito mediante ato motivado do diretor do estabelecimento.

Cezar Roberto Bitencourt, interpretando o dispositivo constitucional que fundamenta e permite, segundo o renomado autor, tão somente a quebra do sigilo telefônico, conclui: "Todas as exceções ou autorizações legais relativas à inviolabilidade do sigilo de correspondência são inconstitucionais. Nesse sentido, são absolutamente inconstitucionais os arts. 240, § 1º, letra *f*, e 243, § 2º, do Código de Processo Penal. Sob o império da nova ordem constitucional, nenhuma espécie de 'fundadas razões' autoriza, legitimamente, a 'apreender cartas, abertas ou não, destinadas ao acusado ou em seu poder' (art. 240, § 1º, *f*), independente da natureza suspeita (ou mesmo certeza) ou do conteúdo da correspondência. Na verdade, esse dispositivo foi derrogado pela Constituição Federal de 1988, art. 5º, inc. XII, 1ª parte. Assim, toda e qualquer apre-

ensão de correspondência, com fundamento nesse dispositivo, é *inconstitucional* e, como tal, constitui *prova ilícita*, como ocorreu no famoso caso do ex-Presidente do Banco Central, Prof. Francisco Lopes, independentemente de os poderes constituídos reconhecerem essa aleivosia. Por outro lado, a previsão do art. 243, § 2º, do CPP é *duplamente inconstitucional*: primeiro porque fere o *princípio da ampla defesa* (art. 5º, inc. LV), e segundo porque afronta a *inviolabilidade do advogado* no exercício profissional (art. 133)."[194]

Apesar da força do raciocínio do eminente professor gaúcho, a doutrina majoritária, bem como os Tribunais Superiores, têm se posicionado favoravelmente à quebra também do sigilo da correspondência, sob o argumento de que não existem direitos absolutos. Dessa forma, mesmo que não tenha havido ressalva constitucional no sentido de permitir a quebra do sigilo da correspondência, tal comportamento, poderá ser permitido e motivado por interesses de ordem pública, que se sobrepõem aos do sujeito que vê quebrado o direito de inviolabilidade da sua correspondência.

Nesse sentido, a Lei nº 13.964, de 24 de dezembro de 2019, modificando o art. 52 da LEP, disse expressamente em seu inciso VI:

Art. 52. *A prática de fato previsto como crime doloso constitui falta grave e, quando ocasionar subversão da ordem ou disciplina internas, sujeitará o preso provisório, ou condenado, nacional ou estrangeiro, sem prejuízo da sanção penal, ao regime disciplinar diferenciado, com as seguintes características:*

(...)

VI – fiscalização do conteúdo da correspondência;

⚖ A própria administração penitenciária pode proceder à interceptação da correspondência remetida pelos presos, desde que respeitada a norma inscrita no art. 41, parágrafo único, da Lei nº 7.210/84 (TJ-MG, HC 0953722-33.2013.8.13.0000, Rel.ª Des.ª Maria Luíza de Marilac, *DJe* 26/02/2014).

Nesse sentido:

⚖ TJSP, 10239733000, Rel. Renê Ricupero, reg. 05/09/2007; STF, HC 70.814-5/SP, Rel. Min. Celso de Mello, 1ª T., *DJ* 24/06/1994, *RT* 709/418.

Crime impossível

Se o agente não possui a menor possibilidade de conhecer o conteúdo da carta, a exemplo daquela escrita de forma cifrada, ou em língua completamente desconhecida, o fato deverá ser cuidado como hipótese de crime impossível.

Violação de correspondência no Código Penal Militar

Vide art. 227 do Decreto-Lei nº 1.001/69 (Código Penal Militar).

---

[194] BITENCOURT, Cezar Roberto. *Tratado de direito penal*, v. 2, p. 505.

Violação de comunicação via e-mail corporativo

⚖ Direito administrativo. Monitoramento de e-mail corporativo de servidor público. As informações obtidas por monitoramento de e-mail corporativo de servidor público não configuram prova ilícita quando atinentes a aspectos não pessoais e de interesse da Administração Pública e da própria coletividade, sobretudo quando exista, nas disposições normativas acerca do seu uso, expressa menção da sua destinação somente para assuntos e matérias afetas ao serviço, bem como advertência sobre monitoramento e acesso ao conteúdo das comunicações dos usuários para cumprir disposições legais ou instruir procedimento administrativo. No que diz respeito à quebra do sigilo das comunicações telemáticas, saliente-se que os dados são objeto de proteção jurídica. A quebra do sigilo de dados telemáticos é vista como medida extrema, pois restritiva de direitos consagrados no art. 5º, X e XII, da CF e nos arts. 11 e 21 do CC. Não obstante, a intimidade e a privacidade das pessoas, protegidas no que diz respeito aos dados já transmitidos, não constituem direitos absolutos, podendo sofrer restrições, assim como quaisquer outros direitos fundamentais, os quais, embora formalmente ilimitados – isto é, desprovidos de reserva –, podem ser restringidos caso isso se revele imprescindível à garantia de outros direitos constitucionais. No caso, não há de se falar em indevida violação de dados telemáticos, tendo em vista o uso de e-mail corporativo para cometimento de ilícitos. A reserva da intimidade, no âmbito laboral, público ou privado, limita-se às informações familiares, da vida privada, política, religiosa e sindical, não servindo para acobertar ilícitos. Ressalte-se que, no âmbito do TST, a temática já foi inúmeras vezes enfrentada (TST, RR 613/2000-013-10-0, *DJe* 10/06/2005) (STJ, RMS 48.665-SP, Rel. Min. Og Fernandes, *DJe* 05/02/2016).

Correspondência comercial

Art. 152. Abusar da condição de sócio ou empregado de estabelecimento comercial ou industrial para, no todo ou em parte, desviar, sonegar, subtrair ou suprimir correspondência, ou revelar a estranho seu conteúdo:
Pena – detenção, de 3 (três) meses a 2 (dois) anos.
Parágrafo único. Somente se procede mediante representação.

Introdução

Com a rubrica *correspondência comercial*, o art. 152 do Código Penal pune aquele que abusa da condição de sócio ou empregado de estabelecimento comercial ou industrial para, no todo ou em parte, desviar, sonegar, subtrair ou suprimir correspondência, ou revelar a estranho seu conteúdo.

Inicialmente, a lei penal fala em *abusar*, aqui utilizado no sentido de se valer indevidamente da condição de sócio ou empregado de estabelecimento comercial ou industrial. Ou seja, a empresa deposita confiança naqueles que, em tese, concentram seus esforços para que ela possa ter sucesso, progredir, crescer. Existe, portanto, um dever de lealdade, de fidelidade, no qual deve reinar a confiança. Pode, entretanto, essa confiança ser quebrada, surgindo, daí, a situação de abuso.

Como se percebe pela redação da figura típica, o abuso praticado pelo sócio ou empregado é dirigido no sentido de *desviar, sonegar, subtrair* ou *suprimir correspondência,* ou ainda, *revelar a estranho o seu conteúdo.* Aqui, vale a ressalva levada a efeito por Aníbal Bruno[195] de que somente aquele comportamento que tiver alguma potencialidade de dano à empresa comercial ou industrial é que poderá ser considerado típico.

Assim, não é, por exemplo, qualquer revelação de correspondência que deverá ser entendida como criminosa, mas tão somente aquela com o potencial de causar danos à empresa. Revelar a alguém uma correspondência recebida pela empresa que continha um anúncio imobiliário não lhe causa qualquer dano. Ao contrário, mostrar a terceiros uma correspondência dirigida à empresa que continha as novas regras a serem aplicadas em sua campanha publicitária já pode prejudicá-la com relação à concorrência, que dela tomará conhecimento de antemão e, assim, poderá se mobilizar contrariamente.

Conjugado ao núcleo abusar, a lei penal aduz outros que dizem respeito ao especial fim de agir do agente. Dessa forma, o abuso pode ser dirigido a: *desviar, sonegar, subtrair ou suprimir correspondência, ou revelar a estranho o seu conteúdo.*

Desviar deve ser compreendido no sentido de alterar o destino, desencaminhar; *sonegar,* como ocultar, encobrir, esconder; *subtrair* no sentido de tomar para si, retirar; *suprimir* entendido como fazer desaparecer a correspondência; e *revelar* quando o agente torna conhecido, divulga o conteúdo da correspondência a estranho.

Classificação doutrinária

Crime próprio quanto ao sujeito ativo, bem como quanto ao sujeito passivo (pois que o tipo penal exige que o sujeito ativo seja sócio ou empregado de estabelecimento comercial ou industrial, sendo este último o sujeito passivo da infração penal); doloso; de forma livre; de ação múltipla ou conteúdo variado (uma vez que o agente pode praticar as várias condutas previstas no tipo penal, somente respondendo, contudo, por uma única infração penal); comissivo ou omissivo impróprio (devendo o agente, neste caso, gozar do *status* de garantidor); instantâneo (podendo ser instantâneo de efeitos permanentes, como na hipótese de supressão de correspondência); monossubjetivo; plurissubsistente.

195 BRUNO, Aníbal. *Crimes contra a pessoa*, p. 399.

Objeto material e bem juridicamente protegido

A *inviolabilidade da correspondência* é o bem juridicamente protegido pelo artigo em estudo. Aqui pode até o conteúdo ser conhecido, não se tratando, em muitas ocasiões, de proteger o sigilo da correspondência propriamente dito.

Objeto material é a correspondência contra a qual é dirigida a conduta do agente que tem por finalidade desviá-la, sonegá-la, subtraí-la, suprimi-la ou mesmo revelá-la a terceiro estranho.

Sujeito ativo e sujeito passivo

Somente podem ser considerados sujeitos ativos da infração penal tipificada no art. 152 do diploma repressivo o *sócio* ou *empregado* de estabelecimento comercial ou industrial, uma vez que o delito em estudo se encontra no rol daqueles considerados como *próprios*.

Sujeito passivo é o estabelecimento comercial ou industrial que sofre as consequências pela conduta praticada pelo sujeito ativo.

Consumação e tentativa

O delito se consuma com a prática dos comportamentos previstos pelo art. 152 do Código Penal, vale dizer, quando o sócio ou empregado de estabelecimento comercial ou industrial desvia, sonega, subtrai, suprime ou ainda quando revela a estranho conteúdo de correspondência comercial.

Por se tratar de crime plurissubsistente, a tentativa é perfeitamente admissível.

Elemento subjetivo

Os comportamentos previstos pelo art. 152 do Código Penal somente podem ser realizados dolosamente, seja o dolo direto ou mesmo eventual, não tendo sido prevista a modalidade culposa.

Modalidades comissiva e omissiva

O delito tipificado no art. 152 do Código Penal pode ser praticado comissiva ou omissivamente, desde que, nesta última hipótese, o agente goze do *status* de garantidor.

Pena, ação penal, competência para julgamento e suspensão condicional do processo

A pena cominada no preceito secundário do art. 152 do Código Penal é de detenção, de 3 (três) meses a 2 (dois) anos.

Tendo em vista a pena máxima cominada, a competência, pelo menos inicialmente, para julgamento da infração penal *sub examen* será do Juizado Especial Criminal, aplicando-se, aqui, os institutos que lhe são inerentes (transação penal e suspensão condicional do processo).

A ação penal, nos termos do parágrafo único do art. 152 do Código Penal, é de iniciativa pública condicionada à representação.

Seção IV – Dos Crimes contra a Inviolabilidade dos Segredos

Divulgação de segredo

Art. 153. Divulgar alguém, sem justa causa, conteúdo de documento particular ou de correspondência confidencial, de que é destinatário ou detentor, e cuja divulgação possa produzir dano a outrem:
Pena – detenção, de 1 (um) a 6 (seis) meses, ou multa.
§ 1º Somente se procede mediante representação.
§ 1º-A. Divulgar, sem justa causa, informações sigilosas ou reservadas, assim definidas em lei, contidas ou não nos sistemas de informações ou banco de dados da Administração Pública:
Pena – detenção, de 1 (um) a 4 (quatro) anos, e multa.
§ 2º Quando resultar prejuízo para a Administração Pública, a ação penal será incondicionada.

Introdução

O art. 153 do Código Penal, na sua modalidade fundamental, responsabiliza criminalmente aquele que divulga, sem justa causa, conteúdo de documento particular ou de correspondência confidencial, de que é destinatário ou detentor, que tenha a possibilidade de produzir dano a outrem.

Além do comportamento previsto pelo *caput* do art. 153, por intermédio da Lei nº 9.983, de 14 de julho de 2000, foi acrescentado um parágrafo ao mencionado artigo, qualificando-o, que recebeu a numeração de § 1º-A, especializando a divulgação de segredo quando disser respeito a informações sigilosas ou reservadas, assim definidas em lei, contidas ou não nos sistemas de informações ou banco de dados da Administração Pública.

Assim, analisando a mencionada figura típica, podemos apontar os seguintes elementos da divulgação criminosa: *a)* divulgação de conteúdo de documento particular ou de correspondência confidencial; *b)* ausência de justa causa para essa divulgação; *c)* divulgação levada a efeito pelo destinatário ou detentor do documento particular ou de correspondência confidencial; *d)* potencialidade de dano a outrem.

Para que possa ser objeto da proteção penal, o documento particular, segundo Aníbal Bruno, deve ter: "caráter sigiloso, escrito, que deva ser mantido secreto e possa servir de prova em fato de importância jurídica. Da tutela de segredo contido em documento público ocupam-se outros dispositivos do Código.

A correspondência deve ser confidencial, ter um conteúdo realmente secreto, ser aquilo que se diz só para chegar ao conhecimento de determinada pessoa ou de limitado número de pessoas, a coisa que se deve manter em sigilo, porque isso corresponde à vontade e ao interesse legítimo de alguém".[196]

Se houver justa causa na divulgação do segredo, ou seja, se o agente atua amparado por alguma causa de justificação, a exemplo do estado de necessidade, não há falar em crime. Assim, imagine-se a hipótese daquele que recebe uma correspondência confidencial na qual nela se aponta o verdadeiro autor da infração penal que, injustamente, é imputada ao agente que recebeu aquela correspondência. Tal divulgação, por mais que se tenha exigido o seu caráter confidencial, pode, para fins de se provar a inocência daquele que estava sendo injustamente acusado em uma ação penal, por exemplo, ser feita, já que presente justa causa para tanto.

Além dessa hipótese, como bem observa Damásio, ausência de justa causa "significa que a divulgação só é incriminada quando o sujeito ativo não tem justo motivo para a prática do fato. Exemplos de justa causa: consentimento do interessado, comunicação ao judiciário de crime de ação pública, dever de testemunhar em juízo, defesa de direito ou interesse legítimo, comprovação de crime ou sua autoria etc. Nesses casos, a ausência no fato concreto do elemento normativo conduz à atipicidade da conduta".[197]

Para que se configure o delito tipificado no art. 153 do Código Penal é preciso que o próprio destinatário ou o detentor do documento particular ou de correspondência confidencial divulgue indevidamente, ou seja, sem justa causa, o seu conteúdo. Por destinatário deve ser entendido aquele para o qual fora endereçado o documento particular ou remetida a correspondência confidencial. Detentor é aquele que, mesmo não sendo o destinatário, por algum motivo, seja lícito ou ilícito, detém o documento particular ou a correspondência confidencial consigo. Nesse sentido, preleciona Luiz Regis Prado: "A lei penal pátria não exige que a detenção seja ilegítima. Logo, ante a ausência de distinção entre detentor legítimo e ilegítimo, tanto pode figurar como sujeito ativo aquele que possui licitamente o documento ou a correspondência (*in nomine proprio*) como quem a detém, por exemplo, em virtude de sonegação ou subtração (*in nomine alieno*). Advirta-se, porém, que, em se tratando de detenção ilegítima, o crime-fim (violação de segredo – art. 153, CP) absorve o crime-meio (apossamento de correspondência – art. 40, § 1º, Lei nº 6.538/78), por força do princípio de consunção."[198]

Além disso, conforme determina a parte final do *caput* do art. 153 do Código Penal, essa divulgação deve ter a potencialidade de produzir dano a outrem. Não exige a lei penal, como se percebe, o dano efetivo, mas tão somente a possibilidade de dano, ou seja, o dano potencial. Assim, aquele que, divulgando o conteúdo de uma correspondência confidencial, coloca em risco,

por exemplo, a efetivação de uma transação comercial de grande valor, embora esta, mesmo com a divulgação, venha a se efetivar, ainda assim o agente deverá ser responsabilizado criminalmente pela potencialidade de dano contida em seu comportamento.

🔏 Havendo justa causa para divulgação de segredo, o fato é atípico, constituindo constrangimento ilegal o indiciamento do agente em inquérito policial (TACrim/SP, RHC, Rel. Lauro Malheiros, *RT* 515, p. 354).

Nesse sentido:

🔏 TACrim/SP, RHC, Rel. Lauro Malheiros, *JTACrim*/SP 52, p. 94.

Classificação doutrinária

Crime próprio quanto ao sujeito ativo (pois que o tipo penal exige uma qualidade especial, vale dizer, a de destinatário ou detentor do documento particular ou de correspondência confidencial) e comum quanto ao sujeito passivo (uma vez que qualquer pessoa pode vir a ser prejudicada com a divulgação indevida); doloso; formal; instantâneo; comissivo (podendo, no entanto, ser praticado omissivamente, desde que o agente se encontre na condição de garantidor); monossubjetivo; unissubsistente (como regra, podendo, contudo, ser também considerado como plurissubsistente, dependendo da maneira como o delito é praticado, haja vista a possibilidade de fracionamento do *iter criminis*).

Objeto material e bem juridicamente protegido

A inviolabilidade dos segredos é o bem juridicamente protegido de forma direta pelo art. 153 do Código Penal.

O documento particular e a correspondência confidencial, cujos conteúdos são divulgados sem justa causa, são considerados objetos materiais da infração penal em estudo.

Sujeito ativo e sujeito passivo

Somente podem ser considerados sujeitos ativos do delito previsto no art. 153 do Código Penal o destinatário e o detentor do documento particular ou da correspondência confidencial.

Sujeito passivo, segundo a parte final contida no *caput* do referido artigo, é aquele que, com a divulgação do conteúdo do documento particular ou da correspondência confidencial, corre o risco de sofrer dano, mesmo que este não venha a efetivamente se concretizar, podendo, até mesmo, ser o próprio remetente.

Consumação e tentativa

Consuma-se a infração penal com a efetiva divulgação a terceiros do conteúdo de documento particular ou de correspondência confidencial, desde que, com

---

[196] BRUNO, Aníbal. *Crimes contra a pessoa*, p. 407.
[197] JESUS, Damásio E. de. *Direito penal*, v. 2, p. 292.
[198] PRADO, Luiz Regis. *Curso de direito penal brasileiro*, v. 2, p. 342.

essa divulgação, se consiga visualizar a potencialidade de dano a outrem, cuidando-se, portanto, de crime de natureza formal, cujo resultado previsto no tipo não precisa se configurar para fins de consumação do delito.

Será possível a tentativa.

Elemento subjetivo

Somente a divulgação dolosa de segredo importa ao art. 153 do Código Penal, seja o dolo direto, seja mesmo o eventual.

Não houve previsão legal da modalidade culposa.

Modalidades comissiva e omissiva

A divulgação pode ocorrer de forma comissiva, bem como omissivamente, desde que nesta última hipótese o agente seja considerado como garantidor, amoldando-se ao conceito de destinatário ou detentor.

Modalidade qualificada

A Lei nº 9.983, de 14 de julho de 2000, criou, por intermédio do § 1º-A, uma modalidade qualificada de crime de divulgação de segredo, dizendo:

§ 1º-A. Divulgar, sem justa causa, informações sigilosas ou reservadas, assim definidas em lei, contidas ou não nos sistemas de informações ou banco de dados da Administração Pública:

Pena – detenção, de 1 (um) a 4 (quatro) anos, e multa.

Ao inserir o mencionado parágrafo ao art. 153 do Código Penal, a Lei nº 9.983, de 14 de julho de 2000, criou uma norma penal em branco, uma vez que somente se configurará a modalidade qualificada se as informações, em tese, consideradas como sigilosas ou reservadas forem aquelas apontadas como tal pela lei, estejam elas contidas ou não nos sistemas de informações ou banco de dados da Administração Pública.

Segundo Cezar Roberto Bitencourt, "informações são dados, detalhes, referências sobre alguma coisa ou alguém. Sigiloso é algo que não deve ser revelado, confidencial, limitado a conhecimento restrito, não podendo sair da esfera de privacidade de quem o detém. Reservado, por sua vez, é dado ou informação que exige discrição e reserva das pessoas que dele tomam conhecimento. Por fim, é indispensável que a natureza sigilosa ou reservada das informações divulgadas indevidamente seja objeto de lei e lei em sentido estrito, sendo inadmissível sua equiparação a resoluções, portarias, regulamentos etc."[199]

Pena, ação penal, competência para julgamento e suspensão condicional do processo

Em sua modalidade fundamental, a violação de segredo é punida com a pena de detenção, de 1(um) a 6 (seis) meses, ou multa, sendo que na forma qualificada, prevista pelo § 1º-A, a pena cominada é de detenção, de 1 (um) a 4 (quatro) anos, e multa.

A ação penal é de iniciativa pública condicionada à representação (§ 1º do art. 153 do CP), sendo que, em ambas as hipóteses, quando resultar prejuízo para a Administração Pública (§ 2º do art. 153 do CP), será de iniciativa pública incondicionada.

Será do Juizado Especial Criminal a competência para julgamento do delito previsto no *caput* do art. 153 do Código Penal, aplicando-se todos os institutos que lhe são inerentes (transação penal e suspensão condicional do processo).

No que diz respeito à modalidade qualificada, embora a competência não seja a do Juizado Especial Criminal, em virtude da pena mínima a ela cominada, será possível a realização de proposta de suspensão condicional do processo.

⚖ Crime de divulgação de segredo. Alegação de decadência, por falta de representação oportuna da ofendida. A representação do ofendido – condição de procedibilidade da ação penal pública condicionada – prescinde de rigor formal, sendo suficiente a demonstração inequívoca da parte interessada de que seja apurada e processada a infração penal. O direito de agir não resta fulminado pela decadência se a representação para a ação penal pública condicionada ocorre tempestivamente pelo ofendido, ou seja, dentro do prazo de seis meses após o conhecimento da autoria do crime. Consoante entendimento pacífico na Jurisprudência dos Tribunais Pátrios, o trancamento da ação penal, bem assim do inquérito policial, é medida de exceção, possível somente quando inequívoca a ausência de justa causa, o que não ocorre na hipótese (STJ, RHC 42.029/RJ, Rel.ª Min.ª Laurita Vaz, 5ª T., *DJe* 02/09/2014).

Divulgação a uma única pessoa

Discute-se, doutrinariamente, se o núcleo *divulgar,* constante do *caput* do art. 153 do Código Penal, pressupõe que o fato seja dado ao conhecimento de várias pessoas, exigindo ampla difusão, ou basta que seja a uma só.

Hungria, partidário da primeira corrente, afirma: "Não basta a simples comunicação a uma só pessoa ou a um grupo restrito de pessoas: é necessário que haja difusão extensiva (publicação pela imprensa, radiodifusão, afixação em lugar público) ou, pelo menos, exposição que torne possível o conhecimento de indeterminado número de pessoas."[200]

No mesmo sentido, preleciona Fragoso: "*Divulgar* é tornar público o que pressupõe comunicação a um número indeterminado de pessoas".[201] Apesar da autoridade dos renomados autores, ousamos deles discordar, uma vez que o núcleo divulgar, de acordo

[199] BITENCOURT, Cezar Roberto. *Tratado de direito penal,* v. 2, p. 533-534.

[200] HUNGRIA, Nélson. *Comentários ao código penal,* v. VI, p. 251.

[201] FRAGOSO, Heleno Cláudio. *Lições de direito penal* – parte especial, (arts. 121 a 160 do CP), p. 246.

com nosso entendimento, não exige coletividade. Basta que seja dado indevido conhecimento a alguém, como no caso do *caput* do art. 153 do Código Penal, sobre o conteúdo de documento particular ou de correspondência confidencial, sendo dela destinatário ou detentor, e que, devido a essa divulgação, haja uma potencialidade de dano, moral ou material, a outrem.

Portanto, com a devida *venia* das posições em contrário, o núcleo divulgar não exige, para sua configuração, a extensão pretendida pela primeira corrente, bastando, portanto, que com o comportamento do agente seja visualizada uma potencialidade de dano, mesmo que a divulgação, sem justa causa, do conteúdo do documento particular ou da correspondência confidencial seja feita a uma só pessoa.

Divulgação de Segredo no Código Penal Militar

Vide art. 228 do Decreto-Lei nº 1.001/69 (Código Penal Militar).

Violação do segredo profissional

Art. 154. Revelar alguém, sem justa causa, segredo, de que tem ciência em razão de função, ministério, ofício ou profissão, e cuja revelação possa produzir dano a outrem:

Pena – detenção, de 3 (três) meses a 1 (um) ano, ou multa.

Parágrafo único. Somente se procede mediante representação.

Introdução

Podemos extrair os seguintes elementos da redação contida no art. 154 do Código Penal, que constituem o delito de *violação de segredo profissional*: *a*) a existência de um segredo; *b*) o fato de ter esse segredo chegado ao conhecimento do agente em virtude de sua função, ministério, ofício ou profissão; *c*) revelação a alguém; *d*) ausência de justa causa; *e*) potencialidade de dano a outrem.

Hungria esclarece que o *segredo* deveria ser interpretado como o fato "da vida privada que se tem interesse em ocultar. Pressupõe dois elementos: um *negativo* – ausência de notoriedade, e outro *positivo* – a vontade determinante de sua custódia ou preservação. Secreto é o fato que ainda não é notório (*res arcana*), não se devendo, porém, confundir a notoriedade com a *vaga atoarda*. Não deixa de ser secreto o fato sobre o qual apenas corre um *boato* incerto".[202]

Para que o fato possa se subsumir à figura típica em estudo, é preciso que o segredo tenha sido revelado por alguém que o soube, por intermédio da própria pessoa detentora do segredo, em razão de função, ministério, ofício ou profissão. Há necessidade, por-

tanto, desse vínculo entre as pessoas do confidente e daquele que confessa seus segredos. Entende-se por *função* toda determinação de encargos imposta pela lei a uma pessoa, esteja ou não ligada ao exercício de um cargo, haja ou não remuneração. Assim, o tutor, o curador, a escrevente de sala de um juiz, no exemplo de Guilherme de Souza Nucci, que "toma conhecimento, em razão de sua função, de segredos narrados durante uma audiência de divórcio, que corre em segredo de justiça, revelando-os a terceiros".[203] Por *ministério*, como regra, entendem-se aqueles que exercem atividades religiosas, a exemplo dos pastores, padres, irmãs de caridade. O item 55 da Exposição de Motivos da Parte Especial do Código Penal de 1940, procurando afastar qualquer dúvida, aduz:

55. *Definindo o crime de 'violação de segredo profissional', o projeto procura dirimir qualquer incerteza acerca do que sejam confidentes necessários. Incorrerá na sanção penal todo aquele que revelar segredo, de que tenha ciência em razão de 'função, ministério, ofício ou profissão'. Assim, já não poderá ser suscitada, como perante a lei vigente, a dúvida sobre se constitui ilícito penal a quebra do 'sigilo do confessionário'.*

Entende-se por *ofício* aquelas atividades habituais, consistentes na prestação de serviços manuais ou mecânicos, como acontece com as empregadas domésticas, costureiras etc. *Profissão* diz respeito a toda atividade que, como regra, tenha a finalidade de lucro, exercida por quem tenha habilitação. Dissemos como regra porque, em algumas situações, mesmo que exercendo um trabalho voluntário, aquela determinada atividade somente poderá ser exercida por um profissional, como é o caso, por exemplo, dos médicos e advogados.

Para que ocorra a infração penal *sub examen*, o segredo que chegou ao conhecimento do agente deve por ele ser revelado a outrem. Aqui, conforme já nos posicionamos quando do estudo do art. 153 do Código Penal, não há necessidade de que essa revelação seja levada a um número indeterminado de pessoas. A lei penal não exige essa situação. Dessa forma, como já afirmamos, acreditamos bastar que o segredo tenha sido revelado a uma só pessoa e que tenha possibilidade, com essa revelação, de causar dano a outrem.

O art. 154 do Código Penal, da mesma forma que o artigo que lhe é anterior, usa a expressão *sem justa causa* querendo denotar que a revelação não foi amparada por um motivo justificado. Noronha esclarece que, "em regra, a *justa causa* funda-se na existência de estado de necessidade: é a colisão de dois interesses, devendo um ser sacrificado em benefício do outro; no caso, a inviolabilidade dos segredos deve ceder a outro bem-interesse. Há, pois, objetividades jurídicas que a ela preferem, donde não ser absoluto o dever do silêncio ou sigilo profissional".[204]

[202] HUNGRIA, Nélson. *Comentários ao código penal*, v. v, p. 260.

[203] NUCCI, Guilherme de Souza. *Código penal comentado*.

[204] NORONHA, Edgard Magalhães. *Direito penal*, v. 2, p. 197.

Rogério Sanches Cunha, com precisão, aduz que: "O art. 269 do CP bem espelha um exemplo de justa causa, obrigando o médico, sob pena de punição, comunicar à autoridade a ocorrência de moléstia contagiosa confidenciada no exercício da profissão.

Hoje, princípios como o da proporcionalidade (ou razoabilidade), bastante ventilado no campo "das provas obtidas por meios ilegais", acaba, de alguma forma, por admitir, em casos excepcionais, a revelação de segredo profissional, em especial na salvaguarda e manutenção de valores conflitantes, desde que aplicada única e exclusivamente, em situações extraordinárias."[205]

Para que a revelação sem justa causa de um segredo, que chegou ao conhecimento do agente por meio de sua função, ministério, ofício ou profissão, possa ser típica, é preciso que seja demonstrada sua potencialidade lesiva, isto é, a possibilidade que essa revelação possuiu no sentido de causar dano a outrem. Caso contrário, mesmo que tenha havido a revelação de um segredo, o fato será atípico, em face da ausência de potencialidade lesiva.

⚖ O profissional da saúde tem obrigação legal de comunicar a ocorrência de crime de ação pública incondicionada, exceto em se tratando de fato atribuído a seu paciente. A testemunha em questão atendeu à vítima, menor de idade, que não ficou exposta a procedimento criminal, mas sim sua genitora. Possibilidade do testemunho do médico, por ausente violação a segredo profissional (TJRS, Correição Parcial 70042725291, Rel. Des. Jaime Piterman, j. 09/06/2011).

Nesse sentido:

⚖ STJ, RMS 9612/SP, Rel. Min. César Asfor Rocha, 4ª T., *RT* 762, p. 194; TJRJ, *RT* 826, p. 663; STF, RE 91218/SP, Rel. Min. Djaci Falcão, 2ª T., *RTJ* 101-02, p. 676.

Classificação doutrinária

Crime próprio quanto ao sujeito ativo (uma vez que o tipo delimita a prática da infração penal àqueles que tiverem tomado conhecimento do segredo em razão de função, ministério, ofício ou profissão), sendo comum no que diz respeito ao sujeito passivo; doloso; formal; instantâneo; comissivo (podendo ser praticado omissivamente somente pelo agente que goze do *status* de garantidor); de forma livre; monossubjetivo; unissubsistente ou plurissubsistente (dependendo da forma com que a infração penal é levada a efeito, pois os atos podem ser concentrados ou diluídos pelo *iter criminis*).

Objeto material e bem juridicamente protegido

Bem juridicamente protegido por esse tipo penal é a inviolabilidade do segredo profissional.

Objeto material, segundo Guilherme de Souza Nucci, "é o assunto transmitido em caráter sigiloso, que sofre a conduta criminosa".[206]

Sujeito ativo e sujeito passivo

O crime de violação do segredo profissional é próprio com relação ao sujeito ativo, uma vez que somente as pessoas que tiverem tomado conhecimento do segredo em razão de função, ministério, ofício ou profissão poderão praticá-lo.

⚖ O acesso que o administrador tem às fichas, necessariamente restrito, é em razão de função auxiliar exercida materialmente por pessoas que ele contrata e que estão subordinadas tanto a ele quanto a cada um dos médicos no exercício da profissão médica, mas todos (subordinados) ao sigilo médico e ao sigilo profissional. Ainda que os auxiliares não sejam médicos – e não estejam vinculados ao Código de Ética Médica – eles estão obrigados em razão de função, ministério, ofício ou profissão a guardar segredo, conforme disposto no artigo 154 do Código Penal. O administrador do hospital não é um auxiliar ou ajudante dos médicos contratados, que tampouco (os médicos) estão a ele (administrador) subordinados no exercício de sua profissão, mas isto não o desobriga do segredo sobre o conteúdo das fichas a que tem acesso de fato, mas não de direito (TJRS, ACr 70029746138, 7ª Câm. Crim., Rel. Des. João Batista Marques Tovo, *DJERS* 16/10/2009, p. 183).

Sujeito passivo pode ser tanto aquele que tem o seu segredo revelado como o terceiro que, com essa revelação, pode sofrer um dano, material ou moral.

Consumação e tentativa

Consuma-se o delito tipificado no art. 154 do Código Penal quando o segredo potencialmente lesivo é revelado a outrem, mesmo que tal revelação, como já afirmamos, tenha sido feita a uma única pessoa.

Embora exista controvérsia doutrinária, entendemos ser admissível a tentativa.

Elemento subjetivo

O crime de violação de segredo profissional somente pode ser praticado dolosamente, seja o dolo direto ou, mesmo, eventual.

Não se admite a modalidade culposa.

⚖ Artigo 154 do CP: violação de sigilo profissional. Fotos íntimas juntadas em processo criminal por médico e ex-amante da apelada, com a intenção de comprovar uma obsessão amorosa sofrida por ele em razão da conduta permanente dela. Inexistência do dolo para a configuração do crime. Ato lamentável, mas que não adentra na esfera criminal (TJ-RJ, AC 0286709-95.2013.8.19.0001, Rel.ª Des.ª Rosana Navega Chagas, *DJe* 20/04/2016).

---

[205] CUNHA, Sanches Rogério. *Manual de direito penal* – parte especial, volume único, p. 258-259.
[206] NUCCI, Guilherme de Souza. *Código penal comentado*, p. 493.

Modalidades comissiva e omissiva

A revelação pode ocorrer de forma comissiva, bem como omissivamente, desde que, nesta última hipótese, o agente seja considerado garantidor da guarda do segredo que lhe é revelado em razão de função, ministério, ofício ou profissão.

Pena, ação penal, competência para julgamento e suspensão condicional do processo

A pena cominada no preceito secundário do art. 154 do Código Penal é de detenção, de 3 (três) meses a 1 (um) ano, ou multa, sendo o seu julgamento, portanto, pelo menos inicialmente, de competência do Juizado Especial Criminal, aplicando-se, outrossim, os institutos que lhe são inerentes (transação penal e suspensão condicional do processo).

Nos termos do parágrafo único do art. 154 do Código Penal, a ação penal é de iniciativa pública condicionada à representação.

⚖ Conflito aparente de normas. Arts. 154 do CP e 38, § 7º, da Lei nº 4.595/1964. Violação de segredo profissional e quebra de sigilo bancário. Solução pelo princípio da especialidade, previsto no art. 12 da lei substantiva, por tratar de instituição financeira. Ação penal, portanto, de natureza pública incondicionada. Desnecessidade de representação, como exigido no delito previsto no Código Penal (STF) (*RT* 632, p. 375).

Violação de Segredo Profissional no Código Penal Militar

Vide art. 230 do Decreto-Lei nº 1.001/69 (Código Penal Militar).

Advogado e segredo profissional

⚖ *Habeas corpus.* Advogado. Dever de guardar segredo profissional. Trancamento de ação penal. Crime de desobediência. Negativa dele em prestar depoimento em procedimento administrativo. Lei nº 8.906/1994. Dever de recusar-se a depor. Concessão da ordem. O advogado, em pleno Estado Democrático de Direito, no exercício de seus direitos e prerrogativas, tem o dever de guardar o sigilo profissional 'mesmo quando autorizado ou solicitado por seu constituinte'. Não pode o advogado ser constrangido a prestar declarações em inquérito policial, ou no curso da ação penal, arrolado pelas partes no litígio, compromissado ou não, sobre fatos de que tenha ciência em razão de sua condição, direta ou indiretamente, obrigado pela ética e pelo dever absoluto de guarda de segredo (TJMG, 1.0000.06.445470-5/000 [1], Rel. Hyparco Himmesi, *DJ* 26/01/2007).

Nesse sentido:

⚖ STJ, RHC 2524/RS, ROHC 1993/0002249-0, Min. Luiz Vicente Cernicchiaro, 6ª T., *RSTJ*, v. 53, p. 364.

Invasão de dispositivo informático

Art. 154-A. Invadir dispositivo informático de uso alheio, conectado ou não à rede de computadores, com o fim de obter, adulterar ou destruir dados ou informações sem autorização expressa ou tácita do usuário do dispositivo ou de instalar vulnerabilidades para obter vantagem ilícita:

Pena – reclusão, de 1 (um) a 4 (quatro) anos, e multa.

§ 1º Na mesma pena incorre quem produz, oferece, distribui, vende ou difunde dispositivo ou programa de computador com o intuito de permitir a prática da conduta definida no *caput*.

§ 2º Aumenta-se a pena de 1/3 (um terço) a 2/3 (dois terços) se da invasão resulta prejuízo econômico.

§ 3º Se da invasão resultar a obtenção de conteúdo de comunicações eletrônicas privadas, segredos comerciais ou industriais, informações sigilosas, assim definidas em lei, ou o controle remoto não autorizado do dispositivo invadido:

Pena – reclusão, de 2 (dois) a 5 (cinco) anos, e multa.

§ 4º Na hipótese do § 3º, aumenta-se a pena de um a dois terços se houver divulgação, comercialização ou transmissão a terceiro, a qualquer título, dos dados ou informações obtidos.

§ 5º Aumenta-se a pena de um terço à metade se o crime for praticado contra:

I – Presidente da República, governadores e prefeitos;

II – Presidente do Supremo Tribunal Federal;

III – Presidente da Câmara dos Deputados, do Senado Federal, de Assembleia Legislativa de Estado, da Câmara Legislativa do Distrito Federal ou de Câmara Municipal; ou

IV – dirigente máximo da administração direta e indireta federal, estadual, municipal ou do Distrito Federal.

Ação penal

Art. 154-B. Nos crimes definidos no art. 154-A, somente se procede mediante representação, salvo se o crime é cometido contra a administração pública direta ou indireta de qualquer dos Poderes da União, Estados, Distrito Federal ou Municípios ou contra empresas concessionárias de serviços públicos.

Introdução

O século XXI está experimentando um avanço tecnológico inacreditável. Situações que, em um passado não muito distante, eram retratadas em filmes e desenhos infantis como hipóteses futuristas, hoje se fazem presentes em nosso dia a dia. As conversas *online*, com visualização das imagens dos interlocutores, seja por meio de computadores, seja de *smart phones*, que pareciam incríveis no início da segunda metade do século XX, atualmente, fazem parte da nossa realidade.

Enfim, vivemos novos tempos e temos de nos adaptar, consequentemente, ao mau uso de todo esse aparato tecnológico. A *internet* revolucionou o mundo e o fez parecer muito menor.

Originalmente, a internet teve utilização militar. A ideia de uma rede interligada surgiu em 1962, durante a Guerra Fria, e foi imaginada, conforme esclarece Augusto Rossini, "para proteger a rede de computadores do governo norte-americano durante um ataque nuclear. Planos detalhados foram apresentados em 1967, tendo sido criada a ARPANET em 1968, estabelecendo-se o germe do que é hoje Internet",[207] concebida, dentre outros, por Paul Baran, da empresa Rand Corporation, também com a finalidade de suprir as deficiências e fragilidades da rede telefônica AT&T, utilizada, ainda, nas décadas de 1980 e 1990, como meio de comunicação científica interuniversitária.

Conforme nos esclarece Juan José López Ortega, "em seus primeiros anos de existência, a *internet* parecia pressagiar um novo paradigma de liberdade. Um espaço isento de intervenções públicas, no qual os internautas desfrutavam de um poder de ação ilimitado. A liberdade para se comunicar e se expressar se estendia sem possibilidade de censura a todos os cantos do planeta. A propriedade intelectual, necessariamente, devia ser compartilhada e a intimidade se encontrava assegurada preservando o anonimato da comunicação e pelas dificuldades técnicas de rastrear as fontes e identificar os conteúdos.

As novas tecnologias de recolhimento dos dados, associadas à economia do comércio eletrônico, transformaram a liberdade e a privacidade na *internet,* e isso em consequência direta de sua comercialização. A necessidade de assegurar e identificar a comunicação para ganhar dinheiro por meio da rede, junto com a necessidade de proteger os direitos de novas arquiteturas de *software,* que possibilitam o controle da comunicação. *Tecnologias de identificação* (senhas, marcadores digitais, processos de identificação), colocadas nas mãos das empresas e dos governos, deram passo ao desenvolvimento de *tecnologias de vigilância* que permitem rastrear os fluxos de informação.

Através destas técnicas, qualquer informação transmitida eletronicamente pode ser recolhida, armazenada, processada e analisada. Para muitos, isso supôs o fim da privacidade e, se não é assim, ao menos obriga a *redefinir o âmbito do privado na internet,* um espaço no qual por sua dimensão global já não basta garantir o controle dos dados pessoais. Noções até agora válidas, como 'fichário' ou 'base de dados', deixam de ter significado. A nova fronteira não é o computador pessoal ou a *internet,* senão a rede global, e isso tem consequências ao delimitar o conteúdo do direito à intimidade, que no espaço digital se transmuda como o direito ao anonimato".[208]

A internet, em um mundo considerado globalizado, transformou-se em uma necessidade da modernidade de que não podemos abrir mão. Nunca as pesquisas foram tão velozes. Bibliotecas inteiras podem ser resumidas a um comando no computador. No entanto, toda essa modernidade informática traz consigo seus problemas. Como alerta Cinta Castillo Jimenez, a *"internet* supõe um sonho para seus usuários e um pesadelo para os práticos do direito. Por uma parte, permite concluir transações com empresas e consumidores situados em qualquer lugar do planeta, agiliza a comunicação entre as pessoas. Representa a liberdade mundial de informação e da comunicação; é um sonho transformado em realidade.

Por outro lado, todo conjunto de atividades sociais precisa de uma regulamentação. As legislações nacionais avançam com muito atraso no que diz respeito às novas tecnologias. Isso faz com que sejam dificultadas as respostas legais a numerosos litígios que podem suscitar as operações na *internet.* Por isso é também um pesadelo jurídico.

Um espanhol, usuário da *internet,* pode acessar a rede e contatar com uma empresa alemã, vendedora ou prestadora de serviços, graças ao acesso à *internet,* proporcionado pela filial holandesa de um provedor norte-americano. As fronteiras estatais se diluem na *internet.* A aldeia global se transformou em realidade. Podemos dizer que as questões legais mais espinhosas que são colocadas no ciberespaço correspondem ao direito internacional privado".[209] Com a utilização da internet, delitos considerados tradicionais, a exemplo do estelionato, podem ser praticados sem que a vítima conheça sequer o rosto do autor da infração penal; nossa vida pessoal pode ser completamente devassada e colocada à disposição de milhões de pessoas; nossa intimidade, enfim, estará disponível com apenas um toque no computador.

Muito se tem discutido, atualmente, a respeito dos chamados *delitos de informática,* também reconhecidos doutrinariamente por meio das expressões: *crimes de computador, crimes digitais, crimes cibernéticos, crimes via internet,* dentre outras. Na verdade, sob essa denominação se abrigam não somente os crimes cujo objeto material da conduta praticada pelo agente é um componente informático, a exemplo dos programas de computador, ou as próprias informações existentes em um dispositivo informático, como também – e o que é mais comum – todas as demais infrações penais nas quais a informática é uti-

---

[207] ROSSINI, Augusto. *Informática, telemática e direito penal,* p. 26.

[208] LÓPEZ ORTEGA, Juan José. *Intimidad informática y derecho penal*: derecho a la intimidad y nuevas tecnologías, p. 109-110.

[209] CASTILLO JIMENEZ, Cinta. *Protección del derecho a la intimidad y uso de las nuevas tecnologías de la información,* p. 39-40.

lizada como verdadeiro instrumento para sua prática. Por essa razão, observam Mário Furlaneto Neto e José Augusto Chaves Guimarães: "A informática permite não só o cometimento de novos delitos, como potencializa alguns outros tradicionais (estelionato, por exemplo). Há, assim, crimes cometidos com o computador (*The computer as a tool of a crime*) e os cometidos contra o computador, isto é, contra as informações e programas nele contidos (*The computer as the object of a crime*)".[210]

É nesse último sentido que, precipuamente, a Lei nº 12.737, de 30 de novembro de 2012, inserindo o art. 154-A ao Código Penal, criou o delito de *invasão de dispositivo informático*, prevendo, outrossim, o chamado *crime de informática puro*, isto é, aquele, segundo definição de Marco Aurélio Rodrigues da Costa, cuja conduta ilícita "tenha por objetivo exclusivo o sistema de computador, seja pelo atentado físico ou técnico do equipamento e seus componentes, inclusive dados e sistemas".[211]

Os delitos praticados por meio da informática podem ser de difícil apuração. Lucrecio Rebollo Delgado destaca três características muito importantes, que lhe são peculiares, dizendo que todas as atuações ilícitas cometidas no âmbito informático se realizarão: "*Com celeridade e distância no tempo e no espaço. O conceito de realização delitiva se encontra truncado com estas novas formas. É frequente pensar que qualquer um pode praticar um homicídio, mas este requer a proximidade espacial e temporal de sua vítima. Sem embargo, no âmbito informático, o suposto delinquente não necessita para a comissão delitiva nem a presença física, nem temporal. Ademais disso as facilidades no tratamento e processo da informação, com a possibilidade de realizar programas que atuem de forma retardada ou controlada no tempo, aproveitando as funções do sistema operativo do computador, permitem ativar ou desativar determinadas ordens na máquina, de maneira dinâmica, inclusive flexível. Desta forma, dependendo de uma ou outra circunstância prevista de antemão, assim como a utilização das comunicações, para poder, em tempo real e fora do alcance ou controle do operador do computador, atuar na forma desejada, permitem preparar ações dolosas em prejuízo do outro, em tempo e espaços distantes.*

Facilidade de encobrimento. É característica praticamente inseparável da atividade ilícita informática, a facilidade com que se encobrem os fatos. É muito fácil, por exemplo, modificar um programa para que realize uma atividade ilícita em benefício do autor e estabelecer logo o que se denomina uma rotina software que volte a modificar o programa de forma automática. Dessa forma, não fica rastro da possível prática do delito. Se, posteriormente, fosse realizado um estudo do programa, seria impossível detectar a forma em que se cometeu o fato. Tenhamos em mente a ideia de que é possível realizá-lo, mas não teremos nenhuma prova de que se realizou.

Dificuldade probatória. A dificuldade em atribuir a autoria do fato vem em grande medida determinada pela dificuldade probatória que rodeia a ilicitude informática. Isso se deve à própria dinâmica do processamento informático, que impede detectar uma determinada atividade ou processo posteriormente à sua realização, e em outras ocasiões, devido a facilidade para fazer desaparecer, de forma fraudulenta, por meio da manipulação de programa e dados, as atividades, operações, cálculos ou processos que foram realizados anteriormente".[212]

A Lei nº 12.737, de 30 de novembro de 2012, inserindo o art. 154-A ao Código Penal, com as modificações em sua redação original trazida pela Lei nº 14.155, de 27 de maio de 2021, exigiu a presença dos seguintes elementos para efeitos de caracterização do delito de invasão de dispositivo informático, a saber: a) o núcleo *invadir; b)* dispositivo informático alheio; c) conectado ou não à rede de computadores; d) com o fim de obter, adulterar ou destruir dados ou informações sem autorização expressa ou tácita do usuário do dispositivo; e) ou de instalar vulnerabilidades para obter vantagem ilícita.

O núcleo *invadir* tem o sentido de violar, penetrar, acessar.

Informática, na definição de Pablo Guillermo Lucero e Alejandro Andrés Kohen é "a ciência aplicada que trata do estudo e aplicação do processamento automático da informação, mediante a utilização de elementos eletrônicos e sistemas de computação.

O termo *informatique* é um anacrônimo das palavras francesas *information* e *automatique*, o qual foi utilizado pelo engenheiro francês *Philippe Dreyfus* no ano de 1962 para sua empresa *Societé d'Informatique Appliquée*.

Posteriormente, esse termo começou a ser utilizado pelas diferentes línguas quando se desejava contemplar a questão do processamento automático da informação, sendo assim que, ao ingressar no mundo castelhano, se conceitualizou a palavra *informática*.

Para que se possa considerar um sistema informático se deve verificar necessariamente a realização das seguintes tarefas básicas:

Entrada: Aquisição dos dados;

Processo: Tratamento dos dados;

---

[210] FURLANETO NETO, Mário; GUIMARÃES, José Augusto Chaves. *Crimes na internet*: elementos para uma reflexão sobre a ética informacional, p. 69.

[211] COSTA, Marco Aurélio Rodrigues da. Crimes de informática. *Jus Navigandi*, Teresina, ano 1, n. 12, maio 1997. Disponível em: <http://jus2.uol.com.br/doutrina/texto.asp?id=1826>. Acesso em: 20 jan. 2009.

[212] DELGADO, Lucrecio Rebollo. *Derechos fundamentales y protección de datos*, p. 187-188.

Saída: Transmissão dos resultados"[213].

Assim, de acordo com a conceituação e requisitos apontados acima, o dispositivo informático seria todo aparelho capaz de receber os dados, tratá-los, bem como transmitir os resultados, a exemplo do que ocorre com os computadores, *smartphones, ipads, tablets* etc.

Exige o art. 154-A que esse dispositivo informático seja de uso alheio, mas não necessariamente de propriedade alheia, com exigia a redação típica anterior à modificação trazida pela Lei nº 14.155, de 27 de maio de 2021. Assim, como bem esclarece Rogério Sanches Cunha, "ainda que o agente seja o proprietário do aparelho, pode cometer o crime se esse aparelho estiver sendo utilizado por alguém. E, por coerência, a lei agora faz referência à falta de autorização expressa ou tácita do usuário do dispositivo, não mais do titular"[214].

Esse dispositivo informático alheio poder estar ou não conectado à rede de computadores, ou seja, a um conjunto de dois ou mais computadores autônomos e outros dispositivos, interligados entre si com a finalidade de compartilhar informações e equipamentos, a exemplo dos dados, impressoras, mensagens etc. Diz respeito, portanto, a estruturas físicas (equipamentos) e lógicas (programas, protocolos) que possibilitam que dois ou mais computadores compartilhem suas informações entre si. A internet, por ser considerada um amplo sistema de comunicação, conecta inúmeras redes de computadores. As quatro redes mais conhecidas, classificadas quanto ao tamanho, são: 1. LAN (*Local Area Network*) – redes locais, privadas, onde os computadores ficam localizados dentro de um mesmo espaço – por exemplo, uma residência, uma sala comercial, um prédio etc.; 2. MAN (*Metropolitan Area Network*) – redes metropolitanas, onde os computadores estão ligados remotamente a distancias pequenas, podendo-se localizar na mesma cidade ou entre duas cidades próximas; 3. WAN (*Wide Area Network*) – redes extensas, ligadas, normalmente, entre diferentes Estados, países ou continentes, a exemplo do que ocorre com o sistema bancário internacional; 4. PAN (*Personal Area Network*) – redes pessoais, presentes em regiões delimitadas, próximas umas das outras.

Dessa forma, presentes os demais elementos exigidos pelo tipo, poderá ocorrer a infração penal em estudo com a invasão de um dispositivo informático alheio, como ocorre com um computador, que pode não estar ligado a qualquer rede e ser acessado via internet. Assim, se alguém, percebendo que seu vizinho havia esquecido o computador, que havia levado para uma festa de que ambos participavam, o invadir, , com a finalidade de destruir dados ou informações sem autorização expressa ou tácita do titular do dispositivo,

poderá ser responsabilizado pelo tipo penal previsto pelo *caput* do art. 154-A do Código Penal.

A conduta do agente, ou seja, o ato de invadir dispositivo informático alheio, conectado ou não à rede de computadores, , deve ter sido levada a efeito *com o fim de obter, adulterar ou destruir dados ou informações sem autorização expressa ou tácita do titular do dispositivo.*

Assim, não é a simples invasão, pela invasão, que importa na prática da infração penal tipificada no *caput* do art. 154-A do diploma repressivo, mas, sim, aquela que possui uma finalidade especial, ou seja, aquilo que denominamos de especial fim de agir, que consiste na obtenção, adulteração ou destruição de dados ou informações sem a autorização expressa ou tácita do titular do dispositivo. *Obter* tem o significado de adquirir, alcançar o que se deseja, conseguir; *adulterar* diz respeito a alterar, estragar, modificar o conteúdo, corromper; *destruir* quer dizer aniquilar, fazer desaparecer, arruinar.

Tanto a obtenção quanto adulteração e a destruição de dados ou informações devem ser levadas a efeito sem a autorização expressa ou tácita do titular do disposto. Assim, havendo essa autorização, o fato praticado será considerado atípico. Aqui, como se percebe, o consentimento do ofendido é considerado uma causa legal de exclusão da tipicidade.

Conforme os esclarecimentos de Pablo Guillermo Lucero e Alejandro Andrés Kohen, "uma das diferenças fundamentais que devemos compreender no âmbito da informática é a existente entre dado e informação.

Um dado, por si mesmo, não constitui informação; simplesmente é uma representação simbólica, atributo ou característica de uma entidade.

Ao contrário e por sua parte, a informação é um conjunto de dados processados que têm relevância, propósito e utilidade para seu receptor.

É por isso que os dados se convertem em informação quando seu criador lhes adiciona significado, sendo isso um processo fundamental no campo da informática".[215]

A conduta de invadir dispositivo informático alheio, conectado ou não à rede de computadores, pode, ainda, além da finalidade de obter, adulterar ou destruir dados ou informações, sem autorização expressa ou tácita do titular do dispositivo, ser dirigida no sentido de *instalar vulnerabilidades para obter vantagem ilícita.*

Segundo o Centro de Estudos, Resposta e Tratamento de Incidentes de Segurança no Brasil, "uma vulnerabilidade é definida como uma condição que, quando explorada por um atacante, pode resultar em uma violação de segurança. Exemplos de vulnerabilidades são

---

[213] GUILLERMO LUCERO, Pablo; ANDRÉS KOHEN, Alejandro. *Delitos informáticos*, p. 15-16.

[214] CUNHA, Rogério Sanches. Lei 14.155/21 e os crimes de fraude digital. Primeiras impressões e reflexos no CP e no CPP. *In https:// meusitejuridico.editorajuspodivm.com.br/2021/05/28/lei-14-15521-e-os-crimes-de-fraude-digital-primeiras-impressoes-e-reflexos-no-cp-e- -no-cpp/.* Acessado em 29 de maio de 2021.

[215] GUILLERMO LUCERO, Pablo; ANDRÉS KOHEN, Alejandro. *Delitos informáticos*, p. 16.

falhas no projeto, na implementação ou na configuração de programas, serviços ou equipamentos de rede. Um ataque de exploração de vulnerabilidades ocorre quando um atacante, utilizando-se de uma vulnerabilidade, tenta executar ações maliciosas, como invadir um sistema, acessar informações confidenciais, disparar ataques contra outros computadores ou tornar um serviço inacessível".[216]

Ainda de acordo com o Centro de Estudos, Resposta e Tratamento de Incidentes de Segurança no Brasil, pode o agente instalar vulnerabilidades por meio dos chamados "Códigos maliciosos":

"Códigos maliciosos (*malware*) são programas especificamente desenvolvidos para executar ações danosas e atividades maliciosas em um computador. Algumas das diversas formas como os códigos maliciosos podem infectar ou comprometer um computador são:

- pela exploração de vulnerabilidades existentes nos programas instalados;
- pela autoexecução de mídias removíveis infectadas, como *pen-drives*;
- pelo acesso a páginas *Web* maliciosas, utilizando navegadores vulneráveis;
- pela ação direta de atacantes que, após invadirem o computador, incluem arquivos contendo códigos maliciosos;
- pela execução de arquivos previamente infectados, obtidos em anexos de mensagens eletrônicas, via mídias removíveis, em páginas *Web* ou diretamente de outros computadores (através do compartilhamento de recursos).

Uma vez instalados, os códigos maliciosos passam a ter acesso aos dados armazenados no computador e podem executar ações em nome dos usuários, de acordo com as permissões de cada usuário.

Os principais motivos que levam um atacante a desenvolver e a propagar códigos maliciosos são a obtenção de vantagens financeiras, a coleta de informações confidenciais, o desejo de autopromoção e o vandalismo. Além disto, os códigos maliciosos são muitas vezes usados como intermediários e possibilitam a prática de golpes, a realização de ataques e a disseminação de *spam*".[217]

Alguns dos principais tipos de códigos maliciosos são: a) vírus – programa malicioso que possui, basicamente, dois objetivos: atacar e replicar automaticamente. O vírus depende da execução dos arquivos hospedeiros para que possa se tornar ativo e continuar o processo infecção; b) *worm – writer once read many* – tem como característica fundamental replicar mensagens sem o consentimento do usuário, disseminando propagandas, arquivos maliciosos ou congestionando a rede. Diferentemente do vírus, o *worm*

não embute cópias de si mesmo em outros programas ou arquivos e não necessita ser explicitamente executado para se propagar. Sua propagação se dá por meio da exploração de vulnerabilidades existentes ou falhas na configuração de softwares instalados em computadores; *Trojan horse* (cavalo de troia) – literalmente, é um presente de grego, pois é um programa que se passa por um presente, a exemplo do que ocorre com álbuns de fotos, jogos, cartões virtuais, algum aplicativo útil etc., no entanto, abre portas remotas para invasão dos *hackers; spyware* – são programas espiões, a exemplo do *keylogger*, que captura e armazena as teclas digitadas pelo usuário no teclado, ou, ainda, o *screenlogger*, capaz de capturar telas da área de trabalho do usuário, inclusive armazenando a posição do cursor; *bot* – é um programa que dispõe de mecanismos de comunicação com o invasor que permitem que ele seja controlado remotamente. Possui processo de infecção e propagação similar ao do *worm*, ou seja, é capaz de se propagar automaticamente, explorando vulnerabilidades existentes em programas instalados em computadores; *botnet* – é uma rede formada por centenas ou milhares de computadores zumbis e que permite potencializar as ações danosas executadas pelos *bots* etc.

Enfim, são inúmeros os códigos maliciosos por meio dos quais se poderá praticar o delito de invasão de dispositivo informático, sendo que, sem nenhuma dose de exagero, a cada dia surgem diferentes formas de ataques.

A parte final do *caput* do art. 154-A do Código Penal prevê, ainda, que, para que se configure a infração penal em estudo, o agente poderá atuar no sentido de instalar a vulnerabilidade, a fim de obter vantagem ilícita, que pode ou não ter natureza patrimonial.

🔖 Direito penal. Furto qualificado. Subtração de valores de conta-corrente. Fraude pela internet. Litispendência não verificada. Desclassificação para invasão de dispositivo informático alheio. Art. 154-A do CP. Não ocorrência. Não há falar em desclassificação para o art. 154-A do Código Penal, pois os réus, mediante sua conduta, não apenas "invadiram dispositivo eletrônico alheio para obter vantagem ilícita", tendo efetivamente subtraído a quantia de R$ 3.046,97 (três mil e quarenta e seis reais e noventa e sete centavos) pertencentes à empresa vítima. Incide, por óbvio, o art. 155, § 4º, do CP (STJ, REsp 1.484.289, Rel. Min. Reynaldo Soares da Fonseca, *DJe* 08/04/2016).

Modalidade equiparada

Diz o § 1º do art. 154-A, *verbis*:

§ *1º Na mesma pena incorre quem produz, oferece, distribui, vende ou difunde dispositivo ou programa*

---

[216] CENTRO DE ESTUDOS, RESPOSTA E TRATAMENTO DE INCIDENTES DE SEGURANÇA NO BRASIL. *Cartilha de segurança.* Disponível em: <http://cartilha.cert.br/malware/>. Acesso em: 10 dez. 2012.

[217] CENTRO DE ESTUDOS, RESPOSTA E TRATAMENTO DE INCIDENTES DE SEGURANÇA NO BRASIL. *Cartilha de segurança.* Disponível em: <http://cartilha.cert.br/malware/>. Acesso em: 10 dez. 2012.

de computador com o intuito de permitir a prática da conduta definida no caput.

Produzir significa criar, gerar, fabricar; *oferecer* importa em ofertar, gratuita ou onerosamente; *distribuir* tem o sentido de partilhar, repartir; *vender* tem o significado de transferir (o dispositivo ou o programa de computador) mediante um preço determinado; *difundir* diz respeito a propagar, divulgar, espalhar.

Todas essas condutas, vale dizer, produzir, oferecer, distribuir, vender ou difundir, dizem respeito a dispositivo ou programa de computador. O art. 1º da Lei nº 9.609, de 19 de fevereiro de 1998, traduz o conceito de programa de computador:

Art. 1º. *Programa de computador é a expressão de um conjunto organizado de instruções em linguagem natural ou codificada, contida em suporte físico de qualquer natureza, de emprego necessário em máquinas automáticas de tratamento da informação, dispositivos, instrumentos ou equipamentos periféricos, baseados em técnica digital ou análoga, para fazê-los funcionar de modo e para fins determinados.*

Conforme o disposto na parte final do § 1º do art. 154-A do Código Penal, as condutas acima narradas devem ser cometidas com o intuito de permitir a prática da conduta definida no *caput* do citado dispositivo legal, ou seja, o agente produz, oferece, distribui, vende ou difunde dispositivo ou programa de computador, no sentido de permitir que terceira pessoa invada dispositivo informático alheio, conectado ou não à rede de computadores, mediante violação indevida de mecanismo de segurança e com o fim de obter, adulterar ou destruir dados ou informações sem autorização expressa ou tácita do titular do dispositivo ou instalar vulnerabilidades para obter vantagem ilícita.

Com essas hipóteses, quis a lei, portanto, punir de maneira independente, aquele que, de alguma forma, auxilia para que terceiro tenha facilitada a prática do tipo penal constante do *caput* do art. 154-A do diploma repressivo.

Modalidade qualificada

Diz o § 3º do art. 154-A do Código Penal:

§ *3º Se da invasão resultar a obtenção de conteúdo de comunicações eletrônicas privadas, segredos comerciais ou industriais, informações sigilosas, assim definidas em lei, ou o controle remoto não autorizado do dispositivo invadido:*

Pena – reclusão, de 2 (dois) a 5 (cinco) anos, e multa.

Inicialmente, incidirá na modalidade qualificada o agente que, com a invasão de dispositivo informático, obtiver o conteúdo de comunicações eletrônicas privadas. De acordo com as alíneas *b* e *c* do art. 4º do Capítulo II, da Convenção das Nações Unidas sobre o uso de comunicações eletrônicas nos contratos internacionais, cujos conceitos podem ser utilizados na interpretação do dispositivo penal em exame, embora o § 3º do art. 154-A mencione comunicações eletrônicas privadas: "(b) 'Comunicação eletrônica' significa qualquer comunicação feita pelas partes utilizando-se de mensagens eletrônicas;

(c) 'Mensagem eletrônica' significa uma informação criada, enviada, recebida ou armazenada por mecanismo eletrônico, magnético, ótico ou similar, incluindo, mas não se limitando, a intercâmbio eletrônico de dados, correio eletrônico, telegrama, telex ou telecópia; [...]".[218]

Da mesma forma, ocorrerá o delito qualificado se da invasão resultar na obtenção de segredos comerciais ou industriais, informações sigilosas, assim definidas em lei. Cuida-se, na última parte do dispositivo, de norma penal em branco, uma vez que, para efeitos de reconhecimento das informações sigilosas, haverá necessidade de definição legal.

No que diz respeito à Administração Pública, o inc. III do art. 4º da Lei nº 12.527, de 18 de novembro de 2011, traduziu o conceito de informação sigilosa, dizendo:

Art. 4º. *Para os efeitos desta Lei, considera-se:*
[...];
III – informação sigilosa: aquela submetida temporariamente à restrição de acesso público em razão de sua imprescindibilidade para a segurança da sociedade e do Estado;
[...].

Além das hipóteses anteriores, importará no reconhecimento do delito qualificado quando o agente, em virtude de seu comportamento, obtiver o controle remoto não autorizado do dispositivo invadido. Existem programas que permitem que o dispositivo informático invadido seja operado de outro computador, onde o invasor terá acesso aos seus dados e informações. Por meio desses programas, é possível compartilhar pastas, jogar em rede, conversar, acessar outros programas, impressoras, editar arquivos, enfim, o invasor atua como se estivesse em frente à tela do dispositivo invadido.

Não é incomum, contudo, que profissionais de confiança, com a permissão dos proprietários dos dispositivos de informática, utilizem esses programas para que, de seus locais de trabalho, ingressem nas máquinas de seus clientes, sempre com a permissão destes. Nesses casos, como se percebe, o consentimento do proprietário afastará a tipicidade do fato.

A Lei nº 14.155, de 27 de maio de 2021 modificou a pena prevista inicialmente para a modalidade qualificada do delito de invasão de dispositivo informático passando a cominar, agora, uma pena de reclusão, de 2 (dois) a 5 (cinco) anos, e multa.

218 NAÇÕES UNIDAS. *Convenção das Nações Unidas sobre o uso de comunicações eletrônicas em contratos internacionais.* Disponível em: <http://www.cisg-brasil.net/doc/Traducao_convencao_comunicacoes_eletronicas.pdf>. Acesso em: 10 dez. 2012.

Causas especiais de aumento de pena

Os §§ 2º, 4º e 5º preveem três causas especiais de aumento de pena, dizendo:

§ 2º Aumenta-se a pena de 1/3 (um terço) a 2/3 (dois terços) se da invasão resulta prejuízo econômico.

§ 4º Na hipótese do § 3º, aumenta-se a pena de um a dois terços se houver divulgação, comercialização ou transmissão a terceiro, a qualquer título, dos dados ou informações obtidos.

§ 5º Aumenta-se a pena de um terço à metade se o crime for praticado contra:

I – Presidente da República, governadores e prefeitos;

II – Presidente do Supremo Tribunal Federal;

III – Presidente da Câmara dos Deputados, do Senado Federal, de Assembleia Legislativa de Estado, da Câmara Legislativa do Distrito Federal ou de Câmara Municipal; ou

IV – dirigente máximo da administração direta e indireta federal, estadual, municipal ou do Distrito Federal.

No que diz respeito ao § 2º do art. 154-A do Código Penal, é importante frisar que o aumento de 1/3 (um terço) a 2/3 (dois terços) somente será aplicado às hipóteses constantes do *caput*, bem como de seu § 1º, tendo em vista a situação topográfica, devendo-se aplicar a regra hermenêutica que determina que os parágrafos somente se aplicam às hipóteses que lhe são anteriores.

Além disso, o aumento somente será possível no critério trifásico, previsto pelo art. 68 do Código Penal, se ficar comprovado que o comportamento praticado pelo agente trouxe, efetivamente, prejuízo econômico à vítima.

Conforme determina o § 4º, na hipótese do § 3º, ou seja, se da invasão resultar a obtenção de conteúdo de comunicações eletrônicas privadas, segredos comerciais ou industriais, informações sigilosas, assim definidas em lei, ou o controle remoto não autorizado do dispositivo invadido, a pena será aumentada de um a dois terços se houver divulgação, comercialização ou transmissão a terceiro, a qualquer título, dos dados ou informações obtidos.

Finalmente, a pena ainda será aumentada de um terço até a metade se quaisquer dos crimes (previstos no *caput*, §§ 1º e 3º do art. 154-A do Código Penal) forem praticados contra as autoridades mencionadas no § 4º do art. 154-A do diploma repressivo.

Classificação doutrinária

Analisando a figura típica fundamental, prevista no *caput* do art. 154-A do Código Penal, crime comum, tanto com relação ao sujeito ativo quanto ao sujeito passivo; doloso; formal (uma vez que a simples violação indevida de mecanismo de segurança, com a finalidade de obter, adulterar ou destruir dados ou informações sem autorização expressa ou tácita do titular do dispositivo, ou instalar vulnerabilidades para obter vantagem ilícita já configura o crime, independentemente destes resultados); de dano; de forma livre; instantâneo; monossubjetivo; plurissubsistente; transeunte ou não transeunte (dependendo da hipótese concreta).

Objeto material e bem juridicamente protegido

Bens juridicamente protegidos são a liberdade individual e o direito à intimidade, configurados na proteção da inviolabilidade dos dados e informações existentes em dispositivo informático.

Objeto material é o dispositivo informático alheio, conectado ou não à rede de computadores.

Sujeito ativo e sujeito passivo

Qualquer pessoa pode ser *sujeito ativo* do delito de *invasão de dispositivo informático*, haja vista que o tipo penal em estudo não exige qualquer condição especial. Sujeito passivo é o proprietário (pessoa física ou jurídica) do dispositivo informático invadido, ou mesmo qualquer outra pessoa que nele tenha arquivados dados ou informações.

Consumação e tentativa

Tratando-se de um crime formal, o delito tipificado no *caput* do art. 154-A se consuma no momento em que o agente consegue, efetivamente, *invadir* dispositivo informático alheio, conectado ou não à rede de computadores, com o fim de obter, adulterar ou destruir dados ou informações sem autorização expressa ou tácita do titular do dispositivo ou instalar vulnerabilidades para obter vantagem ilícita.

Dessa forma, a obtenção, adulteração ou destruição dos dados ou informações sem autorização expressa ou tácita do titular do dispositivo, ou a instalação de vulnerabilidades para a obtenção de vantagem ilícita, caso venham a ocorrer, devem ser consideradas mero exaurimento do crime.

Tendo em vista sua natureza plurissubsistente, onde se pode fracionar o *iter criminis*, será possível o raciocínio correspondente à tentativa.

No que diz respeito à modalidade equiparada, ocorrerá a consumação quando o agente produzir, oferecer, distribuir, vender ou difundir dispositivo ou programa de computador com o intuito de permitir a prática da conduta definida no *caput* do art. 154-A do Código Penal. Não há necessidade, portanto, de que o invasor, efetivamente, utilize dispositivo ou programa de computador produzido, oferecido, distribuído, vendido ou difundido pelo agente, tratando-se, também aqui, de crime formal, em que a simples prática dos comportamentos previstos pelo tipo tem o condão de consumar a infração penal.

Se o dispositivo ou programa de computador produzido, oferecido, vendido, distribuído ou difundido pelo agente for utilizado para a invasão de dispositivo informático, esse último comportamento será considerado exaurimento do crime tipificado no § 1º do art. 154-A do Código Penal.

Tal como ocorre na modalidade prevista no *caput*, será possível o reconhecimento da tentativa na modalidade equiparada, tendo em vista, também, a possibilidade de fracionamento do *iter criminis*, no que diz respeito aos comportamentos narrados.

Elemento subjetivo

O dolo é o elemento subjetivo previsto pelo tipo penal *sub examen*, não havendo previsão para a modalidade de natureza culposa.

Há, ainda, o que doutrinariamente é reconhecido como *especial fim de agir*, configurado nas expressões *com o fim*, prevista no *caput* do art. 154-A do Código Penal, e *com o intuito de*, existente no § 1º do mesmo artigo.

Modalidades comissiva e omissiva

O delito de invasão de dispositivo informático só pode ser praticado comissivamente. No entanto, poderá ser levado a efeito o raciocínio correspondente ao crime omissivo impróprio se o agente, garantidor, nos termos do art. 13, § 2º, do Código Penal, devendo e podendo agir para impedir o resultado, nada fizer.

Pena, suspensão condicional do processo, ação penal

A pena cominada no preceito secundário do *caput* do art. 154-A do Código Penal é de detenção, de 3 (três) meses a 1 (um) ano, e multa.

Para a modalidade qualificada de *invasão de dispositivo informático*, prevista no § 3º do art. 154-A do diploma repressivo, a pena é de reclusão, de 2 (dois) a 5 (cinco) anos, e multa.

Nos termos do § 2º do artigo em análise, aumenta-se a pena de 1/3 (um terço) a 2/3 (dois terços) se da invasão resulta prejuízo econômico.

De acordo com o § 4º, na hipótese do § 3º, ambos do art. 154-A do Código Penal, aumenta-se a pena de um a dois terços se houver divulgação, comercialização ou transmissão a terceiro, a qualquer título, dos dados ou informações obtidos.

O § 5º do mesmo artigo determina que a pena será aumentada de um terço à metade se o crime for praticado contra:

I – *Presidente da República, governadores e prefeitos;*
II – *Presidente do Supremo Tribunal Federal;*
III – *Presidente da Câmara dos Deputados, do Senado Federal, de Assembleia Legislativa de Estado, da Câmara Legislativa do Distrito Federal ou de Câmara Municipal; ou*
IV – *dirigente máximo da administração direta e indireta federal, estadual, municipal ou do Distrito Federal.*

Será possível a proposta de suspensão condicional do processo, nos termos do art. 89 da Lei nº 9.099/95, somente para infração penal tipificada no *caput* do art. 154-A do Código Penal.

A ação penal, conforme determinação contida no art. 154-B, incluído também pela Lei nº 12.737, de 30 de novembro de 2012, será de iniciativa pública condicionada à representação, salvo se o crime é cometido contra a administração pública direta ou indireta de qualquer dos Poderes da União, Estados, Distrito Federal ou Municípios ou contra empresas concessionárias de serviços públicos.

Concurso de causas de aumento de pena

Poderá ocorrer a hipótese em que, no caso concreto, seja vislumbrada a possibilidade de aplicação de mais de uma majorante. Assim, imagine-se a hipótese em que o agente, em virtude da invasão de dispositivo informático alheio, tenha causado prejuízo econômico (§ 2º do art. 154-A do CP), bem como esse fato tenha sido cometido em face do Presidente do Supremo Tribunal Federal (inc. II do § 5º do art. 154-A do CP). Nesse caso, poderíamos aplicar, simultaneamente, as duas causas especiais de aumento de pena?

Como resposta, prevalecerá a regra constante do parágrafo único do art. 68 do Código Penal, que diz que *no concurso de causas de aumento ou de diminuição, previstas na parte especial, pode o juiz limitar-se a um só aumento ou a uma só diminuição, prevalecendo, todavia, a causa que mais aumente ou diminua.*

Marco civil da internet

Em 23 de abril de 2014, foi editada a Lei nº 12.965, estabelecendo princípios, garantias, direitos e deveres para o uso da internet no Brasil. Com ela, foram definidos vários conceitos, que deverão ser utilizados quando da interpretação dos tipos penais, a exemplo do significado da própria internet, que, segundo o inciso I, do art. 5º do referido diploma legal, é *o sistema constituído do conjunto de protocolos lógicos, estruturado em escala mundial para uso público e irrestrito, com a finalidade de possibilitar a comunicação de dados entre terminais por meio de diferentes redes.*

O referido diploma legal foi regulamentado pelo Decreto nº 8.771, de 11 de maio de 2016, para tratar das hipóteses admitidas de discriminação de pacotes de dados na internet e de degradação de tráfego, indicar procedimentos para guarda e proteção de dados por provedores de conexão e de aplicações, apontar medidas de transparência na requisição de dados cadastrais pela Administração Pública e estabelecer parâmetros para fiscalização e apuração de infrações.

Lei Geral de Proteção de Dados Pessoais

Vide Lei 13.709/2018, que instituiu a Lei Geral de Proteção de Dados Pessoais (LGPD), dispôs sobre a proteção de dados pessoais, alterando, ainda, a Lei 12.965, de 23 de abril de 2014 (Marco Civil da Internet).

Invasão de dispositivo informático e violação de correspondência eletrônica

O art. 10 da Lei 9.296, de 24 de julho de 1996, alterado pela Lei nº 13.869, de 5 de setembro de 2019, assevera que constitui crime realizar interceptação de comunicações telefônicas, de informática ou telemática, promover escuta ambiental ou quebrar segredo da Justiça, sem autorização judicial ou com objetivos não autorizados em lei, cominando pena de reclusão de dois a quatro anos, e multa, asseverando ainda que, na mesma pena, incorre a autoridade judicial que determina a execução de conduta prevista no *caput* deste artigo com objetivo não autorizado em lei.

O conflito aparente de normas deverá ser resolvido com a aplicação do princípio da especialidade, afastando-se a incidência do art. 154-A do Código Penal, quando for a hipótese de violação de correspondência eletrônica.

Invasão de dispositivo informático e quebra de sigilo bancário

O art. 10 da Lei Complementar nº 105, de 10 de janeiro de 2001, diz que a quebra de sigilo, fora das hipóteses por ela autorizada, constitui crime e sujeita os responsáveis à pena de reclusão, de um a quatro anos, e multa, aplicando-se, no que couber, o Código Penal, sem prejuízo de outras sanções cabíveis.

Aqui também terá aplicação o princípio da especialidade, quando a conduta do agente disser respeito, especificamente, à quebra de sigilo bancário através da invasão de dispositivos informáticos, não tendo aplicação, portanto, o art. 154-A do Código Penal.

Infiltração de agentes de polícia na internet

A Lei nº 13.441, de 8 de maio de 2017, previu a possibilidade de infiltração de agentes de polícia na internet com o fim de investigar crimes contra a dignidade sexual de criança e de adolescente, fazendo inserir a Seção V-A na Lei nº 8.069, de 13 de julho de 1990 (Estatuto da Criança e do Adolescente), cujo art. 190-A, nela previsto, elenca as seguintes regras para que possa efetivamente ocorrer a mencionada infiltração:

I – será precedida de autorização judicial devidamente circunstanciada e fundamentada, que estabelecerá os limites da infiltração para obtenção de prova, ouvido o Ministério Público;

II – dar-se-á mediante requerimento do Ministério Público ou representação de delegado de polícia e conterá a demonstração de sua necessidade, o alcance das tarefas dos policiais, os nomes ou apelidos das pessoas investigadas e, quando possível, os dados de conexão ou cadastrais que permitam a identificação dessas pessoas;

III – não poderá exceder o prazo de 90 (noventa) dias, sem prejuízo de eventuais renovações, desde que o total não exceda a 720 (setecentos e vinte) dias e seja demonstrada sua efetiva necessidade, a critério da autoridade judicial.

A Lei nº 13.964, de 24 de dezembro de 2019, inseriu, ainda, os arts. 10-A, 10-B, 10-C e 10-D na Lei nº 12.850, de 2 de agosto de 2013, dispondo sobre a ação de agentes de polícia infiltrados virtuais, dizendo:

Art. 10-A. *Será admitida a ação de agentes de polícia infiltrados virtuais, obedecidos os requisitos do* caput *do art. 10, na internet, com o fim de investigar os crimes previstos nesta Lei e a eles conexos, praticados por organizações criminosas, desde que demonstrada sua necessidade e indicados o alcance das tarefas dos policiais, os nomes ou apelidos das pessoas investigadas e, quando possível, os dados de conexão ou cadastrais que permitam a identificação dessas pessoas.*

§ 1º Para efeitos do disposto nesta Lei, consideram-se:

I – dados de conexão: informações referentes a hora, data, início, término, duração, endereço de Protocolo de Internet (IP) utilizado e terminal de origem da conexão;

II – dados cadastrais: informações referentes a nome e endereço de assinante ou de usuário registrado ou autenticado para a conexão a quem endereço de IP, identificação de usuário ou código de acesso tenha sido atribuído no momento da conexão.

§ 2º Na hipótese de representação do delegado de polícia, o juiz competente, antes de decidir, ouvirá o Ministério Público.

§ 3º Será admitida a infiltração se houver indícios de infração penal de que trata o art. 1º desta Lei e se as provas não puderem ser produzidas por outros meios disponíveis.

§ 4º A infiltração será autorizada pelo prazo de até 6 (seis) meses, sem prejuízo de eventuais renovações, mediante ordem judicial fundamentada e desde que o total não exceda a 720 (setecentos e vinte) dias e seja comprovada sua necessidade.

§ 5º Findo o prazo previsto no § 4º deste artigo, o relatório circunstanciado, juntamente com todos os atos eletrônicos praticados durante a operação, deverão ser registrados, gravados, armazenados e apresentados ao juiz competente, que imediatamente cientificará o Ministério Público.

§ 6º No curso do inquérito policial, o delegado de polícia poderá determinar aos seus agentes, e o Ministério Público e o juiz competente poderão requisitar, a qualquer tempo, relatório da atividade de infiltração.

§ 7º É nula a prova obtida sem a observância do disposto neste artigo.

Art. 10-B. *As informações da operação de infiltração serão encaminhadas diretamente ao juiz responsável pela autorização da medida, que zelará por seu sigilo.*

Parágrafo único. *Antes da conclusão da operação, o acesso aos autos será reservado ao juiz, ao Ministério Público e ao delegado de polícia responsável pela operação, com o objetivo de garantir o sigilo das investigações.*

Art. 10-C. *Não comete crime o policial que oculta a sua identidade para, por meio da internet, colher indícios de autoria e materialidade dos crimes previstos no art. 1º desta Lei.*

Parágrafo único. *O agente policial infiltrado que deixar de observar a estrita finalidade da investigação responderá pelos excessos praticados.*

Art. 10-D. *Concluída a investigação, todos os atos eletrônicos praticados durante a operação deverão ser registrados, gravados, armazenados e encaminhados ao juiz e ao Ministério Público, juntamente com relatório circunstanciado.*

Parágrafo único. *Os atos eletrônicos registrados citados no* caput *deste artigo serão reunidos em autos apartados e apensados ao processo criminal juntamente com o inquérito policial, assegurando-se a preservação da identidade do agente policial infiltrado e a intimidade dos envolvidos.*

Título II – Dos Crimes contra o Patrimônio

Capítulo I – Do Furto

Furto

Art. 155. Subtrair, para si ou para outrem, coisa alheia móvel:

Pena – reclusão, de um a quatro anos, e multa.

§ 1º A pena aumenta-se de um terço, se o crime é praticado durante o repouso noturno.

§ 2º Se o criminoso é primário, e é de pequeno valor a coisa furtada, o juiz pode substituir a pena de reclusão pela de detenção, diminuí-la de um a dois terços, ou aplicar somente a pena de multa.

§ 3º Equipara-se à coisa móvel a energia elétrica ou qualquer outra que tenha valor econômico.

Furto qualificado

§ 4º A pena é de reclusão de dois a oito anos, e multa, se o crime é cometido:

I – com destruição ou rompimento de obstáculo à subtração da coisa;

II – com abuso de confiança, ou mediante fraude, escalada ou destreza;

III – com emprego de chave falsa;

IV – mediante concurso de duas ou mais pessoas

§ 4º-A. A pena é de reclusão de 4 (quatro) a 10 (dez) anos e multa, se houver emprego de explosivo ou de artefato análogo que cause perigo comum.

4º-B. A pena é de reclusão, de 4 (quatro) a 8 (oito) anos, e multa, se o furto mediante fraude é cometido por meio de dispositivo eletrônico ou informático, conectado ou não à rede de computadores, com ou sem a violação de mecanismo de segurança ou a utilização de programa malicioso, ou por qualquer outro meio fraudulento análogo.

§ 4º-C. A pena prevista no § 4º-B deste artigo, considerada a relevância do resultado gravoso:

I – aumenta-se de 1/3 (um terço) a 2/3 (dois terços), se o crime é praticado mediante a utilização de servidor mantido fora do território nacional;

II – aumenta-se de 1/3 (um terço) ao dobro, se o crime é praticado contra idoso ou vulnerável

§ 5º A pena é de reclusão de três a oito anos, se a subtração for de veículo automotor que venha a ser transportado para outro Estado ou para o exterior.

§ 6º A pena é de reclusão de 2 (dois) a 5 (cinco) anos se a subtração for de semovente domesticável de produção, ainda que abatido ou dividido em partes no local da subtração.

§ 7º A pena é de reclusão de 4 (quatro) a 10 (dez) anos e multa, se a subtração for de substâncias explosivas ou de acessórios que, conjunta ou isoladamente, possibilitem sua fabricação, montagem ou emprego.

Introdução

O art. 155 do Código Penal prevê o delito de furto, isto é, a subtração patrimonial não violenta, com a seguinte redação: *Subtrair, para si ou para outrem, coisa alheia móvel.*

Percebe-se, portanto, que o mencionado tipo penal é composto por vários elementos, a saber: o núcleo *subtrair*; o especial fim de agir caracterizado pela expressão *para si ou para outrem*; bem como pelo objeto da subtração, ou seja, a *coisa alheia móvel.*

O verbo *subtrair* é empregado no artigo *sub examen* no sentido de retirar, tomar, sacar do poder de alguém coisa alheia móvel.

A finalidade de ter a coisa alheia móvel *para si ou para outrem* é que caracteriza o chamado *animus furandi* no delito de furto. Não basta a subtração, o arrebatamento meramente temporário, com o objetivo de devolver a coisa alheia móvel logo em seguida. É da essência do delito de furto, portanto, que a subtração ocorra com a finalidade de ter o agente a *res furtiva* para si ou para outrem. Caso contrário, seu comportamento será considerado um *indiferente penal*, caracterizando-se aquilo que a doutrina convencionou chamar, em nossa opinião equivocadamente, de *furto de uso*, cuja análise será levada a efeito mais adiante.

Também é da essência da infração penal em estudo que o seu objeto seja a *coisa alheia móvel*. Ao contrário do Direito Civil, o Direito Penal trabalha com um conceito natural de coisa móvel. *Coisa móvel*, portanto, seria tudo aquilo passível de remoção, ou seja, tudo o que puder ser removido, retirado, mobilizado. Os *animais* também são considerados coisa móvel para efeitos de aplicação da lei penal, da mesma forma que os *cadáveres* que estiverem sendo utilizados em pesquisas, por exemplo, em universidades, já não se amoldando mais à proteção que lhes foi destinada pelo Capítulo II do Título V da Parte Especial do Código Penal, que prevê os delitos contra o sentimento religioso e contra o respeito aos mortos. O furto é qualificado se a subtração for de semovente domesticável de produção, ainda que abatido ou dividido em partes no local da subtração, conforme alteração levada a efeito pela Lei nº 13.330, de 2 de agosto de 2016. O *ser humano vivo* jamais poderá se amoldar ao conceito de coisa, razão pela qual qualquer remoção forçada poderá se configurar como crime de sequestro ou cárcere privado, constrangimento ilegal ou outra infração penal que lhe seja pertinente.

Além de móvel, ou seja, passível de remoção, a coisa, obrigatoriamente, deverá ser considerada *alheia*, isto é, pertencente a alguém que não aquele que a subtrai. Dessa forma, não se configurará no delito de furto a subtração de: *a) res nullius* (coisa de ninguém, que jamais teve dono); *b) res derelicta* (coisa abandonada); e *c) res commune omnium* (coisa de uso de todos).

Não há que se falar em furto de coisa abandonada pois trata-se de bem que possui valor econômico e que a União sequer poderia abandonar, sob pena de estar dispondo do interesse público. Sendo patrimônio da União, ainda que efetivamente estivessem atiradas na beira da estrada ou estragadas (o que sequer restou provado) caberia à União dar-lhes a destinação própria, através da fiscalização do Dnit. Dolo do autor provado (STJ, REsp 1.567.644, Rel. Min. Joel Ilan Paciornik, 5ª T., *DJe* 25/05/2018).

Nesse sentido:

TJ-MG, AC 0116206-06.2010.8.13.0521, Rel. Des. Edison Feital Leite, *DJe* 10/06/2016; TJMG, AC 1.0155.05.007586-2/001, Rel.ª Des.ª Maria Celeste Porto, *DJ* 23/03/2009; TJMG, Ap. 1.0407.04.005418-8/001, Rel. Alexandre Victor de Carvalho, pub. 22/09/2007; TJMG, AC 2.0000.00. 354808-3/000, Rel. Des. Alexandre Victor de Carvalho, *DJ* 17/08/2002.

Exigindo, ainda, a lei penal que a coisa móvel seja *alheia*, torna-se impossível, tendo em vista o princípio da legalidade, a punição do *proprietário* pela prática do delito do art. 155 do diploma repressivo, podendo, se for o caso, ser responsabilizado pelo delito tipificado no art. 156 do Código Penal (furto de coisa comum), ou mesmo pela modalidade de exercício arbitrário das próprias razões, tipificada no art. 346 do mesmo diploma legal.

Magalhães Noronha, discordando da impossibilidade apontada acima, visualizava outro conceito de *coisa alheia* dizendo: "A princípio, é chocante a ideia de que se possa dizer *alheia*, em relação ao proprietário, a coisa que lhe pertence.

E isso é tanto mais exato quando se verifica ter nosso diploma, em outros dispositivos referentes aos crimes patrimoniais, empregado o adjetivo para qualificar a coisa que pertence a outrem. Iria então usar essa mesma expressão – dando-lhe acepções diferentes?

Sem grande esforço, entretanto, podemos aceitar que, no furto, *alheia* não é só a coisa pertencente a outrem, mas principalmente a que se acha legitimamente *na posse* de terceiro.

Ao tratarmos da objetividade jurídica do furto vimos que, em primeiro lugar, se destaca a posse. O furto é, sobretudo, um crime contra a posse, no que estão de acordo quase todos os juristas. Ora, se assim é, coerentemente devemos considerar coisa *alheia* a que se

acha na posse legítima de alguém e não a que pertence a terceiro.

Se não dermos essa interpretação ao dispositivo, veremos que nosso estatuto foi ilógico e deixou impune crime que, na verdade, merece repressão legal.

Não se diga estar essa espécie de furto prevista no art. 346. Seria improcedente a afirmação. Com efeito, trata-se aí de crime contra a administração da justiça, e que constitui modalidade do delito de exercício arbitrário das próprias razões, que é o *nomen juris* dele e do artigo antecedente. Nesse crime, não há furto, porque o agente tem direito sobre a coisa, sua pretensão é lícita, mas unicamente porque não usa das vias legais é que seu ato cai sob a sanção da lei. É outro o dolo específico".[1]

Justificando sua construção, exemplifica o renomado autor com a hipótese daquele que, tendo deixado um objeto de sua propriedade em penhor, não podendo saldar o débito, subtrai a coisa de seu legítimo possuidor, pois não queria perdê-la.

Weber Martins Batista, com precisão, contestando o raciocínio de Noronha, afasta a possibilidade de se compreender a expressão *coisa alheia* como também aquela pertencente ao seu proprietário, esclarecendo: "Não apenas em sentido comum, como em sentido jurídico e, sobretudo, em sentido jurídico-penal, *alheio* significa 'o que não é nosso, o que pertence a outrem'. Com esse significado, o Código Penal emprega o termo próprio no título relativo aos crimes contra o patrimônio, como se vê no art. 163 e – nesses casos, sem qualquer contestação – nos arts. 164, 168 e 169".[2]

Assim, concluindo, apesar da força do raciocínio de Noronha, entendemos, *permissa venia*, não ser sua posição a melhor, uma vez que colide, frontalmente, com o princípio da legalidade, pois que amplia indevidamente o conceito de coisa alheia, contrariando a própria essência da expressão.

Classificação doutrinária

Crime comum, tanto com relação ao sujeito ativo quanto ao sujeito passivo; doloso; material; de dano; de forma livre (podendo ser praticado, inclusive, através de animais adestrados, ou de inimputáveis que são utilizados como instrumentos pelo agente, que será considerado, nesse último caso, como autor mediato); comissivo (em que pese a possibilidade de ser praticado omissivamente, nos casos em que o agente vier a gozar do *status* de garantidor); instantâneo (não sendo descartada a hipótese de crime instantâneo de efeitos permanentes se for destruída a *res furtiva*); permanente (pois que na modalidade de furto de energia elétrica, por exemplo, a consumação se prolonga no tempo, enquanto durar o comportamento do agente); monossubjetivo; plurissubsistente;

[1] NORONHA, Edgard Magalhães. *Direito penal*, v. 2, p. 216.
[2] BATISTA, Weber Martins. *O furto e o roubo no direito e no processo penal*, p. 22-23.

não transeunte (como regra, pois que será possível, na maioria dos casos, o exame pericial).

Objeto material e bem juridicamente protegido

A maioria de nossos doutrinadores entende ser a *posse* o *bem jurídico* precipuamente protegido pelo tipo penal do art. 155 do diploma repressivo, além da *propriedade*, e também a mera *detenção* sobre a coisa alheia móvel.

Em sentido contrário, posiciona-se Hungria, argumentando que o tipo penal que prevê o delito de furto não tem por finalidade a proteção da posse, mas tão somente a da propriedade.[3]

Somos partidários da corrente que compreende a posse como um dos bens juridicamente protegidos pelo tipo penal do art. 155. Existe perda tanto para o possuidor quanto para o proprietário da coisa. No entanto, não conseguimos visualizar a perda que sofre o mero detentor para que se possa incluir a *detenção da coisa* como bem juridicamente protegido pelo tipo penal em estudo. Nesse sentido, preleciona Guilherme de Souza Nucci que a mera detenção, "não é protegida pelo direito penal, pois não integra o patrimônio da vítima".[4]

Objeto material do delito de furto é a *coisa alheia móvel* contra a qual é dirigida a conduta praticada pelo agente.

⚖ Nos termos da jurisprudência consolidada por esta Corte, para aferir a relevância do dano patrimonial, leva em consideração o salário mínimo vigente à época dos fatos, considerando irrisório o valor inferior a 10% do salário mínimo (STJ, HC 471.229/SP, Rel. Min. Joel Ilan Paciornik, 5ª T., *DJe* 1º/03/2019).

Nesse sentido:

⚖ STJ, HC 393.025/MS, Rel. Min. Joel Ilan Paciornik, 5ª T., *DJe* 27/06/2017; STJ, HC 47121/DF, Rel.ª Min.ª Maria Thereza de Assis Moura, 6ª T., *DJe* 1º/12/2008, *RT* v. 882, p. 541.

Sujeito ativo e sujeito passivo

Qualquer pessoa pode ser sujeito ativo do delito de furto, desde que não seja o proprietário ou mesmo o possuidor da coisa.

O proprietário, entretanto, poderá ser considerado sujeito ativo do delito de furto de coisa comum, em virtude de previsão expressa nesse sentido, constante do art. 156 do diploma repressivo.

O possuidor não pode figurar como sujeito ativo pelo fato de que, se não restituir a coisa ao seu legítimo proprietário, deverá ser responsabilizado pelo delito de apropriação indébita, e não pelo crime de furto.

Sujeitos passivos são o proprietário e o possuidor da coisa alheia móvel, podendo, nesse caso, figurar tanto a pessoa física quanto a pessoa jurídica.

Consumação e tentativa

Várias teorias surgiram com a finalidade de apontar o momento de consumação do delito de furto.

Inicialmente, prevaleceu entre os romanos a teoria da *contrectatio*, que entendia como consumado o furto quando o agente simplesmente tocava na coisa com a finalidade de subtraí-la, mesmo que não conseguisse removê-la do local em que se encontrava.

Em sentido diametralmente oposto à primeira posição, surgiu a teoria da *illactio*, que entendia que a consumação do furto exigia, para a sua configuração, o fato de conseguir o agente levar o objeto ao lugar que era destinado.

As teorias da *amotio* e da *ablatio* ocupavam posição intermediária às teorias citadas anteriormente. Conforme esclarece Damásio de Jesus, "nos termos da teoria da *amotio*, o momento consumativo do furto ocorre com a deslocação do objeto material.

Para a teoria da *ablatio*, a consumação exigia dois requisitos: apreensão e deslocação do objeto material".[5]

Hoje em dia, a doutrina se divide em relação ao momento de consumação do furto, formando-se, outrossim, duas posições bem visualizáveis, com as seguintes orientações:

a) o furto se consuma no momento em que a *res* é retirada da esfera de posse e disponibilidade da vítima, ingressando, consequentemente, na do agente, ainda que não tenha ele a *posse tranquila* sobre a coisa;

b) a consumação somente ocorre quando a *res* é retirada da esfera de posse e disponibilidade da vítima, ingressando, consequentemente, na do agente, que, obrigatoriamente, deverá exercer, mesmo que por *curto espaço de tempo*, a *posse tranquila* sobre a coisa.

Nossos Tribunais Superiores têm descartado a necessidade da *posse tranquila* sobre a coisa, conforme se percebe pelas ementas abaixo colacionadas:

⚖ Com relação ao momento consumativo do crime de furto, nos mesmos moldes do crime de roubo, é assente a adoção da teoria da *amotio* por esta Corte e pelo Supremo Tribunal Federal, segundo a qual os referidos crimes patrimoniais consumam-se no momento da inversão da posse, tornando-se o agente efetivo possuidor da coisa, ainda que não seja de forma mansa e pacífica, sendo prescindível que o objeto subtraído saia da esfera de vigilância da vítima (STJ, HC 495.846/SP, Rel. Min. Ribeiro Dantas, 5ª T., *DJe* 11/06/2019).

Nesse sentido:

⚖ STJ, REsp 1.716.938/RJ, Rel. Min. Jorge Mussi, 5ª T., *DJe* 27/04/2018; STJ, HC 337.772/SP, Rel. Min. Felix Fischer, 5ª T., *DJe* 23/08/2017; STJ, AgRg no AREsp 1.042.361/SP, Rel. Min. Joel Ilan Paciornik, 5ª T., *DJe* 09/06/2017; STJ, HC 362.436/SP, Rel. Min. Reynaldo Soares da Fonseca, 5ª T., *DJe* 04/10/2016; STJ, AgRg no AREsp 521133/BA, Rel. Min. Moura Ribeiro, 5ª T., *DJe* 14/08/2014.

---

[3] HUNGRIA, Nélson. *Comentários ao código penal*, v. VII, p. 17.

[4] NUCCI, Guilherme de Souza. *Código penal comentado*, p. 501.

[5] JESUS, Damásio E. de. *Direito penal*, v. 2, p. 305.

Entendemos, no entanto, que somente se pode concluir pela consumação quando o bem, após ser retirado da esfera de disponibilidade da vítima, vier a ingressar na posse tranquila do agente, mesmo que por um curto espaço de tempo.

⚖ Consabido que o critério para a consumação do furto é a posse não disputada e ainda que breve da *res furtiva*. No caso, em nenhum momento o réu deteve a posse tranquila da *res furtiva*, porquanto foi imediatamente perseguido pela vítima, com o que, não há falar em delito consumado (TJRS, Ap. Crim. 70006462311, 8ª Câm. Crim., Rel. Roque Miguel Fank, j. 12/11/2003).

O agente, portanto, deve ter tido tempo suficiente para dispor da coisa, pois, caso contrário, se isso não aconteceu, estaremos diante da tentativa.

⚖ Apesar de não se tratar de questão pacífica na doutrina e na jurisprudência, prevalecendo no STJ e no STF o entendimento de que o crime de furto se consuma com a subtração, independentemente da posse mansa e desvigiada pelo agente, até mesmo por política criminal e por força de regras da razoabilidade e da proporcionalidade, tenho decidido de forma diversa, sempre na linha de que tal infração se consuma quando o agente, ainda que por pouco tempo, tenha tido a posse mansa, pacífica e desvigiada da coisa subtraída. Nesta linha, havendo imediata perseguição e êxito na prisão do agente e na recuperação da coisa subtraída, o crime não saiu da esfera da tentativa (TJ-RJ, AC 1041481-32.2011.8.19.0002, Rel. Des. Marcus Henrique Pinto Basílio, *DJe* 30/05/2016).

Nesse sentido:

⚖ STJ, REsp 663900/RS, REsp 2004/0085716-3, Rel. Min. Nilson Naves, 6ª T., *DJ* 27/05/2005, p. 463.

Elemento subjetivo

O delito de furto somente pode ser praticado dolosamente, não havendo previsão legal para a modalidade culposa.

Além do chamado *animus furandi*, ou seja, a vontade do agente dirigida à subtração, há necessidade que esta se dê com a finalidade de ter a coisa alheia móvel *para si ou para outrem*, visualizando-se, por meio dessa expressão (para si ou para outrem), o chamado *especial fim de agir*.

⚖ À configuração do delito de furto, necessária a intenção livre e consciente de subtrair, para si ou para outrem, coisa alheia móvel (TJRS, Ap. 70018617738, 8ª Câm. Crim., Rel. Fabianne Brethon Baisch, pub. 16/01/2008).

Modalidades comissiva e omissiva

O núcleo subtrair pressupõe um comportamento ativo por parte do agente, um fazer alguma coisa dirigido a tomar a coisa alheia móvel, para si ou para outrem. A conduta prevista no tipo, portanto, é de natureza comissiva.

Entretanto, poderá o delito de furto ser praticado por omissão, desde que o agente goze do *status* de garantidor.

Causa de aumento de pena relativa ao repouso noturno

O § 1º do art. 155 do Código Penal determina que a pena seja aumentada de um terço se o crime é praticado durante o *repouso noturno*.

Afirma Hungria que, por meio da majorante do *repouso noturno*, o Código Penal visa "única e exclusivamente assegurar a propriedade móvel contra maior precariedade de vigilância e defesa durante o recolhimento das pessoas para o repouso durante a noite".[6]

A doutrina e a jurisprudência se dividem com relação às seguintes situações específicas, que dizem respeito ao *lugar* onde o crime é praticado, para efeitos de aplicação da causa especial de aumento relativa ao repouso noturno, mencionadas por Luiz Regis Prado: "*a)* o lugar precisa ser habitado, com pessoa repousando; *b)* o lugar não precisa ser habitado; *c)* os moradores não devem estar acordados; *d)* não se exige a presença de moradores".[7]

O STJ, no entanto, acabando com as possíveis diferenças entre as situações apontadas, já decidiu:

⚖ A causa especial de aumento de pena do furto cometido durante o repouso noturno pode se configurar mesmo quando o crime é cometido em estabelecimento comercial ou residência desabitada, sendo indiferente o fato de a vítima estar, ou não, efetivamente repousando. Precedentes do Superior Tribunal de Justiça (STJ, HC 501.072/SC, Rel. Min. Felix Fischer, 5ª T., *DJe* 11/06/2019).

Nesse sentido:

⚖ STJ, AgRg no AREsp 1.422.065/TO, Rel. Min. Nefi Cordeiro, 6ª T., *DJe* 28/06/2019; STJ, REsp 1.738.084/RS, Rel. Min. Jorge Mussi, 5ª T., *DJe* 10/08/2018; STJ, HC 391.007/SC, Rel. Min. Ribeiro Dantas, 5ª T., *DJe* 30/08/2017; STJ, HC 331.100/MS, Rel. Min. Ribeiro Dantas, 5ª T., *DJe* 03/05/2016; STJ, AgRg no REsp 1251465/MG, Rel. Min. Sebastião Reis Júnior, 6ª T., *DJe* 20/02/2014; STJ, REsp 1193074/MG, Rel.ª Min.ª Maria Thereza de Assis Moura, 6ª T., *DJe* 15/03/2013.

Em sentido contrário:

⚖ A simples circunstância de o delito de furto ocorrer durante a madrugada não é o bastante para a configuração da majorante do repouso noturno que exige, ainda, que o local do delito seja habitado e que as pessoas que ali se encontram estejam, no momento do crime, repousando (TJMG, AC 2.0000.00.491860-5, Rel. Des. Alexandre Victor de Carvalho, *DJ* 12/11/2005).

[6] HUNGRIA, Nélson. *Comentários ao código penal*, v. VII, p. 30.
[7] PRADO, Luiz Regis. *Curso de direito penal brasileiro*, v. 2, p. 374.

Nesse sentido contrário:

⚖ TJMG, AC 1.0019.03.000482-4/001, Des. Antônio Armando dos Anjos, *DJ* 27/10/2006.

Destaque-se, também, o fato de que a majorante em estudo somente se aplica ao *furto simples*, não sendo permitida a causa de aumento nas hipóteses de *furto qualificado*. Isso porque, de acordo com a situação topográfica do parágrafo *sub examen*, fosse intenção da lei aplicá-lo também às modalidades qualificadas, o aumento relativo ao repouso noturno deveria vir consignado posteriormente ao § 4º do art. 155 do Código Penal.

⚖ A majorante prevista no § 1º, do art. 155, do CP, é aplicável apenas ao furto simples (TJDF, Rec. 2003.01.1.048784-4, Ac. 437.466, 2ª T. Crim., Rel. Des. Arnoldo Camanho, *DJDFTE* 16/08/2010, p. 385).

O STJ, mudando sua posição, infelizmente, de forma equivocada, passou a entender que a causa especial de aumento de pena do repouso noturno podia ser aplicada tanto ao furto simples como às suas modalidades qualificadas, dizendo:

⚖ A causa de aumento prevista no § 1º do art. 155 do Código Penal, que se refere à prática do crime durante o repouso noturno – em que há maior possibilidade de êxito na empreitada criminosa em razão da menor vigilância do bem, mais vulnerável à subtração –, é aplicável tanto na forma simples como na qualificada do delito de furto. Tal entendimento revela, *mutatis mutandis*, a posição firmada por este Sodalício no julgamento do Recurso Especial Representativo de Controvérsia nº 1.193.194/MG, de minha Relatoria, no qual afigurou-se possível o reconhecimento do privilégio previsto no § 2º do art. 155 do Código Penal nos casos de furto qualificado (CP, art. 155, § 4º), máxime se presentes os requisitos (HC 306.450/SP, *Habeas Corpus* 2014/0260612-2, 6ª T., Rel.ª Min.ª Maria Thereza de Assis Moura, *DJe* 17/12/2014).

Ora, não podemos confundir as duas situações apontadas na decisão acima transcrita. Isso porque a aplicação da causa de redução de pena ao furto qualificado beneficia o agente, sendo permitida, portanto, por questões de política criminal. Já o reconhecimento da causa especial de aumento relativa ao repouso noturno, aplicada ao furto qualificado, o prejudica, razão pela qual não deve ser admitida, devido à sua situação topográfica.

Primariedade e pequeno valor da coisa furtada

Pelo que se percebe por meio da leitura do § 2º do art. 155 do Código Penal, a conjugação da *primariedade* com o *pequeno valor* da coisa furtada permite ao julgador que: *a)* substitua a pena de reclusão pela de detenção; *b)* a diminua de um a dois terços; *c)* aplique somente a pena de multa.

A lei apenas exige que o agente seja primário, isto é, que não seja reincidente. A doutrina e a jurisprudência convencionaram que, por pequeno valor deve ser entendido aquele que gira em torno de um salário mínimo. Dessa forma, conjugando-se a primariedade com o pequeno valor da coisa, o sentenciado passa a ter direito subjetivo à aplicação de alguma das alternativas previstas no § 2º do art. 155 do Código Penal, não podendo o julgador, a seu livre alvedrio, deixar de considerá-las.

O Superior Tribunal de Justiça, consolidando a posição dos Tribunais Superiores, em 11 de junho de 2014, aprovou a Súmula nº 511, com o seguinte enunciado:

⚖ **Súmula 511:** É possível o reconhecimento do privilégio previsto no § 2º do art. 155 do CP nos casos de crime de furto qualificado, se estiverem presentes a primariedade do agente, o pequeno valor da coisa e a qualificadora for de ordem objetiva.

1. No que tange à figura do furto privilegiado, o art. 155, § 2º, do Código Penal impõe a aplicação do benefício penal na hipótese de adimplemento dos requisitos legais da primariedade e do pequeno valor do bem furtado, assim considerado aquele inferior ao salário mínimo ao tempo do fato, tratando-se, pois, de direito subjetivo do réu, embora o dispositivo legal empregue o verbo "poder", não configurando mera faculdade do julgador a sua concessão. 2. Todavia, quando se está diante de crime continuado ou de concurso de crimes, esta Corte Superior tem entendido que a aferição desse valor deve levar em conta a soma do valor total do prejuízo causado em todos os ilícitos, a fim de que se verifique o cumprimento dos requisitos da figura privilegiada. Desse modo, se a soma do prejuízo causado em todos crimes ultrapassar o valor do salário mínimo, torna-se inviável o reconhecimento do benefício. 3. *In casu*, embora se trate de réu primário à época dos fatos, a condenação foi pelo crime de furto em concurso material com três crimes de roubo, condutas que, somadas, geraram um prejuízo superior a R$ 1.130,00 (e-STJ, fl. 368), portanto superior ao salário mínimo vigente à data dos fatos (R$ 954,00 – 2018), de modo que não se constata qualquer ilegalidade na não aplicação do privilégio (AgRg no HC 568.662/MS, Rel. Min. Ribeiro Dantas, 5ª T., julgado em 19/05/2020, *DJe* 28/05/2020).

Nesse sentido:

⚖ STJ, AgRg no AREsp 1.478.374/SP, Rel.ª Min.ª Laurita Vaz, 6ª T., *DJe* 14/06/2019; STJ, HC 424.745/SP, Rel. Min. Ribeiro Dantas, 5ª T., *DJe* 20/03/2018; STJ, AgRg no AREsp 1.077.303/MG, Rel. Min. Ribeiro Dantas, 5ª T., *DJe* 28/08/2017; STJ, AgRg no AREsp 1.030.174/SP, Rel. Min. Joel Ilan Paciornik, 5ª T., *DJe* 1º/08/2017; STJ, HC 396.785/SC, Rel. Min. Ribeiro Dantas, 5ª T., *DJe* 28/06/2017; STJ, HC 346.990/SP, Rel. Min. Ribeiro Dantas, 5ª T., *DJe* 19/05/2016.

Furto de energia

O § 3º do art. 155 do Código Penal esclarece:

§ 3º Equipara-se à coisa móvel a energia elétrica ou qualquer outra que tenha valor econômico.

Com essa redação, ficam eliminadas as discussões sobre a possibilidade de subtração de energia, não somente a elétrica, como também a solar, a térmica, a sonora, a atômica, a mecânica etc. Ou seja, qualquer energia que tenha valor econômico poderá ser objeto de subtração, nos moldes preconizados pelo mencionado parágrafo, a exemplo também da energia genética (sêmen) dos reprodutores.

O furto de energia elétrica, ao contrário do que ocorre quando estamos diante, efetivamente, de coisa móvel, naturalmente corpórea, deve ser considerado de *natureza permanente*, uma vez que a sua consumação se prolonga, se perpetua no tempo, podendo, portanto, ser o agente preso em flagrante quando descoberta a ligação clandestina de que era beneficiado.

A Terceira Seção do STJ, no julgamento do RHC 101.299/RS, firmou a orientação de que é inviável o reconhecimento da extinção da punibilidade pela quitação de débito no caso de crime de furto de energia elétrica. 2. A causa extintiva de punibilidade decorrente do previsto nos arts. 34 da Lei 9.249/1995 e 9º da Lei 10.684/2003 não pode ser aplicada, por analogia, aos crimes contra o patrimônio, notadamente no que tange ao furto de energia elétrica (STJ, AgRg no REsp 1.799.613/RJ, Rel. Min. Rogerio Schietti Cruz, 6ª T., julgado em 28/04/2020, *DJe* 30/04/2020).

Nesse sentido:

STJ, AgRg no HC 386.710/PR, Rel. Min. Rogério Schietti Cruz, 6ª T., *DJe* 30/04/2019; STJ, RHC 98.045/RJ, Rel. Min. Jorge Mussi, 5ª T., *DJe* 28/06/2018; STJ, RHC 62.437/SC, Rel. Min. Nefi Cordeiro, 6ª T., *DJe* 1º/07/2016; STJ, HC 319.636/MS, Rel. Min. Ericson Maranho – Desembargador convocado do TJ-SP, 6ª T., *DJe* 17/12/2015; STJ, AgRg no AREsp 522.504/RJ, Rel. Min. Rogério Schietti Cruz, 6ª T., *DJe* 17/11/2014; TJRS, Ap. 1.0056. 02.032049-7/001, 5ª Câm. Crim., Rel. Sergio Resende, pub. 20/02/2008.

Modalidades qualificadas

Os §§ 4º, 4º-A, 4º-B, 4º-C, 5º, 6º e 7º do art. 155 do Código Penal preveem as modalidades qualificadas do delito de furto, a saber:

Destruição ou rompimento de obstáculo à subtração da coisa – Inicialmente, vale registrar que, em sede doutrinária, considera-se obstáculo tudo aquilo que tenha a finalidade precípua de proteger a coisa e que também não seja a ela naturalmente inerente.

A jurisprudência desta Corte firmou-se no sentido de que, para incidir a qualificadora do rompimento de obstáculo, prevista no art. 155, § 4º, I, do Código Penal, faz-se indispensável a realização de perícia, sendo possível substituí-la por outros meios de prova se o delito não deixar vestígios, ou esses tenham desaparecido ou, ainda, se as circunstâncias do crime não permitirem a confecção do laudo. Assim, não tendo sido mencionadas pela Corte a quo circunstâncias que dispensam a realização do laudo pericial, inexiste justificativa suficiente para a não elaboração do exame, devendo ser afastada a qualificadora disposta no inciso I do § 4º do art. 155 do Código Penal. Precedentes (AgRg no HC 557.077/SC, Rel. Min. Nefi Cordeiro, 6ª T., julgado em 09/06/2020, *DJe* 16/06/2020).

Nesse sentido:

STJ, AgRg no AREsp 1.247.037/DF, Rel. Min. Ribeiro Dantas, 5ª T., *DJe* 13/08/2018; STJ, HC 182.279/SP, Rel. Min. Gurgel de Faria, 5ª T., *DJe* 19/06/2015; STJ, HC 207.588/DF, Rel. Min. Og Fernandes, 6ª T., j. 23/08/2011, *Informativo* nº 481; STJ, REsp 1008913/RS, Rel. Min. Arnaldo Esteves Lima, 5ª T., *DJe* 09/03/2009; STJ, HC 93178/DF, HC 2007/0251800-3, Rel. Min. Napoleão Nunes Maia Filho, 5ª T., pub. 17/03/2008.

A qualificadora em exame prevê duas modalidades de comportamento. No primeiro, o agente destrói o obstáculo, ou seja, usa de violência contra a coisa, destruindo, eliminando ou fazendo desaparecer aquilo que o impedia de levar a efeito a subtração. Pratica o crime de furto qualificado pela destruição de obstáculo o agente que, valendo-se de um pé de cabra, arrebenta o cadeado que impedia o acesso de estranhos ao local onde se encontravam acondicionados os aparelhos eletrônicos que foram objeto da subtração. Rompimento, conforme lições de Noronha, "designa a ação ou consequência de romper, que importa partir, despedaçar, separar, rasgar, abrir etc."[8] Ainda podemos compreender o rompimento no sentido de afastar, eliminar o obstáculo, mesmo que o agente o preserve intacto. Assim, podemos raciocinar com a hipótese de que o agente, em vez de destruir, inutilizar o cadeado colocado para impedir a abertura de uma porta, consiga retirá-lo desaparafusando os suportes que o sustentavam, para, logo em seguida à subtração, recolocá-lo em seu lugar original.

A destruição ou o rompimento do obstáculo podem ocorrer antes ou mesmo depois da apreensão da *res*.

O reconhecimento da qualificadora de rompimento de obstáculo exige a realização de exame pericial, o qual somente pode ser substituído por outros meios probatórios quando inexistirem vestígios, o corpo de delito houver desaparecido ou as circunstâncias do crime não permitirem a confecção do laudo. Sendo apontado fundamento capaz de justificar a não realização da perícia, impõe-se a manutenção da qualificadora (STJ, AgRg no REsp 1.705.450/RO, Rel. Min. Nefi Cordeiro, 6ª T., *DJe* 26/03/2018).

Nesse sentido:

STJ, REsp 924254/RS, REsp 2007/0027015-1, Rel. Hamilton Carvalhido, 6ª T., pub. 22/10/2007; TJMG, AC

---

[8] NORONHA, Edgard Magalhães. *Direito penal*, v. 2, p. 240.

1.0155.03.00456103/001, Rel. Des. Eli Lucas de Mendonça, *DJ* 02/08/2007; TJPR, AC 0360020-6, 5ª Câm. Crim. Rel. Des. Maria José de Toledo Marcondes Teixeira, un., j. 23/11/2006; TJRS, AC 70002786135, 8ª Câm., Rel. Des. Tupinambá Pinto de Azevedo, j. 29/10/2003.

Abuso de confiança, ou mediante fraude, escalada ou destreza – Relação de confiança pressupõe liberdade, lealdade, credibilidade, presunção de honestidade entre as pessoas. Abusa o agente da confiança que nele fora depositada quando se aproveita dessa relação de fidelidade existente anteriormente para praticar a subtração. Dessa forma, também para que se caracterize a qualificadora em questão, será preciso comprovar que, anteriormente à prática da subtração, havia, realmente, essa relação sincera de fidelidade, que trazia uma sensação de segurança à vítima. No entanto, se o agente, ardilosamente, construir essa relação de confiança para o fim de praticar a subtração, fazendo com que a vítima incorra em erro no que diz respeito a essa fidelidade recíproca, o furto será qualificado pela fraude, e não pelo abuso de confiança.

⚖ A jurisprudência reconhece a maior gravidade do furto qualificado, impedindo a aplicação do princípio da insignificância nos casos em que o furto é praticado mediante escalada, concurso de pessoas, arrombamento ou rompimento de obstáculo (AgRg no HC 550.972/SC, Rel. Min. Sebastião Reis Júnior, Sexta Turma, julgado em 18/02/2020, *DJe* 28/02/2020) (STJ, AgRg no AREsp 1.627.582/MG, Rel. Min. Nefi Cordeiro, 6ª T., julgado em 30/06/2020, *DJe* 05/08/2020).

Nesse sentido:

⚖ STJ, REsp 1.756.191/PE, Rel. Min. Sebastião Reis Junior, 6ª T., *DJe* 02/04/2019; STJ, HC 424.745/SP, Rel. Min. Ribeiro Dantas, 5ª T., *DJe* 20/03/2018; STJ, HC 202670/MG, Rel. Min. Jorge Mussi, 5ª T., *DJe* 15/08/2012; STJ, HC 192922/SP, Rel.ª Min.ª Laurita Vaz, 5ª T., *DJe* 07/03/2012.

A relação empregatícia pode ou não permitir a aplicação da qualificadora relativa ao abuso de confiança. Quando não for o caso da aplicação da qualificadora do abuso de confiança, poderá, dependendo da hipótese concreta, fazer-se incidir a circunstância agravante prevista na alínea *f* do inc. II do art. 61 do Código Penal (*com abuso de autoridade ou prevalecendo-se de relações domésticas, de coabitação ou de hospitalidade*).

⚖ Qualificadora do abuso de confiança demonstrada. O réu não possuía mera relação empregatícia com a empresa-vítima, mas se tratava de coordenador de fiscalização, que tinha acesso à chave-mestra capaz de abrir quaisquer das máquinas de parquímetro da cidade de Porto Alegre (TJRS, Ap. Crim. 70018540468, 6ª Câm. Crim., Rel. Aymoré Roque Pottes de Mello, j. 19/07/2007).

Nesse sentido:

⚖ TJRS, Ap. Crim. 70017521642, 6ª Câm. Crim., Rel. Aymoré Roque Pottes de Mello, j. 19/07/2007.

Fraude, aqui, significa a utilização de meios ardilosos, insidiosos, fazendo com que a vítima incorra ou seja mantida em erro, a fim de que o próprio agente pratique a subtração.

A fraude, portanto, é utilizada pelo agente a fim de facilitar a subtração por ele levada a efeito. Alerta também Hungria que "meio fraudulento é, também, qualquer ardil no sentido de provocar a ausência momentânea do *dominus* ou distraindo-lhe a atenção, para mais fácil perpetração do furto".[9]

⚖ Adverte a jurisprudência desta Corte que incorre nas penas do art. 155, § 4º, II, do Código Penal, o agente que emprega qualquer meio destinado a iludir a atenção ou vigilância do ofendido e evitar o devido pagamento, não tendo a vítima lesada ciência do prejuízo que está sofrendo. Precedentes (STJ, AgRg no AREsp 1.373.228/SP, Rel. Min. Sebastião Reis Junior, 6ª T., *DJe* 05/04/2019).

Nesse sentido:

⚖ STJ, HC 392.307/TO, Rel. Min. Nefi Cordeiro, 6ª T., *DJe* 04/12/2017; STJ, AgRg no CC 110767/SP, Rel. Min. Gilson Dipp, S3, *DJe* 17/02/2011; TJSC, Ap. Crim. 2007.063031-6/000000, 3ª Câm. Crim. de Itapoá. Rel. Des. Torres Marques, dec. 20/02/2008; STJ, HC 24645/SP, Rel. Min. Hamilton Carvalhido, 6ª T., *DJ* 11/04/2005, p. 383.

Escalada, na definição de Hungria, é "o ingresso em edifício ou recinto fechado, ou saída dele, por vias não destinadas normalmente ao trânsito de pessoas, servindo-se o agente de meios artificiais (não violentos) ou de sua própria agilidade. Tanto é escalada o galgar uma altura, quanto saltar um desvão (exemplo: um fosso), ou passar por via subterrânea não transitável ordinariamente (ex.: um túnel de esgoto). Se a *passagem* subterrânea é escavada adrede, o que se tem a reconhecer é o emprego de meio fraudulento".[10]

⚖ Quanto à escalada, a jurisprudência do Superior Tribunal de Justiça é assente no sentido de que a incidência da qualificadora prevista no art. 155, § 4º, inciso II, do Código Penal exige exame pericial, somente admitindo-se prova indireta quando justificada a impossibilidade de realização do laudo direito, o que não restou explicitado nos autos (STJ, HC 508.935/SP, Rel. Min. Ribeiro Dantas, 5ª T., *DJe* 04/06/2019).

Nesse sentido:

⚖ STJ, HC 354.046/SP, Rel. Min. Nefi Cordeiro, 6ª T., *DJe* 20/09/2016; TJMG, Ap. 1.0194.06. 056690-9/001, 1ª Câm. Crim., Rel. Judimar Biber, pub. 29/01/2008; TJMG, AC 1.0056.05.106781-9/001[1], Rel. William Silvestrini, *DJ* 02/08/2007; STJ, REsp 759039/SP, Min. Felix Fischer, 5ª T., *DJ* 10/04/2006, p. 285.

---

[9] HUNGRIA, Nélson. *Comentários ao código penal*, v. VII, p. 43-44.
[10] HUNGRIA, Nélson. *Comentários ao código penal*, v. VII, p. 44.

Atua com *destreza* o agente que possui uma habilidade especial na prática do furto, fazendo com que a vítima não perceba a subtração. Weber Martins Batista, com a precisão que lhe é peculiar, acrescenta: "Destreza é soma de *habilidade* com *dissimulação*. O agente se adestra, treina, especializa-se, adquire tal agilidade de mãos e dedos, que é capaz de subtrair a coisa como que em um passe de mágica. E usa essa habilidade extraordinária, excepcional, como arma para dissimular a subtração do bem".[11]

⚖ Destreza: só se reconhece quando o agente demonstra habilidade extraordinária (TJRS, Ap. 70022102008, 5ª Câm. Crim., Rel. Amilton Bueno de Carvalho, pub. 13/02/2008).

Não age com destreza o agente, segundo opinião doutrinariamente predominante, quando a subtração é realizada contra vítima que *dormia* ou se encontrava *embriagada*, pois que, qualquer pessoa, em decorrência desses fatores, poderia fazê-lo.

⚖ Caderno fático-probatório suficiente a apontar que o apelado agiu com destreza ao cometer o crime de furto. O acusado de forma dissimulada encostou-se às costas da vítima e com extrema habilidade manual, abriu a bolsa da mesma, subtraindo-lhe o telefone celular. Vítima que não percebeu a subtração em razão da habilidade empregada pelo apelado no momento da prática do crime. A habilidade e facilidade com que o acusado retirou o telefone celular da bolsa da vítima tornam evidente a presença da qualificadora da destreza (TJ-RJ, AC 0143013-35.2012.8.19.0001, Rel. Des. Paulo Rangel, *DJe* 24/03/2015).

Nesse sentido:

⚖ STJ, REsp 1.478.648/PR, Rel. Min. Newton Trisotto, Desembargador convocado do TJ-SC, 5ª T., *DJe* 02/02/2015.

Emprego de chave falsa – Considera-se *chave falsa* qualquer instrumento – tenha ou não aparência ou formato de chave – destinado a abrir fechaduras, a exemplo de grampos, gazuas, mixa, cartões magnéticos (utilizados modernamente nas fechaduras dos quartos de hotéis) etc.

⚖ O conceito de chave falsa abrange todo o instrumento, com ou sem forma de chave, utilizado como dispositivo para abrir fechadura, incluindo gazuas, mixas, arames etc. O uso de mixa, na tentativa de acionar o motor de automóvel, caracteriza a qualificadora do inc. III do § 4º do art. 155 do Código Penal (STJ, REsp 906685/RS, Rel. Min. Gilson Dipp, 5ª T., *DJ* 06/08/2007, p. 683).

Qualquer chave, desde que não seja a verdadeira, utilizada para abrir fechaduras deve ser considerada falsa, inclusive a *cópia* da chave verdadeira.

⚖ A apreensão do objeto utilizado como chave falsa constitui vestígio do delito, o que torna imprescindível a realização da perícia para a caracterização da qualificadora do crime de furto (STJ, AgRg nos EAREsp 886.475/SC, Rel. Min. Jorge Mussi, S3, *DJe* 12/03/2019).

Nesse sentido:

⚖ STJ, AgRg no AREsp 886.475/SC, Rel. Min. Rogério Schietti Cruz, 6ª T., *DJe* 26/09/2016; STJ, HC 200.126/SP, Rel. Min. Gurgel de Faria, 5ª T., *DJe* 18/05/2015; STF, HC 106095/RS, Rel.ª Min.ª Cármen Lúcia, 1ª T., 03/05/2011, *Informativo* nº 625; STJ, REsp 43047/SP, Rel. Min. Edson Vidigal, 5ª T., *RT* 746, p. 556.

Mediante o concurso de duas ou mais pessoas – Para que se configure a mencionada qualificadora basta, tão somente, que um dos agentes seja imputável, não importando se os demais participantes possuam ou não esse *status*, embora haja decisão jurisprudencial em sentido contrário:

⚖ Nos termos da jurisprudência desta Corte, mostra-se prescindível a identificação dos coautores do delito para a incidência da qualificadora do concurso de pessoas. Precedentes (STJ, AgRg no AREsp 1.696.501/SP, Rel. Min. Nefi Cordeiro, 6ª T., julgado em 30/06/2020, *DJe* 05/08/2020).

Nesse sentido:

⚖ STJ, HC 38097/SP, Rel. Min. Nilson Naves, 6ª T., *DJ* 04/12/2006, p. 379.

Da mesma forma, basta que um deles tenha sido descoberto, não havendo necessidade, até mesmo, de saber as qualificações dos demais agentes.

Há divergência doutrinária quanto à necessidade, para efeito de reconhecimento da qualificadora, dos agentes praticarem atos de execução. Weber Martins Batista afirma ser necessária a presença dos concorrentes no local do crime, na hora de sua execução, pois o furto só *será cometido* 'mediante o concurso de duas ou mais pessoas' se estas participarem na fase executiva do delito",[12] posição à qual nos filiamos. Em sentido contrário, assevera Fragoso que "o furto será qualificado desde que cometido por duas ou mais pessoas, embora apenas uma tenha realizado a execução material do crime, limitando-se a outra ou as outras a participação secundária".[13]

⚖ A qualificadora do concurso de pessoas tem lugar em face da maior ameaça ao bem jurídico tutelado. No caso de furto onde apenas um dos agentes subtrai a coisa, cabendo ao outro ocultá-la, não se configura a qualificadora do concurso de pessoas. Seria necessário que ocorresse a cooperação de ambos na subtração da coisa para que fosse aplicada a

[11] BATISTA, Weber Martins. *O furto e o roubo no direito e no processo penal.*
[12] BATISTA, Weber Martins. *O furto e o roubo no direito e no processo penal*, p. 189.
[13] FRAGOSO, Heleno Cláudio. *Lições de direito penal – parte especial (arts. 121 a 160 CP)*, p. 284.

qualificadora (STJ, REsp 90451/MG, 6ª T., Rel. Min. Anselmo Santiago, *DJ* 30/06/1997, p. 31.090).

Merece ser frisado, ainda, que o STJ editou a Súmula nº 442, publicada no *DJe* de 13 de maio de 2010, com o seguinte teor:

📖 *Súmula nº 442. É inadmissível aplicar, no furto qualificado, pelo concurso de agentes, a majorante do roubo.*

Tal posicionamento foi firmado pelo fato de que alguns Tribunais de Justiça, a exemplo do que ocorria no Rio Grande do Sul, fazendo uma comparação entre a qualificadora prevista no inc. IV, do § 4º, do art. 155 do Código Penal, com a causa especial de aumento de pena constante do inc. II, do § 2º, do art. 157 do mesmo diploma legal, entendiam que o concurso de pessoas, comum às duas situações, tinha tratamento mais gravoso no furto, uma vez que duplicava as penas constantes do *caput*, enquanto no roubo, crime mais grave, o concurso de pessoas fazia com que a pena fosse aumentada de um terço até metade.

Assim, ao argumento de que o inc. IV do § 4º do art. 155 do Código Penal, era ofensivo ao princípio da proporcionalidade, negavam a sua validade e, consequentemente, na hipótese de ter havido o concurso de pessoas, aplicavam, por analogia, a causa especial de aumento de pena prevista no inciso II, do § 4º do art. 157 do estatuto repressivo.

A Súmula nº 442 do STJ, a nosso ver com razão, mesmo sem efeito vinculante, foi editada com a finalidade de tentar impedir esse raciocínio.

Se houver emprego de explosivo ou de artefato análogo que cause perigo comum

O § 4º-A foi inserido ao art. 155 do Código Penal através da Lei nº 13.654, de 23 de abril de 2018, cominando uma pena de reclusão de 4 (quatro) a 10 (dez) anos e multa, se houver, para fins de subtração de coisa alheia móvel, o emprego de explosivo ou de artefato análogo, que cause perigo comum.

Explosivo, de acordo com a definição do Esquadrão Antibombas do Batalhão de Operações Policiais Especiais – BOPE – do Estado de Minas Gerais é o produto que, por meio de uma excitação adequada se transforma rápida e violentamente de estado gerando gases, altas pressões e elevadas temperaturas sendo a explosão o escape súbito e repentino de gases do interior de um espaço limitado, gerando alta pressão e elevada temperatura[14]; ou, ainda, conforme preleciona Walter Dornberger:

"Explosivos são substâncias ou compostos que, por ação de uma causa externa (calor, choque, descarga elétrica etc.) são capazes de gerar explosão, uma reação química caracterizada pela liberação, em breve espaço de tempo e de forma violenta, de calor, gás e energia mecânica. São usados como carga em bombas, granadas e minas; como propelentes para projéteis de armas leves e artilharia; e em engenharia, terraplanagem, mineração e demolição (militar ou comercial) de construções e outras estruturas.

Explosivos são classificados em 'baixo' e 'alto' poder explosivo. Baixo-explosivos agem por 'deflagração', através de combustão, da queima do material, com a explosão se propagando a alta velocidade subsônica, da ordem de centímetros ou metros por segundo, exemplo: pólvora negra e todos os propelentes. Alto-explosivos agem por 'detonação', através da quebra da estrutura molecular do material, com a explosão se propagando a velocidade supersônica, da ordem de 1.000 a 10.000 metros por segundo, exemplo: nitroglicerina e todos os explosivos modernos".[15]

Os explosivos podem ser classificados em: a) explosivos industrializados e comercializados (*EOD – Explosive ordinance disposal*); b) Artefatos explosivos improvisados (*IEDD – Improvised explosive device disposal*); ou c) Munições não explodidas (*UXO – Unexpoded ordinance*).

Para que a qualificadora em estudo possa ser efetivamente aplicada, o explosivo utilizado deve causar uma situação de perigo comum, ou seja, a um número indeterminado de pessoas.

A Lei nº 13.964, de 24 de dezembro de 2019, modificando a Lei nº 8.072/1990, inseriu o inciso IX em seu art. 1º, passando a considerar como hediondo o furto qualificado pelo emprego de explosivo ou de artefato análogo que cause perigo comum (art. 155, § 4º-A).

Se o furto mediante fraude é cometido por meio de dispositivo eletrônico ou informático, conectado ou não à rede de computadores, com ou sem a violação de mecanismo de segurança ou a utilização de programa malicioso, ou por qualquer outro meio fraudulento análogo.

O §4º-B foi inserido ao art. 155 do Código Penal pela Lei nº 14.155, de 27 de maio de 2021, criando mais uma qualificadora quando o furto mediante fraude é cometido por meio de dispositivo eletrônico ou informático, conectado ou não à rede de computadores, com ou sem a violação de mecanismo de segurança ou a utilização de programa malicioso, ou por qualquer outro meio fraudulento análogo.

Dispositivo eletrônico ou informático é todo aquele aparelho capaz de receber e armazenar dados e informações, tratá-los, bem como transmitir os resultados, a exemplo do que ocorre com os computadores, *smartphones*, *tablets* etc.

Esse dispositivo eletrônico ou informático pode estar ou não conectado à rede de computadores, ou seja, a

---

[14] Materiais de instrução cedidos gentilmente pelo Major Francis Albert Cotta, explosivista do BOPE-MG.

[15] DORNBERGER, Walter. Explosivos, incendiários e pirotécnicos. Disponível em: <http://www.clubedosgenerais.org/site/artigos/154/2014/08/explosivos-incendiarios-e-pirotecnicos/>. Acesso em: 27 maio 2018.

um conjunto de dois ou mais computadores autônomos e outros dispositivos, interligados entre si com a finalidade de compartilhar informações e equipamentos, a exemplo dos dados, impressoras, mensagens etc. Diz respeito, portanto, a estruturas físicas (equipamentos) e lógicas (programas, protocolos) que possibilitam que dois ou mais computadores possam compartilhar suas informações entre si.

Não há necessidade, ainda, para efeitos de reconhecimento e aplicação da qualificadora em análise, que tenha ocorrido violação de mecanismo de segurança. Por mecanismos de segurança podemos entender todos os meios que visem a garantir que somente determinadas pessoas terão acesso ao dispositivo informático, a exemplo do que ocorre com a utilização de *login* e senhas que visem a identificar e autenticar o usuário, impedindo que terceiros não autorizados tenham acesso às informações nele contidas.

Da mesma forma, não se exige, para efeitos de aplicação da qualificadora constante do § 4º-B, do art. 155 do Código Penal, que tenha sido levada a efeito a utilização de programa malicioso.

"Códigos maliciosos (*malware*) são programas especificamente desenvolvidos para executar ações danosas e atividades maliciosas em um computador. Algumas das diversas formas como os códigos maliciosos podem infectar ou comprometer um computador são:

• pela exploração de vulnerabilidades existentes nos programas instalados;
• pela autoexecução de mídias removíveis infectadas, como *pen-drives*;
• pelo acesso a páginas *web* maliciosas, utilizando navegadores vulneráveis;
• pela ação direta de atacantes que, após invadirem o computador, incluem arquivos contendo códigos maliciosos;
• pela execução de arquivos previamente infectados, obtidos em anexos de mensagens eletrônicas, via mídias removíveis, em páginas *web* ou diretamente de outros computadores (através do compartilhamento de recursos).

Uma vez instalados, os códigos maliciosos passam a ter acesso aos dados armazenados no computador e podem executar ações em nome dos usuários, de acordo com as permissões de cada usuário.

Os principais motivos que levam um atacante a desenvolver e a propagar códigos maliciosos são a obtenção de vantagens financeiras, a coleta de informações confidenciais, o desejo de autopromoção e o vandalismo. Além disso, os códigos maliciosos são, muitas vezes, usados como intermediários e possibilitam a prática de golpes, a realização de ataques e a disseminação de *spam*."[16]

Qualquer outro meio fraudulento análogo à fraude cometida por meio de dispositivo eletrônico ou informático, conectado ou não à rede de computadores, com ou sem a violação de mecanismo de segurança ou a utilização de programa malicioso também importará na aplicação da qualificadora.

Subtração de veículo automotor que venha a ser transportado para outro Estado ou para o exterior – O objeto material da nova qualificadora, criada pela Lei nº 9.426, de 24 de dezembro de 1996, é o veículo automotor (automóveis, caminhões, lanchas, motocicletas etc.), desde que venha a ser transportado para outro Estado ou para o exterior. Dessa forma, se o agente subtrai veículo automotor sem a finalidade de ultrapassar a barreira de seu Estado, o furto será simples, e não qualificado.

Assim, é a conjugação do objeto material, com o efetivo transporte do veículo automotor para outro Estado ou mesmo para o exterior, que qualifica a subtração.

Se o agente fosse surpreendido, ainda no Estado onde ocorreu a subtração, quando estivesse se dirigindo a outro Estado da Federação ou mesmo a um país estrangeiro, vizinho ao Brasil, em razão de sua especial finalidade, poderíamos raciocinar com a tentativa qualificada? A péssima redação nos leva a responder negativamente, pois, caso contrário, seria muito melhor para o agente alegar, sendo surpreendido no Estado onde ocorrera a subtração, que a sua finalidade era a de, por exemplo, transportá-lo para outro Estado, para que lhe fosse aplicada, obrigatoriamente, a redução de um terço a dois terços, prevista pelo parágrafo único do art. 14 do Código Penal.

A qualificadora de furto de veículo automotor transportado para outro Estado ou para o exterior configura-se quando há a efetiva transposição da fronteira, independentemente da intenção do agente em fazê-lo (TJMG, AC 2.0000.00.488227-5/000, Rel. William Silvestrini, *DJ* 11/07/2006).

Subtração de semovente domesticável de produção, ainda que abatido ou dividido em partes no local da subtração. Com a finalidade de dar um tratamento mais severo à subtração de semovente domesticável de produção, ainda que abatido ou dividido em partes no local da subtração, a Lei nº 13.330, de 2 de agosto de 2016, inseriu o § 6º ao art. 155 do Código Penal, prevendo, outrossim, mais uma modalidade qualificada para o delito de furto, cominando uma pena de reclusão de 2 (dois) a 5 (cinco) anos para aqueles que praticarem essa modalidade de subtração.

De acordo com a justificativa do Projeto de Lei nº 6.999/2013, de autoria do Deputado Afonso Hamm, posteriormente transformado na Lei nº 13.330, de 2 de agosto de 2016:

O crime de abigeato, ou furto de animais, é uma forma terrível de atingir a vida do produtor rural, suprimindo bens que garantem sua subsistência e de sua família.

---

[16]   Disponível em: <http://cartilha.cert.br/malware/>. Acesso em: 28 jun. 2021.

O abigeato representa a perda de ativos para o produtor rural, que já tem que lidar com uma realidade difícil, em termos econômicos e ambientais, em nosso país.

Dados recentes demonstram que o abigeato é responsável por 20% dos abates clandestinos de animais, no Rio Grande do Sul, segundo a Secretaria de Agricultura.

É importante que se ressalte que além do produtor, e talvez de forma mais danosa, o abigeato atinge toda a sociedade. Trata-se de uma prática criminosa que é a raiz de outras tantas violações à segurança e à saúde públicas.

O comércio de alimentos oriundos de animais furtados é, pois, uma atividade econômica clandestina que tem impactos negativos tanto do ponto de vista da sonegação de impostos, como em relação à saúde da população.

Tome-se, por exemplo, o comércio de carne de um animal furtado que tenha sido recentemente vacinado. Determinadas vacinas permanecem no organismo do animal por um período de até 40 (quarenta) dias, tornando-o impróprio para consumo.

Quando a sociedade não tem garantia da origem do alimento que adquire e consome, ela mesma se expõe a danos de toda ordem, que podem comprometer seriamente a saúde humana.

Por *semovente domesticável de produção* entende-se um animal não selvagem, destinado à produção pecuária de alimentos, a exemplo do que ocorre com os gados bovinos, suínos, ovinos, equinos, bufalinos, caprinos e os asinos, ou seja, que dizem respeito à criação para o abate de mercado de bois, vacas, carneiros, ovelhas, cavalos, búfalos, burros, cabras e bodes. O furto de gado é conhecido por *abigeato*. *Gado*, segundo as precisas lições de Bento de Faria, "é denominação que inculca os animais geralmente criados ao consumo e a serviços industriais ou comerciais; *rebanho* – é a multidão de – *gado*"[17].

Dessa forma, a cunicultura, ou seja, a criação de coelhos, se amoldaria ao conceito de gado. Os bípedes também estão inseridos nesse conceito, como é o caso das galinhas, codornas, faisões, perus etc., por mais estranho que isso possa parecer.

Quando o tipo penal exige, expressamente, que o semovente domesticável seja de *produção*, com isso quer afastar dessa modalidade de subtração todos os animais que sejam considerados como de *estimação*, a exemplo do que ocorre com os cães, gatos, hamsters etc. Por outro lado, se um animal que, normalmente, seria destinado à produção, é tratado também como de estimação, a exemplo do que tem ocorrido com porcos, o furto também não poderá ser considerado como o de semovente domesticável de produção, se amoldando a outra espécie de subtração.

Por *produção* deve ser entendido não somente o comércio de *carne* animal, mas também seus derivados destinados à alimentação humana, além de não consumíveis, que tenham valor econômico, como ocorre com a ovelha, que é subtraída para que dela se retire a lã.

Por outro lado, imagine-se a hipótese de um morador da zona rural, que tenha alguns animais semoventes domesticáveis, cuja finalidade seria o abate para o próprio uso, a exemplo do que ocorre, usualmente, com criadores de porcos, ovelhas, bodes etc., que não vendem suas carnes para terceiros, mas as utilizam para o próprio consumo. Nesse caso, entendemos não se aplicar a qualificadora em estudo, tendo em vista que o caso retratado não se amolda ao conceito de produção, havendo, portanto, uma outra modalidade de furto.

Como diz a parte final do § 6º do art. 155 do Código Penal, para efeitos de reconhecimento da subtração de semovente domesticável de produção, não importa se o animal tenha sido retirado, ainda vivo, do local da subtração, ou mesmo se tenha sido ali abatido ou dividido em partes, como é comum acontecer.

Merece destaque ainda, o fato de que, normalmente, essa modalidade de subtração não é praticada por somente um único agente, havendo, outrossim, o chamado concurso de pessoas. Além disso, via de regra, obstáculos são rompidos para que o furto seja bem-sucedido. Enfim, o que estamos querendo dizer é que, quase na totalidade dos casos, haverá outras qualificadoras, tipificadas no § 4º do art. 155 do Código Penal. Assim, quando houver, por exemplo, uma subtração de semovente domesticável de produção, praticada mediante o concurso de pessoas, qual será a qualificadora a ser aplicada ao caso concreto? Será aquela prevista no § 4º do art. 155 do diploma repressivo, cujas penas variam entre 2 (dois) a 8 (oito) anos de reclusão, ou as do § 6º, que vão de 2 (dois) a 5 (cinco) anos? A regra será a aplicação da maior pena, ou seja, o § 6º será deixado de lado, a fim de ser aplicado o § 4º, ambos do Código Penal, uma vez que este último possui uma pena máxima cominada em abstrato superior àquele.

Infelizmente, mais uma vez, andou mal o legislador. Teria sido melhor a criação de uma causa especial de aumento de pena já que, dificilmente, não ocorreria uma modalidade qualificada de subtração e a pena maior cumpriria seu papel de maior reprovabilidade do comportamento praticado, como queria o legislador.

Por outro lado, nas hipóteses em que, devido ao tamanho do animal, for possível a subtração por um único agente, não incidindo qualquer das qualificadoras existentes no § 4º do art. 155 do Código Penal, aqui, sem dúvida, será aplicado o § 6º do mesmo estatuto repressivo.

---

[17] FARIA, Bento de. *Código penal brasileiro* (comentado), v. V, p. 73.

Por ser considerada como uma *novatio legis in pejus*, ou seja, uma lei que piorou a situação anterior daqueles que praticaram a subtração de semovente domesticável de produção, e que não se amoldaram à qualificadora do § 4º do art. 155 do Código Penal, cometendo, à época do fato, portanto, um crime de furto simples, o § 6º do diploma repressivo citado não poderá ter aplicação retroativa, nos precisos termos do inc. XL do art. 5º da Constituição Federal, que diz que *a lei penal não retroagirá, salvo para beneficiar o réu.*

Se a subtração for de substâncias explosivas ou de acessórios que, conjunta ou isoladamente, possibilitem sua fabricação, montagem ou emprego

O § 7º foi inserido ao art. 155 do Código Penal através da Lei nº 13.654, de 23 de abril de 2018, cominando uma pena de reclusão de 4 (quatro) a 10 (dez) e multa para esta modalidade qualificada de furto.

Ao contrário do que ocorre com o § 4º-A do art. 155 do Código Penal, em que o explosivo ou artefato análogo é utilizado como um instrumento para a prática de um crime de furto, no § 7º a conduta do(s) agente(s) é dirigida no sentido de levar a efeito a própria subtração de substâncias explosivas ou de acessórios que, conjunta ou isoladamente, possibilitem sua fabricação, montagem ou emprego, evitando-se, assim, seu emprego futuro na prática de outras infrações penais.

De acordo com a classificação feita pela Unesp, as substâncias explosivas podem ser divididas: 1) quanto à potência; 2) quanto ao desempenho; 3) do ponto de vista químico; 4) quanto à consistência.

Quanto à potência

Explosivos primários ou iniciadores: são materiais utilizados nos processos de iniciação dos explosivos propriamente ditos: Espoletas, Cordel Detonante, Boosters etc. Os mais usados industrialmente são: Azida de Chumbo, Estifinato de Chumbo, Fulminato de Mercúrio, Nitropenta etc. Não têm força para detonar a rocha, apenas iniciar a explosão. Muito sensíveis.

Explosivos secundários ou altos explosivos: são os explosivos propriamente ditos ou explosivos de ruptura. São tão potentes quanto os explosivos primários, porém, por serem **mais estáveis** necessitam de uma maior quantidade de energia para iniciar o processo de detonação, energia esta geralmente fornecida pela ação direta da detonação de um explosivo primário. É o caso das Dinamites, Gelatinas, ANFOS, Lamas etc.

Alguns materiais podem atuar tanto como primários quanto como secundários em um processo de detonação. É o caso da Nitropenta, que no Cordel Detonante atua como explosivo primário ou inicia-

dor, e em cargas especiais atua como secundário em cargas de demolição. Detonam com velocidades de 2.500 a 7.500 m/s, com pressões de até 100.000 atmosferas.

Quanto ao desempenho

Explosivos deflagrantes: são aqueles que se decompõem através de uma reação de deflagração. São também denominados baixos explosivos. Produzem queima rápida, sem grande onda de choque. Usados na produção de mármores, paralelepípedos de calçamento etc. O único ainda usado é a pólvora negra.

Explosivos detonantes: decompõem-se pela reação de detonação e apresentam grande capacidade de trabalho pelo que são também conhecidos como explosivos de ruptura. São os explosivos industriais propriamente ditos.

Do ponto de vista químico: podem ser classificados em:

Simples (uma só substância química): nitroglicerina, nitroglicol, nitrocelulose, trotil e ciclonite;

Mistos: formados por substâncias que isoladamente não são explosivas – nitratos inorgânicos, cloratos e percloratos. O principal é o nitrato de amônio, que se torna explosivo quando misturado com óleo diesel;

Compostos: mistura de explosivos simples com substâncias também capazes de consumir e produzir oxigênio. São a maioria, por permitirem dosagens que os tornam mais – ou menos – destruidores.

Quanto à consistência: são chamados:

Plásticos e semiplásticos: moldam-se ao furo, podendo preencher maior volume.

Sólidos: cartuchos contendo o explosivo em pó (dinamite);

Líquidos: os mais fáceis de fazer o carregamento (ex.: nitroglicerina)".[18] Para que ocorra a qualificadora em estudo, não somente as substâncias explosivas devem ser objetivo da subtração, mas também acessórios que, conjunta ou isoladamente, possibilitem sua fabricação, montagem ou emprego. Assim, por exemplo, não somente pratica o crime aquele que furtar uma "banana de dinamite", como também aquele que vier a subtrair algum acessório que facilite a sua detonação. Como exemplo de acessórios de detonação, podemos citar:

Acendedores: para iniciar a detonação de espoletas ou dos reforçadores (*boosters*). Podem ser: estopim de segurança, estopim ultrarrápido, conectores para estopim, cordão ignitor, reforçadores;

Estopim de segurança: aspecto de cordão. Núcleo de pólvora negra de nitrato de potássio, revestido com tecido impermeabilizante. Queima com velocidade uniforme, conhecida (145 m/s, 10%). Para detonar pólvora negra, precisa espoleta, o mesmo ocorrendo para gelatinas e dinamites. Usado para iniciar cargas a distâncias curtas e cordéis detonantes;

---

[18] Disponível em: <https://www2.unesp.br>. Acesso em: 27 maio 2018.

Estopim ultrarrápido: para iniciar dinamites e nitrocarbonitratos. Alta segurança contra impacto, correntes parasitas, eletricidade estática. Velocidade na ordem de 2.000 m/s. Conector numa ponta, e na outra, espoleta instantânea ou retardo;

Conectores para estopim: mesmo princípio do estopim, providenciam a ligação destes com o cordão ignitor. Núcleo é um misto pirotécnico;

Cordão ignitor: cordão fino e flexível, revestido com polietileno, que queima com chama firme. Usado para acender linhas de estopins em qualquer quantidade;

Reforçadores (*boosters*): cargas explosivas de alta potência usadas para iniciar a explosão de explosivos de baixa sensibilidade, como anfos, pastas detonantes, e para assegurar a continuidade da onda explosiva ao longo da coluna. Combinam alta velocidade de detonação (VOD) com alta energia (AWS). Geralmente são iniciados com cordel detonante, espoleta simples ou elétrica. Aumentam a segurança contra detonações falhas;

Espoletas simples: cápsulas de alumínio com tetranitrato de penta-eritritrol (ou nitropenta) e carga iniciadora de azida de chumbo. Ligam o explosivo ao estopim comum por pressão de alicate especial. Usadas quando se quer ou pode haver sequência de explosão, não quando o fogo é simultâneo. Acoplamento perigoso, porque a carga explosiva está aberta ao ligar.

Espoleta elétrica: Permitem detonações simultâneas. Podem ser instantâneas ou "de tempo".[19]

CAUSAS DE AUMENTO DE PENA ESPECÍFICAS PARA A QUALIFICADORA PREVISTA NO § 4º-B DO ART. 155 DO CÓDIGO PENAL

Diz o art. 4º-C, inserido ao art. 155 do Código Penal pela Lei nº 14.155, de 27 de maio de 2021, *verbis*:

§ 4º-C. A pena prevista no § 4º-B deste artigo, considerada a relevância do resultado gravoso:

I – aumenta-se de 1/3 (um terço) a 2/3 (dois terços), se o crime é praticado mediante a utilização de servidor mantido fora do território nacional;

II – aumenta-se de 1/3 (um terço) ao dobro, se o crime é praticado contra idoso ou vulnerável.

O mencionado § 4º-B, do art. 155 do Código Penal, a seu turno, assevera que a pena é de reclusão, de 4 (quatro) a 8 (oito) anos, e multa, se o furto mediante fraude é cometido por meio de dispositivo eletrônico ou informático, conectado ou não à rede de computadores, com ou sem a violação de mecanismo de segurança ou a utilização de programa malicioso, ou por qualquer outro meio fraudulento análogo.

Assim, a referida pena de reclusão, de 4 (quatro) a 8 (oito) anos, e multa, será aumentada de 1/3 (um terço) a 2/3 (dois terços), se o crime for praticado mediante a utilização de servidor mantido fora do território nacional, tendo em vista a maior dificulda-

de no que diz respeito à investigação nessa hipótese, bem como haverá um aumento de 1/3 (um terço) ao dobro, se o crime for praticado contra pessoa idosa, isto é, aquele que, segundo o art. 1º da Lei nº 10.741, de 1º de outubro de 2003, tiver idade igual ou superior a 60 (sessenta) anos, ou vulnerável, vale dizer, os elencados pelo art. 217-A do diploma repressivo, isto é, o menor de 14 (quatorze) anos, e os que, por enfermidade ou deficiência mental, não tem o necessário discernimento para a prática do ato. O paralelo com o referido art. 217-A do Código Penal se faz necessário, tendo em vista que a lei tão somente se utilizou do termo *vulnerável*, para efeito de aplicação da referida causa especial de aumento de pena.

Em se tratando de majorantes, ou seja, causas especiais de aumento de pena, serão aplicadas no terceiro momento do critério trifásico previsto no art. 68 do Código Penal.

Pena, ação penal e suspensão condicional do processo

Para o furto simples, comina a lei penal uma pena de reclusão, de 1 (um) a 4 (quatro) anos, e multa, sendo que para as modalidades qualificadas, do § 4º, a pena é de reclusão de 2 (dois) a 8 (oito) anos e multa; do § 4º-A, de reclusão de 4 (quatro) a 10 (dez) anos e multa; no § 4º-B, de reclusão, de 4 (quatro) a 8 (oito) anos, e multa; do § 5º, de reclusão de 3 (três) a 8 (oito) anos; do § 6º, de reclusão de 2 (dois) a 5 (cinco) anos; e de 4 (quatro) a 10 (dez) anos e multa na hipótese do § 7º.

Como regra geral, a ação penal é de iniciativa pública incondicionada, devendo-se observar, no entanto, o art. 182 do Código Penal, bem como o inc. III do art. 183 do mesmo diploma repressivo.

Será possível a confecção de proposta de suspensão condicional do processo, nos termos do art. 89 da Lei nº 9.099/95, para o furto simples, tendo em vista a pena mínima a ele cominada.

Vale ressaltar, ainda, de acordo com o art. 183-A, inserido no Código Penal pela Lei nº 14.967, de 9 de setembro de 2024, que, se o crime for cometido contra as instituições financeiras e os prestadores de serviço de segurança privada, de que trata o Estatuto da Segurança Privada e da Segurança das Instituições Financeiras, as penas serão aumentadas de 1/3 (um terço) até o dobro.

✍ Em que pese o furto ser delito de natureza patrimonial, o elevado prejuízo suportado pela vítima é fator que autoriza o aumento da pena-base. Precedentes desta Corte Superior e do Supremo Tribunal Federal (STJ, HC 221669/SP, Rel.ª Min.ª Marilza Maynard, Desembargadora convocada do TJ/SE) 5ª T., *DJe* 24/06/2013).

Nesse sentido:

✍ STJ, REsp 5291/SP, Rel. Min. Carlos Thibau, 6ª T., *RSTJ* 29, p. 342.

---

[19] Disponível em: <https://www2.unesp.br>. Acesso em: 27 maio 2018.

Crime impossível

Será possível o reconhecimento, principalmente em virtude da absoluta impropriedade do objeto, na hipótese, por exemplo, em que não havia nada a ser subtraído.

Tem-se discutido se a utilização de aparelhos de monitoramento eletrônico no interior dos estabelecimentos comerciais, ou mesmo de pessoas responsáveis pela sua segurança impediriam o reconhecimento do crime de furto.

O Superior Tribunal de Justiça entendendo, corretamente, pela possibilidade de reconhecimento do delito de furto publicou, no *DJe* de 29 de fevereiro de 2016, a Súmula nº 567, que diz:

⚖ **Súmula nº 567**. *Sistema de vigilância realizado por monitoramento eletrônico ou por existência de segurança no interior de estabelecimento comercial, por si só, não torna impossível a configuração do crime de furto.*

É possível a consumação do delito de furto ainda que haja vigilância por meios eletrônicos no local dos fatos. Vale dizer, a existência de sistema de segurança não torna, por si só, o crime impossível. No caso, apesar de a pena aplicada ser inferior a 4 anos de reclusão, a reincidência e o registro de maus antecedentes justificariam, em consonância com o art. 33, § 2º, "c" e § 3º do CP, a aplicação do regime inicial fechado. Todavia, ante a ausência de irresignação do Ministério Público, permanece o semiaberto (AgRg no REsp 1.838.744/SP, Rel. Min. Rogerio Schietti Cruz, 6ª T., julgado em 23/06/2020, *DJe* 01/07/2020).

Nesse sentido:

⚖ STJ, AgRg no REsp 1.799.940/RS, Rel. Min. Jorge Mussi, 5ª T., *DJe* 13/06/2019; STJ, HC 421.688/SP, Rel.ª Min.ª Maria Thereza de Assis Moura, 6ª T., *DJe* 15/02/2018; STJ, RHC 74.846/DF, Rel. Min. Joel Ilan Paciornik, 5ª T., *DJe* 26/05/2017; STJ, HC 357.795/SP, Rel.ª Min.ª Maria Thereza de Assis Moura, 6ª T., *DJe* 1º/08/2016; STJ, REsp 1.385.621/MG, Rel. Min. Rogério Schietti Cruz, S3, *DJe* 02/06/2015.

Furto de uso

A *subtração de uso* é considerada um *indiferente penal* pelo fato de o art. 155 do diploma repressivo exigir, ao seu reconhecimento, que a finalidade do agente seja a de subtrair a coisa alheia móvel *para si ou para outrem*. Portanto, deve agir com o chamado *animus furandi* ou, ainda, o *animus rem sibi habendi*, vale dizer, o dolo de ter a coisa para si ou para outrem, a vontade de se assenhorar da coisa subtraída.

⚖ O chamado furto de uso se caracteriza pela ausência de ânimo de permanecer na posse do bem subtraído, que se demonstra com a rápida, voluntária e integral restituição da coisa, antes que a vítima perceba a subtração do bem (STJ, AgRg no AREsp 1.175.880/PE, Rel. Min. Jorge Mussi, 5ª T., *DJe* 05/03/2018).

Nesse sentido:

⚖ TJ-RS, AC 70069487767, Rel. Des. José Conrado Kurtz de Souza, j. 29/09/2016; TJRS, Ap. 70020950069, 8ª Câm. Crim., Rel. Mario Rocha Lopes Filho, pub. 06/11/2007.

Merece frisar, entretanto, que somente as *coisas infungíveis* serão passíveis de ser subtraídas tão somente para o uso momentâneo do agente. Sendo *fungível* a coisa, a exemplo do *dinheiro*, tem-se entendido, majoritariamente, pelo furto comum, e não pela subtração de uso.

A coisa deverá, ainda, ser devolvida da mesma forma como foi subtraída, isto é, nas mesmas condições e no mesmo lugar em que se encontrava quando foi retirada pelo agente, havendo decisões no sentido de se condenar o sujeito pelo delito de furto quando houver a destruição total ou parcial da coisa ou, ainda, quando for deixada em lugar diferente do qual foi levada.

⚖ O furto de uso só é admitido com a devolução da coisa no estado original, anteriormente à constatação pela vítima da ocorrência do furto, o que não ocorreu no caso em comento (TJES, ACr 66080008361, 2ª Câm. Crim., Rel. Des. Sérgio Luiz Teixeira Gama, *DJES* 16/07/2010, p. 142).

Nesse sentido:

⚖ TJMG, AC 2.0000.00.464796-3/000, Rel. Des. Hélcio Valentim, *DJ* 19/02/2005.

O uso prolongado da coisa subtraída faz com que se entenda pela ocorrência do furto comum, e não da subtração para uso, que deve, obrigatoriamente, ser momentânea.

Por essas razões é que Álvaro Mayrink da Costa define a subtração de uso dizendo que ela se caracteriza "pelo uso momentâneo da coisa subtraída e sua imediata devolução intacta ao local de onde fora retirada, operando o autor sem o ânimo de apropriar-se de coisa alheia".[20]

O Código Penal Militar incrimina o furto de uso, conforme se verifica em seu art. 241.

⚖ Não há como reconhecer o furto de veículo para o fim de uso, quando não devolvido de forma voluntária pelo agente e nas mesmas condições, mas sim abandonado após colisão, em lugar diverso àquele em que o encontrara (TJPR, 3ª Câm. Crim., AC 0410141-7/Apucarana, Rel. Des. Laertes Ferreira Gomes, j. 09/08/2007).

Nesse sentido:

⚖ TJMG, AC 2.0000.00.326763-8/000, Rel. Des. Erony da Silva, *DJ* 19/06/2001.

Furto famélico

O furto famélico amolda-se às condições necessárias ao reconhecimento do estado de necessidade, uma vez que, de um lado, podemos visualizar

---

[20] COSTA, Álvaro Mayrink da. *Direito penal* – parte especial, p. 622.

o patrimônio da vítima e, do outro, a vida ou a saúde do agente, que corre risco em virtude da ausência de alimentação necessária à sua subsistência.

⚖ Outrossim, asseverou o Juízo singular, à vista das circunstâncias do caso, que poderia estar o denunciado procurando por alimentos ou que pretendesse subtrair objeto de ínfimo valor, redundando em um furto famélico ou insignificante, mormente porque o objeto material do crime (o que supostamente se pretendia furtar) nem mesmo é indicado na exordial acusatória. A denúncia, aliás, foi, em seguida, rejeitada pelo Magistrado de Campo Mourão – PR – conquanto o recurso em sentido estrito ministerial ainda penda de apreciação pelo Tribunal *a quo*. Ante a crise mundial do novo coronavírus e, especialmente, a magnitude do panorama nacional, intervenções e atitudes mais ousadas são demandadas das autoridades, inclusive do Poder Judiciário. A prisão ante tempus é o último recurso a ser utilizado, de forma a preservar a saúde de todos – conforme prescreve a recente Recomendação n. 62/2020 do CNJ. Ordem concedida, para revogar a prisão preventiva do paciente, ressalvada a possibilidade de novo provimento cautelar, se suprida a falta de seus pressupostos e justificada a necessidade da medida (HC 577.263/PR, Rel. Min. Rogerio Schietti Cruz, 6ª T., julgado em 02/06/2020, *DJe* 10/06/2020).

Nesse sentido:

⚖ STJ, HC 400.041/SP, Rel.ª Min.ª Maria Thereza de Assis Moura, 6ª T., *DJe* 02/08/2018; TJ-MG, AC 0238846-93.2009.8.13.0408, Rel. Des. Agostinho Gomes de Azevedo, *DJe* 23/09/2016; STF, HC 119672/SP, Rel. Min. Luiz Fux, 1ª T., *DJe* 03/06/2014; TJMG, Ap. 1.0699.06.063273-3/001, 1ª Câm. Crim., Rel. Eduardo Brum, pub. 11/01/2008; TJMG, AC 1.0223.03.124351-0/001, Rel. Walter Pinto da Rocha, *DJ* 17/10/2006.

Furto de pequeno valor e subtração insignificante

No furto de pequeno valor, o agente é *condenado*, aplicando-se a ele, entretanto, uma das alternativas previstas pelo § 2º do art. 155 do Código Penal; na subtração de valor insignificante, o agente deverá ser *absolvido*, por ausência de tipicidade material, inserida no contexto da chamada tipicidade conglobante ou conglobada.

⚖ É possível a aplicação do princípio da insignificância ao furto de bens avaliados em R$ 42,00 (quarenta e dois reais), ainda que a certidão de antecedentes criminais do agente indique que já respondeu por outro crime (roubo), uma vez que os bens de pequeno valor subtraídos foram imediatamente recuperados, sem prejuízo nenhum material para a vítima (STJ, HC 493.305/SP, Rel. Min. Sebastião Reis Junior, 6ª T., *DJe* 13/06/2019).

Nesse sentido:

⚖ STJ, RHC 74.846/DF, Rel. Min. Joel Ilan Paciornik, 5ª T., *DJe* 26/05/2017; STJ, HC 318.043/MS, Rel. Min. Felix Fischer, 5ª T., *DJe* 23/06/2015; STJ, HC 295.409/SP, Rel. Min. Jorge Mussi, 5ª T., *DJe* 25/03/2015.

Furto de sinal de TV em canal fechado

Cezar Roberto Bitencourt, com precisão, esclarece: "O art. 155, § 3º, equipara à coisa móvel 'a energia elétrica ou qualquer outra que tenha valor econômico'. Certamente, 'sinal de TV a cabo' não é *energia elétrica*; deve-se examinar, por conseguinte, seu enquadramento na expressão genérica 'qualquer outra' contida no dispositivo em exame. A locução 'qualquer outra' refere-se, por certo, a 'energia' que, apenas por razões linguísticas, ficou implícita na redação do texto legal; mas, apesar de sua multiplicidade, energia solar, térmica, luminosa, sonora, mecânica, atômica, genética, entre outras, inegavelmente 'sinal de TV' não é nem se equipara a 'energia', seja de que natureza for. Na verdade, energia se consome, se esgota, diminui, e pode, inclusive, terminar, ao passo que 'sinal de televisão' não se gasta, não diminui; mesmo que metade do País acesse o *sinal* ao mesmo tempo, ele não diminui, ao passo que, se fosse a energia elétrica, entraria em colapso".[21]

⚖ 1. A jurisprudência do Superior Tribunal de Justiça se inclinava no sentido de que o furto de sinal de televisão por assinatura se enquadraria na figura típica do art. 155, § 3º, do Código Penal. 2. O Supremo Tribunal Federal, no julgamento do HC 97.261/RS, entendeu que o sinal de televisão não se equipararia à energia elétrica, bem assim que não haveria subtração na hipótese de captação indevida de sinal, motivo pelo qual a conduta não se amoldaria ao crime do art. 155, § 3º, do Código Penal. Asseverou também que a ausência de previsão de sanção no art. 35 da Lei 8.977/1995, que definiu a captação clandestina de sinal como ilícito penal, somente poderia ser suprida por outra lei, não podendo ser utilizado o preceito secundário de outro tipo penal, sob pena de haver indevida analogia in malam partem. Precedente da Sexta Turma desta Corte Superior (STJ, REsp 1.838.056/RJ, Rel. Min. Laurita Vaz, 6ª T., julgado em 09/06/2020, *DJe* 25/06/2020).

Nesse sentido:

⚖ STF, HC 97261/RS, Rel. Min. Joaquim Barbosa, 2ª T., 12/04/2011, *Informativo* nº 623; TJRS, Ap. 70021107727, 5ª Câm. Crim., Rel. Aramis Nassif, pub. 03/03/2008; TJMG, 1.0024.02.652231-8/001, Rel. William Silvestrini, *DJ* 07/02/2006.

Em sentido contrário:

⚖ TJ-RJ, HC 0063483-14.2014.8.19.0000, Rel. Des. Sidney Rosa da Silva, *DJe* 25/03/2015; STJ, RHC 30.847/RJ, Rel. Min. Jorge Mussi, 5ª T., *DJe* 04/09/2013; STJ, REsp 1123747/RS, Recurso Especial 2009/0124165-5, Rel. Min. Gilson Dipp, 5ª T., *DJe* 01/02/2011; TJMG,

21 BITENCOURT, Cezar Roberto. *Tratado de direito penal*, v. 3, p. 66-67.

AC 2.0000.00.483409-7/000, Rel. Eduardo Brum, *DJ* 07/02/2006.

Vítima desconhecida

Em determinadas situações, mesmo não se podendo identificar a vítima, não ficará impossibilitado o reconhecimento do crime de furto.

Diferença entre furto com fraude e estelionato

No furto com fraude o comportamento ardiloso, insidioso, como regra, é utilizado para que seja facilitada a subtração pelo próprio agente dos bens pertencentes à vítima. Ao contrário, no crime de estelionato, o artifício, o ardil, o engodo são utilizados pelo agente para que, induzindo ou mantendo a vítima em erro, ela própria possa entregar-lhe a vantagem ilícita.

A subtração da coisa alheia após dissimulado pedido de empréstimo da *res* caracteriza estelionato, que difere do furto mediante fraude (art. 155, § 4º, II, do CP), porquanto o ardil, nessa hipótese, é utilizado para afastar a vigilância da *res furtiva*. O estelionato caracteriza-se exatamente pela obtenção de vantagem ilícita, em prejuízo alheio, induzindo ou mantendo alguém em erro, mediante artifício, ardil ou qualquer outro meio fraudulento (STF, HC 111749/RS, Rel. Min. Luiz Fux, 1ª T., *DJe* 21/05/2013).

Nesse sentido:

TJMG, ACR 1.0460.04. 015013-4/001, 3ª Câm. Crim., Rel. Judimar Biber, pub. 11/01/2008; STJ, CC 67343/GO, Conf. Comp. 2006/0166153-0, 3ª Seção, Rel.ª Min.ª Laurita Vaz, pub. 11/12/2007; TJPR, AC 0145642-2, Rel. Renato Naves Barcellos, j. 08/02/2000.

Subtração por arrebatamento (crime do trombadinha)

A subtração por arrebatamento, também conhecida por "crime do trombadinha", ocorre naquelas situações em que o agente, depois de escolher a sua vítima, parte em direção a ela e, rapidamente, mediante um golpe ligeiro, ou "trombada", arrebata-lhe, como regra, das mãos (bolsa, telefone celular etc.), do pescoço (colares, cordões etc.), do pulso (pulseiras, relógios etc.) os bens que pretendia subtrair.

Há divergência doutrinária e jurisprudencial se tal fato se configuraria furto ou roubo. São precisas as lições de Weber Martins Batista quando afirma: "O furto por arrebatamento caracteriza uma hipótese de crime mais grave que a do furto simples, pois o ladrão demonstra maior audácia, mostra-se mais perigoso, razão por que deveria ser arrolada como uma forma de furto qualificado. Como isso não ocorre, impossível cobrir a falta com a aplicação da regra do art. 157 do Código Penal".[22]

O Superior Tribunal de Justiça, analisando a hipótese concreta na qual a vítima havia sido derrubada pelo agente para que pudesse realizar a subtração dos bens a ela pertencentes, entendeu pelo reconhecimento do delito de roubo, conforme se verifica pela ementa abaixo transcrita:

Com efeito, prevalece no Superior Tribunal de Justiça o entendimento no sentido de que o crime patrimonial cometido por meio de arrebatamento, em regra, não preenche a tipicidade penal do delito de roubo, salvo quando a vítima tiver sua integridade física vulnerada (STJ, REsp 1199484/MG, Rel. Min. Marco Aurélio Bellizze, *DJe* 16/08/2013).

Nesse sentido:

STJ, HC 316.730/RS, Reynaldo Soares da Fonseca, 5ª T., *DJe* 26/08/2016; STJ, AgRg no AREsp 256213/ES, Rel. Min. Marco Aurélio Bellizze, 5ª T., *DJe* 10/06/2013; REsp 336 634/ SP, REsp 2001/0094363-8, Rel.ª Min.ª Laurita Vaz, 5ª T., *DJ* 30/06/2003, p. 285).

Comunicação das qualificadoras aos coparticipantes

Será possível, desde que não seja uma qualificadora de natureza subjetiva, a exemplo do que ocorre com o abuso de confiança.

Necessidade de laudo pericial

Nos termos do art. 158 do Código de Processo Penal, será necessária a realização do exame pericial quando a infração penal deixar vestígios, o que acontece quando estivermos diante, por exemplo, de um furto qualificado pela destruição ou rompimento de obstáculo.

Somente na impossibilidade de realização do exame de corpo de delito, direto ou indireto, é que o julgador poderá levar em consideração a prova testemunhal, conforme art. 167 do CPP.

A jurisprudência do Superior Tribunal de Justiça é assente no sentido de que a incidência da qualificadora prevista no art. 155, § 4º, I, do Código Penal exige exame pericial para a comprovação do rompimento de obstáculo, somente admitindo-se prova indireta quando justificada a impossibilidade de realização do laudo direito (STJ, HC 462.137/SP, Rel. Min. Ribeiro Dantas, 5ª T., *DJe* 08/04/2019).

Nesse sentido:

STJ, HC 404.342/SC, Rel. Min. Felix Fischer, 5ª T., *DJe* 21/09/2017; STJ, HC 362.890/SC, Rel. Min. Joel Ilan Paciornik, 5ª T., *DJe* 10/10/2016; STJ, AgRg no AREsp 352699/ RJ, Rel.ª Min.ª Regina Helena Costa, 5ª T., *DJe* 19/05/2014; STJ, HC 237105/RJ, Rel. Min. Moura Ribeiro, 5ª T., *DJe* 28/03/2014; STJ, HC 257765/MS, Rel.ª Min.ª Marilza Maynard, Desembargadora convocada do TJ/SE, 5ª T., *DJe* 28/06/2013; STJ, HC 222109/MG, Rel.ª Min.ª Laurita Vaz, 5ª T., *DJe* 13/08/2012.

---

[22] BATISTA, Weber Martins. *O furto e o roubo no direito e no processo penal*, p. 110.

Concurso entre as qualificadoras dos §§ 4º e 5º do art. 155 do Código Penal

Deverá prevalecer a qualificadora de maior gravidade, vale dizer, aquela constante do § 5º do art. 155 do diploma repressivo.

⚖ Na conduta tipificada no § 5º do art. 155 do CP, afigura-se incabível a condenação simultânea pelas qualificadoras previstas no § 4º do mesmo artigo (TJMG, Ap. 1.0313. 00.003557-3/001, 4ª Câm. Crim., Rel. Walter Pinto da Rocha, pub. 31/10/2007).

Antefato e pós-fato impuníveis no furto

Antefato impunível seria, em tese, a infração penal antecedente praticada pelo agente a fim de conseguir levar a efeito o crime por ele pretendido, vale dizer, *in casu*, o furto. Assim, por exemplo, para que o agente conseguisse subtrair o aparelho de som pertencente à vítima, seria necessário que, primeiramente, violasse o seu domicílio (art. 150 do CP).

O pós-fato impunível pode ser considerado uma extensão da infração penal principal praticada pelo agente. No caso em exame, podemos raciocinar no sentido de que o agente praticou o delito de furto (crime-fim) subtraindo o aparelho de som não porque pretendia tê-lo para si, mas, sim, em razão do valor que ele representava e que poderia ser conseguido com a sua venda posterior. Dessa forma, fazendo-se passar pelo proprietário do bem, o vende a terceiros por um preço justo, real de mercado. Aquele que adquiriu o mencionado aparelho de som, pagando o preço correto, em tese, foi vítima de um crime de estelionato (art. 171 do CP), uma vez que, descoberto o autor do furto, a *res* foi recuperada pela polícia e entregue ao seu verdadeiro dono.

Dessa forma, temos duas situações: uma anterior ao crime-fim, isto é, a violação de domicílio que foi um crime-meio para a prática do furto; em seguida à subtração, o agente induziu a vítima em erro, a fim de obter vantagem ilícita, praticando, portanto, um delito de estelionato.

Nesses casos, deveria ele responder por essas três infrações penais? A resposta só pode ser negativa, aplicando-se, aqui, o raciocínio correspondente ao antefato e ao pós-fato impuníveis. Assim, no que diz respeito à violação de domicílio (antefato), seria aplicada a regra da consunção; quanto ao pós-fato, Fragoso, analisando o tema, entende que "os fatos posteriores que significam um aproveitamento e por isso ocorrem regularmente depois do fato anterior são por este consumidos. É o que ocorre nos crimes de intenção, em que aparece especial fim de agir. A venda pelo ladrão da coisa furtada como própria não constitui estelionato".[23]

Furto de automóveis e a qualificadora do rompimento de obstáculo

Tem-se entendido que os vidros do automóvel lhe são inerentes, razão pela qual se forem quebrados para que o próprio veículo seja subtraído não se poderia aplicar a qualificadora em estudo. Assim, já decidiu o STJ:

Por outro lado, se a destruição do vidro do automóvel for levada a efeito para que o agente realize a subtração de bens que se encontravam no seu interior, a exemplo do aparelho de som, bolsas etc., deverá ter incidência a qualificadora do rompimento de obstáculo, conforme orientação doutrinária e jurisprudencial dominante.

⚖ A Terceira Seção do Superior Tribunal de Justiça, no julgamento do EREsp 1.079.847/SP, reconheceu restar configurada a qualificadora do rompimento de obstáculo "quando o agente, visando subtrair aparelho sonoro localizado no interior do veículo, quebra o vidro da janela do automóvel para atingir seu intento, primeiro porque este obstáculo dificultava a ação do autor, segundo porque o vidro não é parte integrante da *res furtiva* visada, no caso, o som automotivo". Precedentes (STJ, HC 328.896/DF, Rel. Min. Ribeiro Dantas, 5ª T., *DJe* 15/04/2016).

Nesse sentido:

⚖ STJ, AgRg no AREsp 230.117/DF, Rel. Min. Felix Fischer, 5ª T., *DJe* 03/03/2015; STJ, HC 210661/MG, Rel. Min. Sebastião Reis Júnior, 6ª T., *DJe* 21/06/2013; STF, HC 98606/RS, Rel. Min. Marco Aurélio, 1ª T., j. 04/05/2010.

Adotando posição que não faz distinção se o rompimento do obstáculo (portas, vidros etc.) foi levado a efeito para a subtração do próprio veículo, ou de bens móveis que se encontravam em seu interior, decidiu também o STJ:

⚖ Não é possível deixar de reconhecer a prática de furto qualificado apenas e simplesmente por se ter avariado o próprio bem subtraído, pois referida circunstância não tem o condão de desconfigurar o efetivo rompimento de obstáculo. Não há dúvidas de que as portas, os vidros e o alarme do carro visam exatamente impedir ou pelo menos dificultar sua subtração e dos bens que estão no seu interior, sendo ainda inquestionável a necessidade de transposição desta barreira para que se furte tanto o carro quanto os objetos do seu interior. A conduta em ambos os casos é a mesma, consiste em romper obstáculo como meio necessário para subtrair coisa alheia móvel, o que denota sua maior reprovabilidade, ante a utilização de meios excepcionais para superar os obstáculos defensivos da propriedade. Dessa forma, é indiferente para configurar referida qualificadora analisar qual o bem subtraído (STJ, REsp 1395838/SP, Rel. Min. Marco Aurélio Bellizze, 5ª T., *DJe* 28/05/2014).

---

[23] FRAGOSO, Heleno Cláudio. *Lições de direito penal*, v. 1, p. 360.

Subtração de cadáver

Se estivermos, por exemplo, diante de um cadáver adquirido por uma universidade de Medicina, que será utilizado para que os estudantes o dissequem, será perfeitamente possível o reconhecimento do delito de furto, caso venha a ser subtraído, pois que, nesse caso, passou a gozar do *status* de coisa, possuindo até mesmo valor econômico.

No entanto, caso o cadáver se encontre sepultado, sem que se tenha havido qualquer permissão para a sua remoção, o fato se subsumirá ao tipo penal do art. 211 do Código Penal.

🔖 Agente, acompanhado de corréus, vai ao cemitério, subtrai um cadáver e o coloca na porta da casa de uma desafeta. Conquanto o cadáver não tenha sido recolhido pela polícia, a prova testemunhal é robusta para condená-lo, diante das declarações da ré e dos corréus, afastando qualquer dúvida (TJRS, Ap. Crim. 70008033144, Câmara Especial Criminal, Rel. Alfredo Foerster, j. 15/06/2004).

Aplicação do § 2º do art. 157 do Código Penal ao furto praticado mediante o concurso de duas ou mais pessoas

🔖 **Súmula 442 do STJ**: É inadmissível aplicar, no furto qualificado, pelo concurso de agentes, a majorante do roubo.

O acréscimo referente à majorante do concurso de pessoas do crime de roubo não pode ser aplicado, de forma analógica, ao delito de furto qualificado pelo concurso de agentes (TJRS, Ap. 7022513469, 4ª Câm. Crim., Rel. Constantino Lisboa de Azevedo, pub. 26/03/2008).

Nesse sentido:

🔖 STJ, REsp 842535/RS, Rel. Min. Gilson Dipp, 5ª T., *DJ* 13/11/2006, p. 294; STJ, REsp 702891/RS, Rel. Min. Arnaldo Esteves Lima, 5ª T., *DJ* 29/08/2005, p. 426.

Furto qualificado-privilegiado

Por questões de política criminal, independentemente da situação topográfica dos parágrafos que preveem as qualificadoras e o privilégio, somos pela possibilidade de aplicação da redução de pena constante do § 2º do art. 155 às modalidades qualificadas.

🔖 *Súmula nº 511 do STJ*: É possível o reconhecimento do privilégio previsto no § 2º do art. 155 do CP nos casos de crime de furto qualificado, se estiverem presentes a primariedade do agente, o pequeno valor da coisa e a qualificadora for de ordem objetiva.

No que se refere à figura do furto privilegiado, o art. 155, § 2º, do Código Penal impõe a aplicação do benefício penal na hipótese de adimplemento dos requisitos legais da primariedade e do pequeno valor do bem furtado, assim considerado aquele inferior ao salário mínimo ao tempo do fato. Trata-se, em verdade, de direito subjetivo do réu, não configurando mera faculdade do julgador a sua concessão,

embora o dispositivo legal empregue o verbo "poder". No caso, cuida-se de réu primário à época dos fatos, condenado pelo furto de pneu estepe, bem avaliado em R$ 300,00 (trezentos reais), ou seja, em montante inferior ao salário mínimo em vigor em 2018. 4. Nos termos da pacífica jurisprudência desta Corte, consolidada na Súmula 511/STJ, é viável a incidência do privilégio na hipótese de furto qualificado, desde que a qualificadora seja de caráter objetivo. Decerto, a única qualificadora que inviabiliza o benefício penal é a de abuso de confiança (CP, art. 155, § 4º, II, primeira parte) (HC 579.142/SP, Rel. Min. Ribeiro Dantas, 5ª T., julgado em 02/06/2020, *DJe* 15/06/2020).

Nesse sentido:

🔖 STJ, AgRg no AREsp 1.478.374/SP, Rel.ª Min.ª Laurita Vaz, 6ª T., *DJe* 14/06/2019; STJ, AgRg no REsp 1.527.931/MG, Rel. Min. Joel Ilan Paciornik, 5ª T., *DJe* 28/06/2018; STJ, AgRg no REsp 1.675.685/SC, Rel. Min. Ribeiro Dantas, 5ª T., *DJe* 30/05/2018; STJ, HC 396.785/SC, Rel. Min. Ribeiro Dantas, 5ª T., *DJe* 28/06/2017; STJ, HC 336.713/SP, Rel. Min. Ribeiro Dantas, 5ª T., *DJe* 31/05/2016; STJ, AgRg no REsp 1.333.579/MG, Rel. Min. Jorge Mussi, 5ª T., *DJe* 15/04/2015; STJ, AgRg no AREsp 395916/MG, Rel. Min. Sebastião Reis Junior, 6ª T., *DJe* 28/02/2014; STJ, HC 183687/RS, Rel.ª Min.ª Maria Thereza de Assis Moura, 6ª T., *DJe* 23/05/2013; STJ, HC 184287/RS, Rel. Min. Og Fernandes, 5ª T., *DJe* 29/06/2012; STF, HC 98265/MS, Rel. Min. Ayres Britto, 1ª T., j. 24/03/2010, *DJe* 86, div. 13/05/2010, pub. 14/05/2010.

Em sentido contrário,

🔖 a jurisprudência considera incompatível o privilégio previsto no artigo 155, § 2º do Código Penal com a figura do furto qualificado, também não podendo ser considerada de pequeno valor a *res furtiva* avaliada acima do salário mínimo vigente à época do delito (TJDF, Rec. 2007.06.1.000082-3, Ac. 434.911, 1ª T. Criminal, Rel. Des. George Lopes Leite, *DJDFTE* 13/08/2010, p. 171).

Nesse sentido contrário:

🔖 TJMG, AC 1.0155.03.00456103/001, Rel. Des. Eli Lucas de Mendonça, *DJ* 02/08/2007; STJ, AgRg no REsp 798959/SP, Rel. Min. Paulo Medina, 6ª T., *DJ* 12/03/2007, p. 335.

Furto e roubo impróprio

🔖 Nos moldes do art. 157 do Código Penal, a violência ou grave ameaça caracterizadoras do crime de roubo poderão ser empregadas antes, durante ou logo após a subtração do bem. Assim, malgrado possa ter o agente iniciado a prática de conduta delitiva sem o uso de violência, se terminar por se valer de meio violento para garantir a posse da *res furtiva* ou, ainda, a impunidade do delito, terá praticado o crime de roubo, ainda que em sua modalidade imprópria (CP, art. 157, § 1º), não havendo se falar em furto (STJ, HC 415.376/SP, Rel. Min. Ribeiro Dantas, 5ª T., *DJe* 10/05/2018).

Nesse sentido:

🔖 TJRS, 4º Grupo de Câmaras Criminais, Emb. Inf. 70019795293, Rel. Sylvio Baptista Neto, j. 22/06/2007; TACrim/SP, AC, Rel. Luiz Ambra, *RJD* 22, p. 239.

Furto de talão de cheques

⚖ Talões de cheques possuem inegável e relevante valor econômico e patrimonial que se exterioriza pela grande potencialidade lesiva que representam e, por isso, como objeto de furto, não podem ser abarcados pelo princípio da bagatela que se reserva àqueles casos em que o valor da *res* é de tal forma irrisório que chega a excluir do campo de reprovabilidade penal a conduta do agente que atinge o bem juridicamente tutelado (TJMG, Rel. Vieira de Brito, AC 2.0000.00. 399556-6/001, *DJ* 21/08/2004).

Perícia e destruição ou rompimento de obstáculo à subtração da coisa, ou por meio de escalada

⚖ Como é cediço, nos casos em que a infração deixa vestígio, por imperativo legal (art. 158 do Código de Processo Penal), é necessária a realização do exame de corpo de delito direto. Por outro lado, nos termos do art. 167 do Código de Processo Penal, "não sendo possível o exame de corpo de delito, por haverem desaparecido os vestígios, a prova testemunhal poderá suprir-lhe a falta". Neste caso, não foram apresentadas justificativas idôneas para a não realização do exame pericial, de modo que deve a conduta ser readequada, devendo ser reconhecida a prática de furto simples (STJ, HC 499.388/SC, Rel. Min. Reynaldo Soares da Fonseca, 5ª T., *DJe* 1º/07/2019).

Nesse sentido:

⚖ STJ, AgRg no AREsp 1.271.250/ES, Rel. Min. Ribeiro Dantas, 5ª T., *DJe* 1º/08/2018; STJ, AgRg no HC 300.808/ TO, Rel. Min. Sebastião Reis Junior, 6ª T., *DJe* 26/03/2015.

Vide art. 171 do CPP.

Furto qualificado e princípio da insignificância

⚖ Nos termos da jurisprudência deste Superior Tribunal de Justiça, tendo o furto sido praticado mediante o concurso de pessoas, resta demonstrada maior reprovabilidade da conduta, o que torna incompatível a aplicação do princípio da insignificância. Esta Quinta Turma reconhece que o princípio da insignificância não tem aplicabilidade em casos de reiteração da conduta delitiva, salvo excepcionalmente, quando demonstrado ser tal medida recomendável diante das circunstâncias concretas. Na hipótese, verifica-se a contumácia delitiva do réu, pois, conforme descrito pelas instâncias ordinárias, além de ele ser reincidente específico, possui maus antecedentes, o que demonstra o seu desprezo sistemático pelo cumprimento do ordenamento jurídico. Nesse passo, de rigor a inviabilidade do reconhecimento da atipicidade material da conduta (HC 584.268/PR, Rel. Min. Ribeiro Dantas, 5ª T., julgado em 16/06/2020, *DJe* 23/06/2020).

Nesse sentido:

⚖ STJ, AgRg no HC 496.000/SC, Rel. Min. Jorge Mussi, 5ª T., *DJe* 02/08/2019; STJ, AgRg no AREsp 1.137.816/MS,

Rel. Min. Ribeiro Dantas, 5ª T., *DJe* 11/10/2017; STJ, RHC 71.863/TO, Rel. Min. Felix Fischer, 5ª T., *DJe* 07/10/2016; STJ, AgRg no AREsp 603.353/MG, Rel. Min. Jorge Mussi, 5ª T., *DJe* 19/05/2015; STJ, HC 313.880/SP, Rel. Min. Ericson Maranho, Desembargador convocado do TJ-SP, 6ª T., *DJe* 29/04/2015.

Furto com fraude e saque em terminal eletrônico

Nos dias de hoje, a possibilidade de autoatendimento nos caixas eletrônicos, principalmente no que diz respeito ao saque de importâncias em dinheiro, fez com que novos meios fossem criados para a prática de infrações penais, podendo-se destacar, dentre eles, aquilo que se convencionou chamar vulgarmente de "chupa-cabra", ou seja, um aparelho que é colocado no interior desses caixas eletrônicos, que tem por finalidade copiar os dados bancários da vítima permitindo que, posteriormente, o agente viesse a utilizá-los. Aqui, pergunta-se: qual a infração penal praticada por aquele que instala o referido aparelho, obtendo os dados bancários necessários para efetuar o saque dos valores pertencentes à vítima? Mais objetivamente, estaríamos diante de um crime de furto com fraude, ou de um crime de estelionato?

O Superior Tribunal de Justiça, respondendo corretamente essas indagações, concluiu que o fato se subsome ao crime de furto com fraude, assim se posicionando:

⚖ O furto mediante fraude não se confunde com o estelionato. A distinção se faz primordialmente com a análise do elemento comum da fraude que, no furto, é utilizada pelo agente com o fim de burlar a vigilância da vítima que, desatenta, tem seu bem subtraído, sem que se aperceba; no estelionato, a fraude é usada como meio de obter o consentimento da vítima que, iludida, entrega voluntariamente o bem ao agente. Hipótese em que o Acusado se utilizou de equipamento coletor de dados, popularmente conhecido como "chupa-cabra", para copiar os dados bancários relativos aos cartões que fossem inseridos no caixa eletrônico bancário. De posse dos dados obtidos, foi emitido cartão falsificado, posteriormente utilizado para a realização de saques fraudulentos. No caso, o agente se valeu de fraude – clonagem do cartão – para retirar indevidamente valores pertencentes ao titular da conta bancária, o que ocorreu, por certo, sem o consentimento da vítima, o Banco. A fraude, de fato, foi usada para burlar o sistema de proteção e de vigilância do Banco sobre os valores mantidos sob sua guarda, configurando o delito de furto qualificado (REsp 1.412.971/PE, Recurso Especial 2013/0046975-4, 5ª T., Rel.ª Min.ª Laurita Vaz, *DJe* 25/11/2013).

Furto no Código Penal Militar

Vide arts. 240 e 241 do Decreto-Lei nº 1.001/69 (Código Penal Militar).

Subtração privilegiada de semovente domesticável de produção

Tendo em vista que a qualificadora constante do § 6º do art. 155 do Código Penal é de natureza objetiva, torna-se perfeitamente compatível com a causa especial de redução de pena prevista no § 2º do mesmo diploma legal, nos precisos termos da Súmula nº 511 do STJ, que diz:

🔨 *Súmula nº 511.* É possível o reconhecimento do privilégio previsto no § 2º do art. 155 do CP nos casos de crime de furto qualificado, se estiverem presentes a primariedade do agente, o pequeno valor da coisa e a qualificadora for de ordem objetiva.

Subtração de semovente domesticável de produção e princípio da insignificância

Mesmo que a subtração de semovente domesticável de produção seja considerada como um delito de furto qualificado, previsto pelo § 6º do art. 155 do Código Penal, tal tipificação não impede o reconhecimento do princípio da insignificância.

Assim, imagine-se a hipótese daquele que subtrai um frango, o que não é incomum, principalmente nas cidades do interior do Brasil. Nesse caso, por mais que o animal se amolde ao conceito de semovente domesticável de produção, o fato deverá ser considerado atípico, por ausência de tipicidade material.

Nesse sentido, já decidiu o STF:

🔨 O princípio da insignificância incide quando presentes, cumulativamente, as seguintes condições objetivas: a) mínima ofensividade da conduta do agente, b) nenhuma periculosidade social da ação, c) grau reduzido de reprovabilidade do comportamento, e d) inexpressividade da lesão jurídica provocada. 2. A aplicação do princípio da insignificância deve, contudo, ser precedida de criteriosa análise de cada caso, a fim de evitar que sua adoção indiscriminada constitua verdadeiro incentivo à prática de pequenos delitos patrimoniais. 3. *In casu*, a) o paciente foi denunciado como incurso nas sanções do art. 155, *caput*, do Código Penal (furto), por ter, em tese, subtraído um galo e uma galinha, avaliados em R$ 40,00 (quarenta reais); b) trata-se de condenado primário e que possui bons antecedentes; c) os bens subtraídos são de pequeno valor. 4. Destarte, o reconhecimento da atipicidade da conduta, pela adoção do princípio da insignificância, é medida que se impõe, em razão da ausência da periculosidade social da ação, do reduzido grau de reprovabilidade da conduta e da inexpressividade da lesão jurídica provocada (HC 121.903/MG, 1ª T., Rel. Min. Luiz Fux, *DJe* 1º/07/2014).

Jurisprudência em Teses do Superior Tribunal de Justiça, Edição nº 47: Crimes Contra o Patrimônio – Furto

1) Consuma-se o crime de furto com a posse de fato da *res furtiva*, ainda que por breve espaço de tempo e seguida de perseguição ao agente, sendo prescindível a posse mansa e pacífica ou desvigiada (Tese Julgada sob o rito do art. 543-C do CPC – Tema 934).

2) Não há continuidade delitiva entre roubo e furto, porquanto, ainda que possam ser considerados delitos do mesmo gênero, não são da mesma espécie.

3) A qualificadora prevista no art. 155, § 4º, inc. I, do CP se aplica às hipóteses em que a violência empregada no rompimento do obstáculo for contra a própria coisa furtada.

4) O rompimento ou destruição do vidro do automóvel com a finalidade de subtrair objetos localizados em seu interior qualifica o furto.

5) A qualificadora prevista no art. 155, § 4º, inc. I, do CP não se aplica às hipóteses em que a violência empregada no rompimento do obstáculo for contra a própria coisa furtada.

6) Todos os instrumentos utilizados como dispositivo para abrir fechadura são abrangidos pelo conceito de chave falsa, incluindo as mixas.

7) É possível o reconhecimento do privilégio previsto no § 2º do art. 155 do CP nos casos de crime de furto qualificado, se estiverem presentes a primariedade do agente, o pequeno valor da coisa e a qualificadora for de ordem objetiva (Súmula nº 511/STJ) (Tese julgada sob o rito do art. 543-C).

8) A prática do delito de furto qualificado por escalada, destreza, rompimento de obstáculo ou concurso de agentes indica a reprovabilidade do comportamento do réu, sendo inaplicável o princípio da insignificância.

9) O princípio da insignificância deve ser afastado nos casos em que o réu faz do crime o seu meio de vida, ainda que a coisa furtada seja de pequeno valor.

10) Para reconhecimento do crime de furto privilegiado é indiferente que o bem furtado tenha sido restituído à vítima, pois o critério legal para o reconhecimento do privilégio é somente o pequeno valor da coisa subtraída.

11) Para efeito da aplicação do princípio da bagatela, é imprescindível a distinção entre valor insignificante e pequeno valor, uma vez que o primeiro exclui o crime e o segundo pode caracterizar o furto privilegiado.

12) É inadmissível aplicar, no furto qualificado, pelo concurso de agentes, a majorante do roubo (Súmula nº 442/STJ).

13) Para a caracterização do furto privilegiado, além da primariedade do réu, o valor do bem subtraído não deve exceder à importância correspondente ao salário-mínimo vigente à época dos fatos.

14) O reconhecimento das qualificadoras da escalada e rompimento de obstáculo previstas no art. 155, § 4º, I e II, do CP exige a realização do exame pericial, salvo nas hipóteses de inexistência ou desaparecimento

de vestígios, ou ainda se as circunstâncias do crime não permitirem a confecção do laudo.

15) Reconhecido o privilégio no crime de furto, a fixação de um dos benefícios do § 2º do art. 155 do CP exige expressa fundamentação por parte do magistrado.

16) A lesão jurídica resultante do crime de furto não pode ser considerada insignificante quando o valor dos bens subtraídos perfaz mais de 10% do salário-mínimo vigente à época dos fatos.

17) Nos casos de continuidade delitiva o valor a ser considerado para fins de concessão do privilégio (art. 155, § 2º, do CP) ou do reconhecimento da insignificância é a soma dos bens subtraídos.

18) A captação clandestina de sinal de televisão fechada ou a cabo não configura o crime previsto no art. 155, § 3º, do Código Penal.

19) O sinal de TV a cabo pode ser equiparado à energia elétrica para fins de configuração do delito do art. 155, § 3º, do Código Penal.

Jurisprudência em teses do Superior Tribunal de Justiça, Edição nº 105: Provas no Processo Penal – I

5) A incidência da qualificadora rompimento de obstáculo, prevista no art. 155, § 4º, I, do Código Penal, está condicionada à comprovação por laudo pericial, salvo em caso de desaparecimento dos vestígios, quando a prova testemunhal, a confissão do acusado ou o exame indireto poderão lhe suprir a falta.

Furto de coisa comum

Art. 156. Subtrair o condômino, coerdeiro ou sócio, para si ou para outrem, a quem legitimamente a detém, a coisa comum:
Pena – detenção, de seis meses a dois anos, ou multa.
§ 1º Somente se procede mediante representação.
§ 2º Não é punível a subtração de coisa comum fungível, cujo valor não exceda a quota a que tem direito o agente.

Introdução

Núcleo do tipo é o verbo subtrair, ou seja, retirar a coisa comum de quem legitimamente a detém, com o *animus* de tê-la para si ou para outrem. A retirada momentânea não caracteriza a infração penal se era intenção do agente devolvê-la. Aplica-se, *in casu*, o mesmo raciocínio levado a efeito quando do estudo do delito de furto, com a diferença de que, aqui, o legislador especializou a infração penal, limitando o seu cometimento a determinadas pessoas, bem como ao fato de a coisa subtraída também pertencer ao agente. O art. 156 do Código Penal aponta aqueles que poderão praticar a conduta prevista no núcleo do tipo, a saber: o condômino, o coerdeiro e, ainda, o sócio. Assim, somente quando houver um condomínio, uma

herança ainda comum aos coerdeiros, bem como uma sociedade é que se poderá cogitar do delito de *furto de coisa comum*.

O § 2º do art. 156 do Código Penal diz não ser punível a subtração de coisa comum fungível cujo valor não exceda a quota a que tem direito o agente. O Código Civil traduz o conceito de *coisa fungível* em seu art. 85.

Classificação doutrinária

Crime próprio, tanto com relação ao sujeito ativo quanto ao sujeito passivo, uma vez que o tipo penal os aponta expressamente; doloso; material; comissivo (podendo, contudo, ser praticado via omissão imprópria, caso o agente venha a gozar do *status* de garantidor); de forma livre; de dano; instantâneo (podendo, em alguns casos, ser instantâneo de efeitos permanentes, na hipótese em que a coisa tenha desaparecido); monossubjetivo; plurissubsistente; não transeunte (como regra).

Objeto material e bem juridicamente protegido

O objeto material do delito em estudo é a *coisa comum*. Embora não mencione expressamente a lei penal, a coisa comum deverá ser *móvel*, pois que, conforme vimos anteriormente, somente aquilo que seja passível de remoção poderá ser objeto de subtração. Bens juridicamente protegidos são a posse e a propriedade da coisa comum, vale dizer, aquela pertencente ao condômino, coerdeiro ou sócio.

Sujeito ativo e sujeito passivo

Sujeitos ativos são o *condômino*, o *coerdeiro* ou *sócio* da coisa comum. *Sujeito passivo* é aquele que detém a posse legítima da coisa, podendo ser o condômino, coerdeiro, sócio ou, mesmo, um terceiro.

Elemento subjetivo

O delito de furto de coisa comum somente pode ser praticado dolosamente, não havendo previsão legal para a modalidade culposa.
Além do dolo, o tipo penal exige, segundo a doutrina majoritária, o chamado especial fim de agir, caracterizado pela expressão *para si ou para outrem*, constante do art. 156 do Código Penal.

Modalidades comissiva e omissiva

O núcleo subtrair pressupõe um comportamento comissivo. É possível o raciocínio da subtração por omissão, desde que o agente goze do *status* de garantidor.

Pena, ação penal, competência para julgamento e suspensão condicional do processo

A pena cominada ao furto de coisa comum é de detenção, de 6 (seis) meses a 2 (dois) anos, ou multa, podendo o juiz escolher entre a aplicação da pena privativa de liberdade e a pena pecuniária, dada a alternatividade constante do preceito secundário do art. 156 do Código Penal.

É do Juizado Especial Criminal a competência, pelo menos inicialmente, para o seu julgamento, tendo em vista a pena máxima cominada em abstrato, sendo cabível, ainda, proposta de suspensão condicional do processo, nos termos do art. 89 da Lei nº 9.099/1995. A ação penal é de iniciativa pública condicionada à representação do ofendido, conforme o § 1º do art. 156 do diploma repressivo.

Sócio que furta da pessoa jurídica

Existem duas correntes. A primeira, majoritária, entende que deverá responder pelo delito previsto no art. 155 do Código Penal, uma vez que os bens pertencentes à pessoa jurídica não se confundem com os bens de seus sócios. A segunda, esposada por Hungria, aduz que "o direito penal, essencialmente *realístico*, é infenso às ficções ou abstrações do direito civil ou comercial. Na realidade prática, não obstante o princípio de que *societas distat a singulis*, o patrimônio que serve ao fim social é *condomínio* ou *propriedade comum* dos sócios".[24] Neste caso, deveriam os sócios responder pelo delito tipificado no art. 156 do Código Penal.

⚖ Se o sócio desvia coisa da sociedade de que faz parte e em cuja direção se encontra, não há cogitar do delito de furto de coisa comum, podendo ocorrer, se reunidos todos os elementos integrantes da figura, o crime de apropriação indébita. 3.2 Responde por apropriação indébita e não por furto o agente que subtrai coisa alheia de que tem a posse consentida. (...) (TJPR, AC 0570.611-4, Rel. Des. Lauro Augusto Fabrício de Melo, 5ª C. Crim., j. 22/04/2010).

União estável

Deverá ser aplicado, por analogia, o art. 181 do Código Penal.

⚖ Pessoas que vivem em regime de união estável. Necessidade de prova irrefutável de vida em comum. Inteligência do art. 226, § 3º, CF (*RT* 731, p. 593).

Subtração violenta

Para que se reconheça o crime de furto de coisa comum não será possível o emprego de grave ameaça ou violência contra a pessoa por parte do agente. Caso isso venha ocorrer, ou seja, se o agente, pretendendo subtrair coisa comum, utilizar, por exemplo, violência física contra aquele que mantinha a coisa em seu poder, deverá ser responsabilizado pelo delito de roubo, entendendo-se a elementar coisa alheia, constante do art. 157 do Código Penal, como aquela parte que pertencia à vítima, que foi privada de seu patrimônio.

Coisa comum de que o agente tinha a posse

Para que se possa concluir pelo delito tipificado no art. 156 do Código Penal, faz-se mister que a coisa comum seja *subtraída* pelo agente. Isso significa que, se ela já estiver em seu poder, e se houver recusa por parte do agente na sua devolução, ou mesmo na hipótese em que dela vier a se desfazer, o delito praticado será o de apropriação indébita, entendendo-se, também aqui, a elementar *coisa alheia móvel* como aquela parte que pertencia ao outro condômino, coerdeiro ou sócio.

Capítulo II – Do Roubo e da Extorsão

Roubo
Art. 157. Subtrair coisa móvel alheia, para si ou para outrem, mediante grave ameaça ou violência a pessoa, ou depois de havê-la, por qualquer meio, reduzido à impossibilidade de resistência:
Pena – reclusão, de quatro a dez anos, e multa.
§ 1º Na mesma pena incorre quem, logo depois de subtraída a coisa, emprega violência contra pessoa ou grave ameaça, a fim de assegurar a impunidade do crime ou a detenção da coisa para si ou para terceiro.
§ 2º A pena aumenta-se de 1/3 (um terço) até metade:
I – (revogado);
II – se há o concurso de duas ou mais pessoas;
III – se a vítima está em serviço de transporte de valores e o agente conhece tal circunstância;
IV – se a subtração for de veículo automotor que venha a ser transportado para outro Estado ou para o exterior;

V – se o agente mantém a vítima em seu poder, restringindo sua liberdade;
VI – se a subtração for de substâncias explosivas ou de acessórios que, conjunta ou isoladamente, possibilitem sua fabricação, montagem ou emprego;
VII – se a violência ou grave ameaça é exercida com emprego de arma branca.
§ 2º-A. A pena aumenta-se de 2/3 (dois terços):
I – se a violência ou ameaça é exercida com emprego de arma de fogo;
II – se há destruição ou rompimento de obstáculo mediante o emprego de explosivo ou de artefato análogo que cause perigo comum.
§ 2º-B. Se a violência ou grave ameaça é exercida com emprego de arma de fogo de uso restrito ou proibido, aplica-se em dobro a pena prevista no *caput* deste artigo.
§ 3º Se da violência resulta:

---

[24] HUNGRIA, Nélson. *Comentários ao código penal*, v. VII.

> I – lesão corporal grave, a pena é de reclusão de 7 (sete) a 18 (dezoito) anos, e multa;
> II – morte, a pena é de reclusão de 20 (vinte) a 30 (trinta) anos, e multa.

Introdução

A figura típica do roubo é composta pela subtração, característica do crime de furto, conjugada com o emprego de grave ameaça ou violência à pessoa. Assim, o roubo poderia ser visualizado como um furto acrescido de alguns dados que o tornam especial.

São, portanto, os elementos que compõem a figura típica do roubo: *a)* o núcleo *subtrair*; *b)* o especial fim de agir caracterizado pela expressão *para si ou para outrem*; *c)* a coisa móvel alheia; *d)* o emprego de violência (própria ou imprópria) à pessoa ou grave ameaça.

O núcleo *subtrair* diz respeito a retirar, tomar de alguém a coisa alheia móvel, que deve ser conjugado com a finalidade especial do agente de tê-la para si ou para outrem. Tais elementos já foram analisados quando do estudo do delito de furto, para onde remetemos o leitor.

O que torna o roubo especial em relação ao furto é justamente o emprego da violência à pessoa ou da grave ameaça, com a finalidade de subtrair a coisa alheia móvel para si ou para outrem. O art. 157 do Código Penal prevê dois tipos de violência. A primeira delas, contida na primeira parte do artigo, é a denominada de *própria*, isto é, a violência física, a *vis corporalis*, que é praticada pelo agente a fim de que tenha sucesso na subtração criminosa; a segunda, entendida como *imprópria,* ocorre quando o agente, não usando de violência física, utiliza qualquer meio que reduza a possibilidade de resistência da vítima, conforme se verifica pela leitura da parte final do *caput* do artigo em exame.

A *violência (vis absoluta)* deve ser empregada contra a pessoa, por isso denominada *física*, que se consubstancia na prática de lesão corporal (ainda que leve) ou mesmo em vias de fato. As vias de fato podem ser entendidas como sendo aquelas agressões que não possuem gravidade suficiente para serem reconhecidas como lesão corporal, a exemplo dos empurrões, tapas etc.

⚖ Para a configuração do crime de roubo é necessário que a violência empregada seja direcionada à vítima e não à coisa, sendo certo que a configuração do delito previsto no art. 157, *caput*, do Código Penal – na hipótese de violência dirigida ao objeto – ocorrerá apenas se a violência repercutir na pessoa, impedindo-a de oferecer resistência, o que não é a hipótese dos autos (STJ, AgRg no AREsp 742.765/MG, Rel. Min. Jorge Mussi, 5ª T., *DJe* 24/06/2016).

Nesse sentido:

⚖ STF, HC 107147/MG, Rel.ª Min.ª Rosa Weber, 1ª T., *DJe* 03/05/2012; STJ, REsp 1031249/RS, Rel. Min. Arnaldo Esteves Lima, 5ª T., *DJe* 16/03/2009; STJ, HC 105066/SP, Rel. Min. Felix Fischer, 5ª T., *DJe* 03/11/2008.

A violência pode ser entendida, ainda, como *direta* ou *imediata* e *indireta* ou *mediata*. *Direta* ou *imediata* é a violência física exercida contra a pessoa de quem se quer subtrair os bens. Assim, por exemplo, o agente agride violentamente a vítima com socos, para que possa levar a efeito a subtração de seu relógio; *indireta* ou *mediata* é a violência empregada contra pessoas que são próximas da vítima ou, mesmo, contra coisas. Na verdade, a violência entendida como indireta se configura mais como *grave ameaça* do que propriamente como violência, pois que a sua prática interfere no espírito da vítima, fazendo com que se submeta, por medo, pavor, receio de também ser agredida, à subtração praticada pelo agente.

Além disso, podemos visualizar no tipo penal que traduz o delito de roubo duas modalidades de violência. A primeira delas, narrada anteriormente, pode ser reconhecida como *própria*; a segunda, prevista na última parte do *caput* do art. 157 do Código Penal, entendida como *imprópria*.

Violência própria seria, portanto, aquela de natureza física, dirigida contra a vítima, capaz de subjugá-la a ponto de permitir que o agente pratique a subtração de seus bens. Por outro lado, na violência entendida como imprópria, não existe uma conduta ostensiva violenta. Pelo contrário, conforme a descrição típica, o agente se vale de qualquer outro meio capaz de conduzir à redução de possibilidade de resistência da vítima.

Hungria, esclarecendo o significado da *violência imprópria*, diz: "Aos meios violentos é equiparado todo aquele pelo qual o agente, embora sem emprego de força ou incutimento de medo, consegue privar à vítima o *poder de agir*, *v.g.*: narcotizando-a à *son insu* ou dissimuladamente, hipnotizando-a, induzindo-a a ingerir bebida alcoólica até a embriaguez etc. Pressupõe-se que o outro 'qualquer meio', a que se refere o art. 157, *caput*, é empregado ardilosa ou sub-repticiamente, ou, pelo menos, desacompanhado, em sua aplicação, de violência física ou moral, pois, do contrário, se confundiria com esta, sem necessidade da *equiparação legal*".[25]

Além da violência (própria ou imprópria), também se caracteriza o crime de roubo quando, para fins de subtração da coisa alheia móvel, o agente se utiliza de grave ameaça *(vis compulsiva)*.

Grave ameaça é aquela capaz de infundir temor à vítima, permitindo que seja subjugada pelo agente que, assim, subtrai-lhe os bens. Quando o art. 157 do diploma repressivo usa a locução *grave ameaça,*

---

[25] HUNGRIA, Nélson. *Comentários ao código penal*, v. VII, p. 55-56.

devemos entendê-la de forma diferenciada do *crime de ameaça*, tipificado no art. 147 do Código Penal. A ameaça, em si mesma considerada como uma infração penal, deve ser concebida como uma *promessa de mal futuro, injusto e grave*. No delito de roubo, embora a promessa do mal deva ser grave, ele, o mal, deve ser iminente, capaz de permitir a subtração naquele exato instante pelo agente, em virtude do temor que infunde na pessoa da vítima.

A ameaça deve ser verossímil, vale dizer, o mal proposto pelo agente, para fins de subtração dos bens da vítima, deve ser crível, razoável, capaz de infundir temor. Dizer à vítima para entregar seus bens, pois, caso contrário, rogará aos céus que lhe caia um raio na cabeça, não se configura ameaça, mas uma encenação ridícula. Por outro lado, há pessoas que são extremamente sensíveis, principalmente quando envolvidas com o sobrenatural. Portanto, pode ser considerada como ameaça o fato de dizer à vítima que fará uma feitiçaria, uma magia negra a fim de causar-lhe a morte, subjugando-a, com isso, para fins de subtração de seus bens.

⚖ Para a configuração do crime de roubo, é necessário haver o emprego de violência ou grave ameaça contra a vítima. Entretanto, a violência não precisa ser de tal gravidade a ponto de ensejar lesões corporais, como nas vias de fato. Ademais, a grave ameaça pode ser empregada de forma velada, configurando-se, isso sim, pelo temor causado à vítima, o que leva a permitir que o agente promova a subtração sem que nada possa a pessoa lesada fazer para impedi-lo (STJ, HC 449.697/SP, Rel. Min. Felix Fischer, 5ª T., *DJe* 28/06/2018).

Nesse sentido:

⚖ TJMG, AC 1.0431.08.039124-3/001, Rel. Des. Antônio Armando dos Anjos, *DJ* 24/07/2009; TJMG, AC 1.0525.03.032251-1/001, Rel. Des. Vieira de Brito, *DJ* 12/05/2007.

No que diz respeito à coisa alheia móvel, aplica-se ao crime de roubo tudo o que foi dito quando do estudo do delito de furto, para onde remetemos o leitor.

Classificação doutrinária

Crime comum, tanto com relação ao sujeito ativo quanto ao sujeito passivo; doloso (não havendo previsão para a modalidade culposa); material; comissivo (podendo ser praticado omissivamente, caso o agente goze do *status* de garantidor); de forma livre; instantâneo (podendo também, em alguns casos, ser considerado como instantâneo de efeito permanente, caso haja destruição da *res furtiva*); de dano; monossubjetivo; plurissubsistente (podendo-se fracionar o *iter criminis*, razão pela qual é possível o raciocínio da tentativa).

Objeto material e bem juridicamente protegido

O tipo penal que prevê o delito de roubo protege, precipuamente, o patrimônio, a posse e, por conta da sua natureza complexa, também a detenção, não deixando, contudo, mesmo que mediatamente, de proteger a integridade corporal ou a saúde, a liberdade individual, bem como a vida.

Trata-se, portanto, de um delito pluriofensivo, em que são protegidos vários bens jurídicos, não se podendo esquecer, contudo, da relação de precipuidade que o patrimônio exerce sobre os demais, mesmo sendo quase todos os outros de valor superior a ele, como é o caso da vida no delito de latrocínio.

O objeto material do roubo é a *coisa alheia móvel*, bem como a *pessoa* sobre a qual recai a conduta praticada pelo agente, em face de sua pluralidade ofensiva.

Sujeito ativo e sujeito passivo

Crime comum com relação ao *sujeito ativo*, o roubo pode ser praticado por qualquer pessoa, à exceção do proprietário, uma vez que o tipo penal exige, como um de seus elementos, que a coisa móvel seja alheia. No entanto, veja-se a ressalva constante do delito de subtração de coisa comum, em que será possível que o condômino, coerdeiro ou sócio subtraia, violentamente, o bem que se encontra em poder do outro que possuía condição idêntica à sua. Nesse caso, entende-se que a parte pertencente ao outro integra-se ao conceito de alheia, pois que não lhe pertence.

Qualquer pessoa, também, pode ser considerada *sujeito passivo* do delito de roubo, vale dizer, o proprietário, o possuidor e, aqui, ao contrário do que dissemos no crime de furto, incluímos o mero detentor. Isso porque a natureza complexa do crime de roubo permite que visualizemos em sua figura típica, como já alertamos acima, a proteção de mais de um bem jurídico.

Roubo próprio e roubo impróprio

No que diz respeito ao *roubo próprio*, previsto no *caput* do art. 157 do Código Penal, havia no agente a intenção, o dolo, de praticar, desde o início, a *subtração violenta* (aqui abrangendo a violência contra pessoa ou a grave ameaça como meio para a prática do roubo). Ao contrário, no roubo denominado *impróprio*, tipificado no § 1º do art. 157 do Código Penal, a finalidade inicialmente proposta pelo agente era a de levar a efeito uma subtração patrimonial *não violenta* (furto), que se transformou em violenta por algum motivo durante a execução do delito.

⚖ Apelado que admitiu ter subtraído o celular do lesado, mas negou que o tenha agredido, versão esta que restou isolada no contexto probatório. Devidamente comprovado que o apelado subtraiu o aparelho de telefonia celular da vítima e, logo após, a agrediu, com o fim de assegurar a impunidade do crime e a detenção da coisa subtraída. Roubo impróprio consumado (TJ-RJ, AC 0084667-86.2015.8.19.0001, Rel.ª Des.ª Gizelda Leitão Teixeira, *DJe* 17/10/2016).

Nesse sentido:

⚖ STF, RHC 92430/DF, Rel. Min. Marco Aurélio, 1ª T., *DJe* 21/11/2008, p. 384; TJRS, Ap. Crim. 70004266904, 7ª Câm. Crim., Rel. Luís Carlos Ávila de Carvalho Leite, j. 14/11/2002.

Consumação e tentativa

Para efeitos de reconhecimento do momento consumativo do roubo, a doutrina, de forma majoritária, faz a distinção entre as suas duas espécies, vale dizer, o *roubo próprio* e o *roubo impróprio*, a nosso ver sem o menor sentido.

Embora com algum dissenso, afirmam que o roubo próprio se consuma com a retirada violenta do bem da esfera de disponibilidade da vítima, passando o agente a exercer sobre ele a *posse tranquila*, mesmo que por curto espaço de tempo. Mesmo na hipótese de roubo próprio, nossos Tribunais Superiores têm modificado sua posição, passando a entender que a simples retirada do bem da esfera de disponibilidade da vítima já seria suficiente para efeitos de reconhecimento da consumação.

Nesse sentido, a Súmula nº 582 do STJ, publicada no *DJe* de 19 de setembro de 2016, que diz:

⚖ **Súmula nº 582.** *Consuma-se o crime de roubo com a inversão da posse do bem mediante emprego de violência ou grave ameaça, ainda que por breve tempo e em seguida à perseguição imediata ao agente e recuperação da coisa roubada, sendo prescindível a posse mansa e pacífica ou desvigiada.*

Este Tribunal Superior entende que a consumação do roubo ocorre com a inversão da posse do bem mediante emprego de violência ou grave ameaça, ainda que por breve tempo e em seguida à perseguição imediata ao agente e recuperação da coisa roubada, sendo prescindível a posse mansa e pacífica ou desvigiada. Inteligência da Súmula n. 582 do STJ (STJ, AgRg no HC 552.042/DF, Rel. Min. Rogerio Schietti Cruz, 6ª T., julgado em 09/06/2020, *DJe* 17/06/2020).

Nesse sentido:

⚖ STJ, AgRg no HC 499.829/SC, Rel. Min. Nefi Cordeiro, 6ª T., *DJe* 13/06/2019; STJ, AgRg no REsp 1.400.818/SP, Rel. Min. Ribeiro Dantas, 5ª T., *DJe* 15/06/2018; STJ, HC 166.152/ES, Rel. Min. Ribeiro Dantas, 5ª T., *DJe* 12/08/2016; STJ, AgRg no REsp 1.505.160/SP, Rel.ª Min.ª Maria Thereza de Assis Moura, 6ª T., *DJe* 10/06/2015; STF, RHC 119.611/MG, Recurso Ordinário em *Habeas Corpus*, 1ª T., Rel. Min. Luiz Fux, *DJe* 13/02/2014; STJ, HC 222.888/MG, Rel. Min. Gurgel de Faria, 5ª T., *DJe* 02/02/2015; STF, HC 113563/SP, Rel.ª Min.ª Rosa Weber, 1ª T., *DJe* 19/03/2013.

Estamos com Weber Martins Batista quando, rechaçando a posição acima transcrita, assevera: "Não se pode falar em consumação antes que o poder de disposição da coisa se perca para o dono e passe para o agente. E isso acontece no momento em que este estabelece um estado *tranquilo*, embora transitório, de detenção da coisa."[26]

⚖ O delito de roubo tem como momento consumativo aquele em que, depois de cessado o uso da violência ou da grave ameaça, o agente tenha invertido a seu favor a simples posse da coisa alheia móvel, ainda que por breve momento, sendo despiciendo que o objeto subtraído tenha sido restituído à vítima, em virtude da ação dos policiais (TJMG, APCR 1.0395.09.023044-6/0011, Manhumirim, 4ª Câm. Crim., Rel. Des. Fernando Starling, j. 17/03/2010, *DJEMG* 14/04/2010).

Tratando-se de crime material, é perfeitamente admissível a tentativa de roubo, sendo que, para nós, ocorrerá quando o agente não conseguir, mesmo que por curto espaço de tempo, a posse tranquila da *res furtiva*; para a corrente que entende não ser necessária a posse tranquila da coisa pelo agente, para efeitos de reconhecimento de consumação, ainda assim será possível a tentativa, a partir do instante em que, iniciada a execução, não conseguir retirar o bem da esfera de disponibilidade da vítima, por circunstâncias alheias à sua vontade.

Por outro lado, no que diz respeito ao roubo impróprio, também de forma majoritária, a doutrina já se posicionava, tal como acontece hoje, no sentido de que a sua consumação ocorreria quando do emprego da violência ou da grave ameaça, depois da subtração, para assegurar a impunidade do crime ou a detenção da coisa

Não conseguimos compreender a mudança de tratamento para efeitos de reconhecimento de momentos diferentes de consumação nas espécies de roubo – próprio e impróprio. Para nós, que entendemos que a consumação somente ocorre com a retirada do bem da esfera de disponibilidade da vítima e o ingresso na posse tranquila do agente, não há qualquer diferença no fato de ser a violência anterior ou posterior à subtração da coisa.

Em razão dessa afirmação, vale dizer, que no roubo impróprio a consumação ocorre com o simples emprego de violência ou grave ameaça depois da subtração da coisa, é que a doutrina e a jurisprudência têm se dividido com relação à possibilidade de reconhecimento da tentativa nessa modalidade de roubo.

Segundo as lições de Hungria, "no caso de violência subsequente à subtração, o momento consumativo é o do emprego da violência; e não há falar-se em tentativa: ou a violência é empregada, e tem-se a consumação, ou não é empregada, e o que se apresenta é o crime de furto".[27]

⚖ Para a configuração do crime do § 1º do art. 157, é essencial que a *res* já tenha sido subtraída, ou seja,

---

[26] BATISTA, Weber Martins. *O furto e o roubo no direito e no processo penal*, p. 220.

[27] HUNGRIA, Nélson. *Comentários ao código penal*, v. VII, p. 61.

retirada da esfera de disponibilidade da vítima no momento em que o agente vem a praticar violência ou grave ameaça contra a pessoa. Se o agente não chegou a apossar-se da *res*, resta caracterizado o delito de furto tentado (TJMG, Ap. 1.0470.07.035271-6/001, 4ª Câm. Crim., Rel. Walter Pinto da Rocha, pub. 16/01/2008).

Nesse sentido:

📖 STJ, HC 39220/RJ, HC 2004/0154767-9, Rel. Min. Felix Fischer, 5ª T., *DJ* 26/09/2005, p. 414; STJ, REsp 693102/SP, Rel. Min. José Arnaldo da Fonseca, 5ª T., *DJ* 07/11/2005, p. 359.

Em ambas as espécies de roubo – próprio e impróprio –, a destruição da coisa, total ou parcialmente, tal como acontece no delito de furto, terá o condão de consumar a infração penal, haja vista que a coisa alheia móvel não poderá ser restituída da mesma forma com que foi subtraída.

Com relação ao roubo qualificado pela lesão corporal grave e pela morte, dadas suas especificidades, faremos a análise do seu momento consumativo, bem como da possibilidade de tentativa, quando do estudo em tópico próprio.

Elemento subjetivo

O crime de roubo somente pode ser praticado dolosamente, não havendo previsão legal para a modalidade culposa.

Além do dolo, a doutrina majoritária aponta outro elemento subjetivo, que lhe é transcendente, chamado *especial fim de agir*, caracterizado na expressão *para si ou para outrem*, constante do art. 157 do Código Penal. No *roubo impróprio*, o § 1º do art. 157 do Código Penal ainda exige outros dois elementos subjetivos, que dizem respeito à especial finalidade do agente, que atua no sentido de *assegurar a impunidade do crime ou a detenção da coisa*, também para si ou para outrem.

📖 Quanto à fração aplicada para a redução da pena, em razão do delito tentado, sua modulação é inversamente proporcional ao *iter criminis* percorrido. É dizer: quanto maior o caminho percorrido pela conduta do agente, antes de efetivamente violar o bem juridicamente tutelado pela norma, maior o perigo ao qual o bem jurídico resultou exposto e maior será o desvalor da conduta, a ensejar uma menor redução da pena. A jurisprudência deste Superior Tribunal firmou que se consuma o crime de roubo com a inversão da posse do bem, mediante emprego de violência ou grave ameaça, ainda que por breve tempo e em seguida à perseguição imediata ao agente e recuperação da coisa roubada, sendo prescindível a posse mansa e pacífica ou desvigiada (Súmula 582/STJ). Na hipótese, o ora agravante e os corréus, como ficou bem delimitado no quadro fático-probatório fixado pelas instâncias ordinárias, chegaram muito perto da inversão da posse da res acompanhada da cessação da violência e da grave ameaça, "somente não logrando a subtração do objeto, último ato antes da consumação do roubo

próprio, porque foram flagrados pelo policial militar José Antônio" (fl. 366), de modo que o *iter criminis* foi percorrido quase na integralidade, autorizando uma redução mínima da reprimenda. A reforma do quadro fático-probatório firmado na origem é tarefa inviável em sede de *habeas corpus* (...) (STJ, AgRg no HC 604.895/SC, Rel. Min. Reynaldo Soares da Fonseca, 5ª T., julgado em 22/09/2020, *DJe* 28/09/2020).

Nesse sentido

📖 AgRg no REsp 1.819.128/SP, Rel. Min. Laurita Vaz, 6ª T., julgado em 30/06/2020, *DJe* 04/08/2020.

Modalidades comissiva e omissiva

O núcleo *subtrair*, constante do art. 157 do Código Penal, pressupõe um comportamento comissivo, vale dizer, um fazer alguma coisa no sentido de conseguir a subtração.

Entretanto, se o agente vier a gozar do *status* de garantidor, poderá responder pelo delito de roubo via omissão imprópria.

Causas especiais de aumento de pena

Os §§ 2º, 2º-A e 2º-B do art. 157 do Código Penal, com as modificações trazidas pela Lei nº 13.964, de 24 de dezembro de 2019, determinam, *verbis*:

§ 2º A pena aumenta-se de 1/3 (um terço) até metade:

I – (revogado);

II – se há o concurso de duas ou mais pessoas;

III – se a vítima está em serviço de transporte de valores e o agente conhece tal circunstância;

IV – se a subtração for de veículo automotor que venha a ser transportado para outro Estado ou para o exterior;

V – se o agente mantém a vítima em seu poder, restringindo sua liberdade;

VI – se a subtração for de substâncias explosivas ou de acessórios que, conjunta ou isoladamente, possibilitem sua fabricação, montagem ou emprego;

VII – se a violência ou grave ameaça é exercida com o emprego de arma branca.

§ 2º-A. A pena aumenta-se de 2/3 (dois terços):

I – se a violência ou ameaça é exercida com emprego de arma de fogo;

II – se há destruição ou rompimento de obstáculo mediante o emprego de explosivo ou de artefato análogo que cause perigo comum.

§ 2º-B. Se a violência ou grave ameaça é exercida com emprego de arma de fogo de uso restrito ou proibido, aplica-se em dobro a pena prevista no caput *deste artigo.*

Os §§ 2º, 2º-A e 2º-B do art. 157 do Código Penal, com as modificações trazidas pela Lei nº 13.964, de 24 de dezembro de 2019, preveem as causas de aumento de pena a serem aplicadas ao crime de roubo, que terão influência no terceiro momento do critério trifásico previsto pelo art. 68 do mesmo diploma legal.

Dessa forma, segundo a posição por nós assumida, na hipótese do § 2º do art. 157 do Código Penal, quanto maior a presença, no caso concreto, de hipóteses que dão margem à majoração, maior será o percentual de aumento, que poderá variar de um terço até a metade. Assim, a presença de mais de uma causa especial de aumento de pena permite ao julgador a fuga do patamar mínimo de aumento (um terço), levando-o em direção ao percentual máximo (metade), lembrando sempre que toda decisão deverá ser fundamentada, não se podendo aceitar, simplesmente, a determinação de um percentual de aumento acima do patamar mínimo sem que haja motivação suficiente.[28]

Nesse sentido, o STJ manifestou o seu posicionamento quanto ao tema, editando a Súmula nº 443, publicada do *DJe* de 13 de maio de 2010, com o seguinte teor:

⚖️ **Súmula nº 443.** *O aumento na terceira fase de aplicação da pena no crime de roubo circunstanciado exige fundamentação concreta, não sendo suficiente para a sua exasperação a mera indicação do número de majorantes.*

O aumento na terceira fase de aplicação da pena no crime de roubo circunstanciado exige fundamentação concreta, não sendo suficiente para a sua exasperação a mera indicação do número de majorantes (Súmula 443/STJ). Hipótese em que a pena foi aumentada na fração de 3/8 com base, apenas, no número de majorantes (STJ, HC 582.608/SP, Rel. Min. Ribeiro Dantas, 5ª T., julgado em 16/06/2020, *DJe* 22/06/2020).

Não se cuidam, ainda, de qualificadoras, ao contrário do que ocorre com os incisos I e II do § 3º do art. 157 do Código Penal, pois não cominam penas mínimas e máximas superiores ao *caput*, determinando, tão somente, o aumento da pena aplicada ao agente que, nas hipóteses do § 2º, variará entre um terço até metade, será de 2/3 (dois terços) na prevista pelo § 2º-A e o dobro se ocorrer a hipótese do § 2º-B, todos do mesmo artigo.

Faremos, em seguida, o estudo individualizado de cada uma delas, de acordo com a ordem proposta pela lei penal.

Concurso de duas ou mais pessoas

Ao contrário do crime de furto, no qual o concurso de pessoas torna a infração qualificada, no crime de roubo o concurso de pessoas encontra-se no rol das causas especiais de aumento de pena, gozando, aqui, do *status* de majorante, e não de qualificadora.

No entanto, embora possuindo naturezas diferentes, os raciocínios são idênticos, razão pela qual todas as discussões lançadas quando do estudo do crime de furto valem, também, para o delito de roubo. Por esse motivo, remetemos o leitor ao tópico correspondente no delito de furto.

⚖️ Segundo a jurisprudência desta Corte, não há *bis in idem* na condenação pelo crime de associação criminosa armada e pelo de roubo qualificado pelo concurso de agentes, pois os delitos são autônomos, aperfeiçoando-se o primeiro independentemente do cometimento de qualquer crime subsequente. Ademais, os bens jurídicos protegidos pelas normas incriminadoras são distintos – no caso do art. 288, parágrafo único, do CP, a paz pública e do roubo qualificado, o patrimônio, a integridade física e a liberdade do indivíduo (STJ, AgRg no AREsp 1.425.424/SP, Rel. Min. Jorge Mussi, 5ª T., *DJe* 19/08/2019).

Nesse sentido:

⚖️ STF, HC 110425/ES, Rel. Min. Dias Toffoli, 1ª T., *DJe* 08/08/2012; STJ, HC 197.501/SP, Rel. Min. Og Fernandes, 6ª T., j. 10/05/2011, *Informativo* nº 472; TJRS, Ap. 70023081144, 7ª Câm. Crim., Rel. Sylvio Baptista Neto, pub. 31/03/2008.

Se a vítima está em serviço de transporte de valores e o agente conhece tal circunstância

Para que ocorra a causa especial de aumento de pena prevista pelo inc. III do § 2º do art. 157 do Código Penal, é preciso a conjugação de dois fatores. Primeiro, que a vítima esteja *em serviço* de transporte de valores; segundo, que o agente *conheça* tal circunstância. Dessa forma, incide a majorante se o serviço da vítima era, no momento em que foi abordada pelo agente, o de transportar valores, que, segundo Hungria, "tanto podem ser representados por dinheiro, como por qualquer outro *efeito* que se costuma transportar (n.b.: *transportar*, e não *portar*), como sejam: pedras preciosas, ouro em pó ou em barra, selos, estampilhas, títulos ao portador etc."[29]

Não há necessidade, ainda, de que o serviço praticado pela vítima seja o de, especificamente, transportar valores, a exemplo do que ocorre com o transporte de dinheiro em carro-forte. Poderá, por exemplo, um *office-boy*, que, sempre no final da tarde, leva os valores arrecadados no local onde trabalha, a fim de que sejam depositados numa agência bancária. Nesse caso, podemos afirmar que, naquele momento específico, estava a serviço de transporte de valores.

Em sentido contrário:

⚖️ Em delito de roubo praticado contra funcionário de uma distribuidora de bebidas, que transportava valores pertencentes a esta, não se aplica a majorante do art. 157, § 2º, III, CP, tendo em vista que, nessa hipótese, a função da vítima de transporte de valores é meramente acessória e a causa de aumento de pena em questão exige que esta seja a finalidade específica do seu trabalho (TJMG, Ap. 1.0352.06. 032255-4/001, 5ª Câm. Crim. Rel. Pedro Vergara, pub. 05/04/2008).

---

[28] No tópico correspondente aos *destaques* faremos menção às demais correntes que disputam o tratamento que deve ser levado a efeito quando estivermos diante de mais de uma causa especial de aumento de pena.

[29] HUNGRIA, Nélson. *Comentários ao código penal*, v. VII, p. 59.

A segunda exigência contida no inciso em estudo, necessária à caracterização da majorante, diz respeito ao fato de que, além de a vítima estar a serviço de transporte de valores, o agente deve *ter conhecimento dessa circunstância*. Conhecer essa circunstância, de acordo com a ilação legal, tem o sentido de que o agente sabia, efetivamente, que a vítima, naquele momento, estava a serviço de transporte de valores. Esse conhecimento deve, obrigatoriamente, fazer parte do seu dolo, sob pena de se afastar a majorante. Dessa forma, se o agente, por coincidência, aborda a vítima que, naquele instante, estava a serviço de transporte de valores e, mediante o emprego de grave ameaça, consegue subtrair tudo aquilo que ela trazia consigo, somente responderá pelo roubo, sem a causa especial de aumento de pena.

Discute-se, ainda, quanto à *expressão estar em serviço de transporte de valores*, que, se fosse o proprietário que estivesse transportando valores no momento da abordagem, se poderia ser aplicada a majorante em exame. Tem-se entendido que não, uma vez que a expressão *estar em serviço* afasta o proprietário dos valores, pois ele não estaria em serviço para si mesmo, abrangendo, tão somente, terceiros que lhe prestam esse serviço. Nesse sentido, afirma Paulo José da Costa Júnior que a causa especial de aumento de pena "se refere ao transportador de valores, não se entendendo como tal o proprietário de joias que estiver a levá-las do cofre do banco para sua casa".[30]

Se a subtração for de veículo automotor que venha a ser transportado para outro Estado ou para o exterior

A Lei nº 9.426, de 24 de dezembro de 1996, acrescentou dois incisos ao § 2º do art. 157 do Código Penal, sendo um deles relativo à subtração de veículo automotor que venha a ser transportado para outro Estado ou para o exterior, considerado como mais uma causa especial de aumento de pena, ao contrário do que ocorreu no delito de furto, quando o legislador, valendo-se do mesmo fato, criou outra modalidade qualificada de subtração sem violência.

Como as situações são idênticas – subtração de veículo automotor que venha a ser transportado para outro Estado ou para o exterior –, somente se modificando a natureza jurídica da punição, pois que no furto tal fato qualifica a infração penal e no roubo considera-se como uma majorante, a ser avaliada no terceiro momento de aplicação da pena, previsto no art. 68 do Código Penal, tomamos a liberdade, evitando a desnecessária repetição, de remeter o leitor ao tópico próprio, quando do estudo do delito de furto.

Se o agente mantém a vítima em seu poder, restringindo sua liberdade

Também inserido no § 2º do art. 157 do Código Penal pela Lei nº 9.426, de 24 de dezembro de 1996, o inc. V permite o aumento de um terço até metade se durante a prática do roubo o agente mantém a vítima em seu poder, restringindo sua liberdade. Antes da edição da mencionada lei, a solução era pelo concurso de crimes entre o roubo e o sequestro, caso houvesse, além da subtração patrimonial violenta, a privação da liberdade da vítima.

Tal majorante, entretanto, merece atenção especial, dadas suas peculiaridades.

Primeiramente, faz-se mister registrar o fato de que essa causa especial de aumento de pena foi inserida no Código Penal, basicamente, em virtude do chamado sequestro-relâmpago, no qual durante, por exemplo, a prática do crime de roubo, a vítima é colocada no porta-malas do seu próprio veículo e ali permanece por tempo não prolongado, até que os agentes tenham completo sucesso na empresa criminosa, sendo libertada logo em seguida.

Não podemos, entretanto, entender que toda privação de liberdade levada a efeito durante a prática do roubo se consubstanciará na majorante em estudo. Pode ser, até mesmo, que se configure como infração penal mais grave.

A doutrina tem visualizado duas situações que permitiriam a incidência da causa de aumento de pena em questão, a saber: *a)* quando a privação da liberdade da vítima for um *meio* de execução do roubo; *b)* quando essa mesma privação de liberdade for uma garantia, em benefício do agente, contra a ação policial.

Devemos concluir, ainda, que a vítima mencionada pela majorante é a do próprio roubo, pois, caso contrário, o crime poderá se constituir em extorsão mediante sequestro, previsto pelo art. 159 do Código Penal.

Vale o alerta feito por Cezar Roberto Bitencourt, quando afirma: "Quando o 'sequestro' (manutenção da vítima em poder do agente) for praticado *concomitantemente* com o roubo de veículo automotor ou, pelo menos, como *meio de execução* do roubo ou como *garantia contra ação policial*, estará configurada a *majorante* aqui prevista. Agora, quando eventual 'sequestro' for praticado *depois da consumação do roubo* de veículo automotor, sem nenhuma conexão com sua execução ou garantia de fuga, não se estará diante da *majorante especial*, mas se tratará de concurso de crimes, podendo, inclusive, tipificar-se, como já referimos, a extorsão mediante sequestro: o extorquido é o próprio 'sequestrado'".[31]

---

[30] COSTA JÚNIOR, Paulo José da. *Curso de direito penal*, v. 2, p. 83.

[31] BITENCOURT, Cezar Roberto. *Tratado de direito penal*, v. 3, p. 102.

Além disso, para que seja aplicada a causa especial de aumento de pena, a privação da liberdade não poderá ser prolongada, devendo-se, aqui, trabalhar com o princípio da razoabilidade para efeitos de reconhecimento do *tempo* que, em tese, seria suficiente para ser entendido como majorante, e não como figura autônoma de sequestro, ou mesmo extorsão mediante sequestro.

A Lei nº 13.964, de 24 de dezembro de 2019, modificando a Lei nº 8.072/1990, nela inserindo a alínea *a*, no inciso II do seu art. 1º, passou a considerar como hediondo o roubo circunstanciado pela restrição de liberdade da vítima, tipificado no inciso V do § 2º do art. 157 do estatuto penal.

As circunstâncias concretas do delito, praticado por quatro agentes, um deles menor de idade, tendo, ainda, havido restrição da liberdade da vítima por cerca de duas horas até a abordagem da polícia, denotam a necessidade de maior resposta penal, em atendimento ao princípio da individualização da pena e, portanto, não se infere ilegalidade no aumento superior a 1/3 (um terço) pela incidência das duas majorantes do crime de roubo (STJ, HC 547.898/SP, Rel. Min. Ribeiro Dantas, 5ª T., julgado em 09/06/2020, *DJe* 15/06/2020).

Nesse sentido:

STJ, REsp 1.799.785/GO, Rel.ª Min.ª Laurita Vaz, 6ª T., *DJe* 03/06/2019; STJ, AgInt no REsp 1.581.894/DF, Rel. Min. Felix Fischer, 5ª T., *DJe* 31/08/2016; STF, RHC 102984/RJ, Rel. Min. Dias Toffoli, 1ª T., 08/02/2011, *Informativo* nº 615; TJMG, AC 1.0079.07.361663-7/001, Rel. Fortuna Grion, *DJ* 27/05/2009; TJMG, Ap. 1.0433.06.192391-1/001, 3ª Câm. Crim., Rel. Antônio Armando dos Anjos, pub. 09/01/2008; TJRS, Ap. Crim. 70019983360, 6ª Câm. Crim., Rel. Marco Antônio Bandeira Scapini, j. 16/08/2007.

Se a subtração for de substâncias explosivas ou de acessórios que, conjunta ou isoladamente, possibilitem sua fabricação, montagem ou emprego

A majorante em estudo foi inserida no § 2º do art. 157 do Código Penal através da Lei nº 13.654, de 23 de abril de 2018.

Ao contrário do que ocorreu com o delito de furto, no qual foi criada uma modalidade qualificada, punindo com uma pena de 4 (quatro) a 10 (dez) anos de reclusão e multa, se a subtração for de substâncias explosivas ou de acessórios que, conjunta ou isoladamente, possibilitem sua fabricação, montagem ou emprego, para o delito de roubo a mesma subtração, se cometida com o emprego de violência ou grave ameaça, importará em um aumento que poderá variar de 1/3 até metade, a ser aplicado no terceiro momento do critério trifásico

de aplicação da pena, previsto pelo art. 68 do mesmo diploma repressivo.

Para que não sejamos repetitivos, remetemos o leitor ao art. 155 do Código Penal, em que foi feito o estudo mais pormenorizado dessas substâncias explosivas e de seus acessórios, objeto da subtração por parte do agente.

Se a violência ou grave ameaça é exercida com o emprego de arma branca.

O inciso VII foi acrescentado ao § 2º do art. 157 do Código Penal pela Lei nº 13.964, de 24 de dezembro de 2019, que prevê um aumento de 1/3 (um terço) até a metade se o roubo for cometido com o emprego de arma branca. O conceito de arma branca pode ser encontrado por exclusão, vale dizer, não sendo considerada uma arma de fogo, todo instrumento que pode ser utilizado tanto para o ataque como para defesa, pode ser considerado uma arma branca.

As armas brancas podem ser classificadas em sete espécies, a saber: I – cortantes (navalhas, lâminas etc.); II – perfurantes (florete, chave de fenda etc.); III – perfurocortantes (faca, cacos de vidro etc.); IV – contundentes (martelo, pedaço de pau etc.); V – cortocontundentes (machado, foice etc.); VI – perfurocontundentes (lança, arpão etc.); e perfurocortocontundentes (facão etc.).

Nesse conceito de arma branca não podemos incluir os chamados simulacros, ou seja, aquelas réplicas, muitas delas perfeitas, que se confundem com as armas de fogo. Obviamente que o simulacro de arma possui poder de intimidação, fazendo com que a vítima ceda mais facilmente à subtração. Contudo, não se amolda ao conceito de arma branca, isto é, não se encaixa em nenhuma das definições apontadas acima.

O porte de arma branca é conduta que permanece típica na Lei das Contravenções Penais (STJ, RHC 56.128-MG, Rel. Min. Ribeiro Dantas, julgado em 10/03/2020).

Se a violência ou ameaça é exercida com emprego de arma de fogo

O emprego da arma de fogo agrava especialmente a pena em virtude de sua potencialidade ofensiva, conjugada com o maior poder de intimidação sobre a vítima. Os dois fatores, na verdade, devem estar reunidos para efeitos de aplicação da majorante. Dessa forma, não se pode permitir o aumento de pena quando a arma de fogo utilizada pelo agente não tinha, no momento da sua ação, qualquer potencialidade ofensiva por estar sem munição ou mesmo com um defeito mecânico que impossibilitava o disparo. Embora tivesse a possibilidade de amedrontar a vítima, facilitando a subtração, não poderá ser considerada para efeitos de aumento de pena, tendo em vista a completa impossibilidade de potencialidade lesiva, ou seja, a de produzir dano superior ao que normalmente praticaria sem o seu uso.

Entendendo pelo afastamento da majorante nas hipóteses de arma de fogo desmuniciada, assim decidiu o Superior Tribunal de Justiça:

✍ Nos termos da jurisprudência desta Corte, o emprego de arma de fogo desmuniciada, como forma de intimidar a vítima do delito de roubo, malgrado caracterize a grave ameaça configuradora do crime de roubo, não justifica o reconhecimento da majorante do art. 157, § 2º, I,[32] do Código Penal, ante a ausência de potencialidade ofensiva do artefato (STJ, HC 247.708/SP, Rel. Min. Ribeiro Dantas, 5ª T., *DJe* 25/04/2018).

A doutrina se digladia quanto à necessidade de ser a arma de fogo efetivamente empregada, para efeitos de se praticar a violência ou a grave ameaça, ou se bastaria o seu uso ostensivo, para fins de reconhecimento da causa especial de aumento de pena.

Empregar a arma de fogo significa utilizá-la no momento da prática criminosa. Tanto emprega a arma de fogo o agente que, sem retirá-la da cintura, mas com a mão sobre ela, anuncia o roubo, intimidando a vítima, como aquele que, após sacá-la, a aponta em direção à sua cabeça. O importante é que ela seja utilizada durante o roubo, mesmo que a ameaça seja levada a efeito implicitamente, como no exemplo acima fornecido. Conforme alerta Weber Martins Batista, também poderá ser reconhecida a majorante, "na circunstância do agente que, tendo consigo a arma, e mesmo sem manejá-la ou exibi-la à vítima, dá a entender que está armado e pretende fazer uso da arma, em caso de resistência".[33]

Em sentido contrário, preleciona Cezar Roberto Bitencourt:

"Segundo a dicção do texto legal, é necessário o emprego efetivo de arma, sendo insuficiente o simples portar. [...] A tipificação legal condiciona a ser a violência ou grave ameaça 'exercida' com o 'emprego de arma', e 'empregá-la' significa uso efetivo, concreto, real, isto é, a utilização da arma no cometimento da violência".[34]

✍ I – A Terceira Seção desta Corte, quando do julgamento do EREsp 961.863/RS, submetido à sistemática dos recursos repetitivos, firmou o entendimento no sentido de que, para a incidência da causa especial de aumento prevista no art. 157, § 2º-A, I, do Código Penal, é dispensável a apreensão e realização de perícia no respectivo objeto, desde que existentes outros meios comprobatórios da utilização da arma

de fogo na prática delituosa II – No caso dos autos, a incidência da majorante foi mantida com lastro na prova oral colhida em juízo, concluída, assim, a aptidão da arma de fogo utilizada no crime de roubo. III – A jurisprudência desta Corte considera legítima a aplicação cumulada das majorantes relativas ao concurso de pessoas, restrição à liberdade e ao emprego de arma de fogo, no crime de roubo, quando as circunstâncias do caso concreto demandarem uma sanção mais rigorosa, destacado especialmente por elementos como o modus operandi do delito, como no caso em exame. IV – A literalidade do art. 33, § 2º, "a", do CP impõe o regime fechado para as penas superiores a 8 anos, como na hipótese em concreto, na qual fixada reprimenda de 9 anos, 10 meses e 20 dias de reclusão. V – É assente nesta Corte Superior de Justiça que o agravo regimental deve trazer novos argumentos capazes de alterar o entendimento anteriormente firmado, sob pena de ser mantida a r.decisão vergastada pelos próprios fundamentos. Agravo regimental desprovido (AgRg no HC 589.733/SP, Rel. Min. Felix Fischer, 5ª T., julgado em 15/09/2020, *DJe* 23/09/2020).

Nesse sentido:

✍ STJ, AgRg no HC 473.117/MS, Rel. Min. Reynaldo Soares da Fonseca, 5ª T., *DJe* 14/02/2019; HC 606.493/RJ, Rel. Min. Ribeiro Dantas, 5ª T., julgado em 15/09/2020, *DJe* 21/09/2020; AgRg no HC 576.626/SP, Rel. Min. Rogerio Schietti Cruz, 6ª T., julgado em 16/06/2020, *DJe* 23/06/2020; STJ, HC 585.347/SP, Rel. Min. Ribeiro Dantas, 5ª T., julgado em 16/06/2020, *DJe* 23/06/2020; STJ, AgRg no HC 558.838/SP, Rel. Min. Sebastião Reis Júnior, 6ª T., julgado em 09/06/2020, *DJe* 18/06/2020; STJ, HC 560.960/SP, Rel. Min. Ribeiro Dantas, 5ª T., julgado em 09/06/2020, *DJe* 15/06/2020.

Se há destruição ou rompimento de obstáculo mediante o emprego de explosivo ou de artefato análogo que cause perigo comum

A causa especial de aumento de pena relativa à destruição ou rompimento de obstáculo mediante o emprego de explosivo ou de artefato análogo que cause perigo comum foi inserida no art. 157 por meio da Lei nº 13.654, de 23 de abril de 2018, que criou o § 2º-A, determinando um aumento de 2/3 (dois terços). Anteriormente, a destruição ou rompimento de obstáculo à subtração da coisa só era previsto para o crime de furto. Agora, em virtude da modificação legislativa, passou a ser previsto, também, para o crime de roubo, desde que esses comportamentos sejam levados a efeito mediante o emprego de explosivo ou de artefato análogo que cause perigo comum. Nas demais hipóteses, mesmo que haja destruição ou rom-

---

[32] A Lei nº 13.654/2018 revogou o inc. I do § 2º do art. 157 e inseriu o § 2º-A, I, para prever o aumento da pena em 2/3 se a violência ou ameaça for exercida com emprego de arma de fogo.

[33] BATISTA, Weber Martins. *O furto e o roubo no direito e no processo penal*, p. 248.

[34] BITENCOURT, Cezar Roberto. *Tratado de direito penal*, v. 3, p. 97.

pimento de obstáculo para a prática de um crime de roubo, não será possível a aplicação da majorante.

Assim, imagine-se a hipótese daquele que, querendo praticar um crime de roubo a uma agência bancária, destrua, com a utilização de uma marreta, a porta que estava devidamente trancada com cadeados e barras de ferro, para evitar o ingresso de pessoas não permitidas. Na agência bancária, agride o segurança e leva a efeito a subtração dos bens que se encontravam no cofre. Nesse caso, não haverá que se falar em aplicação da causa de aumento de pena prevista no inc. II do § 2º-A do art. 157 do Código Penal. Raciocínio ao contrário se daria se os agentes, a fim de ingressar na agência bancária, ou mesmo para a abertura do cofre-forte, se utilizassem de explosivos ou artefatos análogos para que tivessem sucesso na prática do roubo. A lei exige, ainda, que o emprego do explosivo ou do artefato análogo cause *perigo comum*, ou seja, a um número indeterminado de pessoas. Assim, se os agentes se utilizarem de explosivos ou de artefatos que não proporcionem essa situação de perigo, limitando a sua utilização tão somente a destruir ou a romper o obstáculo, também não haverá possibilidade de aplicação da majorante. Aqui, somente a prova pericial é que poderá afirmar se houve ou não a criação de perigo comum com a sua utilização.

Se a violência ou grave ameaça é exercida com emprego de arma de fogo de uso restrito ou proibido, aplica-se em dobro a pena prevista no *caput* deste artigo

O § 2º-B foi inserido no art. 157 do Código Penal pela Lei nº 13.964, de 24 de dezembro de 2019. Assim, se a violência ou grave ameaça é exercida com emprego de arma de fogo de uso restrito ou proibido, aplica-se em dobro a pena prevista no *caput* do artigo em análise.

Em 25 de junho de 2019, após muitas polêmicas, foi publicado o Decreto nº 9.847, cujos incisos II e III do art. 2º, definindo os conceitos de arma de fogo de uso restrito e de uso proibido, dizem:

Art. 2º *Para fins do disposto neste Decreto, adotam-se as definições e classificações constantes do Anexo I ao Decreto nº 10.030, de 30 de setembro de 2019, e considera-se, ainda:*

I – registros precários – dados referentes ao estoque de armas de fogo, acessórios e munições das empresas autorizadas a comercializá-los; e

II – registros próprios – aqueles realizados por órgãos, instituições e corporações em documentos oficiais de caráter permanente.

A Lei nº 13.964, de 24 de dezembro de 2019, modificando a Lei nº 8.072/1990, na última parte da alínea *b* do inciso II do seu art. 1º, passou a considerar como hediondo o roubo com emprego de arma de fogo de uso proibido ou restrito.

Causa de aumento de pena quando o roubo é cometido contra as instituições financeiras e os prestadores de serviço de segurança privada

A Lei nº 14.967, de 9 de setembro de 2024, inseriu o art. 183-A no Código Penal, que diz, *verbis*:

Art. 183-A. *Nos crimes de que trata este Título, quando cometidos contra as instituições financeiras e os prestadores de serviço de segurança privada, de que trata o Estatuto da Segurança Privada e da Segurança das Instituições Financeiras, as penas serão aumentadas de 1/3 (um terço) até o dobro.*

Assim, por exemplo, se o crime de roubo for cometido conta uma agência bancária, a pena deverá ser aumentada de 1/3 (um terço) até o dobro.

Sequestro relâmpago no crime de extorsão

Vide art. 158, § 3º, do Código Penal.

Roubo qualificado pela lesão corporal grave e pela morte (latrocínio)

Inicialmente, vale ressaltar que a lei penal exige que os resultados previstos no mencionado § 3º sejam provenientes da *violência* praticada pelo agente, entendida, no sentido do texto, como a *vis corporalis*, ou seja, a violência física empregada contra a pessoa. Se, por exemplo, durante a execução de um crime de roubo, cometido com o emprego de *grave ameaça*, a vítima vier a sofrer um colapso cardíaco, falecendo durante a ação criminosa, o agente não poderá responder pelo fato a título de latrocínio, porque o resultado morte da vítima não foi decorrente da violência por ele empreendida, mas, sim, de sua grave ameaça. Poderá, se for o caso, ser responsabilizado pelo roubo (sem a qualificadora do resultado morte), além do homicídio (doloso ou culposo, se o agente conhecia o problema cardíaco da vítima, variando de acordo com o seu elemento subjetivo).

No crime de latrocínio, é imperioso que a morte da vítima seja resultado da violência empregada pelo agente e não tenha relação causal com outro fator, como a imprudência na direção do veículo automotor. Se os agentes, após roubarem o veículo, se envolverem em acidente automobilístico que provoque a morte da vítima proprietária do automóvel roubado, devem responder pelo crime de roubo qualificado em concurso formal com o delito de homicídio culposo (TJMG, AC 1.0188.05.030945-2/001, Rel. Des. Alexandre Victor de Carvalho, DJ 23/10/2006).

Os resultados qualificadores especificados pelos incs. I e II, do § 3º do art. 157 do Código Penal, com a nova redação que lhe foi dada pela Lei nº 13.654, de 23 de abril de 2018, são: I) lesão corporal de natureza grave (aqui compreendidos os §§ 1º e 2º do art. 129 do Código Penal); II) morte (latrocínio). Esses resultados podem ser imputados a título de dolo ou culpa, isto é, durante a prática do roubo, o agente pode ter querido causar, efetivamente, lesões graves na vítima, ou mesmo a sua morte, para fins de subtração de seus bens, ou tais resultados podem ter ocorrido durante a empreitada criminosa sem que fosse intenção do agente produzi-los, mas causados culposamente. Assim, segundo a posição majoritária da doutrina, os incs. I e II do § 3º cuidam de crimes qualificados pelo resultado (lesão corporal grave ou morte) que poderão ser imputados ao agente a título de dolo ou culpa. Em sentido contrário, afirma Israel Domingos Jorio que o resultado morte somente pode ser atribuído ao agente a título de culpa, cuidando-se, portanto, de um crime preterdoloso. Caso o agente, segundo o renomado autor, mesmo que com a finalidade de levar a efeito a subtração, viesse a causar, dolosamente, a morte da vítima, deveria ser aplicado o raciocínio correspondente ao concurso de crimes.[35]

⚖️ O roubo qualificado (CP, art. 157, § 3º) é crime qualificado pelo resultado, cujo resultado agravador, morte ou lesão corporal grave, pode ter sido provocado dolosa ou culposamente, contudo, a violência que causa o resultado deve ser necessariamente dolosa. De fato, se o resultado agravador é causado culposamente, não há falar em tentativa, sendo necessária sua efetiva ocorrência; por outro lado, plenamente possível a tentativa do roubo qualificado em caso de *animus necandi* ou *animus laedendi*. Mais do que isso, essencial a existência de relação de causalidade entre a subtração patrimonial e a violência empregada, seja para possibilitar a subtração (conexão teleológica), seja para, após a subtração do bem, assegurar sua posse ou a impunidade do agente (conexão consequencial) (STJ, HC 226.359/DF, Rel. Min. Ribeiro Dantas, 5ª T., *DJe* 12/08/2016).

Nesse sentido:

⚖️ TJMG, AC 1.0439.03.023472-8/001, Rel. Alexandre Victor de Carvalho, *DJ* 1º/09/2007; TJMG, AC 1.0439.04.036711-2/001, Rel. Des. Vieira de Brito, *DJ* 10/11/2006; STJ, HC 37583/SP, Rel. Min. Gilson Dipp, 5ª T., *DJ* 1º/07/2005, p. 573.

Importante frisar, ainda, que em hipótese alguma o agente poderá ser responsabilizado pela ocorrência de um resultado que não lhe era previsível, não se aceitando, pois, o raciocínio da chamada responsabilidade penal objetiva, conhecida, ainda, por responsabilidade penal sem culpa ou pelo resultado, uma vez que o art. 19 do estatuto repressivo determina expressamente: *Pelo resultado que agrava especialmente a pena, só responde o agente que o houver causado ao menos culposamente.*

O STJ, contudo, atribuindo culpa aos agentes que ao praticarem o delito de roubo, tendo como vítima um idoso de 84 anos, fazendo-se presumir, portanto, a condição, pela idade avançada, de pessoa cardíaca, assim decidiu, no Habeas Corpus Nº 704718/SP

(2021/0355906-0), 6ª Turma, tendo como relatora a Ministra Laurita Vaz, julgado em 16 de maio de 2023: "1. A despeito da controvérsia doutrinária a respeito da classificação do crime previsto no art. 157, § 3º, inciso II, do Código Penal – se preterdoloso ou não – fato é que, para se imputar o resultado mais grave (consequente) ao autor, basta que a morte seja causada por conduta meramente culposa, não se exigindo, portanto, comportamento doloso, que apenas é imprescindível na subtração (antecedente). Portanto, é inócua a alegação de que não houve vontade dirigida com relação ao resultado agravador, porque, ainda que os Pacientes não tenham desejado e dirigido suas condutas para obtenção do resultado morte, essa circunstância não impede a imputação a título de culpa. 2. O sistema da persuasão racional, acolhido pelo ordenamento jurídico brasileiro, garante ao Julgador a livre apreciação da prova, desde que, evidentemente, o faça de maneira fundamentada. No caso, após analisar a conclusão do laudo – atestando que as agruras vivenciadas pela vítima podem ter colaborado para o resultado morte – e as demais provas carreadas aos autos, concluiu o Juízo Sentenciante haver nexo causal entre as condutas dos Réus e o resultado morte. Para desconstituir tal conclusão, seria imprescindível incursionar, verticalmente, no acervo probatório, o que, como se sabe, é incabível na estreita via do *habeas corpus*. 3. O art. 13, *caput*, do Código Penal, acolheu a teoria da equivalência das condições ou *conditio sine qua non*, ao prever que '[c]onsidera-se causa a ação ou omissão sem a qual o resultado não teria ocorrido'. A aplicação da teoria em comento ao estudo das concausas implica concluir que as causas absolutamente independentes sempre excluirão a imputação do resultado mais gravoso, as relativamente independentes, nem sempre. 4. O Código Penal, em seu art. 13, § 1º, prevê uma hipótese de exclusão da imputação – denominada por alguns de 'rompimento do nexo causal' –, respondendo o agente apenas pelos atos já praticados. Essa hipótese, porém, apenas tem cabimento quando a concausa, além de relativamente independente, também for superveniente à ação do agente, conduzindo, por si só, ao resultado agravador. Ou seja, se a concausa relativamente independente for preexistente ou concomitante à ação do autor, não haverá exclusão do nexo de causalidade. 5. No caso, o laudo pericial não atestou que a morte tenha sido causada exclusivamente pela doença cardíaca preexistente da vítima. Ao contrário, consignou-se que o infarto '*pode ter sido ajudado pelo stress sofrido na data do óbito, pois há sinais de violência e tortura encontrados no exame*" – o que evidencia que a vítima apenas veio a falecer, exatamente, durante o crime praticado pelos Pacientes, que a agrediram severa-

---

[35] JORIO, Israel Domingos. *Latrocínio*, p. 238.

mente. Considerando que a doença cardíaca, *in casu*, é concausa preexistente relativamente independente, não há como afastar o resultado mais grave (morte) e, por consequência, a imputação de latrocínio.

6. Nem mesmo a aplicação da teoria da imputação objetiva, mencionada pela zelosa Defesa, conduziria a outra conclusão. Como se sabe, '[p]*ara a teoria da imputação objetiva, o resultado de uma conduta humana somente pode ser objetivamente imputado a seu autor quando tenha criado a um bem jurídico uma situação de risco juridicamente proibido (não permitido) e tal risco se tenha concretizado em um resultado típico*' (BITENCOURT, Cezar Roberto. Tratado de direito penal: Parte geral: arts. 1 a 120. 27. Ed. São Paulo: Saraiva Educação, 2021, p. 161). Nos limites cognitivos possibilitados na via do *habeas corpus*, parece evidente que, ao dirigirem suas ações contra vítima idosa (um senhor de 84 anos) e usarem de exacerbada violência, os Pacientes criaram, sim, um risco juridicamente proibido – conclusão contrária seria impensável à luz do ordenamento jurídico brasileiro. Esse risco, concretizou-se em um resultado típico previsto justamente no tipo imputado aos Réus (art. 157, § 3º, inciso II, do Código Penal)."

As qualificadoras acima mencionadas – lesão corporal grave e a morte – são aplicadas em ambas as espécies de roubo, vale dizer, o roubo próprio, bem como o roubo impróprio. O importante, como já registramos, é que tenha sido consequência da violência utilizada.

A morte, que qualifica o roubo, faz surgir aquilo que doutrinariamente é reconhecido por *latrocínio*, embora o Código Penal não utilize essa rubrica. Assim, se durante a prática do roubo, em virtude da violência empreendida pelo agente, advier a morte – dolosa ou mesmo culposa – da vítima, poderemos iniciar o raciocínio correspondente ao crime de latrocínio, consumado ou tentado, conforme veremos mais adiante.

Ao latrocínio e ao roubo qualificado pelas lesões corporais de natureza grave não se aplicam as causas de aumento de pena previstas no § 2º do art. 157 do Código Penal, em virtude de sua localização topográfica. Imagine-se, por exemplo, que a vítima esteja a serviço de transporte de valores (inc. III), quando é interceptada por dois agentes (inc. II) que, munidos com armas de fogo (inc. I do § 2º-A), contra ela atiram, querendo a sua morte, para que possam realizar a subtração. Por intermédio desse exemplo, podemos perceber a ocorrência de três causas de aumento de pena. No entanto, nenhuma delas poderá ser aplicada ao latrocínio, a título de majorantes, uma vez que, se fosse intenção da lei penal aplicá-las às modalidades qualificadas, deveriam estar localizadas posteriormente ao § 3º do art. 157 do Código Penal. Assim, conclui-se, as majorantes previstas pelos §§ 2º e 2º-A do mesmo artigo somente são aplicadas àquilo que as antecedem, isto é, às duas modalidades de roubo simples, seja ele próprio (*caput*) ou mesmo impróprio (§ 1º).

Tem-se afirmado, com razão, que a morte de qualquer pessoa, durante a prática do roubo, que não alguém do próprio grupo que praticava a subtração, caracteriza o latrocínio. Assim, por exemplo, se integrantes de uma associação criminosa ingressam em uma agência bancária e matam, imediatamente, o segurança que ali se encontrava, a fim de praticar a subtração, já se poderá cogitar do latrocínio, consumado ou tentado, dependendo do caso concreto, bem como da posição que se adote, conforme será explicado mais adiante. No entanto, conforme esclarece Weber Martins Batista, "não se pode falar em latrocínio, se é um dos agentes que morre, ferido por tiro disparado pela vítima, pela polícia, ou por qualquer pessoa que veio em socorro desta, pois tal morte *não* foi praticada por qualquer dos sujeitos ativos do crime. Mas se acontecer – hipótese que não é incomum nos roubos à mão armada – que um dos agentes dispare arma na direção de terceiro e atinja e mate um companheiro, o fato caracteriza o latrocínio".[36]

Pode ocorrer, ainda, que, durante a prática do roubo, várias pessoas sejam mortas. Nesse caso, haveria *crime único* (latrocínio), devendo as várias mortes ser consideradas tão somente no momento de aplicação da pena-base, ou se poderia, no caso, cogitar de *concurso de crimes*, considerando-se cada morte como uma infração penal (consumada ou tentada)?

O Superior Tribunal de Justiça, modificando sua posição anterior, que entendia pelo crime único (REsp 15.701/SP), passou a se posicionar pela aplicação do concurso formal impróprio.

Prevalece, no Superior Tribunal de Justiça, o entendimento no sentido de que, nos delitos de latrocínio – crime complexo, cujos bens jurídicos protegidos são o patrimônio e a vida –, ainda que o réu objetive apenas uma subtração, se mais de uma vítima for atingida pela violência no crime de roubo com resultado morte ou lesão grave, configurado a prática de mais de um delito, impossibilitando o reconhecimento de crime único. Reconhecida pelas instâncias de origem a prática dos crimes de porte de arma de fogo, na modalidade adquirir – devidamente descrita na denúncia e prevista no art. 14 da Lei 10.826/03, e de latrocínio, em contextos diversos, impossível o reconhecimento do princípio da consunção (STJ, Processo AgRg no HC 567.824/SC, Rel. Min. Nefi Cordeiro, 6ª T., julgado em 09/06/2020, *DJe* 16/06/2020).

Nesse sentido

STJ, AgRg na RvCr 4.109/MT, Rel. Min. Sebastião Reis Junior, 6ª T., *DJe* 27/02/2018.

Quando estivermos diante de várias subtrações, com vários resultados morte, nada impede o raciocínio do concurso de crimes. Assim, imagine-se que, durante

---

[36] BATISTA, Weber Martins. *O furto e o roubo no direito e no processo penal*, p. 286.

a prática de um roubo em um prédio de apartamentos, os agentes acabem subtraindo os bens de várias pessoas, causando a morte de algumas delas. Poderá se cogitar, *in casu*, de concurso de latrocínios, com as discussões que lhe são pertinentes, que girarão em torno da natureza desse concurso de crimes (concurso material, concurso formal, ou, ainda, o crime continuado).

📚 Nos termos da jurisprudência do Superior Tribunal de Justiça, no crime de latrocínio, verificado que o agente, mediante uma única subtração patrimonial, buscou alcançar mais de um resultado morte, evidenciando desígnios autônomos, aplica-se a regra do concurso formal impróprio, nos moldes do art. 70, segunda parte, do Código Penal. Precedentes (STJ, AgRg no HC 347.208/SC, Rel. Min. Antônio Saldanha Palheiro, 6ª T., *DJe* 09/10/2017).

O latrocínio encontra-se previsto no rol das infrações penais consideradas hediondas, conforme se verifica pela leitura da alínea *c* do inciso II do art. 1º da Lei nº 8.072/1990, com a nova redação que lhe foi conferida pela Lei nº 13.964, de 24 de dezembro de 2019.

Entendemos que não será possível a aplicação ao delito tipificado no art. 157, § 3º, II, do Código Penal da causa especial de aumento de pena prevista no art. 9º da Lei nº 8.072/1990, em virtude da revogação expressa do art. 224 do Código Penal pela Lei nº 12.015, de 7 de agosto de 2009.

Com a devida *venia* das posições em contrário, não podemos raciocinar no sentido de que as hipóteses elencadas pelo art. 224 do Código Penal, a quem se remetia o art. 9º da Lei nº 8.072/1990, foram deslocadas para o art. 217-A do Código Penal, que prevê o delito de estupro de vulnerável.

Não podemos vagar pelo Código Penal a procura de tipos que se amoldem a remissões já revogadas. Caso seja do interesse do legislador manter o aumento de pena para o delito tipificado no art. 157, § 3º, II, do estatuto repressivo, deverá fazê-lo expressamente.

Nesse sentido, trazemos à colação os ensinamentos de Luiz Carlos dos Santos Gonçalves, que esclarece: "O art. 9º da Lei dos Crimes Hediondos foi tacitamente revogado, vez que revogado expressamente o art. 224 do Código Penal, ao qual ele se referia. É certo que há semelhança entre a situação de vulnerabilidade, mencionada nos arts. 217-A e 218 e aquelas descritas no revogado art. 224 do Código, mas não se assemelha possível o emprego da analogia no caso – pois seria *in malam partem*. O necessário aumento da pena do roubo, da extorsão e da extorsão mediante sequestro, praticados contra vítimas menores de 14 anos, com doença mental ou que não poderiam oferecer resistência, fica, assim, prejudicado. É a dificuldade da téc-

nica do 'tipo remetido': revogado o artigo mencionado, fica sem aplicação o que o menciona".[37]

No mesmo sentido, prelecionam Luiz Flávio Gomes e Rogério Sanches Cunha que o art. 224 do Código Penal foi revogado pela Lei nº 12.015, de 7 de agosto de 2009, "eliminando-se, tacitamente, também a majorante da Lei dos Crimes Hediondos (art. 9º), cuidando-se de alteração benéfica que deve retroagir para alcançar os fatos passados".[38]

📚 Identificadas as elementares do crime de latrocínio, pelo vínculo operativo com o início da operação e seu resultado final, de forma consumada. Tratando-se de crime complexo – qualificado pelo resultado –, admite-se, para que ocorra a incidência da norma incriminadora, tanto a presença do dolo quanto a constatação da culpa: exige-se dolo na conduta antecedente (roubo) e dolo ou culpa na conduta subsequente (aqui o objetivo morte) (TJRS, Ap. Crim. 70017112376, 5ª Câm. Crim., Rel. Aramis Nassif, j. 06/12/2006).

Consumação e tentativa no delito de latrocínio

O latrocínio, sendo uma modalidade qualificada do delito de roubo (art. 157, § 3º, II, do CP), é um crime complexo. Poderíamos afirmar que esse crime permaneceria na fase do *conatus* se não fossem preenchidos todos os elementos que o compõem, vale dizer, a subtração da coisa alheia móvel, mais o resultado morte. Quanto a essa infração penal, especificamente, a discussão não é tão simples assim. Se temos um homicídio consumado e uma subtração consumada, não hesitamos em afirmar que estamos diante de um latrocínio consumado.

📚 Quando o agente pratica homicídio consumado e subtração patrimonial consumada, responde por latrocínio e não por homicídio (TJMG, Ap. 1.0567.06.093729-7/001, 3ª Câm. Crim., Rel. Antônio Carlos Cruvinel, pub. 16/01/2008).

Da mesma forma, se temos um homicídio tentado e uma subtração tentada, também somos convencidos de que houve um latrocínio tentado.

📚 Para a tipificação da conduta como latrocínio tentado mostra-se despicienda a existência de lesão corporal, de qualquer natureza, bastando a comprovação do *animus necandi* e que o resultado agravador não tenha sido alcançado por circunstâncias alheias à vontade do agente (STJ, HC 327.110/SP, Rel. Min. Ribeiro Dantas, 5ª T., *DJe* 19/12/2017).

Nesse sentido:

📚 STJ, REsp 1.282.171/MG, Rel. Min. Rogério Schietti Cruz, 6ª T., *DJe* 29/06/2016; STJ, HC 161911/RJ, Rel. Min. Campos Marques, Desembargador convocado do TJPR,

[37] GONÇALVES, Luiz Carlos dos Santos. Primeiras impressões sobre a nova conceituação do crime de estupro, vinda da Lei nº 12.015/2009. Disponível em: http://www.cpcmarcato.com.br/arquivo_interno.php?un=1&arquivo=41. Acesso em: 2 de setembro de 2009.

[38] GOMES, Luiz Flávio; CUNHA, Rogério Sanches. *Comentários à reforma penal de 2009 e à convenção de Viena sobre o direito dos tratados*, p. 20.

5ª T., *DJe* 05/06/2013; STJ, HC 201175/MS, Rel. Min. Jorge Mussi, 5ª T., *DJe* 08/05/2013.

Agora, se há o homicídio consumado e a subtração tentada, ou se a subtração foi consumada e o homicídio tentado, as discussões doutrinárias e jurisprudenciais começam a surgir. Faremos, então, a análise das duas últimas situações isoladamente.

Subtração consumada e homicídio tentado – Para Hungria,[39] haveria aqui uma tentativa de homicídio qualificado (art. 121, § 2º, V), pois que, segundo o renomado autor, "se se admitisse tentativa de latrocínio quando se consuma o homicídio (crime-meio) e é apenas tentada a subtração patrimonial (crime-fim) ou, ao contrário, quando é tentado o homicídio, consumando-se a subtração, o agente incorreria, no primeiro caso, em pena inferior à do homicídio simples (!) e, no segundo, em pena superior à da tentativa de homicídio qualificado pela conexão de meio a fim com outro crime (art. 121, § 2º, V), ainda que este 'outro crime' seja de muito maior gravidade que o roubo. A solução que sugiro, nas hipóteses formuladas, como menos subversiva dos princípios é a seguinte: o agente responderá, e tão somente, por consumado ou tentado o homicídio qualificado (121, § 2º, V), dada a relação de meio e fim entre o homicídio consumado e a tentativa de crime patrimonial ou entre homicídio tentado e a consumada lesão patrimonial".[40]

Fragoso[41] e Noronha,[42] analisando a mesma situação, discordando do posicionamento de Hungria, entendem que, havendo subtração consumada e homicídio tentado, resolve-se pela tentativa de latrocínio, posição à qual nos filiamos.

⚖ Se houve prova de que o acusado agiu com *animus necandi*, no crime de roubo, não ocorrendo a consumação da morte por circunstâncias alheias à vontade do réu, conclui-se pela ocorrência da tentativa de latrocínio e não o roubo qualificado pela lesão corporal de natureza grave (STJ, AgRg no AREsp 1.291.179/SP, Rel. Min. Nefi Cordeiro, 6ª T., *DJe* 14/05/2019).

Nesse sentido:

⚖ STJ, REsp 1.727.577/RJ, Rel. Min. Jorge Mussi, 5ª T., *DJe* 25/05/2018; STJ, HC 391.645/SP, Rel. Min. Antônio Saldanha Palheiro, 6ª T., *DJe* 13/06/2017; STJ, REsp 1414303/RS, Rel. Min. Rogério Schietti Cruz, 6ª T., *DJe* 25/06/2014; STJ, HC 80491/RJ, Rel. Min. Arnaldo Esteves Lima, 5ª T., *DJe* 03/11/2008; TJPR, AC 0388407-1, 5ª Câm. Crim., Rel. Des. Marcus Vinicius de Lacerda Costa, j. 21/06/2007.

Homicídio consumado e subtração tentada – Aqui, tentando elucidar o problema, surgiram, pelo menos, três correntes:

A primeira delas, na esteira de Frederico Marques, citado por Damásio,[43] entende que houve latrocínio tentado em virtude de ser um crime complexo.

Na segunda posição, encabeçada por Hungria, conclui-se que, no caso de subtração tentada e homicídio consumado, deve o agente responder tão somente por homicídio qualificado, ficando afastada a punição pela tentativa de subtração, pois que, segundo o citado autor, "a única solução que nos parece razoável é a de, sem desrespeito à unidade jurídica do crime, aplicar exclusivamente a pena mais grave, considerados os crimes separadamente, ficando absorvida ou abstraída a pena menos grave. Tome-se, por exemplo, o crime de latrocínio (art. 157, § 3º, *in fine*)[44] e suponha-se que o homicídio (crime-meio) seja apenas tentado, enquanto a subtração da *res aliena* (crime-fim) se consuma: deve ser aplicada tão somente a pena de tentativa de homicídio qualificado (art. 121, § 2º, V), considerando-se absorvida por ela a do crime patrimonial. Se, ao contrário, o homicídio se consuma, ficando apenas tentado o crime patrimonial, a pena única a aplicar-se é a do homicídio qualificado consumado".[45]

Finalmente, hoje, como terceira e majoritária posição, temos aquela adotada pelo STF, o qual deixou transparecer seu entendimento por meio da Súmula nº 610, assim redigida:

⚖ **Súmula nº 610** – *Há crime de latrocínio, quando o homicídio se consuma, ainda que não realize o agente a subtração de bens da vítima.*

Para essa corrente, basta que tenha ocorrido o resultado morte para que se possa falar em latrocínio consumado, mesmo que o agente não consiga levar a efeito a subtração patrimonial.

⚖ O latrocínio é crime complexo, formado pela união dos crimes de roubo e homicídio, realizados em conexão consequencial ou teleológica e com *animus necandi*. Estes crimes perdem a autonomia quando compõem o crime complexo de latrocínio, cuja consumação exige a execução da totalidade do tipo. 3. Em tese, para haver a consumação do crime complexo, necessitar-se-ia a consumação da subtração e da morte, contudo os bens jurídicos patrimônio e vida não possuem igual valoração, havendo prevalência deste último, conquanto o latrocínio seja classi-

[39] HUNGRIA, Nélson. *Comentários ao código penal*, v. VII, p. 62-63.

[40] O argumento de Hungria não mais se justifica, pois a pena mínima do latrocínio foi aumentada para 20 anos.

[41] FRAGOSO, Heleno Cláudio. *Lições de direito penal – parte especial (arts. 121 a 160 CP)*, p. 308.

[42] NORONHA, Edgard Magalhães. *Direito penal*, v. 2, p. 375.

[43] JESUS, Damásio E. de. *Direito penal*, v. 2, p. 375.

[44] Obs.: Atualmente, o latrocínio encontra-se no inc. II do § 3º do art. 157 do Código Penal, com a nova redação que lhe foi conferida pela Lei nº 13.654, de 23 de abril de 2018.

[45] HUNGRIA, Nélson. *Comentários ao código penal*, v. VII, p. 63-64.

ficado como crime patrimonial. Por conseguinte, nos termos da Súmula 610 do STF, o fator determinante para a consumação do latrocínio é a ocorrência do resultado morte, sendo despicienda a efetiva inversão da posse do bem, como se observou no caso concreto (STJ, HC 449.110/SP, Rel. Min. Ribeiro Dantas, 5ª T., julgado em 02/06/2020, *DJe* 10/06/2020).

Nesse sentido:

STJ, HC 384.875/SP, Rel. Min. Ribeiro Dantas, 5ª T., *DJe* 26/03/2018; TJMG, Processo 1.0251.06. 016550-2/001(1), Rel. Paulo Cezar Dias, *DJ* 31/08/2007; TJRS, Ap. Crim. 70016967473, 4ª Câm. Crim., Rel. Constantino Lisbôa de Azevedo, j. 30/11/2006.

Por entendermos que, para a consumação de um crime complexo, é preciso que se verifiquem todos os elementos que integram o tipo, ousamos discordar das posições de Hungria e do STF e nos filiamos à posição de Frederico Marques, concluindo que, havendo homicídio consumado e subtração tentada, deve o agente responder por tentativa de latrocínio e não por homicídio qualificado ou mesmo por latrocínio consumado.

A posição assumida por nossa Corte Maior agride, frontalmente, a determinação contida no inc. I do art. 14 do Código Penal, que diz que o crime é *consumado* quando nele se reúnem *todos* os elementos de sua definição legal. A lei penal é clara ao exigir a presença de *todos* os elementos que compõem os tipos penais, para efeito de reconhecimento da consumação, exceto nos crimes formais, também reconhecidos por crimes de consumação antecipada (de resultado cortado), justamente porque sua consumação ocorre independentemente da produção naturalística do resultado, considerado como um mero exaurimento do crime, como acontece com o delito extorsão mediante sequestro, tipificado no art. 159 do Código Penal, em que a simples privação da liberdade da vítima já permite o raciocínio da consumação, independentemente da obtenção da vantagem indevida pelo agente. No latrocínio, ao contrário, estamos diante de um crime material, vale dizer, de conduta e produção naturalística de resultado. Para efeitos de reconhecimento de sua consumação, há necessidade inafastável do preenchimento das figuras que, juntas, formam a cadeia complexa. Assim, para que se configure o latrocínio (crime complexo), é preciso que ocorra a *subtração*, além da *morte* da vítima, ou mesmo de terceiro que se encontre numa relação de contexto com a prática da subtração violenta.

Dessa forma, a posição assumida pelo Supremo Tribunal Federal, que se contenta com a morte da vítima, mesmo que não realize o agente a subtração de seus bens, para efeitos de reconhecimento do latrocínio consumado, é completamente *contra legem*,

ofendendo a determinação contida no mencionado art. 14, I, do Código Penal.

Por isso, quando algum dos elementos que se configuram como infrações penais autônomas, que formam o crime de latrocínio, não estiver presente (seja a subtração dos bens ou a morte da vítima), a conclusão deverá ser, fatalmente, pela tentativa.

Merece destaque, ainda, a posição assumida pelo atual Ministro Marco Aurélio Bellizze, do Superior Tribunal de Justiça, quando, em decisão proferida em Recurso de Apelação, como Desembargador do TJRJ, se manifestou no sentido de priorizar o resultado produzido, em detrimento do dolo do agente, dizendo:

Roubo a residência praticado mediante o uso de arma branca (faca). Vítimas lesionadas – no número de três –, uma delas de forma grave. Sentença que condenou o apelante pela prática, por três vezes, em concurso formal, do crime tipificado no art. 157, § 3º, segunda parte[46], c/c art. 14, II, ambos do Código Penal. O latrocínio é crime de resultado, o que significa dizer que o resultado naturalístico ou fenomênico – no caso, as lesões corporais graves ou a morte –, indicará a correta adequação típica da conduta do agente, e não o elemento subjetivo envolvido na conduta causadora do resultado mais grave. Incompatibilidade entre a norma de extensão temporal da figura típica, prevista no art. 14, inc. II, do Código Penal, com a figura qualificada do § 3º do art. 157 do mesmo diploma legal, cuja adequação típica se realiza de forma direta e imediata em razão do resultado naturalístico, não do elemento subjetivo do agente, que já ensejou a adequação típica no crime antecedente, o crime de roubo. Dolo único do agente de subtração dos bens que guarneciam a residência invadida. Crime único do art. 157, § 3º, primeira parte, do Código Penal, ainda que produzidas lesões físicas em mais de uma vítima. Classificação orientada pela conduta mais grave. Hipótese que se amolda, quanto à vítima que sofreu lesão grave, à conduta descrita no tipo do art. 157 § 3º, primeira parte, do Código Penal. Pena – Não há óbice em se considerar uma condenação transitada em julgado como circunstância judicial de aumento de pena (maus antecedentes) e a outra como agravante, a ser sopesada com a atenuante da confissão. Desprezo da condenação já objeto de indulto. Provimento parcial do recurso defensivo para reclassificar a conduta para o crime do art. 157 § 3º, primeira parte, do Código Penal. Ajuste da pena (TJRJ, 1ª Câm. Crim., Ap. Crim. nº 584-50/2009).

Pena e ação penal

Ao roubo simples, seja ele próprio ou impróprio, é cominada uma pena de reclusão, de 4 (quatro) a 10 (dez) anos, e multa.

---

[46] Obs.: Atualmente, o latrocínio encontra-se no inc. II do § 3º do art. 157 do Código penal, com a nova redação que lhe foi conferida pela Lei nº 13.654, de 23 de abril de 2018.

TÍTULO II – DOS CRIMES CONTRA O PATRIMÔNIO **Art. 157**

Para as modalidades qualificadas, se da violência resultar *lesão corporal grave*, a pena é de reclusão, de 7 (sete) a 18 (dezoito) anos, e multa; *morte*, a pena é de reclusão de 20 (vinte) a 30 (trinta) anos, e multa.

A ação penal é de iniciativa pública incondicionada.

⚖ Segundo reiterada jurisprudência desta Corte, o crime de roubo cometido com uso de arma de fogo por exprimir maior periculosidade social do agente, exige por si só uma resposta penal mais severa para a repressão e prevenção do delito, justificando-se, a imposição do regime mais gravoso (STJ, HC 267393/SP, Rel.ª Min.ª Marilza Maynard, Desembargadora convocada do TJ/SE, 5ª T., *DJe* 24/06/2013).

Vítima que se coloca em condições que a impossibilitam de oferecer resistência

Suponha-se que tenha a própria vítima, voluntariamente, se colocado nesse estado de impossibilidade de resistência, em decorrência, por exemplo, da quantidade excessiva de bebida alcoólica por ela ingerida. Se o agente, percebendo a situação em que ela se encontrava, dela subtrai seus pertences, deveria ser responsabilizado pelo delito de roubo com violência imprópria? A resposta só pode ser negativa, pois o próprio agente deve se valer de recursos para colocar a vítima em situação que impossibilite sua resistência. No caso, como a própria vítima se colocou nesse estado, estaríamos diante de um crime de furto, podendo ou não ser qualificado, conforme se viu anteriormente quando do estudo do tipo penal do art. 155.

Violência ou grave ameaça para escapar, sem a intenção de levar a coisa consigo

Imagine-se a hipótese daquele que, no interior de uma residência, quando agia com *animus furandi*, depois de ser descoberto, querendo tão somente escapar, deixando para trás os objetos que por ele já haviam sido selecionados, agride a vítima com a finalidade de fugir, almejando evitar sua prisão em flagrante. Nesse caso, pergunta-se: estaríamos diante de um roubo com violência imprópria? A resposta só pode ser negativa. O que houve, na verdade, foi uma tentativa de furto, seguida do delito de lesão corporal (leve, grave ou gravíssima, dependendo do caso). O fato de o agente abandonar a coisa que seria furtada descaracteriza o roubo impróprio, passando-se a adotar o raciocínio correspondente ao furto, seguido da infração penal que lhe foi posterior.

Se, no caso em exame, em vez da vítima, o agente tivesse sido surpreendido pela autoridade policial que lhe deu voz de prisão e, agindo única e exclusivamente com a vontade de fugir, não mais querendo realizar a subtração, viesse a agredi-la, opondo-se, violentamente à execução do ato legal, estaríamos diante

de uma tentativa de furto, além do fato de também poder ser o agente responsabilizado pelo crime de resistência (art. 329 do CP), bem como pelo de lesões corporais (leves, graves ou gravíssimas), conforme determina o § 2º do art. 329 do CP.

Roubo de uso

Se houver violência na subtração levada a efeito pelo agente, que não atua com a vontade de ter a coisa para si ou para terceiro, mas tão somente de usá-la por um período curto de tempo, a fim de devolvê-la logo em seguida, poderíamos raciocinar com o tipo penal do art. 146 do diploma repressivo, que prevê o delito de constrangimento ilegal, pois, ao tomar a coisa à força, o agente impede que a vítima faça com ela aquilo que a lei permite, vale dizer, usá-la da forma que melhor lhe aprouver.

Em sentido contrário, já decidiu o STJ:

⚖ O ânimo de apossamento – elementar do crime de roubo – não implica, necessariamente, o aspecto de definitividade. Ora, apossar-se de algo é ato de tomar posse, dominar ou assenhorar-se do bem subtraído, que pode trazer o intento de ter o bem para si, entregar para outrem ou apenas utilizá-lo por determinado período, como no caso em tela. O agente que, mediante grave ameaça ou violência, subtrai coisa alheia para usá-la, sem intenção de tê-la como própria, incide no tipo previsto no art. 157 do Código Penal (STJ, REsp 1.323.275/GO, Rel.ª Min.ª Laurita Vaz, 5ª T., *RSTJ* v. 234, p. 567).

Nesse mesmo sentido contrário:

⚖ STJ, REsp 1.323.275/GO, Rel.ª Min.ª Laurita Vaz, 5ª T., j. 24/04/2014; TJMG, AC 1.0534.05. 000170-8/001, Rel.ª Des.ª Maria Celeste Porto, *DJ* 31/05/2008; TJMG, AC 1.0433.07. 214782-3/001, 4ª Câm. Crim., Rel. Walter Pinto da Rocha, pub. 23/01/2008.

Concorrência das causas de aumento de pena previstas nos §§ 2º, 2º-A e 2º-B do art. 157 do Código Penal

Pode ocorrer, e não é incomum, que, em um determinado caso concreto, incidam mais de uma causa de aumento de pena, como já dissemos anteriormente. Agora, após o advento da Lei nº 13.654, de 23 de abril de 2018, que inseriu o § 2º-A no art. 157 do Código Penal, e a Lei nº 13.964, de 24 de dezembro de 2019, que inseriu o § 2º-B no mesmo artigo, temos a possibilidade de ocorrência simultânea de várias majorantes, em níveis diferentes de aumento de pena. Assim, a título de raciocínio, pode ser que os agentes, agindo em concurso de pessoas, mediante o emprego de arma de fogo, pratiquem um crime de roubo, mantendo as vítimas em seu poder, restringindo sua liberdade.

Aqui, como se percebe, temos duas causas especiais de aumento de pena previstas nos incisos II e V do § 2º, e uma elencada no inciso I do § 2º-A, todos do art. 157 do Código Penal. Para as duas primeiras (concurso de pessoas e restrição da liberdade da vítima) existe um aumento de pena que varia de um terço até metade. Para a outra (emprego de arma de fogo), o aumento é de 2/3, de acordo com a nova redação legal. Portanto, pergunta-se: qual das duas causas de aumento será aplicada, ou haverá possibilidade de dois aumentos simultâneos, ou seja, de um terço até metade e também o de 2/3? Entendemos que, na hipótese de concorrência de majorantes, somente serão aplicados os maiores aumentos, no terceiro momento do critério trifásico, previsto pelo art. 68 do Código Penal.

In casu, considerando o exemplo fornecido, somente haveria o aumento de 2/3, ficando as demais causas absorvidas por aquela que possui o maior aumento.

Se houvesse, por exemplo, emprego de arma de fogo de uso restrito deveria ser aplicado somente o § 2º-B do art. 157 do Código Penal, fazendo com que as penas previstas no *caput* do mencionado artigo fossem duplicadas, afastando-se, consequentemente, as demais causas de aumento de pena presentes no caso concreto.

Diferença entre a tentativa de latrocínio e o roubo qualificado pelas lesões graves

Somente quando o agente tiver o dolo de produzir as lesões corporais graves na vítima, ou se estas forem produzidas a título de culpa, para efeito de subtração patrimonial, é que poderá ser responsabilizado pelo roubo com a qualificadora contida no inc. I do § 3º do art. 157 do Código Penal, pois, caso contrário, o seu dolo era o de matar para roubar, sobrevivendo a vítima, mesmo que nela tenha produzido lesões corporais graves, deverá responder pelo latrocínio tentado.

Desclassificação do latrocínio tentado

Na hipótese, para afastar a conclusão do acórdão recorrido, de desclassificar a imputação para roubo majorado, seria necessário o reexame do material probatório, a fim de averiguar, por exemplo, se o recorrente não agiu com *animus necandi*, quis participar de crime menos grave ou, mesmo, se assumiu o risco de produzir o resultado morte. Óbice da Súmula n. 7 do STJ (STJ, AgRg no AREsp 1.364.031/MG, Rel. Min. Rogerio Schietti Cruz, 6ª T., julgado em 05/05/2020, *DJe* 12/05/2020).

Nesse sentido:

TJMG, AC 2.0000.00. 489776-7/000, Rel. Des. Antônio Armando dos Anjos, *DJ* 20/08/2005; STJ, AgRg no HC 508.632/SP, Rel. Min. Reynaldo Soares da Fonseca, 5ª T., julgado em 13/04/2020, *DJe* 15/04/2020; AgRg no HC 600.364/SP, Rel. Min. Felix Fischer, 5ª T., julgado em 13/10/2020, *DJe* 20/10/2020.

Latrocínio e concurso de pessoas

A Turma entendeu, entre outras questões, que o paciente condenado por roubo armado seguido de morte responde como coautor, ainda que não tenha sido o responsável pelos disparos que resultaram no óbito da vítima. Na espécie, ficou demonstrado que houve prévio ajuste entre o paciente e os outros agentes, assumindo aquele o risco do evento morte. Precedentes citados: REsp 622.741/RO, *DJ* 18/10/2004; REsp 418.183/DF, *DJ* 04/08/2003, e REsp 2.395/SP, *DJ* 21/05/1990 (STJ, HC 185.167/SP, Rel. Min. Og Fernandes, 6ª T., j. 15/03/2011, *Informativo* nº 466).

Nesse sentido:

STJ, HC 89506/SP, Rel. Min. Napoleão Nunes Maia Filho, 5ª T., *DJe* 06/10/2008; TJMG, AC 1.0372.05.014103-8/001, Rel. Antônio Armando dos Anjos, *DJ* 12/05/2007; STJ, HC 37583/SP, Rel. Min. Gilson Dipp, 5ª T., *DJ* 01/07/2005, p. 573.

Desclassificação do latrocínio para homicídio

Não evidenciado o *animus furandi* dos réus, impõe-se a desclassificação do crime de latrocínio tentado para o delito de homicídio tentado, com a remessa dos autos ao Tribunal do Júri, que é juízo competente para o julgamento [TJMG, Apelação Criminal 1.0035.12.004324-1/0010043241-62.2012.8.13.0035 (1); Rel. Desª Denise Pinho da Costa Val, 6ª C. Crim., j. 15/07/2014].

Nesse sentido:

TJMG, AC 1.0624.06. 009619-2/001, Rel. Des. Paulo Cézar Dias, *DJ* 14/06/2007.

Arma de fogo sem munição ou impossibilitada de disparar e exame de potencialidade ofensiva

Embora a questão também seja controvertida, entendemos que o fundamento da causa especial de aumento de pena relativa ao emprego de arma de fogo reside não somente no maior temor que é infundido à vítima, mas e principalmente na sua potencialidade ofensiva, isto é, na maior probabilidade, no maior risco de dano que o seu possível uso trará para a vida ou a integridade física da vítima.

São precisas, portanto, as lições de Álvaro Mayrink da Costa, quando afirma: "Não se admite a causa especial de aumento de pena quando se trata de arma *desmuniciada* ou *defeituosa*, incapaz de colocar em risco o segundo objeto jurídico de tutela no tipo complexo de roubo, razão pela qual se exige a apreensão para a feitura da perícia, não sendo bastante a palavra da vítima que não é um expert em armas".[47]

Conforme deixou entrever o ilustre desembargador do Tribunal de Justiça do Estado do Rio de Janeiro, se é exigido que a arma de fogo possua potencialidade ofensiva para efeitos de reconhecimento da causa especial de aumento de pena, consequentemente, será

---

[47] COSTA, Álvaro Mayrink da. *Direito penal – parte especial*, p. 721.

fundamental o exame pericial, a fim de ser constatada tal potencialidade ofensiva. Caso contrário, não se podendo realizar o exame, por exemplo, por falta de apreensão da arma de fogo, na dúvida sobre a sua potencialidade ofensiva, esta deverá prevalecer em benefício do agente, aplicando-se o princípio do *in dubio pro reo*.

O tema é controvertido.

⚖ É despicienda a apreensão e a perícia da arma de fogo, para a incidência da majorante do § 2º-A, I, do art. 157 do CP, quando existirem, nos autos, outros elementos de prova que evidenciem a sua utilização no roubo, como na hipótese, em que há comprovação testemunhal atestando o seu emprego (HC n. 525.851/SP, Ribeiro Dantas, Quinta Turma, *DJe* 30/9/2019). 4. Havendo circunstância judicial negativa na primeira fase da dosimetria, é possível a fixação do regime mais gravoso. Precedente (STJ, AgRg no HC 558.838/SP, Rel. Min. Sebastião Reis Júnior, 6ª T., julgado em 09/06/2020, *DJe* 18/06/2020).

Nesse sentido:

⚖ STJ, AgRg no HC 473.117/MS, Rel. Min. Reynaldo Soares da Fonseca, 5ª T., *DJe* 14/02/2019; STJ, HC 579.177/SP, Rel. Min. Ribeiro Dantas, 5ª T., julgado em 09/06/2020, *DJe* 17/06/2020.

Possibilidade de arrependimento posterior no roubo

O art. 16 do Código Penal determina, *verbis*:

Art. 16. *Nos crimes cometidos sem violência ou grave ameaça à pessoa, reparado o dano ou restituída a coisa, até o recebimento da denúncia ou da queixa, por ato voluntário do agente, a pena será reduzida de um a dois terços.*

Logo na primeira parte do mencionado artigo, percebe-se que sua aplicação somente será possível quando estivermos diante de crimes que não sejam cometidos com violência ou grave ameaça à pessoa, elementos que integram a figura típica do roubo.

Entretanto, haveria, ainda assim, possibilidade de aplicação da mencionada causa geral de redução de pena ao delito previsto pelo art. 157 do Código Penal? Entendemos que sim, desde que o roubo não tenha sido cometido mediante o emprego de violência ou grave ameaça à pessoa, mas, sim, por meio daquela modalidade especial de violência, reconhecida como *imprópria*, contida na parte final do art. 157 do diploma penal, quando faz menção a *qualquer outro meio* capaz de reduzir à impossibilidade de resistência da vítima, a exemplo do que ocorre naquelas situações em que o agente coloca sonífero em sua bebida, hipnotiza-a, faz com que se embriague etc. Nesses casos, como não há emprego real de violência *(vis corporalis)* ou mesmo a grave ameaça, entendemos possível a aplicação da minorante.

⚖ O roubo, por sua própria natureza, praticado com violência ou grave ameaça à pessoa, não é compatível com o instituto do arrependimento posterior. Inteligência do art. 16 do Código Penal (TJMG, AC 1.0105.02. 064538-5/001, Rel. Ediwal José de Morais, *DJ* 19/09/2006).

Princípio da insignificância

Existe discussão doutrinária e jurisprudencial sobre a possibilidade de ser aplicado o raciocínio correspondente ao princípio da insignificância ao crime de roubo. O roubo encontra-se no rol dos crimes considerados complexos, uma vez que, para sua configuração, há necessidade de que o agente tenha a finalidade de praticar a subtração patrimonial e, para tanto, atue mediante o emprego de grave ameaça ou violência.

Assim, entendemos que, se todos os elementos que integram a cadeia complexa do roubo são insignificantes, será possível o reconhecimento e aplicação do mencionado princípio; ao contrário, se pelo menos um desses elementos que integram a cadeia complexa for grave o suficiente, descartado estará o princípio.

A título de exemplo, imagine-se a hipótese em que o agente, com a finalidade de praticar um delito de roubo no interior de um veículo coletivo, mediante o emprego de arma de fogo, anuncie o assalto ao trocador que, temeroso por sua vida, entregue ao agente todo o valor que trazia consigo, vale dizer, a importância de R$ 5,00 (cinco reais).

À primeira vista, poderíamos considerar o valor de R$ 5,00 (cinco reais) como insignificante o suficiente a fim de possibilitar o raciocínio do princípio em exame. No entanto, a ameaça exercida com emprego de arma de fogo é grave, razão pela qual a aplicação do princípio não seria viável.

Dessa forma, resumindo, se todos os elementos que compõem a cadeia complexa forem insignificantes, entendemos pela possibilidade de aplicação do princípio; caso um deles seja grave, afastada estará a aplicação do princípio da insignificância, devendo o agente responder pelo roubo (consumado ou tentado).

⚖ Tampouco viável a aplicação do princípio da insignificância ao crime de roubo, que não pode ser considerado irrelevante para o direito penal, haja vista tutelar dois bens jurídicos importantes, quais sejam, na espécie, o patrimônio e a liberdade individual (STF, ARE 1.185.225/RS, Rel. Min. Ricardo Lewandowski, *DJe* 03/06/2019).

Nesse sentido:

⚖ STJ, HC 395.469/SP, Rel. Min. Ribeiro Dantas, 5ª T., *DJe* 28/06/2017; STJ, HC 136.059/MS, Rel. Min. Rogério Schietti Cruz, 6ª T., *DJe* 18/04/2016; HC 97190/GO, Rel. Min. Dias Toffoli, 1ª T., j. 10/08/2010.

Em sentido contrário:

⚖ TJMG, Processo 1.0024.06.122415-0/001[1], Rel.ª Maria Celeste Porto, *DJ* 16/10/2007.

Crime impossível

🔖 Nos termos da jurisprudência desta Corte, ainda que não exista nenhum bem com a vítima, o crime de roubo, por ser delito complexo, tem iniciada sua execução quando o agente, visando a subtração de coisa alheia móvel, realiza o núcleo da conduta meio (constrangimento ilegal/lesão corporal ou vias de fato), ainda que não consiga atingir o crime fim (subtração da coisa almejada) (STJ, REsp 1340747/RJ, Rel.ª Min.ª Maria Thereza de Assis Moura, 6ª T., *DJe* 21/05/2014).

Nesse sentido:

🔖 TJMG, AC 1.0024.03.105914-0, Des. Hélcio Valentim, *DJ* 09/06/2006; TJMG, AC, Rel. Lamberto Sant'Ana, *RT* 736, p. 693.

Palavra da vítima

🔖 Ademais, vale destacar que a jurisprudência desta Corte é pacífica no sentido de que, no crime de roubo, em geral praticado por meio da clandestinidade, a palavra da vítima tem especial valor probante, desde que corroborada por outros elementos probatórios constantes dos autos, como ocorre na espécie. Precedentes. Súmula nº 83/STJ (STJ, AgRg no AREsp 1.429.354/RS, Rel. Min. Joel Ilan Paciornik, 5ª T., *DJe* 05/04/2019).

Nesse sentido:

🔖 STJ, AgRg no AREsp 1.250.627/SC, Rel. Min. Jorge Mussi, 5ª T., *DJe* 11/05/2018; TJ-RJ, AC 0038543-76.2014.8.19.0002, Rel. Des. Paulo Rangel, *DJe* 25/06/2015; TJ-RJ, AC 0034501-56.2013.8.19.0054, Rel. Des. Paulo Rangel, *DJe* 03/06/2015.

Continuidade delitiva

🔖 No crime de roubo majorado, o aumento acima do mínimo, na terceira fase da dosimetria da pena, deve ser fundamentado com base em dados concretos que justifiquem maior elevação. Precedentes do STJ. Mostra-se idônea a fixação de regime mais gravoso quando ancorada em elementos concretos, ainda que não tenham sido empregados para sopesar a pena-base. Precedentes do STJ. Ocorrendo, na mesma hipótese, o concurso formal entre os delitos e a continuidade delitiva, deve o primeiro ser afastado, sendo aplicado apenas o disposto no art. 71 do Código Penal, sob pena de *bis in idem*. Precedentes do STJ (STJ, HC 481.308/SP, Rel.ª Min.ª Laurita Vaz, 6ª T., *DJe* 19/02/2019).

Nesse sentido:

🔖 STJ, HC 384.875/SP, Rel. Min. Ribeiro Dantas, 5ª T., *DJe* 26/03/2018; STJ, HC 240630/RS, Rel.ª Min.ª Laurita Vaz, 5ª T., *DJe* 17/02/2014; STJ, HC 223711/SP, Rel.ª Min.ª Marilza Maynard, Desembargadora convocada do TJSE, 5ª T., *DJe* 25/04/2013; STJ, HC 68137/RJ, Rel. Min. Gilson Dipp, 5ª T., *DJ* 12/03/2007.

Roubo com emprego de arma de fogo e associação criminosa

A jurisprudência, principalmente de nossos Tribunais Superiores, com a antiga redação do parágrafo único do art. 288 do Código Penal, já tinha se manifestado no sentido da possibilidade de coexistência entre o roubo, com a causa especial de aumento de pena do emprego de arma de fogo, e a, atualmente, reconhecida como associação criminosa, de acordo com a nova rubrica constante do art. 288 do referido diploma repressivo, com a pena agravada quando essa associação for armada.

Assim, não se configura em *bis in idem* a condenação que tenha como fundamento a prática do roubo, com a causa especial de aumento de pena prevista no inc. I do § 2º-A do art. 157 do Código Penal, com o crime de associação criminosa armada, nos termos do parágrafo único do art. 288 do Código Penal, com a nova redação que lhe foi conferida pela Lei nº 12.850, de 2 de agosto de 2013.

🔖 As razões recursais exigem o reexame fático e probatório, pois há provas de que o paciente estava associado ao Comando Vermelho, com o qual foram feitos roubos e furtos de veículos para o fim de financiar a quadrilha, além do transporte de pessoas para a malta criminosa, atuando na distribuição de drogas na Região dos Lagos (STJ, AgRg no HC 559.917/RJ, Rel. Min. Sebastião Reis Júnior, 6ª T., julgado em 09/06/2020, *DJe* 18/06/2020).

Roubo e bem ilícito

🔖 O Tribunal de Justiça mineiro, diante dos fatos constantes da sentença, decidiu por alterar a tipificação feita pelo Magistrado, desclassificando o tipo penal de latrocínio para homicídio, por considerar que coisa ilícita não poderia ser objeto do crime patrimonial, motivo pelo qual considerou que a conduta (subtrair) insere-se em uma daquelas descritas no tipo penal do tráfico – art. 33 da Lei nº 11.343/2006 –, em concurso material com o homicídio. A compreensão adotada no acórdão recorrido vai de encontro à jurisprudência do Superior Tribunal de Justiça, a qual admite a configuração do crime contra o patrimônio nas hipóteses em que o entorpecente é objeto material do crime de furto ou de roubo. A doutrina é unânime quanto ao objeto material dos crimes patrimoniais, sendo esse, além da pessoa humana, a coisa em si, desde que alheia e móvel, e que possua valor (de troca ou de uso), exigindo-se para a consumação do delito, no tocante ao elemento subjetivo, a intenção de subtraí-la com a finalidade de tê-la para si ou para outrem. Havendo distinção quanto à capitulação do tipo, em furto ou roubo, a depender da violência ou grave ameaça utilizadas. Inexistindo no tipo penal dos crimes contra o patrimônio qualquer análise concernente à ilicitude da coisa alheia, não há como se dispensar tratamento restritivo na aplicação da norma, já que não há na lei essa limitação concernente ao objeto material. Sendo a hipótese dos autos um ilícito penal relativo ao crime contra o patrimônio, em que o resultado morte ensejou a configuração do tipo penal do latrocínio – art. 157, § 3º, do Código Penal –, não há falar em competência do Tribunal do Júri (STJ, REsp 1.645.969/MG, Rel. Min. Sebastião Reis Junior, 6ª T., *DJe* 1º/02/2019).

Nesse sentido:
STJ, HC 202.784/SP, Rel.ª Min.ª Laurita Vaz, 5ª T., j. 21/06/2011, *Informativo* nº 478.

Roubo no Código Penal Militar
Vide art. 242 do Decreto-Lei nº 1.001/69 (Código Penal Militar).

Prioridade de tramitação do processo de latrocínio (art. 157, § 3º, II, do Código Penal)
A Lei nº 14.994, de 9 de outubro de 2024, alterou o art. 394-A do Código de Processo Penal, determinando, *verbis*:
Art. 394-A. Os processos que apurem a prática de crime hediondo ou violência contra a mulher terão prioridade de tramitação em todas as instâncias.
Assim, de acordo com a alteração trazida pela Lei nº 13.964, de 24 de dezembro de 2019, à Lei nº 8.072/1990, em seu art. 1º, terão prioridade de tramitação os processos referentes aos crimes de:
Art. 1º (...)
(...)
II – roubo:
a) circunstanciado pela restrição de liberdade da vítima (art. 157, § 2º, inciso V);
b) circunstanciado pelo emprego de arma de fogo (art. 157, § 2º-A, inciso I) ou pelo emprego de arma de fogo de uso proibido ou restrito (art. 157, § 2º-B);
c) qualificado pelo resultado lesão corporal grave ou morte (art. 157, § 3º).

Roubo com emprego de arma de fogo e extorsão com o emprego de arma
Por mais uma vez, prevaleceu a desorganização legislativa em nosso Código Penal. No afã de punir mais severamente o emprego de arma de fogo no crime de roubo, o legislador fez inserir uma nova causa de aumento de pena de 2/3, conforme se verifica pela leitura do § 2º-A do art. 157 do Código Penal.
No entanto, perdendo a visão sistemática do Código Penal, deixou de prever, ou mesmo de exigir o emprego de arma de fogo para a aplicação da mesma majorante relativa ao crime de extorsão.
Assim, no que diz respeito ao roubo, somente poderá haver a aplicação da causa de aumento de pena se a violência ou ameaça forem levadas a efeito mediante o emprego de arma de fogo. Ao contrário, na extorsão, haverá possibilidade de aumento, mesmo que em percentual menor, se o crime for cometido com

o emprego de arma, não se exigindo, *in casu*, seja ela *arma de fogo*, ou seja, importará no reconhecimento da majorante o emprego de qualquer arma, seja ela própria ou imprópria.

Sequestro relâmpago e vítima mantida como refém
A Lei nº 13.964, de 24 de dezembro de 2019, inseriu o parágrafo único ao art. 25 do Código Penal, dizendo:
Art. 25. (...)
Parágrafo único. Observados os requisitos previstos no caput *deste artigo, considera-se também em legítima defesa o agente de segurança pública que repele agressão ou risco de agressão a vítima mantida refém durante a prática de crimes.*
Embora fosse desnecessária essa inclusão, se o agente de segurança pública agir nessas condições, fazendo cessar a situação de agressão injusta que já existia tão somente com a privação de liberdade da vítima, independentemente do fato de esta última estar sendo agredida ou pelo menos com risco de ser agredida, estará acobertado pela legítima defesa, resguardando-se, contudo, a possibilidade de ser analisado o excesso, se houver.

Jurisprudência em Teses do Superior Tribunal de Justiça, Edição nº 51: Crimes Contra o Patrimônio – II
1) Consuma-se o crime de roubo com a inversão da posse do bem, mediante emprego de violência ou grave ameaça, ainda que por breve tempo e em seguida à perseguição imediata ao agente e recuperação da coisa roubada, sendo prescindível a posse mansa e pacífica ou desvigiada (Tese julgada sob o rito do art. 543-C do CPC. Tema 916).

2) O aumento na terceira fase de aplicação da pena no crime de roubo circunstanciado exige fundamentação concreta, não sendo suficiente para a sua exasperação a mera indicação do número de majorantes (Súmula nº 443/STJ)

3) Há concurso material entre os crimes de roubo e extorsão quando o agente, após subtrair bens da vítima, mediante emprego de violência ou grave ameaça, a constrange a entregar o cartão bancário e a respectiva senha para sacar dinheiro de sua conta-corrente.

4) Não é possível reconhecer a continuidade delitiva entre os crimes de roubo e de extorsão, pois são infrações penais de espécies diferentes.

5) O roubo praticado em um mesmo contexto fático, mediante uma só ação, contra vítimas diferentes, enseja o reconhecimento do concurso formal de crimes, e não a ocorrência de crime único.

6) É prescindível a apreensão e perícia da arma de fogo para a caracterização de causa de aumento de

pena prevista no art. 157, § 2º, I, do CP[48], quando evidenciado o seu emprego por outros meios de prova.

7) Cabe à defesa o ônus da prova de demonstrar que a arma empregada para intimidar a vítima é desprovida de potencial lesivo.

8) A utilização de arma sem potencialidade lesiva, atestada por perícia, como forma de intimidar a vítima no delito de roubo, caracteriza a elementar grave ameaça, porém, não permite o reconhecimento da majorante de pena.

9) O crime de porte de arma é absorvido pelo de roubo quando restar evidenciado o nexo de dependência ou de subordinação entre as duas condutas e que os delitos foram praticados em um mesmo contexto fático, o que caracteriza o princípio da consunção.

10) A gravidade do delito de roubo circunstanciado pelo concurso de pessoas e/ou emprego de arma de fogo não constitui motivação suficiente, por si só, para justificar a imposição de regime prisional mais gravoso, na medida em que constituem circunstâncias comuns à espécie.

11) Não há continuidade delitiva entre roubo e furto, porquanto, ainda que possam ser considerados delitos do mesmo gênero, não são da mesma espécie.

12) Não é possível o reconhecimento da continuidade delitiva entre os crimes de roubo e latrocínio pois, apesar de se tratarem de delitos do mesmo gênero, não são da mesma espécie, devendo incidir a regra do concurso material.

13) Há tentativa de latrocínio quando a morte da vítima não se consuma por razões alheias à vontade do agente.

14) Há crime de latrocínio, quando o homicídio se consuma, ainda que não realize o agente a subtração de bens da vítima (Súmula nº 610/STF).

15) Há concurso formal impróprio no crime de latrocínio nas hipóteses em que o agente, mediante uma única subtração patrimonial provoca, com desígnios autônomos, dois ou mais resultados morte.

16) Nos crimes de roubo praticados em detrimento da Empresa Brasileira de Correios e Telégrafos a fixação da competência é verificada de acordo com a natureza econômica do serviço prestado na forma de agência própria, cuja competência é da Justiça Federal; ou na forma de franquia, explorada por particulares, hipótese em que a Justiça Estadual terá competência para julgamento dos processos.

Jurisprudência em teses do Superior Tribunal de Justiça, Edição nº 111: Provas no Processo Penal – II

É prescindível a apreensão e a perícia de arma de fogo para a caracterização de causa de aumento de

pena prevista no art. 157, § 2º-A, I, do Código Penal, quando evidenciado o seu emprego por outros meios de prova.

Extorsão

Art. 158. Constranger alguém, mediante violência ou grave ameaça, e com o intuito de obter para si ou para outrem indevida vantagem econômica, a fazer, tolerar que se faça ou deixar de fazer alguma coisa:

Pena – reclusão, de quatro a dez anos, e multa.

§ 1º Se o crime é cometido por duas ou mais pessoas, ou com emprego de arma, aumenta-se a pena de 1/3 (um terço) até metade.

§ 2º Aplica-se à extorsão praticada mediante violência o disposto no § 3º do artigo anterior.

§ 3º Se o crime é cometido mediante a restrição da liberdade da vítima, e essa condição é necessária para a obtenção da vantagem econômica, a pena é de reclusão, de 6 (seis) a 12 (doze) anos, além da multa; se resulta lesão corporal grave ou morte, aplicam-se as penas previstas no art. 159, §§ 2º e 3º, respectivamente.

Introdução

O *núcleo* do tipo é o verbo *constranger*, que tem o significado de obrigar, coagir alguém a fazer, tolerar que se faça ou deixar de fazer alguma coisa. Esse *constrangimento*, da mesma forma que aquele previsto pelo art. 146 do Código Penal, deve ser exercido com o emprego de *violência* ou *grave ameaça*. Além disso, o agente, segundo o entendimento doutrinário predominante, deve atuar com uma finalidade especial, que transcende ao seu dolo, chamada de *especial fim de agir*, aqui entendida como o *intuito de obter para si ou para outrem indevida vantagem econômica*. Dessa forma, o agente deve constranger a vítima, impondo-lhe um comportamento – positivo ou negativo –, determinando que faça, tolere que se faça, ou mesmo deixe de fazer alguma coisa, a fim de que, com isso, consiga, para ele ou para outrem, indevida vantagem econômica, que deve ser entendida em um sentido mais amplo do que a coisa móvel alheia exigida no delito de roubo. Qualquer vantagem de natureza econômica, gozando ou não do *status* de coisa móvel alheia, ou seja, passível ou não de remoção, poderá constituir a finalidade especial com que atua o agente.

Podemos, portanto, destacar os elementos que integram o delito de extorsão, a saber: *a)* constrangimento, constituído pela violência física (*vis corporalis*) ou grave ameaça (*vis compulsiva*), obrigando a vítima a fazer, tolerar que se faça ou a deixar de fazer alguma coisa; *b)* especial fim de agir, caracterizado pela fina-

---
[48] Obs.: Atualmente, após a modificação levada a efeito pela Lei nº 13.654, de 23 de abril de 2018, a causa especial de aumento de pena correspondente ao emprego de arma de fogo encontra-se prevista no inc. I do § 2º-A, do art. 157 do Código Penal.

lidade do agente em obter indevida vantagem econômica, para si ou para outrem.

⚖ O delito de extorsão, conforme previsão contida no art. 158 do Código Penal, está inserido no Capítulo dos Crimes contra o Patrimônio, mas, diferentemente do furto e do roubo, a expressão "vantagem econômica" prevista no tipo possui espectro mais amplo, não abrangendo apenas o bem móvel alheio. O tipo tutela também a liberdade individual, a integridade física e psíquica da vítima (STJ, AgRg no HC 506.875/SP, Rel. Min. Antônio Saldanha Palheiro, 6ª T., *DJe* 28/08/2019).

Nesse sentido:

⚖ TJDF, Rec. 2009.03.1.016051-3, Ac. 437.064, 2ª T. Crim., Rel. Des. João Timóteo de Oliveira, *DJDFTE* 16/08/2010, p. 424.

O constrangimento, seja exercido com o emprego de violência ou de grave ameaça, deve ter sempre uma finalidade especial: a obtenção de *indevida vantagem econômica*, para si ou para outrem. A ausência dessa finalidade especial descaracteriza o crime de extorsão, podendo se configurar, por exemplo, no delito de constrangimento ilegal, tipificado no art. 146 do Código Penal.

Por *indevida* deve ser entendida aquela vantagem a que o agente não tinha direito, pois, caso contrário, se fosse devida a vantagem, poderia, dependendo do caso concreto, haver desclassificação para o delito de exercício arbitrário das próprias razões (art. 345 do CP). Além de indevida, a vantagem deve, obrigatoriamente, ser *econômica*, conceito muito mais amplo do que a simples posse ou propriedade, exigida para a configuração do crime de roubo.

Tal como ocorre no crime de roubo, quando houver o concurso de duas ou mais pessoas no cometimento da extorsão, a pena será aumentada de um terço até metade.

Da mesma forma, se da violência praticada na extorsão resultar lesão corporal grave, a pena é de reclusão, de 7 (sete) a 18 (dezoito) anos, e multa; morte, a reclusão é de 20 (vinte) a 30 (trinta) anos, e multa, conforme determina o § 2º do art. 158 do Código Penal. A extorsão qualificada pela morte encontra-se no rol das infrações penais consideradas hediondas, conforme se verifica pela leitura do inciso III do art. 1º, com a nova redação que lhe foi conferida pela Lei nº 13.964, de 24 de dezembro de 2019.

Classificação doutrinária

Crime comum, tanto no que diz respeito ao sujeito ativo quanto ao sujeito passivo; de dano (embora Fragoso concluísse que "o crime se consuma com o resultado do constrangimento, isto é, com a ação ou omissão que a vítima é constrangida a fazer, omitir ou tolerar que se faça, e por isso pode-se dizer que, em relação ao patrimônio, este crime é de perigo");[49] doloso; formal; comissivo (podendo ser praticado via omissão imprópria, caso o agente goze do *status* de garantidor); de forma livre; instantâneo; monossubjetivo; plurissubsistente; transeunte (ou não transeunte, dependendo da possibilidade de realização de perícia no caso concreto).

Objeto material e bem juridicamente protegido

Além do *patrimônio* (aqui entendido num sentido mais amplo do que a posse e a propriedade, pois que a lei penal fala em *indevida vantagem econômica*), também podemos visualizar a *liberdade individual*, a *integridade física* e *psíquica* da vítima, como os bens por ele juridicamente protegidos.

Objeto material do crime de extorsão é a *pessoa* contra a qual recai o constrangimento.

⚖ Descabe falar em *bis in idem*, pois, evidenciado o vínculo associativo prévio entre os agentes com o intuito de cometer delitos, resta configurado o tipo penal do art. 288 do CP, sendo certo que a consumação do delito de associação criminosa independe da prática de qualquer crime posterior. De mais a mais, importa reconhecer que os bens jurídicos tutelados pelas normais penais incriminadoras são distintos, pois o art. 288 do CP protege a paz pública, enquanto o delito de extorsão visa a resguardar o patrimônio e, de forma mediata, a liberdade individual e a integridade física e psíquica da vítima (STJ, HC 547.945/SP, Rel. Min. Ribeiro Dantas, 5ª T., julgado em 04/02/2020, *DJe* 12/02/2020).

Sujeito ativo e sujeito passivo

Qualquer pessoa pode figurar como *sujeito ativo* do delito de extorsão. Da mesma forma, qualquer pessoa pode ser considerada como *sujeito passivo* do delito em estudo. Também é possível que a pessoa jurídica goze do *status* de sujeito passivo do delito *sub examen*, uma vez que seus sócios, por exemplo, podem ceder ao constrangimento sofrido, fazendo com que haja perda no patrimônio daquela.

Consumação e tentativa

Tendo em vista sua natureza de *crime formal*, consuma-se a extorsão no momento em que o agente pratica a conduta núcleo do tipo, vale dizer, o verbo *constranger*, obrigando a vítima, mediante violência ou grave ameaça, a fazer, a tolerar que se faça ou deixar de fazer alguma coisa. Nesse exato momento, vale dizer, quando a vítima assume um comportamento positivo ou negativo, contra a sua vontade, impelida que foi pela conduta violenta ou ameaçadora do agente, tem-se por consumado o delito.

A obtenção da indevida vantagem econômica, prevista no tipo do art. 158 do Código Penal como o seu

---

[49] FRAGOSO, Heleno Cláudio. *Lições de direito penal – parte especial (arts. 121 a 160 CP)*, p. 316.

especial fim de agir, é considerada mero exaurimento do crime, tendo repercussões, entretanto, para efeitos de aplicação da pena, quando da análise das chamadas circunstâncias judiciais, previstas pelo *caput* do art. 59 do mesmo diploma.

Adotando postura que demonstra a natureza formal do crime de extorsão, o STJ editou a Súmula nº 96, que diz:

⚖ **Súmula nº 96**. *O crime de extorsão consuma-se independentemente da obtenção da vantagem indevida.*

1. O crime de extorsão é formal e se consuma no momento em que a vítima, submetida a violência ou grave ameaça, realiza o comportamento desejado pelo criminoso. É irrelevante que o agente consiga ou não obter a vantagem indevida, pois esta constitui mero exaurimento do crime (Súmula n. 96 do STJ). 2. A vítima, ameaçada pelos acusados, comunicou a corregedoria da polícia, mas cumpriu a exigência de entrega dos valores. A ação policial apenas evitou a obtenção/fruição da vantagem indevida. Mero exaurimento da conduta, porém não impediu que o ofendido cedesse ao constrangimento. Crime consumado. 3. Agravo regimental não provido (AgRg no REsp 1.868.140/GO, Rel. Min. Rogerio Schietti Cruz, 6ª T., julgado em 04/08/2020, *DJe* 14/08/2020).

Nesse sentido:

⚖ STJ, AgRg no HC 506.875/SP, Rel. Min. Antônio Saldanha Palheiro, 6ª T., *DJe* 28/08/2019; STJ, HC 410.220/PB, Rel. Min. Reynaldo Soares da Fonseca, 5ª T., *DJe* 23/02/2018; STJ, REsp 1.467.129/SC, Rel. Min. Rogério Schietti Cruz, 6ª T., *DJe* 11/05/2017.

Mesmo se tratando de um crime formal, toda vez que pudermos fracionar o *iter criminis* será possível o raciocínio correspondente à tentativa.

Nesse sentido, Luiz Flávio Gomes e Rogério Sanches Cunha prelecionam: "A tentativa é perfeitamente possível, pois a extorsão não se perfaz num único ato, apresentando um caminho a ser percorrido (delito plurissubsistente)".[50]

⚖ O delito tipificado no artigo 158 do Código Penal se consuma independentemente da obtenção da vantagem indevida, bastando que a vítima faça, deixe de fazer ou tolere que o agente faça alguma coisa mediante violência ou grave ameaça. No caso dos autos, é impossível o reconhecimento da tentativa na segunda conduta, já que a ação policial não impediu que as vítimas agissem de modo a entregar a quantia exigida pelos réus, tendo obstado apenas que estes efetivamente recebessem o dinheiro, fase que caracteriza mero exaurimento do delito (STJ, HC 232062/RJ, Rel. Min. Jorge Mussi, 5ª T., *DJe* 25/03/2014).

Nesse sentido:

⚖ STJ, REsp 1255559/DF, Rel. Min. Sebastião Reis Júnior, 6ª T., *DJe* 25/06/2013; STJ, REsp 1094888/SP, Rel. Min. Sebastião Reis Júnior, 6ª T., *DJe* 05/09/2012; STJ, CC 115.006/RJ, Rel.ª Min.ª Maria Thereza de Assis Moura, 6ª T., j. 14/03/2011, S3, *Informativo* nº 466; TJRS, AC 70027499904, Rel.ª Des.ª Isabel de Borba Lucas, *DJ* 26/05/2009; STJ, HC 86127/RJ, HC 2007/0138842-3, Rel. Min. Napoleão Nunes Maia Filho, 5ª T., pub. 17/03/2008; TJMG, AC 1.0245.06.084470-2/001, 3ª Câm. Crim., Rel. Antônio Armando dos Anjos, pub. 27/02/2008; STJ, REsp 16123/RJ, Rel. Min. José Cândido de Carvalho Filho, 6ª T., *LEXSTJ* 69, p. 343.

Elemento subjetivo

O crime de extorsão só pode ser praticado dolosamente, não havendo previsão para a modalidade culposa. Além do dolo, a doutrina majoritária aponta outro elemento subjetivo, que lhe é transcendente, chamado *especial fim de agir*, caracterizado, *in casu*, pela finalidade do agente em obter, para si ou para outrem, indevida vantagem econômica.

⚖ No que tange à questão referente ao dolo do acusado Luiz, no crime de extorsão, a Corte de origem concluiu que as provas não conduzem à condenação de Luiz Carlos no referido delito, já que inexiste o especial fim de agir, que é a obtenção de indevida vantagem (STJ, AgRg nos EDcl no AREsp 551.337/PR, Rel. Min. Reynaldo Soares da Fonseca, 5ª T., *DJe* 20/06/2018).

Nesse sentido:

⚖ TJMG, AC 1.0188.04. 027 983-1/001, Rel. Eduardo Brum, *DJ* 14/02/2006; STJ, REsp 29587/RJ, Rel. Min. Luiz Vicente Cernicchiaro, *DJ* 02/08/1993, p. 14.287.

Modalidades comissiva e omissiva

O núcleo *constranger* pressupõe um comportamento comissivo do agente. Entretanto, aquele que se encontra na condição de garantidor e, dolosamente, nada faz para evitar o constrangimento sofrido pela vítima, também deverá ser responsabilizado pelo delito de extorsão.

Causas de aumento de pena

O § 1º do art. 158 do Código Penal prevê duas causas de aumento de pena, a saber: *o concurso de duas ou mais pessoas*, bem como o *emprego de arma no cometimento do crime*, que serão analisadas, isoladamente, a seguir.

⚖ As majorantes previstas no § 1º do art. 158 do Código Penal podem ser aplicadas tanto ao tipo simples quanto ao qualificado do delito de extorsão, sendo certo que a Lei nº 11.923/2009 não promoveu alteração que obstasse tal proceder (STJ, AgRg no REsp 1.821.939/SC, Rel. Min. Laurita Vaz, 6ª T., julgado em 09/06/2020, *DJe* 23/06/2020).

Nesse sentido:

---

[50] GOMES, Luiz Flávio; CUNHA, Rogério Sanches. *Comentários à reforma penal de 2009 e à convenção de Viena sobre o direito dos tratados*, p. 19.

TJ-MG, AC 0541944-64.2006.8.13.0231, Rel.ª Des.ª Beatriz Pinheiro Caires, *DJe* 1º/08/2016; TJMG, AC 1.0245. 06.084470-2/001, 3ª Câm. Crim., Rel. Antônio Armando dos Anjos, pub. 27/02/2008.

Concurso de duas ou mais pessoas no cometimento do crime: para que seja reconhecido o concurso de pessoas, quer como qualificadora, como acontece no crime de furto, quer como causa especial de aumento de pena, nas hipóteses de roubo e extorsão, será exigida a presença dos agentes durante a prática dos atos materiais de execução das respectivas infrações penais.

Com relação às demais situações, a exemplo do cômputo de inimputáveis no reconhecimento do concurso de pessoas, não identificação de todos os agentes, remetemos o leitor às discussões travadas quando do estudo da qualificadora do concurso de pessoas no crime de furto, que se aplicam, perfeita e identicamente, ao delito de extorsão.

Havendo participação de dois ou mais agentes na empreitada delituosa, com liame subjetivo os ligando, impossível expurgar da condenação a qualificadora do concurso de pessoas, não obstante o outro agente ser menor (TJMG, AC 1.0313.02.068254-5/001, Rel. Pedro Vergara, *DJ* 02/02/2007).

Se o crime é cometido com o emprego de arma: a arma, mencionada pela lei penal, tanto pode ser a própria, ou seja, aquela que tem a função precípua de ataque ou defesa, a exemplo do que ocorre, como aponta Mirabete, com as "armas de fogo (revólveres, pistolas, fuzis etc.), as armas brancas (punhais, estiletes etc.) e os explosivos (bombas, granadas etc.)",[51] quanto podem ser aquelas consideradas impróprias, cuja função precípua não se consubstancia em ataque ou defesa, mas em outra finalidade qualquer, a exemplo do que ocorre com a faca de cozinha, o taco de beisebol, as barras de ferro etc.

Não emprega a arma o agente que, durante a prática do delito, a traz consigo, mas não permite que tal fato chegue ao conhecimento da vítima.

Modalidades qualificadas

Diz o § 2º do art. 158 do Código Penal, *verbis:*
§ 2º Aplica-se à extorsão praticada mediante violência o disposto no § 3º do artigo anterior.

Todas as conclusões a que chegamos quando do estudo das modalidades qualificadas de roubo aplicam-se também à extorsão, à exceção do fato de que a extorsão qualificada pelo resultado morte não é reconhecida como *latrocínio*, sendo esse *nomen juris* específico para o roubo com resultado morte.

Sequestro relâmpago

A Lei nº 11.923, de 17 de abril 2009, incluiu o § 3º ao art. 158 do Código Penal, criando, assim, mais uma modalidade do chamado sequestro relâmpago, além daquela prevista pelo inc. V do § 2º do art. 157 do mesmo diploma repressivo.

Em virtude da nova disposição legal temos que, *ab initio*, levar a efeito a distinção entre o sequestro relâmpago que configura o delito de extorsão, e aquele que se consubstancia em crime de roubo.

Infelizmente, a lei penal cedeu à pressão de parte de nossos doutrinadores que, ainda seguindo as orientações de Hungria, conjugadas com os ensinamentos de Luigi Conti, afirmava que a diferença entre os delitos de roubo e extorsão residiria, fundamentalmente, no fato de que, naquele, o agente podia, por si mesmo, praticar a subtração, sem que fosse preciso a colaboração da vítima; na extorsão, ao contrário, a consumação somente seria possível se a vítima cooperasse com o agente, entregando-lhe a vantagem indevida.

Assim, além de levarem a efeito a diferença entre a *contrectatio* e a *traditio*, procuram distinguir os delitos com base no critério da "prescindibilidade ou não do comportamento da vítima", afirmando que se a obtenção da vantagem patrimonial fosse impossível sem a sua colaboração, estaríamos diante de um crime de extorsão; por outro lado, ou seja, se mesmo sem a colaboração da vítima fosse possível o sucesso da empreitada criminosa, o crime seria o de roubo.

A fim de distinguir essas duas situações, tem-se exemplificado com os crimes praticados contra vítimas que se encontram em caixas eletrônicos. Assim, tendo em vista que, para que o agente tenha sucesso na obtenção da vantagem indevida, a vítima, obrigatoriamente, deverá efetuar o saque mediante a apresentação de sua senha, o fato, para a maioria de nossos doutrinadores, deveria ser entendido como extorsão.

Infelizmente, não se tem considerado a possibilidade de decisão da vítima, ou seja, não se tem levado em consideração se a vítima, na situação em que se encontrava, tinha ou não um tempo razoável, ou mesmo se podia resistir ao constrangimento que era praticado pelo agente. Weber Martins Batista analisando, com precisão, a distinção entre os crimes de roubo e extorsão, preleciona: "Se o agente ameaça a vítima ou pratica violência contra ela, visando a obter a coisa *na hora*, há roubo, sendo desimportante para caracterização do fato que ele tire o objeto da vítima ou este lhe seja dado por ela. É que, nesta última hipótese, não se pode dizer que a vítima agiu, pois, estando totalmente submetida ao agente, não passou de um instrumento de sua vontade. Só se pode falar em extorsão, por outro lado, quando o mal prometido é futuro e futura a obtenção da vantagem pretendida, porque neste caso a vítima, embora ameaçada, não fica totalmente à mercê do agente e, portanto, participa, ainda que com a vontade viciada, do ato de obtenção do bem".[52]

[51] MIRABETE, Julio Fabbrini. *Manual de direito penal*, vol. 2, p. 54.
[52] BATISTA, Weber Martins. *O furto e o roubo no direito e no processo penal*, p. 301.

A Lei nº 11.923, de 17 de abril de 2009, como dissemos, criou outra modalidade qualificada de extorsão, acrescentando o § 3º do art. 158 do Código Penal, tipificando o delito de *sequestro relâmpago*, mesmo que não tenha consignado, expressamente, esse *nomen juris* como rubrica ao mencionado parágrafo, dizendo, *verbis*:

§ 3º *Se o crime é cometido mediante a restrição da liberdade da vítima, e essa condição é necessária para a obtenção da vantagem econômica, a pena é de reclusão, de 6 (seis) a 12 (doze) anos, além da multa; se resulta lesão corporal grave ou morte, aplicam-se as penas previstas no art. 159, §§ 2º e 3º, respectivamente.*

Dessa forma, para que se configure o delito em estudo, há necessidade de que a vítima tenha sido privada de sua liberdade e essa condição seja necessária para obtenção da vantagem econômica.

Essa privação da liberdade deverá ocorrer por tempo razoável, permitindo, assim, que se reconheça que a vítima ficou limitada em seu direito de ir, vir ou mesmo permanecer, em virtude do comportamento levado a efeito pelo agente.

Por outro lado, a privação da liberdade da vítima deve ser um *meio*, ou seja, uma *condição necessária* para que o agente obtenha sucesso na obtenção da vantagem econômica. Citam-se como exemplos dessa hipótese quando a vítima é obrigada a acompanhar o agente a um caixa eletrônico a fim de que possa efetuar o saque de toda a importância disponível em sua conta bancária, ou mesmo aquele que obriga a vítima a dirigir-se até a sua residência, a fim de entregar-lhe todas as joias existentes no seu cofre, que somente poderia ser aberto mediante a apresentação das digitais do seu proprietário.

Faz-se mister ressaltar que, para nós, os exemplos acima se configurariam como delito de roubo, com a causa especial de aumento de pena prevista no inc. V do § 2º do art. 157 do Código Penal, uma vez que a vítima não tinha liberdade de escolha. No entanto, para a maioria de nossa doutrina, seria um exemplo de extorsão, com restrição de liberdade da vítima.

De acordo com nosso posicionamento, minoritário por sinal, dificilmente seria aplicado novo parágrafo do art. 158 do Código Penal, pois que a vítima, privada de sua liberdade mediante o constrangimento praticado pelo agente, não teria como deixar de anuir à exigência da entrega, por exemplo, da indevida vantagem econômica.

Ocorreria, por outro lado, o sequestro relâmpago, característico do crime de roubo, para a maioria de nossos doutrinadores, quando o agente pudesse, ele próprio, sem a necessidade de colaboração da vítima, subtrair os bens móveis que desejasse. Assim, por exemplo, pode ocorrer que o agente, ao se deparar com a vítima, que dirigia seu automóvel, anuncie o roubo e, ato contínuo, a coloque no porta-malas, e siga em direção a um lugar ermo, afastado, impedindo-a, dessa forma, de se comunicar imediatamente com a polícia.

Como se percebe, nesse último caso, o agente poderia, sem a colaboração da vítima, subtrair seu automóvel. No entanto, privou-a de sua liberdade, razão pela qual não haveria dúvida na aplicação do inc. V do § 2º do art. 157 do Código Penal, fazendo com que a pena aplicada ao roubo fosse aumentada de um terço até a metade.

Merece ser frisado que a Lei nº 11.923, de 17 de abril de 2009, desigualou o tratamento até então existente entre os crimes de roubo e extorsão, cujos arts. 157 e 158 do Código Penal, respectivamente, preveem as mesmas penas no que diz respeito à modalidade fundamental (reclusão, de 4 a 10 anos, e multa), bem como a majorante de 1/3 (um terço) até a metade para algumas hipóteses similares, e, ainda, penas idênticas se da violência resultar lesão corporal grave ou morte. Agora, a privação da liberdade da vítima importará no reconhecimento de uma qualificadora (art. 158, § 3º, do CP), em vez de uma causa especial de aumento de pena, como havia sido previsto primeiramente para o crime de roubo (art. 157, § 2º, V do CP). Assim, fatos semelhantes terão penas diferentes, ofendendo-se, frontalmente, os princípios da isonomia, da razoabilidade e da proporcionalidade.

Além disso, como alerta, com precisão, Eduardo Luiz Santos Cabette: "nos casos de roubos qualificados por lesões graves ou morte, onde houve restrição da liberdade da vítima, e extorsões nas mesmas condições, estas serão sempre apenadas com mais rigor. Nestes casos, a Lei nº 11.923/2009 manda aplicar à extorsão com restrição da liberdade as mesmas penas do crime de extorsão mediante sequestro qualificada (art. 159, §§ 2º e 3º, do CP). Assim sendo, enquanto nos casos de roubo as penas variam entre 'reclusão, de 7 a 15 anos' (lesões graves) e 'reclusão, de 20 a 30 anos' (morte); nos casos de extorsão as sanções vão gravitar entre 'reclusão, de 16 a 24 anos' (lesões graves) e 'reclusão, de 24 a 30 anos' (morte). É realmente de se indagar: o que justifica essa discrepância?

Deixando um pouco de lado essas falhas grotescas da nova legislação, tem-se que, com o advento do novo § 3º do art. 158 CP, dever-se-á verificar em cada caso concreto se ocorreu um roubo ou uma extorsão. Em se formando um juízo de roubo, aplica-se o art. 157, § 2º, V, do CP; caso contrário, concluindo-se pela ocorrência de extorsão, aplica-se o art. 158, § 3º, do CP.

Note-se que no caso do roubo a ocorrência de lesões graves ou morte afasta a aplicação do § 2º, V, do art. 157 do CP, prevalecendo o § 3º, do mesmo dispositivo. Já na extorsão deve-se atentar para que se houver lesões graves ou morte, sem que o agente tenha obrado com restrição da liberdade da vítima, aplica-se o § 2º, do art. 158 do CP, que remete às penas do art. 157, § 3º, do CP. Quando ocorrerem os mesmos resultados (lesões graves ou morte), mas o agente tiver atuado mediante restrição da liberdade da vítima, aplica-se o § 3º, *in fine*, do art. 158, do CP, que remete às penas do art. 159, §§ 2º e 3º, do CP".[53]

Outro problema que deve ser enfrentado diz respeito à possibilidade de se raciocinar, também, com o delito de sequestro, previsto no art. 148 do Código Penal, em concurso com o delito de extorsão. Como dissemos, para que se caracterize a modalidade qualificada de extorsão, mediante a restrição da liberdade da vítima, esta, ou seja, a restrição da liberdade deve ser um *meio* para que o agente obtenha a vantagem econômica.

Assim, raciocinemos com o seguinte exemplo: imagine-se a hipótese em que o agente, depois de constranger a vítima, por telefone, a entregar-lhe determinada quantia, marque com ela um local para a entrega do dinheiro. Ao receber o valor exigido, o agente, acreditando que a vítima estivesse sendo seguida, a fim de assegurar-lhe a fuga, coloca-a no porta-malas de seu automóvel e, com ela, vai em direção a uma cidade vizinha, distante, aproximadamente, 50 quilômetros do local da entrega do dinheiro, onde, após assegurar-se de que não estava sendo seguido, a liberta.

Nesse caso, tendo em vista a sua natureza de crime formal, a extorsão já havia se consumado, quando da prática do constrangimento pelo agente. Ao privar a vítima de sua liberdade, nesse segundo momento, o agente pratica, outrossim, o delito de sequestro, que não serviu, como se percebe, para a prática da extorsão. Aqui, portanto, teríamos o concurso entre o delito de extorsão, tipificado no *caput* do art. 158 do Código Penal, e o delito de sequestro ou cárcere privado, previsto pelo art. 148 do mesmo diploma repressivo.

Se a finalidade da privação da liberdade da vítima for a obtenção, para si ou para outrem, de qualquer vantagem, como condição ou preço do resgate, o fato se amoldará ao delito de extorsão mediante sequestro, tipificado no art. 159 do Código Penal.

⚖ Não há que se falar em inconstitucionalidade do preceito secundário do art. 158, § 3º, do Código Penal por suposta violação ao princípio da proporcionalidade, uma vez que a extorsão qualificada atenta não apenas contra o patrimônio, mas também contra a liberdade individual, razão pela qual o legislador previu pena mais severa (STJ, HC 343.976/SP, Rel. Min. Felix Fischer, 5ª T., *DJe* 19/09/2016).

Pena e ação penal

As penas cominadas ao delito de extorsão, nas suas modalidades simples e qualificadas, são as mesmas previstas para o delito de roubo.

Assim, nos termos do *caput* do art. 158 do Código Penal, em sua modalidade fundamental, a pena é de reclusão, de 4 (quatro) a 10 (dez) anos, e multa.

Para as modalidades qualificadas, se da violência resultar *lesão corporal grave*, a pena é de reclusão, de 7 (sete) a 18 (dezoito) anos, além de multa; se resulta a *morte*, a reclusão é de 20 (vinte) a 30 (trinta) anos, sem prejuízo da multa.

A ação penal é de iniciativa pública incondicionada.

Diferença entre roubo e extorsão

São vários os critérios que procuram traçar as distinções entre o roubo e a extorsão, a saber:

1. Conforme lições de Hungria, a diferença reside entre a *contrectatio* e a *traditio*. Assim, se o agente subtrai, o crime é de roubo; se o agente faz com que a ele seja entregue pela vítima, estaríamos diante da extorsão.

2. Noronha, citando Carrara, aponta a distinção entre os dois crimes considerando que "no roubo o mal é *iminente* e o proveito *contemporâneo*; enquanto, na extorsão, o mal prometido é *futuro* e *futura* a vantagem a que visa".[54]

3. Luigi Conti[55] procura levar a efeito a distinção com base no critério da "prescindibilidade ou não do comportamento da vítima". Assim, se sem a colaboração da vítima fosse impossível a obtenção da vantagem, o delito seria o de extorsão; por outro lado, se mesmo sem a colaboração da vítima fosse possível o sucesso da empreitada criminosa, o crime seria o de roubo.

4. Weber Martins Batista, a seu turno, em nossa opinião acertadamente, afirma "Se o agente ameaça a vítima ou pratica violência contra ela, visando a obter a coisa *na hora*, há roubo, sendo desimportante para caracterização do fato que ele tire o objeto da vítima ou este lhe seja dado por ela. É que, nesta última hipótese, não se pode dizer que a vítima agiu, pois, estando totalmente submetida ao agente, não passou de um instrumento de sua vontade. Só se pode falar em extorsão, por outro lado, quando o mal prometido é futuro e futura a obtenção da vantagem pretendida, porque neste caso a vítima, embora ameaçada, não fica totalmente à mercê do agente e, portanto, participa, ainda que com a vontade viciada, do ato de obtenção do bem".[56]

---

[53] CABETTE, Eduardo Luiz Santos. A Lei nº 11.923/2009 e o famigerado sequestro-relâmpago. Afinal, que raio de crime é esse? Disponível em: <http://jus2.uol.com.br/doutrina/texto.asp?id=12760>. Acesso em: 29 ago. 2009.

[54] NORONHA, Edgar Magalhães. *Direito penal*, v. 2, p. 266.

[55] Apud Weber Martins Batista. *O furto e o roubo no direito e no processo penal*, p. 297.

[56] BATISTA, Weber Martins. *O furto e o roubo no direito e no processo penal*, p. 301.

Apesar de o roubo e a extorsão classificarem-se como crimes contra o patrimônio, os núcleos do tipo são distintos, sendo certo que a subtração dos bens não se encontra na linha de desdobramento da extorsão. Daí a clara pluralidade de condutas, praticadas com desígnios autônomos, a exigir o reconhecimento do concurso de delitos. Precedentes (STJ, EDcl no REsp 1.609.057/SP, Rel. Min. Nefi Cordeiro, 6ª T., *DJe* 02/05/2018).

Nesse sentido:

STJ, HC 409.602/SP, Rel. Min. Reynaldo Soares da Fonseca, 5ª T., *DJe* 27/09/2017; TJ-MG, AC 0015064-79.2015.8.13.0392, Rel. Des. Octavio Augusto de Nigris Boccalin, *DJe* 06/09/2016; STJ, REsp 1255559/DF, Rel. Min. Sebastião Reis Júnior, 6ª T., *DJe* 25/06/2013; TJRS, AC 70028 386258, Rel. Des. Nereu José Giacomolli, *DJ* 14/05/2009; STJ, HC 86127/RJ, Rel. Min. Napoleão Nunes Maia Filho, 5ª T., *DJ* 17/03/2008, p. 1; TJMG, AC 1.0231.06. 055386-5/001, Rel. Alexandre Victor de Carvalho, *DJ* 14/07/2007; STJ, REsp 90097/PR, Rel. Min. Luiz Vicente Cernicchiaro, 6ª T., *RSTJ* 104, p. 480; STJ, HC 10375/MG, Rel. Min. Fernando Gonçalves, 6ª T., RT 775, p. 567.

Diferença entre concussão e extorsão

A concussão pode ser entendida como uma modalidade especial de extorsão praticada por funcionário público. A diferença entre ambas as figuras típicas reside no modo como os delitos são praticados.

Assim, na extorsão, a vítima é constrangida, *mediante violência ou grave ameaça*, a entregar a indevida vantagem econômica ao agente; na concussão, contudo, o funcionário público deve exigir a indevida vantagem sem o uso de violência ou de grave ameaça, que são elementos do tipo penal do art. 158 do diploma repressivo.

O entendimento desta Corte é no sentido de que "o emprego de violência ou grave ameaça é elementar do crime tipificado no art. 158 do Código Penal. Assim, se o funcionário público se utiliza desse meio para obter vantagem indevida, comete o crime de extorsão, e não o de concussão" (HC 149.132/MG, Rel. Min. Sebastião Reis, 6ª T., j. 02/08/2011, *DJe* 22/08/2011) (STJ, AgRg no REsp 1.048.381/RS, Rel. Min. Antônio Saldanha Palheiro, 6ª T., *DJe* 30/04/2018).

Nesse sentido:

STJ, HC 198750/SP, Rel. Min. Marco Aurélio Bellizze, 5ª T., *DJe* 24/04/2013.

Além do modo como o delito é praticado, na extorsão, de acordo com a redação legal, a indevida vantagem deve ser sempre *econômica*; ao contrário, no delito de concussão, o art. 316 do Código Penal somente usa a expressão *vantagem indevida*, podendo ser esta de qualquer natureza.

Diferença entre exercício arbitrário das próprias razões e extorsão

Pela redação do art. 345 do Código Penal, percebe-se que a diferença fundamental entre a extorsão e o exercício arbitrário das próprias razões reside no fato de que, neste, a violência é empregada no sentido de satisfazer uma *pretensão legítima* do agente. Entretanto, como a Justiça é um monopólio do Estado, não pode o agente atuar por sua conta, mesmo a fim de satisfazer uma pretensão legítima.

Ao contrário, no delito de extorsão o agente constrange a vítima a fim de obter, para si ou para outrem, *indevida vantagem econômica.*

Restando comprovado que existia uma dívida entre o acusado e a vítima, resta afastada a vantagem indevida, elemento normativo do crime de extorsão, impondo-se a desclassificação para exercício arbitrário das próprias razões (TJMG, AC 1.0372.02.003251-5/001, Rel. Des. Antônio Armando dos Anjos, *DJ* 18/02/2009).

Nesse sentido:

TJMG, AC 1.0522.03.001862-9/001, 5ª Câm. Crim., Rel. Adilson Lamounier, pub. 19/04/2008; TJPR, AC 0157909-3/Coronel Vivida, 3ª Câm. Crim., Rel. Des. Jesus Sarrão, un., j. 24/06/2004.

Prisão em flagrante quando do recebimento da vantagem

Considerando que o crime de extorsão é formal e instantâneo, que se consuma quando, com a prática da conduta núcleo do tipo, a vítima, constrangida pelo agente, faz, tolera que se faça ou deixa de fazer alguma coisa, não se prolongando no tempo seus atos de execução e consequente consumação, não entendemos ser possível a prisão em flagrante que ocorre posteriormente ao constrangimento exercido pelo agente, quando lhe estava sendo entregue a indevida vantagem econômica.

Paulo Rangel, embora exemplificando com o delito de concussão, cujo raciocínio se aplica também ao delito em estudo, esclarece: "Às vezes, é comum ouvirmos dizer que o policial X foi preso em 'flagrante delito', no momento em que recebia o dinheiro exigido da vítima, pois esta, alertada por terceiras pessoas, procurou as autoridades e relatou o fato. No dia determinado para a entrega do dinheiro, a vítima, acompanhada de policiais que estavam de atalaia no local, dirigiu-se ao policial X e lhe fez a entrega do dinheiro combinado, momento em que os policiais deram voz de prisão em flagrante ao policial X. Esse fato, inclusive, é noticiado pela grande imprensa. Nesta hipótese, não há prisão em flagrante delito, pois o que se dá é mero exaurimento do crime, ou seja, o crime já se consumou com a mera exigência da vantagem indevida. Trata-se, portanto, de prisão *manifestamente ilegal*, que deverá ser, imediatamente, *relaxada* pela autoridade judiciária, nos precisos termos do art. 5º, LXV, da CRFB."[57]

⚖ O delito de extorsão é formal, consumando-se no momento em que o agente, mediante violência ou grave ameaça, constrange a vítima com o intuito de obter vantagem econômica indevida. O recebimento da vantagem indevida constitui mero exaurimento do crime. Neste sentido, foi editada a Súmula 96/STJ, segundo a qual "o crime de extorsão consuma-se independentemente da obtenção da vantagem indevida". Dessa forma, não há que se falar em flagrante preparado se a prisão ocorre no momento do pagamento, após a consumação da conduta (STJ, HC 450.314/SP, Rel. Min. Felix Fischer, 5ª T., *DJe* 14/08/2018).

Concurso de pessoas no delito de extorsão

Será possível até a consumação do delito, isto é, quando o agente leva a efeito o constrangimento necessário a obter a indevida vantagem econômica. O crime de extorsão não é permanente, mas, sim, instantâneo, razão pela qual aquele que ingressa no plano depois da consumação do delito poderá responder pelo delito de favorecimento real e não ser reconhecido como coautor, mesmo que sucessivo. Em sentido contrário, afirma Nilo Batista que "pode ocorrer a coautoria sucessiva não só até a simples consumação do delito, e sim até o seu exaurimento, que Maurach chama de 'ponto final'. Dessa forma, o agente que aderisse à empresa delituosa na extorsão (art. 158 CP) por ocasião da obtenção da indevida vantagem econômica (que está situada após a consumação, configurando mero exaurimento) seria coautor sucessivo".[58]

⚖ Não é admissível a coautoria após a consumação do crime, salvo se comprovada a existência de ajuste prévio. A pessoa que participa apenas no momento do exaurimento do crime comete crime de favorecimento real, se sabe prestar auxílio destinado a tornar seguro o proveito do crime (STJ, HC 39732/RJ, Rel.ª Min.ª Maria Thereza de Assis Moura, 6ª T., j. 26/06/2007, *DJ* 03/09/2007, p. 225).

Nesse sentido:

⚖ TJPR, [TA], AC 0221288-8, Curitiba, Rel. Juiz Conv. Mário Helton Jorge, j. 12/06/2003.

Concurso de crimes – roubo e extorsão

⚖ É firme o entendimento desta Corte Superior de que ficam configurados os crimes de roubo e extorsão, em concurso material, se o agente, após subtrair bens da vítima, mediante emprego de violência ou grave ameaça, a constrange a entregar o cartão bancário e a respectiva senha, para sacar dinheiro de sua conta corrente. 4. A Terceira Seção do STJ, no julgamento do EREsp 961.863/RS, pacificou o entendimento de que a incidência da majorante do emprego de arma prescinde de sua apreensão e perícia, notadamente quando comprovada sua utilização por outros meios de prova (STJ, AgRg no AREsp 1.557.476/SP, Rel. Min. Nefi Cordeiro, 6ª T., julgado em 18/02/2020, *DJe* 21/02/2020).

Nesse sentido:

⚖ STJ, HC 435.792/SP, Rel. Min. Ribeiro Dantas, 5ª T., *DJe* 30/05/2018; STJ, HC 552.481/SP, *Habeas Corpus* 2019/0376592-5, Rel. Min. Joel Ilan Paciornik, 5ª T., j. 18/02/2020, *DJe* 02/03/2020; STJ, HC 391.645/SP, Rel. Min. Antônio Saldanha Palheiro, 6ª T., *DJe* 05/09/2017; STJ, HC 343.976/SP, Rel. Min. Felix Fischer, 5ª T., *DJe* 19/09/2016; STJ, AgRg no AREsp 323.029/DF, Rel. Min. Rogério Schietti Cruz, 6ª T., *DJe* 12/09/2016.

Extorsão no Código Penal Militar

Vide art. 243 do Decreto-Lei nº 1.001/69 (Código Penal Militar).

⚖ 1. O acusado – juntamente com os demais agentes – cometeu os delitos (roubo e extorsão) em período em que estava de serviço, e, inclusive, se apresentou como policial para intimidar a vítima. 2. Apesar de a condição de militar não ser essencial para a configuração dos tipos em comento, o fato de haver cometido as infrações em atividade e contra civil atrai a competência da Justiça Militar (STJ, AgRg no AREsp 573.861/GO, Rel. Min. Rogerio Schietti Cruz, 6ª T., julgado em 10/03/2020, *DJe* 17/03/2020).

Prioridade de tramitação do processo de extorsão qualificada pela restrição da liberdade da vítima, ocorrência de lesão corporal ou morte

A Lei nº 14.994, de 9 de outubro de 2024, alterou o art. 394-A do Código de Processo Penal, determinando, *verbis*:

Art. 394-A. *Os processos que apurem a prática de crime hediondo ou violência contra a mulher terão prioridade de tramitação em todas as instâncias.*

Extorsão mediante sequestro

Art. 159. Sequestrar pessoa com o fim de obter, para si ou para outrem, qualquer vantagem, como condição ou preço do resgate:

Pena – reclusão, de oito a quinze anos.

§ 1º Se o sequestro dura mais de 24 (vinte e quatro) horas, se o sequestrado é menor de 18

---

[57] RANGEL, Paulo. *Direito processual penal*, p. 684.

[58] BATISTA, Nilo. *Concurso de agentes*, p. 88.

(dezoito) ou maior de 60 (sessenta) anos, ou se o crime é cometido por bando ou quadrilha[59].

Pena – reclusão, de doze a vinte anos.

§ 2º Se do fato resulta lesão corporal de natureza grave:

Pena – reclusão, de dezesseis a vinte e quatro anos.

§ 3º Se resulta a morte:

Pena – reclusão, de vinte e quatro a trinta anos.

§ 4º Se o crime é cometido em concurso, o concorrente que o denunciar à autoridade, facilitando a libertação do sequestrado, terá sua pena reduzida de um a dois terços.

Introdução

Verifica-se, pela redação do art. 159 do Código Penal, que a extorsão mediante sequestro encontra-se no catálogo daqueles crimes considerados complexos, sendo, pois, o resultado da fusão de várias figuras típicas, a exemplo do sequestro, que é utilizado como um meio para a prática da extorsão. Na verdade, trata-se de uma modalidade especializada de extorsão, justamente pelo meio utilizado, vale dizer, a privação da liberdade da vítima.

Para a concretização do crime do art. 159 do CPB é dispensável que a privação da liberdade da vítima seja superior a 24 horas. Tal só se exige para a incidência da qualificadora do § 1º do referido artigo (STJ, HC 86127/RJ, Rel. Min. Napoleão Nunes Maia Filho, 5ª T., *DJ* 17/03/2008, p. 1).

Assim, podemos identificar os seguintes elementos que compõem o delito em estudo: *a)* privação da liberdade de alguém; *b)* especial fim de agir, caracterizado pela finalidade do agente de obter, para si ou para outrem, qualquer vantagem, como condição ou preço do resgate.

A privação da liberdade, utilizada como meio para a prática do crime de extorsão mediante sequestro, é a mesma referida no art. 148 do Código Penal, sendo que, aqui, possui uma finalidade especial: a obtenção de *qualquer vantagem*.

Poder-se-ia indagar a respeito da sua natureza, já que a lei penal faz menção genérica a *qualquer vantagem*, não exigindo expressamente, inclusive, que essa vantagem seja *indevida*. Hungria, analisando a redação legal, diz: "O art. 159 fala em 'qualquer vantagem', sem dizê-la expressamente · *indevida*, como faz quanto à extorsão *in genere*, pois seria isso supérfluo, desde que a sua ilegitimidade resulta de ser exigida como preço da cessação de um crime.

Se o sequestro visa à obtenção da vantagem *devida*, o crime será o de 'exercício arbitrário das próprias razões' (art. 345), em concurso formal com o de *sequestro* (art. 148)".[60]

Dessa forma, embora o art. 159 do diploma repressivo não faça menção expressa à indevida vantagem, temos que compreendê-la como consignada implicitamente pelo mencionado tipo penal, sob pena de ser realizada, como propôs Hungria, a desclassificação para outra figura típica.

Além de indevida a vantagem, entendemos, também, que não é exatamente *qualquer uma* que permite o raciocínio do crime de extorsão mediante sequestro, mas tão somente a vantagem que tenha *valor econômico*, de natureza patrimonial, uma vez que o tipo do art. 159 está inserido no Título II do Código Penal, relativo aos crimes contra o patrimônio. Portanto, de acordo com uma interpretação sistêmica do Código Penal, devemos entender que a vantagem exigida como condição ou preço do resgate deve ter natureza patrimonial, pois, caso contrário, poderá se configurar em outra infração penal.

Em sentido contrário, assevera Damásio que "qualquer vantagem diz respeito a 'qualquer vantagem' mesmo, sendo irrelevante que seja devida ou indevida, econômica ou não econômica".[61] Cezar Roberto Bitencourt, defendendo a interpretação ampla da expressão *qualquer vantagem*, acompanha Damásio, justificando que "a *natureza econômica da vantagem* é afastada pela elementar típica *qualquer vantagem*, que deixa clara sua abrangência. Quando a lei quer limitar a espécie de vantagem, usa o elemento normativo *indevida, injusta, sem justa causa* [...]. Assim, havendo *sequestro*, para obter *qualquer* vantagem, para si ou para outrem – não importando a natureza (econômica ou não) ou espécie (indevida ou não) –, como *condição ou preço* do resgate, estará caracterizado o crime de extorsão mediante sequestro".[62]

Tendo em vista a interpretação sistêmica, não há como aderir à tese segundo a qual a expressão *qualquer vantagem*, contida como elemento do art. 159 do Código Penal, diz respeito a toda e qualquer vantagem, tenha ou não natureza patrimonial, pois que isso ofenderia ao sistema no qual está inserido o crime de extorsão mediante sequestro, cujo bem precipuamente protegido é, efetivamente, o patrimônio.

Não há necessidade, ainda, que a vítima seja removida para outro local, podendo o delito ocorrer dentro de sua própria residência, desde que o agente a prive de sua liberdade com o fim de obter qualquer vantagem, como condição ou preço do resgate para que

---

[59] A Lei nº 12.850, de 2 de agosto de 2013, substituiu a rubrica que constava no art. 288 do Código Penal, modificando, ainda, sua redação original. Assim, onde se lê quadrilha ou bando leia-se associação criminosa, sendo exigido, a partir dessa modificação legal, um número mínimo de 3 (três) pessoas para sua formação.

[60] HUNGRIA, Nélson. *Comentários ao código penal*, vol. VII, p. 72.

[61] JESUS, Damásio E. de. *Direito penal*, v. 2, p. 370.

[62] BITENCOURT, Cezar Roberto. *Tratado de direito penal*, v. 3, p. 139.

possa voltar a exercer o seu direito de ir, vir e permanecer.

✍ A ré, juntamente com os outros réus, arquitetou e executou a extorsão mediante sequestro. Na sentença, consta que ela estava no cativeiro – onde a ofendida foi torturada e estuprada – e, na posse do cartão de crédito e da senha da vítima, realizou várias compras em benefício próprio e do grupo, o que demonstra intensa frieza e desprezo pelos bens jurídicos tutelados pela lei penal, a denotar a imprescindibilidade da prisão preventiva, única medida idônea a tutelar a ordem pública (STJ, HC 418.707/SC, Rel. Min. Rogério Schietti Cruz, 6ª T., *DJe* 02/04/2018).

Nesse sentido:

✍ TJPR, AC 0300110-7/Campo Mourão, 3ª Câm. Crim. Rel. Juíza convocada Lilian Romero, un., j. 19/07/2006; TJMG, AC 2.0000. 00.513372-6/000, Rel. William Silvestrini, *DJ* 30/08/2005.

Classificação doutrinária

Crime comum, tanto com relação ao sujeito ativo quanto ao sujeito passivo; doloso; formal (pois que sua consumação ocorre com a prática da conduta núcleo do tipo, sendo a obtenção da vantagem um mero exaurimento do crime); permanente (tendo em vista que a sua consumação se prolonga no tempo, enquanto houver a privação da liberdade da vítima); de forma livre; comissivo ou omissivo (podendo ser praticado via omissão imprópria, caso o agente goze do *status* de garantidor); monossubjetivo; plurissubsistente; transeunte ou não transeunte, dependendo de como o delito é praticado.

Objeto material e bem juridicamente protegido

Em virtude da redação constante do tipo penal do art. 159 do diploma repressivo, conseguimos visualizar a proteção de vários bens jurídicos, como o *patrimônio* (aqui entendido num sentido mais amplo do que a posse e a propriedade, pois que a lei penal fala em *qualquer vantagem*), podendo-se também apontar a *liberdade individual* (principalmente no que diz respeito ao direito de ir, vir e permanecer), bem como a *integridade física e psíquica*.

Embora todos esses bens formem a unidade complexa, não podemos deixar de esclarecer que entre eles o bem precipuamente protegido é o patrimônio.

Objeto material é a pessoa contra a qual recai a privação da liberdade, mediante o sequestro, e também aquela que sofre a perda patrimonial.

Sujeito ativo e sujeito passivo

Qualquer pessoa pode figurar como sujeito ativo do delito de extorsão mediante sequestro.

Sujeito passivo, conforme preleciona Cezar Roberto Bitencourt, "também pode ser qualquer pessoa, inclusive quem sofre o constrangimento sem lesão

patrimonial. Assim, a *vítima* do sequestro pode ser diversa da pessoa que sofre ou deve sofrer a lesão patrimonial. Haverá, nesse caso, duas vítimas, uma do *patrimônio* e outra da *privação de liberdade*, mas ambas do mesmo crime de extorsão mediante sequestro".[63]

Entretanto, embora com pluralidade de vítimas, estaremos diante de *crime único*, devendo o agente responder, tão somente, por um único crime de extorsão mediante sequestro.

Também é possível que a pessoa jurídica goze do *status* de sujeito passivo do delito de extorsão mediante sequestro, uma vez que seus sócios podem, por exemplo, ser privados da sua liberdade, para que se efetue o pagamento do resgate por intermédio do patrimônio da pessoa jurídica a eles pertencente.

✍ Sujeito ativo do crime de extorsão mediante sequestro é quem pratica qualquer dos elementos objetivos do tipo: sequestra, comunica o evento e exige o pagamento de resgate, negocia, vigia o refém, vai apanhar o resgate, entre outros (TJPR, AC 0300110-7/Campo Mourão, 3ª Câm. Crim. Rel. Juíza convocada Lilian Romero, un., j. 19/07/2006).

Consumação e tentativa

Ocorre a consumação da extorsão mediante sequestro quando o agente pratica a conduta prevista no núcleo do tipo, vale dizer, quando realiza o sequestro, com a privação da liberdade ambulatorial da vítima, independentemente da obtenção da vantagem, como condição ou preço do resgate, que se configura como mero exaurimento do delito.

✍ Cuidando-se de crime formal, sequestrada a vítima e exigido o resgate, ocorre a consumação, ainda que não se tenha conseguido a vantagem econômica almejada (Súmula 96/STJ) 4. Ordem denegada, em consonância com o parecer ministerial (STJ, HC 86127RJ, Rel. Min. Napoleão Nunes Maia Filho, 5ª T., *DJ* 17/03/2008, p. 1).

Embora seja um crime formal, a extorsão mediante sequestro também possui a natureza de delito plurissubsistente, ou seja, aquele que pode ser desdobrado em vários atos, fracionando-se, pois, o *iter criminis*, razão pela qual será possível a tentativa.

✍ O pedido de reconhecimento da tentativa delitiva do crime de extorsão mediante sequestro não merece ser acolhido. É de curial conhecimento que o crime de extorsão mediante sequestro consuma-se, após o efetivo sequestro da vítima, quando se exige a vantagem indevida (TJ-RJ, AC 0192956-12.2012.8.19.0004, Rel. Des. Cairo Ítalo França David, *DJe* 11/10/2016).

Nesse sentido:

✍ TJ-MG, AC 0175050-65.2012.8.13.0686, Rel. Des. Edison Feital Leite, *DJe* 23/09/2016; TJRS, AC 70026866327,

---

[63] BITENCOURT, Cezar Roberto. *Tratado de direito penal*, v. 3, p. 135.

Rel. Des. Marco Antônio Ribeiro de Oliveira, *DJ* 16/01/2009; STJ, HC 86127/RJ, HC 2007/0138842-3, Rel. Min. Napoleão Nunes Maia Filho, 5ª T., pub. 17/03/2008.

Elemento subjetivo

O crime de extorsão mediante sequestro só pode ser praticado dolosamente, não existindo previsão para a modalidade culposa.

Além do dolo, a doutrina majoritária aponta outro elemento subjetivo, que lhe é transcendente, denominado *especial fim de agir*, caracterizado pela expressão *com o fim de obter, para si ou para outrem,* qualquer vantagem, como condição ou preço do resgate.

A cláusula como condição ou preço do resgate, do *caput* do art. 159 do CP, é elemento subjetivo do tipo. No caso concreto, não se impôs nenhuma condição para soltar a vítima. Ela, ao contrário, foi sequestrada para ser morta. Sabia demais (queima de arquivo). Logo há pelo menos dois delitos: homicídio (art. 121) e sequestro e cárcere privado (art. 148) (STJ, REsp 9922/PB, Rel. Min. Adhemar Maciel, 6ª T., *RSTJ* 48 p. 155).

Nesse sentido:

TJPR, AC 0309673-5, 4ª Câm. Crim. Rel. Des. Antônio Martelozzo, j. 19/01/2006; STJ, HC 29476/MS, Rel.ª Min.ª Laurita Vaz, 5ª T., *DJ* 29/11/2004, p. 355.

Modalidades comissiva e omissiva

Da mesma forma que o crime de sequestro, aqui, o delito pode ser praticado comissiva ou omissivamente. Assim, pode o agente fazer alguma coisa no sentido de privar a vítima de sua liberdade, levando-a até um cativeiro, com a finalidade de, posteriormente, exigir um pagamento de resgate para sua libertação, ou poderá deixar de colocar a vítima em liberdade, sendo essa sua obrigação, só o fazendo mediante o pagamento de certa quantia em dinheiro.

Modalidades qualificadas

Os §§ 1º, 2º e 3º do art. 159 do Código Penal preveem as modalidades qualificadas do delito. Tendo em vista as características que lhe são peculiares, faremos a análise individualizada de cada uma das qualificadoras elencadas.

Se o sequestro dura mais de 24 (vinte e quatro) horas – A primeira qualificadora é de natureza objetiva, pois que a lei penal determina que, se a privação da liberdade durar mais do que 24 horas, a pena cominada será de reclusão, de 12 (doze) a 20 (vinte) anos.

Faz-se mister observar que a contagem do prazo tem início a partir do momento em que a vítima se vê, efetivamente, privada de sua liberdade. Assim, por exemplo, se foi sequestrada às 15 horas e 30 minutos, a partir desse exato instante é que começa a contar o prazo de 24 horas determinado pelo § 1º do art. 159 do Código Penal.

Por outro lado, a existência da aludida qualificadora afasta, quase que totalmente, a possibilidade de alguém ser condenado pela modalidade fundamental do crime de extorsão mediante sequestro, pois que, como regra geral, a vítima permanece em poder dos sequestradores por tempo superior a 24 horas.

O tipo penal previsto no art. 159, § 1º, do Código Penal exige, para a sua consumação, apenas que o agente proceda ao sequestro de pessoa com o fim de obter, para si ou para outrem, qualquer vantagem, como condição ou preço do resgate, por período superior a 24 (vinte e quatro) horas (STJ, HC 54174/RJ, Rel. Min. Gilson Dipp, 5ª T., *DJ* 09/10/2006 p. 322).

Se o sequestrado é menor de 18 (dezoito) ou maior de 60 (sessenta) anos – A idade daquele que foi privado de sua liberdade também é um dado de natureza objetiva.

Afirma Hungria que "a circunstância de ser a vítima *menor de 18 anos* (isto é, que ainda *não completou* tal idade) também justifica a agravação especial, porque torna mínima, quando não nenhuma, a possibilidade de eximir-se ao sequestro, ao mesmo tempo que é infringida a incolumidade especialmente assegurada à criança e ao adolescente".[64]

O § 1º do art. 159 teve sua redação modificada pela Lei nº 10.741, de 1º de outubro de 2003, que, dispondo sobre o Estatuto da Pessoa Idosa, fez acrescentar como mais uma modalidade qualificada o fato de ser o sequestrado maior de 60 (sessenta) anos de idade. Merece registro o fato de que a idade das vítimas deverá ser conhecida, pois, caso contrário, poderá ser alegado o chamado erro de tipo.

Se o crime é cometido por bando ou quadrilha (atualmente reconhecido como *associação criminosa,* nos termos da nova rubrica, e também da redação que foi conferida ao art. 288 do Código Penal pela Lei nº 12.850, de 2 de agosto de 2013) – Para que se possa aplicar a qualificadora em estudo, é preciso que exista, efetivamente, a formação da associação criminosa, nos moldes preconizados pelo art. 288 do Código Penal. Portanto, deve haver a associação não eventual de pessoas, que exige certa *estabilidade* ou *permanência,* com o fim específico de cometer crimes, vale dizer, um número indeterminado de infrações penais. Caso ocorra a reunião eventual de três ou mais pessoas, com o fim específico de praticar um único crime de extorsão mediante sequestro, restará afastada a qualificadora.

Se do fato resulta lesão corporal de natureza grave – O § 2º do art. 159 do Código Penal comina uma pena de reclusão de 16 (dezesseis) a 24 (vinte e quatro) anos, se *do fato* resulta lesão corporal de natureza grave.

Primeiramente, devemos observar que quando o § 2º inicia sua redação usando a expressão *se do fato resulta...* está querendo, segundo entendemos, dizer

---

[64] HUNGRIA, Nélson. *Comentários ao código penal,* v. VII, p. 73.

que se do sequestro, isto é, se da privação da liberdade da vítima resultar lesão corporal grave, o delito será reconhecido como qualificado. Em nossa opinião, portanto, somente qualificará o delito se o próprio sequestrado for a vítima das lesões corporais graves, e não outras pessoas, a exemplo do que ocorre com o latrocínio, em que o roubo, como vimos, será qualificado desde que haja a morte de qualquer pessoa que não alguém do próprio grupo.

Assim, não podemos concordar com Cezar Roberto Bitencourt quando afirma que a lesão corporal grave "tanto pode ser produzida na vítima do *sequestro* como na vítima da *extorsão* ou em qualquer outra pessoa que venha a sofrer a violência",[65] pois que, de acordo com a redação legal, a qualificadora somente incidirá se *do fato do sequestro*, quer dizer, se da privação da liberdade da vítima vier a ocorrer lesão corporal grave.

Trata-se, aqui, de crime qualificado pelo resultado, podendo este ser atribuído ao agente a título de dolo ou mesmo culpa. Assim, pode o agente querer e, efetivamente, produzir as lesões graves na vítima, ou elas podem ter ocorrido em razão de culpa, oportunidade em que se poderá levar a efeito o raciocínio correspondente ao crime preterdoloso.

Se as lesões corporais de natureza grave sofridas pela vítima forem provenientes de caso fortuito ou força maior, não poderão ser imputadas ao agente, por força do art. 19 do Código Penal.

A pena mínima cominada à extorsão mediante sequestro qualificada pela lesão corporal de natureza grave foi aumentada pela Lei nº 8.072/1990, passando de 12 (doze) para 16 (dezesseis) anos, mantendo-se, contudo, a pena máxima cominada em abstrato, que é de 24 (vinte e quatro) anos de reclusão, sendo, contudo, suprimida a pena de multa originalmente cominada a essa modalidade qualificada.

Se resulta morte – O § 3º do art. 159 do Código Penal comina uma pena de reclusão, de 24 (vinte e quatro) a 30 (trinta) anos, se do fato resulta a morte.

Vale, aqui, tudo o que dissemos com relação à qualificadora da lesão corporal de natureza grave, ou seja:

a) que a qualificadora somente terá aplicação se ocorrer a morte da vítima do sequestro, isto é, aquela que teve cerceada a sua liberdade ambulatorial;

b) a morte pode ter sido provocada dolosa ou culposamente, tratando-se, portanto, de crime qualificado pelo resultado que admite as duas modalidades;

c) não poderá ser aplicada a qualificadora ao agente caso o resultado morte seja proveniente de caso fortuito ou força maior, em obediência ao art. 19 do Código Penal.

⚖ Restando incontroverso que a intenção dos apelantes era praticar uma extorsão mediante sequestro,

com uso de arma de fogo, conforme previamente ajustado entre eles, respondem todos pela morte da vítima, sendo irrelevante a autoria do disparo da arma de fogo ou mesmo o grau de participação deles na execução do crime (TJBA, AC 0302791-65.2011.8.05.0001, *DJe* 21/11/2013)

O crime de extorsão mediante sequestro qualificado pelo resultado morte possui a maior pena cominada na Parte Especial do Código Penal, variando de 24 (vinte e quatro) a 30 (trinta) anos de reclusão, após a modificação levada a efeito pela Lei nº 8.072/1990, que, a seu turno, eliminou a cominação da pena de multa.

Delação premiada

A Lei nº 9.269, de 2 de abril de 1996, fez inserir o § 4º ao art. 159 do Código Penal, criando a chamada *delação premiada* para o crime de extorsão mediante sequestro.

Assim, de acordo com a redação legal, são três os requisitos exigidos para que seja levada a efeito a redução de um a dois terços na pena aplicada ao agente, a saber:

a) que o crime tenha sido cometido em concurso;

b) que um dos agentes o denuncie à autoridade;

c) facilitação da libertação do sequestrado.

Merece ser ressaltado, contudo, que parte de nossa doutrina entende, corretamente em nossa opinião, que o § 4º do art. 159 do Código Penal foi tacitamente revogado pelo art. 13 da Lei nº 9.807, de 13 de julho de 1999, que diz:

Art. 13. Poderá o juiz, de ofício ou a requerimento das partes, conceder o perdão judicial e a consequente extinção da punibilidade ao acusado que, sendo primário, tenha colaborado efetiva e voluntariamente com a investigação e o processo criminal, desde que dessa colaboração tenha resultado:

I – a identificação dos demais coautores ou partícipes da ação criminosa;

II – a localização da vítima com a sua integridade física preservada;

III – a recuperação total ou parcial do produto do crime.

Parágrafo único. A concessão do perdão judicial levará em conta a personalidade do beneficiado e a natureza, circunstâncias, gravidade e repercussão social do fato criminoso.

Segundo as lições de Renato Brasileiro de Lima:

O disposto no art. 159, § 4º, do Código Penal, teria sido tacitamente revogado pela Lei nº 9.807/99, que também tratou da delação premiada em seu art. 13, prevendo, todavia, vantagens mais benéficas que uma simples diminuição de pena – perdão judicial e consequente extinção da punibilidade. De fato, apesar de o art. 13 da Lei nº 9.807/99 não se referir expressamente ao art. 159 do Código Penal, quando se atenta para a redação de seus três incisos (I – a identificação dos

---

⁶⁵ BITENCOURT, Cezar Roberto. *Tratado de direito penal*, v. 3, p. 146.

demais coautores ou partícipes da ação criminosa; II – a localização da vítima com a sua integridade física preservada; III – a recuperação total ou parcial do produto do crime), é fácil deduzir que o único crime em que os três objetivos podem ser simultaneamente atingidos seria o de extorsão mediante sequestro. Logo, como se trata de lei posterior que tratou do assunto, temos que o art. 159, § 4º, do CP, encontra-se tacitamente revogado[66].

No mesmo sentido, afirmam Alberto Silva Franco, Rafael Lira e Yuri Felix, dizendo:

Embora diversos diplomas posteriores à Lei nº 9.269/96 apresentassem, com denominações diferentes, hipóteses bem ajustáveis ao instituto da delação premiada, força é convir que a amplitude atribuída a esse instituto pela Lei nº 9.807/99 dá suporte a afirmação de que se trata de norma legal revogadora da Lei nº 9.269/96[67].

O art. 1º, § 5º, da Lei nº 9.613/1998 trata da delação premiada (unilateral), que tem a característica de ato unilateral, praticado pelo agente que, espontaneamente, opta por prestar auxílio tanto à atividade de investigação, quanto à instrução procedimental, sendo que o referido instituto, diferentemente da colaboração premiada (que demanda a bilateralidade), não depende de prévio acordo a ser firmado entre as partes interessadas (STJ, AgRg no REsp 1.765.139/PR, Rel. Min. Felix Fischer, 5ª T., DJe 09/05/2019).

Nesse sentido:

STJ, AgRg no REsp 1.450.658/CE, Rel. Min. Jorge Mussi, 5ª T., DJe 04/05/2018; STJ, RHC 43.776/SP, Rel. Min. Jorge Mussi, 5ª T., DJe 20/09/2017; STJ, AgRg no REsp 1.538.372/CE, Rel. Min. Sebastião Reis Junior, 6ª T., DJe 22/06/2016; STF, RHC 124.192/PR, Rel. Min. Dias Toffoli, 2ª T., DJe 08/04/2015.

Pena e ação penal

À modalidade fundamental de extorsão mediante sequestro comina o caput do art. 159 do Código Penal uma pena de reclusão, de 8 (oito) a 15 (quinze) anos; se o sequestro dura mais de 24 (vinte e quatro) horas, se o sequestrado é menor de 18 (dezoito) ou maior de 60 (sessenta) anos, ou se o crime é cometido por associação criminosa (nos termos da nova rubrica conferida ao art. 288 do Código Penal pela Lei nº 12.850, de 2 de agosto de 2013), a pena é de reclusão, de 12 (doze) a 20 (vinte) anos (§ 1º do art. 159 do CP); se do fato resulta lesão corporal de natureza grave, a pena é de reclusão, de 16 (dezesseis) a 24 (vinte e quatro) anos (§ 2º do art. 159 do CP); e, se resulta morte, a pena é de reclusão, de 24 (vinte e quatro) a 30 (trinta) anos (§ 3º do art. 159 do CP).

A ação, em todas as modalidades de extorsão mediante sequestro, é de iniciativa pública incondicionada.

Concorrência de mais de uma qualificadora

A maior das qualificadoras, ou seja, aquela que prevê as penas mais graves, afastará a aplicação das demais, pois que não se pode aplicar duas qualificadoras simultaneamente, haja vista que a pena-base encontrada depois da análise do art. 59 do Código Penal será de acordo com as suas balizas mínima e máxima.

Concurso entre a qualificadora do § 1º do art. 159 do Código Penal e o crime de associação criminosa

Há controvérsia doutrinária e jurisprudencial sobre o tema.

Fernando Capez, posicionando-se favoravelmente ao concurso de crimes, afirma: "A controvérsia reside em saber se a hipótese configura ou não bis in idem. Não há que se falar em bis in idem, uma vez que os momentos consumativos e a objetividade jurídica entre tais crimes são totalmente diversos, além do que a figura prevista no art. 288 do Código Penal existe independentemente de algum crime vir a ser praticado pela quadrilha ou bando (leia-se, atualmente, associação criminosa). Do mesmo modo que não há dupla apenação entre associação criminosa (art. 14 da Lei de Tóxicos) e o tráfico por ela praticado, aqui também incide a regra do concurso material".[68]

A segunda corrente, minoritária, entende pela impossibilidade de concurso material entre a modalidade qualificada de extorsão mediante sequestro e o crime de associação criminosa, sob a alegação, já mencionada por Fernando Capez, do chamado bis in idem, vale dizer, um mesmo fato, ou seja, a formação da associação criminosa, estar incidindo duas vezes em prejuízo do agente.

In casu, somos partidários da corrente que entende pela possibilidade do concurso de crimes, pois que a própria lei penal foi quem se referiu ao crime tipificado no art. 288 do Código Penal, já reconhecendo, anteriormente, sua existência. Assim, a maior gravidade residiria justamente no fato de ter sido praticado pelo grupo criminoso, não reunido eventualmente com esse propósito, mas sim unido, de forma duradoura, para a prática de um número indeterminado de crimes, podendo-se contar, entre eles, o delito de extorsão mediante sequestro.

Assumindo uma posição intermediária, em havendo concorrência de outra qualificadora com a associação criminosa, Yuri Carneiro Coelho argumenta: "Se existir mais de uma qualificadora, entre elas a de o crime ter sido cometido por quadrilha ou bando e, por exemplo, se o sequestrado é maior de 60 anos, pode-se qualificar pela idade da vítima (maior de 60)

[66] LIMA, Renato Brasileiro. Legislação criminal especial comentada, p. 108.
[67] FRANCO, Alberto Silva. LIRA, Rafael; FELIX, Yuri. Crimes hediondos, p. 527.
[68] CAPEZ, Fernando. Curso de direito penal, v. 2, p. 414.

e a condição de quadrilha ou bando ser punida autonomamente, como delito do art. 288 do CP em concurso com o crime de extorsão mediante sequestro."[69]

⚖️ Descabe falar em *bis in idem*, pois, evidenciado o vínculo associativo prévio entre os agentes com o intuito de cometer delitos, resta configurado o tipo penal do art. 288 do CP, sendo certo que a consumação do delito de associação criminosa independe da prática de qualquer crime posterior. De mais a mais, importa reconhecer que os bens jurídicos tutelados pelas normais penais incriminadoras são distintos, pois o art. 288 do CP protege a paz pública, enquanto o delito de extorsão visa a resguardar o patrimônio e, de forma mediata, a liberdade individual e a integridade física e psíquica da vítima (STJ, HC 547.945/SP, Rel. Min. Ribeiro Dantas, 5ª T., julgado em 04/02/2020, *DJe* 12/02/2020).

Nesse sentido:

⚖️ STJ, HC 289885/SP, Rel.ª Min.ª Maria Thereza de Assis Moura, 6ª T., *DJe* 09/06/2014.

Aplicação do art. 9º da Lei nº 8.072/1990 ao delito de extorsão mediante sequestro

Entendemos que não será possível a aplicação ao delito tipificado no art. 159, *caput* e seus §§ 1º, 2º e 3º do Código Penal da causa especial de aumento de pena prevista no art. 9º da Lei nº 8.072/1990, em virtude da revogação expressa do art. 224 do Código Penal pela Lei nº 12.015, de 7 de agosto de 2009.

Com a devida *venia* das posições em contrário, não podemos raciocinar no sentido de que as hipóteses elencadas pelo art. 224 do Código Penal, a quem se remetia o art. 9º da Lei nº 8.072/1990, foram deslocadas para o art. 217-A do Código Penal, que prevê o delito de estupro de vulnerável.

Não podemos vagar pelo Código Penal a procura de tipos que se amoldem a remissões já revogadas. Caso seja do interesse do legislador manter o aumento de pena para o delito tipificado no art. 159, *caput* e seus §§ 1º, 2º e 3º do Estatuto Repressivo, deverá fazê-lo expressamente.

Nesse sentido, trazemos à colação os ensinamentos de Luiz Carlos dos Santos Gonçalves, que esclarece: "o art. 9º da Lei dos Crimes Hediondos foi tacitamente revogado, vez que revogado expressamente o art. 224 do Código Penal, ao qual ele se referia. É certo que há semelhança entre a situação de vulnerabilidade, mencionada nos arts. 217-A e 218 e aquelas descritas no revogado art. 224 do Código, mas não se assemelha possível o emprego da analogia no caso – pois seria *in malam partem*. O ne-

cessário aumento da pena do roubo, da extorsão e da extorsão mediante sequestro, praticados contra vítimas menores de 14 anos, com doença mental ou que não poderiam oferecer resistência, fica, assim, prejudicado. É a dificuldade da técnica do 'tipo remetido': revogado o artigo mencionado, fica sem aplicação o que o menciona".[70]

No mesmo sentido, prelecionam Luiz Flávio Gomes e Rogério Sanches Cunha que o art. 224 do Código Penal foi Revogado pela Lei nº 12.015, de 7 de agosto de 2009, "eliminando-se, tacitamente, também a majorante da Lei dos Crimes Hediondos (art. 9º), cuidando-se de alteração benéfica que deve retroagir para alcançar os fatos passados".[71]

Extorsão mediante sequestro no Código Penal Militar

Vide art. 244 do Decreto-Lei nº 1.001/69 (Código Penal Militar).

Prioridade de tramitação do processo de extorsão mediante sequestro simples e qualificada (art. 159, *caput*, e §§ 1º, 2º e 3º)

A Lei nº 14.994, de 9 de outubro de 2024, alterou o art. 394-A do Código de Processo Penal, determinando, *verbis*:

Art. 394-A. *Os processos que apurem a prática de crime hediondo ou violência contra a mulher terão prioridade de tramitação em todas as instâncias.*

Vítima mantida como refém

A Lei nº 13.964, de 24 de dezembro de 2019, inseriu o parágrafo único ao art. 25 do Código Penal, dizendo:

Art. 25. *(...)*

Parágrafo único. *Observados os requisitos previstos no* caput *deste artigo, considera-se também em legítima defesa o agente de segurança pública que repele agressão ou risco de agressão a vítima mantida refém durante a prática de crimes.*

Embora fosse desnecessária essa inclusão, se o agente de segurança pública agir nessas condições, fazendo cessar a situação de agressão injusta que já existia tão somente com a privação de liberdade da vítima, independentemente do fato de esta última estar sendo agredida ou pelo menos com risco de ser agredida, estará acobertado pela legítima defesa, resguardando-se, contudo, a possibilidade de ser analisado o excesso, se houver.

Extorsão indireta

Art. 160. Exigir ou receber, como garantia de dívida, abusando da situação de alguém, docu-

---

[69] COÊLHO, Yuri Carneiro. *Curso de direito penal didático*, p. 643.

[70] GONÇALVES, Luiz Carlos dos Santos. *Primeiras impressões sobre a nova conceituação do crime de estupro, vinda da Lei nº 12.015/2009*. Disponível em: <http://www.cpcmarcato.com.br/arquivo_interno.php?un=1&arquivo=41>. Acesso em: 2 set. 2009.

[71] GOMES, Luiz Flávio; CUNHA, Rogério Sanches. *Comentários à reforma penal de 2009 e à convenção de Viena sobre o direito dos tratados*, p. 20.

mento que pode dar causa a procedimento criminal contra a vítima ou contra terceiro:
Pena – reclusão, de um a três anos, e multa.

Introdução

Pela análise da figura típica, podemos verificar que o delito de extorsão indireta requer, para o seu reconhecimento, a presença dos seguintes elementos: *a)* a conduta de *exigir*, ou mesmo tão somente *de receber* documento que possa dar causa a procedimento criminal contra a vítima ou contra terceiro; *b)* existência de uma dívida entre o sujeito passivo e o sujeito ativo; *c)* abuso da situação de inferioridade em que se encontra o sujeito passivo; *d)* a finalidade de, por meio do documento exigido, garantir o pagamento do sujeito passivo, sob a ameaça de um processo penal.

No que diz respeito aos núcleos do tipo, Hungria afirma: "A lei equipara a *exigência* ao *recebimento*, devendo este, como é claro, ser acompanhado da ciência e consciência de que o documento (particular ou público) pode dar lugar a processo penal. No primeiro caso, há a imposição de uma condição *sine qua non*; no segundo, há a aceitação de uma proposta ou a formação de um pacto de iniciativa do próprio devedor (que a lei protege contra si mesmo), segundo o qual é entregue e aceito o simulado *corpo de delito* representado pelo documento."[72]

Determina a lei penal, também, que o documento exigido ou aceito pelo sujeito ativo diga respeito a uma *garantia de dívida*, ou seja, faz-se mister a existência de uma dívida, e que o documento seja o modo pelo qual o agente ficará, em tese, garantido da sua quitação. Não tem, aqui, qualquer relevância o fundamento ou a razão de ser da dívida, conforme ressalta Fragoso,[73] podendo ser lícita ou ilícita, como acontece, neste último caso, com a agiotagem. A ilicitude, na verdade, reside na exigência ou entrega de um documento que poderá dar causa à instauração de um procedimento criminal contra a vítima ou mesmo contra terceiro.

Tal documento é exigido ou mesmo entregue pela vítima em razão de sua situação de desespero, fazendo com que aceite a exigência de forjar um documento que poderá comprometê-la criminalmente no futuro, caso não honre com o seu compromisso. Não tendo outra opção, a vítima se submete às exigências do agente ou mesmo se dispõe, volitivamente, a entregar-lhe um documento como garantia de dívida, que, se não for quitada, dará ensejo a um procedimento criminal contra ela. Entre o risco do procedimento criminal e a necessidade

de ver resolvido imediatamente o seu problema financeiro, opta por este último, abusando, pois, o agente, da condição de inferioridade em que se encontra a vítima.

O art. 160 do Código Penal exige a presença de um *documento,* por meio do qual a vítima será ameaçada a quitar a dívida, sob pena de ser levado ao conhecimento da autoridade competente, a fim de que seja inaugurado procedimento criminal. O documento poderá ser *público* ou *particular.* Paulo José da Costa Júnior exemplifica dizendo que o mencionado documento poderá "consistir em cheques sem suficiente provisão de fundos, em promissória contendo falsa assinatura, em confissão de autoria de um crime ou mesmo numa prova de ilícito penal inexistente".[74]

O procedimento criminal apontado pelo tipo tanto pode ser a instauração de inquérito policial ou mesmo a própria ação penal, haja vista que o Ministério Público poderá oferecer a denúncia sem a necessidade de estar amparada em inquérito policial, mas tão somente em peças de informação.

Classificação doutrinária

Crime comum (pois que o tipo não exige nenhuma qualidade especial do sujeito ativo, bem como do sujeito passivo); doloso; comissivo; de forma vinculada (uma vez que a lei penal exige a confecção de um documento, hábil a dar causa a procedimento criminal); instantâneo; formal (quando disser respeito ao núcleo *exigir*) e material (quando diante da conduta de *receber*). [Guilherme de Souza Nucci posiciona-se contrariamente afirmando que, em ambas as modalidades o delito é formal, pois que "o resultado naturalístico previsto no tipo penal, que não se exige seja atingido, não é o mero recebimento do documento, mas sim a possibilidade de dar causa à instauração de um procedimento criminal];"[75] monossubjetivo; plurissubsistente; não transeunte.

Objeto material e bem juridicamente protegido

O bem juridicamente protegido é o *patrimônio.* Entretanto, a *liberdade individual,* mesmo que mediatamente, também é tutelada pelo tipo penal que prevê a *extorsão indireta.*

Objeto material é o documento que poderá dar ensejo à instauração de procedimento criminal.

Sujeito ativo e sujeito passivo

Qualquer pessoa poderá ser sujeito ativo, bem como sujeito passivo do delito em estudo.

Conforme bem observado por Paulo César Busato:

---

[72] HUNGRIA, Nélson. *Comentários ao código penal,* v. VII, p. 80.

[73] FRAGOSO, Heleno Cláudio. *Lições de direito penal – parte especial (arts. 121 a 160 do CP),* p. 325.

[74] COSTA JÚNIOR, Paulo José da. *Direito penal objetivo,* p. 293.

[75] NUCCI, Guilherme de Souza. *Código penal comentado,* p. 528.

"Os titulares dos bens jurídicos atingidos podem ser distintos. Ou seja, é possível que o abuso econômico seja perpetrado tendo em vista um devedor, impondo uma ameaça para a quitação da dívida, que consista na oferta de um documento que pode levar não apenas à instauração de procedimento criminal contra a própria vítima, mas também eventualmente contra terceiro. Há possibilidade, assim, da existência de uma pluralidade de vítimas."[76]

Consumação e tentativa

Na modalidade *exigir*, o crime se consuma com a prática do mencionado comportamento, não importando que a vítima, efetivamente, anua para com a exigência, entregando ao agente o documento que, com a finalidade de garantir a dívida, poderá dar causa a procedimento criminal contra ela ou contra terceiro.

Ao contrário, na modalidade *receber*, o crime somente se aperfeiçoa quando o sujeito ativo *recebe* o documento, tratando-se, aqui, de crime material. Noronha discorda dessa solução, entendendo que o art. 160 do Código Penal somente previa um crime formal, "consumando-se tão só com a ação do agente, abstraída a realização do evento por ele querido. Não se trata de crime material, pois neste se exige a efetivação do evento antijurídico a que o agente se propôs: a produção de um resultado externo, que pode ser impedido ou obstado, ocorrendo então a tentativa".[77]

Não importando a natureza da infração penal, ou seja, se formal ou mesmo material, caberá a tentativa desde que se possa visualizar, no caso concreto, o fracionamento do *iter criminis*.

Modalidades comissiva e omissiva

Os núcleos *exigir* e *receber* pressupõem um comportamento comissivo. No entanto, caso o sujeito goze do *status* de garantidor, poderá ser responsabilizado pelo delito em estudo, via omissão imprópria.

Pena, ação penal e suspensão condicional do processo

O preceito secundário do art. 160 do Código Penal comina uma pena de reclusão, de 1 (um) a 3 (três) anos, e multa, para o crime de extorsão indireta.

A ação penal é de iniciativa pública incondicionada.

Poderá ser proposta suspensão condicional do processo, considerando-se a pena mínima cominada ao delito em estudo, vale dizer, um ano, nos termos do art. 89 da Lei nº 9.099/1995.

Cheque sem fundos e a Súmula nº 246 do STF

Súmula nº 246. Comprovado não ter havido fraude, não se configura o crime de emissão de cheque sem fundos.

A posição majoritária entende, de acordo com a Súmula nº 246 do STF, que o cheque emitido como garantia de dívida não se presta para efeitos de reconhecimento do crime de estelionato.

Dessa forma, se o agente exige da vítima a emissão de um cheque como garantia de dívida, tal documento poderia consubstanciar-se na exigência contida no art. 160 do Código Penal?

Embora haja posição contrária, entendemos que sim. Isso porque a lei penal não exige a condenação, nem mesmo a instauração de um processo penal em face da vítima ou de terceiros. Na verdade, a exigência diz respeito tão somente a um documento capaz de *dar causa a procedimento criminal*, e no conceito de procedimento criminal podemos incluir o *inquérito policial*.

Esclarece Noronha que, "satisfaz-se a lei com que o documento *possa* dar causa a procedimento-crime. Basta, então, potencialidade; é suficiente ser apto a esse fim".[78]

No entanto, em sentido contrário, já decidiu o Superior Tribunal de Justiça:

Penal. Extorsão indireta. Para a configuração do delito de extorsão indireta, é necessário que o documento exigido ou recebido pelo credor se preste a instauração de procedimento criminal viável contra o devedor, o que não ocorre com o cheque pré-datado, dado em garantia de dívida, porquanto a sua emissão, em tais condições, não constitui crime (REsp 1094/RJ, REsp 1989/0010905-7, Rel. Min. Costa Leite, 6ª T., *DJ* 05/02/1990, p. 463).

Nesse sentido contrário:

TJMG, AC 2.0000.00.443197-0/000, Rel. Vieira de Brito, *DJ* 04/12/2004.

Extorsão indireta no Código Penal Militar

Vide art. 246 do Decreto-Lei nº 1.001/69 (Código Penal Militar).

---

[76] BUSATO, Paulo César. *Direito penal* – parte especial 1, p. 479.

[77] NORONHA, Edgard Magalhães. *Direito penal*, v. 2, p. 281.

[78] NORONHA, Edgard Magalhães. *Direito penal*, v. 2, p. 280.

Capítulo III – Da Usurpação

Alteração de limites

Art. 161. Suprimir ou deslocar tapume, marco, ou qualquer outro sinal indicativo de linha divisória, para apropriar-se, no todo ou em parte, de coisa imóvel alheia:

Pena – detenção, de um a seis meses, e multa.

§ 1º Na mesma pena incorre quem:

Usurpação de águas

I – desvia ou represa, em proveito próprio ou de outrem, águas alheias;

Esbulho possessório

II – invade, com violência a pessoa ou grave ameaça, ou mediante concurso de mais de duas pessoas, terreno ou edifício alheio, para o fim de esbulho possessório.

§ 2º Se o agente usa de violência, incorre também na pena a esta cominada.

§ 3º Se a propriedade é particular, e não há emprego de violência, somente se procede mediante queixa.

Introdução

A alteração de limites, a usurpação de águas e o esbulho possessório são infrações penais que se encontram inseridas no Capítulo III (Da Usurpação), do Título II (Dos Crimes contra o Patrimônio), do Código Penal, tendo como finalidade precípua a proteção do patrimônio de natureza *imóvel*.

Cada uma dessas infrações penais será analisada de forma isolada, a fim de que sejam evidenciadas, com mais clareza, suas características particulares. Seus dados comuns, entretanto, serão estudados conjuntamente, conforme veremos a seguir.

Alteração de limites

O tipo penal do art. 161 do diploma repressivo exige a presença dos seguintes elementos, necessários à sua configuração: a) a conduta de *suprimir* ou *deslocar* tapume, marco, ou qualquer outro sinal indicativo de linha divisória; b) a finalidade de *apropriação*, no todo ou em parte, de *coisa imóvel alheia*.

O núcleo *suprimir* é utilizado pelo texto legal no sentido de eliminar, acabar com, fazer desaparecer, isto é, destruir tapume, marco ou qualquer sinal indicativo de linha divisória. *Deslocar* deve ser compreendido no sentido de que o tapume, o marco ou outro sinal indicativo de linha divisória foi preservado, sendo, contudo, *removido, afastado* para lugar diferente do de origem, a fim de que o agente, com esse comportamento, se aproprie, total ou parcialmente, de coisa imóvel alheia.

O art. 1.297 do Código Civil diz que o proprietário tem o direito de cercar, murar, valar ou tapar de qualquer modo o seu prédio, urbano ou rural.

Nélson Hungria faz a distinção entre tapume e marco dizendo: "*Tapume*, no sentido estrito que lhe atribui o art. 161, *caput*, é toda cerca (sebe viva ou seca, cerca de arame, tela metálica etc.) ou muro (de pedra, tijolos, adobes, cimento armado) destinado a assinalar o limite entre dois ou mais imóveis.

Marco é toda coisa corpórea (pedras, piquetes, postes, árvores, tocos de madeira, padrões etc.) que, artificialmente colocada ou naturalmente existente em *pontos* da linha divisória de imóveis, serve, também, ao fim de atestá-la *permanentemente* (ainda que não *perpetuamente*). Não somente o tapume e o marco servem ao objetivo de indicação de limites, pois outros meios podem ser empregados ou utilizados, como, por exemplo, valas, regos, sulcos, trilhas, cursos d'água etc."[79]

Quando o *caput* do art. 161 do Código Penal faz menção a *qualquer outro sinal indicativo de linha divisória*, está se referindo à necessidade de o intérprete levar a efeito a chamada interpretação analógica. Assim, primeiramente, a lei penal exemplifica dizendo que se configura a infração penal em exame suprimir ou deslocar *tapume* ou *marco* para, logo em seguida, determinar que também se configurará como delito de usurpação de limites a supressão ou deslocamento de *qualquer outro sinal indicativo de linha divisória* que não se constitua em tapume ou marco. Assim, a uma fórmula casuística, exemplificativa, a lei faz seguir outra fórmula, de natureza genérica, configurando-se, portanto, a chamada interpretação analógica.

A supressão ou o deslocamento do tapume, marco ou qualquer outro sinal indicativo de linha divisória deve ter sido levada(o) a efeito com a finalidade de apropriação, no todo ou em parte, de coisa imóvel alheia. Dessa forma, somente se configurará na infração penal de alteração de limites quando o agente atuar com essa finalidade especial de apropriação. Caso contrário, não agindo motivado por esse fim, que se configura em elemento do tipo penal em estudo, o fato, aí, sim, poderá ser caracterizado como outra infração penal, a exemplo do dano ou mesmo do crime de furto.

⚖ A alteração de limites punível não é só a deslocação de marcos ou sinais demarcatórios, mas a que cause confusão e dificuldades de monta, para a sua restauração (*RT* 423, p. 428).

Classificação doutrinária

Crime próprio, tanto com relação ao sujeito ativo quanto ao sujeito passivo, pois que somente o proprietário ou o possuidor podem figurar nessa condi-

[79] HUNGRIA, Nélson. *Comentários ao código penal*, v. III, p. 86.

ção; doloso; formal (não se exigindo a efetiva apropriação, mas tão somente a conduta de suprimir ou deslocar tapume, marco, ou qualquer outro sinal indicativo de linha divisória, para apropriar-se, no todo ou em parte, de coisa imóvel alheia); de dano; comissivo (excepcionalmente omissivo impróprio, desde que o agente goze do *status* de garantidor); de forma vinculada (uma vez que o tipo penal indica a forma pela qual a infração é praticada, isto é, *destruindo, deslocando* tapume, marco etc.); instantâneo; monossubjetivo; plurissubsistente; não transeunte.

Objeto material e bem juridicamente protegido

A propriedade e a posse da coisa imóvel são os bens juridicamente protegidos pelo tipo penal que prevê o delito de alteração de limites.

Objetos materiais do delito em estudo são o *tapume, marco*, ou *qualquer outro sinal de linha divisória*.

Sujeito ativo e sujeito passivo

Somente o *proprietário* e o *possuidor* do imóvel limítrofe é que poderão figurar como *sujeito ativo* do delito de alteração de limites. O *sujeito passivo* é o proprietário ou/e o possuidor do imóvel no qual são suprimidos ou deslocados os tapumes, marcos ou quaisquer outros sinais indicativos de linha divisória.

Consumação e tentativa

Consuma-se o delito de alteração de limites quando o agente pratica os comportamentos típicos de *suprimir* ou *deslocar* tapume, marco ou qualquer outro sinal indicativo de linha divisória, ou seja, no momento em que o destrói, elimina ou mesmo o modifica de lugar, com a finalidade de se apropriar, total ou parcialmente, de coisa imóvel alheia.

Sendo um crime plurissubsistente, entendemos perfeitamente admissível a tentativa.

Elemento subjetivo

O tipo penal do art. 161 do diploma repressivo só pode ser praticado dolosamente, não havendo previsão para a modalidade culposa.

Assim, somente haverá o crime de alteração de limites se o agente, dolosamente, vier a suprimir ou deslocar tapumes, sabendo que se encontravam afixados em lugar correto.

Além do dolo de suprimir ou deslocar tapume, marco ou qualquer outro sinal indicativo de linha divisória, para a doutrina dominante o agente deve atuar com uma finalidade especial, que transcende ao dolo, caracterizada pelo *especial fim de agir* consistente na finalidade de se *apropriar*, no todo ou em parte, de coisa imóvel alheia.

Modalidades comissiva e omissiva

Os núcleos *suprimir* e *deslocar* pressupõem um comportamento comissivo do agente.

Entretanto, nada impede que se raciocine em termos de omissão imprópria, caso o agente goze do *status* de garantidor.

Usurpação de águas

Nos termos da redação constante do inc. I do § 1º do art. 161 do Código Penal, consideram-se como elementos do tipo penal de usurpação de águas: *a)* desviar ou represar; *b)* em proveito próprio ou de outrem; *c)* águas alheias.

O núcleo *desviar* deve ser entendido como modificar o curso normal, natural das águas, enquanto *represar* significa reter, ou seja, interromper o curso, impedindo-o de alguma forma, de fluir normalmente.

As condutas de desviar e represar devem ser praticadas no sentido de trazer algum proveito para o próprio agente ou para terceiro. Essa é a finalidade especial contida no delito em estudo. Pode acontecer, até mesmo, que o beneficiado pelo represamento ou pelo desvio sequer tenha tomado conhecimento da conduta praticada pelo agente, supondo que tal fato se deu por força da natureza. Com isso, queremos afirmar que, mesmo não sendo beneficiado com o desvio ou o represamento, o agente poderá ser responsabilizado pelo delito em tela, bastando que tenha dirigido finalisticamente sua conduta para beneficiar terceiros, mesmo que estes sequer tomem conhecimento do seu comportamento.

O tipo penal exige, ainda, que as águas sejam alheias, isto é, não sejam de propriedade do agente, podendo, no entanto, ser públicas ou mesmo privadas. Esclarece Hungria que se o desvio ou represamento for "praticado pelo proprietário das águas, ainda quando arrendado a outrem o terreno em que se encontrem, inexiste o crime (haverá no caso mero ilícito civil). No caso, porém, de águas *comuns* ou em condomínio, poderá ser sujeito ativo do crime qualquer dos proprietários das terras atravessadas ou banhadas pelas águas ou qualquer dos condôminos, desde que, com o desvio ou represamento, seja impedida a utilização pelos demais proprietários ou condôminos. O específico elemento subjetivo do crime é o *lucri faciendi animus*, isto é, o fim de obter, para si ou para outrem, um proveito patrimonial ou econômico. Se o agente é movido, *in exemplis*, por vingança ou despeito, o crime será o de *dano*; se para satisfazer pretensão legítima ou supostamente tal, *exercício arbitrário das próprias razões*; se para inovar artificialmente, em processo judiciário ou administrativo, o estado de lugar, com o fim de induzir a erro o juiz ou perito, *fraude processual*".[80]

---

[80] HUNGRIA, Nélson. *Comentários ao código penal*, v. VII, p. 90-91.

Classificação doutrinária

Crime comum com relação ao sujeito ativo e próprio no que diz respeito ao sujeito passivo; doloso; comissivo (podendo, contudo, ser praticado na omissão imprópria, desde que o agente goze do *status* de garantidor); de dano; formal (pois que o tipo penal não exige que o agente tenha, efetivamente, tido algum proveito com o desvio ou represamento, bastando que pratique uma das mencionadas condutas); de forma livre; instantâneo; monossubjetivo; plurissubsistente; não transeunte.

Objeto material e bem juridicamente protegido

Bens juridicamente protegidos, de acordo com a ilação que pode ser feita do inc. I do § 1º do art. 161 do Código Penal, são, também, a posse e a propriedade imobiliárias, enfatizando-se, conforme salienta Cezar Roberto Bitencourt, "o direito sobre o uso das águas por seu titular. Protege-se aqui o direito real do proprietário, e não simplesmente um direito pessoal ou obrigacional".[81]

Objeto material são as águas, entendidas, aqui, como parte do solo, isto é, consideradas como imóveis. Nesse sentido, são as lições de Álvaro Mayrink da Costa quando afirma: "Objeto material da ação é o ato de desviar a massa líquida alheia, que se constitui em águas no estado natural, fluentes ou estagnadas, não importando que se trate de correntes contínuas ou intermitentes, superficiais ou subterrâneas, correntes ou paradas, públicas ou privadas. Não se incluem as *res nullius*".[82]

Sujeito ativo e sujeito passivo

O delito de usurpação de águas pode ser praticado por qualquer pessoa. Ao contrário, no que diz respeito ao sujeito passivo, somente o proprietário e o possuidor é que podem figurar nessa condição.

Consumação e tentativa

O delito de usurpação de águas se consuma no momento em que ocorre o *desvio* ou o *represamento* de águas alheias, independentemente do fato de ter o agente conseguido auferir proveito desse comportamento para si ou para terceiro.

Tratando-se de crime plurissubsistente, sendo possível, pois, fracionar-se o *iter criminis*, é perfeitamente admissível a tentativa.

Elemento subjetivo

O tipo penal do inc. I do § 1º do art. 161 do estatuto repressivo somente pode ser praticado dolosamente, não havendo previsão para a modalidade culposa. Assim, aquele que, culposamente, vier a desviar o curso natural de águas alheias, praticará um comportamento penalmente irrelevante, podendo, entretanto, se for o caso, ser responsabilizado na esfera civil.

Além do dolo de desviar ou represar águas alheias, a doutrina majoritária visualiza, ainda, outro elemento subjetivo que transcende ao dolo, vale dizer, o chamado especial fim de agir, caracterizado pela finalidade do agente de levar a efeito tais comportamentos *em proveito próprio ou de terceiros.*

Modalidades comissiva e omissiva

Os núcleos *desviar* e *represar* pressupõem um comportamento comissivo do agente.

Entretanto, será perfeitamente possível o raciocínio em termos de omissão imprópria, desde que o agente goze do *status* de garantidor e atue com dolo de não impedir, mesmo devendo e podendo agir, que terceiro desvie ou represe, em proveito próprio ou de outrem, as águas pertencentes ao garantido.

Esbulho possessório

Pela análise da redação típica prevista no inc. II do § 1º do art. 161 do Código Penal, podemos destacar os seguintes elementos que integram o delito de esbulho possessório: *a) a invasão de terreno ou prédio alheio; b) o emprego de violência a pessoa ou grave ameaça; c) alternativamente, o concurso de pessoas; d) a finalidade especial de praticar o esbulho possessório.*

O núcleo *invadir* é utilizado no texto com o sentido de ingresso não autorizado em terreno ou prédio alheio mediante o emprego de violência à pessoa ou grave ameaça, ou mediante o concurso de mais de duas pessoas.

Isso significa que se a *invasão* se der às ocultas, ou seja, sem o conhecimento do proprietário ou do possuidor, não havendo, obviamente, o emprego de violência, em face de sua clandestinidade, o fato somente se configurará em esbulho possessório se for praticado mediante o concurso de mais de duas pessoas, isto é, no mínimo, três pessoas.

A despeito da "violência a pessoa ou grave ameaça" constituírem parte indissociável da estrutura do crime do art. 161, § 1º, II, do CP, certo é que o legislador não exigiu que essas elementares fossem sempre exercidas mediante emprego de arma de fogo, o que, ocorrendo, inegável será o plus de gravidade e, portanto, a necessidade de resposta penal mais vigorosa (STJ, AgRg no REsp 1.805.533/MT, Rel. Min. Jorge Mussi, 5ª T., *DJe* 12/06/2019).

Nesse sentido:

TRF 2ª Reg., RSE 2004.50.01.008189-7, 2ª Turma Especializada, Rel. Des. Fed. André Fontes, j. 24/06/2009, *DJU* 30/06/2009, p. 42.

A *violência à pessoa (vis corporalis)* é uma das formas pelas quais o crime pode ser praticado. A própria lei

[81] BITENCOURT, Cezar Roberto. *Tratado de direito penal*, v. 3, p. 170.
[82] COSTA, Álvaro Mayrink da. *Direito penal* – parte especial, p. 820.

penal esclarece dizendo que a violência, considerada como o elemento do esbulho possessório, é aquela praticada contra a *pessoa*, não a simples violência contra a coisa (como acontece, por exemplo, quando o agente, para entrar no terreno que será objeto do esbulho, destrói a cerca que tinha a finalidade de impedir o acesso de pessoas não autorizadas naquele local). Além da violência contra a pessoa, poderá a infração ser levada a efeito com o emprego de grave ameaça, ou seja, a *vis compulsiva*, forma por meio da qual o agente intimida a vítima, a fim de que possa esbulhar o terreno ou edifício alheio.

Não havendo violência física, tampouco violência moral (grave ameaça), poderá ainda se configurar o delito em estudo na hipótese em que pelo menos três pessoas, agindo em concurso, invadirem terreno ou edifício alheio, com o fim de esbulhá-lo.

Alguns autores entendem ser dúbia a expressão *mediante concurso de mais de duas pessoas* utilizada no inc. II do § 1º do art. 161 do Código Penal, a exemplo de Luiz Regis Prado, que afirma: "A presença de duas ou mais pessoas é elemento controvertido na doutrina, em face de sua redação, que gera dúvidas acerca da interpretação do dispositivo. Assim, uma corrente entende ser preciso três pessoas além do autor, e outra acredita que é suficiente o número de três. Apoia-se a primeira corrente, pois a lei não diz (como no furto e no roubo) 'se o crime é cometido mediante o concurso' ou 'se há concurso', mas, sim, 'invadir... mediante concurso'. Alguém invade mediante concurso de mais de duas pessoas, de modo que os autores ou partícipes são, no mínimo, quatro".[83]

Apesar do brilhantismo do renomado autor, ousamos dele discordar. A lei penal é clara no sentido de apontar que o concurso de mais de duas pessoas, ou seja, três, pode caracterizar o delito de esbulho possessório, se presente a finalidade especial contida no tipo penal em análise. Sabemos, sim, que o legislador parece gostar de inovar, pois que, ao invés de padronizar as redações legais, as modifica, desnecessariamente, em cada tipo penal. Veja-se o exemplo comparativo entre os arts. 155 e 157 do Código Penal. No primeiro, ao se referir ao objeto da infração penal, denomina-o de *coisa alheia móvel*, enquanto no segundo passa a ser *coisa móvel alheia*. Ao contrário do que afirmou Luis Regis Prado, *concessa venia*, embora o art. 155, § 4º, IV, ao mencionar o concurso de pessoas, utilize a expressão *se o crime é cometido*, isso não acontece com o crime de roubo, em que o inc. II do § 2º do art. 157 do mesmo diploma repressivo somente se vale da expressão *se há o concurso de duas ou mais pessoas*.

Portanto, embora haja controvérsia, entendemos que a lei penal é clara quando exige um mínimo de três pessoas para a possibilidade de configuração do crime de esbulho possessório.

Finalmente, para que se caracterize a infração penal em estudo, será preciso que o agente atue com a finalidade especial de esbulhar a posse de terreno ou edifício alheio, sem a qual o fato poderá se configurar como outra infração penal, ou mesmo ser considerado atípico.

Assim, de acordo com as lições de Hungria, o fim do agente "deve ser o de ocupação (total ou parcial) do terreno ou edifício alheio, para aí comportar-se *ut dominus*. A invasão sem tal escopo será mero ilícito civil, salvo no concernente à violência (contra a pessoa ou contra a coisa), se houver. Se o agente procede para satisfazer pretensão legítima ou putativamente tal, o crime será o de exercício arbitrário das próprias razões. Se o réu defender-se com tal pretensão, o próprio juiz penal poderá resolver a controvérsia ou, se já tiver sido provocado o juízo cível, aguardar a decisão deste (art. 93 do Cód. de Proc. Penal)".[84]

Dessa forma, se a invasão se der pacificamente, ou seja, sem o emprego de violência contra a pessoa, sem o recurso à grave ameaça, e não tendo sido levada a efeito mediante o concurso de mais de duas pessoas, o fato será atípico com relação à figura do esbulho possessório.

⚖️ A prática ilícita do esbulho possessório que compromete a racional e adequada exploração do imóvel rural qualifica-se, em face do caráter extraordinário que decorre dessa anômala situação, como hipótese configuradora de força maior, constituindo, por efeito da incidência dessa circunstância excepcional, causa inibitória da válida edição do decreto presidencial consubstanciador da declaração expropriatória, por interesse social, para fins de reforma agrária, notadamente naqueles casos em que a direta e imediata ação predatória desenvolvida pelos invasores culmina por frustrar a própria realização da função social inerente à propriedade. Precedentes. – O esbulho possessório, além de qualificar-se como ilícito civil, também pode configurar situação revestida de tipicidade penal, caracterizando-se, desse modo, como ato criminoso (CP, art. 161, § 1º, II; Lei nº 4.947/66, art. 20). – A União Federal, mesmo tratando-se da execução e implementação do programa de reforma agrária, não está dispensada da obrigação, que é indeclinável, de respeitar, no desempenho de sua atividade de expropriação, por interesse social, os postulados constitucionais que, especialmente em tema de propriedade, protegem as pessoas e os indivíduos contra eventual expansão arbitrária do poder. Essa asserção – ao menos enquanto subsistir o sistema consagrado em nosso texto constitucional – impõe que se repudie qualquer medida que importe em arbitrária negação ou em injusto sacrifício do direito de propriedade, notadamente quando o Poder Público deparar-se com atos de espoliação ou de violação

[83] PRADO, Luiz Regis. *Curso de direito penal brasileiro*, v. 2, p. 437-438.
[84] HUNGRIA, Nélson. *Comentários ao código penal*, v. VII, p. 93.

possessória, ainda que tais atos sejam praticados por movimentos sociais organizados, como o MST. – A necessidade de observância do império da lei (*rule of law*) e a possibilidade de acesso à tutela jurisdicional do Estado – que configuram valores essenciais em uma sociedade democrática – devem representar o sopro inspirador da harmonia social, significando, por isso mesmo, um veto permanente a qualquer tipo de comportamento cuja motivação resulte do intuito deliberado de praticar atos inaceitáveis de violência e de ilicitude, como os atos de invasão da propriedade alheia e de desrespeito à autoridade das leis e à supremacia da Constituição da República perpetrados por movimentos sociais organizados, como o Movimento dos Trabalhadores Rurais Sem-Terra (MST). – O Supremo Tribunal Federal, em tema de reforma agrária (como em outro qualquer), não pode chancelar, jurisdicionalmente, atos e medidas que, perpetrados à margem da lei e do direito por movimentos sociais organizados, transgridem, comprometem e ofendem a integridade da ordem jurídica fundada em princípios e em valores consagrados pela própria Constituição da República. Precedentes (STF, MS 32.752 AgR/DF, Rel. Min. Celso de Mello, Pleno, *DJe* 10/08/2015).

Classificação doutrinária

Crime comum, com relação ao sujeito ativo; próprio no que diz respeito ao sujeito passivo; doloso; comissivo (podendo, contudo, ser praticado via omissão imprópria, desde que o agente goze do *status* de garantidor); de forma livre; instantâneo; formal; monossubjetivo; plurissubsistente; não transeunte.

Objeto material e bem juridicamente protegido

Bens juridicamente protegidos pelo inc. II do § 1º do art. 161 do Código Penal são a posse e a propriedade imobiliária. Cezar Roberto Bitencourt alerta para o fato de que no tipo penal que prevê o crime de esbulho possessório "são tuteladas igualmente a integridade e a saúde física e mental do sujeito passivo, na medida em que o crime pode ser praticado com violência ou grave ameaça à pessoa. O *modus operandi* ofende, paralelamente, esses aspectos da pessoa humana, que são abundantemente protegidos no Título que cuida dos crimes contra a pessoa. Essa proteção múltipla de bens jurídicos distintos permite que se possa classificá-lo como espécie de *crime complexo*".[85] Objeto material é o terreno ou o edifício alheio.

Sujeito ativo e sujeito passivo

O esbulho possessório permite que qualquer pessoa possa figurar como sujeito ativo dessa infração penal, exceto se for o proprietário ou mesmo o possuidor do terreno ou edifício.

Ao contrário, com relação ao sujeito passivo, somente o proprietário e o possuidor é que podem figurar nessa condição.

Consumação e tentativa

Consuma-se o delito de esbulho possessório com a efetiva invasão do terreno ou prédio alheio, mesmo que por curto espaço de tempo, não havendo necessidade, dada a sua natureza formal, de o agente permanecer na posse do imóvel, como se fosse o legítimo proprietário ou possuidor, pois, caso isso venha a acontecer, será considerado mero exaurimento do crime.

Tratando-se de crime plurissubsistente, é admissível a tentativa.

Elemento subjetivo

O delito de esbulho possessório só pode ser praticado dolosamente, não havendo previsão legal para a modalidade de natureza culposa.

A doutrina dominante visualiza, ainda, outro elemento subjetivo, transcendente ao dolo, denominado *especial fim de agir*, caracterizado pela expressão *para o fim de esbulho possessório*.

Modalidades comissiva e omissiva

O núcleo *invadir* pressupõe um comportamento comissivo por parte do agente.

No entanto, não se descarta a hipótese de o crime ser praticado via omissão imprópria, desde que o omitente goze do *status* de garantidor, atuando com dolo no sentido de permitir o esbulho do terreno ou prédio de propriedade do garantido.

Emprego de violência na usurpação

O § 2º do art. 161 do Código Penal determina, *verbis*:

§ 2º Se o agente usa de violência, incorre também na pena a esta cominada.

Isso significa que, em qualquer das três modalidades de usurpação previstas pelo art. 161 do Código Penal – alteração de limites, usurpação de águas e esbulho possessório –, o agente deverá também responder pela violência praticada em concurso formal de crimes, embora aplicando-se a regra relativa ao cúmulo material, em razão do fato de ter atuado com o chamado desígnio autônomo, previsto na última parte do *caput* do art. 70 do Código Penal.

Se qualquer das infrações penais for praticada com o emprego de grave ameaça, esta, na qualidade de crime-meio, será absorvida pelo crime-fim, uma vez que não existe ressalva legal para que possa levar a efeito a punição do agente por esse fato, considerado, também, como delito.

---

[85] BITENCOURT, Cezar Roberto. *Tratado de direito penal*, v. 3, p. 176.

Pena, ação penal, competência para julgamento e suspensão condicional do processo

A pena para as três modalidades de usurpação previstas no art. 161 e seu § 1º do Código Penal, vale dizer, *alteração de limites, usurpação de águas e esbulho possessório*, é de detenção, de 1 (um) a 6 (seis) meses, e multa. Se houver o emprego de violência na prática de qualquer dos delitos apontados, será aplicado o raciocínio do concurso formal de crimes, aplicando-se a regra do cúmulo material de penas.

A competência para julgamento dos crimes previstos pelo art. 161 do Código Penal será do Juizado Especial Criminal, a não ser na hipótese de concurso formal com a lesão corporal de natureza grave, resultante do emprego de violência, sendo viável, ainda, a possibilidade de proposta de suspensão condicional do processo, caso os delitos não tenham sido praticados mediante o emprego de violência ou, se esta tiver ocorrido, a soma das penas não ultrapassar o limite de um ano, determinado pelo art. 89 da Lei nº 9.099/95, como seria o caso, *v.g.*, da soma das penas mínimas dos crimes de esbulho possessório (um mês), com as lesões corporais leves (três meses).

Nos termos do § 3º do art. 161 do Código Penal, *se a propriedade é particular, e não há o emprego de violência, somente se procede mediante queixa*. Interpretando-se o mencionado parágrafo, a *contrario sensu*, se a *propriedade é pública*, a ação penal será, consequentemente, de iniciativa pública incondicionada.

⚖ Sendo o delito de usurpação de águas considerado de menor potencial ofensivo, já que punido com pena não superior a 6 (seis) meses de detenção, e multa, a competência para julgar é agora das Turmas Recursais do Juizado Especial Criminal (TJMG, AC 2.0000.00.404126-3/000, Rel. Antônio Armando dos Anjos, *DJ* 15/11/2003).

Nesse sentido:

⚖ STJ, CC 47687/SP, Rel. Min. Hamilton Carvalhido, S3, *DJ* 28/11/2005, p. 185.

Proprietário como sujeito ativo dos crimes de alteração de limites e esbulho possessório

Há controvérsia doutrinária no que diz respeito à possibilidade de o proprietário ser considerado sujeito ativo dos delitos de alteração de limites e esbulho possessório, uma vez que o *caput* do art. 161 do estatuto repressivo menciona expressamente que a supressão ou o deslocamento do tapume, marco ou qualquer outro sinal indicativo de linha divisória deve ser levada(o) a efeito com a finalidade de apropriação, no todo ou em parte, de *coisa imóvel alheia*, bem como o inc. II do § 1º do referido artigo diz caracterizar-se o esbulho possessório quando a invasão, mediante violência a pessoa ou grave ameaça, ou mediante concurso de mais de duas pessoas, ocorrer em *terreno ou edifício alheio*.

Assim, portanto, as elementares *coisa imóvel alheia* e *terreno ou edifício alheio*, constantes dos mencionados artigos, impediriam a prática dos delitos pelos proprietários do imóvel.

Noronha, analisando detidamente a questão, conclui: "Cremos que no condomínio *pro indiviso*, onde há indivisão de direito e de fato, onde há *composse* sobre todo o imóvel, não é admissível o delito. Não assim, na comunhão *pro diviso*, onde há indivisão de direito, porém não de fato. Por contrato ou modo tácito, os condôminos delimitam suas partes, passando cada um deles a possuir na coisa comum parte certa e determinada. Tem, nesta hipótese, o condômino direito ao uso e gozo dessa parte com exclusão dos outros, tendo, aliás, direito aos interditos possessórios, quer contra estranhos, quer contra os outros condôminos, conforme se deduz dos arts. 623, 634 e 488 do Código Civil.[86] Há comunhão *sine compossessione*, pois cada coproprietário tem posse sobre parte certa do imóvel. Pode então o condômino remover sinais divisórios no condomínio, para se apropriar da parte sobre a qual o vizinho exerce sua posse".[87]

O mesmo raciocínio aplica-se, também, ao delito de esbulho possessório.

Violência contra pessoa praticada após o sucesso da invasão

A violência à pessoa pode ser praticada não somente como um meio para a invasão, como também para a manutenção daquele que já havia invadido terreno ou prédio alheio. Nesse último caso, a violência para a manutenção do agente em terreno ou prédio alheio transforma um fato que, antes, era considerado um indiferente penal, no crime de esbulho possessório.

Esbulho de imóvel do Sistema Financeiro de Habitação

Vide art. 9º da Lei nº 5.741, de 1º de dezembro de 1971, e art. 20 da Lei nº 4.947, de 6 de abril de 1966.

⚖ Inocorrendo o esbulho possessório de unidade do Sistema Nacional de Habitação, eis que a ocupação se deu naturalmente por força de contrato celebrado com a CEF, mesmo ante a circunstância de ter, o ocupante, se tornado, posteriormente, inadimplente, não há se falar na existência das figuras do art. 161 e parágrafos do CP, nem do art. 9º da Lei nº 5.741/1971. Matéria eminentemente da esfera civil que ali deve ser tratada (STJ, RHC 1636/SP, Rel. Min. Cid Flaquer Scartezzini, 5ª T., *DJ* 18/05/1992, p. 6.986).

---

[86] O art. 623, correspondente ao atual art. 1.314, bem como o art. 488 correspondente ao atual art. 1.199, não havendo correspondência, entretanto, no que diz respeito ao art. 634 do revogado Código Civil.

[87] NORONHA, Edgard Magalhães. *Direito penal*, v. 2, p. 284.

Alteração de limites, usurpação de águas e invasão de propriedade (esbulho possessório) no Código Penal Militar

Vide art. 257 e parágrafos do Decreto-Lei nº 1.001/69 (Código Penal Militar).

Supressão ou alteração de marca em animais

Art. 162. Suprimir ou alterar, indevidamente, em gado ou rebanho alheio, marca ou sinal indicativo de propriedade:

Pena – detenção, de seis meses a três anos, e multa.

Introdução

No capítulo correspondente à usurpação, no art. 162 do Código Penal, houve previsão para a figura típica relativa à *supressão ou alteração de marca em animais*, cominando uma pena de detenção, de 6 (seis) meses a 3 (três) anos e multa, para aquele que suprimir ou alterar, indevidamente, em gado ou rebanho alheio, marca ou sinal indicativo de propriedade.

Portanto, para efeito de configuração típica, faz-se mister a presença dos seguintes elementos: *a)* a conduta de suprimir ou alterar marca ou sinal indicativo de propriedade; *b)* que essa supressão ou alteração ocorra em marca ou sinal existente em gado ou rebanho alheio; *c)* que seja indevida essa supressão ou alteração.

Inicialmente, deve ser ressaltado que o núcleo *suprimir* é utilizado no texto legal no sentido de fazer desaparecer, ou seja, acabar com a marca anteriormente existente; *alterar* significa, a seu turno, modificar, transformar, desfigurar a marca ou o sinal indicativo de propriedade, tornando-o irreconhecível.

Hungria faz distinção entre *marca* e *sinal*, dizendo: "*Marca* é o assinalamento a ferro candente ou substância química. *Sinal* é todo distintivo artificial, diverso da marca (ex.: argolas de determinado feitio nos chifres ou focinhos dos animais)".[88]

Exige o tipo penal que a conduta seja a de *suprimir* ou *alterar* marca ou sinal já existente. Isso significa que, se o animal não possuir qualquer marca ou sinal indicativo de seu proprietário, caso o agente o marque, o fato será atípico com relação ao delito do art. 162 do Código Penal, podendo, dependendo da sua finalidade, consubstanciar-se em outra figura, a exemplo do crime de dano ou, mesmo, furto.

Não há necessidade, entretanto, que a marca ou sinal tenha sido objeto de registro pelo seu proprietário, bastando que esteja presente nas *reses*.

Determina a lei penal que a conduta do agente seja dirigida a suprimir ou alterar marca ou sinal de propriedade alheia em *gado* ou *rebanho*, sendo essas expressões sinônimas, dizendo respeito às *reses* em geral. O gado pode ser dividido em *grosso* (equinos ou bovinos) e *miúdo* (suínos, caprinos e os ovinos ou ovelhuns).[89] Hungria, a seu turno, os distinguia dizendo que "quando os animais são de grande porte (bois, cavalos, muares), fala-se em *gado*; quando de pequeno porte (carneiros, cabritos, porcos etc.), prefere-se o termo *rebanho*".[90] Mirabete, a seu turno, afirma que "*gado* é o conjunto de quadrúpedes de grande porte, geralmente empregados nos serviços de lavoura, para fins industriais, comerciais ou consumo doméstico (bois, cavalos, muares etc.). *Rebanho* significa gado, lanígero ou não, de pequeno porte (carneiros, cabritos, porcos etc.)".[91]

Deverá, ainda, ser *indevida*, isto é, *ilícita*, a supressão de marca ou sinal indicativo de propriedade alheia em gado ou rebanho. Dessa forma, aquele que adquire gado de terceiro poderá, a seu critério, modificar a marca anteriormente existente, a fim de identificar os animais por meio daquela que lhe for característica, não se podendo, sequer, visualizar a tipicidade do seu comportamento, em face da exclusão do elemento normativo *indevidamente* contido no tipo penal do art. 162.

O item 58 da Exposição de Motivos da Parte Especial do Código Penal, buscando esclarecer o delito de *supressão ou alteração de marcas em animais*, principalmente tentando traçar a sua distinção para com o crime de furto, dispõe:

58. Também constitui crime de usurpação o fato de suprimir ou alterar marca ou qualquer sinal indicativo de propriedade em gado ou rebanho alheio, para dele se apropriar no todo ou em parte. Não se confunde esta modalidade de usurpação com o abigeato, isto é, o furto de animais: o agente limita-se a empregar um meio fraudulento (supressão ou alteração de marca ou sinal) para irrogar-se a propriedade dos animais. Se esse meio fraudulento é usado para dissimular o anterior furto dos animais, já não se tratará de usurpação: o crime continuará com o seu nomen juris, isto é, furto.

Nélson Hungria, na mesma linha de raciocínio, preleciona: "Diferencia-se ele do furto, porque não há subtração da *res*; da apropriação indébita (ainda quando o gado ou rebanho esteja confiado ao agente), porque ainda não há efetiva apropriação; do estelionato, porque à fraude, que o informa, não se segue a efetiva captação do lucro ilícito. Se a supressão ou alteração da marca ou sinal é meio para dissimular o furto anterior, ou assegurar o continuado êxito de uma apropriação indébita, ou tiver servido como ardil num estelionato, qualquer desses crimes absorverá o de que ora se trata, segundo a regra *ubi major minor cessat*".[92]

---

[88] HUNGRIA, Nélson. *Comentários ao código penal*, V. VII, p. 98.

[89] Conforme distinção feita pelo *Novo dicionário da língua portuguesa*, p. 827.

[90] HUNGRIA, Nélson. *Comentários ao código penal*, v. VII, p. 98.

[91] MIRABETE, Julio Fabbrini. *Manual de direito penal*, v. 2, p. 267.

[92] HUNGRIA, Nélson. *Comentários ao código penal*, v. VII, p. 98.

A marca não constitui prova incontestável da propriedade, não só porque há animais não marcados, cuja propriedade ninguém contesta, como outros marcados que podem não pertencer ao dono da marca. A marca simbólica em animais só vale como 'tomada da posse', jamais como 'crimes de propriedade'. Daí a razão pela qual, se forem encontradas letras de duas marcas e a perícia não chega a dizer qual das duas fora alterada, somente mediante a prova efetiva da origem do animal será possível atribuir a propriedade a um ou outro dono da marca (TJMG, Rel. Sebastião Maciel, *ADV COAD* 150).

Classificação doutrinária

Crime comum com relação ao sujeito ativo e próprio no que diz respeito ao sujeito passivo; doloso; comissivo (podendo ser praticado via omissão imprópria, desde que o agente goze do *status* de garantidor); de mera conduta; de forma livre; instantâneo (pois que a sua consumação ocorre no exato instante em que é realizada a supressão ou alteração da marca ou sinal indicativo de propriedade em gado ou rebanho alheio); monossubjetivo; plurissubsistente; não transeunte.

Objeto material e bem juridicamente protegido

No tipo penal do art. 162 do diploma repressivo, busca-se proteger a propriedade e a posse de *gado* ou *rebanho* alheio.
A conduta do agente é dirigida finalisticamente a suprimir ou alterar, indevidamente, marca ou sinal indicativo de propriedade em *gado* ou *rebanho alheio*, sendo este, portanto, considerado *objeto material* do delito em estudo.

Sujeito ativo e sujeito passivo

Qualquer pessoa pode ser sujeito ativo do delito de *supressão ou alteração de marca em animais*. Ao contrário, o *sujeito passivo* do delito será o proprietário ou possuidor do gado ou rebanho, não importando se pessoa física ou mesmo jurídica.

Consumação e tentativa

De acordo com a redação contida no art. 162 do Código Penal, consuma-se o delito quando da prática de uma das condutas núcleo, vale dizer, quando o agente, efetivamente, *suprime* ou *altera*, indevidamente, marca ou sinal indicativo de propriedade em gado ou rebanho alheio.
Se, em virtude da supressão ou alteração da marca, o agente vier a subtrair o animal, por exemplo, o fato se amoldará ao tipo penal do art. 155, § 4º, II, segunda figura, do Código Penal, uma vez que tal comportamento se configura na fraude utilizada pelo agente, a fim de lhe facilitar a subtração.
Tratando-se de crime plurissubsistente, é admissível a tentativa.

Elemento subjetivo

O dolo é o elemento subjetivo exigido para a configuração do delito tipificado no art. 162 do Código Penal, não havendo previsão para a modalidade culposa.
De acordo com as lições de Álvaro Mayrink da Costa, é preciso que o agente, suprimindo ou alterando, indevidamente, em gado ou rebanho alheio, marca ou sinal indicativo de propriedade, atue com a finalidade de "estabelecer confusão quanto à propriedade do animal marcado. O autor sempre obra objetivando a futura apropriação ou subtração do animal",[93] pois, não fosse assim, deveria ser responsabilizado por outra infração penal, a exemplo do crime de dano, uma vez que os animais se amoldam ao conceito jurídico de coisa, previsto pelo art. 163 do Código Penal.

Modalidades comissiva e omissiva

As condutas típicas de *suprimir* e *alterar* nos induzem a um comportamento positivo por parte do agente, vale dizer, um *fazer algo* no sentido de apagar ou modificar marca ou sinal anteriormente existente, podendo-se visualizar, portanto, um comportamento comissivo.
No entanto, será possível o raciocínio correspondente à omissão imprópria, desde que o agente goze do *status* de garantidor.

Pena, ação penal e suspensão condicional do processo

A pena cominada para o delito de supressão ou alteração de marca em animais, tipificado no art. 162 do Código Penal, é de detenção, de 6 (seis) meses a 3 (três) anos, e multa.
A ação penal é de iniciativa pública incondicionada.
Considerando a pena mínima cominada ao delito, será possível o oferecimento de proposta de suspensão condicional do processo pelo Ministério Público.

Supressão ou alteração de marca ou sinal indicativo de propriedade em um único animal

Embora exista divergência doutrinária, entendemos que quando a lei penal utiliza os termos *gado* e *rebanho* quer, na verdade, dizer que a supressão ou alteração deve ser realizada em *res* que participe dessa *aglomeração animal*, não impedindo, contudo, que apenas um deles sofra a modificação levada a efeito pelo agente.

Animal sem qualquer marcação

A lei penal exige, para efeitos de configuração do delito tipificado no art. 162 do Código Penal, que as condutas de suprimir e alterar refiram-se a marcas ou sinais anteriores em gado ou rebanho alheio indicativos de sua propriedade.
Dessa forma, aquele que, por exemplo, marca, indevidamente, um animal pertencente a um re-

---

[93] COSTA, Álvaro Mayrink da. *Direito penal* – parte especial, p. 829-830.

banho alheio, com o fim de subtraí-lo, deverá ser responsabilizado por outra infração penal, vale dizer, o delito de furto qualificado pelo emprego de fraude.

Aposição, supressão ou alteração de marca no Código Penal Militar

Vide art. 258 do Decreto-Lei nº 1.001/69 (Código Penal Militar).

Capítulo IV – Do Dano

Dano

Art. 163. Destruir, inutilizar ou deteriorar coisa alheia:

Pena – detenção, de um a seis meses, ou multa.

Dano qualificado

Parágrafo único. Se o crime é cometido:

I – com violência à pessoa ou grave ameaça;

II – com emprego de substância inflamável ou explosiva, se o fato não constitui crime mais grave;

III – contra o patrimônio da União, de Estado, do Distrito Federal, de Município ou de autarquia, fundação pública, empresa pública, sociedade de economia mista ou empresa concessionária de serviços públicos;

IV – por motivo egoístico ou com prejuízo considerável para a vítima:

Pena – detenção, de seis meses a três anos, e multa, além da pena correspondente à violência.

Introdução

O art. 163 do Código Penal, em sua modalidade fundamental, comina pena de detenção, de 1 (um) a 6 (seis) meses, ou multa, para aquele que *destruir, inutilizar ou deteriorar coisa alheia.*

Assim, podemos destacar os seguintes elementos que compõem o delito de dano: *a)* a conduta de destruir, inutilizar ou deteriorar; *b)* que qualquer um desses comportamentos tenha como objeto a coisa alheia.

O núcleo *destruir* é empregado no texto legal no sentido de eliminar, aniquilar, extinguir; *inutilizar* significa tornar inútil, imprestável a coisa para os fins originais a que era destinada, mesmo que não destruída; *deteriorar* é estragar, arruinar a coisa.

Hungria, em lapidar lição, distingue as condutas nucleares do dano dizendo: "Na *destruição*, a coisa cessa de subsistir na sua individualidade anterior, ainda mesmo que não desapareça a matéria de que se compõe (ex.: matar uma rês, reduzir a cacos uma vidraça, cortar uma árvore). Em se tratando de coisas compostas (ex.: uma casa, uma ponte), sua *demolição* ou *derribamento* é destruição. Como tal também se estende, por força de compreensão, o fazer desaparecer uma coisa, de modo a tornar inviável a sua recuperação (ex.: atirando-a a um abismo impraticável). A destruição parcial, desde que acarrete a total imprestabilidade da coisa, é equiparada à destruição completa. Na *inutilização* (no sentido restrito com que a lei emprega o vocábulo), a coisa

não perde inteiramente a sua individualidade, mas é reduzida, ainda que temporariamente, à inadequação ao fim a que se destina (ex.: desarranjar as peças de um maquinismo, dispersar os tipos de uma caixa de composição). Finalmente, com a *deterioração*, a coisa sofre um *estrago* substancial, mas sem desintegrar-se totalmente, ficando apenas diminuída na sua utilidade específica ou desfalcada em seu valor econômico (ex.: mutilar os olhos de um cavalo, partir um *solitário*, tirar os ponteiros de um relógio)."[94]

Dos ensinamentos trazidos a público pelo grande penalista brasileiro, ousamos discordar de uma afirmação contida no texto acima transcrito. Hungria afirma que *fazer desaparecer* também se entende compreendido no núcleo *destruir*. Na verdade, *permissa venia*, tal interpretação nos conduziria a uma verdadeira analogia *in malam partem*, completamente proibida em Direito Penal, em virtude do princípio do *nullum crimen, nulla poena sine lege stricta*. Destruir, como afirmado, tem o significado de eliminar, extinguir, o que não acontece quando alguém faz desaparecer alguma coisa pertencente à vítima. A coisa, em si, existe, razão pela qual não podemos entendê-la como destruída. Aquele que abre a portinhola de uma gaiola querendo que o canário que ali se encontra, pertencente à vítima, ganhe a liberdade, não o destrói, inutiliza ou o deteriora. Aqui, embora não exista infração penal, o sujeito poderá ser responsabilizado no juízo cível pelos prejuízos por ele causados à vítima.

O dano poderá ser total ou mesmo parcial. Ressaltamos, contudo, a necessidade de ser apontada a perda econômica sofrida na coisa, uma vez que estamos ainda no Título correspondente aos crimes contra o patrimônio.

Objeto material da ação do agente deverá ser a *coisa alheia. Coisa* consiste nos bens corpóreos móveis ou imóveis. Assim, pratica o crime de dano aquele que dolosamente destrói, por exemplo, o relógio da vítima, bem como aquele que derruba uma das paredes de sua casa.

A coisa, obrigatoriamente, deverá gozar do *status* de alheia, isto é, deve pertencer a alguém que não o próprio agente, pois, caso contrário, o comportamento, como regra, será atípico. Assim, não pratica o crime de dano aquele que destrói *res nullius* (coisa de ninguém), ou mesmo a *res derelicta* (coisa abandonada). Ao contrário, se o agente destrói *res desperdicta* (coisa perdida), poderá ser responsabilizado criminalmente.

---

[94] HUNGRIA, Nélson. *Comentários ao código penal*, v. VII, p. 105-106.

O erro sobre a elementar *alheia* afasta o dolo, impedindo, consequentemente, a punição do agente a qualquer título, haja vista não existir previsão do dano na modalidade culposa.

Classificação doutrinária

Crime comum com relação ao sujeito ativo, bem como quanto ao sujeito passivo; doloso; material; comissivo (podendo, contudo, ser praticado via omissão imprópria, considerando-se a posição de garantidor do agente); de ação múltipla ou conteúdo variado (uma vez que se o agente pratica as várias condutas previstas pelo tipo penal somente responderá por uma única infração penal); de dano; de forma livre; instantâneo (podendo, em algumas situações, como no caso da destruição da coisa, ser instantâneo de efeitos permanentes); monossubjetivo; plurissubsistente; não transeunte.

Objeto material e bem juridicamente protegido

O bem juridicamente protegido é o patrimônio, seja ele público ou privado, móvel ou imóvel, tutelando-se, consequentemente, tanto a propriedade quanto a posse.

O objeto material é a coisa alheia, móvel ou imóvel, desde que seja corpórea, haja vista que somente essa é passível de ser danificada fisicamente.

⚖️ 1. Nos termos da orientação desta Casa, o "bem jurídico protegido relativamente ao crime de dano qualificado previsto no art. 163, III, do Código Penal consiste na proteção do patrimônio de seus titulares – União, Estados, Municípios, empresa concessionária de serviço ou sociedade de economia mista –, afeto ao interesse público" (AgRg no REsp 1.416.273/MG, Rel. Min. Rogerio Schietti Cruz, 6ª T., *DJe* 24/08/2017). (...) (AgRg no HC 562.446/SC, Rel. Min. Antonio Saldanha Palheiro, 6ª T., julgado em 27/10/2020, *REPDJe* 12/11/2020, *DJe* 03/11/2020).

Sujeito ativo e sujeito passivo

Qualquer pessoa pode ser o *sujeito ativo* do crime de dano, haja vista sua natureza de crime comum, excetuando-se, como regra, o proprietário, uma vez que a conduta do agente deve ser dirigida finalisticamente a destruir, inutilizar ou deteriorar *coisa alheia*.

Rogério Sanches Cunha aduz que se o proprietário: "Deteriora bem próprio que se encontra no legítimo poder de terceiro, responderá, conforme o caso, pelo delito previsto no art. 346 do CP, apenado com maior rigor e perseguido mediante ação penal pública incondicionada (crime contra a administração da justiça)."[95]

Qualquer pessoa pode ser o *sujeito passivo* do delito em estudo, desde que proprietário ou mesmo possuidor da coisa. No caso do possuidor, embora haja crime único, estaremos diante de dois sujeitos passivos, ou seja, tanto o possuidor quanto o proprietário da coisa.

Consumação e tentativa

O dano se consuma quando o agente, efetivamente, destrói, inutiliza ou deteriora coisa alheia, seja ela móvel ou imóvel. Por se tratar de crime material e plurissubsistente, admite-se a possibilidade de tentativa. Merece ser ressalvado, entretanto, o fato de que o resultado, mesmo que *parcial*, consuma a infração penal em estudo. Assim, imagine-se a hipótese daquele que, embora tendo o dolo de destruir a coisa alheia, somente consegue inutilizá-la ou deteriorá-la. Nesse caso, deverá responder por dano consumado, e não tentado.

Elemento subjetivo

O crime de dano só pode ser praticado dolosamente, não havendo previsão para a modalidade culposa.

⚖️ (...) 3. Nos termos da jurisprudência desta Corte, para que se possa falar em crime de dano qualificado contra patrimônio da União, Estado ou Município, *mister* se faz a comprovação do elemento subjetivo do delito, qual seja, o *animus nocendi*, caracterizado pela vontade de causar prejuízo ao erário. Nesse passo, a destruição, deterioração ou inutilização das paredes ou grades de cela pelo detento, com vistas à fuga de estabelecimento prisional, ou, ainda, da viatura na qual o flagranteado foi conduzido à delegacia de polícia, demonstra tão somente o seu intuito de recuperar a sua liberdade, sem que reste evidenciado o necessário dolo específico de causar dano ao patrimônio público. (...) (HC 503.970/SC, Rel. Min. Ribeiro Dantas, 5ª T., julgado em 30/05/2019, *DJe* 04/06/2019).

Nesse sentido:

⚖️ STJ, RHC 56.629/AL, Rel. Min. Antônio Saldanha Palheiro, 6ª T., *DJe* 1º/08/2016; TJMG, AC 1.0332.03.005825-6/001, Rel. Des. Renato Martins Jacob, *DJ* 27/07/2009; TJMG, AC 1.0525.07.124628-0/001, Rel. Des. Vieira de Brito, *DJ* 19/06/2009.

Modalidades qualificadas

O parágrafo único do art. 163 do Código Penal prevê as modalidades qualificadas de dano. Para melhor visualização, faremos a análise de cada uma delas isoladamente.

⚖️ Conferir interpretação extensiva ao art. 163, parágrafo único, inciso III, do Código Penal, de modo a considerar qualificado o crime de dano praticado contra empresa pública, ante a falta de menção expressa do texto da norma vigente à época dos fatos (antes da vigência da Lei nº 13.531/2017), configura analogia prejudicial ao réu, não admitida no âmbito do direito penal. Precedente (STJ, REsp 1.683.732/

---

[95] CUNHA, Sanches Rogério. *Manual de direito penal* – parte especial, volume único, p. 329.

SP, Rel. Min. Antônio Saldanha Palheiro, 6ª T., *DJe* 03/12/2018).

Nesse sentido:

⚖ STJ, HC 324.550/MT, Rel. Min. Ribeiro Dantas, 5ª T., *DJe* 28/06/2016.

Violência à pessoa ou grave ameaça – a primeira modalidade qualificada de dano diz respeito ao modo como o delito é praticado. Assim, diz a lei penal que, se o crime é cometido com violência à pessoa ou grave ameaça, a pena será de detenção, de 6 (seis) meses a 3 (três) anos, e multa, além da pena correspondente à violência.

Percebe-se, portanto, que a violência à pessoa e a grave ameaça são, na verdade, meios utilizados pelo agente para a prática do dano. Dessa forma, somente poderemos raciocinar em termos de dano qualificado se a violência à pessoa ou a grave ameaça for empregada com o fim de destruir, inutilizar ou deteriorar coisa alheia, ou, pelo menos, durante a prática das condutas previstas no tipo do art. 163 do Código Penal.

Assim, se a violência à pessoa ou a grave ameaça forem empregadas depois da consumação do delito de dano, não poderá ser aplicada a qualificadora.

Portanto, enquanto não consumado o crime, será possível a aplicação da qualificadora em exame.

Por violência à pessoa podemos entender tanto as lesões corporais (leves, graves e gravíssimas) como ainda as vias de fato. A violência que qualifica o dano deverá ser sempre contra a *pessoa*, e não aquela praticada contra a *coisa*. A ameaça que qualifica o crime de dano deverá ser grave. É a denominada *vis compulsiva*, que influencia a vontade da vítima, permitindo ao agente levar a efeito o seu comportamento dirigido finalisticamente a destruir, inutilizar ou deteriorar coisa alheia. Se o dano for praticado com o emprego de violência, haverá concurso de crimes (formal ou material, dependendo do caso concreto), aplicando-se, também, a pena correspondente à violência. Não haverá concurso de crimes, entretanto, se o dano for praticado mediante vias de fato ou grave ameaça, que serão por ele absorvidas.

⚖ Somente restará configurada a qualificadora prevista no art. 163, parágrafo único, inc. I, do CP, se for empregada violência ou grave ameaça à pessoa para a consecução do delito de dano. Vale dizer, a violência ou grave ameaça deve ser um meio para a prática do delito de dano, hipótese em que este será qualificado pelo modo no qual foi levado a efeito (STJ, APn 290/PR, Rel. Min. Felix Fischer, CE, *DJ* 26/09/2005, p. 159).

Com emprego de substância inflamável ou explosiva, se o fato não constitui crime mais grave – Da mesma forma que a qualificadora anterior, a substância inflamável ou explosiva deve ter sido utilizada como *meio* para a prática do dano, ressaltando a lei penal, contudo, a sua natureza subsidiária, pois que somente atuará como qualificadora do dano se o fato não constitui crime mais grave, a exemplo do que ocorre com o crime de *explosão*, tipificado no art. 251 do Código Penal.

Álvaro Mayrink da Costa, levando a efeito a distinção entre substância inflamável e explosiva, assevera: "Substância explosiva é a que atua com maior ou menor detonação ou estrondo, ocorrendo deslocamento de ar, e inflamável são os materiais sólidos, líquidos e gasosos que, por força da composição ou natureza, proporcionam a chama rápida e violenta (*v.g.*: gasolina, álcool, benzina, nafta etc.). Diferencia-se o explosivo, combustível ou inflamável, em razão da capacidade de inflamar, mas não de alimentar a combustão (*v.g.*: folhas secas e capim não são inflamáveis)".[96]

Contra o patrimônio da União, de Estado, do Distrito Federal, de Município ou de autarquia, fundação pública, empresa pública, sociedade de economia mista ou empresa concessionária de serviços públicos.

A Lei nº 13.531, de 7 de dezembro de 2017, deu nova redação ao inc. III do parágrafo único do art. 163 do Código Penal, incluindo outras entidades a fim de qualificar o dano.

Pela redação anterior, havia uma omissão no que dizia respeito ao patrimônio do Distrito Federal, fato devidamente retificado pelo citado diploma legal. Assim, se o dano for praticado contra o patrimônio da União, do Estado, do Distrito Federal, ou de Município, o fato deverá ser reconhecido como qualificado, devido ao maior juízo de reprovabilidade que recai sobre o comportamento praticado pelo agente.

De acordo com o art. 5º, incs. I, II, III e IV, do Decreto-Lei nº 200, de 25 de fevereiro de 1967, consideram-se:

I – Autarquia – o serviço autônomo, criado por lei, com personalidade jurídica, patrimônio e receita próprios, para executar atividades típicas da Administração Pública, que requeiram, para seu melhor funcionamento, gestão administrativa e financeira descentralizada.

II – Empresa Pública – a entidade dotada de personalidade jurídica de direito privado, com patrimônio próprio e capital exclusivo da União, criado por lei para a exploração de atividade econômica que o Governo seja levado a exercer por força de contingência ou de conveniência administrativa podendo revestir-se de qualquer das formas admitidas em direito.

III – Sociedade de Economia Mista – a entidade dotada de personalidade jurídica de direito privado, criada por lei para a exploração de atividade econômica, sob a forma de sociedade anônima, cujas ações com direito a voto pertençam em sua maioria à União ou a entidade da Administração Indireta.

---

[96] COSTA, Álvaro Mayrink da. *Direito penal* – parte especial, p. 843-844.

IV – *Fundação Pública – a entidade dotada de personalidade jurídica de direito privado, sem fins lucrativos, criada em virtude de autorização legislativa, para o desenvolvimento de atividades que não exijam execução por órgãos ou entidades de direito público, com autonomia administrativa, patrimônio próprio gerido pelos respectivos órgãos de direção, e funcionamento custeado por recursos da União e de outras fontes.*

Tem-se entendido que se o dano for praticado contra qualquer bem público, seja ele de uso comum, especial ou dominical, conforme previsão dos incs. I, II e III do art. 99 do Código Civil, o crime será qualificado.

⚖ Não é possível qualificar o dano cometido a bem privado – de propriedade da Organização da Sociedade Civil de Interesse Público, OSCIP – ainda que por afetação deste a uma atividade pública, sob pena de ocorrência de analogia *in malam partem* (STJ, AgRg no REsp 1.716.871/SP, Rel. Min. Felix Fischer, 5ª T., *DJe* 23/03/2018).

Nesse sentido:

⚖ STJ, REsp 1.416.273/MG, Rel. Min. Rogério Schietti Cruz, 6ª T., *DJe* 24/08/2017; STJ, AgRg no REsp 1.628.623/DF, Rel. Min. Felix Fischer, 5ª T., *DJe* 28/04/2017; STJ, RHC 56.629/AL, Rel. Min. Antônio Saldanha Palheiro, 6ª T., *DJe* 1ª/08/2016; TJMG, AC 1.0000. 00.186082-4/000, Rel. Des. Reynaldo Ximenes Carneiro, *DJ* 31/08/2000.

Celso Antônio Bandeira de Mello, com a precisão que lhe é peculiar, define a concessão de serviço público "como sendo o ato complexo através do qual o Estado atribui a alguém o *exercício* de um serviço público e este aceita prestá-lo em nome do Poder Público sob condições fixadas e alteráveis unilateralmente pelo Estado mas por sua conta, risco e perigos, remunerando-se com a própria exploração do serviço, geralmente pela cobrança de tarifas diretamente dos usuários do serviço e tendo a garantia contratual de um equilíbrio econômico-financeiro".[97]

Assim, por exemplo, praticaria crime de dano qualificado o agente que destruísse um telefone público ou mesmo um ônibus, desde que pertencentes a empresas prestadoras de serviços públicos.

⚖ A simples locação da coisa pelo Poder Público não serve para caracterizar a qualificadora prevista no inc. III do art. 163 do Código Penal (STJ, CC 20387/SP, Rel. Min. Vicente Leal, S3, *JBC* 38, p. 280).

Nesse sentido:

⚖ STJ, REsp 493.148/SP, Rel. Min. José Arnaldo da Fonseca, 5ª T., *DJ* 25/02/2004, p. 210; STJ, HC 10.165/SP, Rel. Min. Fernando Gonçalves, 6ª T., *DJ* 27/03/2000, p. 136.

Por motivo egoístico ou com prejuízo considerável para a vítima – O inc. IV do parágrafo único do art. 163 do Código Penal arrola, ainda, duas *circunstâncias* que permitirão o reconhecimento de mais uma modalidade qualificada de dano, vale dizer, *o motivo egoístico* e o *prejuízo considerável para a vítima.*

A primeira – motivo egoístico – é de natureza subjetiva, não se comunicando ao eventual coparticipante, nos termos preconizados pelo art. 30 do Código Penal.

Definir motivo egoístico não é tarefa das mais fáceis. Hungria diz: "*Motivo egoístico*, no sentido do texto legal, não é o que se liga à satisfação de qualquer sentimento pessoal (ódio, inveja, despeito, prazer da maldade, desprezo pela propriedade alheia etc.), pois, de outro modo, não haveria como distinguir entre o dano qualificado em tal caso e o dano simples (sempre informado de algum sentimento pessoal na sua motivação). *Egoístico* é o motivo quando se prende ao desejo ou expectativa de um ulterior *proveito* pessoal *indireto*, seja econômico ou moral. Exemplo: o *ás* automobilístico, na esperança de assegurar-se o prêmio do *Circuito da Gávea* ou manter a sua reputação esportiva, destrói o carro em que iria correr um competidor perigoso".[98]

A segunda das circunstâncias previstas no inc. IV do parágrafo único do art. 163 do Código Penal diz respeito ao fato de ter o agente causado *prejuízo considerável para a vítima.*

A lei penal determina, expressamente, portanto, que se leve em consideração o patrimônio da vítima, a fim de se concluir se o prejuízo sofrido foi de relevo. Como as pessoas têm capacidade econômica diferente, aquilo que pode importar em considerável prejuízo para uma já não terá o mesmo significado para outra.

Modalidades comissiva e omissiva

As condutas núcleo do tipo, vale dizer, os verbos *destruir, inutilizar* e *deteriorar,* pressupõem um comportamento comissivo por parte do agente.

No entanto, será possível o raciocínio correspondente à omissão imprópria, caso o agente, gozando do *status* de garantidor, devendo e podendo agir para evitar o resultado, dolosamente, nada faça para impedi-lo.

Pena, ação penal, competência para julgamento e suspensão condicional do processo

Para a modalidade simples de dano é cominada uma pena de detenção, de 1 (um) a 6 (seis) meses, ou multa; para as modalidades qualificadas, a pena é de detenção, de 6 (seis) meses a 3 (três) anos, e multa; no caso do dano cometido com emprego de violência, aplica-se, também, a pena a ela correspondente. A ação penal é de iniciativa privada nas hipóteses de dano simples (*caput* do art. 163 do Código Penal) e dano qualificado pelo motivo egoístico ou

97 MELLO, Celso Antônio Bandeira de. *Curso de direito administrativo*, p. 369.
98 HUNGRIA, Nélson. *Comentários ao código penal*, v. VII, p. 111.

com prejuízo considerável para a vítima (inc. IV do parágrafo único do art. 163 do Código Penal), sendo de iniciativa pública incondicionada quando o dano for qualificado nos termos dos incs. I, II e III do parágrafo único do art. 163 do Código Penal, conforme se verifica no art. 167 do mesmo diploma repressivo.

Compete ao Juizado Especial Criminal o julgamento do dano simples. Será possível a proposta de suspensão condicional do processo em ambas as modalidades de dano (simples e qualificado), uma vez que as penas mínimas a eles cominadas não ultrapassam o limite de 1 (um) ano, determinado pelo art. 89 da Lei nº 9.099/95.

⚖ O delito previsto no inc. I do parágrafo único do art. 163 do Código Penal é de ação penal pública incondicionada, consoante o disposto no art. 167 do referido diploma legal. Desse modo, tratando-se de delito perseguido mediante ação pública incondicionada, não há que se falar em necessidade de representação da vítima, ou em prazo para a propositura da queixa-crime (STJ, RHC 30.930/RJ, Rel. Min. Jorge Mussi, 5ª T., *DJe* 23/08/2013).

Nesse sentido:

⚖ TJBA, AC 0000732-09.2012.8.05.0272, Rel. Des. Carlos Roberto Santos Araújo, *DJe* 18/10/2013; TJPE, APL 0191021-2, 4ª Câmara Criminal, Rel. Des. Gustavo Augusto Rodrigues de Lima, j. 14/07/2010, *DJEPE* 27/07/2010; TJRS, Ap. Crim. 70013322896, 6ª Câm. Crim. Rel. João Batista Marques Tovo, j. 04/05/2006; TJRS, Ap. Crim. 70014292510, 8ª Câm. Crim., Rel. Marco Antônio Ribeiro de Oliveira, j. 03/05/2006; STJ, CC 40865/PB, Rel. Min. Hamilton Carvalhido, S3, *DJ* 19/04/2004, p. 152.

Prescindibilidade de *animus nocendi* à caracterização do dano

Por *animus nocendi* deve ser entendida a finalidade especial com que atua o agente no sentido de causar, com o seu comportamento, um *prejuízo patrimonial* à vítima.

Embora haja controvérsia doutrinária e jurisprudencial, entendemos que se objetivamente, com o seu comportamento doloso, o agente destruiu, inutilizou ou deteriorou coisa alheia, não importa que tenha ou não agido com a finalidade específica de causar prejuízo à vítima, deve, pois, responder pelo crime de dano, não havendo necessidade, dessa forma, de se evidenciar o seu *animus nocendi*.

⚖ Consoante entendimento firmado por esta Corte, o delito de dano ao patrimônio público, quando praticado por preso para facilitar a fuga da prisão, exige o dolo específico (*animus nocendi*) de causar prejuízo ou dano ao bem público. Precedentes (STJ, HC 162.662/MG, Rel. Min. Nefi Cordeiro, 6ª T., *DJe* 03/08/2015).

Nesse sentido:

⚖ TJMS, ACr-DetMul 2010.017206-5/0000-00, 2ª Turma Criminal, Rel. Juiz Manoel Mendes Carli, *DJEMS* 14/07/2010, p. 38; TJMG, AC 1.0637.05.028265-5/001, Rel.ª Des.ª Beatriz Pinheiro Caires, *DJ* 24/06/2009; TJMG, APCR 0083554-57.2005.8.13.0408, Matias Barbosa, 5ª Câm. Crim., Rel. Des. Pedro Vergara, j. 07/07/2010, *DJEMG* 21/07/2010.

Preso ou condenado que danifica cela para fugir da cadeia ou penitenciária

Com relação ao dano produzido com essa finalidade, duas correntes se formaram. A primeira, seguindo a orientação segundo a qual não se exige, para efeitos de configuração do crime de dano, o chamado *animus nocendi*, entende pela responsabilidade penal do preso que destrói patrimônio público, nos termos do art. 163, parágrafo único, III, conforme já decidiu o STF, em acórdão relatado pelo Min. Carlos Velloso:

⚖ Penal. Processo penal. *Habeas corpus*. Crime de dano. Preso que danifica a cela para fugir. Exigência apenas do dolo genérico. CP, art. 163, parágrafo único, III. 1. Comete o crime de dano qualificado o preso que, para fugir, danifica cela do estabelecimento prisional em que está recolhido. Cód. Penal, art. 163, parágrafo único, III. 2. O crime de dano exige, para sua configuração, apenas o dolo genérico. III – HC indeferido (HC 73189/MS, 2ª T., *DJU* 29/03/1996, p. 9.346).

Nesse sentido:

⚖ TJMG, AC 1.0049. 04.005907-0/001, 4ª Câm. Crim., Rel. Delmival de Almeida Campos, pub. 30/01/2008.

A segunda corrente, ao contrário, posiciona-se pela exigência de constatação do *animus nocendi*, vale dizer, a finalidade com que atua o agente no sentido de causar prejuízo patrimonial à vítima.

⚖ Consoante entendimento firmado por esta Corte, o delito de dano ao patrimônio público, quando praticado por preso para facilitar a fuga da prisão, exige o dolo específico (*animus nocendi*) de causar prejuízo ou dano ao bem público. Precedentes (STJ, HC 226021/SP, Rel. Min. Marco Aurélio Bellizze, 5ª T., *DJe* 28/06/2012).

Nesse sentido:

⚖ TJMG, AC 1.0220.06.000715-4/001, 1ª Câm. Crim., Rel. Márcia Milanez, pub. 04/04/2008; STJ, HC 48284/MS, HC 2005/0159273, Rel. Hélio Quaglia Barbosa, 6ª T., *DJ* 13/03/2006, p. 383.

Entendemos que não se exige para a configuração do crime de dano o chamado *animus nocendi*. Basta que o agente tenha conhecimento de que com o seu comportamento está destruindo, inutilizando ou deteriorando coisa alheia, para que possa ser responsabilizado pelo delito em estudo, uma vez que o tipo não exige essa finalidade especial.

Pichação

A pichação, que se traduz no ato por meio do qual o agente, com a utilização de tintas, leva a efeito a pintura de desenhos, palavras, assinaturas etc., em partes constantes de imóveis, não se coaduna, como regra, com o núcleo destruir. Da mesma forma, também como regra, não importa em inutilização da coisa alheia objeto da pichação. Assim, embora não seja pacífico, tem-se entendido que a pichação se amolda ao núcleo deteriorar, uma vez que produz na coisa alheia um estrago parcial, alterando o seu estado original, posição à qual nos filiamos.

A Lei nº 9.605, de 12 de fevereiro de 1998, com a nova redação que lhe foi conferida pela Lei nº 12.408, de 25 de maio de 2011, dispôs sobre as sanções penais e administrativas derivadas de condutas lesivas ao meio ambiente, criou um tipo penal específico para as pichações realizadas em edificação ou monumento urbano, conforme se verifica pela redação de seu art. 65.

🔨 1. Mostra-se necessária a realização do exame pericial direto ou indireto para tipificação do crime de pichação, pois se trata de infração que deixa vestígios, podendo apenas ser suprido por outros meios de prova quando aquele não puder ser realizado, casos em que deve ser justificada a ausência de laudo por parte das instâncias ordinárias. 2. No caso concreto, diante da inexistência de laudo pericial direto ou indireto, bem como por não ter sido justificada a sua não realização, entendo ser hipótese de absolvição do recorrente do delito do art. 65 da Lei 9.605/98 ante a ausência de materialidade, mantidos os demais termos da condenação. 3. Recurso especial provido (REsp 1.771.714/MG, Rel. Min. Joel Ilan Paciornik, 5ª T., julgado em 25/06/2019, *DJe* 05/08/2019).

Dano culposo

Embora o Código Penal não preveja a modalidade culposa para o crime de dano, existe previsão legal para sua punição nos arts. 266 e 383, parágrafo único, do Código Penal Militar, bem como nos arts. 38 e 62 da Lei nº 9.605, de 12 de fevereiro de 1998.

🔨 O crime de dano só é punível a título de dolo e, assim, em caso de culpa, configura-se apenas o ilícito civil (TJMG, AC 2.0000.00.504761-4/000 [1], Rel.ª Maria Celeste Porto, *DJ* 1º/10/2005).

Presença de mais de uma qualificadora

Deverão ser consideradas na fixação da pena-base.

Exame pericial

Tratando-se de infração penal que deixa vestígios, faz-se necessária a realização de exame pericial para efeitos de constatação do crime de dano, nos termos do art. 158 do Código de Processo Penal.

🔨 O crime do art. 163 do Código Penal, que consiste em destruir, inutilizar ou deteriorar coisa alheia é crime material que sempre deixa vestígios, sendo indispensável o exame de corpo de delito para comprovar a materialidade delitiva. Precedentes (STJ, HC 274431/SE, Rel.ª Min.ª Laurita Vaz, 5ª T., *DJe* 1º/07/2014).

Nesse sentido:

🔨 TJDF, Rec. 2008.10.1.004591-6, Ac. 437.165, 2ª T. Crim., Rel. Des. Silvânio Barbosa dos Santos, *DJDFTE* 16/08/2010, p. 416; TJRS, Ap. Crim. 70017873985, Crim., Rel. Aramis Nassif, 5ª Câm. j. 04/04/2007.

Embriaguez

🔨 Crime de Dano. Danificação de orelhão. Embriaguez. Dolo ausente. Absolvição. Embora demonstrada a materialidade e a autoria do delito, ausente está o elemento subjetivo, imprescindível à tipificação do crime de dano. Absolvição decretada (TJRS, AC 70028583268, Rel. Des. Nereu José Giacomolli, *DJ* 14/04/2009).

Nesse sentido:

🔨 TJPR, AC 0399050-9, 4ª Câm. Crim., Rel. Des. Miguel Pessoa, j. 16/08/2007; TJRS, AC 70014281190, 8ª Câm. Crim., Rel. Marlene Landvoigt, pub. 02/10/2007.

Dano qualificado e princípio da insignificância

🔨 1. A jurisprudência desta Corte Superior assentou que o delito previsto no art. 163, parágrafo único, III, do Código Penal cuida de conduta que provoca lesão a bem jurídico de relevante valor social e afeta toda a coletividade, razão pela qual não cabe a aplicação do princípio da insignificância (AgRg no HC 462.482/SC, Rel. Min. Rogerio Schietti Cruz, 6ª T., julgado em 07/05/2019, *DJe* 14/05/2019). 2. Sequer é insignificante a conduta imputada de ter o paciente, mesmo diante de outras pessoas que se encontravam na sala de espera do ambulatório do hospital, arremessado um televisor ao chão. 3. Agravo regimental improvido (AgRg no HC 568.768/PR, Rel. Ministro NEFI CORDEIRO, SEXTA TURMA, julgado em 23/06/2020, DJe 29/06/2020)

Nesse sentido:

🔨 STJ, AgRg no HC 462.482/SC, Rel. Min. Rogério Schietti Cruz, 6ª T., *DJe* 14/05/2019; STJ, AgRg no REsp 1.659.905/RS, Rel. Min. Antônio Saldanha Palheiro, 6ª T., *DJe* 30/04/2018; STJ, HC 245.457/MG, Rel. Min. Nefi Cordeiro, 6ª T., *DJe* 10/03/2016; STJ, AgRg no REsp 1.467.909/SC, Rel. Min. Gurgel de Faria, 5ª T., *DJe* 03/08/2015.

Dano no Código Penal Militar

O Código Penal Militar (Decreto-Lei nº 1.001, de 21 de outubro de 1969), prevê várias modalidades de dano, no capítulo VII (Do dano), do Título V (Dos crimes contra o Patrimônio), a saber:

Art. 259 (dano simples);

Art. 260 (dano atenuado);

Art. 261 (dano qualificado);

Art. 262 (dano em material ou aparelhamento de guerra);

Art. 263 (dano em navio de guerra ou mercante em serviço militar);

Art. 264 (dano em aparelhos e instalações de aviação e navais, e em estabelecimentos militares);

Art. 265 (desaparecimento, consunção ou extravio);

Art. 266 (modalidades culposas).

Dano praticado contra instituições financeiras e os prestadores de serviço de segurança privada

Tendo em vista que a Lei nº 14.967, de 9 de setembro de 2024, inseriu o art. 183-A no Código Penal, criando uma causa especial de aumento de pena, quando o crime contra o patrimônio for cometido contra as instituições financeiras e os prestadores de serviço de segurança privada, e considerando o fato de que o art. 163 se encontra inserido no Capítulo IV do Título II (Dos Crimes contra o Patrimônio), se o dano for praticado contra eles, a exemplo do que ocorre quando se deteriora uma agência bancária, a pena deverá ser aumentada de 1/3 (um terço) até o dobro.

Introdução ou abandono de animais em propriedade alheia

Art. 164. Introduzir ou deixar animais em propriedade alheia, sem consentimento de quem de direito, desde que o fato resulte prejuízo:

Pena – detenção, de quinze dias a seis meses, ou multa.

Introdução

Ao crime de introduzir ou deixar animais em propriedade alheia, sem consentimento de quem de direito, desde que o fato resulte prejuízo, o Código Penal, em seu art. 164, comina pena de detenção, de 15 (quinze) dias a 6 (seis) meses, ou multa.

Pela análise da mencionada figura típica, podemos extrair os seguintes elementos: *a)* a conduta de introduzir ou deixar animais em propriedade alheia; *b)* a ausência de consentimento de quem de direito; *c)* o prejuízo resultante desses comportamentos.

O núcleo *introduzir* é utilizado pelo texto legal no sentido de fazer entrar, penetrar. Acrescenta Bento de Faria que a introdução "pode realizar-se por qualquer forma, pouco importando que os animais entrem sozinhos ou acompanhados, pelo próprio agente ou por seus prepostos ou empregados".[99] *Deixar* tem o significado de fazer permanecer, não retirar o animal que pode até ter sido inicialmente introduzido licitamente pelo agente. Assim, aquele que, com o consentimento do proprietário, introduz animal em propriedade alheia, mas não o retira quando solici-

tado por quem de direito, havendo prejuízo, pratica o delito em estudo.

Por se tratar de crime de ação múltipla, de conteúdo variado, o agente que introduz e, depois disso, deixa animal em propriedade alheia sem o consentimento de quem de direito, causando prejuízo, responderá por um único delito.

O tipo penal não delimita a espécie animal que, se introduzida ou deixada em propriedade alheia, causando prejuízo, importará na infração penal em estudo, podendo ser quadrúpedes ou bípedes. Dessa forma, poderia cometer o delito em questão aquele que introduzisse suas galinhas em propriedade alheia, fazendo com que estas se alimentassem de uma plantação ali existente.

A *propriedade* na qual os animais são introduzidos, por questões de ordem lógica, só pode ser a *imóvel*, seja ela urbana ou rural. Aquele que, por exemplo, introduz um cão em um apartamento alheio sem o consentimento de quem de direito, causando-lhe prejuízo, responde pelo mencionado artigo, mesmo que o imóvel esteja localizado no centro da cidade, e não na zona rural.

O art. 164 do Código Penal esclarece que somente ocorrerá a infração penal *sub examen* se o ato de introduzir ou deixar o animal for realizado *sem o consentimento de quem de direito*, apontado, nesse caso, como o *proprietário* ou mesmo *possuidor* do imóvel. O consentimento do ofendido exerce, aqui, o poder de afastar a tipicidade do fato, tal como ocorre no crime de violação de domicílio, previsto pelo art. 150 do Código Penal.

O dissenso da vítima pode ser expresso ou mesmo tácito. Assim, o agente pode ter sido advertido expressamente pela vítima a respeito da proibição da introdução de animais em sua propriedade, como também poderá ser presumida essa proibição.

Por último, essa introdução deve resultar em *prejuízo* para a vítima. Por *prejuízo* devemos entender aquele de natureza econômica, pois que estamos, ainda, no Título relativo aos crimes contra o patrimônio. O agente, entretanto, não pode ter agido finalisticamente no sentido de querer causar prejuízo, pois que, segundo Cezar Roberto Bitencourt, se "objetivar especificamente a produção de dano, o crime será aquele capitulado no art. 163 (dano). Se, por fim, pretender alimentar seus animais com a pastagem da propriedade alheia, deixará de existir o dano em si mesmo, passando a caracterizar-se o crime de furto, com verdadeira subtração de coisa alheia".[100]

Será perfeitamente admissível a aplicação do princípio da insignificância ao delito em estudo, quando da introdução ou abandono de animal em propriedade alheia resultar prejuízo irrisório à vítima.

99 FARIA, Bento de. *Código penal brasileiro*, v. V, p. 82.
100 BITENCOURT, Cezar Roberto. *Tratado de direito penal*, v. 3, p. 214.

Classificação doutrinária

Crime comum com relação ao sujeito ativo e próprio com relação ao sujeito passivo; doloso; comissivo, na modalidade *introduzir* (podendo ser praticado mediante omissão imprópria, na hipótese de o agente gozar do *status* de garantidor); omissivo próprio, na modalidade *deixar*; de forma livre; de dano; material; instantâneo (como regra, podendo, no entanto, ser entendido como permanente quando o agente pratica a conduta de *deixar*); monossubjetivo; plurissubsistente (embora não admitindo a tentativa); condicionado (pois que para a sua caracterização exige-se, efetivamente, a ocorrência de prejuízo para a vítima); não transeunte.

Objeto material e bem juridicamente protegido

O crime tipificado no art. 164 tem como bens juridicamente protegidos a *posse e a propriedade*.

Embora a lei não mencione a espécie de propriedade – se móvel ou imóvel –, devemos entender que ambas mereceram a sua proteção, sendo estes os objetos materiais do delito.

Sujeito ativo e sujeito passivo

Qualquer pessoa poderá ser sujeito ativo desse crime, à exceção do proprietário do imóvel. *Sujeito passivo* poderá ser tanto o proprietário do imóvel quanto o seu possuidor, que sofre o prejuízo produzido pela introdução de animais em seu imóvel.

Consumação e tentativa

No caso em exame, ou existe o prejuízo, e o crime se consuma, ou, embora tenha havido a introdução ou mesmo o abandono de animais em propriedade alheia, o fato será atípico, não se admitindo, pois, o reconhecimento da tentativa.

Em sentido contrário à posição doutrinária amplamente majoritária, Cezar Roberto Bitencourt assevera: "A *exigência do prejuízo* para consumar-se a infração não inviabiliza o reconhecimento da *tentativa*; pelo contrário, facilita sua identificação, pelo menos na modalidade de *introduzir* animais em propriedade alheia. Assim, por exemplo, se o agente é surpreendido, e interrompido, por alguém no momento em que está efetuando a introdução de animais em propriedade alheia, não se pode negar que já iniciou o *iter criminis*, cuja intervenção, circunstância alheia à vontade do agente, impede a consumação. Na verdade, o que caracteriza a figura da tentativa não é a existência ou inexistência de condição objetiva de punibilidade, mas a *interrupção do processo executório por circunstâncias alheias à vontade do agente*".[101]

⚖ Comprovada a invasão da lavoura pelo gado do querelado, que não o retirou quando avisado, tendo os animais causado dano de monta na plantação do querelante, caracterizado o tipo previsto no art. 164

do Código Penal (TJRS, RCr 71002326080, Rio Pardo, Turma Recursal Criminal, Rel.ª Des.ª Laís Ethel Corrêa Pias, j. 14/12/2009, *DJERS* 18/12/2009, p. 103).

Elemento subjetivo

O crime de introdução ou abandono de animais em propriedade alheia somente pode ser praticado dolosamente, não havendo previsão para a modalidade de natureza culposa.

Entretanto, o dolo deverá limitar-se ao fato de *introduzir* ou de *deixar* animais em propriedade alheia, não se podendo visualizar a finalidade do agente no sentido de causar, efetivamente, *prejuízo* para a vítima.

Caso a conduta do agente, ao introduzir ou deixar os animais em propriedade alheia, seja dirigida a causar dano, o crime será aquele tipificado no art. 163 do Código Penal, sendo os animais, portanto, um instrumento utilizado pelo agente na prática do delito. Se for sua finalidade que os animais se alimentem de pasto alheio, o crime poderá ser o previsto no art. 155 do Código Penal.

Dessa forma, o prejuízo não pode ter sido querido pelo agente, não fazendo, outrossim, parte do seu dolo. Se os animais, em virtude, por exemplo, de conduta negligente do agente, ingressarem em propriedade alheia causando prejuízos, o fato não poderá ser resolvido na esfera penal, pois que atípico em virtude da ausência do elemento subjetivo exigido pelo tipo, vale dizer, o dolo, restando, pois, a responsabilidade do agente na esfera civil, em face da inexistência de previsão da modalidade culposa.

⚖ Não há crime de dano e de introdução ou abandono de animais em propriedade alheia sem a intenção dolosa de prejudicar (TJSP, AC 28220, Rel. Olavo Guimarães, *RT* 185, p. 669).

Modalidades comissiva e omissiva

O crime é comissivo na modalidade *introduzir*, bem como omissivo próprio no que diz respeito à conduta de *deixar* animais em propriedade alheia, sem o consentimento de quem de direito, causando-lhe prejuízo.

Será possível, ainda, o raciocínio correspondente à omissão imprópria, desde que o agente goze do *status* de garantidor, quando, dolosamente, devendo e podendo impedir, por exemplo, a introdução de animais em propriedade alheia, nada fizer para evitar esse comportamento que, a final, resultará em prejuízo para a vítima.

O que o agente não pode querer mediante sua inação é a produção de efetivo prejuízo para a vítima, pois, caso contrário, seria considerado autor do crime de dano, via omissão imprópria.

⚖ Se por omissão os animais invadem propriedade alheia e destroem a plantação, caracterizado resta o

[101] BITENCOURT, Cezar Roberto. *Tratado de direito penal*, v. 3., p. 216-217.

delito do art. 164 do CP (TJMG, AC 8041, Rel. Sebastião Maciel, *RT* 567, p. 379).

Pena, ação penal, competência para julgamento e suspensão condicional do processo

A pena cominada para o delito de introdução ou abandono de animais em propriedade alheia é de detenção, de 15 (quinze) dias a 6 (seis) meses, ou multa, sendo de competência do Juizado Especial Criminal o seu julgamento.

Em razão da pena mínima cominada, admite-se, nos termos do art. 89 da Lei nº 9.099/1995, proposta de suspensão condicional do processo.

A ação penal é de iniciativa privada, conforme determinação contida no art. 167 do Código Penal.

O delito de introdução ou abandono de animais em propriedade alheia, com pena máxima cominada de seis meses de detenção ou multa, é considerado, entre outros, como infração de menor potencial ofensivo. Portanto, a competência recursal para o conhecimento do presente recurso é da turma recursal (TARGS, AC 297025363, Rel. Marco Antônio Ribeiro de Oliveira, j. 24/09/1997).

Introdução de somente um animal

Embora a lei faça menção a *animais* no plural, poderá o delito ser cometido com o ingresso de somente um, sem o consentimento de quem de direito, causando prejuízo.

Natureza jurídica do *prejuízo* – elementar típica ou condição objetiva de punibilidade

Embora exista controvérsia doutrinária, entendemos que *prejuízo* é um elemento que integra a definição típica, e a sua ausência conduzirá, fatalmente, à *atipicidade do fato*, não dizendo respeito, pois, a qualquer condição objetiva de punibilidade.

Dano em coisa de valor artístico, arqueológico ou histórico

Art. 165. Destruir, inutilizar ou deteriorar coisa tombada pela autoridade competente em virtude de valor artístico, arqueológico ou histórico:
Pena – detenção, de seis meses a dois anos, e multa.

Introdução

O art. 165 do Código Penal cominava uma pena de detenção de 6 (seis) meses a 2 (dois) anos, e multa, para aquele que destruísse, inutilizasse ou deteriorasse coisa tombada pela autoridade competente em virtude de valor artístico, arqueológico ou histórico.

No entanto, em 12 de fevereiro de 1998, foi editada a Lei nº 9.605, dispondo sobre as sanções penais e administrativas derivadas de condutas e atividades lesivas ao meio ambiente.

O novo diploma legal, por intermédio de seu art. 62, I, revogou tacitamente o art. 165 do Código Penal, nos termos do § 1º do art. 2º da Lei de Introdução às Normas do Direito Brasileiro (Decreto-Lei nº 4657, de 4 de setembro de 1942), haja vista ter regulado inteiramente a matéria originariamente cuidada pelo Código Penal.

Faz-se mister ressaltar que, depois da entrada em vigor da Lei Complementar nº 95, de 26 de fevereiro de 1998, todas as revogações passaram a ser expressas, evitando-se interpretações contraditórias, a fim de trazer a necessária segurança jurídica. Nesse sentido, o seu art. 9º, com a nova redação que lhe foi dada pela Lei Complementar nº 107, de 26 de abril de 2001, determina:

Art. 9º A cláusula de revogação deverá enumerar, expressamente, as leis ou disposições legais revogadas.

Embora levada a efeito tacitamente, a doutrina entende, de forma pacífica, pela revogação do art. 165 do Código Penal, que ocorreu por intermédio do art. 62, I, da Lei nº 9.605/98, que diz:

Art. 62. Destruir, inutilizar ou deteriorar:
I – bem especialmente protegido por lei, ato administrativo ou decisão judicial;
II – [...].
Pena – reclusão, de 1 (um) a 3 (três) anos, e multa.
Parágrafo único. Se o crime for culposo, a pena é de 6 (seis) meses a 1 (um) ano de detenção, sem prejuízo da multa

Dessa forma, não teria sentido comentarmos o revogado art. 165 do Código Penal, diante de sua pouca aplicação, a não ser nos casos ocorridos durante sua vigência, por se tratar de *lex mitior*, devendo, portanto, ser ultrativa, haja vista que a lei posterior recrudesceu as penas cominadas àqueles que praticarem dano aos bens que foram protegidos por lei, ato administrativo ou decisão judicial, dada a sua importância artística, arqueológica, histórica etc.

Entretanto, faremos, mesmo que sucintamente, a análise dos elementos que integram a nova infração penal, tipificada no inc. I do art. 62 da Lei nº 9.605/1998, a saber: *a)* conduta dirigida finalisticamente a destruir, inutilizar ou deteriorar bem; *b)* que o bem, objeto da ação praticada pelo agente, tenha sido protegido por lei, ato administrativo ou decisão judicial.

O núcleo *destruir*, como tivemos oportunidade de esclarecer quando do estudo do crime de dano, tipificado no art. 163 do Código Penal, tem o sentido de eliminar, aniquilar, extinguir; *inutilizar* significa tornar inútil, imprestável a coisa para os fins originais a que era destinada, mesmo que não destruída; *deteriorar* é estragar, arruinar a coisa.

Nos termos preconizados pelo inc. I do art. 62 da Lei nº 9.605/1998, o agente pratica a conduta de destruir, inutilizar ou deteriorar contra *bem* de qualquer natureza, vale dizer, *móvel* ou *imóvel*.

Entretanto, somente poderá ser considerado como objeto da ação do agente aquele bem que, dada sua importância (histórica, cultural, artística, arqueológica etc.), foi especialmente protegido por lei, ato administrativo ou decisão judicial.

⚖ A legislação brasileira qualifica com a nota de tipicidade penal a conduta daquele que transgride a inviolabilidade do patrimônio artístico, arqueológico ou histórico nacional (CP, arts. 165 e 166). Esses preceitos do Código Penal brasileiro objetivam tornar mais efetiva a proteção estatal destinada a resguardar a integridade do acervo cultural do País (STF, HC 73.499-9, Rel. Celso de Mello, *DJ* 07/02/1997, p. 1.338).

Nesse sentido:

⚖ TRF 3ª Reg., *RT* 785, p. 727.

Classificação doutrinária

Crime comum com relação ao sujeito ativo e próprio com relação ao sujeito passivo, haja vista que somente o proprietário e o possuidor (podendo-se, aqui, também incluir as pessoas jurídicas de direito público) de bens que foram especialmente protegidos por lei, ato administrativo ou decisão judicial é que poderão figurar nessa condição; doloso ou culposo; de dano; material; instantâneo (dependendo do resultado, poderá ser considerado como instantâneo de efeitos permanentes); de forma livre; comissivo (podendo ser praticado omissivamente, desde que o agente goze do *status* de garantidor); de ação múltipla ou conteúdo variado; monossubjetivo; plurissubsistente; não transeunte.

Objeto material e bem juridicamente protegido

O art. 62 está inserido na Seção IV do Capítulo V da Lei nº 9.605/1998, cuja finalidade é proteger o *ordenamento urbano* e o *patrimônio cultural,* de acordo com uma visão ampla de *meio ambiente,* sendo estes, portanto, os bens que se buscam tutelar.

A Constituição Federal, por intermédio de seu art. 216, esclareceu os contornos da expressão *patrimônio cultural.*

Para efeitos de reconhecimento do delito, somente poderá ser objeto do dano os bens *materiais,* sejam eles *móveis* ou *imóveis.*

Sujeito ativo e sujeito passivo

Qualquer pessoa poderá ser *sujeito ativo* do crime de dano, tratando-se, pois, nesse caso, de *crime comum.* Para aqueles que conseguem visualizar a possibilidade de sua incriminação sem que se tenha, ainda, uma necessária e peculiar estrutura jurídica do crime, o delito tipificado no inc. I do art. 62 da Lei nº 9.605/1998 poderá ser praticado, até mesmo, por pessoas jurídicas, com fundamento nos arts. 225, § 3º, da Constituição Federal, e 3º da Lei nº 9.605/1998.

Não se afasta a possibilidade, ainda, de o proprietário do bem ser sujeito ativo dessa infração penal, haja vista que a lei de crimes ambientais não exige, como

no delito de dano, tipificado no art. 163 do Código Penal, que a coisa seja *alheia.*

Podem ser compreendidos como *sujeitos passivos* da infração penal em estudo a pessoa jurídica de Direito Público (União, Estado ou Município), bem como o proprietário ou, mesmo, o possuidor do bem merecedor de proteção legal, administrativa ou judicial.

Consumação e tentativa

Consuma-se o delito no instante em que o agente destrói, inutiliza ou deteriora o bem especialmente protegido por lei, ato administrativo ou decisão judicial.

Por se tratar de crime plurissubsistente, será possível o raciocínio correspondente à tentativa.

Elemento subjetivo

O crime tipificado no art. 62 da Lei nº 9.605/1998 pode ser praticado dolosa ou culposamente, tendo em vista a previsão contida no seu parágrafo único que diz que *se o crime for culposo, a pena é de 6 (seis) meses a 1 (um) ano de detenção, sem prejuízo da multa.*

Modalidades comissiva e omissiva

As condutas núcleo do tipo, vale dizer, os verbos *destruir, inutilizar* e *deteriorar,* pressupõem um comportamento comissivo por parte do agente.

No entanto, será possível o raciocínio correspondente à omissão imprópria caso o agente, gozando do *status* de garantidor, devendo e podendo agir para evitar o resultado, nada faça para impedi-lo.

Pena, ação penal, competência para julgamento, transação penal e suspensão condicional do processo

Para a modalidade dolosa, prevê o preceito secundário do art. 62 da Lei nº 9.605/1998 uma pena de reclusão, de 1 (um) a 3 (três) anos, e multa, sendo que o parágrafo único do mesmo artigo comina uma pena de detenção, de 6 (seis) meses a 1 (um) ano, sem prejuízo da multa, se o delito for culposo.

Será possível a realização de proposta de suspensão condicional do processo nas hipóteses dolosa e culposa, haja vista que as penas mínimas cominadas não são superiores a 1 (um) ano, conforme determina o art. 89 da Lei nº 9.099/1995.

Tratando-se de dano culposo, a competência, pelo menos inicialmente, será do Juizado Especial Criminal, considerando-se a pena máxima cominada pelo parágrafo único do art. 62 da Lei de Crimes Ambientais.

Determina o art. 27 da referida lei ambiental:

Art. 27. Nos crimes ambientais de menor potencial ofensivo, a proposta de aplicação imediata de pena restritiva de direitos ou multa, prevista no art. 76 da Lei nº 9.099, de 26 de setembro de 1995, somente poderá ser formulada desde que tenha havido a prévia compo-

sição do dano ambiental, de que trata o art. 74 da mesma lei, salvo em caso de comprovada impossibilidade. A ação penal é de iniciativa pública incondicionada, nos termos do art. 26 da Lei nº 9.605/1998.

⚖ A cabal reparação do dano pela Pessoa Jurídica, que, inclusive, alienou o bem à Municipalidade após satisfazer as exigências estabelecidas por este ente público, exclui a justa causa para o prosseguimento da Ação Penal, que deve ser extinta sem o julgamento do mérito (TJMG, AC 1.0024.01.547365-5/001, Rel. Antônio Carlos Cruvinel, *DJ* 12/03/2008).

Nesse sentido:

⚖ TJMG, RESE 1.0461.05.029229-5/001, Rel. Antônio Armando dos Anjos, *DJ* 02/03/2007.

Conhecimento de que o bem foi protegido legal, administrativa ou judicialmente

Para que o agente possa ser responsabilizado por essa modalidade especial de dano, é fundamental que tenha efetivo conhecimento de que o bem que ele destruiu, inutilizou ou deteriorou havia sido objeto de proteção legal, administrativa ou judicial.

Caso contrário, a ausência desse conhecimento faz com que o agente responda pelo dano comum, previsto no art. 163 do Código Penal, em virtude da ocorrência do chamado *erro de tipo*.

⚖ Incabível o reconhecimento de dolo eventual quando o agente desconhecia o bem jurídico protegido, condição que afasta a realização do tipo penal denunciado. O delito de dano exige a consciência e a vontade de destruir, restando impunível a conduta culposa. A prova judicializada não contém elementos para demonstrar que o acusado conhecia a existência de sítio arqueológico no local das obras sob sua responsabilidade. A inexistência de marcos visuais conforta as alegações do réu. Solução absolutória que se impõe (TRF 4ª Reg., AC 950417622-4/RS, Rel.ª Tânia Escobar).

Competência da Justiça Federal

⚖ O foro competente para o processamento e julgamento de ilícito penal contra o patrimônio histórico-cultural nacional é o da Justiça Federal (TJMG, REsE 1.0461. 015891-1/001, 2ª Câm. Crim., Rel. Hyparco Immesi, pub. 13/11/2007).

Alteração de local especialmente protegido

Art. 166. Alterar, sem licença da autoridade competente, o aspecto de local especialmente protegido por lei:

Pena – detenção, de 1 (um) mês a 1 (um) ano, ou multa.

Introdução

O art. 166 do Código Penal cominava uma pena de detenção, de 1 (um) mês a 1 (um) ano, ou multa, àquele que alterasse, sem licença da autoridade competente, o aspecto de local especialmente protegido por lei.

Tal dispositivo, contudo, da mesma forma que o artigo anterior, foi revogado tacitamente pelo art. 63 da Lei nº 9.605, de 12 de fevereiro de 1998, que diz, *verbis*:

Art. 63. *Alterar o aspecto ou estrutura de edificação ou local especialmente protegido por lei, ato administrativo ou decisão judicial, em razão de seu valor paisagístico, ecológico, turístico, artístico, histórico, cultural, religioso, arqueológico, etnográfico ou monumental, sem autorização da autoridade competente ou em desacordo com a concedida:*

Pena – reclusão, de 1 (um) a 3 (três) anos, e multa.

Assim, tal como fizemos quando do estudo do artigo anterior, faremos a análise, mesmo que sucintamente, dos elementos que integram a nova figura típica prevista pelo art. 63 da Lei de Crimes Ambientais.

Luiz Regis Prado, em trabalho específico sobre o tema, resumiu, com perfeição, todas as características da nova infração penal, dizendo: "Pune-se a conduta representada pelo verbo *alterar* (modificar, transformar, desfigurar, mudar) aspecto ou estrutura de edificação ou de local especialmente protegido, como tal declarado por lei, ato administrativo ou decisão. *Aspecto* é a aparência, são as características externas peculiares do local. Por *estrutura* entendem-se a disposição e a ordem das partes componentes de um conjunto – representado por uma edificação ou um local. *Edificação* é um edifício, prédio, obra, construção; enquanto *local* é o lugar, o sítio, abrangendo esse dispositivo não apenas a paisagem natural, mas também os monumentos construídos pelo homem (museus, teatros, igrejas etc.). A expressão 'sem autorização da autoridade competente ou em desacordo com a concedida' constitui elemento normativo do tipo, referente à ausência de uma causa de justificação; presente a autorização, a conduta será lícita. Faz-se necessário, porém, que o aspecto ou a estrutura da edificação ou local seja especialmente protegido por lei, ato administrativo ou decisão judicial – frequentemente através de tombamento – em razão de seu valor paisagístico, ecológico, turístico, artístico, histórico, cultural, religioso, arqueológico, etnográfico ou monumental".[102]

⚖ O réu, voluntária e conscientemente, alterou a estrutura e o aspecto de local especialmente protegido pelo Patrimônio Histórico e Cultural, realizando obras em imóvel de sua propriedade, em desacordo com a autorização do Poder Público. Impossibilidade de aplicação do princípio da insignificância nos casos que versem sobre a prática, em tese, de crime ambiental, dada a indisponibilidade do bem jurídico tutela-

---

[102] PRADO, Luiz Regis. *Crimes contra o ambiente*, p. 216.

do (TRF 1ª Reg., ACR 2006.36.00.003476-1/MT, Rel. Des. Fed. Hilton Queiroz, *DJe* 18/09/2013).

Nesse sentido:

⚖ TJSP, AC, Rel. Fernando Prado, *RT* 542, p. 305.

Classificação doutrinária

Crime comum com relação ao sujeito ativo e próprio com relação ao sujeito passivo, haja vista que somente o proprietário e o possuidor (podendo-se, aqui, também incluir as pessoas jurídicas de direito público) de bens que foram especialmente protegidos por lei, ato administrativo ou decisão judicial, em razão do seu valor paisagístico, ecológico, turístico, artístico, histórico, cultural, religioso, arqueológico, etnográfico ou monumental, é que poderão figurar nessa condição; doloso; de dano; material; instantâneo (dependendo do resultado, poderá ser considerado como instantâneo de efeitos permanentes); de forma livre; comissivo (podendo ser praticado omissivamente, desde que o agente goze do *status* de garantidor); monossubjetivo; plurissubsistente; não transeunte.

Objeto material e bem juridicamente protegido

O art. 63 está inserido na Seção IV do Capítulo V da Lei nº 9.605/1998, cuja finalidade é proteger o *ordenamento urbano* e o *patrimônio cultural*, de acordo com uma visão ampla de *meio ambiente*, sendo esses, portanto, os bens que se busca tutelar, da mesma forma que no art. 62 da Lei Ambiental.

Aqui, no entanto, procura-se ainda resguardar o *aspecto* e a *estrutura* de edificação ou local especialmente protegido por lei, ato administrativo ou decisão judicial, sendo estes – *edificação* e *local* – os objetos materiais da ação do agente.

Sujeito ativo e sujeito passivo

Qualquer pessoa poderá ser o *sujeito ativo* do delito, tratando-se, pois, nesse caso, de *crime comum*, podendo ser praticado até mesmo por pessoas jurídicas, para aqueles que conseguem visualizar a possibilidade de sua incriminação, conforme esclarecemos quando do estudo do art. 62, I, da Lei nº 9.605/1998. Não se afasta a possibilidade, ainda, do proprietário da edificação ou local especialmente protegido por lei, ato administrativo ou decisão judicial ser sujeito ativo dessa infração penal, haja vista que a lei de crimes ambientais não exige, como no delito de dano, tipificado no art. 163 do Código Penal, que a coisa seja *alheia*.

Podem ser compreendidos como *sujeitos passivos* da infração penal em estudo a pessoa jurídica de direito público, bem como o proprietário ou, mesmo, o possuidor do bem merecedor de proteção legal, administrativa ou judicial.

Consumação e tentativa

Crime material, consuma-se o delito no instante em que o agente altera o aspecto ou a estrutura de edi-

ficação ou local especialmente protegido por lei, ato administrativo ou decisão judicial, sem a necessária autorização da autoridade competente ou em desacordo com a concedida.

Por se tratar de crime plurissubsistente, será possível o raciocínio correspondente à tentativa.

Elemento subjetivo

O delito tipificado no art. 63 da Lei nº 9.605/1998 somente pode ser praticado dolosamente, não havendo previsão para a modalidade culposa.

⚖ Sem a vontade livre e consciente de alterar o patrimônio histórico, protegido por lei, não há o crime previsto no art. 166 do Código Penal (TRF 1ª Reg., AC 95.01. 17666-5/BA, Rel. Juiz Tourinho Neto, 3ª T., *DJ* 16/10/1995, p. 70.167).

Nesse sentido:

⚖ TRF 1ª Reg., *RT* 793, p. 698.

Modalidades comissiva e omissiva

A conduta núcleo do tipo, vale dizer, o verbo *alterar*, pressupõe um comportamento comissivo por parte do agente.

No entanto, será possível o raciocínio correspondente à omissão imprópria, caso o agente, gozando do *status* de garantidor, devendo e podendo agir para evitar o resultado, dolosamente, nada fizer para impedi-lo.

Pena, ação penal e suspensão condicional do processo

O preceito secundário do art. 63 da Lei de Crimes Ambientais comina uma pena de reclusão, de 1 (um) a 3 (três) anos, e multa.

Será possível a realização de proposta de suspensão condicional do processo, haja vista que a pena mínima cominada não é superior a 1 (um) ano, conforme determina o art. 89 da Lei nº 9.099/1995.

A ação penal é de iniciativa pública incondicionada, nos termos do art. 26 do mencionado diploma legal.

Ação penal

Art. 167. Nos casos do art. 163, do inciso IV do seu parágrafo e do art. 164, somente se procede mediante queixa.

Ação penal

⚖ O crime de dano por motivo egoístico ou com prejuízo considerável para a vítima somente se procede mediante queixa, decaindo o direito de ação no prazo de seis meses (TJMG, RESE 106613-3, Rel. Lucena Pereira, *RJTAMG* 46, p. 437).

Nesse sentido:

⚖ STJ, RHC 3486/PB, Rel. Min. Anselmo Santiago, 6ª T., *RT* 729, p. 492; STJ, HC 39377/PB, Rel. Min. Felix Fischer, 5ª T., *DJ* 20/03/2006, p. 312.

Capítulo V – Da Apropriação Indébita

Apropriação indébita

Art. 168. Apropriar-se de coisa alheia móvel, de que tem a posse ou a detenção:

Pena – reclusão, de um a quatro anos, e multa.

Aumento de pena

§ 1º A pena é aumentada de um terço, quando o agente recebeu a coisa:

I – em depósito necessário;

II – na qualidade de tutor, curador, síndico, liquidatário, inventariante, testamenteiro ou depositário judicial;

III – em razão de ofício, emprego ou profissão.

Introdução

Sob o *nomen iuris* de apropriação indébita, o Código Penal comina uma pena de reclusão de 1 (um) a 4 (quatro) anos, e multa, para aquele que se apropria de coisa alheia móvel, da qual tem a posse ou a detenção. Analisando a figura típica da apropriação indébita, podemos destacar os seguintes elementos: *a)* a conduta de se apropriar de coisa alheia móvel; *b)* a existência de posse ou mesmo de detenção sobre a coisa por parte do agente; *c)* o surgimento do dolo, ou seja, do *animus rem sibi habendi*, após a posse ou a detenção da coisa.

O núcleo *apropriar* deve ser entendido no sentido de *tomar como propriedade, tomar para si, apoderar-se* indevidamente de uma coisa alheia móvel, de que tinha a posse ou a detenção.

⚖ Quem se apropria de coisa alheia móvel, de que tem a posse, mesmo que temporariamente, incide no tipo penal tipificado pelo artigo 168 do Código Penal (TJDF, Rec. 2008.01.1.082051-8, Ac. 436.623, 1ª T. Crim., Rel. Des. Mario Machado, *DJDFTE* 17/08/2010, p. 301).

Será de extrema importância, para efeito de reconhecimento do crime de apropriação indébita, que se chegue à conclusão de que o agente exercia a posse ou, pelo menos, que detinha a coisa alheia móvel, mesmo que em nome de outrem, sendo a característica fundamental dessas duas situações o tipo de liberdade que o agente exercia sobre a coisa, vale dizer, uma *liberdade desvigiada.*

⚖ O tipo objetivo do crime de apropriação indébita exige que a detenção da coisa seja desvigiada (TJPR, AC 0443279-7, 4ª Câm. Crim., Rel. Luiz Cezar Nicolau, *DJ* 7.530).

Por *coisa alheia móvel* podemos compreender qualquer bem, passível de remoção, pertencente a outrem que não o próprio agente.

⚖ Este Tribunal Superior já reconheceu a possibilidade de ocorrência do delito de apropriação indébita quando se trata de bem fungível. É também entendimento deste Sodalício que o ressarcimento do prejuízo decorrente do desvio do bem depositado – inocorrente no caso – não descaracteriza o delito (STJ, AgRg no AREsp 528.420/MS, Rel. Min. Jorge Mussi, 5ª T., *DJe* 02/03/2018).

Bento de Faria alerta para o fato de que "a *preexistência da posse* do sujeito ativo é uma condição que constitui o *pressuposto de fato* do delito de apropriação indébita.

A coisa deve se achar com o agente, legalmente, *antes da apropriação*, isto é, sem subtração, fraude ou violência, pois se houvesse de recorrer a esses meios para obtê-la, ou a sua disponibilidade, praticaria delito diverso".[103]

A apropriação de coisa alheia móvel deverá ser, portanto, *indébita*, ou seja, *indevida*, conforme alerta a indicação marginal ao art. 168 do Código Penal, não sendo, pois, de alguma forma, amparada pelo ordenamento jurídico.

Faz-se necessário esclarecer que o delito somente se configurará se o dolo de se apropriar surgir *depois* de ter o agente a posse ou a detenção sobre a coisa alheia móvel. Caso contrário, poderá se configurar como outra infração penal.

⚖ É assente na jurisprudência desta Corte o entendimento segundo o qual a restituição do bem ou o ressarcimento do dano não são hábeis a excluir a tipicidade do crime ou afastar a punibilidade do agente. Precedentes (STJ, AgRg no AREsp 828.271/SC, Rel. Min. Sebastião Reis Junior, 6ª T., *DJe* 03/05/2016).

Nesse sentido:

⚖ TJPR, AC 0251621-2, 5ª Câm. Crim., Rel.ª Juíza convocada Rosana Andriguetto de Carvalho, j. 21/09/2006; TJSC, AC 2005.031413-1, Rel. Solon d'Eça Neves, j. 31/01/2006; STJ, REsp 531485/RS, Rel. Min. Hamilton Carvalhido, 6ª T., *DJ* 1º/08/2006, p. 560.

Classificação doutrinária

Crime próprio, tanto com relação ao sujeito ativo quanto ao sujeito passivo, haja vista que somente aqueles que tiverem a posse ou a detenção legítima sobre a coisa é que poderão praticar a infração penal e, consequentemente, somente aqueles que dispuserem da posse e propriedade da coisa móvel é que poderão sofrer as consequências do comportamen-

[103] FARIA, Bento de. *Código penal brasileiro*, v. V, p. 92.

to levado a efeito pelo agente;[104] doloso; comissivo e omissivo (podendo, inclusive, ser praticado via omissão imprópria, caso o agente goze do *status* de garantidor); material; de forma livre; instantâneo (podendo ser, em algumas situações, instantâneo de efeitos permanentes, se ocorrer, por exemplo, a destruição da coisa); monossubjetivo; unissubsistente e plurissubsistente (dependendo da forma como o delito é praticado); transeunte ou não transeunte (variando de acordo com a possibilidade, no caso concreto de ser realizada perícia).

⚖ O crime de apropriação indébita é próprio, por exigir do agente uma qualidade especial, a saber, a de possuidor ou detentor, a qual, ainda, deve ter origem lícita (STJ, REsp 1218043/GO, Rel. Min. Sebastião Reis Junior, 6ª T., *DJe* 16/05/2013).

Objeto material e bem juridicamente protegido

O direito de propriedade é o bem juridicamente protegido pelo tipo penal do art. 168 do Código Penal. *Objeto material* da apropriação indébita é a coisa alheia móvel que se encontra na posse ou sob a detenção do agente.

⚖ O fato de a coisa indevidamente apropriada ser bem fungível não impede a caracterização do crime de apropriação indébita (Precedentes desta Corte e do Pretório Excelso) (STJ, REsp 880870/PR, Rel. Min. Felix Fischer, 5ª T., *DJ* 23/04/2007, p. 307).

Sujeito ativo e sujeito passivo

Somente aquele que tiver a posse ou a detenção sobre a coisa móvel é que poderá ser considerado sujeito ativo da apropriação indébita. *Sujeito passivo,* como regra, será o proprietário da coisa móvel. Contudo, conforme as lições de Hungria, se a coisa "foi entregue por titular da posse direta decorrente de direito real (usufruto, penhor), *também* ele será sujeito passivo (pois o direito real gravita na órbita da propriedade)".[105]

Consumação e tentativa

Conforme preleciona Álvaro Mayrink da Costa, podemos visualizar a consumação da apropriação indébita quando o agente, exteriorizando o seu *animus rem sibi habendi*, atua: "*a) por consumo* – no qual há alteração ou transformação da coisa, o que impossibilita a sua restituição; *b) por retenção* – recusa na devolução ou em dar a coisa; *c) por alheação* – passar a coisa a terceiro por venda, doação ou permuta, destinação que fora especificada no recebimento; *d) por ocultação* – que é uma forma de consumo; *e) por desvio* – aplicar um fim distinto trazendo prejuízo

patrimonial (*v.g.*: Caio coloca à venda o relógio recebido em custódia; Tício retém dinheiro referente a comissões recebidas na mediação na venda de bens). Consoante tal visão, pode-se sintetizar que, na tipificação, o ilícito comportamental se caracteriza diante da recusa da devolução da coisa, pois o autor possui um dever jurídico de restituir".[106]

⚖ A jurisprudência desta Corte tem se orientado no sentido de que "O crime de apropriação indébita se consuma no momento em que o agente, livre e conscientemente, inverte o domínio da coisa que se encontra na sua posse, passando a dela dispor como se fosse o proprietário" e de que "a menos que reste evidente a total falta de intenção de inversão do domínio de coisa alheia móvel de que tem posse, a restituição do bem ou o ressarcimento do dano não são hábeis a excluir a tipicidade ou afastar a punibilidade do agente" (STJ, HC 200.939/RS, Rel. Min. Jorge Mussi, 5ª T., julgado em 25/09/2012, *DJe* 09/10/2012) (STJ, AgRg no HC 562.966/SP, Rel. Min. Reynaldo Soares da Fonseca 5ª T., julgado em 02/06/2020, *DJe* 15/06/2020).

Nesse sentido:

⚖ STJ, AgInt no HC 353.803/SC, Rel.ª Min.ª Maria Thereza de Assis Moura, 6ª T., *DJe* 12/05/2016; STJ, RHC 1216/SP, Rel. Min. Assis Toledo, 5ª T., *RT* 675, p. 415.

Embora exista controvérsia doutrinária, tratando-se, como regra, de um crime plurissubsistente, será perfeitamente admissível o raciocínio correspondente à tentativa.

⚖ Pratica a tentativa de apropriação indébita réu que, na qualidade de *office boy* do Escritório de Advocacia, depositou na sua conta bancária, em proveito próprio, cheque de terceiro destinado a custear o registro de escritura pública, mas que não foi compensado em face da sustação efetuada pelo emitente (TJMG, ACR 1.0024.02. 724786-5/001, 1ª Câm. Crim., Rel. Eduardo Brum, pub. 11/10/2007).

Elemento subjetivo

O delito de apropriação indébita somente pode ser praticado dolosamente, não existindo previsão para a modalidade de natureza culposa.

O agente, portanto, para que possa praticar a infração penal em estudo, deve agir com o chamado *animus rem sibi habendi*, ou seja, a vontade de ter a coisa para si, como se fosse dono. Para que se possa configurar o dolo correspondente ao crime de apropriação indébita, ele deverá surgir, obrigatoriamente, após o agente ter a posse ou a detenção da coisa alheia móvel, pois, caso contrário, o fato poderá se consubstanciar em

---

[104] Cezar Roberto Bitencourt discorda da classificação de crime próprio dizendo: "Discordamos daqueles que classificam a apropriação indébita como crime próprio, pois não consideramos que o pressuposto da anterior posse legítima da coisa possa ser considerado condição especial, capaz de qualificar a infração como crime próprio (*Tratado de direito penal*, v. 3, p. 239).

[105] HUNGRIA, Nélson. *Comentários ao código penal*, v. VII, p. 139.COSTA, Álvaro Mayrink da. *Direito penal* – parte especial, p. 881.

[106] COSTA, Álvaro Mayrink da. *Direito penal* – parte especial, p. 881.

outra infração penal, a exemplo do crime de estelionato.

⚖ A ré, na qualidade de procuradora da vítima, devidamente constituída, após ter licitamente levantado, mediante alvará, quantia depositada pela ex-empregadora da ofendida em reclamatória trabalhista, deixou de repassar imediatamente a quantia que cabia à vítima, invertendo a qualidade da posse exercida sobre os valores, dela se apropriando indevidamente, o que fez com a intenção clara e direta de fazer uso de todo o valor levantado, tanto assim, que mesmo após ter sido procurada, pessoalmente, não lhe devolveu, de imediato, a importância que não lhe pertencia. Então indiscutível a presença do dolo no fato da denúncia (TJ-RS, AC 70067677898, Rel.ª Des.ª Bernadete Coutinho Friedrich, j. 06/10/2016).

Nesse sentido:

⚖ TJRS, Ap. Crim. 70047981600, Rel. Ícaro Carvalho de Bem Osório, j. 30/08/2012; STJ, RHC, Rel. Min. Cid Flaquer Scartezzini, 5ª T., *RT* 737, p. 563; TJMG, ACR 1.0024.04.324693-3/001, 1ª Câm. Crim., Rel. Fernando Starling, pub. 15/04/2008; STJ, RHC 22914/BA, Rel. Min. Jorge Mussi, 5ª T., *DJe* 24/11/2008, *RT* 882, p. 532.

Modalidades comissiva e omissiva

O núcleo *apropriar* pode ser praticado comissiva ou omissivamente pelo agente. Assim, comete o crime de apropriação indébita, praticando um comportamento comissivo, aquele que se desfaz da coisa alheia móvel, agindo como se fosse dono, vendendo-a a terceiro. Da mesma forma, comete o delito em estudo o agente que se recusa a devolver a coisa quando solicitada por seu legítimo dono, praticando, outrossim, uma conduta negativa.

Causas de aumento de pena

O art. 168 do Código Penal elenca, nos três incisos de seu § 1º, algumas majorantes que terão o condão de fazer com que a pena seja obrigatoriamente aumentada em um terço, em razão do maior juízo de censura, de reprovação que recai sobre aqueles que se encontram nas condições por ele catalogadas.

Interessante ressaltar que, embora o mencionado parágrafo seja apontado pela lei penal como o *primeiro*, na verdade ele é o *único* parágrafo constante do art. 168 do diploma repressivo, sendo essa mais uma de nossas "desorganizações legislativas".

Para melhor visualização, faremos a análise de cada um dos incisos, isoladamente.

Depósito necessário – Os incs. I e II do art. 647 do Código Civil traduzem as hipóteses do chamado *depósito necessário*, que poderá ser dividido em: *a) legal*, na primeira hipótese, *b) miser*ável, quando é levado a

efeito por ocasião de alguma das calamidades arroladas no inc. II.

Hungria esclarece que a majorante prevista no inc. I do § 1º do art. 168 do Código Penal somente se aplica às hipóteses do chamado *depósito miserável*, argumentando, com precisão: "*Depósito necessário*, de que cuida o inc. I é, exclusivamente, o chamado *miserável*, isto é, imposto pela necessidade de pôr a salvo a coisa, na iminência ou no curso de algum acontecimento calamitoso, ou, como diz o art. 1.282[107] do Cód. Civil, 'o que se efetua por ocasião de alguma calamidade, como o incêndio, a inundação, o naufrágio ou o saque'. Não está incluído o depósito *legal*, de que é subespécie o depósito *judicial* (que a lei civil também considera *necessário*). A infidelidade do depositário legal (*stricto sensu*), que é sempre um *funcion*ário público, recebendo a coisa 'em razão do cargo', constitui o crime de peculato (art. 312). Quanto ao depositário judicial, é ele contemplado no inc. II, de modo que sua infidelidade é apropriação indébita qualificada, e não peculato; mas isto, bem entendido, quando seja um *particular*".[108]

Na qualidade de tutor, curador, síndico, liquidatário, inventariante, testamenteiro ou depositário judicial – Tutor, é aquele a quem compete cuidar da pessoa do menor, em virtude do falecimento de seus pais, ou na hipótese de serem eles declarados ausentes, bem como quando tiverem decaído do poder familiar. Nos termos do art. 1.741 do Código Civil, *incumbe ao tutor, sob a inspeção do juiz, administrar os bens do tutelado, em proveito deste, cumprindo seus deveres com zelo e boa-fé.*

Curador é aquele que, em virtude de designação judicial, deverá cuidar dos que, de acordo com os incisos I a V do art. 1.767 do Código Civil, com a nova redação que lhes foi conferida pela Lei nº 13.146, de 6 de julho de 2015: I – aqueles que, por causa transitória ou permanente, não puderem exprimir sua vontade; II – (Revogado); III – os ébrios habituais e os viciados em tóxico; IV – (Revogado); V – os pródigos.

É fundamental assinalar que somente gozarão dos *status* de *tutores* e *curadores* aqueles que assim forem nomeados mediante sentença judicial.

Síndico é, atualmente, o chamado *administrador judicial*, de acordo com a Lei nº 11.101/2005, sendo nomeado pelo juiz e responsável pelo processo de falência ou de recuperação judicial, conforme prelecionam Maria Thereza Rocha de Assis Moura e Marta Saad.[109]

⚖ O Tribunal Estadual manteve a incidência da causa de aumento de pena prevista no art. 168, § 1º, do CP, considerando as responsabilidades conferidas ao agravante no exercício do cargo de Presidente do Sindicato dos Municipários de Teutônia/RS e a posse

---

[107] Correspondente ao atual art. 647 do Código Civil.

[108] HUNGRIA, Nélson. *Comentários ao código penal*, v. VII, p. 147-148.

[109] MOURA, Maria Thereza Rocha de Assis; SAAD, Marta. *Código penal e sua interpretação jurisprudencial*, p. 847.

facilitada dos valores indevidamente auferidos, aos quais tinha amplo acesso, exclusivamente, em razão do cargo ocupado, fato que se subsume à norma, independente da natureza eletiva e desprovida de remuneração do emprego exercido, por não constituírem elementos exigidos pelo tipo (STJ, AgRg no AREsp 1.037.270/RS, Rel. Min. Jorge Mussi, 5ª T., *DJe* 20/04/2018, *RSDPPP* vol. 110, p. 78).

Nesse sentido:

⚖ STJ, HC 385.475/SP, Rel.ª Min.ª Maria Thereza de Assis Moura, 6ª T., *DJe* 16/03/2017; STJ, REsp 1.552.919/SP, Rel. Min. Reynaldo Soares da Fonseca, 5ª T., *DJe* 1º/06/2016.

A figura do liquidatário foi abolida, razão pela qual não será considerada.

Inventariante é aquele a quem compete, desde a assinatura do compromisso até a homologação da partilha, a administração da herança, de acordo com as disposições contidas no art. 1.991 do Código Civil.

Testamenteiro, por seu turno, é aquele que tem a função de cumprir as disposições de última vontade do *de cujus*, formalizadas em seu testamento.

Depositário judicial é o encarregado, conforme o art. 159 do Código de Processo Civil (Lei nº 13.105, de 16 de março de 2015), de guardar e conservar os bens penhorados, arrestados, sequestrados ou arrecadados não dispondo a lei de outro modo. Luiz Regis Prado esclarece, ainda, que, "se é funcionário público, responde por peculato; sendo, porém, particular nomeado pelo juiz, incorre na majorante em estudo".[110]

⚖ Evidenciadas a materialidade e a autoria porque comprovado ter a síndica ré feito o pagamento de despesas pessoais e depósito em conta particular com verbas do condomínio, impõe-se a manutenção da sentença condenatória (TJPR, AC 0335790-4/Maringá, 4ª Câm. Crim. Rel. Des. Rogério Coelho, u.n., j. 03/08/2006).

Em razão de ofício, emprego ou profissão – Hungria resume as três situações dizendo: "Por *ofício* se entende qualquer ocupação habitual consistente em prestação de serviços manuais; por *emprego*, toda ocupação em serviço particular, mas existindo uma relação de *dependência* (preposição) ou certa *hierarquia* entre o locado e o locatário do serviço; por *profissão*, finalmente, toda e qualquer atividade habitual remunerada. A *profissão* é um *gênero*, de que são espécies o *ofício* e o *emprego*".[111]

⚖ A prática do delito no exercício de atividade profissional justifica a incidência da majorante do art. 168, § 1º, III, do CP, sendo que tal fundamento não se confunde com os gravames causados à vítima, os quais, no caso, desbordam daqueles de natureza exclusivamente patrimonial típicos dos crimes de apropriação indébita, o que justifica o incremento

da básica a título de consequências dos crime, não se cogitando de indevido *bis in idem* (STJ, AgRg no HC 539.226/RS, Rel. Min. Ribeiro Dantas, 5ª T., julgado em 05/03/2020, *DJe* 13/03/2020).

Nesse sentido:

⚖ STJ, HC 454.519/RJ, Rel. Min. Joel Ilan Paciornik, 5ª T., *DJe* 03/06/2019; TJDF, Rec. 2008.01.1.133848-7, Ac. 434.538, 1ª T. Crim., Rel. Des. Luciano Moreira Vasconcellos, *DJDFTE* 13/08/2010, p. 172; TRF 1ª Reg., ACR 1999.35.00.016099-6/GO, Rel. Des. Fed. Ítalo Fioraventi Sabo Mendes, 4ª T., *DJ* 28/11/2007, p. 45; TJSC, AC 99.012624-2, Rel. Nilton Macedo Machado, j. 31/08/1999.

Primariedade do agente e pequeno valor da coisa apropriada

O art. 170 do Código Penal determina seja aplicado ao delito de apropriação indébita o § 2º do art. 155 do mesmo diploma legal. Assim, se o criminoso for *primário* e for de *pequeno valor a coisa apropriada indebitamente*, o juiz poderá substituir a pena de reclusão pela de detenção, diminuí-la de um a dois terços ou aplicar somente a pena de multa.

⚖ O reconhecimento do privilégio legal relativo ao crime de apropriação indébita exige a conjugação de dois requisitos objetivos, consubstanciados na primariedade e no pequeno valor da coisa apropriada indevidamente, que, na linha do entendimento pacificado neste Superior Tribunal, deve ter como parâmetro o valor do salário mínimo vigente à época dos fatos. Precedente (STJ, HC 402.873/SC, Rel. Min. Sebastião Reis Junior, 6ª T., *DJe* 26/04/2019).

Nesse sentido:

⚖ STJ, AgRg no HC 372.534/SC, Rel. Min. Rogério Schietti Cruz, 6ª T., *DJe* 28/11/2017; STJ, HC 351.173/SC, Rel. Min. Ribeiro Dantas, 5ª T, *DJe* 20/09/2016; STJ, REsp 1.382.316/RJ, Rel. Min. Rogério Schietti Cruz, 6ª T., *DJe* 19/11/2015; TJPR, AC 0384010-2, Cornélio Procópio, 5ª Câm. Crim., Rel. Des. Jorge Wagih Massad, j. 05/07/2007.

Pena, ação penal e suspensão condicional do processo

O preceito secundário do art. 168 do Código Penal comina uma pena de reclusão, de 1 (um) a 4 (quatro) anos, e multa, que deverá ser aumentada em um terço caso ocorra qualquer uma das hipóteses previstas pelo seu § 1º.

A ação penal, como regra, será de iniciativa pública incondicionada. Entretanto, será de iniciativa pública condicionada à representação, nos termos do art. 182, se o crime for cometido em prejuízo: I – do cônjuge judicialmente separado; II – de irmão; III – de tio ou sobrinho, com quem o agente coabita.

Se a vítima contar com 60 anos de idade (ou mais), mesmo que se amolde a uma das situações anteriores, a ação será de iniciativa pública incondicionada, de

---

[110] PRADO, Luiz Regis. *Curso de direito penal brasileiro*, v. 2, p. 481-482.
[111] HUNGRIA, Nélson. *Comentários ao código penal*, v. VII, p. 149.

acordo com a determinação contida no inc. III do art. 183 do Código Penal.

Será possível a realização de proposta de suspensão condicional do processo desde que não sejam aplicadas quaisquer majorantes previstas no § 1º do art. 168 do estatuto repressivo, haja vista que a pena mínima, nessa hipótese, ultrapassaria o limite de um ano, conforme determinado pelo art. 89 da Lei nº 9.099/1995.

⚖ A Justiça Federal é competente para julgar ação penal que imputa ao agente, na condição de advogado com poderes especiais, a prática, em concurso formal, de patrocínio infiel e apropriação indébita de créditos decorrentes de ação previdenciária movida por seu cliente (art. 109, IV, da CRFB) (TRF 2ª Reg., ACr 6829, Proc. 2007.51.17.004811-5, 1ª T. Especializada, Rel.ª Des.ª Fed. Maria Helena Cisne, j. 09/06/2009, *DEJF2* 09/08/2010).

Nesse sentido:

⚖ STJ, HC 53273/DF, Rel. Min. Felix Fischer, 5ª T., *DJ* 14/08/2006, p. 307.

Liberdade desvigiada. Diferença entre a apropriação indébita e furto

Um dos pontos fundamentais ao reconhecimento do delito de apropriação indébita diz respeito à liberdade que o agente exerce sobre a coisa. Em muitas situações, pode o fato até assemelhar-se ao delito de apropriação indébita, mas se consubstanciará em outra infração penal caso o agente não exerça sobre a coisa uma *liberdade desvigiada*.

⚖ Para a configuração do delito de apropriação indébita, mister que o possuidor ou detentor da *res*, dela havendo livre disponibilidade, faça sua coisa alheia móvel. Caracteriza furto qualificado pelo abuso de confiança, nunca apropriação indébita, a conduta do agente que, não possuindo livre disponibilidade desvigiada da *res* pertencente ao empregador, dela se apossa com ânimo definitivo (TJMG, AC 1.0525.07.122299-2/001, Rel. Des. Fortuna Grion, *DJ* 08/07/2009).

Nesse sentido:

⚖ TJMG, Ap. 2.0000.00.489853-9/000, Rel. Tarcísio Martins Costa, *DJ* 04/02/2006; TJPR, AC 0405139-4, 3ª Câm. Crim., Rel. Rogério Kanayama, *DJ* 7.460.

Momento de surgimento do dolo – diferença entre apropriação indébita e estelionato

O que diferencia a apropriação indébita do estelionato é o momento em que surge o dolo. Se antes de ter a posse ou a detenção sobre a coisa, o delito será o de estelionato; se após a posse ou detenção da coisa, será o de apropriação indébita.

⚖ Na apropriação indébita o dolo é subsequente, enquanto no estelionato é *ab initio*. No primeiro, o agente recebe a posse ou a detenção de quem de direito, e, em momento posterior inverte esse título, passando a dispor da coisa como se dono fosse, enquanto no estelionato o agente a recebe de má-

-fé, mantendo em erro quem a entrega (TJMG, AC 1.0440.05.001424-8/001, Rel. Des. Paulo Cezar Dias, *DJ* 06/03/2009).

Nesse sentido:

⚖ TJMG, AC 1.0209.03. 023564-9/001, 2ª Câm. Crim., Rel. Beatriz Pinheiro Caires, pub. 29/01/2008; TJMG, AC 1.0079.04. 122485-2/001, 5ª Câm. Crim., Rel. Pedro Vergara, pub. 10/05/2008.

Apropriação indébita de uso

Da mesma forma como ocorre com a subtração de uso, pode o agente, por exemplo, não devolver, momentaneamente, a coisa que se encontrava em sua posse, a fim de usá-la por mais algum tempo.

Nesse caso, não restaria configurado o delito de apropriação indébita, em virtude da ausência do *animus rem sibi habendi*, vale dizer, o dolo de se apropriar da coisa, de tê-la para si como se fosse dono, invertendo o título da posse.

No entanto, devemos considerar, para efeito de reconhecimento da apropriação de uso, o princípio da razoabilidade, evitando-se, pois, que a apropriação da coisa alheia móvel se perpetue no tempo, sob o falso argumento do simples uso.

⚖ Se o empregado, fora do horário de serviço, contra a ordem expressa de seu patrão, aproveita-se de sua posição de guardião da coisa e se apropria dela, está-se diante de um caso de apropriação indébita de uso, não punível, é certo, mas suficiente para gerar repercussão na esfera cível, como, no caso, a isenção de responsabilidade do proprietário. O fato de ser funcionário/preposto não muda a natureza da sua conduta senão que, furtivamente, aproveitando-se da confiança depositada em si e do horário avançado (21 horas), apodera-se de bem alheio a que tinha o dever de, tão somente, vigiar (TJPR, Ap. Cível 0181889-1, 10ª Câm. Cív., Rel. Arquelau Araújo Ribas).

Arrependimento posterior

O delito de apropriação indébita se encontra no rol daqueles aos quais será possível a aplicação da causa geral de diminuição de pena relativa ao arrependimento posterior, uma vez que, em sua figura típica, não há previsão de violência ou grave ameaça à pessoa, podendo o agente, por exemplo, até o recebimento da denúncia ou da queixa, mediante seu ato voluntário, restituir ao seu legítimo dono a coisa de que ele se apropriou.

⚖ Na linha dos precedentes desta Corte, "no crime de apropriação indébita, a restituição do bem ou o ressarcimento do dano não são hábeis a excluir a tipicidade do crime ou afastar a punibilidade do agente" (STJ, AgInt no HC 477.498/SP, Rel. Min. Antônio Saldanha Palheiro, 6ª T., *DJe* 12/03/2019).

Nesse sentido:

⚖ STJ, AgRg no AREsp 1.156.218/GO, Rel. Min. Nefi Cordeiro, 6ª T., *DJe* 26/03/2018; STJ, HC 200135/SP, Rel.ª

Min.ª Maria Thereza de Assis Moura, 6ª T., *DJe* 08/06/2011; STJ, REsp 493866/PR, Rel. Min. Arnaldo Esteves Lima, 5ª T., *DJe* 16/03/2009; TJMG, AC 1.0525.07.122299-2/001, Rel. Des. Fortuna Grion, *DJ* 08/07/2009; TJMG, ACr 1.0024.04.324693-3/001, 1ª Câm. Crim., Rel. Fernando Starling, pub. 15/04/2008.

Apropriação indébita por procurador legalmente constituído

Para que se constitua alguém como procurador é preciso, antes de mais nada, que se deposite uma dose considerável de confiança nessa relação. Às vezes, essa confiança é quebrada, com o cometimento de alguma traição. Pode ocorrer que alguém, constituído pela própria vítima para exercer as funções de seu procurador, recebendo determinada importância em dinheiro, não a repasse para o seu legítimo dono. Nesse caso, poderíamos cogitar de apropriação indébita?

A questão deverá ser resolvida em sede de elemento subjetivo, vale dizer, em cada caso deveremos analisar a intenção do agente – sua finalidade em não efetuar o repasse dos valores pertencentes à vítima –, para que possamos chegar à conclusão da prática do delito de apropriação indébita.

Assim, imagine-se a hipótese do advogado que, depois de receber os valores correspondentes a uma indenização pertencente à vítima, depositando-os em sua conta bancária e deles fazendo uso, é procurado por ela, que busca informações a respeito do desfecho do processo, sendo informada pelo profissional do Direito que o feito aguardava decisão de um Tribunal Superior, o que demandaria, ainda, tempo considerável.

Percebe-se, aqui, que o aludido profissional, em virtude dos poderes que lhe foram outorgados no instrumento de mandato, podia sacar qualquer valor pertencente à vítima. Assim, a posse de tais valores, *ab initio*, era lícita. No entanto, quando informa ardilosamente à vítima, dizendo-lhe que nada ainda havia sido pago, uma vez que seu processo aguardava pauta para julgamento pelo Tribunal, acreditamos que, nesse instante, tenha se configurado o delito de apropriação indébita, podendo-se visualizar o seu dolo de ter a coisa para si, invertendo o título da posse.

Seria possível, *in casu*, o raciocínio referente à apropriação de uso, caso fosse sua intenção devolver a quantia apropriada em curto prazo, o que afastaria o *animus rem sibi habendi*. Imagine-se, agora, o fato de que, procurado por seu cliente na segunda-feira, embora já tendo recebido todo o dinheiro que lhe pertencia em razão de uma indenização judicial, o advogado retarde a sua devolução, dizendo-lhe que o pagamento sairia na sexta-feira, oportunidade em que poderia aproveitar esse curto espaço de tempo para saldar algumas dívidas, já vencidas, pois que somente teria algum crédito em sua conta bancária na quinta-feira, por exemplo. Nesse caso, não conseguimos visualizar o dolo de ter a coisa para si, como se fosse dono, invertendo o título da posse. Queria, sim, utilizar, por curto período, o dinheiro já recebido li-

citamente, pertencente à vítima, caracterizando-se, assim, como apropriação de uso, fato indiferente ao Direito Penal.

Consta dos autos que a paciente foi denunciada pela prática em tese do delito tipificado no art. 168, § 1º, inciso III, do Código Penal – CP (apropriação indébita qualificada em razão de ofício ou profissão). Conforme denúncia, a acusada, na condição de advogada da vítima, no curso de ação trabalhista, apropriou-se, indevidamente, da quantia de R$ 73.454,88 (setenta e três mil, quatrocentos e cinquenta e quatro reais e oitenta e oito centavos), deixando de repassar o montante ao seu cliente (STJ, HC 452.163/RS, Rel. Min. Joel Ilan Paciornik, 5ª T., *DJe* 26/02/2019).

Nesse sentido:

TJPR, AC 0277750-8, Curitiba, 5ª Câm. Crim., Rel. Des. Maria José de Toledo Marcondes Teixeira, j. 07/04/2005.

Prescindibilidade da prestação de contas à configuração do delito

O delito de apropriação indébita prescinde da prestação de contas para efeitos de seu reconhecimento.

Apropriação indébita. Elemento subjetivo do tipo. Especial fim de agir. Prestação de contas. Prescindibilidade. Consoante pacífico entendimento desta Corte, é inexigível a prévia prestação de contas para a caracterização do delito de apropriação indébita (Precedentes) (STJ, HC 34400/MG, HC 2004/0038289-4, Rel. Min. Felix Fischer, 5ª T., *DJ* 03/11/2004, p. 214).

Nesse sentido:

STF, HC 74965/RS, Rel. Min. Moreira Alves, 1ª T., *DJU* 1º/08/1997.

Absorção do crime de estelionato pela apropriação indébita

O princípio da consunção é aplicado para resolver o conflito aparente de normas penais quando um crime menos grave é meio necessário ou fase de preparação ou de execução do delito de alcance mais amplo, de tal sorte que o agente só será responsabilizado pelo último, desde que se constate uma relação de dependência entre as condutas praticadas (Precedentes STJ) (STJ, REsp 1060902/SP, Rel. Min. Jorge Mussi, 5ª T., *DJe* 28/06/2012).

Nesse sentido:

STJ, HC 206274/SP, Rel. Gilson Dipp, 5ª T., *DJe* 23/04/2012; TJMG, AC 1.0433. 02.060462-8/001, Rel. Maria Celeste Porto, *DJ* 31/01/2007; TJMG, ACR 1.0223.02.100207-4/001, 2ª Câm. Crim., Rel. Hyparco Immesi, pub. 1º/05/2008.

Prova pericial

Em se tratando do delito de apropriação indébita, a doutrina e a jurisprudência, de há muito, vêm entendendo que, em se tratando de infração que nem sempre deixa vestígios, torna-se dispensável a prova pericial, pois além de o fato delituoso poder ser apurado por outros meios de prova, o julgador forma a sua convicção pela livre apreciação das provas (TJMG, AC 1.0433.05.156600-1/001, 3ª Câm. Crim., Rel. Antônio Armando dos Anjos, pub. 16/01/2008).

Mero inadimplemento de obrigação de restituir não configura apropriação indébita

📖 Ação penal. Denúncia. Imputação do crime de apropriação indébita. Art. 168, § 1º, inc. I, do CP. Não devolução de veículo objeto de contrato de compra e venda, depois da desconstituição amigável deste. Fato absolutamente atípico. Caso de mero inadimplemento de obrigação de restituir, oriunda do desfazimento do negócio jurídico. Simples ilícito civil. Inexistência de obrigação original de devolver coisa alheia móvel e, sobretudo, de depósito necessário, inconcebível na hipótese. Caso de posse contratual. Inépcia caracterizada. Absolvição do réu. Votos vencidos. Não pratica apropriação indébita, segundo o tipo do art. 168, § 1º, inc. I, do Código Penal o ex-comprador que, depois de amigavelmente desfeito contrato de compra e venda de veículo, deixa de o restituir incontinenti ao ex-vendedor (STF, AP 480/PR, Tribunal Pleno, Rel. Min. Ayres Britto, Rel. para o acórdão Min. Cezar Peluso, j. 11/03/2010, *DJe* 173, div. 16/09/2010, pub. 17/09/2010).

Apropriação indébita no Código Penal Militar

Vide art. 248 do Decreto-Lei nº 1.001/69 (Código Penal Militar).

Apropriação indébita no Estatuto da Pessoa Idosa

O art. 102 do Estatuto da Pessoa Idosa (Lei nº 10.741, de 1º de outubro de 2003), prevê uma modalidade especial de apropriação indébita, punindo com pena de reclusão de 1 (um) a 4 (quatro) anos e multa, quando alguém se apropria ou desvia bens, proventos, pensão ou qualquer outro rendimento da pessoa idosa, dando-lhes aplicação diversa da sua finalidade.

Apropriação indébita e Sistema Financeiro Nacional

O art. 5º da Lei nº 7.492, de 16 de junho de 1986, que define os crimes contra o Sistema Financeiro Nacional, comina pena de reclusão de 2 (dois) a 6 (seis) anos, e multa, quando a apropriação de dinheiro, título, valor ou qualquer outro bem móvel de que tem a posse, é cometida por quaisquer das pessoas mencionadas em seu art. 25 ou é desviado em proveito próprio ou alheio.

Apropriação indébita eleitoral

O crime de apropriação indébita eleitoral (art. 354-A) foi inserido na Lei nº 4.737, de 15 de julho de 1965 (Código Eleitoral), através da Lei nº 13.488, de 6 de outubro de 2017, que diz, *verbis*:

Art. 354-A. Apropriar-se o candidato, o administrador financeiro da campanha, ou quem de fato exerça essa função, de bens, recursos ou valores destinados ao financiamento eleitoral, em proveito próprio ou alheio:
Pena – reclusão, de dois a seis anos, e multa.

Apropriação indébita tributária

📖 Segundo orientação sedimentada no âmbito do Superior Tribunal de Justiça, é penalmente típica a conduta daquele que deixa de recolher ao erário tributo ou contribuição social descontado ou cobrado de terceiros, sendo irrelevante, para a configuração do crime do art. 2º, II, da Lei n. 8.137/1990, o registro, a apuração ou a declaração em guia própria ou em livros fiscais, haja vista que essa modalidade delitiva não pressupõe a clandestinidade. Precedentes. 2. No caso concreto, deve ser mantida a condenação do agravante pela prática do crime de apropriação indébita tributária, uma vez que, na condição de administrador de determinada sociedade empresária e responsável pelos atos de escrituração fiscal da pessoa jurídica, deixou de recolher aos cofres públicos, no prazo legal, valores cobrados de consumidores finais a título de Imposto sobre Circulação de Mercadorias e Serviços de Transporte Interestadual e Intermunicipal e de Comunicação – ICMS (STJ/AgRg no REsp 1861531/SC, Agravo Regimental no Recurso Especial 2020/0033229-3, Rel. Min. Jorge Mussi, 5ª T., j. 09/06/2020, *DJe* 17/06/2020).

Nesse sentido:

📖 STJ, AgRg no RHC 109.119/GO, Rel. Min. Laurita Vaz, 6ª T., julgado em 09/06/2020, *DJe* 23/06/2020.

Apropriação indébita previdenciária

Art. 168-A. Deixar de repassar à previdência social as contribuições recolhidas dos contribuintes, no prazo e forma legal ou convencional:
Pena – reclusão, de 2 (dois) a 5 (cinco) anos, e multa.
§ 1º Nas mesmas penas incorre quem deixar de:
I – recolher, no prazo legal, contribuição ou outra importância destinada à previdência social que tenha sido descontada de pagamento efetuado a segurados, a terceiros ou arrecadada do público;
II – recolher contribuições devidas à previdência social que tenham integrado despesas contábeis ou custos relativos à venda de produtos ou à prestação de serviços;
III – pagar benefício devido a segurado, quando as respectivas cotas ou valores já tiverem sido reembolsados à empresa pela previdência social.
§ 2º É extinta a punibilidade se o agente, espontaneamente, declara, confessa e efetua o pagamento das contribuições, importâncias ou valores e presta as informações devidas à previdência social, na forma definida em lei ou regulamento, antes do início da ação fiscal.

§ 3º É facultado ao juiz deixar de aplicar a pena ou aplicar somente a de multa se o agente for primário e de bons antecedentes, desde que:

I – tenha promovido, após o início da ação fiscal e antes de oferecida a denúncia, o pagamento da contribuição social previdenciária, inclusive acessórios; ou

II – o valor das contribuições devidas, inclusive acessórios, seja igual ou inferior àquele estabelecido pela previdência social, administrativamente, como sendo o mínimo para o ajuizamento de suas execuções fiscais.

§ 4º A faculdade prevista no § 3º deste artigo não se aplica aos casos de parcelamento de contribuições cujo valor, inclusive dos acessórios, seja superior àquele estabelecido, administrativamente, como sendo o mínimo para o ajuizamento de suas execuções fiscais.

Introdução

O art. 168-A, juntamente com seus parágrafos, foi inserido no Código Penal, por intermédio da Lei nº 9.983, de 14 de julho de 2000, revogando expressamente o art. 95 e parágrafos da Lei nº 8.212, de 24 de julho de 1991, que dispunha, de forma confusa, sobre algumas condutas consideradas criminosas, que poderiam se configurar em apropriação indébita.

Portanto, sob o *nomen juris* de *apropriação indébita previdenciária*, o Código Penal passa a punir, mediante previsão contida no *caput* do seu art. 168-A, com pena de reclusão, de 2 (dois) a 5 (cinco) anos, e multa, aquele que *deixar de repassar à previdência social as contribuições recolhidas dos contribuintes, no prazo e forma legal ou convencional*.

No § 1º do mencionado artigo houve previsão de formas assemelhadas, que serão analisadas, mesmo que sucintamente, em tópicos próprios.

Assim, para que se possa configurar o delito em estudo é preciso que, no caso concreto, sejam verificados os seguintes elementos integrantes do tipo penal do art. 168-A do diploma repressivo: *a)* a conduta núcleo de deixar de repassar à previdência social; *b)* as contribuições já anteriormente recolhidas dos contribuintes; *c)* no prazo e forma legal ou convencional.

Deixar de repassar deve ser entendido no sentido de não levar a efeito o recolhimento aos cofres da previdência social as contribuições previamente recolhidas dos contribuintes. Isso significa que, embora tendo efetuado os descontos pertinentes aos valores cabidos à previdência social, o agente não os repassa, não os recolhe em benefício de quem de direito, isto é, a previdência social, que, de acordo com a arrecadação que lhe for pertinente, nos termos preconizados pelo art. 201 da Constituição Federal, deverá atender, nos termos da lei, a: *I – cobertura dos eventos de incapacidade temporária ou permanente para o trabalho e idade avançada; II – proteção à maternidade, especialmente à gestante; III – proteção ao trabalhador* em situação de desemprego involuntário; *IV – salário-família e auxílio-reclusão para os dependentes dos segurados de baixa renda; V – pensão por morte do segurado, homem ou mulher, ao cônjuge ou companheiro e dependentes, observado o disposto no § 2º.*

Tais contribuições, destinadas à manutenção da previdência social, já devem ter sido recolhidas pelo agente, isto é, em tese, pelo menos inicialmente, o raciocínio é construído no sentido de que foram efetivamente descontadas dos contribuintes, não sendo, entretanto, repassadas à previdência.

Finalmente, somente se caracterizará o delito de apropriação indébita previdenciária uma vez decorrido o prazo legal ou convencional concedido para que fosse realizado o repasse à previdência. Antes de esgotado o prazo, que se encontra previsto na Lei nº 8.212/1991, que dispõe sobre a organização da Seguridade Social, o fato deve ser considerado um indiferente penal.

A autoria delitiva restou demonstrada pelo contrato social da empresa, indicando que o acusado possuía poder de gerência e de administração, bem como pelos testemunhos coligidos em Juízo, além do interrogatório do próprio apelante em Juízo, ocasião em que ele admitiu que não repassava ao Instituto Nacional do Seguro Social – INSS a quantia relativa às contribuições previdenciárias descontadas dos empregados. A circunstância de o réu, de forma consciente, ter deixado de repassar ao INSS as contribuições previdenciárias descontadas dos salários de seus empregados já configura o elemento anímico bastante à caracterização do delito 168-A do Código Penal. Precedentes da doutrina e da jurisprudência (STF, ARE 1.227.146/SP, Rel. Min. Carmen Lucia, *DJe* 27/08/2019).

Nesse sentido:

STJ, AgRg no AREsp 692.622/RJ, Rel. Min. Jorge Mussi, 5ª T., *DJe* 28/06/2018; STJ, RHC 66.437/SP, Rel. Min. Felix Fischer, 5ª T., *DJe* 1º/08/2016; STJ, AgRg no Ag 1388275/SP, Rel.ª Min.ª Maria Thereza de Assis Moura, 6ª T., *DJe* 05/06/2013; STJ, HC 166659/SP, Rel.ª Min.ª Laurita Vaz, 5ª T., *DJe* 1ª/03/2012.

Classificação doutrinária

Crime próprio, tanto com relação ao sujeito ativo quanto ao sujeito passivo; doloso (não havendo previsão legal para a modalidade culposa); omissivo próprio; de mera conduta; instantâneo; de forma vinculada; monossubjetivo; monossubsistente; não transeunte.

É assente o entendimento já consolidado nesta Corte que "o tipo penal do artigo 168-A do Código Penal constitui crime omissivo próprio, que se consuma com o não recolhimento da contribuição previdenciária dentro do prazo e das formas legais, inexigindo a demonstração do dolo específico" (AgRg no AREsp n. 774.580/SC, 5ª T., Rel. Min. Jorge Mussi,

DJe 04/04/2018). (...) (AgRg no REsp 1.799.126/RN, Rel. Min. Felix Fischer, 5ª T., julgado em 06/06/2019, *DJe* 11/06/2019).

Nesse sentido:

⚖ STJ, AgRg no REsp 1400958/SP, Rel. Min. Sebastião Reis Júnior, 6ª T., *DJe* 19/08/2014; STF, Inq. 2537 AgR/GO, Tribunal Pleno, Rel. Min. Marco Aurélio, j. 10/03/2008.

Modalidades assemelhadas de apropriação indébita previdenciária

O § 1º do art. 168-A do Código Penal prevê as modalidades assemelhadas de apropriação indébita previdenciária, dizendo, *verbis*:

§ 1º Nas mesmas penas incorre quem deixar de:

I – recolher, no prazo legal, contribuição ou outra importância destinada à previdência social que tenha sido descontada de pagamento efetuado a segurados, a terceiros ou arrecadada do público;

II – recolher contribuições devidas à previdência social que tenham integrado despesas contábeis ou custos relativos à venda de produtos ou à prestação de serviços;

III – pagar benefício devido a segurado, quando as respectivas cotas ou valores já tiverem sido reembolsados à empresa pela previdência social.

Cezar Roberto Bitencourt, fazendo a distinção entre a figura constante do *caput* e as do § 1º do art. 168-A do Código Penal, ressalta: "A conduta tipificada no *caput* tem a finalidade de punir o *substituto tributário*, que deve recolher à previdência social o que arrecadou do contribuinte, e deixou de fazê-lo (ver art. 31 da Lei nº 8.212/1991). Já as figuras descritas no § 1º destinam-se ao *contribuinte-empresário*, que deve recolher a contribuição que arrecadou do contribuinte."[112]

Objeto material e bem juridicamente protegido

Conforme salienta Antonio Monteiro Lopes, "na verdade esse novo artigo protege o patrimônio não de uma pessoa ou de algumas pessoas, como nos demais crimes previstos nesse Título, mas o patrimônio de todos os cidadãos que fazem parte do sistema previdenciário. Ademais, embora se fale em crime contra a Previdência Social, no fundo é a Seguridade Social tal como descrita no art. 194 da Constituição da República que está sendo tutelada".[113]

Objeto material é a contribuição que foi recolhida do contribuinte.

Sujeito ativo e sujeito passivo

A apropriação indébita previdenciária somente pode ser praticada por aquele que tinha a obrigação legal de repassar à previdência social as contribuições recolhidas dos contribuintes, no prazo e forma legal ou convencional, não se podendo, contudo, no tipo penal em estudo, abranger, também, a pessoa jurídica, por ausência de norma expressa nesse sentido, tal como acontece com a Lei nº 9.605/98, que cuida das sanções penais e administrativas derivadas de condutas e atividades lesivas ao meio ambiente.

Aqui, portanto, somente os representantes legais da pessoa jurídica, a exemplo dos sócios que exercem a sua administração, é que poderão ser considerados *sujeitos ativos* do delito *sub examen*.

Salienta Cezar Roberto Bitencourt que "sujeito ativo, nas figuras descritas no § 1º, é o titular de firma individual, os sócios solidários, os gerentes, diretores ou administradores que efetivamente hajam participado da administração da empresa, concorrendo efetivamente na prática da conduta criminalizada".[114]

O *sujeito passivo* é a previdência social, que representa o Estado por intermédio do Instituto Nacional do Seguro Social (INSS).

⚖ O delito de apropriação indébita previdenciária não exige qualidade especial do sujeito ativo, podendo ser cometido por qualquer pessoa, seja ela agente público ou não. Precedente (STJ, AgRg no REsp 1323088/MA, Rel. Min. Moura Ribeiro, 5ª T., *DJe* 19/05/2014).

Consumação e tentativa

Na qualidade de modalidade especializada de apropriação indébita, o crime de apropriação indébita previdenciária se consuma no momento em que o agente decide deixar de recolher as contribuições ou outras importâncias, depois de ultrapassado o prazo legal ou convencional para tanto.

⚖ A jurisprudência desta Corte Superior, a partir do julgamento do AgRg no Inq nº 2.537/GO pelo Supremo Tribunal Federal, orientou-se no sentido de que o crime de apropriação indébita previdenciária, previsto no art. 168-A do Código Penal, possui natureza de delito material, a exigir, para sua consumação, a ocorrência de resultado naturalístico consistente no efetivo dano à Previdência. Tem-se, portanto, que o momento consumativo do delito em apreço não correspondente àquele da supressão ou da redução do desconto da contribuição, mas, sim, ao momento da constituição definitiva do crédito tributário, com o exaurimento da via administrativa. Inúmeros precedentes (STJ, AgRg nos EREsp 1.734.799/SP, Rel. Min. Sebastião Reis Junior, S3, *DJe* 1º/08/2019).

Nesse sentido:

⚖ STJ, AgRg no AREsp 774.580/SC, Rel. Min. Jorge Mussi, 5ª T., *DJe* 04/04/2018; STJ, RHC 36.704/SC, Rel. Min. Felix Fischer, 5ª T., *DJe* 26/02/2016; STJ, AgRg nos EAg 1.388.275/SP, Rel. Min. Leopoldo de Arruda Raposo, Desembargador convocado do TJ/PE, S3, *DJe* 18/05/2015; STJ, REsp 1172349/PR, Rel. Min. Gilson Dipp, 5ª T., *DJe* 24/05/2012; TRF 1ª Reg., ACr 2005.35.00.015908-0/GO, Rel. Juiz Fed.

---

[112] BITENCOURT, Cezar Roberto. *Tratado de direito penal*, v. 3, p. 256.

[113] MONTEIRO, Antonio Lopes. *Crimes contra a previdência social*, p. 31.

[114] BITENCOURT, Cezar Roberto. *Tratado de direito penal*, v. 3, p. 254-255.

Conv. Roberto Carvalho Veloso, 3ª T., j. 29/06/2009, *DJF1* 30/07/2010, p. 16.

Por se tratar de crime omissivo próprio, torna-se complicado o raciocínio correspondente à tentativa, pois que, se depois de ultrapassado o prazo o agente não praticar os comportamentos determinados pelo tipo penal, o crime estará, nesse momento, consumado; caso contrário, se realiza as determinações típicas, efetuando os repasses, recolhendo as contribuições etc., o fato será um indiferente penal.

A doutrina, no entanto, é vacilante com relação a esse ponto.

Cezar Roberto Bitencourt afirma que o crime se consuma "com a inversão da natureza da posse, caracterizada por ato demonstrativo de disposição da coisa alheia ou pela negativa em devolvê-la. Como crime material, a tentativa é possível, embora de difícil configuração".[115]

Em sentido contrário, e a nosso ver com acerto, Luiz Regis Prado preleciona que a "consumação delitiva se dá com a omissão do agente em repassar a contribuição na forma e no prazo estabelecidos pela lei previdenciária. Dessa forma, vencido o prazo do repasse, consubstancia-se o delito". E conclui o raciocínio, dizendo que a "tentativa é inadmissível, por se tratar de delito omissivo próprio".[116]

Elemento subjetivo

O delito de apropriação indébita previdenciária só pode ser praticado dolosamente, não havendo previsão, pois, para a modalidade de natureza culposa.

A pretensão defensiva de afastar o reconhecimento do elemento subjetivo do tipo esbarra novamente no óbice da Súmula n. 7/STJ, cabendo ressaltar, ainda, que "os crimes de sonegação fiscal e apropriação indébita previdenciária prescindem de dolo específico, sendo suficiente, para a sua caracterização, a presença do dolo genérico consistente na omissão voluntária do recolhimento, no prazo legal, dos valores devidos" (AgRg no AREsp 469.137/RS, Min. Reynaldo Soares da Fonseca, Quinta Turma, *DJe* 13/12/2017). Precedentes (STJ, AgRg no REsp 1.858.911/PR, Rel. Min. Jorge Mussi, 5ª T., julgado em 13/04/2020, *DJe* 20/04/2020).

Nesse sentido:

STJ, AgRg nos EDcl no REsp 1.646.760/SP, Rel. Min. Sebastião Reis Junior, 6ª T., *DJe* 06/09/2019; STJ, AgRg no AgRg no AREsp 821.100/RS, Rel. Min. Nefi Cordeiro, 6ª T., *DJe* 30/04/2018; STJ, AgRg no AREsp 493.584/SP, Rel. Min. Reynaldo Soares da Fonseca, 5ª T., *DJe* 08/06/2016; HC 269.084/DF, *Habeas Corpus* 2013/0117967-0, Rel. Min. Felix Fischer, 5ª T., *DJe* 02/02/2015; STJ, REsp 1226719/RS, Rel. Min. Sebastião Reis Júnior, 6ª T., *DJe* 1º/07/2014; STJ,

AgRg no REsp 1265636/SP, Rel.ª Min.ª Maria Thereza de Assis Moura, 6ª T., *DJe* 18/02/2014.

Modalidades comissiva e omissiva

Em todas as modalidades de apropriação indébita previdenciária, verifica-se a chamada omissão própria, haja vista que a inação criminosa vem narrada expressamente pelo tipo penal do art. 168-A, não se podendo cogitar, outrossim, da modalidade comissiva.

É assente o entendimento já consolidado nesta Corte que "o tipo penal do art. 168-A do Código Penal constitui crime omissivo próprio, que se consuma com o não recolhimento da contribuição previdenciária dentro do prazo e das formas legais, inexigindo a demonstração do dolo específico" (AgRg no AREsp nº 774.580/SC, 5ª T., Rel. Min. Jorge Mussi, *DJe* 04/04/2018) (STJ, AgRg no REsp 1.799.126/RN, Rel. Min. Felix Fischer, 5ª T., *DJe* 11/06/2019).

Nesse sentido:

TRF 2ª Reg., HC 2009.02.01.017037-5, Rel.ª Des.ª Fed. Liliane Roriz, *DJU* 08/02/2010, p. 104; TRF 5ª Reg., ACR 2006.05. 00.058046-0, Rel. Des. Federal Marcelo Navarro, 4ª T., pub. 16/04/2008.

Extinção da punibilidade

O § 2º do art. 168-A do Código Penal determina a declaração de extinção da punibilidade, nos seguintes termos:

§ 2º É extinta a punibilidade se o agente, espontaneamente, declara, confessa e efetua o pagamento das contribuições, importâncias ou valores e presta as informações devidas à previdência social, na forma definida em lei ou regulamento, antes do início da ação fiscal.

São vários os requisitos necessários que dão ensejo à declaração da extinção da punibilidade. Inicialmente, o agente deverá *declarar*, por exemplo, aquilo que efetivamente recolheu dos contribuintes e, ato contínuo, *confessar* que não levou a efeito o repasse das contribuições recolhidas à previdência social.

Em seguida, deverá efetuar o pagamento, tanto do principal quanto dos acessórios, das contribuições, importâncias ou valores, prestando todas as informações à previdência social relativas a seu débito.

Conforme salienta Antonio Lopes Monteiro, "além da confissão de dívida, prestação de informações etc., o pagamento é essencial para a extinção da punibilidade. A forma desse pagamento e demais elementos é que ficou para ser regulamentada em lei ou regulamento, o que não foi bom, pois pode ficar ao sabor de tendências políticas de cada momento, já que regulamentos podem suceder-se com enorme facilidade, como aliás tem sido em matéria de Seguridade Social. Por outro lado, há um marco, que nós chamaríamos de temporal, qual seja, o início da

[115] BITENCOURT, Cezar Roberto. *Tratado de direito penal*, v. 3, p. 257.
[116] PRADO, Luiz Regis. *Curso de direito penal brasileiro*, v. 2, p. 493-494.

ação fiscal. Também não foi feliz o legislador ao usar essa locução. É que o termo 'ação' é equívoco e pode levar a diversos entendimentos. Não resta dúvida, contudo, que pelo contexto em que foi empregada, 'ação fiscal' corresponde à fiscalização. Outro entendimento, como processo administrativo ou até judicial, não teria sentido, pois não haveria confissão e muito menos seria espontânea, como exige o dispositivo".[117]

Luiz Flávio Gomes complementa o raciocínio anterior, afirmando que, "sem a cientificação pessoal do contribuinte não se pode considerar iniciada formalmente a ação fiscal. Com isso a nova disciplina do pagamento extintivo muito se aproxima da denúncia espontânea do art. 138 do CTN".[118]

Atualmente, os arts. 67, 68 e parágrafo único, e 69 e parágrafo único da Lei nº 11.941, de 27 de maio de 2009, dizem, respectivamente, *verbis*:

Art. 67. Na hipótese de parcelamento do crédito tributário antes do oferecimento da denúncia, essa somente poderá ser aceita na superveniência de inadimplemento da obrigação objeto da denúncia.

Art. 68. É suspensa a pretensão punitiva do Estado, referente aos crimes previstos nos arts. 1º e 2º da Lei nº 8.137, de 27 de dezembro de 1990, e nos arts. 168-A e 337-A do Decreto-Lei nº 2.848, de 7 de dezembro de 1940 – Código Penal, limitada a suspensão aos débitos que tiverem sido objeto de concessão de parcelamento, enquanto não forem rescindidos os parcelamentos de que tratam os arts. 1º a 3º desta Lei, observado o disposto no art. 69 desta Lei.

Parágrafo único. A prescrição criminal não corre durante o período de suspensão da pretensão punitiva.

Art. 69. Extingue-se a punibilidade dos crimes referidos no art. 68 quando a pessoa jurídica relacionada com o agente efetuar o pagamento integral dos débitos oriundos de tributos e contribuições sociais, inclusive acessórios, que tiverem sido objeto de concessão de parcelamento.

Parágrafo único. Na hipótese de pagamento efetuado pela pessoa física prevista no § 15 do art. 1º desta Lei, a extinção da punibilidade ocorrerá com o pagamento integral dos valores correspondentes à ação penal.

Merecem ser registradas as lições de Fábio Zambitte Ibrahim quando, apontando a diferença de tratamento entre sonegadores e demais praticantes de crimes contra o patrimônio, assevera: "Pode-se dizer que os tipos penais tributários, em especial os previdenciários, passam por uma crise de identidade, pois, de modo cada vez mais evidente, deixam de transparecer condutas dotadas de reprovabilidade social, para, efetivamente, revelarem-se meros instrumentos arrecadatórios do Estado.

Antes pelos Tribunais, e cada vez mais pelo legislador ordinário, os delitos de ordem tributária tornam-se pseudocrimes, que permitem, magicamente, a extinção da punibilidade com o pagamento, que, cada vez mais, tem sido admitido em qualquer tempo.

Usualmente se afirma que um contribuinte, após o pagamento integral do crédito, não deva permanecer encarcerado, pois já adimpliu sua obrigação. Todavia, o crime de furto, por exemplo, não tem sua punibilidade extinta pelo singelo fato de o agente repor o bem ou indenizar a vítima.

Na situação atual, há claro favorecimento a sujeitos passivos com patrimônio mais elevado, os quais, independentemente do dolo em fraudar o sistema e apoderar-se de tributos devidos, podem, facilmente, quitar suas dívidas e escapar, tranquilamente, da responsabilidade penal, enquanto empresários de menor porte e parcos recursos, mesmo que tenham deixado de recolher os tributos para salvar suas atividades, terão de ingressar no incerto caminho da inexigibilidade de conduta diversa, contando com a boa-vontade do julgador em admitir a conduta necessária do agente como único instrumento de salvação para sua atividade.

Certamente, algo deve ser feito pelo legislador, seja pela descriminalização pura e simples dos ilícitos tributários, ou pela exclusão das salvaguardas que permitem uma verdadeira imunidade penal para contribuintes mais poderosos. A opção atual somente amplifica as desigualdades nacionais na esfera penal, em detrimento do objetivo constitucional da igualdade, o que é particularmente alarmante em crimes previdenciários, os quais guarnecem um subsistema da seguridade social que é fundado na justiça social (art. 193, CF/1988)."[119]

A configuração advinda com a introdução no Código Penal do art. 168-A não alterou a incriminação da denominada apropriação indébita previdenciária, constante da previsão do artigo 95, alínea "d" e § 1º, da Lei n. 8.212/91, razão por que inviável admitir-se a existência de nulidade da condenação por fatos pretéritos à nova ordem legal (HC 115.148/MG, Rel. Min. Maria Thereza de Assis Moura, 6ª T., julgado em 17/3/2011, *DJe* 04/04/2011). Considerando que a adesão ao REFIS não implica, necessariamente, a extinção da punibilidade, pois está condicionada ao pagamento integral do débito, não há ilegalidade na decisão que permite a persecução penal diante da inadimplência reiterada do acusado. A superveniência de interposição de inúmeros recursos sem demonstração de tese apta à reversão do julgado revela nítido caráter protelatório da defesa. Determinação

---

[117] MONTEIRO, Antonio Lopes. *Crimes contra a previdência social*, p. 99-100.

[118] GOMES, Luiz Flávio. *Crimes previdenciários*, p. 59.

[119] IBRAHIM, Fábio Zambitte. A extinção da punibilidade dos crimes de apropriação indébita previdenciária e sonegação de contribuição previdenciária – legislação vigente e inovação da Lei nº 11.941/09. Disponível em: <www.editoraimpetus.com.br>.

de trânsito em julgado (STJ, AgRg nos EDcl nos EDcl no HC 427.660/SP, Rel. Min. Ribeiro Dantas, 5ª T., julgado em 19/11/2019, *DJe* 26/11/2019).

Nesse sentido:

⚖ STJ, AgRg no HC 439.362/SP, Rel. Min. Felix Fischer, 5ª T., *DJe* 09/08/2018; STJ, EDcl no AgRg no AREsp 320.281/SE, Rel. Min. Antônio Saldanha Palheiro, *DJe* 16/09/2016.

Apropriação indébita previdenciária. Processo administrativo pendente

⚖ A teor do disposto na Lei nº 10.684/2003, em seu art. 9º, a inclusão no regime de parcelamento enseja a suspensão da pretensão punitiva do Estado, no que tange ao delito do art. 168-A do CP, "durante o período em que a pessoa jurídica relacionada com o agente dos aludidos crimes estiver incluída no regime de parcelamento" (STJ, HC 246.372/MS, Rel. Min. Gurgel de Faria, 5ª T., *DJe* 18/05/2015).

Nesse sentido:

⚖ STF, AP 613 QO/TO, Rel.ª Min.ª Cármen Lúcia, Pleno, *DJe* 04/06/2014; TRF 4ª Reg., ACr 0003744-88.2000.404.7102/RS, Rel. Des. Fed. Luiz Fernando Wowk Penteado, 8ª T., j. 28/07/2010, *DEJF* 11/08/2010, p. 977; STJ, HC 128.672/SP, Rel.ª Min.ª Maria Thereza de Assis Moura, j. 05/05/2009.

Perdão judicial e pena de multa

O § 3º do art. 168-A do Código Penal deixa à disposição do julgador duas opções – perdão judicial ou aplicação da pena de multa – que podem ser aplicadas ao agente primário de bons antecedentes que tenha promovido, depois do início da ação fiscal e antes de oferecida a denúncia, o pagamento da contribuição social previdenciária, inclusive os acessórios, ou se o valor das contribuições devidas, inclusive os acessórios, for igual ou inferior àquele estabelecido pela previdência social, administrativamente, como sendo o mínimo para ajuizamento de suas execuções fiscais.

Impossibilidade de aplicação do § 3º do art. 168-A do Código Penal

Em 9 de janeiro de 2018 foi publicada a Lei nº 13.606, inserindo o § 4º ao art. 168-A do Código Penal, dizendo que a faculdade prevista no § 3º não se aplica aos casos de parcelamento de contribuições cujo valor, inclusive dos acessórios, seja superior àquele estabelecido, administrativamente, como sendo o mínimo para o ajuizamento de suas execuções fiscais.

Pena, ação penal e competência para o julgamento

O art. 168-A (*caput* e § 1º) do Código Penal prevê a pena de reclusão, de 2 (dois) a 5 (cinco) anos, e multa. A ação penal é de iniciativa pública incondicionada. De acordo com o art. 109, I, da Constituição Federal, os crimes contra a previdência social são de competência da Justiça Federal, haja vista ser o INSS uma autarquia federal.

⚖ A orientação firmada pelo Supremo Tribunal Federal no sentido de que a decisão definitiva do processo administrativo-fiscal constitui condição objetiva de punibilidade, consistindo elemento fundamental à exigibilidade da obrigação tributária, tendo em vista que os crimes previstos nos arts. 1º da Lei nº 8.137/1990 são materiais ou de resultado (Tribunal Pleno, HC 81.611/DF, *DJ* 13/5/2005) tem sido aplicado por esta 3ª Turma também ao crime de apropriação indébita (RCCR 2005.39.00.005677-3/PA, Rel. Des. Federal Tourinho Neto, 3ª T., *DJ* 12/5/2006, p. 12 e HC 2003.01.00. 030496-0/PA, Rel. Des. Federal Olindo Menezes, 3ª T., *DJ* 26/03/2004, p. 134). De fato, o prévio exaurimento da instância administrativa é, portanto, condição para a propositura de ação penal ou instauração de inquérito policial em que se apura a prática de apropriação indébita previdenciária e de sonegação previdenciária (TRF 1ª Reg., HC 2006.01.00.039386-4, MG, Rel. Olindo Menezes, 3ª T., *DJ* 17/11/2006, p. 43).

Prova pericial

⚖ Tratando-se do crime tipificado no art. 168-A do Código Penal, é desnecessária a prova pericial, especialmente se a sentença está baseada em provas documentais (STJ, REsp 897782/RS, Rel. Min. Gilson Dipp, 5ª T., *DJ* 04/06/2007, p. 425).

Princípio da insignificância

⚖ A jurisprudência do Superior Tribunal de Justiça, nos casos de apropriação indébita previdenciária, entende cabível a aplicação do princípio da insignificância quando o valor do débito não ultrapassar R$ 10.000,00, excluídos os juros e a multa incidentes após a inscrição em dívida ativa. Interpretação do art. 20 da Lei nº 10.522/2002. Precedentes (STJ, AgRg no REsp 1.609.757/SP, Rel. Min. Antônio Saldanha Palheiro, 6ª T., *DJe* 08/03/2018).

Nesse sentido:

⚖ STJ, AgRg no REsp 1.477.556/RS, Rel. Min. Joel Ilan Paciornik, 5ª T., *DJe* 18/09/2017; STJ, AgRg no REsp 1.588.990/PR, Rel.ª Min.ª Maria Thereza de Assis Moura, 6ª T., *DJe* 12/05/2016; STJ, RHC 55.468/SP, Rel. Min. Jorge Mussi, 5ª T., *DJe* 11/03/2015; STJ, AgRg no REsp 1.447.953/SP, Agravo Regimental no Recurso Especial 2014/0084019-7, Rel. Min. Felix Fischer, 5ª T., *DJe* 18/02/2015.

Apropriação indébita tributária e Súmula 658 do STJ

Diz a Súmula 658, aprovada pela Terceira Seção do Superior Tribunal de Justiça em 13 de setembro de 2023: Súmula 658/STJ: "O crime de apropriação indébita tributária pode ocorrer tanto em operações próprias como em razão de substituição tributária."

Apropriação de coisa havida por erro, caso fortuito ou força da natureza

Art. 169. Apropriar-se alguém de coisa alheia vinda ao seu poder por erro, caso fortuito ou força da natureza:

Pena – detenção, de um mês a um ano, ou multa.

Parágrafo único. Na mesma pena incorre:

Apropriação de tesouro

I – quem acha tesouro em prédio alheio e se apropria, no todo ou em parte, da quota a que tem direito o proprietário do prédio;

Apropriação de coisa achada

II – quem acha coisa alheia perdida e dela se apropria, total ou parcialmente, deixando de restituí-la ao dono ou legítimo possuidor ou de entregá-la à autoridade competente, dentro no prazo de quinze dias.

Introdução

O art. 169 e incisos do Código Penal preveem os delitos de *apropriação de coisa havida por erro, caso fortuito ou força da natureza; apropriação de tesouro e apropriação de coisa achada,* cominando uma pena de detenção, de 1 (um) mês a 1 (um) ano ou multa.

Como se trata de figuras típicas diferentes, embora constantes do mesmo artigo, faremos a análise de cada uma delas, isoladamente, naquilo que for preciso. O que for comum a todas as infrações penais será avaliado conjuntamente.

Apropriação de coisa havida por erro, caso fortuito ou força da natureza

Para que se possa configurar o delito em estudo é preciso que se constate a presença dos seguintes elementos: *a)* a conduta de se apropriar de coisa alheia; *b)* o fato de que a mencionada coisa alheia tenha vindo ao poder do agente por erro, caso fortuito ou força da natureza.

O núcleo *apropriar* é utilizado no sentido de *tomar como propriedade, tomar para si, apoderar-se* de uma coisa alheia móvel. No entanto, ao contrário do que ocorre com a apropriação indébita, o agente não tinha, licitamente, a posse ou a detenção da coisa. Aqui, ela vem ao seu poder por erro, caso fortuito ou força da natureza.

O conceito de coisa alheia móvel é o mesmo adotado para o delito de apropriação indébita, vale dizer, qualquer bem passível de remoção não pertencente ao próprio agente.

Como já destacado, a coisa alheia deverá vir ao poder do agente em virtude de *erro, caso fortuito* ou *força da natureza.*

O erro poderá ocorrer em três situações: *a) quanto à pessoa; b) quanto ao objeto; c) quanto à obrigação.* Assim, conforme exemplos de Hungria,[120] João rece-

be do carteiro um registrado de valor destinado a seu homônimo (erro quanto à pessoa); o agente recebe da vítima um colar de pérolas autênticas no lugar do colar de pérolas falsas que realmente comprara (erro quanto ao objeto); no que diz respeito à existência de uma obrigação, o agente recebe da vítima o pagamento de uma dívida já paga ou quantia maior que a devida (erro quanto a obrigação). Não é incomum a hipótese, nos dias de hoje, de recebermos, em nossa conta corrente, o crédito de importância que nos era indevida, tendo a instituição bancária agido com erro no que diz respeito à pessoa que devia ter sido beneficiada com o depósito. Caso o agente retenha o valor, deixando de restituí-lo, querendo dele se apropriar, deverá ser responsabilizado pelo delito tipificado no *caput* do art. 169 do Código Penal.

Salienta Luiz Regis Prado, com acerto: "Só ocorrerá erro se o sujeito ativo recebeu a coisa de boa-fé, caso contrário, poder-se-á configurar o delito de estelionato (art. 171 do CP) ou peculato mediante erro de outrem, se o agente é funcionário público e recebe a coisa em razão da função exercida (art. 313 do CP). Ademais, é necessário que o erro seja da vítima. Se for do sujeito ativo, ao adquirir a posse, inexiste crime, salvo se este agiu com dolo superveniente, hipótese em que responderá por apropriação indébita comum".[121]

Caso fortuito e força da natureza são situações semelhantes que demonstram a ocorrência de um fato que não era dominado ou, pelo menos, dominável pela vontade humana. Assim, aquele que, depois de perceber que um animal que não lhe pertencia havia ingressado em suas terras, passando pelo buraco existente numa cerca, o vende a terceira pessoa, agindo como se fosse dono, responde pelo delito de apropriação de coisa achada, que veio a seu poder mediante caso fortuito; também não é incomum que a coisa alheia móvel chegue ao poder do agente trazida pela correnteza de uma enchente ou mesmo carregada por uma intensa ventania, oportunidade em que se configuraria a situação legal entendida como força da natureza.

Objeto material e bem juridicamente protegido

O *direito de propriedade* é o bem juridicamente protegido pelo tipo penal que prevê o delito de apropriação de coisa havida por erro, caso fortuito ou força da natureza, não se descartando a proteção da *posse,* uma vez que o legítimo possuidor pode ter perdido, temporariamente, a posse do bem, em virtude, por exemplo, de força da natureza.

Objeto material é a coisa alheia móvel que veio ao poder do agente mediante erro, caso fortuito ou força da natureza.

---

[120] HUNGRIA, Nélson. *Comentários ao código penal,* v. VII, p. 150.
[121] PRADO, Luiz Regis. *Curso de direito penal brasileiro,* v. 2, p. 505.

Sujeito ativo e sujeito passivo

Qualquer pessoa pode ser o *sujeito ativo* do delito tipificado no art. 169, *caput*, do Código Penal.

Sujeito passivo é aquele que se viu prejudicado com o desapossamento da coisa, que chegou ao sujeito ativo por erro, caso fortuito ou força da natureza. Poderá ser o proprietário ou mesmo o possuidor, pessoa física ou pessoa jurídica.

Consumação e tentativa

Consuma-se o delito em estudo quando o agente, depois de tomar conhecimento de que a coisa alheia móvel chegou ao seu poder por erro, caso fortuito ou força da natureza, resolve, mesmo assim, com ela permanecer, agindo como se fosse dono.

A tentativa é admissível.

Tratando-se de crime permanente, eis que a sua consumação se prolonga no tempo, tem-se que o prazo prescricional inicia-se na data da cessação da indevida apropriação da coisa havida por erro (STJ, HC 15403/SP, Rel. Min. Gilson Dipp, 5ª T., *RT* 799, p. 549).

Elemento subjetivo

O delito de apropriação de coisa havida por erro, caso fortuito ou força da natureza somente pode ser praticado dolosamente, não havendo previsão legal para a modalidade de natureza culposa.

Modalidades comissiva e omissiva

O núcleo *apropriar* pode ser praticado comissiva ou omissivamente pelo agente. Assim, comete o crime previsto pelo *caput* do art. 169 do Código Penal, praticando um comportamento comissivo, aquele que se desfaz da coisa alheia móvel, que veio ao seu poder por erro, caso fortuito ou força da natureza, agindo como se fosse dono, vendendo-a a terceiro. Da mesma forma, comete o delito em estudo o agente que se recusa a devolver a coisa quando solicitado por seu legítimo dono, praticando, outrossim, uma conduta negativa.

Impossibilidade de concurso material com o crime de furto

Não há concurso material dos crimes de apropriação de coisa havida por erro com o delito de furto com emprego de fraude, uma vez que para a consecução deste se faz necessário o dolo, a vontade de subtrair a coisa alheia para si ou para outrem, enquanto no caso em tela o sujeito passou a movimentar uma conta poupança, como se esta lhe pertencesse, a partir de erro da própria instituição bancária e da agência dos Correios (TRF 5ª Reg., Ap. Crim. 3316/PE [2001.83.00.017635-0], Rel. Des. Fed. Paulo Roberto

de Oliveira Lima, 3ª T., j. 16/05/2007, *DJ* 133, p. 626, 12/07/2007).

Apropriação de tesouro

O inc. I do parágrafo único do art. 169 do Código Penal prevê o delito de *apropriação de tesouro*, cominando uma pena de detenção, de 1 (um) mês a 1 (um) ano, ou multa, para aquele que acha tesouro em prédio alheio e se apropria, no todo ou em parte, da quota a que tem direito o proprietário do prédio.

De acordo com a redação legal, podemos destacar os seguintes elementos necessários à configuração típica: *a)* a conduta de se apropriar de tesouro achado em prédio alheio; *b)* a apropriação poderá ser parcial ou total; *c)* deverá incidir sobre a quota a que tem direito o proprietário do prédio.

Os arts. 1.264, 1.265 e 1.266 do Código Civil cuidam do *achado do tesouro*.

De acordo com as determinações contidas na lei civil, devemos entender como *tesouro* as coisas antigas, preciosas e ocultas, de cujo dono não se haja memória. Isso significa que uma das características do tesouro é o fato de ser desconhecido o seu proprietário. Nesse caso, aquele que descobriu o tesouro deve dividi-lo em partes iguais com o proprietário do prédio, pois, caso contrário, poderá ser responsabilizado pelo delito tipificado no inc. I do parágrafo único do art. 169 do Código Penal.

Dessa forma, o núcleo *apropriar* diz respeito ao fato de que, embora achando o tesouro em prédio alheio, o agente toma como sua propriedade parte que não lhe cabia, ultrapassando, assim, aquilo a que legalmente tinha direito, tomando para si, total ou parcialmente, a quota que pertencia ao proprietário do imóvel.

Esclarece Hungria: "A partilha do tesouro entre o achador e o dono do prédio é condicionada à *casualidade* da descoberta. Entenda-se: a casualidade do achado influi, não para qualificar o tesouro, mas para atribuir em partes iguais a sua propriedade *pro indiviso*. Se o tesouro é encontrado, não por obra do acaso (*fortuito casu*), mas *opera ad hoc data*, posto que sem prévia determinação ou sem assentimento do dono do prédio, sua propriedade é exclusivamente deste (art. 608);[122] de modo que sua apropriação pelo achador é furto, e não o crime de *apropriação de tesouro*."[123]

E arremata o grande penalista: "Pode o tesouro achar-se escondido no solo ou em qualquer outro local, mesmo dentro de um móvel (ex.: moedas depositadas no escaninho secreto de uma velha arca). Não é, porém, tesouro o depósito natural de pedras preciosas (pois tal depósito, diversamente do tesouro enterrado, é *acessorium* do solo e, como tal, ainda que descoberto casualmente por terceiro, é propriedade inteira

122 Correspondente ao atual art. 1.265 do Código Civil.
123 HUNGRIA, Nélson. *Comentários ao código penal*, v. VII, p. 152.

do dono do solo, desde que *dominus soli, dominus est coeli et inferiorum,* salvo as exceções legais)."[124]

Objeto material e bem juridicamente protegido

O tipo penal que prevê o delito de apropriação de tesouro tem por finalidade proteger o *patrimônio,* ainda desconhecido, mas pertencente ao dono do prédio em que se encontrava escondido. Na verdade, protege-se, aqui, o direito de propriedade à quota a que tem direito o proprietário do prédio com a descoberta do tesouro. Também se encontra sob essa proteção não somente o direito do proprietário do prédio, como também do enfiteuta, nos termos do art. 1.266 do Código Civil.

Objeto material é o tesouro, vale dizer, o depósito antigo de coisas preciosas, oculto e de cujo dono não haja memória.

Sujeito ativo e sujeito passivo

Qualquer pessoa pode ser *sujeito ativo* do delito de apropriação de tesouro.

Sujeito passivo é o proprietário do prédio onde foi encontrado o tesouro que, nos termos do art. 1.264 do Código Civil, terá direito à metade do tesouro achado casualmente. Conforme salienta Magalhães Noronha, esclarecendo o art. 1.266 do Código Civil, *achando-se em terreno aforado, o tesouro será dividido por igual entre o descobridor e o enfiteuta, ou será deste por inteiro quando ele mesmo seja o descobridor,* "reserva ao enfiteuta o mesmo direito conferido ao proprietário à metade do tesouro. Neste caso, o titular do aforamento exclui o proprietário. Dando-se a invenção, o tesouro será dividido em duas partes iguais entre o inventor e enfiteuta, e consequentemente, se o primeiro se apodera do tesouro, apropria-se da parte que compete ao segundo".[125]

Consumação e tentativa

Consuma-se o delito no momento em que, descoberto o tesouro, o agente dele se apropria, agindo com *animus rem sibi habendi.*

A tentativa é admissível.

Elemento subjetivo

O delito de apropriação de tesouro somente pode ser praticado dolosamente, não havendo previsão legal para a modalidade de natureza culposa.

Modalidades comissiva e omissiva

O núcleo contido no tipo penal que prevê a apropriação de tesouro poderá ser levado a efeito comissiva ou omissivamente, dependendo da situação concreta analisada.

Apropriação de coisa achada

O delito de *apropriação de coisa achada* encontra-se previsto no inc. II do parágrafo único do art. 169 do Código Penal.

Dessa forma, podemos destacar os seguintes elementos contidos na mencionada infração penal: *a)* a conduta de se apropriar de coisa alheia perdida; *b)* a apropriação pode ser total ou parcial; *c)* não restituí-la ao dono ou legítimo possuidor ou não entregá-la à autoridade competente no prazo de 15 (quinze) dias. A conduta de se apropriar agora é dirigida finalisticamente à *coisa alheia perdida.* Dessa forma, não comete o delito em estudo se o agente estiver diante de *res nullius* (coisa de ninguém) ou, ainda, de *res derelicta* (coisa abandonada). Merece ser levada a efeito a distinção entre *coisa perdida* e *coisa esquecida,* pois que *coisa perdida* é aquela que seu dono ou possuidor não sabe onde efetivamente se encontra, e *coisa esquecida* é aquela que, temporariamente, foi esquecida em algum lugar conhecido pelo dono ou possuidor. Bento de Faria esclarece que "coisas perdidas são as que se encontram em lugar público ou de uso público, em condições tais que façam presumir, fundadamente o seu extravio".[126]

É de extrema importância à configuração do delito em exame que a coisa seja *perdida,* e não esquecida ou mesmo deixada voluntariamente em algum lugar pela própria vítima. É que, nesses últimos casos, se o agente que as encontra resolve tê-las para si, o delito praticado será o de furto, e não o de apropriação de coisa achada.

✒ O fato de o animal estar à beira da estrada não significa, tão somente por isso, que se tratava de coisa perdida ou abandonada; ademais, a própria natureza da *res furtiva,* um animal de criação, isto é, coisa semovente, impede que se possa inferir se trate de coisa perdida. Por outro lado, aquele que encontra coisa perdida tem a obrigação de restituí-la ao dono, ou ao legítimo possuidor, ou, não logrando êxito em localizá-lo, de entregar à autoridade competente, e não simplesmente dela se apoderar para algum tempo para depois, dizendo-se proprietário do animal, vendê-la para terceiro (TJPR, ACR 0394359-7, 3ª Câm. Crim., Rel. Rogério Coelho, pub. *DJ* 7.502).

Aquele que perde a coisa não perde o seu domínio. Continua a ser seu dono, mesmo não tendo sua posse direta.

O fato de encontrar a coisa perdida, como se percebe com clareza, não se configura em infração penal, mas, sim, a vontade de dela se apropriar, tendo conhecimento de que se encontra perdida, ou seja, possui um dono que não abriu mão do seu domínio sobre ela.

---

[124] HUNGRIA, Nélson. *Comentários ao código penal,* v. VII, p. 152.

[125] NORONHA, Edgard Magalhães. *Direito penal,* v. 2, p. 348.

[126] FARIA, Bento de. *Código penal brasileiro,* p. 119.

Não importa que essa apropriação seja total ou parcial. Assim, aquele que acha coisa perdida e devolve, tão somente, metade daquilo que encontrou ao seu legítimo dono deve responder pela infração penal em estudo.

O Código Civil, em seu art. 1.233, parágrafo único, possui dispositivo semelhante, que obriga ao descobridor a entregar a coisa perdida por ele encontrada. O Código Penal determina, contudo, que essa devolução ocorra no prazo de 15 dias. Portanto, se o agente for surpreendido com a coisa perdida ainda no prazo legal, não se poderá concluir pelo delito de apropriação de coisa achada, visto que, para a sua configuração, deverá ter decorrido o prazo estipulado pela lei penal. O reconhecimento da infração penal, outrossim, está condicionado ao decurso do prazo legal. Antes dele, mesmo já existindo no agente a vontade de se apropriar da coisa, o fato será atípico. Nesse sentido, afirma Cezar Roberto Bitencourt que "somente se configura a *apropriação de coisa achada* após ultrapassado o prazo legal de quinze dias sem que o *achador* devolva a coisa ao dono ou a entregue à Polícia. Assim, não excedida a faixa legal de quinze dias, nem se tipifica o crime".[127]

A entrega poderá ser realizada diretamente ao dono ou legítimo possuidor da coisa perdida ou, sendo desconhecidos, deverá ser entregue à autoridade competente. Pode ocorrer, e não é incomum, que o agente encontre uma carteira que, além de documentos e determinada importância em dinheiro, contenha, também, o endereço de seu dono. Nesse caso, poderá o agente entregá-la diretamente a ele.

O art. 1.234 do Código Civil, cuidando do tema, determina:

Art. 1.234. Aquele que restituir a coisa achada, nos termos do artigo antecedente, terá direito a uma recompensa não inferior a 5% (cinco por cento) do seu valor, e à indenização pelas despesas que houver feito com a conservação e transporte da coisa, se o dono não preferir abandoná-la.

A *autoridade* a quem deverá ser entregue a coisa perdida, mencionada no tipo penal que prevê o delito de apropriação de coisa achada, é a *judiciária* ou *policial*.

⚖ Condenam-se os réus pelo crime de apropriação de coisa achada (CP 169, parágrafo único, II, do CP), se suas confissões judiciais, confirmadas pelos depoimentos judiciais da vítima e do agente de polícia que os prenderam em flagrante, provam que eles acharam o animal atropelado, na estrada, e que se apropriaram de seus restos mortais, que não lhes pertencia, para fazer um churrasco (TJDF, Rec. 2008.08.1.001107-4, Ac. 438.189, 2ª T. Crim., Rel. Des. Sérgio Rocha, *DJ-DFTE* 16/08/2010, p. 415).

Nesse sentido:

⚖ RT 578/360; TJRS, Ap. Crim. 296047632, 3ª Câm. Crim., Rel. Constantino Lisbôa de Azevedo, j. 27/02/1997.

Objeto material e bem juridicamente protegido

O direito de propriedade e a posse são os bens juridicamente protegidos pelo tipo penal que prevê o delito de apropriação de coisa achada, haja vista a menção expressa não só ao *dono* da coisa perdida, como também ao seu *legítimo possuidor*.

Objeto material do delito é a coisa alheia perdida.

Sujeito ativo e sujeito passivo

Sujeito ativo é aquele que acha a coisa alheia perdida e dela se apropria.

Sujeito passivo é o dono ou o legítimo possuidor, que não perde seus direitos sobre a coisa em decorrência de sua perda.

Consumação e tentativa

Consuma-se o delito de apropriação de coisa achada quando o agente, agindo com o dolo de sua apropriação, não a restitui ao dono ou legítimo possuidor ou não a entrega à autoridade competente no prazo de 15 dias. Assim, a consumação da infração penal somente ocorrerá após o decurso do mencionado prazo legal. Mesmo que o agente já tenha decidido não a devolver, se ainda estiver no prazo legal, seu comportamento será considerado um indiferente penal, pois que o tipo penal, para sua configuração, encontra-se *condicionado* ao decurso do prazo de 15 dias.

Em razão desse raciocínio, entendemos que não é possível o reconhecimento da tentativa, uma vez que, mesmo tendo resolvido psiquicamente não devolver a coisa achada, mas se ainda estiver no prazo legal, se for descoberto o agente, o fato será atípico; ao contrário, se, agindo com *animus* de se apropriar da coisa achada, deixar ultrapassar o prazo de 15 dias, o delito já estará consumado.

Elemento subjetivo

O delito de apropriação de coisa achada somente pode ser praticado dolosamente, não havendo previsão para a modalidade de natureza culposa.

Assim, aquele que, tendo achado coisa perdida, retarda, negligentemente, a dela, devolução permitindo que o prazo de 15 dias seja ultrapassado, não poderá ser responsabilizado criminalmente pelo delito em estudo.

⚖ Demonstrado que o réu não se conduziu com dolo, mas com negligência, no fato de não entregar a coisa achada à autoridade policial [...], não há crime a punir. [...] o delito previsto no art. 169, II, do CP, somente ocorre na forma dolosa, sendo, portanto, indispensável para a sua configuração, que a eventual omissão quanto à entrega do bem se faça com *animus rem sibi habendi*. [...] (TJPR, ApCr 0593359-7, Toledo, 5ª Câm. Crim., Rel. Juiz Conv. Rogério Etzel, *DJPR* 25/03/2010, p. 316).

---

[127] BITENCOURT, Cezar Roberto. *Tratado de direito penal*, v. 3, p. 266.

Modalidades comissiva e omissiva

O delito de apropriação de coisa achada, de acordo com a redação legal, deverá ser praticado omissivamente (omissão própria), haja vista que o próprio tipo penal, de forma expressa, prevê o comportamento negativo do agente, quando se vale da expressão *deixando de restituí-la ao dono ou legítimo possuidor ou de entregá-la à autoridade competente, dentro do prazo de 15 (quinze) dias.*

Classificação doutrinária

Crime comum; doloso; comissivo (podendo, em algumas hipóteses, ser considerado como omissivo próprio, como ocorre com a apropriação de coisa achada); de dano; material; de forma livre; instantâneo (não se descartando a possibilidade de ser considerado como instantâneo de efeitos permanentes, caso ocorra, por exemplo, a destruição da coisa apropriada); monossubjetivo; plurissubsistente (como regra, pois que, em algumas situações, os atos poderão ser concentrados, devendo, pois, ser considerados unissubsistentes).

Primariedade do agente e pequeno valor da coisa apropriada havida por erro, caso fortuito ou força da natureza, do tesouro e da coisa achada

O art. 170 do Código Penal determina seja aplicado ao delito de apropriação de coisa havida por erro, caso fortuito ou força da natureza, apropriação de tesouro e de coisa achada o § 2º do art. 155 do mesmo diploma legal.

Pena, ação penal, competência para julgamento e suspensão condicional do processo

O preceito secundário do art. 169 do Código Penal comina uma pena de detenção, de 1 (um) mês a 1 (um) ano, ou multa, para as três infrações penais por ele previstas: 1) *apropriação de coisa havida por erro, caso fortuito ou força da natureza;* 2) *apropriação de tesouro;* 3) *apropriação de coisa achada.*

A ação penal é de natureza pública incondicionada.

Compete ao Juizado Especial Criminal o julgamento das infrações penais tipificadas no art. 169 do Código Penal, haja vista que a pena máxima cominada em abstrato não ultrapassa o limite de 2 (dois) anos, sendo possível, ainda, a realização de proposta de suspensão condicional do processo, pois que a pena mínima cominada não supera o limite determinado pelo art. 89 da Lei nº 9.099/95, vale dizer, um ano.

Aplicam-se ao art. 169 do Código Penal as disposições contidas nos arts. 181, 182 e 183 do mesmo diploma repressivo, naquilo que lhe forem pertinentes.

Apropriação de coisa achada e estelionato

🖉 Apropriação de coisa achada. Agente que acha folhas de cheque e preenche-as, dando-as em pagamento de compras realizadas, responde apenas por estelionato, pois a apropriação constitui-se crime-meio para a consecução do crime-fim, o estelionato (TJRS, Ap. Crim. 298000787, 3ª Câm. Crim., Rel. Constantino Lisbôa de Azevedo, j. 05/03/1998).

Apropriação de coisa havida acidentalmente, apropriação de coisa achada no Código Penal Militar

Os crimes de apropriação de coisa havida acidentalmente, que equivale ao delito de apropriação de coisa havida por erro, caso fortuito ou força da natureza (art. 169, *caput*, do CP), e de apropriação de coisa achada também vieram previstos no Código Penal Militar (Decreto-Lei nº 1.001, de 21 de outubro de 1969), conforme se verifica pela leitura do seu art. 249 e parágrafo único.

> **Art. 170.** Nos crimes previstos neste Capítulo, aplica-se o disposto no art. 155, § 2º.

O art. 170 do Código Penal determina que seja aplicado aos crimes previstos no Capítulo V, do Título II, do Código Penal o disposto no § 2º do art. 155 do Código Penal. Assim, se o criminoso for primário e for de pequeno valor a coisa apropriada indebitamente, ou havida por erro, caso fortuito ou força da natureza, a apropriação de tesouro e de coisa achada, o juiz poderá substituir a pena de reclusão pela de detenção, diminuí-la de um a dois terços ou aplicar somente a pena de multa.

Vide comentários ao art. 155, § 2º, do Código Penal.

🖉 Pela leitura do art. 170 do Código Penal, no caso de apropriação indébita, seja ela qual for, o favor legal estampado no § 2º do art. 155 do Código Penal, de especial mitigação da pena, é automático, bastando ser o réu primário e a coisa de pequeno valor, como na espécie, em que R$ 160,00 (cento e sessenta reais) correspondia a 20% do salário mínimo em 2015 (STJ, HC 402.873/SC, Rel. Min. Sebastião Reis Junior, 6ª T., *DJe* 26/04/2019).

Nesse sentido:

🖉 STJ, REsp 1.592.662/MG, Rel. Min. Reynaldo Soares da Fonseca, 5ª T., *DJe* 29/08/2016.

Capítulo VI – Do Estelionato e Outras Fraudes

Estelionato

Art. 171. Obter, para si ou para outrem, vantagem ilícita, em prejuízo alheio, induzindo ou mantendo alguém em erro, mediante artifício, ardil, ou qualquer outro meio fraudulento:

Pena – reclusão, de um a cinco anos, e multa, de quinhentos mil réis a dez contos de réis.

§ 1º Se o criminoso é primário, e é de pequeno valor o prejuízo, o juiz pode aplicar a pena conforme o disposto no art. 155, § 2º.

§ 2º Nas mesmas penas incorre quem:

Disposição de coisa alheia como própria

I – vende, permuta, dá em pagamento, em locação ou em garantia coisa alheia como própria;

Alienação ou oneração fraudulenta de coisa própria

II – vende, permuta, dá em pagamento ou em garantia coisa própria inalienável, gravada de ônus ou litigiosa, ou imóvel que prometeu vender a terceiro, mediante pagamento em prestações, silenciando sobre qualquer dessas circunstâncias;

Defraudação de penhor

III – defrauda, mediante alienação não consentida pelo credor ou por outro modo, a garantia pignoratícia, quando tem a posse do objeto empenhado;

Fraude na entrega de coisa

IV – defrauda substância, qualidade ou quantidade de coisa que deve entregar a alguém;

Fraude para recebimento de indenização ou valor de seguro

V – destrói, total ou parcialmente, ou oculta coisa própria, ou lesa o próprio corpo ou a saúde, ou agrava as consequências da lesão ou doença, com o intuito de haver indenização ou valor de seguro;

Fraude no pagamento por meio de cheque

VI – emite cheque, sem suficiente provisão de fundos em poder do sacado, ou lhe frustra o pagamento.

Fraude eletrônica

§ 2º-A. A pena é de reclusão, de 4 (quatro) a 8 (oito) anos, e multa, se a fraude é cometida com a utilização de informações fornecidas pela vítima ou por terceiro induzido a erro por meio de redes sociais, contatos telefônicos ou envio de correio eletrônico fraudulento, ou por qualquer outro meio fraudulento análogo.

§ 2º-B. A pena prevista no § 2º-A deste artigo, considerada a relevância do resultado gravoso, aumenta-se de 1/3 (um terço) a 2/3 (dois terços), se o crime é praticado mediante a utilização de servidor mantido fora do território nacional.

§ 3º A pena aumenta-se de um terço, se o crime é cometido em detrimento de entidade de direito público ou de instituto de economia popular, assistência social ou beneficência.

Estelionato contra idoso ou vulnerável

§ 4º A pena aumenta-se de 1/3 (um terço) ao dobro, se o crime é cometido contra idoso ou vulnerável, considerada a relevância do resultado gravoso.

§ 5º Somente se procede mediante representação, salvo se a vítima for:

I – a Administração Pública, direta ou indireta;

II – criança ou adolescente;

III – pessoa com deficiência mental; ou

IV – maior de 70 (setenta) anos de idade ou incapaz.

Introdução

Sendo a fraude o ponto central do delito de estelionato, podemos identificá-lo, outrossim, por meio dos seguintes elementos que integram sua figura típica: *a)* conduta do agente dirigida finalisticamente à obtenção de vantagem ilícita, em prejuízo alheio; *b)* a vantagem ilícita pode ser para o próprio agente ou para terceiro; *c)* a vítima é induzida ou mantida em erro; *d)* o agente se vale de um artifício, ardil ou qualquer outro meio fraudulento para a consecução do seu fim.

Não existe diferença entre a fraude civil e a fraude penal. Só há uma fraude. Trata-se de uma questão de qualidade ou grau, determinado pelas circunstâncias da situação concreta. Elas é que determinaram se o ato do agente não passou de apenas um mau negócio ou se neles estão presentes os requisitos do estelionato, caso em que o fato será punível penalmente. Na hipótese em julgamento, a ação do apelante, fingindo intermediar a venda de um imóvel, recebeu grande quantia da vítima. Mais tarde, descoberta a impossibilidade do negócio, fraudou aquela mais uma vez, restituindo-lhe o valor pago com um cheque falso. Situações, sem sombra de dúvida, que mostram a existência do delito do art. 171, *caput*, do Código Penal, na ação do recorrente (TJRS, Ap. Crim. 70013151618, 7ª Câm. Crim., Rel. Sylvio Baptista Neto, j. 22/12/2005).

O crime de estelionato é regido pelo binômio *vantagem ilícita/prejuízo alheio*. A conduta do agente, portanto, deve ser dirigida a obter *vantagem ilícita*, em *prejuízo alheio*. Assim, de acordo com a redação legal, a primeira indagação seria no sentido de saber o significado da expressão *vantagem ilícita*. Ilícita é a vantagem que não encontra amparo no ordenamento jurídico, sendo, na verdade, contrária a ele. Se a vantagem perseguida pelo agente fosse lícita, o fato poderia ser desclassificado para outra infração penal, a exemplo do crime de exercício arbitrário das próprias razões.

Além disso, discute-se a respeito da natureza dessa vantagem ilícita. A doutrina majoritária posiciona-se no sentido de que a expressão *vantagem ilícita* abrange qualquer tipo de vantagem, tenha ou não natureza econômica. Nesse sentido, afirma Luiz Regis Prado: "Prevalece o entendimento doutrinário de que a referida vantagem não necessita ser econômica, já que o legislador não restringiu o seu alcance como o fez no tipo que define o crime de extorsão, no qual empregou a expressão *indevida vantagem econômica*".[128] *Permissa venia*, não podemos concordar com essa posição, amplamente majoritária, assumida por nossa doutrina. Isso porque, conforme já esclarecemos ao levar a efeito o estudo do delito tipificado no art. 159 do Código Penal, não podemos analisar os tipos penais isoladamente, como se fossem estrelas perdidas, afastadas de qualquer constelação. Por isso, não podemos abrir mão, conforme já assinalado naquela oportunidade, da chamada *interpretação sistêmica*. Dessa forma, encontrando-se o tipo penal que prevê o delito de estelionato inserido no Título II do Código Penal, correspondente aos crimes contra o patrimônio, o raciocínio não poderia ser outro senão o de afirmar que a vantagem ilícita, obtida pelo agente, deve ter natureza econômica. Assim, qualquer vantagem *economicamente apreciável* poderá se amoldar ao delito em estudo, seja ela a obtenção de coisa móvel, imóvel, direitos pertencentes à vítima, enfim, qualquer vantagem em que se possa apontar a sua essência econômica. Caso contrário, ou o fato será atípico, ou poderá se consubstanciar em outras infrações penais em que a fraude faça parte do tipo penal, tal como ocorre nos crimes contra a dignidade sexual, com o delito de violação sexual mediante fraude, tipificado no art. 215 do Código Penal, com a nova redação que lhe foi conferida pela Lei nº 12.015, de 7 de agosto de 2009.

Além da vantagem ilícita obtida pelo agente com seu comportamento, a vítima sofre prejuízo, também, de natureza econômica. Assim, poderá tanto perder aquilo que já possuía, a exemplo daquele que entrega determinada quantia ao estelionatário, ou mesmo deixar de ganhar o que lhe era devido, como no caso da vítima que, enganada pelo agente, não comparece, sendo obrigatória a sua presença, ao local onde receberia uma premiação, perdendo tal direito, que foi transferido ao agente, segundo beneficiado na lista de premiações.

O *caput* do art. 171 do Código Penal determina que a vantagem ilícita seja para o próprio agente ou para terceiro. Nesse caso, o terceiro pode, até mesmo, não saber que aquilo que recebe do agente é produto de crime, não podendo ser responsabilizado pelo delito de estelionato, a não ser que atue mediante o concurso de pessoas, previsto pelo art. 29 do Código Penal.

A utilização da fraude pelo agente visa induzir ou manter a vítima em erro. *Erro* significa a concepção equivocada da realidade, é um conhecimento falso do que ocorre no mundo real. Assim, aquele que atua movido pelo erro acredita numa coisa, enquanto a realidade é outra.

Induzir a erro é fazer nascer a representação equivocada na vítima. O agente, mediante sua fraude, cria no espírito da vítima um sentimento que não condiz com a realidade. Pode ocorrer, entretanto, que a vítima já tenha incorrido, sem qualquer influência do agente, em erro. Nesse caso, se a representação distorcida da realidade já existia, não se poderá falar em induzimento. No entanto, a lei penal também considera como uma das formas de praticar o estelionato a *manutenção em erro*, vale dizer, o agente, mesmo sabendo que a vítima tinha um conhecimento equivocado da realidade, a mantém nessa situação, com a finalidade de obter vantagem ilícita, em seu prejuízo. O *caput* do art. 171 do Código Penal aponta, exemplificativamente, os meios pelos quais o delito poderá ser praticado, vale dizer, o artifício e o ardil. Estes podem ser considerados como espécies de fraudes, já que o mencionado artigo determina seja levada a efeito a chamada interpretação analógica, significando que a uma fórmula casuística (artifício, ardil) a lei faz seguir uma fórmula genérica (qualquer outro meio fraudulento).

A doutrina procura distinguir o *artifício* do *ardil*, embora façam parte do gênero *fraude*. Explica Noronha: "Artifício, lexicologicamente, significa produto de arte, trabalho de artistas. Nesse sentido, portanto, pode-se dizer haver artifício quando há certo aparato, quando se recorre à arte, para mistificar alguém.

Pode o artifício manifestar-se por vários modos: consistir em palavras, gestos ou atos; ser ostensivo ou tácito; explícito ou implícito; e exteriorizar-se em ação ou omissão.

Quanto ao ardil, dão-nos os dicionários os sinônimos de astúcia, manha e sutileza. Já não é de natureza tão material quanto o artifício, porém mais intelectual. Dirige-se diretamente à psique do indivíduo, ou, na expressão de Manzini, à sua inteligência ou sentimento, de modo que provoque erro mediante *falsa aparência lógica ou sentimental*, isto é, excitando ou determinando no sujeito passivo convicção, paixão, ou emoção, e criando destarte motivos ilusórios à ação ou omissão desejada pelo sujeito ativo".[129]

Na verdade, conforme se verifica pela interpretação analógica determinada pelo *caput* do art. 171 do Código Penal, artifício e ardil fazem parte do gênero *fraude*, isto é, o engano, a artimanha do agente, no sentido de fazer com que a vítima incorra em erro ou, pelo menos, nele permaneça. Qualquer meio fraudulento utilizado pelo agente, seja mediante dissimulações, seja até mesmo uma *reticência maliciosa*, que faça a vítima incorrer em erro, já será suficiente para o raciocínio relativo ao delito de estelionato. No que diz respeito à reticência maliciosa, Hungria fornece o exemplo do colecionador que adquiria de alguém, sem qualquer experiência no ramo de antiguidades ou raridades, uma peça de grande valor, por preço ir-

---

[128] PRADO, Luiz Regis. *Curso de direito penal brasileiro*, v. 2, p. 523.
[129] NORONHA, Edgard Magalhães. *Direito penal*, v. 2, p. 365.

risório, por desconhecer a importância dela, fazendo com que a vítima permanecesse em erro com relação ao valor do bem que estava sendo vendido.

Concluindo, a palavra estelionato se origina de *stellio*, ou seja, camaleão, justamente pela qualidade que tem esse animal para mudar de cor, confundindo sua presa, facilitando, assim, o bote fatal, bem como para poder fugir, também, dos seus predadores naturais, que não conseguem, em virtude de suas mutações, perceber a sua presença, tal como ocorre com o estelionatário que, em razão de seus disfarces, sejam físicos ou psíquicos, engana a vítima com sua fraude, a fim de que tenha êxito na sua empresa criminosa.

⚖ Segundo o entendimento desta Corte Superior de Justiça, configura crime de estelionato praticado contra a Previdência Social a realização de saques, por terceiros, de valores relativos a benefícios de titulares já falecidos. Precedentes (STJ, AgRg no AREsp 1.337.154/SP, Rel.ª Min.ª Laurita Vaz, 6ª T., *DJe* 29/03/2019).

Nesse sentido:

⚖ STJ, HC 435.818/SP, Rel. Min. Ribeiro Dantas, 5ª T., *DJe* 11/05/2018; TJ-MG, AC 0792307-28.2012.8.13.0145, Rel. Des. Catta Preta, *DJe* 30/11/2015; TJMG, AC 1.0702.03.069086-2/001, Rel. Hyparco Immesi, *DJ* 08/08/2008; TJMG, AC 1.0596.03.015426-1/001, Rel. William Silvestrini, *DJ* 22/05/2007; TJPR, AC 0326689-7, Joaquim Távora, Rel. Des. Roberto de Vicente, j. 14/09/2006.

Classificação doutrinária

Analisando a figura típica fundamental, podemos concluir que o estelionato é um crime comum, tanto com relação ao sujeito ativo quanto ao sujeito passivo; doloso; material; comissivo e omissivo (tendo em vista ser possível esse raciocínio através da conduta de manter a vítima em erro); de forma livre (pois que qualquer fraude pode ser usada como meio para a prática do crime); instantâneo (podendo, ocasionalmente, ser reconhecido como instantâneo de efeitos permanentes, quando houver, por exemplo, a perda ou destruição da coisa obtida por meio de fraude); de dano; monossubjetivo; plurissubsistente; transeunte ou não transeunte (dependendo da forma como o delito é praticado).

⚖ III – O preceito primário do art. 171 do Código Penal tem a seguinte redação: "Obter, para si ou para outrem, vantagem ilícita, em prejuízo alheio, induzindo ou mantendo alguém em erro, mediante artifício, ardil, ou qualquer outro meio fraudulento". Observa-se que a norma incriminadora não qualifica o artifício, o ardil ou qualquer outro meio fraudulento. Ou seja, cuida-se de delito de forma livre, podendo ser cometido por qualquer meio eleito pelo agente. Portanto, o agir com astúcia, esperteza, ou estratagema pode ganhar diversos contornos a

depender do plano delitivo adotado pelo agente. IV – Na hipótese em foco, o paciente "usou como ardil o relacionamento que construiu com a vítima, fazendo com ela confiasse nele tendo em conta a paixão que sentia". Em verdade, não há se adjetivou as circunstâncias do crime pelo simples fato de o réu ter agido com ardil; mas, sim, por ter usado o envolvimento afetivo com a vítima como uma forma de ardil. Nessa ordem de ideias, merece maior reprovação a conduta do paciente de se valer do relacionamento íntimo que possuía com a vítima para a prática do delito (STJ, AgRg no HC 577.861/SC, Rel. Min. Felix Fischer, 5ª T., julgado em 09/06/2020, *DJe* 17/06/2020).

Nesse sentido:

⚖ STJ, AgRg no REsp 1.860.685/PR, Rel. Min. Rogerio Schietti Cruz, 6ª T., julgado em 16/06/2020, *DJe* 26/06/2020; STJ, AgRg no REsp 1.497.147/SP, Rel. Min. Leopoldo de Arruda Raposo, Desembargador convocado do TJ-PE, 5ª T., *DJe* 13/05/2015; STJ, AgRg no REsp 1.112.184/RS, Rel. Min. Rogério Schietti Cruz, 6ª T., *DJe* 06/04/2015.

Objeto material e bem juridicamente protegido

Conforme destaca Muñoz Conde, "*bem jurídico protegido* comum a todas as modalidades de estelionato é o patrimônio alheio em qualquer de seus elementos integrantes, bens móveis ou imóveis, direitos etc., que podem constituir o objeto material do delito".[130]

Sujeito ativo e sujeito passivo

Qualquer pessoa pode ser *sujeito ativo* no crime de estelionato. Da mesma forma, qualquer pessoa pode figurar como *sujeito passivo*. Merece ser ressaltado que além do proprietário, aquele que, mesmo não sendo o *dominus,* sofre prejuízo com o comportamento levado a efeito pelo agente pode ser considerado sujeito passivo da ação criminosa.

Há necessidade, entretanto, de que o sujeito passivo seja pessoa determinada, pois, caso contrário, se o delito for praticado contra um número indefinido de pessoas, poderá ser desclassificado para uma das hipóteses previstas na Lei nº 1.521, de 26 de dezembro de 1951, que dispõe sobre os crimes contra a economia popular, ou mesmo uma das infrações penais contra a relação de consumo previstas pelo Código de Defesa do Consumidor (Lei nº 8.078, de 11 de setembro de 1990).

O sujeito passivo do crime de estelionato deverá possuir *capacidade de discernimento* para que possa, de acordo com os elementos do tipo penal em estudo, ser induzido ou mantido em erro. Se lhe falta essa capacidade, tal como ocorre com alguns incapazes, o fato poderá ser desclassificado, por exemplo, para o delito tipificado no art. 173 do Código Penal.

⚖ O sujeito passivo do delito é aquele que sofre a lesão patrimonial, devendo ser certo e determinado

---

[130] MUÑOZ CONDE, Francisco. *Derecho penal* – parte especial, p. 410.

(TJMG, HC 1.0000.08.476183-2/000, Rel. Des. Adilson Lamounier, *DJ* 02/08/2008).

Nesse sentido:

⚖ TJMG, ACr 1.0133.02.005534-8/001, 1ª Câm. Crim., Rel. Eduardo Brum, pub. 11/01/2008.

Consumação e tentativa

Tem-se por consumado o estelionato, em sua modalidade básica, quando o agente consegue obter a vantagem ilícita, em prejuízo da vítima. Há necessidade, para efeitos de reconhecimento de consumação do estelionato, da afirmação do binômio *vantagem ilícita/prejuízo alheio*. Assim, quando o agente consegue auferir a vantagem ilícita em prejuízo da vítima, o delito chega à sua consumação.

Se, no entanto, depois de iniciados os atos de execução configurados na fraude empregada na prática do delito, o agente não conseguir obter a vantagem ilícita em virtude de circunstâncias alheias à sua vontade, o crime restará tentado.

⚖ (...) Se o crime de estelionato só se consuma com a efetiva obtenção da vantagem indevida pelo agente ativo, é certo que só há falar em consumação, nas hipóteses de transferência e depósito, quando o valor efetivamente ingressa na conta bancária do beneficiário do crime (CC 169.053/DF, Rel. Min. Sebastião Reis Júnior, 3ª S., *DJe* 19/12/2019). (...) (CC 171.305/RN, Rel. Min. Joel Ilan Paciornik, 3ª S., julgado em 26/08/2020, *DJe* 02/09/2020).

Nesse sentido:

⚖ STJ, CC 167.025/RS, Rel. Min. Reynaldo Soares da Fonseca, S3, *DJe* 28/08/2019; STJ, CC 126781/CE, Rel.ª Min.ª Alderita Ramos de Oliveira, Desembargadora convocada do TJPE, S3, *DJe* 17/04/2013; STJ, RHC 17106/BA, Rel. Min. Hamilton Carvalhido, 6ª T., *DJ* 22/04/2008, p. 1; TJMG, ACr 1.0388.06.011370-0/001, 1ª Câm. Crim., Rel. Eduardo Brum, pub. 09/05/2008; TJMG, ACr 1.0145.00.006950-3/001, 34ª Câm. Crim., Rel. Walter Pinto da Rocha, pub. 12/12/2007; TJMG, AC 1.0223. 06.185651-2/001, Rel. Des. Walter Pinto da Rocha, *DJ* 03/05/2007; TJRS, Ap. Crim. 70010715019, 8ª Câm. Crim., Rel. Fabianne Breton Baisch, j. 15/06/2005.

Elemento subjetivo

O delito de estelionato somente pode ser praticado dolosamente, não havendo previsão para a modalidade de natureza culposa.

⚖ A Corte local concluiu que todos os requisitos do delito de estelionato estão presentes, até mesmo o elemento subjetivo, ou seja, o dolo, a vontade livre e consciente de enganar terceiro, com o intuito de obtenção de vantagem ilícita. Assim, acatar a tese de atipicidade da conduta para afastar a conclusão do Tribunal a quo demandaria reexame fático-probatório, vedado pela incidência do óbice da Súmula n. 7

do STJ (STJ, AgRg no AREsp 1.647.409/SC, Rel. Min. Rogerio Schietti Cruz, 6ª T., julgado em 23/06/2020, *DJe* 01/07/2020).

Nesse sentido:

⚖ STJ, HC 168746/DF, Rel. Min. Gilson Dipp, 5ª T., *DJe* 14/04/2011; TJMG, ACr 1.0024.01.045672-1/001, 4ª Câm. Crim., Rel. Eli Lucas de Mendonça, *DJ* 18/04/2008.

Modalidades comissiva e omissiva

A conduta típica de obter vantagem ilícita em prejuízo alheio é praticada mediante a fraude do agente, que *induz* ou *mantém* a vítima em erro.

A *indução* pressupõe um comportamento comissivo, vale dizer, o agente faz alguma coisa para que a vítima incorra em erro.

Por outro lado, a conduta de manter a vítima em erro pode ser praticada omissivamente, isto é, o agente, sabedor do erro em que está incorrendo a vítima, aproveita-se dessa oportunidade, silenciando a fim de obter a vantagem ilícita em prejuízo dela.

Nesse sentido, preleciona Nélson Hungria: "Há uma analogia substancial entre o *induzimento em erro* e o *doloso silêncio em torno do erro preexistente*. Praticamente, tanto faz ministrar o veneno como deixar *scienter* que alguém o ingira por engano [...].

A inércia é uma *species* do *genus* 'ação': é a própria atividade que se refrange sobre si mesma, determinando-se ao *non facere*. Tanto usa de fraude quem *ativamente* causa o erro para um fim ilícito, quanto quem *passivamente* deixa-o persistir e dele se aproveita."[131]

Primariedade do agente e pequeno valor do prejuízo

O § 1º do art. 171 do Código Penal determina, *verbis*:

§ 1º Se o criminoso é primário, e é de pequeno valor o prejuízo, o juiz pode aplicar a pena conforme o disposto no art. 155, § 2º.

Como se percebe pela redação do parágrafo antes transcrito, em comparação com o § 2º do art. 155 do Código Penal, a lei penal, embora mantendo a exigência da primariedade do agente, modificou o segundo requisito necessário à sua aplicação.

No crime de furto, exige a lei que a *coisa furtada seja de pequeno valor*, dado este de natureza eminentemente objetiva, tendo os Tribunais convencionado, conforme dissemos quando do estudo do art. 155 do Código Penal, ser aquele em torno de um salário mínimo, vigente à época dos fatos.

Na hipótese do crime de estelionato, a redação legal faz menção a *prejuízo* de pequeno valor, devendo-se levar em consideração, aqui, a pessoa da vítima, ao contrário do que ocorre no delito de furto.

No entanto, a redação legal não podia ser outra, uma vez que, diferentemente do objeto material do furto, que é a *coisa alheia móvel*, no estelionato, de abrangência maior, o art. 171 utiliza a expressão *prejuízo*

---

alheio, que pode se estender não somente às coisas móveis, como também imóveis, direitos economicamente apreciáveis etc.

Assim, se o criminoso for primário e de pequeno valor o prejuízo, que também deve girar em torno de um salário mínimo, o juiz poderá substituir a pena de reclusão pela de detenção, diminuí-la de um a dois terços ou aplicar somente a pena de multa.

Para maiores informações a respeito dos critérios de aplicação das alternativas legais, remetemos o leitor aos comentários produzidos quando do estudo do crime de furto.

⚖ A jurisprudência desta Corte Superior de Justiça é no sentido de que, tratando-se de crimes em continuidade delitiva, o valor a ser considerado para fins de concessão do privilégio (arts. 155, § 2º, e 171, § 1º, do CP) é a soma da vantagem obtida pelo agente do crime. Precedentes (STJ, AgRg no AREsp 712.222/MG, Rel. Min. Reynaldo Soares da Fonseca, 5ª T., *DJe* 09/11/2015).

Nesse sentido:

⚖ STJ, AgRg no REsp 1.335.363/ES, Rel. Min. Jorge Mussi, 5ª T., *DJe* 25/03/2015; STJ, AgRg no REsp 1187172/RS, Rel.ª Min.ª Laurita Vaz, 5ª T., *DJe* 19/08/2011.

Modalidades especiais de estelionato

O § 2º do art. 171 do Código Penal, cuidando das modalidades especiais de estelionato, prevê os delitos de: I – *disposição de coisa alheia como própria;* II – *alienação ou oneração fraudulenta de coisa própria;* III – *defraudação de penhor;* IV – *fraude na entrega de coisa;* V – *fraude para recebimento de indenização ou valor de seguro;* VI – *fraude no pagamento por meio de cheque.*

Como subespécies de estelionato, devemos interpretá-las levando-se em consideração os elementos informadores daquela figura típica. Assim, a fraude será o meio utilizado pelo agente, em todas essas figuras típicas, a fim de que obtenha uma vantagem ilícita em prejuízo alheio. O dolo é o elemento subjetivo característico de todas as infrações penais catalogadas pelos incisos do § 2º do art. 171 do Código Penal, não havendo previsão para a modalidade de natureza culposa.

Em razão de suas particularidades, faremos a análise, isoladamente, de cada uma dessas modalidades.

Disposição de coisa alheia como própria

O inc. I do § 2º do art. 171 do Código Penal diz que incorrerá nas mesmas penas cominadas à modalidade fundamental de estelionato aquele que *vende, permuta, dá em pagamento, em locação ou em garantia coisa alheia como própria,* atribuindo a esta figura típica o *nomen iuris* de *disposição de coisa alheia como própria.*

Crime comum, tanto com relação ao sujeito ativo quanto ao sujeito passivo, pode ser praticado por qualquer pessoa, não se exigindo nenhuma qualidade ou condição especial.

Como se percebe pela redação legal, os comportamentos *vender, permutar, dar em pagamento, em locação ou em garantia* pressupõem, como regra geral, que sejam praticados por quem não é proprietário da coisa. Assim, o agente, objetivando obter a vantagem ilícita, utiliza fraude, fazendo-se passar pelo proprietário do bem, causando prejuízo à vítima.

A *coisa alheia* mencionada pelo tipo penal pode ser *móvel* ou *imóvel.*

A consumação ocorre quando, efetivamente, consegue a vantagem ilícita em prejuízo alheio, sendo possível, como acontece com a modalidade fundamental de estelionato, o raciocínio correspondente à tentativa.

⚖ Para que se tipifique o estelionato, na modalidade disposição de coisa alheia como própria (art. 171, § 2º, I, do CPB), exige-se a demonstração da obtenção, para si ou para outrem, da vantagem ilícita, do prejuízo alheio, do artifício, do ardil ou do meio fraudulento empregado com a venda, a permuta, a dação em pagamento, a locação ou a entrega, em garantia, da coisa de que não se tem a propriedade (STJ, REsp 1094325/SP, Rel. Min. Napoleão Nunes Maia Filho, 5ª T., *DJe* 04/05/2009).

Nesse sentido:

⚖ TJMG, ACr 1.0024.99.110192-4/001, 2ª Câm. Crim., Rel. José Antonino Baía Borges, pub. 15/01/2008; TJPR, AC 0416784-6, Paranavaí, 4ª Câm. Crim. Rel. Juiz Conv. Tito Campos de Paula, j. 16/08/2007; TACrim/SP, AC, Rel. Onei Raphael, *JTACrim*/SP 47, p. 239.

Alienação ou oneração fraudulenta de coisa própria

O inc. II do § 2º do art. 171 do Código Penal previu como subespécie de estelionato o comportamento daquele que *vende, permuta, dá em pagamento ou em garantia coisa própria inalienável, gravada de ônus ou litigiosa, ou imóvel que prometeu vender a terceiro, mediante pagamento em prestações, silenciando sobre qualquer dessas circunstâncias.*

Aqui, ao contrário da infração penal analisada, a coisa é própria, vale dizer, pertence mesmo ao agente. O inciso, que prevê o delito de *alienação ou oneração fraudulenta de coisa própria,* contém duas partes distintas, ligadas pelos comportamentos de *vender, permutar ou dar em pagamento ou em garantia,* praticados pelo agente. A primeira parte diz respeito a *coisa própria inalienável, gravada de ônus ou litigiosa.* A coisa, mencionada pelo tipo penal, pode ser *móvel ou imóvel.* A segunda parte refere-se, especificamente, a *imóvel que prometeu vender a terceiro.*

A fraude, no delito em estudo, é caracterizada pelo *silêncio,* ou seja, o agente vende, permuta, dá em pagamento ou em garantia aqueles bens que lhe pertencem, omitindo, no entanto, que estão gravados de ônus, ou que existe litígio pendente sobre a coisa, ou mesmo que o imóvel já foi prometido a terceiro, mediante pagamento em prestações.

A *promessa de compra e venda* não se encontra no rol dos comportamentos tipificados pela lei penal, que somente previu as condutas de *vender, permutar, dar em pagamento ou em garantia*. Nesse sentido, esclarece Cezar Roberto Bitencourt: "A *promessa de venda* não é abrangida como forma de crime nos conceitos de venda, permuta, dação em pagamento do art. 171, § 2º, do CP. Assim, o silêncio do promitente vendedor sobre o fato de estar o imóvel arrestado em execução, por exemplo, não tipifica o crime de alienação fraudulenta de coisa própria. Essa proibição tipificada refere-se expressamente ao ato de *vender*, que não se confunde com o *mero compromisso* de compra e venda (este não passa de *obrigação de fazer*). Só recorrendo à analogia seria possível enquadrar a promessa de venda no art. 171, § 2º, II, do CP, mas a *incrimin*ação analógica é vedada pelo direito penal moderno".[132]

Apesar da precisão de raciocínio do renomado professor gaúcho, embora o fato de prometer vender não se amolde ao inc. II do § 2º do art. 171 do Código Penal, dependendo do caso concreto, poderá se subsumir à figura típica fundamental do estelionato, se com essa promessa de venda o agente obteve vantagem ilícita em prejuízo alheio.

Somente poderá ser *sujeito ativo* o proprietário da coisa própria inalienável ou do imóvel prometido a terceiro, sendo, portanto, nesse caso, considerado como próprio. Ao contrário, qualquer pessoa poderá figurar como *sujeito passivo*, sendo, aqui, considerado sob esse enfoque, um delito comum.

A consumação ocorre com a prática efetiva de qualquer um dos comportamentos típicos, vale dizer, quando o agente vende, permuta, dá em pagamento ou em garantia. Tratando-se de crime plurissubsistente, será possível o raciocínio correspondente à tentativa.

Se na transação civil o agente esclarece que a coisa inalienável está gravada de ônus ou é objeto de litígio, o fato será atípico com relação a esse delito, podendo, dependendo da situação concreta, configurar-se em outra infração penal, a exemplo do art. 179 do Código Penal, que prevê o delito de fraude à execução.

⚖ Para que se configure a prática do crime de estelionato é necessário que o agente atue de forma a induzir ou manter alguém em erro, mediante artifício, ardil ou qualquer outro meio fraudulento, obtendo, com isso, vantagem patrimonial ilícita. É atípica a conduta do denunciado que dá coisa própria em garantia à promessa de compra e venda, não auferindo vantagem nem propiciando prejuízo alheio (STJ, HC 36619/PE, Rel. Min. Paulo Medina, 6ª T., *DJ* 16/05/2005, p. 421).

Nesse sentido:

⚖ STJ, REsp 906/RS, Rel. Min. Paulo Costa Leite, *RSTJ* 13, p. 259.

Defraudação de penhor

O crime de *defraudação de penhor* veio tipificado no inc. III do § 2º do art. 171, que diz: *defrauda, mediante alienação não consentida pelo credor ou por outro modo, a garantia pignoratícia, quando tem a posse do objeto empenhado.*

O art. 1.431 do Código Civil define o penhor.

Pela redação do art. 1.431 do Código Civil, verifica-se que é da natureza do penhor a transferência efetiva da posse de uma coisa móvel de propriedade do devedor, como garantia do débito ao credor.

No entanto, o parágrafo único do mencionado artigo prevê os efeitos da chamada *cláusula constituti*, dizendo: **Parágrafo único.** *No penhor rural, industrial, mercantil e de veículos, as coisas empenhadas continuam em poder do devedor, que as deve guardar e conservar.*

Nesses casos, quando não houver transferência da posse da coisa móvel ao credor pignoratício, permanecendo, outrossim, com o devedor, é que se poderá levar a efeito o raciocínio correspondente ao delito de *defraudação de penhor.*

A conduta de defraudar pode se configurar quando o agente aliena a coisa móvel que está em seu poder, como ocorre nas hipóteses de venda, doação, troca etc., como também, de acordo com a regra genérica contida no aludido inciso, quando a consome, desvia, enfim, pratica qualquer comportamento que venha fraudar a garantia dada em penhor, sendo esses os momentos de consumação do delito, ou seja, com a efetiva defraudação. Por se cuidar de um crime plurissubsistente, será possível o raciocínio correspondente à tentativa, a exemplo daquele que, ao tentar vender a terceira pessoa o bem móvel penhorado, é surpreendido e impedido de levar a efeito a transação criminosa.

O consentimento do credor pignoratício na alienação da coisa afasta a tipicidade do fato.

Sujeito ativo, conforme salienta Alberto Silva Franco, "é o devedor que conserva em sua posse o objeto empenhado e o vende, desvia, oculta, ou, de algum outro modo, o subtrai ao vínculo de garantia da dívida".[133] *Sujeito passivo* é o credor pignoratício.

⚖ O delito do art. 171, § 2º, III, do CP é crime formal que ocorre no momento da alienação sem autorização do credor, sendo desnecessária a obtenção de efetiva vantagem pelo autor. Precedentes (STJ, AgRg no REsp 489389/RS, Rel. Min. Arnaldo Esteves Lima, 5ª T., *DJe* 30/03/2009).

Nesse sentido:

⚖ TJMG, ACR 1.0143.02.001772-7/001, 4ª Câm. Crim., Rel. Eduardo Brum, pub. 09/05/2008; STJ, REsp

---

[132] BITENCOURT, Cezar Roberto. *Tratado de direito penal*, v. 3, p. 290.

[133] FRANCO, Alberto Silva. *Código penal e sua interpretação jurisprudencial*, v. I, t. II, p. 2.746.

143243/RS, Rel. Min. Fernando Gonçalves, 6ª T., *RSTJ* 117, p. 548; STJ, REsp 304915/SP, Rel. Min. Paulo Medina, 6ª T., *DJ* 25/08/2003 p. 377; STJ, RHC 6995/RS, Rel. Min. Felix Fischer, 5ª T., *DJ* 03/11/1998, p. 179.

Fraude na entrega de coisa

O inc. IV do § 2º do art. 171 do Código Penal prevê o delito de *fraude na entrega de coisa*, responsabilizando criminalmente aquele que *defrauda substância, qualidade ou quantidade de coisa que deve entregar a alguém*.

Esclarece Álvaro Mayrink da Costa: "O ato de defraudar *substância* significa alterar a natureza da coisa corpórea, ou a sua *qualidade* (importa que o objeto entregue seja *inferior*, pois se for de espécie superior inexiste ilícito penal), ou *quantidade* (refere-se a número, peso e dimensões)".[134]

A coisa defraudada pode ser móvel ou imóvel.

Consuma-se o delito no momento em que a coisa defraudada é entregue à vítima, sendo que a defraudação em si, modificando a substância, a qualidade ou a quantidade da coisa, antes da sua efetiva entrega ao agente, é considerada ato preparatório.

No entanto, pode ocorrer que, depois de defraudada a coisa, o agente dê início à execução do delito, tentando entregá-la ao sujeito passivo, quando é interrompido por circunstâncias alheias à sua vontade, podendo, portanto, ser responsabilizado pela tentativa.

Qualquer pessoa pode ser *sujeito ativo* do delito de fraude na entrega da coisa, desde que tenha a obrigação de entregá-la a alguém, não se exigindo nenhuma qualidade ou condição especial ao seu reconhecimento; *sujeito passivo*, que pode também ser qualquer pessoa, é aquele que tinha o direito de receber a coisa em perfeito estado, sem que fosse defraudada a sua substância, qualidade ou quantidade.

Tratando-se de substância ou produto alimentício destinado a consumo, o delito será aquele tipificado no art. 272 do Código Penal; se houver alteração de produtos destinados a fins terapêuticos ou medicinais, a infração penal será a prevista no art. 273 do diploma repressivo; se o agente fornecer substância medicinal em desacordo com receita médica, será responsabilizado pelo delito tipificado no art. 280 do Código Penal.

Fraude para recebimento de indenização ou valor de seguro

O delito de *fraude para recebimento de indenização ou valor de seguro*, muito comum nos dias de hoje, encontra-se previsto no inc. V do § 2º do art. 171 do Código Penal, responsabilizando criminalmente aquele que *destrói, total ou parcialmente, ou oculta coisa própria, ou lesa o próprio corpo ou a saúde,* ou *agrava as consequências da lesão ou doença, com o intuito de haver indenização ou valor de seguro.*

Pela redação contida no mencionado inciso, podemos destacar dois comportamentos distintos, que atingem objetos materiais diversos. No primeiro deles, o agente destrói, total ou parcialmente, ou oculta *coisa própria*, a exemplo daquele que, almejando receber o valor do seguro, faz com que seu automóvel caia em um precipício, destruindo-o completamente. Nesse caso, o veículo contra o qual foi dirigida a conduta do agente é o objeto material de sua ação.

A conduta do agente poderá ser dirigida contra sua própria pessoa, causando lesão ao seu corpo ou à sua saúde, podendo, ainda, agravar as consequências da lesão ou da doença. Nesse caso, o agente somente será punido em virtude da finalidade especial com que atua, vale dizer, com o *intuito de haver indenização ou valor de seguro*, pois, caso contrário, se fosse sua intenção, tão somente, o autoflagelo, seu comportamento seria atípico, uma vez que a autolesão encontra-se no rol das condutas consideradas um *indiferente penal*, ou seja, não gozam do *status* que o Direito Penal exige a fim de merecer a sua proteção.

A expressão *com o intuito de haver indenização ou valor de seguro* demonstra a natureza *formal* da infração penal. Dessa forma, basta que o agente, por exemplo, destrua uma coisa de sua propriedade, que pode ser móvel ou imóvel, a fim de receber o valor correspondente ao seguro para que o crime reste consumado. Aqui, no entanto, temos que fazer uma observação importante, pois que o fato de destruir uma coisa ou mesmo de mutilar-se com a intenção de receber, por exemplo, a indenização ou o valor do seguro, não tem o condão de consumar, por si só, a infração penal, pois que, para nós, são considerados como atos preparatórios. Entendemos que o início da execução ocorre quando o agente, efetivamente, leva a efeito o pedido de indenização ou pagamento do seguro, mesmo que não o receba, pois que o seu recebimento seria considerado mero exaurimento do crime.

Embora possuindo a natureza de crime formal, tratando-se, também, de um delito plurissubsistente, cujo *iter criminis* poderá ser fracionado, entendemos possível o reconhecimento da tentativa, embora haja discussão doutrinária, pois que, conforme esclarece Noronha, "a admissibilidade da tentativa não é assunto pacífico, pois muitos acham que o delito de perigo não a comporta. Ainda que o tenhamos como tal, cremos perfeitamente configurável à tentativa. Com efeito, o crime, em uma das hipóteses, consiste na *danificação* de coisa, e o dano admite tentativa, pois é um crime material, suscetível de fracionamento. O agravar as conse-

---

[134] COSTA, Álvaro Mayrink da. *Direito penal* – parte especial, p. 940.

quências da lesão ou doença exigirá muitas vezes uma série de atos, até que produza o evento buscado pelo delinquente e que lhe proporcionará vantagem indevida. Nem sempre, portanto, se tratará de delito de execução simples, que se completa com um único ato (*unico actu perficiuntur*), pois pode apresentar execução material prolongada, que admite fracionamento".[135]

Sujeito ativo é o proprietário da coisa móvel ou imóvel, ou aquele que pratica a autolesão, que possui um contrato de seguro com o sujeito passivo. Sujeito passivo é o segurador, responsável pelo pagamento da indenização, pois que a fraude tem por finalidade atingir o seu patrimônio.

⚖ O crime previsto no art. 171, § 2º, inc. V, do Código Penal é de natureza formal, de modo que independe, para sua consumação, do resultado naturalístico consistente na obtenção da vantagem indevida, estando consumado com a ocultação, destruição ou lesão do objeto material com o fim de haver indenização ou valor de seguro, sendo o recebimento, mero exaurimento da conduta delitiva a ser valorada na dosimetria penal (STJ, AgRg no AREsp 780.326/SP, Rel. Min. Jorge Mussi, 5ª T., *DJe* 05/04/2017).

Nesse sentido:

⚖ STJ, HC 43474/MG, Rel. Min. Laurita Vaz, 5ª T., *DJ* 1º/10/2007, p. 301.

Fraude no pagamento por meio de cheque

O inc. VI do § 2º do art. 171 do Código Penal prevê o comportamento daquele que *emite cheque, sem suficiente provisão de fundos em poder do sacado, ou lhe frustra o pagamento.*

De todas as subespécies de estelionato, talvez essa seja a mais comum nos dias de hoje. A primeira observação a ser feita, antes mesmo de levarmos a efeito a análise sucinta dos elementos que informam o delito em estudo, é no sentido de que somente poderá ser responsabilizado pelo delito de estelionato, na modalidade de fraude no pagamento por meio de cheque, o agente que tiver agido *dolosamente* quando da sua emissão. Isso significa que aquele que por *descuido*, pelo fato de controlar mal o saldo em sua conta-corrente, emitir um cheque acreditando na suficiência de fundos quando, na realidade, não possuía, não poderá responder pelo delito em questão, pois que não há previsão para a modalidade culposa dessa infração penal.

O tipo penal em estudo prevê dois comportamentos distintos. No primeiro, o agente emite cheque conhecendo de antemão a insuficiência de fundos em poder do sacado. O cheque, na qualidade de título de crédito, entendido como ordem de pagamento à vista, permite que o beneficiário dirija-se até o banco sacado a fim de efetuar o levantamento da

importância nele consignada ou mesmo que leve a efeito o depósito em conta-corrente. O cheque pós--datado perde a natureza de ordem de pagamento à vista, pois que seu emitente, ao determinar o seu depósito em data futura, implicitamente, afirma não ter suficiência de fundos no momento de sua emissão. Assim, desnatura-se essa modalidade de estelionato em virtude da ausência de fraude, pois que, na verdade, a emissão do cheque pós-datado somente fez o papel de nota promissória, com a característica da possibilidade de ser depositado ou sacado diretamente na instituição financeira.

⚖ Há que se diferenciar a situação em que o estelionato ocorre por meio do saque (ou compensação) de cheque clonado, adulterado ou falsificado, da hipótese em que a própria vítima, iludida por um ardil, voluntariamente, efetua depósitos e/ou transferências de valores para a conta-corrente de estelionatário. Quando se está diante de estelionato cometido por meio de cheques adulterados ou falsificados, a obtenção da vantagem ilícita ocorre no momento em que o cheque é sacado, pois é nesse momento que o dinheiro sai efetivamente da disponibilidade da entidade financeira sacada para, em seguida, entrar na esfera de disposição do estelionatário. Em tais casos, entende-se que o local da obtenção da vantagem ilícita é aquele em que se situa a agência bancária onde foi sacado o cheque adulterado, seja dizer, onde a vítima possui conta bancária. Já na situação em que a vítima, induzida em erro, se dispõe a efetuar depósitos em dinheiro e/ou transferências bancárias para a conta de terceiro (estelionatário), a obtenção da vantagem ilícita por certo ocorre quando o estelionatário efetivamente se apossa do dinheiro, seja dizer, no momento em que ele é depositado em sua conta (STJ, CC 167.025/RS, Rel. Min. Reynaldo Soares da Fonseca, S3, *DJe* 28/08/2019).

Nesse sentido:

⚖ STJ, RHC 20600/GO, Rel. Min. Nilson Naves, 6ª T., pub. *DJ* 25/02/2008, p. 360; STJ, AgRg no REsp 953222/RS, Rel.ª Min.ª Jane Silva, 6ª T., *DJe* 08/09/2008.

Nesse sentido, já se posicionou o Supremo Tribunal Federal, por meio da Súmula nº 246:

⚖ **Súmula nº 246.** *Comprovado não ter havido fraude, não se configura o crime de emissão de cheque sem fundos.*

A ausência de provisão suficiente de fundos deve ocorrer no momento da emissão do cheque, ou seja, a partir do momento em que o agente o coloca em circulação, entregando-o a terceiro, e não com o seu simples preenchimento. Conforme esclarece Guilherme de Souza Nucci, "se possuir provisão de fundos, mas esta for alterada antes da apresenta-

---

[135] NORONHA, Edgard Magalhães. *Direito penal*, v. 2, p. 405.

ção do título, recorre-se à segunda figura (frustrar o pagamento). Por outro lado, se o agente possuir cheque especial, é natural que o pagamento feito pelo banco, ainda que resulte em saldo negativo, não configura o delito. E mais: contando o emitente com seu limite de cheque especial – e emitido o cheque com valor que não ultrapasse o referido limite –, caso o banco recuse o pagamento, por razões de política institucional, o crime também não se configura".[136]

Aqui, podemos acrescentar que se o agente emite cheque com valor superior ao seu limite de cheque especial, sabedor de que não seria pago pelo banco sacado, deverá responder pelo delito em exame.

Se a cártula preenchida disser respeito à conta-corrente já encerrada, o crime será aquele previsto no *caput* do art. 171 do Código Penal, e não no do inc. VI de seu § 2º, da mesma forma que aquele que falsifica a assinatura em cheque de terceiro que chegou ilicitamente a seu poder.

A segunda modalidade característica desse delito diz respeito à frustração ilegítima do pagamento. Conforme salientado, para que se configure o delito por meio dessa modalidade, é preciso que o emitente tenha fundos suficientes em poder do sacado, pois, caso contrário, o fato se subsumirá ao primeiro comportamento, vale dizer, emissão de cheque sem suficiente provisão de fundos.

Pode-se frustrar o pagamento mediante diversas formas, a exemplo daquele que determina a sua *sustação* perante o sacado, ou mesmo encerrando sua conta-corrente, ou retirando, depois da emissão do cheque, os valores depositados, tornando insuficientes os fundos etc.

Embora exista controvérsia no que diz respeito ao momento de consumação do delito, a posição doutrinária majoritária, amparada no entendimento esposado pela Súmula nº 521[137] do Supremo Tribunal Federal, é no sentido de reconhecê-la no momento em que ocorre a recusa do sacado em efetuar o pagamento do cheque, seja em virtude da ausência de suficiência de fundos, seja, por exemplo, à contraordem determinada pelo agente.

É admissível a tentativa, principalmente se nos valermos de exemplos construídos em "laboratório". Assim, nos exemplos fornecidos por Damásio de Jesus, pode ocorrer que, "não obstante a ausência ou insuficiência de provisão de fundos, o banco sacado honra o cheque, pagando-o. Pode ocorrer também que um terceiro deposite na conta do emitente a quantia constante do título".[138] Esses casos, como se percebe sem muito esforço, dificilmente redundarão em ação penal, haja vista que a suposta vítima

sequer terá conhecimento das intenções do agente em não honrar com o pagamento. No entanto, não afastam o raciocínio relativo à possibilidade do *conatus* (tentativa).

Sujeito ativo é o emitente do cheque sem suficiente provisão de fundos, bem como o emitente que lhe frustra o pagamento. *Sujeito passivo* é o tomador do cheque, vale dizer, aquele em favor de quem foi emitido, podendo se tratar de pessoa física ou jurídica.

⚖ Sedimentou-se na jurisprudência desta Corte Superior de Justiça o entendimento de que a emissão de cheques pós-datados pode caracterizar o crime previsto no art. 171 do Código Penal quando restar comprovado que as cártulas não foram fornecidas como garantia de dívida, mas sim com o intuito de fraudar. Precedentes do STJ e do STF (STJ, HC 336.306/MS, Rel. Min. Jorge Mussi, 5ª T., *DJe* 02/02/2016).

Nesse sentido:

⚖ TJRS, Ap. Crim. 70018818674, 7ª Câm. Crim., Rel. Sylvio Baptista Neto, j. 19/04/2007; TJRS, Ap. Crim. 70010182392, 5ª Câm. Crim., Rel.ª Genacéia da Silva Alberton, j. 16/11/2005; STJ, REsp 693804/RS, Rel. Min. Gilson Dipp, 5ª T., *DJ* 04/04/2005, p. 347.

Modalidade qualificada de estelionato e causa de aumento de pena a ele relativa

Dizem os §§ 2º-A e 2º-B, introduzidos ao art. 171 do Código Penal pela Lei nº 14.155, de 27 de maio de 2021, *verbis*:

§ 2º-A. A pena é de reclusão, de 4 (quatro) a 8 (oito) anos, e multa, se a fraude é cometida com a utilização de informações fornecidas pela vítima ou por terceiro induzido a erro por meio de redes sociais, contatos telefônicos ou envio de correio eletrônico fraudulento, ou por qualquer outro meio fraudulento análogo.

§ 2º-B. A pena prevista no § 2º-A deste artigo, considerada a relevância do resultado gravoso, aumenta-se de 1/3 (um terço) a 2/3 (dois terços), se o crime é praticado mediante a utilização de servidor mantido fora do território nacional.

O § 2º-A transcrito acima prevê uma modalidade qualificada de estelionato em virtude dos meios utilizados pelo agente para levar a efeito a infração penal. Assim, de acordo com a redação legal, a vítima ou o terceiro são induzidos a erro, e o agente se utiliza das informações por eles fornecidas, através: a) das redes sociais b) contatos telefônicos; c) envio de correio eletrônico fraudulento; d) ou por qualquer outro meio fraudulento análogo.

Rogério Sanches Cunha, com precisão, exemplificando cada uma dessas situações, nos esclarece:

---

[136] NUCCI, Guilherme de Souza. *Código penal comentado*, p. 565.

[137] ***Súmula nº 521:*** *O foro competente para o processo e julgamento dos crimes de estelionato, sob a modalidade da emissão dolosa de cheque sem provisão de fundos, é o do local onde se deu a recusa do pagamento pelo sacado.*

[138] JESUS, Damásio E. de. *Direito penal*, v. 2, p. 437.

"**a) por meio de redes sociais:** atualmente são muito comuns os anúncios promovidos em redes sociais como Facebook e Instagram. Não raro, são anúncios fraudulentos, manobras ardilosas para atrair pessoas que forneçam seus dados;

b) por contatos telefônicos: são também muito comuns as fraudes cometidas por meio telefônico. Um exemplo recorrente envolve os cartões de crédito. O fraudador telefona para alguém e afirma, por exemplo, que a instituição financeira detectou indícios de fraude com o cartão dessa pessoa. Pede a ela que confirme dados e digite a senha do cartão. Com a senha à disposição, o agente faz compras, efetua saques, toma empréstimos etc.;

c) pelo envio de correio eletrônico fraudulento: neste caso, a vítima recebe um e-mail fraudulento, muitas vezes imitando os caracteres de empresas ou organizações conhecidas e, a partir do acesso por meio do *link* disponibilizado, o estelionatário pode obter os dados pessoais e bancários inseridos em formulários eletrônicos;

d) por qualquer outro meio fraudulento análogo: nesta fórmula analógica se inserem quaisquer outras práticas fraudulentas cometidas por meios eletrônicos ou informáticos, como páginas na *internet*, por exemplo, em que a vítima não é diretamente abordada pelo estelionatário, como nas modalidades anteriores, mas é induzida em erro por fatores diversos (simulação de um estabelecimento comercial regularmente constituído; cópia de outra página conceituada etc.).

Nesses casos, ao contrário do que acontece no furto, a vítima, ao fornecer informações que possibilitam a prática do crime, integra diretamente o ardil preparado pelo estelionatário para obter a vantagem indevida. Ilustremos com exemplos ambas as figuras para bem diferenciá-las:

a) Aproveitando a vulnerabilidade de pessoas que utilizam uma rede pública de *internet*, um *hacker* intercepta a conexão e obtém dados de acesso a contas bancárias. Com esses dados à disposição, acessa as contas e transfere quantias em dinheiro para outra conta da qual efetua saques. É um caso típico de furto mediante fraude, no qual a manobra ardilosa (interceptar os dados transmitidos entre o usuário e o ponto de conexão) é utilizada para que as vítimas sejam despojadas de seus bens sem que nada percebam.

b) Pretendendo adquirir um televisor, um indivíduo faz uma pesquisa na *internet* e encontra a página de uma conhecida rede varejista na qual o produto está sendo anunciado por um preço muito abaixo das concorrentes. Insere seus dados pessoais e bancários sem saber que, na verdade, se trata de uma página clonada, que apenas copia os caracteres da famosa rede varejista, para induzir as pessoas em erro. Efetuado o pagamento, o dinheiro é creditado ao autor da fraude, que evidentemente não pretende entregar o produto anunciado. Nesse exemplo, ao contrário do anterior, a vítima tem participação direta, pois, induzida por um anúncio enganoso, fornece os dados para que o autor da fraude possa obter a vantagem. Trata-se, portanto, de estelionato"[139].

Importante essa distinção trazida pelo querido amigo e colega de Ministério Público, uma vez que, no estelionato, como é da sua própria natureza, o ardil, a fraude, o engodo são levados a efeito a fim de fazer com que a própria vítima entregue a vantagem ilícita ao agente; no furto com fraude, ao contrário, embora também, tais meios são utilizados para que o próprio agente possa praticar a subtração da coisa.

Já o § 2º-B diz que a pena prevista no mencionado § 2º-A do art. 171 do Código Penal, considerada a relevância do resultado gravoso, aumenta-se de 1/3 (um terço) a 2/3 (dois terços), se o crime é praticado mediante a utilização de servidor mantido fora do território nacional.

Aqui, a relevância do resultado gravoso fará com que o julgador aplique a causa especial de aumento de pena entre os patamares mínimo (um terço) e máximo (dois terços), desde que o crime seja praticado mediante a utilização de servidor mantido fora do território nacional, dificultando, assim, a investigação dos fatos ocorridos.

Causas especiais de aumento de pena

Diz o § 3º do art. 171 do Código Penal, *verbis*:

§ 3º. A pena aumenta-se de um terço, se o crime é cometido em detrimento de entidade de direito público ou de instituto de economia popular, assistência social ou beneficência.

Verifica-se, portanto, que a majorante leva em consideração o sujeito passivo da infração penal, entendendo ser mais reprovável o comportamento daquele que pratica o delito de estelionato, previsto no *caput* do art. 171 do Código Penal, bem como em suas demais modalidades tipificadas no § 2º do mesmo artigo, quando couber, em detrimento de: *a)* entidade de direito público; *b)* instituto de economia popular; *c)* instituto de assistência social; *d)* instituto de beneficência.

A razão de ser do aumento de pena diz respeito ao fato de que todas as entidades arroladas pelo parágrafo prestam serviços fundamentais à sociedade. Assim, o comportamento do agente, causando prejuízo a essas entidades, atinge, reflexamente, a sociedade. Na verdade, embora a entidade prejudicada seja determinada, o número de pessoas que sofre com a conduta do agente é indeterminado.

---

[139] CUNHA, Rogério Sanches. Lei 14.155/21 e os crimes de fraude digital. Primeiras impressões e reflexos no CP e no CPP. *In https://meusitejuridico.editorajuspodivm.com.br/2021/05/28/lei-14-15521-e-os-crimes-de-fraude-digital-primeiras-impressoes-e-reflexos-no-cp-e-no-cpp/.* Acessado em 29 de maio de 2021.

Entidades de direito público interno são a União, os estados, os municípios, o Distrito Federal, suas autarquias e entidades paraestatais. *Instituto de economia popular*, conforme esclarece Hungria, "é todo aquele que serve a direto interesse econômico do povo ou indeterminado número de pessoas (bancos populares, cooperativas, caixas Raiffeisen, sociedades de mutualismo etc.). *Instituto de assistência social ou de beneficência* é o que atende a fins de filantropia, de solidariedade humana, de caridade, de altruístico socorro aos necessitados em geral, de desinteressado melhoramento moral ou educacional".[140]

O STJ, por intermédio da Súmula nº 24, consolidou seu entendimento nesse sentido:

📖 *Súmula nº 24. Aplica-se ao crime de estelionato, em que figure como vítima entidade autárquica da Previdência Social, a qualificadora[141] do § 3º do art. 171 do Código Penal.*

Não é possível a aplicação do princípio da insignificância ao crime de estelionato contra a Previdência Social independentemente dos valores obtidos indevidamente pelo agente, pois, consoante jurisprudência do STJ e do STF, em se tratando de estelionato cometido contra entidade de direito público, considera-se o alto grau de reprovabilidade da conduta do agente, que atinge a coletividade como um todo (STJ, AgRg no AREsp 1.476.284/PE, Rel. Min. Ribeiro Dantas, 5ª T., *DJe* 1º/07/2019).

Nesse sentido:

📖 TRF4, Processo 5004638-51.2015.4.04.7102, Rel. Des. Fed. Leandro Paulsen, j. 16/05/2019; STJ, AgRg no REsp 1.582.540/PE, Rel. Min. Rogério Schietti Cruz, 6ª T., *DJe* 16/04/2018; STJ, AgRg no AREsp 462.655/RJ, Rel. Min. Nefi Cordeiro, 6ª T., *DJe* 19/09/2017; STJ, EDcl no REsp 1.205.698/ES, Rel. Min. Nefi Cordeiro, 6ª T., *DJe* 14/05/2015; STJ, HC 247.408/RJ, Rel. Min. Gurgel de Faria, 5ª T., *DJe* 16/04/2015; STJ, AgRg no AREsp 463149/RJ, Rel.ª Min.ª Regina Helena Costa, 5ª T., *DJe* 10/06/2014; STJ, AgRg no REsp 1323659/ES, Rel.ª Min.ª Maria Thereza de Assis Moura, 6ª T., *DJe* 28/03/2014.

Em 27 de maio de 2021, foi publicada a Lei nº 14.155, dando nova redação ao § 4º do artigo 171 do Código Penal, dizendo:

§ 4º. A pena aumenta-se de 1/3 (um terço) ao dobro, se o crime é cometido contra idoso ou vulnerável, considerada a relevância do resultado gravoso.

De acordo com a redação legal, trata-se de majorante que deverá ser aplicada no terceiro momento do critério trifásico previsto pelo art. 68 do Código Penal.

Idoso, para fins de reconhecimento e aplicação da causa especial de aumento de pena em estudo, é aquele com idade igual ou superior a 60 (sessenta)

anos, conforme preconiza o art. 1º da Lei nº 10.741, de 1º de outubro de 2003 (Estatuto da Pessoa Idosa). Para a aplicação da majorante, é preciso que haja prova nos autos da idade da vítima, que pode ser produzida através de certidão de nascimento, carteira de habilitação de motorista, documento de identidade etc., conforme determina o parágrafo único do art. 155 do Código de Processo Penal, que diz que somente quanto ao estado das pessoas serão observadas as restrições estabelecidas pela lei civil.

Além disso, para que o aumento seja aplicado, é preciso que o agente saiba, efetivamente, a idade da vítima, pois, caso contrário, poderá ser reconhecido o erro de tipo.

Por vulnerável, devem ser entendidos aqueles elencados pelo art. 217-A do diploma repressivo, isto é, o menor de 14 (quatorze) anos, e os que, por enfermidade ou deficiência mental, não tem o necessário discernimento para a prática do ato. O paralelo com o referido art. 217-A do Código Penal se faz necessário, tendo em vista que a lei tão somente se utilizou do termo *vulnerável*, para efeito de aplicação da referida causa especial de aumento de pena.

Pena, ação penal e suspensão condicional do processo

A pena cominada ao delito de estelionato, seja para o *caput* ou para as modalidades previstas pelo § 2º do art. 171 do Código Penal, é de reclusão, de 1 (um) a 5 (cinco) anos, e multa.

A pena é de reclusão, de 4 (quatro) a 8 (oito) anos, e multa, se a fraude é cometida com a utilização de informações fornecidas pela vítima ou por terceiro induzido a erro por meio de redes sociais, contatos telefônicos ou envio de correio eletrônico fraudulento, ou por qualquer outro meio fraudulento análogo, nos termos do § 2º-A, inserido ao art. 171 do Código Penal pela Lei nº 14.155, de 27 de maio de 2021.

Se o criminoso for primário e de pequeno valor o prejuízo, terá aplicação o § 2º do art. 155 do Código Penal, podendo o juiz substituir a pena de reclusão pela de detenção, diminuí-la de um a dois terços ou aplicar somente a pena de multa.

A pena será aumentada em um terço se o crime for cometido em detrimento de entidade de direito público ou de instituto de economia popular, assistência social ou beneficência, conforme determinação contida no § 3º do art. 171 do Código Penal. A pena também será aumentada de 1/3 (um terço) ao dobro, se o crime é cometido contra idoso ou vulnerável, considerada a relevância do resultado gravoso.

A pena prevista no § 2º-A deste artigo, considerada a relevância do resultado gravoso, aumenta-se de 1/3 (um terço) a 2/3 (dois terços), se o crime é pratica-

---

[140] HUNGRIA, Nélson. *Comentários ao código penal*, v. VII, p. 261.

[141] Na verdade, embora a Súmula faça referência à qualificadora, como já tivemos oportunidade de salientar, estamos diante de uma causa especial de aumento de pena (majorante), a ser considerada no terceiro momento do critério trifásico de aplicação da pena, previsto no art. 68 do Código Penal.

do mediante a utilização de servidor mantido fora do território nacional, conforme § 2º-B, também acrescentado ao art. 171 do Código Penal pela Lei nº 14.155, de 27 de maio de 2021.

Aplica-se ao crime de estelionato a imunidade penal de caráter pessoal prevista no art. 181 do diploma repressivo.

Não se aplicará o mencionado artigo ao crime de estelionato, nos termos dos incs. II e III do art. 183 do Código Penal: *a)* ao estranho que participa do crime; *b)* se o crime é praticado contra pessoa com idade igual ou superior a 60 (sessenta) anos.

A ação penal, como regra, será de iniciativa pública condicionada à representação, conforme o disposto no § 5º, inserido no art. 171 do Código Penal pela Lei nº 13.964, de 24 de dezembro de 2019, que diz:

§ 5º Somente se procede mediante representação, salvo se a vítima for:

I – a Administração Pública, direta ou indireta;

II – criança ou adolescente;

III – pessoa com deficiência mental; ou

IV – maior de 70 (setenta) anos de idade ou incapaz.

⚖ A Lei n. 13.964/2019, de 24 de dezembro de 2019, conhecida como "Pacote Anticrime", alterou substancialmente a natureza da ação penal do crime de estelionato (art. 171, § 5º, do Código Penal), sendo, atualmente, processado mediante ação penal pública condicionada à representação do ofendido, salvo se a vítima for: a Administração Pública, direta ou indireta; criança ou adolescente; pessoa com deficiência mental; maior de 70 anos de idade ou incapaz. 2. Observa-se que o novo comando normativo apresenta caráter híbrido, pois, além de incluir a representação do ofendido como condição de procedibilidade para a persecução penal, apresenta potencial extintivo da punibilidade, sendo tal alteração passível de aplicação retroativa por ser mais benéfica ao réu. Contudo, além do silêncio do legislador sobre a aplicação do novo entendimento aos processos em curso, tem-se que seus efeitos não podem atingir o ato jurídico perfeito e acabado (oferecimento da denúncia), de modo que a retroatividade da representação no crime de estelionato deve se restringir à fase policial, não alcançando o processo. Do contrário, estar-se-ia conferindo efeito distinto ao estabelecido na nova regra, transformando-se a representação em condição de prosseguibilidade e não procedibilidade. Doutrina: Manual de Direito Penal: parte especial (arts. 121 ao 361)/Rogério Sanches Cunha – 12. ed. rev., atual. e ampl. Salvador: Editora Juspodivm, 2020, p. 413. 3. Ademais, na hipótese, há manifestação da vítima no sentido de ver o acusado processado, não se exigindo para tal efeito, consoante a jurisprudência desta Corte, formalidade para manifestação do ofendido (STJ, AgRg na PET no AREsp 1.649.986/SP, Rel. Min. Reynaldo Soares da Fonseca, 5ª T., julgado em 23/06/2020, *DJe* 30/06/2020).

Nesse sentido:

⚖ STF, HC 187.341, Min. Rosa Weber, 1ª T., 13.10.2020; HC 583.837/SC, Rel. Min. Sebastião Reis Júnior, 6ª T., julgado em 04/08/2020, *DJe* 12/08/2020.

Será possível a confecção de proposta de suspensão condicional do processo desde que o crime não tenha sido cometido em detrimento de entidade de direito público ou de instituto de economia popular, assistência social ou beneficência, uma vez que, sendo aplicada a causa de aumento prevista no § 3º do art. 171 do Código Penal, a pena mínima ultrapassará o limite de um ano, estipulado pelo art. 89 da Lei nº 9.099/1995.

⚖ **Súmula nº 521 do STF.** *O foro competente para o processo e o julgamento dos crimes de estelionato, sob a modalidade da emissão dolosa de cheque sem provisão de fundos, é o do local onde se deu a recusa do pagamento pelo sacado.*

Súmula nº 48 do STJ. *Compete ao juízo do local da obtenção da vantagem ilícita processar e julgar crime de estelionato cometido mediante falsificação de cheque.*

Súmula nº 107 do STJ. *Compete à Justiça Comum Estadual processar e julgar crime de estelionato praticado mediante falsificação das guias de recolhimento das contribuições previdenciárias, quando não ocorrente lesão à autarquia Federal.*

Súmula nº 244 do STJ. *Compete ao foro do local da recusa processar e julgar o crime de estelionato mediante cheque sem provisão de fundos.*

No que diz respeito à possibilidade de aplicação retroativa da exigência de representação trazida pela Lei nº 13.964, de 24 de dezembro de 2019, assim se manifestou o STJ:

⚖ Processual penal. *Habeas corpus* substitutivo. Estelionato. Lei n. 13.964/2019 (Pacote Anticrime). Retroatividade. Inviabilidade. Ato jurídico perfeito. Condição de procedibilidade. *Writ* indeferido. 1. A retroatividade da norma que previu a ação penal pública condicionada, como regra, no crime de estelionato, é desaconselhada por, ao menos, duas ordens de motivos. 2. A primeira é de caráter processual e constitucional, pois o papel dos Tribunais Superiores, na estrutura do Judiciário brasileiro é o de estabelecer diretrizes aos demais Órgãos jurisdicionais. Nesse sentido, verifica-se que o STF, por ambas as turmas, já se manifestou no sentido da irretroatividade da lei que instituiu a condição de procedibilidade no delito previsto no art. 171 do CP. 3. Em relação ao aspecto material, tem-se que a irretroatividade do art. 171, §5º, do CP, decorre da própria mens legis, pois, mesmo podendo, o legislador previu apenas a condição de procedibilidade, nada dispondo sobre a condição de prosseguibilidade. Ademais, necessário ainda registrar a importância de se resguardar a segurança jurídica e o ato jurídico perfeito (art. 25 do CPP), quando já oferecida a denúncia. 4. Não bastassem esses fundamentos, necessário registrar, ainda, prevalecer, tanto neste STJ quanto no STF, o entendimento "a representação, nos crimes de ação penal pública condicionada, não exige maiores formalidades, sendo suficiente a demonstração inequívoca de que a vítima tem interesse na persecução penal. Dessa forma, não há necessidade da existência nos autos de peça processual com esse título, sendo suficiente que a vítima ou seu representante legal leve o fato ao conhecimento das autoridades." (AgRg no HC 435.751/DF, Rel. Min. Nefi Cordeiro, 6ª T., julgado em 23/08/2018, *DJe* 04/09/2018). 6. *Habeas corpus* indeferido (STJ, HC 610.201/SP, Rel. Min. Ribeiro Dantas, 3ª S., j. 24/03/2021, *DJe* 08/04/2021).

Nesse sentido:

HC 573.093/SC, Rel. Min. Reynaldo Soares da Fonseca, 5ª T., j. 09/06/2020, *DJe* 18/06/2020; STJ, CC 89539/SP, 3ª S., Rel. Min. Jane Silva, pub. *DJ* 18/10/2007, p. 262; STJ, CC 35634/DF, Rel. Min. Hélio Quaglia Barbosa, S3, *DJ* 20/09/2004, p. 183; STJ, CC 22356/RS, Rel. Min. Fernando Gonçalves, S3, *DJ* 17/02/1999, p. 118; STJ, HC 93893/SP, Rel. Min. Nilson Naves, 6ª T., *RMDPPP* 24, p. 106.

Torpeza bilateral

Existe controvérsia doutrinária no que diz respeito à punição do agente pelo delito de estelionato quando ocorrer, no caso concreto, a chamada *torpeza bilateral*. Hungria, com seu brilhantismo e imaginação, oferece uma coleção de exemplos nesse sentido, a saber: "Um indivíduo, inculcando-se *assassino profissional*, ardilosamente obtém de outro certa quantia para matar um seu inimigo, sem que jamais tivesse o propósito de executar o crime: um falso vendedor de produtos farmacêuticos impinge, por bom preço, a uma *faiseuse d'anges*, como eficiência abortiva, substâncias inócuas; a cafetina recebe dinheiro do velho libertino, prometendo levar-lhe à alcova uma *virgem*, quando na realidade o que lhe vem a proporcionar é uma jovem meretriz; o simulado falsário capta o dinheiro de outrem, a pretexto de futura entrega de cédulas falsas ou em troca de máquina para fabricá-las, vindo a verificar-se que aquelas não existem ou esta não passa de um *truque (conto da guitarra)*; o *vigarista* consegue trocar por bom dinheiro o *paco* que o *otário* julga conter uma fortuna, de que se vai locupletar à custa da ingenuidade daquele; o cliente da prostituta não lhe paga o *pretium carnis*, tendo ocultado não dispor de dinheiro para fazê-lo".[142] Entendemos que, nesses casos, não seria possível a punição do agente pelo crime de estelionato, sob pena de incorrermos em absurdos jurídicos. Assim, por exemplo, somente ficaria livre da punição pelo estelionato o agente que, no exemplo fornecido por Hungria, viesse, efetivamente, a matar a pessoa para

qual havia sido contratado ou que fornecesse a substância efetivamente abortiva etc.

Se o próprio Direito Civil não se ocupa dessas questões que envolvem a torpeza da suposta vítima, conforme se verifica pela leitura do art. 883 do Código Civil, que dirá o Direito Penal!

Ainda seguindo as lições de Hungria, "o patrimônio individual cuja lesão fraudulenta constitui o estelionato é o *juridicamente protegido*, e somente goza da proteção do direito o patrimônio que serve a um fim legítimo, dentro de sua função econômico-social. Desde o momento que ele é aplicado a um fim ilícito ou imoral, a lei, que é a expressão do direito como *mínimo ético* indispensável ao convívio social, retira-lhe o arrimo, pois, de outro modo, estaria faltando a sua própria finalidade".[143]

Dessa forma, filiamo-nos à posição assumida por um dos maiores penalistas que nosso país já conheceu.

No entanto, a posição hoje majoritária entende pela existência do delito de estelionato, não importando a má-fé do ofendido, ou seja, se a sua finalidade também era torpe (ilegal, imoral etc.). Fernando Capez, adepto dessa segunda corrente, resume suas ideias argumentando que a punição do agente que obteve a vantagem deve ser levada a efeito pelo Direito Penal porque: "*a)* o autor revela maior temibilidade, pois, ilude a vítima e lhe causa prejuízo; *b)* não existe compensação de condutas no Direito Penal, devendo punir-se o sujeito ativo e, se for o caso, também a vítima; *c)* a boa-fé do lesado não constitui elemento do tipo do crime de estelionato; *d)* o dolo do agente não pode ser eliminado apenas porque houve má-fé, pois a consciência e vontade finalística de quem realiza a conduta independe da intenção da vítima".[144]

Deve-se frisar, no entanto, que nem sempre que a vítima quiser "levar vantagem" sobre o agente, profissional do crime e, com isso, vier a ser prejudicada, o fato poderá ser considerado hipótese de torpeza bilateral. Imagine-se o exemplo daquele que, afirmando morar em uma cidade distante da capital, aborda a vítima trazendo consigo um bilhete que dizia estar premiado. Sob o argumento de que não poderia esperar a abertura da instituição bancária responsável pelo pagamento do prêmio, pois que deveria viajar imediatamente, estando até mesmo com sua passagem já comprada, indaga se a vítima quer comprá-lo por um preço inferior ao que seria efetivamente pago. Buscando o lucro fácil, a vítima, supondo estar aproveitando "uma oportunidade", anui ao pedido e compra o *bilhete falso*. Nesse caso, não vemos torpeza na conduta da vítima, a ponto de afastar-lhe a proteção do Direito Penal. Havia, sim, é óbvio, a intenção de lucrar em virtude da suposta necessidade pela qual passava o estelionatário. Não houve, aqui, qualquer

---

[142] HUNGRIA, Nélson. *Comentários ao código penal*, v. VII, p. 192.

[143] HUNGRIA, Nélson. *Comentários ao código penal*, v. VII, p. 192-193.

[144] CAPEZ, Fernando. *Curso de direito penal*, v. 2, p. 477-478.

comportamento ilícito, razão pela qual, embora almejando o lucro fácil, estaria afastada a torpeza bilateral, permitindo-se a punição do agente pelo crime de estelionato.

Ao contrário, imagine-se alguém sendo julgado pelo delito de estelionato porque a vítima havia sido por ele enganada, pagando por uma remessa de substâncias entorpecentes que nunca chegou. Seria um absurdo jurídico, com a devida *venia* das posições em contrário.

Embora o Código Civil englobe a finalidade imoral do agente como impeditiva da repetição, entendemos que a torpeza bilateral somente se aplica aos atos considerados ilícitos. Assim, por exemplo, se o agente contrata os serviços de uma prostituta e, depois do ato sexual, confessa que não possui condições financeiras para pagar-lhe, como a prostituição em si pode ser considerada um comportamento lícito, isto é, que não contraria o ordenamento jurídico-penal, entendemos ser possível, aqui, a sua punição pelo crime de estelionato, ao contrário, como vimos, daquele que paga por uma remessa de substância entorpecente, que nunca chegará, pois que, se efetivamente recebesse a "mercadoria", estaria praticando um comportamento penalmente ilícito.

O tipo penal previsto no art. 171 do CP não exige a idoneidade do ofendido como condição a sua consumação, sendo irrelevante, portanto, a boa-fé da vítima, subsistindo o delito de estelionato ainda que elas tenham agido para se beneficiar da situação (TJ-MG, AC 1735091-14.2006.8.13.0433, Rel. Des. Alberto Deodato Neto, *DJe* 19/08/2016).

Nesse sentido:

TJMG, AC 2.0000.00.507303-4/000, Rel. Eli Lucas de Mendonça, *DJ* 17/02/2005; TJMG, AC 2.0000.00.350321-5/000, Rel.ª Maria Celeste Porto, *DJ* 09/02/2002.

Estelionato e falsidade documental

Não é incomum que o agente, a fim de obter a vantagem ilícita, em prejuízo alheio, utilize falsidade documental, sendo esta, portanto, o meio hábil para que possa ter êxito na empresa criminosa.

Nesse caso, indaga-se: Deveria o agente responder pelas duas infrações penais, em concurso de crimes? Na verdade, aqui se formaram cinco posições.

A primeira, defendida por Hungria, entende que, em virtude da natureza formal do delito de falso, o agente deveria ser tão somente por ele responsabilizado, afastando-se, outrossim, a punição pelo delito de estelionato, pois que, segundo o renomado penalista, "quando a um crime formal se segue o dano efetivo, não surge novo crime: o que acontece é que ele se *exaure*, mas continuando a ser único e o mesmo (à parte a sua maior *punibilidade*, quando a lei expressamente o declare). A obtenção de lucro ilícito mediante *falsum* não é mais que um estelionato qualificado

pelo meio (Impalomeni). É um estelionato que, envolvendo uma ofensa à *fé pública*, adquire o *nomen juris* de 'falsidade'. Se alguém se limita, ao enganar outrem numa transação, a pagar, por exemplo, com cédulas falsas, ou a servir-se de uma falsa cambial de terceiro, o crime único que comete é o de introdução de moeda falsa ou de uso de documento falso".[145]

A segunda posição entende pelo concurso material de crimes, haja vista que, no momento anterior à sua utilização, como meio para a prática do estelionato, já estava consumada a falsidade documental, sem falar que as mencionadas infrações penais ofendem bens jurídicos diferentes, vale dizer, o delito de falsidade documental atinge a fé pública, enquanto o estelionato atinge o patrimônio. Poderá ainda ser considerada a distância temporal entre a prática do falso e a sua utilização no crime de estelionato.

A terceira posição adota a tese do concurso formal de crimes quando o falso é um meio para a prática do crime de estelionato.

A quarta posição, em nossa opinião a que melhor atende às exigências de política criminal, afirma que o crime-fim (estelionato) deverá absorver o crime-meio (falsidade documental). Na verdade, o agente somente levou a efeito a falsidade documental para que pudesse ter sucesso na prática do crime de estelionato, razão pela qual deverá responder tão somente por esta última infração penal. O maior problema nesse raciocínio é que, em muitas situações, as penas previstas para o crime-meio serão maiores do que aquelas previstas para o delito-fim. Assim, considerando que a gravidade da infração penal é medida pela pena a ela cominada que, consequentemente, deverá variar de acordo com a importância do bem jurídico protegido, o agente seria punido, algumas vezes, por infração de menor gravidade, enquanto a de maior gravidade ficaria impune, a exemplo do que ocorre com o estelionato praticado mediante a falsificação de um documento público, prevista no art. 297 do Código Penal, que comina uma pena de reclusão de 2 (dois) a 6 (seis) anos, e multa, enquanto o estelionato, considerado como o fim último do agente, tipificado no art. 171 do Código Penal, comina uma pena de reclusão, de 1 (um) a 5 (cinco) anos, e multa. Podemos considerar, ainda, como quinta posição, aquela assumida pelo Superior Tribunal de Justiça, constante da Súmula nº 17, que diz:

Súmula nº 17. Quando o falso se exaure no estelionato, sem mais potencialidade lesiva, é por este absorvido.

Assim, de acordo com o entendimento sumulado, somente se poderá cogitar de absorção do crime-meio (falsidade) pelo crime-fim (estelionato) quando não restar, depois da sua utilização, qualquer potencialidade ofensiva.

[145] HUNGRIA, Nélson. *Comentários ao código penal*, v. VII, p. 214.

⚖ Conforme entendimento da jurisprudência de nossos Tribunais, o crime de falso é absorvido pelo delito de estelionato, quando a falsificação e o uso do documento se exaurem por completo no próprio estelionato, sem mais qualquer potencialidade lesiva por si só (TJMG, ACR 1.0433.04. 119950-9/001, 3ª Câm. Crim., Rel. Paulo Cézar Dias, pub. 03/04/2008).

Assim, por exemplo, aquele que, depois de encontrar um cheque em branco, adquirir uma mercadoria qualquer, pelo fato de ter-se esgotado a sua potencialidade lesiva, a falsidade relativa a emissão do cheque ficaria absorvida pelo estelionato. Ao contrário, imagine-se a hipótese daquele que, mediante a utilização de uma carteira de identidade falsa, adquirisse a mesma mercadoria em prestações. A carteira de identidade falsa, utilizada para que pudesse abrir o crediário em seu nome e, com isso, trazer prejuízo ao proprietário da coisa, pois que não era a sua intenção honrar com os pagamentos, ainda tinha potencialidade lesiva, ou seja, ainda poderia ser utilizada na prática de outros delitos, razão pela qual deverá ser reconhecido o concurso de crimes, discutindo-se se formal ou material.

⚖ Os delitos constantes dos art. 171 e 299 do CP somente são absorvidos pelo crime de sonegação fiscal, se o falso teve como finalidade a sonegação, constituindo, em regra, meio necessário para a sua consumação (STJ, RHC 37.268/RJ, Rel. Min. Felix Fischer, 5ª T., DJe 17/08/2017).

Nesse sentido:

⚖ STJ, EDcl no RHC 53.461/RJ, Rel. Min. Rogério Schietti Cruz, 6ª T., DJe 07/05/2015; STJ, RHC 24601/SP, Rel.ª Min.ª Jane Silva, 6ª T., DJe 19/12/2008; STJ, HC 73.889/SP, Rel. Min. Felix Fischer, 5ª T., DJ 03/09/2007, p. 200; TJRS, Ap. Crim. 70010715019, 8ª Câm. Crim., Rel. Fabianne Breton Baisch, j. 15/06/2005; STJ, HC 45900/SC, Rel. Min. Felix Fischer, 5ª T., DJ 28/11/2005, p. 323.

Estelionato e apropriação indébita

Conforme destaca Hungria, "na apropriação indébita, o dolo é *subsequens*; no estelionato é *antecedens*. Para que se reconheça o estelionato, é imprescindível que o emprego dos meios fraudulentos seja a *causa* da entrega da coisa. Assim, quando, licitamente obtida a posse da coisa, o agente dispõe dela *ut dominus* e, em seguida, usa de meios fraudulentos para dissimular a apropriação indébia, este é o *nomen juris* que prevalece, e não o estelionato".[146]

Merece frisar que, além do momento de surgimento do dolo, também se pode dizer que o objeto do estelionato é muito mais extenso do que o da apropriação indébita, haja vista que, neste último caso, somente pode ser objeto de apropriação a *coisa alheia móvel*, enquanto que, no estelionato, a lei penal menciona a obtenção de *vantagem ilícita*, podendo esta se traduzir em móveis, ou até mesmo imóveis.

⚖ A Corte de origem reconheceu, a partir da análise dos elementos fáticos e probatórios dos autos, que o réu praticou 2 (dois) crimes distintos: o de estelionato tentado e o de uso de documento falso, por ocasião da abordagem policial. Portanto, agiu com desígnios autônomos, atraindo, consequentemente, a aplicação do concurso formal impróprio (AgRg no REsp 1.860.327/SC, Rel. Min. Ribeiro Dantas, 5ª T., julgado em 09/06/2020, DJe 18/06/2020).

Nesse sentido:

⚖ STJ, REsp 932796/RS, 5ª T., Rel. Min. Felix Fischer, pub. DJ 07/02/2008, p. 1; STJ, REsp 112509/SP, Rel. Min. Vicente Leal, 6ª T., RT 755, p. 587.

Estelionato e jogo de azar

Pode ocorrer que, durante a prática de um jogo de azar, a vítima seja enganada pelo agente, que se vale de meios fraudulentos com o fim de obter vantagem ilícita em seu prejuízo. Nesse caso, poderia o agente responder pelo delito de estelionato ou seria aplicado, aqui, o raciocínio levado a efeito anteriormente, correspondente à torpeza bilateral?

À primeira vista, poderíamos concluir que, sendo ilícito o jogo de azar, deveria ser aplicado o raciocínio relativo à torpeza bilateral, não podendo o Estado, outrossim, tutelar relações que lhe fossem contrárias. No entanto, no que diz respeito especificamente ao jogo de azar, o Código Civil regulamentou tal situação dizendo, em seu art. 814, *verbis:*

Art. 814. As dívidas de jogo ou de aposta não obrigam a pagamento; mas não se pode recobrar a quantia, que voluntariamente se pagou, salvo se foi ganha por dolo, ou se o perdente é menor ou interdito.

Em razão da expressão *salvo se foi ganha por dolo*, entende-se que, nessa hipótese, se a vítima sofreu prejuízo no jogo em virtude da fraude utilizada pelo agente, como a própria lei civil ressalva a possibilidade de sua recuperação, também seria razoável permitir-se a punição do agente pelo delito de estelionato. Nesse sentido, já decidiu o Supremo Tribunal Federal, em acórdão relatado pelo Min. Cordeiro Guerra, conforme ementa abaixo transcrita:

⚖ No estelionato o meio de ataque ao patrimônio é a astúcia, o engodo e a fraude. No jogo de azar a fraude, eliminando o fator sorte, tira ao sujeito passivo toda a possibilidade de ganho. O jogo torna-se, então, simples roupagem, para *mise-en-scène*, destinada a ocultar o expediente de que se serve o criminoso para iludir a vítima (Des. Manoel da Costa Leite. *Manual das Contravenções Penais*). O jogo da chapinha, ou o 'jogo do pinguim' são formas do estelionato e não mera contravenção do art. 50 da Lei das Contravenções Penais (*RTS* 85, p. 1.050).

---

[146] HUNGRIA, Nélson. *Comentários ao código penal*, v. VII, p. 217.

Na verdade, há de ser ressalvada a possibilidade da prática do estelionato quando se estiver diante de jogos considerados lícitos; ao contrário, na hipótese de jogos ilícitos, mantendo-se o argumento expendido quando do estudo da torpeza bilateral, não haverá infração penal a ser perseguida pelo Estado.

⚖ Restando demonstrado que o réu utilizou-se de meio fraudulento para induzir a vítima em erro mediante apostas em 'jogo de tampinhas', auferindo vantagem indevida, resta caracterizado o estelionato (TJMG, ACR 1.0024.02. 726089-2/001, 2ª Câm. Crim., Rel. Herculano Rodrigues, pub. 06/03/2008).

Estelionato e furto de energia elétrica

Aquele que desvia a corrente elétrica *antes* que ela passe pelo registro comete o delito de furto. É o que ocorre, normalmente, naquelas hipóteses em que o agente traz a energia para sua casa diretamente do poste, fazendo aquilo que popularmente é chamado de "gato". A fiação é puxada, diretamente, do poste de energia elétrica para o lugar onde se quer usá-la, sem que passe por qualquer medidor.

Ao contrário, se a ação do agente consiste, como adverte Noronha, "em modificar o medidor, para acusar um resultado menor do que o consumido, há fraude, e o crime é estelionato, subentendido, naturalmente, o caso em que o agente está autorizado, por via de contrato, a gastar energia elétrica. Usa ele, então, de artifício que induzirá a vítima a erro ou engano, com o resultado fictício, do que lhe advém vantagem ilícita".[147]

⚖ A orientação desta Corte se firmou no mesmo sentido do acórdão recorrido, de que, no caso de estelionato de energia elétrica, a reparação do dano antes do recebimento da denúncia em nada afeta a pretensão punitiva, apenas constitui causa de diminuição da pena. Não se pode aplicar ao delito em apreço, por analogia, hipótese taxativa de extinção de punibilidade relacionada aos crimes tributários, substancialmente distintos (AgRg no REsp 1.819.125/SP, Rel. Min. Rogerio Schietti Cruz, 6ª T., julgado em 12/08/2020, DJe 26/08/2020).

Nesse sentido:
⚖ STJ, AREsp 1.418.119/DF, Rel. Min. Joel Ilan Paciornik, 5ª T., *DJe* 13/05/2019; STJ, HC 67829/SP, Rel. Min. Arnaldo Esteves Lima, 5ª T., *DJ* 10/09/2007, p. 260; TJRJ, ACR 2007.050.03210, 7ª Câm. Crim., Rel. Des. Gilmar Augusto Teixeira, j. 14/02/2008.

Estelionato e curandeirismo

A diferença fundamental entre o curandeiro (art. 284 do CP) e o estelionatário reside no fato de que aquele acredita que com suas fórmulas, poções, gestos etc. conseguirá, realmente, resolver os problemas (físicos, psicológicos, amorosos etc.) que acometem a vítima,

enquanto o estelionatário as utiliza sabendo que nada resolverá, pois que almeja, tão somente, aproveitar-se do momento de fraqueza pelo qual passa a vítima, a fim de obter alguma vantagem ilícita em prejuízo desta.

⚖ Curandeirismo e estelionato. Trancamento por falta de justa causa. Inadmissibilidade. Cobrança da prática de consultas e curas, realizadas por agente que se diz incorporado por entidade espírita, em que são utilizados fórmulas e procedimentos como forma de solução de problemas que afligem a humanidade. Conduta que assume caráter de infração penal (TJRJ) (*RT* 777, p. 679).

Nesse sentido:
⚖ *RT* 698, p. 357.

Estelionato e furto mediante fraude

⚖ O furto mediante fraude não se confunde com o estelionato. A distinção se faz primordialmente com a análise do elemento comum da fraude que, no furto, é utilizada pelo agente com o fim de burlar a vigilância da vítima que, desatenta, tem seu bem subtraído, sem que se aperceba; no estelionato, a fraude é usada como meio de obter o consentimento da vítima que, iludida, entrega voluntariamente o bem ao agente (STJ, CC 67343/GO, 3ª S., Rel.ª Min.ª Laurita Vaz, pub. *DJ* 11/12/2007, p. 170).

Nesse sentido:
⚖ STJ, CC 86862/GO, Rel. Min. Napoleão Nunes Maia Filho, S3, *DJ* 03/09/2007, p. 119.

Crime impossível

Entendemos que a fraude grosseira, perceptível à primeira vista como incapaz de enganar qualquer pessoa de inteligência normal, se amolda ao raciocínio correspondente ao crime impossível. O meio utilizado, portanto, para que se possa levar a efeito o raciocínio correspondente ao crime impossível, deve ser absolutamente incapaz de induzir ou manter a vítima em erro, pois, se for relativa essa possibilidade, poderemos concluir pela tentativa.

⚖ Não obstante o artifício, ardil ou fraude, usados para induzir a vítima em erro, o crime de estelionato somente se consuma com a efetiva obtenção de vantagem ilícita em detrimento de outrem. Se a vítima, ao invés de ser enganada pela ação do agente, desde logo dele desconfia e chama a Polícia, não há como integralizar-se o estelionato, ainda que de forma tentada, tornando-se, então, crime impossível. Mesmo que o agente tenha evidenciado a intenção de delinquir, ou seja, perpetrar o estelionato, não basta essa intenção, por não representar ou corresponder ainda ao início da ação delinquencial (TJMG, ACR 1.0699.03. 021149-3/001, 2ª Câm. Crim., Rel. Hyparco Immesi, pub. 16/05/2008).

---

[147] NORONHA, Edgard Magalhães. *Direito penal*, v. 2, p. 232.

Assim, portanto, não há necessidade de que o meio utilizado pelo agente na prática do estelionato seja uma "obra de arte", contanto que seja hábil o suficiente para enganar as pessoas, induzindo-as ou mantendo-as em erro.

⚖️ Não há crime impossível, quando o meio utilizado pelo agente é eficaz à obtenção do resultado lesivo (TJMG, ACr 1.0056.02. 029810-7/001, 2ª Câm. Crim., Rel. Hyparco Immesi, pub. 16/05/2008).

O Superior Tribunal de Justiça, por meio da Súmula nº 73, no que diz respeito à falsificação grosseira de papel-moeda, assim se manifestou:

⚖️ *Súmula nº 73. A utilização de papel-moeda grosseiramente falsificado configura, em tese, o crime de estelionato, da competência da Justiça Estadual.*

Uma observação deve ser feita com relação ao entendimento sumular. Quando o Tribunal Superior faz menção a *papel-moeda grosseiramente falsificado*, está se referindo àquele que, embora não possa ser tipificado como delito de *moeda falsa*, cujas penas cominadas são quase três vezes maiores do que as previstas para o estelionato, se presta para iludir, enganar as pessoas, não havendo, pois, que se falar em crime impossível.

Caso a falsificação seja tão grosseira a ponto de não conseguir enganar o mais simplório dos cidadãos, o fato deverá ser tratado como hipótese de crime impossível.

⚖️ O crime impossível é hipótese de atipicidade da conduta por ausência de perigo ao bem jurídico tutelado presente quando há impropriedade do objeto ou ineficácia do meio, sempre absoluta, porquanto, se houver uma única chance para a consumação do crime, haverá tentativa. Se não há sequer risco de ofensa ao bem jurídico protegido, não há tipicidade material e, portanto, descaracterizado está o injusto penal (TJMG, ACr 1.0024.01.604223-6/001, Rel. Des. Pedro Vergara, *DJ* 06/07/2009).

Nesse sentido:

⚖️ STJ, RHC 17106/BA, Rel. Min. Og Fernandes, 6ª T., *DJe* 17/11/2008; *RT* 881, p. 542; STJ, REsp 693804/RS, Rel. Min. Gilson Dipp, 5ª T., *DJ* 04/04/2005, p. 347.

Endosso em cheque sem suficiente provisão de fundos

Aquele que endossa um cheque sabidamente sem suficiente provisão de fundos pratica o delito tipificado no inc. VI do § 2º do art. 171 do Código Penal? Existe controvérsia doutrinária também nesse sentido.

Noronha, de um lado, entende pela tipicidade do comportamento do endossante: "O endossador pode cometer o crime em apreço. É exato falar a lei em *emissão* – emite cheque. Mas a expressão deve ser to-

mada em sentido amplo, considerando-se o fim que aquela teve em vista."[148]

Damásio de Jesus, em sentido contrário ao de Noronha, afirma: "Não cremos possa o endossante ser sujeito ativo do crime, não obstante opiniões em contrário. Sem recurso à analogia, proibida na espécie, não se pode afirmar que a conduta de *endossar* ingressa no núcleo *emitir*, considerando-se o endosso como segunda emissão."[149]

Somos partidários da última posição, haja vista que, conforme salientado por Damásio de Jesus, não se pode compreender no núcleo *emitir*, característico da fraude no pagamento por meio de cheque, a conduta de *endossar*.

A nosso ver, aquele que, conhecedor da ausência de suficiência de fundos, endossa o cheque entregando-o a terceira pessoa deverá responder pelo crime de estelionato, em sua modalidade fundamental, prevista no *caput* do art. 171 do Código Penal.

A Súmula nº 554 do STF possui a seguinte redação:

⚖️ *Súmula nº 554. O pagamento de cheque emitido sem provisão de fundos, após o recebimento da denúncia, não obsta ao prosseguimento da ação penal.*

Numa interpretação a *contrario sensu* da referida Súmula, chegamos à conclusão de que não será possível o início da ação penal se o agente efetuar o pagamento relativo ao cheque por ele emitido sem suficiente provisão de fundos, *até o recebimento da denúncia*.

Saliente-se, contudo, que a referida Súmula já havia sido publicada anteriormente à vigência da nova Parte Geral do Código Penal, que inovou nosso ordenamento jurídico com a criação do instituto do arrependimento posterior como causa obrigatória de redução da pena, quando haja reparação do dano ou restituição da coisa, nos crimes cometidos sem violência ou grave ameaça, até o recebimento da denúncia ou da queixa.

A indagação que surge agora é a seguinte: terá aplicação a súmula nº 554 do STF, mesmo diante do instituto do arrependimento posterior?

A maior parte de nossos doutrinadores entende de forma positiva, opinando pela aplicação da Súmula nos casos específicos de cheques emitidos sem suficiente provisão de fundos, ficando as demais situações regidas pelo art. 16 do Código Penal, quando a ele se amoldarem.

Pronunciando-se sobre a questão, decidiu o STF:

⚖️ O advento do art. 16 da nova Parte Geral do Código Penal não é incompatível com a aplicação das Súmulas nº 246 e nº 554, que devem ser entendidas complementarmente aos casos em que se verifiquem os seus pressupostos. Não há justa causa para a ação penal, se pago o cheque emitido sem suficiente provisão de fundos, antes da propositura da ação penal, a proposta acusatória não demonstra que houve fraude no pagamento por meio de cheque, não configuran-

---

[148] NORONHA, Edgard Magalhães. *Direito penal*, v. 2, p. 407.

[149] JESUS, Damásio E. de. *Direito penal*, v. 2, p. 436.

do, portanto, o crime do art. 171, § 2º, VI, do Código Penal (STF, HC 64.272/SP, Rel. Rafael Mayer, 1ª T., *DJ* 14/11/1986).

O entendimento sumulado e ratificado posteriormente pelo STF diz respeito tão somente aos cheques emitidos sem suficiente provisão de fundos, e não àqueles falsamente preenchidos por estelionatários que não praticam, como sabemos, a infração penal prevista no inc. VI do § 2º do art. 171 do Código Penal, mas, sim, aquela tipificada em seu *caput*.

⚖ O verbete 554 da súmula do STF não se aplica ao crime de estelionato na sua forma fundamental (TJSC, AC 2012.042239-9, Rel. Des. Carlos Alberto Civinski, j. 11/06/2013).

Nesse sentido:

⚖ STJ, HC 61928/SP, 5ª T., Rel. Min. Felix Fischer, *DJ* 19/11/2007, p. 250.

Nessa hipótese, embora fique afastada a aplicação da Súmula nº 554, que impede o início da *persecutio criminis in judicio*, poderá o agente beneficiar-se com a redução relativa ao arrependimento posterior, caso venha reparar o dano por ele causado até o recebimento da denúncia.

Cola eletrônica

Após a edição da Lei nº 12.550, de 15 de dezembro de 2011, caso o agente venha utilizar ou divulgar informações de conteúdo sigiloso por meio da chamada "cola eletrônica", poderá ser responsabilizado pelo delito de *fraudes em certames de interesse* público. Se as informações repassadas já tiverem se tornado públicas, ou seja, após o início do certame, permanecerá a discussão se o fato é atípico ou se o agente teria praticado os delitos de estelionato ou falsidade ideológica (*vide* discussões sobre o tema no art. 311-A do Código Penal).

⚖ Fraudar vestibular, utilizando-se de cola eletrônica (aparelhos transmissor e receptor), malgrado contenha alto grau de reprovação social, ainda não possui em nosso ordenamento penal qualquer norma sancionadora (INQ 1145/STF). *Writ* concedido para reconhecer a atipicidade da 'cola eletrônica' e trancar a ação penal no que diz respeito às condutas tipificadas nos arts. 171, § 3º e 299 do Código Penal, mantida a persecução penal em relação às demais condutas típicas e autônomas (HC 39592/PI, *Habeas Corpus* 2004/0162092-7, Rel. Min. Haroldo Rodrigues [Desembargador convocado do TJ/CE], 6ª T., *DJe* 14/12/2009).

Nesse sentido:

⚖ TJMG, HC 1.0000.08.476183-2/000, Rel. Des. Adilson Lamounier, *DJ* 02/08/2008; STF, HC 88967, Rel. Min. Carlos Britto, 1ª T., *DJ* 13/04/2007, p. 102.

Estelionato e crime contra o Sistema Financeiro Nacional

Vide art. 6º da Lei nº 7.492, de 16 de junho de 1986.

⚖ A obtenção fraudulenta de empréstimo junto a instituição financeira configura crime de estelionato (art. 171 do Código Penal), e não crime contra o Sistema Financeiro Nacional, previsto no art. 19 da Lei nº 7.492/1986, porquanto não se exige destinação específica dos recursos, diferente do que ocorre com o contrato de financiamento. Precedentes desta Corte (STJ, CC 120413/SP, Rel. Min. Marco Aurélio Bellizze, 3ª Seção, *DJe* 15/08/2012).

Nesse sentido:

⚖ STJ, CC 114239/SP, Rel. Min. Haroldo Rodrigues, 3ª Seção, *DJe* 03/08/2011.

Fraude a credores e recuperação de empresas e falência

Vide art. 168 da Lei nº 11.101, de 9 de fevereiro de 2005.

Estelionato e Estatuto da Pessoa Idosa

Vide art. 106 da Lei nº 10.741, de 1º de outubro de 2003.

Estelionato no Código Penal Militar

Vide art. 251 do Decreto-Lei nº 1.001/69 (Código Penal Militar).

Estelionato e Lei Geral do Esporte

O art. 200 da Lei nº 14.597, de 14 de junho de 2023, que instituiu a Lei Geral do Esporte, criou uma modalidade específica de fraude, punindo com pena de reclusão de 2 (dois) a 6 (seis) anos e multa, aquele que fraudar, por qualquer meio, ou contribuir para que se fraude, de qualquer forma, o resultado de competição esportiva ou evento a ela relacionado.

Estelionato Previdenciário

⚖ "Não é possível a aplicação do princípio da insignificância ao crime de estelionato contra a Previdência Social independentemente dos valores obtidos indevidamente pelo agente, pois, consoante jurisprudência do STJ e do STF, em se tratando de estelionato cometido contra entidade de direito público, considera-se o alto grau de reprovabilidade da conduta do agente, que atinge a coletividade como um todo" (AgRg no AREsp 1476284/PE, Rel. Ministro Ribeiro Dantas, Quinta Turma, julgado em 25/06/2019, *DJe* 01/07/2019). Praticados 3 delitos de estelionato em concurso com 3 agentes distintos, não há falar em crime único, tampouco em continuidade delitiva, não reconhecida pelas instâncias ordinárias, notadamente pelo lapso temporal bastante superior a 30 dias. A pretensão de rever o valor fixado a título de prestação pecuniária ou da reparação de danos, devidamente fundamentados pelas instância ordinárias, em face da situação econômica dos réus e do prejuízo sofrido pelo Erário, seria necessário o reexame de todo o conjunto fático-probatório, o que é vedado na via do recurso especial, tendo em vista o óbice da Súmula 7/STJ (STJ/AgRg no REsp 1849115/SC, Agravo Regimental no Recurso Especial 2019/0344021-2, Rel. Min. Nefi Cordeiro, 6ª T., j. 16/06/2020, *DJe* 23/06/2020).

Estelionato e Moeda Falsa

⚖ Reconhecido na origem que a falsificação não seria grosseira, descabe falar em desclassificação da imputação para estelionato (HC 149.552/RS, Rel. Ministro Marco Aurélio Bellizze, Quinta Turma, julgado em 7/8/2012, *DJe* de 22/8/2012) 2. A jurisprudência desta Corte Superior é no sentido de que o *habeas corpus* não é a via adequada para se apreciar pedido de desclassificação do delito de moeda falsa para o de estelionato, com o consequente reconhecimento da incompetência da Justiça Federal, conforme determina a Súmula n. 73/STJ, tendo em vista que, para se desconstituir o que foi decidido pelas instâncias ordinárias, notadamente em sede de Revisão Criminal, seria indispensável o revolvimento dos fatos e provas constantes dos autos da ação penal, o que é absolutamente descabido (STJ/AgRg no HC 569287/SP, Agravo Regimental no *Habeas Corpus* 2020/0076041-1, Rel. Min. Reynaldo Soares da Fonseca, 5ª T., j. 23/06/2020, *DJe* 30/06/2020).

Competência do estelionato praticado mediante depósito, mediante emissão de cheques sem suficiente provisão de fundos em poder do sacado ou com o pagamento frustrado ou mediante transferência de valores

Diz o § 4º do art. 70 do Código de Processo Penal, com a redação que lhe foi conferida pela Lei nº 14.155, de 27 de maio de 2021, *verbis*:

Art. 70. (...)

§ 4º Nos crimes previstos no art. 171 do Decreto-lei nº 2.848, de 7 de dezembro de (Código Penal), quando praticados mediante depósito, mediante emissão de cheques sem suficiente provisão de fundos em poder do sacado ou com o pagamento frustrado ou mediante transferência de valores, a competência será definida pelo local do domicílio da vítima, e, em caso de pluralidade de vítimas, a competência firmar-se-á pela prevenção.

Fraude com a utilização de ativos virtuais, valores mobiliários ou ativos financeiros

Art. 171-A. Organizar, gerir, ofertar ou distribuir carteiras ou intermediar operações que envolvam ativos virtuais, valores mobiliários ou quaisquer ativos financeiros com o fim de obter vantagem ilícita, em prejuízo alheio, induzindo ou mantendo alguém em erro, mediante artifício, ardil ou qualquer outro meio fraudulento.

Pena – reclusão, de 4 (quatro) a 8 (oito) anos, e multa.

Introdução

O art. 171-A foi inserido no Código Penal pela Lei nº 14.478, de 21 de dezembro de 2022, criando o delito de *fraude com a utilização de ativos virtuais, valores mobiliários ou ativos financeiros*, punindo com uma pena de reclusão, de 4 (quatro) a 8 (oito) anos, e multa àquele que *organizar, gerir, ofertar ou distribuir carteiras ou intermediar operações que envolvam ativos virtuais, valores mobiliários ou quaisquer ativos financeiros com o fim de obter vantagem ilícita, em prejuízo alheio, induzindo ou mantendo alguém em erro, mediante artifício, ardil ou qualquer outro meio fraudulento.* Assim, analisando a referida figura típica, podemos destacar as condutas de *organizar* (estruturar, preparar), *gerir* (administrar), *ofertar* (oferecer) ou *distribuir* (repartir) carteiras (conjunto de aplicações do investidor, que pode ser também denominado de portifólio ou cesta de investimentos), ou *intermediar* (ser utilizado como mediador).

Essas condutas devem ter por objetivo operações que envolvam: a) ativos virtuais; b) valores mobiliários; e c) quaisquer ativos financeiros. São, outrossim, os meios utilizados pelo agente para obter vantagem ilícita, em prejuízo alheio.

O art. 3º, da Lei nº 14.478, de 21 de dezembro de 2022, definiu o conceito de ativos virtuais.

Valores mobiliários são aqueles elencados pelo art. 2º da Lei nº 6.385, de 7 de dezembro de 1976, com a nova redação que lhe foi conferida pela Lei nº 10.303, de 31 de outubro de 2001.

Ativos financeiros podem ser compreendidos como aqueles que dizem respeito ao patrimônio de uma pessoa física ou jurídica, que se encontram na forma de dinheiro ou mesmo em títulos, que têm a possibilidade de virem a ser liquidados no futuro. Buscou-se, aqui, por meio da expressão ativos financeiros, abranger tudo o que não estivesse contido nas expressões ativos virtuais e valores mobiliários.

O agente deve dirigir finalisticamente sua conduta no sentido de obter vantagem ilícita, em prejuízo alheio, induzindo ou mantendo alguém em erro, mediante artifício, ardil ou qualquer outro meio fraudulento.

Tal como ocorre com o art. 171 do Código Penal, no delito de *fraude com a utilização de ativos virtuais, valores mobiliários ou ativos financeiros*, a toda evidência, a vantagem ilícita deve ter natureza patrimonial. O agente atua, portanto, com o fim de obter vantagem ilícita nas mencionadas operações que envolvam ativos virtuais, valores mobiliários ou quaisquer ativos financeiros, causando prejuízo alheio, vale dizer, daquele que foi induzido ou mantido em erro pelo agente, mediante artifício, ardil ou qualquer outro meio fraudulento. Trata-se, como se percebe, de uma modalidade especializada do delito de estelionato, cuja estrutura, em grande parte, foi mantida pela figura típica em estudo.

Classificação doutrinária

Crime comum tanto com relação ao sujeito ativo quanto ao sujeito passivo; doloso; formal; comissivo (podendo, contudo, ser praticado via omissão imprópria, nas hipóteses em que o agente gozar do *status* de garantidor); de forma vinculada (uma vez que somente pode ser praticado através de operações que envolvam ativos virtuais, valores mobiliários ou quaisquer ativos financeiros); de dano; monossubjetivo; plurissubsistente; transeunte ou não transeunte (dependendo da forma com que o delito seja praticado, podendo ou não deixar vestígios).

Objeto material e bem juridicamente protegido

Objeto material no delito previsto pelo art. 171-A do Código Penal é a operação que envolve ativos virtuais, valores mobiliários ou quaisquer ativos financeiros com o fim de obter vantagem ilícita, em prejuízo alheio. O patrimônio é o bem juridicamente protegido pelo delito de *fraude com a utilização de ativos virtuais, valores mobiliários ou ativos financeiros*.

Sujeito ativo e sujeito passivo

Crime comum, o delito tipificado no art. 171-A do diploma repressivo pode ser praticado por qualquer pessoa, não havendo qualquer qualidade ou condição especial exigida pelo tipo penal em análise.

Da mesma forma, qualquer pessoa pode figurar como sujeito passivo.

Consumação e tentativa

Em se tratando de um crime formal, o delito se consuma quando o agente pratica qualquer dos comportamentos previstos no tipo penal, com o fim de obter vantagem ilícita, em prejuízo alheio, induzindo ou mantendo alguém em erro, mediante artifício, ardil ou qualquer outro meio fraudulento. Assim, para que a infração penal em estudo se consume, ao contrário do que ocorre com o crime de estelionato, tipificado no *caput* do art. 171 do Código Penal, não há necessidade de que o agente obtenha, efetivamente, a vantagem ilícita, bastando que atue com essa finalidade.

Por ser um delito plurissubsistente, em que é possível fracionar-se o *iter criminis*, mesmo se concluindo pela natureza formal do delito, será possível o reconhecimento da tentativa.

Elemento subjetivo

O dolo é o elemento subjetivo exigido pelo delito de *fraude com a utilização de ativos virtuais, valores mobiliários ou ativos financeiros*, não havendo previsão para a modalidade de natureza culposa.

Modalidades comissiva e omissiva

As condutas de *organizar, gerir, ofertar* ou *distribuir* carteiras ou *intermediar* operações que envolvam ativos virtuais, valores mobiliários ou quaisquer ativos financeiros pressupõem um comportamento comissivo por parte do agente, podendo, contudo, ser praticado via omissão imprópria.

Pena e ação penal

A pena cominada ao delito de *fraude com a utilização de ativos virtuais, valores mobiliários ou ativos financeiros* é de reclusão, de 4 (quatro) a 8 (oito) anos, e multa.

A ação penal é de iniciativa pública incondicionada.

Aplica-se ao tipo penal em análise a imunidade penal de caráter pessoal prevista no art. 181 do Código Penal. Não se aplicará o mencionado artigo ao crime de *fraude com a utilização de ativos virtuais, valores mobiliários ou ativos financeiros*, nos termos dos incisos II e III

do art. 183 do Código Penal: a) ao estranho que participa do crime; b) se o crime é praticado contra pessoa com idade igual ou superior a 60 (sessenta) anos.

> **Duplicata simulada**
>
> **Art. 172.** Emitir fatura, duplicata ou nota de venda que não corresponda à mercadoria vendida, em quantidade ou qualidade, ou ao serviço prestado.
>
> Pena – detenção, de 2 (dois) a 4 (quatro) anos, e multa.
>
> **Parágrafo único.** Nas mesmas penas incorrerá aquele que falsificar ou adulterar a escrituração do Livro de Registro de Duplicatas.

Introdução

O preceito secundário do art. 172 do Código Penal comina uma pena de detenção, de 2 (dois) a 4 (quatro) anos, e multa, para aquele que, de acordo com a nova Redação dada pela Lei nº 8.137, de 27 de dezembro de 1990, *emitir fatura, duplicata ou nota de venda que não corresponda à mercadoria vendida, em quantidade ou qualidade, ou ao serviço prestado*.

A Lei nº 5.474, de 18 de julho de 1968, que dispõe sobre as duplicatas e dá outras providências, determina, em seus arts. 1º e 2º, *verbis*:

Art. 1º Em todo contrato de compra e venda mercantil entre partes domiciliadas no território brasileiro, com prazo não inferior a 30 (trinta) dias, contado da data da entrega ou despacho das mercadorias, o vendedor extrairá a respectiva fatura para apresentação ao comprador.

§ 1º A fatura discriminará as mercadorias vendidas ou, quando convier ao vendedor, indicará somente os números e valores das notas parciais expedidas por ocasião das vendas, despachos ou entregas das mercadorias.

Art. 2º No ato da emissão da fatura, dela poderá ser extraída uma duplicata para circulação como efeito comercial, não sendo admitida qualquer outra espécie de título de crédito para documentar o saque do vendedor pela importância faturada ao comprador.

Analisando a figura típica do art. 172 do Código Penal, podemos apontar os seguintes elementos: *a)* a conduta de emitir fatura, duplicata ou nota de venda; *b)* a falta de correspondência com a mercadoria vendida, em quantidade ou qualidade, ou com o serviço prestado.

O núcleo *emitir*, utilizado pelo delito em estudo, tem o significado de *colocar em circulação*. Wille Duarte Costa, dissertando sobre o tema, esclarece: "A *duplicata* é um título de crédito causal e à ordem, que pode ser criada no ato da extração da fatura, para circulação como efeito comercial, decorrente da compra e venda mercantil ou da prestação de serviços, não sendo admitida outra espécie de título de crédito para documentar o saque do vendedor ou prestador de serviços pela importância faturada ao comprador ou ao beneficiário dos serviços.

A duplicata admite o aceite do devedor e não é cópia ou segunda via da fatura. Nela não se discriminam as mercadorias vendidas ou serviços prestados, o que deve ser feito na nota fiscal ou na fatura correspondente. Como título de crédito à ordem que é, pode circular via endosso, mas o sacador não pode eximir-se da garantia de pagamento ao endossar a duplicata. Embora seja um título causal, não é a duplicata título representativo de mercadorias ou de serviços. Exige uma provisão determinada, que se consubstancia no valor da compra e venda de mercadorias ou da prestação de serviços, discriminados na fatura e na nota fiscal. Sem tal provisão a duplicata torna-se sem lastro e é chamada de *fria*, constituindo-se em crime de estelionato previsto no art. 172 do Código Penal, por emissão de *duplicata simulada*".[150]

A fatura, duplicata ou nota de venda colocada em circulação, para que se configure na infração penal em estudo, não deve corresponder à mercadoria vendida, em quantidade ou qualidade, ou ao serviço prestado. Assim, inexiste sintonia quantitativa quando, por exemplo, o comerciante vende determinada quantidade de mercadoria e faz consignar outra; da mesma forma, não haverá correspondência qualitativa quando vende determinada mercadoria e consigna outra, de qualidade diferente. Também existe infração penal quando o prestador de serviços faz inserir serviço diverso do efetivamente prestado.

Guilherme de Souza Nucci, com acerto, ressalta: "Por uma imprecisão lamentável, deixou-se de constar *expressamente* no tipo que a emissão de fatura, duplicata ou nota por venda ou serviço inexistente também é crime. Mencionou-se a emissão que não corresponda à *mercadoria vendida* ou ao *serviço prestado*, como se efetivamente uma venda ou um serviço tivesse sido realizado. Não faria sentido, no entanto, punir o emitente por alterar a quantidade ou qualidade da venda feita e não punir o comerciante que *nenhuma venda* fez, emitindo a duplicata, a fatura ou a nota assim mesmo. Portanto, é de se incluir no contexto a 'venda inexistente' ou o 'serviço não prestado'. Trata-se de decorrência natural da interpretação extensiva que se pode – e deve – fazer do tipo penal".[151]

⚖ A duplicata é título de crédito causal que, pela sua lei de regência (Lei nº 5.474/68) só pode ser emitida, para circulação como efeito comercial, no ato de extração de fatura ou conta decorrente de compra e venda mercantil ou de prestação de serviços. Além de corresponder a um efetivo negócio de compra e venda mercantil ou prestação de serviços, a duplicata deve refletir, com precisão, a qualidade e quantidade da mercadoria vendida ou do serviço prestado, sob pena de irregularidade apta a justificar a recusa do aceite (art. 8º da Lei nº 5.474/68), podendo configurar, ainda, no âmbito penal, o crime de duplicata simulada (art. 172 do CP) (STJ, REsp 1.437.655/MS, Rel.ª Min.ª Nancy Andrighi, 3ª T., *DJe* 25/06/2018).

Nesse sentido:

⚖ TJ-DFT, Processo 20121110024527APR, Rel. Des. George Lopes, *DJe* 06/07/2016; TJPR, Ap. 1219980-7, Rel. Des. Jucimar Novochadlo, *DJe* 16/07/2014; TJPR, AC 1162709-7, Rel. Des. Marques Cury, *DJe* 24/06/2014; TRF 4ª Reg., ACr 2004.70.00.022016-0/PR, Rel. Juiz Fed. Sebastião Ogê Muniz, 8ª T., j. 23/06/2010, *DEJF* 30/06/2010, p. 912; TJPE, ACr 0156475-8, Recife, 3ª Câm. Crim., Rel.ª Des.ª Alderita Ramos de Oliveira, j. 26/10/2009, *DJEPE* 09/11/2009; TJMG, AC 1.0145.01.020045-2/001, Rel. Des. Judimar Biber, *DJ* 15/04/2009; TJMG, AC 1.0056. 95.008386-7/001, Rel.ª Maria Celeste Porto, *DJ* 07/09/2007; TJRS, Ap. Crim. 70018030304, 6ª Câm. Crim., Rel. Nereu José Giacomolli, j. 10/05/2007; TJMG, AC 2.0000.00.510705-3/000, Rel. Alexandre Victor de Carvalho, *DJ* 1º/09/2006.

Classificação doutrinária

Crime próprio, haja vista que o tipo penal delimita o sujeito ativo àqueles que podem emitir fatura, duplicata ou nota de venda; doloso; comissivo (podendo ser praticado via omissão imprópria, na hipótese de o agente gozar do *status* de garantidor); formal; de perigo; de forma livre; instantâneo; monossubjetivo; plurissubsistente; não transeunte.

Objeto material e bem juridicamente protegido

O patrimônio é o bem juridicamente protegido pelo delito de duplicata simulada, tipificado no art. 172 do Código Penal.

Objeto material é a fatura, duplicata ou nota de venda que não corresponda à mercadoria vendida, em quantidade ou qualidade, ou ao serviço prestado.

Sujeito ativo e sujeito passivo

O *sujeito ativo* é aquele que emite a fatura, duplicata ou nota de venda que não corresponda à mercadoria vendida, em quantidade ou qualidade, ou ao serviço prestado.

O *sujeito passivo*, conforme esclarece Cezar Roberto Bitencourt, "é o recebedor, isto é, quem desconta a duplicata, aquele que aceita a duplicata como caução, e também o sacado de boa-fé, que corre o risco de ser protestado. Não é indispensável, registre-se, a participação na figura delituosa da pessoa contra quem a duplicata foi emitida. Havendo coautoria entre emitente e aceitante, sujeito passivo será quem fez o desconto, e não o sacado".[152]

Consumação e tentativa

Consuma-se a infração penal em estudo no momento em que a duplicata é colocada em circulação, sendo apresentada para desconto, não havendo necessidade de efetivo prejuízo a terceiro.

⚖ No que tange ao momento consumativo do fato criminoso imputado nos autos, já foi decidido por este Sodalício que "O delito do art. 172 do CP sempre

[150] COSTA, Wille Duarte. *Títulos de crédito*, p. 383.

[151] NUCCI, Guilherme de Souza. *Código penal comentado*, p. 569-570.

[152] BITENCOURT, Cezar Roberto. *Tratado de direito penal*, v. 3, p. 304.

foi, na antiga e na atual redação, crime de natureza formal. Consuma-se com a expedição da duplicata simulada, antes mesmo do desconto do título falso perante a instituição bancária" (REsp 147.507/RS, Rel. Min. José Arnaldo da Fonseca, 5ª T., j. 03/08/2000, *DJ* 18/09/2000, p. 147) (STJ, AgRg no REsp 1482745/SP, Rel. Min. Jorge Mussi, 5ª T., *DJe* 28/05/2018).

Nesse sentido:

⚖ TJMG, ACR 1.0024.01. 042562-7/001, 2ª Câm. Crim., Rel.ª Beatriz Pinheiro Caires, pub. 09/01/2008; TJMG, AC 2.0000.00. 508662-2/001, Rel. Pedro Vergara, *DJ* 19/05/2007; STJ, HC 8957/GO, Rel. Min. Vicente Leal, 6ª T., *RT* 772 p. 543.

Existe controvérsia sobre a possibilidade de tentativa. Para nós, a casuística é que ditará a regra sobre a possibilidade ou impossibilidade de ocorrência da tentativa, não se podendo, de antemão, descartá-la.

Elemento subjetivo

O tipo penal do art. 172 do diploma repressivo somente poderá ser praticado dolosamente, não havendo previsão para a modalidade de natureza culposa.

⚖ Se a agente, ao emitir as duplicatas simuladas, objetiva fazer dinheiro e não lesar o patrimônio de terceiro, ausente o dolo antecedente na conduta, pratica o delito previsto no art. 172 do CP, e não o insculpido no art. 171 do CP. Mantém-se a causa genérica de aumento de pena da continuidade delitiva, se comprovada nos autos a emissão de 167 duplicatas simuladas pela agente, mediante ações diversas, contra a mesma vítima, nas mesmas circunstâncias (TJMG, APCr 1.0702.04.172526-9/0011, Uberlândia, 4ª Câm. Crim., j. 07/04/2010, *DJEMG* 28/04/2010).

Modalidades comissiva e omissiva

A conduta de *emitir* fatura, duplicata ou nota de venda que não corresponda à mercadoria vendida ou ao serviço prestado somente pode ser praticada comissivamente.

No entanto, dependendo da hipótese concreta, será possível que o garantidor, devendo e podendo agir, dolosamente, nada faça para impedir a prática da infração penal, devendo, outrossim, nos termos do § 2º do art. 13 do Código Penal, por ela responder.

Falsificação ou adulteração na escrituração do livro de registro de duplicatas

A exigência para a criação do Livro de Registro de Duplicatas veio prevista no art. 19 e seus parágrafos, da Lei nº 5.474, de 18 de julho de 1968.

O parágrafo único do art. 172 do Código Penal diz que incorrerá nas mesmas penas cominadas ao delito de *duplicata simulada* aquele que falsificar ou adulterar a escrituração do Livro de Registro de Duplicatas. A falsificação é o comportamento praticado pelo agente no sentido de inserir dados inexatos no Livro

de Registro de Duplicatas, a exemplo do que ocorre com a falsidade ideológica. Assim, o Livro de Registro de Duplicatas é perfeito; entretanto, a ideia nele lançada é falsa. A conduta de adulterar diz respeito a modificar o conteúdo já existente.

Luiz Regis Prado alerta que o legislador não agiu com propriedade "ao inserir a figura no art. 172, já que se aplica a ela toda a principiologia do delito de *falsum*, e a hipótese em questão é de falsidade de documento particular, equiparado a documento público (art. 297, § 2º). Ademais, a referida conduta gravita em torno da expedição da duplicata, sendo absorvida pelo delito definido no *caput* do crime em exame, por se tratar de *antefato* ou *pós-fato impunível*".[153]

Pena e ação penal

A pena cominada ao delito de *duplicata simulada* é de detenção, de 2 (dois) a 4 (quatro) anos, e multa, sendo idêntica para aquele que falsifica ou adultera a escrituração do Livro de Registro de Duplicatas, conforme parágrafo único do art. 172 do Código Penal.

A ação penal é de iniciativa pública incondicionada. Deverão ser observadas, no entanto, as disposições contidas nos arts. 181, 182 e 183 do Código Penal.

Ausência de assinatura do emitente nas cártulas

⚖ Emissão de títulos sem qualquer correspondência com serviços prestados ou venda de mercadorias. Posterior negociação com agência de fomento. Ausência de assinatura do emitente nas cártulas. Requisito indispensável. Título de crédito não materializado. Óbice à caracterização do ilícito tipificado no art. 172 do CP. Absolvição decretada (TJSC, ACr 2010.005147-9, Pomerode, Rel. Des. Torres Marques, j. 31/05/2010, *DJSC* 14/06/2010, p. 263).

Abuso de incapazes

Art. 173. Abusar, em proveito próprio ou alheio, de necessidade, paixão ou inexperiência de menor, ou da alienação ou debilidade mental de outrem, induzindo qualquer deles à prática de ato suscetível de produzir efeito jurídico, em prejuízo próprio ou de terceiro:
Pena – reclusão, de dois a seis anos, e multa.

Introdução

O art. 173 do Código Penal comina uma pena de reclusão, de 2 (dois) a 6 (seis) anos, e multa, para quem *abusar, em proveito próprio ou alheio, de necessidade, paixão ou inexperiência de menor, ou da alienação ou debilidade mental de outrem, induzindo qualquer deles à prática de ato suscetível de produzir efeito jurídico, em prejuízo próprio ou de terceiro.*

De acordo com a redação legal, podemos destacar os seguintes elementos que integram o delito de *abuso de*

[153] PRADO, Luiz Regis. *Curso de direito penal brasileiro*, v. 2, p. 559.

incapazes: a) conduta de abusar; *b)* em proveito próprio ou alheio; *c)* de necessidade, paixão ou inexperiência de menor, ou da alienação ou debilidade mental de outrem; *d)* indução à prática de ato suscetível de produzir efeito jurídico; *e)* prejuízo próprio ou de terceiro. O núcleo *abusar* é utilizado pelo texto legal no sentido de *se aproveitar, tirar proveito, partido, vantagem* da necessidade, paixão ou inexperiência de menor, ou da alienação ou debilidade mental de outrem.

O comportamento praticado contra o menor ou o alienado ou débil mental deve ser levado a efeito em proveito próprio ou mesmo de terceira pessoa. Existe controvérsia a respeito da natureza desse proveito. Conforme já salientamos, a exemplo do que ocorre com o art. 171 do Código Penal, o art. 173 do mesmo estatuto repressivo encontra-se inserido em seu Título II, correspondente aos crimes contra o patrimônio. Aqui, no entanto, devemos fazer uma distinção entre *proveito* e *prejuízo*, uma vez que somente este último deve ter natureza patrimonial, tendo em vista a inserção do art. 173 no Título mencionado. O proveito pode ter qualquer natureza, até mesmo moral. O prejuízo, ao contrário, para que se mantenha a objetividade jurídica do artigo, deverá, sem qualquer sombra de dúvida, ser patrimonial.

Além disso, o *proveito* deverá ser injusto, pois que, se for devido, poderá cogitar-se do crime de exercício arbitrário das próprias razões.

O abuso pode ser dirigido contra menor ou contra alienado ou débil mental. Se for praticado contra menor, ou seja, aquele que ainda não completou os 18 (dezoito) anos, o agente se aproveita de sua *necessidade, paixão* ou *inexperiência*, que o torna mais vulnerável. O agente abusa, portanto, dessas situações de fragilidade – necessidade, paixão ou inexperiência –, sendo o seu comportamento mais reprovável. Por *necessidade* devemos entender, seguindo as lições de Paulo José da Costa Júnior, como "qualquer exigência existencial, orgânica, intelectual ou moral".[154] A *paixão*, aqui, deve ser entendida como aquele sentimento arrebatador, que não permite que a vítima tome decisões de forma racional, agindo impulsionada, quase que de forma dependente às solicitações do agente. A *inexperiência* deve ser tomada no sentido de reconhecer a *imaturidade* da vítima, a sua falta de "maldade" para compreender os atos que, se forem praticados, importarão em prejuízo para si ou para outrem. É a falta de prática da vida ou, conforme esclarece Cezar Roberto Bitencourt, é a "ausência de conhecimentos gerais que permitam aquilatar adequadamente todas as circunstâncias que autorizem uma tomada de decisão no mundo socioeconômico ou, melhor dito, em toda e qualquer ação, transação, atividade".[155]

A lei penal também protege os alienados ou débeis mentais, não havendo que se perquirir de sua necessidade, paixão ou inexperiência, somente avaliáveis na hipótese de ser a vítima menor de 18 anos.

Há necessidade de se fazer a prova nos autos da menoridade da vítima por meio de documento hábil (certidão de nascimento, carteira de identidade etc.), bem como da sua debilidade mental, a não ser, nesse último caso, que seja tão evidente a ponto de ser dispensado laudo pericial.

O comportamento do agente deve ser dirigido no sentido de fazer com que a vítima pratique um ato suscetível de produzir efeito jurídico, em prejuízo próprio ou de terceiro.

O *prejuízo*, sempre de natureza patrimonial, poderá ser sofrido pelo menor, pelo alienado ou débil mental, ou, ainda, por terceira pessoa, em razão do ato praticado por aqueles.

✍ Se a prova deixa dúvida se a vítima apresentava debilidade mental, se foi efetivamente induzida a fazer compras para favorecer o agente e se este tinha conhecimento da debilidade do ofendido impõe-se à absolvição do réu, com base no art. 386, VII, do Código de Processo Penal (TJMG, AC 1.0348.07.000732-6/001, Rel. Des. Adilson Lamounier, *DJ* 17/04/2009).

Nesse sentido:

✍ TJMG, AC 1.0439.02.004726-2/001, Rel. Pedro Vergara, *DJ* 20/11/2007; TARS, AC, Rel. Antônio Carlos Netto Mangabeira, *RT* 607, p. 270.

Classificação doutrinária

Crime comum com relação ao sujeito ativo e próprio no que diz respeito ao sujeito passivo, pois que somente os incapazes podem figurar nessa condição; doloso; formal (haja vista que sua consumação ocorre com a efetiva prática, pelo incapaz, de ato suscetível de produzir efeito jurídico, em prejuízo próprio ou de terceiro, não se exigindo, contudo, a sua ocorrência); comissivo (podendo ser praticado por meio de omissão imprópria, na hipótese de o agente gozar *status* de garantidor); de forma livre; instantâneo (podendo, caso o prejuízo sofrido seja irreversível, ser considerado instantâneo de efeitos permanentes); monossubjetivo; plurissubsistente; não transeunte.

Objeto material e bem juridicamente protegido

Bem juridicamente protegido é o patrimônio do incapaz, ou de terceira pessoa que poderia ser prejudicada por meio de seu ato.

Objeto material é o menor ou o alienado ou débil mental, contra quem é dirigida a conduta praticada pelo agente.

Sujeito ativo e sujeito passivo

Com relação ao *sujeito ativo*, cuida-se de crime comum, podendo ser praticado por qualquer pessoa.

---

[154] COSTA JÚNIOR, Paulo José da. *Direito penal objetivo*, p. 331.
[155] BITENCOURT, Cezar Roberto. *Tratado de direito penal*, v. 3, p. 310.

Ao contrário, o *sujeito passivo*, de acordo com a redação legal, somente pode ser o menor ou o alienado ou débil mental, que é induzido pelo sujeito ativo a praticar o ato suscetível de produzir efeito jurídico, em prejuízo próprio ou de terceiro.

Embora exista controvérsia, entendemos que o menor emancipado não poderá figurar como sujeito passivo do delito em estudo, haja vista que, com a sua emancipação, deixa de gozar do *status de incapaz*, nos termos do parágrafo único do art. 5º do Código Civil.

Consumação e tentativa

O delito se consuma quando o incapaz pratica o ato para o qual fora induzido, não havendo necessidade de, efetivamente, sofrer prejuízo patrimonial com seu comportamento que, se vier a acontecer, será considerado mero exaurimento do crime.

Tratando-se de um crime plurissubsistente, torna-se perfeitamente possível o raciocínio relativo à tentativa.

⚖ O delito de abuso de incapaz consuma-se com o só ato da vítima, débil mental, de outorgar procuração para a venda de seus bens, embora a mesma não se tenha verificado. Trata-se de crime formal, de conduta e resultado, em que o tipo não exige sua produção. Basta que o ato seja apto a produzir efeitos jurídicos. E é evidente que a procuração por instrumento público é idônea para esse fim (STF, HC, Rel. Carlos Madeira, *RT* 613, p. 405).

Elemento subjetivo

O delito de abuso de incapazes só pode ser praticado dolosamente, não havendo previsão para a modalidade de natureza culposa.

Para a doutrina majoritária, além do dolo, pode-se visualizar no tipo penal do art. 173 o *fim específico* de obter o proveito indevido *para si ou para terceiro*.

Modalidades comissiva e omissiva

O delito poderá ser praticado comissivamente, ou mediante omissão imprópria do agente garantidor.

Pena e ação penal

O preceito secundário do art. 173 do Código Penal comina uma pena de reclusão, de 2 (dois) a 6 (seis) anos, e multa.

A ação penal é de iniciativa pública incondicionada, à exceção das hipóteses arroladas pelo art. 182 do Código Penal, que preveem a necessidade de representação, observada a ressalva contida no art. 183 do mesmo diploma repressivo.

Aplica-se ao crime de abuso de incapazes a imunidade penal de caráter pessoal prevista no art. 181 do Código Penal, exceto quanto ao estranho que participa do crime, bem como quando o delito for praticado contra pessoa com idade igual ou superior a 60 (sessenta) anos (incs. II e III, do art. 183 do CP).

Abuso de pessoa no Código Penal Militar

O crime de abuso de pessoa veio previsto no Código Penal Militar (Decreto-Lei nº 1.001, de 21 de outubro de 1969), conforme se verifica pela leitura do seu art. 252. Embora a rubrica e a redação típica sejam um pouco diferentes daquela constante no art. 173 do Código Penal, também se visualiza, no tipo apontado, a proteção de incapazes, dizendo:

Art. 252. Abusar, em proveito próprio ou alheio, no exercício de função, em unidade, repartição ou estabelecimento militar, da necessidade, paixão ou inexperiência, ou da doença ou deficiência mental de outrem, induzindo-o à prática de ato que produza efeito jurídico, em prejuízo próprio ou de terceiro, ou em detrimento da administração militar:

Pena – reclusão, de dois a seis anos.

Estatuto da Pessoa Idosa

O art. 106 do Estatuto da Pessoa Idosa (Lei nº 10.741, de 1º de outubro de 2003) prevê uma modalidade especial de abuso, cominando pena de reclusão de 2 (dois) a 4 (quatro) anos, para aquele que induz pessoa idosa sem discernimento de seus atos a outorgar procuração para fins de administração de bens ou deles dispor livremente.

Induzimento à especulação
Art. 174. Abusar, em proveito próprio ou alheio, da inexperiência ou da simplicidade ou inferioridade mental de outrem, induzindo-o à prática de jogo ou aposta, ou à especulação com títulos ou mercadorias, sabendo ou devendo saber que a operação é ruinosa:
Pena – reclusão, de um a três anos, e multa.

Introdução

O art. 174 do Código Penal comina pena de reclusão, de 1 (um) a 3 (três) anos, e multa, para aquele que *abusar, em proveito próprio ou alheio, da inexperiência ou da simplicidade ou inferioridade mental de outrem, induzindo-o à prática de jogo ou aposta, ou à especulação com títulos ou mercadorias, sabendo ou devendo saber que a operação é ruinosa.*

Assim, podemos destacar os seguintes elementos que integram a mencionada figura típica: *a)* a conduta de abusar; *b)* em proveito próprio ou alheio; *c)* da inexperiência ou simplicidade ou inferioridade mental de outrem; *d)* indução à prática de jogo ou aposta, ou à especulação com títulos ou mercadorias; *e)* conhecimento, real ou potencial, de que a operação é ruinosa.

O núcleo *abusar* é utilizado no texto legal com o sentido de *fazer mal uso, aproveitar-se, tirar proveito, partido, vantagem* da inexperiência ou simplicidade ou inferioridade mental de outrem.

A possibilidade de levar essas pessoas à ruína, mediante a prática de jogo ou aposta, ou especulando-se com títulos ou mercadorias, deve trazer algum proveito ao agente ou a terceira pessoa. Da mesma forma que no artigo anterior, embora o tipo penal tenha por finalidade proteger o patrimônio dessas pessoas que, em virtude de suas condições pessoais, se tornam mais vulneráveis, o *proveito* buscado pelo agente pode ter outra natureza, que não a patrimonial, devendo, no entanto, ser injusto.

Inexperiência, conforme disserta Guilherme de Souza Nucci, é "caracterizada pela falta de vivência, própria das pessoas de pouca idade ou ingênuas; a *simplicidade* fundamenta-se pela franqueza, sinceridade e falta de afetação ou malícia nas atitudes, o que é típico de pessoas crédulas e confiantes no bom caráter alheio; a *inferioridade mental* deve ser interpretada, nos dias atuais, simplesmente como a situação de pessoas portadoras de doenças mentais ou algum tipo de desenvolvimento mental incompleto ou retardado".[156]

O abuso levado a efeito pelo agente deve ser dirigido no sentido de *induzir* aquelas pessoas que, em virtude da condição pessoal (inexperiência, simplicidade ou inferioridade mental), são mais facilmente manipuladas a fazer aquilo que lhes é sugerido, ou seja, *jogar, apostar* ou *especular com títulos ou mercadorias*, sendo do conhecimento daquele que tais comportamentos conduzirão a vítima à ruína. Tem-se procurado distinguir o *jogo* da *aposta*, ressaltando-se que, naquele, o resultado depende da maior ou menor habilidade do jogador, a exemplo do que ocorre no pôquer, e nesta o resultado independe de qualquer habilidade por parte do apostador, como ocorre com as corridas de cavalos, roleta etc. Além do jogo e da aposta, a conduta do agente pode ser dirigida a induzir a vítima a especular com títulos ou mercadorias, a exemplo dos investimentos realizados na Bolsa de Valores e de Mercadorias.

Para que o fato seja típico, o agente tem de saber, ou pelo menos ter a possibilidade de saber, que a conduta praticada pela vítima, isto é, o ato de jogar, apostar ou especular com títulos ou mercadorias, a levará à ruína. Se o agente não tiver esse conhecimento, o fato será considerado atípico, da mesma forma que aquele que induz a vítima a assumir algum desses comportamentos porque acredita, mesmo equivocadamente, que trará algum lucro para ela, quando, na verdade, a conduz à ruína.

⚖ O jogo do perde e ganha é uma das formas de o sujeito abusar, em proveito próprio ou alheio, da inexperiência, da simplicidade ou da inferioridade mental de outrem, induzindo-a à prática de jogo ou aposta, sabendo ou devendo saber que a operação é ruinosa (TJPE, ACr 134478-5, Recife, 2ª Câm. Crim., Rel.ª Des.ª Helena Caúla Reis, j. 10/05/2006, *DJPE* 27/05/2006).

Nesse sentido:

⚖ TJRS, Ap. Crim. 7000388 0333, 8ª Câm. Crim. Rel. Roque Miguel Fank, j. 26/06/2002.

Classificação doutrinária

Crime comum com relação ao sujeito ativo e próprio no que diz respeito ao sujeito passivo, pois que somente as pessoas inexperientes, simples ou inferiores mentalmente podem figurar nessa condição; doloso; formal (haja vista que sua consumação ocorre quando a vítima pratica algum dos comportamentos para os quais foi induzida, independentemente de ter sido, em razão disso, levada à ruína); comissivo (podendo, contudo, ser praticado através da omissão imprópria do agente, que gozava do *status* de garantidor); de forma vinculada (uma vez que a lei determina que a indução deve ser dirigida ao jogo, aposta ou à especulação com títulos ou mercadorias); instantâneo (podendo seus efeitos serem permanentes); monossubjetivo; plurissubsistente; não transeunte.

Objeto material e bem juridicamente protegido

O tipo penal do art. 174 do diploma repressivo tem por finalidade proteger o patrimônio. Entretanto, essa proteção patrimonial é dirigida especialmente àquelas pessoas que, em virtude de inexperiência, simplicidade ou inferioridade mental, podem ser levadas à ruína, caso se aventurem, depois de induzidas pelo agente, à prática de jogos ou apostas, ou à especulação com títulos ou mercadorias, sendo estas o objeto material do delito em estudo.

Sujeito ativo e sujeito passivo

Qualquer pessoa pode ser *sujeito ativo* do delito tipificado no art. 174 do Código Penal.

O *sujeito passivo*, conforme observa Alberto Silva Franco, "é a pessoa inexperiente, simples ou de inferioridade mental. Em regra, é o menor, ou o homem rústico, ignorante, idoso ou ingênuo".[157]

Consumação e tentativa

Consuma-se o delito no momento em que a vítima leva a efeito o comportamento a que fora induzida pelo agente, vale dizer, quando efetivamente participa do jogo, aposta ou especula com títulos ou mercadorias, independentemente da produção efetiva do resultado ruinoso ao seu patrimônio que, se ocorrer, será considerado mero exaurimento do crime.

Tratando-se de crime plurissubsistente, torna-se possível o raciocínio relativo à tentativa.

⚖ O crime de induzimento à especulação, na modalidade de jogo do dedal, é crime formal que se consuma com a prática do ato potencialmente prejudicial, ainda que o fato não acarrete proveito ao agente ou terceiro, podendo haver tentativa quando o processo é interrompido antes de o sujeito passivo efetuar a aposta (TJSC, HC 00.024199-7, Rel. Jaime Ramos, j. 17/01/2001).

---

[156] NUCCI, Guilherme de Souza. *Código penal comentado*, p. 572.
[157] FRANCO, Alberto Silva. *Código penal e sua interpretação jurisprudencial*, v. 1, t. II, p. 2.786.

Elemento subjetivo

O delito de induzimento à especulação só pode ser praticado dolosamente, não havendo previsão para a modalidade de natureza culposa.

Modalidades comissiva e omissiva

A conduta de abusar, praticada com a finalidade de induzir a vítima à prática de jogo, aposta, ou à especulação com títulos ou mercadorias, pressupõe um comportamento comissivo.

No entanto, o garantidor poderá responder pelo delito em virtude de sua omissão se, podendo, dolosamente, nada fizer para evitar a prática, pelo garantido, dos comportamentos previstos pelo tipo penal em exame, que o levarão à ruína, sendo essa, também, a sua intenção.

Pena, ação penal e suspensão condicional do processo

A pena cominada para o delito de induzimento à especulação é de reclusão, de 1 (um) a 3 (três) anos, e multa.

A ação penal é de iniciativa pública incondicionada, à exceção das hipóteses arroladas no art. 182 do Código Penal, que preveem a necessidade de representação, observada a ressalva contida no art. 183 do mesmo diploma repressivo.

Aplica-se ao crime de induzimento à especulação a imunidade penal de caráter pessoal prevista no art. 181 do Código Penal, exceto quanto ao estranho que participa do crime, bem como quando o delito for praticado contra pessoa com idade igual ou superior a 60 (sessenta) anos (incs. II e III do art. 183 do CP).

Será possível a proposta de suspensão condicional do processo, tendo em vista que a pena mínima cominada ao delito em estudo não ultrapassa o limite determinado pelo art. 89 da Lei nº 9.099/1995.

Fraude no comércio

Art. 175. Enganar, no exercício de atividade comercial, o adquirente ou consumidor:

I – vendendo, como verdadeira ou perfeita, mercadoria falsificada ou deteriorada;

II – entregando uma mercadoria por outra:

Pena – detenção, de seis meses a dois anos, ou multa.

§ 1º Alterar em obra que lhe é encomendada a qualidade ou o peso de metal ou substituir, no mesmo caso, pedra verdadeira por falsa ou por outra de menor valor; vender pedra falsa por verdadeira; vender, como precioso, metal de ou outra qualidade:

Pena – reclusão, de um a cinco anos, e multa.

§ 2º É aplicável o disposto no art. 155, § 2º.

Introdução

O Código Penal comina uma pena de detenção, de 6 (seis) meses a 2 (dois) anos, ou multa, para aquele que enganar, no exercício de atividade comercial, o adquirente ou consumidor: I – vendendo, como verdadeira ou perfeita, mercadoria falsificada ou deteriorada; II – entregando uma mercadoria por outra.

Antes de analisarmos a mencionada figura típica, faz-se mister ressaltar que parte de nossos doutrinadores entende pela revogação do inc. I do art. 175 do Código Penal pelo inc. IX do art. 7º da Lei nº 8.137, de 27 de dezembro de 1990, assim redigido:

Art. 7º Constitui crime contra as relações de consumo: [...];

IX – vender, ter em depósito para vender ou expor à venda ou, de qualquer forma, entregar matéria-prima ou mercadoria, em condições impróprias ao consumo.

O Código de Defesa do Consumidor explicita, em seu art. 18, § 6º, serem impróprios ao uso e consumo: *I – os produtos cujos prazos de validade estejam vencidos; II – os produtos deteriorados, alterados, adulterados, avariados, falsificados, corrompidos, fraudados, nocivos à vida ou à saúde, perigosos ou, ainda, aqueles em desacordo com as normas regulamentares de fabricação, distribuição ou apresentação; III – os produtos que, por qualquer motivo, se revelem inadequados ao fim a que se destinam.*

Luiz Regis Prado, posicionando-se favoravelmente à revogação do inc. I do art. 175 do Código Penal, aduz que, "se a lei posterior, disciplinando os crimes perpetrados nas relações de consumo, tratou da venda pelo comerciante de mercadoria falsificada ou deteriorada, como se fosse verdadeira ou perfeita, não subsiste dúvida de que a norma anterior encontra-se revogada".[158]

Em sentido contrário, Cezar Roberto Bitencourt afirma pela manutenção do art. 175 do Código Penal, esclarecendo: "Consideramos que as leis posteriores não regularam inteiramente a mesma matéria, sendo, assim, impossível admitir a revogação tácita do dispositivo em exame do Código Penal. Com efeito, casuisticamente, devem-se confrontar os diversos diplomas legais e resolver a questão por meio do conflito aparente de normas e aplicar, *in concreto*, aquela que contemplar todas as elementares típicas".[159]

Filiamo-nos ao pensamento de Luiz Regis Prado, pois que também entendemos que a lei que definiu os crimes contra a ordem tributária, econômica e contra as relações de consumo (Lei nº 8.137/1990) regulou inteiramente a matéria constante do inc. I do art. 175 do Código Penal, pois que cuidou tanto da falsificação quanto da deterioração de mercadoria.

No entanto, faremos a análise de todos os incisos de forma global.

Podemos destacar os seguintes elementos que integram o tipo penal do art. 175 do Código Penal: *a)* a conduta de enganar; *b)* no exercício da atividade co-

[158] PRADO, Luiz Regis. *Curso de direito penal brasileiro*, v. 2, p. 574-575.
[159] BITENCOURT, Cezar Roberto. *Tratado de direito penal*, v. 3, p. 324.

mercial; *c)* adquirente ou consumidor; *d)* vendendo, como verdadeira ou perfeita, mercadoria falsificada ou deteriorada; *e)* entregando uma mercadoria por outra.

O núcleo *enganar* é utilizado no sentido de induzir em erro, iludir, burlar.

Tal engano é praticado no *exercício de atividade comercial*, vale dizer, o *comerciante* (que exerce o comércio) e o *comerciário* (empregado no comércio).

A finalidade do comportamento é a de induzir o adquirente ou consumidor da mercadoria a erro, fazendo com que compre, como verdadeira ou perfeita, mercadoria falsificada ou deteriorada. Falsa é a mercadoria que não é original; a deteriorada é a mercadoria que, embora original, se encontra danificada, estragada. Nesse caso, somente se amolda ao delito em estudo a conduta de *vender*, prevista no inc. I do art. 175 do Código Penal, não sendo típicas, por exemplo, as condutas de doar, trocar etc.

Também engana o adquirente ou consumidor aquele que lhe entrega uma mercadoria por outra ou, como diz o ditado popular, vende "gato por lebre". Conforme as lições de Damásio de Jesus, o segundo fato delituoso consiste em "o sujeito entregar uma mercadoria por outra, enganando o adquirente ou consumidor quanto à essência da coisa (palha de café em lugar de café), sua qualidade (vinho de segunda em lugar de vinho de primeira) ou quantidade (medida, peso ou número)".[160]

Tratando-se de substâncias alimentícias ou produtos alimentícios, ou destinados a fins terapêuticos ou medicinais, o agente poderá responder pelos delitos previstos nos arts. 272 e 273 do Código Penal.

⚖ Para configuração do delito de fraude no comércio exige-se o elemento subjetivo do tipo, consistente na vontade consciente de entregar uma mercadoria por outra. O mero inadimplemento de uma obrigação ou a impontualidade no término de uma obra, em contrato firmado entre as partes, configura ilícito civil e, não ilícito penal (TJMG, AC 1.0694.01.000512-2/001, Rel. Pedro Vergara, *DJ* 02/02/2007).

Nesse sentido:

⚖ TJMG, AC 1.0024.01.601264-3/001, Rel. Des. Alexandre Victor de Carvalho, *DJ* 06/10/2007; TJRS, Ap. Crim. 70007068786, 5ª Câm. Crim., Rel. Aramis Nassif, j. 03/03/2004.

Classificação doutrinária

Crime próprio com relação ao sujeito ativo, pois que somente o comerciante e o comerciário podem praticá-lo, e comum no que diz respeito ao sujeito passivo, podendo qualquer pessoa figurar nessa condição; doloso; comissivo (podendo ser praticado via omissão imprópria, na hipótese de o agente gozar do *status* de garantidor);

material; de dano; de forma livre; instantâneo; monossubjetivo; plurissubsistente; não transeunte.

Objeto material e bem juridicamente protegido

O patrimônio é o bem juridicamente protegido pelo delito de fraude no comércio, tipificado no art. 175 do Código Penal.

Objeto material é a mercadoria sobre a qual recai a conduta praticada pelo agente.

Sujeito ativo e sujeito passivo

Existe controvérsia no que diz respeito sobre quem poderia ser o *sujeito ativo* do crime de fraude no comércio.

Hungria entende que somente o *comerciante* e o *comerciário* poderiam gozar esse *status*, uma vez que o tipo penal do art. 175 faz menção a *exercício de atividade comercial* que, segundo o renomado penalista, "não quer dizer senão *exercício profissional de comércio*, por conta própria ou de outrem".[161]

Em sentido contrário, afirma Noronha: "Inútil a distinção entre atividade e ato, pois é certo que a primeira se compõe da reunião, grupo ou coleção de atos. Pratica o delito em espécie não só o comerciante estabelecido, matriculado etc., como qualquer pessoa que pratique um daqueles fatos, no exercício de atividade comercial. Essa atividade não se caracteriza pela qualidade da pessoa, mas pelo *ato em si*, pelo ato tomado em sentido objetivo".[162]

Entendemos que a razão está com Hungria. Pelo próprio *nomen iuris* da infração penal, vale dizer, *fraude no comércio*, que indica a natureza do delito a ser estudado, percebe-se que a qualidade de comerciante ou comerciário é indispensável à sua configuração, tratando-se, pois, de crime próprio com relação ao sujeito ativo, posição também adotada por Rogério Sanches Cunha quando diz que o delito *sub examen* só pode ser praticado "por quem exerça atividade comercial (exercício habitual, contínuo e profissional do comércio). Se praticado ato de comércio por particular, que não o exerça, outra figura delituosa poderá estar configurada (art. 171, § 2º, IV)".[163]

Sujeito passivo, de acordo com a indicação legal, é o *adquirente* ou o *consumidor*, dele não se exigindo qualquer qualidade ou condição especial, cuidando-se, aqui, de crime comum.

Consumação e tentativa

A consumação do delito de fraude no comércio ocorre a partir do momento em que a vítima percebe que recebeu mercadoria falsificada, deteriorada, trocada etc., sendo admissível a possibilidade de tentativa.

---

[160] JESUS, Damásio E. de. *Direito penal*, v. 2, p. 452.

[161] HUNGRIA, Nélson. *Comentários ao código penal*, v. VII, p. 273.

[162] NORONHA, Edgard Magalhães. *Direito penal*, v. 2, p. 445.

[163] CUNHA, Sanches Rogério. *Manual de direito penal* – parte especial, volume único, p. 386.

Elemento subjetivo

O delito de *fraude no comércio* somente pode ser praticado dolosamente, não havendo previsão para a modalidade de natureza culposa.

Assim, aquele que, por desatenção, entrega ao adquirente uma mercadoria diferente da que fora efetivamente comprada, não poderá ser responsabilizado criminalmente.

Modalidade qualificada

Podemos visualizar na modalidade qualificada de fraude no comércio, prevista no § 1º do art. 175 do Código Penal, quatro comportamentos que podem ser levados a efeito, os quais, dada sua maior gravidade, são punidos com uma pena de reclusão, de 1 (um) a 5 (cinco) anos, e multa, a saber:

a) alteração em obra que lhe é encomendada a qualidade ou peso do metal;

b) substituição, no mesmo caso, de pedra verdadeira por falsa ou por outra de menor valor;

c) venda de pedra falsa por verdadeira;

d) venda, como precioso, de metal de outra qualidade.

Modalidades comissiva e omissiva

A infração penal, tanto em sua modalidade fundamental quanto nas hipóteses qualificadas, pressupõe um comportamento positivo do agente, vale dizer, o agente faz alguma coisa no sentido de fraudar o comércio, praticando uma das condutas previstas nos incs. I e II, bem como no § 1º do art. 175 do Código Penal. No entanto, o agente que gozar do *status* de garantidor, sabedor da fraude, podendo, deverá agir no sentido de impedir que o garantido sofra dano em seu patrimônio, pois, caso contrário, se, dolosamente, vier a se omitir, querendo a produção do resultado, deverá ser responsabilizado pelo crime de fraude no comércio.

Criminoso primário e pequeno valor da mercadoria

Primário e de pequeno valor, por exemplo, a mercadoria falsificada, deteriorada, trocada etc., o juiz poderá substituir a pena de reclusão pela de detenção, diminuí-la de um a dois terços ou aplicar somente a pena de multa, tendo em vista a determinação contida no § 2º do art. 175 do Código Penal.

Pena, ação penal, competência para julgamento e suspensão condicional do processo

A pena é de detenção, de 6 (seis) meses a 2 (dois) anos, ou multa, para a modalidade fundamental de *fraude no comércio*, sendo cominada uma pena de reclusão, de 1 (um) a 5 (cinco) anos, e multa, para a forma qualificada prevista pelo § 1º do art. 175 do Código Penal. A ação penal é de iniciativa pública, à exceção das hipóteses arroladas pelo art. 182 do Código Penal, que preveem a necessidade de representação, observada a ressalva contida no art. 183 do mesmo diploma repressivo. Aplica-se ao crime de fraude no comércio a imunidade penal de caráter pessoal prevista no art. 181 do Código Penal, exceto quanto ao estranho que participa do crime, bem como quando o delito for praticado contra pessoa com idade igual ou superior a 60 (sessenta) anos (incs. II e III do art. 183 do CP).

Compete ao Juizado Especial Criminal o julgamento do crime de fraude no comércio, quando praticado em sua modalidade fundamental, haja vista que a pena máxima cominada em abstrato não ultrapassa o limite de 2 (dois) anos, previsto pelo art. 61 da Lei nº 9.099/1995, com a nova redação que lhe foi dada pela Lei nº 11.313, de 28 de junho de 2006.

Será possível a confecção de proposta de suspensão condicional do processo mesmo para a modalidade qualificada de fraude no comércio, haja vista que a pena mínima a ela cominada atende ao limite previsto pelo art. 89 da Lei nº 9.099/1995.

Compra de produtos falsos em banca de camelô

Como é cediço, em muitas ou em quase todas as barracas de camelôs, são vendidos produtos "importados" do Paraguai ou da China, reconhecidamente falsificados. Imagine-se que a vítima, querendo comprar um tênis próprio para a prática de corrida, vá até um desses camelôs e adquira o produto desejado, sabendo-o falso, mas extremamente parecido com o original. Em seu primeiro teste com o produto, vem a decepção, pois ele se rasga depois de 30 minutos de intensa corrida. Indignado, o sujeito vai até o vendedor e o ameaça com o art. 175 do Código Penal, sob o argumento de que a mercadoria era falsificada. Pergunta-se: o camelô deverá responder pelo delito tipificado no art. 175, I, do Código Penal por ter vendido uma mercadoria sabidamente falsificada? A resposta, aqui, também deve ser negativa, pois o agente, para que responda pelo artigo em estudo, deverá ter agido com fraude, ou seja, embora a mercadoria fosse realmente falsificada, havia sido vendida como verdadeira, o que não aconteceu no caso concreto.

O camelô, nesse caso, poderá responder pela receptação, pois que a coisa por ele vendida era produto de crime, previsto pela Lei nº 9.279, de 14 de maio de 1996, que regula direitos e obrigações relativos à propriedade industrial.

Da mesma forma, o comprador que, sabendo da origem ilícita da mercadoria, ainda assim a adquiriu, deverá também responder pela receptação, haja vista ser possível a hipótese de receptação de receptação, conforme veremos mais adiante.

Outras fraudes

Art. 176. Tomar refeição em restaurante, alojar-se em hotel ou utilizar-se de meio de transporte sem dispor de recursos para efetuar o pagamento:

Pena – detenção, de quinze dias a dois meses, ou multa.

Parágrafo único. Somente se procede mediante representação, e o juiz pode, conforme as circunstâncias, deixar de aplicar a pena

Introdução

Comparativamente às demais infrações penais inseridas no capítulo VI, correspondente ao *estelionato e outras fraudes*, o comportamento tipificado pelo art. 176 do Código Penal foi o que mereceu, abstratamente, a menor reprovação, haja vista a cominação de uma pena de detenção, de 15 (quinze) dias a 2 (dois) meses, ou multa, para aquele que *tomar refeição em restaurante, alojar-se em hotel ou utilizar-se de meio de transporte sem dispor de recursos para efetuar o pagamento*. Pela leitura do tipo penal, podemos destacar os seguintes elementos: *a)* conduta de tomar refeição em restaurante; *b)* alojar-se em hotel; *c)* utilização de meio de transporte; *d)* indisponibilidade de recursos necessários para efetuar o pagamento.

A lei penal aduz o comportamento de *tomar refeição em restaurante*, devendo ser entendida a palavra *restaurante* em seu sentido amplo, abrangendo lanchonetes, pensões, bares etc. Assim, qualquer lugar que tenha a finalidade de servir refeições, não importando a sua natureza, poderá ser alvo da ação do agente. Imagine-se a hipótese daqueles quiosques localizados nas praias do Nordeste, que servem todo o tipo de refeição, principalmente frutos do mar. Mesmo que ali não se tenha, efetivamente, constituída uma pessoa jurídica, a pessoa física responsável poderá figurar como vítima desse delito. Noronha ainda adverte que "a lei fala em refeições, referindo-se, destarte, ao ato de tomar alimentos, e destes não nos parece lícito excluir as *bebidas*. Nada há também no texto que exija a consumação total, pois, consumidos parcialmente os alimentos, *tomou-se refeição*, consoante seus termos".[164]

Merece destaque, ainda, o fato de que a conduta de *tomar refeição em restaurante* sem dispor de recursos para efetuar o pagamento, para a maioria de nossos doutrinadores,[165] deve ser levada a efeito no próprio estabelecimento (restaurante, pensão, bar etc.), não podendo ocorrer, por exemplo, na residência do agente. Assim, tem-se entendido que aquele que faz um pedido de refeição para ser entregue em sua residência deverá responder pelo delito tipificado no *caput* do art. 171 do Código Penal, o que não nos parece ser a melhor conclusão, em virtude da pena cominada ao delito de estelionato (reclusão, de um a cinco anos, e multa), em comparação àquela prevista pelo tipo penal do art. 176 do mesmo diploma legal (detenção, de 15 dias a dois meses, ou multa). Assim, será melhor para o agente ser servido, com toda gentileza, pelos garçons que prestam serviço no estabelecimento comercial que, além do prato principal, também se alimentará com uma sobremesa etc., do que receber a comida, muitas vezes já fria, em sua própria residência, pois que sua pena será infinitamente superior, não sendo possível, até mesmo, a concessão

de perdão judicial, conforme previsto pelo parágrafo único do mencionado art. 176.

Acreditamos que se a fraude empregada se deu para que o agente pudesse *tomar refeição*, seja ou não no próprio restaurante ou em qualquer outro estabelecimento do gênero, o delito será aquele previsto pelo art. 176 do Código Penal, e não o delito de estelionato, tipificado no *caput* do art. 171 do diploma repressivo. O art. 176 do Código Penal arrola, também, a conduta de *alojar-se em hotel* sem dispor de recursos para efetuar o pagamento das diárias. *Hotel*, aqui, tem o sentido de qualquer lugar destinado a receber hóspedes, podendo-se incluir os motéis, hospedarias, estalagens, pensões, pousadas, *campings* etc. Para que a conduta de alojar-se se aperfeiçoe, é preciso que o agente efetivamente se hospede, com a utilização do local destinado a esse fim, podendo o quarto ser individual, coletivo ou outros similares, não importando o tempo de sua permanência, sendo possível, até mesmo, que o agente sequer permaneça alojado por um período completo, vale dizer, 24 horas. Imagine-se a hipótese daquele que, querendo descansar por algumas horas, bem como tomar banho, se hospede em um hotel e ali permaneça por um período de seis horas, aproximadamente. Não podemos, nesse caso, afastar a tipicidade de seu comportamento, haja vista ter-se alojado, mesmo que por curto período, naquele estabelecimento.

O último comportamento típico diz respeito à *utilização de meio de transporte* sem dispor de recursos para efetuar o pagamento. Por *meio de transporte* podemos entender todo aquele utilizado para locomover-se, transportar pessoas de um lugar para o outro, não se exigindo que esse meio seja sempre terrestre, podendo-se amoldar a esse conceito o transporte aéreo, marítimo etc. Assim, por exemplo, aquele que utiliza os serviços de táxi, sabendo não ter condições financeiras para o pagamento da corrida, responde pela infração penal em estudo, da mesma forma que aquele que contrata os serviços de um barqueiro para que o transporte a uma cidade onde o acesso só se faz possível por esse meio.

É fundamental que o agente, ao praticar um dos comportamentos típicos, não disponha de recursos para efetuar o pagamento.

⚖ O fato de o agente consumir diversas cervejas em uma boate sem dispor de recursos para efetuar o pagamento não tipifica o crime de estelionato, mas, sim, o delito previsto no art. 176 do CP (TJRS, ACr 70029966884, Giruá, 4ª Câm. Crim., Rel. Des. Constantino Lisbôa de Azevedo, j. 13/08/2009, *DJERS* 18/09/2009, p. 164).

Nesse sentido:

⚖ TJRS, Ap. Crim. 70007018583, 6ª Câm. Crim., Rel. Paulo Moacir Aguiar Vieira, j. 15/09/2005; TACrim/SP, AC, Rel. Adauto Suannes, *RT* 569, p. 338.

---

[164] NORONHA, Edgard Magalhães. *Direito penal*, v. 2, p. 463.

[165] Ver, como exemplo, Cezar Roberto Bitencourt (*Tratado de direito penal*, v. 3, p. 329); Guilherme de Souza Nucci (*Comentários ao código penal*, p. 375); Luiz Regis Prado (*Curso de direito penal brasileiro*, v. 2, p. 582); dentre outros.

Classificação doutrinária

Crime comum com relação ao sujeito ativo e próprio no que diz respeito ao sujeito passivo; doloso; material; de dano; comissivo (podendo ser praticado via omissão imprópria, na hipótese de o agente gozar do *status* de garantidor); de forma livre; instantâneo (ou instantâneo de efeitos permanentes, como na hipótese na qual o agente consome a refeição); monossubjetivo; plurissubsistente; transeunte ou não transeunte (dependendo da hipótese concreta).

Objeto material e bem juridicamente protegido

O *patrimônio* é o bem juridicamente protegido pelo tipo penal do art. 176 do diploma repressivo. *Objeto material* pode ser a pessoa ou a coisa contra a qual é dirigida a conduta praticada pelo sujeito ativo.

Sujeito ativo e sujeito passivo

Qualquer pessoa pode ser o *sujeito ativo* do delito em exame. O *sujeito passivo*, ao contrário, é somente quem presta o serviço que deve ser pago, podendo ser tanto uma pessoa física quanto uma pessoa jurídica.

Consumação e tentativa

Consuma-se o crime no momento em que o agente pratica qualquer dos comportamentos previstos pelo tipo penal, vale dizer, quando, efetivamente, *toma refeição, aloja-se em hotel* ou *utiliza-se de meio de transporte* sem que, para tanto, disponha de recursos suficientes para efetuar o pagamento.
A tentativa é admissível.

Elemento subjetivo

As condutas previstas no tipo do art. 176 do Código Penal somente podem ser praticadas dolosamente, não havendo, pois, previsão para a modalidade de natureza culposa.

Modalidades comissiva e omissiva

As condutas previstas no tipo penal do art. 176 do estatuto repressivo pressupõem um comportamento comissivo. No entanto, é possível a formulação da hipótese na qual o agente, na qualidade de garantidor, podendo, dolosamente, nada faz para impedir a lesão patrimonial sofrida pela vítima.

Pena, ação penal, competência para julgamento, suspensão condicional do processo e perdão judicial

O preceito secundário do art. 176 do Código Penal comina uma pena de detenção, de 15 (quinze) dias a 2 (dois) meses, ou multa.
A ação penal, de acordo com a determinação contida em seu parágrafo único, é de iniciativa pública condicionada à representação do ofendido.
Poderá ser aplicada a imunidade penal de caráter pessoal prevista no art. 181 do Código Penal, com as ressalvas contidas no art. 183 do mesmo diploma repressivo.
O processo e o julgamento do delito tipificado no art. 176 do Código Penal serão, pelo menos inicialmente, de competência do Juizado Especial Criminal, haja vista que a pena máxima a ele cominada não ultrapassa o limite previsto pelo art. 61 da Lei nº 9.099/1995. Tendo em vista a pena mínima cominada, será possível a realização de proposta de suspensão condicional do processo, nos termos do art. 89 da Lei nº 9.099/1995.
Será possível a concessão de perdão judicial, de acordo com o parágrafo único do art. 176 do Código Penal.

Fraudes e abusos na fundação ou administração de sociedade por ações

Art. 177. Promover a fundação de sociedade por ações, fazendo, em prospecto ou em comunicação ao público ou à assembleia, afirmação falsa sobre a constituição da sociedade, ou ocultando fraudulentamente fato a ela relativo:
Pena – reclusão, de um a quatro anos, e multa, se o fato não constitui crime contra a economia popular.
§ 1º Incorrem na mesma pena, se o fato não constitui crime contra a economia popular:
I – o diretor, o gerente ou o fiscal de sociedade por ações, que, em prospecto, relatório, parecer, balanço ou comunicação ao público ou à assembleia, faz afirmação falsa sobre as condições econômicas da sociedade, ou oculta fraudulentamente, no todo ou em parte, fato a elas relativo;
II – o diretor, o gerente ou o fiscal que promove, por qualquer artifício, falsa cotação das ações ou de outros títulos da sociedade;
III – o diretor ou o gerente que toma empréstimo à sociedade ou usa, em proveito próprio ou de terceiro, dos bens ou haveres sociais, sem prévia autorização da assembleia geral;
IV – o diretor ou o gerente que compra ou vende, por conta da sociedade, ações por ela emitidas, salvo quando a lei o permite;
V – o diretor ou o gerente que, como garantia de crédito social, aceita em penhor ou em caução ações da própria sociedade;
VI – o diretor ou o gerente que, na falta de balanço, em desacordo com este, ou mediante balanço falso, distribui lucros ou dividendos fictícios;
VII – o diretor, o gerente ou o fiscal que, por interposta pessoa, ou conluiado com acionista, consegue a aprovação de conta ou parecer;
VIII – o liquidante, nos casos dos nºs I, II, III, IV, V e VII;
IX – o representante da sociedade anônima estrangeira, autorizada a funcionar no País, que pratica os atos mencionados nos nºs I e II, ou dá falsa informação ao Governo.
§ 2º Incorre na pena de detenção, de seis meses a dois anos, e multa, o acionista que, a fim de obter vantagem para si ou para outrem, negocia o voto nas deliberações de assembleia geral.

Introdução

O delito de fraudes e abusos na fundação ou administração de sociedade por ações está previsto pelo tipo penal do art. 177, *caput*, §§ 1º e 2º, do diploma repressivo.

Em razão da diversidade dos comportamentos considerados graves, ligados diretamente à sociedade por ações, cuja regulamentação veio prevista pela Lei nº 6.404, de 15 de dezembro de 1976, o mencionado art. 177 do Código Penal, juntamente com os nove incisos constantes de seu § 1º e o § 2º trouxeram as previsões típicas que, em virtude das diferenças existentes entre elas, deverão ser analisadas isoladamente, para melhor compreensão dos tipos penais.

As infrações penais constantes do *caput* do art. 177 do Código Penal e do seu § 1º são de natureza subsidiária, devendo ser aplicadas somente se o fato não constitui crime contra a economia popular, tendo em vista a disposição expressa contida no preceito secundário do *caput* do mencionado artigo. Já o § 2º do art. 177, por não dizer respeito a infrações penais ligadas à economia popular, não possui essa natureza subsidiária, aplicando-se na qualidade de norma principal.

⚖ Nos termos do art. 177, § 1º, do Código Penal, o crime de fraude e abuso na administração de sociedade por ações resta afastado se o fato constituir crime contra a economia popular. Portanto, havendo condenação prévia do réu por crime contra a economia popular, referente ao mesmo fato descrito na denúncia de crime de fraude e abuso na administração de sociedade por ações, impõe-se a extinção deste processo, eis que uma única conduta não pode ser tipificada como dois crimes. É próprio o crime de fraude e abuso na administração de sociedade por ações, não podendo ser condenada pessoa que não seja o diretor, o gerente ou o fiscal da sociedade. Para a caracterização do crime de fraude e abuso na administração de sociedade por ações, é necessária a comprovação do dolo que, acaso não verificado, afasta a condenação (TJDF, Rec. 2003.01.5.004536-9, Ac. 327.752, 2ª T. Crim., Rel.ª Des.ª Aparecida Fernandes, *DJDFTE* 06/07/2009, p. 91).

Promover a fundação de sociedade por ações fazendo, em prospecto ou em comunicação ao público ou à assembleia, afirmação falsa sobre a constituição da sociedade, ou ocultando fraudulentamente fato a ela relativo

O núcleo *promover*, ligado à ideia de fundação de sociedade por ações, pressupõe criação, constituição. No entanto, essa finalidade de criação da sociedade por ações é entendida como criminosa em virtude do fato de ter o agente levado a efeito, em prospecto ou em comunicação ao público ou à assembleia, afirmação falsa sobre a constituição da sociedade, ou ocultando fraudulentamente fato a ela relativo.

Conforme adverte Ney Moura Teles, "a conduta é realizada no processo de fundação da sociedade. O agente, em comunicação oral ou escrita – inclusive por meio de prospecto, imprensa escrita ou outra – ao público ou aos integrantes da assembleia de fundação, faz afirmação falsa sobre os termos da constituição da sociedade ou oculta fato relevante sobre ela, fraudulentamente".[166]

O prospecto tem uma finalidade específica na Lei de Sociedade por Ações e deve conter o determinado pelo art. 84 do referido diploma legal.

Cuida-se de tipo penal subsidiário que somente terá aplicação quando o fato não se configurar em crime contra a economia popular, previsto pela Lei nº 1.521/1951.

Classificação doutrinária

Crime próprio, tanto com relação ao sujeito ativo quanto ao sujeito passivo; doloso; comissivo (na modalidade promover) e omissivo próprio (no que diz respeito à conduta de *ocultar*); formal; instantâneo; de forma livre; monossubjetivo; plurissubsistente; não transeunte (como regra).

Objeto material e bem juridicamente protegido

O crime de fraudes e abusos na fundação ou administração de sociedade por ações tem por finalidade a proteção do patrimônio, sendo este, portanto, o bem juridicamente protegido pelo tipo.

O objeto material é o prospecto ou a comunicação feita ao público ou à assembleia que contenha a afirmação falsa sobre a constituição da sociedade ou mesmo a omissão fraudulenta.

Sujeito ativo e sujeito passivo

O *sujeito ativo* é aquele que fundou a sociedade por ações.

Os *sujeitos passivos* podem ser as pessoas físicas ou jurídicas que subscreveram o capital.

Consumação e tentativa

Conforme lições de Noronha, "o legislador, no presente dispositivo, estruturou um crime formal. Não se exige, para a consumação, resultado externo ou estranho à ação do agente. Esta, por si só, é bastante para integralizar o delito. Comunicada, pelos meios indicados na lei, a afirmação ou a omissão falsa, o crime está consumado, ainda que nenhuma ação seja subscrita".[167]

Elemento subjetivo

O delito tipificado no *caput* do art. 177 do Código Penal somente pode ser praticado dolosamente, não havendo previsão para a modalidade de natureza culposa.

---

[166] TELES, Ney Moura. *Direito penal*, v. II, p. 485.
[167] NORONHA, Edgard Magalhães. *Direito penal*, v. 2, p. 471.

Modalidades comissiva e omissiva

O núcleo *promover* pressupõe um comportamento comissivo por parte do agente, enquanto *ocultar* traduz uma omissão própria.

O diretor, o gerente ou o fiscal de sociedade por ações, que, em prospecto, relatório, parecer, balanço ou comunicação ao público ou à assembleia, faz afirmação falsa sobre as condições econômicas da sociedade, ou oculta fraudulentamente, no todo ou em parte, fato a elas relativo

O inc. I do § 1º do art. 177 do Código Penal traduz outra infração penal ligada à sociedade por ações dizendo que incorrerá nas mesmas penas previstas para o *caput*, desde que o fato não constitua crime contra a economia popular, o diretor, o gerente ou o fiscal de sociedade por ações que, em prospecto, relatório, parecer, balanço ou comunicação ao público ou à assembleia, faz afirmação falsa sobre as condições econômicas da sociedade, ou oculta fraudulentamente, no todo ou em parte, fato a elas relativo.

A situação prevista no mencionado inc. I é similar àquela contida no *caput* do art. 177 do Código Penal. A diferença reside, precipuamente, em que, no fato narrado pelo inc. I, a sociedade já está constituída e os agentes apontados pelo tipo penal, vale dizer, o diretor, o gerente ou fiscal, afirmam falsamente sobre as condições econômicas da sociedade ou ocultam, fraudulentamente, no todo ou em parte, fato a ela relativo, utilizando, para tanto, prospecto, relatório, parecer, balanço, ou qualquer outro tipo de comunicação ao público ou à assembleia.

Prospecto é o documento previsto pela Lei nº 6.404/1976. *Relatório*, segundo Hungria, "é o *compte rendu* dos negócios sociais no exercício findo. *Parecer*, no sentido restrito da lei, é a exposição que deve ser apresentada pelo 'conselho fiscal' [...]. *Balanço* é o documento em que se resume, ao fim de cada ano ou exercício social, após o inventário do ativo e passivo, a situação real da sociedade".[168]

O art. 133 da Lei das Sociedades por Ações, com a nova redação que lhe foi dada pela Lei nº 10.303, de 31 de outubro de 2001, elenca os documentos que devem ser apresentados pelos administradores.

Cuida-se de tipo penal subsidiário, que somente terá aplicação quando o fato não se configurar crime contra a economia popular, previsto pela Lei nº 1.521/1951.

Classificação doutrinária

Crime próprio, tanto com relação ao sujeito ativo quanto ao sujeito passivo; doloso; comissivo (na modalidade fazer afirmação falsa) e omissivo próprio (no que diz respeito à conduta de *ocultar*); formal; instantâneo; de forma livre; monossubjetivo; plurissubsistente; não transeunte (como regra).

Objeto material e bem juridicamente protegido

O crime de fraudes e abusos na fundação ou administração de sociedade por ações tem por finalidade proteger o *patrimônio*, sendo este, portanto, o bem juridicamente protegido pelo tipo.

O objeto material é o prospecto, o relatório, o parecer, o balanço ou a comunicação feito(a) ao público ou à assembleia que contenha a afirmação falsa sobre as condições econômicas da sociedade, ou onde foram ocultos fraudulentamente, no todo ou em parte, fatos a elas relativo.

Sujeito ativo e sujeito passivo

O inc. I do § 1º do art. 177 do Código Penal aponta o seu *sujeito ativo*, a saber: o diretor, o gerente ou o fiscal da sociedade por ações.

Sujeitos passivos podem ser as pessoas físicas ou jurídicas que subscreveram o capital.

Consumação e tentativa

Consuma-se o delito quando da expedição do prospecto ou da apresentação do relatório, do parecer, do balanço ou da comunicação, ao público ou à assembleia, que contenha a afirmação falsa sobre as condições econômicas da sociedade, ou que oculta fraudulentamente, no todo ou em parte, fato a ela relativo.

Será possível o reconhecimento da tentativa, mesmo na modalidade ocultar, embora não seja de fácil configuração.

Elemento subjetivo

O delito tipificado no inc. I do § 1º do art. 177 do Código Penal somente pode ser praticado dolosamente, não havendo previsão para a modalidade de natureza culposa.

Modalidades comissiva e omissiva

O núcleo *fazer* (afirmação falsa sobre as condições econômicas da sociedade) pressupõe um comportamento comissivo por parte do agente, enquanto *ocultar* (no todo ou em parte, fato a elas relativo) traduz uma omissão própria.

O diretor, o gerente ou o fiscal que promove, por qualquer artifício, falsa cotação das ações ou de outros títulos da sociedade

De acordo com as precisas lições de Cezar Roberto Bitencourt, "a conduta tipificada é *promover*, mediante qualquer artifício, *falsa cotação* de ações ou de outros títulos de sociedade. *Cotação falsa* é a que não corresponde ao valor regular do mercado, determinado pela 'oferta e procura'. A falsa cotação das ações produz indicação inverídica sobre a situação econômica de qualquer companhia, induzindo erro aos que transacionarem com a empresa. A falsa cotação tanto pode ser para aumentar como para diminuir o valor das ações.

---

[168] HUNGRIA, Nélson. *Comentários ao código penal*, v. VII, p. 286-287.

Esse crime só pode ser praticado em relação a empresas cujos títulos tenham cotação regular no mercado de ações, na medida em que somente estes podem ser objeto de cotação falsa ou correta."[169]

Artifício é o ardil, a fraude utilizada pelo agente no sentido de fazer com que os sujeitos passivos acreditem na falsa cotação, seja ela para mais ou mesmo para menos.

Cuida-se de tipo penal subsidiário, que somente terá aplicação quando o fato não se configurar como crime contra a economia popular, previsto pela Lei nº 1.521/1951.

Classificação doutrinária

Crime próprio, tanto com relação ao sujeito ativo quanto ao sujeito passivo; doloso; comissivo (tendo em vista o núcleo *promover*); formal; instantâneo; de forma livre; monossubjetivo; plurissubsistente; não transeunte (como regra).

Objeto material e bem juridicamente protegido

O crime de fraudes e abusos na fundação ou administração de sociedade por ações tem por finalidade proteger o *patrimônio*, sendo este, portanto, o bem juridicamente protegido pelo tipo.

Objeto material são as ações ou outros títulos da sociedade cotados falsamente pelo agente.

Sujeito ativo e sujeito passivo

O *sujeito ativo* é o diretor, o gerente ou o fiscal que promove, por qualquer artifício, falsa cotação das ações ou de outros títulos da sociedade.

Os *sujeitos passivos* podem ser os acionistas, terceiros que sofram dano com a prática criminosa ou, ainda, a própria sociedade por ações.

Consumação e tentativa

Consuma-se o delito com a efetiva promoção da falsa cotação das ações ou de outros títulos da sociedade. Admite-se a tentativa.

Elemento subjetivo

O delito tipificado no inc. II do § 1º do art. 177 do Código Penal somente pode ser praticado dolosamente, não havendo previsão para a modalidade de natureza culposa.

Modalidade comissiva

A conduta de *promover* pressupõe um comportamento comissivo levado a efeito pelo agente.

O diretor ou o gerente que toma empréstimo à sociedade ou usa, em proveito próprio ou de terceiro, dos bens ou haveres sociais, sem prévia autorização da assembleia geral

Tanto o diretor quanto o gerente são gestores da sociedade por ações. Não podem, outrossim, valer-se dos poderes que possuem para utilizar os bens e haveres sociais em seu benefício, mesmo que não causem, efetivamente, qualquer tipo de prejuízo à referida sociedade.

Conforme salienta Noronha, "*empréstimo*, diz o legislador, usando expressão genérica, designativa de contrato, pelo qual alguém entrega objeto, que deve ser restituído depois em espécie ou em gênero.

Ao dispositivo penal repugna o simples *uso* do patrimônio social, que a lei coloca ao lado do empréstimo. Não pode o diretor ou o gerente usar dos bens e haveres sociais, quer em benefício próprio, quer no de terceiros. O patrimônio da sociedade, em relação àqueles administradores, são bens alheios. Têm eles a guarda e a administração, não podendo tomá-los emprestado ou usá-los sem prévia autorização da assembleia geral".[170]

Classificação doutrinária

Crime próprio, tanto com relação ao sujeito ativo quanto ao sujeito passivo; doloso; comissivo (*tomar empréstimo* à sociedade ou *usar*, em proveito próprio ou de terceiro, bens ou haveres sociais, sem prévia autorização da assembleia, pressupõe um comportamento positivo do agente); de forma vinculada (uma vez que o tipo penal aponta o modo pelo qual o delito pode ser praticado); monossubjetivo; plurissubsistente; transeunte ou não transeunte (dependendo da hipótese concreta).

Objeto material e bem juridicamente protegido

O crime de fraudes e abusos na fundação ou administração de sociedade por ações tem por finalidade proteger o *patrimônio*, sendo este, portanto, o bem juridicamente protegido pelo tipo. No caso do inc. III do § 2º do art. 177, busca-se proteger o patrimônio da sociedade por ações.

Objeto material é o empréstimo tomado pelo diretor ou pelo gerente, ou bens ou haveres sociais por ele utilizados.

Sujeito ativo e sujeito passivo

O *sujeito ativo*, de acordo com a redação constante do inc. III do § 1º do art. 177 do Código Penal, é o diretor ou o gerente da sociedade por ações.

O *sujeito passivo* é a própria sociedade por ações, bem como os seus acionistas.

Consumação e tentativa

Consuma-se o delito em estudo no momento em que o agente, efetivamente, toma o empréstimo à sociedade ou usa, em proveito próprio ou de terceiro, os bens ou haveres sociais sem prévia autorização da assembleia geral. Assim, por exemplo, o simples fato de usar um bem, seja ele móvel ou imóvel, pertencente à sociedade por ações, sem a necessária e prévia autorização da assembleia geral, tem o condão de configurar o delito, mesmo que isso não tenha trazido, em tese, qualquer prejuízo à sociedade.

Será admissível o raciocínio relativo à tentativa.

---

[169] BITENCOURT, Cezar Roberto. *Tratado de direito penal*, v. 3, p. 342.

[170] NORONHA, Edgard Magalhães. *Direito penal*, v. 2, p. 474.

Elemento subjetivo

O delito tipificado no inc. III do § 1º do art. 177 do Código Penal somente pode ser praticado dolosamente, não havendo previsão para a modalidade de natureza culposa.

Modalidades comissiva e omissiva

A conduta de *tomar empréstimo* à sociedade ou *usar*, em proveito próprio ou de terceiro, os bens ou haveres sociais, sem prévia autorização da assembleia geral, pressupõe um comportamento positivo por parte do agente.

No entanto, poderá ser levado a efeito o raciocínio correspondente à omissão imprópria se o garantidor, dolosamente, nada fizer para impedir que o agente pratique um dos comportamentos previstos pelo inciso em estudo.

O diretor ou o gerente que compra ou vende, por conta da sociedade, ações por ela emitidas, salvo quando a lei o permite

Conforme esclarece Cezar Roberto Bitencourt, "as condutas proibidas estão representadas pelos verbos nucleares 'comprar' (adquirir por meio oneroso) e 'vender' (alienar ou ceder por preço determinado). Essa proibição abrange todas as formas de *transações* capazes de produzir efeitos econômicos. Comprar e vender, nesse caso, têm o sentido de qualquer negócio que produza os efeitos econômicos de compra e venda".[171]

De acordo com o art. 30 da Lei nº 6.404/76, embora a sociedade não possa, como regra, negociar com as próprias ações, tal situação é excepcionada pelo seu § 1º. Assim, o administrador que atuar nos moldes do referido § 1º da Lei de Sociedade por Ações não praticará um comportamento penalmente relevante e, consequentemente, restará afastada a tipicidade correspondente ao inc. IV do § 1º do art. 177 do Código Penal.

Classificação doutrinária

Crime próprio, tanto com relação ao sujeito ativo quanto ao sujeito passivo; doloso; comissivo (tendo em vista os núcleos *comprar* e *vender*); material; instantâneo; de forma vinculada; monossubjetivo; plurissubsistente; não transeunte (como regra).

Objeto material e bem juridicamente protegido

O patrimônio da sociedade por ações é o bem juridicamente protegido pelo inc. IV do § 1º do art. 177 do Código Penal.

Objeto material são as ações compradas ou vendidas.

Sujeito ativo e sujeito passivo

O *sujeito ativo*, de acordo com a redação constante do inc. IV do § 1º do art. 177 do Código Penal, é o diretor ou o gerente da sociedade por ações.

O *sujeito passivo* é a própria sociedade por ações, bem como os seus acionistas.

Consumação e tentativa

Consuma-se o delito no instante em que o agente efetiva a transação de compra ou venda, por conta da sociedade, de ações por ela emitidas, sem a permissão legal.

Será admissível, como regra, a tentativa.

Elemento subjetivo

O delito tipificado no inc. IV do § 1º do art. 177 do Código Penal somente pode ser praticado dolosamente, não havendo previsão para a modalidade de natureza culposa.

Modalidades comissiva e omissiva

A conduta de *comprar* ou *vender* pressupõe um comportamento positivo por parte do agente.

No entanto, poderá ser levado a efeito o raciocínio correspondente à omissão imprópria se o garantidor, dolosamente, nada fizer para impedir que o agente pratique um dos comportamentos previstos pelo inciso em estudo.

O diretor ou o gerente que, como garantia de crédito social, aceita em penhor ou em caução ações da própria sociedade

Determina o § 3º do art. 30 da Lei nº 6.404/76:

§ 3º A companhia não poderá receber em garantia as próprias ações, salvo para assegurar a gestão dos seus administradores.

Assevera Noronha que a razão do dispositivo é clara, pois que por intermédio dele se impede "que a sociedade venha a receber, como garantia de crédito que possui, ações dela mesma. Seria, então, credora e fiadora ao mesmo tempo, o que é inadmissível.

Para haver o crime, é necessário que tenha a sociedade crédito contra acionista ou contra terceiro, e que, como garantia desse crédito, o diretor ou o gerente aceite ações da própria sociedade. São eles então os sujeitos ativos do delito, que manifestamente é *fraude*".[172]

Penhor é um direito real que consiste, nos termos do art. 1.431 do Código Civil, na transferência efetiva da posse que, em garantia do débito ao credor ou a quem o represente, faz o devedor, ou alguém por ele, de uma coisa móvel (no caso, as ações da própria sociedade) suscetível de alienação; *caução,* a seu turno, seria o depósito levado a efeito a fim de assegurar uma obrigação assumida.

Classificação doutrinária

Crime próprio, tanto com relação ao sujeito ativo quanto ao sujeito passivo; doloso; comissivo (tendo em vista o núcleo *aceitar*); material; instantâneo; de forma vinculada; monossubjetivo; plurissubsistente; não transeunte (como regra).

---

[171] BITENCOURT, Cezar Roberto. *Tratado de direito penal,* v. 3, p. 345-346.
[172] NORONHA, Edgard Magalhães. *Direito penal,* v. 2, p. 476.

Objeto material e bem juridicamente protegido

O patrimônio da sociedade por ações é o bem juridicamente protegido pelo inc. V do § 1º do art. 177 do Código Penal.

Objeto material são as ações que foram aceitas em penhor ou caução.

Sujeito ativo e sujeito passivo

O *sujeito ativo*, de acordo com a redação constante do inc. V do § 1º do art. 177 do Código Penal, é o diretor ou o gerente da sociedade por ações.

O *sujeito passivo* é a própria sociedade por ações, bem como seus acionistas.

Consumação e tentativa

Consuma-se o delito no instante em que o agente efetiva a transação, aceitando como garantia de crédito as ações da própria sociedade em penhor ou em caução. Por se tratar de um crime plurissubsistente, no qual se é possível visualizar o fracionamento do *iter criminis*, será admissível, como regra, a tentativa.

Elemento subjetivo

O delito tipificado no inc. V do § 1º do art. 177 do Código Penal somente pode ser praticado dolosamente, não havendo previsão para a modalidade de natureza culposa.

Modalidades comissiva e omissiva

O núcleo *aceitar* pressupõe um comportamento comissivo por parte do agente, no entanto, poderá se configurar a omissão imprópria quando o garantidor, dolosamente, nada fizer para impedir a transação ilícita.

O diretor ou o gerente que, na falta de balanço, em desacordo com este, ou mediante balanço falso, distribui lucros ou dividendos fictícios

O art. 202 da Lei de Sociedade por Ações cuida dos chamados dividendos obrigatórios, dizendo, com a nova redação que lhe foi dada pela Lei nº 10.303, de 2001, que os acionistas têm o direito de receber como dividendo obrigatório, em cada exercício, a parcela dos lucros estabelecida no estatuto ou, se este for omisso, a importância determinada de acordo com seus parágrafos.

O que a lei penal quer evitar, por intermédio do inc. VI do § 1º do art. 177 do diploma repressivo, é a distribuição de lucros ou dividendos fictícios, ou seja, que não correspondam com à realidade dos lucros da sociedade por ações.

Conforme lições de Hungria, "para verificação de lucros líquidos, é indispensável o balanço ao fim de cada ano social. Se há distribuição de dividendos sem prévio balanço ou em descordo com este, a fraude é reconhecível *prima facie*. No caso do balanço falso, porém, é preciso distinguir entre a hipótese de falsidade intencional e a de inexatidão por erro de avaliação ou contabilidade, que tenha passado despercebido ao diretor ou gerente: no primeiro caso, haverá o crime de que ora se trata em concurso com o de falsidade material ou ideológica (arts. 299 ou 304); no segundo, nenhum crime poderá ser reconhecido. Balanço falso é o balanço *fraudulento*, como tal se entendendo, na espécie, aquele que, *artificialmente*, apresenta majoração dos valores ativos ou minoração dos valores passivos, de modo a fazer supor um lucro inexistente ou superior ao que realmente existe".[173]

Classificação doutrinária

Crime próprio, tanto com relação ao sujeito ativo quanto ao sujeito passivo; doloso; comissivo (tendo em vista o núcleo *distribuir* – lucros ou dividendos fictícios); material; instantâneo; de forma vinculada; monossubjetivo; plurissubsistente; não transeunte (como regra).

Objeto material e bem juridicamente protegido

O patrimônio da sociedade por ações é o bem juridicamente protegido pelo inc. VI do § 1º do arts. 177 do Código Penal.

Objeto material são os lucros ou dividendos fictícios distribuídos pelo agente.

Sujeito ativo e sujeito passivo

O *sujeito ativo*, de acordo com a redação constante do inc. VI do § 1º do art. 177 do Código Penal, é o diretor ou o gerente da sociedade por ações.

O *sujeito passivo* é a própria sociedade por ações, bem como seus acionistas.

Consumação e tentativa

Consuma-se o delito quando o agente, efetivamente, leva a efeito a distribuição dos lucros ou dividendos fictícios. Distribuir deve ser entendido no sentido de entregar, repassar os lucros ou dividendos fictícios aos acionistas.

Será admissível, como regra, a tentativa.

Elemento subjetivo

O delito tipificado no inc. VI do § 1º do art. 177 do Código Penal somente pode ser praticado dolosamente, não havendo previsão para a modalidade de natureza culposa.

Modalidades comissiva e omissiva

O núcleo *distribuir* pressupõe um comportamento comissivo por parte do agente.

No entanto, poderá se configurar a omissão imprópria quando o garantidor, dolosamente, nada fizer para impedir a distribuição de lucros ou dividendos fictícios.

---

[173] HUNGRIA, Nélson. *Comentários ao código penal*, v. VII, p. 291.

O diretor, o gerente ou o fiscal que, por interposta pessoa, ou conluiado com acionista, consegue a aprovação de conta ou parecer

Cuidando da assembleia geral, o art. 132 da Lei nº 6.404/76 determina:

Art. 132. Anualmente, nos 4 (quatro) primeiros meses seguintes ao término do exercício social, deverá haver 1 (uma) assembleia geral para:

I – tomar as contas dos administradores, examinar, discutir e votar as demonstrações financeiras;

[...].

Competirá à assembleia geral, portanto, a aprovação das contas apresentadas pelos administradores da sociedade por ações, conforme esclarece, ainda, o art. 134 do mencionado diploma legal.

Analisando o tipo penal em estudo, José Henrique Pierangeli, com precisão, aduz: "A prática do crime se realiza mediante duas condutas: a primeira é de pessoa, a quem os administradores ou o fiscal cedem suas ações para que o cessionário vote na assembleia geral em seu favor; a segunda consiste em corromper acionistas, pessoas que têm direito a voto, para que votem de conformidade com o desejado pelos administradores ou fiscal.

Mas há burla também quando ocorre aliciamento de acionista verdadeiro, isto é, autêntico, que mediante suborno vota pela aprovação de ditas contas. O tipo penal fala em *conluio*, que significa conspiração, trama, maquinação, e que aqui tem bem o sentido de trama urdida, que tem por fim a aprovação da matéria submetida à assembleia geral. Conta e parecer devem estar em contraste com a verdade, e a sua aprovação representa uma lesão ou perigo de lesão, ao interesse da sociedade ou de outrem".[174]

⚖ Não configura interposição de pessoas, para fins de subsunção ao tipo previsto no art. 177, § 1º, inc. VII, do Código Penal – razão por que é atípico –, o exercício de voto, em assembleia de acionistas, por detentor de parte do capital acionário, já qualificado como votante.

Nesse sentido:

⚖ STJ, HC 58.052/SP, Rel. Min. Paulo Medina, 6ª T., pub. *DJ* 02/04/2007, p. 310.

Classificação doutrinária

Crime próprio, tanto com relação ao sujeito ativo quanto ao sujeito passivo; doloso; comissivo; formal; instantâneo; de forma livre; monossubjetivo; plurissubsistente; não transeunte.

Objeto material e bem juridicamente protegido

O patrimônio da sociedade por ações é o bem juridicamente protegido pelo inc. VII do § 1º do art. 177 do Código Penal.

O objeto material é a conta ou parecer que foi aprovada(o) indevidamente.

Sujeito ativo e sujeito passivo

O *sujeito ativo*, de acordo com a redação legal, é o diretor, o gerente ou o fiscal.

O *sujeito passivo* é a própria sociedade por ações, bem como seus acionistas.

Consumação e tentativa

Consuma-se o delito com a efetiva aprovação, pela assembleia geral, das contas ou parecer fraudulentos. Será admissível, como regra, a tentativa.

Elemento subjetivo

O delito tipificado no inc. VII do § 1º do art. 177 do Código Penal somente pode ser praticado dolosamente, não havendo previsão para a modalidade de natureza culposa.

Modalidade comissiva

A conduta narrada pelo inciso em estudo pressupõe um comportamento positivo praticado pelo agente.

O liquidante, nos casos dos nºˢ I, II, III, IV, V e VII

Os arts. 208 a 218 da Lei nº 6.404/76 cuidam da *liquidação* da sociedade por ações, que poderá ocorrer *judicial* ou *extrajudicialmente,* competindo ao *liquidante* representar a companhia e praticar todos os atos necessários à liquidação, inclusive alienar bens móveis ou imóveis, transigir, receber e dar quitação (art. 211).

A figura do liquidante é de tal importância e responsabilidade que entendeu por bem a lei penal incluí-lo em todas as figuras típicas previstas pelos incs. I, II, III, IV, V e VII. Como se percebe, somente nas hipóteses previstas pelo inc. VI do § 1º do art. 177 do Código Penal, que não lhe dizem respeito, é que o liquidante não poderá figurar como sujeito ativo do delito de fraudes e abusos na fundação ou administração de sociedade por ações.

Cuida-se, *in casu*, do chamado *tipo penal primariamente remetido*, no qual o intérprete, para que possa compreender e aplicar o tipo penal em questão, deverá, obrigatoriamente, deslocar-se para as demais figuras típicas por ele indicadas.

Classificação doutrinária

A correspondente a cada inciso já analisado, constante do § 1º do art. 177 do Código Penal.

Objeto material e bem juridicamente protegido

Vide cada inciso objeto de análise.

Sujeito ativo e sujeito passivo

O *sujeito ativo* é o liquidante, cujo comportamento deverá ser aferido em cada infração penal prevista pelos incs. I, II, III, IV, V e VII, do § 1º do art. 177 do Código Penal.

O *sujeito passivo* é a própria sociedade por ações, bem como seus acionistas.

---

[174] PIERANGELI, José Henrique. *Manual de direito penal brasileiro* – Parte especial (arts. 121 a 234), p. 588-589.

Consumação e tentativa

Deverão ser verificadas, isoladamente, em cada infração penal já analisada, cuja autoria poderá ser atribuída ao liquidante, nos termos do inc. VIII do § 1º do art. 177 do Código Penal.

Elemento subjetivo

Em todas as infrações penais cuja autoria se possa atribuir ao liquidante, exige-se o comportamento doloso do agente, não havendo previsão legal para a modalidade de natureza culposa.

Modalidades comissiva e omissiva

Vide os comentários levados a efeito quando do estudo dos incs. I, II, III, IV, V e VII do § 1º do art. 177 do estatuto repressivo.

O representante da sociedade anônima estrangeira, autorizada a funcionar no País, que pratica os atos mencionados nos incs. I e II, ou dá falsa informação ao Governo

Aplicam-se ao representante da sociedade anônima estrangeira, autorizada a funcionar no País, os incs. I e II do § 1º do art. 177 do Código Penal. Além dessas infrações penais, também será responsabilizado criminalmente o mencionado representante que der falsa informação ao Governo, aqui entendido como o Governo brasileiro.

Trata-se, na sua primeira parte, de um tipo penal primariamente remetido, cujo conceito já foi explicitado quando do estudo do inciso anterior.

Dissertando sobre a infração penal em estudo, observa Mirabete: "As sociedades anônimas estrangeiras podem funcionar no Brasil, legalmente, com a autorização, mediante decreto, do Governo (art. 64 do Decreto-Lei nº 2.627/40), devendo manter no país um representante com plenos poderes para tratar e resolver qualquer questão (art. 67). Pode esse representante cometer os crimes de fraude sobre as condições econômicas da sociedade e de falsa cotação de ações ou títulos da sociedade (art. 177, § 1º, incs. I e II). Pode, ainda, dar falsa informação a respeito da sociedade ao Governo, respondendo criminalmente pelo fato. Exige-se que esteja consciente da falsidade da informação, sendo necessário que se refira esta a fato ou circunstância relevantes".[175]

Classificação doutrinária

Vide classificação doutrinária relativa aos incs. I e II do § 1º do art. 177 do Código Penal, no que diz respeito à primeira parte do inciso *sub examen*.

No que diz respeito à segunda parte do inc. IX do § 1º do art. 177 do Código Penal, trata-se de crime próprio, tanto com relação ao sujeito ativo quanto ao sujeito passivo; doloso; comissivo; material; instan-

tâneo; monossubjetivo; plurissubsistente; não transeunte.

Objeto material e bem juridicamente protegido: nos casos dos inc. I e II do § 1º do art. 177 do diploma repressivo, *vide* notas a eles correspondentes.

Quanto ao fato de dar falsa informação ao Governo, bens juridicamente protegidos, *in casu*, seguindo as lições de Guilherme de Souza Nucci, são "o patrimônio societário e também a credibilidade das informações que interessam ao Estado".[176]

Sujeito ativo e sujeito passivo

O *sujeito ativo* é o representante de sociedade anônima estrangeira, autorizada a funcionar no País, que pratica os atos mencionados nos incs. I e II do § 1º do art. 177 do Código Penal, ou dá falsa informação ao Governo.

Os *sujeitos passivos* são a sociedade anônima, os acionistas, nas hipóteses previstas pelos referidos incs. I e II, bem como o Estado, quando o agente dá falsa informação ao Governo.

Consumação e tentativa: *vide* os momentos consumativos referentes aos incs. I e II do § 1º do art. 177 do Código Penal.

Quanto à segunda parte, o delito se consuma quando o representante de sociedade anônima estrangeira, efetivamente, fornece, entrega, dá ao Governo falsa informação.

Elemento subjetivo

O delito tipificado no inc. IX do § 1º do art. 177 do Código Penal somente pode ser praticado dolosamente, não havendo previsão para a modalidade de natureza culposa.

Modalidades comissiva e omissiva: *vide* os modelos de comportamentos referentes aos incs. I e II do § 1º do art. 177 do Código Penal.

O núcleo *dar*, constante da segunda parte do inc. IX em análise, pressupõe um comportamento comissivo por parte do agente.

Pena, ação penal, extinção da punibilidade e suspensão condicional do processo

A pena cominada ao delito de fraudes e abusos na fundação ou administração de sociedade por ações é de reclusão, de 1 (um) a 4 (quatro) anos, e multa, se o fato não constitui crime contra a economia popular.

A ação penal é de iniciativa pública incondicionada.

Ressalta Mirabete: "Pelo art. 3º do Decreto-Lei nº 697, de 23/3/69, extinguiu-se a punibilidade dos crimes previstos no art. 177 do Código Penal para as emissões contábeis relativas a títulos registrados na forma do Decreto-Lei nº 286, de 28/2/67, exceto para os que não cumprissem, dentro de determinado prazo, as determinações daquele diploma legal".[177]

[175] MIRABETE, Julio Fabbrini. *Manual de direito penal*, v. 2, p. 343.
[176] NUCCI, Guilherme de Souza. *Código penal comentado*, p. 714.
[177] MIRABETE, Julio Fabbrini. *Manual de direito penal*, v. 2, p. 344.

Será possível a confecção de proposta de suspensão condicional do processo, nos termos do art. 89 da Lei nº 9.099/95.

📖 A ação penal relativa aos crimes tipificados nos arts. 171 e 177 do Código Penal é pública incondicionada. A ação penal privada subsidiária da pública, prevista no art. 29 do Código de Processo Penal, só tem cabimento quando há inércia do Ministério Público, o que não ocorreu no caso sob exame (STF, Inq 2242 AgR/DF, Tribunal Pleno, Rel. Min. Eros Grau, *DJ* 25/08/2006, p. 16).

Negociação de voto

O delito de *negociação de voto* veio tipificado no § 2º do art. 177 do Código Penal, com a seguinte redação, *verbis*:

§ 2º Incorre na pena de detenção, de 6 (seis) meses a 2 (dois) anos, e multa, o acionista que, a fim de obter vantagem para si ou para outrem, negocia o voto nas deliberações de assembleia geral.

Há discussão doutrinária sobre a vigência do mencionado parágrafo.

Noronha entende que, "com a Redação dada pela Lei nº 10.303, de 31 de outubro de 2001, introduziu-se uma figura nova na sistemática das sociedades por ações, qual seja, a do *acordo de acionistas* (art. 118 e parágrafos), derrogando o § 2º do art. 177 do estatuto penal".[178]

Guilherme de Souza Nucci, com razão, posiciona-se em sentido contrário, argumentando: "O acordo de acionistas e a punição civil estabelecida para quem abusar do direito de votar são insuficientes para revogar uma lei penal. Esta somente é considerada revogada de maneira expressa ou quando outra lei penal discipline inteiramente a matéria. O fato de haver possibilidade de o acionista ser responsável, respondendo pelos danos causados, pelo voto abusivo ou poder fazer acordos lícitos com outros acionistas não elide o delito, que tem por finalidade punir aquele que, fraudulentamente, busca obter vantagem para si ou para outrem em detrimento dos demais acionistas e da sociedade".[179]

Emissão irregular de conhecimento de depósito ou *warrant*

Art. 178. Emitir conhecimento de depósito ou *warrant*, em desacordo com disposição legal:
Pena – reclusão, de um a quatro anos, e multa.

Introdução

O tipo penal do art. 178 do diploma repressivo, que prevê o delito de *emissão irregular de conhecimento de depósito ou warrant*, comina uma pena de reclusão, de 1 (um) a 4 (quatro) anos, e multa, para aquele que

emitir conhecimento de depósito ou warrant, em desacordo com disposição legal.

Wille Duarte Costa, dissertando sobre o tema, esclarece: "*Os armazéns-gerais* são estabelecimentos próprios para depósito e conservação de mercadorias. Não basta armazenar, é preciso ter conhecimento suficiente para conservar a mercadoria, principalmente tratando-se de produtos perecíveis. Garantido pela estocagem e conservação de seus produtos, o depositante passa a ter com o estabelecimento depositário um valor geralmente considerável, que pode por ele, depositante, ser negociado. Daí que, quando o interessado procura o armazém-geral e nele deposita suas mercadorias, pode pedir que sejam emitidos, a seu favor, títulos de crédito em garantia do depósito feito e que são o *conhecimento de depósito* e o *warrant*".[180]

E continua o renomado autor, dizendo: "O *conhecimento de depósito* é um título de crédito correspondente às mercadorias depositadas no armazém-geral. O *warrant* é o instrumento de penhor sobre a mesma mercadoria. Os dois títulos são emitidos quando solicitados pelo depositante e nascem unidos, mas separáveis à vontade.

São títulos causais, pois só decorrem de depósito de produtos ou mercadorias em armazéns-gerais. São também títulos à ordem, pelo que qualquer deles pode circular por endosso".[181]

📖 O conhecimento de depósito e o *warrant* são títulos emitidos conjuntamente, com possibilidade de sua separação e circulação mediante endosso, que poderá ser apenas de um deles ou de ambos, sendo que, nesta última hipótese, o endossatário possui pleno direito de disposição da mercadoria armazenada (TJMG, AI 1.0035.07.096680-5/001, 17ª Câm. Crim., Rel. Eduardo Mariné da Cunha, pub. 21/08/2007).

Após esses esclarecimentos indispensáveis à compreensão do tipo em estudo, podemos apontar os seguintes elementos que compõem a infração penal: *a)* a conduta de emitir conhecimento de depósito ou *warrant*; *b)* em desacordo com disposição legal.

O núcleo *emitir* é utilizado no sentido de fazer circular conhecimento de depósito ou *warrant*. No entanto, sua emissão somente pode ser entendida como criminosa quando levada a efeito em desacordo com disposição legal, vale dizer, quando é realizada contrariamente ao Decreto nº 1.102, de 21 de novembro de 1903, que, embora com mais de cem anos de vigência, ainda continua regulando a matéria.

Trata-se, portanto, de norma penal em branco, cujo complemento ao seu preceito primário deverá ser encontrado no mencionado Decreto nº 1.102, de 21 de novembro de 1903, que instituiu regras para o estabe-

[178] NORONHA, Edgard Magalhães. *Direito penal*, v. 2, p. 480.

[179] NUCCI, Guilherme de Souza. *Código penal comentado*, p. 714.

[180] COSTA, Wille Duarte. *Títulos de crédito*, p. 445.

[181] COSTA, Wille Duarte. *Títulos de crédito*, p. 448.

lecimento de empresas de armazéns-gerais, determinando direitos e obrigações dessas empresas.

Hungria aponta como irregular a emissão, de acordo com o aludido Decreto Presidencial, quando: "a) a empresa de armazém geral não esteja legalmente constituída; b) inexistir autorização do governo federal para a emissão; c) serem os títulos arbitrariamente negociados pela própria empresa emissora; d) não existirem em depósito as mercadorias especificadas, ou não corresponderem as existentes, em qualidade, quantidade ou peso, às mencionadas nos títulos; e) tenha sido emitido mais de um *título duplo* sobre as mesmas mercadorias, salvo o disposto no art. 20 do Decreto nº 1.102."[182]

Além disso, deverão ser observados, quando da emissão do conhecimento de depósito ou *warrant*, os requisitos constantes do art. 15 do referido Decreto.

⚖ Planejando e executando estelionato, constante na emissão irregular de um conhecimento de depósito e *warrant*, inexistindo a respectiva mercadoria no armazém, incidem os acusados no delito previsto no art. 178 do Código Penal (TJSP, AC 130787, Rel. Weis de Andrade, *RT* 501, p. 265).

Classificação doutrinária

Crime próprio, tanto no que diz respeito ao sujeito ativo quanto ao sujeito passivo; doloso; comissivo (podendo ser praticado via omissão imprópria, na hipótese de o agente gozar do *status* de garantidor); formal; de forma livre; instantâneo; monossubjetivo; plurissubsistente; não transeunte.

Objeto material e bem juridicamente protegido

O patrimônio é o bem juridicamente protegido pelo tipo penal que prevê o delito de emissão irregular de conhecimento de depósito ou *warrant*.

Objeto material é o conhecimento de depósito ou *warrant* emitido em desacordo com a disposição legal.

Sujeito ativo e sujeito passivo

O *sujeito ativo* é o emitente do conhecimento de depósito ou *warrant*, em desacordo com disposição legal, sendo ele, quase sempre, o depositário da mercadoria.

O *sujeito passivo*, conforme aponta Luiz Regis Prado, "é o portador ou o endossatário dos títulos".[183]

Consumação e tentativa

Consuma-se o delito no momento em que são colocados em circulação os títulos correspondentes ao conhecimento de depósito ou *warrant*.

Embora a posição majoritária seja no sentido de não permitir o reconhecimento da tentativa, entendemos que a infração penal em estudo encontra-se no rol daquelas consideradas plurissubsistentes, podendo-se, consequentemente, fracionar o *iter criminis*.

Dessa forma, somente a análise do caso concreto nos permitirá concluir, com a necessária convicção, se o agente, efetivamente, colocou em circulação os títulos, consumando o delito, ou se a infração penal permaneceu na fase do *conatus*.

Elemento subjetivo

O delito de emissão irregular de conhecimento de depósito ou *warrant* somente poderá ser praticado dolosamente, não havendo, outrossim, previsão para a modalidade de natureza culposa.

Modalidades comissiva e omissiva

A conduta de *emitir* conhecimento de depósito ou *warrant*, em desacordo com disposição legal, somente pode ser praticada comissivamente.

No entanto, dependendo da hipótese concreta, será possível que o garantidor, devendo e podendo agir, dolosamente, nada faça para impedir a prática da infração penal, devendo, portanto, nos termos do § 2º do art. 13 do Código Penal, por ela responder.

Pena, ação penal e suspensão condicional do processo

A pena cominada para o delito de *emissão irregular de conhecimento de depósito ou warrant*, tipificado no art. 178 do Código Penal, é de reclusão, de 1 (um) a 4 (quatro) anos, e multa.

A ação penal é de iniciativa pública incondicionada.

Deverão ser observadas, no entanto, as disposições contidas nos arts. 181, 182 e 183 do Código Penal.

Tendo em vista a pena mínima cominada ao delito em estudo, torna-se possível a confecção de proposta de suspensão condicional do processo, nos termos do art. 89 da Lei nº 9.099/95.

Fraude à execução

Art. 179. Fraudar execução, alienando, desviando, destruindo ou danificando bens, ou simulando dívidas:

Pena – detenção, de seis meses a dois anos, ou multa.

Parágrafo único. Somente se procede mediante queixa.

Introdução

O delito de *fraude à execução* veio previsto no art. 179 do Código Penal, cujo preceito secundário comina uma pena de detenção, de 6 (seis) meses a 2 (dois) anos, ou multa, para aquele que *fraudar execução, alienando, desviando, destruindo ou danificando bens, ou simulando dívidas*.

Assim, de acordo com a redação típica, podemos destacar os seguintes elementos: *a)* a conduta de fraudar execução; *b)* através da alienação, desvio, destruição ou danificação de bens, ou, ainda, simulando dívidas.

O ponto de partida para o nosso raciocínio é justamente apontar a partir de quando a conduta pratica-

---

[182] HUNGRIA, Nélson. *Comentários ao código penal*, v. III, p. 294.

[183] PRADO, Luiz Regis. *Curso de direito penal brasileiro*.

da pelo sujeito poderá ser considerada típica. O art. 179 do Código Penal menciona, expressamente, vários comportamentos destinados a *fraudar execução*. Dessa forma, somente se poderá reconhecer como típica a conduta do agente quando se estiver diante de uma *execução judicial*, afastando-se, portanto, as demais ações constantes do processo de conhecimento, bem como do processo cautelar.

A conduta, portanto, diz respeito a *fraudar processo de execução judicial*.

Para que se possa iniciar o raciocínio correspondente ao delito tipificado no art. 179 do Código Penal, será preciso, além da necessária distribuição da execução judicial, que o executado tenha sido citado, formando-se, assim, a relação jurídico-processual.

Nesse sentido, adverte Cezar Roberto Bitencourt: "A *fraude à execução* é crime de que só cogita a lei penal na pendência de uma lide civil, que só tem lugar após a citação do devedor para o *processo de execução*".[184]

⚖ Consoante entendimento jurisprudencial, 'não se caracteriza a fraude à execução quando a alienação do bem ocorre antes da citação do devedor nos autos do executivo fiscal'. (Precedente: STJ, AgRg no AREsp 372.264/MG, Rel. Ministro Humberto Martins, Segunda Turma, *DJe* 30/9/2013).[AC 0005958-02.2006.4.01.3812/MG, Rel. Desembargador Federal Luciano Tolentino Amaral, Sétima Turma, e-DJF1 p. 2184 de 09/05/2014] (TRF 1ª Reg., AC 2004.41.00.001923-4/RO, Rel. Des. Fed. Jirair Aram Meguerian, *DJe* 18/08/2014).

Em sentido contrário, não exigindo a citação para efeitos de configuração do delito em estudo, professa Hungria: "Não é indispensável que haja uma *sentença*, bastando no caso de *títulos executivos* pré-constituídos, o ajuizamento da ação, e deste tenha conhecimento o devedor. Em qualquer caso, é necessária a ciência inequívoca do devedor, ainda que extrajudicialmente, de que seus bens estão na iminência de penhora, bem como a vontade de frustrar a execução, em prejuízo do credor exequente (ou dos que possam vir, em concurso à execução)".[185]

A execução proposta em juízo pode ter como fundamento um título judicial ou mesmo extrajudicial.

Com a finalidade de fraudar a execução, o agente pode alienar, desviar, destruir ou danificar bens, bem como simular dívidas.

Por *alienação* devem ser compreendidos todos os atos que importem em transferência de domínio, a exemplo do que ocorre com a compra e venda, doação etc. Faz-se mister ressaltar que nem toda alienação, praticada durante o curso da ação de execução judicial, poderá ser considerada fraudulenta, pois que, para tanto, se exige a presença do necessário elemento subjetivo, vale dizer, a finalidade de fraudar a execução, que deverá ser devidamente demonstrada.

Poderá ocorrer que o executado, por exemplo, não tendo outro meio de subsistência, se desfaça da coisa para que proveja a sua manutenção e de sua família. Enfim, o que se proíbe é a alienação fraudulenta de bens móveis, imóveis, ou mesmo de créditos.

⚖ A existência do delito de fraude à execução está condicionada à comprovação sobre a alienação ou oneração de bem do devedor; a existência de demanda pendente, instaurada contra o alienante ao tempo da alienação ou oneração, capaz de reduzi-lo à insolvência. E, ainda, a vontade livre e consciente do alienante de fraudar a execução (TJPR, ACr 0259029-0, 5ª Câm. Crim., Rel. Rosana Andriguetto de Carvalho, *DJ* 7.171).

O *desvio* importa em sonegar os bens à penhora, praticando atos que visem ocultá-los, a exemplo daquele que esconde seus bens para que não sejam descobertos pelo oficial de justiça.

A conduta de *destruir* é empregada pelo texto legal no sentido de eliminar, aniquilar, fazer extinguir o bem.

Danificar, entendido aqui com o mesmo sentido de *deteriorar*, é estragar, arruinar a coisa, que ainda existe, com sua utilidade diminuída ou eliminada, o que faz com que se reduza, consequentemente, o seu valor.

Salienta Noronha que tanto "a danificação como a destruição não necessitam ser integrais, bastando que sejam parcialmente, ocorrendo a fraude desde que elas tornem o bem insuficiente para o cumprimento da obrigação".[186]

Por meio da *simulação de dívida*, o agente, fraudulentamente, produz o aumento do seu passivo. Hungria dizia que, "nesse caso, é necessário que o crédito fictício (cujo titular é coautor do crime) provoque o *concurso de credores* e o rateio do ativo, em prejuízo dos credores legítimos. Antes disso, o que pode haver é simples *tentativa*".[187]

Não haverá crime se a conduta do agente recair sobre bens impenhoráveis, haja vista que, por intermédio do delito em estudo, busca-se garantir a execução com a penhora dos bens necessários ao pagamento do débito existente. Se o bem não pode ser penhorado, consequentemente, qualquer comportamento do agente que recaia sobre ele (destruindo-o, alienando-o etc.) deverá ser considerado um indiferente penal, uma vez que não faria parte, dada a sua natureza, do processo de execução.

⚖ Resta configurada a fraude à execução na alienação de veículo com prévia pendência judicial inscrita no Registro competente (DETRAN-PR), em que o terceiro adquirente tinha, ou poderia ter, porque existiam razões para que não pudesse ignorar, conhecimento da existência de demanda judicial expropria-

---

[184] BITENCOURT, Cezar Roberto. *Tratado de direito penal*, v. 3, p. 362.

[185] HUNGRIA, Nélson. *Comentários ao código penal*, v. VII, p. 296-297.

[186] NORONHA, Edgard Magalhães. *Direito penal*, v. 2, p. 477.

[187] HUNGRIA, Nélson. *Comentários ao código penal*, v. VII, p. 298.

tória sobre o veículo adquirido (TJPR, AC 1162709-7, Rel. Des. Laertes Ferreira Gomes, *DJe* 16/10/2013).

Nesse sentido:

⚖ TRF 4ª Reg., ACr 2007.71.10.001859-1/RS, Rel. Des. Fed. Paulo Afonso Brum Vaz, 8ª T., j. 28/04/2010, *DEJF* 07/05/2010, p. 612; TRF 4ª Reg., HC 0004469-91.2010.404.0000, SC, 8ª T., Rel. Des. Fed. Paulo Afonso Brum Vaz, j. 24/02/2010, *DEJF* 04/03/2010, p. 829; STJ, HC 15317/SP, Rel. Min. Fontes de Alencar, 6ª T., *DJ* 23/06/2003, p. 443; TJRS, Ap. Crim. 699137675, 3ª Câm. Crim., Rel. Saulo Brum Leal, j. 24/06/1999; *RT* 595, p. 378.

Classificação doutrinária

Crime próprio, tanto com relação ao sujeito ativo quanto ao sujeito passivo; doloso; comissivo (podendo, dependendo do caso concreto, ser praticado via omissão imprópria); de forma livre; instantâneo (não se descartando a possibilidade de ser considerado como instantâneo de efeitos permanentes); de dano; material; monossubjetivo; plurissubsistente; não transeunte.

Objeto material e bem juridicamente protegido

Bem juridicamente protegido pelo tipo penal do art. 179 do diploma repressivo é o *patrimônio* e, mesmo que mediatamente, a administração da justiça, punindo aqueles que visam desrespeitar as decisões judiciais.
Objeto material é o bem alienado, desviado, destruído ou danificado, com a finalidade de fraudar a execução.

Sujeito ativo e sujeito passivo

O *sujeito ativo* é o devedor contra o qual está sendo promovida a ação de execução judicial. É, portanto, o *executado*.
O *sujeito passivo* é o credor que ocupa a condição de exequente na ação de execução judicial e que se vê lesado em seu direito patrimonial com o comportamento praticado pelo sujeito ativo, quando, visando fraudar a execução, aliena, desvia, destrói, danifica bens ou simula dívidas.

Consumação e tentativa

O delito se consuma com a prática de um dos comportamentos previstos pelo tipo, vale dizer, quando o agente aliena, desvia, destrói ou danifica bens, ou simula dívidas, impedindo, com isso, o sucesso da execução promovida judicialmente.
A tentativa é admissível.

Elemento subjetivo

O dolo é o elemento subjetivo necessário à configuração do delito de fraude à execução, não havendo previsão para a modalidade de natureza culposa.

Modalidades comissiva e omissiva

As condutas previstas pelo tipo penal do art. 179 do diploma repressivo pressupõem um comportamento comissivo por parte do agente.
No entanto, poderão ser praticadas via omissão imprópria.

Pena, ação penal, competência para julgamento e suspensão condicional do processo

O preceito secundário do art. 179 do Código Penal comina uma pena de detenção, de 6 (seis) meses a 2 (dois) anos, ou multa.
Deverão ser observadas as determinações contidas nos arts. 181 e 183 do Código Penal.
A ação penal, nos termos do parágrafo único do mencionado art. 179, é de iniciativa privada. No entanto, será de iniciativa pública incondicionada na hipótese prevista pelo § 2º do art. 24 do Código de Processo Penal, que diz:
§ 2º Seja qual for o crime, quando praticado em detrimento do patrimônio ou interesse da União, Estado ou Município, a ação será pública.
A competência para o processo e julgamento do delito de fraude à execução será, pelo menos inicialmente, do Juizado Especial Criminal, haja vista que a infração penal em estudo se amolda ao conceito de menor potencial ofensivo, nos termos do art. 61 da Lei nº 9.099/1995, com a nova redação que lhe foi dada pela Lei nº 11.313, de 28 de junho de 2006.
Será possível a confecção de proposta de suspensão condicional do processo, nos termos do art. 89 da Lei nº 9.099/1995.

⚖ Fraude a execução (art. 179 do Código Penal). Proposta de transação penal. Legitimidade. Cabe ao Ministério Público propor a transação penal, ainda que em ação penal privada. A disponibilidade material da vítima reside na fase prévia de composição dos danos e iniciativa processual. Juiz. Elaborada a proposta de transação penal pelo magistrado, com a presença do Ministério Público em audiência, não se insurgindo sequer na fase recursal, presume-se de acordo com o conteúdo, não havendo o que anular pelos princípios dos arts. 2º e 65 da Lei nº 9.099/1995. Art. 76, § 2º, inc. III, da Lei nº 9.099/1995 (ReCrim 71000887844, Turma Recursal Criminal, Turmas Recursais do RS, Rel. Alberto Delgado Neto, j. 09/10/2006).

Capítulo VII – Da Receptação

Receptação
Art. 180. Adquirir, receber, transportar, conduzir ou ocultar, em proveito próprio ou alheio, coisa que sabe ser produto de crime, ou influir para que terceiro, de boa-fé, a adquira, receba ou oculte:
Pena – reclusão, de um a quatro anos, e multa.

Receptação qualificada

§ 1º Adquirir, receber, transportar, conduzir, ocultar, ter em depósito, desmontar, montar, remontar, vender, expor à venda, ou de qualquer forma utilizar, em proveito próprio ou alheio, no exercício de atividade comercial ou industrial, coisa que deve saber ser produto de crime:

Pena – reclusão, de três a oito anos, e multa.

§ 2º Equipara-se à atividade comercial, para efeito do parágrafo anterior, qualquer forma de comércio irregular ou clandestino, inclusive o exercício em residência.

§ 3º Adquirir ou receber coisa que, por sua natureza ou pela desproporção entre o valor e o preço, ou pela condição de quem a oferece, deve presumir-se obtida por meio criminoso:

Pena – detenção, de um mês a um ano, ou multa, ou ambas as penas.

§ 4º A receptação é punível, ainda que desconhecido ou isento de pena o autor do crime de que proveio a coisa.

§ 5º Na hipótese do § 3º, se o criminoso é primário, pode o juiz, tendo em consideração as circunstâncias, deixar de aplicar a pena. Na receptação dolosa aplica-se o disposto no § 2º do art. 155.

§ 6º Tratando-se de bens do patrimônio da União, de Estado, do Distrito Federal, de Município ou de autarquia, fundação pública, empresa pública, sociedade de economia mista ou empresa concessionária de serviços públicos, aplica-se em dobro a pena prevista no *caput* deste artigo.

Introdução

A Lei nº 9.426, de 24 de dezembro de 1996, modificou o art. 180 do Código Penal acrescentando novos núcleos em seu *caput*, criando mais dois parágrafos (os primeiros), além de renumerá-los.

A modalidade fundamental de receptação, como não poderia deixar de ser, encontra-se no *caput* do art. 180 do Código Penal. Em seu § 1º foi prevista a receptação qualificada. Houve, também, previsão da chamada receptação culposa, conforme se deduz do § 3º do mencionado art. 180.

Assim, podemos destacar, de acordo com os dispositivos legais citados, três modalidades de receptação: *a)* simples; *b)* qualificada; *c)* culposa.

A receptação simples será analisada ainda neste tópico, sendo que as demais, para efeito de melhor visualização, serão estudadas isoladamente.

Podemos visualizar no *caput* do art. 180 do Código Penal duas espécies de receptação, a saber: a) *própria;* e b) *imprópria.*

Diz-se própria a receptação quando a conduta do agente se amolda a um dos comportamentos previstos na primeira parte do *caput* do art. 180 do Código

Penal, vale dizer, quando o agente: *adquire, recebe, transporta, conduz ou oculta, em proveito próprio ou alheio, coisa que sabe ser produto de crime.* Merece destacar que as condutas de *transportar* e *conduzir* foram inseridas no *caput* do art. 180 do Código Penal pela Lei nº 9.426, de 24 de dezembro de 1996.

Denomina-se *imprópria* a receptação quando o agente leva a efeito o comportamento previsto na segunda parte do *caput* do art. 180 do Código Penal, ou seja, quando *influi para que terceiro, de boa-fé, adquira, receba ou oculte a coisa.*

Tanto na receptação própria quanto na imprópria, seja, por exemplo, adquirindo a coisa ou, mesmo, influenciando para que terceiro a adquira, o agente deve saber ser a *res produto de crime.*

Inicialmente, tendo em vista a determinação legal, não poderá ser considerada objeto material da receptação coisa que seja produto de *contravenção penal,* pois a lei exige a prática de um *crime* anterior.

Além disso, a redação constante do *caput* do art. 180 do Código Penal exige que a coisa seja *produto* de crime. A expressão *produto de crime* tem um sentido amplo, abrangendo tudo aquilo que for originário economicamente do delito levado a efeito anteriormente. Assim, por exemplo, se, depois de praticar um delito de extorsão mediante sequestro, o agente vier a adquirir, com o valor do resgate, um automóvel, vendendo-o, posteriormente, a alguém que sabia da origem ilícita de sua aquisição, este que o adquiriu deverá ser responsabilizado pelo crime de receptação. Na receptação conhecida como própria, o sujeito pode praticar os seguintes comportamentos: *a)* adquirir; *b)* receber; *c)* transportar; *d)* conduzir; e *e)* ocultar, em proveito próprio ou alheio, coisa que sabe ser produto de crime.

Adquirir tem o significado legal, como bem salientado por Luiz Regis Prado, "de obter a propriedade da coisa, de forma onerosa, como na compra, ou gratuita, na hipótese de doação. Inclui-se aqui a conduta de obter o produto do autor do crime anterior como compensação de dívida deste para com o agente. Pode, também, a aquisição originar-se de sucessão *causa mortis,* desde que o herdeiro saiba que a coisa fora obtida por meio criminoso pelo *de cujus.* Pode ainda ocorrer a receptação pela modalidade de adquirir, ainda que não haja vínculo negocial entre o autor do crime anterior e o agente, como na hipótese do indivíduo que se apodera da coisa atirada fora pelo ladrão que está empreendendo fuga, com pleno conhecimento de sua origem criminosa".[188]

O núcleo *receber* é utilizado pelo tipo penal em estudo no sentido de ter o agente a posse ou a detenção da coisa, para o fim de utilizá-la em seu proveito ou de outrem. O agente, aqui, deve procurar algum benefício mediante o recebimento da coisa que lhe foi entregue. Se a quisesse para si, tomando-a do agente, seja a título oneroso ou gratuito, incorreria na conduta de *adquirir;* por outro lado, se sua finalidade não fosse usufruí-la, mas tão somente prestar ao outro

---

[188] PRADO, Luiz Regis. *Curso de direito penal brasileiro,* v. 2, p. 617.

agente auxílio destinado a tornar seguro o proveito do crime, o delito não poderia ser reconhecido como de receptação, mas, sim, como de favorecimento real, tipificado no art. 349 do Código Penal.

A conduta de *transportar*, como já o dissemos, foi inserida no *caput* do art. 180 do Código Penal pela Lei nº 9.426, de 24 de dezembro de 1996. Tal inserção se deu, principalmente, em razão do crescimento dos casos de roubo de cargas (alimentos, eletrodomésticos, cigarros etc.) transportadas em caminhões. Assim, pessoas eram contratadas para, depois da prática da subtração anterior, tão somente fazer o seu transporte até o local determinado por aquele que as havia adquirido. Dessa forma, o transporte passou a ser reconhecido como mais uma modalidade de receptação. No entanto, entendemos que tal inserção não se fazia necessária, haja vista que a regra relativa ao concurso de pessoas seria suficiente para também punir aquele que, de qualquer modo, tivesse concorrido para o crime. Assim, aquele que fora contratado para transportar a carga, tendo conhecimento de sua origem ilícita, dependendo da sua situação no grupo, poderia ser considerado coautor ou, no mínimo, partícipe do delito de receptação.

⚖ Para que se consume o delito de receptação basta o mero 'transporte' da coisa, não sendo necessário o exaurimento da conduta (TJPR, ACr 0390033-2, 3ª Câm. Crim., Rel. Rogério Kanayama, j. 14/02/2008).

Também foi inserida no *caput* do art. 180 do Código Penal, pela Lei nº 9.426/1996, a conduta de *conduzir*. Ao que parece, o núcleo conduzir quer dizer respeito, efetivamente, ao ato de dirigir veículos (automóveis, motocicletas, caminhões etc.). A conduta de conduzir é semelhante à de transportar. Transportar implica remoção, transferência de uma coisa de um lugar para outro. Conduzir é guiar, dirigir. Somente o caso concreto, na verdade, é que nos permitirá, talvez, apontar o comportamento que melhor se amolde à conduta levada a efeito pelo agente.

Ocultar tem o sentido de esconder a coisa ou, ainda, de acordo com Noronha, "exprime a ação de subtraí-la das vistas de outrem; colocá-la em lugar onde não possa ser encontrada; ou apresentá-la por forma que torne irreconhecível, tudo fazendo difícil ou impossível a recuperação. A ação de ocultar pressupõe aquisição ou recebimento. É sucessiva a uma destas, vindo indicar atuação posterior sobre a coisa que se detém".[189]

Na receptação denominada imprópria, a conduta do agente é dirigida finalisticamente a *influir* para que terceiro, de *boa-fé*, adquira, receba ou oculte coisa que sabe ser produto de crime.

Inicialmente, vale destacar que aquele que é influenciado a praticar qualquer dos comportamentos previstos pelo tipo – adquirir, receber ou ocultar – deve agir de boa-fé, desconhecendo a origem criminosa

da coisa, sendo, portanto, atípica sua conduta. Ao contrário, se o terceiro, que fora influenciado pelo agente, tiver conhecimento da origem criminosa da coisa, afastada a boa-fé, também será considerado receptador.

A conduta central da receptação imprópria é o núcleo *influir*, utilizado no sentido de influenciar para que terceiro, de boa-fé, adquira, receba ou oculte. O agente, portanto, que influencia terceira pessoa à prática de qualquer um desses comportamentos deve saber que a coisa oferecida é produto de crime.

Noronha afirma tratar-se de *mediação criminosa*: "O agente não executa as ações incriminadas anteriormente, mas age como mediador, para que terceiro as pratique. Influir é incutir, estimular, inspirar, entusiasmar, excitar etc. Os meios de que lançará mão o mediador, para influir, podem ser vários, com eles não se preocupando a lei, que apenas tem em vista a ação: influir."[190]

Na verdade, a expressão utilizada por Noronha – *mediador criminoso* – não afasta sua condição de verdadeiro autor do delito de receptação, pois que pratica o comportamento expressamente narrado na segunda parte constante do *caput* do art. 180 do Código Penal. Mas pode ser considerado, realmente, um mediador, pois que, dependendo da situação concreta, pode ter agido como uma "ponte" entre o autor do crime anterior e o terceiro que, de boa-fé, adquiriu, recebeu ou ocultou a coisa sem ter conhecimento de que se tratava de produto de crime.

Pode ser até mesmo que o receptador, que havia adquirido a coisa, sabendo tratar-se de produto de crime, influencie para que terceiro, de boa-fé, por exemplo, a adquira. Imagine-se a hipótese daquele que, após adquirir um televisor que havia sido roubado, querendo guardá-lo em segurança, pede a terceiro, de boa-fé, que o receba. A nosso ver, não estaremos diante de dois crimes de receptação, mas de crime único, podendo-se considerar o segundo comportamento um pós-fato impunível.

Em sentido contrário ao nosso entendimento, manifesta-se Cezar Roberto Bitencourt, asseverando: "A receptação descrita no *caput* apresenta a *curiosidade* de ser um tipo misto *alternativo* e, ao mesmo tempo, *cumulativo*. Como efeito, se o agente praticar cumulativamente as condutas de adquirir, receber, transportar, conduzir ou ocultar coisa produto de crime, praticará um único crime, ocorrendo o mesmo se *influir* para que terceiro de boa-fé adquira, receba ou oculte coisa proveniente de crime. Trata-se de *crimes de ação múltipla* ou de *conteúdo variado*. No entanto, se o agente praticar as duas espécies de receptação – *própria e imprópria* –, ou seja, primeiro adquirir a coisa que sabe ser produto de crime e depois influenciar para que terceiro de boa-fé faça o mesmo, *cometerá dois crimes*; nessas modalidades, estamos diante

---

[189] NORONHA, Edgard Magalhães. *Direito penal*, v. 2, p. 499.

[190] NORONHA, Edgard Magalhães. *Direito penal*, v. 2, p. 499.

de *tipos mistos cumulativos*, e não alternativos, como nas circunstâncias antes relacionadas".[191]

Deve ser ressaltado, ainda no que diz respeito à receptação imprópria, que não foram inseridos os núcleos transportar e conduzir, tal como ocorreu com a receptação própria.

⚖️ Segundo a jurisprudência desta Corte Superior, "a receptação, na modalidade ocultar, é crime permanente. Assim enquanto o agente estiver guardando ou escondendo o objeto que sabe ser produto de crime, consuma-se a infração penal, perdurando o flagrante delito" (RHC n. 80.559/RS, 5ª T., Rel. Min. Reynaldo Soares da Fonseca, *DJe* 26/04/2017) (STJ, HC 433.261/SP, Rel. Min. Felix Fischer, 5ª T., *DJe* 18/04/2018).

Nesse sentido:

⚖️ STJ, HC 380.817/SP, Rel. Min. Sebastião Reis Junior, 6ª T., *DJe* 13/06/2017; STJ, CC 146.049/DF, Rel. Min. Reynaldo Soares da Fonseca, S. 3, *DJe* 1º/06/2016; TJRS, ACr 70036506251, Palmeira das Missões, 5ª Câm. Crim., Rel. Des. Luís Gonzaga da Silva Moura, j. 07/07/2010, *DJERS* 10/08/2010; TJMG, AC 1.0342.03.032082-0/001, Rel. Des. Judimar Biber, *DJ* 31/07/2009; TJPR, Rese 0381220-6, 3ª Câm. Crim., Rel. Rogério Kanayama, j. 21/02/2008.

Classificação doutrinária – art. 180, *caput*

Crime comum, tanto em relação ao sujeito ativo quanto ao sujeito passivo, haja vista que o tipo penal não exige nenhuma qualidade ou condição especial; doloso; comissivo (podendo, excepcionalmente, ser praticado via omissão imprópria, na hipótese de o agente gozar do *status* de garantidor); omissivo próprio (na hipótese de ocultação, dependendo do caso concreto); material (em ambas as espécies – própria e imprópria, embora, para a maioria dos autores, a receptação imprópria seja considerada crime formal); instantâneo (no que diz respeito às condutas de adquirir, receber); permanente (enquanto o agente estiver transportando, conduzindo ou ocultando a coisa); monossubjetivo; plurissubsistente; não transeunte (como regra).

⚖️ Conforme jurisprudência consolidada do STJ, o crime de receptação na modalidade conduzir é um crime permanente. Precedente: CC 156.497/SC, de minha relatoria, Terceira Seção, *DJe* 02/03/2018 (STJ, CC 162.888/MG, Rel. Min. Joel Ilan Paciornik, S3, *DJe* 25/03/2019).

Nesse sentido:

⚖️ STJ, CC 156.497/SC, Rel. Min. Joel Ilan Paciornik, 3ª S., *DJe* 02/03/2018.

Sujeito ativo e sujeito passivo

Qualquer pessoa pode ser o *sujeito ativo*, bem como *sujeito passivo*, do crime de receptação.

Consumação e tentativa

Consuma-se o delito, no que diz respeito à *receptação própria*, quando o agente, efetivamente, pratica qualquer um dos comportamentos previstos na primeira parte do *caput* do art. 180 do Código Penal, ou seja, quando adquire, recebe, transporta, conduz ou oculta, em proveito próprio ou alheio, coisa que sabe ser produto de crime.

Assim, a entrega da coisa para o agente que pratica um dos comportamentos típicos anteriormente narrados faz com que se consume a infração.

Tratando-se de crime material e plurissubsistente, será perfeitamente possível a tentativa.

Quanto à *receptação imprópria*, prevista na segunda parte do *caput* do art. 180 do Código Penal, a maioria de nossos autores reconhece sua consumação tão somente quando o agente pratica o comportamento de *influir* para que terceiro, de boa-fé, adquira, receba ou oculte a coisa, apontando, pois, sua natureza formal. Nesse sentido, afirma Cezar Roberto Bitencourt que "o Código Penal não exige que o terceiro de boa-fé acabe praticando a conduta a que o autor pretendeu induzi-lo. Assim, consuma-se a receptação imprópria com a simples influência exercida por aquele".[192]

Apesar da força do raciocínio, ousamos dele discordar. Entendemos que quando a lei penal usa o verbo *influir*, quer significar ter influência decisiva, fazendo com que o sujeito, efetivamente, pratique um dos comportamentos previstos pelo tipo penal, vale dizer, adquira, receba ou oculte a coisa cuja origem criminosa desconheça, em virtude de sua boa-fé. Influir, portanto, quer dizer *determinar* a que o sujeito faça alguma coisa.

Caso essa influência não resulte na prática de qualquer das condutas narradas pelo tipo, ou seja, na hipótese de o sujeito, já influenciado pelo agente, não receber a coisa por circunstâncias alheias à vontade deste, o máximo que se poderá reconhecer, aqui, será a tentativa, pois que deu início à execução da receptação imprópria quando levou a efeito a conduta de *influir*, isto é, determinar, induzir, influenciar para que o sujeito, de boa-fé, adquirisse, recebesse ou ocultasse a coisa.

⚖️ A receptação, tipo misto alternativo, se consuma com a execução de qualquer um dos núcleos previstos no art. 180 do Código Penal. Embora os agentes tenham sido denunciados pelo delito na modalidade "adquirir" (art. 180 do CP), verifica-se que a exordial não foi precisa quanto ao local da aquisição ou da transferência de domínio, informando apenas onde foi apreendido o veículo receptado, local, portanto, que, no caso, deve definir a competência (STJ, CC 148.019/RN, Rel. Min. Antônio Saldanha Palheiro, S3, *DJe* 16/04/2019).

---

[191] BITENCOURT, Cezar Roberto. *Tratado de direito penal*, v. 3, p. 373.
[192] BITENCOURT, Cezar Roberto. *Tratado de direito penal*, v. 3, p. 383-384.

Nesse sentido:

⚖ STJ, RHC 37548/ES, Rel.ª Min.ª Laurita Vaz, 5ª T., *DJe* 30/04/2014; STJ, HC 21732/SP, Rel. Hamilton Carvalhido, 6ª T., *DJ* 17/02/2003, p. 374.

Receptação qualificada

Ab initio, existe controvérsia doutrinária quanto ao fato de se consignar, no § 1º do art. 180 do Código Penal, uma modalidade de receptação denominada de *qualificada*. Isso porque, mediante a análise da figura típica, verifica-se que o legislador, além de manter as condutas previstas no *caput* do mencionado artigo, fez inserir outras que lhe eram estranhas, fazendo com que alguns autores o entendessem como verdadeiro tipo penal autônomo.

Nesse sentido, Damásio de Jesus afirma: "O dispositivo não descreve causa de aumento de pena ou qualificadora. Não contém meras circunstâncias. Cuida-se de figura típica autônoma: menciona seis verbos que não se encontram no *caput*, repete cinco condutas e apresenta dois elementos subjetivos do tipo. Não é um simples acréscimo à figura típica reitora da receptação".[193]

Saindo em defesa da terminologia utilizada pelo legislador, Guilherme de Souza Nucci esclarece: "Em que pese parte da doutrina ter feito restrição à consideração desse parágrafo como figura qualificada da receptação, seja porque ingressaram novas condutas, seja pelo fato de se criar um delito próprio, cujo sujeito ativo é especial, cremos que houve acerto do legislador. Na essência, a figura do § 1º é, sem dúvida, uma receptação – dar abrigo a produto de crime –, embora com algumas modificações estruturais. Portanto, a simples introdução de condutas novas, aliás típicas do comércio clandestino de automóveis, não tem o condão de romper o objetivo do legislador de qualificar a receptação, alterando as penas mínima e máxima que saltaram da faixa de 1 a 4 anos para 3 a 8 anos".[194]

Somos partidários dessa última posição, haja vista que o § 1º do art. 180 do Código Penal acrescentou dados (mesmo que sejam condutas novas, ou qualidades especiais – comerciante ou industrial) que não se afastam do tipo fundamental e que têm a nítida finalidade de exercer maior juízo de reprovação quando praticados.

Existe, também, controvérsia jurisprudencial a respeito do tema.

⚖ (...) 4. Da leitura do art. 180, § 1º, do CP, extrai-se que a elementar consiste na prática de uma das ações do núcleo do tipo (adquirir, receber, transportar, conduzir, ocultar, ter em depósito, desmontar, montar, remontar, vender, expor à venda, ou de qualquer forma utilizar), em proveito próprio ou alheio, no exercício de atividade comercial ou industrial, coisa que deve saber ser produto de crime. Para que se configure a modalidade qualificada há a exigência legal de que a prática de um dos verbos nucleares ocorra

no exercício de atividade comercial ou industrial. 5. A expressão "no exercício de atividade comercial ou industrial" pressupõe, segundo abalizada doutrina, habitualidade no exercício do comércio ou da indústria, "pois é sabido que a atividade comercial (em sentido amplo) não se aperfeiçoa com um único ato, sem continuidade no tempo" (MASSON, Cleber. *Código Penal Comentado*. 6. ed. rev., atual. e ampl., São Paulo: Método, 2018). 6. No presente caso, as instâncias consignaram que o acusado adquiriu a retroescavadeira para utilizá-la em serviço rural a ser prestado à COPASA. Porém, não se especificou se tal serviço era prestado de forma habitual pelo réu ou se seria uma prestação de serviço isolada, oriunda de algum contrato específico com a citada Companhia (...) (HC 441.393/MG, Rel. Min. Ribeiro Dantas, 5ª T., julgado em 18/08/2020, *DJe* 24/08/2020).

Nesse sentido:

⚖ STJ, AgRg no REsp 1.529.699/SP, Rel. Min. Ribeiro Dantas, 5ª T., *DJe* 28/06/2018; STJ, AgRg no REsp 1.497.836/SC, Rel. Min. Reynaldo Soares da Fonseca, 5ª T., *DJe* 26/09/2016; STJ, HC 342.963/SC, Rel. Min. Nefi Cordeiro, 6ª T., *DJe* 23/08/2016; STJ, AgRg no REsp 1.084.458/RS, Rel. Min. Rogério Schietti Cruz, 6ª T., *DJe* 26/06/2015; STJ, HC 222.909/SP, Rel. Min. Newton Trisotto, Desembargador convocado do TJ-SC, 5ª T., *DJe* 12/05/2015; STJ, HC 163419/SP, Rel. Min. Jorge Mussi, 5ª T., *DJe* 1º/08/2011; HC 102094MC/SC, Rel. Min. Celso de Mello, *DJe* 02/08/2010, Inovações Legislativas 23 a 27 agosto de 2010, *Informativo* STF nº 597; STF, ARE 705620 AgR/DF, Rel. Min. Luiz Fux, 1ª T., *DJe* 11/04/2013.

Assim, a primeira característica que o torna especial em relação ao *caput* do art. 180 diz respeito à qualidade do autor, pois trata-se de crime próprio, somente podendo ser levado a efeito por quem gozar do *status* de *comerciante* ou *industrial*, pois que as ações referidas pelo tipo penal qualificado devem ser praticadas no *exercício de atividade comercial ou industrial*, mesmo que tal comércio seja *irregular* ou *clandestino*, inclusive o *exercido em residência*, conforme esclarece o § 2º do art. 180 do diploma repressivo.

Partindo do pressuposto de que o agente se encontra no exercício de atividade comercial ou industrial, verifica-se se houve a prática de um dos comportamentos narrados pelo mencionado § 1º, vale dizer, se, em proveito próprio ou alheio, ele veio a: *a)* adquirir; *b)* receber; *c)* transportar; *d)* conduzir; *e)* ocultar; *f)* ter em depósito; *g)* desmontar; *h)* montar; *i)* remontar; *j)* vender; *l)* expor à venda; *m)* utilizar – coisa que deve saber ser produto de crime.

As cinco primeiras condutas já foram analisadas quando do estudo da receptação, em sua modalidade fundamental. Buscaremos, agora, entender as demais. Verifica-se, pela análise dos novos comportamentos inseridos no tipo penal que prevê a receptação qualificada, a nítida intenção do legislador em direcionar

---

[193] JESUS, Damásio E. de. *Direito penal*, v. 2, p. 487.
[194] NUCCI, Guilherme de Souza. *Código penal comentado*, p. 593.

a aludida figura típica basicamente às hipóteses de "desmanches de carros", tão comuns nos dias de hoje, em oficinas clandestinas que mantêm, em virtude de suas atividades, um intenso comércio com carros roubados e furtados, merecendo, assim, maior juízo de reprovação, conforme se verifica pela pena a ele cominada, que varia entre 3 (três) e 8 (oito) anos de reclusão, e multa.

Ter em depósito significa armazenar, guardar, manter, conservar a coisa recebida em proveito próprio ou de terceiro. Trata-se, nesse caso, de infração penal de natureza *permanente*.

Desmontar tem o sentido de separar as peças existentes, desencaixar, a exemplo do que acontece com aquele que é contratado para, tão somente, separar as peças constantes de um automóvel que havia sido objeto de subtração, ou mesmo aquelas que fazem parte de um microcomputador que também foi produto de crime.

Montar quer dizer juntar as peças que se encontravam separadas do todo, encaixando-as de modo que permitam o funcionamento da coisa. Pode ocorrer a hipótese em que tenha havido a subtração de peças integrantes de um determinado objeto, produzidas por diversos fabricantes especializados, cabendo ao agente juntá-las, encaixá-las, fazendo com que a coisa funcione da forma para a qual fora projetada.

Remontar significa montar novamente, ou seja, o objeto já tinha sido montado uma primeira vez, estando pronto para uso, quando foi desmontado. Agora, o agente o remonta, permitindo o uso para o qual fora destinado, consertando-o, reparando-o.

A conduta de *vender*, conforme salienta Luiz Regis Prado, "expressa a conduta do comerciante ou industrial de transferir a outrem, mediante pagamento, a posse da coisa obtida com o crime antecedente".[195]

Já o comportamento de *expor à venda* se traduz tão somente no fato de exibir, mostrar a coisa de origem criminosa com a finalidade de transferi-la a terceiro, mediante determinado pagamento.

A última conduta diz respeito ao fato de o agente, de qualquer forma, *utilizar*, em proveito próprio ou alheio, no exercício de atividade comercial ou industrial, coisa que saiba ser produto de crime. *Utilizar* significa, como esclarece Mirabete, "fazer uso, usar, valer-se, empregar com utilidade, aproveitar, ganhar, lucrar".[196]

A expressão *de qualquer forma*, utilizada no texto legal, não permite o raciocínio da chamada interpretação analógica, uma vez que o rol dos comportamentos proibidos pelo tipo penal em estudo é taxativo. Essa expressão, na verdade, está ligada diretamente à utilização da coisa que o agente deve saber ser produto de crime, vale dizer, qualquer forma de uso que atenda aos interesses do agente no exercício de atividade comercial ou industrial.

🏛 O delito de receptação qualificada (art. 180, § 1º, do Código Penal) admite o dolo eventual como elemento subjetivo do tipo, pois a conduta é praticada por comerciante, de quem se exige maior cautela na verificação da procedência dos bens que adquire. Inviável o pleito absolutório quanto ao crime de receptação qualificada (TJDF, Rec. 2008.03.1.009267-8, Ac. 437.103, 2ª T. Crim., Rel. Des. Arnoldo Camanho, *DJDFTE* 16/08/2010, p. 412).

Nesse sentido:

🏛 TJSC, ACr 2010.005410-7, Rel.ª Des.ª Salete Silva Sommariva, j. 09/08/2010, *DJSC* 16/08/2010, p. 196; TJES, ACr 35080131242, 1ª Câm. Crim., Rel.ª Des.ª Subst. Heloisa Cariello, *DJES* 12/08/2010, p. 252; TJMG, AC 1.0572.03.001812-9/001, Rel. Des. Antônio Armando dos Anjos, *DJ* 25/06/2009; STJ, HC 116728/SP, Rel.ª Min.ª Laurita Vaz, 5ª T., *DJe* 19/12/2008; STJ, AgRg no REsp 1046668/SP, Rel.ª Min.ª Jane Silva, 6ª T., *DJe* 03/11/2008; STJ, EDcl no HC 33603/SP, Rel. Min. Hamilton Carvalhido, 6ª T., *DJ* 17/04/2006, p. 208; STJ, REsp 753760/RS, Rel. Min. Gilson Dipp, 5ª T., *DJ* 06/03/2006, p. 435.

Modalidade equiparada

O § 2º do art. 180 do Código Penal, inserido pela Lei nº 9.426, de 24 de dezembro de 1996, criou uma *cláusula de equiparação* dizendo:

§ 2º Equipara-se à atividade comercial, para efeito do parágrafo anterior, qualquer forma de comércio irregular ou clandestino, inclusive o exercido em residência.

A origem dessa inserção deveu-se, basicamente, às hipóteses de desmanches clandestinos de veículos, tão comuns nos dias de hoje. Sua finalidade foi ampliar o conceito de *atividade comercial* ou *industrial*, abrangendo qualquer forma de comércio, mesmo os irregulares ou clandestinos, ainda que praticados em residência. Com essa última indicação, buscou-se amoldar também ao comportamento típico as conhecidas "oficinas de fundo de quintal", cujas atividades ilícitas são levadas a efeito na própria residência do agente.

🏛 Para a receptação qualificada basta prova de que o agente exercia qualquer forma de comércio, ainda que irregular ou clandestino, inclusive o exercido em residência, na forma do art. 180, § 2º, do Código Penal (TJMG, AC 1.0002.04. 001968-5/001, Rel. Judimar Biber, *DJ* 17/08/2007).

Classificação doutrinária – art. 180, § 1º

Crime próprio com relação ao *sujeito ativo*, uma vez que o tipo penal exige a qualidade de comerciante ou industrial, mesmo que essas atividades sejam irregulares ou clandestinas, e comum quanto ao *sujeito passivo*; doloso; comissivo e omissivo próprio (podendo ser praticado, também, mediante omissão imprópria, sendo o agente considerado como garantidor); material; de dano; instantâneo; permanente (por meio das modalidades *ter em depósito, expor à venda* e *ocultar*); monossubjetivo; plurissubsistente; não transeunte (como regra).

---

[195] PRADO, Luiz Regis. *Curso de direito penal brasileiro*, v. 2, p. 621.
[196] MIRABETE, Julio Fabbrini. *Manual de direito penal*, v. 2, p. 356.

Sujeito ativo e sujeito passivo

Somente aqueles que estiverem no exercício de atividade comercial ou industrial, seja ela irregular ou clandestina, ainda que praticada em residência, poderão figurar como *sujeito ativo* da receptação qualificada, prevista pelo § 1º do art. 180 do Código Penal, tratando-se, pois, nesse sentido, de crime próprio.

Ao contrário, qualquer pessoa poderá figurar como *sujeito passivo* da receptação qualificada.

Consumação e tentativa

Consuma-se o delito de receptação qualificada (§ 1º do art. 180 do CP) quando o agente, efetivamente, adquire, recebe, transporta, conduz, oculta, tem em depósito, desmonta, monta, remonta, vende, expõe a venda ou de qualquer forma utiliza, em proveito próprio ou alheio, no exercício de atividade comercial ou industrial, coisa que deve saber ser produto de crime. Será possível a tentativa.

Elemento subjetivo

O *caput* e o § 1º do art. 180 do Código Penal traduzem as modalidades dolosas do delito de receptação, sendo que o seu § 3º prevê aquela de natureza culposa.

Assim, o delito de receptação pode ser praticado dolosa ou culposamente.

⚖ O elemento subjetivo do crime de receptação dolosa é aferido pelas circunstâncias fáticas do evento criminoso, que demonstram o dolo do agente. As peculiaridades do caso concreto autorizam concluir que o recorrente tinha ciência da origem ilícita da motocicleta encontrada em seu poder, não havendo amparo a subsidiar a tese defensiva (TJ-DFT, Processo 20161010019949APR, Rel. Des. João Timóteo de Oliveira, *DJe* 18/10/2016).

Nesse sentido:

⚖ TJPR, ACR 0443496-8, 4ª Câm. Crim., Rel. Antônio Martelozzo, j. 24/04/2008.

No entanto, no que diz respeito às modalidades dolosas, faz-se mister uma análise mais detida sobre o termo *sabe* e a expressão *deve saber*, sendo que o primeiro veio consignado no *caput* do art. 180 e a segunda, em seu § 1º.

Existe controvérsia doutrinária no que diz respeito à distinção entre o termo *sabe* e a expressão *deve saber*. Tem-se entendido, de forma esmagadoramente majoritária, que a expressão *sabe ser produto de crime* é indicativa de *dolo direto*, não se admitindo, aqui, o raciocínio correspondente ao *dolo eventual*.

No entanto, reina a confusão quando a discussão gira em torno da expressão *que deve saber ser produto de crime*, sendo que, para alguns, deverá ser entendida como indicativa de *dolo eventual* e, para outros, como modalidade culposa de comportamento.

Além disso, tem-se afirmado, ainda, que o § 1º do art. 180 do Código Penal é ofensivo ao princípio da proporcionalidade, haja vista que pune o agente que atua com *dolo eventual* (em virtude da interpretação que se dá à expressão *deve saber*) de forma mais severa do que aquele que pratica a receptação com dolo direto (conforme expressão contida no *caput* do art. 180 do Código Penal).

Nesse sentido, afirma Alberto Silva Franco: "Tendo-se por diretriz o princípio da proporcionalidade, não há como admitir, sob o enfoque constitucional, que o legislador ordinário estabeleça um preceito sancionatório mais gravoso para a receptação qualificada quando o agente atua com dolo eventual e mantenha, para a receptação do *caput* do art. 180, um comando sancionador sensivelmente mais brando quando, no caso, o autor pratica o fato criminoso com dolo direto. As duas dimensões de subjetividade 'dolo direto' e 'dolo eventual' podem acarretar reações penais iguais, ou até mesmo, reações penais menos rigorosas em relação ao 'dolo eventual'. O que não se pode reconhecer é que a ação praticada com 'dolo eventual' seja três vezes mais grave – é o mínimo legal que detecta o entendimento do legislador sobre a gravidade do fato criminoso – do que quase a mesma atividade delituosa, executada com dolo direto. Aí, o legislador penal afrontou, com uma clareza solar, o princípio da proporcionalidade."[197]

Ao final de sua exposição, com o apoio no magistério de Damásio de Jesus, o renomado autor concluiu pela impossibilidade de aplicação das penas cominadas no § 1º do art. 180 do Código Penal e, como consequência, a aplicação daquelas previstas no preceito secundário do *caput* do mencionado artigo.

Apesar da força do raciocínio do ilustre penalista, não podemos com ele concordar.

Para nós, é certo que o termo *sabe* traduz o dolo direto, da mesma forma que, segundo nossa posição, o dolo eventual é indicado pela expressão *deve saber*. No entanto, a previsão expressa do dolo eventual no § 1º do art. 180 do Código Penal não elimina a possibilidade do raciocínio correspondente ao dolo direto. Ao contrário, quando se menciona expressamente o dolo direto, é sinal de que foi intenção da lei penal afastar a sua modalidade eventual.

Devemos, pois, no § 1º do art. 180 do Código Penal, levar a efeito a chamada *interpretação extensiva*, a fim de nele compreender não somente o dolo eventual (*minus*), como também o dolo direto (*plus*).

A preocupação da lei penal ao inserir, mesmo que com completa ausência de técnica, a expressão *que deve saber ser produto de crime* teve a finalidade de, ao contrário do que ocorre com a sua modalidade fundamental, permitir a punição do agente *também*, e *não somente*, a título de dolo eventual.

⚖ Em se tratando de crime de receptação, por ser impossível perquirir a consciência do réu, o elemento volitivo é projetado pelas conjecturas e circunstâncias

---

[197] FRANCO, Alberto Silva. *Código penal e sua interpretação jurisprudencial*, v. 1, t. II, p. 2.816.

exteriores, ou seja, pelo comportamento *ab externo*, do *modus operandi* do comprador ou receptor. As elementares "sabe" e "deve saber" devem ser apuradas pelas circunstâncias que cercam o fato e pela própria conduta do agente, pois, caso contrário, nunca se lograria punir alguém de forma dolosa, salvo quando confessado o respectivo comportamento. O dolo específico constante no art. 180 do CP, vazado no conhecimento prévio da origem criminosa da *res*, deve ser aferido através do exame de todas as circunstâncias que cercam o seu recebimento ou do exercício da posse propriamente dita (TJ-RJ, AC 0051778-79.2015.8.19.0001, Rel. Des. Claudio Tavares de Oliveira Junior, *DJe* 16/09/2016).

Nesse sentido:

TJRS, Ap. Crim. 70020452363, 7ª Câm. Crim., Rel. Marcelo Bandeira Pereira, j. 30/08/2007.

Objeto material e bem juridicamente protegido

O tipo penal que prevê o crime de receptação tem por finalidade proteger o *patrimônio*, seja ele de natureza pública ou privada.

Objeto material do delito de receptação é a *coisa móvel* produto de crime, mesmo não tendo o *caput* ou o § 1º do art. 180 do Código Penal feito menção a essa natureza (móvel), tal como acontece nos delitos de furto e roubo. Isso porque, conforme salienta Hungria, "um imóvel não pode ser receptado, pois a receptação pressupõe um *deslocamento* da *res*, do poder de quem a ilegitimamente a detém para o do receptador, de modo a tornar mais difícil a sua recuperação por quem de direito. A coisa há de ser *produto de crime*, isto é, há de ter resultado, imediata ou mediatamente, de um fato definido como *crime*".[198]

Receptação culposa

A primeira observação a ser feita diz respeito ao fato de que, no § 3º do art. 180 do Código Penal, o legislador fugiu à regra geral relativa aos crimes culposos. Isto porque a lei penal, ao fazer menção expressa ao crime culposo, normalmente usa expressões do tipo: *se o homicídio é culposo* (art. 121, § 3º); *se a lesão é culposa* (art. 129, § 6º); *se o crime é culposo* (art. 270, § 2º) etc. Percebe-se, portanto, que, como regra, os tipos penais que preveem delitos culposos são reconhecidamente *abertos*. No entanto, na receptação culposa, o legislador preferiu narrar detalhadamente os comportamentos que importam na sua configuração, criando, pois, um tipo eminentemente *fechado*.

Analisando o mencionado tipo penal, podemos destacar os núcleos *adquirir* e *receber*. Além disso, para que se possa concluir pela receptação culposa, a coisa adquirida ou recebida pelo agente deve *presumir-se obtida por meio criminoso* dadas: *a)* a sua natureza; *b)*

a desproporção entre o valor e o preço; *c)* a condição de quem a oferece.

Vamos, portanto, analisar, mesmo que sucintamente, os elementos que integram essa figura típica.

Ab initio, deve ser frisado que esses comportamentos narrados pelo tipo penal em estudo são indicativos da inobservância do dever objetivo de cuidado que competia ao agente. Não podemos esquecer que estamos diante de um crime culposo e, por essa razão, não se pode deixar de lado o raciocínio a ele correspondente.

Tendo em vista que os núcleos *adquirir* e *receber* já foram estudados, partiremos diretamente para as três situações apontadas pelo tipo como indicadoras dessa inobservância ao dever de cuidado.

A primeira hipótese narrada diz respeito ao fato de o agente adquirir ou receber coisa que, *por sua natureza*, deve presumir-se obtida por meio criminoso. Assim, que natureza seria essa, capaz de indiciar (mas não presumir) a culpa do agente? Seria, na verdade, a coisa em si, com suas características peculiares. Ney Moura Teles exemplifica dizendo que "peças isoladas ou acessórios de veículos automotores oferecidos, nas ruas ou de porta em porta, por não comerciante ou desconhecido, são coisas que, por sua natureza, devem ser presumidas obtidas criminosamente".[199]

A *desproporção entre o valor e o preço* oferecido à coisa pelo agente também é indício de sua origem criminosa. É claro que, nesse raciocínio, todos os detalhes devem ser considerados, a exemplo da comparação entre o produto novo e o usado, o seu estado de conservação, o tempo de uso da coisa, enfim, tudo aquilo que deva ser compreendido para apurar o real preço de mercado. Deve existir, portanto, como diz a lei penal, *desproporção* entre o *valor* e o *preço*, de tal forma que dada essa aberração, o sujeito deveria ter desconfiado daquilo que lhe estava sendo oferecido.

Também se considera como indício do comportamento culposo levado a efeito pelo agente o fato de adquirir ou receber coisa que, *pela condição de quem a oferece*, deve presumir-se obtida por meio criminoso. Uma pessoa estranha, não comerciante, que venha a oferecer ao sujeito um colar de brilhantes, mesmo que pelo preço justo, praticado pelo mercado, sem a apresentação da nota fiscal, comete uma atitude suspeita. Tudo deverá ser observado segundo esse conceito amplo previsto pelo artigo. Assim, a *condição de quem a oferece* poderá ser ligada à *aparência* (ex.: um sujeito mal vestido, oferecendo um aparelho de som); *idade* (ex.: uma pessoa com aproximadamente 18 anos, tentando vender joias valiosas); *conduta social* (como no exemplo de Noronha, "se se sabe que determinada pessoa não tem profissão definida, se não se conhece bem a origem do dinheiro que ganha, ou se

---

[198] HUNGRIA, Nélson. *Comentários ao código penal*, v. VII, p. 304.

[199] TELES, Ney Moura. *Direito penal*, v. 2, p. 507.

a rodeia má fama, será, por certo, temerário aceitar-se coisa que ela oferece"[200] etc.

⚖ Nos termos do art. 180, § 5º, do Código Penal, praticado o crime de receptação culposa, sendo o agente infrator primário, pode o juiz, considerando as circunstâncias, deixar de aplicar a pena. Tal discricionariedade, que deve ser motivada, pode abranger o ato infracional equiparado ao referido crime praticado por adolescente. Na espécie, todavia, as passagens anteriores dos adolescentes pela Vara da Infância e Juventude, obstam a não aplicação de medida socioeducativa. Registra-se, ainda, que foi considerado pelo Tribunal de origem a natureza do bem receptado (motocicleta, avaliada em R$ 2.000,00, comprada pelos adolescentes por R$ 400,00) para justificar a aplicação de medida socioeducativa (STJ, HC 387.703/SC, Rel.ª Min.ª Maria Thereza de Assis Moura, 6ª T., *DJe* 04/04/2017).

Nesse sentido:

⚖ TJBA, ACR 2007306655, Rel. Des. Netônio Bezerra Machado, j. 20/05/2008; TJMG, ACR 1.0016.02.024970-8, 3ª Câm. Crim., Rel. Antônio Carlos Cruvinel, pub. 27/02/2008; RecCrim 71001344662, Rel.ª Angela Maria Silveira, Turma Recursal Criminal, j. 27/08/2007.

Perdão judicial

A primeira parte do § 5º do art. 180 do Código Penal assevera que *na hipótese do § 3º, se o criminoso é primário, pode o juiz, tendo em consideração as circunstâncias, deixar de aplicar a pena.*

Cuida-se, portanto, de perdão judicial, dirigido especificamente à *receptação culposa.*

Na verdade, no que diz respeito à receptação culposa, o julgador terá três opções de pena, depois de concluir pela condenação do agente ou, conforme o § 5º do art. 180 do Código Penal, declarar a extinção da punibilidade, com base no *perdão judicial.*

Se os interesses político-criminais exigirem a condenação, o juiz aplicará: *a)* uma pena privativa de liberdade (detenção, de 1 [um] mês a 1 [um] ano); ou *b)* uma pena de multa; ou, ainda, *c)* as duas, cumulativamente.

No entanto, se ao avaliar todas as circunstâncias que levaram o agente a adquirir ou receber coisa que, por sua natureza ou pela desproporção entre o valor e o preço, ou pela condição de quem a oferecia, devia presumir-se obtida por meio criminoso, o julgador entender, embora havendo provas suficientes para uma condenação, que a medida mais adequada será a aplicação do perdão judicial, poderá fazê-lo fundamentando, sempre, sua decisão, a fim de extinguir a punibilidade.

⚖ Não procede a aplicação do disposto na primeira parte do § 5º do art. 180 do Código Penal ao caso. Atentando-se para a previsão legal mencionada, verifica-se, por interpretação meramente literal, que, tão somente, nos casos de receptação culposa é que o réu pode ser beneficiado, quando primário, com o perdão judicial. Nos casos de receptação dolosa, como o dos autos, sendo atendidos os requisitos legais, incide a privilegiadora do furto (art. 155, § 2º, do Código Penal) (TJRS, AC 70016024887, Rel.ª Des.ª Marlene Landvoigt, *DJ* 28/09/2007).

Nesse sentido:

⚖ TJPR, Revisão Criminal de Sentença (CInt) 0387882-0, 5ª Câm. Crim., Rel.ª Ana Lúcia Lourenço, j. 12/07/2007.

Criminoso primário e pequeno valor da coisa receptada

Na receptação dolosa, seja na sua modalidade fundamental, prevista no *caput* do art. 180 do Código Penal, ou em sua forma qualificada, nos termos do § 1º do mesmo artigo, se o criminoso for primário e de pequeno valor a coisa receptada, o juiz poderá substituir a pena de reclusão pela de detenção, diminuí-la de um a dois terços ou aplicar somente a pena de multa, atendendo-se, portanto, ao disposto na última parte do § 5º do art. 180 do estatuto repressivo.

Dessa forma, aplica-se à receptação dolosa tudo aquilo que foi dito quando do estudo do crime de furto de pequeno valor, para o qual remetemos o leitor.

Bens do patrimônio da União, de Estado, do Distrito Federal, de Município ou de autarquia, fundação pública, empresa pública, sociedade de economia mista ou empresa concessionária de serviços públicos

O referido § 6º do art. 180 do Código Penal foi modificado pela Lei nº 13.531, de 7 de dezembro de 2017, que diz, textualmente:

§ 6º *Tratando-se de bens do patrimônio da União, de Estado, do Distrito Federal, de Município ou de autarquia, fundação pública, empresa pública, sociedade de economia mista ou empresa concessionária de serviços públicos, aplica-se em dobro a pena prevista no caput deste artigo.* (nova redação dada pela Lei nº 13.531, de 7 de dezembro de 2017)

Para que o agente possa ser responsabilizado por essa modalidade qualificada de receptação, deverá ter o efetivo conhecimento de que o bem ou instalações pertenciam ao patrimônio da União, de Estado, do Distrito Federal, de Município ou de autarquia, fundação pública, empresa pública, sociedade de economia mista ou empresa concessionária de serviços públicos, pois, caso contrário, seu erro permitirá o reconhecimento da modalidade simples do delito de receptação.

⚖ Responde pelo crime de receptação com aumento de pena (art. 180, § 6º, do CP) aquele que recebe, em proveito próprio ou alheio, bem municipal que sabe ser produto de crime (TJMG, PCO-CR

[200] NORONHA, Edgard Magalhães. *Direito penal,* v. 2, p. 510.

1.0000.05.428597-8, 1ª Câm. Crim., Rel. Armando Freire, pub. 18/01/2008).

Nesse sentido:

⚖ TJRS, Ap. Crim. 70013540836, 5ª Câm. Crim., Rel.ª Genacéia da Silva Alberton, j. 28/06/2006.

Autonomia da receptação

Nos termos do § 4º do art. 180 do Código Penal, a receptação é punível, ainda que desconhecido ou isento de pena o autor do crime de que proveio a coisa.

⚖ A receptação constitui delito autônomo, não sendo ilegal a condenação do receptador, quando o indigitado autor do furto tenha sido absolvido por falta de provas (STF, RE 10034, Rel. Min. Orozimbo Nonato, 2ª T., *RF* 119, p. 227).

Pena, ação penal, competência para julgamento e suspensão condicional do processo

A pena cominada à receptação simples (*caput*) é de reclusão, de 1 (um) a 4 (quatro) anos, e multa; para a receptação qualificada (§ 1º), reclusão, de 3 (três) a 8 (oito) anos, e multa; e para a receptação culposa (§ 3º), detenção, de 1 (um) mês a 1 (um) ano, ou multa, ou ambas as penas.

A ação penal será, como regra, de iniciativa pública incondicionada, devendo, no entanto, ser observados os arts. 182 e 183 do Código Penal.

A competência, pelo menos inicialmente, para o processo e julgamento do crime de receptação culposa será do Juizado Especial Criminal, tendo em vista a pena máxima cominada em abstrato, vale dizer, um ano.

Será possível a confecção de proposta de suspensão condicional do processo nas hipóteses de receptação simples e culposa, uma vez que as penas mínimas a elas cominadas não ultrapassam o limite determinado pelo art. 89 da Lei nº 9.099/1995.

⚖ Na linha do entendimento desta Corte, "firma-se a competência, para o processo e julgamento do feito, do juízo em que consumada a receptação, ou seja, onde perpetrados os atos de aquisição, recebimento ou ocultação do bem – ocorridos com a efetiva tradição" (STJ, CC 148.019/RN, Rel. Min. Antônio Saldanha Palheiro, S3, *DJe* 16/04/2019).

Nesse sentido:

⚖ STJ, CC 20513/RS, Rel. Min. Gilson Dipp, S3, *DJ* 17/02/1999, p. 113.

Prova do crime anterior

A receptação é um crime acessório que necessita, para efeitos de seu reconhecimento, da comprovação do delito anterior, considerado principal.

⚖ (...) O *modus operandi* do crime não denota maior gravidade do que a ínsita ao tipo penal, pois a prática da receptação pressupõe um crime anterior, cometido ou não com a intenção de levar o bem di-

retamente ao receptador (...) (HC 441.393/MG, Rel. Min. Ribeiro Dantas, 5ª T., julgado em 18/08/2020, *DJe* 24/08/2020).

Receptação e concurso de pessoas no delito anterior

Para que o agente responda criminalmente pela receptação, jamais poderá ter, de alguma forma, concorrido para a prática do delito anterior, pois, caso contrário, deverá ser por ele responsabilizado.

Receptação em cadeia

É admissível, bastando que o agente que adquiriu posteriormente o bem tenha conhecimento de sua origem ilícita.

Imputação alternativa

O delito de receptação se encontra no rol daqueles em que é possível o raciocínio da chamada imputação alternativa.

Isso porque pode ocorrer, *v.g.*, na hipótese em que o agente seja surpreendido com uma coisa que tenha sido objeto de furto. Durante as investigações policiais, também pode ocorrer sua recusa em prestar as declarações necessárias ao esclarecimento dos fatos, permanecendo a dúvida, outrossim, se fora ele o autor do furto, ou se autor do delito de receptação. Nesse caso, seguindo as lições de Afrânio Silva Jardim, deverá o Ministério Público oferecer denúncia com *imputação alternativa*, que ocorre, segundo o autor, "quando a peça acusatória vestibular atribui ao réu mais de uma conduta penalmente relevante, asseverando que apenas uma delas efetivamente terá sido praticada pelo imputado, embora todas se apresentem como prováveis, em face da prova do inquérito. Desta forma, fica expresso, na denúncia ou queixa, que a pretensão punitiva se lastreia nesta *ou* naquela ação narrada".[201]

Habeas corpus

⚖ A pretendida exclusão do elemento subjetivo do tipo necessário à caracterização do crime de receptação, ou seja, o dolo de "adquirir, receber, transportar, conduzir ou ocultar [...] coisa que sabe ser produto de crime" (CP, art. 180), por demandar o acurado exame do acervo probatório, é tarefa incompatível com o rito célere e de cognição sumária própria do *habeas corpus* (STF, RHC 83481/RJ. Min.ª Ellen Gracie, 2ª T., *DJ* 24/10/2003, p. 31).

Receptação de talão de cheques e de cartão de crédito

⚖ Na linha dos precedentes desta Corte, folhas de cheques não podem ser objeto material do crime de receptação, uma vez que não possuem, em si, valor econômico, indispensável à caracterização do delito contra o patrimônio (STJ, HC 90.495/SP, T5, Rel. Min. Napoleão Nunes Maia Filho, *DJ* 25/02/2008, p. 348).

---

[201] JARDIM, Afrânio Silva. *Direito processual penal*, p. 149.

Nesse sentido:

⚖ STJ, HC 86267/SP, Rel. Min. Arnaldo Esteves Lima, 5ª T., *DJ* 05/11/2007, p. 338.

Receptação no Código Penal Militar

Vide arts. 254 a 256 do Decreto-Lei nº 1.001/1969 (Código Penal Militar).

Receptação de animal

Art. 180-A. Adquirir, receber, transportar, conduzir, ocultar, ter em depósito ou vender, com a finalidade de produção ou de comercialização, semovente domesticável de produção, ainda que abatido ou dividido em partes, que deve saber ser produto de crime:

Pena – reclusão, de 2 (dois) a 5 (cinco) anos, e multa.

Introdução

O delito de *receptação de animal* foi inserido no Código Penal através da Lei nº 13.330, de 2 de agosto de 2016, criando, outrossim, o art. 180-A.

Ao contrário do que ocorreu com o delito de furto em que, por meio do diploma legal citado, foi criada mais uma qualificadora, cominando uma pena de reclusão de 2 (dois) a 5 (cinco) anos e multa se a subtração for de semovente domesticável de produção, ainda que abatido ou dividido em partes no local da subtração, no caso da receptação, entendeu o legislador, de forma equivocada, *permissa venia*, em criar uma figura típica autônoma, surgindo, assim, a *receptação de animal*.

Se foi intenção do legislador cuidar mais rigorosamente das situações tipificadas no art. 180-A do Código Penal, o resultado será completamente oposto. Isso porque os fatos previstos no tipo penal em estudo se amoldavam ao § 1º do art. 180 do estatuto repressivo, que prevê uma pena de reclusão de 3 (três) a 8 (oito) anos, e multa, ao passo que o crime de receptação de animal prevê uma pena menor, variando de 2 (dois) a 5 (cinco) anos, e multa e, de acordo com o princípio da especialidade, quando o agente adquirir, receber, transportar, conduzir, ocultar, ter em depósito ou vender, com a finalidade de produção ou de comercialização, *semovente domesticável de produção, ainda que abatido ou dividido em partes*, que deve saber ser produto de crime, seu comportamento se subsumirá ao tipo do art. 180-A do Código Penal. Conforme as precisas lições de Rogério Sanches Cunha:

Semovente é a definição jurídica dada ao animal criado em grupos (bovinos, suínos, caprinos etc.) que integram o patrimônio de alguém, passíveis, portanto, de serem objetos de negócios jurídicos. A lei claramente não abrange os animais selvagens, mas somente os domesticáveis, mesmo que já abatidos ou divididos em partes. Os animais devem ser, ainda, de *produção*, isto é, preparados para o abate e comercialização. Não abrange apenas os quadrúpedes, mas também os bípedes e ápodes (animais desprovidos de membros locomotores, como répteis)[202].

O núcleo *adquirir* tem o sentido de se tornar proprietário do semovente domesticável de produção, ainda que abatido ou dividido em partes, seja de forma onerosa ou mesmo gratuita.

Receber importa em tomar posse, sem, contudo, ser proprietário, ou seja, sem o caráter de aquisição.

Transportar significa carregar de um lugar para outro. *Conduzir* refere-se, efetivamente, ao ato de dirigir veículos (automóveis, caminhões etc.). A conduta de conduzir é semelhante à de transportar. Transportar implica remoção, transferência de uma coisa de um lugar para outro. Conduzir é guiar, dirigir. Somente o caso concreto, na verdade, é que nos permitirá, talvez, apontar o comportamento que melhor se amolde à conduta levada a efeito pelo agente.

Ocultar importa em esconder o objeto da receptação, impedindo que outras pessoas tenham acesso a ele.

Ter em depósito significa armazenar, guardar, manter, conservar a coisa recebida em proveito próprio ou de terceiro. Aqui, ao que parece, o ter em depósito significa o armazenamento do semovente domesticável já abatido ou dividido em partes.

Vender é entregar a outrem o objeto material da receptação mediante remuneração.

Cuida-se, *in casu*, de um tipo misto alternativo, em que a prática de mais de um comportamento importará em delito único, não havendo que se falar, portanto, em concurso de crimes. Assim, aquele que, por exemplo, adquire, transporta e vende o semovente domesticável de produção já abatido, ou em partes, responderá por um único crime de receptação de animal.

Para que um desses comportamentos analisados anteriormente encontre moldura no art. 180-A do Código Penal é preciso que o agente tenha atuado com a *finalidade de produção ou de comercialização*.

Além disso, só haverá a infração penal *sub examen* se os núcleos do tipo forem realizados quando a agente devia saber que o semovente domesticável de produção, ainda que abatido ou dividido em partes, era produto de crime. A expressão *que deve saber*, constante da parte final do art. 180-A do Código Penal, é motivo de intensa discussão doutrinária e jurisprudencial por conta da sua existência no § 1º do art. 180 do mesmo diploma legal, sendo indicativa do chamado dolo eventual, o que não afasta, obviamente, o dolo direto, ou seja, se a lei pune aquele que devia saber (dolo eventual) que o semovente domesticável de produção, ainda que abatido ou dividido em partes, era produto de crime, o que dirá aquele que ti-

---

[202] CUNHA, Rogério Sanches. Lei 13.330/16: breves comentários. Disponível em: <https://www.cers.com.br/noticias-e-blogs/noticia/lei--1333016-breves-comentarios>. Acesso em: 19 out. 2016.

nha essa certeza. É regra básica de interpretação que quem pune o menos, pune o mais.

Classificação doutrinária

Crime comum tanto em relação ao sujeito ativo quanto ao sujeito passivo, haja vista que o tipo penal não exige nenhuma qualidade ou condição especial; doloso; comissivo (podendo, excepcionalmente, ser praticado via omissão imprópria, na hipótese de o agente gozar do *status* de garantidor); omissivo próprio (na hipótese de ocultação, dependendo do caso concreto); material; permanente (quando o agente estiver transportando, conduzindo, ocultando ou tendo em depósito); monossubjetivo; plurissubsistente; não transeunte (como regra).

Objeto material e bem juridicamente protegido

O tipo penal que prevê o crime de receptação de animal tem por finalidade proteger o *patrimônio*, seja ele de natureza pública ou privada. No entanto, mesmo que o bem jurídico protegido seja precipuamente o patrimônio, podemos visualizar, ainda, mesmo que de forma mediata, a saúde pública, uma vez que os abates clandestinos de animais, livres de qualquer fiscalização, a colocam em risco.

Objeto material do delito em estudo é o semovente domesticável de produção, ainda que abatido ou dividido em partes.

Sujeito ativo e sujeito passivo

Qualquer pessoa pode ser *sujeito ativo* do delito de receptação de animal, não havendo qualquer qualidade ou condição especial exigida pelo tipo constante do art. 180-A do Código Penal.

Da mesma forma, qualquer pessoa também poderá figurar como sujeito passivo do crime de receptação de animal, incluindo, aqui, não somente o proprietário, mas também o possuidor do semovente domesticável de produção, ainda que abatido ou dividido em partes, que se confundirá com o sujeito passivo do crime anterior de onde surgiu o produto do crime. Assim, o sujeito passivo do delito de furto, será também o de receptação de animal.

Consumação e tentativa

Em se tratando de um delito material, a receptação de animal se consuma quando o agente, efetivamente, adquire, recebe, transporta, conduz, oculta, tem em depósito ou vende semovente domesticável de produção, ainda que abatido ou dividido em parte.

De acordo, ainda, com os ensinamentos de Rogério Sanches Cunha:

Para que se configure a receptação do art. 180-A, é imprescindível a existência de delito precedente, figurando como objeto material semovente domesticável

de produção, ainda que abatido ou dividido em partes. Esse crime antecedente não precisa ser necessariamente de furto, mas também roubo, extorsão, estelionato ou até mesmo outra receptação (receptação de receptação ou receptação sucessiva)[203].

A tentativa é admissível, tendo em vista a possibilidade de fracionamento do *iter criminis* considerando as condutas previstas no tipo.

Elemento subjetivo

O dolo é o elemento subjetivo exigido pelo tipo penal que prevê o delito de receptação de animal, não havendo previsão para a modalidade de natureza culposa.

Embora exista controvérsia doutrinária, a expressão "que deve saber ser produto de crime" não induz a um delito culposo, mas sim a uma infração penal praticada a título de dolo eventual, como já decidiram reiteradas vezes nossos tribunais superiores ao analisar a mesma expressão constante do § 1º do art. 180 do Código Penal, conforme se verifica pelos julgados abaixo:

O art. 180, § 1º, do Estatuto Repressivo é constitucional e pode ser aplicado através da utilização da interpretação extensiva, ampliando o significado da expressão deve saber (dolo eventual), englobando também a expressão sabe (dolo direto). O comerciante ou industrial que adquire, vende, expõe a venda mercadoria que sabe ou devia saber ser de origem ilícita responde pela figura qualificada (STF, ARE 705.620 AgR/DF, Rel. Min. Luiz Fux, 1ª T., *DJe* 11/04/2013).

Nesse sentido:

STJ, HC 193.391/SP, Rel.ª Min.ª Laurita Vaz, 5ª T., *DJe* 1º/08/2013.

Além dos dolos direto e eventual, podemos visualizar no tipo o chamado especial fim de agir, consubstanciado na expressão "com a finalidade de produção ou de comercialização", sem o qual poderá haver uma desclassificação do delito de receptação de animais para uma outra figura típica.

Modalidades comissiva e omissiva

As condutas de *adquirir, receber, transportar, conduzir, ocultar, ter em depósito* ou *vender* pressupõem um comportamento comissivo por parte do agente.

Excepcionalmente, poderão ser praticadas via omissão imprópria, desde que o agente seja considerado como garantidor.

Da mesma forma, dependendo do caso concreto, o núcleo *ocultar* poderá se configurar em um crime omissivo próprio.

Pena, ação penal, competência para julgamento

A pena cominada no preceito secundário do art. 180-A do Código Penal é de reclusão, de 2 (dois) a 5 (cinco) anos, e multa.

---

[203] CUNHA, Rogério Sanches. Lei 13.330/16: breves comentários. Disponível em: <https://www.cers.com.br/noticias-e-blogs/noticia/lei-1333016-breves-comentarios>. Acesso em: 19 out. 2016.

A ação penal é de iniciativa pública incondicionada. A competência poderá ser da Justiça Comum estadual ou federal, dependendo de quem seja o proprietário do semovente domesticável de produção, ainda que abatido ou dividido em partes.

Novatio legis in mellius

Como o delito de receptação de animais, criado pela Lei nº 13.330, de 2 de agosto de 2016, comparativamente ao crime de receptação qualificada, previsto no art. 180, § 1º, do Código Penal, que abrangia os comportamentos especializados pela nova lei, pode ser considerado como uma *novatio legis in mellius*, ou seja, uma lei que, em virtude de ter cominado penas menores do que aquelas previstas para a modalidade anteriormente aplicada, deve ser aplicada retroativamente, nos termos do parágrafo único do art. 2º do Código Penal, que diz:

Parágrafo único. A lei posterior, que de qualquer modo favorecer o agente, aplica-se aos fatos anteriores, ainda que decididos por sentença condenatória transitada em julgado.

Assim, ao contrário do que pretendia o legislador, a nova lei acabou beneficiando aqueles que praticaram a receptação de semovente domesticável de produção, ainda que abatido ou dividido em partes, sob a vigência da lei anterior.

Capítulo VIII – Disposições Gerais

Art. 181. É isento de pena quem comete qualquer dos crimes previstos neste título, em prejuízo:
I – do cônjuge, na constância da sociedade conjugal;
II – de ascendente ou descendente, seja o parentesco legítimo ou ilegítimo, seja civil ou natural.
Art. 182. Somente se procede mediante representação, se o crime previsto neste título é cometido em prejuízo:
I – do cônjuge desquitado ou judicialmente separado;
II – de irmão, legítimo ou ilegítimo;
III – de tio ou sobrinho, com quem o agente coabita.
Art. 183. Não se aplica o disposto nos dois artigos anteriores:
I – se o crime é de roubo ou de extorsão, ou, em geral, quando haja emprego de grave ameaça ou violência à pessoa;
II – ao estranho que participa do crime.
III – se o crime é praticado contra pessoa com idade igual ou superior a 60 (sessenta) anos.
Art. 183-A. Nos crimes de que trata este Título, quando cometidos contra as instituições financeiras e os prestadores de serviço de segurança privada, de que trata o Estatuto da Segurança Privada e da Segurança das Instituições Financeiras, as penas serão aumentadas de 1/3 (um terço) até o dobro.

Introdução

Os arts. 181 a 183, previstos no Capítulo VIII do Título II do Código Penal cuidam das chamadas imunidades penais de caráter pessoal. Essas imunidades podem ser absolutas ou relativas. Quando absolutas, isentam o agente de pena, sendo, nesse caso, reconhecidas como *escusas absolutórias*; se relativas, fazem a ação penal depender de representação do ofendido ou de seu representante legal.

O art. 183-A foi inserido no Código Penal por meio da Lei nº 14.967, de 9 de setembro de 2024, criando uma causa especial de aumento de pena, de 1/3 (um terço) até o dobro, para os crimes contra o patrimônio, previsto no Título II do estatuto repressivo, quando cometidos contra as instituições financeiras e os prestadores de serviço de segurança privada, de que trata o Estatuto da Segurança Privada e da Segurança das Instituições Financeiras.

Imunidades penais absolutas ou escusas absolutórias

São as previstas no art. 181 do Código Penal.
A primeira observação a ser feita diz respeito à expressão utilizada no inc. I, do art. 181 do Código Penal, que exige que o fato seja praticado contra o cônjuge, *durante a constância da sociedade conjugal.*
Podemos entender como *constância da sociedade conjugal* o período que vai da realização do casamento até a sua efetiva dissolução, não importando, para efeito de aplicação da escusa absolutória em estudo, se o casal estava separado de fato no momento em que ocorreu o delito patrimonial. Portanto, para efeito de reconhecimento de aplicação da imunidade penal de caráter absoluto deverá ser levado em consideração o tempo do crime. Assim, se quando da prática da infração penal patrimonial havia ainda o vínculo conjugal, aplica-se a escusa absolutória, não importando se os cônjuges coabitavam ou não, haja vista a inexistência de qualquer ressalva legal nesse sentido.
Questão que merece atenção especial diz respeito a se a mencionada escusa absolutória poderá ser aplicada, via analogia, àqueles que se encontram numa situação de *união estável*. A maioria de nossa doutrina se inclina pela impossibilidade, a exemplo de Guilherme de Souza Nucci, quando diz: "O fato de o Estado reconhecer na união estável a existência de uma família, para efeito de lhe conferir proteção civil, não pode ser estendido ao direito penal. Fosse assim, o companheiro ou a companheira poderia praticar o crime de bigamia, o que não é admissível. Se não é possível alargar o conteúdo de norma penal incrimi-

nadora que protege a família e o casamento, também não o é para aplicação da imunidade".[204]

Apesar da força do raciocínio do renomado autor, somos obrigados a discordar dele. Inicialmente porque, *permissa venia*, não podemos confundir os raciocínios que devem ser levados a efeito na interpretação das normas penais, pois que, quando estas, de alguma forma, prejudicam o sujeito, torna-se impossível o argumento analógico, em obediência ao princípio da legalidade, pela vertente do *nullum crimen, nulla poena sine lege stricta*. No entanto, quando a lei penal beneficia e, principalmente, quando estamos diante de situações idênticas, que não receberam o mesmo tratamento da lei penal, a aplicação da analogia é obrigatória, a fim de que seja preservada a isonomia, traduzida por meio do brocardo *ubi eadem ratio, ubi eadem legis dispositio*. A nosso ver, se a lei penal se preocupa com a preservação familiar, de tal modo que afasta a possibilidade de aplicação de pena àquele que praticou uma infração patrimonial contra alguém que lhe é extremamente próximo, não se justificaria a sua não aplicação numa situação reconhecida legalmente como entidade familiar, conforme determina o art. 1.723 do Código Civil.

A escusa absolutória prevista no art. 181, inc. II, alínea "b", do Código Penal, que isenta de pena quem comete determinados delitos patrimoniais em prejuízo de ascendente ou descendente (civil ou natural), não se aplica ao parentesco por afinidade, devendo ser adotada uma interpretação restritiva da norma. Embora seja extremamente plausível a aplicação do dispositivo em tela nas hipóteses de paternidade socioafetiva, é incabível sua extensão ao padrasto, parente por afinidade em linha reta ascendente, com amparo na mera existência de união estável com a mãe biológica ou no longo convívio entre aquele e o descendente desta, se não comprovado o vínculo da filiação socioafetiva (STJ, REsp 1.709.971/RS, Rel.ª Min.ª Maria Thereza de Assis Moura, 6ª T., *DJe* 12/03/2018).

Nesse sentido:

TJSP, AC 0005716-50.2008.8.26.0156, Rel. Des. Alexandre Almeida, *DJe* 05/08/2014; TJMG, APCr 1.0704.03.020063-5/0011, Unaí, 4ª Câm. Crim., Rel. Des. Ediwal Jose de Morais, j. 08/07/2009, *DJEMG* 19/08/2009.

Também será aplicada a imunidade penal absoluta quando a infração patrimonial for cometida em prejuízo de ascendente ou descendente, conforme dispõe o inc. II do art. 181 do Código Penal, qualquer que seja o parentesco, em linha reta, ascendentes e descendentes, seja civil ou natural.

A imunidade penal do art. 181 do CP aplica-se aos parentes em linha reta, ascendentes e descendentes, não incluídos os parentes por afinidade (TJRS, ACr 700201 39614, 4ª Câm. Crim., Rel. José Eugênio Tedesco, pub. 24/10/2007).

Imunidades penais relativas

As imunidades penais reconhecidas como relativas encontram-se arroladas nos incs. I, II e III do art. 182 do Código Penal.

Embora denominadas imunidades relativas, trata-se de situações que não conduzem sequer ao afastamento da punibilidade, como ocorre com o art. 181 do Código Penal, podendo as pessoas arroladas nos incisos do referido art. 182, no prazo decadencial de 6 (seis) meses, oferecer sua representação, permitindo, assim, a abertura de inquérito policial, bem como o início da ação penal de iniciativa pública que estava a ela condicionada.

A primeira das situações elencadas diz respeito ao fato de a infração patrimonial ter sido cometida em prejuízo do cônjuge separado judicialmente, haja vista que não mais encontra abrigo em nossa legislação civil a expressão *desquitado*. Essa separação judicial é aquela que tem por finalidade terminar a sociedade conjugal, não se confundindo com a mera separação de corpos, prevista pelo art. 1.562 do Código Civil. Assim, o marco inicial para aplicação do inc. I do art. 182 do Código Penal será o trânsito em julgado da sentença que decretar a separação judicial.[205]

A segunda hipótese refere-se ao fato de ter o delito patrimonial sido praticado em prejuízo de irmão, não se podendo levar a efeito, depois da edição da nossa Lei Maior, qualquer designação discriminatória, tal como a constante do inc. II do art. 182 do diploma repressivo, mesmo que de natureza positiva, isto é, para exigir, nas situações por ela mencionadas, a necessária representação.

O inc. III do art. 182 do Código Penal ainda condiciona a *persecutio criminis* à representação quando o delito patrimonial é cometido em prejuízo de tio ou sobrinho com quem o agente coabita. Nesse caso, não basta comprovar a relação de parentesco colateral, haja vista que o mencionado inciso somente se aplica se houver a *coabitação*, isto é, devem residir juntos quando da prática do crime contra o patrimônio.

Para incidir a imunidade trazida no art. 182, inc. III, do Código Penal, deve se comprovar a relação de parentesco entre tio e sobrinho, bem como a coabitação, a residência conjunta quando da prática do crime. Entende-se por coabitação o estabelecimento da residência, a morada habitual, estável e certa, que não

---

[204] NUCCI, Guilherme de Souza. *Código penal comentado*, p. 603.

[205] Existe discussão doutrinária se, após o advento da Emenda Constitucional nº 66, de 13 de julho de 2010, ainda subsistiria a separação judicial. Pela extinção, já se posicionaram positivamente, dentre outros, Maria Berenice Dias (*O fim da separação judicial* – Um novo recomeço. Disponível em: <berenicedias.com.br>) e Pablo Stolze Gagliano (*A nova emenda do divórcio* – Primeiras reflexões. Disponível em: www.pablostolze.com.br); pela possibilidade de separação judicial, Wesley Marques Branquinho (*O novo divórcio*: Emenda Constitucional nº 66. Disponível em: <http://jus.uol.com.br/revista/texto/16997/o-novo-divorcio-emenda-constitucional-n-66>).

se confunde com a mera hospedagem, a qual tem caráter temporário e, *in casu*, durou apenas 3 semanas (STJ, REsp 1065086/RS, Rel.ª Min.ª Maria Thereza de Assis Moura, 6ª T., *DJe* 05/03/2012).

Nesse sentido:

⚖ TJSP, APL 993.07.104712-0, Ac. 4550902, 4ª Câm. Dir. Crim. B, Rel.ª Des.ª Erika Diniz, *DJESP* 12/08/2010; TJSP, APL 990.09.153296-7, Ac. 4335476, 16ª Câm. Dir. Crim., Rel. Des. Edison Brandão, j. 23/02/2010, *DJESP* 20/04/2010; TJRS, AC 70028013209, Rel. Des. José Eugênio Tedesco, *DJ* 07/07/2009; TJMG, AC 2.0000.00.512446-7/000, Rel. Walter Pinto da Rocha, *DJ* 24/01/2006; TJSP, AC 59467, Rel. E. Custódio da Silveira, *RT* 285, p. 117.

Ressalvas às imunidades penais absolutas e relativas

São as previstas no art. 183 do Código Penal.

A primeira das exceções afasta a aplicação dos arts. 181 e 182 do Código Penal se o crime for de roubo ou de extorsão, ou sempre que houver o emprego de violência ou grave ameaça como elemento do tipo. Nesse caso, tratando-se de crimes pluriofensivos, embora o legislador penal tenha agido motivado por questões de política criminal, com o objetivo de preservar a família quando a infração penal dissesse respeito ao patrimônio de um de seus membros, não ignorou a utilização da violência ou da grave ameaça, o que aumenta, sensivelmente, o juízo de reprovação que recai sobre o agente, não se podendo, agora, fechar os olhos para essa situação.

Assim, resumindo, as imunidades (absolutas ou relativas) somente terão aplicação quando estivermos diante de infrações patrimoniais que não forem cometidas com o emprego de violência ou grave ameaça.

⚖ Embora a sentença tenha entendido não haver crime de dano porque os bens danificados eram comuns ao casal, já que não teria sido comprovado haver bens exclusivamente do cônjuge virago ou da vítima, ou ainda prova de regime de casamento, tem-se que a regra do art. 181 do CP, hipótese de imunidade, resta afastada quando houver emprego de grave ameaça ou violência à pessoa. No caso concreto, ainda que se tenha por afastado o crime de lesão corporal por falta de prova da sua materialidade, vale dizer, do dano à integridade física da vítima, tanto não exclui o emprego de violência contra a pessoa, elementar capaz de qualificar o crime de dano, já que insistentemente mencionada assim pela vítima como pelas testemunhas, registrando-se ainda que a vítima refere que o acusado afirmava que não queria apenas feri-la, mas a sua intenção era matá-la, o que, numa hipótese ou noutra, configuraria a ameaça, também elementar da qualificadora, capaz de afastar a imunidade contida no já mencionado art. 181 do Código Penal (TJRJ, ACr 2009.050.06499, 1ª Câm. Crim., Rel. Des. Ricardo Bustamante, j. 21/06/2010, *DORJ* 09/08/2010, p. 119).

Também não se aplicam as imunidades ao estranho que participa do crime, haja vista que, não se encontrando no círculo familiar a que pertence a vítima, não teria sentido qualquer restrição à sua punição.

O inc. III foi acrescentado ao art. 183 do Código Penal por intermédio da Lei nº 10.741, de 1º de outubro de 2003, que criou o Estatuto da Pessoa Idosa. Dessa forma, não importando se existe relação entre cônjuges, durante a constância da sociedade conjugal ou mesmo entre ascendentes e descendentes, se a vítima for pessoa com idade igual ou superior a 60 anos restará afastada a imunidade penal absoluta, vale dizer, o fato poderá ser objeto de persecução por meio da Justiça Penal, bem como a ação penal será considerada de iniciativa pública incondicionada.

⚖ Inaplicável a escusa absolutória do art. 181, inc. II, do Código Penal, porquanto se trata de delito em que figura como vítima pessoa maior de 60 (sessenta) anos, consoante o disposto no art. 183, inc. III, do Código Penal (TJPR, AC 26.835881-0, Rel. Des. Rogério Kanayama, *DJe* 23/03/2012).

Nesse sentido:

⚖ TJRS, RSE 70015223381, 8ª Câm. Crim., Rel. Fabianne

Causa de aumento de pena aplicável aos crimes contra o patrimônio, quando cometidos contra as instituições financeiras e os prestadores de serviço de segurança privada, de que trata o Estatuto da Segurança Privada e da Segurança das Instituições Financeiras

O art. 183-A foi inserido no Código Penal pela Lei nº 14.967, de 9 de setembro de 2024, criando uma causa especial de aumento de pena para os crimes previstos no Título II correspondente aos crimes contra o patrimônio, a exemplo do que ocorre com os delitos de furto e roubo.

De acordo com o mencionado artigo, as penas serão aumentadas de 1/3 (um terço) até o dobro quando os crimes contra o patrimônio forem cometidos contra as instituições financeiras e os prestadores de serviço de segurança pública, conforme o Estatuto da Segurança Privada e da Segurança das Instituições Financeiras (Lei nº 14.967, de 9 de setembro de 2024).

Por Instituições financeiras se compreendem os bancos oficiais ou privados, caixas econômicas, sociedades de crédito, associações de poupança, suas agências e postos de atendimento, cooperativas singulares de crédito e respectivas dependências, bem como todas as pessoas jurídicas referidas no art. 17 da Lei nº 4.595, de 31 de dezembro de 1964, nos termos do § 1º do art. 31 da Lei nº 14.967, de 9 de setembro de 2024.

O *caput* do art. 2º do Estatuto da Segurança Privada e da Segurança das Instituições Financeiras esclarece quem são os prestadores de serviço de segurança privada.

⚖ Assim, as hipóteses, por exemplo, de roubo a banco ou mesmo a caixas eletrônicos, como vem acontecendo com a ação do chamado "novo cangaço", são passíveis da aplicação da majorante prevista no art. 183-A do Código Penal, vale dizer, um aumento de 1/3 (um terço) até o dobro, que será aplicado no terceiro momento do critério trifásico previsto no art. 68 do diploma repressivo.

Título III – Dos Crimes contra a Propriedade Imaterial

Capítulo I – Dos Crimes contra a Propriedade Intelectual

Violação de direito autoral

Art. 184. Violar direitos de autor e os que lhe são conexos:

Pena – detenção, de 3 (três) meses a 1 (um) ano, ou multa.

§ 1º Se a violação consistir em reprodução total ou parcial, com intuito de lucro direto ou indireto, por qualquer meio ou processo, de obra intelectual, interpretação, execução ou fonograma, sem autorização expressa do autor, do artista intérprete ou executante, do produtor, conforme o caso, ou de quem os represente:

Pena – reclusão, de 2 (dois) a 4 (quatro) anos, e multa.

§ 2º Na mesma pena do § 1º incorre quem, com o intuito de lucro direto ou indireto, distribui, vende, expõe à venda, aluga, introduz no País, adquire, oculta, tem em depósito, original ou cópia de obra intelectual ou fonograma reproduzido com violação do direito de autor, do direito de artista intérprete ou executante ou do direito do produtor de fonograma, ou, ainda, aluga original ou cópia de obra intelectual ou fonograma, sem a expressa autorização dos titulares dos direitos ou de quem os represente.

§ 3º Se a violação consistir no oferecimento ao público, mediante cabo, fibra ótica, satélite, ondas ou qualquer outro sistema que permita ao usuário realizar a seleção da obra ou produção para recebê-la em um tempo e lugar previamente determinados por quem formula a demanda, com intuito de lucro, direto ou indireto, sem autorização expressa, conforme o caso, do autor, do artista intérprete ou executante, do produtor de fonograma, ou de quem os represente:

Pena – reclusão, de 2 (dois) a 4 (quatro) anos, e multa.

§ 4º O disposto nos §§ 1º, 2º e 3º não se aplica quando se tratar de exceção ou limitação ao direito de autor ou os que lhe são conexos, em conformidade com o previsto na Lei nº 9.610, de 19 de fevereiro de 1998, nem à cópia de obra intelectual ou fonograma, em um só exemplar, para uso privado do copista, sem intuito de lucro direto ou indireto.

Usurpação de nome ou pseudônimo alheio

Art. 185. (Revogado pela Lei nº 10.695, de 1º.7.2003)

Art. 186. Procede-se mediante:

I – queixa, nos crimes previstos no *caput* do art. 184;

II – ação penal pública incondicionada, nos crimes previstos nos §§ 1º e 2º do art. 184;

III – ação penal pública incondicionada, nos crimes cometidos em desfavor de entidades de direito público, autarquia, empresa pública, sociedade de economia mista ou fundação instituída pelo Poder Público;

IV – ação penal pública condicionada à representação, nos crimes previstos no § 3º do art. 184.

Introdução

O delito de violação de direito autoral, com a nova redação que lhe foi dada pela Lei nº 10.695, de 1º de julho de 2003, encontra-se tipificado no art. 184 do Código Penal.

Para que se possa compreender não somente a conduta prevista no *caput* do art. 184 do Código Penal, mas também nos seus parágrafos, será preciso que o intérprete, obrigatoriamente, recorra à Lei nº 9.610, de 19 de fevereiro de 1998, que teve por finalidade alterar, atualizar e consolidar a legislação sobre direitos autorais, tratando-se, portanto, de norma penal em branco. A Constituição Federal, a seu turno, ressaltou, por intermédio do inc. XXVII do seu art. 5º, que *aos autores pertence o direito exclusivo de utilização, publicação ou reprodução de suas obras, transmissível aos herdeiros pelo tempo que a lei fixar.*

O núcleo *violar* é utilizado pelo texto legal no sentido de transgredir, infringir.

Os *direitos autorais* possuem a natureza jurídica de *bens móveis*, conforme salienta o art. 3º da Lei nº 9.610/1998, sendo considerado como autor a pessoa física criadora de obra literária, artística ou científica (art. 11). Pertencem-lhe os direitos morais e patrimoniais sobre a obra que criou (art. 22), cabendo-lhe o direito exclusivo de utilizar, fruir e dispor das mencionadas obras (art. 28). Os direitos de autor poderão, no entanto, ser total ou parcialmente transferidos a terceiros, por ele ou por seus sucessores, a título universal ou singular, pessoalmente ou por meio de representantes com poderes especiais, por meio de licenciamento, concessão ou por outros meios admitidos em Direito, obedecidas as limitações constantes dos incisos previstos pelo art. 49 do diploma especial em exame.

O tipo penal em estudo responsabiliza criminalmente não somente aquele que infringe os direitos do autor, mas também aqueles que lhe são conexos, vale dizer, os relativos aos direitos dos artistas intérpretes ou executantes, dos produtores fonográficos e das empresas de radiodifusão (arts. 89 a 96).

Salienta Guilherme de Souza Nucci: "A transgressão ao direito autoral pode dar-se de variadas formas, desde a simples reprodução não autorizada de um livro por fotocópias até a comercialização de obras originais, sem a permissão do autor. Uma das mais conhecidas formas de violação do direito de autor é o *plágio*, que significa tanto assinar como sua obra alheia, como também imitar o que outra pessoa produziu. O plágio pode dar-se de maneira total (copiar ou assinar como sua toda a obra de terceiro) ou parcial (copiar ou dar como seus apenas trechos da obra de outro autor). São condutas igualmente repugnantes, uma vez que o agente do crime se apropria sorrateiramente de criação intelectual de outrem, o que nem sempre é fácil de ser detectado pela vítima. Diversamente dos delitos patrimoniais comuns, em que o proprietário sente a falta de seu bem tão logo ele sai da sua esfera de proteção e vigilância, no caso da violação de direito de autor torna-se complexo e dificultoso o processo de verificação do plágio ou mesmo da simples utilização não autorizada de obra intelectual, sem a devida remuneração, na forma da lei civil, ao seu autor."[1]

O art. 46 da Lei nº 9.610/1998 aponta as hipóteses que não são consideradas como ofensa aos direitos autorais.

⚖ Cuidando-se de crime de natureza permanente, como é o caso da violação de direito autoral, mostra-se prescindível o mandado de busca e apreensão para a busca domiciliar, não havendo falar em eventuais ilegalidades relativas ao cumprimento da medida. Esta Corte sob o rito dos recursos repetitivos (Tema 926), firmou entendimento no sentido de que: "Não se exige, para a configuração do delito previsto no art. 184, § 2º, do Código Penal, que todos os bens sejam periciados, mesmo porque, para a caracterização do mencionado crime, basta a apreensão de um único objeto" (STJ, AgRg no AREsp 1.381.226/SP, Rel.ª Min.ª Laurita Vaz, 6ª T., *DJe* 04/02/2019).

Nesse sentido:

⚖ STJ, AgRg no AREsp 1.281.475/SP, Rel. Min. Reynaldo Soares da Fonseca, 5ª T., *DJe* 29/06/2018; STJ, AgRg nos EDcl no AREsp 62.072/SP, Rel. Min. Ribeiro Dantas, 5ª T., *DJe* 21/09/2016; STJ, AgRg no REsp 1.503.585/SP, Rel. Min. Leopoldo de Arruda Raposo, Desembargador convocado do TJ-PE, 5ª T., *DJe* 13/05/2015; STJ, AgRg nos EDcl no REsp 1.387.999/SP, Rel. Min. Ericson Maranho, Desembargador convocado do TJ-SP, 6ª T., *DJe* 25/02/2015; STF, HC 120994/SP, Rel. Min. Luiz Fux, 1ª T., *DJe* 16/05/2014; STJ, HC 201235/SP, Rel.ª Min.ª Laurita Vaz, 5ª T., *DJe* 05/03/2012.

Classificação doutrinária

Crime comum no que diz respeito ao sujeito ativo e próprio quanto ao sujeito passivo, pois que somente o autor da obra literária, artística ou científica, seus herdeiros e sucessores ou o titular do direito sobre a produção de outrem podem figurar nessa condição; doloso; comissivo (podendo, no entanto, ser praticado via omissão imprópria na hipótese de o agente gozar do *status* de garantidor); material; instantâneo ou permanente (dependendo de como o delito for praticado, podendo se prolongar no tempo); de forma livre; monossubjetivo; plurissubsistente; não transeunte (como regra).

Objeto material e bem juridicamente protegido

A propriedade intelectual é o bem juridicamente protegido pelo tipo penal do art. 184.

A obra literária, artística ou científica é o objeto material do delito em estudo.

Sujeito ativo e sujeito passivo

Qualquer pessoa pode ser *sujeito ativo* do delito de violação de direito autoral. O *sujeito passivo*, no entanto, será o autor da obra literária, artística ou científica, seus herdeiros e sucessores, ou qualquer outra pessoa que seja titular dos direitos sobre essa produção intelectual.

⚖ A jurisprudência desta Corte Superior tem se posicionado no sentido de que, sendo o crime de violação de direito autoral descrito no art. 184, § 2º, do Código Penal sujeito a ação penal pública incondicionada e tendo sido constatada, por laudo pericial, a falsidade da mídia, é desnecessária, para a configuração de sua tipicidade, a identificação e inquirição do sujeito passivo [STJ, AgRg no REsp 1424026/SC, Rel.ª Min.ª Marilza Maynard (Desembargadora convocada do TJSE), 6ª T., *DJe* 04/08/2014].

Consumação e tentativa

Esclarece Ney Moura Teles: "O momento consumativo acontece no ato da transgressão do direito autoral, cabendo ao intérprete observar em que consiste exatamente a violação, socorrendo-se da legislação civil, para definir o exato instante da violação, que ocorre, por exemplo, com a publicação de obra inédita ou reproduzida, com a exposição pública de uma pintura ou com a execução ou representação de uma obra musical ou teatral."[2]

Admite-se a tentativa.

⚖ Dessarte, depreende-se que a locução "obra intelectual" não exclui CDs ou DVDs, como pretende o impetrante. Ainda, o recurso especial representativo

---

[1] NUCCI, Guilherme de Souza. *Código penal comentado*, p. 739.

[2] TELES, Ney Moura. *Direito penal*, v. 2, p. 518.

da controvérsia foi decidido pela Terceira Seção em momento posterior ao advento da Lei n. 10.695/2003 – de modo que a norma em lide, em nada, alterou a compreensão desta Corte acerca da tipicidade da exposição à venda de CDs e DVDs piratas. Não há falar, portanto, em atipicidade material da conduta, nem pelos princípios a que o *writ* se reporta, tampouco pela superveniência de lei que modificou o dispositivo legal (Informações Complementares à Ementa – HC 531.030/SP, Rel. Min. Rogerio Schietti Cruz, 6ª T., julgado em 23/06/2020, *DJe* 01/07/2020).

Nesse sentido:

STJ, HC 280.026/SP, Rel. Min. Rogério Schietti Cruz, 6ª T., *DJe* 02/03/2015.

Elemento subjetivo

O delito de violação de direito autoral somente pode ser praticado dolosamente, não havendo previsão para a modalidade de natureza culposa.

O tipo subjetivo do crime previsto no art. 184 do Código Penal é o dolo direto ou eventual de violar o direito autoral de outrem. Na hipótese da modalidade qualificada (§ 2º), impõe-se o intuito de lucro (TJPR, ACr 0462836-4, 4ª Câm. Crim., Rel. Carlos Hoffmann, j. 10/04/2008).

Nesse sentido:

TJRS, Ap. Crim. 70012853495, 8ª Câm. Crim., Rel.ª Lúcia de Fátima Cerveira, j. 13/12/2006.

Modalidades comissiva e omissiva

O núcleo *violar* pressupõe um comportamento comissivo por parte do agente. No entanto, poderá ser praticado via omissão imprópria na hipótese do agente garantidor que, dolosamente, podendo, nada fizer para impedir a prática da infração penal.

Modalidades qualificadas

Os §§ 1º, 2º e 3º do art. 184 preveem as modalidades qualificadas de violação de direito autoral. Para melhor compreensão, faremos a análise isolada de cada uma.

§ 1º *Se a violação consistir em reprodução total ou parcial, com intuito de lucro direto ou indireto, por qualquer meio ou processo, de obra intelectual, interpretação, execução ou fonograma, sem autorização expressa do autor, do artista intérprete ou executante, do produtor, conforme o caso, ou de quem os represente:*
Pena – reclusão, de 2 (dois) a 4 (quatro) anos, e multa.
Reprodução, nos termos do inc. VI do art. 5º da Lei nº 9.610/1998, significa a cópia de um ou vários exemplares de uma obra literária, artística ou científica ou de um fonograma, de qualquer forma tangível, incluindo qualquer armazenamento permanente ou temporário por meios eletrônicos ou qualquer outro meio de fixação que venha a ser desenvolvido.

Conforme determina o § 1º do art. 184, o agente deverá atuar com a finalidade de obter lucro direto ou indireto. *Meio*, conforme esclarece Guilherme de Souza Nucci, "é um recurso empregado para atingir um determinado objetivo, com um significado mais restrito e menos extenso na linha do tempo: *processo* é uma sequência de atos ou estágios com a finalidade de atingir uma certa meta, possuindo uma noção mais ampla e mais extensa na linha do tempo. Logo, para a reprodução não autorizada de obra intelectual de um modo geral, tanto faz que o agente utilize um método singular (meio) ou uma sequência deles (processo)".[3]

O art. 7º da Lei nº 9.610/1998, exemplificativamente, nos fornece um rol de obras consideradas intelectuais.

Os *programas de computador*, no entanto, são objeto de legislação específica.

Pode a reprodução, ainda, recair sobre interpretação ou execução ou fonograma, sem autorização expressa do autor, do artista intérprete ou executante, do produtor, conforme o caso, ou de quem os represente.

Artistas intérpretes ou *executantes* são atores, cantores, músicos, bailarinos ou outras pessoas que representem um papel, cantem, recitem, declamem, interpretem ou executem em qualquer forma obras literárias ou artísticas ou expressões do folclore; *produtor* é a pessoa física ou jurídica que toma a iniciativa e tem a responsabilidade econômica da primeira fixação do fonograma ou da obra audiovisual, qualquer que seja a natureza do suporte utilizado; *fonograma* é toda fixação de sons de uma execução ou interpretação ou de outros sons, ou de uma representação de sons que não seja uma fixação incluída em uma obra audiovisual (respectivamente, incs. XIII, XI e IX do art. 5º da Lei nº 9.610/1998).

§ 2º *Na mesma pena do § 1º incorre quem, com o intuito de lucro direto ou indireto, distribui, vende, expõe à venda, aluga, introduz no País, adquire, oculta, tem em depósito, original ou cópia de obra intelectual ou fonograma reproduzido com violação do direito de autor, do direito de artista intérprete ou executante ou do direito do produtor de fonograma, ou, ainda, aluga original ou cópia de obra intelectual ou fonograma, sem a expressa autorização dos titulares dos direitos ou de quem os represente.*

No § 1º do art. 184 do Código Penal, pune-se a conduta de *reproduzir*, total ou parcialmente, com o intuito de lucro direto ou indireto, por qualquer meio ou processo, *obra intelectual, interpretação, execução ou fonograma*. Já o § 2º do mesmo artigo prevê outros comportamentos típicos, praticados depois da reprodução, que dizem respeito a *obra intelectual* ou *fonograma*, cujos conceitos legais foram expostos acima.

Assim, agindo com o intuito de lucro direto ou indireto, deverá o agente praticar as seguintes condutas:

---

[3] NUCCI, Guilherme de Souza. *Código penal comentado*, p. 742.

distribuir (fazer circular, entregando os objetos materiais a diversas pessoas); *vender* (ato de transferir o domínio de certa coisa mediante o pagamento de um determinado preço); *expor à venda* (oferecer os objetos de modo a atrair os compradores); *alugar* (ceder por tempo determinado, ou não, o uso e gozo de coisa não fungível, mediante certa retribuição); *introduzir no País* (fazer ingressar no território nacional); *adquirir* (obter); *ocultar* (esconder por um tempo); *ter em depósito* (manter guardado em determinado local).

Como dissemos acima, todos esses comportamentos devem recair sobre original ou cópia de obra intelectual ou fonograma reproduzido com violação do direito de autor, do direito do artista intérprete ou executante, ou do direito do produtor de fonograma. Também será punido com a pena de reclusão, de 2 (dois) a 4 (quatro) anos, e multa o agente que alugar original ou cópia de obra intelectual ou fonograma sem a expressa autorização dos titulares dos direitos ou de quem os represente.

No que diz respeito à exposição para venda de CDs e DVDs piratas, o STJ, editou a Súmula nº 502, publicada no *DJe* de 28 de outubro de 2013, firmando seu posicionamento no seguinte sentido:

📜 **Súmula nº 502.** *Presentes a materialidade e a autoria, afigura-se típica, em relação ao crime previsto no art. 184, § 2º, do Código Penal, a conduta de expor à venda CDs e DVDs piratas.*

1. A Terceira Seção desta Corte de Justiça, ao julgar o REsp 1.193.196/MS, representativo de controvérsia, firmou-se no sentido de "considerar típica, formal e materialmente, a conduta prevista no artigo 184, § 2º, do Código Penal, afastando, assim, a aplicação do princípio da adequação social, de quem expõe à venda CDs e DVDs 'piratas'" (REsp n. 1.193.196/MG, Rel. Ministra Maria Thereza de Assis Moura, 3ª S., *DJe* 04/12/2012). 2. O Tribunal de origem não apreciou a matéria acerca da suposta *abolitio criminis* da conduta de expor à venda ou comercializar "videogramas" – decorrente, segundo o impetrante, da modificação, determinada pela Lei n. 10.695/2003, da redação do preceito normativo em comento (§ 2º do art. 184 do Código Penal). O exame da questão por esta Corte Superior implicaria a indevida supressão de instância. 3. *In casu*, o paciente tinha em depósito e expôs à venda, em estabelecimento comercial, 1.731 DVDs e 517 CDs falsificados, com o intuito de obter lucro (...) (HC 531.030/SP, Rel. Min. Rogerio Schietti Cruz, 6ª T., julgado em 23/06/2020, *DJe* 01/07/2020).

Nesse sentido:

📜 STJ, AgRg no REsp 1.767.921/SP, Rel. Min. Antônio Saldanha Palheiro, 6ª T., *DJe* 1º/02/2019; STJ, AgRg no REsp 1.629.768/SE, Rel. Min. Reynaldo Soares da Fonseca, 5ª T., *DJe* 05/05/2017; STJ, AgRg no REsp 1379348/RS, Rel.ª Min.ª Marilza Maynard (Desembargadora convocada do TJSE), 6ª

T., *DJe* 18/06/2014; STJ, AgRg nos EDcl no AREsp 265891/RS, Rel. Min. Campos Marques, Desembargador convocado do TJPR, 5ª T., *DJe* 10/05/2013; STJ, HC 175811/MG, Rel. Min. Adilson Vieira Macabu (Desembargador convocado do TJ/RJ), 5ª T., *DJe* 28/06/2012; TJRS, AC 70029939477, Rel. Des. Constantino Lisbôa de Azevedo, *DJ* 08/07/2009.

§ 3º Se a violação consistir no oferecimento ao público, mediante cabo, fibra ótica, satélite, ondas ou qualquer outro sistema que permita ao usuário realizar a seleção da obra ou produção para recebê-la em um tempo e lugar previamente determinados por quem formula a demanda, com intuito de lucro, direto ou indireto, sem autorização expressa, conforme o caso, do autor, do artista intérprete ou executante, do produtor de fonograma, ou de quem os represente:
Pena – reclusão, de 2 (dois) a 4 (quatro) anos, e multa.
Dissertando sobre o § 3º do art. 184, Guilherme de Souza Nucci, com precisão, assevera: "É perfeitamente possível a violação do direito de autor através da *internet*, por exemplo, valendo-se o agente do crime do oferecimento ao público, com intuito de lucro, de música, filmes, livros e outras obras, proporcionando ao usuário que as retire da rede, pela via de cabo ou fibra ótica, conforme o caso, instalando-as em seu computador. O destinatário da obra (lembremos que há livros inteiros que podem ser captados na *internet*, instalando-os no disco rígido do computador para leitura) paga pelo produto, mas o valor jamais chega ao autor. Assim, o fornecedor não promove a venda direta ao consumidor do produto (que seria figura do parágrafo anterior), mas coloca em seu *site*, à disposição de quem desejar, para *download* as obras que o autor não autorizou expressamente que fossem por esse meio utilizadas ou comercializadas".[4]

📜 A venda de CDs pirateados lesa não só o artista, mas a indústria fonográfica como um todo, causando desemprego, além de representar redução de tributos, acarretando, assim, prejuízo a toda a comunidade. Se insignificante fosse o bem jurídico tutelado, ou seja, o direito autoral, não estaria ele inserido no rol dos direitos e garantias fundamentais da Lei Magna – art. 5º, inc. XXVII (TJMG, AC 1.0024.05.695171-8/001, Rel.ª Márcia Milanez, *DJ* 06/02/2009).

Nesse sentido:

📜 TJMG, AC 1.0514.07.023 596-5/001, Rel.ª Des.ª Beatriz Pinheiro Caíres, *DJ* 08/06/2009.

Pena, ação penal, competência para julgamento e suspensão condicional do processo

A pena é de detenção, de 3 (três) meses a 1 (um) ano, ou multa, para a violação de direito autoral prevista no *caput* do art. 184 do Código Penal. Para as modalidades qualificadas, constantes dos §§ 1º, 2º e 3º, a pena é de reclusão, de 2 (dois) a 4 (quatro) anos, e multa.

---

[4] NUCCI, Guilherme de Souza. *Código penal comentado.* p. 745.

Nos termos do art. 186 do diploma repressivo, com a redação que lhe foi dada pela Lei nº 10.695, de 1º de julho de 2003, procede-se mediante: *I – queixa, nos crimes previstos no* caput *do art. 184; II – ação penal pública incondicionada, nos crimes previstos nos §§ 1º e 2º do art. 184; III – ação penal pública incondicionada, nos crimes cometidos em desfavor de entidades de direito público, autarquia, empresa pública, sociedade de economia mista ou fundação instituída pelo Poder Público; IV – ação penal pública condicionada à representação, nos crimes previstos no § 3º do art. 184.*

Para a hipótese constante do *caput* do art. 184 do Código Penal, será competente, inicialmente, o Juizado Especial Criminal, haja vista tratar-se, *in casu*, de infração penal de menor potencial ofensivo, podendo-se levar a efeito, ainda, proposta de suspensão condicional do processo.

A jurisprudência deste Superior Tribunal tem-se posicionado no sentido de que, sendo o crime de violação de direito autoral descrito no art. 184, § 2º, do Código Penal sujeito à ação penal pública incondicionada e tendo sido constatada, por laudo pericial, a falsidade da mídia, é desnecessária, para a configuração de sua tipicidade, a identificação e inquirição do sujeito passivo, bem assim desnecessário o laudo individualizado de cada mídia fraudada (STJ, AgRg nos EDcl no AREsp 62.072/SP, Rel. Min. Ribeiro Dantas, 5ª T., *DJe* 21/09/2016).

Nesse sentido:

STJ, CC 121.941/PR, Rel. Min. Newton Trisotto, Desembargador convocado do TJ-SC, 5ª T., *DJe* 16/04/2015; TJRS, ACr 70036200624, 4ª Câm. Crim., Rel. Des. Marcelo Bandeira Pereira, *DJERS* 08/07/2010; STJ, HC 100044/PR, Rel. Min. Arnaldo Esteves Lima, 5ª T., *DJe* 03/11/2008; STJ, RHC 21791/PR, Rel. Min. Felix Fischer, 5ª T., *DJ* 05/11/2007, p. 293; STJ, RHC 21841/PR, Rel. Min. Laurita Vaz, 5ª T., *DJ* 05/11/2007, p. 293.

Procedimento criminal

Vide arts. 524 a 530-I do CPP.

Exclusão da tipicidade

Vide § 4º do art. 184 do Código Penal.

Programas de computador

No art. 12 da Lei nº 9.609/98, inserido no capítulo V, relativo às infrações e penalidades, foi criado um delito específico, cujo tipo penal tem por finalidade proteger os direitos do autor de programa de computador.

Efeitos da sentença condenatória

O Capítulo IV, inserido no Título II do Livro II do Código de Processo Penal, cuida do processo e do julgamento dos crimes contra a propriedade imaterial. Os arts. 530-A a 530-I foram nele inseridos pela Lei nº 10.695, de 1º de julho de 2003.

Vale ressaltar, nesta oportunidade, somente o efeito da sentença penal condenatória, constante do art. 530-G, que diz:

Art. 530-G. O juiz, ao prolatar a sentença condenatória, poderá determinar a destruição dos bens ilicitamente produzidos ou reproduzidos e o perdimento dos equipamentos apreendidos, desde que precipuamente destinados à produção e reprodução dos bens, em favor da Fazenda Nacional, que deverá destruí-los ou doá-los aos Estados, Municípios e Distrito Federal, a instituições públicas de ensino e pesquisa ou de assistência social, bem como incorporá-los, por economia ou interesse público, ao patrimônio da União, que não poderão retorná-los aos canais de comércio.

Comprovação do delito de violação de direito autoral, bem como sua materialidade

No que diz respeito à comprovação do delito de violação de direito autoral, bem sua materialidade, o Superior Tribunal de Justiça publicou, no *DJe* de 27 de junho de 2016, a Súmula nº 574, que diz:

Súmula nº 574. Para a configuração do delito de violação de direito autoral e a comprovação de sua materialidade, é suficiente a perícia realizada por amostragem do produto apreendido, nos aspectos externos do material, e é desnecessária a identificação dos titulares dos direitos autorais violados ou daqueles que os representem.

Comprovada a materialidade do crime previsto no § 2º do art. 184 do Código Penal por meio da perícia que atestou serem falsificados os DVDs apreendidos com o sentenciado, mostra-se totalmente dispensável e irrelevante a inquirição dos produtores das mídias a partir das quais teriam sido feitas as cópias com ele encontradas para confirmarem que seus direitos autorais teriam sido violados (STJ, AgRg no AREsp 1.427.679/SP, Rel. Min. Jorge Mussi, 5ª T., *DJe* 22/04/2019).

Nesse sentido:

STJ, AgRg no AREsp 1.281.475/SP, Rel. Min. Reynaldo Soares da Fonseca, 5ª T., *DJe* 29/06/2018; STJ, AgRg no AREsp 1.034.140/SP, Rel. Min. Joel Ilan Paciornik, 5ª T., *DJe* 05/05/2017.

Capítulo II – Dos Crimes contra o Privilégio de Invenção

Art. 187. (*Revogado pela Lei nº 9.279, de 14/05/1996.*)
Art. 188. (*Revogado pela Lei nº 9.279, de 14/05/1996.*)
Art. 189. (*Revogado pela Lei nº 9.279, de 14/05/1996.*)

Art. 190. (*Revogado pela Lei nº 9.279, de 14/05/1996.*)
Art. 191. (*Revogado pela Lei nº 9.279, de 14/05/1996.*)

Capítulo III – Dos Crimes contra as Marcas de Indústria e Comércio

Art. 192. *(Revogado pela Lei nº 9.279, de 14/05/1996.)*   **Art. 194.** *(Revogado pela Lei nº 9.279, de 14/05/1996.)*
Art. 193. *(Revogado pela Lei nº 9.279, de 14/05/1996.)*   **Art. 195.** *(Revogado pela Lei nº 9.279, de 14/05/1996.)*

Capítulo IV – Dos Crimes de Concorrência Desleal

Art. 196. *(Revogado pela Lei nº 9.279, de 14/05/1996.)*

Título IV – Dos Crimes contra a Organização do Trabalho

A palavra "trabalho" descende do termo latino *tripalium,* instrumento de tortura composto de três paus; da ideia de sofrer, passou-se à de esforçar-se e, enfim, à de trabalhar. Conforme Aurélio Buarque de Holanda Ferreira, trabalho é a "aplicação das forças e faculdades humanas para alcançar um determinado fim" ou "atividade coordenada, de caráter físico e/ou intelectual, necessária à realização de qualquer tarefa".[1]

Nosso primeiro trabalhador brasileiro foi o escravo, que, diga-se de passagem, além de não ter nenhuma proteção do Poder Público, era considerado *res (coisa),* sem personalidade jurídica, portanto.

Aproximadamente cem anos depois das revoluções Francesa e Industrial, o Brasil, em 13/05/1888, com a instituição da Lei Áurea, aboliu a escravatura. Na ocasião, havia pouco mais de 700 mil escravos no país. O escravo, então, deixou de ser propriedade de outro homem. Sua liberdade foi proclamada, e ele readquiriu a condição de pessoa humana.

Os crimes contra a organização do trabalho estão previstos pelos arts. 197 a 207, contidos no Título IV do Código Penal.

A proteção aos trabalhadores também encontra amparo constitucional, conforme se verifica no Capítulo II (Dos Direitos Sociais), contido no Título II, que diz respeito aos direitos e garantias fundamentais.

De acordo com o art. 109, VI, de nossa Lei Maior, a competência para o julgamento dos crimes contra a organização do trabalho seria da Justiça Federal. No entanto, nossos Tribunais Superiores têm assim decidido:

Compete à Justiça Federal o julgamento dos crimes que ofendam o sistema de órgãos e instituições que preservam coletivamente os direitos do trabalho, e não os crimes que são cometidos contra determinado grupo de trabalhadores.

Nesse sentido:

RHC 15702/MA, Recurso Ordinário em *Habeas Corpus* 2004/0014999-0, Rel. Min. Paulo Medina, 6ª T., *DJ* 22/11/2004, p. 387.

Embora não inserido no Título IV do Código Penal, merece destaque, por ser pertinente ao tema em estudo, a edição da Lei nº 12.984, de 2 de junho de 2014, que criou o delito de discriminação dos portadores do vírus da imunodeficiência humana (HIV) e doentes de aids, prevendo, com relação ao direito ao trabalho, os seguintes comportamentos típicos, *verbis:*

Art. 1º. *Constitui crime punível com reclusão, de 1 (um) a 4 (quatro) anos, e multa, as seguintes condutas discriminatórias contra o portador do HIV e o doente*

de aids, em razão da sua condição de portador ou de doente:

I – recusar, procrastinar, cancelar ou segregar a inscrição ou impedir que permaneça como aluno em creche ou estabelecimento de ensino de qualquer curso ou grau, público ou privado;

II – negar emprego ou trabalho;

III – exonerar ou demitir de seu cargo ou emprego;

IV – segregar no ambiente de trabalho ou escolar;

V – divulgar a condição do portador do HIV ou de doente de aids, com intuito de ofender-lhe a dignidade;

VI – recusar ou retardar atendimento de saúde.

No que diz respeito ao direito de greve, deverá ser observada a Lei nº 7.783, de 28 de junho de 1989, que dispôs sobre o assunto.

Atentado contra a liberdade de trabalho

Art. 197. Constranger alguém, mediante violência ou grave ameaça:

I – a exercer ou não exercer arte, ofício, profissão ou indústria, ou a trabalhar ou não trabalhar durante certo período ou em determinados dias:

Pena – detenção, de um mês a um ano, e multa, além da pena correspondente à violência;

II – a abrir ou fechar o seu estabelecimento de trabalho, ou a participar de parede ou paralisação de atividade econômica:

Pena – detenção, de três meses a um ano, e multa, além da pena correspondente à violência.

Introdução

O delito de atentado contra a liberdade de trabalho está tipificado no art. 197 do Código Penal. Mediante a análise da mencionada figura típica, verifica-se que a infração penal se configura no fato de constranger alguém, mediante violência ou grave ameaça: I – a exercer ou não exercer arte, ofício, profissão ou indústria, ou a trabalhar ou não trabalhar durante certo período ou em determinados dias, sendo, neste caso, cominada uma pena de detenção, de 1 (um) mês a 1 (um) ano, e multa, além da pena correspondente à violência; e, II – a abrir ou fechar o seu estabelecimento de trabalho, ou a participar de parede ou paralisação de atividade econômica, punindo-se o agente, nessa hipótese, com uma pena de detenção, de 3 (três) meses a 1 (um) ano, e multa, além da pena correspondente à violência.

O núcleo do tipo é o verbo *constranger,* dirigido a uma finalidade especial, especificada nos incs. I e II do art. 197 do Código Penal.

---

[1] FERREIRA, Aurélio Buarque de Holanda. *Novo dicionário Aurélio da língua portuguesa,* p. 1.970.

Assim, conforme se verifica nos incs. I e II do art. 197 do diploma repressivo, o constrangimento, exercido mediante violência ou grave ameaça, deverá ser utilizado para que a vítima leve a efeito qualquer das condutas por eles previstas.

Exercer deve ser entendido no sentido de praticar, realizar, desempenhar etc. *Arte*, conforme esclarece Guilherme de Souza Nucci, "é atividade manual, implicando em habilidade, aptidão técnica; *ofício* é habilidade manual ou mecânica, socialmente útil. Ambas podem ser remuneradas ou não. *Profissão* é atividade especializada, material ou intelectual, exercida, via de regra, mediante remuneração, demandando preparo e devidamente regulamentada. *Indústria* é atividade de transformação de materiais, conforme as necessidades humanas, implicando em destreza e aptidão".[2]

O constrangimento pode ser dirigido, ainda, para que a vítima abra ou feche o seu estabelecimento de trabalho, independentemente da natureza da atividade que é exercida (comercial, industrial ou agrícola), ou participe de parede ou paralisação. *Parede* diz respeito ao abandono coletivo de trabalho, cuja regulamentação vem determinada pela Lei nº 7.783/89. *Paralisação de atividade econômica* é a cessação, temporária ou definitiva, de uma atividade empresarial.

Dissertando sobre o tema, assevera Ney Moura Teles: "O tipo do inc. II descreve dois resultados distintos. O primeiro é a violação da liberdade de funcionamento de estabelecimento onde se exerce qualquer trabalho. A vítima abre ou mantém aberto ou fecha ou mantém fechado o estabelecimento conforme a vontade do agente e não segundo o seu desejo. Sua liberdade é anulada. Querendo abri-lo, é impedida. Querendo fechá-lo, também.

O segundo é a participação da vítima em paralisação de sua atividade econômica, movimento coletivo denominado *parede*, no qual um grupo de empresários, comerciantes, lojistas, enfim, proprietários de estabelecimentos resolvem, em conjunto, paralisar suas atividades por motivos comuns. É o chamado *lockout*. Na descrição típica do inc. II, a conduta martiriza a liberdade de exercer atividade econômica em estabelecimento onde se exerce qualquer trabalho lícito."[3]

Parte da doutrina, a exemplo de Cezar Roberto Bitencourt,[4] entende pela revogação da última parte do inc. II do art. 197 do Código Penal pela Lei nº 4.330/1964, que, a seu turno, foi também revogada pela Lei nº 7.783, de 28 de junho de 1989, que dispôs sobre o exercício do direito de greve, definiu as atividades essenciais e regulou o atendimento das necessidades inadiáveis da comunidade, regulamentando, assim, o art. 9º da Constituição Federal.

No caso dos autos, o movimento grevista instaurado por servidores municipais, promovendo desordem e impedindo, mediante ameaças e utilização de força física, o ingresso de servidores no local de trabalho, bem como a retenção de equipamentos necessários à execução dos serviços, sobretudo os essenciais, não configura crime contra a organização do trabalho. Para a caracterização do crime contra a organização do trabalho, o delito deve atingir a liberdade individual dos trabalhadores, como também a Organização do Trabalho e a Previdência, a ferir a própria dignidade da pessoa humana e colocar em risco a manutenção da Previdência Social e as Instituições Trabalhistas, evidenciando a ocorrência de prejuízo a bens, serviços ou interesses da União, conforme as hipóteses previstas no art. 109 da CF, o que não se verifica no caso vertente (STJ, AgRg no CC 62875/SP, Rel. Min. Og Fernandes, 3ª T., j. 22/04/2009, *DJe* 13/05/2009).

Nesse sentido:

RT 726, p. 672; STJ, CC, Rel. Anselmo Santiago, *RT* 723, p. 548; STJ, CC 94040680-0/SP, Rel. Adhemar Maciel, *LEXSTJ* 68, p. 341.

Classificação doutrinária

Crime comum no que diz respeito ao sujeito ativo e próprio no que concerne ao sujeito passivo; doloso; comissivo (podendo, no entanto, ser praticado via omissão imprópria, quando o agente gozar do *status* de garantidor); de forma livre; material; instantâneo ou permanente (dependendo da hipótese apresentada) monossubjetivo; plurissubsistente; transeunte (como regra).

Objeto material e bem juridicamente protegido

O bem juridicamente tutelado é a *liberdade do trabalho*.

O objeto material é a pessoa contra a qual é dirigida a conduta praticada pelo agente.

Sujeito ativo e sujeito passivo

Qualquer pessoa pode ser *sujeito ativo* do delito de atentado contra a liberdade de trabalho.

O *sujeito passivo* é a pessoa física, vítima do constrangimento.

Há discussão doutrinária sobre a possibilidade de a pessoa jurídica figurar como sujeito passivo do delito.

Consumação e tentativa

O atentado contra a liberdade de trabalho, na primeira modalidade, consuma-se quando a vítima, constrangida: *a)* exerce ou deixa de exercer arte, ofício, profissão ou indústria; *b)* trabalha, ou não, durante certo período ou em determinados dias; *c)* efetivamente, abre ou fecha seu estabelecimento de traba-

---

[2] NUCCI, Guilherme de Souza. *Código penal comentado*, p. 753.
[3] TELES, Ney Moura. *Direito penal*, v. 2, p. 525.
[4] BITENCOURT, Cezar Roberto. *Tratado de direito penal*, v. 3, p. 435.

lho; e *d)* participa de parede ou paralisação de atividade econômica.

Admite-se a tentativa.

Elemento subjetivo

O delito de atentado contra a liberdade de trabalho somente pode ser praticado dolosamente, não havendo previsão para a modalidade de natureza culposa.

Modalidades comissiva e omissiva

O núcleo *constranger* pressupõe um comportamento comissivo por parte do agente, podendo, no entanto, ser praticado via omissão imprópria.

Pena, ação penal, competência para julgamento e suspensão condicional do processo

Para o comportamento tipificado no inc. I do art. 197 do Código Penal, comina a lei uma pena de detenção, de 1 (um) mês a 1 (um) ano, e multa, além da pena correspondente à violência; na hipótese do inc. II do mesmo artigo, a pena é também de detenção, de 3 (três) meses a 1 (um) ano, e multa, além da pena correspondente à violência.

A lei penal, portanto, ressalvou o concurso material de crimes entre o delito de atentado contra a liberdade de trabalho e o resultante da violência empregada.

A ação penal é de iniciativa pública incondicionada.

Compete, inicialmente, ao Juizado Especial Criminal o processo e julgamento do delito em estudo.

Será possível, ainda, a confecção de proposta de suspensão condicional do processo, conforme o disposto no art. 89 da Lei nº 9.099/1995, tendo em vista as penas mínimas cominadas.

Atentado contra a liberdade de contrato de trabalho e boicotagem violenta

Art. 198. Constranger alguém, mediante violência ou grave ameaça, a celebrar contrato de trabalho, ou a não fornecer a outrem ou não adquirir de outrem matéria-prima ou produto industrial ou agrícola:

Pena – detenção, de um mês a um ano, e multa, além da pena correspondente à violência.

Introdução

Podemos extrair do tipo penal em estudo os seguintes elementos: *a)* a conduta de *constranger* alguém, mediante violência ou grave ameaça; *b)* para que celebre contrato de trabalho; *c)* não forneça ou não adquira de outrem matéria-prima ou produto industrial ou agrícola.

O constrangimento, aqui, praticado mediante o emprego de violência ou grave ameaça, tal como acon-

tece no tipo penal anterior, deve ser dirigido a uma finalidade especial.

A primeira delas diz respeito ao fato de o agente obrigar a vítima a celebrar contrato de trabalho (atentado contra a liberdade de trabalho). O contrato de trabalho pode ser individual (art. 442 da CLT) ou coletivo (art. 611 da CLT).

Conforme ressalta Noronha, "embora a coação, no contrato coletivo, seja mais difícil, pelas exigências legais quanto à sua conclusão e validade, não é impossível de ser exercida sobre componentes de sindicatos, em número suficiente para a aprovação contratual".[5]

A lei penal, no entanto, não previu a conduta de impedir, mediante violência ou grave ameaça, a celebração de contrato de trabalho, havendo, portanto, uma lacuna que não poderá ser suprida com o recurso da analogia, em virtude da proibição contida no brocardo *nullum crimen nulla poena sine lege stricta.*

Na segunda parte do artigo em estudo encontra-se o delito de *boicotagem violenta*, quando o agente pratica o constrangimento para que a vítima não forneça a outrem ou não adquira de outrem matéria-prima ou produto industrial ou agrícola.

Conforme relembra Hungria, "a palavra 'boicotagem' vem do nome de um administrador agrícola, na Irlanda, James *Boycott*, com quem os camponeses e fornecedores da região romperam relações (forçando-o a emigrar para a América), em represália à sua atuação vexatória. Trata-se de uma espécie de *ostracismo econômico*: a pessoa atingida pela boicotagem é posta à margem do círculo econômico a que pertence, vendo-se na contingência de cessar sua atividade, porque ninguém lhe fornece os elementos indispensáveis a ela, nem lhe adquire os produtos".[6]

Fornecer, de acordo com a ilação legal, deve ser entendido no sentido de entregar, abastecer, suprir. Esclarece Noronha que a enumeração legal é taxativa, fazendo menção expressa à matéria-prima ou produto industrial ou agrícola, isto é, "substâncias orgânicas ou inorgânicas (vegetais ou animais, e minerais), máquinas, instrumentos, etc., e os diversos produtos agrícolas [...]. Exclui o dispositivo o *dinheiro*, meio hábil à boicotagem, quer não se concedendo crédito à pessoa, quer lhe recusando financiamento".[7]

Exige o tipo penal em estudo que a boicotagem seja violenta, ou seja, praticada mediante o emprego de violência ou grave ameaça. Assim, se o sujeito for convencido a não fornecer a outrem, por exemplo, matéria-prima ou produto industrial ou agrícola, o fato não se subsumirá ao delito em estudo, sendo, à primeira vista, um indiferente penal.

Ações lesivas a direitos trabalhistas, tal como a transformação dissimulada de contrato de trabalho comum em contrato de trabalho temporário, com

[5] NORONHA, Edgard Magalhães. *Direito penal*, v. 3, p. 18.

[6] HUNGRIA, Nélson. *Comentários ao código penal*, v. VIII, p. 42.

[7] NORONHA, Edgard Magalhães. *Direito penal*, v. 3, p. 20.

o fito de não pagar os direitos do empregado, não configura crime contra a organização do trabalho, susceptível de fixar a competência da Justiça Federal, prevista no art. 109, VI, da Constituição Federal (STJ, CC 34254/SP, Rel. Min. Vicente Leal, S3, *DJ* 30/09/2002, p. 154).

Classificação doutrinária

Crime comum no que diz respeito ao sujeito ativo e próprio no que concerne ao sujeito passivo (quando estivermos diante do delito de boicotagem violenta); doloso; comissivo (podendo, no entanto, ser praticado via omissão imprópria, quando o agente gozar do *status* de garantidor); de forma livre; material; instantâneo ou permanente (dependendo da hipótese apresentada); monossubjetivo; plurissubsistente; transeunte ou não transeunte (dependendo da forma como o delito é praticado).

Objeto material e bem juridicamente protegido

A liberdade do trabalho é o bem juridicamente protegido pelo tipo penal do art. 198.

O objeto material é a pessoa contra a qual é dirigido o constrangimento.

Sujeito ativo e sujeito passivo

Qualquer pessoa pode ser sujeito ativo do delito. No que diz respeito ao *sujeito passivo*, poderá ser considerado como próprio na hipótese de boicotagem violenta, haja vista que somente aquele que fornecer matéria-prima ou produto industrial ou agrícola é que poderá figurar nessa condição.

Consumação e tentativa

Consuma-se o atentado contra a liberdade de contrato de trabalho quando a vítima, constrangida pelo emprego de violência ou grave ameaça, efetivamente, celebra contrato de trabalho: se expresso (escrito), no ato da assinatura deste; se tácito (verbal), com a aquiescência do constrangido.

O delito de boicotagem violenta consuma-se no momento em que a vítima, em virtude do constrangimento sofrido, não fornece a outrem ou não adquire de outrem matéria-prima ou produto industrial ou agrícola.

Admite-se a tentativa.

Elemento subjetivo

O delito de atentado contra a liberdade de contrato de trabalho e boicotagem violenta somente pode ser praticado dolosamente, não havendo previsão para a modalidade de natureza culposa.

Modalidades comissiva e omissiva

O núcleo *constranger* pressupõe um comportamento comissivo por parte do agente, podendo, no entanto, ser praticado via omissão imprópria.

Pena, ação penal, competência para julgamento e suspensão condicional do processo

A pena cominada ao delito tipificado no art. 198 do Código Penal é de detenção, de 1 (um) mês a 1 (um) ano, e multa, além da pena correspondente à violência. A lei penal, portanto, ressalvou o concurso material de crimes entre o delito de atentado contra a liberdade de contrato de trabalho e boicotagem violenta e o resultante da violência empregada.

A ação penal é de iniciativa pública incondicionada. Compete, inicialmente, ao Juizado Especial Criminal o processo e julgamento do delito em estudo.

Será possível, ainda, a confecção de proposta de suspensão condicional do processo.

Atentado contra a liberdade de associação

Art. 199. Constranger alguém, mediante violência ou grave ameaça, a participar ou deixar de participar de determinado sindicato ou associação profissional:

Pena – detenção, de um mês a um ano, e multa, além da pena correspondente à violência.

Introdução

A Constituição Federal, em seu art. 8º, inc. V, determina que ninguém será obrigado a filiar-se ou a manter-se filiado em sindicato.

Assim, configura-se atentado contra a liberdade de associação, nos termos do art. 199 do Código Penal, o agente que vier a *constranger alguém, mediante violência ou grave ameaça, a participar ou deixar de participar de determinado sindicato ou associação profissional.*

Amauri Mascaro Nascimento define o sindicato como uma "forma de organização de pessoas físicas ou jurídicas que figuram como sujeitos nas relações coletivas de trabalho".[8]

O art. 511 da CLT, embora não forneça um conceito de *sindicato*, assevera:

Art. 511. É lícita a associação para fins de estudo, defesa e coordenação dos seus interesses econômicos ou profissionais de todos os que, como empregadores, empregados, agentes ou trabalhadores autônomos, ou profissionais liberais, exerçam, respectivamente, a mesma atividade ou profissão ou atividades ou profissões similares ou conexas.

Associação profissional poderá ser considerada como gênero, abrangendo o sindicato, conforme se dessume da redação constante do art. 511 da CLT, acima transcrito.

[8] NASCIMENTO, Amauri Mascaro. *Iniciação ao direito do trabalho*, p. 478-479.

O constrangimento, praticado mediante violência ou grave ameaça, deve ser dirigido no sentido de fazer com que a vítima participe, ou seja, se filie, se associe, contra a sua vontade, a sindicato ou associação profissional, ou mesmo que deixe de se filiar, quando esse era seu desejo.

⚖ Se a conduta do trabalhador e do empregador não gera sequer perigo para a organização do trabalho, não extrapolando efeitos a sindicato ou associação profissional, não se configura o crime descrito no art. 199 CP – Atentado contra a Liberdade de Associação. Só haverá resultado próprio desse crime ocorrendo perigo para a existência. Ou funcionamento do sindicato, ou da associação (STJ, ROHC 4749/CE, Rel. Luiz Vicente Cernicchiaro, *DJU* 06/05/1996).

Nesse sentido:
⚖ RT 333, p. 268.

Classificação doutrinária

Crime comum no que diz respeito ao sujeito ativo e próprio quanto ao sujeito passivo; doloso; comissivo (podendo, no entanto, ser praticado via omissão imprópria, quando o agente gozar do *status* de garantidor); de forma livre; material; instantâneo ou permanente (dependendo da hipótese apresentada); monossubjetivo; plurissubsistente; não transeunte (como regra).

Objeto material e bem juridicamente protegido

A liberdade de associação e filiação sindical é o bem juridicamente protegido pelo tipo penal do art. 199. O objeto material é a pessoa contra a qual é dirigido o constrangimento.

Sujeito ativo e sujeito passivo

Qualquer pessoa pode ser sujeito ativo. No que diz respeito ao *sujeito passivo*, somente aqueles que podem se associar ou se filiar a algum sindicato é que podem figurar nessa condição.

Consumação e tentativa

Consuma-se o delito quando a vítima, efetivamente, se associa ou se filia, contra a sua vontade, a determinado sindicato ou associação profissional, ou é impedida de fazê-lo, quando assim o desejava, em virtude do constrangimento levado a efeito pelo agente mediante o emprego de violência ou grave ameaça.
A tentativa é admissível.

Elemento subjetivo

O delito de atentado contra a liberdade de associação somente pode ser praticado dolosamente, não havendo previsão para a modalidade de natureza culposa.

Modalidades comissiva e omissiva

O núcleo *constranger* pressupõe um comportamento comissivo por parte do agente, podendo, no entanto, ser praticado via omissão imprópria.

Pena, ação penal, competência para julgamento e suspensão condicional do processo

A pena cominada ao delito tipificado no art. 199 do Código Penal é de detenção, de 1 (um) mês a 1 (um) ano, e multa, além da pena correspondente à violência. A lei penal, portanto, ressalvou o concurso material de crimes entre o delito de atentado contra a liberdade de associação e o resultante da violência empregada.
A ação penal é de iniciativa pública incondicionada. Compete, inicialmente, ao Juizado Especial Criminal o processo e o julgamento do delito em estudo.
Será possível, ainda, a confecção de proposta de suspensão condicional do processo.

Paralisação de trabalho, seguida de violência ou perturbação da ordem

Art. 200. Participar de suspensão ou abandono coletivo de trabalho, praticando violência contra pessoa ou contra coisa:
Pena – detenção, de um mês a um ano, e multa, além da pena correspondente à violência.
Parágrafo único. Para que se considere coletivo o abandono de trabalho é indispensável o concurso de, pelo menos, três empregados.

Introdução

A greve é um direito previsto pelo art. 9º de nossa Lei Maior.
A Lei nº 7.783, de 28 de junho de 1989, regulamentou o dispositivo constitucional dispondo sobre o direito de greve, bem como definiu as atividades consideradas essenciais, regulando, ainda, o atendimento das necessidades inadiáveis da comunidade.
O art. 6º da referida lei assegura aos grevistas, entre outros direitos: *I – o emprego de meios pacíficos tendentes a persuadir ou aliciar os trabalhadores a aderirem a greve; II – a arrecadação de fundos e a livre divulgação do movimento.*
No entanto, podem aqueles que participam do movimento de suspensão ou abandono coletivo de trabalho praticar violência contra a pessoa ou contra coisa, cometendo, dessa forma, a infração tipificada no art. 200 do Código Penal.
Pelo que se verifica da redação do dispositivo *sub examen*, para que ocorra o delito de paralisação de trabalho, seguida de violência ou perturbação da ordem, será preciso que o agente, efetivamente, *participe*, isto é, faça parte do movimento da suspensão ou abandono coletivo de trabalho, praticando violência contra a pessoa ou contra coisa.
O tipo penal em estudo prevê tanto a greve, isto é, o abandono coletivo do trabalho, quanto o chamado *lockout*, compreendido no sentido que lhe é dado pelo art. 17 da Lei nº 7.783/1989, que poderia ser interpretado como a *greve patronal*.
O parágrafo único do art. 200 do Código Penal exige, ainda, para efeitos de configuração do abandono

coletivo de trabalho, que haja o concurso de, pelo menos, três empregados, incluindo-se, nesse cômputo, o agente que praticou a violência contra a pessoa ou contra a coisa.

As ações ilícitas decorrentes de greve não podem ser enquadradas como crimes contra a organização do trabalho, se não ofendem órgãos e instituições destinadas a preservar coletivamente o trabalho, mas pessoas isoladamente, de acordo com o art. 109, VI, da CF (*RT* 729, p. 555).

Classificação doutrinária

Crime próprio no que diz respeito ao sujeito ativo e comum quanto ao sujeito passivo (que é a coletividade como um todo); doloso; comissivo (podendo, no entanto, ser praticado via omissão imprópria, quando o agente gozar do *status* de garantidor); de forma livre; material; instantâneo; monossubjetivo (uma vez que, embora participando de uma atividade lícita, que é a greve, pode um único agente cometer a infração penal, praticando violência contra a pessoa ou contra a coisa); plurissubsistente; não transeunte (como regra).

Objeto material e bem juridicamente protegido

Existe controvérsia doutrinária sobre o bem juridicamente protegido pelo delito em estudo, sendo que uma corrente entende que o objeto jurídico é a *liberdade de trabalho*[9] e outra afirma ser a *regularidade e a moralidade das relações trabalhistas*,[10] posição com a qual nos filiamos.

O objeto material é a pessoa ou a coisa contra a qual é dirigida a conduta praticada pelo agente.

Sujeito ativo e sujeito passivo

O *sujeito ativo* só pode ser o empregado ou o empregador, uma vez que o tipo exige a suspensão ou abandono coletivo de *trabalho*.

O *sujeito passivo* é a coletividade.

Consumação e tentativa

Consuma-se o crime com a prática do ato violento pelo empregado ou empregador.

A tentativa é admissível.

Elemento subjetivo

O delito de paralisação de trabalho, seguida de violência ou perturbação da ordem, somente pode ser praticado dolosamente, não havendo previsão para a modalidade de natureza culposa.

Modalidades comissiva e omissiva

O núcleo *participar* pressupõe um comportamento comissivo por parte do agente, podendo, no entanto, ser praticado via omissão imprópria.

Penal, ação penal, competência para julgamento e suspensão condicional do processo

A pena cominada ao delito tipificado no art. 200 do Código Penal é de detenção, de 1 (um) mês a 1 (um) ano, e multa, além da pena correspondente à violência. A lei penal, portanto, ressalvou o concurso material de crimes entre o delito de paralisação de trabalho, seguida de violência ou perturbação da ordem, e o resultante da violência empregada contra a pessoa ou contra a coisa.

A ação penal é de iniciativa pública incondicionada.

Compete, inicialmente, ao Juizado Especial Criminal o processo e julgamento do delito em estudo.

Será possível, ainda, a confecção de proposta de suspensão condicional do processo.

Paralisação de trabalho de interesse coletivo

Art. 201. Participar de suspensão ou abandono coletivo de trabalho, provocando a interrupção de obra pública ou serviço de interesse coletivo:

Pena – detenção, de seis meses a dois anos, e multa.

Introdução

Embora a greve seja um direito constitucionalmente assegurado (art. 9º da CF), a própria Lei Maior ressalvou que a lei deveria definir os serviços ou atividades essenciais, além de dispor sobre o atendimento das necessidades inadiáveis da comunidade, o que veio efetivamente acontecer com a edição da Lei nº 7.783, de 28 de junho de 1989.

Em virtude das novas disposições legais, constitucionais e infraconstitucionais, grande parte de nossa doutrina[11] posicionou-se pela revogação do art. 201 do Código Penal.

A interrupção de obra pública ou serviço de interesse coletivo deverá estar ligada aos serviços e atividades essenciais elencados pelo art. 10 da Lei nº 7.783, de 28 de junho de 1989, que deverá ser conjugado, ainda, com os arts. 11, 14 e 15 do mesmo diploma legal.

Classificação doutrinária

Crime próprio no que diz respeito ao sujeito ativo e comum quanto ao sujeito passivo (que é a coletividade como um todo); doloso; comissivo (podendo, no entanto, ser praticado via omissão imprópria, quando o agente gozar do *status* de garantidor); de forma livre; material; instantâneo; plurissubjetivo; plurissubsistente; transeunte.

Objeto material e bem juridicamente protegido

No que diz respeito ao bem juridicamente protegido, vale o que foi dito quando do estudo do art. 200 do Código Penal.

---

[9] JESUS, Damásio E. de. *Direito penal*, v. 3, p. 35.

[10] BITENCOURT, Cezar Roberto. *Tratado de direito penal*, v. 3, p. 456-457.

[11] BITENCOURT, Cezar Roberto. *Tratado de direito penal*, v. 3, p. 462.

Objeto material seria a obra pública ou serviço de interesse coletivo interrompidos.

Sujeito ativo e sujeito passivo

O delito somente pode ser cometido pelos empregados (greve) e pelos empregadores (*lockout*) que teriam de levar a efeito a obra pública ou serviço de interesse coletivo.

O *sujeito passivo* é a coletividade, que sofre os efeitos da paralisação.

Consumação e tentativa

Consuma-se o delito no momento em que ocorre a suspensão ou abandono coletivo de trabalho, provocando a interrupção de obra pública ou serviço de interesse coletivo.

É possível a tentativa.

Elemento subjetivo

O delito de paralisação de trabalho de interesse coletivo somente pode ser praticado dolosamente, não havendo previsão para a modalidade de natureza culposa.

Modalidades comissiva e omissiva

O núcleo *participar* pressupõe um comportamento comissivo por parte do agente, podendo, no entanto, ser praticado via omissão imprópria.

Pena, ação penal, competência para julgamento e suspensão condicional do processo

A pena cominada ao delito tipificado no art. 201 do Código Penal é de detenção, de 6 (seis) meses a 2 (dois) anos, e multa.

A ação penal é de iniciativa pública incondicionada. Compete, inicialmente, ao Juizado Especial Criminal o processo e julgamento do delito em estudo.

Será possível, ainda, a confecção de proposta de suspensão condicional do processo.

Invasão de estabelecimento industrial, comercial ou agrícola. Sabotagem

Art. 202. Invadir ou ocupar estabelecimento industrial, comercial ou agrícola, com o intuito de impedir ou embaraçar o curso normal do trabalho, ou com o mesmo fim danificar o estabelecimento ou as coisas nele existentes ou delas dispor:

Pena – reclusão, de um a três anos, e multa.

Introdução

Os delitos de invasão de estabelecimento industrial, comercial ou agrícola e sabotagem estão previstos no art. 202 do Código Penal.

Assim, no que diz respeito, inicialmente, ao delito invasão de estabelecimento industrial, comercial

ou agrícola, podemos destacar os seguintes elementos: a) a conduta de invadir ou ocupar; b) estabelecimento industrial, comercial ou agrícola; c) especial fim de agir, consubstanciado na finalidade de impedir ou embaraçar curso normal do trabalho.

Dissertando sobre o tema, preleciona Hungria que *"invasão* é a entrada arbitrária e hostil, e *ocupação* é a tomada de posse, com arbitrária exclusão do *dominus"*.[12]

Estabelecimento industrial, comercial ou agrícola é o local onde são desenvolvidas as respectivas atividades.

De acordo com a redação típica, a invasão ou a ocupação de qualquer um dos estabelecimentos apontados deverá ter uma finalidade especial, vale dizer, a de *impedir* ou *embaraçar* o curso normal de trabalho. *Impedir* tem o sentido de evitar o início ou interromper as atividades já iniciadas; *embaraçar*, a seu turno, diz respeito a perturbar, atrapalhar, causando algum tipo de transtorno que impeça o normal funcionamento da atividade que estava sendo exercida naquele estabelecimento.

A segunda parte do art. 202 do Código Penal prevê o delito de *sabotagem*. A diferença entre esta figura típica e a analisada anteriormente centra-se no fato de que, na sabotagem, a finalidade do agente é *danificar* o estabelecimento ou as coisas nele existentes ou delas dispor.

O tipo do art. 202 do Estatuto Repressivo requer a presença física do agente no estabelecimento, não se satisfazendo com o mero *login* em sistema de microinformática, ainda que objetivando a desorganização dos dados (TRF 4ª Reg., RSE 2005.72.08.000929-7, SC, Rel. Juiz Fed. José Paulo Baltazar Júnior, 8ª T., *DEJF* 28/05/2008, p. 885).

Nesse sentido:

STJ, CC 5453/SP, Rel. Min. Edson Vidigal, S3, *DJ* 22/11/1993 p. 24.880.

Classificação doutrinária

Crime comum quanto ao sujeito ativo, haja vista que o tipo penal não exige qualquer qualidade ou condição especial, e próprio no que diz respeito ao sujeito passivo, uma vez que somente o proprietário ou possuidor do estabelecimento industrial, comercial ou agrícola é que pode figurar nessa condição, mesmo que a sociedade seja, também, atingida mediatamente com a prática do delito; doloso; formal (pois que não se exige que o agente produza o resultado por ele pretendido para efeitos de reconhecimento da consumação); permanente; de forma livre; comissivo (podendo, no entanto, ser praticado via omissão imprópria, na hipótese de o agente gozar do *status* de garantidor); monossubjetivo; plurissubsistente; não transeunte (na hipótese de sabotagem).

---

[12] HUNGRIA, Nélson. *Comentários ao código penal*, v. VIII, p. 47.

Objeto material e bem juridicamente protegido

Bem juridicamente protegido pelo tipo penal que prevê o delito de invasão de estabelecimento industrial, comercial ou agrícola e sabotagem é, segundo Noronha, "a organização do trabalho, seu desenvolvimento normal e regular".[13] No que diz respeito à sabotagem, podemos visualizar, também, a proteção da posse e da propriedade.

O objeto material é o estabelecimento industrial, comercial ou agrícola, bem como as coisas neles existentes, contra os quais é dirigida a conduta do agente.

Sujeito ativo e sujeito passivo

Qualquer pessoa pode ser *sujeito ativo* do delito em estudo. O *sujeito passivo* é o proprietário ou o possuidor do estabelecimento. A coletividade também poderá figurar, mediatamente, nessa condição.

Consumação e tentativa

A invasão de estabelecimento industrial, comercial ou agrícola e a sabotagem se consumam com a simples *invasão* ou *ocupação*, independentemente se o agente tenha ou não conseguido, no primeiro caso, impedir ou embaraçar o curso normal do trabalho, ou, na segunda hipótese, danificar o estabelecimento ou as coisas nele existentes ou delas dispor.
Admite-se a tentativa.

Elemento subjetivo

Os delitos tipificados pelo art. 202 do Código Penal somente podem ser praticados dolosamente, não havendo previsão para a modalidade de natureza culposa.

Modalidades comissiva e omissiva

Os núcleos *invadir* e *ocupar* pressupõem um comportamento comissivo por parte do agente, podendo ser o delito praticado via omissão imprópria.

Pena, ação penal e suspensão condicional do processo

A pena cominada ao delito tipificado no art. 202 do Código Penal é de reclusão, de 1 (um) a 3 (três) anos, e multa.
A ação penal é de iniciativa pública incondicionada.
Será possível a confecção de proposta de suspensão condicional do processo.

⚖ Inocorrendo ofensa a organização geral do trabalho ou a direito dos trabalhadores, coletivamente considerados, a competência é da Justiça Estadual para apreciar o delito do art. 202 do CP. Recurso desprovido (STJ, RHC 7524/SP, Rel. Min. Felix Fischer. 5ª T., *RT* 757, p. 508).

Nesse sentido:
⚖ STF, CJ, Rel. Djaci Falcão, *RT* 564, p. 425; TJPR, AC, Rel. Lauro Lopes, *RJ* 35, p. 621; STF, CJ 63105/ES, Rel. Min. Djaci Falcão, Tribunal Pleno, *RT* 564, p. 425.

Frustração de direito assegurado por lei trabalhista

Art. 203. Frustrar, mediante fraude ou violência, direito assegurado pela legislação do trabalho:
Pena – detenção de um ano a dois anos, e multa, além da pena correspondente à violência.
§ 1º Na mesma pena incorre quem:
I – obriga ou coage alguém a usar mercadorias de determinado estabelecimento, para impossibilitar o desligamento do serviço em virtude de dívida;
II – impede alguém de se desligar de serviços de qualquer natureza, mediante coação ou por meio da retenção de seus documentos pessoais ou contratuais.
§ 2º A pena é aumentada de um sexto a um terço se a vítima é menor de dezoito anos, idosa, gestante, indígena ou portadora de deficiência física ou mental.

Introdução

Embora o art. 7º da Constituição Federal preveja alguns direitos do trabalho, é na CLT que encontramos o rol mais detido, que diz respeito tanto aos do empregado como os concernentes ao empregador, uma vez que o tipo penal não faz qualquer distinção.

Analisando a figura típica em estudo, verifica-se a utilização do núcleo *frustrar*, utilizado aqui no sentido de afastar, impedir, privar o titular do direito que lhe é assegurado por lei trabalhista. Para tanto, o agente se vale do emprego da fraude ou violência. Conforme salienta Damásio, "fraude é o engodo empregado pelo sujeito para induzir ou manter a vítima em erro. A violência empregada deve ser a própria, ou seja, a violência consistente em força física (*vis corporalis*). A violência moral, consistente no emprego de grave ameaça (*vis compulsiva*), não é meio de execução deste delito. Quando o legislador quer referir-se à violência moral, menciona esta expressamente, usando o termo 'grave ameaça'. Como não empregou tal expressão na definição legal, deve-se entender que esta não é meio de execução".[14]

⚖ Ações lesivas a direitos trabalhistas individuais, tal como o não pagamento de direitos trabalhistas pelo ex-empregador em decorrência de rescisão contratual, não configura crime contra a organização do trabalho, susceptível de fixar a competência da Justiça Federal, prevista no art. 109, VI, da Constituição Federal (STJ, CC 22.304/SP, Rel. Vicente Leal, j. 11/11/1998).

Classificação doutrinária

No que diz respeito ao *caput* do art. 203 do Código Penal, o delito é comum quanto ao sujeito ativo e

---

[13] NORONHA, Edgard Magalhães. *Direito penal*, v. 3, p. 26.
[14] JESUS, Damásio E. de. *Direito penal*, v. 3, p. 48.

próprio quanto ao sujeito passivo, pois que somente o empregador e o empregado, titulares do direito trabalhista frustrado, podem figurar nessa condição; doloso; material; de forma livre; instantâneo ou permanente (dependendo do caso concreto, pois que a situação de frustração a direito assegurado pela legislação trabalhista pode se prolongar no tempo); comissivo (podendo ser, no entanto, praticado via omissão imprópria, na hipótese de o agente gozar do *status* de garantidor); monossubjetivo; plurissubsistente (como regra, pois que deverá ser observado no caso concreto a situação em que houve a frustração do direito assegurado pela legislação trabalhista); transeunte ou não transeunte (dependendo da hipótese concreta).

Objeto material e bem juridicamente protegido

Os bens juridicamente protegidos são os direitos, seja do empregado ou do empregador, assegurados pela legislação trabalhista.

O objeto material é a pessoa que se vê frustrada em seus direitos trabalhistas.

Sujeito ativo e sujeito passivo

O *sujeito ativo* poderá ser o empregador, o empregado ou qualquer outra pessoa, uma vez que o tipo penal não exige nenhuma qualidade ou condição especial.

O *sujeito passivo* é a pessoa frustrada em seu direito trabalhista, podendo ser tanto o empregador quanto o empregado.

Consumação e tentativa

O delito se consuma com a efetiva frustração do direito assegurado pela legislação trabalhista.

Admite-se a tentativa.

Elemento subjetivo

O delito de frustração de direito assegurado por lei trabalhista somente pode ser praticado dolosamente, não havendo previsão para a modalidade de natureza culposa.

Modalidades comissiva e omissiva

O núcleo *frustrar* pressupõe um comportamento comissivo por parte do agente, podendo, no entanto, ser o delito praticado via omissão imprópria.

Modalidades assemelhadas

São aquelas previstas no § 1º que foi acrescentado ao art. 203 do Código Penal pela Lei nº 9.777, de 29 de dezembro de 1998. Faremos a análise de cada uma delas isoladamente.

Obriga ou coage alguém a usar mercadorias de determinado estabelecimento, para impossibilitar o desligamento do serviço em virtude de dívida.

A expressão *usar mercadoria de determinado estabelecimento*, utilizada pelo inc. I do § 1º do art. 203

do Código Penal, exige uma habitualidade, ou seja, a prática reiterada do comportamento.

O núcleo *obrigar* deve ser entendido no sentido de tornar obrigatório, isto é, impedir que a pessoa tenha opção para utilizar mercadorias existentes em outros estabelecimentos. A localização isolada de determinada fazenda, por exemplo, sem que haja meios de transporte disponíveis, obrigará o trabalhador a adquirir as mercadorias colocadas à disposição pelo seu próprio empregador.

A coação mencionada pelo dispositivo em exame pode ser tanto a física quanto a moral.

Impede alguém de se desligar de serviços de qualquer natureza, mediante coação ou por meio da retenção de seus documentos pessoais ou contratuais.

Pela análise do inc. II do § 1º do art. 203 do Código Penal, verificamos serem duas as modalidades de comportamento que importam na prática da infração penal.

A primeira delas diz respeito ao fato de o agente *impedir* alguém de se desligar de serviços de qualquer natureza mediante coação. Nesse caso, o sujeito, valendo-se de coação física ou moral, não permite que a vítima se desligue do seu serviço. Esse comportamento pode ser concebido como uma modalidade especial de constrangimento ilegal, tendo a coação como seu meio executivo.

Na segunda hipótese, o agente, também com a finalidade de impedir que alguém se desligue de seus serviços, não importando a sua natureza, retém-lhe documentos pessoais (a exemplo da cédula de identidade, carteira de trabalho, carteira de habilitação etc.) ou contratuais.

Causas especiais de aumento de pena

O § 2º do art. 203 do Código Penal também foi inserido pela Lei nº 9.777, de 29 de dezembro de 1998, e prevê o aumento *de 1/6 (um sexto) a 1/3 (um terço) se a vítima é menor de dezoito anos, idosa, gestante, indígena ou portadora de deficiência física ou mental.*

⚖ Não sendo comprovada a presença de menores de idade na fazenda fiscalizada, não há que incidir a causa de aumento prevista no § 2º do art. 203 do CP, devendo o cálculo da prescrição ser feito com base na pena máxima estabelecida no caput do referido dispositivo legal (TRF 1ª Reg., ACR 2008.37.01.002160-0/MA, Rel. Des. Fed. Ney Bello, *DJe* 12/05/2015).

Pena, ação penal, competência para julgamento e suspensão condicional do processo

A pena cominada aos delitos tipificados no art. 203 do Código Penal, *caput,* e § 1º, é de detenção, de 1 (um) a 2 (dois) anos, e multa, além da pena correspondente à violência.

A lei penal, portanto, ressalvou o concurso material de crimes entre os delitos tipificados no art. 203, *caput* e § 1º, e o resultante da violência empregada.

A ação penal é de iniciativa pública incondicionada. Compete, inicialmente, ao Juizado Especial Criminal o processo e julgamento do delito em estudo.

Será possível a confecção de proposta de suspensão condicional do processo.

⚖ Com base na orientação contida no Verbete nº 115 da Súmula do extinto Tribunal Federal de Recursos, a jurisprudência deste Superior Tribunal de Justiça consagrou-se no sentido de que o julgamento pela prática do delito do art. 203 do Código Penal, consistente em frustração de direito assegurado por lei trabalhista, somente compete à Justiça Federal quando o interesse em questão afetar órgãos coletivos do trabalho ou a organização geral do trabalho. Precedentes (STJ, CC 137.045/SP, Rel. Min. Reynaldo Soares da Fonseca, S. 3, *DJe* 29/02/2016).

Nesse sentido:

⚖ STJ, EDcl no AgRg no CC 129.181/MG, Rel. Min. Jorge Mussi, S3, *DJe* 05/03/2015; TRF 4ª Reg., ACr 2005.70.01.002460-8/PR, Rel. Des. Fed. Tadaaqui Hirose, 7ª T., j. 06/04/2010, *DEJF* 02/07/2010, p. 563; STJ, AgRg no CC 62750/SP, 3ª S., Rel. Min. Arnaldo Esteves Lima, *DJ* 05/05/2008, p. 1; STJ, AgRg no CC 64067/MG, Rel. Min. Og Fernandes, S3, *DJe* 08/09/2008.

Frustração de lei sobre a nacionalização do trabalho
Art. 204. Frustrar, mediante fraude ou violência, obrigação legal relativa à nacionalização do trabalho:
Pena – detenção, de um mês a um ano, e multa, além da pena correspondente à violência.

Introdução

As regras sobre a nacionalização do trabalho encontram-se previstas pelos arts. 352 a 371 da CLT.

Trata-se, portanto, de norma penal em branco, cujo complemento é fixado, principalmente, pela Consolidação das Leis do Trabalho.

O núcleo do tipo é o verbo *frustrar*, utilizado no sentido de afastar, privar, enganar.

Exige o tipo penal do art. 204 que o delito seja cometido com o emprego de fraude ou violência.

A finalidade da norma em estudo é a de responsabilizar criminalmente o agente que dirigir sua conduta no sentido de frustrar, mediante fraude ou violência, obrigação legal relativa à nacionalização do trabalho, quer dizer, à proteção que a lei confere aos trabalhadores nacionais, a exemplo do que ocorre com a regra da proporcionalidade, prevista nos arts. 352 e 354 da CLT.

Classificação doutrinária

Crime comum com relação ao sujeito ativo e próprio quanto ao sujeito passivo; doloso; material; comissivo (podendo ser praticado via omissão imprópria na hipótese de o agente gozar do *status* de garantidor); instantâneo; de forma livre; monossubjetivo; plurissubsistente (como regra, pois que se pode visualizar o fracionamento do *iter criminis*); transeunte ou não transeunte (dependendo da hipótese concreta).

Objeto material e bem juridicamente protegido

O bem juridicamente protegido pelo tipo penal do art. 204 é, segundo Cezar Roberto Bitencourt, "o interesse na nacionalização do trabalho, particularmente, o interesse do Estado em garantir a reserva de mercado para os brasileiros, em seu próprio território".[15]

Os contratos indevidamente celebrados podem ser considerados como o objeto material do delito em estudo.

Sujeito ativo e sujeito passivo

Sujeito ativo, como regra, será o empregador, mas nada impede que qualquer pessoa possa figurar nessa condição, a exemplo do empregado ou de um estranho à relação de trabalho.

O *sujeito passivo* é o Estado, que vê frustradas suas medidas criadas em benefício dos trabalhadores nacionais.

Consumação e tentativa

O delito se consuma no instante em que o agente, efetivamente, frustra, mediante fraude ou violência, obrigação legal relativa à nacionalização do trabalho. Admite-se a tentativa.

Elemento subjetivo

O delito de frustração de lei sobre nacionalização do trabalho somente pode ser praticado dolosamente, não havendo previsão para a modalidade de natureza culposa.

Modalidades comissiva e omissiva

O núcleo *frustrar* pressupõe um comportamento comissivo por parte do agente, podendo, no entanto, ser praticado via omissão imprópria.

Pena, ação penal, competência para julgamento e suspensão condicional do processo

A pena cominada ao delito tipificado no art. 204 do Código Penal é de detenção, de 1 (um) mês a 1 (um) ano, e multa, além da pena correspondente à violência.

A lei penal, portanto, ressalvou o concurso material de crimes entre o delito de frustração de lei sobre a nacionalização do trabalho e o resultante da violência empregada.

A ação penal é de iniciativa pública incondicionada. Compete, inicialmente, ao Juizado Especial Criminal o processo e julgamento do delito em estudo.

---

[15] BITENCOURT, Cezar Roberto. *Tratado de direito penal*, v. 3, p. 478.

Será possível, ainda, a confecção de proposta de suspensão condicional do processo.

⚖ Crime contra a organização do trabalho, conjugado com estelionato. Competência da Justiça Federal. Nulidade do processo, inclusive a denúncia, por falta de legitimidade do seu firmatário. Aplicação dos arts. 125, VI, da CF, 171, e 204 do CP, e 564, II, do CPP (STF, RHC, Rel. Min. Thompson Flores, *RTJ* 54, p. 732).

Exercício de atividade com infração de decisão administrativa
Art. 205. Exercer atividade, de que está impedido por decisão administrativa:
Pena – detenção, de três meses a dois anos, ou multa.

Introdução

O delito de exercício de atividade com infração de decisão administrativa é previsto pelo art. 205 do Código Penal.

Assim, de acordo com a mencionada figura típica, podemos destacar os seguintes elementos: *a)* a conduta de exercer atividade; *b)* para a qual se encontra o agente impedido por decisão de natureza administrativa.

O núcleo *exercer* pressupõe habitualidade, quer dizer, prática reiterada de determinado comportamento para o qual se encontrava proibido o agente por decisão administrativa.

O termo *atividade* está ligado a qualquer profissão lícita, reconhecida pela Secretaria de Trabalho integrada ao Ministério da Economia, a exemplo do que ocorre com os médicos, contadores, advogados etc.

A decisão deverá possuir, obrigatoriamente, natureza administrativa, haja vista que se o impedimento se der em virtude de decisão judicial, por exemplo, o delito será o tipificado no art. 359 do Código Penal, que prevê a desobediência à decisão judicial sobre a perda ou suspensão de direito.

⚖ A existência prévia de ato decisório impeditivo emanado de órgãos da Administração Pública ou de entidades disciplinadoras de profissões, relacionado ao desempenho de determinado ofício, é pressuposto para a configuração, em tese, do crime de exercício de atividade com infração de decisão administrativa (art. 205 do CP) (TRF 4ª Reg., RecCrSE 2008.72.04.004140-7, SC, Rel. Des. Fed. Paulo Afonso Brum Vaz, 8ª T., j. 18/11/2009, *DEJF* 26/11/2009, p. 965).

Nesse sentido:

⚖ Turmas Recursais/RS, RecCrim 71001165778, Rel. Alberto Delgado Neto, j. 16/04/2007; TRF 2ª Reg., AC 97.02.46075-1/RJ, Rel. Benedito Gonçalves, *DJU* 12/09/2000.

Em sentido contrário,

⚖ a conduta típica prevista no art. 205, por ser específica, exclui a do art. 282, que trata do exercício ilegal da medicina. Basta um ato de desobediência à decisão administrativa para que se configure o delito em questão (STF, HC 74826/SP, Rel. Sydney Sanches, DJ 29/08/1997).

Classificação doutrinária

Crime próprio, tanto com relação ao sujeito ativo quanto ao sujeito passivo; doloso; comissivo; habitual; de forma livre; de mão própria; de mera conduta; monossubjetivo; plurissubsistente; transeunte (como regra).

Objeto material e bem juridicamente protegido

De acordo com as observações de Guilherme de Souza Nucci, "o objeto material é a atividade desempenhada pelo agente; o objeto jurídico é o interesse do Estado no cumprimento de suas decisões".[16]

Sujeito ativo e sujeito passivo

O *sujeito ativo* é a pessoa que foi impedida, por decisão administrativa, de exercer determinada atividade. O *sujeito passivo* é o Estado.

Consumação e tentativa

Consuma-se o delito com a prática reiterada dos atos próprios da atividade que o indivíduo se encontra impedido de exercer.

Embora seja um crime habitual, entendemos possível o raciocínio relativo à tentativa, devendo ser analisado o comportamento praticado no caso concreto.

Elemento subjetivo

O delito de exercício de atividade com infração de decisão administrativa somente pode ser praticado dolosamente, não havendo previsão para a modalidade de natureza culposa.

Modalidade comissiva

O núcleo *exercer* pressupõe um comportamento comissivo por parte do agente.

Pena, ação penal, competência para julgamento e suspensão condicional do processo

A pena cominada ao delito tipificado no art. 205 do Código Penal é de detenção, de 3 (três) meses a 2 (dois) anos, ou multa.

A ação penal é de iniciativa pública incondicionada.

Compete, inicialmente, ao Juizado Especial Criminal o processo e julgamento do delito em estudo.

Será possível, ainda, a confecção de proposta de suspensão condicional do processo.

⚖ O cancelamento, a pedido, de inscrição no CRO por encerramento das atividades é mero ato de regis-

---

[16] NUCCI, Guilherme de Souza. *Código penal comentado*, p. 766.

tro, não se constituindo em decisão administrativa de natureza punitiva de modo a impedir o profissional de exercer seu ofício. Compete à Justiça Comum apreciar e julgar representação contra odontólogo, no exercício da profissão sem o devido registro no conselho respectivo (STJ, CC 10098/MG, Rel. Min. Cid Flaquer Scartezzini, S3, *LEXSTJ* 79, p. 317).

Aliciamento para o fim de emigração
Art. 206. Recrutar trabalhadores, mediante fraude, com o fim de levá-los para território estrangeiro.
Pena – detenção, de um a três anos e multa.

Introdução
Com a finalidade de responsabilizar criminalmente o agente que alicia trabalhadores para o fim de emigração, foi dada nova redação ao art. 206 do Código Penal pela Lei nº 8.683/1993, de 15 de julho de 1993. O núcleo *recrutar* deve ser entendido no sentido exposto pela rubrica, vale dizer, aliciar, convencer, seduzir, atrair trabalhadores, mediante fraude, com o fim de levá-los para território estrangeiro.
A *fraude* é o meio utilizado pelo agente, podendo consistir em falsas promessas de remuneração, vantagens pessoais, a exemplo de habitação e alimentação, da possibilidade de aquisição de bens materiais (automóvel, casa própria etc.), enriquecimento em curto prazo, enfim, promessas que, certamente, não serão cumpridas, mas que servirão de estímulo para que o trabalhador aceite partir do território nacional.
A conduta do agente, portanto, de acordo com a redação típica, deve ser dirigida finalisticamente no sentido de levar o trabalhador recrutado para território estrangeiro, pois que, se for para induzi-lo a trabalhar em outra localidade dentro do território nacional, o delito será aquele tipificado pelo art. 207 do Código Penal, vale dizer, aliciamento de trabalhadores de um local para outro do território nacional.
Esclarece Luiz Regis Prado sobre a controvérsia doutrinária a respeito do número mínimo de trabalhadores necessários à configuração típica, uma vez que a lei penal usa o termo no plural, isto é, *trabalhadores*: "Duas correntes se formaram, uma no sentido de que bastam dois trabalhadores para configurar o ilícito penal, enquanto outra, em sentido diametralmente oposto, argumenta que o número mínimo é de três, pois quando a lei se contenta com aquela quantidade – dois – o diz expressamente (por exemplo, arts. 150, § 1º; 155, § 4º; 157, § 2º, II; 158, § 1º etc.).
Com efeito, examinando a técnica empregada pelo legislador, constata-se que se tivesse por escopo considerar configurado o ilícito apenas com dois trabalhadores o teria feito expressamente, como bem observa a segunda corrente doutrinária. Por isso, também aqui se entende que é preciso três como número mí-

nimo de trabalhadores para que se caracterize o delito descrito no art. 206 do Código Penal".[17]

📖 Penal. Aliciamento para o fim de emigração. Configuração. Absorção pelo crime de plágio. Impossibilidade. A figura delituosa do art. 206, do Código Penal, relativa ao aliciamento para fim de emigração, para sua configuração, *ex vi* da Lei nº 8.683/93, exige a elementar da fraude no recrutamento. O crime de plágio – Redução a condição análoga à de escravo não absorve a do art. 206 do CP. 3. Recursos parcial e integralmente providos (TRF 1ª Reg., AC 0103795, Rel. Fernando Gonçalves, 3ª T., *DJU* 29/09/1995, p. 66.038).

Classificação doutrinária
Crime comum quanto ao sujeito ativo, bem como quanto ao sujeito passivo; doloso; comissivo; de forma livre; formal; monossubjetivo; plurissubsistente; transeunte (como regra).

Objeto material e bem juridicamente protegido
O bem juridicamente protegido é o interesse do Estado em manter os trabalhadores em território nacional.
O objeto material são os trabalhadores aliciados.

Sujeito ativo e sujeito passivo
Qualquer pessoa pode ser *sujeito ativo* do delito de aliciamento para o fim de emigração.
Da mesma forma, qualquer pessoa poderá figurar como *sujeito passivo*.

Consumação e tentativa
O delito tipificado no art. 206 do Código Penal consuma-se no exato instante em que os trabalhadores são recrutados, vale dizer, aliciados com o fim de serem levados ao estrangeiro, não se exigindo que, efetivamente, venham a sair do território nacional.
Embora seja de difícil configuração, será possível o raciocínio correspondente à tentativa, dependendo da hipótese concreta apresentada.

Elemento subjetivo
O delito de aliciamento para o fim de emigração somente pode ser praticado dolosamente, não havendo previsão para a modalidade de natureza culposa.

📖 Restando amplamente demonstrado que os agentes obtiveram vantagem ilícita em prejuízo alheio, advinda do pagamento a título de prestação de serviços por recrutar trabalhadores para laborar nos estados unidos, mediante fraude, sob falsa promessa de obtenção de visto de trabalho, emprego e moradia, veiculando anúncio em jornal de grande circulação, caracterizado está o delito previsto no artigo 171 do Código Penal. O delito de aliciamento para fins de emigração exige a presença do elemento subjetivo do

---

17 PRADO, Luiz Regis. *Curso de direito penal brasileiro*, v. 3, p. 133.

injusto consistente em querer efetivamente levar as vítimas para o exterior. Ausente referido elemento, impossível se torna a condenação pelo crime previsto no artigo 206 do Código Penal (TJPR, ApCr 0472831-2, Maringá, 5ª Câm. Crim., Rel.ª Des.ª Maria José de Toledo Marcondes Teixeira, *DJPR* 08/08/2008, p. 215).

Modalidades comissiva e omissiva

O núcleo *recrutar* pressupõe um comportamento comissivo por parte do agente, podendo, no entanto, ser praticado via omissão imprópria.

Pena, ação penal e suspensão condicional do processo

A pena cominada ao delito tipificado no art. 206 do Código Penal é de detenção, de 1 (um) a 3 (três) anos, e multa.

A ação penal é de iniciativa pública incondicionada. Será possível a confecção de proposta de suspensão condicional do processo.

⚖ A Constituição da República, em seu art. 109, VI, atribui à Justiça Federal a competência para julgar os delitos praticados contra a organização do trabalho. No caso, o inquérito visa apurar o agenciamento e promoção de entrada ilegal de brasileiros nos Estados Unidos da América. Considerando-se, pelos elementos colhidos no procedimento inquisitivo até o momento, que não houve ofensa a direitos coletivos dos trabalhadores, não há falar em fixação da competência da Justiça Federal (STJ, CC 101.877, Proc. 2008/0279119-8, MG, 3ª Seção, Rel. Min. Jorge Mussi, j. 09/06/2010, *DJE* 17/06/2010).

Aliciamento de trabalhadores de um local para outro do território nacional

Art. 207. Aliciar trabalhadores, com o fim de levá-los de uma para outra localidade do território nacional:

Pena – detenção de um a três anos, e multa.

§ 1º Incorre na mesma pena quem recrutar trabalhadores fora da localidade de execução do trabalho, dentro do território nacional, mediante fraude ou cobrança de qualquer quantia do trabalhador, ou, ainda, não assegurar condições do seu retorno ao local de origem.

§ 2º A pena é aumentada de um sexto a um terço se a vítima é menor de 18 (dezoito) anos, idosa, gestante, indígena ou portadora de deficiência física ou mental.

Introdução

Comparando o artigo em estudo com o tipo penal de aliciamento para o fim de emigração, esclarece Noronha, com precisão: "O art. 207 prevê hipótese assemelhada à do artigo antecedente. Punido o aliciamento de trabalhadores, com o fim de levá-los de uma parte para outra localidade do território nacional, a lei tem em vista a regularidade, a normalidade do trabalho no país, evitando que regiões mais favorecidas corram o risco do *chômage*, enquanto outras, que não oferecem as mesmas vantagens, se despovoem e lutem com a falta de braços. Tal fato rompe a harmonia e o equilíbrio necessários à ordem econômica e social.

Como na espécie anterior, não se veda a transferência pura e simples de alguém de um lugar para outro do solo nacional, o que é inerente à liberdade de trabalho; pune-se o aliciamento; veda-se a ação dos aliciadores, promotora do êxodo de uma localidade para outra".[18]

No entanto, no que diz respeito à infração penal narrada no *caput* do art. 207 do Código Penal, a lei não exigiu que o aliciamento fosse realizado mediante o emprego de fraude, tal como ocorre com o art. 206 do mesmo diploma repressivo. Assim, o simples fato de aliciar, mesmo que com promessas reais de melhoria de vida, por exemplo, já se configura no delito em estudo, procurando-se evitar, conforme salientado por Noronha, o êxodo em regiões integrantes do território nacional.

⚖ Mandado de segurança. Cabimento. Inquérito policial. Crime de aliciamento de trabalhadores (art. 207 do CP). Apreensão de veículos destinados ao transporte dos aliciados. Restituição. É cabível o mandado de segurança para pleitear-se a restituição de bens apreendidos em inquérito policial, uma vez indeferida no procedimento incidental de que trata o art. 120, § 2º, do CPP. O crime de aliciamento de trabalhadores definido no art. 207 do Código Penal se consuma no momento em que o agente convence o trabalhador a transferir-se para outra localidade do território nacional, acertando com ele as condições e os meios como isto se fará. Por conseguinte, os veículos de qualquer natureza utilizados para deslocar-se ao lugar de destino, de nenhuma forma, podem ser considerados instrumentos desse ilícito ou prova de sua materialidade. Desnecessárias, portanto, sua apreensão e retenção desde que, além de não interessarem ao processo, não estão incluídos entre os bens passíveis de perda, mencionados no art. 91, II, do CP. Mandado de segurança conhecido e deferido (TRF 5ª Reg., Plenário, Rel. Petrucio Ferreira, *SJU* 19/10/1990, p. 24.631).

Classificação doutrinária

Crime comum quanto ao sujeito ativo, bem como quanto ao sujeito passivo; doloso; comissivo; de forma livre; formal; monossubjetivo; plurissubsistente; transeunte (como regra).

Objeto material e bem juridicamente protegido

O bem juridicamente protegido é o interesse do Estado em manter os trabalhadores não somente no

¹⁸ NORONHA, Edgard Magalhães. *Direito penal*, v. 3, p. 36.

território nacional, mas em suas diversas e heterogêneas regiões, evitando o êxodo e, consequentemente, a despovoação de determinada localidade.

Os trabalhadores aliciados constituem o objeto material.

Sujeito ativo e sujeito passivo

Qualquer pessoa pode ser *sujeito ativo* do delito de aliciamento de trabalhadores de um local para outro do território nacional.

Da mesma forma, qualquer pessoa poderá figurar como *sujeito passivo*.

Consumação e tentativa

O delito tipificado no art. 207 do Código Penal consuma-se no exato instante em que os trabalhadores são aliciados com o fim de serem levados para uma localidade do território nacional, não se exigindo que, efetivamente, isso venha a ocorrer.

Embora seja de difícil configuração, será possível o raciocínio correspondente à tentativa, dependendo da hipótese concreta que seja apresentada.

Elemento subjetivo

O delito de aliciamento de trabalhadores de um local para outro do território nacional somente pode ser praticado dolosamente, não havendo previsão para a modalidade de natureza culposa.

Modalidades comissiva e omissiva

O núcleo *aliciar* pressupõe um comportamento comissivo por parte do agente, podendo, no entanto, ser praticado via omissão imprópria.

Modalidade assemelhada

O § 1º, inserido no art. 207 do Código Penal pela Lei nº 9.777, de 29 de dezembro de 1998, assevera, *verbis*:

§ 1º Incorre na mesma pena quem recrutar trabalhadores fora da localidade de execução do trabalho, dentro do território nacional, mediante fraude ou cobrança de qualquer quantia do trabalhador, ou, ainda, não assegurar condições do seu retorno ao local de origem.

Cezar Roberto Bitencourt, analisando a inovação legal, com precisão, aduz: "O tipo descrito no § 1º é um *misto das infrações* descritas nos arts. 206 e 207, ao menos em uma de suas modalidades, onde consta como meio executório 'mediante fraude'. Daquele

dispositivo contém a exigência de 'fraude', e, deste, o êxodo de trabalhadores limita-se ao território nacional. Apresenta três formas: (a) mediante *fraude*; (b) *cobrança de valores* do trabalhador; e (c) não assegurar condições de retorno ao local de origem. As duas primeiras modalidades são de fácil comprovação; a terceira apresenta uma dificuldade dogmática: *prática condicional* do crime. A ação típica nuclear será o 'recrutamento de trabalhadores' ou 'a não facilitação do retorno à origem'? E se o trabalho no local recrutado durar dez anos? Qual será o *iter criminis*? É de difícil configuração".[19]

Causa especial de aumento de pena

Foi prevista pelo § 2º do art. 207 do Código Penal por intermédio da Lei nº 9.777, de 29 de dezembro de 1998.

Pena, ação penal e suspensão condicional do processo

A pena cominada ao delito tipificado no art. 207 do Código Penal é de detenção, de 1 (um) a 3 (três) anos, e multa.

A ação penal é de iniciativa pública incondicionada.

Será possível a confecção de proposta de suspensão condicional do processo, desde que não incida a majorante constante do § 2º do art. 207 do Código Penal.

⚖ Processo penal. Recurso em habeas corpus. Aliciamento de trabalhadores. Crime contra as relações de trabalho. Crime contra direitos humanos. Art. 109, V-A, VI, da Constituição Federal. Competência. Justiça Federal. 1. Trata-se de crime de aliciamento de trabalhadores que eram levados de uma unidade da Federação para outra. 2. Pela denúncia, narra-se um sofisticado esquema de burla à organização do trabalho e à dignidade humana. 3. Inteligência dos comandos inseridos no art. 109, V-A, VI, da Constituição Federal, no art. 10, VII, da Lei nº 5.060/1966 e no Título IV, da Parte Especial do Código Penal. 4. Compete, assim, à Justiça Federal processar e julgar a ação penal em apreço (STJ, RHC 18242/RJ, Rel. Min. Maria Thereza de Assis Moura, 6ª T., DJ 25/06/2007, p. 299).

Nesse sentido:
⚖ STJ, HC 36230/PE, Rel. Min. Nilson Naves, 6ª T., *RIOB-DPPP* 36, p. 118.

---

[19] BITENCOURT, Cezar Roberto. *Tratado de direito penal*, v. 3, p. 492.

Título V – Dos Crimes contra o Sentimento Religioso e contra o Respeito aos Mortos

Capítulo I – Dos Crimes contra o Sentimento Religioso

Ultraje a culto e impedimento ou perturbação de ato a ele relativo

Art. 208. Escarnecer de alguém publicamente, por motivo de crença ou função religiosa; impedir ou perturbar cerimônia ou prática de culto religioso; vilipendiar publicamente ato ou objeto de culto religioso:

Pena – detenção, de um mês a um ano, ou multa.

Parágrafo único. Se há emprego de violência, a pena é aumentada de um terço, sem prejuízo da correspondente à violência.

Introdução

Por intermédio da norma contida no art. 208 do Código Penal, proíbe-se a conduta de *escarnecer de alguém publicamente, por motivo de crença ou função religiosa.*

O verbo *escarnecer* é utilizado no texto legal no sentido de zombar, troçar, ridicularizar, humilhar etc. Para que ocorra o delito em estudo, tal escarnecimento deve ser levado a efeito em público. Isso significa que se o agente escarnece da vítima em lugar reservado, onde se encontravam somente os dois (vítima e agente), o fato poderá se configurar em outro delito, a exemplo do crime de injúria, nos termos do § 3º do art. 140 do CP, com a redação que lhe foi conferida pela Lei nº 14.532, de 11 de janeiro de 2023, que diz que se a injúria consiste na utilização de elementos referentes à religião ou à condição de pessoa idosa ou com deficiência, a pena será de reclusão, de 1 (um) a 3 (três) anos, e multa.

O agente deverá atuar impelido por uma finalidade especial, vale dizer, por motivo de crença ou função religiosa da vítima. *Crença*, aqui, deve ser entendida no sentido de *fé religiosa*; *função religiosa*, a seu turno, diz respeito à ocupação, ao ministério exercido pela vítima em sua crença, tal como ocorre com os pastores, padres, rabinos etc.

A norma contida no tipo do art. 208 do Código Penal responsabiliza criminalmente, ainda, o agente que vier *impedir ou perturbar cerimônia ou prática de culto religioso.*

Nessa hipótese, a conduta do agente é dirigida, no primeiro caso, a impedir, ou seja, não permitir que seja realizada cerimônia ou culto religioso; no segundo, embora os atos religiosos aconteçam, o agente perturba a sua normal realização.

A *cerimônia* consiste num ato que se reveste de maior solenidade, a exemplo do que acontece com o casamento ou, mesmo, com o batismo; a expressão *culto religioso* é utilizada para identificar o regular ato de adoração, sem a presença das solenidades exigidas para determinadas ocasiões especiais.

A última modalidade de conduta proibida pelo tipo penal do art. 208 do diploma repressivo diz respeito ao ato de *vilipendiar publicamente ato ou objeto de culto religioso.*

Vilipendiar deve ser entendido no sentido de menoscabar, desprezar, enfim, tratar como vil, publicamente, ato ou objeto de culto religioso.

Cuida-se de um tipo misto cumulativo, no qual o agente pode ser responsabilizado, em concurso de crimes, na hipótese de praticar mais de um comportamento previsto pelo tipo penal em estudo. Assim, o agente poderá, por exemplo, escarnecer de alguém publicamente, bem como vilipendiar objeto de culto religioso, devendo, pois, responder por duas infrações penais.

Classificação doutrinária

Crime comum com relação ao sujeito ativo e próprio no que diz respeito ao sujeito passivo, que deverá ser alguém que professe determinada crença; doloso; comissivo (pois que os núcleos *escarnecer, impedir, perturbar e vilipendiar* importam em um comportamento positivo por parte do agente, podendo, no entanto, ser praticado via omissão imprópria, na hipótese de o agente gozar do *status* de garantidor); de forma livre; instantâneo; monossubjetivo; plurissubsistente (como regra, pois que se pode visualizar o fracionamento do *iter criminis*); transeunte (como regra).

Objeto material e bem juridicamente protegido

Bem juridicamente protegido pelo tipo penal do art. 208 é o *sentimento religioso.*

Objeto material, dependendo da conduta praticada pelo agente, pode ser a *pessoa* que foi escarnecida publicamente, por motivo de crença ou função religiosa; a *cerimônia* ou o *culto religioso*, que foi impedida(o) ou perturbada(o); ou, ainda, o *ato* ou o *objeto de culto religioso.*

Sujeito ativo e sujeito passivo

Qualquer pessoa pode ser *sujeito ativo* do delito.

Sujeitos passivos são aqueles que foram escarnecidos publicamente, por motivo de crença ou função religiosa; os *crentes* que foram impedidos de participar de cerimônia ou culto religioso, ou mesmo perturbados durante a sua realização; ou, ainda, todos aqueles que estavam ligados ao ato ou objeto de culto religioso que foi profanado, vilipendiado pelo agente. Nas duas últimas hipóteses, podemos considerá-las como características do chamado *crime vago*, que atinge um número indeterminado de pessoas.

Consumação e tentativa

Consuma-se o delito, na primeira hipótese, no momento em que o agente escarnece, publicamente, de alguém, por motivo de crença ou função religiosa, não importando o fato de ter a vítima se sentido, ou não, menosprezada, ridicularizada em virtude do comportamento praticado pelo sujeito ativo.

Na segunda modalidade, consuma-se o delito quando o agente, efetivamente, impede a realização da cerimônia ou culto religioso, seja evitando o seu início ou, mesmo, interrompendo-o durante a sua realização, ou, ainda, quando leva a efeito comportamento que tenha o condão de perturbar o normal andamento da cerimônia ou do culto religioso.

Na última figura, consuma-se o delito com o vilipêndio realizado.

A tentativa é admissível.

📖 Apelação Cível. Danos morais. Réu, deputado federal, que publicou vídeo na plataforma digital "YouTube" manifestando sua opinião contrária a uma exposição realizada em uma escola, organizada pela autora, professora, com o louvável intuito de promover a inclusão LGBTQI+. Cartaz específico em que retratados pastores agredindo com bíblias pessoa envolta em bandeira do orgulho gay. Sugestão do réu para que houvesse investigação criminal pela incursão da autora no art. 208 do Código Penal. Não utilização de vocábulos pejorativos, tampouco de inverdades sobre o ocorrido. Liberdade de opinião que merece proteção. Ausência de aviltamento da honra ou da moral da autora. Inocorrência de ilícito. Sentença de improcedência mantida. Recurso desprovido. (TJSP, ApCiv 1037957-51.2019.8.26.0196, 7ª Câmara de Direito Privado, j. 27.04.2021, rel. Des. Maria de Lourdes Lopez Gil).

Elemento subjetivo

O delito de ultraje a culto e impedimento ou perturbação de ato a ele relativo somente pode ser praticado dolosamente, não havendo previsão para a modalidade de natureza culposa.

Modalidades comissiva e omissiva

As condutas de *escarnecer, impedir, perturbar* e *vilipendiar* pressupõem comportamento comissivo por parte do agente, podendo, no entanto, ser praticado o delito via omissão imprópria.

Causa de aumento de pena

O parágrafo único do art. 208 do Código Penal assevera que, se houver o emprego de violência, a pena será aumentada em um terço, sem prejuízo da correspondente à violência.

Pena, ação penal, competência para julgamento e suspensão condicional do processo

O preceito secundário do art. 208 do Código Penal comina uma pena de detenção, de 1 (um) mês a 1 (um) ano, ou multa. Se houver o emprego de violência, a pena é aumentada de um terço, sem prejuízo da correspondente à violência.[1]

A ação penal é de iniciativa pública incondicionada.

Compete, inicialmente, ao Juizado Especial Criminal o processo e julgamento do delito em estudo. No entanto, se houver o concurso com infração penal cuja pena máxima cominada em abstrato ultrapasse o limite de dois anos, determinado pelo art. 2º da Lei nº 10.259/2001, o Juizado Especial Criminal deixará de ser o competente, *ab initio*.

Será possível, ainda, a confecção de proposta de suspensão condicional do processo, observando-se as ressalvas citadas, no que diz respeito ao concurso de crimes.

Estatuto do índio

O inciso I do art. 58 da Lei nº 6.001, de 19 de dezembro de 1973 (Estatuto do Índio), pune com pena de detenção de um a três meses aquele que vier a escarnecer de cerimônia, rito, uso, costume ou tradição culturais indígenas, vilipendiá-los ou perturbar, de qualquer modo, a sua prática.

Capítulo II – Dos Crimes contra o Respeito aos Mortos

Impedimento ou perturbação de cerimônia funerária **Art. 209.** Impedir ou perturbar enterro ou cerimônia funerária:	**Pena** – detenção, de um mês a um ano, ou multa. **Parágrafo único.** Se há emprego de violência, a pena é aumentada de um terço, sem prejuízo da correspondente à violência.

---

[1] Cf. observações contidas no item 8.

Introdução

O art. 209 do Código Penal, no intuito de proteger o último instante de contato, que ficará na memória dos que participam do ato de despedida daquele que chegou ao fim de sua existência, prevê o delito de *impedimento ou perturbação de cerimônia funerária*.

Assim, de acordo com a redação típica, podemos destacar os seguintes elementos: a) a conduta de *impedir* ou *perturbar*; b) enterro ou cerimônia funerária.

O núcleo *impedir* é utilizado pelo texto legal no sentido de não permitir o início da realização ou interromper o enterro ou cerimônia funerária; *perturbar* diz respeito ao fato de tumultuar, atrapalhar o normal andamento do enterro ou da cerimônia funerária.

Por *enterro*, conforme as lições de Hungria, "entende-se a trasladação do cadáver, com ou sem *acompanhamento*, para o lugar onde deve ser inumado. *Cerimônia funerária* é todo ato de assistência ou homenagem que se presta a um defunto".[2]

Trata-se de um tipo misto alternativo no qual o agente, se praticar os dois comportamentos por ele previstos, deverá responder por uma única infração penal. Assim, poderá ter, inicialmente, perturbado a realização de uma cerimônia funerária que, por fim, acabou sendo impedida de ser realizada em virtude da conduta por ele praticada.

No momento de manifesta fragilidade emocional, o réu, contratado justamente para amenizar os infortúnios naturais do dia do velório e/ou enterro, simplesmente cria um tumulto de grande magnitude, impedindo o enterro com o uso de expressões ofensivas e até com ameaça de morte aos parentes da falecida, sendo necessária a intervenção da polícia. À toda evidência, perturba a cerimônia funerária quem a tumultua, desorganiza e altera o seu desenvolvimento regular, impedindo o sepultamento da falecida, a pretexto de cobrar dívida (TJRO, APL 0047756-47.2009.8.22.0601, Turma Recursal, Rel. Juiz João Adalberto Castro Alves, *DJERO* 05/05/2010).

Nesse sentido:

RT 410, p. 313; TJSP, AC, Rel. Marino Falcão, *RJTJSP* 107, p. 467.

Classificação doutrinária

Crime comum com relação ao sujeito ativo, bem como quanto ao sujeito passivo, pois que a coletividade, de forma geral, é que sofre com a conduta praticada pelo agente, tratando-se, outrossim, de um crime vago; doloso; comissivo (podendo, entretanto, ser praticado via omissão imprópria, na hipótese de o agente gozar do *status* de garantidor); de forma livre; de mera conduta; monossubjetivo; monossubsistente ou plurissubsistente (dependendo da forma como a infração penal for praticada); transeunte (como regra).

Objeto material e bem juridicamente protegido

Bem juridicamente protegido pelo tipo penal do art. 209 do diploma repressivo é o *sentimento de respeito aos mortos*, isto é, à sua memória.

Objeto material é o enterro ou a cerimônia funerária.

Sujeito ativo e sujeito passivo

Qualquer pessoa pode ser sujeito ativo do delito. *Sujeito passivo* é a coletividade, representada pelas pessoas que participavam do enterro ou da cerimônia funerária, incluindo-se aqui a família do morto. Trata-se, pois, de crime vago.

Consumação e tentativa

O delito tipificado no art. 209 do Código Penal se consuma no instante em que o enterro ou a cerimônia funerária é impedido(a) pelo agente de ser realizado(a) (ou mesmo de prosseguir), bem como quando ocorrem os atos que denotam perturbação, ou seja, que atrapalham o seu normal andamento.

Dependendo da forma como o delito é praticado, será possível raciocínio relativo à tentativa.

Elemento subjetivo

O delito de impedimento ou perturbação de cerimônia funerária somente pode ser praticado dolosamente, não havendo previsão para a modalidade de natureza culposa.

Modalidades comissiva e omissiva

As condutas de *impedir* e *perturbar* pressupõem um comportamento comissivo por parte do agente, podendo, no entanto, ser praticadas via omissão imprópria.

Causa de aumento de pena

O parágrafo único do art. 209 do Código Penal assevera que se houver emprego de violência a pena será aumentada em um terço, sem prejuízo da correspondente à violência.

Pena, ação penal, competência para julgamento e suspensão condicional do processo

O preceito secundário do art. 209 do Código Penal comina uma pena de detenção, de 1 (um) mês a 1 (um) ano, ou multa. Se houver emprego de violência, a pena é aumentada de um terço, sem prejuízo da correspondente à violência.

A ação penal é de iniciativa pública incondicionada.

Compete, inicialmente, ao Juizado Especial Criminal o processo e julgamento do delito em estudo.

---

[2] HUNGRIA, Nélson. *Comentários ao código penal*, v. VIII, p. 79.

Será possível, ainda, a confecção de proposta de suspensão condicional do processo, levando-se a efeito as ressalvas relativas ao concurso de crimes.

Violação de sepultura
Art. 210. Violar ou profanar sepultura ou urna funerária:
Pena – reclusão, de um a três anos, e multa.

Introdução

O delito de *violação de sepultura* é previsto pelo art. 210 do Código Penal.

Dissertando, com precisão, sobre os elementos que integram o tipo penal em estudo, preleciona Hungria: "*Violar*, aqui, significa o ato de abrir ou devassar arbitrariamente. *Profanar* é tratar com irreverência, conspurcar, degradar. O termo 'sepultura' deve ser entendido em sentido amplo: não é apenas a *cova* onde se acham encerrados os *restos mortais*, o lugar onde está *enterrado* o defunto, senão também tudo quanto lhe é imediatamente conexo, compreendendo o túmulo, isto é, a construção acima da cova, a lápide, os ornamentos estáveis, as inscrições. A lei não distingue entre a *vala comum* e o *mausoléu*. A sepultura do pária desconhecido merece tanto respeito quanto a do herói celebrado. Expressamente equiparada à sepultura é a *urna funerária*, que é não só aquela que guarda as *cinzas* (urna cinerária) como a que encerra os *ossos* do defunto (urna ossuária)".[3]

Cuida-se de um tipo misto alternativo, haja vista que, se o agente vier a praticar os dois comportamentos por ele previstos, responderá por uma única infração penal, não havendo que se cogitar, *in casu*, de concurso de crimes.

⚖ Violação de sepultura – Cemitério público municipal. É entendimento do Supremo Tribunal Federal que os serviços funerários constituem serviços públicos municipais, de modo que a vigilância de cemitério municipal fica a cargo do Município. A violação da sepultura não configura dano ao patrimônio, quando não há nos autos prova da propriedade do jazigo (TJ-MG, Ap. 0166684-20.2012.8.13.0433, Rel. Des. Marcelo Rodrigues, *DJe* 24/06/2015).

Nesse sentido:

⚖ TJSP, AC 0004379-12.2009.8.26.0408, Rel. Des. Guilherme de Souza Nucci, *DJe* 24/07/2014; TJMG, AC 1.0281.01.000374-3/001, Rel. Adilson Lamounier, *DJ* 15/08/2008; TJMG, AC 1.0378.01.001721-8/001, Rel. José Antonino Baía Borges, *DJ* 23/02/2005; TJMG, AC 1.0000.00.166852-4/000, Rel. Luiz Carlos Biasutti, *DJ* 24/03/2000.

Classificação doutrinária

Crime comum com relação ao sujeito ativo, bem como quanto ao sujeito passivo, pois cuida-se de um crime vago, em que não somente a família do morto figurará como sujeito passivo, mas também toda a coletividade; doloso; comissivo (podendo ser praticado via omissão imprópria, na hipótese de o agente gozar do *status* de garantidor); de forma livre; instantâneo (como regra, haja vista que na modalidade *ocultar* o delito será de natureza permanente); material; monossubjetivo; plurissubsistente; transeunte ou não transeunte (dependendo da hipótese concreta).

Objeto material e bem juridicamente protegido

O bem juridicamente protegido pelo tipo penal do art. 210 do diploma repressivo é o *sentimento de respeito aos mortos*, isto é, à sua memória.

O objeto material é a sepultura ou urna funerária.

Sujeito ativo e sujeito passivo

O delito de violação de sepultura pode ser praticado por qualquer pessoa.

O *sujeito passivo* é a coletividade e, particularmente, a família do morto, tratando-se, outrossim, de crime vago.

Consumação e tentativa

O delito de violação de sepultura se consuma no instante em que a sepultura ou a urna funerária é violada ou profanada pelo agente.

É admissível a tentativa.

⚖ Consuma-se o delito do art. 210 do CP com qualquer ato de vandalismo sobre a sepultura ou de alteração chocante, de aviltamento, de grosseira irreverência (TJSP, AC, Rel. Mendes França, *RT* 476, p. 339).

Elemento subjetivo

O delito de violação de sepultura somente pode ser praticado dolosamente, não havendo previsão para a modalidade de natureza culposa.

Modalidades comissiva e omissiva

As condutas de *violar* e *profanar* pressupõem um comportamento comissivo por parte do agente, podendo, no entanto, ser cometidas via omissão imprópria.

Pena, ação penal, e suspensão condicional do processo

A pena cominada pelo preceito secundário do art. 210 do Código Penal é de reclusão, de 1 (um) a 3 (três) anos, e multa.

A ação penal é de iniciativa pública incondicionada.

Será possível a proposta de suspensão condicional do processo.

---

³ HUNGRIA, Nélson. *Comentários ao código penal*, v. VIII, p. 80-81.

Agente que viola sepultura com o fim de subtrair pertences enterrados com o morto

Hungria posiciona-se pelo concurso material de crimes, dizendo: "Se o fim do agente é subtrair algum objeto, haverá *concurso material* de crimes: o de violação ou profanação de sepultura e o de furto".[4]

Entendemos, *permissa venia*, que o agente deverá ser responsabilizado tão somente pelo delito de violação de sepultura, haja vista que os objetos que foram ali deixados pela família do morto não pertencem mais a ninguém, tratando-se, pois, de *res derelicta*.

🖋️ Pode haver concurso de crimes entre a violação de sepultura e furto, desde que o objeto material do furto não seja o cadáver ou próteses do cadáver. A lei não exige que a coisa furtada tenha valor comercial ou de troca, bastando que seja bem patrimonial, isto é, que represente alguma utilidade para quem detenha a posse, ou até mesmo um significado ditado pelo valor afetivo (TJPR, AC 0225248-0/Peabiru, 1ª Câm. Crim. [TA], Rel. Des. Cunha Ribas, un., j. 15/05/2003).

Sepultura ou urna funerária sem cadáver ou restos mortais

Se, no caso concreto, a sepultura estiver vazia ou a urna sem quaisquer restos mortais, deverá ser reconhecido o crime impossível, nos termos do art. 17 do Código Penal.

Inumação ou exumação de cadáver

A inumação ou a exumação de cadáver, com infração das disposições legais, configura-se na contravenção penal tipificada no art. 67 do Decreto-Lei nº 3.688/41. *Inumar* tem o sentido de enterrar, sepultar, colocar cadáver, isto é, o corpo morto na sepultura; *exumar*, ao contrário, significa tirar o corpo da sepultura.

Trata-se de normal penal em branco, uma vez que, para que se reconheça a contravenção penal *sub examen*, faz-se necessário recorrer a outro diploma legal que, *in casu*, é a Lei nº 6.015, de 31 de dezembro de 1973, que dispõe sobre os registros públicos.

Destruição, subtração ou ocultação de cadáver
Art. 211. Destruir, subtrair ou ocultar cadáver ou parte dele:
Pena – reclusão, de um a três anos, e multa.

Introdução

No art. 211 do Código Penal encontra-se previsto o delito de destruição, subtração ou ocultação de cadáver.

De acordo com a redação típica, podemos observar que a infração penal poderá ser praticada quando o agente leva a efeito qualquer dos três comportamentos, isto é, quando *destrói, subtrai* ou *oculta* cadáver ou parte dele.

Cadáver é o corpo humano morto, enquanto mantida a sua aparência como tal. Dessa forma, conforme assevera Noronha, "não o seria o que fosse vítima, *v.g.*, de um grande esmagamento, em que os ossos fossem triturados, ficando tudo reduzido a uma pasta informe e irreconhecível.

Também não se inclui o *esqueleto*, ao contrário do que se dá na lei italiana (art. 411), que expressamente se refere às *cinzas humanas*, inadmissível sendo, então, que não se inclua aquele, pelo argumento a *minori ad maius*, ou seja, o que é proibido no menos é também no mais.

A *múmia* não é reputada cadáver. Ela não suscita o sentimento de respeito para com os mortos, razão não havendo, portanto, para que se inclua no conceito".[5]

Portanto, o corpo humano morto, enquanto mantiver essa forma, poderá ser destruído, subtraído ou ocultado, total ou parcialmente, conforme previsão legal.

O núcleo *destruir* é utilizado no sentido de aniquilar, fazer perder a forma original, suprimir etc. A conduta do agente pode ser dirigida a destruir total ou parcialmente o cadáver. Assim, responde pelo delito tanto aquele que queima completamente o cadáver como o que esmaga parte daquele corpo morto, a exemplo do agente que lhe destrói, tão somente, a cabeça.

Subtrair significa retirar do local de onde originalmente se encontrava. Não importa, aqui, o *animus* de ter o cadáver para si ou para outrem. A subtração está ligada à remoção do cadáver, mesmo que seja para se desfazer do corpo.

Ocultar deve ser compreendido no sentido de esconder o cadáver, ou mesmo parte dele, fazendo-o desaparecer, sem, contudo, destruí-lo. Para que ocultação não se confunda com subtração, aquela deve ocorrer antes do sepultamento do cadáver. Como adverte Noronha, "entenda-se, entretanto, que a ocultação só pode ocorrer antes da inumação, mas pode a subtração dar-se antes ou depois do sepultamento: se durante um velório, pessoas tiram o corpo do ataúde e fogem com ele, haverá subtração".[6]

🖋️ O crime de ocultação de cadáver, na modalidade de *ocultar*, é crime permanente. Assim enquanto o corpo estiver escondido, consuma-se a infração penal, perdurando o flagrante delito (STJ, HC 390.045/MT, Rel. Min. Reynaldo Soares da Fonseca, 5ª T., *DJe* 16/10/2017).

Cuida-se, *in casu*, de tipo misto alternativo, em que o agente responderá por uma única infração penal se vier a praticar mais de um comportamento típico, a

4 HUNGRIA, Nélson. *Comentários ao código penal*, v. VIII, p. 81-82.
5 NORONHA, Edgard Magalhães. *Direito penal*, v. 3, p. 53.
6 NORONHA, Edgard Magalhães. *Direito penal*, v. 3, p. 53.

exemplo daquele que, depois de subtrair o cadáver, vier a destruí-lo.

⚖ Caso existam elementos a indicarem a prática do crime de ocultação de cadáver, não se revela razoável exigir a localização do corpo da vítima, podendo a morte do réu ser atestada por outros elementos comprobatórios, já que tal vestígio material teria desaparecido em razão de conduta comissiva dos réus, o que não poderá favorecê-los. Mais: como corpo de delito deve ser entendido o conjunto de todos os vestígios materiais da infração penal, o que, no caso do homicídio, não se restringe ao cadáver da vítima. Demais disso, ao contrário do sustentado pelo impetrante, a inexistência de testemunha presencial do crime não obsta o reconhecimento da materialidade delitiva, caso existam provas a respaldar tal conclusão (STJ, HC 376.678/SP, Rel. Min. Ribeiro Dantas, 5ª T., *DJe* 23/03/2017).

Nesse sentido:

⚖ TJ-MG, AC 0013186-04.2013.8.13.0647, Rel. Des. Paulo Cézar Dias, *DJe* 09/05/2016; TJMS, AC, Rel. Sebastião Rosenburg, *RT* 684, p. 350; TJSP, HC, Rel. Onei Raphael, *RT* 610, p. 338; STF, RHC 54486/RJ, Rel. Min. Leitão de Abreu, 2ª T, *RT* 493, p. 363.

Classificação doutrinária

Crime comum com relação ao sujeito ativo, bem como quanto ao sujeito passivo, pois trata-se de um crime vago, em que não somente a família do morto figurará como sujeito passivo, mas também toda a coletividade; doloso; comissivo (podendo ser praticado via omissão imprópria, na hipótese de o agente gozar do *status* de garantidor); de forma livre; instantâneo (como regra, haja vista que na modalidade *ocultar* o delito será de natureza permanente); material; monossubjetivo; plurissubsistente; transeunte ou não transeunte (dependendo da hipótese concreta).

⚖ No art. 211, do Código Penal – CP há três núcleos do tipo penal, destruição, subtração e ocultação. Quanto às figuras da destruição e da subtração, não há divergência sobre se tratar de crime instantâneo. Contudo, a ocultação de cadáver dá azo a divergência. Aduz o Embargante que se trata de crime permanente, perdurando a consumação enquanto o cadáver não for encontrado. 2. Da interpretação da doutrina, somente é possível afirmar que a ação ocultar cadáver é permanente quando se depreender que o agente responsável espera, em um momento ou outro, que o corpo, objeto jurídico do crime, venha a ser encontrado (...) (EDcl no RHC 57.799/RJ, Rel. Min. Joel Ilan Paciornik, 5ª T., julgado em 15/09/2020, *DJe* 30/09/2020).

Objeto material e bem juridicamente protegido

O bem juridicamente protegido pelo tipo penal do art. 211 do diploma repressivo é o *sentimento de respeito aos mortos*, isto é, à sua memória.

O objeto material é o cadáver ou parte dele.

⚖ O bem jurídico tutelado no crime de ocultação de cadáver é o sentimento de respeito aos mortos. Assim, valoriza-se a reverência que os vivos prestam aos mortos (STJ, REsp 1.664.607/PR, Rel.ª Min.ª Maria Thereza de Assis Moura, 6ª T., *DJe* 03/09/2018).

Sujeito ativo e sujeito passivo

Qualquer pessoa pode ser sujeito ativo do crime. *Sujeito passivo* é a coletividade e, particularmente, a família do morto, tratando-se, outrossim, de crime vago.

⚖ Não incidem sobre o delito de ocultação de cadáver as agravantes previstas no art. 61, II, 'c' e 'h', CP, eis que o sujeito passivo é a coletividade (TJMG, AC 1.0271.12.009492-2/001, Rel. Des. Silas Vieira, *DJe* 11/07/2014).

Nesse sentido:

⚖ STJ, HC 145928/SP, Rel.ª Min.ª Laurita Vaz, 5ª T., *DJe* 17/05/2011.

Consumação e tentativa

Consuma-se o delito com a efetiva destruição, seja parcial ou total do cadáver ou, ainda, quando é subtraído (também total ou parcialmente), isto é, quando é retirado, conforme as lições de Hungria, "da esfera de proteção jurídica ou da custódia de seus legítimos detentores (cônjuge supérstite, parentes do morto, vigia do necrotério, guarda do cemitério etc.)",[7] ou deles é ocultado.

Admite-se a tentativa.

⚖ A violação de túmulo com a consequente subtração do crânio ali sepultado configura tão somente o crime de violação de sepultura, não havendo que se falar em concurso material com o delito de furto em razão de as partes do esqueleto do defunto não configurarem coisas alheias móveis (TJMG, AC 1.0281.01.000374-3/001, Rel. Adilson Lamounier, *DJ* 15/08/2008).

Nesse sentido:

⚖ TJMG, AC 1.0624.06. 009619-2/001, Des. Paulo Cézar Dias, *DJ* 14/06/2007.

Elemento subjetivo

O delito de destruição, subtração ou ocultação de cadáver somente pode ser praticado dolosamente, não havendo previsão para a modalidade de natureza culposa.

⚖ Para a configuração do crime tipificado no art. 211 do Código Penal, revela-se imprescindível a existência do elemento subjetivo do tipo, qual seja, a vontade consciente de destruir, subtrair ou ocultar cadá-

---

[7] HUNGRIA, Nélson. *Comentários ao código penal*, v. VIII, p. 83.

ver (TJMG, AC 1.0005.04.005219-2/001, Rel. Des. Renato Martins Jacob, *DJ* 21/05/2009).

Modalidades comissiva e omissiva

As condutas de *destruir*, *subtrair* e *ocultar* pressupõem um comportamento comissivo por parte do agente, podendo, no entanto, ser cometidas via omissão imprópria.

Pena, ação penal e suspensão condicional do processo

A pena cominada pelo preceito secundário do art. 211 do Código Penal é de reclusão, de 1 (um) a 3 (três) anos, e multa.

A ação penal é de iniciativa pública incondicionada. Será possível a proposta de suspensão condicional do processo.

Feto natimorto

José Henrique Pierangeli, traduzindo com precisão as correntes que disputam o tratamento da questão, preleciona: "Três são as soluções preconizadas: primeiramente, a de que os natimortos e os fetos não são cadáveres porque estes pressupõem vida extrauterina, ou seja, vida autônoma. Por cadáver entende-se 'os restos exânimes de um homem que tenha vivido' (Binding). Um segundo posicionamento admite a existência do delito, ainda quando se trate de natimorto e de feto com mais de seis meses de gestação, desprezando, pois, o requisito de vida *extrauterina*. Florian despreza tais exigências e aponta a existência do delito não só na hipótese do natimorto, como na do *feticídio*. A terceira corrente, que prepondera na doutrina nacional, admite o delito [...] quando se trata de natimorto, sob o fundamento de que [...] esta hipótese 'inspira o mesmo sentimento de respeito, de coisa sagrada; porque é tratado, na vida social, como defunto'".[8]

Lei de Transplante de Órgãos

Vide art. 14 da Lei 9.434/1997.

Furto de cadáver

O cadáver, uma vez sepultado, por exemplo, não goza do conceito de *coisa alheia móvel*, exigido pelo art. 155 do Código Penal, razão pela qual não poderá ser objeto do delito de furto.

No entanto, imagine-se a hipótese de um cadáver que esteja sendo utilizado para fins de estudo ou pesquisa científica, nos termos preconizados pela Lei nº 8.501, de 30 de novembro de 1992.

Nesse caso, passará a ser tratado como coisa, de propriedade até mesmo, por exemplo, da escola de medicina que o recebeu, razão pela qual já se poderá levar a efeito o raciocínio correspondente ao delito de furto.

Subtração de cadáver. Atipicidade. Crânio. Parte do corpo que não se caracteriza como cadáver (TJSP, AC 0004379-12.2009.8.26.0408, Rel. Des. Guilherme de Souza Nucci, *DJe* 24/07/2014).

Vilipêndio a cadáver

Art. 212. Vilipendiar cadáver ou suas cinzas:
Pena – detenção, de um a três anos, e multa.

Introdução

Vilipendiar deve ser entendido no sentido de menoscabar, aviltar, ultrajar, tratar com desprezo, sem o devido respeito exigido ao cadáver ou a suas cinzas.

Os atos de necrofilia também podem ser compreendidos como integrantes do conceito de vilipêndio a cadáver.

Não somente o cadáver, mas também suas cinzas podem ser vilipendiadas.

Caso em que o recorrente é acusado de ter asfixiado sua companheira e depois vilipendiado o corpo sem vida, deixando vestígios de violência sexual, tendo o cadáver sido encontrado sem roupas e empalado por um cano de PVC, tudo, ao que parece, por desavenças entre o casal, ambos usuários de drogas (STJ, RHC 63.965/BA, Rel. Min. Jorge Mussi, 5ª T., *DJe* 1º/08/2016).

Nesse sentido:

TJDFT, SER 136093/DF, Rel. Sérgio Bittencourt, *DJU* 03/05/1995; STF, HC 54486, Rel. Min. Leitão de Abreu, 2ª T., *RT* 493, p. 361.

Classificação doutrinária

Crime comum com relação ao sujeito ativo, bem como ao sujeito passivo, pois que se cuida de um crime vago, em que não somente a família do morto figurará como sujeito passivo, mas também a coletividade; doloso; comissivo (podendo, entretanto, ser praticado via omissão imprópria, na hipótese de o agente gozar do *status* de garantidor); de forma livre; instantâneo; material; monossubjetivo; plurissubsistente; transeunte ou não transeunte (dependendo da hipótese concreta).

Objeto material e bem juridicamente protegido.

O bem juridicamente protegido pelo tipo penal do art. 212 do diploma repressivo é o *sentimento de respeito aos mortos*, isto é, à sua memória.

O objeto material é o cadáver ou suas cinzas.

Sujeito ativo e sujeito passivo

Qualquer pessoa pode ser sujeito ativo do crime. O *sujeito passivo* é a coletividade, bem como a família do morto, que teve o seu cadáver ou suas cinzas vilipendiados.

---

[8] PIERANGELI, José Henrique. *Manual de direito penal brasileiro – parte especial (arts. 121 a 234)*, p. 745.

Consumação e tentativa

Consuma-se o delito no momento em que os atos que se configuram em vilipêndio a cadáver são praticados. Tratando-se de crime plurissubsistente, é perfeitamente admissível a tentativa.

Elemento subjetivo

Existe discussão doutrinária no sentido de se exigir um elemento subjetivo específico para efeitos de reconhecimento do delito de vilipêndio a cadáver. Nesse sentido, Guilherme de Souza Nucci assevera que, "em se tratando de *vilipêndio*, é de se exigir o elemento subjetivo do tipo específico, consistente na vontade de humilhar ou desonrar a memória do morto".[9] Noronha, a seu turno, diz ser mister que "o agente tenha o *fim* ou *escopo* de aviltar cadáver".[10]

No entanto, apesar das posições doutrinárias expostas, entendemos que tal elemento subjetivo específico não se faz necessário, bastando que o comportamento do agente, objetivamente considerado, se configure em ato de vilipêndio.

Não há previsão legal para a modalidade culposa.

Modalidades comissiva e omissiva

A conduta de *vilipendiar* pressupõe um comportamento comissivo por parte do agente, podendo, no entanto, ser cometido via omissão imprópria.

Pena, ação penal e suspensão condicional do processo

A pena cominada pelo preceito secundário do art. 212 do Código Penal é de detenção, de 1 (um) a 3 (três) anos, e multa. A ação penal é de iniciativa pública incondicionada.

Será possível a proposta de suspensão condicional do processo.

📖 Vilipêndio a cadáver. Impossibilidade, na espécie, de ocorrência do concurso material do delito, previsto no art. 211 do Código Penal, de conteúdo variado, com o art. 212 do mesmo Código, dado que os fins perseguidos pelo agente era destruir a materialidade do crime, e não o de vilipendiar o cadáver. Decisão manifestamente contraria à prova dos autos. Provimento parcial do apelo para submeter o recorrente a novo julgamento apenas pelo crime de vilipêndio a cadáver, por força da conexão (RC) (TJRJ, AC 1995. 050.00038, Rel. Paulo Sérgio Fabião, *DJ* 08/08/1995).

[9] NUCCI, Guilherme de Souza. *Código penal comentado*, p. 778.

[10] NORONHA, Edgard Magalhães. *Direito penal*, v. 3, p. 56.

Título VI – Dos Crimes contra a Dignidade Sexual

O Título VI do Código Penal, com a nova redação dada pela Lei nº 12.015, de 7 de agosto de 2009, passou a prever os chamados *Crimes contra a dignidade sexual*, modificando, assim, a redação anterior constante do referido Título, que previa os *Crimes contra os costumes*.

A expressão *crimes contra os costumes* já não traduzia a realidade dos bens juridicamente protegidos pelos tipos penais que se encontravam no Título VI do Código Penal. O foco da proteção já não era mais a forma como as pessoas deveriam se comportar sexualmente perante a sociedade do século XXI, mas sim a tutela da sua dignidade sexual.

A dignidade sexual é uma das espécies do gênero dignidade da pessoa humana. Ingo Wolfgang Sarlet, dissertando sobre o tema, esclarece que a dignidade é "a qualidade intrínseca e distintiva de cada ser humano que o faz merecedor do mesmo respeito e consideração por parte do Estado e da comunidade, implicando, neste sentido, um complexo de direitos e deveres fundamentais que assegurem a pessoa tanto contra todo e qualquer ato de cunho degradante e desumano, como venham a lhe garantir as condições existenciais mínimas para uma vida saudável, além de propiciar e promover sua participação ativa e corresponsável nos destinos da própria existência e da vida em comunhão com os demais seres humanos".[1]

O nome dado a um Título ou mesmo a um Capítulo do Código Penal tem o condão de influenciar na análise de cada figura típica nele contida, pois que, por meio de uma interpretação sistêmica ou mesmo de uma interpretação teleológica, em que se busca a finalidade da proteção legal, pode-se concluir a respeito do bem que se quer proteger, conduzindo, assim, o intérprete, que não poderá fugir às orientações nele contidas. A título de exemplo, veja-se o que ocorre com o crime de estupro, que se encontra no capítulo relativo aos crimes contra a liberdade sexual. Aqui, como se percebe, a finalidade do tipo penal é a efetiva proteção da liberdade sexual da vítima e, num sentido mais amplo, a sua dignidade sexual (Título VI).[2]

As modificações ocorridas na sociedade trouxeram novas e graves preocupações. Ao invés de procurar proteger a virgindade das mulheres, como acontecia com o revogado crime de sedução, agora, o Estado estava diante de outros desafios, a exemplo da exploração sexual de crianças.

A situação era tão grave que foi criada, no Congresso Nacional, uma Comissão Parlamentar Mista de Inquérito, por meio do Requerimento 02/2003, apresentado no mês de março daquele ano, assinado pela Deputada Maria do Rosário e pelas Senadoras Patrícia Saboya Gomes e Serys Marly Slhessarenko, que tinha por finalidade investigar as situações de violência e redes de exploração sexual de crianças e adolescentes no Brasil. Essa CPMI encerrou oficialmente seus trabalhos em agosto de 2004, trazendo relatos assustadores sobre a exploração sexual em nosso país, culminando por produzir o Projeto de Lei nº 253/2004 que, após algumas alterações, veio a se converter na Lei nº 12.015, de 7 de agosto de 2009.

Por meio desse novo diploma legal, foram fundidas as figuras do estupro e do atentado violento ao pudor em um único tipo penal, que recebeu o nome de *estupro* (art. 213). Além disso, foi criado o delito de *estupro de vulnerável* (art. 217-A), encerrando-se a discussão que havia em nossos Tribunais, principalmente os Superiores, no que dizia respeito à natureza da presunção de violência, quando o delito era praticado contra vítima menor de 14 (catorze) anos. Além disso, outros artigos tiveram alteradas suas redações, abrangendo hipóteses não previstas anteriormente pelo Código Penal; outro capítulo (VII) foi inserido, prevendo causas de aumento de pena.

Após as referidas modificações, surgiu a Lei nº 13.718, de 24 de setembro de 2018, criando os delitos de importunação sexual (art. 215-A) e de divulgação de cena de estupro ou de cena de estupro de vulnerável, de cena de sexo ou de pornografia (art. 218-C), tornando, ainda, pública incondicionada a natureza da ação penal nos crimes contra a liberdade sexual e nos crimes sexuais contra vulnerável, estabelecendo, também, causas de aumento de pena para esses crimes e definindo-as como o estupro coletivo e o estupro corretivo.

A partir das modificações legais anteriormente mencionadas, podemos visualizar a seguinte composição do Título VI do Código Penal, que cuida dos *Crimes contra a dignidade sexual*, que se encontra dividido em oito capítulos, a saber:

---

[1] SARLET, Ingo Wolfgang. *Dignidade da pessoa humana e direitos fundamentais*, p. 60.

[2] Alberto Silva Franco e Tadeu Antonio Dix Silva, com precisão, criticando a expressão *crimes contra a dignidade sexual*, asseveram que "em matéria de sexualidade enquanto componente inafastável do ser humano, não se cuida de sexo digno ou indigno, mas tão-somente de sexo realizado com liberdade ou sexo posto em prática mediante violência ou coação, ou seja, com um nível maior ou menor de ofensa à autodeterminação sexual do parceiro. Destarte, toda lesão à liberdade sexual da pessoa humana encontra seu núcleo na falta de consensualidade. Fora daí não há conduta sexual que deva ser objeto de consideração na área penal" (*Código penal e sua interpretação jurisprudencial*, p. 1018-1019).

- Capítulo I – *Dos crimes contra a liberdade sexual* [estupro (art. 213); violação sexual mediante fraude (art. 215); importunação sexual (art. 215-A, inserido no Código Penal através da Lei nº 13.718, de 24 de setembro de 2018); assédio sexual (art. 216-A)];
- Capítulo I-A – *Da exposição da intimidade sexual* [Registro não autorizado da intimidade sexual (art. 216-B)];
- Capítulo II – *Dos crimes sexuais contra vulnerável* [estupro de vulnerável (art. 217-A); corrupção de menores (art. 218); satisfação de lascívia mediante a presença de criança ou adolescente (art. 218-A); favorecimento da prostituição ou de outra forma de exploração sexual de criança ou adolescente ou de vulnerável (art. 218-B, conforme nova rubrica que lhe foi conferida pela Lei nº 12.978, de 21 de maio de 2014); divulgação de cena de estupro ou de cena de estupro de vulnerável, de cena de sexo ou de pornografia (art. 218-C, inserido no Código Penal através da Lei nº 13.718, de 24 de setembro de 2018);
- Capítulo III – revogado integralmente pela Lei nº 11.106, de 28 de março de 2005;
- Capítulo IV – *Disposições gerais* [ação penal (art. 225); aumento de pena (art. 226)];
- Capítulo V – *Do lenocínio e do tráfico de pessoa para fim de prostituição ou outra forma de exploração sexual* [mediação para servir a lascívia de outrem (art. 227); favorecimento da prostituição ou outra forma de exploração sexual (art. 228); casa de prostituição (art. 229); rufianismo (art. 230); promoção de migração ilegal (art. 232-A, inserido ao Código Penal através da Lei nº 13.445, de 25 de maio de 2017);
- Capítulo VI – *Do ultraje ao pudor público* [ato obsceno (art. 233); escrito ou objeto obsceno (art. 234)];
- Capítulo VII – *Disposições gerais* [aumento de pena (art. 234-A); segredo de justiça (art. 234-B)].

Jurisprudência em teses do Superior Tribunal de Justiça, Edição nº 111: Provas no Processo Penal – II

1) Em delitos sexuais, comumente praticados às ocultas, a palavra da vítima possui especial relevância, desde que esteja em consonância com as demais provas acostadas aos autos.

2) Nos delitos praticados em ambiente doméstico e familiar, geralmente praticados à clandestinidade, sem a presença de testemunhas, a palavra da vítima possui especial relevância, notadamente quando corroborada por outros elementos probatórios acostados aos autos.

3) É ilícita a prova colhida mediante acesso aos dados armazenados no aparelho celular, relativos a mensagens de texto, SMS, conversas por meio de aplicativos (WhatsApp), e obtida diretamente pela polícia, sem prévia autorização judicial.

4) É desnecessária a realização de perícia para a identificação de voz captada nas interceptações telefônicas, salvo quando houver dúvida plausível que justifique a medida.

5) É necessária a realização do exame de corpo de delito para comprovação da materialidade do crime quando a conduta deixar vestígios, entretanto, o laudo pericial será substituído por outros elementos de prova na hipótese em que as evidências tenham desaparecido ou que o lugar se tenha tornado impróprio ou, ainda, quando as circunstâncias do crime não permitirem a análise técnica.

Jurisprudência em teses do Superior Tribunal de Justiça, edição nº 151: Dos Crimes Contra a Dignidade Sexual – I

1) É facultado aos Tribunais de Justiça atribuir às Varas da Infância e da Juventude competência para processar e julgar crimes de natureza sexual praticados contra crianças e adolescentes.

2) Em delitos sexuais, comumente praticados às ocultas, a palavra da vítima possui especial relevância, desde que esteja em consonância com as demais provas acostadas aos autos.

3) Os crimes de estupro e atentado violento ao pudor praticados antes da edição da Lei n. 12.015/2009, ainda que em sua forma simples, configuram modalidades de crime hediondo. (Tese julgada sob o rito do art. 543-C do CPC/1973 – TEMA 581)

4) Os crimes de estupro e de atentado violento ao pudor foram reunidos em um único dispositivo após a edição da Lei n. 12.015/2009, não ocorrendo *abolitio criminis* do delito do art. 214 do Código Penal – CP, diante do princípio da continuidade normativa.

5) Por força da aplicação do princípio da retroatividade da lei penal mais benéfica, a Lei n. 12.015/2009 deve alcançar os delitos previstos nos arts. 213 e 214 do Código Penal, cometidos antes de sua vigência.

6) Após o advento da Lei n. 12.015/2009, que tipificou no mesmo dispositivo penal (art. 213 do CP) os crimes de estupro e de atentado violento ao pudor, é possível o reconhecimento de crime único entre as condutas, desde que tenham sido praticadas contra a mesma vítima e no mesmo contexto-fático.

7) Sob a normativa anterior à Lei n. 12.015/2009, na antiga redação do art. 224, a, do CP, já era absoluta a presunção de violência nos crimes de estupro e de atentado violento ao pudor quando a vítima não fosse maior de 14 anos de idade, ainda que esta anuísse voluntariamente ao ato sexual.

8) O crime de estupro de vulnerável se configura com a conjunção carnal ou prática de ato libidinoso com menor de 14 anos, sendo irrelevante eventual consentimento da vítima para a prática do ato, sua experiência sexual anterior ou existência de relacionamento amoroso com o agente. (Súmula n. 593/STJ)

(Tese julgada sob o rito do art. 543-C do CPC/1973 – TEMA 918).

9) O estado de sono, que diminua a capacidade da vítima de oferecer resistência, caracteriza a vulnerabilidade prevista no art. 217-A, § 1º, do Código Penal – CP.

10) No crime de estupro em que a vulnerabilidade é decorrente de enfermidade ou deficiência mental (art. 217-A, § 1º, do CP), o magistrado não está vinculado à existência de laudo pericial para aferir a existência de discernimento ou a possibilidade de oferecer resistência à prática sexual, desde que a decisão esteja devidamente fundamentada, em virtude do princípio do livre convencimento motivado.

11) O beijo lascivo integra o rol de atos libidinosos e configura o crime de estupro se obtido mediante emprego de força física do agressor contra vítima maior de 14 anos.

Jurisprudência em teses do Superior Tribunal de Justiça, edição nº 152: Dos Crimes Contra a Dignidade Sexual – II

1) É incabível a desclassificação do crime de atentado violento ao pudor para quaisquer das contravenções penais dos arts. 61 ou 65 do Decreto-Lei n. 3. 688/1941, pois aquele se caracteriza pela prática de atos libidinosos ofensivos à dignidade sexual da vítima, praticados mediante violência ou grave ameaça, com finalidade lasciva, sucedâneo ou não da conjunção carnal, evidenciando-se com o contato físico entre agressor e ofendido.

2) Em razão do princípio da especialidade, é descabida a desclassificação do crime de estupro de vulnerável (art. 217-A do Código Penal – CP) para o crime de importunação sexual (art. 215-A do CP), uma vez que este é praticado sem violência ou grave ameaça, e aquele traz ínsito ao seu tipo penal a presunção absoluta de violência ou de grave ameaça.

3) O delito de estupro de vulnerável (art. 217-A do CP) se consuma com a prática de qualquer ato de libidinagem ofensivo à dignidade sexual da vítima.

4) A contemplação lasciva configura o ato libidinoso constitutivo dos tipos dos art. 213 e art. 217-A do CP, sendo irrelevante, para a consumação dos delitos, que haja contato físico entre ofensor e vítima.

5) É possível a configuração do crime de assédio sexual (art. 216-A do CP) na relação entre professor e aluno.

6) A prática de crime contra a dignidade sexual por professor faz incidir a causa de aumento de pena prevista no art. 226, II, do Código Penal, por sua evidente posição de autoridade e ascendência sobre os alunos.

7) Não há *bis in idem* na incidência da agravante genérica do art. 61, II, *f*, concomitantemente com a causa de aumento de pena do art. 226, II, ambas do CP, no crime de estupro.

8) No estupro de vulnerável (art. 217-A, *caput*, do CP), a condição de a vítima ser criança é elemento ínsito ao tipo penal, tornando impossível a aplicação da agravante genérica prevista no art. 61, II, *h*, do Código Penal Brasileiro, sob pena de *bis in idem*.

9) O fato de o ofensor valer-se de relações domésticas para a prática do crime de estupro não pode, ao mesmo tempo, ser usado como circunstância judicial desfavorável (art. 59 do CP) e como agravante genérica (art. 61, II, *f*, do CP), sob pena de *bis in idem*.

10) No estupro de vulnerável, o trauma psicológico que justifica a valoração negativa das consequências do crime (art. 59 do CP) é aquele cuja intensidade for superior à inerente ao tipo penal.

11) No estupro de vulnerável, a tenra idade da vítima pode ser utilizada como circunstância judicial do art. 59 do CP e, portanto, incidir sobre a pena-base do réu.

Jurisprudência em teses do Superior Tribunal de Justiça, edição nº 153: Dos Crimes Contra a Dignidade Sexual – III

1) Aquele que adere à determinação do comparsa e contribui para a consumação crime de estupro, ainda que não tenha praticado a conduta descrita no tipo penal, incide nas penas a ele cominadas, nos exatos termos do art. 29 do Código Penal.

2) Nas hipóteses em que há imprecisão acerca do número exato de eventos abusivos à dignidade sexual da vítima, praticados em um longo período de tempo, é adequado o aumento de pena pela continuidade delitiva (art. 71 do CP) em patamar superior ao mínimo legal.

3) Nos crimes de estupro ou de atentado violento ao pudor praticados com violência presumida, não incide a regra da continuidade delitiva específica (art. 71, parágrafo único, do CP), que condiciona a sua incidência às situações de emprego de violência real.

4) A orientação da Súmula n. 593/STJ não importa na retroatividade de lei penal mais gravosa (*novatio legis in pejus*) e apresenta adequada interpretação jurisprudencial das modificações introduzidas pela Lei n. 12.015/2009.

5) A prática de conjunção carnal ou de atos libidinosos diversos contra vítima imobilizada configura o crime de estupro de vulnerável do art. 217-A, § 1º, do CP, ante a impossibilidade de oferecer resistência ao emprego de violência sexual.

6) O avançado estado de embriaguez da vítima, que lhe retire a capacidade de oferecer resistência, é circunstância apta a revelar sua vulnerabilidade e, assim, configurar a prática do crime de estupro previsto no § 1º do art. 217-A do Código Penal.

7) Com o advento da Lei n. 12.015/2009, o crime de corrupção sexual de maiores de 14 e menores de 18 anos, previsto na redação anterior do art. 218 do CP, deixou de ser tipificado, ensejando *abolitio criminis*.

8) No crime de favorecimento da prostituição ou outra forma de exploração sexual (art. 218-B do CP), a vulnerabilidade relativa do menor de 18 anos deve ser aferida pela inexistência do necessário discernimento para a prática do ato ou pela impossibilidade de oferecer resistência, inclusive por más condições financeiras.

9) A conduta daquele que pratica conjunção carnal ou outro ato libidinoso com menor de 18 anos e maior de 14 anos em situação de prostituição ou de exploração sexual somente foi tipificada com a entrada em vigor da Lei n. 12.015/2009, que incluiu o art. 218-B, § 2º, I, no CP, não podendo a lei retroagir para incriminar atos praticados antes de sua entrada em vigor.

10) O segredo de justiça previsto no art. 234-B do Código Penal abrange o autor e a vítima de crimes sexuais, devendo constar da autuação apenas as iniciais de seus nomes.

Obs.: Os §§ 1º e 2º, inseridos no art. 234-B do Código Penal pela Lei nº 15.035, de 27 de novembro de 2024, determinam, *verbis*:

§ 1º O sistema de consulta processual tornará de acesso público o nome completo do réu, seu número de inscrição no Cadastro de Pessoas Físicas (CPF) e a tipificação penal do fato a partir da condenação em primeira instância pelos crimes tipificados nos arts. 213, 216-B, 217-A, 218-B, 227, 228, 229 e 230 deste Código, inclusive com os dados da pena ou da medida de segurança imposta, ressalvada a possibilidade de o juiz fundamentadamente determinar a manutenção do sigilo.

§ 2º Caso o réu seja absolvido em grau recursal, será restabelecido o sigilo sobre as informações a que se refere o § 1º deste artigo.

11) O Juizado Especial de Violência Doméstica é competente para julgar e processar o delito de estupro de vulnerável (art. 217-A do CP) quando estiver presente a motivação de gênero ou quando a vulnerabilidade da vítima for decorrente da sua condição de mulher.

12) Reconhecida a existência de crime único entre as condutas descritas nos art. 213 e art. 214 do CP, unificadas pela Lei n. 12.015/2009 na redação do novo art. 213, compete ao Juízo das Execuções o redimensio-namento de pena imposta ao condenado, conforme a Súmula n. 611 do Supremo Tribunal Federal.

13) Nos crimes sexuais praticados contra criança e adolescente, admite-se a oitiva da vítima por profissional preparado e em ambiente diferenciado na modalidade do "depoimento sem dano", prevista na Lei n. 13.431/2017, medida excepcional que respeita sua condição especial de pessoa em desenvolvimento.

14) Na apuração de suposta prática de crime sexual, é lícita a utilização de prova extraída de gravação telefônica efetivada pelo ofendido, ou por terceiro com a sua anuência, sem o conhecimento do agressor.

Cadastro Nacional de Pessoas Condenadas por Crime de Estupro

A Lei nº 14.069, de 1º de outubro de 2020, criou o Cadastro Nacional de Pessoas Condenadas por Crime de Estupro, dizendo, em seu art. 1º, *verbis*:

Art. 1º Fica criado, no âmbito da União, o Cadastro Nacional de Pessoas Condenadas por Crime de Estupro, o qual conterá, no mínimo, as seguintes informações sobre as pessoas condenadas por esse crime:
I – características físicas e dados de identificação datiloscópica;
II – identificação do perfil genético;
III – fotos;
IV – local de moradia e atividade laboral desenvolvida, nos últimos 3 (três) anos, em caso de concessão de livramento condicional.

Art. 2º Instrumento de cooperação celebrado entre a União e os entes federados definirá:
I – o acesso às informações constantes da base de dados do Cadastro de que trata esta Lei;
II – as responsabilidades pelo processo de atualização e de validação dos dados inseridos na base de dados do Cadastro de que trata esta Lei.

Art. 2º-A. É determinada a criação do Cadastro Nacional de Pedófilos e Predadores Sexuais, sistema desenvolvido a partir dos dados constantes do Cadastro Nacional de Pessoas Condenadas por Crime de Estupro, que permitirá a consulta pública do nome completo e do número de inscrição no Cadastro de Pessoas Físicas (CPF) das pessoas condenadas por esse crime. (Incluído pela Lei nº 15.035, de 2024)

Capítulo I – Dos Crimes contra a Liberdade Sexual

Estupro
Art. 213. Constranger alguém, mediante violência ou grave ameaça, a ter conjunção carnal ou a praticar ou permitir que com ele se pratique outro ato libidinoso:
Pena – reclusão, de 6 (seis) a 10 (dez) anos.

§ 1º Se da conduta resulta lesão corporal de natureza grave ou se a vítima é menor de 18 (dezoito) ou maior de 14 (catorze) anos:
Pena – reclusão, de 8 (oito) a 12 (doze) anos.
§ 2º Se da conduta resulta morte:
Pena – reclusão, de 12 (doze) a 30 (trinta) anos.

Introdução

A Lei nº 12.015, de 7 de agosto de 2009, caminhando de acordo com as reivindicações doutrinárias, unificou, no art. 213 do Código Penal, as figuras do estupro e do atentado violento ao pudor, evitando-se, dessa forma, inúmeras controvérsias relativas a esses tipos penais, a exemplo do que ocorria com relação à possibilidade de continuidade delitiva, uma vez que a jurisprudência de nossos Tribunais, principalmente os Superiores, não era segura.

A nova lei optou pela rubrica *estupro*, que diz respeito ao fato de ter o agente constrangido alguém, mediante violência ou grave ameaça, a ter conjunção carnal ou a praticar ou com ele permitir que se pratique outro ato libidinoso. Ao que parece, o legislador se rendeu ao fato de que a mídia, bem como a população em geral, usualmente denominava de "estupro" o que, na vigência da legislação anterior, seria concebido por atentado violento ao pudor, a exemplo do fato de um homem ser violentado sexualmente. Agora, como veremos mais adiante, não importa se o sujeito passivo é do sexo feminino, ou mesmo do sexo masculino que, se houver o constrangimento com a finalidade prevista no tipo penal do art. 213 do diploma repressivo, estaremos diante do crime de estupro. Em alguns países da Europa, tal como ocorre na Espanha, esse delito é chamado de *abuso sexual*.[3]

Analisando a nova redação dada ao *caput* do art. 213 do Código Penal, podemos destacar os seguintes elementos: a) o constrangimento, levado a efeito mediante o emprego de violência ou grave ameaça; b) que pode ser dirigido a qualquer pessoa, seja do sexo feminino ou masculino; c) para que tenha conjunção carnal; d) ou ainda para fazer com que a vítima pratique ou permita que com ela se pratique qualquer ato libidinoso.

De acordo com a redação legal, verifica-se que o núcleo do tipo é o verbo *constranger*, aqui utilizado no sentido de forçar, obrigar, subjugar a vítima ao ato sexual. Trata-se, portanto, de modalidade especial de constrangimento ilegal, praticado com o fim de fazer com que o agente tenha sucesso no congresso carnal ou na prática de outros atos libidinosos.

Para que se possa configurar o delito em estudo, é preciso que o agente atue mediante o emprego de violência ou de grave ameaça. Violência diz respeito à *vis corporalis, vis absoluta*, ou seja, a utilização de força física, no sentido de subjugar a vítima, para que com ela possa praticar a conjunção carnal, ou a praticar ou permitir que com ela se pratique outro ato libidinoso. As vias de fato e as lesões corporais de natureza leve são absorvidas pelo delito de estupro simples, pois que fazem parte da violência empregada pelo agente. Se da conduta praticada pelo agente resultar lesão corporal de natureza grave ou a morte da vítima, o

estupro será qualificado, nos termos dos §§ 1º e 2º do art. 213 do Código Penal.

⚖ O estupro é, pois, crime complexo em sentido amplo, constituindo-se de constrangimento ilegal voltado para uma finalidade específica, consistente em conjunção carnal ou outro ato libidinoso. Ademais, a execução desta conduta típica especial de constrangimento ilegal possui elementos especializantes de meio de execução, consistentes na violência (*vis absoluta* ou *vis corporalis*) ou grave ameaça (*vis compulsiva*). A grave ameaça, também conhecida como violência moral, é a promessa de realização de mal grave, futuro e sério contra a vítima (direta ou imediata) ou pessoa que lhe é próxima (indireta ou mediata). Por sua vez, a violência caracteriza-se pelo emprego de força física sobre a vítima, consistente em lesões corporais ou vias de fato. Pode ser direta ou imediata, quando dirigida contra o ofendido, ou indireta ou mediata, se voltada contra pessoa ou coisa ligada à vítima por laços de parentesco ou afeto (STJ, RHC 93.906/PA, Rel. Min. Ribeiro Dantas, 5ª T., *DJe* 26/03/2019).

A grave ameaça, ou *vis compulsiva*, pode ser direta, indireta, implícita ou explícita. Assim, por exemplo, poderá ser levada a efeito diretamente contra a própria pessoa da vítima ou pode ser empregada, indiretamente, contra pessoas ou coisas que lhe são próximas, produzindo-lhe efeito psicológico no sentido de passar a temer o agente. Por isso, a ameaça deverá ser séria, causando na vítima um fundado temor do seu cumprimento.

Vale ressaltar que o mal prometido pelo agente, para efeito de se relacionar sexualmente com a vítima, contra a sua vontade, não deve ser, necessariamente, injusto, como ocorre com o delito tipificado no art. 147 do Código Penal. Assim, imagine-se a hipótese daquele que, sabendo da infidelidade da vítima para com seu marido, a obriga a com ele também se relacionar sexualmente, sob pena de contar todo o fato ao outro cônjuge, que certamente dela se separará.

Não exige mais a lei penal, para efeitos de caracterização do estupro, que a conduta do agente seja dirigida contra uma *mulher*. No entanto, esse constrangimento pode ser dirigido finalisticamente à prática da conjunção carnal, vale dizer, a relação sexual normal, o coito vagínico, que compreende a penetração do pênis do homem na vagina da mulher.

A conduta de violentar uma mulher, forçando-a ao coito contra sua vontade, não somente a inferioriza, como também a afeta psicologicamente, levando-a, muitas vezes, ao suicídio. A sociedade, a seu turno, tomando conhecimento do estupro, passa a estigmatizar a vítima, tratando-a diferentemente, como se estivesse suja, contaminada com o sêmen do estuprador. A conjugação de todos esses fatores faz com que

---

[3] *Vide* artigos 181, 182 e 183 do Código Penal espanhol.

a vítima, mesmo depois de violentada, não comunique o fato à autoridade policial, fazendo parte, assim, daquilo que se denomina *cifra negra*.

Hoje, com a criação das delegacias especializadas, pelo menos nas cidades de grande porte, as mulheres são ouvidas por outras mulheres sem o constrangimento que lhes era comum quando se dirigiam aos homens, narrando o ocorrido. Era, na verdade, a narração de um filme pornográfico, no qual o ouvinte, embora fazendo o papel de austero, muitas vezes praticava atos de verdadeiro *voyeurismo*, estendendo, demasiadamente, os depoimentos das vítimas tão somente com a finalidade de satisfazer sua imaginação doentia.

Foi adotado, portanto, pela legislação penal brasileira, o *sistema restrito* no que diz respeito à interpretação da expressão conjunção carnal, repelindo-se o *sistema amplo*, que compreende a cópula anal, ou mesmo o *sistema amplíssimo*, que inclui, ainda, os atos de felação (orais).

Hungria traduz o conceito de conjunção carnal dizendo ser "a cópula *secundum naturam*, o ajuntamento do órgão genital do homem com o da mulher, a intromissão do pênis na cavidade vaginal".[4]

Merece registro, ainda, o fato de que a conjunção carnal também é considerada um ato libidinoso, isto é, aquele em que o agente deixa aflorar a sua libido, razão pela qual a parte final constante do *caput* do art. 213 do Código Penal utiliza a expressão *outro ato libidinoso*.

A nova redação do art. 213 do Código Penal considera ainda como estupro o constrangimento levado a efeito pelo agente no sentido de fazer com que a vítima, seja do sexo feminino ou mesmo do sexo masculino, pratique ou permita que com ela se pratique outro ato libidinoso.

Na expressão "*outro ato libidinoso*" estão contidos todos os atos de natureza sexual, que não a conjunção carnal, que tenham por finalidade satisfazer a libido do agente. O constrangimento empregado pelo agente, portanto, pode ser dirigido a duas finalidades diversas. Na primeira delas, o agente obriga a própria vítima a praticar um ato libidinoso diverso da conjunção carnal. A sua conduta, portanto, é *ativa*, podendo atuar sobre seu próprio corpo, com atos de masturbação, por exemplo; no corpo do agente que a constrange, praticando, *v.g.*, sexo oral; ou, ainda, em terceira pessoa, sendo assistida pelo agente.

O segundo comportamento é *passivo*. Nesse caso, a vítima permite que com ela seja praticado o ato libidinoso diverso da conjunção carnal, seja pelo próprio agente que a constrange, seja por um terceiro, a mando daquele.

Dessa forma, o papel da vítima pode ser *ativo, passivo*, ou, ainda, simultaneamente, *ativo e passivo*.

Luiz Regis Prado elenca alguns atos que podem ser considerados libidinosos, como a "*fellatio* ou *irrumatio in ore*, o *cunnilingus*, o *pennilingus*, o *annilingus* (espécies de sexo oral ou bucal); o coito anal, o coito *inter femora*; a masturbação; os toques ou apalpadelas com significação sexual no corpo ou diretamente na região pudica (genitália, seios ou membros inferiores etc.) da vítima; a contemplação lasciva; os contato voluptuosos, uso de objetos ou instrumentos corporais (dedo, mão), mecânicos ou artificiais, por via vaginal, anal ou bucal, entre outros".[5]

[...] "Em delitos sexuais, comumente praticados às ocultas, a palavra da vítima possui especial relevância, desde que esteja em consonância com as demais provas acostadas aos autos". [...] (Informações Complementares à Ementa – AgRg no AREsp 1.377.917/PR, Rel. Min. Rogerio Schietti Cruz, 6ª T., julgado em 10/03/2020, *DJe* 17/03/2020)

Nesse sentido:

STJ, RHC 93.906/PA, Rel. Min. Ribeiro Dantas, 5ª T., *DJe* 26/03/2019; STJ, REsp 1.720.720/RJ, Rel. Min. Jorge Mussi, 5ª T., *DJe* 25/05/2018; STJ, AgRg no AREsp 860.008/MG, Rel. Min. Joel Ilan Paciornik, 5ª T., *DJe* 1º/02/2018.

Classificação doutrinária

Quando a conduta for dirigida à conjunção carnal, o crime será de mão própria no que diz respeito ao sujeito ativo, seja ele um homem ou mesmo uma mulher, pois que exige uma atuação pessoal do agente, e próprio com relação ao sujeito passivo, que poderá ser também tanto um homem quanto uma mulher, uma vez que a conjunção carnal pressupõe uma relação heterossexual; quando o comportamento for dirigido a praticar ou permitir que se pratique outro ato libidinoso estaremos diante de um crime comum, tanto com relação ao sujeito ativo quanto ao sujeito passivo; doloso; comissivo (podendo ser praticado via omissão imprópria, na hipótese de o agente gozar do *status* de garantidor); material; de dano; instantâneo; de forma vinculada, quando a conduta for dirigida a prática da conjunção carnal, e de forma livre, quando o comportamento disser respeito ao cometimento de outros atos libidinosos; monossubjetivo; plurissubsistente; não transeunte (dependendo da forma como é praticado, o crime poderá deixar vestígios, a exemplo do coito vagínico ou do sexo anal; caso contrário, será difícil a sua constatação por meio de perícia, oportunidade em que deverá ser considerado um delito transeunte).

Objeto material e bem juridicamente protegido

Em virtude da nova redação constante do Título VI do Código Penal, podemos apontar como bens juridicamente protegidos pelo art. 213 tanto a liberdade quanto a dignidade sexual.

---

[4] HUNGRIA, Nélson. *Comentários ao código penal*, v. VIII, p. 116.
[5] PRADO, Luiz Regis. *Curso de direito penal brasileiro*, v. 2, p. 601.

A lei, portanto, tutela o direito de liberdade que qualquer pessoa tem de dispor sobre o próprio corpo, no que diz respeito aos atos sexuais. O estupro, atingindo a liberdade sexual, agride, simultaneamente, a dignidade do ser humano, que se vê humilhado com o ato sexual.

Emiliano Borja Jiménez, dissertando sobre o conceito de liberdade sexual, com precisão, aduz que assim se entende: "autodeterminação no marco das relações sexuais de uma pessoa como uma faceta a mais da capacidade de atuar. Liberdade sexual significa que o titular da mesma determina seu comportamento sexual conforme motivos que lhe são próprios no sentido de que é ele quem decide sobre sua sexualidade, sobre como, quando ou com quem mantém relações sexuais".[6]

Inicialmente, a proposta legislativa era no sentido de que no Título VI do Código Penal constasse a expressão: *Dos crimes contra a liberdade e o desenvolvimento sexual*. Embora tenha prevalecido a expressão *Dos crimes contra a dignidade sexual*, também podemos visualizar o desenvolvimento sexual como outro bem a ser protegido pelo tipo penal em estudo.

Assim, resumindo, poderíamos apontar como bens juridicamente protegidos: a dignidade, a liberdade e o desenvolvimento sexual.

O objeto material do delito pode ser tanto a *mulher* quanto o *homem*, ou seja, a pessoa contra a qual é dirigida a conduta praticada pelo agente.

Sujeito ativo e sujeito passivo

A expressão conjunção carnal tem o significado de união, de encontro do pênis do homem com a vagina da mulher, ou vice-versa. Assim, sujeito ativo no estupro, quando a finalidade for a conjunção carnal, poderá ser tanto o homem quanto a mulher. No entanto, nesse caso, o sujeito passivo, obrigatoriamente, deverá ser do sexo oposto, pressupondo uma relação heterossexual.

No que diz respeito à prática de outro ato libidinoso, qualquer pessoa poderá ser sujeito ativo, bem como sujeito passivo, tratando-se, nesta hipótese, de um delito comum.

Consumação e tentativa

Quando a conduta do agente for dirigida finalisticamente a ter conjunção carnal com a vítima, o delito de estupro se consuma com a efetiva penetração do pênis do homem na vagina da mulher, não importando se total ou parcial, não havendo, inclusive, necessidade de ejaculação.

⚖ A consumação do crime de estupro independe da ejaculação do agente. Basta, para configurá-lo, a *intromissio penis in vaginam* (TJSP, Ap. 8282-3, Rel. Silva Leme, *RT* 582, p. 317).

Quanto à segunda parte do art. 213 do estatuto repressivo, consuma-se o estupro no momento em que o agente, depois da prática do constrangimento levado a efeito mediante violência ou grave ameaça, obriga a vítima a praticar ou permitir que com ela se pratique outro ato libidinoso diverso da conjunção carnal. Assim, no momento em que o agente, por exemplo, valendo-se do emprego de ameaça, faz com que a vítima toque em si mesma, com o fim de masturbar-se, ou no próprio agente ou em terceira pessoa, nesse instante estará consumado o delito. Na segunda hipótese, a consumação ocorrerá quando o agente ou terceira pessoa vier a atuar sobre o corpo da vítima, tocando-a em suas partes consideradas pudendas (seios, nádegas, pernas, vagina [desde que não haja penetração, que se configuraria na primeira parte do tipo penal], pênis etc.).

Tratando-se de crime plurissubsistente, torna-se perfeitamente possível o raciocínio correspondente à tentativa. Dessa forma, o agente pode ter sido interrompido, por exemplo, quando, logo depois de retirar as roupas da vítima, preparava-se para a penetração. Se os atos que antecederam ao início da penetração vagínica não consumada forem considerados normais à prática do ato final, a exemplo do agente que passa as mãos nos seios da vítima ao rasgar-lhe vestido ou, mesmo, quando esfrega-lhe o pênis na coxa buscando a penetração, tais atos deverão ser considerados antecedentes naturais ao delito de estupro, cuja finalidade era a conjunção carnal.

A tentativa também será possível a partir do momento em que o agente vier a praticar o constrangimento sem que consiga, nas situações de atividade e passividade da vítima, determinar a prática do ato libidinoso. Não podemos concordar, *permissa vênia*, com a posição radical assumida por Maximiliano Roberto Ernesto Führer e Maximilianus Cláudio Américo Führer quando aduzem que "com a nova redação, o texto penal afastou as tradicionais dúvidas sobre se os atos preparatórios da conjunção carnal, ou preliminares, configurariam estupro consumado ou mera tentativa. Com a sua redação atual o texto não deixa margem para incertezas: qualquer ato libidinoso, mesmo que preparatório, consuma o crime".[7] A vingar essa posição, somente nas hipóteses que o agente viesse a obrigar a vítima a despir-se é que se poderia falar em tentativa se, por uma circunstância alheia à sua vontade, não consumasse a infração penal, deixando, por exemplo, de praticar a conjunção carnal, o sexo anal etc.

Assim, insistimos, se, por exemplo, ao tentar retirar a roupa da vítima, o agente passar as mãos em seus seios, ou mesmo em suas coxas, com a finalidade de praticar a penetração e, se por algum motivo, vier a

⁶ JIMÉNEZ, Emiliano Borja. *Curso de política criminal*, p. 156.

⁷ FÜHRER, Maximiliano Roberto Ernesto; FÜHRER, Maximilianus Cláudio Américo. *Código penal comentado*, p. 391.

ser interrompido, não podemos entender como consumado o estupro, mas, sim, tentado.

Em sentido contrário:

⚖ Nos termos da orientação desta Casa, "o delito de estupro, na redação dada pela Lei nº 12.015/2009, inclui atos libidinosos praticados de diversas formas, onde se inserem os toques, contatos voluptuosos, beijos lascivos, consumando-se o crime com o contato físico entre o agressor e a vítima" (AgRg no REsp nº 1.359.608/MG, Rel.ª Min.ª Assusete Magalhães, 6ª T., julgado em 19/11/2013, *DJe* 16/12/2013) (STJ, HC 483.883/RJ, Rel. Min. Antônio Saldanha Palheiro, 6ª T., *DJe* 1º/03/2019).

Nesse sentido:

⚖ STJ, AgRg no REsp 1.672.777/SP, Rel. Min. Felix Fischer, 5ª T., *DJe* 02/04/2018; STJ, HC 390.463/SP, Rel. Min. Ribeiro Dantas, 5ª T., *DJe* 22/06/2017; STJ, REsp 1.615.929/RJ, Rel. Min. Rogério Schietti Cruz, 6ª T., *DJe* 04/10/2016; STJ, RHC 70.976/MS, Rel. Min. Joel Ilan Paciornik, *DJe* 10/08/2016.

Elemento subjetivo

O dolo é o elemento subjetivo necessário ao reconhecimento do delito de estupro.

Não há necessidade de que o agente atue com a finalidade especial de saciar sua lascívia, de satisfazer sua libido. O dolo, aqui, diz respeito tão somente ao fato de constranger a vítima com a finalidade de, com ela, ter a conjunção carnal ou praticar ou permitir que com ela se pratique outro ato libidinoso, não importando a motivação. Se o agente agiu com a finalidade, por exemplo, de humilhar ou mesmo vingar-se da vítima, tal fato é irrelevante para efeitos de configuração do delito, devendo ser considerado, no entanto, no momento da aplicação da pena, tal como acontece na hipótese do chamado *estupro corretivo*, inserido na alínea *b* do inc. IV do art. 226 do Código Penal, através da Lei nº 13.718, de 24 de setembro de 2018, que prevê um aumento de 1/3 (um terço) a 2/3 (dois terços) se o crime for praticado para controlar o comportamento social ou sexual da vítima.

Não é admissível a modalidade culposa, por ausência de disposição legal expressa nesse sentido. Assim, por exemplo, se o agente, de forma imprudente, correndo pela praia, perder o equilíbrio e cair com o rosto nas nádegas da vítima, que ali se encontrava deitada, tomando banho de sol, não poderá ser responsabilizado pelo delito em estudo, pois que não se admite o estupro culposo.

Modalidades comissiva e omissiva

O núcleo *constranger* pressupõe um comportamento *positivo* por parte do agente, tratando-se, pois, como regra, de crime *comissivo*.

No entanto, o delito poderá ser praticado via omissão imprópria, na hipótese de o agente gozar do *status* de garantidor, nos termos preconizados pelo § 2º do art. 13 do Código Penal.

Imagine-se a hipótese em que um agente penitenciário, encarregado legalmente de vigiar os detentos em determinada penitenciária, durante a sua ronda, tivesse percebido que um grupo de presos estava segurando um de seus "companheiros de cela" para obrigá-lo ao coito anal, uma vez que havia sido preso por ter estuprado a sua própria filha, sendo essa a reação "normal" do sistema carcerário a esse tipo de situação. Mesmo sabendo que os presos iriam violentar aquele que ali tinha sido colocado sob a custódia do Estado, o garantidor, dolosamente, podendo, nada faz para livrá-lo das mãos dos seus agressores, que acabam por consumar o ato libidinoso, forçando-o ao coito anal.

Nesse caso, deverá o agente penitenciário responder pelo resultado que devia e podia, mas não tentou evitar, vale dizer, o estupro por omissão.

Modalidades qualificadas

A Lei nº 12.015, de 7 de agosto de 2009, criou duas modalidades qualificadas no crime de estupro, *verbis*:
§ 1º Se da conduta resulta lesão corporal de natureza grave ou se a vítima é menor de 18 (dezoito) anos e maior de 14 (quatorze) anos:
Pena: reclusão de 8 (oito) a 12 (doze) anos.
§ 2º Se da conduta resulta morte:
Pena: reclusão, de 12 (doze) a 30 (trinta) anos.
Por lesão corporal de natureza grave devemos entender aquelas previstas nos §§ 1º e 2º do art. 129 do Código Penal.

A Lei nº 12.015, de 7 de agosto de 2009, ao contrário do que ocorria com as qualificadoras previstas no revogado art. 223 do Código Penal, disse, claramente, que a lesão corporal de natureza grave, ou mesmo a morte da vítima, deve ter sido produzida em consequência da *conduta* do agente, vale dizer, do comportamento que era dirigido no sentido de praticar o estupro, evitando-se discussões desnecessárias.[8]

Assim, não importa, por exemplo, se o agente atuou com o emprego de violência ou grave ameaça, a fim de levar a efeito o estupro, se, dessa *conduta*, ou seja, se do seu constrangimento resultar lesão corporal grave ou mesmo a morte da vítima, deverá responder pelas qualificadoras. A título de raciocínio, imagine-se a hipótese em que o agente, querendo prati-

---

[8] A redação constante do *caput* do revogado art. 223 utilizava a expressão *se da violência resulta lesão corporal de natureza grave*, enquanto o parágrafo único do mesmo artigo dizia *se do fato resulta a morte*. Essa diversidade de expressões produzia discussões que acabavam por gerar dúvidas na sua aplicação. Hoje, após a nova redação legal trazida pela Lei nº 12.015, de 7 de agosto de 2009, podemos afirmar que o agente responderá pela modalidade qualificada se da sua conduta ou seja, do seu comportamento dirigido a estuprar a vítima, vier a causar-lhe qualquer dos resultados previstos pelos §§ 1º e 2º do art. 213 do Código Penal.

car o estupro, ameace gravemente a vítima, mesmo sabendo de sua condição de pessoa portadora de problemas cardíacos. Ao ouvir a ameaça, e durante a prática do ato sexual, ou seja, após o início do coito vagínico, a vítima tem um infarto fulminante, vindo, consequentemente, a falecer. Nesse caso, o agente deverá responder pelo estupro qualificado pelo resultado morte. As lesões corporais de natureza leve, bem como as vias de fato, encontram-se absorvidas pelo constrangimento empregado para a prática do delito. No entanto, deve ser frisado que esses resultados que qualificam a infração penal somente podem ser imputados ao agente a título de *culpa*, cuidando-se, outrossim, de crimes eminentemente preterdolosos.[9] Maximiliano Roberto Ernesto Führer e Maximilianus Cláudio Américo Führer aduzem, a nosso ver equivocadamente, que estes "dois resultados mais graves (lesões graves e morte), podem derivar tanto de dolo como de culpa, mas devem necessariamente se relacionar com o contexto do crime sexual, cabendo ao juiz aplicar a pena conforme se verifique o dolo ou a culpa em relação ao resultado mais grave."[10]

Com fundamento diverso, mas também defendendo a possibilidade de reconhecimento das qualificadoras do estupro, tanto de forma culposa como dolosa, Cezar Roberto Bitencourt preleciona: "Se o agente houver *querido* (dolo direto) ou *assumido* (dolo eventual) o risco da produção do resultado mais grave, as previsões destes parágrafos não deveriam, teoricamente, ser aplicados. Haveria, nessa hipótese, *concurso material de crimes* (ou *formal impróprio*, dependendo das circunstâncias): o de natureza sexual (*caput*) e o resultante da violência (lesão grave ou morte). Curiosamente, no entanto, se houver esse concurso de crimes dolosos, a soma das penas poderá resultar menor do que as das figuras qualificadas, decorrente da desarmonia do sistema criada pelas reformas penais *ad hoc*. Por essas razões, isto é, para evitar esse provável paradoxo, sugerimos que as qualificadoras constantes dos §§ 1º e 2º devem ser aplicadas, mesmo que o resultado mais grave decorra de dolo do agente. Parece-nos que essa é a interpretação mais recomendada nas circunstâncias, observando-se o *princípio da razoabilidade*".[11]

Com a devida *venia*, não podemos também concordar com o raciocínio do nosso querido amigo e professor gaúcho. Isso porque somente quando a conduta do agente produzir uma lesão corporal de natureza grave, prevista no § 1º do art. 129 do Código Penal, é que a pena mínima, se somada àquela prevista para o crime de estupro, ficaria com um déficit de um ano,

ou seja, se somadas as penas mínimas do estupro (6 anos) com a da mencionada lesão corporal (1 ano), o total seria de 7 (sete) anos, enquanto a qualificadora prevista no § 1º do art. 213 do diploma repressivo prevê uma pena de reclusão, de 8 (oito) a 12 (doze) anos. Em todas as demais hipóteses, a soma das penas será maior ou, pelo menos, igual àquelas previstas para o estupro qualificado.

Dessa forma, o agente deve ter praticado sua conduta no sentido de estuprar a vítima, vindo, culposamente, a causar-lhe lesões graves ou mesmo a morte. Conforme esclarece Noronha, "se na prática de um dos delitos sexuais violentos o agente quer direta ou eventualmente a morte da vítima, haverá concurso de homicídio com um dos crimes contra os costumes,[12] o mesmo devendo dizer-se a respeito da lesão grave. Se, entretanto, a prova indica que tais resultados sobrevieram sem que o sujeito ativo os quisesse (direta ou indiretamente), ocorrerá uma das hipóteses do artigo em exame. Excetua-se naturalmente o caso fortuito".[13]

Se, conforme salientou Noronha, o resultado que agrava especialmente a pena for proveniente de caso fortuito ou força maior, o agente não poderá ser responsabilizado pelas modalidades qualificadas, conforme preconiza o art. 19 do Código Penal, que diz:

Art. 19. Pelo resultado que agrava especialmente a pena, só responde o agente que o houver causado ao menos culposamente.

Isso significa que o agente não poderá ser responsabilizado objetivamente sem que tenha podido, ao menos, prever a possibilidade de ocorrência de lesões graves ou mesmo a morte da vítima com seu comportamento.

No entanto, pode ter agido com ambas as finalidades, vale dizer, a de praticar o crime sexual (estupro), bem como a de causar lesões corporais graves ou a morte da vítima. Nesse caso, como exposto acima, deverá responder por ambas as infrações penais, em concurso material de crimes, nos termos preconizados pelo art. 69 do Código Penal.

Pode ocorrer, ainda, a hipótese em que o agente, para efeitos de praticar o estupro, derrube a vítima violentamente no chão, fazendo com que esta bata a cabeça, por exemplo, em uma pedra, produzindo-lhe a morte antes que seja praticada a conjunção carnal. Nesse caso, pergunta-se: teríamos uma tentativa qualificada de estupro, ou o estupro poderia ser considerado consumado, havendo a morte da vítima, mesmo sem a ocorrência da penetração?

Como se percebe pela própria indagação, duas correntes se formaram. A primeira afirmando pela con-

---

[9] Em sentido contrário, afirma Guilherme de Souza Nucci, que "todo resultado qualificador pode ser alcançado por dolo ou culpa, exceto quando o legislador deixa bem clara a exclusão do dolo, tal como fez no art. 129, § 3º, do Código Penal" (*Crimes contra a dignidade sexual*, p. 26).

[10] FÜHRER, Maximiliano Roberto Ernesto; FÜHRER, Maximilianus Cláudio Américo. *Código Penal comentado*, p. 391.

[11] BITENCOURT, Cezar Roberto. *Tratado de direito penal*, vol. 4, p. 52.

[12] Leia-se, agora, *dignidade sexual*.

[13] NORONHA, Edgard Magalhães. *Direito penal*, v. 3, p. 182.

sumação do delito, conforme se verifica pelas lições de Luiz Regis Prado, que diz: "O melhor entendimento, destarte, é aquele que prima pelo reconhecimento de que haverá, nessas hipóteses, delito qualificado consumado, não obstante ter o delito sexual permanecido apenas na forma tentada."[14]

Apesar do brilhantismo do renomado autor, parece-nos contraditório seu raciocínio, mesmo sendo essa a posição que goza da predileção de nossa doutrina. Como ele próprio afirmou, o delito sexual permaneceu tentado. Se não se consumou, como posso entendê-lo consumado, afastando-se a possibilidade do reconhecimento da tentativa?

Na verdade, tratando-se de crime preterdoloso, como regra, não se admite a tentativa, uma vez que o resultado que agrava especialmente a pena somente pode ser atribuída a título de culpa, e, como não se cogita de tentativa em crime culposo, não se poderia levar a efeito o raciocínio relativo à tentativa em crimes preterdolosos. No entanto, quase toda regra sofre exceções. O que não podemos é virar as costas para a exceção, a fim de se reconhecer aquilo que, efetivamente, não ocorreu no caso concreto.

Veja-se o exemplo do estupro, praticado por meio da conjunção carnal, que se consuma com a penetração, total ou parcial, do pênis do homem na cavidade vaginal da mulher. Se isso não ocorrer, o que teremos, no caso concreto, será uma tentativa de estupro. Portanto, há necessidade inafastável de se constatar a penetração para efeitos de reconhecimento do estupro, desde que, obviamente, outros atos libidinosos não tenham sido praticados. Se é assim, como no caso de ocorrência de um dos resultados que qualificam o crime poderíamos entender pelo delito consumado se não houve a conjunção carnal?

Aqueles que entendem que o delito se consumava com a ocorrência das lesões graves ou da morte justificam seu ponto de vista dizendo que, se reconhecêssemos a tentativa, a pena seria menor do que aquela prevista para o delito de lesão corporal seguida de morte. Isso acontece, realmente, quando se leva em consideração a pena máxima cominada em ambos os delitos, embora a Lei nº 12.015, de 7 de agosto de 2009, a tenha aumentado para 30 (trinta) anos, e não no que diz respeito à pena mínima, que será idêntica. É claro que o Código Penal não é perfeito, como nenhuma outra legislação o é, seja nacional ou estrangeira. As falhas existem. Entretanto, raciocinando no contexto de um Estado Social e Democrático de Direito, não podemos permitir que essas falhas sejam prejudiciais ao agente. Não podemos simplesmente considerar como consumado um delito que, a toda prova, permaneceu na fase da tentativa, raciocínio que seria, esse sim, completamente *contra legem*, com

ofensa frontal à regra determinada pelo inc. II do art. 14 do Código Penal.

Dessa forma, entendemos como plenamente admissível a tentativa qualificada de estupro.

Poderíamos, ainda, visualizar a hipótese em que o agente, depois de derrubar a vítima, fazendo com que batesse com a cabeça em uma pedra, morrendo instantaneamente, sem que tivesse percebido esse fato, viesse a penetrá-la. Aqui, teríamos, ainda, somente uma tentativa de estupro qualificada pela morte da vítima, uma vez que a penetração ocorreu somente depois desse resultado, não podendo mais ser considerada como objeto material do delito de estupro. Também não ocorreria o vilipêndio a cadáver, tipificado no art. 212 do Código Penal, em virtude do fato de não saber o agente que ali já se encontrava um cadáver, pois que desconhecia a morte da vítima.

Ao contrário, caso tivesse percebido a morte instantânea da vítima e tentasse prosseguir com seu propósito de penetrá-la, aí, sim, poderia responder por ambas as infrações penais, vale dizer, tentativa de estupro qualificada pela morte e vilipêndio a cadáver.

Inovou a Lei nº 12.015, de 7 de agosto de 2009, ao prever o estupro qualificado quando a vítima é menor de 18 (dezoito) e maior de 14 (quatorze) anos. Por mais que as pessoas, que vivem no século XXI, tenham um comportamento sexual diferente daquelas que viviam em meados do século passado, ainda podemos afirmar que os adolescentes entre 14 (quatorze) e 18 (dezoito) anos de idade merecem especial proteção. A prática de um ato sexual violento, nessa idade, certamente trará distúrbios psicológicos incalculáveis, levando esses jovens, muitas vezes, ao cometimento, também, de atos violentos, e até mesmo similares aos que sofreram. Dessa forma, o juízo de censura, de reprovação, deverá ser maior sobre o agente que, conhecendo a idade da vítima, sabendo que se encontra na faixa etária prevista pelo § 1º do art. 213 do Código Penal, ainda assim insista na prática do estupro.

Deve ser frisado que, mesmo sendo a vítima menor de 18 (dezoito) e maior de 14 (quatorze) anos, se ocorrer o resultado morte será aplicado o § 2º do art. 213 do Código Penal, pois que as penas deste último são maiores do que aquelas previstas pelo § 1º do referido artigo.

A expressão *vítima maior de 14 (catorze) anos*, utilizada na parte final do § 1º do art. 213 do Código Penal, tem gerado controvérsia doutrinária. Rogério Sanches Cunha assevera: "Se a vítima for violentada no dia do seu 14º aniversário não gera qualificadora, pois ainda não é *maior de 14 anos*. Também não tipifica o crime do art. 217-A, que exige vítima *menor de 14 anos*. Conclusão: se o ato sexual for praticado com violência ou grave ameaça haverá estupro simples (art. 213, *caput*, do CP); se o ato foi consentido, o fato

---

[14] PRADO, Luiz Regis. *Curso de direito penal brasileiro*, v. 3, p. 250.

é atípico, apurando-se a enorme falha do legislador. A alteração legislativa, nesse caso, é benéfica, devendo retroagir para alcançar os fatos pretéritos".[15]

Com a devida *venia*, não podemos concordar com o raciocínio levado a efeito pelo amigo e colega de Ministério Público. Isso porque, em várias passagens, o Código Penal se vale de expressão similar, a exemplo do que ocorre nos arts. 61, II, *h* (maior de 60 sessenta) anos; 65, I (maior de 70 anos) etc.

Na verdade, no primeiro instante após completar a idade prevista pelo tipo penal a pessoa já é considerada *maior de 14 (catorze) anos*.[16] Não há necessidade, portanto, que se passe um dia inteiro para, somente após, ou seja, no dia seguinte, entender que a vítima, no caso do artigo em estudo, é considerada maior de 14 (catorze) anos, para efeitos de reconhecimento da qualificadora.

Nesse sentido, preleciona André Estefam: "Uma interpretação puramente literal poderia conduzir à (errônea) conclusão que há estupro simples. Fundamento: quem possui exatos 14 anos não é alcançado pela qualificadora do § 1º (a qual exige pessoa *maior* de 14) e, de modo similar, não há estupro de vulnerável (art. 217-A), porque este somente existe quando o sujeito passivo é *menor* de 14. O absurdo dessa conclusão, todavia, demonstra que com ela não se pode anuir. A caracterização do estupro simples deve, desde logo, ser afastada, caso contrário, constranger adolescente no dia de seu 14º aniversário à prática de ato libidinoso, mediante violência ou grave ameaça, seria punido menos severamente que fazê-lo no dia seguinte (até que completasse a idade adulta). É evidente que a *mens legis* jamais foi a de 'presentear' a vítima com semelhante proteção deficiente".[17]

Assim, ao contrário da posição assumida por Rogério Sanches, entendemos que, se o agente vier a praticar o delito de estupro no dia em que a vítima completava 14 (catorze) anos, deverá ser reconhecido o delito qualificado, se esse dado, ou seja, a idade da vítima era de seu conhecimento.

Causas de aumento de pena

Determina o art. 226 do Código Penal, com as redações que lhe foram conferidas pelas Leis nos 11.106, de 28 de março de 2005, e 13.718, de 24 de setembro de 2018:

Art. 226. A pena é aumentada:

I – de quarta parte, se o crime é cometido com o concurso de 2 (duas) ou mais pessoas;

II – de metade, se o agente é ascendente, padrasto ou madrasta, tio, irmão, cônjuge, companheiro, tutor, curador, preceptor ou empregador da vítima ou por qualquer outro título tiver autoridade sobre ela;

III – (Revogado);

IV – de 1/3 (um terço) a 2/3 (dois terços), se o crime é praticado:

Estupro coletivo

a) mediante concurso de 2 (dois) ou mais agentes;

Estupro corretivo

b) para controlar o comportamento social ou sexual da vítima.

O art. 234-A, após a nova redação que foi conferida aos incs. III e IV pela Lei nº 13.718, de 24 de setembro de 2018, passou a prever o seguinte:

Aumento de pena

Art. 234-A. Nos crimes previstos neste Título a pena é aumentada:

I – (vetado);

II – (vetado);

III – de metade a 2/3 (dois terços), se do crime resulta gravidez;

IV – de 1/3 (um terço) a 2/3 (dois terços), se o agente transmite à vítima doença sexualmente transmissível de que sabe ou deveria saber ser portador, ou se a vítima é idosa ou pessoa com deficiência.

Atualmente, após a criação da causa especial de aumento de pena relativa ao chamado *estupro coletivo*, prevista na alínea *a* do inc. IV do art. 226 do Código Penal, conforme redação dada pela Lei nº 13.718, de 24 de setembro de 2018, o inc. I do mencionado art. 226 deixou de ser aplicado ao crime de estupro (seja aquele tipificado no art. 213, ou mesmo no art. 217-A do Código Penal), tendo em vista o princípio da especialidade, permanecendo, contudo, aplicável a todas as demais infrações penais previstas nos capítulos anteriores.

Assim, merece destaque o fato de que, como veremos mais adiante, se estivermos diante de um crime de estupro coletivo, o aumento será de 1/3 (um terço) a 2/3 (dois terços); por outro lado, nas demais infrações penais, que não as previstas nos arts. 213 e 217-A do Código Penal, se praticada mediante o concurso de duas ou mais pessoas, a pena será aumentada de quarta parte no terceiro momento do critério trifásico, previsto no art. 68 do estatuto repressivo.

A segunda hipótese prevê o aumento de metade da pena, conforme determina o inc. II do art. 226 do Código Penal. Diz respeito ao fato de ser o agente ascendente, padrasto ou madrasta, tio, irmão, cônjuge ou companheiro, tutor, curador, preceptor ou empregador da vítima ou por qualquer outro título tiver autoridade sobre ela.

A Lei nº 13.718, de 24 de setembro de 2018, que deu nova redação ao inc. II do art. 226 do Código Penal, manteve todas as hipóteses previstas anteriormente

---

[15] CUNHA, Rogério Sanches. *Comentários à reforma criminal de 2009 e à convenção de Viena sobre o direito dos tratados*, p. 37.

[16] Nesse sentido, Julio Fabbrini Mirabete e Renato N. Fabbrini, quando dizem que "a vítima tem 14 anos de idade a partir do primeiro instante do dia de seu aniversário" (*Manual de Direito Penal*, v. 2, p. 393).

[17] ESTEFAM, André. *Crimes sexuais* – comentários à Lei nº 12.015, de 7 de agosto de 2009, p. 43.

e modificou, tão somente, a palavra *tem*, passando-a para *tiver*, dando uma ideia de atualidade da situação em que o agente se encontra envolvido.

Foram inseridas no mencionado inciso, para efeito de aplicação da majorante, as figuras do padrasto e da madrasta, do tio, bem como do cônjuge e do companheiro. Foi afastada a figura do *pai adotivo*, uma vez que, nos dias de hoje, tal designação tornou-se discriminatória e proibida constitucionalmente.

Isso significa que a relação de parentesco ou de autoridade tem o condão de fazer com que a pena seja especialmente aumentada, levando-se a efeito, assim, maior juízo de reprovação sobre as pessoas elencadas pelo inc. II do art. 226 do Código Penal.

A Lei nº 13.718, de 24 de setembro de 2018, fez inserir mais duas majorantes no art. 226 do Código Penal, criando o inciso IV e prevendo um aumento de 1/3 (um terço) a 2/3 (dois terços), se o crime é praticado: *a)* mediante concurso de 2 (dois) ou mais agentes (estupro coletivo); *b)* para controlar o comportamento social ou sexual da vítima (estupro corretivo).

Ab initio, merece ser frisado, como já dissemos anteriormente, que esse aumento previsto na alínea *a* do referido inciso IV somente é aplicável quando estivermos diante de um delito de estupro, seja na modalidade tipificada no art. 213, ou mesmo naquela prevista pelo art. 217-A, ambos do Código Penal.

Vale ressaltar a falta de técnica do legislador, quando se utiliza da palavra *agentes*, querendo se referir ao concurso de pessoas. A ausência de padrão legislativo é insuportável. O concurso de agentes era a expressão prevista pelo Código Penal de 1969, que sequer entrou em vigor, sendo que a reforma da parte geral de 1984 optou por concurso de pessoas. Enfim, parece que o legislador não quis inserir na alínea em estudo a mesma redação contida no inc. I do art. 226 do diploma repressivo, pretendendo, outrossim, manifestar que ali havia uma situação diferente. A rubrica constante da mencionada alínea – estupro coletivo – já era indicador suficiente da diferença.

Enfim, independentemente da falta de rigor técnico, na hipótese de estupro, se houver o concurso de duas ou mais pessoas (ou dois ou mais agentes, como diz textualmente a alínea *sub examen*), haverá um aumento de 1/3 (um terço) a 2/3 (dois terços).

Entendemos que a mencionada majorante somente poderá ser aplicada se os agentes praticarem, conjuntamente, atos de execução tendentes à prática do estupro.

A presença de duas ou mais pessoas é motivo de maior facilidade no cometimento do delito, diminuindo ou, mesmo, anulando a possibilidade de resistência da vítima. Dessa forma, existe maior censurabilidade no comportamento daqueles que praticam o delito em concurso de pessoas.

Assim, não somos partidários da corrente que aceita a aplicação da causa de aumento de pena pela simples existência do concurso de pessoas, sem levar em consideração a maior facilidade no cometimento da infração penal, quando realizada, efetivamente, por duas ou mais pessoas, a exemplo de Guilherme de Souza Nucci, quando afirma que "se duas ou mais pessoas tomaram parte na prática do delito, antes ou durante a execução, é isso suficiente para aplicar-se a elevação da pena"[18], ou, ainda, Luiz Regis Prado, quando assevera que "não é imprescindível a presença de todos os agentes nos atos de execução, bastando que os coautores ou partícipes hajam concorrido, de qualquer forma, para o crime"[19].

Da mesma forma, a pena será aumentada de 1/3 (um terço) a 2/3 (dois terços) se houver o chamado *estupro corretivo*, isto é, aquele praticado para *controlar o comportamento social ou sexual da vítima*.

Infelizmente, temos vivenciado momentos difíceis na sociedade, em que a violência alçou voos assustadores, principalmente nas grandes capitais, dominadas por facções criminosas. Não é incomum notícia de que jovens são estupradas em comunidades carentes, dominadas por essas facções, simplesmente porque mantinham alguma relação de amizade com policiais, ou mesmo com membros ligados a facções rivais. O estupro se transformou em ferramenta de punição dessas pessoas, em sua maioria mulheres. Essa é uma das hipóteses em que o agente tem a motivação do estupro a fim de controlar o comportamento social da vítima.

Rogério Sanches Cunha, com o brilhantismo que lhe é peculiar, diz que:

"A majorante do estupro corretivo abrange, em regra, crimes contra mulheres lésbicas, bissexuais e transexuais, no qual o abusador quer 'corrigir' a orientação sexual ou o gênero da vítima. A violação tem requintes de crueldade e é motivada por ódio e preconceito, justificando a nova causa de aumento. A violência é usada como um castigo pela negação da mulher à masculinidade do homem. Uma espécie doentia de 'cura' por meio do ato sexual à força. A característica desta forma criminosa é a pregação do agressor ao violentar a vítima. Os meios de comunicação indicam casos em que os agressores chegam a incitar a 'penetração corretiva' em grupos das redes sociais e sites na internet (o que, isoladamente, pode caracterizar o crime do art. 218-C – apologia ou induzimento à prática do estupro – caso sejam veiculadas fotografias ou registros audiovisuais)"[20].

---

[18] NUCCI, Guilherme de Souza. *Código penal comentado*, p. 676.

[19] PRADO, Luiz Regis. *Curso de direito penal*, v. 3, p. 260.

[20] CUNHA, Rogério Sanches. Lei 13.718/18: introduz modificações nos crimes contra a dignidade sexual. Disponível em: <http://s3.meusitejuridico.com.br/2018/09/140afc83-crimes-sexuais-lei-13718-18.pdf>. Acesso em: 29 set. 2018.

O inc. III do art. 234-A do Código Penal, com a nova redação que lhe foi conferida pela Lei nº 13.718, de 24 de setembro de 2018, determina que a pena será aumentada de metade a 2/3 (dois terços), se do crime resultar gravidez. Infelizmente, quando uma mulher é vítima de estupro, praticado mediante conjunção carnal, poderá engravidar e, consequentemente, rejeitar o feto, fruto da concepção violenta. Como o art. 128, II, do Código Penal permite o aborto nesses casos, é comum que a mulher opte pela interrupção da gravidez. Como se percebe, a conduta do estuprador acaba não somente causando um mal à mulher, que foi vítima de seu comportamento sexual violento, como também ao feto, que teve ceifada sua vida. Dessa forma, o juízo de censura sobre a conduta do autor do estupro deverá ser maior, aumentando-se a pena de metade a 2/3 (dois terços), no terceiro momento do critério trifásico, previsto pelo art. 68 do diploma repressivo.

Devemos ressalvar, no entanto, que se o agente, durante a prática do ato sexual, fazia a utilização de preservativo, que se rompeu durante o coito sem que o agente pudesse perceber, tal fato impedirá a aplicação da referida causa especial de aumento de pena, pois, caso contrário, estaríamos responsabilizando-o objetivamente, o que violaria frontalmente o disposto no art. 19 do Código Penal, que tem por finalidade afastar a chamada responsabilidade penal objetiva (sem culpa ou pelo resultado).

A pena deverá, ainda, ser aumentada de 1/3 (um terço) a 2/3 (dois terços), conforme nova redação dada pela Lei nº 13.718, de 24 de setembro de 2018, ao inc. IV do art. 234-A do Código Penal, se o agente transmite à vítima doença sexualmente transmissível de que sabe ou deveria saber ser portador, ou se a vítima é idosa ou pessoa com deficiência. Para que ocorra a majorante há necessidade de que a doença tenha sido, efetivamente, transmitida à vítima que, para efeitos de comprovação, deverá ser submetida a exame pericial.

"As DST (doenças sexualmente transmissíveis) são doenças causadas por vírus, bactérias, fungos ou protozoários e que, pelo fato de seu mecanismo de transmissão ser quase que exclusivamente por via sexual, possuem a denotação *sexualmente transmissível*. Apesar disso, existem DST que podem ser transmitidas fora das relações sexuais.

As DST se manifestam principalmente nos órgãos genitais do homem e da mulher, podendo acometer outras partes do corpo, sendo possível, inclusive, que não se manifeste qualquer sintoma visível.

Até certo tempo, as doenças sexualmente transmissíveis eram popularmente conhecidas como 'doenças venéreas' ou 'doenças do mundo'.

A maioria das doenças sexualmente transmissíveis possui cura. Outras, causadas por vírus, possuem apenas tratamento. É o caso da sífilis, do herpes genital e da Aids. Nestes casos, a doença pode ficar estagnada (incubada) até que algum fator externo permita que ela se manifeste novamente."[21]

Podemos citar, como exemplos de doenças sexualmente transmissíveis, a candidíase, a gonorreia, a pudicolose do púbis, *Human Papilloma Viruses* (HPV), a hepatite B, a herpes simples genital, o cancro duro e o cancro mole, a infecção de clamídia, bem como o HIV (Sida).

O inc. IV em análise exige, para efeitos de aplicação da causa especial de aumento de pena, que o agente, no momento do contato sexual, saiba – ou pelo menos deva saber – que é portador dessa doença sexualmente transmissível. As expressões contidas no mencionado inciso – *sabe ou deveria saber ser portador* – são motivo de intensa controvérsia doutrinária e jurisprudencial. Discute-se se tais expressões são indicativas tão somente de dolo ou podem permitir também o raciocínio com a modalidade culposa.

A Exposição de Motivos da Parte Especial do Código Penal, ao cuidar do art. 130, que contém expressões similares, consigna expressamente que, nelas, se pode visualizar também a modalidade culposa, conforme se verifica da leitura do item 44, que diz:

44. O crime é punido não só a título de dolo de perigo, como a título de culpa (isto é, não só quando o agente sabia achar-se infeccionado, como quando devia sabê-lo pelas circunstâncias).

Com a devida *venia* das posições em contrário, devemos entender que as expressões *de que sabe ou deveria saber ser portador* dizem respeito ao fato de ter o agente atuado, no caso concreto, com dolo direto ou mesmo com dolo eventual, mas não com culpa.

Merece ser frisado, ainda, que, quando a lei menciona que o agente *sabia* ou *deveria saber* ser portador de uma doença sexualmente transmissível está se referindo, especificamente, a esse fato, ou seja, ao conhecimento efetivo ou possível da contaminação, e não ao seu elemento subjetivo no momento do ato sexual, ou seja, não importa saber, para que se aplique a causa de aumento de pena em estudo, se o agente queria ou não a transmissão da doença, mas tão somente se, anteriormente ao ato sexual, sabia ou poderia saber que dela era portador.

A Lei nº 13.718, de 24 de setembro de 2018, modificando a redação original do inciso IV, fez inserir o mesmo aumento de pena nas hipóteses em que a vítima for idosa ou pessoa com deficiência. *Pessoa idosa*, de acordo com o art. 1º da Lei nº 10.741, de 1º de outubro de 2003 (Estatuto da Pessoa Idosa), é a pessoa com idade igual ou superior a 60 (sessenta anos).

Nos termos do art. 2º da Lei nº 13.146, de 6 de julho de 2015 (Estatuto da Pessoa com Deficiência), *considera-se pessoa com deficiência aquela que tem impedimento de longo prazo de natureza física, mental, inte-*

lectual ou sensorial, o qual, em interação com uma ou mais barreiras, pode obstruir sua participação plena e efetiva na sociedade em igualdade de condições com as demais pessoas.

Pena, ação penal e segredo de justiça

O *caput* do art. 213 do Código Penal prevê uma pena de reclusão, de 6 (seis) a 10 (dez) anos. Se, da conduta, resulta lesão corporal de natureza grave ou se a vítima é menor de 18 (dezoito) ou maior de 14 (catorze) anos, a pena é de reclusão, de 8 (oito) a 12 (doze) anos. Se, da conduta, resulta morte, a pena é de reclusão, de 12 (doze) a 30 (trinta) anos.

O art. 225 do Código Penal, com a nova redação que lhe foi conferida pela Lei nº 13.718, de 24 de setembro de 2018, assevera que, *verbis*:

Art. 225. *Nos crimes definidos nos Capítulos I e II deste Título, procede-se mediante ação penal pública incondicionada.*

Assim, a partir da referida modificação legal, não mais se discute sobre a natureza da ação penal no delito de estupro, passando a ser, em todas as hipóteses, de *iniciativa pública incondicionada*.

Nos termos do art. 234-B do Código Penal, criado pela Lei nº 12.015, de 7 de agosto de 2009, os processos em que se apuram crimes previstos pelo Título VI, vale dizer, os *crimes contra a dignidade sexual*, correrão em *segredo de justiça*.

Contudo, os §§ 1º e 2º, inseridos no art. 234-B do Código Penal pela Lei nº 15.035, de 27 de novembro de 2024, determinam, *verbis*:

§ 1º O sistema de consulta processual tornará de acesso público o nome completo do réu, seu número de inscrição no Cadastro de Pessoas Físicas (CPF) e a tipificação penal do fato a partir da condenação em primeira instância pelos crimes tipificados nos arts. 213, 216-B, 217-A, 218-B, 227, 228, 229 e 230 deste Código, inclusive com os dados da pena ou da medida de segurança imposta, ressalvada a possibilidade de o juiz fundamentadamente determinar a manutenção do sigilo.

§ 2º Caso o réu seja absolvido em grau recursal, será restabelecido o sigilo sobre as informações a que se refere o § 1º deste artigo.

Consentimento da(o) ofendida(o)

O delito de estupro se caracteriza quando o constrangimento, mediante o emprego da violência (ou grave ameaça) é dirigido no sentido de ter conjunção carnal ou praticar ou permitir que se pratique com a vítima, de forma não consentida por ela, outro ato libidinoso. Faz-se mister, portanto, para a caracterização do crime, que não tenha havido o consentimento da vítima para o ato sexual, pois, caso contrário, estaremos diante de um fato atípico,

desde que a vítima não se encontre em qualquer das situações previstas pelo art. 217-A do Código Penal, sendo, outrossim, considerada como pessoa vulnerável.

Casos que importam em sadismo e masoquismo, se praticados por pessoas maiores e capazes, desde que produzam lesões corporais de natureza leve, não se configuram em infração penal, em face da disponibilidade do bem jurídico protegido. Valdir Sznick, dissertando sobre o tema, traça as suas diferenças dizendo: "Masoquismo e sadismo são inversos: no sadismo o agente encontra prazer no sofrimento de outra pessoa; no masoquismo, a volúpia está no próprio sofrimento, na própria dor.

O sadismo é mais comum entre os homens; o masoquismo, por sua vez, é mais frequente entre as mulheres. No sadismo, há o prazer de comandar, de autoridade; no masoquismo, o da submissão. Numa ideia de submeter, no outro a ideia de ser submisso, de ser passivo".[22]

Resistência da vítima

Vimos, portanto, que o estupro (art. 213 do CP) ocorre quando há o dissenso da vítima, que não deseja a prática do ato sexual.

No entanto, para que seja efetivamente considerado o dissenso, temos de discernir quando a recusa da vítima ao ato sexual importa em manifestação autêntica de sua vontade, de quando, momentaneamente, faz parte do "jogo de sedução", pois que, muitas vezes, o "não" deve ser entendido como "sim".

No que diz respeito especificamente às mulheres, indaga George P. Fletcher: "Quando consente uma mulher? Susan Estrich popularizou o slogan *não significa não*. Ainda admitindo essa tautologia, todavia nos encontramos com o problema de provar que a mulher disse não. Aqui não há gravação de vídeo. Não há formulários de consentimento firmados, como existem nos hospitais, e não existem testemunhas. Mas o homem disse que a mulher lhe disse que *sim*. Assim, como saberemos? E o que sucede se nunca o saberemos com segurança?".[23]

O erro do agente no que diz respeito ao dissenso da vítima importará em erro de tipo, afastando-se, pois, a tipicidade do fato. Assim, imagine-se a hipótese em que um casal, depois de permanecer algum tempo em um restaurante, saia dali para a residência de um deles. Lá chegando, começam a se abraçar. A maneira como a mulher se insinua para o homem dá a entender que deseja ter relações sexuais. No entanto, quando o homem tenta retirar-lhe as roupas, ela resiste, dizendo não estar preparada, insistindo na negativa durante um bom tempo, embora continue se insinuando. O homem, entendendo a negativa como parte do "jogo de sedução", retira, ele próprio, de forma vio-

[22] SZNICK, Valdir. *Crimes sexuais violentos*, p. 145.

[23] FLETCHER, George. P. *Las víctimas ante el jurado*, p. 161.

lenta, as roupas da vítima, tendo com ela conjunção carnal.

De toda forma, embora, ao que parece, tenha havido realmente o dissenso da vítima para o ato sexual, o homem que atuou acreditando que isso fazia parte do "jogo de sedução" poderá alegar o erro de tipo, afastando-se o dolo e, consequentemente, a tipicidade do fato.

Nesse sentido, afirma João Mestiere: "A crença, sincera, de que a vítima apresenta oposição ao congresso carnal apenas por recato ou para tornar o jogo do amor mais difícil ou interessante (*vis haud ingrata*) deve sempre de ser entendida em favor do agente. Falha o tipo subjetivo, igualmente, quando o agente erra, ainda que culposamente, sobre um dos elementos do tipo objetivo. É o erro de tipo".[24]

No entanto, se a dúvida pender para o lado da negação do consentimento, a alegação de erro de tipo não poderá ser sustentada como um simples artifício legal para que a responsabilidade penal do agente seja afastada, haja vista que, sendo aceita a tese do erro de tipo, mesmo que inescusável, tendo em vista a ausência de previsão para a modalidade culposa de estupro, o fato será considerado atípico.

Embora tenhamos exemplificado com uma possibilidade de erro sobre os fatos que antecederam a prática do ato sexual, não significa que, em virtude de ter a vítima correspondido sexualmente de alguma forma com o agente, isso permitirá que este chegue ao ato culminante da conjunção carnal. A vítima tem o direito de dizer não, e sua negativa deve ser compreendida pelo agente, mesmo que em momentos anteriores houvesse alguma cumplicidade entre eles.

No caso Mike Tyson e Desiree Washington, ocorrido em 1991, nos Estados Unidos, algumas testemunhas, que não chegaram a ser ouvidas em juízo, presenciaram a vítima entrando volitivamente na *limosine* do conhecido boxeador, afirmando, até mesmo, que eles se abraçaram e se beijaram no interior do veículo. A defesa, com base nesses fatos, tentou a anulação do julgamento sob o argumento de que tais testemunhas teriam o condão de comprovar que a vítima, desde o começo, consentia no ato sexual. No entanto, rechaçando essa argumentação, o Tribunal de Apelação confirmou a condenação, sob o seguinte fundamento: "Uma crença honesta e razoável em que um membro do sexo contrário consentirá com a conduta sexual em algum momento futuro não é uma escusa para o estupro ou a conduta criminal desviada. O único consentimento válido é o consentimento que precede de maneira imediata o da conduta sexual."[25]

Isso quer dizer que a vítima, mesmo dando mostras anteriores que desejava o ato sexual, pode modificar sua vontade a qualquer tempo, antes da penetração, por exemplo. Somente o consentimento que precede imediatamente o ato sexual, como esclareceu o Tribunal norte-americano, é que deve ser considerado.

No entanto, é claro que os fatos antecedentes devem ser levados em consideração para efeitos de prova, uma vez que o estupro, como regra, não é cometido na presença de testemunhas. Muitas circunstâncias deverão ser consideradas para se apurar se houve, no caso concreto, resistência da vítima. Por isso, a dificuldade de prova nos delitos sexuais é ainda maior quando a vítima mantinha, de alguma forma, relações de intimidade com o agente, a exemplo do que ocorre com os namorados, noivos e até mesmo entre pessoas casadas. Voltando ao caso Mike Tyson, conforme as lúcidas palavras de George P. Fletcher, sua acusação se converteu: "em um símbolo de um movimento. Esse era um caso em que os encarregados de vigiar a aplicação de lei, unidos com o movimento feminista, enviavam uma mensagem aos homens: 'Não, deve significar não'. Suficientemente claro. Mas para defender os direitos das vítimas não se precisa derrogar os direitos dos penalmente acusados. Quando os que apoiam uma causa com vítimas estão dispostos a converter em *bode expiatório* um homem moralmente inocente, encontramos o lado feio da política".[26]

A resistência da vítima, que não se exige ser desesperada, heroica, mas verdadeira, sincera, constante e proporcional ao seu ânimo e compleição, deve deixar vestígios e, se a perícia não os indica, o depoimento da ofendida constitui, por necessidade óbvia, peça central da acusação (TJRS, Ap. 6751, Rel. Celso Afonso Pereira, *RF* 115, p. 238).

Marido como sujeito ativo do estupro

Questão que durante muitos anos dividiu a doutrina, e que hoje vem perdendo seus adeptos, diz respeito à possibilidade de se apontar o próprio marido da vítima como o autor do delito de estupro.

A primeira corrente, hoje já superada, entendia que, em virtude do chamado *débito conjugal*, previsto pelo Código Civil (tanto no art. 231, II, do revogado Código de 1916, quanto no atual art. 1.566, II), o marido que obrigasse sua esposa ao ato sexual agiria acobertado pela causa de justificação relativa ao *exercício regular de um direito*, conforme se verifica pela posição de Hungria, de conotação nitidamente machista:

"Questiona-se sobre se o marido pode ser, ou não, considerado réu de estupro, quando, mediante violência, constrange a esposa à prestação sexual. A solução justa é no sentido negativo. O estupro pressupõe cópula *ilícita* (fora do casamento). A cópula *intra matrimonium* é recíproco dever dos cônjuges. O próprio *Codex Juris Canonici* reconhece-o explicitamente

[24] MESTIERE, João. *Do delito de estupro*, p. 92.

[25] *Apud* FLETCHER, George. P. *Las víctimas ante el jurado*, p. 170.

[26] FLETCHER, George. P. *Las víctimas ante el jurado*, p. 183-184.

[...]. O marido violentador, salvo excesso inescusável, ficará isento até mesmo da pena correspondente à violência física em si mesma (excluído o crime de *exercício arbitrário das próprias razões*, porque a prestação corpórea não é exigível judicialmente), pois é lícita a violência necessária para o *exercício regular de um direito*".[27]

Modernamente, perdeu o sentido tal discussão, pois que, embora alguns possam querer alegar o seu "crédito conjugal", o marido somente poderá relacionar-se sexualmente com sua esposa com o consentimento dela. Caso a esposa não cumpra com suas obrigações conjugais, tal fato poderá dar ensejo, por exemplo, à separação do casal, mas nunca à adoção de práticas violentas ou ameaçadoras para levar adiante a finalidade do coito (vaginal ou anal), ofensivas à liberdade sexual da mulher, atingindo-a em sua dignidade.[28]

Nesse sentido, esclarece Sílvio Venosa: "Na convivência sob o mesmo teto está a compreensão do débito conjugal, a satisfação recíproca das necessidades sexuais. Embora não constitua elemento fundamental do casamento, sua ausência, não tolerada ou não aceita pelo outro cônjuge, é motivo de separação. O princípio não é absoluto, e sua falta não implica necessariamente o desfazimento da *affectio maritalis*. Afora, porém, as hipóteses de recusa legítima ou justa, o dever de coabitação é indeclinável. Nesse sentido, é absolutamente ineficaz qualquer pacto entre os cônjuges a fim de dispensar o débito conjugal ou a coabitação. Não pode, porém, o cônjuge obrigar o outro a cumprir o dever, sob pena de violação da liberdade individual. A sanção pela violação desse dever somente virá sob forma indireta, ensejando a separação e o divórcio e repercutindo na obrigação alimentícia".[29]

Em virtude da atual redação constante do art. 213 do Código Penal, a esposa também poderá figurar como autora do delito de estupro praticado contra seu próprio marido, a exemplo daquela que, mediante o emprego de grave ameaça, o obriga a permitir que com ele se pratique atos de felação.

Coação irresistível praticada por mulher

Pode acontecer que uma mulher, mediante o emprego de coação moral irresistível, obrigue um homem a violentar outra mulher, mantendo com ela conjunção carnal. Nesse caso, deveria ela ser considerada autora de um crime de estupro, mesmo diante da nova redação que foi dada ao art. 213 do Código Penal pela Lei nº 12.015, de 7 de agosto de 2009?

Luiz Regis Prado, analisando essa situação, mesmo anteriormente à modificação legal, aduzia: "Excepcionalmente, na hipótese de o sujeito ativo da cópula carnal sofrer coação irresistível por parte de outra mulher para a realização do ato, pode-se afirmar que o sujeito ativo do delito é uma pessoa do sexo feminino, já que, nos termos do art. 22 do Código Penal, somente o coator responde pela prática do crime".[30]

O renomado autor, embora, com razão, apontando a qualidade de sujeito ativo da mulher que coage um homem a praticar conjunção carnal com a vítima, não esclarece a que título, tecnicamente, deverá ser responsabilizada, vale dizer, se autora ou partícipe de um crime de estupro.

A resposta virá da natureza jurídica que se dê à mencionada infração penal, quando o estupro é praticado mediante conjunção carnal, seja apontando-o como um crime comum, próprio ou de mão própria.

Se entendido como um crime comum, será reconhecida como autora do estupro, não havendo qualquer problema nisso. No entanto, a discussão começa a surgir a partir do momento em que se opta por reconhecer o estupro, praticado mediante conjunção carnal, como um delito próprio ou mesmo como um crime de mão própria. Isso porque se tem entendido que os casos de coação moral irresistível encontram-se no rol das situações que permitem o reconhecimento da chamada autoria mediata, em que o agente se vale de interposta pessoa, que lhe serve como instrumento na prática do delito.

Contudo, para que se possa concluir pela possibilidade de autoria mediata nos crimes próprios, o autor mediato precisaria gozar da qualidade especial exigida pelo tipo. No caso em exame, deveria ser um homem, pois a conjunção carnal pressupõe uma relação heterossexual.

Se entendêssemos o estupro, praticado mediante conjunção carnal, como um delito de mão própria, não poderíamos sequer cogitar, como regra, de autoria mediata, pois que, conforme assevera Nilo Batista, "os crimes de mão própria não admitem coautoria nem autoria mediata, na medida em que o seu conteúdo de injusto reside precisamente na pessoal e indeclinável realização da atividade proibida".[31]

Restaria, assim, excluída a titulação de *autora* para a mulher que coagisse um homem a manter conjunção carnal com outra mulher.

---

[27] HUNGRIA, Nélson. *Comentários ao código penal*, v. VIII, p. 124-125.

[28] Não podemos concordar com Damásio de Jesus quando assevera que "sempre que a mulher não consentir na conjunção carnal e o marido a obrigar ao ato, com violência ou grave ameaça, em princípio caracterizar-se-á o crime de estupro, desde que ela tenha justa causa para a negativa" (JESUS, Damásio E. *Direito penal*, v. 3, p. 128). Com a devida vênia, não há qualquer necessidade de "justa causa para a negativa". Basta, simplesmente, que a mulher não queira o ato sexual, não podendo a ele ser obrigada em nenhuma situação, tenha ou não fundamento para sua negativa.

[29] VENOSA, Sílvio de Salvo. *Direito civil*, v. VI, p. 161-162.

[30] PRADO, Luiz Regis. *Curso de direito penal brasileiro*, v. 3, p. 195.

[31] BATISTA, Nilo. *Concurso de agentes*, p. 97.

Poderia ser considerada, portanto, como partícipe? Mesmo adotando-se a teoria da acessoriedade limitada, na qual se exige do agente tão somente a prática de um comportamento típico e ilícito para que o fato possa ser atribuído ao partícipe, acreditamos que a conduta da coatora vai mais além do que um caso de mera participação.

Podemos, dessa forma, utilizar a teoria do *autor de determinação*, preconizada por Zaffaroni, a fim de fazer com que a mulher que determinou a prática do estupro mediante conjunção carnal responda, com esse título especial – autora de determinação –, pelas mesmas penas cominadas ao estupro. Assim, de acordo com as lições de Zaffaroni, "a mulher não é punida como autora do estupro, senão que se lhe aplica a pena do estupro por haver cometido o delito de *determinar o estupro*".[32] Tal raciocínio não se afasta das disposições contidas no art. 22 do Código Penal, que diz, *verbis*:

Art. 22. Se o fato é cometido sob coação irresistível ou em estrita obediência a ordem, não manifestamente ilegal, de superior hierárquico, só é punível o autor da coação ou da ordem.

Mulher que constrange o homem à prática da conjunção carnal

Não é de agora a hipótese ventilada pela doutrina quando erige a possibilidade de um homem ser constrangido por uma mulher a com ela praticar a conjunção carnal.

Suponha-se que uma mulher, apaixonada por um homem, querendo, a todo custo, ter com ele relações sexuais, não conseguindo seduzi-lo pelos "meios normais", mediante o emprego de ameaça, com uma arma de fogo, por exemplo, o obrigue ao ato sexual, fazendo com que ocorra a penetração normal. Pergunta-se: Qual seria o crime praticado pela mulher que, mediante o emprego de grave ameaça, fez com que o homem mantivesse com ela conjunção carnal?

Na verdade, a hipótese mais parece de laboratório. Pode ser que uma pessoa ou outra consiga ter ereção nessa situação, que não se traduz, obviamente, na regra. Entretanto, trabalhando com a hipótese do sujeito, mesmo sob intensa pressão, conseguir ter ereção e praticar a conjunção carnal, qual seria a solução para o caso?

A atual redação do art. 213 do Código Penal nos permite raciocinar com a ocorrência do estupro, uma vez que o tipo penal prevê a possibilidade de a conjunção carnal ser levada a efeito tanto pelo homem, quanto pela própria mulher, desde que estejamos diante, sempre, de uma relação heterossexual.

Estupro praticado por vários agentes ao mesmo tempo

Não é incomum que o estupro, mediante conjunção carnal, seja cometido por várias pessoas que atuam em concurso. Assim, pode ocorrer, por exemplo, que três pessoas, unidas pelo mesmo liame subjetivo, com identidade de propósito, resolvam estuprar a vítima. Dessa forma, enquanto dois a seguram, o terceiro leva a efeito a penetração, havendo entre eles um "rodízio criminoso".

Nesse caso, haveria um único crime ou três estupros em continuidade delitiva?

Para nós, que entendemos que o estupro, mediante conjunção carnal, é um crime de mão própria, de atuação personalíssima, de execução indelegável, intransferível, no caso em exame teríamos, sempre, um autor e dois partícipes, cada qual prestando auxílio para o sucesso da empresa criminosa.

Nesse caso, cada agente que vier a praticar a conjunção carnal, com os necessários atos de penetração, será autor de um crime de estupro, enquanto os demais serão considerados seus partícipes.

Aqui, portanto, no exemplo fornecido, teríamos de concluir pela prática de três crimes de estupro, em continuidade delitiva, nos moldes preconizados pelos arts. 29 e 71, todos do Código Penal.

Além disso, em virtude da majorante criada pela Lei nº 13.718, de 24 de setembro de 2018, no inc. IV do art. 226 do Código Penal, todos aqueles que praticarem o *estupro coletivo* estarão sujeitos a um aumento de 1/3 (um terço) a 2/3 (dois terços), sejam eles os autores ou mesmo os partícipes.

Desistência voluntária

O art. 15 do Código Penal assevera que *o agente que, voluntariamente, desiste de prosseguir na execução, só responde pelos atos já praticados*.

Nesse caso, pergunta-se: seria possível o raciocínio correspondente à desistência voluntária no delito de estupro?

Acreditamos que sim. Imagine-se a hipótese daquele que, depois de retirar as roupas da vítima, acabe cedendo às suas súplicas e não leve a efeito a penetração. Aqui, somente deveria responder pelos atos já praticados. E quais seriam esses atos? Se o agente, ao dar início à execução do crime de estupro, cuja finalidade era a prática da conjunção carnal, simplesmente levou a efeito atos necessários à penetração – por exemplo, arrancar as calças da vítima, passando-lhe as mãos nas coxas, nas pernas etc. –, não poderá responder pelo mesmo delito, na parte em que diz que o constrangimento também pode ter sido dirigido no sentido de *praticar ou permitir que fosse praticado com a vítima outro ato libidinoso*, pois, dessa forma, em quase todas as hipóteses em que o agente simplesmente tocasse na vítima teríamos que reconhecer a

---

[32] ZAFFARONI, Eugenio Raul. *Manual de derecho penal* – parte general, p. 580.

consumação do delito de estupro, o que não nos parece razoável.

Por outro lado, caso o agente tivesse, antes de consumar a penetração vaginal, praticado atos que, por si sós, já se configurassem na segunda parte do delito de estupro, aí, sim, poder-se-ia cogitar do crime em estudo, a exemplo daquele que realiza o coito anal com a vítima ou, mesmo, atos de felação, sugando-lhe os seios etc.

Assim, concluindo, caso o agente, que queria levar a efeito a conjunção carnal, não tenha praticado atos libidinosos relevantes, que importem no reconhecimento da segunda parte constante do art. 213 do Código Penal, deverá ser responsabilizado tão somente pelo constrangimento ilegal a que submeteu a vítima, mediante o emprego de violência ou grave ameaça, aplicando-se, pois, a regra constante do art. 15 do diploma repressivo.

Em sentido contrário, Maximiliano Roberto Ernesto Führer e Maximilianus Cláudio Américo Führer aduzem que a possibilidade de desistência voluntária desaparece "ao primeiro contato corporal libidinoso".[33]

⚖ Se o agente inicia a execução do delito e interrompe-a por motivos exteriores, forçado por elementos circunstanciais e não por causa interna à sua pessoa, descabe falar em desistência voluntária ante a ausência do requisito da voluntariedade (TJMG, Processo 1.0133.02.005191-7/001[1], Rel. Tibagy Salles, pub. 03/02/2004).

Médico que realiza exame de toque na vítima com intenção libidinosa

Infelizmente, a imprensa tem noticiado situações em que médicos são acusados de abusar de seus pacientes. Alguns desses casos foram, inclusive, filmados. Os agentes, pervertidos, praticavam toda a sorte de atos sexuais com suas vítimas, quase sempre adormecidas. Suponha-se que o agente, médico ginecologista-obstetra, ao atender uma de suas pacientes em seu consultório, nela realize, desnecessariamente, o exame de toque, simplesmente com a finalidade de satisfazer sua libido. Nesse caso, deveria responder pelo delito tipificado no art. 215 do Código Penal, com a nova redação que lhe foi dada pela Lei nº 12.015, de 7 de agosto de 2009, que prevê o comportamento de *ter conjunção carnal ou praticar outro ato libidinoso com alguém, mediante fraude ou outro meio que impeça ou dificulte a livre manifestação de vontade da vítima*, haja vista que a fraude estaria demonstrada mediante a comprovação da falta de necessidade do mencionado exame ginecológico.

É claro que a prova, no caso concreto, será extremamente difícil, principalmente porque teremos que demonstrar, efetivamente, o dolo do agente. No entanto, tecnicamente, será possível a sua configuração.

Síndrome da mulher de Potifar (verossimilhança da palavra da vítima)

O estupro, em geral, é um crime praticado às ocultas, isto é, sem a presença de testemunhas. Nesse caso, como chegar à condenação do agente quando temos, de um lado, a palavra da vítima, que se diz estuprada, e, do outro, a palavra do réu, que nega todas as acusações proferidas contra a sua pessoa? Como ficaria, nesse caso, o princípio do *in dubio pro reo*?

Devemos aplicar, nesse caso, aquilo que em criminologia é conhecido como *síndrome da mulher de Potifar*, importada dos ensinamentos bíblicos.

Para quem nunca teve a oportunidade de ler a Bíblia, resumindo a história que motivou a criação desse pensamento criminológico, tal teoria foi originária do livro de Gênesis, principalmente do capítulo 39, em que é narrada a história de José, décimo primeiro filho de Jacó.

Diz a Palavra de Deus que Jacó amava mais a José do que aos outros irmãos, o que despertava neles ciúmes e inveja. Certo dia, a pedido de seu pai, José foi verificar como estavam seus irmãos, que tinham levado o rebanho a pastorear. Ao avistarem José, seus irmãos, destilando ódio, resolveram matá-lo, depois de o terem jogado em um poço, mas foram dissuadidos por seu irmão mais velho, Rúben. No entanto, ao perceberem que se aproximava uma caravana que se dirigia ao Egito, resolveram vendê-lo aos ismaelitas por 20 barras de prata. Ao chegar ao Egito, José foi vendido pelos ismaelitas a um egípcio chamado Potifar, um oficial que era o capitão da guarda do palácio real. Como era um homem temente a Deus, José logo ganhou a confiança de Potifar, passando a ser o administrador de sua casa, tomando conta de tudo o que lhe pertencia. Entretanto, a mulher de Potifar, sentindo forte atração por José, quis com ele ter relações sexuais, mas foi rejeitada.

A partir de agora, vamos registrar a história narrada pela própria Bíblia, com a nova tradução em linguagem de hoje, no capítulo 39, versículos 6 a 20, para sermos mais fidedignos com os fatos que motivaram a criação da aludida teoria criminológica:

"José era um belo tipo de homem e simpático. Algum tempo depois, a mulher do seu dono começou a cobiçar José. Um dia ela disse:

— Venha, vamos para a cama.

Ele recusou, dizendo assim:

— Escute! O meu dono não precisa se preocupar com nada nesta casa, pois eu estou aqui. Ele me pôs como responsável por tudo o que tem. Nesta casa eu mando tanto quanto ele. Aqui eu posso ter o que quiser, menos a senhora, pois é mulher dele. Sendo assim, como poderia eu fazer uma coisa tão imoral e pecar contra Deus? Todos os dias ela insistia que ele fosse para a cama com ela, mas José não concordava e também evitava estar

---

[33] FÜHRER, Maximiliano Roberto Ernesto; FÜHRER, Maximilianus Cláudio Américo. *Código Penal comentado*, p. 391.

perto dela. Mas um dia, como de costume, ele entrou na casa para fazer o seu trabalho, e nenhum empregado estava ali. Então ela o agarrou pela capa e disse:

— Venha, vamos para a cama.

Mas ele escapou e correu para fora, deixando a capa nas mãos dela. Quando notou que, ao fugir, ele havia deixado a capa nas suas mãos, a mulher chamou os empregados da casa e disse:

— Vejam só! Este hebreu, que o meu marido trouxe para casa, está nos insultando. Ele entrou no meu quarto e quis ter relações comigo, mas eu gritei o mais alto que pude. Logo que comecei a gritar bem alto, ele fugiu, deixando a sua capa no meu quarto.

Ela guardou a capa até que o dono de José voltou. Aí contou a mesma história, assim:

— Esse escravo hebreu, que você trouxe para casa, entrou no meu quarto e quis abusar de mim. Mas eu gritei bem alto, e ele correu para fora, deixando a sua capa no meu quarto. Veja só de que jeito o seu escravo me tratou!

Quando ouviu essa história, o dono de José ficou com muita raiva. Ele agarrou José e o pôs na cadeia onde ficavam os presos do rei. E José ficou ali".[34]

Quem tem alguma experiência na área penal percebe que, em muitas situações, a suposta vítima é quem deveria estar ocupando o banco dos réus, e não o agente acusado de estupro.

Mediante a chamada *síndrome da mulher de Potifar*, o julgador deverá ter a sensibilidade necessária para apurar se os fatos relatados pela vítima são verdadeiros, ou seja, comprovar a *verossimilhança* de sua palavra, haja vista que contradiz com a negativa do agente.

A falta de credibilidade da vítima poderá, portanto, conduzir à absolvição do acusado, ao passo que a verossimilhança de suas palavras será decisiva para um decreto condenatório.[35]

⚖ Os elementos de informações testemunhais unificados nas investigações preliminares, realizados pela autoridade policial, somados e em consonância com a palavra da vítima, claramente conferem justa causa à representação, pois permitem inferir, em cognição meramente sumária, a materialidade do cometimento de atos libidinosos em relação à vítima, bem como a existência de indícios de autoria do recorrente. Outrossim, conforme jurisprudência consolidada desta Corte, a palavra da vítima possui especial relevância nos crimes contra a liberdade sexual, haja vista a usual clandestinidade da conduta, mormente se estiver em consonância com outros elementos informativos (STJ, RHC 93.906/PA, Rel. Min. Ribeiro Dantas, 5ª T., DJe 26/03/2019).

Nesse sentido:

⚖ STJ, HC 428.251/SP, Rel. Min. Ribeiro Dantas, 5ª T., DJe 24/04/2018; STJ, AgRg no AREsp 642.849/SC, Rel. Min. Joel Ilan Paciornik, 5ª T., DJe 30/09/2016; STF, AI 855942 AgR/MG, Rel. Min. Luiz Fux, 1ª T., DJe 11/06/2013; STJ, HC 259092/MG, 6ª T., Rel.ª Min.ª Assusete Magalhães, 6ª T., DJe 03/04/2013; TJSP, AC 26998220108260302, Rel. Pinheiro Franco, DJe 31/08/2012.

Crime impossível e impotência coeundi

Denomina-se *impotência coeundi* a incapacidade do homem de obter a ereção peniana, o que o impede de praticar os atos de penetração. Ao contrário, chama-se *impotência generandi* aquela referente à incapacidade de procriar.

Dessa forma, tem-se entendido pelo crime impossível quando a impotência de que está acometido o homem é de natureza *coeundi*, uma vez que, não havendo qualquer possibilidade de ereção, torna-se impraticável o estupro, se a finalidade do agente era a conjunção carnal ou mesmo o sexo anal, que exigem um membro viril para que se leve a efeito a penetração, total ou parcial.

Não será o caso de crime impossível quando estivermos diante da impotência de natureza *generandi*, pois que nesse caso existe ereção e, portanto, capacidade de penetração.

De qualquer forma, se o agente, mesmo com impotência *coeundi*, vier a praticar outros atos libidinosos com a vítima, a exemplo da felação, introdução de objetos na cavidade vaginal ou anal etc. poderá, nos termos da nova redação que foi dada ao art. 213 do Código Penal pela Lei nº 12.015, de 7 de agosto de 2009, ser responsabilizado pelo delito de estupro.

⚖ A alegada impotência sexual do réu, não comprovada por perícia médica, não afasta a tipicidade do delito de tentativa de estupro, ainda mais em se considerando a possibilidade de uma inviabilidade relativa e não absoluta de ocorrência do coito vaginal (TJMG, ACr 1.0692.06.000328-6/001, 5ª Câm. Crim., Rel. Alexandre Victor de Carvalho, pub. 05/04/2008).

Conjunção carnal e prática conjunta de outros atos libidinosos

Anteriormente à edição da Lei nº 12.015, de 7 de agosto de 2009, que revogou o delito de atentado violento ao pudor, tipificado no art. 214 do Código Penal, quando o agente, que tinha por finalidade levar a efeito a conjunção carnal com vítima viesse, também, a praticar outros atos libidinosos, a exemplo do sexo anal e da felação, deveria responder por ambas as infrações penais, aplicando-se a regra do concurso de crimes.

---

[34] Depois de algum tempo preso, Deus honrou a fidelidade de José, fazendo dele o segundo homem mais poderoso do Egito, somente ficando abaixo do próprio Faraó. Para saber mais detalhes sobre a vida de José, desde seu nascimento até sua assunção ao poder no Egito, leia os capítulos 37 a 50 do livro de Gênesis, na *Bíblia Sagrada*.

[35] Cf. nota no final do capítulo.

Hoje, após a referida modificação, nessa hipótese, a lei veio a beneficiar o agente, razão pela qual se, durante a prática violenta do ato sexual, o agente, além na penetração vaginal, vier a também fazer sexo anal com a vítima, os fatos deverão ser entendidos como *crime único*, haja vista que os comportamentos se encontram previstos na mesma figura típica, devendo ser entendida a infração penal como de ação múltipla (tipo misto alternativo), aplicando-se somente a pena cominada no art. 213 do Código Penal, por uma única vez, afastando, dessa forma, o concurso de crimes. Nesse sentido, preleciona Guilherme de Souza Nucci: "Se o agente constranger a vítima a com ele manter conjunção carnal e cópula anal comete um único delito de estupro, pois a figura típica passa a ser mista alternativa. Somente se cuidará de crime continuado se o agente cometer, novamente, em outro cenário, ainda que contra a mesma vítima, outro estupro. Naturalmente, deve o juiz ponderar, na fixação da pena, o número de atos sexuais violentos cometidos pelo agente contra a vítima. No caso supramencionado merece pena superior ao mínimo aquele que obriga a pessoa ofendida a manter conjunção carnal e cópula anal".[36]

E, ainda, Paulo César Busato:

"Caso exista a prática de atos libidinosos diversos e também da conjunção carnal, o crime será único, sempre e quando o contexto de constrangimento seja um também só."[37]

Em sentido contrário, posicionando-se favoravelmente ao reconhecimento do tipo misto cumulativo, e, consequentemente, à possibilidade de se reconhecer o concurso de crimes caso o agente venha a ter conjunção carnal com a vítima, bem como a praticar outro ato libidinoso, Abrão Amisy Neto assevera: "a alteração legislativa buscou reforçar a proteção do bem jurídico e não enfraquecê-lo; caso o legislador pretendesse criar um tipo de ação única ou misto alternativo não distinguiria 'conjunção carnal' de 'outros atos libidinosos', pois é notório que a primeira se insere no conceito do segundo, mais abrangente. Portanto, bastaria que tivesse redigido o tipo penal da seguinte maneira: 'Art. 213. Constranger alguém, mediante violência ou grave ameaça, a praticar ou permitir que com ele se pratique ato libidinoso'. Visível, portanto, que o legislador, ao continuar distinguindo a conjunção carnal dos 'outros atos libidinosos', não pretendeu impor única sanção em caso de condutas distintas."[38]

No mesmo sentido, Julio Fabbrini Mirabete e Renato N. Fabbrini, asseveram que "o art. 213 descreve um tipo misto 'cumulativo', punindo, com as mesmas penas, duas condutas distintas, a de constrangimento à conjunção carnal e a de constrangimento a ato libidinoso diverso. A utilização, no caso, de um único núcleo verbal (constranger) decorre da técnica legislativa, resultando da concisão propiciada pelo conteúdo das duas figuras típicas. A prática de uma ou outra conduta configura o crime de estupro e a realização de ambas enseja a possibilidade do concurso de delitos. Trata-se, em realidade, de crimes distintos, embora da mesma espécie, punidos num único dispositivo".[39]

Adotando uma posição híbrida, Vicente Greco Filho preleciona: "O tipo do art. 213 é daqueles em que a alternatividade ou cumulatividade são igualmente possíveis e que precisam ser analisadas à luz dos princípios da especialidade, subsidiariedade e da consunção, incluindo-se neste o da progressão.

Vemos, nas diversas violações do tipo, um delito único se uma conduta absorve a outra ou se é fase de execução da seguinte, igualmente violada. Se não for possível ver nas ações ou atos sucessivos ou simultâneos nexo causal, teremos, então, delitos autônomos."

Após citar as lições de Massimo Punzo, conclui o renomado autor que "se houver repetição de condutas em circunstâncias de tempo e lugar semelhantes, poderá configurar-se o delito continuado, mas não haverá delito continuado entre figuras consideradas cumulativas", e continua suas lições, trazendo à colação o seguinte exemplo: "Se, durante o cativeiro, houve mais de uma vez a conjunção carnal pode estar caracterizado o crime continuado entre essas condutas; se, além da conjunção carnal, houve outro ato libidinoso, como os citados, coito anal, penetração de objetos etc., cada um desses caracteriza crime diferente cuja pena será cumulativamente aplicada ao bloco formado pelas conjunções carnais. A situação em face do atual art. 213 é a mesma do que na vigência dos antigos 213 e 214, ou seja, a cumulação de crimes e penas se afere da mesma maneira, se entre eles há, ou não, relação de causalidade ou consequencialidade. Não é porque os tipos agora estão fundidos formalmente em um único artigo que a situação mudou. O que o estupro mediante conjunção carnal absorve é o ato libidinoso em progressão àquela, e não o ato libidinoso autônomo e independente dela, como no exemplo referido."[40]

Com todo o respeito que merece o ilustre professor da Faculdade de Direito de São Paulo, não podemos concordar com suas posições. Como já dissemos, o delito de estupro, com a nova redação que lhe foi dada pela Lei nº 12.015, de 7 de agosto de 2009, prevê, tão somente, um tipo misto alternativo, e não um tipo

---

[36] NUCCI, Guilherme de Souza. *Crimes contra a dignidade sexual* – Comentários à Lei 12.015, de 7 de agosto de 2009, p. 18-19.

[37] BUSATO, Paulo César. *Direito penal* – parte especial 1, p. 800.

[38] AMISY NETO, Abrão. Estupro, estupro de vulnerável e ação penal. Disponível em: <http://jus2.uol.com.br/doutrina/texto.asp?id=13404>. Acesso em: 30 ago. 2009.

[39] MIRABETE, Julio Fabbrini; FABBRINI, Renato N. *Manual de direito penal*, v. 2, p. 388.

[40] GRECO FILHO, Vicente. Uma interpretação de duvidosa dignidade (sobre a nova lei dos crimes contra a dignidade sexual). *Jus Navigandi*, Teresina, ano 13, nº 2.270, 18 set. 2009. Disponível em: <http://jus2.uol.com.br/doutrina/texto.asp?id=13530>. Acesso em: 20 set. 2009.

híbrido, misturando-se alternatividade com cumulatividade, como induz o renomado autor.

Por outro lado, dentro do próprio art. 213 do estatuto repressivo, o autor conseguiu visualizar, em algumas situações, a impossibilidade de continuidade delitiva, o que, *permissa venia*, contraria frontalmente as disposições constantes do art. 71 do Código Penal. Ao que parece, embora não tenha feito menção, não considerou como da mesma espécie os atos libidinosos e a conjunção carnal (que também é uma espécie de ato libidinoso), mantendo a posição de nossos Tribunais Superiores, que assim agiam em virtude de existirem, até então, figuras típicas diferentes, ou seja, o delito de estupro e o atentado violento ao pudor.

Agora, como as referidas figuras típicas foram fundidas, não há mais qualquer argumento que justifique o entendimento de que conjunção carnal e atos libidinosos, embora do mesmo gênero, não sejam da mesma espécie. Se esse raciocínio já não se sustentava anteriormente, que dirá agora, depois da fusão dos mencionados tipos penais! Dizer que não cabe continuidade delitiva entre comportamentos previstos na mesma figura típica é negar, evidentemente, a realidade dos fatos. É querer, a todo custo, buscar uma pena mais severa para o condenado.

Caso o agente, por exemplo, em uma única relação de contexto, mantenha com a vítima o coito anal para, logo em seguida, praticar a conjunção carnal, como já afirmamos anteriormente, tal fato se configurará em um único crime de estupro, devendo o julgador, ao aplicar a pena, considerar tudo o que efetivamente praticou com a vítima.

No entanto, pode ocorrer que, uma vez praticado o estupro (com sexo anal e conjunção carnal), o agente, após algum tempo, queira, por mais uma vez, praticar os referidos atos sexuais com a vítima, que ainda se encontrava subjugada. Nesse caso, poderíamos levar a efeito o raciocínio relativo ao crime continuado? Entendemos que a resposta só pode ser positiva, pois que o agente, após a consumação do primeiro estupro, veio a praticar novo crime da mesma espécie, e que pelas condições de tempo, lugar, maneira de execução e outras semelhantes, o crime subsequente deve ser havido como continuação do primeiro, aplicando-se, portanto, a regra constante do art. 71 do Código Penal. Assim, concluindo, embora o art. 213 do Código Penal preveja um tipo misto alternativo, tal fato não impede de se visualizar, no caso concreto, a hipótese de crime continuado.

A jurisprudência do Superior Tribunal de Justiça é pacífica de que os crimes previstos nos arts. 213 e 214 do Código Penal – CP, após a redação dada pela Lei nº 12.015/2009, configuram crime único. Todavia, devem as diversas condutas praticadas serem valoradas na primeira fase do cálculo da pena, ficando estabelecido como limite máximo para a nova sanção, a totalidade da pena anteriormente aplicada ao estupro e ao atentado violento ao pudor, de forma a se evitar a *reformatio in pejus* (STJ, HC 441.523/BA, Rel. Min. Joel Ilan Paciornik, 5ª T., *DJe* 11/06/2019).

Nesse sentido:

STJ, HC 325.411/SP, Rel. Min. Ribeiro Dantas, 5ª T., *DJe* 25/04/2018; STJ, HC 396.186/SP, Rel.ª Min.ª Maria Thereza de Assis Moura, 6ª T., *DJe* 31/08/2017; STJ, AgRg no HC 354.358/SP, Rel. Min. Antônio Saldanha Palheiro, 6ª T., *DJe* 21/09/2016.

Ejaculação precoce

Pode ocorrer que o agente, depois de constranger a vítima para que leve a efeito a conjunção carnal, ejacule precocemente, ficando, assim, impedido de prosseguir no ato, pois que, a partir daquele instante, torna-se impossível a penetração, tendo em vista a flacidez peniana.

Nesse caso, deverá o agente ser responsabilizado pela tentativa de estupro, uma vez que havia dado início aos atos de execução, não chegando à consumação da infração penal, ou seja, aos atos de penetração vagínica, por circunstâncias alheias à sua vontade, caso não tenha consumado a infração penal com a prática de outros atos libidinosos relevantes, a exemplo da felação, como já ressaltado anteriormente.

Agente que é surpreendido depois da prática dos atos de constrangimento, mas ainda sem se encontrar em estado de ereção peniana

A dúvida que se coloca nesse tema diz respeito, basicamente, ao fato de termos de apontar o momento que se tem por iniciada a execução no crime de estupro, cuja finalidade era a conjunção carnal ou a prática do sexo anal. Assim, o início seria quando da prática de qualquer ato que importasse em constrangimento da vítima, ou seria necessário, ao seu reconhecimento, o fato de o agente já se encontrar em estado de ereção peniana, se a sua finalidade era a penetração vaginal ou mesmo o sexo anal?

Acreditamos que o início da execução pode ser apontado com a prática de atos que importem no reconhecimento do constrangimento sofrido pela vítima, mesmo que o agente, no momento em que foi surpreendido, *v.g.*, ainda não se encontrasse em estado de ereção, capaz de possibilitar a penetração necessária ao coito por ele pretendido.

Assim, com base nos atos de constrangimento, levados a efeito mediante o emprego de violência ou grave ameaça, já poderá ser responsabilizado pela tentativa de estupro.

Possibilidade de ser o estupro evitado pela própria mulher

Hungria, expressando o pensamento machista que envolvia a edição do nosso Código Penal na década de 1940, argumenta: "É objeto de dúvida se uma mulher, adulta e normal, pode ser fisicamente coagida por um só homem à conjunção carnal. Argumenta-se que bastam alguns movimentos da bacia para impedir a intromissão da verga.

Para desacreditar a acusação de estupro com unidade de agente, há também uma das sensatas decisões de Sancho-Pança na *ilha Barataria*. Certa vez, na audiência de Sancho, entrou uma mulher que, trazendo um homem pela gola, bradava: 'Justiça! Justiça, senhor governador! Se não a encontro na terra, irei buscá-la no céu. Este mau homem surpreendeu-me em pleno campo e abusou da minha fraqueza'. Negada formalmente a acusação, Sancho tomou ao acusado sua recheada bolsa de dinheiro e, a pretexto de reparação do mal, passou-a à querelante. Foi-se esta em grande satisfação, mas Sancho ordenou ao acusado que seguisse no seu encalço, para retomar a bolsa. Em vão, porém, tentou o homem reaver o seu dinheiro, e voltou de rosto agatanhado e a sangrar, confessando-se vencido. Então, fazendo a mulher restituir a bolsa, disse-lhe Sancho: 'Se tivesses defendido tua honra tão empenhadamente como vens de defender essa bolsa, jamais a terias perdido. Não passas de uma audaciosa ladra'. Realmente, se não há uma excepcional desproporção de forças em favor do homem, ou se a mulher não vem a perder os sentidos, ou prostrar-se de fadiga, ou a ser inibida pelo receio de maior violência, poderá sempre esquivar-se ao coito pelo recurso do movimento dos flancos".[41]

Ninguém duvida, hoje em dia, da violência com que os estupros são praticados, do pavor que os estupradores infundem em suas vítimas para que não exerçam qualquer tipo de reação, sob pena de perderem a vida. A passagem citada de Hungria somente se presta a demonstrar a evolução pela qual vem passando a sociedade. Em um passado não muito distante, considerava-se a vítima do estupro culpada de sua própria sorte, por não ter se esforçado o suficiente no sentido de evitar a penetração do agente, posição que não se pode sustentar hoje em dia.

Exame de corpo de delito

Como regra, o estupro, se houver penetração vaginal ou anal, é uma infração penal que deixa vestígios, razão pela qual, nos termos do art. 158 do Código de Processo Penal, haveria necessidade de realização do exame de corpo de delito, direto ou indireto.

No entanto, há situações em que tal exame se faz completamente desnecessário, permitindo a condenação do agente mesmo diante da sua ausência nos autos. Veja-se, por exemplo, a hipótese em que uma senhora com 60 anos de idade, mãe de 10 filhos, tenha sido estuprada, com penetração vaginal, mediante o emprego de grave ameaça por parte do agente, não tendo havido ejaculação, e que tenha sido convencida por uma de suas filhas a levar os fatos ao conhecimento da autoridade policial somente 30 dias depois de ocorrido, ou mesmo uma mulher jovem, sem filhos, que tem namorado e vida sexualmente ativa e que, pelos mesmos motivos, por vergonha, deixa de comunicar a violência sexual imediatamente após a ocorrência do crime. Nesses casos, pergunta-se: Qual a necessidade de tal exame? Seria para apontar o rompimento do hímen? Ou mesmo para identificar a violência sofrida? Ou para a colheita de sêmen? Enfim, como se percebe, os fatos apresentados não exigem nenhuma dessas comprovações.

Nos casos apresentados, também não houve emprego de violência, mas tão somente a grave ameaça a fim de subjugar as vítimas ao ato sexual, que aconteceu como outro qualquer. A ausência de ejaculação (mesmo que no contato sexual tenha ocorrido secreção de líquido peniano), após a mulher ter se lavado, enojada do constrangimento sexual a que foi submetida, afastaria também a necessidade da perícia, que nada poderia atestar depois de decorridos 30 dias da conjunção carnal.

Dessa forma, nos casos em análise, seria forçá-las a outro tipo de constrangimento, ao submetê-las a um exame com um médico desconhecido, o que aumentaria, ainda mais, sua vergonha, intensificando-se aquilo que é conhecido por vitimização secundária.

Portanto, embora o estupro, se houver conjunção carnal ou sexo anal, se encontre no rol das infrações penais que deixam vestígios, exigindo, como regra, a realização do exame de corpo de delito na vítima, a análise do caso concreto é que determinará essa necessidade, podendo tal regra ser excepcionada.

No entanto, haverá casos em que a prova pericial será mais um elemento de formação de convicção do julgador que, conjugada com os demais, poderá conduzir a um decreto condenatório.

De acordo com a jurisprudência desta Corte, "nos crimes contra a dignidade sexual, em que geralmente não há testemunhas, a palavra da vítima possui especial relevância, não podendo ser desconsiderada, notadamente se está em consonância com os demais elementos de prova produzidos nos autos (...)" (AgRg no HC 421.179/RJ, 5ª T., Rel. Min. Jorge Mussi, *DJe* 19/12/2017). (...) (STJ, AgRg no AREsp 1.595.939/GO, Rel. Min. Ribeiro Dantas, 5ª T., julgado em 19/05/2020, *DJe* 27/05/2020).

Nesse sentido:

STJ, AgRg no AREsp 160961/PI, Rel. Min. Sebastião Reis Júnior, 6ª T., *DJe* 06/08/2012; TJSP, AC 330011720108260554, Rel. Willian Campos, *DJe* 09/08/2012; STJ, AgRg no Ag 1386821/PA, Rel.ª Min.ª Laurita Vaz, 5ª T., *DJe* 16/08/2011; STJ, HC 177980/BA, 5ª T., Rel. Min. Jorge Mussi, *DJe* 1º/08/2011.

Estupro e a Lei nº 8.072/1990

O estupro, seja na sua modalidade fundamental, seja em suas formas qualificadas (art. 213, *caput* e §§ 1º e

---

[41] HUNGRIA, Nélson. *Comentários ao código penal*, v. VIII, p. 122-123.

2º), consumado ou mesmo tentado, foi inserido no elenco das infrações penais consideradas hediondas pela Lei nº 8.072/90 (art. 1º, inciso V). A Lei nº 12.015, de 7 de agosto de 2009, deu nova redação ainda, o inciso VI ao mencionado art. 1º, que diz respeito ao chamado *estupro de vulnerável*, previsto no art. 217-A, *caput* e §§ 1º, 2º, 3º e 4º do Código Penal. Dessa forma, conforme o art. 2º do mencionado diploma legal, será insuscetível de: I – anistia, graça e indulto; II – fiança (conforme modificação introduzida pela Lei nº 11.464, de 28 de março de 2007, que excluiu do mencionado inciso II a liberdade provisória, possibilitando, agora, sua concessão, nos termos do art. 310 e §§ 1º e 2º do Código de Processo Penal, de acordo com a redação que lhes foi conferida pela Lei nº 13.964, de 24 de dezembro de 2019.

Aplicação do art. 9º da Lei nº 8.072/1990 aos fatos ocorridos anteriormente à Lei nº 12.015, de 7 de agosto de 2009

Também merece destaque o fato de que, em virtude da revogação expressa do art. 224 do Código Penal, pela Lei nº 12.015, de 7 de agosto de 2009, não será possível a aplicação da causa de aumento de pena prevista no art. 9º da Lei nº 8.072/1990.

Não se tem dificuldade em raciocinar com essa impossibilidade no que diz respeito aos fatos futuros, tendo em vista a revogação do mencionado art. 224 do Código Penal, por mais que as situações nele previstas (vítima menor de 14 anos, ou portadora de enfermidade ou doença mental, que não tinha o necessário discernimento para a prática do ato, ou, ainda, que não podia oferecer resistência), tenham se deslocado para fazer parte do atual delito de estupro de vulnerável (art. 217-A do CP).

O problema maior diz respeito aos fatos ocorridos no passado, uma vez que era aplicado o art. 9º da Lei nº 8.072/1990, aumentando-se em metade a pena do agente que praticava o delito de estupro, bem como o revogado delito de atentado violento ao pudor, contra vítimas que se encontravam em alguma das situações descritas pelo revogado art. 224 do Código Penal.

Assim, o que fazer diante da atual situação, no que concerne aos processos já transitados em julgado, em que houve a condenação do agente, com a aplicação da referida causa especial de aumento de pena?

Inicialmente, devemos entender que, ainda que as situações anteriormente previstas como hipóteses de presunção de violência (art. 224 do CP) tenham se deslocado de tipo penal, elas possuem, agora, em virtude da redação que lhes foi conferida pela Lei nº 12.015, de 7 de agosto de 2009, natureza jurídica diversa. Cuida-se, portanto, de elementos que integram

um tipo penal incriminador, que prevê o delito de estupro de vulnerável.

Assim, não podemos justificar a manutenção da aplicação das majorantes aos casos passados, sob o argumento de que ainda se encontram previstas no nosso ordenamento jurídico, não tendo sido, portanto, abolidas.

Mesmo que numa comparação quantitativa, ou seja, mesmo fazendo-se os cálculos matemáticos para se concluir que, na vigência da lei anterior, o agente que viesse a praticar um estupro, por exemplo, contra vítima menor de 14 (catorze) anos, teria, em virtude da previsão constante do art. 9º da Lei nº 8.072/1990, sua pena aumentada em metade, o que faria com que a pena mínima fosse calculada em 9 (nove) e a máxima em 15 (quinze) anos,[42] e que no atual delito de estupro de vulnerável, que prevê a mesma hipótese, a pena mínima cominada é de 8 (oito) e a máxima de 15 (quinze) anos, não poderíamos, com um suposto argumento de beneficiar o agente, substituir o aumento previsto na Lei nº 8.072/1990, a fim de aplicar-lhe a pena mínima do atual tipo penal (art. 217-A), vale dizer, 8 (oito) anos.

O que ocorreu, *in casu*, foi abolição da presunção de violência que conduzia ao aumento de pena. Dessa forma, uma vez revogado expressamente o art. 224 do Código Penal, deixando de existir, portanto, o artigo a que remetia o art. 9º da Lei nº 8.072/1990, aqueles que foram condenados, e que ainda não cumpriram suas penas, terão direito à revisão criminal, decotando-se o aumento de *metade* que lhes fora aplicado pelo decreto condenatório.

Embora entendendo pela impossibilidade de aplicação do art. 9º da Lei nº 8.072/1990 aos fatos praticados posteriormente à entrada em vigor da Lei nº 12.015, de 7 de agosto de 2009, Abrão Amisy Neto não comunga do entendimento a respeito da possibilidade de retroatividade benéfica, dizendo: "Quanto à revogação do art. 224 CP, apreende-se que o art. 9º da Lei dos Crimes Hediondos (LCH) estabelece que, 'as penas fixadas no art. 6º para os crimes capitulados nos arts. 157, § 3º, 158, § 2º, 159, *caput* e seus §§ 1º, 2º e 3º, 213, *caput* e sua combinação com o art. 223, *caput* e parágrafo único, 214 e sua combinação com o art. 223, *caput* e parágrafo único, todos do Código Penal, são acrescidas de metade, respeitado o limite superior de trinta anos de reclusão, estando a vítima em qualquer das hipóteses referidas no art. 224 também do Código Penal'. Assim, o agente que praticasse o crime de extorsão mediante sequestro contra uma adolescente de 13 anos (uma das hipóteses do art. 224 CP) responderia pela extorsão mediante sequestro com aumento de pena de metade em razão do artigo em comen-

---

[42] Esse raciocínio não é exato, pois que as majorantes, de acordo com o art. 68 do Código Penal, são aplicadas somente no terceiro momento do critério trifásico, e como os cálculos são feitos em cascata, ou seja, pena sobre pena, aquele a quem tivesse tido aplicada uma circunstância agravante (art. 61 do CP) teria uma pena aumentada em valor superior ao calculado no exemplo, ou seja, sua pena poderia ser superior aos 9 (nove) anos.

to. Agora, entretanto, não há mais como referir-se às hipóteses do art. 224, pois revogado, razão pela qual o art. 9º da LCH não tem mais aplicação. Ressalta-se que, as condições de vulnerabilidade ou de hipossuficiência, então constantes do art. 224, foram ratificadas pelo legislador no tipo penal 'estupro de vulnerável'. Logo, é possível alegar que a revogação do art. 224 CP não se opera retroativamente. Resulta, por conseguinte, inaplicável doravante, sem possibilidade de retroagir".[43]

⚖ Após a Lei nº 12.015/2009, os crimes de estupro e de atentado violento ao pudor, quando praticados contra vítima menor de quatorze anos, passaram a ser descritos no art. 217-A do Código Penal. A mudança legislativa afastou a causa de aumento de pena prevista no art. 9º da Lei dos Crimes Hediondos, que seria aplicável no caso, uma vez que o crime foi praticado mediante emprego de violência real (STJ, AgRg no AREsp 1.124.561/MS, Rel. Min. Jorge Mussi, 5ª T., *DJe* 22/08/2018).

Nesse sentido:

⚖ STJ, HC 144.091/PE, Rel. Min. Nefi Cordeiro, 6ª T., *DJe* 1º/07/2015; STJ, HC 224.990/RJ, Rel. Min. Gurgel de Faria, 5ª T., j. 18/05/2015.

Estupro virtual e desnecessidade de contato físico

Entendemos não ser necessário o contato físico entre o agente e a vítima para efeitos de reconhecimento do delito de estupro, quando a conduta do agente for dirigida no sentido de fazer com que a própria vítima pratique o ato libidinoso, a exemplo do que ocorre quando o agente, mediante grave ameaça, a obriga a se masturbar.

Poderá ocorrer, inclusive, a hipótese do chamado *estupro virtual*, ou à *distância*, no qual, por exemplo, o agente, por meio de uma webcam, ou mesmo através de programas de telefones celulares, em que se pode efetuar chamadas de vídeo, tal como ocorre com o WhatsApp, constrange a vítima, mediante grave ameaça, a praticar, nela própria, atos libidinosos, forçando-a a se masturbar.

Verifica-se, portanto, a falta de necessidade de contato físico do agente, que poderá estar a milhares de quilômetros de distância do seu agressor, restando, da mesma forma, configurado o estupro.

Dissertando sobre o tema, Francisco Dirceu Barros afirma, com precisão, que é:

"Plenamente possível virtualmente alguém ser constrangido, mediante violência ou grave ameaça a praticar ou permitir que com ele se pratique atos libidinosos ou até mesmo conjunção carnal"[44].

⚖ De acordo com o novel entendimento consagrado por esta 5ª Turma, à unanimidade de votos, em julgamento de caso semelhante, decidiu-se que a contemplação lasciva configura o ato libidinoso constitutivo dos tipos dos arts. 213 e 217-A do Código Penal, sendo irrelevante, para a consumação dos delitos, que haja contato físico entre ofensor e ofendido (STJ, REsp 1.640.087/MG, Rel. Min. Ribeiro Dantas, 5ª T., *DJe* 1º/02/2017).

Beijo lascivo

Embora se discuta até hoje sobre o chamado beijo lascivo, não se descobriu ainda exatamente o que significa essa expressão. Beijo lascivo é aquele que choca a moral média que o presencia, ou é aquele que causa "inveja" em quem o assiste?

Apesar da dúvida, o beijo lascivo poderia, ainda hoje, mesmo depois da edição da Lei nº 12.015, de 7 de agosto de 2009, ser entendido como delito de estupro, quando a vítima a ele é obrigada pelo agente mediante o emprego de violência ou grave ameaça? Entendemos que não. Por mais que seja ruim o beijo e por mais feia que seja a pessoa que o forçou, não podemos condenar alguém por esse fato a cumprir uma pena de, pelo menos, 6 (seis) anos de reclusão, isto é, com a mesma gravidade que se pune um homicida.

Parte da doutrina, no entanto, parece inclinar-se ao reconhecimento do estupro na hipótese de beijo lascivo praticado mediante o emprego de violência ou grave ameaça. Nesse sentido, afirma Damásio de Jesus que o beijo lascivo "constitui-se em estupro quando praticado mediante violência ou grave ameaça",[45] ou, ainda, Luiz Regis Prado, quando assevera que o beijo lascivo ou lingual obtido contra a vontade da vítima, mediante violência, tem inferior magnitude penal se comparado, por exemplo, com o coito anal. Mas não deixa de ser considerado estupro, conforme a disciplina da lei brasileira vigente, sendo que tal distinção deve ser aferida por ocasião da aplicação da pena".[46]

Contudo, considerando a natureza desse ato de conotação sexual, bem como a gravidade das penas cominadas ao delito de estupro, somos pela aplicação do art. 215-A, inserido no Código Penal através da Lei nº 13.718, de 24 de setembro de 2018, que criou o delito de *importunação sexual*, um *minus* em relação ao delito de estupro, que diz, *verbis*:

Art. 215-A. *Praticar contra alguém e sem a sua anuência ato libidinoso com o objetivo de satisfazer a própria lascívia ou a de terceiro:*

Pena – reclusão, de 1 (um) a 5 (cinco) anos, se o ato não constitui crime mais grave.

---

[43] AMISY NETO, Abrão. *Estupro, estupro de vulnerável e ação penal*. Disponível em: <http://jus2.uol.com.br/doutrina/texto.asp?id=13404>. Acesso em: 30 de agosto de 2009.

[44] BARROS, Francisco Dirceu. *Tratado doutrinário de direito penal*, p. 1.540.

[45] JESUS, Damásio E. *Direito penal*, v. 3, p. 132.

[46] PRADO, Luiz Regis. *Curso de Direito Penal Brasileiro*, v. 2, p. 599.

⚖ O beijo lascivo ingressa no rol dos atos libidinosos e, se obtido mediante violência ou grave ameaça, importa na configuração do crime de estupro. Evidentemente, não são lascivos os beijos rápidos lançados na face ou mesmo nos lábios, sendo preciso haver beijos prolongados e invasivos, com resistência da pessoa beijada, ou então dos beijos eróticos lançados em partes impudicas do corpo da vítima. Por conseguinte, verificar-se-á estupro mediante violência caso a conduta do beijo invasivo busque a satisfação da lascívia, desde que haja intuito de subjugar, humilhar, submeter a vítima à força do agente, consciente de sua superioridade física. No caso, resta evidente a utilização de força física, conquanto ausentes vestígios de lesão, para beijar a vítima contra sua vontade, e ainda lhe esfregar o órgão genital ereto, tendo o recorrente parado apenas por ter sido impedido por testemunha. Em tese, tal conduta amolda-se à hipótese típica do crime de estupro, para realização de atos libidinosos, cometido por meio de violência, consistente no emprego de força física contra a vítima, subjugando-a pela superioridade física do agente, até porque aquela possui limitações físicas decorrentes da ataxia cerebelar (STJ, RHC 93.906/PA, Rel. Min. Ribeiro Dantas, 5ª T., *DJe* 26/03/2019).

Agressão a vítima em zonas sexuais, com o fim de humilhá-la

Dependendo da gravidade do fato praticado pelo agente, seu comportamento poderá ser considerado típico do delito previsto pelo art. 140, § 2º (injúria real), se era sua finalidade humilhar a vítima, como no exemplo daquele que a agride com tapas em suas nádegas, demonstrando, assim, a sua inferioridade, ou mesmo na hipótese daquele que, também com essa finalidade, agarra o saco escrotal da vítima a fim de vê-la implorar para que cesse com esse comportamento.

No entanto, ressalvamos que cada caso merecerá atenção específica. Assim, mesmo que com a finalidade de humilhar a vítima, se o agente, fisicamente mais forte, em vez de um simples tapa nas nádegas, introduzir o dedo em seu ânus, o delito não poderá ser entendido como mera injúria real, visto que, tanto objetiva quanto subjetivamente, o agente tinha conhecimento de que levava a efeito um ato grave e ofensivo à dignidade sexual da vítima, razão pela qual deverá ser responsabilizado pelo delito tipificado no art. 213 do Código Penal.

Estatuto do Índio

Preconiza o art. 59 do Estatuto do Índio (Lei nº 6.001, de 19 de dezembro de 1973):

Art. 59. No caso de crime contra a pessoa, o patrimônio ou os costumes, em que o ofendido seja índio não integrado ou comunidade indígena, a pena será agravada de um terço.

Hoje, após a edição da Lei nº 12.015, de 7 de agosto de 2009, que modificou o título VI do Código Penal, que previa os chamados *Crimes contra os Costumes*, passando a entendê-los, agora, como *Crimes contra a Dignidade Sexual*, deverá ser levada a efeito uma releitura do mencionado art. 59, sem que isso importe em qualquer interpretação prejudicial ao agente.

O que se deve fazer é adaptar tão somente o tipo ao novo Título constante do Código Penal, entendendo-se a palavra *costumes* como *dignidade sexual*.

Assim, na hipótese, por exemplo, de estupro de uma índia não integrada à nossa "cultura", deverá ser aplicada a causa de aumento de pena determinada pelo mencionado artigo.

⚖ Declarada incompetente a justiça federal para processar e julgar o recorrente. Anulada a sentença e remetidos os autos à justiça comum do Estado de Roraima (Vara Criminal de Boa Vista) (TRF 1ª Reg., ACR 1999.01.00.039185-8/RR, Rel. Luciano Tolentino Amaral, 3ª T., *DJ* 05/04/2002, p. 106).

Estupro praticado por uma mulher, tendo como vítima outra mulher

Após a alteração da redação constante do art. 213 do Código Penal, será possível também a prática do delito de estupro por uma mulher tendo por vítima outra mulher.

Não importa a natureza do ato praticado, ou seja, se atos de felação (sexo oral), masturbação, ou mesmo penetração com a utilização de membro artificial. Assim, por exemplo, se uma mulher, constrangendo outra mulher, mediante o emprego de violência, vier a penetrá-la valendo-se de qualquer instrumento utilizado para esse fim, não importando se a penetração foi anal ou vaginal, restará caracterizado o delito de estupro.

Presença de mais de uma causa de aumento de pena

Pode ocorrer que, no caso concreto, esteja presente mais de uma causa de aumento de pena elencada nos arts. 226 e 234-A do Código Penal. Nesse caso, será aplicada a regra constante do parágrafo único do art. 68 do Código Penal, que diz, *verbis*:

Parágrafo único. No concurso de causas de aumento ou de diminuição, previstas na parte especial, pode o juiz limitar-se a um só aumento ou a uma só diminuição, prevalecendo, todavia, a causa que mais aumente ou diminua.

Atentado violento ao pudor e abolitio criminis

Embora, à primeira vista, pareça ter ocorrido a chamada *abolitio criminis* quanto ao crime de atentado violento ao pudor, expressamente Revogado pela Lei nº 12.015, de 7 de agosto de 2009, na verdade, não podemos cogitar desse instituto pelo fato de que todos os elementos que integravam a figura típica do revogado art. 214 do Código Penal passaram a fazer parte da nova redação do art. 213 do mesmo diploma repressivo.

Assim, não houve descriminalização do comportamento até então tipificado especificamente como atentado violento ao pudor. Na verdade, somente houve modificação do *nomen juris* da aludida infração penal, passando, como dissemos, a chamar-se *estupro* o constrangimento levado a efeito pelo agente a fim de ter conjunção carnal, ou, também, a praticar ou permitir que com ele se pratique outro ato libidinoso.

Aplica-se, na hipótese, o chamado *princípio da continuidade normativo-típica*, havendo, tão somente, uma migração dos elementos anteriormente constantes da revogada figura prevista no art. 214 do Código Penal para o art. 213 do mesmo diploma repressivo.

Assim, não há qualquer afronta ao princípio da congruência ou da correlação, pois verifica-se, na hipótese, continuidade normativo-típica. A conduta outrora ilícita permanece ilícita, e nunca deixou de ser. O que ocorreu foi a condensação do crime de estupro e de atentado violento ao pudor em um mesmo dispositivo legal, bem como a previsão apartada do estupro de vulnerável, que, agora, dispensa o exame da presunção da violência (ou seja, a presunção absoluta de violência, hoje, decorre de interpretação autêntica, realizada pelo próprio legislador, sempre que houver ato sexual com pessoa menor de 14 anos) (STJ, REsp 1.791.593, Rel. Min. Ribeiro Dantas, j. 10/04/2019).

Nesse sentido:
STJ, HC 238.917/SP, Rel. Min. Ribeiro Dantas, 5ª T., *DJe* 22/03/2017; STJ, REsp 1.320.924/MG, Rel. Min. Rogério Schietti Cruz, 6ª T., *DJe* 29/08/2016.

Reconhecimento retroativo de crime único ou de continuidade delitiva entre o estupro e o atentado violento ao pudor

Nossos Tribunais Superiores tinham resistência em reconhecer a continuidade delitiva entre os delitos de estupro e de atentado violento ao pudor, ao argumento de que, embora do mesmo *gênero*, eram de *espécies* diferentes, não preenchendo, dessa forma, um dos requisitos exigidos pelo art. 71, *caput*, do Código Penal. Agora, uma vez que os delitos acima mencionados foram fundidos em uma única figura típica, poderíamos aplicar, retroativamente, o art. 213 do Código Penal, com a nova redação que lhe foi dada pela Lei nº 12.015, de 7 de agosto de 2009, a fim de beneficiar os agentes que, anteriormente, foram condenados por essas infrações penais, em concurso material?

Entendemos que a resposta só pode ser positiva, pois que, dada a nova redação legal, não mais se discute sua natureza jurídica, pois que os comportamentos encontram-se previstos no mesmo tipo penal, devendo, portanto, retroagir, nos termos do parágrafo único do art. 2º do Código Penal, que diz:

Parágrafo único. A lei posterior, que de qualquer modo favorecer o agente, aplica-se aos fatos anteriores, ainda que decididos por sentença condenatória transitada em julgado.

Merece ser frisado, ainda, o fato de que se o agente foi denunciado pelo estupro e também pelo atentado violento ao pudor, praticados anteriormente à Lei nº 12.015, de 7 de agosto de 2009, o julgador, caso sejam comprovados os fatos narrados na *denúncia*, deverá condená-lo somente por um único delito de estupro, na hipótese em que os atos sexuais (conjunção carnal e outro ato libidinoso) tenham sido praticados numa mesma relação de contexto.

Nesse sentido, esclarece Rogério Sanches Cunha: "Com a Lei nº 12.015/2009 o crime de estupro passou a ser de conduta múltipla ou de conteúdo variado. Praticando o agente mais de um núcleo, dentro do mesmo contexto fático, não desnatura a unidade do crime (dinâmica que, no entanto, não pode passar imune na oportunidade da análise do art. 59 do CP). A mudança é benéfica para o acusado, devendo retroagir para alcançar os fatos pretéritos (art. 2º, parágrafo único, do CP). Em todos os casos concretos em que o juiz (ou tribunal) reconheceu qualquer tipo de concurso de crimes (formal, material ou crime continuado) cabe agora a revisão judicial para adequar as penas, visto que doravante já não existe distinção tipológica entre o estupro e o atentado violento ao pudor. Cuida-se doravante de crime único (cabendo ao juiz, no caso de multiplicidade de atos, fazer a adequada dosagem da pena)".[47]

Se já houver condenação, e o processo estiver em grau de recurso, poderá o Tribunal ajustar a condenação, a fim de encontrar a chamada pena justa.

Se o condenado já estiver cumprindo sua pena, competirá ao juiz da execução, nos termos do art. 66, I, da LEP, ajustar a condenação, desde que, para tanto, não tenha necessidade de reavaliar as provas, pois que, neste caso, a competência será a do Tribunal, através da ação de revisão criminal.

Por se tratar de inovação benéfica, *novatio legis in mellius*, a Lei nº 12.015/2009 alcança todos os fatos ocorridos anteriormente à sua vigência. Na hipótese dos autos, considerando que a vítima foi submetida a conjunção carnal e atos libidinosos diversos, no mesmo contexto fático, deve ser concedida a ordem para reconhecer a ocorrência de crime único (STJ, HC 441.523/BA, Rel. Min. Joel Ilan Paciornik, 5ª T., *DJe* 11/06/2019).

---

[47] CUNHA, Rogério Sanches. *Comentários à reforma criminal de 2009 e à convenção de Viena sobre o direito dos tratados*, p. 36-37.

Nesse sentido:

⚖ STJ, HC 306.376/SP, Rel. Min. Joel Ilan Paciornik, 5ª T., *DJe* 03/05/2017; STJ, HC 309.632/RS, Rel. Min. Joel Ilan Paciornik, 5ª T., *DJe* 16/05/2016; STJ, AgRg no AREsp 416.554/SC, Rel. Min. Rogério Schietti Cruz, 6ª T., *DJe* 26/03/2015.

Para aqueles que entendem que o art. 213 do Código Penal contemplou o chamado tipo misto cumulativo, o raciocínio é o mesmo, com a diferença de que não se trabalhará com a hipótese de crime único, mas sim com a necessidade de ser aplicada ao réu (ou condenado) a regra relativa ao crime continuado, prevista no art. 71 do Código Penal, pois que lhe é benéfica em comparação à sua condenação anterior, que considerou os fatos praticados em concurso material de crimes.

⚖ A nova redação do art. 213 do Código Penal dada pela Lei nº 12.015/2009 transformou este tipo penal em delito de ação múltipla, o que não transforma, necessariamente, o delito de estupro e atentado violento ao pudor em crime único quanto praticado no mesmo contexto. Somente haverá crime único, se for possível ver nexo causal nas ações ou atos sucessivos ou simultâneos. A conjunção carnal e a prática de sexo oral ou anal não caracteriza crime único, uma vez que esta segunda ação não é fase de execução da primeira, mas, sim, delito autônomo. Com a unificação do tipo penal, os delitos de estupro e atentado violento ao pudor passaram a ser delitos da mesma espécie, possibilitando o reconhecimento da continuidade delitiva, quando preenchidos os requisitos do art. 71 do Código Penal (TJRO, ACr 1011789-98.2007.8.22.0501, Câmara Criminal, Rel. Juiz Valdeci Castellar Citton, j. 05/08/2010, *DJERO* 13/08/2010).

Nesse sentido:

⚖ STJ, HC 104.724, Proc. 2008/0085502-3, MS, 5ª T., Rel. Min. Jorge Mussi, j. 22/06/2010, *DJe* 02/08/2010.

Profissionais do sexo, como vítimas do estupro

O fato de, infelizmente, "trabalhar" vendendo o próprio corpo para que outros tenham algum tipo de prazer sexual não obriga um profissional do sexo a se entregar a todas as pessoas. Pode ocorrer que alguém, que pratique o comércio do corpo, venha a ter repulsa por algum "cliente", e se recuse a praticar com ele qualquer tipo de ato libidinoso. Nesse caso, se o profissional do sexo for obrigado a isso, mediante o emprego de violência ou grave ameaça, e, mesmo que receba, após o ato sexual, o pagamento dos seus "serviços sexuais", o fato se amoldará ao tipo penal constante do art. 213 do diploma repressivo.

Imagine-se a hipótese em que um homem, no interior de uma casa de prostituição, almejando ter relação sexual com uma determinada garota de programa, tente contratá-la, oportunidade em que seu convite é recusado. Irritado, mediante o emprego de grave ameaça, mostrando à garota uma arma de fogo, obriga-a a ir para o quarto, praticando o ato sexual. Ato contínuo, o agente joga em direção a ela o valor correspondente ao seu "programa". Nesse caso, mesmo pagando pelos atos sexuais, o agente terá que responder pelo delito de estupro.

Assim, concluindo, o profissional do sexo, tal como outra pessoa qualquer, tem o direito de liberdade sobre o próprio corpo, não podendo ser obrigada ao ato sexual, pois, caso contrário, o agente que a obrigou poderá ser responsabilizado pelo delito tipificado no art. 213 do Código Penal.

Será possível o aborto da autora do estupro, que engravida da vítima?

Como, atualmente, é possível que a mulher seja autora de um delito de estupro, em que figure um homem como vítima, se, da conjunção carnal, vier a engravidar, poderia, nesse caso, praticar o aborto, considerando-se o disposto no art. 128, II, do Código Penal? Entendemos que a resposta só pode ser negativa. Isso porque o mencionado inc. II do art. 128 do Código Penal diz respeito somente à gravidez da vítima, e não a da autora da própria infração penal. A violência ou a grave ameaça devem, portanto, ter sido sofridas pela mulher, vítima do ato sexual. Ao contrário, entendemos que aquela que praticou a violência ou a grave ameaça, para que pudesse ser possuída sexualmente pela vítima, não poderá ser beneficiada com o dispositivo legal, sob pena de serem invertidos os valores que ditaram a regra permissiva.

Da mesma forma, entendemos como impossível o pedido que possa ser levado a efeito judicialmente pela vítima, com a finalidade de compelir a autora do estupro ao aborto, sob o argumento de que não desejava a gravidez e, consequentemente, o fruto dessa relação sexual criminosa. Isso porque devemos preservar, *in casu*, o direito à vida do feto, já que não se confunde com o crime praticado pela sua mãe, ou mesmo com as pretensões morais da vítima.

Mulher que constrange um homem a com ela manter conjunção carnal, caso venha a engravidar, poderá o filho indesejado pela vítima requerer pensão de alimentos e ter direitos sucessórios?

Pode ocorrer que uma mulher, além da finalidade de satisfazer seus desejos sexuais com a vítima, queira também, como se diz no jargão popular, aplicar o "golpe da barriga". Imagine que a vítima seja um homem bem-sucedido profissionalmente, sendo possuidor de um patrimônio invejável. Teria o fruto dessa concepção indesejada e criminosa direito a pensão de alimentos ou mesmo fazer parte da sucessão hereditária da vítima, recebendo sua cota-parte juntamente com os demais herdeiros, após o falecimento daquele que foi violentado sexualmente? A resposta só pode ser positiva. Isso porque a criança, que se tornou herdeira, não pode sofrer as consequências dos atos criminosos praticados pela sua mãe, devendo o Estado não somente protegê-la como também assegurar-lhe todos os seus direitos, incluído, aqui, o de participar na sucessão hereditária de seu genitor, mesmo que tenha sido ele vítima de um crime de estupro.

Estupro praticado mediante inseminação artificial forçada

Introduzir objetos na vagina da mulher, mediante violência ou grave ameaça configura-se como estupro. Assim, seria possível a ocorrência do delito em estudo se uma mulher fosse obrigada a submeter-se a uma inseminação artificial, fato que poderia figurar, ainda, como autor (coautor ou partícipe) seu próprio marido. Assim, imagine-se a hipótese em que uma mulher, que não consiga engravidar pelos meios naturais, resolva conformar-se com essa situação, ou seja, a de não poder gerar filhos. O marido, que nutria essa expectativa, tenta convencê-la a se submeter ao processo de inseminação artificial, sendo infrutíferas todas suas tentativas. Assim, decide forçar a inseminação, mesmo contra a vontade de sua esposa. Nesse caso, se a obrigar, mediante o emprego de violência ou grave ameaça, ao ato de inseminação, deverá ser responsabilizado pelo delito de estupro.

Estupro no Código Penal Militar

A Lei nº 14.688, de 20 de setembro de 2023, além de revogar o art. 233 do Código Penal Militar, que ainda previa o crime de atentado violento ao pudor, deu nova redação ao art. 232, que tipifica o delito de estupro, dizendo, *verbis*:

Art. 232. Constranger alguém, mediante violência ou grave ameaça, a ter conjunção carnal ou a praticar ou permitir que com ele se pratique outro ato libidinoso:
Pena – reclusão, de 6 (seis) a 10 (dez) anos.
§ 1º Se da conduta resulta lesão de natureza grave, ou se a vítima é menor de 18 (dezoito) e maior de 14 (quatorze) anos:
Pena – reclusão, de 8 (oito) a 12 (doze) anos.
§ 2º Se da conduta resulta morte:
Pena – reclusão, de 12 (doze) a 30 (trinta) anos.
§ 3º Se a vítima é menor de 14 (quatorze) anos ou, por enfermidade ou deficiência mental, não tem o necessário discernimento para a prática do ato ou, por qualquer outra causa, não pode oferecer resistência:
Pena – reclusão, de 8 (oito) a 15 (quinze) anos.

Estupro com a finalidade de transmitir o vírus HIV

Não é incomum a hipótese em que o agente, portador do vírus HIV, revoltado com essa situação, queira disseminar essa doença, ainda incurável, a outras pessoas. Para tanto, mediante o emprego de constrangimento, obriga suas vítimas ao ato sexual, mantendo com elas, por exemplo, conjunção carnal ou mesmo o coito anal.

Nesse caso, deverá responder, em concurso formal impróprio, pelas duas infrações penais, ou seja, pelo delito de estupro (consumado) e pela tentativa de homicídio, enquanto houver sobrevida da vítima, aplicando-se, outrossim, a regra relativa ao cúmulo material, com a soma das penas correspondentes às duas infrações penais, nos termos preconizados pela parte final do art. 70 do Código Penal. Caso a vítima venha a falecer, o agente será responsabilizado pelo homicídio consumado, se ainda não houver o trânsito em julgado da sentença penal condenatória.

Em sentido contrário, diz o Informativo nº 584, do Supremo Tribunal Federal:

A Turma iniciou julgamento de *habeas corpus* em que se discute se o portador do vírus HIV que, tendo ciência da doença e deliberadamente a ocultando de seus parceiros, pratica tentativa de homicídio ao manter relações sexuais sem preservativo. Trata-se de *writ* impetrado contra o indeferimento, pelo STJ, de liminar em idêntica medida na qual se reitera o pleito de revogação do decreto de prisão preventiva e de desclassificação do delito para o de perigo de contágio de moléstia grave (CP: 'Art. 131 Praticar, com o fim de transmitir a outrem moléstia grave de que está contaminado, ato capaz de produzir o contágio: [...]'). Preliminarmente, o Min. Marco Aurélio, relator, salientando a existência de sentença de pronúncia e aduzindo que, em prol de uma boa política judiciária, a situação em tela estaria a ensejar a manifestação do STF, conheceu do *writ*. No mérito, concedeu, em parte, a ordem para imprimir a desclassificação do crime e determinar o envio do processo para distribuição a uma das varas criminais comuns do Estado-membro. Em interpretação sistemática, reputou descabido cogitar-se de tentativa de homicídio, porquanto haveria crime específico, considerada a imputação. Registrou, relativamente ao tipo subjetivo, que se teria no art. 131 do CP a presença do dolo de dano, enquanto no art. 121 do CP verificar-se-ia a vontade consciente de matar ou a assunção do risco de provocar a morte. Afirmou não ser possível potencializar este último tipo a ponto de afastar, tendo em conta certas doenças, o que disposto no aludido art. 131 do CP. Após os votos dos Ministros Dias Toffoli e Cármen Lúcia acompanhando o relator, pediu vista o Min. Ayres Britto (HC 98712/SP, Rel. Min. Marco Aurélio, 27/04/2010).

Estupro praticado contra mulher no âmbito doméstico e familiar

Se o estupro for praticado contra mulher no âmbito doméstico e familiar, será aplicada a Lei nº 11.340, de 7 de agosto de 2006, cujo inciso III do art. 7º diz, *verbis*:

Art. 7º *São formas de violência doméstica e familiar contra a mulher, entre outras:*
I – [...]
II – [...]
III – a violência sexual, entendida como qualquer conduta que a constranja a presenciar, a manter ou a

participar de relação sexual não desejada, mediante intimidação, ameaça, coação ou uso da força [...].

O art. 1º da Lei nº 10.778, de 24 de novembro de 2003, determina a notificação compulsória, em todo o território nacional, de violência praticada contra a mulher, atendida em serviços de saúde públicos e privados, tendo sido esta lei regulamentada pelo Decreto nº 5.099, de 3 de junho de 2004.

As Leis nº 13.505, de 8 de novembro de 2017, 13.827, de 13 de maio de 2019, e 14.188, de 28 de julho de 2021, acrescentaram importantes dispositivos à Lei nº 11.340, de 7 de agosto de 2006 (Lei Maria da Penha), como se percebe pela leitura, dentre outros, dos artigos 10-A, 12-A e 12-C, que dizem, respectivamente, *verbis*:

Art. 10-A. *É direito da mulher em situação de violência doméstica e familiar o atendimento policial e pericial especializado, ininterrupto e prestado por servidores – preferencialmente do sexo feminino – previamente capacitados.*

§ 1º A inquirição de mulher em situação de violência doméstica e familiar ou de testemunha de violência doméstica, quando se tratar de crime contra a mulher, obedecerá às seguintes diretrizes:

I – salvaguarda da integridade física, psíquica e emocional da depoente, considerada a sua condição peculiar de pessoa em situação de violência doméstica e familiar;

II – garantia de que, em nenhuma hipótese, a mulher em situação de violência doméstica e familiar, familiares e testemunhas terão contato direto com investigados ou suspeitos e pessoas a eles relacionadas;

III – não revitimização da depoente, evitando sucessivas inquirições sobre o mesmo fato nos âmbitos criminal, cível e administrativo, bem como questionamentos sobre a vida privada.

§ 2º Na inquirição de mulher em situação de violência doméstica e familiar ou de testemunha de delitos de que trata esta Lei, adotar-se-á, preferencialmente, o seguinte procedimento:

I – a inquirição será feita em recinto especialmente projetado para esse fim, o qual conterá os equipamentos próprios e adequados à idade da mulher em situação de violência doméstica e familiar ou testemunha e ao tipo e à gravidade da violência sofrida;

II – quando for o caso, a inquirição será intermediada por profissional especializado em violência doméstica e familiar designado pela autoridade judiciária ou policial;

III – o depoimento será registrado em meio eletrônico ou magnético, devendo a degravação e a mídia integrar o inquérito.

Art. 12-A. *Os Estados e o Distrito Federal, na formulação de suas políticas e planos de atendimento à mulher em situação de violência doméstica e familiar, darão prioridade, no âmbito da Polícia Civil, à criação de Delegacias Especializadas de Atendimento à Mulher (Deams), de Núcleos Investigativos de Feminicídio e de*

equipes especializadas para o atendimento e a investigação das violências graves contra a mulher.

Art. 12-C. *Verificada a existência de risco atual ou iminente à vida ou à integridade física ou psicológica da mulher em situação de violência doméstica e familiar, ou de seus dependentes, o agressor será imediatamente afastado do lar, domicílio ou local de convivência com a ofendida:*

I – pela autoridade judicial;

II – pelo delegado de polícia, quando o Município não for sede de comarca; ou

III – pelo policial, quando o Município não for sede de comarca e não houver delegado disponível no momento da denúncia.

§ 1º Nas hipóteses dos incisos II e III do caput deste artigo, o juiz será comunicado no prazo máximo de 24 (vinte e quatro) horas e decidirá, em igual prazo, sobre a manutenção ou a revogação da medida aplicada, devendo dar ciência ao Ministério Público concomitantemente.

§ 2º Nos casos de risco à integridade física da ofendida ou à efetividade da medida protetiva de urgência, não será concedida liberdade provisória ao preso.

Atendimento obrigatório e integral de pessoas em situação de violência sexual

Vide Lei nº 12.845, de 1º de agosto de 2013, que determina que os hospitais devem oferecer às vítimas de violência sexual atendimento emergencial, integral e multidisciplinar, visando ao controle e ao tratamento dos agravos físicos e psíquicos decorrentes de violência sexual, e encaminhamento, se for o caso, aos serviços de assistência social, considerando como violência sexual qualquer forma de atividade sexual não consentida, nos termos dos arts. 1º e 2º do referido diploma legal.

Diretrizes para o atendimento às vítimas de violência sexual pelos profissionais de segurança pública e da rede de atendimento do Sistema Único de Saúde (SUS)

Vide Decreto nº 7.958, de 13 de março de 2013.

Identificação do perfil genético

O art. 9º-A e seus parágrafos, incluídos na Lei de Execução Penal por meio da Lei nº 12.654, de 28 de maio de 2012, e alterados pela Lei nº 13.964, de 24 de dezembro de 2019, dizem, textualmente:

Art. 9º-A. *O condenado por crime doloso praticado com violência grave contra a pessoa, bem como por crime contra a vida, contra a liberdade sexual ou por crime sexual contra vulnerável, será submetido, obrigatoriamente, à identificação do perfil genético, mediante extração de DNA (ácido desoxirribonucleico), por técnica adequada e indolor, por ocasião do ingresso no estabelecimento prisional.*

§ 1º A identificação do perfil genético será armazenada em banco de dados sigiloso, conforme regulamento a ser expedido pelo Poder Executivo.

§ 1º-A. A regulamentação deverá fazer constar garantias mínimas de proteção de dados genéticos, observando as melhores práticas da genética forense.

§ 2º A autoridade policial, federal ou estadual, poderá requerer ao juiz competente, no caso de inquérito instaurado, o acesso ao banco de dados de identificação de perfil genético.

§ 3º Deve ser viabilizado ao titular de dados genéticos o acesso aos seus dados constantes nos bancos de perfis genéticos, bem como a todos os documentos da cadeia de custódia que gerou esse dado, de maneira que possa ser contraditado pela defesa.

§ 4º O condenado pelos crimes previstos no caput deste artigo que não tiver sido submetido à identificação do perfil genético por ocasião do ingresso no estabelecimento prisional deverá ser submetido ao procedimento durante o cumprimento da pena.

§ 5º A amostra biológica coletada só poderá ser utilizada para o único e exclusivo fim de permitir a identificação pelo perfil genético, não estando autorizadas as práticas de fenotipagem genética ou de busca familiar.

§ 6º Uma vez identificado o perfil genético, a amostra biológica recolhida nos termos do caput deste artigo deverá ser correta e imediatamente descartada, de maneira a impedir a sua utilização para qualquer outro fim.

§ 7º A coleta da amostra biológica e a elaboração do respectivo laudo serão realizadas por perito oficial.

§ 8º Constitui falta grave a recusa do condenado em submeter-se ao procedimento de identificação do perfil genético.

Em 12 de março de 2013, foi editado o Decreto nº 7.950, que instituiu o Banco Nacional de Perfis Genéticos e a Rede Integrada de Bancos de Perfis Genéticos, no âmbito do Ministério da Justiça, tendo aquele o objetivo de armazenar dados de perfis genéticos coletados para subsidiar ações destinadas à apuração de crimes, e tendo este último, vale dizer, a Rede Integrada de Bancos de Perfis Genéticos, o objetivo de permitir o compartilhamento e a comparação de perfis genéticos constantes dos bancos de perfis genéticos da União, dos Estados e do Distrito Federal.

Prioridade de tramitação do processo de estupro (art. 213, *caput* e §§ 1º e 2º)

A Lei nº 14.994, de 9 de outubro de 2024, alterou o art. 394-A do Código de Processo Penal, determinando, *verbis*:

Art. 394-A. Os processos que apurem a prática de crime hediondo ou violência contra a mulher terão prioridade de tramitação em todas as instâncias.

§ 1º Os processos que apurem violência contra a mulher independerão do pagamento de custas, taxas ou despesas processuais, salvo em caso de má-fé.

§ 2º As isenções de que trata o § 1º deste artigo aplicam-se apenas à vítima e, em caso de morte, ao cônjuge, ascendente, descendente ou irmão, quando a estes couber o direito de representação ou de oferecer queixa ou prosseguir com a ação.

Destituição do poder familiar

Vide § 2º do art. 23 da Lei nº 8.069, de 13 de julho de 1990 (Estatuto da Criança e do Adolescente), e o parágrafo único do art. 1.638 do Código Civil, ambos dispositivos com alterações produzidas pela Lei 13.715/2018.

Art. 214. (*Revogado*).

Violação sexual mediante fraude

Art. 215. Ter conjunção carnal ou praticar outro ato libidinoso com alguém, mediante fraude ou outro meio que impeça ou dificulte a livre manifestação de vontade da vítima:

Pena – reclusão, de 2 (dois) a 6 (seis) anos.

Parágrafo único. Se o crime é cometido com o fim de obter vantagem econômica, aplica-se também multa.

Introdução

O art. 215 do Código Penal, desde sua edição original, de 1940, vem sofrendo algumas alterações. Inicialmente, previa o tipo penal a conduta de *ter conjunção carnal com mulher honesta, mediante fraude*. Basicamente, a partir da década de 1980, acirraram-se as críticas no que diz respeito à expressão *mulher honesta*. A mulher do final do século XX já não podia sofrer esse tipo de discriminação. Era um evidente preconceito, que tinha que ser suprimido da nossa legislação penal. Essa mobilização ganhou força e, em 28 de março de 2005, o tipo penal foi modificado, passando a prever o comportamento de *ter conjunção carnal com mulher, mediante fraude*. Era o fim da expressão que tanto causou polêmica no meio jurídico.

A Lei nº 12.015, de 7 de agosto de 2009, modificou, por mais uma vez, o mencionado art. 215 do Código Penal. Agora, não somente os elementos do tipo penal foram modificados, mas também a própria rubrica foi alterada. Como o tipo penal passaria a prever os comportamentos que se encontravam no revogado art. 216 do Código Penal, o delito passou a ser chamado de *violação sexual mediante fraude*. Percebe-se, portanto, que a nova figura típica é uma fusão dos já não mais existentes delitos de posse sexual mediante fraude e atentado ao pudor mediante fraude, com a inclusão de novos elementos.

Assim, de acordo com a nova redação legal, constante do *caput* do mencionado art. 215, podemos destacar os seguintes elementos: a) a conduta de *ter conjunção carnal*; b) ou praticar outro ato libidinoso com alguém; c) mediante fraude; d) ou outro meio que impeça ou dificulte a livre manifestação de vontade da vítima.

O verbo *ter*, utilizado pelo art. 215 do Código Penal, pode ser entendido, agora, no sentido de que tanto o homem quanto a mulher podem praticar o delito em estudo quando a finalidade for a conjunção carnal, desde que estejamos diante de uma relação heterossexual. Assim, por exemplo, uma mulher poder valer-se do emprego de fraude para ter conjunção carnal com um homem, ou seja, fazer com que ocorra a penetração vaginal, da mesma forma que um homem pode usar do mesmo artifício para ter conjunção carnal com uma mulher. Em suma, a conjunção carnal pressupõe, sempre, uma relação heterossexual.

Com as modificações levadas a efeito no art. 215 do Código Penal pela Lei nº 12.015, de 7 de agosto de 2009, foi inserida no tipo penal em exame a conduta de *praticar outro ato libidinoso,* vale dizer, qualquer outro ato sexual, capaz de aflorar a libido, que não seja a conjunção carnal, a exemplo do que ocorre com a penetração anal, o sexo oral, masturbação etc.

Conforme preleciona Cezar Roberto Bitencourt, "esta modalidade de conduta, ao contrário da primeira (ter conjunção carnal, admite homem com homem e mulher com mulher, sem nenhuma dificuldade linguístico-dogmática. Em outros termos, tendo como vítima tanto homem quanto a mulher, o que, convenhamos, trata-se de grande inovação na seara dos direitos e liberdades sexuais"[48].

Para que sejam levadas a efeito as condutas previstas no tipo, isto é, para que o agente tenha conjunção carnal ou pratique outro ato libidinoso com alguém, deverá se valer da *fraude* ou *outro meio que impeça ou dificulte manifestação de vontade da vítima.*

A *fraude*, portanto, é um dos meios utilizados pelo agente para que tenha sucesso na prática da conjunção carnal ou de outro ato libidinoso. É o chamado *estelionato sexual.*

A fraude faz com que o consentimento da vítima seja viciado, pois que se tivesse conhecimento, efetivamente, da realidade não cederia aos apelos do agente. Por meio da fraude, o agente induz ou mantém a vítima em erro, fazendo com que tenha um conhecimento equivocado da realidade.

O item 70 da Exposição de Motivos da Parte Especial do Código Penal aponta dois exemplos de fraude, vale dizer, a *simulação de casamento* e o fato de o agente *substituir-se ao marido na escuridão da alcova.* Quanto à simulação de casamento, podemos até entender e concordar com o vício do consentimento da vítima, que somente pode ter permitido a conjunção carnal sob a condição do matrimônio. O segundo exemplo, no entanto, parece-nos um pouco teatral. Talvez fosse próprio para a mulher da década de 1940, época em que foi editado o Código Penal, quando, segundo se ouve falar, havia um buraco no lençol para que o marido pudesse ter relações sexuais com sua esposa, satisfazendo somente a sua libido, já que, normalmente, não se preocupava com o prazer sexual de sua esposa. Hoje, no entanto, dificilmente a mulher não saberá que está tendo relações sexuais com outra pessoa que se faz passar por seu marido.

Todavia, existem casos, infelizmente não incomuns, em que, por exemplo, "líderes espirituais", ou melhor dizendo "cafajestes espirituais", enganam suas vítimas, abatidas emocionalmente e, mediante a sugestão da conjunção carnal ou da prática de qualquer outro ato libidinoso, alegam que resolverão todos os seus problemas. Também poderá ocorrer a hipótese de troca de pessoas tratando-se de irmãos gêmeos idênticos, ou, ainda, o médico ginecologista, que, sem necessidade, realiza exame de toque na vítima, somente para satisfazer seu instinto criminoso. Enfim, o ardil, o engano, o artifício, viciando o consentimento, devem fazer com que a vítima ceda aos pedidos sexuais do agente, permitindo a conjunção carnal ou a prática de outro ato libidinoso.

Nesse sentido, adverte Noronha: "Conquanto rara a posse sexual fraudulenta, os livros registram alguns casos. Viveiros de Castro relata dois fatos. Um, de certo indivíduo, que convenceu a noiva de ser o casamento religioso o único válido, abandonando-a depois que a possuiu. Outro, o de um pajé – nome de curandeiro no Maranhão – que fazia suas consulentes acreditarem ter no ventre aranhas e baratas, que deviam ser retiradas por meio da cópula. Também os repertórios de jurisprudência relatam alguns casos: o de um homem que, após o matrimônio religioso e haver deflorado a vítima, furtou-se ao casamento civil; e o de um curandeiro que convenceu duas menores de possuírem *fístula interna*, necessitando, assim, de tratamento *especial.*"[49]

Conforme explica Hungria,

"*fraude* é a maliciosa provocação ou aproveitamento do erro ou engano de outrem, para consecução de um fim ilícito. Nem toda fraude, porém, constitui *material* da entidade criminal em questão. Não bastam, assim, as meras *sugestões verbais*: é preciso o emprego de artifícios, de estratagemas (*mise en aeuvre* de coisas ou pessoas) que torne insuperável o erro. Não é de confundir-se o engano obtido pela *sedução* com o engano a que, na espécie, é induzida a vítima. A *blanda verba*, os *allectamenta*, as *dolosae promissiones* nada têm a ver com a *fraus* necessária à configuração do crime de que ora se trata, pois não ofendem, sequer indiretamente, a liberdade sexual."[50]

E continua o grande penalista, dizendo:

[48] BITENCOURT, Cezar Roberto. *Tratado de direito penal*, vol. 4, p. 65.

[49] NORONHA, Edgard Magalhães. *Direito penal*, v. 3, p. 106.

[50] HUNGRIA, Nélson. *Comentários ao código penal*, v. VIII, p. 149.

"A fraude (tal como acontece no estelionato) tanto se apresenta quando o agente tem a iniciativa de provocação do erro, com quando se aproveita de erro provocado por terceiro ou de erro espontâneo da vítima".[51] Assim, imagine-se, a título de exemplo, a hipótese em que os irmãos gêmeos idênticos tenham viajado juntos, com suas esposas. Durante a noite, uma delas erra a porta de seu quarto, e ingressa no cômodo onde estava seu cunhado. Coincidentemente, a esposa deste último havia permanecido em uma festa que se realizava naquele local. A cunhada, pensando tratar-se do próprio marido, o induz a prática do ato sexual. O gêmeo idêntico, mesmo percebendo o erro, aproveita-se da situação e com ela mantém conjunção carnal. Nesse caso, deveria responder pelo delito em estudo, pois que, com sua fraude, permitindo que a vítima acreditasse que fosse seu irmão, a manteve em erro.

Rogério Sanches Cunha adverte, com autoridade: "A fraude utilizada na execução do crime não pode anular a capacidade de resistência da vítima, caso em que estará configurado o delito de estupro de vulnerável (art. 217-A do CP). Assim, não pratica o estelionato sexual (art. 215 do CP), mas estupro de vulnerável (art. 217-A do CP), o agente que usa psicotrópicos para vencer a resistência da vítima e com ela manter a conjunção carnal".[52]

Além da fraude, o agente pode, de acordo com a nova redação legal, valer-se de *outro meio* que *impeça* ou *dificulte* a livre manifestação de vontade da vítima. Cuida-se, *in casu,* da chamada interpretação analógica, ou seja, esse *outro meio* utilizado deverá ter uma conotação fraudulenta, a fim de que agente possa conseguir praticar as condutas previstas no tipo, a exemplo do que ocorre com a utilização de algum meio artificioso ou ardiloso, nos mesmos moldes previstos para o delito de estelionato. A doutrina procura distinguir o *artifício* do *ardil*, embora façam parte do gênero *fraude*. Conforme explica Noronha, "artifício, lexicologicamente, significa produto de arte, trabalho de artistas. Nesse sentido, portanto, pode-se dizer haver artifício quando há certo aparato, quando se recorre à arte, para mistificar alguém.

Pode o artifício manifestar-se por vários modos: consistir em palavras, gestos ou atos; ser ostensivo ou tácito; explícito ou implícito; e exteriorizar-se em ação ou omissão.

Quanto ao ardil, dão-nos os dicionários os sinônimos de astúcia, manha e sutileza. Já não é de natureza tão material quanto o artifício, porém mais intelectual. Dirige-se diretamente à psique do indivíduo, ou, na expressão de Manzini, à sua inteligência ou sentimento, de modo que provoque erro mediante *falsa aparência lógica ou sentimental*, isto é, excitando ou

determinando no sujeito passivo convicção, paixão, ou emoção, e criando destarte motivos ilusórios à ação ou omissão desejada pelo sujeito ativo".[53]

Assim, imagine-se a hipótese em que o agente se faça passar por um famoso estilista, que estaria recrutando modelos para desfilarem nas passarelas mais importantes do Brasil e no exterior. Como é do conhecimento de todos, em alguns desses eventos, as modelos podem desfilar seminuas, com os seios de fora etc. A fim de levar a efeito sua intenção criminosa, o agente, ao receber as modelos, solicita-lhes que retirem suas roupas e fiquem somente com a *lingerie* inferior. Ato contínuo, simulando estar analisando o corpo de cada uma delas, começa a tocá-las, passando-lhes as mãos nos seios, nas nádegas, nos pelos pubianos etc. Nesse caso, deverá ser responsabilizado pelo delito em estudo, vale dizer, violação sexual mediante fraude.

O verbo *impedir* é utilizado no texto com a ideia de que foi impossibilitada a livre manifestação de vontade da vítima, que se encontrava completamente viciada em virtude da fraude ou outro meio utilizado pelo agente, a fim de conseguir praticar a conjunção carnal ou outro ato libidinoso. *Dificultar,* a seu turno, dá a ideia de que a vontade da vítima, embora viciada, não estava completamente anulada pela fraude ou outro meio utilizado pelo agente. Nesse último caso, embora ludibriada, a vítima poderia, nas circunstâncias em que se encontrava, ter descoberto o plano criminoso, mas, ainda assim, foi envolvida pelo agente.

Classificação doutrinária

Crime de mão própria no que diz respeito ao sujeito ativo, quando a conduta for no sentido de *ter conjunção carnal,* e próprio, neste caso, quanto ao sujeito passivo. Se a conduta for dirigida à prática de outros atos libidinosos, o crime será comum, tanto no que diz respeito ao sujeito ativo quanto ao sujeito passivo; doloso; material; de dano; comissivo (podendo ser praticado via omissão imprópria, na hipótese de o agente gozar do *status* de garantidor); instantâneo; de forma vinculada (quando disser respeito à conjunção carnal) e de forma livre (quando estivermos diante de um comportamento dirigido à prática de outros atos libidinosos); monossubjetivo; plurissubsistente; não transeunte e transeunte (dependendo da hipótese concreta a ser examinada, ou seja, podendo o crime deixar vestígios ou não).

Objeto material e bem juridicamente protegido

A *liberdade sexual,* seja da mulher, seja do homem, é o bem juridicamente protegido pelo tipo penal que prevê o delito de violação sexual mediante fraude e,

---

[51] HUNGRIA, Nélson. *Comentários ao código penal,* v. VIII, p. 151.

[52] CUNHA, Rogério Sanches. *Comentários à reforma criminal de 2009 e à convenção de Viena sobre o direito dos tratados,* p. 43.

[53] NORONHA, Edgard Magalhães. *Direito penal,* v. 2, p. 365.

de forma mais ampla, a *dignidade sexual*, conforme dispõe o Título VI do Código Penal.

Objeto material do delito em estudo poderá ser tanto o homem quanto a mulher, devendo ser ressaltado, no entanto, que, quando estivermos diante de uma conjunção carnal, a relação deverá ser, obrigatoriamente, heterossexual.

Sujeito ativo e sujeito passivo

Tanto o homem quanto a mulher podem ser sujeitos ativos do delito de violação sexual mediante fraude quando a conduta for dirigida a ter conjunção carnal. No entanto, tal situação pressupõe, obrigatoriamente, uma relação heterossexual, ou seja, se a mulher, objetivando a conjunção carnal, for o sujeito ativo, o homem deverá ser o sujeito passivo, e vice-versa.

No que diz respeito à prática de outros atos libidinosos, tanto o homem quanto a mulher podem ser sujeitos ativo e passivo, não se pressupondo, aqui, a anteriormente mencionada relação heterossexual, podendo o crime ocorrer mesmo entre pessoas do mesmo sexo ou de sexos diversos.

Assim, não podemos mais nos surpreender, na sociedade do século XXI, que uma mulher, por exemplo, mediante o emprego de fraude, venha a praticar sexo oral com um homem. Nesse caso, ela se colocaria na situação de sujeito ativo e ele, na posição de sujeito passivo do delito de violação sexual mediante fraude. Tal como podia ocorrer com médicos ginecologistas, em relação às suas pacientes mulheres, agora, poderá uma médica urologista, por exemplo, examinar o pênis de um homem, nele tocando e fazendo carícias, quando, no caso concreto, tal exame era considerado desnecessário. Nesse caso, sujeito passivo seria o paciente que, em virtude da fraude praticada, permitiu que fosse examinado.

Consumação e tentativa

O delito de violação sexual mediante fraude se consuma, na sua primeira parte, com a efetiva penetração do pênis do homem na vagina da mulher, não importando que essa penetração seja total ou parcial, não havendo, inclusive, necessidade de ejaculação.

No que diz respeito à segunda parte, o delito se aperfeiçoa quando o sujeito ativo (homem ou mulher) pratica qualquer ato libidinoso com o sujeito passivo (que pode ser também um homem ou uma mulher). É importante frisar, no entanto, que, dada a gravidade da pena prevista para essa infração penal, somente aqueles atos que importem em atentados graves contra a liberdade sexual é que poderão ser reconhecidos como característicos do tipo penal em estudo. Assim, por exemplo, utilizar-se de fraude para *beijar* a vítima, mesmo que seja um beijo prolongado, não se configura no delito em questão, devendo o fato ser considerado atípico. Ao contrário, se, por exemplo, o agente se utiliza de fraude ou de outro meio para, por exemplo, ter qualquer tipo de ato sexual que envolva penetração, ou mesmo qualquer tipo de felação (masculina ou feminina), já se poderá configurar no delito de violação sexual mediante fraude.

Tratando-se de crime plurissubsistente, torna-se perfeitamente possível o raciocínio correspondente à tentativa. Dessa forma, imagine-se a hipótese daquele que, fazendo-se passar por seu irmão gêmeo, após despir a vítima, mas antes da efetivação da conjunção carnal, é por ela reconhecido em virtude da descoberta de uma tatuagem não existente no corpo de seu real companheiro. Nesse caso, podemos raciocinar no sentido de que o agente havia iniciado os atos de execução do delito em estudo, que somente não se consumou, como prática da conjunção carnal por circunstâncias alheias à sua vontade.

Ou, ainda, a hipótese daquele que, fazendo-se passar por um médico ginecologista-obstetra, solicita à vítima que se dirija ao local destinado à realização do exame de toque, e é surpreendido e preso antes de introduzir os dedos no canal vaginal.

Elemento subjetivo

O delito de violação sexual mediante fraude somente pode ser praticado dolosamente, não havendo previsão para a modalidade de natureza culposa.

Assim, a conduta do agente deve ser dirigida finalisticamente a ter conjunção carnal ou a praticar outro ato libidinoso com alguém, mediante fraude ou outro meio que impeça ou dificulte a livre manifestação de vontade da vítima.

Modalidades comissiva e omissiva

Os núcleos *ter* e *praticar* pressupõem um comportamento comissivo por parte do agente.

No entanto, será possível a sua prática via omissão imprópria, na hipótese de o garantidor, dolosamente, permitir que a vítima seja enganada pelo agente, tendo com ela conjunção carnal ou praticando o outro ato libidinoso se, no caso concreto, devia e podia agir a fim de evitar o resultado, conforme determinação contida no § 2º do art. 13 do Código Penal.

Finalidade de obtenção de vantagem econômica

O parágrafo único do art. 215 do Código Penal, com a nova redação que lhe foi dada pela Lei nº 12.015, de 7 de agosto de 2009, determina que *se o crime é cometido com o fim de obter vantagem econômica, aplica-se também multa.*

A aplicação da multa será regulada pela regra constante do art. 49 do Código Penal.

Causas de aumento de pena

Determina o art. 226 do Código Penal, com as redações que lhe foram conferidas pelas Leis nºs 11.106, de 28 de março de 2005, e 13.718, de 24 de setembro de 2018:

Art. 226. A pena é aumentada:

I – de quarta parte, se o crime é cometido com o concurso de 2 (duas) ou mais pessoas;

II – de metade, se o agente é ascendente, padrasto ou madrasta, tio, irmão, cônjuge, companheiro, tutor, curador, preceptor ou empregador da vítima ou por qualquer outro título tiver autoridade sobre ela;

III – (Revogado);

IV – de 1/3 (um terço) a 2/3 (dois terços), se o crime é praticado:

Estupro coletivo

a) mediante concurso de 2 (dois) ou mais agentes;

Estupro corretivo

b) para controlar o comportamento social ou sexual da vítima.

O art. 234-A, após a nova redação que foi conferida aos incisos III e IV pela Lei nº 13.718, de 24 de setembro de 2018, passou a prever o seguinte:

Art. 234-A. *Nos crimes previstos neste Título a pena é aumentada:*

I – (vetado);

II – (vetado);

III – de metade a 2/3 (dois terços), se do crime resulta gravidez;

IV – de 1/3 (um terço) a 2/3 (dois terços), se o agente transmite à vítima doença sexualmente transmissível de que sabe ou deveria saber ser portador, ou se a vítima é idosa ou pessoa com deficiência.

Pode ocorrer que, no caso concreto, esteja presente mais de uma causa de aumento de pena elencada nos arts. 226 e 234-A do Código Penal. Nesse caso, será aplicada a regra constante do parágrafo único do art. 68 do Código Penal, que diz, *verbis:*

Parágrafo único. *No concurso de causas de aumento ou de diminuição, previstas na parte especial, pode o juiz limitar-se a um só aumento ou a uma só diminuição, prevalecendo, todavia, a causa que mais aumente ou diminua.*

No que diz respeito à análise de cada uma das causas de aumento de pena mencionadas pelos arts. 226 e 234-A do Código Penal, remetemos o leitor ao art. 213 do mesmo diploma repressivo.

Pena, ação penal e segredo de justiça

O preceito secundário do art. 215 do Código Penal comina uma pena de reclusão, de 2 (dois) a 6 (seis) anos.

Se houver a finalidade de obtenção de vantagem econômica será aplicada, também, a pena de multa.

Diz o art. 225 do Código Penal, com a redação que lhe foi conferida pela Lei nº 13.718, de 24 de setembro de 2018, que:

Art. 225. *Nos crimes definidos nos Capítulos I e II deste Título, procede-se mediante ação penal pública incondicionada.*

Parágrafo único. *(revogado).*

Agora, portanto, a ação penal relativa ao delito de violação sexual mediante fraude é de iniciativa pública incondicionada.

Nos termos do art. 234-B do Código Penal, criado pela Lei nº 12.015, de 7 de agosto de 2009, os processos em que se apuram crimes previstos pelo Título VI, vale dizer, os *crimes contra a dignidade sexual,* correrão em segredo de justiça.

Contudo, os §§ 1º e 2º, inseridos no art. 234-B do Código Penal pela Lei nº 15.035, de 27 de novembro de 2024, determinam, *verbis:*

§ 1º O sistema de consulta processual tornará de acesso público o nome completo do réu, seu número de inscrição no Cadastro de Pessoas Físicas (CPF) e a tipificação penal do fato a partir da condenação em primeira instância pelos crimes tipificados nos arts. 213, 216-B, 217-A, 218-B, 227, 228, 229 e 230 deste Código, inclusive com os dados da pena ou da medida de segurança imposta, ressalvada a possibilidade de o juiz fundamentadamente determinar a manutenção do sigilo.

§ 2º Caso o réu seja absolvido em grau recursal, será restabelecido o sigilo sobre as informações a que se refere o § 1º deste artigo.

Não há se falar em vulnerabilidade pelo simples fato de se tratar de relação médico e pacientes, uma vez que referida situação já configura a fraude necessária a tipificar o tipo penal do art. 215 do Código Penal. Ademais, as hipóteses de vulnerabilidade legal se referem à ausência de necessário discernimento, em virtude de enfermidade ou deficiência mental, e impossibilidade de oferecer resistência por qualquer outra causa. Na hipótese, as vítimas tinham o necessário discernimento e podiam oferecer resistência, tanto que os relatos revelam a estranheza com o comportamento do médico, tendo algumas vítimas se negado a seguir suas orientações. Tem-se, portanto, que o contexto apresentado nos presentes autos não modifica a titularidade da ação penal, a qual permanece pública condicionada à representação (STJ, RHC 57.336/BA, Rel. Min. Reynaldo Soares da Fonseca, 5ª T., *DJe* 13/12/2017).

Nesse sentido:

STJ, HC 237540/RJ, Rel.ª Min.ª Maria Thereza de Assis Moura, 6ª T., *DJe* 04/06/2014.

Mulher que percebe o erro durante o ato sexual

Pode acontecer que, durante o ato sexual e principalmente quando esse ocorrer mediante a troca de parceiros, como no citado caso dos gêmeos, a mulher, por exemplo, perceba que está se relacionando com outra pessoa. A partir daí, podemos raciocinar com duas hipóteses. Na primeira delas, a mulher consente no prosseguimento do coito; na segunda, tenta interrompê-lo, mas é impedida pelo agente.

Na primeira hipótese, não haveria o crime de violação sexual mediante fraude, visto que o consentimento, ainda durante a prática do ato sexual, afastaria o vício de vontade.

Na segunda situação, caso a vítima percebesse e quisesse interromper o ato sexual, mas fosse impedida pelo agente, este deveria responder pelo estupro, tipificado no art. 213 do Código Penal.

Fraude grosseira

A fraude grosseira tem o condão de afastar a infração penal, pois que a vítima não estaria se entregando enganosamente ao agente, uma vez que, como diz a parte final do art. 215 do Código Penal, a utilização desse meio não impediria ou mesmo dificultaria a sua livre manifestação de vontade.

Aplica-se, aqui, o raciocínio correspondente ao crime impossível, haja vista ser a fraude, por exemplo, o meio utilizado pelo agente para efeitos de sucesso no congresso carnal ou da prática de outro ato libidinoso. A fraude grosseira, portanto, se amoldaria ao conceito de meio absolutamente ineficaz.

No entanto, deve ser analisada caso a caso, verificando-se, principalmente, as condições e características pessoais da vítima que, de acordo com suas limitações, poderia ser mais facilmente enganada, mesmo que o artifício, o engodo, o ardil utilizados pelo agente fossem completamente ineficazes para iludir alguém de entendimento mediano.

Profissional do sexo que tem relações sexuais com alguém que prometeu pagá-la após o ato

Se o agente mantém relações sexuais com um profissional do sexo, por exemplo, prometendo-lhe, dolosa e enganosamente, pagá-lo após a prática do ato, caso não cumpra com o pactuado poderá ser responsabilizado pelo delito de violação sexual mediante fraude, uma vez que a promessa falsa de pagamento foi o que motivou a(o) garota(o) de programa a ele se entregar sexualmente.

Prática da conjunção carnal e outro ato libidinoso com a mesma vítima

Tal como ocorre com o delito de estupro, entendemos que o art. 215 do Código Penal prevê um tipo misto alternativo, importando, outrossim, em *crime único* quando o agente pratica mais de um comportamento por ele previsto.

Assim, por exemplo, se o agente, mediante fraude, pratica a conjunção carnal e, também, o coito anal com a vítima, deverá responder por uma única infração penal, e não pelo concurso de crimes.

Cuida-se de um tipo misto alternativo, em que a prática de mais de um comportamento permitirá o reconhecimento de crime único. Assim, por exemplo, aquele que, mediante fraude, mantém conjunção carnal, além de praticar o sexo oral com a vítima, responderá por um único delito de violação sexual mediante fraude. Em sentido contrário, Julio Fabbrini Mirabete e Renato N. Fabbrini prelecionam que a hipótese é de "tipo misto cumulativo, punindo-se no

mesmo dispositivo duas condutas distintas, a exemplo do que ocorre com o estupro. A prática de uma ou de outra configura o crime em estudo e a realização de ambas enseja a possibilidade do concurso de delitos e da continuidade delitiva".[54]

Agente "bom de papo"

Pode ocorrer a hipótese em que o agente, por exemplo, "especialista em cantadas", convença a vítima a ter com ele qualquer tipo de relação sexual, a exemplo da conjunção carnal, ou da prática de atos libidinosos. Para tanto, se utiliza de todos os "artifícios possíveis", simulando ser uma pessoa bem sucedida financeiramente, e que essa condição proporcionará a ela, no futuro, um conforto extraordinário.

A vítima, seduzida pelas promessas do agente, cede e com ele mantém relação sexual. Nesse caso, poderia o agente ser responsabilizado pelo delito tipificado no art. 215 do Código Penal? A resposta só pode ser negativa. A ganância da vítima, na verdade, é que fez com que se entregasse ao agente. Guardadas as devidas proporções, poderiam aplicar, *in casu*, o raciocínio relativo à chamada *torpeza bilateral*, estudada no delito de estelionato.

Aqui, agente e "vítima" queriam obter vantagens, tendo prevalecido o mais "esperto", não se podendo cogitar de qualquer tipo de infração penal.

Como alerta Cezar Roberto Bitencourt, "é indispensável que a vítima tenha sido ludibriada, iludida, e não que se tenha entregue à prática libidinosa por rogos, carícias ou na expectativa de obter alguma vantagem do agente. Assim, não há como considerar ludibriada, fraudada ou enganada a mulher que 'empresta' seu corpo para satisfazer desejos sexuais de alguém na expectativa de receber, em troca, bens materiais, ou simplesmente para a própria satisfação dos mesmos instintos que impulsionam o suposto ofensor."[55]

Uma outra situação seria se durante o namoro o rapaz faz várias investidas para manter relação sexual com sua namorada, mas sem sucesso, porque a vítima, de costumes rígidos, diz que só terá relações sexuais com o namorado após o casamento. E o agente, para satisfazer única e exclusivamente seus impulsos, faz promessa de casamento à namorada que sede às investidas do rapaz, já que ambos irão se casar. Se depois do ato consumado, o rapaz rompe o compromisso imotivadamente, pode-se falar em violação sexual mediante fraude.

Diferença entre violação sexual mediante fraude e estupro de vulnerável

No delito de violação sexual mediante fraude, a vítima consente com o ato sexual ou ato libidinoso,

---

[54] MIRABETE, Julio Fabbrini; FABBRINI, Renato N. *Manual de direito penal*, v. 2, p. 401.

[55] BITENCOURT, Cezar Roberto. *Tratado de direito penal*, v. 4, p. 64.

no entanto sua vontade não é livre, pois induzida em erro. Já no crime de estupro de vulnerável, na modalidade imputada ao paciente, inexiste consentimento quanto ao ato sexual praticado (STJ, HC 326.903/RO, Rel. Min. Ribeiro Dantas, 5ª T., *DJe* 17/12/2015).

Destituição do poder familiar

Vide § 2º do art. 23 da Lei nº 8.069, de 13 de julho de 1990 (Estatuto da Criança e do Adolescente), e o parágrafo único do art. 1.638 do Código Civil, ambos dispositivos com alterações produzidas pela Lei 13.715/2018.

Importunação sexual

Art. 215-A Praticar contra alguém e sem a sua anuência ato libidinoso com o objetivo de satisfazer a própria lascívia ou a de terceiro:

Pena – reclusão, de um a cinco anos, se o ato não constitui crime mais grave.

Introdução

O delito de importunação sexual, tipificado no art. 215-A, foi inserido no Código Penal através da Lei nº 13.718, de 24 de setembro de 2018. O legislador foi motivado a criar essa nova figura típica em virtude de fatos que, infelizmente, vêm ocorrendo com frequência, principalmente em transportes públicos, a exemplo dos ônibus, trens, metrôs etc.

Antes da criação do delito de importunação sexual, algumas situações que não eram graves o suficiente para serem entendidas como estupro, eram capituladas como sendo a revogada contravenção penal de *importunação ofensiva ao pudor*, antes tipificada no art. 61 da LCP, que era insuficiente para inibir esses comportamentos. Dessa forma, surgiu o crime de *importunação sexual*, procurando inibir aquelas condutas que, embora de média gravidade, não tinham o condão de ser entendidas como estupro.

De acordo com a redação legal, podemos apontar os seguintes elementos que integram a figura típica: *a)* a conduta de praticar contra alguém, e sem a sua anuência; *b)* ato libidinoso; *c)* com o objetivo de satisfazer a própria lascívia ou a de terceiro.

O núcleo do tipo é o verbo *praticar*, que tem o sentido de cometer, realizar, levar a efeito. De acordo com a redação legal, o comportamento do agente é dirigido contra uma pessoa específica, e sem que esta tenha dado sua anuência. Entendemos completamente desnecessária essa ressalva contida no artigo *sub examen*. Isso porque, se o agente pratica atos libidinosos dirigidos e com a anuência de determinada pessoa, o fato será desclassificado para o delito de ato obsceno. Assim, imagine-se a hipótese em que um casal, no interior de um veículo coletivo, e com o consentimento de ambos, comece com carícias que culminam com o homem se masturbando, e ejaculando na sua parceira, fato esse amplamente percebido pelos demais passageiros que ali se encontravam, ou mesmo a própria mulher que se masturba, ao lado de seu parceiro e em meio às outras pessoas. Nesse caso, o delito praticado seria o de ato obsceno, tipificado no art. 233 do Código Penal, e não o de importunação sexual, previsto no art. 215-A do mesmo estatuto repressivo.

Importante salientar que os atos são praticados, como regra, pelo agente e nele próprio, pois caso fossem levados a efeito na vítima o fato se configuraria em outra infração penal, a exemplo do estupro. Assim, *v.g.,* imagine-se a hipótese em que, no interior de um veículo coletivo, um homem perceba que uma mulher esteja vestida com uma saia e, valendo-se dessa situação, dela se aproxima e coloca sua mão entre as pernas da vítima, chegando à vagina. Nesse caso, não poderíamos falar, tão somente, em importunação sexual, mas sim em crime de estupro.

Por isso, frisamos, se a vítima for tocada, dificilmente não haverá desclassificação para outra figura típica. Tudo dependerá da gravidade do fato, como induz o próprio preceito secundário do art. 215-A do Código Penal, quando assevera que a pena é de 1 (um) a 5 (cinco) anos de reclusão, *se o ato não constitui crime mais grave*, sendo considerado, portanto, como uma norma expressamente subsidiária.

Podemos citar como exemplo de um comportamento em que o agente toca na vítima, mas que seria um *minus* em relação ao estupro, a hipótese, extremamente comum nos transportes coletivos, do chamado *frotteurismo,* em que um homem, em estado de ereção, aproveitando-se do fato de o veículo estar lotado, se aproxima da vítima por ele escolhida, que se encontrava de costas, e nela começa a se esfregar, pressionando-a com seu pênis, mesmo que não o tenha retirado de suas calças, ou mesmo o agente que vier a colocar suas mãos numa altura suficiente que encoste nos seios da vítima, tendo prazer sexual com esse tipo de situação. Outro exemplo que se encaixaria na infração penal em estudo é o daquele que ocorreu na cidade de São Paulo, que ganhou as mídias nacionais, em que um agente começou a se masturbar no interior de um ônibus, culminando por ejacular no pescoço da vítima por ele escolhida. Nessas hipóteses, como o fato é cometido sem o emprego de violência ou grave ameaça, se amoldaria perfeitamente ao delito de *importunação sexual.*

Por ato libidinoso, devemos entender aquele que tenha por finalidade saciar a libido do agente, o seu prazer ou apetite sexual, desde que possua a relevância exigida pelo Direito Penal. Há taras sexuais que não possuem gravidade suficiente para que reconheçamos um crime contra a dignidade sexual. Um homem que satisfaz a sua libido esfregando seus dedos no cabelo da vítima, por exemplo, não pode ser punido pelo delito de importunação sexual, devendo-se reconhecer a atipicidade do fato.

A conduta do agente deve ser dirigida a satisfazer a própria lascívia (luxúria, prazer sexual) ou mesmo a de terceiro. Aqui também existe uma forma de *proxenetismo*, em que o agente pratica os atos contra alguém, para que terceiro, o *voyeur*, se satisfaça, com atos de contemplação. Nesse caso, ambos responderão pela infração penal em estudo, em concurso de pessoas, ou seja, tanto aquele que pratica o ato libidinoso, como aquele que ali se encontrava tão somente para apreciar o agente na sua atuação.

⚖ Além disso, importa destacar que o crime do art. 215-A do CP resta configurado tão somente quando o ato libidinoso é praticado sem violência ou grave ameaça, não sendo possível falar em importunação sexual quando a conduta for perpetrada mediante violência presumida (STF, RHC 173.221/SC, Rel. Min. Luiz Fux, *DJe* 16/08/2019).

Nesse sentido:
⚖ STJ, RHC 93.906/PA, Rel. Min. Ribeiro Dantas, 5ª T., *DJe* 26/03/2019.

Classificação doutrinária

Crime comum, tanto com relação ao sujeito ativo como ao sujeito passivo; doloso; de forma livre; instantâneo; de mera conduta; monossubjetivo; plurissubsistente; comissivo (podendo ser praticado, também, via omissão imprópria, na hipótese de o agente gozar do *status* de garantidor); transeunte (como regra, quando não houver possibilidade de realização de prova pericial).

Objeto material e bem juridicamente protegido

Os bens juridicamente protegidos pelo tipo penal que prevê o delito de *importunação sexual* são tanto a liberdade quanto a dignidade sexual.

Objeto material é a pessoa contra quem é dirigida a conduta praticada pelo agente.

Sujeito ativo e sujeito passivo

Crime comum, qualquer pessoa pode ser considerada como sujeito ativo do crime de *importunação sexual*, não havendo nenhuma qualidade especial exigida pelo tipo penal em estudo.

Da mesma forma, qualquer pessoa pode ser entendida como sujeito passivo.

Contudo, vale a ressalva, sempre pertinente, feita por Rogério Sanches Cunha, quando adverte que:
"Praticar, na presença de alguém menor de quatorze anos, ou induzi-lo a presenciar, conjunção carnal ou outro ato libidinoso, a fim de satisfazer lascívia própria ou de outrem, caracteriza o crime do art. 218-A do CP, punido com reclusão de dois a quatro anos"[56].

Consumação e tentativa

O delito se consuma com a prática de qualquer ato libidinoso contra alguém, sem a sua anuência, que tenha como objetivo satisfazer a lascívia do agente ou a de terceiro.

Tratando-se de um delito plurissubsistente, no qual se pode fracionar o *iter criminis*, será possível o reconhecimento da tentativa, embora de difícil comprovação no caso concreto, dependendo da forma como o delito é praticado.

Elemento subjetivo

O dolo é o elemento subjetivo exigido pelo tipo penal em estudo, não havendo previsão para a modalidade de natureza culposa.

Podemos visualizar, ainda, o chamado especial fim de agir, identificado através da expressão *com o objetivo de satisfazer a própria lascívia ou a de terceiro*.

Modalidade comissiva e omissiva

O núcleo *praticar* pressupõe um comportamento comissivo por parte do agente.

No entanto, será possível o reconhecimento da omissão imprópria na hipótese em que o agente, garantidor, podendo, nada fizer para evitar a produção do resultado. Assim, imagine-se a situação daquele que exerce as funções de agente de segurança do metrô, percebendo que o agente começaria a praticar seus atos libidinosos, tendo uma mulher como vítima, podendo, não o impede. Nesse caso, o agente de segurança também responderia pelo delito tipificado no art. 215-A do Código Penal, praticando o delito via omissão imprópria.

Pena, ação penal e suspensão condicional do processo

A pena prevista para o crime de importunação sexual é de reclusão, de 1 (um) a 5 (cinco) anos, se o ato não constitui crime mais grave. Trata-se, portanto, de uma *infração penal expressamente subsidiária*, ou seja, somente será aplicada se não houve um delito mais grave, a exemplo do que ocorre com o estupro.

A ação penal é de iniciativa pública incondicionada, nos termos do art. 225 do Código Penal, com a nova redação que lhe foi conferida pela Lei nº 13.718, de 24 de setembro de 2018.

Tendo em vista a pena mínima cominada, será possível a proposta de suspensão condicional do processo.

Revogação do art. 61 da LCP e continuidade normativo-típica

Dizia o revogado art. 61 do Decreto-Lei nº 3.688, de 3 de outubro de 1941 (Lei das Contravenções Penais), *verbis*:

Art. 61. *Importunar alguém, em local público ou acessível ao público, de modo ofensivo ao pudor:*
Pena: multa [...]

Assim, aqueles que praticaram o fato, durante a vigência do mencionado art. 61, agora revogado pela

---

[56] CUNHA, Rogério Sanches. Lei 13.718/18: introduz modificações nos crimes contra a dignidade sexual. Disponível em: <http://s3.meusitejuridico.com.br/2018/09/140afc83-crimes-sexuais-lei-13718-18.pdf>. Acesso em: 29 set. 2018.

Lei nº 13.718, de 24 de setembro de 2018, serão beneficiados com o instituto da *abolitio criminis*, ou será possível o raciocínio correspondente à continuidade normativo-típica? Rogério Sanches Cunha assevera que:

"Em virtude da inserção deste tipo penal, a Lei 13.718/18 revoga a contravenção penal do art. 61 do Decreto-lei 3.688/41 (importunação ofensiva ao pudor). Não se pode falar, no entanto, em *abolitio criminis* relativa à contravenção, pois estamos, na verdade, diante do princípio da continuidade normativo-típica. O tipo do art. 61 da LCP é formalmente revogado, mas seu conteúdo migra para outra figura para que a importunação seja punida com nova roupagem"[57].

Contudo, em que pese o raciocínio da impossibilidade do reconhecimento da *abolitio criminis*, não podemos deixar de frisar que se o agente praticou o fato sob a vigência da revogada contravenção penal, então tipificada no referido art. 61 da LCP, a lei anterior deverá ser ultra-ativa, pois que o novo tipo, que prevê expressamente a importunação sexual, lhe é prejudicial.

Desclassificação do delito de estupro de vulnerável para importunação sexual

Tem prevalecido no Superior Tribunal de Justiça a impossibilidade de desclassificação para o art. 215-A do Código Penal, uma vez que referido tipo penal é praticado sem violência ou grave ameaça, e o tipo penal imputado ao embargante (art. 214 c/c o art. 224, alínea "a", do Código Penal) inclui a presunção absoluta de violência ou grave ameaça, por se tratar de menor de 14 anos. A meu ver, referido entendimento merece uma melhor reflexão. De fato, na atual redação, o estupro de vulnerável não traz em sua descrição qualquer tipo de ameaça ou violência, ainda que presumida, mas apenas a presunção de que o menor de 14 anos não tem capacidade para consentir com o ato sexual. Dessa forma, tenho dificuldades em identificar, de pronto, óbice à possibilidade de desclassificação, porquanto é possível que o caso concreto, pela ausência de expressiva lesão ao bem jurídico tutelado, não demande a gravosa punição trazida no art. 217-A do CP. Com efeito, não é recomendável que as condutas de conjunção carnal, sexo oral e sexo anal possuam o mesmo tratamento jurídico-penal que se dá ao beijo lascivo, sob pena de verdadeira afronta à proporcionalidade. O Supremo Tribunal Federal iniciou o julgamento do HC 134.591/SP, de Relatoria do Ministro Marco Aurélio, no qual o Ministro Luís Roberto Barroso, em voto-vista, se manifestou no sentido da possibilidade de se desclassificar a conduta do art. 217-A para a do art. 215-A, ambos do CP. Consignou que o problema real é que na prática como o tipo do art. do 217-A não distingue condutas mais ou menos

invasivas, com frequência, como aconteceu aqui, os juízes desclassificavam. Portanto, o meio caminho talvez seja uma solução melhor que um dos dois extremos. Além do que, com todo respeito, acho que um réu primário de bons antecedentes que deu um beijo lascivo numa criança, gravíssimo, não merece oito anos de cadeia, que é uma pena superior a um homicídio. Nesse encadeamento de ideias, ressalvo meu ponto de vista quanto à possibilidade de desclassificação do tipo penal do art. 217-A para o do art. 215-A, ambos do CP, porém fica mantido o entendimento de ambas as Turmas do STJ, no sentido da impossibilidade de desclassificação, quando se tratar de vítima menor de 14 anos, em razão do argumento central de presunção de violência. Ressalva, no ponto, do entendimento do Relator em sentido diverso. Prevalência da interpretação colegiada do STJ (STJ, AgRg nos EDcl no REsp 1.815.128/RS, Rel. Min. Reynaldo Soares da Fonseca, 5ª T., *DJe* 05/08/2019).

> **Art. 216.** (*Revogado*)
>
> **Assédio sexual**
>
> **Art. 216-A.** Constranger alguém com o intuito de obter vantagem ou favorecimento sexual, prevalecendo-se o agente da sua condição de superior hierárquico ou ascendência inerentes ao exercício de emprego, cargo ou função.
>
> **Pena** – detenção, de 1 (um) a 2 (dois) anos.
>
> **Parágrafo único.** (Vetado).
>
> **§ 2º** A pena é aumentada em até um terço se a vítima é menor de 18 (dezoito) anos.

Introdução

De acordo com a redação do art. 216-A do Código Penal, podemos identificar os seguintes elementos: *a)* a conduta de constranger alguém; *b)* com a finalidade de obter vantagem ou favorecimento sexual; *c)* devendo o agente prevalecer-se de sua condição de superior hierárquico ou de ascendência inerentes ao exercício de emprego, cargo ou função.

O núcleo constranger, utilizado pelo tipo penal que prevê o delito de *assédio sexual*, deve ter outra conotação que não a utilização do emprego de violência ou grave ameaça. No delito de assédio sexual, partindo do pressuposto de que seu núcleo prevê uma modalidade especial de constrangimento, devemos entendê-lo praticado com ações por parte do sujeito ativo que, na ausência de receptividade pelo sujeito passivo, farão com que este se veja prejudicado em seu trabalho, havendo, assim, expressa ou implicitamente, uma ameaça. No entanto, essa ameaça deverá sempre estar ligada ao exercício de emprego, cargo ou função, seja rebaixando a vítima de posto, colocando-a em lugar pior de trabalho, enfim, deverá sempre

---

[57] CUNHA, Rogério Sanches. Lei 13.718/18: introduz modificações nos crimes contra a dignidade sexual. Disponível em: <http://s3.meu-sitejuridico.com.br/2018/09/140afc83-crimes-sexuais-lei-13718-18.pdf>. Acesso em: 29 set. 2018.

estar vinculada a essa relação hierárquica ou de ascendência, como determina a redação legal.

Constranger, aqui, deve ser entendido no sentido de perseguir com propostas, insistir, importunar a vítima, para que com ela obtenha vantagem ou favorecimento sexual, devendo existir, sempre, uma ameaça expressa ou implícita de prejuízo na relação de trabalho, caso o agente não tenha o sucesso sexual pretendido.

O constrangimento poderá ser dirigido contra qualquer pessoa, uma vez que a lei penal se vale do termo *alguém* para indicar o sujeito passivo. Da mesma forma, qualquer pessoa, independentemente do sexo, poderá ser considerada sujeito ativo. Assim, poderá existir o assédio sexual tanto nas relações heterossexuais como nas relações homossexuais. Um homem poderá, dessa forma, assediar uma mulher, e vice-versa. Também assim nas relações homossexuais, masculina e feminina.

A finalidade do constrangimento é a obtenção de *vantagem* ou *favorecimento sexual*. Dissertando sobre o tema, esclarece Rubia Girão: "Encontramos o emprego do substantivo *vantagem* em diversos tipos penais. Na maioria das vezes é usado no sentido de benefício pecuniário, de lucro. Contudo, por vezes não vem acompanhado de qualquer adjetivo; pelo que se interpreta que, qualquer que seja o proveito pretendido pelo agente, faz configurar o crime. No delito sob estudo, corretamente qualifica-se a vantagem pretendida como 'sexual'. Ainda assim, sua utilização no tipo parece mais adequada que o emprego do vocábulo *favorecimento* – que corresponde ao ato de favorecer-se – de uso menos frequente na legislação penal. No crime de assédio certamente pretendeu o legislador referir-se ao ato de beneficiar-se o agente, de aproveitar-se de sua condição de superioridade funcional para conseguir um benefício de ordem sexual. Assim, melhor teria sido o emprego neste momento de 'favores sexuais'".[58]

Para tanto, o agente deve valer-se de sua condição de *superior hierárquico* ou *ascendência inerentes ao exercício de emprego, cargo ou função*.

A prova constante dos autos é suficiente para atestar a verossimilhança da tese esposada na inicial, valendo considerar que em casos de assédio sexual, a palavra da vítima ganha especial relevo, porquanto os atos que o caracterizam geralmente ocorrem na clandestinidade, circunstância essa que dificulta a comprovação do ilícito (TJ-RS, Ap. 70070917547, Rel. Des. Ney Wiedemann Neto, j. 29/09/2016).

Nesse sentido:

TJRS, Rec. Crim. 71002054799, Rel. Cristina Pereira Gonzales, Turma Recursal Criminal, j. 11/05/2009, *DJ*

14/05/2009; TJMG, ACr 1.0024.03. 040884-3/001, 5ª Câm. Crim., Rel. Alexandre Victor de Carvalho, pub. 12/04/2008.

A expressão *superior hierárquico* indica uma relação de direito público, vale dizer, de Direito Administrativo, não se incluindo nela as relações de direito privado.

Para que a máquina administrativa possa funcionar com eficiência, é preciso que exista uma escala hierárquica entre aqueles que detêm o poder de mando e seus subordinados. Nesse sentido, Frederico Marques aduz que para que se possa falar em obediência hierárquica é necessário existir "dependência funcional do executor da ordem dentro do serviço público, em relação a quem lhe ordenou a prática do ato delituoso".[59] Isso significa que não há relação hierárquica entre particulares, como no caso do gerente de uma agência bancária e seus subordinados, bem como inexiste tal relação nas hipóteses de temor reverencial entre pais e filhos ou mesmo entre líderes religiosos e os fiéis. No entanto, poderia haver a prática do delito de assédio sexual, por exemplo, entre um coronel e alguém de uma patente menor, de um juiz com seus inferiores (oficial de justiça, escrivão, escrevente etc.), do chefe da seção, com seu subordinado (sendo todos eles, por exigência legal, servidores públicos). Enfim, visualizando-se a relação de direito público, será possível o reconhecimento do assédio sexual.

Menciona a lei penal, também, ascendência inerente ao exercício de *emprego, cargo* ou *função*. Conforme esclarece Guilherme de Souza Nucci, "*emprego* é a relação trabalhista estabelecida entre aquele que emprega, pagando remuneração pelo serviço prestado, e o empregado aquele que presta serviços de natureza não eventual, mediante salário e sob ordem do primeiro. Refere-se, no caso, às relações empregatícias na esfera civil. *Cargo*, para os fins deste artigo, é o público, que significa o posto criado por lei na estrutura hierárquica da administração pública, com denominação e padrão de vencimentos próprios [...]. *Função*, para os fins deste crime, é a pública, significando o conjunto de atribuições inerentes ao serviço público, não correspondentes a um cargo ou emprego [...]".[60]

Note-se que na redação do tipo penal que prevê o assédio sexual a lei usa os termos *superior* hierárquico e *ascendência*. Isso quer dizer que somente quando o agente for hierarquicamente superior à vítima ou quando houver ascendência da sua posição em seu emprego, cargo ou função é que poderá ocorrer o delito.

Assim, quando o agente ocupar uma posição inferior ou mesmo idêntica à da pessoa que, em tese, é constrangida, não haverá o delito em estudo.

[58] GIRÃO, Rubia Mara Oliveira Castro. *Crime de assédio sexual*, p. 51-52.

[59] MARQUES, José Frederico. *Tratado de direito penal*, v. II, p. 310-311.

[60] NUCCI, Guilherme de Souza. *Código penal comentado*, p. 794.

⚖ O assédio sexual, como tentativa de dominação sexual da vítima, por chantagem ou por qualquer outro expediente que, de alguma forma, importe restrição de igualdade de oportunidade ou de tratamento em matéria de emprego ou profissão, não se vincula ao tipo penal restritivo do art. 216-A do Código Penal. Para fins de direito do trabalho, basta a conduta constrangedora do assediador com o intuito de obter vantagem ou favorecimento sexual da vítima, que cause algum temor a esta, independente daquele se encontrar em posição hierárquica superior. O que se busca proteger é, além da liberdade sexual da vítima, também a segurança e a harmonia do ambiente laboral, além do dever de proteção do empregador em relação a seus empregados (TRT, 9ª Reg., Proc. 32934-2007-009-09-00-3, Ac. 23352-2010, 2ª T., Rel.ª Des.ª Rosalie Michaele Bacila Batista, *DJPR* 23/07/2010).

Classificação doutrinária

Crime próprio, tanto com relação ao sujeito ativo quanto ao sujeito passivo, haja vista que a lei exige uma relação hierárquica ou de ascendência inerentes ao exercício do emprego, cargo ou função; doloso; formal (uma vez que não há necessidade de que o agente obtenha a vantagem ou o favorecimento sexual, bastando que o constrangimento tenha sido exercido com essa finalidade); comissivo (podendo ser praticado via omissão imprópria, na hipótese de o agente gozar do *status* de garantidor); instantâneo; monossubjetivo; plurissubsistente; transeunte (como regra, pois que será difícil a prova pericial, a não ser quando o agente pratica o delito valendo-se de cartas, desenhos ou outros meios passíveis de ser periciados).

Objeto material e bem juridicamente protegido

O bem juridicamente protegido pelo tipo que prevê o delito de assédio sexual é a *liberdade sexual* e, em sentido mais amplo, a dignidade sexual.
Objeto material do delito é a pessoa contra a qual é dirigida a conduta praticada pelo agente, seja ela do sexo feminino ou masculino.

Sujeito ativo e sujeito passivo

O delito de assédio sexual exige que o *sujeito ativo* se encontre na condição de superior hierárquico da vítima ou com ela tenha ascendência inerente ao exercício de emprego, cargo ou função, podendo, no entanto, ser pessoa do sexo feminino ou masculino.
Sujeito passivo será aquele que estiver ocupando o outro polo dessa relação hierárquica ou aquele sobre o qual tenha ascendência o sujeito ativo, não importando seu sexo.

Consumação e tentativa

O delito de assédio sexual se consuma no momento em que ocorrem os atos que importem em constrangimento para a vítima, não havendo necessidade que esta venha, efetivamente, a praticar os atos que impliquem vantagem ou favorecimento sexual exigidos pelo agente que, se vierem a ocorrer, serão considerados mero exaurimento do crime.
Embora difícil de se verificar, a tentativa é admissível.

Elemento subjetivo

O delito de assédio sexual somente pode ser praticado dolosamente, não havendo previsão para a modalidade de natureza culposa.

Modalidades comissiva e omissiva

O núcleo *constranger* pressupõe um comportamento comissivo por parte do agente no sentido de infundir temor à vítima a fim de obter vantagem ou favorecimento sexual, não se podendo descartar, contudo, a sua prática via omissão imprópria.

Causa especial de aumento de pena

Diz o § 2º do art. 216-A, *verbis*:
§ 2º A pena é aumentada em até um terço se a vítima é menor de 18 (dezoito) anos.
O referido § 2º foi acrescentado ao art. 216-A do Código Penal pela Lei nº 12.015, de 7 de agosto de 2009, tendo tal inclusão, de acordo com a Justificação ao então projeto de lei, sido levada a efeito em virtude de dois motivos: "Primeiro, que o Estatuto da Criança e do Adolescente (ECA) permite o trabalho para adolescentes (art. 60 e seguintes), o que poderia colocá-lo na situação de subordinação hierárquica ou de ascendência profissional, e, segundo, que, mesmo diante de relação irregular de trabalho infantil, é preciso assegurar proteção às crianças envolvidas e punir com mais razão os autores dessa relação irregular cumulada com assédio sexual, o que no Brasil se verifica em muitas situações, como a do trabalho doméstico".
A idade da vítima é um dado de natureza objetiva, que deverá ser comprovado nos autos por meio do necessário documento de identificação (certidão de nascimento, documento de identidade etc.), pois que o art. 155 do Código de Processo Penal, de acordo com a nova redação que lhe foi dada pela Lei nº 11.690, de 9 de junho de 2008, determina que somente quanto ao estado das pessoas serão observadas as restrições estabelecidas na lei civil.
Da mesma forma, salvo quando é evidente a minoridade da vítima, para que possa ser aplicada a causa especial de aumento de pena deverá ficar demonstrado nos autos que o agente conhecia a idade da vítima, pois, caso contrário, poderá ser alegado o chamado erro de tipo.
O § 2º do art. 216-A do Código Penal determina que o aumento máximo será de até um terço, não especificando, o mínimo. Assim, para que se mantenha a coerência com os demais artigos que também preveem majorantes, o aumento mínimo deverá ser de 1/6 (um sexto), conciliando-se, assim, com os demais artigos constantes da legislação penal.

Concluindo, tendo o agente conhecimento de que a vítima era menor de 18 anos, o julgador, obrigatoriamente, no terceiro momento do critério trifásico de aplicação da pena, determinará um aumento que variará entre um mínimo de 1/6 (um sexto) e o máximo 1/3 (um terço), encontrando-se, após essa aplicação, a chamada *pena justa*.

Pena, ação penal, competência para julgamento, suspensão condicional do processo e segredo de justiça

O preceito secundário do art. 216-A do Código Penal comina uma pena de detenção, de 1 (um) a 2 (dois) anos para aquele que praticar o delito de assédio sexual.

A pena será aumentada em até 1/3 (um terço) se a vítima for menor de 18 (dezoito) anos de idade, conforme determina § 2º do art. 216-A do diploma repressivo.

De acordo com a nova redação conferida pela Lei nº 13.718, de 24 de setembro de 2018, ao art. 225 do Código Penal, a ação penal será de iniciativa pública incondicionada.

A competência para o processo e julgamento do crime de assédio sexual será do Juizado Especial Criminal.

Poderá ser levada a efeito proposta de suspensão condicional do processo, desde que a vítima não seja menor de 18 (dezoito) anos de idade, uma vez que a incidência da majorante, prevista no § 2º do art. 216-A, impede a aplicação do instituto.

Nos termos do art. 234-B do Código Penal, criado pela Lei nº 12.015, de 7 de agosto de 2009, os processos em que se apuram crimes previstos pelo Título VI, vale dizer, os crimes contra a dignidade sexual, correrão em segredo de justiça.

Contudo, os §§ 1º e 2º, inseridos no art. 234-B do Código Penal pela Lei nº 15.035, de 27 de novembro de 2024, determinam, *verbis*:

§ 1º O sistema de consulta processual tornará de acesso público o nome completo do réu, seu número de inscrição no Cadastro de Pessoas Físicas (CPF) e a tipificação penal do fato a partir da condenação em primeira instância pelos crimes tipificados nos arts. 213, 216-B, 217-A, 218-B, 227, 228, 229 e 230 deste Código, inclusive com os dados da pena ou da medida de segurança imposta, ressalvada a possibilidade de o juiz fundamentadamente determinar a manutenção do sigilo.

§ 2º Caso o réu seja absolvido em grau recursal, será restabelecido o sigilo sobre as informações a que se refere o § 1º deste artigo.

⚖ 1. Nos termos da jurisprudência do Superior Tribunal de Justiça, apesar "da legitimação ativa para a causa ter sofrido substancial alteração com o advento da Lei 12.015/09, tal diploma, no particular, somente pode ser aplicado aos fatos ocorridos sob sua vigência, em atenção ao dogma da irretroatividade da lei posterior mais gravosa aos interesses do réu"

(RHC 36.364/RJ, rel. Min. Rogerio Schietti Cruz, 6ª T., *DJe* 06/06/2014). 2. Na espécie, o crime de assédio sexual, pelo qual o paciente foi condenado, desafiaria ação penal de iniciativa privada, nos moldes da anterior redação do art. 225 do Código Penal, pois perpetrado antes de 7 de agosto de 2009, quando veio à balha a Lei n. 12.015/2009. Assim, é indubitável a ilegitimidade do Ministério Público para a promoção da ação penal. Demais disso, considerada a data dos fatos descritos na inicial – entre o início do ano de 2006 e o final do ano de 2007 –, é patente a decadência do direito de queixa, na forma do art. 38 do Código de Processo Penal. 3. Ordem concedida para anular a sentença condenatória, na forma do art. 564, inciso II, do Código de Processo Penal, bem como para declarar extinta a punibilidade do fato imputado ao paciente, diante da decadência do direito de queixa, nos moldes do art. 38 do Código de Processo Penal, c/c o art. 107, inciso IV, do Código Penal (STJ, HC 400.305/SP, Rel. Min. Antonio Saldanha Palheiro, 6ª T., julgado em 23/08/2018, *DJe* 04/09/2018).

Profissionais do sexo como sujeito passivo do delito

O profissional do sexo (garota ou garoto de programa) não está fora da proteção do art. 216-A do Código Penal. Pode acontecer que, além da prostituição, exerça outra profissão. Nesse caso, poderá o seu superior, por exemplo, ter descoberto sua outra atividade tida como clandestina e, sob a ameaça de prejudicá-la em seu local de trabalho, exigir uma vantagem ou favorecimento sexual, podendo-se, nesse caso, ser-lhe atribuído o delito de assédio sexual.

Funcionário de nível inferior

Não poderá ser responsabilizado pelo delito de assédio sexual, que exige relação de superioridade entre o agente e a vítima.

Líderes espirituais

Não se amoldam ao art. 216-A do Código Penal os chamados líderes espirituais, a exemplo do que ocorre com os pastores, padres, videntes e outros. Normalmente, suas condutas se amoldam ao delito de violação sexual mediante fraude, tipificada no art. 215 do CP.

Relação entre professor(a) e aluno(a)

Não se considera como subsumível ao comportamento tipificado pelo art. 216-A do Código Penal a conduta do(a) professor(a) que assedia sua(seu) aluna(o), fazendo-lhe propostas sexuais, sob o argumento de que poderá, por exemplo, prejudicá-la(lo) em suas notas.

⚖ (...) 3. Insere-se no tipo penal de assédio sexual a conduta de professor que, em ambiente de sala de aula, aproxima-se de aluna e, com intuito de obter vantagem ou favorecimento sexual, toca partes de seu corpo (barriga e seios), por ser propósito do legislador penal punir aquele que se prevalece de sua autoridade moral e intelectual – dado que o docente naturalmente suscita reverência e vulnerabilidade e, não raro, alcança autoridade paternal – para auferir a vantagem de natureza sexual, pois o vínculo de confiança e admiração criado entre aluno e mestre implica inegável superioridade, capaz de alterar o ânimo da pessoa constrangida. 4. É patente a aludida "ascendência", em virtude da "função" desempenhada pelo recorrente – também elemento normativo do tipo –, devido à atribuição que tem o professor de interferir diretamente na avaliação e no desempenho acadêmico do discente, contexto que lhe gera, inclusive, o receio da reprovação. Logo, a "ascendência" constante do tipo penal objeto deste recurso não deve se limitar à ideia de relação empregatícia entre as partes. Interpretação teleológica que se dá ao texto legal (STJ, REsp 1.759.135/SP, Rel. Min. Sebastião Reis Júnior, Rel. p/ Acórdão Min. Rogerio Schietti Cruz, 6ª T., julgado em 13/08/2019, *DJe* 01/10/2019).

Empregadas domésticas

No que diz respeito às empregadas domésticas, por existir entre elas e seu patrão uma relação de emprego, poderá ser levado a efeito o raciocínio do delito em estudo, mesmo que essa relação não seja diária. Isso significa, segundo a nossa posição, que mesmo as denominadas "faxineiras" ou "diaristas" são passíveis de assédio sexual por seus empregadores, sob o argumento, por exemplo, de que caso não atendam aos seus apelos sexuais, deixarão de trabalhar naquele local.

Em sentido contrário, argumenta Damásio de Jesus que a diarista "não pode ser sujeito passivo do crime, uma vez que não realiza atividade inerente a 'emprego,'"[61] posição com a qual não concordamos, conforme salientamos linhas atrás, pois que, para nós, existe essa relação de emprego, mesmo que por um único dia na semana, haja vista que, se rompida, trará prejuízos à vítima, que sobrevive à custa do seu trabalho em várias residências.

Prescrição

Vide art. 111, V do CP.

Capítulo I-A – Da Exposição da Intimidade Sexual

Registro não autorizado da intimidade sexual
Art. 216-B. Produzir, fotografar, filmar ou registrar, por qualquer meio, conteúdo com cena de nudez ou ato sexual ou libidinoso de caráter íntimo e privado sem autorização dos participantes:
Pena – detenção, de 6 (seis) meses a 1 (um) ano, e multa.
Parágrafo único. Na mesma pena incorre quem realiza montagem em fotografia, vídeo, áudio ou qualquer outro registro com o fim de incluir pessoa em cena de nudez ou ato sexual ou libidinoso de caráter íntimo.

Introdução

O delito tipificado no art. 216-B foi inserido no Código Penal através da Lei nº 13.772, de 19 de dezembro de 2018. De acordo com a redação contida no tipo penal em estudo, são quatro os comportamentos que se quer coibir, a saber: *a)* produzir, que tem o sentido de criar, levar a efeito; *b)* fotografar, que é o ato de se capturar a imagem através de câmera fotográfica, reproduzir, por processo fotográfico, que pode acontecer através de uma máquina fotográfica, que possua exclusivamente essa função, ou mesmo telefones celulares, computadores etc. que também possam capturar as imagens; *c)* filmar, que se consubstancia no ato de gravar, reproduzir as imagens em movimento;

ou, por fim, *d)* o ato de registrar, por qualquer meio, vale dizer, qualquer comportamento que importe em captar as imagens da vítima, a exemplo do que ocorre com os desenhos feitos à mão.

Essas condutas devem ter sido levadas a efeito a fim de produzir, fotografar, filmar ou registrar, por qualquer meio, conteúdo com cena de nudez ou ato sexual ou libidinoso de caráter íntimo e privado. Assim, não é somente o registro não autorizado de imagens da vítima que se configura na infração penal *sub examen*, mas sim aquelas imagens de conotação sexual, a exemplo do agente que fotografa ou mesmo filma a vítima tomando banho ou trocando de roupa em situação que esteja nua (cena de nudez), ou praticando algum ato sexual ou libidinoso de caráter íntimo e privado, tal como ocorre quando a vítima está mantendo relações sexuais, ou mesmo se masturbando.

Para que ocorra o delito tipificado no art. 216-B do Código Penal é preciso que todos esses comportamentos, vale dizer, produzir, fotografar, filmar ou registrar, por qualquer meio, conteúdo com cena de nudez ou ato sexual ou libidinoso de caráter íntimo e privado, tenham sido realizados sem a expressa, ou mesmo tácita, autorização dos participantes. Afirmamos que essa autorização poderá ocorrer de forma tácita, a exemplo do que ocorre quando a vítima percebe que será fotografada ou mesmo filmada pelo agente, em cenas de nudez ou mesmo praticando ato sexual ou libidinoso e, ainda assim, os continua rea-

⁶¹ JESUS, Damásio E. de. *Assédio sexual*, p. 54.

lizando, dando mostras de que não se importava em ter esses atos registrados.

O parágrafo único do art. 216-B determina, ainda, que incorrerá na mesma pena quem realiza montagem em fotografia, vídeo, áudio, ou qualquer outro registro com o fim de incluir pessoa em cena de nudez ou ato sexual ou libidinoso de caráter íntimo. Esse fato tem sido corriqueiro, principalmente naquilo que se convencionou denominar "memes", ou seja, situações em que a pessoa envolvida é colocada numa condição que a ridiculariza. Assim, por exemplo, substituir o rosto de alguém numa cena de sexo, colocando a vítima como se estivesse nela envolvida, ou mesmo inserindo a imagem completa ou parcial da vítima numa cena de nudez ou ato sexual ou libidinoso de caráter íntimo.

Classificação doutrinária

Crime comum, tanto com relação ao sujeito ativo como ao sujeito passivo; doloso; de forma livre; instantâneo; de mera conduta; monossubjetivo; plurissubsistente; comissivo (podendo ser praticado, também, via omissão imprópria, na hipótese de o agente gozar do *status* de garantidor); não transeunte (como regra, pois existe necessidade de realização de prova pericial).

Objeto material e bem juridicamente protegido

Os bens juridicamente protegidos pelo tipo penal que prevê o delito de registro não autorizado da intimidade sexual são tanto a liberdade quanto a dignidade sexual.

Objeto material é a pessoa contra quem é dirigida a conduta praticada pelo agente.

Sujeito ativo e sujeito passivo

Crime comum, o delito tipificado no art. 216-B do Código Penal pode ser praticado por qualquer pessoa, não exigindo o tipo penal *sub examen* qualquer condição ou qualidade especial do agente.

Da mesma forma, qualquer pessoa pode figurar como sujeito passivo.

Consumação e tentativa

Crime de mera conduta, o delito se consuma no exato instante em que o agente produz, fotografa, filma ou registra, por qualquer meio, conteúdo com cena de nudez ou ato sexual ou libidinoso de caráter íntimo e privado sem autorização dos participantes.

Em se tratando de um crime plurissubsistente, será possível o reconhecimento da tentativa, desde que se possa fracionar o *iter criminis*. Assim, imagine-se a hipótese em que o agente, sem o consentimento da vítima, querendo filmá-la, é interrompido após ligar a câmera do seu aparelho celular sem, contudo, gravar qualquer imagem.

Elemento subjetivo

É o dolo, não havendo previsão para a modalidade de natureza culposa.

Modalidades comissiva e omissiva

As condutas previstas no tipo penal do art. 216-B do diploma repressivo pressupõem um comportamento comissivo por parte do agente.

No entanto, será possível o reconhecimento do delito omissivo impróprio na hipótese em que o agente, garantidor, podendo, nada fizer para evitar o resultado previsto no tipo penal.

Pena, ação penal, competência para julgamento e suspensão condicional do processo

A pena prevista tanto para as hipóteses tipificadas no *caput* quanto para as do parágrafo único do art. 216-B do Código Penal é de detenção, de 6 (seis) meses a 1 (um) ano, e multa.

A ação penal é de iniciativa pública incondicionada, nos termos do art. 225 do Código Penal, com a nova redação que lhe foi conferida pela Lei nº 13.718, de 24 de setembro de 2018.

Inicialmente, competirá ao Juizado Especial Criminal o julgamento do delito de registro não autorizado da intimidade sexual, tendo em vista que a pena máxima a ele cominada não ultrapassa os dois anos.

Tendo em vista a pena mínima cominada, será possível a proposta de suspensão condicional do processo.

Capítulo II – Dos Crimes Sexuais contra Vulnerável

Sedução

Art. 217. (*Revogado*).

Estupro de vulnerável[62]

Art. 217-A. Ter conjunção carnal ou praticar outro ato libidinoso com menor de 14 (catorze) anos:

Pena – reclusão, de 8 (oito) a 15 (quinze) anos.

§ 1º Incorre na mesma pena quem pratica as ações descritas no *caput* com alguém que, por enfermidade ou deficiência mental, não tem o necessário discernimento para a prática do ato, ou que, por qualquer outra causa, não pode oferecer resistência.

§ 2º (Vetado)

§ 3º Se da conduta resulta lesão corporal de natureza grave:

---

[62] *Vide* Lei nº 13.431, de 4 de abril de 2017, que estabeleceu o sistema de garantia de direitos da criança e do adolescente vítima ou testemunha de violência e alterou a Lei nº 8.069, de 13 de julho de 1990 (Estatuto da Criança e do Adolescente).

Pena – reclusão, de 10 (dez) a 20 (vinte) anos.
§ 4º Se da conduta resulta morte:
Pena – reclusão, de 12 (doze) a 30 (trinta) anos.
§ 5º As penas previstas no *caput* e nos §§ 1º, 3º e 4º deste artigo aplicam-se independentemente do consentimento da vítima ou do fato de ela ter mantido relações sexuais anteriormente ao crime.

Introdução

A partir da década de 1980, nossos Tribunais, principalmente os Superiores, começaram a questionar a presunção de violência constante do revogado art. 224, *a*, do Código Penal, passando a entendê-la, em muitos casos, como relativa, ao argumento de que a sociedade do final do século XX e início do século XXI havia modificado significativamente, e que os menores de 14 anos não exigiam a mesma proteção que aqueles que viveram quando da edição do Código Penal, em 1940.

No entanto, doutrina e jurisprudência se desentendiam quanto a esse ponto, discutindo se a aludida presunção era de natureza relativa (*iuris tantum*), que cederia diante da situação apresentada no caso concreto, ou de natureza absoluta (*iuris et de iure*), não podendo ser questionada. Sempre defendemos a posição de que tal presunção era de natureza absoluta, pois que, para nós, não existe dado mais objetivo do que a idade.

Em inúmeras passagens, o Código Penal se vale tanto da idade da vítima quanto do próprio agente, seja para aumentar a pena, a exemplo do que ocorre com o art. 61, II, *h*, quando o crime é praticado contra pessoa maior de 60 (sessenta) anos, seja para levar a efeito algum cálculo diferenciado, como ocorre com a prescrição, em que os prazos são reduzidos pela metade quando o agente, ao tempo do crime, era menor de 21 (vinte e um) anos, ou maior de 70 (setenta), na data da sentença, conforme determina o art. 115 do Código Penal etc.

Assim, não se justificavam as decisões dos Tribunais que queriam destruir a natureza desse dado objetivo, a fim de criar outro, subjetivo. Infelizmente, deixavam de lado a política criminal adotada pela legislação penal e criavam as próprias políticas. Não conseguiam entender, *permissa venia*, que a lei penal havia determinado, de forma objetiva e absoluta, que uma criança ou mesmo um adolescente menor de 14 (quatorze) anos, por mais que tivessem uma vida desregrada sexualmente, não eram suficientemente desenvolvidos para decidir sobre seus atos sexuais. Suas personalidades ainda estavam em formação. Seus conceitos e opiniões não haviam, ainda, se consolidado.

Dados e situações não exigidos pela lei penal eram considerados no caso concreto, a fim de se reconhecer ou mesmo afastar a presunção de violência, a exemplo do comportamento sexual da vítima, do seu relacionamento familiar, da sua vida social etc. O que

se esquecia, infelizmente, era de que esse artigo havia sido criado com a finalidade de proteger esses menores e punir aqueles que, estupidamente, deixavam aflorar sua libido com crianças ou adolescentes ainda em fase de desenvolvimento.

Hoje, com louvor, visando acabar, de vez por todas, com essa discussão, surgiu em nosso ordenamento jurídico penal, fruto da Lei nº 12.015, de 7 de agosto de 2009, o delito que se convencionou denominar de *estupro de vulnerável*, justamente para identificar a situação de vulnerabilidade em que se encontra a vítima. Agora, não poderão os Tribunais entender de outra forma quando a vítima do ato sexual for alguém menor de 14 (quatorze) anos (pelo menos é o que se espera).

Nesse sentido, vale transcrever parcialmente a Justificação ao projeto que culminou com a edição da Lei nº 12.015, de 7 de agosto de 2009, quando diz que o art. 217-A, *que tipifica o estupro de vulneráveis, substitui o atual regime de presunção de violência contra criança ou adolescente menor de 14 anos, previsto no art. 224 do Código Penal. Apesar de poder a CPMI advogar que é absoluta a presunção de violência de que trata o art. 224, não é esse o entendimento em muitos julgados. O projeto de reforma do Código Penal, então, destaca a vulnerabilidade de certas pessoas, não somente crianças e adolescentes com idade até 14 anos, mas também a pessoa que, por enfermidade ou deficiência mental, não possuir discernimento para a prática do ato sexual, e aquela que não pode, por qualquer motivo, oferecer resistência; e com essas pessoas considera como crime ter conjunção carnal ou praticar outro ato libidinoso; sem entrar no mérito da violência e sua presunção. Trata-se de objetividade fática.*

Mesmo diante da clareza legislativa, parte de nossa doutrina, bem como de nossos Tribunais, ainda insistia em lançar dúvidas no ar, a exemplo de Guilherme de Souza Nucci, quando assevera que: "O nascimento do tipo penal inédito não tornará sepulta a discussão acerca do caráter relativo ou absoluto da anterior presunção de violência. Agora, subsumida na figura da *vulnerabilidade*, pode-se considerar o menor, com 13 anos, absolutamente vulnerável, a ponto de seu consentimento para a prática sexual ser completamente inoperante, ainda que tenha experiência sexual comprovada? Ou será possível considerar relativa a vulnerabilidade em alguns casos especiais, avaliando-se o grau de conscientização do menor para a prática do ato sexual? Essa é a posição que nos parece mais acertada. A lei não poderá, jamais, modificar a realidade do mundo e muito menos afastar a aplicação do princípio da intervenção mínima e seu correlato princípio da ofensividade".[63]

Com a devida vênia, sempre ousamos discordar dessas posições. Isto porque, como dissemos acima, a determinação da idade foi uma eleição político-criminal feita pelo legislador. O tipo não está presumindo nada, ou seja, está tão somente proibindo que alguém

---

[63] NUCCI, Guilherme de Souza. *Crimes contra a dignidade sexual* – comentários à lei 12.015, de 7 de agosto de 2009, p. 37.

tenha conjunção carnal ou pratique outro ato libidinoso com menor de 14 anos, bem como com aqueles mencionados no § 1º do art. 217-A do Código Penal. Como dissemos, existe um critério objetivo para análise da figura típica, vale dizer, a idade da vítima. Se a vítima era menor de 14 anos, mesmo que já prostituída, o fato poderá se amoldar ao tipo penal em estudo, que prevê o delito de *estupro de vulnerável*.

Corroborando tudo que expusemos, a 3ª Seção do Superior Tribunal de Justiça, em 25 de outubro de 2017, fez publicar a Súmula nº 593, que diz:

📖 *Súmula nº 593: O crime de estupro de vulnerável configura-se com a conjunção carnal ou prática de ato libidinoso com menor de 14 anos, sendo irrelevante o eventual consentimento da vítima para a prática do ato, experiência sexual anterior ou existência de relacionamento amoroso com o agente.*

Com tudo isso, as discussões ainda reinavam sobre o tema. Para eliminar de vez as interpretações que só traziam incerteza, insegurança jurídica, a Lei nº 13.718, de 24 de setembro de 2018 fez inserir o § 5º ao art. 217-A do Código Penal, dizendo, *verbis*:

§ 5º *As penas previstas no* caput *e nos §§ 1º, 3º e 4º deste artigo aplicam-se independentemente do consentimento da vítima ou do fato de ela ter mantido relações sexuais anteriormente ao crime.*

Agora, encontram-se encerradas as discussões, já que a lei não poderia ter sido mais clara com relação ao tema. Pelo menos é o que se espera.

📖 O tipo descrito no art. 217-A do Código Penal é misto alternativo, isto é, prevê as condutas de ter conjunção carnal ou praticar outro ato libidinoso com pessoa menor de 14 anos. [...] "A materialização do crime de estupro de vulnerável (art. 217-A do Código Penal) se dá com a prática de atos libidinosos diversos da conjunção carnal (AgRg no AREsp n. 530.053/MT, Rel. Min. Felix Fischer, 5ª T., julgado em 23/06/2015, DJe 29/6/2015), em cuja expressão estão contidos todos os atos de natureza sexual, que não a conjunção carnal, que tenham a finalidade de satisfazer a libido do agente (Rogério Greco, *Curso de Direito Penal*, Parte Especial, v. 3, p. 467) – (AgRg no REsp n. 1.702.157/RS, Min. Jorge Mussi, 5ª T., DJe 04/02/2019) (STJ, AgRg no REsp 1.845.797/SP, Rel. Min. Sebastião Reis Júnior, 6ª T., julgado em 23/06/2020, DJe 01/07/2020).

Nesse sentido:

📖 STF, RHC 173.221/SC, Rel. Min. Luiz Fux, *DJe* 16/08/2019; STJ, REsp 1.720.720/RJ, Rel. Min. Jorge Mussi, 5ª T., *DJe* 25/05/2018; STJ, AgRg no AREsp 951.071/PI, Rel. Min. Ribeiro Dantas, 5ª T., *DJe* 11/10/2017; STJ, REsp 1.607.392/RO, Rel. Min. Rogério Schietti Cruz, 6ª T., *DJe* 04/10/2016; STJ, EDcl no REsp 1.515.962/PR, Rel.ª Min.ª Maria Thereza de Assis Moura, 6ª T., *DJe* 23/04/2015; STJ, REsp 897.734/PR, Rel. Min. Nefi Cordeiro, 6ª T., *DJe* 13/02/2015.

Assim, de acordo com a redação constante do *caput* do art. 217-A do Código Penal, podemos destacar os seguintes elementos: *a)* a conduta de *ter* conjunção carnal; *b)* ou *praticar* qualquer outro ato libidinoso; *c)* com pessoa menor de 14 (quatorze) anos.

O núcleo *ter*, previsto pelo mencionado tipo penal, ao contrário do verbo *constranger*, não exige que a conduta seja cometida mediante violência ou grave ameaça. Basta, portanto, que o agente tenha, efetivamente, *conjunção carnal*, que poderá até mesmo ser consentida pela vítima, ou que com ela pratique outro ato libidinoso. Na verdade, esses comportamentos previstos pelo tipo penal podem ou não ter sido levados a efeito mediante o emprego de violência ou grave ameaça, característicos do constrangimento ilegal, ou praticados com o consentimento da vítima. Nessa última hipótese, a lei desconsidera o consentimento de alguém menor de 14 (quatorze) anos, devendo o agente, que conhece a idade da vítima, responder pelo delito de estupro de vulnerável.

Como deixamos entrever, embora a lei não mencione expressamente o constrangimento praticado contra vítima menor de 14 (catorze) anos, com a finalidade de ter, com ela, conjunção carnal ou praticar outro ato libidinoso, não podemos excluí-lo do tipo penal em estudo.

O novo tipo penal, como se percebe, busca punir com mais rigor comportamentos que atinjam as vítimas por ele mencionadas. Não seria razoável que, se não houvesse violência ou grave ameaça, o agente que tivesse, por exemplo, se relacionado sexualmente com vítima menor de 14 (catorze) anos, respondesse pelo delito de estupro de vulnerável, com uma pena que varia entre 8 (oito) a 15 (quinze) anos de reclusão, enquanto aquele que tivesse, *v.g.*, se valido do emprego de violência ou grave ameaça, com a mesma finalidade, fosse responsabilizado pelo delito tipificado no art. 213 do Código Penal, com as penas variando entre um mínimo de 6 (seis) e um máximo de 10 (dez) anos.

O mundo globalizado vive e presencia a atuação de pedófilos, que se valem de inúmeros e vis artifícios, a fim de praticar algum ato sexual com crianças e adolescentes, não escapando de suas taras doentias até mesmo os recém-nascidos. A *internet* tem sido utilizada como um meio para atrair essas vítimas para as garras desses verdadeiros psicopatas sexuais. Vidas são destruídas em troca de pequenos momentos de prazer estúpido e imbecil.

As condutas previstas no tipo penal do art. 217-A são as mesmas daquelas constantes do art. 213 do Código Penal, sendo que a diferença existente entre eles reside no fato de que no delito de estupro de vulnerável a vítima, obrigatoriamente, deverá ser menor de 14 (quatorze) anos de idade.

Por isso, remetemos o leitor ao que foi dito quando do estudo do mencionado art. 213 do Código Penal, para não sermos repetitivos.

No que diz respeito à idade da vítima, para que ocorra o delito em estudo, o agente, obrigatoriamente, deverá ter conhecimento de ser ela menor de 14 (catorze) anos, pois, caso contrário, poderá ser alegado o chamado erro de tipo que, dependendo do caso concreto, poderá conduzir até mesmo à atipicidade do fato, ou à sua desclassificação para o delito de estupro, tipificado no art. 213 do Código Penal.

Assim, imagine-se a hipótese em que o agente, durante uma festa, conheça uma menina que aparentava ter mais de 18 anos, dada à sua compleição física, bem como pelo modo como se vestia e se portava, fazendo uso de bebida alcoólica etc., quando, na verdade, ainda não havia completado os 14 (catorze) anos. O agente, envolvido pela própria vítima, resolve, com o consentimento dela, levá-la para um motel, mantém conjunção carnal. Nesse caso, se as provas existentes nos autos conduzirem para o erro, o fato praticado pelo agente poderá ser considerado atípico, tendo em vista a ausência de violência física ou grave ameaça.

1. O consentimento da vítima e sua eventual experiência anterior não afastam a tipicidade do estupro de vulnerável, conforme pacificado nesta Corte, inclusive pela Súmula n. 593 e pelo julgamento de recurso especial 1.480.881/PI na sistemática de repetitivo (Tema 918). 2. O Tribunal de origem rechaçou o erro de tipo mediante análise dos elementos de prova para concluir que o agravante denotou conhecer a idade da vítima. Para se concluir de modo contrário e acolher o pleito absolutório, seria necessário o revolvimento fático-probatório, providência vedada conforme Súmula n. 7 do Superior Tribunal de Justiça STJ (...) (AgRg nos EDcl no AgRg nos EDcl no AREsp 1.545.171/SP, Rel. Min. Joel Ilan Paciornik, 5ª T., julgado em 28/04/2020, *DJe* 12/05/2020).

Nesse sentido:

TJSC, AC 2011.062081-3, Rel. Des. Newton Varella Júnior, j. 18/07/2013; TJSP, AC 21683320078260453, Rel. Salles Abreu, *DJe* 09/08/2012.

Considera-se vulnerável não somente a vítima menor de 14 (quatorze) anos, mas também aquela que possui alguma enfermidade ou deficiência mental, não tendo o necessário discernimento para a prática do ato, ou aquela que, por qualquer outra causa, não pode oferecer resistência, conforme se verifica pela redação do § 1º do art. 217-A do Código Penal.

Percebe-se, sem muito esforço, que o legislador criou uma figura típica em substituição às hipóteses de presunção de violência constantes do revogado art. 224 do Código Penal. Assim, no *caput* do art. 217-A, foi previsto o estupro de vulnerável, considerando como tal a vítima menor de 14 (quatorze) anos. No § 1º do mencionado artigo foram previstas outras causas de

vulnerabilidade da vítima, ou seja, quando, por enfermidade ou deficiência mental, não tiver o necessário discernimento para a prática do ato, ou a que, por qualquer outra causa, não puder oferecer resistência. Na antiga redação do revogado art. 224 do Código Penal, a alínea *b* mencionava a alienação mental e a debilidade mental. Hoje, o art. 217-A faz menção à enfermidade ou deficiência mental.

José Jairo Gomes, dissertando sobre o assunto, com precisão, assevera: "*Enfermidade* é sinônimo de doença, moléstia, afecção ou outra causa que comprometa o normal funcionamento de um órgão, levando a qualquer estado mórbido. Apresentando base anatômica, a doença enseja a alteração da saúde física ou mental. Pode ser provocada por diversos fatores, tais como: carências nutricionais, traumas decorrentes de impactos físico ou emocional, ingestão de tóxicos (drogas e álcool), parasitários (por ação de vermes, fungos), infecciosos (por ação de vírus, bacilos, bactérias), degenerativos (inerente ao próprio organismo, como a arteriosclerose, tumores e cânceres em geral).

Logo, por *enfermidade mental* deve-se compreender toda doença ou moléstia que comprometa o funcionamento adequado do aparelho mental. Nessa conceituação, devem ser considerados os casos de neuroses, psicopatias e demências mentais.

Deficiência, porém, significa a insuficiência, imperfeição, carência, fraqueza, debilidade. Por *deficiência mental* entende-se o atraso no desenvolvimento psíquico".[64]

De acordo com o *Manual Merck de Medicina*, retardo mental, subnormalidade mental ou deficiência mental é "a habilidade intelectual subnormal presente desde o nascimento ou infância precoce, manifestada por desenvolvimento anormal e associado a dificuldades no aprendizado e adaptação social".[65]

Preleciona Odon Ramos Maranhão: "Antigamente as expressões 'frenastenia' (escola italiana), 'debilidade mental' e 'oligofrenia' serviam para se designar os atrasos do desenvolvimento que a Classificação Internacional de Doenças (CID 10) hoje denomina 'retardo mental'. Sabe-se, seguramente, que não é apenas a esfera cognitiva a afetada, mas há o comprometimento global da personalidade.

Conceitua-se da seguinte forma: 'Retardado mental é uma condição de desenvolvimento interrompido ou incompleto da mente, a qual é especialmente caracterizada por comprometimento de habilidades manifestadas durante o período de desenvolvimento, as quais contribuem para o nível global da inteligência, isto é, aptidões cognitivas, de linguagem, motoras e sociais'".[66]

[64] GOMES, José Jairo. *Teoria geral do direito civil*, p. 65.
[65] *MANUAL Merck de medicina*, 16ª edição, p. 2.087.
[66] MARANHÃO, Odon Ramos. *Curso básico de medicina legal*, p. 327.

Além do critério biológico (enfermidade ou deficiência mental), para que a vítima seja considerada pessoa vulnerável, não poderá ter o necessário discernimento para a prática do ato (critério psicológico), tal como ocorre em relação aos inimputáveis, previstos pelo art. 26, *caput*, do Código Penal.

É importante ressaltar que não se pode proibir que alguém acometido de uma enfermidade ou deficiência mental tenha uma vida sexual normal, tampouco punir aquele que com ele teve algum tipo de ato sexual consentido. O que a lei proíbe é que se mantenha conjunção carnal ou pratique outro ato libidinoso com alguém que tenha alguma enfermidade ou deficiência mental que não possua o necessário discernimento para a prática do ato sexual.

Existem pessoas que são portadoras de alguma enfermidade ou deficiência mental que não deixaram de constituir família. Assim, mulheres portadoras de enfermidades mentais, por exemplo, podem, tranquilamente, engravidar, ser mãe, cuidar de suas famílias, de seus afazeres domésticos, trabalhar, estudar etc. Dessa forma, não se pode confundir a proibição legal constante do § 1º do art. 217-A do Código Penal com uma punição ao enfermo ou deficiente mental.

Assim, repetindo, somente aquele que não tem o necessário discernimento para a prática do ato sexual é que pode ser considerado como vítima do delito de estupro de vulnerável.

Também previu o § 1º do art. 217-A do Código Penal o estupro de vulnerável quando a vítima não puder, por qualquer outra causa, oferecer resistência.

O item 70 da Exposição de Motivos da Parte Especial do Código Penal, mesmo dizendo respeito às hipóteses da revogada presunção de violência, elenca uma série de situações em que se pode verificar a impossibilidade de resistência da vítima, *seja esta resultante de causas mórbidas (enfermidades, grande debilidade orgânica, paralisia etc.), ou de especiais condições físicas (como quando o sujeito passivo é um indefeso aleijado, ou se encontra acidentalmente tolhido de movimentos).*

Os meios de comunicação, incluindo, aqui, também, a Internet, têm divulgado, infelizmente com frequência, casos de abusos por parte de médicos, e de outras pessoas ligadas à área da saúde, em pacientes que, de alguma forma, são incapazes de oferecer resistência, inclusive mostrando cenas chocantes e deprimentes.

Vale recordar algumas situações em que uma pessoa, em estado de coma, engravidou, supostamente, de um enfermeiro encarregado de prestar os cuidados necessários à manutenção de sua vida vegetativa; ou ainda daquele cirurgião plástico que, depois de anestesiar suas pacientes, fazendo-as dormir, mantinha com elas conjunção carnal; ou daquele terapeuta que abusava sexualmente de crianças e adolescentes depois de ministrar-lhes algum sedativo.

Não importa que o próprio agente tenha colocado a vítima em situação que a impossibilitava de resistir ou que já a tenha encontrado nesse estado. Em ambas as hipóteses deverá ser responsabilizado pelo estupro de vulnerável.

Poderão ser reconhecidas, também, como situações em que ocorre a impossibilidade de resistência por parte da vítima, os casos de embriaguez letárgica, o sono profundo, a hipnose, a idade avançada, a sua impossibilidade, temporária ou definitiva, de resistir, a exemplo daqueles que se encontram tetraplégicos etc.

Odon Ramos Maranhão, com acerto, alerta que também ocorrerá a incapacidade de resistência quando houver *deficiência do potencial motor*, dizendo o renomado autor: "Se a vítima não tiver ou não puder usar o potencial motor, é evidente que não pode oferecer resistência. Assim, doenças crônicas e debilitantes (tuberculose avançada, neoplasia grave, desnutrições extremas etc.); uso de aparelhos ortopédicos (gesso em membros superiores e tórax; gesso aplicado na coluna vertebral; manutenção em posições bizarras para ossificação de certas fraturas etc.); paralisias regionais ou generalizadas; miastenias de várias causas etc. são casos em que a pessoa não pode oferecer resistência. Às vezes, não pode sequer gritar por socorro, seja pela grave debilidade, seja pelas condições do local onde se encontre".[67]

Também há os casos em que o agente, por exemplo, almejando ter relações sexuais com a vítima, a encontra ou faz com que esta se coloque em estado de embriaguez completa, ficando, consequentemente, à sua disposição para o ato sexual. Se a embriaguez for parcial e se a vítima podia, de alguma forma, resistir, restará afastado o delito em estudo.

Verifica-se, nas situações elencadas pelo § 1º do art. 217-A do Código Penal, a impossibilidade que tem a vítima de expressar seu consentimento para o ato, devendo a lei, portanto, procurar preservar a sua dignidade sexual.

✍ Quanto ao pleito de desclassificação da conduta para a contravenção penal do art. 61 do Decreto-Lei 3.688/41, o estupro de vulnerável é crime hediondo, comum, material, instantâneo, em regra plurissubsistente, cujos dois núcleos do tipo consistem em ter conjunção carnal ou praticar qualquer ato libidinoso com vulnerável, nos termos do art. 217-A e § 1º, do Código Penal. Diversamente do estupro (CP, art. 213), despiciendo qualquer tipo de violência real ou grave ameaça para a consumação deste crime, bastando a execução de quaisquer dos dois núcleos típicos, ainda que haja o consentimento expresso da vítima (STJ, HC 431.708/MS, Rel. Min. Ribeiro Dantas, 5ª T., *DJe* 30/05/2018).

Nesse sentido:

---

[67] MARANHÃO, Odon Ramos. *Curso básico de medicina legal*, p. 209.

⚖ STJ, AgRg no REsp 1.622.163/MG Rel. Min. Ribeiro Dantas, 5ª T., *DJe* 22/09/2017; STJ, HC 306.085/SP, Rel. Min. Joel Ilan Paciornik, 5ª T., *DJe* 19/08/2016; STJ, HC 122381/SC, Rel. Min. Jorge Mussi, 5ª T., *DJe* 28/06/2010.

Classificação doutrinária

No que diz respeito ao sujeito ativo, quando a conduta for dirigida à conjunção carnal, terá a natureza de crime de mão própria e comum nas demais situações, ou seja, quando o comportamento for dirigido à prática de outros atos libidinosos; crime próprio com relação ao sujeito passivo, uma vez que a lei exige que a vítima seja menor de 14 (quatorze) anos (*caput*), ou portadora de enfermidade ou deficiência mental, que não tenha o necessário discernimento para a prática do ato, ou que, por qualquer outra causa, não possa oferecer resistência (§ 1º); doloso; comissivo (podendo ser praticado via omissão imprópria, na hipótese de o agente gozar do *status* de garantidor); material; de dano; instantâneo; de forma vinculada (quando disser respeito à conjunção carnal) e de forma livre (quando estivermos diante de um comportamento dirigido a prática de outros atos libidinosos); monossubjetivo; plurissubsistente; não transeunte e transeunte (dependendo da forma como é praticado, o crime poderá deixar vestígios, a exemplo do coito vagínico ou do sexo anal; caso contrário, será difícil a sua constatação por meio de perícia, oportunidade em que deverá ser considerado um delito transeunte).

Objeto material e bem juridicamente protegido

Em virtude da nova redação constante do Título VI do Código Penal, podemos apontar como bens juridicamente protegidos pelo art. 217-A tanto a liberdade quanto a dignidade sexual. Da mesma forma, como constava originalmente no projeto que, após algumas modificações, se converteu na Lei nº 12.015, de 7 de agosto de 2009, podemos apontar o *desenvolvimento sexual* também como bem juridicamente tutelado pelo tipo penal em estudo.

A lei, portanto, tutela o direito de liberdade que qualquer pessoa tem de dispor sobre o próprio corpo no que diz respeito aos atos sexuais. O estupro de vulnerável, atingindo a liberdade sexual, agride, simultaneamente, a dignidade do ser humano, presumivelmente incapaz de consentir para o ato, como também seu desenvolvimento sexual.

⚖ Conforme disposto na decisão ora agravada, o Superior Tribunal de Justiça entende que a prática de atos lascivos diversos da conjunção carnal e atentatórios da dignidade e atentatórios à liberdade sexual da vítima (menor de 14 anos) se subsume ao tipo descrito no art. 217-A do Código Penal (STJ, AgRg no REsp 1.845.797/SP, Rel. Min. Sebastião Reis Júnior, 6ª T., julgado em 23/06/2020, *DJe* 01/07/2020).

Emiliano Borja Jiménez, dissertando sobre o conceito de liberdade sexual, com precisão, aduz que assim se entende a "autodeterminação no marco das relações sexuais de uma pessoa, como uma faceta a mais da capacidade de atuar. Liberdade sexual significa que o titular da mesma determina seu comportamento sexual conforme motivos que lhe são próprios no sentido de que é ele quem decide sobre sua sexualidade, sobre como, quando ou com quem mantém relações sexuais".[68]

O objeto material do delito é a *criança*, ou seja, aquela que ainda não completou os 12 (doze) anos, nos termos preconizados pelo *caput* do art. 2º do Estatuto da Criança e do Adolescente (Lei nº 8.069/1990) e o *adolescente menor de 14 (catorze) anos*, bem como a vítima acometida de *enfermidade ou deficiência mental*, que não tenha o discernimento necessário para a prática do ato, ou que, por outra causa, *não pode oferecer resistência*.

Sujeito ativo e sujeito passivo

Tanto o homem quanto a mulher podem figurar como sujeito ativo do delito de estupro de vulnerável, com a ressalva de que, quando se tratar de conjunção carnal, a relação deverá, obrigatoriamente, ser heterossexual; nas demais hipóteses, ou seja, quando o comportamento for dirigido a praticar outro ato libidinoso, qualquer pessoa poderá figurar nessa condição.

Sujeito passivo será a pessoa menor de 14 (quatorze) anos, ou acometida de enfermidade ou deficiência mental, que não tenha o discernimento necessário para a prática do ato, ou que, por outra causa, não possa oferecer resistência.

Consumação e tentativa

No que diz respeito à primeira parte constante do *caput* do art. 217-A do Código Penal, o delito de estupro de vulnerável se consuma com a efetiva conjunção carnal, não importando se a penetração foi total ou parcial, não havendo, inclusive, necessidade de ejaculação.

Quanto à segunda parte prevista no *caput* do art. 217-A do estatuto repressivo, consuma-se o estupro de vulnerável no momento em que o agente pratica qualquer outro ato libidinoso com a vítima.

Vale frisar que, em qualquer caso, a vítima deve se amoldar às características previstas tanto pelo *caput*, como pelo § 1º do art. 217-A do Código Penal, não importando se tenha ou não consentido para o ato sexual.

Tratando-se de um crime plurissubsistente, torna-se perfeitamente admissível a tentativa.

⚖ (...) 2. O crime de estupro de vulnerável, previsto no art. 217-A do Código Penal, por ser de conduta variada, consuma-se, além da hipótese de conjunção

---

[68] JIMÉNEZ, Emiliano Borja. *Curso de política criminal*, p. 156.

carnal, pela prática de qualquer ato libidinoso em desfavor da vítima, menor de 14 (quatorze) anos de idade à época dos fatos, cuja presunção de violência ou grave ameaça é, por mandamento legal, absoluta. 3. Nos termos da jurisprudência desta Corte Superior de Justiça: "o delito de estupro, na redação dada pela Lei 12.015/2009, inclui atos libidinosos praticados de diversas formas, onde se inserem os toques, contatos voluptuosos, beijos lascivos, consumando-se o crime com o contato físico entre o agressor e a vítima [...]" (AgRg no AREsp 1.142.954/SP, Rel. Min. Nefi Cordeiro, 6ª T., julgado em 25/09/2018, *DJe* 04/10/2018) (...) (STJ, AgRg no REsp 1.885.012/PR, Rel. Min. Laurita Vaz, 6ª T., julgado em 13/10/2020, *DJe* 23/10/2020).

Nesse sentido:

STJ, REsp 1.808.444/DF, Rel. Min. Rogério Schietti Cruz, 6ª T., *DJe* 17/06/2019; STJ, REsp 1.720.720/RJ, Rel. Min. Jorge Mussi, 5ª T., *DJe* 25/05/2018.

Elemento subjetivo

O dolo é o elemento subjetivo necessário ao reconhecimento do delito de estupro de vulnerável, devendo abranger as características exigidas pelo tipo do art. 217-A do Código Penal, vale dizer, deverá o agente ter conhecimento de que a vítima é menor de 14 (quatorze) anos, ou que esteja acometida de enfermidade ou deficiência mental, fazendo com que não tenha o discernimento necessário para a prática do ato, ou que, por outra causa, não possa oferecer resistência.

Se, na hipótese concreta, o agente desconhecia qualquer uma dessas características constantes da infração penal em estudo, poderá ser alegado o erro de tipo, afastando-se o dolo e, consequentemente, a tipicidade do fato.

Não é admissível a modalidade culposa, por ausência de disposição legal expressa nesse sentido.

Por força do recente julgamento do REsp Repetitivo nº 1.480.881/PI, de minha relatoria, a Terceira Seção desta Corte Superior sedimentou a jurisprudência, então já dominante, pela presunção absoluta da violência em casos da prática de conjunção carnal ou ato libidinoso diverso com pessoa menor de 14 anos. Súmula nº 593 do STJ. Na espécie, a ofendida, à época com 12 anos de idade, foi submetida à prática de conjunção carnal. O réu, naquele tempo, contava 22 anos de idade. O erro quanto ao elemento objetivo do tipo deve ser inescusável e que, aceitar, com larqueza, a incidência dessa excludente de tipicidade nos delitos de natureza sexual pode, com muita facilidade e conveniência, definir a responsabilidade penal do ato a partir da avaliação subjetiva do agente sobre o corpo da vítima (STJ, AgRg no REsp 1.756.188/SP, Rel. Min. Rogério Schietti Cruz, 6ª T., *DJe* 27/06/2019).

Modalidades comissiva e omissiva

Os núcleos *ter* e *praticar* pressupõem um comportamento *positivo* por parte do agente, tratando-se, pois, como regra, de um crime *comissivo*.

No entanto, o delito poderá ser praticado via omissão imprópria, na hipótese de o agente gozar do *status* de garantidor, nos termos preconizados pelo § 2º do art. 13 do Código Penal.

Infelizmente, tem sido notícia comum nos meios de comunicação o fato de mães aceitarem que seus maridos ou companheiros tenham relações sexuais com seus filhos menores, nada fazendo para impedir o estupro. Nesse caso, a sua omissão deverá ser punida com as mesmas penas constantes no preceito secundário do art. 217-A do Código Penal.

Modalidades qualificadas

Os §§ 3º e 4º do art. 217-A do Código Penal preveem duas modalidades qualificadas no crime de estupro de vulnerável, *verbis*:

§ 3º Se da conduta resulta lesão corporal de natureza grave:

Pena – reclusão de 10 (dez) a 20 (vinte) anos.

§ 4º Se da conduta resulta morte:

Pena – reclusão, de 12 (doze) a 30 (trinta) anos.

Por lesão corporal de natureza grave devemos entender aquelas previstas pelos §§ 1º e 2º do art. 129 do Código Penal.

A Lei nº 12.015, de 7 de agosto de 2009, diz, claramente, que a lesão corporal de natureza grave, ou mesmo a morte da vítima, devem ter sido produzidas em consequência da conduta do agente, vale dizer, do comportamento que era dirigido finalisticamente no sentido de praticar o estupro.

No entanto, deve ser frisado que esses resultados que qualificam a infração penal somente podem ser imputados ao agente a título de *culpa*, cuidando-se, outrossim, de crimes eminentemente preterdolosos.

Dessa forma, o agente deve ter dirigido sua conduta no sentido de estuprar a vítima, vindo, culposamente, a causar-lhe lesões graves ou mesmo a morte.

No que diz respeito ao reconhecimento da tentativa qualificada de estupro de vulnerável, remetemos o leitor ao art. 213 do Código Penal, cujos fundamentos podem ser utilizados no tipo penal em exame.

Consentimento da vítima e vítima que já manteve relações sexuais anteriormente ao crime

Com a finalidade de eliminar completamente a discussão a respeito do fato de que o consentimento da vítima, em algumas situações, poderia afastar a infração penal em estudo, ou, ainda, que por já ter mantido relações sexuais anteriores ao crime teria a mesma possibilidade, foi inserido o § 5º ao art. 217-A do Código Penal, pela Lei nº 13.718, de 24 de setembro de 2018, que diz, *verbis*:

§ 5º As penas previstas no caput e nos §§ 1º, 3º e 4º deste artigo aplicam-se independentemente do consen-

timento da vítima ou do fato de ela ter mantido relações sexuais anteriormente ao crime.

⚖ *Súmula nº 593 do STJ*: *O crime de estupro de vulnerável se configura com a conjunção carnal ou prática de ato libidinoso com menor de 14 anos, sendo irrelevante eventual consentimento da vítima para a prática do ato, sua experiência sexual anterior ou existência de relacionamento amoroso com o agente.*

1. Para a caracterização do delito de estupro de vulnerável, é irrelevante eventual consentimento da vítima para a prática do ato, sua experiência sexual anterior ou existência de relacionamento amoroso com o réu, haja vista a presunção absoluta da violência em casos da prática de conjunção carnal ou ato libidinoso diverso com pessoa menor de 14 anos. Súmula n. 593 do STJ. 2. Na espécie, as instâncias ordinárias consignaram estar demonstrado, pelo conjunto probatório dos autos, que a ofendida foi submetida à prática de conjunção carnal, entre seus 10 e 12 anos de idade, pelo acusado, seu padrasto. Diante desse contexto, é inviável a absolvição do agente pelo delito do art. 217-A do CP (STJ, AgRg no AREsp 1.638.315/MS, Rel. Min. Rogerio Schietti Cruz, 6ª T., julgado em 23/06/2020, *DJe* 01/07/2020).

Causas de aumento de pena

Determina o art. 226 do Código Penal, com as redações que lhe foram conferidas pelas Leis nºs 11.106, de 28 de março de 2005, e 13.718, de 24 de setembro de 2018:

Art. 226. A pena é aumentada:

I – de quarta parte, se o crime é cometido com o concurso de 2 (duas) ou mais pessoas;

II – de metade, se o agente é ascendente, padrasto ou madrasta, tio, irmão, cônjuge, companheiro, tutor, curador, preceptor ou empregador da vítima ou por qualquer outro título tiver autoridade sobre ela;

III – (Revogado);

IV – de 1/3 (um terço) a 2/3 (dois terços), se o crime é praticado:

Estupro coletivo

a) mediante concurso de 2 (dois) ou mais agentes;

Estupro corretivo

b) para controlar o comportamento social ou sexual da vítima.

O art. 234-A, após a nova redação que foi conferida aos incisos III e IV pela Lei nº 13.718, de 24 de setembro de 2018, passou a prever o seguinte:

Art. 234-A. Nos crimes previstos neste Título a pena é aumentada:

I – (vetado);

II – (vetado);

III – de metade a 2/3 (dois terços), se do crime resulta gravidez;

IV – de 1/3 (um terço) a 2/3 (dois terços), se o agente transmite à vítima doença sexualmente transmissível de que sabe ou deveria saber ser portador, ou se a vítima é idosa ou pessoa com deficiência.

Tal como ocorre no delito de estupro (art. 213 do CP), *in casu*, não terá aplicação a causa especial de aumento de pena prevista no inc. I do art. 226 do Código Penal, quando houver o concurso de duas ou mais pessoas na prática da infração penal tipificada no art. 217-A, *sub examen*, haja vista o chamado princípio da especialidade, já que a lei se referiu, expressamente, ao *estupro coletivo*, previsto na alínea *a* do inc. IV do citado art. 226, majorando, com mais severidade, essa situação.

Infelizmente, tem sido uma constante que vítimas menores engravidem após terem sido violentadas sexualmente não somente por estranhos, como também por parentes ou por pessoas que possuem, para com elas, o dever de cuidado, proteção ou vigilância[69]. A violência intrafamiliar, ou seja, aquela realizada no seio da família, tem contribuído para essa triste realidade. Dessa forma, justifica-se o maior juízo de reprovação, com a aplicação da majorante, reprimindo, com mais severidade, a ação de pedófilos que engravidam suas vítimas.

⚖ Tem-se por padrasto o homem em relação aos filhos anteriores da mulher com quem constitui sociedade conjugal, que pode advir tanto do vínculo do casamento quanto da união estável. Não se trata de interpretação extensiva *in malam partem* do tipo penal incriminador, mas deflui de seu próprio elemento descritivo (STJ, AgRg no REsp 996.386/RS, Rel. Min. Nefi Cordeiro, 6ª T., *DJe* 04/03/2015).

Nesse sentido:

⚖ TJSP, AC 93576820108260126, Rel. Luis Soares de Mello, *DJe* 31/08/2012.

Da mesma forma, merece reprimenda mais severa aquele que, sabendo ou devendo saber ser portador de doença sexualmente transmissível, a transmite para a vítima em situação de vulnerabilidade, ou que tem conjunção carnal ou pratica ato libidinoso com vítima idosa ou pessoa com deficiência.

Para melhor compreensão do tema, remetemos o leitor à discussão levada a efeito quando do estudo do delito de estupro, tipificado no art. 213 do Código Penal.

Pode ocorrer que, no caso concreto, esteja presente mais de uma causa de aumento de pena elencada nos arts. 226 e 234-A do Código Penal. Nesse caso, será aplicada a regra constante do parágrafo único do art. 68 do Código Penal, que diz, *verbis*:

---

[69] Em pesquisa realizada no Hospital Pérola Byington, em São Paulo, referência no tratamento de mulheres vítimas de violência sexual, constatou-se que 43% dos atendimentos diários se referem a meninas com menos de 12 anos de idade que engravidaram depois de terem sido estupradas. É um dado, realmente, assustador, razão pela qual se justifica a maior punição do pedófilo que engravida essas crianças e adolescentes.

Parágrafo único. No concurso de causas de aumento ou de diminuição, previstas na parte especial, pode o juiz limitar-se a um só aumento ou a uma só diminuição, prevalecendo, todavia, a causa que mais aumente ou diminua.

Pena, ação penal e segredo de justiça

A pena prevista no preceito secundário do art. 217-A do Código Penal é de reclusão, de 8 (oito) a 15 (quinze) anos.

Se da conduta resulta lesão corporal de natureza grave, a pena é de reclusão, de 10 (dez) a 20 (vinte) anos; se da conduta resulta morte, a pena é de reclusão, de 12 (doze) a 30 (trinta) anos.

De acordo com a nova redação conferida ao art. 225 do Código Penal, pela Lei nº 13.718, de 24 de setembro de 2018, a ação penal será de iniciativa pública incondicionada.

Nos termos do art. 234-B do Código Penal, criado pela Lei nº 12.015, de 7 de agosto de 2009, os processos em que se apuram crimes previstos pelo Título VI, vale dizer, os *crimes contra a dignidade sexual*, correrão em segredo de justiça.

Contudo, os §§ 1º e 2º, inseridos no art. 234-B do Código Penal pela Lei nº 15.035, de 27 de novembro de 2024, determinam, *verbis*:

§ 1º O sistema de consulta processual tornará de acesso público o nome completo do réu, seu número de inscrição no Cadastro de Pessoas Físicas (CPF) e a tipificação penal do fato a partir da condenação em primeira instância pelos crimes tipificados nos arts. 213, 216-B, 217-A, 218-B, 227, 228, 229 e 230 deste Código, inclusive com os dados da pena ou da medida de segurança imposta, ressalvada a possibilidade de o juiz fundamentadamente determinar a manutenção do sigilo.

§ 2º Caso o réu seja absolvido em grau recursal, será restabelecido o sigilo sobre as informações a que se refere o § 1º deste artigo.

⚖ Esta Corte já se manifestou no sentido de que é possível atribuir ao Juizado da Infância e da Juventude, competência para processar e julgar crimes sexuais praticados contra crianças e adolescentes (STJ, AgRg no AREsp 1.069.810/RS, Rel. Min. Joel Ilan Paciornik, 5ª T., *DJe* 22/09/2017).

Nesse sentido:

⚖ STJ, RHC 71,409/RS, Rel. Min. Nefi Cordeiro, 6ª T., *DJe* 03/10/2016.

Concurso entre o constrangimento e o estupro de vulnerável

O art. 217-A do Código Penal não exige que o delito seja praticado mediante o emprego de violência física (*vis absoluta*) ou grave ameaça (*vis compulsiva*). O simples fato de ter conjunção carnal ou praticar outro

ato libidinoso com pessoa considerada vulnerável, mesmo com o consentimento desta, já importa na prática do crime.

No entanto, poderá o delito ser praticado mediante o emprego de violência física ou mesmo da grave ameaça, como ocorre com o estupro tipificada no art. 213 do Código Penal. Nesse caso, pergunta-se, poderia se falar em concurso de crimes? A resposta só pode ser positiva. Não sendo um elemento constante do tipo do estupro de vulnerável, será possível o reconhecimento do concurso material entre o delito de lesão corporal (leve, grave ou gravíssima), ou a ameaça, com o tipo do art. 217-A do Código Penal.

Agente que constrange a vítima, com a finalidade de praticar atos libidinosos, sem que tenha conhecimento de que se amolda a uma das situações previstas no caput, bem como no § 1º do art. 217-A

Não tendo o agente conhecimento de que a vítima se amolda a uma das situações elencadas pelo *caput* ou pelo § 1º do art. 217-A do Código Penal, poderá ser alegado o erro de tipo, que poderá conduzir, dependendo da situação concreta, à atipicidade do fato praticado, ou permitir que o agente seja condenado pelo estupro tipificado no art. 213 do Código Penal, se tiver ocorrido o emprego de violência ou grave ameaça.

Vítima que mantém relações sexuais consentidas no dia em que completa 14 (catorze) anos, ou que é forçada ao ato sexual, mediante o emprego de violência ou grave ameaça

O *caput* do art. 217-A do Código Penal considera como vulnerável a vítima menor de 14 (catorze) anos de idade. Assim, se o agente, mediante o consentimento da vítima, com ela, por exemplo, tem conjunção carnal no dia de seu aniversário, em que completava 14 (catorze) anos, o fato deixará de se amoldar ao tipo penal em estudo, devendo ser considerado atípico.

Se houver o constrangimento, mediante o emprego de violência ou grave ameaça, no sentido de forçar a vítima ao ato sexual, no dia de seu aniversário, em que completava 14 (catorze) anos, podemos entender pelo delito de estupro, com a qualificadora prevista pelo § 1º do art. 213 do Código Penal.

Nesta última hipótese, *vide* discussões relativas ao art. 213 do mesmo diploma legal.

Pedofilia

De todos os crimes que nos causam asco, que nos enojam, que nos fazem sentir um sentimento de repulsa, sem dúvida alguma, a pedofilia se encontra no topo da lista. Embora o Código Penal não tenha usado a palavra *pedofilia*, o comportamento daquele que mantém relações sexuais com crianças, a exemplo do que ocorre com aquele que pratica o delito de estupro de vulnerável, pode, tranquilamente, se amoldar a esse conceito.

Genival Veloso de França define a pedofilia como uma "perversão sexual que se apresenta pela predileção erótica por crianças, indo desde os atos obscenos até a prática de manifestações libidinosas, denotando graves comprometimentos psíquicos e morais dos seus autores.

É mais comum entre indivíduos do sexo masculino com graves problemas de relacionamento sexual, na maioria das vezes por serem portadores de complexo ou sentimento de inferioridade. São quase sempre portadores de personalidade tímida, que se sentem impotentes e incapazes de obter satisfação sexual com mulheres adultas. Geralmente, são portadores de distúrbios emocionais que dificultam um relacionamento sexual normal. Há até os que se aproveitam da condição de membros ou participantes de entidades respeitáveis que tratam de problemas de menores. Quando em indivíduos de baixa renda, estes distúrbios quase sempre vêm acompanhados do uso de bebidas alcoólicas e, em muitos, casos são de contatos incestuosos envolvendo filhos, enteados ou parentes próximos. Na maioria dos casos, a criança é ameaçada, submetendo-se a estes atos, temendo represália do adulto".[70]

Essa relação abominável pode ser tanto heterossexual como homossexual.

Ultimamente, o mundo tem convergido esforços no sentido de combater os pedófilos que se utilizam, principalmente, da *Internet* para atrair suas vítimas inocentes.

As sequelas que esses abusos sexuais produzem em nossas crianças são, muitas vezes, irreparáveis.

Em muitos casos, infelizmente, a pequena vítima guarda para si a violência que vem sofrendo por parte do pedófilo, pois, em virtude do abalo psicológico a que é submetida, sente-se amedrontada em contar o fato a qualquer pessoa, principalmente a seus familiares.

Existe uma técnica para se descobrir se uma criança está sendo vítima de algum abuso sexual, principalmente o estupro. São traços comuns, característicos dessa espécie de criminalidade, que afloram nas crianças que são submetidas a essas atrocidades. Guilherme Schelb, com precisão, aponta três tipos de indicadores de abuso sexual, a saber:

"a) Indicadores físicos da criança e do adolescente
  * Infecções urinárias.
  * Dor ou inchaço na área genital ou anal.
  * Lesão ou sangramento genital ou anal.
  * Secreções vaginais ou penianas.
  * Doenças sexualmente transmissíveis.
  * Dificuldade de caminhar ou sentar.

  * Falta de controle ao urinar (incontinência urinária).
  * Enfermidades psicossomáticas (doenças de pele ou digestivas etc.).
b) Comportamento da criança e do adolescente
  * Comportamento sexual inadequado para a idade ou brincadeiras sexuais agressivas.
  * Palavras de conotação sexual incompatíveis com a idade.
  * Falta de confiança em adultos.
  * Fugas de casa.
  * Alegações de abuso.
  * Ideias e tentativas de suicídio.
  * Autoflagelação (o jovem fere o próprio corpo).
  * Terror noturno (sono agitado em que a criança acorda com medo, no meio da noite, normalmente chorando ou gritando).
c) Comportamento da família (quando conivente ou autora da violência)
  * Oculta frequentemente o abuso.
  * É muito possessiva, negando à criança contatos sociais normais.
  * Acusa a criança de promiscuidade, sedução sexual e atividade sexual fora de casa.
  * Afirma que o contato sexual é uma forma de amor familiar".[71]

Caso em que se apura a prática de crime de estupro de vulnerável, em tese praticado por genitor contra filha de 4 anos de idade. Assim, ainda que fosse o caso de violência doméstica, deve prevalecer, para fins de fixação de competência, a condição de criança da vítima, nos termos do Estatuto da Criança e do Adolescente (STJ, AgRg no REsp 1.490.974/RJ, Rel. Min. Antônio Saldanha Palheiro, 6ª T., *DJe* 03/09/2019).

Nesse sentido:

STJ, RHC 39.525/AC, Rel. Min. Nefi Cordeiro, 6ª T., *DJe* 12/05/2016; STJ, CC 132.984/MG, Rel. Min. Moura Ribeiro, S3, *DJe* 02/02/2015.

Erro de proibição e vítima já prostituída

Pode ocorrer que o agente tenha relação sexual com vítima menor de 14 (catorze) anos que, infelizmente, já tenha ingressado no "mundo da prostituição". Assim, imagine-se o exemplo em que um caminhoneiro, em um Posto de Gasolina localizado à beira de uma estrada, seja abordado por uma menina que, sabidamente, tinha 13 anos de idade, mas que já se prostituía desde os seus 12 anos. Nesse caso, se o agente vier a manter algum tipo de ato libidinoso com ela, deverá ser responsabilizado pelo delito de estupro de vulnerável? Embora a resposta precisa dependa, efetivamente, do caso concreto, dificilmente poderá ser aceito o argumento do erro de proibição, uma vez que os meios de comunicação de massa estão, nos últimos anos, desenvolvendo um intenso

[70] FRANÇA, Genival Veloso de. *Medicina legal*, p. 234.
[71] Schelb, Guilherme. *Segredos da violência*, p. 19-20.

trabalho de conscientização da população no que diz respeito à pedofilia, ou seja, a relação sexual com crianças e adolescentes (menores de 14 anos) que se encontram nessa situação de vulnerabilidade.

Assim, por mais que o fato de estar a vítima, menor de 14 anos, comercializando o próprio corpo, a população em geral tem conhecimento de que praticar com ela algum tipo de ato libidinoso, aqui incluída, obviamente, a conjunção carnal, é um comportamento ilícito, razão pela qual o agente deverá ser condenado pelo delito em estudo.

✍ A condição objetiva prevista no art. 217-A do Código Penal encontra-se presente, *in casu*, porquanto suficiente que o agente tenha conhecimento de que a vítima é menor de catorze anos de idade e decida com ela manter conjunção carnal ou qualquer outro ato libidinoso, o que efetivamente se verificou nestes autos, para se caracterizar o crime de estupro de vulnerável, sendo dispensável, portanto, a existência de violência ou grave ameaça para tipificação desse crime ou a suposta experiência sexual pregressa da vítima (STJ, AgRg no REsp 1418859/GO, Rel. Min. Sebastião Reis Júnior, 6ª T., *DJe* 10/04/2014).

Aplicação retroativa do art. 217-A

✍ As instâncias estaduais, ponderando sobre as circunstâncias fáticas do caso, formaram o entendimento de que a vítima, com 15 anos de idade, não pôde oferecer resistência ao ato libidinoso praticado pelo réu. A alteração dessa conclusão exigiria reexame de provas, o que é vedado nesta instância extraordinária, nos termos do enunciado 7 da Súmula desta Corte. A exposição de motivos da Lei nº 12.015/2009 revelou que o novo art. 217 do Código Penal trouxe uma objetividade fática, considerando vulnerável a vítima que, "por qualquer outra causa, não pode oferecer resistência", como ocorreu no caso em análise. O preceito secundário estabelecido no art. 217-A, § 1º, do Código Penal revelou-se mais desfavorável ao réu, motivo pelo qual a Lei nº 12.015/2009 não deve retroagir (STJ, AgRg no AREsp 72.170/MG, Rel. Min. Antônio Saldanha Palheiro, 6ª T., *DJe* 27/08/2019).

Nesse sentido:

✍ STJ, HC 337.740/SP, Rel. Min. Nefi Cordeiro, 6ª T., *DJe* 16/09/2016; STJ, HC 262.367/GO, Rel. Min. Ericson Maranho, Desembargador convocado do TJ-SP, 6ª T., *DJe* 31/03/2015; TJSP, AC 990090854065, Rel. Otávio de Almeida Toledo, *DJe* 27/08/2012.

Verossimilhança da palavra da vítima vulnerável

✍ Caso em que o Tribunal estadual entendeu, pela insuficiência da prova nova, por ser pouco convincente o novo relato da vítima em comparação com as informações, circunstâncias e reações anteriormente descritas pela adolescente, todas compatíveis com a prática de abuso sexual. Ela teria oferecido detalhes explícitos da violência sofrida e reproduzido palavras e diálogos proferidos pelo agressor antes, durante e depois dos atos praticados. Sua narrativa anterior teria apresentado uma progressão lógica que ofereceu sentido à história e suas emoções durante tais relatos refletiram raiva, ansiedade, medo e tristeza, reações essas típicas de estresse pós-traumático verificado em situação de abuso sexual. A Corte estadual levou em consideração ainda os depoimentos produzidos sob o crivo do contraditório de seus tios. Entendeu também que a fala da mãe da vítima deve ser recebida com sérias reservas, seja porque o relacionamento entre as duas era conflituoso, seja porque ela foi ré naquela ação penal, seja porque teria ficado largamente comprovado nos autos que a agora testemunha agiu com desmedida violência contra a própria filha assim que ela lhe relatou os abusos sofridos (STJ, HC 579.549/SP, Rel. Min. Sebastião Reis Júnior, 6ª T., julgado em 04/08/2020, *DJe* 12/08/2020).

Nesse sentido:

✍ STF, HC 174.335/RS, Rel. Min. Luiz Fux, *DJe* 16/08/2019; STJ, AgRg nos EDcl no AREsp 1.565.652/RJ, Rel. Min. Nefi Cordeiro, 6ª T., julgado em 16/06/2020, *DJe* 23/06/2020; STJ, AgRg nos EDcl no AREsp 1.565.652/RJ, Agravo Regimental nos Embargos de Declaração no Agravo em Recurso Especial 2019/0249966-0, Rel. Min. Nefi Cordeiro, 6ª T., j. 16/06/2020, *DJe* 23/06/2020; STJ, HC 380.963/SP, Rel. Min. Ribeiro Dantas, 5ª T., *DJe* 21/09/2017; TJ-RJ, AC 0000903-17.2013.8.19.0053, Rel. Des. Paulo Rangel, *DJe* 04/03/2015; STJ, AgRg no AREsp 608.342/PI, Rel. Min. Walter de Almeida Guilherme, Desembargador convocado do TJ-SP, 5ª T., *DJe* 09/02/2015.

Prescrição

Vide art. 111, V do CP.

Atendimento obrigatório e integral de pessoas em situação de violência sexual

Vide Lei nº 12.845, de 1º de agosto de 2013, que determina que os hospitais devem oferecer às vítimas de violência sexual atendimento emergencial, integral e multidisciplinar, visando ao controle e ao tratamento dos agravos físicos e psíquicos decorrentes de violência sexual, e encaminhamento, se for o caso, aos serviços de assistência social, considerando como violência sexual qualquer forma de atividade sexual não consentida, nos termos dos arts. 1º e 2º do referido diploma legal.

Diretrizes para o atendimento às vítimas de violência sexual pelos profissionais de segurança pública e da rede de atendimento do Sistema Único de Saúde (SUS)

Vide Decreto nº 7.958, de 13 de março de 2013.

Identificação do perfil genético

O art. 9º-A e seus parágrafos, da Lei nº 7.210/1984, dizem, textualmente:

Art. 9º-A. O condenado por crime doloso praticado com violência grave contra a pessoa, bem como por crime contra a vida, contra a liberdade sexual ou por crime sexual contra vulnerável, será submetido, obrigatoriamente, à identificação do perfil genético, mediante extração de DNA (ácido desoxirribonucleico), por técnica adequada e indolor, por ocasião do ingresso no estabelecimento prisional.

§ 1º A identificação do perfil genético será armazenada em banco de dados sigiloso, conforme regulamento a ser expedido pelo Poder Executivo.

§ 1º-A. A regulamentação deverá fazer constar garantias mínimas de proteção de dados genéticos, observando as melhores práticas da genética forense § 2º A autoridade policial, federal ou estadual, poderá requerer ao juiz competente, no caso de inquérito instaurado, o acesso ao banco de dados de identificação de perfil genético.

§ 2º A autoridade policial, federal ou estadual, poderá requerer ao juiz competente, no caso de inquérito instaurado, o acesso ao banco de dados de identificação de perfil genético.

§ 3º Deve ser viabilizado ao titular de dados genéticos o acesso aos seus dados constantes nos bancos de perfis genéticos, bem como a todos os documentos da cadeia de custódia que gerou esse dado, de maneira que possa ser contraditado pela defesa.

§ 4º O condenado pelos crimes previstos no caput deste artigo que não tiver sido submetido à identificação do perfil genético por ocasião do ingresso no estabelecimento prisional deverá ser submetido ao procedimento durante o cumprimento da pena.

§ 5º A amostra biológica coletada só poderá ser utilizada para o único e exclusivo fim de permitir a identificação pelo perfil genético, não estando autorizadas as práticas de fenotipagem genética ou de busca familiar.

§ 6º Uma vez identificado o perfil genético, a amostra biológica recolhida nos termos do caput deste artigo deverá ser correta e imediatamente descartada, de maneira a impedir a sua utilização para qualquer outro fim.

§ 7º A coleta da amostra biológica e a elaboração do respectivo laudo serão realizadas por perito oficial.

Em 12 de março de 2013, foi editado o Decreto nº 7.950, que instituiu o Banco Nacional de Perfis Genéticos e a Rede Integrada de Bancos de Perfis Genéticos, no âmbito do Ministério da Justiça, tendo aquele o objetivo de armazenar dados de perfis genéticos coletados para subsidiar ações destinadas à apuração de crimes, e tendo este último, vale dizer, a Rede Integrada de Bancos de Perfis Genéticos, o objetivo de permitir o compartilhamento e a comparação de perfis genéticos constantes dos bancos de perfis genéticos da União, dos Estados e do Distrito Federal.

Estupro de vulnerável e importunação ofensiva ao pudor

1. A verificação do acerto ou desacerto do entendimento fixado pelas instâncias ordinárias, para fins de absolvição ou desclassificação do delito imputado, ultrapassa os limites cognitivos do *habeas corpus*, uma vez que a desconstituição da condenação implica o necessário revolvimento do acervo fático-probatório disposto nos autos, o reexame acerca dos elementos constitutivos do tipo e a verificação da perfeita adequação do fato à norma, providências vedadas na angusta via do remédio constitucional, marcada pela celeridade e sumariedade na cognição. 2. Não se conhece de *habeas corpus* cuja causa de pedir e pedido sejam idênticos àqueles trazidos em writ anteriormente impetrado perante esta Corte. 3. O Superior Tribunal de Justiça possui entendimento no sentido "da impossibilidade de desclassificação da figura do estupro de vulnerável para o crime de importunação sexual, tipificado no art. 215-A do Código Penal, uma vez que referido tipo penal é praticado sem violência ou grave ameaça, e, ao contrário, o tipo penal imputado ao paciente (art. 217-A do Código Penal) inclui a presunção absoluta de violência ou grave ameaça, por se tratar de menor de 14 anos de idade" (HC 561.399/SP, Rel. Min. Reynaldo Soares da Fonseca, 5ª T., julgado em 23/06/2020, *DJe* 30/06/2020). 4. Agravo regimental desprovido (AgRg no HC 611.692/SP, Rel. Min. Antonio Saldanha Palheiro, 6ª T., julgado em 20/10/2020, *DJe* 27/10/2020).

Nesse sentido:

STJ, AgRg na RvCr 4.969/DF, Rel. Min. Reynaldo Soares da Fonseca, S3, *DJe* 1º/07/2019; STJ, AgRg no REsp 1.735.061/MG, Rel. Min. Ribeiro Dantas, 5ª T., *DJe* 1º/06/2018; STJ, REsp 1.273.776/SP, Rel. Min. Rogério Schietti Cruz, 6ª T., *DJe* 21/06/2016.

Prioridade de tramitação do processo de estupro de vulnerável (art. 217-A, *caput* e §§ 1º, 2º, 3ª e 4º)

A Lei nº 14.994, de 9 de outubro de 2024, alterou o art. 394-A do Código de Processo Penal, determinando, *verbis*:

Art. 394-A. Os processos que apurem a prática de crime hediondo ou violência contra a mulher terão prioridade de tramitação em todas as instâncias.

Infiltração de agentes de polícia na internet

A Lei nº 13.441, de 8 de maio de 2017, previu a possibilidade de infiltração de agentes de polícia na internet com o fim de investigar crimes contra a dignidade sexual de criança e de adolescente, fazendo inserir a Seção V-A na Lei nº 8.069, de 13 de julho de 1990 (Estatuto da Criança e do Adolescente), cujo art. 190-A, nela previsto, elenca as seguintes regras para que possa efetivamente ocorrer a mencionada infiltração:

I – será precedida de autorização judicial devidamente circunstanciada e fundamentada, que estabelecerá os limites da infiltração para obtenção de prova, ouvido o Ministério Público;

II – dar-se-á mediante requerimento do Ministério Público ou representação de delegado de polícia e conterá a demonstração de sua necessidade, o alcance das tarefas dos policiais, os nomes ou apelidos das pessoas investigadas e, quando possível, os dados de conexão ou cadastrais que permitam a identificação dessas pessoas;

III – não poderá exceder o prazo de 90 (noventa) dias, sem prejuízo de eventuais renovações, desde que o total não exceda a 720 (setecentos e vinte) dias e seja demonstrada sua efetiva necessidade, a critério da autoridade judicial.

Destituição do poder familiar

Vide § 2º do art. 23 da Lei nº 8.069, de 13 de julho de 1990 (Estatuto da Criança e do Adolescente), e o parágrafo único do art. 1.638 do Código Civil, ambos dispositivos com alterações produzidas pela Lei 13.715/2018.

Corrupção de menores[72]
Art. 218. Induzir alguém menor de 14 (catorze) anos a satisfazer a lascívia de outrem:
Pena – reclusão, de 2 (dois) a 5 (cinco) anos.
Parágrafo único. (Vetado).

Introdução

A Lei nº 12.015, de 7 de agosto de 2009, dando nova redação ao art. 218 do Código Penal, passou a entender como *corrupção de menores* o fato de *induzir alguém menor de 14 (catorze) anos a satisfazer a lascívia de outrem*.

Trata-se, na verdade, de uma modalidade especial de lenocínio, em que o agente presta assistência à libidinagem de outrem, tendo ou não a finalidade de obter vantagem econômica. Hungria afirma que, "a nota diferencial, característica do lenocínio (em cotejo com os demais crimes sexuais), está em que, ao invés de servir à concupiscência de seus próprios agentes, opera, em torno da lascívia alheia, a prática sexual *inter alios*. E esta é uma nota comum entre *proxenetas, rufiões e traficantes de mulheres:* todos *corvejam* em torno da libidinagem de outrem, ora como mediadores, fomentadores ou auxiliares, ora como especuladores parasitários. São moscas da mesma cloaca, vermes da mesma podridão. No extremo ponto da escala de indignidade, porém, estão, por certo, os que agem *lucri faciendi causa*: o proxeneta de ofício, o rufião habitual, o 'marchante' de mulheres para as feiras de Vênus Libertina. De tais indivíduos se pode dizer que são os espécimes mais abjetos do gênero humano. São *tênias* da prostituição, os *parasitas* do vil mercado dos prazeres sexuais. Figuras típicas da *malavita*. Constituem, como diz Viazzi, um peso morto na luta solidária para a consecução dos fins coletivos. As meretrizes (segundo o tropo do padre Vieira) 'comem do próprio corpo', e essa ignóbil caterva de *profiteurs* disputa bocados e nacos no prato de tal infâmia".[73]

Genial a passagem escrita pelo maior penalista que o Brasil já conheceu. Se Hungria já se indignava com a existência do proxeneta tradicional, que diria ele a respeito daquele que, como ocorre nos dias de hoje, explora nossas crianças e adolescentes menores de 14 (catorze) anos? Esses, realmente, fazem parte da escória da sociedade. Não se importam em macular sexualmente aqueles que ainda se encontram em processo de desenvolvimento.

Aquele que pratica o lenocínio é conhecido como *proxeneta*. O proxenitismo, em virtude das alterações ocorridas no Código Penal, abrange as cinco figuras típicas constantes dos arts. 218, 218-B, 218-C, 227, 228 e 229, que preveem, respectivamente, os delitos de *corrupção de menores, favorecimento da prostituição ou de outra forma de exploração sexual de criança ou adolescente ou de vulnerável, divulgação de cena de estupro ou de cena de estupro de vulnerável, de cena de sexo ou de pornografia, mediação para servir a lascívia de outrem, favorecimento da prostituição ou outra forma de exploração sexual e casa de prostituição*.

Inicialmente, vale ressaltar que, em sua redação original, o art. 218 do Código Penal entendia como delito de *corrupção de menores* a conduta de *corromper ou facilitar a corrupção de pessoa maior de 14 (catorze) e menor de 18 (dezoito) anos, com ela praticando ato de libidinagem, ou induzindo-a a praticá-lo ou a presenciá-lo*. A nova redação constante do art. 218 do Código Penal mudou significativamente seus elementos, uma vez que o tipo penal prevê o delito de *corrupção de menores* quando o agente induz alguém menor de 14 (catorze) anos a satisfazer a lascívia de outrem.

Assim, de acordo com a redação legal, podemos apontar os seguintes elementos que integram a mencionada figura típica: a) a conduta de *induzir alguém*; b) com a finalidade de *satisfazer a lascívia de outrem*.

O núcleo *induzir* é utilizado no sentido não somente de incutir a ideia na vítima, como também de convencê-la à prática do comportamento previsto no tipo penal. A vítima, aqui, é convencida pelo proxeneta a satisfazer a lascívia de outrem.

---

[72] *Vide* Lei nº 13.431, de 4 de abril de 2017, que estabeleceu o sistema de garantia de direitos da criança e do adolescente vítima ou testemunha de violência e alterou a Lei nº 8.069, de 13 de julho de 1990 (Estatuto da Criança e do Adolescente).

[73] HUNGRIA, Nélson. *Comentários ao código penal*, v. VIII, p. 267.

Por *satisfazer a lascívia* somente podemos entender aquele comportamento que não imponha à vítima, menor de 14 (catorze) anos, a prática de conjunção carnal ou outro ato libidinoso, uma vez que, nesses casos, teria o agente que responder pelo delito de estupro de vulnerável, em virtude da regra constante do art. 29 do Código Penal, que seria aplicada ao art. 217-A do mesmo diploma repressivo.

Assim, por exemplo, poderia o agente induzir a vítima a fazer um ensaio fotográfico, completamente nua, ou mesmo tomar banho na presença de alguém, ou simplesmente ficar deitada, sem roupas, fazer danças eróticas, seminua, com roupas minúsculas, fazer *strip-tease* etc., pois que essas cenas satisfazem a lascívia de alguém, que atua como *voyeur*. O *voyeurismo* é uma prática que consiste num indivíduo conseguir obter prazer sexual observando de outras pessoas, que podem ou não ter conhecimento da sua presença.

Assim, é importante frisar que, em nenhum momento, a vítima menor de 14 (catorze) anos poderá ser submetida à conjunção carnal ou a outros atos libidinosos, pois que, se isso ocorrer, estaremos diante do delito de estupro de vulneráveis, tipificado no art. 217-A do Código Penal, e não o crime de corrupção de menores, com a nova redação que lhe foi dada pela Lei nº 12.015, de 7 de agosto de 2009.

Por isso, não podemos concordar com Guilherme de Souza Nucci quando afirma que "o atual art. 218 criou uma modalidade de exceção pluralística à teoria monística, impedindo a punição do partícipe de estupro de vulnerável, pela pena prevista para o art. 217-A, quando se der na modalidade de induzimento".[74]

Quando a lei penal menciona, na sua parte final, que a vítima deverá ser induzida a satisfazer a lascívia *de outrem*, está afirmando, consequentemente, que deverá ser *uma pessoa ou grupo de pessoas determinadas*, pois, conforme adverte corretamente Rogério Sanches Cunha, "se o agente induz a vítima a satisfazer a lascívia de um número indeterminado de pessoas, o crime passará a ser o de favorecimento da prostituição (art. 218-B do CP)."[75]

A nota característica do lenocínio é que o proxeneta atua não no sentido de satisfazer sua libido, mas sim de satisfazer a lascívia de outrem, de terceira pessoa.

⚖ A Lei nº 12.015, de 07 de agosto de 2009, alterou, em profundidade, os crimes de corrupção de menores, previstos no Código Penal e no Estatuto da Criança e do Adolescente. Ela ainda revogou, expressamente, a Lei nº 2.252/1954, que também tratava desse instituto. O art. 218 do Código Penal visa evitar a mácula sexual daqueles em processo de desenvolvimento, definindo corrupção de menores como a

conduta de '[i]nduzir alguém menor de 14 (catorze) anos a satisfazer a lascívia de outrem'. O art. 244-B do Estatuto da Criança e do Adolescente, por sua vez, tem o escopo de proteger a formação moral, punindo quem 'corromper ou facilitar a corrupção de menor de 18 (dezoito) anos, com ele praticando infração penal ou induzindo-o a praticá-la', para evitar sua incursão no mundo da criminalidade. Nesse contexto, verifica-se uma lacuna legislativa, em consonância com a nova sistemática para a delicada questão da tutela da dignidade sexual dos menores, no caso da prática consentida de conjunção carnal ou ato de libidinagem com adolescente maior de 14 (quatorze) e menor de 18 (dezoito) anos, que não esteja inserido em um contexto de favorecimento de prostituição ou outra forma de exploração sexual, como é o caso dos autos. Recurso provido para absolver o Réu, com fundamento nos arts. 2º e 107, inc. III, do Código Penal (STJ, REsp 1218392/PR, Rel.ª Min.ª Laurita Vaz, 5ª T., *DJe* 28/05/2012).

Classificação doutrinária

Crime comum com relação ao sujeito ativo e próprio quanto ao sujeito passivo, pois que o delito somente se configurará se o induzido for alguém menor de 14 (quatorze) anos; doloso; material; de forma livre; comissivo (podendo ser praticado via omissão, na hipótese de o agente gozar do *status* de garantidor); instantâneo; incongruente; monossubjetivo; plurissubsistente; transeunte (não havendo necessidade, como regra, de prova pericial, tratando-se de infração penal que não deixa vestígios).

⚖ Embora evidenciada a presença do menor na prática do delito, restou ausente prova da efetiva corrupção, tornando impositiva a absolvição, por se tratar de crime material, conforme se tem decidido neste órgão fracionário (TJRS, Ap. Crim. 70046008330, Rel.ª Des.ª Isabel de Borba Lucas, j. 30/05/2012).

Objeto material e bem juridicamente protegido

O bem juridicamente protegido pelo art. 218 do Código Penal é a dignidade sexual do menor de 14 (quatorze) anos, bem como o direito a um desenvolvimento sexual condizente com a sua idade.

O objeto material é a pessoa contra a qual recai a conduta praticada pelo agente, vale dizer, aquela, menor de 14 (catorze) anos, que foi induzida a satisfazer a lascívia de outrem.

Sujeito ativo e sujeito passivo

Qualquer pessoa pode ser *sujeito ativo* do delito de *corrupção de menores*, não havendo nenhuma qualidade ou condição especial exigida pelo tipo, sendo, portanto, um delito de natureza comum.

---

[74] NUCCI, Guilherme de Souza. *Crimes contra a dignidade sexual* – comentários à lei 12.015, de 7 de agosto de 2009, p. 45.

[75] CUNHA, Sanches Rogério. *Manual de direito penal* – parte especial, volume único, p. 501.

No que diz respeito ao sujeito passivo, somente alguém menor de 14 (catorze) anos pode figurar nessa condição, seja do sexo masculino ou feminino.

Consumação e tentativa

Embora o núcleo *induzir* nos dê a impressão de que a consumação ocorreria no momento em que a vítima, menor de 14 (catorze) anos, fosse convencida pelo agente a satisfazer a lascívia de outrem, somos partidários da corrente que entende seja necessária a realização, por parte da vítima, de pelo menos algum ato tendente à satisfação da lascívia de outrem, cuidando-se, pois, de delito de natureza material.

Em sentido contrário, Paulo Busato preleciona que: "A consumação do crime se dá com a produção do resultado de indução, que é o convencimento do menor a realizar o ato que deverá conduzir à satisfação para a lascívia de terceiro.

É muito importante notar que, ao tratar-se da corrupção de menor, ao ter por objetivo jurídico a salvaguarda do seu desenvolvimento sexual adequado, não é necessário o resultado da efetiva satisfação da lascívia de terceiro, bastando que tenha havido efetivamente a indução do menor e que este tenha-se convencido a realizar ato tendente à satisfação da lascívia de terceiro."[76]

Tratando-se de um crime plurissubsistente, no qual se permite o fracionamento do *iter criminis*, torna-se perfeitamente admissível a tentativa. Assim, imagine-se a hipótese em que a vítima, menor de 14 (catorze) anos, depois de ser induzida pelo agente à satisfação da lascívia de outrem, é impedida, por circunstâncias alheias à vontade do agente, momentos antes de realizar o comportamento que se adequaria ao tipo penal em estudo, quando, por exemplo, são descobertos em determinado cômodo de uma residência, por seu proprietário, que os expulsa daquele lugar, evitando, assim, a consumação do delito.

Elemento subjetivo

O dolo é o elemento subjetivo exigido pelo tipo penal que prevê o delito de *corrupção de menores*, não havendo previsão para a modalidade de natureza culposa.

A conduta do agente, portanto, deve ser dirigida a induzir alguém menor de 14 (catorze) anos a praticar qualquer ato que tenha uma conotação sexual capaz de satisfazer a lascívia de outrem.

Modalidades comissiva e omissiva

O núcleo *induzir* pressupõe um comportamento comissivo por parte do agente, podendo, no entanto, também ser praticado via omissão imprópria, na hipótese em que o agente, garantidor, dolosamente, podendo, nada fizer para impedir a prática da infração penal.

Causas de aumento de pena

Vide arts. 226 e 234-A do Código Penal, com as discussões que lhe são pertinentes, levadas a efeito quando do estudo do art. 213 do mesmo diploma repressivo.

Tendo em vista a limitação contida no tipo penal, pois que o menor de 14 (catorze) anos não poderá praticar a conjunção carnal ou mesmo outro ato libidinoso com o agente, será de difícil ocorrência a hipótese em que sejam aplicadas as majorantes constantes do art. 234-A do Código Penal.

Pena, ação penal e segredo de justiça

A Lei nº 12.015, de 7 de agosto de 2009, não somente modificou a redação constante do preceito primário do art. 218 do Código Penal, como também a pena cominada em seu preceito secundário, passando a prever uma pena de reclusão, de 2 (dois) a 5 (cinco) anos.

De acordo com a nova redação conferida ao art. 225 do Código Penal, pela Lei nº 13.718, de 24 de setembro de 2018, a ação penal será de iniciativa pública incondicionada.

Nos termos do art. 234-B do Código Penal, os processos em que se apuram crimes previstos pelo Título VI, vale dizer, os *crimes contra a dignidade sexual*, correrão em segredo de justiça.

Contudo, os §§ 1º e 2º, inseridos no art. 234-B do Código Penal pela Lei nº 15.035, de 27 de novembro de 2024, determinam, *verbis*:

§ 1º O sistema de consulta processual tornará de acesso público o nome completo do réu, seu número de inscrição no Cadastro de Pessoas Físicas (CPF) e a tipificação penal do fato a partir da condenação em primeira instância pelos crimes tipificados nos arts. 213, 216-B, 217-A, 218-B, 227, 228, 229 e 230 deste Código, inclusive com os dados da pena ou da medida de segurança imposta, ressalvada a possibilidade de o juiz fundamentadamente determinar a manutenção do sigilo.

§ 2º Caso o réu seja absolvido em grau recursal, será restabelecido o sigilo sobre as informações a que se refere o § 1º deste artigo.

Habitualidade

O delito de *corrupção de menores*, mesmo com a nova redação que lhe foi dada pela Lei nº 12.015, de 7 de agosto de 2009, não se encontra no rol daquelas infrações penais reconhecidas como habituais.

Portanto, basta que a conduta do agente seja dirigida, por uma única vez, a fazer com que a vítima atue no sentido de satisfazer a lascívia de outrem para que o delito reste consumado.

A habitualidade, aqui, poderá, se for o caso, importar no reconhecimento do concurso de crimes, aplican-

---

[76] BUSATO, Paulo César. *Direito penal* – parte especial 1, p. 850.

do-se as regras constantes dos arts. 69 ou 71 do Código Penal, dependendo do caso concreto.

Terceiro que satisfaz sua lascívia com a vítima menor de 14 (catorze) anos

Aquele que vê satisfeita sua lascívia em virtude do comportamento praticado pelo proxeneta não pratica o delito tipificado no art. 218 do Código Penal, que exige do sujeito ativo que atue no sentido de satisfazer a lascívia de *outrem,* e não a própria.

Erro de tipo quanto à idade da vítima

Para que o agente possa responder pelo delito tipificado pelo art. 218 do Código Penal, deverá, obrigatoriamente, ter conhecimento da idade da vítima, pois, caso contrário, poderá ser responsabilizado pela infração penal prevista pelo art. 227 do mesmo diploma legal.

Prova da idade da vítima

Para que o agente possa ser responsabilizado criminalmente pelo delito tipificado no art. 218 do Código Penal, deverá, obrigatoriamente, ser provada nos autos a idade da vítima, por meio de documento próprio (certidão de nascimento, documento de identidade etc.), pois que o art. 155 do Código de Processo Penal, de acordo com a redação que lhe foi dada pela Lei nº 11.690, de 9 de junho de 2008, determina que somente quanto ao estado das pessoas serão observadas as restrições estabelecidas na lei civil.

Vítima que é induzida a satisfazer a lascívia de outrem pela Internet

Pode ocorrer que a vítima, menor de 14 (catorze) anos, seja induzida pelo proxeneta a se exibir para alguém pela Internet, via *webcam,* fazendo *strip-tease.* Nesse caso, seria possível a configuração do delito de corrupção de menores? A resposta só pode ser positiva. Isso porque o art. 240 do Estatuto da Criança e do Adolescente, com a nova redação que lhe foi conferida pelas Leis nºˢ 11.829/2008 e 14.811/2024, pune, com uma pena de reclusão de 4 (quatro) a 8 (oito) anos, e multa, aquele que vier a *produzir, reproduzir, dirigir, fotografar, filmar ou registrar, por qualquer meio, cena de sexo explícito ou pornográfica, envolvendo criança ou adolescente,* sendo que o § 1º do referido artigo diz que *incorre nas mesmas penas quem agencia, facilita, recruta, coage, ou de qualquer modo intermedeia a participação de crianças ou adolescentes nas cenas referidas no* caput *do artigo, ou ainda quem com esses contracena; e quem exibe, transmite, auxilia ou facilita a exibição ou transmissão, em tempo real, pela internet, por aplicativos, por meio de dispositivo informático ou qualquer meio ou ambiente digital, de cena de sexo explícito ou pornográfica com a participação de criança ou adolescente.*

Como se percebe pela leitura do art. 240 do mencionado estatuto, não houve previsão legal para o comportamento de, simplesmente, *assistir* à exibição erótica do menor de 14 (catorze) anos, sendo necessário, para efeitos de configuração do delito, que o agente, ao menos, registre a cena, ou seja, grave as imagens em seu computador, por exemplo, para que o proxeneta possa ser responsabilizado.

No entanto, o induzimento à exposição do menor de 14 (catorze) anos por *webcam* já se configurará como delito de corrupção de menores, se a finalidade for a satisfação da lascívia de outrem.

Corrupção de menores no Estatuto da Criança e do Adolescente (Lei nº 8.069/1990)

A Lei nº 12.015, de 7 de agosto de 2009 revogou, expressamente, a Lei nº 2.252, de 1º de julho de 1954, que previa o crime de corrupção de menores, criando, por outro lado, o art. 244-B no Estatuto da Criança e do Adolescente, que diz, *verbis:*

Art. 244-B. *Corromper ou facilitar a corrupção de menor de 18 (dezoito) anos, com ele praticando infração penal ou induzindo-o a praticá-la:*

Pena – reclusão, de 1 (um) a 4 (quatro) anos.

§ 1º Incorre nas penas previstas no caput *deste artigo quem pratica as condutas ali tipificadas utilizando-se de quaisquer meios eletrônicos, inclusive salas de bate-papo da Internet.*

§ 2º As penas previstas no caput *deste artigo são aumentadas de um terço no caso de a infração cometida ou induzida estar incluída no rol do art. 1º da Lei nº 8.072, de 25 de julho de 1990.*

A redação constante do *caput* do art. 244-B do Estatuto da Criança e do Adolescente é muito parecida com a do revogado art. 1º da Lei nº 2.252/1954.

Aqui, embora não exista mais essa rubrica, haverá a corrupção de menores quando o agente praticar uma infração penal em companhia do menor ou induzi-lo a praticá-la. Procura-se evitar, com a tipificação levada a efeito pelo referido art. 244-B, que o menor seja iniciado na criminalidade, corrompendo a sua formação moral.

Deve-se notar, ainda, que o art. 244-B da Lei nº 8.069/1990 aponta que o menor deve ter idade inferior a 18 anos, não determinando idade mínima. Assim, se um roubo, por exemplo, for praticado pelo agente em companhia de um menor que contava, à época dos fatos, com 13 anos de idade, em tese, poderá configurar-se o delito tipificado na lei especial. Agora, no entanto, se o fato for praticado em companhia de uma criança de apenas 2 anos de idade, não se poderá cogitar da infração penal em estudo, devendo-se aplicar, pois, o princípio da razoabilidade.

Entendemos que, para efeito de configuração do delito, deverá ser demonstrado que, com a prática da infração penal, houve a efetiva corrupção ou, pelo menos, a facilitação da corrupção do menor de 18 (dezoito) anos, pois, caso contrário, o fato deverá ser considerado atípico. Assim, imagine-se a hipótese em que um menor tenha participado no cometimento de uma infração penal levada a efeito por um agente imputável e, logo após, arrepende-se do que fez e deixa de praticar qualquer outro ato infracional, levando uma vida "normal", de acordo com os padrões legais exigidos. Não se pode dizer, nesse caso, que o agente tenha corrompido ou facilitado a corrupção do referido menor, razão pela qual devemos entender pelo afastamento do tipo penal do art. 244-B da Lei nº 8.069/1990.

Da mesma forma, se a vítima já se encontrava corrompida, sendo, outrossim, pessoa voltada à prática de infrações penais, também não se poderá cogitar do reconhecimento do delito em estudo, podendo-se levar a efeito o raciocínio relativo ao crime impossível, em virtude da absoluta impropriedade do objeto.

Nossos Tribunais Superiores, no entanto, diante da revogada Lei nº 2.252/1954, cujo art. 1º tinha a redação similar àquela prevista pelo art. 244-B do Estatuto da Criança e do Adolescente, já haviam decidido o seguinte:

⚖ [...] 3. Há concurso formal entre os delitos de roubo e de corrupção de menores na hipótese em que, mediante única ação, o réu pratica ambos os delitos, ocorrendo a corrupção de menores em razão da prática do delito patrimonial [...] (AgRg no HC 550.671/SP, Rel. Min. João Otávio de Noronha, 5ª T., j. 03/11/2020, DJe 18/11/2020).

Nesse sentido:

⚖ AgRg no HC 617.526/AC, Rel. Min. Reynaldo Soares da Fonseca, 5ª T., j. 20/10/2020, DJe 26/10/2020; AgRg no AREsp 1.145.482/DF, Rel. Min. Rogerio Schietti Cruz, 6ª T., j. 22/09/2020, DJe 1º/10/2020; AgRg nos EDcl no AREsp 1.713.529/SP, Rel. Min. Reynaldo Soares da Fonseca, 5ª T., j. 15/09/2020, DJe 21/09/2020; STJ, REsp 1.747.470/DF, Rel. Min. Ribeiro Dantas, DJe 06/08/2018; STJ, AgRg no AREsp 568.189/MG, Rel. Min. Ribeiro Dantas, 5ª T., DJe 28/06/2017; STJ, AgRg no REsp 1133753/MG, Rel. Min. Og Fernandes, 6ª T., DJe 05/03/2012.

⚖ Por ocasião do julgamento do Recurso Especial Representativo de Controvérsia no 1.127.954/DF (DJe 1º /02/2012), a Terceira Seção deste Superior Tribunal uniformizou o entendimento de que, para a configuração do crime de corrupção de menores, basta haver evidências da participação de menor de 18 anos no delito e na companhia de agente imputável, sendo irrelevante o fato de o adolescente já estar corrompido, visto que se trata de delito de natureza formal (STJ, AgRg no AREsp 568.189/MG, Rel. Min. Ribeiro Dantas, 5ª T., DJe 28/06/2017).

A Terceira Seção desta Corte já se pronunciou, em sede de recurso representativo da controvérsia (Recurso Especial nº 1.127.954/DF, Rel. Ministro Marco Aurélio Bellizze), no sentido de que o crime de corrupção de menores é delito formal, no qual é desne-

cessária a comprovação da efetiva corrupção da vítima (STJ, AgRg no REsp 1133753/MG, Rel. Min. Og Fernandes, 6ª T., DJe 05/03/2012).

Nesse sentido:

⚖ AgRg no HC 550.671/SP, Rel. Min. João Otávio de Noronha, 5ª T., julgado em 03/11/2020, DJe 18/11/2020; AgRg no HC 617.526/AC, Rel. Min. Reynaldo Soares da Fonseca, 5ª T., julgado em 20/10/2020, DJe 26/10/2020; AgRg no AREsp 1.145.482/DF, Rel. Min. Rogerio Schietti Cruz, 6ª T., julgado em 22/09/2020, DJe 01/10/2020; AgRg nos EDcl no AREsp 1.713.529/SP, Rel. Min. Reynaldo Soares da Fonseca, 5ª T., julgado em 15/09/2020, DJe 21/09/2020.

O STJ, consolidando seu posicionamento, editou a Súmula nº 500, publicada no DJe de 28 de outubro de 2013, que diz:

⚖ **Súmula nº 500.** *A configuração do crime previsto no art. 244-B do Estatuto da Criança e do Adolescente independe da prova da efetiva corrupção do menor, por se tratar de delito formal.*

Em sentido contrário, entendendo pela natureza material do delito, decidiu o TJMG:

⚖ o crime de corrupção de menores, descrito no art. 1º da Lei nº 2.252/1954, em qualquer das suas duas formas de conduta – corromper ou facilitar a corrupção –, tem a natureza de crime material, que se configura em face do resultado, sendo, portanto, necessário para a sua configuração que se demonstre a efetiva corrupção do adolescente (STJ) (TJMG, ACR 1.0024.06. 249627-8/001, 2ª Câm. Crim., Rel.ª Beatriz Pinheiro Caires, pub. 1º/02/2008).

A Lei nº 12.015, de 7 de agosto de 2009 previu, no § 1º do art. 244-B do Estatuto da Criança e do Adolescente, que as condutas nele elencadas poderiam ser praticadas com a utilização de quaisquer meios eletrônicos, inclusive salas de "bate-papo" na Internet.

Inúmeros delitos podem ser praticados pelos meios apontados no referido parágrafo, desde delitos patrimoniais, até crimes que envolvam a ação de pedófilos. Se o comportamento criminoso for praticado em companhia de menor de 18 anos, mesmo que virtualmente, também se poderá cogitar do delito em análise.

O § 2º do art. 244-B diz que as penas previstas no *caput* são aumentadas de um terço no caso de a infração cometida ou induzida estiver incluída no rol do art. 1º da Lei nº 8.072, de 25 de julho de 1990.

Abolitio criminis *e corrupção de menores tipificada pelo art. 218 do Código Penal, anteriormente à modificação trazida pela Lei nº 12.015, de 7 de agosto de 2009*

Rogério Sanches Cunha adverte: "Os três comportamentos típicos trazidos pelo antigo *caput* do art. 218 do CP, tratando-se de vítima *maior de 14 e menor de 18 anos*, foram abolidos (supressão da figura criminosa), devendo retroagir nos termos do art. 2º do CP".[77]

⚖ Segundo jurisprudência desta Corte Superior, a corrupção sexual de maiores de 14 (quatorze) e menores de 18 (dezoito) anos deixou de ser tipificada no Código Penal, ensejando *abolitio criminis* (precedentes) (STJ, RHC 80.481/PR, Rel. Min. Felix Fischer, 5ª T., *DJe* 11/04/2017).

Nesse sentido:

⚖ TJDF, Rec. 2009.00.2.008817-7, Ac. 383.346, 1ª T. Crim., Rel. Des. Mario Machado, *DJDFTE* 11/11/2009, p. 134.

Prescrição

Vide art. 111, V, do CP.

Corrupção de menores no Código Penal Militar

Vide art. 234 do Decreto-Lei nº 1.001/69 (Código Penal Militar).

Infiltração de agentes de polícia na internet

A Lei nº 13.441, de 8 de maio de 2017, previu a possibilidade de infiltração de agentes de polícia na internet com o fim de investigar crimes contra a dignidade sexual de criança e de adolescente, fazendo inserir a Seção V-A na Lei nº 8.069, de 13 de julho de 1990 (Estatuto da Criança e do Adolescente), cujo art. 190-A, nela previsto, elenca as seguintes regras para que possa efetivamente ocorrer a mencionada infiltração: *I – será precedida de autorização judicial devidamente circunstanciada e fundamentada, que estabelecerá os limites da infiltração para obtenção de prova, ouvido o Ministério Público; II – dar-se-á mediante requerimento do Ministério Público ou representação de delegado de polícia e conterá a demonstração de sua necessidade, o alcance das tarefas dos policiais, os nomes ou apelidos das pessoas investigadas e, quando possível, os dados de conexão ou cadastrais que permitam a identificação dessas pessoas; III – não poderá exceder o prazo de 90 (noventa) dias, sem prejuízo de eventuais renovações, desde que o total não exceda a 720 (setecentos e vinte) dias e seja demonstrada sua efetiva necessidade, a critério da autoridade judicial.*

Destituição do poder familiar

Vide § 2º do art. 23 da Lei nº 8.069, de 13 de julho de 1990 (Estatuto da Criança e do Adolescente), e o parágrafo único do art. 1.638 do Código Civil, ambos dispositivos com alterações produzidas pela Lei 13.715/2018.

Satisfação de lascívia mediante presença de criança ou adolescente[78]

Art. 218-A. Praticar, na presença de alguém menor de 14 (catorze) anos, ou induzi-lo a presenciar, conjunção carnal ou outro ato libidinoso, a fim de satisfazer lascívia própria ou de outrem:

Pena – reclusão, de 2 (dois) a 4 (quatro) anos.

Introdução

O delito de *satisfação de lascívia mediante presença de criança ou adolescente* foi inserido no Código Penal pela Lei nº 12.015, de 7 de agosto de 2009, vindo, outrossim, a cobrir uma falha existente em nosso ordenamento jurídico, que não previa essa situação.

A redação anterior do delito de *corrupção de menores*, previsto no já modificado art. 218 do Código Penal, somente tipificava o comportamento daquele que corrompia ou facilitava a corrupção de pessoa maior de 14 (catorze) e menor de 18 (dezoito) anos, fazendo com que presenciasse a prática de atos de libidinagem. Se a vítima fosse menor de 14 (catorze) anos, em virtude dessa falha legislativa, o fato era considerado atípico, por ausência de previsão legal tanto pelo Código Penal, quanto pelo Estatuto da Criança e do Adolescente (Lei nº 8.069/90).

Agora, de acordo com o novo art. 218-A do Código Penal, podemos apontar os seguintes elementos que informam a figura típica: *a)* a conduta de *praticar* conjunção carnal ou outro ato libidinoso; *b)* na presença de alguém menor de 14 (catorze anos); *c)* ou induzi-lo a presenciar a prática desses atos; *d)* com a finalidade de satisfazer a lascívia própria ou de outrem.

Para que ocorra o delito em estudo, é necessário que o agente esteja praticando a conjunção carnal ou outro ato libidinoso na presença de menor de 14 (catorze) anos. Inicialmente, pela redação do artigo em estudo, podemos concluir que, na primeira hipótese, embora o agente não tivesse induzido o menor a presenciar o ato sexual que estava sendo realizado, sabia que este a tudo assistia e, em virtude disso, permite que ali permaneça, pois que isso também é uma forma de satisfazer a sua própria libido ou mesmo a de outrem. Assim, a presença do menor, que a tudo assiste, é um motivo também de prazer sexual para o agente. É mais uma maneira de exteriorizar sua libido. Saber que o menor assiste à cena estimula o agente à prática dos atos sexuais, pois que isso também lhe dá prazer. Por outro lado, o artigo menciona também que o menor de 14 (catorze) anos, embora não realize nenhum ato de natureza sexual, é induzido pelo agente a presenciar, a assistir à prática da conjunção carnal ou outro ato libidinoso. O núcleo *induzir* nos dá a ideia de

---

[77] CUNHA, Rogério Sanches. *Comentários à reforma criminal de 2009 e à convenção de Viena sobre o direito dos tratados*, p. 55.

[78] *Vide* Lei nº 13.431, de 4 de abril de 2017, que estabeleceu o sistema de garantia de direitos da criança e do adolescente vítima ou testemunha de violência e alterou a Lei nº 8.069, de 13 de julho de 1990 (Estatuto da Criança e do Adolescente).

que o agente havia convencido o menor a presenciar os atos sexuais.

No tipo penal em estudo, o que podemos entender por lascívia? Conforme lições de Noronha, "lascívia é sinônimo de sensualidade, luxúria, concupiscência e libidinagem".[79] Assim, aquele que permite que um menor de 14 (catorze) anos presencie a prática de atos sexuais (conjunção carnal ou outro ato libidinoso), ou mesmo que o induz a presenciá-los, deve ter por finalidade uma dessas características apontadas por Noronha, pois, caso isso não ocorra, isto é, ausente essa finalidade especial exigida pelo tipo, o fato deverá ser considerado como atípico.

De acordo com a redação legal, a finalidade do agente, ao permitir ou ao induzir que o menor assista à prática dos atos sexuais pode ser tanto dirigida à satisfação da sua própria lascívia, quanto à de terceiros. Pode ocorrer que alguém se satisfaça sexualmente em saber que o menor de 14 (catorze) anos assiste, por exemplo, à prática da conjunção carnal. Nesse caso, pode ser até mesmo uma terceira pessoa, que não esteja participando dos atos sexuais que estão sendo presenciados pelo menor de 14 (catorze) anos. Seu *voyeurismo*, sua "tara sexual" pode se resumir ao fato de saber que aquela pessoa vulnerável assiste ao ato sexual praticado por outro.

⚖ A masturbação na frente de menor constitui crime autônomo de satisfação de lascívia mediante presença de criança ou adolescente (TJ-DFT, Processo 20120110003885APR, Rel.ª Des.ª Sandra de Santis, *DJe* 26/09/2016).

Nesse sentido:

⚖ TJ-RJ, AC 0289749-51.2014.8.19.0001, Rel. Des. Gilmar Augusto Teixeira, *DJe* 24/02/2016.

Classificação doutrinária

Crime comum com relação ao sujeito ativo, e próprio no que diz respeito ao sujeito passivo, pois que somente o menor de 14 (catorze) anos pode figurar nessa condição; doloso; comissivo (podendo ser praticado via omissão imprópria, na hipótese de o agente gozar do *status* de garantidor, nos termos do § 2º do art. 13 do Código Penal); incongruente; de mera conduta; de perigo; de forma vinculada (pois que se exige que o menor presencie a prática da conjunção carnal ou outro ato libidinoso); monossubjetivo; plurissubsistente; transeunte.

⚖ (...) É delito formal, não requerendo, para a sua consumação, que o Agente atinja o seu intento de satisfazer a lascívia própria ou alheia ou mesmo que haja o comprometimento do menor (...) (REsp 1.824.457/RS, Rel. Min. Laurita Vaz, 6ª T., julgado em 18/08/2020, *DJe* 02/09/2020).

Objeto material e bem juridicamente protegido

Os bens juridicamente protegidos pelo art. 218-A do Código Penal são o desenvolvimento e a dignidade sexual do menor de 14 (quatorze) anos.

O objeto material é o menor de 14 (catorze) anos que presencia a prática da conjunção carnal ou outro ato libidinoso, a fim de satisfazer a lascívia do agente que pratica os atos sexuais, ou mesmo de outrem.

Sujeito ativo e sujeito passivo

Sujeito ativo pode ser considerado tanto o agente que pratica os atos sexuais presenciados pelo menor de 14 (catorze) anos, ou mesmo um terceiro, que satisfaz a sua lascívia sabendo da presença do menor naquele local.

Sujeito passivo é o menor de 14 (catorze) anos, que presencia a conjunção carnal ou a prática de outro ato libidinoso.

Renato Marcão e Plínio Gentil, corretamente, advertem que:

"É preciso que o sujeito passivo, que presencia o ato libidinoso de terceiro, tenha idade suficiente para sofrer alguma influência do que presencia, no sentido de que aquilo seja minimamente compreendido por ele, a ponto de poder corrompê-lo sexualmente, afetando sua moral sexual. Lembre-se que o atual art. 218-A é parcialmente extraído do antigo tipo penal de corrupção de menores.

Dessa maneira, não é possível cogitar-se da configuração do crime quando o menor é de tão pouca idade que, por não possuir discernimento algum, ou possuí-lo em grau ainda incipiente, é incapaz de ser atingido pelo sentido libidinoso do ato que presencia."[80]

Consumação e tentativa

O delito se consuma quando o menor de 14 (catorze) anos, efetivamente, presencia a prática da conjunção carnal ou de outro ato libidinoso, satisfazendo, assim, a lascívia do agente que pratica os atos sexuais, ou mesmo de terceiro.

Rogério Sanches Cunha, no entanto, subdivide as hipóteses dizendo que:

"A consumação depende da modalidade delituosa. Na primeira, praticar na presença de pessoa menor de 14 anos, conjunção carnal ou outro ato libidinoso, o crime se perfaz somente com a efetiva realização do ato sexual. Já na segunda, induzir a presenciar, o delito se caracteriza com a realização do núcleo, independentemente da concretização do ato de libidinagem."[81]

Tratando-se de um crime plurissubsistente, no qual se permite o fracionamento do *iter criminis*, torna-se perfeitamente admissível a tentativa. Assim, imagine-se a hipótese em que um menor de 14 (catorze) anos

---

[79] NORONHA, E. Magalhães. *Direito penal*, v. 3, p. 219.

[80] MARCÃO, Renato; GENTIL, Plínio. *Crimes contra a dignidade sexual*, p. 225.

[81] CUNHA, Sanches Rogério. *Manual de direito penal – parte especial*, volume único, p. 503/504.

seja induzido a presenciar a prática da conjunção carnal e, antes que os envolvidos no ato sexual tirassem as roupas, são surpreendidos pelo pai do referido menor, que impede a consumação do delito. Nesse caso, poderíamos raciocinar com a hipótese de tentativa.

Para Rogério Sanches Cunha, no exemplo por nós fornecido, pelo que se percebe da posição por ele assumida, a infração penal já estaria consumada com a simples indução.

⚖ 1. O crime tipificado no art. 218-A do Código Penal consuma-se com a prática da conjunção carnal ou de ato libidinoso diverso na presença de menor de 14 (catorze) anos, ou quando este é induzido a presenciar tais condutas, realizadas na intenção de satisfazer a lascívia do Agente ou de terceiro. É delito formal, não requerendo, para a sua consumação, que o Agente atinja o seu intento de satisfazer a lascívia própria ou alheia ou mesmo que haja o comprometimento do menor. 2. Contudo, a figura típica exige que a satisfação da lascívia seja dirigida ao menor, ou seja, é necessário que o Agente busque a satisfação de seus intentos lascivos (ou de terceiro), no fato de que a conjunção carnal ou o ato libidinoso está sendo presenciado pelo menor de 14 (catorze) anos. (...) (REsp 1.824.457/RS, Rel. Min. Laurita Vaz, 6ª T., julgado em 18/08/2020, *DJe* 02/09/2020).

Nesse sentido:

⚖ AgRg no AREsp 1.660.621/MG, Rel. Min. Nefi Cordeiro, 6ª T., julgado em 18/08/2020, *DJe* 26/08/2020.

Elemento subjetivo

O dolo é o elemento subjetivo exigido pelo tipo penal que prevê o delito de *satisfação de lascívia mediante presença de criança ou adolescente,* não havendo previsão para a modalidade de natureza culposa.

Assim, por exemplo, imagine-se a hipótese em que o agente, negligentemente, permita que uma criança presencie a prática de algum ato libidinoso, em virtude de ter se descuidado em trancar a porta, ou mesmo por tê-la deixado entreaberta. Nesse caso, o fato deverá ser considerado como um indiferente penal.

Além disso, exige-se o chamado *especial fim de agir,* vale dizer, o agente deverá praticar o comportamento previsto pelo tipo penal com a finalidade de satisfazer a lascívia própria ou de outrem.

Modalidades comissiva e omissiva

Os núcleos *praticar* ou *induzir* a presenciar pressupõem um comportamento comissivo por parte do agente.

No entanto, o delito poderá ser praticado via omissão imprópria quando o agente, na qualidade de garantidor, mesmo podendo e devendo, nada fizer para evitar que o menor de 14 (catorze) anos presencie a prática da conjunção carnal ou outro ato libidinoso,

que tinha por finalidade a satisfação da lascívia de outrem.

Causas de aumento de pena

Vide artigos 226 e 234-A do Código Penal.

Pena, ação penal e segredo de justiça

A pena cominada ao delito de *satisfação de lascívia mediante presença de criança ou adolescente* é de reclusão, de 2 (dois) a 4 (quatro) anos.

De acordo com a nova redação conferida ao art. 225 do Código Penal, pela Lei nº 13.718, de 24 de setembro de 2018, a ação penal será de iniciativa pública incondicionada.

Nos termos do art. 234-B do Código Penal, os processos em que se apuram crimes previstos pelo Título VI, vale dizer, os *crimes contra a dignidade sexual,* correrão em segredo de justiça.

Contudo, os §§ 1º e 2º, inseridos no art. 234-B do Código Penal pela Lei nº 15.035, de 27 de novembro de 2024, determinam, *verbis*:

§ 1º O sistema de consulta processual tornará de acesso público o nome completo do réu, seu número de inscrição no Cadastro de Pessoas Físicas (CPF) e a tipificação penal do fato a partir da condenação em primeira instância pelos crimes tipificados nos arts. 213, 216-B, 217-A, 218-B, 227, 228, 229 e 230 deste Código, inclusive com os dados da pena ou da medida de segurança imposta, ressalvada a possibilidade de o juiz fundamentadamente determinar a manutenção do sigilo.

§ 2º Caso o réu seja absolvido em grau recursal, será restabelecido o sigilo sobre as informações a que se refere o § 1º deste artigo.

Menor de 14 (catorze) anos que é induzido a presenciar cenas pornográficas através da Internet

O tipo penal em exame não exige a presença física do menor que foi, por exemplo, induzido a presenciar a conjunção carnal ou outro ato libidinoso, a fim de satisfazer a lascívia própria ou de outrem.

Com o avanço da tecnologia, principalmente a da Internet, nada impede que alguém induza um menor a assistir, via *webcam,* a um casal que se relacionava sexualmente. O casal, a seu turno, também praticava o ato sexual visualizando o menor pelo computador.

Assim, embora à distância, o delito poderia ser perfeitamente praticado.

Em sentido contrário, Cezar Roberto Bitencourt, a nosso ver sem razão, assevera que:

"O indivíduo deve estar, pessoalmente ou, dito de outra forma, 'de corpo presente' onde se desenrola o acontecimento libidinoso. Em outros termos, *na presença,* ou *presenciar,* significa estar presente, ver, assistir *in loco,* e não, indiretamente, via qualquer mecanismo tecnológico, físico ou virtual, como permitiria o mundo tecnológico."[82]

Concurso de agentes

Analisando o art. 218-A do Código Penal, podemos concluir que alguém pode ter induzido o menor a presenciar um casal praticando a conjunção carnal, por exemplo, com a finalidade de satisfazer lascívia própria.

Aqui, tanto o agente, que induz o menor, quanto o casal, que realiza o ato sexual, serão responsabilizados pelo delito em estudo, aplicando-se a regra do concurso de pessoas, cada qual contribuindo, com o seu comportamento, para a prática do crime.

Pais que tomam banho juntamente com seus filhos

Não é incomum o fato de alguns pais tomarem banho juntamente com seus filhos. Nesse caso, por mais que pareça erótica a cena, se não houver a finalidade de satisfação da lascívia própria ou de outrem, o fato será considerado atípico.

No entanto, infelizmente, em alguns lares, os abusos sexuais de pais para com seus filhos são constantes. Nesses casos, se for demonstrado que o pai, ou mesmo a mãe, que tomava banho juntamente com seu filho, agia de modo a satisfazer sua lascívia – como, por exemplo, se masturbando na presença do menor de 14 (catorze) anos –, o delito restará configurado.

Família que vive em barracos ou outra residência precária

O Brasil ainda está longe de cumprir com suas funções sociais, principalmente aquelas elencadas em nossa Constituição Federal. Por isso, ainda existem famílias que vivem em condições de miserabilidade, abaixo da linha de pobreza. Essas famílias, embora extremamente pobres e carentes, vivem em algum lugar. Esse lugar pode ser debaixo de algum viaduto, ou mesmo em um barraco feito com papelão, enfim, terão algo para dizer que é a sua "casa". Nesse lugar, assim, farão sua morada, com tudo o que lhe diz respeito, ou seja, farão sua comida, brincarão com seus filhos, repousarão, se relacionarão sexualmente etc.

Assim, imagine-se a hipótese em que um casal de baixa renda, no meio da noite, resolva ter relações sexuais, sendo que, naquele mesmo barraco, com somente um cômodo, dormiam também seus filhos, todos menores de 14 (catorze) anos. Durante o ato sexual, uma das crianças acorda, e não é percebida pelos pais, que continuam a se relacionar sexualmente. Nesse caso, o casal deveria responder pelo delito em estudo? Obviamente que não, uma vez que, além do fato de que, mesmo na condição de mendigos, o casal tem o direito de se relacionar sexualmente, não

o fizeram com a finalidade de satisfazer a sua lascívia ou a de outrem.

Agiram, na verdade, de forma culposa, comportamento este que não é previsto pelo tipo, razão pela qual o comportamento deles deverá ser entendido como um indiferente penal, ou seja, o fato por eles praticado será considerado atípico.

Prescrição

Vide art. 111, V do CP.

Infiltração de agentes de polícia na internet

A Lei nº 13.441, de 8 de maio de 2017, previu a possibilidade de infiltração de agentes de polícia na internet com o fim de investigar crimes contra a dignidade sexual de criança e de adolescente, fazendo inserir a Seção V-A na Lei nº 8.069, de 13 de julho de 1990 (Estatuto da Criança e do Adolescente), cujo art. 190-A, nela previsto, elenca as seguintes regras para que possa efetivamente ocorrer a mencionada infiltração:

I – será precedida de autorização judicial devidamente circunstanciada e fundamentada, que estabelecerá os limites da infiltração para obtenção de prova, ouvido o Ministério Público;

II – dar-se-á mediante requerimento do Ministério Público ou representação de delegado de polícia e conterá a demonstração de sua necessidade, o alcance das tarefas dos policiais, os nomes ou apelidos das pessoas investigadas e, quando possível, os dados de conexão ou cadastrais que permitam a identificação dessas pessoas;

III – não poderá exceder o prazo de 90 (noventa) dias, sem prejuízo de eventuais renovações, desde que o total não exceda a 720 (setecentos e vinte) dias e seja demonstrada sua efetiva necessidade, a critério da autoridade judicial.

Destituição do poder familiar

Vide § 2º do art. 23 da Lei nº 8.069, de 13 de julho de 1990 (Estatuto da Criança e do Adolescente), e o parágrafo único do art. 1.638 do Código Civil, ambos dispositivos com alterações produzidas pela Lei 13.715/2018.

Favorecimento da prostituição ou de outra forma de exploração sexual de criança ou adolescente ou de vulnerável[83]

Art. 218-B. Submeter, induzir ou atrair à prostituição ou outra forma de exploração sexual alguém menor de 18 (dezoito) anos ou que, por enfermidade ou deficiência mental, não tem o necessário discernimento para a prática do ato, facilitá-la, impedir ou dificultar que a abandone:

Pena – reclusão, de 4 (quatro) a 10 (dez) anos

---

[82] BITENCOURT, Cezar Roberto. *Tratado de direito penal*, parte especial, v. 4, p. 126.

[83] *Vide* Lei nº 13.431, de 4 de abril de 2017, que estabeleceu o sistema de garantia de direitos da criança e do adolescente vítima ou testemunha de violência e alterou a Lei nº 8.069, de 13 de julho de 1990 (Estatuto da Criança e do Adolescente).

§ 1º Se o crime é praticado com o fim de obter vantagem econômica, aplica-se também multa.

§ 2º Incorre nas mesmas penas:

I – quem pratica conjunção carnal ou outro ato libidinoso com alguém menor de 18 (dezoito) e maior de 14 (catorze) anos na situação descrita no *caput* **deste artigo;**

II – o proprietário, o gerente ou o responsável pelo local em que se verifiquem as práticas referidas no *caput* **deste artigo.**

§ 3º Na hipótese do inciso II do § 2º, constitui efeito obrigatório da condenação a cassação da licença de localização e de funcionamento do estabelecimento.

Introdução

O art. 218-B foi inserido no Código Penal pela Lei nº 12.015, de 7 de agosto de 2009, criando uma modalidade especial de delito de favorecimento da prostituição ou outra forma de exploração sexual, incialmente com o *nomen juris* de favorecimento da prostituição ou outra forma de exploração sexual de vulnerável.

A Lei nº 12.978, de 21 de maio de 2014, modificou a rubrica original do art. 218-B e o delito em estudo passou a ser reconhecido como *favorecimento da prostituição ou de outra forma de exploração sexual de criança ou adolescente ou de vulnerável.* Tal modificação teve o condão de evitar algumas confusões em virtude dos elementos constantes do tipo penal, ou seja, como, inicialmente, a rubrica (ou indicação marginal) fazia menção somente à exploração sexual de vulnerável, e o tipo apontava como um dos sujeitos passivos alguém menor de 18 (dezoito) anos, surgia a dúvida se o conceito de vulnerável havia sido ampliado nessa hipótese, abrangendo os adolescentes entre 14 e 18 anos de idade incompletos.

Agora, com a nova rubrica, a dúvida foi eliminada, uma vez que no *nomen juris* do delito consta, expressamente, como seus sujeitos passivos: a criança (pessoa até doze anos de idade incompletos), adolescente (aquela entre 12 a 18 anos de idade) e vulnerável (o menor de 14 anos, bem como aquele que, por enfermidade ou deficiência mental, não tem o necessário discernimento para a prática do ato sexual, ou que, por qualquer outra causa, não pode oferecer resistência, nos termos preconizados pelo art. 217-A, e seu § 1º, do Código Penal).

Além da mudança do *nomen juris* do art. 218-B do Código Penal, a Lei nº 12.978, de 21 de maio de 2014 inseriu a infração penal em estudo no rol dos crimes considerados hediondos pela Lei nº 8.072/90, a ela acrescentando o inciso VIII ao art. 1º.

Assim, de acordo com a nova definição legal, podemos destacar a nova definição legal, podemos destacar os seguintes elementos que compõem a figura típica: *a)* as condutas de submeter, induzir ou atrair

à prostituição ou outra forma de exploração sexual; *b)* alguém menor de 18 (dezoito) anos; *c)* ou que, por enfermidade ou deficiência mental, não tem o necessário discernimento para a prática do ato; *d)* facilitando, impedindo ou dificultando que a vítima a abandone.

A partir do *I Congresso Mundial contra a Exploração Sexual Comercial de Crianças e Adolescentes*, realizado em Estocolmo, em 1996, foram definidas quatro modalidades de exploração sexual, a saber: prostituição, turismo sexual, pornografia e tráfico para fins sexuais. Pode ocorrer que a exploração sexual da vítima não lhe resulte em qualquer lucro. Pode ser que se submeta a algum tipo de exploração sexual somente para que tenha um lugar onde morar, o que comer etc. A mídia tem divulgado, infelizmente, com uma frequência considerável, casos em que pessoas são exploradas sexualmente por outra em virtude da condição de miserabilidade em que se encontram. Por isso, permitem que seus corpos sejam usados por pessoas inescrupulosas e, com isso, passam a receber o básico para sua subsistência. Na verdade, saem da situação de miserabilidade para a de pobreza. Muitas, inclusive, trocam seus corpos por drogas.

Assim, primeiramente, faz-se mister conceituar o que vem a ser prostituição. Eva T. Silveira Faleiros faz uma abordagem específica do tema ligada diretamente às crianças e adolescentes: "A prostituição é definida como a atividade na qual atos sexuais são negociados em troca de pagamento, não apenas monetário, mas podendo incluir a satisfação de necessidades básicas (alimentação, vestuário, abrigo) ou o acesso ao consumo de bens e de serviços (restaurantes, bares, hotéis, *shoppings*, butiques, diversão).

Trata-se de prática pública, visível, não ou semiclandestina, utilizada amplamente e justificada como necessidade da sexualidade humana, principalmente a masculina, embora farisaicamente abominada.

A prostituição tem diferentes formas: (garotas(os) de programa, em bordéis, de rua, em estradas), serviços e preços.

A bibliografia sobre esta problemática no Brasil, pesquisas e testemunhos de vítimas evidenciam que as crianças e adolescentes trabalham, em geral, na prostituição de rua (cidades, portos, estradas, articulada com o turismo sexual e o tráfico para fins sexuais), ou em bordéis (na Região Norte em situação de escravidão). Muitos são moradores de rua, tendo vivenciado situações de violência física ou sexual e/ou de extrema pobreza e exclusão, de ambos os sexos, crianças, pré-adolescentes e adolescentes, pouco ou não escolarizados. Trata-se de trabalho extremamente perigoso e aviltante, sujeito a todo o tipo de violência, repressão policial e discriminação.

As instituições (governamentais, não governamentais, internacionais), profissionais, pesquisadores e estudiosos da exploração sexual vêm questionando o termo *prostituição* de crianças e adolescentes, por considerarem que estes não optam por este tipo de atividade, mas que a ela são levados pelas condições e trajetórias de vida, induzidos por adultos, por suas carências e imaturidade emocional, bem como pelos apelos da sociedade de consumo. Neste sentido, não são trabalhadores do sexo, mas prostituídos, abusados e explorados sexualmente, economicamente e emocionalmente".[84]

Dessa forma, com a inserção do art. 218-B no Código Penal pela Lei nº 12.015, de 7 de agosto de 2009, podemos entender que as condutas previstas no tipo penal em estudo podem ter por finalidade *outra forma de exploração sexual* que não a prostituição em si, ou seja, não há necessidade que exista o comércio do corpo, mas que tão somente a vítima seja explorada sexualmente, nada recebendo em troca por isso, amoldando-se a esse conceito, como já dissemos, o turismo sexual e a pornografia.

O núcleo *submeter*, utilizado pelo novo tipo penal, nos fornece a ideia de que a vítima foi subjugada pelo agente, tendo que se sujeitar à prática da prostituição ou outra forma de exploração sexual. *Induzir* tem o significado de incutir a ideia, convencer alguém a se entregar à prostituição ou mesmo a outra forma de exploração sexual; *atrair* significa fazer com que a pessoa se sinta estimulada à prática do comércio do corpo ou de qualquer outro tipo de exploração sexual. Induzir e atrair são, na verdade, situações muito parecidas, de difícil separação. O agente pode, por exemplo, induzir uma pessoa à prostituição, atraindo-a com perspectivas de riquezas, de aumento do seu padrão de vida, de possibilidade de viagens internacionais, enfim, a atração não deixa de ser um meio para que ocorra o induzimento.

Também incorre no delito em estudo aquele que facilita a prostituição ou outra forma de exploração sexual. Aqui é denominado de *lenocínio acessório*. Conforme salienta Luiz Regis Prado, ocorre a facilitação quando o agente, "sem induzir ou atrair a vítima, proporciona-lhe meios eficazes de exercer a prostituição, arrumando-lhe clientes, colocando-a em lugares estratégicos etc."[85] A diferença desse comportamento típico para os anteriores residiria no fato de que, no induzimento ou na atração de alguém à prostituição ou outra forma de exploração sexual, a vítima ainda não se encontrava prostituída, tampouco explorada sexualmente por alguém; ao contrário, na facilitação, o agente permite que a vítima, já entregue ao comércio carnal ou outra forma de exploração sexual, nele se mantenha com o seu auxílio, com as facilidades por ele proporcionadas.

Também se configura o delito em estudo quando a conduta do agente é dirigida a impedir que a vítima abandone a prostituição ou outra forma de exploração sexual. Como se percebe pela redação típica, a vítima se encontra no exercício pleno da prostituição ou outra forma de exploração sexual e deseja abandoná-la, havendo a intervenção do agente no sentido de impedi-la, fazendo, por exemplo, com que tenha que saldar dívidas extorsivas relativas ao período em que permaneceu "hospedada às expensas do agente", ou com algum artifício que a faça sopesar pela necessidade de permanecer no comércio carnal etc.

Dada a modificação feita pela Lei nº 12.015, de 7 de agosto de 2009, também aquele que vier a *dificultar* que alguém menor de 18 (dezoito) anos ou que, por enfermidade ou deficiência mental, não tendo o necessário discernimento para a prática do ato, abandone a prostituição ou outra forma de exploração sexual, responderá pelo delito tipificado no art. 218-B do Código Penal. Dificultar tem o sentido de atrapalhar, criar embaraços, com a finalidade de fazer com que a vítima sinta-se desestimulada a abandonar a prostituição ou outra forma de exploração sexual.

O art. 218-B do Código Penal ainda exige, para efeitos de sua caracterização, que a vítima seja alguém *menor de 18 (dezoito) anos* ou que, *por enfermidade ou deficiência mental, não tenha o necessário discernimento para a prática do ato.*

Inicialmente, tratando-se de vítima menor de 18 (dezoito) anos, somente poderá ser responsabilizado pelo delito em estudo o agente que tiver efetivo conhecimento da idade da pessoa que por ele fora submetida, induzida ou atraída à prostituição ou outra forma de exploração sexual, ou que a tenha facilitado, ou mesmo impedido ou dificultado o seu abandono. O erro sobre a idade da vítima poderá importar na desclassificação do fato para a figura prevista pelo art. 228 do Código Penal.

Cleber Masson, acertadamente, conclui:

"No crime do art. 218-B do Código Penal, é importante destacar, não se exige a efetiva prática de conjunção carnal ou outro ato libidinoso com a vítima. O crime se esgota com o favorecimento da prostituição ou outra forma de exploração sexual de vulnerável. Pune-se o proxeneta (ou alcoviteiro), ou seja, o intermediário, o agenciador da relações sexuais entre as vítimas e terceiros.

Deveras, quem mantém conjunção carnal ou outro ato libidinoso com pessoas vulneráveis responde pelo crime de estupro de vulnerável, nos termos do art. 217-A do Código Penal".[86]

Cuida-se de tipo misto alternativo, no qual a prática de mais de um comportamento previsto no *caput* do art. 218-B importará em crime único.

---

[84] FALEIROS, Eva. T. Silveira. A exploração sexual comercial de crianças e de adolescentes no mercado do sexo. In: LIBÓRIO, Renata Maria Coimbra; SOUSA, Sônia M. Gomes (Org.). *A exploração sexual de crianças e adolescentes no Brasil*: reflexões teóricas, relatos de pesquisas e intervenções psicossociais, p. 78-79.

[85] PRADO, Luiz Regis. *Curso de direito penal brasileiro*, v. 3, p. 277.

[86] MASSON, Cleber. *Direito penal – parte especial*, v. 3, p. 81.

A *abolitio criminis* pressupõe a revogação expressa do tipo penal incriminador, o que não ocorreu com o delito de favorecimento da prostituição infantil, tendo em vista que, com a edição da Lei nº 12.015/2009, o caráter proibido da conduta foi apenas deslocado do § 1º do art. 218 para o art. 218-B do Código Penal (STJ, AgRg no HC 376.098/RJ, Rel. Min. Nefi Cordeiro, 6ª T., *DJe* 17/04/2017).

Nesse sentido:

STJ, RHC 65.205/RN, Rel. Min. Jorge Mussi, 5ª T., *DJe* 20/04/2016; STJ, HC 288.374/AM, 6ª T., Rel. Min. Nefi Cordeiro, j. 05/06/2014; STJ, REsp 1312620/MG, Rel.ª Min.ª Maria Thereza de Assis Moura, 6ª T., *DJe* 27/06/2014.

Classificação doutrinária

Crime comum com relação ao sujeito ativo, e próprio quanto ao sujeito passivo, pois somente o menor de 18 (dezoito) anos ou o que, por enfermidade ou deficiência mental, não tiver o necessário discernimento para a prática do ato pode figurar nessa condição; doloso; material; de forma livre; comissivo (podendo ser praticado via omissão imprópria, na hipótese em que o agente goze do *status* de garantidor); instantâneo (merece destaque a discussão existente quanto ao núcleo *impedir*, uma vez que parte da doutrina se posiciona no sentido de entender tal comportamento como permanente, a exemplo de Noronha;[87] monossubjetivo; plurissubsistente; transeunte (não havendo necessidade, como regra, de prova pericial, tratando-se de infração penal que não deixa vestígios).

Objeto material e bem juridicamente protegido

O bem juridicamente protegido pelo tipo penal que prevê o delito de favorecimento da prostituição ou de outra forma de exploração sexual de criança ou adolescente ou de vulnerável é tanto a moralidade como o seu desenvolvimento sexual e, num sentido mais amplo, a dignidade sexual.

Pode ocorrer tanto a prostituição como a exploração sexual masculina ou feminina, razão pela qual tanto o homem como a mulher podem ser considerados o objeto material do delito em estudo, desde que atendam às características exigidas pelo tipo do art. 218-B do Código Penal.

O crime de favorecimento da prostituição ou outra forma de exploração sexual de criança ou adolescente busca proteger a dignidade sexual do vulnerável, assegurando que possa se desenvolver de forma saudável, e, no momento apropriado, decidir livremente o seu comportamento sexual (STJ, HC 371.633/SP, Rel. Min. Jorge Mussi, 5ª T., *DJe* 26/03/2019).

Sujeito ativo e sujeito passivo

Qualquer pessoa poderá ser considerada *sujeito ativo* do delito de favorecimento da prostituição ou de outra forma de exploração sexual de criança ou adolescente ou de vulnerável, haja vista não exigir o tipo penal do art. 218-B do diploma repressivo nenhuma qualidade ou condição especial necessária a esse reconhecimento, tratando-se, portanto, de um crime comum.

Ao contrário, somente a pessoa menor de 18 (dezoito) ou a que, por enfermidade ou deficiência mental, não tenha o necessário discernimento para a prática do ato podem ser sujeitos passivos do delito em exame.

Nos termos do art. 218-B do Código Penal, são punidos tanto aquele que capta a vítima, inserindo-a na prostituição ou outra forma de exploração sexual (*caput*), como também o cliente do menor prostituído ou sexualmente explorado (§ 1º). Na espécie, o paciente, a quem se imputou a exploração sexual dos ofendidos, também figurou como "cliente" dos menores, com eles praticando atos libidinosos, fatos que se enquadram na figura do inciso I do § 2º do art. 218-B do Estatuto Repressivo. Precedentes (STJ, HC 371.633/SP, Rel. Min. Jorge Mussi, 5ª T., *DJe* 26/03/2019).

Consumação e tentativa

Tem-se por consumado o crime tipificado no art. 218-B do Código Penal, por meio das condutas de *subjugar, induzir* ou *atrair*, quando a vítima, efetivamente, dá início ao comércio carnal, ou seja, às atividades próprias características da prostituição, com a colocação de seu corpo à venda, mesmo que não tenha, ainda, praticado qualquer ato sexual com algum "cliente"; ou, ainda, de acordo com a redação típica, levada a efeito pela Lei nº 12.015, de 7 de agosto de 2009, quando a vítima é, efetivamente, explorada sexualmente, mesmo sem praticar o comércio carnal. Dessa forma, o fato de já estar em um bordel ou, nos dias de hoje, nas chamadas casas de massagem, com a finalidade de vender o corpo, ou em *boites* de strip-tease, já seria suficiente para efeitos de caracterização do delito, pois que a vítima já fora, efetivamente, subjugada, induzida ou atraída a prostituir-se. Além disso, agora, também restará configurado o delito se a vítima já estiver à disposição de alguém, que irá explorá-la sexualmente.

No que diz respeito à facilitação, entende-se por consumado o delito com a prática, pelo agente, do comportamento que, de alguma forma, facilitou, concorreu para que a vítima praticasse a prostituição ou fosse, de qualquer outra forma, explorada sexualmente.

Consuma-se também a figura típica mediante impedimento ao abandono da prostituição, quando a vítima, já decidida a deixar o meretrício, de alguma forma é impedida pelo agente, permanecendo no comércio carnal. Da mesma forma aquela que quer se

---

[87] NORONHA, Edgard Magalhães. *Direito penal*, v. 3, p. 226.

livrar da exploração sexual a que vem sendo submetida e é impedida pelo agente.

O delito também restará consumado quando ficar provado que o agente, de alguma forma, dificultou, criando problemas para que a vítima abandonasse a prostituição ou a exploração sexual a que estava sujeita.

Tratando-se de crime plurissubsistente, no qual se pode fracionar o *iter criminis*, será admissível o raciocínio relativo à tentativa.

Nesse sentido, prelecionam Renato Marcão e Plínio Gentil, dizendo que:

"Naturalmente é possível a tentativa, que ocorrerá sempre que, a despeito da conduta do sujeito ativo, induzindo, atraindo etc. o menor de dezoito anos não se prostitua nem se deixe explorar sexualmente, ou que, por outro motivo, seja o agente impedido de prosseguir na sua ação."[88]

Em sentido contrário, Guilherme de Souza Nucci preleciona: "Não admite tentativa nas formas *submeter, induzir, atrair* e *facilitar*, por se tratar de crime condicionado. A prostituição e a exploração sexual são elementos normativos do tipo, implicando em exercício do comércio do sexo ou sexo obtido mediante engodo. Exemplificando, no caso da prostituição, não se pode considerar uma mulher como prostituta se uma única vez teve relação sexual por dinheiro ou qualquer outro ganho material (jantar, joia, carro etc.). Torna-se fundamental e essencial que faça isso com *habitualidade*. O sexo, na sua vida, é *profissão* e não simplesmente prazer. Tal medida não é detectável em pouco tempo, demandando prova da habitualidade. Por isso, ilustrando, atrair alguém à prostituição exige prova de que o comércio sexual instalou-se, ainda que por breve tempo, na vida da vítima. As formas *impedir* e *dificultar* admitem tentativa."[89]

⚖ 1. Não se verifica, no caso, a tentativa de atração da Vítima à prostituição ou à exploração sexual, mas a tentativa do Agente de atraí-la, mediante oferta de pagamento em dinheiro, para a prática de atos sexuais destinados à satisfação da própria lascívia, o que não configura o tipo penal previsto no art. 218-B, *caput*, do Código Penal. 2. Uma vez constatado, pelas instâncias ordinárias, que a Vítima foi constrangida à prática de atos libidinosos diversos de conjunção carnal – toque nos seios e nas pernas – mediante a grave ameaça de que, caso não o fizesse, seria prejudicada por supostas denúncias recebidas pelo Recorrente contra ela no Conselho Tutelar, o exame dos pleitos de absolvição do delito de estupro qualificado ou de desclassificação da conduta para a contravenção de importunação ofensiva ao pudor exigiriam, necessariamente, amplo reexame do conjunto fático-probatório, o que não é possível no recurso especial, conforme se extrai da Súmula nº 7/STJ. (...) 6. Recurso especial parcialmente conhecido

e, nessa extensão, parcialmente provido para absolver o Recorrente quanto ao delito previsto no art. 218-B, *caput*, c.c. o art. 14, inciso II, ambos do Código Penal, em razão da atipicidade da conduta, nos termos do art. 386, inciso III, do Código Penal, mantendo a sua condenação como incurso no art. 213, § 1º, do Código Penal, à pena de 10 (dez) anos e 9 (nove) meses de reclusão, em regime inicial fechado, bem como a decretação da perda do cargo público de conselheiro tutelar, nos termos do art. 92, inciso I, do Código Penal (STJ, REsp 1.766.429/PR, Rel. Min. Laurita Vaz, 6ª T., julgado em 22/10/2019, *DJe* 19/11/2019).

Nesse sentido:

⚖ STJ, HC 371.633/SP, Rel. Min. Jorge Mussi, 5ª T., *DJe* 26/03/2019.

Elemento subjetivo

O dolo é o elemento subjetivo exigido pelo tipo penal do art. 218-B do diploma repressivo, não havendo previsão para a modalidade de natureza culposa.

Assim, a conduta do proxeneta deve ser dirigida a submeter, induzir ou atrair a vítima para as atividades de prostituição ou de outra forma de exploração sexual, auxiliar a sua permanência ou, mesmo, impedir ou dificultar a sua saída dessas atividades sexuais.

⚖ A denúncia por crime não culposo tem o dolo inferido na conduta imputada: ao descrever a prática de relações sexuais com menor de dezoito anos, a acusação expressa, implícita mas clara e diretamente, que essa conduta se deu conscientemente pelo agente, sabedor das condições do fato imputado (STJ, HC 288374/AM, Rel. Min. Nefi Cordeiro, 6ª T., *DJe* 13/06/2014).

Modalidades comissiva e omissiva

As condutas inseridas no tipo penal que prevê o delito de favorecimento da prostituição ou de outra forma de exploração sexual de criança ou adolescente ou de vulnerável pressupõem um comportamento ativo por parte do sujeito, vale dizer, o proxeneta faz alguma coisa no sentido de submeter, induzir ou atrair a vítima para a prostituição ou qualquer outra forma de exploração sexual, mantê-la nessa atividade ou, mesmo, impedi-la ou dificultá-la de abandoná-la.

No entanto, poderá ser cometido, também, via omissão imprópria, na hipótese, por exemplo, em que o agente, gozando do *status* de garantidor, dolosamente, nada fizer para impedir que a vítima se inicie na prostituição, ou se submeta a qualquer forma de exploração sexual. Assim, imagine-se a situação de um pai que, mesmo percebendo que sua filha menor de 18 (dezoito) anos de idade está sendo aliciada para iniciar-se na prostituição e desejando, na verdade, essa nova forma de vida para ela, podendo, não a impede.

---

[88] MARCÃO, Renato; GENTIL, Plínio. *Crimes contra a dignidade sexual*, p. 244.

[89] NUCCI, Guilherme de Souza. *Crimes contra a dignidade sexual* – comentários à lei 12.015, de 7 de agosto de 2009, p. 55-56.

Proxenetismo mercenário

O inciso I, do § 1º do art. 218-B do Código Penal, visando *se o crime é praticado com o fim de obter vantagem econômica, aplica-se também multa.*

Extensão das penas

O § 2º do art. 218-B do Código Penal assevera:

§ 2º Incorre nas mesmas penas:

I – *quem pratica conjunção carnal ou outro ato libidinoso com alguém menor de 18 (dezoito) anos e maior de 14 anos na situação descrita no* caput *deste artigo;*

II – *o proprietário, o gerente ou o responsável pelo local em que se verifiquem as práticas referidas no* caput *deste artigo.*

O inciso I, do § 2º do art. 218-B do Código Penal, visando evitar a prática da prostituição, bem como qualquer outro tipo de exploração sexual com os menores de 18 (dezoito) e maiores de 14 (catorze), pune com as mesmas penas cominadas pelo preceito secundário do art. 218-B do Código Penal aqueles que com eles praticam a conjunção carnal ou outro ato libidinoso.

Embora, nos dias de hoje, a prostituição ainda seja um comportamento lícito, tolerado pelo direito, tratando-se de menores de 18 (dezoito) anos, acertadamente, a nosso ver, deverá haver a responsabilização penal daquele que com eles praticaram os comportamentos sexuais previstos pelo inc. I do § 2º do art. 218-B do Código Penal. Por mais que se diga que, tanto as meninas, quanto os rapazes acima de 14 anos já possuem amplo conhecimento ligado à área sexual, principalmente pela fartura de materiais disponíveis, temos que preservar ao máximo sua indenidade sexual, ou, pelo menos, até que atinjam a maioridade, aos 18 anos completos.

Para que o agente responda nos termos do inc. I do § 2º do art. 218-B do Código Penal, deverá, obrigatoriamente, ter conhecimento da idade da vítima. O erro sobre a idade importará em atipicidade do comportamento. Assim, por exemplo, se o agente se relaciona sexualmente com uma prostituta, imaginando fosse ela maior de 18 anos, quando, na verdade, ainda contava com 17 anos de idade, não poderá ser responsabilizado pelo tipo penal em estudo, pois que o erro em que incorreu afastará o dolo e, consequentemente, a tipicidade do fato.

Renato Marcão e Plínio Gentil advertem, com precisão, que:

"O que o novo tipo penal (art. 218-B, § 2º, I) define é a prática de qualquer ato libidinoso com menor de dezoito e maior de catorze anos já prostituído ou vítima de alguma espécie de exploração sexual.

Significa dizer que é lícito ter relação sexual com pessoa maior de catorze e menor de dezoito anos, desde que ela consinta, *fora do ambiente da exploração sexual* – quem sabe até mesmo contribuindo, dessa ma-

neira, para sua degradação e, mais tarde o ingresso na prostituição. Mas fazer a mesma coisa com quem já está prostituído passa agora a constituir crime, punido com reclusão de quatro a dez anos, a mesma pena atribuída ao roubo."[90]

Também deverá ser responsabilizado com as penas previstas no *caput* do art. 218-B do Código Penal o *proprietário*, o *gerente* ou o *responsável* pelo local em que se verifiquem as práticas da prostituição ou outra forma de exploração sexual envolvendo menores de 18 (dezoito) anos ou alguém que, por enfermidade ou deficiência mental, não tenha o necessário discernimento para a prática do ato.

Cuida-se, na verdade, de uma modalidade assemelhada ao delito de *casa de prostituição*, tipificado no art. 229 do Código Penal. No entanto, em virtude da maior gravidade dos fatos, por envolver a prostituição ou outra forma de exploração sexual, por exemplo, de menores de 18 (dezoito) anos, ou mesmo a exploração sexual de alguém portador de enfermidade ou deficiência mental, que não tenha o necessário discernimento para o ato, as penas são duas vezes maiores do que aquelas previstas no preceito secundário do tipo penal que prevê o delito de *casa de prostituição*.

Deve ser frisado, ainda, que o proprietário do local somente será punido pelo delito em estudo se tiver conhecimento de que, na sua propriedade, é praticada a prostituição ou outra forma de exploração sexual com as pessoas elencadas pelo tipo penal do art. 218-B do Código Penal. Assim, por exemplo, se tiver alugado um imóvel que, supostamente, seria utilizado para fins comerciais, mas que, na realidade, é um local destinado à prostituição, se tal fato não for do seu conhecimento, não poderá ser responsabilizado criminalmente, sob pena de aceitarmos a chamada responsabilidade penal objetiva, amplamente rejeitada pela nossa doutrina.

⚖ O inc. I do § 2º do art. 218-B do Código Penal é claro ao estabelecer que também será penalizado aquele que, ao praticar ato sexual com adolescente, o submeta, induza ou atraia à prostituição ou a outra forma de exploração sexual. Dito de outra forma, enquadra-se na figura típica quem, por meio de pagamento, atinge o objetivo de satisfazer sua lascívia pela prática de ato sexual com pessoa maior de 14 e menor de 18 anos. A leitura conjunta do *caput* e do § 2º, I, do art. 218-B do Código Penal não permite identificar a exigência de que a prática de conjunção carnal ou outro ato libidinoso com adolescente de 14 a 18 anos se dê por intermédio de terceira pessoa. Basta que o agente, mediante pagamento, convença a vítima, dessa faixa etária, a praticar com ele conjunção carnal ou outro ato libidinoso (STJ, REsp 1.490.891/SC, Rel. Min. Rogério Schietti Cruz, 6ª T., *DJe* 02/05/2018).

---

[90] MARCÃO, Renato; GENTIL, Plínio. *Crimes contra a dignidade sexual*, p. 251/252.

Nesse sentido:

HC 371.633/SP, Rel. Min. Jorge Mussi, 5ª T., j. 19/03/2019, *DJe* 26/03/2019; STJ, HC 288374/AM, Rel. Min. Nefi Cordeiro, 6ª T., *DJe* 13/06/2014.

Causas de aumento de pena

Vide artigos 226 e 234-A do Código Penal.

Pena, ação penal e segredo de justiça

A pena prevista para o delito de favorecimento da prostituição ou de outra forma de exploração sexual de criança ou adolescente ou de vulnerável (*caput* e § 2º) é de reclusão, de 4 (quatro) a 10 (dez) anos.

Se o crime é cometido com o fim de obter vantagem econômica, aplica-se também a pena de multa, cumulativamente.

De acordo com a nova redação conferida ao art. 225 do Código Penal, pela Lei nº 13.718, de 24 de setembro de 2018, a ação penal será de iniciativa pública incondicionada.

Nos termos do art. 234-B do Código Penal, os processos em que se apuram crimes previstos pelo Título VI, vale dizer, os *crimes contra a dignidade sexual*, correrão em segredo de justiça.

Contudo, os §§ 1º e 2º, inseridos no art. 234-B do Código Penal pela Lei nº 15.035, de 27 de novembro de 2024, determinam, *verbis*:

§ 1º O sistema de consulta processual tornará de acesso público o nome completo do réu, seu número de inscrição no Cadastro de Pessoas Físicas (CPF) e a tipificação penal do fato a partir da condenação em primeira instância pelos crimes tipificados nos arts. 213, 216-B, 217-A, 218-B, 227, 228, 229 e 230 deste Código, inclusive com os dados da pena ou da medida de segurança imposta, ressalvada a possibilidade de o juiz fundamentadamente determinar a manutenção do sigilo.

§ 2º Caso o réu seja absolvido em grau recursal, será restabelecido o sigilo sobre as informações a que se refere o § 1º deste artigo.

Efeito da condenação

Determina o § 3º do art. 218-B do Código Penal, *verbis*:

§ 3º Na hipótese do inc. II do § 2º, constitui efeito obrigatório da condenação a cassação da licença de localização e de funcionamento do estabelecimento.

Embora seja um efeito obrigatório da condenação, o julgador deverá fazer menção a ele em sua sentença, apontando o estabelecimento onde eram levadas a efeito as condutas previstas pelo *caput* do art. 218-B do Código Penal. Sua omissão poderá ser suprida pela via dos embargos de declaração.

Prova da idade da vítima

Para que o agente possa ser responsabilizado criminalmente pelo delito tipificado no art. 218-B do Código Penal, deverá, obrigatoriamente, ser provada nos autos a idade da vítima, através de documento próprio (certidão de nascimento, documento de identidade etc.), pois que o art. 155 do Código de Processo Penal, de acordo com a nova redação que lhe foi dada pela Lei nº 11.690, de 9 de junho de 2008, determina que somente quanto ao estado das pessoas serão observadas as restrições estabelecidas na lei civil.

Fundamentos do parecer contrário à sanção do art. 218-B do projeto que culminou com a edição da Lei nº 12.015, de 7 de agosto de 2009

Embora tenha sido sancionado pelo Presidente da República, o art. 218-B foi objeto de críticas pela Secretaria de Assuntos Legislativos, do Ministério da Justiça, que elaborou parecer ao Processo nº 08001.007832/2004-91, opinando pelo veto integral do artigo.

No parecer, afirmaram que no *caput* do art. 218-B instituía-se: "perigosa confusão entre o critério etário de caráter objetivo, geralmente o único empregado para a consumação dos crimes perpetrados contra os menores, e o critério do discernimento, o qual deve ser aplicado exclusivamente aos que possuem enfermidades ou deficiências mentais. De outro lado, não se reconhece a prostituição de menores de 18 (dezoito) anos, pois qualquer ato libidinoso praticado com menor de 14 (catorze) anos configura estupro, nos termos do art. 217-A a ser acrescentado no Código Penal.

Não há prostituição de menores; para os menores de 14 anos, presume-se o estupro. Ademais, o reconhecimento do estupro não pode depender do critério do discernimento, que é aplicável apenas para os que possuem enfermidade ou deficiência mental. O *caput* do art. 218-B confunde todos esses conceitos.

Posicionamos, assim, pelo veto integral deste artigo".

Deixando de lado o mencionado parecer, houve sanção presidencial ao aludido artigo, encontrando-se, agora, em vigor.

Estatuto da Criança e do Adolescente

Com a finalidade de evitar situações que coloquem em risco a integridade da criança ou adolescente, a Lei nº 12.038, de 1º de outubro de 2009, alterou o art. 250 da Lei nº 8.069/1990, entendendo como infração de natureza administrativa, punida com multa, o fato de *hospedar criança ou adolescente, desacompanhado dos pais ou responsável, ou sem autorização escrita desses ou da autoridade judiciária, em hotel, pensão, motel ou congênere.*

Em caso de reincidência, diz o § 1º do mencionado artigo que, *sem prejuízo da pena de multa, a autoridade judiciária poderá determinar o fechamento do estabelecimento por até 15 (quinze) dias.*

Se for comprovada a reincidência em período inferior a 30 (trinta) dias, o estabelecimento será definitivamente fechado e terá sua licença cassada, conforme determina o § 2º do art. 250 do ECA.

⚖ O Estatuto da Criança e do Adolescente traz em seu bojo artigos que combatem crimes relacionados à pedofilia na rede mundial de computadores, crimes que têm como foco principal a utilização de imagens pornográficas infantis. O art. 241-B, especificamente, tem o objetivo de criminalizar a aquisição e a posse de materiais de conteúdo relacionados à pornografia infantil. O objeto de proteção da norma, ou seja, o bem jurídico tutelado, é a dignidade da criança e do adolescente, pois busca protegê-los da exploração sexual decorrente da exposição de suas imagens em material pornográfico. Na presente hipótese, não há ofensividade relevante ao bem jurídico protegido pelo tipo penal. Embora seja certo que o acusado possuiu e armazenou imagens de conteúdo sensual de adolescente, caracterizando formalmente a conduta típica, não se verifica uma ação relacionada à pedofilia, objeto de proteção do referido tipo penal (TJ-DFT, Processo 20140710069205APR, Rel. Des. Silvanio Barbosa dos Santos, *DJe* 14/06/2016).

Prescrição

Vide art. 111, V do CP.

Crime hediondo

A Lei nº 12.978, de 21 de maio de 2014, inseriu o inciso VIII, no art. 1º da Lei nº 8.072, de 25 de julho de 1990, passando a reconhecer o favorecimento da prostituição ou de outra forma de exploração sexual de criança ou adolescente ou de vulnerável, tipificado no art. 218-B, como crime hediondo, com todas as consequências que lhe são inerentes, a exemplo da impossibilidade de concessão de anistia, graça e indulto, bem como de fiança; o cumprimento 2/5 (dois quintos) da pena, se for primário, ou 3/5 (três quintos), se reincidente, para efeitos de progressão de regime etc.

Princípio da consunção

⚖ O crime de favorecimento a prostituição ou outra forma de exploração sexual de vulnerável deve ser absorvido pelo crime de estupro de vulnerável. É que, da prova produzida, extrai-se com clareza que a promessa de pagamento se deu em função da vontade do apelante em satisfazer a sua própria lascívia, sendo portando, o meio utilizado por ele, para realizar a conduta-fim – conjunção carnal com a vítima, o que de fato ocorreu (TJ-RJ, AC 0000729-83.2014.8.19.0049, Rel.ª Des.ª Suimei Meira Cavalieri, *DJe* 27/07/2016).

Prioridade de tramitação do processo de favorecimento da prostituição ou de outra forma de exploração sexual de criança ou adolescente ou de vulnerável (art. 218-B, *caput,* e §§ 1º e 2º)

A Lei nº 14.994, de 9 de outubro de 2024, alterou o *caput* do art. 394-A do Código de Processo Penal, determinando, *verbis*:

Art. 394-A. Os processos que apurem a prática de crime hediondo ou violência contra a mulher terão prioridade de tramitação em todas as instâncias.

Infiltração de agentes de polícia na internet

A Lei nº 13.441, de 8 de maio de 2017 previu a possibilidade de infiltração de agentes de polícia na internet com o fim de investigar crimes contra a dignidade sexual de criança e de adolescente, fazendo inserir a Seção V-A na Lei nº 8.069, de 13 de julho de 1990 (Estatuto da Criança e do Adolescente), cujo art. 190-A, nela previsto, elenca as seguintes regras para que possa efetivamente ocorrer a mencionada infiltração:

I – será precedida de autorização judicial devidamente circunstanciada e fundamentada, que estabelecerá os limites da infiltração para obtenção de prova, ouvido o Ministério Público;

II – dar-se-á mediante requerimento do Ministério Público ou representação de delegado de polícia e conterá a demonstração de sua necessidade, o alcance das tarefas dos policiais, os nomes ou apelidos das pessoas investigadas e, quando possível, os dados de conexão ou cadastrais que permitam a identificação dessas pessoas;

III – não poderá exceder o prazo de 90 (noventa) dias, sem prejuízo de eventuais renovações, desde que o total não exceda a 720 (setecentos e vinte) dias e seja demonstrada sua efetiva necessidade, a critério da autoridade judicial.

⚖ (...) 3. A jurisprudência desta Corte pacificou-se no sentido de que deve ser reconhecida a internacionalidade do delito do art. 241-A do ECA se a publicação do material pornográfico infanto-juvenil ocorreu em ambiente virtual conectado à internet, de amplo e fácil acesso no estrangeiro, ainda que não haja evidências de que essa conexão tenha realmente ocorrido. 4. A superveniência da sentença penal condenatória torna esvaída a pretensão de reconhecimento de inépcia da denúncia. 5. A ausência de perícia em algumas mídias apreendidas não denota nenhum cerceamento de defesa se o material não foi utilizado contra o réu nem lastreou a sentença condenatória. A falta de devassa em alguns discos evitou a maior exposição da intimidade do acusado, uma vez que seu conteúdo não foi pertinente à resolução da lide. 6. O elemento subjetivo do tipo penal foi reconhecido pelas instâncias ordinárias de forma motivada, ante a livre apreciação do conjunto probatório. Para afastar a conclusão do aresto impugnado e acolher a tese de ausência de dolo seria necessário reexaminar provas, o que encontra óbice na Súmula n. 7 do STJ. 7. Deferida, por autoridade judicial, a busca e apreensão de computadores, discos rígidos, mídias e quaisquer outros materiais relacionados aos fatos investigados, não se verifica ilegalidade na simples varredura realizada no computador do réu por policiais, ainda no local, para o cumprimento da diligência, na presença de testemunhas e mediante registro fotográfico.

Não era obrigatória a presença do suspeito no local nem a filmagem dos agentes durante a execução do mandado. 8. Afasta-se a tese de violação do art. 59 do CP se o aumento da pena-base está calcado na análise desfavorável da culpabilidade do sentenciado e das circunstâncias do crime. Houve registro de maior censurabilidade do agente, porque ele utilizou aplicativo fechado, protegido por senha, dependente de convite para ser acessado, a denotar sua sofisticada preparação para a prática dos crimes dos arts. 241-A e 241-B, ambos do ECA. O Tribunal destacou a complexidade da transmissão do material proibido, por meio de criptografia, dado não inerente ao tipo penal, dado que denota técnica acidental mais grave da conduta, a qual pode ser difundida de várias formas (fotografia, desenho, disco compacto etc.), não necessariamente por meio quase impenetrável, que exigiu a infiltração policial para ser descoberta. 9. Não se conhece, em recurso especial, por falta de prequestionamento, as teses de *mutatio libelli* ou de violação do princípio da correlação se as matérias não foram analisadas no acórdão recorrido. 10. Constata-se a correta aplicação do art. 71 do CP, pois, na terceira fase da aplicação da pena, o Juiz reconheceu que a mesma conduta foi reiterada em idênticas condições de local, tempo e maneira de execução, inúmeras vezes, por mais de quatro meses. Mantém-se a fração de 2/3, tendo em vista o considerável montante das ações delitivas (centenas de imagens foram divididas com outros usuários, por meses), a denotar a prática de muito mais de sete infrações. 11. A instância ordinária explicou o critério da fixação da multa, aplicada de forma proporcional à reprimenda privativa de liberdade, em conformidade com o entendimento deste Superior Tribunal. A razão unitária da sanção foi fixada em atenção à situação econômica do acusado. Para rever a individualização da pena seria necessário cotejar provas, o que não se admite na via eleita (STJ, AgRg nos EDcl nos EDcl no AREsp 1.039.417/RS, Rel. Min. Rogerio Schietti Cruz, 6ª T., julgado em 08/10/2019, *DJe* 15/10/2019).

Destituição do poder familiar

Vide § 2º do art. 23 da Lei nº 8.069, de 13 de julho de 1990 (Estatuto da Criança e do Adolescente), e o parágrafo único do art. 1.638 do Código Civil, ambos dispositivos com alterações produzidas pela Lei 13.715/2018.

Divulgação de cena de estupro ou de cena de estupro de vulnerável, de cena de sexo ou de pornografia

Art. 218-C. Oferecer, trocar, disponibilizar, transmitir, vender ou expor à venda, distribuir, publicar ou divulgar, por qualquer meio – inclusive por meio de comunicação de massa ou sistema de informática ou telemática –, fotografia, vídeo ou outro registro audiovisual que contenha cena de estupro ou de estupro de vulnerável ou que faça apologia ou induza a sua prática, ou, sem o consentimento da vítima, cena de sexo, nudez ou pornografia:

Pena – reclusão, de 1 (um) a 5 (cinco) anos, se o fato não constitui crime mais grave.

Aumento de pena

§ 1º A pena é aumentada de 1/3 (um terço) a 2/3 (dois terços) se o crime é praticado por agente que mantém ou tenha mantido relação íntima de afeto com a vítima ou com o fim de vingança ou humilhação.

Exclusão de ilicitude

§ 2º Não há crime quando o agente pratica as condutas descritas no *caput* deste artigo em publicação de natureza jornalística, científica, cultural ou acadêmica com a adoção de recurso que impossibilite a identificação da vítima, ressalvada sua prévia autorização, caso seja maior de 18 (dezoito) anos.

Introdução

As novas tecnologias de comunicação têm sido um instrumento de extraordinária utilização pela sociedade do século XXI. O mundo, realmente, se globalizou. Fatos que acontecem em uma extremidade do nosso planeta, em tempo real, tornam-se públicos na outra. Essa tecnologia, no entanto, nem sempre é utilizada para o bem da sociedade. Infelizmente, e não é incomum, que agentes façam uso dos meios de comunicação de massa ou sistema de informática ou telemática para divulgar fatos que denigrem a imagem de outras pessoas. A mídia tem veiculado, de forma assustadora, casos em que as vítimas, mesmo depois de violentadas sexualmente, veem suas imagens expostas para um número incontável de pessoas. São como que "troféus" desses criminosos pervertidos, ou mesmo objeto de vingança pessoal. Assim, em boa hora surgiu o delito de *divulgação de cena de estupro ou de cena de estupro de vulnerável, de cena de sexo ou de pornografia*, tipificado no art. 218-C do Código Penal, após a inserção levada a efeito pela Lei nº 13.718, de 24 de setembro de 2018.

De acordo com a redação legal, podemos apontar os seguintes elementos que integram a figura típica: *a)* as condutas de oferecer, trocar, disponibilizar, transmitir, vender ou expor à venda, distribuir, publicar ou divulgar; *b)* por qualquer meio – inclusive por meio de comunicação de massa ou sistema de informática ou telemática; *c)* fotografia, vídeo ou outro registro audiovisual que contenha cena de estupro ou de estupro de vulnerável; *d)* ou que faça apologia ou induza a sua prática; *e)* ou, sem o consentimento da vítima, cena de sexo, nudez ou pornografia.

As condutas de oferecer, trocar, disponibilizar, transmitir, vender ou expor à venda, distribuir, publicar ou divulgar já tinham sido previstas quando o fato envolvesse criança ou adolescente, conforme os arts. 241 e 241-A da Lei nº 8.069, de 13 de julho de 1990.

Agora, essa proteção não somente se limita às crianças e adolescentes que, se forem vítimas desses delitos, continuarão sendo protegidas pelos tipos penais acima redigidos. Caso as vítimas sejam pessoas maiores de dezoito anos, será aplicado o art. 218-C do Código Penal. Bruno Gilaberte, com precisão, esgotando as discussões sobre o tema, aduz que:

"Todavia, o ECA se restringe às imagens de crianças e adolescentes em cenas de sexo explícito ou pornográficas, ao passo que o objeto do art. 218-C é mais amplo, contemplando fotografia, vídeo ou outro registro audiovisual que contenha: a) cena de estupro ou de estupro de vulnerável; b) apologia ou indução ao estupro ou ao estupro de vulnerável; c) cena de sexo, nudez ou pornografia de pessoa que não consentiu com os verbos incriminados no tipo penal."

A divulgação de cena de estupro (propriamente dito ou de vulnerável), antes da atual reforma, poderia caracterizar os crimes dos arts. 286 ou 287 do CP, se houvesse a intenção de estimular a prática do crime sexual; crime do ECA (arts. 240, 241 ou 241-A), em sendo a vítima criança ou adolescente; ou difamação (art. 139 do CP), em caso de vítima adulta e comprovada a intenção de atingir a vítima em sua honra.

Em outras palavras, o caráter criminoso da conduta ficava atrelado às circunstâncias do caso concreto, podendo até mesmo se revelar uma conduta atípica. Doravante, a incriminação específica colmatou a lacuna observada. Saliente-se, ainda, que a divulgação não autorizada de fotos, vídeos e outras mídias contendo pessoas em cenas íntimas – salvo no caso de crianças e adolescentes – era tratada como difamação, novamente impondo-se a demonstração do propósito de atingir a vítima em sua reputação.

A atual previsão legal é mais taxativa e, pensamos, razoável. Perceba-se que o dispositivo não incriminou o *sexting*, que é a conduta de trocar fotos, vídeos e congêneres com conteúdo erótico, a fim de excitar a libido de alguém. A prática continua permitida e é uma decorrência da liberdade sexual, como aspecto da autonomia da vontade.

Se pessoas querem trocar imagens eróticas entre si, não há vedação legal sequer para o armazenamento, ao contrário do que acontece quando há crianças ou adolescentes envolvidos. Pune-se, no art. 218-C, um comportamento posterior: após a obtenção da imagem, que pode se dar por qualquer meio, sua difusão desautorizada. Não é necessário que a obtenção se dê diretamente por ato voluntário da vítima, isto é, o sujeito ativo pode conseguir a imagem de forma clandestina ou através de terceiros. Suponhamos que uma pessoa instale uma vulnerabilidade em computador alheio, valendo-se desse expediente para ter acesso remoto à máquina, o que lhe permite ter acesso às fotos da vítima nua, por exemplo.

A obtenção, nesse caso, configura o crime do art. 154-A do CP. Posterior divulgação, crime do art. 218-C. Outro exemplo: a mulher repassa ao namorado uma foto em que aparece nua e esse namorado, sem autorização, divulga a foto em um grupo de WhatsApp. Vários dos participantes desse grupo armazenam a foto consigo e um deles confere nova publicidade, publicando-a em um site de fotos eróticas.

O namorado, ao obter a foto, não comete crime algum, mas sim ao repassá-la; os integrantes do grupo de WhatsApp que armazenaram a foto, igualmente não cometem crime, desde que não tenham estimulado a divulgação (se estimularam, são partícipes da conduta do namorado), mas aquele que expôs a foto a pessoas indeterminadas, comete o crime do art. 218-C. Pensamos, inclusive, que os administradores do site, desde que tenham ciência de que a foto ali se encontra publicada de forma não autorizada, cometem o mesmo delito.[91]

O tipo penal, portanto, é dividido em duas partes. Na primeira delas, os comportamentos de oferecer, trocar, disponibilizar, transmitir, vender ou expor à venda, distribuir, publicar ou divulgar, por qualquer meio – inclusive por meio de comunicação de massa ou sistema de informática ou telemática dizem respeito à fotografia, vídeo ou outro registro audiovisual que contenham *cena de estupro ou de estupro de vulnerável ou que façam apologia ou induzam a sua prática*; na segunda parte, as mesmas condutas são destinadas a, sem o consentimento da vítima, oferecer, trocar, disponibilizar, transmitir, vender ou expor à venda, distribuir, publicar ou divulgar, por qualquer meio – inclusive por meio de comunicação de massa ou sistema de informática ou telemática – fotografia, vídeo ou outro registro audiovisual que contenham *cena de sexo, nudez ou pornografia.*

Assim, por exemplo, na primeira parte, o agente divulga na internet cenas de uma vítima sendo estuprada em um banheiro de um local onde acontecia um baile funk. No segundo caso, as cenas de sexo tinham sido filmadas, por exemplo, com ou sem o consentimento da vítima, e o agente as divulga, sem o consentimento dela, em suas redes de relacionamento no WhatsApp. Nesse último caso é indiferente, ainda, se o agente recebeu, inclusive, da própria vítima as cenas de sexo, nudez ou pornografia. Não havendo seu consentimento para divulgação, o agente que a divulgar incorrerá na prática do delito em estudo.

Classificação doutrinária

Crime comum, tanto com relação ao sujeito ativo, como ao sujeito passivo; doloso; de forma livre; instantâneo; de mera conduta; monossubjetivo; plurissubsistente; comissivo (podendo ser praticado, também, via omissão imprópria, na hipótese de o agente gozar do

---

[91] GILABERTE, Bruno. *Lei nº 13.718/2018:* importunação sexual e pornografia de vingança. Disponível em: <https://canalcienciascriminais.com.br/importunacao-sexual-vinganca/>. Acesso em: 7 out. 2018.

status de garantidor); não transeunte (como regra, pois que existe necessidade de realização de prova pericial).

Objeto material e bem juridicamente protegido

Os bens juridicamente protegidos pelo tipo penal que prevê o delito de *divulgação de cena de estupro ou de cena de estupro de vulnerável, de cena de sexo ou de pornografia* são tanto a liberdade quanto a dignidade sexual. Objeto material é a pessoa contra quem é dirigida a conduta praticada pelo agente.

Sujeito ativo e sujeito passivo

Crime comum, o delito tipificado no art. 218-C do Código Penal pode ser praticado por qualquer pessoa, não exigindo o tipo penal *sub examen* qualquer condição ou qualidade especial do agente.

Da mesma forma, qualquer pessoa pode figurar como sujeito passivo. Contudo, se a vítima for criança ou adolescente deverão ser aplicados os tipos penais dos arts. 241 e 241-A da Lei nº 8.069/90, sendo suas penas superiores ao do mencionado art. 218-C do estatuto repressivo.

Consumação e tentativa

O delito se consuma no momento em que o agente pratica qualquer dos comportamentos previstos no tipo, vale dizer, quando, efetivamente, oferecer, trocar, disponibilizar, transmitir, vender ou expor à venda, distribuir, publicar ou divulgar, por qualquer meio – inclusive por meio de comunicação de massa ou sistema de informática ou telemática –, fotografia, vídeo ou outro registro audiovisual que contenha cena de estupro ou de estupro de vulnerável ou que faça apologia ou induza a sua prática, ou, sem o consentimento da vítima, cena de sexo, nudez ou pornografia.

Tratando-se de um delito plurissubsistente, como regra, será possível o reconhecimento do *conatus*. Assim, por exemplo, imagine-se a hipótese em que o agente, de posse de um vídeo contendo cenas de estupro, é surpreendido pela polícia enquanto o negociava com outra pessoa. Assim, teremos que verificar, caso a caso, a possibilidade de fracionamento do *iter criminis* quando, então, concluiremos, ou não, também pela possibilidade da tentativa.

Elemento subjetivo

É o dolo, não havendo previsão para a modalidade de natureza culposa.

Modalidades comissiva e omissiva

As condutas previstas no tipo penal do art. 218-C do diploma repressivo pressupõem um comportamento comissivo por parte do agente.

No entanto, será possível o reconhecimento do delito omissivo impróprio na hipótese em que o agente, ga-

rantidor, podendo, nada fizer para evitar o resultado previsto no tipo penal.

Causas de aumento de pena

Determina o § 1º do art. 218-C do Código Penal, *verbis*:

§ 1º *A pena é aumentada de 1/3 (um terço) a 2/3 (dois terços) se o crime é praticado por agente que mantém ou tenha mantido relação íntima de afeto com a vítima ou com o fim de vingança ou humilhação.*

São três as causas que levam a um aumento de pena de 1/3 (um terço) a 2/3 (dois terços), previsto no § 1º do art. 218-C do Código Penal, a saber: *a)* que o agente mantenha ou tenha mantido relação íntima de afeto com a vítima; *b)* que atue motivado por vingança; *c)* que queira humilhar a vítima.

Por relação íntima de afeto podemos apontar aquelas que ocorrem entre namorados, noivos, companheiros ou mesmo casados. Não se aplica, contudo, a outras relações de parentesco, a exemplo de ascendentes ou descendentes, ou mesmo ao parentesco colateral, entre tios, sobrinhos etc. Essa relação pode ter sido rompida ou não, ou seja, pode ser uma relação que não mais exista no momento da prática do crime, ou mesmo que o agente ainda esteja com a vítima, podendo, ainda, ser hétero ou homoafetiva. Entendemos que mesmo nas relações mais passageiras, que não possam, ainda, ser consideradas como um namoro, se houver uma relação íntima de afeto, poderá ocorrer a aplicação da majorante em estudo. Aqui, basta que se prove essa relação para que a causa especial de aumento de pena possa ser aplicada, não sendo necessário aferir-se, portanto, a verdadeira motivação do agente. Trata-se, portanto, de um dado de natureza objetiva. Assim, se um ex-marido divulga fotos íntimas de sua ex-esposa, não há necessidade de se perquirir sua motivação. O simples fato de já ter mantido relação íntima de afeto já é suficiente para a aplicação da majorante.

A segunda causa de aumento de pena diz respeito àquilo que é conhecido com *revenge porn* (ou *porn revange*) ou seja, a pornografia de vingança, muito comum na hipótese em que um dos agentes, inconformado, principalmente, com o término do relacionamento com seu ex-parceiro, e como forma de vingança ou punição, oferece, troca, disponibiliza, transmite, vende ou expõe à venda, distribui, publica ou divulga, por qualquer meio – inclusive por meio de comunicação de massa ou sistema de informática ou telemática –, fotografia, vídeo ou outro registro audiovisual, sem o consentimento da vítima, cena de sexo, nudez ou pornografia. Aqui, ao contrário do que ocorre na situação mencionada anteriormente, a majorante é de natureza subjetiva, precisando ser demonstrada nos autos. Pesquisas encomendadas pela Cyber Civil Rights Initiative[92], com a campanha *End*

---

[92] Disponível em: <*https://www.cybercivilrights.org/wp-content/uploads/2017/06/CCRI-2017-Research-Report.pdf*>. Acesso em: 9 out. 2018.

Reveng Porn mostraram que as mulheres, em quase 90% dos casos, são as vítimas da pornografia de vingança, lembrando que a situação é de tal gravidade que muitas vítimas não conseguem conviver com esse tipo de exposição, e acabam cometendo suicídio. Como já constatado, a *revenge porn* não acontece somente com o fim de relacionamentos longos, mas pode ocorrer até mesmo em encontros casuais.

A terceira causa especial de aumento de pena ocorre quando o agente atua no sentido de humilhar a vítima, não havendo, aqui, qualquer necessidade de relação íntima de afeto entre eles. Assim, por exemplo, imagine-se a hipótese em que um vizinho, incomodado com o comportamento de sua vizinha de porta, que reúne seus amigos para pequenas confraternizações em todos os finais de semana, consiga tirar fotos através do basculante do banheiro, flagrando-a completamente nua, em várias situações, e divulga essas fotos por meio de comunicação de massa ou sistema de informática ou telemática.

Causa de exclusão da ilicitude

Diz o § 2º do art. 218-C do Código Penal:

§ 2º Não há crime quando o agente pratica as condutas descritas no caput *deste artigo em publicação de natureza jornalística, científica, cultural ou acadêmica com a adoção de recurso que impossibilite a identificação da vítima, ressalvada sua prévia autorização, caso seja maior de 18 (dezoito) anos.*

Cuida-se de hipótese do chamado exercício regular de um direito. Não se pode inibir o direito que as publicações de natureza jornalística, científica, cultural ou acadêmica têm de divulgar fatos que possuam uma conotação sexual, desde que preservadas as imagens da vítima, ou, se maior de 18 anos, houver sua prévia autorização, valendo ressaltar que, em se tratando de menores de 14 anos, em nenhuma hipótese será permitida a divulgação de sua imagem, mesmo que com o consentimento de seus representantes legais.

Pena, ação penal, e suspensão condicional do processo

A pena prevista no preceito secundário do art. 218-C do Código Penal é de reclusão, de 1 (um) a 5 (cinco) anos, se o fato não constitui crime mais grave, tratando-se, pois, de norma expressamente subsidiária. O § 1º do referido artigo determina que a pena seja aumentada de 1/3 (um terço) a 2/3 (dois terços) se o crime é praticado por agente que mantém ou tenha mantido relação íntima de afeto com a vítima ou com o fim de vingança ou humilhação.

A ação penal é de iniciativa pública incondicionada, nos termos do art. 225 do Código Penal, com a nova redação que lhe foi conferida pela Lei nº 13.718, de 24 de setembro de 2018.

Tendo em vista a pena mínima cominada, será possível a proposta de suspensão condicional do processo, desde que não incida a majorante prevista no § 1º do art. 218-C do Código Penal.

Imagens contendo mais de uma vítima

Se as imagens contiverem mais de uma pessoa fotografada ou mesmo filmada, será aplicada a regra do concurso formal de crimes.

Capítulo III – Do Rapto

Art. 219. (*Revogado*).
Art. 220. (*Revogado*).

Art. 221. (*Revogado*).
Art. 222. (*Revogado*).

Capítulo IV – Disposições Gerais

Formas qualificadas
Art. 223. (*Revogado*).
Presunção de violência
Art. 224. (*Revogado*).

Ação penal
Art. 225. Nos crimes definidos nos Capítulos I e II deste Título, procede-se mediante ação penal pública incondicionada.
Parágrafo único. (*Revogado.*)

Aumento de pena
Art. 226. A pena é aumentada:
I – de quarta parte, se o crime é cometido com o concurso de 2 (duas) ou mais pessoas;

II – de metade, se o agente é ascendente, padrasto ou madrasta, tio, irmão, cônjuge, companheiro, tutor, curador, preceptor ou empregador da vítima ou por qualquer outro título tiver autoridade sobre ela;
III – (*Revogado*);
IV – de 1/3 (um terço) a 2/3 (dois terços), se o crime é praticado

Estupro coletivo
a) mediante concurso de 2 (dois) ou mais agentes;

Estupro corretivo
b) para controlar o comportamento social ou sexual da vítima.

Introdução

Após algumas modificações legislativas que, ao longo dos anos, tiveram por finalidade alterar a natureza da ação penal nos crimes tipificados nos Capítulos I e II do Título VI (Dos crimes contra a dignidade sexual) do Código Penal, que proporcionaram intensas discussões doutrinárias e jurisprudenciais, que agora perderam completamente o sentido, foi publicada a Lei nº 13.718, de 24 de setembro de 2018, asseverando que nos crimes definidos nos mencionados Capítulos I e II, vale dizer, *estupro* (art. 213), *violação sexual mediante fraude* (art. 215), *importunação sexual* (art. 215-A), *assédio sexual* (art. 216-A), *registro não autorizado da intimidade sexual* (art. 216-B), *estupro de vulnerável* (art. 217-A), *corrupção de menores* (art. 218), *satisfação de lascívia mediante a presença de criança ou adolescente* (art. 218-A), *favorecimento da prostituição ou de outra forma de exploração sexual de criança ou adolescente ou de vulnerável* (art. 218-B), *divulgação de cena de estupro ou de cena de estupro de vulnerável, de cena de sexo ou de pornografia* (art. 218-C), a ação penal será de iniciativa pública incondicionada.

Melhor seria se tivesse, tão somente, sido revogado o art. 225 do Código Penal, pois, conforme a redação constante do art. 100 do diploma repressivo, *verbis*:

Art. 100. *A ação penal é pública, salvo quando a lei expressamente a declara privativa do ofendido.*

Essa modificação, a nosso ver, não foi das melhores. Isso porque, principalmente nos delitos contra a liberdade sexual, tal como ocorre no estupro, a vítima, em sua grande maioria, prefere não levar esses fatos ao conhecimento da autoridade policial, uma vez que prefere conviver com a dor, o sofrimento de ter sido humilhada, violentada sexualmente, do que se expor, trazendo esses fatos ao conhecimento público que, certamente, a estigmatizarão, pois a sociedade, hipócrita como sempre, a olhará de forma diferente, como se estivesse "suja", ou mesmo como se fosse a "culpada" pela violência que sofreu.

Agora, queira ou não a vítima, chegando esse fato ao conhecimento da autoridade policial, ou mesmo do Ministério Público, deverá ser instaurado inquérito policial e, posteriormente, será oferecida denúncia, se for o caso, sem que, para tanto, seja necessário o concurso da sua vontade. Essa decisão caberá, exclusivamente ao Ministério Público, titular da ação penal de iniciativa pública.

Irretroatividade das normas híbridas

Antes da modificação do art. 225 do Código Penal, levada a efeito pela Lei nº 13.718, de 24 de setembro de 2018, dizia o mencionado artigo:

Art. 225. *Nos crimes definidos nos Capítulos I e II deste Título, procede-se mediante ação penal de iniciativa pública condicionada à representação.*

Parágrafo único. *Procede-se, entretanto, mediante ação penal pública incondicionada se a vítima é menor de 18 (dezoito) anos ou pessoa vulnerável.*

Assim, para que pudesse ser iniciada a investigação e, posteriormente, proposta a ação penal, havia necessidade de *representação* da vítima, manifestando sua anuência, expressando sua vontade com relação à *persecutio criminis*. Era seu direito subjetivo querer ou não, e o Estado nada podia fazer antes dessa manifestação de vontade.

Aury Lopes Júnior resumiu, com a precisão que lhe é peculiar, as situações possíveis de ocorrer, anteriormente à modificação trazida pela Lei nº 13.718, de 24 de setembro de 2018, dizendo:

"a) como regra, a ação penal será pública condicionada à representação;

b) a ação penal será pública incondicionada se a vítima for menor de 18 anos;

c) a ação penal será pública incondicionada se a vítima estiver em situação de vulnerabilidade, ou seja, for menor de catorze anos ou alguém que, por enfermidade ou deficiência mental, não tiver o necessário discernimento para a prática do ato, ou que, por qualquer outra causa, não puder oferecer resistência;

d) será pública incondicionada quando ocorrer o resultado morte ou lesão corporal grave ou gravíssima (aplicação da Súmula nº 608 do STF e as regras do crime complexo, art. 101 do CP)".[93]

Com relação às hipóteses em que, antes da atual modificação, a iniciativa da ação penal já era de natureza pública incondicionada, a situação permanece inalterada. Ponto que merece discussão diz respeito àquelas onde havia a necessidade de representação. Assim, perguntamos: Será possível que a nova orientação legal, determinando que em todas as infrações penais, constantes dos Capítulos I e II do Título do Código Penal correspondente aos Crimes contra a Dignidade Sexual, a ação penal seja de iniciativa pública incondicionada e retroaja, a fim de abranger os fatos ocorridos anteriormente à sua entrada em vigor? A resposta só pode ser negativa.

Isso porque estamos diante de uma *norma de natureza híbrida*, vale dizer, tanto de cunho penal como também processual penal, e sua retroatividade será considerada maléfica, ou seja, será levada a efeito em prejuízo do agente, que poderia se beneficiar, face à inércia da vítima, com institutos que conduziriam à extinção da punibilidade, a exemplo do que ocorre com o prazo decadencial de seis meses, para oferecimento da representação, nos termos do art. 107, IV, segunda figura c/c art. 103, ambos do Código Penal.

[93] LOPES JÚNIOR, Aury. *Direito processual penal*, p. 213.

A decadência, segundo as lições do querido amigo e juiz federal Fábio Roque Araújo, é a perda: "Em virtude do decurso do tempo, do direito do ofendido oferecer a queixa ou formular a representação, nos casos de ação penal de iniciativa privada ou pública condicionada à representação, respectivamente"[94].

Nesse sentido, entendendo pela natureza híbrida da norma que cuida da natureza da ação penal, já entendeu, corretamente, o Superior Tribunal de Justiça:

⚖ A norma que altera a natureza da ação penal não retroage, salvo para beneficiar o réu. A norma que dispõe sobre a classificação da ação penal influencia decisivamente o *jus puniendi,* pois interfere nas causas de extinção da punibilidade, como a decadência e a renúncia ao direito de queixa, portanto tem efeito material. Assim, a lei que possui normas de natureza híbrida (penal e processual) não tem pronta aplicabilidade nos moldes do art. 2º do CPP, vigorando a irretroatividade da lei, salvo para beneficiar o réu, conforme dispõem os arts. 5º, XL, da CF e 2º, parágrafo único, do CP. Precedente citado: HC 37.544-RJ, *DJ* 05/11/2007. HC 182.714-RJ, Rel.ª Min.ª Maria Thereza de Assis Moura, j. 19/11/2012.

Crimes sexuais cometidos contra vítima em situação de vulnerabilidade temporária

No que diz respeito aos crimes sexuais cometidos contra vítima em situação de vulnerabilidade temporária, o STJ editou a Súmula nº 670, esclarecendo:

⚖ *Súmula nº 670 do STJ: Nos crimes sexuais cometidos contra a vítima em situação de vulnerabilidade temporária, em que ela recupera suas capacidades físicas e mentais e o pleno discernimento para decidir acerca da persecução penal de seu ofensor, a ação penal é pública condicionada à representação se o fato houver sido praticado na vigência da redação conferida ao artigo 225 do Código Penal pela Lei 12.015, de 2009".*

Aumento de pena

Inicialmente, deve ser frisado que as causas de aumento de pena previstas pelo art. 226 do Código Penal somente poderão ser aplicadas aos capítulos I e II do Título VI do Código Penal. Isto porque, conforme determina regra de hermenêutica, as majorantes incidirão sobre tudo aquilo que lhe for antecedente, sendo vedada sua aplicação aos tipos penais que lhe forem subsequentes.

O mencionado art. 226 teve sua redação modificada pela Lei nº 11.106, de 28 de março de 2005.

Posteriormente, com o advento da Lei nº 13.718, de 24 de setembro de 2018, outras modificações significativas foram levadas a efeito, criando novas causas especiais de aumento de pena, com a inserção do in-

ciso IV, que diz respeito ao estupro coletivo *(a)* e ao estupro corretivo *(b).*

O inc. I do art. 226 do Código Penal, que prevê um aumento de pena de quarta parte, se o crime é cometido com o concurso de 2 (duas) ou mais pessoas, será aplicado às infrações penais tipificadas nos capítulos antecedentes, exceto os delitos de estupro (art. 213 do CP) e estupro de vulnerável (art. 217-A), cuja majorante, que variará de 1/3 (um terço) a 2/3 (dois terços), será aquela prevista no inc. IV do referido art. 226, que especifica, na alínea a, o estupro coletivo, e na alínea b, o estupro corretivo, cujos conceitos já foram esclarecidos quando do estudo do crime de estupro, para onde remetemos o leitor.

Assim, por exemplo, será possível sua aplicação ao crime de *estupro* (art. 213 do CP), pois que inserido no Capítulo I do Título VI do estatuto repressivo, enquanto seria proibida sua aplicação ao delito de *mediação para servir a lascívia de outrem* (art. 227 do CP), que se encontra topograficamente à frente do capítulo que prevê as majorantes.

A segunda hipótese prevê o aumento de metade da pena, conforme determina o inc. II do art. 226 do Código Penal. Diz respeito ao fato de ser o agente ascendente, padrasto ou madrasta, tio, irmão, cônjuge ou companheiro, tutor, curador, preceptor ou empregador da vítima ou por qualquer outro título ter autoridade sobre ela.

Isso significa que a relação de parentesco ou de autoridade tem o condão de fazer com que a pena seja especialmente aumentada, levando-se a efeito, assim, maior juízo de reprovação sobre as pessoas elencadas pelo inc. II do art. 226 do Código Penal.

⚖ Esta Corte firmou entendimento no sentido de que a majorante prevista no art. 226, inciso II, do Código Penal deve incidir sempre que demonstrada a relação de autoridade entre a vítima e o acusado. O afastamento da exasperação demanda incursão na seara probatória dos autos, de modo a alterar as premissas fáticas estabelecidas pelas instâncias antecedentes, providência, contudo, não permitida na estreita via cognitiva do recurso especial, conforme vedação enunciada pela Súmula n. 7/STJ (STJ, AgRg no REsp 1.851.120/SP, Rel. Min. Jorge Mussi, 5ª T., julgado em 23/06/2020, *DJe* 04/08/2020).

A Lei nº 13.718, de 24 de setembro de 2018, fez inserir o inc. IV ao art. 226 do diploma penal, prevendo um aumento de 1/3 (um terço) a 2/3 (dois terços), se o crime é praticado: *a)* mediante o concurso de 2 (dois) ou mais agentes (estupro coletivo); e *b)* para controlar o comportamento social ou sexual da vítima (estupro corretivo).

Infelizmente, a mídia tem divulgado, com frequência assustadora, casos de estupro coletivo, principalmente tendo as mulheres como vítimas. Hoje em dia, por conta da facilidade de divulgação desses

---

[94] ARAÚJO, Fábio Roque. *Curso de direito penal* – parte geral, p. 1.085.

fatos nas redes sociais, esses casos são descobertos e trazidos ao conhecimento público, pois seus autores não resistem à tentação de postar, de divulgar, em grupos de relacionamento, suas práticas criminosas, querendo, com isso, se vangloriar.

Casos emblemáticos levaram o Congresso Nacional a se mobilizar, a exemplo do que ocorreu no dia 27 de maio de 2015, na cidade de Castelo do Piauí, no Estado do Piauí. Quatro jovens passaram por intensos momentos de terror, permanecendo durante duas horas nas mãos de seus cinco algozes, sendo quatro deles inimputáveis. Foram despidas à faca, amordaçadas com as próprias roupas íntimas, amarradas a um cajueiro, torturadas e obrigadas a manter relações com todos eles. Ao final, foram arremessadas de um penhasco com dez metros de altura, sendo que uma delas veio a falecer.

Outro caso de repercussão nacional aconteceu no Rio de Janeiro, cujas imagens circularam, livremente, pelas redes sociais. No dia 20 de maio de 2016, uma jovem, que morava na zona oeste da cidade do Rio de Janeiro, foi a um baile funk, no morro do Barão. Dois dias depois, foi vítima de um estupro coletivo, no alto da comunidade, sendo que o crime foi registrado com fotos e vídeos produzidos pelos próprios estupradores. Ao que parece, pelo menos sete pessoas estupraram a vítima, que alegou ter sido "dopada" e levada para uma casa na comunidade, conhecida como "abatedouro", pois era local destinado a práticas sexuais.

A alínea *a* do inc. IV do art. 226 do diploma repressivo terá aplicação somente às hipóteses de estupro, tipificadas nos arts. 213 e 217-A do Código Penal, exigindo-se, tão somente, o cometimento do delito por duas ou mais pessoas.

Inovação trazida pela Lei nº 13.718, de 24 de setembro de 2018, foi a do chamado *estupro corretivo*. Como o próprio nome induz, trata-se de uma modalidade de estupro em que o agente atua com a finalidade de "corrigir" a vítima que, segundo sua motivação doentia, atua fora dos padrões por ele exigidos, isto é, aqueles que o agente acredita serem corretos.

A alínea *b* do inc. IV do art. 226 do Código Penal prevê duas modalidades de estupro corretivo. Na primeira delas o agente atua com a finalidade de controlar o comportamento social da vítima. Assim, imagine-se a hipótese em que uma mulher, de forma completamente natural, goste de sair aos finais de semana, indo a bares, festas de toda natureza etc. Alguém, extremamente machista, que não suporta essa situação, estupra a vítima como forma de puni-la, mostrando-lhe que esse é o resultado para aquelas que têm essa vida social intensa e, para ele, fora dos padrões exigidos para uma mulher. Da mesma forma, não é incomum entre traficantes de drogas o estupro corretivo, principalmente tendo como vítimas mulheres da comunidade, onde o tráfico é dominante. Assim, imagine-se a hipótese em que a vítima comece a namorar, às escondidas, um policial militar. Como é do conhecimento de todos, a presença da polícia é abominada por esses traficantes de drogas, que impõem suas "regras" absurdas à comunidade por eles subjugadas. Ao tomar conhecimento desse fato, o traficante estupra aquela mulher, ao argumento de que ali não se namora com policiais, e que nas comunidades existem homens o suficiente para ela. Nesse caso, poderíamos conceber a hipótese de estupro corretivo, com a finalidade de controle do comportamento social da vítima.

Da mesma forma, tem-se entendido pelo estupro corretivo, com a finalidade de controle do comportamento social da vítima, na hipótese de namorados, ou mesmo de maridos, que adotam essa prática a fim de punir a mulher que lhes foi infiel. Nesse caso, normalmente, amigos, parentes, ou mesmo pessoas pertencentes ao grupo criminoso do agente são encarregadas do estupro.

Mais comum do que a hipótese anterior é o estupro corretivo, levado a efeito para o controle do comportamento sexual da vítima. Normalmente, as vítimas dessas atrocidades são lésbicas, mulheres bissexuais e transexuais. A finalidade dos estupradores, nesses casos, é forçá-las a mudar sua orientação sexual. Argumentos toscos são utilizados pelos criminosos, a exemplo daquele que diz que a mulher só tem essa opção sexual porque nunca se "relacionou com um homem de verdade", ou "vou te estuprar para que você vire mulher de verdade". As mulheres homossexuais, por meio dessa prática doentia e criminosa, são estupradas a fim de se transformarem em heterossexuais.

A valoração negativa das circunstâncias do crime se deu com base no fato de que o acusado praticava os delitos na própria casa da família e nas ocasiões em que a mãe da ofendida não estava presente, o que tornava a vítima mais vulnerável às investidas do réu, enquanto a majorante prevista no inciso II do art. 226 do CP, leva em consideração a existência de relação de parentesco ou autoridade do sujeito ativo com a vítima, não restando caracterizado o alegado *bis in idem* (STJ, AgRg no AREsp 1.478.526/ES, Rel. Min. Ribeiro Dantas, 5ª T., *DJe* 13/08/2019).

Nesse sentido:

STJ, AgRg nos EDcl no AgRg nos EDcl no REsp 1.699.724/SP, Rel. Min. Jorge Mussi, 5ª T., *DJe* 28/03/2019; STJ, REsp 1.708.689/MG, Rel. Min. Jorge Mussi, 5ª T., *DJe* 15/06/2018; STJ, AgRg no AREsp 1.011.744/GO, Rel. Min. Jorge Mussi, 5ª T., *DJe* 24/05/2017; STJ, REsp 1.607.392/RO, Rel. Min. Rogério Schietti Cruz, 6ª T., *DJe* 04/10/2016; STJ, HC 260267/SP, Rel.ª Min.ª Maria Thereza de Assis Moura, 6ª T., *DJe* 29/05/2014; STJ, HC 253963/RS, Rel.ª Min.ª Laurita Vaz, 5ª T., *DJe* 26/03/2014; STJ, HC 158968/RJ, Rel. Min. Og Fernandes, 6ª T., *DJe* 15/06/2011; STJ, HC 137719/MG, Rel.ª Min.ª Laurita Vaz, 5ª T., 07/02/2011.

Capítulo V – Do Lenocínio e do Tráfico de Pessoa para Fim de Prostituição ou Outra Forma de Exploração Sexual

Mediação para servir a lascívia de outrem

Art. 227. Induzir alguém a satisfazer a lascívia de outrem:

Pena – reclusão, de um a três anos.

§ 1º Se a vítima é maior de 14 (catorze) e menor de 18 (dezoito) anos, ou se o agente é seu ascendente, descendente, cônjuge ou companheiro, irmão, tutor ou curador ou pessoa a quem esteja confiada para fins de educação, de tratamento ou de guarda:

Pena – reclusão, de dois a cinco anos.

§ 2º Se o crime é cometido com emprego de violência, grave ameaça ou fraude:

Pena – reclusão, de dois a oito anos, além da pena correspondente à violência.

§ 3º Se o crime é cometido com o fim de lucro, aplica-se também multa.

Introdução

O delito de *mediação para servir a lascívia de outrem* encontra-se no Capítulo V do Título VI do Código Penal, que, depois da nova redação que lhe foi conferida pela Lei nº 11.106, de 28 de março de 2005, passou a cuidar do *lenocínio e do tráfico de pessoas,* revogando a expressão *tráfico de mulheres* que constava na redação original do aludido capítulo.

Atualmente, após as modificações levadas a efeito pela Lei nº 12.015, de 7 de agosto de 2009, o Capítulo V do Título VI do Código Penal passou a ser *do lenocínio e do tráfico de pessoa para fim de prostituição ou outra forma de exploração sexual.*

Assim, aquele que pratica o comportamento típico previsto pelo art. 227 do Código Penal comete aquilo que se denomina *lenocínio.*

De acordo com a redação constante do mencionado artigo, podemos apontar os seguintes elementos que integram a mencionada figura típica: *a)* a conduta de *induzir alguém; b)* com a finalidade de *satisfazer a lascívia de outrem.*

O núcleo *induzir* é utilizado no sentido não somente de incutir a ideia na vítima, como também de convencê-la à prática do comportamento previsto no tipo penal. A vítima, aqui, é convencida pelo proxeneta a satisfazer a lascívia de outrem.

Por satisfazer a lascívia de outrem, tem-se entendido qualquer comportamento, de natureza sexual, que tenha por finalidade realizar os desejos libidinosos de alguém, seja com ele praticando atos sexuais (conjunção carnal, coito anal, sexo oral etc.), seja tão somente permitindo que o sujeito pratique com a vítima, ou mesmo que esta os realize, nela própria, ou no agente que a induziu, a fim de serem vistos por terceira pessoa que se satisfaz como *voyeur.*

Quando a lei penal menciona, na sua parte final, que a vítima deverá ser induzida a satisfazer a lascívia *de outrem,* está afirmando, consequentemente, que esse *outrem* deverá ser *uma pessoa ou grupo de pessoas determinadas,* pois, caso contrário, poderá ocorrer a hipótese do art. 228 do Código Penal, que tipifica o delito de *favorecimento da prostituição ou outra forma de exploração sexual,* conforme o *nomen juris* que lhe foi dado pela Lei nº 12.015, de 7 de agosto de 2009.

A nota característica do lenocínio é que o proxeneta atua não no sentido de satisfazer sua libido, mas, sim, de satisfazer a lascívia de outrem, de terceira pessoa. Além disso, o que o diferencia do art. 228 do Código Penal é o fato de que a vítima não obtém nenhuma contraprestação por parte do agente ou de terceiro, em virtude de seu comportamento, pois, caso contrário, restaria configurada a atividade de prostituição, permitindo a desclassificação para esta última figura típica.

⚖ Mediação para servir à lascívia de outrem. A decisão que decretou a prisão preventiva da paciente está suficientemente fundamentada, lastreada em requisito constante do art. 312 do CPP, a garantia da ordem pública, francamente ameaçada não pela gravidade em abstrato do delito, que realmente é acentuada, mas não pode servir como fundamento à custódia cautelar – delito praticado contra adolescentes com idades entre 14 e 16 anos, submetidas à exploração sexual – mas, especialmente, pelo *modus operandi* adotado, que revela a periculosidade da agente. Imputada que, ao que tudo indica, em conjunção de esforços e vontades com um dos corréus, utilizava-se do sonho das adolescentes, que almejavam fazer carreira no mundo da moda, para submetê-las a situações de exploração sexual, ora para satisfazer a lascívia do comparsa, ora de terceiros (TJ-RS, HC 70062895883, Rel. Des. Fabianne Breton Baisch, *DJe* 18/03/2015).

Nesse sentido:

⚖ TJMG, APCr. 1.0028.07.014472-1/0011, Rel. Des. Fernando Starling, *DJEMG* 22/09/2009; TJRS, ACr 70023181670, 7ª Câm. Crim., Rel. Sylvio Baptista Neto, pub. 08/04/2008; TJSP, AC, Rel. Denser de Sá, *RT* 519, p. 331.

Classificação doutrinária

Crime comum com relação ao sujeito ativo e ao sujeito passivo (na modalidade de lenocínio simples) e próprio cuidando-se da hipótese de lenocínio qualificado quando o agente for ascendente, descendente, cônjuge ou companheiro, irmão, tutor ou curador, ou a quem o sujeito passivo esteja confiado para fins de educação, tratamento ou guarda; doloso; material; de forma livre; comissivo (podendo ser praticado via omissão, na hipótese em que o agente goze do *status* de garantidor); instantâneo; incongruente; monossubjetivo; plurissubsistente; transeunte (não havendo necessidade, como regra, de prova pericial, tratando-se de infração penal que não deixa vestígios).

Objeto material e bem juridicamente protegido

A moral sexual e, num sentido mais amplo, a dignidade sexual são os bens juridicamente protegidos pelo tipo penal que prevê o delito de lenocínio.

O objeto material é a pessoa contra a qual recai a conduta praticada pelo agente, vale dizer, aquela que foi induzida a satisfazer a lascívia de outrem.

Sujeito ativo e sujeito passivo

Qualquer pessoa pode ser sujeito ativo, bem como sujeito passivo do delito em estudo.

✍ Se a vítima já era corrompida à época dos fatos, resta descaracterizado o crime de mediação para servir à lascívia de outrem, mantendo-se a absolvição operada pelo juízo primevo (TJ-MG, AC 0002235-64.2010.8.13.0708, Rel. Des. Furtado de Mendonça, *DJe* 25/08/2011).

Nesse sentido:

✍ TJSP, AC, Rel. Costa Lima, *RT* 487, p. 347; TJRS, Ap. Crim. 70007222466, 6ª Câm. Crim., Rel. João Batista Marques Tovo, j. 1º/09/2005; TJSP, Ap. Crim. 303.399-3/0, 3ª Câm. Crim., Rel. Segurado Braz, j. 10/10/2000.

Consumação e tentativa

Embora o núcleo *induzir* nos dê a impressão de que no momento em que a vítima fosse convencida pelo agente a satisfazer a lascívia de outrem estaria consumado o delito, somos partidários da corrente que entende seja necessária a realização, por parte da vítima, de algum ato tendente a satisfazer a lascívia de outrem, tratando-se, pois, de delito de natureza material.

A tentativa é admissível.

Elemento subjetivo

O dolo é o elemento subjetivo exigido pelo tipo penal que prevê o delito de mediação para servir a lascívia de outrem, não havendo previsão para a modalidade de natureza culposa.

Modalidades comissiva e omissiva

O núcleo *induzir* pressupõe um comportamento comissivo, podendo, no entanto, ser praticado via omissão imprópria.

Lenocínios qualificados

Os §§ 1º e 2º do art. 227 do Código Penal preveem duas modalidades qualificadas de lenocínio.

A primeira delas, com a nova redação dada ao § 1º do mencionado artigo por meio da Lei nº 11.106, de 28 de março de 2005, qualifica o lenocínio dizendo:

§ 1º Se a vítima é maior de 14 (catorze) e menor de 18 (dezoito) anos, ou se o agente é seu ascendente, descendente, cônjuge ou companheiro, irmão, tutor ou curador ou pessoa a quem esteja confiada para fins de educação, de tratamento ou de guarda:

Pena – reclusão, de dois a cinco anos.

Percebe-se, por meio das hipóteses previstas pelo mencionado parágrafo, o maior juízo de censura, de reprovação, sobre aquele que pratica o delito em estudo numa daquelas situações. Vale lembrar que o rol apresentado é taxativo, não podendo ser ampliado por meio da analogia *in malam partem*. Assim, por exemplo, se um padrasto praticar o delito valendo-se de sua enteada, o fato se subsumirá na modalidade prevista no *caput* do art. 227, pois, ao contrário do que ocorreu com a causa especial de aumento de pena prevista no inc. II do art. 226 do Código Penal, não houve previsão legal expressa no sentido de incluir o padrasto no rol daquelas pessoas sobre as quais incidiria a modalidade qualificada do delito, a não ser que seu comportamento fosse dirigido contra enteada *maior de 14 e menor de 18 anos* ou que fosse a ele confiada para *fins de educação, de tratamento ou de guarda*.

Na hipótese de o delito ter sido cometido contra filho, tutelado ou curatelado, aplica-se o inc. II do art. 92 do Código Penal.

A segunda modalidade qualificada de lenocínio vem prevista no § 2º do art. 227:

§ 2º Se o crime é cometido com emprego de violência, grave ameaça ou fraude:

Pena – reclusão, de dois a oito anos, além da pena correspondente à violência.

Nessa hipótese, a vítima é forçada, mediante o emprego de violência ou grave ameaça, a satisfazer a lascívia de outrem, ou pratica esse comportamento em virtude de um vício de vontade a que foi induzida pela fraude utilizada pelo agente.

Interessante notar que, nos casos de violência ou grave ameaça, a conduta do agente estaria muito próxima daquela prevista pelo art. 213 do Código Penal, que traduz o delito de estupro. A diferença fundamental entre essas figuras típicas é que a vítima, no delito em estudo, é induzida, mesmo que à força, à satisfação da lascívia de outrem. No caso do estupro, por exemplo, a vítima é compelida ao ato sexual, não havendo qualquer consentimento de sua parte. Na figura típica do art. 227, ao contrário, mesmo que induzida à força ao ato que tenha por finalidade satisfazer a lascívia de outrem, ainda há resquício de sua vontade, ou seja, ela o pratica com o seu consentimento.

Se a vítima, agredida fisicamente pelo agente, é obrigada, por exemplo, a praticar atos sexuais com alguém, não existindo qualquer consentimento de sua parte, não estaremos diante do delito do art. 227 do

Código Penal, mas, sim, da figura típica constante do art. 213 do mesmo diploma repressivo, podendo-se raciocinar em termos de concurso de pessoas caso exista liame subjetivo entre o agente agressor e aquele que tem por satisfeita sua pretensão sexual.

A segunda parte do preceito secundário do § 2º do art. 227 do Código Penal determina que, além da pena privativa de liberdade, seja aplicada ao proxeneta aquela correspondente à violência por ele empregada.

Lenocínio mercenário

A finalidade de lucro, prevista pelo § 3º do art. 227 do Código Penal, caracteriza o denominado *lenocínio mercenário ou questuário.*

Causas de aumento de pena

Vide art. 234-A, com a nova redação que lhe foi conferida pela Lei nº 13.718, de 24 de setembro de 2018.

Pena, ação penal, suspensão condicional do processo e segredo de justiça

Ao delito de lenocínio simples foi cominada uma pena de reclusão, de 1 (um) a 3 (três) anos; na hipótese do lenocínio qualificado, previsto pelo § 1º do art. 227 do Código Penal, a pena é de reclusão, de 2 (dois) a 5 (cinco) anos; para a última modalidade qualificada de lenocínio, constante do § 2º do mesmo diploma repressivo, está reservada uma pena de reclusão, de 2 (dois) a 8 (oito) anos, além da pena correspondente à violência.

Se o crime é cometido com o fim de lucro, aplica-se, também, a pena de multa cumulativamente.

A ação penal, em qualquer das formas de lenocínio, é de *iniciativa pública incondicionada.*

Será possível a realização de proposta de suspensão condicional do processo na hipótese de lenocínio simples.

Nos termos do art. 234-B do Código Penal, os processos em que se apuram crimes previstos pelo Título VI, vale dizer, os *crimes contra a dignidade sexual,* correrão em segredo de justiça.

Contudo, os §§ 1º e 2º, inseridos no art. 234-B do Código Penal pela Lei nº 15.035, de 27 de novembro de 2024, determinam, *verbis*:

§ 1º O sistema de consulta processual tornará de acesso público o nome completo do réu, seu número de inscrição no Cadastro de Pessoas Físicas (CPF) e a tipificação penal do fato a partir da condenação em primeira instância pelos crimes tipificados nos arts. 213, 216-B, 217-A, 218-B, 227, 228, 229 e 230 deste Código, inclusive com os dados da pena ou da medida de segurança imposta, ressalvada a possibilidade de o juiz fundamentadamente determinar a manutenção do sigilo.

§ 2º Caso o réu seja absolvido em grau recursal, será restabelecido o sigilo sobre as informações a que se refere o § 1º deste artigo.

Habitualidade

O delito de lenocínio não se encontra no rol daquelas infrações penais reconhecidas como habituais, bastando um único comportamento para que se configure o delito.

Indução de profissional do sexo à satisfação da lascívia alheia

Na hipótese de uma pessoa já prostituída ser induzida a satisfazer a lascívia de outrem, o fato deverá ser considerado atípico.

Em sentido contrário, Paulo César Busato preleciona que:

"A meretriz tem pleno direito à própria autonomia sexual e pode perfeitamente não pretender realizar a satisfação da libido de mulheres, ou não pretender realizar determinada classe de ato sexual, por exemplo, o coito anal, e ser induzida a isso pelo *proxeneta*."[95]

Terceiro que satisfaz sua lascívia com a vítima

Aquele que vê satisfeita sua lascívia em virtude do comportamento praticado pelo proxeneta não pratica o delito tipificado no art. 227 do Código Penal, que exige do sujeito ativo que atue no sentido de satisfazer a lascívia de *outrem,* e não a própria.

Vítima menor de 14 anos

Se a vítima, que foi induzida a satisfazer a lascívia de outrem, for menor de 14 (catorze) anos, o fato se amoldará à figura típica prevista no art. 218 do Código Penal, que prevê o delito de *corrupção de menores,* com a nova redação que lhe foi conferida pela Lei nº 12.015, de 7 de agosto de 2009.

⚖ Comprovado o induzimento de menor de quatorze anos para satisfação da lascívia, caracteriza-se o delito do art. 218 do Código Penal (TJ-DFT, Processo 20090510117933APR, Rel.ª Des.ª Sandra de Santis, *DJe* 14/03/2013).

Prescrição

Vide art. 111, V, do CP.

Favorecimento da prostituição ou outra forma de exploração sexual

Art. 228. Induzir ou atrair alguém à prostituição ou outra forma de exploração sexual, facilitá-la, impedir ou dificultar que alguém a abandone:

Pena – reclusão, de 2 (dois) a 5 (cinco) anos, e multa.

§ 1º Se o agente é ascendente, padrasto, madrasta, irmão, enteado, cônjuge, companheiro, tutor ou curador, preceptor ou empregador da vítima,

---

[95] BUSATO, Paulo César. *Direito penal* – parte especial 1, p. 900.

ou se assumiu, por lei ou outra forma, obrigação de cuidado, proteção ou vigilância:

Pena – reclusão, de 3 (três) a 8 (oito) anos.

§ 2º Se o crime é cometido com emprego de violência, grave ameaça ou fraude:

Pena – reclusão, de quatro a dez anos, além da pena correspondente à violência.

§ 3º Se o crime é cometido com o fim de lucro, aplica-se também multa.

Introdução

A prostituição é considerada uma das "profissões" mais antigas da história da humanidade. Alguns chegam até mesmo a dizer que se trata de um "mal necessário", pois que a sua existência impede, por exemplo, o aumento do número de casos de violências sexuais. Como é cediço, a prostituição, em si, é considerada uma conduta indiferente ao Direito Penal, vale dizer, é um fato que não mereceu a atenção do legislador penal, sendo, portanto, atípico.

Contudo, embora atípico o comportamento de se prostituir, a lei penal reprime aquelas pessoas que, de alguma forma, contribuem para a sua existência, punindo os proxenetas, cafetões, rufiões, enfim, aqueles que estimulam o comércio carnal, seja ou não com a finalidade de lucro.[96]

Há três sistemas que disputam o tratamento da prostituição, vale dizer: a) o da regulamentação; b) o da proibição e; c) o abolicionista.

Dissertando sobre o tema, com precisão, esclarece Luiz Regis Prado:

"O sistema da regulamentação tem por escopo objetivos higiênicos, a fim de prevenir a disseminação de doenças venéreas e também a ordem e a moral públicas. Por este sistema a prostituição fica restrita a certas áreas da cidade, geralmente distantes do centro, onde as mulheres sujeitam-se a um conjunto de obrigações, como a de submeterem-se periodicamente a exames médicos. É criticável o sistema em epígrafe, uma vez que, além de estigmatizar a prostituta, o seu fim higiênico é de resultado restrito, já que controla apenas parte da atividade."[97]

Nesse sistema de regulamentação, as pessoas que se prostituem trabalham, em geral, com carteira assinada, possuem plano de saúde, aposentadoria etc., tal como ocorre na Holanda.

No sistema em que predomina a proibição, a exemplo dos países árabes e Estados Unidos, a prostituição é considerada infração penal.

No entanto, tem prevalecido o sistema conhecido como abolicionista. Assim, deixa-se de responsabilizar criminalmente aquele que pratica a prostituição; no entanto pune-se as pessoas que lhe são periféricas e que de alguma forma contribuem para o seu exercício, como ocorre com os proxenetas, rufiões, cafetões etc.

O Código Penal, adotando o sistema abolicionista, por meio do seu art. 228, pune essa outra modalidade de proxenetismo com a tipificação do delito de *favorecimento da prostituição ou outra forma de exploração sexual*, dizendo, *verbis*:

Art. 228. *Induzir ou atrair alguém à prostituição, ou outra forma de exploração sexual, facilitá-la, impedir ou dificultar que alguém a abandone:*

Pena – reclusão, de 2 (dois) a 5 (cinco) anos.

Podemos, portanto, de acordo com a redação típica, que foi alterada pela Lei nº 12.015, de 7 de agosto de 2009, identificar os seguintes elementos que lhe são característicos: *a)* a conduta de induzir, ou atrair alguém à prostituição, ou outra forma de exploração sexual; *b)* a sua facilitação; *c)* o comportamento de impedir ou mesmo dificultar que alguém a abandone. Primeiramente, faz-se mister conceituar o que vem a ser prostituição. Enrique Orts Berenguer diz que prostituição significa, "a satisfação sexual que uma pessoa dá a outra em troca de um preço. Dois são, pois, os ingredientes desta atividade: uma prestação de natureza sexual, entendida esta em um sentido amplo, compreensivo de qualquer variante que possa ser solicitada, não somente das mais convencionais; e a percepção de um preço, de uns honorários em contraprestação ao serviço prestado".[98]

Noronha posiciona-se contrariamente à necessidade do escopo de lucro como um dos elementos característicos da prostituição dizendo: "Pode a mulher por perversões sexuais, como a ninfomania, entregar-se à prostituição, sem ter por objetivo o lucro. Conforme as circunstâncias pode até pagar ao lenão ou ao bordel onde recebe quem sacia seus instintos. A mulher abonada que indistintamente se entrega, a título gratuito, a quem a quer, é tão prostituta quanto a miserável que o faz para ganhar o pão de cada dia."[99]

Não podemos concordar, *permissa venia*, com as ponderações do renomado penalista. Isso porque, para nós, somente haverá *prostituição* se houver, efetivamente, o *comércio do corpo*, e para que exista esse comércio, consequentemente, deverá haver quem venda e quem pague. Caso contrário, não poderemos taxar alguém como prostituta simplesmente porque

---

[96] O art. 1º da Convenção para a repressão ao Tráfico de Pessoas e do Lenocínio, concluída em Lake Sucess, nos Estados Unidos em 21 de março de 1950, e firmada pelo Brasil em 5 de outubro de 1951, visando punir o lenocínio, assevera, textualmente:

"As partes na presente Convenção convêm em punir toda pessoa que, para satisfazer às paixões de outrem:

1º) aliciar, induzir ou desencaminhar, para fins de prostituição, outra pessoa, ainda que com seu consentimento;

2º) explorar a prostituição de outra pessoa, ainda que com seu consentimento."

[97] PRADO, Luiz Regis. *Curso de direito penal brasileiro*, v. 3, p. 274.

[98] BERENGUER, Enrique Orts. *Derecho penal* – parte especial, p. 967.

[99] NORONHA, Edgard Magalhães. *Direito penal*, v. 3, p. 223.

possui uma patologia, a exemplo da citada ninfomania, ou porque se entrega, sem qualquer distinção, a qualquer pessoa.

Hoje, no entanto, com a modificação levada a efeito no art. 228 do Código Penal pela Lei nº 12.015, de 7 de agosto de 2009, as condutas previstas no tipo penal em estudo podem ter por finalidade *outra forma de exploração sexual* que não a prostituição em si, ou seja, não há necessidade que exista o comércio do corpo, mas que tão somente a vítima seja explorada sexualmente, muitas vezes nada recebendo em troca por isso.

Na verdade, a prostituição é uma modalidade de exploração sexual. Esta seria o gênero, sendo aquela uma de suas espécies, ao lado do turismo sexual, da pornografia e do tráfico para fins sexuais, tal como apontado no I Congresso Mundial contra a Exploração Sexual de Crianças e Adolescentes, realizado em Estocolmo, em 1996.

A exploração sexual faz parte do chamado "mercado do sexo" que funciona, conforme adverte Eva T. Silveira Faleiros:

"como um ramo de negócios no qual há a produção e a comercialização da mercadoria – *serviços e produtos sexuais*. Trata-se de um *produto subjetivo – o prazer*, altamente vendável, que tem *valor de uso*.

A oferta de serviços sexuais, restrita durante séculos quase que exclusivamente à prostituição foi, historicamente, se ampliando e diversificando. Com o desenvolvimento da tecnologia, dos meios de comunicação de massa, da Internet, e da sociedade de consumo, bem como a liberalização sexual, se diversificou o comércio do sexo e se desenvolveu extraordinariamente a indústria pornográfica, ou seja, a produção de mercadorias e produtos sexuais. Atualmente encontram-se no mercado do sexo produtos e serviços que se caracterizam por sua grande variedade, níveis de qualidade, de consumidores, de profissionais que empregam, de preços. São produzidos, vendidos e comprados: corpos, pessoas, *shows* eróticos, fotos, revistas, objetos, vídeos, filmes pornográficos.

Existe um enorme mercado consumidor de serviços sexuais, sendo o sexo uma mercadoria altamente vendável e valorizada, principalmente o sexo-jovem, de grande valor comercial".[100]

Induzir tem o significado de incutir a ideia, convencer alguém a se entregar à prostituição ou mesmo a outra forma de exploração sexual; atrair significa fazer com que a pessoa se sinta estimulada à prática do comércio do corpo ou de qualquer outro tipo de exploração sexual. Induzir e atrair são, na verdade, situações muito parecidas, de difícil separação. O agente pode, por exemplo, induzir uma pessoa à prostituição, atraindo-a com perspectivas de riquezas, de aumento do seu padrão de vida, de possibilidade de viagens internacionais, enfim, a atração não deixa de ser um meio para que ocorra o induzimento.

Também incorre no delito em estudo aquele que facilita a prostituição ou outra forma de exploração sexual. Aqui é denominado de *lenocínio acessório*. Conforme salienta Luiz Regis Prado, ocorre a facilitação quando o agente, "sem induzir ou atrair a vítima, proporciona-lhe meios eficazes de exercer a prostituição, arrumando-lhe clientes, colocando-a em lugares estratégicos etc."[101] A diferença desse comportamento típico para os anteriores residiria no fato de que, no induzimento ou na atração de alguém à prostituição ou outra forma de exploração sexual, a vítima ainda não se encontrava prostituída, tampouco explorada sexualmente por alguém; ao contrário, na facilitação, o agente permite que a vítima, já entregue ao comércio carnal, nele se mantenha com o seu auxílio, com as facilidades por ele proporcionadas.

Também se configura o delito em estudo quando a conduta do agente é dirigida a impedir que a vítima abandone a prostituição ou outra forma de exploração sexual. Como se percebe pela redação típica, a vítima se encontra no exercício pleno da prostituição ou outra forma de exploração sexual e deseja abandoná-la, havendo a intervenção do agente no sentido de impedi-la, fazendo, por exemplo, com que tenha que saldar dívidas extorsivas relativas ao período em que permaneceu "hospedada à custa do agente", ou com algum artifício que a faça sopesar pela necessidade de permanecer no comércio carnal etc.

De acordo com a modificação feita pela Lei nº 12.015, de 7 de agosto de 2009, também aquele que vier a *dificultar* que alguém abandone a prostituição ou outra forma de exploração sexual responderá pelo delito tipificado no art. 228 do Código Penal. Dificultar tem o sentido de atrapalhar, criar embaraços, com a finalidade de fazer com que a vítima sinta-se desestimulada a abandonar a prostituição ou outra forma de exploração sexual.

⚖ Como cediço, prevalece a sistemática proibitiva do sistema abolicionista, para o qual o comportamento de se prostituir é considerado atípico, todavia, há repressão da lei penal àqueles que contribuem para sua existência, estimulando o comércio carnal, independente da finalidade de lucro. Nesse passo, verifica-se, em princípio, adequação típica formal ao crime de favorecimento à prostituição e exploração sexual, pelo verbo núcleo "facilitar" (CP, art. 228, *caput*). O núcleo verbal "induzir" significa incutir a ideia; o "atrair", estimular a prática da prostituição ou exploração sexual. Trata-se de situações muito próximas, pois, em regra, a atração não deixa de ser um

---

[100] FALEIROS, Eva. T. Silveira. A exploração sexual comercial de crianças e de adolescentes no mercado do sexo. In: LIBÓRIO, Renata Maria Coimbra; SOUSA, Sônia M. Gomes (Org.). *A exploração sexual de crianças e adolescentes no Brasil:* reflexões teóricas, relatos de pesquisas e intervenções psicossociais, p. 83.

[101] PRADO, Luiz Regis. *Curso de direito penal brasileiro*, v. 3, p. 277.

meio de induzimento da vítima. O núcleo "facilitar", denominado lenocínio acessório, é subsidiário aos dois outros, pois ocorre a facilitação quando o agente, sem induzir ou atrair a vítima, proporciona-lhe meios eficazes de exercer a prostituição, verdadeiro auxílio material para o desempenho da prostituição ou exploração sexual. A diferença fulcral entre os comportamentos típicos de induzir e atrair e o verbo facilitar encontra-se na situação da vítima: nos dois primeiros verbos, a vítima ainda não se encontrava em situação de prostituição ou exploração sexual; diversamente, na facilitação, o agente permite que a vítima, já entregue ao comércio carnal, nele se mantenha com seu auxílio e facilidades proporcionadas (STJ, HC 332.512/ES, Rel. Min. Ribeiro Dantas, 5ª T., *DJe* 24/02/2016).

Nesse sentido:

📖 TJPE, APL 0206041-9, Vicência, 2ª Câm. Crim., Rel. Des. Mauro Alencar de Barros, *DJEPE* 19/07/2010; TJSC, ACr 2010.026870-6, Rel. Des. Newton Varella Júnior, *DJSC* 1º/07/2010, p. 570; TJMS, ACr 2010.003568-8/0000-00, Rel. Juiz Manoel Mendes Carli, *DJEMS* 28/06/2010, p. 57; TJPR, ApCr. 0607222-6, Rel. Des. Marcus Vinicius de Lacerda Costa, *DJPR* 06/05/2010, p. 444.

Classificação doutrinária

Crime comum, tanto com relação ao sujeito ativo quanto ao sujeito passivo (na modalidade prevista no *caput* do art. 228), e próprio cuidando-se da hipótese qualificada de favorecimento da prostituição quando o agente for ascendente, padrasto, madrasta, irmão, enteado, cônjuge, companheiro, tutor ou curador, preceptor ou empregador da vítima, ou se assumiu, por lei, ou outra forma, obrigação de cuidado, proteção ou vigilância; doloso; material; de forma livre; comissivo (podendo ser praticado via omissão imprópria, na hipótese em que o agente goze do *status* de garantidor); instantâneo (merece destaque a discussão existente quanto ao núcleo *impedir*, uma vez que parte da doutrina se posiciona no sentido de entender tal comportamento como permanente, a exemplo de Noronha quando afirma que, "nesta modalidade, a consumação se protrai no tempo, devido à ação contínua do agente, que pode fazer cessar a prostituição, renunciando à sua atividade".[102] Em sentido contrário, afirmando, ainda assim, o caráter instantâneo da infração penal, Guilherme de Souza Nucci;[103] monossubjetivo; plurissubsistente; transeunte (não havendo necessidade, como regra, de prova pericial, tratando-se de infração penal que não deixa vestígios).

Objeto material e bem juridicamente protegido

O bem juridicamente protegido pelo tipo penal que prevê o delito de favorecimento da prostituição ou outra forma de exploração sexual é a moralidade sexual e, num sentido mais amplo, a dignidade sexual. Pode ocorrer a prostituição ou a exploração sexual masculina ou feminina, razão pela qual tanto o homem quanto a mulher podem ser considerados objeto material do delito em estudo.

Sujeito ativo e sujeito passivo

Qualquer pessoa poderá ser considerada *sujeito ativo* do delito de favorecimento da prostituição ou outra forma de exploração sexual, haja vista não exigir o tipo penal do *caput* do art. 228 do diploma repressivo nenhuma qualidade ou condição especial necessária a esse reconhecimento, tratando-se, portanto, de um crime comum.

Da mesma forma, qualquer pessoa poderá figurar como *sujeito passivo* do delito, seja do sexo masculino ou feminino. Nos dias de hoje, verifica-se com clareza o aumento da prostituição masculina, a ponto de se exporem em programas de televisão, rádio e em outros meios de comunicação de massa, a exemplo de jornais, revistas etc.

Consumação e tentativa

Tem-se por consumado o crime tipificado no art. 228 do Código Penal, por meio das condutas de *induzir* ou *atrair*, quando a vítima, efetivamente, dá início ao comércio carnal, ou seja, às atividades próprias características da prostituição, com a colocação de seu corpo à venda, mesmo que não tenha, ainda, praticado qualquer ato sexual com algum "cliente"; ou, ainda, de acordo com a nova redação legal levada a efeito pela Lei nº 12.015, de 7 de agosto de 2009, quando a vítima é, efetivamente, explorada sexualmente, mesmo sem praticar o comércio carnal.

Dessa forma, o fato de já estar em um bordel ou, nos dias de hoje, nas chamadas casas de massagem, com a finalidade de vender o corpo, já seria suficiente para efeitos de caracterização do delito, pois que a vítima já fora, efetivamente, induzida ou atraída a prostituir-se. Além disso, agora, também restará configurado o delito se a vítima já estiver à disposição de alguém, que irá explorá-la sexualmente.

No que diz respeito à facilitação, entende-se por consumado o delito com a prática, pelo agente, do comportamento que, de alguma forma, facilitou, concorreu para que a vítima praticasse a prostituição ou fosse, de qualquer outra forma, explorada sexualmente.

Consuma-se também a figura típica mediante impedimento ao abandono da prostituição, quando a vítima, já decidida a deixar o meretrício, de alguma forma, é impedida pelo agente, permanecendo no comércio carnal. Da mesma forma aquela que quer se

---

[102] NORONHA, Edgard Magalhães. *Direito penal*, v. 3, p. 226.
[103] NUCCI, Guilherme de Souza. *Código penal comentado*, p. 816.

livrar da exploração sexual a que vem sendo submetida e é impedida pelo agente.

O delito também restará consumado quando ficar provado que o agente, de alguma forma, dificultou, criando problemas para que a vítima abandonasse a prostituição ou a exploração sexual a que estava sujeita.

Tratando-se de crime plurissubsistente, no qual se pode fracionar o *iter criminis*, será admissível o raciocínio relativo à tentativa.

Em sentido contrário, entendendo pela impossibilidade da tentativa, Guilherme de Souza Nucci aduz que: "não admite tentativa nas formas *induzir, atrair* ou *facilitar* por se tratar de crime condicionado. Poderia configurar a tentativa nas modalidades *impedir* e *dificultar*, mas não cremos ser realisticamente viáveis".[104]

Elemento subjetivo

O dolo é o elemento subjetivo exigido pelo tipo penal do art. 228 do diploma repressivo, não havendo previsão para a modalidade de natureza culposa.

Assim, a conduta do proxeneta deve ser dirigida finalisticamente a introduzir a vítima nas atividades de prostituição ou de outra forma de exploração sexual, auxiliar a sua permanência ou, mesmo, impedir ou dificultar a sua saída dessas atividades sexuais.

Modalidades comissiva e omissiva

As condutas inseridas no tipo penal que prevê o delito de favorecimento da prostituição ou outra forma de exploração sexual pressupõem um comportamento ativo por parte do sujeito, vale dizer, o proxeneta faz alguma coisa no sentido de iniciar a vítima na prostituição ou em qualquer outra forma de exploração sexual, mantê-la nessa atividade ou, mesmo, impedi-la ou dificultá-la de abandoná-la.

No entanto, poderá ser cometido, também, via omissão imprópria, na hipótese, por exemplo, em que o agente, gozando do *status* de garantidor, dolosamente, nada fizer para impedir que a vítima se inicie na prostituição, ou se submeta a qualquer forma de exploração sexual. Assim, imagine-se o fato praticado por um pai que, mesmo percebendo que sua filha menor de idade está sendo aliciada para iniciar-se na prostituição e desejando, na verdade, essa nova forma de vida para ela, podendo, não a impede.

Modalidades qualificadas

Determina o § 1º do art. 228 do Código Penal que, se o agente é ascendente, padrasto, madrasta, irmão, enteado, cônjuge, companheiro, tutor ou curador, preceptor ou empregador da vítima, ou se assumiu, por lei ou outra forma, obrigação de cuidado, proteção ou vigilância, a pena é de reclusão, de 3 (três) a 8 (oito) anos.

Já o § 2º aduz que se o crime for cometido com o emprego de violência, grave ameaça ou fraude, a pena será de reclusão, de 4 (quatro) a 10 (dez) anos, além da pena correspondente à violência.

Valem, aqui, as explicações levadas a efeito quando dos comentários ao item correspondente no artigo anterior.

Proxenetismo mercenário

Assevera o § 3º do art. 228 do Código Penal que, *se o crime é cometido com o fim de lucro, aplica-se também multa*, tal como ocorre na hipótese do § 3º do art. 227 do mesmo diploma legal, que prevê a mediação para servir a lascívia de outrem.

Causas de aumento de pena

Vide art. 234-A, acrescentado ao Código Penal pela Lei nº 12.015, de 7 de agosto de 2009.

Pena, ação penal e segredo de justiça

A pena prevista para a modalidade fundamental de favorecimento da prostituição ou outra forma de exploração sexual é de reclusão, de 2 (dois) a 5 (cinco) anos e multa; para a modalidade qualificada constante do § 1º do art. 228 do Código Penal, a pena é de reclusão, de 3 (três) a 8 (oito) anos, sendo que, para a forma também qualificada tipificada no § 2º do referido estatuto repressivo, a pena é de reclusão, de 4 (quatro) a 10 (dez) anos, além da pena correspondente à violência.

Se o crime é cometido com o fim de lucro, aplica-se também a pena de multa, cumulativamente.

A ação penal, em qualquer das formas de favorecimento da prostituição ou outra forma de exploração sexual, é de *iniciativa pública incondicionada*.

Nos termos do art. 234-B do Código Penal, os processos em que se apuram crimes previstos pelo Título VI, vale dizer, os *crimes contra a dignidade sexual*, correrão em segredo de justiça.

Contudo, os §§ 1º e 2º, inseridos no art. 234-B do Código Penal pela Lei nº 15.035, de 27 de novembro de 2024, determinam, *verbis*:

§ 1º O sistema de consulta processual tornará de acesso público o nome completo do réu, seu número de inscrição no Cadastro de Pessoas Físicas (CPF) e a tipificação penal do fato a partir da condenação em primeira instância pelos crimes tipificados nos arts. 213, 216-B, 217-A, 218-B, 227, 228, 229 e 230 deste Código, inclusive com os dados da pena ou da medida de segurança imposta, ressalvada a possibilidade de o juiz fundamentadamente determinar a manutenção do sigilo.

§ 2º Caso o réu seja absolvido em grau recursal, será restabelecido o sigilo sobre as informações a que se refere o § 1º deste artigo.

---

[104] NUCCI, Guilherme de Souza. *Crimes contra a dignidade sexual* – comentários à lei 12.015, de 7 de agosto de 2009, p. 76.

Habitualidade

Para que se reconheça a prostituição ou mesmo qualquer outra forma de exploração sexual há necessidade de que o comércio da atividade sexual ou a exploração a que se submete a vítima seja habitual, ou basta a prática de um congresso carnal com finalidade lucrativa, ou de um ato que se configure em exploração sexual?

Alguns dos leitores devem ter assistido a um filme muito interessante, com a atriz Demi Moore, com o título *Proposta Indecente*. Um dos protagonistas ofereceu a uma mulher casada uma importância considerável em dinheiro, que a enriqueceria, apenas por uma noite de sexo. Nesse caso, se a mulher aceitasse a proposta, estaria configurada a prostituição? Da mesma forma, aquele que, por exemplo, induzisse a vítima a se entregar por dinheiro a alguém apenas por uma noite praticaria o delito tipificado no art. 228 do Código Penal?

Enrique Orts Berenguer, analisando o tema, concluiu que "a realização de um só ato sexual, ainda quando se realize por dinheiro, não parece que constitua prostituição, ao menos no sentido usual da linguagem".[105]

Soler conceitua prostituição dizendo: "É a atividade consistente em entregar-se habitualmente aos tratos sexuais com pessoas mais ou menos determinadas, que eventualmente o requeiram. [...] constitui-se em um modo de viver".[106]

Percebe-se, portanto, mediante as lições dos renomados autores, que a prostituição, como atividade profissional do sexo, somente se configura com o requisito da habitualidade.

Dessa forma, tanto a mulher que protagonizava um dos papéis no filme *Proposta Indecente* quanto aquela que se deixa levar, influenciada pelo agente, a permitir uma única noite de sexo em troca de dinheiro não podem, nos termos legais, ser consideradas prostitutas, razão pela qual o agente que convence a mulher a se entregar a alguém, apontando-lhe as vantagens que receberia em dinheiro, não pratica o delito tipificado no art. 228 do Código Penal, podendo, entretanto, responder pela mediação para satisfazer lascívia de outrem, prevista no art. 227 do mesmo diploma legal.

Em sentido contrário, Renato Marcão e Plínio Gentil, posicionam-se no sentido de que:

"Haverá prostituição mesmo quando não houver habitualidade na venda dos prazeres do sexo.

Imaginemos a seguinte hipótese: a vítima, já determinada a exercer a prostituição, se instala em prostíbulo e na primeira noite recebe um cliente. Pratica sexo com ele e recebe o valor cobrado. Na manhã seguin-te, por qualquer razão que aqui desimporta, resolve abandonar a 'vida fácil' e retornar à vida honesta.

Pergunta-se: é correto dizer que não exerceu prostituição? Se for *impedida* pelo proxeneta de abandonar 'função', não estarão presentes as elementares do crime previsto no art. 228?

A resposta a estas duas questões e a tantas outras que poderiam ser feitas com base nos verbos do tipo penal sob análise é exatamente a mesma: sim.

É claro que exerceu a prostituição, ainda que efêmera, e bem por isso não deve reclamar habitualidade na mercancia do sexo para fins de tipificação penal."[107]

Com todo respeito à posição dos renomados amigos, entendemos que a finalidade daquele que pratica o ato sexual também deve ser considerada para efeito de reconhecimento da prostituição, mesmo que, posteriormente, venha, como no exemplo por eles citado, a praticar somente um ato sexual e depois desista de continuar no comércio do sexo.

Assim, se uma pessoa ingressa em um bordel querendo dar início à sua "carreira" como prostituta, vende seu corpo uma única vez, e depois se arrepende, não podemos deixar de reconhecer que houve prostituição. Agora, como nas hipóteses por nós referidas anteriormente, se alguém não quiser fazer disso uma profissão e se vender seu corpo uma única vez, não podemos reconhecer a prostituição, que exige, assim, pelo menos uma finalidade habitual.

Da mesma forma, a expressão *exploração sexual* nos dá a ideia de uma prática reiterada, constante. Assim, não poderia responder pelo delito em estudo aquele que, por exemplo, induzisse a vítima a permitir que ficasse à disposição de alguém tão somente por um dia, a fim de que o sujeito deixasse aflorar todos os seus desejos libidinosos. O agente, tal como na hipótese de prostituição, poderia ser responsabilizado pelo delito tipificado no art. 227 do Código Penal.

O reconhecimento da prostituição exige contato físico?

Linhas atrás, concluímos que a prostituição exige a prestação de atividades sexuais que tenham como contrapartida o pagamento de um preço.

No entanto, essas atividades sexuais devem ser entendidas, necessariamente, no sentido de contato físico com o agente que paga pelos serviços sexuais, ou poderia ser entendida como prostituição aquela atividade na qual alguém, mesmo não tocando naquele que paga pelos seus serviços, ou, ainda, não permitindo que seja tocado, também prestasse atividades ligadas aos prazeres sexuais?

Emiliano Borja Jiménez, analisando o tema, preleciona: "Ainda que o *Dicionário da Real Academia* defina esse conceito como atividade sexual que presta uma

---

[105] BERENGUER, Enrique Orts. *Derecho penal* – parte especial, p. 967.

[106] SOLER, Sebastian. *Derecho penal argentino*, v. III, p. 311.

[107] MARCÃO, Renato; GENTIL, Plínio. *Crimes contra a dignidade sexual*, p. 307/308.

pessoa em troca de dinheiro, creio que o termo legal é mais limitado. Se circunscreveria ao marco das relações sexuais que exigem contato físico entre o agente e seu cliente, em troca de dinheiro. A isso haveria de somar as notas de brevidade no tempo e de diversidade a respeito dos sujeitos da oferta sexual. Assim ficam excluídas prestações de conteúdo sexual em troca de dinheiro nas que não existe contato físico entre trabalhador e cliente, como nas hipóteses de *strip-tease*, hipóteses de dança erótica com proibição de contatos por parte do cliente, espetáculos em cabines eróticas, telefones eróticos e ofertas similares".[108]

Apesar da autoridade do renomado professor da Universidade de Valência (Espanha), ousamos discordar, pois que podemos compreender o exercício da prostituição como aquela atividade ligada à prestação de um serviço de natureza sexual em troca de um preço, não importando se há ou não possibilidade de contato físico. O que o "comprador" deseja é a realização de seus prazeres sexuais, que lhe são oferecidos pela(o) prostituta(o), haja ou não contato corporal. Assim, por exemplo, o que ocorre com *disk-sexo*, em que uma pessoa entra em contato com outra, via telefone, a fim de ver realizados seus sonhos e desejos eróticos. Simula-se, até mesmo, uma situação de relação sexual. Nesse caso, segundo entendemos, poderíamos considerar a atividade daquela(e) que presta serviços sexuais a alguém em troca de preço como característica da prostituição.

Casa de prostituição

Art. 229. Manter, por conta própria ou de terceiro, estabelecimento em que ocorra exploração sexual, haja, ou não, intuito de lucro ou mediação direta do proprietário ou gerente:
Pena – reclusão, de dois a cinco anos, e multa.

Introdução

A redação do art. 229 do Código Penal foi alterada pela Lei nº 12.015, de 7 de agosto de 2009, que dizia, inicialmente: *manter, por conta própria ou de terceiro, casa de prostituição ou lugar destinado a encontros para fim libidinoso, haja, ou não, intuito de lucro ou mediação direta do proprietário ou gerente*.

Com a nova redação, em vez de referir-se à casa de prostituição ou lugar destinado a encontros para fim libidinoso, o tipo penal passou a mencionar, tão somente, o estabelecimento em que ocorra exploração sexual, mantendo-se, no mais, os elementos constantes do tipo penal anterior, inclusive a sua rubrica: *casa de prostituição*.

Assim, de acordo com a nova redação legal, podemos destacar os seguintes elementos que compõem a mencionada figura típica: *a)* a conduta de *manter*, por conta própria ou de terceiro; *b)* estabelecimento em que ocorra a exploração sexual; *c)* haja ou não intuito

de lucro; *d)* ou a mediação direta do proprietário ou gerente.

O núcleo *manter* nos dá a ideia de habitualidade, de permanência. Manter requer um comportamento mais ou menos prolongado, com persistência no tempo. Não se trata de um comportamento praticado em um só instante, mas com a finalidade de continuar a acontecer, durante determinado prazo, que pode ser longo, ou mesmo de curta duração. O importante, segundo nosso ponto de vista, para efeitos de reconhecimento do núcleo manter, é a finalidade de que aquela situação se prolongue.

Assim, por exemplo, tanto pode ser responsabilizado pelo delito em estudo aquele que mantém tão somente por um mês lugar destinado à prática de prostituição, como aquele que conserva um local para esse fim por muitos anos.

A manutenção pode ocorrer por conta própria ou de terceiros, querendo isso significar que o próprio agente é quem pode arcar com as despesas de manutenção do local (estabelecimento em que ocorra a exploração sexual), ou que terceira pessoa, mesmo sabendo da finalidade ilícita do lugar, contribua para a sua manutenção, devendo, também, responder pelo delito, a título de coautoria.

Se, porventura, o terceiro desconhecer a finalidade ilícita do local para o qual contribui para a sua manutenção, o fato, para ele, será atípico, por ausência de dolo. Assim, imagine-se a hipótese em que um filho solicite o auxílio de seu pai no sentido de ajudá-lo no pagamento do aluguel de sua residência, quando, na verdade, o local onde vive destina-se, exclusivamente, à prostituição. Nesse caso, embora seja mantido por terceiro, aquele que contribui para essa manutenção, por desconhecer a finalidade ilícita do local, não poderá ser responsabilizado criminalmente, dada a ausência do elemento subjetivo (dolo) indispensável à caracterização da figura típica.

A lei penal, agora, faz menção a *estabelecimento em que ocorra a exploração sexual*. A exploração sexual pode ser lucrativa ou não, isto é, pode ser um local destinado especificamente ao comércio do corpo, como acontece com os bordéis, casas de prostituição, o *rendez-vouz*, boates de *strip-teases* etc., ou qualquer outro, mesmo que não ocorra finalidade lucrativa, para as pessoas que se deixam explorar sexualmente.

⚖ Ao editar o art. 229 do Código Penal, o legislador pretendeu abarcar todo e qualquer local onde se pratique a exploração sexual, e não apenas "em casa de prostituição ou lugar destinado a encontros para fim libidinoso". A vontade da nova lei é tornar mais amplas as hipóteses de incidência do dispositivo penal, pois nada mais faz do que trazer a prática inerente a quem detém a propriedade ou a gerência dos locais antes descritos. O novo dispositivo agrava a situação daqueles que, a partir da vigência da Lei

[108] JIMÉNEZ, Emiliano Borja. *Curso de política criminal*, p. 158-159.

n. 12.015/2009, levarem a efeito atos de exploração sexual em qualquer estabelecimento que seja, e não só naqueles outrora taxativamente descritos. (...) (AgRg nos EDcl no AgRg no AREsp 1.536.522/MG, Rel. Min. Rogerio Schietti Cruz, 6ª T., julgado em 26/05/2020, *DJe* 04/06/2020).

Nesse sentido:

🏛 TJMG, AC 0627625-06.2012.8.13.0000, Rel. Des. Herbert Carneiro, *DJe* 19/07/2012; TJDF, Rec. 2008.01.1.119088-2, Rel. Des. Mário Machado, *DJDFTE* 02/07/2010, p. 160.

Mediação direta, conforme esclarece Guilherme de Souza Nucci, "é apenas um alerta feito pelo tipo penal para demonstrar que o proprietário da casa pode entregar a administração do local a terceira pessoa e, ainda assim, estará incurso no tipo penal do art. 229. O mesmo se diga do gerente, que responde pelo crime, mesmo que administre o negócio ou o local à distância".[109]

A existência de tipos penais como o do art. 229 somente traz descrédito e desmoralização para a Justiça Penal (Polícia, Ministério Público, Magistratura etc.), pois que, embora sendo do conhecimento da população em geral que essas atividades são contrárias à lei, ainda assim seu exercício é levado a efeito com propagandas em jornais, revistas, *outdoors*, até mesmo em televisão, e nada se faz para tentar coibi-lo.

Nas poucas oportunidades em que se resolve investir contra os empresários da prostituição, em geral, percebe-se, por parte das autoridades responsáveis, atitudes de retaliação, vingança, enfim, o fundamento não é o cumprimento rígido da lei penal, mas algum outro motivo, muitas vezes escuso, que impulsiona as chamadas *blitz* em bordéis, casas de massagem e similares. Nessas poucas vezes em que ocorrem essas batidas policiais, também o que se procura, como regra, é a descoberta de menores que se prostituem, demonstrando, assim, que não é o local em si que está a merecer a repressão do Estado, mas sim o fato de ali se encontrarem pessoas que exigem a sua proteção.

O Estado, no entanto, não está acostumado a abrir mão de sua força, deixando-a de reserva para "algum momento oportuno". Entendemos que a revogação de alguns delitos que giram em torno da prostituição de pessoas maiores e capazes contribuiria para a diminuição da corrupção existente no Estado, pois que a licitude de determinados comportamentos, hoje tidos como criminosos, impediria solicitações ou, mesmo, exigências indevidas por parte de determinados funcionários públicos, que fazem "vista grossa" quando obtêm alguma vantagem indevida e, ao contrário, retaliam, quando seus interesses ilegais não são satisfeitos.

Paulo César Busato, com precisão, afirma que:

"Novamente o legislador reformista perdeu uma grande oportunidade de banir do sistema punitivo uma conduta anacrônica, descontextualizada da sociedade atual, e que não corresponde, absolutamente, a uma ideia de direito penal mínimo, que praticamente logra consenso na doutrina mais respeitável.

É óbvio que o fato prostituição tem que ocorrer em algum lugar.

Se o ato de prostituir-se é lícito, qual seria a razão para castigar quem mantém o lugar de realização de um ato lícito?"[110]

E continua o dileto amigo, dizendo:

"Aqui aparece claramente o efeito nocivo do chamado *direito penal simbólico*, pois o uso de Direito Penal para a incriminação de uma conduta absolutamente carente de qualquer lesividade conduz a que a sociedade simplesmente faça vistas grossas à efetiva ocorrência do mencionado delito, expondo ao descrédito as instituições encarregadas da persecução penal."[111]

Acreditamos que o controle social informal, praticado pela própria sociedade, seria suficiente para efeitos de conscientização dos males causados pela prática de determinados comportamentos que envolvem a prostituição, não havendo necessidade de sua repressão por parte do Direito Penal, que deve ser entendido como *extrema* ou *ultima ratio*.

🏛 No que concerne ao art. 229 do CP, não é difícil perceber a correta subsunção dos fatos narrados ao crime previsto no citado dispositivo, ou seja, o tipo objetivo abarca a conduta de "manter" estabelecimento de exploração sexual, conduta que pode ser realizada tanto pelo proprietário do estabelecimento, de forma direta, como por seu preposto – gerente do negócio. Ou seja, basta que se mantenha estabelecimento onde ocorra exploração sexual para que o delito seja consumado. 4. No caso, se evidenciou a mercancia sexual, com aferição de proveito e lucro, seja com a cobrança de percentual sobre a utilização dos quartos para a realização dos programas sexuais, seja indiretamente, com o consumo de bebidas pelos clientes (STJ, REsp 1.464.450/SC, Rel. Min. Joel Ilan Paciornik, 5ª T., *DJe* 23/08/2017).

Nesse sentido:

🏛 STJ, HC 238.688/RJ, Rel. Min. Felix Fischer, 5ª T., *DJe* 19/08/2015; STJ, AgRg no REsp 924750/RS, Rel.ª Min.ª Maria Thereza de Assis Moura, 6ª T., *DJe* 15/03/2011; STF, HC 104467/RS, Rel.ª Min.ª Cármen Lúcia, 1ª T., j. 08/02/2011, *Informativo* nº 615.

Classificação doutrinária

Crime comum (não havendo qualquer exigência de qualidade ou condição especial do sujeito ativo); doloso; de forma livre; comissivo (podendo, excepcionalmente, ser praticado via omissão imprópria, na

---

[109] NUCCI, Guilherme de Souza. *Código penal comentado*, p. 682.
[110] BUSATO, Paulo César. *Direito penal – parte especial 1*, p. 915/916.
[111] BUSATO, Paulo César. *Direito penal – parte especial 1*, p. 916.

hipótese de o agente gozar do *status* de garantidor); habitual; permanente; monossubjetivo; plurissubsistente; não transeunte (como regra, pois que é possível a comprovação por meio de perícia de que o lugar tratava-se de estabelecimento em que ocorria a exploração sexual).

Objeto material e bem juridicamente protegido

A moralidade pública sexual é o bem juridicamente protegido pelo tipo penal que prevê o delito tipificado no art. 229 do Código Penal e, num sentido mais amplo, a dignidade sexual.

O objeto material é o próprio estabelecimento em que ocorre a exploração sexual.

Sujeito ativo e sujeito passivo

Qualquer pessoa poderá ser considerada *sujeito ativo* do delito em estudo, não exigindo o tipo penal nenhuma qualidade ou condição especial a esse reconhecimento.

Tem-se apontado a *coletividade* como *sujeito passivo* do delito previsto pelo art. 229 do Código Penal, haja vista ser a moralidade pública sexual o bem por ele juridicamente protegido. Alguns autores, a exemplo de Luiz Regis Prado,[112] apontam, também, como sujeito passivo aquele que exerce a prostituição nesses lugares.

Em sentido contrário, Guilherme de Souza Nucci aduz: "A pessoa que se prostitui não é sujeito passivo, tendo em vista que o ato em si não é considerado ilícito penal".[113]

Consumação e tentativa

Embora seja considerado um crime habitual, acreditamos que a consumação ocorra com, por exemplo, a inauguração do lugar em que ocorra a exploração sexual. A abertura de um bordel, a nosso ver, já configuraria a consumação do delito, independentemente, até mesmo, de que algum casal já tenha ali se relacionado sexualmente.

Assim, imagine-se a hipótese em que a polícia, informada sobre a inauguração de uma luxuosa casa de prostituição, dirija-se até o local no exato instante em que é aberta por seu proprietário, que havia levado a efeito o convite de inúmeras autoridades para que conhecessem o seu novo local de exploração sexual. Embora existam posições em contrário, não entendemos que o fato de ser reconhecido como um delito habitual seria uma barreira para a prisão em flagrante do mencionado proprietário.

O dolo de manter aquele local era evidente: a casa já estava aberta e preparada para receber os "clientes". Que mais se deveria esperar para que se concluísse pela prática da mencionada infração penal? O núcleo

manter, segundo nosso ponto de vista, já estava presente, razão pela qual poderíamos concluir pela consumação do delito tipificado no art. 229 do Código Penal.

A questão, como dissemos, é polêmica. Cezar Roberto Bitencourt, por exemplo, entende que: "Este crime é habitual e permanente. Tratando-se de crime habitual, por certo, a prática de um ou outro encontro 'amoroso' é insuficiente para consumar o delito, cuja tipificação exige a prática reiterada de condutas que, isoladamente, constituem um indiferente penal".[114]

Apesar da força do raciocínio do renomado professor gaúcho, não podemos com ele concordar. É certo que o tipo exige o *animus* da permanência, habitualidade, mas, por outro lado, não requer, como dissemos, a prática de qualquer comportamento libidinoso. Quando a lei faz menção a "estabelecimento em que ocorra a exploração sexual" está se referindo, na verdade, à necessidade dessa finalidade com caráter duradouro, e não à preparação de um lugar, por exemplo, para um único encontro destinado à prática da prostituição. Assim, imagine-se a hipótese na qual um conhecido artista internacional esteja organizando uma turnê no Brasil e peça ao seu empresário para que consiga um local a fim de que, somente por um dia, possa descansar e ter relações sexuais com uma prostituta brasileira. Assim, atendendo ao pedido do artista, o referido empresário consegue alugar, por um único dia, uma mansão em frente à praia, e organiza tudo aquilo que era necessário para aquela única noite de prazer. Obviamente que, nesse caso, não poderíamos falar em *manutenção de estabelecimento em que ocorra a exploração sexual*, pois que aquele lugar, especialmente preparado para a prática de atos libidinosos, não cumpriria a exigência da habitualidade exigida pelo tipo.

No entanto, imagine-se, agora, a hipótese daquele que, depois de inaugurar sua luxuosa casa de prostituição, ainda não tenha conseguido angariar nenhum cliente. Poderíamos afastar a elementar típica *manter*, simplesmente pelo fato de que os aposentos ainda não haviam sido utilizados para a prática de atos libidinosos? O prostíbulo já não estava sendo mantido do mesmo modo, ou seja, já não se encontrava aberto com a finalidade de acolher pessoas que ali desejassem explorar sexualmente as "garotas de programa" que ali aguardavam seus "clientes"?

Entendemos, portanto, que o núcleo *manter* já estava sendo praticado pelo agente, razão pela qual o delito poderia ser considerado consumado, mesmo sem a constatação de qualquer prática de atos sexuais.

Existe controvérsia, ainda, no que diz respeito à possibilidade de tentativa no delito em estudo. A maioria da doutrina entende pela impossibilidade do reco-

---

[112] PRADO, Luiz Regis. *Curso de direito penal brasileiro*, v. 3, p. 281.

[113] NUCCI, Guilherme de Souza. *Código penal comentado*, p. 817.

[114] BITENCOURT, Cezar Roberto. *Tratado de direito penal*, v. 4, p. 94.

nhecimento do *conatus*, tendo em vista a natureza *habitual* do delito.

Nesse sentido, afirma Guilherme de Souza Nucci: "Não admite tentativa por se tratar de crime habitual. Aliás, além de habitual, conforme a situação concreta, pode ser crime condicionado, dependente de prova da ocorrência da exploração sexual (delito antecedente, como, por exemplo, a figura do art. 215)".[115]

No entanto, tratando-se de crime plurissubsistente, em nossa opinião, torna-se perfeitamente admissível o raciocínio da tentativa, pois que se pode visualizar o fracionamento do *iter criminis*.

Assim, imagine-se a hipótese daquele que seja surpreendido no exato instante em que ia levar a efeito a inauguração de seu bordel, que foi impedido de ser aberto por circunstâncias alheias à vontade do agente. Nesse caso, poderíamos entender pela tentativa do delito tipificado no art. 229 do Código Penal. Frise-se que a maior parte de nossos doutrinadores repudia esse entendimento, a nosso ver sem razão, *permissa venia*, pois que se baseiam tão somente no fato de estarmos diante de um delito habitual,[116] e desprezam, equivocadamente, sua natureza plurissubsistente.

[...] crime é manter pessoa em condição de explorada, obrigada, coagida, não raro em más condições, ou mesmo em condição análoga à de escravidão, impondo-lhe a prática de sexo sem liberdade de escolha, ou seja, com tolhimento de sua liberdade sexual e em violação de sua dignidade sexual. E é por isso mesmo que o bem jurídico tutelado não é a moral pública mas sim a dignidade sexual como, aliás, o é em todos os crimes constantes do Título VI da Parte Especial do Código Penal, dentre os quais, o do artigo 229. E o sujeito passivo do delito não é a sociedade mas sim a pessoa explorada, vítima da exploração sexual. Destarte, entendo que para a configuração do delito é necessário o tolhimento à liberdade da pessoa (Informações Complementares à Ementa – REsp 1.683.375/SP, Rel. Min. Maria Thereza de Assis Moura, 6ª T., julgado em 14/08/2018, *DJe* 29/08/2018).

Elemento subjetivo

O dolo é o elemento subjetivo exigido pelo tipo penal do art. 229 do diploma repressivo, não havendo previsão para a modalidade de natureza culposa.

Assim, a conduta do agente deve ser dirigida finalisticamente a praticar, reiteradamente, os atos que se configuram no delito de natureza habitual, vale dizer, a manutenção de estabelecimento em que ocorra exploração sexual. Dessa forma, o elemento subjetivo deve abranger o caráter duradouro do comportamento, não se destinando, por exemplo, a uma única ocasião.

Para que o agente seja responsabilizado pela figura típica em estudo, deverá ter conhecimento, ainda, de que mantém estabelecimento em que ocorra exploração sexual, pois, caso contrário, o fato será atípico, por ausência do necessário elemento subjetivo, como na hipótese do terceiro, já referido anteriormente, que contribui para a manutenção de determinado local, desconhecendo que ali era praticada a exploração sexual.

Modalidades comissiva e omissiva

O núcleo *manter* pressupõe um comportamento comissivo por parte do agente. No entanto, o delito poderá ser praticado via omissão imprópria, nas hipóteses em que o agente, gozando do *status* de garantidor, dolosamente, nada fizer para impedir a perpetuação do estabelecimento destinado à exploração sexual.

Assim, imagine-se o exemplo em que o agente, policial, tendo, nos termos da alínea *a* do § 2º do art. 13 do Código Penal, a obrigação legal de impedir o resultado, mesmo sabendo da existência de uma casa de prostituição, dolosamente, nada faça no sentido de impedir o seu funcionamento. Nesse caso, deverá ser responsabilizado pelo delito em estudo, via omissão imprópria.

Pena, ação penal e segredo de justiça

O preceito secundário do art. 229 do Código Penal comina uma pena de reclusão, de 2 (dois) a 5 (cinco) anos, e multa.

A ação penal é de *iniciativa pública incondicionada*.

Nos termos do art. 234-B do Código Penal, os processos em que se apuram crimes previstos pelo Título VI, vale dizer, os *crimes contra a dignidade sexual*, correrão em segredo de justiça.

Contudo, os §§ 1º e 2º, inseridos no art. 234-B do Código Penal pela Lei nº 15.035, de 27 de novembro de 2024, determinam, *verbis*:

§ 1º O sistema de consulta processual tornará de acesso público o nome completo do réu, seu número de inscrição no Cadastro de Pessoas Físicas (CPF) e a tipificação penal do fato a partir da condenação em primeira instância pelos crimes tipificados nos arts. 213, 216-B, 217-A, 218-B, 227, 228, 229 e 230 deste Código, inclusive com os dados da pena ou da medida de segurança imposta, ressalvada a possibilidade de o juiz fundamentadamente determinar a manutenção do sigilo.

§ 2º Caso o réu seja absolvido em grau recursal, será restabelecido o sigilo sobre as informações a que se refere o § 1º deste artigo.

---

[115] NUCCI, Guilherme de Souza. *Crimes contra a dignidade sexual* – Comentários à Lei 12.015, de 7 de agosto de 2009, p. 81.

[116] Nesse sentido: Cezar Roberto Bitencourt, quando diz que "como crime habitual, não admite tentativa" (*Tratado de direito penal*, v. 4, p. 94); e, ainda, Luiz Regis Prado, que afirma ser "a tentativa inadmissível, por se tratar de delito habitual" (*Curso de direito penal brasileiro*, v. 3, p. 282).

Motéis

Tendo em vista a redação legal, poderíamos entender como típica a conduta daquele que mantém um motel?

Sob a vigência da redação anterior, embora houvesse divergência doutrinária e jurisprudencial, a maioria se posicionava no sentido de não entender como típica a manutenção de motéis. Hoje, após a modificação levada a efeito pela Lei nº 12.015, de 7 de agosto de 2009, somente se ficar demonstrado que o estabelecimento hoteleiro destinava-se à exploração sexual, o que não é incomum em determinadas regiões do país, o fato poderá amoldar-se à definição constante do art. 229 do Código Penal.

Nos dias de hoje, aqueles que mantêm estabelecimentos destinados a encontros para fins sexuais não podem ser incriminados, diante da permissividade da sociedade quanto a esse modelo de comportamento. Embora ainda figure no Código Penal vigente, a conduta a que se refere o seu art. 229 (casa de prostituição) deixou de ser vista à conta delituosa. E deixou de sê-lo, porque se trata de um conceito moral reconhecidamente ultrapassado e que já não tem mais como sustentar-se nos dias atuais. A sociedade hodierna culminou por ditar uma realidade que acabou por afastar a ilicitude daquela conduta – a do art. 229 –, tornando-a, em consequência, atípica a conduta, em nome da evolução dos costumes (TJ-MG, AC 2868535-38.2009.8.13.0105, Rel. Des. Antônio Carlos Cruvinel, *DJe* 13/04/2016).

Nesse sentido:

TJRS, Ap. Crim. 70046831004, Rel.ª Des.ª Naele Ochoa Piazzeta, j. 14/06/2012.

Prisão em flagrante

Existe intensa discussão com relação à possibilidade de levar a efeito a prisão em flagrante quando estivermos diante de um crime habitual, ou seja, aquele que, para efeitos de consumação, requer a reiteração dos comportamentos previstos no tipo penal.

O delito de casa de prostituição, como afirmamos, se amolda ao conceito de crime habitual. Contudo, embora nossa posição seja minoritária, entendemos ser perfeitamente possível a prisão em flagrante daquele que mantinha, por conta própria ou de terceiro, estabelecimento em que ocorria exploração sexual, com ou sem intenção de lucro ou mediação direta do proprietário ou gerente.

Assim, imagine-se a hipótese em que a polícia tome conhecimento, por meio de recortes de jornais, que determinado estabelecimento era, efetivamente, uma casa de prostituição. No anúncio, até mesmo, tinha uma "tabela de preços", informando aos clientes quanto pagariam pelo prazer sexual. Seria absurdo acreditar que os policiais, ao se dirigirem ao local anunciado, verificando, que a mencionada "tabela de preços" encontrava-se afixada na porta de entrada, poderiam prender em flagrante o agente responsável pela manutenção daquele prostíbulo, simplesmente por se tratar de um crime habitual? Acreditamos que não.

No entanto, como dissemos, grande parte da doutrina se posiciona contrariamente a essa possibilidade de prisão em flagrante, a exemplo de Guilherme de Souza Nucci, quando afirma ser "juridicamente impossível a prisão em flagrante no caso do art. 229", dizendo que "com a nova redação, há maior razão para se afastar essa atitude estatal. Além de se exigir *prova da habitualidade*, o que demanda tempo, algo incompatível com o flagrante, pode ser exigível *prova da existência da exploração sexual* (prática de qualquer crime sexual envolvendo esse estado). A situação de flagrância perde-se em meio a tantas exigências probatórias incompatíveis com a urgência da medida".[117] Ousamos discordar do renomado autor. Tomando-se por base o exemplo acima mencionado, que encontramos praticamente em todas as grandes cidades, nada tem de extraordinário ou mesmo complicado em se afirmar que um determinado local era destinado à exploração sexual. Muito pelo contrário, os "empresários do sexo", ou seja, os mantenedores desses locais fazem propagandas em todos os meios de comunicação, inclusive, no saguão de aeroportos.

Enfim, concluindo, entendemos ser perfeitamente possível a prisão em flagrante do agente que pratica o comportamento previsto pelo tipo do art. 229 do Código Penal, mesmo tratando-se de um crime habitual.

Crime de manutenção de casa de prostituição (art. 229 do Código Penal). Prisão em flagrante. Situação de flagrância devidamente caracterizada. Policiais que ingressaram no estabelecimento comercial gerenciado pela paciente e flagraram a exploração sexual de mulheres (TJSC, HC 2010.046257-9, Rel. Juiz Rodrigo Collaço, *DJSC* 19/08/2010, p. 191).

Abolito criminis

1. Mesmo após as alterações legislativas introduzidas pela Lei nº 12.015/2009, a conduta consistente em manter Casa de Prostituição segue sendo crime tipificado no artigo 229 do Código Penal. Todavia, com a novel legislação, passou-se a exigir a "exploração sexual" como elemento normativo do tipo, de modo que a conduta consistente em manter casa para fins libidinosos, por si só, não mais caracteriza crime, sendo necessário, para a configuração do delito, que haja exploração sexual, assim entendida como a violação à liberdade das pessoas que ali exercem a mercancia carnal. 2. Não se tratando de estabelecimento voltado exclusivamente para a prática de mercancia sexual, tampouco havendo notícia de envolvimento de menores de idade, nem comprovação de que o recorrido tirava proveito, auferindo lucros da atividade

---

[117] NUCCI, Guilherme de Souza. *Crimes contra a dignidade sexual* – comentários à lei 12.015, de 7 de agosto de 2009, p. 82-83.

sexual alheia mediante ameaça, coerção, violência ou qualquer outra forma de violação ou tolhimento à liberdade das pessoas, não há falar em fato típico a ser punido na seara penal. 3. Recurso improvido (REsp 1.683.375/SP, Rel. Min. Maria Thereza de Assis Moura, 6ª T., julgado em 14/08/2018, *DJe* 29/08/2018).

Nesse sentido:

⚖ TJSC, ACr 2009.060474-0, Rel.ª Des.ª Marli Mosimann Vargas, *DJSC* 17/08/2010, p. 392; REsp 1.683.375/SP, Rel.ª Min.ª Maria Thereza de Assis Moura, 6ª T., j. 14/08/2018, *DJe* 29/08/2018; TJDF, Rec. 2009.03.1.001602-8, Rel. Des. Luciano Moreira Vasconcellos, *DJDFTE* 15/07/2010, p. 111.

Rufianismo

Art. 230. Tirar proveito da prostituição alheia, participando diretamente de seus lucros ou fazendo-se sustentar, no todo ou em parte, por quem a exerça:

Pena – reclusão, de um a quatro anos, e multa.

§ 1º Se a vítima é menor de 18 (dezoito) e maior de 14 (catorze) anos ou se o crime é cometido por ascendente, padrasto, madrasta, irmão, enteado, cônjuge, companheiro, tutor ou curador, preceptor ou empregador da vítima, ou por quem assumiu, por lei ou outra forma, obrigação de cuidado, proteção ou vigilância:

Pena – reclusão, de 3 (três) a 6 (seis) anos, e multa.

§ 2º Se o crime é cometido mediante violência, grave ameaça, fraude ou outro meio que impeça ou dificulte a livre manifestação da vontade da vítima:

Pena – reclusão, de 2 (dois) a 8 (oito) anos, sem prejuízo da pena correspondente à violência.

Introdução

O rufianismo – ativo e passivo – está previsto no art. 230 do Código Penal.

Assim, de acordo com a redação típica, podemos apontar os seguintes elementos: *a)* a conduta de tirar proveito da prostituição alheia; *b)* seja participando diretamente de seus lucros; *c)* seja fazendo-se sustentar, no todo ou em parte, por quem a exerça.

O núcleo do tipo aduz o comportamento de *tirar proveito* da prostituição alheia.

A expressão *tirar proveito* possui natureza econômica, e não sexual, e pode ocorrer mediante duas situações distintas. Na primeira delas, o agente participa diretamente dos lucros auferidos com a prostituição alheia. Atua como se fizesse parte do negócio, sendo que sua função, em geral, é dar proteção, organizar ativamente as atividades daquela (ou daquele) que se prostitui. É o chamado *rufianismo ativo*. Na segunda modalidade, conhecida como *rufianismo passivo*, o agente não participa diretamente das atividades ligadas à prostituição, mas somente se faz sustentar

por quem a exerce. É o famoso *gigolô,* normalmente amante da prostituta.

Como esclarecem Renato Marcão e Plínio Gentil:

"A relação parasitária punível é somente aquela estabelecida enquanto a meretriz ainda exerça o comércio carnal.

Para a configuração do crime, é imprescindível que o proveito obtido seja extraído de parte do que é auferido com o exercício da prostituição, e não de qualquer outra fonte de renda ou recursos."[118]

Para efeitos de configuração da mencionada figura típica, haverá necessidade de constatação do requisito habitualidade, sem o qual o fato se transforma em um indiferente penal.

⚖ Caso em que as circunstâncias do crime bem evidenciam a gravidade diferenciada da conduta e a periculosidade social da agente, uma vez que é acusada de manter de forma organizada e permanente, em sua própria residência e/ou em loja de sua propriedade, um esquema de prostituição com menor de idade (16 anos à época dos fatos), inclusive com venda de bebidas alcóolicas, constando ainda que somente em um único dia foi observada a entrada e saída de 15 (quinze) homens (STJ, RHC 93.102/PR, Rel. Min. Jorge Mussi, 5ª T., *DJe* 15/06/2018).

Nesse sentido:

⚖ TJSC, ACr 2010.012391-4, Rel. Des. Alexandre d'Ivanenko, *DJSC* 09/06/2010, p. 573; TJDF, APR1813097, Crim., Rel. P. A. Rosa de Farias, 1ª T., j. 18/03/1998, *DJ* 03/06/1998, p. 40; TJMG, 1.0000.00. 261634-0/000 [1], Rel. Sérgio Resende, pub. 17/04/2002; TJRS, Ap. Crim. 70016 668840, 8ª Câm. Crim., Rel. Roque Miguel Fank, j. 04/07/2007; STF, HC 56408, Rel. Min. Soares Muñoz, 1ª T., *RT* 522, p. 458.

As expressões *participando diretamente de seus lucros* ou *fazendo-se sustentar,* nos dão a nítida ideia da necessidade da habitualidade.

Não se exige que o agente viva, exclusivamente, a expensas da prostituição alheia, pois que a lei penal menciona expressamente a possibilidade de que essa relação ocorra total ou parcialmente, vale dizer, poderá a subsistência do agente depender exclusivamente da prostituição alheia, ou poderá ele ter uma atividade paralela à de rufião.

⚖ No rufianismo, a ação tipificada é tirar proveito da prostituição alheia, isto é, auferir vantagem, aproveitar-se economicamente de pessoa que a exerça, havendo duas modalidades: participando diretamente dos lucros ou fazendo-se sustentar por quem exerça a prostituição. Demonstrado que os acusados, mediante o emprego de violência e grave ameaça, auferiam lucro de forma direta da prostituição, deverão responder pelo crime disposto no art. 230, § 2º, do CP (TJ-MG, AC 0202428-33.2015.8.13.0672, Rel. Des. Jaubert Carneiro Jaques, *DJe* 16/09/2016).

---

[118] MARCÃO, Renato; GENTIL, Plínio. *Crimes contra a dignidade sexual,* p. 340.

Nesse sentido:

⚖ TJMG, ACR 1.0193.016977-1/001, 5ª Câm. Crim., Rel. Alexandre Victor de Carvalho, pub. 31/05/2008.

Classificação doutrinária

Crime comum com relação ao sujeito ativo e próprio no que diz respeito ao sujeito passivo, uma vez que somente aquele que exerce a prostituição poderá figurar nessa condição; doloso; material; de forma livre; comissivo (podendo ser praticado via omissão imprópria, na hipótese de o agente gozar do *status* de garantidor); habitual; monossubjetivo; plurissubsistente.

Objeto material e bem juridicamente protegido

A moralidade pública é o bem juridicamente protegido pelo tipo penal que prevê o delito de rufianismo, bem como, num sentido mais amplo, a dignidade sexual, de acordo com a nova redação conferida ao Título VI do Código Penal, pela Lei nº 12.015, de 7 de agosto de 2009.

A pessoa explorada pelo rufião (ou cafetina), seja do sexo masculino, seja do sexo feminino, é o objeto material do delito em estudo.

Sujeito ativo e sujeito passivo

Qualquer pessoa pode ser sujeito ativo do delito. O *sujeito passivo* é a pessoa explorada pelo rufião, abrangendo-se, também, em um sentido mais amplo, a coletividade.

Consumação e tentativa

Ocorre a consumação com o efetivo aproveitamento, pelo agente, da prostituição alheia, a exemplo de quando recebe o primeiro pagamento, os primeiros presentes, desde que seja com uma característica duradoura, vale dizer, não eventual.

Mesmo com alguma dificuldade de reconhecimento, não descartamos a possibilidade do raciocínio correspondente à tentativa.

Elemento subjetivo

O delito tipificado no art. 230 do Código Penal somente pode ser praticado dolosamente, não havendo previsão para modalidade de natureza culposa.

Modalidades comissiva e omissiva

A conduta de *tirar proveito* pressupõe um comportamento comissivo por parte do agente, podendo, no entanto, ser praticada via omissão imprópria.

Modalidades qualificadas

A Lei nº 12.015, de 7 de agosto de 2009 deu nova redação aos §§ 1º e 2º do art. 230 do Código Penal, criando outras modalidades qualificadas de rufianismo. Diz o § 1º do mencionado artigo, *verbis*:

§ 1º Se a vítima é menor de 18 (dezoito) e maior de 14 (catorze) anos ou se o crime é cometido por ascendente, padrasto, madrasta, irmão, enteado, cônjuge, companheiro, tutor ou curador, preceptor ou empregador da vítima, ou por quem assumiu, por lei ou outra forma, obrigação de cuidado, proteção ou vigilância:

Pena – reclusão, de 3 (três) a 6 (seis) anos, e multa.

A modificação legal teve por finalidade inserir no tipo penal do art. 230 do diploma repressivo situações que não tinham sido previstas de modo a qualificar o rufianismo, mantendo aquelas que, pelo fato de ensejarem maior juízo de censura sobre o comportamento praticado, deveriam fazer com que o delito fosse considerado qualificado, impondo-se, consequentemente, uma pena maior do que aquela prevista na sua modalidade fundamental, constante do *caput* do mencionado artigo.

A primeira das qualificadoras previstas pelo § 1º do art. 230 do Código Penal diz respeito ao fato de ser a vítima, ou seja, a pessoa que é explorada pelo rufião, menor de 18 (dezoito) e maior de 14 (catorze) anos. Nesse caso, é importante destacar que, para efeitos de reconhecimento da qualificadora, deverá ficar demonstrado nos autos que o agente sabia que a vítima encontrava-se nessa faixa etária, pois, caso contrário, poderá ser alegado o erro de tipo, fazendo com que responda tão somente pela figura prevista no *caput* do art. 230 do Código Penal.

Para efeitos de reconhecimento da idade mencionada no aludido § 1º deverá ser anexada aos autos a prova correspondente, por meio de documento próprio (certidão de nascimento, documento de identidade etc.), pois que o art. 155 do Código de Processo Penal, de acordo com a nova redação que lhe foi dada pela Lei nº 11.690, de 9 de junho de 2008, determina que somente quanto ao estado das pessoas serão observadas as restrições estabelecidas na lei civil.

Também qualifica o delito de rufianismo se o crime é cometido por ascendente, padrasto, madrasta, irmão, enteado, cônjuge, companheiro, tutor ou curador, preceptor ou empregador da vítima. Na hipótese de o delito ter sido cometido contra filho, tutelado ou curatelado, aplica-se o inc. II do art. 92 do Código Penal, que diz:

Art. 92. São também efeitos da condenação:

I – [...];

II – a incapacidade para o exercício do poder familiar, da tutela ou da curatela nos crimes dolosos sujeitos à pena de reclusão cometidos contra outrem igualmente titular do mesmo poder familiar, contra filho, filha ou outro descendente ou contra tutelado ou curatelado;

Da mesma forma, responderá pelo delito qualificado o garantidor que, por lei ou outra forma, tiver assumido a obrigação de cuidado, proteção ou vigilância da vítima. Aqui, ao contrário do que ocorre no art. 13, § 2º, *a*, do Código Penal, que exige tão somente uma obrigação legal, deverá ser considerado como qualificado o delito de rufianismo se a obrigação for oriunda, por exemplo, de um contrato, como na hipótese de alguém que é contratado para cuidar da vítima, e acaba praticando qualquer dos comportamentos previstos pelo tipo penal em estudo.

⚖ Réu condenado por infringir o artigo 230, § 1º, do Código Penal, porque submeteu adolescentes à prostituição, tirando proveito dos lucros obtidos com os programas sexuais por elas realizados (TJDF, Rec. 2009.01.1.073165-8, Ac. 433.802, 1ª T. Crim., Rel. Des. George Lopes Leite, *DJDFTE* 22/07/2010, p. 159).

Diz o § 2º do art. 230 do Código Penal que, se o crime é cometido mediante violência, grave ameaça, fraude ou outro meio que impeça ou dificulte a livre manifestação da vontade da vítima, a pena será de reclusão, de 2 (dois) a 8 (oito) anos, sem prejuízo da pena correspondente à violência.

Nessas hipóteses, o agente utiliza qualquer desses meios para que possa tirar proveito da prostituição alheia, participando diretamente de seus lucros ou fazendo-se sustentar, no todo ou em parte, por quem a exerça. É uma situação muito comum no submundo da prostituição, em que o rufião impõe à força o seu sustento pela prostituta e, como contrapartida, oferece seus serviços de "proteção".

Se houver violência, deverá ser aplicada a regra do concurso material de crimes, ou seja, deverá ser o agente responsabilizado pelo delito de rufianismo qualificado, bem como por aquele originário do emprego de violência, vale dizer, o delito de lesão corporal simples (art. 129, *caput,* do CP) ou qualificada (art. 129, §§ 1º e 2º, do CP).

Pena, ação penal e suspensão condicional do processo

A pena cominada pelo preceito secundário do *caput* do art. 230 do Código Penal é de reclusão, de 1 (um) a 4 (quatro) anos, e multa; para a modalidade qualificada no § 1º, a pena será de reclusão, de 3 (três) a 6 (seis) anos, além da multa; no § 2º, a pena será de reclusão, de 2 (dois) a 8 (oito) anos, sem prejuízo da pena correspondente à violência.

A ação penal é de *iniciativa pública incondicionada.*

Será possível a confecção de proposta de suspensão condicional do processo para a modalidade simples de rufianismo.

⚖ O suposto crime do art. 218-C do Código Penal se procede por meio de ação penal pública incondicionada (art. 225 do Código Penal). Não obstante, "a jurisprudência desta Corte Superior de Justiça consolidou-se no sentido de que eventuais máculas na fase extrajudicial não tem o condão de contaminar a ação penal, dada a natureza meramente informativa do inquérito policial" (AgRg no AREsp 898.264/SP, Rel. Min. Jorge Mussi, 5ª T., julgado em 07/06/2018, *DJe* 15/06/2018) (AgRg no REsp 1.730.708/RO, Rel. Min. Ribeiro Dantas, 5ª T., *DJe* 10/10/2018) (STJ, RHC 119.097/MG, Rel. Min. Leopoldo de Arruda Raposo

(Desembargador convocado do TJ/PE), 5ª T., julgado em 11/02/2020, *DJe* 19/02/2020).

Diferença entre o rufião e o proxeneta

Rufião é o popular cafetão, isto é, aquele que, de forma habitual, tira proveito da prostituição alheia. Já o proxeneta atua no sentido de mediar os interesses sexuais de terceiros.

Diferença entre rufianismo e favorecimento da prostituição com intuito de lucro

A diferença entre o rufianismo e o favorecimento da prostituição com o intuito de lucro (art. 228, § 3º, do CP) reside no fato de que, no rufianismo, a percepção do proveito é continuada, tratando-se, pois, de crime habitual, sendo que o favorecimento da prostituição possui a natureza de crime instantâneo.

Concurso entre rufianismo e favorecimento da prostituição

⚖ O Superior Tribunal de Justiça, analisando a mencionada situação, decidiu, em nossa opinião corretamente: que menor, trabalhando para o paciente, com a função de fazer programas com homens e mulheres, com ele dividia o dinheiro auferido, sendo, então, patente a sua condição de sócio oculto do incapaz que, na dicção de Nélson Hungria, funcionava como sócio de indústria. Nestas circunstâncias, não obstante o angariamento de clientes a indicar, *in thesi*, o favorecimento à prostituição, este delito foi absorvido pelo de rufianismo, pela preponderância do indevido proveito, consubstanciado na participação nos lucros. Em suma, o menor exercia a prostituição e o paciente dela tirava proveito direto, numa espécie de sociedade (STJ, HC 8.914/MG, Rel. Min. Fernando Gonçalves, 6ª T., *RSTJ*, v. 134, p. 525).

Prescrição

Vide art. 111, V do CP.

Política de Enfrentamento do Tráfico de Pessoas

Em 12 de junho de 2019, foi publicado o Decreto nº 9.833, que dispõe sobre o Comitê Nacional de Enfrentamento ao Tráfico de Pessoas, dizendo, em seus artigos 1º e 2º, *verbis*:

Art. 1º Este Decreto dispõe sobre o Comitê Nacional de Enfrentamento ao Tráfico de Pessoas – Conatrap, no âmbito do Ministério da Justiça e Segurança Pública.

Art. 2º Compete ao Conatrap:

I – propor estratégias para a gestão e a implementação das ações da Política Nacional de Enfrentamento ao Tráfico de Pessoas – PNETP, aprovada pelo Decreto nº 5.948, de 26 de outubro de 2006, e dos planos nacionais de enfrentamento ao tráfico de pessoas;

II – propor a elaboração de estudos e pesquisas e incentivar a realização de campanhas relacionadas ao enfrentamento ao tráfico de pessoas;

III – fomentar e fortalecer a expansão da rede de enfrentamento ao tráfico de pessoas, em especial dos Núcleos de Enfrentamento ao Tráfico de Pessoas e dos Postos Avançados de Atendimento Humanizado ao Migrante;

IV – articular suas atividades àquelas dos Conselhos Nacionais de Políticas Públicas que tenham interface com o enfretamento ao tráfico de pessoas, para promover a intersetorialidade das políticas;

V – articular e apoiar tecnicamente os comitês estaduais, distrital e municipais de enfrentamento ao tráfico de pessoas na definição de diretrizes comuns de atuação, na regulamentação e no cumprimento de suas atribuições;

VI – elaborar relatórios de suas atividades; e

VII – elaborar e aprovar o seu regimento interno.

Concurso entre rufianismo e casa de prostituição

⚖ O delito de rufianismo não é um mero exaurimento tampouco está na linha de desdobramento regular do delito tipificado no art. 229 do CP. Inaplicável, portanto, o princípio da consunção (STJ, HC 238.688/RJ, Rel. Min. Felix Fischer, 5ª T., *DJe* 19/08/2015).

Art. 231. (*Revogado*).
Art. 231-A. (*Revogado*).
Art. 232. (*Revogado*).

Promoção de migração ilegal

Art. 232-A. Promover, por qualquer meio, com o fim de obter vantagem econômica, a entrada ilegal de estrangeiro em território nacional ou de brasileiro em país estrangeiro:
Pena – reclusão, de 2 (dois) a 5 (cinco) anos, e multa.
§ 1º Na mesma pena incorre quem promover, por qualquer meio, com o fim de obter vantagem econômica, a saída de estrangeiro do território nacional para ingressar ilegalmente em país estrangeiro.
§ 2º A pena é aumentada de 1/6 (um sexto) a 1/3 (um terço) se:
I – o crime é cometido com violência; ou
II – a vítima é submetida a condição desumana ou degradante.
§ 3º A pena prevista para o crime será aplicada sem prejuízo das correspondentes às infrações conexas.

Introdução

O tipo de *promoção de migração ilegal* foi inserido no Código Penal (art. 232-A) por meio da Lei de Migração (Lei nº 13.445, de 25 de maio de 2017), que, conforme seu art. 1º, dispôs sobre os direitos e os deveres do migrante e do visitante, regulou a sua entrada e estada no País e estabeleceu princípios e diretrizes para as políticas públicas para o emigrante.

O art. 232-A foi inserido, assim, no Capítulo V (Do Lenocínio e do Tráfico de Pessoas para fim de Prostituição ou outra forma de Exploração Sexual), do Título VI (Dos Crimes contra a Dignidade Sexual), do Código Penal. No entanto, como veremos a seguir, nem todos os ingressos e saídas do nosso país têm uma finalidade sexual, razão pela qual a inserção do tipo penal *sub examen,* pelo art. 232-A, foi completamente equivocada, sem falar no fato de que criam um subtipo sem a existência do tipo principal, já que o art. 232 havia sido revogado pela Lei nº 12.015, de 7 de agosto de 2009. Vê-se, portanto, que a "bagunça legislativa" não encontra limites. Melhor seria, mesmo que não fosse o ideal, que figurasse após o art. 149-A do diploma repressivo, que prevê o delito de *tráfico de pessoas.*

A humanidade, no final do século XX e no início do século XXI, tem presenciado momentos difíceis. Fomes, doenças, guerras, terrorismo, violências, pobreza extrema, perseguições políticas, étnicas, raciais, religiosas, enfim, situações que levam os seres humanos a buscar alternativas em outros países, longe do centro desses acontecimentos.

Inúmeros desses fatores, portanto, fazem com que a migração ilegal aumente a cada dia. Os canais de informação não param de divulgar, por exemplo, cenas onde barcos são encontrados à deriva, em alto-mar, compostos por um aglomerado de pessoas que tentam fazer sua travessia, em busca de uma vida melhor. Durante o trajeto, é incontável o número de pessoas que morrem, por não aguentarem o sofrimento, a fome, a sede, as doenças etc. Da mesma forma, cruzam desertos, em busca de refúgio em outros países, fugindo da violência, escravidão, abusos sexuais. Cavam túneis, ou escalam muros altíssimos, querendo ultrapassar, ilegalmente, fronteiras de outros países, em busca de comida, emprego, dignidade...

A ONU tem realizado esforços no sentido de prevenir e combater, principalmente, o tráfico ilícito de migrantes. Na sua página web da UNODC, alerta, com precisão:

"Os migrantes são vulneráveis à exploração, e sua vida corre perigo em muitos momentos: milhares de migrantes vítimas do tráfico ilícito foram mortos sufocados em containers, perecidos em desertos ou se afogado no mar. Os traficantes de migrantes costumam realizar atividades com pouca ou nenhuma consideração pela vida das pessoas cujas dificuldades geraram a demanda de seus serviços. Os sobreviventes relataram histórias devastadoras de suas terríveis experiências: pessoas colocadas em depósitos sem janelas, forçadas a permanecer sentadas sem mover-se, em meio à urina, água do mar, fezes ou vômitos, privadas de alimentos e de água, enquanto ao redor outros morrem e seus cadáveres são jogados pela borda ou deixados de lado pelo caminho. O tráfico ilícito de migrantes e as atividades que o rodeiam aportam ingentes benefícios aos autores desses delitos e alimentam a corrupção e a delinquência organizada. São um negócio mortífero que deve combater-se com a máxima urgência"[119].

É natural o ser humano querer uma vida melhor e, consequentemente, buscar refúgio em um país que lhe dê essa esperança. O problema é que para que isso aconteça, é preciso que o país receptor aceite, de forma legal, aquele que nele procura se refugiar.

As migrações não são, portanto, um fato novo. Contudo, os países não somente podem, mas devem, impor determinadas regras para que isso aconteça, assegurando que seu território não seja indevidamente invadido por um sem-número de pessoas, gerando o caos completo.

Assim, regras devem ser obedecidas, respeitadas por aqueles que buscam viver em um país diferente daquele que não é o seu de origem. Os países, portanto, editam leis que visam a assegurar sua própria segurança, como a de seus cidadãos, criando normas que, se preenchidas, permitirão o ingresso e, muitas vezes, a permanência de alguém que não goze de sua cidadania.

Dessa forma, existem diplomas nacionais e internacionais regulando o tema da migração. Antes do advento da Lei nº 13.445, de 25 de maio de 2017, esse tema era regido pelo chamado Estatuto do Estrangeiro (Lei nº 6.815, de 19 de agosto de 1980), cujos arts. 1º a 3º diziam o seguinte, *verbis*:

Art. 1º. Em tempo de paz, qualquer estrangeiro poderá, satisfeitas as condições desta Lei, entrar e permanecer no Brasil e dele sair, resguardados os interesses nacionais.

Art. 2º. Na aplicação desta Lei atender-se-á precipuamente à segurança nacional, à organização institucional, aos interesses políticos, socioeconômicos e culturais do Brasil, bem assim à defesa do trabalhador nacional.

Art. 3º-A. concessão do visto, a sua prorrogação ou transformação ficarão sempre condicionadas aos interesses nacionais.

Esse diploma legal foi expressamente revogado pelo inc. II do art. 124 da Lei nº 13.445, de 25 de maio de 2017, denominada Lei de Migração, que passou a reger a matéria.

A alínea *a* do art. 3º do Protocolo Adicional à Convenção das Nações Unidas contra a Criminalidade Organizada Transnacional contra o Tráfico Ilícito de Migrantes por Via Terrestre, Marítima e Aérea, adotado em Nova York em 15 de novembro de 2000, e promulgado, no Brasil, pelo Decreto Presidencial nº 5.016, de 12 de março de 2004, define a expressão *tráfico de migrantes*, dizendo "significar a promoção, com o objetivo de obter, direta ou indiretamente, um

benefício financeiro ou outro benefício material, da entrada ilegal de uma pessoa num Estado Parte do qual essa pessoa não seja nacional ou residente permanente".

Os parágrafos 1º e 2º do mencionado Protocolo, que vinculam seus signatários, a exemplo do Brasil, dizem a respeito da criminalização do tráfico de migrantes, nos seguintes termos:

1. Cada Estado Parte adotará as medidas legislativas e outras que considere necessárias para caracterizar como infração penal, quando praticada intencionalmente e de forma a obter, direta ou indiretamente, um benefício financeiro ou outro benefício material:
   a) O tráfico de migrantes;
   b) Os seguintes atos quando praticados com o objetivo de possibilitar o tráfico ilícito de migrantes:
   (i) Elaboração de documento de viagem ou de identidade fraudulento;
   (ii) Obtenção, fornecimento ou posse tal documento;
   c) Viabilizar a permanência, no Estado em causa, de uma pessoa que não seja nacional ou residente permanente, sem preencher as condições necessárias para permanecer legalmente no Estado, recorrendo aos meios referidos na alínea b) do presente parágrafo ou de qualquer outro meio ilegal.

2. Cada Estado Parte adotará também medidas legislativas e outras que considere necessárias para caracterizar como infração penal:
   a) Sem prejuízo dos conceitos fundamentais do seu sistema jurídico, a tentativa de praticar infração estabelecida em conformidade com o parágrafo 1 do presente Artigo;
   b) A participação como cúmplice numa infração estabelecida em conformidade com as alíneas a), b) (i) ou c) do parágrafo 1 do presente Artigo e, sem prejuízo dos conceitos fundamentais do seu sistema jurídico, a participação como cúmplice numa infração estabelecida em conformidade com a alínea b) (ii) do parágrafo 1 do presente Artigo;
   c) Organizar a prática de uma infração estabelecida em conformidade com o parágrafo 1 do presente Artigo ou dar instruções a outras pessoas para que a pratiquem.

A migração é o gênero, do qual são espécies a imigração e a emigração. Segundo os incs. II e III do § 1º do art. 1º da Lei nº 13.445, de 25 de maio de 2017, considera-se:

II – imigrante: pessoa nacional de outro país ou apátrida que trabalha ou reside e se estabelece temporária ou definitivamente no Brasil;

[119] Disponível em: <https://www.unodc.org/lpo-brazil/pt/trafico-de-pessoas/index.html>. Acesso em: 20 out. 2017.

III – *emigrante: brasileiro que se estabelece temporária ou definitivamente no exterior;*

A rubrica, ou indicação marginal do art. 232-A deu, portanto, o *nomen iuris* de *promoção de migração ilegal* ao fato de *promover, por qualquer meio, com o fim de obter vantagem econômica, a entrada ilegal de estrangeiro em território nacional ou de brasileiro em país estrangeiro.*

O núcleo *promover* deve ser entendido no sentido proposto pelo Protocolo Adicional à Convenção das Nações Unidas contra a Criminalidade Organizada Transnacional contra o Tráfico Ilícito de Migrantes por Via Terrestre, Marítima e Aérea, ou seja, a prática de qualquer comportamento que tenha por finalidade a obtenção de uma vantagem econômica, promovendo (ou mesmo tentando promover) a entrada ilegal de estrangeiro em território nacional ou de brasileiro em país estrangeiro.

Como esclarece, corretamente, Rogério Sanches Cunha:

"A ação nuclear de *promover* a entrada ilegal de estrangeiro deve ser interpretada de forma ampla, punindo-se quem agencia a vinda do estrangeiro, quem o transporta para o território nacional, quem o recebe no momento do ingresso ou quem de qualquer forma pratica algum ato com o propósito de tornar possível a entrada do estrangeiro sem a observância das disposições legais, sendo que a entrada ilegal pode ocorrer tanto por meio de desvio dos postos de imigração (ex.: o agente promove a entrada do estrangeiro por fronteira terrestre ou marítima onde não existe forma de controle) quanto mediante utilização de meios fraudulentos perante o controle de imigração (ex.: documentos falsos)"[120].

Somente haverá a figura típica em estudo se o agente promover, ou tentar promover a entrada ilegal de estrangeiro em território nacional, ou de brasileiro em país estrangeiro se houver o chamado especial fim de agir, configurado na obtenção de vantagem econômica. Caso o agente atue sem essa finalidade especial, a exemplo daquele que atua com fins humanitários, por razões de amizade etc., auxiliando um estrangeiro a entrar no território nacional, ou mesmo um brasileiro em país estrangeiro, o fato será considerado atípico com relação ao crime tipificado no art. 232-A, podendo, no entanto, se configurar em outra infração penal, caso venha a ocorrer.

Há algumas décadas, em virtude da recessão que assolava o nosso país, bem como o índice assustador de desempregados, os brasileiros foram a procura de trabalho em outros países. A grande maioria neles ingressou ilegalmente, principalmente nos Estados Unidos, com o auxílio dos chamados "coyotes", ou seja, pessoas que recebiam um determinado valor

para que os auxiliassem a atravessar a fronteira, sem o conhecimento das autoridades locais, e ali permaneciam ilegalmente até que, quando descobertos, eram deportados de volta ao Brasil.

Hoje, vemos esse movimento contrário, ou seja, pessoas de outros países, assolados pela pobreza, injustiças sociais, violência, fome, desemprego, ditaduras, terrorismo, enfim, pessoas que saem de seus países de origem, e vêm para o território nacional, em busca de oportunidades e qualidade de vida. Para tanto, muitas vezes, contam com pessoas que se especializaram nesse trabalho ilícito de travessia ilegal das fronteiras. Temos visto esse fato acontecer com frequência com pessoas cujos países foram devastados pelo terrorismo fundamentalista religioso, como é o caso do Iraque, Síria, Afeganistão etc.

O art. 232-A do Código Penal usa a expressão *entrada ilegal de estrangeiro em território nacional*. Para que se possa interpretar o artigo em estudo, é preciso aplicar as determinações constantes da Lei de Migração (Lei nº 13.445, de 25 de maio de 2017). Normalmente, a entrada legal em um país se dá após a concessão de um visto, concedido por embaixadas, consulados-gerais, consulados, vice-consulados, e também por escritório comerciais e de representação do Brasil no exterior, quando habilitados pelo órgão competente do Poder Executivo. De acordo com o art. 12 da Lei de Migração, os vistos podem ser: I – de visita; II – temporário; III – diplomático; IV – oficial; V – de cortesia.

O conceito de *estrangeiro* é encontrado por meio de uma interpretação denominada a *contrario sensu*, a ser levada a efeito nos incs. I e II do art. 12 da Constituição Federal, que dizem respeito, respectivamente, aos brasileiros natos e naturalizados, *verbis*:

Art. 12. São brasileiros:

I – natos:

a) os nascidos na República Federativa do Brasil, ainda que de pais estrangeiros, desde que estes não estejam a serviço de seu país;

b) os nascidos no estrangeiro, de pai brasileiro ou mãe brasileira, desde que qualquer deles esteja a serviço da República Federativa do Brasil;

c) os nascidos no estrangeiro de pai brasileiro ou de mãe brasileira, desde que sejam registrados em repartição brasileira competente ou venham a residir na República Federativa do Brasil e optem, em qualquer tempo, depois de atingida a maioridade, pela nacionalidade brasileira;

II – naturalizados:

a) os que, na forma da lei, adquiram a nacionalidade brasileira, exigidas aos originários de países de língua portuguesa apenas residência por um ano ininterrupto e idoneidade moral;

---

[120] CUNHA, Rogério Sanches. Crime de promoção de migração ilegal (Lei nº 13.445/17): breves considerações. Disponível em: <http://meusitejuridico.com.br/2017/05/26/crime-de-promocao-de-migracao-ilegal-lei-no-13-44517-breves-consideracoes/>.

b) os estrangeiros de qualquer nacionalidade, residentes na República Federativa do Brasil há mais de quinze anos ininterruptos e sem condenação penal, desde que requeiram a nacionalidade brasileira.

Assim, portanto, aqueles que não gozem do *status* de brasileiro (nato ou mesmo naturalizado) são reconhecidos como estrangeiros.

A entrada ilegal de estrangeiro deve ocorrer em território nacional. Embora o art. 5º, § 1º, do diploma repressivo, diga, expressamente, que para os efeitos penais, consideram-se como extensão do território nacional as embarcações e aeronaves brasileiras, de natureza pública ou a serviço do governo brasileiro onde quer que se encontrem, bem como as aeronaves e as embarcações brasileiras, mercantes ou de propriedade privada, que se achem, respectivamente, no espaço aéreo correspondente ou em alto-mar, entendemos que somente se configurará o tipo penal de *promoção de migração ilegal* quando o estrangeiro ingressar em território físico brasileiro, ou seja, quando ultrapassar, efetivamente, as fronteiras que separam nosso país dos demais.

O território nacional, em sentido estrito, nas precisas lições de Mirabete, "abrange o solo (e subsolo) sem solução de continuidade e com limites estabelecidos, as águas interiores, o mar territorial, a plataforma continental e o espaço aéreo"[121].

Da mesma forma, também poderá incorrer no delito de promoção de migração ilegal aquele que, por qualquer meio, e objetivando uma vantagem econômica, promover ilegalmente a entrada de brasileiro, seja ele nato, ou mesmo naturalizado (de acordo com o art. 12 da Constituição Federal), em território (físico) estrangeiro.

Classificação doutrinária

Crime comum, tanto com relação ao sujeito ativo como quanto ao sujeito passivo; material; doloso; comissivo (podendo ser cometido via omissão imprópria); de forma livre; monossubjetivo; plurissubsistente;

Objeto material e bem juridicamente protegido

O objeto material do delito em estudo é o estrangeiro que ingressa ilegalmente em território nacional ou o brasileiro, na mesma situação, em país estrangeiro.

De acordo com as precisas lições de Rogério Sanches Cunha:

"A tutela penal recai, sobretudo, na manutenção da soberania nacional, da qual deriva toda a disciplina para entrada e saída de pessoas do território brasileiro. É com base no poder pleno de autodeterminação, ou seja, não condicionado a nenhum outro poder de origem externa ou interna, que o Estado estabelece as regras para o trânsito de pessoas no território nacional. Ignorar essas regras atenta, portanto, contra o poder de autodeterminação.

São também objetos jurídicos deste crime, ainda que mediatos, a segurança nacional e a manutenção da ordem interna, pois a entrada ilegal de estrangeiros em território brasileiro impede que os órgãos de imigração tomem conhecimento de quem está penetrando no país e a que título (o art. 12 da Lei nº 13.445/17 estabelece cinco espécies de vistos, que por sua vez são divididos em subespécies, cada uma concedida de acordo com a finalidade para o ingresso e a permanência do estrangeiro no Brasil).

Por fim, como a figura criminosa pune também a promoção de entrada ilegal de brasileiro em território estrangeiro e a saída ilegal de estrangeiro para outro país, é possível dizer que se tutela a manutenção da regular relação entre o Brasil e outros países"[122].

Sujeito ativo e sujeito passivo

Crime comum no que diz respeito ao sujeito ativo, o delito de promoção de migração ilegal pode ser praticado por qualquer pessoa.

Sujeito passivo da infração penal em estudo é o Estado, que sofre com o comportamento praticado pelo sujeito ativo.

Importante frisar que, no que diz respeito à legislação penal brasileira, nem o estrangeiro que ingressa ilegalmente em território nacional, tampouco o brasileiro, também ilegalmente, ingressa em país estrangeiro praticam crime, pois, o inc. III do art. 3º da Lei nº 13.445, de 24 de maio de 2017, diz textualmente:

***Art. 3º.** A política migratória brasileira rege-se pelos seguintes princípios e diretrizes:*
I – [...]
II – [...]
III – não criminalização da migração.

Consumação e tentativa

Tem-se por consumado o crime com o efetivo ingresso ilegal do estrangeiro em território nacional, ou seja, quando são ultrapassadas as suas fronteiras, bem como quando o brasileiro é introduzido em território estrangeiro, mesmo que seja surpreendido e preso logo após esse ingresso.

Tratando-se de crime plurissubsistente, será possível o reconhecimento da tentativa, fracionando-se, portanto, o chamado *iter criminis*.

Elemento subjetivo

O dolo é o elemento subjetivo do delito em estudo, não havendo previsão para a modalidade de natureza culposa.

---

[121] MIRABETE, Julio Fabbrini. *Manual de direito penal* – Parte geral, p. 73.

[122] CUNHA, Rogério Sanches. Crime de promoção de migração ilegal (Lei nº 13.445/17): breves considerações. Disponível em: <http://meusitejuridico.com.br/2017/05/26/crime-de-promocao-de-migracao-ilegal-lei-no-13-44517-breves-consideracoes/>.

O chamado especial fim de agir encontra-se inserido na expressão *com o fim de obter vantagem econômica*, prevista como elemento do tipo do art. 232-A.

Modalidades comissiva e omissiva

O núcleo *promover* pressupõe um comportamento positivo por parte do agente, ou seja, uma conduta ativa, no sentido de introduzir, ilegalmente, o brasileiro em território estrangeiro, ou o estrangeiro em território brasileiro.

Contudo, o delito poderá ser praticado via omissão imprópria. Assim, imagine-se a hipótese daquele que, encarregado de controlar e vigiar as fronteiras (tanto nacional quanto estrangeira), mesmo percebendo o ingresso ilegal de pessoas, nada faz para evitar esse ingresso ilegal.

Nesse caso, poderá ocorrer um conflito aparente de normas. Se a finalidade do agente era a de impedir o ingresso ilegal de estrangeiro no Brasil e, para não impedir esse ingresso ilegal, recebe alguma vantagem indevida, deverá ser responsabilizado tão somente pelo delito de corrupção passiva. Se o motivo que o levou a não impedir esse ingresso foi, como, por exemplo, uma concordância tácita, ou mesmo impulsionada por motivos humanitários, poderá ser responsabilizado pelo delito de promoção de migração ilegal.

Haverá, ainda, a possibilidade de ser responsabilizado pelo delito de prevaricação, tendo em vista que o tipo penal do art. 319 do Código Penal prevê, como elementar, a satisfação de interesse ou sentimento pessoal.

Tudo dependerá, portanto, da análise do caso concreto.

Causas especiais de aumento de pena

Diz o § 2º do art. 232-A, *verbis*:

§ 2º A pena é aumentada de 1/6 (um sexto) a 1/3 (um terço) se:

I – o crime é cometido com violência; ou

II – a vítima é submetida a condição desumana ou degradante.

Não é incomum que a vítima sofra com as ações dos chamados "coyotes", tentando entrar, quando estrangeiro, ilegalmente em território nacional, ou, quando brasileiro, em país estrangeiro. Nesses casos, se houver qualquer tipo de violência física, ou seja, a *vis absoluta*, ou mesmo quando for submetida à condição desumana ou degradante, incidirá a referida majorante, a ser aplicada no terceiro momento do critério trifásico de aplicação da pena, variando entre o mínimo de 1/6 e o máximo de 1/3, que deverá oscilar de acordo com a gravidade da violência, e também das condições desumana ou degradantes.

Pena, ação penal e competência para julgamento

A pena cominada ao delito de promoção de migração ilegal é de reclusão, de 2 (dois) a 5 (cinco) anos, e multa.

De acordo com o § 2º do art. 232-A, a pena é aumentada de 1/6 (um sexto) a 1/3 (um terço) se:

I – o crime é cometido com violência; ou

II – a vítima é submetida a condição desumana ou degradante.

A ação penal é de iniciativa pública incondicionada.

Considerando-se os bens juridicamente protegidos, competirá à Justiça Federal o julgamento do delito *sub examen*.

Promoção de migração ilegal e tráfico de pessoas

Importante salientar que aquele que promove, por qualquer meio, com o fim de obter vantagem econômica, a entrada ilegal de estrangeiro em território nacional ou de brasileiro em país estrangeiro, normalmente o faz com anuência, ou seja, mediante a sua manifestação de vontade, a exemplo do que ocorre com frequência com brasileiros que pagam determinadas importâncias em dinheiro para que um "coyote" o auxilie a ultrapassar, ilegal e clandestinamente, as fronteiras norte-americanas, como se tem divulgado, com frequência, pelos meios de comunicação. Agora, será que a infração penal também poderá ser praticada contra a vontade expressa do estrangeiro que é trazido para dentro do território nacional, ou do brasileiro que é forçado a ingressar, também ilegalmente, em país estrangeiro? Nessas hipóteses, haveria aquilo que é reconhecido como tráfico de pessoas, desde que o agente atue com pelo menos uma das finalidades previstas no art. 149-A do Código Penal, que diz, *verbis*:

Art. 149-A. Agenciar, aliciar, recrutar, transportar, transferir, comprar, alojar ou acolher pessoa, mediante grave ameaça, violência, coação, fraude ou abuso, com a finalidade de

I – remover-lhe órgãos, tecidos ou partes do corpo

II – submetê-la a trabalho em condições análogas à de escravo

III – submetê-la a qualquer tipo de servidão

IV – adoção ilegal; ou

V – exploração sexual.

Pena – reclusão, de 4 (quatro) a 8 (oito) anos, e multa.

§ 1º A pena é aumentada de um terço até a metade se:

I – o crime for cometido por funcionário público no exercício de suas funções ou a pretexto de exercê-las;

II – o crime for cometido contra criança, adolescente ou pessoa idosa ou com deficiência;

III – o agente se prevalecer de relações de parentesco, domésticas, de coabitação, de hospitalidade, de dependência econômica, de autoridade ou de superioridade hierárquica inerente ao exercício de emprego, cargo ou função; ou

IV – a vítima do tráfico de pessoas for retirada do território nacional.

A ONU, em sua página web da UNODC, faz distinções esclarecedoras entre o tráfico de pessoas e a migração ilegal, colocando em relevo as seguintes características:

"Consentimento

O contrabando de migrantes, mesmo em condições perigosas e degradantes, envolve o conhecimento e o consentimento da pessoa contrabandeada sobre o ato criminoso. No tráfico de pessoas, o consentimento da vítima de tráfico é irrelevante para que a ação seja caracterizada como tráfico ou exploração de seres humanos, uma vez que ele é, geralmente, obtido sob malogro.

Exploração

O contrabando termina com a chegada do migrante em seu destino, enquanto o tráfico de pessoas envolve, após a chegada, a exploração da vítima pelos traficantes, para obtenção de algum benefício ou lucro, por meio da exploração. De um ponto de vista prático, as vítimas do tráfico humano tendem a ser afetadas mais severamente e necessitam de uma proteção maior.

Caráter Transnacional

Contrabando de migrantes é sempre transnacional, enquanto o tráfico de pessoas pode ocorrer tanto internacionalmente quanto dentro do próprio país"[123].

1. Após o advento da Lei 13.344/2016, somente haverá tráfico de pessoas com a finalidade de exploração sexual, em se se tratando de vítima maior de 18 anos, se ocorrer ameaça, uso da força, coação, rapto, fraude, engano ou abuso de vulnerabilidade, num contexto de exploração do trabalho sexual. 2. A prostituição, nem sempre, é uma modalidade de exploração, tendo em vista a liberdade sexual das pessoas, quando adultas e praticantes de atos sexuais consentidos. No Brasil, a prostituição individualizada não é crime e muitas pessoas seguem para o exterior justamente com esse propósito, sem que sejam vítimas de traficante algum. 3. No caso, o tribunal a quo entendeu que as supostas vítimas saíram voluntariamente do país, manifestando consentimento de forma livre de opressão ou de abuso de vulnerabilidade (violência, grave ameaça, fraude, coação e abuso). Concluir de forma diversa implica exame aprofundado do material fático-probatório, inviável em recurso especial, a teor da Súm. n. 7/STJ. 4. Agravo regimental a que se nega provimento (AgRg nos EDcl no AREsp 1.625.279/TO, Rel. Min. Reynaldo Soares da Fonseca, 5ª T., julgado em 23/06/2020, *DJe* 30/06/2020).

Regulamentação da Lei de Migração

Vide Decreto nº 9.199, de 20 de novembro de 2017.

Capítulo VI – Do Ultraje Público ao Pudor

Ato obsceno

Art. 233. Praticar ato obsceno em lugar público, ou aberto ou exposto ao público:
Pena – detenção, de três meses a um ano, ou multa.

Introdução

Para efeito de configuração do ato obsceno, deverão estar presentes os seguintes elementos que informam a figura típica constante do art. 233: *a)* a conduta de *praticar ato obsceno*; *b)* em lugar público, ou aberto ou exposto ao público.

Assim, a norma penal proíbe a *prática* de *ato* considerado *obsceno*. Esse ato pode ser levado a efeito de diversas formas, sempre ligadas à expressão corporal do agente. Isso significa que verbalizar palavras obscenas não se configura no delito em estudo, podendo, dependendo de a hipótese concreta se subsumir ao delito de *importunação sexual*, tipificado no art. 215-A do Código Penal, ou, mesmo ao crime contra a honra. São, portanto, as expressões corporais, com

conotação sexual, que podem se configurar no delito de ato obsceno.

Ato obsceno é um conceito eminentemente normativo, que depende, obrigatoriamente, de um juízo de valor para que possa ser compreendido.

O princípio da adequação social poderá auxiliar o intérprete, servindo como termômetro que identifica o pudor médio.

Conforme salienta Noronha, "o pudor coletivo não difere daquele de que a pessoa é dotada, porém informa-se do sentimento comum aos homens, dos *costumes* observados pela coletividade, em determinada época, não tomando em consideração a sensibilidade moral extraordinária de determinadas pessoas ou grupos. São as regras e princípios consuetudinariamente observados pela generalidade dos homens que dão conteúdo ao pudor".[124]

E continua o renomado autor, esclarecendo: "Sua apreciação não prescinde da consideração dos usos e costumes de determinado povo, em determinada época, subordinando-se, também particularmente,

---

[123] Disponível em: <https://www.unodc.org/lpo-brazil/pt/trafico-de-pessoas/index. html>. Acesso em: 20 out. 2017.

[124] NORONHA, Edgard Magalhães. *Direito penal*, v. 3, p. 248.

aos *lugares*. Tal acontece porque o sentimento do pudor evolui e não é o mesmo em todas as partes."[125]

O princípio da adequação social, por mais que tenha conotação subjetiva, poderá nos auxiliar no sentido de investigar o sentimento da maioria da sociedade, a fim de descobrir se aquele determinado comportamento poderá ser considerado adequado, levando-se em consideração o lugar, a época, a cultura do povo, enfim, dados que serão indispensáveis ao reconhecimento da conduta como obscena.

Para que se configure o delito em estudo, o ato considerado obsceno deve ser praticado em *lugar público*, ou *aberto ao público*, ou *exposto ao público*.

Lugar público é aquele ao qual todos nós temos acesso, quase sempre, irrestritamente, como no caso das praças, ruas, avenidas, túneis, viadutos, parques etc. *Aberto ao público* é aquele lugar que, embora com alguma restrição, o acesso ao público é permitido, como acontece com os cinemas, teatros, museus, igrejas etc. *Exposto ao público* é aquele lugar em que, embora podendo ser considerado privado, é devassado a ponto de permitir que as pessoas presenciem o que nele se passa, como acontece, por exemplo, com as varandas dos apartamentos, quadras de esportes existentes no interior dos prédios, onde todos os vizinhos têm acesso através de suas janelas, enfim, qualquer lugar, mesmo que privado, ao qual um número, ainda que limitado, de pessoas tenha acesso.

O que não se pode, sob o falso argumento de defesa da coletividade, é radicalizar a ponto de reconhecer qualquer comportamento incômodo como obsceno. Veja-se, por absurdo que possa parecer, o julgado do extinto TACrim/SP, publicado na *JTACrim/SP*, 46, p. 348, em que se chegou à "feliz conclusão" de que *ventosidade intestinal* não configurava o delito em estudo. Isso quer dizer que alguém foi indiciado por ter, acreditamos que dolosamente, soltado gases em público, o que fez com que o Ministério Público denunciasse o sujeito por ato obsceno, sendo, afinal, absolvido da acusação, ao que parece, pelo Tribunal de Alçada paulista.

⚖ Comete ato obsceno o agente que, segurando sua genitália, diz que tinha duas bolinhas e outras coisas, que poderia dar a crianças que reclamavam a devolução de uma bola que havia caído no pátio de sua residência. A conduta descrita na exordial acusatória subsumiu-se às elementares necessárias para a caracterização do delito descrito no art. 233 do Código Penal, pela prática de ato obsceno, na forma de palavras e gestos com conotação sexual, para crianças, em local exposto ao público, no pátio de sua propriedade, sendo incabível a desclassificação pretendida (TJ-RS, RC 71006183008, Rel. Edson Jorge Cechet, j. 10/10/2016).

Nesse sentido:

⚖ TJDF, Rec. 2005.02.1.004457-8, Rel. Des. George Lopes Leite, *DJDFTE* 15/07/2010, p. 92; TJGO, ACr 200902778069, Rel. Des. José Lenar de Melo Bandeira, *DJGO* 18/02/2010, p. 223; TJMG, AC 142990-1, Rel. Gomes Lima; TJRS, ACr 71001542018, Rel. Alberto Delgado Neto, pub. 17/04/2008; Turmas Recursais/RS, Rec. Crim. 7100 1360833, Rel.ª Ângela Maria Silveira, j. 03/09/2007; Turmas Recursais/RS, Rec. Crim. 7100 1245927, Rel. Alberto Delgado Neto, j. 04/06/2007; STF, HC 83996/RJ, Rel. Min. Carlos Velloso, 2ª T., *DJ* 26/08/2005, p. 65.

Classificação doutrinária

Crime comum, tanto com relação ao sujeito ativo, quanto no que diz respeito ao sujeito passivo; doloso; comissivo (podendo ser praticado via omissão imprópria, na hipótese de gozar o agente do *status* de garantidor); instantâneo; formal (bastando a prática do comportamento considerado valorativamente como obsceno); de forma livre; monossubjetivo; plurissubsistente; transeunte (como regra, pois que não será necessária a perícia para a comprovação dos atos considerados como obscenos, bastando, em quase a totalidade dos casos, a prova testemunhal).

Objeto material e bem juridicamente protegido

O bem juridicamente protegido é o *pudor público*. Objeto material pode ser a pessoa ou grupo de pessoas específico contra o qual foi dirigido o ato ou, mesmo, a própria sociedade, pois há hipótese de não ser dirigido à pessoa determinada.

Sujeito ativo e sujeito passivo

Qualquer pessoa pode figurar como sujeito ativo. O sujeito passivo tanto pode ser uma pessoa quanto um grupo específico de pessoas como a própria coletividade.

Consumação e tentativa

A consumação ocorre no momento em que o agente pratica o ato obsceno em lugar público, ou aberto, ou exposto ao público.

Embora exista controvérsia, entendemos como possível a tentativa, mesmo que seja difícil a sua ocorrência.

⚖ O crime previsto no CP-233 é formal e de perigo, não exigindo que o ato obsceno seja efetivamente visto por alguém. Basta, para sua consumação, a simples possibilidade de ser visto e o assistido atingir o pudor público, como aconteceu (TJRS, Ap. Crim. 693117723, 3ª Câm. Crim., Rel. Moacir Danilo Rodrigues, j. 25/11/1993).

Elemento subjetivo

O delito de ato obsceno somente pode ser praticado dolosamente, não havendo previsão para a modalidade de natureza culposa.

---

[125] NORONHA, Edgard Magalhães. *Direito penal*, v. 3, p. 248.

⚖ Dolo específico. As provas dos autos, consubstanciadas nos depoimentos das vítimas, indicam que o réu teve nítido intento sexual, o que indica o dolo específico para a caracterização do crime, sem qualquer respaldo probatório a alegação de que satisfazia necessidades fisiológicas. Sem acolhida, pois, a pretensão de desclassificação para contravenção penal (TJ-DFT, Processo 20140410064612APJ, Rel. Des. Aiston Henrique de Sousa, *DJe* 1º/06/2016).

Nesse sentido:

⚖ TJMG, AC 1.0382.02.022477-2/001, Rel.ª Des.ª Jane Silva, *DJ* 20/07/2006; *RT* 602, p. 344.

Modalidades comissiva e omissiva

O núcleo *praticar* pressupõe um comportamento comissivo, podendo, no entanto, ser levado a efeito via omissão imprópria.

Pena, ação penal, competência para julgamento, suspensão condicional do processo e segredo de justiça

O preceito secundário do art. 233 do Código Penal comina uma pena de detenção, de 3 (três) meses a 1 (um) ano, ou multa, para o delito de ato obsceno.

A ação penal é de *iniciativa pública incondicionada*.

Tendo em vista a pena máxima cominada ao delito tipificado no art. 233 do Código Penal, competirá, *ab initio*, ao Juizado Especial Criminal seu processo e julgamento.

Será possível a confecção de proposta de suspensão condicional do processo.

Nos termos do art. 234-B do Código Penal, os processos em que se apuram crimes previstos pelo Título VI, vale dizer, os *crimes contra a dignidade sexual*, correrão em segredo de justiça.

Contudo, os §§ 1º e 2º, inseridos no art. 234-B do Código Penal pela Lei nº 15.035, de 27 de novembro de 2024, determinam, *verbis*:

§ 1º O sistema de consulta processual tornará de acesso público o nome completo do réu, seu número de inscrição no Cadastro de Pessoas Físicas (CPF) e a tipificação penal do fato a partir da condenação em primeira instância pelos crimes tipificados nos arts. 213, 216-B, 217-A, 218-B, 227, 228, 229 e 230 deste Código, inclusive com os dados da pena ou da medida de segurança imposta, ressalvada a possibilidade de o juiz fundamentadamente determinar a manutenção do sigilo.

§ 2º Caso o réu seja absolvido em grau recursal, será restabelecido o sigilo sobre as informações a que se refere o § 1º deste artigo.

Diferença entre os delitos de ato obsceno e importunação sexual

O delito de ato obsceno é um *minus* se comparado ao crime de importunação sexual, previsto no art. 215-A do Código Penal, que diz, textualmente:

Art. 215-A. Praticar contra alguém e sem a sua anuência ato libidinoso com o objetivo de satisfazer a própria lascívia ou a de terceiro:

Pena – reclusão, de 1 (um) a 5 (cinco) anos, se o ato não constitui crime mais grave.

Antes da inserção do art. 215-A no diploma repressivo, levada a efeito através da Lei nº 13.718, de 24 de setembro de 2018, quando o suposto ato obsceno praticado pelo agente não gozava de tanta importância, costumava-se desclassificá-lo para a contravenção penal tipificada no art. 61 do Decreto-Lei nº 3.688/41, já agora revogada.

Por outro lado, fatos graves, como noticiados frequentemente pela mídia, em que homens se masturbavam em veículos coletivos e, muitas vezes, acabavam ejaculando em suas vítimas, sem mesmo que estas percebessem, eram tipificados, equivocadamente, como estupros, tendo em vista que se fossem capitulados tanto no delito de ato obsceno (art. 233 do CP) quanto na revogada contravenção penal de importunação ofensiva ao pudor (art. 61 da LCP), a punição era demasiadamente branda para o comportamento praticado pelo agente.

Agora, suprindo essa lacuna, foi criado o delito de importunação sexual. Rogério Sanches Cunha, dissertando sobre o tema, diz, com precisão, que a conduta relativa ao delito de importunação sexual:

"Consiste em *praticar* (levar a efeito, fazer, realizar) ato libidinoso, isto é, ação atentatória ao pudor, praticada com propósito lascivo ou luxurioso.

O tipo exige que o ato libidinoso seja praticado contra alguém, ou seja, pressupõe uma pessoa específica a quem deve se dirigir o ato de autossatisfação. Assim é não só porque o crime está no capítulo relativo à liberdade sexual, da qual apenas indivíduos podem ser titulares, mas também porque somente desta forma se evita confusão com o crime de ato obsceno. Com efeito, responde por importunação sexual quem, por exemplo, se masturba em frente a alguém porque aquela pessoa lhe desperta um impulso sexual; mas responde por ato obsceno quem se masturba em uma praça pública sem visar alguém específico, apenas para ultrajar ou chocar os frequentadores do local"[126].

Escrito ou objeto obsceno

Art. 234. Fazer, importar, exportar, adquirir ou ter sob sua guarda, para fim de comércio, de distribuição ou de exposição pública, escrito, desenho, pintura, estampa ou qualquer objeto obsceno:

Pena – detenção, de seis meses a dois anos, ou multa.

Parágrafo único. Incorre na mesma pena quem:

---

[126] CUNHA, Rogério Sanches. Lei 13.718/18: introduz modificações nos crimes contra a dignidade sexual. Disponível em: <http://s3.meusitejuridico.com.br/2018/09/140afc83-crimes-sexuais-lei-13718-18.pdf>. Acesso em 29 set. 2018.

I – vende, distribui ou expõe à venda ou ao público qualquer dos objetos referidos neste artigo;
II – realiza, em lugar público ou acessível ao público, representação teatral, ou exibição cinematográfica de caráter obsceno, ou qualquer outro espetáculo, que tenha o mesmo caráter;
III – realiza, em lugar público ou acessível ao público, ou pelo rádio, audição ou recitação de caráter obsceno.

Introdução

Hungria, analisando os verbos reitores que compõem o tipo penal do art. 234, incluindo o seu parágrafo, esclarece: *"Fazer* é produzir, fabricar, elaborar, dar forma a alguma coisa. *Importar* é introduzir em qualquer ponto do território nacional. *Exportar*, ao contrário, é fazer sair do nosso para outro país. *Adquirir* é obter alguma coisa *ut dominus*, seja a que título for (pouco importando que a *res* não incida imediatamente na efetiva posse do agente). *Ter sob sua guarda* é deter ou possuir, ter a *res*, própria ou alheia, em depósito ou à imediata disposição. *Vender* é transferir, dispor ou entregar, mediante um preço. *Distribuir* é entregar a outrem, com ânimo definitivo ou não, a título gratuito ou oneroso (exemplo: *locação* lucrativa), franca ou clandestinamente, de modo direto ou mediante despacho, ou por via postal. *Expor à venda* é colocar a *res* à vista de possíveis compradores. *Expor ao público* é exibir ou mostrar em lugar público ou em que, embora somente para fim de conhecimento da exposição, se permita o acesso a *tout venant"*.[127] Tais situações se encaixam perfeitamente às chamadas sex shops, razão pela qual para que não caia em descrédito, faz-se necessária a revogação urgente do tipo penal em estudo.

⚖ Pratica o crime de escrito ou objeto obsceno, tipificado no inc. I do parágrafo único do art. 234 do Código Penal brasileiro, o agente que tem a posse de fotos de mulher nua e em situações de práticas sexuais, as quais remete por *e-mails*, com considerações pessoais atinentes a sexo, a colegas de trabalho da ex-companheira (TJDF, Ap. Crim. no Juizado Especial, ACR 20010111156939/DF, 2ª T. Recursal dos Juizados Especiais Cíveis e Criminais do DF, Rel. João Batista Teixeira, j. 30/03/2005, *DJU* 03/05/2005, p. 159).

Nesse sentido:

⚖ RT 616, p. 311; STJ, HC 7809/SP, Rel. Min. Edson Vidigal, 5ª T., *RT* 765, p. 502.

Classificação doutrinária

Crime comum, haja vista que o tipo penal do art. 234 não exige qualquer qualidade ou condição especial do sujeito ativo ou passivo; doloso; comissivo (como regra, podendo, no entanto, ser praticado via

omissão imprópria, na hipótese de o agente gozar do *status* de garantidor); formal; de ação múltipla ou conteúdo variado; instantâneo (no que diz respeito à maior parte das condutas típicas); permanente (na modalidade *ter sob sua guarda*); de forma livre; monossubjetivo; plurissubsistente; não transeunte (como regra, pois é possível que o material erótico seja objeto de perícia).

Objeto material e bem juridicamente protegido

O bem juridicamente protegido é o *pudor público*. Podemos entender esse pudor público no sentido de a moralidade pública ter conotação sexual.
Objeto material é o escrito, o desenho, a pintura, a estampa ou qualquer objeto obsceno.

Sujeito ativo e sujeito passivo

Qualquer pessoa pode ser sujeito ativo do delito. Sujeito passivo é a coletividade.

Consumação e tentativa

O delito se consuma com a prática de qualquer dos comportamentos previstos no art. 234, *caput*, parágrafo único, do Código Penal.
Admite-se a tentativa.

Elemento subjetivo

O delito de escrito ou objeto obsceno somente pode ser cometido dolosamente, não havendo previsão legal para a modalidade de natureza culposa.

Modalidades comissiva e omissiva

As condutas previstas no tipo penal do art. 234 e seu parágrafo único pressupõem comportamento comissivo, podendo, no entanto, ser praticadas via omissão imprópria.

Penal, ação penal, competência para julgamento, suspensão condicional do processo e segredo de justiça

A pena cominada para as condutas previstas no *caput*, bem como no parágrafo único do art. 234 do Código Penal, é de detenção, de 6 (seis) meses a 2 (dois) anos, ou multa.
A ação penal é de *iniciativa pública incondicionada*. Tendo em vista a pena máxima cominada ao delito de escrito ou objeto obsceno, competirá, *ab initio*, ao Juizado Especial Criminal o seu processo e julgamento. Será possível a confecção de proposta de suspensão condicional do processo.
Nos termos do art. 234-B do Código Penal, os processos em que se apuram crimes previstos pelo Título VI, vale dizer, os *crimes contra a dignidade sexual*, correrão em segredo de justiça.

---

[127] HUNGRIA, Nélson. *Comentários ao código penal*, v. VIII, p. 313-314.

Contudo, os §§ 1º e 2º, inseridos no art. 234-B do Código Penal pela Lei nº 15.035, de 27 de novembro de 2024, determinam, *verbis*:

§ 1º O sistema de consulta processual tornará de acesso público o nome completo do réu, seu número de inscrição no Cadastro de Pessoas Físicas (CPF) e a tipificação penal do fato a partir da condenação em primeira instância pelos crimes tipificados nos arts. 213, 216-B, 217-A, 218-B, 227, 228, 229 e 230 deste Código, inclusive com os dados da pena ou da medida de segurança imposta, ressalvada a possibilidade de o juiz fundamentadamente determinar a manutenção do sigilo.

§ 2º Caso o réu seja absolvido em grau recursal, será restabelecido o sigilo sobre as informações a que se refere o § 1º deste artigo.

Estatuto da Criança e do Adolescente

Vide arts. 240 e 241.

⚖ O princípio da adequação social não pode ser usado como neutralizador, *in genere*, da norma inserida no art. 234 do Código Penal. Verificado, *in casu*, que a recorrente vendeu a duas crianças revista com conteúdo pornográfico, não há se falar em atipicidade da conduta afastando-se, por conseguinte, o pretendido trancamento da ação penal (STJ, RHC 15.093/SP, Rel.ª Min.ª Laurita Vaz, 5ª T., *DJ* 12/06/2006, p. 499).

Código Penal Militar

⚖ Caracteriza o delito previsto no art. 239 do CPM a conduta do militar que, em lugar sujeito à Administração Militar, espalha fotografias obscenas em áreas sabidamente frequentadas, inclusive por crianças, com o mote de que estas as recolhessem, como, de fato, veio a ocorrer. Delito delineado e provado em todos os seus elementos, de forma continuada, nada existindo que justifique ou exculpe o acusado no seu cometimento. Decisão majoritária (STM, Ap. [FO]: Apelfo 48.694/RJ 2001.01.048694-1, Rel. José Enaldo Rodrigues de Siqueira, j. 22/11/2001, *DJ* 02102-02, 20/02/2002).

Capítulo VII – Disposições Gerais

Aumento de pena

Art. 234-A. Nos crimes previstos neste Título a pena é aumentada:

I – (Vetado);

II – (Vetado);

III – de metade a 2/3 (dois terços), se do crime resulta gravidez;

IV – de 1/3 (um terço) a 2/3 (dois terços), se o agente transmite à vítima doença sexualmente transmissível de que sabe ou deveria saber ser portador, ou se a vítima é idosa ou pessoa com deficiência.

§ 1º O sistema de consulta processual tornará de acesso público o nome completo do réu, seu número de inscrição no Cadastro de Pessoas Físicas (CPF) e a tipificação penal do fato a partir da condenação em primeira instância pelos crimes tipificados nos arts. 213, 216-B, 217-A, 218-B, 227, 228, 229 e 230 deste Código, inclusive com os dados da pena ou da medida de segurança imposta, ressalvada a possibilidade de o juiz fundamentadamente determinar a manutenção do sigilo. (Incluído pela Lei nº 15.035, de 2024)

§ 2º Caso o réu seja absolvido em grau recursal, será restabelecido o sigilo sobre as informações a que se refere o § 1º deste artigo. (Incluído pela Lei nº 15.035, de 2024)

§ 3º O réu condenado passará a ser monitorado por dispositivo eletrônico. (Incluído pela Lei nº 15.035, de 2024)

O inc. III do art. 234-A do Código Penal, com a nova redação que lhe foi conferida pela Lei nº 13.718, de 24 de setembro de 2018, determina que a pena será aumentada de metade a 2/3 (dois terços) se do crime resultar gravidez. Infelizmente, quando uma mulher é vítima de estupro, praticado mediante conjunção carnal, poderá engravidar e, consequentemente, rejeitar o feto, fruto da concepção violenta. Como o art. 128, II, do Código Penal permite o aborto nesses casos, é muito comum que a mulher opte pela interrupção da gravidez. Como se percebe, a conduta do estuprador acaba não somente causando um mal à mulher, que foi vítima de seu comportamento sexual violento, como também ao feto, que teve ceifada sua vida. Dessa forma, o juízo de censura sobre a conduta do autor do estupro deverá ser maior, aumentando-se a pena em metade, no terceiro momento do critério trifásico, previsto pelo art. 68 do diploma repressivo.

A pena deverá, ainda, ser aumentada de 1/3 (um terço) a 2/3 (dois terços), de acordo com o inc. IV do art. 234-A do Código Penal, também com nova redação dada pela Lei nº 13.718, de 24 de setembro de 2018, se o agente transmite à vítima doença sexualmente transmissível de que sabe ou deveria saber ser portador, ou se a vítima é idosa ou pessoa com deficiência. Para que ocorra a majorante, há necessidade de que a doença tenha sido, efetivamente, transmitida à vítima, que, para efeitos de comprovação, deverá ser submetida a exame pericial.

"As DST (doenças sexualmente transmissíveis) são doenças causadas por vírus, bactérias, fungos ou protozoários e que, pelo fato de seu mecanismo de transmissão ser quase que exclusivamente por via sexual, possuem a denotação *sexualmente transmissível*. Apesar disso, existem DST que podem ser transmitidas fora das relações sexuais.

As DST se manifestam principalmente nos órgãos genitais do homem e da mulher, podendo acometer outras partes do corpo, sendo possível, inclusive, que não se manifeste qualquer sintoma visível.

Até certo tempo, as doenças sexualmente transmissíveis eram popularmente conhecidas como 'doenças venéreas' ou 'doenças do mundo'.

A maioria das doenças sexualmente transmissíveis possui cura. Outras, causadas por vírus, possuem apenas tratamento. É o caso da sífilis, do herpes genital e da Aids. Nestes casos, a doença pode ficar estagnada (incubada) até que algum fator externo permita que ela se manifeste novamente."[128]

Podemos citar, como exemplos de doenças sexualmente transmissíveis, a candidíase, a gonorreia, a pudicolose do púbis, HPV (*Human Papilloma Viruses*), a hepatite B, a herpes simples genital, o cancro duro e o cancro mole, a infecção de clamídia, bem como o HIV (Sida).

O inc. IV em análise exige, para efeitos de aplicação da causa especial de aumento de pena, que o agente, no momento do contato sexual, saiba – ou pelo menos deveria saber – que é portador dessa doença sexualmente transmissível. As expressões contidas no mencionado inciso – *sabe ou deveria saber ser portador* – são motivo de intensa controvérsia doutrinária e jurisprudencial. Discute-se se tais expressões são indicativas tão somente de dolo ou podem permitir também o raciocínio com a modalidade culposa.

A Exposição de Motivos da Parte Especial do Código Penal, ao cuidar do art. 130, que contém expressões similares, consigna expressamente que, nelas, se pode visualizar também a modalidade culposa, conforme se verifica da leitura do item 44, que diz:

44. O crime é punido não só a título de dolo de perigo, como a título de culpa (isto é, não só quando o agente sabia achar-se infeccionado, como quando devia sabê-lo pelas circunstâncias).

Com a devida *venia* das posições em contrário, devemos entender que as expressões *de que sabe ou deveria saber ser portador* dizem respeito ao fato de ter o agente atuado, no caso concreto, com dolo direto ou mesmo com dolo eventual, mas não com culpa.

Merece ser frisado, ainda, que, quando a lei menciona que o agente *sabia* ou *deveria saber* ser portador de uma doença sexualmente transmissível está se referindo, especificamente, a esse fato, ou seja, ao conhecimento efetivo ou possível da contaminação, e não ao seu elemento subjetivo no momento do ato sexual, ou seja, não importa saber, para que se aplique a causa de aumento de pena em estudo, se o agente queria ou não a transmissão da doença, mas tão somente se, anteriormente ao ato sexual, sabia ou poderia saber que dela era portador.

A Lei nº 13.718, de 24 de setembro de 2018, fez inserir no inc. IV do art. 234-A duas outras situações que fa-

rão com que a pena seja aumentada de 1/3 (um terço) a 2/3 (dois terços), vale dizer, se a vítima é idosa ou pessoa com deficiência.

Pessoa idosa, de acordo com o art. 1º da Lei nº 10.741, de 1º de outubro de 2003 (Estatuto da Pessoa Idosa), é a pessoa com idade igual ou superior a 60 (sessenta anos).

Nos termos do art. 2º da Lei nº 13.146, de 6 de julho de 2015 (Estatuto da Pessoa com Deficiência), considera-se pessoa com deficiência aquela que tem impedimento de longo prazo de natureza física, mental, intelectual ou sensorial, o qual, em interação com uma ou mais barreiras, pode obstruir sua participação plena e efetiva na sociedade em igualdade de condições com as demais pessoas.

Agente que, mesmo usando preservativo, engravida ou transmite doença sexualmente transmissível à vítima

Pode ocorrer a hipótese em que, por exemplo, um estuprador, visando praticar a conjunção carnal com a vítima, faça uso de preservativo. Imagine-se que, durante o ato sexual, o material é rompido e, em virtude de ter havido ejaculação, a vítima venha a engravidar. Ou, ainda, a hipótese em que o agente, sabendo ser portador de DST, faz uso do preservativo na prática do estupro mediante conjunção carnal, o qual, também, acaba se rompendo durante o coito, transmitindo, assim, sua doença para vítima.

Nesses casos, embora o agente tenha tomado o cuidado para não engravidar ou mesmo transmitir uma DST para a vítima, se tais resultados ocorrerem, ainda assim deverão ser aplicadas as causas especiais de aumento de pena previstas pelo art. 234-A do Código Penal? A resposta só pode ser positiva. Isso porque, o art. 234-A do mencionado diploma repressivo diz que nos crimes previstos no Título VI a pena é aumentada, no primeiro caso, se *do crime*, ou seja, da prática sexual criminosa, *resultar gravidez*. Não importa, aqui, se o agente queria ou não engravidar a vítima; se foi "cuidadoso" ou não se importou com a possibilidade de engravidar. O inc. III é claro no sentido quando afirma que haverá a incidência da majorante *se do crime resultar gravidez*.

Da mesma forma, o inc. IV do art. 234-A do Código Penal se contenta, para efeitos de aplicação da causa de aumento de pena nele prevista, com a transmissão da doença sexualmente transmissível de que o agente sabia ou, pelo menos, deveria saber ser portador. Se o agente, como no exemplo citado, se precaveu, usando preservativo, pois que tinha conhecimento da sua DST, e se, no caso concreto, mesmo assim, a vítima veio a contraí-la, pela redação do inc. IV, deverá ser aplicada a majorante, pois que, *in casu*, a lei penal não exige que o agente tenha o dolo da transmissão, mas, sim, que, tão somente, tenha conhecimento ou pos-

---

[128] http://www.fmt.am.gov.br/areas/dst/conceito.htm

sibilidade de conhecimento da doença sexualmente transmissível de que era portador.

Art. 234-B. Os processos em que se apuram crimes definidos neste Título correrão em segredo de justiça.

§ 1º O sistema de consulta processual tornará de acesso público o nome completo do réu, seu número de inscrição no Cadastro de Pessoas Físicas (CPF) e a tipificação penal do fato a partir da condenação em primeira instância pelos crimes tipificados nos arts. 213, 216-B, 217-A, 218-B, 227, 228, 229 e 230 deste Código, inclusive com os dados da pena ou da medida de segurança imposta, ressalvada a possibilidade de o juiz fundamentadamente determinar a manutenção do sigilo. (Incluído pela Lei nº 15.035, de 2024)

§ 2º Caso o réu seja absolvido em grau recursal, será restabelecido o sigilo sobre as informações a que se refere o § 1º deste artigo. (Incluído pela Lei nº 15.035, de 2024)

§ 3º O réu condenado passará a ser monitorado por dispositivo eletrônico. (Incluído pela Lei nº 15.035, de 2024)

Embora fosse mais apropriada a inclusão da exigência do segredo de justiça no Código de Processo Penal, entendeu por bem o legislador em trazer para o Título VI do Código Penal essa determinação, impondo, assim, o sigilo de todos os atos processuais que envolvam os Crimes contra a Dignidade Sexual, vale dizer:

- estupro (art. 213)
- violação sexual mediante fraude (art. 215)
- importunação sexual (art. 215-A)
- assédio sexual (art. 216-A)
- registro não autorizado da intimidade sexual (art. 216-B)
- estupro de vulnerável (art. 217-A)
- corrupção de menores (art. 218)
- satisfação de lascívia mediante a presença de criança ou adolescente (art. 218-A)
- favorecimento da prostituição ou de outra forma de exploração sexual de criança ou adolescente ou de vulnerável (art. 218-B)
- divulgação de cena de estupro ou de cena de estupro de vulnerável, de cena de sexo ou de pornografia (Art. 218-C)
- mediação para servir a lascívia de outrem (art. 227)
- favorecimento da prostituição ou outra forma de exploração sexual (art. 228)
- casa de prostituição (art. 229)
- rufianismo (art. 230)
- promoção de migração ilegal (art. 232-A)
- ato obsceno (art. 233)
- escrito ou objeto obsceno (art. 234)

Art. 234-C. (Vetado).

Título VII – Dos Crimes contra a Família

Capítulo I – Dos Crimes contra o Casamento

Bigamia

Art. 235. Contrair alguém, sendo casado, novo casamento:

Pena – reclusão, de dois a seis anos.

§ 1º Aquele que, não sendo casado, contrai casamento com pessoa casada, conhecendo essa circunstância, é punido com reclusão ou detenção, de um a três anos.

§ 2º Anulado por qualquer motivo o primeiro casamento, ou o outro por motivo que não a bigamia, considera-se inexistente o crime.

Introdução

Podemos extrair os seguintes elementos que integram o tipo penal do art. 235: *a)* conduta de contrair novo casamento; *b)* sendo o agente já casado.

O núcleo *contrair* tem o significado de formalizar oficialmente um novo casamento, sendo o agente casado. Para tanto, o agente desconsidera a proibição legal constante do inc. VI do art. 1.521 do Código Civil, que diz que *não podem casar, as pessoas já casadas*, e dá início à formalização do seu pedido, mediante processo de habilitação para o casamento, nos termos preconizados pelo art. 1.525 do Código Civil.

Considerando que um dos documentos exigidos no processo de habilitação para casamento é a declaração feita pelos requerentes, na qual fica consignado o seu *estado civil*, ao praticar o delito de bigamia o agente, obrigatoriamente, comete, também, um delito de falsidade ideológica (crime-meio), sendo este, no entanto, absorvido pelo crime-fim, vale dizer, o de bigamia. Contudo, conforme adverte Luiz Regis Prado, "se não caracterizado o início da execução, a falsidade ideológica consumada (ato preparatório) seria punível como delito autônomo".[1]

⚖ Constituindo-se a falsidade ideológica (crime--meio) etapa da realização da prática do crime de bigamia (crime-fim), não há concurso do crime entre estes delitos (STJ, HC 39.583/MS, Rel.ª Min.ª Laurita Vaz, 5ª T., *DJ* 11/04/2005, p. 346).

Para que ocorra o delito em exame, faz-se mister que o agente já seja casado legalmente, isto é, que seu casamento anterior tenha sido válido de acordo com as normas da legislação civil.

Por isso, não se pode falar em bigamia quando o agente, por exemplo, mantinha anteriormente com alguém *união estável*, mesmo que dessa relação tenha advindo filhos.

Da mesma forma, a cerimônia religiosa que oficializou, perante a Igreja, a união de duas pessoas, se não obedecer às formalidades legais, determinadas pelo art. 1.515 do Código Civil, não se prestará para efeitos de reconhecimento do casamento anterior, não servindo como impedimento do casamento futuro, que, se ocorrer, não se configurará, consequentemente, em bigamia.

O casamento anterior, contudo, mesmo que inválido, enquanto não for declarado judicialmente como tal, permitirá o reconhecimento do delito *sub examen*. Entretanto, nos termos do § 2º do art. 235 do Código Penal, se for *anulado por qualquer motivo o primeiro casamento, ou o outro por motivo que não a bigamia, considera-se inexistente o crime.* Nélson Hungria alerta para o fato de que "o dispositivo fala em *anulado*, mas, deve-se entender, *anulado* ou *declarado nulo*".[2]

⚖ Para a configuração do crime de bigamia, pouco importa que um ou ambos os casamentos sejam nulos ou anuláveis. Ele ocorrerá porque a lei atende à existência formal do casamento, à sua vigência, e não à sua validade (TJSP, Ap. 27958-3, Rel. Jefferson Perroni, *RT* 601, p. 319).

De acordo com o § 1º do art. 1.571 do Código Civil, *o casamento válido só se dissolve pela morte de um dos cônjuges ou pelo divórcio,* aplicando-se a presunção estabelecida pelo Código Civil quanto ao ausente.[3]

O termo *bigamia* é dirigido somente àquele que, já sendo casado, contrai novo casamento. Isso significa que o outro cônjuge que contraiu casamento sem que, para tanto, houvesse qualquer óbice legal que fosse de seu conhecimento, até mesmo o *status* de casado do outro cônjuge, não pratica a infração penal em estudo. Pelo contrário, será considerado um dos sujeitos passivos do delito de bigamia.

Por outro lado, aquele que, não sendo casado, contrai casamento com pessoa casada, conhecendo essa circunstância, será responsabilizado pelo tipo derivado privilegiado, constante do § 1º do art. 235 do Código Penal, sendo-lhe cominada uma pena menor à que seria atribuída ao agente casado.

---

[1] PRADO, Luiz Regis. *Curso de direito penal brasileiro*, v. 3, p. 316.

[2] HUNGRIA, Nélson. *Comentários ao código penal*, v. VIII, p. 362.

[3] Vale ressaltar que, após a nova redação dada ao § 6º do art. 226 da Constituição Federal, *o casamento civil pode ser dissolvido pelo divórcio*, não havendo mais a necessidade da comprovação dos requisitos da prévia separação judicial.

⚖ Prova induvidosa de que o acusado contraiu novas núpcias ainda na vigência do primeiro casamento. Não demonstração, pelo agente, da ocorrência de erro de fato, da ausência de dolo ou da ignorância do caráter criminoso da sua conduta. Aplicação do art. 235 do CP (TJMG) (*RT* 773, p. 644).

Nesse sentido:
⚖ TJSP, *RT* 675, p. 370.

Classificação doutrinária

Crime próprio com relação ao sujeito ativo, pois que o tipo penal exige que o agente seja casado, e comum com relação ao sujeito passivo; doloso; comissivo (podendo ser praticado via omissão imprópria, na hipótese de o agente gozar do *status* de garantidor); material; de forma vinculada; instantâneo; plurissubjetivo (haja vista que necessita, obrigatoriamente, de uma outra pessoa para efeitos de configuração típica, tratando-se, pois, de um delito denominado de bilateral, de encontro ou de convergência); plurissubsistente; não transeunte (tendo em vista a possibilidade de prova pericial no que diz respeito à documentação necessária ao reconhecimento do casamento).

Objeto material e bem juridicamente protegido

A instituição do *matrimônio*, relativa ao casamento monogâmico, é o bem juridicamente protegido pelo delito de bigamia. No entanto, busca-se, também, proteger a *família*.
O *objeto material* do delito de bigamia é o casamento.

Sujeito ativo e sujeito passivo

O *sujeito ativo* é a pessoa casada, que contrai segundas núpcias.
O *sujeito passivo* é o Estado. O *cônjuge do primeiro casamento* e o *contraente de boa-fé* também podem ser considerados sujeitos passivos.

Consumação e tentativa

O delito de bigamia tem seu momento de consumação quando da efetiva realização do segundo casamento.
Entendemos que o início da execução ocorre, efetivamente, quando se tem por iniciada a *solenidade de celebração do casamento*, mesmo que não tenham, ainda, os contraentes manifestado sua vontade positiva, e vai até que o presidente do ato leve a efeito a declaração formal de casados, de acordo com a fórmula determinada pela segunda parte do art. 1.535 do Código Civil.
A tentativa é admissível.

⚖ O delito de bigamia exige para se consumar a precedente falsidade, isto é: a declaração falsa, no processo preliminar de habilitação do segundo casamento, de que inexiste impedimento legal (STJ, HC 39.583/MS, Rel.ª Min.ª Laurita Vaz, 5ª T., *DJ* 11/04/2005, p. 346).

Elemento subjetivo

O dolo é o elemento subjetivo necessário ao reconhecimento do delito de bigamia, não existindo, outrossim, previsão para a modalidade de natureza culposa.

⚖ Bigamia. Art. 235 do Código Penal. Alegação de inexistência de dolo no agir do acusado, que acreditava já encaminhado o divórcio por advogado. Circunstâncias que não amparam a alegação do réu, que afirmou ser solteiro para a segunda esposa. Ademais, o segundo matrimônio foi contraído antes da entrada em vigor da Lei do Divórcio, o que comprova a impossibilidade de, na época, contrair novo casamento (TJRS, Ap. Crim. 70001215037, Câm. Esp. Crim., Rel. Carlos Cini Marchionatti, j. 14/11/2000).

Modalidades comissiva e omissiva

A conduta de contrair casamento pressupõe um comportamento comissivo por parte do agente, podendo, no entanto, ser praticado via omissão imprópria.

Causa de exclusão da tipicidade

O § 2º do art. 235 do Código Penal assevera que *anulado por qualquer motivo o primeiro casamento, ou o outro por motivo que não a bigamia, considera-se inexistente o crime.*
Trata-se, portanto, de questão prejudicial ao reconhecimento da bigamia. Deverá, assim, ser aplicado o art. 92 do Código de Processo Penal.

Pena, ação penal e suspensão condicional do processo

O preceito secundário do *caput* do art. 235 do Código Penal comina uma pena de reclusão, de 2 (dois) a 6 (seis) anos; já o § 1º do mencionado artigo prevê uma pena de reclusão ou detenção, de 1 (um) a 3 (três) anos, para aquele que, não sendo casado, contrai casamento com pessoa casada, conhecendo essa circunstância.
A ação penal é de *iniciativa pública incondicionada.*
No caso do § 1º do art. 235 do Código Penal, será possível a confecção de proposta de suspensão condicional do processo.

⚖ A ação proposta com a finalidade de declarar-se a nulidade absoluta do casamento, por bigamia, é imprescritível (STJ, REsp 85.794/SP, Rel. Min. Barros Monteiro, 4ª T., *DJ* 17/12/1999, p. 371).

Poligamia

Aplica-se a regra do concurso de crimes.

Prescrição

Somente depois da descoberta do ulterior casamento do agente é que terá início a contagem do prazo prescricional, nos termos do art. 111, IV, do Código Penal, e não, efetivamente, da data em que foi realizada a sua celebração formal.
No entanto, fica a pergunta: O fato deve se tornar conhecido de quem? De qualquer pessoa do povo

ou de alguma autoridade pública? Embora exista a controvérsia, tem-se entendido, majoritariamente, que o prazo prescricional começa a correr a partir do momento em que o fato chega ao conhecimento de qualquer autoridade pública (delegado de polícia, Ministério Público, juiz de direito).

Por exceção, nos delitos de falso, a exemplo do que ocorre com o crime de bigamia, o fluxo prescricional não se inicia da data de consumação dessas figuras criminosas, mas do dia em que tais delitos se tornaram conhecidos da autoridade pública (TJ-MG, AC 2038047-17.2011.8.13.0024, Rel. Des. Cassio Salomé, *DJe* 14/08/2015).

Nesse sentido:

STF, RHC 7206/RJ, RO em HC 1998/0003366-1, Rel. Min. José Dantas, *DJ* 25/05/1998, p. 124; TJRS, HC 691016976, 2ª Câm. Crim., Rel. Antônio Carlos Netto de Mangabeira, j. 09/05/1991.

Induzimento a erro essencial e ocultação de impedimento

Art. 236. Contrair casamento, induzindo em erro essencial o outro contraente, ou ocultando-lhe impedimento que não seja casamento anterior:
Pena – detenção, de seis meses a dois anos.
Parágrafo único. A ação penal depende de queixa do contraente enganado e não pode ser intentada senão depois de transitar em julgado a sentença que, por motivo de erro ou impedimento, anule o casamento.

Introdução

Podemos destacar os seguintes elementos que compõem o tipo penal que prevê o delito de *induzimento a erro essencial e ocultação de impedimento*: *a)* a conduta de contrair casamento; *b)* induzindo o outro contraente em erro essencial; *c)* ou, ainda, ocultando-lhe impedimento que não seja casamento anterior.

A expressão *contrair casamento* significa a união de duas pessoas, por meio do matrimônio, celebrado depois do cumprimento de todas as formalidades legais. Esclarece Alberto Silva Franco: "Na ação incriminada, o legislador teve em vista duas modalidades: na primeira, o agente aplica, instiga, persuade, seduz, leva-a, aconselha, compele etc., a vítima a erro essencial [...]; na segunda, o agente oculta impedimento. Ocultar significa esconder, sonegar, encobrir, disfarçar, simular. É mister, no entanto, que o outro cônjuge ignore o impedimento".[4]

Para que ocorra a infração penal em exame, o casamento deverá ter sido realizado com a indução do outro cônjuge em *erro essencial* sobre aquele que o induziu, de modo que seja enganado sobre algumas das hipóteses constantes do art. 1.557 do Código Civil.

Caso em que o réu é acusado de ter forjado casamento a fim de regularizar sua situação de estrangeiro residente no Brasil. Situação improvada. Em seu depoimento judicial, a esposa não confirma a simulação do matrimônio, esclarecendo, ao contrário, que ela e o réu mantinham um relacionamento há mais de dois anos, o que leva a presumir que a união não foi um ato precipitado e artificioso (TRF 4ª Reg., AC 1999.04.01.011795-3/PR, Rel. Eloy Bernst Justo, *DJ* 20/09/2000).

Classificação doutrinária

Ao contrário do que aduz parte da doutrina,[5] entendemos ser comum o delito tipificado no art. 236 do Código Penal, tanto no que diz respeito ao sujeito ativo, quanto ao sujeito passivo, haja vista que o tipo penal não exige nenhuma qualidade ou condição especial, pois que a qualidade de cônjuge somente surgirá depois do cometimento do delito, e não antes dele; doloso; comissivo (uma vez que o tipo penal exige o núcleo *contrair*, pressupondo um comportamento ativo por parte de o agente; poderá, no entanto, ser praticado via omissão imprópria, na hipótese de o agente gozar do *status* de garantidor); formal, pois que, conforme adverte Guilherme de Souza Nucci, o delito não "exige resultado naturalístico, consistente na efetiva dissolução do matrimônio por conta do erro ou do impedimento"[6]; instantâneo; de forma vinculada; plurissubjetivo; plurissubsistente; não transeunte.

Objeto material e bem juridicamente protegido

Busca-se proteger a regularidade na realização dos casamentos, haja vista as consequências legais que lhe são inerentes.
O objeto material é o casamento.

Sujeito ativo e sujeito passivo

Qualquer pessoa pode ser *sujeito ativo*.
O *sujeito passivo* é o Estado.

Consumação e tentativa

O delito de *induzimento a erro essencial e ocultação de impedimento* tem seu momento de consumação quando da efetiva realização do casamento, que ocorre de acordo com o art. 1.514 do Código Civil.
Salienta Noronha que "alguns autores acham possível a tentativa do crime. Realmente, pode alguém tentar contrair casamento, ocultando impedimento ou induzindo o outro contraente em erro, mas se antes de ultimada a celebração [...] for desmascarado, não se negará haver tentado praticar o delito. Todavia, o parágrafo único do art. 236 contém condição objetiva

---

[4] FRANCO, Alberto Silva. *Código penal e sua interpretação jurisprudencial*, v. 1, t. II, p. 3.133.

[5] Conforme Guilherme de Souza Nucci (*Código penal comentado*, p. 842).

[6] NUCCI, Guilherme de Souza. *Código penal comentado*, p. 842.

de punibilidade: a *sentença anulatória* do casamento, e para este ser anulado é mister que se realize, donde a tentativa do crime é juridicamente impossível, podendo ocorrer, entretanto, que o agente venha a praticar outro crime".[7]

Elemento subjetivo

O dolo é o elemento subjetivo necessário ao reconhecimento do delito de induzimento a erro essencial e ocultação de impedimento, não existindo previsão para a modalidade de natureza culposa.

Modalidades comissiva e omissiva

A conduta de contrair casamento pressupõe um comportamento comissivo, podendo, no entanto, ser praticada via omissão imprópria.

Penal, ação penal, competência para julgamento e suspensão condicional do processo

O preceito secundário do art. 236 do Código Penal comina uma pena de detenção, de 6 (seis) meses a 2 (dois) anos.
A ação penal será de iniciativa privada personalíssima, pois que, conforme determina o parágrafo único do art. 236, *depende de queixa do contraente enganado e não pode ser intentada senão depois de transitar em julgado a sentença que, por motivo de erro ou impedimento, anule o casamento.*
O trânsito em julgado da sentença que, por erro ou impedimento, anule o casamento é considerado uma condição objetiva de procedibilidade, sendo que a prescrição, a seu turno, somente começará a correr depois desse marco.
Tendo em vista a pena máxima cominada em abstrato, compete ao Juizado Especial Criminal o processo e julgamento do delito de induzimento a erro essencial e ocultação de impedimento.
Será permitida, ainda, a confecção de proposta de suspensão condicional do processo.

Ação penal de iniciativa privada personalíssima

Pela redação constante do parágrafo único do art. 236 do Código Penal, chegamos à conclusão de que a ação penal *sub examen* é de iniciativa privada personalíssima e somente o ofendido, no caso o contraente enganado, é que pode propô-la. Dessa forma, fica completamente inviabilizada a possibilidade de se transferir às pessoas elencadas pelo § 4º do art. 100 do Código Penal o início da *persecutio criminis in judicio*.
Além disso, a ação penal somente poderá ser intentada depois do trânsito em julgado da sentença que, por motivo de erro ou impedimento, anule o casamento, sendo esse, portanto, o marco inicial para a contagem do prazo prescricional.

Isso significa, de acordo com as lições de Yuri Carneiro Coêlho, que "o trânsito em julgado da decisão se configura uma condição de procedibilidade da ação penal".[8]

Conhecimento prévio de impedimento

Art. 237. Contrair casamento, conhecendo a existência de impedimento que lhe cause a nulidade absoluta:
Pena – detenção, de três meses a um ano.

Introdução

O delito de *conhecimento prévio de impedimento* está previsto no art. 237 do Código Penal.
Ressalta Noronha: "O elemento material consiste em o indivíduo casar, conhecendo a existência do impedimento. Ao contrário do dispositivo anterior, aqui não se exige comportamento ativo do agente, a fraude veiculada pelo emprego de um ou mais meios; basta não declarar a causa dirimente absoluta, suficiente, pois, a simples omissão."[9]
Cuida-se de norma penal em branco homogênea, haja vista que os impedimentos mencionados pelo tipo penal em estudo são aqueles arrolados pelo art. 1.521 do Código Civil.

Classificação doutrinária

Tal como a infração penal anterior (*induzimento a erro essencial e ocultação de impedimento*), entendemos ser comum o delito tipificado no art. 237 do Código Penal, tanto no que diz respeito ao sujeito ativo quanto ao sujeito passivo, haja vista que o tipo penal não exige nenhuma qualidade ou condição especial, pois que a condição de cônjuge somente surgirá depois do cometimento do delito, e não antes dele; doloso; comissivo (uma vez que o tipo penal exige o núcleo *contrair*, pressupondo um comportamento ativo por parte do agente; poderá, no entanto, ser praticado via omissão imprópria, na hipótese de o agente gozar do *status* de garantidor); instantâneo; de forma vinculada; plurissubjetivo; plurissubsistente; não transeunte.

Objeto material e bem juridicamente protegido

O bem juridicamente protegido é a *regularidade da constituição do casamento.*
O objeto material é o casamento.

Sujeito ativo e sujeito passivo

Qualquer pessoa pode ser *sujeito ativo.* O *sujeito passivo* é o Estado.

Consumação e tentativa

O delito de *conhecimento prévio de impedimento* tem seu momento de consumação quando da efetiva re-

---

[7] NORONHA, Edgard Magalhães. *Direito penal*, v. 3, p. 273.
[8] COÊLHO, Yuri Carneiro. *Curso de direito penal didático*, p. 822
[9] NORONHA, Edgard Magalhães. *Direito penal*, v. 3, p. 274.

alização do casamento, que ocorre de acordo com o art. 1.514 do Código Civil.

A tentativa é admissível.

Elemento subjetivo

O dolo é o elemento subjetivo necessário ao reconhecimento do delito de *conhecimento prévio de impedimento*, não existindo previsão para a modalidade de natureza culposa.

Modalidades comissiva e omissiva

A conduta de *contrair* casamento pressupõe um comportamento comissivo por parte do agente, podendo, no entanto, ser praticada via omissão imprópria.

Pena, ação penal, competência para julgamento e suspensão condicional do processo

O preceito secundário do art. 237 do Código Penal comina uma pena de detenção, de 3 (três) meses a 1 (um) ano.

A ação penal é de iniciativa pública incondicionada. Tendo em vista a pena máxima cominada em abstrato, compete ao Juizado Especial Criminal o processo e julgamento do delito de conhecimento prévio de impedimento.

Será permitida, ainda, a confecção de proposta de suspensão condicional do processo.

Simulação de autoridade para celebração de casamento

Art. 238. Atribuir-se falsamente autoridade para celebração de casamento:

Pena – detenção, de um a três anos, se o fato não constitui crime mais grave.

Introdução

O delito de simulação de autoridade para celebração de casamento diz respeito ao personagem que ingressa na última fase do procedimento solene, que conduzirá à constituição regular da família por intermédio do casamento. O agente, portanto, assume o papel de *presidente do ato*, atribuído ao juiz de paz, e leva a efeito, ilegalmente, a declaração de que os contraentes estão *casados*. Sílvio de Salvo Venosa, dissertando sobre a autoridade competente para a celebração de casamento, alerta: "No Estado de São Paulo, a autoridade competente para celebrar o casamento ainda é o juiz de casamento, até quando o legislador organizar a Justiça de Paz, como determina a Constituição estadual. No Estado do Rio de Janeiro, é o juiz do Registro Civil; em alguns Estados, o juiz de direito, embora na maioria dos Estados a função seja atribuída ao juiz de paz. Essa autoridade, designada pela lei, não pode ser substituída por outra, ainda que de maior grau (juiz de direito, desembargador), salvo pelo seu substituto legal, sob pena de nulidade. O juiz de casamento

competente é o do local onde foi processada a habilitação. Juiz de outro distrito será incompetente."[10]

Como se percebe na redação constante do art. 238 do Código Penal, o delito de simulação de autoridade para celebração de casamento pode ser considerado uma modalidade especial de usurpação de função pública, tipificada no art. 328 do diploma repressivo. No delito em exame, ocorre, exatamente, a usurpação de função pública, uma vez que o agente se atribui falsamente autoridade para a celebração de casamento, sendo esta (a simulação de autoridade para celebração do casamento) punida mais severamente do que aquela (a usurpação de função pública).

Classificação doutrinária

Crime comum, no que diz respeito ao sujeito ativo e próprio quanto aos sujeitos passivos, pois que exige que a conduta do agente se dirija contra os contraentes já habilitados para o casamento; doloso; comissivo (podendo, excepcionalmente, ser praticado via omissão imprópria, na hipótese de o agente gozar do *status* de garantidor); de mera conduta; de forma livre; instantâneo; monossubjetivo; podendo ser mono ou plurissubsistente, dependendo da possibilidade do fracionamento do *iter criminis* no caso concreto; não transeunte.

Objeto material e bem juridicamente protegido

Busca-se proteger a regular constituição da família. O objeto material é o casamento.

Sujeito ativo e sujeito passivo

Qualquer pessoa pode ser *sujeito ativo*.

O *sujeito passivo* é o Estado, além dos cônjuges que foram enganados pelo simulacro de casamento levado a efeito por quem não tinha autoridade legítima para tanto.

Consumação e tentativa

Consuma-se o delito tipificado no art. 238 do Código Penal quando o agente pratica *qualquer ato* que diga respeito à solenidade de celebração do casamento, não havendo necessidade que *todos* os atos sejam levados a termo, inclusive com a declaração de *casados*. A tentativa é admissível.

Elemento subjetivo

O tipo penal do art. 238 somente pode ser praticado dolosamente, não havendo previsão para a modalidade de natureza culposa.

Modalidades comissiva e omissiva

A conduta de atribuir-se falsamente autoridade para a celebração de casamento pressupõe um comportamento comissivo, podendo, no entanto, ser praticada via omissão imprópria.

---

[10] VENOSA, Sílvio de Salvo. *Direito civil*, v. VI, p. 101.

Pena, ação penal e suspensão condicional do processo

A pena cominada ao delito tipificado no art. 238 do Código Penal é de detenção, de 1 (um) a 3 (três) anos, se o fato não constitui crime mais grave, demonstrando, aqui, ser o delito considerado expressamente como subsidiário. Assim, na hipótese de o agente usurpar função pública auferindo vantagem, aplica-se o parágrafo único do art. 328 do Código Penal.

A ação penal é de *iniciativa pública incondicionada*. Tendo em vista a pena mínima cominada, será possível a confecção de proposta de suspensão condicional do processo.

Simulação de casamento

Art. 239. Simular casamento mediante engano de outra pessoa:

Pena – detenção, de um a três anos, se o fato não constitui elemento de crime mais grave.

Introdução

Podemos destacar os seguintes elementos que integram a figura típica do delito de *simulação de casamento: a)* a conduta de simular casamento; *b)* enganando a outra pessoa.

O núcleo *simular* é utilizado pelo texto legal no sentido de fazer de conta, dar aparência verdadeira àquilo que é falso. Conforme esclarece Romão Cortes de Lacerda, "simular casamento é fingir casamento, é figurar como contraente de matrimônio numa farsa de que resulte para o outro contraente a convicção de que está casando seriamente".[11]

Com a simulação, o agente engana o outro contraente, que acredita estar realizando, com seriedade e de acordo com as determinações legais, o ato solene. Assim, conforme esclarece Cezar Roberto Bitencourt, "é indispensável a utilização do *meio enganoso* para a prática do crime. Se os dois contraentes simulam o casamento, não se configura este crime, uma vez que faltou o 'engano de outra pessoa'.

Para configurar o crime é indispensável que a simulação de casamento ocorra por meio de engano (ardil, fraude, armadilha) do outro contraente. Assim, a simples *representação* de estar casando, para 'pregar uma peça nos amigos', é insuficiente para caracterizá-lo".[12]

Impõe-se a absolvição se há dúvida insanável quanto à ocorrência de simulação de casamento e dolo no registro de filho alheio. Por conseguinte, restam insuficientes as provas para condenação pelo delito de declaração falsa do estado civil em pedido de visto para fixação de residência definitiva no território nacional (TRF 4ª Reg., AC

2002.04.01.022140-0, Rel. Luiz Fernando Wowk Penteado, *DJ* 30/11/2005).

Classificação doutrinária

Crime comum, tanto no que diz respeito ao sujeito ativo quanto ao sujeito passivo; doloso; comissivo (podendo, excepcionalmente, ser praticado via omissão imprópria, na hipótese de o agente gozar do *status* de garantidor); de forma vinculada; instantâneo; monossubjetivo; plurissubsistente (haja vista a possibilidade que se tem de fracionar o *iter criminis*); transeunte (como regra).

Objeto material e bem juridicamente protegido

O tipo penal que prevê o delito de simulação de casamento tem como bem juridicamente protegido a regular constituição do matrimônio.

O objeto material é o casamento simulado.

Sujeito ativo e sujeito passivo

Qualquer pessoa pode ser *sujeito ativo*.

O *sujeito passivo* é o Estado, bem como a pessoa enganada com o simulacro de casamento.

Consumação e tentativa

A consumação ocorre com a simulação de qualquer ato constante da celebração do casamento, independentemente se o agente conseguiu ou não alcançar a simulação do ato considerado culminante, vale dizer, a declaração falsa de casados.

A tentativa é admissível.

Elemento subjetivo

O dolo é o elemento subjetivo exigido pelo tipo penal, que prevê o delito de simulação de casamento, não havendo previsão para a modalidade de natureza culposa.

Modalidades comissiva e omissiva

A conduta de simular casamento pressupõe um comportamento comissivo, podendo, no entanto, ser praticada via omissão imprópria.

Pena, ação penal e suspensão condicional do processo

A pena prevista para o delito de simulação de casamento é de detenção, de 1 (um) a 3 (três) anos.

A ação penal é de *iniciativa pública incondicionada*.

Considerando-se a pena mínima cominada, será possível a realização de proposta de suspensão condicional do processo.

Art. 240. *(Revogado).*

---

[11] LACERDA, Romão Cortes de. *Comentários ao código penal*, v. VIII, p. 365.
[12] BITENCOURT, Cezar Roberto. *Tratado de direito penal*, v. IV, p. 129.

Capítulo II – Dos Crimes contra o Estado de Filiação

Registro de nascimento inexistente
Art. 241. Promover no registro civil a inscrição de nascimento inexistente:
Pena – reclusão, de dois a seis anos.

Introdução

O delito de registro de nascimento inexistente é uma forma especializada do crime de falso, haja vista que o agente fornece, falsamente, os dados exigidos pelo art. 54 da Lei de Registros Públicos, ao Cartório do Registro Civil, a fim de promover a inscrição de nascimento inexistente.

Conforme esclarece Noronha, o núcleo "do tipo é *promover*, ou seja, diligenciar, propor, requerer (linguagem forense) e originar, provocar, causar etc. (linguagem comum), na espécie, o registro de nascimento que não se deu. Tal ocorre quando se diz nascido filho de mulher que não o deu à luz, quer por não se achar grávida, quer porque não houve ainda a *délivrance*; ou quando se declara o natimorto como tendo nascido vivo. Em ambos os casos não houve nascimento".[13]

No que diz respeito ao natimorto, *vide* art. 53 da Lei nº 6.015/1973.

⚖ Sendo o agente denunciado pela prática do crime tipificado no art. 304 do CP, tendo como violado o art. 297 que aquele remete, e sendo o falso elemento do art. 241 – crime de promover o registro de nascimento inexistente – fica aquele absorvido por este (TRF 2ª Reg., RSE, 93.02.18613-0/RJ, Rel. Paulo Barata, *DJ* 14/02/1995).

Classificação doutrinária

Crime comum, tanto no que diz respeito ao sujeito ativo quanto ao sujeito passivo; doloso; comissivo (podendo ser praticado via omissão imprópria, na hipótese de o agente gozar do *status* de garantidor); material (pois que a sua consumação ocorre com o efetivo registro da inscrição de nascimento inexistente);[14] de forma livre; instantâneo; monossubjetivo; plurissubsistente; não transeunte (haja vista que haverá necessidade de comprovação, via perícia, da inscrição levada a efeito no cartório do registro civil).

Objeto material e bem juridicamente protegido

O bem juridicamente protegido é o *estado de filiação*, fato que se comprova dada a sua inserção do Capítulo II (dos crimes contra o estado de filiação), do Título VII (dos crimes contra a família). Com a sua incriminação protege-se, também, a regular constituição da família.

O objeto material é o registro que é levado a efeito no Cartório de Registro Civil, onde se faz consignar um nascimento inexistente.

Sujeito ativo e sujeito passivo

Qualquer pessoa pode figurar como *sujeito ativo*.

O *sujeito passivo* é o Estado, bem como qualquer pessoa que vier a ser prejudicada com a utilização do registro inexistente.

Consumação e tentativa

O delito se consuma no exato instante em que é procedida a inscrição do nascimento inexistente no cartório do registro civil.

A tentativa é admissível.

Elemento subjetivo

O delito de registro de nascimento inexistente somente pode ser praticado dolosamente, não havendo previsão para a modalidade de natureza culposa.

Modalidades comissiva e omissiva

O núcleo *promover* pressupõe um comportamento comissivo por parte do agente, praticando uma conduta positiva no sentido de efetivar a inscrição de nascimento inexistente no cartório de registro civil, podendo, no entanto ser praticado via omissão imprópria.

Penal e ação penal

O preceito secundário do art. 241 do Código Penal comina uma pena de reclusão, de 2 (dois) a 6 (seis) anos, para aquele que promover no registro civil a inscrição de nascimento inexistente.

A ação penal é de *iniciativa pública incondicionada*.

Prescrição

Vide art. 111, IV, do Código Penal.

Questão prejudicial

Vide art. 92 do Código de Processo Penal.

Competência

⚖ Não compete à Justiça Federal o processo e julgamento de feitos relativos à certidão de nascimento de criança inexistente feita por tabelião, uma vez que não existe lesão a interesse concreto de entidade pública federal, de modo a atrair a competência da Justiça Federal. Competência da Justiça do Estado do Amazonas (TRF 1ª Reg., ACR 2000. 01. 00.101468-

---

[13] NORONHA, Edgard Magalhães. *Direito penal*, v. 3, p. 286.

[14] Guilherme de Souza Nucci, em sentido contrário, afirma pela natureza formal do delito em estudo, ao argumento de que a infração penal tipificada no art. 241 do Código Penal "não exige resultado naturalístico, consistente no efetivo prejuízo para alguém diante do falso registro" (*Código penal comentado*, p. 847).

0/AM, Rel. Juiz Federal Jamil Rosa de Jesus Oliveira [conv.], *DJ* 1º/12/2006, p. 45).

Parto suposto. Supressão ou alteração de direito inerente ao estado civil de recém-nascido

Art. 242. Dar parto alheio como próprio; registrar como seu o filho de outrem; ocultar recém-nascido ou substituí-lo, suprimindo ou alterando direito inerente ao estado civil:

Pena – reclusão, de dois a seis anos.

Parágrafo único. Se o crime é praticado por motivo de reconhecida nobreza:

Pena – detenção, de um a dois anos, podendo o juiz deixar de aplicar a pena.

Introdução

O tipo penal do art. 242 do diploma repressivo prevê o delito de *parto suposto e supressão ou alteração de direito inerente ao estado civil de recém-nascido*.

Como se percebe, são múltiplos os comportamentos que podem se configurar no delito em estudo. Assim, de acordo com a redação legal, podemos apontar os seguintes elementos: *a)* a conduta de dar parto alheio como próprio; *b)* a conduta de registrar como seu o filho de outrem; *c)* a ocultação de recém-nascido ou a sua substituição, mediante a supressão ou alteração de direito inerente ao estado civil.

Ao contrário do que ocorre com o delito de registro de nascimento inexistente, na infração penal tipificada pelo art. 242 do Código Penal, na modalidade de *dar parto alheio como próprio*, existe, efetivamente, o nascimento de uma criança. No entanto, a agente atribui como próprio o filho nascido de outra mulher. Conforme lições de Noronha, "a ação física consiste em a mulher atribuir-se a maternidade de filho alheio, em regra simulando prenhez e parto. A punibilidade assenta-se, pois, não no simples fato de simular prenhez, mas na acompanhada ou completada pelo aparecimento de criança alheia, porque é então que advém dano à ordem da família, com a introdução nela de um indivíduo estranho, em prejuízo aos legítimos herdeiros, a quem caberiam os bens se não houvesse essa falsidade".[15]

A segunda modalidade de comportamento típico diz respeito à conduta de *registrar como seu o filho de outrem*, conhecida, popularmente, como "adoção à brasileira", sendo extremamente comum a sua ocorrência, praticada, principalmente, por famílias que ajudam um amigo, um parente próximo ou, mesmo, uma pessoa estranha que não possui condições para criar e cuidar de seu filho, razão pela qual existe o reconhecimento legal da nobreza do comportamento, criando, assim, nos termos do parágrafo único do art. 242 do Código Penal, um tipo derivado privilegiado,

permitindo-se, ainda, ao julgador a aplicação do perdão judicial, oportunidade em que deixará de aplicar a pena.

Deve ser ressaltado que tanto o homem quanto a mulher podem praticar o comportamento típico.

Registro de filho alheio como próprio. Coautoria. Mulher que acompanha o companheiro no cartório para registrar novamente, como se fosse filha de ambos, criança já registrada, havida na constância de casamento já desfeito (TJRS, AC 698075850, Rel. Paulo Moacir de Aguiar Vieira, j. 14/10/98).

A lei penal, também no mesmo art. 242, responsabiliza criminalmente aquele que vier a *ocultar recém-nascido ou substituí-lo, suprimindo ou alterando direito inerente ao estado civil*. No primeiro caso, o agente oculta o recém-nascido, não levando a efeito o seu registro, com a finalidade de suprimir ou alterar direito inerente ao estado civil. Preleciona Luiz Regis Prado ser "irrelevante a efetiva ocorrência do ocultamento material, ou seja, basta que o agente não apresente o neonato, advindo dessa conduta a supressão ou alteração de seu *status familiae*. A não realização da inscrição do nascimento no Registro Civil, com a finalidade de suprimir direito do recém-nascido – por exemplo, obstar que figure como herdeiro –, configura o delito se acompanhada da privação de direito concernente ao estado civil".[16]

A lei penal menciona, expressamente, a figura do recém-nascido, não se podendo incluir, consequentemente, por meio dessa expressão, o natimorto.

Na segunda hipótese, ocorre a troca de recém-nascidos.

O tipo penal do art. 242 é de natureza *mista cumulativa*. Dessa forma, de acordo com as lições de Luiz Regis Prado, "não há fungibilidade entre as condutas, o que implica, em caso de se realizar mais de uma, a aplicação da regra do cúmulo material (art. 69 do CP)".[17]

A jurisprudência desta eg. Corte Superior tem decidido que não é do melhor interesse da criança o acolhimento temporário em abrigo, quando não há evidente risco à sua integridade física e psíquica, com a preservação dos laços afetivos eventualmente configurados entre a família substituta e o adotado ilegalmente. Precedentes (STJ, HC 506.899/PR, Rel. Min. Moura Ribeiro, 3ª T., *DJe* 06/06/2019).

Nesse sentido:

STJ, HC 408.098/PR, Rel. Min. Nefi Cordeiro, 6ª T., *DJe* 03/04/2018; TJRS, Ap. Crim. 70007663768, 6ª Câm. Crim., Rel. João Batista Marques Tovo, j. 22/04/2004; TJRS, Ap. Crim. 70005849732, 8ª Câm. Crim., Rel. Roque Miguel Fank, j. 29/10/2003.

[15] NORONHA, Edgard Magalhães. *Direito penal*, v. 3, p. 288.
[16] PRADO, Luiz Regis. *Curso de direito penal brasileiro*, v. 3, p. 361.
[17] PRADO, Luiz Regis. *Curso de direito penal brasileiro*, v. 3, p. 358.

Classificação doutrinária

Crime próprio no que diz respeito à primeira figura (*dar parto alheio como próprio*) e comum com relação às demais (*registrar como seu filho de outrem, ocultar recém-nascido ou substituí-lo, suprimindo ou alterando direito inerente ao estado civil);* doloso; comissivo (podendo ser praticado via omissão imprópria, na hipótese de o agente gozar do *status* de garantidor); de forma livre; material; instantâneo (exceto no que diz respeito ao núcleo ocultar, que denota sua natureza permanente); monossubjetivo; plurissubsistente; não transeunte (nas hipóteses, por exemplo, em que seja realizado o registro do filho de outrem, sendo possível, dessa forma, o exame pericial no documento).

⚖ O art. 242 do Diploma Penal prevê quatro figuras criminosas. A primeira é crime próprio, pois o crime de parto suposto só pode ser cometido por mulher. As três restantes (ocultação de recém-nascido, registro de filho alheio e substituição de recém-nascido) são crimes comuns e, portanto, executáveis por qualquer pessoa. No registro de filho alheio, introduzido no art. 242, por meio da Lei nº 6.898/1981, cuidou-se de 'tipificar' a conduta consistente na chamada 'adoção à brasileira', por meio da qual as pessoas, em vez de adotarem regularmente uma criança, a registravam como seu filho (TRF 2ª Reg., ACR 2922, Rel. Raldênio Bonifacio Costa, *DJU* 12/05/2004, p. 216).

Objeto material e bem juridicamente protegido

O tipo penal tem por finalidade proteger o *estado de filiação*. Com sua incriminação, protege-se, também, a regular constituição da família, podendo-se visualizar, ainda, a proteção da *fé pública* do Registro Civil. O objeto material poderá ser tanto o registro como o próprio recém-nascido.

Sujeito ativo e sujeito passivo

No que diz respeito à conduta de dar parto alheio como próprio, somente a mulher poderá figurar como *sujeito ativo* do delito, tratando-se, pois, de crime próprio; nos demais comportamentos previstos pelo art. 242 (registrar como seu o filho de outrem; ocultar recém-nascido ou substituí-lo, suprimindo ou alterando direito inerente ao estado civil), qualquer pessoa pode ser sujeito ativo, haja vista que, nessas hipóteses, o tipo penal não exige nenhuma qualidade ou condição especial, cuidando-se, assim, de delito comum.

O sujeito passivo é o Estado, bem como as pessoas que foram prejudicadas com a conduta levada a efeito pelo sujeito ativo (herdeiros, nas duas primeiras hipóteses, por exemplo, pois terão que dividir, indevidamente, sua parte na herança com aquele que a ela não faz jus; o próprio recém-nascido, ou mesmo outras pessoas que foram lesadas com a prática da conduta típica).

Consumação e tentativa

No que diz respeito ao momento de consumação do delito, devemos fazer as distinções relativas às quatro situações elencadas pelo art. 242 do Código Penal. Assim, conforme esclarece Luiz Regis Prado, "na primeira figura, verifica-se quando criada a situação duradoura que realmente implique alteração do *status familiae* da criança; na segunda, com o efetivo registro de filho alheio como se fosse próprio; na terceira e quarta figuras, com a supressão ou alteração de direito inerente ao estado civil. Logo, se da ocultação ou da supressão não resultou a privação de direito do neonato, haverá unicamente tentativa".[18]

A tentativa é admissível.

Elemento subjetivo

O tipo penal do art. 242 somente pode ser praticado dolosamente, não havendo previsão para a modalidade de natureza culposa.

Nas modalidades ocultar recém-nascido ou substituí-lo, o agente, segundo a doutrina dominante, ainda terá de atuar com um *especial fim de agir*, no sentido de suprimir ou alterar direito inerente ao estado civil.

⚖ Em relação a registrar como seu filho de outrem, cabe examinar o elemento subjetivo do injusto contido no tipo penal decorrente da expressão "suprimindo ou alterando direito inerente ao estado civil". Como se observa, tal elemento é aplicável a todas as figuras contidas no art. 242 do Código Penal, porém isto não significa que quando o falso vise a beneficiar o menor e não prejudicá-lo, não ocorra a ausência do elemento subjetivo do injusto que decorre no caso da chamada "intenção de salvar" pela qual a jurisprudência entende que quem registra filho seu com a intenção de salvar a criança e agindo sem o intuito de alterar a verdade, nem prejudicar direito ou criar obrigação que é o elemento subjetivo do injusto do *falsum* ideológico, não comete crime (TRF 2ª Reg., ACR 2922, Rel. Raldênio Bonifacio Costa, *DJU* 12/05/2004, p. 216).

Modalidades comissiva e omissiva

As condutas previstas no tipo penal do art. 242 pressupõem um comportamento comissivo por parte do agente, até mesmo no que diz respeito ao núcleo *ocultar*, pois o agente atua positivamente no sentido de esconder o recém-nascido.

No entanto, será possível sua prática via omissão imprópria.

Modalidade privilegiada e perdão judicial

O parágrafo único do art. 242 do Código Penal comina uma pena de detenção, de 1 (um) a 2 (dois) anos, se o crime é praticado por motivo de reconhecida nobreza, podendo o juiz deixar de aplicá-la.

---

[18] PRADO, Luiz Regis. *Curso de direito penal brasileiro*, v. 3, p. 362.

Nesse caso, a lei fornece ao julgador duas opções: a primeira delas, depois de concluir que o fato é típico, ilícito e culpável, condenar o agente pela prática do delito previsto pelo parágrafo único do art. 242 do Código Penal, que prevê uma modalidade privilegiada de parto suposto; a segunda opção, que dependerá da sensibilidade do julgador no caso concreto, será a concessão do *perdão judicial*, deixando de aplicar a pena. O juiz deverá, portanto, analisar, principalmente, a culpabilidade do agente, a fim de concluir, entre as opções que lhe são fornecidas pela lei, qual delas é a que melhor se aplica ao caso concreto, ou seja, aquela que melhor atenderá aos critérios de uma boa política criminal.

Para enquadramento dos fatos na regra inscrita no parágrafo único do art. 242 do Código de Penal brasileiro, contenta-se o legislador com motivo de reconhecida nobreza, não exigindo seja ele de exclusiva nobreza, pelo que circunstâncias como o alegado egoísmo do casal, dificuldades da mulher de engravidar, frustrações em anterior processo de adoção ou intuito de burla a ele, quando acompanhados do motivo nobre de proporcionar um lar estruturado a criança que não o teria em sua família biológica, seriam importantes apenas para a dosimetria da pena, reduzida no caso da figura privilegiada ou de todo afastada na de perdão judicial, sem ter, porém, o condão de deslocar a hipótese para o *caput* do dispositivo, como entende possa ocorrer o órgão acusatório (TRF 1ª Reg., INQ 0077455-22.2013.4.01.0000/MG, Rel. Des. Fed. Carlos Moreira Alves, *DJe* 19/02/2015).

Nesse sentido:

TRF 2ª Reg., ACr 3079, Rel. Franca Neto, *DJU* 27/05/2005, p. 151; TJMG Processo 1.0000.00.173599-2/000 [1], Rel. Reynaldo Ximenes Carneiro, pub. 28/04/2000.

Pena, ação penal, competência para julgamento e suspensão condicional do processo

Para a modalidade simples do delito tipificado no art. 242 do Código Penal está prevista uma pena de reclusão, de 2 (dois) a 6 (seis) anos; para a modalidade privilegiada, constante do parágrafo único do mencionado artigo, a lei penal comina uma pena de detenção, de 1 (um) a 2 (dois) anos, além da possibilidade de ser concedido, como vimos acima, o perdão judicial.

A ação penal é de *iniciativa pública incondicionada*.

A competência para o processo e julgamento da modalidade privilegiada, constante do parágrafo único do art. 242 do Código Penal, é do Juizado Especial Criminal.

Será possível a confecção de proposta de suspensão condicional do processo para a modalidade privilegiada.

Adoção à brasileira

A tese segundo a qual a paternidade socioafetiva sempre prevalece sobre a biológica deve ser analisada com bastante ponderação, a depender sempre do exame do caso concreto. É que, em diversos precedentes desta Corte, a prevalência da paternidade socioafetiva sobre a biológica foi proclamada em contexto de ação negatória de paternidade ajuizada pelo pai registral (ou por terceiros), situação bem diversa da que ocorre quando o filho registral é quem busca a paternidade biológica, sobretudo no cenário da chamada "adoção à brasileira". De fato, é de prevalecer a paternidade socioafetiva sobre a biológica para garantir direitos aos filhos, na esteira do princípio do melhor interesse da prole, sem que, necessariamente, a assertiva seja verdadeira quando é o filho que busca a paternidade biológica em detrimento da socioafetiva. No caso de ser o filho – o maior interessado na manutenção do vínculo civil resultante do liame socioafetivo – quem vindica estado contrário ao que consta no registro civil, socorre-lhe a existência de "erro ou falsidade" (art. 1.604 do CC/02) para os quais não contribuiu. Afastar a possibilidade de o filho pleitear o reconhecimento da paternidade biológica, no caso de "adoção à brasileira", significa impor-lhe que se conforme com essa situação criada à sua revelia e à margem da lei. A paternidade biológica gera, necessariamente, responsabilidade não evanescente e que não se desfaz com a prática ilícita da chamada "adoção à brasileira", independentemente da nobreza dos desígnios que a motivaram. E, do mesmo modo, a filiação socioafetiva desenvolvida com os pais registrais não afasta os direitos da filha resultantes da filiação biológica (STJ, AgInt nos EDcl no REsp 1.784.726/SP, Rel. Min. Luis Felipe Salomão, 4ª T., *DJe* 15/05/2019).

Sonegação de estado de filiação

Art. 243. Deixar em asilo de expostos ou outra instituição de assistência filho próprio ou alheio, ocultando-lhe a filiação ou atribuindo-lhe outra, com o fim de prejudicar direito inerente ao estado civil:

Pena – reclusão, de um a cinco anos, e multa.

Introdução

O delito de *sonegação de estado de filiação* veio tipificado no art. 243 do Código Penal.

Podemos destacar os seguintes elementos que informam a mencionada figura típica: *a)* a conduta de deixar em asilo de expostos ou outra instituição de assistência; *b)* filho próprio ou alheio; *c)* ocultando-lhe a filiação; *d)* ou atribuindo-lhe outra filiação; *e)* com a finalidade especial de prejudicar direito inerente ao estado civil.

O núcleo *deixar* deve ser interpretado no sentido de entregar, abandonar filho próprio ou alheio, em *asilo de expostos* ou outra *instituição*. A expressão *asilo de expostos*, que já caiu em desuso, tem o significado de local onde são entregues crianças abandonadas, a exemplo dos orfanatos; *instituição*, a seu turno, de acordo com a interpretação analógica determinada pelo tipo penal, compreende, além do asilo de expostos, qualquer lugar que se destina ao abrigo de crianças, como ocorre também com as creches.

O abandono pode ser praticado pelos próprios pais ou, mesmo, por pessoa que não tenha qualquer vínculo com a criança.

Um dos fundamentos à caracterização do delito de sonegação do estado de filiação é que esse abandono se dê sem que a pessoa que o leve a efeito informe aos responsáveis pela instituição, pública ou particular, na qual foi entregue a criança, a respeito de sua filiação correta, seja em forma de ocultação (não informando nada a respeito dela), seja atribuindo-lhe outra que não seja a verdadeira. Conforme as lições de Hungria, "elemento do crime é o conhecer o agente a filiação da criança, que expõe, e ocultá-la, isto é, no caso, deixar de a declarar, ou declará-la, falsamente. Assim, se alguém, ocultando o estado civil de uma criança, a depõe em uma casa particular, e o dono da casa, a seu turno, a deixa no asilo, não se configura o crime, a cargo do último".[19]

Uma vez deixada a criança em local que não seja uma das instituições mencionadas pelo art. 243 do Código Penal, o fato poderá se configurar em crime de abandono de incapaz, previsto pelo art. 133 do Código Penal, ou mesmo exposição ou abandono de recém-nascido.

O comportamento levado a efeito pelo agente deve ser dirigido finalisticamente a prejudicar direito inerente ao estado civil.

Classificação doutrinária

Crime comum, tanto com relação ao sujeito ativo quanto ao sujeito passivo; doloso; comissivo (podendo ser praticado via omissão imprópria, na hipótese de o agente gozar do *status* de garantidor); formal (pois que não se exige o resultado previsto pelo tipo, vale dizer, ter o agente efetivamente prejudicado direito inerente ao estado civil); de forma livre; instantâneo; monossubjetivo; plurissubsistente; transeunte.

Objeto material e bem juridicamente protegido

O *estado de filiação* é o bem juridicamente protegido pelo tipo penal em estudo.

O objeto material é a pessoa (filho próprio ou alheio) que é deixada em asilo de expostos ou outra instituição de assistência.

Sujeito ativo e sujeito passivo

Qualquer pessoa, como regra, pode ser *sujeito ativo* do delito tipificado no art. 243 do Código Penal. No entanto, somente o pai e a mãe podem ser sujeitos ativos quando se tratar de filho próprio.

O *sujeito passivo* é o Estado, além da pessoa prejudicada em virtude do comportamento praticado pelo sujeito ativo.

Consumação e tentativa

O delito se consuma quando o agente, efetivamente, leva a efeito o abandono, deixando filho próprio ou alheio em asilo de expostos ou outra instituição de assistência, ocultando-lhe a filiação ou atribuindo-lhe outra.

A tentativa é admissível.

Elemento subjetivo

A conduta prevista no tipo penal do art. 243 somente pode ser praticada dolosamente, não havendo previsão para a modalidade de natureza culposa.

Modalidades comissiva e omissiva

O núcleo *deixar* pressupõe um comportamento comissivo, podendo, no entanto, ser praticado via omissão imprópria.

Pena, ação penal e suspensão condicional do processo

O preceito secundário do art. 243 do Código Penal comina uma pena de reclusão, de 1 (um) a 5 (cinco) anos, e multa.

A ação penal é de *iniciativa pública incondicionada*.

Será possível a confecção de proposta de suspensão condicional do processo.

Capítulo III – Dos Crimes contra a Assistência Familiar

Abandono material

Art. 244. Deixar, sem justa causa, de prover a subsistência do cônjuge, ou de filho menor de 18 (dezoito) anos ou inapto para o trabalho, ou de ascendente inválido ou maior de 60 (sessenta) anos, não lhes proporcionando os recursos necessários ou faltando ao pagamento de pensão alimentícia judicialmente acordada, fixada ou majorada; deixar, sem justa causa, de socorrer descendente ou ascendente, gravemente enfermo:

Pena – detenção, de um a quatro anos e multa, de uma a dez vezes o maior salário-mínimo vigente no País.

Parágrafo único. Nas mesmas penas incide quem, sendo solvente, frustra ou ilide, de qualquer modo, inclusive por abandono injustificado de emprego ou função, o pagamento de pensão alimentícia judicialmente acordada, fixada ou majorada.

---

[19] HUNGRIA, Nélson. *Comentários ao código penal*, v. VIII, p. 398.

Introdução

Pensando no dever de solidariedade ligado intimamente à família, o tipo penal do art. 244 prevê o delito de *abandono material*.

Analisando a figura típica, podemos perceber que ela se desdobra em três situações diferentes, nas quais se configura o abandono material, a saber:

a) deixar, sem justa causa, de prover a subsistência do cônjuge, ou de filho menor de 18 (dezoito) anos ou inapto para o trabalho, ou de ascendente inválido ou maior de 60 (sessenta) anos, não lhes proporcionando os recursos necessários;

b) faltar, sem justa causa, ao pagamento de pensão alimentícia judicialmente acordada, fixada ou majorada;

c) deixar, sem justa causa, de socorrer descendente ou ascendente gravemente enfermo.

1) O núcleo *deixar* é utilizado no sentido de não levar a efeito, ou seja, não cumprir com aquilo que lhe competia. Na primeira hipótese, o agente, sem justa causa, isto é, sem um motivo que justifique o não cumprimento de sua obrigação, deixa de prover a *subsistência* das pessoas ali elencadas.

⚖ No crime de abandono material, a presença da justificativa não exclui a ilicitude do fato, mas, antes, a sua tipicidade, visto que a expressão 'justa causa', apesar de sinalizadora da antijuridicidade da conduta, caracteriza-se como elemento do tipo penal (TJMG, ACr 1.0110.03.003852-2/001, 5ª Câm. Crim., Rel. Alexandre Victor de Carvalho, pub. 08/03/2008).

A palavra *subsistência* deve ser tomada em sentido estrito, dizendo respeito tão somente às necessidades fundamentais para a normal manutenção da pessoa humana, com dignidade, a exemplo da sua necessidade em se alimentar, vestir, medicar, abrigar etc. O agente, portanto, dentro de suas possibilidades, deverá prover a subsistência do cônjuge, aqui compreendido tanto o homem quanto a mulher, conforme assevera o inc. III do art. 1.566 do Código Civil.

Da mesma forma, os pais deverão cuidar de seus filhos até que atinjam a maioridade (civil e penal) aos 18 (anos), ou que, por algum motivo, sejam inaptos para o trabalho, embora já sendo maiores. No que diz respeito à primeira hipótese, enquanto forem menores, os filhos estarão sujeitos ao poder familiar (art. 1.630 do CC), cabendo aos pais o seu sustento, guarda e educação (art. 1.566, IV, do CC). Uma vez atingida a maioridade, cessa o poder familiar. No entanto, os pais continuam com a obrigação de prover a subsistência de seus filhos se estes forem considerados inaptos para o trabalho, seja essa inaptidão momentânea ou mesmo permanente.

⚖ Aquele que, sem justa causa, deixa de prover a subsistência da filha menor de 18 (dezoito) anos, não lhe proporcionando recursos necessários à subsistência, responde pelo crime gizado no art. 244 do Código Penal. O crime de abandono material por tratar-se de delito formal, tem por momento consumativo o dia posterior ao fixado para o pagamento da obrigação, conquanto, posteriormente, restem quitadas as prestações devidas (TJMT, APL 101677/2009, Nortelândia, 2ª Câm. Crim., Rel. Des. Alberto Ferreira de Souza, j. 24/02/2010, *DJMT* 12/03/2010, p. 53).

O agente também deverá prover a subsistência de ascendente inválido ou maior de 60 (sessenta) anos. A redação do art. 244 do Código Penal foi modificada pela Lei nº 10.741, de 1º de outubro de 2003, que dispôs sobre o Estatuto Pessoa Idosa. A redação anterior fazia menção à ascendente inválido ou *valetudinário*, dando a entender que se tratava de pessoa com idade já avançada, incapaz de trabalhar por alguma enfermidade ou impossibilidade natural. Agora, com a nova redação, ficou esclarecido que se o ascendente, não importando a idade ou grau (pai, avô, bisavô etc.), for inválido, a exemplo daquele que possua uma doença que o inabilite para o trabalho, ou maior de 60 (sessenta) anos, mesmo estando apto para o trabalho, se não possuir as condições necessárias para a sua subsistência, a obrigação de prové-la recai sobre os seus descendentes, não importando o grau (filho, netos, bisnetos etc.).

2) A lei penal também entende como abandono material a conduta de faltar, sem justa causa, ao pagamento de pensão alimentícia judicialmente acordada, fixada ou majorada. *Vide* arts. 1.694 e 1.695 do Código Civil.

Vale ressalvar que o agente somente será responsabilizado criminalmente pelo abandono material se, podendo, faltar com o pagamento da pensão alimentícia. Assim, poderá surgir um fato relevante que o impeça de cumprir o compromisso determinado judicialmente, a exemplo de ter sido demitido do seu emprego, ou de se encontrar, quando profissional liberal ou autônomo, impossibilitado de trabalhar em virtude de estar acometido por alguma doença, ou, ainda, mesmo trabalhando, estar passando por sérias dificuldades econômicas que o impeçam de honrar seu compromisso, enfim, alguma justa causa, para usarmos a expressão legal.

⚖ Para tipificação do crime de abandono material, mostra-se imprescindível o preenchimento do elemento normativo do tipo, qual seja, ausência de justa causa para o descumprimento da obrigação. No entanto, cabe ao Ministério Público demonstrar o descumprimento da obrigação e apenas apontar a ausência de justa causa, pois tecnicamente se mostra inviável a produção de prova negativa. Assim, devidamente explicitada a autoria e a materialidade, verificando-se que o paciente tinha condições financeiras de prover o sustento de sua filha menor e deixou voluntariamente de fazê-lo, cabe ao réu provar a existência de justificativa idônea para o descumprimento da obrigação alimentar (STJ, HC 194225/GO, Rel. Min. Marco Aurélio Bellizze, 5ª T., *DJe* 24/04/2013).

Nesse sentido:

⚖ STJ, AgRg no REsp 1354416/MG, Rel.ª Min.ª Assusete Magalhães, 6ª T., *DJe* 19/04/2013; TJMG, AC 0152688-87.2009.8.13.0132, Rel. Des. Delmival de Almeida Campos, *DJe* 25/09/2012; TJMG, AC 0025146-91.2006.8.13.0132, Rel. Des. Renato Martins Jacob, *DJe* 09/05/2012; TJES, ACr 31080010635, 1ª Câm. Crim., Rel. Des. Alemer Ferraz Moulin, *DJES* 1º/02/2010, p. 84; TJMG, AC 1.0023.04.000080-6/001, Rel. Des. Pedro Vergara, *DJ* 29/06/2009.

3) Por último, também configura abandono material deixar de socorrer, sem justa causa, descendente ou ascendente gravemente enfermo. Nesse caso, o fator determinante para a assistência, que importa em dever de solidariedade, é a enfermidade grave, seja ela física ou psíquica. O agente, portanto, deverá prestar toda assistência necessária ao socorro de descendente ou ascendente, seja adquirindo medicamentos, arcando com despesas médico-hospitalares, transporte necessário ao tratamento de saúde, ou mesmo adquirindo os alimentos indispensáveis à manutenção da vida daquele que se encontra gravemente enfermo.

Estamos diante de um *tipo misto cumulativo e alternativo*, podendo o agente, por exemplo, que praticar mais de uma conduta típica, responder por duas infrações penais, em concurso material, ou mesmo praticando dois comportamentos típicos, responder por uma única infração penal.

⚖ A configuração do delito do art. 244 do Código Penal exige que o agente, deliberadamente, queira abandonar materialmente seu dependente, deixando, sem qualquer justa causa, de prover sua subsistência. Havendo razoável dúvida sobre as razões que levaram ao inadimplemento alimentar, notadamente em função da vislumbrável precariedade financeira do acusado, afasta-se a caracterização do ilícito penal (TJ-MG, AC 0071676-70.2013.8.13.0145, Rel.ª Des.ª Márcia Milanez, *DJe* 14/10/2016).

Nesse sentido:

⚖ STJ, HC 141.069/RS, Rel.ª Min.ª Maria Thereza de Assis Moura, 6ª T., j. 22/08/2011, *Informativo* nº 481; TJMG, APCr. 0194351-36.2006.8.13.0515, Rel. Des. Alberto Deodato Neto, *DJEMG* 18/06/2010; TJMG, Processo 1.0132.05.001438-1/001, Rel. Des. Nepomuceno Silva, *DJ* 06/05/2009; TJMG, AC 1.0000.07.466108-3/000, Rel. Des. José Antonino Baía Borges, *DJ* 17/04/2009; TJMG, Processo 1.0558.06. 900001-3/001[1], Rel. Walter Pinto da Rocha, pub. 25/07/2007; TJMG, Processo 1.0400.03.008909-0/001[1], Rel. Ediwal José de Morais, pub. 27/03/2007; TJPR, AC 0379225-0, 5ª Câm. Crim., Rel. Juíza convocada Rosana Andriguetto de Carvalho, j. 22/03/2007; TJPR, AC 0341026-6, 5ª Câm. Crim., Rel. Des. Lauro Augusto Fabrício de Melo, j. 18/08/2006.

Classificação doutrinária

Crime próprio, tanto no que diz respeito ao sujeito ativo quanto ao sujeito passivo, haja vista a expressa indicação constante do tipo penal; doloso; omissivo próprio; formal (na modalidade de não cumprimento da obrigação alimentícia); de perigo concreto (quando deixa de prover a subsistência de cônjuge, ou de filho menor de 18 anos ou inapto para o trabalho, ou de ascendente inválido ou maior de 60 [sessenta] anos, ou de socorrer descendente ou ascendente, gravemente enfermo); de forma livre (à exceção do não pagamento da pensão alimentícia, pois que é esse o meio exigido pelo tipo penal ao cometimento do delito, sendo, assim, considerado de forma vinculada); permanente (cujos efeitos se prolongam no tempo, podendo ser interrompidos pela vontade do agente); monossubjetivo; unissubsistente; transeunte (como regra).

Objeto material e bem juridicamente protegido

Busca-se proteger a família, mais especificamente o *dever de assistência* que uns devem ter com relação aos outros no seio familiar.

De acordo com as lições de Guilherme de Souza Nucci, "objeto material pode ser renda, pensão ou outro auxílio. O objeto jurídico é a proteção dispensada pelo Estado à família".[20]

⚖ O crime previsto no art. 244 do Código Penal tem como objeto jurídico a proteção do organismo familiar, naquilo que toca ao suporte assistencial devido reciprocamente pelas pessoas ligadas pelo parentesco e apresenta como núcleo do tipo o ato omissivo, sem justa causa, daquele que tem o dever de prestar a assistência a outrem (TJRS, ACr 70023277676, 7ª Câm. Crim., Rel. Naele Ochoa Piazzeta, pub. 08/05/2008).

Sujeito ativo e sujeito passivo

O tipo penal do art. 244 aponta aqueles que podem figurar como *sujeito ativo*, vale dizer, o cônjuge, ascendentes e descendentes.

Sujeitos passivos são também os cônjuges, o filho menor de 18 (dezoito) anos ou inapto para o trabalho, o ascendente inválido ou maior de 60 (sessenta) anos, bem como qualquer descendente ou ascendente, não importando o grau de parentesco, que estiver gravemente enfermo.

⚖ O crime de abandono material (art. 244 do CP) não pode ser cometido contra irmão porque sujeitos passivos de tal delito são apenas o cônjuge, os filhos, ascendentes ou outros descendentes (TJMG, Processo 2.0000. 00.512446-7/000 [1], Rel. Walter Pinto da Rocha, pub. 24/01/2006).

Consumação e tentativa

Entendemos que nas modalidades de deixar, sem justa causa, de prover a subsistência do cônjuge, ou de filho menor de 18 (dezoito) anos, ou inapto para o trabalho, ou de ascendente inválido ou maior de 60 (sessenta) anos, ou deixar de socorrer descendente

[20] NUCCI, Guilherme de Souza. *Código penal comentado*, p. 853.

ou ascendente, gravemente enfermo, estamos diante de um *crime de perigo concreto*, cuja demonstração deverá ser levada a efeito nos autos, para que se possa reconhecer a tipicidade do comportamento praticado pelo agente.

Será, no entanto, considerado formal quando o agente, sem justa causa, dolosamente, deixar de efetuar o pagamento relativo à pensão alimentícia judicialmente acordada, fixada ou majorada, consumando-se o crime no dia imediatamente posterior ao determinado para o cumprimento da obrigação, embora não seja esse o entendimento esposado pelo item 79 da Exposição de Motivos da Parte Especial do Código Penal.

⚖ O delito de abandono material só se caracteriza se o agente, possuindo recursos para prover a subsistência da família, deixa de fazê-lo por livre e espontânea vontade. Pune-se o comportamento egoístico daquele que, tendo condições, abandona os seus familiares. Exige-se o dolo (TJRS, ACr 70022375042, 7ª Câm. Crim., Rel. Sylvio Baptista Neto, pub. 22/01/2008).

Como regra, não seria possível o raciocínio relativo à tentativa, pois trata-se de crimes unissubsistentes. No entanto, a hipótese concreta é que será decisiva para se concluir ou não pela possibilidade do *conatus*, razão pela qual, mesmo reconhecendo a sua dificuldade, não a descartamos, ficando o raciocínio dependendo da hipótese a ser analisada.

Elemento subjetivo

O tipo penal do art. 244 somente admite a modalidade dolosa, não havendo previsão para aquela de natureza culposa.

⚖ Havendo prova do dolo do agente, isto é, da vontade livre e consciente de não prover a subsistência das filhas menores de 18 anos, a condenação do genitor é medida que se impõe (TJ-DFT, Processo 20141010062038APR, Rel. Des. Esdras Neves, *DJe* 13/09/2016).

Nesse sentido:

⚖ TJMG, AC 0037450-59.2010.8.13.0625, Rel. Des. Silas Vieira, *DJe* 17/09/2012; TJMG, AC 0268221-82.2006.8.13.0073, Rel. Des. Adilson Lamounier, *DJe* 30/07/2012.

Modalidades comissiva e omissiva

O núcleo *deixar* traduz um comportamento puramente omissivo, tratando-se, pois, de delito omissivo próprio, que afasta a possibilidade do raciocínio correspondente à sua prática por comissão.

Modalidade especial de abandono material

Pode acontecer que o agente, mesmo sendo solvente, ou seja, tendo condições de levar a efeito o pagamento do seu débito alimentício, querendo frustrar a expectativa do alimentado, utilize expedientes que lhe servirão como "desculpa" para o seu inadimplemento, razão pela qual, agindo dolosamente, poderá chegar a ponto de abandonar injustificadamente o seu emprego ou função, com a finalidade de frustrar ou ilidir o pagamento da pensão alimentícia por ele devida.

Caso isso ocorra, ele será responsabilizado criminalmente nos moldes preconizados pelo parágrafo único do art. 244 do Código Penal.

Pena, ação penal e suspensão condicional do processo

A pena cominada ao delito de abandono material é de detenção de 1 (um) a 4 (quatro) anos, e multa. Embora ainda esteja consignado na lei penal que a multa será de uma a dez vezes o maior salário-mínimo vigente no País, tal dispositivo encontra-se revogado pelo art. 2º da Lei nº 7.209, de 11 de julho de 1984.

Dessa forma, aplica-se, normalmente, ao art. 244 do Código Penal o critério de dias-multa, nos termos do art. 49 do mesmo diploma repressivo.

A ação penal é de *iniciativa pública incondicionada*.

Será possível a confecção de proposta de suspensão condicional do processo.

Prisão por inadimplemento de obrigação alimentícia e detração penal

A prisão civil não se encontra prevista no art. 42 do Código Penal. No entanto, como bem observado por René Ariel Dotti, "apesar da omissão do texto legal, a detração também opera no caso da prisão civil, *i.e.*, a decretada contra o devedor de alimentos ou o depositário infiel, admitida pela CF (art. 5º, LXVII). A lacuna tem sido resolvida favoravelmente pela doutrina [...]. Em consequência, na execução da sentença condenatória pelo crime de abandono material (CP, art. 244) ou de apropriação indébita (CP, art. 168), deve ser abatido o tempo em que o réu sofreu prisão civil decorrente do mesmo fato".[21]

Dessa forma, apesar da natureza civil da mencionada prisão, entendemos pela possibilidade de se levar a efeito a chamada *detração*, descontando-se da pena aplicada ao condenado por abandono material o tempo em que permaneceu preso por inadimplemento relativo à pensão alimentícia por ele devida.

Justa causa

⚖ Não restando evidenciado que o inadimplemento da pensão alimentícia se deu sem justa causa, inadmissível a condenação pelo delito de abandono material, eis que referido crime não se configura quando há motivo justificado para o descumprimento da obrigação de prover a subsistência de outrem, situação que torna o fato atípico (TJMG, AC 0037541-46.2006.8.13.0446, Rel. Des. Júlio Cesar Lorens, *DJe* 07/05/2012).

---

[21] DOTTI, René Ariel. *Curso de direito penal* – parte geral, p. 606.

Nesse sentido:

📖 TJMG, AC 1.0059.04.003968-3/001, Rel. Des. Renato Martins Jacob, *DJe* 16/07/2012; TJMG, APCr. 0737816-62.2007.8.13.0625, Rel.ª Des.ª Beatriz Pinheiro Caires, *DJEMG* 16/08/2010; TJMG, APCr 0528035-34.2006.8.13.0625, Rel. Des. Eduardo Brum, *DJEMG* 11/08/2010; TJRS, ACr 70034465294, Rel. Des. Mario Rocha Lopes Filho, *DJERS* 06/07/2010.

Entrega de filho menor a pessoa inidônea

Art. 245. Entregar filho menor de dezoito anos a pessoa em cuja companhia saiba ou deva saber que o menor fica moral ou materialmente em perigo:

Pena – detenção, de um a dois anos.

§ 1º A pena é de um a quatro anos de reclusão, se o agente pratica delito para obter lucro, ou se o menor é enviado para o exterior.

§ 2º Incorre, também, na pena do parágrafo anterior quem, embora excluído o perigo moral ou material, auxilia a efetivação de ato destinado ao envio de menor para o exterior, com o fito de obter lucro.

Introdução

De acordo a redação legal constante do art. 245 do Código Penal, podemos apontar os seguintes elementos que integram a mencionada figura típica: *a)* a conduta de entregar filho menor de 18 (dezoito) anos; *b)* a pessoa em cuja companhia o agente sabia, ou tinha possibilidade de saber que a vítima ficaria moral ou materialmente em perigo.

O núcleo *entregar* é utilizado no texto legal no sentido de deixar o menor de 18 (dezoito) anos sob os cuidados de outra pessoa.

Essa pessoa, no entanto, poderá vir a prejudicá-lo moral ou mesmo materialmente, existindo uma situação de perigo com essa mudança por parte de quem se encarregará dos seus cuidados.

A lei penal não se limitou a apontar o perigo para a formação moral da vítima. Poderá ocorrer, outrossim, perigo para sua integridade física ou mesmo para a sua vida, a exemplo da hipótese em que os pais entregam seu filho aos cuidados de uma pessoa portadora de embriaguez patológica, de um dependente químico, enfim, de qualquer pessoa que possa vir a causar-lhe danos físicos.

Para que o agente possa ser responsabilizado criminalmente pelo delito em estudo, deverá saber do perigo que causará a seu filho ou, pelo menos, nas condições em que se encontrava, deveria saber do perigo que o seu comportamento traria à vítima, entregando-a nas mãos de quem poderia causar-lhe danos morais ou materiais. A lei penal exige, portanto, o efetivo conhecimento da situação de perigo causada

com a entrega do menor a pessoa inidônea ou, pelo menos, a possibilidade de o agente conhecer o perigo que acarretaria essa entrega, agindo, pois, tanto com dolo direto como com dolo eventual.

Deve ser ressaltado, para efeitos de esclarecimentos, que embora se possa deduzir o dolo eventual da expressão *deva saber*, ela diz respeito à situação fática, ou seja, com à possibilidade de conhecimento do perigo a que ficaria exposta a vítima.

📖 As instâncias ordinárias concluíram que os agravantes praticaram duas condutas distintas, isto é, além de entregarem a filha menor a pessoa que sabiam ser inidônea, consumando, neste momento, o delito do art. 245 do Código Penal, que é instantâneo, deixaram de prover meios suficientes à sua subsistência, inclusive depois de fixada pensão pelo Juízo (STJ, AgRg no AREsp 672.170/SC, Rel. Min. Reynaldo Soares da Fonseca, 5ª T., *DJe* 10/02/2016).

Classificação doutrinária

Crime próprio, tanto com relação ao sujeito ativo quanto ao sujeito passivo; doloso; comissivo (podendo, no entanto, ser praticado via omissão imprópria na hipótese de o agente gozar do *status* de garantidor); de perigo concreto (embora haja posição em contrário, a exemplo de Cezar Roberto Bitencourt, quando assevera que "o perigo é presumido em razão das condições pessoais daquele a quem o menor é entregue");[22] de forma livre; monossubjetivo; plurissubsistente; transeunte (como regra).

Objeto material e bem juridicamente protegido

Conforme esclarece Noronha, "o objeto jurídico considerado reside na tutela da criação e educação do menor, dever indeclinável dos pais. Tem o filho direito inconcusso à sua conservação e formação, que são postas em perigo, quando os genitores, olvidando esse imperativo do pátrio poder, abandonam-no, entregando-o a pessoas inidôneas".[23]

O objeto material do delito em estudo é o menor de 18 (dezoito) anos, sobre o qual recai a conduta praticada pelo agente.

Sujeito ativo e sujeito passivo

Somente os pais podem ser *sujeitos ativos* do delito em exame.

Por outro lado, somente poderão figurar como *sujeitos passivos* os filhos menores de 18 (dezoito) anos, tratando-se, portanto, de crime próprio, sob os dois enfoques, vale dizer, seja pelo sujeito ativo ou mesmo pelo sujeito passivo.

Consumação e tentativa

Consuma-se o delito com a entrega do menor de 18 (dezoito) anos aos cuidados de pessoa inidônea. No

---

[22] BITENCOURT, Cezar Roberto. *Tratado de direito penal*, v. IV, p. 151.

[23] NORONHA, Edgard Magalhães. *Direito penal*, v. 3, p. 302.

entanto, somente podemos entender como consumada a presente infração penal quando ficar efetivamente demonstrado que o menor se encontrou, concretamente, numa situação de perigo moral ou material.

Nesse sentido, afirma corretamente Cleber Masson que se trata de "crime de perigo concreto, pois é imprescindível a efetiva comprovação da situação de perigo material ou moral à vítima".[24]

A tentativa é admissível.

Elemento subjetivo

O tipo penal do art. 245 somente pode ser praticado dolosamente, seja o dolo direto, quando o agente, efetivamente, *sabia* dos riscos inerentes à entrega de seu filho a pessoa inidônea, ou mesmo o dolo eventual, quando, nas circunstâncias em que se encontrava, *devia saber*.

Não há previsão legal para a modalidade culposa. Não podemos interpretar *deva saber* como permissiva do raciocínio correspondente ao delito culposo.

Modalidades comissiva e omissiva

O núcleo *entregar* pressupõe um comportamento positivo por parte do sujeito ativo, podendo, no entanto, ser praticado via omissão imprópria.

Modalidades qualificadas

O § 1º do art. 245 do Código Penal prevê uma figura típica qualificada.

Na primeira hipótese, qualifica o delito a finalidade especial com que atua o sujeito, vale dizer, a obtenção de lucro. Na segunda, o fato de entregar o menor de 18 anos a pessoa inidônea, que se encontra no exterior, aumenta a probabilidade de causar-lhe dano moral ou material.

A segunda modalidade qualificada se encontra no § 2º do art. 245 do Código Penal.

Tal dispositivo, no entanto, foi revogado tacitamente pelo art. 239 do Estatuto da Criança e do Adolescente.

O delito do art. 245, § 2º, do Código Penal, é autônomo, sendo irrelevante, para sua consumação, que tenha também ocorrido o crime do *caput* do artigo ou que tenham sido punidos os pais da criança que seria enviada para o exterior. Não há que se falar que o delito do art. 299 do Código Penal, também imputado a uma das Rés, tenha sido absorvido pelo do art. 245, § 2º, pois a falsificação do registro de nascimento não constituiu a única forma de ajuda para o envio de menor para o exterior (TRF 1ª Reg., ACr 96.01.25435-8/MG, Rel. Juiz Osmar Tognolo,3ª T., *DJ* 18/12/1998, p. 1.309).

Pena, ação penal, competência para julgamento e suspensão condicional do processo

Para a modalidade simples, comina a lei penal uma pena de detenção, de 1 (um) a 2 (dois) anos; a moda-

lidade qualificada, prevista no § 1º do art. 245, prevê uma pena de reclusão, de 1 (um) a 4 (quatro) anos; já a Lei nº 8.069/1990, que, por intermédio de seu art. 239, revogou tacitamente o § 2º do art. 245 do Código Penal, comina uma pena de reclusão de 4 (quatro) a 6 (seis) anos, e multa.

A ação penal, em todas as modalidades, será de *iniciativa pública incondicionada*.

Competirá ao Juizado Especial Criminal o processo e o julgamento do delito de entrega de filho menor a pessoa inidônea, em sua modalidade simples.

Será possível, ainda, a confecção de proposta de suspensão condicional do processo tanto na modalidade simples quanto naquela prevista pelo § 1º do art. 245 do Código Penal.

Abandono intelectual

Art. 246. Deixar, sem justa causa, de prover à instrução primária de filho em idade escolar:
Pena – detenção, de quinze dias a um mês, ou multa.

Introdução

O núcleo *deixar* é utilizado no texto legal no sentido de não se levar a efeito, não atuar, no sentido de fazer com que se permita o acesso de filho ao estudo considerado fundamental, entendido como *primário* à época em que foi editada a Parte Especial do Código Penal, em que se encontra inserido.

No entanto, se os pais não promoverem, por justa causa, a matrícula de filho que se encontra em idade escolar, tal fato conduzirá, obrigatoriamente, à atipicidade de seu comportamento. Primeiramente, vale dizer que *justa causa* é um elemento de natureza normativa, que dá ensejo a um juízo de valor que será realizado caso a caso. Assim, por exemplo, os pais que, por se encontrarem em situação de absoluta pobreza, não tendo como levar seu filho à escola, que se localiza muito distante de sua casa, ou ainda pelo fato de não existir o próprio estabelecimento de ensino etc., são situações que justificarão a ausência de matrícula do filho que se encontra em idade escolar. Vale ressaltar que, nos termos do § 2º do art. 211 da Constituição Federal, *os municípios atuarão prioritariamente no ensino fundamental e na educação infantil*, sendo os responsáveis, portanto, pelo seu oferecimento, facilitando o ingresso daqueles que possuem um direito subjetivo à educação.

Yuri Carneiro Coêlho adverte, no entanto, que:

"As hipóteses de justa causa aptas a excluir a tipicidade deste crime são extremamente reduzidas nos dias de hoje, tendo em vista a série de obrigações que tem o Estado para garantir a educação primária de nossas crianças, seja pela manutenção de escolas públicas seja pela existência de programas sociais e verbas destinadas exclusivamente aos Municípios para de-

[24] MASSON, Cleber. *Direito penal esquematizado* – parte especial, v. 3, p. 201.

senvolvimento da educação básica, como nós temos o exemplo do Fundeb.

Dessa sorte, até mesmo nos casos em que existe dificuldade de transporte escolar público, para o deslocamento de crianças que morem em zona rural, este deve ser cobrado dos Municípios que têm condições de provê-lo através de recursos provenientes do Fundeb e/ou outras fontes. Nesse sentido, fica improvável que os pais possam se recusar a enviar os filhos para a escola, justificando-se, nessa situação apenas quando o próprio estado não cumpra suas funções."[25]

O art. 210 da Constituição Federal preconiza que *serão fixados conteúdos mínimos para o ensino fundamental, de maneira a assegurar formação básica comum e respeito aos valores culturais e artísticos, nacionais e regionais.*

Por essa razão, foi editada a Lei nº 9.394/1996 – que estabelece as Diretrizes e Bases da Educação Nacional –, que servirá como complemento ao art. 246 do Código Penal, tendo em vista tratar-se de norma penal em branco homogênea.

Assim, a idade escolar, elemento que integra o delito de abandono intelectual, deve ser aquela apontada pelos arts. 4º e 6º da Lei nº 9.394/96, com a nova redação que lhes foi conferida pela Lei nº 12.796, de 4 de abril de 2013, diminuindo de 6 (seis) para 4 (quatro) anos o início da idade escolar.

Dessa forma, a partir dos quatro anos de idade, os pais são obrigados a matricular seus filhos em estabelecimento de educação básica, sob pena de serem responsabilizados penalmente, de acordo com o art. 246 do estatuto repressivo.

⚖ Resta provado, ante o conjunto da prova ter a ré praticado o delito denunciado, de abandono intelectual, omitindo-se no seu dever legal em manter seu filho estudando, tendo a vítima deixado de frequentar a escola na segunda série do ensino fundamental, exatamente no período em que preponderava a vontade dos pais (TRCrim/RS, Recurso 71001667039, Rel.ª Des.ª Angela Maria Silveira, *DJ* 10/07/2008).

Nesse sentido:

⚖ Turmas Recursais do RS, Rec. Crim. 71000939157, Rel.ª Des.ª Angela Maria Silveira, j. 04/12/2006.

Classificação doutrinária

Crime próprio, tanto com relação ao sujeito ativo quanto ao sujeito passivo; doloso; omissivo puro; de perigo; de forma livre; permanente; monossubjetivo; unissubsistente; transeunte.

Objeto material e bem juridicamente protegido

O direito ao ensino fundamental do filho que se encontra em idade escolar é o bem que se procura proteger por meio da incriminação contida no tipo penal do art. 246 do estatuto repressivo.

O objeto material é o filho que se encontra em idade escolar.

Sujeito ativo e sujeito passivo

Somente os pais podem ser *sujeitos ativos* do delito de abandono intelectual.

Por outro lado, somente os filhos em idade escolar podem ser *sujeitos passivos* do delito em estudo.

Consumação e tentativa

Consuma-se o delito de abandono intelectual quando os pais deixam, dolosamente, de levar a efeito a matrícula, em estabelecimento de ensino próprio, do seu filho que ainda se encontra em idade escolar. Assim, entendemos que o delito se consuma quando esgotado o último dia do prazo para a realização da matrícula daquele que necessita do ensino fundamental, desde que não haja justa causa para tanto.

Tratando-se de crime omissivo próprio, não será possível a tentativa.

Elemento subjetivo

O delito de abandono intelectual somente pode ser praticado dolosamente, não havendo previsão para a modalidade de natureza culposa.

⚖ Ausente o elemento subjetivo do tipo penal, qual seja, o dolo de deixar, sem justa causa, de prover à instrução primária da filha, que sequer estava em idade escolar, porquanto contava com mais de quinze anos, por ocasião dos fatos, impositiva a absolvição da ré, cuja conduta é atípica (TRCrim./RS, Recurso nº 71002131811, Rel.ª Des.ª Cristina Pereira Gonzales, *DJ* 25/06/2009).

Nesse sentido:

⚖ TJPR, AC 0223418-4, 2ª Câm. Crim., Rel. Des. Luiz Zarpelon, pub. 17/06/2004; *RT* 22, p. 376.

Modalidades comissiva e omissiva

O núcleo *deixar* traduz um comportamento puramente omissivo, tratando-se, pois, de um delito omissivo próprio, que afasta a possibilidade do raciocínio correspondente à sua prática por comissão.

Pena, ação penal, competência para julgamento e suspensão condicional do processo

O preceito secundário do art. 246 do Código Penal prevê uma pena de detenção, de 15 (quinze) dias a 1 (um) mês, ou multa.

A ação penal será de iniciativa pública incondicionada.

Competirá ao Juizado Especial Criminal o processo e o julgamento do delito de abandono intelectual.

Será possível, ainda, a confecção de proposta de suspensão condicional do processo.

⚖ Abandono intelectual. Indispensável demonstração do dolo do agente, sendo insuficiente a de-

---

[25] COÊLHO, Yuri Carneiro. *Curso de direito penal didático*, p. 840.

monstração do resultado para que o delito se caracterize. Se a mãe oportuniza os meios que estão ao seu alcance, com os quais o filho não fica satisfeito, não há crime (TARS, Ap. Crim. 298005950, 6ª Câm. Crim., Rel. Ivan Leomar Bruxel, j. 03/09/1998).

> **Art. 247.** Permitir alguém que menor de dezoito anos, sujeito a seu poder ou confiado à sua guarda ou vigilância:
>
> I – frequente casa de jogo ou mal-afamada, ou conviva com pessoa viciosa ou de má vida;
>
> II – frequente espetáculo capaz de pervertê-lo ou de ofender-lhe o pudor, ou participe de representação de igual natureza;
>
> III – resida ou trabalhe em casa de prostituição;
>
> IV – mendigue ou sirva a mendigo para excitar a comiseração pública:
>
> Pena – detenção, de um a três meses, ou multa.

Introdução

Embora não haja consignação expressa da rubrica com o *nomen juris* de *abandono moral* para o delito tipificado no art. 247 do Código Penal, existe um consenso doutrinário nesse sentido, haja vista que as condutas elencadas pelos incisos do mencionado artigo dizem respeito a comportamentos que, se praticados pelo menor de 18 (dezoito) anos, serão perigosos à sua formação moral, havendo, assim, abandono pelas pessoas que são por ele responsáveis.

O núcleo permitir nos dá a ideia de omissão dolosa no sentido de não impedir que o menor pratique qualquer dos comportamentos catalogados pelo tipo penal em estudo. Pelo contrário, o agente aceita que o menor de 18 anos realize qualquer das condutas consideradas como perniciosas à sua formação moral.

O tipo penal não limita a sua prática aos pais do menor, abrangendo, também, aqueles que possuem a sua guarda ou a quem foi entregue a sua vigilância. O art. 1.583 do Código Civil, com a nova redação que lhe foi dada pelas Leis nº 11.698, de 13 de junho de 2008, e nº 13.058, de 22 de dezembro de 2014, diz que a guarda será unilateral ou compartilhada, sendo a unilateral a atribuída a um só dos genitores ou a alguém que o substitua (art. 1.584, § 5º, do CC). Entende-se por guarda compartilhada a responsabilização conjunta e o exercício de direitos e deveres do pai e da mãe que não vivam sob o mesmo teto, concernentes ao poder familiar dos filhos comuns. O § 5º do art. 1.583 do Código Civil assevera, ainda, que a guarda unilateral obriga o pai ou a mãe que não a detenha a supervisionar os interesses dos filhos, e, para possibilitar tal supervisão, qualquer dos genitores sempre será parte legítima para solicitar informações e/ou prestação de contas, objetivas ou subjetivas, em assuntos ou situações que direta ou indiretamente afetem a saúde física e psicológica e a educação de seus filhos.

Até mesmo a simples vigilância poderá importar na configuração do delito, caso aquele a quem foi incumbida permita ao menor a prática dos comportamentos previstos na lei penal.

O diploma repressivo entende que o menor de 18 anos corre risco em sua formação moral caso venha a *frequentar casa de jogo ou mal-afamada, ou conviva com pessoa viciosa ou de má vida.* A conduta de frequentar nos traduz a ideia de habitualidade. Assim, somente a frequência constante a esses lugares permitirá o reconhecimento da figura típica, por meio dessa modalidade, sendo atípico o comportamento do agente que permite ao menor de 18 anos que vá, por exemplo, uma única vez a uma casa de prostituição.

Da mesma forma, somente importará na prática da infração penal em estudo o agente que permitir que o menor de 18 anos *conviva* com pessoa viciosa ou de má vida, exigindo, também, uma constância no seu comportamento, a exemplo daquele que se encontra, com frequência, com pessoa reconhecidamente viciada em drogas ou que seja entregue à prostituição etc.

A lei penal tipificou também o comportamento daquele que permite que o menor de 18 anos *frequente espetáculo capaz de pervertê-lo ou de ofender-lhe o pudor, ou participe de representação de igual natureza.*

Vale registrar que o *caput* do art. 240 do ECA, com a nova redação que lhe foi dada pela Lei nº 11.829, de 25 de novembro de 2008, comina pena de reclusão, de 4 (quatro) a 8 (oito) anos, e multa, para aquele que *produzir, reproduzir, dirigir, fotografar, filmar ou registrar, por qualquer meio, cena de sexo explícito ou pornográfica, envolvendo criança ou adolescente.*

Considera-se, ainda, como comportamento capaz de perverter moralmente o menor de 18 anos o fato de *residir ou trabalhar em casa de prostituição* com a permissão daquele que sobre ele exerce o poder familiar, a guarda ou, mesmo, a vigilância.

O último dos comportamentos considerados suficientes a perverter o menor de 18 anos diz respeito à permissão para que *mendigue ou sirva a mendigo para excitar a comiseração pública.* Infelizmente, tem sido uma prática usual até mesmo o "aluguel" de crianças para que, juntamente com uma pessoa maior de idade, se passe por seu filho, a fim de excitar a comiseração pública, ou seja, fazer com que as pessoas se sensibilizem, nelas despertando um sentimento de compaixão para com aquela situação e, assim, deem algum tipo de oferta em dinheiro para o pedinte.

Não se pode concordar com a condenação, pela prática do crime do art. 247, IV, do Código Penal, se a acusada, vítima de extrema miséria, permite que a filha menor vá para a rua em busca de algum dinheiro que servirá para prover de alimentos a ela e os demais irmãos, não restando evidenciado o objetivo de excitar a comiseração pública (TJMG, Processo 1.0000.00.353417-9/000 [1], Rel. Antônio Carlos Cruvinel, pub. 11/12/2003).

Classificação doutrinária

Crime próprio, tanto no que diz respeito ao sujeito ativo quanto ao sujeito passivo; doloso; de perigo; comissivo ou omissivo próprio, dependendo do comportamento assumido pelo agente; de forma livre; permanente; monossubjetivo; plurissubsistente; transeunte.

Objeto material e bem juridicamente protegido

Busca-se proteger a formação moral do menor de 18 anos.
O objeto material do delito em estudo, de acordo com a redação típica, é o próprio menor de 18 anos.

Sujeito ativo e sujeito passivo

Somente as pessoas a cujo poder o menor de 18 anos esteja sujeito, a exemplo dos pais que exercem sobre ele o poder familiar ou cuja sua guarda ou vigilância esteja confiado, é que poderão figurar como *sujeitos ativos* do delito em estudo.
Sujeito passivo é o menor de 18 anos que se encontra sob o poder familiar ou confiado à guarda ou vigilância de alguém.

Consumação e tentativa

Nas situações em que se exige habitualidade, o delito se consuma com a prática reiterada dos atos do menor, a saber, quando: *a)* frequenta casa de jogo ou mal-afamada, ou conviva com pessoa viciosa ou de má vida; *b)* frequenta espetáculo capaz de pervertê-lo ou de ofender-lhe o pudor; *c)* resida ou trabalhe em casa de prostituição.
Nas demais hipóteses, com a prática dos comportamentos previstos pelo tipo que não exigem reiteração, como nos casos em que, mesmo somente uma única vez: *a)* participe de representação capaz de pervertê-lo ou de ofender-lhe o pudor; *b)* mendigue ou sirva a mendigo para excitar a comiseração pública.

Apesar da existência de algumas figuras consideradas habituais, entendemos ser possível a tentativa, dependendo da hipótese concreta que seja apresentada.

Elemento subjetivo

O delito de abandono moral somente pode ser cometido dolosamente, não havendo previsão para a modalidade de natureza culposa.

⚖ Ré que permite que seu filho, com dez anos de idade, pratique mendicância, saindo de casa de manhã e retornando somente ao final do dia, incorre nas sanções do art. 247, IV, do CP. O dolo da conduta ficou comprovado pela omissão e descaso em relação às orientações emanadas do Conselho Tutelar e assistente social que acompanhavam a criança e a família. A gravidade da situação resultou inclusive na perda do poder familiar da ré sobre a criança. Recurso desprovido (TJRS, RCr 71002312239, Rel.ª Des.ª Cristina Pereira Gonzales, *DJERS* 07/12/2009, p. 121).

Modalidades comissiva e omissiva

O núcleo *permitir* dá margem a uma dupla interpretação, seja no sentido de afirmar pela prática de uma conduta positiva por parte do agente, seja se omitindo, dolosamente, quando deveria agir para evitar que o menor praticasse um dos comportamentos que se quer evitar com a incriminação do abandono moral.
O *permitir*, portanto, pode ser interpretado tanto no sentido de fazer ou deixar de fazer alguma coisa.

Pena, ação penal, competência para julgamento e suspensão condicional do processo

O preceito secundário do art. 247 do Código Penal comina uma pena de detenção, de 1 (um) a 3 (três) meses, ou multa.
Competirá ao Juizado Especial Criminal o processo e o julgamento do delito de abandono moral.
Será possível, ainda, a confecção de proposta de suspensão condicional do processo.

Capítulo IV – Dos Crimes contra o Pátrio Poder, Tutela ou Curatela

Induzimento a fuga, entrega arbitrária ou sonegação de incapazes
Art. 248. Induzir menor de dezoito anos, ou interdito, a fugir do lugar em que se acha por determinação de quem sobre ele exerce autoridade, em virtude de lei ou de ordem judicial; confiar a outrem sem ordem do pai, do tutor ou do curador algum menor de dezoito anos ou interdito, ou deixar, sem justa causa, de entregá-lo a quem legitimamente o reclame:
Pena – detenção, de um mês a um ano, ou multa.

Introdução

O art. 248 do Código Penal prevê dois comportamentos típicos diferentes. Por meio da primeira figura, o

agente induz menor de 18 (dezoito) anos, ou interdito, a fugir do lugar em que se acha por determinação de quem sobre ele exerce autoridade, em virtude de lei ou de ordem judicial. O núcleo *induzir* é utilizado no sentido de fazer nascer, criar a ideia de fuga na mente do menor de 18 anos ou do interdito.
Atendendo ao limite da maturidade penal e, agora, também da civil, o Código Penal determinou como elemento típico a idade de 18 anos. Na verdade, exige que o menor não tenha completado os 18 anos para efeitos de reconhecimento do delito, uma vez que a lei utiliza a expressão *menor de 18 anos*. Por outro lado, independentemente da idade, o tipo penal do art. 248 fez previsão expressa também do interdito, vale dizer, aquele que sofreu um processo legal de interdição

e que se encontra sujeito à curatela, nos termos dos arts. 1.767 a 1.783 do Código Civil.

No que diz respeito ao pródigo, sujeito à curatela especial, não podemos entendê-lo como inserido no conceito de interdito levado a efeito pela lei penal, haja vista que sua limitação diz respeito, tão somente, aos atos de disposição de seu patrimônio, sendo, no mais, pessoa livre, conforme esclarece o art. 1.782 do Código Civil.

Na segunda parte do art. 248 do Código Penal encontra-se a previsão do comportamento daquele que confia a outrem, sem ordem do pai, do tutor ou do curador, algum menor de 18 (dezoito) anos ou interdito, ou deixa, sem justa causa, de entregá-lo a quem legitimamente o reclame, sendo, aqui, reconhecido com o *nomen juris* de *entrega arbitrária* e *sonegação de incapazes*.

Hungria, dissertando sobre as hipóteses referidas, esclarece: "A *entrega arbitrária* concretiza-se no fato do agente (diretor de colégio, de asilo, de casa de saúde etc.) que entrega o menor ou o interdito a outrem, sem autorização verbal ou por escrito, do sujeito passivo. Em tal caso, o terceiro que recebe o incapaz será coautor, se conhecedor do *arbítrio* da entrega; se desconhecia tal circunstância, mas se recusa a restituir o incapaz, incorrerá no crime de sonegação (terceira modalidade prevista no art. 248). Se o terceiro obtém a entrega mediante engano do *tradens*, ou violência material ou moral contra este, cometerá o crime de *subtração* (art. 249). A terceira modalidade, isto é, a *sonegação*, consiste na recusa de entrega (retenção), sem justa causa, do incapaz a quem legitimamente o reclame".[26]

O tipo penal do art. 248 do Código Penal é de natureza mista alternativa e cumulativa, podendo, dependendo da hipótese concreta, responder o agente por um único delito ou pela prática de duas figuras típicas. Assim, conforme esclarece Guilherme de Souza Nucci, "a primeira conduta (induzir menor ou interdito a fugir) pode ser associada à segunda, que é alternativa (confiar a outrem *ou* deixar de entregá-lo), configurando dois delitos".[27]

A *ordem do pai, do tutor ou do curador* e a *justa causa* são considerados elementos normativos do tipo que, se presentes, farão com que o fato seja considerado atípico.

⚖ O que a lei pune é o induzimento à fuga de incapaz; e entre "fugir", de acepção definida, e "mudar", "transferir" domicílio, há por certo uma distinção rigorosa, que não permite interpretação extensiva (TJSP, Ap. 18336, Rel. Manuel Carlos, *RT* 173, p. 52).

Classificação doutrinária

Crime comum quanto ao sujeito ativo e próprio no que diz respeito ao sujeito passivo, pois que somente o menor de 18 anos, o interdito, o tutelado e o curatelado podem figurar nessa condição; doloso; de forma livre; comissivo (nas modalidades induzir e confiar a outrem) e omissivo próprio (na modalidade deixar de entregar); instantâneo (no induzimento a fuga e na entrega arbitrária); permanente (na sonegação de incapazes); monossubjetivo; plurissubsistente (nas duas primeiras figuras); monossubsistente (na última figura, isto é, a sonegação de incapazes); transeunte.

Objeto material e bem juridicamente protegido

Busca-se proteger o poder familiar, a tutela e a curatela. O objeto material do delito em estudo é o menor de 18 anos ou o interdito.

Sujeito ativo e sujeito passivo

Qualquer pessoa pode ser *sujeito ativo*. Os *sujeitos passivos* são aqueles que detêm o poder familiar, a tutela e a curatela, além daqueles que se encontram sob esse mesmo poder familiar, tutela ou curatela, podendo, assim, ser entendidos, respectivamente, como sujeitos passivos imediatos e mediatos.

Consumação e tentativa

No que diz respeito à conduta de induzir menor de 18 anos ou interdito a fugir do lugar em que se acha por determinação de quem sobre ele exerce autoridade, em virtude de lei ou ordem judicial, existe controvérsia doutrinária quanto ao seu momento consumativo, vale dizer, se com o mero comportamento de incutir a ideia da fuga na mente do menor de 18 anos ou interdito, sendo, nesse caso, considerado crime de natureza formal, ou se seria necessário que, efetivamente, praticasse o ato para o qual fora induzido pelo agente, entendendo-se, nessa hipótese, como um crime material.

Noronha, analisando o tipo penal em estudo, diz: "Consuma-se o delito, nesta modalidade, com a fuga; tão logo o afastamento do menor ou interdito, contra a vontade expressa ou tácita do responsável, esteja caracterizado, haverá consumação. Consequentemente, é possível a tentativa: induzido o incapaz a fugir e quando, inequivocamente, ele inicia a fuga, é obstado pela autoridade ou terceiro."[28]

Em sentido contrário, Guilherme de Souza Nucci preleciona: "Trata-se de delito formal, e o mero induzimento já configura o crime contra o pátrio poder, tutela ou curatela, desde que seja suficiente para formar a opinião do menor ou do interdito. Assim, se essas pessoas forem realmente induzidas e estejam tentando escapar quando forem surpreendidas, o delito está configurado para quem as convenceu a fazê-lo. É crime de perigo, pois retirar o menor ou o interdito da esfera de quem legalmente os protege

---

[26] HUNGRIA, Nélson. *Comentários ao código penal*, v. VIII, p. 478.

[27] NUCCI, Guilherme de Souza. *Código penal comentado*, p. 860.

[28] NORONHA, Edgard Magalhães. *Direito penal*, v. 3, p. 311.

pode conduzi-los a situações danosas, além de atingir diretamente o pátrio poder, a tutela ou a curatela. Não vemos razão para aguardar que o menor ou o interdito escape, efetivamente, do local onde deve permanecer para punir o agente indutor."[29]

Entendemos, *permissa venia*, em consideração ao princípio da lesividade, que, nesse caso, a razão se encontra com Noronha. Dessa forma, somente ocorrerá a consumação quando o menor de 18 anos ou o interdito, depois de ser induzido pelo agente, efetivamente, leve a efeito a fuga.

Na *entrega arbitrária*, o delito se consuma no instante em que o agente, sem ordem do pai, tutor ou curador, *confia, entrega* a outrem o menor de 18 anos ou o interdito, sendo cabível a tentativa, tendo em vista a sua natureza plurissubsistente.

Na *sonegação de incapazes* a consumação ocorre quando o agente *deixa*, sem justa causa, de entregá-los a quem legitimamente os reclame, não sendo possível o raciocínio correspondente à tentativa, tendo em vista tratar-se de modalidade monossubsistente.

Elemento subjetivo

O dolo é o elemento subjetivo exigido pelo tipo penal que prevê o induzimento a fuga, entrega arbitrária ou sonegação de incapazes, não havendo previsão legal para a modalidade de natureza culposa.

Modalidades comissiva e omissiva

As condutas de *induzir* e *confiar a outrem* traduzem comportamentos de natureza comissiva por parte do agente; ao contrário, o núcleo *deixar*, constante do delito de sonegação de incapazes, última figura prevista pelo tipo penal do art. 248, prevê comportamento de natureza omissiva.

Pena, ação penal, competência para julgamento e suspensão condicional do processo

A pena cominada ao delito de induzimento a fuga, entrega arbitrária ou sonegação de incapazes é de detenção, de 1 (um) mês a 1 (um) ano, ou multa.

A ação penal é de iniciativa pública incondicionada. Compete, inicialmente, ao Juizado Especial Criminal o processo e julgamento do delito em estudo.

Será possível, ainda, a confecção de proposta de suspensão condicional do processo.

Subtração de incapazes

Art. 249. Subtrair menor de dezoito anos ou interdito ao poder de quem o tem sob sua guarda em virtude de lei ou de ordem judicial:

Pena – detenção, de dois meses a dois anos, se o fato não constitui elemento de outro crime.

§ 1º O fato de ser o agente pai ou tutor do menor ou curador do interdito não o exime de pena, se destituído ou temporariamente privado do pátrio poder, tutela, curatela ou guarda.

§ 2º No caso de restituição do menor ou do interdito, se este não sofreu maus-tratos ou privações, o juiz pode deixar de aplicar pena.

Introdução

Podemos destacar os seguintes elementos que integram a figura típica: *a)* a conduta de subtrair menor de 18 (dezoito) anos ou interdito; *b)* ao poder de quem o tem sob sua guarda; c) em virtude de lei ou ordem judicial.

O núcleo *subtrair* é utilizado no sentido de retirar, afastar o menor de 18 anos ou interdito. Não importa, aqui, se o fato é cometido com a anuência do menor de 18 anos ou do interdito, ou se o crime é praticado contra a sua vontade, mediante o emprego de violência ou grave ameaça por parte do agente. Nesse último caso, deverá ser aplicada a regra relativa ao concurso formal impróprio de crimes.

O Código Penal estabeleceu como data limite os 18 (dezoito) anos, haja vista que, ao atingir essa idade, o sujeito adquire a maioridade penal, tornando-se imputável, bem como, agora, depois da edição da Lei nº 10.406, de 10 de janeiro de 2002, a maioridade civil. Sendo a subtração de incapazes um crime contra o poder familiar, uma vez atingida essa idade, não se justificaria a punição, pois que, nos termos no art. 1.630 do Código Civil, *os filhos estão sujeitos ao poder familiar, enquanto menores*.

O menor de 18 (dezoito) anos ou interdito deverá estar sob o poder de quem detém a sua guarda, sendo que esta poderá ser proveniente de lei, a exemplo do que ocorre com os pais em relação a seus filhos, no exercício do poder familiar, ou decorrente de decisão judicial, como acontece nas hipóteses em que se é nomeado um curador ao interdito.

O § 1º do art. 249 do Código Penal ainda assevera que *o fato de ser o agente pai ou tutor do menor ou curador do interdito não o exime de pena, se destituído ou temporariamente privado do pátrio poder, tutela, curatela ou guarda.*

✐ O crime de subtração de incapaz se configura com a simples retirada do incapaz do local onde ele se encontra, da guarda de seu responsável legal, sendo irrelevante que o agente aja com a intenção de prejudicar o incapaz (TJ-MG, AC 0014296-62.2013.8.13.0348, Rel. Des. Alberto Deodato Neto, *DJe* 15/04/2016).

Nesse sentido:

✐ TJMG, Processo 1.0114.04.040156-3/001[1], Rel. Paulo Cézar Dias, pub. 13/06/2007; TJMG, Processo

---

[29] NUCCI, Guilherme de Souza. *Código penal comentado*, p. 861.

1.0024.02.652603-8/001[1], Rel. José Antonino Baía Borges, pub. 30/03/2005.

Classificação doutrinária

Crime comum com relação ao sujeito ativo e próprio no que diz respeito ao sujeito passivo, pois que somente o menor de 18 anos e o interdito podem figurar nessa condição; doloso; material; comissivo (podendo, também, ser praticado via omissão imprópria na hipótese de o agente gozar do *status* de garantidor); de forma livre; instantâneo; monossubjetivo; plurissubsistente; transeunte.

Objeto material e bem juridicamente protegido

Busca-se proteger o poder familiar, a tutela e a curatela. O objeto material do delito em estudo é o menor de 18 anos ou o interdito.

Sujeito ativo e sujeito passivo

Qualquer pessoa pode ser sujeito ativo. Os *sujeitos passivos* são aqueles que detêm a guarda do menor de 18 anos ou interdito em virtude de lei ou de ordem judicial, bem como os próprios menores de 18 anos ou interditos.

Consumação e tentativa

Segundo a posição dominante, o delito se consuma no momento em que o menor de 18 anos ou o interdito é retirado da esfera espacial de quem sobre eles detinha a guarda.

A tentativa é admissível.

Elemento subjetivo

O dolo é o elemento subjetivo exigido pelo tipo penal que prevê o delito de subtração de incapazes, não havendo previsão legal para a modalidade de natureza culposa.

⚖ Para a tipificação do delito do art. 249 do CP é necessário o intuito doloso, a vontade consciente do agente de retirar o menor da guarda de seu responsável (TJSP, Ap. 135257, Rel. Cunha Bueno, *RT* 525, p. 353).

Modalidades comissiva e omissiva

O núcleo *subtrair* pressupõe comportamento comissivo por parte do agente. No entanto, o delito poderá ser praticado via omissão imprópria.

Pena, ação penal, competência para julgamento e suspensão condicional do processo

A pena cominada ao delito de subtração de incapazes é de detenção, de 2 (dois) meses a 2 (dois) anos, se o fato não constitui elemento de outro crime. Assim, por exemplo, poderá o agente subtrair um menor de 18 anos com a finalidade de obter qualquer vantagem, como condição ou preço do resgate, oportunidade em que deverá ser responsabilizado pelo delito de extorsão mediante sequestro, previsto no art. 159 do Código Penal, e não pelo de subtração de incapazes.

A ação penal é de iniciativa pública incondicionada.

Compete, inicialmente, ao Juizado Especial Criminal o processo e julgamento do delito em estudo.

Será possível, ainda, a confecção de proposta de suspensão condicional do processo.

Há previsão, no § 2º do art. 249 do Código Penal, para o perdão judicial, para o caso de restituição do menor ou do interdito, sem que este tenha sofrido maus-tratos ou privações, que dizem respeito, de acordo com as lições de Noronha, aos danos físicos ou morais. Nessa hipótese, "se houver a *restitutio* e não tiver o incapaz sofrido, *v.g.*, privações (falta de alimentos, agasalhos etc.) ou maus-tratos, por exemplo, vexames, ofensas a sua moral etc., o julgador, facultativamente, poderá não aplicar pena ao agente".[30]

⚖ Para a aplicação do art. 249, § 2º, do CP que prevê a possibilidade de o juiz deixar de aplicar pena ao agente, é preciso que a restituição do incapaz seja, ao menos, voluntária, sem depender da ação de terceiros (TJ-MG, AC 0014296-62.2013.8.13.0348, Rel. Des. Alberto Deodato Neto, *DJe* 15/04/2016).

Nesse sentido:

⚖ TJRS, Conf. Comp. 70009551854, 7ª Câm. Crim., Rel. Alfredo Foerster, j. 23/09/2004.

Subtração de incapazes e Estatuto da Criança e do Adolescente

O art. 237 da Lei nº 8.069, de 13 de julho de 1990, prevê uma modalidade especial de subtração de incapazes, cominando pena de reclusão de dois a seis anos, e multa, para aquele que subtrair criança ou adolescente ao poder de quem o tem sob sua guarda em virtude de lei ou ordem judicial, com o fim de colocação em lar substituto.

---

[30] NORONHA, Edgard. Magalhães. *Direito penal*, v. 3, p. 315.

Título VIII – Dos Crimes contra a Incolumidade Pública

Capítulo I – Dos Crimes de Perigo Comum

Incêndio

Art. 250. Causar incêndio, expondo a perigo a vida, a integridade física ou o patrimônio de outrem:

Pena – reclusão, de três a seis anos, e multa.

Aumento de pena

§ 1º As penas aumentam-se de um terço:

I – se o crime é cometido com intuito de obter vantagem pecuniária em proveito próprio ou alheio;

II – se o incêndio é:

a) em casa habitada ou destinada a habitação;

b) em edifício público ou destinado a uso público ou a obra de assistência social ou de cultura;

c) em embarcação, aeronave, comboio ou veículo de transporte coletivo;

d) em estação ferroviária ou aeródromo;

e) em estaleiro, fábrica ou oficina;

f) em depósito de explosivo, combustível ou inflamável;

g) em poço petrolífico ou galeria de mineração;

h) em lavoura, pastagem, mata ou floresta.

Incêndio culposo

§ 2º Se culposo o incêndio, é pena de detenção, de seis meses a dois anos.

Introdução

O delito tipificado no art. 250 do Código Penal possui os seguintes elementos: *a)* a conduta de causar incêndio; *b)* expondo a perigo a vida, a integridade física ou o patrimônio de outrem.

O núcleo *causar* é utilizado no sentido de produzir, ocasionar, provocar, enfim, dirigir finalisticamente a conduta no sentido de fazer com que ocorra o incêndio. Dissertando sobre o conceito de incêndio, assevera Noronha: "Incêndio não é qualquer fogo, mas tão só o que acarreta risco para pessoas ou coisas. É mister, pois, que o objeto incendiado seja tal que exponha a perigo o bem tutelado."[1]

Trata-se de crime de perigo concreto, que deverá ser efetivamente demonstrado para efeito de reconhecimento do crime.

⚖ No caso, após o término da instrução criminal, foi reconhecida a prática do crime de incêndio, por ter o ora paciente exposto a perigo o patrimônio das vítimas, sendo desnecessária a comprovação do risco à higidez física, nos termos do defensivo nas razões da impetração. Em verdade, o art. 250, *caput*, do CP tipifica a conduta de causar incêndio, expondo a vida, a integralidade física ou o patrimônio das vítimas a perigo (STJ, HC 437.468/SP, Rel. Min. Ribeiro Dantas, 5ª T., *DJe* 28/06/2018).

Nesse sentido:

⚖ STJ, AgRg no AREsp 1.068.614/SP, Rel. Min. Reynaldo Soares da Fonseca, 5ª T., *DJe* 25/08/2017; TJRJ, AC 0002169-94.2007.8.19.0038, Rel. Des. Carlos Eduardo Roboredo, j. 29/07/2014; STJ, AgRg no HC 192574/ES, Rel.ª Min.ª Marilza Maynard, Desembargadora convocada do TJSE, 5ª T., *DJe* 1º/08/2013; TJMG, AC 0018515-24.2010.8.13.0090, Rel. Des. Fortuna Grion, *DJe* 19/06/2012; TJDF, Rec. 2009.05.1.005839-5, Rel. Des. Silvânio Barbosa dos Santos, *DJDFTE* 05/08/2010, p. 166; TJRS, ACr 70033460452, Rel. Des. Constantino Lisbôa de Azevedo, *DJERS* 19/07/2010; TJRS, Ap. Crim. 70019303304, 4ª Câm. Crim., Rel. Gaspar Marques Batista, j. 28/06/2007; TJMG, Processo 1.0686.02.054609-5/001[1], Rel.ª Beatriz Pinheiro Caires, pub. 03/05/2005.

Classificação doutrinária

Crime comum, tanto no que diz respeito ao sujeito ativo quanto ao sujeito passivo; doloso e culposo (pois que o § 2º do art. 250 do Código Penal previu, expressamente, a modalidade de natureza culposa); comissivo (podendo, nos termos do art. 13, § 2º, do Código Penal, ser praticado via omissão imprópria, na hipótese de o agente gozar do *status* de garantidor); de perigo comum e concreto; de forma livre; instantâneo; monossubjetivo; plurissubsistente; não transeunte.

Sujeito ativo e sujeito passivo

Qualquer pessoa pode ser sujeito ativo. *Sujeito passivo* é a sociedade, bem como as pessoas que tiveram sua vida, sua integridade física ou, mesmo, seu patrimônio expostos a perigo.

Objeto material e bem juridicamente protegido

A incolumidade pública é o bem juridicamente protegido. O objeto material, segundo Guilherme de Souza Nucci, "é a substância ou objeto incendiado".[2]

⚖ Para a caracterização do crime de incêndio, classificado como crime de perigo comum, exige-se a

---

[1] NORONHA, Edgard Magalhães. *Direito penal*, v. 3, p. 322.

[2] NUCCI, Guilherme de Souza. *Código penal comentado*, p. 866.

prova inequívoca do perigo provocado à vida, à integridade física ou ao patrimônio de terceiros. Na ação penal por crime de incêndio, impõe-se a absolvição quando duvidosa a prova testemunhal, que se limita a descrever o patrimônio supostamente ameaçado e se lança sem prova pericial que a confirme (TJMG, Processo 1.0003.07.024431-8/001(1), Rel. Hélcio Valentim, pub. 27/07/2009).

Nesse sentido:

⚖ TJRS, Ap. Crim. 70016989345, 4ª Câm. Crim., Rel. José Eugênio Tedesco, j. 07/12/2006.

Consumação e tentativa

O delito se consuma quando o incêndio provocado pelo agente vem, efetivamente, expor a perigo a vida, a integridade física ou o patrimônio de outrem.
A tentativa é admissível.

⚖ O crime de incêndio possui natureza plurissubjetiva, admitindo o fracionamento do *iter criminis* e a ocorrência teórica da tentativa. O simples ateamento de fogo e sua dizimação por circunstâncias alheias à vontade do agente não são suficientes para a caracterização do crime de incêndio tentado, se a combustão não chegou a projetar, potencial ou efetivamente, perigo de risco coletivo ao patrimônio ou à integridade física de outrem (TJRJ, AC 0002169-94.2007.8.19.0038, Rel. Des. Carlos Eduardo Roboredo, j. 29/07/2014).

Nesse sentido:

⚖ TJ-DFT, Processo 20130110110143APR, Rel. Des. Waldir Leôncio Lopes Júnior, *DJe* 31/08/2016; TJPR, AC 4.904559-2, Rel. Des. Lidio José Rotoli de Macedo, *DJe* 24/08/2012.

Elemento subjetivo

O dolo é o elemento subjetivo exigido pelo *caput* do art. 250 do Código Penal.

⚖ É exigível para a configuração do crime tão somente o dolo de perigo, independentemente de qualquer finalidade específica, sendo bastante a consciência da possibilidade de prejudicar terceiro, assim como a comprovação do efetivo risco de expor a vida, a integralidade física e o patrimônio do ofendido a perigo (STJ, HC 437.468/SP, Rel. Min. Ribeiro Dantas, 5ª T., *DJe* 28/06/2018).

Nesse sentido:

⚖ TJMG, Processo 1.0604.06.001166-4/001[1], Rel. Alexandre Victor de Carvalho, pub. 13/10/2008; TJRS, Ap. Crim. 70019190933, 4ª Câm. Crim., Rel. Constantino Lisbôa de Azevedo, j. 24/05/2007; TJRS, Ap. Crim. 70018420042, 4ª Câm. Crim., Rel. Constantino Lisbôa de Azevedo, j. 22/03/2007.

Modalidade culposa

Encontra-se prevista no § 2º do art. 250 do Código Penal.

⚖ Comete o delito previsto no art. 250, § 2º, c/c o art. 258, 2ª parte, do CP a agente que, agindo com imprudência, provoca explosão ao inserir óleo diesel em lamparina ainda acesa, permitindo, assim, que o fogo se alastrasse pela residência da vítima, causando a morte de uma pessoa (TJRS, Ap. Crim. 70019171529, 4ª Câm. Crim., Rel. Constantino Lisbôa de Azevedo, j. 24/05/2007).

Modalidades comissiva e omissiva

O núcleo causar pressupõe um comportamento comisso por parte do agente, podendo, no entanto, ser praticado via omissão imprópria.

Causas especiais de aumento de pena

São previstas pelo § 1º do art. 250 do Código Penal.
A primeira causa especial de aumento de pena diz respeito ao fato de ter o agente provocado o incêndio visando obter alguma vantagem pecuniária em proveito próprio ou alheio.
A segunda majorante incidirá em virtude do objeto material contra o qual é dirigida a conduta do agente. Aqui, da mesma forma que na situação anterior, existe maior reprovabilidade no comportamento que é dirigido contra os objetos elencados pelo inc. II do § 1º do art. 250 do Código Penal.

⚖ Quanto à causa de aumento do art. 250, § 1º, II, "*a*", impõe-se a incidência da referida majorante ainda que a residência não estivesse desocupada no momento da prática delituosa, pois o texto legal menciona "casa habitada ou destinada a habitação" (STJ, HC 437.468/SP, Rel. Min. Ribeiro Dantas, 5ª T., *DJe* 28/06/2018).

Nesse sentido:

⚖ TJMG, Processo 1.0016.00.014680-9/001[1], Rel.ª Jane Silva, pub. 17/05/2005.

Pena, ação penal, competência para julgamento e suspensão condicional do processo

O preceito secundário contido no *caput* do art. 250 do Código Penal comina uma pena de reclusão, de 3 (três) a 6 (seis) anos, e multa.
As penas aumentam-se de um terço nas hipóteses previstas pelo § 1º do mencionado artigo.
Para o incêndio de natureza culposa foi cominada uma pena de detenção, de 6 (seis) meses a 2 (dois) anos.
Determina o art. 258 do Código Penal que *se do crime doloso de perigo comum resulta lesão corporal de natureza grave, a pena privativa de liberdade é aumentada de metade; se resulta morte, é aplicada em dobro. No caso de culpa, se do fato resulta lesão corporal, a pena aumenta-se de metade; se resulta morte, aplica-se a pena cominada ao homicídio culposo, aumentada de um terço.*

A ação penal é de iniciativa pública incondicionada. Compete, pelo menos inicialmente, ao Juizado Especial Criminal o processo e julgamento do delito de incêndio culposo.

Será possível, no caso de incêndio culposo desde que não resulte morte, a proposta de suspensão condicional do processo.

Provocar incêndio em imóvel afastado da cidade

Se o imóvel sobre o qual se dirigiu a conduta incendiária do agente ficava situado em local afastado de outras construções e pessoas, o fato poderá se configurar no delito de dano se com o incêndio não houve a criação de um *perigo comum*, tal como orienta o capítulo no qual a figura típica em estudo encontra-se inserida.

⚖ Resta configurado o crime de incêndio no momento em que o agente coloca em risco a vida e a integridade física de pessoas que estavam no local ou, ainda, o patrimônio de outrem, concretizando situação de perigo comum. Somente será permitida a desclassificação do fato para crime de dano se o incêndio provocado não gerar perigo comum (TJMG, Processo 1.0016.06.061939-8/001[1], Rel. Hélcio Valentim, pub. 27/11/2007).

Nesse sentido:

⚖ TJ-DFT, Processo 20130110752469APR, Rel. Des. Esdras Neves, *DJe* 05/10/2016; TJDF, Rec. 2008.10.1.004591-6, Rel. Des. Silvânio Barbosa dos Santos, *DJDFTE* 16/08/2010, p. 416; TJDF, Rec. 2008.01.1.009122-9, Rel. Des. Mario Machado, *DJDFTE* 09/08/2010, p. 98; TJMG, APCR 0093212-60.2002.8.13.0069, Rel. Des. Ediwal Jose de Morais, *DJEMG* 07/05/2010.

Incêndio com a finalidade de causar a morte da vítima

Deverá responder pelo delito de homicídio qualificado (art. 121, § 2º, III do CP), tentado ou consumado, bem como pelo delito tipificado no art. 250 do Código Penal, se o incêndio por ele produzido expôs a perigo a vida, a integridade física ou o patrimônio de um número indeterminado de pessoas.

Incêndio e estelionato para recebimento de indenização ou valor do seguro

Embora exista controvérsia, entendemos que haverá concurso de crimes entre os arts. 250, *caput* e 171, § 2º, V, do Código Penal.

⚖ Sem a prova do perigo comum, elemento integrante do delito de incêndio definido no art. 250 do CP, viável é a desclassificação do fato descrito para estelionato, na modalidade do art. 171, § 2º, inc. V, do CP, se o réu destruiu, com fogo, coisa própria, visando a receber o valor do seguro (TJRS, Ap. Crim. 695030494, 4ª Câm. Crim., Rel. José Antônio Paganella Boschi, j. 07/06/1995).

Nesse sentido:

⚖ TJRJ, Ap. 1993.050.00843, Rel. Adolphino Ribeiro, j. 04/11/1993.

Incêndio e crime ambiental

De acordo com o art. 41 da Lei nº 9.605/1998, constitui crime ambiental, punido com pena de reclusão, de 2 (dois) a 4 (quatro) anos, e multa, provocar incêndio em floresta ou em demais formas de vegetação.

Qual seria, portanto, a diferença entre o mencionado crime ambiental e o crime de incêndio praticado em mata ou floresta, previsto pelo inciso II do § 1º do art. 250 do Código Penal?

A diferença fundamental reside no fato de que, no delito ambiental, a proteção levada a efeito pelo tipo penal do art. 41 da Lei nº 9.605/1998 diz respeito ao meio ambiente, aqui considerado como a floresta *ou* as *demais formas de vegetação*; já na infração penal constante do art. 250 do Código Penal, embora o objeto material seja a mata ou floresta, a norma constante no mencionado artigo tutela a incolumidade pública, almejando por meio do tipo penal em estudo, evitar que seja exposta a perigo a vida, a integridade física ou o patrimônio de outrem.

Exame pericial

Será necessária a realização do exame pericial para efeitos de caracterização do delito de incêndio, nos termos do art. 173 do Código de Processo Penal.

⚖ O exame de corpo de delito direto, por expressa determinação legal, é indispensável para configuração da materialidade delitiva nas infrações que deixam vestígios, podendo apenas supletivamente ser suprido por outro meio de prova, quando os vestígios tenham desaparecido ou quando justificada a impossibilidade de realização da perícia. Precedentes. No caso sob exame, não foi realizada perícia para constatar a materialidade do crime de incêndio, não existindo nos autos justificação alguma para a ausência da perícia, o que indica a presença de flagrante constrangimento ilegal (STJ, HC 440.501/RS, Rel. Min. Felix Fischer, 5ª T., *DJe* 1º/06/2018).

Nesse sentido:

⚖ TJ-MG, AC 0033709-27.2012.8.13.0694, Rel. Des. Wanderley Paiva, *DJe* 02/09/2016; TJRJ, AC 0383012-45.2011.8.19.0001, Rel.ª Des.ª Katya Monnerat, j. 19/08/2014; TJPR, AC 31.835906-2, Rel.ª Des.ª Lidia Maejima, *DJe* 15/02/2012; TJMG, Processo 1.0313.06.197220-1/001[1], Rel. Des. Jane Silva, j. 10/11/2009, pub. 11/01/2010; TJRS, Ap. Crim. 70023 276348, 4ª Câm. Crim., Rel. José Eugênio Tedesco, pub. 12/01/2009; TJMG, Processo 1.0707.07.143035-9/001[1], Rel. Antônio Armando dos Anjos, pub. 26/03/2008.

Desclassificação para o crime de dano

⚖ Não é qualquer ateamento de fogo que se presta a caracterizar o crime de incêndio, mas o fogo perigoso, aquele que acarreta tal risco pela carbonização progressiva e continuada, ainda que sem chamas. A simples provocação do incêndio não enseja, por si só, a incidência do tipo penal em apreço, se da conduta não resultar a efetiva exposição da coletividade a perigo concreto, sendo possível reconhecer o crime de dano qualificado pelo emprego de substância inflamável ou explosiva (art. 163, parágrafo único, II, CP) (TJRJ, AC 0002169-94.2007.8.19.0038, Rel. Des. Carlos Eduardo Roboredo, j. 29/07/2014).

Nesse sentido:

TJDF, Rec. 2008.03.1.003679-6, Ac. 429.492, 1ª T. Crim., Rel. Des. Luciano Moreira Vasconcellos, *DJDFTE* 02/07/2010, p. 161; TJDF, Rec. 2007.03.1.004162-3, Rel. Des. Roberval Casemiro Belinati, *DJDFTE* 19/08/2010, p. 180.

Incêndio no Código Penal Militar

Vide art. 268 do Decreto-Lei nº 1.001/69 (Código Penal Militar).

Explosão

Art. 251. Expor a perigo a vida, a integridade física ou o patrimônio de outrem, mediante explosão, arremesso ou simples colocação de engenho de dinamite ou de substância de efeitos análogos:

Pena – reclusão, de três a seis anos, e multa.

§ 1º Se a substância utilizada não é dinamite ou explosivo de efeitos análogos:

Pena – reclusão, de um a quatro anos, e multa.

Aumento de pena

§ 2º As penas aumentam-se de um terço, se ocorre qualquer das hipóteses previstas no § 1º, I, do artigo anterior, ou é visada ou atingida qualquer das coisas enumeradas no nº II do mesmo parágrafo.

Modalidade culposa

§ 3º No caso de culpa, se a explosão é de dinamite ou substância de efeitos análogos, a pena é de detenção, de seis meses a dois anos; nos demais casos, é de detenção, de três meses a um ano.

Introdução

Analisando a figura típica prevista no art. 251 do Código Penal, podemos destacar os seguintes elementos: *a)* a conduta de expor a perigo a vida, a integridade física ou o patrimônio de outrem; *b)* por meio de explosão; *c)* arremesso ou simples colocação de engenho de dinamite; e *d)* ou de substância de efeitos análogos.

A lei penal faz menção à *explosão*, que tem o sentido de "comoção seguida de detonação e produzida pelo

desenvolvimento repentino de uma força ou pela expansão súbita de um gás".[3]

Essa explosão pode ser provocada por engenho de dinamite. Segundo as lições de Hungria, *"dinamite é nitroglicerina, que NOBEL tornou mais praticamente utilizável mediante absorção dela por certas matérias sólidas, comumente terras ou areias silicosas. O absorvente* pode ser *ativo*, isto é, um outro explosivo, como, por exemplo, o algodão-pólvora, aumentando-se, então, a potência destruidora. Há grande variedade de substâncias explosivas com efeitos idênticos aos da dinamite: os derivados da nitrobenzina (belite), do nitrotolueno (trotil ou tolite), do nitrocresol (cresilite), da nitronaftalina (schneiderite), a chedite, a sedutite, a ruturite, a grisulite, a melinite, as gelatinas explosivas, os explosivos TNT, os explosivos à base de ar líquido etc. etc."[4]

Pelo que se percebe, por meio da figura típica em estudo, a lei penal tipifica não só a explosão em si, provocada pelo agente, como também o *arremesso* ou *a simples colocação de engenho de dinamite* ou de *substância de efeitos análogos.*

Verifica-se, ainda, pela parte final constante da redação do art. 251 do Código Penal, a utilização da chamada *interpretação analógica.*

Demonstrado que a conduta delituosa expôs, de forma concreta, o patrimônio de outrem decorrente do grande potencial destruidor da explosão, notadamente porque o banco encontra-se situado em edifício destinado ao uso público, ensejando a adequação típica ao crime previsto no art. 251 do CP, incabível a incidência do princípio da consunção (STJ, REsp 1.647.539/SP, Rel. Min. Nefi Cordeiro, 6ª T., *DJe* 1º/12/2017).

Nesse sentido:

TJ-MG, AC 0048657-63.2014.8.13.0480, Rel.ª Des.ª Maria Luíza de Marilac, *DJe* 11/03/2016; STJ, HC 104.952-SP, Rel.ª Min.ª Maria Thereza de Assis Moura, j. 10/02/2009; TJRS, Ap. Crim. 70008695405, 4ª Câm. Crim., Rel. Gaspar Marques Batista, j. 12/08/2004.

Classificação doutrinária

Crime comum, tanto no que diz respeito ao sujeito ativo, quanto ao sujeito passivo; doloso e culposo (pois que o § 3º do art. 251 do Código Penal previu, expressamente, a modalidade de natureza culposa); comissivo (podendo, nos termos do art. 13, § 2º, do Código Penal, ser praticado via omissão imprópria, na hipótese de o agente gozar do *status* de garantidor); de perigo comum e concreto; de forma vinculada (haja vista que o tipo penal aponta a forma pela qual poderá ser praticado); instantâneo; monossubjetivo; plurissubsistente; não transeunte.

---

[3] FERREIRA, Aurélio Buarque de Holanda. *Novo dicionário da língua portuguesa*, p. 744.
[4] HUNGRIA, Nélson. *Comentários ao código penal*, v. IX, p. 38.

Sujeito ativo e sujeito passivo

Qualquer pessoa poderá ser *sujeito ativo*.

O sujeito passivo é a sociedade, incluindo-se nesse conceito aquelas pessoas que, especificamente, tiveram sua vida, integridade física ou mesmo o patrimônio expostos ao perigo.

Objeto material e bem juridicamente protegido

A incolumidade pública é o bem juridicamente protegido pelo delito de explosão.

O objeto material é o engenho de dinamite ou a substância de efeitos análogos.

Consumação e tentativa

O delito se consuma quando, efetivamente, a explosão, o arremesso ou a simples colocação de engenho ou de substância de efeitos análogos trouxer perigo para a vida, a integridade física ou o patrimônio de outrem.

A tentativa é admissível.

Elemento subjetivo

O dolo é o elemento subjetivo exigido pelo *caput* do art. 251 do Código Penal.

Modalidade culposa

De acordo com o § 3º do art. 251 do Código Penal, somente importará na prática do delito quando houver a ocorrência de uma *explosão* de natureza culposa, não havendo previsão legal, portanto, para o *arremesso* ou mesmo para a *colocação de engenho de dinamite ou de substância de efeitos análogos*.

A pena variará de acordo com a substância culposamente detonada pelo agente. Assim, se o sujeito, por exemplo, deixando de observar o seu necessário dever objetivo de cuidado, causar uma explosão com dinamite, a pena cominada para tal fato será de detenção, de 6 (seis) meses a 2 (dois) anos; no entanto, se a explosão culposa originou-se de substância não análoga à dinamite, a exemplo da pólvora, a pena será de detenção, de 3 (três) meses a 1 (um) ano.

Modalidade privilegiada

O § 1º do art. 251, valorando os comportamentos por ele previstos, entende como de maior gravidade a utilização de dinamite ou substância de efeitos análogos, pois que, se esses não forem utilizados na prática do delito, a pena cominada será consideravelmente menor.

⚖ É o delito de explosão um crime de perigo concreto – que ocorre com a comprovação situação de risco – não sendo necessária a efetiva explosão. Além disso, a configuração da modalidade privilegiada exige, necessariamente, a demonstração, por meio de perícia, de que o material apreendido possui efeitos análogos ao do dinamite, e que, portanto, seria hábil a causar explosão (TJES, RC 100140005024, Rel. Des. Willian Silva, j. 14/07/2014).

Nesse sentido:

⚖ TJMG, Processo 1.0702.03. 093288-4/001[1], Rel. Paulo Cezar Dias, pub. 1º/02/2005; TJPR, Processo 0203286-6, Rel. Rubens Oliveira Fontoura, j. 17/12/2002.

Modalidades comissiva e omissiva

As condutas previstas pelo art. 251 do Código Penal pressupõem um comportamento comissivo por parte do agente, podendo, no entanto, ser praticadas via omissão imprópria.

Causas de aumento de pena

Diz o § 2º do art. 251, *verbis*:

§ 2º As penas aumentam-se de um terço, se ocorre qualquer das hipóteses previstas no § 1º, I, do artigo anterior, ou é visada ou atingida qualquer das coisas enumeradas no nº II do mesmo parágrafo.

Pena, ação penal, competência para julgamento e suspensão condicional do processo

O preceito secundário do *caput* do art. 251 do Código Penal comina uma pena de reclusão, de 3 (três) a 6 (seis) anos, e multa.

Já o tipo derivado privilegiado, constante do § 1º do mesmo artigo, prevê uma pena de reclusão, de 1 (um) a 4 (quatro) anos, e multa.

As penas aumentam-se de um terço nas hipóteses previstas pelo § 2º do art. 251 do diploma repressivo.

Para a modalidade culposa foi cominada uma pena de detenção, de 6 (seis) meses a 2 (dois) anos, se a explosão é de dinamite ou substância de efeitos análogos; nos demais casos, é de detenção, de 3 (três) meses a 1 (um) ano.

Determina o art. 258 do Código Penal que *se do crime doloso de perigo comum resulta lesão corporal de natureza grave, a pena privativa de liberdade é aumentada de metade; se resulta morte, é aplicada em dobro. No caso de culpa, se do fato resulta lesão corporal, a pena aumenta-se de metade; se resulta morte, aplica-se a pena cominada ao homicídio culposo, aumentada de um terço.*

A ação penal é de iniciativa pública incondicionada.

Compete, pelo menos inicialmente, ao Juizado Especial Criminal o processo e julgamento do delito de explosão culposa.

Será possível a confecção de proposta de suspensão condicional do processo, tanto na modalidade privilegiada de explosão, constante do § 1º do art. 251, como na explosão culposa, constante de seu § 3º.

Deflagração perigosa, queima de fogos e soltura de balões acesos

Vide parágrafo único do art. 28 do Decreto-Lei nº 3.688, de 3 de outubro de 1941 (Lei das Contravenções Penais).

⚖ Não obstante o parágrafo único do art. 28 do Decreto-Lei nº 3.688/41 fale em 'queima de fogos de artifício', é de se observar que a conduta típica, no caso de contravenção, é aquela comumente conhecida como de 'estourar' fogos de artifício para a realização de shows pirotécnicos, visando a produzir efeitos visuais e sonoros em festas ou comemorações, porém, de forma inadequada ou indevida, causando perigo à sociedade em geral. Se for comprovado que a conduta explosiva causou efetiva afronta à vida e à integridade física das pessoas ou concreto dano ao patrimônio de outrem, resta configurado o crime do art. 251 do CP (TJPR, AC 59.849553-0, Rel. Des. José Mauricio Pinto de Almeida, *DJe* 03/05/2012).

Nesse sentido:

⚖ TJMG, Processo 1.0372.02.000871-3/001[1], Rel. José Antonino Baía Borges, pub. 14/06/2005.

Pesca mediante a utilização de explosivos

Vide art. 35, I, da Lei nº 9.605/1998.

Prova pericial

Será necessária, aplicando-se o art. 175 do Código de Processo Penal.

⚖ A ausência de perícia hábil a comprovar que o combustível, na forma em que armazenado, seria hábil a provocar a aludida explosão, configura, invariavelmente, na inexistência de materialidade delitiva, de forma que a absolvição se torna medida necessária (TJES, RC 100140005024, Rel. Des. Willian Silva, j. 14/07/2014).

Nesse sentido:

⚖ STJ, HC 104952/SP, Rel. Min. Maria Thereza de Assis Moura, 6ª T., j. 10/02/2009, *DJe* 02/03/2009.

Homicídio praticado com o emprego de explosivo

Haverá concurso de crimes somente na hipótese em que a utilização de explosivos na prática do homicídio trouxer perigo para a vida, a integridade física ou o patrimônio de outrem.

⚖ É preciso distinguir a mera substância explosiva, como a pólvora, do engenho ou artefato explosivo, que é o fruto da técnica ou de arte e feito com aquela. Se a explosão culposa que causa a morte da vítima não é causada por engenho explosivo, mas por mau acondicionamento de pólvora, a hipótese não é a da conduta prevista no § 3º do art. 251 do Código Penal, mas a prevista no § 3º do art. 121 do mesmo estatuto (TJMG, Processo 1.0372.03.005907-8/001, Rel. Adilson Lamounier, pub. 06/04/2009).

Nesse sentido:

⚖ TJMG, AC 1.0209.08.082290-8/001, Rel. Des. Herbert Carneiro, *DJe* 26/04/2012; TJMG, Processo 1.0313.06.197220-1/001[1]. Rel.ª Des.ª Jane Silva, j. 10/11/2009, pub. 11/01/2010.

Arremesso de artefato explosivo em direção a torcedores em estádio de futebol

⚖ A conduta consciente e voluntária do agente em arremessar um artefato explosivo em direção aos torcedores que estavam no estádio de futebol cria uma efetiva situação de perigo à vida ou integridade física de terceiros, caracterizando o crime de explosão (TJMG, AC 1.0024.09.699227-6/001, Rel. Des. Antônio Armando dos Anjos, *DJe* 05/07/2012).

Explosão no Código Penal Militar

Vide art. 269 do Decreto-Lei nº 1.001/69 (Código Penal Militar).

Furto e roubo praticados com o emprego de explosivo ou de artefato análogo que cause perigo comum

Vide arts. 155, §§ 4º-A e 7º, e 157, § 2º, VI e § 2º-A, II, todos do Código Penal.

A Lei nº 13.964, de 24 de dezembro de 2019, inseriu no rol dos crimes hediondos o furto qualificado pelo emprego de explosivo ou de artefato análogo que cause perigo comum (art. 155, § 4º-A), conforme se verifica no inciso IX do art. 1º da Lei nº 8.072/1990.

Uso de gás tóxico ou asfixiante

Art. 252. Expor a perigo a vida, a integridade física ou o patrimônio de outrem, usando de gás tóxico ou asfixiante:

Pena – reclusão, de um a quatro anos, e multa.

Modalidade culposa

Parágrafo único. Se o crime é culposo:

Pena – detenção, de três meses a um ano.

Introdução

Pela redação típica do art. 252 do Código Penal, podemos destacar os seguintes elementos: *a)* a conduta de expor a perigo a vida, a integridade física ou o patrimônio de outrem; *b)* através da utilização de gás tóxico ou asfixiante.

Essa exposição concreta a perigo deverá ocorrer em virtude da utilização, pelo agente, de *gás tóxico* ou *asfixiante*.

Tóxico é o gás venenoso; asfixiante é aquele de natureza sufocante, que atua sobre as vias respiratórias, impedindo a vítima de respirar. São considerados tóxicos, dentre outros, os gases provenientes do ácido cianídrico, amoníaco do anidro sulfuroso, benzina, iodacetona, cianuretos alcalinos de potássio e sódio. Asfixiantes são os gases de cloro, bromo, bromacetona, clorossulfato de metila, cloroformiato de triclorometila, fosgeno etc.[5]

---

[5] Conforme Nélson Hungria (*Comentários ao código penal*, v. IX, p. 42-43).

Salienta Noronha, com razão: "Não é necessário que o gás seja mortal: basta expor a perigo a vida ou a integridade física de pessoas, o que, aliás, bem se compreende, uma vez que a lei se contenta com o perigo para o patrimônio, hipótese em que ele pode até ser inócuo para o indivíduo."[6]

🔨 Não caracteriza o crime previsto no art. 252 do CP a conduta de quem adapta veículo automotor e com ele transita, acionado a gás liquefeito de petróleo, em face da ausência de prova, na espécie, de perigo concreto (TJSP, AC, Rel. Gentil Leite, *RJTJSP* 101, p. 461).

Nesse sentido:

🔨 TJSP, Ap. 58028-3, Rel. Ângelo Gallucci, *RT* 624, p. 310.

Classificação doutrinária

Crime comum, tanto no que diz ao sujeito ativo quanto ao sujeito passivo; doloso e culposo (uma vez que o parágrafo único do art. 252 do Código Penal previu, expressamente, a modalidade de natureza culposa); comissivo (podendo, nos termos do art. 13, § 2º, do Código Penal, ser praticado via omissão imprópria, na hipótese de o agente gozar do *status* de garantidor); de perigo comum e concreto; de forma vinculada (haja vista que o tipo penal aponta a sua prática mediante a utilização de gás tóxico ou asfixiante); instantâneo; monossubjetivo; plurissubsistente; não transeunte.

Sujeito ativo e sujeito passivo

Qualquer pessoa poderá ser *sujeito ativo*.

Sujeito passivo é a sociedade, incluindo-se nesse conceito aquelas pessoas que, especificamente, tiveram sua vida, integridade física ou mesmo o patrimônio expostos ao perigo.

Objeto material e bem juridicamente protegido

A incolumidade pública é o bem juridicamente protegido pelo delito de uso de gás tóxico ou asfixiante. Objeto material é o gás tóxico ou asfixiante.

Consumação e tentativa

O delito se consuma quando, após a utilização do gás tóxico ou asfixiante, houver a efetiva exposição de perigo para a vida, a integridade física ou o patrimônio de outrem, tendo em vista cuidar-se de um crime de perigo concreto.

A tentativa é admissível.

Elemento subjetivo

O dolo é o elemento subjetivo exigido pelo *caput* do art. 252 do Código Penal.

Modalidade culposa

É prevista pelo parágrafo único do art. 252 do Código Penal.

Modalidades comissiva e omissiva

A conduta prevista pelo tipo penal do art. 252 do diploma repressivo pressupõe um comportamento comissivo por parte do agente, podendo, no entanto, ser praticada via omissão imprópria.

Pena, ação penal, competência para julgamento e suspensão condicional do processo

O preceito secundário do art. 252 do Código Penal comina uma pena de reclusão, de 1 (um) a 4 (quatro) anos, e multa.

Para a modalidade culposa, o parágrafo único do referido artigo prevê uma pena de detenção, de 3 (três) meses a 1 (um) ano.

Determina o art. 258 do Código Penal que, *se do crime doloso de perigo comum resulta lesão corporal de natureza grave, a pena privativa de liberdade é aumentada de metade; se resulta morte, é aplicada em dobro. No caso de culpa, se do fato resulta lesão corporal, a pena aumenta-se de metade; se resulta morte, aplica-se a pena cominada ao homicídio culposo, aumentada de um terço.*

A ação penal é de iniciativa pública incondicionada.

Compete, pelo menos inicialmente, ao Juizado Especial Criminal o processo e julgamento da modalidade culposa.

Será possível a confecção de proposta de suspensão condicional do processo em ambas as modalidades – dolosa e culposa – do delito de uso de gás tóxico ou asfixiante.

Homicídio qualificado pelo emprego de gás asfixiante

Se o agente utilizar gás asfixiante sem que exponha a perigo a vida, a integridade física ou o patrimônio de outrem que não a vítima do homicídio, somente será responsabilizado por esta infração penal. Caso contrário, poderá ocorrer o concurso formal de crimes, se, com a utilização do gás asfixiante, vier a produzir a morte da vítima, bem como ocasionar perigo de dano aos bens juridicamente protegidos pelo tipo penal do art. 252 do diploma repressivo.

Utilização de gás lacrimogêneo pela polícia

A polícia não está impedida de usar o gás lacrimogêneo, tampouco de utilizar as armas que estão à sua disposição, desde que necessárias a repelir agressões injustas, atuais ou iminentes, quando, então, atuarão sob o manto da legítima defesa, ou, ainda, quando estiverem agindo no estrito cumprimento de dever legal. O abuso, concebido como excesso, deverá ser punido, responsabilizando-se criminalmente a autoridade pelo seu ato ilegal.

Se o uso de gás lacrimogêneo foi levado a efeito sem a mínima necessidade, simplesmente por ato abusivo da autoridade, entendemos deva ela ser responsabi-

---

[6] NORONHA, Edgard Magalhães. *Direito penal*, v. 3, p. 335.

lizada pelo delito tipificado no art. 252 do Código Penal se, em virtude do seu comportamento, houve a criação de perigo para a vida, a integridade física ou o patrimônio de outrem.

Utilização de gás lacrimogêneo em instrução militar

🔖 Tendo o apelado em instrução militar espargido gás lacrimogêneo a pequena distância de seus comandados, causando-lhes queimaduras na face e no pescoço, assumiu o risco de produzir lesões nos mesmos, como efetivamente culminou por ocorrer. Não restou demonstrado que o acusado estivesse agindo no estrito cumprimento do dever legal ou obedecendo a ordem de superior hierárquico, sendo a responsabilidade de seus atos exclusivamente de sua pessoa (TJPR, Ap. Crim., ACR 327766/PR, Ap. Crim. 0032776-6, 1ª Câm. Crim., Rel. Des. Wanderlei Resende, j. 10/11/1994).

Contravenção penal de emissão de fumaça, vapor ou gás

Vide art. 38 da Lei das Contravenções Penais.

Prova pericial

Será necessária a realização de prova pericial, comprovando-se não somente a potencialidade ofensiva dos meios empregados, conforme art. 175 do Código de Processo Penal, bem como o fato de a sua utilização ter trazido uma situação concreta de perigo a um número indeterminado de pessoas, diante de sua natureza de infração penal de perigo comum.

Armas químicas

O art. 4º da Lei nº 11.254, de 27 de dezembro de 2005, estabelece as sanções administrativas e penais em caso de realização de atividades proibidas pela Convenção Internacional sobre a Proibição do Desenvolvimento, Produção, Estocagem e Uso das Armas Químicas e sobre a Destruição das Armas Químicas existentes no mundo (CPAQ).

Emprego de gás tóxico ou asfixiante no Código Penal Militar

Vide art. 270 do Decreto-Lei nº 1.001/69 (Código Penal Militar).

> **Fabrico, fornecimento, aquisição posse ou transporte de explosivos ou gás tóxico, ou asfixiante**
> **Art. 253.** Fabricar, fornecer, adquirir, possuir ou transportar, sem licença da autoridade, substância ou engenho explosivo, gás tóxico ou asfixiante, ou material destinado à sua fabricação:
> **Pena – detenção, de seis meses a dois anos, e multa.**

Introdução

Fabricar tem o significado de produzir, criar, ou, conforme esclarece Noronha, "compreende-se qualquer processo idôneo de elaboração, mecânico ou químico, não excluída a simples adição de uma substância a outra ou a outras (composição). Existe fabricação não somente quando se cria explosivo de uma ou mais matérias, que antes não tinham esse caráter, mas, também, com a reprodução, transformação ou aperfeiçoamento de matérias já por si explosivas";[7] *fornecer* deve ser entendido no sentido de entregar a alguém, onerosa ou mesmo gratuitamente; *adquirir* significa comprar (título oneroso) ou obter (título gratuito); *possuir*, ou seja, ter a posse, guarda, estar à sua disposição etc.; *transportar* importa em remover, conduzir, levar de um lugar para outro, seja essa remoção levada a efeito a título gratuito ou oneroso.

Importante frisar que estamos diante de um tipo misto alternativo. Assim, a prática, pelo agente, de mais de uma dessas condutas previstas pelo tipo importará em infração única.

A *licença da autoridade* é o elemento normativo constante do tipo.

Substância ou engenho explosivo, gás tóxico ou asfixiante já foram estudados quando da análise dos dois artigos anteriores, para onde remetemos o leitor.

A parte final do art. 253 do Código Penal menciona, ainda, *material destinado à sua fabricação*. Segundo Guilherme de Souza Nucci, "trata-se de material voltado à fabricação de substância ou engenho explosivo, gás tóxico ou asfixiante. Não é preciso que a substância *só* possa ser usada para o fabrico de explosivo, mas que, em determinado contexto, seja usada para tal fim".[8]

🔖 O Regulamento para a fiscalização de produtos controlados (R/105), aprovado pelo Decreto nº 3.665/2000, distingue "explosivo" de "fogos de artifício" e tendo o laudo técnico constatado que o material apreendido é do tipo pólvora de caça, material esse de controle especial, considerado como acessório explosivo, de uso permitido, nesse contexto descabido se falar em pleito desclassificatório ou conduta atípica. Para a corrente doutrinária majoritária do País o art. 253 do CP foi derrogado pelo Estatuto do Desarmamento, restando apenas as hipóteses de eventos que envolvam gás tóxico e asfixiante. E mais, mesmo para quem entenda que o tipo penal ainda remanesce intacto, sua incidência é restrita a casos que versam sobre a posse de materiais ou petrechos destinados à confecção de explosivos, sendo que comprovada a posse e a comercialização do próprio explosivo, inviável o acolhimento do pleito defensivo (TJ-MG, AC

---

[7] NORONHA, Edgard Magalhães. *Direito penal*, v. 3, p. 337.

[8] NUCCI, Guilherme de Souza. *Código penal comentado*, p. 872.

0011910-04.2012.8.13.0604, Rel. Des. Sálvio Chaves, *DJe* 19/12/2014).

Nesse sentido:

TJMG, APCr 1.0388.02.002249-6/0011, Rel. Des. Antônio Armando dos Anjos, *DJEMG* 11/03/2009; TJES, ACr 14050051300, Rel. Des. José Luiz Barreto Vivas, *DJES* 27/06/2008, p. 147; TJMG, Processo 1.0261.00.002199-6/001[1], Rel. José Antonino Baía Borges, pub. 16/02/2005; TJRS, Ap. Crim., 70011 076437, 7ª Câm. Crim. Rel. Alfredo Foerster, j. 23/06/2005.

Classificação doutrinária

Crime comum, tanto no que diz respeito ao sujeito ativo quanto ao sujeito passivo; doloso; comissivo (podendo, nos termos do art. 13, § 2º, do Código Penal, ser praticado via omissão imprópria, na hipótese de o agente gozar do *status* de garantidor); de perigo comum e concreto (embora essa posição por nós assumida seja minoritária); de forma livre; instantâneo (quanto aos núcleos *fabricar, fornecer e adquirir*) e permanente (no que diz respeito às condutas de *possuir* e *transportar*); monossubjetivo; plurissubsistente (como regra, não se descartando, contudo, a possibilidade de ser entendido como *unissubsistente*, a exemplo da conduta de possuir); não transeunte.

Sujeito ativo e sujeito passivo

Qualquer pessoa poderá ser sujeito ativo.
O *sujeito passivo* é a sociedade, tratando-se, pois, de um crime vago.

Objeto material e bem juridicamente protegido

A incolumidade pública é o bem juridicamente protegido pelo tipo penal que prevê o delito do art. 253 do Código Penal.
O objeto material é a substância ou engenho explosivo, o gás tóxico ou asfixiante, bem como o material destinado à sua fabricação.

Consumação e tentativa

O delito se consuma quando o agente, após praticar um dos comportamentos previstos pelo tipo penal, coloca, concretamente, em risco a incolumidade pública, tratando, pois, de um crime de perigo concreto. Estamos com Cezar Roberto Bitencourt quando assevera que "a *tentativa* é de difícil configuração, embora teoricamente possível".[9]

Elemento subjetivo

O delito de *fabrico, fornecimento, aquisição, posse ou transporte de explosivos ou gás tóxico, ou asfixiante* somente pode ser praticado dolosamente, não havendo previsão para a modalidade de natureza culposa.

Modalidades comissiva e omissiva

As condutas previstas pelo tipo penal pressupõem um comportamento comissivo por parte do agente, podendo, no entanto, ser praticadas via omissão imprópria.

Pena, ação penal, competência para julgamento e suspensão condicional do processo

A pena cominada ao delito previsto no art. 253 do Código Penal é de detenção, de 6 (seis) meses a 2 (dois) anos, e multa.
A ação penal é de iniciativa pública incondicionada.
Compete, pelo menos inicialmente, ao Juizado Especial Criminal o processo e julgamento do delito.
Será possível a confecção de proposta de suspensão condicional do processo.

Revogação parcial do art. 253 do Código Penal pelo Estatuto do Desarmamento

O inciso III do § 3º do art. 10 da Lei nº 9.437, de 20 de fevereiro de 1997, havia revogado parcialmente o art. 253 do Código Penal, pois havia previsto como delito a conduta de *possuir, deter, fabricar ou empregar artefato explosivo e/ou incendiário sem autorização*.
Vale ressaltar que o mencionado inciso da Lei de Armas somente havia feito menção aos explosivos, não dizendo respeito, pois, às condutas praticadas que tinham por objeto o gás tóxico ou asfixiante.
O inciso III do § 1º do art. 16 do atual Estatuto do Desarmamento (Lei nº 10.826, de 22 de dezembro de 2003), que revogou a Lei nº 9.437/1997, manteve a previsão de punição, cominando uma pena de reclusão, de 3 (três) a 6 (seis) anos, e multa, para aquele que:
III – possuir, deter, fabricar ou empregar artefato explosivo ou incendiário, sem autorização ou em desacordo com determinação legal ou regulamentar.
Dessa forma, entendemos pela revogação parcial do art. 253 do Código Penal, no que diz respeito especificamente aos núcleos *fabricar* e *possuir* substância ou engenho explosivo, devendo ser aplicada, nesse caso, a referida Lei nº 10.826/2003.[10]

---

[9] BITENCOURT, Cezar Roberto. *Tratado de direito penal*, v. 4, p. 182.

[10] Em sentido contrário, dando uma abrangência maior ao artigo, preleciona Fernando Capez (*Estatuto do desarmamento*, p. 132-133): "Sustentávamos que no art. 253 do Código Penal faltaram as condutas de fornecer, adquirir ou transportar. À primeira vista, fornecer, adquirir ou transportar não se enquadrariam na figura típica do art. 10 § 3º, III, permanecendo regidos pelo dispositivo do Código Penal. Entretanto, na prática, todos os comportamentos, inclusive esses três, acabaram absorvidos pela Lei nº 9.437/97. É que, para fornecer ou transportar, é necessário, antes, deter ou pelo menos possuir o objeto, ainda que momentaneamente. No que tange à aquisição, não resta dúvida de que quem adquire possui, e quem tenta adquirir tenta possuir. Diante do exposto, todas as figuras do art. 253 do Código Penal foram alcançadas pela antiga Lei. Assim, fabricar, possuir (adquirir, fornecer e transportar), deter ou empregar artefato explosivo não mais configurava crime previsto no Estatuto Repressivo, mas na Lei nº 9.437/97, com pena de dois a quatro anos de reclusão, mais multa. Com o advento do novo Estatuto do Desarmamento, o inciso III do parágrafo único do art. 16, tal como sucedia na Lei nº 9.437/97, passou a punir a posse, a detenção, o fabrico ou o emprego de artefato explosivo, no entanto, com sanção mais severa."

Prova pericial

Deverá ser realizada prova pericial a fim de concluir se o objeto que fora fabricado, fornecido, adquirido, estava sob a posse ou era transportado pelo agente sem a necessária licença da autoridade era, efetivamente, substância ou engenho explosivo, gás tóxico ou asfixiante, ou material destinado à sua fabricação.

Inundação

Art. 254. Causar inundação, expondo a perigo a vida, a integridade física ou o patrimônio de outrem:

Pena – reclusão, de três a seis anos, e multa, no caso de dolo, ou detenção, de seis meses a dois anos, no caso de culpa.

Introdução

O núcleo *causar* é utilizado no texto legal no sentido de produzir, ocasionar, dar causa. Hungria esclarece o conceito de inundação dizendo: "Entende-se por *inundação* o alagamento de um local de notável extensão, não destinado a receber águas. As águas são desviadas de seus limites naturais ou artificiais, expandindo-se em tal quantidade que criam perigo de dano a indeterminado número de pessoas ou coisas. Como observam Liszt-Schmidt, não basta, para o crime de inundação, qualquer alagamento ou transbordamento: é necessário que não esteja mais no poder do agente dominar a força natural das águas, cujo desencadeamento provocou, criando uma situação de perigo comum, a que se refere o legislador como a uma das características do crime".[11]

⚖ Não se materializa a figura delituosa de inundação se não houver a característica do perigo comum, pois, no caso, o objeto específico da proteção penal é o bem jurídico da incolumidade pública (TJSP, Ap. 19279, Rel. L. Minhoto, *RT* 175, p. 122).

Classificação doutrinária

Crime comum, tanto no que diz respeito ao sujeito ativo quanto ao sujeito passivo; doloso ou culposo; de perigo comum e concreto; comissivo (podendo, no entanto, ser praticado via omissão imprópria na hipótese em que o agente gozar do *status* de garantidor); de forma livre; instantâneo; monossubjetivo; plurissubsistente; não transeunte.

Sujeito ativo e sujeito passivo

Qualquer pessoa poderá ser *sujeito ativo*.

Sujeito passivo é a sociedade, incluindo-se nesse conceito aquelas pessoas que sofreram diretamente com a conduta praticada pelo sujeito ativo, vale dizer, que tiveram sua vida, integridade física ou patrimônio expostos à situação de perigo.

Objeto material e bem juridicamente protegido

A incolumidade pública é o bem juridicamente protegido pelo delito tipificado no art. 254 do Código Penal.

O objeto material é a grande quantidade de água liberada para efeito do cometimento do delito.

Consumação e tentativa

Levando em consideração sua natureza de crime de perigo concreto, disserta Noronha, com precisão: "Consuma-se o delito quando a invasão das águas já tomou proporções que concretizam a inundação, isto é, já expõem a perigo a vida, a integridade física ou o patrimônio de outrem. Dá-se a consumação, portanto, quando surge a situação de perigo.

Se já a corrente líquida começou a correr para o lugar inadequado, mas sem atingir volume que cause perigo comum e, por circunstâncias alheias à vontade do agente, é detida ou reconduzida ao leito próprio, haverá tentativa".[12]

Elemento subjetivo

O delito de inundação pode ser praticado dolosa ou culposamente, conforme se verifica na redação contida no preceito secundário do art. 254 do Código Penal.

Modalidades comissiva e omissiva

O núcleo *causar* pressupõe um comportamento comissivo por parte do agente, podendo, no entanto, ser praticado via omissão imprópria.

Pena, ação penal, competência para julgamento e suspensão condicional do processo

A pena cominada ao delito de inundação dolosa é de reclusão, de 3 (três) a 6 (seis) anos, e multa; para a inundação culposa foi prevista uma pena de detenção, de 6 (seis) meses a 2 (dois) anos.

Determina o art. 258 do Código Penal que, *se do crime doloso de perigo comum resulta lesão corporal de natureza grave, a pena privativa de liberdade é aumentada de metade; se resulta morte, é aplicada em dobro. No caso de culpa, se do fato resulta lesão corporal, a pena aumenta-se de metade; se resulta morte, aplica-se a pena cominada ao homicídio culposo, aumentada de um terço.*

A ação penal é de iniciativa pública incondicionada.

Compete, pelo menos inicialmente, ao Juizado Especial Criminal o processo e julgamento do delito.

---

[11] HUNGRIA, Nélson. *Comentários ao código penal*, v. IX, p. 49.

[12] NORONHA, Edgard Magalhães. *Direito penal*, v. 3, p. 341.

Será possível a confecção de proposta de suspensão condicional do processo.

Inundação com o fim de causar a morte de alguém

Deverá ser responsabilizado pelas duas infrações penais, vale dizer, o delito de homicídio qualificado (art. 121, § 2º, III, quarta figura), em concurso formal impróprio com o delito de inundação, devendo haver o cúmulo material de penas.

Usurpação de águas

Se o fato praticado pelo agente não criar uma situação de perigo comum, bem como se tiver sido praticado com a finalidade de desviar ou represar, em proveito próprio ou alheio, águas alheias, deverá ser responsabilizado pelo delito de usurpação de águas, tipificado no art. 161, I, do Código Penal.

Dano

Conforme destaca Luiz Regis Prado, se o alagamento for "de pouca monta, incapaz de produzir perigo extensivo, poderá constituir tão somente crime de dano (art. 163, CP)".[13]

Inundação no Código Penal Militar

Vide art. 272 do Decreto-Lei nº 1.001/69 (Código Penal Militar).

Perigo de inundação
Art. 255. Remover, destruir ou inutilizar, em prédio próprio ou alheio, expondo a perigo a vida, a integridade física ou o patrimônio de outrem, obstáculo natural ou obra destinada a impedir inundação:
Pena – reclusão, de um a três anos, e multa.

Introdução

O núcleo *remover* é utilizado no texto no sentido de afastar, retirar, transpor, transferir; *destruir* significa eliminar, aniquilar, acabar com; *inutilizar* compreende a situação na qual, embora aparentemente mantido o obstáculo natural ou obra destinada a impedir inundação, estes já não conseguem cumprir as funções para as quais foram originariamente criados, tornando-se, pois, imprestáveis a esse fim.
Trata-se, portanto, de um tipo misto alternativo.
O art. 255 do Código Penal adverte que a conduta de remover, destruir ou inutilizar deve ser praticada contra obstáculo natural ou obra destinada a impedir inundação. Por *obstáculo natural* podemos compreender aqueles naturalmente inerentes ao local onde estão contidas as águas, a exemplo das margens de um rio que, segundo Noronha, se "escavadas e rebaixadas, fazem-no transbordar e correr, fora do seu ál-

veo, pondo em risco a incolumidade pública".[14] *Obra destinada a impedir inundação* é aquela construída artificialmente pelo homem, a exemplo dos diques, comportas, barragens etc.

✍ Dano a propriedade. Inundação. Responsabilização objetiva da administração. Exigência de nexo causal entre o prejuízo e a conduta (positiva ou negativa) da entidade pública. Necessidade. Preenchimento de todos os requisitos legais para a concessão da licença da construção do imóvel e do habite-se. Localização do loteamento à beira de rio. Possibilidade de enchentes quando da ocorrência de chuvas muito fortes. Reconhecimento pelos próprios autores do perigo iminente. Inexistência de qualquer prova a indicar a omissão da prefeitura na conservação e manutenção dos bueiros e limpeza do rio. Recurso prejudicado (TASP, Ap. Cív. 216.178-5/0-00, Amparo, 1ª Câm. Direito Público, Rel. Franklin Nogueira, 08/11/2005, *v.u.*, voto 15.194).

Classificação doutrinária

Crime comum, tanto no que diz respeito ao sujeito ativo quanto ao sujeito passivo; doloso; de perigo comum e concreto; comissivo (podendo, no entanto, ser praticado via omissão imprópria na hipótese em que o agente, gozando do *status* de garantidor, dolosamente, não impedir o sujeito de remover, destruir ou inutilizar obstáculo natural ou obra destinada a impedir inundação); de forma livre; instantâneo; monossubjetivo; plurissubsistente; não transeunte.

Sujeito ativo e sujeito passivo

Qualquer pessoa poderá ser *sujeito ativo*.
O *sujeito passivo* é a sociedade, incluindo-se nesse conceito aquelas pessoas que sofreram diretamente com a conduta praticada pelo sujeito ativo, vale dizer, que tiveram sua vida, integridade física ou patrimônio expostos à situação de perigo.

Objeto material e bem juridicamente protegido

A incolumidade pública é o bem juridicamente protegido pelo tipo penal que prevê o delito do art. 255 do Código Penal.
Objeto material é o obstáculo natural ou obra destinada a impedir inundação, contra o qual é dirigida a conduta praticada pelo agente.

Consumação e tentativa

Consuma-se o delito com a efetiva remoção, destruição ou inutilização de obstáculo natural ou obra destinada a impedir inundação que, no caso concreto, traga perigo para a vida, a integridade física ou o patrimônio de outrem.

---

[13] PRADO, Luiz Regis. *Curso de direito penal brasileiro*, v. 3, p. 458.
[14] NORONHA, Edgard Magalhães. *Direito penal*, v. 3, p. 342.

Tratando-se de crime plurissubsistente, torna-se perfeitamente possível o raciocínio relativo ao *conatus*, embora exista controvérsia doutrinária.

Elemento subjetivo

O delito somente pode ser praticado dolosamente, não havendo previsão para a modalidade de natureza culposa.

Modalidades comissiva e omissiva

Os núcleos remover, destruir e inutilizar pressupõem um comportamento comissivo por parte do agente, podendo, no entanto, ser praticados via omissão imprópria.

Pena, ação penal e suspensão condicional do processo

O preceito secundário do art. 255 do Código Penal comina uma pena de reclusão, de 1 (um) a 3 (três) anos, e multa.

Determina a primeira parte do art. 258 do Código Penal que *se do crime doloso de perigo comum resulta lesão corporal de natureza grave, a pena privativa de liberdade é aumentada de metade; se resulta morte, é aplicada em dobro.*

A ação penal é de iniciativa pública incondicionada.

Será possível a confecção de proposta de suspensão condicional do processo.

Prova pericial

Tendo em vista tratar-se de um crime que deixa vestígios, será necessária a produção de prova pericial, nos termos do art. 158 do Código de Processo Penal.

Perigo de inundação no Código Penal Militar

Vide art. 273 do Decreto-Lei nº 1.001/69 (Código Penal Militar).

Desabamento ou desmoronamento

Art. 256. Causar desabamento ou desmoronamento, expondo a perigo a vida, a integridade física ou o patrimônio de outrem:

Pena – reclusão, de um a quatro anos, e multa.

Modalidade culposa

Parágrafo único. Se o crime é culposo:

Pena – detenção, de seis meses a um ano.

Introdução

O núcleo *causar* é utilizado no texto legal no sentido de produzir, ocasionar, dar causa. Bento de Faria, analisando com precisão os conceitos de desabamento e desmoronamento, preleciona: "*Causar desabamento é provocar a queda de qualquer construção suscetível de – vir abaixo: edifícios, muros, pontes, monumentos, galerias, andaime etc.*

O *desmoronamento* implica a mesma ideia, mas não usando a lei de palavras sinônimas e conceituando-o de modo distinto, havemos de considerar como tal, o ato determinante da *desagregação de partes* de alguma coisa: *v.g.,* da terra da montanha, quando se faz rodar uma barreira etc.

Um e outro podem ser *totais* ou *parciais*, pouco importando o vulto da construção ou o seu estado ruinoso ou a vetustez.

São indiferentes os meios utilizados desde que causem o desabamento ou o desmoronamento, que podem ainda ser a causa das mesmas ocorrências em relação a outras construções anexas ou próximas."[15]

No Brasil, a relação de causalidade é decifrada pela conjugação entre a Teoria da Equivalência dos Antecedentes Causais (art. 13 do CP), o método de eliminação hipotético e o filtro de causalidade psíquica (*imputatio delicti*). Em apertada síntese, uma ação poderá ser considerada causa do evento danoso se, suprimida mentalmente do contexto fático, o resultado teria deixado de ocorrer tal como ocorreu. Ainda, de forma a evitar o regresso ao infinito, deve-se sempre perscrutar o elemento subjetivo (dolo ou culpa) que anima a conduta do agente. Na hipótese, não se vislumbra dos termos da inicial incoativa a demonstração de nexo material, jurídico ou de evitação entre conduta exercida por representante legal de sociedade empresária contratante de empreitada e o desabamento ocorrido em obra sob a supervisão de construtora contratada, que resultou na morte de um de seus funcionários (STJ, RHC 80.142/SP, Rel.ª Min.ª Maria Thereza de Assis Moura, 6ª T., *DJe* 04/04/2017).

Nesse sentido:

TJ-RS, AC 70065376568, Rel. Des. Ivan Leomar Bruxel, j. 28/01/2016; TJES, AC 019100014117, Rel. Des. Sérgio Bizzotto Pessoa de Mendonça, j. 25/06/2014.

Classificação doutrinária

Crime comum, tanto no que diz respeito ao sujeito ativo quanto ao sujeito passivo; doloso ou culposo; de perigo comum e concreto; comissivo (podendo, no entanto, ser praticado via omissão imprópria na hipótese em que o agente, gozando do *status* de garantidor, dolosa ou culposamente, podendo, não impedir o desabamento ou desmoronamento); de forma livre; instantâneo; monossubjetivo; plurissubsistente; não transeunte.

Sujeito ativo e sujeito passivo

Qualquer pessoa poderá ser *sujeito ativo.*

O *sujeito passivo* é a sociedade, incluindo-se nesse conceito aquelas pessoas que sofreram diretamente com a conduta praticada pelo sujeito ativo, vale dizer, que tiveram sua vida, sua integridade física ou seu patrimônio expostos à situação de perigo.

[15] FARIA, Bento de. *Código penal brasileiro,* v. VI, p. 210-211.

⚖ O delito do art. 256 do CP está encartado nos denominados 'crimes de perigo comum', contra a incolumidade pública, cujo sujeito passivo é a coletividade e não determinadas pessoas (*RT* 592, p. 351).

Objeto material e bem juridicamente protegido

A incolumidade pública é o bem juridicamente protegido pelo tipo penal que prevê o delito do art. 256 do Código Penal.

O objeto material, seguindo as lições de Guilherme de Souza Nucci, é o "morro, pedreira ou semelhante".[16]

Consumação e tentativa

Tratando-se de crime de perigo concreto, o delito de desabamento ou desmoronamento se consuma não somente quando o agente os produz, mas quando, em razão deles, expõe a perigo a vida, a integridade física ou o patrimônio de outrem.

A tentativa é admissível.

Elemento subjetivo

O dolo é o elemento subjetivo constante do art. 256 do Código Penal.

Modalidade culposa

O parágrafo único do art. 256 prevê a modalidade culposa de desabamento ou desmoronamento.

⚖ Não se podendo atribuir ao engenheiro que construiu o muro três anos antes culpa pelo desabamento e morte da vítima e ferimentos nas demais, absolve-se. Concluindo o laudo elaborado pelo perito oficial da ação cível que a residência sinistrada foi construída em área não edificável e que houve escavações para a construção de um pavilhão no terreno lindeiro, tais circunstâncias externas e bem posteriores a construção do muro original criam dúvida invencível sobre à culpa do réu no desmoronamento do talude (TJRS, Ap. Crim. 70018933390, 3ª Câm. Crim. Rel.ª Elba Aparecida Nicolli Bastos, j. 09/08/2007).

Nesse sentido:

⚖ TAPR, AC 789/85, Rel. Martins Ricci, *RTJE* 44, p. 223.

Modalidades comissiva e omissiva

O núcleo *causar* pressupõe um comportamento comissivo por parte do agente, podendo, no entanto, ser praticado via omissão imprópria.

⚖ Crime contra a incolumidade pública. Perigo comum. Desabamento. Caracterização. Imprudência e negligência de prefeito, ocasionando o desabamento na construção de obra pública com a morte de quatro operários e o ferimento de outro dois. Incidência dos arts. 256, 258 e 70 Código Penal (TJSP, Ap. 85.088-3, Rel. Andrade Cavalcanti, 0002983).

Nesse sentido:

⚖ TJRJ, AC 3/99, Rel. J. C. Murta Ribeiro, *DOE* 29/03/2000.

Pena, ação penal, competência para julgamento e suspensão condicional do processo

Para o delito de desabamento ou desmoronamento praticado dolosamente, o preceito secundário do art. 256 do Código Penal comina uma pena de reclusão, de 1(um) a 4 (quatro) anos, e multa.

Para a modalidade culposa, de acordo com o parágrafo único do mencionado artigo, foi prevista uma pena de detenção, de 6 (seis) meses a 1 (um) ano.

Determina o art. 258 do Código Penal que *se do crime doloso de perigo comum resulta lesão corporal de natureza grave, a pena privativa de liberdade é aumentada de metade; se resulta morte, é aplicada em dobro. No caso de culpa, se do fato resulta lesão corporal, a pena aumenta-se de metade; se resulta morte, aplica-se a pena cominada ao homicídio culposo, aumentada de um terço.*

A ação penal é de iniciativa pública incondicionada.

Compete, pelo menos inicialmente, ao Juizado Especial Criminal o processo e julgamento do delito culposo de *desabamento ou desmoronamento*.

Será possível a confecção de proposta de suspensão condicional do processo.

Dano praticado por meio de desabamento ou desmoronamento

Se a conduta do agente foi dirigida finalisticamente a produzir dano em coisa alheia, praticado mediante o comportamento de causar, por exemplo, desabamento, o fato poderá se amoldar à figura típica constante do art. 163 do Código Penal, caso não tenha sido colocada em risco a incolumidade pública.

Dessa forma, se a conduta, que tinha por finalidade destruir coisa alheia por meio do desabamento trouxer perigo concreto para a vida, a integridade física ou o patrimônio de um número indeterminado de pessoas, o fato se subsumirá ao delito tipificado no art. 256 do Código Penal, que absorverá o delito de dano.

Desabamento de construção

Vide art. 29 da LCP (Decreto-Lei nº 3.688/1941).

Desabamento ou desmoronamento como meio para prática do delito de homicídio

Se a finalidade do agente era, por meio do desabamento ou desmoronamento, causar a morte de alguém, se com esse comportamento tiver também exposto a perigo a vida, a integridade física ou o patrimônio de outrem, deverá ser responsabilizado pelo homicídio qualificado (tentado ou consumado), em

---

[16] NUCCI, Guilherme de Souza. *Código penal comentado*, p. 875.

concurso formal com o delito previsto no art. 256 do Código Penal.

Caso não tenha havido perigo para a incolumidade pública, o dano causado pelo desabamento, que foi utilizado como meio para a prática do homicídio, será absorvido por este.

Desabamento ou desmoronamento no Código Penal Militar

Vide art. 274 do Decreto-Lei nº 1.001/69 (Código Penal Militar).

Subtração, ocultação ou inutilização de material de salvamento

Art. 257. Subtrair, ocultar ou inutilizar, por ocasião de incêndio, inundação, naufrágio, ou outro desastre ou calamidade, aparelho, material ou qualquer meio destinado a serviço de combate ao perigo, de socorro ou salvamento; ou impedir ou dificultar serviço de tal natureza:

Pena – reclusão, de dois a cinco anos, e multa.

Introdução

Subtrair tem o significado de tirar, remover, apoderar-se, podendo essa subtração ser temporária ou permanente; *ocultar* importa em esconder, encobrir, não permitindo que sejam achados os objetos mencionados pelo tipo penal, impedindo, assim, a sua utilização; *inutilizar* é tornar imprestável a coisa ao fim a que era destinada.

Essas condutas devem ser praticadas por ocasião de incêndio, inundação, naufrágio ou outro desastre ou calamidade, e devem ter por objeto aparelho, material ou qualquer meio destinado a serviço de combate a perigo, de socorro ou salvamento.

De acordo com as precisas lições de Hungria, "os meios instrumentais sobre que recai a ação, na primeira hipótese, devem ser especificamente destinados ou manifestamente adequados ao serviço de debelação do perigo ou de salvamento (ex.: bombas de incêndio, caixas de alarma, extintores de fogo, salva-vidas, ambulâncias, padiolas, barcos, escadas, cordas, redes de salvamento, cisternas ou bocas d'água, medicamentos, desinfetantes etc.). Na segunda hipótese, o *impedimento* (frustração total ou parcial) ou *dificultação* (criação de embaraço ou de maior embaraço) pode ser praticado por meios *violentos* (emprego de força ou ameaça grave) ou *fraudulentos* (exs.: comunicação de falsas ordens, falsa indicação do local do sinistro etc.), *pessoais* ou *reais* (ex.: dos últimos: destruição de uma ponte de comunicação com o local do desastre)".[17]

✑ Os crimes de perigo, quando não houver uma situação perigosa preexistente, como na hipótese do art. 257 do CP, p. e., necessitam de que haja prova da sua efetiva ocorrência, não bastando para tanto a sim-

ples prática do ato previsto em Lei (TRF 4ª Reg., ACr 5015, Proc. 199904010869719, Rel. Juiz João Pedro Gebran Neto, *DJU* 17/01/2001).

Classificação doutrinária

Crime comum, tanto no que diz respeito ao sujeito ativo quanto ao sujeito passivo; doloso; de perigo comum e concreto; comissivo (podendo, no entanto, ser praticado via omissão imprópria na hipótese em que o agente, gozando do *status* de garantidor, dolosamente, não impedir que o sujeito pratique qualquer dos comportamentos previstos pelo tipo); de forma livre; instantâneo (no que diz respeito às condutas de *subtrair, inutilizar, impedir, dificultar*) e permanente (com relação à conduta de *ocultar*); monossubjetivo; plurissubsistente; não transeunte.

Sujeito ativo e sujeito passivo

Qualquer pessoa poderá ser *sujeito ativo*.
O *sujeito passivo* é a sociedade.

Objeto material e bem juridicamente protegido

A incolumidade pública é o bem juridicamente protegido pelo delito tipificado no art. 257 do Código Penal.

Aparelho, material ou qualquer meio destinado a serviço de combate ao perigo, de socorro ou salvamento constituem o objeto material do delito em estudo.

Consumação e tentativa

O delito de subtração, ocultação ou inutilização de material de salvamento se consuma quando o agente, após praticar um dos comportamentos previstos pelo tipo do art. 257 do Código Penal, expõe a perigo a incolumidade pública, vale dizer, a vida, a integridade física ou o patrimônio de um número indeterminado de pessoas.

Admite-se a tentativa.

Elemento subjetivo

O delito somente pode ser praticado dolosamente, não havendo previsão para a modalidade de natureza culposa.

Modalidades comissiva e omissiva

Os núcleos subtrair, ocultar, inutilizar, impedir e dificultar pressupõem um comportamento comissivo por parte do agente, podendo, no entanto, ser praticados via omissão imprópria.

Pena e ação penal

O preceito secundário do art. 257 do Código Penal comina uma pena de reclusão, de 2 (dois) a 5 (cinco) anos, e multa.

Determina o art. 258 do Código Penal que *se do crime doloso de perigo comum resulta lesão corporal de natu-*

---

[17] HUNGRIA, Nélson. *Comentários ao código penal*, v. IX, p. 54.

reza grave, a pena privativa de liberdade é aumentada de metade; se resulta morte, é aplicada em dobro.
A ação penal é de iniciativa pública incondicionada.

Concurso de crimes

Esclarece Hungria: "Se o próprio agente foi quem deu causa ao incêndio, inundação etc. responderá em concurso material, pelo crime de que ora se trata e o outro de perigo comum.
Se o *processus* empregado constitui crime (furto, dano, constrangimento ilegal, violência física ou moral, resistência etc.), haverá, igualmente, concurso material."[18]

Subtração sem que ocorra exposição a perigo comum

Se do comportamento praticado pelo agente não pudermos deduzir uma exposição a perigo, não restará caracterizado o delito de subtração, ocultação ou inutilização de material de salvamento, por mais que o seu comportamento tenha sido praticado por ocasião, por exemplo, de incêndio, inundação, naufrágio ou outro desastre ou calamidade.

Subtração, ocultação ou inutilização de material de socorro no Código Penal Militar

Vide art. 275 do Decreto-Lei nº 1.001/69 (Código Penal Militar).

Formas qualificadas de crime de perigo comum
Art. 258. Se do crime doloso de perigo comum resulta lesão corporal de natureza grave, a pena privativa de liberdade é aumentada de metade; se resulta morte, é aplicada em dobro. No caso de culpa, se do fato resulta lesão corporal, a pena aumenta-se de metade; se resulta morte, aplica-se a pena cominada ao homicídio culposo, aumentada de um terço.

Introdução

Embora a rubrica constante do art. 258 do Código Penal utilize a expressão *formas qualificadas de crime de perigo comum*, pela redação do mencionado artigo podemos verificar que, tecnicamente, não estamos diante de qualificadoras, mas, sim, de causas especiais de aumento de pena, também conhecidas por majorantes.

O crime de perigo comum resta qualificado quando resulta em lesão corporal. Tendo o Laudo de Lesões Corporais confirmado a natureza grave da lesão, caracterizada a causa de aumento prevista no artigo 258 do Código Penal (TJES, AC 014050051300, Rel. Des. José Luiz Barreto Vivas, j. 23/04/2008).

Preterdolo

Os resultados lesão corporal de natureza grave e morte, previstos no art. 258 do Código Penal, somente

podem ser atribuídos ao agente a título de culpa, tratando-se, portanto, de crimes preterdolosos.

Existindo na lei penal, art. 258, expressa previsão da genérica qualificação dos crimes de perigo comum em decorrência de lesões pessoais ou de morte, não há como se considerarem separadamente tais resultados para havê-los como figuras de paralela imputação, ao lado do delito básico que os ensejou (TACrim/SP, HC, Rel. Azevedo Franceschini, *JTACrim*/SP 36, p. 69).

Nesse sentido:
STJ, REsp 945311/SP, REsp 2007/0092639-8, Rel.ª Min.ª Laurita Vaz, 5ª T., pub. 28/04/2008.

Majorantes nos crimes culposos de perigo comum

A segunda parte do art. 258 do Código Penal determina que, no caso de culpa, se do fato resulta lesão corporal, a pena é aumentada de metade; se resulta morte, aplica-se a pena cominada ao homicídio culposo, aumentada de um terço.

Comete o delito previsto no art. 250, § 2º, c/c o art. 258, 2ª parte, do CP, a agente, que, agindo com imprudência, provoca explosão ao inserir óleo diesel em lamparina ainda acesa, permitindo, assim, que o fogo se alastrasse pela residência da vítima, causando a morte de uma pessoa. Condenação mantida (TJRS, Ap. Crim. 70019171529, 4ª Câm. Crim., Rel. Constantino Lisbôa de Azevedo, j. 24/05/2007).

Difusão de doença ou praga
Art. 259. Difundir doença ou praga que possa causar dano a floresta, plantação ou animais de utilidade econômica:
Pena – reclusão, de dois a cinco anos, e multa.

Modalidade culposa
Parágrafo único. No caso de culpa, a pena é de detenção, de 1 (um) a 6 (seis) meses, ou multa.

Introdução

O núcleo *difundir* é utilizado no texto legal no sentido de espalhar, disseminar, propagar etc.
Bento de Faria, com precisão, levando a efeito a distinção entre *doença* e *praga*, aduz: "A *doença* com referência às plantas e aos animais é qualquer processo patológico determinante do seu enfraquecimento, degenerescência ou morte.
[...].
Praga – é um mal que não representa o processo e desenvolvimento mórbido da doença, mas traduz antes um surto maléfico e transeunte semelhante à epidemia."[19]
Estamos diante de uma norma penal em branco, havendo necessidade de um complemento para que possam ser identificadas as doenças ou pragas que

[18] HUNGRIA, Nélson. *Comentários ao código penal*, v. IX, p. 55.
[19] FARIA, Bento de. *Código penal brasileiro*, v. VI, p. 216.

têm o condão de causar dano a floresta, plantação ou animais de utilidade econômica.

Por *floresta* devemos entender o terreno onde existe uma formação densa de árvores, onde as copas destas se tocam, havendo um espaço mínimo entre elas. No entanto, conforme adverte Érika Mendes de Carvalho, "estabelecer um conceito unívoco de floresta é tarefa difícil, vez que esta engloba um conjunto heterogêneo de formações vegetais, à exceção das áreas verdes urbanas, reguladas pelos planos diretores e leis municipais de uso do solo. De conseguinte, a floresta não é constituída apenas por árvores, mas antes encerra um complexo ecossistema do qual fazem parte arbustos, subarbutos, plantas herbácias, gramíneas, fungos e bactérias, bem como animais que nela têm *habitat*, 'formando no todo uma comunidade biológica em que cada um exerce e sofre ação de outros e do meio físico constituído pela atmosfera e pelo solo'".[20]

Plantação diz respeito à área onde são cultivadas plantas de utilidade que possuam valor econômico; *animais de utilidade econômica*, a seu turno, são aqueles cuja criação interfere na economia nacional, a exemplo do gado bovino, caprino, suíno etc.

⚖ Em sendo um crime de perigo abstrato, é dispensável a ocorrência de qualquer dano efetivo, bastando a prova de que o agente tenha disseminado a doença, praga ou, como no caso, a espécie danosa à pecuária. Quanto ao potencial danoso da mosca 'bernanha' (*Stomoxys calcitrans*) não resta qualquer dúvida, afinal, ambos os técnicos ouvidos foram enfáticos em afirmar que tal inseto, por ser hematófago, pode transmitir doenças e enfraquecer o gado. Trata-se de crime de perigo abstrato que, portanto, prescinde da ocorrência de qualquer dano e, mais do que isso, da própria demonstração de perigo concreto, podendo-se concluir, assim, que a própria natureza do delito impede o reconhecimento da insignificância da conduta (TJES, AC 003090007422, Rel. Des. Sérgio Bizzotto Pessoa de Mendonça, j. 30/01/2013).

Nesse sentido:

⚖ TRF 3ª Reg., ACr 95030462258, Rel. Juiz Roberto Haddad, *DJU* 16/06/1998, p. 278; TJPR, Processo 0061918-9, Rel. Campos Marques, j. 13/11/1997; TJSP, AC, Rel. Vanderlei Borges, *RJTJSP* 130, p. 439.

Classificação doutrinária

Crime comum, tanto no que diz respeito ao sujeito ativo quanto ao sujeito passivo; doloso e culposo; de perigo comum e concreto; comissivo (podendo, no entanto, ser praticado via omissão imprópria na hipótese em que o agente, gozando do *status* de garantidor, dolosamente, não impedir que o sujeito pratique o comportamento previsto pelo tipo); de forma livre;

instantâneo; monossubjetivo; plurissubsistente; não transeunte.

Sujeito ativo e sujeito passivo

Qualquer pessoa poderá ser *sujeito ativo*.
O *sujeito passivo* é a sociedade.

Objeto material e bem juridicamente protegido

A incolumidade pública é o bem juridicamente protegido pelo tipo penal que prevê o delito do art. 259 do Código Penal.
O objeto material é a doença ou a praga difundida pelo agente.

Consumação e tentativa

O delito de *difusão de doença ou praga* se consuma quando a doença ou a praga se difunde ou se propaga por obra do agente, configurando-se o perigo para a floresta, plantação ou animais de utilidade econômica.
A tentativa é admissível.

Elemento subjetivo

O dolo é o elemento subjetivo exigido pelo tipo penal.

Modalidade culposa

O parágrafo único do art. 259 do Código Penal prevê a modalidade culposa de *difusão de doença ou praga*.

Modalidades comissiva e omissiva

O núcleo *difundir* pressupõe um comportamento comissivo por parte do agente, podendo, no entanto, ser praticado via omissão imprópria.

Pena, ação penal, competência para julgamento e suspensão condicional do processo

A pena cominada para a modalidade dolosa de *difusão de doença ou praga* é de reclusão, de 2 (dois) a 5 (cinco) anos, e multa.
Para a modalidade culposa, constante do parágrafo único do art. 259 do Código Penal, a pena é de detenção, de 1 (um) a 6 (seis) meses, ou multa.
A ação penal é de iniciativa pública incondicionada.
Compete, pelo menos inicialmente, ao Juizado Especial Criminal o processo e julgamento do delito culposo de *difusão de doença ou praga*.
Será possível a confecção de proposta de suspensão condicional do processo se culposo o delito de *difusão de doença ou praga*.

Revogação tácita do art. 259 do Código Penal pelo art. 61 da Lei nº 9.605/1998

Em virtude da redação constante do art. 61 da Lei nº 9.605/1998, parte de nossos doutrinadores,[21] a nosso

---

[20] CARVALHO, Érika Mendes de. *Tutela penal do patrimônio florestal brasileiro*, p. 20.

[21] Nesse sentido, Luiz Regis Prado (*Crimes contra o ambiente*, p. 185); Fernando Capez (*Curso de direito penal* – parte especial, v. 3, p. 187); Rogério Sanches Cunha (*Manual de direito penal* – parte especial, volume único, p. 613); Yuri Carneiro Coêlho (*Curso de direito penal didático*, p. 871); Cleber Masson (*Direito penal esquematizado* – parte especial, v. 3, p. 267).

ver com razão, se posicionou no sentido de entender como revogado tacitamente o art. 259 do Código Penal.

Dessa forma, após a entrada em vigor da Lei nº 9.605/1998, já não mais se aplicaria o art. 259 do Código Penal quando o agente, dolosamente, viesse a difundir doença ou praga que pudesse causar dano a floresta, plantação ou animais de utilidade econômica.

Um detalhe que merece ser observado, concordando-se com o raciocínio da revogação tácita, é o de que as penas cominadas na Lei nº 9.605/1998 são inferiores àquelas constantes do revogado art. 259

do Código Penal, tratando-se, pois, de *novatio legis in mellius*, devendo, outrossim, ter aplicação retroativa aos fatos que lhe antecederam, em obediência ao parágrafo único do art. 2º do Código Penal.

Se levarmos em consideração, ainda, a revogação total do art. 259, incluindo o seu parágrafo único, como a lei posterior, revogadora, não fez previsão da modalidade culposa, poderíamos raciocinar, ainda, em termos de *abolitio criminis* se o agente, culposamente, tivesse difundido ou disseminado doença ou praga que pudesse causar dano a floresta, plantação ou animais de utilidade econômica.

Capítulo II – Dos Crimes contra a Segurança dos Meios de Comunicação e Transporte e Outros Serviços Públicos

Perigo de desastre ferroviário

Art. 260. Impedir ou perturbar serviço de estrada de ferro:

I – destruindo, danificando ou desarranjando, total ou parcialmente, linha férrea, material rodante ou de tração, obra de arte ou instalação;

II – colocando obstáculo na linha;

III – transmitindo falso aviso acerca do movimento dos veículos ou interrompendo ou embaraçando o funcionamento de telégrafo, telefone ou radiotelegrafia;

IV – praticando outro ato de que possa resultar desastre:

Pena – reclusão, de dois a cinco anos, e multa.

Desastre ferroviário

§ 1º Se do fato resulta desastre:

Pena – reclusão, de quatro a doze anos e multa.

§ 2º No caso de culpa, ocorrendo desastre:

Pena – detenção, de seis meses a dois anos.

§ 3º Para os efeitos deste artigo, entende-se por estrada de ferro qualquer via de comunicação em que circulem veículos de tração mecânica, em trilhos ou por meio de cabo aéreo.

Introdução

O art. 260 e incisos do Código Penal, traduzindo o delito de perigo de desastre ferroviário, apontam a conduta de *impedir* ou *perturbar* serviço de estrada de ferro. O núcleo *impedir* deve ser entendido no sentido de impossibilitar, interromper, obstruir, obstacularizar; *perturbar* não importa na interrupção do serviço, mas na sua prática de modo anormal, alterado, atrapalhado, dificultado pela ação do agente. A lei penal entendeu por bem traduzir o conceito de *estrada de ferro* dizendo, por meio da norma penal explicativa constante do § 3º do art. 260 do Código Penal, ser ela qualquer via de comunicação em que circulem veículos de tração mecânica, em trilhos ou

por meio de cabo aéreo, como, respectivamente, a do metrô, bondes e a filovia, isto é, a via de comunicação entre altitudes por meio de fios ou cabos aéreos, como ocorre no morro do Pão de Açúcar, na cidade do Rio de Janeiro.

As condutas de *impedir* e *perturbar* serviço de estrada de ferro podem ser levadas a efeito, de acordo com os incisos do mencionado artigo: *I – destruindo, danificando ou desarranjando, total ou parcialmente, linha férrea, material rodante ou de tração, obra de arte ou instalação; II – colocando obstáculo na linha; III – transmitindo falso aviso acerca do movimento dos veículos ou interrompendo ou embaraçando o funcionamento de telégrafo, telefone ou radiotelegrafia; e IV – praticando outro ato de que possa resultar desastre.*

Determinou a lei penal, ainda, o recurso à interpretação analógica, dizendo cometer, também, o delito em estudo o agente que pratica outro ato de que possa resultar desastre.

Finalmente, cuida-se de um tipo misto alternativo.

⚖ Segundo se dessume destes autos digitalizados, em que pese a materialidade e autoria do crime de desastre ferroviário tenham restado comprovadas, ausente o dolo específico de impedir ou perturbar serviço de estrada de ferro. Não há nos autos provas no sentido de que o apelante pretendia, subtraindo os fios da Supervia, colocar em risco o tráfego de suas composições. Absolvição que se impõe por ausência de tipicidade subjetiva (TJ-RJ, AC 0348506-72.2013.8.19.0001, Rel.ª Des.ª Maria Angélica Guimarães Guerra Guedes, *DJe* 28/01/2015).

Nesse sentido:

⚖ TJMG, Processo 1.0223.04.154164-8/001[1], Rel. Vieira de Brito, pub. 08/03/2008; TJMG, Processo 1.0183.99.008704-5/001[1], Rel. Antônio Carlos Cruvinel, pub. 30/08/2005; TJRJ, AC, Rel. Antônio Carlos Amorim, *RJTJ* 12, p. 339; TASP, Ap. 7244, Rel. Adriano Marrey, *RT* 252, p. 354.

Classificação doutrinária

Crime comum, tanto no que diz respeito ao sujeito ativo quanto ao sujeito passivo; doloso e culposo (pois o § 2º do art. 260 do Código Penal prevê, expressamente, a conduta culposa praticada pelo agente, que vem a causar desastre); comissivo (podendo, nos termos do art. 13, § 2º, do Código Penal, ser praticado via omissão imprópria, na hipótese de o agente gozar do *status* de garantidor); de perigo comum e concreto; de forma vinculada (haja vista que o tipo penal especifica os modos pelos quais poderão ser praticados); instantâneo; monossubjetivo; plurissubsistente; não transeunte.

Sujeito ativo e sujeito passivo

Qualquer pessoa pode ser *sujeito ativo*.

O *sujeito passivo* é a sociedade, principalmente aquelas pessoas que foram expostas a perigo, ou mesmo que sofreram algum tipo de dano em virtude da prática, pelo agente, da conduta prevista no tipo penal em estudo.

Objeto material e bem juridicamente protegido

A incolumidade pública é o bem juridicamente protegido pelo tipo penal que prevê o delito tipificado no art. 260 do Código Penal, destacando-se a segurança dos meios de comunicação e transporte e outros serviços públicos.

O objeto material é a linha férrea, material rodante ou de tração, obra de arte ou instalação, telégrafo, telefone ou radiotelegrafia.

Consumação e tentativa

O delito de perigo de desastre ferroviário se consuma quando o agente, após praticar qualquer dos comportamentos previstos pelos incisos do art. 260 do Código Penal, coloca, efetivamente, em perigo a incolumidade pública, ou seja, o seu comportamento coloca em risco a vida, a integridade física ou o patrimônio de um número indeterminado de pessoas.

A tentativa é admissível.

Modalidade qualificada

É prevista pelo § 1º do art. 260, que diz que se do fato resulta desastre, a pena será de reclusão, de 4 (quatro) a 12 (doze) anos, e multa.

O agente não pode querer, direta e imediatamente, o desastre, pois que estamos diante de um crime preterdoloso, devendo o resultado – desastre – ser-lhe imputado a título de culpa.

Maggiore, esclarecendo o que vem a ser *desastre*, preleciona: "Desastre ferroviário é todo acidente ferroviário grave, que vá contra a integridade das pessoas e a integridade das coisas, o que as expõe a risco.

Nem todo acidente que prejudique os transportes ferroviários é desastre; é preciso que seja *grave* e com-

plexo. Mas nem por isso há de tratar-se de um sucesso extraordinário, excepcional e enorme, como se tem afirmado".[22]

Tendo em vista sua natureza de crime preterdoloso, somente haverá a consumação do delito tipificado no § 1º do art. 260 do Código Penal com a efetiva ocorrência do *desastre*. Caso contrário, a conduta do agente se amoldará ao delito de perigo constante do art. 260 e incisos do mesmo diploma repressivo.

Justamente por se tratar de um crime preterdoloso, em que a conduta do sujeito é dolosa, sendo-lhe o resultado (desastre) atribuído a título de culpa, é que não se pode cogitar de tentativa no delito de *desastre ferroviário*.

Modalidade culposa

É prevista pelo § 2º do art. 260 do Código Penal.

Pena, ação penal, competência para julgamento e suspensão condicional do processo

A pena cominada ao delito de *perigo de desastre ferroviário* é de reclusão, de 2 (dois) a 5 (cinco) anos, e multa.

Para o delito de *desastre ferroviário*, a pena é de reclusão, de 4 (quatro) a 12 (doze) anos, e multa.

No caso de culpa, ocorrendo desastre, a pena é de detenção, de 6 (seis) meses a 2 (dois) anos.

Determina o art. 263 do Código Penal que *se de qualquer dos crimes previstos nos arts. 260 a 262, no caso de desastre ou sinistro, resulta lesão corporal ou morte, aplica-se o disposto no art. 258*.

A ação penal é de iniciativa pública incondicionada.

Compete, pelo menos inicialmente, ao Juizado Especial Criminal o processo e julgamento do delito de *desastre culposo*.

Será possível a confecção de proposta de suspensão condicional do processo no delito de desastre culposo.

Desastre ferroviário. Via férrea administrada por sociedade de economia mista. Competência (estadual/federal). A segurança dos meios de transporte, em princípio, não constitui interesse próprio da União nem envolve seus serviços. Sociedade de economia mista não justifica se desloque a competência para a área federal. Caso de perigo de desastre ferroviário há de ser, então, processado na esfera estadual (STJ, Rel. Min. Nilson Naves, S3, CC 45652/SP, *DJ* 24/11/2004, p. 227).

Finalidade de dano e perigo de desastre ferroviário

Para que ocorra o delito de perigo de desastre ferroviário o agente não poderá agir, em nenhum instante, com o chamado dolo de dano, pois que, nesse caso, restaria afastada aquela infração penal.

---

[22] MAGGIORE, Giuseppe. *Derecho penal* – parte especial, v. III, p. 481.

O seu dolo, portanto, deve resumir-se à prática de um comportamento que, sabidamente, é perigoso, tendo, portanto, potencialidade de dano que, embora previsto, em nenhum momento é querido diretamente, ou mesmo assumido pelo agente.

Se o sujeito, por exemplo, vier a sabotar os trilhos de uma linha de trem almejando que os passageiros que nele se encontrarem venham a morrer em virtude do descarrilamento, deverá ser responsabilizado pelo delito de homicídio, tentado ou consumado, e não pelo crime de perigo de desastre ferroviário, ou mesmo pelo delito tipificado no art. 260, § 1º, do Código Penal.

Simulação de perigo

Tomando de empréstimo o exemplo de Carrara, afirma o grande penalista: "Um vigia de linha, para obter o prêmio instituído pela companhia ferroviária a favor do empregado que impedisse algum desastre, simulou uma situação de perigo, deslocando os trilhos da linha, e, a seguir, correu a dar o sinal de alarma ao comboio que se aproximava. Não se apresenta, aqui, dolo de perigo, porque *simular* uma situação de perigo não é querê-la".[23]

Perigo de desastre ferroviário e a interrupção ou perturbação de serviço telegráfico ou telefônico previstos pelo art. 266 do Código Penal

Se a conduta de interromper ou embaraçar o funcionamento de telégrafo, telefone ou radiotelegrafia for cometida no sentido de impedir ou perturbar serviço de estrada de ferro, especificamente, o fato se amoldará ao tipo penal do art. 260; as demais hipóteses encontrarão moldura no art. 266 do Código Penal.

⚖ Perigo de desastre ferroviário. Perturbação do tráfego. Dano no material rodante. Fato comprovado. Condenação. Redução da pena. Inexistindo dúvidas de que o réu atirou um pedaço de concreto de quase meio quilo no para-brisa dianteiro de um trem, obrigando-o a retornar, tomando o rumo da oficina para sofrer o conserto e exigindo que os passageiros trocassem de composição, apresenta-se o delito do art. 260-I do CP, exigindo a condenação (TJRJ, AC 2002.050.04336, Rel. Rude Loewenkron, *DJ* 03/12/2002).

Perigo de desastre ferroviário no Código Penal Militar

Vide art. 282 do Decreto-Lei nº 1.001/69 (Código Penal Militar).

Atentado contra a segurança de transporte marítimo, fluvial ou aéreo

Art. 261. Expor a perigo embarcação ou aeronave, própria ou alheia, ou praticar qualquer ato tendente a impedir ou dificultar navegação marítima, fluvial ou aérea:

Pena – reclusão, de dois a cinco anos.

Sinistro em transporte marítimo, fluvial ou aéreo

§ 1º Se do fato resulta naufrágio, submersão ou encalhe de embarcação ou a queda ou destruição de aeronave:

Pena – reclusão, de quatro a doze anos.

Prática do crime com o fim de lucro

§ 2º Aplica-se, também, a pena de multa, se o agente pratica o crime com intuito de obter vantagem econômica, para si ou para outrem.

Modalidade culposa

§ 3º No caso de culpa, se ocorre o sinistro:

Pena – detenção, de seis meses a dois anos.

Introdução

Tratando-se de um crime de perigo comum, que atinge um número indeterminado de pessoas, devemos entender que a conduta do agente é dirigida a embarcações ou aeronaves que efetuam o *transporte coletivo*, pois, caso contrário, poderia se configurar no tipo penal do art. 132 do diploma repressivo.

Embarcação, conforme esclarece Hungria, não é apenas o navio, senão "também qualquer outra construção flutuante destinada a transporte coletivo (de pessoas ou coisas), seja qual for a sua força motriz, sua forma ou composição".[24] *Aeronave*, segundo o art. 106 do Código Brasileiro de Aeronáutica – Lei nº 7.565/1986) –, *é todo aparelho manobrável em voo, que possa sustentar-se e circular no espaço aéreo, mediante reações aerodinâmicas, apto a transportar pessoas ou coisas*. Analisando a denominação *aeronave*, Hungria, citando Hugo Simas, preleciona que se trata de uma "denominação genérica de veículo aéreo, que, se mais pesado que o ar, é *avião*, e se mais leve, *aeróstato*. O avião com asas fixas, chama-se *aeroplano*; com asas batentes, *ornitóptero*; com asas rotativas, *helicóptero*; com asas giratórias livres, *autogiro*. O aeróstato, por sua vez pode ser *balão* ('toda aeronave, cativa ou livre, que utilize como meio de sustentação na atmosfera um gás mais leve que o ar e que não dispõe de meios próprios de propulsão') ou *dirigível* ('toda aeronave que utilize como meio de sustentação na atmosfera um gás mais leve que o ar e dispõe de meios próprios de propulsão')".[25]

---

[23] HUNGRIA, Nélson. *Comentários ao código penal*, v. IX, p. 66.

[24] HUNGRIA, Nélson. *Comentários ao código penal*, v. IX, p. 80.

[25] HUNGRIA, Nélson. *Comentários ao código penal*, v. IX, p. 80.

Também comete o delito previsto pelo art. 261 do Código Penal aquele que *pratica qualquer ato tendente a impedir ou dificultar navegação marítima, fluvial ou aérea*. Navegação marítima é aquela, de natureza coletiva, realizada pelos mares; *fluvial* é a que se leva a efeito nos rios; diz-se *aérea a navegação* quando ocorrer no espaço aéreo.

Impedir tem o significado de não permitir, interromper, obstruir a navegação marítima, fluvial ou aérea; *dificultar* significa embaraçar, criar empecilho, atrapalhar etc.

Merece ser destacado que o tipo penal em estudo não abrangeu a chamada *embarcação lacustre*, isto é, aquela que faz navegação em lagos e lagoas. Nessa hipótese, poderá ser aplicado o art. 262 do Código Penal, que prevê o delito de *atentado contra a segurança de outro meio de transporte*.

Cuida-se, ainda, de um tipo misto alternativo.

O delito descrito no art. 261 do CP (atentado contra a segurança de transporte marítimo, fluvial ou aéreo) constitui um tipo misto alternativo composto por duas condutas diferentes: "expor a perigo embarcação ou aeronave, própria ou alheia" e "praticar qualquer ato tendente a impedir ou dificultar navegação marítima, fluvial ou aérea" (STJ, CC 145.787/SP, Rel. Min. Reynaldo Soares da Fonseca, S3, *DJe* 17/05/2017).

Nesse sentido:

TRF 1ª Reg., ACr 200432000026765, Rel.ª Juíza Fed. Conv. Maria Lúcia Gomes, *DJF1* 12/02/2010, p. 43; TJSP, AC 152913-3, Rel. Silva Pinto.

Classificação doutrinária

Crime comum, tanto no que diz respeito ao sujeito ativo quanto ao sujeito passivo; doloso e culposo (pois que o § 3º do art. 261 do Código Penal prevê, expressamente, a conduta culposa praticada pelo agente, produtora do sinistro); comissivo (podendo ser praticado via omissão imprópria); de perigo comum e concreto; de forma livre; instantâneo; monossubjetivo; plurissubsistente; não transeunte.

Sujeito ativo e sujeito passivo

Qualquer pessoa pode ser *sujeito ativo*.

O sujeito passivo é a sociedade, principalmente, em caso de sinistro, aquelas pessoas que foram expostas a perigo ou mesmo que sofreram algum tipo de dano.

Objeto material e bem juridicamente protegido

A incolumidade pública é o bem juridicamente protegido pelo tipo do art. 261 do Código Penal, destacando-se a segurança dos transportes marítimo, fluvial e aéreo.

O objeto material é a embarcação ou aeronave, contra a qual é dirigida a conduta do agente.

O objeto material do delito é a embarcação ou aeronave, e seu objeto jurídico é a incolumidade pública, voltada, especificamente, para a segurança dos meios de transporte (STJ, CC 145.787/SP, Rel. Min. Reynaldo Soares da Fonseca, S3, *DJe* 17/05/2017).

Consumação e tentativa

O delito de *atentado contra a segurança de transporte marítimo, fluvial ou aéreo* se consuma quando o agente, após praticar qualquer dos comportamentos previstos pelo tipo do art. 261 do Código Penal, coloca, efetivamente, em perigo a incolumidade pública, ou seja, o seu comportamento coloca em risco a vida, a integridade física ou o patrimônio de um número indeterminado de pessoas, mesmo quando pratica qualquer ato tendente a impedir ou dificultar navegação marítima, fluvial ou aérea.

Admite-se a tentativa.

Elemento subjetivo

O dolo é o elemento subjetivo exigido pelo tipo penal que prevê o delito de *atentado contra a segurança de transporte marítimo, fluvial ou aéreo.*

Modalidades comissiva e omissiva

As condutas previstas pelo tipo penal *sub examen* pressupõem um comportamento comissivo por parte do agente, podendo, no entanto, ser praticadas via omissão imprópria.

Sinistro em transporte marítimo, fluvial ou aéreo (modalidade qualificada)

É modalidade prevista pelo § 1º do art. 261, que diz que se do fato resulta naufrágio, submersão ou encalhe de embarcação ou a queda ou destruição de aeronave, a pena será de reclusão, de 4 (quatro) a 12 (doze) anos.

Embora exista posição em contrário, somos partidários da corrente que entende que no § 1º do art. 261 do Código Penal estamos diante de um crime eminentemente *preterdoloso*. A conduta, portanto, deve ser dirigida à produção de uma situação de perigo, sendo o resultado dano atribuído ao agente a título de culpa.

A rubrica constante do § 1º do art. 261 do Código Penal faz alusão a *sinistro*, significando a ocorrência de um desastre, que vem a causar dano, especificamente, em transporte marítimo, fluvial ou aéreo.

Naufrágio, seguindo as lições de Luiz Regis Prado, "é a perda – total ou parcial – do navio por qualquer causa – por exemplo, abalroamento, colisão, investimento contra bancos de areia, explosão, incêndio etc. –, o que conduz ao rompimento, encalhe, tombamento, afundamento, ou ruína da embarcação. *Submersão* é o afundamento – parcial ou total – da embarcação. *Encalhe* é o impedimento à flutuação, verificando-se usualmente quando a quilha do navio se encaixa em banco de areia ou qualquer outro obstáculo. *Queda* da aeronave é a sua precipitação ou projeção ao solo ou sobre as águas; *destruição*, o seu perecimento, parcial ou total".[26]

Modalidade culposa

Vide § 3º do art. 261 do Código Penal.

⚖ Manutenção da decisão que condenou o réu nas penas do art. 261, § 3º, do CP, pois houve culpa consciente. O capitão agiu com negligência e imperícia ao decidir levar o navio até o porto de desembarque e tentar evitar o resultado danoso, que foi o naufrágio/encalhe (TRF 4ª Reg., AC 1998040194504-3/RS, Rel. Amir José Finocchiaro Sarti, j. 08/06/1999).

Pena, ação penal, competência para julgamento e suspensão condicional do processo

A pena cominada ao delito de *atentado contra a segurança de transporte marítimo, fluvial ou aéreo* é de reclusão, de 2 (dois) a 5 (cinco) anos.

Para o delito de *sinistro em transporte marítimo, fluvial ou aéreo*, a pena é de reclusão, de 4 (quatro) a 12 (doze) anos.

No caso de culpa, ocorrendo o *sinistro*, a pena é de detenção, de 6 (seis) meses a 2 (dois) anos.

Nos termos do § 2º do art. 261 do Código Penal, *aplica-se, também, a pena de multa, se o agente pratica o crime com intuito de obter vantagem econômica, para si ou para outrem*.

Determina o art. 263 do Código Penal que *se de qualquer dos crimes previstos nos arts. 260 a 262, no caso de desastre ou sinistro, resulta lesão corporal ou morte, aplica-se o disposto no art. 258.*

A ação penal é de iniciativa pública incondicionada. Compete, pelo menos inicialmente, ao Juizado Especial Criminal o processo e julgamento da modalidade culposa, prevista no § 3º do art. 261 do Código Penal.

Será possível a confecção de proposta de suspensão condicional do processo, também, na modalidade culposa.

⚖ A despeito do interesse estadual genérico em garantir a segurança dos usuários de transportes públicos e de terceiros por eles eventualmente afetados, não é qualquer delito, doloso ou culposo, envolvendo o transporte marítimo, fluvial ou aéreo que atrairá a competência da Justiça Federal, pois esta Corte vem entendendo ser necessária lesão ou ofensa direta a bens, serviços ou interesses da União para que se caracterize a competência da Justiça Federal para julgamento do delito, não bastando, para tanto, ofensa meramente reflexa ou indireta. A primeira das condutas (expor a perigo embarcação ou aeronave, própria ou alheia) pode envolver objeto material de propriedade de particular ou da União, Estados ou Municípios. Assim sendo, a depender do bem material atingido, será identificada a ofensa que justifica a fixação da competência da Justiça comum ou da Justiça Federal. A segunda conduta descrita na norma (praticar qualquer ato tendente a impedir ou dificultar navegação marítima, fluvial ou aérea) pode ser direcionada a objetos pontuais determinados ou ter como objetivo atingir o próprio sistema. Em se tratando de conduta voltada para dificultar a navegação marítima, fluvial ou aérea de uma ou mais embarcações ou aeronaves definidas, há que se perquirir tanto a intenção do agente quanto o potencial de risco a outras embarcações/aeronaves gerado pela conduta, quanto quem é o proprietário do bem alvo do ilícito, para que se possa averiguar se, no caso concreto, existe interesse da União no delito. Quando a conduta tiver potencial de afetar ou colocar em risco o sistema de navegação seja marítima, fluvial ou aérea, ainda que não em todo território nacional, mas colocando em risco uma série de aeronaves ou embarcações, além de seus passageiros e tripulantes, exsurgirá o interesse da União e a competência da Justiça Federal para o julgamento do processo (STJ, CC 145.787/SP, Rel. Min. Reynaldo Soares da Fonseca, S3, *DJe* 17/05/2017).

Nesse sentido:

⚖ STJ, RHC 1386/RJ, Rel. Min. Edson Vidigal, 5ª T., *RSTJ* 28, p. 161.

Abuso na prática da aviação

Vide art. 35 da LCP (Decreto-Lei nº 3.688/1941).

Caso do jato executivo *Legacy*

⚖ Não ofende o princípio do *ne bis in idem* o fato de os controladores de voo estarem respondendo a processo na Justiça Militar e na Justiça comum pelo mesmo fato da vida, qual seja, o acidente aéreo que ocasionou a queda do Boeing 737/800 da Gol Linhas Aéreas no Município de Peixoto de Azevedo, no Estado do Mato Grosso, com a morte de todos os seus ocupantes, uma vez que as imputações são distintas. Solução que se encontra, *mutatis mutandis*, no enunciado da Súmula nº 90/STJ: *Compete à Justiça Militar processar e julgar o policial militar pela prática do crime militar, e à Comum pela prática do crime comum simultâneo àquele* (STJ, CC 91016/MT, 3ª Seção, Rel. Min. Paulo Gallotti, j. 27/02/2008, *DJe* 25/03/2008, *RJP* 21, p. 116).

Lei Antidrogas

O art. 39 da Lei nº 11.343, de 23 de agosto de 2006, pune com pena de detenção, de 6 (seis) meses a 3 (três) anos, além da apreensão do veículo, cassação da habilitação respectiva ou proibição de obtê-la, pelo mesmo prazo da pena privativa de liberdade aplicada, e pagamento de 200 (duzentos) a 400

---

[26] PRADO, Luiz Regis. *Curso de direito penal*, v. 3, p. 494.

(quatrocentos) dias-multa, aquele que conduzir embarcação ou aeronave após o consumo de drogas, expondo a dano potencial a incolumidade de outrem.

Atentado contra transporte no Código Penal Militar

Vide art. 283 do Decreto-Lei nº 1.001/69 (Código Penal Militar).

Atentado contra a segurança de outro meio de transporte

Art. 262. Expor a perigo outro meio de transporte público, impedir-lhe ou dificultar-lhe o funcionamento:

Pena – detenção, de um a dois anos.

§ 1º Se do fato resulta desastre, a pena é de reclusão, de dois a cinco anos.

§ 2º No caso de culpa, se ocorre desastre:

Pena – detenção, de três meses a um ano.

Introdução

A finalidade do art. 262 do Código Penal é proteger os demais meios de transporte públicos, isto é, de natureza coletiva, não abrangidos pelos arts. 260 e 261 do mesmo diploma legal, a exemplo do transporte viário, lacustre, e dos realizados por meio de ascensores públicos, como acontece em Salvador, onde um elevador faz a comunicação entre as cidades baixa e alta etc.

Enfim, basicamente, podemos entender o art. 262 do diploma repressivo como uma "vala comum" para as situações não abrangidas pelos arts. 260 e 261 do Código Penal. Qualquer outro meio de transporte público encontra-se, portanto, protegido pela norma do art. 262 do Código Penal.

Por *transporte público* devemos entender não somente aquele prestado pelo Estado (União, Estado, Município ou Distrito Federal), mas sim o levado a efeito no interesse da coletividade, mesmo que realizado por particulares.

Por meio da expressão *outro meio de transporte* devemos fazer uma interpretação extensiva no mencionado tipo penal, com a finalidade de abarcar todo transporte público não previsto pelos artigos anteriores.

Cuida-se, ainda, de um tipo misto alternativo.

⚖ Comete o crime de perigo contra transporte coletivo quem se põe a dirigir ônibus ciente de que não sabe fazê-lo, resultando em lesões corporais a passageiros que saltam do coletivo em movimento, atemorizados na superveniência de mal maior (TACrim/SP, AC, Rel. Barreto Fonseco, *JTACrim*/SP 96, p. 132).

Nesse sentido:

⚖ TJSP, AC, Rel. Silva Pinto, *RT* 720, p. 417.

Classificação doutrinária

Crime comum, tanto no que diz respeito ao sujeito ativo quanto ao sujeito passivo; doloso e culposo (pois que o § 2º do art. 262 do Código Penal prevê, expressamente, a conduta culposa praticada pelo agente, produtora do desastre); comissivo (podendo, nos termos do art. 13, § 2º, do Código Penal, ser praticado via omissão imprópria, na hipótese de o agente gozar do *status* de garantidor); de perigo comum e concreto; de forma livre; instantâneo; monossubjetivo; plurissubsistente; não transeunte.

Sujeito ativo e sujeito passivo

Qualquer pessoa pode ser *sujeito ativo*.

O *sujeito passivo* é a sociedade, principalmente, em caso de desastre, aquelas pessoas que foram expostas a perigo, ou mesmo que sofreram algum tipo de dano.

Objeto material e bem juridicamente protegido

A incolumidade pública é o bem juridicamente protegido pelo tipo do art. 262 do Código Penal, destacando-se a segurança de outro meio de transporte que não seja ferroviário, marítimo, fluvial ou aéreo, já tutelados pelos artigos anteriores.

O objeto material é o meio de transporte público não abrangido pelos artigos antecedentes, constantes do Capítulo II do Título VIII da Parte Especial do Código Penal.

Consumação e tentativa

O delito de *atentado contra a segurança de outro meio de transporte* se consuma quando o agente, após praticar qualquer dos comportamentos previstos pelo tipo do art. 262 do Código Penal, coloca, efetivamente, em perigo a incolumidade pública, ou seja, o seu comportamento coloca em risco a vida, a integridade física ou o patrimônio de um número indeterminado de pessoas, mesmo quando pratica qualquer ato que impede ou dificulta o funcionamento do meio de transporte público. Admite-se a tentativa.

Elemento subjetivo

O dolo é o elemento subjetivo exigido pelo tipo penal que prevê o delito de *atentado contra a segurança de outro meio de transporte*.

Modalidades comissiva e omissiva

As condutas previstas pelo tipo penal *sub examen* pressupõem um comportamento comissivo por parte do agente, podendo, no entanto, ser praticadas via omissão imprópria.

Modalidade qualificada

Encontra-se no § 1º do art. 262 do Código Penal, que diz que se do fato resulta desastre, a pena é de reclusão, de 2 (dois) a 5 (cinco) anos.

Considerando que estamos diante de um crime de perigo, o resultado mencionado pelo parágrafo acima mencionado somente poderá ser imputado ao agente a título de culpa.

Modalidade culposa

Vide § 2º do art. 262 do Código Penal.

Pena, ação penal, competência para julgamento e suspensão condicional do processo

A pena cominada ao delito de *atentado contra a segurança de outro meio de transporte* é de detenção, de 1 (um) a 2 (dois) anos.

Para a modalidade qualificada, a pena é de reclusão, de 2 (dois) a 5 (cinco) anos.

No caso de culpa, ocorrendo o *desastre*, a pena é de detenção, de 3 (três) meses a 1 (um) ano.

Determina o art. 263 do Código Penal que *se de qualquer dos crimes previstos nos arts. 260 a 262, no caso de desastre ou sinistro, resulta lesão corporal ou morte, aplica-se o disposto no art. 258.*

A ação penal é de iniciativa pública incondicionada.

Compete, pelo menos inicialmente, ao Juizado Especial Criminal o processo e julgamento das modalidades simples e culposa, previstas no *caput* e no § 2º do art. 262 do Código Penal.

Será possível a confecção de proposta de suspensão condicional do processo, também nas modalidades simples e culposa.

Atentado contra viatura ou outro meio de transporte no Código Penal Militar

Vide art. 284 do Decreto-Lei nº 1.001/69 (Código Penal Militar).

Forma qualificada

Art. 263. Se de qualquer dos crimes previstos nos arts. 260 a 262, no caso de desastre ou sinistro, resulta lesão corporal ou morte, aplica-se o disposto no art. 258.

Arremesso de projétil

Art. 264. Arremessar projétil contra veículo, em movimento, destinado ao transporte público por terra, por água ou pelo ar:
Pena – detenção, de um a seis meses.
Parágrafo único. Se do fato resulta lesão corporal, a pena é de detenção, de seis meses a dois anos; se resulta morte, a pena é a do art. 121, § 3º, aumentada de um terço.

Introdução

O núcleo *arremessar* tem o significado de atirar, arrojar, lançar com força, que pode ser levado a efeito manualmente ou por meio de aparelhos.

O *projétil* é o meio de que se vale o agente na prática da infração penal. Por projétil deve ser entendido qualquer objeto capaz de causar dano, a exemplo de pedras, garrafas, pedaços de pau etc., haja vista que estamos diante de um crime contra a incolumidade pública. Assim, não se poderá subsumir à mencionada figura típica o arremesso, *v.g.*, de ovos ou tomates. Existe discussão doutrinária sobre a natureza desse projétil, isto é, se somente os objetos sólidos poderão fazer parte desse conceito, ou se também abrange os objetos líquidos, mas que tenham potencialidade de dano. Hungria, filiando-se a essa última posição, afirma, a nosso ver com razão, que "aos projetis se equiparam os líquidos corrosivos, como, por exemplo, vitríolo".[27] Em sentido contrário, justifica Fragoso, dizendo que a palavra projétil está empregada no texto "significando qualquer objeto sólido e pesado que se move no espaço, abandonado a si próprio, depois de receber impulso [...]. Não é possível, sem recorrer à analogia, equiparar os líquidos corrosivos ao projétil (salvo se estiverem contidos em recipiente sólido)".[28]

Determina, ainda, o art. 264 do Código Penal que o veículo contra o qual é arremessado o projétil deve estar em *movimento*, não importando, aqui, a sua velocidade. Se o veículo estiver parado ou estacionado, o fato poderá ser desclassificado, por exemplo, para o delito de dano, dependendo da identificação do dolo do agente. No que diz respeito ao veículo parado, Guilherme de Souza Nucci posiciona-se pela configuração do delito, argumentando: "O tipo penal refere-se, expressamente, à necessidade de estar o veículo em deslocamento. Parece-nos, no entanto, que tal expressão não pode ter o seu significado restringido, pois o veículo parado num congestionamento está em movimento, levando pessoas de um local a outro, embora, momentaneamente, não esteja em marcha. Assim, somente não se configura o tipo penal do art. 264 quando o veículo estiver estacionado."[29]

O veículo deverá, ainda, estar a serviço de transporte público, isto é, transporte coletivo, ficando afastados, nesse caso, os veículos particulares, mesmo que em seu interior se encontrem várias pessoas.

Não importa que o prestador do serviço de transporte seja pessoa jurídica de direito público ou mesmo um particular. O que exige a lei é que o transporte tenha essa natureza pública.

Esse transporte público poderá ser tanto de pessoas, como de coisas, não importando o modo de tração, isto é, se mecânico ou mesmo animal.

O art. 264 do diploma repressivo abrangeu qualquer tipo de transporte público realizado por *terra* (rodovias, ferrovias etc.), por *água* (marítimos, fluviais, lacustres) ou pelo *ar*.

[27] HUNGRIA, Nélson. *Comentários ao código penal*, v. IX, p. 86.

[28] FRAGOSO, Heleno Cláudio. *Lições de direito penal* – parte especial, v. 2, p. 191.

[29] NUCCI, Guilherme de Souza. *Código penal comentado*, p. 885-886.

⚖ Acusado que atira pedra contra ônibus destinado ao transporte público, em movimento, responde pelo delito previsto no art. 264, do Código Penal. Ocorre a consumação com o lançamento do projétil ao veículo em movimento (TJDF, APR 1136191, Rel. Des. Mauro Renan Bittencourt, *DJU* 16/05/1991, p. 1).

Nesse sentido:
⚖ TACrim/SP, AC, Rel. Bolívar Navarro, *RT* 362, p. 281.

Classificação doutrinária

Crime comum, tanto no que diz respeito ao sujeito ativo quanto ao sujeito passivo; doloso; comissivo (podendo, nos termos do art. 13, § 2º, do Código Penal, ser praticado via omissão imprópria, na hipótese de o agente gozar do *status* de garantidor); de perigo comum e concreto; de forma vinculada (haja vista que a lei penal determina a sua prática mediante arremesso de projétil); instantâneo; monossubjetivo; plurissubsistente (embora exista divergência doutrinária nesse sentido, conforme veremos no tópico relativo à consumação e à tentativa); não transeunte.

Sujeito ativo e sujeito passivo

Qualquer pessoa pode ser *sujeito ativo*.
O *sujeito passivo* é a sociedade, principalmente as pessoas que foram expostas diretamente ao perigo criado pelo arremesso de projétil levado a efeito pelo agente.

Objeto material e bem juridicamente protegido

A incolumidade pública é o bem juridicamente protegido pelo tipo do art. 264 do Código Penal.
O objeto material é o veículo em movimento, contra o qual foi dirigida a conduta praticada pelo agente.

Consumação e tentativa

O delito tipificado no art. 264 se consuma quando o arremesso de projétil expõe a perigo a incolumidade pública. Não basta, portanto, o simples arremesso de um objeto contra um veículo de transporte público que esteja em movimento. É preciso que esse comportamento, no caso concreto, tenha, efetivamente, trazido uma situação de perigo à incolumidade pública.
A tentativa é admissível.

Elemento subjetivo

O dolo é o elemento subjetivo exigido pelo tipo penal do art. 264, não havendo previsão para a modalidade de natureza culposa.

Modalidades comissiva e omissiva

O núcleo *arremessar* pressupõe um comportamento comissivo, podendo, no entanto, ser praticado via omissão imprópria.

Modalidade qualificada

O parágrafo único do art. 264 do Código Penal prevê uma modalidade qualificada (preterdolosa) de arremesso de projétil dizendo que se do fato resulta lesão corporal, a pena é de detenção, de 6 (seis) meses a 2 (dois) anos; se resulta morte, a pena é a do art. 121, § 3º, aumentada de um terço.

Pena, ação penal, competência para julgamento e suspensão condicional do processo

A pena cominada ao delito de *arremesso de projétil* é de detenção, de 1 (um) a 6 (seis) meses.
Para a modalidade qualificada, *se do fato resulta lesão corporal, a pena é de detenção, de 6 (seis) meses a 2 (dois) anos; se resulta morte, a pena é a do art. 121, § 3º, aumentada de um terço.*
A ação penal é de iniciativa pública incondicionada.
Compete, pelo menos inicialmente, ao Juizado Especial Criminal o processo e julgamento do delito de *arremesso de projétil*, à exceção de sua modalidade qualificada pelo resultado morte.
Será possível a confecção de proposta de suspensão condicional do processo nas modalidades simples e qualificada pela lesão corporal de natureza culposa.

Finalidade de atingir pessoa determinada

Considerando o fato de que o art. 264 do Código Penal prevê um delito de perigo, se a finalidade do agente era a de atingir, por exemplo, pessoa determinada que se encontrava no interior de um veículo de transporte público, agindo com dolo de matar, deverá ser responsabilizado, tão somente, pelo delito tipificado no art. 121 do mesmo Código, podendo este, inclusive, ser qualificado pelo meio utilizado na prática da infração penal.

Arremesso de projétil no Código Penal Militar

Vide art. 286 do Decreto-Lei nº 1.001/69 (Código Penal Militar).

Atentado contra a segurança de serviço de utilidade pública

Art. 265. Atentar contra a segurança ou o funcionamento de serviço de água, luz, força ou calor, ou qualquer outro de utilidade pública:

Pena – reclusão, de um a cinco anos, e multa.

Parágrafo único. Aumentar-se-á a pena de 1/3 (um terço) até a metade, se o dano ocorrer em virtude de subtração de material essencial ao funcionamento dos serviços.

Introdução

Atentar significa atacar, dirigir a conduta contra a segurança ou o funcionamento dos serviços mencionados. Esclarece Cezar Roberto Bitencourt que "atentar contra a *segurança* é fazer insegura a operação do serviço, tornando-o perigoso; atentar contra o funcionamento é colocar o serviço em risco de paralisação".[30]

Inicialmente, a lei penal aponta os serviços sobre os quais poderá recair o atentado contra a segurança ou contra o funcionamento, vale dizer, os serviços de água, luz, força ou calor, para, logo em seguida, se valer de uma fórmula genérica – ou qualquer outro de utilidade pública –, a fim de abranger outras situações parecidas com a anterior. Percebe-se, portanto, a utilização da chamada *interpretação analógica*, na qual a uma fórmula casuística, exemplificativa, a lei penal faz seguir outra, de natureza genérica.

Assim, estariam protegidos pelo art. 265 do Código Penal, por exemplo, os serviços de gás, limpeza pública etc., pois que abrangidos pela fórmula genérica constante da parte final do mencionado artigo.

Cuida-se, ainda, de um tipo misto alternativo.

⚖ Comete o delito de atentado contra a segurança de serviço de utilidade pública aquele que frustra o esquema de consultas e atendimento estruturado pelo Posto do INSS, promovendo tumultos em frente ao prédio, furando a fila de distribuição das fichas e arrancando-as das mãos da funcionária que estava distribuindo, impedindo, assim, que as pessoas necessitadas e que já estavam na fila há algum tempo conseguissem obter fichas (TJRS, Ap. Crim. 70011262623, 4ª Câm. Crim., Rel. José Eugênio Tedesco, pub. 21/10/2005).

Classificação doutrinária

Crime comum, tanto no que diz respeito ao sujeito ativo quanto ao sujeito passivo; doloso; comissivo (podendo, nos termos do art. 13, § 2º, do Código Penal, ser praticado via omissão imprópria, na hipótese de o agente gozar do *status* de garantidor); de perigo comum e concreto; de forma livre; instantâneo; monossubjetivo; plurissubsistente; não transeunte.

Sujeito ativo e sujeito passivo

Qualquer pessoa pode ser *sujeito ativo*.

O *sujeito passivo* é a sociedade, principalmente as pessoas que foram expostas diretamente ao perigo criado pelo agente.

Objeto material e bem juridicamente protegido

A incolumidade pública é o bem juridicamente protegido pelo tipo do art. 265 do Código Penal, especialmente os serviços de água, luz, força ou calor, ou qualquer outro de utilidade pública.

O objeto material é o serviço de utilidade pública contra o qual é dirigida a conduta praticada pelo agente.

Consumação e tentativa

Entendemos que somente poderá ocorrer o *summatum opus* quando o atentado contra a segurança ou o funcionamento dos serviços mencionados pelo art. 265 do Código Penal trouxer, efetivamente, uma situação de perigo à incolumidade pública, não se podendo presumi-lo.

Embora exista divergência doutrinária, acreditamos ser admissível a tentativa.

Elemento subjetivo

O dolo é o elemento subjetivo exigido pelo tipo penal do art. 265, não havendo previsão para a modalidade de natureza culposa.

⚖ Para configuração do tipo descrito no art. 265 do CP, necessário é, além do elemento objetivo, a constatação do elemento subjetivo, que é a vontade de atentar contra a segurança ou o funcionamento do serviço, ciente o agente que pode causar perigo comum (TJSC, PC 96.010248-5, Rel. José Roberge, j. 02/06/1998).

Modalidades comissiva e omissiva

O núcleo *atentar* pressupõe um comportamento comissivo, podendo, no entanto, ser praticado via omissão imprópria.

Causa especial de aumento de pena

Encontra-se no parágrafo único do art. 265 do Código Penal, que diz que a pena será aumentada de um terço até a metade, se o dano ocorrer em virtude de subtração de material essencial ao funcionamento dos serviços.

Pena, ação penal, competência para julgamento e suspensão condicional do processo

A pena cominada ao delito de *atentado contra a segurança de serviço de utilidade pública* é de reclusão, de 1 (um) a 5 (cinco) anos, e multa.

A pena poderá ser aumentada de um terço até metade, se o dano ocorrer em virtude de subtração de material essencial ao funcionamento dos serviços.

A ação penal é de iniciativa pública incondicionada.

Será possível a confecção de proposta de suspensão condicional do processo, desde que não incida a majorante prevista pelo parágrafo único do art. 265 do Código Penal.

⚖ Competência. Crime contra bens e serviços de sociedade de economia mista. Compete à justiça comum estadual processar e julgar ação penal relacionada com atentado contra o fornecimento de energia elétrica ou danos causados a uma sociedade de economia mista prestadora ou concessionária desses serviços. Incidência da Súmula nº 42-STJ (STJ, CC 13182/TO, S3, Rel. Min. Jesus Costa Lima, *DJ* 05/06/1995, p. 16.632).

---

[30] BITENCOURT, Cezar Roberto. *Tratado de direito penal*, v. 4, p. 215.

Atentado contra serviço de utilidade militar no Código Penal Militar

Vide art. 287 do Decreto-Lei nº 1.001/69 (Código Penal Militar).

Atentado contra instalação nuclear

Vide art. 27 da Lei nº 6.453, de 17 de outubro de 1977.

> **Interrupção ou perturbação de serviço telegráfico, telefônico, informático, telemático ou de informação de utilidade pública**
>
> **Art. 266.** Interromper ou perturbar serviço telegráfico, radiotelegráfico ou telefônico, impedir ou dificultar-lhe o restabelecimento:
>
> Pena – detenção, de um a três anos, e multa.
>
> § 1º Incorre na mesma pena quem interrompe serviço telemático ou de informação de utilidade pública, ou impede ou dificulta-lhe o restabelecimento.
>
> § 2º Aplicam-se as penas em dobro se o crime é cometido por ocasião de calamidade pública.

Introdução

O delito de *interrupção ou perturbação de serviço telegráfico, telefônico, informático, telemático ou de informação de utilidade pública* encontra-se previsto no art. 266 do Código Penal. De acordo com a figura típica contida no *caput* do referido artigo, podemos destacar os seguintes elementos: a) a conduta de interromper ou perturbar serviço telegráfico, radioelétrico ou telefônico; e b) impedir ou dificultar-lhe o restabelecimento.

Dissertando sobre o tema, Hungria preleciona: "O elemento material é tanto o emprego de violência contra as instalações ou aparelhos como contra o *pessoal* dos serviços mencionados no texto legal, de modo a resultar *interrupção* (paralisação) ou *perturbação* (desarranjo parcial, retardamento) de tais serviços, ou obstáculo ou embaraço ao seu restabelecimento. A enumeração dos serviços de telecomunicação é *taxativa*. Assim, não poderia, por analogia, ser incluído o *serviço postal*.

Telégrafo é toda instalação que possibilita a comunicação do pensamento ou da palavra mediante transmissão à distância de sinais convencionais. Compreende o telégrafo elétrico (terrestre ou submarino) ou semafórico.

Radiotelégrafo é o telégrafo sem fio, funcionando por meio de ondas eletromagnéticas ou 'ondas dirigidas'.

Telefone é a instalação que permite reproduzir a distância a palavra falada ou outro som".[31]

Cuida-se de tipo misto alternativo, em que a prática de mais de um desses comportamentos importa em uma única infração penal.

A Lei nº 12.737, de 30 de novembro de 2012, ao inserir o § 1º ao art. 266 do Código Penal, asseverou também incorrer na mesma pena prevista para os comportamentos tipificados no *caput* do mencionado artigo quem interrompe serviço telemático ou de informação de utilidade pública, ou impede ou dificulta-lhe o restabelecimento.

Por *serviço telemático*, podemos entender o conjunto de serviços informáticos, fornecidos através de uma rede de telecomunicação. Informática, na precisa definição de Pablo Guillermo Lucero e Alejandro Andrés Kohen é: "a ciência aplicada que trata do estudo e a aplicação do processamento automático da informação, mediante a utilização de elementos eletrônicos e sistemas de computação.

O termo 'informatique' é um acrônimo das palavras francesas 'information' e 'automatique', o qual foi utilizado pelo engenheiro francês Philippe Dreyfus no ano de 1962 para sua empresa Societé d'Informatique Appliquée.

Posteriormente, esse termo começou a ser utilizado pelas diferentes línguas quando se desejava contemplar a questão do processamento automático da informação, sendo assim que, ingressando no mundo castelhano, se conceitualizou com a palavra 'informática'".[32]

Serviço de informação de utilidade pública diz respeito a toda prestação de serviço cuja finalidade é noticiar os serviços que, de alguma forma, sejam úteis à população em geral, a exemplo das informações correspondentes aos serviços de água, luz, gás, emissão de documentos, pessoas desaparecidas, segurança pública etc.

Vale ressaltar que os comportamentos previstos pelo § 1º do art. 266 do Código Penal, são dirigidos no sentido de interromper, impedir ou dificultar o restabelecimento do *serviço de informação*, e não os serviços de utilidade pública considerados em si mesmo. Assim, por exemplo, o agente, ingressando no sistema de computadores de uma empresa especializada em informações sobre vagas para internações em hospitais, consegue retirá-lo do ar, impedindo que as pessoas interessadas tenham esse tipo de informação.

⚖ Restando comprovado por regular prova grafotécnica que notas deixadas pelo autor do crime de interrupção de serviço telefônico foram subscritas pelo réu, impossível se falar em absolvição, ainda mais quando os demais elementos de convicção colhidos nos autos estão a apontá-lo como responsável pela infração penal (TJMG, Processo 2.0000. 00.377112-0/000 [1], Rel. Antônio Armando dos Anjos, pub. 22/02/2003).

---

[31] HUNGRIA, Nélson. *Comentários ao código penal*, v. IX, p. 88.

[32] GUILLERMO LUCERO, Pablo; ANDRÉS KOHEN, Alejandro. *Delitos informáticos*, p. 15.

Classificação doutrinária

Crime comum, tanto no que diz respeito ao sujeito ativo quanto ao sujeito passivo; doloso; comissivo (podendo, nos termos do art. 13, § 2º, do Código Penal, ser praticado via omissão imprópria, na hipótese de o agente gozar do *status* de garantidor); de perigo; de forma livre; instantâneo; monossubjetivo; plurissubsistente; não transeunte.

Sujeito ativo e sujeito passivo

Qualquer pessoa poderá ser sujeito ativo do delito de *interrupção ou perturbação de serviço telegráfico, telefônico, informático, telemático ou de informação de utilidade pública*, não exigindo o tipo penal do art. 266 (*caput* e § 1º) nenhuma qualidade ou condição especial.

O *sujeito passivo* é a coletividade.

Objeto material e bem juridicamente protegido

A incolumidade pública é o bem juridicamente protegido pelo tipo do art. 266 do Código Penal, especialmente a normal prestação de serviços telegráficos, radioelétricos, telefônicos, telemáticos ou de informação de utilidade pública.

O objeto material é o serviço telegráfico, radiotelegráfico, telefônico, telemático ou de informação de utilidade pública contra o qual é dirigida a conduta praticada pelo agente.

Consumação e tentativa

O delito se consuma quando o agente, após praticar qualquer dos comportamentos previstos pelo tipo, traz, efetivamente, perigo à incolumidade pública.

Tratando-se de um crime plurissubsistente, torna-se possível o raciocínio relativo à tentativa.

Elemento subjetivo

O dolo é o elemento subjetivo exigido pelo tipo penal do art. 266, não havendo previsão para a modalidade de natureza culposa.

⚖ Perturbação de serviço telefônico. O agente que liga para o número 190, a fim de passar um trote, ofendendo os policiais militares que lá trabalham, não comete o crime previsto no art. 266 do CP, que exige a presença do dolo específico, qual seja, a vontade livre e consciente de perturbar o serviço telefônico. Absolvição decretada (TJRS, Ap. Crim. 70008081531, 4ª Câm. Crim., Rel. Constantino Lisbôa de Azevedo, j. 06/05/2004).

Nesse sentido:

⚖ TJSP, AC, Rel. Vasconcellos Leme, *RT* 203, p. 95.

Modalidades comissiva e omissiva

Os núcleos *interromper, perturbar, impedir e dificultar* pressupõem um comportamento comissivo levado a efeito pelo agente. No entanto, poderá o delito ser praticado via omissão imprópria quando o agente, garantidor, dolosamente, podendo, nada fizer para evitar a prática da infração penal em exame, devendo ser, portanto, responsabilizado pelo delito de interrupção ou perturbação de serviço telegráfico, telefônico, informático, telemático ou de informação de utilidade pública, nos termos do § 2º do art. 13 do Código Penal.

Causa especial de aumento de pena

Assevera o § 2º do art. 266 do Código Penal, com a redação que lhe foi conferida pela Lei nº 12.737, de 30 de novembro de 2012:

§ 2º *Aplicam-se as penas em dobro se o crime é cometido por ocasião de calamidade pública.*

A majorante terá aplicação, portanto, quando o fato for praticado por ocasião de *calamidade pública*, isto é, conforme explica Mirabete, durante "uma situação excepcional, de infortúnio ou desgraça coletiva",[33] a exemplo das epidemias, guerra, terremotos, inundações etc.

Pena, ação penal e suspensão condicional do processo

A pena cominada ao delito de *interrupção ou perturbação de serviço telegráfico, telefônico, informático, telemático ou de informação de utilidade pública* é de detenção, de 1 (um) a 3 (três) anos, e multa.

As penas serão aplicadas em dobro se o crime é cometido por ocasião de calamidade pública, nos termos do § 2º do art. 266 do diploma repressivo.

A ação penal é de iniciativa pública incondicionada.

Será possível a confecção de proposta de suspensão condicional do processo desde que não incida a majorante prevista pelo § 2º do art. 266 do Código Penal, nos termos do art. 89 da Lei nº 9.099/95.

Interrupção ou perturbação de comunicação entre pessoas determinadas

Considerando que o art. 266 do Código Penal tem por finalidade proteger a incolumidade pública, caso ocorra interrupção ou perturbação de comunicação entre pessoas determinadas, poderá se configurar o delito previsto no art. 151, § 1º, III, do Código Penal.

Instalação de aparelhos clandestinos

Vide art. 70 da Lei nº 4.117/1962.

Interrupção ou perturbação de serviço ou meio de comunicação no Código Penal Militar

Vide art. 288 do Decreto-Lei nº 1.001/69 (Código Penal Militar).

---

[33] MIRABETE, Júlio Fabbrini. *Manual de direito penal*, v. 3.

Capítulo III – Dos Crimes contra a Saúde Pública

Epidemia
Art. 267. Causar epidemia, mediante a propagação de germes patogênicos:
Pena – reclusão, de dez a quinze anos.
§ 1º Se do fato resulta morte, a pena é aplicada em dobro.
§ 2º No caso de culpa, a pena é de detenção, de um a dois anos, ou, se resulta morte, de dois a quatro anos.

Introdução

O núcleo *causar* é utilizado no texto legal no sentido de produzir, originar, provocar a epidemia.

Por epidemia deve ser entendida uma doença que surge rapidamente em determinado lugar e acomete simultaneamente grande número de pessoas.

Para efeitos de cometimento do delito em estudo, o agente se vale da *propagação* de germes patogênicos. Propagar deve ser entendido como espalhar, difundir etc.

Germes patogênicos, conforme esclarece Fragoso, citando a Exposição de Motivos do Código Penal italiano, "são todos os micro-organismos (vírus, bacilos e protozoários), capazes de produzir moléstias infecciosas".[34]

Por intermédio da Lei nº 8.930, de 6 de setembro de 1994, o delito de epidemia com resultado morte foi inserido na lei que dispôs sobre os crimes hediondos.

⚖ Em temas de crimes contra a saúde pública, sem laudo pericial afirmando que a substância se tornara nociva à saúde descabe ação penal, posto não haver crime a punir (TJSC, RCr. 8104, Rel. Tycho Brahe, *RT* 617, p. 333).

Classificação doutrinária

Crime comum, tanto no que diz respeito ao sujeito ativo quanto ao sujeito passivo; doloso e culposo (pois que o § 2º do art. 267 do Código Penal prevê, expressamente, a conduta culposa praticada pelo agente que vem a dar causa à epidemia, com ou sem o resultado morte, também previsto no mesmo parágrafo); comissivo (podendo, nos termos do art. 13, § 2º, do Código Penal, ser praticado via omissão imprópria, na hipótese de o agente gozar do *status* de garantidor); de perigo comum e concreto; de forma vinculada (haja vista que o tipo penal especifica o modo pelo qual poderá ser praticado, vale dizer, mediante a propagação de germes patogênicos); instantâneo; monossubjetivo; plurissubsistente; não transeunte.

Sujeito ativo e sujeito passivo

Qualquer pessoa pode ser *sujeito ativo*.

O *sujeito passivo* é a sociedade, principalmente aquelas pessoas que foram expostas a perigo, ou mesmo que sofreram algum tipo de dano.

Objeto material e bem juridicamente protegido

O bem juridicamente protegido pelo tipo penal que prevê o delito de *epidemia* é a incolumidade pública, consubstanciada, no caso, especificamente, na saúde pública.

O objeto material são os germes patogênicos.

Consumação e tentativa

O delito se consuma quando o agente causa a epidemia, mediante a propagação de germes patogênicos gerando, efetivamente, perigo à incolumidade pública. A tentativa é admissível.

Elemento subjetivo

O dolo é o elemento subjetivo exigido pelo *caput* do art. 267 do Código Penal.

Modalidades comissiva e omissiva

O núcleo *causar* pressupõe um comportamento comissivo praticado pelo agente, podendo, no entanto, ser levado a efeito via omissão imprópria.

Causa especial de aumento de pena

Determina o § 1º do art. 267 do Código Penal que, resultando do fato a morte, a pena é aplicada em dobro. Cuida-se, nesse caso, de delito preterdoloso, no qual o agente deverá ter causado dolosamente a epidemia, sendo-lhe imputado o resultado morte, no entanto, a título de culpa.

Se ocorrer mais de um resultado morte, o agente continuará a responder por um único delito de epidemia, não havendo, nesse caso, concurso de crimes.

Caso o agente tenha querido a produção do resultado morte, deverá responder pelos delitos de epidemia e homicídio (ou genocídio, dependendo da hipótese), em concurso formal impróprio.

Se houver a epidemia com resultado morte será possível a decretação da prisão temporária do agente, nos termos do art. 1º, III, *i*, da Lei nº 7.960, de 21 de dezembro de 1989, se presentes os demais requisitos por ela exigidos.

Modalidade culposa

É prevista pelo § 2º do art. 267 do Código Penal.

Pena, ação penal, competência para julgamento e suspensão condicional do processo

A pena cominada ao delito de *epidemia*, determinada pela Lei nº 8.072/90, é de reclusão, de 10 (dez) a 15 (quinze) anos.

Se do fato resulta morte, a pena é aplicada em dobro.

---

[34] FRAGOSO, Heleno Cláudio. *Lições de direito penal – parte especial*, v. 3, p. 200.

No caso de culpa, a pena é de detenção, de 1 (um) a 2 (dois) anos, ou, se resulta morte, de 2 (dois) a 4 (quatro) anos.

A ação penal é de iniciativa pública incondicionada. Quando a epidemia for causada culposamente, se não houver o resultado morte, competirá, inicialmente, ao Juizado Especial Criminal o seu julgamento.

Será possível a confecção de proposta de suspensão condicional do processo, também na modalidade culposa do delito de epidemia.

Diferença entre epidemia, endemia e pandemia

Epidemia, conforme esclarecemos acima, diz respeito a uma doença que surge rapidamente em determinado lugar e acomete simultaneamente grande número de pessoas.

Endemia tem o sentido de doença que existe constantemente em determinado lugar e ataca número maior ou menor de indivíduos, a exemplo da febre-amarela, comum em certas regiões do país.

Ocorre a *pandemia,* conforme lições de Bento de Faria, "quando vários países são assolados pela mesma doença",[35] ou, como disserta Noronha, "se sua disseminação se dá por extensa área do globo terrestre",[36] a exemplo do que ocorreu com a chamada "gripe espanhola", que matou mais de 20 milhões de pessoas em todo o mundo entre os meses de setembro e novembro de 1918.[37]

Mais recentemente, podemos citar a pandemia ocasionada pela Covid-19, que surgiu, originariamente, na cidade de Wuhan, na China, no ano de 2019, e que se espalhou, praticamente, por todos o globo terrestre.

Epidemia no Código Penal Militar

Vide art. 292 do Decreto-Lei nº 1.001/69 (Código Penal Militar).

Prioridade de tramitação do processo de epidemia com resultado morte (art. 267, § 1º)

A Lei nº 14.994, de 9 de outubro de 2024, alterou o art. 394-A do Código de Processo Penal, determinando, *verbis:*

Art. 394-A. Os processos que apurem a prática de crime hediondo ou violência contra a mulher terão prioridade de tramitação em todas as instâncias.

Infração de medida sanitária preventiva

Art. 268. Infringir determinação do poder público, destinada a impedir introdução ou propagação de doença contagiosa:

Pena – detenção, de um mês a um ano, e multa.

Parágrafo único. A pena é aumentada de um terço, se o agente é funcionário da saúde pública ou exerce a profissão de médico, farmacêutico, dentista ou enfermeiro.

Introdução

O núcleo *infringir* é utilizado no texto legal no sentido de violar, desrespeitar, ignorar, descumprir determinação do poder público. Trata-se de norma penal em branco.

Para que ocorra a infração penal em estudo, a determinação do poder público deverá ser destinada a impedir a introdução ou a propagação de doença contagiosa. *Introdução* significa o ingresso, a entrada da doença contagiosa; *propagação* deve ser entendida como difundir, disseminar a referida doença.

Ney Moura Teles traduz o conceito de doença contagiosa dizendo: "Doença contagiosa é o agravo à saúde, determinado por um agente infeccioso específico ou por seus produtos tóxicos e que pode ser transmitida a outro indivíduo ou suscetível de transmissão por diversos mecanismos. É também chamada de doença infectocontagiosa ou doença transmissível.

A norma só se refere a doenças que acometem os humanos, não os animais ou vegetais, mas pode a determinação do poder público recair sobre o cuidado com animais e vegetais, quando estes possam integrar-se na série causal de propagação da doença".[38]

Quanto ao delito do art. 268 do CP, foram devidamente descritas na denúncia as medidas sanitárias preventivas descumpridas pelo paciente, não havendo, portanto, que se falar em nulidade por inépcia da denúncia (STJ, RHC 66.641/SP, Rel. Min. Nefi Cordeiro, 6ª T., *RSTJ* vol. 243, p. 941).

Nesse sentido:

TJ-MG, AC 0088024-70.2009.8.13.0674, Rel. Des. Rubens Gabriel Soares, *DJe* 14/11/2012; TJES, AC 018080000286, Rel. Des. Adalto Dias Tristão, j. 18/05/2011; TJRS, ACr 70030387781, Rel. Des. Aristides Pedroso de Albuquerque Neto, *DJERS* 26/10/2009, p. 140; TJRS, RCr 71001940113,

---

[35] FARIA, Bento de. *Código penal brasileiro*, v. VI, p. 235.

[36] NORONHA, Edgard Magalhães. *Direito penal*, v. 4, p. 5.

[37] Podemos ter uma ideia da gravidade da gripe espanhola por meio de algumas notícias veiculadas pela imprensa, a exemplo daquelas constantes do *Rio Jornal*, edições de 11 e 14 de outubro de 1918, que diziam: "Há três semanas que a mortandade no Rio de Janeiro vem orçando por aquela terrível cifra, cuja soma dá um total aproximado de 12.000 óbitos, o suficiente para tornar bem negro o peso de consciência dos culpados de tamanha desgraça pública. Pelas estatísticas oficialmente autorizadas ontem, o número de mortos é superior a 10.000. Não é temerário aduzir um pouco esse algarismo para ter o obituário real e efetivo, suprimindo o que se oculta e nega. Temos pois perto de 12.000 casos fatais sobre os 600.000 acometidos da peste reinante ou 'simples gripe' como dogmatiza a pretensão da medicina oficial". "A moléstia transmite-se, propaga-se assim precipitadamente. As repartições públicas, as escolas, os escritórios de empresas de toda a espécie, as oficinas dos jornais, os estaleiros, as estradas de ferro estão ficando enormemente desfalcados de pessoal. Em todas as ruas, e a toda hora, vemos cair subitamente, tombar sobre a calçada, vítimas do mal estranho". (Atualizamos a redação.) *Revista Época*. Disponível em: <http://revistaepoca.globo.com/Epoca/0,6993,EPT516998-1664,00.html>.

[38] TELES, Ney Moura. *Direito penal*, v. 3, p. 239.

Rel.ª Des.ª Cristina Pereira Gonzales, *DOERS* 19/02/2009, p. 81; TJRS, Rec. Crime 71001940113, Rel.ª Des.ª Cristina Pereira Gonzales, pub. 19/02/2009; TJRS, AC 696069335, Rel. Luiz Felipe Vasques de Magalhães, j. 04/09/1996; *RT* 597, p. 328.

Classificação doutrinária

Crime comum, tanto no que diz respeito ao sujeito ativo quanto ao sujeito passivo; doloso (não havendo previsão para a modalidade de natureza culposa); comissivo ou omissivo (podendo, também, nos termos do art. 13, § 2º, do Código Penal, ser praticado via omissão imprópria, na hipótese de o agente gozar do *status* de garantidor); de perigo comum e concreto (embora haja divergência doutrinária nesse sentido, pois se tem entendido, majoritariamente, tratar-se de um crime de perigo abstrato, presumido); de forma livre; instantâneo; monossubjetivo; plurissubsistente; não transeunte.

Sujeito ativo e sujeito passivo

Qualquer pessoa pode ser *sujeito ativo*.
O sujeito passivo é a sociedade.

Objeto material e bem juridicamente protegido

O bem juridicamente protegido é a incolumidade pública, consubstanciada, no caso, especificamente, na saúde pública.
O objeto material, conforme esclarece Guilherme de Souza Nucci, "é a determinação do poder público",[39] que é infringida pelo agente que expõe a perigo a incolumidade pública por meio de seu comportamento.

Consumação e tentativa

Embora a maioria da doutrina entenda que o delito de *infração de medida sanitária preventiva* encontra-se no rol das infrações penais de *perigo abstrato* (presumido), consumando-se tão somente com a prática da conduta descrita no núcleo do tipo, entendemos que, em obediência ao princípio da lesividade, a situação de perigo à incolumidade pública, criada pelo agente que infringiu determinação do poder público, deverá ser demonstrada no caso concreto, não se podendo, assim, presumi-la.
A tentativa é admissível.

Elemento subjetivo

O delito de *infração de medida sanitária preventiva* somente pode ser praticado dolosamente, não havendo previsão para a modalidade culposa.

⚖ Não estabelecendo a lei forma culposa, não pratica o delito do art. 268 do CP o comerciante que, negligentemente, deixa sem proteção contra insetos e poeiras produtos alimentícios de imediato consumo, como pães, biscoitos, doces etc. (TACrim/SP, Rec., Rel. Ricardo Couto, *JTACrim*/SP 22, p. 197).

Modalidades comissiva e omissiva

O núcleo *infringir* pode ser entendido tanto no sentido de fazer alguma coisa contrária à determinação do Poder Público, como também deixar de fazer aquilo a que estava obrigado, tratando-se, portanto, de uma figura típica que poderá ser comissiva ou mesmo omissiva, dependendo do complemento exigido pela norma penal em branco em exame. Nada impede, tendo em vista sua natureza híbrida (comissivo e omissivo), que o delito seja praticado via omissão imprópria.

Causas especiais de aumento de pena

Determina o parágrafo único do art. 268 do Código Penal que a pena é aumentada de um terço, se o agente é funcionário da saúde pública ou exerce a profissão de médico, farmacêutico, dentista ou enfermeiro. Terão aplicação, ainda, as causas especiais de aumento de pena previstas pelo art. 258 do Código Penal, conforme determinação contida no art. 285 do mesmo diploma repressivo.

Pena, ação penal, competência para julgamento e suspensão condicional do processo

A pena cominada ao delito de *infração de medida sanitária preventiva* é de detenção, de 1 (um) mês a 1 (um) ano, e multa.
A pena é aumentada de um terço se o agente é funcionário da saúde pública ou exerce a profissão de médico, farmacêutico, dentista ou enfermeiro.
Conforme determinação constante do art. 285 do Código Penal, aplica-se ao delito em estudo o disposto no art. 258 do estatuto repressivo.
Compete, pelo menos inicialmente, ao Juizado Especial Criminal o processo e julgamento do delito de *infração de medida sanitária preventiva*, desde que com a aplicação das majorantes a pena máxima cominada em abstrato não ultrapasse o limite de 2 (dois) anos.
Será possível a confecção de proposta de suspensão condicional do processo.

Omissão de notificação de doença

Art. 269. Deixar o médico de denunciar à autoridade pública doença cuja notificação é compulsória:
Pena – detenção, de seis meses a dois anos, e multa.

Introdução

O núcleo *deixar* pressupõe um comportamento omissivo por parte do agente. Cuida-se, ainda, de um delito próprio, pois somente o *médico* pode praticar a conduta omissiva, deixando de levar a efeito a necessária denúncia à autoridade pública. Denúncia, aqui, significa comunicado, ou seja, é dever do médico, ao tomar conhecimento de uma doença, cuja notificação seja compulsória, comunicá-la à autoridade pú-

---

[39] NUCCI, Guilherme de Souza. *Código penal comentado*, p. 892.

blica, informando todos os dados necessários para evitar sua proliferação. Hungria, analisando o delito *sub examen*, esclarece: "A gravidade da omissão, por isso que, impedindo a expedição de medidas profiláticas, cria o perigo de generalização da doença ou permanência do foco de infecção, justifica, na espécie, o maior rigor do Código vigente. Também aqui, trata-se de *lei penal em branco*: sua complementação é o preceito do regulamento sanitário (federal, estadual ou municipal) relativo às doenças cuja notificação é compulsória. Apresenta-se, no caso, uma notável exceção à regra do *segredo profissional*: quando está em causa doença de notificação compulsória, a violação do segredo médico, no sentido de comunicação à autoridade competente, deixa de ser crime, para ser um dever legal."[40]

A Portaria nº 1.100, de 24 de maio de 1996, expedida pelo Ministério da Saúde, regulamentando o art. 7º da Lei nº 6.259, de 30 de outubro de 1975, elencava as doenças consideradas como de notificação compulsória, teve seu texto ab-rogado pela Portaria nº 2.472, de 31 de agosto de 2010, a qual incluiu cinco doenças e agravos de importância para a saúde pública.

O art. 169 da Consolidação das Leis do Trabalho (CLT), a seu turno, também determina, *verbis*:

Art. 169. *Será obrigatória a notificação das doenças profissionais e das produzidas em virtude de condições especiais de trabalho, comprovadas ou objeto de suspeita, de conformidade com as instruções expedidas pelo Ministério do Trabalho.*

A autoridade pública mencionada no tipo penal é a autoridade sanitária. No entanto, conforme esclarece Noronha, "em sua falta, a comunicação deve ser feita a outra autoridade, capaz também de providenciar no sentido de acautelar a incolumidade pública".[41]

Omissão de notificação de doença. Febre tifoide. Imputação a farmacêutico. 'A denúncia à autoridade pública de doença cuja notificação é compulsória só é exigível do médico e não também do farmacêutico (*RT*, 492, p. 355).

Classificação doutrinária

Crime próprio no que diz respeito ao sujeito ativo, haja vista que o tipo penal faz menção expressa à qualidade de médico, e comum quanto ao sujeito passivo; doloso (não havendo previsão para a modalidade de natureza culposa); omissivo próprio; de perigo comum e concreto (embora haja divergência doutrinária nesse sentido, pois se tem entendido, majoritariamente, tratar-se de um crime de perigo abstrato, presumido); de forma vinculada; instantâneo; monossubjetivo; unissubsistente; não transeunte.

Sujeito ativo e sujeito passivo

Somente o médico poderá ser *sujeito ativo* do delito de *omissão de notificação de doença*.
O sujeito passivo é a sociedade.

Objeto material e bem juridicamente protegido

O bem juridicamente protegido pelo tipo penal que prevê o delito de *omissão de notificação de doença* é a incolumidade pública, consubstanciada, no caso, especificamente, na saúde pública.
O objeto material é a notificação compulsória.

Consumação e tentativa

O delito se consuma quando a omissão do agente, no que diz respeito à denúncia à autoridade pública de doença cuja notificação é compulsória, cria, efetivamente, uma situação de perigo à incolumidade pública, tratando-se, pois, de uma infração de perigo concreto, cuja demonstração deverá ser procedida no caso concreto, embora a maioria da doutrina o classifique como sendo um delito de perigo presumido, abstrato, bastando a inação dolosa do agente para que reste consumado.
Não se admite a tentativa, por se tratar de crime unissubsistente.

Elemento subjetivo

O delito de *omissão de notificação de doença* somente pode ser praticado dolosamente, não havendo previsão para a modalidade de natureza culposa.

Modalidade omissiva

O delito de *omissão de notificação de doença* encontra-se no rol daqueles considerados *omissivos próprios*, cujo comportamento negativo vem descrito no tipo penal.

Causas especiais de aumento de pena

Terão aplicação as causas especiais de aumento de pena previstas no art. 258 do Código Penal, conforme determinação contida no art. 285 do mesmo diploma repressivo.

Pena, ação penal, competência para julgamento e suspensão condicional do processo

O preceito secundário do art. 269 do Código Penal comina uma pena de detenção, de 6 (seis) meses a 2 (dois) anos, e multa.
Aplicam-se ao delito de *omissão de notificação de doença* as majorantes previstas no art. 258 do Código Penal, nos termos do art. 285 do mesmo diploma repressivo.
A ação penal é de iniciativa pública incondicionada.
Compete, pelo menos inicialmente, ao Juizado Especial Criminal o processo e julgamento do delito em

40 HUNGRIA, Nélson. *Comentários ao código penal*, v. IX, p. 104.
41 NORONHA, Edgard Magalhães. *Direito penal*, v. 4, p. 15.

estudo, desde que não aplicadas as majorantes previstas no art. 258 do Código Penal.

Será possível a confecção de proposta de suspensão condicional do processo.

Omissão de notificação de doença *versus* violação do segredo profissional

Poderá o médico que denunciar à autoridade pública doença cuja notificação é compulsória ser responsabilizado pelo delito de revelação do segredo profissional, tipificado no art. 154 do Código Penal?

Cleber Masson, corretamente, responde a essa indagação, dizendo:

"A resposta é negativa, sob pena de incoerência do sistema jurídico-penal. Na verdade, os arts. 154 e 269 do Código Penal se complementam. Com efeito, somente se verifica o crime de violação de segredo profissional quando a revelação é efetuada *sem justa causa* (elemento normativo do tipo). E na comunicação de doença de notificação compulsória o médico atua no estrito cumprimento do dever legal que lhe é imposto, afastando-se a tipicidade do delito contido no art. 154 do Código Penal, pois presente a justa causa."[42]

Omissão de notificação de doença no Código Penal Militar

Vide art. 297 do Decreto-Lei nº 1.001/69 (Código Penal Militar).

Envenenamento de água potável ou de substância alimentícia ou medicinal

Art. 270. Envenenar água potável, de uso comum ou particular, ou substância alimentícia ou medicinal destinada a consumo:

Pena – reclusão, de dez a quinze anos.

§ 1º Está sujeito à mesma pena quem entrega a consumo ou tem em depósito, para o fim de ser distribuída, a água ou a substância envenenada.

Modalidade culposa

§ 2º Se o crime é culposo:

Pena – detenção, de seis meses a dois anos.

Introdução

Existe controvérsia a respeito do conceito de *envenenamento*. Conforme esclarece Odon Ramos Maranhão, "isto se deve não só à grande quantidade de substâncias lesivas ao organismo, como à variedade do modo de ação das mesmas. Podemos aceitar como *veneno* uma substância que, introduzida no organismo, altera momentaneamente ou suprime definitivamente as manifestações vitais de toda matéria organizada [...]".[43]

Embora também seja problemática a classificação dos venenos, eles podem ser distribuídos em grupos, de acordo com as lições de Genival Veloso de França, a saber: "*a) quanto ao estado físico*: líquidos, sólidos e gasosos; *b) quanto à origem*: animal, vegetal, mineral e sintético; *c) quanto às funções químicas*: óxidos, ácidos, bases e sais (funções inorgânicas): hidrocarbonetos, alcoóis, acetonas e aldeídos, ácidos orgânicos, ésteres, aminas, aminoácidos, carboidratos e alcaloides (funções orgânicas); *d) quanto ao uso*: doméstico, agrícola, industrial, medicinal, cosmético e venenos propriamente ditos."[44]

A conduta do agente, portanto, deve ser dirigida a *envenenar* água potável, isto é, aquela própria para o consumo do homem, não importando, como diz o artigo, seja ela de *uso comum*, a exemplo daquelas utilizadas nas escolas, fábricas, clubes esportivos, bicas públicas etc., ou mesmo de *uso particular*, como aquelas represadas em caixas d'água, poços, açudes, cisternas etc.; podendo ser tanto aquela utilizada para ser bebida *in natura*, quanto na manipulação ou preparo de alimentos.

Além da água potável, o agente poderá envenenar *substância alimentícia* ou *medicinal* destinada a consumo. Noronha, esclarecendo os aludidos conceitos, diz: "A ação física do agente deve incidir também sobre a substância alimentícia, que é a que se presta à alimentação, isto é, a ser comida ou bebida por indeterminado número de pessoas, pois deve destinar-se a *consumo* [...].

Também a substância medicinal é considerada. Não é fácil dar o conceito de medicamento, tal qual acontece com o veneno, começando que, muita vez, eles se confundem não só entre si, como com os alimentos, ou esclarecendo: o iodo e o fósforo, *v.g.*, são alimentos, medicamentos e tóxicos."[45]

Inicialmente, o delito tipificado no art. 270 do Código Penal encontrava-se no rol constante do art. 1º da Lei nº 8.072/1990, sendo que sua exclusão aconteceu com o advento da Lei nº 8.930, de 6 de setembro de 1994, que deu nova redação ao mencionado artigo, renumerando os seus incisos.

Condição essencial para a configuração da modalidade dolosa do art. 270 do CP ou da modalidade culposa do seu § 2º é que se trate de água potável, isto é, própria para o uso da população ou de alguém em particular (TJSP, AC, Rel. Octávio Lacorte, *RJTJSP* 2, p. 306).

Nesse sentido:

TJSP, AC, Rel. Martins Ferreira, *RT* 266, p. 141.

Classificação doutrinária

Crime comum, tanto no que diz respeito ao sujeito ativo quanto ao sujeito passivo; doloso e culposo (tendo em vista a previsão expressa constante do § 2º

---

[42] MASSON, Cleber. *Direito penal esquematizado – parte especial*, v. 3, p. 307/308.

[43] MARANHÃO, Odon Ramos. *Curso básico de medicina legal*, p. 308.

[44] FRANÇA, Genival Veloso de. *Medicina legal*, p. 113.

[45] NORONHA, Edgard Magalhães. *Direito penal*, v. 4, p. 20.

do art. 270 do Código Penal); comissivo (podendo, também, nos termos do art. 13, § 2º, do Código Penal, ser praticado via omissão imprópria, na hipótese de o agente gozar do *status* de garantidor); de perigo comum e concreto (embora haja divergência doutrinária nesse sentido, pois que se tem entendido, majoritariamente, tratar-se de um crime de perigo abstrato, presumido); de forma vinculada; instantâneo; monossubjetivo; plurissubsistente; não transeunte.

Sujeito ativo e sujeito passivo

Qualquer pessoa pode ser *sujeito ativo*.

Sujeito passivo é a sociedade de forma geral, bem como aquelas pessoas que sofreram, imediatamente, com a conduta praticada pelo agente.

Objeto material e bem juridicamente protegido

O bem juridicamente protegido pelo tipo penal que prevê o delito de *envenenamento de água potável ou de substância alimentícia ou medicinal* é a incolumidade pública, consubstanciada, no caso, especificamente, na saúde pública.

O objeto material é a água potável ou a substância alimentícia ou medicinal.

🖋 O objeto jurídico tutelado pelo tipo penal inscrito no art. 270 do Código Penal é a incolumidade pública, não importando o fato de as águas serem de uso comum ou particular, bastando que sejam destinadas ao consumo de indeterminado número de pessoas. No caso dos autos, apesar de se tratar de poço situado em propriedade particular, verifica-se que o consumo da sua água era destinado a todos os que a ele tinham acesso, de modo que eventual envenenamento dessa água configuraria, em tese, o crime do art. 270 do Código Penal, cuja ação penal é pública incondicionada, nos termos do art. 100 do Código Penal (STJ, HC 55.504, Rel.ª Min.ª Laurita Hilário Vaz, 5ª T., *DJU* 07/02/2008, p. 331).

Consumação e tentativa

O delito se consuma quando, após o envenenamento da água potável, de uso comum ou particular, ou de substância alimentícia ou medicinal destinada a consumo, o agente cria, efetivamente, uma situação de perigo a um número indeterminado de pessoas, colocando em risco, portanto, a incolumidade pública. A tentativa é admissível.

🖋 O objeto da tutela jurídica do delito do art. 270 do CP é a saúde pública, que se protege contra o perigo de envenenamento. O crime que se consuma independentemente do resultado só se aperfeiçoa quando o perigo atinge a vida ou a saúde de um número indefinido de pessoas, não apenas um número limitado delas (TJSP, AC. Rel. Humberto da Nova, *RT* 453, p. 355).

Nesse sentido:

🖋 RT 292, p. 474.

Elemento subjetivo

O dolo é o elemento subjetivo exigido pelo art. 270 do Código Penal.

Modalidades comissiva e omissiva

O núcleo *envenenar* pressupõe um comportamento comissivo por parte do agente, podendo, no entanto, ser praticado via omissão imprópria.

Modalidade culposa

É prevista pelo § 2º do art. 270 do Código Penal.

Entrega a consumo ou tem em depósito, para o fim de ser distribuída, a água ou a substância envenenada

Será responsabilizado nos termos do § 1º do art. 270 do Código Penal.

Pena, ação penal, competência para julgamento e suspensão condicional do processo

A pena cominada à modalidade dolosa de *envenenamento de água potável ou de substância alimentícia ou medicinal* é de reclusão, de 10 (dez) a 15 (quinze) anos. Se o crime é culposo, a pena é de detenção, de 6 (seis) meses a 2 (dois) anos.

Aplicam-se ao delito *sub examen* as majorantes previstas no art. 258 do Código Penal, nos termos do art. 285 do mesmo diploma repressivo.

A ação penal é de iniciativa pública incondicionada.

🖋 Apesar de se tratar de poço situado em propriedade particular, verifica-se que o consumo da sua água era destinado a todos os que a ele tinham acesso, de modo que eventual envenenamento dessa água configuraria, em tese, o crime do art. 270 do Código Penal, cuja ação penal é pública incondicionada, nos termos do art. 100 do Código Penal (STJ, Processo 2006004 49378, HC/PI, Rel.ª Laurita Vaz, pub. 07/02/2008).

Compete, pelo menos inicialmente, ao Juizado Especial Criminal o processo e julgamento da modalidade culposa, desde que não aplicadas as majorantes previstas no art. 258 do Código Penal.

Será possível a confecção de proposta de suspensão condicional do processo.

Prisão temporária

Vide art. 1º, III, *j*, da Lei nº 7.960, de 21 de dezembro de 1989.

Revogação da primeira parte do *caput* do art. 270, bem como de seu § 1º, pelo art. 54 da Lei nº 9.605/1998

Alguns doutrinadores, a exemplo de Luiz Regis Prado, têm se posicionado pela revogação parcial do art. 270, *caput*, e § 1º do Código Penal pelo art. 54 da Lei nº 9.605/1998.[46]

---

[46] PRADO, Luiz Regis. *Curso de direito penal brasileiro*, v. 3, p. 543.

Contudo, não podemos com ele concordar, pois que a conduta de envenenar importa em um juízo maior de reprovação do que a de poluir, utilizada no tipo penal do art. 54 da Lei de Crimes Ambientais. Dessa forma, entendemos não ter havido revogação tácita do art. 270 e seu § 1º do Código Penal.

Corrupção ou poluição de água potável
Art. 271. Corromper ou poluir água potável, de uso comum ou particular, tornando-a imprópria para consumo ou nociva à saúde:
Pena – reclusão, de dois a cinco anos.

Modalidade culposa
Parágrafo único. Se o crime é culposo:
Pena – detenção, de dois meses a um ano.

Introdução

O núcleo *corromper* é utilizado no texto legal no sentido de estragar, infectar etc.; *poluir* tem o significado de sujar. Hungria faz a distinção entre os referidos núcleos dizendo que "corromper a água é alterar-lhe a essência ou composição, tornando-a nociva à saúde, ou intolerável pelo mau sabor. *Poluir* a água é conspurcá-la, deitar-lhe alguma sujidade, de modo a torná-la imprópria de ser bebida pelo homem".[47]

No tipo penal em estudo, a conduta do agente é dirigida, tão somente, a corromper ou poluir *água potável*, seja de uso comum ou particular, tornando-a imprópria para o consumo ou nociva à saúde.

⚖ Corromper ou poluir água potável é torná-la imprópria para consumo ou à saúde. Assim, não pode o agente responder pelo delito se, antes de iniciar pesquisa para exploração de minério de ouro em leito do rio, as águas já estavam poluídas por outros fatores (TJMG, Processo 1.0000.00. 257481-1/000 [1], Rel. Marcia Milanez, pub. 26/04/2002).

Existe controvérsia doutrinária no que diz respeito à revogação do art. 271 do Código Penal pelo art. 54 da Lei nº 9.605/1998. Ney Moura Teles, incisivamente, afirma que "não pode haver dúvidas quanto à revogação tácita. A norma da lei especial alcança integralmente a descrição típica do preceito do Código Penal".[48]

Entendemos, no entanto, pela manutenção do art. 271 do Código Penal, devendo ser aplicado o art. 54 da Lei nº 9.605/1998, somente quando, de acordo com o seu § 2º, III, a conduta do agente *causar poluição hídrica que torne necessária a interrupção do abastecimento público de água de uma comunidade.* Cuida-se de um tipo misto alternativo.

⚖ Corrupção ou poluição de água potável. Acusado que adiciona creolina à água de poço, poluindo-a.

Fato, entretanto, desde logo percebido, tanto pelo aspecto como pelo cheiro do líquido. Circunstância que evitou que alguém dele fizesse uso. Delito de envenenamento de água potável não caracterizado. Desclassificação da infração para o art. 271 do CP. Inteligência do art. 270 do citado diploma (*RT* 551, p. 335).

Nesse sentido:

📖 TJRS, *RT* 726, p. 728; TJSC, AC 96004795-6, Rel. Genésio Nolli.

Classificação doutrinária

Crime comum, tanto no que diz respeito ao sujeito ativo quanto ao sujeito passivo; doloso e culposo (tendo em vista a previsão expressa constante do parágrafo único do art. 271 do Código Penal); comissivo (podendo, também, nos termos do art. 13, § 2º, do Código Penal, ser praticado via omissão imprópria, na hipótese de o agente gozar do *status* de garantidor); de perigo comum e concreto (embora haja divergência doutrinária nesse sentido, pois se tem entendido, majoritariamente, tratar-se de crime de perigo abstrato, presumido); de forma livre; instantâneo; monossubjetivo; plurissubsistente; não transeunte.

Sujeito ativo e sujeito passivo

Qualquer pessoa pode ser *sujeito ativo*.
O *sujeito passivo* é a *sociedade*, de forma geral, bem como aquelas pessoas que sofreram, imediatamente, com a conduta praticada pelo agente.

Objeto material e bem juridicamente protegido

O bem juridicamente protegido pelo tipo penal que prevê o delito de *corrupção ou poluição de água potável* é a incolumidade pública, consubstanciada, no caso, especificamente, na saúde pública.
O objeto material é a água potável corrompida ou poluída pelo agente.

Consumação e tentativa

O delito se consuma quando, após a corrupção ou poluição da água potável, de uso comum ou particular, o agente cria, efetivamente, uma situação de perigo a um número indeterminado de pessoas, colocando em risco, portanto, a incolumidade pública.
A tentativa é admissível.

Elemento subjetivo

O dolo é o elemento subjetivo exigido pelo *caput* do art. 271 do Código Penal.

Modalidades comissiva e omissiva

Os núcleos *corromper* e *poluir* pressupõem um comportamento comissivo por parte do agente, podendo, no entanto, ser praticados via omissão imprópria.

---

[47] HUNGRIA, Nélson. *Comentários ao código penal*, v. IX, p. 110.
[48] TELES, Ney Moura. *Direito penal*, v. 3, p. 248.

Modalidade culposa

É prevista pelo parágrafo único do art. 271 do Código Penal.

Pena, ação penal, competência para julgamento e suspensão condicional do processo

A pena cominada à modalidade dolosa de *corrupção ou poluição de água potável* é de reclusão, de 2 (dois) a 5 (cinco) anos.

Se o crime é culposo, a pena é de detenção, de 2 (dois) meses a 1 (um) ano.

Aplicam-se ao delito *sub examen* as majorantes previstas no art. 258 do Código Penal, nos termos do art. 285 do mesmo diploma repressivo.

A ação penal é de iniciativa pública incondicionada.

Compete, pelo menos inicialmente, ao Juizado Especial Criminal o processo e julgamento da modalidade culposa.

Será possível a confecção de proposta de suspensão condicional do processo somente para a modalidade culposa.

Falsificação, corrupção, adulteração ou alteração de substância ou produtos alimentícios

Art. 272. Corromper, adulterar, falsificar ou alterar substância ou produto alimentício destinado a consumo, tornando-o nocivo à saúde ou reduzindo-lhe o valor nutritivo:

Pena – reclusão, de quatro a oito anos, e multa.

§ 1º-A. Incorre nas penas deste artigo quem fabrica, vende, expõe à venda, importa, tem em depósito para vender ou, de qualquer forma, distribui ou entrega a consumo a substância alimentícia ou o produto falsificado, corrompido ou adulterado.

§ 1º Está sujeito às mesmas penas quem pratica as ações previstas neste artigo em relação a bebidas, com ou sem teor alcoólico.

Modalidade culposa

§ 2º Se o crime é culposo:

Pena – detenção, de um a dois anos, e multa.

Introdução

Corromper tem o significado de estragar, decompor, tornar podre; *adulterar* importa em deturpar, deformar; *falsificar* significa reproduzir, imitando; *alterar* quer dizer mudar, modificar, transformar.

Essas condutas têm como objeto material *substância ou produto alimentício destinado a consumo*, vale dizer, aquele que tem por finalidade alimentar um número indeterminado de pessoas, tenha ele natureza líquida ou sólida.

Com a prática de qualquer dos comportamentos previstos pelo tipo, o agente torna a substância ou produto alimentício destinado a consumo *nocivo à saúde*,

vale dizer, capaz de causar dano, conforme preleciona Mirabete, "ao regular funcionamento biológico do ser humano (nocividade positiva), ou, conforme a nova redação do artigo, tenha sido reduzido o seu valor nutritivo (nocividade negativa). Sem a prova da nocividade positiva ou da redução do valor nutritivo da substância ou produto alimentício, não se configura o ilícito [...]. Ainda diante da nova redação, configura o delito, também, a mistura ao alimento de substância inócua ou daquela que seja imprópria para o consumo, ainda que não nociva à saúde, pela redução de seu valor nutritivo",[49] a exemplo, neste último caso, da hipótese muito comum de adição de água no leite.

O § 1º-A. do art. 272 do Código Penal aduz, ainda, que incorre nas penas do artigo em análise quem *fabrica, vende, expõe à venda, importa, tem em depósito para vender ou, de qualquer forma, distribui ou entrega a consumo a substância alimentícia ou o produto falsificado, corrompido ou adulterado*.

Da mesma forma, incorrerá nas penas cominadas pelo art. 272 do Código Penal o agente que leva a efeito qualquer dos comportamentos narrados no *caput*, bem como em seu § 1º-A, tendo por objeto material bebidas, com ou sem teor alcoólico, conforme determina o § 1º do mencionado dispositivo legal, de acordo com a redação determinada pela Lei nº 9.677, de 2 de julho de 1998.

Trata-se, ainda, de tipo misto alternativo.

A conduta punível prevista no art. 272 do CP é de corromper (deteriorar, modificar para pior), adulterar (deturpar, deformar), falsificar (reproduzir por meio de imitação) ou alterar (transformar ou modificar) substância ou produto alimentício destinado a consumo, tornando-o nocivo, ou seja, capaz de causar efetivo dano ao organismo, seja pela prejudicialidade à saúde ou pela redução do valor nutritivo. No presente caso, trata-se de adulteração de produto alimentício destinado a consumo, no caso, óleo de soja degomado que foi alterado na mistura de outros elementos, cujas empresas destinatárias do produto eram atuantes no ramo alimentício e na produção de óleo de cozinha. A partir da moldura fática apresentada pelo Tribunal *a quo*, não ficou demonstrada que a adulteração em questão tornou o produto nocivo à saúde ou reduziu-lhe o valor nutritivo, ou seja, pela leitura do Laudo de Exame de Perícia Criminal de Identificação de Substância, considerado pela origem, não há qualquer afirmação acerca da comprovação de nocividade ao organismo ou da redução do valor nutritivo na deformação do óleo de soja degomado utilizado para a produção de alimentos. Dessa forma, não estando comprovados todos os elementos do tipo penal, a condenação pelo crime do art. 272 do CP deve ser afastada (STJ, AgRg no AREsp 1.361.693/GO, Rel. Min. Reynaldo Soares da Fonseca, 5ª T., *DJe* 23/04/2019).

[49] MIRABETE, Julio Fabbrini. *Manual de direito penal*, v. 3, p. 154.

Nesse sentido:

⚖ STJ, RHC 45.171/SC, Rel. Min. Nefi Cordeiro, 6ª T., *DJe* 12/05/2016; TJRS, AC 70059250605, Rel. Des. José Conrado Kurtz de Souza, j. 07/08/2014; TJMG, APCR 1.0344.05.025479-8/0011, Rel. Des. Herbert Carneiro, *DJEMG* 17/03/2010; *RT* 598, p. 295; TJSP, Ap. 33675-3, Rel. Álvaro Cury, *RT* 598, p. 295.

Classificação doutrinária

Crime comum, tanto no que diz respeito ao sujeito ativo quanto ao sujeito passivo; doloso e culposo (tendo em vista a previsão expressa constante do § 2º do art. 272 do Código Penal); comissivo (podendo, também, nos termos do art. 13, § 2º, do Código Penal, ser praticado via omissão imprópria, na hipótese de o agente gozar do *status* de garantidor); de perigo comum e concreto (embora haja divergência doutrinária nesse sentido, pois se tem entendido, majoritariamente, tratar-se de um crime de perigo abstrato, presumido); de forma livre; instantâneo (no que diz respeito às condutas de corromper, adulterar, falsificar, alterar, fabricar, vender, importar, distribuir, entregar) e permanente (quanto às condutas de expor à venda e ter em depósito); monossubjetivo; plurissubsistente; não transeunte.

Sujeito ativo e sujeito passivo

Qualquer pessoa pode ser *sujeito ativo*.
O *sujeito passivo* é a sociedade, de forma geral, bem como aquelas pessoas que sofreram, imediatamente, com a conduta praticada pelo agente.

Objeto material e bem juridicamente protegido

Bem juridicamente protegido pelo tipo penal que prevê o delito de *falsificação, corrupção, adulteração ou alteração de substância ou produtos alimentícios* é a incolumidade pública, consubstanciada, no caso, especificamente, na saúde pública.
O objeto material é a substância ou produto alimentício destinado a consumo, bem como as bebidas, com ou sem teor alcoólico.

Consumação e tentativa

O delito se consuma quando o agente pratica qualquer dos comportamentos previstos pelo tipo penal do art. 272 do Código Penal, criando a situação concreta de risco à incolumidade pública, ou, mais especificamente, à saúde pública.
A tentativa é admissível.

Elemento subjetivo

O dolo é o elemento subjetivo exigido pelo *caput*, bem como pelos §§ 1º-A e 1º do art. 272 do Código Penal.

Modalidades comissiva e omissiva

Os núcleos constantes do *caput*, bem como dos §§ 1º-A e 1º do art. 272 do Código Penal, pressupõem um comportamento comissivo por parte do agente, podendo, no entanto, ser praticados via omissão imprópria.

Modalidade culposa

É prevista pelo § 2º do art. 272 do Código Penal.

Pena, ação penal, competência para julgamento e suspensão condicional do processo

A pena cominada à modalidade dolosa de *falsificação, corrupção, adulteração ou alteração de substância ou produtos alimentícios* é de reclusão, de 4 (quatro) a 8 (oito) anos, e multa.
Se o crime é culposo, a pena é de detenção, de 1 (um) a 2 (dois) anos, e multa.
Aplicam-se ao delito *sub examen* as majorantes previstas no art. 258 do Código Penal, nos termos do art. 285 do mesmo diploma repressivo.
A ação penal é de iniciativa pública incondicionada.
Compete, pelo menos inicialmente, ao Juizado Especial Criminal o processo e o julgamento da modalidade culposa, desde que não aplicadas as majorantes previstas no art. 258 do Código Penal.
Será possível a confecção de proposta de suspensão condicional do processo somente para a modalidade culposa, e, desde que não incidam, no caso concreto, as causas especiais de aumento de pena previstas pelo art. 258 do Código Penal.

⚖ No caso dos autos, as circunstâncias não são hábeis a afastar a competência da Justiça Estadual para processar e julgar o feito, na medida em que as condutas apuradas – crimes contra a saúde pública – tem a consumação no momento em que a substância se torna nociva à saúde. No ato da fabricação e comercialização inicial, a competência se encontrava definida. O caráter interestadual da comercialização dos produtos não tem o condão, por si só, de atrair a competência da Justiça Federal para o caso. Não se verifica ofensa direta e específica a bens, serviços ou interesses da União ou de qualquer de suas entidades, a afastar o interesse da União na apuração dos fatos (STJ, RHC 95.173/RS, Rel. Min. Joel Ilan Paciornik, 5ª T., *DJe* 21/02/2019).

Nesse sentido:

⚖ STJ, CC 34540/SP, Rel. Min. Félix Fischer, S3, *DJ* 23/09/2002, p. 221; STJ, CC 29480/SP, Rel. Min. Felix Fischer, S3, *RJADCOAS* 35, p. 538.

Crime contra a economia popular

Quando o comportamento praticado pelo agente não coloca em risco a incolumidade pública, o fato poderá subsumir-se aos incs. III e V, do art. 2º da Lei nº 1.521, de 26 de dezembro de 1951.

Falsificação, corrupção, adulteração ou alteração de produto destinado a fins terapêuticos ou medicinais
Art. 273. Falsificar, corromper, adulterar ou alterar produto destinado a fins terapêuticos ou medicinais:
Pena – reclusão, de dez a quinze anos, e multa.

§ 1º Nas mesmas penas incorre quem importa, vende, expõe à venda, tem em depósito para vender ou, de qualquer forma, distribui ou entrega a consumo o produto falsificado, corrompido, adulterado ou alterado.

§ 1º-A. Incluem-se entre os produtos a que se refere este artigo os medicamentos, as matérias-primas, os insumos farmacêuticos, os cosméticos, os saneantes e os de uso em diagnóstico.

§ 1º-B. Está sujeito às penas deste artigo quem pratica as ações previstas no § 1º em relação a produtos em qualquer das seguintes condições:

I – sem registro, quando exigível, no órgão de vigilância sanitária competente;

II – em desacordo com a fórmula constante do registro previsto no inciso anterior;

III – sem as características de identidade e qualidade admitidas para a sua comercialização;

IV – com redução de seu valor terapêutico ou de sua atividade;

V – de procedência ignorada;

VI – adquiridos de estabelecimento sem licença da autoridade sanitária competente.

Modalidade culposa

§ 2º Se o crime é culposo:

Pena – detenção, de um a três anos, e multa.

Introdução

Corromper tem o significado de estragar, decompor, tornar podre; *adulterar* importa em deturpar, deformar; *falsificar* significa reproduzir, imitando; *alterar* quer dizer mudar, modificar, transformar.

A conduta do agente deve ter por objeto produto destinado a fins terapêuticos ou medicinais, vale dizer, conforme preconiza Damásio de Jesus, "toda substância, sólida ou líquida, empregada na cura ou prevenção de moléstias".[50]

Determina, ainda, o § 1º do art. 273 que *nas mesmas penas incorre quem importa, vende, expõe à venda, tem em depósito para vender ou, de qualquer forma, distribui ou entrega a consumo o produto falsificado, corrompido ou alterado.*

O § 1º-A aponta, ainda, os produtos que devem ser compreendidos no delito tipificado no art. 273 do Código Penal, asseverando serem os *medicamentos, as matérias-primas, os insumos farmacêuticos, os cosméticos, os saneantes e os de uso em diagnóstico.* Cezar Roberto Bitencourt esclarece sobre os elementos que integram o mencionado parágrafo, dizendo que "*medicamento* [...] é a substância destinada à cura ou ao alívio de doenças, bem como ao combate de males e enfermidades; *matéria-prima* (substância a partir da qual se pode fabricar ou produzir outra); *insumos farmacêuticos* (produtos combinados resultantes de

várias matérias-primas); *cosméticos* (produtos destinados à limpeza, conservação e maquiagem da pele); *saneantes* (produtos de limpeza em geral)".[51]

O § 1º-B, a seu turno, aduz que está sujeito às penas do art. 273 do Código Penal quem pratica as ações previstas pelo § 1º em relação a produtos em qualquer das seguintes condições: *I – sem registro, quando exigível, no órgão de vigilância sanitária competente; II – em desacordo com a fórmula constante do registro previsto no item anterior; III – sem as características de identidade e qualidade admitidas para a sua comercialização; IV – com redução de seu valor terapêutico ou de sua atividade; V – de procedência ignorada; VI – adquiridos de estabelecimento sem licença da autoridade sanitária competente.*

Trata-se de tipo misto alternativo.

A conduta de introduzir no país produtos destinados a fins terapêuticos ou medicinais sem registro no órgão de vigilância sanitária competente ou de procedência ignorada, se subsume ao delito do art. 273, §§ 1º, 1º-B, I e V, do Código Penal, não cabendo desclassificação para o delito de contrabando, em obediência ao Princípio da Especialidade (REsp nº 1.728.166/SP, Rel. Min. Jorge Mussi, 5ª T., *DJe* 19/09/2018) (STJ, AgRg no REsp 1.788.515/SC, Rel. Min. Reynaldo Soares da Fonseca, 5ª T., *DJe* 02/05/2019).

Nesse sentido:

STJ, AgInt no REsp 1.747.145/PR, Rel. Min. Reynaldo Soares da Fonseca, 5ª T., *DJe* 16/04/2019; STJ, HC 452.760/PR, Rel. Min. Ribeiro Dantas, 5ª T., *DJe* 28/06/2018; STJ, AgRg no REsp 1.565.008/RS, Rel. Min. Jorge Mussi, 5ª T., *DJe* 28/06/2018; STJ, AgRg no REsp 1.599.228/PE, Rel. Min. Nefi Cordeiro, 6ª T., *DJe* 19/09/2017; STJ, HC 361.269/SP, Rel. Min. Jorge Mussi, 5ª T., *DJe* 22/09/2016; STJ, AgRg no REsp 1.360.209/SC, Rel. Min. Reynaldo Soares Fonseca, 5ª T., *DJe* 22/06/2015; STF, RE 870.410 AgR/SP, Rel. Min. Roberto Barroso, 1ª T., *DJe* 27/05/2015; STJ, RHC 25572/SP, Rel. Min. Jorge Mussi, 5ª T., *DJe* 29/06/2011; STJ, REsp 915442/SC, Rel.ª Min.ª Maria Thereza de Assis Moura, 6ª T., *DJe* 1º/02/2011; TJDF, Rec. 2006.09.1.009403-8, Rel. Des. Silvânio Barbosa dos Santos, *DJDFTE* 16/08/2010, p. 398; STJ, HC 151.530, Processo 2009/0208334-9, 5ª T., Rel.ª Min.ª Laurita Vaz, *DJe* 14/06/2010; TRF 4ª Reg., ACr 2005.70.05.004998-7, Rel. Juiz Fed. Nivaldo Brunoni, *DEJF* 11/02/2010, p. 639.

Classificação doutrinária

Crime comum, tanto no que diz respeito ao sujeito ativo quanto ao sujeito passivo; doloso e culposo (tendo em vista a previsão expressa constante do § 2º do art. 273 do Código Penal); comissivo (podendo, também, nos termos do art. 13, § 2º, do Código Penal, ser praticado via omissão imprópria, na hipótese de o agente gozar do *status* de garantidor); de perigo comum e

[50] JESUS, Damásio E. de. *Direito penal*, v. 3, p. 355.

[51] BITENCOURT, Cezar Roberto. *Tratado de direito penal*, v. 4, p. 243.

concreto (embora haja divergência doutrinária nesse sentido, pois que se tem entendido, majoritariamente, tratar-se de um crime de perigo abstrato, presumido); de forma livre; instantâneo (no que diz respeito às condutas de falsificar, corromper, adulterar, alterar, vender, importar, distribuir, entregar) e permanente (quanto às condutas de expor à venda e ter em depósito); monossubjetivo; plurissubsistente; não transeunte.

⚖ O art. 273 §§ 1º e 1º-B, I, II, IV e V, do CP, na modalidade "ter em depósito", tipifica hipótese de crime permanente, isto é, delito cuja consumação se protrai ao longo do tempo (STJ, AgInt nos EDcl no AREsp 526.446/SP, Rel. Min. Reynaldo Soares da Fonseca, 5ª T., *DJe* 29/06/2018).

Nesse sentido:

⚖ STJ, AgRg no AREsp 198307/PR, Rel. Min. Campos Marques, Desembargador convocado do TJPR, 5ª T., *DJe* 27/02/2013.

Sujeito ativo e sujeito passivo

Qualquer pessoa pode ser *sujeito ativo*.

O *sujeito passivo* é a sociedade, de forma geral, bem como aquelas pessoas que sofreram imediatamente com a conduta praticada pelo agente.

Objeto material e bem juridicamente protegido

Bem juridicamente protegido é a incolumidade pública, consubstanciada, no caso, especificamente, na saúde pública.

O objeto material é o produto destinado a fins terapêuticos ou medicinais.

⚖ O objeto material do tipo em questão é o produto falsificado, corrompido, adulterado ou alterado e o objeto jurídico é a saúde pública (STJ, AgRg no REsp 1.565.008/RS, Rel. Min. Jorge Mussi, 5ª T., *DJe* 28/06/2018).

Nesse sentido:

⚖ STJ, REsp 1.537.773/SC, Rel. Min. Rogério Schietti Cruz, 6ª T., *DJe* 19/09/2016.

Consumação e tentativa

O delito se consuma quando o agente pratica quaisquer dos comportamentos previstos pelo tipo penal do art. 273 do Código Penal, criando a situação concreta de risco à incolumidade pública, ou, mais especificamente, à saúde pública.

A tentativa é admissível.

⚖ O delito descrito no art. 273 do Código Penal é formal (que não exige, para a sua consumação, a ocorrência de resultado naturalístico, consistente na efetiva existência de um dano para alguém). Ocorrendo dano, fala-se em exaurimento (STJ, AgRg no REsp 1.565.008/RS, Rel. Min. Jorge Mussi, 5ª T., *DJe* 28/06/2018).

Elemento subjetivo

O dolo é o elemento subjetivo exigido pelo *caput*, bem como pelo § 1º do art. 273 do Código Penal.

Modalidades comissiva e omissiva

Os núcleos constantes do *caput*, bem como do § 1º do art. 273 do Código Penal, pressupõem um comportamento comissivo por parte do agente, podendo, no entanto, ser praticados via omissão imprópria.

Modalidade culposa

Está prevista pelo § 2º do art. 273 do Código Penal.

⚖ A alegação de que o desempenho de atividades de produção, depósito e comercialização de produtos destinados a fins terapêuticos e medicinais sem o prévio registro no órgão sanitário competente deu-se em razão da obtenção de decisão liminar favorável, por si só, não é capaz de ensejar a absolvição do réu, sobretudo quando o erro advindo de tais circunstâncias fáticas seria facilmente superável com um mínimo de informação a ser obtida junto ao causídico que atuou no caso, o que poderia ter elucidado que o aludido pronunciamento judicial ostentava caráter precário e não poderia substituir o cumprimento da legislação aplicável. Diante do erro evitável sobre as circunstâncias fáticas da excludente de ilicitude atinente ao exercício regular de direito, incide o disposto na parte final do art. 20, § 1º, do CP, com a punição do apelante pela modalidade culposa do crime (art. 273, § 2º, do CP) (TJES, AC 035100822499, Rel. Des. Ney Batista Coutinho, j. 15/05/2013).

Nesse sentido:

⚖ TJRS, AC 70024030124, 4ª Câm. Crim., Rel. Constantino Lisbôa de Azevedo, pub. 25/09/2008.

Pena, ação penal, competência para julgamento e suspensão condicional do processo

A pena cominada à modalidade dolosa de *falsificação, corrupção, adulteração ou alteração de produto destinado a fins terapêuticos ou medicinais* é de reclusão, de 10 (dez) a 15 (quinze) anos, e multa.

Se o crime é culposo, a pena é de detenção, de 1 (um) a 3 (três) anos, e multa.

Aplicam-se ao delito *sub examen* as majorantes previstas pelo art. 258 do Código Penal, nos termos do art. 285 do mesmo diploma repressivo.

A ação penal é de iniciativa pública incondicionada.

Será possível a confecção de proposta de suspensão condicional do processo somente para a modalidade culposa, e desde que não incidam no caso concreto as causas especiais de aumento de pena previstas pelo art. 258 do Código Penal.

⚖ Os crimes contra a saúde pública são de competência concorrente entre os entes da Federação, somente se firmando a competência federal quando constatada a internacionalidade da conduta. Precedentes desta Corte. No caso, a venda de medicamentos falsificados e sem registro no órgão de vigilância sanitária se amolda, em princípio, ao crime tipificado no art. 273, § 1º e § 1º-B, I, do Código Penal. Inexistindo indícios de que os acusados tenham participado da internalização de tais produtos, não há falar em competência da Justiça Federal (STJ, AgRg no CC 158212/AM, Rel. Min. Sebastião Reis Junior, 6ª T., *DJe* 25/06/2019).

Nesse sentido:

🔏 STJ, Rel. Min. Hélio Quaglia Barbosa, 6ª T., RHC 17942/SP, *DJ* 28/11/2005, p. 336.

Princípio da insignificância

🔏 Inaplicabilidade do Princípio da Insignificância aos casos previstos no art. 273 e parágrafos do Código Penal, vez que a lesividade da conduta em apreço não deve ser avaliada sob a ótica da expressividade econômica dos produtos contrabandeados, mas em relação à sua natureza, uma vez que introduzir remédios no país sem autorização ou liberação da autoridade sanitária ofende, como visto, a saúde pública, na medida em que expõe a coletividade à ação de substâncias e medicamentosas de conteúdo de origem desconhecida (TRF 4ª Reg., ACr 2007.71.18.000539-9, Rel. Des. Fed. Tadaaqui Hirose, *DEJF* 11/06/2010, p. 195).

Nesse sentido:

🔏 STJ, HC 398.945/SP, Rel. Min. Reynaldo Soares da Fonseca, 5ª T., *DJe* 26/09/2017; STJ, REsp 1.602.393/SP, Rel. Min. Sebastião Reis Junior, 6ª T., *DJe* 24/08/2017; STJ, HC 361.269/SP, Rel. Min. Jorge Mussi, 5ª T., *DJe* 22/09/2016; STJ, CC 127.307/SP, Rel. Min. Newton Trisotto, Desembargador convocado do TJ-SC, S3, *DJe* 15/06/2015; STJ, HC 290088/SP, Rel.ª Min.ª Laurita Vaz, 5ª T., *DJe* 23/05/2014.

Princípio da proporcionalidade

🔏 A intervenção estatal por meio do Direito Penal deve ser sempre guiada pelo princípio da proporcionalidade, incumbindo também ao legislador o dever de observar esse princípio como proibição de excesso e como proibição de proteção insuficiente. É viável a fiscalização judicial da constitucionalidade dessa atividade legislativa, examinando, como diz o Ministro Gilmar Mendes, se o legislador considerou suficientemente os fatos e prognoses e se utilizou de sua margem de ação de forma adequada para a proteção suficiente dos bens jurídicos fundamentais. Em atenção ao princípio constitucional da proporcionalidade e razoabilidade das leis restritivas de direitos (CF, art. 5º, LIV), é imprescindível a atuação do Judiciário para corrigir o exagero e ajustar a pena cominada à conduta inscrita no art. 273, § 1º-B, do Código Penal. O crime de ter em depósito, para venda, produto destinado a fins terapêuticos ou medicinais de procedência ignorada é de perigo abstrato e independe da prova da ocorrência de efetivo risco para quem quer que seja. E a indispensabilidade do dano concreto à saúde do pretenso usuário do produto evidencia ainda mais a falta de harmonia entre o delito e a pena abstratamente cominada (de 10 a 15 anos de reclusão) se comparado, por exemplo, com o crime de tráfico ilícito de drogas – notoriamente mais grave e cujo bem jurídico também é a saúde pública. A ausência de relevância penal da conduta, a desproporção da pena em ponderação com o dano ou perigo de dano à saúde pública decorrente da ação e a inexistência de consequência calamitosa do agir convergem para que se conclua pela falta de razoabilidade da pena prevista na lei. A restrição da liberdade individual não pode ser excessiva, mas compatível e proporcional à ofensa causada pelo comportamento humano criminoso (STJ, AI no HC 239.363/PR, Rel. Min. Sebastião Reis Junior, CE, *DJe* 10/04/2015).

Prioridade de tramitação do processo de falsificação, corrupção, adulteração ou alteração de produto destinado a fins terapêuticos ou medicinais (art. 273, *caput* e § 1º, § 1º-A e § 1º-B)

A Lei nº 14.994, de 9 de outubro de 2024, alterou o art. 394-A do Código de Processo Penal, determinando, *verbis*:

Art. 394-A. *Os processos que apurem a prática de crime hediondo ou violência contra a mulher terão prioridade de tramitação em todas as instâncias.*

Inconstitucionalidade do art. 273, § 1º-B, V do CP

🔏 Respeitando a discricionariedade vinculada, deve ser mantida a pena-base aplicada – 7 (sete) anos e 6 (seis) meses de reclusão –, pois proporcional à gravidade concreta do crime e à variação das penas abstratamente cominadas ao tipo penal violado, qual seja, 5 a 15 anos de reclusão, conforme entendimento firmado pela Corte Especial deste Superior Tribunal de Justiça no julgamento da Arguição de Inconstitucionalidade no *Habeas corpus* nº 239.363/PR, que, declarando a inconstitucionalidade do preceito secundário do art. 273, § 1º-B, do Código Penal, autorizou a aplicação analógica das penas previstas para o crime de tráfico de drogas (STJ, AgRg no AREsp 1.434.164/SP, Rel. Min. Reynaldo Soares da Fonseca, 5ª T., *DJe* 10/05/2019).

Nesse sentido:

🔏 STJ, HC 438.746/RJ, Rel. Min. Reynaldo Soares da Fonseca, 5ª T., *DJe* 1º/06/2018.

Aplicação do § 4º do art. 33 da Lei nº 11.343/2006

🔏 Analisando o referido julgado, esta colenda Quinta Turma firmou o entendimento de que, diante da ausência de ressalva em sentido contrário, é possível a aplicação da causa de diminuição prevista no § 4º do art. 33 da Lei nº 11.343/2006 no cálculo da pena dos condenados pelo delito previsto no art. 273, § 1º-B, do Estatuto Repressivo. Precedentes. Para a incidência do redutor previsto no § 4º do art. 33 da Lei nº 11.343/2006, é necessário o preenchimento dos requisitos legais: a) o agente seja primário; b) com bons antecedentes; c) não se dedique às atividades delituosas; e d) não integre organização criminosa (STJ, HC 488.299/PR, Rel. Min. Jorge Mussi, 5ª T., *DJe* 28/03/2019).

Em sentido contrário:

⚖ Nos termos da jurisprudência desta Corte Superior, não é cabível, por ausência de previsão legal, a aplicação da minorante prevista no § 4º do art. 33 da Lei nº 11.343/2006 aos crimes previstos no art. 273, § 1º-B, do CP, mesmo nas hipóteses em que se tenha utilizado o preceito secundário do crime de tráfico de drogas (STJ, AgRg no REsp 1.740.663/PR, Rel. Min. Nefi Cordeiro, 6ª T., *DJe* 21/06/2019).

Emprego de processo proibido ou de substância não permitida

Art. 274. Empregar, no fabrico de produto destinado a consumo, revestimento, gaseificação artificial, matéria corante, substância aromática, antisséptica, conservadora ou qualquer outra não expressamente permitida pela legislação sanitária:
Pena – reclusão, de um a cinco anos, e multa.

Introdução

O núcleo *empregar* tem o significado de utilizar, valer-se de, aplicar etc. A conduta é dirigida, finalisticamente, à *fabricação de produto destinado ao consumo.* Isso significa que o agente, com o seu comportamento, coloca em risco um número indeterminado de pessoas, haja vista que o produto por ele fabricado será destinado a consumo público.

Cuida-se, *in casu*, de norma penal em branco, uma vez que todos os comportamentos previstos pelo tipo penal somente poderão ser observados mediante exame do complemento oriundo da legislação sanitária. O art. 274 do Código Penal determina, ainda, a realização de uma interpretação analógica, haja vista que nos fornece, inicialmente, uma fórmula casuística, exemplificativa (emprego, no fabrico de produto destinado a consumo, de *revestimento, gaseificação artificial, matéria corante, substância aromática, antisséptica, conservadora*), seguida de uma fórmula genérica (*ou qualquer outra não expressamente permitida pela legislação sanitária*).

Luiz Regis Prado resume, com precisão, as hipóteses elencadas expressamente pelo art. 274 do Código Penal, dizendo: "*a) revestimento* – é o envoltório usado no fabrico para cobrir o produto destinado a consumo. Em realidade, faz parte dele. Não se trata daquele outro envoltório usado para protegê-lo na prática do comércio. Cite-se que há determinados queijos que só podem ser envoltos em papel metálico; *b) gaseificação artificial* – visa dissolver gases convenientemente indicados nessas substâncias, por processo de manipulação adequado. É utilizada em refrigerantes, por exemplo; *c) matéria corante* – o seu emprego é permitido, desde que sejam respeitadas a natureza e quantidade estipuladas em lei. Serve para dar cor aos produtos; *d) substância aromática* – por vezes, faz parte do próprio produto destinado a consumo e, por outras, pode ser-lhe acrescentado com o escopo de

melhorar o paladar ou perfumá-lo. Como exemplos, tem-se o óleo essencial, o aroma natural e artificial, a solução alcoólica de essência natural (como canela, cravo, noz – moscada etc.), entre outros; *e) substância antisséptica* – é utilizada para evitar ou obstaculizar a fermentação de matéria orgânica. São mencionados, nesse caso, ácido salicílico e salicilatos, água oxigenada etc.; *f) substância conservadora* – é usada para [...] evitar ou protelar sua alteração pela invasão ou proliferação de germes. Impede a fermentação. Ex.: sal de cozinha, açúcar, álcool, azeite etc.".[52]

Para a correta compreensão e aplicação do art. 274 do Código Penal, deverá ser, obrigatoriamente, consultada a legislação sanitária que lhe é pertinente, a exemplo do Decreto-Lei nº 986, de 21 de outubro de 1969, que institui normas básicas sobre alimentos; da Lei nº 6.150, de 3 de dezembro de 1974, que dispõe sobre a obrigatoriedade da iodação do sal destinado ao consumo humano; da Lei nº 10.273, de 5 de setembro de 2001, que dispõe sobre o uso de bromato de potássio na farinha e nos produtos de panificação etc. Utilizando a expressão *produto destinado a consumo*, a lei penal amplia, sobremaneira, o seu campo de atuação, haja vista que todos os produtos, sejam eles comestíveis ou não, a exemplo dos brinquedos, produtos de higiene pessoal etc., estão por ela abrangidos.

⚖ O emprego de açúcar na fabricação de vinho, ainda que em quantidade superior à permitida, não tipifica o delito previsto no art. 274 do CP, eis que não se trata de ingrediente proibido pela legislação sanitária (TJRS, ACr 70009907932, Rel. Des. Constantino Lisbôa de Azevedo, j. 28/10/2004).

Nesse sentido:

⚖ RT 605, p. 332; RT 600, p. 367.

Classificação doutrinária

Crime comum, tanto no que diz respeito ao sujeito ativo quanto ao sujeito passivo; doloso; comissivo (podendo, também, nos termos do art. 13, § 2º, do Código Penal, ser praticado via omissão imprópria, na hipótese de o agente gozar do *status* de garantidor); de perigo comum e concreto (embora haja divergência doutrinária nesse sentido, pois se tem entendido, majoritariamente, tratar-se de crime de perigo abstrato, presumido); de forma livre; instantâneo; monossubjetivo; plurissubsistente; não transeunte.

Sujeito ativo e sujeito passivo

Qualquer pessoa pode ser *sujeito ativo.*
O *sujeito passivo* é a sociedade.

Objeto material e bem juridicamente protegido

O bem juridicamente protegido é a incolumidade pública, consubstanciada, no caso, especificamente, na saúde pública.
O objeto material é o produto destinado a consumo.

---

[52] PRADO, Luiz Regis. *Curso de direito penal brasileiro*, v. 3, p. 578-579.

Consumação e tentativa

Consuma-se o delito em exame quando o agente, efetivamente, após empregar, no fabrico de produto destinado a consumo, revestimento, gaseificação artificial, matéria corante, substância aromática, antisséptica, conservadora ou qualquer outra não expressamente permitida pela legislação sanitária, cria uma situação concreta de risco à incolumidade pública. A tentativa é admissível.

Elemento subjetivo

O dolo é o elemento subjetivo exigido pelo art. 274 do Código Penal, não havendo previsão para a modalidade culposa.

Modalidades comissiva e omissiva

O núcleo *empregar* pressupõe um comportamento comissivo por parte do agente, podendo, no entanto, ser praticado via omissão imprópria.

Pena, ação penal e suspensão condicional do processo

A pena cominada ao delito de *emprego de processo proibido ou de substância não permitida* é de reclusão, de 1 (um) a 5 (cinco) anos, e multa, conforme alteração determinada pela Lei nº 9.677, de 2 de julho de 1998.

Aplicam-se ao delito *sub examen* as majorantes previstas pelo art. 258 do Código Penal, nos termos do art. 285 do mesmo diploma repressivo.

A ação penal é de iniciativa pública incondicionada. Será possível a confecção de proposta de suspensão condicional do processo.

Crime contra a economia popular

Se o agente vier a expor à venda ou vender mercadoria ou produto alimentício, cujo fabrico haja desatendido a determinações oficiais, quanto ao peso e composição, estaremos diante de um crime contra a economia popular, tipificado no inc. III do art. 2º da Lei nº 1.521, de 26 de dezembro de 1951.

Invólucro ou recipiente com falsa indicação

Art. 275. Inculcar, em invólucro ou recipiente de produtos alimentícios, terapêuticos ou medicinais, a existência de substância que não se encontra em seu conteúdo ou que nele existe em quantidade menor que a mencionada:

Pena – reclusão, de um a cinco anos, e multa.

Introdução

O núcleo *inculcar* deve ser entendido no sentido de cunhar, estampar, divulgar, indicar. Especifica a lei penal que a conduta do agente deve ser dirigida a invólucro ou recipiente de produtos alimentícios, terapêuticos ou medicinais. A redação original do artigo não previa os produtos terapêuticos, sendo levada a efeito a sua inclusão por intermédio da Lei nº 9.677, de 2 de julho de 1998.

Produto, de acordo com as precisas lições de Mirabete, "é a coisa beneficiada, fabricada industrialmente ou manufaturada. O produto alimentício é qualquer preparado destinado a alimentação, alimento ou bebida, e produto terapêutico ou medicinal é aquele usado com o fim de prevenção, melhora ou cura de doenças".[53]

Pode-se compreender por *invólucro* tudo aquilo que serve para envolver, embrulhar a substância alimentícia, terapêutica ou medicinal, a exemplo do rótulo ou mesmo da bula. *Recipiente* é o objeto capaz de conter, acondicionar líquidos ou sólidos, a exemplo das embalagens de plástico, alumínio, vidro etc.

São duas as situações que devem ser analisadas. Na primeira, o agente inculca a existência de substância que não se encontra em seu conteúdo, ou seja, a informação é falsa, pois que cria uma situação de perigo para as pessoas que adquirem, por exemplo, aquele produto, porque necessitam fazer a ingestão daquela substância mencionada, mas não existente. No segundo caso, a substância existe, mas a sua quantidade é menor do que a informada no invólucro ou recipiente.

⚖ A mera aposição de rótulo em recipiente de produto alimentício configura o delito do art. 275 do CP (STF, HC, Rel. Amaral Santos, *RTJ* 46, p. 23. Nesse sentido, *RT* 443, p. 426).

Nesse sentido:

⚖ TASP, Ap. 27814, Rel. Isnard dos Reis, *RT* 313, p. 388; *RT* 584/361; TJMG, Processo 1.0000.00.171752-9/000(1), Rel. Zulman Galdino, pub. 17/03/2000.

Classificação doutrinária

Crime comum, tanto no que diz respeito ao sujeito ativo quanto ao sujeito passivo; doloso; comissivo (podendo, também, nos termos do art. 13, § 2º, do Código Penal, ser praticado via omissão imprópria, na hipótese do agente gozar do *status* de garantidor); de perigo comum e concreto (embora haja divergência doutrinária nesse sentido, pois que se tem entendido, majoritariamente, tratar-se de um crime de perigo abstrato, presumido); de forma vinculada (pois que a lei penal menciona os modos pelos quais o delito poderá ser praticado, vale dizer, inculcando em invólucro ou recipiente de produtos alimentícios, terapêuticos ou medicinais, a existência de *substância que não se encontra em seu conteúdo* ou *que nele existe em quantidade menor que a mencionada*); instantâneo; monossubjetivo; plurissubsistente; não transeunte.

Sujeito ativo e sujeito passivo

Qualquer pessoa pode ser *sujeito ativo*. O *sujeito passivo* é a sociedade.

---

[53] MIRABETE, Julio Fabbrini. *Manual de direito penal*, v. 3, p. 163.

Objeto material e bem juridicamente protegido

O bem juridicamente protegido é a incolumidade pública, consubstanciada, no caso, especificamente, na saúde pública.

O objeto material é o invólucro ou recipiente de produtos alimentícios, terapêuticos ou medicinais.

Consumação e tentativa

O delito de *invólucro ou recipiente com falsa indicação* se consuma quando, após a inculcação das informações falsas, o agente cria, efetivamente, uma situação de risco à incolumidade pública.

A tentativa é admissível.

Elemento subjetivo

O dolo é o elemento subjetivo exigido pelo art. 275 do Código Penal, não havendo previsão para a modalidade culposa.

Modalidades comissiva e omissiva

O núcleo *inculcar* pressupõe um comportamento comissivo por parte do agente, podendo, no entanto, ser praticado via omissão imprópria.

Pena, ação penal e suspensão condicional do processo

A pena cominada ao delito de *invólucro ou recipiente com falsa indicação* é de reclusão, de 1 (um) a 5 (cinco) anos, e multa, conforme alteração determinada pela Lei nº 9.677, de 2 de julho de 1998.

Aplicam-se ao delito *sub examen* as majorantes previstas pelo art. 258 do Código Penal, nos termos do art. 285 do mesmo diploma repressivo.

A ação penal é de iniciativa pública incondicionada.

Será possível a confecção de proposta de suspensão condicional do processo, desde que não incida o art. 258 do Código Penal.

Falsa indicação em folhetos ou catálogos informativos

A falsa indicação em folhetos ou catálogos informativos não se configura como delito de *invólucro ou recipiente com falsa indicação*, podendo o fato se amoldar à figura típica constante do art. 175 do Código Penal, que prevê o delito de *fraude no comércio*.

Produto ou substância nas condições dos dois artigos anteriores

Art. 276. Vender, expor à venda, ter em depósito para vender ou, de qualquer forma, entregar a consumo produto nas condições dos arts. 274 e 275.

Pena – reclusão, de um a cinco anos, e multa.

Introdução

O núcleo *vender*, utilizado pelo texto legal, significa entregar por um preço certo, alienar onerosamente,

comercializar; *expõe à venda* aquele que tem os produtos disponíveis, à vista dos consumidores; *tem em depósito para vender* o agente que mantém guardados, armazenados os produtos, com a finalidade de, futuramente, transacioná-los. O art. 276 determina, ainda, a realização de uma interpretação analógica, pois que também considera como delituoso o comportamento daquele que, *de qualquer forma*, entrega a consumo produto nas condições dos arts. 274 e 275 do Código Penal.

Conforme esclarece Noronha, devemos nos lembrar apenas de "que o delito em apreço não é *especial*: não é crime do comerciante. Este comércio, que apenas significa a prática das operações indicadas, ainda que isoladas e não repetidas, não deve, pois, ser apreciado com subordinação ao conceito do direito comercial, isto é, não é mister, portanto, que configure, necessariamente, a respectiva profissão, caracterizada pela série contínua e renovável dos mesmos atos. Basta, pois, a prática de um só, seja ou não realizado pelo comerciante".[54]

Trata-se de um tipo misto alternativo.

Para que o agente possa responder pela prática do delito previsto no art. 276, do CP, não pode, de qualquer forma, ter concorrido no delito anterior – Art. 274, do CP –, seja a título de coautor ou, mesmo, como partícipe. Se o crime de alienação do produto adulterado (art. 276, do CP) for o autor da fabricação, responderá apenas pela prática do delito previsto no art. 274, do CP, eis que a alienação será *post factum* impunível (TJES, ACr 48040099219, Rel.ª Des.ª Subst. Heloisa Cariello, *DJES* 13/05/2010).

Nesse sentido:

TJSP, AC, Rel. Kazuo Watanabe, *RT* 453, p. 352.

Classificação doutrinária

Crime comum, tanto no que diz respeito ao sujeito ativo quanto ao sujeito passivo; doloso; comissivo (podendo, também, nos termos do art. 13, § 2º, do Código Penal, ser praticado via omissão imprópria, na hipótese de o agente gozar do *status* de garantidor); de perigo comum e concreto (embora haja divergência doutrinária nesse sentido, pois se tem entendido, majoritariamente, tratar-se de um crime de perigo abstrato, presumido); de forma livre; instantâneo (nas modalidades vender e entregar) e permanente (nas modalidades expor à venda e ter em depósito para vender); monossubjetivo; plurissubsistente; não transeunte.

Sujeito ativo e sujeito passivo

Qualquer pessoa pode ser *sujeito ativo*.

O sujeito passivo é a sociedade.

[54] NORONHA, Edgard Magalhães. *Direito penal*, v. 4, p. 38.

Objeto material e bem juridicamente protegido

O bem juridicamente protegido é a incolumidade pública, consubstanciada, no caso, especificamente, na saúde pública.

O objeto material é o produto destinado a consumo, bem como o invólucro ou recipiente de produtos alimentícios, terapêuticos ou medicinais.

Consumação e tentativa

O delito se consuma quando o agente pratica qualquer uma das condutas previstas no tipo penal do art. 276, criando, assim, uma situação de risco concreto à incolumidade pública.

A tentativa é admissível.

Elemento subjetivo

O dolo é o elemento subjetivo exigido pelo art. 276 do Código Penal, não havendo previsão para a modalidade culposa.

Modalidades comissiva e omissiva

Os núcleos *vender, expor à venda, ter em depósito* e *entregar* a consumo pressupõem um comportamento comissivo por parte do agente, podendo, no entanto, ser praticados via omissão imprópria.

Pena, ação penal e suspensão condicional do processo

A pena cominada ao delito tipificado no art. 276 do Código Penal é de reclusão, de 1 (um) a 5 (cinco) anos, e multa, conforme alteração determinada pela Lei nº 9.677, de 2 de julho de 1998.

Aplicam-se ao delito *sub examen* as majorantes previstas pelo art. 258 do Código Penal, nos termos do art. 285 do mesmo diploma repressivo.

A ação penal é de iniciativa pública incondicionada.

Será possível a confecção de proposta de suspensão condicional do processo, desde que não incida o art. 258 do Código Penal.

Produto de primeira necessidade

Será aplicado o inc. III do art. 2º da Lei nº 1.521, de 26 de dezembro de 1951, que dispõe sobre os crimes contra a economia popular.

Substância destinada à falsificação

Art. 277. Vender, expor à venda, ter em depósito ou ceder substância destinada à falsificação de produtos alimentícios, terapêuticos ou medicinais:

Pena – reclusão, de um a cinco anos, e multa.

Introdução

Dos quatro comportamentos previstos pelo tipo penal em estudo, somente um deles não foi consignado no art. 276 do Código Penal, analisado anteriormente, vale dizer, a conduta de *ceder* substância destinada à falsificação de produtos alimentícios, terapêuticos ou medicinais.

O verbo *ceder* importa em qualquer tipo de transferência da substância referida, desde que não diga respeito à venda, pois que esta se encontra compreendida no núcleo *vender*, o primeiro constante da mencionada redação típica. Dessa forma, *ceder* pode ser compreendido como doar, emprestar, trocar, enfim, qualquer tipo de cessão, entendida em sentido amplo, que não importe em venda.

Salienta Noronha:

"Trata-se exclusivamente de *substância*, ficando excluídas outras coisas, tais como utensílios, aparelhos ou máquinas usados na falsificação. Ainda: a disposição soa (*sic*) – substância *destinada* a esse objetivo – e como isso deve ser considerada não apenas aquela cuja finalidade exclusiva é a de falsificar, como a que tem outros fins, porém, na espécie, se destina ao incriminado".[55]

Na verdade, o agente que pratica qualquer dos comportamentos previstos pelo tipo penal do art. 277 poderia ser punido considerando as disposições do art. 29 do Código Penal, seja a título de coautoria ou mesmo de participação, uma vez que, quando vende, expõe à venda, tem em depósito ou cede a substância, deve saber que aquele que a adquire tem por finalidade utilizá-la na falsificação de produtos alimentícios, terapêuticos ou medicinais.

Conforme esclarece Hungria, "é necessário, para existência do crime, que a *substância proibida* seja vendida, exposta à venda, mantida em depósito ou cedida para o fim de ser empregada na falsificação do produto. Assim, determinados corantes, sub-rogados, ácidos, agentes conservadores ou antissépticos etc., que podem servir à contrafação de tal ou qual produto, não serão elemento do crime se destinados a fins outros, não relacionados à genuidade desse produto".[56]

Cuida-se de um tipo misto alternativo.

A conduta de manter em depósito substâncias destinadas à falsificação de produtos alimentícios (devidamente descrita na denúncia) se amolda ao delito previsto no artigo 277 do CP. Desclassificação efetuada (TRF 4ª Reg., ACr 2000.72.05.003910-1, SC, Rel. Des. Élcio Pinheiro de Castro, *DJU* 1º/02/2006, p. 523).

Nesse sentido:

RT 606, p. 357; TJSP, AC, Rel. Onei Raphael, *RT* 440, p. 359.

Classificação doutrinária

Crime comum, tanto no que diz respeito ao sujeito ativo quanto ao sujeito passivo; doloso; comissivo (podendo, também, nos termos do art. 13, § 2º, do

---

[55] NORONHA, Edgard Magalhães. *Direito penal*, v. 4, p. 41.

[56] HUNGRIA, Nélson. *Comentários ao código penal*, v. IX, p. 122.

Código Penal, ser praticado via omissão imprópria, na hipótese de o agente gozar do *status* de garantidor); de perigo comum e concreto (embora haja divergência doutrinária nesse sentido, pois se tem entendido, majoritariamente, tratar-se de um crime de perigo abstrato, presumido); de forma livre; instantâneo (nas modalidades vender e ceder) e permanente (nas modalidades expor à venda e ter em depósito); monossubjetivo; plurissubsistente; não transeunte.

Sujeito ativo e sujeito passivo

Qualquer pessoa pode ser *sujeito ativo*.
O *sujeito passivo* é a sociedade.

Objeto material e bem juridicamente protegido

O bem juridicamente protegido é a incolumidade pública, consubstanciada, no caso, especificamente, na saúde pública.
O objeto material é a substância destinada à falsificação de produtos alimentícios, terapêuticos ou medicinais.

Consumação e tentativa

O delito de *substância destinada à falsificação* se consuma quando o agente, praticando qualquer dos comportamentos previstos pelo tipo penal, ou seja, vende, expõe à venda, tem em depósito ou cede substância destinada à falsificação de produtos alimentícios, terapêuticos ou medicinais, cria, efetivamente, uma situação de risco à incolumidade pública.
A tentativa é admissível.

Elemento subjetivo

O dolo é o elemento subjetivo exigido pelo art. 277 do Código Penal, não havendo previsão para a modalidade culposa.

Tratando-se de delito de perigo abstrato, presumindo a lei o risco à saúde coletiva, o elemento subjetivo da infração está representado pela vontade de praticar a conduta típica, a qual, no caso, é ter em depósito substância, sabendo que ela é nociva à saúde pública (TACrim/SP, Ap. 447211, Rel. Emeric Levai, j. 29/12/1986).

Modalidades comissiva e omissiva

Os núcleos *vender, expor à venda, ter em depósito* e *ceder* substância destinada à falsificação de produtos alimentícios, terapêuticos ou medicinais pressupõem um comportamento comissivo por parte do agente, podendo, no entanto, ser praticados via omissão imprópria.

Pena, ação penal e suspensão condicional do processo

A pena cominada ao delito tipificado no art. 277 do Código Penal é de reclusão, de 1 (um) a 5 (cinco) anos, e multa, conforme alteração determinada pela Lei nº 9.677, de 2 de julho de 1998.

Aplicam-se ao delito *sub examen* as majorantes previstas no art. 258 do Código Penal, nos termos do art. 285 do mesmo diploma repressivo.
A ação penal é de iniciativa pública incondicionada. Será possível a confecção de proposta de suspensão condicional do processo, desde que não incida o art. 258 do Código Penal.

Outras substâncias nocivas à saúde pública
Art. 278. Fabricar, vender, expor à venda, ter em depósito para vender ou, de qualquer forma, entregar a consumo coisa ou substância nociva à saúde, ainda que não destinada à alimentação ou a fim medicinal:
Pena – detenção, de um a três anos, e multa.

Modalidade culposa
Parágrafo único. Se o crime é culposo:
Pena – detenção, de dois meses a um ano.

Introdução

Conforme salienta Fragoso, "além da extensa tutela jurídico-penal à saúde pública, em torno à produção e consumo de substâncias alimentícias ou medicinais, entendeu o legislador de contemplar a produção e consumo de outras substâncias ou coisas nocivas à saúde, no dispositivo em exame.
[...].
Fabricar é produzir industrialmente ou preparar. Objeto material da ação deve ser aqui, porém, coisa (objeto corpóreo) ou substância não alimentícia nem medicinal, *nociva à saúde*, isto é, que seja idônea para causar dano ao normal desenvolvimento físico-psíquico da pessoa ou à normalidade de suas funções orgânicas. O grau de nocividade é irrelevante, mas poderá ser considerado na aplicação da pena. As coisas ou substâncias aqui consideradas podem ser de qualquer natureza (perfumes, cosméticos, cigarros, chupetas, dentifrícios etc.) desde que destinadas a consumo público".[57]
As demais condutas previstas pelo tipo penal em exame já foram objeto de análise, razão pela qual deixaremos de mencioná-las.
Trata-se de tipo misto alternativo.

Réus presos por posse de loló, substância não definida como de uso proscrito pela Portaria SVS/MS nº 344/98. Descabida a condenação por tráfico de drogas. Estando a conduta dos réus prevista no art. 278 do CP, não há se falar em atipicidade, impondo-se a desclassificação, com a adequação das penas aos limites cominados ao delito (TJPE, ACr 0147885-5, Rel. Des. Fausto de Castro Campos *DOEPE* 23/08/2008).

Nesse sentido:
STF, HC, Rel. Octavio Gallotti, j. 17/12/1991.

[57] FRAGOSO, Heleno Cláudio. *Lições de direito penal* – parte especial, v. 3, p. 229-230.

Classificação doutrinária

Crime comum, tanto no que diz respeito ao sujeito ativo quanto ao sujeito passivo; doloso; comissivo (podendo, também, nos termos do art. 13, § 2º, do Código Penal, ser praticado via omissão imprópria, na hipótese de o agente gozar do *status* de garantidor); de perigo comum e concreto (embora haja divergência doutrinária nesse sentido, pois que se tem entendido, majoritariamente, tratar-se de um crime de perigo abstrato, presumido); de forma livre; instantâneo (nas modalidades fabricar, vender e entregar) e permanente (nas modalidades expor à venda e ter em depósito para vender); monossubjetivo; plurissubsistente; não transeunte.

Sujeito ativo e sujeito passivo

Qualquer pessoa pode ser *sujeito ativo*.
O *sujeito passivo* é a sociedade.

Objeto material e bem juridicamente protegido

O bem juridicamente protegido é a incolumidade pública, consubstanciada, no caso, especificamente, na saúde pública.
O objeto material é a coisa ou substância nociva à saúde.

Consumação e tentativa

O delito de *outras substâncias nocivas à saúde pública* se consuma quando o agente, praticando qualquer dos comportamentos previstos pelo tipo penal, ou seja, fabrica, vende, expõe à venda, tem depósito para vender ou, de qualquer forma, entrega a consumo coisa ou substância nociva à saúde, ainda que não destinada à alimentação ou a fim medicinal, cria, efetivamente, uma situação de risco à incolumidade pública.

Elemento subjetivo

O dolo é o elemento subjetivo exigido pelo *caput* do art. 278 do Código Penal.

Modalidades comissiva e omissiva

Os núcleos *fabricar, vender, expor à venda, ter em depósito para vender* ou, de qualquer forma, *entregar* a consumo coisa ou substância nociva à saúde, ainda que não destinada à alimentação ou a fim medicinal, pressupõem um comportamento comissivo por parte do agente, podendo, no entanto, ser praticados via omissão imprópria.

Modalidade culposa

É prevista pelo parágrafo único do art. 278 do Código Penal.

Pena, ação penal, competência para julgamento e suspensão condicional do processo

A pena cominada ao *caput* do art. 278 do Código Penal é de detenção, de 1 (um) a 3 (três) anos, e multa.

Para a modalidade culposa foi prevista uma pena de detenção, de 2 (dois) meses a 1 (um) ano.
Aplicam-se ao delito *sub examen* as majorantes previstas no art. 258 do Código Penal, nos termos do art. 285 do mesmo diploma repressivo.
A ação penal é de iniciativa pública incondicionada.
Compete, pelo menos inicialmente, ao Juizado Especial Criminal o processo e julgamento da modalidade culposa do delito tipificado no art. 278 do Código Penal, desde que não aplicada a majorante prevista no art. 258 do Código Penal.
Será possível a confecção de proposta de suspensão condicional do processo, desde que não incida, na modalidade dolosa, o art. 258 do Código Penal.

> ### Substância avariada
> **Art. 279.** (*Revogado*).
>
> ### Medicamento em desacordo com receita médica
> **Art. 280.** Fornecer substância medicinal em desacordo com receita médica:
> Pena – detenção, de um a três anos, ou multa.
>
> ### Modalidade culposa
> **Parágrafo único.** Se o crime é culposo:
> Pena – detenção, de dois meses a um ano.

Introdução

O núcleo *fornecer* é utilizado no texto do art. 280 do Código Penal no sentido de entregar, ministrar, proporcionar, seja a título gratuito ou oneroso, substância medicinal, ou seja, aquela voltada a curar a enfermidade de que está acometido o doente.
O fornecimento criminoso é aquele que se encontra em desacordo com a receita médica, que significa a prescrição escrita levada a efeito exclusivamente pelo médico. A receita é tão importante que o Capítulo III do Código de Ética Médica, ao cuidar da responsabilidade profissional, diz, em seu art. 11, ser vedado ao médico receitar de forma ilegível, o que dificultaria, sobremaneira, a ministração correta do medicamento no que diz respeito à sua qualidade e quantidade.

🔨 Medicamento em desacordo com receita médica. Configuração. Irrelevância do fato de possuir o fornecido pelo farmacêutico a mesma qualidade terapêutica do prescrito pelo médico. Condenação mantida. Inteligência do art. 280 do CP de 1940 (*RT* 592, p. 342).

Classificação doutrinária

Crime comum, tanto no que diz respeito ao sujeito ativo quanto ao sujeito passivo; doloso; comissivo (podendo, também, nos termos do art. 13, § 2º, do Código Penal, ser praticado via omissão imprópria, na hipótese de o agente gozar do *status* de garantidor); de perigo comum e concreto (embora haja divergência doutrinária nesse sentido, pois se tem entendido, majoritariamente, tratar-se de crime de perigo abstrato, presumido); de forma livre; instantâneo; monossubjetivo; plurissubsistente; não transeunte.

Sujeito ativo e sujeito passivo

Qualquer pessoa pode ser *sujeito ativo*, embora tal posição não seja pacificada na doutrina, a exemplo de Noronha, que afirma: "O crime do art. 280 é *especial*, isto é, só pode ser cometido por determinadas pessoas. Primeiramente, o farmacêutico que é quem fornece, em regra, a substância medicamentosa. Tanto pode ser o formado como o prático, devidamente autorizado. Não se excluem outras pessoas que vendem tais ou quais substâncias médicas (inclusive o *herbanário*)".[58]

Em sentido contrário, a nosso ver com acerto, posiciona-se Cezar Roberto Bitencourt, dizendo: "*Sujeito ativo* pode ser qualquer pessoa, e não apenas o farmacêutico, mas toda e qualquer pessoa que fornecer, de qualquer modo, substância medicinal em desacordo com a receita médica (balconista, prático etc.)".[59]

O *sujeito passivo* é a sociedade, bem como, mais especificamente, aquele a quem é entregue a substância medicinal em desacordo com a receita.

Objeto material e bem juridicamente protegido

O bem juridicamente protegido é a incolumidade pública, consubstanciada, no caso, especificamente, na saúde pública.

O objeto material é a substância medicinal em desacordo com a receita médica.

Consumação e tentativa

O delito se consuma quando o agente fornece, isto é, entrega à vítima a substância medicinal em desacordo com a receita, criando, outrossim, uma situação concreta de risco.

A tentativa é admissível.

O crime do art. 280 do CP se consuma com a entrega da substância medicinal não correspondente à receita, pois só então se apresenta o perigo que a lei, na espécie, presume (*RT* 297, p. 408).

Elemento subjetivo

O dolo é o elemento subjetivo exigido pelo *caput* do art. 280 do Código Penal.

Modalidades comissiva e omissiva

O núcleo *fornecer* pressupõe um comportamento comissivo por parte do agente, podendo, no entanto, ser praticado via omissão imprópria.

Modalidade culposa

É prevista pelo parágrafo único do art. 280 do Código Penal.

Pena, ação penal, competência para julgamento e suspensão condicional do processo

O preceito secundário do art. 280 do Código Penal comina uma pena de detenção, de 1 (um) a 3 (três) anos, ou multa.

Aplicam-se ao delito *sub examen* as majorantes previstas no art. 258 do Código Penal, nos termos do art. 285 do mesmo diploma repressivo.

A ação penal é de iniciativa pública incondicionada.

Compete, pelo menos inicialmente, ao Juizado Especial Criminal o processo e julgamento da modalidade culposa do delito tipificado no art. 280 do Código Penal.

Será possível a confecção de proposta de suspensão condicional do processo, desde que não seja aplicado o art. 258 do Código Penal ao *caput* do art. 280 deste mesmo diploma legal.

Médico que prescreve medicamento com dose excessiva

Pode acontecer que, por erro, o médico tenha prescrito ao doente uma dose excessiva de determinada substância, fato que é percebido pelo farmacêutico ao fazer a leitura da receita. Nesse caso, poderá o farmacêutico desconsiderar a prescrição médica e ministrar, por sua conta, dose correta do medicamento? Respondendo a essa indagação, Cezar Roberto Bitencourt, com razão, esclarece: "Caso o farmacêutico entenda haver na receita manifesto equívoco por parte do médico, deverá localizar este para que corrija expressamente o erro (art. 254 do regulamento do Departamento Nacional de Saúde); não encontrando o médico e sendo urgente a entrega do medicamento, poderá o farmacêutico corrigir a receita, agindo em estado de necessidade (art. 24 do CP)".[60]

Receita prescrita por dentistas e parteiras

Não se amolda ao comportamento previsto pelo tipo, que exige que a receita seja *médica*.

Farmacêutico que aumenta a dose, agindo com *animus necandi*

Se vier a produzir o resultado morte, deverá responder pelo delito de homicídio qualificado (art. 121, § 2º, III, CP).

Lei Antidrogas

Diz o art. 38 da Lei nº 11.343, de 23 de agosto de 2006, *verbis*:

Art. 38. Prescrever ou ministrar, culposamente, drogas, sem que delas necessite o paciente, ou fazê-lo em doses excessivas ou em desacordo com determinação legal ou regulamentar:

---

[58] NORONHA, Edgard Magalhães. *Direito penal*, v. 4, p. 50.
[59] BITENCOURT, Cezar Roberto. *Tratado de direito penal*, v. 4, p. 262.
[60] BITENCOURT, Cezar Roberto. *Tratado de direito penal*, v. 4, p. 262.

Pena – detenção, de 6 (seis) meses a 2 (dois) anos, e pagamento de 50 (cinquenta) a 200 (duzentos) dias--multa.
Parágrafo único. *O juiz comunicará a condenação ao Conselho Federal da categoria profissional a que pertença o agente.*

Comércio, posse ou uso de entorpecente ou substância que determine dependência física ou psíquica
Art. 281. *(Revogado).*

Exercício ilegal da medicina, arte dentária ou farmacêutica
Art. 282. Exercer, ainda que a título gratuito, a profissão de médico, dentista ou farmacêutico, sem autorização legal ou excedendo-lhe os limites:
Pena – detenção, de seis meses a dois anos.
Parágrafo único. Se o crime é praticado com o fim de lucro, aplica-se também multa.

Introdução

O núcleo *exercer* pressupõe habitualidade. Trata-se, portanto, de um delito habitual, que exige um comportamento contínuo do agente. O sujeito, portanto, atua com regularidade, continuamente, exercendo a profissão de médico, dentista ou farmacêutico, podendo fazer disso um meio de vida, isto é, almejando lucro ou mesmo, atuando de forma gratuita pelo simples prazer de exercer uma profissão para a qual não se encontra legalmente habilitado.

Comete o delito em estudo não somente aquele que exerce as mencionadas profissões *sem autorização legal*, como também aquele que, mesmo estando inicialmente habilitado para exercê-las, sendo, portanto, médico, dentista ou farmacêutico, excede os limites que lhe são legalmente determinados.

Não é incomum, ainda nos dias de hoje, encontrarmos os chamados "práticos", ou seja, sujeitos que não possuem habilitação legal para o exercício das profissões de médico, dentista ou farmacêutico, mas que assumem esses papéis, trazendo perigo à incolumidade pública em virtude da falta de conhecimentos técnicos necessários. Por mais que o "prático" possa até conseguir, em alguns casos de pouca importância, levar a efeito o tratamento correto, o fato de não possuir a necessária habilitação legal torna sua conduta perigosa, colocando em risco a vida e a integridade física das pessoas.

⚖ No que concerne ao crime de exercício ilegal da medicina, ausente complementação da norma penal em branco, por ausência de regulamentação acerca do exercício da acupuntura, a conduta é atípica (STJ, RHC 66.641/SP, Rel. Min. Nefi Cordeiro, 6ª T., *DJe* 10/03/2016).

Nesse sentido:

⚖ TJPR, ApCr 0611033-8, Rel. Juiz Conv. José Laurindo de Souza Netto, *DJPR* 29/04/2010, p. 321; STJ, HC 139.667, Proc. 2009/0118642-1, RJ, Rel. Min. Felix Fischer, 5ª T., *DJe* 1º/02/2010; STJ, HC 138.221, Proc. 2009/0107610-1, RS, Rel.ª Min.ª Laurita Vaz, 5ª T., *DJe* 26/10/2009; TJRS, Ap. Crim. 70028030765, 4ª Câm. Crim., Rel. Aristides Pedroso de Albuquerque Neto, j. 23/04/2009; TJRS, Ap. Crim. 70020877023, 8ª Câm. Crim., Rel. Fabianne Breton Baisch, pub. 24/09/2008; TJPR, 6ª Câm. Crim., AC 0245273-9, Rel. Des. Marcus Vinicius de Lacerda Costa, j. 31/03/2005.

Classificação doutrinária

Crime comum no que diz respeito à conduta de exercer, ainda que a título gratuito, a profissão de médico, dentista ou farmacêutico, sem autorização legal, e próprio quando se refere ao fato de o sujeito exceder os seus limites, haja vista que somente o médico, o dentista e o farmacêutico podem praticá-lo; comum no que se refere ao sujeito passivo, pois que o tipo penal não lhe aponta qualquer qualidade ou condição especial; doloso; comissivo (podendo, também, nos termos do art. 13, § 2º, do Código Penal, ser praticado via omissão imprópria, na hipótese de o agente gozar do *status* de garantidor); de perigo comum e concreto (embora haja divergência doutrinária nesse sentido, pois se tem entendido, majoritariamente, tratar-se de um crime de perigo abstrato, presumido); de forma vinculada (pois o próprio tipo penal indica o modo pelo qual deverá ser praticado); habitual; monossubjetivo; plurissubsistente; não transeunte (dependendo do caso concreto, poderá não ser possível a realização de perícia, o que fará com que seja considerado um delito transeunte).

Sujeito ativo e sujeito passivo

Qualquer pessoa poderá ser *sujeito ativo* do delito em estudo quando a conduta disser respeito ao exercício, ainda que a título gratuito, da profissão de médico, dentista ou farmacêutico, sem autorização legal. No entanto, somente esses profissionais é que poderão cometê-lo quando a conduta for praticada no sentido de exceder os limites determinados legalmente.

O sujeito passivo é a sociedade e, mais especificamente, as pessoas que foram atendidas pelo sujeito ativo, pois que foram colocadas diretamente numa situação de risco.

Objeto material e bem juridicamente protegido

O bem juridicamente protegido é a incolumidade pública, consubstanciada, no caso, especificamente, na saúde pública.

O objeto material, segundo Guilherme de Souza Nucci, "é a profissão de médico, dentista ou farmacêutico".[61]

---

[61] NUCCI, Guilherme de Souza. *Código penal comentado*, p. 911.

Consumação e tentativa

O delito se consuma quando o agente, com habitualidade, exerce, seja a título gratuito ou oneroso, a profissão de médico, dentista ou farmacêutico.

Em virtude da necessidade de reiteração de atos, característica do delito habitual, é que a doutrina, majoritariamente, rejeita a possibilidade de reconhecimento da tentativa, posição com a qual não concordamos, pois que somente através da análise do caso concreto é que poderemos rechaçar ou admitir o *conatus*.

Elemento subjetivo

O delito de *exercício ilegal da medicina, arte dentária ou farmacêutica* somente pode ser praticado dolosamente, não havendo previsão para a modalidade de natureza culposa.

Modalidades comissiva e omissiva

O núcleo *exercer* pressupõe um comportamento comissivo por parte do agente, podendo, no entanto, ser praticado via omissão imprópria.

Pena, ação penal, competência para julgamento e suspensão condicional do processo

A pena cominada no preceito secundário do art. 282 do Código Penal é de detenção, de 6 (seis) meses a 2 (dois) anos.

Nos termos do parágrafo único do mencionado artigo, se o crime é praticado com o fim de lucro, aplica-se também a multa.

Aplicam-se ao delito *sub examen* as majorantes previstas no art. 258 do Código Penal, nos termos do art. 285 do mesmo diploma repressivo.

A ação penal é de iniciativa pública incondicionada.

Compete, pelo menos inicialmente, ao Juizado Especial Criminal o processo e julgamento do delito de *exercício ilegal da medicina, arte dentária ou farmacêutica*, desde que não aplicada a majorante prevista no art. 258 do Código Penal.

Será possível a confecção de proposta de suspensão condicional do processo.

Exercício ilegal da medicina. Infração de menor potencial ofensivo. Competência em segundo grau da turma recursal do Juizado Especial Criminal (TJPR, AC 0199224-5, Icaraíma, 1ª Câm. Crim. [TA], Rel. Des. Marques Cury, por maioria, j. 14/11/2002).

Exercício ilegal de profissão ou atividade

Vide art. 47 da LCP (Decreto-Lei nº 3.688/1941).

Protético que exerce funções de dentista

Se um técnico em prótese dentária vier a exercer a profissão de dentista, incorrerá na infração penal tipificada no art. 282 do Código Penal, inclusive por disposição expressa constante do art. 8º da Lei nº 6.710/1979.

Estado de necessidade e exercício ilegal da medicina, arte dentária ou farmacêutica

Há lugares isolados, onde não existem médicos, dentistas ou farmacêuticos. Se alguém, nessas localidades, que possui conhecimentos básicos das profissões mencionadas, com a finalidade de auxiliar aquela comunidade carente de recursos, vier a exercê-las com regularidade, não se poderá imputar-lhe o delito em estudo, tendo em vista tratar-se de uma situação pertinente ao raciocínio do estado de necessidade.

Registro do diploma

Embora o agente tenha, por exemplo, se graduado em curso superior, como de medicina, de odontologia ou de farmácia, o seu diploma não o habilita, ainda, para o exercício de uma dessas profissões, pois, conforme salienta Cezar Roberto Bitencourt, "não é o diploma, mas o registro respectivo que dá habilitação legal para o exercício da profissão".[62]

Médico, dentista ou farmacêutico suspenso das suas atividades

Caso o médico, dentista ou farmacêutico tenha sido suspenso de suas atividades em virtude de decisão judicial, o fato se subsumirá à figura típica constante do art. 359 do Código Penal.

Crime único

Tendo em vista o fato de estarmos diante de um crime habitual, em que a reiteração de atos é necessária à sua configuração, o fato de o agente ter levado a efeito, por exemplo, vários atendimentos médicos, odontológicos ou farmacêuticos não importará em multiplicidade de infrações penais, mas, sim, em um único delito de *exercício ilegal da medicina, arte dentária ou farmacêutica*.

Parteiras

As parteiras ainda são muito comuns em nosso país, de proporções continentais. Os serviços delas são, muitas vezes, indispensáveis, tendo em vista a ausência de médicos ginecologistas obstetras.

Esclarece Fragoso: "A assistência prestada a partos normais não constitui, por ausência de tipicidade, o crime em exame, pois seria exercício ilegal da profissão de parteira. Ao contrário de outras leis, não previu a nossa a hipótese em apreço como delituosa, sendo inadmissível a extensão analógica".[63]

Exercício ilegal da medicina. Não infringe a norma o art. 282 do Código Penal a ré que exerce a função de parteira, distinta da atividade médica-obstetra, mesmo que não possua documentação legal

---

[62] BITENCOURT, Cezar Roberto. *Tratado de direito penal*, v. 4, p. 266.

[63] FRAGOSO, Heleno Cláudio. *Lições de direito penal* – parte especial, v. 3, p. 265.

para exercer tal profissão. A assistência prestada pela acusada não constitui o crime em exame, pois o que ocorreu foi o exercício ilegal da profissão de parteira. É assente, no direito, a vedação de interpretação analógica de regra de direito penal *in malam partem*. Inadmissível, pois, a condenação da acusada, por não constituir o fato ilícito penal (TJRS, Ap. Crim. 70000304063, 3ª Câm. Crim., Rel. Saulo Brum Leal, j. 16/03/2000).

Charlatanismo
Art. 283. Inculcar ou anunciar cura por meio secreto ou infalível:
Pena – detenção, de três meses a um ano, e multa.

Introdução

O charlatão se comporta no sentido de *inculcar* ou *anunciar cura* por *meio secreto* ou *infalível*. Inculcar é utilizado no texto legal no sentido de indicar, apregoar, recomendar meio secreto ou infalível para a cura de determinada doença; *anunciar* é fazer propaganda, alardear esse meio, seja por intermédio de jornais, revistas, rádio, televisão, folhetos, cartazes etc.

A cura a que se refere a lei penal diz respeito a determinadas doenças para as quais não exista tratamento próprio, de acordo com os conhecimentos científicos do momento, ou, mesmo já existindo, o agente propõe tratamento alternativo, por meio secreto ou infalível.

O *meio*, conforme esclarece Bento de Faria, pode ser constituído:

"*a*) pelo *remédio secreto*, assim considerado o preparado oficial de fórmula não consignada nas farmacopeias, e o não licenciado pela repartição competente da Saúde Pública;

b) ou *qualquer outro*, também inculcado como infalível, ainda que não consistente em drogas".[64]

O crime pode ser cometido por profissionais ligados à área da saúde, a exemplo dos médicos, como também por pessoas que lhe são estranhas, como camelôs que vendem, nas ruas e praças públicas, fórmulas já preparadas com ervas, plantas e outras misturas, sabe-se lá com o quê, e apregoam a cura de doenças como câncer, Aids, impotência sexual etc. São as conhecidas "garrafadas", em que a vítima, convencida pelo vendedor charlatão, se dispõe a experimentar aquele preparado sinistro, acreditando que será curada de sua doença.

⚖ Charlatanismo. Atuação como crime-meio para se chegar ao delito-fim absorção pelo delito mais grave. Exercício ilegal da medicina. Ademais, ausência de plena comprovação de todos os seus elementos integradores (TARS, Ap. Crim. 297005175, 1ª Câm. Crim., Rel. Marco Antônio Ribeiro de Oliveira, j. 09/04/1997).

Nesse sentido:

⚖ STJ, HC 1498/RJ, Rel. Luiz Vicente Cernicchiaro, 6ª T., *DJ* 16/08/1993, p. 15.994.

Classificação doutrinária

Crime comum, tanto no que diz respeito ao sujeito ativo quanto ao sujeito passivo; doloso; comissivo (podendo, também, nos termos do art. 13, § 2º, do Código Penal, ser praticado via omissão imprópria, na hipótese de o agente gozar do *status* de garantidor); de perigo comum e concreto (embora haja divergência doutrinária nesse sentido, pois se tem entendido, majoritariamente, tratar-se de crime de perigo abstrato, presumido); de forma livre; instantâneo; monossubjetivo; plurissubsistente; não transeunte (dependendo do caso concreto, poderá não ser possível a realização de perícia, o que fará com que seja considerado um delito transeunte).

Sujeito ativo e sujeito passivo

Qualquer pessoa poderá ser *sujeito ativo*.

O *sujeito passivo* é a sociedade, bem como as pessoas que foram ludibriadas pelo agente.

Objeto material e bem juridicamente protegido

O bem juridicamente protegido é a incolumidade pública, consubstanciada, no caso, especificamente, na saúde pública.

O objeto material é o anúncio da cura por meio secreto ou infalível.

Consumação e tentativa

Consuma-se o delito quando, com a inculcação ou anúncio da cura por meio secreto ou infalível, o agente cria, efetiva e concretamente, uma situação de risco à incolumidade pública.

A tentativa é admissível.

Elemento subjetivo

O dolo é o elemento subjetivo exigido pelo tipo penal em estudo, não havendo previsão para a modalidade de natureza culposa.

Modalidades comissiva e omissiva

Os núcleos *inculcar* e *anunciar* pressupõem um comportamento comissivo por parte do agente, podendo, no entanto, ser praticado via omissão imprópria.

Pena, ação penal, competência para julgamento e suspensão condicional do processo

A pena cominada no preceito secundário do art. 283 do Código Penal é de detenção, de 3 (três) meses a 1 (um) ano, e multa.

Aplicam-se ao delito *sub examen* as majorantes previstas no art. 258 do Código Penal, nos termos do art. 285 do mesmo diploma repressivo.

---

[64] FARIA, Bento de. *Código penal brasileiro*, v. VI, p. 275.

A ação penal é de iniciativa pública incondicionada. Compete, pelo menos inicialmente, ao Juizado Especial Criminal o processo e julgamento do delito de *charlatanismo*.

Será possível a confecção de proposta de suspensão condicional do processo.

> **Curandeirismo**
>
> **Art. 284.** Exercer o curandeirismo:
>
> I – prescrevendo, ministrando ou aplicando, habitualmente, qualquer substância;
>
> II – usando gestos, palavras ou qualquer outro meio;
>
> III – fazendo diagnósticos:
>
> Pena – detenção, de seis meses a dois anos.
>
> **Parágrafo único.** Se o crime é praticado mediante remuneração, o agente fica também sujeito à multa.

Introdução

O núcleo do tipo que orienta toda a interpretação é o verbo *exercer*, que deve ser entendido no sentido de praticar com frequência, habitualidade. Dessa forma, devemos concluir que estamos diante de um delito habitual, pois que a prática eventual de qualquer dos comportamentos previstos pela figura típica em estudo se configura em mero indiferente penal.

Assim, exerce o curandeirismo o agente que: *a)* prescreve, ministra ou aplica, habitualmente, qualquer substância; *b)* usa gestos, palavras ou qualquer outro meio; *c)* faz diagnósticos.

Ao contrário do charlatão, o curandeiro acredita que, com suas fórmulas sobrenaturais, mágicas, conseguirá a cura daquele que foi à sua procura.

A primeira das modalidades de curandeirismo, prevista pelo inc. I do art. 284 do Código Penal, diz respeito ao fato de prescrever, ministrar ou aplicar, com habitualidade, qualquer substância. *Prescrever* tem o sentido de indicar, receitar; *ministrar* significa dar, fornecer; *aplicar* deve ser entendido como utilizar, empregar, etc. Tais condutas devem ser praticadas com habitualidade, bem como dizer respeito a qualquer substância, seja ela de origem vegetal, animal ou mineral, que, segundo a crença do curandeiro, terá capacidade curativa.

Na modalidade prevista pelo inc. II do art. 284 do Código Penal, o curandeiro se vale de gestos, palavras ou qualquer outro meio. O inciso prevê a chamada interpretação analógica, ampliando o seu espectro de aplicação. Talvez essa seja a forma mais comum de curandeirismo, em que o lado místico é mais explorado, levando a vítima a acreditar que suas doenças serão resolvidas sobrenaturalmente. O curandeiro explora, mesmo acreditando no que faz, a fraqueza espiritual da vítima, que fica subjugada a superstições

inócuas, que somente terão o condão de retardar o tratamento adequado a ser feito pela medicina tradicional.

A última modalidade de curandeirismo, constante do inc. III do art. 284 do Código Penal, diz respeito ao fato de *fazer diagnósticos*, isto é, o curandeiro, mesmo não tendo os mais basilares conhecimentos de medicina, se atreve a identificar as doenças, supostamente, pelos seus sintomas.

⚖ A alegação de ineficácia absoluta da grave ameaça de mal espiritual não pode ser acolhida, haja vista que, a teor do enquadramento fático do acórdão, a vítima, em razão de sua livre crença religiosa, acreditou que a recorrente poderia concretizar as intimidações de "acabar com sua vida", com seu carro e de provocar graves danos aos seus filhos; coagida, realizou o pagamento de indevida vantagem econômica. Tese de violação do art. 158 do CP afastada (STJ, REsp 1.299.021/SP, Rel. Min. Rogério Schietti Cruz, 6ª T., *DJe* 23/02/2017).

Nesse sentido:

⚖ TJRS, Ap. Crim. 700271 56207, 8ª Câm. Crim., Rel. Danúbio Edon Franco, pub. 23/04/2009; STJ, HC 59.312, Proc. 2006/0106867-7, PR, 5ª T., Rel. Min. Gilson Dipp, *DJU* 09/10/2006, p. 329; TJPR, Processo 0147844-4, Rel. Idevan Lopes, j. 11/05/2000; STJ, REsp 50426/MG, Rel. Min. Jesus Costa Lima, *LEXSTJ* 66, p. 340; TJSC, AC 26521, Rel. José Roberge.

Classificação doutrinária

Crime comum, tanto no que diz respeito ao sujeito ativo quanto ao sujeito passivo; doloso; comissivo (podendo, também, nos termos do art. 13, § 2º, do Código Penal, ser praticado via omissão imprópria, na hipótese de o agente gozar do *status* de garantidor); de perigo comum e concreto (embora haja divergência doutrinária nesse sentido, pois se tem entendido, majoritariamente, tratar-se de crime de perigo abstrato, presumido); de forma vinculada; habitual; monossubjetivo; plurissubsistente; não transeunte (dependendo do caso concreto, poderá não ser possível a realização de perícia, o que fará com que seja considerado um delito transeunte).

Sujeito ativo e sujeito passivo

Qualquer pessoa poderá ser *sujeito ativo*.

O *sujeito passivo* é a sociedade, mais especificamente as pessoas que foram ludibriadas pelo agente.

Objeto material e bem juridicamente protegido

O bem juridicamente protegido é a incolumidade pública, consubstanciada, no caso, especificamente, na saúde pública.

O objeto material, conforme preconiza Guilherme de Souza Nucci, "é a substância prescrita, o gesto, a palavra ou outro meio empregado e o diagnóstico realizado".[65]

Consumação e tentativa

O delito se consuma quando o agente, reiteradamente, isto é, de forma habitual, pratica comportamentos previstos pelo tipo penal em exame.

Mesmo tratando-se de crime habitual, entendemos ser possível a tentativa, dependendo da hipótese concreta a ser analisada.

⚖ O simples fato de a ré ter recebido valores da vítima, prometendo-lhe a cura de sua enfermidade não autoriza a instauração de processo criminal, tendo em vista que, para se configurar o tipo penal do art. 284 do Estatuto Repressivo é necessária a prática de uma das condutas descritas em seus incisos (STJ, HC 59312/PR, Rel. Min. Gilson Dipp, 5ª T., *DJ* 09/10/2006, p. 329).

Elemento subjetivo

O dolo é o elemento subjetivo exigido pelo delito de *curandeirismo*, não havendo previsão para a modalidade de natureza culposa.

Modalidades comissiva e omissiva

As condutas previstas pelo tipo penal relativo ao delito de curandeirismo pressupõem um comportamento comissivo por parte do agente, podendo, no entanto, ser praticado via omissão imprópria.

Pena, ação penal, competência para julgamento e suspensão condicional do processo

A pena cominada no preceito secundário do art. 284 do Código Penal é de detenção, de 6 (seis) meses a 2 (dois) anos.

Nos termos do parágrafo único do mencionado artigo, se o crime é praticado mediante remuneração, o agente fica também sujeito a multa.

Aplicam-se ao delito *sub examen* as majorantes previstas pelo art. 258 do Código Penal, nos termos do art. 285 do mesmo diploma repressivo.

A ação penal é de iniciativa pública incondicionada. Compete, pelo menos inicialmente, ao Juizado Especial Criminal o processo e julgamento do delito de *curandeirismo*, desde que não aplicada a majorante prevista pelo art. 258 do Código Penal.

Será possível a confecção de proposta de suspensão condicional do processo.

Denúncia inepta

⚖ Se a inicial acusatória imputou à paciente a prática do delito de curandeirismo de forma genérica, deixando de detalhar qual a conduta por ela realizada que se adequa ao tipo penal atribuído, não explicitando quais os 'trabalhos de curandeirismo' foram praticados pela ré, resta configurado o constrangimento ilegal. Não se constata o atendimento dos requisitos do art. 41 do CPP, pois os fatos delituosos não se encontram devidamente expostos, com suas circunstâncias, de modo a permitir o exercício da ampla defesa (STJ, HC 59312/PR, Rel. Min. Gilson Dipp, 5ª T., *DJ* 09/10/2006, p. 329).

Concurso de crimes

⚖ Embora o curandeirismo seja prática delituosa típica de pessoa rude, sem qualquer conhecimento técnico-profissional da medicina e que se dedica a prescrever substâncias ou procedimentos com o fim de curar doenças, não se pode descartar a possibilidade de existência do concurso entre tal crime e o de exercício ilegal de arte farmacêutica, se o agente também não tem habilitação profissional específica para exercer tal atividade (STJ, HC 36244/DF, Rel. Min. José Arnaldo da Fonseca, 5ª T., *RSTJ* 200, p. 549).

Nesse sentido:

⚖ STF, HC 85718/DF, Rel. Min. Cezar Peluzo, pub. 05/12/2008.

Forma qualificada

Art. 285. Aplica-se o disposto no art. 258 aos crimes previstos neste Capítulo, salvo quanto ao definido no art. 267.

---

[65] NUCCI, Guilherme de Souza. *Código penal comentado*, p. 914.

Título IX – Dos Crimes contra a Paz Pública

Incitação ao crime

Art. 286. Incitar, publicamente, a prática de crime:
Pena – detenção, de três a seis meses, ou multa.
Parágrafo único. Incorre na mesma pena quem incita, publicamente, animosidade entre as Forças Armadas, ou delas contra os poderes constitucionais, as instituições civis ou a sociedade.

Introdução

O núcleo *incitar* tem o significado de estimular, instigar, induzir etc.

Tendo em vista a necessidade de que a incitação seja levada a efeito publicamente, gerando risco à paz social, podemos descartar a infração penal em exame quando a conduta do agente vier a ocorrer em locais reservados, a exemplo da que ocorre no ambiente familiar, ou até mesmo no interior de uma pequena empresa etc. O delito pode ser praticado por meios diversos. Assim, poderá a incitação pública ocorrer não somente por intermédio das palavras pronunciadas pelo agente, como também por escritos, gestos, enfim, qualquer meio capaz de fazer com que seja produzido um sentimento de medo, de insegurança, de quebra da paz pública no meio social.

Exige a lei penal que a incitação seja dirigida à prática de *crime*, razão pela qual a incitação dirigida ao cometimento de *contravenções penais* não se configura no delito tipificado no *caput* do art. 286 do Código Penal. Além de dizer respeito tão somente a crimes, esses devem ser determinados pelo agente, a exemplo daquele que incita a multidão a linchar um delinquente que fora preso em flagrante ou, mesmo, a quebrar as vidraças das lojas no centro da cidade. Enfim, a incitação deverá ser dirigida à prática de determinada infração penal, não se configurando o delito quando ocorrer uma incitação vaga, genérica.

A configuração da tipicidade do delito previsto no art. 286 do Código Penal (incitação à prática de crime) é indispensável que o agente instigue pessoas determinadas ou indeterminadas da coletividade a praticar crimes específicos, pois a menção genérica não torna a conduta típica (TRF 2ª Reg., ACr 2005.51.01.523553-8, Rel.ª Des.ª Fed. Liliane Roriz, *DJU* 17/07/2007, p. 172).

Não será preciso, para fins de reconhecimento do delito de *incitação ao crime*, que as pessoas pratiquem, efetivamente, o delito para o qual foram incitadas, pois que estamos diante de uma infração penal de perigo comum e concreto, embora grande parte da doutrina a entenda como sendo de perigo abstrato.

Dessa forma, se o comportamento levado a efeito pelo agente, embora incitando publicamente a multidão a praticar um determinado delito, for inócuo, risível, não podemos simplesmente presumi-lo como perigoso, pois que o perigo criado à paz pública deverá ser demonstrado no caso concreto.

A Lei nº 14.197, de 1º de setembro de 2021 inseriu o parágrafo único ao art. 286 do Código Penal, dizendo que *incorre na mesma pena quem incita, publicamente, a animosidade entre as Forças Armadas ou entre estas e os poderes constitucionais, as instituições civis ou a sociedade.*

Essa incitação tem o sentido, diferentemente do *caput*, de criar animosidade, um clima de embate entre as próprias Forças Armadas (Exército, Marinha e Aeronáutica), ou entre elas e os poderes constitucionais (Congresso Nacional e Poder Executivo), ou, ainda, entre as instituições civis e a própria sociedade como um todo.

O art. 286, CP, incrimina a conduta de incitar, induzir, instigar, provocar, estimular a prática de qualquer crime, quer criando a ideia do ilícito, quer reforçando propósito já existente. Se não houve exortação à prática de delito, não se caracteriza a infração em questão (TJMG, Processo 1.0000.00.296538-2/000 [1], Rel. Kelsen Carneiro, pub. 11/10/2002).

Nesse sentido:

STF, HC 75.755/GO, Rel. Sepúlveda Pertence, j. 17/02/1998.

Classificação doutrinária

Crime comum, tanto no que diz respeito ao sujeito ativo quanto ao sujeito passivo; doloso (não havendo previsão para a modalidade de natureza culposa); comissivo (podendo, também, nos termos do art. 13, § 2º, do Código Penal, ser praticado via omissão imprópria, na hipótese de o agente gozar do *status* de garantidor); de perigo comum e concreto (embora haja divergência doutrinária nesse sentido, pois que se tem entendido, majoritariamente, tratar-se de crime de perigo abstrato, presumido); de forma livre; instantâneo; monossubjetivo; plurissubsistente (podendo, também, dependendo da forma como for praticado, ser considerado unissubsistente); transeunte (como regra, pois, na maioria dos casos, não será necessária a prova pericial).

Sujeito ativo e sujeito passivo

Qualquer pessoa pode ser *sujeito ativo*.

O *sujeito passivo* é a sociedade, que tem sua paz abalada em virtude da conduta levada a efeito pelo sujeito ativo, bem como as Forças Armadas, os poderes constitucionais e as instituições civis.

Objeto material e bem juridicamente protegido

A *paz pública* é o bem juridicamente protegido pelo delito de *incitação ao crime*.

Ao contrário do que entende Guilherme de Souza Nucci,[1] que aduz ser também a *paz pública* o objeto material do delito tipificado no art. 286 do Código Penal, entendemos que o delito em análise não prevê objeto material.

Consumação e tentativa

O delito se consuma quando o agente, incitando publicamente a prática de crime, coloca, efetivamente, em risco a paz pública, criando uma sensação de instabilidade social, de medo, de insegurança no corpo social. Dependendo do meio utilizado pelo agente para incitar publicamente a prática de crime, será possível ou não o reconhecimento da tentativa.

⚖ A incitação ao crime tipificada no art. 286 do CP consuma-se independentemente de efetivar-se a prática delituosa sugerida (TJMG, AC 131594-2-0000735, Rel. Mercedo Moreira).

Elemento subjetivo

O dolo é o elemento subjetivo exigido pelo tipo penal que prevê o delito de *incitação ao crime*, não havendo previsão para a modalidade de natureza culposa.

Modalidades comissiva e omissiva

O núcleo *incitar* pressupõe um comportamento comissivo por parte do agente, podendo, no entanto, ser praticado via omissão imprópria.

Pena, ação penal, competência para julgamento e suspensão condicional do processo

A pena cominada ao delito de *incitação ao crime*, tanto no *caput* quanto em seu parágrafo único, é de detenção, de 3 (três) a 6 (seis) meses, ou multa.

A ação penal é de iniciativa pública incondicionada.

Compete, pelo menos inicialmente, ao Juizado Especial Criminal o processo e o julgamento do delito tipificado no art. 286 do Código Penal.

Será possível a confecção de proposta de suspensão condicional do processo.

⚖ A divulgação, pela *internet*, de técnicas de cultivo de planta destinada à preparação de substância entorpecente não atrai, por si só, a competência federal. Ainda que se trate, no caso, de hospedeiro estrangeiro, a ação de incitar desenvolveu-se no território nacional, daí não se justificando a aplicação dos incs. IV e V do art. 109 da Constituição. Caso, pois, de competência estadual. Conflito do qual se conheceu, declarando-se competente o suscitante (STJ, CC 62949/PR, Rel. Min. Nilson Naves, S3, *DJ* 26/02/2007, p. 549).

Incitamento no Código Penal Militar

Vide art. 155 do Decreto-Lei nº 1.001/69 (Código Penal Militar).

Incitação ao Genocídio

Vide art. 3º da Lei nº 2.899/1956.

Incitação e concurso de pessoas

Estamos com Guilherme de Souza Nucci quando diz: "Se o destinatário da instigação for único e efetivamente cometer o crime, pode o autor da incitação ser considerado partícipe (art. 29, CP). Nessa hipótese, o crime de perigo (art. 286) é absorvido pelo crime de dano cometido. Entretanto, se forem vários os destinatários da incitação e apenas um deles cometer o crime, haverá concurso formal, isto é, o agente da incitação responde pelo delito do art. 286 e também pelo crime cometido pela pessoa que praticou a infração estimulada".[2]

Incitação à discriminação ou preconceito de raça, cor, etnia, religião ou procedência nacional

Se a incitação disser respeito a discriminação ou preconceito de raça, cor, etnia, religião ou procedência nacional, será aplicado o art. 20 da Lei nº 7.716, de 5 de janeiro de 1989.

Apologia de crime ou criminoso
Art. 287. Fazer, publicamente, apologia de fato criminoso ou de autor de crime:
Pena – detenção, de três a seis meses, ou multa.

Introdução

O núcleo *fazer* é utilizado pelo texto legal no sentido de realizar, levar a efeito, manifestar etc. *Fazer apologia* significa enaltecer, realizar com afinco, engrandecer, glorificar etc. Essa apologia deve ser realizada *publicamente*, bem como dizer respeito a *fato criminoso* ou a *autor de crime*. Assim, a conduta do agente deve ser dirigida finalisticamente a enaltecer, engrandecer, elogiar, aplaudir, em público, fato criminoso ou autor de crime. Existe controvérsia doutrinária se o fato criminoso, constante como elemento do tipo penal em estudo, já deve ter acontecido ou se pode ser um fato apontado abstratamente, a exemplo daquele que enaltece o cometimento de um delito previsto em nosso Código Penal, mas não se referindo a um fato especificamente praticado por alguém.

Na verdade, o que a lei penal procura evitar é não somente o enaltecimento de um fato criminoso já acontecido, como também qualquer apologia à prática de um delito abstratamente considerado. A defesa, o engrandecimento, a justificação da prática do delito é que colocam em risco a paz pública.

Deve-se ter cuidado, no entanto, em fazer a distinção entre a apologia ao crime e as discussões que são ne-

---

[1] NUCCI, Guilherme de Souza. *Código penal comentado*, p. 918.

[2] NUCCI, Guilherme de Souza. *Código penal comentado*, p. 918.

cessárias ao desenvolvimento e aperfeiçoamento do próprio Direito Penal, sob pena de engessarmos esse ramo do direito. Assim, discussões acadêmicas sobre a necessidade de revogação de tipos penais, inclusive com justificativas e enaltecimentos de sua prática, como acontece com o delito de aborto, não podem se configurar no delito *sub examen*.

⚖ Apologia é manifestação do pensamento consistente no elogio de um fato criminoso ou do seu autor, feita publicamente para aprovar, louvar ou exaltar, o crime ou o seu praticante, ou ambos. Se não se faz referência elogiosa a nenhum tipo de infração penal nem a qualquer criminoso, não há que se cogitar sequer, em tese, da existência da infração do art. 287 do Código Penal (TJMG, Processo 1.0000.00.296538-2/000 [1], Rel. Kelsen Carneiro, pub. 11/10/2002).

O artigo redigido pelo paciente e publicado em seu blog não apresenta elementos que permitam concluir pela tipicidade necessária à instauração da ação penal. Trata-se, sim, de mera expressão pública da opinião de um cidadão jornalista assegurada pela Constituição Federal em seus arts. 5º, inc. IV e IX, e 220, § 1º (TJRS, HC 70038562302, Rel. Des. Cláudio Baldino Maciel, *DJe* 13/10/2010).

Nesse sentido:

⚖ STJ, RHC 4660/RJ, Rel. Min. Luiz Vicente Cernicchiaro, 6ª T., *DJ* 30/10/1995, p. 36.810.

Classificação doutrinária

Crime comum, tanto no que diz respeito ao sujeito ativo quanto ao sujeito passivo; doloso (não havendo previsão para a modalidade de natureza culposa); comissivo (podendo, também, nos termos do art. 13, § 2º, do Código Penal, ser praticado via omissão imprópria, na hipótese de o agente gozar do *status* de garantidor); de perigo comum e concreto (embora haja divergência doutrinária nesse sentido, pois se tem entendido, majoritariamente, tratar-se de um crime de perigo abstrato, presumido); de forma livre; instantâneo; monossubjetivo; plurissubsistente (podendo, também, dependendo da forma como é praticado, ser considerado unissubsistente); transeunte (como regra, pois na maioria dos casos não será necessária a prova pericial).

Sujeito ativo e sujeito passivo

Qualquer pessoa poderá ser *sujeito ativo*.
O *sujeito passivo* é a sociedade.

Objeto material e bem juridicamente protegido

A *paz pública* é o bem juridicamente protegido pelo tipo penal que prevê o delito de *apologia de crime ou criminoso*.
Não há objeto material.

Consumação e tentativa

O delito se consuma quando o agente, levando a efeito a apologia de crime ou criminoso, coloca, efetivamente, em risco a paz pública, criando uma sensação de instabilidade social, de medo, de insegurança no corpo social. Dependendo do meio utilizado pelo agente para fazer a apologia de crime ou criminoso, será possível ou não o reconhecimento da tentativa.

Elemento subjetivo

O dolo é o elemento subjetivo exigido pelo tipo penal que prevê o delito de *apologia de crime ou criminoso*, não havendo previsão para a modalidade de natureza culposa.

Modalidades comissiva e omissiva

O núcleo *fazer* pressupõe um comportamento comissivo por parte do agente, podendo, no entanto, ser praticado via omissão imprópria.

Pena, ação penal, competência para julgamento e suspensão condicional do processo

A pena cominada ao delito de *apologia de crime ou criminoso* é de detenção, de 3 (três) a 6 (seis) meses, ou multa.
A ação penal é de iniciativa pública incondicionada.
Compete, pelo menos inicialmente, ao Juizado Especial Criminal o processo e julgamento do delito tipificado no art. 287 do Código Penal.
Será possível a confecção de proposta de suspensão condicional do processo.

Apologia de mais de um fato criminoso ou de mais de um autor de crime

Entendemos que, se numa mesma relação de contexto o agente fizer apologia de mais de um fato criminoso, ou mesmo de mais de um autor de crime, estaremos diante de infração penal única, não havendo que se falar em concurso de crimes.
Posicionando-se contrariamente a essa conclusão, adverte Noronha: "Apologia de fato criminoso não é apologia de um ou mais delitos. Pensamos, por conseguinte, que haverá concurso formal ou ideal de crimes: com a mesma ação, o sujeito ativo faz apologia, isto é, exalta ou elogia mais de um crime cometido."[3]

Apologia ao crime e "Marcha da maconha"

O Supremo Tribunal Federal, através do seu Tribunal Pleno, no julgamento da Arguição de Descumprimento de Preceito Fundamental – ADPF nº 187/DF, tendo como Relator o Min. Celso de Melo, publicado no *DJe* em 29/05/2014, decidiu que os participantes da "Marcha da maconha" não praticam o delito de apologia de crime, dizendo:

⚖ "Marcha da maconha". Manifestação legítima, por cidadãos da República, de duas liberdades individuais

---

[3] NORONHA, Edgard Magalhães. *Direito penal*, v. 4, p. 88.

revestidas de caráter fundamental: o direito de reunião (liberdade-meio) e o direito à livre expressão do pensamento (liberdade-fim). A liberdade de reunião como pré-condição necessária à ativa participação dos cidadãos no processo político e no de tomada de decisões no âmbito do aparelho de Estado. Consequente legitimidade, sob perspectiva estritamente constitucional, de assembleias, reuniões, marchas, passeatas ou encontros coletivos realizados em espaços públicos (ou privados) com o objetivo de obter apoio para oferecimento de projetos de lei, de iniciativa popular, de criticar modelos normativos em vigor, de exercer o direito de petição e de promover atos de proselitismo em favor das posições sustentadas pelos manifestantes e participantes da reunião. Estrutura constitucional do direito fundamental de reunião pacífica e oponibilidade de seu exercício ao Poder Público e aos seus agentes. Vinculação de caráter instrumental entre a liberdade de reunião e a liberdade de manifestação do pensamento. Dois importantes precedentes do Supremo Tribunal Federal sobre a íntima correlação entre referidas liberdades fundamentais: HC 4.781/BA, Rel. Min. Edmundo Lins, e ADI 1.969/DF, Rel. Min. Ricardo Lewandowski. A liberdade de expressão como um dos mais preciosos privilégios dos cidadãos em uma República fundada em bases democráticas. O direito à livre manifestação do pensamento: núcleo de que se irradiam os direitos de crítica, de protesto, de discordância e de livre circulação de ideias. Abolição penal (*abolitio criminis*) de determinadas condutas puníveis. Debate que não se confunde com incitação à prática de delito nem se identifica com apologia de fato criminoso. Discussão que deve ser realizada de forma racional, com respeito entre interlocutores e sem possibilidade legítima de repressão estatal, ainda que as ideias propostas possam ser consideradas, pela maioria, estranhas, insuportáveis, extravagantes, audaciosas ou inaceitáveis. O sentido de alteridade do direito à livre expressão e o respeito às ideias que conflitem com o pensamento e os valores dominantes no meio social. Caráter não absoluto de referida liberdade fundamental (cf., art. 5º, incisos IV, V e X; Convenção Americana de Direitos Humanos, art. 13, § 5º). A proteção constitucional à liberdade de pensamento como salvaguarda não apenas das ideias e propostas prevalecentes no âmbito social, mas, sobretudo, como amparo eficiente às posições que divergem, ainda que radicalmente, das concepções predominantes em dado momento histórico-cultural, no âmbito das formações sociais. O princípio majoritário, que desempenha importante papel no processo decisório, não pode legitimar a supressão, a frustração ou a aniquilação de direitos fundamentais, como o livre exercício do direito de reunião e a prática legítima da liberdade de expressão, sob pena de comprometimento da concepção material de democracia constitucional. A função contramajoritária

da jurisdição constitucional no Estado Democrático de Direito. Inadmissibilidade da "proibição estatal do dissenso". Necessário respeito ao discurso antagônico no contexto da sociedade civil compreendida como espaço privilegiado que deve valorizar o conceito de "livre mercado de ideias". O sentido da existência do *free marketplace of ideas* como elemento fundamental e inerente ao regime democrático (AC 2.695-MC/RS, Rel. Min. Celso de Mello). A importância do conteúdo argumentativo do discurso fundado em convicções divergentes. A livre circulação de ideias como signo identificador das sociedades abertas, cuja natureza não se revela compatível com a repressão ao dissenso e que estimula a construção de espaços de liberdade em obséquio ao sentido democrático que anima as instituições da República. As plurissignificações do art. 287 do Código Penal: necessidade de interpretar esse preceito legal em harmonia com as liberdades fundamentais de reunião, de expressão e de petição. Legitimidade da utilização da técnica da interpretação conforme à Constituição nos casos em que o ato estatal tenha conteúdo polissêmico. Arguição de Descumprimento de Preceito Fundamental julgada procedente.

Associação criminosa

Art. 288. Associarem-se três ou mais pessoas, para o fim específico de cometer crimes:

Pena – reclusão, de um a três anos.

Parágrafo único. A pena aumenta-se até a metade se a associação é armada ou se houver a participação de criança ou adolescente.

Introdução

O delito de *associação criminosa* vem tipificado no art. 288 do Código Penal, com a nova redação que lhe foi conferida pela Lei nº 12.850, de 2 de agosto de 2013, que alterou também sua rubrica, abandonando a denominação *quadrilha ou bando*, já consagrada pela doutrina e que, por razões da nova definição legal, já não se fazia mais pertinente.

Pela nova redação típica, podemos apontar os seguintes elementos: a) a conduta de se associarem três ou mais pessoas; b) para o fim específico de cometer crimes.

O núcleo *associar* diz respeito a uma reunião não eventual de pessoas, com caráter relativamente duradouro, ou, conforme preconiza Hungria: "*Associar-se* quer dizer reunir-se, aliar-se ou congregar-se *estável* ou *permanentemente*, para a consecução de um fim comum. [...] reunião estável ou permanente (que não significa *perpétua*), para o fim de perpetração de uma indeterminada série de crimes. A nota da estabilidade ou permanência da aliança é essencial."[4]

Assim, conforme as precisas lições de Hungria, o que difere, *ab initio*, o delito de associação criminosa (*societas delinquendi*) de um concurso eventual de pessoas (*societas criminis* ou *societas in crimine*) é o fato

---

[4] HUNGRIA, Nélson. *Comentários ao código penal*, v. IX, p. 177-178.

de a reunião criminosa, naquela situação, possuir, como dissemos, caráter relativamente duradouro. Dessa forma, os integrantes do grupo não se reúnem apenas, por exemplo, para a prática de um ou dois delitos, sendo a finalidade do grupo a prática constante e reiterada de uma série de crimes, seja a cadeia criminosa *homogênea* (destinada à prática de um mesmo crime), seja a *heterogênea* (que tem por finalidade praticar delitos distintos, a exemplo de roubos, furtos, extorsões, homicídios etc.).

Para efeitos de configuração do delito de *associação criminosa*, o art. 288 do Código Penal, com a nova redação que lhe foi dada pela Lei nº 12. 850, de 2 de agosto de 2013, reduziu o número mínimo de integrantes, passando a exigir um mínimo de três pessoas, uma vez que utiliza a expressão *três ou mais pessoas*, ao contrário do que ocorria anteriormente com o delito de quadrilha ou bando, em que era exigido um número mínimo de quatro integrantes.

Tratando-se de crime formal, de consumação antecipada, o delito de *associação criminosa* se configura quando ocorre a adesão do *terceiro* sujeito ao grupo criminoso, que terá por finalidade a prática de um número indeterminado de crimes. Não há necessidade, para efeitos de configuração do delito, que seja praticada uma única infração penal sequer em função da qual a *associação criminosa* foi formada. Se houver a prática dos delitos em razão dos quais a associação criminosa foi constituída, haverá concurso material de crimes entre eles.

Entendemos, ainda, tratar-se de crime de perigo comum e concreto, ao contrário da maioria da doutrina, que entende o tipo do art. 288 do Código Penal como um delito de perigo abstrato. Assim, estamos com Hungria, quando afirma que "não fora o grave perigo concreto que a organização [...] representa em si mesma, e não passaria de mero *ato preparatório*, penalmente irrelevante".[5]

⚖ Havendo apenas uma imputação pelo crime previsto no art. 288 do CP, a descrição da associação criminosa revelando a existência de um núcleo coeso formado por três partes e expondo a complexa dinâmica fática individual de cada integrante da associação evidencia a precisão e clareza da inicial acusatória (STJ, HC 479.213/SP, Rel. Min. Nefi Cordeiro, 6ª T., *DJe* 02/04/2019).

Nesse sentido:

⚖ STJ, AgRg no AgRg no AREsp 546.448/PE, Rel. Min. Felix Fischer, 5ª T., *DJe* 28/02/2018; STJ, APn 823/DF, Rel.ª Min.ª Nancy Andrighi, CE, *DJe* 22/08/2017; STJ, RHC 76.678/SP, Rel. Min. Reynaldo Soares da Fonseca, 5ª T., *DJe* 24/05/2017; STF, INQ 4.013/AP, Rel. Min. Marco Aurélio, 1ª T., *DJe* 25/08/2016.

Classificação doutrinária

Crime comum, tanto no que diz respeito ao sujeito ativo quanto ao sujeito passivo; doloso (não haven-

do previsão para a modalidade de natureza culposa); comissivo (podendo, também, nos termos do art. 13, § 2º, do Código Penal, ser praticado via omissão imprópria, na hipótese de o agente gozar do *status* de garantidor); de perigo comum e concreto (embora haja divergência doutrinária nesse sentido, pois se tem entendido, majoritariamente, tratar-se de crime de perigo abstrato, presumido); de forma livre; permanente; plurissubjetivo; plurissubsistente (podendo, também, dependendo da forma como for praticado, ser considerado unissubsistente); transeunte (como regra, pois na maioria dos casos não será necessária a prova pericial).

⚖ Trata-se de crime autônomo, de perigo abstrato, permanente, de concurso necessário e independente daqueles que venham a ser praticados pelos agentes reunidos na *societas delinquentium*, além de ser inconfundível com o simples concurso eventual de pessoas e de subsistir autonomamente, ainda que os crimes para os quais foi organizado o bando sequer venham a ser cometidos ou tenha havido a extinção da punibilidade dos agentes em relação a eles (TRF 1ª Reg., HC 0001139-31.2014.4.01.0000/GO, Rel. Des. Fed. Henrique Gouveia da Cunha, *DJe* 07/03/2014).

Sujeito ativo e sujeito passivo

Qualquer pessoa poderá ser *sujeito ativo* do delito de *associação criminosa*, haja vista que o tipo penal em exame não exige nenhuma qualidade ou condição especial.

O sujeito passivo é a sociedade, que tem sua paz perturbada em razão da formação do grupo criminoso.

Objeto material e bem juridicamente protegido

A *paz pública* é o bem juridicamente protegido pelo tipo penal que prevê o delito de *associação criminosa*. Não há objeto material.

⚖ Descabe falar em *bis in idem*, pois, evidenciado o vínculo associativo prévio entre os agentes com o intuito de cometer delitos, resta configurado o tipo penal do art. 288 do CP, sendo certo que a consumação do delito de associação criminosa independe da prática de qualquer crime posterior. De mais a mais, importa reconhecer que os bens jurídicos tutelados pelas normais penais incriminadoras são distintos, pois o art. 288 do CP protege a paz pública, enquanto o delito de extorsão visa a resguardar o patrimônio e, de forma mediata, a liberdade individual e a integridade física e psíquica da vítima (STJ, HC 547.945/SP, Rel. Min. Ribeiro Dantas, 5ª T., julgado em 04/02/2020, *DJe* 12/02/2020).

Consumação e tentativa

O delito de *associação criminosa* se consuma no momento em que ocorre a integração do terceiro sujeito ao grupo, não havendo necessidade de

---

[5] HUNGRIA, Nélson. *Comentários ao código penal*, v. IX, p. 177.

ser praticado qualquer crime em virtude do qual a associação foi formada, tratando-se, pois, como já dissemos, de um delito de natureza formal, bastando que os sujeitos pratiquem a conduta prevista no núcleo do tipo, vale dizer, se associem, para o fim específico de cometer crimes, para efeitos de sua consumação.

Nesse sentido, salienta Hungria: "O momento consumativo do crime é o *momento associativo*, pois com este já se apresenta um perigo suficientemente grave para alarmar o público ou conturbar a paz ou tranquilidade de ânimo da convivência civil."[6]

Não é admissível a tentativa.

⚖ A configuração do crime descrito no art. 288 do Código Penal não ocorre pela inclusão de um número mínimo de pessoas no polo passivo da ação penal, mas sim pelo intuito do agente de tomar parte em grupo criminoso formado por um quantitativo mínimo legal de integrantes. Essa conclusão é reforçada pelo consenso jurisprudencial no sentido de que, mesmo quando inimputáveis os demais dos integrantes da *societas delinquentium*, ou por qualquer motivo de caráter pessoal e incomunicável, extinta a punibilidade dos demais integrantes do grupo, remanesce a responsabilidade criminal daquele culpável e punível nos termos da Lei (STJ, AgRg no REsp 1.789.273/PR, Rel. Min. Felix Fischer, 5ª T., julgado em 25/08/2020, *DJe* 08/09/2020).

Nesse sentido:

⚖ STJ, AgRg no AREsp 747.868/DF, Rel. Min. Ericson Maranho – Desembargador convocado do TJ-SP, 6ª T., *DJe* 04/12/2015; STJ, HC 200.444/RJ, Rel. Min. Nefi Cordeiro, 6ª T., *DJe* 17/03/2015.

Elemento subjetivo

O dolo é o elemento subjetivo exigido pelo tipo penal que prevê o delito de *associação criminosa*, não havendo previsão para a modalidade de natureza culposa.

Para a doutrina majoritária, além do dolo, o agente deve atuar com um especial fim de agir, configurado na finalidade específica de praticar *crimes*, ou seja, um número indeterminado de delitos, o que diferenciará o delito em estudo de uma reunião eventual de pessoas, reconhecida como ato preparatório de algumas infrações penais, a exemplo do que ocorre no crime de furto.

Assim, o agente deverá ter vontade de se associar, bem como consciência de que se associa a um grupo, cuja finalidade será a prática de um número indeterminado de crimes, pois, caso contrário, poderá ser alegado o erro de tipo, afastando-se o dolo e, consequentemente, a própria infração penal, tendo em vista a ausência de previsão para a modalidade de natureza culposa.

⚖ Para caracterização do delito de associação criminosa, indispensável a demonstração de estabilidade e permanência do grupo formado por três ou mais pessoas, além do elemento subjetivo especial consistente no ajuste prévio entre os membros com a finalidade específica de cometer crimes indeterminados. Ausentes tais requisitos, restará configurado apenas o concurso eventual de agentes, e não o crime autônomo do art. 288 do Código Penal (STJ, HC 374.515/MS, Rel.ª Min.ª Maria Thereza de Assis Moura, 6ª T., *DJe* 14/03/2017).

Modalidades comissiva e omissiva

O núcleo *associar* pressupõe um comportamento comissivo por parte dos agentes. No entanto, o delito poderá ser cometido via omissão imprópria se o agente, garantidor, dolosamente, podendo, nada fizer para evitar a permanência do grupo criminoso.

Modalidade qualificada

O art. 8º da Lei nº 8.072, de 25 de julho de 1990, introduziu uma modalidade qualificada ao delito de *associação criminosa* dizendo que é de 3 (três) a 6 (seis) anos de reclusão a pena prevista no art. 288 do Código Penal, quando se tratar de crimes hediondos, prática de tortura, tráfico ilícito de entorpecentes e drogas afins ou terrorismo.

São precisas as lições de Renato Brasileiro de Lima nesse sentido:

"Interessante notar que o art. 8º da Lei nº 8.072/90 não criou um novo tipo penal incriminador. Limitou-se apenas a estabelecer novos limites de pena. Por isso, na hipótese de 4 (quatro) indivíduos se associarem, por exemplo, para a prática de crimes de falsificação de remédios, deverão responder pelo crime do art. 273 do Código Penal, em concurso material com o delito previsto no art. 288 do Código Penal, porém com a aplicação da pena cominada pelo art. 8º da Lei nº 8.072/90: reclusão, de 3 (três) a 6 (seis) anos."[7]

Causa especial de aumento de pena

O parágrafo único do art. 288 do Código Penal determina que a pena aumenta-se até a metade se a associação é armada ou se houver a participação de criança ou adolescente.

Aplica-se, portanto, a majorante, em virtude do maior juízo de censura sobre a associação criminosa, quando seus integrantes utilizam arma, seja ela considerada própria, isto é, destinada precipuamente ao ataque ou à defesa, a exemplo do revólver, fuzil, pistola, punhal etc., ou mesmo imprópria, vale dizer, aquela que não tem a finalidade precípua de ataque ou defesa, mas que é utilizada pelo grupo com essa finalidade, como barras de ferro, correntes, pedaços de pau, navalhas etc.

---

[6] HUNGRIA, Nélson. *Comentários ao código penal*, v. IX, p. 177.

[7] LIMA, Renato Brasileiro de. *Legislação criminal especial comentada*, p. 117.

Não há necessidade, ainda, de que todos os elementos que integram a associação criminosa estejam armados para a aplicação da majorante, bastando que apenas um deles se encontre nessa condição para que todos tenham sua pena especialmente agravada. O importante é que todos que compõem a quadrilha ou bando conheçam a existência da arma, pois, caso contrário, não se poderá imputar aos membros que não sabiam da sua existência a majorante em estudo, sob pena de ser aplicado o raciocínio relativo à responsabilidade penal objetiva, tão repudiada pelo nosso Direito Penal.

Neste último caso, somente o agente que portava a arma (própria ou imprópria) e aqueles que conheciam sua existência é que terão suas penas especialmente agravadas.

Entendemos que o aumento mínimo deverá ser de 1/6 (um sexto), para que seja mantida a coerência com as demais causas de aumento de pena, previstas no Código Penal, que adota esse padrão mínimo. Assim, quanto maior a gravidade e a potencialidade lesiva do armamento utilizado pela associação criminosa, maior será o aumento da pena. A título de exemplo, se a associação criminosa utilizar de armas de fogo, como ocorre com os revólveres, pistolas, fuzis etc., esse aumento poderá alcançar o seu patamar máximo, ou seja, até a metade da pena aplicada; ao contrário, se a associação criminosa fizer uso de armas brancas, como é o caso das navalhas, facas etc., esse aumento poderá oscilar entre o mínimo de um sexto, podendo chegar (não se exclui essa hipótese, dependendo da gravidade da sua utilização), no patamar máximo (até a metade).

A nova redação que foi dada ao parágrafo único do art. 288 do Código Penal, pela Lei nº 12.850, de 2 de agosto de 2013, além de reduzir a majorante em estudo que, antes da modificação legal, fazia com que a pena fosse aplicada em dobro, inclui mais uma hipótese: a participação de criança ou adolescente.

Como veremos mais adiante, crianças e adolescentes poderão integrar a associação criminosa. Nesse caso, os imputáveis, que também dela participam, deverão ser responsabilizados com suas penas especialmente aumentadas, dado o maior juízo de censura que recai sobre seus comportamentos, quando se associam com crianças e adolescentes para o fim específico de cometerem crimes.

No entanto, para que a majorante em estudo possa ser aplicada, os demais integrantes do grupo devem ter conhecimento de que se associam com crianças ou adolescentes, pois, caso contrário, poderá ser alegado o erro de tipo, afastando a aplicação da causa especial de aumento de pena prevista no parágrafo único do art. 288 do Código Penal.

Na hipótese dos autos, constou expressamente da denúncia que a quadrilha integrada pelos pacientes atuava com o emprego de facões, foices, enxadas e outras armas impróprias, circunstância que autoriza a incidência da causa de aumento prevista no parágrafo único do art. 288 do Código Penal (STJ, HC 363.021/SP, Rel. Min. Jorge Mussi, 5ª T., *DJe* 25/08/2017).

Pena, ação penal e suspensão condicional do processo

A pena cominada ao delito de *associação criminosa* é de reclusão, de 1 (um) a 3 (três) anos.

A pena aumenta-se até a metade se a associação é armada ou se houver a participação de criança ou adolescente, nos termos do parágrafo único do art. 288 do Código Penal.

Para a modalidade qualificada, será de 3 (três) a 6 (seis) anos de reclusão a pena prevista no art. 288 do Código Penal, quando se tratar de crimes hediondos, prática de tortura, tráfico ilícito de entorpecentes e drogas afins ou terrorismo.

A ação penal é de iniciativa pública incondicionada.

Será possível a confecção de proposta de suspensão condicional do processo, nos termos do art. 89 da Lei nº 9.099/95, desde que não seja aplicada a majorante do parágrafo único do art. 288 do Código Penal, bem como não se trate da hipótese qualificada de associação criminosa, nos termos do art. 8º da Lei nº 8.072/90.

Em se tratando de organização criminosa que atua inclusive em certames para ingresso em universidades federais, existe interesse da União a apontar a competência da Justiça Federal (STJ, RHC 74.071/GO, Rel. Min. Sebastião Reis Junior, 6ª T., *DJe* 30/06/2017).

Inimputáveis como integrantes da associação criminosa

É importante salientar que, para efeito de reconhecimento do delito de associação criminosa, no que diz respeito ao número mínimo de integrantes necessário à sua configuração, basta tão somente que um deles seja imputável.

Assim, por exemplo, poderá ocorrer o delito tipificado no art. 288 do Código Penal se, para sua formação mínima, ou seja, três pessoas, houver dois inimputáveis, além do agente que já completou a maioridade penal. Este último deverá responder pelo delito de associação criminosa, com a pena especialmente aumentada, de acordo com o parágrafo único do art. 288 do estatuto repressivo, enquanto os inimputáveis serão responsabilizados pelo ato infracional praticado, nos termos da Lei nº 8.069/90.

No entanto, merece ser ressaltado, ainda, que somente os inimputáveis que tiverem capacidade de discernimento poderão fazer parte do cômputo do número mínimo exigido para a formação da associação criminosa. Na hipótese, por exemplo, em que dois agentes utilizem uma criança com apenas 5 anos de idade, que sirva de "isca" para as vítimas do crime de roubo, não podemos considerá-la membro integrante do grupo criminoso, em virtude de sua falta de discernimento no que diz respeito ao cometimento das infrações penais. Nesse caso, teríamos tão somente a prática de crimes de roubo, com a aplicação da causa especial de aumento de pena prevista no inc. II do § 2º do art. 157 do Código Penal.

⚖ A configuração do crime descrito no art. 288 do Código Penal não ocorre pela inclusão de um número mínimo de pessoas no polo passivo da ação penal, mas sim pelo intuito do agente de tomar parte em grupo criminoso formado por um quantitativo mínimo legal de integrantes. Essa conclusão é reforçada pelo consenso jurisprudencial no sentido de que, mesmo quando inimputáveis os demais dos integrantes da *societas delinquentium*, ou por qualquer motivo de caráter pessoal e incomunicável, extinta a punibilidade dos demais integrantes do grupo, remanesce a responsabilidade criminal daquele culpável e punível nos termos da Lei (STJ, AgRg no REsp 1.789.273/PR, Rel. Min. Felix Fischer, 5ª T., julgado em 25/08/2020, *DJe* 08/09/2020).

Agentes não identificados
Pode ocorrer, ainda, que se tenha prova suficiente da formação da associação criminosa, sem que, no entanto, se tenha conseguido identificar e qualificar todos os seus integrantes.

Assim, imagine-se que somente um ou dois dos agentes que compunham a associação criminosa tenham sido identificados. Poderia o Ministério Público, nesse caso, imputar-lhes a prática do delito tipificado no art. 288 do Código Penal? A resposta só pode ser afirmativa, desde que se tenha a certeza da existência dos demais membros que integravam o grupo, mas que se mantiveram no anonimato, ou seja, não foram devidamente identificados e qualificados pela autoridade policial.

O fundamental nessa hipótese, frise-se, é a convicção, a certeza cabal de que outras pessoas faziam parte do grupo criminoso, perfazendo o total mínimo exigido pelo tipo penal em estudo, vale dizer, 3 (três) pessoas. Isso será suficiente para a incriminação dos agentes que foram descobertos e denunciados.

Abandono por um integrante da associação criminosa depois de formada
Pode ocorrer, ainda, que depois de formada a associação criminosa algum dos agentes queira dela se retirar. Nesse caso, poderíamos cogitar a aplicação do instituto da desistência voluntária, previsto no art. 15 do Código Penal? Não, haja vista que tal instituto somente se aplica quando o agente ainda não consumou a infração penal. No caso da associação criminosa, o agente que, mesmo não tendo praticado qualquer delito em virtude do qual o grupo havia sido constituído inicialmente, colocando em risco a paz pública com a sua reunião, terá o condão de consumar o delito em estudo, impedindo, pois, a aplicação do instituto da desistência voluntária.

A sua saída, contudo, poderá ocasionar a quebra do grupo, se este se encontrava formado com o número mínimo, ou seja, três agentes.

Prática de delito pelo grupo, sem o conhecimento de um de seus integrantes
Dissemos, em nossa introdução, que a associação criminosa deverá ser formada com caráter duradouro, permanente (mas, não eterno), para a prática de um número indeterminado de crimes, sejam eles homogêneos (infrações penais idênticas) ou heterogêneos (infrações penais variadas, diversas).

Entretanto, para que algum dos integrantes do grupo criminoso responda pelo delito praticado pela associação criminosa, faz-se mister que essa infração penal tenha ingressado na sua esfera de conhecimento. Assim, não poderá o agente, por exemplo, responder por um delito de latrocínio, mesmo pertencente à associação criminosa que o praticou, se não sabia, de antemão, que o grupo iria levar a efeito essa infração penal. Suponha-se que uma associação criminosa tenha sido formada com o fim específico de praticar furtos em residências supostamente abandonadas. Em determinado dia, sem que um dos agentes integrantes do grupo criminoso tivesse conhecimento, a associação criminosa se reúne e resolve, somente naquele dia, "levantar algum capital", praticando um roubo a banco. Durante a empreitada, o vigilante da agência bancária é morto, permitindo a configuração do latrocínio. Nesse caso, poderia o agente que não participou da ação criminosa ser também responsabilizado pelo latrocínio? A resposta, aqui, só pode ser negativa, sob pena de ser responsabilizado objetivamente.

Assim, resumindo, o agente que pertence à associação criminosa somente poderá ser responsabilizado penalmente pelos crimes para os quais houver anuído, se tiver tomado conhecimento, previamente, das futuras ações do grupo ao qual faz parte.

Concurso eventual de pessoas e associação criminosa
Infelizmente, a prática judiciária tem confundido o crime de associação criminosa com a reunião eventual de pessoas, fazendo com que estas respondam, indevidamente, pelo delito tipificado no art. 288 do Código Penal.

Conforme tivemos oportunidade de salientar, para que se configure o delito de associação criminosa será preciso conjugar seu caráter de estabilidade, permanência, com a finalidade de praticar um número indeterminado de crimes. A reunião desse mesmo número de pessoas para a prática de um único crime, ou mesmo dois deles, não importa o reconhecimento do delito em estudo.

Assim, imagine-se que um policial estivesse escutando a conversa, no interior de um bar, entre três pessoas que, naquele exato instante, decidiram praticar um crime de furto, ainda naquela noite, numa residência próxima daquele lugar, pois tomaram conhecimento de que os moradores haviam viajado, bem como que nela havia uma quantidade grande de aparelhos eletrônicos.

No momento em que saíam do estabelecimento comercial, a fim de cumprir o propósito criminoso, o policial os prende em flagrante pela formação da associação criminosa. Nesse caso, estaria correta a prisão em flagrante? Obviamente que não, pois estaríamos diante de um ato meramente preparatório de um crime de furto, e não de um delito de associação criminosa, que exige a característica fundamental da estabilidade, permanência, além da finalidade de praticar um número indeterminado de crimes.

⚖ Demanda a associação criminosa dar-se a reunião de agentes com intento de estabilidade e permanência, não sendo suficiente a mera associação eventual dos agentes (STJ, REsp 1.539.378/SC, Rel. Min. Nefi Cordeiro, 6ª T., *DJe* 16/08/2017).

Nesse sentido:

⚖ STJ, HC 217.000/BA, Rel. Min. Rogério Schietti Cruz, 6ª T., *DJe* 29/08/2016.

Concurso de pessoas como qualificadora ou majorante de outro crime

O Código Penal, em várias de suas passagens, utiliza o concurso de pessoas como uma situação que, demonstrando maior juízo de censura, de reprovabilidade, permite que o crime se transforme em qualificado, ou faz com que, pelo menos, a pena aplicada seja especialmente agravada, como acontece, respectivamente, com os delitos de furto e roubo.

Nessas hipóteses em que o concurso de pessoas é levado em consideração a fim de aumentar a pena a ser aplicada aos agentes, eles poderiam, caso houvesse a efetiva formação da associação criminosa, responder por ambas as infrações penais, servindo a reunião permanente para qualificar ou mesmo agravar as penas?

A questão é controvertida. Parte de nossos autores entende perfeitamente possível o raciocínio do concurso de crimes sem que haja a necessidade de ser afastada a qualificadora ou majorante, não entendendo pelo *bis in idem*, em virtude do fato de que as infrações penais cuidam de bens jurídicos diversos.

Nesse sentido, trazemos à colação as lições de Weber Martins Batista, que, tratando especificamente do roubo, preleciona:

"A associação de [...] pessoas para a prática de crimes, indeterminadamente, não é imprescindível, não é meio necessário à prática de roubo em concurso de agentes.

A razão da incriminação daquele crime e o motivo de agravamento da pena deste último derivam de razões diferentes. Num caso, busca-se proteger o sentimento de tranquilidade e segurança das pessoas, bem jurí-

dico que é atingido mesmo quando não chega a ser praticado nenhum dos delitos que eram a razão da associação. No outro, no roubo qualificado pelo concurso de agentes, a punição mais severa visa a evitar a maior facilidade de cometimento do crime, o que ocorre quando são dois ou mais os executores. Sendo assim, porque diversa a vontade do Estado, ao definir os fatos puníveis, e diferentes os bens jurídicos protegidos pelas pessoas atingidas, não há como falar, na hipótese, em progressão criminosa ou em crime progressivo, em antefato ou em pós-fato impuníveis."[8]

Apesar da indiscutível autoridade do renomado autor sobre o tema em estudo, ousamos dele discordar, pois não conseguimos deixar de visualizar, por mais que tentemos enfocar a questão sob outros aspectos, que a reunião de pessoas estará servindo, duas vezes, à punição dos agentes, razão pela qual, mesmo havendo a possibilidade de, no caso concreto, até receberem penas menores, situação não incomum no Código Penal, não podemos tolerar o *bis in idem*. Sendo assim, somos partidários da segunda posição, que não permite o concurso entre o crime de associação criminosa com qualquer outra infração penal em que o concurso de pessoas seja utilizado como qualificadora ou majorante.

⚖ Segundo a jurisprudência desta Corte, não há *bis in idem* na condenação pelo crime de associação criminosa armada e pelo de roubo qualificado pelo concurso de agentes, pois os delitos são autônomos, aperfeiçoando-se o primeiro independentemente do cometimento de qualquer crime subsequente. Ademais, os bens jurídicos protegidos pelas normas incriminadoras são distintos – no caso do art. 288, parágrafo único, do CP, a paz pública e do roubo qualificado, o patrimônio, a integridade física e a liberdade do indivíduo (STJ, AgRg no AREsp 1.425.424/SP, Rel. Min. Jorge Mussi, 5ª T., *DJe* 19/08/2019).

Finalidade de praticar contravenções penais

O art. 288 do Código Penal é claro ao exigir que a associação criminosa tenha por finalidade específica a prática de *crimes*. Dessa forma, resta afastada do conceito de associação criminosa a reunião, mesmo que permanente, destinada ao cometimento de *contravenções penais*.

Associação para o tráfico ilícito de drogas

O art. 35 da Lei nº 11.343, de 23 de agosto de 2006, dispõe sobre a associação para o tráfico ilícito de drogas:

Art. 35. Associarem-se duas ou mais pessoas para o fim de praticar, reiteradamente ou não, qualquer dos crimes previstos nos arts. 33, caput e § 1º, e 34 desta Lei:

Pena – reclusão, de 3 (três) a 10 (dez) anos, e pagamento de 700 (setecentos) a 1.200 (mil e duzentos) dias-multa.

---

[8] BATISTA, Weber Martins. *O furto e o roubo no direito e no processo penal*, p. 265-266.

Renato Marcão, com autoridade, sob a vigência da revogada Lei nº 6.368/76, já afirmava pela necessidade de estabilidade da mencionada *associação* dizendo que era preciso "identificar certa permanência na *societas criminis,* que não se confunde com mera coautoria".[9]

Merece ser registrada, ainda, a lição de Abel Fernandes Gomes, quando, analisando o art. 35 da nova Lei Antidrogas, preleciona: "O presente art. 35 põe fim a uma questão que adveio da vigência do art. 8º da Lei nº 8.072, de 25 de julho de 1990, denominada Lei dos Crimes Hediondos. É que este dispositivo alterou a sistemática do tratamento dos delitos de associação para prática de crimes, modificando para mais as penas do art. 288 do Código Penal. Na mesma oportunidade, explicitou que tais penas passariam a ser de 3 (três) a 6 (seis) anos de reclusão, quando a associação se destinasse à prática de crimes hediondos, tortura, *tráfico ilícito de entorpecentes e drogas afins* ou terrorismo. Por essa razão, entendeu-se que pelo menos o preceito secundário do art. 14 da Lei nº 6.368/76, que tratava da associação para o tráfico, estaria derrogado pelo art. 8º da Lei nº 8.072/90. Alguns autores concluíram que também o preceito primário do art. 14 estaria revogado, o que implicaria a ab-rogação desse mesmo art. 14 da Lei nº 6.368/76. Outros, ainda, optaram pela compreensão de que não houvera sequer a derrogação do art. 14, mas como a pena introduzida pelo art. 8º da Lei dos Crimes Hediondos era mais benéfica para os crimes de associação, esta deveria ser aplicada às infrações ao art. 14 da Lei nº 6.368/76. Para nós, sempre pareceu que haveria apenas a derrogação do art. 14, naquilo em que a sanção por ele prevista, que era de 3 (três) a 10 (dez) anos de reclusão, e multa, passava, com a edição da Lei nº 8.072/90, a ser de 3 (três) a 6 (seis) anos de reclusão. Com o advento da Lei nº 11.343/2006, que expressamente dispõe que as penas aplicadas à infração do art. 35 serão de reclusão de 3 (três) a 10 (dez) anos, e pagamento de 700 (setecentos) a 1.200 (mil e duzentos) dias-multa, resta superada a problemática em torno da sucessão das Leis nº 6.368/76 e nº 8.072/90."[10]

1. A jurisprudência desta Corte entende ser necessária a demonstração da estabilidade e permanência da associação para a condenação pelo crime do art. 35 da Lei n. 11.343/2006. 2. Tendo as instâncias ordinárias decidido estarem presentes a materialidade e a autoria do delito de associação para o tráfico, com a demonstração da concreta estabilidade e permanência da associação criminosa, tendo em vista que foram extraídos dos aparelhos celulares dos réus, durante o período de um mês em que acompanhados, a marcação de eventos, a troca de informações e indicação de detalhes quanto às negociações de valores e quantidades, não há manifesta ilegalidade, de modo que infirmar a conclusão das instâncias ordinárias implicaria em revolvimento do contexto fático-probatório, inviável na via estreita do habeas corpus. 3. Mantida a condenação pelo delito de associação para o tráfico de drogas, em que a dedicação à atividade criminosa é elementar do tipo, prejudicado está o pleito de aplicação do redutor previsto no art. 33, § 4º, da Lei 11.343/06, bem como de seus consectários legais (...) (AgRg no HC 581.479/SC, Rel. Min. Nefi Cordeiro, 6ª T., julgado em 15/09/2020, *DJe* 23/09/2020).

Nesse sentido:

STJ, HC 430.829/RJ, Rel. Min. Ribeiro Dantas, 5ª T., *DJe* 12/03/2018; TRF 1ª Reg., ACR 2010.36.01.001373-5/MT, Rel.ª Des.ª Fed. Mônica Sifuentes, *DJe* 11/07/2014; TRF 1ª Reg., ACR 0014319-32.2010.4.01.3500/GO, Rel.ª Des.ª Fed. Mônica Sifuentes, *DJe* 11/07/2014; TRF 1ª Reg., ACR 2009.36.01.003142-1/MT, Rel. Des. Fed. Hilton Queiroz, *DJe* 18/06/2014.

Organização criminosa

Até o advento da Lei nº 12.694, de 24 de julho de 2012, não tínhamos um conceito legal de organização criminosa. Por essa razão, a doutrina criticava essa ausência normativa, indispensável à segurança jurídica, conforme as precisas lições de Gamil Föppel El Hireche:

"Não existe, definitivamente, no plano ôntico, 'crime organizado', mas, caso o legislador pretenda tratar da matéria, precisa conceituá-la, sob pena de se violar o princípio da legalidade;

O 'crime organizado' não poderia, assim, ficar sujeito a um tipo vago, impreciso, como elemento normativo do tipo;

Não há um conceito único que reúna em si todas as pretensas manifestações da 'criminalidade organizada';

Ao pretender tratar da criminalidade organizada, o legislador ordinário valeu-se de três expressões: bando ou quadrilha, associação e organização criminosa, sendo que as duas primeiras estão definidas em lei, a terceira, não;

Na verdade, existiriam, para quem sustenta haver o fenômeno, três espécies no gênero 'criminalidade organizada', quais sejam: bando ou quadrilha, associação criminosa e organização criminosa".[11]

Hoje, tal discussão perdeu o sentido, uma vez que a Lei nº 12.694, de 24 de julho de 2012, inicialmente, definiu o conceito de organização criminosa em seu art. 2º, *verbis:*

Art. 2º *Para os efeitos desta Lei, considera-se organização criminosa a associação, de 3 (três) ou mais pessoas, estruturalmente ordenada e caracterizada pela divisão*

[9] MARCÃO, Renato. *Tóxicos,* p. 200-201.

[10] GOMES, Abel Fernandes. *Nova lei antidrogas,* p. 35-36.

[11] HIRECHE, Gamil Föppel El. *Análise criminológica das organizações criminosas,* p. 147.

de tarefas, ainda que informalmente, com objetivo de obter, direta ou indiretamente, vantagem de qualquer natureza, mediante a prática de crimes cuja pena máxima seja igual ou superior a 4 (quatro) anos ou que sejam de caráter transnacional.

Conforme previsto no art. 1º da referida lei, em processos ou procedimentos que tenham por objeto crimes praticados por organizações criminosas, o juiz poderá decidir pela formação de colegiado, que será composto, de acordo com o § 2º do mesmo artigo, pelo juiz do processo e por 2 (dois) outros juízes escolhidos por sorteio eletrônico, dentre aqueles de competência criminal em exercício no primeiro grau de jurisdição, para a prática de qualquer ato processual, especialmente:

I – decretação de prisão ou de medidas assecuratórias;

II – concessão de liberdade provisória ou revogação de prisão;

III – sentença;

IV – progressão ou regressão de regime de cumprimento de pena;

V – concessão de liberdade condicional;

VI – transferência de preso para estabelecimento prisional de segurança máxima; e

VII – inclusão do preso no regime disciplinar diferenciado.

A competência do colegiado limita-se ao ato para o qual foi convocado, sendo que as reuniões poderão ser sigilosas sempre que houver risco de que a publicidade resulte em prejuízo à eficácia da decisão judicial. Suas decisões devem ser devidamente fundamentadas e firmadas, sem exceção, por todos os seus integrantes, e serão publicadas sem qualquer referência a voto divergente de qualquer membro, de acordo com o disposto nos §§ 3º, 4º e 6º do art. 1º da Lei nº 12.694, de 24 de julho de 2012.

Embora houvesse, a partir da referida Lei nº 12.694, de 24 de julho de 2012, um conceito sobre organização criminosa, ainda não havia sido criado um tipo penal incriminador que acolhesse essa definição. Em 2 de agosto de 2013, foi publicada a Lei nº 12.850, definindo, no § 1º do seu art. 1º, mais uma vez, e com algumas diferenças do conceito anterior, a organização criminosa:

§ 1º Considera-se organização criminosa a associação de 4 (quatro) ou mais pessoas estruturalmente ordenada e caracterizada pela divisão de tarefas, ainda que informalmente, com objetivo de obter, direta ou indiretamente, vantagem de qualquer natureza, mediante a prática de infrações penais cujas penas máximas sejam superiores a 4 (quatro) anos, ou que sejam de caráter transnacional.

A nova definição diferiu, em alguns aspectos, daquela trazida inicialmente pela Lei nº 12.694, de

24 de julho de 2012. Como se percebe, mediante a comparação dos textos legais:

a) o novo diploma passou a exigir um mínimo de *quatro* pessoas para efeitos de configuração da organização criminosa, enquanto a lei anterior exigia um mínimo de *três*;

b) a conceituação anterior era específica para os efeitos contidos na Lei nº 12.694, de 24 de julho de 2012, enquanto a Lei nº 12.850, de 2 de agosto de 2013, criou um conceito genérico de organização criminosa;

c) a Lei nº 12.694, de 24 de julho de 2012, para efeito de reconhecimento da organização criminosa, exigia a prática de *crimes* cuja pena máxima fosse igual ou superior a 4 (quatro) anos ou que fossem de caráter transnacional, enquanto a Lei nº 12.850, de 2 de agosto de 2013, faz menção a infrações penais, ou seja, crimes ou contravenções penais, cujas penas máximas sejam *superiores* a 4 (quatro) anos, ou de caráter transnacional;

d) a Lei nº 12.850, de 2 de agosto de 2013, não somente definiu, mais uma vez, o conceito de organização criminosa, como criou uma figura típica específica:

Art. 2º *Promover, constituir, financiar ou integrar, pessoalmente ou por interposta pessoa, organização criminosa:*

Pena – reclusão, de 3 (três) a 8 (oito) anos, e multa, sem prejuízo das penas correspondentes às demais infrações penais praticadas.

§ 1º Nas mesmas penas incorre quem impede ou, de qualquer forma, embaraça a investigação de infração penal que envolva organização criminosa.

§ 2º As penas aumentam-se até a metade se na atuação da organização criminosa houver emprego de arma de fogo.

§ 3º A pena é agravada para quem exerce o comando, individual ou coletivo, da organização criminosa, ainda que não pratique pessoalmente atos de execução.

§ 4º A pena é aumentada de 1/6 (um sexto) a 2/3 (dois terços):

I – se há participação de criança ou adolescente;

II – se há concurso de funcionário público, valendo-se a organização criminosa dessa condição para a prática de infração penal;

III – se o produto ou proveito da infração penal destinar-se, no todo ou em parte, ao exterior;

IV – se a organização criminosa mantém conexão com outras organizações criminosas independentes;

V – se as circunstâncias do fato evidenciarem a transnacionalidade da organização.

Com o advento da Lei nº 12.850, de 2 de agosto de 2013, criando um novo conceito de organização criminosa, surgiram duas correntes doutrinárias. A primeira, defendendo a tese de que ambos os conceitos coexistem[12], cada qual com suas especificidades, sendo que o conceito anterior, trazido pela Lei nº 12.694, de 24 de julho de 2012, seria aplicado somente para os efeitos por ela previstos, conforme o disposto na parte inicial de seu art. 2º. A segunda corrente, à qual nos filiamos, entende que o conceito anterior foi derrogado por aquele trazido pelo § 1º do art. 1º da Lei nº 12.850, de 2 de agosto de 2013. Nesse sentido, trazemos à colação as lições de Guilherme de Souza Nucci, que aduz:

"A novel previsão, exigindo quatro pessoas para configurar a organização criminosa, provoca a derrogação do art. 2º da Lei nº 12.694/2012 – que menciona TRÊS ou mais pessoas – pois não há sentido algum para se ter, no ordenamento nacional, dois conceitos simultâneos e igualmente aplicáveis do mesmo instituto. Logo, para se invocar o colegiado, independentemente da expressão 'para os efeitos desta lei', deve-se estar diante de autêntica organização criminosa, hoje com quatro pessoas no mínimo. Do mesmo modo, afasta-se do art. 2º da Lei nº 12.694/2012 a previsão de crimes cuja pena máxima seja igual a quatro anos. Somente penas superiores a quatro ou delitos transnacionais envolvem organização criminosa"[13].

Infelizmente, mais uma vez, o legislador nos fez a "gentileza" de criar mais essa controvérsia. Deveria, no entanto, ter observado o disposto no art. 9º da Lei Complementar nº 95, de 26 de fevereiro de 1998, que determina que a cláusula de revogação deverá enumerar, expressamente, as leis ou disposições legais revogadas. Assim, da mesma forma que revogou, expressamente, a Lei nº 9.034/95, deveria ter procedido com o art. 2º da Lei nº 12.694, de 24 de julho de 2012.

In casu, deverá ser aplicado o § 1º do art. 2º da Lei de Introdução às Normas do Direito Brasileiro (Decreto-Lei nº 4.657, de 4 de setembro de 1942), *verbis*: § 1º A lei posterior revoga a anterior quando expressamente o declare, quando seja com ela incompatível ou quando regule inteiramente a matéria de que tratava a lei anterior.

Ora, a lei posterior (nº 12.850, de 2 de agosto de 2013) trouxe um novo conceito de organização criminosa, regulando, nesse aspecto, inteiramente a matéria de que tratava a lei anterior (nº 12.694, de 24 de julho de 2012). Assim, devemos entender que somente existe um único conceito de organização criminosa, vale dizer, aquele trazido pela Lei nº 12.850, de 2 de agosto de 2013, que deverá ser aplicado às situações previstas pela Lei nº 12.694, de 24 de julho de 2012.

Prisão temporária

Se houver a formação de associação criminosa, será possível a decretação da prisão temporária dos agentes, nos termos do art. 1º, III, *i*, da Lei nº 7.960, 21 de dezembro de 1989, se presentes os demais requisitos por ela exigidos.

Genocídio

A associação de mais de três pessoas para a prática dos crimes mencionados no art. 1º da Lei nº 2.889, de 1º de outubro de 1956, que prevê o delito de genocídio, importará na punição dos agentes com a metade das penas a eles cominadas, nos termos do art. 2º do referido diploma legal.

Delação premiada nas Leis nº 7.492, de 16 de junho de 1986 (crimes contra o sistema financeiro nacional), e nº 8.137, de 27 de dezembro de 1990 (crimes contra a ordem tributária, econômica e relações de consumo)

O § 2º do art. 25 da Lei nº 7.492, de 16 de junho de 1986, e parágrafo único do art. 16 da Lei nº 8.137, de 27 de dezembro de 1990, incluídos pela Lei nº 9.080, de 19 de julho de 1995, fizeram previsão para a aplicação de redução de pena nas hipóteses de delação premiada, dizendo, respectivamente:

Art. 25. [...].

§ 1º [...]

§ 2º Nos crimes previstos nesta Lei, cometidos em quadrilha ou coautoria, o coautor ou partícipe que através de confissão espontânea revelar à autoridade policial ou judicial toda a trama delituosa terá a sua pena reduzida de um a dois terços (Incluído pela Lei nº 9.080, de 19/07/1995)

Art. 16. [...].

Parágrafo único. Nos crimes previstos nesta Lei, cometidos em quadrilha ou coautoria, o coautor ou partícipe que através de confissão espontânea revelar à autoridade policial ou judicial toda a trama delituosa terá a sua pena reduzida de um a dois terços (Incluído pela Lei nº 9.080, de 19/07/1995).

O legislador, influenciado principalmente pela legislação italiana, criou uma causa de diminuição da pena para o associado ou partícipe que revelar seus companheiros, batizada pela doutrina de delação premiada (Lei nº 9.807/99). O juiz poderá, de ofício ou a requerimento das partes, inclusive dos próprios réus, conceder perdão judicial, com a consequente extinção da punibilidade, desde que, sendo réus primários, tenham efetiva e voluntariamente colaborado com a investigação e com o processo criminal e dessa colaboração tenha resultado a identificação dos demais coautores ou partícipes da ação criminosa, a localização da vítima com a sua integridade física

---

[12] Cf. CUNHA, Rogério Sanches; PINTO, Ronaldo Batista. *Crime organizado* – comentários à nova lei sobre o crime organizado – Lei nº 12.850/2013, p. 15.

[13] NUCCI, Guilherme de Souza. *Organização criminosa* – comentários à Lei 12.850, de 02 de agosto de 2013, p. 22.

preservada e a recuperação total ou parcial do produto do crime (Lei nº 9.807/99) (STJ, AgRg no REsp 1.538.372/CE, Rel. Min. Sebastião Reis Junior, 6ª T., *DJe* 22/06/2016).

Nesse sentido:

STF, RHC 124.192/PR, Rel. Min. Dias Toffoli, 2ª T., *DJe* 08/04/2015; TJES, AC 048110295069, Rel. Des. José Luiz Barreto Vivas, j. 03/07/2013.

Colaboração premiada na Lei nº 12.850, de 2 de agosto de 2013

O agente que promove, constitui, financia ou integra, pessoalmente ou por interposta pessoa, organização criminosa, poderá ser beneficiado com o instituto da colaboração premiada, nos termos constantes da Seção I, do Capítulo I, da Lei nº 12.850, de 2 de agosto de 2013.

Diz o art. 4º, *caput*, incs. I a V do referido diploma legal:

Art. 4º O juiz poderá, a requerimento das partes, conceder o perdão judicial, reduzir em até 2/3 (dois terços) a pena privativa de liberdade ou substituí-la por restritiva de direitos daquele que tenha colaborado efetiva e voluntariamente com a investigação e com o processo criminal, desde que dessa colaboração advenha um ou mais dos seguintes resultados:

I – a identificação dos demais coautores e partícipes da organização criminosa e das infrações penais por eles praticadas;

II – a revelação da estrutura hierárquica e da divisão de tarefas da organização criminosa;

III – a prevenção de infrações penais decorrentes das atividades da organização criminosa;

IV – a recuperação total ou parcial do produto ou do proveito das infrações penais praticadas pela organização criminosa;

V – a localização de eventual vítima com a sua integridade física preservada.

1. Conforme disciplina a Lei n. 12.850/2013, o acordo de colaboração premiada é meio de obtenção de prova e negócio jurídico processual pelo qual o colaborador auxilia os órgãos de investigação e persecução criminal na obtenção de fontes de prova, contudo seus efeitos condicionam-se à homologação judicial, a qual deve orientar-se pelos critérios listados no § 7º do art. 4º do mencionado diploma legal. 2. Não há se falar em ilegalidade na decisão que indefere pedido defensivo de acesso às tratativas de acordo de colaboração premiada malsucedido, sobretudo porque tais negociações nem sequer são consideradas para a homologação do acordo. 3. No caso, conforme foi consignado pelas instâncias ordinárias, não houve a celebração de acordo de delação premiada entre o Ministério Público e determinado corréu, mas meras tratativas consideradas impertinentes para a causa, razão pela qual o *Parquet* entendeu não se amoldarem aos requisitos da delação

premiada, deixando claro que os documentos apresentados pelo corréu não foram usados ou inseridos no processo e sequer foram objeto de questionamentos específicos durante os interrogatórios, não havendo, assim, qualquer violação da ampla defesa. (...) (RHC 131.043/SP, Rel. Min. Reynaldo Soares da Fonseca, 5ª T., julgado em 08/09/2020, *DJe* 14/09/2020).

Nesse sentido:

STF, Inq 4.005/D, Rel. Min. Edson Fachin, 2ª T., *DJe* 21/05/2019; REsp 1.852.049/RN, Rel. Min. Joel Ilan Paciornik, 5ª T., j. 20/10/2020, *DJe* 23/10/2020; STJ, HC 217.000/BA, Rel. Min. Rogério Schietti Cruz, 6ª T., *DJe* 29/08/2016; STJ, HC 81.526/SP, Rel. Min. Nefi Cordeiro, 6ª T., *DJe* 02/06/2015.

Causa especial de aumento de pena e *novatio legis in mellius*

A Lei nº 12.850, de 2 de agosto de 2013, modificou a redação que constava do parágrafo único do art. 288 do Código Penal. Inicialmente, dizia o aludido parágrafo único:

Parágrafo único. A pena aplica-se em dobro, se a quadrilha ou o bando é armado.

Atualmente, com a nova redação legal, o parágrafo passou a prever a seguinte majorante:

Parágrafo único. A pena aumenta-se até a metade se a associação é armada ou se houver a participação de criança ou adolescente.

Como se percebe, a atual redação legal beneficia aqueles que foram condenados pela antiga formação de quadrilha e que tiveram a pena dobrada em virtude de ter sido reconhecida a utilização de arma.

Nesse caso, terá aplicação o parágrafo único do art. 2º do Código Penal, que diz que a lei posterior, que de qualquer modo favorecer o agente, aplica-se aos fatos anteriores, ainda que decidida por sentença condenatória transitada em julgado. Dessa forma, todos aqueles que foram condenados pela prática do crime tipificado no art. 288 do diploma repressivo, e que tiveram suas penas dobradas em virtude do reconhecimento do emprego de arma, deverão ter suas penas reduzidas, refazendo-se o cálculo, em sede de revisão criminal, para que sejam adequadas ao novo percentual de aumento, trazido pela Lei nº 12.850, de 2 de agosto de 2013.

Com o advento da Lei nº 12.850/2013, foi dada nova redação ao art. 288 do CP (formação de quadrilha), o qual passou a denominar-se crime de associação criminosa, reduzindo-se, ainda, o aumento do parágrafo único do dobro à metade, razão pela qual deve o novo regramento, mais benéfico, retroagir, para alcançar os delitos praticados anteriormente à sua vigência (STJ, HC 285.530/RS, Rel. Min. Nefi Cordeiro, 6ª T., *DJe* 23/02/2017).

Nesse sentido:

STJ, AgInt no RMS 48.925/SP, Rel. Min. Regina Helena Costa, 1ª T., *DJe* 05/04/2018; STJ, Rcl 31.629/PR, Rel.ª Min.ª Nancy Andrighi, CE, *DJe* 28/09/2017.

Delação premiada e Lei nº 11.343/06

Os benefícios do instituto da delação premiada devem ser reconhecidos, ao sujeito condenado, quando as informações voluntariamente prestadas sejam aptas à elucidação do evento delitivo investigado, relativo a delitos previstos na Lei nº 11.343/2006, possibilitando o êxito da persecução penal em desfavor de coautor ou partícipe, ou a recuperação total ou parcial do produto da infração (TJBA, AC 0300037-53.2011.8.05.0001, *DJe* 11/12/2013).

Constituição de milícia privada

Art. 288-A. Constituir, organizar, integrar, manter ou custear organização paramilitar, milícia particular, grupo ou esquadrão com a finalidade de praticar qualquer dos crimes previstos neste Código:

Pena – reclusão, de quatro a oito anos.

Introdução

A Lei nº 12.720, de 27 de setembro de 2012, inseriu o art. 288-A ao Código Penal, criando o delito de *constituição de milícia privada*, atendendo, assim, ao disposto no item 1º, da Resolução nº 44/162, editada pela Assembleia Geral das Nações Unidas, em 1989, que preceitua: "Os governos proibirão por lei todas as execuções extralegais, arbitrárias ou sumárias, e zelarão para que todas essas execuções se tipifiquem como delitos em seu direito penal, e sejam sancionáveis como penas adequadas que levem em conta a gravidade de tais delitos. Não poderão ser invocadas, para justificar essas execuções, circunstâncias excepcionais, como por exemplo, o estado de guerra ou o risco de guerra, a instabilidade política interna, nem nenhuma outra emergência pública. Essas execuções não se efetuarão em nenhuma circunstância, nem sequer em situações de conflito interno armado, abuso ou uso ilegal da força por parte de um funcionário público ou de outra pessoa que atue em caráter oficial ou de uma pessoa que promova a investigação, ou com o consentimento ou aquiescência daquela, nem tampouco em situações nas quais a morte ocorra na prisão. Esta proibição prevalecerá sobre os decretos promulgados pela autoridade executiva."[14]

Com a criação do tipo penal em estudo, independentemente da punição que couber em virtude dos crimes praticados pelo grupo criminoso, a exemplo do que ocorre com o delito de homicídio, lesões corporais, extorsões, ameaças etc., também será punido com uma pena de reclusão, de 4 (quatro) a 8 (oito) anos, aquele que, de acordo com o art. 288-A do diploma repressivo, vier a constituir, organizar, integrar, manter ou custear organização paramilitar, milícia particular, grupo ou esquadrão com a finalidade de praticar qualquer dos crimes previstos no Código Penal.

O núcleo *constituir* tem o sentido de criar, trazer à existência, formar a essência; *organizar* significa colocar em ordem, preparar para o funcionamento, estabelecer as bases; *integrar* diz respeito a fazer parte integrante, juntar-se, reunir-se ao grupo; *manter* tem o sentido de sustentar; *custear* tem o significado de financiar, arcar com os custos.

As condutas elencadas pelo tipo penal devem ter a finalidade de constituir, organizar, manter ou custear organização paramilitar, milícia particular, grupo ou esquadrão, com a finalidade de praticar qualquer dos crimes previstos no Código Penal.

Paramilitares são associações ou grupos não oficiais cujos membros atuam ilegalmente, com o emprego de armas, com estrutura semelhante à militar. Atuam, ilegal e paralelamente às forças policiais e/ou militares. Essas forças paramilitares utilizam as técnicas e táticas policiais oficiais por elas conhecidas, a fim de executarem seus objetivos planejados. Não é raro ocorrer – e, na verdade, acontece com frequência – que pessoas pertencentes a grupos paramilitares também façam parte das forças militares oficiais do Estado, a exemplo de policiais militares, bombeiros, policiais civis e federais.

Preconiza o inc. XVII do art. 5º da CF:

XVII – é plena a liberdade de associação para fins lícitos, vedada a de caráter paramilitar.

O art. 288-A do Código Penal menciona, ainda, as condutas de constituir, organizar, integrar, manter ou custear *milícia particular.* Definir, com precisão, o conceito de milícia, não é tarefa fácil. Historicamente, voltando à época do Império, os portugueses entendiam como "milícia" as chamadas tropas de segunda linha, que exerciam uma reserva auxiliar ao Exército, considerado de primeira linha. Como a polícia militar, durante muito tempo, foi considerada uma reserva do Exército, passou, em virtude disso, a ser considerada milícia.

No meio forense, não era incomum atribuir-se a denominação "milícia" quando se queria fazer referência à Polícia Militar. Assim, por exemplo, quando, na peça inicial de acusação ou da lavratura do auto de prisão em flagrante, ou mesmo em qualquer manifestação escrita nos autos, era comum referir-se aos policiais militares que efetuavam a prisão como "milicianos".

---

[14] PRINCIPIOS relativos a uma eficaz prevenção e investigação de execuções extralegais, arbitrárias e sumárias: adotados pelo Conselho Econômico e Social das Nações Unidas em 24 de Maio de 1989, através da Resolução 1989/65, e aprovados pela Assembleia Geral das Nações Unidas em 15 de dezembro de 1989, através da Resolução 44/162. Disponível em: <www.dhnet.org.br/direitos/sip/onu/exec/exec89.htm>. Acesso em: 29 set. 2012.

Infelizmente, nos dias de hoje, já não se pode mais utilizar essa denominação sem que com ela venha uma forte carga pejorativa. Existe, na verdade, uma dificuldade na tradução do termo "milícia". Essa dificuldade foi externada, inclusive, no Relatório Final da Comissão Parlamentar de Inquérito (Resolução nº 433/2008), da Assembleia Legislativa do Estado do Rio de Janeiro, presidida pelo Deputado Marcelo Freixo, destinada a investigar a ação dessas novas "milícias", no âmbito daquele Estado.

Tal dificuldade de conceituação pode ser vislumbrada já no início do referido Relatório, quando diz: "Desde que grupos de agentes do Estado, utilizando-se de métodos violentos passaram a dominar comunidades inteiras nas regiões mais carentes do município do Rio, exercendo à margem da Lei o papel de polícia e juiz, o conceito de milícia consagrado nos dicionários foi superado. A expressão milícias se incorporou ao vocabulário da segurança pública no Estado do Rio e começou a ser usada frequentemente por órgãos de imprensa quando as mesmas tiveram vertiginoso aumento, a partir de 2004. Ficou ainda mais consolidado após os atentados ocorridos no final de dezembro de 2006, tidos como uma ação de represália de facções de narcotraficantes à propagação de milícias na cidade."[15]

Embora de difícil tradução, mas, para efeito de reconhecimento do tipo previsto pelo art. 288-A do Código Penal, podemos, inicialmente, subdividir as milícias em públicas, isto é, pertencentes, oficialmente, ao Poder Público, e *privadas*, vale dizer, criadas às margens do aludido Poder.

Dessa forma, as milícias podem ser consideradas, ainda, militares ou paramilitares. *Militares* são as forças policiais pertencentes à Administração Pública, que envolvem não somente as Forças Armadas (Exército, Marinha e Aeronáutica), como também as forças policiais (polícia militar), que tenham uma função específica, determinada legalmente pelas autoridades competentes. *Paramilitares* são as referidas anteriormente.

As milícias privadas, consideradas criminosas, ou seja, que se encontram à margem da lei, eram, inicialmente, formadas por policiais, ex-policiais e também por civis (entendidos aqui aqueles que nunca fizeram parte de qualquer força policial).

Suas atividades, no começo, cingiam-se à proteção de comerciantes e moradores de determinada região da cidade. Para tanto, cobravam pequenos valores individuais, que serviam como renumeração aos serviços de segurança por elas prestados. Como as milícias eram armadas, havia, em algumas comunidades, o confronto com traficantes, que eram expulsos dos locais ocupados, como também com pequenos crimi-

nosos (normalmente pessoas que costumavam praticar crimes contra o patrimônio), que também eram expulsos daquela região ou mortos pelos milicianos.

A diferença fundamental, naquela oportunidade, entre a milícia privada e as forças policiais do Estado era que os milicianos não somente expulsavam os traficantes de drogas, por exemplo, mas também se mantinham no local, ocupando os espaços por eles anteriormente dominados, ao contrário do que ocorria com as forças policiais, que dali saíam após algum confronto com criminosos da região, permitindo que a situação voltasse ao *status quo*, ou seja, que retornasse ao domínio do grupo criminoso que ali imperava. Atualmente, com a implementação das Unidades de Polícia Pacificadora (UPPs), como vem acontecendo na cidade do Rio de Janeiro, a polícia vem ocupando os espaços que, antes, ficavam sob a custódia ilegal dos traficantes de drogas, que as mantinham sob o regime de terror.

Essa situação original da milícia privada a identificava como um grupo organizado, não formalizado, ou seja, sem a regular constituição de empresa, voltado para a prestação de serviço de segurança em determinada região. Quando havia empresa constituída, esta era puramente de fachada, ou seja, utilizada para dar aparência de legalidade aos serviços de segurança prestados, que, na verdade, eram impostos, mediante violência ou ameaça, à população.

Nesses locais é que também ocorria o chamado "bico" por parte dos integrantes das forças policiais. O "bico" diz respeito à atividade remunerada do policial, quando deixa seu turno de serviço, que é proibido em grande parte dos Estados da federação, e tolerado em outros, permitindo que o policial consiga auferir um ganho além do seu soldo ou vencimentos, auxiliando nas suas despesas pessoais.

Normalmente, as milícias exercem uma vigilância da comunidade por meio de pessoas armadas, que se revezam em turnos, impedindo, assim, a ação de outros grupos criminosos.

Com o passar do tempo, os membros integrantes das milícias despertaram para o fato de que, além do serviço de segurança, podiam também auferir lucros com outros serviços, por eles monopolizados, como aconteceu com os transportes realizados pelas "vans" e motocicletas, com o fornecimento de gás, TV a cabo (vulgarmente conhecido como "gatonet"), internet (ou "gato velox", como é conhecida) etc.

Passaram, outrossim, a exigir que os moradores de determinada região somente adquirissem seus produtos e serviços mediante a imposição do regime de terror. A violência, inicialmente voltada contra os traficantes e outros criminosos, passou a ser dirigida, também, contra a população em geral, que se

---

[15] ASSEMBLEIA LEGISLATIVA DO ESTADO DO RIO DE JANEIRO. *Relatório final da Comissão Parlamentar de Inquérito*: Resolução nº 433/2008 da Assembleia Legislativa do Estado do Rio de Janeiro, p. 34. Disponível em: <http://www.marcelofreixo.com.br/site/upload/relatoriofinalportugues.pdf>. Acesso em: 29 set. 2012.

via compelida a aceitar o comando da milícia e suas determinações. Para elas não havia concorrência, ou seja, ninguém, além dos integrantes da milícia, podia explorar os serviços ou mesmo o comércio de bens por eles monopolizado. Em caso de desobediência, eram julgados e imediatamente executados, sofrendo em seus corpos a punição determinada pela milícia (normalmente lesões corporais ou mesmo a morte). Nesse sentido, são as lúcidas conclusões de Paulo Rangel, quando afirma: "Os moradores que não se submetem ao jugo miliciano, se negando a pagar, são ameaçados, torturados e mortos, quando menos expulsos da favela e suas casas 'desapropriadas'."[16]

Podemos tomar como parâmetro, para efeitos de definição de milícia privada, as lições do sociólogo Ignácio Cano, citado no Relatório Final da Comissão Parlamentar de Inquérito da Assembleia Legislativa do Estado do Rio de Janeiro (pág. 36), quando aponta as seguintes características que lhe são peculiares:

1. controle de um território e da população que nele habita por parte de um grupo armado irregular;
2. o caráter coativo desse controle;
3. o ânimo de lucro individual como motivação central;
4. um discurso de legitimação referido à proteção dos moradores e à instauração de uma ordem;
5. a participação ativa e reconhecida dos agentes do Estado.[17]

O art. 288-A do Código Penal também fez referência às condutas de constituir, organizar, integrar, manter ou custear *grupo*. Devemos nos perguntar: que espécie de grupo é esse, abrangido pela redação do mencionado artigo? Para entendemos a que grupo se refere o tipo penal, distinguindo-o dos demais, devemos levar a efeito uma interpretação teleológica na Lei nº 12.720, de 27 de setembro de 2012, que dispõe sobre o crime de *extermínio de seres humanos*, razão pela qual altera o Código Penal.

Esse grupo, portanto, apontado pelo tipo penal, só pode ser aquele ligado ao extermínio de pessoas, ou seja, um grupo, geralmente, de "justiceiros", que procura eliminar aqueles que, segundo seus conceitos, por algum motivo, merecem morrer. Podem ser contratados para a empreitada de morte, ou podem cometer, gratuitamente, os crimes de homicídio de acordo com a "filosofia" do grupo criminoso, que escolhe suas vítimas para que seja realizada uma "limpeza".

Não podemos confundir, contudo, a expressão "extermínio de pessoas", utilizada pela Lei nº 12.720, de 27 de setembro de 2012, com o delito de genocídio, previsto pela Lei nº 2.889/56, uma vez que, de acordo com o *caput* do art. 1º deste último diploma legal, pratica o delito aquele que atua com a intenção de destruir, no todo ou em parte, grupo nacional, étnico, racial ou religioso, havendo previsão no art. 2º da referida lei para a associação criminosa, quando diz, textualmente:

Art. 2º Associarem-se mais de 3 (três) pessoas para a prática dos crimes mencionados no artigo anterior:
Pena: Metade da cominada aos crimes ali previstos.

Conforme esclarecimentos do Deputado Federal Nilmário Miranda, Presidente da Comissão de Direitos Humanos da Câmara Federal, "a ação dos grupos de extermínio consiste numa das principais fontes de violação dos direitos humanos e de ameaça ao Estado de direito no país. Essas quadrilhas agem normalmente nas periferias dos grandes centros urbanos e têm seus correspondentes nos jagunços do interior. Usam estratégia de ocultar os corpos de suas vítimas para se furtar à ação da justiça, sendo que os mais ousados chegam a exibir publicamente sua crueldade. Surgem como decorrência da perda de credibilidade nas instituições da justiça e de segurança pública e da certeza da impunidade, resultante da incapacidade de organismos competentes em resolver o problema. Os embriões dos grupos de extermínio nascem quando comerciantes e outros empresários recrutam matadores de aluguel, frequentemente policiais militares e civis, para o que chamam 'limpar' o 'seu bairro' ou 'sua cidade'".[18]

Gerson Santana Arrais, discordando da possibilidade de se considerar grupo de extermínio as mortes ocorridas "gratuitamente", e amparado na definição apontada pelo ilustre Deputado mineiro, assevera: "As principais características dos grupos de extermínio são a matança de pessoas, após aqueles serem recrutados ou contratados por pessoas do comércio e outras empresas. Claramente, por óbvio, que esses exterminadores não fazem esse 'serviço sujo' sem ônus, não o fazem 'de graça'. Certamente são pagos pelos contratantes – os maiores interessados. Assim, são profissionais do crime que não possuem, em primeiro plano, uma relação de desafeto com as vítimas do extermínio.

De tudo isso, não podemos nos furtar em concluir, com clareza e inquestionável lógica, que esses exterminadores, ao silenciar as suas vítimas, não estão animados por nenhum motivo de ordem pessoal em relação a elas (frieza e torpeza); são profissionais (re-

---

[16] RANGEL, Paulo. *O processo penal e a violência urbana*: uma abordagem crítica construtiva à luz da Constituição, p. 152.

[17] ASSEMBLEIA LEGISLATIVA DO ESTADO DO RIO DE JANEIRO. *Relatório final da Comissão Parlamentar de Inquérito*: Resolução nº 433/2008 da Assembleia Legislativa do Estado do Rio de Janeiro, p. 36. Disponível em: <http://www.marcelofreixo.com.br/site/upload/relatoriofinalportugues.pdf>. Acesso em: 29 set. 2012.

[18] MIRANDA, Nilmário. A ação dos grupos de extermínio no Brasil. Disponível em: <http://www.dhnet.org.br/direitos/militantes/nilmario/nilmario_dossieexterminio.html> *apud* ARRAIS, Gerson Santana. Homicídio simples praticado a partir de atividade de extermínio considerado como hediondo. Disponível em: <http://jus.com.br/revista/texto/14711/homicidio-simples-praticado-a-partir-de-atividade--de-exterminio-considerado-como-hediondo#ixzz27t0tXHHg>. Acesso em: 29 set. 2012.

cebem pelo que fazem, então alguém os paga); por serem frios e receberem por esse vil mister, agem com futilidade em relação à causa de agir; pelo profissionalismo e destreza que animam os seus perfis (bons atiradores, frios, experientes, treinados, profissionais, normalmente em bando), estão em grande condição de superioridade em relação à vítima ou às vítimas, as quais, na maioria das vezes, não têm possibilidade ou oportunidade de defesa."[19]

A lei previu, ainda, as condutas de constituir, organizar, integrar, manter ou custear *esquadrão*. O raciocínio, aqui, é o mesmo que fizemos para efeitos de identificação do termo *grupo*. Embora o termo "esquadrão" diga respeito, normalmente, a uma pequena unidade militar ou força especial, como acontece com o esquadrão antibombas, antissequestro etc. também é utilizado pelas Forças Armadas em suas unidades aéreas, terrestres ou navais.

No entanto, entendemos que não é essa modalidade de esquadrão oficial a que se refere o tipo do art. 288-A do Código Penal, mas sim aquele de natureza clandestina, marginal, ou seja, que fica às margens da lei, e tem como finalidade precípua o extermínio de pessoas. São conhecidos, na verdade, como esquadrão da morte, justamente por essa sua característica, a exemplo da Scuderie Detetive Le Cocq ou Esquadrão Le Cocq, que foi uma organização extraoficial criada em 1965, por policiais do Rio de Janeiro, com a finalidade de vingar a morte de um detetive, Milton Le Cocq. Cara de Cavalo, o bandido que matou Le Cocq, foi morto com mais de cem disparos e seu corpo coberto com o cartaz de uma caveira. A Scuderie Detetive Le Cocq atuou nas décadas de 1960, 1970, 1980 e começo da década de 1990. Além do Rio de Janeiro, outros Estados a organizaram, a exemplo de Minas Gerais e Espírito Santo.

Importante frisar que o esquadrão Le Cocq não era formado somente por policiais, mas também tinha por "sócios" políticos, membros do Poder Judiciário e do Ministério Público, advogados que se autointitulavam "irmãozinhos", profissionais liberais, médicos etc.

Em Minas Gerais, na década de 1990, outro esquadrão da morte, conhecido como "Esquadrão do Torniquete", trouxe terror à cidade de Belo Horizonte, matando suas vítimas sempre por estrangulamento, com a utilização de um torniquete. Embora tenha sido atribuída ao esquadrão a morte de 37 pessoas, apenas 4 integrantes do grupo foram identificados e condenados somente por cinco delitos de homicídio. Esquadrões da morte podem incluir uma força policial secreta, grupo paramilitar ou unidades oficiais do governo, com membros oriundos dos militares ou da polícia. Eles também podem ser reconhecidos como "justiceiros", uma vez que praticam execuções extrajudiciais dos "marginais" por eles escolhidos, como parte integrante de um projeto de "limpeza social".

Determina a parte final do art. 288-A do estatuto repressivo que as condutas de constituir, organizar, integrar, manter ou custear organização paramilitar, milícia particular, grupo ou esquadrão tenha por finalidade a prática de quaisquer dos crimes previstos no Código Penal.

Essa finalidade tem de ser analisada com reservas. Isso porque a forma como está redigido o artigo nos leva a acreditar que qualquer infração penal poderia ser objeto do delito em estudo, quando, na verdade, não podemos chegar a essa conclusão. Assim, por exemplo, não seria razoável imputar a uma organização paramilitar a prática do delito tipificado no art. 288-A quando a finalidade do grupo era a de praticar, reiteradamente, crimes contra a honra. Para essas infrações penais, se praticadas em *associação criminosa*, já temos o delito previsto no art. 288 do mesmo diploma repressivo, com a redação que lhe foi conferida pela Lei nº 12.850, de 2 de agosto de 2013.

Assim, de acordo com nossa posição, embora a parte final do art. 288-A diga que haverá crime de *constituição de milícia particular* quando o agente constituir, organizar, integrar, manter ou custear organização paramilitar, milícia particular, grupo ou esquadrão com a finalidade de praticar qualquer dos crimes previstos no Código Penal, temos de limitar esses crimes àqueles que dizem respeito às atividades normalmente praticadas pelas milícias (*nomen juris* genérico dado aos comportamentos tipificados no art. 288-A do Código Penal), a exemplo do crime de homicídio, lesão corporal, extorsão, sequestros, ameaças etc.

Por outro lado, como o tipo penal em estudo limitou o reconhecimento da infração penal à constituição de milícia privada para a prática dos crimes previstos no Código Penal, em virtude do necessário respeito ao princípio da legalidade, caso essa formação criminosa tenha sido levada a efeito, por exemplo, para a prática de crimes que estão previstos na legislação penal especial, a exemplo do que ocorre com o crime de tortura (Lei nº 9.455, de 7 de abril de 1997), tais fatos não poderão ser reconhecidos como hipóteses do delito de *constituição de milícia particular*. Caso contrário, haveria ofensa frontal ao referido princípio da legalidade, que exige, por meio de conceito de tipicidade formal, que o comportamento praticado se subsuma, perfeitamente, àquele previsto no tipo penal.

⚖ Trata-se de denúncia pautada em informações colhidas em sede de Inquérito Policial, instaurado sob o nº. 682/2018, visando a apurar a existência de uma "milícia" na região de Jacarepaguá e Recreio dos Bandeirantes. As investigações apontaram que a

---

[19] ARRAIS, Gerson Santana. Homicídio simples praticado a partir de atividade de extermínio considerado como hediondo. Disponível em: <http://jus.com.br/revista/texto/14711/homicidio-simples-praticado-a-partir-de-atividade-de-exterminio-considerado-como-hediondo#ixzz27t0tXHHg>. Acesso em: 29 set. 2012.

organização criminosa foi formada, em tese, com o objetivo de obter, direta e indiretamente, vantagem econômica, mediante a prática de incontáveis crimes, notadamente os delitos de extorsão a moradores, comerciantes e prestadores de serviços, grilagem de terras, falsidade documental, exploração e comercialização de sinais clandestinos de internet televisão a cabo e do comércio de água e gás, mediante a monopolização do serviço de botijão de gás de cozinha e água a moradores, comércio de munições e armas de fogo, contrabando/comércio de cigarros falsificados, clonagem/receptação de veículos e corrupção. Existem, ademais, indícios da prática de homicídios e lesões corporais contra moradores, rivais e ex-membros que fossem considerados traidores, com características de "justiçamento", bem como da exploração do transporte alternativo de pessoas (TJRJ, HC 0057540-40.2019.8.19.0000, Rel.ª Des.ª Mônica Tolledo de Oliveira, *DJe* 18/10/2019).

Nesse sentido:

STJ, RHC 33.524/RJ, Rel. Min. Nefi Cordeiro, 6ª T., *DJe* 1º/04/2016; STJ, REsp 1.497.490/RJ, Rel.ª Min.ª Maria Thereza de Assis Moura, 6ª T., *DJe* 18/06/2015; TJRJ, HC 0021622-48.2014.8.19.0000, Rel. Des. Gilmar Augusto Teixeira, j. 04/06/2014; TJRJ, AC 0022228-57.2011.8.19.0008, Rel. Des. Suimei Meira Cavalieri, j. 20/05/2014.

Classificação doutrinária

Crime comum, tanto no que diz respeito ao sujeito ativo quanto ao sujeito passivo; doloso (não havendo previsão para a modalidade de natureza culposa); comissivo (podendo, também, nos termos do art. 13, § 2º, do Código Penal, ser praticado via omissão imprópria, na hipótese de o agente gozar do *status* de garantidor); formal; de perigo comum; de forma livre; permanente; plurissubjetivo; plurissubsistente (podendo, também, dependendo da forma como for praticado, ser considerado unissubsistente); transeunte.

Sujeito ativo e sujeito passivo

Qualquer pessoa poderá ser *sujeito ativo* do delito de *constituição de milícia privada*, haja vista que o tipo penal em exame não exige nenhuma qualidade ou condição especial.
O *sujeito passivo* é a sociedade.

Objeto material e bem juridicamente protegido

A *paz pública* é o bem juridicamente protegido pelo tipo penal que prevê o delito de *constituição de milícia privada*.
Não há objeto material.

Consumação e tentativa

O delito de constituição de milícia privada prevê momentos consumativos diferentes, dependendo do comportamento praticado pelo agente. Assim, no que diz respeito ao núcleo *constituir*, a consumação ocorre quando o agente cria, inaugura uma milícia privada, com a reunião das pessoas que irão compô-la, independentemente da prática das futuras infrações penais que serão levadas a efeito pelo grupo criminoso. *Organizar* tem o sentido de colocar em ordem, tornar próprio para o funcionamento. Assim, quanto a esse núcleo, estaria consumado o crime quando o(s) agente(s) viesse(m) a praticar qualquer comportamento, seja para destinado à própria organização inicial da milícia privada (*nomen juris* dado de forma genérica ao tipo penal em estudo), seja para aperfeiçoar o funcionamento da já existente. *Integrar* quer dizer fazer parte. Aqui o delito se consuma a partir do instante em que alguém integra, ou seja, começa a fazer parte da milícia privada. Consuma-se o crime com a prática do núcleo *manter* a partir do instante que o agente, de alguma forma, atua no sentido de sustentar a milícia privada. Por fim, também se entende por consumado o crime em estudo quando o agente *custeia*, ou seja, financia, arca com os custos para a constituição, organização ou mesmo a manutenção da milícia privada.

Ressalte-se que os comportamentos de constituir, organizar, integrar, manter ou custear devem ter por fim específico a organização paramilitar, milícia particular, grupo ou esquadrão com a finalidade de praticar qualquer dos crimes previstos no Código Penal, desde que, como já afirmamos, sejam característicos desse grupo criminoso.

Tratando-se de um crime formal, de consumação antecipada, o delito de constituição de milícia privada restará consumado a partir do instante em que os agentes levarem a efeito qualquer dos comportamentos previstos pelo tipo penal, independentemente de praticarem os crimes para os quais convergiam suas condutas. Tal como ocorre com o delito de associação criminosa, ocorrerá a consumação do delito previsto pelo art. 288-A antes mesmo da prática de quaisquer crimes, em virtude dos quais foi criado o grupo criminoso.

Obviamente que, na prática, o grupo será identificado após cometer os delitos para os quais havia sido criado. No entanto, analisando-o tecnicamente, em virtude de se tratar de um crime formal, caracterizado pelo especial fim de agir, traduzido na expressão *com a finalidade de praticar*, prevista pelo tipo penal *sub examen*, basta que qualquer dos verbos nucleares seja praticado para que a infração penal reste consumada.

Assim, imagine-se a hipótese em que os agentes, com a finalidade de dar início à prática dos crimes inerentes à milícia privada, façam uma primeira reunião, destinada à constituição e à organização do grupo criminoso. Ao final dessa reunião, antes mesmo de darem início às atividades criminosas na comunidade por eles escolhida como centro de suas atividades, quando o quarto elemento do grupo a eles se integra, nesse exato instante já está caracterizado o delito de constituição de milícia privada, podendo, a partir desse momento, ocorrer a prisão em flagrante de seus membros, uma vez que, formada a milícia privada, estamos diante de um crime permanente, cuja consumação se prolonga no tempo.

Dependendo do núcleo a ser praticado, será possível o reconhecimento da tentativa, desde que, na prática, se possa visualizar o fracionamento do *iter criminis*.

Elemento subjetivo

O dolo é o elemento subjetivo exigido pelo tipo penal que prevê o delito de *constituição de milícia privada*, não havendo previsão para a modalidade de natureza culposa.

Além do dolo, o agente deve atuar com um especial fim de agir, configurado na finalidade de praticar *crimes previstos no Código Penal* que, insistimos em dizer, tenham relação direta com os fins inerentes à milícia privada.

Modalidades comissiva e omissiva

Os núcleos *constituir, organizar, integrar, manter* ou *custear* pressupõem um comportamento comissivo por parte do agente.

No entanto, nada impede que o agente, garantidor, podendo, dolosamente, não atue no sentido de impedir o crime de constituição de milícia privada, devendo por ele ser responsabilizado a título de omissão imprópria. Assim, por exemplo, imagine-se a hipótese em que um policial, sabendo que em determinada localidade existe uma milícia privada já constituída e conhecendo a identidade de cada um dos seus integrantes, dolosamente, nada faz para prendê-los em flagrante, uma vez que, como dissemos, cuida-se de um delito permanente, cuja consumação se prolonga no tempo, permitindo a prisão em flagrante enquanto durar a permanência.

Pena e ação penal

A pena prevista para o delito de *constituição de milícia privada* é de reclusão, de 4 (quatro) a 8 (oito) anos. A ação penal é de iniciativa pública incondicionada.

Diferença entre associação criminosa e a constituição de milícia privada

Qual a diferença entre os delitos de associação criminosa, tipificados no art. 288 do Código Penal, e a constituição de milícia privada, prevista no art. 288-A do mesmo diploma repressivo?

Mais uma vez, o legislador nos fez a "gentileza" de editar um tipo penal sem que, para tanto, nos fornecesse dados seguros à sua configuração. No entanto, para que possamos levar a efeito a distinção entre os crimes previstos nos arts. 288 e 288-A do Código Penal, temos de buscar a natureza de cada formação criminosa, pois que, ambas, como se percebe pela redação de seus textos legais, são criadas com a finalidade de praticar crimes.

Aqui, já vale uma primeira ressalva. O art. 288-A, ao contrário do que ocorre com o art. 288, ambos do mesmo estatuto repressivo, prevê que a milícia privada tem a finalidade de praticar os crimes previstos no Código Penal, ou seja, limitou o reconhecimento da infração penal apenas aos crimes nele previstos. Ao contrário, o art. 288 não tem essa limitação, bastando, contudo, que estejamos diante de um *crime*, seja ele previsto ou não no Código Penal, ficando afastadas somente as contravenções penais.

Dessa forma, se um esquadrão de reúne com a finalidade de praticar torturas, como esse delito não se encontra no Código Penal, mas sim na legislação penal extravagante (Lei nº 9.455/97), não seria possível o reconhecimento do delito tipificado no art. 288-A, mas tão somente o do art. 288, ambos do Código Penal.

A pena para o delito de constituição de milícia privada é bem superior àquela prevista para o crime de associação criminosa. No entanto, ao contrário do que ocorre com o parágrafo único do art. 288 do Código Penal, não houve previsão para qualquer causa de aumento de pena na hipótese de utilização de armas pela milícia privada, o que é comum. Na verdade, se houvesse essa previsão, dificilmente não seria aplicada, uma vez que é da própria natureza da milícia privada a utilização de armas, como imposição do seu regime de terror. Assim, acreditamos que não se cuida de uma omissão legislativa, mas de uma opção do legislador em já aplicar uma pena superior àquela prevista pelo art. 288 do Código Penal, já entendendo, de antemão, que a milícia se configura pela reunião de pessoas armadas.

Por outro lado, o fato de não prever o emprego de arma como causa de aumento de pena permitirá a aplicação do raciocínio correspondente ao concurso de crimes, ou seja, haverá concurso entre o delito de constituição de milícia privada, com o porte ilegal de armas, se houver.

Enfim, após essas ressalvas, voltamos ao nosso ponto de partida, a fim de distinguir quando uma reunião não eventual de pessoas, destinada a prática de crimes, poderá ser reconhecida como uma associação criminosa ou como uma milícia privada. Entendemos que o ponto de partida é a natureza de cada uma dessas reuniões de pessoas. A milícia goza de uma particularidade em relação à associação criminosa.

A prática nos demonstra que, quando uma milícia é formada, a finalidade é a obtenção de lucro, seja com o fornecimento de serviços ilegais (segurança privada, "gatonet", "gato velox", transportes coletivos por meio de vans, motocicletas etc.), seja com a venda de produtos (gás, água etc.). Dessa forma, a violência por ela empregada é destinada à manutenção dos seus serviços e produtos.

Assim, a partir de agora, o reconhecimento da associação criminosa deverá ser feito por exclusão, ou seja, quando não se tratar do crime de constituição de milícia privada, poderemos começar a reconhecer o delito tipificado no art. 288 do Código Penal.

Diferença entre a organização criminosa e a constituição de milícia privada

A Lei nº 12.694, de 24 de julho de 2012, definiu, inicialmente, o conceito de organização criminosa em seu art. 2º, *verbis*:

Art. 2º Para os efeitos desta Lei, considera-se organização criminosa a associação, de 3 (três) ou mais pessoas, estruturalmente ordenada e caracterizada pela divisão de tarefas, ainda que informalmente, com objetivo de obter, direta ou indiretamente, vantagem de qualquer natureza, mediante a prática de crimes cuja pena máxima seja igual ou superior a 4 (quatro) anos ou que sejam de caráter transnacional.

Em 2 de agosto de 2013, no entanto, foi publicada a Lei nº 12.850, que, por mais uma vez, conceituou a organização criminosa com algumas diferenças do texto anterior, revogando-o, tacitamente, conforme se verifica pela redação do § 1º do art. 1º:

Art. 1º Esta Lei define organização criminosa e dispõe sobre a investigação criminal, os meios de obtenção da prova, infrações penais correlatas e o procedimento criminal a ser aplicado.

§ 1º Considera-se organização criminosa a associação de 4 (quatro) ou mais pessoas estruturalmente ordenada e caracterizada pela divisão de tarefas, ainda que informalmente, com objetivo de obter, direta ou indiretamente, vantagem de qualquer natureza, mediante a prática de infrações penais cujas penas máximas sejam superiores a 4 (quatro) anos, ou que sejam de caráter transnacional.

Não podemos negar que a milícia privada também se configura como organização criminosa, haja vista que também é estruturalmente ordenada e caracterizada pela divisão de tarefas e tem como objetivo obter, direta ou indiretamente, vantagem (ainda que não de qualquer natureza, pois sua finalidade é obter vantagem de natureza econômica). Contudo, é necessário traçar distinções entre essas duas organizações criminosas.

Assim, voltamos a insistir, da mesma forma como fizemos quando do estudo da distinção entre o delito de constituição de milícia privada e a associação criminosa, que o crime tipificado no art. 288-A do Código Penal tem por finalidade, por meio de um regime de terror, imposto em determinada comunidade, ou seja, em um território previamente delimitado, obter lucros com o fornecimento de serviços ou produtos, ao passo que a organização criminosa, prevista pelo § 1º, do art. 1º da Lei nº 12.850, de 2 de agosto de 2013, embora tenha por fim a aferição de *vantagem de qualquer natureza,* não diz respeito ao domínio de determinado território, tal como ocorre com as milícias.

Por outro lado, não há limite de pena para a infração penal ser reconhecida como atividade característica da milícia privada, ao contrário do que ocorre com a organização criminosa, cujo mencionado § 1º do art. 1º da Lei nº 12.850, de 2 de agosto de 2013, exige a prática de infrações penais (crime ou contravenção), cujas penas máximas sejam superiores a 4 (quatro) anos, ou que sejam de caráter transnacional, vale dizer, que ultrapassem as fronteiras do nosso país.

Existem, no entanto, pontos de contato entre o crime de constituição de milícia privada e a organização criminosa. Abel Fernandes Gomes, Geraldo Prado e William Douglas, dissertando sobre as principais características da organização criminosa, aduzem, com precisão, que assumem importante destaque, como seus traços característicos:

"a utilização de meios de violência para intimidação de pessoas ou exclusão de obstáculos, com a imposição do silêncio que assegure a clandestinidade, ocultação e impunidade das ações delituosas praticadas [...], a conexão estrutural ou funcional com o poder público ou seus agentes, ingrediente necessário para assegurar sua existência e o sucesso de suas atividades, bem como possibilitar o alcance de outros de seus objetivos, a obtenção, manutenção e ampliação de poder."[20]

Ressaltam, ainda, que essas organizações criminosas jamais se confundem "com as meras quadrilhas (hoje entendidas como associações criminosas) constituídas para a prática de crimes, cujo potencial ofensivo à sociedade distingue-se, desde logo, pelo grau inferior que lhes é inerente".[21]

Número necessário à caracterização do crime de milícia privada

Ao contrário do que ocorre com o delito de associação criminosa, previsto pelo art. 288 do Código Penal, em que o tipo penal, corretamente, aponta o número de pessoas necessário à sua caracterização, vale dizer, no mínimo três (três ou mais pessoas), a Lei nº 12.720, de 27 de setembro de 2012, ao criar o delito de constituição de milícia privada, não teve o cuidado de esclarecer esse importante detalhe, evitando posições doutrinárias e jurisprudenciais divergentes.

O art. 288-A do Código Penal, no entanto, faz menção à organização paramilitar, milícia particular, grupo ou esquadrão. Partindo desses elementos que compõem o tipo penal em análise, devemos apontar o número mínimo exigível para a configuração típica. Alberto Silva Franco, com a precisão que lhe é peculiar, buscando o significado da palavra "grupo", preleciona: "Em matéria penal, a ideia de grupo vincula-se, de imediato, a uma hipótese de crime pluris-

[20] FERNANDES GOMES, Abel; PRADO, Geraldo; DOUGLAS, William. *Crime organizado*, p. 5.

[21] FERNANDES GOMES, Abel; PRADO, Geraldo; DOUGLAS, William. *Crime organizado*, p. 6.

subjetivo, mas, nesse caso, quantas pessoas devem, no mínimo, compor o grupo? O texto é totalmente silente a respeito. Mas é obvio que a ideias de 'par' colide, frontalmente, com a de 'grupo': seria, realmente, um contrassenso cogitar-se de um grupo composto de duas pessoas... De uma forma geral, quando estrutura uma figura plurissubjetiva, o legislador penal, em respeito ao princípio constitucional da legalidade, não deve deferir, ao juiz ou ao intérprete, a tarefa de especificar o número mínimo de agentes. Deve quantificá-la, de pronto. A simples discussão sobre essa matéria evidencia a falha de técnica legislativa e põe a nu a ofensa ao princípio constitucional já mencionado. Um tipo penal não pode ficar para a garantia do próprio cidadão – e a legislação penal nada mais é, em resumo, do que uma limitação do poder repressivo estatal em face do direito de liberdade de cada pessoa – na dependência dos humores ou dos azares interpretativos do juiz."[22]

Conclui o renomado professor que a palavra "grupo" denota a necessidade de, pelo menos, quatro pessoas, posição à qual nos filiamos.

Embora tal análise diga respeito à expressão grupo de extermínio, prevista pelo inc. I do art. 1º da Lei nº 8.072/90, ela se amolda perfeitamente ao problema criado pelo art. 288-A do Código Penal, que também a utilizou sem, no entanto, identificar o número mínimo ao seu reconhecimento.

Conquanto possa haver divergência quanto ao número mínimo exigido ao reconhecimento do delito tipificado no art. 288-A do Código Penal, podemos tomar como referência o conceito de organização criminosa trazido pela Lei nº 12.850, de 2 de agosto de 2013, que requer a associação de quatro ou mais pessoas.

Em sentido contrário, Rogério Sanches Cunha[23] e Cleber Masson[24] entendem que basta a reunião de, no mínimo, três pessoas, com as demais características que lhe são exigidas, a fim de que se configure o delito tipificado no art. 288-A do Código Penal.

A prática nos demonstra, ainda, que, quando estamos diante de milícias privadas, o número de seus componentes será, inclusive, bem superior a quatro pessoas, uma vez que exercem uma atividade extremamente complexa de controle de comunidades, onde necessitam de muitas pessoas para levarem a efeito a vigilância e controle dos territórios por eles assumidos. A questão, portanto, cinge-se à necessidade de uma correta interpretação do tipo penal, independentemente do que ocorre na realidade prática.

Assim, concluindo, para que se possa reconhecer o delito tipificado no art. 288-A do Código Penal, faz-se necessária a presença de, no mínimo, quatro pessoas.

Novatio legis in mellius e constituição de milícia privada

Não há que se falar em *novatio legis in melius* por conta da superveniência da Lei nº 12.720/2012, que introduziu o art. 288-A ao Código Penal e tipificou o crime de milícia privada. No novo tipo penal, o legislador deixou de prever a aplicação da pena em dobro na hipótese de milícia armada, contudo, não descartou o concurso formal entre o crime do art. 288-A e os delitos previstos no Estatuto do Desarmamento. E, considerando os inúmeros episódios em que a quadrilha se impôs à comunidade mediante a utilização ostensiva de armas de fogo, induvidosa a perspectiva de aplicação da fração máxima do art. 70 do CP, conduzindo a pena a patamares idênticos àqueles do art. 288, p. único c/c art. 8º da Lei nº 8072/90 (TJRJ, AC 0022228-57.2011.8.19.0008, Rel. Des. Suimei Meira Cavalieri, j. 20/05/2014).

---

[22] FRANCO, Alberto Silva. *Crimes hediondos*, p. 260.

[23] CUNHA, Sanches Rogério. *Manual de direito penal* – parte especial, volume único, p. 687.

[24] MASSON, Cleber. *Direito penal esquematizado* – parte especial, v. 3, p. 417.

Título X – Dos Crimes contra a Fé Pública

Capítulo I – Da Moeda Falsa

Moeda Falsa

Art. 289. Falsificar, fabricando-a ou alterando-a, moeda metálica ou papel-moeda de curso legal no país ou no estrangeiro:

Pena – reclusão, de três a doze anos, e multa.

§ 1º Nas mesmas penas incorre quem, por conta própria ou alheia, importa ou exporta, adquire, vende, troca, cede, empresta, guarda ou introduz na circulação moeda falsa.

§ 2º Quem, tendo recebido de boa-fé, como verdadeira, moeda falsa ou alterada, a restitui à circulação, depois de conhecer a falsidade, é punido com detenção, de seis meses a dois anos, e multa.

§ 3º É punido com reclusão, de três a quinze anos, e multa, o funcionário público ou diretor, gerente, ou fiscal de banco de emissão que fabrica, emite ou autoriza a fabricação ou emissão:

I – de moeda com título ou peso inferior ao determinado em lei;

II – de papel-moeda em quantidade superior à autorizada.

§ 4º Nas mesmas penas incorre quem desvia e faz circular moeda, cuja circulação não estava ainda autorizada.

Introdução

O núcleo *falsificar* tem o sentido de imitar o que é verdadeiro, tornando-o parecido. A falsificação pode ocorrer por meio da *fabricação* ou da *alteração*. A fabricação, também reconhecida por *contrafação*, consiste em criar materialmente o objeto, que será utilizado como moeda metálica ou papel-moeda, fazendo-o passar por verdadeiro; já na falsificação-alteração, o agente se vale de uma moeda metálica ou de um papel-moeda já existente, isto é, verdadeiro, e modifica-lhe o valor, a fim de que passe a representar mais do que efetivamente vale.

Hungria, com precisão, dissertando sobre o tema, preleciona: "A alteração há de representar sempre uma 'fraude' contra a fé pública no tocante à moeda como instrumento de troca e trazer consigo, por isso mesmo, a capacidade de perigo de 'um *praejudicium in incertam personam*'. Assim, não é crime de moeda falsa, por *alteração*, o fato de apagar ou modificar emblemas ou sinais impressos na moeda ou papel-moeda, desde que daí não resulte aparência de maior valor. Tome-se, por exemplo, o caso do extorsionário que, para evitar a identificação do papel-moeda que recebeu como preço de um resgate, substitua o número das respectivas estampas e séries ou a numeração de cada exemplar: não cometerá o crime de falsidade numária. Muito menos se apresentará este com o fato de modificar moeda metálica para *acrescer* o seu valor intrínseco, ou de substituir, seja na moeda metálica, seja no papel-moeda, letras ou números, para *diminuir* o respectivo valor nominal. Não está isso, é certo, consignado na lei, com todas as letras, mas impõe-se como inferência lógica, pois o falso numário não é um puro fim em si mesmo, não é uma 'arte por amor à arte', mas a criação de um meio de *locupletação* ilícita, ainda que a lei não exija o *animus lucri faciendi* para especificar o dolo desse crime".[1]

Da mesma forma, não se configura no delito em estudo se o agente falsifica a moeda metálica ou o papel-moeda, de modo a diminuir-lhe o valor, pois, conforme ainda esclarece Hungria, "tal indivíduo não deveria ser submetido a processo penal, mas a processo de interdição, ou se metido numa casa de orates, pois o seu ato equivaleria ao de *jogar fora* ou *rasgar* dinheiro, isto é, ao mais iniludível indício de loucura, segundo o jocoso mas acertado provérbio popular".[2]

A moeda metálica ou papel-moeda deve, de acordo com a redação constante do tipo penal que prevê o delito em estudo, ter curso legal ou forçado, no país ou no estrangeiro, ficando as pessoas, assim, obrigadas a recebê-lo, sob pena de praticarem a contravenção penal tipificada no art. 43 da LCP (Decreto-Lei nº 3.688/41),[3] restando excluídas da infração penal em estudo as de curso *convencional* ou *comercial*.

Nos termos do art. 48, inc. XIV, da Constituição Federal:

Art. 48. Cabe ao Congresso Nacional, com a sanção do Presidente da República, não exigida esta para o especificado nos arts. 49, 51 e 52, dispor sobre todas as matérias de competência da União, especialmente sobre: [...];

---

[1] HUNGRIA, Nélson. *Comentários ao código penal*, v. IX, p. 207-208.

[2] HUNGRIA, Nélson. *Comentários ao código penal*, v. IX, p. 208.

[3] **Art. 43.** *Recusar-se a receber pelo seu valor, moeda de curso legal do País: Pena – multa.*

XIV – moeda, seus limites de emissão, e montante da dívida mobiliária federal;
[...].

Competirá privativamente ao Banco Central do Brasil, conforme determina o art. 10, I, da Lei nº 4.595/1964, emitir moeda-papel e moeda metálica, nas condições e limites autorizados pelo Conselho Monetário Nacional.

Este Superior Tribunal de Justiça firmou entendimento no sentido de que a realização do laudo pericial é suficiente para comprovar a materialidade do delito de moeda falsa. A posterior destruição das cédulas não tem o condão de afastar a materialidade delitiva já devidamente comprovada nos autos por meio de laudo pericial conclusivo no sentido da inautenticidade das cédulas, e cujo resultado não foi em nenhum momento contestado ou colocado em dúvida (STJ, AgRg no REsp 1.719.430/RS, Rel. Min. Jorge Mussi, 5ª T., *DJe* 25/05/2018).

Nesse sentido:

STJ, AgRg no AREsp 815.155/SP, Rel.ª Min.ª Maria Thereza de Assis Moura, 6ª T., *DJe* de 1º/02/2016; STJ, CC 117751/PR, Rel. Min. Marco Aurélio Bellizze, 3ª Seção, *DJe* 14/05/2012; TRF 4ª Reg., ACr 2005.72.04.011535-9, SC, Rel. Des. Fed. Paulo Afonso Brum Vaz, *DEJF* 07/05/2010, p. 608.

Classificação doutrinária

Crime comum, tanto no que diz respeito ao sujeito ativo quanto ao sujeito passivo; doloso (não havendo previsão para a modalidade de natureza culposa); comissivo (podendo, também, nos termos do art. 13, § 2º, do Código Penal, ser praticado via omissão imprópria, na hipótese de o agente gozar do *status* de garantidor); de forma livre; instantâneo (nas modalidades *falsificar, fabricar, alterar, importar, exportar, adquirir, vender, trocar, ceder* e *introduzir*) e permanente (no que diz respeito à conduta de *guardar*); monossubjetivo; plurissubsistente; não transeunte.

Sujeito ativo e sujeito passivo

Qualquer pessoa pode ser *sujeito ativo.*
O sujeito passivo é o Estado, bem como aquele que, no caso concreto, foi prejudicado com a conduta praticada pelo sujeito ativo, podendo tratar-se tanto de pessoa física quanto de pessoa jurídica.

Nos casos de prática do crime de introdução de moeda falsa em circulação (art. 289, § 1º, do CP), é possível a aplicação das agravantes dispostas nas alíneas 'e' e 'h' do inciso II do art. 61 do CP, incidentes quando o delito é cometido 'contra ascendente, descendente, irmão ou cônjuge' ou 'contra criança, maior de 60 (sessenta) anos, enfermo ou mulher grávida'. De fato, a fé pública do Estado é o bem jurídico tutelado no delito do art. 289, § 1º, do CP. Isso, todavia, não induz à conclusão de que o Estado seja vítima exclusiva do delito. Com efeito, em virtude da diversidade de meios com que a introdução de moeda falsa em circulação pode ser perpetrada, não há como negar que vítima pode ser, além do Estado, uma pessoa física ou um estabelecimento comercial, dado o notório prejuízo experimentado por esses últimos. Efetivamente, a pessoa a quem, eventualmente, são passadas cédulas ou moedas falsas pode ser elemento crucial e definidor do grau de facilidade com que o crime será praticado, e a fé pública, portanto, atingida. A propósito, a maior parte da doutrina não vê empecilho para que figure como vítima nessa espécie de delito a pessoa diretamente ofendida (STJ, HC 211.052/RO, 6ª T., Rel. Min. Sebastião Reis Júnior, Rel. para acórdão Min. Rogerio Schietti Cruz, j. 05/06/2014).

Objeto material e bem juridicamente protegido

A fé pública é o bem juridicamente protegido pelo tipo penal que prevê o delito de moeda falsa.
O objeto material é a moeda falsa (metálica ou papel-moeda), de curso legal no país ou no estrangeiro, sobre a qual recai qualquer dos comportamentos previstos pelo tipo penal em estudo.

A jurisprudência do Superior Tribunal de Justiça mostra-se consolidada e em harmonia com o entendimento do Supremo Tribunal Federal para afastar a incidência do princípio da insignificância ao delito de moeda falsa, independentemente do valor ou quantidade de cédulas apreendidas, uma vez que o bem jurídico tutelado por esta norma penal é a fé pública (STJ, AgRg no AREsp 1.012.476/SP, Rel. Min. Jorge Mussi, 5ª T., *DJe* 26/04/2017).

Consumação e tentativa

O delito tipificado no *caput* do art. 289 do Código Penal se consuma quando o agente, efetivamente, realiza a falsificação, seja fabricando ou alterando moeda metálica ou papel-moeda de curso legal no País ou no estrangeiro, não havendo necessidade, outrossim, de ser colocada em circulação.
A tentativa é admissível.

1. O juízo de condenação foi construído a partir de conjunto probatório formado pelos elementos de informação reunidos na fase policial e por provas produzidas durante a instrução criminal, constando, ainda, no laudo pericial, que as cédulas questionadas apresentavam aspecto pictórico semelhante ao das autênticas de valor correspondente, podendo ser consideradas como de boa qualidade e, assim, iludir pessoas pouco observadoras e/ou desconhecedoras das características de segurança do papel moeda autêntico, principalmente tendo-se em conta as condições ambientais e a confiança depositada no portador das mesmas. 2. As instâncias ordinárias consignaram, também, que as circunstâncias do caso concreto demonstram que o agir do réu era voltado à ciência da existência das notas falsas e da intenção em introduzi-las em circulação. As provas produzidas na instrução penal demonstraram que a versão do réu não condiz com a realidade fática (e-STJ fls. 412/413). 3. Comprovado o dolo do recor-

rente, ou seja, a vontade livre e consciente de colocar em circulação as cédulas e o pleno conhecimento da falsidade, bem como o fato de se tratar de falsificação de boa qualidade atestada em laudo pericial, típica a conduta praticada. (...) (STJ, AgRg no REsp 1.872.932/AL, Rel. Min. Reynaldo Soares da Fonseca, 5ª T., julgado em 16/06/2020, *DJe* 23/06/2020).

Nesse sentido:

STJ, HC 210.764/SP, Rel. Min. Ribeiro Dantas, 5ª T., *DJe* 28/06/2016; TRF 1ª Reg., ACr 2002.38.00.041089-9/MG, Rel. Cândido Ribeiro, pub. 17/07/2009; TRF 2ª Reg., ACr 2002.51.01.490146-3, Rel. Sergio Schwaitzer, j. 30/04/2003; TRF 2ª Reg., ACr 96.02.40859-6, Rel. Luiz Antônio Soares, j. 04/11/1998.

Elemento subjetivo

O dolo é o elemento subjetivo exigido pelo tipo penal que prevê o delito de *moeda falsa*, não havendo previsão para a modalidade de natureza culposa.

O crime de circulação de moeda falsa exige, para sua caracterização, o dolo genérico – vontade livre e consciente de, entre outros verbos descritos no tipo, guardar ou introduzir em circulação moeda que se sabe ser falsa (STJ, HC 208.122/SP, Rel. Min. Rogério Schietti Cruz, 6ª T., *DJe* 21/06/2016).

Modalidades comissiva e omissiva

O núcleo *falsificar* pressupõe um comportamento comissivo por parte do agente, podendo, no entanto, ser praticado via omissão imprópria.

Circulação de moeda falsa

Trata-se de tipo misto alternativo no qual o agente, inclusive, poderá, ele próprio, ter levado a efeito a falsificação prevista no *caput* do art. 289 do Código Penal para, posteriormente, como é comum acontecer, colocá-la em circulação. Se assim o fizer, praticando algum dos comportamentos previstos no § 1º do mencionado artigo, deverá, outrossim, ser responsabilizado por uma única infração penal, e não haverá que se falar, *in casu*, em concurso de crimes.

A colocação em circulação de moeda falsa pelos acusados, que tinham consciência de sua falsidade, é suficiente para ensejar a condenação no crime previsto no art. 289, § 1º , do Código Penal (TRF 1ª Reg., ACr 20800920094013701/MA, Rel. Juiz Fed. Conv. Roberto Carvalho Veloso, *DJF1* 13/08/2010, p. 130).

Nesse sentido:

TRF 4ª Reg., ACr 2007.70.01.003639-5, PR, Rel. Des. Fed. Victor Luiz dos Santos Laus, *DEJF* 13/08/2010, p. 849; STJ, CC 34277/MG, Rel. Min. Hamilton Carvalhido, S3, *DJ* 10/02/2003, p. 169.

Modalidade privilegiada

O § 2º do art. 289 do Código Penal prevê uma modalidade privilegiada do delito de *moeda falsa*.

Por meio desse tipo derivado privilegiado, percebe-se que a lei penal pune com menor rigor a conduta daquele que, de boa-fé, recebeu moeda falsa e depois, tomando conhecimento da falsidade, quis evitar o prejuízo, restituindo-a à circulação.

Tratando-se de delito previsto no § 2º, do art. 289, do CP, imprescindível o dolo consistente no conhecimento da falsidade da moeda, conforme elemento descrito no tipo penal. Celso Delmanto, ao comentar sobre o § 2º do art. 289 do CP, anota que, 'embora recebendo a moeda de boa-fé, o agente a restitui à circulação (passa a moeda a terceiro de boa-fé), depois de conhecer a falsidade, ou seja, após ter certeza de que ela é falsa. [...] No caso de dúvida quanto ao conhecimento da falsidade, a solução deve beneficiar o agente, pois o crime não é punido a título de culpa' (*Código Penal comentado*, 5. ed., São Paulo: Renovar, 2000, p. 515). Indemonstrado, pois, o dolo por parte dos agentes da prática de delito que não admite modalidade culposa, não há falar em manutenção do édito condenatório (TRF 2ª Reg., ACr 2002.50.01.008679-5, Rel. Benedito Gonçalves, j. 28/04/2004).

Modalidade qualificada

É prevista no § 3º pelo art. 289 do Código Penal, que diz ser punido com reclusão, de 3 (três) a 15 (quinze) anos, e multa, o funcionário público ou diretor, gerente, ou fiscal de banco de emissão que fabrica, emite ou autoriza a fabricação ou emissão: I – de moeda com título ou peso inferior ao determinado em lei; II – de papel-moeda em quantidade superior à autorizada.

Desvio e circulação antecipada

A conduta prevista pelo § 4º do art. 289 do Código Penal diz respeito ao fato de o agente desviar e fazer circular moeda antecipadamente, ou, conforme preleciona Ney Moura Teles, dando "à moeda destino que ela não tinha naquele momento, colocando-a em circulação antes da data autorizada. A moeda verdadeira, fabricada, apta a entrar em circulação, não o pode, por não ser o momento próprio. O agente, entretanto, desvia-a e a coloca em circulação antecipadamente".[4]

Pena, ação penal, competência para julgamento e suspensão condicional do processo

A pena cominada à modalidade fundamental do delito de *moeda falsa* é de reclusão, de 3 (três) a 12 (doze) anos, e multa.

Para o delito de *circulação de moeda falsa*, tipificado pelo § 1º do art. 289, a pena é a mesma prevista pelo *caput*.

Será de detenção, de 6 (seis) meses a 2 (dois) anos, e multa, a pena para aquele que, tendo recebido de boa-fé, como verdadeira, moeda falsa ou alterada, a restitui à circulação depois de conhecer a falsidade.

---

[4] TELES, Ney Moura. *Direito penal*, v. 3, p. 305.

Para as modalidades qualificadas constantes dos §§ 3º e 4º do art. 289 do Código Penal, a pena é de reclusão, de 3 (três) a 15 (quinze) anos, e multa.

A ação penal é de iniciativa pública incondicionada. Compete, pelo menos inicialmente, ao Juizado Especial Criminal o processo e julgamento do delito previsto no § 2º do art. 289 do Código Penal.

Será possível a confecção de proposta de suspensão condicional do processo.

⚖ A Justiça Federal é competente, conforme disposição do inciso V do art. 109 da Constituição da República, quando se tratar de infrações previstas em tratados ou convenções internacionais, como é caso do racismo, previsto na Convenção Internacional sobre a Eliminação de todas as Formas de Discriminação Racial, da qual o Brasil é signatário, assim como nos crimes de guarda de moeda falsa, de tráfico internacional de entorpecentes, de tráfico de mulheres, de envio ilegal e tráfico de menores, de tortura, de pornografia infantil e pedofilia e corrupção ativa e tráfico de influência nas transações comerciais internacionais (STJ, CC 132.984/MG, Rel. Min. Moura Ribeiro, S3, *DJe* 02/02/2015).

Nesse sentido:

⚖ STJ, REsp 1170922/RJ, Rel. Min. Gilson Dipp, 5ª T., *DJe* 14/03/2011; STJ, CC 30147/RS, Rel. Min. Hélio Quaglia Barbosa, S3, *DJ* 12/09/2005 p. 206; TJMG, RESE 1.0000.00. 345985-6/000[1], Rel. Tibagy Salles, *DJ* 24/10/2003.

Falsificação grosseira, sem qualquer capacidade de iludir as pessoas

Tem-se afastado a infração penal em estudo quando a falsificação é grosseira, pois, conforme esclarece Fragoso, "as falsificações grosseiras (como as notas do 'Banco da Felicidade'), capazes somente de iludir os cegos, os simples e imaturos de mente, não constituem perigo para a fé pública e não é punível como moeda falsa, mas, tão só, como estelionato, se for o caso."[5]

⚖ Hipótese na qual o laudo pericial aponta a má qualidade da moeda falsificada e as circunstâncias dos autos indicam que ela não possui a capacidade de ludibriar terceiros. "A utilização de papel-moeda grosseiramente falsificado configura, em tese, o crime de estelionato, da competência da Justiça Estadual" (Súmula nº 73/STJ) (STJ, CC 135.301/PA, Rel. Min. Ericson Maranho, Desembargador convocado do TJ-SP, S3, *DJe* 15/04/2015).

Nesse sentido:

⚖ STJ, HC 278239/MG, Rel. Min. Jorge Mussi, 5ª T., *DJe* 12/06/2014.

Merece destaque, ainda, a Súmula nº 73 do Superior Tribunal de Justiça, que diz:

⚖ **Súmula nº 73**. *A utilização de papel-moeda grosseiramente falsificado configura, em tese, o crime de estelionato, de competência da Justiça Estadual.*

Esta Corte Superior firmou entendimento de que para a ocorrência do delito previsto no art. 289, § 1º, do Código Penal é necessário que a nota utilizada seja semelhante à autêntica, a ponto de ser com esta confundida, o que não ocorre no caso em questão, tratando-se, portanto, do crime de estelionato. Segundo a Súmula nº 73/STJ, apresentando-se grosseira a falsificação, configura-se o crime de estelionato, de competência da Justiça Estadual (STJ, CC 115620/SP, Rel. Min. Og Fernandes, S3, *DJ* 28/03/2011).

Moeda que não possui curso legal utilizada pelo agente

Se o agente falsifica, por exemplo, moeda de curso convencional ou comercial, o fato não se subsumirá ao tipo penal em exame, podendo, no entanto, configurar-se no delito de estelionato, caso estejam presentes os elementos necessários ao reconhecimento do art. 171 do Código Penal.

Competência para julgamento

Não sendo grosseira a falsificação, afastando-se, portanto, a Súmula nº 73 do STJ, competirá à Justiça Federal o processo e julgamento do delito de moeda falsa.

⚖ Conflito negativo de competência entre as Justiças Estadual e Federal. Moeda falsa. Laudo pericial. Falsificação grosseira. Incidência da Súmula nº 73/STJ. Competência da Justiça Estadual. Hipótese na qual o laudo pericial aponta a má qualidade da moeda falsificada e as circunstâncias dos autos indicam que ela não possui a capacidade de ludibriar terceiros. "A utilização de papel-moeda grosseiramente falsificado configura, em tese, o crime de estelionato, da competência da Justiça Estadual" (Súmula nº 73/STJ) (STJ, CC 135.301/PA, Rel. Min. Ericson Maranho, Desembargador convocado do TJ-SP, S3, *DJe* 15/04/2015).

Nesse sentido:

⚖ STJ, HC 119340/SC, Rel. Min. Paulo Gallotti, pub. 30/03/2009.

Princípio da insignificância e circulação de moeda falsa

⚖ Não se cogita a aplicação do princípio da insignificância aos crimes de moeda falsa, pois o bem jurídico protegido de forma principal é a fé pública, ou seja, a segurança da sociedade, sendo irrelevante o número de notas, o seu valor ou o número de lesados (STJ, HC 439.958/SP, Rel. Min. Ribeiro Dantas, 5ª T., *DJe* 1º/08/2018).

Nesse sentido:

⚖ STJ, AgRg no REsp 1.395.016/SC, Rel. Min. Rogério Schietti Cruz, 6ª T., *DJe* 24/05/2017; STJ, HC 335.096/RJ, Rel. Min. Felix Fischer, 5ª T., *DJe* 03/02/2016; STJ, AgRg

---

[5] FRAGOSO, Heleno Cláudio. *Lições de direito penal* – parte especial, v. 2, p. 298.

no AREsp 282676/AC, Rel.ª Min.ª Marilza Maynard (Desembargadora convocada do TJSE), 6ª T., *DJe* 16/05/2014; STJ, HC 187077/GO, Rel.ª Min.ª Laurita Vaz, 5ª T., *DJe* 18/02/2013.

Crimes assimilados ao de moeda falsa

Art. 290. Formar cédula, nota ou bilhete representativo de moeda com fragmentos de cédulas, notas ou bilhetes verdadeiros; suprimir, em nota, cédula ou bilhete recolhidos, para o fim de restituí-los à circulação, sinal indicativo de sua inutilização; restituir à circulação cédula, nota ou bilhete em tais condições, ou já recolhidos para o fim de inutilização:

Pena – reclusão, de dois a oito anos, e multa.

Parágrafo único. O máximo da reclusão é elevado a doze anos e multa, se o crime é cometido por funcionário que trabalha na repartição onde o dinheiro se achava recolhido, ou nela tem fácil ingresso, em razão do cargo.

Introdução

São essas as condutas previstas no tipo penal em exame: *a)* formar cédula, nota ou bilhete representativo de moeda com fragmentos de cédulas, notas ou bilhetes verdadeiros; *b)* suprimir, em nota, cédula ou bilhete recolhidos, para o fim de restituí-los à circulação, sinal indicativo de sua inutilização; *c)* restituir à circulação cédula, nota ou bilhete nas condições previstas anteriormente; *d)* restituir à circulação cédula, nota ou bilhete já recolhidos para o fim de inutilização.

Na primeira hipótese, conforme esclarece Noronha, "a ação delituosa consiste em o sujeito ativo formar uma cédula, usando ou justapondo fragmentos de outras inutilizadas ou recolhidas, dando àquela aparência de legítima, com o que a torna apta a circular. A hipótese não se confunde com a de aposição de números e dizeres de uma cédula verdadeira em outra, para que represente maior valor, quando há *alteração* e não *formação*".[6]

Por meio da segunda modalidade de comportamento típico, o agente leva a efeito a supressão em nota, cédula ou bilhete recolhidos, de sinal indicativo de sua inutilização, com a finalidade de restituí-los à circulação. Para tanto, o agente pode valer-se de raspagens, lavagens com ácido, enfim, qualquer meio mediante o qual seja possível a eliminação, via de regra, do carimbo ou de qualquer outro sinal indicativo de que aquela cédula foi inutilizada, ou seja, encontra-se fora de circulação, não possuindo o valor que lhe foi atribuído originariamente.

Nesses dois primeiros casos, basta que o agente tenha levado a efeito qualquer dos comportamentos previstos pelo tipo para que a infração penal reste configurada, não havendo necessidade da efetiva colocação em circulação da cédula, nota ou bilhete.

Por meio da terceira e da quarta modalidades, o agente, mesmo não tendo sido o autor do falso, restitui à circulação a cédula, a nota ou o bilhete representativos de moeda que, sabidamente, foram ilegalmente formados por fragmentos verdadeiros, ou que tiveram suprimidos sinais indicativos de sua inutilização.

✑ A conduta descrita na denúncia se insere na terceira conduta tipificada no *caput* do art. 290, supratranscrito, sendo certo que também há a presença do elemento do tipo previsto no parágrafo único do art. 290, diante da constatação de que o Apelante era empregado da Casa da Moeda do Brasil e, em razão de sua condição, teve possibilidade de subtrair vinte cédulas de R$ 500,00 (quinhentos reais) para restituí-las à circulação (TRF 2ª Reg., ACr/RJ, Processo 200002010541519, Rel. Guilherme Calmon, pub. 06/06/2007).

Nos dois primeiros casos, portanto, temos o falso praticado por meio da *formação* e da *supressão;* nas duas últimas, o delito se configura mediante a *restituição* dos objetos materiais à *circulação*.

Trata-se de tipo misto alternativo, na hipótese em que o agente, por exemplo, forma a cédula e a coloca em circulação, devendo, portanto, responder por uma única infração penal. No entanto, poderá também ser entendido como um tipo misto cumulativo quando o agente, por exemplo, praticar as duas primeiras ações narradas pelo tipo penal *sub examen*, vale dizer, formando, *v.g.*, cédula, por meio de fragmentos de outras já inutilizadas, bem como suprimindo, em outra, sinal indicativo de sua inutilização.

Classificação doutrinária

Crime comum, tanto no que diz respeito ao sujeito ativo quanto ao sujeito passivo; doloso (não havendo previsão para a modalidade de natureza culposa); comissivo (podendo, também, nos termos do art. 13, § 2º, do Código Penal, ser praticado via omissão imprópria, na hipótese de o agente gozar do *status* de garantidor); de forma vinculada; instantâneo; monossubjetivo; plurissubsistente; não transeunte.

Sujeito ativo e sujeito passivo

Qualquer pessoa pode ser *sujeito ativo*.

O sujeito passivo é o Estado, bem como aquele que, no caso concreto, foi prejudicado com a conduta praticada pelo sujeito ativo, podendo tratar-se tanto de pessoa física quanto de pessoa jurídica.

Objeto material e bem juridicamente protegido

A fé pública é o bem juridicamente protegido pelo tipo penal que prevê os *crimes assimilados ao de moeda falsa*.

---

[6] NORONHA, Edgard Magalhães. *Direito penal*, v. 4, p. 117-118.

O objeto material é a cédula, nota ou bilhete sobre os quais recai qualquer dos comportamentos previstos pelo tipo penal em estudo.

Consumação e tentativa

O delito se consuma quando o agente, efetivamente, consegue formar cédula, nota ou bilhete representativo de moeda com fragmentos de cédulas, notas ou bilhetes verdadeiros; quando suprime, em nota, cédula ou bilhete recolhidos, para o fim de restituí--los à circulação, sinal indicativo de sua inutilização; quando restitui à circulação cédula, nota ou bilhete nas duas condições anteriores ou já recolhidos para o fim de inutilização.

Admite-se a tentativa.

Elemento subjetivo

O dolo é o elemento subjetivo exigido pelo tipo penal que prevê os *crimes assimilados ao de moeda falsa*, não havendo previsão para a modalidade de natureza culposa.

Modalidades comissiva e omissiva

As condutas elencadas no tipo penal que prevê os *crimes assimilados ao de moeda falsa* pressupõem um comportamento comissivo por parte do agente, podendo, no entanto, ser praticado via omissão imprópria.

Modalidade qualificada

O delito será qualificado, de acordo com o parágrafo único do art. 290 do Código Penal, se o crime é cometido por funcionário público que trabalha na repartição onde o dinheiro se achava recolhido, ou nela tem fácil ingresso, em razão do cargo.

Pena e ação penal

A pena cominada pelo preceito secundário do art. 290 do Código Penal é de reclusão, de 2 (dois) a 8 (oito) anos, e multa.

Para a modalidade qualificada, constante do parágrafo único do art. 290 do Código Penal, o máximo da reclusão é elevado a 12 (doze) anos, além da multa.

A ação penal é de iniciativa pública incondicionada.

Petrechos para falsificação de moeda

Art. 291. Fabricar, adquirir, fornecer, a título oneroso ou gratuito, possuir ou guardar maquinismo, aparelho, instrumento ou qualquer objeto especialmente destinado à falsificação de moeda:
Pena – reclusão, de dois a seis anos, e multa.

Introdução

O tipo penal utiliza os verbos *fabricar* (produzir, construir, preparar), *adquirir* (obter, conseguir, comprar), *fornecer* (prover, abastecer, guarnecer), seja a título

gratuito (ou seja, sem qualquer contraprestação) ou oneroso (mediante uma contraprestação), *possuir* (ter a posse), *guardar* (conservar, manter, tomar conta).

Tais condutas têm como objeto material *maquinismo, aparelho, instrumento* ou *qualquer objeto* especialmente destinado à falsificação de moeda. Salienta Damásio de Jesus: "Não se trata de qualquer mecanismo, aparelho ou objeto. É necessário que apresente destinação específica, qual seja, a de servir de meio executório de falsificação de moeda, como formas, moldes, fotografias, negativos, clichês, placas, matrizes, cunhos, modelos, lâminas etc. (caso de interpretação analógica)".[7]

Cuida-se de tipo misto alternativo.

⚖ 1. O art. 291 do Código Penal tipifica, entre outras condutas, a posse ou guarda de maquinismo, aparelho, instrumento ou qualquer objeto especialmente destinado à falsificação de moeda. 2. A expressão especialmente destinado não diz respeito a uma característica intrínseca ou inerente do objeto. Se assim fosse, só o maquinário exclusivamente voltado para a fabricação ou falsificação de moedas consubstanciaria o crime, o que implicaria a absoluta inviabilidade de sua consumação (crime impossível), pois nem mesmo o maquinário e insumos utilizados pela Casa de Moeda são direcionados exclusivamente para a fabricação de moeda (...) (REsp 1758958/SP, Rel. Min. Sebastião Reis Júnior, 6ª T., j. 11/09/2018, *DJe* 25/09/2018).

Classificação doutrinária

Crime comum, tanto no que diz respeito ao sujeito ativo quanto ao sujeito passivo; doloso (não havendo previsão para a modalidade de natureza culposa); comissivo (podendo, também, nos termos do art. 13, § 2º, do Código Penal, ser praticado via omissão imprópria, na hipótese de o agente gozar do *status* de garantidor); de forma livre; instantâneo (com relação aos núcleos *fabricar, adquirir* e *fornecer*) e permanente (com relação às condutas de *possuir* e *guardar*); monossubjetivo; plurissubsistente; não transeunte.

Sujeito ativo e sujeito passivo

Qualquer pessoa pode ser *sujeito ativo*.
O *sujeito passivo* é o Estado.

Objeto material e bem juridicamente protegido

A fé pública é o bem juridicamente protegido pelo tipo penal que prevê o delito de *petrechos para falsificação de moeda*.

O objeto material é o maquinismo, aparelho, instrumento ou qualquer objeto especialmente destinado à falsificação da moeda.

⚖ O crime previsto no art. 291 do Código Penal é de caráter formal, caracterizando-se pelo simples fato de o agente possuir utensílios ou aparelhos adequa-

---

[7] JESUS, Damásio E. de. *Direito penal*, v. 4, p. 22.

dos para o fabrico de moeda falsa (TRF 1ª Reg., ACr 2006.38.02.003011-5/MG, Rel.ª Des.ª Fed. Mônica Sifuentes, *DJe* 07/04/2015).

Nesse sentido:

⚖ TRF 4ª Reg., AC 950454826-1/PR, Rel. Vladimir Freitas, j. 30/04/1996; STJ, CC 7682-0/SP, Rel. Min. Anselmo Santiago.

Consumação e tentativa

O delito de *petrechos para falsificação de moeda* se consuma quando o agente pratica qualquer dos comportamentos previstos pelo tipo penal do art. 291, vale dizer, quando, efetivamente, *fabrica, adquire, fornece*, a título gratuito ou oneroso, *possui* ou *guarda* maquinismo, aparelho, instrumento ou qualquer objeto especialmente destinado à falsificação de moeda. Entendemos ser admissível a tentativa, embora exista controvérsia doutrinária.

Elemento subjetivo

O dolo é o elemento subjetivo exigido pelo tipo penal que prevê o delito de *petrechos para falsificação de moeda*, não havendo previsão para a modalidade de natureza culposa.

⚖ (...) 3. A dicção legal está relacionada ao uso que o agente pretende dar ao objeto, ou seja, a consumação depende da análise do elemento subjetivo do tipo (dolo), de modo que, se o agente detém a posse de impressora, ainda que manufaturada visando ao uso doméstico, mas com o propósito de a utilizar precipuamente para contrafação de moeda, incorre no referido crime (...) (REsp 1.758.958/SP, Rel. Min. Sebastião Reis Júnior, 6ª T., julgado em 11/09/2018, *DJe* 25/09/2018).

Modalidades comissiva e omissiva

As condutas previstas pelo tipo penal que prevê o delito de *petrechos para falsificação de moeda* pressupõem um comportamento comissivo por parte do agente, podendo, no entanto, ser praticado via omissão imprópria.

Pena e ação penal

O preceito secundário do tipo penal que prevê o delito de *petrechos para falsificação de moeda* comina uma pena de reclusão, de 2 (dois) a 6 (seis) anos, e multa.

A ação penal é de indicativa pública incondicionada.

Concurso entre os crimes de moeda falsa e petrechos para falsificação de moeda

Entendemos que não deve ser aplicado, nesse caso, o raciocínio relativo ao chamado antefato impunível, em que o crime-fim (moeda falsa) absorve o crime-meio (petrechos para falsificação de moeda).

⚖ Considerando que o delito de posse de petrechos para falsificação de moedas (art. 291 do CP) constitui delito subsidiário, pois é mera fase preparatória do delito de falsificação de cédulas (art. 289, *caput*, do CP), correto o entendimento exarado pelo julgador *a quo* no sentido de aplicar o princípio da consunção e imputar ao réu, tão somente, a prática do delito de moeda falsa (art. 289, *caput*, do CP) (TRF 1ª Reg., ACr 2006.34.00.037539-3/DF, Rel. Tourinho Neto, pub. 26/06/2009).

Nesse sentido:

⚖ TRF 4ª Reg., ACr/PR, Processo 200370110010246, Rel. Decio Jose da Silva, pub. 1º/08/2006; TRF 3ª Reg., ACr/SP, Processo 2001618 100 06930, Rel. Peixoto Júnior, pub. 20/08/2004.

Emissão de título ao portador sem permissão legal

Art. 292. Emitir, sem permissão legal, nota, bilhete, ficha, vale ou título que contenha promessa de pagamento em dinheiro ao portador ou a que falte indicação do nome da pessoa a quem deva ser pago:

Pena – detenção, de um a seis meses, ou multa.

Parágrafo único. Quem recebe ou utiliza como dinheiro qualquer dos documentos referidos neste artigo incorre na pena de detenção, de quinze dias a três meses, ou multa.

Introdução

O núcleo *emitir* deve ser entendido no sentido de *colocar em circulação*, fazer circular qualquer dos objetos materiais indicados pelo tipo, haja vista estarmos diante de um crime contra a fé pública, conforme observado anteriormente.

Essa emissão deve ter sido levada a efeito sem a necessária *permissão legal*.

O tipo penal do art. 292 aponta o objeto material da conduta praticada pelo agente, vale dizer, *nota, bilhete, ficha, vale* ou *título* que contenha promessa de pagamento em dinheiro ao portador ou a que falte indicação do nome da pessoa a quem deva ser pago. *Título ao portador*, conforme esclarece Wille Duarte Costa, é "o documento pelo qual alguém se obriga a pagar certa quantia, [...], a quem quer que se lhe apresente o documento",[8] sendo, portanto, uma de suas características, não se dirigir a pessoa determinada.

O parágrafo único do art. 292 do Código Penal também responsabiliza criminalmente aquele que *recebe* ou *utiliza* como dinheiro qualquer dos documentos referidos no *caput*, cominando uma pena de detenção, de 15 (quinze) dias a 3 (três) meses, ou multa.

A lei penal, por intermédio desse parágrafo único, leva em consideração, agora, não aquele que *emite* o

---

[8] COSTA, Wille Duarte. *Títulos de crédito*, p. 33.

título, mas, sim, o seu *tomador*, ou seja, aquele que o recebe ou o utiliza, que contribui, dessa forma, para sua indevida circulação.

🖎 O art. 292 do CP veda a emissão, sem permissão legal, de títulos que contenham promessa de pagamento em dinheiro ao portador. Tal proibição não alcança os papéis ou signos ao portador, em que a promessa seja de serviços, utilidade ou mercadorias (*RT* 432, p. 339).

Classificação doutrinária

Crime comum, tanto no que diz respeito ao sujeito ativo quanto ao sujeito passivo; doloso (não havendo previsão para a modalidade de natureza culposa); comissivo (podendo, também, nos termos do art. 13, § 2º, do Código Penal, ser praticado via omissão imprópria, na hipótese de o agente gozar do *status* de garantidor); de forma livre; instantâneo; monossubjetivo; plurissubsistente; não transeunte.

Sujeito ativo e sujeito passivo

Qualquer pessoa pode ser *sujeito ativo*.
O *sujeito passivo* é o Estado.

Objeto material e bem juridicamente protegido

A fé pública é o bem juridicamente protegido pelo tipo penal que prevê o delito de *emissão de título ao portador sem permissão legal*.
O objeto material é a nota, bilhete, ficha, vale ou título que contenha promessa de pagamento em dinheiro ao portador ou a que falte indicação do nome da pessoa a quem deva ser pago, emitido sem permissão legal.

Consumação e tentativa

O delito tipificado no art. 292 do Código Penal se consuma somente quando o agente, efetivamente, coloca em circulação nota, bilhete, ficha, vale ou título que contenha promessa de pagamento em dinheiro ao portador ou a que falte indicação do nome da pessoa a quem deva ser pago.

Tratando-se de crime contra a fé pública, deve-se observar que somente se configurará a infração penal em estudo quando essa circulação se der publicamente, ou seja, for utilizada como um substitutivo da moeda corrente ou de outros títulos permitidos legalmente.

Haverá consumação, ainda, da infração penal tipificada no parágrafo único do art. 292 do Código Penal quando o agente, efetivamente, receber, ou seja, aceitar como dinheiro quaisquer dos documentos referidos no *caput*, ou, da mesma forma, quando os utilizar.

Tratando-se de crime plurissubsistente, será possível o reconhecimento da tentativa, embora exista controvérsia doutrinária nesse sentido.[9]

Elemento subjetivo

O dolo é o elemento subjetivo exigido pelo tipo penal que prevê o delito de *emissão de título ao portador sem permissão legal*, não havendo previsão para a modalidade de natureza culposa.

Modalidades comissiva e omissiva

Os núcleos *emitir* (*caput* do art. 292), *receber* e *utilizar* (previstos no parágrafo único do mesmo artigo) pressupõem um comportamento comissivo por parte do agente.
No entanto, o delito poderá ser praticado via omissão imprópria.

Pena, ação penal, competência para julgamento e suspensão condicional do processo

A pena cominada ao *caput* do art. 292 do Código Penal é de detenção, de 1 (um) a 6 (seis) meses, ou multa.
O parágrafo único prevê uma pena de detenção, de 15 (quinze) dias a 3 (três) meses, ou multa.
A ação penal é de iniciativa pública.
Compete, pelo menos inicialmente, ao Juizado Especial Criminal o processo e julgamento do delito de *emissão de título ao portador sem permissão legal*.
Será possível a confecção de proposta de suspensão condicional do processo.

Capítulo II – Da Falsidade de Títulos e Outros Papéis Públicos

Falsificação de papéis públicos
Art. 293. Falsificar, fabricando-os ou alterando-os:
I – selo destinado a controle tributário, papel selado ou qualquer papel de emissão legal destinado à arrecadação de tributo;
II – papel de crédito público que não seja moeda de curso legal;

III – vale postal;
IV – cautela de penhor, caderneta de depósito de caixa econômica ou de outro estabelecimento mantido por entidade de direito público;
V – talão, recibo, guia, alvará ou qualquer outro documento relativo a arrecadação de rendas públicas ou a depósito ou caução por que o poder público seja responsável;

---

[9] A exemplo de Guilherme de Souza Nucci (*Código penal comentado*, p. 930), quando diz: "Cremos ser impossível encontrar *iter criminis* válido, pois a conduta punida é a emissão (colocação do título em circulação). Portanto, ou o agente efetivamente emite o título ou trata-se de um irrelevante penal".

VI – bilhete, passe ou conhecimento de empresa de transporte administrada pela União, por Estado ou por Município:
Pena – reclusão, de dois a oito anos, e multa.
§ 1º Incorre na mesma pena quem:
I – usa, guarda, possui ou detém qualquer dos papéis falsificados a que se refere este artigo;
II – importa, exporta, adquire, vende, troca, cede, empresta, guarda, fornece ou restitui à circulação selo falsificado destinado a controle tributário;
III – importa, exporta, adquire, vende, expõe à venda, mantém em depósito, guarda, troca, cede, empresta, fornece, porta ou, de qualquer forma, utiliza em proveito próprio ou alheio, no exercício de atividade comercial ou industrial, produto ou mercadoria:
a) em que tenha sido aplicado selo que se destine a controle tributário, falsificado;
b) sem selo oficial, nos casos em que a legislação tributária determina a obrigatoriedade de sua aplicação.
§ 2º Suprimir, em qualquer desses papéis, quando legítimos, com o fim de torná-los novamente utilizáveis, carimbo ou sinal indicativo de sua inutilização:
Pena – reclusão, de um a quatro anos, e multa.
§ 3º Incorre na mesma pena quem usa, depois de alterado, qualquer dos papéis a que se refere o parágrafo anterior.
§ 4º Quem usa ou restitui à circulação, embora recebido de boa-fé, qualquer dos papéis falsificados ou alterados, a que se referem este artigo e o seu § 2º, depois de conhecer a falsidade ou alteração, incorre na pena de detenção, de seis meses a dois anos, ou multa.
§ 5º Equipara-se a atividade comercial, para os fins do inciso III do § 1º, qualquer forma de comércio irregular ou clandestino, inclusive o exercido em vias, praças ou outros logradouros públicos e em residências.

Introdução

De acordo com a redação constante dos incs. I a VI do art. 293 do Código Penal, configura-se como delito de *falsificação de papéis públicos* a conduta do agente que falsifica, quer fabricando, quer alterando:
I – Selo destinado a controle tributário, papel selado ou qualquer papel de emissão legal destinado à arrecadação de tributo.
Tal inciso teve a sua redação determinada pela Lei nº 11.035, de 22 de dezembro de 2004. Conforme preleciona Guilherme de Souza Nucci, "selo destinado a controle tributário, é a marca feita por carimbo, sinete, chancela ou máquina, inclusive por meio de estampilha [...], cuja finalidade é comprovar o paga-

mento de determinada quantia referente a tributo; papel selado, é a estampilha fixa, ou seja, 'o selo destinado a facilitar, assegurar e comprovar (atestar) o pagamento de certos impostos ou taxas (federais, estaduais ou municipais), seja na órbita administrativa, seja na órbita judiciária. Também pode ser adesiva ou fixa, constituindo neste último o papel selado, a que expressamente se refere o inciso em exame [..]'; após ter exemplificado (selo ou papel selado), indica a norma penal, por interpretação analógica, que também se encaixam neste artigo todas as outras formas eventualmente criadas pela Administração para a mesma finalidade".[10]
Todos os papéis mencionados pelo inc. I devem ser destinados à arrecadação de tributos.
II – Papel de crédito público que não seja moeda de curso legal.
O inc. II do art. 293 do Código Penal diz respeito às apólices ou títulos da dívida pública (federal, estadual ou municipal), que não se confundem com a moeda de curso legal no país.
III – Vale postal.
O inc. III do art. 293 do Código Penal foi revogado pelo art. 36 da Lei nº 6.538, de 22 de junho de 1978, que diz, *verbis*:
Art. 36. *Falsificar, fabricando ou adulterando, selo, outra fórmula de franqueamento ou vale-postal. Pena: reclusão, até oito anos, e pagamento de cinco a quinze dias-multa.*
O art. 47 do referido diploma legal ainda define o vale-postal, dizendo ser o título emitido por unidade postal à vista de um depósito de quantia para pagamento na mesma ou em outra unidade postal.
IV – Cautela de penhor, caderneta de depósito de caixa econômica ou de outro estabelecimento mantido por entidade de direito público.
Cautela de penhor é um título de crédito que, através do seu pagamento, poderá ser retirada a coisa empenhada. A caderneta de depósito mencionada pelo inc. IV, praticamente, já não existe mais. Era aquele livreto onde se faziam as anotações relativas às movimentações bancárias.
V – Talão, recibo, guia, alvará ou qualquer outro documento relativo a arrecadação de rendas públicas ou a depósito ou caução por que o poder público seja responsável.
Segundo define Hungria, "Talão é o documento de quitação que se destaca de adequado libreto, onde fica residualmente o denominado 'canhoto', com dizeres idênticos aos do correspondente talão. Recibo é a declaração escrita de recebimento de dinheiro ou valores, sejam, ou não, a título de pagamento. Guia é todo escrito oficial destinado ao fim de recolhimento ou depósito de dinheiros ou valores *ex vi legis*. Alvará, aqui, é o documento ou título expedido por autoridade administrativa ou judicial autorizando algum ato

---

[10] NUCCI, Guilherme de Souza. *Código penal comentado*, p. 934.

concernente à arrecadação fiscal ou ao depósito ou caução sob responsabilidade do poder público".[11]

O inc. V vale-se, ainda, do recurso à interpretação analógica, uma vez que, após apontar os documentos que, se falsificados, importam no delito em exame, utiliza uma fórmula genérica, asseverando que também estará incluída no mencionado inciso qualquer falsificação de outro documento relativo à arrecadação de rendas públicas ou a depósito ou caução por que o poder público seja responsável.

VI – Bilhete, passe ou conhecimento de empresa de transporte administrada pela União, por Estado ou por Município.

Por bilhete entende-se o cartão impresso que dá direito a fazer determinado percurso em veículo de transporte coletivo; passe é o bilhete de trânsito, gratuito ou não, ou com abatimento, concedido por empresa de transporte coletivo; conhecimento é o documento representativo de mercadoria depositada ou entregue para transporte.

A Lei nº 11.035, de 22 de dezembro de 2004, acrescentou três incisos ao § 1º do art. 293 do Código Penal, dizendo incorrer nas mesmas penas previstas para o *caput,* vale dizer, reclusão de 2 (dois) a 8 (oito) anos, e multa, quem:

I – usa, guarda, possui ou detém qualquer dos papéis falsificados a que se refere este artigo;

II – importa, exporta, adquire, vende, troca, cede, empresta, guarda, fornece ou restitui à circulação selo falsificado destinado a controle tributário;

III – importa, exporta, adquire, vende, expõe à venda, mantém em depósito, guarda, troca, cede, empresta, fornece, porta ou, de qualquer forma, utiliza em proveito próprio ou alheio, no exercício de atividade comercial ou industrial, produto ou mercadoria:

a) em que tenha sido aplicado selo que se destine a controle tributário, falsificado;

b) sem selo oficial, nos casos em que a legislação tributária determina a obrigatoriedade de sua aplicação.

⚖ O crime previsto no art. 293, § 1º, III, "b", do Código Penal, possui natureza formal, estando, pois, consumado quando o agente importa, exporta, adquire, vende, expõe à venda (condutas praticada pelas recorridas), mantém em depósito, guarda, troca, cede, empresta, fornece, porta ou, de qualquer forma, utiliza em proveito próprio ou alheio, no exercício de atividade comercial ou industrial, produto ou mercadoria sem selo oficial, sendo, pois, prescindível a constituição definitiva do crédito tributário incidente sobre as mercadorias ou produtos (STJ, AgRg no REsp 1.644.250/RS, Rel. Min. Sebastião Reis Junior, 6ª T., *DJe* 30/05/2017).

Nesse sentido:

⚖ STJ, AgInt no REsp 1.347.319/SC, Rel. Min. Rogério Schietti Cruz, 6ª T., *DJe* 16/02/2017; STJ, REsp 1.332.401/ES, 6ª T., Rel.ª Min.ª Maria Thereza de Assis Moura, j.

19/08/2014; TRF 4ª Reg., ACr 1999.71.03.001281-8/RS, Rel. Des. Fed. Victor Luiz dos Santos Laus, *DEJF* 21/01/2010, p. 710.

O § 2º do art. 293 prevê uma modalidade privilegiada da infração penal em estudo, quando o agente suprime, em qualquer desses papéis, quando legítimos, com o fim de torná-los novamente utilizáveis, carimbo ou sinal indicativo de sua inutilização. Quando a supressão de sinal de utilização recair sobre selo, outra fórmula de franqueamento ou vale-postal, terá aplicação o art. 37 da Lei nº 6.538, de 22 de junho de 1978.

Incorrerá na mesma pena, de acordo com o § 3º do art. 293 do Código Penal, aquele que usa, depois de alterado, qualquer dos papéis a que se refere o § 2º. Com relação à Lei que dispôs sobre os Serviços Postais, o § 1º do art. 37 prevê também a punição não somente daquele que faz uso, como também de quem vende, fornece ou guarda, depois de alterado, selo, outra fórmula de franqueamento ou vale-postal.

Aquele que usa ou restitui à circulação, embora recebido de boa-fé, qualquer dos papéis falsificados ou alterados a que se referem o art. 293 e seu § 2º do Código Penal, depois de conhecer a falsidade ou alteração, incorrerá na pena de detenção, de 6 (seis) meses a 2 (dois) anos, ou multa, conforme o disposto no § 4º do artigo referido.

O § 5º, acrescentado ao art. 293 do Código Penal pela Lei nº 11.035, de 22 de dezembro de 2004, diz equiparar-se a atividade comercial, para os fins do inc. III do § 1º, qualquer forma de comércio irregular ou clandestino, inclusive o exercido em vias, praças ou outros logradouros públicos e em residências.

⚖ O tipo penal do art. 293 não exige a realização do resultado danoso, estando consumado o delito somente com a prova da falsificação dos papéis públicos elencados nos incisos do referido tipo penal. Trata-se de crime formal, portanto, sendo desnecessária a prova do prejuízo. Recursos parcialmente providos (Ap. Crim. 70021586276, 4ª Câm. Crim., Rel. Gaspar Marques Batista, pub. 13/12/2007).

Nesse sentido:

⚖ STJ, HC 414.879/SP, Rel. Min. Ribeiro Dantas, 5ª T., *DJe* 30/05/2018.

Classificação doutrinária

Crime comum, tanto no que diz respeito ao sujeito ativo quanto ao sujeito passivo; doloso (não havendo previsão para a modalidade de natureza culposa); comissivo (podendo, também, nos termos do art. 13, § 2º, do Código Penal, ser praticado via omissão imprópria, na hipótese de o agente gozar do *status* de garantidor); de forma livre; instantâneo (quando estivermos diante dos núcleos *fabricar, alterar, usar, importar, exportar,*

---

[11] HUNGRIA, Nélson. *Comentários ao código penal,* v. IX, p. 241.

adquirir, vender, trocar, ceder, emprestar, fornecer, utilizar, suprimir, restituir à circulação) e permanente (quando a conduta praticada disser respeito a *guardar, possuir, deter, expor à venda, manter em depósito, portar)*; monossubjetivo; monossubsistente e plurissubsistente (dependendo da hipótese concreta); não transeunte (como regra).

Sujeito ativo e sujeito passivo

Qualquer pessoa pode ser *sujeito ativo*.

⚖ Comete o delito de falsificação de papéis públicos, previsto no art. 293 do CP, aquele que, embora não execute pessoalmente o verbo nuclear do tipo penal, é o mentor intelectual do delito (TRF 4ª Reg., ACr/PR, Processo 2004 70020029167, Rel. Eloy Bernst Justo, pub. 23/05/2007).

O sujeito passivo é o Estado, bem como aquelas pessoas (físicas ou jurídicas) que foram diretamente prejudicadas com a conduta praticada pelo agente.

Objeto material e bem juridicamente protegido

A fé pública é o bem juridicamente protegido pelo tipo penal que prevê o delito de *falsificação de papéis públicos.*
O objeto material são os papéis públicos apontados pelo art. 293, seus parágrafos e incisos.

⚖ O bem tutelado pelo delito do art. 293, § 1º, III, *b*, do Código Penal – CP é a fé pública e a materialidade do delito se configura quando, no exercício de atividade comercial ou industrial, se pratica condutas descritas no tipo penal em produto sem selo oficial obrigatório (STJ, AgRg no REsp 1.679.498/SC, Rel. Min. Joel Ilan Paciornik, 5ª T., *DJe* 29/06/2018).

Nesse sentido:

⚖ STJ, REsp 705288/PR, Rel. Min. Gilson Dipp, 5ª T., *DJ* 29/08/2005, p. 426; TRF 3ª Reg., ACr 2002.03.99.03 8462-2, Rel. André Nekatschalow j. 23/11/2004; STJ, HC 11799/SP, Rel. Min. Vicente Leal, 6ª T., *RT* 781, p. 553.

Consumação e tentativa

O delito se consuma com a prática de qualquer dos comportamentos previstos pelo art. 293, *caput* e parágrafos, que colocam em risco a fé pública.
A tentativa será admissível nas hipóteses onde se puder fracionar o *iter criminis*, e deverá ser avaliada caso a caso.

⚖ Da leitura do art. 293, § 1º, III, *b*, do Código Penal, é possível notar que se trata de crime contra a fé pública e que, portanto, prescinde de resultado naturalístico para a sua consumação. O tipo penal se limita a descrever a conduta, de modo que a ação do agente – de expor à venda, no exercício de atividade comercial, produto ou mercadoria sem selo fiscal – é suficiente para constituir o elemento objetivo da figura típica, que pressupõe o dano à fé pública (STJ,

AgRg no REsp 1.644.250/RS, Rel. Min. Sebastião Reis Junior, 6ª T., *DJe* 30/05/2017).

Elemento subjetivo

O dolo é o elemento subjetivo exigido pelo tipo penal que prevê o delito de *falsificação de papéis públicos*, não havendo previsão para a modalidade de natureza culposa.

⚖ A denúncia imputa aos acusados o cometimento do delito capitulado no art. 293, I, do Código Penal, sendo que este ilícito exige, para a sua configuração, tão somente a comprovação do dolo genérico, representado pela vontade de fabricar ou alterar qualquer dos papéis mencionados, falsificando-os (TRF 4ª Reg., RecCrSE 2001.72.08.002836-5, SC, 8ª T., Rel. Juiz Fed. Guilherme Beltrami, *DEJF* 11/02/2010, p. 643).

Modalidades comissiva e omissiva

Os núcleos constantes do *caput* e parágrafos do art. 293 do Código Penal pressupõem um comportamento comissivo por parte do agente, podendo, no entanto, ser praticado via omissão imprópria.

Pena, ação penal, competência para julgamento e suspensão condicional do processo

A pena cominada para as hipóteses previstas no *caput* e § 1º do art. 293 do Código Penal é de reclusão, de 2 (dois) a 8 (oito) anos, e multa; para os §§ 2º e 3º, a pena prevista é de reclusão, de 1 (um) a 4 (quatro) anos, e multa; o § 4º comina uma pena de detenção, de 6 (seis) meses a 2 (dois) anos, ou multa.
Se o agente é funcionário público e comete o crime prevalecendo-se do cargo, aumenta-se a pena de sexta parte, nos termos preconizados pelo art. 295 do Código Penal.
A ação penal é de iniciativa pública incondicionada.
Compete, pelo menos inicialmente, ao Juizado Especial Criminal o processo e julgamento do delito previsto no § 4º do art. 293 do Código Penal.
Será possível a confecção de proposta de suspensão condicional do processo nas hipóteses constantes dos §§ 2º, 3º e 4º do art. 293 do Código Penal.

⚖ Competência da Justiça Criminal Estadual para processar e julgar o delito de uso de instrumentos e papéis destinados à falsificação de propriedade de automóveis, porque não afetados diretamente bens, serviços ou interesses da União Federal ou de algum de seus entes (STJ, RHC 1480/SP, Rel. Min. Carlos Thibau, 6ª T., *DJ* 20/04/1992, p. 5.264).

Petrechos de falsificação
Art. 294. Fabricar, adquirir, fornecer, possuir ou guardar objeto especialmente destinado à falsificação de qualquer dos papéis referidos no artigo anterior:
Pena – reclusão, de um a três anos, e multa.

Introdução

O tipo penal utiliza os verbos *fabricar* (produzir, construir, preparar), *adquirir* (obter, conseguir, comprar), *fornecer* (prover, abastecer, guarnecer), seja a título gratuito (isto é, sem qualquer contraprestação) ou oneroso (mediante uma contraprestação), muito embora o art. 294 do Código Penal, ao contrário do mencionado art. 291, não tenha mencionado expressamente essa situação (a título oneroso ou gratuito), *possuir* (ter a posse) e *guardar* (conservar, manter, tomar conta).

O objeto material da conduta praticada pelo agente é aquele especialmente destinado à falsificação de qualquer dos papéis referidos no art. 293 do Código Penal.

⚖ Comprovadas nos autos a materialidade e autoria do crime previsto no art. 294, pela apreensão, em poder do apelante de dois carimbos, um com os dizeres 'DRF-Ribeirão Preto' e outro, 'Banco Bamerindus do Brasil', cujo laudo pericial comprovou serem falsos, com vestígios de uso e aptos a induzir a engano, caso utilizados para a finalidade a que se destinavam. Dolo configurado, pela comprovação do conhecimento, por parte do apelante, da destinação específica dos petrechos que constituíam o meio para a falsificação de Certidões Negativas de Débito da Receita Federal e guias de recolhimento, independentemente de seu uso efetivo. Condenação mantida (TRF 3ª Reg., ACr 2001.03.99.044278-2, Rel.ª Marisa Santos, j. 19/05/2003).

Nesse sentido:

⚖ TJSP, AC 216.452-3, Rel. Almeida Sampaio, j. 15/04/1998; STJ, HC 11799/SP, Rel. Min. Vicente Leal, 6ª T., *RT* 781, p. 553.

Classificação doutrinária

Crime comum, tanto no que diz respeito ao sujeito ativo quanto ao sujeito passivo; doloso (não havendo previsão para a modalidade de natureza culposa); comissivo (podendo, também, nos termos do art. 13, § 2º, do Código Penal, ser praticado via omissão imprópria, na hipótese de o agente gozar do *status* de garantidor); de forma livre; instantâneo (nas modalidades fabricar, adquirir e fornecer) e permanente (quando a conduta do agente disser respeito a possuir ou guardar); monossubjetivo; plurissubsistente; não transeunte.

Sujeito ativo e sujeito passivo

Qualquer pessoa pode ser *sujeito ativo*.
O *sujeito passivo* é o Estado.

Objeto material e bem juridicamente protegido

A fé pública é o bem juridicamente protegido pelo tipo penal que prevê o delito de *petrechos de falsificação*.

O objeto material é aquele especialmente destinado à falsificação dos papéis referidos no art. 293 do Código Penal.

Consumação e tentativa

Ocorre a consumação quando o agente, efetivamente, fabrica, adquire, fornece, possui ou guarda o objeto especialmente destinado à falsificação dos papéis referidos no art. 293 do Código Penal.
A tentativa é admissível.

Elemento subjetivo

O dolo é o elemento subjetivo exigido pelo tipo penal que prevê o delito de *petrechos de falsificação*, não havendo previsão para a modalidade de natureza culposa.

Modalidades comissiva e omissiva

Os núcleos constantes do art. 294 do Código Penal pressupõem um comportamento comissivo por parte do agente, podendo, no entanto, ser praticado via omissão imprópria.

Pena, ação penal e suspensão condicional do processo

A pena cominada ao delito de *petrechos de falsificação* é de reclusão, de 1 (um) a 3 (três) anos, e multa.
Se o agente é funcionário público e comete o crime prevalecendo-se do cargo, aumenta-se a pena de sexta parte, conforme determina o art. 295 do Código Penal.
A ação penal é de iniciativa pública incondicionada.
Será possível a confecção de proposta de suspensão condicional do processo.

Agente que falsifica os papéis

Pode ocorrer que o agente seja surpreendido não somente com os petrechos de falsificação, mas com o próprio resultado da sua utilização, vale dizer, algum dos papéis referidos pelo art. 293 do Código Penal. Nesse caso, haveria concurso de crimes? A resposta, segundo nosso posicionamento, seria negativa, aplicando-se, aqui, o raciocínio relativo ao antefato impunível, devendo o agente responder, tão somente, pela falsificação dos papéis públicos por ele levada a efeito.

Petrechos de falsificação de selo, fórmula de franqueamento ou vale-postal

Vide art. 38 da Lei nº 6.538/1978.

Art. 295. Se o agente é funcionário público, e comete o crime prevalecendo-se do cargo, aumenta-se a pena de sexta parte.

Falsidade de títulos e outros papéis públicos praticada por funcionário público

Nos crimes previstos no Capítulo II do Título X, caso o agente seja funcionário público e cometa o crime prevalecendo-se do cargo, aumenta-se a pena de sexta parte, nos termos preconizados pelo art. 295 do Código Penal.

Capítulo III – Da Falsidade Documental

Falsificação do selo ou sinal público

Art. 296. Falsificar, fabricando-os ou alterando-os:

I – selo público destinado a autenticar atos oficiais da União, de Estado ou de Município;

II – selo ou sinal atribuído por lei a entidade de direito público, ou a autoridade, ou sinal público de tabelião:

Pena – reclusão, de dois a seis anos, e multa.

§ 1º Incorre nas mesmas penas:

I – quem faz uso do selo ou sinal falsificado;

II – quem utiliza indevidamente o selo ou sinal verdadeiro em prejuízo de outrem ou em proveito próprio ou alheio;

III – quem altera, falsifica ou faz uso indevido de marcas, logotipos, siglas ou quaisquer outros símbolos utilizados ou identificadores de órgãos ou entidades da Administração Pública.

§ 2º Se o agente é funcionário público, e comete o crime prevalecendo-se do cargo, aumenta-se a pena de sexta parte.

Introdução

A falsificação poderá ocorrer por meio da *contrafação*, quando o agente fabrica, criando selo ou sinal público, como também pela sua *alteração*, com a modificação do verdadeiro.

Devemos observar o alerta feito por Sylvio do Amaral, quando diz: "Ao contrário do que pode parecer à primeira vista, o Código não se ocupa, no art. 296, da figura impressa, mas do objeto impressor. Embora encaixada em capítulo relativo à falsidade *documental*, a disposição mencionada focaliza, na realidade, apenas a falsificação (mediante a fabricação ou alteração) do instrumento de gravação do selo público, e não a do sinal já estampado em documento (na colocação da matéria obedeceu, por certo, o legislador à consideração de que os selos públicos destinam-se exclusivamente à formalização de documentos, e, por consequência, a ação do falsificador há de visar sempre, ainda que indiretamente, a falsidade documental). Não há outro entendimento possível quando se atenta para a circunstância de que a lei pune o uso do selo falsificado (art. 296, § 1º, n. I, como crime autônomo). Se o caso fosse de falsificação da figura impressa, essa hipótese constituiria o delito de uso de documento falso (art. 304)".[12]

Merece ser frisado, ainda, que no inc. I do art. 296 do Código Penal não houve menção à falsificação de selo ou sinal público destinado a autenticar atos oficiais do Distrito Federal, não se podendo corrigir a falha legal por meio da analogia, pois que vedada, *in casu*, pelo princípio do *nullum crimen, nulla poena sine lege stricta*, que proíbe a chamada analogia *in malam partem*.

A falsificação poderá ocorrer, ainda, sobre selo ou sinal atribuído por lei à entidade de direito público, aqui abrangidas as autarquias, por serem consideradas como pessoas jurídicas de direito público, de natureza paraestatal. A autoridade mencionada pelo inc. II do art. 296 do Código Penal, preleciona Mirabete, "é a que autentica seus documentos por meio de selo ou sinal".[13] Também comete o delito em estudo, de acordo com a parte final do mencionado inc. II, aquele que falsifica *sinal público de tabelião*.

O § 1º do art. 296 do Código Penal prevê as mesmas penas para aquele que, embora não falsificando, faz uso do selo ou sinal que sabe ser falsificado (inc. I), ou que utiliza o selo ou sinal verdadeiro em prejuízo de outrem ou em proveito próprio ou alheio (inc. II), ou, ainda, de acordo com o inc. III, acrescentado ao § 1º do art. 296 pela Lei nº 9.983, de 14 de julho de 2000, para o que altera, falsifica ou faz uso indevido de marcas, logotipos, siglas ou quaisquer outros símbolos utilizados ou identificadores de órgãos ou entidades da Administração Pública.

Dependendo da hipótese concreta, poderá ser considerado um tipo misto alternativo, a exemplo daquele que fabrica e utiliza o selo por ele falsificado, ou tipo misto cumulativo, quando o agente, *v.g.*, vier a falsificar selo ou sinal público destinado a autenticar atos oficiais da União, de Estado ou de Município e, ainda, utilizar, indevidamente, o selo ou sinal verdadeiro em prejuízo de outrem ou em proveito próprio ou alheio.

O tipo previsto no art. 296, § 1º, III, do Código Penal, é crime de mera conduta, sendo suficiente, para sua caracterização, o uso indevido das marcas, logotipos, siglas ou outros símbolos identificadores de órgãos ou entidades da Administração Pública, mostrando-se desnecessária a demonstração de dolo específico, bem como de ocorrência de prejuízo a terceiros. Precedentes do STJ e STF (STJ, AgRg no AREsp 800.235/PE, Rel. Min. Nefi Cordeiro, 6ª T., *DJe* 19/02/2018).

Nesse sentido:

STJ, REsp 1.552.157/RJ, Rel. Min. Nefi Cordeiro, 6ª T., *DJe* 02/02/2017; STJ, RHC 29.397/SP, Rel. Min. Og Fernandes, 6ª T., j. 14/06/2011, *Informativo* nº 477; TJRS, ACr 70029043387, Rel.ª Des.ª Fabianne Breton Baisch, *DJERS* 30/07/2010; TRF 2ª Reg., ACr 2004.51.02.000553-5, Rel. Des. Fed. André Fontes, *DEJF2* 14/05/2010; TRF 1ª Reg., RSE 2004.35.00.008691-4/GO, Rel.ª Juíza Fed. Conv. Jaiza Maria Pinto Fraxe, *DJF1* 29/01/2010, p. 129; STJ, RHC 1829/SP, Rel. Min. Adhemar Maciel, 6ª T., *DJ* 31/05/1993 p.

---

[12] AMARAL, Sylvio do. *Falsidade documental*, p. 165.

[13] MIRABETE, Julio Fabbrini. *Manual de direito penal*, v. 3, p. 232.

10.689; STF, HC 68433/DF, Rel. Min. Marco Aurélio, 2ª T., *DJ* 15/03/1991, p. 2.650.

Classificação doutrinária

Crime comum, tanto no que diz respeito ao sujeito ativo quanto ao sujeito passivo; doloso (não havendo previsão para a modalidade de natureza culposa); comissivo (podendo, também, nos termos do art. 13, § 2º, do Código Penal, ser praticado via omissão imprópria, na hipótese de o agente gozar do *status* de garantidor); de forma livre; instantâneo; monossubjetivo; plurissubsistente ou unissubsistente (dependendo da hipótese concreta); não transeunte.

Sujeito ativo e sujeito passivo

Qualquer pessoa pode ser *sujeito ativo* e, se funcionário público, se tiver praticado a infração penal prevalecendo-se do cargo, a pena será aumentada de sexta parte.

O *sujeito passivo* é o Estado, bem como aquelas pessoas que foram diretamente prejudicadas com a utilização do selo ou sinal público falsificado.

Objeto material e bem juridicamente protegido

A fé pública é o bem juridicamente protegido pelo tipo penal que prevê o delito de *falsificação de selo ou sinal público*.

O objeto material é o selo ou o sinal público, sobre o qual recai a conduta praticada pelo agente.

Consumação e tentativa

O delito se consuma quando o agente, nas hipóteses constantes do *caput* do art. 296 do Código Penal, efetivamente, falsifica o selo ou o sinal público, levando a efeito sua fabricação ou alteração.

No § 1º do art. 296 do Código Penal, a consumação ocorre quando o agente *faz uso* do selo ou sinal falsificado, utiliza indevidamente o selo ou sinal verdadeiro em prejuízo de outrem ou em proveito próprio ou alheio, ou quando altera, falsifica ou faz uso indevido de marcas, logotipos, siglas ou quaisquer outros símbolos utilizados ou identificadores de órgãos ou entidades da Administração Pública.

Como regra, será possível a tentativa, haja vista que, na maioria das hipóteses, estaremos diante de um crime plurissubsistente.

Elemento subjetivo

O dolo é o elemento subjetivo exigido pelo tipo penal que prevê o delito de *falsificação de selo ou sinal público*, não havendo previsão para a modalidade de natureza culposa.

Modalidades comissiva e omissiva

Todos os verbos constantes do *caput*, bem como do § 1º do art. 296 do Código Penal, pressupõem um comportamento comissivo por parte do agente, podendo, no entanto, ser cometido via omissão imprópria.

Causa especial de aumento de pena

É prevista pelo § 2º do art. 296 do Código Penal, sendo a pena aumentada de sexta parte se o agente é funcionário público, e comete o crime prevalecendo-se do cargo.

Pena e ação penal

A pena cominada ao delito de *falsificação de selo ou sinal público* é de reclusão, de 2 (dois) a 6 (seis) anos, e multa.

Se o agente é funcionário público, e comete o crime prevalecendo-se do cargo, aumenta-se a pena de sexta parte.

A ação penal é de iniciativa pública incondicionada.

⚖ A utilização de selos falsos do INMETRO em extintores de incêndio, para ludibriar os consumidores em relação à sua autenticidade, não acarreta, por si só, lesão a bens, serviços ou interesses da União, de suas autarquias ou empresas públicas. A falsificação de selos, prevista no art. 296, § 1º, do CP, que não tenha atingido diretamente bens ou interesses da União ou de suas entidades é de competência da Justiça Estadual (STJ, AgRg no CC 148.135/SC, Rel. Min. Jorge Mussi, S3, *DJe* 19/02/2019).

Nesse sentido:

⚖ STJ, CC 126606/DF, Rel.ª Min.ª Alderita Ramos de Oliveira, Desembargadora convocada do TJPE, S3, *DJe* 15/05/2013; STJ, HC 148875/RS, Rel. Min. Gilson Dipp, 5ª T., *DJe* 14/03/2011; STJ, RHC 20818/AC, Rel. Min. Felix Fischer, 5ª T., *DJ* 03/09/2007, p. 192.

Falsificação de documento público

Art. 297. Falsificar, no todo ou em parte, documento público, ou alterar documento público verdadeiro:

Pena – reclusão, de dois a seis anos, e multa.

§ 1º Se o agente é funcionário público, e comete o crime prevalecendo-se do cargo, aumenta-se a pena de sexta parte.

§ 2º Para os efeitos penais, equiparam-se a documento público o emanado de entidade paraestatal, o título ao portador ou transmissível por endosso, as ações de sociedade comercial, os livros mercantis e o testamento particular.

§ 3º Nas mesmas penas incorre quem insere ou faz inserir:

I – na folha de pagamento ou em documento de informações que seja destinado a fazer prova perante a previdência social, pessoa que não possua a qualidade de segurado obrigatório;

II – na Carteira de Trabalho e Previdência Social do empregado ou em documento que deva produzir efeito perante a previdência social, declaração falsa ou diversa da que deveria ter sido escrita;

III – em documento contábil ou em qualquer outro documento relacionado com as obrigações da

empresa perante a previdência social, declaração falsa ou diversa da que deveria ter constado.

§ 4º Nas mesmas penas incorre quem omite, nos documentos mencionados no § 3º, nome do segurado e seus dados pessoais, a remuneração, a vigência do contrato de trabalho ou de prestação de serviços.

Introdução

O documento de que cuida a lei penal deverá cumprir determinadas *funções*, sob pena de ser descaracterizado. Dessa forma, para efeito de reconhecimento do documento como tal, ele deverá possuir três qualidades básicas, a saber: *a)* ser um meio de perpetuação e constatação do seu conteúdo; *b)* poder, por intermédio dele, ser identificado o seu autor, exercendo uma função denominada de *garantia* de sua autoria; *c)* servir como instrumento de prova do seu conteúdo.

Quando se aduz a necessidade de perpetuação da informação ou conteúdo constante do documento, não se quer afirmar que o documento deva gozar do *status* de eterno, não perecendo jamais. Na verdade, com essa afirmação, exige-se que o documento seja idôneo no sentido de possibilitar sua conservação por certo período.

Da mesma forma, não podem ser aceitos como documentos aqueles que forem apresentados anonimamente, sem que se possa imputar a alguém a sua autoria, razão pela qual, se vierem a ser modificados, não se poderá atribuir ao agente o delito de falsidade documental.

Finalmente, o documento passível de falsificação deve ser aquele a que se atribui alguma eficácia probatória ou que possua relevância jurídica.

O Código Penal reconhece, ainda, duas classes de documentos: *a)* documentos públicos; *b)* documentos particulares.

Documento público é aquele confeccionado por servidor público, no exercício de sua função, e de acordo com a legislação que lhe é pertinente. O conceito de documento particular é encontrado por exclusão, ou seja, se o documento não gozar da qualidade de *público*, será reconhecido como *particular*, desde que cumpra as funções anteriormente expostas.

O núcleo *falsificar*, utilizado pelo art. 297 do Código Penal, dá a ideia de *contrafação*, isto é, a fabricação do documento de natureza pública, pois que a alteração, também modalidade de falsificação, vem prevista na parte final do artigo *sub examen*.

A diferença entre os núcleos *falsificar* e *alterar*, utilizados pelo *caput* do art. 297 do Código Penal, é no sentido de que, no primeiro caso, o documento não existe, sendo criado total ou parcialmente pelo agente; na segunda hipótese, o documento público existe, é verdadeiro, mas o agente o modifica, alterando o seu conteúdo.

Importante frisar que, se a falsidade ocorrer mediante supressão de parte do documento público, alterando-se o documento verdadeiro, o fato se amoldará ao delito tipificado no art. 305 do Código Penal, que cuidou especificamente do tema. Dessa forma, a alteração poderá ocorrer em forma de inserção de dados falsos, com a modificação do conteúdo do documento.

Merece destaque, ainda, a diferença existente entre os documentos *formal* e *substancialmente públicos*, ou seja, aqueles, segundo Hungria, "cujo conteúdo tem natureza e relevância de direito público, como sejam os decorrentes de atos legislativos, administrativos ou judiciais e os que, em geral, o funcionário redige e expede em representação ou no interesse da Administração Pública; e os documentos *formalmente públicos e substancialmente privados*, como, por exemplo, as declarações de vontade recebidas de particulares e redigidas por funcionários públicos (tabeliães, oficiais públicos, corretores, cônsules etc.) ou quem quer que esteja legalmente autorizado (no exercício acidental de função pública) a imprimir-lhes autenticidade ou *fé pública* (exemplo: capitão de navio, em certas circunstâncias)".[14]

Embora haja diferença entre as duas espécies do gênero documento público, ambas estão abrangidas pelo artigo em estudo, não importando se o seu conteúdo possui natureza pública, ou que expresse um interesse privado, por exemplo, bastando que tenha sido confeccionado por um funcionário público, no exercício de sua função, em cumprimento de determinação legal.

O § 2º do art. 297 do Código Penal prevê um documento público por equiparação.

Se o próprio Código Penal, por meio do § 1º do seu art. 327, com a nova redação que lhe foi conferida pela Lei nº 9.983, de 14 de julho de 2000, equipara a funcionário público quem exerce cargo, emprego ou função em entidade paraestatal, não poderia deixar de considerar como públicos os documentos por ela expedidos, sendo passíveis, portanto, de falsificação. Embora exista controvérsia doutrinária sobre a expressão *entidade paraestatal*, estamos com José dos Santos Carvalho Filho quando preleciona que a expressão "deveria abranger toda a pessoa jurídica que tivesse vínculo institucional com a pessoa federativa, de forma a receber desta os mecanismos estatais de controle. Estariam, pois, enquadradas como *entidades paraestatais* as pessoas da administração indireta e os serviços sociais autônomos".[15] Assim, de acordo com o art. 4º, II, do Decreto-Lei nº 200/1967, a Administração Indireta compreende as seguintes categorias de entidades, dotadas de personalidade jurí-

---

[14] HUNGRIA, Nélson. *Comentários ao código penal*, v. IX, p. 261.
[15] CARVALHO FILHO, José dos Santos. *Manual de direito administrativo*, p. 273.

dica própria: I – autarquias; II – empresas públicas; III – sociedades de economia mista; e IV – fundações públicas.

Títulos ao portador ou transmissíveis por endosso, a exemplo dos cheques, notas promissórias, duplicatas etc., as *ações de sociedade comercial*, em virtude da possibilidade de sua transferência a terceiros, como acontece, por exemplo, com as ações da sociedade anônima, os *livros mercantis*, bem como o *testamento particular* ou *ológrafo*, previsto pelos arts. 1.876 a 1.880 do Código Civil, em razão da sua relevância e necessidade de confiabilidade, também foram equiparados ao documento público.

Vale ressaltar, ainda, que a *falsificação grosseira*, de acordo com a posição majoritária de nossa doutrina, afasta a configuração do delito de *falsidade de documento público*, tendo em vista a sua incapacidade para iludir um número indeterminado de pessoas. No entanto, o agente poderá, por exemplo, ser responsabilizado penalmente pelo delito de estelionato, mesmo que para a obtenção da vantagem ilícita tenha se valido de um documento grosseiramente falsificado.

A Lei nº 9.983, de 14 de julho de 2000, acrescentou os §§ 3º e 4º ao art. 297 do Código Penal.

Pela inserção dos mencionados parágrafos, percebe-se a preocupação do legislador com a previdência social.

Entendemos não ter agido corretamente o legislador ao acrescentar os §§ 3º e 4º ao art. 297 do Código Penal. Isso porque, antes da mencionada alteração, o delito de *falsificação de documento público* somente previa falsidade de natureza *material*. Agora, com os novos parágrafos, o tipo penal foi transformado em uma figura híbrida, pois que prevê, em seus parágrafos, falsidade *ideológica*.

⚖ Para a caracterização do delito previsto no art. 297 do Código Penal "exige-se a potencialidade lesiva do documento falsificado ou alterado, pois a contrafação ou modificação grosseira, não apta a ludibriar a atenção de terceiros, é inócua para esse fim. Quando se menciona o terceiro, cuida-se da pessoa comum, não abrangendo policiais, por exemplo, cuja atividade pressupõe preparo para identificar documentos falsos" (NUCCI, Guilherme de Souza, in *Código Penal Comentado*, 19ª ed., p. 1.379) (STJ, AgRg no AREsp 1.454.093/DF, Rel. Min. Reynaldo Soares da Fonseca, 5ª T., *DJe* 20/05/2019).

Nesse sentido:

⚖ STJ, REsp 1.522.231/SP, Rel. Min. Nefi Cordeiro, 6ª T., *DJe* 14/08/2017; STJ, AgRg no REsp 1.569.987/PA, Rel. Min. Jorge Mussi, 5ª T., *DJe* 09/09/2016; STJ, HC 300.848/DF, Rel. Min. Reynaldo Soares da Fonseca, 5ª T., *DJe* 16/05/2016; STJ, AgRg nos EDcl no REsp 1351592/SC, Rel. Min. Sebastião Reis Junior, 6ª T., *DJe* 05/08/2014; STJ, REsp 1252635/SP, Rel. Min. Marco Aurélio Bellizze, 5ª T., *DJe* 02/05/2014; TJMS, ACr-Recl 2010.019356-4/0000-00, 1ª T. Crim., Rel.ª Desig. Des.ª Marilza Lúcia Fortes, *DJEMS* 17/08/2010, p. 47; TJSC, ACr 2009.015043-6, Rel.ª Des.ª

Salete Silva Sommariva, *DJSC* 16/08/2010, p. 195; TJMG, APCR 5969473-39.2009.8.13.0024, Rel. Des. Alberto Deodato Neto, *DJEMG* 13/08/2010; STJ, HC 143.645-SP, Rel. Min. Og Fernandes, j. 05/08/2010, *Informativo* nº 441; TRF 1ª Reg., ACr 2007.39.01.000818-4, PA, 3ª T., Rel. Des. Fed. Tourinho Neto, j. 15/06/2010, *DJF1* 30/07/2010, p. 26; STJ, AgRg no REsp 948949/RS, Rel. Min. Hamilton Carvalhido, 6ª T., j. 29/04/2008.

Classificação doutrinária

Crime comum, tanto no que diz respeito ao sujeito ativo quanto ao sujeito passivo; doloso (não havendo previsão para a modalidade de natureza culposa); comissivo (podendo, também, nos termos do art. 13, § 2º, do Código Penal, ser praticado via omissão imprópria, na hipótese de o agente gozar do *status* de garantidor) e omissivo próprio (§ 4º do art. 297); de forma livre (*caput*) e de forma vinculada (§§ 3º e 4º); instantâneo; monossubjetivo; plurissubsistente; não transeunte.

Sujeito ativo e sujeito passivo

Qualquer pessoa pode ser *sujeito ativo*. Caso o sujeito ativo seja funcionário público, se tiver praticado a infração penal prevalecendo-se do cargo, a pena será aumentada de sexta parte.

O sujeito passivo é o Estado, bem como aquelas pessoas que foram diretamente prejudicadas com a falsificação do documento público.

⚖ A partir do julgamento no conflito de competência 127.706/RS, de relatoria do Ministro Rogerio Schietti Cruz, esta egrégia Terceira Seção pacificou o entendimento no sentido de que "o sujeito passivo primário do crime omissivo do art. 297, § 4º, do Diploma Penal, é o Estado, e, eventualmente, de forma secundária, o particular, terceiro prejudicado, com a omissão das informações, referentes ao vínculo empregatício e a seus consectários da CTPS. Cuida-se, portanto de delito que ofende de forma direta os interesses da União, atraindo a competência da Justiça Federal, conforme o disposto no art. 109, IV, da Constituição Federal" (*DJe* 09/04/2014) (STJ, CC 145.567/PR, Rel. Min. Joel Ilan Paciornik, 5ª T., *DJe* 04/05/2016).

Objeto material e bem juridicamente protegido

A fé pública é o bem juridicamente protegido pelo tipo penal que prevê o delito de *falsificação de documento público*.

O objeto material é o documento público falsificado, no todo ou em parte, ou o documento público verdadeiro que fora alterado pelo agente.

⚖ 1. É firme a jurisprudência desta Corte no sentido de que, sendo o bem jurídico tutelado a fé pública, não é possível mensurar o seu valor, razão pela qual, inaplicável o princípio bagatelar (AgRg no AREsp 1.585.414/TO, Rel. Min. Nefi cordeiro, 6ª T., julgado em 19/05/2020, *DJe* 25/05/2020).

Nesse sentido:

📖 STJ, REsp 1.522.231/SP, Rel. Min. Nefi Cordeiro, 6ª T., *DJe* 14/08/2017; TRF 4ª Reg., Ap. Crim. 2006.72. 02.007623-7, Rel. Amaury Chaves de Athayde, pub. 07/11/2009.

Consumação e tentativa

O delito se consuma quando o agente pratica qualquer dos comportamentos previstos no tipo penal, não importando sua posterior utilização para efeitos de reconhecimento do *summatum opus*.

Admite-se a tentativa.

📖 Para a consumação do tipo previsto no art. 297 do Código Penal, não se exige a efetiva produção do dano, bastando, para a sua configuração, a efetiva falsificação ou alteração do documento, cuidando-se, assim, de crime formal. Precedentes do STJ (STJ, HC 131062/SP, Rel. Min. Gilson Dipp, 5ª T., *DJe* 27/05/2011).

Nesse sentido:

📖 TJRS, Ap. Crim. 70027238880, 4ª Câm. Crim., Rel. José Eugênio Tedesco, j. 12/03/2009; TJRS, Ap. Crim. 70010984334, 6ª Câm. Crim., Rel. Ivan Leomar Bruxel, j. 31/05/2007; STJ, REsp 702525/PR, Rel. Min. Arnaldo Esteves Lima, 5ª T., *DJ* 26/06/2006, p. 190; STJ, HC 57599/PR, Rel. Min. Felix Fischer, 5ª T., *DJ* 18/12/2006, p. 423.

Elemento subjetivo

O dolo é o elemento subjetivo exigido pelo tipo penal que prevê o delito de *falsificação de documento público*, não havendo previsão para a modalidade de natureza culposa.

Modalidades comissiva e omissiva

Todos os verbos constantes do *caput*, bem como do § 3º do art. 297 do Código Penal, pressupõem um comportamento comissivo por parte do agente, podendo, no entanto, com relação a essas figuras típicas, ser o delito cometido via omissão imprópria.

A Lei nº 9.983, de 14 de julho de 2000, ao acrescentar o § 4º ao art. 297 do Código Penal, criou uma modalidade omissiva própria, dizendo: *Nas mesmas penas incorre quem omite, nos documentos mencionados no § 3º, nome do segurado e seus dados pessoais, a remuneração, a vigência do contrato de trabalho ou de prestação de serviços.*

Causa especial de aumento de pena

Determina o § 1º do art. 297 do Código Penal que, *se o agente é funcionário público, e comete o crime prevalecendo-se do cargo, aumenta-se a pena de sexta parte.*

Pena e ação penal

A pena cominada ao delito de *falsificação de documento público* (*caput* e §§ 3º e 4º do art. 297 do Código Penal) é de reclusão, de 2 (dois) a 6 (seis) anos, e multa.

Se o agente é funcionário público e comete o crime prevalecendo-se do cargo, aumenta-se a pena de sexta parte.

A ação penal é de iniciativa pública incondicionada.

Uso de documento público falso

Caso o agente que falsificou o documento venha, efetivamente, fazer uso dele, não poderíamos, *in casu*, cogitar de concurso entre os crimes de *falsificação de documento público* e *uso de documento falso*, pois que nessa hipótese devemos aplicar a regra relativa ao antefato impunível, ou seja, o crime-meio (falsificação do documento público), deverá ser absorvido pelo crime-fim (uso de documento público falso).

📖 *Súmula nº 546 do STJ* – A competência para processar e julgar o crime de uso de documento falso é firmada em razão da entidade ou órgão ao qual foi apresentado o documento público, não importando a qualificação do órgão expedidor.

A teor da jurisprudência desta Corte, o uso de documento falsificado (CP, art. 304) deve ser absorvido pela falsificação do documento público (CP, art. 297), quando praticado por mesmo agente, caracterizando o delito de uso *post factum* não punível, ou seja, mero exaurimento do crime de falso, não respondendo o falsário pelos dois crimes, em concurso material (STJ, HC 371.623/AL, Rel. Min. Ribeiro Dantas, 5ª T., *DJe* 18/08/2017).

Nesse sentido:

📖 STJ, HC 226.128/TO, Rel. Min. Rogério Schietti Cruz, 6ª T., *DJe* 20/04/2016.

Falsificação de documento público e estelionato

No que diz respeito à falsificação de documento público utilizada, efetivamente, na prática do crime de estelionato, existem, basicamente, cinco posições que disputam o tratamento sobre o tema.

A primeira delas entende pelo *concurso material* de crimes, devendo o agente responder, nos termos do art. 69 do Código Penal, por ambas as infrações penais.

A segunda posição preconiza que, se a falsidade é um meio utilizado na prática do estelionato, deverá ser reconhecido o concurso formal de crimes,[16] aplicando-se, nos termos do art. 70 do Código Penal, a mais grave das penas cabíveis, aumentada de um sexto até metade.

Considerando o fato de que o delito de falsificação de documento público possui pena superior à do crime de estelionato, sendo, portanto, mais grave, a terceira posição tem entendido pela absorção deste último por aquele.

Aplicando o raciocínio relativo ao *ante factum* impunível, a quarta posição entende que o delito-fim (este-

---

[16] Conforme decisão proferida pelo STF no RHC 83990/MG, Rel. Min. Eros Grau, 1ª T., *DJ* 22/10/2004.

lionato) deverá absorver o delito-meio (*falsificação de documento público*).

A última posição poderia ser entendida como uma vertente da anterior. O Superior Tribunal de Justiça, por intermédio da Súmula nº 17, expressou o seu posicionamento no seguinte sentido:

> 📖 *Quando o falso se exaure no estelionato, sem mais potencialidade lesiva, é por este absorvido.*

Assim, para essa última corrente, somente não haveria concurso de crimes quando o falso não possuísse mais potencialidade lesiva, pois, caso contrário, a regra seria a do concurso, havendo discussão, ainda, se formal ou material.

Estamos com a posição do STJ, expressa pela Súmula nº 17. Isso porque se o documento público falsificado pelo agente ainda puder ser utilizado na prática de outras infrações penais, forçoso é reconhecer a independência das infrações penais. Assim, imagine-se a hipótese em que o agente tenha falsificado um documento de identidade para, com ele, abrir diversos crediários em lojas de eletrodomésticos, a fim de praticar o delito de estelionato, pois receberá as mercadorias, sem efetuar um único pagamento. O documento de identidade falsificado, como se percebe, poderá ser utilizado em inúmeras infrações penais, razão pela qual, nesse caso, somos pelo concurso material de crimes, haja vista não se poder visualizar, na espécie, conduta única, mas, sim, pluralidade de comportamentos.

📖 1. "Para que se reconheça o princípio da consunção é preciso que a conduta definida como crime seja fase de preparação ou de execução de outro delito e depende das circunstâncias da situação concreta; no caso das falsificações, também importa o exaurimento do potencial lesivo" (AgRg no REsp 1.640.607/RO, Rel. Min. Rogerio Schietti Cruz, 6ª T., julgado em 28/03/2019, *DJe* 05/04/2019). 2. No caso, a prática do estelionato não exauriu o potencial ofensivo do delito de falsificação de documento público, que permitiria a obtenção de outros benefícios de forma irregular, o que impede a aplicação do princípio da consunção conforme visto acima. 3. "Nos termos do entendimento desta Corte Superior a reparação civil dos danos sofridos pela vítima do fato criminoso, prevista no art. 387, IV, do Código de Processo Penal, inclui também os danos de natureza moral, e para que haja a fixação na sentença do valor mínimo devido a título de indenização, é necessário pedido expresso, sob pena de afronta à ampla defesa" (AgRg no AREsp 720.055/RJ, Rel. Min. Rogerio Schietti Cruz, 6ª T., julgado em 26/06/2018, *DJe* 02/08/2018). 4. Agravo parcialmente provido para afastar a condenação a reparação de danos (AgRg no REsp 1.820.918/RS, Rel. Min. Antonio Saldanha Palheiro, 6ª T., julgado em 27/10/2020, *REPDJe* 12/11/2020, *DJe* 03/11/2020).

Nesse sentido:

📖 TJRS, Ap. Crim. 70027651009, 4ª Câm. Crim., Rel. José Eugênio Tedesco, pub. 13/07/2009; TJRS, Ap. Crim. 70019 133537, 4ª Câm. Crim., Rel. José Eugênio Tedesco, j. 28/06/2007.

Fotocópias não autenticadas

Tem-se entendido que as fotocópias não autenticadas não gozam do *status* exigido pelo conceito de documento público, não se configurando, assim, a infração penal tipificada no art. 297 do estatuto repressivo, caso sejam falsificadas ou alteradas.

📖 Muito embora a jurisprudência firmada por este Superior Tribunal de Justiça seja no sentido de que a utilização de cópia reprográfica não autenticada não configura ação com potencial de causar dano à fé pública, há, *in casu*, particularidades que afastam esse entendimento (STJ, RHC 98.920/DF, Rel. Min. Felix Fischer, 5ª T., *DJe* 1º/08/2018).

Nesse sentido:

📖 STJ, REsp 17584/RJ, Rel. Min. José Dantas, 5ª T., *RSTJ* 43, p. 357.

Falsificação de documento público para fins eleitorais

Vide art. 348 do Código Eleitoral (Lei nº 4.737, de 15 de julho de 1965).

Competência

📖 A partir do julgamento no conflito de competência nº 127.706/RS, de relatoria do Ministro Rogerio Schietti Cruz, esta egrégia Terceira Seção pacificou o entendimento no sentido de que "o sujeito passivo primário do crime omissivo do art. 297, § 4º, do Diploma Penal, é o Estado, e, eventualmente, de forma secundária, o particular, terceiro prejudicado, com a omissão das informações, referentes ao vínculo empregatício e a seus consectários da CTPS. Cuida-se, portanto de delito que ofende de forma direta os interesses da União, atraindo a competência da Justiça Federal, conforme o disposto no art. 109, IV, da Constituição Federal" (*DJe* 09/04/2014). Aplica-se a mesma lógica para o delito do art. 297, § 3º, inciso II, do Código Penal. Assim, compete à Justiça Federal processar e julgar o crime de falsificação de documento público, consistente na anotação de período de vigência do contrato de trabalho inexistente de empregado em sua CTPS. Precedentes (STJ, AgRg no CC 148.963/RJ, Rel. Min. Jorge Mussi, S3, *DJe* 22/04/2019).

Nesse sentido:

📖 STJ, CC 155.063/SP, Rel. Min. Joel Ilan Paciornik, 3ª S., *DJe* 29/06/2018; STJ, HC 300.848/DF, Rel. Min. Reynaldo Soares da Fonseca, 5ª T., *DJe* 16/05/2016; STJ, CC 123324/AM, Rel.ª Min.ª Marilza Maynard, Desembargadora convocada do TJSE, S3, *DJe* 27/05/2013; STF, RE 649998 AgR/GO, Rel. Min. Ayres Britto, 2ª T., *DJe* 30/03/2012; STJ, HC 44701/SP, Rel. Min. Gilson Dipp, 5ª T., *DJ* 19/12/2005, p. 452.

Competência para julgamento da falsificação quando se tratar de Caderneta de Inscrição e Registro (CIR) ou de Carteira de Habilitação de Arrais-Amador (CHA), ambas expedidas pela Marinha do Brasil

O Supremo Tribunal Federal, na seção plenária do dia 16 de outubro de 2014, aprovou a Súmula Vinculante nº 36, com o seguinte verbete:

⚖ *Súmula Vinculante nº 36. Compete à Justiça Federal comum processar e julgar civil denunciado pelos crimes de falsificação e de uso de documento falso quando se tratar de falsificação da Caderneta de Inscrição e Registro (CIR) ou de Carteira de Habilitação de Arrais-Amador (CHA), ambas expedidas pela Marinha do Brasil.*

Falsificação de documento no Código Penal Militar

Vide art. 311 do Decreto-Lei nº 1.001/69 (Código Penal Militar).

Falsificação de documento particular
Art. 298. Falsificar, no todo ou em parte, documento particular ou alterar documento particular verdadeiro:
Pena – reclusão, de um a cinco anos, e multa.

Falsificação de cartão
Parágrafo único. Para fins do disposto no *caput*, equipara-se a documento particular o cartão de crédito ou débito.

Introdução

O delito de *falsificação de documento particular* vem tipificado no art. 298 do Código Penal.

Cuida-se de mais uma infração penal que prevê a falsidade de natureza material. Conforme lições de Sylvio do Amaral, "a falsidade material incide sobre a integridade física do papel escrito, procurando deturpar suas características originais através de emendas ou rasuras, que substituem ou acrescentam no texto letras ou algarismos – é a modalidade de falso material consistente na *alteração de documento verdadeiro*. Ou pode consistir na criação, pelo agente, do documento falso, quer pela imitação de um original legítimo (tal como na produção de um diploma falso), quer pelo livre exercício da imaginação do falsário (como na produção de uma carta particular apócrifa) – e o caso será daqueles para os quais o legislador reservou, com sentido específico, o termo *falsificação* (arts. 297 e 298), que, se assim não fora, significaria genericamente todos os modos de falso documental".[17]

De acordo com a redação constante do art. 298, *caput*, do Código Penal, podemos apontar os seguintes elementos: a) a conduta de falsificar, no todo ou em parte, documento particular; b) ou alterar documento particular verdadeiro.

O núcleo *falsificar*, conforme esclarece Sylvio do Amaral, tem o sentido de contrafação, ou seja, criação, total ou parcial, do documento particular.

Conforme esclarecemos quando do estudo do crime de *falsificação de documento público*, o conceito de *documento particular* é encontrado por exclusão. Assim, se o documento não possuir natureza pública, seja ele *formal e substancialmente público*, ou *formalmente público e substancialmente privado*, ou mesmo aqueles considerados públicos por equiparação (§ 2º do art. 297), poderá ser considerado um documento particular.

No entanto, nem todo documento forjado pelo agente, por exemplo, poderá se amoldar ao conceito de documento exigido pelo tipo penal. Assim, aquelas criações que não tenham a menor relevância jurídica devem ser afastadas desse conceito, em virtude da ausência de potencialidade lesiva, pois, conforme adverte Cezar Roberto Bitencourt, "a falsidade em documento particular é de natureza material, não podendo, por conseguinte, ser objeto do crime *documento juridicamente inócuo*, ou seja, alheio à prova de qualquer direito ou obrigação".[18]

A diferença existente entre os delitos tipificados nos arts. 297 e 298 do Código Penal diz respeito, tão somente, ao objeto material, pois, naquele, o documento é público e neste, privado. Assim, tudo o que foi dito com relação ao delito de falsificação de documento público aplica-se à falsificação de documento privado.

No que diz respeito à alteração de documento particular verdadeiro, conforme preconiza Fragoso, esta consiste "na mutação do conteúdo do documento, ou seja, na substituição de palavras ou signos. A simples eliminação de parte do conteúdo (juridicamente relevante) constituirá o crime previsto no art. 305 do CP (supressão de documento)".[19]

A Lei nº 12.737, de 30 de novembro de 2012, incluindo o parágrafo único ao art. 298 do Código Penal, criou uma modalidade equiparada de documento particular, dizendo que *para fins do disposto no caput, equipara-se a documento particular o cartão de crédito ou débito*.

O cartão de crédito, que surgiu nos EUA na década de 1920, é utilizado como um meio de pagamento para a compra de bens ou contratação de serviços. Normalmente, é um cartão de plástico, de tamanho padronizado (como especificado no padrão ISO 7810), que contém, na parte da frente, a bandeira a que pertence (VISA, MASTERCARD, AMERICAN EXPRESS, DINERS CLUB etc.), além do número e data de validade, o nome do proprietário, bem como,

---

[17] AMARAL, Sylvio do. *Falsidade documental*, p. 55.
[18] BITENCOURT, Cezar Roberto. *Tratado de direito penal*, v. 4, p. 327.
[19] FRAGOSO, Heleno Cláudio. *Lições de direito penal* – parte especial, v. II, p. 337.

como regra, a agência e conta bancária da instituição a que está vinculado e um chip. No verso, apresenta uma tarja magnética, que permite a sua imediata identificação nas transações com ele levadas a efeito, e ainda um local próprio para a assinatura identificadora do seu proprietário, juntamente com um número de segurança (CVV2).

Na verdade, o cartão de crédito é um meio através do qual os empréstimos bancários são realizados, variando o seu limite máximo a ser gasto de acordo com a renda, o poder aquisitivo do cliente, seu histórico de adimplência etc., permitindo que as compras de bens ou contratações de serviços sejam realizadas, possibilitando o seu pagamento à vista (no prazo convencionado de vencimento) ou parcelado. O atraso no pagamento da fatura importará na cobrança de juros pela instituição financeira.

O cartão de débito possui as mesmas características físicas do cartão de crédito, servindo, no entanto, como uma forma de pagamento eletrônica (em lugar da emissão do cheque), à vista, que permite a imediata dedução do valor de uma compra de bens ou pagamento de uma prestação de serviços da conta-corrente (ou conta de poupança) de que o proprietário é titular, em uma instituição bancária.

Atualmente, houve uma queda significativa das compras realizadas através da emissão de cheques e um aumento daquelas realizadas através dos cartões de crédito e/ou débito. Assim, o número de falsificações dessa modalidade equiparada de documento particular cresceu na mesma proporção, exigindo, igualmente, uma resposta do legislador, a fim de preservar as relações de consumo.

⚖ Segundo doutrina de escol e precedentes do Supremo Tribunal Federal e desta Corte, a efetiva utilização do documento falsificado, pelo mesmo agente, é mero exaurimento do *falsum*, pelo que somente este delito subsiste (STJ, HC 359.739/SP, Rel.ª Min.ª Maria Thereza de Assis Moura, 6ª T., *DJe* 1º/08/2016).

Nesse sentido:

⚖ STJ, RHC 64.292/SP, Rel.ª Min.ª Maria Thereza de Assis Moura, 6ª T., *DJe* 02/02/2016; TRF 4ª Reg., ACr 2007.71.13.002057-5, Rel. Juiz Fed. Artur César de Souza, *DEJF* 04/08/2010, p. 693; TRF 5ª Reg., ACr 6811, Proc. 2006.83.00.000584-0, PE, Rel. Des. Fed. José Maria de Oliveira Lucena, *DJETRF5* 26/07/2010; TJRS, ACr 70034302422, Rel. Des. Constantino Lisbôa de Azevedo, *DJERS* 20/05/2010; STJ, HC 27122/MG, Rel. Min. Paulo Medina, 6ª T., *DJ* 12/02/2007, p. 300; TJPR, AC 0345582-5, Ortigueira, 4ª Câm. Crim., Rel. Des. Rogério Coelho, j. 09/11/2006.

Classificação doutrinária

Crime comum, tanto no que diz respeito ao sujeito ativo quanto ao sujeito passivo; doloso (não havendo previsão para a modalidade de natureza culposa); comissivo (podendo, também, nos termos do art. 13, § 2º, do Código Penal, ser praticado via omissão imprópria, na hipótese de o agente gozar do *status* de garantidor); de forma livre; instantâneo; monossubjetivo; plurissubsistente; não transeunte.

Sujeito ativo e sujeito passivo

Qualquer pessoa pode ser *sujeito ativo* do delito de *falsificação de documento particular*, haja vista que o tipo do art. 298 do Código Penal não exige nenhuma qualidade ou condição especial.

O *sujeito passivo* é o Estado, bem como aquelas pessoas que foram diretamente prejudicadas com a falsificação ou a alteração do documento particular.

Objeto material e bem juridicamente protegido

A fé pública é o bem juridicamente protegido pelo tipo penal que prevê o delito de *falsificação de documento particular*.

O objeto material é o documento particular falsificado, no todo ou em parte, ou o documento particular verdadeiro que foi alterado pelo agente.

Consumação e tentativa

O delito se consuma quando o agente, efetivamente, falsifica o documento particular, no todo ou em parte, ou quando altera documento particular verdadeiro.

Tratando-se de crime plurissubsistente, torna-se possível o raciocínio correspondente à tentativa.

⚖ O delito disposto no art. 298 do Estatuto Repressivo é de perigo abstrato, bastando a falsificação ou modificação do documento para que reste configurado risco de dano à fé pública, que é presumido (STJ, RHC 22989/RJ, Rel. Min. Jorge Mussi, 5ª T., *DJe* 1º/06/2011).

Nesse sentido:

⚖ TJMS, ACr-Recl 2010.012587-7/0000-00, Rel. Desig. Des. Claudionor Miguel Abss Duarte, *DJEMS* 21/07/2010, p. 34; TJSC, AC 27062, Rel. José Roberge, 0002628.

Elemento subjetivo

O dolo é o elemento subjetivo exigido pelo tipo penal que prevê o delito de *falsificação de documento particular*, não havendo previsão para a modalidade de natureza culposa.

O agente deverá ter conhecimento de todos os elementos constantes do tipo penal em estudo, pois, caso contrário, poderá ser arguido o erro de tipo, afastando-se o dolo e, consequentemente, a própria infração penal.

Modalidades comissiva e omissiva

Os núcleos *falsificar* e *alterar* pressupõem um comportamento comissivo por parte do agente. No entanto, o delito poderá ser praticado via omissão imprópria na hipótese em que o agente, garantidor, dolosamente, nada fizer para evitar a prática da infração penal, devendo, portanto, ser responsabilizado nos termos do art. 13, § 2º, do Código Penal.

Pena, ação penal e suspensão condicional do processo

A pena cominada ao delito de *falsificação de documento particular* é de reclusão, de 1 (um) a 5 (cinco) anos, e multa.

A ação penal é de iniciativa pública incondicionada. Será possível a confecção de proposta de suspensão condicional do processo, nos termos do art. 89 da Lei nº 9.099/95.

Uso de documento particular falso

Se o próprio autor da falsificação do documento particular dele fizer uso, não se cogitará de concurso de crimes, devendo responder, tão somente, pelo uso de documento particular falsificado, nos termos do art. 304 do Código Penal.

⚖ 1. A teor da jurisprudência desta Corte, o uso de documento falsificado (CP, art. 304) deve ser absorvido pela falsificação do documento público ou privado (CP, arts. 297 e 298), quando praticado pelo mesmo agente, caracterizando o delito de uso *post factum* não punível, ou seja, mero exaurimento do crime de falso, não respondendo o falsário pelos dois crimes, em concurso material. 2. Se da simples leitura da denúncia, é possível verificar que os agentes são acusados de terem falsificado um Termo de Confissão de Dívidas e, após, utilizado o mesmo documento para cobrar a "falsa dívida" do devedor, é possível, de plano, verificar que não há que se falar em prática de dois crimes (falsificação de documento particular e de uso de documento falso), devendo continuar a persecução penal somente no que se refere ao crime do art. 298 do CP (...) (AgRg no RHC 112.730/SP, Rel. Min. Ribeiro Dantas, 5ª T., julgado em 03/03/2020, *DJe* 10/03/2020).

Falsificação de documento particular e estelionato

Aplica-se, aqui, o mesmo raciocínio relativo ao delito de falsificação de documento público, para onde remetemos o leitor.

Falsificação de documento particular para fins eleitorais

Vide art. 349 do Código Eleitoral (Lei nº 4.737, de 15 de julho de 1965).

Falsificação de documento particular e crimes contra a ordem tributária, econômica e relações de consumo

De acordo com o inc. III do art. 1º da Lei nº 8.137, de 27 de dezembro de 1990, *verbis*:

Art. 1º. Constitui crime contra a ordem tributária suprimir ou reduzir tributo, ou contribuição social e qualquer acessório, mediante as seguintes condutas:
[...];
III – falsificar ou alterar nota fiscal, fatura, duplicata, nota de venda, ou qualquer outro documento relativo à operação tributável;

[...].
Pena – reclusão de 2 (dois) a 5 (cinco) anos, e multa.

Falsificação de documento no Código Penal Militar

Vide art. 311 do Decreto-Lei nº 1.001/69 (Código Penal Militar).

Falsidade ideológica

Art. 299. Omitir, em documento público ou particular, declaração que dele devia constar, ou nele inserir ou fazer inserir declaração falsa ou diversa da que devia ser escrita, com o fim de prejudicar direito, criar obrigação ou alterar a verdade sobre fato juridicamente relevante:

Pena – reclusão, de um a cinco anos, e multa, se o documento é público, e reclusão de um a três anos, e multa, se o documento é particular.

Parágrafo único. Se o agente é funcionário público, e comete o crime prevalecendo-se do cargo, ou se a falsificação ou alteração é de assentamento de registro civil, aumenta-se a pena de sexta parte.

Introdução

Ao contrário do que ocorre com os delitos tipificados nos arts. 297 e 298 do Código Penal, que preveem uma falsidade de natureza material, a falsidade constante do art. 299 do mesmo diploma legal é de cunho ideológico. Isso significa que o documento, em si, é perfeito; a ideia, no entanto, nele lançada é de que é falsa, razão pela qual o delito de falsidade ideológica também é reconhecido doutrinariamente pelas expressões *falso ideal, falso intelectual e falso moral*.

Na primeira parte do tipo penal constante do art. 299, encontra-se previsto um delito omissivo próprio. O agente, portanto, permite que o documento, público ou privado, seja ideologicamente falso, pois que não fornece a necessária declaração que nele devia constar. Também pratica o delito de *falsidade ideológica* aquele que insere ou faz inserir, em documento público ou particular, declaração falsa ou diversa da que devia ser escrita.

Para que ocorra a infração penal em estudo, exige o art. 299 que a falsidade ideológica tenha a finalidade de prejudicar direito, criar obrigação ou alterar a verdade sobre fato juridicamente relevante. Atua, portanto, segundo a doutrina dominante, com um *especial fim de agir*.

⚖ A inserção de informação diversa da que deveria constar no registro para constituição da empresa "Criatório Soberano", bem como em vários outros documentos amolda-se ao tipo penal previsto no art. 299 do Código Penal (STJ, REsp 1.745.308/MG, Rel. Min. Rogério Schietti Cruz, 6ª T., *DJe* 14/05/2019).

Nesse sentido:

⚖ STJ, RHC 81.451/RJ, Rel.ª Min.ª Maria Thereza de Assis Moura, 6ª T., *DJe* 31/08/2017; STJ, RHC 84.809/PB, Rel.ª Min.ª Maria Thereza de Assis Moura, 6ª T., *DJe* 14/08/2017;

STJ, RHC 70.596/MS, Rel. Min. Jorge Mussi, 5ª T., *DJe* 09/09/2016; STJ, HC 355.140/SP, Rel. Min. Reynaldo Soares da Fonseca, 5ª T., *DJe* 26/08/2016; STJ, RHC 46.569/SP, Rel.ª Min.ª Maria Thereza de Assis Moura, 6ª T., *DJe* 06/05/2015; STJ, HC 127376/BA, Rel. Min. Jorge Mussi, 5ª T., *DJe* 29/08/2011; TRF 4ª Reg., ACr 2006.72.00.009303-5, Rel. Des. Fed. Paulo Afonso Brum Vaz, *DEJF* 16/08/2010, p. 917.

Classificação doutrinária

Crime comum, tanto no que diz respeito ao sujeito ativo quanto ao sujeito passivo; doloso (não havendo previsão para a modalidade de natureza culposa); comissivo e omissivo próprio (podendo, também, nos termos do art. 13, § 2º, do Código Penal, ser praticado via omissão imprópria, na hipótese de o agente gozar do *status* de garantidor); de forma livre; instantâneo; monossubjetivo; plurissubsistente; não transeunte.

Sujeito ativo e sujeito passivo

Qualquer pessoa pode ser *sujeito ativo*.
O *sujeito passivo* é o Estado, bem como aquelas pessoas que foram diretamente prejudicadas com a prática do delito.

Objeto material e bem juridicamente protegido

A fé pública é o bem juridicamente protegido pelo tipo penal que prevê o delito de *falsidade ideológica*. O objeto material é o documento, público ou particular, no qual o agente omitiu declaração que nele devia constar, ou nele inseriu ou fez inserir declaração falsa ou diversa daquela que devia ser escrita, com o fim de prejudicar direito, criar obrigação ou alterar a verdade sobre fato juridicamente relevante.

⚖ Ainda que se considere a fé pública como objeto jurídico diretamente tutelado pela norma penal violada – art. 299 do CP –, há de se admitir que, no caso concreto, a busca pelo lucro constitui elemento essencial do crime praticado pelo recorrido. É fato evidente que a inserção de declarações inidôneas em ATPF representa caminho para viabilizar locupletamento patrimonial, já que essa forma de falsidade tem como fim "esquentar" a madeira ilegalmente extraída da natureza, facilitando o seu transporte e comércio posterior. Sob esse prisma, mostra-se inadequado motivar a exasperação da pena-base pelo reconhecimento da cupidez do agente, pois é motivo que não extrapola os limites da infração penal concretamente considerada (STJ, AgRg no AREsp 995.891/RO, Rel. Min. Reynaldo Soares da Fonseca, 5ª T., *DJe* 1º/02/2017).

Consumação e tentativa

O delito de falsidade ideológica se consuma por meio da primeira modalidade quando da confecção do documento, público ou particular, sem a declaração que dele devia constar, em virtude da omissão dolosa do agente.
Na segunda modalidade de falsidade ideológica ocorre a consumação quando o agente, efetivamente, insere ou faz inserir, em documento público ou particular, declaração falsa ou diversa da que devia ser escrita.
Em ambas as situações, o agente deverá atuar com a finalidade de prejudicar direito, criar obrigação ou alterar a verdade sobre fato juridicamente relevante.
Admite-se a tentativa, desde que, no caso concreto, se possa fracionar o *iter criminis*.

⚖ (...) Não há que se falar em anulação *ab initio*, porquanto "sendo a acusação de falsidade ideológica, é desnecessária a realização de perícia, uma vez que, diferentemente do que ocorre com a falsidade documental, a alteração é no conteúdo (e não na forma) do documento" (AgRg no REsp 1.669.729/SP, Rel. Min. Felix Fischer, 5ª T., *DJe* 29/06/2018). (...) (AgRg no RHC 124.302/SP, Rel. Min. Rogerio Schietti Cruz, 6ª T., julgado em 25/08/2020, *DJe* 01/09/2020).

Nesse sentido:

⚖ STJ, AgRg no REsp 1.435.286/PR, Rel. Min. Rogério Schietti Cruz, 6ª T., *DJe* 16/04/2018; STJ, AgRg no AREsp 1.072.056/PB, Rel. Min. Reynaldo Soares da Fonseca, 5ª T., *DJe* 21/06/2017; STJ, HC 355.140/SP, Rel. Min. Reynaldo Soares da Fonseca, 5ª T., *DJe* 26/08/2016; TRF 4ª Reg., Ap. Crim. 2004.72.00. 015990-6, Rel. Luiz Fernando Wowk Penteado, 8ª T., j. 20/05/2009.

Elemento subjetivo

O dolo é o elemento subjetivo exigido pelo tipo penal que prevê o delito de *falsidade ideológica*, não havendo previsão para a modalidade de natureza culposa.

⚖ O crime de falsidade ideológica, previsto no art. 299, *caput*, do Código Penal, exige dolo específico, com o intuito de prejudicar direito, criar obrigação ou alterar a verdade sobre fato juridicamente relevante. Extrai-se da peça acusatória que os denunciados alteraram documento público que instruía dois projetos de lei, os quais tinham por finalidade desafetar e alienar onerosamente lotes urbanos; e desafetar e alienar por permuta bens públicos municipais. Restou, assim, devidamente descrito na denúncia o especial fim de agir da falsidade ideológica (STJ, RHC 96.577/GO, Rel. Min. Nefi Cordeiro, 6ª T., *DJe* 24/05/2018).

Nesse sentido:

⚖ STJ, RHC 66.877/SP, Rel. Min. Nefi Cordeiro, 6ª T., *DJe* 1º/06/2016; STJ, REsp 1.453.904/DF, Rel. Min. Rogério Schietti Cruz, 6ª T., *DJe* 07/05/2015.

Modalidades comissiva e omissiva

O núcleo *omitir* induz a uma conduta negativa por parte do agente, cuidando-se, nesse caso, de um crime omissivo próprio.
Ao contrário, os núcleos *inserir* e *fazer inserir* pressupõem um comportamento comissivo por parte do agente.

Causa especial de aumento de pena

Se o agente é funcionário público, e comete o crime prevalecendo-se do cargo, ou se a falsificação ou alteração é de assentamento de registro civil, aumenta-se a pena de sexta parte, nos termos do parágrafo único do art. 299 do Código Penal.

Pena, ação penal e suspensão condicional do processo

A pena cominada ao delito de *falsidade ideológica* é de reclusão, de 1 (um) a 5 (cinco) anos, e multa, se o documento é público, e reclusão de 1 (um) a 3 (três) anos, e multa, se o documento é particular.
Se o agente é funcionário público e comete o crime prevalecendo-se do cargo, ou se a falsificação ou alteração é de assentamento de registro civil, aumenta-se a pena de sexta parte.
A ação penal é de iniciativa pública incondicionada. Será possível a confecção de proposta de suspensão condicional do processo, desde que não ocorra a incidência do parágrafo único do art. 299 do Código Penal.

Folha em branco e abuso no seu preenchimento

São várias as hipóteses em que um documento assinado pode ter sido entregue em branco a outra pessoa, ou mesmo tenha chegado às suas mãos ilegitimamente. Fragoso, resumindo as hipóteses mais comuns, preleciona: "1. Se a folha, total ou parcialmente em branco, estiver na posse legítima do agente, para que ele a preencha de acordo com entendimento havido com o signatário, seu preenchimento abusivo será *falsidade ideológica*. Neste caso, o agente insere ou faz inserir declaração 'diversa da que deveria ser escrita'.
2. Se o papel foi confiado ao agente para guarda ou depósito, ou se ele vem a obtê-lo por meio ilegítimo (furto, roubo, apropriação indébita, extorsão etc.), o seu preenchimento constituirá *falsidade material*. Tal hipótese em nada difere da contrafação documental. A contrafação será total (formação do documento falso), se o papel contiver apenas a assinatura, e será parcial, se o agente preencher apenas alguns claros existentes.
3. Haverá *falsidade material* se, na hipótese acima figurada (nº 1), houver sido revogado o mandado *ad scribendum*, ou tiver cessado a obrigação ou faculdade de preencher o papel.
4. Se o agente recebeu o documento do signatário para preenchê-lo falsamente [...], e vem a preenchê-lo *secundum veritatem*, não há certamente crime de falsidade, material ou ideológica. Neste caso, como bem observa Mirto, o agente não cometeu abuso mas evitou que um abuso fosse praticado."[20]

Uso do documento ideologicamente falsificado

Se o agente, autor da falsificação, fizer uso do documento ideologicamente falsificado, não haverá concurso de crimes, devendo o agente responder tão somente pelo crime-fim (uso de documento falso), tipificado no art. 304 do Código Penal.

⚖ **Súmula nº 546** do **STJ** – *A competência para processar e julgar o crime de uso de documento falso é firmada em razão da entidade ou órgão ao qual foi apresentado o documento público, não importando a qualificação do órgão expedidor.*

Para aplicação do princípio da consunção pressupõe-se a existência de ilícitos penais chamados de consuntos, que funcionam apenas como estágio de preparação ou de execução, ou como condutas, anteriores ou posteriores de outro delito mais grave, nos termos do brocardo *lex consumens derogat legi consumptae*. A partir do quadro fático-probatório firmado pelo Tribunal de Justiça do Estado do Rio de Janeiro, extrai-se que a falsificação do documento foi apenas um ato preparatório para o seu uso perante órgão público; a ação final do Paciente era a obtenção de uma identidade pública com informação errada. Assim, caracterizado o desdobramento causal de uma única ação, motivo pelo qual o delito tipificado no art. 299 do Código Penal deve ser absorvido pelo crime descrito no art. 304 do Código Penal (STJ, HC 464.045/RJ, Rel.ª Min.ª Laurita Vaz, 6ª T., *DJe* 15/03/2019).

Nesse sentido:

⚖ TJMG, Processo 1.0433.03.069862-8/001[1], Rel.ª Beatriz Pinheiro Caires, *DJ* 16/05/2006; TJMG, Processo 1.0529.03.001509-1/001[1], Rel. Hyparco Immesi, *DJ* 02/08/2005.

Falsidade ideológica de circunstância incompatível com a realidade

Tal como ocorre na falsidade material praticada grosseiramente, que deixa de configurar crime em virtude da ausência de potencialidade de dano, quando a falsidade ideológica for incompatível com a realidade dos fatos, conhecida por todos, sendo, portanto, inverossímil, restará afastado o delito previsto pelo art. 299 do Código Penal.

⚖ Inexistindo potencialidade lesiva no documento tido por ideologicamente falso, não há falar em condenação pelo crime do art. 299 do CP (TRF 4ª Reg., ACr 2006.70.00.020165-4, Rel. Des. Fed. Paulo Afonso Brum Vaz, *DEJF* 23/07/2010, p. 322).

Declaração de nascimento inexistente

Embora a declaração de nascimento inexistente seja também ideologicamente falsa, existe previsão específica para esse comportamento, conforme se verifica na redação do art. 241 do Código Penal.

Parto alheio como próprio

Aquela que dá parto alheio como próprio, fazendo com que conste, erroneamente, a maternidade diver-

[20] FRAGOSO, Heleno Cláudio. *Lições de direito penal* – parte especial, v. II, p. 351-352.

sa da verdadeira no registro de nascimento, pratica um falso ideal.

No entanto, também entendeu por bem o legislador criar um tipo penal específico, conforme se verifica no art. 242 do Código Penal.

Falsidade ideológica e sonegação fiscal

A Lei nº 8.137, de 27 de dezembro de 1990, em vários tipos penais, fez previsão para a prática do delito de falso, a exemplo do disposto no inc. I do seu art. 1º, sendo, portanto, considerada especial em relação ao delito previsto pelo Código Penal.

⚖ Em princípio, o crime de sonegação fiscal e os de falsidade ideológica e estelionato apresentam existências autônomas, ainda que, ocasionalmente, se possa reconhecer a ocorrência somente do crime contra a ordem tributária. Os delitos constantes dos arts. 171 e 299 do CP, somente são absorvidos pelo crime de sonegação fiscal, se o falso teve como finalidade a sonegação, constituindo, em regra, meio necessário para a sua consumação (STJ, RHC 37.268/RJ, Rel. Min. Felix Fischer, 5ª T., *DJe* 17/08/2016).

Nesse sentido:

⚖ STJ, HC 75599/SP, Rel. Min. Felix Fischer, 5ª T., j. 21/06/2007; STJ, REsp 503368/PR, Rel. Min. Felix Fischer, 5ª T., *DJ* 16/08/2004, p. 277.

Falsidade ideológica e estelionato

Aplica-se, aqui, o mesmo raciocínio relativo aos delitos de falsidade material, discutidos quando do estudo do crime de falsidade de documento público, para onde remetemos o leitor.

⚖ Quando o falso se exaure no estelionato, sem mais potencialidade lesiva, é por este absorvido (Súmula nº 17 STJ). Cabe à defesa provar que o cheque foi dado em garantia de dívida, e não como ordem de pagamento à vista (TJPR, AC 0384309-4, Alto Piquiri, 4ª Câm. Crim., Rel. Des. Antônio Martelozzo, un., j. 26/07/2007).

Declaração falsa para efeitos de instrução de pedido de remição

O condenado que cumpre a pena em regime fechado ou semiaberto poderá remir, pelo trabalho ou pelo estudo, parte do tempo de execução da pena. A contagem de tempo será feita à razão de 1 (um) dia de pena a cada 12 (doze) horas de frequência escolar (atividade de ensino fundamental, médio, inclusive profissionalizante, ou superior, ou ainda de requalificação profissional) divididas, no mínimo, em 3 (três) dias; 1 (um) dia de pena a cada 3 (três) dias de trabalho.

O condenado que cumpre pena em regime aberto ou semiaberto e o que usufrui liberdade condicional poderão remir, pela frequência a curso de ensino regular ou de educação profissional, parte do tempo de execução da pena ou do período de prova.

O tempo a remir em função das horas de estudo será acrescido de 1/3 (um terço) no caso de conclusão do ensino fundamental, médio ou superior durante o cumprimento da pena, desde que certificada pelo órgão competente do sistema de educação.

Dessa forma, para efeitos de remição, deverão ser comprovados nos autos os dias efetivamente trabalhados ou as horas de estudo, de forma a retratar a verdade, pois, caso contrário, o autor da declaração ou atestado falso responderá pelo delito de falsidade ideológica, conforme determina expressamente o art. 130 da Lei de Execução Penal.

⚖ Constitui o crime do artigo 299 do Código Penal declarar ou atestar falsamente prestação de serviço para fim de instruir pedido de remição (TRF 1ª Reg., AG-ExPen 58053620104014100, RO, Rel. Des. Fed. Tourinho Neto, *DJF1* 06/08/2010, p. 36).

Falsidade ideológica para fins eleitorais

Vide art. 350 do Código Eleitoral (Lei nº 4.737, de 15 de julho de 1965).

Requisitos para denúncia

São quatro os requisitos exigidos para que possa haver denúncia pelo art. 299 do Código Penal:

a) alteração da verdade sobre fato juridicamente relevante;

b) imitação da verdade;

c) potencialidade de dano;

d) dolo específico

⚖ STJ, Ap. 418/MT, Rel. Min. José Delgado, 5ª T., *DJ* 03/04/2006, p. 196.

Incidente de falsidade documental

⚖ (...) 3. A instauração do incidente de falsidade documental deve ocorrer durante o trâmite processual, ou melhor, até a prolação da sentença. A instauração do referido incidente durante a fase recursal não espelha a melhor técnica. Isso porque a utilização da prova obtida por meio do incidente de falsidade pela Corte recursal acarretará em supressão de instância, uma vez que o juízo a ad quem levará em consideração dado não disponível à cognição do juízo *a quo*. 4. Na hipótese em apreço, o incidente de falsidade documental (054/20800008127) foi instaurado em 30/05/2008 e a decisão condenatória do Tribunal do Júri é datada de 02/03/2007, cerca de 01 (um) ano e 03 (três) meses após a condenação do réu. 5. Além disso, a Corte local afirmou que o documento supostamente inquinado, o qual aponta ser o ora paciente o proprietário da motocicleta, foi juntado aos atos em março de 1996. Ou seja, a nulidade só foi arguida em 30/05/2008, mais de 12 (doze) anos após a juntada do indigitado documento aos autos. 6. A trilhar caminho semelhante, o seguinte julgado esta Egrégia Quinta Turma: "As instâncias ordinárias concluíram, acertadamente, que o requerimento de instauração de incidente de falsidade seria manifestamente intempestivo, notadamente porque o documento a ser periciado constava dos autos há mais de dez anos, e o pedido foi apresentado após a prolação da sentença, tratando-se de questão preclusa. [...] Embora não exista prazo definido em lei para que se possa requerer a instauração de incidente de falsidade documental previsto no artigo 145 e seguintes do Código de Processo Penal, os recorrentes permaneceram inertes por longo período, mesmo tendo amplo acesso às informações necessárias para instruir o incidente de falsidade, deixando para impugnar o documento somente após encerrada a instrução processual. Permitir o comportamento em análise, representaria violação aos princípios da segurança jurídica, da razoabilidade, da lealdade processual e da boa-fé objetiva, diante da reabertura da fase de produção de provas mesmo diante da inércia dos recorrentes" (RHC 79.834/RJ, Rel. Min. Felix Fischer, 5ª T., julgado em 07/11/2017, *DJe* 10/11/2017) 7. A jurisprudência dos Tribunais Superiores não tolera a chamada "nulidade de algibeira" – aquela que, podendo ser sanada pela insurgência imediata da defesa após ciência do vício, não é alegada, como estratégia, numa perspectiva de melhor conveniência futura. Observe-se que tal atitude não encontra ressonância no sistema jurídico vigente, pautado no princípio da boa-fé processual, que exige lealdade de todos os agentes processuais. Precedentes. 8. A marcha processual avança rumo à conclusão da prestação jurisdicional, sendo inconciliável com o processo penal moderno a prática de atos processuais que repristinem fases já superadas. Em foco, afigura-se presente a preclusão lógica, uma vez que o acusado manifestou-se pela desnecessidade da produção de prova e, agora, requer o reavivamento do incidente de falsidade documental, alegando a necessidade de se realizar diligências para provar a suposta falsidade. 9. Alegações de que o documento é evidentemente falso e de que o paciente jamais foi proprietário da motocicleta não podem ser acolhidas, pois, além de não terem sido enfrentadas pela instância *a quo*, demandaria, para tanto, o reexame de provas, medida inviável na via estreita do remédio heroico. (...) (HC 200.558/RS, Rel. Min. Ribeiro Dantas, 5ª T., julgado em 04/04/2019, *DJe* 09/04/2019).

Nesse sentido:

⚖ TJMG, Processo 2.0000. 00.477136-2/000[1], Rel. Eduardo Mariné da Cunha, *DJ* 02/12/2004.

Troca de fotografia

⚖ A Súmula nº 17 do STJ somente tem aplicação quando o falso se exaure no estelionato, não sendo o caso de aplicação quando o documento público falsificado, carteira de identidade, continua lesando a fé pública, com potencialidade para a prática de outros delitos. A inserção de fotografia em Cédula de Identidade caracteriza o crime de falsidade de documento público (art.

297 do CP), comprometendo a estrutura material do documento verdadeiro, razão pela qual, diante do que fora narrado na denúncia, deve-se aplicar a *emendatio libelli* em segundo grau nos termos do art. 383 do CPP, dando aos fatos nova definição jurídica. Não há como reconhecer o concurso material de crimes quando se tratar de crime progressivo, ou seja, crime-meio (falsidade) e crime-fim (uso do falso), mormente quando a falsificação é preparada por terceira pessoa. O crime descrito no art. 304 do CP se consuma com a simples utilização do documento falso, não se exigindo resultado naturalístico por tratar-se de crime instantâneo e formal (TJES, Ap. Crim. APR 24040102972/ES, 2ª Câm. Crim., Rel. Des. Manoel Alves Rabelo, j. 24/05/2006, pub. 08/08/2006).

Falsidade ideológica e crimes contra o sistema financeiro

Vide art. 9º da Lei nº 7.492, de 16 de junho de 1986.

Falsidade ideológica e crimes ambientais

Vide art. 66 da Lei nº 9.605, de 12 de fevereiro de 1998.

Declaração de pobreza

⚖ Esta Corte já decidiu ser atípica a conduta de firmar ou usar declaração de pobreza falsa em juízo, com a finalidade de obter os benefícios da gratuidade de justiça, tendo em vista a presunção relativa de tal documento, que comporta prova em contrário (STJ, RHC 46.569/SP, Rel.ª Min.ª Maria Thereza de Assis Moura, 6ª T., *DJe* 06/05/2015).

Nesse sentido:

⚖ STJ, HC 261.074/MS, 6ª T., Rel.ª Min.ª Marilza Maynard (Desembargadora convocada do TJ-SE), j. 05/08/2014.

Falsidade ideológica e corrupção passiva

⚖ Não há que se falar em consunção entre o crime de falsidade ideológica e o de corrupção passiva na medida em que aquele não se mostra meio necessário para a configuração deste. Concurso material que deve ser aplicado quando houver dolo específico na conduta delitiva (STJ, REsp 1106603/SP, Rel. Min. Moura Ribeiro, 5ª T., *DJe* 27/06/2014).

Em sentido contrário:

⚖ A falsidade ideológica e a corrupção passiva foram praticadas em um mesmo contexto fático, acarretando a atipicidade da imputação feita ao primeiro delito, uma vez que a conduta atinente à falsidade ideológica acabou sendo absorvida pela posterior de corrupção passiva. Precedentes (TJES, RC 100130022013, Rel. Des. Ney Batista Coutinho, j. 09/06/2014).

Falsificação ideológica no Código Penal Militar

Vide art. 312 do Decreto-Lei nº 1.001/69 (Código Penal Militar).

Falso reconhecimento de firma ou letra

Art. 300. Reconhecer, como verdadeira, no exercício de função pública, firma ou letra que o não seja:

Pena – reclusão, de um a cinco anos, e multa, se o documento é público; e de um a três anos, e multa, se o documento é particular.

Introdução

O núcleo *reconhecer* deve ser entendido no sentido de atestar, declarar, afirmar, proclamar como verdadeira. Esse reconhecimento deve ser levado a efeito por funcionário que esteja no *exercício de função pública*. Dessa forma se o agente, embora funcionário público, estiver afastado, por algum motivo, de suas funções públicas, ou não possuir atribuições para o ato, não ocorrerá o delito em estudo, podendo, se for o caso, ser aplicado o art. 299 do Código Penal.

O reconhecimento levado a efeito pelo agente tem como objeto material *firma* ou *letra* que não seja verdadeira, isto é, o agente reconhece como verdadeira uma firma (assinatura, seja por extenso ou mesmo abreviada, de alguém) ou letra (sinal gráfico elementar com que se representa o vocábulo da língua escrita) falsa, atingindo, com seu comportamento, a fé pública. Esse reconhecimento pode se dar de várias maneiras, conforme esclarece Sylvio do Amaral: "Reconhecimento *autêntico* (ou por certeza) é o que o tabelião faz 'vendo escrever a própria pessoa, como tal por ele reconhecida, ou conhecida na ocasião'. Diz-se o reconhecimento *semiautêntico* 'se lançada longe das vistas do tabelião a assinatura, perante ele afirma o respectivo autor a sua veracidade'. O chamado reconhecimento por *semelhança* é, como se sabe, representado pela grande maioria dos casos concretos: é aquele que 'resulta da comparação feita pelo tabelião da letra ou firma, que lhe apresentam para ser reconhecida, com a de que tem lembrança ou consta de papéis ou livros do Cartório'. Finalmente, é *indireto* o reconhecimento 'quando duas pessoas, conhecidas do tabelião, declaram por escrito que a letra ou firma são, na realidade, de determinada pessoa."[21]

Não importa a modalidade de reconhecimento de firma ou letra para efeito do delito em estudo, bastando que o funcionário, no exercício de suas funções, ateste a sua veracidade, tendo conhecimento de sua falsidade.

A elementar do tipo do art. 300 do CP é a falsidade da firma ou letra, exigindo, necessariamente, a falsificação de documento público como condição essencial para a sua configuração (TRF 1ª Reg., HC 0059515-15.2011.4.01.0000/MG, Rel. Des. Murilo Fernandes de Almeida, *DJe* 23/04/2012).

Nesse sentido:

TJMG, Processo 1.0000.00. 242833-2/000 [1], Rel.ª Márcia Milanez, *DJ* 14/02/2002; TJSP, Ap. Crim. 137.401-3/

SP, Rel. David Haddad, j. 28/12/1994; TJSP, Ap. 92083, Rel. Goulart Sobrinho, *RT* 564, p. 328.

Classificação doutrinária

Crime próprio com relação ao sujeito ativo e comum quanto ao sujeito passivo; doloso (não havendo previsão para a modalidade de natureza culposa); comissivo (podendo, também, nos termos do art. 13, § 2º, do Código Penal, ser praticado via omissão imprópria, na hipótese de o agente gozar do *status* de garantidor); de forma vinculada; instantâneo; monossubjetivo; plurissubsistente; não transeunte.

Sujeito ativo e sujeito passivo

Somente o funcionário, no exercício de função pública, poderá ser *sujeito ativo* do delito de *falso reconhecimento de firma ou letra.*

O sujeito passivo é o Estado, bem como aquelas pessoas que, de alguma forma, foram prejudicadas com o comportamento praticado pelo sujeito ativo.

Objeto material e bem juridicamente protegido

A fé pública é o bem juridicamente protegido pelo tipo penal que prevê o delito de *falso reconhecimento de firma ou letra.*

O objeto material é a firma ou letra reconhecida falsamente pelo agente.

Consumação e tentativa

O delito se consuma quando o agente, efetivamente, mesmo tendo conhecimento de que a firma ou letra aposta em um documento não condiz com a verdade, ainda assim a reconhece como verdadeira.

Admite-se a tentativa.

Elemento subjetivo

O delito de *falso reconhecimento de firma ou letra* somente pode ser praticado dolosamente, não havendo previsão para a modalidade de natureza culposa.

Modalidades comissiva e omissiva

O núcleo *reconhecer* pressupõe um comportamento comissivo por parte do agente, podendo, no entanto, ser praticado via omissão imprópria.

Pena, ação penal e suspensão condicional do processo

A pena cominada ao delito de *falso reconhecimento de firma ou letra* é de reclusão, de 1 (um) a 5 (cinco) anos, e multa, se o documento é público, e reclusão de 1 (um) a 3 (três) anos, e multa, se o documento é particular.

A ação penal é de iniciativa pública incondicionada.

Será possível a confecção de proposta de suspensão condicional do processo.

---

[21] AMARAL, Sylvio do. *Falsidade documental*, p. 129-130.

Falso reconhecimento de firma ou letra com fins eleitorais

Vide art. 352 do Código Eleitoral (Lei nº 4.737, de 15 de julho de 1965).

📐 Sendo verdadeira a firma reconhecida, apenas não constando no cartório a ficha respectiva, o comportamento dos pacientes não configura o tipo do art. 300 do Código Penal, que exige que a firma reconhecida como verdadeira seja falsa, melhor configurando infração no campo disciplinar a ser apurada pela Corregedoria de Justiça (TJRJ, HC 2006.059.05307, Rel. Marcus Basílio, *DJ* 31/10/2006).

Nesse sentido:

📐 TJRS, HC 696019413, 2ª Câm. Crim., Rel. Aramis Nassif, j. 28/03/1996.

Competência

📐 Falsificação de documento particular e falso reconhecimento de firma ou letra – Autorização falsa de viagem destinada a permitir que criança brasileira deixasse o território nacional sem anuência de sua genitora – Conduta cometida em detrimento de interesse da União, nos termos do art. 21, XXII, da CF – Julgamento afeto à Justiça Federal (TRF 4ª Reg.) (*RT* 840, p. 688).

Certidão ou atestado ideologicamente falso no Código Penal Militar

Vide art. 314 do Decreto-Lei nº 1.001/69 (Código Penal Militar).

Certidão ou atestado ideologicamente falso

Art. 301. Atestar ou certificar falsamente, em razão de função pública, fato ou circunstância que habilite alguém a obter cargo público, isenção de ônus ou de serviço de caráter público, ou qualquer outra vantagem:

Pena – detenção, de dois meses a um ano.

Falsidade material de atestado ou certidão

§ 1º Falsificar, no todo ou em parte, atestado ou certidão, ou alterar o teor de certidão ou de atestado verdadeiro, para prova de fato ou circunstância que habilite alguém a obter cargo público, isenção de ônus ou de serviço de caráter público, ou qualquer outra vantagem:

Pena – detenção, de três meses a dois anos.

§ 2º Se o crime é praticado com o fim de lucro, aplica-se, além da pena privativa de liberdade, a de multa.

Introdução

Inicialmente, faz-se necessário levar a efeito a distinção entre as condutas de *atestar* e *certificar* e, consequentemente, dos resultados desses comportamentos, que darão margem à criação de um *atestado* ou de uma *certidão*.

Sylvio do Amaral, com singularidade, distingue o atestado da certidão, dizendo: "Atestado é o documento que contém o testemunho do signatário a respeito de um fato qualquer (*atestar* provém de *testis*, testemunha). O funcionário público expede atestado a respeito de fatos cujo conhecimento lhe advém de observação direta e pessoal, procedida no exercício de suas atribuições. É a exposição de uma comprovação feita através de exame direto do fato focalizado. Diverso é o conceito de certidão (ou certificado): é o instrumento pelo qual o funcionário, no exercício de sua função, e fundado em documento guardado pelo Estado, afirma a veracidade do fato comprovado por esse documento, ou, em outra hipótese, transcreve o seu teor, total ou parcialmente".[22]

Ao contrário do que ocorre com o delito de *falso reconhecimento de firma ou letra*, que exige que o funcionário esteja no exercício da função pública, no que diz respeito ao crime de *certidão ou atestado ideologicamente falso*, o art. 301 se contenta com que a conduta de *atestar* ou *certificar* falsamente sobre fato ou circunstância que habilite alguém a obter cargo público, isenção de ônus ou de serviço de caráter público, ou qualquer outra vantagem, seja levada a efeito por funcionário *em razão de função pública*, ou seja, agindo em virtude da facilidade que lhe é proporcionada. Assim, não se compreende na disposição do artigo em estudo o comportamento praticado pelo empregador que fornece ao seu ex-empregado um atestado abonando sua conduta, quando, na realidade, foi dispensado por justa causa.

Para que ocorra a infração penal em estudo, o atestado ou certidão deverá ser sobre fato ou circunstância que habilite alguém a: *a)* obter cargo público, como na hipótese daquele que obtém uma certidão negativa de antecedentes penais, quando, na verdade, já havia sido condenado, por diversas vezes, pelo crime de corrupção; *b)* isentar-se de ônus ou serviço de caráter público, a exemplo daquele que consegue uma certidão que, em tese, comprove justo impedimento para atuação de determinada pessoa como jurado, isentando-a, assim, temporariamente, do serviço do júri, nos termos do art. 437, X, do Código de Processo Penal, com a nova redação que lhe foi dada pela Lei nº 11.689, de 9 de junho de 2008; *c)* ou qualquer outra vantagem, determinando a lei penal, aqui, a realização de uma interpretação analógica, a fim de abranger situações que, embora não previstas expressamente, sejam similares às anteriormente mencionadas, a exemplo daquele que obtém um atestado carcerário de bons antecedentes quando, na realidade, praticou, durante o cumprimento da pena, diversas infrações de natureza administrativa que impediriam a positivação desse atestado.

---

[22] AMARAL, Sylvio do. *Falsidade documental*, p. 114.

O § 1º do art. 301 do Código Penal prevê o delito de *falsidade material de atestado ou certidão*. Aqui, ao contrário do que ocorre na situação anterior, o delito poderá ser praticado por qualquer pessoa, tendo em vista que o tipo penal não exige nenhuma qualidade ou condição especial.

As condutas previstas pelo mencionado parágrafo dizem respeito ao fato de o agente *falsificar*, no todo ou em parte, atestado ou certidão, ou *alterar* o teor da certidão ou atestado verdadeiro, para prova de fato ou circunstância que habilite alguém a obter cargo público, isenção de ônus ou de serviço de caráter público ou qualquer outra vantagem.

Na hipótese do § 1º do art. 301 do Código Penal, o agente cria o documento, imitando o verdadeiro – por exemplo, fabrica uma falsa certidão negativa de antecedentes penais ou altera o teor da certidão ou atestado verdadeiro, modificando-lhe o conteúdo. Como diz Hungria, "trata-se da falsidade *material* dos mesmos atestados ou certidões de que cuida o *caput* do art. 301, consistindo na sua forjadura total ou parcial ou, no caso de preexistente atestado ou certidão verdadeiro, de alteração de seus termos".[23]

Tal como ocorre com as hipóteses previstas pelo *caput* do art. 301 do Código Penal, o falso material deverá recair sobre atestado ou certidão que verse sobre fato ou circunstância que habilite alguém a obter cargo público, isenção de ônus ou de serviço de caráter público, ou qualquer outra vantagem.

⚖ A conduta da paciente de ter falsificado atestado médico para justificar faltas em empresa privada, enquadra-se na parte final do § 1º do art. 301 do Código Penal – CP, falsificação de atestado para obter "qualquer outra vantagem" (STJ, HC 500.439/SP, Rel. Min. Joel Ilan Paciornik, 5ª T., *DJe* 03/05/2019).

Nesse sentido:

⚖ TRF 5ª Reg., ENUL 17, Proc. 2001.83.00.000261-0/02, Rel. Des. Fed. Rogério Fialho Moreira, *DJETRF5* 12/03/2010; TRF 4ª Reg., RVCr 2009.04.00.031193-8, Rel. Juiz Fed. Luiz Carlos Canalli, *DEJF* 26/02/2010, p. 2; TRF 4ª Reg., ACr 2004.70.00.032048-8, Rel. Des. Fed. Luiz Fernando Wowk Penteado, *DEJF* 27/05/2009, p. 782; TJPR, ACr 0442065-9, 2ª Câm. Crim., Rel. Carlos Augusto A. de Mello, j. 10/01/2008; TJPR, AC 0124634-0, Curitiba, 1ª Câm. Crim. Rel. Des. Darcy Nasser de Melo, j. 21/11/2002.

Classificação doutrinária

Crime próprio com relação ao sujeito ativo, no que diz respeito ao *caput* do art. 301, e comum quanto ao § 1º do mesmo artigo; doloso (não havendo previsão para a modalidade de natureza culposa); comissivo (podendo, também, nos termos do art. 13, § 2º, do Código Penal, ser praticado via omissão imprópria, na hipótese de o agente gozar do *status* de garantidor); de forma livre; instantâneo; monossubjetivo; plurissubsistente; não transeunte.

Sujeito ativo e sujeito passivo

Com relação ao *caput* do art. 301 do Código Penal, somente o funcionário que pratica o delito em razão de função pública é que pode figurar como *sujeito ativo*; no que diz respeito ao § 1º do art. 301 do Código Penal, qualquer pessoa poderá figurar como *sujeito ativo*.

O *sujeito passivo* é o Estado, bem como aquelas pessoas (físicas ou jurídicas) que, de alguma forma, foram prejudicadas com o comportamento praticado pelo sujeito ativo.

⚖ O delito previsto no art. 301, § 1º, do Código Penal não é próprio, podendo ser praticado por qualquer pessoa. Precedentes (STJ, HC 300.848/DF, Rel. Min. Reynaldo Soares da Fonseca, 5ª T., *DJe* 16/05/2016).

Nesse sentido:

⚖ TJMG, Processo 1.0000.00.334189-8/000 [1], Rel.ª Márcia Milanez, *DJ* 10/10/2003.

Objeto material e bem juridicamente protegido

A fé pública é o bem juridicamente protegido pelos tipos penais que preveem os delitos de *certidão ou atestado ideologicamente falso* e *falsidade material de atestado ou certidão*.

O objeto material é o atestado ou a certidão falsificada.

Consumação e tentativa

O crime de *certidão ou atestado ideologicamente falso* consuma-se no instante em que o documento falso é criado, independentemente da sua efetiva utilização, ou seja, mesmo que o agente não o utilize para obter cargo público, isenção de ônus ou de serviço de caráter público, ou qualquer outra vantagem, bastando, portanto, que tenha essa potencialidade lesiva.

Da mesma forma, consuma-se a infração penal constante do § 1º do art. 301 do Código Penal quando o agente falsifica o atestado ou certidão, total ou parcialmente, ou altera o teor de certidão ou de atestado verdadeiro, independentemente da sua efetiva utilização nas hipóteses previstas pelo tipo.

A tentativa é admissível.

Elemento subjetivo

Os delitos de *certidão ou atestado ideologicamente falso* e *falsidade material de atestado ou certidão* somente podem ser praticados dolosamente, não havendo previsão para a modalidade de natureza culposa.

Modalidades comissiva e omissiva

Os núcleos *atestar, certificar, falsificar* e *alterar* pressupõem um comportamento comissivo por parte do agente, podendo, no entanto, ser praticado via omissão imprópria.

---

[23] HUNGRIA, Nélson. *Comentários ao código penal*, v. IX, p. 294.

Pena, ação penal, competência para julgamento e suspensão condicional do processo

A pena cominada para o delito de *certidão ou atestado ideologicamente falso*, previsto no *caput* do art. 301 do Código Penal, é de detenção, de 2 (dois) meses a 1 (um) ano.

Para o delito de *falsidade material de atestado ou certidão* prevê o § 1º do art. 301 do Código Penal uma pena de detenção, de 3 (três) meses a 2 (dois) anos.

Se o crime é praticado com o fim de lucro, aplica-se, além da pena privativa de liberdade, a de multa, nos termos do § 2º do citado art. 301.

A ação penal é de iniciativa pública incondicionada.

Compete, pelo menos inicialmente, ao Juizado Especial Criminal o processo e julgamento dos delitos previstos no art. 301 e seu § 1º do Código Penal.

Será possível a confecção de proposta de suspensão condicional do processo.

Falsidade de atestado médico

Art. 302. Dar o médico, no exercício da sua profissão, atestado falso:

Pena – detenção, de um mês a um ano.

Parágrafo único. Se o crime é cometido com o fim de lucro, aplica-se também multa.

Introdução

O núcleo *dar* é utilizado pelo texto legal no sentido de entregar, fornecer, produzir. Na verdade, é um misto de confecção e entrega, ou seja, o médico elabora o atestado e o entrega ao solicitante.

Para que ocorra a infração penal, o médico deve fornecer um atestado que diga respeito ao exercício de sua profissão, seja ou não especializado em determinado segmento da medicina, sobre o qual foi atestado. De outro lado, não se pode conceber como atestado médico aquele que é levado a efeito pelo profissional da medicina, no qual atesta, falsamente, sobre a conduta social do sujeito, nada dizendo respeito a diagnóstico sobre a sua saúde.

⚖ Para se atribuir o uso de documento falso ao agente é necessária sua combinação com um dos tipos penais descritos dentre o art. 297 e o art. 302 do Código Penal, dependendo do tipo de documento utilizado pelo acusado, a fim de se cominar a devida pena. Quando o uso de documento se tratar de atestado médico falso, não pode o réu responder pelo art. 304, c/c art. 299, tendo em vista este tipo penal ser amplo e genérico, devendo ser aplicado excepcionalmente quando não houver tipo penal mais específico, como no presente caso. A combinação do uso de documento falso com o art. 302 do CP não torna aquele tipo penal próprio, pois, apesar de elaboração do atestado falso poder ser realizada somente por médico, a sua utilização é possível por qualquer pessoa. Deve

ser afastada a imputação à paciente do delito descrito no art. 299 do Estatuto Repressivo, pois a conduta a ela imposta se ajusta, em tese, ao delito tipificado no art. 304, c/c art. 302 do mesmo Diploma Legal (STJ, HC 62910/PR, Rel. Min. Gilson Dipp, 5ª T., *DJ* 18/12/2006, p. 440).

Classificação doutrinária

Crime próprio no que diz respeito ao sujeito ativo e comum quanto ao sujeito passivo; doloso (não havendo previsão para a modalidade de natureza culposa); comissivo (podendo, também, nos termos do art. 13, § 2º, do Código Penal, ser praticado via omissão imprópria, na hipótese de o agente gozar do *status* de garantidor); de forma vinculada (haja vista que a própria lei penal determina a forma como o delito deverá ser cometido, embora exista posição em contrário afirmando ser de forma livre);[24] instantâneo; monossubjetivo; plurissubsistente; não transeunte.

Sujeito ativo e sujeito passivo

Somente o médico poderá ser *sujeito ativo* do delito tipificado no art. 302 do Código Penal.

O sujeito passivo é o Estado, bem como aquelas pessoas (físicas ou jurídicas) que, de alguma forma, foram prejudicadas com o comportamento praticado pelo sujeito ativo.

⚖ O crime do art. 302 do CP é próprio e exige sujeito ativo qualificado ou especial. Só pode ser praticado pelo médico no exercício da profissão (TJDF, Rec. 2008.01.1.041204-4, Rel.ª Des.ª Sandra de Santis, *DJDFTE* 25/02/2010, p. 163).

Objeto material e bem juridicamente protegido

A fé pública é o bem juridicamente protegido pelo tipo penal que prevê o delito de *falsidade de atestado médico.*

O objeto material é o atestado médico falso.

Consumação e tentativa

Consuma-se o delito com a efetiva entrega do atestado falso pelo médico, independentemente de ser ele utilizado pelo solicitante.

Admite-se a tentativa.

Elemento subjetivo

O dolo é o elemento subjetivo exigido pelo tipo penal que prevê o delito de *falsidade de atestado médico,* não havendo previsão para a modalidade de natureza culposa.

⚖ A falsidade ideológica do art. 302 do Código Penal exige a ciência do profissional de que atesta enfermidade inexistente (TJRS, Rec. Crim. 71001557610, Turmas Recursais, Rel. Alberto Delgado Neto, j. 31/03/2008).

---

[24] NUCCI, Guilherme de Souza. *Código penal comentado*, p. 960.

Modalidades comissiva e omissiva

O núcleo *atestar* pressupõe um comportamento comissivo por parte do agente, podendo, no entanto, ser praticado via omissão imprópria.

Pena, ação penal, competência para julgamento e suspensão condicional do processo

A pena cominada ao delito de *falsidade de atestado médico* é de detenção, de 1 (um) mês a 1 (um) ano. Nos termos do parágrafo único do art. 302 do Código Penal, se o crime é cometido com o fim de lucro, aplica-se também a multa.

A ação penal é de iniciativa pública incondicionada.

Compete, pelo menos inicialmente, ao Juizado Especial Criminal o processo e julgamento do delito previsto no art. 302 do Código Penal.

Será possível a confecção de proposta de suspensão condicional do processo.

A falsificação de atestado médico com a finalidade de abonar faltas injustificadas ao serviço em organização militar do Exército constitui crime militar, à luz do disposto no art. 9º, III, *a*, do mesmo Estatuto, de vez que o mesmo afeta a ordem administrativa militar (STJ, CC 31735/RJ, S3, Rel. Min. Vicente Leal, *DJ* 21/10/2002, p. 272 *RJADCOAS* v. 42, p. 549).

Nesse sentido:
STJ, CC 20477/SP, Rel. Vicente Leal, S3, j. 24/06/1998.

Médico que é funcionário público

Caso o médico seja funcionário público, se, porventura, vier a atestar falsamente, incorrerá nas penas cominadas ao art. 301 do Código Penal, afastando-se, outrossim, o tipo penal do art. 302 do diploma repressivo.

Reprodução ou adulteração de selo ou peça filatélica

Art. 303. Reproduzir ou alterar selo ou peça filatélica que tenha valor para coleção, salvo quando a reprodução ou a alteração está visivelmente anotada na face ou no verso do selo ou peça:
Pena – detenção, de um a três anos, e multa.
Parágrafo único. Na mesma pena incorre quem, para fins de comércio, faz uso do selo ou peça filatélica.

Introdução

O delito de *reprodução ou adulteração de selo ou peça filatélica*, tipificado no art. 303 do Código Penal, foi revogado pelo art. 39 da Lei nº 6.538, de 22 de junho de 1978, que, regulando inteiramente a matéria, modificou parcialmente a redação original, bem como alterou a pena de multa anteriormente cominada, dizendo:

Art. 39. Reproduzir ou alterar selo ou peça filatélica de valor para coleção, salvo quando a reprodução ou alteração estiver visivelmente anotada na face ou no verso do selo ou peça:
Pena – detenção, até dois anos, e pagamento de três a dez dias-multa.
Parágrafo único. Incorre nas mesmas penas quem, para fins de comércio, faz uso de selo ou peça filatélica de valor para coleção, ilegalmente reproduzidos ou alterados.

Além das pequenas alterações que foram levadas a efeito pela lei nova, em comparação com o *caput* do art. 303 e seu parágrafo, houve, também, modificação na sua rubrica ou indicação marginal, passando a *novatio legis* a denominá-lo tão somente de *reprodução e adulteração de peça filatélica*, não fazendo menção ao *selo*. No parágrafo único foi inserida uma rubrica com o título *forma assimilada*.

Faremos, portanto, a análise da infração penal de acordo com a sua nova redação legal. Assim, de acordo com a redação típica, podemos apontar os seguintes elementos: *a)* a conduta de *reproduzir* ou *alterar*; *b)* selo ou *peça filatélica* que tenha valor para coleção; *c)* salvo quando a reprodução ou a alteração estiver visivelmente anotada na face ou no verso do selo ou peça.

Reproduzir tem o significado de copiar, imitar fielmente. Alerta Sylvio do Amaral: "O verbo *reproduzir* foi propositadamente empregado pelo legislador na definição do crime, em substituição à fórmula usual *falsificar, fabricando*, para abranger algumas das chamadas *peças filatélicas*, que existem apenas sob a forma de impressão em envelope – tais como os carimbos comemorativos e os obliteradores – e que, por isso, melhor se dizem reproduzidos que fabricados".[25]

Alterar deve ser entendido no sentido de modificar, mudar, falsificar.

As condutas devem ter por objeto material selo ou peça filatélica. Selo, de acordo com a definição fornecida pelo art. 47 da Lei nº 6.538, de 22 de junho de 1978, que dispôs sobre os serviços postais, é a "estampilha postal, adesiva ou fixa, bem como a estampa produzida por meio de máquina de franquear correspondência, destinadas a comprovar o pagamento da prestação de um serviço postal".

No entanto, o tipo penal exige que o selo tenha valor para coleção, isto é, não seja aquele comercializado com o fim de comprovar o pagamento da prestação de um serviço postal, pois, caso contrário, o delito seria aquele tipificado no art. 293, I, do Código Penal. Esclarece, ainda, Guilherme de Souza Nucci: "*Peça* é o pedaço de um todo ou a parte de uma coleção. Ao mencionar a *filatelia*, está o tipo penal fazendo referência ao hábito de colecionar e estudar selos. Portanto, nesse caso, o objeto do delito é o selo ou qualquer peça (como um cartão ou um bloco come-

[25] AMARAL, Sylvio do. *Falsidade documental*, p. 147.

morativo) destinada a colecionadores. A importância da proteção penal é o crescente aumento do valor do selo ou da peça com o passar do tempo, tornando-se autêntica preciosidade. Aliás, a figura típica contém o adendo indispensável a esse entendimento: 'que tenha valor para coleção.'"[26]

Ressalva a lei penal, afastando a tipicidade da reprodução ou alteração, quando estas estiverem visivelmente anotadas na face ou no verso do selo ou peça, demonstrando, assim, que a finalidade do agente não era a de ludibriar as pessoas, evitando fossem induzidas a erro, por acreditarem na veracidade do selo ou da peça filatélica reproduzida ou alterada.

O parágrafo único do art. 39 da Lei nº 6.538, de 22 de junho de 1978, prevê como forma assimilada do delito em estudo, incorrendo, inclusive, nas mesmas penas, aquele que, para fins de comércio, *faz uso* de selo ou peça filatélica de valor para coleção, ilegalmente reproduzidos ou alterados.

Nesse caso, o agente utiliza o selo ou peça filatélica que, sabidamente, foi reproduzido ou alterado para fins de comércio, ou seja, a sua finalidade era comercializar, colocando em circulação, para fins de venda, troca etc.

Se é o próprio falsificador quem faz uso do selo ou peça filatélica reproduzido ou alterado, somente deverá ser responsabilizado por uma única infração penal.

Classificação doutrinária

Crime comum, tanto no que diz respeito ao sujeito ativo quanto ao sujeito passivo; doloso (não havendo previsão para a modalidade de natureza culposa); comissivo (podendo, também, nos termos do art. 13, § 2º, do Código Penal, ser praticado via omissão imprópria, na hipótese de o agente gozar do *status* de garantidor); de forma livre; instantâneo; monossubjetivo; plurissubsistente; não transeunte.

Sujeito ativo e sujeito passivo

Qualquer pessoa pode ser *sujeito ativo*.

O *sujeito passivo* é o Estado, bem como aquelas pessoas (físicas ou jurídicas) que, de alguma forma, foram prejudicadas com o comportamento praticado pelo sujeito ativo.

Objeto material e bem juridicamente protegido

A *fé pública* é o bem juridicamente protegido pelo tipo penal que prevê o delito de *reprodução ou adulteração de selo ou peça filatélica*.

O *objeto material* é o *selo* ou a *peça filatélica* reproduzido ou alterado ilegalmente pelo agente.

Consumação e tentativa

O delito se consuma no instante em que o agente reproduz ou altera selo ou peça filatélica de valor para coleção ou quando deles faz uso para fins de comércio, seja levando a efeito sua venda ou troca.

Admite-se a tentativa.

Elemento subjetivo

O dolo é o elemento subjetivo exigido pelo tipo penal que prevê o delito de *reprodução ou adulteração de selo ou peça filatélica*, não havendo previsão para a modalidade de natureza culposa.

Modalidades comissiva e omissiva

Os núcleos *reproduzir, alterar* e *fazer uso* pressupõem um comportamento comissivo por parte do agente, podendo, no entanto, ser praticado via omissão imprópria.

Pena, ação penal, competência para julgamento e suspensão condicional do processo

A pena cominada pelo art. 39 da Lei nº 6.538, de 22 de junho de 1978, que revogou o art. 303 do Código Penal, é de detenção, até 2 (dois) anos, e pagamento de 3 (três) a 10 (dez) dias-multa, lembrando que, a partir do advento da Lei nº 7.209, de 11 de julho de 1984, foram canceladas, na Parte Especial do Código Penal e nas leis especiais alcançadas pelo art. 12 do Código Penal, quaisquer referências a valores de multas, substituindo-se a expressão *multa de*, por *multa*.

A ação penal é de iniciativa pública incondicionada.

Compete, pelo menos inicialmente, ao Juizado Especial Criminal o processo e julgamento dos delitos previstos no art. 39 da Lei nº 6.538/1978.

Será possível a confecção de proposta de suspensão condicional do processo.

Guarda de selo falso

Não importa, na configuração do delito em exame, a simples *guarda* de selo ou peça filatélica que não foi reproduzida ou alterada pelo agente.

Uso de documento falso

Art. 304. Fazer uso de qualquer dos papéis falsificados ou alterados, a que se referem os arts. 297 a 302:

Pena – a cominada à falsificação ou à alteração.

Introdução

Fazer uso significa, efetivamente, utilizar, empregar, valer-se.

Objeto material da conduta do agente são os papéis falsificados ou alterados, a que se referem os arts. 297 a 302, vale dizer, documento público, documento particular, documento em que conste firma ou letra reconhecida falsamente, certidão ou atestado ideológica ou materialmente falso, atestado médico falso.

A conduta de apresentar à empresa privada atestado médico com o timbre da rede pública de saúde,

---

[26] NUCCI, Guilherme de Souza. *Código penal comentado*, p. 961.

ainda que conste a identificação de médico não pertencente ao serviço público, configura o delito de uso de documento público falso (STJ, REsp 1.757.386/DF, Rel. Min. Nefi Cordeiro, 6ª T., *DJe* 14/05/2019).

Nesse sentido:

⚖ STJ, CC 148.592/RJ, Rel. Min. Reynaldo Soares da Fonseca, S3, *DJe* 13/02/2017; STJ, HC 300.848/DF, Rel. Min. Reynaldo Soares da Fonseca, 5ª T., *DJe* 16/05/2016; STJ, RHC 53.471/RJ, Rel. Min. Jorge Mussi, 5ª T., *DJe* 15/12/2014; TJSP, APL 990.09.000143-7, Ac. 4471611, 4ª Câm. Dir. Crim., Rel. Des. Salles Abreu, j. 04/05/2010, *DJESP* 28/06/2010; TRF 4ª Reg., RSE 2008.70.00.007248-6, Rel. Luiz Fernando Wowk Penteado, 8ª T., j. 04/03/2009; TRF 4ª Reg., Ap. Crim. 2006.71.01. 005117-5, Rel. Élcio Pinheiro de Castro, 8ª T., j. 17/06/2009; TJRS, Ap. Crim. 70022422000, 4ª Câm. Crim., Rel. José Eugênio Tedesco, j. 03/04/2008; STF, HC 92763/MS, Rel. Min. Eros Grau, 2ª T., j. 12/02/2008; TJRS, ACr 70023096555, 4ª Câm. Crim., Rel. Constantino Lisbôa de Azevedo, pub. 15/04/2008.

Classificação doutrinária

Crime comum, tanto no que diz respeito ao sujeito ativo quanto ao sujeito passivo; doloso (não havendo previsão para a modalidade de natureza culposa); comissivo (podendo, também, nos termos do art. 13, § 2º, do Código Penal, ser praticado via omissão imprópria, na hipótese de o agente gozar do *status* de garantidor); de forma livre; instantâneo; monossubjetivo; plurissubsistente (ou unissubsistente, dependendo do modo como o delito for praticado); não transeunte.

Sujeito ativo e sujeito passivo

Qualquer pessoa pode ser *sujeito ativo*.
O sujeito passivo é o Estado, bem como aquelas pessoas (físicas ou jurídicas) que, de alguma forma, foram prejudicadas com o comportamento praticado pelo sujeito ativo.

Objeto material e bem juridicamente protegido

A fé pública é o bem juridicamente protegido pelo tipo penal que prevê o delito de *uso de documento falso.*
O objeto material é qualquer dos papéis falsificados ou alterados, a que se referem os arts. 297 a 302.

Consumação e tentativa

Ocorre a consumação quando o agente, efetivamente, se utiliza, ou seja, faz uso de qualquer dos papéis falsificados ou alterados, a que se referem os arts. 297 a 302 do Código Penal.

⚖ O crime preconizado no art. 304 do Código Penal aperfeiçoa-se quando o documento falsificado é utilizado ou apresentado. A Corte Estadual entendeu que, conquanto não tenha sido apresentado o documento falso à autoridade policial, o Acusado fez uso de identificação falsa ao afirmar ser seu o RG falsificado e ao se apresentar para os policiais como sendo a pessoa cujos dados nele constavam, somente alterando essa versão quando já se encontrava na delegacia. Portanto, o acolhimento da tese defensiva é incabível na presente via processual, nos termos da Súmula n. 7/STJ (AgRg nos EDcl no REsp 1.788.579/MT, Rel. Min. Laurita Vaz, 6ª T., julgado em 12/08/2020, *DJe* 26/08/2020).

Nesse sentido:

⚖ STJ, AgInt no AREsp 1.229.949/RN, Rel.ª Min.ª Maria Thereza de Assis Moura, 6ª T., *DJe* 14/03/2018; STJ, AgRg no AREsp 824.786/SC, Rel. Min. Jorge Mussi, 5ª T., *DJe* 26/08/2016; TRF 1ª Reg., ACr 0002702-83.2003.4.01.3900, Rel. Des. Fed. Ítalo Fioravanti Sabo Mendes, *DJF1* 30/07/2010, p. 59; TJDFT, 1ª Câm. Crim., Rel. George Lopes Leite, pub. 02/06/2008; TJMG, AC 1.0024.00.113924-5/001, Des. Márcia Milanez, *DJ* 17/08/2005.

Dependendo da forma como o delito venha a ser praticado, será possível o reconhecimento da tentativa, embora seja difícil sua ocorrência.

Elemento subjetivo

O dolo é o elemento subjetivo exigido pelo tipo penal que prevê o delito de *uso de documento falso,* não havendo previsão para a modalidade de natureza culposa.

⚖ Comete o delito de uso de documento falso o agente que apresenta carteira de identidade inautêntica perante Delegacia de Polícia Federal, para fins de requerimento de passaporte. O dolo, nesta espécie de delito, é genérico, ou seja, consubstancia-se na conduta voluntária de usar o documento com a ciência de que o mesmo é contrafeito (TRF 4ª Reg., ACr 0002097-83.2008.404.7003, Rel. Juiz Fed. Artur César de Souza, *DEJF* 04/08/2010, p. 695).

Nesse sentido:

⚖ TJMG, AC 1.0015.01.006726-0/001, Rel. Des. Reynaldo Ximenes Carneiro, *DJ* 10/08/2006.

Modalidades comissiva e omissiva

O núcleo *fazer uso* pressupõe um comportamento comissivo por parte do agente, podendo, no entanto, ser praticado via omissão imprópria.

Pena, ação penal, competência para julgamento e suspensão condicional do processo

Conforme assevera o preceito secundário do art. 304 do Código Penal, ao delito de uso de documento falso é cominada a pena correspondente à falsificação ou à alteração prevista nos arts. 297 a 302 do Código Penal. A ação penal é de iniciativa pública incondicionada.
Dependendo da pena cominada à modalidade de falsificação ou alteração, poderá ser competente o Juizado Especial Criminal, bem como ser possível a proposta de suspensão condicional do processo.

⚖ *Súmula nº 104 do STJ. Compete à Justiça Estadual o processo e julgamento dos crimes de falsificação* e uso de documento falso relativo a estabelecimento particular de ensino.

Súmula nº 200 do STJ. *O Juízo Federal competente para processar e julgar acusado de crime de uso de passaporte falso é o do lugar onde o delito se consumou.*

Súmula nº 546 do STJ. *A competência para processar e julgar o crime de uso de documento falso é firmada em razão da entidade ou órgão ao qual foi apresentado o documento público, não importando a qualificação do órgão expedidor*

O uso de documentos particulares com dados ideologicamente falsos perante órgãos federais e estadual atrai a competência da Justiça Federal para o julgamento da ação penal. Súmula nº 122 do STJ (STJ, RHC 67.638/PE, Rel. Min. Rogério Schietti Cruz, 6ª T., *DJe* 1º/08/2016).

Nesse sentido:

STJ, RHC 23500/SP, Rel. Min. Jorge Mussi, 5ª T., *DJe* 24/06/2011; STJ, CC 99105/RS, Rel. Min. Jorge Mussi, 3ª Seção, pub. 27/02/2009.

Apresentação do documento pelo agente

Não importa se o agente entregou o documento mediante prévia solicitação da autoridade, ou se dele fez uso espontaneamente. Deverá, de qualquer forma, responder pelo delito tipificado no art. 304 do Código Penal.

É firme a jurisprudência desta Corte em afirmar que a utilização de documento falsificado, ainda que solicitado pela autoridade policial, configura o delito tipificado no art. 304 do CP. Súmula 83 do STJ (STJ, AgRg no AREsp 871.502/RS, Rel. Min. Rogério Schietti Cruz, 6ª T., *DJe* 29/05/2018).

Nesse sentido:

STJ, HC 228.631/SP, Rel. Min. Leopoldo de Arruda Raposo, Desembargador convocado do TJ-PE, 5ª T., *DJe* 11/03/2015; STJ, HC 240201/SP, Rel.ª Min.ª Laurita Vaz, 5ª T., *DJe* 31/03/2014; STJ, AgRg no REsp 1369983/RS, Rel. Min. Sebastião Reis Júnior, 6ª T., *DJe* 21/06/2013; STJ, HC 185219/SC, Rel.ª Min.ª Laurita Vaz, 5ª T., *DJe* 28/06/2012.

Documento que é encontrado em poder do agente

Aquele com quem é encontrado o documento falsificado não pratica o delito de uso de documento falso, havendo necessidade, outrossim, que o agente, volitivamente, o utilize, apresentando-o como se fosse verdadeiro.

Competência para julgamento do delito de uso de passaporte falso

Tratando-se de uso de passaporte falso, o Superior Tribunal de Justiça, por intermédio da Súmula nº 200, pacificou o seu entendimento no que diz respeito ao juízo competente para o julgamento do delito de *uso de documento falso*, dizendo:

Súmula nº 200. *O Juízo Federal competente para processar e julgar o acusado de crime de uso de passaporte falso é o do lugar onde o delito se consumou.*

Falsificação ou alteração do documento e uso pelo próprio agente

Não haverá concurso de crimes, aplicando-se, aqui, o raciocínio relativo ao antefato impunível, devendo o uso de documento falso (crime-fim) absorver o crime-meio (falsificação de documento).

Para aplicação do princípio da consunção pressupõe-se a existência de ilícitos penais chamados de consuntos, que funcionam apenas como estágio de preparação ou de execução, ou como condutas, anteriores ou posteriores de outro delito mais grave, nos termos do brocardo *lex consumens derogat legi consumptae*. A partir do quadro fático-probatório firmado pelo Tribunal de Justiça do Estado do Rio de Janeiro, extrai-se que a falsificação do documento foi apenas um ato preparatório para o seu uso perante órgão público; a ação final do Paciente era a obtenção de uma identidade pública com informação errada. Assim, caracterizado o desdobramento causal de uma única ação, motivo pelo qual o delito tipificado no art. 299 do Código Penal deve ser absorvido pelo crime descrito no art. 304 do Código Penal (STJ, HC 464.045/RJ, Rel.ª Min.ª Laurita Vaz, 6ª T., *DJe* 15/03/2019).

Nesse sentido:

STJ, HC 70703/GO, Rel. Min. Og Fernandes, 6ª T., *DJe* 07/03/2012; TJMG, AC 1.0569.05.001695-9/001, Rel. Des. Beatriz Pinheiro Caires, *DJ* 06/03/2007.

Em sentido contrário,

o usuário é punível, apenas, nesse caso, pelo crime de falsidade, considerado como fato posterior não punível o uso (STJ, REsp 166888/SC, Min. José Arnaldo da Fonseca, 5ª T., *DJ* 16/11/1998, p. 111).

Por outro lado, já decidiu o próprio Superior Tribunal de Justiça que

o princípio da consunção pressupõe a existência de um nexo de dependência das condutas ilícitas, para que se verifique a possibilidade de absorção daquela menos grave pela mais danosa. Evidenciado, na hipótese, que os crimes de roubo qualificado, sequestro ou cárcere privado, falsidade ideológica e uso de documento falso se afiguram absolutamente autônomos, inexistindo qualquer relação de subordinação entre as condutas, resta inviabilizada a aplicação do princípio da consunção, devendo o réu responder por todas as condutas, em concurso material (REsp 509921/PA, Rel. Min. Gilson Dipp, 5ª T., *DJ* 02/08/2004, p. 492).

Uso de documento falso e estelionato

Verificar discussão relativa à falsificação de documento público e estelionato.

Usuário que solicita a falsificação do documento

Ao invés de responder pela infração penal tipificada no art. 304 do Código Penal, seria responsabilizado pelo crime de *falsificação de documento* (público ou particular), aplicando-se, aqui, a regra correspondente ao concurso de pessoas.

Fotocópia não autenticada

Tem-se descartado a natureza de *documento* da fotocópia não autenticada, razão pela qual qualquer falsificação nela produzida seria considerada atípica quando o agente, efetivamente, viesse a usá-la.

⚖ O crime do artigo 304 do CP não resta configurado quando a documentação inverídica apresentada (fotocópias de instrumento de procuração) não possui aptidão para iludir o destinatário e, por conseguinte, comprometer a fé pública. Hipótese em que resta caracterizada a impossibilidade de consumação do delito por ineficácia absoluta do meio (TRF 4ª Reg., ACr 2007.71.01.001625-8, Rel. Des. Fed. Paulo Afonso Brum Vaz, *DEJF* 18/06/2010, p. 278).

Nesse sentido:

⚖ HC 33538/PR, HC 2004/0014923-3, Rel. Min. Felix Fischer, 5ª T., *DJ* 02/06/2005; STJ, HC 9260/SP, Rel. Min. Hamilton Carvalhido, 6ª T., *DJ* 23/10/2000.

Falsificação grosseira

Segundo posição majoritária de nossos tribunais, a falsificação grosseira não tem o condão de configurar o delito de falso, tampouco a utilização do documento grosseiramente falsificado se configura no delito tipificado no art. 304 do Código Penal.

⚖ No caso, não há falar em crime impossível, pois, não se tratando de falsificação grosseira, a conduta se mostra típica em decorrência da possibilidade de enganar o cidadão comum, ferindo, assim, o objeto jurídico previsto no art. 304 do Código Penal, qual seja, a fé pública (AgRg no AREsp 1.687.322/PR, Rel. Min. Ribeiro Dantas, 5ª T., julgado em 18/08/2020, *DJe* 25/08/2020).

Nesse sentido:

⚖ STJ, HC 417.383/SP, Rel.ª Min.ª Maria Thereza de Assis Moura, 6ª T., DJe 19/12/2017; TJRS, AC 70046669461, Rel. Des. Marco Antônio Ribeiro de Oliveira, j. 26/04/2012; TJRS, AC 70046078390, Rel. Des. Constantino Lisbôa de Azevedo, j. 19/01/2012; STJ, HC 194326/RS, Rel. Min. Jorge Mussi, 5ª T., *DJe* 29/08/2011; STJ, HC 182000/SP, Rel. Min. Jorge Mussi, 5ª T., *DJe* 29/08/2011.

Erro de tipo

⚖ O acusado que porta Carteira Nacional de Habilitação falsificada, acreditando tratar-se de documento legítimo, não pratica o delito previsto no art. 304 do CP. Erro de tipo que afasta a caracterização do fato como criminoso (TJRS, AC 70018565275, 4ª C., Rel. Des. Gaspar Marques Batista).

Princípio da consunção

⚖ O princípio da consunção pressupõe que um delito seja meio ou fase normal de execução de outro crime (crime-fim), ou mesmo conduta anterior ou posterior intimamente interligada ou inerente e dependente deste último, mero exaurimento de conduta anterior, não sendo obstáculo para sua aplicação a proteção de bens jurídicos diversos ou a absorção de infração mais grave pelo de menor gravidade. Precedentes (STJ, AgRg no AREsp 672.170/SC, Rel. Min. Reynaldo Soares da Fonseca, 5ª T., *DJe* 10/02/2016).

Nesse sentido:

⚖ STJ, HC 288.349/PR, Rel. Min. Newton Trisotto, Desembargador convocado do TJ-SC, 5ª T., *DJe* 09/06/2015; STF, HC 121652/SC, Rel. Min. Dias Toffoli, 1ª T., *DJe* 04/06/2014; STJ, AgRg no REsp 1431596/MG, Rel. Min. Moura Ribeiro, 5ª T., *DJe* 30/05/2014; STJ, HC 261373/MG, Rel.ª Min.ª Maria Thereza de Assis Moura, 6ª T., *DJe* 30/04/2014; STJ, HC 183751/SP, Rel.ª Min.ª Laurita Vaz, 5ª T., *DJe* 15/05/2013.

Uso de documento falso relativo a estabelecimento particular de ensino

Diz a Súmula nº 104:

⚖ **Súmula nº 104.** *Compete à Justiça Estadual o processo e julgamento dos crimes de falsificação e uso de documento falso relativo a estabelecimento particular de ensino.*

Uso de documento falso e autodefesa

⚖ A utilização de documento falso, para ocultar a condição de foragido da justiça, como exercício da autodefesa, não tem sido admitida por esta Corte Superior. Precedente (STJ, AgInt no AREsp 1.280.828/SP, Rel. Min. Rogério Schietti Cruz, 6ª T., *DJe* 07/12/2019).

Nesse sentido:

⚖ STJ, HC 313.868/SP, Rel. Min. Ribeiro Dantas, 5ª T., *DJe* 29/03/2016; STJ, AgRg no AREsp 138.807/SP, Rel. Min. Sebastião Reis Junior, 6ª T., *DJe* 11/03/2015; STF, HC 119970/SP, Rel. Min. Ricardo Lewandowski, 2ª T., *DJe* 17/02/2014; STJ, HC 176405/RO, Rel. Min. Jorge Mussi, 5ª T., *DJe* 03/05/2013.

⚖ **Súmula nº 522 do STJ.** *A conduta de atribuir-se falsa identidade perante autoridade policial é típica, ainda que em situação de alegada autodefesa.*

Prescindibilidade do exame pericial

⚖ As instâncias ordinárias, após toda a análise do conjunto fático-probatório amealhado aos autos, notadamente pela prova oral colhida, concluíram pela existência de elementos concretos e coesos a ensejar a condenação do acusado pelo crime de uso de documento falso. Segundo a orientação do Superior Tribunal de Justiça, "para a configuração do crime previsto no art. 304 do Código Penal, a perícia pode ser dispensada, na hipótese de outros elementos serem

suficientes para embasar o reconhecimento da falsidade do documento e do uso de documento falso"
(AgRg no AREsp n. 206.656/PE, Rel. Min. Reynaldo
Soares da Fonseca, 5ª T., *DJe* 25/11/2015). No caso,
não há que se falar em crime impossível, visto que
o documento apresentado pelo réu, além de não ter
sido confeccionado grosso modo, mostrou-se hábil a
enganar e iludir o homem médio (AgRg no AREsp
1.625.534/RO, Rel. Min. Rogerio Schietti Cruz, 6ª T.,
julgado em 30/06/2020, *DJe* 04/08/2020).

Nesse sentido:

STJ, AgRg no AREsp 961.492/SP, Rel. Min. Felix Fis-
cher, 5ª T., *DJe* 16/04/2018; STJ, AgRg no AREsp 466.831/
PR, Rel. Min. Rogério Schietti Cruz, 6ª T., *DJe* 13/05/2015;
STF, HC 112176/MS, Rel. Min. Ricardo Lewandowski, 2ª T.,
DJe 27/08/2012.

**Competência para julgamento do uso de documen-
to falso quando se tratar de Caderneta de Inscrição
e Registro (CIR) ou de Carteira de Habilitação de
Arrais-Amador (CHA), ambas expedidas pela Marinha do Brasil**

O Supremo Tribunal Federal, na seção plenária do
dia 16 de outubro de 2014, aprovou a Súmula Vinculante nº 36, com o seguinte verbete:

*Súmula Vinculante nº 36. Compete à Justiça Fe-
deral comum processar e julgar civil denunciado pelos crimes de falsificação e de uso de documento falso
quando se tratar de falsificação da Caderneta de Inscrição e Registro (CIR) ou de Carteira de Habilitação
de Arrais-Amador (CHA), ambas expedidas pela Marinha do Brasil.*

**Uso de documento falso e crime contra a ordem tri-
butária**

Vide inciso IV do art. 1º da Lei nº 8.137/90.

Uso de documento falso no Código Penal Militar

Vide art. 315 do Decreto-Lei nº 1.001/69 (Código Penal Militar).

Supressão de documento

Art. 305. Destruir, suprimir ou ocultar, em benefício próprio ou de outrem, ou em prejuízo alheio,
documento público ou particular verdadeiro, de
que não podia dispor:
Pena – reclusão, de dois a seis anos, e multa, se o
documento é público, e reclusão, de um a cinco
anos, e multa, se o documento é particular.

Introdução

O núcleo *destruir* é utilizado pelo texto legal no sentido de extinguir, dar cabo a, eliminar, a exemplo do
agente que o rasga completamente, em muitos peque-

nos pedaços, o queima etc.; *suprimir* deve ser entendido, conforme adverte Guilherme de Souza Nucci,
como "eliminar o documento como tal, ou seja, permanece o papel, mas desaparece o documento, como
ocorre se for coberto de tinta";[27] *ocultar* significa esconder, encobrir, de modo que o documento permanece intacto, mas inacessível pelas demais pessoas,
que não conhecem o seu paradeiro.

Tais comportamentos devem ser levados a efeito em
benefício do próprio agente ou de outrem, ou, ainda,
em prejuízo alheio. Assim, o agente pratica uma das
condutas típicas porque será, de alguma forma, beneficiado ou beneficiará a terceira pessoa, ou porque
quer trazer algum tipo de prejuízo a outrem, mesmo
não se beneficiando disso. O benefício, no primeiro
caso, poderá ser de *natureza econômica*, a exemplo do
agente que consegue destruir a nota promissória que
havia assinado, ou *moral*.

O objeto material da conduta do agente é o documento público ou particular verdadeiro, de que não
podia dispor. Assim, se o agente, por exemplo, vier a
destruir um documento total ou parcialmente falsificado, o seu comportamento não se subsumirá ao tipo
penal em estudo, que exige seja ele *verdadeiro*, podendo, no entanto, dependendo da hipótese concreta,
ser responsabilizado por outro delito, a exemplo dos
arts. 314 (*extravio, sonegação ou inutilização de livro
ou documento*) e 337 (*subtração ou inutilização de livro ou documento*) do Código Penal.

Não importa que o documento tenha sido confiado
ao agente ou que ele tenha dele se apoderado ilicitamente, com o fim de praticar qualquer dos comportamentos previstos pelo tipo. O fundamental é que o
documento que tenha sido destruído, suprimido ou
ocultado possa, de alguma forma, trazer benefício ao
agente ou a terceiro, ou causar prejuízo a outrem, razão pela qual afirma Hungria que o tipo penal em estudo não cuida de "documentos que sejam traslados,
certidões ou cópias de *originais* constantes de livros
notariais ou de arquivo de repartição pública, pois,
em tal caso, com a facilidade de obtenção de outros
traslados, certidões ou cópias, não estará conculcada
a prova do fato ou relação jurídica de que se trate".[28]

Além da necessidade de ser verdadeiro o documento,
exige, ainda, o tipo penal que o agente dele não possa
dispor.

A conduta típica prevista no artigo 305 do Código Penal demanda a demonstração da intenção do
agente, dirigida à destruição, supressão ou ocultação
de documento, público ou particular, de modo a atingir a fé pública, com o especial objetivo de prejudicar
terceiro ou obter benefício para si ou para outrem
(TRF 4ª Reg., ACr 0004141-93.2004.404.7204, SC, 8ª
T., Rel. Des. Fed. Victor Luiz dos Santos Laus, *DEJF*
13/08/2010, p. 844).

---

[27] NUCCI, Guilherme de Souza. *Código penal comentado*, p. 963.
[28] HUNGRIA, Nélson. *Comentários ao código penal*, v. IX, p. 301.

Nesse sentido:

⚖ TJRS, ACr 70034226332, Rel. Des. Constantino Lisbôa de Azevedo, *DJERS* 28/06/2010; TJMS, ACr 2010.004709-2/0000-00, Rel. Des. Claudionor Miguel Abss Duarte, *DJEMS* 06/04/2010, p. 59; TJRS, Ap. Crim. 7001 91 32380, 4ª Câm. Crim., Rel. Constantino Lisbôa de Azevedo, j. 14/06/2007; TJRS, Ap. Crim. 70013060546, 5ª Câm. Crim., Rel. Aramis Nassif, j. 14/03/2007; TJPR, 4ª Câm. Crim., AC 0395042-1, Realeza, Rel. Des. Noeval de Quadros, j. 24/05/2007; TJPR, AC 0141961-6, Rolândia, 1ª Câm. Crim., Rel. Des. Darcy Nasser de Melo, j. 04/09/2003; TJSP, Ap. 18625, Rel. Manuel Carlos, *RT* 170, p. 518.

Classificação doutrinária

Crime comum, tanto no que diz respeito ao sujeito ativo quanto ao sujeito passivo; doloso (não havendo previsão para a modalidade de natureza culposa); comissivo (até mesmo no que diz respeito ao núcleo ocultar, podendo, no entanto, nos termos do art. 13, § 2º, do Código Penal, ser praticado via omissão imprópria, na hipótese de o agente gozar do *status* de garantidor); de forma livre; instantâneo (nas modalidades destruir e suprimir) e permanente (quanto à conduta de *ocultar*); monossubjetivo; plurissubsistente; não transeunte (podendo, dependendo do caso concreto, ser um delito transeunte, afastando-se, outrossim, a necessidade de perícia).

Sujeito ativo e sujeito passivo

Qualquer pessoa pode ser *sujeito ativo*.
O sujeito passivo é o Estado, bem como aquelas pessoas (físicas ou jurídicas) que, de alguma forma, foram prejudicadas com o comportamento praticado pelo sujeito ativo.

Objeto material e bem juridicamente protegido

A fé pública é o bem juridicamente protegido pelo tipo penal que prevê o delito de *supressão de documento*.
O objeto material é o documento público ou particular verdadeiro, de que não podia dispor o agente.

Consumação e tentativa

O delito se consuma quando o agente pratica qualquer dos comportamentos previstos pelo tipo penal, independentemente do fato de vir a obter algum benefício, para si próprio ou para outrem, ou causar prejuízo alheio.
Admite-se a tentativa.

⚖ O delito do art. 305 do Código Penal se consuma com simples destruição, supressão ou ocultação do documento, não se exigindo um dano efetivo. A restauração dos autos não configura atipicidade (STJ, AgRg no AREsp 606.549/MS, Rel. Min. Joel Ilan Paciornik, 5ª T., *DJe* 14/12/2018).

Nesse sentido:

⚖ STJ, HC 28837/PB, Rel. Min. Felix Fischer, 5ª T., *DJ* 10/05/2004, p. 312.

Elemento subjetivo

O dolo é o elemento subjetivo exigido pelo tipo penal que prevê o delito de *supressão de documento*, não havendo previsão para a modalidade de natureza culposa.

Modalidades comissiva e omissiva

Os núcleos *destruir, suprimir* e *ocultar* pressupõem um comportamento comissivo por parte do agente, podendo, no entanto, ser praticado via omissão imprópria.

Pena, ação penal e suspensão condicional do processo

A pena cominada ao delito de *supressão de documento* é de reclusão, de 2 (dois) a 6 (seis) anos, e multa, se o documento é público, e reclusão, de 1 (um) a 5 (cinco) anos, e multa, se o documento é particular.
A ação penal é de iniciativa pública incondicionada.
Será possível a confecção de proposta de suspensão condicional do processo se o objeto material da ação for o documento particular.

Violação do painel do Senado

⚖ A obtenção do extrato de votação secreta, mediante alteração nos programas de informática, não se amolda ao tipo penal previsto no art. 305 do CP, mas caracteriza o crime previsto no art. 313-B da Lei nº 9989, de 14/07/2000 (STF, Inq. 1879/DF, Tribunal Pleno, Rel.ª Min.ª Ellen Gracie, *DJ* 07/05/2004, p. 8).

Supressão de documento e crime contra a ordem tributária

Vide inciso I do art. 3º da Lei nº 8.137/90.

Supressão de documento no Código Penal Militar

Vide art. 316 do Decreto-Lei nº 1.001/69 (Código Penal Militar).

Capítulo IV – De Outras Falsidades

Falsificação do sinal empregado no contraste de metal precioso ou na fiscalização alfandegária, ou para outros fins
Art. 306. Falsificar, fabricando-o ou alterando-o, marca ou sinal empregado pelo poder público no contraste de metal precioso ou na fiscalização alfandegária, ou usar marca ou sinal dessa natureza, falsificado por outrem:
Pena – reclusão, de dois a seis anos, e multa.
Parágrafo único. Se a marca ou sinal falsificado é o que usa a autoridade pública para o fim de fiscalização sanitária, ou para autenticar ou en-

cerrar determinados objetos, ou comprovar o cumprimento de formalidade legal:
Pena – reclusão ou detenção, de um a três anos, e multa.

Introdução

O núcleo falsificar vem atrelado às condutas de fabricar (contrafação) e alterar (alteração), tendo como objeto material marca ou sinal empregado pelo poder público no contraste de metal precioso ou na fiscalização alfandegária. Hungria, dissertando sobre o tema, esclarece: "Para assegurar a genuinidade de objetos de metal precioso (notadamente, ouro e prata), após a verificação do respectivo toque ou quilate, ou para atestar a fiscalização aduaneira, em torno dos despachos de exportação ou importação, ou a inspeção sanitária, ou para autenticar ou encerrar certos objetos ou comprovar o cumprimento de tal ou qual formalidade legal, a autoridade pública dispõe, *ex vi legis*, de marcas ou sinais (punções, timbres em chumbo, em lacre ou em papel, etiquetas, carimbos etc.). A falsificação destes ou o uso da marca ou sinal falsificado afeta, portanto, a fé pública, isto é, a confiança que em tais marcas ou sinais deposita o público em geral".[29]
Também comete o delito em estudo aquele que usa marca ou sinal dessa natureza falsificado por outrem. Como ressalvado pela segunda parte do *caput* do art. 306, se o próprio falsário vier a fazer uso da marca ou sinal por ele fabricado ou alterado, o seu comportamento será atípico, devendo, no entanto, ser responsabilizado pela contrafação ou alteração.
Dessa forma, o delito de utilização de marca ou sinal falsificado somente poderá ser praticado por alguém que não seja o próprio falsificador. O *uso indevido* de qualquer marca ou sinal empregado pelo poder público no contraste de metal precioso ou na fiscalização alfandegária deverá ser considerado atípico se não houver, no caso concreto, efetiva falsificação.

Carimbo não é documento. Logo, incabível capitular nos arts. 304 ou 305 do CP a conduta de quem o utiliza. Enquadramento correto no art. 306 do CP (TJRS, ACr 70027269091, Rel. Des. Gaspar Marques Batista, *DOERS* 10/03/2009, p. 82).

Classificação doutrinária

Crime comum, tanto no que diz respeito ao sujeito ativo quanto ao sujeito passivo; doloso (não havendo previsão para a modalidade de natureza culposa); comissivo (podendo, também, nos termos do art. 13, § 2º, do Código Penal, ser praticado via omissão imprópria, na hipótese de o agente gozar do *status* de garantidor); de forma livre; instantâneo; monossubjetivo; plurissubsistente (como regra, pois, dependendo da hipótese concreta, poderá ser unissubsistente no

que diz respeito à conduta de *usar* marca ou sinal falsificado por outrem); não transeunte.

Sujeito ativo e sujeito passivo

Qualquer pessoa pode ser *sujeito ativo*.
O *sujeito passivo* é o Estado, bem como as pessoas diretamente prejudicadas com a conduta praticada pelo agente.

Objeto material e bem juridicamente protegido

A fé pública é o bem juridicamente protegido pelo tipo penal que prevê o delito de *falsificação do sinal empregado no contraste de metal precioso ou na fiscalização alfandegária, ou para outros fins*.
O objeto material é a marca ou sinal empregado pelo poder público no contraste de metal precioso ou na fiscalização alfandegária.

Consumação e tentativa

O delito tipificado no art. 306 do Código Penal se consuma com a falsificação, seja com a fabricação ou com a alteração de marca ou sinal empregado pelo poder público no contraste de metal precioso ou na fiscalização alfandegária, ou com o uso efetivo de marca ou sinal dessa natureza, falsificado por outrem. Admite-se a tentativa.

Elemento subjetivo

O dolo é o elemento subjetivo exigido pelo tipo penal que prevê o delito de *falsificação do sinal empregado no contraste de metal precioso ou na fiscalização alfandegária, ou para outros fins*, não havendo previsão para a modalidade de natureza culposa.

Modalidades comissiva e omissiva

Os núcleos *falsificar* (seja fabricando ou alterando) e *usar* pressupõem um comportamento comissivo por parte do agente, podendo, no entanto, ser cometido via omissão imprópria.

Modalidade privilegiada

É prevista pelo parágrafo único do art. 306 do Código Penal. A *autoridade pública* mencionada no texto legal pode ser a federal, a estadual ou a municipal.
Fiscalização sanitária é aquela levada a efeito pelas autoridades a fim de serem preservadas a saúde e a higiene. Assim, poderá a autoridade emitir um carimbo reconhecendo, por exemplo, ter sido aquele produto devidamente fiscalizado, como acontece com as carnes em geral.
Da mesma forma, amolda-se à modalidade privilegiada do tipo penal em estudo aquele que falsifica ou usa marca ou sinal falsificado, utilizado pela autoridade pública para autenticar, isto é, reconhecer como verdadeiro, ou encerrar, vale dizer, guardar em algum lugar que pode ser fechado, determinados objetos.

---

[29] HUNGRIA, Nélson. *Comentários ao código penal*, v. IX, p. 305-306.

Por último, também comete o delito tipificado no parágrafo único do art. 306 do Código Penal aquele que falsifica ou usa marca ou sinal falsificado destinado a comprovar o cumprimento de formalidade legal.

Pena, ação penal e suspensão condicional do processo

A pena cominada ao *caput* do art. 306 do Código Penal é de reclusão, de 2 (dois) a 6 (seis) anos, e multa. Para a modalidade privilegiada, constante do parágrafo único do citado art. 306, a pena poderá ser de reclusão ou detenção, de 1 (um) a 3 (três) anos, e multa.

A ação penal é de iniciativa pública incondicionada. Será possível a confecção de proposta de suspensão condicional do processo somente para a modalidade privilegiada.

Alternatividade entre reclusão e detenção

Compete ao juiz do processo de conhecimento a escolha entre as penas de reclusão e detenção, previstas no parágrafo único do art. 306 do Código Penal, que será determinada de acordo com a necessidade de censura do caso concreto.

Isso significa que, sendo o agente preso em flagrante delito, poderá a autoridade policial arbitrar-lhe fiança, conforme preconiza o art. 322 do Código de Processo Penal, com a nova redação que lhe foi conferida pela Lei nº 12.403, de 4 de maio de 2011, que diz, *verbis*:

Art. 322. A autoridade policial somente poderá conceder fiança nos casos de infração cuja pena privativa de liberdade máxima não seja superior a 4 (quatro) anos.

Falsa identidade

Art. 307. Atribuir-se ou atribuir a terceiro falsa identidade para obter vantagem, em proveito próprio ou alheio, ou para causar dano a outrem: Pena – detenção, de três meses a um ano, ou multa, se o fato não constitui elemento de crime mais grave.

Introdução

O núcleo *atribuir* é utilizado pelo texto legal no sentido de imputar. Assim, o agente imputa a si mesmo, ou a terceira pessoa, falsa identidade.

Por *identidade* devemos entender o conjunto de caracteres próprios de uma pessoa, que permite identificá-la e distingui-la das demais, a exemplo do nome, idade, profissão, sexo, estado civil etc. A lei pune a autoatribuição falsa, ou a atribuição falsa a terceiro, isto é, o agente se identifica incorretamente, com dados que não lhe são próprios, ou atua, da mesma forma, atribuindo esses dados falsos a terceira pessoa.

Esses comportamentos devem ser dirigidos finalisticamente no sentido de obter vantagem, em proveito próprio ou alheio, ou causar dano a outrem. Faz-se necessário ressaltar, no entanto, que essa vantagem não poderá possuir natureza econômica, sob

pena de ser o agente responsabilizado pelo delito de estelionato.

Não é incomum ocorrerem as hipóteses nas quais o agente se faz passar por médico, militar, pastor, padre, comendador, diplomata, advogado, promotor de justiça etc., lembrando que somente haverá o delito se essa falsa identidade ocorrer com a finalidade de obtenção de vantagem, em proveito próprio ou alheio, ou para causar dano a outrem.

Se o agente, por exemplo, se atribui falsa identidade com finalidades sexuais, poderá ocorrer o delito de violação sexual mediante fraude, tipificado no art. 215 do Código Penal, com a nova redação que lhe foi conferida pela Lei nº 12.015, de 7 de agosto de 2009.

O entendimento consolidado pelas Turmas que compõem a Terceira Seção desta Corte Superior é no sentido do reconhecimento da tipicidade da conduta do agente que se atribui falsa identidade, perante a autoridade policial, no momento da prisão em flagrante. Precedentes (STJ, AgRg no REsp 1.682.930/MG Rel. Min. Felix Fischer, 5ª T., *DJe* 20/09/2017).

Nesse sentido:

STJ, CC 139.862/MT, Rel. Min. Reynaldo Soares da Fonseca, 5ª T., *DJe* 02/03/2016; TJMG, Ap. Crim. 1.0024.07.751980-9/001[1], Rel. Alexandre Victor de Carvalho, j. 30/06/2009; TJMG, Processo 1.0534.06.00 5636-1/001[1], Rel. Delmival de Almeida Campos, j. 11/01/2009; TJRS, Ap. Crim. 7002 0051652, 6ª Câm. Crim. Rel. Nereu José Giacomolli, j. 19/07/2007; STJ, HC 23372/SP, Rel. Min. Paulo Gallotti, 6ª T., *DJ* 26/03/2007, p. 284; TJMG, Ap. Crim. 1.0079.01.026156-2/001, Rel. Herculano Rodrigues, *DJ* 06/08/2005, p. 2.

Classificação doutrinária

Crime comum, tanto no que diz respeito ao sujeito ativo quanto ao sujeito passivo; doloso (não havendo previsão para a modalidade de natureza culposa); comissivo (podendo, também, nos termos do art. 13, § 2º, do Código Penal, ser praticado via omissão imprópria, na hipótese de o agente gozar do *status* de garantidor); de forma livre; instantâneo; monossubjetivo; monossubsistente (como regra, pois, dependendo da hipótese concreta, poderá ser plurissubsistente, podendo o agente, por exemplo, valer-se de um escrito para levar a efeito o delito); transeunte (também como regra, pois, na maioria dos casos, não haverá necessidade, ou mesmo possibilidade, de realização de prova pericial).

Sujeito ativo e sujeito passivo

Qualquer pessoa pode ser *sujeito ativo*.

O *sujeito passivo* é o Estado, bem como a pessoa diretamente prejudicada com a conduta praticada pelo agente.

Objeto material e bem juridicamente protegido

A fé pública é o bem juridicamente protegido pelo tipo penal que prevê o delito de *falsa identidade*. Não há objeto material.

Consumação e tentativa

Consuma-se o delito em estudo quando o agente atribui-se ou atribui a terceiro falsa identidade para obter vantagem, em proveito próprio ou alheio, ou para causar dano a outrem.

Não há necessidade de que o agente, efetivamente, obtenha a vantagem, em proveito próprio ou alheio, ou que cause dano a outrem, pois cuida-se, *in casu*, de delito de natureza formal, de consumação antecipada. Será possível o reconhecimento da tentativa desde que, no caso concreto, se possa fracionar o *iter criminis*.

⚖ Tratando-se o delito previsto no art. 307 do CP, de crime formal, é desnecessária a consumação de obtenção da vantagem própria ou de outrem, ou mesmo a ocorrência de danos a terceiros (STJ, AgRg no REsp 1.697.955/ES, Rel. Min. Nefi Cordeiro, 6ª T., *DJe* 23/04/2018).

Elemento subjetivo

O dolo é o elemento subjetivo exigido pelo tipo penal que prevê o delito de *falsa identidade*, não havendo previsão para a modalidade de natureza culposa.

⚖ A falsa identidade para ser tipificada deve conter a vontade livre e consciente de atribuir-se identidade diversa e, por isso, presente o dolo direto de enganar, de ocultar a real identidade, sonegando-se à aplicação da lei penal. Quando o meio aplicado não é eficaz, carece a conduta de tipicidade (TJRS, Rec. Crim. 71001304419, Turma Recursal Criminal, Turmas Recursais do RS, Rel.ª Nara Leonor Castro Garcia, j. 21/05/2007).

Modalidades comissiva e omissiva

O núcleo *atribuir* pressupõe um comportamento comissivo por parte do agente, podendo, no entanto, ser cometido via omissão imprópria.

Pena, ação penal, competência para julgamento e suspensão condicional do processo

A pena cominada ao delito de *falsa identidade* é de detenção, de 3 (três) meses a 1 (um) ano, ou multa, se o fato não constitui elemento de crime mais grave. A ação penal é de iniciativa pública incondicionada. Compete, pelo menos inicialmente, ao Juizado Especial Criminal o processo e julgamento do delito previsto no art. 307 do Código Penal.

Será possível a confecção de proposta de suspensão condicional do processo.

Falsa identidade e autodefesa

Tem sido objeto de intenso debate doutrinário e jurisprudencial a discussão em torno da possibilidade de o agente atribuir-se falsa identidade com a finalidade de se livrar, por exemplo, de uma condenação criminal ou, mesmo, para se livrar da sua prisão em flagrante.

Assim, a título de raciocínio, imagine-se a hipótese em que o agente, portador de uma extensa folha de antecedentes criminais, ao ser, mais uma vez, preso em flagrante, atribua a si mesmo uma identidade falsa, querendo, com isso, livrar-se da prisão. Nesse caso, pergunta-se: deveria o agente ser responsabilizado pelo delito tipificado no art. 307 do Código Penal, ou estaria ele no exercício de sua autodefesa, ou de, pelo menos, não se autoincriminar, fazendo prova contra si mesmo, haja vista que a primeira parte do inc. LXIII do art. 5º da Constituição Federal diz que *o preso será informado de seus direitos, entre os quais o de permanecer calado*?

Sob o argumento equivocado de que o agente não era obrigado a fazer prova contra si mesmo *(nemo tenetur se detegere)*, inicialmente, o Superior Tribunal de Justiça passou a entender pela atipicidade desse comportamento.

⚖ O Supremo Tribunal Federal – ao julgar a repercussão geral no RE nº 640.139/DF, *DJe* 14/10/2011 – reafirmou a jurisprudência dominante sobre a matéria controvertida, no sentido de que o princípio constitucional da autodefesa (art. 5º, LXIII, da CF) não alcança aquele que se atribui falsa identidade perante autoridade policial com o intento de ocultar maus antecedentes, sendo, portanto, típica a conduta praticada pelo agente (art. 307 do CP) (STJ, HC 469.177/SP, Rel. Min. Nefi Cordeiro, 6ª T., *DJe* 24/04/2019).

Nesse sentido:

⚖ STJ, AgRg no REsp 1.697.955/ES, Rel. Min. Nefi Cordeiro, 6ª T., *DJe* 23/04/2018; STJ, AgRg no REsp 1.604.638/MG, Rel. Min. Reynaldo Soares da Fonseca, 5ª T., *DJe* 1º/08/2017; STJ, HC 250.126/AL, Rel. Min. Nefi Cordeiro, 6ª T., *DJe* 21/03/2016; STJ, HC 167520/SP, Rel.ª Min.ª Laurita Vaz, 5ª T., *DJe* 28/06/2012.

Essa, também, a posição de Mirabete, quando assevera: "Não ocorre, nesse caso, o ilícito em estudo, pois o acusado não tem o dever de dizer a verdade diante do princípio universal *nemmo tenetur se detegere*".[30]

Com a devida *venia* das posições em contrário, não podemos entender a prática do comportamento previsto no tipo do art. 307 do Código Penal como uma "autodefesa". Certo é que, de acordo com a determinação constitucional, o preso, vale dizer, o indiciado (na fase de inquérito policial), ou mesmo o acusado (quando de seu interrogatório em juízo) tem o direito de permanecer calado. Na verdade, podemos ir até além, no sentido de afirmar que não somente tem o direito ao silêncio, como também o direito de mentir ou de omitir sobre *fatos* que, de alguma forma, podem lhe ser prejudiciais.

A autodefesa diz respeito, portanto, a *fatos*, e não a uma autoatribuição falsa de identidade. O agente pode até mesmo dificultar a ação da Justiça Penal no sentido de

---

[30] MIRABETE, Julio Fabbrini. *Manual de direito penal*, v. 3, p. 278.

não revelar situações que seriam indispensáveis à elucidação dos fatos. No entanto, não poderá eximir-se de se identificar. É um direito do Estado saber em face de quem propõe a ação penal e uma obrigação do indiciado/acusado revelar sua identidade. Essa autoatribuição falsa de identidade nada tem a ver com o direito de autodefesa, ou de, pelo menos, não fazer prova contra si mesmo, de não se autoincriminar. São situações, segundo nosso raciocínio, inconfundíveis.

Assim, apesar da existência de divergência doutrinária e jurisprudencial, posicionamo-nos pela possibilidade de se imputar ao agente o delito de falsa identidade quando pratica a conduta prevista no art. 307 do Código Penal com a finalidade de livrar-se da Justiça Penal.

Recentemente, tanto o Supremo Tribunal Federal quanto o Superior Tribunal de Justiça, a nosso ver corretamente, passaram a entender pela tipicidade do fato, afastando o argumento da autodefesa.

⚖ O Plenário Virtual do Supremo Tribunal Federal, no julgamento do RE 640.139, Rel. Min. Dias Toffoli, decidiu que o princípio constitucional da autodefesa não alcança aquele que atribui falsa identidade perante autoridade policial com o intuito de ocultar maus antecedentes. Na ocasião, reconheceu-se a existência de repercussão geral da questão constitucional suscitada e, no mérito, reafirmou a jurisprudência dominante sobre a matéria (STF, ARE 870.572 AgR/DF, Rel. Min. Roberto Barroso, 1ª T., *DJe* 23/06/2015).

Nesse sentido:

⚖ STJ, REsp 1.497.999/RS, Rel. Min. Jorge Mussi, 5ª T., *DJe* 17/03/2015; STJ, AgRg no AREsp 138.807/SP, Rel. Min. Sebastião Reis Junior, 6ª T., *DJe* 11/03/2015.

Consolidando esse posicionamento, o STJ editou a Súmula nº 522, publicada no *DJe* de 6 de abril de 2015, dizendo:

⚖ *Súmula nº 522. A conduta de atribuir-se falsa identidade perante autoridade policial é típica, ainda que em situação de alegada autodefesa.*

Agente que silencia com relação à sua identidade ou não nega a falsa identidade a ele atribuída

Tendo em vista que o tipo do art. 307 do Código Penal exige uma conduta positiva por parte do agente, não pratica o delito em estudo aquele que simplesmente silencia quando lhe é imputada uma identidade que não coincide com a dele.

⚖ É atípica a conduta daquele que omite o verdadeiro nome perante a autoridade policial já que a declaração falsa não produzirá efeito prático (TJDFT, 1ª T. Crim., Rel.ª Sandra de Santis, pub. 02/06/2008).

Recusa de dados sobre a própria identidade ou qualificação

Caso o agente se recuse a fornecer seus dados para efeitos de identificação e qualificação, deverá ser res-

ponsabilizado nos termos do art. 68 da LCP (Decreto-Lei nº 3.688/1971).

Simulação da qualidade de funcionário público

Vide art. 45 da Lei das Contravenções Penais.

Usurpação de função pública

Se com a autoatribuição de falsa identidade o agente vier a usurpar o exercício de função pública, praticando atos para os quais não está legalmente legitimado, o fato se amoldará ao delito tipificado no art. 328 do Código Penal.

Uso de documento falso de identidade

Para efeito de reconhecimento do delito de falsa identidade, não poderá o agente valer-se de qualquer documento falso, pois, caso contrário, incorrerá nas penas do art. 304 do Código Penal, que prevê o delito de *uso de documento falso.*

⚖ A 2ª Turma denegou *habeas corpus* em que pleiteada a atipicidade da conduta descrita como uso de documento falso (CP, art. 304). Na espécie, a defesa alegava que o paciente apresentara Registro Geral falsificado a policial a fim de ocultar sua condição de foragido, o que descaracterizaria o referido crime. Inicialmente, reconheceu-se que o princípio da autodefesa tem sido aplicado em casos de delito de falsa identidade (CP, art. 307). Ressaltou-se, entretanto, que não se confundiria o crime de uso de documento falso com o de falsa identidade, porquanto neste último não haveria apresentação de qualquer documento, mas tão somente a alegação falsa quanto à identidade (STF, HC 103314/MS, Rel.ª Min.ª Ellen Gracie, 2ª T., j. 24/05/2011, *Informativo* nº 628).

O STJ, recentemente, adotou este entendimento, no sentido de que a apresentação de documento falso caracteriza o delito de uso de documento falso, não constituindo exercício do direito de autodefesa:

⚖ A Turma, após recente modificação de seu entendimento, reiterou que a apresentação de documento de identidade falso no momento da prisão em flagrante caracteriza a conduta descrita no art. 304 do CP (uso de documento falso) e não constitui um mero exercício do direito de autodefesa. Precedentes citados: do STF: HC 103.314-MS, *DJe* 08/06/2011; HC 92.763-MS, *DJe* 25/04/2008; do STJ: HC 205.666-SP, *DJe* 08/09/2011 (STJ, REsp 1.091.510-RS, Rel. Min.ª Maria Thereza de Assis Moura, j. 08/11/2011, *Informativo* nº 487 do STJ).

Falsa identidade e furto

Na hipótese em que o agente se autoatribua falsa identidade a fim de, fazendo-se passar por outra pessoa, conseguir levar a efeito a subtração não violenta de algum bem móvel pertencente à vítima, o fato se amoldará ao tipo penal que prevê o delito de furto

praticado mediante fraude, tipificado no art. 155, §
4º, II, segunda figura o CP.

Falsa identidade no Código Penal Militar

Vide art. 318 do Decreto-Lei nº 1.001/69 (Código Penal Militar).

> **Art. 308.** Usar, como próprio, passaporte, título de eleitor, caderneta de reservista ou qualquer documento de identidade alheia ou ceder a outrem, para que dele se utilize, documento dessa natureza, próprio ou de terceiro:
> Pena – detenção, de quatro meses a dois anos, e multa, se o fato não constitui elemento de crime mais grave.

Introdução

O art. 308 do Código Penal prevê uma modalidade especializada de *falsa identidade*. Embora não exista rubrica antecedendo o artigo, fornecendo-lhe o *nomen juris*, a doutrina convencionou denominar o delito em estudo de *uso de documento de identidade alheia*,[31] *uso indevido de documentos pessoais alheios*[32] *ou, ainda, uso, como próprio, de documento de identidade alheio*,[33] *falsa identidade especial*,[34] *uso ou cessão para uso de documento de identificação civil de terceiro*,[35] dentre outros.

O núcleo *usar* deve ser entendido no sentido de efetiva utilização, ou seja, o agente, volitivamente, utiliza, faz uso de um documento de identidade alheio como se fosse próprio, fazendo-se, portanto, passar pela pessoa que consta do referido documento, daí dizer-se que o delito em exame pode ser entendido uma modalidade especializada de falsa identidade.

A lei penal se vale da chamada interpretação analógica. A fórmula casuística aponta que incorrerá na infração penal em análise aquele que fizer uso, como próprio, de *passaporte* (documento oficial de um Estado, que permite aos seus portadores o ingresso, bem como a saída de determinados países, que serve como documento de identificação do seu portador); *título de eleitor* (documento de identidade que comprova estar o seu portador devidamente registrado na Justiça Eleitoral, podendo, portanto, exercitar a democracia, fazendo valer o seu direito de voto; *caderneta de reservista* (documento que demonstra a regularidade de seu portador perante o serviço militar obrigatório, sendo aquele que, efetivamente, serviu ou foi dispensado do serviço nas Forças Armadas – Marinha, Exército ou Aeronáutica).

Além desses três documentos apontados, o art. 308 ainda compreende, nas suas disposições, *qualquer documento de identidade alheia*, vale dizer, qualquer outro documento que contenha, oficialmente, as características pessoais de seu portador, a exemplo do que ocorre com a *carteira nacional de habilitação*, ou mesmo com as *carteiras funcionais*, pertencentes aos funcionários públicos em geral.

Além do *uso* efetivo pelo agente, a segunda parte do art. 308 do Código Penal tipifica, também, o comportamento daquele que *cede* a outrem quaisquer dos documentos que possuam essa natureza para que deles se utilize, seja próprio ou de terceiro.

Nesse caso, o agente deverá ter conhecimento de que, ao ceder o documento de identidade, o outro sujeito o usará, fazendo-se passar pelo seu titular, pois, caso contrário, sua conduta será atípica.

⚖ O delito previsto no art. 308 do Código Penal exige, para a sua configuração, que o agente se utilize de documento verdadeiro, de titularidade de outrem, como se fosse seu, para ocultar a sua verdadeira identidade. Na hipótese, o paciente utilizou-se de passaporte alheio, nele inserindo a sua fotografia, circunstância que evidencia a falsidade do documento e impede a desclassificação pretendida (STJ, HC 198066/RJ, Rel. Min. Jorge Mussi, 5ª T., *DJe* 29/02/2012).

Nesse sentido:

⚖ TRF 4ª Reg., ACr 2008.70.02.008877-3, Rel. Juiz Fed. Sebastião Ogê Muniz, *DEJF* 26/03/2010, p. 505; TJMG, APCR 1.0024.08.093233-8/0011, Rel. Des. José Antonino Baía Borges, *DJEMG* 11/01/2010; TRF 3ª Reg., RSE 1.6000/SP, Rel. Oliveira Lima, j. 03/08/1999; STJ, CC 95006137-6/MG, Rel. Adhemar Maciel, 0000843.

Classificação doutrinária

Crime comum, tanto no que diz respeito ao sujeito ativo quanto ao sujeito passivo; doloso (não havendo previsão para a modalidade de natureza culposa); comissivo (podendo, também, nos termos do art. 13, § 2º, do Código Penal, ser praticado via omissão imprópria, na hipótese de o agente gozar do *status* de garantidor); de forma livre; instantâneo; monossubjetivo; plurissubsistente ou monossubsistente (dependendo da forma como o delito seja praticado, podendo ou não ser fracionado o *iter criminis*); não transeunte.

Sujeito ativo e sujeito passivo

Qualquer pessoa pode ser *sujeito ativo*.

O sujeito passivo é o Estado, como também a pessoa eventualmente prejudicada com a conduta praticada pelo agente.

---

[31] FRAGOSO, Heleno Cláudio. *Lições de direito penal – parte especial*, v. II, p. 375.
[32] HUNGRIA, Nélson. *Comentários ao código penal*, v. IX, p. 309.
[33] BITENCOURT, Cezar Roberto. *Tratado de direito penal*, v. 4, p. 361.
[34] COÊLHO, Yuri Carneiro. *Curso de direito penal didático*, p. 975.
[35] CUNHA, Sanches Rogério. *Manual de direito penal – parte especial*, volume único, p. 753.

Objeto material e bem juridicamente protegido

A fé pública é o bem juridicamente protegido pelo tipo constante do art. 308 do Código Penal.

O objeto material é o passaporte, título de eleitor, caderneta de reservista ou qualquer outro documento de identidade alheia utilizado pelo agente como próprio.

Consumação e tentativa

O delito se consuma, na primeira hipótese, com a efetiva utilização do documento. Não se pode falar em tentativa quando, por exemplo, quaisquer dos documentos mencionados pelo art. 308 do Código Penal forem encontrados em poder do agente sem que ele, efetivamente, os utilize.

No que diz respeito à segunda parte do artigo em estudo, ocorre a consumação quando o agente *cede* a outrem qualquer dos documentos mencionados pelo tipo penal, seja próprio ou de terceiro, para que o utilize. Não há necessidade de que o sujeito que recebeu o documento do agente o utilize, pois, conforme salienta Fragoso, "o crime consuma-se com a cessão, ou seja, com a entrega do documento ao interessado, para que o use, sendo irrelevante que ele venha efetivamente a usá-lo, e que a cessão seja onerosa ou gratuita".[36]

Embora mais difícil na primeira hipótese, será possível o reconhecimento da tentativa tanto no que diz respeito ao uso quanto à cessão do documento de identidade, dependendo da possibilidade de, no caso concreto, ser fracionado o *iter criminis*.

Elemento subjetivo

O dolo é o elemento subjetivo exigido pelo delito tipificado no art. 308 do Código Penal, não havendo previsão para a modalidade de natureza culposa.

Modalidades comissiva e omissiva

Os núcleos *usar* e *ceder* pressupõem um comportamento comissivo por parte do agente, podendo, no entanto, ser cometido via omissão imprópria.

Pena, ação penal, competência para julgamento e suspensão condicional do processo

A pena cominada ao delito tipificado no art. 308 do Código Penal é de detenção, de 4 (quatro) meses a 2 (dois) anos, e multa, se o fato não constitui elemento de crime mais grave.

A ação penal é de iniciativa pública incondicionada.

Compete, pelo menos inicialmente, ao Juizado Especial Criminal o processo e julgamento do delito previsto no art. 308 do Código Penal.

Será possível a confecção de proposta de suspensão condicional do processo.

⚖ Uso de passaporte alheio. Processo-crime. Competência da Justiça Federal do lugar onde, no território nacional, foi usado o documento, embora que somente constatada a adulteração no país estrangeiro a que destinado o visto (STJ, CC 12.680-0/MG, Rel. José Dantas, 0000426).

Delito subsidiário

Se o agente utiliza o documento de outrem para o fim de, com ele, praticar outra infração penal, mais grave, será aplicada a regra constante da segunda parte do preceito secundário do art. 308 do Código Penal.

⚖ O crime de falsa identidade (art. 307, CP) como o de uso de documento alheio (art. 308, CP), são delitos subsidiários e, nesses casos, somente se pune o agente pela concretização do tipo penal, ou seja, se outro crime mais grave não seja praticado. Assim, o fato de conter o primeiro delito elementar subjetiva (para obter vantagem, em proveito próprio ou alheio), não afasta a consunção, justamente porque o dolo, no segundo tipo, é genérico, mais amplo do que o específico (TRF 1ª Reg., ACr 2006.34.00.018741-3, Rel. Des. Fed. Mário César Ribeiro, *DJF1* 18/06/2010, p. 178).

Uso de documento pessoal alheio no Código Penal Militar

Vide art. 317 do Decreto-Lei nº 1.001/69 (Código Penal Militar).

Fraude de lei sobre estrangeiro

Art. 309. Usar o estrangeiro, para entrar ou permanecer no território nacional, nome que não é o seu:

Pena – detenção, de um a três anos, e multa.

Parágrafo único. Atribuir a estrangeiro falsa qualidade para promover-lhe a entrada em território nacional:

Pena – reclusão, de um a quatro anos, e multa.

Introdução

Conforme esclarece Noronha, "o núcleo do tipo é *usar*, isto é, fazer uso, empregar, utilizar etc. Trata-se de *uso* de *nome* que não é do agente. A lei prevê, pois, o fato dele atribuir a si mesmo nome que não possui. Esse uso tem o fim ou escopo de entrar ou permanecer em território pátrio.

Pouco importa que o nome seja de outra pessoa ou fictício: a fraude se dá do mesmo modo".[37]

Não é a simples utilização do nome falso pelo estrangeiro que caracteriza o delito em estudo. Na verdade, deverá atuar com uma finalidade especial, ou seja, a de entrar ou permanecer no território nacional, pois, caso contrário, o fato poderá não se amoldar.

[36] FRAGOSO, Heleno Cláudio. *Lições de direito penal* – parte especial, v. II, p. 376.

[37] NORONHA, Edgard Magalhães. *Direito penal*, v. 4, p. 195.

Ressalte-se, ainda, que a lei penal somente faz menção ao *nome* que é utilizado falsamente pelo estrangeiro. Assim, se o estrangeiro atribui, falsamente, a si mesmo profissão, um estado civil etc., o fato não se amoldará ao tipo do art. 309 do Código Penal, não se admitindo, em obediência ao princípio da legalidade, a utilização da analogia *in malam partem*.

Configurado, na hipótese, o crime de fraude de Lei sobre estrangeiros (CP, art. 309), por isso que o agente utilizou nome e documentos de seu tio para entrar e permanecer no território nacional. A jurisprudência, em regra, não admite a substituição da pena, quando o condenado não possui residência no país. Precedentes (TRF 1ª Reg., ACr 2008.36.00.013310-8, Rel. Des. Fed. Mário César Ribeiro, *DJF1* 21/05/2009, p. 171).

Nesse sentido:

TRF 3ª Reg., ACr 31475, Rel. Des. Fed. Henrique Geaquinto Herkenhoff, *DEJF* 13/02/2009, p. 268; TRF 1ª Reg., ACr 200438000095450/MG, Rel. Des. Fed. Hilton Queiroz, 4ª T., pub. 22/09/2005; TRF 4ª Reg., AC 96040133-6/PR, Rel. Jardim de Camargo, j. 10/08/1998; TJSP, Ap. 109727, Rel. Albuquerque Maranhão, *RT* 433, p. 365.

Classificação doutrinária

Crime próprio, na modalidade fundamental, e comum na modalidade qualificada; doloso (não havendo previsão para a modalidade de natureza culposa); comissivo (podendo, também, nos termos do art. 13, § 2º, do Código Penal, ser praticado via omissão imprópria, na hipótese de o agente gozar do *status* de garantidor); de forma vinculada; instantâneo; monossubjetivo; plurissubsistente ou monossubsistente (dependendo da forma como o delito for praticado, podendo ou não ser fracionado o *iter criminis*); transeunte.

Sujeito ativo e sujeito passivo

No que diz respeito à modalidade fundamental, somente o estrangeiro é que pode figurar como *sujeito ativo;* já na modalidade qualificada, prevista pelo parágrafo único do art. 309, cuida-se de crime comum, razão pela qual qualquer pessoa poderá ser considerada sujeito ativo do delito.

O sujeito ativo do crime previsto no artigo 309 do Código Penal deve ser obrigatoriamente estrangeiro que utilize nome que não é seu para entrar ou permanecer em território nacional, como ocorre no presente caso em que a ré tem origem boliviana (TRF 3ª Reg., ACr 25318, Rel. Des. Fed. Luís Paulo Cotrim Guimarães, *DJU* 18/04/2008, p. 773).

Sujeito passivo é o Estado.

Objeto material e bem juridicamente protegido

A *fé pública* é o bem juridicamente protegido pelo tipo penal que prevê o delito de *fraude de lei sobre estrangeiro.*

Não há objeto material.

Consumação e tentativa

O delito previsto no *caput* do art. 309 do Código Penal se consuma quando o estrangeiro, efetivamente, usa um nome que não é o seu, ou seja, se identifica como outra pessoa, sendo que assim atua para entrar ou permanecer no território nacional. Merece ser ressaltado que a simples utilização de um nome que não é o da pessoa já configura o delito em exame, não havendo necessidade de que, com isso, consiga entrar ou permanecer no território nacional.

Embora seja de difícil ocorrência, preferimos não descartar a possibilidade de tentativa, dependendo do caso concreto, onde se poderá, com mais precisão, verificar ou não a sua ocorrência.

Com relação à modalidade qualificada, o delito se consuma quando o agente *atribui,* ou seja, imputa a estrangeiro falsa qualidade, almejando, com isso, promover-lhe a entrada em território nacional. O delito se consuma mesmo que o agente não consiga atingir a sua finalidade, vale dizer, a entrada do estrangeiro em território nacional, considerada como mero exaurimento do crime.

Também aqui será difícil o reconhecimento da tentativa.

Elemento subjetivo

O dolo é o elemento subjetivo exigido tanto pelo *caput* quanto pelo parágrafo único do art. 309 do Código Penal, não havendo previsão para a modalidade de natureza culposa.

Modalidades comissiva e omissiva

Os núcleos *usar* (*caput*) e *atribuir* (parágrafo único) pressupõem um comportamento comissivo por parte do agente, podendo, no entanto, ser cometido via omissão imprópria.

Modalidade qualificada

A modalidade qualificada é prevista pelo parágrafo único do art. 309 do Código Penal, que lhe foi acrescentado pela Lei nº 9.426, de 24 de dezembro de 1996. Aqui, ao contrário da situação prevista no *caput*, o sujeito ativo é alguém que imputa ao estrangeiro falsa qualidade. *Qualidade* é um termo amplo, que abrange não somente o nome, mas outros dados que podem servir para identificá-lo, a exemplo da profissão, filiação, idade, condição social etc.

A conduta do agente ao imputar uma qualidade falsa a um estrangeiro deve ser dirigida finalisticamente no sentido de promover-lhe a entrada no território nacional, pois, caso contrário, o fato poderá ser considerado um indiferente penal. Dessa forma, assiste razão a Luiz Regis Prado quando afirma: "É preciso que a falsa qualidade atribuída tenha nexo lógico com os requisitos exigidos para o ingresso do alienígena em território nacional. Assim, *v.g.*, configura o tipo afirmar falsamente que o estrangeiro é ministro de confissão religiosa, para propiciar sua entrada (...). De outro lado, não haverá o crime se a atribuição da falsa qualidade nenhuma relação tem com as exigências legais ou regulamentares para admissão no território brasileiro (*v.g.*, atribuir-lhe formação universitária, quando o estrangeiro pleiteia visto de turista), porque nesse caso o falso é inócuo".[38]

Como o parágrafo único do art. 309 do Código Penal somente menciona a finalidade do agente em promover a *entrada* do estrangeiro em território nacional, ficará afastada do mencionado tipo penal a conduta do agente quando dirigida a fazer com ele aqui *permaneça*, podendo, se for o caso, se amoldar a outra figura típica, a exemplo do art. 307 do Código Penal.

Pena, ação penal e suspensão condicional do processo

Para a modalidade fundamental do delito de *fraude de lei sobre estrangeiro*, comina o preceito secundário do art. 309 do Código Penal uma pena de detenção, de 1 (um) a 3 (três) anos, e multa.

Para a modalidade qualificada, constante do parágrafo único, que foi acrescentado ao art. 309 do Código Penal pela Lei nº 9.426, de 24 de dezembro de 1996, está prevista uma pena de reclusão, de 1 (um) a 4 (quatro) anos, e multa.

A ação penal é de iniciativa pública incondicionada. Será possível a confecção de proposta de suspensão condicional do processo, em ambas as modalidades.

> **Art. 310.** Prestar-se a figurar como proprietário ou possuidor de ação, título ou valor pertencente a estrangeiro, nos casos em que a este é vedada por lei a propriedade ou a posse de tais bens:
> Pena – detenção, de seis meses a três anos, e multa.

Introdução

Em diversas passagens, a Constituição Federal reserva a propriedade de determinados bens, por diversos motivos (segurança nacional, interesses políticos, socioeconômicos etc.), aos brasileiros natos ou, pelo menos, naturalizados. Veja-se, por exemplo, o disposto no *caput* de seu art. 222.

Por isso, a norma constante do art. 310 do Código Penal proíbe essa espécie de "simulação" em que o agente, de acordo com a redação legal, *presta-se a figurar* como proprietário ou possuidor de ação, título ou valor pertencente a estrangeiro, nos casos em que lhe é vedada por lei a propriedade ou a posse de tais bens. O agente, na verdade, funciona como um "testa de ferro", também conhecido vulgarmente como "laranja", burlando, assim, as proibições constantes de nosso ordenamento jurídico.

Trata-se, portanto, de norma penal em branco, devendo o intérprete conhecer o seu complemento, onde se

encontram as proibições destinadas aos estrangeiros, a fim de que ela possa ser entendida e aplicada.

O agente ("testa de ferro" ou "laranja") pode agir gratuita ou onerosamente, ou seja, prestar-se a figurar como proprietário em troca de uma vantagem qualquer, ou mesmo levar a efeito o comportamento típico movido por um sentimento de amizade com o estrangeiro.

Classificação doutrinária

Crime comum, tanto no que diz respeito ao sujeito ativo quanto ao sujeito passivo; doloso (não havendo previsão para a modalidade de natureza culposa); comissivo (podendo, também, nos termos do art. 13, § 2º, do Código Penal, ser praticado via omissão imprópria, na hipótese de o agente gozar do *status* de garantidor); de forma livre; instantâneo; monossubjetivo; plurissubsistente; não transeunte.

Sujeito ativo e sujeito passivo

Qualquer pessoa de nacionalidade brasileira pode ser *sujeito ativo*.
O sujeito passivo é o Estado.

Objeto material e bem juridicamente protegido

A fé pública é o bem juridicamente protegido pelo tipo penal que prevê o delito de *falsidade em prejuízo de nacionalização de sociedade*.

O objeto material é a ação, título ou valor pertencente a estrangeiro, dos quais o agente simula ser proprietário ou possuidor.

Consumação e tentativa

O delito se consuma, segundo Noronha, "quando se dá a efetiva substituição do verdadeiro possuidor ou proprietário, isto é, quando o "homem de palha" passa a ter ou possuir aparentemente os valores que não lhe pertencem".[39]

A tentativa é admissível.

Elemento subjetivo

O dolo é o elemento subjetivo exigido pelo tipo penal que prevê o delito de *falsidade em prejuízo da nacionalização de sociedade*, não havendo previsão para a modalidade de natureza culposa.

Modalidades comissiva e omissiva

A conduta de prestar-se a figurar como proprietário ou possuidor pressupõe um comportamento comissivo por parte do agente, podendo, no entanto, ser cometido via omissão imprópria.

Pena, ação penal e suspensão condicional do processo

A pena cominada ao delito em estudo é de detenção, de 6 (seis) meses a 3 (três) anos, e multa.

---

[38] PRADO, Luiz Regis. *Curso de direito penal brasileiro*, v. 4, p. 312.
[39] NORONHA, Edgard Magalhães. *Direito penal*, v. 4, p. 200.

A ação penal é de iniciativa pública incondicionada. Será possível a confecção de proposta de suspensão condicional do processo.

Adulteração de sinal identificador de veículo

Art. 311. Adulterar, remarcar ou suprimir número de chassi, monobloco, motor, placa de identificação, ou qualquer sinal identificador de veículo automotor, elétrico, híbrido, de reboque, de semirreboque ou de suas combinações, bem como de seus componentes ou equipamentos, sem autorização do órgão competente:

Pena – reclusão, de 3 (três) a 6 (seis) anos, e multa.

§ 1º Se o agente comete o crime no exercício da função pública ou em razão dela, a pena é aumentada de um terço.

§ 2º Incorrem nas mesmas penas do *caput* deste artigo:

I – o funcionário público que contribui para o licenciamento ou registro do veículo remarcado ou adulterado, fornecendo indevidamente material ou informação oficial;

II – aquele que adquire, recebe, transporta, oculta, mantém em depósito, fabrica, fornece, a título oneroso ou gratuito, possui ou guarda maquinismo, aparelho, instrumento ou objeto especialmente destinado à falsificação e/ou adulteração de que trata o *caput* deste artigo; ou

III – aquele que adquire, recebe, transporta, conduz, oculta, mantém em depósito, desmonta, monta, remonta, vende, expõe à venda, ou de qualquer forma utiliza, em proveito próprio ou alheio, veículo automotor, elétrico, híbrido, de reboque, semirreboque ou suas combinações ou partes, com número de chassi ou monobloco, placa de identificação ou qualquer sinal identificador veicular que devesse saber estar adulterado ou remarcado.

§ 3º Praticar as condutas de que tratam os incisos II ou III do § 2º deste artigo no exercício de atividade comercial ou industrial:

Pena – reclusão, de 4 (quatro) a 8 (oito) anos, e multa.

§ 4º Equipara-se a atividade comercial, para efeito do disposto no § 3º deste artigo, qualquer forma de comércio irregular ou clandestino, inclusive aquele exercido em residência.

Introdução

Até o advento da Lei nº 9.426, de 24 de dezembro de 1996, não havia sido previsto em nosso ordenamento jurídico-penal o delito de *adulteração de sinal identificador de veículo*, fruto de uma "nova onda de criminalidade", que teve início quando os proprietários de oficinas mecânicas, ou mesmo pessoas com habilidades no conserto de veículos, passaram a auxiliar grupos criminosos, modificando os sinais identificadores dos veículos que tinham sido objeto de infração penal (furto, roubo, receptação etc.).

A criação do delito de *adulteração de sinal identificador de veículo* veio, na verdade, preencher essa lacuna, uma vez que aqueles que auxiliavam esses grupos criminosos, geralmente, ficavam impunes, pois que somente intervinham após a consumação da infração penal, ou seja, após, por exemplo, a prática do furto ou do roubo, quando já não era mais possível o recurso ao art. 29 do Código Penal, que prevê o concurso de pessoas, a não ser que o sujeito que levava a efeito a adulteração ou a remarcação do chassi, *v.g.*, fizesse parte do grupo. Até mesmo nessa hipótese, somente haveria responsabilização penal pelo delito contra o patrimônio que havia sido praticado, vale dizer, a subtração do veículo automotor.

Agora, com a criação típica do delito de *adulteração de sinal identificador de veículo*, pune-se, de forma autônoma, o delito contra o patrimônio, bem como a infração penal contra a fé pública, podendo, inclusive, se for o caso, haver o concurso de crimes.

Inicialmente, o tipo penal em estudo havia recebido a rubrica de *adulteração de sinal identificador de veículo automotor*. Contudo, em 26 de abril de 2023, a Lei nº 14.562 promoveu importantes alterações no referido tipo penal, prevendo outros comportamentos, adaptando-o à atual realidade.

O núcleo *adulterar* é utilizado pelo texto legal no sentido de mudar, alterar, modificar; *remarcar* significa marcar de novo, tornar a marcar; *suprimir* tem o sentido de eliminar completamente. Dessa forma, ou o agente pode adulterar, por exemplo, o chassi de um automóvel, modificando apenas alguns números ou letras, ou pode remarcá-lo completamente, retirando a sua anterior identificação, ou, ainda, suprimi-lo, apagando-o, riscando-o ou recortando-o completamente.

Objeto material da ação do sujeito é o número de chassi, monobloco, motor, placa de identificação, ou qualquer sinal identificador de veículo automotor, elétrico, híbrido, de reboque, de semirreboque ou de suas combinações, bem como de seus componentes ou equipamentos, sem autorização do órgão competente. A conduta do agente, como esclarecido, visa a não permitir a identificação original do veículo. (*Vide* arts. 114 e 115 do Código de Trânsito brasileiro.) É pacífica a jurisprudência em ambas as turmas que a conduta consistente na troca de placas de veículo configura o crime previsto no art. 311, *caput*, do Código Penal, tendo em vista a adulteração dos sinais identificadores (STJ, AgRg no AREsp 1.352.798/MS, Rel. Min. Ribeiro Dantas, 5ª T., *DJe* 03/12/2018).

Nesse sentido:

STJ, REsp 1.722.894/RJ, Rel. Min. Jorge Mussi, 5ª T., *DJe* 25/05/2018; STJ, HC 407.207/SP, Rel. Min. Ribeiro Dantas, 5ª T., *DJe* 21/09/2017; STJ, AgRg no AREsp 582.982/RJ, Rel. Min. Joel Ilan Paciornik, 5ª T., *DJe* 15/08/2016; STJ, AgRg no REsp 1216191/SP, Rel.ª Min.ª Maria Thereza de Assis Moura, 6ª T., *DJe* 29/08/2012; STJ, REsp 1035710/SP, Rel.ª

Min.ª Laurita Vaz, 5ª T., *DJe* 21/06/2011; STJ, AgRg no REsp 980621/RS, Rel.ª Min.ª Maria Thereza de Assis Moura, 6ª T., *DJe* 21/03/2011; TJRS, ACr 70036311488, Rel. Des. Aristides Pedroso de Albuquerque Neto, *DJERS* 03/08/2010; TJMG, APCR 0616215-44.2004.8.13.0480, Rel. Des. Eduardo Brum, *DJEMG* 21/07/2010; TJDF, Ac. 432.142, Rel. Des. Silvânio Barbosa dos Santos, *DJDFTE* 15/07/2010, p. 159; STJ, HC 142.131/MA, Rel. Min. Og Fernandes, 6ª T., *DJe* 21/06/2010; TJRS, Ap. Crim. 70028059723, 4ª Câm. Crim., Rel. José Eugênio Tedesco, j. 25/06/2009.

Classificação doutrinária

Crime comum, tanto no que diz respeito ao sujeito ativo quanto ao sujeito passivo; doloso (não havendo previsão para a modalidade de natureza culposa); comissivo (podendo, também, nos termos do art. 13, § 2º, do Código Penal, ser praticado via omissão imprópria, na hipótese de o agente gozar do *status* de garantidor); de forma livre; instantâneo; monossubjetivo; plurissubsistente; não transeunte.

Sujeito ativo e sujeito passivo

Qualquer pessoa pode ser *sujeito ativo*.
O *sujeito passivo* é o Estado, bem como aquelas pessoas eventualmente prejudicadas com o comportamento praticado pelo agente.

Objeto material e bem juridicamente protegido

A fé pública é o bem juridicamente protegido pelo tipo penal que prevê o delito de *adulteração de sinal identificador de veículo*.
O objeto material é o número do chassi, monobloco, motor, placa de identificação, ou qualquer sinal identificador de veículo automotor, elétrico, híbrido, de reboque, de semirreboque ou de suas combinações, bem como de seus componentes ou equipamentos.

⚖ Este Superior Tribunal firmou o entendimento no sentido de que é típica a conduta de instalar e alterar número de placa de veículo automotor com tinta preta, conforme ocorreu na espécie dos autos. E isto porque a objetividade jurídica tutelada pelo art. 311 do CP é a fé pública ou, mais precisamente, a proteção da autenticidade dos sinais identificadores de automóveis (STJ, AgRg no AREsp 766.475/PR, Rel. Min. Ribeiro Dantas, 5ª T., *DJe* 19/05/2017).

Nesse sentido:
⚖ TJMG, Ap. Crim. 1.0433.05.169525-5/001[1], Rel. Eduardo Brum, j. 20/05/2008.

Consumação e tentativa

O delito se consuma quando o agente, efetivamente, leva a efeito a adulteração, a remarcação ou a supressão do chassi, monobloco, motor, placa de identificação, ou qualquer sinal identificador de veículo automotor, elétrico, híbrido, de reboque, de semirreboque ou de suas combinações, bem como de seus componentes ou equipamentos, sem autorização do órgão competente.

A tentativa é admissível.

⚖ O delito de adulterar sinal identificador de veículo automotor é instantâneo de efeitos permanentes, ou seja, consuma-se no momento em que há a efetiva falsificação, que, por sua vez, perdura no tempo (STJ, HC 190619/RS, Rel. Min. Jorge Mussi, 5ª T., *DJe* 10/04/2013).

Nesse sentido:
⚖ TJES, ACr 24070648449, Rel.ª Des.ª Subst. Eliana Junqueira Munhos, *DJES* 13/08/2010, p. 193; TJMG, AC 1.0024.00.001634-5/001, Rel. Armando Freire, *DJ* 29/11/2005.

Elemento subjetivo

O dolo é o elemento subjetivo exigido pelo tipo penal que prevê o delito de *adulteração de sinal identificador de veículo*, não havendo previsão para a modalidade de natureza culposa.

⚖ (...) 3. A jurisprudência deste Superior Tribunal entende que a simples conduta de adulterar a placa de veículo automotor é típica, enquadrando-se no delito descrito no art. 311 do Código Penal. Não se exige que a conduta do agente seja dirigida a uma finalidade específica, basta que modifique qualquer sinal identificador de veículo automotor (AgRg no AREsp 860.012/MG, Rel. Min. Rogerio Schietti Cruz, 6ª T., *DJe* 16/02/2017). (...) (AgRg nos EDcl no AREsp 1.713.529/SP, Rel. Min. Reynaldo Soares da Fonseca, 5ª T., julgado em 15/09/2020, *DJe* 21/09/2020)

Nesse sentido:
⚖ STJ, AgRg no REsp 1319351/SP, Rel.ª Min.ª Laurita Vaz, 5ª T., *DJe* 18/02/2013; STF, HC 107507/RS, Rel.ª Min.ª Rosa Weber, 1ª T., *DJe* 04/06/2012; STJ, HC 104.971/SP, Rel. Min. Jorge Mussi, 5ª T., *DJe* 09/08/2010.

Modalidades comissiva e omissiva

Os núcleos *adulterar, remarcar* e *suprimir* pressupõem um comportamento comissivo por parte do agente, podendo, no entanto, ser cometido via omissão imprópria.

Causa especial de aumento de pena

Se o agente comete o crime no exercício da função pública ou em razão dela, a pena é aumentada de um terço, nos termos do § 1º do art. 311 do Código Penal.

Modalidades assemelhadas

Diz o § 2º do art. 311 do Código Penal, com a redação que lhe foi conferida pela Lei nº 14.562, de 26 de abril de 2023, *verbis*:
§ 2º Incorrem nas mesmas penas do *caput* deste artigo:
I – o funcionário público que contribui para o licenciamento ou registro do veículo remarcado ou adulterado, fornecendo indevidamente material ou informação oficial;
II – aquele que adquire, recebe, transporta, oculta, mantém em depósito, fabrica, fornece, a título oneroso ou gratuito, possui ou guarda maquinismo, apare-

lho, instrumento ou objeto especialmente destinado à falsificação e/ou adulteração de que trata o *caput* deste artigo; ou

III – aquele que adquire, recebe, transporta, conduz, oculta, mantém em depósito, desmonta, monta, remonta, vende, expõe à venda, ou de qualquer forma utiliza, em proveito próprio ou alheio, veículo automotor, elétrico, híbrido, de reboque, semirreboque ou suas combinações ou partes, com número de chassi ou monobloco, placa de identificação ou qualquer sinal identificador veicular que devesse saber estar adulterado ou remarcado.

Modalidade qualificada

O § 3º do art. 311 prevê a modalidade qualificada do delito em exame, asseverando:

§ 3º Praticar as condutas de que tratam os incisos II ou III do § 2º deste artigo no exercício de atividade comercial ou industrial:

Pena – reclusão, de 4 (quatro) a 8 (oito) anos, e multa.

O § 4º do art. 311 equipara à atividade comercial, para efeito do disposto no § 3º do mesmo artigo, qualquer forma de comércio irregular ou clandestino, inclusive aquele exercido em residência.

Pena e ação penal

A pena cominada ao delito de *adulteração de sinal identificador de veículo* é de reclusão, de 3 (três) a 6 (seis) anos, e multa.

Em sua modalidade qualificada, prevista no § 3º do art. 311 do Código Penal, a pena é de reclusão de 4 (quatro) a 8 (oito) anos, e multa, para aquele que praticar as condutas de que tratam os incisos II ou III do § 2º do artigo *sub examen*, no exercício de atividade comercial ou industrial.

Se o agente comete o crime no exercício da função pública ou em razão dela, a pena é aumentada em 1/3 (um terço).

A ação penal é de iniciativa pública incondicionada.

Crime continuado

⚖ Não há como reconhecer a continuidade delitiva entre os crimes de estelionato, receptação e adulteração de sinal identificador de veículo automotor, pois são infrações penais de espécies diferentes, que não estão previstas no mesmo tipo fundamental. Precedentes do STF e do STJ (STJ, REsp 738337/DF, Rel.ª Min.ª Laurita Vaz, 5ª T., *Rev. Jur.* 340, p. 151).

Alteração de placa de identificação do veículo com fita adesiva

Existe controvérsia doutrinária sobre se a alteração de placa de identificação do veículo, com fita adesiva, se configuraria no delito tipificado no art. 311 do Código Penal.

Rogério Sanches Cunha, com precisão, apontando a referida discussão doutrinária diz que, para uns:

"Não se apresentando adulteração concreta e definitiva com objetivo de fraudar a propriedade, o licenciamento ou o registro do veículo, trata-se de mera infração administrativa; para outros, há o crime do art. 311 do CP. Argumentam, em síntese, que a placa de um veículo motorizado, ao lado de outros sinais de identificação, se constitui num sinal identificador, ou melhor, como estabelece o CTB (arts. 114 e 115), um sinal externo de identificação. A circunstância de estarem tais sinais em dispositivos separados não significa que devam receber um tratamento penal diferenciado. De consequência, a alteração, adulteração ou remarcação de referido objeto, implica na incidência do art. 311 do Código Penal.

Não há, portanto, atipicidade na adulteração, contrafação, falsificação, deformação, deturpação ou remarcação de novo número ou sinal de identificação do veículo de seu componente ou equipamento, pouco importando o processo utilizado".[40]

⚖ O Superior Tribunal de Justiça bem como o Supremo Tribunal Federal já assentaram ser típica a conduta de modificar a placa de veículo automotor por meio de utilização de fita isolante. De fato, a jurisprudência é pacífica no sentido de que, a conduta de adulterar ou remarcar placas dianteiras ou traseiras de veículos automotores, por qualquer meio, se subsume perfeitamente ao tipo previsto no art. 311 do Código Penal (STJ, AgRg no REsp 1;670;062/SP, Rel.ª Min.ª Maria Thereza de Assis Moura, 6ª T., *DJe* 1º/08/2017).

Falsificação grosseira

Tem-se entendido, de forma majoritária, que a falsificação grosseira não se subsume ao delito tipificado no art. 311 do Código Penal, pois, conforme preleciona Yuri Carneiro Coêlho, "se a colocação de fita adesiva representar uma forma grosseira de adulteração, não restará típica a conduta do agente, tendo em vista a impossibilidade de violação da fé pública".[41]

Capítulo V – Das Fraudes em Certames de Interesse Público

Fraudes em certames de interesse público

Art. 311-A. Utilizar ou divulgar, indevidamente, com o fim de beneficiar a si ou a outrem, ou de comprometer a credibilidade do certame, conteúdo sigiloso de:

I – concurso público;

---

[40] CUNHA, Sanches Rogério. *Manual de direito penal* – parte especial, volume único, p. 762.

[41] COÊLHO, Yuri Carneiro. *Curso de direito penal didático*, p. 979.

II – avaliação ou exame públicos;

III – processo seletivo para ingresso no ensino superior; ou

IV – exame ou processo seletivo previstos em lei:

Pena – reclusão, de um a quatro anos, e multa.

§ 1º Nas mesmas penas incorre quem permite ou facilita, por qualquer meio, o acesso de pessoas não autorizadas às informações mencionadas no *caput*.

§ 2º Se da ação ou omissão resulta dano à Administração Pública:

Pena – reclusão, de dois a seis anos, e multa.

§ 3º Aumenta-se a pena de 1/3 (um terço) se o fato é cometido por funcionário público.

Introdução

O Capítulo V (Das fraudes em certames de interesse público) foi inserido no Título X (Dos crimes contra a fé pública) do Código Penal pela Lei nº 12.550, de 15 de dezembro de 2011, criando o tipo penal previsto no art. 311-A, que recebeu o mesmo *nomen juris*, vale dizer, *fraudes em certames de interesse público*.

Temos presenciado, nos últimos anos, o crescimento, principalmente, do número de pessoas interessadas em prestar concursos públicos, buscando, na maioria das vezes, a segurança, a estabilidade que um cargo público lhes pode proporcionar. Com um mercado de trabalho tão incerto, tão inseguro, conquistar um cargo público tornou-se quase que uma obsessão.

Muitos abandonam seus empregos privados, vendem seus bens, distanciam-se de seus familiares e amigos, enfim, fazem de tudo para adquirir tempo e recursos suficientes para poderem se dedicar exclusivamente aos estudos, com a finalidade de conquistar o "sonho do cargo público".

Nessa disputa, muitas vezes o "jogo" torna-se desigual. Isso porque algumas pessoas resolvem encurtar o caminho do sucesso da aprovação praticando condutas não somente imorais, como também criminosas, destinadas a burlar a seriedade do concurso público, por exemplo. Não são raras as notícias de vazamentos de gabaritos oficiais. Quando isso acontece, geralmente, todo o concurso é anulado, causando prejuízo não somente à Administração Pública, que teve gastos para a sua realização, como também aos demais candidatos (normalmente milhares deles), que pagaram por suas inscrições; tiveram despesas com o deslocamento para os lugares onde seriam realizados os concursos (até mesmo viajando para fora de seus Estados de origem); foram aprovados de acordo com seus méritos pessoais; enfim, o prejuízo é grande, colocando em dúvida – o que é pior – a credibilidade, a confiança que devemos ter em nossa Administração Pública, razão pela qual o mencionado tipo penal encontra-se inserido no Título X do Código Penal, que prevê os crimes contra a fé pública.

Infelizmente, também têm sido corriqueiras as notícias de fraudes para ingresso no ensino superior. Candidatos e servidores inescrupulosos compram e vendem gabaritos oficiais, obtidos de maneira ilegal e criminosa, impedindo que aqueles que se esforçaram para conquistar uma vaga em alguma instituição de ensino superior, pública ou privada, sejam impedidos de dar início aos seus estudos.

Enfim, são inúmeras as situações de fraudes em certames de interesse público, razão pela qual, com a finalidade de inibir esses comportamentos, bem como de proteger a fé pública, foi criado o delito tipificado no art. 311-A do estatuto repressivo, cujo *caput* foi além da previsão da fraude em concurso público, ou mesmo do processo seletivo para ingresso no ensino superior, dizendo, *verbis*:

Art. 311-A. Utilizar ou divulgar, indevidamente, com o fim de beneficiar a si ou a outrem, ou de comprometer a credibilidade do certame, conteúdo sigiloso de:
I – concurso público;
II – avaliação ou exame públicos;
III – processo seletivo para ingresso no ensino superior;
ou
IV – exame ou processo seletivo previstos em lei.

Os verbos nucleares são *utilizar* e *divulgar*. Utilizar tem o sentido de fazer uso, servir-se, efetivamente; divulgar significa tornar público, fazer conhecido a terceira pessoa. Em geral, quem pratica o núcleo utilizar é o *candidato* a uma das situações previstas pelos quatro incisos do art. 311-A do Código Penal, ou seja, aquele que pretende ter sucesso no concurso público, na avaliação ou no exame público, no processo seletivo para ingresso no ensino superior ou no exame ou processo seletivo previsto em lei. O núcleo divulgar, normalmente, é praticado pelo agente, que pretende que o candidato utilize as informações de conteúdo sigiloso por ele transmitidas.

O tipo prevê o elemento normativo *indevidamente*, ou seja, para que ocorra a infração penal, é necessário que a utilização ou a divulgação do conteúdo sigiloso sejam indevidas ou não permitidas para aquela situação específica.

A utilização e a divulgação serão consideradas indevidas quando dirigidas a beneficiar o próprio agente ou a outrem, ou com a finalidade de comprometer a credibilidade do certame. Percebe-se, aqui, o chamado *especial fim de agir*, vale dizer, o agente atua com o objetivo de atingir qualquer uma, ou mesmo ambas, das finalidades previstas no tipo penal: beneficiar-se a si ou a outrem ou comprometer a credibilidade do certame, com a utilização ou a divulgação de conteúdo sigiloso de: concurso público, avaliação ou exames públicos, processo seletivo para ingresso no ensino superior e exame ou processos seletivos previstos em lei. Teve o cuidado de prever a lei que a utilização ou a divulgação podem beneficiar o próprio agente ou mesmo terceira pessoa. Assim, imagine-se a hipótese, muito comum, infelizmente, nos dias de hoje, de que alguém utilize informações de conteúdo sigiloso, durante um concurso público, a fim de beneficiar terceira pessoa, por quem o agente se fazia passar durante a prova. Como se percebe, o agente em nada seria beneficiado, salvo a hipótese em que tivesse recebido alguma contrapartida financeira, pois que, se aprovado, outra pessoa, que não ele, assumiria o cargo público. Também podemos citar como exemplos em que não há qualquer contrapartida financeira, como nas hipóteses nas quais o agente quer tão somente beneficiar amigos, parentes, correligionários e, até, mesmo, amantes, divulgando-lhes informações de caráter sigiloso, que por eles serão utilizadas no certame.

Dessa forma, como diz o texto legal, haverá crime se essa utilização ou divulgação beneficiar o próprio agente ou terceira pessoa.

Normalmente, aquele que teve acesso às informações de conteúdo sigiloso amolda-se ao conceito de funcionário público (art. 327, § 1º, do CP), mesmo que por extensão. No entanto, pode ocorrer que o agente divulgador tenha tido acesso às informações de conteúdo sigiloso sem que fizesse parte da Administração Pública. As duas hipóteses estão previstas pelo tipo penal em exame, sendo que, se o agente for funcionário público, incidirá na causa especial de aumento de pena prevista pelo § 3º do art. 311-A do Código Penal, ou seja, sua pena será aumentada em um terço.

Concurso público é um processo seletivo, no qual a Administração Pública, por meio de determinados critérios objetivos, impessoais e com igualdade de condições, faz a seleção democrática de todos os interessados, permitindo o acesso a um emprego ou cargo público, conforme determina o inc. II do art. 37 da Constituição Federal, que diz, *verbis*:

Art. 37. *A Administração Pública direta e indireta de qualquer dos Poderes da União, dos Estados, do Distrito Federal e dos Municípios obedecerá aos princípios de legalidade, impessoalidade, moralidade, publicidade e eficiência e, também, ao seguinte:*

I – [...];

II – a investidura em cargo ou emprego público depende de aprovação prévia em concurso público de provas ou de provas e títulos, de acordo com a natureza e a complexidade do cargo ou emprego, na forma prevista em lei, ressalvadas as nomeações para cargo em comissão declarado em lei de livre nomeação e exoneração;

[...].

Por meio de uma análise comparativa entre os quatro incisos do art. 311-A do Código Penal, fica evidente a preocupação do legislador em não deixar fora daquele elenco qualquer tipo de certame. Assim, valeu-se de termos e expressões que, na verdade, se confundem, criando uma zona cinzenta entre eles. Por exemplo, um concurso público (inc. I) não deixa de ser uma avaliação pública ou exame público (inc. II) nem um exame ou processo seletivo previsto em lei (inc. III). Haverá situações nas quais a distinção será mais simples, como na hipótese de um concurso público, já que é mencionado expressamente pelo inc. I do art. 311-A do Código Penal. Da mesma forma, quando houver fraude no processo seletivo para ingresso no ensino superior, a exemplo do que ocorre quando alguém divulga, indevidamente, gabarito oficial para ingresso em alguma universidade, o fato se amoldará ao inc. III do referido artigo, conforme discorreremos em seguida.

As seleções públicas simplificadas para cargos públicos (temporários, por exemplo) poderiam ser questionadas como não sendo propriamente "cargo público", mas o inc. II evita essa discussão. Qualquer tipo de seleção para cargo ou função pública, efetiva ou temporária, estará abrangida pelo aludido inc. II.

O *processo seletivo para ingresso no ensino superior* é uma exigência para que alguém ingresse em qualquer universidade brasileira, depois de ter concluído o ensino médio. Normalmente, ocorre por meio dos chamados *vestibulares*, ou seja, provas que avaliarão o candidato ao curso superior, cujas matérias são aquelas estudadas durante todo o período antecedente. Conforme preconiza Fernando José Araújo Ferreira, "a nova Lei de Diretrizes e Bases da Educação Nacional exige a realização de processo seletivo para acesso aos cursos de graduação, abertos a candidatos que tenham concluído o ensino médio ou equivalente. É direito difuso de todos os brasileiros que atendam aos requisitos legais, fundamentais ao ingresso no ensino superior, participar de um processo público seletivo legítimo (art. 44, II, Lei nº 9.394/96) bem como a educação é direito de todos e dever do Estado (CF, art. 205) e, o ensino deve subordinar-se ao princípio da igualdade de condições para o acesso e permanência na escola (CF, art. 206, I).

Um processo seletivo somente será legítimo à medida que forem respeitadas todas as disposições legais pertinentes e observados todos os princípios jurídicos a que se encontram submetidas as partes"[42].

O sistema do vestibular, como forma de seleção unificada nos processos seletivos das universidades públicas federais, vem sendo substituído, em especial, pelo chamado Exame Nacional do Ensino Médio (ENEM). De acordo com o Ministério da Educação, "a proposta tem como principais objetivos democratizar as oportunidades de acesso às vagas federais de ensino superior, possibilitar a mobilidade acadêmica e induzir a reestruturação dos currículos do ensino médio. As universidades possuem autonomia e po-

---

[42] FERREIRA, Fernando José Araújo. Processo seletivo vestibular nas universidades e faculdades particulares e a nova LDB (Lei 9.394/96). *Revista Eletrônica PRPE*, p. 2, out. 2003.

derão optar entre quatro possibilidades de utilização do novo exame como processo seletivo:

- Como fase única, com o sistema de seleção unificada, informatizado e *on-line*;
- Como primeira fase;
- Combinado com o vestibular da instituição;
- Como fase única para as vagas remanescentes do vestibular".[43]

Qualquer que seja a forma do processo seletivo para ingresso no curso superior encontra-se prevista pelo inc. III do art. 311-A do Código Penal, seja ele realizado por uma instituição pública ou privada.

Como se fosse uma previsão residual, com a finalidade de não permitir que qualquer fraude em certames de interesse público ficasse fora do tipo penal em estudo, foi elencado pelo inc. IV do art. 311-A do Código Penal o *exame ou processo seletivo previsto em lei*. Com todas essas previsões, fecha-se completamente o cerco, visando impedir que alguém seja indevidamente beneficiado com essas modalidades de fraude, ou mesmo que seja comprometida a credibilidade do certame, protegendo-se, portanto, a fé pública.

O § 1º do art. 311-A assevera que *nas mesmas penas incorre quem permite ou facilita, por qualquer meio, o acesso de pessoas não autorizadas às informações mencionadas no caput*.

Permitir significa atender quando lhe é solicitado, conceder. *Facilitar* tem o sentido de tornar fácil, removendo, afastando as dificuldades, seja fazendo, ou mesmo deixando de fazer alguma coisa a que estava obrigado. Com a prática de um desses comportamentos o agente faz com que terceira pessoa tenha acesso às informações de conteúdo sigiloso, que poderão ser utilizadas ou mesmo divulgadas para beneficiar alguém ou comprometer a credibilidade do certame.

A expressão *por qualquer meio*, utilizada pelo texto legal, tem a finalidade de abranger qualquer situação, positiva ou negativa, praticada pelo agente para que terceira pessoa não autorizada, com a sua permissão ou facilitação, tenha acesso ao conteúdo sigiloso de: concurso público; avaliação ou exame públicos; processo seletivo para ingresso no ensino superior; ou exame ou processo seletivo previstos em lei.

⚖ Consoante já decidiu esta Corte Superior, "a expressão 'conteúdo sigiloso' previsto no art. 311-A do Código Penal não deve se restringir, exclusivamente, ao gabarito oficial da Instituição organizadora do certame, mas, igualmente, abranger aquele especialista que realiza a prova e, antes de terminar o período de duração do certame, transmite, por meio eletrônico, as respostas corretas ou o seu próprio gabarito, ainda que sem correção doutrinária/legal, a outros candidatos que ainda encontram-se realizando o certame, pois, antes do término do prazo de duração da prova, as respostas de um candidato são sigilosas em rela-

ção aos demais candidatos que ainda encontram-se na realização do processo seletivo" (RHC 81.735/PA, Rel. Min. Reynaldo Soares da Fonseca, 5ª T., julgado em 17/08/2017, *DJe* 25/08/2017) (STJ, AgRg no REsp 1.753.609/SP, Rel. Min. Jorge Mussi, 5ª T., *DJe* 14/05/2019).

Classificação doutrinária

Crime comum com relação ao sujeito ativo e próprio quanto ao sujeito passivo; doloso (não havendo previsão para a modalidade de natureza culposa); comissivo (e também omissivo impróprio, uma vez que os comportamentos previstos pelo tipo penal podem ser praticados via omissão do agente garantidor); omissivo (no que diz respeito às condutas de *permitir* e *facilitar*, que podem ser praticadas negativamente); instantâneo, de forma livre; monossubjetivo; plurissubsistente; transeunte ou não transeunte (dependendo da forma como o delito é praticado, podendo ou não deixar vestígios).

Objeto material e bem juridicamente protegido

A fé pública é o bem juridicamente protegido pelo tipo penal que prevê o delito de *fraudes em certames de interesse público*.

Objeto material são todas as informações de conteúdo sigiloso, utilizadas ou divulgadas indevidamente pelo agente, com o fim de beneficiar a si ou a outrem, ou de comprometer a credibilidade do certame.

Sujeito ativo e sujeito passivo

Qualquer pessoa pode ser *sujeito ativo* do delito de *fraudes em certames de interesse público*, não exigindo o tipo penal *sub examen* nenhuma qualidade ou condição especial.

O *sujeito passivo* é o Estado, bem como aquelas pessoas (físicas ou jurídicas) que, de alguma forma, foram prejudicadas com o comportamento praticado pelo sujeito ativo.

Vale registrar, ainda, que, quando um concurso, por exemplo, é fraudado, quem nele obtém seu ingresso de forma criminosa, já que utilizou informações de conteúdo sigiloso, presume-se não ser tão competente tecnicamente quanto o outro candidato que foi preterido em sua vaga, caso não houvesse ocorrido a fraude. Logo, todo o país é prejudicado, pois terá um servidor menos qualificado. Não bastasse isso, o fraudador, como regra, ou efetuou o pagamento pela informação sigilosa, ou obteve as informações de conteúdo sigiloso em razão do seu "íntimo" relacionamento com o "poder". Na primeira hipótese, certamente, fará do cargo um "balcão de negócios": se seu ingresso foi ilegal, criminoso, é natural que também utilize seu cargo com o fim de "recuperar" o dinheiro "investido" na "compra" da vaga, ou, na segunda

---

[43] Disponível em: <http://portal.mec.gov.br/index.php?option=com_content&view=article&id=13318&Itemid=310>. Acesso em: 17 dez. 2011.

hipótese, não terá preocupações com o bom desempenho de suas funções ou mesmo em servir ao povo que paga seus vencimentos mediante a cobrança que lhe é feita por meio dos tributos, mas sua preocupação será com aquele que lhe proporcionou ilegalmente esse cargo (o pai, o parente, o amigo etc.). Assim, embora o Estado e os prejudicados diretos sejam os sujeitos passivos mais evidentes, em última análise, toda a sociedade é vítima desse tipo de crime.

Consumação e tentativa

No que diz respeito ao núcleo *utilizar*, consuma-se com a efetiva utilização do conteúdo sigiloso de concurso público, avaliação ou exames públicos, processo seletivo para ingresso no ensino superior ou exame ou processo seletivo previstos em lei, a exemplo daquele que é surpreendido após dar início ao registro das informações ilegalmente obtidas no caderno de resposta a ser entregue à Administração Pública, para conferência das questões. Quanto à *divulgação*, o agente que, de alguma forma, obteve acesso ao conteúdo sigiloso, consumará a infração penal quando, indevidamente, divulgá-lo a terceira pessoa, não importando se esta última tenha ou não utilizado o mencionado conteúdo sigiloso. Assim, imagine-se a hipótese em que parlamentar, ministro, desembargador, procurador-geral de justiça etc., valendo-se do cargo que ocupavam, tenham acesso ao caderno de provas e, com a finalidade de beneficiar um filho, por exemplo, divulgue-o a ele. Nesse exato momento, ou seja, em que um terceiro, indevidamente, tomou conhecimento de conteúdo sigiloso, o crime já poderá considerar-se como consumado, antes mesmo de sua efetiva utilização pelo beneficiado dessas informações.

A tentativa é admissível, uma vez que podemos fracionar o *iter criminis*. Assim, por exemplo, imagine-se a hipótese em que um candidato tenha sido beneficiado com o conhecimento antecipado do gabarito oficial de determinado concurso público, mas, antes de começar a transferir essas informações para o cartão de respostas, o fiscal da sala, percebendo o nervosismo do agente, vá até ele e o surpreenda com suas anotações. Nesse caso, entendemos que o delito restará tentado, e não consumado, pois que o agente ainda não havia feito a utilização efetiva das informações.

Por meio desse raciocínio, podemos perceber que não há necessidade de que o agente entregue seu cartão de respostas completamente preenchido para que a infração penal reste consumada. Basta, portanto, que pelo menos uma das questões tenha sido por ele respondida com base no conteúdo sigiloso que, de antemão, já se encontrava em seu poder. Por outro lado, se ainda não iniciado o preenchimento do cartão de respostas, mesmo que seja surpreendido com essas informações de conteúdo sigiloso, não podemos entender pela consumação do delito, mas, sim, pelo *conatus*.

Embora a prova seja um tanto quanto complicada, tecnicamente, é possível o raciocínio correspondente à tentativa no que diz respeito à divulgação indevida do conteúdo sigiloso. Assim, por exemplo, imagine-se a hipótese em que determinado agente, que já estava sendo alvo de investigação pela polícia, cujas linhas telefônicas se encontravam judicialmente interceptadas, seja preso no exato instante em que passaria as informações sigilosas ao candidato que seria por elas beneficiado, e, antes que o candidato tivesse acesso a essas informações, o agente tenha sido preso em flagrante. Nesse caso, como se percebe, o conteúdo não havia sido ainda divulgado, tendo o agente, no entanto, percorrido o *iter criminis* até sua última fase, vale dizer, a fase da execução, se, por exemplo, a título de imaginação, já havia retirado de seu bolso o documento com as informações sigilosas e estava entregando-as nas mãos do candidato inescrupuloso, que delas não chegou a ter conhecimento, quando foram interrompidos pela polícia.

A discussão maior será em apontar quando houve o início da execução punível e quando o agente ainda se encontrava na fase dos atos de cogitação ou de preparação. Assim, a título de raciocínio, imagine-se que os policiais tenham levado a efeito a prisão do agente, que portava essas informações de conteúdo sigiloso, antes mesmo de se encontrar com o candidato, que, por meio delas, seria beneficiado. Nesse caso, poderíamos afirmar pela tentativa do delito tipificado no art. 311-A do Código Penal ou o agente ainda se encontrava na fase dos atos preparatórios? Com certeza, teremos as duas alternativas como resposta, dependendo da corrente doutrinária que se adote. No caso em exame, acreditamos que o raciocínio correspondente aos atos preparatórios melhor se adequaria, deixando de lado até mesmo a discussão a respeito da validade da prisão em flagrante, isto é, se poderia ser considerado simplesmente como flagrante esperado, aplicando-se, consequentemente, a Súmula nº 145 do STF, ou se seria a hipótese de crime impossível, tendo em vista que o agente se encontrava vigiado pela polícia, o que impediria que terceira pessoa tivesse acesso às informações de conteúdo sigiloso.

No que diz respeito ao § 1º do art. 311-A do Código Penal, a consumação ocorrerá quando o agente, efetivamente, permitir ou facilitar, por qualquer meio, o acesso de pessoas não autorizadas às informações mencionadas no *caput* do referido artigo. Basta, portanto, que terceira pessoa, em virtude de qualquer um desses comportamentos praticados pelo agente, tenha acesso às informações de conteúdo sigiloso, independentemente de utilizá-las ou não em algum certame.

O reconhecimento da tentativa dependerá do caso concreto apresentado, quando se poderá raciocinar sobre a possibilidade do fracionamento do *iter criminis*.

Elemento subjetivo

O delito de *fraudes em certames de interesse público* somente pode ser praticado dolosamente, não havendo previsão para a modalidade de natureza culposa. A conduta deve ser dirigida finalisticamente no sentido de trazer benefício a si próprio ou a outrem, ou mesmo a de comprometer a credibilidade do certame.

Modalidades comissiva e omissiva

No que diz respeito aos núcleos *utilizar* e *divulgar*, previstos no *caput* do art. 311-A do Código Penal, tais comportamentos somente poderão ser praticados comissivamente. No entanto, o delito poderá ser cometido via omissão imprópria na hipótese em que o agente, garantidor, dolosamente, podendo, nada fizer para evitar a prática de qualquer das condutas previstas pelo tipo penal em estudo. Assim, por exemplo, imagine-se a hipótese em que um funcionário público, encarregado de fazer a vigilância do local onde se encontrava o caderno de provas que seria utilizado em determinado concurso, perceba que seu colega, que também exercia a mesma função, ia divulgá-la a alguém com a finalidade de beneficiar um amigo de infância. O agente, mesmo podendo impedir a divulgação, nada faz. Nesse caso, deverá ser responsabilizado pelo delito tipificado no art. 311-A do Código Penal.

Os núcleos *permitir* e *facilitar*, no entanto, cujas previsões encontram-se no § 1º do mencionado artigo, podem ser cometidos tanto comissiva quanto omissivamente. Assim, imagine-se a hipótese em que alguém tenha sido encarregado da vigilância do local onde se encontravam as provas oficiais de determinado concurso público. Com a finalidade de comprometer a credibilidade do certame, facilita o acesso de pessoas estranhas àquele local, deixando de vigiá-lo por alguns minutos, ou, ele próprio, abre o cofre no qual se encontrava guardado o gabarito oficial, facilitando para que estranhos a ele tivessem acesso.

Modalidades qualificadas

Diz o § 2º do art. 311-A do Código Penal:
§ 2º Se da ação ou omissão resulta dano à Administração Pública:
Pena – reclusão, de 2 (dois) a 6 (seis) anos, e multa.
Como dissemos, temos visto, com frequência, inúmeros certames sendo anulados em virtude das fraudes ocorridas. A Administração Pública, obrigada a refazer todo o procedimento de seleção, por exemplo, sofrerá danos com isso, uma vez que terá de devolver os valores pagos pelos candidatos que se inscreveram com a finalidade de concorrer a uma vaga prevista no edital de convocação, será obrigada a reimprimir todo o material utilizado, reunir novos avaliadores/examinadores que, geralmente, são remunerados, levar a efeito o pagamento das locações utilizadas para a realização das provas, contratar empresas especializadas

na organização de eventos dessa natureza. Enfim, os danos causados com a anulação de um certame, em virtude da descoberta de uma fraude, são evidentes.

Assim, dificilmente não será aplicada a modalidade qualificada quando a Administração Pública for a promotora do certame anulado.

Causa especial de aumento de pena

Preconiza o § 3º do art. 311-A do Código Penal: *§ 3º Aumenta-se a pena de 1/3 (um terço) se o fato é cometido por funcionário público.*

Dada a localização topográfica do parágrafo em estudo, na hipótese de ser o agente funcionário público, a causa especial de aumento de pena poderá ser aplicada tanto na modalidade simples, tipificada no *caput* do art. 311-A do Código Penal, como na qualificada, prevista no § 2º do mesmo artigo.

Para efeitos de reconhecimento da qualidade de funcionário público, deverá ser aplicado o art. 327 e seu § 1º do diploma repressivo.

Pena, ação penal, suspensão condicional do processo

A pena cominada para o delito de fraudes em certames de interesse público é de reclusão, de 1 (um) a 4 (quatro) anos, e multa.

Incorre nas penas previstas no *caput* do art. 311-A do Código Penal quem permite ou facilita, por qualquer meio, o acesso de pessoas não autorizadas às informações nele mencionadas.

Se da ação ou omissão resulta dano à Administração Pública, a pena é de reclusão, de 2 (dois) a 6 (seis) anos, e multa.

Aumenta-se a pena de 1/3 (um terço) se o fato é cometido por funcionário público.

A ação penal é de iniciativa pública incondicionada.

Será possível a confecção de proposta de suspensão condicional do processo, nos termos do art. 89 da Lei nº 9.099/95, para a modalidade fundamental, prevista no *caput* e no § 1º do art. 311-A do estatuto repressivo, desde que não seja aplicável a causa especial de aumento de pena, elencada no § 3º do mencionado artigo.

Funcionário público

Imagine-se a hipótese em que alguém, almejando aprovação em determinado concurso, procure o funcionário público que havia ficado encarregado de guardar o gabarito oficial e lhe ofereça determinada quantia em dinheiro para que pudesse conhecer as respostas, que seriam por ele utilizadas.

O funcionário público aceita a proposta, recebe a importância em dinheiro oferecida e permite que o candidato inescrupuloso tome conhecimento do gabarito oficial. Nessa hipótese, quais seriam as infrações penais praticadas pelo funcionário público e pelo candidato à vaga oferecida no edital do aludido concurso?

Com relação ao funcionário público, entendemos que deverá ser responsabilizado pelo crime de corrupção passiva (art. 317 do CP), em concurso material com o delito de *fraudes em certames de interesse público* (art. 311-A do CP); no que diz respeito ao candidato inescrupuloso, deverá ser responsabilizado pelo delito de corrupção ativa (art. 333 do CP) e, caso tenha feito uso ou mesmo divulgado as informações de conteúdo sigiloso a alguém, pelo crime de *fraudes em certames de interesse público* (art. 311-A do CP). Na hipótese de não ter utilizado as informações em benefício próprio ou de terceira pessoa, ou mesmo não as ter divulgado, deverá, tão somente, responder pela corrupção ativa.

Cola eletrônica

A tecnologia tem sido utilizada como um instrumento poderoso para a prática de infrações penais. Fraudes pela *internet*, hoje em dia, são mais comuns do que os "tradicionais" estelionatos, em que o agente conhece o rosto de sua vítima, e vice-versa.

A chamada "cola eletrônica" (aparelho transmissor e receptor) passou a ser frequente nos concursos públicos, provas vestibulares etc. Existe divergência doutrinária e jurisprudencial sobre o tema, sendo que determinada corrente passou a concluir pelo delito de estelionato nessas hipóteses; ou seja, aquelas em que alguém, utilizando um ponto eletrônico, após tomar conhecimento das questões, recebe todas as respostas, normalmente de alguém especializado na matéria solicitada, ou mesmo por um crime de falsidade ideológica, enquanto nossos tribunais superiores se posicionaram no sentido de entender tal comportamento como atípico, como se pode verificar pelos seguintes julgados:

⚖ Situação em que o réu foi condenado pela prática do crime previsto no art. 311-A, §§ 2º e 3º, do CP, nos anos de 2013 e 2015, à pena final de 10 (dez) anos e 8 (oito) meses de reclusão, em regime inicial fechado, além de 240 dias-multa, por ter participado de esquema para fraudar concurso público, transmitindo eletronicamente o gabarito a outros candidatos, durante o certame (artifício também conhecido como "cola eletrônica"). Para que incida a causa de aumento prevista no § 3º do inciso I do art. 311-A do Código Penal, é imprescindível que se mostre que o réu servidor público se utilizou das facilidades que o cargo lhe proporciona para a prática do intento criminoso, sob pena de responsabilidade penal objetiva pela simples condição do ser e não pelo fato que praticara (STJ, Rcl 37.247/PA, Rel. Min. Reynaldo Soares da Fonseca, S3, *DJe* 03/04/2019).

Nesse sentido:

⚖ STJ, PExt no HC 208.977/SP, Rel. Min. Gurgel de Faria, 5ª T., *DJe* 19/11/2014; STJ, HC 208.969/SP, Rel. Min. Moura Ribeiro, 5ª T., *DJe* 11/11/2013.

Com a edição da Lei nº 12.550, de 15 de dezembro de 2011, que criou o delito de *fraudes em certames de interesse público*, aqueles que praticassem a chamada "cola eletrônica" passariam a responder pelo tipo penal previsto no art. 311-A do Código Penal? Depende. Isso porque se o agente que está transmitindo as respostas ao receptor, ou seja, ao candidato que está participando do certame, havia tomado conhecimento do gabarito oficial e, agora, indevidamente, estava divulgando-o, para que o agente receptor o utilizasse no caderno de respostas, poderemos concluir pela prática do delito de *fraudes em certames de interesse público*. Agora, se o agente que está transmitindo as respostas havia tomado conhecimento das questões, já agora públicas, por meio do receptor e estava respondendo-as de acordo com sua capacidade pessoal, a discussão ainda persistirá, ou seja, para nossos tribunais superiores, o fato será atípico e para outra corrente poderá ser entendido como estelionato ou mesmo falsidade ideológica.

Assim, concluindo, nem sempre a chamada "cola eletrônica" conduzirá ao reconhecimento do delito tipificado no art. 311-A do Código Penal, que somente ocorrerá quando o agente estiver utilizando ou mesmo divulgando, indevidamente, as informações de conteúdo sigiloso, que beneficiarão alguém ou comprometerão a credibilidade do certame.

Título XI – Dos Crimes contra a Administração Pública

Capítulo I – Dos Crimes Praticados por Funcionário Público contra a Administração em Geral

Jurisprudência em Teses do Superior Tribunal de Justiça Edição nº 57: Crimes Contra a Administração Pública

1) O princípio da insignificância é inaplicável aos crimes cometidos contra a Administração Pública, ainda que o valor seja irrisório, porquanto a norma penal busca tutelar não somente o patrimônio, mas também a moral administrativa.

2) É possível o agravamento da pena-base nos delitos praticados contra a Administração Pública com fundamento no elevado prejuízo causado aos cofres públicos, a título de consequências do crime.

3) A regularidade contábil atestada pelo Tribunal de Contas não obsta a persecução criminal promovida pelo Ministério Público, ante o princípio da independência entre as instâncias administrativa e penal.

4) A agravante prevista no art. 61, II, *g*, do Código Penal não é aplicável nos casos em que o abuso de poder ou a violação de dever inerente ao cargo configurar elementar do crime praticado contra a Administração Pública.

5) Somente após o advento da Lei nº 9.983/2000, que alterou a redação do art. 327 do Código Penal, é possível a equiparação de médico de hospital particular conveniado ao Sistema Único de Saúde – SUS a funcionário público para fins penais.

6) Os advogados dativos, nomeados para exercer a defesa de acusado necessitado nos locais onde não existe Defensoria Pública, são considerados funcionários públicos para fins penais, nos termos do art. 327 do Código Penal.

7) A notificação do funcionário público, nos termos do art. 514 do Código de Processo Penal, não é necessária quando a ação penal for precedida de inquérito policial (Súmula nº 330/STJ).

8) A prática de crime contra a Administração Pública por ocupantes de cargos de elevada responsabilidade ou por membros de Poder justifica a majoração da pena-base.

9) A elementar do crime de peculato se comunica aos coautores e partícipes estranhos ao serviço público.

10) A consumação do crime de peculato-apropriação (art. 312, *caput*, 1ª parte, do Código Penal) ocorre no momento da inversão da posse do objeto material por parte do funcionário público.

11) A consumação do crime de peculato-desvio (art. 312, *caput*, 2ª parte, do CP) ocorre no momento em que o funcionário efetivamente desvia o dinheiro, valor ou outro bem móvel, em proveito próprio ou de terceiro, ainda que não obtenha a vantagem indevida.

12) A reparação do dano antes do recebimento da denúncia não exclui o crime de peculato doloso, diante da ausência de previsão legal, podendo configurar arrependimento posterior, nos termos do art. 16 do CP.

13) A instauração de ação penal individualizada para os crimes de peculato e sonegação fiscal em relação aos valores indevidamente apropriados não constitui *bis in idem*.

14) Compete à Justiça Federal o julgamento do crime de peculato se houver possibilidade de utilização da prova do referido delito para elucidar sonegação fiscal consistente na falta de declaração à Receita Federal do recebimento dos valores indevidamente apropriados.

15) Compete à Justiça Federal processar e julgar desvios de verbas públicas transferidas por meio de convênio e sujeitas à fiscalização de órgão federal.

16) Não há bilateralidade entre os crimes de corrupção passiva e ativa, uma vez que estão previstos em tipos penais distintos e autônomos, são independentes e a comprovação de um deles não pressupõe a do outro.

17) No crime de corrupção passiva, é indispensável haver nexo de causalidade entre a conduta do servidor e a realização de ato funcional de sua competência.

18) O crime de corrupção passiva praticado pelas condutas de aceitar promessa ou solicitar é formal e se consuma com a mera solicitação ou aceitação da vantagem indevida.

19) O crime de corrupção ativa é formal e instantâneo, consumando-se com a simples promessa ou oferta de vantagem indevida.

20) Não há flagrante quando a entrega de valores ocorre em momento posterior à exigência, pois o crime de concussão é formal e o recebimento se consubstancia em mero exaurimento.

21) Comete o crime de extorsão e não o de concussão, o funcionário público que se utiliza de violência ou grave ameaça para obter vantagem indevida.

Jurisprudência em Teses do Superior Tribunal de Justiça, Edição nº 81: Crimes Contra a Administração Pública – II

1) A competência para o processo e julgamento por crime de contrabando ou descaminho define-se pela

prevenção do juízo federal do lugar da apreensão dos bens. (Súmula nº 151/STJ) 2) Configura crime de contrabando (art. 334-A, CP) a importação não autorizada de arma de pressão por ação de gás comprimido ou por ação de mola, independentemente do calibre.

3) A importação não autorizada de cigarros ou de gasolina constitui crime de contrabando, insuscetível de aplicação do princípio da insignificância.

4) A importação clandestina de medicamentos configura crime de contrabando, aplicando-se, excepcionalmente, o princípio da insignificância aos casos de importação não autorizada de pequena quantidade para uso próprio.

5) Para a caracterização do delito de contrabando de máquinas programadas para exploração de jogos de azar, é necessária a demonstração de fortes indícios (e/ou provas) da origem estrangeira das máquinas ou dos seus componentes eletrônicos e a entrada, ilegalmente, desses equipamentos no país.

6) É desnecessária a constituição definitiva do crédito tributário na esfera administrativa para a configuração dos crimes de contrabando e de descaminho.

7) Aplica-se o princípio da insignificância ao crime de descaminho (art. 334, CP) quando o valor do débito tributário não ultrapasse o limite de R$ 10.000,00 (dez mil reais), a teor do disposto no art. 20 da Lei nº 10.522/2002, ressalvados os casos de habitualidade delitiva.

8) O pagamento ou o parcelamento dos débitos tributários não extingue a punibilidade do crime de descaminho, tendo em vista a natureza formal do delito.

9) Quando o falso se exaure no descaminho, sem mais potencialidade lesiva, é por este absorvido, como crime-fim, condição que não se altera por ser menor a pena a este cominada. (Tese julgada sob o rito do art. 543-C do CPC/73. Tema 933)

10) O crime de sonegação de contribuição previdenciária, previsto no art. 337-A do CP, não exige dolo específico para a sua configuração.

11) O crime de sonegação de contribuição previdenciária é de natureza material e exige a constituição definitiva do débito tributário perante o âmbito administrativo para configurar-se como conduta típica.

12) Aplica-se o princípio da insignificância ao crime de sonegação de contribuição previdenciária quando o valor do tributo ilidido não ultrapassa o patamar de R$ 10.000,00 (dez mil reais) previsto no art. 20 da Lei nº 10.522/2002.

13) O crime de falso, quando cometido única e exclusivamente para viabilizar a prática do crime de sonegação de contribuição previdenciária, é por este absorvido, consoante diretrizes do princípio penal da consunção.

Peculato

Art. 312. Apropriar-se o funcionário público de dinheiro, valor ou qualquer outro bem móvel, público ou particular, de que tem a posse em razão do cargo, ou desviá-lo, em proveito próprio ou alheio:

Pena – reclusão, de dois a doze anos, e multa.

§ 1º Aplica-se a mesma pena, se o funcionário público, embora não tendo a posse do dinheiro, valor ou bem, o subtrai, ou concorre para que seja subtraído, em proveito próprio ou alheio, valendo-se de facilidade que lhe proporciona a qualidade de funcionário.

Peculato culposo

§ 2º Se o funcionário concorre culposamente para o crime de outrem:

Pena – detenção, de três meses a um ano.

§ 3º No caso do parágrafo anterior, a reparação do dano, se precede à sentença irrecorrível, extingue a punibilidade; se lhe é posterior, reduz de metade a pena imposta.

Introdução

O art. 312 do Código Penal, inserido no Capítulo I, correspondente aos crimes praticados por funcionário público contra a administração em geral, prevê quatro modalidades do delito de peculato, a saber: *a)* peculato-apropriação (primeira parte do *caput* do art. 312); *b)* peculato-desvio (segunda parte do *caput* do art. 312); *c)* peculato-furto (§ 1º); e d) peculato culposo (§ 2º).

Nos termos da redação constante do art. 312 *caput* do Código Penal, podemos destacar os seguintes elementos: a) a conduta de se apropriar o funcionário público de dinheiro, valor ou qualquer outro bem móvel, público ou particular, do qual tem a posse em razão do cargo; b) ou desviá-lo, em proveito próprio ou alheio.

O chamado *peculato-apropriação* encontra-se no rol dos *delitos funcionais impróprios*, haja vista que, basicamente, o que o especializa em relação ao delito de apropriação indébita, previsto no art. 168 do Código Penal, é o fato de ser praticado por funcionário público em razão do cargo.

A conduta núcleo, portanto, constante da primeira parte do art. 312 do Código Penal é o verbo *apropriar*, que deve ser entendido no sentido de *tomar como propriedade, tomar para si, apoderar-se* indevidamente de dinheiro, valor ou qualquer outro bem móvel, público ou particular, de que tem a posse ou a detenção (embora o artigo só faça menção expressa àquela), em razão do cargo. Aqui, o agente inverte o título da posse, agindo como se fosse dono, vale dizer, com o chamado *animus rem sibi habendi*.

O objeto material da conduta do agente, de acordo com a redação típica, é o dinheiro (cédulas e moedas aceitas como pagamento), valor (tudo aquilo que pode ser convertido em dinheiro, vale dizer, todo documento ou papel de crédito que pode ser negociado, a exemplo das notas promissórias, ações, apólices etc.) ou qualquer outro bem móvel (isto é, um bem passível de remoção e, consequentemente, de apreensão pelo agente).

Não importa, ainda, a natureza do objeto material, isto é, se *público* ou *privado*. Assim, pratica o delito de peculato o funcionário público que se apropria tanto de um bem móvel pertencente à Administração Pública quanto de outro bem, de natureza particular, que se encontrava temporariamente apreendido ou mesmo guardado.

O importante para efeito de configuração do delito em estudo é que o funcionário público tenha se apropriado do dinheiro, valor ou bem móvel, seja ele público ou particular, de que *tem a posse em razão do cargo*. Isso significa que o sujeito tinha uma *liberdade desvigiada* sobre a coisa em virtude do cargo por ele ocupado.

⚖ (...) O crime de peculato-apropriação exige que o funcionário público receba o bem, valor ou dinheiro público em razão do cargo e no nome da Administração. É atípica a conduta de receber valores a título próprio, mesmo que o pagamento seja indevido, pois, nessa circunstância, não ocorre a inversão do título da posse nem a violação aos deveres de fidelidade e probidade do funcionário público, necessárias para a tipificação do crime de peculato-apropriação (art. 312, *caput*, primeira figura, do CP). (...) (APn 702/AP, Rel. Min. Nancy Andrighi, Corte Especial, julgado em 03/08/2020, *DJe* 14/08/2020).

Nesse sentido:

⚖ STJ, APn 910/DF, Rel. Min. Raul Araujo, CE, *DJe* 18/06/2019; STJ, REsp 1.723.969/PR, Rel. Min. Joel Ilan Paciornik, 5ª T., *DJe* 27/05/2019; STJ, REsp 1.695.736/SP, Rel.ª Min.ª Maria Thereza de Assis Moura, 6ª T., *DJe* 16/05/2018; STJ, AgRg no AREsp 850.908/RS, Rel. Min. Reynaldo Soares da Fonseca, 5ª T., *DJe* 12/08/2016; STJ, APn 702/AP, Rel. Min. João Otávio de Noronha, CE, *DJe* 1º/07/2015; TJSC, AC 2005.008313-3, Rel. Solon d'Eça Neves, j. 22/11/2005.

Dessa forma, posse e cargo devem ter uma relação direta, ou seja, uma relação de causa e efeito. Não é pelo fato de ser funcionário público que o sujeito deve responder pelo delito de peculato se houver se apropriado, por exemplo, de uma coisa móvel, mas, sim, pela conjugação do fato de que somente obteve a posse da coisa em virtude do cargo por ele ocupado. Aquele que não tinha atribuição legal para ter a posse sobre a *res* pode praticar outra infração penal que não o delito de peculato, podendo, até mesmo, responder pelo delito de apropriação indébita, furto ou mesmo peculato-furto, já que, se não tinha qualquer poder sobre a coisa, pois que ocupante de cargo que não lhe proporcionava essa condição, a liberdade sobre ela exercida poderá ser considerada como vigiada, importando, dependendo da hipótese concreta a ser apresentada, em subtração e não em apropriação.

O agente deverá, ainda, ocupar legalmente um cargo público, ou seja, ter sido nele investido corretamente, de acordo com as determinações legais, pois, caso contrário, não se configurará o delito em estudo.

A segunda parte do art. 312 do Código Penal prevê o *peculato-desvio*. Aqui, o agente não atua com *animus rem sibi habendi*, ou seja, não atua no sentido de inverter a posse da coisa, agindo como se fosse dono, mas sim desvia o dinheiro, valor ou qualquer outro bem móvel, em proveito próprio ou alheio.

⚖ 1. Peculato-desvio é crime formal para cuja consumação não se exige que o agente público ou terceiro obtenha vantagem indevida mediante prática criminosa, bastando a destinação diversa daquela que deveria ter o dinheiro. Os aspectos formais da descrição típica da conduta estão preenchidos na medida em que é desviado dinheiro destinado ao pagamento de empréstimos consignados de servidores públicos. 2. Configura peculato-desvio a retenção dos valores descontados da folha de pagamento dos servidores públicos que recebiam seus vencimentos já com os descontos dos valores de retenção a título de empréstimo consignado, mas, por ordem de administrador, os repasses às instituições financeiras credoras não eram realizados. 3. Na modalidade peculato-desvio, não se discute o deslocamento de verbas públicas em razão de gestão administrativa, mas o deslocamento de dinheiro particular em posse do Estado. Assim, a consumação do crime não depende da prova do destino do dinheiro ou do benefício obtido por agente ou terceiro. 4. Nos termos do art. 92, I, do Código Penal, a perda do cargo, função ou mandado eletivo é efeito da condenação, mas é imprescindível que o juiz fundamente especificamente a decretação desse efeito extrapenal. É absolutamente incabível que o chefe do Poder Executivo de Estado da Federação permaneça no cargo após condenação pela prática de crime cuja natureza jurídica está fundamentada no resguardo da probidade administrativa (APn 814/DF, Rel. Min. Mauro Campbell Marques, Rel. p/ Acórdão Min. João Otávio de Noronha, Corte Especial, julgado em 06/11/2019, *DJe* 04/02/2020).

Nesse sentido:

⚖ STJ, APn 702/AP, Rel. Min. João Otávio de Noronha, CE, *DJe* 1º/07/2015; STF, Inq. 2966/MT, Rel. Min. Marco Aurélio, Pleno, *DJe* 10/06/2014; TJSP, Ap. Crim. 4791523300, 15ª Câm. de Direito Criminal, Rel. Aloísio de Toledo César, pub. 30/05/2008.

As duas modalidades de peculato previstas pelo *caput* do art. 312 do Código Penal são conhecidas como *peculato próprio*, haja vista ter o agente a posse (ou mesmo a detenção) sobre o dinheiro, valor ou qualquer outro bem, em virtude do cargo.

No entanto, existe outra modalidade de peculato, prevista no § 1º do art. 312 do Código Penal, reconhecida como *imprópria*, que ocorre na hipótese do chamado *peculato-furto*.

Aqui também nos encontramos diante de um *delito funcional impróprio*, haja vista que sua distinção fundamental com o delito de furto reside no fato de que o funcionário, para efeitos de subtração do dinheiro, valor ou bem, deve valer-se da facilidade que lhe proporciona essa qualidade, pois, caso contrário, haverá a desclassificação para o delito tipificado no art. 155 do Código Penal.

O § 1º do art. 312 do Código Penal, ao contrário do que ocorre com o art. 155 do mesmo diploma legal, utiliza não somente o verbo *subtrair*, mas também *concorrer* para que seja subtraído o objeto material já citado. Assim, pode o agente, ele próprio, levar a efeito a subtração, retirando, por exemplo, o bem pertencente à Administração Pública, ou simplesmente *concorrer* para que terceiro o subtraia, a exemplo daquele que convence o vigia de determinada repartição a sair do local onde o bem se encontrava guardado, com a desculpa de irem tomar um café, a fim de que o terceiro possa ali ingressar e subtrair o bem.

Ao contrário do que ocorre com as modalidades de peculato próprio (*peculato-apropriação e peculato--desvio*), no peculato impróprio basta que o agente, funcionário público, tenha se valido dessa qualidade para fins de praticar a subtração ou concorrido para que terceiro a praticasse. Essa situação é fundamental para o reconhecimento do delito em estudo, cuja pena, comparativamente ao delito de furto, é significativamente mais grave, em virtude do maior juízo de censura, de reprovabilidade, em razão da quebra ou abuso da confiança que nele era depositada pela Administração Pública.

⚖ O peculato corresponde à infração penal praticada por funcionário público contra a administração em geral. Denominado crime próprio, exige a condição de funcionário público como característica especial do agente – de caráter pessoal – elementar do crime, admitindo-se o concurso de agentes entre funcionários públicos (ou equiparados, nos termos do art. 327, § 1º, do Código Penal) e terceiros, desde que esses tenham ciência da condição pessoal daqueles, pois referida condição é elementar do crime em tela (art. 30 do Código Penal) (STJ, HC 213143/RJ, Rel. Min. Ribeiro Dantas, 5ª T., *DJe* 09/06/2017).

Nesse sentido:

⚖ STJ, RHC 68.665/BA, Rel. Min. Felix Fischer, 5ª T., *DJe* 16/08/2017; STJ, REsp 1303748/AC, Rel. Min. Sebastião Reis Júnior, 6ª T., *DJe* 06/08/2012; STJ, HC 145.275/MS, Rel. Min. Jorge Mussi, 5ª T., *DJe* 02/08/2010; TJMG, Ap. Crim. 1.0702.05.203634-1/001[1], Rel. Walter Pinto da Rocha, j. 30/04/2008.

Classificação doutrinária

Crime próprio no que diz respeito ao *sujeito ativo* (pois que somente o funcionário público pode praticá-lo) e comum quanto ao sujeito passivo (uma vez que não somente a Administração Pública pode figurar nessa condição, como qualquer pessoa que tenha sido prejudicada com o comportamento praticado pelo sujeito ativo); doloso e culposo (haja vista que o § 3º do art. 312 do Código Penal prevê a modalidade culposa de peculato); comissivo (podendo, no entanto, ser praticado via omissão imprópria, nos termos do art. 13, § 2º, do Código Penal); material; de forma livre; instantâneo; monossubjetivo; plurissubsistente; transeunte (como regra, pois que em algumas situações será possível a realização de prova pericial).

⚖ O peculato é denominado crime próprio, pois exige a condição de funcionário público como característica especial do agente – condição que é de caráter pessoal, elementar do crime e que se comunica ao paciente, por ele ter conhecimento de que sua ex-esposa era funcionária pública (STJ, RHC 12506/MG, Rel. Min. Gilson Dipp, 5ª T., *LEXSTJ* 162, p. 259).

Sujeito ativo e sujeito passivo

O peculato exige que o *sujeito ativo* seja funcionário público, ressalvando-se, contudo, a possibilidade de o particular também poder figurar nessa condição, em virtude da norma constante do art. 30 do Código Penal.

O sujeito passivo é o Estado, bem como a pessoa física ou jurídica diretamente prejudicada com a conduta praticada pelo sujeito ativo.

⚖ O art. 312 do CP se insere no capítulo dos crimes contra a Administração Pública, e as entidades paraestatais não fazem parte da Administração Pública. Ademais, o produto das contribuições, ao ingressar nos cofres dos Serviços Sociais Autônomos perde o caráter de recurso público, não havendo se falar em dinheiro público ou particular, mas sim próprio. Precedentes do STF. – Nesse diapasão, os serviços sociais autônomos do denominado sistema "S", embora compreendidos na expressão de entidade paraestatal, são pessoas jurídicas de direito privado, definidos como entes de colaboração, mas não integrantes da Administração Pública (...) Quando o produto das contribuições ingressa nos cofres dos Serviços Sociais Autônomos perde o caráter de recurso público (ACO 1.953 AgR – ES, Rel. Min. Ricardo Lewandowski, *DJe* 19/02/2014) (STJ, RHC 90.847/PI, Rel. Min. Reynaldo Soares da Fonseca, 5ª T., *DJe* 18/04/2018).

Nesse sentido:

⚖ STJ, AgRg no REsp 1262099/RR, Rel.ª Min.ª Laurita Vaz, 5ª T., *DJe* 28/03/2014.

Objeto material e bem juridicamente protegido

A Administração Pública é o bem juridicamente protegido pelo tipo penal que prevê o delito de peculato.

⚖ O bem jurídico tutelado pelo art. 312 do Código Penal é a própria Administração Pública, em especial, o erário e a moralidade pública. O delito de peculato não possui cunho exclusivamente patrimonial, objetiva, outrossim, o resguardo da probidade administrativa, a qual não pode ser ressarcida (HC n. 88.959/

RS, Rel.ª Ministra Laurita Vaz, Quinta Turma, *DJe* 06/10/2009) (STJ, HC 239127/RS, Rel. Min. Sebastião Reis Junior, 6ª T., *DJe* 27/06/2014).

Nesse sentido:

⚖ STJ, RHC 23500/SP, Rel. Min. Jorge Mussi, 5ª T., *DJe* 24/06/2011; TJSP, AC11566173200, 15ª Câm. de Direito Criminal, Aloísio de Toledo César, pub. 29/04/2008.

O objeto material é o dinheiro, valor ou qualquer outro bem móvel, público ou particular.

Consumação e tentativa

No peculato-apropriação o delito se consuma quando o agente inverte a posse, agindo como se fosse dono, praticando qualquer dos comportamentos já mencionados quando do estudo da infração penal tipificada no art. 168 do Código Penal; no que diz respeito ao peculato-desvio, seu momento consumativo ocorre quando o agente, segundo Noronha, "dá a coisa destino diverso, quando a emprega em fins outros que não o próprio ou regular, agindo em proveito dele mesmo ou de terceiro";[1] já no peculato-furto, ocorre a consumação quando o agente consegue levar a efeito a subtração do dinheiro, valor ou bem, desde que mantenha a posse tranquila sobre a coisa, mesmo que por curto espaço de tempo, tal como ocorre com a consumação do delito de furto.

Admite-se a tentativa.

⚖ (...) O crime de peculato, na modalidade desvio, consuma-se quando à bem público móvel é dado destinação ou emprego diverso daquele para o qual ele foi entregue ao agente, independentemente da concreta obtenção do proveito próprio ou alheio, sendo, inclusive, dispensável a indicação dos beneficiários da vantagem ou dos destinatários do dinheiro desviado. Precedentes. (...) 19. O crime de peculato-apropriação exige que o funcionário público receba o bem, valor ou dinheiro público em razão do cargo e no nome da Administração. 20. É atípica a conduta de receber valores a título próprio, mesmo que o pagamento seja indevido, pois, nessa circunstância, não ocorre a inversão do título da posse nem a violação aos deveres de fidelidade e probidade do funcionário público, necessárias para a tipificação do crime de peculato-apropriação (art. 312, *caput*, primeira figura, do CP) (STJ, APn 702/AP, Rel. Min. Nancy Andrighi, Revisor Min. Laurita Vaz, Corte Especial, julgado em 03/08/2020, *DJe* 14/08/2020).

Nesse sentido:

⚖ STJ, RHC 81.451/RJ, Rel.ª Min.ª Maria Thereza de Assis Moura, 6ª T., *DJe* 31/08/2017; STJ, APn 746/MT, Rel.ª Min.ª Maria Thereza de Assis Moura, CE, *DJe* 15/02/2017; STJ, HC 37202/RJ, Rel. Min. Gilson Dipp, 5ª T., *DJ* 28/03/2005, p. 298; STJ, RHC 12540/SE, Rel. Min. Gilson Dipp, 5ª T., *DJ* 22/04/2003, p. 237; STJ, RHC 10845/SP, 5ª T., Rel. Min. Gilson Dipp, *RT* 792, p. 578.

Elemento subjetivo

Os delitos de peculato-apropriação, peculato-desvio e peculato-furto podem ser praticados dolosamente, devendo o funcionário público atuar no sentido de levar a efeito a apropriação, o desvio ou a subtração do dinheiro, valor ou qualquer outro bem móvel, público ou particular.

Existe previsão para a modalidade de natureza culposa, conforme se verifica no § 2º do art. 312 do Código Penal.

⚖ No delito de peculato desvio previsto no art. 312, *caput*, 2ª parte, do Código Penal, o elemento subjetivo do tipo consiste em desviar, em proveito próprio ou alheio, o bem móvel de que de que tem o agente a posse, empregando-o em fim diverso ao que se destinava, não se exigindo para sua configuração o fim específico de apropriação inerente ao peculato apropriação previsto no art. 312, *caput*, 1ª parte, do Diploma Penalista (STJ, AgRg nos EDcl no REsp 1273768/PR, Rel. Min. Jorge Mussi, 5ª T., *DJe* 21/03/2012).

Nesse sentido:

⚖ STJ, CE, APn 475/MT, Rel.ª Min.ª Eliana Calmon, *DJ* 06/08/2007, p. 444.

Modalidades comissiva e omissiva

Os núcleos constantes do art. 312, *caput* e § 1º do Código Penal, pressupõem um comportamento comissivo, podendo, no entanto, ser praticados via omissão imprópria.

Modalidade culposa

Encontra-se previsto no § 2º do art. 312 do Código Penal.

⚖ A conduta capaz de configurar o peculato culposo está, pois, relacionada à inobservância de um dever de cuidado objetivo relativo ao exercício da função pública, deixando desprotegido o objeto material, do que deriva a oportunidade de um terceiro agir dolosamente para subtrair o bem acautelado pela norma penal (STJ, AP 702/AP, Rel. Min. Nancy Andrighi, Revisor Min. Laurita Vaz, Corte Especial, julgado em 03/08/2020, *DJe* 14/08/2020).

Nesse sentido:

⚖ TJAP, APL 0031980-31.2005.8.03.0001, Rel. Des. Gilberto de Paula Pinheiro, *DJEAP* 17/08/2010, p. 17; STJ, APn 702/AP, Ação Penal 2011/0011824-7, Rel.ª Min.ª Nancy Andrighi, Rev.ª Min. Laurita Vaz, Corte Especial, j. 03/08/2020, *DJe* 14/08/2020; TJMG, Processo 1.0000.00.261720-7/000[1], Rel. Odilon Ferreira, pub. 16/10/2002.

Extinção da punibilidade

Se o funcionário público que concorre culposamente para o crime de outrem vier a reparar o dano até a sentença irrecorrível, será extinta a punibilidade; se a reparação lhe é posterior, a pena será reduzida de

---

[1] NORONHA, Edgard Magalhães. *Direito penal*, v. 4, p. 224.

metade, nos termos preconizados pelo § 3º do art. 312 do Código Penal.

Por sentença irrecorrível devemos entender tanto a decisão de primeiro grau, proferida pelo juízo monocrático, quanto o acórdão do Tribunal. Esse será o nosso marco para concluirmos pela extinção da punibilidade ou pela aplicação da minorante.

⚖️ (...) Afastada a hipótese de peculato na modalidade culposa, fica superada a pretensão de extinção da punibilidade pela reparação do dano, na medida em que o crime de peculato, em sua forma dolosa, não a admite, pois o bem jurídico tutelado pelo tipo penal incriminador é a moralidade administrativa (...) (STJ, RHC 120.906/BA, Rel. Min. Ribeiro Dantas, 5ª T., julgado em 16/06/2020, *DJe* 23/06/2020).

Nesse sentido:

⚖️ TJRS, ReSE 70049249022, Rel. Des. Marco Antônio Ribeiro de Oliveira, j. 02/08/2012; STJ, RHC 120.906/BA, Recurso Ordinário em *Habeas Corpus* 2019/0350598-0, Rel. Min. Ribeiro Dantas, 5ª T., j. 16/06/2020, *DJe* 23/06/2020; TJMG, Processo 1.0132.05.001384-7/001[1], Rel. Hyparco Immesi, j. 21/08/2008; STJ, RHC 7497/DF, Rel. Min. Edson Vidigal, 5ª T., *DJ* 08/09/1998, p. 76.

Causa especial de aumento de pena

Nos termos do § 2º do art. 327 do Código Penal, *a pena será aumentada da terça parte quando os autores dos crimes previstos no Capítulo I, do Título XI forem ocupantes de cargos em comissão ou de função de direção ou assessoramento de órgão da administração direta, sociedade de economia mista, empresa pública ou fundação instituída pelo poder público.*

⚖️ A norma penal incriminadora não admite a analogia *in malam partem*. Se o dispositivo não incluiu, no rol daqueles que terão suas penas majoradas em 1/3, os ocupantes de cargos político-eletivos, como o de vereador, não é possível fazer incidir a causa de aumento do art. 327, § 2º, do Código Penal tão só em função de o delito ter sido praticado no exercício da função (STJ, REsp 1.723.969/PR, Rel. Min. Joel Ilan Paciornik, 5ª T., *DJe* 27/05/2019).

Pena, ação penal, competência para julgamento e suspensão condicional do processo

Para os delitos de peculato-apropriação, peculato-desvio e peculato-furto, previstos no *caput* e no § 1º do art. 312 do Código Penal, comina a lei penal uma pena de reclusão, de 2 (dois) a 12 (doze) anos, e multa.

Para a modalidade culposa de peculato, constante do § 2º do art. 312 do Código Penal, a pena é de detenção, de 3 (três) meses a 1 (um) ano. Nesse caso, a reparação do dano, se precede à sentença irrecorrível, extingue a punibilidade; se lhe é posterior, reduz de metade a pena imposta, conforme preconiza o § 3º do art. 312 do mesmo artigo.

A pena será aumentada da terça parte, conforme determina o § 2º do art. 327 do Código Penal, nas hipóteses nele previstas.

A ação penal é de iniciativa pública incondicionada. Compete, pelo menos inicialmente, ao Juizado Especial Criminal o processo e julgamento do delito de peculato culposo.

Será possível, também, no peculato culposo, a confecção de proposta de suspensão condicional do processo.

Procedimento criminal

Vide arts. 513 a 518 do Código de Processo Penal.

Efeito da Condenação

Vide art. 92, I, *a*, do Código Penal.

⚖️ Não tendo o Magistrado de origem se manifestado sobre o efeito legal de perda do cargo público, haja vista se tratar de crime de peculato (art. 312 do CP), praticado, portanto, com violação de dever para com a Administração Pública (art. 92, inc. I, alínea "a", do CP), o único instrumento processual cabível seriam os aclaratórios. Os embargos não se prestaram ao rejulgamento da demanda, o que não se admite, mas sim à complementação da sentença, que ficou omissa quanto aos efeitos da condenação, os quais nem sequer precisam constar da denúncia, por decorrerem de texto de lei. Com efeito, verificada efetiva omissão, a qual foi de fato suprida, não se observa qualquer ilegalidade nos presentes autos (STJ, HC 320.130/SP, Rel. Min. Reynaldo Soares da Fonseca, 5ª T., *DJe* 29/03/2017).

Necessidade de notificação prévia do funcionário público

⚖️ Quanto à ofensa ao art. 514 do CPP, o procedimento especial somente é aplicável para crimes praticados por servidor público contra a Administração Pública, elencados nos art. 312 a 326 do Código Penal – CP (STJ, AgRg no AREsp 1.150.590/RS, Rel. Min. Joel Ilan Paciornik, 5ª T., *DJe* 1º/02/2019).

Nesse sentido:

⚖️ STJ, HC 369.182/AP, Rel. Min. Ribeiro Dantas, 5ª T., *DJe* 17/02/2017; STJ, HC 63479/SP, Rel. Min. Gilson Dipp, 5ª T., *DJ* 16/10/2006, p. 414.

⚖️ ***Súmula nº 330 do STJ**. É desnecessária a resposta preliminar de que trata o art. 514 do Código de Processo Penal, na ação penal instruída por inquérito policial.*

Peculato de uso

Não se pune o chamado *peculato de uso*, podendo, no entanto, ser o agente responsabilizado por um ilícito de natureza administrativa, que poderá trazer como consequência uma sanção da mesma natureza.

⚖️ Para que o delito em exame se configure, é necessário que o agente se aproprie do bem com o ânimo de se apossar definitivamente dele, motivo pelo qual a simples utilização da coisa pelo funcionário público, em seu benefício ou de terceiro, mas com a intenção de devolver, não caracteriza crime (STJ, HC 415.135/RS, Rel. Min. Felix Fischer, 5ª T., *DJe* 24/05/2018).

Nesse sentido:

⚖ STJ, HC 94168/MG, Rel.ª Min.ª Jane Silva (Desembargadora convocada TJ/MG), 6ª T., *DJ* 22/04/2008, p. 1.

Poderá, no entanto, se configurar em ato de improbidade administrativa, a exemplo do que ocorre com o inc. IV do art. 9º da Lei nº 8.429, de 2 de junho de 1992, a utilização, em obra ou serviço particular, de qualquer bem móvel, de propriedade ou à disposição de qualquer das entidades mencionadas pelo art. 1º da aludida lei, bem como o trabalho de servidores públicos, empregados ou terceiros contratados por essas entidades. O uso de bens, rendas ou serviços públicos configura-se, no entanto, em crime de responsabilidade, quando o sujeito ativo for prefeito, nos termos do inc. II do art. 1º do Decreto-Lei nº 201, de 27 de fevereiro de 1967.

⚖ Não se caracteriza como peculato de uso, por outro lado, a conduta do Prefeito que manda pagar aluguel de indústria calçadista, responsável por geração de muitos empregos, quando o mesmo incentivo já havia sido dado por administrações anteriores e já estava em andamento aprovação de lei municipal legalizando o incentivo. Apelações providas em parte (TJRS, Ap. Crim. 70018562215, 4ª Câm. Crim., Rel. Gaspar Marques Batista, j. 28/06/2007).

Nesse sentido:

⚖ TJRS, Processo 70004821468, 4ª Câm. Crim. Rel. Gaspar Marques Batista, j. 23/06/2005; TJRS, Ap. Crim. 70010140358, 4ª Câm. Crim., Rel. José Eugênio Tedesco, j. 10/03/2005.

Conflito de competência

⚖ O Serviço Nacional de Aprendizagem Comercial (SENAC), por ser entidade paraestatal com atuação em todo território nacional, está sujeita ao controle e fiscalização pelo Tribunal de Contas da União. Aplicação do Verbete Sumular nº 208 desta Corte, que enuncia ser *competência da Justiça Federal a instrução e julgamento de ilícitos praticados por Prefeitos Municipais em detrimento de verbas sujeitas a prestação de contas perante órgão federal.* Conflito conhecido para declarar competente o Juízo da 3ª Vara Federal Criminal da Subseção Judiciária de Porto Alegre/RS (STJ, 3ª Seção, CC 66354/RS, Rel. Min. Maria Thereza de Assis Moura, *DJ* 26/03/2007, p. 201).

Peculato e princípio da insignificância

⚖ **Súmula nº 599 do STJ.** *O princípio da insignificância é inaplicável aos crimes contra a Administração Pública.*

É firme a jurisprudência deste Superior Tribunal no sentido da não aplicação do princípio da insignificância aos crimes contra a Administração Pública, uma vez que a norma visa a resguardar não apenas a dimensão material, mas, principalmente, a moralidade administrativa, insuscetível de valoração econômica (STJ, AgRg no REsp 1.308.038/SP, Rel. Min. Sebastião Reis Junior, 6ª T., *DJe* 29/05/2015).

Nesse sentido:

⚖ STJ, HC 147.542/GO, Rel. Min. Gilson Dipp, 5ª T., j. 17/05/2011, *Informativo* nº 473; STF, HC 107370/SP, Rel. Min. Gilmar Mendes, 2ª T., j. 26/04/2011, *Informativo* nº 624.

Concurso de pessoas

⚖ Em se tratando de elementar do crime de peculato, é perfeitamente admissível, segundo o texto do art. 30 do Código Penal, a comunicação da circunstância da função pública aos coautores e partícipes do crime, inclusive quanto àquele estranho ao serviço público (HC 30.832/PB, Rel.ª Min.ª Laurita Vaz, 5ª T., *DJ* 19/04/2004, p. 219), desde que esses tenham ciência da condição de funcionário público daqueles (STJ, AgRg no REsp 1.459.388/DF, Rel.ª Min.ª Maria Thereza de Assim Moura, 6ª T., *DJe* 02/02/2016).

Nesse sentido:

⚖ TJES, AC 047100061259, Rel. Des. Manoel Alves Rabelo, j. 27/08/2014.

Bis in idem

⚖ Em relação ao aumento pela agravante do art. 61, II, "g", do Código Penal, verifica-se que a violação do dever funcional configura elementar do tipo previsto art. 312 do Código Penal, crime classificado como próprio, no qual o agente se assenhora de bem que detinha a posse em razão do cargo por ele exercido. Assim, não se mostra razoável o incremento da reprimenda na segunda fase da dosimetria consubstanciado em elemento do delito funcional, sob pena de incorrer *in bis in idem* (STJ, HC 300.214/RR, Rel. Min. Ribeiro Dantas, 5ª T., *DJe* 17/02/2017).

Nesse sentido:

⚖ STF, RHC 125.478 AgR/ES, Rel. Min. Teori Zavascki, 2ª T., *DJe* 02/03/2015; STJ, HC 57473/PI, Rel. Min. Arnaldo Esteves Lima, 5ª T., *DJ* 12/03/2007 p. 273.

Descrição dos fatos na denúncia

⚖ O delito de peculato, comumente, não deixa vestígios, impossibilitando a realização de exame de corpo de delito, bastando para a configuração do aludido crime a prova indireta. A jurisprudência firmou que basta a descrição genérica dos fatos, sem a individualização das condutas dos acusados, para a validade da denúncia (TJMG, Processo 1.0024. 97.100176-3/001[3], Rel. Antônio Carlos Cruvinel, pub. 25/02/2006).

Diferença entre os crimes de peculato e os previstos no art. 1º do Decreto-Lei nº 201/67

Vide incisos I a III do art. 1º do Decreto-Lei nº 201/67.

🔖 Comete o crime previsto no art. 1º, II, do Decreto-Lei nº 201/1967 o Prefeito Municipal que utiliza renda pública visando à promoção pessoal (TJRS, Ap. Crim. 70021667035, 4ª Câm. Crim., Rel. Constantino Lisbôa de Azevedo, *DJ* 29/12/2007).

Nesse sentido:

🔖 TJSC, Acordão DJJ 9.607, Rel. Nilton Macedo Machado, pub. 19/11/1996.

Coisa julgada e justiça militar

🔖 Tendo o paciente sido absolvido da conduta de desviar munições da Corporação (peculato) no âmbito da Justiça Militar, não pode vir a ser condenado posteriormente pela mesma conduta, ainda que sob nova qualificação jurídica (fornecimento de munições), sob pena de violação da coisa julgada. [...] (STJ, HC 78516/RJ, Rel. Min. Maria Thereza de Assis Moura, 6ª T., *DJ* 18/02/2008, p. 69).

Gasto indevido do dinheiro público

🔖 A presidente da Câmara de Vereadores, detentora de competência para autorizar o empenho de verbas públicas, que realiza diversas viagens efetuando despesas de combustível, hospedagem e alimentação, a cargo da respectiva Casa Legislativa, sem a devida comprovação do interesse público, pratica o delito de peculato (art. 312, *caput*, do CP) (TJMG, APCr 0013797-56.2006.8.13.0273, Rel. Des. Alberto Deodato Neto, *DJEMG* 23/07/2010).

Consolidação das Leis do Trabalho

Diz o art. 552 da CLT, *verbis*:

Art. 552. *Os atos que importem em malversação ou dilapidação do patrimônio das associações ou entidades sindicais ficam equiparados ao crime de peculato julgado e punido na conformidade da legislação penal.*

Princípio da consunção

🔖 Ordenação de despesa não autorizada é, em princípio, crime-meio para o peculato. Pelo princípio da consunção, ele é absorvido pelo peculato mais gravoso se o dolo é de assenhoreamento de valores públicos. A certificação do elemento subjetivo – o dolo – exige, no entanto, o exaurimento da instrução criminal, sendo prematuro atestá-lo ou afastá-lo em fase de recebimento de denúncia (STJ, AgRg no REsp 1.308.038/SP, Rel. Min. Sebastião Reis Junior, 6ª T., *DJe* 29/05/2015).

Peculato no Código Penal Militar

Vide art. 303 do Decreto-Lei nº 1.001/69 (Código Penal Militar).

Peculato mediante erro de outrem

Art. 313. Apropriar-se de dinheiro ou qualquer utilidade que, no exercício do cargo, recebeu por erro de outrem:

Pena – reclusão, de um a quatro anos, e multa.

Introdução

A conduta núcleo é o verbo *apropriar*, que deve ser entendido no sentido de *tomar como propriedade, tomar para si, apoderar-se* indevidamente. Essa conduta tem como objeto material o *dinheiro*, isto é, cédulas e moedas aceitas como pagamento, ou *qualquer utilidade*, vale dizer, tudo aquilo que pode servir para uso, consumo ou proveito econômico ou que pode ser avaliado em dinheiro, uma vez que, conforme alerta Hungria, "em qualquer de suas *variantes*, o peculato não pode deixar de revestir feição patrimonial".[2]

Determina o tipo penal em estudo que o dinheiro ou a utilidade deve ter sido recebido(a) pelo agente em virtude do erro de outrem. O erro aqui mencionado deve, a seu turno, ser entendido como o conhecimento equivocado da realidade. A vítima, acreditando que, por exemplo, estivesse levando a efeito corretamente o pagamento de um tributo, a quem de direito, o entrega ao agente, que não tinha competência para recebê-lo. Conforme salienta Hungria, "é indiferente a causa do erro: ignorância, falso conhecimento, desatenção, confusão etc. Pode ele versar: *a)* sobre a competência do funcionário para receber; *b)* sobre a obrigação de entregar ou prestar; *c)* sobre o *quantum* da coisa a entregar (a entrega é excessiva, apropriando-se o agente do excesso). O *tradens* pode ser um *extraneus* ou mesmo outro funcionário (também no exercício de seu cargo). Pode acontecer que o funcionário *accipiens* venha a dar pelo erro do *tradens* só posteriormente ao recebimento, seguindo-se, só então, a indébita apropriação (*dolus superveniens*)".[3]

A maioria de nossos doutrinadores, a exemplo do próprio Hungria, entende que o erro deve ser *espontâneo*, isto é, não provocado pelo sujeito ativo, pois, caso contrário, poderia haver desclassificação para uma outra figura típica, a exemplo do crime de estelionato ou mesmo concussão. Contudo, ousamos discordar dessa posição. Isso porque a lei penal não limita que o mencionado erro seja espontâneo, somente fazendo menção ao fato de que o agente tenha recebido o dinheiro ou qualquer utilidade mediante o erro de outrem.

É importante que o agente, no entanto, saiba que se apropria indevidamente de coisa que lhe foi entregue por erro, pois, caso contrário, seu dolo restará afastado.

Como já deixamos antever, também exige o tipo penal que o agente receba o objeto material em virtude

---

² HUNGRIA, Nélson. *Comentários ao código penal*, v. IX, p. 353.

³ HUNGRIA, Nélson. *Comentários ao código penal*, v. IX, p. 354

do *exercício do cargo*. Caso o agente, mesmo que momentaneamente, esteja fora do exercício do cargo, o delito poderá se configurar em estelionato.

⚖ Incorre no tipo penal de peculato mediante erro de outrem (art. 313 – CP) o agente (ex-deputado estadual) que se apropria de quotas de passagens aéreas e de correspondências repassadas por proprietários de agências de viagens, em razão da deficiência do controle exercido pela assembleia estadual (TRF 1ª Reg., ACR 2003.30.00.002583-0, Rel. Des. Fed. Olinto Menezes, *DJe* 20/02/2014).

Nesse sentido:

⚖ STJ, RHC 12506/MG, Rel. Min. Gilson Dipp, 5ª T., *LEXSTJ* 162, p. 259; TJRS, Ap. Crim., 695148916, 1ª Câm. Crim., Rel. Ranolfo Vieira, j. 18/06/1997.

Classificação doutrinária

Crime próprio no que diz respeito ao *sujeito ativo* (pois que somente o funcionário público pode praticá-lo) e comum quanto ao sujeito passivo (uma vez que não somente a Administração Pública pode figurar nessa condição, como qualquer pessoa que tenha sido prejudicada com o comportamento praticado pelo sujeito ativo); doloso; comissivo (podendo, no entanto, ser praticado via omissão imprópria, nos termos do art. 13, § 2º, do Código Penal); de forma livre; instantâneo; monossubjetivo; plurissubsistente; transeunte (como regra, pois que em algumas situações será possível a realização de prova pericial).

Sujeito ativo e sujeito passivo

O *peculato mediante erro de outrem* exige que o *sujeito ativo* seja funcionário público.

O *sujeito passivo* é o Estado, bem como a pessoa física ou jurídica diretamente prejudicada com a conduta praticada pelo sujeito ativo.

Objeto material e bem juridicamente protegido

A Administração Pública é o bem juridicamente protegido pelo tipo penal que prevê o delito de peculato mediante erro de outrem.

O objeto material do delito em estudo é o dinheiro ou qualquer outra utilidade de que se tenha apropriado o funcionário, que o recebeu por erro de outrem, no exercício do cargo.

Consumação e tentativa

O delito se consuma quando o agente, efetivamente, se apropria de dinheiro ou utilidade que, no exercício do cargo, recebeu por erro de outrem.

A tentativa é admissível.

Elemento subjetivo

O dolo é o elemento subjetivo exigido pelo tipo penal que prevê o delito de *peculato mediante erro de outrem*, não havendo previsão para a modalidade de natureza culposa.

Modalidades comissiva e omissiva

O núcleo *apropriar* pressupõe um comportamento comissivo por parte do agente, podendo, no entanto, ser praticado via omissão imprópria.

Causa especial de aumento de pena

Nos termos do § 2º do art. 327 do Código Penal, a pena será aumentada da terça parte quando os autores dos crimes previstos no Capítulo I, do Título XI forem ocupantes de cargos em comissão ou de função de direção ou assessoramento de órgão da administração direta, sociedade de economia mista, empresa pública ou fundação instituída pelo poder público.

Pena, ação penal e suspensão condicional do processo

A pena cominada ao delito de peculato mediante erro de outrem é de reclusão, de 1 (um) a 4 (quatro) anos, e multa.

A ação penal é de iniciativa pública incondicionada.

A pena será aumentada da terça parte, conforme determina o § 2º do art. 327 do Código Penal, nas hipóteses nele previstas.

Será possível a confecção de proposta de suspensão condicional do processo.

Procedimento criminal

Vide arts. 513 a 518 do Código de Processo Penal.

Efeito da condenação

Vide art. 92, I, *a*, do Código Penal.

Peculato mediante aproveitamento de erro de outrem no Código Penal Militar

Vide art. 304 do Decreto-Lei nº 1.001/69 (Código Penal Militar).

Inserção de dados falsos em sistema de informações

Art. 313-A. Inserir ou facilitar, o funcionário autorizado, a inserção de dados falsos, alterar ou excluir indevidamente dados corretos nos sistemas informatizados ou bancos de dados da Administração Pública com o fim de obter vantagem indevida para si ou para outrem ou para causar dano:

Pena – reclusão, de dois a doze anos, e multa.

Introdução

O delito de *inserção de dados falsos em sistema de informações* foi introduzido ao Código Penal por intermédio da Lei nº 9.983, de 14 de julho de 2000, que criou o art. 313-A como mais uma modalidade de peculato, reconhecido como *peculato eletrônico*, em razão do modo pelo qual o delito é praticado.

Inicialmente, prevê o tipo penal dois comportamentos: ou é o próprio funcionário autorizado quem *insere* dados falsos, ou seja, é ele quem introduz, coloca, inclui, ou *facilita* para que terceira pessoa leve a efeito sua inserção.

Na segunda modalidade de comportamento previsto pelo tipo, a conduta do funcionário autorizado é dirigida no sentido de *alterar* (mudar, modificar) *ou excluir* (remover, afastar, eliminar), indevidamente, dados verdadeiros.

Note-se que a lei se vale do elemento normativo *indevidamente*, ou seja, somente quando a alteração dos dados corretos não for devida é que se poderá configurar o comportamento típico.

Dados, sejam eles falsos ou verdadeiros, são os elementos de informação ou representação de fatos ou de instruções, em forma apropriada para armazenamento, processamento ou transmissão por meios automáticos.

Levando a efeito a distinção entre *banco de dados e sistema informatizado*, Guilherme de Souza Nucci esclarece que este último "é o conjunto de elementos, materiais ou não, coordenados entre si, que funcionam como uma estrutura organizada, tendo a finalidade de armazenar e transmitir dados, através de computadores. Pode significar uma rede de computadores ligados entre si, por exemplo, que transmitem informações uns aos outros, permitindo que o funcionário de uma repartição tome conhecimento de um dado, levando-o a deferir o pagamento de um benefício ou eliminar algum que esteja sendo pago. O *sistema informatizado* é peculiar de equipamentos de informática, podendo possuir um banco de dados de igual teor. Assim, a diferença existente entre o sistema informatizado e o banco de dados é que o primeiro sempre se relaciona aos computadores, enquanto o segundo pode ter, como base, arquivos, fichas e papéis não relacionados à informática".[4]

Para que ocorra a infração penal em estudo, o agente deve atuar com finalidade especial, entendida, pela maioria da doutrina, como um elemento subjetivo que transcende ao dolo, vale dizer, a finalidade de obter vantagem indevida (de qualquer natureza, podendo até mesmo não ter conotação econômica) para si ou para outrem ou para causar dano.

⚖ Caso em que o paciente é acusado de ser integrante de organização criminosa estruturada, apontado como pessoa de papel relevante na associação, especializada na prática de furtos e roubos de carga e caminhões na região do litoral catarinense, inclusive com apoio dos próprios caminhoneiros, se valendo do cargo público de policial civil para fazer registros falsos de ocorrências e monitorar as investigações e eventuais mandados de prisão e de busca e apreensão constantes no banco de dados da polícia, e, assim, garantir a impunidade de seus comparsas e o sucesso da empreitada criminosa (STJ, HC 503.543/SC, Rel. Min. Reynaldo Soares da Fonseca, 5ª T., *DJe* 22/08/2019).

Nesse sentido:

⚖ TRF 1ª Reg., EINACR 2007.33.04.017053-7/BA, Rel. Des. Fed. Mário Cesar Ribeiro, *DJe* 04/08/2014; TRF 1ª Reg., ACR 2006.35.00.010085-4/GO, Rel.ª Des.ª Fed. Mônica Sifuentes, *DJe* 27/06/2014; TJES, AC 019100015668, Rel. Des. Manoel Alves Rabelo, j. 20/03/2013; STJ, HC 213179/SC, Rel. Jorge Mussi, 5ª T., *DJe* 03/05/2012; TRF 4ª Reg., ACr 2005.70.00.019892-4, Rel. Des. Fed. Luiz Fernando Wowk Penteado, *DEJF* 16/06/2010, p. 820; TRF 2ª Reg., ACr 2006.51.17.001836-2, Rel. Des. Fed. André Fontes, *DEJF2* 25/05/2010; TRF 2ª Reg., ACr 2002.51.01.515924-9, Rel. Des. Fed. Messod Azulay Neto, *DEJF2* 18/05/2010; TJMG, Processo 1.0461.01.001026-6/001[1], Rel. Antônio Armando dos Anjos, j. 31/03/2009; TRF 1ª Reg., ACr 1999.35.00.011702-7/GO, Rel. Olindo Menezes, 3ª T., *DJ* 03/08/2007, p. 39.

Classificação doutrinária

Crime próprio no que diz respeito ao *sujeito ativo* (pois que somente o funcionário público pode praticá-lo) e comum quanto ao sujeito passivo (uma vez que não somente a Administração Pública pode figurar nessa condição, como qualquer pessoa que tenha sido prejudicada com o comportamento praticado pelo sujeito ativo); doloso; comissivo (podendo, no entanto, ser praticado via omissão imprópria, nos termos do art. 13, § 2º, do Código Penal); formal; de forma livre; instantâneo; monossubjetivo; plurissubsistente; não transeunte.

Sujeito ativo e sujeito passivo

Somente o funcionário público autorizado pode figurar como *sujeito ativo* do delito de *inserção de dados falsos em sistema de informações*, tipificado no art. 313-A do Código Penal. Note-se, como dissemos, que a lei exige além da qualidade de funcionário público, seja ele *autorizado*, isto é, tenha acesso, por meio de senha ou outro comando, a uma área restrita, não aberta a outros funcionários, tampouco ao público em geral. Isso não impede, contudo, que o funcionário público autorizado atue em concurso com outro funcionário (não autorizado), ou mesmo um particular, devendo todos responder pela mesma infração penal, nos termos do art. 29 do Código Penal. O *sujeito passivo* é o Estado, bem como a pessoa física ou jurídica diretamente prejudicada com a conduta praticada pelo sujeito ativo.

⚖ O acesso ao sistema de informações é inerente ao tipo do art. 313-A, pois é crime próprio, dependente da atuação do funcionário público para se consumar (TRF 1ª Reg., ACR 2007.38.01.002343-1/MG, Rel. Des. Fed. Cândido Ribeiro, *DJe* 21/02/2014).

Nesse sentido:

⚖ STJ, HC 100062/SP, Rel.ª Min.ª Laurita Vaz, 5ª T., j. 29/04/2009; TJERJ, Ap 2004.050.03044, Rel. Ricardo Bustamente, j. 21/06/2005.

---

[4] NUCCI, Guilherme de Souza. *Código penal comentado*, p. 982.

Objeto material e bem juridicamente protegido

A Administração Pública é o bem juridicamente protegido pelo tipo penal que prevê o delito de *inserção de dados falsos em sistema de informações,* especificamente no que diz respeito à proteção das informações constantes de seus sistemas informatizados ou banco de dados.

O objeto material do delito em estudo são os dados, falsos ou mesmo verdadeiros, constantes dos sistemas informatizados ou banco de dados.

Consumação e tentativa

O delito se consuma quando o agente, efetivamente, insere ou facilita que terceiro insira dados falsos, ou quando altera ou exclui indevidamente dados corretos nos sistemas informatizados ou bancos de dados da Administração Pública, com a finalidade de obter vantagem indevida para si ou para outrem ou para causar dano.

A tentativa é admissível.

Elemento subjetivo

O dolo é o elemento subjetivo exigido pelo tipo penal que prevê o delito de *inserção de dados falsos em sistema de informações,* não havendo previsão para a modalidade de natureza culposa.

⚖ A alegação de ausência de prejuízo à municipalidade, posto que houve o efetivo recolhimento do imposto, por si só, não implica em atipicidade ou afastamento do dolo. Dessarte, a conduta do apelante atinente na alteração indevida dos cadastros da Prefeitura Municipal de Lontras no sistema IPM, com pretensão de obter vantagem ilícita em favor de outrem, no caso, o seu genitor e sua colega de trabalho Iara, encontra corresponde legal no art. 313-A, do Código Penal. [...] Assim, a conduta livre e consciente do acusado em alterar tais dados para obstacularizar ou diminuir a cobrança do imposto municipal é o suficiente para consubstanciar o dolo específico exigido pelo tipo. [...] (STJ, AREsp 1.445.337, Rel. Min. Laurita Vaz, *DJe* 13/08/2019).

Nesse sentido:

⚖ TRF 1ª Reg., EINACR 2007.33.04.017053-7/BA, Rel. Des. Fed. Mário Cesar Ribeiro, *DJe* 04/08/2014; TRF 4ª Reg., ACr 2007.71.00.009526-5, Rel. Des. Fed. Paulo Afonso Brum Vaz, *DEJF* 28/05/2010, p. 407.

Modalidades comissiva e omissiva

Os núcleos *inserir, facilitar* a inserção, *alterar* e *excluir* pressupõem um comportamento comissivo por parte do agente, podendo, no entanto, ser praticado via omissão imprópria.

Causa especial de aumento de pena

Nos termos do § 2º do art. 327 do Código Penal, a pena será aumentada da terça parte quando os autores dos crimes previstos no Capítulo I, do Título XI forem ocupantes de cargos em comissão ou de função de direção ou assessoramento de órgão da administração direta, sociedade de economia mista, empresa pública ou fundação instituída pelo poder público.

Pena e ação penal

A pena cominada ao delito de *inserção de dados falsos em sistema de informações* é de reclusão, de 2 (dois) a 12 (doze) anos, e multa.

A ação penal é de iniciativa pública incondicionada.

A pena será aumentada da terça parte, conforme determina o § 2º do art. 327 do Código Penal, nas hipóteses nele previstas.

Procedimento criminal

Vide arts. 513 a 518 do Código de Processo Penal.

Efeito da condenação

Vide art. 92, I, *a,* do Código Penal.

Crime eleitoral

Vide art. 72 da Lei nº 9.504, de 30 de setembro de 1997.

Competência

⚖ A inserção de informação falsa em sistema oficial de controle do Ibama, a fim de reduzir a base de cálculo da Taxa de Controle e Fiscalização Ambiental (TCFA), consubstancia crime de competência federal, notadamente porque a conduta implica prejuízo concreto ao ente federal, uma vez que a autarquia figura com destinatária de parte da receita obtida com a sua arrecadação (STJ, CC 160.423/PE, Rel. Min. Joel Ilan Paciornik, S3, *DJe* 25/03/2019).

Nesse sentido:

⚖ STJ, AgRg no HC 177524/BA, Rel. Min. Marco Aurélio Bellizze, 5ª T., *DJe* 15/02/2013; STJ, CC 109842/SP, Rel.ª Min.ª Alderita Ramos de Oliveira, Desembargadora convocada do TJPE, S3, *DJe* 20/03/2013.

Inserção de dados falsos em sistema de informação e falsidade ideológica

Conforme destacado por Fernando Galvão:

Se o funcionário público não está autorizado a intervir no sistema informatizado ou no banco de dados, ou se quem faz a intervenção não é funcionário público (art. 327 do CP), a inserção de dados falsos, a alteração ou exclusão de dados verdadeiros que estão inseridos em um documento pode caracterizar o crime de falsidade ideológica – art. 299 do CP.[5]

⚖ A inserção de dados falsos em sistema informatizado da Administração Pública – endereço de corréu e gabarito de prova supostamente realizada por ele – visou a expedição da carteira nacional de habilitação. Daí se afirmar que o crime previsto no

---

[5] GALVÃO, Fernando. *Direito penal* – crimes contra a administração pública, p. 87.

art. 313-A se exauriu na prática daquele previsto no art. 299, tendo sido mero instrumento para a execução deste. Admite esta Corte a consunção de crime mais grave por crime menos grave. Precedentes (STJ, HC 388.543/SP, Rel. Min. Nefi Cordeiro, 6ª T., *DJe* 08/03/2018).

Modificação ou alteração não autorizada de sistema de informações

Art. 313-B. Modificar ou alterar, o funcionário, sistema de informações ou programa de informática sem autorização ou solicitação de autoridade competente:

Pena – detenção, de três meses a dois anos, e multa.

Parágrafo único. As penas são aumentadas de um terço até a metade se da modificação ou alteração resulta dano para a Administração Pública ou para o administrado.

Introdução

Dissertando sobre os núcleos *modificar* e *alterar*, Luiz Regis Prado observa, com precisão: "Embora os dicionários apontem tais palavras como sinônimas, denotando um sentido de mudança, observa-se que, no sentido do texto, a ação de modificar expressa uma transformação radical no programa ou no sistema de informações, enquanto na alteração, embora também se concretize uma mudança no programa, ela não chega a desnaturá-lo totalmente."[6]

As condutas previstas pelo tipo penal em estudo devem ser praticadas por funcionário público, tratando-se, pois, de um crime próprio. Ao contrário do que ocorre com o tipo penal constante do art. 313-A, que exigia uma qualificação especial do funcionário (que deve ser aquele autorizado a fazer a inserção dos dados), basta, aqui, a qualidade de funcionário, não exigindo o tipo do art. 313-B seja ele a pessoa autorizada, normalmente, a levar a efeito as modificações ou alterações no sistema de informações ou programas de informática.

Os objetos materiais das condutas praticadas são o sistema de informações ou programa de informática. Por *sistema de informações* podemos entender o sistema que manipula informações por meio de uso de banco de dados; *programa de informática* é o *software*. O art. 1º da Lei nº 9.609, de 19 de fevereiro de 1998, definiu o conceito de *programa de computador*. Para que se configure a infração penal *sub examen*, a conduta de modificar ou alterar deve ter sido levada a efeito sem que o funcionário tivesse autorização ou solicitação da autoridade competente.

⚖ [...] Por derradeiro, melhor sorte não lhe socorre no pleito de desclassificação do crime de inserção de dados falsos em sistema de informações com base no art. 313-A do Código Penal para o crime tipificado no art. 313-B do mesmo Diploma que busca punir a modificação ou alteração não autorizada de sistema de informações. Todas as elementares do delito estão bem demonstradas, inclusive, como acima referido, a condição de "funcionário autorizado". Da compreensão dos trechos destacados, infere-se que, conforme entendimento assente por esta Corte Superior, "não configura omissão quando, como no caso concreto, as alegações suscitadas foram diretamente enfrentadas ou houve a adoção de entendimento com elas incompatível ou que as tornou prejudicadas. Inexistência de ofensa ao art. 619 do Código de Processo Penal" (REsp 1.501.855/PR, Rel. Min. Sebastião Reis Júnior, 6ª T., julgado em 16/05/2017, *DJe* 30/05/2017). Na espécie, ficou aclarado pelo Tribunal embargado, em suma, que "todas as elementares do delito estão bem demonstradas" nos elementos de convicção carreados aos autos, "inclusive, como acima referido, a condição de 'funcionário autorizado'" (fl. 555) do Sentenciado. Assim, pelo contexto apresentado, tem preconizado este Tribunal Superior que "não há falar em negativa de prestação jurisdicional apenas porque o Tribunal local não acatou a pretensão deduzida pela parte [...]" (STJ, AREsp 1.445.337, Rel. Min. Laurita Vaz, *DJe* 13/08/2019).

Nesse sentido:

⚖ TRF 4ª Reg., ACr 2007.72.06.000128-9, Rel. Des. Fed. Paulo Afonso Brum Vaz, *DEJF* 14/01/2010, p. 860.

Classificação doutrinária

Crime próprio no que diz respeito ao *sujeito ativo* (pois que somente o funcionário público pode praticá-lo) e comum quanto ao sujeito passivo (uma vez que não somente a Administração Pública pode figurar nessa condição, como qualquer pessoa que tenha sido prejudicada com o comportamento praticado pelo sujeito ativo); doloso; comissivo (podendo, no entanto, ser praticado via omissão imprópria, nos termos do art. 13, § 2º, do Código Penal); de forma livre; instantâneo; monossubjetivo; plurissubsistente; não transeunte.

Sujeito ativo e sujeito passivo

Somente o funcionário público pode ser *sujeito ativo* do delito de *modificação ou alteração não autorizada de sistema de informações*, tipificado no art. 313-B do Código Penal.

O *sujeito passivo* é o Estado, bem como a pessoa física ou jurídica diretamente prejudicada com a conduta praticada pelo sujeito ativo.

⚖ O rito previsto para apuração de crimes praticados por funcionários públicos só é aplicável aos delitos previstos nos arts. 312 a 326 do Código Penal (STJ, HC 35048/SC, Rel. Min. Hélio Quaglia Barbosa, 6ª T., *DJ* 13/12/2004, p. 461).

---

[6] PRADO, Luiz Regis. *Curso de direito penal brasileiro*, v. 4, p. 377.

Objeto material e bem juridicamente protegido

A Administração Pública é o bem juridicamente protegido pelo tipo penal que prevê o delito de *modificação ou alteração não autorizada de sistema de informações*.

O objeto material do delito em estudo é o sistema de informações ou o programa de informática modificado ou alterado pelo funcionário sem que, para tanto, tenha havido autorização ou solicitação da autoridade competente.

Consumação e tentativa

O delito se consuma quando o agente, efetivamente, modifica ou altera sistema de informações ou programa de informática sem autorização ou solicitação de autoridade competente.

A tentativa é admissível.

Elemento subjetivo

O dolo é o elemento subjetivo exigido pelo tipo penal que prevê o delito de *modificação ou alteração não autorizada de sistema de informações*, não havendo previsão legal para a modalidade de natureza culposa.

Modalidades comissiva e omissiva

Os núcleos *modificar* e *alterar* pressupõem um comportamento comissivo por parte do agente, podendo, no entanto, ser praticado via omissão imprópria.

Causas especiais de aumento de pena

Diz o parágrafo único do art. 313-B do Código Penal:
Parágrafo único. *As penas são aumentadas de 1/3 (um terço) até a metade se da modificação ou alteração resulta dano para a Administração Pública ou para o administrado.*

Também determina o § 2º do art. 327 do Código Penal, *verbis*:

§ 2º A pena será aumentada da terça parte quando os autores dos crimes previstos neste Capítulo forem ocupantes de cargos em comissão ou de função de direção ou assessoramento de órgão da administração direta, sociedade de economia mista, empresa pública ou fundação instituída pelo poder público.

Nesse caso, ou seja, em virtude da possibilidade de existência de concurso de causas de aumento de pena, ambas previstas na Parte Especial do Código Penal, deverá o julgador, nos termos do parágrafo único do art. 68 do mesmo diploma legal, limitar-se a uma só delas, prevalecendo, no entanto, aquela que prevê um maior aumento.

Pena, ação penal, competência para julgamento e suspensão condicional do processo

A pena cominada ao delito de *modificação ou alteração não autorizada de sistema de informações* é de detenção, de 3 (três) meses a 2 (dois) anos, e multa.

A ação penal é de iniciativa pública incondicionada.

A pena será aumentada de um terço até a metade se da modificação ou alteração resulta dano para a Administração Pública ou para o administrado, havendo previsão também de uma outra majorante nos termos do § 2º do art. 327 do Código Penal.

Compete, pelo menos inicialmente, ao Juizado Especial Criminal o processo e julgamento do delito de *modificação ou alteração não autorizada de sistema de informações*.

Será possível a confecção de proposta de suspensão condicional do processo.

Procedimento criminal

Vide arts. 513 a 518 do Código de Processo Penal.

Efeito da condenação

Vide art. 92, I, *a*, do Código Penal.

Extravio, sonegação ou inutilização de livro ou documento

Art. 314. Extraviar livro oficial ou qualquer documento, de que tem a guarda em razão do cargo; sonegá-lo ou inutilizá-lo, total ou parcialmente:

Pena – reclusão, de um a quatro anos, se o fato não constitui crime mais grave.

Introdução

O núcleo *extraviar* é utilizado pelo texto legal no sentido de desencaminhar, perdendo-se do destino; *sonegar* dá a ideia de ocultar, sumir, não entregar, omitir; *inutilizar* tem o significado de tornar inútil, imprestável, podendo ocorrer a destruição, total ou parcial.

As condutas devem ter como objeto material *livro oficial* (aquele criado por lei, em sentido amplo, para determinada finalidade de registro) ou *documento*. Conforme esclarece Hungria, "para que o *livro oficial* ou *documento* (público ou particular) seja idôneo objeto material do crime do art. 314, basta que, de qualquer modo, afete o interesse administrativo ou de qualquer serviço público, ou de particulares. Ainda que represente simples valor histórico ou sirva apenas a expediente burocrático. Estão em jogo, *in exemplis*, os livros de escrituração das repartições públicas ou de registros, os 'protocolos', os papéis de arquivos ou de museus, relatório, plantas, projetos, representações, queixas formalizadas, pareceres, provas escritas de concurso, propostas de concorrência pública, autos de processos administrativos etc."[7]

O tipo penal em exame exige, ainda, para efeitos de sua configuração, que quaisquer dos comportamentos praticados sejam levados a efeito pelo agente ocupante de um cargo, cujas atribuições digam respeito à guarda do livro oficial ou documento. Assim, somente o funcionário público encarregado, *ratione*

---

[7] HUNGRIA, Nélson. *Comentários ao código penal*, v. IX, p. 355-356.

officii, pode praticar o delito de *extravio, sonegação ou inutilização de livro ou documento*. Outro funcionário público, ou mesmo um particular (*extraneus*) que venha a praticar qualquer dos comportamentos elencados pelo tipo penal do art. 314, poderá, ser for o caso, ser responsabilizado pelo crime previsto no art. 337 do diploma repressivo, ou, dependendo da hipótese concreta, pelo crime de dano qualificado.

A ausência de prejuízo não descaracteriza o delito previsto no artigo 314 do Código Penal, porquanto se trata de crime formal, que não exige para a sua configuração resultado naturalístico, consistente no efetivo prejuízo para a administração (TJMG, APCR 1.0394.99.007918-5/0011, Rel.ª Des.ª Beatriz Pinheiro Caires, *DJEMG* 24/02/2010).

Nesse sentido:

STJ, HC 117.749/DF, Rel. Min. Jorge Mussi, 5ª T., *DJe* 14/09/2009; STJ, CE, APn 267/DF, Rel. Min. José Arnaldo da Fonseca, *RT* 831, p. 538; TJMG, Processo 1.0000.00.334065-0/000 [1], Rel. Sérgio Resende pub. 09/10/2003; TJRS, Ap. Crim. 684043078, 2ª Câm. Crim., Rel. Antônio Augusto Fernandes, j. 14/11/1984.

Classificação doutrinária

Crime próprio no que diz respeito ao *sujeito ativo* (pois que somente o funcionário público pode praticá-lo) e comum quanto ao sujeito passivo (uma vez que não somente a Administração Pública pode figurar nessa condição, como qualquer pessoa que tenha sido prejudicada com o comportamento praticado pelo sujeito ativo); doloso; comissivo quando o agente praticar os comportamentos de *extraviar* e *inutilizar* (podendo, nesses casos, ser praticado via omissão imprópria, nos termos do art. 13, § 2º, do Código Penal) e omissivo no que diz respeito à conduta de *sonegar*; de forma livre; instantâneo; monossubjetivo; plurissubsistente; transeunte (como regra).

Sujeito ativo e sujeito passivo

Somente o funcionário público pode ser *sujeito ativo* do delito de *extravio, sonegação ou inutilização de livro ou documento*, tipificado no art. 314 do Código Penal.

O *sujeito passivo* é o Estado, bem como a pessoa física ou jurídica diretamente prejudicada com a conduta praticada pelo sujeito ativo.

Objeto material e bem juridicamente protegido

A Administração pública é o bem juridicamente protegido pelo tipo penal que prevê o delito de *extravio, sonegação ou inutilização de livro ou documento*.

O objeto material do delito é o livro oficial ou documento.

Consumação e tentativa

O delito se consuma quando o agente, efetivamente, extravia livro oficial ou documento, de quem tem a guarda em razão do cargo, ou quando os sonega ou os inutiliza, total ou parcialmente.

A tentativa é admissível.

Elemento subjetivo

O dolo é o elemento subjetivo exigido pelo tipo penal que prevê o delito de *extravio, sonegação ou inutilização de livro ou documento*, não havendo previsão legal para a modalidade de natureza culposa.

Ao contrário do que sustenta o agravante, não incide a Súmula n. 7 do STJ, uma vez que basta a leitura da exordial acusatória, dos documentos que a acompanham e da sentença que a rejeitou, para constatar a falta de demonstração indiciária do elemento subjetivo do crime previsto no art. 314 do CP. O dolo é elemento que compõe o tipo penal. O denunciado, em 2009, deixou de apresentar fichas funcionais requisitadas pelo *Parquet*, em conformidade com orientação técnica da Polícia Federal, amparado por pareceres e despachos que o aprovaram. À época, não era reconhecida a possibilidade de investigação criminal pelo Ministério Público. O suspeito indicou ao Procurador da República o número de inquérito policial que continha a documentação pretendida, o que viabilizou seu acesso pela instituição. Não há evidência de que o acusado agiu com consciência de, sem motivo justificado, sonegar os documentos públicos, o que impõe o reconhecimento da falta de justa causa para o exercício da ação penal (STJ, AgRg no REsp 1.637.061/DF, Rel. Min. Rogerio Schietti Cruz, 6ª T., julgado em 19/05/2020, *DJe* 03/06/2020).

Nesse sentido:

TJES, AC 32999000121, Rel. Antônio Leopoldo Teixeira, *DJ* 15/02/2000, p. 35.

Modalidades comissiva e omissiva

Os núcleos *extraviar* e *inutilizar* pressupõem um comportamento comissivo por parte do agente; ao contrário, o verbo *sonegar* nos permite raciocinar com a chamada omissão própria.

Causa especial de aumento de pena

Nos termos do § 2º do art. 327 do Código Penal, a pena será aumentada da terça parte quando os autores dos crimes previstos no Capítulo I do Título XI forem ocupantes de cargos em comissão ou de função de direção ou assessoramento de órgão da administração direta, sociedade de economia mista, empresa pública ou fundação instituída pelo poder público.

Pena, ação penal e suspensão condicional do processo

A pena cominada ao delito de *extravio, sonegação ou inutilização de livro ou documento* é de reclusão, de 1 (um) a 4 (quatro) anos, se o fato não constitui crime mais grave.

A pena será aumentada da terça parte, conforme determina o § 2º do art. 327 do Código Penal, nas hipóteses nele previstas.

A ação penal é de iniciativa pública incondicionada. Será possível a confecção de proposta de suspensão condicional do processo.

Procedimento criminal

Vide arts. 513 a 518 do Código de Processo Penal.

Efeito da condenação

Vide art. 92, I, *a*, do Código Penal.

Inutilização ou sonegação praticada por advogado ou procurador

Vide art. 356 do Código Penal.

Extravio, sonegação ou inutilização de livro ou documento no Código Penal Militar

Vide art. 321 do Decreto-Lei nº 1.001/69 (Código Penal Militar).

Emprego irregular de verbas ou rendas públicas
Art. 315. Dar às verbas ou rendas públicas aplicação diversa da estabelecida em lei:
Pena – detenção, de um a três meses, ou multa.

Introdução

O núcleo *dar* é utilizado pelo texto legal no sentido de empregar, canalizar, utilizar. A conduta do agente tem como objeto material as *verbas* ou *rendas públicas*. *Verbas*, conforme esclarece Fragoso, "são os fundos que a lei orçamentária destina aos serviços públicos ou de utilidade pública (dotações e subvenções). *Rendas* são todos os dinheiros recebidos pela fazenda pública, seja qual for a sua origem".[8]

O agente, portanto, dá às verbas ou rendas públicas aplicação diversa da estabelecida em lei. A palavra *lei*, de acordo com o texto do artigo em estudo, deve ser entendida no seu sentido estrito, abrangendo as leis complementares e as leis ordinárias, além da própria Constituição Federal, considerada como fundamento de validade de todas as leis. Veja-se, neste último caso, o disposto no *caput* do art. 212 da Constituição Federal.

Emprego irregular de verba destinada por decreto. Crime não caracterizado. A norma do art. 315 do CP não pune irregularidades administrativas, mas o comportamento do administrador que desvia numerário de meta especificada em lei – requisito que não se materializa nos casos em que o orçamento da pessoa de direito público é aprovado não por lei, mas por decreto do próprio Executivo (*RT* 617, p. 396).

Classificação doutrinária

Crime próprio no que diz respeito ao *sujeito ativo* (pois que somente o funcionário público pode praticá-lo) e comum quanto ao sujeito passivo (uma vez que não somente a Administração Pública pode figurar nessa condição, como qualquer pessoa que tenha sido pre-

judicada com o comportamento praticado pelo sujeito ativo); doloso; comissivo (podendo, no entanto, ser praticado via omissão imprópria, nos termos do art. 13, § 2º, do Código Penal); de forma livre; instantâneo; monossubjetivo; plurissubsistente; transeunte (podendo, dependendo do caso concreto, ser procedida perícia para efeitos de constatação da infração penal, quando, então, poderá ser considerado não transeunte).

Sujeito ativo e sujeito passivo

Somente o funcionário público pode ser *sujeito ativo* do delito de *emprego irregular de verbas ou rendas públicas*, tipificado no art. 315 do Código Penal, devendo o mencionado funcionário ter o poder para gerir, administrar as verbas ou rendas públicas, sendo, portanto, o responsável pelo seu emprego nos moldes determinados pela lei, a exemplo do que ocorre com o Presidente da República, ministros de Estado, governadores, secretários de Estado, enfim, qualquer daquelas pessoas responsáveis pela administração das verbas ou rendas públicas, mesmo em entidades paraestatais. Com relação aos Prefeitos, se desviar, ou aplicar indevidamente, rendas ou verbas públicas, será aplicado o Decreto-Lei nº 201, de 27 de fevereiro de 1967, que regulou especificamente a matéria.

O *sujeito passivo* é o Estado, bem como a pessoa física ou jurídica diretamente prejudicada com a conduta praticada pelo sujeito ativo.

Objeto material e bem juridicamente protegido

A Administração Pública é o bem juridicamente protegido pelo tipo penal que prevê o delito de *emprego irregular de verbas ou rendas públicas*.

O objeto material do delito são as verbas ou rendas públicas.

Consumação e tentativa

Consuma-se o delito em estudo quando o agente, efetivamente, dá às verbas ou rendas públicas aplicação diversa da estabelecida em lei.

Admite-se a tentativa.

Elemento subjetivo

O dolo é o elemento subjetivo exigido pelo tipo penal que prevê o delito de *emprego irregular de verbas ou rendas públicas*, não havendo previsão legal para a modalidade de natureza culposa.

Modalidades comissiva e omissiva

O núcleo *dar* pressupõe um comportamento comissivo por parte do agente, podendo, no entanto, ser praticado via omissão imprópria.

Causa especial de aumento de pena

Nos termos do § 2º do art. 327 do Código Penal, a pena será aumentada da terça parte quando os auto-

---

[8] FRAGOSO, Heleno Cláudio. *Lições de direito penal*, v. II, p. 406.

res dos crimes previstos no Capítulo I do Título XI forem ocupantes de cargos em comissão ou de função de direção ou assessoramento de órgão da administração direta, sociedade de economia mista, empresa pública ou fundação instituída pelo poder público.

Pena, ação penal, competência para julgamento e suspensão condicional do processo

A pena para o delito de *emprego irregular de verbas ou rendas públicas* é de detenção, de 1 (um) a 3 (três) meses, ou multa.

A ação penal é de iniciativa pública incondicionada. Dependendo de quem seja o sujeito ativo, se não houver a aplicação do foro por prerrogativa de função, quando, por exemplo, o julgamento competir ao Tribunal de Justiça do Estado a que pertence o administrador público, ou mesmo ao Supremo Tribunal Federal, tratando-se do Presidente da República, o Juizado Especial Criminal poderá ser o competente para o processo e julgamento do delito de *emprego irregular de verbas ou rendas públicas*.

Será possível a confecção de proposta de suspensão condicional do processo.

Procedimento criminal

Vide arts. 513 a 518 do Código de Processo Penal.

Efeito da condenação

Vide art. 92, I, *a*, do Código Penal.

Conflito aparente de normas. Decreto-Lei nº 201/1967

✍ Para solucionar o conflito aparente de normas, para fins de capitulação dos fatos imputados, entre delitos similares constantes no Código Penal e no Decreto-Lei nº 201/1967 (o qual define os Crimes de Responsabilidade de Prefeitos), aplica-se o princípio da especialidade, porquanto o acusado praticou eventual delito quando era, à época, o chefe do Executivo local, no exercício de suas funções (STJ, HC 31214/PE, Rel. Min. Jorge Scartezzini, 5ª T., *DJ* 02/08/2004 p. 443).

Princípio da consunção

✍ O princípio da consunção pode ser aplicado quando um delito serve como fase preparatória ou de execução para um crime mais grave, restando absorvido por este. Na hipótese vertente, não se observa que o crime previsto no art. 315 do Código Penal possa absorver crimes mais graves como os tipificados nos arts. 89 e 90 da Lei nº 8.666/1993, bem como os descritos nos arts. 288 e 299, parágrafo único, ambos do Código Penal, sendo, pois, inaplicável o princípio da consunção (STJ, RHC 10870/SE, Rel.ª Min.ª Laurita Vaz, 5ª T., *DJ* 14/03/2005, p. 382).

Emprego irregular de verbas ou rendas públicas e crime de responsabilidade de prefeito

Vide inciso III do art. 1º do Decreto-Lei nº 201/67.

Aplicação ilegal de verba ou dinheiro no Código Penal Militar

Vide art. 331 do Decreto-Lei nº 1.001/69 (Código Penal Militar).

Concussão

Art. 316. Exigir, para si ou para outrem, direta ou indiretamente, ainda que fora da função ou antes de assumi-la, mas em razão dela, vantagem indevida:

Pena – reclusão, de dois a doze anos, e multa.

Excesso de exação

§ 1º Se o funcionário exige tributo ou contribuição social que sabe ou deveria saber indevido, ou, quando devido, emprega na cobrança meio vexatório ou gravoso, que a lei não autoriza:

Pena – reclusão, de três a oito anos, e multa.

§ 2º Se o funcionário desvia, em proveito próprio ou de outrem, o que recebeu indevidamente para recolher aos cofres públicos:

Pena – reclusão, de dois a doze anos, e multa.

Introdução

O núcleo *exigir* é utilizado pelo texto legal no sentido de impor, ordenar, determinar. Essa exigência, segundo Hungria, pode ser "formulada *diretamente, a viso aperto* ou *facie ad faciem*, sob a ameaça explícita ou implícita de represálias (imediatas ou futuras), ou *indiretamente*, servindo-se o agente de interposta pessoa, ou de velada pressão, ou fazendo supor, com maliciosas ou falsas interpretações, ou capciosas sugestões, a legitimidade da exigência. Não se faz mister a promessa de infligir um mal determinado: basta o temor genérico que a autoridade inspira. Segundo advertia Carrara, sempre concorre a influir sobre a vítima o *metus publicae potestatis*. Para que o receio seja incutido, não é necessário que o agente se ache na atualidade de exercício de função: não deixará de ocorrer ainda quando o agente se encontre licenciado ou até mesmo quando, embora já nomeado, ainda não haja assumido a função ou tomado posse do cargo. O que se faz indispensável é que a exigência se formule *em razão da função*. Cumpre que o agente proceda, franca ou tacitamente, em função de autoridade, invocando ou insinuando a sua qualidade".[9]

✍ O crime previsto no art. 316 do CP é espécie de extorsão praticada por funcionário público contra particular e se aperfeiçoa com a obtenção de vantagem. Não se requer constrangimento físico contra as vítimas. Dessa forma, a indicação para cargo em

---

[9] HUNGRIA, Nélson. *Comentários ao código penal*, v. IX, p. 361.

comissão mediante condição *sine qua non* de repasse de parte dos futuros vencimentos e a ameaça implícita e velada, mas sempre concreta, de exoneração pelo não rateio do percentual entabulado àquele que tem o poder para indicar a nomeação e a exoneração, notadamente quando se trata de vítimas de menor capacidade econômica, é o que basta para satisfazer o verbo nuclear do tipo. Nem se cogita que as vítimas pudessem ter a audácia de informar ao desembargador acusado que deixariam de fazer os repasses a ele, sagrando-se ilesas no cargo (STJ, APn 825/DF, Rel. Min. Herman Benjamin, CE, *DJe* 26/04/2019).

Nesse sentido:

⚖ STJ, APn 733/DF, Rel. Min. Herman Benjamin, CE, *DJe* 1º/03/2019; STJ, AgRg no REsp 1.664.149/SC, Rel. Min. Reynaldo Soares da Fonseca, 5ª T., *DJe* 18/04/2018; STJ, REsp 1.627.014/SC, Rel. Min. Nefi Cordeiro, 6ª T., *DJe* 29/08/2017; STJ, EDv nos EREsp 1.196.136/RO, Rel. Min. Reynaldo Soares da Fonseca, S3, *DJe* 1º/08/2017.

Devemos olhar com mais cuidado para a expressão *ainda que fora da função ou antes de assumi-la, mas em razão dela*. Isso porque o agente, quando da prática do comportamento típico, já gozava do *status* de funcionário público, mesmo não estando no exercício de sua função. O importante, frisamos, é que ele já seja considerado funcionário público, utilizando, para tanto, o conceito previsto pelo art. 327 e seu § 1º do Código Penal.

Discute-se, ainda, a respeito da natureza da *indevida vantagem* exigida pelo funcionário. Alguns doutrinadores, a exemplo de Damásio de Jesus, aduzem que a vantagem pode ser "patrimonial ou econômica, presente ou futura, beneficiando o próprio agente ou terceiro".[10] A segunda posição advoga a tese ampla do conceito de indevida vantagem. Mirabete preconiza que, "referindo-se a lei, porém, a *qualquer* vantagem e não sendo a concussão crime patrimonial, entendemos, como Bento de Faria, que a vantagem pode ser expressa por dinheiro ou qualquer outra utilidade, seja ou não de ordem patrimonial, proporcionando um lucro ou proveito".[11]

Acreditamos assistir razão à segunda posição, que adota um conceito amplo de vantagem indevida. Isso porque, conforme esclarecido por Mirabete, não estamos no Título do Código Penal correspondente aos crimes contra o patrimônio, o que nos permite ampliar o raciocínio, a fim de entender que a vantagem indevida, mencionada no texto do art. 316 do Código Penal, pode ter qualquer natureza (sentimental, moral, sexual etc.).

⚖ O motorista de transporte escolar não está obrigado a trabalhar em horário extraordinário. Trabalhando, no entanto, em cumprimento de acordo realizado com o prefeito e alunos do segundo grau, não incorre em crime de concussão, se receber importân-cias módicas pagas espontaneamente pelos ditos alunos (TJRS, Proc. Crim. 7000 2044808, 4ª Câm. Crim. Rel. Gaspar Marques Batista, j. 02/09/2004).

Classificação doutrinária

Crime próprio no que diz respeito ao *sujeito ativo* (pois que somente o funcionário público pode praticá-lo) e comum quanto ao sujeito passivo (uma vez que não somente a Administração Pública pode figurar nessa condição, como qualquer pessoa que tenha sido prejudicada com o comportamento praticado pelo sujeito ativo); doloso; formal; comissivo (podendo, no entanto, ser praticado via omissão imprópria, nos termos do art. 13, § 2º, do Código Penal); de forma livre; instantâneo; monossubjetivo; unissubsistente ou plurissubsistente (dependendo do modo como o delito é praticado, poderá ou não ser fracionado o *iter criminis*); transeunte (como regra).

Sujeito ativo e sujeito passivo

Somente o funcionário público pode ser *sujeito ativo* do delito de *concussão*, tipificado no art. 316 do Código Penal.

O *sujeito passivo* é o Estado, bem como a pessoa física ou jurídica diretamente prejudicada com a conduta praticada pelo sujeito ativo.

⚖ O núcleo da figura típica concussão está expresso no verbo exigir, traduzindo-se numa mínima ação coatora orientada a impor obrigação constrangedora ao sujeito passivo. Dessa forma, exigir algo consiste em produzir uma mínima pressão psicológica, uma coação no interlocutor, ainda que unicamente através de palavras, causando-lhe intimidação ou temor. 9. Não se trata, portanto, de mera solicitação, sugestão ou pedido, mas um agir veemente, uma imposição, ordem, determinação, que transmita a ideia imperiosa emitida pelo agente público, no sentido de receber benefício ou proveito contrário ao Direito. 10. A conduta de exigir é algo sério, forte, rígido, que não se configura pelo simples ato de apresentar proposta de Termo de Ajustamento de Conduta (STJ, APn 733/DF, Rel. Min. Herman Benjamin, Rel. p/ Acórdão Min. Napoleão Nunes Maia Filho, Revisor Min. Napoleão Nunes Maia Filho, Corte Especial, julgado em 19/12/2018, *DJe* 01/03/2019).

Nesse sentido:

⚖ STJ, AgRg no REsp 1.485.780/SP, Rel. Min. Jorge Mussi, 5ª T., *DJe* 09/05/2018.

Objeto material e bem juridicamente protegido

A Administração Pública é o bem juridicamente protegido pelo tipo penal que prevê o delito de *concussão*. O objeto material é a vantagem indevida.

---

[10] JESUS, Damásio E. de. *Direito penal*, v. 4, p. 141.
[11] MIRABETE, Julio Fabbrini. *Manual de direito penal*, v. 3, p. 315.

Consumação e tentativa

Tendo em vista a sua natureza de crime formal, o delito de concussão se consuma quando o agente *exige*, para si ou para outrem, direta ou indiretamente, ainda que fora da função ou antes de assumi-la, mas em razão dela, vantagem indevida. Assim, caso venha a, efetivamente, receber a vantagem indevida, tal fato será considerado mero exaurimento do crime, que se consumou no momento da sua exigência.

⚖ Muito embora o recebimento da quantia exigida seja fato irrelevante para a consumação do delito de concussão, sendo mero exaurimento, tem-se que tal circunstância pode ser sopesada, no caso concreto, para demonstrar a maior reprovabilidade da empreitada criminosa, que atingiu o seu fim ilícito (STJ, AgRg no REsp 1.708.286/SP, Rel. Min. Ribeiro Dantas, 5ª T., *DJe* 04/06/2019).

Nesse sentido:

⚖ STJ, HC 266.460/ES, Rel. Min. Reynaldo Soares da Fonseca, 5ª T., *DJe* 17/06/2015; TRF 5ª Reg., ACr 5661, Rel. Des. Fed. Rogério Fialho Moreira, *DJETRF5* 03/05/2010.

Embora exista discussão, somos favoráveis ao reconhecimento da tentativa, desde que, no caso concreto, seja possível o fracionamento do *iter criminis*.

⚖ O crime capitulado no art. 316, *caput*, do Código Penal é formal, e consuma-se com a mera imposição do pagamento indevido, não se exigindo o consentimento da pessoa que a sofre e, sequer, a consecução do fim visado pelo agente. O núcleo do tipo é o verbo exigir, sendo formal e de consumação antecipada (STJ, REsp 215459/MG, Rel. Min. José Arnaldo da Fonseca, 5ª T., *RT* 778, p. 563).

Nesse sentido:

⚖ STJ, HC 34231/PR, Rel. Min. Hamilton Carvalhido, 6ª T., *DJ* 06/03/2006, p. 445.

Elemento subjetivo

O dolo é o elemento subjetivo exigido pelo tipo penal que prevê o delito de *concussão*, não havendo previsão legal para a modalidade de natureza culposa.

⚖ A procedência da acusação, com o reconhecimento da prática do crime de concussão, exige, necessariamente, a constatação do dolo do agente em pretender exigir algo que venha a se configurar como uma vantagem indevida (STJ, APn 733/DF, Rel. Min. Herman Benjamin, CE, *DJe* 1º/03/2019).

Nesse sentido:

⚖ TRF 1ª Reg., ACR 1997.41.00.004021-8/RO, Rel. Tourinho Neto, 3ª T., *DJ* 24/06/2005, p. 12.

Modalidades comissiva e omissiva

O núcleo *exigir* pressupõe um comportamento comissivo por parte do agente, podendo, no entanto, ser praticado via omissão imprópria.

Excesso de exação

Como uma espécie de concussão, prevê o § 1º do art. 316 do Código Penal o delito de *excesso de exação*, com a redação que lhe foi determinada pela Lei nº 8.137, de 27 de dezembro de 1990.

Um dos significados da palavra exação diz respeito à cobrança rigorosa de impostos. No caso em exame, são duas as situações que devem ser analisadas. Na primeira hipótese, o funcionário *exige*, determina o recolhimento de *tributo* ou *contribuição social* que sabe ou deveria saber indevido. Nesse caso, ao contrário do que ocorre com a hipótese prevista no *caput*, o funcionário não almeja, para si ou para outrem, qualquer vantagem indevida, mas, sim, recolher aos cofres públicos tributo ou contribuição social que sabe ou deveria saber indevida.

Tributo, de acordo com a definição fornecida pelo art. 3º do Código Tributário Nacional, *é toda prestação pecuniária compulsória, em moeda ou cujo valor nela se possa exprimir, que não constitua sanção de ato ilícito, instituída em lei e cobrada mediante atividade administrativa plenamente vinculada*, sendo que o art. 5º do mesmo diploma legal esclarece que os tributos são *impostos, taxas e contribuições de melhoria*.

Contribuição social, conforme definição de Hugo de Brito Machado, é uma "espécie de tributo com finalidade constitucionalmente definida, a saber, intervenção no domínio econômico, interesse de categorias profissionais ou econômicas e seguridade social",[12]a exemplo do que ocorre com as contribuições exigidas pelo INSS.

O Superior Tribunal de Justiça, modificando sua posição anterior (RHC 8842/SC, Recurso Ordinário em *Habeas Corpus* 1999/0066026-9, Rel. Min. Fernando Gonçalves, 6ª T., j. 16/11/1999, publicação no *DJ* 13/12/1999, p. 179), passou a entender que os emolumentos são considerados como taxa remuneratória de serviço público, possuindo natureza de tributo, dizendo:

⚖ I – O crime previsto no art. 316, § 1º, do Código Penal (excesso de exação) se dá com a cobrança, exigência por parte do agente (funcionário público) de tributo ou contribuição social que sabe ou deveria saber indevido.

II – A Lei nº 8.137/90 ao dar nova redação ao dispositivo em análise extirpou de sua redação os termos taxas e emolumentos, substituindo-os por tributo e contribuição social.

III – De acordo com a jurisprudência desta Corte e do Pretório Excelso as custas e os emolumentos concernentes aos serviços notariais e registrais possuem natureza tributária, qualificando-se como taxas remuneratórias de serviços públicos (Precedentes do STJ e do STF e *Informativo* nº 461/STF).

---

[12] MACHADO, Hugo de Brito. *Curso de direito tributário*, p. 313.

IV – Desta forma, comete o crime de excesso de exação aquele que exige custas ou emolumentos que sabe ou deveria saber indevido.

(REsp 899486/RJ, Recurso Especial 2006/0085924-4, 5ª T., Rel. Min. Felix Fischer, j. 22/05/2007, *DJ* 03/09/2007, p. 216).

A exigência do funcionário, portanto, diz respeito ao recolhimento aos cofres públicos de tributo ou contribuição social que sabe ou deveria saber indevido. No primeiro caso, o agente tem certeza absoluta de que a sua exigência é indevida; no segundo, por meio da expressão *deveria saber*, o agente tem dúvidas quanto à sua exigência, mas não se importa se estiver errado, o que demonstra agir com dolo eventual, pois, de acordo com as lições de Luiz Regis Prado, "a expressão empregada pelo texto normativo não revela a plena certeza sobre a realidade e, sim, um juízo de dúvida sobre a ilicitude da exigência ou do meio empregado para a cobrança. Contudo, o agente, mesmo diante de tal circunstância, prefere continuar a sua conduta tendente à produção do resultado e 'entre o renunciar à conduta e o risco de com ela concretizar o tipo, prefere esta atitude em detrimento daquela. Isso quer dizer que o agente opera com dolo eventual'".[13]

Na segunda hipótese, embora o tributo ou a contribuição social seja devido(a), o agente emprega na cobrança *meio vexatório* ou *gravoso*, que a lei não autoriza. Aqui, a cobrança é que não condiz com as determinações legais, pois o agente utiliza meios constrangedores, humilhantes, que atingem a dignidade da pessoa humana, para que possa conseguir levar a efeito a cobrança efetivamente devida. Nesse segundo caso, tal como ocorre no primeiro, o agente não visa obter qualquer vantagem para si ou para outrem. A sua finalidade é que o tributo ou a contribuição social seja recolhido(a) aos cofres públicos.

A questão cinge-se em reconhecer a possibilidade, ou não, de o delito de excesso de exação ser praticado quando há cobrança de valores ilegais da sociedade para realização de procedimentos médicos custeados pelo SUS e pelo CISA. O tipo do art. 316, § 1º, do Código Penal incrimina a conduta de funcionário público que exige tributo ou contribuição social que sabe ou deveria saber indevido, ou quando devido, emprega na cobrança meio vexatório ou gravoso, que a lei não autoriza. Nos termos da definição conferida pelo art. 3º do Código Tributário Nacional, 'tributo é toda prestação pecuniária, compulsória, em moeda ou cujo valor nela se possa exprimir, que não constitua sanção de ilícito, instituída em lei e cobrada mediante atividade administrativa'. No caso, é incontroverso que os valores exigidos pelos pacientes não possuem previsão

legal, característica que afasta, indubitavelmente, a natureza tributária da cobrança. Na medida em que os valores cobrados não se inserem no conceito de tributo, é defeso considerar que sua cobrança, ainda que eventualmente indevida, tenha o condão de configurar o delito de excesso de exação, sob pena de violação ao princípio da legalidade consagrado no art. 5º, XXXIX, da Constituição Federal e no art. 1º do Código Penal (STJ, HC 259971/PR, Rel. Min. Marco Aurélio Bellizze, 5ª T., DJe 16/04/2013).

Nesse sentido:

STJ, REsp 476.315/DF, Rel. Des. Conv. Celso Limongi, 6ª T., DJe 22/02/2010; STF, RHC 81747/RS, Rel. Min. Maurício Corrêa, 2ª T., DJ 29/08/2003, p. 38.

Concussão desvio

Determina o § 2º do art. 316 do Código Penal, *verbis*: *§ 2º Se o funcionário desvia, em proveito próprio ou de outrem, o que recebeu indevidamente para recolher aos cofres públicos:*
Pena – reclusão, de 2 (dois) a 12 (doze) anos, e multa.
Quando a Lei nº 13.964, de 24 de dezembro de 2019, aumentou para 12 anos de reclusão a pena máxima cominada ao delito de concussão previsto no *caput* do art. 316 do Código Penal, esse aumento fez com que, automaticamente, deixasse de ser reconhecido como qualificado o delito tipificado no § 2º do mesmo artigo já que, agora, possuem penas idênticas.
É curiosa essa infração penal, pois não se confunde com a concussão prevista no *caput* do art. 316, haja vista dizer respeito a uma cobrança indevida que supostamente seria recolhida aos cofres públicos, mas que o agente utiliza em proveito próprio ou de outrem.
Percebe-se, portanto, que está mais diretamente ligada ao § 1º do art. 316 do que ao *caput* do mencionado artigo. No entanto, embora a pena máxima seja elevada, ou seja, 12 anos, a mesma prevista para o delito de peculato (art. 312), a pena mínima é inferior àquela constante do aludido § 1º do art. 316 do Código Penal.
Pelo que se verifica por meio da redação do § 2º do art. 316 do Código Penal, ocorre a infração penal em estudo quando o agente obriga, exige, impõe o pagamento de determinada importância que, supostamente, seria recolhida aos cofres públicos, quando, na verdade, o proveito será para si ou para outrem.
Justificando essa modalidade delito, disserta Noronha:
"A par do procedimento mais grave do agente, há maior dano para o contribuinte, pois torna-se bastante problemática a restituição. No § 1º, a lei rejeita uma conduta que pode traduzir excesso de zelo do funcionário público; aqui, o que se tem em vista é o comportamento de peculatário."[14]

[13] PRADO, Luiz Regis. *Curso de direito penal brasileiro*, v. 4, p. 403-404.
[14] NORONHA, Edgard Magalhães. *Direito penal*, v. 4, p. 253.

Causa especial de aumento de pena

Nos termos do § 2º do art. 327 do Código Penal, a pena será aumentada da terça parte quando os autores dos crimes previstos no Capítulo I, do Título XI forem ocupantes de cargos em comissão ou de função de direção ou assessoramento de órgão da administração direta, sociedade de economia mista, empresa pública ou fundação instituída pelo poder público.

Pena e ação penal

A pena prevista no *caput* do art. 316 do Código Penal é de reclusão, de 2 (dois) a 12 (doze) anos, e multa, com a nova redação dada pela Lei nº 13.964, de 24 de dezembro de 2019.

Para o delito de excesso de exação, tipificado no § 1º do art. 316 do Código Penal, a pena cominada é de reclusão, de 3 (três) a 8 (oito) anos, e multa.

Para a modalidade constante do § 2º do mesmo artigo, a pena é de reclusão, de 2 (dois) a 12 (doze) anos, e multa.

A pena será aumentada da terça parte, conforme determina o § 2º do art. 327 do Código Penal, nas hipóteses nele previstas.

A ação penal é de iniciativa pública incondicionada.

Procedimento criminal

Vide arts. 513 a 518 do Código de Processo Penal.

Efeito da condenação

Vide art. 92, I, *a*, do Código Penal.

Competência para julgamento

⚖ Segundo orientação jurisprudencial desta Corte e do egrégio STF, em casos onde se apura crime de concussão e outros, oriundos da cobrança indevida de valores a pacientes do SUS para a realização de procedimentos médicos, a competência é da Justiça Estadual. Precedentes (STJ, HC 69.585/RS, Rel. Min. Nefi Cordeiro, 6ª T., *DJe* 12/06/2015).

Diferença entre concussão e extorsão

Na extorsão, a vítima é constrangida, *mediante violência ou grave ameaça*, a entregar a indevida vantagem econômica ao agente; na concussão, contudo, o funcionário público deve exigir a indevida vantagem sem o uso de violência ou de grave ameaça, que são elementos do tipo penal do art. 158 do diploma repressivo.

⚖ Ainda que a conduta delituosa tenha sido praticada por funcionário público, o qual teria se valido dessa condição para a obtenção da vantagem indevida, o crime por ele cometido corresponde ao delito de extorsão e não ao de concussão, uma vez configurado o emprego de grave ameaça, circunstância elementar do delito de extorsão. Precedentes (STJ, HC 54.776/SP, Rel. Min. Nefi Cordeiro, 6ª T., *DJe* 03/10/2014).

Nesse sentido:

⚖ STJ, HC 198750/SP, Rel. Min. Marco Aurelio Bellizze, 5ª T., *DJe* 24/04/2013.

Além do modo como o delito é praticado, na extorsão, de acordo com a redação legal, a indevida vantagem deve ser sempre *econômica*; ao contrário, no delito de concussão, o art. 316 do Código Penal somente usa a expressão *vantagem indevida*, podendo ser esta de qualquer natureza.

Embora possamos entender, mesmo que implicitamente, uma ameaça por parte do funcionário, que exige a vantagem indevida, para efeitos de reconhecimento do delito de concussão, essa ameaça deve estar ligada, de alguma forma, à função do agente. Assim, a vítima se intimida com a exigência porque teme algum tipo de retaliação em razão da função do agente. Contudo, se a ameaça praticada por funcionário não disser respeito às suas funções, o fato não se amoldará ao delito de concussão, mas, sim, ao de extorsão.

Diferença entre concussão e corrupção passiva

Podemos resumir as distinções pelas lições de Edmundo Oliveira, que diz que "o verdadeiro critério para diferenciar concussão e corrupção está na presença ou na ausência de coação; ela existe na primeira e inexiste na segunda. Naquela o funcionário exige; na outra ele apenas solicita, recebe ou aceita promessa".[15]

⚖ Concussão e corrupção passiva. Caracteriza-se a concussão – e não a corrupção passiva – se a oferta da vantagem indevida corresponde a uma exigência implícita na conduta do funcionário público, que, nas circunstâncias do fato, se concretizou na ameaça. No caso, à luz dos fatos descritos na denúncia, o paciente responde pelo delito de concussão, que configura delito funcional típico e o corréu, pelo de favorecimento real (Código Penal, art. 349) (STF, HC 89686/SP, Rel. Min. Sepúlveda Pertence, 1ª T., *DJ* 17/08/2007, p. 58).

Crime funcional contra a ordem tributária

Vide inc. II do art. 3º da Lei nº 8.137, de 27 de dezembro de 1990.

⚖ **Súmula Vinculante nº 24 do STF.** *Não se tipifica crime material contra a ordem tributária, previsto no art. 1º, incisos I a IV, da Lei nº 8.137/90, antes do lançamento definitivo do tributo.*

Na hipótese em que uma única conduta é tipificada como crime por duas leis, a regra especial afasta a incidência da regra geral, segundo o princípio da especialidade, que se situa no campo do conflito aparente de normas. Ocorre crime contra a ordem tributária e não crime de concussão quando o funcionário público, em razão de sua qualidade de agente fiscal, exige vantagem indevida para deixar de lançar auto de infração por débito tributário e cobrar a consequente

15 OLIVEIRA, Edmundo. *Crimes de corrupção*, p. 52.

multa (STJ, HC 7364/SP, Rel. Min. Vicente Leal, 6ª T., *RSTJ* 126, p. 409).

Prisão em flagrante quando da entrega da vantagem indevida

Não é incomum a notícia de suposto flagrante quando o agente, após exigir da vítima o pagamento de uma vantagem indevida, impõe-lhe determinado prazo para o seu cumprimento. A vítima, assustada, pede ajuda a autoridade policial, que a orienta no sentido de marcar dia e hora para a entrega da vantagem, oportunidade em que será preparada a "prisão em flagrante" do funcionário autor da indevida exigência.

Nesse caso, pergunta-se: Seria possível a realização da prisão em flagrante, quando do ato da entrega da indevida vantagem? A resposta, aqui, só pode ser negativa, haja vista ter o crime se consumado quando da exigência da indevida vantagem, e não quando da sua efetiva entrega pela vítima ao agente.

Paulo Rangel, com a autoridade que lhe é peculiar, afirma, com precisão: "Nesta hipótese, não há prisão em flagrante delito, pois o que se dá é mero exaurimento do crime, ou seja, o crime já se consumou com a mera exigência da vantagem indevida. Trata-se, portanto, de prisão *manifestamente* ilegal, que deverá ser, imediatamente, *relaxada* pela autoridade judiciária, nos precisos termos do art. 5º, LXV, da CRFB".[16]

⚖ Trata-se a concussão de delito formal, que se consuma com a realização da exigência, independentemente da obtenção da vantagem indevida. A entrega do dinheiro se consubstancia como exaurimento do crime previamente consumado. Caso em que não havia situação de flagrância delitiva no momento em que a prisão foi efetuada, de modo que o Magistrado deveria ter relaxado o cárcere, não havendo que se cogitar de liberdade provisória, tampouco de arbitramento de fiança (STJ, HC 266.460/ES, Rel. Min. Reynaldo Soares da Fonseca, 5ª T., *DJe* 17/06/2015).

Concussão praticada por jurados

Vide art. 445 do Código de Processo Penal, com a nova redação que lhe foi dada pela Lei nº 11.689, de 9 de junho de 2008.

Concussão, excesso de exação e desvio no Código Penal Militar

Vide arts. 305, 306 e 307 do Decreto-Lei nº 1.001/69 (Código Penal Militar).

⚖ O crime de concussão configura-se mediante a conduta do agente (militar ou assemelhado, nos termos do art. 21 do CPM) que exige, direta ou indiretamente, na função ou antes de assumi-la, mas em razão dela, vantagem indevida. Ao descrever a conduta típica, cuidou o legislador de explicitar que o crime se caracteriza ainda que o agente esteja fora da função ou até de a assumir. Tal cuidado traduz a ideia de que o crime pode se afigurar mesmo que a exigência seja feita por agente que ainda não tenha, por questões circunstanciais, a atribuição de praticar o ato que ensejou a intimidação da vítima. O termo "função", descrito no art. 305 do CPM, encerra o conjunto de atribuições exercidas ou a serem exercidas pelo agente e, tal como acontece com o delito previsto no art. 316 do CP, o militar ou assemelhado impõe a outrem a prestação da vantagem indevida e essa pessoa cede à exigência em virtude do medo que a autoridade inerente ao cargo lhe causa (STJ, EREsp 1.417.380/RJ, Rel. Min. Rogério Schietti Cruz, 3ª S., *DJe* 14/08/2018).

Médico credenciado pelo SUS

⚖ No caso, a imposição da cautelar de suspensão das atividades médicas no Sistema Único de Saúde (SUS) se encontra justificada, principalmente, na possibilidade de reiteração delitiva, pois foi registrado que "o denunciado se utilizava da sua função como médico para praticar o crime de concussão com vistas à obtenção de vantagem econômica indevida, de modo que as informações constantes nos autos revelam que o denunciado ainda permanece exercendo a função médica junto a hospitais conveniados ao SUS, situação que necessita de proibição urgente, tendo em vista a indissociabilidade da atividade médica e criminosa" (STJ, HC 548.194/PR, Rel. Min. Antonio Saldanha Palheiro, 6ª T., julgado em 18/02/2020, *DJe* 27/02/2020).

Nesse sentido:

⚖ STJ, AgRg no REsp 1.735.825/PR, Rel. Min. Sebastião Reis Junior, 6ª T., *DJe* 09/04/2019; STJ, AgRg no AREsp 1.027.491/RS, Rel. Min. Joel Ilan Paciornik, 5ª T., *DJe* 1º/06/2018; STJ, HC 69.585/RS, Rel. Min. Nefi Cordeiro, 6ª T., *DJe* 12/06/2015; STJ, AgRg no CC 115582/RS, Rel. Min. Jorge Mussi, 3ª Seção, *DJe* 1º/08/2012; TJRS, ACr 70034871590, Rel. Des. Constantino Lisbôa de Azevedo, *DJERS* 19/07/2010.

Corrupção passiva

Art. 317. Solicitar ou receber, para si ou para outrem, direta ou indiretamente, ainda que fora da função ou antes de assumi-la, mas em razão dela, vantagem indevida, ou aceitar promessa de tal vantagem:

Pena – reclusão, de dois a doze anos, e multa.

§ 1º A pena é aumentada de um terço, se, em consequência da vantagem ou promessa, o funcionário retarda ou deixa de praticar qualquer ato de ofício ou o pratica infringindo dever funcional.

---

[16] RANGEL, Paulo. *Direito processual penal*, p. 633.

§ 2º Se o funcionário pratica, deixa de praticar ou retarda ato de ofício, com infração de dever funcional, cedendo a pedido ou influência de outrem:

Pena – detenção, de três meses a um ano, ou multa.

Introdução

O delito de corrupção passiva é muito parecido com o crime de concussão. Na verdade, a diferença fundamental reside nos núcleos constantes das duas figuras típicas. Na concussão, há uma exigência, uma determinação, uma imposição do funcionário para obtenção da vantagem indevida; na corrupção passiva, ao contrário, existe uma solicitação, um pedido (na primeira hipótese). Em termos de gravidade, considerando aquele a quem é feita a exigência ou a solicitação, podemos concluir que *exigir*, psicologicamente falando, é mais grave do que *solicitar*, daí o raciocínio segundo o qual a concussão seria entendida como a "extorsão" praticada pelo funcionário público.

Em geral, existe na corrupção passiva um acordo entre o funcionário que solicita a indevida vantagem e aquele que a presta, principalmente quando estivermos diante dos núcleos *receber* e *aceitar* promessa de tal vantagem. *Receber* tem o significado de tomar, entrar na posse; *aceitar a promessa* diz respeito ao comportamento de anuir, concordar, admitir em receber a indevida vantagem.

Há um ditado popular que diz que "onde há um corrupto, é porque há também um corruptor". No entanto, como veremos quando da análise do art. 333 do Código Penal, nem sempre quando houver corrupção passiva haverá, consequentemente, a corrupção ativa.

Hungria, fazendo a distinção entre *corrupção própria* e *imprópria*, bem como entre *corrupção antecedente* e *subsequente*, preleciona: "É irrelevante que o ato funcional (comissivo ou omissivo) sobre que versa a venalidade seja ilícito ou lícito, isto é, contrário, ou não aos deveres do cargo ou da função. No primeiro caso, fala-se em *corrupção própria* e, no segundo, em *corrupção imprópria*. Aqui já não se usa a cláusula 'em razão do cargo', mas outra: 'em razão da função'. Assim, não é preciso que se trate do titular de um cargo público no sentido técnico: basta que exerça, ainda que acidentalmente, uma função pública, tal como o jurado,[17] o depositário nomeado pelo juiz, etc.

Costuma-se distinguir entre corrupção *antecedente* e *subsequente*. A primeira ocorre quando a recompensa é dada ou prometida em vista de uma ação ou omissão *futura*, e a segunda quando se refere a uma ação ou omissão *pretérita*. Não é exato dizer que o nosso Código não contempla a *corruptio subsequens*. O art. 317, *caput*, não pode ser interpretado no sentido de tal conclusão. O legislador pátrio não rejeitou o critério que remonta ao direito romano: mesmo a recompensa não ajustada antes do ato ou omissão do *intraneus* pode ter sido esperada por este, sabendo ele que o *extraneus* é homem rico e liberal, ou acostumado a gratificar a quem o serve, além de que, como argumentava Giuliani (*apud* Carrara), a opinião pública, não deixaria de vincular a esse esperança a anterior conduta do exercente da função pública, o que redundaria em fundada desconfiança em torno da administração do Estado."[18]

Cuida-se, ainda, de um tipo misto alternativo, no qual a prática de mais de uma conduta deverá importar em infração penal única. No mais, aplica-se ao delito de corrupção passiva tudo aquilo que foi dito quando do estudo do crime de concussão, vale dizer, a necessidade de ser o agente funcionário público, bem como que as condutas sejam praticadas *ainda que fora da função ou antes de assumi-la, mas em razão dela*, lembrando, ainda, que, embora exista discussão doutrinária, a vantagem indevida pode ser de qualquer natureza.

No caso, o ora paciente foi condenado a 6 anos, 2 meses e 20 dias de reclusão, no regime inicialmente semiaberto, pela prática do delito de corrupção passiva, visto que ele, "na condição do agente penitenciário estadual, em razão da função pública", solicitou vantagem indevida e aceitou promessas de seu pagamento para deixar de cumprir seu dever de ofício e, com isso, permitir a entrada de aparelhos celulares em estabelecimento prisional (STJ, HC 459.037/RO, Rel. Min. Antônio Saldanha Palheiro, 6ª T., *DJe* 13/08/2019).

Nesse sentido:

STJ, REsp 1.716.072/MG, Rel. Min. Sebastião Reis Júnior, 6ª T., *DJe* 30/04/2018; STJ, HC 134985/AM, Rel. Min. Jorge Mussi, 5ª T., *DJe* 24/06/2011; TJES, ACr 24060288990, Rel. Des. José Luiz Barreto Vivas, *DJES* 26/07/2010, p. 50; TJMG, APCR 0001445-11.2005.8.13.0335, Rel. Des. Alberto Deodato Neto, *DJEMG* 23/07/2010; TRF 2ª Reg., ACr 1995.51.01.030079-0, Rel. Juiz Fed. Conv. Aluísio Gonçalves de Castro, *DEJF2* 28/06/2010; STF, HC 91926/RS, Rel. Min. Eros Grau, *DJ* 22/02/2008; TJRS, AC 70021540331, 4ª Câm. Crim., Rel. Constantino Lisbôa de Azevedo, j. 06/03/2008.

Classificação doutrinária

Crime próprio no que diz respeito ao *sujeito ativo* (pois que somente o funcionário público pode praticá-lo) e comum quanto ao sujeito passivo (uma vez que não somente a Administração Pública pode figurar nessa condição, como qualquer pessoa que tenha sido prejudicada com o comportamento praticado

---

[17] No que diz respeito ao jurado, o art. 445 do Código de Processo Penal, com a nova redação que lhe foi dada pela Lei nº 11.689, de 9 de junho de 2008, diz, textualmente, que o *jurado, no exercício da função ou a pretexto de exercê-la, será responsável criminalmente nos mesmos termos em que são os juízes togados.*

[18] HUNGRIA, Nélson. *Comentários ao código penal*, v. IX, p. 368-369.

pelo sujeito ativo); doloso; formal; comissivo (podendo, no entanto, ser praticado via omissão imprópria, nos termos do art. 13, § 2º, do Código Penal); de forma livre; instantâneo; monossubjetivo; unissubsistente ou plurissubsistente (dependendo do modo como o delito é praticado, poderá ou não ser fracionado o *iter criminis*); transeunte (como regra).

⚖ [...] o crime de corrupção – ativa e passiva – classifica-se como infração de natureza formal, que se consuma com o mero oferecimento de vantagem ilícita, independentemente do efetivo pagamento ou de eventuais prejuízos ao erário ou de violação os princípios reitores do serviço público (Informações Complementares à Ementa – STJ, AgRg no REsp 1.803.638/RS, Rel. Min. Felix Fischer, 5ª T., julgado em 15/09/2020, *DJe* 23/09/2020).

Nesse sentido:

⚖ STF, Inq. 2245/MG, Pleno, Min. Joaquim Barbosa, *DJ* 09/11/2007.

Sujeito ativo e sujeito passivo

Somente o funcionário público pode ser *sujeito ativo* do delito de *corrupção passiva*, tipificado no art. 317 do Código Penal.

O sujeito passivo é o Estado, bem como a pessoa física ou jurídica diretamente prejudicada com a conduta praticada pelo sujeito ativo.

⚖ Pratica corrupção passiva o Deputado Federal que recebe vantagem indevida para interceder junto a diretor da Petrobrás com o intuito de que fazer com que a empresa faça acordo com empresa privada e pague a ela determinadas quantias em atraso (STF, AP 1.002/DF, Rel. Min. Edson Fachin, 2ª T., julgado em 09/06/2020).

Nesse sentido:

⚖ STJ, RHC 78.959/SP, Rel. Min. Felix Fischer, 5ª T., *DJe* 25/09/2017; STJ, HC 17716/SP, Rel. Min. Vicente Leal, 6ª T., *RSTJ* 161, p. 520.

Objeto material e bem juridicamente protegido

A Administração Pública é o bem juridicamente protegido pelo tipo penal que prevê o delito de *corrupção passiva*.

O objeto material é a vantagem indevida.

Consumação e tentativa

O delito de *corrupção passiva* pode se consumar em três momentos diferentes, dependendo do modo como o crime é praticado.

Na primeira modalidade, o delito se consuma quando o agente, efetivamente, *solicita*, para si ou para outrem, direta ou indiretamente, *vantagem indevida*, que, se vier a ser entregue, deverá ser considerada mero exaurimento do crime.

Por meio da segunda modalidade prevista no tipo, ocorrerá a consumação quando o agente, sem que tenha feito qualquer solicitação, *receber* vantagem indevida.

O último comportamento típico diz respeito ao fato de o agente tão somente *aceitar* promessa de tal vantagem.

⚖ 1. Para a configuração do crime de corrupção passiva, ao contrário do que ocorre no crime de corrupção ativa, não se exige a comprovação de que a vantagem indevida solicitada, recebida ou aceita pelo funcionário público, esteja causalmente vinculada à prática, omissão ou retardamento de "ato de ofício". Inclusive, nem mesmo há a exigência de que o "ato de ofício" seja da competência funcional do agente corrupto (REsp 1.745.410/SP, Rel. Min. Sebastião Reis Júnior, Rel. p/ Acórdão Min. Laurita Vaz, 6ª T., julgado em 02/10/2018, *DJe* 23/10/2018). 2. Embora a prática do ato de ofício não seja elementar do crime de corrupção passiva, sendo imprescindível apenas quanto ao delito de corrupção ativa, a absolvição criminal dos agravados também se encontra fundamentada na ausência de provas da própria conduta criminosa. Assim, para rever o entendimento firmado pelas instâncias ordinárias seria necessário novo exame do conjunto fático-probatório carreado aos autos, providência vedada pela Súmula n. 7/STJ (AgRg no AREsp 1.650.032/RJ, Rel. Min. Joel Ilan Paciornik, 5ª T., julgado em 25/08/2020, *DJe* 01/09/2020).

Nesse sentido:

⚖ STJ, AgRg nos EDcl nos EDv nos EAREsp 1.301.024/SP, Rel. Min. Reynaldo Soares da Fonseca, S3, *DJe* 30/05/2019; EDcl no AgRg no REsp 1.765.139/PR, Rel. Min. Felix Fischer, 5ª T., j. 1º/09/2020, *DJe* 15/09/2020; STJ, AgRg na APn 827/DF, Rel.ª Min.ª Maria Thereza de Assis Moura, CE, *DJe* 25/08/2017; STJ, HC 89119/PE, Rel.ª Min.ª Jane Silva (Desembargadora convocada do TJ/MG), *DJ* 12/11/2007, p. 271.

Percebe-se, outrossim, que na primeira hipótese o agente assume uma postura ativa, no sentido de que parte dele a ideia da corrupção; nas duas últimas, sua situação é de passividade, ou seja, a ideia da corrupção parte do corruptor. De qualquer forma, em todos os casos, o seu crime será o de corrupção passiva, em virtude da sua especial qualidade de funcionário, exigida pelo tipo penal em estudo.

Dependendo da hipótese concreta, poderá ou não ser fracionado o *iter criminis* e, consequentemente, poderemos cogitar ou não da possibilidade de tentativa.

Elemento subjetivo

O dolo é o elemento subjetivo exigido pelo tipo penal que prevê o delito de *corrupção passiva*, não havendo previsão legal para a modalidade de natureza culposa.

⚖ O Superior Tribunal de Justiça firmou a compreensão de que o crime de corrupção passiva possui natureza formal e independe de resultado, razão pela qual não exige a prática de ato de ofício. A vantagem indevida, alçada à condição de elemento normativo jurídico que se inclui no tipo do injusto penal em foco, não necessita ser econômica, pois admite benefício de qualquer natureza, moral ou material, desde que conste entre os interesses pessoais do detentor de função pública a praticar ou retardar ato em contraprestação à imerecida retribuição (precedentes do Supremo Tribunal Federal) (STJ, RHC 92.299/SP, Rel. Min. Rogério Schietti Cruz, 6ª T., *DJe* 08/04/2019).

Nesse sentido:

⚖ TJMS, ACr 2009.004006-3/0000-00, Rel. Des. Carlos Eduardo Contar, *DJEMS* 12/05/2010, p. 41.

Modalidades comissiva e omissiva

Os núcleos solicitar, receber e aceitar pressupõem um comportamento comissivo por parte do agente, podendo, no entanto, ser praticado via omissão imprópria.

⚖ Quando há acusação de corrupção passiva na modalidade de 'receber, para si ou para outrem', essa modalidade de corrupção passiva implica a existência de corrupção ativa na modalidade de 'oferecer vantagem indevida' (STF, HC 74373/GO, Rel. Min. Moreira Alves, 1ª T., *DJ* 21/03/1997, p. 8.507).

Modalidade privilegiada

Dispõe o § 2º do art. 317 do Código Penal que se o funcionário pratica, deixa de praticar ou retarda ato de ofício, com infração de dever funcional, cedendo a pedido ou influência de outrem, a pena será de detenção de 3 (três) meses a 1 (um) ano, ou multa.

Causas de aumento de pena

Determina o § 1º do art. 317 do Código Penal que a pena é aumentada de um terço se, em consequência da vantagem ou promessa, o funcionário retarda ou deixa de praticar qualquer ato de ofício ou o pratica infringindo dever funcional.

⚖ O funcionário público que deixa de praticar ato de ofício que na hipótese dos autos consubstanciado na não inclusão em procedimento fiscalizatório de empresa acusada de sonegação fiscal comete o crime de corrupção passiva na sua forma majorada, nos termos do art. 317, § 1º, do Código Penal: "A pena é aumentada de um terço, se, em consequência da vantagem ou promessa, o funcionário retarda ou deixa de praticar qualquer ato de ofício ou o pratica infringindo dever funcional" (STJ, AgRg no AREsp 1.018.814/SP, Rel. Min. Rogério Schietti Cruz, 6ª T., *DJe* 02/04/2019).

Nesse sentido:

⚖ STJ, AgRg no REsp 1.604.434/RN, Rel. Min. Reynaldo Soares da Fonseca, 5ª T., *DJe* 1º/08/2017; TJRS, Ap. Crim. 700179525 57, 4ª Câm. Crim., Rel. Gaspar Marques Batista, j. 03/05/2007.

Pena, ação penal, competência para julgamento e suspensão condicional do processo

A pena cominada para a infração penal prevista no *caput* do art. 317 do Código Penal, de acordo com a alteração levada a efeito pela Lei nº 10.763, de 12 de novembro de 2003, é de reclusão, de 2 (dois) a 12 (doze) anos, e multa.

Para a modalidade de corrupção prevista no § 2º do art. 317 do Código Penal, a pena é de detenção, de 3 (três) meses a 1 (um) ano, ou multa.

A pena prevista no *caput* do art. 317 do Código Penal é aumentada de um terço se, em consequência da vantagem ou promessa, o funcionário retarda ou deixa de praticar qualquer ato de ofício ou o pratica infringindo dever funcional.

A pena poderá, ainda, ser aumentada da terça parte, conforme determina o § 2º do art. 327 do Código Penal, nas hipóteses nele previstas, devendo ser observado, no entanto, a regra constante do parágrafo único do art. 68 do Código Penal.

A ação penal é de iniciativa pública incondicionada. Compete, pelo menos inicialmente, ao Juizado Especial Criminal o processo e julgamento do delito tipificado no § 2º do art. 317 do Código Penal.

Será possível a confecção de proposta de suspensão condicional do processo também quando estivermos diante da hipótese constante do § 2º do art. 317 do Código Penal.

⚖ Crime de corrupção passiva. Ação penal incondicionada, independente, por isso mesmo, de representação (STF, RHC 66093/SP, Rel. Min. Sydney Sanches, 1ª T., *DJ* 10/06/1988, p. 14.402).

Procedimento criminal

Vide arts. 513 a 518 do Código de Processo Penal.

Efeito da Condenação

Vide art. 92, I, *a*, do Código Penal.

Princípio da insignificância

Ao delito de *corrupção passiva* poderá ser aplicado o raciocínio correspondente ao princípio da insignificância, excluindo-se da figura típica constante do art. 317 do Código Penal aquelas "vantagens" de valor irrisório, como ocorre com muita frequência quando os funcionários são presenteados com bombons, doces, canetas, algumas pequenas lembranças, principalmente em datas comemorativas, a exemplo do que ocorre com o Natal.

Em sentido contrário,

⚖ não se aplica o chamado princípio da insignificância quando a hipótese engloba crimes contra a Administração Pública, em razão da efetiva ofensa ao bem juridicamente tutelado (STJ, RHC 8357/GO, Rel. Min. Edson Vidigal, 5ª T., *DJ* 25/10/1999, p. 99).

Nesse sentido contrário:

⚖ STJ, REsp 1062533/RS, Rel. Min. Arnaldo Esteves Lima, 5ª T., j. 05/02/2009.

⚖ **Súmula nº 599 do STJ.** *O princípio da insignificância é inaplicável aos crimes contra a Administração Pública.*

Corrupção passiva praticada por jurados

O art. 445 do Código de Processo Penal, com a redação que lhe foi dada pela Lei nº 11.689, de 9 de junho de 2008, diz que *o jurado, no exercício da função ou a pretexto de exercê-la, será responsável criminalmente nos mesmos termos em que são os juízes togados*, a exemplo do que ocorre com o crime de corrupção passiva.

Corrupção passiva no Código Penal Militar

Vide art. 308 do Decreto-Lei nº 1.001/69 (Código Penal Militar).

Crime de corrupção privada no esporte

A Lei Geral do Esporte (Lei nº 14.597, de 14 de junho de 2023), após inúmeros escândalos quanto à manipulação de resultados envolvendo árbitros, "cartolas", jogadores de futebol etc., criou uma figura típica específica para esse tipo de situação, a que denominou de *corrupção privada* no esporte, dizendo, em seu art. 165, *verbis*:

Art. 165. Exigir, solicitar, aceitar ou receber vantagem indevida, como representante de organização esportiva privada, para favorecer a si ou a terceiros, direta ou indiretamente, ou aceitar promessa de vantagem indevida, a fim de realizar ou de omitir ato inerente às suas atribuições:
Pena – reclusão, de 2 (dois) a 4 (quatro) anos, e multa.
Parágrafo único. Nas mesmas penas incorre quem oferece, promete, entrega ou paga, direta ou indiretamente, ao representante da organização esportiva privada, vantagem indevida.

Gravação de conversa

A uníssona jurisprudência desta Corte, em perfeita consonância com a do Pretório Excelso, firmou o entendimento de que a gravação efetuada por um dos interlocutores que se vê envolvido nos fatos em tese criminosos é prova lícita e pode servir de elemento probatório para a *notitia criminis* e para a persecução criminal. Recurso desprovido (STJ, RHC 19321/MG, Rel.ª Min.ª Laurita Vaz, 5ª T., *DJ* 11/02/2008, p. 1).

Palavra da vítima

Corrupção passiva. Caracterização. O relato coerente da vítima, que soube localizar a sala do réu, onde se deu a solicitação da vantagem indevida, ainda que sem testemunhas presenciais, que é uma característica desse tipo de delito, tem força para autorizar a condenação do acusado pelo delito de corrupção passiva (TJRS, Ap. Crim. 70000101840, 1ª Câm. Crim., Rel. Silvestre Jasson Ayres Torres, j. 20/10/1999).

Obrigatoriedade e indivisibilidade da ação penal

Eventual bilateralidade das condutas de corrupção passiva e ativa é apenas fático-jurídica, não se estendendo ao plano processual, visto que a investigação de cada fato terá o seu curso, com os percalços inerentes a cada procedimento, sendo que para a condenação do autor de corrupção passiva é desnecessária a identificação ou mesmo a condenação do corruptor ativo (STJ, AgRg no REsp 1.613.927/RS, Rel.ª Min.ª Maria Thereza de Assis Moura, 6ª T., *DJe* 30/09/2016).

Nesse sentido:

STJ, HC 306.397/DF, Rel. Min. Gurgel de Faria, 5ª T., *DJe* 06/04/2015; STJ, HC 7560/PR, Rel. Min. Vicente Leal, 6ª T., *RSTJ* 144, p. 158.

Facilitação de contrabando ou descaminho
Art. 318. Facilitar, com infração de dever funcional, a prática de contrabando ou descaminho (art. 334)[19]:
Pena – reclusão, de três a oito anos, e multa.

Introdução

Facilitar significa tornar fácil, removendo, afastando as dificuldades, seja fazendo ou, mesmo, deixando de fazer alguma coisa a que estava obrigado. Exige a lei penal que o fato não somente seja praticado por funcionário público, mas, sim, por aquele que tenha o dever funcional de evitar o contrabando ou descaminho. À qualidade de funcionário público deve ser agregada sua *função específica* de impedir o contrabando ou descaminho, pois, caso contrário, o funcionário que, de alguma forma, vier a colaborar com a sua prática, deverá ser responsabilizado, de acordo com as regras pertinentes ao concurso de pessoas, pelos artigos 334 (descaminho) e 334-A (contrabando), todos do Código Penal, e não pelo delito em estudo.

A conduta deve ser dirigida no sentido de *facilitar*, com infração de dever funcional, a prática de *contrabando* ou *descaminho*. Por *contrabando* deve ser entendida toda entrada ou saída do território nacional de mercadoria cuja importação ou exportação esteja, absoluta ou relativamente, proibida, nos termos do art. 334-A do Código Penal, com a redação que lhe foi conferida pela Lei nº 13.008, de 26 de junho de 2014; *descaminho*, segundo Hungria, "é toda fraude empregada para iludir, total ou parcialmente, o pagamento de impostos de importação, exportação ou consumo (cobrável, este, na própria aduana, antes do desembaraço das mercadorias importadas)", conforme o disposto no art. 334 do diploma repressivo, também com a nova redação que lhe foi dada pela Lei nº 13.008, de 26 de junho de 2014.[20]

[19] Com o advento da Lei nº 13.008, de 26 de junho de 2014, os delitos de *descaminho* e *contrabando* foram desmembrados, permanecendo o primeiro no tipo penal do art. 334 e o segundo no art. 334-A, ambos do Código Penal.
[20] HUNGRIA, Nélson. *Comentários ao código penal*, v. IX, p. 374.

901 TÍTULO XI – DOS CRIMES CONTRA A ADMINISTRAÇÃO PÚBLICA **Art. 318**

🔖 A Seção, ao julgar o recurso repetitivo (art. 543-C do CPC e Res. n. 8/2008-STJ), entendeu que, em atenção à jurisprudência predominante no STF, deve-se aplicar o princípio da insignificância ao crime de descaminho quando os delitos tributários não ultrapassem o limite de R$ 10 mil, adotando-se o disposto no art. 20 da Lei nº 10.522/2002. O Min. Rel. entendeu ser aplicável o valor de até R$ 100,00 para a invocação da insignificância, como excludente de tipicidade penal, pois somente nesta hipótese haveria extinção do crédito e, consequentemente, desinteresse definitivo na cobrança da dívida pela Administração Fazendária (art. 18, § 1º, da referida lei), mas ressaltou seu posicionamento e curvou-se a orientação do Pretório Excelso no intuito de conferir efetividade aos fins propostos pela Lei nº 11.672/2008 (STJ, REsp 1.112.748/TO, Rel. Min. Felix Fischer, S3, j. 09/09/2009, *Informativo* nº 406).

Nesse sentido:

🔖 TRF 2ª Reg., HC 2009.02.01.008352-1, Rel.ª Des.ª Fed. Liliane Roriz, *DJU* 13/08/2009, p. 26; TRF 4ª Reg., Ap. Crim. 2005.04.01.046448-5, Rel. Paulo Afonso Brum Vaz, j. 02/07/2008; TRF 3ª Reg., ACr 2005.03.99.047031-0/SP, Rel. André Nekatschalow, *DJU* 19/12/2006, p. 445; TRF 1ª Reg., ACr 1999.01.00. 010509-1/MG, Rel. Cândido Moraes, *DJ* 20/02/2003, p. 125; STJ, HC 27689/PR, Rel. Min. Felix Fischer, 5ª T., *DJ* 19/12/2003, p. 521.

Classificação doutrinária

Crime próprio no que diz respeito ao *sujeito ativo* (pois que somente o funcionário público, com infração de dever funcional, pode praticá-lo); doloso; comissivo ou omissivo próprio (haja vista que o núcleo facilitar pode ser praticado mediante omissão do agente); de forma livre; instantâneo; monossubjetivo; unissubsistente ou plurissubsistente (dependendo do modo como o delito é praticado, poderá ou não ser fracionado o *iter criminis*); transeunte (podendo, no entanto, dependendo da hipótese concreta, ser considerado um delito não transeunte, em virtude da possibilidade de realização de prova pericial).

Sujeito ativo e sujeito passivo

O delito tipificado no art. 318 do Código Penal somente pode ser praticado pelo funcionário público, a quem compete o dever funcional de impedir o contrabando ou descaminho.

O *sujeito passivo* é o Estado.

🔖 O crime do art. 318 do Código Penal tem como pressuposto a infração a dever funcional, somente podendo ser praticado pelo funcionário que tem, como atribuição legal, prevenir e reprimir o contrabando ou descaminho. Assim, não pratica o delito em questão o funcionário estadual, em cujas atribuições não se incluir a repressão ao crime do art. 334 do Código Penal (TRF 1ª Reg., Rel. Osmar Tognolo, HC 19990100 017549-9/RO, *DJU* 10/09/1999, p. 278).

Objeto material e bem juridicamente protegido

A Administração Pública é o bem juridicamente protegido pelo tipo penal que prevê o delito de *facilitação de contrabando ou descaminho*.

O objeto material é o produto contrabandeado ou os tributos não recolhidos, no caso de descaminho.

Consumação e tentativa

O delito em exame se consuma quando o funcionário público, de alguma forma, facilita a prática do contrabando ou descaminho, independentemente do sucesso da outra infração penal.

A tentativa é admissível, desde que se possa, no caso concreto, fracionar o *iter criminis*.

🔖 O crime do art. 318 do CP é formal e consuma-se com a efetiva concreção da conduta descrita no tipo penal, vale dizer, com a facilitação, mediante infração de dever funcional, da prática do descaminho, independentemente da consumação do crime de descaminho. Todas as alegações atinentes ao crime de descaminho são irrelevantes para a tipificação do crime previsto no art. 318 do CP (STJ, REsp 1.304.871/SP, Rel. Min. Rogério Schietti Cruz, 6ª T., *DJe* 1º/07/2015).

Nesse sentido:

🔖 TRF 3ª Reg., ACr 1999.03.99.026619-3/SP, Rel. Suzana Camargo, *DJU* 23/05/2007, p. 738.

Elemento subjetivo

O dolo é o elemento subjetivo exigido pelo tipo penal que prevê o delito de *facilitação de contrabando ou descaminho*, não havendo previsão legal para a modalidade de natureza culposa.

Modalidades comissiva e omissiva

O núcleo *facilitar* pode importar tanto em um comportamento comissivo, quanto em um outro de natureza omissiva.

Causa especial de aumento de pena

Nos termos do § 2º do art. 327 do Código Penal, a pena será aumentada da terça parte quando os autores dos crimes previstos no Capítulo I do Título XI forem ocupantes de cargos em comissão ou de função de direção ou assessoramento de órgão da administração direta, sociedade de economia mista, empresa pública ou fundação instituída pelo poder público.

Pena e ação penal

A pena cominada ao delito de *facilitação de contrabando ou descaminho* é de reclusão, de 3 (três) a 8 (oito) anos, e multa, conforme alteração introduzida pela Lei nº 8.137, de 27 de dezembro de 1990.

A pena poderá ser aumentada da terça parte, conforme determina o § 2º do art. 327 do Código Penal, nas hipóteses nele previstas.

A ação penal é de iniciativa pública incondicionada.

Competência para julgamento

De acordo com a orientação contida na Súmula nº 151 do Superior Tribunal de Justiça,

⚖ *a competência para o processo e julgamento por crime de contrabando ou descaminho define-se pela prevenção do Juízo Federal do lugar da apreensão dos bens.*

Polícia Federal

O art. 144, § 1º, II, da Constituição Federal assevera destinar-se à Polícia Federal, dentre outras funções, a *de prevenir e reprimir o contrabando e o descaminho.*

Flagrante esperado

⚖ Não há que se falar ilegalidade da prisão em flagrante, pois não restou caracterizado o flagrante preparado, mas sim o esperado, já que a identificação do paciente ocorreu após uma série de investigações acerca da suposta prática de crimes contra a Administração Pública, incluindo interceptações telefônicas, que davam conta da ocorrência de um esquema formado para o fim de facilitar a passagem irregular de mercadorias estrangeiras através da Receita Federal instalada no aeroporto internacional de São Paulo, mediante o recebimento de vantagem indevida por servidor público, sendo que tendo indicado as conversações que seria atendida uma solicitação nesse sentido, aguardou-se o momento em que tal fato ocorreria, oportunidade em que foi efetivada a prisão de outro corréu, que não passou pelo setor de conferência de bagagens, a despeito de estar com bens materiais muito acima da cota permitida. O delito de facilitação de contrabando ou descaminho (art. 318 do Código Penal), em razão de seu caráter formal, consuma-se no momento em que ocorre o ato de facilitação, pelo que, no caso em apreço, em tese, ocorreu com a simples anuência em tornar fácil a prática do delito, portanto, antes mesmo da abordagem policial e ainda que não se dê por exaurido o contrabando ou descaminho, de modo que não é caso de aplicação da Súmula nº 145 do C. Supremo Tribunal Federal, pois não há que se falar tenha a intervenção policial tornado impossível a consumação do delito (TRF 3ª Reg., HC 2005.03.00. 036784-5/SP, Rel. Suzana Camargo, *DJU* 13/09/2005, p. 303).

Prevaricação

Art. 319. Retardar ou deixar de praticar, indevidamente, ato de ofício, ou praticá-lo contra disposição expressa de lei, para satisfazer interesse ou sentimento pessoal:

Pena – detenção, de três meses a um ano, e multa.

Introdução

O núcleo *retardar* nos dá a ideia de que o funcionário público estende, prolonga, posterga para além do necessário a prática do ato que lhe competia. Aqui, o funcionário pratica o ato, só que demora na sua realização. Poderá, ainda, *deixar de praticar* o ato de ofício, omitindo-se, dolosamente. Por fim, a lei penal prevê ainda o comportamento daquele que *pratica* o ato de ofício, realizando-o, no entanto, contra disposição expressa da lei.

Por *ato de ofício* deve ser entendido todo aquele que se encontra na esfera de atribuição do agente que pratica qualquer dos comportamentos típicos.

Para que se configure o delito em estudo, o comportamento deve ser praticado de forma *indevida*, ou seja, contrariamente àquilo que era legalmente determinado a fazer, infringindo o seu dever funcional.

O traço marcante do delito de prevaricação reside no fato de que o funcionário retarda, deixa de praticar o ato de ofício ou o pratica contrariamente à disposição expressa de lei, *para satisfazer interesse ou sentimento pessoal.* Conforme ressalta Fragoso, "o interesse pessoal pode ser de qualquer espécie (patrimonial, material ou moral). O sentimento pessoal diz com a afetividade do agente em relação às pessoas ou fatos a que se refere a ação a ser praticada, e pode ser representado pelo ódio, pela afeição, pela benevolência etc. A eventual nobreza dos sentimentos e o altruísmo dos motivos determinantes são indiferentes para a configuração do crime, embora possam influir na medida da pena".[21]

A denúncia deverá, obrigatoriamente, apontar a satisfação do interesse ou sentimento pessoal do agente, que o motivou à prática de qualquer dos comportamentos típicos, sob pena de ser considerada inepta, conduzindo, necessariamente, à sua rejeição, nos termos do inc. I do art. 395 do Código de Processo Penal, com a nova redação que lhe foi dada pela Lei nº 11.719, de 20 de junho de 2008.

⚖ Para a configuração do crime de prevaricação é necessário que fique demonstrado que o agente agiu por interesse ou sentimento pessoal (STJ, APn 830/DF, Rel. Min. Herman Benjamin, CE, *DJe* 02/04/2019).

Nesse sentido:

⚖ STJ, APn 860/DF, Rel. Min. Og Fernandes, CE, *DJe* 03/08/2018; TJ-DFT, Processo 20130110869752APR, Rel. Des. Rel. João Timóteo de Oliveira, *DJe* 1º/03/2016; STJ, APn 471/MG, Rel. Min. Gilson Dipp, Corte Especial, j. 07/11/2007; STF, HC 84948/SP, Rel. Min. Marco Aurélio, 1ª T., *DJ* 18/03/2005, p. 63.

Classificação doutrinária

Crime de mão própria no que diz respeito ao *sujeito ativo* (pois que somente o funcionário público,

---

[21] FRAGOSO, Heleno Cláudio. *Lições de direito penal*, v. II, p. 426.

com infração de dever funcional, pode praticá-lo) e comum quanto ao sujeito passivo (uma vez que não somente a Administração Pública pode figurar nessa condição, como qualquer pessoa que tenha sido prejudicada com o comportamento praticado pelo sujeito ativo); doloso; comissivo ou omissivo próprio (haja vista que os núcleos retardar e deixar de praticar podem ser levados a efeito pela omissão do agente); de forma livre; instantâneo; monossubjetivo; unissubsistente ou plurissubsistente (dependendo do modo como o delito é praticado, poderá ou não ser fracionado o *iter criminis*); transeunte (podendo, no entanto, dependendo da hipótese concreta, ser considerado um delito não transeunte, em virtude da possibilidade de realização de prova pericial).

Sujeito ativo e sujeito passivo

Somente o funcionário público pode ser *sujeito ativo* do delito de *prevaricação*, tipificado no art. 319 do Código Penal.
O *sujeito passivo* é o Estado, bem como a pessoa física ou jurídica diretamente prejudicada com a conduta praticada pelo sujeito ativo.

Objeto material e bem juridicamente protegido

A Administração Pública é o bem juridicamente protegido pelo tipo penal que prevê o delito de *prevaricação*.
O objeto material é o ato de ofício que fora retardado, ou deixado de ser praticado, bem como aquele praticado contra disposição expressa de lei.

Consumação e tentativa

Na primeira modalidade, o delito se consuma quando o funcionário público, indevidamente, retarda a prática do ato de ofício, ou seja, deixa de praticá-lo no tempo previsto, atrasando-o; na segunda modalidade, quando o agente, efetivamente, não pratica o ato a que estava obrigado; na última hipótese, quando o sujeito pratica o ato contra disposição expressa de lei. Deve ser frisado que, em todos casos, o agente deve atuar com a finalidade de satisfazer interesse ou sentimento pessoal.
Dependendo do modo como delito for praticado, poderá ser reconhecida a tentativa.

⚖️ Relembro, ademais, que a prevaricação é crime formal, de mera conduta, que se corporifica independentemente de prejuízo ou de resultado naturalístico. Dessa forma, ainda que prejuízo não houvesse ocorrido – como sustenta a defesa –, persistiria a existência do crime (STJ, APn 830/DF, Rel. Min. Herman Benjamin, CE, *DJe* 02/04/2019).

Nesse sentido:

⚖️ TJRS, Rec. Crim. 71001651462, Rel. Alberto Delgado Neto, Turma Recursal Criminal, *DJ* 05/06/2008; 1ª T. Rec. do Juizado Especial Federal da 1ª Reg., Processo 2004.35.00.708716-0/GO, Rel.ª Ionilda Maria Carneiro Pires, *DJ-GO* 21/06/2004.

Elemento subjetivo

O dolo é o elemento subjetivo exigido pelo tipo penal que prevê o delito de *prevaricação*, não havendo previsão legal para a modalidade de natureza culposa.

⚖️ O tipo penal exige a demonstração do especial fim de agir, ou seja, do dolo específico, caracterizado pelo *animus* de satisfazer interesse ou sentimento pessoal (STJ, APn 860/DF, Rel. Min. Og Fernandes, CE, *DJe* 03/08/2018).

Nesse sentido:

⚖️ TJPE, APN 0177035-4, Rel. Des. Marco Antônio Cabral Maggi, *DJEPE* 11/03/2010; STJ, APn 532/SP, Corte Especial, Rel. Min. Ari Pargendler, *DJe* 25/06/2009; STF, AP 447-3/RS, Tribunal Pleno, Rel. Min. Carlos Britto, *DJe* 29/05/2009, p. 22.

Modalidades comissiva e omissiva

O núcleo *retardar* pode ser entendido tanto comissiva quanto omissivamente; na modalidade *deixar de praticar* prevê a lei penal um delito omissivo próprio; por último, a conduta de praticar ato de ofício contra disposição expressa de lei pressupõe um comportamento comissivo por parte do agente.

Causa especial de aumento de pena

Nos termos do § 2º do art. 327 do Código Penal, a pena será aumentada da terça parte quando os autores dos crimes previstos no Capítulo I, do Título XI forem ocupantes de cargos em comissão ou de função de direção ou assessoramento de órgão da administração direta, sociedade de economia mista, empresa pública ou fundação instituída pelo poder público.

Pena, ação penal, competência para julgamento e suspensão condicional do processo

A pena cominada ao delito de *prevaricação* é de detenção de 3 (três) meses a 1 (um) ano, e multa.
A pena poderá ser aumentada da terça parte, conforme determina o § 2º do art. 327 do Código Penal, nas hipóteses nele previstas.
A ação penal é de iniciativa pública incondicionada.
Compete, pelo menos inicialmente, ao Juizado Especial Criminal o processo e julgamento do delito tipificado no art. 319 do Código Penal.
Será possível a confecção de proposta de suspensão condicional do processo.

Procedimento criminal

Vide arts. 513 a 518 do Código de Processo Penal.

Efeito da condenação

Vide art. 92, I, *a*, do Código Penal.

Prevaricação praticada por jurados

O art. 445 do Código de Processo Penal, com a redação que lhe foi dada pela Lei nº 11.689, de 9 de junho de 2008, diz que *o jurado, no exercício da função ou a pretexto de exercê-la, será responsável criminalmente nos mesmos termos em que são os juízes togados*, a exemplo do que ocorre com o crime de prevaricação.

Erro *in judicando*

O suposto erro *in judicando* do magistrado, por si só, não é capaz de configurar o crime de prevaricação, notadamente se não demonstrado de forma inequívoca o dolo específico de 'satisfazer interesse ou sentimento pessoal', sem a qual a conduta torna-se atípica (STJ, ExVerd 50/SP, Rel. Min. Luiz Fux, Corte Especial, *DJ* 21/05/2007, p. 528).

Prevaricação no Código Penal Militar

Vide art. 319 do Decreto-Lei nº 1.001/69 (Código Penal Militar).

1. Nos termos do art. 9º, inciso II, "c", do Código Penal Militar, com a redação dada pela Lei n. 13.491/2017, passa a ser da Justiça Castrense a competência para processo e julgamento de crimes capitulados na legislação penal, desde que praticados por militares em serviço ou atuando em razão da função. 2. *In casu*, os delitos de roubo e prevaricação foram supostamente praticados por Policial Militar na Força Nacional de Segurança e que atuava em decorrência da função de policial para a qual ele foi convocado, o que atrai a competência da Justiça Militar para processar e julgar o feito. 3. De acordo com a Súmula n. 78/STJ, "compete à Justiça Militar processar e julgar policial de corporação estadual, ainda que o delito tenha sido praticado em outra unidade federativa". 4. Conflito conhecido, para declarar a competência do Juízo de Direito da Auditoria Militar do Distrito Federal (CC 140.852/GO, Rel. Min. Antonio Saldanha Palheiro, 3ª S., julgado em 27/11/2019, *DJe* 06/12/2019).

Nesse sentido:

Processo 2006.34.00.700262-4/DF, 1ª T. Recursal do Juizado Especial Federal, 1ª Reg., Rel. Alexandre Machado Vasconcelos, *DJ-DF* 30/06/2006.

Denúncia

Não é inepta a denúncia que, no crime de prevaricação, especifica o sentimento de ordem pessoal que motiva o comportamento delituoso do agente. Essa referência ao dolo específico – que constitui um dos *essentialia delicti* – revela-se bastante, ao lado da objetiva exposição narrativa constante da denúncia, para conferir aptidão jurídico-processual a peça acusatória formulada pelo Ministério Público (STF, Tribunal Pleno, HC 69416/RO, Rel. Min. Celso de Mello, *RTJ* 143-02, p. 594).

Art. 319-A. Deixar o Diretor de Penitenciária e/ou agente público, de cumprir seu dever de vedar ao preso o acesso a aparelho telefônico, de rádio ou similar, que permita a comunicação com outros presos ou com o ambiente externo:
Pena: detenção, de três meses a um ano.

Introdução

O núcleo utilizado pelo tipo penal constante do art. 319-A do Código Penal é o verbo *deixar*, pressupondo, outrossim, omissão por parte daquele que tinha o dever de vedar ao preso o acesso *indevido* a aparelho telefônico, de rádio ou similar, permitindo, dessa forma, a comunicação com outros presos ou com o ambiente externo.

Somente o *acesso indevido* se configura na infração penal em estudo. Isto porque o preso não está proibido de ter contato, por exemplo, com pessoas que se encontram fora do cárcere, a exemplo de parentes, amigos ou do seu próprio advogado, valendo-se de um aparelho telefônico. Ele pode e deve manter esse contato, desde que devidamente autorizado pela administração penitenciária, como ocorre quando se utilizam dos telefones públicos instalados dentro do sistema prisional. Tal orientação consta da Resolução nº 14, de 11 de novembro de 1994, do Conselho Nacional de Política Criminal e Penitenciária, que, em seu art. 33, § 2º, após dizer que o preso estará autorizado a comunicar-se, periodicamente, sob vigilância, com sua família, parentes, amigos ou instituições idôneas, por correspondência ou por meio de visitas, esclarece que *o uso dos serviços de telecomunicações poderá ser autorizado pelo diretor do estabelecimento prisional*.

Trata-se de crime próprio, somente podendo ser praticado pelo *Diretor de Penitenciária*, ou seja, aquele encarregado da administração prisional, bem como pelo agente público, como é o caso dos policiais penais, que têm o dever de *vedar*, ou seja, de *proibir* o indevido acesso do preso a aparelho telefônico, de rádio ou similar.

Exige o tipo penal que o indevido acesso seja sobre aparelho telefônico (seja ele fixo, como nos casos dos telefones públicos instalados nos presídios, ou móveis, como ocorre com os telefones celulares), de rádio (radiocomunicadores, *walkie-talkies* etc.), ou similares, que permita a comunicação com outros presos ou com o ambiente externo. Quer isso significar que os mencionados aparelhos, necessariamente, possam ser utilizados para essa comunicação, o que não ocorre, por exemplo, quando o preso possui um telefone quebrado, sem qualquer possibilidade de uso.

Falta grave decorrente da posse de 'chip' de telefone celular. Equipamento apreendido com a companheira do réu, quando revistada para visita. Inviável reconhecer falta disciplinar do preso, uma vez que em momento algum teve ele a posse daquele acessório, não podendo ser punido porque em hipótese ele o receberia durante a visita. Conduta que, além disso, deixou de ser considerada falta disciplinar com a edição da Lei 11.466, de 28 de março de 2007 (TJSP, HC

11748793900, Rel. Ivan Marques, 2ª Câm. de Direito Criminal, pub. 08/04/2008).

Classificação doutrinária

Crime próprio (somente podendo ser praticado pelo Diretor de Penitenciária e/ou agente público); doloso; omissivo próprio; de forma livre; instantâneo; monossubjetivo; monossubsistente; não transeunte (haja vista a necessidade de ser apreendido o aparelho telefônico, de rádio ou similar).

Sujeito ativo e sujeito passivo

Sujeito ativo do delito de omissão de dever de vedar ao preso o acesso a aparelho telefônico, de rádio ou similar somente poderá ser o Diretor de Penitenciária e/ou agente público. A expressão *agente público* compreende qualquer pessoa que, no exercício de sua função pública, tenha o dever de impedir que o preso tenha acesso aos mencionados aparelhos de comunicação, como ocorre não somente com os policiais penais, a quem compete o exercício das atividades de atendimento, vigilância, custódia, guarda, assistência e orientação de pessoas recolhidas aos estabelecimentos penais, mas também com os policiais (delegados, detetives etc.) que de alguma forma tomarem conhecimento do fato.
Sujeito passivo é o Estado.

Objeto material e bem juridicamente protegido

A Administração Pública é o bem juridicamente protegido pelo tipo penal que prevê o delito de *omissão de dever de vedar ao preso o acesso a aparelho telefônico, de rádio ou similar*.
Objeto material é o aparelho telefônico, de rádio ou similar.

Consumação e tentativa

O delito se consuma quando o Diretor de Penitenciária e/ou agente público, tendo conhecimento da situação, dolosamente, nada faz para evitar que o preso tenha acesso a aparelho telefônico, de rádio ou similar, que permita a comunicação com outros presos ou com o ambiente externo. Deve ser frisado que o tipo penal não exige a efetiva comunicação do preso por intermédio do aparelho telefônico, de rádio ou similar, bastando que, por meio deles, exista essa indevida possibilidade. Entendemos não ser cabível a tentativa, pois a inação dolosa do agente, permitindo o indevido acesso do preso a aparelho telefônico, de rádio ou similar, consuma a infração penal *sub examen*.

Elemento subjetivo

O dolo é o elemento subjetivo exigido pelo tipo penal constante do art. 319-A do diploma repressivo, não havendo previsão para a modalidade de natureza culposa.

Modalidades comissiva e omissiva

O núcleo *deixar* pressupõe um comportamento omissivo por parte do agente, tratando-se, consequentemente, de uma omissão própria.
Assim, conforme alerta Fernando Galvão:
"O crime de *prevaricação especial* é descrito no tipo incriminador por meio de verbo que literalmente se refere a comportamento omissivo. Dessa forma, não se utiliza a construção jurídica da posição de garantidor (art. 13, § 2º, do CP) que é reservada aos casos em que se mostra necessário caracterizar a omissão imprópria."[22]

Pena, ação penal, competência para julgamento e suspensão condicional do processo

A pena cominada ao delito tipificado no art. 319-A do Código Penal é de detenção, de 3 (três) meses a 1 (um) ano.
A ação penal é de iniciativa pública incondicionada.
Compete, pelo menos inicialmente, ao Juizado Especial Criminal o processo e julgamento do delito de omissão de dever de vedar ao preso o acesso a aparelho telefônico, de rádio ou similar.
Será possível a confecção de proposta de suspensão condicional do processo.

Procedimento criminal

Vide arts. 513 a 518 do Código de Processo Penal.

Efeito da Condenação

Vide art. 92, I, *a*, do Código Penal.

Diferença entre os crimes de corrupção passiva e omissão de dever de vedar ao preso o acesso a aparelho telefônico, de rádio ou similar

Não podemos confundir a situação do agente público que, simplesmente, se omite em fazer a apreensão de um aparelho telefônico, de rádio ou similar, que está sendo indevidamente utilizado por um preso, com aquele que se corrompe, obtendo uma vantagem indevida (ou mesmo a promessa de tal vantagem), para que o preso tenha acesso aos mencionados aparelhos.

Falta grave pela posse e utilização ou fornecimento de aparelho telefônico, de rádio ou similar

Juntamente com a nova figura típica constante do art. 319-A do Código Penal, a Lei nº 11.466, de 28 de março de 2007, inseriu o inc. VII no art. 50 da Lei de Execução Penal, entendendo que comete *falta grave* o condenado à pena privativa de liberdade que *tiver em sua posse, utilizar ou fornecer aparelho telefônico, de rádio ou similar, que permita a comunicação com outros presos ou com o ambiente externo.*

📐 É assente nesta Corte Superior o entendimento de que após a edição da Lei nº 11.466/2007, a posse de aparelho telefônico ou dos componentes essenciais ao seu efetivo funcionamento, a exemplo

---

[22] GALVÃO, Fernando. *Direito penal* – crimes contra a administração pública, p. 199.

do chip, passou a ser considerada falta grave (STJ, REsp 1.457.292/RS, Rel. Min. Jorge Mussi, 5ª T., *DJe* 11/11/2014).

Nesse sentido:

⚖ STJ, HC 292.460/RS, Rel. Min. Marco Aurélio Bellizze, 5ª T., *DJe* 18/06/2014.

⚖ **Súmula nº 533 do STJ** – *Para o reconhecimento da prática de falta disciplinar no âmbito da execução penal, é imprescindível a instauração de procedimento administrativo pelo diretor do estabelecimento prisional, assegurado o direito de defesa, a ser realizado por advogado constituído ou defensor público nomeado (DJe 15/06/2015).*

Súmula nº 534 do STJ – *A prática de falta grave interrompe a contagem do prazo para a progressão de regime de cumprimento de pena, o qual se reinicia a partir do cometimento dessa infração (DJe 15/06/2015).*

Súmula nº 535 do STJ – *A prática de falta grave não interrompe o prazo para fim de comutação de pena ou indulto (DJe 15/06/2015).*

Jurisprudência desta Corte no sentido de que a apreensão de chip de aparelho celular no interior de estabelecimento prisional constitui falta grave, nos termos do art. 50, VII, da Lei 7.210/1984 (introduzido pela Lei 11.466/2007) (STF, HC 112947/SP, São Paulo, *Habeas Corpus*, 2ª T., Rel. Min. Teori Zavascki, j. 17/09/2013).

Ingresso de pessoa portando aparelho telefônico de comunicação móvel, de rádio ou similar, sem autorização, em estabelecimento prisional

A Lei nº 12.012, de 6 de agosto de 2009, acrescentou o art. 349-A ao Código Penal, que diz, *verbis*:

Art. 349-A. *Ingressar, promover, intermediar, auxiliar ou facilitar a entrada de aparelho telefônico de comunicação móvel, de rádio ou similar, sem autorização legal, em estabelecimento prisional.*
Pena: detenção, de 3 (três) meses a 1 (um) ano.

Condescendência criminosa

Art. 320. Deixar o funcionário, por indulgência, de responsabilizar subordinado que cometeu infração no exercício do cargo ou, quando lhe falte competência, não levar o fato ao conhecimento da autoridade competente:
Pena – detenção, de quinze dias a um mês, ou multa.

Introdução

Na primeira hipótese existe uma relação de hierarquia entre o agente que cometeu a infração e aquele que é o competente para responsabilizá-lo administrativamente. Nesse caso, o funcionário hierarquicamente superior deixa, por indulgência, isto é, por tolerância, benevolência, clemência, de responsabilizar o autor da infração.

Na segunda modalidade de condescendência criminosa, prevê a lei penal uma espécie de delação entre funcionários que tenham o mesmo nível hierárquico, ou mesmo hierarquias distintas. Nesse caso, como o funcionário não possui competência para, ele próprio, responsabilizar o agente infrator, sua obrigação limita-se a comunicar o fato à autoridade competente.

O art. 320 do Código Penal tem como pressuposto a prática de uma *infração*. A infração nele referida pode ser tão somente aquela de natureza administrativa, ou ainda importar em uma infração penal. Trata-se, portanto, de um conceito amplo de infração. No entanto, é importante frisar que a referida infração deve dizer respeito ao *exercício do cargo*, conforme determina o artigo em estudo. Assim, não pratica o delito de condescendência criminosa o funcionário que nada faz quando toma conhecimento de que um de seus subordinados emitiu um cheque sem fundos para a compra de um televisor. Ao contrário, deverá ser responsabilizado se, chegando ao seu conhecimento a infração a um dever funcional praticada por um de seus subordinados hierarquicamente, nada fizer para responsabilizá-lo, em prejuízo do bom andamento da Administração Pública.

Vale destacar que a *indulgência* é o elemento característico da condescendência criminosa, ou seja, a clemência, a tolerância, enfim, a vontade de perdoar, pois que se o agente atua com outra motivação o fato poderá se subsumir, dependendo da hipótese concreta, ao crime de prevaricação ou, mesmo, de corrupção passiva.

Para efeito de reconhecimento do delito em estudo, a lei penal não determina qualquer prazo para que seja providenciada a responsabilização do funcionário subordinado que cometeu infração no exercício do cargo, ou mesmo quando o funcionário não tiver competência para tanto, para que leve o fato ao conhecimento da autoridade competente. Contudo, o art. 143 da Lei nº 8.112, de 11 de dezembro de 1990, que dispôs sobre o regime jurídico dos servidores públicos civis da União, das autarquias e das fundações públicas federais, nos auxilia na interpretação do art. 320 do Código Penal, dizendo:

Art. 143. *A autoridade que tiver ciência de irregularidade no serviço público é obrigada a promover a sua apuração imediata, mediante sindicância ou processo administrativo disciplinar, assegurada ao acusado ampla defesa.*

Dessa forma, assim que tomar conhecimento da infração, a autoridade competente deverá instaurar a sindicância ou o procedimento administrativo disciplinar; da mesma forma, o funcionário que não tiver competência para tanto deverá, imediatamente, levar os fatos ao conhecimento da autoridade competente, para que sejam tomadas aquelas providências.

📖 É elemento do crime de condescendência criminosa, que haja uma relação de subordinação entre o funcionário que cometeu infração no exercício do cargo e aquele que, em razão de sua posição hierarquicamente superior, deveria tê-lo responsabilizado ou, ter levado o fato ao conhecimento da autoridade competente,. Ausente elemento do tipo penal imputado, é evidente a falta de justa causa para a deflagração da ação penal (TRF 2ª Reg., HC 2008.02.01.005211-8, Rel. Des. Fed. Andre Fontes, *DJU* 23/09/2008, p. 255).

Nesse sentido:

📖 HC 71000903161, Rel.ª Martinha Terra Salomon, Turma Recursal Criminal, j. 21/02/2006; TJMG, Processo 2.0000.00.310669-8/000[1], Rel. Dárcio Lopardi Mendes, pub. 09/08/2000.

Classificação doutrinária

Crime próprio no que diz respeito ao *sujeito ativo;* doloso; omissivo próprio (haja vista que o núcleo *deixar* implica inação); de forma livre; instantâneo; monossubjetivo; unissubsistente (não se podendo, pois, fracionar o *iter criminis*); transeunte.

Sujeito ativo e sujeito passivo

Somente o funcionário público pode ser *sujeito ativo* do delito de *condescendência criminosa,* tipificado no art. 320 do Código Penal.

O sujeito passivo é o Estado.

📖 Consoante dispõe o art. 143 da Lei nº 8.112/90, qualquer autoridade administrativa que tomar conhecimento de alguma irregularidade no serviço público deverá proceder à sua apuração ou comunicá-la à autoridade que tiver competência para promovê-la, sob pena de responder pelo delito de condescendência criminosa (STJ, S3, MS 11974/DF, Rel.ª Min.ª Laurita Vaz, *DJ* 07/05/2007, p. 274).

Objeto material e bem juridicamente protegido

A Administração Pública é o bem juridicamente protegido pelo tipo penal que prevê o delito de *condescendência criminosa.*

Não há objeto material.

Consumação e tentativa

O delito se consuma quando o agente decide, por indulgência, deixar de responsabilizar subordinado que cometeu infração no exercício do cargo ou, quando lhe falta competência, também decide não levar o fato ao conhecimento da autoridade competente.

Rogério Sanches Cunha, a seu turno, entende que: "O crime se consuma com qualquer uma das omissões criminosas, ou seja, quando o funcionário superior, depois de tomar conhecimento da infração, suplanta prazo legalmente previsto para tomada de providências contra o infrator.

Na ausência de prazo legal, consuma-se o delito com o decurso de prazo juridicamente relevante, a ser aquilatado pelo juiz no caso concreto."[23]

Por se tratar de crime unissubsistente, não será possível o reconhecimento da tentativa.

Elemento subjetivo

O dolo é o elemento subjetivo exigido pelo tipo penal que prevê o delito de *condescendência criminosa,* não havendo previsão legal para a modalidade de natureza culposa.

Modalidades comissiva e omissiva

O núcleo *deixar* pressupõe um comportamento omissivo por parte do agente, cuidando-se, outrossim, de um crime omissivo próprio. Da mesma forma, a segunda conduta prevista no tipo (não levar o fato ao conhecimento da autoridade competente) também implica uma omissão própria.

📖 Diretora da Febem que deixa de apurar fuga de menor infrator. Falha de funcionário no dever funcional que acarreta no mínimo infração administrativa. Inteligência do art. 320 do CP (*RT* 701, p. 321).

Nesse sentido:

📖 *RT* 597, p. 413.

Causa especial de aumento de pena

Nos termos do § 2º do art. 327 do Código Penal, a pena será aumentada da terça parte quando os autores dos crimes previstos no Capítulo I, do Título XI forem ocupantes de cargos em comissão ou de função de direção ou assessoramento de órgão da administração direta, sociedade de economia mista, empresa pública ou fundação instituída pelo poder público.

Pena, ação penal, competência para julgamento e suspensão condicional do processo

A pena cominada ao delito de *condescendência criminosa* é de detenção, de 15 (quinze) dias a 1 (um) mês, ou multa.

A pena poderá ser aumentada da terça parte, conforme determina o § 2º do art. 327 do Código Penal, nas hipóteses nele previstas.

A ação penal é de iniciativa pública incondicionada.

Compete, pelo menos inicialmente, ao Juizado Especial Criminal o processo e julgamento do delito tipificado no art. 320 do Código Penal.

Será possível a confecção de proposta de suspensão condicional do processo.

📖 O crime de condescendência criminosa (art. 320 do CP) tem pena prevista de 15 dias a 1 mês de detenção. Logo, é delito de menor potencial ofensivo, a teor da Lei nº 10.259/2002, sendo competente, para processo e julgamento, a Turma Recursal Criminal. Competência declinada para as Turmas Recursais

---

[23] CUNHA, Sanches Rogério. *Manual de direito penal – parte especial,* volume único, p. 815.

Criminais (TJRS, HC 70013331343, 4ª Câm. Crim., Rel. Gaspar Marques Batista, j. 15/12/2005).

Procedimento criminal
Vide arts. 513 a 518 do Código de Processo Penal.

Efeito da condenação
Vide art. 92, I, *a*, do Código Penal.

Condescendência criminosa no Código Penal Militar
Vide art. 322 do Decreto-Lei nº 1.001/69 (Código Penal Militar).

Advocacia administrativa
Art. 321. Patrocinar, direta ou indiretamente, interesse privado perante a Administração Pública, valendo-se da qualidade de funcionário:
Pena – detenção, de um a três meses, ou multa.
Parágrafo único. Se o interesse é ilegítimo:
Pena – detenção, de três meses a um ano, além da multa.

Introdução
Patrocinar, aqui, tem o significado de defender, advogar. O funcionário público, portanto, atua como se fosse advogado, cuidando e fazendo a defesa de um interesse privado perante a Administração Pública. O art. 117, XI, da Lei nº 8.112/1990 proíbe o funcionário público de atuar, como procurador ou intermediário, em repartições públicas, salvo quando se tratar de benefícios previdenciários ou assistenciais de parentes até o segundo grau, e de cônjuge ou companheiro.
Esse patrocínio pode ser direto, ou seja, levado a efeito pelo próprio funcionário público, ou mesmo indireto, quando o funcionário, evitando aparecer diretamente, se vale de interposta pessoa, também conhecida como "testa de ferro", que atua segundo o seu comando e, como diz Hungria, "à sombra de seu prestígio (ex.: um seu filho)".[24]
Não se configura a infração penal em estudo quando o funcionário, por exemplo, explica ao interessado os seus direitos perante a administração. O que a lei penal proíbe, na verdade, é que o funcionário assuma a "causa" do particular e pratique atos concretos que importem na sua defesa perante a Administração Pública.

📖 Conforme decidido pelos integrantes da Sexta Turma desta Casa no julgamento do REsp nº 1.770.444/DF, de minha relatoria, o crime de advocacia administrativa demanda, para sua configuração, a influência do funcionário público sobre outro colega no patrocínio de interesse privado. Sendo assim, o servidor não age de ofício, mas postula perante outro

funcionário público, direta ou indiretamente, interesse privado de outrem (STJ, RHC 99.411/RJ, Rel. Min. Antônio Saldanha Palheiro, 6ª T., *DJe* 02/08/2019).
Nesse sentido:
📖 STJ, HC 332.512/ES, Rel. Min. Ribeiro Dantas, 5ª T., *DJe* 24/02/2016; TJMG, APCR 0001445-11.2005.8.13.0335, Rel. Des. Alberto Deodato Neto, *DJEMG* 23/07/2010; STJ, APn 567/GO, Rel. Min. João Otávio de Noronha, Corte Especial, *DJe* 22/10/2009; TRF 1ª Reg., *RT* 748, p. 725.

Classificação doutrinária
Crime próprio no que diz respeito ao *sujeito ativo* (pois que somente o funcionário público pode praticá-lo) e comum quanto ao sujeito passivo (uma vez que não somente a Administração Pública pode figurar nessa condição, como qualquer pessoa que tenha sido prejudicada com o comportamento praticado pelo sujeito ativo); doloso; comissivo (podendo, no entanto, ser praticado via omissão imprópria, nos termos do art. 13, § 2º, do Código Penal); de forma livre; instantâneo; monossubjetivo; plurissubsistente; transeunte.

Sujeito ativo e sujeito passivo
Somente o funcionário público pode ser *sujeito ativo* do delito de *advocacia administrativa*, tipificado no art. 321 do Código Penal.
O sujeito passivo é o Estado, bem como a pessoa física ou jurídica diretamente prejudicada com a conduta praticada pelo sujeito ativo.

Objeto material e bem juridicamente protegido
A Administração Pública é o bem juridicamente protegido pelo tipo penal que prevê o delito de *advocacia administrativa*.
Não há objeto material.

Consumação e tentativa
O delito de *advocacia administrativa* se consuma com a prática de qualquer ato que importe em patrocínio de interesse privado perante a Administração Pública. Fernando Galvão, com precisão, salienta ainda que: "A *advocacia administrativa* é crime de mera conduta e se consuma no momento em que a conduta do sujeito realiza uma intervenção completa em favor do interesse patrocinado. Por exemplo, o patrocínio pode se expressar por meio de uma solicitação oral em favor do interessado. Nesse caso, deve-se reconhecer a consumação do crime quando o sujeito completa a mensagem oral que expressa a solicitação. Vale observar que a satisfação do interesse patrocinado sequer é mencionada no tipo incriminador. Caso ocorra, constituirá mero exaurimento da conduta criminosa."[25]
A tentativa é admissível.

---

[24] HUNGRIA, Nélson. *Comentários ao código penal*, v. IX, p. 383.
[25] GALVÃO, Fernando. *Direito penal* – crimes contra a administração pública, p. 222.

Elemento subjetivo

O dolo é o elemento subjetivo exigido pelo tipo penal que prevê o delito de *advocacia administrativa*, não havendo previsão legal para a modalidade de natureza culposa.

Modalidades comissiva e omissiva

O núcleo patrocinar pressupõe um comportamento comissivo por parte do agente, podendo, no entanto, ser praticado via omissão imprópria.

Modalidade qualificada

Se o interesse privado, patrocinado pelo funcionário perante a Administração Pública, for ilegítimo, a pena será de detenção, de 3 (três) meses a 1 (um) ano, além da multa, conforme determina o parágrafo único do art. 321 do Código Penal, tendo em vista o maior juízo de censura, de reprovação, que recai sobre a conduta do agente.

A figura do crime de advocacia administrativa qualificada deve vir cabalmente delineada pelo interesse ilegítimo, sob pena de não ser aceita a capitulação da denúncia em torno desse tipo. *In casu*, não está presente o interesse ilegítimo, mas tão só o patrocínio indireto de interesse privado, encaminhando para a capitulação do *caput* do art. 321. Em razão disso, observa-se que, pela figura simples, a pretensão punitiva foi alcançada pela prescrição em abstrato (STJ, APn 362/MT, CE, Rel. Min. José Arnaldo da Fonseca, *LEXSTJ* 197, p. 284).

Causa especial de aumento de pena

Nos termos do § 2º do art. 327 do Código Penal, a pena será aumentada da terça parte quando os autores dos crimes previstos no Capítulo I do Título XI forem ocupantes de cargos em comissão ou de função de direção ou assessoramento de órgão da administração direta, sociedade de economia mista, empresa pública ou fundação instituída pelo poder público.

Pena, ação penal, competência para julgamento e suspensão condicional do processo

A pena cominada ao delito de *advocacia administrativa* é de detenção, de 1 (um) a 3 (três) meses, ou multa. Para a modalidade qualificada, prevista no parágrafo único do art. 321, a pena é de detenção, de 3 (três) meses a 1 (um) ano, além da multa.

A pena poderá ser aumentada da terça parte, conforme determina o § 2º do art. 327 do Código Penal, nas hipóteses nele previstas.

A ação penal é de iniciativa pública incondicionada. Compete, pelo menos inicialmente, ao Juizado Especial Criminal o processo e julgamento do delito tipificado no art. 321 do Código Penal.

Será possível a confecção de proposta de suspensão condicional do processo.

Procedimento criminal

Vide arts. 513 a 518 do Código Processual Penal.

Efeito da condenação

Vide art. 92, I, *a*, do Código Penal.

Advocacia administrativa da Lei de Licitações

Se o patrocínio levado a efeito pelo funcionário público disser respeito a interesse privado perante a Administração, dando causa à instauração de licitação ou à celebração de contrato, cuja invalidação vier a ser decretada pelo Poder Judiciário, será aplicado o art. 337-G inserido no Código Penal pela Lei nº 14.133, DE 1º de abril de 2021 , que, além de outras providências, instituiu normas para licitações e contratos da Administração Pública.

Crime contra a ordem tributária

Se o agente patrocina, direta ou indiretamente, interesse privado perante a administração fazendária, valendo-se da qualidade de funcionário público, o fato se subsumirá ao tipo penal constante do inc. III do art. 3º da Lei nº 8.137, de 27 de dezembro de 1990, que define os crimes contra a ordem tributária, econômica e contra as relações de consumo.

A conduta tipificada no art. 3º, III, da Lei nº 8.137/1990 – tipo especial em relação ao delito previsto no art. 321 do Código Penal – pressupõe que o agente, valendo-se da sua condição de funcionário público, patrocine, perante a administração fazendária, interesse alheio em processo administrativo. Pressupõe-se que o agente postule o interesse privado, direta ou indiretamente, utilizando-se da sua condição de funcionário para influenciar os responsáveis pela análise do pleito (STJ, REsp 1.770.444/DF, Rel. Min. Antônio Saldanha Palheiro, 6ª T., *DJe* 03/12/2018).

Concurso de crimes

Será admissível o concurso entre o crime de advocacia administrativa e outros delitos, a exemplo da corrupção passiva, concussão, prevaricação etc.

Preconiza Luiz Regis Prado: "Na hipótese de o interesse privado patrocinado se referir a ato de ofício do sujeito ativo, configura-se o delito de corrupção passiva ou prevaricação. Caso o agente receba gratificação pelo patrocínio, sem exigir ou reclamar a vantagem, configura-se apenas a condescendência criminosa.

Ocorre estelionato quando o agente ilude o particular para receber vantagem indevida, fazendo-o crer irá patrocinar seu interesse, mas quedar-se inerte."[26]

[26] PRADO, Luiz Regis. *Curso de direito penal brasileiro*, p. 453-454.

Patrocínio indébito no Código Penal Militar

Vide art. 334 do Decreto-Lei nº 1.001/69 (Código Penal Militar).

Violência arbitrária

Art. 322. Praticar violência, no exercício de função ou a pretexto de exercê-la:

Pena – detenção, de seis meses a três anos, além da pena correspondente à violência.

Introdução

O delito de *violência arbitrária* encontra-se tipificado no art. 322 do Código Penal. Embora houvesse discussão sobre a sua revogação tácita pela revogada Lei nº 4.898, de 9 de setembro de 1965, que regulava o direito de representação e o processo de responsabilidade administrativa, civil e penal, nos casos de abuso de autoridade, prevaleceu o entendimento de que tal revogação não havia ocorrido, conforme se dessume do julgado do Superior Tribunal de Justiça, que diz:

> O crime de violência arbitrária não foi revogado pelo disposto no art. 3º, alínea "i", da Lei de Abuso de Autoridade. Precedentes da Suprema Corte (STJ, HC 48.083/MG, Rel.ª Min.ª Laurita Vaz, 5ª T., julgado em 20/11/2007).

Da mesma forma, entendemos que a atual Lei de Abuso de Autoridade (Lei nº 13.869, de 5 de setembro de 2019) não revogou tacitamente o art. 322 *sub examen*, tendo em vista a amplitude da infração penal em estudo, cujo comportamento previsto no tipo se aplica a qualquer funcionário público. Caso fosse sua intenção revogá-lo, a Lei nº 13.869, de 5 de setembro de 2019, o teria feito expressamente, tal como ocorreu com o art. 350 do Código Penal.

O núcleo *praticar* nos dá a ideia de agir, atuar com violência. Embora também exista controvérsia sobre a abrangência do conceito de violência, tem-se entendido, majoritariamente, que a violência mencionada pelo artigo em estudo é a de natureza física, não sendo por ele abrangida, portanto, aquela de cunho moral. Assim, somente as vias de fato, lesões corporais e até mesmo aquela violência praticada pelo agente que resulta na morte da vítima poderiam ajustar-se a esse conceito.

Para efeito de configuração do delito de *violência arbitrária*, o sujeito deverá atuar com violência no exercício da função ou a pretexto de exercê-la.

Merece ser registrado o fato de que a autoridade não está proibida de agir, em algumas situações, até mesmo com violência. O que se proíbe é o abuso, o uso arbitrário da violência. Prova disso é que os arts. 284 e 292 do Código de Processo Penal fazem menção ao uso legítimo da violência.

Isso sem falar na possibilidade de se agir em legítima defesa ou, mesmo no estrito cumprimento de dever legal.

> O crime de violência arbitrária não foi revogado pelo disposto no art. 3º, alínea "i", da Lei de Abuso de Autoridade. Precedentes da Suprema Corte (STJ, HC 48083/MG, Rel.ª Min.ª Laurita Vaz, 5ª T., j. 20/11/2007).

Nesse sentido:

> TJRS, Reexame Necessário 70019171891, 21ª Câm. Cív., Rel. Genaro José Baroni Borges, j. 16/05/2007; TJMG, Processo 1.0079. 96.013388-6/001[1], Rel. Célio César Paduani, pub. 26/11/2004; TJMG, Processo 1.0000.00. 290340-9/000 [1], Rel.ª Maria Elza, pub. 25/10/2002.

Classificação doutrinária

Crime próprio no que diz respeito ao *sujeito ativo* (pois que somente o funcionário público pode praticá-lo) e comum quanto ao sujeito passivo (uma vez que não somente a Administração Pública figura nessa condição, como qualquer pessoa que tenha sofrido a violência); doloso; comissivo (podendo, no entanto, ser praticado via omissão imprópria, nos termos do art. 13, § 2º, do Código Penal); de forma livre; instantâneo; monossubjetivo; plurissubsistente; não transeunte (como norma, pois que a violência sofrida pela vítima poderá ser comprovada por meio da prova pericial).

Sujeito ativo e sujeito passivo

Somente o funcionário público pode ser *sujeito ativo* do delito de *violência arbitrária*, tipificado no art. 322 do Código Penal.

O *sujeito passivo* é o Estado, bem como a pessoa física que sofreu a violência praticada pelo sujeito ativo.

Objeto material e bem juridicamente protegido

A Administração Pública é o bem juridicamente protegido pelo tipo penal que prevê o delito de *violência arbitrária*.

O objeto material é a pessoa contra a qual é praticada violência pelo funcionário público.

Consumação e tentativa

O delito se consuma quando o agente, abusivamente, pratica o ato de violência, no exercício de função ou a pretexto de exercê-la.

A tentativa é admissível.

Elemento subjetivo

O dolo é o elemento subjetivo exigido pelo tipo penal que prevê o delito de *violência arbitrária*, não havendo previsão para a modalidade de natureza culposa.

Modalidades comissiva e omissiva

O núcleo *praticar* pressupõe um comportamento comissivo por parte do agente, podendo, no entanto, ser praticado via omissão imprópria.

Causa especial de aumento de pena

Nos termos do § 2º do art. 327 do Código Penal, a pena será aumentada da terça parte quando os autores dos crimes previstos no Capítulo I do Título XI forem ocupantes de cargos em comissão ou de função de direção ou assessoramento de órgão da administração direta, sociedade de economia mista, empresa pública ou fundação pelo poder público.

Pena, ação penal e suspensão condicional do processo

A pena cominada ao delito de *violência arbitrária* é de detenção, de 6 (seis) meses a 3 (três) anos, além da pena correspondente à violência.

A pena poderá ser aumentada da terça parte, conforme determina o § 2º do art. 327 do Código Penal, nas hipóteses nele previstas.

A ação penal é de iniciativa pública incondicionada. Será possível a confecção de proposta de suspensão condicional do processo.

Procedimento criminal

Vide arts. 513 a 518 do Código de Processual Penal.

Efeito da condenação

Vide art. 92, I, *a*, do Código Penal.

Absorção da contravenção penal de vias de fato

Embora a violência mencionada no tipo penal do art. 322 possa ser exercida por vias de fato, estas serão absorvidas pelo delito de violência arbitrária.

Violência arbitrária no Código Penal Militar

Vide art. 333 do Decreto-Lei nº 1.001/69 (Código Penal Militar).

📖 Incide nas iras do art. 322 do CP o policial militar que no exercício de suas funções extrapola os limites autorizadores da violência, deixando de tratar a vítima com respeito e urbanidade, agredindo-a (TJMG, APCR 1.0699.04.033519-1/0011, Rel. Des. Paulo Cézar Dias, *DJEMG* 27/05/2009).

Abandono de função

Art. 323. Abandonar cargo público, fora dos casos permitidos em lei:

Pena – detenção, de quinze dias a um mês, ou multa.

§ 1º Se do fato resulta prejuízo público:

Pena – detenção, de três meses a um ano, e multa.

§ 2º Se o fato ocorre em lugar compreendido na faixa de fronteira:

Pena – detenção, de um a três anos, e multa.

Introdução

O núcleo *abandonar* tem o sentido de deixar, largar, não comparecer quando obrigado. Hungria, com precisão, esclarece: "*Abandonar*, no sentido do artigo ora comentado, é *deixar ao desamparo*, e tal não acontece quando está presente o funcionário a quem incumbe assumir o cargo na ausência do ocupante (efetivo ou interino). Neste caso, não haverá, sequer, possibilidade de dano, que é condição mínima para a existência de um evento criminoso".

E continua o renomado autor: "Se a ausência durar mais de 30 dias (segundo a nossa lei administrativa), poderá haver *falta disciplinar*, mas não crime. Para a existência deste, não se faz mister o decurso do dito prazo, bastando que o abandono dure por tempo capaz de criar possibilidade de prejuízo, público ou particular (a efetividade do prejuízo público [...] constitui condição de maior punibilidade [...]".[27]

Como podemos perceber pelas lições de Hungria, cuida-se, *in casu* de uma infração penal de perigo concreto. Assim, o abandono do cargo deve, efetivamente, criar uma situação de risco para a Administração Pública, impossibilitando ou, pelo menos, dificultando, por exemplo, a realização dos serviços a ela acometidos.

O abandono deverá dizer respeito a *cargo*, e não a *função*, cujo conceito é mais amplo do que aquele. Aqui, não se poderá aplicar, portanto, o conceito de funcionário público por extensão, por assimilação ou por equiparação, constante do art. 327 do Código Penal. Não estão incluídos nas disposições constantes do art. 323 do Código Penal aqueles que exercem, tão somente, emprego ou função pública. Ressalva o art. 323 do Código Penal que somente será punido o abandono do cargo público que não for permitido em lei. Na verdade, a ressalva é completamente desnecessária, pois, como é cediço, se houver algum motivo de força maior, ou mesmo alguma causa de justificação, o fato deixará de ser tido como criminoso, podendo-se aplicar, *v.g.*, uma causa que exclua a ilicitude ou mesmo a culpabilidade.

Contudo, um simples pedido de *aposentadoria* ou mesmo de *exoneração* somente desobrigará o funcionário de dar continuidade às funções inerentes ao seu cargo quando for, definitivamente, deferido, com a necessária publicação do ato, pois, caso contrário, poderá ser responsabilizado pelo delito em estudo.

📖 O Superior Tribunal de Justiça possui entendimento firmado de que, para se concluir pelo abandono de cargo e aplicar a pena de demissão, a Administração Pública deve verificar o *animus abandonandi* do servidor, elemento indispensável para a caracterização do mencionado ilícito administrativo (STJ, MS 18.936/DF, Rel. Min. Herman Benjamin, S. 1, *DJe* 23/09/2016).

---

[27] HUNGRIA, Nélson. *Comentários ao código penal*, v. IX, p. 391.

Nesse sentido:

⚖ TJES, AC 058050003936, Rel. Des. Fábio Clem de Oliveira, j. 06/05/2014; TJMG, Processo 1.0702.00.013478-4/004[1], Rel. Nepomuceno Silva, pub. 03/04/2007; TJSP, Ap. 305.745-5/1/SP, 1ª Câm. Direito Público, Rel. Franklin Nogueira, j. 19/06/2007; TJMG, Processo 1.0000.07.453939-6/000[1], Rel. José Antonino Baía Borges, pub. 20/06/2007; TJMG, Processo 1.0000.05.430547-9/000[1], Rel.ª Vanessa Verdolim Hudson Andrade, pub. 05/07/2006.

Classificação doutrinária

Crime próprio (na verdade, mais do que um crime próprio, o delito de abandono de função encontra-se no rol daqueles considerados como de mão própria, que exigem uma atuação pessoal, personalíssima do próprio agente); doloso; comissivo ou omissivo próprio (dependendo de como o comportamento é praticado, embora a corrente doutrinária majoritária o entenda somente como um crime omissivo próprio); de forma livre; instantâneo; monossubjetivo; plurissubsistente; transeunte.

Sujeito ativo e sujeito passivo

Somente o funcionário público, ocupante de determinado cargo, pode ser *sujeito ativo* do delito de *abandono de função*, tipificado no art. 323 do Código Penal. *O sujeito passivo* é o Estado.

Objeto material e bem juridicamente protegido

A Administração Pública é o bem juridicamente protegido pelo tipo penal que prevê o delito de *abandono de função.*
Não há objeto material, embora exista posição contrária.[28]

Consumação e tentativa

O delito se consuma quando o abandono cria, efetivamente, um perigo de dano. Esse abandono, portanto, deverá ser por tempo suficiente, a ponto de gerar essa situação concreta de perigo.
Na hipótese de não ter havido qualquer perigo de dano à Administração Pública, o fato deverá ser resolvido na própria esfera administrativa, com a aplicação das sanções disciplinares que forem pertinentes ao caso.
Embora de difícil ocorrência, a definição sobre a possibilidade de tentativa, segundo nosso posicionamento, deverá ser feita caso a caso.

Elemento subjetivo

O dolo é o elemento subjetivo exigido pelo tipo penal que prevê o delito de *abandono de função*, não havendo previsão para a modalidade de natureza culposa.

Modalidades comissiva e omissiva

Embora a maioria de nossos doutrinadores enxergue uma modalidade omissiva própria no crime de abandono de função, entendemos que o delito tipificado no art. 323 do Código Penal poderá ser praticado tanto comissiva quanto omissivamente, dependendo da interpretação que se dê ao comportamento do agente no caso concreto.

Modalidades qualificadas

Determina o § 1º do art. 323 do Código Penal que se do fato resulta prejuízo público, a pena será de detenção, de 3 (três) meses a 1 (um) ano, e multa.
Também qualificará o delito de abandono de função se o fato ocorrer em lugar compreendido na faixa de fronteira, cominando o § 2º do art. 323 do Código Penal uma pena de detenção, de 1 (um) a 3 (três) anos, e multa.

Causa especial de aumento de pena

Nos termos do § 2º do art. 327 do Código Penal, a pena será aumentada da terça parte quando os autores dos crimes previstos no Capítulo I, do Título XI forem ocupantes de cargos em comissão ou de função de direção ou assessoramento de órgão da administração direta, sociedade de economia mista, empresa pública ou fundação instituída pelo poder público.

Pena, ação penal, competência para julgamento e suspensão condicional do processo

A pena cominada ao delito de *abandono de função* é de detenção, de 15 (quinze) dias a 1 (um) mês, ou multa.
Se do fato resulta prejuízo público, a pena será de detenção, de 3 (três) meses a 1 (um) ano, e multa, conforme determina o § 1º; se o fato ocorre em lugar compreendido na faixa da fronteira, a pena cominada é de detenção, de 1 (um) a 3 (três) anos, e multa.
A pena poderá ser aumentada da terça parte, conforme determina o § 2º do art. 327 do Código Penal, nas hipóteses nele previstas.
A ação penal é de iniciativa pública incondicionada.
Compete, pelo menos inicialmente, ao Juizado Especial Criminal o processo e julgamento do delito tipificado no art. 323, *caput*, e § 1º do Código Penal.
Será possível a confecção de proposta de suspensão condicional do processo.

Procedimento criminal

Vide arts. 513 a 518 do Código de Processo Penal.

Efeito da condenação

Vide art. 92, I, *a*, do Código Penal.

---

[28] Conforme Guilherme de Souza Nucci (*Código penal comentado*, p. 1.000), que entende ser o cargo público o objeto material do delito em estudo.

Abandono de serviço eleitoral

Vide art. 344 do Código Eleitoral.

Abandono de cargo no Código Penal Militar

Vide art. 330 do Decreto-Lei nº 1.001/69 (Código Penal Militar).

Exercício funcional ilegalmente antecipado ou prolongado

Art. 324. Entrar no exercício de função pública antes de satisfeitas as exigências legais, ou continuar a exercê-la, sem autorização, depois de saber oficialmente que foi exonerado, removido, substituído ou suspenso:

Pena – detenção, de quinze dias a um mês, ou multa.

Introdução

Exercício, nos termos preconizados pela Lei nº 8.112/1990, *é o efetivo desempenho das atribuições do cargo público ou da função de confiança*. Assim, comete o delito em estudo o agente que começa a desempenhar as funções inerentes ao seu cargo antes de satisfeitas as exigências legais.

Na segunda parte do mencionado artigo encontra-se a previsão do comportamento do funcionário que, segundo Fragoso, prolonga o exercício da função "que não tem mais qualidade legal ou permissão para desempenhar. Como no primeiro caso, exige-se uma atividade positiva: o crime não pode ser praticado por omissão. Consuma-se com a prática de qualquer ato de ofício (um só que seja), de qualquer natureza, após ter sido *oficialmente notificado* de que foi exonerado, removido, substituído ou suspenso. A notificação deve ser pessoal, sendo indispensável que o agente tenha conhecimento direto e inequívoco da mesma (a dúvida aqui não basta)".[29]

⚖ Agente que, fazendo-se passar por policial, aborda rapazes e, valendo-se de arma – que não podia portar, eis que em saída temporária no cumprimento de pena em regime semiaberto – obriga-os a se despirem, exceto de suas roupas íntimas. Impossibilidade de desclassificação do crime de usurpação de função pública para o de exercício funcional ilegalmente antecipado ou prolongado, pois este pressupõe o exercício regular de função pública, enquanto aquele é cometido por particular. Hipótese em que o réu, na qualidade de ex-policial, condenado e em cumprimento de pena, equipara-se a particular (TJSP, AC 8737133700. 5ª Câm. de Direito Criminal, Rel. Pinheiro Franco, pub. 03/04/2006).

Classificação doutrinária

Crime próprio (na verdade, mais do que um crime próprio, o delito de *exercício funcional ilegalmente antecipado ou prolongado* encontra-se no rol daqueles considerados como de mão própria, que exigem uma atuação pessoal, personalíssima do próprio agente); doloso; comissivo (podendo, no entanto, ser praticado via omissão imprópria na hipótese do art. 13, § 2º, do Código Penal); de forma livre; instantâneo; monossubjetivo; plurissubsistente; transeunte.

Sujeito ativo e sujeito passivo

O sujeito ativo é o funcionário público. Exige-se tenha sido o agente, pelo menos, nomeado, para efeitos de reconhecimento desse *status* de funcionário, sendo a nomeação considerada a forma de provimento originário.

O *sujeito passivo* é o Estado.

Objeto material e bem juridicamente protegido

A Administração Pública é o bem juridicamente protegido pelo tipo penal que prevê o delito de *exercício funcional ilegalmente antecipado ou prolongado*.

Não há objeto material, embora exista posição em contrário.[30]

Consumação e tentativa

Consuma-se o delito em estudo quando o agente, efetivamente, entra no exercício de função pública, praticando os atos que lhe são inerentes, antes de satisfeitas as exigências legais, ou quando continua a exercer suas funções, sem autorização, depois de saber oficialmente que foi exonerado, removido, substituído ou suspenso, exemplo da hipótese em que um promotor de justiça, mesmo sabendo oficialmente sobre a sua remoção compulsória, continua a se manifestar nos processos e inquéritos policiais que ainda se encontravam no seu gabinete.

A tentativa é admissível.

Elemento subjetivo

O dolo é o elemento subjetivo exigido pelo tipo penal que prevê o delito de *exercício funcional ilegalmente antecipado ou prolongado*, não havendo previsão para a modalidade de natureza culposa.

Modalidades comissiva e omissiva

Os núcleos *entrar* e *continuar* pressupõem um comportamento comissivo por parte do agente, podendo, no entanto, ser praticado via omissão imprópria.

Causa especial de aumento de pena

Nos termos do § 2º do art. 327 do Código Penal, a pena será aumentada da terça parte quando os auto-

---

[29] FRAGOSO, Heleno Cláudio. *Lições de direito penal*, v. 2, p. 439.

[30] Conforme Guilherme de Souza Nucci (*Código penal comentado*, p. 1.002), que entende ser a *função pública* o objeto material do delito em estudo.

res dos crimes previstos no Capítulo I do Título XI forem ocupantes de cargos em comissão ou de função de direção ou assessoramento de órgão da administração direta, sociedade de economia mista, empresa pública ou fundação instituída pelo poder público.

Pena, ação penal, competência para julgamento e suspensão condicional do processo

A pena cominada ao delito de *exercício funcional ilegalmente antecipado ou prolongado* é de detenção, de 15 (quinze) dias a 1 (um) mês, ou multa.

A pena poderá ser aumentada da terça parte, conforme determina o § 2º do art. 327 do Código Penal, nas hipóteses nele previstas.

A ação penal é de iniciativa pública incondicionada. Compete, pelo menos inicialmente, ao Juizado Especial Criminal o processo e julgamento do delito tipificado no art. 324 do Código Penal.

Será possível a confecção de proposta de suspensão condicional do processo.

Procedimento criminal

Vide arts. 513 a 518 do Código de Processo Penal.

Efeito da condenação

Vide art. 92, I, *a*, do Código Penal.

Exercício funcional ilegal no Código Penal Militar

Vide art. 329 do Decreto-Lei nº 1.001/69 (Código Penal Militar).

Violação de sigilo funcional

Art. 325. Revelar fato de que tem ciência em razão do cargo e que deva permanecer em segredo, ou facilitar-lhe a revelação:

Pena – detenção, de seis meses a dois anos, ou multa, se o fato não constitui crime mais grave.

§ 1º Nas mesmas penas deste artigo incorre quem:

I – permite ou facilita, mediante atribuição, fornecimento e empréstimo de senha ou qualquer outra forma, o acesso de pessoas não autorizadas a sistemas de informações ou banco de dados da Administração Pública;

II – se utiliza, indevidamente, do acesso restrito.

§ 2º Se da ação ou omissão resulta dano à Administração Pública ou a outrem:

Pena – reclusão, de dois a seis anos, e multa.

Introdução

O núcleo *revelar* é utilizado pelo texto legal no sentido de divulgar, tornar conhecido fato de que teve ciência em razão do cargo. O fato, como esclarece o mencionado artigo, deve ter chegado ao conhecimento do agente em virtude do cargo por ele ocupa-

do, ou seja, *ratione officii*, pois, caso contrário, deixará de se configurar o tipo penal em estudo.

Somente importa na infração penal *sub examen* o fato que deve permanecer em segredo. Assim, se o agente divulga um fato que diz respeito à Administração Pública, mas sobre o qual não se exigia qualquer sigilo, tal comportamento não se subsumirá ao tipo penal constante do art. 325.

Não somente pratica o delito aquele que, pessoalmente, revela o fato de que teve ciência em razão do cargo, e que devia permanecer em segredo, como também aquele que facilita sua revelação. Como diz Hungria: "A revelação (que consiste em fazer passar o fato da esfera do sigilo para a do indevido conhecimento de terceiro) pode ser *direta* ou *indireta*. No primeiro caso, o agente, ele próprio, comunica o fato a terceiro, *sponte sua* ou mediante determinação de outrem (podendo apresentar-se concurso com o crime de corrupção passiva ou prevaricação); no segundo, limita-se a facilitar a terceiro o conhecimento do fato, *in exemplis*: permitir, passivamente, o manuseio de um *dossier* secreto".[31]

Para efeito de configuração de delito de *violação de sigilo funcional*, basta que o fato que devia permanecer em segredo seja divulgado a uma única pessoa, que poderá ser um particular ou, mesmo, outro funcionário público a quem não era permitido saber a respeito do segredo divulgado.

⚖ Não é ilegal o encarceramento provisório que se funda em dados concretos a indicar a necessidade da medida cautelar, demonstrando a necessidade da prisão para garantia da ordem pública. Na hipótese, a decisão proferida na origem está alicerçada na gravidade *in concreto* dos fatos delituosos, os quais evidenciariam maior reprovabilidade da conduta, cometida por agente policial, que em razão do cargo que exercia utilizava informações privilegiadas, como a existência de mandado de prisão, para favorecer a organização criminosa (STJ, RHC 67.029/MG, Rel.ª Min.ª Maria Thereza de Assis Moura, 6ª T., *DJe* 10/06/2016).

Nesse sentido:

⚖ STJ, REsp 1189975/RS, Rel. Min. Luis Felipe Salomão, 4ª T., *DJe* 18/05/2011, *RT* 909, p. 530; STJ, Inq. 456/DF, Rel. Min. Luiz Fux, CE, *LEXSTJ* 197, p. 362.

Classificação doutrinária

Crime próprio no que diz respeito ao sujeito ativo e comum quanto ao sujeito passivo, haja vista que não somente a Administração Pública, como qualquer pessoa física ou jurídica pode ser prejudicada com o comportamento praticado pelo agente; doloso; comissivo e omissivo próprio (pois que a conduta de facilitar a revelação pode ser tanto praticada comissiva, quanto omissivamente); de forma livre; instantâneo; monossubjetivo; plurissubsistente; transeunte.

---

[31] HUNGRIA, Nélson. *Comentários ao código penal*, v. IX, p. 396.

No que tange à ausência de danos à Administração Púbica, para doutrina majoritária, o delito do art. 325 do CP é formal, não se exigindo resultado naturalístico, consistente em prejuízo para a Administração ou para outrem. [...] (Informações Complementares à Ementa – REsp 1.759.600/RJ, Rel. Min. Joel Ilan Paciornik, Rel. p/ Acórdão Min. Felix Fischer, 5ª T., julgado em 13/12/2018, *DJe* 11/02/2019).

Sujeito ativo e sujeito passivo

Somente o funcionário público pode figurar como *sujeito ativo* do delito de *violação de sigilo funcional*. O *sujeito passivo* é o Estado, bem como a pessoa física ou jurídica prejudicada com a conduta praticada pelo agente.

Objeto material e bem juridicamente protegido

A Administração Pública é o bem juridicamente protegido pelo tipo penal que prevê o delito de *violação de sigilo funcional*.
O objeto material do crime é o segredo funcional.

Consumação e tentativa

O delito se consuma com a efetiva revelação pelo funcionário, a uma única pessoa, do fato de que tem ciência em razão do cargo e que deva permanecer em segredo, ou quando o agente, de alguma forma, dolosamente, facilita a sua revelação.
Admite-se a tentativa.

Elemento subjetivo

O dolo é o elemento subjetivo exigido pelo tipo penal que prevê o delito de *violação de sigilo funcional*, não havendo previsão para a modalidade de natureza culposa.

Modalidades comissiva e omissiva

O núcleo *revelar* pressupõe um comportamento comissivo por parte do agente, podendo, no entanto, ser praticado via omissão imprópria.
Quando a conduta disser respeito à facilitação da revelação do segredo, esse comportamento, dependendo do caso concreto, poderá ser praticado tanto comissiva quanto omissivamente.

Modalidade assemelhada

Asseveram os incs. I e II do § 1º, acrescentado ao art. 325 do Código Penal pela Lei nº 9.983, de 14 de julho de 2000:
§ 1º Nas mesmas penas deste artigo incorre quem:
I – permite ou facilita, mediante atribuição, fornecimento e empréstimo de senha ou qualquer outra forma, o acesso de pessoas não autorizadas a sistemas de informações ou banco de dados da Administração Pública;
II – se utiliza, indevidamente, do acesso restrito.

Modalidade qualificada

Determina o § 2º, acrescentado ao art. 325 do Código Penal pela Lei nº 9.983, de 14 de julho de 2000, que se da ação ou omissão resulta dano à Administração Pública ou a outrem, a pena é de reclusão, de 2 (dois) a 6 (seis) anos, e multa.

A ocorrência de prejuízo à Administração Pública consiste em mero exaurimento do delito, que, devidamente comprovado, caracteriza a forma qualificada prevista no § 2º do art. 325 do CP (Informações Complementares à Ementa – REsp 1.759.600/RJ, Rel. Min. Joel Ilan Paciornik, Rel. p/ Acórdão Ministro Felix Fischer, 5ª T., julgado em 13/12/2018, *DJe* 11/02/2019).

Causa especial de aumento de pena

Nos termos do § 2º do art. 327 do Código Penal, a pena será aumentada da terça parte quando os autores dos crimes previstos no Capítulo I do Título XI forem ocupantes de cargos em comissão ou de função de direção ou assessoramento de órgão da administração direta, sociedade de economia mista, empresa pública ou fundação instituída pelo poder público.

Ao recorrente, servidor de carreira da Controladoria-Geral da União, são imputados os crimes tipificados nos arts. 325, § 2º, do Código Penal e 10 da Lei nº 9.296/1996, quando, à época, exercia o cargo em comissão de Assessor Especial de Controle Interno do Ministério da Educação. Ainda, vê-se ter sido imputado ao réu a prática do crime de violação do sigilo funcional qualificado, porquanto da sua conduta resultou dano efetivo à Administração Pública. Indubitavelmente, não há interesse público na defesa da suposta conduta de divulgação de informações acobertadas por sigilo, que teria comprometido parcialmente a eficácia e acarretado retardamento da investigação sigilosa, denominada "Operação Sinapse". Vislumbra-se unicamente o interesse público na apuração do fato imputado, não na defesa do réu imputado, a qual não ultrapassa a esfera de interesse pessoal do agente público. Destarte, mostra-se ilegal a representação processual do réu pela Advocacia-Geral da União, motivo pelo qual o agravo regimental deve ser inadmitido por falta de regularidade formal (STJ, AgRg no RHC 48.222/PR, Rel. Min. Ribeiro Dantas, 5ª T., *DJe* 24/02/2017).

Pena, ação penal, competência para julgamento e suspensão condicional do processo

A pena cominada ao delito de *violação de sigilo funcional*, previsto no *caput*, bem como no § 1º do art. 325 do Código Penal, é de detenção, de 6 (seis) meses a 2 (dois) anos, ou multa, se o fato não constitui crime mais grave, evidenciando, assim, expressamente, a sua natureza subsidiária.

Para a modalidade qualificada, constante do § 2º do art. 325 do Código Penal, a pena é de reclusão, de 2 (dois) a 6 (seis) anos, e multa.

A pena poderá ser aumentada da terça parte, conforme determina o § 2º do art. 327 do Código Penal, nas hipóteses nele previstas.

A ação penal é de iniciativa pública incondicionada. Compete, pelo menos inicialmente, ao Juizado Especial Criminal o processo e julgamento do delito tipificado no *caput*, bem como no § 1º do art. 325 do Código Penal (desde que não incida a majorante prevista no § 2º do art. 327 do mesmo diploma legal).

Será possível a confecção de proposta de suspensão condicional do processo também nas hipóteses constantes do *caput*, bem como nas do § 1º do art. 325 do Código Penal.

Procedimento criminal

Vide arts. 513 a 518 do Código de Processo Penal.

Efeito da condenação

Vide art. 92, I, *a*, do Código Penal.

Violação de sigilo funcional e Código Penal Militar

Vide art. 326 do Decreto-Lei nº 1.001/69 (Código Penal Militar).

Revelação de segredo particular

Se o segredo for particular, o fato poderá subsumir-se a uma das hipóteses previstas nos arts. 153 e 154 do Código Penal.

Revelação das informações sobre as quais dispõe a Lei nº 8.021, de 12 de abril de 1990

Vide § 3º do art. 7º do referido diploma legal.

Proibição de monitoramento de áudio de vídeo nas celas e no atendimento advocatício

A Lei 11.671/2008, que dispôs sobre a transferência e inclusão de presos em estabelecimentos penais federais de segurança máxima, foi modificada pela Lei 13.964/2019, dando nova redação ao art. 3º, criando, em seu § 5º, mais uma hipótese de delito de violação de sigilo profissional.

Violação do sigilo de proposta de concorrência

Art. 326. Devassar o sigilo de proposta de concorrência pública, ou proporcionar a terceiro o ensejo de devassá-lo:

Pena – Detenção, de três meses a um ano, e multa.

Introdução

O art. 326 do Código Penal foi revogado pelo art. 94 da Lei nº 8.666, de 21 de junho de 1993, que regulamentou o art. 37, inciso XXI, da Constituição Federal e instituiu normas para licitações e contratos da Administração Pública. Com a vigência da nova Lei de Licitações, Lei nº 14.133, de 1º de abril de 2021, o antigo art. 94 da Lei 8.666, de 21 de junho de 1993, foi revogado pelo art. 337-J que dispõe sobre a violação de sigilo em licitação sendo agora os crimes licitatórios dispostos em capítulo do próprio Código Penal (Capítulo II-B no Título XI).

Comparando-se os dois artigos, verifica-se que no tipo penal criado pela lei nova foi modificada a expressão concorrência pública, para procedimento licitatório, abrangendo, portanto, outras situações não previstas pelo tipo penal revogado. Isso porque, conforme se verifica pelo art. 28 da Nova Lei de Licitações nº 14.133, de 1º de abril de 2021 são modalidades de licitação: I – pregão; II – concorrência; III – concurso; IV – leilão; V – diálogo competitivo.

Verifica-se, portanto, que a nova lei ampliou o seu campo de atuação, haja vista que, agora, prevê em seu tipo penal (art. 337-J do Código Penal) o procedimento licitatório, gênero do qual é espécie a concorrência.

As condutas proibidas, no entanto, continuam as mesmas, vale dizer: *a)* devassar o sigilo (agora, de proposta apresentada em procedimento licitatório), ou *b)* proporcionar a terceiro o ensejo de devassá-lo.

O núcleo *devassar* deve ser entendido no sentido de tomar conhecimento da proposta, ao passo que *proporcionar a terceiro o ensejo de devassá-lo* importa em permitir que terceiro tenha acesso a ela, sendo que sua finalidade é devassá-la. Noronha esclarece que "facilita a revelação o que propositadamente deixa aberta a porta do cofre ou gaveta onde se encontra o documento sigiloso; o que dá informes sem os quais o terceiro não poderia descobrir o segredo". E continua o renomado autor, citando Ricio: "A facilitação é diversa da revelação, porquanto na primeira quem adquire o conhecimento desenvolve uma atividade para tal fim, enquanto que, na segunda, tal atividade não é requerida como elemento essencial do tipo. A facilitação, na verdade, consiste em facilitar a tarefa do particular, no torná-la possível ou menos difícil, em um *auxílio* ao *particular*."[32]

Classificação doutrinária

Crime próprio no que diz respeito ao sujeito ativo e comum quanto ao sujeito passivo, haja vista que não somente a Administração Pública, como qualquer pessoa física ou jurídica pode ser prejudicada com o comportamento praticado pelo agente; doloso; comissivo e omissivo próprio, uma vez que se poderá raciocinar com a hipótese de crime omissivo quando o agente proporciona a terceiro o ensejo de devassar procedimento licitatório; de forma livre; instantâneo; monossubjetivo; plurissubsistente; transeunte.

---

32 NORONHA, Edgard Magalhães. *Direito penal*, v. 4, p. 297.

Sujeito ativo e sujeito passivo

Crime próprio, somente o funcionário público pode figurar como sujeito ativo do delito tipificado no art. 337-J do Código Penal.

O *sujeito passivo* é o Estado, bem como a pessoa física ou jurídica prejudicada com a conduta praticada pelo agente.

Objeto material e bem juridicamente protegido

A Administração Pública é o bem juridicamente protegido pelo tipo penal em estudo.

O objeto material é a proposta apresentada em procedimento licitatório.

Consumação e tentativa

O delito se consuma quando ocorre, efetivamente, a devassa, isto é, quando o agente ou terceira pessoa (no caso da facilitação, prevista na segunda parte do art. 337-J do Código Penal toma conhecimento do conteúdo da proposta apresentada em procedimento licitatório. Como esclarece Noronha[33]:

"Em qualquer das modalidades é com a *revelação* do segredo que o delito se consuma, ou seja, quando o terceiro (basta uma pessoa; dispensável é a divulgação, a difusão etc.) toma conhecimento do fato, dele tem ciência ou se torna sabedor. É agora que existe *revelação*, quer o agente a tenha feito, quer a haja facilitado".

A tentativa é admissível.

Elemento subjetivo

O dolo é o elemento subjetivo exigido pelo tipo penal que prevê a violação do sigilo de proposta apresentada em procedimento licitatório, não havendo previsão para a modalidade de natureza culposa.

Modalidades comissiva e omissiva

O núcleo *devassar* pressupõe um comportamento comissivo por parte do agente.

No entanto, quando o agente *proporciona* a terceiro o ensejo de devassar o sigilo, tal comportamento pode ser entendido em ambos os sentidos, ou seja, o agente poder levar a efeito essa conduta fazendo ou, mesmo, deixando de fazer alguma coisa.

Pena e ação penal

A pena cominada pelo preceito secundário do art. 337-J do Código Penal é de detenção, de 2 (dois) a 3 (três) anos, e multa.

A ação penal é de iniciativa pública incondicionada.

Procedimento criminal

Vide arts. 513 a 518 do Código Processual Penal.

Efeito da condenação

Vide art. 92, I, *a*, do Código Penal.

Funcionário público

Art. 327. Considera-se funcionário público, para os efeitos penais, quem, embora transitoriamente ou sem remuneração, exerce cargo, emprego ou função pública.

§ 1º Equipara-se a funcionário público quem exerce cargo, emprego ou função em entidade paraestatal, e quem trabalha para empresa prestadora de serviço contratada ou conveniada para a execução de atividade típica da Administração Pública.

§ 2º A pena será aumentada da terça parte quando os autores dos crimes previstos neste Capítulo forem ocupantes de cargos em comissão ou de função de direção ou assessoramento de órgão da administração direta, sociedade de economia mista, empresa pública ou fundação instituída pelo poder público.

Conceito de funcionário público

Funcionário público, para efeitos penais, não somente é aquele ocupante de um *cargo*, que poderíamos denominar de funcionário público em sentido estrito, mas também aquele que exerce emprego ou função pública. *Emprego público* é a expressão utilizada para efeitos de identificação de uma relação funcional regida pela Consolidação das Leis do Trabalho, geralmente para o exercício de atividades temporárias. *Função*, de acordo com as precisas lições de José dos Santos Carvalho Filho, "é a atividade em si mesma, ou seja, função é sinônimo de atribuição e corresponde às inúmeras tarefas que constituem o objeto dos serviços prestados pelos servidores públicos".[34]

O exercício de uma função pública, ou seja, aquela inerente aos serviços prestados pela Administração Pública, não pode ser confundido com *múnus público*, entendido como encargo ou ônus conferido pela lei e imposto pelo Estado em determinadas situações, a exemplo do que ocorre com os tutores, curadores etc.

⚖ Não se há falar em afastamento da causa de aumento do § 2º do art. 327 do Código Penal, pois nos termos da jurisprudência desta eg. Corte Superior, a incidência da majorante prevista no art. 327, § 2º, do Diploma Penalista, incide a todos aqueles que, à época dos fatos, detinham cargos em comissão, tendo em vista a maior reprovabilidade do agente que vale de sua posição para a prática da conduta infracional. Precedentes (STJ, AgRg no REsp 1.770.254/SP, Rel. Min. Felix Fischer, 5ª T., *DJe* 29/04/2019).

Nesse sentido:

⚖ STJ, HC 402.949/SP, Rel.ª Min.ª Maria Thereza de Assis Moura, 6ª T., *DJe* 26/03/2018; TJMS, ACr-Recl 2010.009207-3/0000-00, Rel. Des. Carlos Eduardo Contar,

---

[33] NORONHA, Edgard Magalhaes, *Direito Penal*, v. 4, p. 298.

[34] CARVALHO FILHO, José dos Santos. *Manual de direito administrativo*, p. 362.

DJEMS 09/08/2010, p. 52; STJ, HC 51054/RS, Rel. Min. Gilson Dipp, 5ª T., *DJ* 05/06/2006, p. 303; STJ, REsp 212940/MG, Rel. Min. Felix Fischer, 5ª T., *REVJMG* 156, p. 556.

O § 1º, acrescentado ao art. 327 pela Lei nº 9.983, de 14 de julho de 2000, criou o chamado funcionário público por equiparação, passando a gozar desse *status* o agente que exerce cargo, emprego ou função em entidades paraestatais (aqui compreendidas as autarquias, sociedades de economia mista, empresas públicas e fundações instituídas pelo Poder Público), bem como aquele que trabalha para empresa prestadora de serviço contratada ou conveniada para a execução de atividade típica da Administração Pública.

A Sexta Turma deste Superior Tribunal de Justiça, por ocasião do julgamento do Recurso Especial nº 1.519.662/DF, também de minha relatoria, à unanimidade, assentou entendimento de que "o conceito de entidades paraestatais existente no § 1º do art. 327 do Código Penal contempla as chamadas Organizações Sociais, estas previstas no âmbito federal pela Lei nº 9.637/98 e na órbita distrital pela Lei nº 2.415/99", de maneira que, levando em conta que "o ICS foi qualificado como Organização Social pelo art. 19 da Lei Distrital nº 2.415/99, tem-se que seus dirigentes são equiparados a funcionários públicos para os efeitos penais, submetendo-se às sanções direcionadas aos crimes praticados por funcionários públicos contra a Administração Pública em geral, em razão da norma extensiva prevista no § 1º do art. 327 do Código Penal, que equipara a funcionário público, todo o agente que exerce cargo, emprego ou função em entidade paraestatal" (STJ, AgRg no REsp 1.575.378/DF, Rel.ª Min.ª Maria Thereza de Assis Moura, 6ª T., *DJe* 04/10/2016).

Nesse sentido:

STJ, HC 69.585/RS, Rel. Min. Nefi Cordeiro, 6ª T., *DJe* 12/06/2015; TRF 4ª Reg., ACr 2006.70.03.004092-2/PR, Rel. Des. Fed. Tadaaqui Hirose, *DEJF* 13/08/2010, p. 807; STJ, HC 115179/RS, Rel.ª Min.ª Maria Thereza de Assis Moura, 6ª T., j. 19/02/2009.

O § 2º foi acrescentado ao art. 327 do Código Penal pela Lei nº 6.799, de 23 de junho de 1980, criando uma majorante (aumento em um terço da pena), na hipótese em que os autores dos crimes praticados por funcionário público contra a administração em geral forem ocupantes de *cargos em comissão*, ou seja, aqueles que, na definição de Celso Antônio Bandeira de Mello, são "vocacionados para serem ocupados em caráter transitório por pessoa de confiança da autoridade competente para preenchê-los, a qual também pode exonerar *ad nutum*, isto é, livremente, quem os esteja titularizando",[35] para cujo provimento não há necessidade de concurso público, ou de *função de direção* ou *assessoramento* de órgão da administração direta, sociedade de economia mista, empresa pública ou fundação instituída pelo poder público.

No que concerne à incidência da causa de aumento trazida no art. 327, § 2º, do Código Penal, verifico que assiste razão ao impetrante. De fato, a norma penal incriminadora não admite a analogia *in malam partem*. Se o dispositivo não incluiu, no rol daqueles que terão suas penas majoradas em 1/3, os ocupantes de cargos político-eletivos, como o de vereador, não é possível fazer incidir a causa de aumento do art. 327, § 2º, do Código Penal tão só em função de o delito ter sido praticado no exercício da função (STJ, HC 276.245/MG, Rel. Min. Reynaldo Soares da Fonseca, 5ª T., *DJe* 20/06/2017).

Nesse sentido:

STJ, AgRg na APn 827/DF, Rel.ª Min.ª Maria Thereza de Assis Moura, CE, *DJe* 25/08/2017; STJ, AgRg no REsp 1165821/PR, Rel. Min. Jorge Mussi, 5ª T., *DJe* 13/08/2012; STF, RHC 110513/RJ, Rel. Min. Joaquim Barbosa, 2ª T., *DJe* 18/06/2012; STJ, HC 91.697/RJ, 5ª T., Rel. Min. Arnaldo Esteves Lima, *DJe* 07/06/2010; STJ, REsp 819168/PE, Rel. Min. Gilson Dipp, 5ª T., *DJ* 05/02/2007, p. 356; TRF 1ª Reg., ACr 2000.34.00.028261-1/DF, Rel. Olindo Menezes, 3ª T., *DJ* 27/10/2006, p. 37.

A Lei nº 10.467, de 11 de junho de 2002, acrescentou o Capítulo II-A, que prevê os crimes praticados por particular contra a Administração Pública estrangeira, ao Título XI da Parte Especial do Código Penal, relativo aos crimes contra a Administração Pública. Como nos artigos em que foram previstos os crimes de *corrupção ativa em transação comercial internacional* e *tráfico de influência em transação comercial internacional* havia, como elemento dos aludidos tipos penais, a figura do *funcionário público estrangeiro*, a lei penal, procurando evitar as divergências sobre a interpretação desse conceito, resolveu explicitá-lo em seu art. 337-D e parágrafo único.

O conceito de funcionário público estrangeiro em muito se parece com aquele previsto pelo art. 327 do Código Penal. Sua diferença, no entanto, reside no fato de que, de acordo com a previsão constante do *caput* do art. 337-D, o exercício do cargo, emprego ou função deve ser levado a efeito em *entidades estatais* ou em *representações diplomáticas de país estrangeiro*. O parágrafo único do art. 337-D do Código Penal equipara a funcionário público estrangeiro, para efeitos penais, aquele que exerce cargo, emprego ou função em empresas controladas, diretamente ou indiretamente, pelo poder público de país estrangeiro ou em organizações públicas internacionais, a exemplo da ONU, OMS, FMI etc.

Regime celetista

Agente que desempenha a função de escrevente em cartório de serviços notariais e de registros.

Para fins penais é considerado funcionário público, ainda que contratado sob a égide do regime celetista (TJSP, Ap. Crim. 116159 03000, 15ª Câm. de Direito Criminal, Rel. Ribeiro dos Santos, pub. 30/05/2008).

Advogado

🔨 O advogado que, por força de convênio celebrado com o Poder Público, atua de forma remunerada em defesa dos agraciados com o benefício da Justiça Pública, enquadra-se no conceito de funcionário público para fins penais (Precedentes) (STJ, HC 264.459/SP, Rel. Min. Reynaldo Soares da Fonseca, 5ª T., *DJe* 10/03/2016).

Nesse sentido:

🔨 STJ, RHC 33133/SC, Rel. Min. Jorge Mussi, 5ª T., *DJe* 05/06/2013; STJ, REsp 902037/SP, Rel. Min. Felix Fischer, 5ª T., *DJ* 04/06/2007, p. 426.

Médico conveniado ao SUS

🔨 Considera-se funcionário público, para fins penais, o médico particular em atendimento pelo Sistema Único de Saúde (SUS), antes mesmo da alteração normativa que explicitamente fizera tal equiparação por exercer atividade típica da Administração Pública (CP, art. 327, § 1º, introduzido pela Lei nº 9.983/2000). Essa a orientação da 2ª Turma ao, por maioria, negar provimento a recurso ordinário em *habeas corpus* interposto por profissional de saúde condenado pela prática do delito de concussão (CP, art. 316). Na espécie, o recorrente, em período anterior à vigência da Lei nº 9.983/2000, exigira, para si, vantagem pessoal a fim de que a vítima não aguardasse procedimento de urgência na fila do SUS. A defesa postulava a atipicidade da conduta. Prevaleceu o voto do Min. Ayres Britto, relator, que propusera novo equacionamento para solução do caso, não só a partir do conceito de funcionário público constante do art. 327, *caput*, do CP, como também do entendimento de que os serviços de saúde, conquanto prestados pela iniciativa privada, consubstanciar-se-iam em atividade de relevância pública (CF, arts. 6º, 197 e 198). Asseverou que o hospital ou profissional particular que, mediante convênio, realizasse atendimento pelo SUS, equiparar-se-ia a funcionário público, cujo conceito, para fins penais, seria alargado. Reputou, dessa forma, não importar a época do crime em comento. Vencido o Min. Celso de Mello, que provia o recurso, ao fundamento da irretroatividade da *lex gravior*, porquanto a tipificação do mencionado crime, para aqueles em exercício de função delegada da Administração, somente teria ocorrido a partir da Lei nº 9.983/2000 (STF, RHC 90523/ES, Rel. Min. Ayres Britto, 2ª T., j. 19/04/2011, *Informativo* nº 624).

Nesse sentido:

🔨 TJSC, ACr 2010.006446-9, Rel. Des. Subst. Roberto Lucas Pacheco, *DJSC* 08/07/2010, p. 348; STJ, REsp 1.067.653/PR, 5ª T., Rel. Min. Jorge Mussi, *DJe* 1º/02/2010; STJ, REsp 1023822/PR, Min.ª Rel.ª Laurita Vaz, 5ª T., j. 17/02/2009; STJ, REsp 898170/PR, Rel. Min. Felix Fischer, 5ª T., *DJ* 30/04/2007, p. 343.

Estagiário em autarquia

🔨 A teor do disposto no art. 327 do Código Penal, considera-se, para fins penais, o estagiário de autarquia funcionário público, seja como sujeito ativo ou passivo do crime (Precedente do Pretório Excelso) (STJ, HC 52989/AC, Rel. Min. Felix Fischer, 5ª T., *DJ* 1º/08/2006, p. 484).

Procedimento previsto para os crimes praticados por funcionário público

Vide arts. 513 a 518 do Código de Processo Penal.

🔨 A notificação do funcionário público, nos termos do art. 514 do Código de Processo Penal, não é necessária quando a ação penal for precedida de inquérito policial. Súmula nº 330 do STJ (STJ, RHC 26.669/MS, Rel. Min. Rogério Schietti Cruz, 6ª T., *DJe* 31/03/2016).

Crimes funcionais próprios e crimes funcionais impróprios

Os *crimes funcionais próprios* são aqueles em que a qualidade de funcionário público é essencial à sua configuração, não havendo figura semelhante que possa ser praticada por quem não goza dessa qualidade, a exemplo do que ocorre com o delito de prevaricação, tipificado no art. 319 do Código Penal. Por outro lado, há infrações penais que tanto podem ser cometidas pelo funcionário público como por aquele que não goza desse *status*, a exemplo do que ocorre com o peculato-furto, previsto no art. 312, § 1º, do Código Penal, que encontra semelhança com o art. 155 do mesmo diploma legal, denominando-os, aí, impróprios.

Capítulo II – Dos Crimes Praticados por Particular contra a Administração em Geral

Usurpação de função pública **Art. 328.** Usurpar o exercício de função pública: Pena – detenção, de três meses a dois anos, e multa.	**Parágrafo único.** Se do fato o agente aufere vantagem: Pena – reclusão, de dois a cinco anos, e multa.

Introdução

O núcleo *usurpar* deve ser entendido no sentido de exercer indevidamente, fazendo-se passar por um funcionário público devidamente investido para a prática do ato de ofício. Há necessidade, portanto, para efeitos de caracterização do delito em estudo, que o agente, efetivamente, pratique algum ato que diga respeito ao exercício de uma determinada função pública. Conforme esclarece Mirabete, "refere-se a lei a qualquer função, gratuita ou remunerada. É indispensável, portanto, que se trate de função própria da administração, uma vez que há algumas delas que podem ser exercidas por particulares. Não basta, ainda, que o agente intitule-se funcionário ou que se apresente como ocupante de determinado cargo, o que pode constituir outro ilícito; é necessária a prática do ato de ofício".[36]

⚖ Hipótese em que funcionários de uma copiadora utilizavam carimbos de autenticação pertencentes ao 4º Ofício de Notas de Brasília/DF – fornecidos pelo próprio Tabelião –, em cópias de documentos, encaminhando-as, posteriormente, ao cartório, para a aposição de assinaturas por escreventes autorizados. O ora denunciado, embora não tenha praticado qualquer ato executório, concorreu de algum modo para a realização do crime, razão pela qual é forçoso reconhecer a figura do concurso de pessoas no presente caso (STJ, REsp 688339/DF, Rel. Min. Gilson Dipp, 5ª T., *DJ* 16/05/2005, p. 396).

Classificação doutrinária

Crime comum, tanto no que diz respeito ao sujeito ativo quanto ao sujeito passivo; doloso; de forma livre, comissivo (podendo, no entanto, ser praticado via omissão imprópria, na hipótese de o agente gozar do *status* de garantidor, nos termos do art. 13, § 2º, do CP); instantâneo; monossubjetivo; plurissubsistente; transeunte (podendo, no entanto, ser considerado como não transeunte, quando o agente vier a praticar qualquer ato passível de prova pericial).

Sujeito ativo e sujeito passivo

Qualquer pessoa pode ser *sujeito ativo*.

O *sujeito passivo* é o Estado, bem como qualquer pessoa que tenha sido eventualmente prejudicada com a conduta praticada pelo sujeito ativo.

⚖ O crime de usurpação de função pública está inscrito no Código Penal entre os 'Crimes Praticados por Particular contra a Administração em Geral', não sendo tipificado quando o agente é funcionário da própria Administração, salvo se em atividade gritantemente anômala, que o faça igual ao particular intruso' (*RT* 687/305). Tratando-se de crime praticado em detrimento da União Federal, não lhe socorre a alegação de se tratar de funcionário público do Estado do Acre. Inaplicável na espécie o procedimento destinado à apuração de delitos praticados por funcionários públicos (do opinativo ministerial) (TRF 1ª Reg., HC 2006.01.00.045232-0/AC, Rel. Hilton Queiroz, 4ª T., *DJ* 02/02/2007, p. 28).

Objeto material e bem juridicamente protegido

A Administração Pública é o bem juridicamente protegido pelo tipo penal que prevê o delito de *usurpação de função pública*.

O objeto material é a função pública usurpada pelo agente.

Consumação e tentativa

O delito se consuma quando o agente, efetivamente, pratica qualquer ato que importe no exercício da função por ele usurpada. Não basta, outrossim, dizer-se ocupante daquela função, havendo necessidade, portanto, de prática de atos de ofício que digam respeito ao seu exercício.

A tentativa é admissível.

⚖ Desempenhando o réu a função de leiloeiro oficial, mesmo que a comissão relativa à realização da arrematação não tenha sido efetivamente desfrutada, resta configurado o delito de usurpação de função pública qualificada, na forma tentada (TRF 4ª Reg., Ap. Crim. 2001.71.08.006451-3, Rel. Tadaaqui Hirose, 7ª T., j. 24/06/2008).

O delito do art. 328 do Código Penal não se configura sem o ânimo de usurpar. Indispensável que o agente se faça passar por ocupante de função pública e que pratique atos a ela pertinentes, com vontade deliberada de exercê-la (STJ, RHC 2356/CE, Rel. Min. Cid Flaquer Scartezzini, 5ª T., *DJ* 17/12/1992, p. 24.256).

Elemento subjetivo

O dolo é o elemento subjetivo exigido pelo tipo penal em estudo, não havendo previsão para a modalidade de natureza culposa.

Modalidades comissiva e omissiva

O núcleo *usurpar* pressupõe um comportamento comissivo por parte do agente, podendo, no entanto, ser praticado via omissão imprópria.

Modalidade qualificada

O parágrafo único do art. 328 prevê uma modalidade qualificada de *usurpação de função pública*, na hipótese em que o agente aufere vantagem, que pode ser de qualquer natureza (material ou moral).

Pena, ação penal, competência para julgamento e suspensão condicional do processo

A pena prevista para a modalidade simples de *usurpação de função pública* é de detenção, de 3 (três) meses a 2 (dois) anos, e multa.

[36] MIRABETE, Julio Fabbrini. *Código penal interpretado*, p. 2408.

Para a modalidade qualificada, constante do parágrafo único do art. 328 do Código Penal, a pena é de reclusão, de 2 (dois) a 5 (cinco) anos, e multa.

A ação penal é de iniciativa pública incondicionada. Compete, pelo menos inicialmente, ao Juizado Especial Criminal o processo e o julgamento do delito tipificado no *caput* do art. 328 do Código Penal.

Será possível a confecção de proposta de suspensão condicional do processo também na hipótese do *caput* do art. 328 do Código Penal.

Agente que é o titular da função, mas que se encontra temporariamente suspenso por decisão judicial

Deverá ser responsabilizado pelo delito tipificado no art. 359 do Código Penal.

Agente que finge ser funcionário sem praticar, efetivamente, qualquer ato

O fato se subsumirá à contravenção penal de *simulação da qualidade de funcionário*, prevista pelo art. 45 da LCP (Decreto-Lei nº 3.688/1941).

Usurpação de função no Código Penal Militar

Vide art. 335 do Decreto-Lei nº 1.001/69 (Código Penal Militar).

Usurpação de função pública e estelionato

O crime de usurpação de função pública se distingue do delito de estelionato, haja vista que, embora no primeiro, o agente possa, efetivamente, auferir alguma vantagem, esta advém do exercício indevido de alguma função pública. No estelionato, o agente não exerce qualquer função, mas, sim, faz passar-se por um funcionário com a finalidade de induzir ou manter a vítima em erro para obter uma vantagem ilícita.

Usurpação de função pública praticada por funcionário público

Existe controvérsia jurisprudencial sobre a possibilidade de poder o funcionário público figurar como sujeito ativo do delito de usurpação de função pública, haja vista a situação topográfica do art. 328 do Código Penal, que se encontra inserido no capítulo II, relativo aos crimes praticados por *particular* contra a administração em geral.

Apesar da aludida controvérsia, entendemos que o delito poderá, também, ser praticado por funcionário público que venha a exercer, indevidamente, função para a qual não tinha atribuições.

✎ O crime de usurpação de função pública, não se tratando de crime próprio, pode ser praticado por funcionário público, desde que usurpe função estranha à sua. 'Sujeito ativo do crime, na conformidade da epígrafe do capítulo em que figura o art. 328, há de ser o particular (*extraneus*); mas é bem verdade que a este se equipara quem, embora sendo funcionário público, não está investido na função de que se trate. Como justamente adverte Sabatine (*op. cit.*, p. 403), o

funcionário que usurpa função estranha à sua *agisce come um qualsiasi privato, anche se indirettamente si possa prevalere della qualittà di pubblico ufficiale per commettere il delitto*. (HUNGRIA, Nelson. *Comentários ao código penal*, 2. ed., Rio de Janeiro: Forense, 1959, v. IX, p. 409). Sancionando e publicando o Desembargador lei complementar, sem a existência de projeto de lei discutido, votado e aprovado pela Assembleia Legislativa, de iniciativa privativa da Corte Estadual de Justiça, e, por isso, a declaração de inconstitucionalidade, pelo Excelso Supremo Tribunal Federal, impõe-se o afastamento peremptório da alegação de falta de tipicidade penal da conduta e assegura a justa causa para a ação penal. E que se cuide de competência legislativa, a que teria usurpado o Desembargador Presidente do Tribunal de Justiça, ao sancionar e publicar a Lei Complementar nº 43/2002, quando no exercício temporário do cargo de Governador do Estado da Paraíba, certifica-o a Lei Complementar nº 95, de 26 de fevereiro de 1998, pois que criou e modificou artigos, inseriu, suprimiu e modificou incisos, inseriu e modificou alíneas, nada importando a pré-existência ou não de órgão ou ato normativo, que, de qualquer modo, é questão de prova, cuja análise intensa e extensa é própria do *meritum causae*. A gravidade do delito, usurpação de função pública, substanciada na sanção de lei complementar, sem a existência de projeto de lei discutido, votado e aprovado pela Assembleia Legislativa, de iniciativa privativa da Corte Estadual de Justiça, praticada no exercício temporário do cargo de Governador do Estado da Paraíba, decorrente da qualidade então ostentada pelo denunciado, Presidente do Tribunal de Justiça, a comprometer o exercício da função judicante e todo o Poder Judiciário, em sua dignidade, autoriza e determina o seu afastamento do cargo, como na letra do art. 29 da Lei Complementar nº 35/1979. Denúncia parcialmente recebida. Afastamento do cargo (STJ, CE, APn 329/PB, Rel. Min. Hamilton Carvalhido, *DJ* 23/04/2007, p. 226).

Usurpação de função pública e detetive particular

Tem-se discutido doutrinariamente se o chamado "detetive particular", que leva a efeito investigações, muitas delas visando à apuração da prática de crimes, poderia ser responsabilizado pelo delito de usurpação de função pública.

Rogério Sanches Cunha, analisando essa situação, preleciona:

"Para uma primeira corrente, há o crime, não importando se na categoria dos policiais civis inexiste função com denominação de detetive. O que importa é que o "detetive particular" pratica atos pertinentes a funcionários públicos legalmente investidos na atividade de investigar e a ilicitude decorre da atuação de quem indébita ou ilegalmente executa ato de ofício, e objeto da tutela jurídica é a Administração Pública, no particular aspecto de regularidade dos serviços públicos, que se protege contra o exercício abusivo e ilegal de cargos e funções, por pessoas estranhas. Concordamos com a doutrina oposta, para quem não constitui delito, sendo lícito o trabalho de detetive particular, que se submete à legislação própria para a atividade profissional de prestação de serviço de investigação (Lei nº 3.099, de 24 de fevereiro de 1957). Haverá, sim, o crime na hipótese de o particular identificar-se como policial, agindo como se fosse servidor público executando ato oficial."[37]

Resistência

Art. 329. Opor-se à execução de ato legal, mediante violência ou ameaça a funcionário competente para executá-lo ou a quem lhe esteja prestando auxílio:

Pena – detenção, de dois meses a dois anos.

§ 1º Se o ato, em razão da resistência, não se executa:

Pena – reclusão, de um a três anos.

§ 2º As penas deste artigo são aplicáveis sem prejuízo das correspondentes à violência.

Introdução

Quando a lei penal, a fim de caracterizar aquilo que denominou de *resistência*, utiliza a expressão *opor-se à execução de ato legal*, mediante violência ou ameaça, não está abrangendo toda e qualquer resistência, mas, sim, aquela de natureza *ativa*, não importando, na infração penal em estudo, a resistência reconhecida como *passiva*.

Para que a resistência seja considerada *ativa* e, portanto, característica do delito tipificado no art. 329 do Código Penal, deverá o agente valer-se do emprego de violência ou ameaça. A violência deverá ser aquela dirigida contra a pessoa do funcionário competente para executar o ato legal, ou mesmo contra quem lhe esteja prestando auxílio. Importa em vias de fato, lesões corporais, podendo até mesmo chegar à prática do delito de homicídio. A ameaça também poderá ser utilizada como meio para a prática do delito em estudo. Embora a lei penal não se utilize da expressão *grave ameaça,* tal como fez em outras situações, a exemplo do crime de roubo, entendemos que, também aqui, deverá ter alguma gravidade, possibilitando abalar emocionalmente um homem normal, ficando afastada aquela de nenhuma significância.

Caracteriza-se o crime de resistência pela oposição à execução de ato legal de funcionário público, mediante violência ou ameaça, conforme previsão da lei. Na hipótese de busca pessoal, o que independe de mandado, o procedimento condiciona-se à fundada suspeita de que o sujeito oculte consigo arma proibida ou objetos ou papéis que constituam corpo de delito (art. 242, § 2º, do CPP). Isso porque simples

suspeita não passa de suposição, algo intuitivo e frágil por natureza. Assim, até pelo aspecto invasivo e vexatório do procedimento, necessário que exista indício concreto de ocorrência apropriada para busca pessoal, evitando-se submeter pessoas aleatoriamente à revista (TJ-DFT, Processo 20130610144793APJ, Rel. Des. Fábio Eduardo Marques, *DJe* 25/05/2016).

Nesse sentido:

TJMG, 0625502-60.2010.8.13.0079, Rel. Des. Catta Preta, *DJe* 25/06/2013; TJMG, AC 1275915-12.2007.8.13.0183, Rel. Des. Judimar Biber, *DJe* 29/06/2012; TJPA, CNC 20103002707-8, Rel.ª Des.ª Vânia Valente do Couto Fortes Bitar Cunha, *DJPA* 09/07/2010; TRF 1ª Reg., ACr 2006.38.03.004081-2, MG, Rel. Des. Fed. Mário César Ribeiro, *DJF1* 1º/06/2010, p. 233.

Como na *resistência passiva* o agente não utiliza esses meios – violência ou ameaça – para opor-se à execução do ato legal, caso ocorra, poderá se configurar em uma outra infração penal, como o delito de desobediência.

O crime de resistência previsto no art. 329 do Código Penal possui como um dos seus pressupostos a ocorrência da violência ou ameaça ao funcionário público. A resistência passiva não configura essa violência ou ameaça (TJDF, Rec. 2009.03.1.016051-3, Rel. Des. João Timóteo de Oliveira, *DJDFTE* 16/08/2010, p. 424).

Para que ocorra o delito de resistência, o agente deve opor-se a um ato legal, ou seja, determinado de acordo com os ditames da lei. No entanto, se o ato for ilegal, a resistência daquele contra quem é executado caracterizará o delito em estudo? Respondendo a essa indagação, surgiram três correntes.

Durante o absolutismo, prevalecia a corrente segundo a qual havia presunção de legalidade em todo ato praticado pelos funcionários públicos, razão pela qual não se poderia arguir qualquer direito de resistência. Com o final do absolutismo e o início do século das luzes, surge, com relação ao direito de resistência, uma postura diametralmente oposta àquela que prevalecia durante o "período de escuridão". Essa postura liberal foi consignada expressamente no art. 11 da Declaração dos Direitos do Homem e do Cidadão, de 1793, que diz: *Todo ato exercido contra um homem fora dos casos e sem as formas que a Lei determina é arbitrário e tirânico; aquele contra quem se quer exercer pela violência tem o direito de rechaçá-lo pela força.* Os revolucionários diziam que, mais do que um *direito de resistência,* os cidadãos tinham um verdadeiro *dever de resistência,* pois que todos tinham a missão de esmagar a tirania do poder.

Assumindo uma posição intermediária, surgiu uma terceira corrente no que diz respeito à possibilidade do direito de resistência. Para essa corrente, adotada pelo nosso Código Penal, somente se pode falar em

[37] CUNHA, Sanches Rogério. *Manual de direito penal* – parte especial, volume único, p. 835/836.

direito de resistência quando o sujeito estiver diante de um ato manifestamente ilegal. Não importa que o ato seja formal ou materialmente ilegal, pois, desde que manifestamente contrário às disposições legais, caberá o direito de resistência, atuando o sujeito que o repele amparado por uma causa de justificação, a exemplo da legítima defesa.

Não se pode confundir, no entanto, *ato injusto* com *ato manifestamente ilegal*. Contra a *injustiça do ato* não cabe o direito de resistência. Se o ato está formal e materialmente correto, contra ele não se pode arguir o direito de resistência.

Contudo, se o ato era originariamente legal, mas o funcionário se excede na sua execução, contra esse excesso caberá o direito de resistência, alegando-se, por exemplo, a legítima defesa, haja vista que todo excesso se configura numa agressão injusta e, consequentemente, abre a possibilidade para o raciocínio relativo a essa causa de justificação.

Finalmente, o ato, além de ser formal e materialmente legal, deverá ser executado por *funcionário competente* ou por *quem lhe esteja prestando auxílio*.

É de extrema importância a presença do assistido, ou seja, do funcionário público competente para a execução do ato legal, para efeitos de reconhecimento do crime de resistência quando a conduta praticada pelo agente (violência ou ameaça) é dirigida contra o particular que o auxilia, pois, caso contrário, restará afastado o delito em estudo.

⚖ Com efeito, as condutas de porte ilegal de arma de fogo e de resistência não guardam, entre si, uma relação de meio e fim, pois foram independentes e com desígnios autônomos, logo, descabido também o reconhecimento do crime de resistência como *post factum* impunível (TJ-RJ, AC 0000711-09.2015.8.19.0023, Rel.ª Des.ª Mônica Tolledo de Oliveira, *DJe* 24/08/2016).

Nesse sentido:

⚖ TJSP, Ap. Crim. com Rev. 4921663200, 4ª Câm. de Direito Criminal, Rel. Willian Campos, pub. 23/04/2008; TJSP, Ap. Crim. com Revisão 4923403700, 4ª Câm. de Direito Criminal, Rel. Willian Campos, pub. 18/03/2008.

Classificação doutrinária

Crime comum, tanto no que diz respeito ao sujeito ativo quanto ao sujeito passivo; doloso; de forma livre, comissivo (podendo, no entanto, ser praticado via omissão imprópria, na hipótese de o agente gozar do *status* de garantidor, nos termos do art. 13, § 2º, do CP); instantâneo; monossubjetivo; plurissubsistente; transeunte (podendo, no entanto, ser considerado como não transeunte, quando o agente vier a praticar qualquer ato passível de prova pericial).

Sujeito ativo e sujeito passivo

Qualquer pessoa pode ser *sujeito ativo*.

O *sujeito passivo* é o Estado, bem como o funcionário ou terceira pessoa que lhe esteja prestando auxílio,

contra quem foi dirigida a conduta praticada pelo sujeito ativo.

Objeto material e bem juridicamente protegido

A Administração Pública é o bem juridicamente protegido pelo delito de *resistência*.

O *objeto material* é a pessoa contra a qual foi praticada a violência ou proferida a ameaça.

Consumação e tentativa

Consuma-se o delito de *resistência* com a simples oposição à execução de ato legal, valendo-se o agente do emprego de violência ou ameaça a funcionário competente para executá-lo ou a quem lhe esteja prestando auxílio.

A tentativa é admissível, embora seja de difícil configuração.

Elemento subjetivo

O dolo é o elemento subjetivo exigido pelo tipo penal em estudo, não havendo previsão para a modalidade de natureza culposa.

⚖ O estado de exaltação não afasta o dolo do autor, pois, a resistência a uma ordem da natureza da que consta nos autos, dificilmente ocorre em situação de ânimo sereno. A condenação é medida que se impõe (TJRS, RCr 71002697316, Rel.ª Des.ª Laís Ethel Corrêa Pias, *DJERS* 20/08/2010).

Modalidades comissiva e omissiva

A conduta de se opor à execução de ato legal pressupõe um comportamento comissivo por parte do agente, principalmente considerando o fato, como vimos, de que não se configura na infração penal em exame a chamada *resistência passiva,* podendo, no entanto, ser praticada via omissão imprópria.

Modalidade qualificada

Assevera o § 1º do art. 329 do Código Penal que se o ato, em razão da resistência, não se executa, a pena é de reclusão, de 1 (um) a 3 (três) anos.

Concurso de infrações penais

O § 2º do art. 329 do Código Penal determina que as penas relativas ao crime de resistência serão aplicadas sem prejuízo das correspondentes à violência.

De acordo com a redação legal, podemos chegar a uma primeira conclusão, vale dizer, que somente haverá concurso de infrações penais entre o delito de resistência e aquele originário da violência, não sendo abrangida pelo tipo penal em estudo a *ameaça,* que ficará absorvida pelo delito tipificado no art. 329 do Código Penal.

Quanto à violência, entendemos que também restará afastada a contravenção penal de vias de fato, abrangendo o § 2º do art. 329 do Código Penal, tão somente, os delitos de lesão corporal (leve, grave, gravíssima ou seguida de morte) e homicídio.

Haverá, no caso, um concurso formal impróprio, aplicando-se a regra do cúmulo material, prevista na parte final do *caput* do art. 70 do Código Penal.

Pena, ação penal, competência para julgamento e suspensão condicional do processo

A pena cominada para a modalidade fundamental do delito de resistência é de detenção, de 2 (dois) meses a 2 (dois) anos.

Para a modalidade qualificada, constante do § 1º do art. 329 do Código Penal, a pena é de reclusão, de 1 (um) a 3 (três) anos.

Em ambas as situações, o agente deverá, nos termos preconizados pelo § 2º do art. 329 do Código Penal, responder também pelas penas correspondentes à violência praticada.

A ação penal é de iniciativa pública incondicionada. Compete, pelo menos inicialmente, ao Juizado Especial Criminal o processo e julgamento do delito tipificado no *caput* do art. 329 do Código Penal.

Será possível a confecção de proposta de suspensão condicional do processo nas hipóteses do *caput* e do § 1º do art. 329 do Código Penal.

Resistência e embriaguez

Existe discussão doutrinária e jurisprudencial a respeito da influência da embriaguez do agente para efeitos de caracterização do delito de resistência.

Uma primeira corrente aduz que a embriaguez teria o condão de afastar o dolo, eliminando, consequentemente, a infração penal. Existe posição, ainda, no sentido de que mesmo nos casos de embriaguez completa, não proveniente de caso fortuito ou força maior, deveria o agente responder pela infração penal praticada, aplicando-se, pois, a teoria da *actio libera in causa*.

Tal como discorremos quando do estudo do crime de ameaça, entendemos que a questão não pode ser colocada em termos absolutos. É claro que se o agente estiver embriagado a ponto de não saber o que faz, não teremos condições de identificar o dolo, principalmente se proferiu ameaças, no sentido de opor-se à execução do ato legal. Entretanto, se a embriaguez foi um fator que teve o poder de soltar os freios inibidores do agente, não podemos descartar a caracterização do delito.

⚖ O estado de embriaguez não impede a caracterização do crime, salvo se decorrente de caso fortuito ou força maior, o que não se evidencia nos autos (TJRS, RCr 71002679215, Rel.ª Des.ª Laís Ethel Corrêa Pias, *DJERS* 20/08/2010).

Nesse sentido:

⚖ STF, Ext 555/RFA, Tribunal Pleno, Rel. Min. Marco Aurélio, *DJ* 12/02/1993, p. 1.450.

Resistência e desacato

Traçando a distinção entre os delitos de desacato e resistência, Lélio Braga Calhau, com precisão, assevera: "O desacato difere da resistência, já que nesta a violência ou ameaça direcionada a funcionário visa à não realização de ato de ofício, ao passo que, naquele eventual violência ou ameaça perpetrada contra funcionário público tem por finalidade desprestigiar a função por ele exercida".[38]

Existe, no entanto, controvérsia a respeito da possibilidade de concurso entre os delitos de resistência e desacato. Uma primeira corrente entende que o delito de desacato absorveria o crime de resistência, conforme se verifica pela decisão do TJRJ, que diz:

⚖ Se o agente desacata, desobedece e ameaça servidor público no exercício de suas funções, só responde pelo delito mais grave, que é o crime de desacato, uma vez que os demais ilícitos ficaram absorvidos por este (ACr 1450/97, Petrópolis, Reg. 030998, 2ª Câm. Crim. Rel. Des. Afrânio Sayão, j. 14/04/1998).

Outra, em sentido completamente oposto, afirma que a resistência, mesmo possuindo uma pena inferior, absorveria o delito de desacato.

⚖ A consunção do crime de desacato pelo delito de resistência é possível, a depender das circunstâncias do caso concreto. Na espécie, consoante análise probatória realizada pelo acórdão, é possível concluir que as ações, embora em um mesmo contexto, foram praticadas em momentos distintos, tendo sido as ofensas verbais irrogadas pelo paciente quando já estava dominado pelos policiais e dentro da viatura. Descrição, portanto, de dois ilícitos penais (STJ, HC 375.019/RS, Rel.ª Min.ª Maria Thereza de Assis Moura, 6ª T., *DJe* 23/06/2017).

Nesse sentido:

⚖ TJDFT, 200703100694 13RSE, 1ª T. Crim., Rel. George Lopes Leite, *DJ* 02/06/2008, p. 133.

Apesar das posições expostas, entendemos ser possível o concurso entre os delitos de resistência e desacato. Isso porque o desacato não é um meio para que o agente resista à execução do ato legal, tal como ocorre quando pratica violência ou ameaça o funcionário competente ou aquele que lhe presta auxílio. Trata-se de um concurso real de crimes, havendo mais de uma conduta, com a produção de mais de um resultado. O agente atua, ainda, com motivações diferentes. Como bem ressaltou Lélio Braga Calhau, o que o agente pretende com a prática da resistência é impedir a execução de um ato legal; ao contrário, no desacato, sua finalidade é desprestigiar, menoscabar a função pública.

⚖ O desacato proferido durante a oposição de resistência constitui-se em mero exaurimento desta, caracterizando o chamado *post factum* impunível.

---

[38] CALHAU, Lélio Braga. *Desacato*, p. 69.

Absolvição decretada (TJRS, ACr 70034796557, Rel. Des. Constantino Lisbôa de Azevedo, *DJERS* 20/07/2010).

Resistência e desobediência

Existe controvérsia, também, no que diz respeito à possibilidade de concurso entre os crimes de desobediência e resistência.

No entanto, entendemos que, nesse caso, o ato de opor-se à execução de ato legal, mediante violência ou ameaça, a funcionário competente para executá-lo ou a quem lhe esteja prestando auxílio, já compreende uma desobediência, devendo, portanto, o delito tipificado no art. 330 do Código Penal ser absorvido por aquele previsto no art. 329 do mesmo diploma repressivo.

Resistência e roubo impróprio

Ver discussão no tópico correspondente ao crime de roubo.

Resistência e crime militar

⚖ O delito de resistência previsto no art. 329, do Código Penal, igualmente, está capitulado no art. 177 do Código Penal Militar, ou seja é crime comum e crime militar. Entrementes, o presente delito foi cometido com a utilização de arma de brigada militar, portanto, incide na hipótese a Súmula nº 47, deste tribunal, cujo teor é o seguinte: *Compete à justiça militar processar e julgar crime cometido por militar contra civil, com emprego de arma pertencente a corporação, mesmo não estando em serviço* (STJ, S3, CC 4273/RS, Rel. Min. Pedro Acioli, *DJ* 16/08/1993, p. 15.950).

Concurso material

⚖ Havendo a cisão temporal das ameaças, uma dirigida à vítima do roubo e a outra aos funcionários públicos responsáveis pela prisão do réu, tem-se como caracterizado o concurso material entre os delitos de roubo e resistência (STJ, REsp 674166/RS, Rel. Min. Gilson Dipp, 5ª T., *DJ* 09/02/2005, p. 220).

Nesse sentido:
⚖ STJ, REsp 184644/PR, Rel. Min. José Arnaldo da Fonseca, 5ª T., *RT* 778, p. 559.

Resistência e porte de arma

⚖ Porte ilegal de arma de fogo. Revólver usado no roubo e na resistência. Absorção por se tratar de crime meio para os outros (TJSP, AC 11437153000, 2ª Câm. de Direito Criminal, Rel. Ivan Marques, pub. 26/02/2008).

Resistência e fuga

⚖ Indispensável à configuração do crime de resistência a oposição do agente à execução de ato legal, mediante violência ou ameaça a funcionário público competente para executá-lo ou a quem lhe esteja prestando auxílio. A mera fuga à perseguição policial

não caracteriza o delito de resistência (TRF 4ª Reg., RecCrSE 0000328-72.2010.404.7002, PR, Rel. Juiz Fed. Artur César de Souza, *DEJF* 05/08/2010, p. 877).

Nesse sentido:
⚖ TRF 4ª Reg., ACr 2008.71.07.000199-9, RS, Rel.ª Juíza Fed. Cláudia Cristina Cristofani, *DEJF* 23/07/2010, p. 302.

Auto de resistência e homicídio decorrente de intervenção policial

Não é incomum que, durante confrontos policiais, o suposto autor de determinada infração penal, ou mesmo alguém contra quem tenha sido expedido um mandado de prisão, possa vir a morrer. A polícia, nesses casos, ao narrar o aludido confronto, normalmente fazia menção à resistência oferecida pelo agente, que colocava em risco a vida ou mesmo a integridade física dos policiais que participavam daquela diligência. Assim, convencionou-se formalizar essa narrativa em um documento chamado *Auto de resistência,* em que se informava que o agente havia sido morto dada a resistência ativa por ele empregada. Nesses casos, os policiais relatavam uma situação de agressão injusta, que lhes permitia agir em legítima defesa.

Como o número de autos de resistência aumentou sensivelmente ao longo dos anos, a Secretaria Especial de Direitos Humanos, da Presidência da República, entendeu por bem em regulamentar essas hipóteses, fazendo editar a Resolução nº 8, de 20 de dezembro de 2012, que, após algumas considerações, asseverando que as autoridades policiais devem deixar de usar em registros policiais, boletins de ocorrência, inquéritos policiais e notícias de crimes designações genéricas como "autos de resistência", "resistência seguida de morte", promovendo o registro, com o nome técnico de "lesão corporal decorrente de intervenção policial" ou "homicídio decorrente de intervenção policial", conforme o caso.

Resistência mediante ameaça ou violência no Código Penal Militar

Vide art. 177 do Decreto-Lei nº 1.001/69 (Código Penal Militar).

Desobediência

Art. 330. Desobedecer a ordem legal de funcionário público:

Pena – detenção, de quinze dias a seis meses, e multa.

Introdução

O núcleo do tipo é o verbo *desobedecer*, que significa deixar de atender, não cumprir a ordem legal de funcionário público, seja fazendo, ou mesmo deixando de fazer alguma coisa que a lei impunha.

A ordem deve ser formal e materialmente legal, tal como mencionamos quando do estudo do delito de resistência, bem como o funcionário público que a determinou deve ter atribuições legais para tanto, pois, caso contrário, a resistência do sujeito em obedecê-la não se configurará no delito em estudo.

Da mesma forma, não se poderá cogitar em crime de desobediência se a pessoa a quem foi dirigida a ordem, não tinha a obrigação legal de cumpri-la.

⚖ Para a configuração do delito de desobediência, salvo se a lei ressalvar expressamente a possibilidade de cumulação da sanção de natureza civil ou administrativa com a de natureza penal, não basta apenas o não cumprimento de ordem legal, sendo indispensável que, além de legal a ordem, não haja sanção determinada em lei específica no caso de descumprimento (STJ, AgRg no AREsp 1.403.618/MS, Rel. Min. Antônio Saldanha Palheiro, 6ª T., *DJe* 29/08/2019).

Nesse sentido:

⚖ STJ, AgRg no AREsp 699.637/SP, Rel. Min. Reynaldo Soares da Fonseca, 5ª T., *DJe* 05/05/2017; STJ, RHC 67.452/RJ, Rel. Min. Rogério Schietti Cruz, 6ª T., *DJe* 12/09/2016; TRF 4ª Reg., Ap. Crim. 2006.71.02.003506-3, Rel. Paulo Afonso Brum Vaz, 8ª T., j. 1º/10/2008; TRF 1ª Reg., HC 2002.01.00.039412-8/GO, Rel. Olindo Menezes, 3ª T., *DJ* 28/02/2003, p. 110; STJ, HC 17121/ES, Rel. Min. Hamilton Carvalhido, 6ª T., *DJ* 04/02/2002, p. 566; STJ, RHC 10648/SP, Rel. Min. Gilson Dipp, 5ª T., *DJ* 19/03/2001, p. 120; STJ, HC 7943/MS, Rel. Min. Anselmo Santiago, 6ª T., *DJ* 1º/02/1999, p. 231.

Classificação doutrinária

Crime comum no que diz respeito ao sujeito ativo e próprio quanto ao sujeito passivo; doloso; de forma livre, comissivo ou omissivo próprio, dependendo do modo como o delito é praticado, haja vista que o verbo *desobedecer* pode ser compreendido tanto comissiva, quanto omissivamente; instantâneo; monossubjetivo; unissubsistente ou plurissubsistente (dependendo, no caso concreto, da possibilidade ou não de fracionamento do *iter criminis*); transeunte.

Sujeito ativo e sujeito passivo

Qualquer pessoa pode ser *sujeito ativo*.

O *sujeito passivo* é o Estado, bem como o funcionário público, de forma secundária.

⚖ O delito desobediência tem o particular como sujeito ativo. O funcionário somente pratica esse delito caso a ordem desrespeitada não seja referente às suas funções. A omissão, ademais, só se caracteriza quando a pessoa não cumpre obrigação jurídica (STJ, HC 1351/DF, Rel. Min. Luiz Vicente Cernicchiaro, 6ª T., *LEXSTJ* 39, p. 298).

Nesse sentido:

⚖ Juizado Especial Federal, 1ª Turma Recursal/MT, Processo 2007.36.00.700108-2, Rel. Paulo Cézar Alves Sodré,

DJ-MT 28/02/2007; TRF 1ª Reg., HC 2001.01. 00.048924-1/MG, Rel. Luciano Tolentino Amaral, 3ª T., *DJ* 08/03/2002, p. 62.

Objeto material e bem juridicamente protegido

A Administração Pública é o bem juridicamente protegido pelo tipo penal que prevê o delito de *desobediência*.

Não há objeto material, embora exista posição em contrário.[39]

Consumação e tentativa

O delito se consuma quando o agente faz ou deixa de fazer alguma coisa contrariamente à ordem legal de funcionário público.

Dependendo da hipótese concreta, será possível o reconhecimento da tentativa, desde que se possa fracionar o *iter criminis*.

Elemento subjetivo

O dolo é o elemento subjetivo exigido pelo tipo penal em estudo, não havendo previsão para a modalidade de natureza culposa.

Modalidades comissiva e omissiva

O núcleo *desobedecer* pode ser interpretado tanto comissiva, quanto omissivamente.

Pena, ação penal, competência para julgamento e suspensão condicional do processo

A pena cominada ao delito de *desobediência* é de detenção, de 15 (quinze) dias a 6 (seis) meses, e multa.

A ação penal é de iniciativa pública incondicionada.

Compete, pelo menos inicialmente, ao Juizado Especial Criminal processar e julgar o delito tipificado no art. 330 do Código Penal.

Será possível a confecção de proposta de suspensão condicional do processo.

Desobediência a decisão judicial

Caso a desobediência diga respeito a decisão judicial sobre perda ou suspensão de direito, terá aplicação, em virtude da adoção do princípio da especialidade, o art. 359 do Código Penal.

Desobediência no Código Penal Militar

Vide art. 301 do Decreto-Lei nº 1.001/69 (Código Penal Militar).

Desobediência praticada por funcionário público – Ministério Público e delegado de polícia

Questão que tem sido muito discutida ao longo dos anos e que até hoje não se pacificou diz respeito à possibilidade de um funcionário público figurar como sujeito ativo do delito de desobediência. Isso

---

[39] Conforme Guilherme de Souza Nucci (*Código penal comentado*, p. 1.020), que entende que o objeto material do delito de desobediência é a ordem dada.

porque um de seus fundamentos é o fato de o art. 330 encontrar-se inserido no Capítulo II, que diz respeito aos crimes praticados por *particular* contra a administração em geral.

Alguns exemplos merecem atenção especial, como no caso do delegado de polícia que não cumpre as diligências requisitadas pelo Ministério Público. Nessa hipótese, uma primeira corrente se inclina pela aplicação de uma sanção de natureza simplesmente administrativa, uma vez que, sendo o delegado de polícia um funcionário público, não poderia ele figurar como sujeito ativo do delito de desobediência, que só pode ser cometido por um particular. Nesse sentido, já decidiu o Superior Tribunal de Justiça:

⚖ RHC. Delegado de polícia. Crime de desobediência. Atipicidade. *Emendatio libelli*. Impossibilidade. Impossível Delegado de Polícia cometer crime de desobediência – art. 330 do CP – que somente ocorre quando praticado por particular contra a Administração Pública (RHC, Rel. Min. Cid Flaquer Scartezzini, 5ª T., *DJ* 05/06/1995, p. 16.675).

Com a devida *venia*, não podemos concordar com esse raciocínio. Embora, realmente, o delito de desobediência esteja inserido no capítulo correspondente aos crimes praticados por particular contra a administração em geral, isso, por si só, não impede possa o funcionário público ser responsabilizado por essa infração penal.

Na verdade, temos de fazer uma diferença entre o funcionário que desobedece a ordem de seu superior hierárquico daquele outro sobre o qual não existe qualquer relação de hierarquia.

Assim, por exemplo, imagine-se a hipótese em que um oficial de justiça deixe de atender ao mandado que lhe foi entregue, não cumprindo, portanto, a determinação judicial para que fizesse algo. Nesse caso, como existe relação de hierarquia entre o juiz e o oficial de justiça, que lhe é subordinado, não seria possível o reconhecimento do crime de desobediência, restando, tão somente, aplicar ao funcionário uma sanção de natureza administrativa, se for o caso.

Agora, qual a relação de hierarquia existente entre um delegado de polícia e um promotor de justiça? Nenhuma. O promotor de justiça, quando requisita uma diligência, pratica o ato de acordo com a lei? Sim, visto que vários diplomas legais conferem ao membro do Ministério Público essa possibilidade. A ordem, portanto, é legal. O funcionário encarregado de cumpri-la (no caso, o delegado de polícia) não tem para com ele (Ministério Público) qualquer relação hierárquica que importe num ilícito de natureza administrativa em caso de descumprimento da ordem. Assim, a única conclusão seria a possibilidade de se reconhecer o delito de desobediência quando o delegado de polícia, sem qualquer justificativa, e, agindo com dolo, não viesse a cumprir a ordem legal de funcionário competente.

Ultimamente, o STJ tem admitido a imputação de crime de desobediência a funcionário público:

⚖ O funcionário público pode cometer crime de desobediência, se destinatário da ordem judicial, e considerando a inexistência de hierarquia, tem o dever de cumpri-la, sob pena da determinação judicial perder sua eficácia. Precedentes da Turma (STJ, REsp 1173226/RO, Rel. Min. Gilson Dipp, 5ª T., *DJe* 04/04/2011).

O Eg. Superior Tribunal de Justiça, notadamente a Col. Quinta Turma, contrariando parte da doutrina, assentou entendimento segundo o qual é possível a prática do crime de desobediência por funcionário público, no exercício de suas funções (STJ, HC 30390/AL, *Habeas Corpus* 2003/0162430-7, Rel. Min. José Arnaldo da Fonseca, 5ª T., *DJ* 25/02/2004, p. 200).

Desobediência à ordem que implicaria autoincriminação ou em prejuízo para o sujeito

Se o prejuízo é patente, não se pode responsabilizar criminalmente o agente pelo fato de não atender às ordens legais, afastando-se, outrossim, o delito de desobediência.

⚖ *Habeas corpus*. Crime de desobediência. Recusa em fornecer padrões gráficos do próprio punho, para exames periciais, visando instruir procedimento investigatório do crime de falsificação de documento. *Nemo tenetur se detegere*. Diante do princípio *nemo tenetur se detegere*, que informa o nosso direito de punir, é fora de dúvida que o dispositivo do inc. IV do art. 174 do Código de Processo Penal há de ser interpretado no sentido de não poder ser o indiciado compelido a fornecer padrões gráficos do próprio punho, para os exames periciais, cabendo apenas ser intimado para fazê-lo a seu alvedrio. É que a comparação gráfica configura ato de caráter essencialmente probatório, não se podendo, em face do privilégio de que desfruta o indiciado contra a autoincriminação, obrigar o suposto autor do delito a fornecer prova capaz de levar à caracterização de sua culpa. Assim, pode a autoridade não só fazer requisição a arquivos ou estabelecimentos públicos, onde se encontrem documentos da pessoa à qual é atribuída a letra, ou proceder a exame no próprio lugar onde se encontrar o documento em questão, ou ainda, é certo, proceder à colheita de material, para o que intimará a pessoa, a quem se atribui ou pode ser atribuído o escrito, a escrever o que lhe foi ditado, não lhe cabendo, entretanto, ordenar que o faça, sob pena de desobediência, como deixa transparecer, a um apressado exame, o CPP, no inc. IV do art. 174. *Habeas corpus* concedido (STF, HC 77135/SP, Rel. Min. Ilmar Galvão, 1ª T., *DJ* 06/11/1998, p. 3).

Indiciado ou acusado que se recusa a comparecer em juízo ou na delegacia de polícia a fim de prestar suas declarações

Da mesma forma, não importará em reconhecimento do delito de desobediência quando o agente deixa de comparecer ao seu interrogatório em juízo, ou mesmo a fim de prestar suas declarações perante a autoridade policial, haja vista não estar obrigado a qualquer tipo de manifestação, nos termos preconizados pelo inc. LXIII do art. 5º da Constituição Federal.

Advogado que se recusa a prestar informações sobre fatos que importarão em prejuízo para seu cliente

O advogado não está obrigado a atender a suposta requisição do Ministério Público ou de qualquer outra autoridade para prestar esclarecimentos sobre fatos que importarão em prejuízo para seu cliente, em virtude do disposto no inc. XIX do art. 7º do Estatuto da Advocacia e da Ordem dos Advogados do Brasil.

Cumulação da sanção penal por desobediência com sanção de natureza administrativa

Esclarece Hungria: "Se, pela desobediência de tal ou qual ordem oficial, alguma lei comina determinada penalidade administrativa ou civil, não deverá reconhecer o crime em exame, salvo se a dita lei ressalvar expressamente a cumulativa aplicação do art. 330 (ex.: a testemunha faltosa, segundo o art. 219 do Código de Processo Penal, está sujeita não só a prisão administrativa e pagamento das custas da diligência da intimação, com o 'processo penal por crime de desobediência')",[40]como também ocorre com a testemunha que, sem justa causa, deixa de comparecer à sessão de instrução e julgamento no Tribunal do Júri, para a qual havia sido intimada, nos termos do art. 458 do Código de Processo Penal, ao contrário do que ocorre com a testemunha referida pelo art. 412 do Código de Processo Civil, que prevê, tão somente, a sua condução perante o juízo, bem como o pagamento pelas despesas do adiamento da audiência.

É cediço na jurisprudência deste Superior Tribunal de Justiça que a desobediência de ordem de parada dada pela autoridade de trânsito ou por seus agentes, ou mesmo por policiais, no exercício de atividades relacionadas ao trânsito, não constitui crime de desobediência, pois há previsão de sanção administrativa específica no art. 195 do CTB, o qual não estabelece a possibilidade de cumulação de sanção penal (STJ, AgRg no REsp 1.805.782/MS, Rel. Min. Reynaldo Soares da Fonseca, 5ª T., *DJe* 28/06/2019).

Nesse sentido:

STJ, HC 348.265/SC, Rel. Min. Reynaldo Soares da Fonseca, 5ª T., *DJe* 26/08/2016; TRF 5ª Reg., Proc. 0009478-07.2010.4.05.0000/PE; Tribunal Pleno; Rel. Des. Fed. Edilson Pereira Nobre Júnior, *DJETRF5* 16/08/2010; TJDFT, 20070020146663AGI, Rel. Iracema Miranda e Silva, 4ª T. Cív., *DJ* 18/06/2008, p. 62.

Mandado de segurança e crime de desobediência

A art. 26 da Lei nº 12.016, de 7 de agosto de 2009, diz *verbis:*

Art. 26. Constitui crime de desobediência, nos termos do art. 330 do Decreto-Lei nº 2.848, de 7 de dezembro

de 1940, o não cumprimento das decisões proferidas em mandado de segurança, sem prejuízo das sanções administrativas e da aplicação da Lei nº 1.079, de 10 de abril de 1950, quando cabíveis.

Código Eleitoral

Para a tipificação do delito de desobediência do art. 347 do Código Eleitoral, é imprescindível que a ordem inobservada seja proferida pela Justiça Eleitoral e dirigida a pessoa certa e determinada. Hipótese em que a ordem descumprida foi emanada por policial militar em dia de pleito eleitoral, circunstâncias que não compõem as elementares típicas do delito do art. 347 do Código Eleitoral e, sim, do art. 330 do Código Penal (STJ, CC 132.497/GO, Rel. Min. Ribeiro Dantas, S3., *DJe* 22/06/2017).

Nesse sentido:

STJ, S3, CC 34274/PR, Rel. Min. Vicente Leal, *LEXSTJ* 163, p. 250.

Desobediência praticada por prefeito

Não encontra óbice no entendimento consolidado na Súmula nº 7/STJ o recurso que se limita à discussão acerca da qualificação jurídica de ato emanado do Judiciário como a ordem judicial a que se refere o art. 1º, XIV, do Decreto-Lei nº 201/1967. Configura ordem judicial a determinação de Juiz do Trabalho dirigida a prefeito para que procedesse, de imediato, ao bloqueio do saldo pecuniário devido à empresa reclamada nos autos de reclamação trabalhista, bem como à colocação do crédito à disposição daquela Justiça Especializada. Tipicidade da conduta reconhecida (STJ, AgRg no REsp 679499/AM, Rel. Min. Arnaldo Esteves Lima, 5ª T., *DJ* 09/06/2008, p. 1).

Advertência sobre o crime de desobediência

A advertência genérica, pelo Juízo extrapenal, à incidência em crime de desobediência em caso de descumprimento da ordem judicial, não configura constrangimento sanável na via do *habeas corpus*. 4. Recurso improvido (STJ, RHC 19960/PR, Rel. Min. Hamilton Carvalhido, 1ª T., *DJ* 22/04/2008, p. 1).

Nesse sentido:

STJ, HC 65350/TO, Rel.ª Min.ª Laurita Vaz, 5ª T., *DJ* 17/12/2007, p. 238.

Desobediência a ordem de parada, emanada por Policiais Militares

Conforme exposto no combatido aresto, segundo o entendimento do Superior Tribunal de Justiça, o crime de desobediência configura-se quando houver o descumprimento de ordem de parada emitida por agente público, no contexto de atividade de policiamento ostensivo de segurança pública, ante a suspeita

---

[40] HUNGRIA, Nélson. *Comentários ao código penal*, v. IX, p. 420.

de práticas ilícitas (STJ, AgRg no REsp 1.799.594/PR, Rel. Min. Sebastião Reis Junior, 6ª T., *DJe* 02/08/2019).

Nesse sentido:

📖 STJ, CC 147.543/RS, Rel. Min. Joel Ilan Paciornik, 3ª S., *DJe* 20/04/2018; STJ, HC 385.345/SC, Rel. Min. Reynaldo Soares da Fonseca, 5ª T., *DJe* 05/04/2017; TJRS, RCr 71002697282, Rel.ª Des.ª Ângela Maria Silveira, *DJERS* 20/08/2010.

Desobediência e Lei da Ação Civil Pública

Vide art. 10 da Lei nº 7.347/85.

Desobediência e Estatuto da Pessoa Idosa

Configura também crime punível com reclusão de 6 (seis) meses a 1 (um) ano e multa, a desobediência, prevista nos incisos IV e V do art. 100 da Lei nº 10.741, de 1º de outubro de 2003 (Estatuto da Pessoa Idosa), que prevê as condutas de:

IV – deixar de cumprir, retardar ou frustrar, sem justo motivo, a execução de ordem judicial expedida na ação civil a que alude esta Lei;

V – recusar, retardar ou omitir dados técnicos indispensáveis à propositura da ação civil objeto desta Lei, quando requisitados pelo Ministério Público.

Desobediência de medida protetiva

O art. 24-A foi inserido na Lei nº 11.340, de 7 de agosto de 2006 (Lei Maria da Penha), através da Lei nº 13.641, de 3 de abril de 2018, criando o delito de *descumprimento de medidas protetivas de urgência, tendo a pena cominada em seu preceito secundário sido modificada pela* Lei nº 14.994, de 9 de outubro de 2024, que diz, *verbis*:

Art. 24-A. Descumprir decisão judicial que defere medidas protetivas de urgência previstas nesta Lei:

Pena – reclusão, de 2 (dois) a 5 (cinco) anos, e multa.

Desacato

Art. 331. Desacatar funcionário público no exercício da função ou em razão dela:

Pena – detenção, de seis meses a dois anos, ou multa.

Introdução

O núcleo *desacatar* deve ser entendido no sentido de faltar com o devido respeito, afrontar, menosprezar, menoscabar, desprezar, profanar. Conforme esclarece Hungria, "a ofensa constitutiva do desacato é qualquer *palavra* ou *ato* que redunde em vexame, humilhação, desprestígio ou irreverência ao funcionário. É a grosseira falta de acatamento, podendo consistir em palavras injuriosas, difamatórias ou caluniosas, vias de fato, agressão física, ameaças, gestos obscenos, gritos agudos, etc. Uma expressão grosseira, ainda que não contumeliosa, proferida em altos brados ou de

modo a provocar escândalo, bastará para que se identifique o desacato".[41]

Para que ocorra o delito de desacato, faz-se necessária a presença do funcionário público, não se exigindo, contudo, seja a ofensa proferida face a face, bastando que, de alguma forma, possa escutá-la, presenciá-la, enfim, que seja por ele percebida. Hungria, com precisão, também esclarece: "Não é desacato a ofensa *in litteris*, ou por via telefônica, ou pela imprensa, em suma: por qualquer modo, na ausência do funcionário. Em tais casos, poderão configurar-se os crimes de injúria, difamação, calúnia, ameaça, se ocorrerem os respectivos *essentialia*, e somente por qualquer deles responderá o agente".[42]

Também é fundamental, para efeito de caracterização do delito de desacato, que as ofensas sejam proferidas contra o funcionário público *no exercício da função* (*in officio*) ou *em razão dela* (*propter officium*). A conduta de menosprezo deve, portanto, dizer respeito às funções exercidas pelo funcionário, que atingem, diretamente, a Administração Pública. Qualquer altercação entre um *extraneus* e um funcionário público que diga respeito a problemas pessoais que não coloque em desprestígio as funções por este exercidas, pode se configurar em outra figura típica, mas não no desacato.

📖 Consoante entendimento pacificado pela Terceira Seção desta Corte Superior, no julgamento do HC nº 379.269/MS, desacatar funcionário público no exercício da função ou em razão dela continua a ser crime, conforme previsto no art. 331 do Código Penal – CP, não havendo que falar em ofensa ao direito à liberdade de expressão, prevista em Tratado Internacional de Direitos Humanos. Precedentes (STJ, AgRg no REsp 1.791.198/RO, Rel. Min. Joel Ilan Paciornik, 5ª T., *DJe* 09/04/2019).

Nesse sentido:

📖 STJ, RHC 50.621/RS, Rel. Min. Reynaldo Soares da Fonseca, 5ª T., *DJe* 15/05/2018; STJ, HC 379.269/MS, Rel. Min. Reynaldo Soares da Fonseca, S3, *DJe* 30/06/2017; STJ, AgRg no AREsp 1.071.275/SC, Rel. Min. Sebastião Reis Junior, 6ª T., *DJe* 29/08/2017; TJ-DFT, Processo 20151010087252APJ, Rel. Des. Asiel Henrique de Sousa, *DJe* 12/08/2016; STJ, HC 305.141/PB, Rel. Min. Felix Fischer, 5ª T., *DJe* 18/02/2015; TJRJ, AC 0020381-41.2011.8.19.0001, Rel.ª Des.ª Elizabeth Gregory, j. 02/09/2014.

São precisas as lições de Lélio Braga Calhau, quando diz: "Para a configuração do delito se faz necessário o *nexo funcional*, ou seja, que a ofensa seja proferida no exercício da função ou que seja perpetrada em razão dela. Esse nexo funcional pode se apresentar de duas formas: *ocasional* ou *causal*. Será *ocasional* se a ofensa ocorre onde e quando estiver o funcionário a exercer funções de seu cargo – ou de caráter *causal*, quando, embora presente, o ofendido não esteja a desempe-

---

[41] HUNGRIA, Nélson. *Comentários ao código penal*, v. IX, p. 424.

[42] HUNGRIA, Nélson. *Comentários ao código penal*, v. IX, p. 424.

nhar ato de ofício, mas a ofensa se dê em razão do exercício de sua função pública.

Se a ofensa não for em razão da função pública, mas sim sobre a conduta particular do ofendido, a ação penal será privada, pois não ocorrerá desacato, mas um crime contra a honra."[43]

É importante frisar, no entanto, que *exercício da função* diz respeito à prática de qualquer ato a ela correspondente, independentemente do local onde é levado a efeito. Assim, como adverte Noronha, "um juiz de direito ou um delegado de polícia não são ofendidos apenas no fórum ou na delegacia, mas também, por exemplo, em imóvel, onde aquele se acha em diligência de ação demarcatória, ou em lupanar, onde o segundo foi ter por ocasião de um crime".[44]

Não é preciso que o agente esteja no exercício da função para que se possa configurar o desacato, bastando que a conduta ofensiva seja praticada em razão dela.

⚖ Os crimes do Cap. II do Título XI do Código Penal, ao contrário dos previstos no Cap. I, não são especiais (próprios). São, em princípio, comuns ou gerais. O sujeito ativo, desde que preencha as exigências do tipo (tanto no plano objetivo como no subjetivo) pode ser, inclusive, funcionário público. O comportamento da vítima, ensejando lamentável e desnecessário desentendimento, não implica a ocorrência de desacato dada, *in casu*, ausência de menoscabo em relação à função pública. A irritação ou a falta de educação, por si, não pode ser, automaticamente, alçada à categoria de matéria penal (STJ, CE, Inq. 292/AC, Rel. Min. Felix Fischer, *DJ* 04/02/2002, p. 248).

Classificação doutrinária

Crime comum no que diz respeito ao sujeito ativo e próprio quanto ao sujeito passivo; doloso; de forma livre, comissivo (podendo, no entanto, ser praticado via omissão imprópria, nos termos do art. 13, § 2º, do Código Penal); instantâneo; monossubjetivo; unissubsistente ou plurissubsistente (dependendo, no caso concreto, da possibilidade ou não de fracionamento do *iter criminis*); transeunte.

Sujeito ativo e sujeito passivo

Qualquer pessoa pode ser *sujeito ativo* do delito de desacato, tratando-se, portanto, de um crime comum. O delito pode ser praticado até mesmo por outro funcionário público, havendo controvérsia doutrinária, no entanto, quando o funcionário desacatado for hierarquicamente inferior ao agente. Hungria[45] posiciona-se no sentido de que somente haveria desacato se o agente tivesse posição idêntica ou inferior à do funcionário público desacatado, afastando-se, outrossim, na hipótese em que a conduta de menoscabo partisse

de um superior contra um inferior hierárquico. Em sentido contrário, afirma Fragoso que "sujeito ativo do crime pode ser qualquer pessoa, inclusive funcionário público, quer exerça, ou não, a mesma função do ofendido; tenha ou não, a mesma categoria dele. Já não vigora o princípio *inter pares non fit iniuria*".[46]

Entendemos, *permissa venia*, que a razão se encontra com Fragoso. Isso porque, como é cediço, o funcionário público é protegido de forma mediata, pois o que está em questão é a Administração Pública em si. Quando um funcionário desacata outro funcionário, ele, na verdade, despe-se dessa qualidade e atua como um particular. Simplesmente pelo fato de ser um superior hierárquico não pode ofender a Administração Pública, ali representada pelo seu funcionário, não importando o tipo de função que exerça, bem como a sua hierarquia, comparativamente ao agente. Assim, poderá um juiz de direito responder pelo delito de desacato se, porventura, vier a proferir palavras de desprezo contra um oficial de justiça, no exercício de sua função ou em razão dela.

O *sujeito passivo* é o Estado, bem como, de forma secundária, o funcionário público.

⚖ Sendo o sujeito passivo do desacato o Estado e, secundariamente, o funcionário público, mesmo este não estando em horário de trabalho, pode ocorrer o desacato se o ofensor levar em consideração a função pública exercida pelo ofendido. Dolo configurado (TJRS, RCr 71002686707, Rel.ª Des.ª Laís Ethel Corrêa Pias, *DJERS* 20/08/2010).

Nesse sentido:

⚖ STJ, HC 9322/GO, Rel. Min. José Arnaldo da Fonseca, 5ª T., *DJ* 23/08/1999, p. 137.

Objeto material e bem juridicamente protegido

A Administração Pública é o bem juridicamente protegido pelo tipo penal que prevê o delito de *desacato*. O objeto material do delito é o funcionário público desacatado no exercício de sua função ou em razão dela.

Consumação e tentativa

O delito se consuma no instante em que o agente pratica o comportamento que importe em desprezo, menoscabo, enfim, desprestígio para com a Administração Pública, ali representada através de seu funcionário, independentemente do fato de ter este último se sentido desacatado.

Dependendo da forma como o delito é praticado, será possível o reconhecimento da tentativa. No entanto, na maioria das hipóteses, trata-se de crime monossubsistente, no qual não se pode fracionar o

---

[43] CALHAU, Lélio Braga. *Desacato*, p. 45.

[44] NORONHA, Edgard Magalhães. *Direito penal*, v. 4, p. 319-320.

[45] HUNGRIA, Nélson. *Comentários ao código penal*, v. IX, p. 425.

[46] FRAGOSO, Heleno Cláudio. *Lições de direito penal*, v. 2, p. 462.

iter criminis, impossibilitando, assim, o raciocínio relativo ao *conatus.*

Elemento subjetivo

O dolo é o elemento subjetivo exigido pelo tipo penal que prevê o delito de desacato, não havendo previsão para a modalidade de natureza culposa.

⚖ O delito de desacato exige dolo específico por parte do agente, que deve demonstrar o propósito de desprezar, faltar com o respeito ou humilhar o funcionário público, não podendo ser consideradas para tal fim expressões de baixo calão proferidas durante um entrevero e acentuadas pelo fato dá ré encontrar-se sob efeito de substâncias entorpecentes (TJMG, AC 1.0460.10.001866-8/001, Rel. Des. Amauri Pinto Ferreira, *DJe* 19/08/2014).

Nesse sentido:

⚖ TJRS, RCr 71002684405, Rel.ª Des.ª Laís Ethel Corrêa Pias, *DJERS* 20/08/2010; TRF 4ª Reg., Ap. Crim. 2004.71.08.011348-3, Rel. Ricardo Nüske, 7ª T., j. 03/02/2009; STJ, HC 25421/RJ Rel. Min. Paulo Gallotti, 6ª T., *DJ* 20/03/2006, p. 354; STJ, REsp 13946/PR, Rel. Min. Cid Flaquer Scartezzini, 5ª T., *RT* 697, p. 372.

Modalidades comissiva e omissiva

O núcleo *desacatar* pressupõe um comportamento comissivo por parte do agente, podendo, no entanto, ser praticado via omissão imprópria.

Pena, ação penal, competência para julgamento e suspensão condicional do processo

A pena cominada ao delito de *desacato* é de detenção, de 6 (seis) meses a 2 (dois) anos, ou multa.

A ação penal é de iniciativa pública incondicionada.

Compete, pelo menos inicialmente, ao Juizado Especial Criminal o processo e julgamento do delito tipificado no art. 331 do Código Penal.

Será possível a confecção de proposta de suspensão condicional do processo.

⚖ Configura crime de desacato comum, de competência da Justiça Comum dos Estados ou do Distrito Federal, a conduta do policial militar que, em período de folga, férias, licença ou fora do exercício de suas funções, profere ofensas contra outros militares em local não sujeito à Administração Militar e por razões estranhas à função militar por ele exercida (STJ, REsp 1.805.419/DF, Rel.ª Min.ª Laurita Vaz, 6ª T., *DJe* 25/06/2019).

Nesse sentido:

⚖ STJ, CC 45.552/RO, Rel. Min. Arnaldo Esteves Lima, j. 08/11/2006, *Informativo* 303.

Pluralidade de funcionários ofendidos

Se os fatos ocorrerem em um mesmo contexto, haverá crime único, devendo o número de funcionários desacatados ser considerado para efeitos de aplicação da pena.

Embriaguez

Tal como ocorre em outras infrações penais, a exemplo do delito de resistência, discute-se se a embriaguez do agente teria o condão de eliminar o seu dolo e, consequentemente, afastar a infração penal em estudo.

Remetemos o leitor ao item em que discorremos sobre a embriaguez e o crime de resistência, pois tudo o que foi dito se aplica ao delito em exame.

Nesse sentido:

⚖ TJRS, RCr 71002686715, Rel.ª Des.ª Laís Ethel Corrêa Pias, *DJERS* 20/08/2010.

Exigência de ânimo calmo e refletido

Entendemos, com a devida *venia* das posições em contrário, que, para efeitos de configuração do delito de desacato, não se exige deva o agente atuar com ânimo calmo e refletido. Isso porque, geralmente, a infração penal é praticada em situações de alteração psicológica, agindo o agente impulsionado por sentimentos de raiva, ódio, rancor etc.

⚖ Em se tratando de crimes de desacato e ameaça, não elide o dolo a afirmação do réu de que tinha os ânimos exaltados quando a abordagem policial era legítima (TJDFT, 20070510036929APJ, 2ª T., Recursal dos Juizados Especiais Cíveis e Criminais do DF, Rel. Carlos Pires Soares Neto, *DJ* 09/06/2008, p. 280).

Desacato praticado por advogado e o § 2º do art. 7º do Estatuto de OAB

Diz o art. 133 da Constituição Federal que o *advogado é indispensável à administração da justiça, sendo inviolável por seus atos e manifestações no exercício da profissão, nos limites da lei.*

O Código Penal, a seu turno, cuidando das chamadas imunidades judiciárias, assevera, no inc. I do seu art. 142, não se constituir em injúria ou difamação punível a ofensa irrogada em juízo, na discussão da causa, pela parte ou por seu procurador.

De forma inusitada, a Lei nº 8.906, de 4 de julho de 1994, que dispôs sobre o Estatuto da Advocacia e da Ordem dos Advogados do Brasil (OAB), no § 2º do seu art. 7º, ampliou as mencionadas imunidades excluindo a punição dos advogados por desacato.

No entanto, logo após a entrada em vigor do referido diploma legal, o Supremo Tribunal Federal, na ADI 1127 MC-QO/DF, julgada, pelo Plenário, em 17/05/2006, com acerto, declarou a inconstitucionalidade da expressão "ou desacato", constante do mencionado § 2º do art. 7º do Estatuto da OAB, razão pela qual o advogado, mesmo que no exercício de sua profissão, ainda que em juízo, ou fora dele, não poderá proceder de modo a menoscabar a Administração Pública, devendo ser responsabilizado pelo delito de desacato, caso venha a praticar qualquer comportamento que se amolde ao art. 331 do Código Penal.

Ofensa dirigida a funcionário que não se encontra presente

Se o funcionário público não estiver presente quando da conduta do agente, mesmo que praticado *propter officium*, ou seja, em razão das suas funções, o fato poderá subsumir-se a um delito contra a honra, com a incidência da causa especial de aumento de pena, prevista no inc. II do art. 141 do Código Penal.

⚖ Para que se configure o delito de desacato é necessária a presença do funcionário público no local em que proferidas as ofensas, inexistindo a respectiva tipificação quando referidos doestos ocorrem por meio de telefone. Precedentes (TRF 1ª Reg., RCCR 2001.30.00.001828-2/AC, Rel. Cândido Ribeiro, *DJ* 02/05/2003, p. 65).

Nesse sentido:
⚖ STJ, RHC 11396/SP, Rel. Min. Felix Fischer, 5ª T., *DJ* 03/09/2001, p. 230.

Indignação e desacato

O simples fato de demonstrarmos a nossa indignação com determinadas atitudes administrativas não importa em desacato.

⚖ Penal. Desacato. Ação penal. Trancamento. Tipicidade. *Habeas corpus*. Recurso. A reação indignada do cidadão em repartição pública onde esbarra com intolerância de servidor com quem discute não configura desacato (CP, art. 331). Um Estado pode ser eficiente ou não dependendo do nível de cidadania dos que pagam impostos. Pagar impostos e conformar-se, aceitando as coisas como sempre estão, em suas mesmices, implica aumentar o poder dos mandantes e seus mandados, ampliando-se a arrogância entre todos de todas as esferas da administração. Contra a má prestação de serviços públicos em quaisquer de suas formas, quaisquer que sejam os agentes estatais, resta ao contribuinte a indignação. Só pela indignação, pela denúncia, será possível repor o Estado brasileiro na compatibilidade da Constituição e das leis, resgatando-se em favor dos pagadores de impostos a verdadeira cidadania. Recurso conhecido e provido para trancar a ação penal (STJ, RHC 9615/RS; RO em HC, Rel. Min. Edson Vidigal, 5ª T., *DJ* 25/09/2000, p. 113).

Desacato no Código Penal Militar

Vide arts. 298, 299 e 300 do Decreto-Lei nº 1.001/69 (Código Penal Militar).

⚖ O desacato e a desobediência podem configurar tanto crime militar próprio (arts. 299 e 301 do CPM) quanto crime militar impróprio (arts. 330 e 331 do Código Penal), a depender de se o militar que o praticou estava na ativa, no exercício de sua função e/ou agindo em razão dela (STJ, CC 162.399/MG, Rel. Min. Reynaldo Soares da Fonseca, S3, *DJe* 15/03/2019).

Desacato e Convenção Americana de Direitos Humanos

⚖ A Terceira Seção desta Corte Superior, no HC nº 379.269/MS, firmou a orientação de que o crime de desacato está em perfeita harmonia com o ordenamento jurídico brasileiro mesmo após a internalização da Convenção Americana de Direitos Humanos (STJ, AgRg no HC 462.482/SC, Rel. Min. Rogério Schietti Cruz, 6ª T., *DJe* 14/05/2019).

Nesse sentido:
⚖ STJ, HC 462.665/SP, Rel. Min. Ribeiro Dantas, 5ª T., *DJe* 25/09/2018.

Tráfico de Influência

Art. 332. Solicitar, exigir, cobrar ou obter, para si ou para outrem, vantagem ou promessa de vantagem, a pretexto de influir em ato praticado por funcionário público no exercício da função:
Pena – reclusão, de dois a cinco anos, e multa.
Parágrafo único. A pena é aumentada da metade, se o agente alega ou insinua que a vantagem é também destinada ao funcionário.

Introdução

Solicitar deve ser entendido no sentido de pedir; *exigir* significa impor, ordenar, determinar; *cobrar* é atuar no sentido de ser pago, de receber; *obter* importa em alcançar, conseguir.

Todos esses comportamentos devem ser dirigidos no sentido de que o agente obtenha, para si ou para outrem, vantagem ou promessa de vantagem, que poderá ou não ter caráter econômico, podendo, também, tratar-se de uma prestação sexual, haja vista não haver qualquer limitação interpretativa para efeitos de seu reconhecimento. Como esclarece o dispositivo em estudo, não há necessidade de que o agente tenha, efetivamente, recebido a vantagem por ele solicitada, exigida ou cobrada, bastando, tão somente, que o sujeito passivo a tenha prometido.

O sujeito atua, praticando qualquer dos comportamentos típicos, com a finalidade de obter vantagem de qualquer natureza, a pretexto de influir em ato praticado por funcionário no exercício da função. A expressão *a pretexto de influir* demonstra que, na verdade, o agente age como verdadeiro estelionatário, procurando, por meio do seu ardil, enganar a vítima. Nesse sentido, esclarece Noronha: "O crime realmente é um estelionato, pois o agente ilude e frauda o pretendente ao ato ou providência governamental, alegando um prestígio que não possui e assegurando-lhe um êxito que não está ao seu alcance. Todavia, o legislador preferiu, muito justificadamente, atender aos interesses da administração, lembrando-se, com certeza, de que, frequentes vezes, pela pretensão ilícita que alimenta, o mistificado equivale ao mistificador, estreitados numa torpeza bilateral".[47]

Trata-se de tipo misto alternativo.

⚖ Demonstrada a vontade consciente do denunciado em obter vantagem financeira, a pretexto de influir em ato praticado por policiais no exercício das suas funções, prometendo à mãe de preso a alteração de diálogos interceptados, está tipificada a prática delitiva (TJRS, AC 70058485293, Rel. Des. Rogerio Gesta Leal, j. 27/03/2014).

Nesse sentido:

⚖ TJRS, ACr 70027719947, Rel. Des. Constantino Lisbôa de Azevedo, *DJERS* 09/06/2010; TJMG, APCR 1.0363.04.015475-1/0011, Rel. Des. Doorgal Andrada, *DJEMG* 05/05/2010; TJRS, Ap. Crim. 70013 164330, 8ª Câm. Crim., Rel. Roque Miguel Fank, j. 14/06/2006; STJ, REsp 662706/DF, Rel. Min. José Arnaldo da Fonseca, 5ª T., *DJ* 21/02/2005, p. 223; TJMG, Processo 1.0000.00. 308339-1/000 [1], Rel. Hyparco Immesi, pub. 22/03/2005; TJRS, Ap. Crim. 698086295, 2ª Câm. Crim., Rel. Marcelo Bandeira Pereira, j. 25/06/1998.

Classificação doutrinária

Crime comum, tanto no que diz respeito ao sujeito ativo quanto ao sujeito passivo; doloso; de forma livre, comissivo (podendo, no entanto, ser praticado via omissão imprópria, nos termos do art. 13, § 2º, do Código Penal); instantâneo; monossubjetivo; unissubsistente ou plurissubsistente (dependendo, no caso concreto, da possibilidade ou não de fracionamento do *iter criminis*); transeunte.

Sujeito ativo e sujeito passivo

Qualquer pessoa pode ser *sujeito ativo*.

O *sujeito passivo* é o Estado, bem como aquele que, de maneira secundária, foi vítima de um dos comportamentos praticados pelo sujeito ativo.

⚖ Tráfico de influência. Art. 332 do CP. Análise probatória que permite a constatação dos elementos dos tipos necessários à configuração do delito. Bom nome da Administração Pública como sujeito passivo principal. A empresa/vítima é mero sujeito passivo secundário do delito de tráfico de influência, sendo que o Estado ou a Administração Pública são os verdadeiros titulares do interesse penalmente tutelado, pelo que, comprovado que o agente procurou aquela, intencionando receber vantagem, a pretexto de influir em ato praticado por funcionário pertencente aos quadros desta, necessária a incursão no art. 332 do Código Penal (TJMG, Processo 1.0000.00.265167-7/000[1], Rel. Herculano Rodrigues, pub. 06/08/2002).

Objeto material e bem juridicamente protegido

A Administração Pública é o bem juridicamente protegido pelo tipo penal que prevê o delito de *tráfico de influência*.

O objeto material do delito é a vantagem perseguida pelo agente.

Consumação e tentativa

Consuma-se o delito no instante em que o agente, efetivamente, pratica qualquer dos comportamentos previstos pelo tipo penal constante do art. 332 do diploma repressivo.

Merece registro o fato de que não é preciso que o agente obtenha a vantagem ou mesmo a promessa de cumprimento da aludida vantagem, para efeitos de reconhecimento da consumação, pois as condutas de *solicitar*, *exigir* e *cobrar* demonstram tratar-se de um crime formal, de consumação antecipada, sendo que se a pessoa abordada, por exemplo, fizer a entrega de tal vantagem, isso deverá ser considerado como um mero exaurimento do crime. Em sentido contrário, posiciona-se Noronha: "Dá-se a consumação no momento e no lugar em que o agente obtém a vantagem ou ela lhe é prometida, sendo indiferente à perfeição do delito a conduta posterior do agente, que, aliás, poderá transmudar o crime, na hipótese em que, por exemplo, ele resolve agir junto ao funcionário, corrompendo-o."[48]

Dependendo da hipótese concreta, visualizando-se a possibilidade de fracionamento do *iter criminis*, será possível a tentativa. Quando os atos forem praticados de forma concentrada, dada à sua natureza monossubsistente, ficará afastada a tentativa.

⚖ Consuma-se o crime de tráfico de influência (art. 332 do Código Penal) com a solicitação, exigência, cobrança ou obtenção de vantagem, a pretexto de influir em ato praticado por funcionário público no exercício da função (STJ, CC 108664/SP, Rel. Min. Jorge Mussi, 3ª Seção, *DJe* 16/02/2011, *LEXSTJ* 259, p. 126).

Nesse sentido:

⚖ STF, HC 80877/PA, Rel. Min. Maurício Corrêa, 2ª T., *DJ* 16/11/2001, p. 7.

Elemento subjetivo

O dolo é o elemento subjetivo exigido pelo tipo penal que prevê o delito de *tráfico de influência*, não havendo previsão para a modalidade de natureza culposa.

Modalidades comissiva e omissiva

Os núcleos *solicitar*, *exigir*, *cobrar* e *obter* pressupõem um comportamento comissivo por parte do agente, podendo, no entanto, ser praticado via omissão imprópria.

Causa especial de aumento de pena

A pena será aumentada da metade, conforme determina o parágrafo único do art. 332 do Código Penal, se o agente alega ou insinua que a vantagem é também destinada ao funcionário.

---

[47] NORONHA, Edgard Magalhães. *Direito penal*, v. 4, p. 325.
[48] NORONHA, Edgard Magalhães. *Direito penal*, v. 4, p. 327.

📖 Comete o delito de tráfico de influência, na sua forma qualificada, o agente que solicita dinheiro a pretexto de influir no comportamento do funcionário público no exercício de sua função, afirmando que o numerário seria a este destinado (TJMG, Processo 1.0145.00.015975-9/001[1], Rel. Antônio Armando dos Anjos, j. 19/06/2007).

Nesse sentido:

📖 TJRS, Ap. Crim. 7001 5089253, 4ª Câm. Crim., Rel. Constantino Lisbôa de Azevedo, j. 09/11/2006; TJMG, Processo 1.0000.00.162172-1/000 [1], Rel. Luiz Carlos Biasutti, p. 19/05/2000.

Pena e ação penal

A pena cominada ao delito de *tráfico de influência*, de acordo com a nova Redação dada pela Lei nº 9.127, de 16 de novembro de 1995, é de reclusão, de 2 (dois) a 5 (cinco) anos, e multa.

A pena será aumentada de metade, também nos termos da nova redação do parágrafo único, se o agente alega ou insinua que a vantagem é também destinada ao funcionário.

A ação penal é de iniciativa pública incondicionada.

Tráfico de influência em transação comercial internacional

Se a conduta de solicitar, exigir ou cobrar, praticada pelo agente, for dirigida finalisticamente no sentido de obter, para si ou para outrem, direta ou indiretamente, vantagem ou promessa de vantagem a pretexto de influir em ato praticado por funcionário público estrangeiro no exercício de suas funções, relacionado a transação comercial internacional, o delito será aquele tipificado no art. 337-C do Código Penal, em virtude da aplicação do princípio da especialidade.

📖 A Justiça Federal é competente, conforme disposição do inciso V do art. 109 da Constituição da República, quando se tratar de infrações previstas em tratados ou convenções internacionais, como é caso do racismo, previsto na Convenção Internacional sobre a Eliminação de todas as Formas de Discriminação Racial, da qual o Brasil é signatário, assim como nos crimes de guarda de moeda falsa, de tráfico internacional de entorpecentes, de tráfico de mulheres, de envio ilegal e tráfico de menores, de tortura, de pornografia infantil e pedofilia e corrupção ativa e tráfico de influência nas transações comerciais internacionais (STJ, CC 132.984/MG, Rel. Min. Moura Ribeiro, S3, *DJe* 02/02/2015).

Exploração de prestígio

Se o agente solicita ou recebe dinheiro ou qualquer outra utilidade, a pretexto de influir em ato de juiz, jurado, órgão do Ministério Público, funcionário da justiça, perito, tradutor, intérprete ou testemunha, o fato se subsumirá ao tipo penal constante do art. 357 do diploma repressivo, que prevê o delito de *exploração de prestígio*.

📖 Dispõe o art. 357 do Código Penal que, para a configuração do delito de exploração de prestígio, deve o agente "solicitar ou receber dinheiro ou qualquer outra utilidade, a pretexto de influir em juiz, jurado, órgão do Ministério Público, funcionário de justiça, perito, tradutor, intérprete ou testemunha". Na linha da jurisprudência desta Corte, "o crime de exploração de prestígio é, por assim dizer, uma ‹subespécie› do crime previsto no art. 332 do Código Penal (tráfico de influência). É a exploração de prestígio, a venda de influência, a ser exercida especificamente sobre pessoas que possuem destacada importância no desfecho de processo judicial (APn nº 549/SP, Corte Especial, Rel. Min. Felix Fischer, *DJe* 18/11/2009) (STJ, PExt no RHC 55.940/SP, Rel. Min. Antônio Saldanha Palheiro, 6ª T., *DJe* 04/02/2019).

Nesse sentido:

📖 TRF 1ª Reg., HC 2002.01.00.005559-5/DF, Rel. Carlos Olavo, 4ª T., *DJ* 19/07/2002, p. 5.

Tráfico de influência no Código Penal Militar

Vide art. 336 do Decreto-Lei nº 1.001/69 (Código Penal Militar).

Corrupção ativa

Art. 333. Oferecer ou prometer vantagem indevida a funcionário público, para determiná-lo a praticar, omitir ou retardar ato de ofício:

Pena – reclusão, de 2 (dois) a 12 (doze) anos, e multa.

Parágrafo único. A pena é aumentada de um terço, se, em razão da vantagem ou promessa, o funcionário retarda ou omite ato de ofício, ou o pratica infringindo dever funcional.

Introdução

O núcleo *oferecer* deve ser entendido no sentido de propor, apresentar uma proposta para entrega imediata, uma vez que o verbo *prometer*, também constante do art. 333 do Código Penal, nos dá a entender que essa proposta, esse oferecimento seja para o futuro. Tratando-se de um crime de forma livre, a corrupção ativa pode ser praticada por diversos meios, a exemplo de sinais, gestos, escritos, conversas explícitas etc.

As condutas de oferecer e prometer devem ser dirigidas a um funcionário público e dizer respeito a uma vantagem a ele indevida. Existe controvérsia a respeito do que seja, efetivamente, *vantagem indevida*. Entendemos que a *vantagem indevida* pode ter qualquer natureza, isto é, econômica, moral, sexual etc., pois o tipo penal está inserido em capítulo, bem como em título que nos permite essa ilação.

A conduta de oferecer ou prometer vantagem indevida a funcionário público deve ser dirigida finalisticamente no sentido de determiná-lo a praticar, omitir ou retardar ato de ofício. Quando o tipo penal em estudo se vale do verbo determinar, o faz não com um sentido impositivo, mas, sim, com uma conotação de convencimento. Isso significa que o corruptor não necessariamente exige que o funcionário pratique qualquer dos comportamentos mencionados pelo tipo, mas, sim, que a sua conduta o convence, o estimula a praticá-los.

Portanto, a finalidade do comportamento do corruptor é fazer, com o oferecimento ou promessa da vantagem indevida, com que o funcionário público pratique, omita ou retarde ato de ofício. Assim, é fundamental que se trate de ato de ofício, ou seja, aquele atribuído às funções exercidas pelo funcionário perante a Administração Pública, não havendo, até mesmo, necessidade de que o mencionado ato seja ilícito. Se o funcionário público, no entanto, vier a, efetivamente, retardar ou omitir o ato de ofício, ou a praticá-lo com infração ao dever funcional, a pena será aumentada em um terço, conforme determinação contida no parágrafo único do art. 333 do Código Penal.

⚖ As instâncias de origem concluíram a partir do conteúdo probatório existente nos autos que os agravantes ofereceram vantagem indevida a terceiros com a finalidade de que desistissem de parceria efetivada com a administração para a construção de pequenas centrais hidrelétricas, especialmente a PHC Cabrito, e cedessem seus direitos à empresa dos mesmos, conduta que se amolda ao crime descrito no art. 333 do Código Penal (STJ, AgRg no AREsp 1.077.743/RS, Rel. Min. Jorge Mussi, 5ª T., *DJe* 27/03/2019).

Nesse sentido:

⚖ STJ, APn 843/DF, Rel. Min. Herman Benjamin, CE, *DJe* 15/05/2018; STJ, HC 370.977/SC, Rel. Min. Ribeiro Dantas, 5ª T., *DJe* 28/06/2017; STJ, AgRg no REsp 1.397.405/MG, Rel. Min. Felix Fischer, 5ª T., *DJe* 07/10/2016; STJ, HC 306.397/DF, Rel. Min. Gurgel de Faria, 5ª T., *DJe* 06/04/2015; TJES, AC 024110263712, Rel. Des. Carlos Henrique Rios do Amaral, j. 25/06/2014; TJMG, APCr. 0355245-77.2007.8.13.0344, Rel. Des. Pedro Vergara, *DJEMG* 02/08/2010; TJRS, Ap. Crim. 70018401174, 4ª Câm. Crim., Rel. José Eugênio Tedesco, j. 26/04/2007.

Classificação doutrinária

Crime comum no que diz respeito ao sujeito ativo e próprio quanto ao sujeito passivo; doloso; formal; de forma livre, comissivo (podendo, no entanto, ser praticado via omissão imprópria, nos termos do art. 13, § 2º, do Código Penal); instantâneo; monossubjetivo; unissubsistente ou plurissubsistente (dependendo, no caso concreto, da possibilidade ou não de fracionamento do *iter criminis*); transeunte.

⚖ [...] o crime de corrupção – ativa e passiva – classifica-se como infração de natureza formal, que se consuma com o mero oferecimento de vantagem ilícita, independentemente do efetivo pagamento ou de eventuais prejuízos ao erário ou de violação os

princípios reitores do serviço público (Informações Complementares à Ementa – STJ, AgRg no REsp 1.803.638/RS, Rel. Min. Felix Fischer, 5ª T., julgado em 15/09/2020, *DJe* 23/09/2020).

Nesse sentido:

⚖ TJSP, AC 11446143600, Rel. Marco Antônio Cogan, j. 06/05/2008.

Sujeito ativo e sujeito passivo

Qualquer pessoa pode ser *sujeito ativo*.

O sujeito passivo é o Estado, bem como, secundariamente, o funcionário público, desde que não aceite a vantagem indevida, pois, caso contrário, será considerado como autor do delito de corrupção passiva, nos termos do art. 317 do Código Penal.

⚖ A conduta típica do crime de corrupção ativa (art. 333 do CP), consiste no oferecimento ou promessa de vantagem, devendo ser espontâneo. Não se trata de qualquer funcionário, mas daquele que tem o dever de ofício de realizar ou não o ato. Assim, é necessário que o ato esteja dentro da esfera de atribuições do servidor público (TRF 1ª Reg., ACR 2003.34.00.029962-5/DF, Rel. Mário César Ribeiro, 4ª T., *DJ* 13/07/2007, p. 30).

Objeto material e bem juridicamente protegido

A Administração Pública é o bem juridicamente protegido pelo tipo penal que prevê o delito de *corrupção ativa*.

O objeto material do delito é a vantagem indevida.

Consumação e tentativa

Tratando-se de crime formal, o delito de *corrupção ativa* se consuma no instante em que o agente pratica qualquer dos comportamentos previstos pelo tipo, vale dizer, quando *oferece* ou *promete* vantagem indevida a funcionário público, com a finalidade de determiná-lo a praticar, omitir ou retardar ato de ofício. A consumação ocorre, portanto, no momento do oferecimento ou da promessa da vantagem indevida, não havendo necessidade, para efeitos de seu reconhecimento, que o funcionário público, efetivamente, venha a praticar, omitir ou retardar ato de ofício.

O delito restará consumado ainda que o funcionário público recuse a indevida vantagem econômica oferecida ou prometida pelo agente; caso venha a aceitá-la, deverá o funcionário ser responsabilizado pelo delito de corrupção passiva, havendo, nesse caso, uma quebra da chamada teoria monista ou unitária, prevista no art. 29 do Código Penal, devendo o corruptor ativo responder pelo delito tipificado no art. 333 do citado diploma legal, e o funcionário corrupto pelo art. 317 do mesmo estatuto.

A tentativa será admissível desde que, na hipótese concreta, se possa fracionar o *iter criminis*, embora seja de difícil configuração.

⚖ 1. Para a configuração do crime de corrupção passiva, ao contrário do que ocorre no crime de corrupção ativa, não se exige a comprovação de que a vantagem indevida solicitada, recebida ou aceita pelo funcionário público, esteja causalmente vinculada à prática, omissão ou retardamento de "ato de ofício". Inclusive, nem mesmo há a exigência de que o "ato de ofício" seja da competência funcional do agente corrupto (REsp 1.745.410/SP, Rel. Min. Sebastião Reis Júnior, Rel. p/ Acórdão Min. Laurita Vaz, 6ª T., julgado em 02/10/2018, *DJe* 23/10/2018). 2. Embora a prática do ato de ofício não seja elementar do crime de corrupção passiva, sendo imprescindível apenas quanto ao delito de corrupção ativa, a absolvição criminal dos agravados também se encontra fundamentada na ausência de provas da própria conduta criminosa. Assim, para rever o entendimento firmado pelas instâncias ordinárias seria necessário novo exame do conjunto fático-probatório carreado aos autos, providência vedada pela Súmula n. 7/STJ (AgRg no AREsp 1.650.032/RJ, Rel. Min. Joel Ilan Paciornik, 5ª T., julgado em 25/08/2020, *DJe* 01/09/2020).

Nesse sentido:

⚖ STJ, AgRg no AREsp 1.014.485/SP, Rel. Min. Jorge Mussi, 5ª T., *DJe* 28/03/2019; HC 588.211/SP, Rel. Min. Ribeiro Dantas, 5ª T., j. 18/08/2020, *DJe* 24/08/2020; STJ, HC 445.469/RJ, Rel. Min. Jorge Mussi, 5ª T., *DJe* 25/05/2018; STJ, AgRg no REsp 1154263/SC, Rel. Min. Sebastião Reis Júnior, 6ª T., *DJe* 29/05/2013; TJMG, APCR 0555768-82.2005.8.13.0342, Rel. Des. Paulo Cézar Dias, *DJEMG* 11/08/2010; TRF 2ª Reg., ACr 1998.51.01.035656-4, Rel.ª Des.ª Fed. Liliane Roriz, *DEJF2* 20/07/2010; STJ, HC 33535/SC, Rel. Min. Hamilton Carvalhido, 6ª T., *RSTJ* 195, p. 569.

Elemento subjetivo

O dolo é o elemento subjetivo exigido pelo tipo penal que prevê o delito de corrupção ativa, não havendo previsão, pois, para a modalidade de natureza culposa.

⚖ No crime de corrupção ativa exige-se, além da consciência e vontade de oferecer ou prometer vantagem indevida a funcionário público, o elemento subjetivo do injusto consistente na intenção de obter do servidor a prática, omissão ou retardamento de ato de ofício. No caso, ausente o elemento subjetivo específico – prática, retardamento ou omissão de ato de ofício –, visto que, figurando o funcionário público na condição de acusado, não possuía atribuição para o início ou auxílio na investigação do fato – ausência de competência para a prática de qualquer ato da persecução penal na condição de policial militar (STJ, AgRg no Ag 1372909/MG, 5ª T., *DJe* 24/04/2013).

Modalidades comissiva e omissiva

Os núcleos *oferecer* e *prometer* pressupõem um comportamento comissivo por parte do agente, podendo, no entanto, ser praticados via omissão imprópria.

Causa especial de aumento de pena

O parágrafo único do art. 333 do Código Penal diz que a pena é aumentada em um terço se, em razão da vantagem ou promessa, o funcionário retarda ou omite ato de ofício ou o pratica infringindo dever funcional.

Pena e ação penal

A pena cominada ao delito de *corrupção ativa*, de acordo com a alteração feita pela Lei nº 10.763, de 12 de novembro de 2003, é de reclusão, de 2 (dois) a 12 (doze) anos, e multa.

A pena será aumentada em um terço, nos termos do parágrafo único do art. 333 do Código Penal, se, em razão da vantagem ou promessa, o funcionário retarda ou omite ato de ofício, ou o pratica infringindo dever funcional.

A ação penal é de iniciativa pública incondicionada.

Corrupção ativa no Código Penal Militar

Vide art. 309 do Decreto-Lei nº 1.001/69 (Código Penal Militar).

Corrupção ativa em transação comercial internacional

O fato se amoldará, em virtude do princípio da especialidade, ao art. 337-B do Código Penal.

Oferecimento de vantagem indevida após a prática do ato

Para que se configure o delito de corrupção ativa, a conduta do agente, ao oferecer ou prometer a indevida vantagem a funcionário público, deve ser dirigida no sentido de fazer com que ele pratique, omita ou retarde ato de ofício. Portanto, para efeitos de caracterização da corrupção ativa, o oferecimento ou promessa da vantagem ilícita deve ser anterior ao comportamento praticado pelo funcionário.

Caso o agente, após a prática do ato de ofício pelo funcionário público, venha lhe oferecer ou prometer vantagem indevida, o fato não se subsumirá ao tipo penal que prevê o delito de corrupção ativa.

⚖ Quando a vantagem for oferecida após a prática do ato – consistente na busca e apreensão de objetos em oficina mecânica e localização de seu auferidor –, de corrupção ativa não se trata. Sentença absolutória mantida (TJRS, Ap. Crim. 70013720867, 7ª Câm. Crim., Rel. Alfredo Foerster, j. 1º/02/2007).

Atipicidade no que diz respeito à conduta de dar a vantagem solicitada pelo funcionário público

No tipo penal do art. 333 não se encontra a previsão do núcleo *dar*, ao contrário do que ocorre com os delitos mencionados nos arts. 309 do Código Penal Militar e 337-B do Código Penal.

Assim, por não ser possível o recurso à analogia *in malam partem*, deverá ser considerado atípico o comportamento do *extraneus* que, cedendo às solicitações do funcionário corrupto, lhe dá a vantagem indevida.

⚖ Não configura o tipo penal de corrupção ativa sujeitar-se a pagar propina exigida por Autoridade Policial, sobretudo na espécie, onde não houve obtenção de vantagem indevida com o pagamento da quantia. 'Caso a oferta ou promessa seja efetuada por imposição ou ameaça do funcionário, o fato é atípico para o *extraneus*, configurando-se o delito de concussão do funcionário (MIRABETE, Julio Fabbrini. *Código penal interpretado*. 3. ed., São Paulo: Atlas, 2003, p. 2.177). [...] (STJ, HC 62908/SE, 5ª T., Rel.ª Min.ª Laurita Vaz, *DJ* 03/12/2007, p. 339)

Oferecimento de pequenos agrados

Não é incomum no serviço público o oferecimento de pequenos agrados, feitos por particulares, com a finalidade de angariar a simpatia dos funcionários públicos. Assim, são oferecidas caixas de bombons, canetas, garrafas de vinho etc. Se tais comportamentos não são destinados a fazer com que o *intraneus* pratique, omita ou retarde ato de ofício, não terão eles a importância exigida pelo Direito Penal.

Corrupção privada no esporte

O parágrafo único do art. 165 da Lei Geral do Esporte (Lei nº 14.597, de 14 de junho de 2023), cuja rubrica prevê o delito de corrupção privada no esporte, diz, *verbis*:

Art. 165. *Exigir, solicitar, aceitar ou receber vantagem indevida, como representante de organização esportiva privada, para favorecer a si ou a terceiros, direta ou indiretamente, ou aceitar promessa de vantagem indevida, a fim de realizar ou de omitir ato inerente às suas atribuições:*

Pena – reclusão, de 2 (dois) a 4 (quatro) anos, e multa. Parágrafo único. Nas mesmas penas incorre quem oferece, promete, entrega ou paga, direta ou indiretamente, ao representante da organização esportiva privada, vantagem indevida.

Crime impossível

⚖ Só pode haver crime impossível, tratando-se de corrupção ativa, se a vantagem é oferecida ou prometida de forma que nunca possa chegar ao servidor destinatário, ou se é oferecida ou prometida para pessoa que não seja funcionária pública, sem qualquer poder para praticar, omitir ou retardar o ato de ofício (TJRS, Ap. Crim. 70018925511, 4ª Câm. Crim., Rel. Gaspar Marques Batista, j. 17/05/2007).

Flagrante esperado

⚖ Crime de corrupção ativa. Hipótese em que o delito se desenvolveu, por etapas, com participação de pessoas diferentes: sondagem inicial junto ao funcionário; confirmação e verificação, por outra pessoa, do resultado dessa sondagem; concretização da oferta

e pagamento da propina (ocasião do flagrante). Flagrante esperado, caracterizado na consumação da última etapa, já que, no caso, não houve provocação ou instigação da autoridade, que se limitou a não opor resistência ao desenrolar dos acontecimentos, isto é, as investidas espontâneas dos corruptores (STJ, HC 2467/RJ, Rel. Min. Assis Toledo, 5ª T., *RSTJ* 82, p. 279).

Princípio da insignificância

⚖ Comprovado nos autos que o acusado, de forma livre e consciente, ofereceu vantagem indevida a funcionário público, para determiná-lo a omitir ato de ofício, resta caracterizado o crime tipificado no artigo 333 do Código Penal. O objeto jurídico tutelado pela norma penal é o bom e regular funcionamento da Administração Pública, que não pode ser mensurado economicamente, o que inviabiliza a aplicação do princípio da insignificância ao delito de corrupção ativa. Inaplicável, à espécie, o princípio da intervenção mínima do direito penal, já que este é cabível tão somente quando a conduta realmente não é lesiva à sociedade, não sendo necessário proteger penalmente bens juridicamente já tutelados em outras esferas. Tal situação não se configura na hipótese em tela, em que se tem por fito a repressão a delitos que corrompem a moralidade da Administração Pública e de seus agentes (TRF 4ª Reg., ACr 2007.70.00.002815-8, Rel. Des. Fed. Tadaaqui Hirose, *DEJF* 25/06/2010, p. 275).

Corrupção ativa e Código Eleitoral

Vide art. 299 da Lei nº 4.737/65 (Código Eleitoral).

⚖ (...) VIII – Nos limites da cognição do *mandamus*, não se verifica que as condutas imputadas ao recorrente conformem-se a algum tipo penal eleitoral da legislação especial. Destacadamente, não se noticia que os valores ilícitos que foram objeto das condutas criminosas tenham sido destinados ao pagamento de campanhas eleitorais, ou que as condutas do recorrente tenham-se revestido dos fins eleitorais exigidos pelo art. 350 do Código Eleitoral ou tenham relação com financiamento de campanha e compra de votos. IX – Considerando que as instâncias ordinárias não reconheceram, a partir do conjunto dos fatos delineados na exordial, a existência de crime eleitoral no presente caso, tampouco a Defesa demonstrou, de maneira inequívoca, que as condutas apuradas se subsumem a algum tipo penal eleitoral, tem-se que o reconhecimento de eventual competência da Justiça Eleitoral para o presente efeito demandaria inevitável alargamento da moldura fática delineada no acórdão impugnado, para averiguar possível cenário de prática de crimes eleitorais, procedimento a toda evidência incompatível com a sumariedade e a estreiteza próprias ao âmbito de cognição do *habeas corpus*, que não admite revolvimento de fatos e provas. (...) (AgRg no RHC 122.155/PR, Rel. Min. Felix Fischer, 5ª T., julgado em 08/09/2020, *DJe* 15/09/2020).

Descaminho

Art. 334. Iludir, no todo ou em parte, o pagamento de direito ou imposto devido pela entrada, pela saída ou pelo consumo de mercadoria:
Pena – reclusão, de 1 (um) a 4 (quatro) anos.
§ 1º Incorre na mesma pena quem:
I – pratica navegação de cabotagem, fora dos casos permitidos em lei;
II – pratica fato assimilado, em lei especial, a descaminho;
III – vende, expõe à venda, mantém em depósito ou, de qualquer forma, utiliza em proveito próprio ou alheio, no exercício de atividade comercial ou industrial, mercadoria de procedência estrangeira que introduziu clandestinamente no País ou importou fraudulentamente ou que sabe ser produto de introdução clandestina no território nacional ou de importação fraudulenta por parte de outrem;
IV – adquire, recebe ou oculta, em proveito próprio ou alheio, no exercício de atividade comercial ou industrial, mercadoria de procedência estrangeira, desacompanhada de documentação legal ou acompanhada de documentos que sabe serem falsos.
§ 2º Equipara-se às atividades comerciais, para os efeitos deste artigo, qualquer forma de comércio irregular ou clandestino de mercadorias estrangeiras, inclusive o exercido em residências.
§ 3º A pena aplica-se em dobro se o crime de descaminho é praticado em transporte aéreo, marítimo ou fluvial.

Introdução

Em sua redação original, o art. 334 do Código Penal tipificava as figuras do *contrabando* e do *descaminho*, quando previa, conjuntamente, os comportamentos de *importar ou exportar mercadoria proibida ou iludir, no todo ou em parte, o pagamento de direito ou imposto devido pela entrada, pela saída ou pelo consumo de mercadoria*, razão pela qual a doutrina denominava a primeira parte do mencionado artigo como sendo hipótese de *contrabando (próprio)* e a segunda, onde se previa o descaminho, como sendo a de *contrabando impróprio*.
Com o advento da Lei nº 13.008, de 26 de junho de 2014, os delitos foram desmembrados, sendo que o descaminho permaneceu tipificado no art. 334 e o contrabando passou a ser previsto no art. 334-A, recebendo, outrossim, tratamentos diferenciados, principalmente no que diz respeito às penas cominadas a cada uma dessas infrações penais, sendo o delito de contrabando considerado mais grave que o de desca-

minho, como veremos quando da análise desses tipos penais.
De acordo com a redação constante do *caput* do art. 334 do Código Penal, podemos apontar os seguintes elementos: a) a conduta de iludir, no todo ou em parte; b) o pagamento de direito ou imposto; c) devido pela entrada, pela saída ou pelo consumo de mercadoria.
Ao contrário do que ocorre com o delito de contrabando (art. 334-A), no descaminho não há proibição de importação ou exportação da mercadoria. O agente, no entanto, ilude, ou seja, tenta se livrar, enganar, fraudar, total ou parcialmente, do pagamento de direito ou imposto que, normalmente, recairia sobre a mercadoria, devido pela entrada, pela saída, ou pelo seu consumo, almejando, dessa forma, lucrar com seu comportamento, que, consequentemente, traz prejuízo não somente ao erário público, como também às demais pessoas (físicas ou jurídicas) que importam ou exportam as mercadorias, com fins comerciais, e que efetuam corretamente o pagamento de direito ou imposto, fazendo com que ocorra uma desigualdade no valor final dessas mercadorias. Trata-se de um crime, portanto, onde o agente tem por finalidade burlar a fiscalização tributária, objetivando deixar de levar a efeito o pagamento o tributo que era devido.
Imposto, de acordo com o art. 16 do Código Tributário Nacional, *é o tributo cuja obrigação tem por fato gerador uma situação independente de qualquer atividade estatal específica, relativa ao contribuinte.*
Por mercadoria devemos entender qualquer bem passível de remoção, tendo ou não a finalidade de comercialização. Assim, alguém pode, por exemplo, burlar parcialmente o pagamento do imposto correspondente a determinado automóvel, de importação permitida, querendo tão somente utilizá-lo ou mesmo para fins comerciais, onde ampliaria sua margem de lucro com a sua venda.
Se o fundamento da punição pelo descaminho é a fraude, a ilusão, total ou parcial, do pagamento de direito ou imposto, devido pela entrada, pela saída ou pelo consumo de mercadoria, não haverá a prática do crime, portanto, quando não houver a necessidade desse pagamento, como ocorre, por exemplo, com os livros, em que existe imunidade tributária, de acordo com o art. 150, III, *d*, da Constituição Federal.
Conforme esclarecem Julio Mirabete e Renato Mirabete, "há decisões subordinando o crime de descaminho a questões prévias, prejudiciais, de natureza administrativa e fiscal. Segundo essa orientação, estende-se ao delito, dada a sua natureza tributária, o entendimento de que a ausência de prévia constituição do crédito na esfera administrativa, mediante o lançamento definitivo do tributo, impede a configuração de crime material contra a ordem tributária. A Súmula Vinculante nº 24, porém, refere-se somente aos crimes materiais contra a ordem tributária, previstos no art. 1º, incisos I a IV, da Lei nº 8.137/90.

Também não são diligências absolutamente necessárias à apuração do ilícito a busca e apreensão ou o exame pericial".[49]

Consoante jurisprudência pacífica desta Corte, por se tratar de crime formal, é irrelevante o parcelamento e pagamento do tributo, não se aplicando ao descaminho a extinção da punibilidade prevista na Lei Federal nº 10.684/2003 (STJ, AgRg no AREsp 1.259.739/SP, Rel. Min. Joel Ilan Paciornik, 5ª T., *DJe* 11/06/2019).

Nesse sentido:

STJ, AgRg no REsp 1.738.529/PR, Rel.ª Min.ª Maria Thereza de Assis Moura, 6ª T., *DJe* 29/06/2018; STJ, AgRg no AREsp 1.034.891/SP, Rel. Min. Jorge Mussi, 5ª T., *DJe* 23/06/2017; STF, HC 122.268/MG, Rel. Min. Dias Toffoli, 2ª T., *DJe* 04/08/2015.

Classificação doutrinária

Crime comum; doloso; de forma livre; comissivo, ou omissivo próprio (uma vez que a ilusão no pagamento pode ser total ou parcial); formal; instantâneo, de efeitos permanentes; monossubjetivo; unissubsistente ou plurissubsistente (dependendo, no caso concreto, da possibilidade ou não de fracionamento do *iter criminis*); transeunte (podendo, no entanto, ser considerado como não transeunte, se houver possibilidade de realização de perícia).

Sujeito ativo e sujeito passivo

Qualquer pessoa poderá ser *sujeito ativo* do delito de *descaminho*, haja vista que o tipo do art. 334 do Código Penal não exige nenhuma qualidade ou condição especial.

O *sujeito passivo* é o Estado.

Objeto material e bem juridicamente protegido

A Administração Pública é o bem juridicamente protegido pelo delito de *descaminho*.

O objeto material do delito é a mercadoria proibida, ou o direito ou o imposto devido pela entrada, pela saída ou pelo seu consumo, cujo pagamento fora iludido total ou parcialmente.

No crime de descaminho "entrada ou saída de mercadoria permitida sem o recolhimento do tributo devido", o bem jurídico tutelado é a ordem tributária, motivo pelo qual a lesão ao Fisco considerada irrisória ensejaria a atipicidade da conduta (STJ, EREsp 1.230.325/RS, Rel. Min. Gurgel de Faria, S3, *DJe* 05/05/2015).

Nesse sentido:

STJ, AgRg no AREsp 600.795/PR, Rel. Min. Rogério Schietti Cruz, 6ª T., *DJe* 10/03/2015.

Consumação e tentativa

De acordo com as lições de Luiz Regis Prado "a consumação do delito de descaminho se perfaz com a liberação da mercadoria pela alfândega. Caso o delito seja perpetrado em outro local, esta se realiza, na modalidade de exportação, quando a mercadoria transpõe a linha de fronteira do território nacional, enquanto, na hipótese de importação, a consumação se dá no momento em que o produto ingressa no país, ainda que se encontre nos limites da zona fiscal".[50]

O STJ, reconhecendo a natureza formal do delito de descaminho, decidiu:

É entendimento sedimentado desta Corte que, nas hipóteses de descaminho, não é exigida a constituição definitiva do crédito tributário para a consumação do delito (STJ, AgRg no REsp 1.807.259/SC, Rel. Min. Nefi Cordeiro, 6ª T., *DJe* 09/08/2019).

Nesse sentido:

STJ, AgRg no REsp 1.426.834/ES, Rel. Min. Ribeiro Dantas, 5ª T., *DJe* 15/06/2018; STJ, AgRg no REsp 1.488.692/PR, Rel. Min. Joel Ilan Paciornik, 5ª T., *DJe* 16/08/2017; STJ, RHC 43.558/SP, Rel. Min. Jorge Mussi, 5ª T., *DJe* 13/02/2015.

Tratando-se, como regra, de crime plurissubsistente, será possível o reconhecimento da tentativa.

Elemento subjetivo

O dolo é o elemento subjetivo exigido pelo tipo penal que prevê o delito de *descaminho*, não havendo previsão para a modalidade de natureza culposa.

O agente deverá conhecer todos os elementos que integram a figura típica em estudo, pois, caso contrário, poderá ser arguido o erro de tipo ou mesmo o erro de proibição. Assim, imagine-se a hipótese daquele que traz consigo, do exterior, mercadoria cuja importação supunha possuir imunidade tributária, razão pela qual deixou de efetuar o pagamento dos impostos correspondentes.

Modalidades comissiva e omissiva

A conduta de *iludir*, no todo ou em parte, o pagamento de direito ou imposto devido pela entrada, pela saída ou pelo consumo de mercadoria, poderá ser considerada comissiva ou omissiva, dependendo da forma como o delito de descaminho for praticado. Nesse sentido, preleciona Ivan Luiz da Silva, que o agente pode realizar "a conduta de modo comissivo (p. ex., indicar que a mercadoria não é tributável ou atribuir valor a menor para evitar a tributação etc.) ou omissivo (deixar de declarar na entrada ou saída do território nacional)"[51].

Como bem alertado por Fernando Galvão: "É juridicamente impossível responsabilizar pelo crime em exame aquele que esteja na posição de garanti-

---

[49] MIRABETE, Julio Fabbrini; FABBRINI, Renato N. *Manual de direito penal – parte especial*, v. 3, p. 366-367.

[50] PRADO, Luiz Regis. *Curso de direito penal brasileiro*, v. 3, p. 585.

[51] SILVA, Ivan Luiz da. *Curso de direito penal – parte especial*, v. 2, p. 1.011.

dor e por omissão inobservar o seu dever de agir para evitar a ocorrência do *descaminho*. Para tal caso o Código Penal prevê o crime omissivo próprio de *facilitação de contrabando ou descaminho* (art. 318), que afasta a incidência da regra da omissão imprópria."[52]

Modalidades assemelhadas ao descaminho

O § 1º do art. 334 do Código Penal, com a nova redação que lhe foi conferida pela Lei nº 13.008, de 26 de junho de 2014, prevê quatro modalidades assemelhadas ao descaminho, a saber:
I) pratica navegação de cabotagem, fora dos casos permitidos em lei;
[...].
Navegação de cabotagem, de acordo com a definição constante do inciso IX do art. 2º da Lei nº 9.432, de 8 de janeiro de 1997, é a realizada entre portos ou pontos do território brasileiro, utilizando a via marítima ou esta e as vias navegáveis interiores. O inciso X do citado artigo define a navegação interior como aquela realizada em hidrovias interiores, em percurso nacional ou internacional.
II) pratica fato assimilado, em lei especial, a descaminho;
[...].
Fato assimilado é aquele previsto pela legislação especial, comparável descaminho, cuidando-se, portanto, de uma norma penal em branco.
III) vende, expõe à venda, mantém em depósito ou, de qualquer forma, utiliza em proveito próprio ou alheio, no exercício de atividade comercial ou industrial, mercadoria de procedência estrangeira que introduziu clandestinamente no País ou importou fraudulentamente ou que sabe ser produto de introdução clandestina no território nacional ou de importação fraudulenta por parte de outrem;
[...].
De acordo com as lições de Ivan Luiz da Silva, esse dispositivo legal incrimina a prática de "descaminho por agentes que exercem a atividade comercial ou industrial. Assim, trata-se de um crime próprio, pois o sujeito ativo deve ser comerciante ou industrial, já que a conduta criminosa deve ser praticada no exercício de atividade comercial ou industrial. Para não haver dúvida quanto à qualidade de comerciante do agente, o legislador dispõe no § 2º que "Equipara-se às atividades comerciais, para os efeitos deste artigo, qualquer forma de comércio irregular ou clandestino de mercadorias estrangeiras, inclusive o exercido em residências". Assim, a descrição típica alcança tanto o comerciante regularmente estabelecido como o comerciante de fato (ou seja, que exerce o comércio de modo irregular ou clandestinamente). Não obstante, é necessário que haja a habitualidade para caracteri-

zar-se o exercício do comércio, seja regular ou irregular".[53]
Além, disso, a repercussão de ordem prática ao se aplicar ao autor do descaminho o inciso III *sub examen* pode residir no fato de que, em algumas situações, a exemplo daquele que expõe à venda ou mantém em depósito, o delito deixaria de ser instantâneo, de efeitos permanentes, passando a ser considerado um crime permanente, podendo o agente, nesse caso, ser preso em flagrante, além de modificar a contagem do prazo prescricional.
Na segunda parte constante do inciso III em estudo, estaríamos diante de um caso de receptação, ficando afastada, no entanto, a aplicação do art. 180 do Código Penal, em virtude da aplicação do princípio da especialidade.
O § 2º do art. 334 do Código Penal, como mencionado, equipara às atividades comerciais qualquer forma de comércio irregular ou clandestino de mercadorias estrangeiras, até mesmo em residências.
IV) adquire, recebe ou oculta, em proveito próprio ou alheio, no exercício de atividade comercial ou industrial, mercadoria de procedência estrangeira, desacompanhada de documentação legal, ou acompanhada de documentos que sabe serem falsos.
Cuida-se, também aqui, de um delito de receptação, que foi especializado pelo inciso IV do § 1º do art. 334 do Código Penal.
Aplica-se, *in casu*, o § 2º do art. 334 do citado diploma repressivo no que diz respeito à extensão do conceito de atividades comerciais.
Conforme esclarece Cleber Masson, "em relação à mercadoria de procedência estrangeira desacompanhada de documentação legal (exemplo: nota fiscal), o elemento subjetivo é o dolo (direto ou eventual), acompanhado de um especial fim de agir (elemento subjetivo específico), representado pela expressão 'em proveito próprio ou alheio'. No tocante à mercadoria de procedência estrangeira acompanhada de documentos falsos, impõe-se a presença do dolo direto, pois o sujeito 'sabe serem falsos' tais documentos. Também se exige um elemento subjetivo específico ('em proveito próprio ou alheio')".[54]

Causa especial de aumento de pena

Diz o § 3º do art. 334 do Código Penal, com a redação determinada pela Lei nº 13.008, de 26 de junho de 2014, que a pena será aplicada em dobro, se o crime de descaminho for praticado em transporte aéreo, marítimo ou fluvial.
O transporte aéreo utilizado pelo agente dificulta a descoberta da infração penal, importando em maior juízo de censura.

[52] GALVÃO, Fernando. *Direito penal* – crimes contra a administração pública, p. 325.
[53] SILVA, Ivan Luiz da. *Curso de direito penal* – parte especial, v. 2, p. 1.015.
[54] MASSON, Cleber. *Código penal comentado*, p. 1.176

Na redação anterior do § 3º do art. 334 do estatuto repressivo não havia previsão da mencionada causa especial de aumento de pena para as hipóteses em que o crime de descaminho fosse praticado através de transporte marítimo ou fluvial, tendo a modificação trazida pela Lei nº 13.008, de 26 de junho de 2014, suprido aquela lacuna.

Transporte marítimo, como é cediço, é aquele realizado através dos mares, por qualquer tipo de embarcação; fluvial é o levado a efeito pelos rios.

⚖ A causa de aumento prevista no art. 334, § 3º, do CP, é aplicável para o transporte aéreo, não se limitando a voos clandestinos. Precedentes (STJ, AgRg nos EDcl no AREsp 1.020.652/SP, Rel. Min. Joel Ilan Paciornik, 5ª T., *DJe* 27/03/2017).

Pena, ação penal e suspensão condicional do processo

A pena cominada ao delito de descaminho (*caput* e § 1º do art. 334 do Código Penal) é de reclusão, de 1 (um) a 4 (quatro) anos.

A pena aplica-se em dobro se o crime de descaminho é praticado em transporte aéreo, marítimo ou fluvial, de acordo com o § 3º do art. 334 mesmo diploma legal.

A ação penal é de iniciativa pública incondicionada. Será possível a confecção de proposta de suspensão condicional do processo, nos termos do art. 89 da Lei nº 9.099/95, desde que não aplicado o § 3º do art. 334 do Código Penal.

Competência para julgamento

O Superior Tribunal de Justiça, por intermédio da Súmula nº 151, ratificou posição no seguinte sentido:

⚖ *Súmula nº 151. A competência para o processo e julgamento por crime de contrabando ou descaminho define-se pela prevenção do Juízo Federal do lugar da apreensão dos bens.*

Princípio da insignificância

O princípio da insignificância tem sido aplicado por nossos Tribunais Superiores à infração penal tipificada no art. 334 do diploma repressivo.

⚖ Incide o princípio da insignificância aos crimes tributários federais e de descaminho quando o débito tributário verificado não ultrapassar o limite de R$ 20.000,00 (vinte mil reais), a teor do disposto no art. 20 da Lei nº 10.522/2002, com as atualizações efetivadas pelas Portarias nº 75 e nº 130, ambas do Ministério da Fazenda (REsp 1.688.878/SP, Rel. Min. Sebastião Reis Júnior, Terceira Seção, j. 28/02/2018, *DJe* 04/04/2018). Embora inferior a R$ 20.000,00 (vinte mil reais), é inaplicável o princípio da insignificância ao caso dos autos, pois iludido o pagamento de imposto de competência estadual (ICMS), não abrangido pela Lei Federal nº 10.522/2002, que trata de tributos federais (STJ, AgRg no AREsp 1.259.739/SP, Rel. Min. Joel Ilan Paciornik, 5ª T., *DJe* 11/06/2019).

Nesse sentido:

⚖ STJ, EDcl no AgRg no AREsp 320.758/PR, Rel. Min. Jorge Mussi, 5ª T., *DJe* 28/06/2018; STJ, AgRg no AREsp 1.087.027/PE, Rel. Min. Reynaldo Soares da Fonseca, 5ª T., *DJe* 1º/08/2017; STF, HC 136.958/RS, Rel. Min. Ricardo Lewandowski, 2ª T., *DJe* 27/04/2017.

Percebe-se, portanto, que para efeitos de aplicação do princípio da insignificância ao delito de descaminho, nossos Tribunais Superiores estão levando em conta as disposições contidas na Lei 10.522/2002, art. 20, que dispõe sobre o cadastro informativo dos créditos não quitados de órgãos e entidades federais, com a nova redação dada pela Lei 13.874/2019, que diz:

Art. 20. *Serão arquivados, sem baixa na distribuição, por meio de requerimento do Procurador da Fazenda Nacional, os autos das execuções fiscais de débitos inscritos em dívida ativa da União pela Procuradoria-Geral da Fazenda Nacional ou por ela cobrados, de valor consolidado igual ou inferior àquele estabelecido em ato do Procurador-Geral da Fazenda Nacional.*

Atualmente, a Secretaria Especial da Fazenda do Ministério da Economia, antigo Ministério da Fazenda, elevou o valor mínimo para efeitos de cobrança, em algumas situações, conforme se verifica pela leitura da Portaria 75/2012, que teve a redação de seu art. 2º alterada pela Portaria MF 130/2012, que diz:

Art. 2º *O Procurador da Fazenda Nacional requererá o arquivamento, sem baixa na distribuição, das execuções fiscais de débitos com a Fazenda Nacional, cujo valor consolidado seja igual ou inferior a R$ 20.000,00 (vinte mil reais), desde que não conste dos autos garantia, integral ou parcial, útil à satisfação do crédito.*

A Terceira Seção do Superior Tribunal de Justiça, no dia 10 de junho de 2020, estendeu ao âmbito estadual o entendimento firmado no Tema 157 dos recursos repetitivos: *Incide o princípio da insignificância aos crimes tributários federais e de descaminho quando o débito tributário verificado não ultrapassar o limite de R$ 20.000,00 (vinte mil reais), a teor do disposto no art. 20 da Lei n. 10.522/2002, com as atualizações efetivadas pelas Portarias 75 e 130, ambas do Ministério da Fazenda.*

Nesse caso, nossos Tribunais Superiores também alterariam a posição já consolidada, para aumentar o raciocínio do princípio da insignificância para valores abaixo de R$ 20.000,00 (vinte mil reais)?

Analisando essa modificação de valores, decidiu o STJ:

⚖ Soa imponderável, contrária à razão e avessa ao senso comum tese jurídica que, apoiada em mera opção de política administrativo-fiscal, movida por interesses estatais conectados à conveniência, à economicidade e à eficiência administrativas, acaba por subordinar o exercício da jurisdição penal à iniciativa da autoridade fazendária. Sobrelevam, assim, as conveniências administrativo-fiscais do Procurador da Fazenda Nacional, que, ao promover o arquivamento, sem baixa na distribuição, dos autos das execuções fiscais de débitos inscritos como Dívida Ativa da União, de valor consolidado igual ou inferior a R$ 10.000,00, determina, mercê da elástica interpretação dada pela jurisprudência dos tribunais superiores, o que a Polícia pode investigar, o que o Ministério Público pode acusar e, o que é mais grave, o que o Judiciário pode julgar. Semelhante esforço interpretativo, a par de materializar, entre os jurisdicionados, tratamento penal desigual e desproporcional se considerada a jurisprudência usualmente aplicável aos autores de crimes contra o patrimônio, consubstancia, na prática, sistemática impunidade de autores de crimes graves, decorrentes de burla ao pagamento de tributos devidos em virtude de importação clandestina de mercadorias, amiúde associada a outras ilicitudes graves (como corrupção, ativa e passiva, e prevaricação) e que importam em considerável prejuízo ao erário e, indiretamente, à coletividade. Sem embargo, o Superior Tribunal de Justiça, ao julgar o Recurso Especial Representativo de Controvérsia 1.112.748/TO, rendeu-se ao entendimento firmado no Supremo Tribunal Federal de que incide o princípio da insignificância no crime de descaminho quando o valor do tributo iludido não ultrapassar o montante de R$ 10.000,00, de acordo com o disposto no art. 20 da Lei nº 10.522/2002. Ressalva pessoal do relator. A partir da Lei nº 10.522/2002, o Ministro da Fazenda não tem mais autorização para, por meio de simples portaria, alterar o valor definido como teto para o arquivamento de execução fiscal sem baixa na distribuição. E o novo valor – R$ 20.000,00 –, para tal fim estabelecido pela Portaria MF nº 75/2012 do Ministério da Fazenda – que acentua ainda mais a absurdidade da incidência do princípio da insignificância penal, mormente se considerados os critérios usualmente invocados pela jurisprudência do STF com vistas a regular hipóteses de crimes contra o patrimônio –, não retroage com o fim de alcançar delitos de descaminho praticados em data anterior à vigência da referida portaria, porquanto não é equiparada à lei penal, em sentido estrito, que pudesse, sob tal natureza, reclamar a retroatividade benéfica, conforme disposto no art. 2º, parágrafo único, do CPP. Como o valor apurado a título de tributos iludidos pelos agravantes (R$ 13.838,80) ultrapassa o mínimo previsto na Lei nº 10.522/2002, vigente à época da prática delitiva, é de ser afastada a incidência do princípio da insignificância também sob esse aspecto (STJ, AgRg no REsp 1.538.760/SP, Rel. Min. Rogério Schietti Cruz, 6ª T., *DJe* 24/02/2016).

⚖ Assim, embora esteja consolidada, em nossa jurisprudência, a aplicação do princípio da insignificância no caso em estudo, com a devida *venia*, ousamos discordar desse raciocínio, pois, caso contrário,

também deveria ser ampliado, a fim de atingir algumas infrações de natureza patrimonial, a exemplo do delito de furto, gerando, consequentemente, o caos social.

Com isso não queremos afirmar ser impossível a aplicação do raciocínio relativo ao princípio da insignificância ao tipo do art. 334 do Código Penal. Existem fatos considerados como de bagatela, nos quais, certamente, restará ausente a tipicidade material.

Recurso especial. Descaminho (art. 334, do CP). Ausência de dolo e princípio da insignificância. Não comprovação da destinação comercial da mercadoria.

Nesse sentido:

⚖ STJ, REsp 124897/CE, Recurso Especial 1997/0020288-7, Rel. Min. José Arnaldo da Fonseca, 5ª T., j. 02/12/1999, *DJ* 21/02/2000, p. 148.

Princípio da insignificância e reiteração delitiva

Embora nossos Tribunais Superiores apliquem o raciocínio correspondente ao princípio da insignificância ao delito de descaminho quando a fraude no pagamento de direito ou imposto seja inferior ao valor de R$ 20.000,00 (vinte mil reais), existe resistência na sua aplicação quando se tratar de reiteração delitiva.

⚖ A jurisprudência desta Corte é pacífica no sentido da não incidência do princípio da insignificância nos casos em que o réu é reiteradamente autuado em processos administrativo-fiscais, como é o caso dos autos (STJ, AgRg no RHC 113.191/PR, Rel. Min. Nefi Cordeiro, 6ª T., *DJe* 22/08/2019).

Nesse sentido:

⚖ STJ, AgRg no REsp 1.738.529/PR, Rel.ª Min.ª Maria Thereza de Assis Moura, 6ª T., *DJe* 29/06/2018; STJ, AgRg no REsp 1.678.196/RS, Rel. Min. Antônio Saldanha Palheiro, 6ª T., *DJe* 25/09/2017; STJ, AgRg no RHC 50.696/RS, Rel. Min. Sebastião Reis Junior, 6ª T., *DJe* 04/08/2015; STJ, AgRg no AREsp 496.503/MS, Rel. Min. Gurgel de Faria, 5ª T., *DJe* 03/08/2015.

Desnecessidade de prévio esgotamento da via administrativa para efeitos de configuração do descaminho

Para que o agente possa ser denunciado pela prática do delito de descaminho, não há necessidade de esgotamento da via administrativa.

⚖ Consoante jurisprudência pacífica desta Corte, por se tratar de crime formal, é irrelevante o parcelamento e pagamento do tributo, não se aplicando ao descaminho a extinção da punibilidade prevista na Lei Federal nº 10.684/2003 (STJ, AgRg no AREsp 1.259.739/SP, Rel. Min. Joel Ilan Paciornik, 5ª T., *DJe* 11/06/2019).

Nesse sentido:

⚖ STJ, RHC 47.893/SP, Rel. Min. Ribeiro Dantas, 5ª T., *DJe* 17/02/2017; STJ, AgRg no AREsp 600.795/PR, Rel. Min. Rogério Schietti Cruz, 6ª T., *DJe* 10/03/2015; STJ, AgRg no

REsp 1.459.169/PR, Rel. Min. Reynaldo Soares da Fonseca, 5ª T., *DJe* 09/06/2015.

Em sentido contrário, merece registro a posição de Ivan Luiz da Silva, quando, fundamentando suas conclusões, assevera:

"1º) o crime de descaminho tem natureza tributária, como reconhecido pela doutrina nacional; 2º) a Súmula vinculante nº 24 do STF exige a finalização do procedimento administrativo fiscal para a configuração dos crimes contra ordem tributária. Assim, sendo o descaminho também um delito de natureza fiscal, nada obsta a aplicação, por analogia, da Súmula vinculante nº 24 no sentido de se exigir a confirmação no procedimento administrativo fiscal do não recolhimento do tributo devido para a configuração do descaminho".[55]

Ausência de necessidade do exame pericial

Não há necessidade de realização de exame pericial para que se possa dar início à ação penal pelo crime de descaminho, uma vez que o fato criminoso poderá ser demonstrado por meio de outras provas.

⚖ Para se viabilizar denúncia pelos crimes de contrabando ou descaminho, não se mostra necessária a realização de exame pericial nas mercadorias apreendidas, notadamente quando a materialidade delitiva estiver comprovada por outros meios de prova, como, no caso, o auto de apreensão, o auto de infração e o termo de apreensão e guarda fiscal. Precedentes desta Corte (STJ, AgRg no REsp 1373725/MG, Rel. Min. Marco Aurélio Bellizze, 5ª T., *DJe* 10/06/2014).

Pagamento do tributo e extinção da punibilidade

Embora a doutrina se posicione majoritariamente no sentido de se aplicar, por analogia, ao crime de descaminho o art. 34 da Lei nº 9.249/95 – *extingue-se a punibilidade dos crimes definidos na Lei nº 8.137, de 27 de dezembro de 1990, e na Lei nº 4.729, de 14 de julho de 1965, quando o agente promover o pagamento do tributo ou contribuição social, inclusive acessórios, antes do recebimento da denúncia* –, existe controvérsia jurisprudencial, tendo o STF se posicionado favoravelmente, no entanto, à sua aplicação:

⚖ Penal. *Habeas corpus*. Descaminho (art. 334, § 1º, alíneas 'c' e 'd', do Código Penal). Pagamento do tributo. Causa extintiva da punibilidade. Abrangência pela Lei nº 9.249/95. Norma penal favorável ao réu. Aplicação retroativa. Crime de natureza tributária. 1. Os tipos de descaminho previstos no art. 334, § 1º, alíneas 'c' e 'd', do Código Penal têm redação definida pela Lei nº 4.729/65. 2. A revogação do art. 2º da Lei nº 4.729/65 pela Lei nº 8.383/91 é irrelevante para o deslinde da controvérsia, porquanto, na parte em que definidas as figuras delitivas do art. 334, § 1º, do Código Penal, a Lei nº 4.729/65 continua em pleno vigor. 3. Deveras, a Lei nº 9.249/95, ao dispor que o pagamento dos tributos antes do recebimento da denúncia extingue a punibilidade dos crimes previstos na Lei nº 4.729/65, acabou por abranger os tipos penais descritos no art. 334, § 1º, do Código Penal, dentre eles aquelas figuras imputadas ao paciente – alíneas 'c' e 'd' do § 1º. 4. A Lei nº 9.249/95 se aplica aos crimes descritos na Lei nº 4.729/65 e, a *fortiori*, ao descaminho previsto no art. 334, § 1º, alíneas 'c' e 'd', do Código Penal, figura típica cuja redação é definida, justamente, pela Lei nº 4.729/65. 5. Com efeito, *in casu*, quando do pagamento efetuado a causa de extinção da punibilidade prevista no art. 2º da Lei nº 4.729/65 não estava em vigor, por ter sido revogada pela Lei nº 6.910/80, sendo certo que, com o advento da Lei nº 9.249/95, a hipótese extintiva da punibilidade foi novamente positivada. 6. A norma penal mais favorável aplica-se retroativamente, na forma do art. 5º, inciso XL, da Constituição Federal. 7. O crime de descaminho, mercê de tutelar o erário público e a atividade arrecadatória do Estado, tem nítida natureza tributária. 8. O caso *sub judice* enseja a mera aplicação da legislação em vigor e das regras de direito intertemporal, por isso que dispensável incursionar na seara da analogia *in bonam partem*. 9. Ordem concedida (HC 85942/SP, 1ª T., Rel. Min. Luiz Fux, j. 24/05/2011).

Descaminho e perda de bens

⚖ Incide o efeito específico da condenação previsto no art. 92, inciso III, do CP, quando o descaminho é praticado mediante a utilização de veículo no qual foram escondidas as mercadorias clandestinamente introduzidas no território nacional, porquanto demonstrada, de maneira concreta, a imprescindibilidade de tal medida e a necessidade de se inibir a prática de tais crimes (STJ, AgRg no REsp 1.464.647/PR, Rel. Min. Jorge Mussi, 5ª T., *DJe* 31/03/2015).

Contrabando

Art. 334-A. Importar ou exportar mercadoria proibida:

Pena – reclusão, de 2 (dois) a 5 (cinco) anos.

§ 1º Incorre na mesma pena quem:

I – pratica fato assimilado, em lei especial, a contrabando;

II – importa ou exporta clandestinamente mercadoria que dependa de registro, análise ou autorização de órgão público competente;

III – reinsere no território nacional mercadoria brasileira destinada à exportação;

IV – vende, expõe à venda, mantém em depósito ou, de qualquer forma, utiliza em proveito próprio ou alheio, no exercício de atividade comercial ou industrial, mercadoria proibida pela lei brasileira;

---

[55] SILVA, Ivan Luiz da. *Curso de direito penal* – parte especial, v. 2, p. 1.012.

V – adquire, recebe ou oculta, em proveito próprio ou alheio, no exercício de atividade comercial ou industrial, mercadoria proibida pela lei brasileira.

§ 2º Equipara-se às atividades comerciais, para os efeitos deste artigo, qualquer forma de comércio irregular ou clandestino de mercadorias estrangeiras, inclusive o exercido em residências.

§ 3º A pena aplica-se em dobro se o crime de contrabando é praticado em transporte aéreo, marítimo ou fluvial.

Introdução

O art. 334-A foi inserido no Código Penal por meio da Lei nº 13.008, de 26 de junho de 2014. Antes da referida modificação legal, os crimes de contrabando e descaminho recebiam o mesmo tratamento, encontrando-se, inclusive, na mesma figura típica, vale dizer, o art. 334 do diploma repressivo.

Com o advento da Lei nº 13.008, de 26 de junho de 2014, o crime de contrabando passou a figurar no tipo penal do art. 334-A, sendo até mesmo tratado de forma mais severa que o descaminho, conforme veremos quando do estudo das penas a ele cominadas. Hoje em dia, as ruas dos grandes centros urbanos encontram-se congestionadas pelo comércio ambulante, geralmente, praticado na ilegalidade. São expostos e vendidos produtos que não passaram por qualquer controle de qualidade e que, no entanto, atraem o grande público em razão dos baixos preços com que são comercializados. Embora nosso país sempre tenha vivido a realidade das desigualdades sociais, em que os ricos ficam cada vez mais abastados e os pobres cada vez mais miseráveis, em que o conceito constitucional de igualdade de todos perante a lei é puramente formal, em que a corrupção fincou a sua "barraca" no interior da Administração Pública, existe a necessidade de proteger o Estado e, consequentemente, todos os cidadãos, no que diz respeito à importação ou exportação de mercadorias proibidas. Comerciantes que pagam seus impostos, dada a importação de produtos originais, de qualidade reconhecida e atestada, se veem prejudicados pelo comércio ilegal, fruto do contrabando, no qual as mercadorias falsificadas são vendidas por valores bem inferiores. Isso gera uma concorrência desleal, fazendo com que os comerciantes que atuam na legalidade se sintam desestimulados, pois o grande público, infelizmente, ainda valoriza mais o baixo custo do que a qualidade da mercadoria, mesmo, muitas vezes, colocando em risco a própria saúde, pois os produtos falsificados podem, por exemplo, ter sido fabricados com a utilização de substâncias tóxicas, sem qualquer controle.

Em razão da gravidade desses fatos é que há necessidade de criminalizar o contrabando, tipificado no art.

334-A do Código Penal. De acordo com a redação constante do *caput* do mencionado artigo, podemos apontar os seguintes elementos que informam o tipo penal em estudo: a) a conduta de importar; b) ou exportar; c) mercadoria proibida.

Importar tem o sentido de trazer para dentro do território nacional, ou seja, comercializar, uma mercadoria que se encontrava em outro país. Como bem lembrado por Cleber Masson, "a mercadoria não precisa ser obrigatoriamente estrangeira. É possível sua fabricação no Brasil, desde que se destine exclusivamente à exportação. Nesse caso, como a circulação em solo pátrio é proibida, sua posterior reintrodução no território nacional acarreta a configuração do delito",[56] como acontece com os cigarros destinados à exportação, conforme esclarece o art. 12, do Decreto-Lei nº 1.593, de 21 de dezembro de 1977, com a redação que lhe foi conferida pela Lei nº 13.670, de 20 de maio de 2018, *verbis*:

Art. 12. Os cigarros destinados à exportação não poderão ser vendidos nem expostos à venda no País e deverão ser marcados, nas embalagens de cada maço ou carteira, pelos equipamentos de que trata o art. 27 da Lei nº 11.488, de 15 de junho de 2007, com códigos que possibilitem identificar sua legítima origem e reprimir a introdução clandestina desses produtos no território nacional.

Exportar significa enviar, comercializar, para outro país mercadoria que se encontrava no território nacional.

Mercadoria diz respeito a qualquer bem passível de remoção, transporte ou comercialização.

Para que se configure o contrabando, a mercadoria importada ou exportada deve se encontrar no rol daquelas consideras *proibidas* de ingresso ou saída do território nacional. Trata-se, portanto, de uma norma penal em branco, uma vez que o Governo brasileiro, por intermédio de seus Ministérios (Fazenda, Agricultura, Saúde etc.), como regra, é que especificará quais são essas mercadorias consideradas proibidas, a exemplo do que ocorre com a importação de: cigarros e bebidas fabricados no Brasil, destinados à venda exclusivamente no exterior; cigarros de marca que não seja comercializada no país de origem; brinquedos, réplicas e simulacros de armas de fogo, que com estas se possam confundir, exceto se for para integrar coleção de usuário autorizado, nas condições fixadas pelo Comando do Exército Brasileiro; espécies animais da fauna silvestre sem um parecer técnico e licença expedida pelo Ministério do Meio Ambiente; espécies aquáticas para fins ornamentais e de agricultura, em qualquer fase do ciclo vital, sem permissão do órgão competente; produtos assinalados com marcas falsificadas, alteradas ou imitadas, ou que apresentem falsa indicação de procedência; mercadorias cuja produção

---

[56] MASSON, Cleber. *Código penal comentado*, p. 1.171.

tenha violado direito autoral ("pirateadas") produtos contendo organismos geneticamente modificados; agrotóxicos, seus componentes e afins; resíduos sólidos perigosos e rejeitos, bem como de resíduos sólidos cujas características causem dano ao meio ambiente, à saúde pública e animal ou à sanidade vegetal, ainda que para tratamento, reforma, reuso, reutilização ou recuperação etc.; ou com a exportação de: peles e couros de anfíbios e répteis, em bruto; cavalos importados para fins de reprodução, salvo quando tiverem permanecido no País, como reprodutores, durante o prazo mínimo de três anos consecutivos etc.[57]

🖋 A conduta de introduzir no país produtos destinados a fins terapêuticos ou medicinais sem registro no órgão de vigilância sanitária competente ou de procedência ignorada, se subsume ao delito do art. 273, §§ 1º, 1º-B, I e V, do Código Penal, não cabendo desclassificação para o delito de contrabando, em obediência ao Princípio da Especialidade" (REsp nº 1.728.166/SP, Rel. Min. Jorge Mussi, 5ª T., *DJe* 19/09/2018) (STJ, AgRg no REsp 1.788.515/SC, Rel. Min. Reynaldo Soares da Fonseca, 5ª T., *DJe* 20/05/2019).

Nesse sentido:

🖋 STJ, AgRg no AREsp 1.437.692/RR, Rel. Min. Joel Ilan Paciornik, 5ª T., *DJe* 25/04/2019; STJ, REsp 1.727.222/PR, Rel. Min. Jorge Mussi, 5ª T., *DJe* 10/08/2018; STJ, AgRg no REsp 1.497.526/PR, Rel. Min. Joel Ilan Paciornik, 5ª T., *DJe* 23/09/2016; STJ, AgRg no AREsp 517.207/PR, Rel. Min. Ribeiro Dantas, 5ª T., *DJe* 21/09/2016.

Classificação doutrinária

Crime comum; doloso; de forma livre; comissivo, ou omissivo próprio (uma vez que a ilusão no pagamento pode ser total ou parcial); formal; instantâneo, de efeitos permanentes; monossubjetivo; plurissubsistente; transeunte (podendo, no entanto, ser considerado como não transeunte, se houver possibilidade de realização de perícia).

Sujeito ativo e sujeito passivo

Qualquer pessoa poderá ser *sujeito ativo* do delito de *contrabando*, haja vista que o tipo do art. 334-A do Código Penal não exige nenhuma qualidade ou condição especial.

O *sujeito passivo* é o Estado.

Objeto material e bem juridicamente protegido

A Administração Pública é o bem juridicamente protegido pelo delito de *contrabando*.

O objeto material do delito é a mercadoria proibida.

Consumação e tentativa

O delito de contrabando se consuma quando da entrada (importação) ou saída (exportação) do território nacional da mercadoria proibida.

Conforme esclarece, com precisão, Rogério Sanches Cunha, "na importação ou exportação de mercadoria proibida com passagem pelos órgãos alfandegários, o delito se consuma quando transposta a barreira fiscal (liberada pela autoridade competente), mesmo que a mercadoria não tenha chegado ao seu destino. Já na hipótese de ingressar ou sair pelos meios ocultos (clandestinos), a consumação depende da transposição das fronteiras do país.

Se vier por navio é necessário que este atraque em território nacional. De igual maneira, se transportada a mercadoria por avião, exige-se o pouso"[58].

Tratando-se, como regra, de crime plurissubsistente, será possível o reconhecimento da tentativa.

🖋 O contrabando de cigarros é crime pluriofensivo, sendo irrelevante a fixação do valor do tributo eventualmente incidente e iludido, porque o delito se consuma com a simples entrada ou saída do produto proibido. Precedentes (STJ, AgRg no REsp 1.497.526/PR, Rel. Min. Joel Ilan Paciornik, 5ª T., *DJe* 23/09/2016).

Elemento subjetivo

O dolo é o elemento subjetivo exigido pelo tipo penal que prevê o delito de *contrabando*, não havendo previsão para a modalidade de natureza culposa.

O agente deverá conhecer todos os elementos que integram a figura típica em estudo, pois, caso contrário, poderá ser arguido o erro de tipo ou mesmo o erro de proibição. Assim, por exemplo, imagine-se a hipótese daquele que traz em sua bagagem, vindo do Estados Unidos, produto que havia ingressado recentemente na lista de mercadorias proibidas pelo Governo brasileiro, ingresso esse que ocorreu durante o tempo em que o agente permaneceu fora do Brasil. Nesse caso, poderá ser alegado o chamado erro de proibição, previsto pelo art. 21 do Código Penal, devendo-se verificar, contudo, se o erro era evitável ou inevitável, isentando o agente de pena ou fazendo que, se condenado, a pena possa ser diminuída de um sexto a um terço.

Modalidades comissiva e omissiva

Os núcleos *importar* e *exportar* mercadoria proibida pressupõem um comportamento comissivo por parte do agente.

Tal como ocorre com o delito de descaminho, de acordo com as lições de Fernando Galvão:

É juridicamente impossível responsabilizar pelo crime em exame aquele que esteja na posição de garanti-

---

[57] Vide Decreto nº 6.759, de 5 de fevereiro de 2009, que regulamenta a administração das atividades aduaneiras, e a fiscalização, o controle e a tributação das operações de comércio exterior.

[58] CUNHA, Rogério Sanches. *Manual de direito penal* – parte especial, p. 861-862.

dor e por omissão inobservar o seu dever de agir para evitar a ocorrência do *contrabando*. Para tal caso o Código Penal prevê o crime omissivo próprio de *facilitação de contrabando ou descaminho* (art. 318), que afasta a incidência da regra da omissão imprópria.[59]

Modalidades assemelhadas de contrabando

O § 1º do art. 334 do Código Penal, com a redação determinada pela Lei nº 13.008, de 26 de junho de 2014, prevê cinco modalidades assemelhadas de contrabando ou descaminho, a saber:

I) pratica fato assimilado, em lei especial, a contrabando; [...].

Fato assimilado é aquele previsto pela legislação especial, comparável ao contrabando, a exemplo do art. 39 do Decreto-Lei 288, de 28 de fevereiro. De 1967, que considera como contrabando a saída de mercadorias da Zona Franca sem a autorização legal expedida pelas autoridades competentes; ou o art. 3º do Decreto-Lei 399 de 30 de dezembro de 1968 que diz ficarem incursos nas penas previstas no CP, art. 334 os que, em infração às medidas a serem baixadas na forma do seu art. 2º, adquirirem, transportarem, venderem, expuserem à venda, tiverem em depósito, possuírem ou consumirem qualquer dos produtos nele mencionados, vale dizer, fumo, charuto, cigarrilha e cigarro de procedência estrangeira.

II) importa ou exporta clandestinamente mercadoria que dependa de registro, análise ou autorização de órgão público competente

O art. 616 do Decreto nº 6.759, de 5 de fevereiro de 2009, por exemplo, aduz:

Art. 616. Os organismos geneticamente modificados e seus derivados destinados a pesquisa ou a uso comercial só poderão ser importados ou exportados após autorização ou em observância às normas estabelecidas pela Comissão Técnica Nacional de Biossegurança ou pelos órgãos e entidades de registro e fiscalização (Lei nº 11.105, de 24 de março de 2005, art. 14, inciso IX, art. 16, inciso III, e 29).

A importação desses produtos, como se percebe, não está proibida. No entanto, somente será possível após a devida autorização do órgão público competente. Caso tenha sido levada a efeito sem ela, o fato importará no crime de contrabando.

III) reinsere no território nacional mercadoria brasileira destinada à exportação

Veja-se, por exemplo, o que ocorre com os cigarros destinados à exportação, conforme previsão constante do art. 603 do Decreto nº 6.759, de 5 de fevereiro de 2009, *verbis*

Art. 603. Os cigarros destinados à exportação não poderão ser vendidos nem expostos à venda no País, sendo o fabricante obrigado a imprimir, tipograficamente

ou por meio de etiqueta, nas embalagens de cada maço ou carteira de vinte unidades, bem como nos pacotes e em outros envoltórios que as contenham, em caracteres visíveis, o número do Cadastro Nacional da Pessoa Jurídica (Decreto-Lei nº 1.593, de 1977, art. 12, caput, com a redação dada pela Medida Provisória nº 2.158-35, de 2001, art. 32[60]).

IV) vende, expõe à venda, mantém em depósito ou, de qualquer forma, utiliza em proveito próprio ou alheio, no exercício de atividade comercial ou industrial, mercadoria proibida pela lei brasileira;

[...].

Analisando essa situação, Fragoso, com precisão, preleciona: "Mal se compreende a incriminação prevista no primeiro caso. Temos ali ações pelo próprio autor do contrabando [...], que representam um *exaurimento* do crime, e que constituiriam normalmente fato posterior impunível. A hipótese se resolveria como concurso aparente de normas. Não é admissível que o legislador tenha pretendido punir o contrabandista duas vezes: uma pelo contrabando, e outra pela venda, exposição à venda, manutenção em depósito ou utilização, em proveito próprio, da coisa contrabandeada. A solução a ser adotada, a nosso ver, deve ser a de considerar a hipótese da primeira parte da letra *c* (atual inciso IV), norma especial em relação ao contrabando [...], de tal sorte que sua aplicação (nas situações de venda, exposição à venda, depósito ou utilização em proveito próprio) exclui a do crime previsto na cabeça do artigo".[61]

A repercussão de ordem prática ao se aplicar ao autor do contrabando o inciso IV *sub examen* pode residir no fato de que, em algumas situações, a exemplo daquele que expõe à venda ou mantém em depósito, o delito deixaria de ser instantâneo, de efeitos permanentes, passando a ser considerado um crime permanente, podendo o agente, nesse caso, ser preso em flagrante, além de modificar a contagem do prazo prescricional.

Na segunda parte constante do inciso IV em estudo, estaríamos diante de um caso de receptação, ficando afastada, no entanto, a aplicação do art. 180 do Código Penal, em virtude da aplicação do princípio da especialidade.

O § 2º do art. 334-A do Código Penal equipara às atividades comerciais qualquer forma de comércio irregular ou clandestino de mercadorias estrangeiras, inclusive o exercido em residências.

V) adquire, recebe ou oculta, em proveito próprio ou alheio, no exercício de atividade comercial ou industrial, mercadoria proibida pela lei brasileira.

Cuida-se, também aqui, de um delito de receptação, que foi especializado pelo inciso IV, do § 1º do art. 334-A do Código Penal.

---

[59] GALVÃO, Fernando. *Direito penal* – crimes contra a administração pública, p. 343.

[60] O artigo citado do Decreto-lei 1.593/1977 atualmente está com redação determinada pela Lei 13.670/2018.

[61] FRAGOSO, Heleno Cláudio. *Lições de direito penal*, v. 2, p. 482-483.

Aplica-se, *in casu*, o § 2º do art. 334-A do citado diploma repressivo no que diz respeito à extensão do conceito de atividades comerciais.

Causa especial de aumento de pena

Diz o § 3º do art. 334-A do Código Penal, com a redação determinada pela Lei nº 13.008, de 26 de junho de 2014, que a pena será aplicada em dobro, se o crime de contrabando é praticado em transporte aéreo, marítimo ou fluvial.

O agente que utiliza qualquer dessas modalidades de transporte para a prática do contrabando incorre em maior juízo de censura, uma vez que dificulta, com esse comportamento, a ação das fiscalizadoras das autoridades competentes.

Para que ocorra a aplicação da majorante, faz-se necessário que o transporte por via aérea, marítima ou fluvial seja clandestino. Caso o agente, *v.g.,* tenha se submetido regularmente à fiscalização aduaneira, na chegada da sua viagem ao Brasil, seja qual for o transporte utilizado (aéreo, marítimo ou fluvial), se trouxer em sua bagagem mercadoria proibida, não haverá possibilidade de aplicação da majorante em estudo, pois, caso contrário, seria ela aplicada à quase totalidade dos contrabandos, excepcionando-se, somente, o transporte terrestre.

Pena e ação penal

A pena cominada ao delito de contrabando (*caput* e § 1º do art. 334-A do Código Penal) é de reclusão, de 2 (dois) a 5 (cinco) anos.

A pena aplica-se em dobro se o crime de contrabando é praticado em transporte aéreo, marítimo ou fluvial.

A ação penal é de iniciativa pública incondicionada.

Competência para julgamento

O Superior Tribunal de Justiça, por intermédio da Súmula nº 151, ratificou posição no seguinte sentido:

⚖ **Súmula nº 151.** *A competência para o processo e julgamento por crime de contrabando ou descaminho define-se pela prevenção do Juízo Federal do lugar da apreensão dos bens.*

A Terceira Seção desta Corte firmou a orientação de que, não havendo indicativo de transnacionalidade na conduta de réu acusado de vender cigarro contrabandeado, a competência para o julgamento do processo é da Justiça Estadual (Precedentes) (STJ, AgRg no CC 159.003/MG, Rel. Min. Antônio Saldanha Palheiro, 3ª S., *DJe* 15/08/2018).

Princípio da insignificância

Ao contrário do que ocorre com o crime de descaminho, nossos Tribunais Superiores têm resistência na aplicação do princípio da insignificância ao delito de contrabando. No entanto, somente a hipótese concreta é que poderá ditar essa impossibilidade. Assim, por exemplo, imagine-se a hipótese em que alguém traga

do exterior uma pistola de pressão (ar comprimido), muito parecida com uma pistola verdadeira.

A importação dessa mercadoria é, efetivamente, proibida, conforme se verifica pelo art. 26, da Lei nº 10.826, de 22 de dezembro de 2003, que diz:

Art. 26. São vedadas a fabricação, a venda, a comercialização e a importação de brinquedos, réplicas e simulacros de armas de fogo, que com estas se possam confundir.

No entanto, não vemos impedimento para a aplicação do raciocínio correspondente ao princípio da insignificância, mesmo que a mercadoria proibida venha a ser apreendida e seu perdimento declarado, em face da sua impossibilidade de ingresso no território nacional.

⚖ Prevalece nesta Corte o posicionamento de que a importação não autorizada de cigarros, por constituir crime de contrabando, é insuscetível de aplicação do princípio da insignificância, pois implica não apenas lesão ao erário e à atividade arrecadatória do Estado, mas a outros bens jurídicos tutelados pela norma penal, como, no caso, a saúde pública (STJ, AgRg no REsp 1.744.576/SC, Rel. Min. Rogério Schietti Cruz, 6ª T., *DJe* 04/06/2019).

Nesse sentido:

⚖ STJ, REsp 1.727.222/PR, Rel. Min. Jorge Mussi, 5ª T., *DJe* 10/08/2018; STJ, RHC 82.276/RS, Rel. Min. Reynaldo Soares da Fonseca, 5ª T., *DJe* 30/06/2017; STJ, AgRg no AREsp 517.207/PR, Rel. Min. Ribeiro Dantas, 5ª T., *DJe* 21/09/2016; STJ, AgRg no AREsp 654.319/SP, Rel. Min. Gurgel de Faria, 5ª T., *DJe* 02/06/2015; STJ, AgRg no REsp 1.418.887/RS, Rel. Min. Sebastião Reis Junior, 6ª T., *DJe* 14/05/2015.

Perdimento da mercadoria de importação proibida

Diz o art. 692 do Decreto nº 6.759, de 5 de fevereiro de 2009, que regulamenta a administração das atividades aduaneiras, e a fiscalização, o controle e a tributação das operações de comércio exterior, *verbis*:

Art. 692. As mercadorias de importação proibida na forma da legislação específica serão apreendidas, liminarmente, em nome e ordem do Ministro de Estado da Fazenda, para fins de aplicação da pena de perdimento (Decreto-Lei nº 1.455, de 1976, art. 26, *caput*).

Impedimento, perturbação ou fraude de concorrência

Art. 335. Impedir, perturbar ou fraudar concorrência pública ou venda em hasta pública, promovida pela administração federal, estadual ou municipal, ou por entidade paraestatal; afastar ou procurar afastar concorrente ou licitante, por meio de violência, grave ameaça, fraude ou oferecimento de vantagem:

Pena – detenção, de seis meses a dois anos, ou multa, além da pena correspondente à violência.

Parágrafo único. Incorre na mesma pena quem se abstém de concorrer ou licitar, em razão da vantagem oferecida.

Introdução

O art. 335 do Código Penal foi revogado pelos tipos penais constantes do art. 337-I do CP (perturbação de processo licitatório) e art. 337-K do CP (Afastamento de licitante), que regulamentou o art. 37, XXI, da Constituição Federal, e instituiu normas de licitações e contratos da Administração Pública, sendo aqueles, por sua vez, revogados pela Lei nº 14.133, de 1º de abril de 2021, cujos artigos 337-I e 337-K, que dizem, *verbis*:

Perturbação de processo licitatório

Art. 337-I Impedir, perturbar ou fraudar a realização de qualquer ato de processo licitatório:
Pena – detenção, de 6 (seis) meses a 3 (três) anos, e multa.

Afastamento de licitante

Art. 337-K Afastar ou tentar afastar licitante por meio de violência, grave ameaça, fraude ou oferecimento de vantagem de qualquer tipo:
Pena – reclusão, de 3 (três) anos a 5 (cinco) anos, e multa, além da pena correspondente à violência.
Parágrafo único. Incorre na mesma pena quem se abstém ou desiste de licitar em razão de vantagem oferecida

Inutilização de edital ou de sinal
Art. 336. Rasgar ou, de qualquer forma, inutilizar ou conspurcar edital afixado por ordem de funcionário público; violar ou inutilizar selo ou sinal empregado, por determinação legal ou por ordem de funcionário público, para identificar ou cerrar qualquer objeto:
Pena – detenção, de um mês a um ano, ou multa.

Introdução

O art. 336 do Código Penal contém diferentes objetos materiais. Na primeira parte do artigo, a conduta do agente é dirigida contra *edital*; na segunda, contra *selo* ou *sinal*.
Hungria, com precisão de detalhes, analisa a primeira parte do art. 336 do Código Penal dizendo: "O objeto de proteção é, aqui, o edital que, emanado de funcionário público (nos casos legais) e por ordem deste, se divulga mediante afixação em lugar acessível a *quidam de populo*. Pode ser judicial (edital de citação, edital de praça ou hasta pública, edital de casamento) ou administrativo (edital de concorrência pública, edital de concurso, edital de aviso ou convocação para qualquer outro determinado fim administrativo). O fato de rasgar, inutilizar ou

conspurcar o edital representa, antes de tudo, um menosprezo, uma desprestigiante irreverência para com a autoridade que o fez afixar, e, embora substituível o edital por outro, não deixa de ser, também, um embaraço, ainda que transitório, ao fim de ordem ou interesse público colimado por esse meio de publicidade oficial. O rasgamento (dilaceração) pode ser total ou parcial (com ou sem completo desprendimento do papel, podendo, ou não, ser reunidos os retalhos para reconstituição do edital). Inutilizar é tornar ilegível o edital, como, por exemplo, riscando-o, raspando-o, colocando outro papel por cima. Conspurcar é sujar, emporcalhar, ainda que não fique, de todo, prejudicada a leitura."[62]
Na segunda parte do art. 336 do Código Penal, a conduta é *violar* (utilizada no sentido de romper, profanar, devassar) ou *inutilizar* (compreendida como tornar inútil ou imprestável), selo ou sinal empregado por determinação legal ou por ordem de funcionário público, que deverá ter competência para o ato, utilizado para identificar ou cerrar qualquer objeto, seja ele móvel ou imóvel, a exemplo dos lacres, arames, fitas utilizadas pela polícia para evitar o ingresso de pessoas em determinados locais, papéis timbrados, que podem ou não ser assinados pela autoridade que determinou o fechamento de um local etc.

⚖ O fato típico em relação ao delito previsto no art. 336 do Código Penal – inutilização de edital ou de sinal –, está devidamente demonstrado nos autos. Princípio da consunção afastado. A conduta de romper o lacre das máquinas não se constitui em fase de preparação ou execução dos outros crimes praticados pelo réu. As condutas tutelam bens jurídicos diversos. Concurso formal relativamente aos delitos do art. 55 da Lei nº 9.605/1998 e do art. 2º da Lei nº 8.176/1991, e aplicação do concurso material entre estes e o delito do art. 336, do Código Penal (TRF 2ª Reg., ACr 2005.51.06.001530-1, 2ª T., Esp., Rel.ª Des.ª Fed. Liliane Roriz, *DEJF2* 23/08/2010).

Nesse sentido:

⚖ TRF 4ª Reg., ACr 2004.71.07.007282-4/RS, Rel. Juiz Fed. Artur César de Souza, 8ª T., *DEJF* 04/08/2010, p. 682; TRF 4ª Reg., ACr 2007.71.10.002234-0/RS, Rel. Des. Fed. Luiz Fernando Wowk Penteado, 8ª T., *DEJF* 28/05/2010, p. 412; TRF 4ª Reg., Processo 200171070008550, ACr/RS, Rel. Tadaaqui Hirose, 7ª T., j. 14/07/2004; TJMG, Processo 1.0000.00.277236-6/000[1], Rel.ª Jane Silva, pub. 06/11/2002.

Classificação doutrinária

Crime comum no que diz respeito ao sujeito ativo e próprio quanto ao sujeito passivo; doloso; de forma livre, comissivo (podendo, no entanto, ser praticado via omissão imprópria, nos termos do art. 13, § 2º do Código Penal); instantâneo; monossubjetivo; plurissubsistente; não transeunte.

---

[62] HUNGRIA, Nélson. *Comentários ao código penal*, v. IX, p. 444.

Sujeito ativo e sujeito passivo

Qualquer pessoa pode ser *sujeito ativo*.
Sujeito passivo é o Estado.

Objeto material e bem juridicamente protegido

A Administração Pública é o bem juridicamente protegido pelo delito de *inutilização de edital ou de sinal*.
Objeto material do delito é o edital, referido na primeira parte do art. 336 do Código Penal, bem como o selo ou sinal empregado, por determinação legal ou por ordem de funcionário público, para identificar ou cerrar qualquer objeto.

Consumação e tentativa

Tratando-se de um crime de dano, o delito se consuma no momento em que o agente rasga, inutiliza ou conspurca o edital mencionado pela primeira parte do tipo do art. 336 do Código Penal. Da mesma forma, ocorrerá a consumação quando o agente vier a, efetivamente, violar ou inutilizar selo ou sinal empregado, por determinação legal ou por ordem de funcionário público, para identificar ou cerrar qualquer objeto, não havendo necessidade de que o agente tenha tido conhecimento, por exemplo, do conteúdo da coisa por ele visada com a prática da violação ou inutilização do selo ou sinal.
Tratando-se de crime plurissubsistente, será possível o reconhecimento da tentativa.

Elemento subjetivo

O dolo é o elemento subjetivo exigido pelo tipo penal que prevê o delito de *inutilização de edital ou de sinal*, não havendo previsão para a modalidade de natureza culposa.

Modalidades comissiva e omissiva

As condutas de *rasgar, inutilizar, conspurcar* e *violar* pressupõem um comportamento comissivo por parte do agente, podendo, no entanto, ser praticadas via omissão imprópria.

Pena, ação penal, competência para julgamento e suspensão condicional do processo

A pena cominada ao delito de *inutilização de edital ou de sinal* é de detenção, 1 (um) mês a 1 (um) ano, ou multa.
A ação penal é de iniciativa pública incondicionada.
Compete, pelo menos inicialmente, ao Juizado Especial Criminal o processo e julgamento do delito tipificado no art. 336 do Código Penal.
Será possível a confecção de proposta de suspensão condicional do processo.

Inutilização de edital ou de sinal oficial no Código Penal Militar

Vide art. 338 do Decreto-Lei nº 1.001/69 (Código Penal Militar).

Subtração ou inutilização de livro ou documento

Art. 337. Subtrair, ou inutilizar, total ou parcialmente, livro oficial, processo ou documento confiado à custódia de funcionário, em razão de ofício, ou de particular em serviço público:
Pena – reclusão, de dois a cinco anos, se o fato não constitui crime mais grave.

Introdução

O núcleo *subtrair* pode ser entendido tal como no delito de furto, vale dizer, no sentido de retirar o objeto material da esfera de disponibilidade do funcionário, em razão de ofício, ou de particular em serviço público, com o consequente ingresso na posse tranquila do agente. Conforme esclarece Luiz Regis Prado, "importa agregar que tanto a ocultação como a substituição são formas de subtração, pois também representam a retirada da coisa do seu lugar próprio".[63]
Inutilizar tem o significado de tornar inútil, imprestável, total ou parcialmente, livro oficial, processo ou documento.
Livro oficial é aquele criado por lei, em sentido amplo, para determinada finalidade de registro; *processo* diz respeito a uma reunião concatenada, organizada de atos de qualquer natureza (administrativa, judicial, legislativa etc.), que se materializa naquilo que denominamos de *autos; documento* é todo escrito, de natureza pública ou privada.
Para que ocorra o delito em estudo, a conduta prevista pelo tipo deve ter tido como objeto material o livro oficial, o processo ou o documento que estava confiado à custódia de funcionário, em razão do ofício, ou seja, em razão do cargo por ele ocupado, ou a particular, que se encontrava no exercício de serviço público, pois, conforme esclarece Hungria, também "nesse último caso, como é claro, a custódia e o serviço público devem estar em relação de efeito a causa (como, por exemplo, na hipótese de provas escritas de um concurso oficial confiadas a um examinador não funcionário público)".[64]

Conforme a jurisprudência desta Corte, a prova pericial pode ser suprida por outros elementos de convicção, tais como as provas testemunhal e documental (STJ, AgRg no AREsp 463.300/PR, Rel. Min. Jorge Mussi, 5ª T., *DJe* 23/03/2018).

Nesse sentido:

STJ, HC 34863/PR, Rel.ª Min.ª Laurita Vaz, 5ª T., *DJ* 20/06/2005, p. 303; TJMG, Processo 1.0000. 00.314285-

---

[63] PRADO, Luiz Regis. *Curso de direito penal brasileiro*, v. 4, p. 585.
[64] HUNGRIA, Nélson. *Comentários ao código penal*, v. IX, p. 448.

8/000 [1], Rel. Gomes Lima, pub. 17/09/2003; TJRS, Ap. Crim. 696116797, 3ª Câm. Crim., Rel. José Eugênio Tedesco, j. 26/09/1996.

Classificação doutrinária

Crime comum no que diz respeito ao sujeito ativo e ao sujeito passivo; doloso; de forma livre, comissivo (podendo, no entanto, ser praticado via omissão imprópria, nos termos do art. 13, § 2º, do Código Penal); instantâneo; monossubjetivo; plurissubsistente; não transeunte (no que diz respeito à conduta de inutilizar, total ou parcialmente, livro oficial, processo ou documento, podendo ser transeunte na hipótese de subtração, ficando inviabilizada a perícia).

Sujeito ativo e sujeito passivo

Qualquer pessoa pode ser *sujeito ativo*.
O *sujeito passivo* é o Estado e, secundariamente, qualquer pessoa – física ou jurídica – prejudicada com a subtração ou inutilização, total ou parcial, de livro oficial, processo ou documento.

Objeto material e bem juridicamente protegido

A Administração Pública é o bem juridicamente protegido pelo delito de *subtração ou inutilização de livro ou documento*.
O objeto material do delito é o livro oficial, processo ou documento confiado à custódia de funcionário, em razão de ofício, ou de particular em serviço público.

Consumação e tentativa

O delito se consuma quando o agente subtrai, ou seja, retira o objeto material da esfera de disponibilidade da vítima, fazendo-o ingressar na sua posse tranquila, mesmo que por um curto período, tal como ocorre com o delito de furto, tipificado no art. 155 do Código Penal, bem como quando o inutiliza, total ou parcialmente.
A tentativa é admissível.

⚖ Aplicação do art. 337 do Código Penal. Subtração de folhas de livro oficial. Prisão em flagrante da agente no interior do cartório, encontrando-se ali numa pasta de sua propriedade as mencionadas folhas. Condenação por tentativa (STF, RE 94122/RJ, Rel. Min. Soares Munoz, 1ª T., *DJ* 22/05/1981, p. 4.740).

Elemento subjetivo

O dolo é o elemento subjetivo exigido pelo tipo penal que prevê o delito de *subtração ou inutilização de livro ou documento*, não havendo previsão para a modalidade de natureza culposa.

Modalidades comissiva e omissiva

As condutas de *subtrair* e *inutilizar* pressupõem um comportamento comissivo por parte do agente, podendo, no entanto, ser praticadas via omissão imprópria.

Pena e ação penal

A pena cominada ao delito de *subtração ou inutilização de livro ou documento* é de reclusão, de 2 (dois) a 5 (cinco) anos, se o fato não constitui crime mais grave.
A ação penal é de iniciativa pública incondicionada.

Subtração ou inutilização de livro, processo ou documento no Código Penal Militar

Vide art. 337 do Decreto-Lei nº 1.001/69 (Código Penal Militar).

Sonegação de contribuição previdenciária

Art. 337-A. Suprimir ou reduzir contribuição social previdenciária e qualquer acessório, mediante as seguintes condutas:

I – omitir de folha de pagamento da empresa ou de documento de informações previsto pela legislação previdenciária segurados empregado, empresário, trabalhador avulso ou trabalhador autônomo ou a este equiparado que lhe prestem serviços;

II – deixar de lançar mensalmente nos títulos próprios da contabilidade da empresa as quantias descontadas dos segurados ou as devidas pelo empregador ou pelo tomador de serviços;

III – omitir, total ou parcialmente, receitas ou lucros auferidos, remunerações pagas ou creditadas e demais fatos geradores de contribuições sociais previdenciárias:

Pena – reclusão, de 2 (dois) a 5 (cinco) anos, e multa.

§ 1º É extinta a punibilidade se o agente, espontaneamente, declara e confessa as contribuições, importâncias ou valores e presta as informações devidas à previdência social, na forma definida em lei ou regulamento, antes do início da ação fiscal.

§ 2º É facultado ao juiz deixar de aplicar a pena ou aplicar somente a de multa se o agente for primário e de bons antecedentes, desde que:

I – (Vetado);

II – o valor das contribuições devidas, inclusive acessórios, seja igual ou inferior àquele estabelecido pela previdência social, administrativamente, como sendo o mínimo para o ajuizamento de suas execuções fiscais.

§ 3º Se o empregador não é pessoa jurídica e sua folha de pagamento mensal não ultrapassa R$ 1.510,00 (um mil, quinhentos e dez reais), o juiz poderá reduzir a pena de um terço até a metade ou aplicar apenas a de multa.

§ 4º O valor a que se refere o parágrafo anterior será reajustado nas mesmas datas e nos mesmos índices do reajuste dos benefícios da previdência social.

Introdução

De acordo com a redação constante do *caput* do art. 337-A, os núcleos constantes do tipo penal em estudo são: *suprimir* e *reduzir*. A conduta de *suprimir* é praticada pelo agente, mediante qualquer dos comportamentos previstos nos incs. I a III e tem por finalidade eliminar, deixar de pagar a contribuição social previdenciária ou qualquer acessório; *reduzir* significa diminuir, efetuando, efetivamente, o pagamento em quantidade inferior à devida. Cuida-se de norma penal em branco, devendo o intérprete buscar o complemento na legislação previdenciária, principalmente na Lei nº 8.212/1991, que dispõe sobre a organização da Seguridade Social, bem como no Decreto nº 3.048/1999, que a regulamentou.

Para que possa ser responsabilizado criminalmente, o agente deve dirigir finalisticamente sua conduta no sentido de:

I – omitir de folha de pagamento da empresa ou de documento de informações previsto pela legislação previdenciária segurados empregado, empresário, trabalhador avulso ou trabalhador autônomo ou a este equiparado que lhe prestem serviços.

Trata-se, portanto, de crime omissivo próprio, em que o agente deixa de levar a efeito aquilo que lhe é determinado pela norma. No caso em exame, o agente não inclui em folha de pagamento qualquer das pessoas elencadas pelo inc. I do art. 337-A (empregado, empresário, trabalhador avulso ou trabalhador autônomo ou a este equiparado que lhe prestem serviços), com a finalidade de suprimir ou reduzir a devida contribuição social previdenciária.

Com a sua omissão, o agente descumpre as determinações constantes dos incs. I e IV do art. 225 do Decreto nº 3.048/1999, que regulamentou a Lei nº 8.212/1991.

II – deixar de lançar mensalmente nos títulos próprios da contabilidade da empresa as quantias descontadas dos segurados ou as devidas pelo empregador ou pelo tomador de serviços.

Tal como ocorre no inciso anterior, por mais uma vez houve a previsão de uma omissão própria, em que o agente não cumpre as determinações constantes da Lei nº 8.212/1991, bem como aquelas previstas pelo Decreto nº 3.048/1999.

De acordo com os incisos II e III do art. 225 do Decreto nº 3.048/1999, a empresa é também obrigada a:

II – lançar mensalmente em títulos próprios de sua contabilidade, de forma discriminada, os fatos geradores de todas as contribuições, o montante das quantias descontadas, as contribuições da empresa e os totais recolhidos;

III – omitir, total ou parcialmente, receitas ou lucros auferidos, remunerações pagas ou creditadas e demais fatos geradores de contribuições sociais previdenciárias.

Cuida-se, também, de crime omissivo próprio. Dissertando sobre o tema, Guilherme de Souza Nucci esclarece: "A receita é o faturamento da empresa ou do empregador, que significa o ganho bruto das vendas de mercadorias, de mercadorias e serviços e de serviços de qualquer natureza, não se integrando nesta o 'valor do imposto sobre produtos industrializados, quando destacado em separado no documento fiscal' e o 'valor das vendas canceladas, das devolvidas e dos descontos a qualquer título concedidos incondicionalmente' (art. 2º da Lei Complementar nº 70/1991). A folha de salários já não servia de base única para a contribuição à seguridade social, pois a aceleração da substituição do homem pela máquina fez cair a folha de pagamentos. Surgem novas fontes de custeio, que são o faturamento e o lucro. Cabe à empresa fornecer fundos para a seguridade social porque provoca despesas com o exercício da sua atividade, que gera riscos para o trabalhador. Esses riscos implicam no pagamento de benefícios e na organização de vários serviços em benefício do trabalhador."[65]

🖋 Constitui sonegação de contribuição previdenciária a omissão de folha de pagamento da empresa ou de documento de informações previsto pela legislação previdenciária segurados empregado, empresário, trabalhador avulso ou trabalhador autônomo ou a este equiparado que lhe prestem serviços (STJ, AgRg nos EDcl no REsp 1.646.760/SP, Rel. Min. Sebastião Reis Junior, 6ª T., *DJe* 06/09/2019).

Nesse sentido:

🖋 STJ, AgRg no REsp 1.350.606/RS, Rel. Min. Rogério Schietti Cruz, 6ª T., *DJe* 28/03/2016; TRF 5ª Reg., ACr 6880; Proc. 2002.81.00.000196-3/CE, 2ª T., Rel. Des. Fed. Barros Dias, *DJETRF5* 30/07/2010; STJ, HC 49035/RJ, Rel.ª Min.ª Laurita Vaz, 5ª T., *DJ* 14/05/2007, p. 336.

Classificação doutrinária

Crime próprio com relação ao sujeito ativo, bem como ao sujeito passivo; doloso; de forma livre; material, omissivo próprio (haja vista que os comportamentos narrados pelo tipo penal em estudo importam em uma inação do agente); monossubjetivo; unissubsistente, transeunte.

🖋 De acordo com a jurisprudência do Superior Tribunal de Justiça, o crime de sonegação previdenciária, descrito no art. 337-A do Código Penal, em razão de sua natureza material, somente se caracteriza após a constituição definitiva, na esfera administrativa, do crédito sonegado (STJ, AgRg no AgRg no HC 84573/DF, Rel.ª Min.ª Alderita Ramos de Oliveira, Desembargadora convocada do TJ/PE) 6ª T., *DJe* 18/06/2013).

Nesse sentido:

🖋 TRF 1ª Reg., CCR 2005.39.01.000943-9/PA, Rel. Olindo Menezes, 3ª T., *DJ* 06/10/2006, p. 64.

---

[65] NUCCI, Guilherme de Souza. *Código penal comentado*, p. 1.039.

Sujeito ativo e sujeito passivo

Conforme esclarece Luiz Regis Prado, os *"sujeitos ativos* do delito em análise tanto podem ser o empresário individual como aqueles que ocupam cargos administrativos ou técnico-contábil-financeiro nas sociedades empresariais, como os sócios-gerentes, os membros do Conselho de Administração, os diretores, os contadores, os gerentes de contabilidade, os gerentes administrativos e financeiros; os chefes do setor, de divisão ou de departamento de emissão de documentos fiscais de interesse do INSS etc."[66]

O *sujeito passivo* é o Estado ou, mais especificamente, o INSS.

⚖ O prefeito municipal pode, em tese, ser sujeito ativo do delito de sonegação de contribuição previdenciária (STJ, REsp 1.435.305/GO, Rel.ª Min.ª Maria Thereza de Assis Moura, 6ª T., *DJe* 06/05/2015).

Objeto material e bem juridicamente protegido

A Administração Pública é o bem juridicamente protegido pelo delito de *sonegação de contribuição previdenciária*.

Não há objeto material.

Consumação e tentativa

O delito se consuma, conforme assevera Luiz Regis Prado, "no momento em que a guia de informação a que se refere o art. 225 do Decreto nº 3.048/99 é apresentada ao órgão previdenciário com omissão dos dados relevantes apontados pelo legislador".[67] Tem sido afastada a possibilidade de reconhecimento da tentativa, em virtude da natureza monossubsistente do delito em estudo.

⚖ Conforme precedentes, o delito do art. 337-A do CP é material, consuma-se com o resultado que, por seu turno, ocorre com a constituição definitiva do crédito tributário (STJ, AgRg no AREsp 1.293.461/MG, Rel. Min. Joel Ilan Paciornik, 5ª T., *DJe* 23/05/2019).

Nesse sentido:

⚖ STJ, EDcl no AgInt no REsp 1.569.916/PE, Rel. Min. Nefi Cordeiro, 6ª T., *DJe* 29/06/2018; STJ, AgRg no REsp 1.416.220/MG, Rel. Min. Felix Fischer, 5ª T., *DJe* 20/09/2017; STJ, CC 105.637, Processo 2009/0107034-1/SP, 3ª Seção, Rel. Min. Arnaldo Esteves Lima, *DJe* 29/03/2010.

Elemento subjetivo

O dolo é o elemento subjetivo exigido pelo tipo penal que prevê o delito de *sonegação de contribuição previdenciária*, não havendo previsão para a modalidade de natureza culposa.

⚖ (...) 2. Nos termos da jurisprudência desta Corte superior, é prescindível a demonstração do dolo específico para a caracterização dos delitos de sonegação tributária previdenciária. Precedentes. (...) (AgRg no

AREsp 1.688.259/PR, Rel. Min. Nefi Cordeiro, 6ª T., julgado em 13/10/2020, *DJe* 19/10/2020).

Nesse sentido:

⚖ STJ, AgRg nos EDcl no REsp 1.646.760/SP, Rel. Min. Sebastião Reis Junior, 6ª T., *DJe* 06/09/2019; STJ, AgRg no AREsp 1.111.582/RS, Rel.ª Min.ª Maria Thereza de Assis Moura, 6ª T., *DJe* 22/06/2018; STJ, AgRg no REsp 1.263.669/SP, Rel. Min. Antônio Saldanha Palheiro, 6ª T., *DJe* 28/08/2017; STJ, AgRg no AREsp 623.367/SP, Rel.ª Min.ª Maria Thereza de Assis Moura, 6ª T., *DJe* 06/05/2015; TRF 1ª Reg., ACR 2004.34.00.012708-5/DF, Rel. Cândido Ribeiro, 3ª T., *DJ* 29/09/2006, p. 16.

Modalidades comissiva e omissiva

As condutas previstas no tipo são características das chamadas omissões próprias, devendo o agente responder pela sua inação.

⚖ O fato crime reclama conduta e resultado analisados do ponto de vista normativo. A responsabilidade penal (Constituição da República e Código Penal) é subjetiva. Não há espaço para a responsabilidade objetiva. Muito menos para a responsabilidade por fato de terceiro. A conclusão aplica-se a qualquer infração penal. 'Não recolhimento de contribuição previdenciária' caracteriza crime omissivo próprio. A omissão não é simples não fazer, ou fazer coisa diversa. É não fazer o que a norma jurídica determina. O prefeito municipal, como regra, não tem a obrigação (sentido normativo) de efetuar os pagamentos do município; por isso, no arco de suas atribuições legais, não lhe cumpre praticar atos burocráticos, dentre os quais elaborar a folha e efetuar pagamentos. Logo, recolher as contribuições previdenciárias. O pormenor é importante, necessário por ser indicado na denúncia. Diz respeito a elemento essencial da infração penal. A ausência acarreta nulidade da denúncia. Não há notícia ainda de hipótese do concurso de pessoas (CP, art. 29) (STJ, REsp 63986/PR, Rel. Min. Luiz Vicente Cernicchiaro, 6ª T., *RSTJ* 76, p. 291).

Extinção da punibilidade

O § 1º do art. 337-A, cuidando a respeito da extinção da punibilidade, diz:

§ 1º É extinta a punibilidade se o agente, espontaneamente, declara e confessa as contribuições, importâncias ou valores e presta as informações devidas à previdência social, na forma definida em lei ou regulamento, antes do início da ação fiscal.

Verifica-se, pela redação do mencionado dispositivo legal, que não há necessidade de que o agente leve a efeito o pagamento dos valores devidos, mas que tão somente *declare* e *confesse* as contribuições, importâncias ou valores e preste as informações devidas à previdência social, antes do início da ação fiscal, ao contrário do que ocorre, por exemplo, com a apro-

---

[66] PRADO, Luiz Regis. *Curso de direito penal brasileiro*, v. 4, p. 594.
[67] PRADO, Luiz Regis. *Curso de direito penal brasileiro*, v. 4, p. 595.

priação indébita previdenciária, que exige, para efeitos de extinção da punibilidade, que o agente não somente declare e confesse, mas que também efetue o pagamento devido, conforme se verifica pela redação constante do § 2º do art. 168-A do Código Penal.

Existe controvérsia doutrinária e jurisprudencial no que diz respeito à possibilidade do pagamento efetuado após o início da ação fiscal, mas anteriormente ao recebimento da denúncia, ser considerado para efeitos de extinção da punibilidade, aplicando-se, por analogia, o disposto no art. 34 da Lei nº 9.249, de 26 de dezembro de 1995, que diz:

Art. 34. Extingue-se a punibilidade dos crimes definidos na Lei nº 8.137, de 27 de dezembro de 1990, e na Lei nº 4.729, de 14 de julho de 1965, quando o agente promover o pagamento do tributo ou contribuição social, inclusive acessórios, antes do recebimento da denúncia.

Dissertando sobre o assunto, Fábio Zambitte Ibrahim, com precisão, aduz: "Embora não exista menção expressa aos tipos da Lei nº 9.983/2000, até porque posteriores, é defensável a aplicação da analogia *in bonam partem* ao caso. Assim, o pagamento, antes da denúncia, também excluiria a punibilidade.

Aqui, ao contrário da apropriação indébita previdenciária, entendo correta a analogia, pois no tipo do art. 168-A do CP há regra precisa e específica sobre o momento exato do pagamento para que este tenha como efeito a extinção da punibilidade. Já no caso da sonegação de contribuição previdenciária, esta previsão inexiste, limitando-se à declaração e confissão antes da ação fiscal. Mas o que dizer do pagamento? Deve-se, nesta hipótese, adotar analogicamente o art. 34 da Lei nº 9.249/1995.

Quanto ao parcelamento, a questão é mais complicada. Quando feito antes de qualquer ação fiscal, a punibilidade é necessariamente excluída, pois o parcelamento implica a confissão da dívida. Entretanto, quando se trata de parcelamento posterior à ação fiscal, não há, *a priori*, exclusão da punibilidade. Esse entendimento é decorrente, inclusive, ao veto do inc. I do § 2º, o qual trazia justamente hipótese de perdão judicial para débitos parcelados, após o início da ação fiscal, mas antes da denúncia.

Deve-se ressaltar, contudo, divergência jurisprudencial a respeito, com diversos entendimentos, em especial do STJ, no sentido da exclusão da punibilidade, ainda que decorrente de parcelamento tardio, porém anterior à denúncia".[68]

⚖ Consoante o previsto no artigo 9º, § 2º, da Lei nº 10.684, de 31 de maio de 2003, extingue-se a punibilidade dos delitos de apropriação indébita previdenciária e de sonegação de contribuição previdenciária, previstos nos arts. 168-A e 337-A do Código Penal, na hipótese do pagamento integral de débito oriundo da contribuição social devida. Precedentes do STF, do STJ e do TRF/1º região. II. Na espécie, o paciente efetuou o pagamento integral do débito previdenciário, no que toca a duas notificações fiscais de lançamento de débito e a um auto de infração, pelo que resulta extinta a punibilidade dos delitos previstos nos arts. 168-A (duas NFLD) e 337-A (um auto de infração) do Código Penal, na forma do § 2º do art. 9º da Lei nº 10.684/2003, consoante a jurisprudência pacificada no âmbito do colendo STF e do egrégio STJ. A ausência de constituição definitiva do crédito tributário, em relação a uma das NFLDS e a um auto de infração, obsta a persecução penal dos crimes materiais contra a ordem tributária. Precedentes do Supremo Tribunal Federal (HC 81.611-8/DF, Rel. Min. Sepúlveda Pertence, pleno, maioria, *DJU* de 13/05/2005, p. 84) e do Superior Tribunal de Justiça (Agrg no REsp 831.992/SP, Rel. Min. Arnaldo Esteves Lima, 5ª T., unânime, *DJe* 24/11/2008). IV. As elementares constantes do *caput* do art. 168-A (deixar de repassar) e do art. 337-A (suprimir ou reduzir) do Código Penal permitem concluir que os fatos típicos, ali descritos, traduzem crime material, para cuja consumação é indispensável que, além da fraude à fiscalização tributária, da conduta resulte efetiva supressão ou redução de tributo, mediante o lançamento definitivo do crédito tributário, como justa causa para a instauração do inquérito policial. A ausência de constituição definitiva do crédito tributário, pelo lançamento, apurado mediante o procedimento administrativo-fiscal, constitui óbice ao prosseguimento do inquérito policial, por falta de justa causa, devido à ausência de materialidade (TRF 1ª Reg., HC 33283-97.2010.4.01.0000/BA, 3ª T.; Rel.ª Des.ª Fed. Assusete Dumont Reis Magalhães, *DJF1* 06/08/2010, p. 33).

Nesse sentido:

⚖ TRF 1ª Reg., ACr 2007.34.00.032344-3/DF, Rel. Des. Fed. Tourinho Neto, 3ª T., *DJF1* 18/06/2010, p. 152; STJ, HC 123.969, Proc. 2008/0278215-1/CE, Rel. Min. Arnaldo Esteves Lima, 5ª T., *DJe* 08/03/2010; TRF 1ª Reg., RCCR 2005.41.00.007916-1/RO, Rel. Cândido Ribeiro, 3ª T., *DJ* 12/01/2007, p. 14.

O art. 69 e seu parágrafo único, da Lei nº 11.941, de 2009, assevera, *verbis*:

Art. 69. Extingue-se a punibilidade dos crimes referidos no art. 68 quando a pessoa jurídica relacionada com o agente efetuar o pagamento integral dos débitos oriundos de tributos e contribuições sociais, inclusive acessórios, que tiverem sido objeto de concessão de parcelamento.

Parágrafo único. Na hipótese de pagamento efetuado pela pessoa física prevista no § 15 do art. 1º desta Lei, a extinção da punibilidade ocorrerá com o pagamento integral dos valores correspondentes à ação penal.

---

[68] IBRAHIM, Fábio Zambitte. *Curso de direito previdenciário*, p. 382-383.

Perdão judicial e aplicação da pena de multa

Assevera o inc. II, do § 2º do art. 337-A do Código Penal, que *é facultado ao juiz deixar de aplicar a pena ou aplicar somente a de multa se o agente for primário e de bons antecedentes, desde que o valor das contribuições devidas, inclusive acessórios, seja igual ou inferior àquele estabelecido pela previdência social, administrativamente, como sendo o mínimo para o ajuizamento de suas execuções fiscais.*

Causa especial de redução de pena e aplicação da pena de multa

Determina o § 3º do art. 337-A do Código Penal, que *se o empregador não é pessoa jurídica e a sua folha de pagamento mensal não ultrapassa R$ 1.510,00 (um mil, quinhentos e dez reais), o juiz poderá reduzir a pena de 1/3 (um terço) até a metade ou aplicar apenas a multa.*

Pena e ação penal

A pena cominada ao delito de *sonegação de contribuição previdenciária* é de reclusão, de 2 (dois) a 5 (cinco) anos, e multa.

O juiz poderá deixar de aplicar a pena ou aplicar somente a de multa se o agente for primário e de bons antecedentes, desde que o valor das contribuições devidas, inclusive acessórios, seja igual ou inferior àquele estabelecido pela previdência social, administrativamente, como sendo o mínimo para o ajuizamento de suas execuções fiscais, de acordo com o disposto no § 2º do art. 337-A do Código Penal.

Se o empregador não é pessoa jurídica e sua folha de pagamento mensal não ultrapassa R$ 1.510,00 (um mil, quinhentos e dez reais), o juiz poderá reduzir a pena de um terço até metade ou aplicar apenas a de multa, sendo que aquele valor será reajustado nas mesmas datas e nos mesmos índices do reajuste dos benefícios da previdência social, conforme dispõem os §§ 3º e 4º do art. 337-A do Código Penal.

A ação penal é de iniciativa pública incondicionada.

⚖ Contribuições previdenciárias em questão são aquelas nomeadas patronais, não atingidas pela restrição oriunda do veto presidencial ao § 2º do art. 5º, do mesmo diploma legal, como tampouco pelas restrições contidas no art. 7º da Lei nº 10.666/03 e no art. 168-A, § 2º, do Código Penal (TRF 2ª Reg., RSE 2006.51.01.532512-0, Rel. Guilherme Calmon Nogueira da Gama, *DJ* 21/11/2007, p. 138).

Nesse sentido:

⚖ TRF 2ª Reg., HC 2006.02.01.004842-8, Rel. Sérgio Feltrin Correa, *DJ* 19/10/2006, p. 97.

Dificuldades financeiras

⚖ A inexigibilidade de conduta diversa consistente na precária condição financeira da empresa, quando extrema ao ponto de não restar alternativa socialmente menos danosa do que o não recolhimento das contribuições previdenciárias, pode ser admitida como causa supralegal de exclusão da culpabilidade do agente (STF, HC 113.418/PB, Rel. Min. Luiz Fux, 1ª T., *DJe* 17/10/2013).

Nesse sentido:

⚖ TRF 4ª Reg., Processo 5026776-66.2011.404.7000, Rel. Des. Fed. Leandro Paulsen, *DJe* 21/07/2015.

Capítulo II-A – Dos Crimes Praticados por Particular contra a Administração Pública Estrangeira

Corrupção ativa em transação comercial internacional

Art. 337-B. Prometer, oferecer ou dar, direta ou indiretamente, vantagem indevida a funcionário público estrangeiro, ou a terceira pessoa, para determiná-lo a praticar, omitir ou retardar ato de ofício relacionado à transação comercial internacional:

Pena – reclusão, de 1 (um) a 8 (oito) anos, e multa.

Parágrafo único. A pena é aumentada de 1/3 (um terço), se, em razão da vantagem ou promessa, o funcionário público estrangeiro retarda ou omite o ato de ofício, ou o pratica infringindo dever funcional.

Introdução

A *corrupção ativa em transação comercial internacional* contém elementos que a especializam comparativamente ao delito de *corrupção ativa*, tipificado no art. 333 do Código Penal.

Inicialmente, além dos núcleos *prometer* (que nos dá a entender que a entrega da vantagem indevida ocorreria no futuro) e *oferecer* (que diz respeito a uma proposta de entrega mais imediata da vantagem indevida), o art. 337-B do Código Penal incluiu o núcleo *dar*. Aqui, portanto, ao contrário do que ocorre com o art. 333 do Código Penal, se o agente, mesmo que solicitado por funcionário público estrangeiro, lhe dá, ou seja, faz a entrega da vantagem indevida, o delito restará configurado.

Assevera o tipo penal em estudo que o agente pode prometer, oferecer ou dar, *direta* (ou seja, pessoalmente, sem intermediários, expondo claramente seu propósito criminoso) ou *indiretamente* (isto é, por interposta pessoa, podendo valer-se de insinuações, agindo dissimuladamente etc.), vantagem indevida, tratando-se, outrossim, de um delito de forma livre.

A *vantagem indevida*, a exemplo do que ocorre nos delitos de concussão e corrupção ativa, pode ter qualquer natureza, isto é, econômica, moral, sexual etc.

A conduta deve ser dirigida a *funcionário público estrangeiro*, ou a *terceira pessoa*. O conceito de funcionário público estrangeiro encontra-se no art. 337-D do Código Penal.

Além disso, conforme preleciona Guilherme de Souza Nucci, "enquanto no delito de corrupção ativa menciona-se apenas o funcionário público, neste caso há ainda a inclusão de *terceira pessoa*, abrindo a possibilidade de se punir alguém que consiga, mediante o oferecimento de uma quantia indevida qualquer, a atividade de sujeito não vinculado à Administração, mas que pode nela influir, para o fim de prejudicar ato de ofício inerente à transação comercial. Amplia-se, com isso, a possibilidade de punição, pois não é só o funcionário público estrangeiro que está habilitado a prejudicar a Administração Pública estrangeira, mas também outros que a ela tenham, de algum modo, acesso".[69]

Ao fazer a previsão, no tipo penal do art. 337-B, não só do funcionário público, mas também de *terceira pessoa*, a Lei nº 10.467, de 11 de junho de 2002, atendeu ao disposto no art. 1º, item 1, da Convenção sobre o combate da corrupção de funcionários públicos estrangeiros em transações comerciais internacionais.

Tal como ocorre com o crime de corrupção ativa, tipificado no art. 333 do Código Penal, no delito de *corrupção ativa em transação comercial internacional* a conduta do agente é dirigida no sentido de determinar ao funcionário público estrangeiro a *praticar, omitir ou retardar ato de ofício relacionado à transação comercial internacional*. Quando o tipo penal em exame utiliza o verbo *determinar*, o faz não com um sentido impositivo, mas, sim, com a conotação de *convencimento*. Isso significa que o corruptor não necessariamente exige que o funcionário pratique qualquer dos comportamentos mencionados pelo tipo, mas, sim, que a sua conduta o convence, o estimula a praticá-los.

Portanto, a finalidade do comportamento do corruptor é fazer com que o funcionário público estrangeiro pratique, omita ou retarde ato, no exercício de suas funções, relacionado à transação comercial internacional. Como esclarece Cezar Roberto Bitencourt: "Se o ato pretendido pelo sujeito passivo não se adequar ao rol daqueles que integram a atribuição do funcionário público estrangeiro corrompido, a conduta não se amolda ao descrito no tipo penal. Nada impede que referida conduta possa adequar-se a outro tipo penal, como, por exemplo, tráfico de influência. Não se tipifica essa infração penal se o sujeito ativo promete, oferece ou dá vantagem a funcionário público estrangeiro para livrar-se de *ato ilegal* por esse praticado, já que, sendo ilegal, não satisfaz a exigência do elemento normativo *ato de ofício*".[70]

Cuida-se de um tipo misto alternativo.

Classificação doutrinária

Crime comum no que diz respeito ao sujeito ativo e próprio quanto ao sujeito passivo; doloso; de forma livre, comissivo (podendo, no entanto, ser praticado via omissão imprópria, nos termos do art. 13, § 2º, do Código Penal); instantâneo; monossubjetivo; unissubsistente ou plurissubsistente (dependendo, no caso concreto, da possibilidade ou não de fracionamento do *iter criminis*); transeunte.

Sujeito ativo e sujeito passivo

Qualquer pessoa pode ser *sujeito ativo*.

O sujeito passivo é o Estado, bem como a pessoa física ou jurídica prejudicada na transação comercial internacional.

Objeto material e bem juridicamente protegido

A Administração Pública é o bem juridicamente protegido pelo delito de *corrupção ativa* em *transação comercial internacional* e, mais especificamente, a Administração Pública estrangeira.

O objeto material do delito é a vantagem indevida.

Consumação e tentativa

O delito de *corrupção ativa em transação comercial internacional* se consuma no instante em que o agente *oferece* ou *promete* vantagem indevida a funcionário público estrangeiro, ou a terceira pessoa, com a finalidade de determiná-lo a praticar, omitir ou retardar ato de ofício relacionado à transação comercial internacional. A consumação ocorre, portanto, no momento do oferecimento ou da promessa da vantagem indevida, não havendo necessidade, para efeitos de seu reconhecimento, que o funcionário público, efetivamente, venha a praticar, omitir ou retardar ato de ofício.

O delito restará consumado ainda que o funcionário público estrangeiro recuse a indevida vantagem econômica oferecida ou prometida pelo agente.

Com relação à conduta de *dar* vantagem indevida, a consumação ocorre quando da sua entrega ao funcionário público estrangeiro, ou a terceira pessoa, devendo ser entendido, nessa hipótese, como um crime material.

A tentativa será admissível desde que, na hipótese concreta, se possa fracionar o *iter criminis*, embora seja de difícil configuração no que diz respeito aos comportamentos de *prometer* e *oferecer*, e mais comum quanto à conduta de *dar* vantagem indevida.

A possibilidade de reconhecimento da tentativa encontra-se também prevista na segunda parte do item 2 do art. 1º da Convenção sobre o combate da corrupção de funcionários públicos estrangeiros em transações comerciais internacionais, que diz que a *tentativa e a conspiração para subornar um funcioná-*

---

[69] NUCCI, Guilherme de Souza. *Código penal comentado*, p. 1.045.
[70] BITENCOURT, Cezar Roberto. *Tratado de direito penal*, v. 4, p. 505-506.

rio público estrangeiro serão delitos criminais na mesma medida em que o são a tentativa e a conspiração para corrupção de funcionário público daquela Parte.

Elemento subjetivo

O dolo é o elemento subjetivo exigido pelo tipo penal que prevê o delito de *corrupção ativa em transação comercial internacional,* não havendo previsão, pois, para a modalidade de natureza culposa.

Modalidades comissiva e omissiva

Os núcleos *prometer, oferecer* e *dar* pressupõem um comportamento comissivo por parte do agente, podendo, no entanto, ser praticados via omissão imprópria.

Causa especial de aumento de pena

Em virtude do maior prejuízo causado à Administração Pública, o parágrafo único do art. 337-B do Código Penal diz que a pena é aumentada em um terço se, em razão da vantagem ou promessa, o funcionário público estrangeiro retarda ou omite ato de ofício, ou o pratica infringindo dever funcional.

Pena, ação penal e suspensão condicional do processo

A pena cominada ao delito de *corrupção ativa em transação comercial internacional* é de reclusão, de 1 (um) a 8 (oito) anos, e multa.

A pena será aumentada de 1/3 (um terço) se, em razão da vantagem ou promessa, o funcionário público estrangeiro retarda ou omite ato de ofício, ou o pratica infringindo dever funcional.

A ação penal é de iniciativa pública incondicionada. Será possível a confecção de proposta de suspensão condicional do processo.

Tráfico de influência em transação comercial internacional

Art. 337-C. Solicitar, exigir, cobrar ou obter, para si ou para outrem, direta ou indiretamente, vantagem ou promessa de vantagem a pretexto de influir em ato praticado por funcionário público estrangeiro no exercício de suas funções, relacionado a transação comercial internacional:

Pena – reclusão, de 2 (dois) a 5 (cinco) anos, e multa.

Parágrafo único. A pena é aumentada da metade, se o agente alega ou insinua que a vantagem é também destinada a funcionário estrangeiro.

Introdução

Solicitar deve ser entendido no sentido de pedir; *exigir* significa impor, ordenar, determinar; *cobrar* é atuar no sentido de ser pago, de receber; *obter* importa em alcançar, conseguir.

Todos esses comportamentos devem ser dirigidos no sentido de que o agente obtenha, para si ou para outrem, direta ou indiretamente, vantagem ou promessa de vantagem, que poderá ou não ter caráter econômico, podendo, também, tratar-se de uma prestação sexual, haja vista não haver qualquer limitação interpretativa para efeitos de seu reconhecimento. Como esclarece o dispositivo em estudo, não há necessidade de que o agente tenha, efetivamente, recebido a vantagem por ele solicitada, exigida ou cobrada, bastando, tão somente, que o sujeito a tenha prometido.

Assevera o tipo penal em estudo que o agente pode solicitar, exigir, cobrar ou obter, para si ou para outrem, *direta* (ou seja, pessoalmente, sem intermediários, expondo claramente seu propósito criminoso) ou *indiretamente* (isto é, por interposta pessoa, podendo usar, valer-se de insinuações, agindo dissimuladamente etc.), vantagem ou promessa de vantagem, tratando-se, outrossim, de um delito de forma livre.

O sujeito atua, praticando qualquer dos comportamentos típicos, com a finalidade de obter vantagem ou promessa de vantagem de qualquer natureza, a pretexto de influir em ato praticado por funcionário público estrangeiro, no exercício de suas funções, relacionado a transação comercial internacional. A expressão *a pretexto de influir* demonstra que, na verdade, o agente age como verdadeiro estelionatário, procurando, através do seu ardil, enganar a vítima.

Dissertando a respeito do conceito de *transação comercial internacional,* esclarece Noronha: "Citado vocábulo ('transação'), além de seu significado comum e primeiro que é de pacto, convenção ou ajuste, deve ser entendido em sua linguagem comercial que pode ser traduzida como 'negociar, operar ou fazer uma transação mercantil'. Foi usada pelo legislador em seu sentido de 'transacionar'. Logo, transação comercial internacional significa uma operação de natureza mercantil cujo pacto vai além-fronteiras."[71]

Cuida-se de um tipo misto alternativo.

Classificação doutrinária

Crime comum, tanto no que diz respeito ao sujeito ativo quanto ao sujeito passivo; doloso; de forma livre, comissivo (podendo, no entanto, ser praticado via omissão imprópria, nos termos do art. 13, § 2º, do Código Penal); instantâneo; monossubjetivo; unissubsistente ou plurissubsistente (dependendo, no caso concreto, da possibilidade ou não de fracionamento do *iter criminis*); transeunte.

Sujeito ativo e sujeito passivo

Qualquer pessoa pode ser *sujeito ativo.*

O *sujeito passivo* é o Estado, bem como aquele que, de maneira secundária, foi prejudicado por um dos comportamentos praticados pelo sujeito ativo.

[71] NORONHA, Edgard Magalhães. *Direito penal,* v. 4, p. 329.

Objeto material e bem juridicamente protegido

A Administração Pública é o bem juridicamente protegido pelo delito de *tráfico de influência em transação comercial internacional* e, mais especificamente, a Administração Pública estrangeira.

O objeto material do delito é a vantagem perseguida pelo agente.

Consumação e tentativa

Não é preciso que o agente obtenha a vantagem ou mesmo a promessa de cumprimento da aludida vantagem, para efeitos de reconhecimento da consumação, pois que as condutas de *solicitar, exigir* e *cobrar* demonstram tratar-se de um crime formal, de consumação antecipada Em sentido contrário, posiciona-se Noronha: "Dá-se a consumação no momento e no lugar em que o agente *obtém* a vantagem ou ela lhe é *prometida*, sendo indiferente à perfeição do delito a conduta posterior do agente, que, aliás, poderá transmudar o crime, na hipótese em que, por exemplo, ele resolve agir junto ao funcionário, corrompendo-o".[72]

Dependendo da hipótese concreta, visualizando-se a possibilidade de fracionamento do *iter criminis*, será possível a tentativa. Quando os atos forem praticados de forma concentrada, em razão da sua natureza monossubsistente, ficará afastada a tentativa.

Elemento subjetivo

O dolo é o elemento subjetivo exigido pelo tipo penal que prevê o delito de *tráfico de influência em transação comercial internacional*, não havendo previsão para a modalidade de natureza culposa.

Modalidades comissiva e omissiva

Os núcleos *solicitar, exigir, cobrar* e *obter* pressupõem um comportamento comissivo por parte do agente, podendo, no entanto, ser praticados via omissão imprópria.

Causa especial de aumento de pena

A pena será aumentada da metade, conforme determina o parágrafo único do art. 337-C do Código Penal, se o agente alega ou insinua que a vantagem é também destinada a funcionário estrangeiro.

Pena e ação penal

A pena cominada ao delito de *tráfico de influência em transação comercial internacional* é de reclusão, de 2 (dois) a 5 (cinco) anos, e multa.

A pena será aumentada de metade, nos termos do parágrafo único do art. 337-C do Código Penal, se o agente alega ou insinua que a vantagem é também destinada a funcionário estrangeiro.

A ação penal é de iniciativa pública incondicionada.

A Justiça Federal é competente, conforme disposição do inciso V do art. 109 da Constituição da República, quando se tratar de infrações previstas em tratados ou convenções internacionais, como é caso do racismo, previsto na Convenção Internacional sobre a Eliminação de todas as Formas de Discriminação Racial, da qual o Brasil é signatário, assim como nos crimes de guarda de moeda falsa, de tráfico internacional de entorpecentes, de tráfico de mulheres, de envio ilegal e tráfico de menores, de tortura, de pornografia infantil e pedofilia e corrupção ativa e tráfico de influência nas transações comerciais internacionais (STJ, CC 132.984/MG, Rel. Min. Moura Ribeiro, S3, *DJe* 02/02/2015).

Funcionário público estrangeiro

Art. 337-D. Considera-se funcionário público estrangeiro, para os efeitos penais, quem, ainda que transitoriamente ou sem remuneração, exerce cargo, emprego ou função pública em entidades estatais ou em representações diplomáticas de país estrangeiro.

Parágrafo único. Equipara-se a funcionário público estrangeiro quem exerce cargo, emprego ou função em empresas controladas, diretamente ou indiretamente, pelo Poder Público de país estrangeiro ou em organizações públicas internacionais.

Vide comentários ao art. 327 do Código Penal.

Conforme observa Damásio de Jesus, "diversamente da regra estabelecida para os crimes funcionais típicos cometidos por funcionários públicos nacionais, o princípio inovador restringe o alcance da equiparação aos que se vinculam diretamente a empresas estatais controladas pelo Poder Público de país estrangeiro ou em organizações públicas não nacionais. Em face disso, não alcança profissionais ou empregados de empresas privadas estrangeiras, ainda que atuem em representação, por contrato ou convênio, de Estado estrangeiro. Considerou apenas a investidura em 'entidades estatais' ou 'representações diplomáticas' (*caput*) ou, quando ampliou o conceito (parágrafo único), embutiu apenas os que se acham vinculados a 'empresas controladas' ou em 'organizações públicas internacionais'. Não incluiu, como o fez na regra do art. 327, § 1º, parte final, do CP, os particulares que exercem atividades típicas da Administração Pública e vinculados por contrato ou convênio ao Poder Público. A norma não prevê a equiparação de pessoa física vinculada a empresa privada internacional, ainda que, por contrato ou convênio, realize atividades típicas de entidades internacionais".[73]

---

[72] NORONHA, Edgard Magalhães. *Direito penal*, v. 4, p. 327.

[73] JESUS, Damásio E. de. Conceito penal de funcionário público estrangeiro por equiparação. Disponível em: <http://cjdj.damasio.com.br/?page_name=art_015_2002&category_id=34>. Acesso em: 12 nov. 2010.

Capítulo II-B
Dos Crimes em Licitações e Contratos Administrativos

Contratação direta ilegal

Art. 337-E Admitir, possibilitar ou dar causa à contratação direta fora das hipóteses previstas em lei:

Pena – reclusão, de 4 (quatro) a 8 (oito) anos, e multa.

Introdução

O art. 337-E, inserido no Código Penal através da Lei nº 14.133, de 1º de abril de 2021, aperfeiçoou a redação do revogado art. 89 da Lei nº 8.666, de 21 de junho de 1993, tipificando o delito de *contratação direta ilegal*, prevendo como delito as condutas de admitir, possibilitar ou dar causa à contratação direta fora das hipóteses previstas em lei.

O artigo 72 da Lei nº 14.133, de 1º de abril de 2021 diz respeito ao processo de contratação direta, que compreende os casos de inexigibilidade e de dispensa de licitação. O art. 74 do referido diploma legal, a seu turno, assevera ser inexigível a licitação quando inviável a competição, e elenca as hipóteses onde será possível a sua ocorrência. Da mesma forma, o art. 75 previu um rol de situações em que ocorreria a dispensa da licitação.

No que diz respeito à inexigibilidade de licitação, são precisas as lições de Rafael Carvalho Rezende Oliveira, quando preleciona que:

"Tecnicamente, é possível afirmar que a inexigibilidade não retrata propriamente uma exceção à regra da licitação, mas, sim, uma hipótese em que a regra sequer deve ser aplicada. Trata-se da não incidência da regra constitucional da licitação, em razão da ausência do seu pressuposto lógico: a competição.

A inviabilidade de competição pode decorrer de duas situações distintas:

a) impossibilidade fática de competição (ou impossibilidade quantitativa): o produto ou o serviço é fornecido por apenas um fornecedor (ex.: fornecedor exclusivo); e

b) impossibilidade jurídica de competição (ou impossibilidade qualitativa): **ausência de critérios objetivos para definir a melhor proposta, de modo que a licitação não teria o condão de estabelecer julgamento objetivo (ex.: contratação de artista)"**[74].

Ainda segundo as lições de Rafael Carvalho Rezende Oliveira, quando fazemos uma análise das hipóteses de dispensa de licitação, previstas no art. 75 da Lei nº 14.133, de 1º de abril de 2021, nesses casos:

"a licitação é viável, tendo em vista a possibilidade de competição entre dois ou mais interessados. Todavia, o legislador elencou determinadas situações em que a licitação pode ser afastada, a critério do administrador, para se atender o interesse público de forma mais célere e eficiente. É importante notar que as hipóteses de dispensa de licitação representam exceções à regra constitucional da licitação, permitidas pelo art. 37, XXI, da CRFB ("ressalvados os casos especificados na legislação"). O legislador autoriza o administrador a dispensar, por razões de conveniência e oportunidade, a licitação e proceder à contratação direta.

A dispensa de licitação possui duas características principais:

a) rol taxativo: as hipóteses de dispensa são exceções à regra da licitação; e

b) discricionariedade do administrador: a dispensa depende da avaliação da conveniência e da oportunidade no caso concreto, sendo admitida a realização da licitação.

Em relação à primeira característica, seria lícito afirmar, em princípio, que a interpretação das hipóteses de dispensa deve ser restritiva, pois configuram verdadeiras exceções à regra da licitação. Segundo a regra básica de hermenêutica, as exceções devem ser interpretadas restritivamente"[75].

Assim, para que ocorra o delito de *contratação direta ilegal*, tipificado no art. 337-E do Código Penal, é preciso que o agente venha a *admitir*, *possibilitar* ou *dar causa* à contratação direta fora das hipóteses previstas em lei.

O núcleo *admitir* tem o sentido de aceitar, tolerar; *possibilitar* compreende as hipóteses em que o agente facilita, de alguma forma, a contratação direta fora das hipóteses previstas em lei; dar causa entende-se como um comportamento onde o próprio agente propicia originalmente a contratação direta ilegal.

Classificação doutrinária

Crime próprio tanto com relação ao sujeito ativo, como no que diz respeito ao sujeito passivo; doloso; comissivo (podendo, também, nos termos do art. 13, § 2º, do Código Penal, ser praticado via omissão imprópria, na hipótese de o agente gozar do *status* de garantidor); de forma vinculada; formal; plurissubsistente; monossubjetivo; não transeunte.

Objeto material e bem juridicamente protegido

A Administração Pública ou, mais especificamente, a moralidade administrativa, é o bem juridicamente protegido pelo delito de *contratação direta ilegal*.

---

[74] OLIVEIRA, Rafael Carvalho Rezende. *Curso de direito administrativo*, p. 429-430.

[75] OLIVEIRA, Rafael Carvalho Rezende. *Curso de direito administrativo*, p. 410.

Objeto material do delito tipificado no art. 337-E do Código Penal é o contrato administrativo realizado ilegalmente.

Sujeito ativo e sujeito passivo

Crime próprio, somente o agente que puder admitir, possibilitar ou dar causa à contratação direta, fora das hipóteses previstas em lei, poderá ser sujeito ativo do delito tipificado no art. 337-E do Código Penal.

Sujeitos passivos são as Administrações Públicas diretas, autárquicas e fundacionais da União, dos Estados, do Distrito Federal e dos Municípios, bem como as demais pessoas prejudicadas com a contratação ilegal levada a efeito pelo agente, que se viram tolhidas no seu direito de contratar, regularmente, com a Administração Pública.

Consumação e tentativa

O delito de *contratação direta ilegal* se consuma, efetivamente, no ato da admissão da contratação direta, ou seja, quando da realização do contrato, ou, ainda, quando o agente possibilita, de alguma forma, essa contratação, ou quando, ele próprio, der causa à contratação direta fora das hipóteses previstas em lei.

Assim, imagine-se a hipótese daquele que, exercendo as funções de Secretário de Infraestrutura de determinado Município, a fim de favorecer determinados contratados, fracione um determinado contrato de prestação de serviços, com a finalidade de evitar o processo licitatório.

Em se tratando de um delito plurissubsistente, será possível o reconhecimento da tentativa.

Elemento subjetivo

As condutas constantes no tipo penal que prevê o delito de *contratação direta ilegal* somente podem ser praticadas dolosamente, não havendo previsão para a modalidade de natureza culposa.

Não importa, aqui, se o agente queria ou não causar prejuízo à Administração Pública, a que muito denominam, em nossa opinião equivocadamente, de dolo específico. Aqueles que exigem o dolo específico alegam que essa exigência tem por objetivo evitar a responsabilização criminal por condutas cometidas por mero desconhecimento dos meandros da burocracia estatal, sem a intenção de locupletamento ilícito ou de dilapidação do patrimônio público.[76]

Seu dolo deve limitar-se a saber que admite, possibilita ou dá causa à contratação direta fora das hipóteses previstas em lei. Assim, por exemplo, quando ocorre esse tipo de contratação direta, fora das hipóteses previstas em lei, o agente impede que outras pessoas tenham o direito de disputar, legalmente, esse contrato administrativo, e isso já é o suficiente para que se

configure o delito em estudo, não havendo necessidade de se perquirir se houve ou não prejuízo para a Administração Pública.

Em sentido contrário, aduz Francisco Dirceu Barros que:

"Quanto à existência de dano e ao tipo subjetivo, o pleno do STF *(STF, AP 559/PE, Primeira Turma, Rel. Min. DIAS TOFFOLI)* e a Corte Especial do STJ *(AP n. 480/MG)* já defendiam que para se configurar o crime do antigo artigo 89 da lei 8.666/93 (Atual art. 337-E do Código Penal), exigia-se o dolo específico, a intenção de causar prejuízo ao erário, e o efetivo resultado, tal entendimento deve prevalecer quanto ao novo delito de *contratação direta ilegal*"[77].

Modalidades comissiva e omissiva

As condutas de admitir, possibilitar ou dar causa pressupõem um comportamento comissivo por parte do agente.

Contudo, nada impede que um agente, garantidor, responda pela sua omissão imprópria, nos termos do § 2º do art. 13 do Código Penal, quando, no caso concreto, dolosamente, por exemplo, percebendo que alguém atuava com o intuito de admitir a contratação direta fora das hipóteses legais, nada faça para impedir a consumação do delito.

Pena, ação penal e cálculo da pena de multa

A pena cominada para o delito de *contratação direta ilegal* é de reclusão, de 4 (quatro) a 8 (oito) anos, e multa.

A ação penal é de iniciativa pública incondicionada.

De acordo com o art. 337-P do diploma repressivo, a pena de multa cominada aos crimes previstos no Capítulo II-B, correspondente aos *crimes em licitações e contratos administrativos*, seguirá a metodologia de cálculo prevista no Código Penal e não poderá ser inferior a 2% (dois por cento) do valor do contrato licitado ou celebrado com contratação direta.

Princípio da continuidade normativo típica

As condutas constantes do art. 337-E, inserido no Código Penal pela Lei nº 14.133, de 1º de abril de 2021, que prevê o delito de *contratação direta ilegal* encontravam-se, anteriormente, tipificadas no art. 89 da revogada Lei nº 8.666, de 21 de junho de 1993.

In casu, deve ser aplicado o chamado princípio da continuidade normativo-típica, uma vez que as condutas previstas no tipo penal anterior (art. 89), revogado expressamente por lei posterior (art. 337-E), continuaram a ser por ele abrangidas, não se podendo falar, assim, em *abolitio criminis*.

---

[76] STJ, AgRg no HC 580.098/MA, Rel. Min. Reynaldo Soares da Fonseca, 5ª T., j. 23/06/2020, *DJ* 30/06/2020, Doc. LEGJUR 205.7234.7004.5600.

[77] DIRCEU BARROS, Francisco. *Tratado doutrinário de direito penal*, p. 851.

Contudo, comparando as penas cominadas às duas figuras típicas, percebe-se que aquelas correspondentes ao revogado art. 89 da Lei nº 8.666, de 21 de junho de 1993 (detenção, de 3 (três) a 5 (cinco) anos, e multa) são inferiores às atualmente previstas pelo art. 337-E do Código Penal (reclusão, de 4 (quatro) a 8 (oito) anos, e multa), devendo, pois, ser observada a regra da ultratividade da lei penal anterior, mais benéfica, aplicando-se as penas previstas pelo revogado art. 89 da Lei nº 8.666, de 21 de junho de 1993 aos delitos praticados antes da entrada em vigor da Lei nº 14.133, de 1º de abril de 2021, que inseriu o art. 337-E ao Código Penal.

Frustração do caráter competitivo de licitação

Art. 337-F. Frustrar ou fraudar, com o intuito de obter para si ou para outrem vantagem decorrente da adjudicação do objeto da licitação, o caráter competitivo do processo licitatório:
Pena – reclusão, de 4 (quatro) anos a 8 (oito) anos, e multa.

Introdução

A Lei nº 14.133, de 1º de abril de 2021 estabeleceu normas gerais de licitação e contratação para as administrações públicas diretas, autárquicas e fundacionais da União, dos Estados, do Distrito Federal e dos Municípios, determinando, em seu art. 5º, a observância dos princípios legalidade, da impessoalidade, da moralidade, da publicidade, da eficiência, do interesse público, da probidade administrativa, da igualdade, do planejamento, da transparência, da eficácia, da segregação de funções, da motivação, da vinculação ao edital, do julgamento objetivo, da segurança jurídica, da razoabilidade, da competitividade, da proporcionalidade, da celeridade, da economicidade e do desenvolvimento nacional sustentável.

Como se percebe sem muito esforço, aquele que *frustra* ou *frauda* o caráter competitivo do processo licitatório, com o intuito de obter para si ou para outrem vantagem decorrente da adjudicação do objeto da licitação, fere mortalmente vários desses princípios, razão pela qual, em virtude da gravidade desse comportamento, entendeu por bem o legislador em criar o delito de *frustração do caráter competitivo da licitação*.

Essa previsão de comportamento criminoso já havia sido feita pelo art. 90, da revogada Lei nº 8.666, de 21 de junho de 1993, cuja redação se assemelha, em muitos aspectos, ao atual art. 337-F do Código Penal. *Frustrar* tem o sentido de desvirtuar, não permitir que ocorra de maneira correta, íntegra, igualitária; *fraudar* importa agir com fraude, ardil, atuar de maneira enganosa, impedindo ou evitando o caráter competitivo do processo do processo licitatório.

O artigo 28 da Lei nº 14.133, de 1º de abril de 2021 elenca as modalidades de licitação, dizendo, *verbis*:
São modalidades de licitação
I – pregão;
II – concorrência;
III – concurso;
IV – leilão;
V – diálogo competitivo.

As condutas de frustrar ou fraudar devem ser praticadas com o intuito de obter para si ou para outrem vantagem decorrente da *adjudicação do objeto da licitação*. Cuida-se, aqui, do chamado especial fim de agir.

Esclarecendo o que venha a ser adjudicação, Hely Lopes Meirelles, com a clareza que lhe é peculiar, preleciona que:
"*Adjudicação* é o ato pelo qual se atribui ao vencedor o objeto da licitação, para a subsequente efetivação do contrato administrativo. É o ato constitutivo do direito do licitante a contratar com a Administração, quando esta se dispuser a firmar o ajuste. A adjudicação, como ato constitutivo de direitos e obrigações, produz os seus efeitos jurídicos desde o momento em que for homologada pela autoridade competente".[78]

Classificação doutrinária

Crime comum com relação ao sujeito ativo, e próprio no que diz respeito ao sujeito passivo; doloso; comissivo (podendo, também, nos termos do art. 13, § 2º, do Código Penal, ser praticado via omissão imprópria, na hipótese de o agente gozar do *status* de garantidor); de forma livre; formal; plurissubsistente; monossubjetivo; não transeunte.

Objeto material e bem juridicamente protegido

A Administração Pública é o bem juridicamente protegido pelo delito de *frustração do caráter competitivo da licitação* e, mais especificamente, o direito à competição leal entre os licitantes.
Objeto material do delito tipificado no art. 337-F do Código Penal é o objeto da licitação adjudicado.

Sujeito ativo e sujeito passivo

Qualquer pessoa pode ser sujeito ativo do delito de *frustração do caráter competitivo da licitação*, tratando-se, sob esse enfoque, de um crime comum.
Sujeitos passivos são as Administrações Públicas diretas, autárquicas e fundacionais da União, dos Estados, do Distrito Federal e dos Municípios, bem como os demais licitantes.

Consumação e tentativa

Tendo em vista tratar-se de um crime formal, o delito se consuma quando o agente, efetivamente, pratica algum comportamento no sentido de frustrar ou

---

[78] LOPES MEIRELLES, Hely. *Licitação e contrato administrativo*, p. 160.

fraudar o caráter competitivo do processo licitatório, com o intuito de obter para si ou para outrem vantagem decorrente da adjudicação do objeto da licitação, e prescinde de prejuízo ao erário, uma vez que o dano ocorre pela simples quebra do caráter competitivo entre os licitantes que tinham interesse em contratar com a Administração Pública.

Não se exige que ocorra a mencionada adjudicação do objeto da licitação, mas tão somente que o agente atue com essa finalidade específica, ao que se denomina doutrinariamente como sendo um especial fim de agir. A efetiva obtenção da vantagem, decorrente da adjudicação do objeto da licitação, para si ou para outrem, é considerada um mero exaurimento do crime.

Em se tratando de um crime plurissubsistente, onde se pode fracionar o *iter criminis*, entendemos como possível o raciocínio correspondente à tentativa. Contudo, existe discussão doutrinária e jurisprudencial sobre o tema, face a natureza formal do delito em estudo.

Elemento subjetivo

As condutas constantes no tipo penal que prevê o delito de *frustração do caráter competitivo de licitação* somente podem ser praticadas dolosamente, não havendo previsão para a modalidade de natureza culposa.

Modalidades comissiva e omissiva

As condutas de frustrar e fraudar pressupõem um comportamento comissivo por parte do agente, não havendo previsão para a modalidade de natureza omissiva.

Contudo, nada impede que um agente, garantidor, responda pela sua omissão imprópria, nos termos do § 2º do art. 13 do Código Penal, quando, no caso concreto, dolosamente, por exemplo, percebendo que alguém atuava com o intuito de fraudar o processo licitatório, nada faça para impedir a consumação do delito.

Pena, ação penal e cálculo da pena de multa

A pena cominada para o delito de *frustração do caráter competitivo de licitação* é de reclusão, de 4 (quatro) a 8 (oito) anos, e multa.

A ação penal é de iniciativa pública incondicionada.

De acordo com o art. 337-P do diploma repressivo, a pena de multa cominada aos crimes previstos no Capítulo II-B, correspondente aos *crimes em licitações e contratos administrativos*, seguirá a metodologia de cálculo prevista no Código Penal e não poderá ser inferior a 2% (dois por cento) do valor do contrato licitado ou celebrado com contratação direta.

Princípio da continuidade normativo típica

As condutas constantes do art. 337-F, inserido no Código Penal pela Lei nº 14.133, de 1º de abril de 2021, que prevê o delito de *frustração do caráter competitivo*

de licitação encontravam-se, anteriormente, tipificadas no art. 90 da revogada Lei nº 8.666, de 21 de junho de 1993.

In casu, deve ser aplicado o chamado princípio da continuidade normativo-típica, uma vez que as condutas previstas no tipo penal anterior (art. 90), revogado expressamente por lei posterior (art. 337-F), continuaram a ser por ele abrangidas, não se podendo falar, assim, em *abolitio criminis*.

Contudo, comparando as penas cominadas às duas figuras típicas, percebe-se que aquelas correspondentes ao revogado art. 90 da Lei nº 8.666, de 21 de junho de 1993 (detenção de 2 (dois) a 4 (quatro) anos, e multa) são inferiores às atualmente previstas pelo art. 337-F do Código Penal (reclusão, de 4 (quatro) a 8 (oito) anos, e multa), devendo, pois, ser observada a regra da ultratividade da lei penal anterior, mais benéfica, aplicando-se as penas previstas pelo revogado art. 90 da Lei nº 8.666, de 21 de junho de 1993 aos delitos praticados antes da entrada em vigor da Lei nº 14.133, de 1º de abril de 2021, que inseriu o art. 337-F ao Código Penal.

Patrocínio de contratação indevida

Art. 337-G Patrocinar, direta ou indiretamente, interesse privado perante a Administração Pública, dando causa à instauração de licitação ou à celebração de contrato cuja invalidação vier a ser decretada pelo Poder Judiciário:

Pena – reclusão, de 6 (seis) meses a 3 (três) anos, e multa.

Introdução

O art. 337-G, inserido no Código Penal através da Lei nº 14.133, de 1º de abril de 2021, é basicamente uma cópia do preceito primário do revogado art. 91 da Lei nº 8.666, de 21 de junho de 1993, somente aperfeiçoando a redação anterior com o acréscimo da palavra "Pública" logo após mencionar "Administração".

O tipo penal se assemelha, ainda, à chamada advocacia administrativa, prevista no art. 321 do Código Penal, com a diferença de que, além do agente dar causa à instauração de licitação ou à celebração de contrato, cuja invalidação vier a ser decretada pelo Poder Judiciário, *in casu*, poderá ou não ser praticado por agente público.

Assim, podemos destacar os seguintes elementos que compõe a figura típica do art. 337-G do estatuto repressivo, que prevê o delito de *patrocínio de contratação indevida*: a) a conduta de patrocinar, direta ou indiretamente; b) interesse privado perante a Administração Pública; c) dando causa à instauração de licitação ou à celebração de contrato cuja invalidação vier a ser decretada pelo Poder Judiciário.

O núcleo *patrocinar* deve ser entendido no sentido de defender, advogar, facilitar. O sujeito ativo pode atuar direta, ou mesmo indiretamente, valendo-se de interposta pessoa, também conhecida vulgarmente como "testa de ferro", que atua sob seu comando, seguindo suas determinações e orientações. Esse comportamento deve ser dirigido no sentido de promover, patrocinar o interesse privado perante a Administração Pública.

Contudo, para que reste configurada a figura típica em análise, há necessidade de que a licitação instaurada ou mesmo a celebração do contrato tenham sido invalidados pelo Poder Judiciário, não se podendo dar início à ação penal sem a prova da invalidação desses atos. Cuida-se, portanto, de uma infração penal condicionada à decretação de invalidação pelo Poder Judiciário da licitação instaurada ou do contrato celebrado.

Classificação doutrinária

Crime comum com relação ao sujeito ativo, e próprio no que diz respeito ao sujeito passivo; doloso; comissivo (podendo, também, nos termos do art. 13, § 2º, do Código Penal, ser praticado via omissão imprópria, na hipótese de o agente gozar do *status* de garantidor); material; plurissubsistente; monossubjetivo; não transeunte.

Objeto material e bem juridicamente protegido

A Administração Pública ou, mais especificamente, a moralidade administrativa, é o bem juridicamente protegido pelo delito de *patrocínio de contratação indevida*.

Objeto material do delito tipificado no art. 337-G do Código Penal é a instauração de licitação ou à celebração de contrato cuja invalidação vier a ser decretada pelo Poder Judiciário.

Sujeito ativo e sujeito passivo

Qualquer pessoa pode ser sujeito ativo do delito de *patrocínio de contratação indevida*, tratando-se, sob esse enfoque, de um crime comum. Nessa situação específica, esse sujeito ativo é conhecido vulgarmente como *lobista*.

Sujeitos passivos são as Administrações Públicas diretas, autárquicas e fundacionais da União, dos Estados, do Distrito Federal e dos Municípios.

Consumação e tentativa

O delito se consuma quando o agente, após patrocinar, direta ou indiretamente, interesse privado perante a Administração Pública, dá causa à instauração de licitação ou à celebração de contrato, ou seja, com a instauração da licitação ou a efetiva celebração do contrato, resta consumada a infração penal.

Contudo, é necessário que o Poder Judiciário invalide a instauração de licitação ou a celebração do contrato, sendo tal invalidação verdadeira condição de procedibilidade. Caso essa invalidação provenha

da própria Administração Pública, não se poderá dar início à ação penal, pois que o tipo penal em exame exige, expressamente, que seja decretada pelo Poder Judiciário.

Como existe essa necessidade de invalidação pelo Poder Judiciário, entendemos não ser possível a tentativa, pois que o Poder Judiciário somente intervirá quando a licitação tiver sido instaurada ou o contrato celebrado, razão pela qual o delito já restará consumado.

Francisco Dirceu Barros, esclarecendo sobre o tema, preleciona que:

"o delito de patrocínio de contratação indevida é um crime de resultado, de maneira que a lei pune somente quando ocorrer o resultado efetivo. A conduta é "patrocinar, direta ou indiretamente, interesse privado perante a Administração Pública". Logo, a consumação ocorre no momento do resultado que é a "instauração de licitação ou à celebração de contrato".

A invalidação a ser decretada pelo Poder Judiciário é uma condição objetiva de punibilidade, ou seja, o crime já existe e foi consumado, mas o início da persecução penal só ocorrerá com a anulação da licitação ou do contrato pelo Poder Judiciário"[79].

Elemento subjetivo

As condutas constantes no tipo penal que prevê o delito de *patrocínio de contratação indevida* somente podem ser praticadas dolosamente, não havendo previsão para a modalidade de natureza culposa.

Modalidades comissiva e omissiva

A conduta de patrocinar, direta ou indiretamente, interesse privado perante a Administração Pública, dando causa à instauração de licitação ou à celebração de contrato cuja invalidação vier a ser decretada pelo Poder Judiciário, somente pode praticada comissivamente, não havendo previsão para a modalidade de natureza omissiva.

Pena, ação penal, suspensão condicional do processo e cálculo da pena de multa

A pena cominada para o delito de *patrocínio de contratação indevida* é de reclusão, de 6 (seis) meses a 3 (três) anos, e multa.

A ação penal é de iniciativa pública incondicionada. Tendo em vista a pena mínima cominada no preceito secundário do art. 337-G em análise, será possível a confecção de proposta de suspensão condicional do processo, nos termos do art. 89 da Lei nº 9.099/95.

De acordo com o art. 337-P do diploma repressivo, a pena de multa cominada aos crimes previstos no Capítulo II-B, correspondente aos *crimes em licitações e contratos administrativos*, seguirá a metodologia de

[79] DIRCEU BARROS, Francisco. *Tratado doutrinário de direito penal*, p. 856.

cálculo prevista no Código Penal e não poderá ser inferior a 2% (dois por cento) do valor do contrato licitado ou celebrado com contratação direta.

Princípio da continuidade normativo típica

As condutas constantes do art. 337-G, inserido no Código Penal pela Lei nº 14.133, de 1º de abril de 2021, que prevê o delito de *patrocínio de contratação indevida* encontravam-se, anteriormente, tipificadas no art. 91 da revogada Lei nº 8.666, de 21 de junho de 1993.

In casu, deve ser aplicado o chamado princípio da continuidade normativo-típica, uma vez que as condutas previstas no tipo penal anterior (art. 91), revogado expressamente por lei posterior (art. 337-G), continuaram a ser por ele abrangidas, não se podendo falar, assim, em *abolitio criminis*.

Contudo, comparando as penas cominadas às duas figuras típicas, percebe-se que aquelas correspondentes ao revogado art. 91 da Lei nº 8.666, de 21 de junho de 1993, além de possuir natureza diferente, pois que dizem respeito a uma pena de detenção, tem sua pena máxima cominada em abstrato (2 anos) em patamar inferior àquela prevista pelo art. 337-G do Código Penal (3 anos) devendo, pois, ser observada a regra da ultratividade da lei penal anterior, mais benéfica, aplicando-se as penas previstas pelo revogado art. 91 da Lei nº 8.666, de 21 de junho de 1993 aos delitos praticados antes da entrada em vigor da Lei nº 14.133, de 1º de abril de 2021, que inseriu o art. 337-G ao Código Penal.

Modificação ou pagamento irregular em contrato administrativo

Art. 337-H Admitir, possibilitar ou dar causa a qualquer modificação ou vantagem, inclusive prorrogação contratual, em favor do contratado, durante a execução dos contratos celebrados com a Administração Pública, sem autorização em lei, no edital da licitação ou nos respectivos instrumentos contratuais, ou, ainda, pagar fatura com preterição da ordem cronológica de sua exigibilidade:

Pena – reclusão, de 4 (quatro) anos a 8 (oito) anos, e multa.

Introdução

O art. 337-H, inserido no Código Penal através da Lei nº 14.133, de 1º de abril de 2021, basicamente reproduziu o revogado art. 92 da Lei nº 8.666, de 21 de junho de 1993, com algumas pequenas alterações de conteúdo técnico.

Cuida-se, portanto, de hipótese onde a Administração Pública figura como contratante de um contrato administrativo, conforme o disposto no Título III da Lei nº 14.133, de 1º de abril de 2021. Conceituando

o contrato administrativo, Hely Lopes Meirelles assevera ser:

"o ajuste que a Administração Pública, agindo nessa qualidade, firma com o particular ou com outra entidade administrativa, para a consecução de objetivos de interesse público, nas condições desejadas pela própria Administração.

(...)

O contrato administrativo é sempre *bilateral*, e, em regra, *formal, oneroso, comutativo* e realizado *intuitu personae*. Com isto se afirma que é um acordo de vontades (e não um ato unilateral e impositivo da Administração); é *formal* porque se expressa por escrito e com requisitos especiais; é *oneroso* porque remunerado na forma convencionada; é *comutativo* porque estabelece compensações recíprocas e equivalentes para as partes; é *intuitu personae* porque exige a pessoa do contratado para a sua execução. Dentro desses princípios o contrato administrativo requer concordância das partes para ser validamente efetivado; remuneração de seu objeto; equivalência nos encargos e vantagens; e cumprimento pessoal da obrigação assumida pelo contratado para com a Administração. Mas, o que tipifica o contrato administrativo e o distingue do contrato privado é a participação da Administração na relação jurídica bilateral com *supremacia de poder* para fixar as condições iniciais do ajuste. Outras características podem ocorrer no contrato, reforçando a sua natureza administrativa, como a exigência de licitação prévia; o que o qualifica como contrato público, entretanto, é a presença da Administração com *privilégio administrativo* na relação contratual"[80].

Os interesses públicos se sobrepõem aos interesses privados, razão pela qual o art. 104 da Lei nº 14.133, de 1º de abril de 2021 elenca as prerrogativas da Administração Pública, dizendo:

Art. 104. O regime jurídico dos contratos instituído por esta Lei confere à Administração, em relação a eles, as prerrogativas de:

I – modificá-los, unilateralmente, para melhor adequação às finalidades de interesse público, respeitados os direitos do contratado;

II – extingui-los, unilateralmente, nos casos especificados nesta Lei;

III – fiscalizar sua execução;

IV – aplicar sanções motivadas pela inexecução total ou parcial do ajuste;

V – ocupar provisoriamente bens móveis e imóveis e utilizar pessoal e serviços vinculados ao objeto do contrato, nas hipóteses de:

a) risco à prestação de serviços essenciais;

b) necessidade de acautelar apuração administrativa de faltas contratuais pelo contratado, inclusive após extinção do contrato.

Tais prerrogativas são exclusivas da Administração Pública, tendo em vista, como afirmado por Hely

---

80 LOPES MEIRELLES, Hely. *Licitação e contrato administrativo*, p. 180-182.

Lopes Meirelles, sua *supremacia de poder*. Assim, não cabe ao contratado modificar ou mesmo ter qualquer vantagem no contrato firmado com a Administração Pública, a não ser aquelas previamente contratadas.

Por essa razão, a primeira parte do art. 337-H do Código Penal tipifica as condutas de *admitir, possibilitar* ou *dar causa* a qualquer modificação ou vantagem, inclusive prorrogação contratual, em favor do contratado, durante a execução dos contratos celebrados com a Administração Pública, sem autorização em lei (princípio da legalidade), no edital da licitação (princípio da vinculação ao instrumento convocatório) ou nos respectivos instrumentos contratuais.

Sabemos, infelizmente, que uma das maiores fontes de corrupção são os contratos firmados entre particulares e a Administração Pública. Uma das estratégias mais utilizadas diz respeito aquela onde o contratado aceita e se encaixa nas condições previstas no edital para, posteriormente, alterá-las e se beneficiar ilicitamente.

Assim, o servidor público que *admite* (permite, aceita, anui), *possibilita* (facilita, auxilia) ou *dá causa* (isto é, encontra artifícios, meios) a qualquer modificação ou vantagem, inclusive prorrogação contratual, em favor do contratado, sem autorização em lei, no edital da licitação ou nos respectivos instrumentos contratuais, incorrerá no tipo penal em exame.

A segunda parte do art. 337-H do Código Penal prevê como típica também a conduta daquele que vier a *pagar fatura com preterição da ordem cronológica de sua exigibilidade*. Não é incomum o fato de que "os amigos do rei", valendo-se de seus relacionamentos pessoais, queiram receber por seus serviços prestados, pela realização de suas obras, pelo fornecimento de bens etc., com preferência aos demais contratados na mesma situação, e que os realizaram com antecedência.

Assim, a fim de preservar os princípios que devem nortear a Administração Pública, a exemplo dos princípios da legalidade, impessoalidade, moralidade, da probidade administrativa, da igualdade, da motivação etc., aquele que vier a pagar fatura, com preterição da ordem cronológica, fora das hipóteses legalmente previstas, terá praticado o delito de *modificação ou pagamento irregular em contrato administrativo*.

Classificação doutrinária

Crime próprio, tanto no que diz respeito ao sujeito ativo, quanto ao sujeito passivo; doloso; comissivo (podendo, também, nos termos do art. 13, § 2º, do Código Penal, ser praticado via omissão imprópria, na hipótese de o agente gozar do *status* de garantidor); material; plurissubsistente; monossubjetivo; não transeunte; de forma vinculada.

Objeto material e bem juridicamente protegido

A Administração Pública ou, mais especificamente, a moralidade administrativa, é o bem juridicamente protegido pelo delito de *modificação ou pagamento irregular em contrato administrativo*.

Objeto material do delito tipificado no art. 337-H do Código Penal é o contrato administrativo.

Sujeito ativo e sujeito passivo

Crime próprio, somente pode ser praticado pelo agente público com poderes para admitir, possibilitar ou dar causa a qualquer modificação ou vantagem, inclusive prorrogação contratual, em favor do contratado, durante a execução dos contratos celebrados com a Administração Pública, sem autorização em lei, no edital de licitação ou nos respectivos instrumentos contratuais, ou, ainda, aquele que pagar fatura com preterição de ordem cronológica de sua exigibilidade.

Sujeitos passivos são as Administrações Públicas diretas, autárquicas e fundacionais da União, dos Estados, do Distrito Federal e dos Municípios.

Consumação e tentativa

O delito se consuma quando o agente, efetivamente, *admite, possibilita* ou *dá causa* a qualquer modificação ou vantagem, inclusive prorrogação contratual, em favor do contratado, durante a execução dos contratos celebrados com a Administração Pública, sem autorização em lei, no edital de licitação ou nos respectivos instrumentos contratuais, ou, ainda, quando houver o pagamento de fatura com preterição de ordem cronológica de sua exigibilidade.

Para que ocorra a infração penal *sub examen*, há necessidade de que a modificação ou vantagem, em favor do contratado, *ocorram durante a execução dos contratos* celebrados com a Administração Pública, sem autorização em lei, no edital da licitação ou nos respectivos instrumentos contratuais.

Em se tratando de um crime plurissubsistente, será possível o reconhecimento da tentativa, tendo em vista a possibilidade de fracionamento do *iter criminis*. Assim, imagine-se a hipótese em que o agente público determine o pagamento antecipado de fatura ao contratado, mas o aludido pagamento não é realizado, pois que fora impedido de ser efetuado, uma vez que não obedecia a ordem cronológica.

Elemento subjetivo

As condutas constantes no tipo penal que prevê o delito de *modificação ou pagamento irregular em contrato administrativo* somente podem ser praticadas dolosamente, não havendo previsão para a modalidade de natureza culposa.

Não concordamos que o dolo do agente somente se configure quando sua finalidade seja de causar prejuízo à Administração Pública, falando-se, equivocadamente, em dolo específico, como se entendia durante a vigência do revogado art. 92 da Lei nº 8.666/93.

Basta, tão somente, que o agente admita, possibilite ou dê causa a qualquer modificação ou vantagem, inclusive prorrogação contratual, em favor do contrata-do, durante a execução dos contratos celebrados com a Administração Pública, sem autorização em lei, no edital da licitação ou nos respectivos instrumentos contratuais, ou, ainda, pague fatura com preterição da ordem cronológica de sua exigibilidade. Esses comportamentos, por si sós, ferem princípios básicos da Administração Pública e, portanto, devem sofrer a reprimenda do Estado.

Modalidades comissiva e omissiva

As condutas de admitir, possibilitar ou dar causa a qualquer modificação ou vantagem, inclusive prorro-gação do contrato administrativo, em favor do con-tratado, durante a execução dos contratos celebrados com a Administração Pública, sem autorização em lei, no edital de licitação ou nos respectivos instru-mentos contratuais, ou, ainda, a de levar a efeito o pagamento de fatura com preterição de ordem cro-nológica de sua exigibilidade, somente podem ser praticadas comissivamente, não havendo previsão de condutas omissivas.

Contudo, será possível que o delito seja praticado via omissão imprópria, nos termos do art. 13, § 2º do Código Penal, quando o agente, garantidor, podendo, nada fizer para evitar a prática do crime. Assim, ima-gine-se a hipótese em que um superior hierárquico perceba que o agente público encarregado de lançar no sistema informático o pagamento das faturas, per-cebendo que havia ocorrido preterição de ordem cro-nológica de sua exigibilidade, mas satisfeito porque um desafeto seria prejudicado com a demora do seu pagamento, nada faça para impedir a conduta crimi-nosa. Nesse caso, responderia pelo delito de *modifica-ção ou pagamento irregular em contrato administrati-vo*, via omissão imprópria.

Pena, ação penal e cálculo da pena de multa

A pena cominada para o delito de *modificação ou pagamento irregular em contrato administrativo* é de reclusão, de 4 (quatro) a 8 (oito) anos, e multa.

A ação penal é de iniciativa pública incondicionada.

De acordo com o art. 337-P do diploma repressivo, a pena de multa cominada aos crimes previstos no Ca-pítulo II-B, correspondente aos *crimes em licitações e contratos administrativos*, seguirá a metodologia de cálculo prevista no Código Penal e não poderá ser inferior a 2% (dois por cento) do valor do contrato licitado ou celebrado com contratação direta.

Princípio da continuidade normativo típica

As condutas constantes do art. 337-H, inserido no Código Penal pela Lei nº 14.133, de 1º de abril de 2021, que prevê o delito de *modificação ou pagamento irregular em contrato administrativo* encontravam-se, anteriormente, tipificadas no art. 92 da revogada Lei nº 8.666, de 21 de junho de 1993.

In casu, deve ser aplicado o chamado princípio da continuidade normativo-típica, uma vez que as con-dutas previstas no tipo penal anterior (art. 92), revo-gado expressamente por lei posterior (art. 337-H), continuaram a ser por ele abrangidas, não se poden-do falar, assim, em *abolitio criminis*.

Contudo, comparando as penas cominadas às duas figuras típicas, percebe-se que aquelas corresponden-tes ao revogado art. 92 da Lei nº 8.666, de 21 de ju-nho de 1993 (detenção de 2 (dois) a 4 (quatro) anos, e multa) são inferiores às atualmente previstas pelo art. 337-H do Código Penal (reclusão, de 4 (quatro) a 8 (oito) anos, e multa), devendo, pois, ser observada a regra da ultratividade da lei penal anterior, mais be-néfica, aplicando-se as penas previstas pelo revogado art. 92 da Lei nº 8.666, de 21 de junho de 1993 aos delitos praticados antes da entrada em vigor da Lei nº 14.133, de 1º de abril de 2021, que inseriu o art. 337-H ao Código Penal.

Perturbação de processo licitatório

Art. 337-I. Impedir, perturbar ou fraudar a reali-zação de qualquer ato de processo licitatório:

Pena – detenção, de 6 (seis) meses a 3 (três) anos, e multa.

Introdução

O processo licitatório está previsto no Capítulo I, do Título II da Lei nº 14.133, de 1º de abril de 2021, e tem por objetivos, nos termos dos incisos I a IV do art. 11 do referido diploma legal:

I – assegurar a seleção da proposta apta a gerar o re-sultado de contratação mais vantajoso para a Admi-nistração Pública, inclusive no que se refere ao ciclo de vida do objeto;

II – assegurar tratamento isonômico entre os licitan-tes, bem como a justa competição;

III – evitar contratações com sobrepreço ou com pre-ços manifestamente inexequíveis e superfaturamento na execução dos contratos;

IV – incentivar a inovação e o desenvolvimento na-cional sustentável.

O processo licitatório é complexo e composto por vá-rias fases sequenciais, elencadas pelo art. 17 da Lei de Licitações e Contratos Administrativos, a saber: I – preparatória; II – de divulgação do edital de licitação; III – de apresentação de propostas e lances, quando for o caso; IV – de julgamento; V – de habilitação; VI – recursal; VII – de homologação.

O art. 337-I, inserido no Código Penal pela Lei nº 14.133, de 1º de abril de 2021, prevê as condutas de *impedir, perturbar* ou *fraudar* a realização de qual-quer ato de processo licitatório, reproduzindo, assim, o revogado art. 93 da Lei nº 8.666, de 21 de junho de 1993.

Assim, se qualquer um desses comportamentos for praticado desde a fase preparatória, até a efetiva homologação do processo licitatório, o agente incorrerá no delito em estudo.

Impedir deve ser entendido no sentido de evitar que se realize; *perturbar* tem a conotação de atrapalhar, tumultuar; *fraudar* importa em agir com fraude, ardil, burlar qualquer ato do processo licitatório.

Classificação doutrinária

Crime comum com relação ao sujeito ativo, e próprio no que diz respeito ao sujeito passivo; doloso; comissivo (podendo, também, nos termos do art. 13, § 2º, do Código Penal, ser praticado via omissão imprópria, na hipótese de o agente gozar do *status* de garantidor); material; plurissubsistente; monossubjetivo; não transeunte.

Objeto material e bem juridicamente protegido

A Administração Pública ou, mais especificamente, a moralidade administrativa, é o bem juridicamente protegido pelo delito de *perturbação de processo licitatório,* e também o direito a uma regular e leal competição entre os licitantes durante o processo licitatório.

Objeto material do delito tipificado no art. 337-I do Código Penal é o processo licitatório.

Sujeito ativo e sujeito passivo

Qualquer pessoa pode ser sujeito ativo do delito de *perturbação de processo licitatório,* tratando-se, sob esse enfoque, de um crime comum.

Sujeitos passivos são as Administrações Públicas diretas, autárquicas e fundacionais da União, dos Estados, do Distrito Federal e dos Municípios, bem como os demais licitantes prejudicados com as condutas criminosas.

Consumação e tentativa

O delito se consuma quando o agente, efetivamente, impede, perturba ou venha a fraudar a realização de qualquer ato de procedimento licitatório, tratando-se, pois, de um delito material. Vale frisar que o delito em análise somente ocorrerá se estivemos no curso de um processo licitatório.

Em se tratando de um crime plurissubsistente, será possível o reconhecimento da tentativa, tendo em vista a possibilidade de fracionamento do *iter criminis*.

Elemento subjetivo

As condutas constantes no tipo penal que prevê o delito de *perturbação de processo licitatório* somente podem ser praticadas dolosamente, não havendo previsão para a modalidade de natureza culposa.

Modalidades comissiva e omissiva

As condutas de Impedir, perturbar ou fraudar pressupõem um comportamento comissivo por parte do agente.

Contudo, será possível que o delito seja praticado via omissão imprópria, nos termos do art. 13, § 2º do Código Penal, quando o agente, garantidor, podendo, nada fizer para evitar a prática do crime.

Pena, ação penal, suspensão condicional do processo e cálculo da pena de multa

A pena cominada para o delito de *perturbação de processo licitatório* é de detenção, de 6 (seis) meses a 3 (três) anos, e multa.

A ação penal é de iniciativa pública incondicionada.

Tendo em vista a pena mínima cominada no preceito secundário do art. 337-I em análise, será possível a confecção de proposta de suspensão condicional do processo, nos termos do art. 89 da Lei nº 9.099/95.

De acordo com o art. 337-P do diploma repressivo, a pena de multa cominada aos crimes previstos no Capítulo II-B, correspondente aos *crimes em licitações e contratos administrativos,* seguirá a metodologia de cálculo prevista no Código Penal e não poderá ser inferior a 2% (dois por cento) do valor do contrato licitado ou celebrado com contratação direta.

Princípio da continuidade normativo típica

As condutas constantes do art. 337-I, inserido no Código Penal pela Lei nº 14.133, de 1º de abril de 2021, que prevê o delito de *perturbação de processo licitatório* encontravam-se, anteriormente, tipificadas no art. 93 da revogada Lei nº 8.666, de 21 de junho de 1993. *In casu,* deve ser aplicado o chamado princípio da continuidade normativo-típica, uma vez que as condutas previstas no tipo penal anterior (art. 93), revogado expressamente por lei posterior (art. 337-I), continuaram a ser por ele abrangidas, não se podendo falar, assim, em *abolitio criminis.*

Contudo, comparando as penas cominadas às duas figuras típicas, percebe-se que aquelas correspondentes ao revogado art. 93 da Lei nº 8.666, de 21 de junho de 1993, tem sua pena máxima cominada em abstrato (2 anos) em patamar inferior àquela prevista pelo art. 337-I do Código Penal (3 anos) devendo, pois, ser observada a regra da ultratividade da lei penal anterior, mais benéfica, aplicando-se as penas previstas pelo revogado art. 93 da Lei nº 8.666, de 21 de junho de 1993 aos delitos praticados antes da entrada em vigor da Lei nº 14.133, de 1º de abril de 2021, que inseriu o art. 337-I ao Código Penal.

Violação de sigilo em licitação

Art. 337-J. Devassar o sigilo de proposta apresentada em processo licitatório ou proporcionar a terceiro o ensejo de devassá-lo:
Pena – detenção, de 2 (dois) anos a 3 (três) anos, e multa.

Introdução

O art. 337-J do Código Penal possui redação seme-lhante ao do revogado art. 94 da Lei nº 8.666, de 21 de junho de 1993, com a diferença de que, no tipo penal anterior, falava-se em procedimento licitatório, ao invés de processo licitatório, tal como disposto na redação atual.

Assim, o art. 337-J do diploma repressivo tipifica o delito de *violação do sigilo em licitação*, prevendo as condutas de *devassar* o sigilo de proposta apresentada em processo licitatório ou *proporcionar* a terceiro o ensejo de devassá-lo.

O art. 56, inserido no capítulo IV (Da Apresentação de Propostas e Lances), do Título II (Das Licitações) da Lei nº 14.133, de 1º de abril de 2021 determina a respeito dos modos de disputa, dizendo, *verbis*:

Art. 56. O modo de disputa poderá ser, isolada ou conjuntamente:

I – aberto, hipótese em que os licitantes apresentarão suas propostas por meio de lances públicos e sucessivos, crescentes ou decrescentes;

II – fechado, hipótese em que as propostas permanecerão em sigilo até a data e hora designadas para sua divulgação.

Dessa forma, as propostas fechadas somente poderão ser divulgadas em data e hora designados, devendo permanecer em sigilo até então.

O núcleo devassar denota a ideia de tomar conhecimento, ilegal e antecipadamente, do conteúdo da proposta apresentada em processo licitatório. A segunda parte do art. 337-J do Código Penal também considera como criminosa a conduta do agente que, embora não devasse pessoalmente, proporciona a terceiro o ensejo de devassar a proposta sigilosa apresentada.

Classificação doutrinária

Crime comum com relação ao sujeito ativo, e próprio no que diz respeito ao sujeito passivo; doloso; comissivo ou omissivo próprio (podendo, também, nos termos do art. 13, § 2º, do Código Penal, ser praticado via omissão imprópria, na hipótese de o agente gozar do *status* de garantidor); material; plurissubsistente; monossubjetivo; não transeunte.

Objeto material e bem juridicamente protegido

A Administração Pública é o bem juridicamente protegido pelo delito de *violação do sigilo em licitação,* e também o direito a uma regular e leal competição entre os licitantes durante o processo licitatório.

Objeto material do delito tipificado no art. 337-J do Código Penal é a proposta sigilosa apresentada em processo licitatório.

Sujeito ativo e sujeito passivo

Qualquer pessoa pode ser sujeito ativo do delito de *violação do sigilo em licitação*, tratando-se, sob esse enfoque, de um crime comum.

Francisco Dirceu Barros entende, contudo, que com relação ao comportamento de proporcionar a terceiro o ensejo de devassar o sigilo da proposta, "trata-se de crime próprio pois é o servidor público quem está contido no procedimento licitatório dando vantagem a terceiro"[81], posição com a qual discordamos, porque um particular, dependendo do caso concreto, também poderá, de alguma forma, dar a terceiro esse ensejo de devassar o sigilo da proposta.

Sujeitos passivos são as Administrações Públicas diretas, autárquicas e fundacionais da União, dos Estados, do Distrito Federal e dos Municípios, bem como proponente que teve sua proposta sigilosa devassada.

Consumação e tentativa

O delito se consuma quando o agente, efetivamente, devassa o sigilo de proposta apresentada em processo licitatório, isto é, toma conhecimento de seu conteúdo, ou proporciona a terceiro o ensejo de devassá-lo, conhecê-lo. Nesse último caso, a consumação ocorrerá quando o terceiro tomar conhecimento do conteúdo da proposta sigilosa apresentada em processo licitatório.

Em se tratando de um delito plurissubsistente, será possível o reconhecimento da tentativa, a exemplo do agente que é surpreendido praticando uma conduta destinada a conhecer o conteúdo da proposta sigilosa, devassando-a, quando é surpreendido e interrompido em seus atos de execução.

Elemento subjetivo

As condutas constantes no tipo penal que prevê o delito de *violação de sigilo em licitação* somente podem ser praticadas dolosamente, não havendo previsão para a modalidade de natureza culposa.

Assim, por exemplo, aquele que, negligentemente, proporciona a terceiro conhecer o conteúdo da proposta apresentada em processo licitatório, deixando de tomar os cuidados necessários para que o sigilo fosse preservado, não responderá pelo delito em estudo, podendo, contudo, responder administrativamente pelo seu ato.

Modalidades comissiva e omissiva

A conduta de devassar o sigilo de proposta apresentada em processo licitatório pressupõe um comportamento comissivo por parte do agente, da mesma forma a de proporcionar a terceiro o ensejo de devassá-lo.

Contudo, será possível que o delito seja praticado via omissão imprópria, nos termos do art. 13, § 2º do

---

81 DIRCEU BARROS, Francisco. *Tratado doutrinário de direito penal*, p. 861.

Código Penal, quando o agente, garantidor, podendo, nada fizer para evitar a prática do crime.

Pena, ação penal e cálculo da pena de multa

A pena cominada para o delito de *violação de sigilo em licitação* é de detenção, de 2 (dois) a 3 (três) anos, e multa.

A ação penal é de iniciativa pública incondicionada.

De acordo com o art. 337-P do diploma repressivo, a pena de multa cominada aos crimes previstos no Capítulo II-B, correspondente aos *crimes em licitações e contratos administrativos*, seguirá a metodologia de cálculo prevista no Código Penal e não poderá ser inferior a 2% (dois por cento) do valor do contrato licitado ou celebrado com contratação direta.

Princípio da continuidade normativo típica

As condutas constantes do art. 337-J, inserido no Código Penal pela Lei nº 14.133, de 1º de abril de 2021, que prevê o delito de *violação de sigilo em licitação* encontravam-se, anteriormente, tipificadas no art. 94 da revogada Lei nº 8.666, de 21 de junho de 1993.

In casu, deve ser aplicado o chamado princípio da continuidade normativo-típica, uma vez que as condutas previstas no tipo penal anterior (art. 94), revogado expressamente por lei posterior (art. 337-J), continuaram a ser por ele abrangidas, não se podendo falar, assim, em *abolitio criminis*.

Afastamento de licitante

Art. 337-K. Afastar ou tentar afastar licitante por meio de violência, grave ameaça, fraude ou oferecimento de vantagem de qualquer tipo:

Pena – reclusão, de 3 (três) anos a 5 (cinco) anos, e multa, além da pena correspondente à violência.

Parágrafo único. Incorre na mesma pena quem se abstém ou desiste de licitar em razão de vantagem oferecida.

Introdução

O art. 337-K, inserido no Código Penal através da Lei nº 14.133, de 1º de abril de 2021, prevê o delito de *afastamento de licitante*, com redação similar ao do revogado art. 95 da Lei nº 8.666, de 21 de junho de 1993.

O tipo penal em estudo incrimina as condutas de *afastar* ou *tentar afastar* licitante por meio de violência, grave ameaça, fraude ou oferecimento de vantagem de qualquer tipo.

O núcleo *afastar* tem o sentido de fazer com que o licitante, efetivamente, não participe do processo licitatório. Com relação à conduta de *tentar afastar*, nesse caso, o agente atua no sentido de impedir, sem sucesso, a participação do licitante no processo licitatório. Em ambas as hipóteses, ou seja, conseguindo que o licitante não participe do processo licitatório, ou agindo com essa finalidade, mas sem sucesso, o delito restará consumado, pois que estamos diante de

um delito conhecido como de *atentado ou de empreendimento*, onde a tentativa é punida com as mesmas penas do crime consumado, não havendo, portanto, a aplicação da causa de diminuição de pena prevista no parágrafo único do art. 14 do Código Penal.

O art. 337-K do Código Penal elenca os meios através dos quais o agente atua, vale dizer, mediante violência, grave ameaça, fraude ou oferecimento de vantagem de qualquer tipo. Por *violência* devemos entender pela chamada *vis absoluta*, isto é, a violência física, corporal, praticada diretamente contra a pessoa do licitante; grave ameaça compreende a *vis compulsiva*, a violência moral, e pode ser entendida como direta, indireta, explícita ou mesmo implícita; a fraude diz respeito ao ardil, ao engodo utilizado pelo agente para afastar ou tentar afastar o licitante de participar do processo licitatório; finalmente, pode o agente se utilizar do oferecimento de vantagem de qualquer tipo, ou seja, tenha ou não natureza patrimonial, a fim de afastar ou tentar afastar o licitante do processo licitatório.

Assevera, ainda, o parágrafo único do art. 337-K do Código Penal que incorre na mesma pena quem se abstém ou desiste de licitar em razão de vantagem oferecida. Aqui, como se percebe, o licitante se abstém ou desiste de licitar em razão da vantagem oferecida pelo outro agente, prejudicando, assim, os interesses da Administração Pública, evitando uma competição leal entre os licitantes. Nessa hipótese, ambos responderão pelo delito tipificado no art. 337-K do diploma repressivo.

Vale ressaltar que se o licitante se abstém ou desiste de participar do processo licitatório em virtude do fato de ter sido vítima de violência física, grave ameaça ou mesmo fraude, somente o agente que praticou esses comportamentos é que responderá pelo delito em análise.

Classificação doutrinária

Crime comum com relação ao sujeito ativo, e próprio no que diz respeito ao sujeito passivo; doloso; comissivo ou omissivo próprio (dependendo da conduta núcleo do tipo); material; de atentado ou de empreendimento; plurissubsistente (quanto ao *caput* do art. 337-K do CP, mas sem possibilidade de aplicação do parágrafo único do art. 14 do Código Penal); monossubsistente (na hipótese do parágrafo único do art. 337-K do CP); monossubjetivo; transeunte ou não transeunte (dependendo da hipótese concreta, ou delito poderá ou não deixar vestígios).

Objeto material e bem juridicamente protegido

A Administração Pública é o bem juridicamente protegido pelo delito de *afastamento de licitante,* e também o direito a uma regular e leal competição entre os licitantes durante o processo licitatório.

Objeto material do delito tipificado no art. 337-K do Código Penal é pessoa contra quem recai as condutas praticadas pelo agente, ou seja, aquele contra quem é praticada a violência física, a grave ameaça, a fraude ou a quem é oferecida a vantagem de qualquer tipo para que se afaste do processo licitatório.

Sujeito ativo e sujeito passivo

Qualquer pessoa pode ser sujeito ativo do delito de *afastamento de licitante*, tratando-se, sob esse enfoque, de um crime comum.

Sujeitos passivos são as Administrações Públicas diretas, autárquicas e fundacionais da União, dos Estados, do Distrito Federal e dos Municípios, bem como o licitante vítima de qualquer um dos comportamentos previstos no tipo, praticados pelo sujeito ativo.

Consumação e tentativa

No que diz respeito à modalidade prevista no *caput* do art. 337-K do Código Penal, o delito de *afastamento de licitante* se consuma quando o agente, efetivamente, afasta ou tentar afastar licitante por meio de violência, grave ameaça, fraude ou oferecimento de vantagem de qualquer tipo.

Na modalidade prevista no parágrafo único, o delito se consuma no momento em que o agente se abstém ou desiste de licitar em razão de vantagem oferecida. Não será possível o reconhecimento da tentativa, nos termos do art. 14, II e parágrafo único do Código Penal, haja vista que o *caput* do art. 337-K do mesmo diploma penal prevê um crime de atentado, onde a tentativa é punida da mesma forma do que o crime consumado, e o seu parágrafo único prevê um delito monossubsistente, não se podendo fracionar o *iter criminis*.

Elemento subjetivo

As condutas constantes no tipo penal que prevê o delito de *afastamento de licitante* somente podem ser praticadas dolosamente, não havendo previsão para a modalidade de natureza culposa.

Modalidades comissiva e omissiva

As condutas previstas pelo *caput do* tipo penal em estudo pressupõem um comportamento comissivo por parte do agente.

Já o parágrafo único do art. 337-K do Código Penal prevê um comportamento omissivo por parte do agente que se se abstém de licitar em razão de vantagem oferecida. Quando o agente desistir da licitação, estaremos diante de um comportamento comissivo.

Pena, ação penal e cálculo da pena de multa

A pena cominada para o delito de *afastamento de licitante* é de reclusão, de 3 (três) anos a 5 (cinco) anos, e multa, além da pena correspondente à violência.

Incorre na mesma pena quem se abstém ou desiste de licitar em razão de vantagem oferecida., nos termos do parágrafo único do art. 337-K do Código Penal

A ação penal é de iniciativa pública incondicionada.

De acordo com o art. 337-P do diploma repressivo, a pena de multa cominada aos crimes previstos no Capítulo II-B, correspondente aos *crimes em licitações e contratos administrativos*, seguirá a metodologia de cálculo prevista no Código Penal e não poderá ser inferior a 2% (dois por cento) do valor do contrato licitado ou celebrado com contratação direta.

Princípio da continuidade normativo típica

As condutas constantes do art. 337-K, inserido no Código Penal pela Lei nº 14.133, de 1º de abril de 2021, que prevê o delito de *afastamento de licitante* encontravam-se, anteriormente, tipificadas no art. 95 da revogada Lei nº 8.666, de 21 de junho de 1993.

In casu, deve ser aplicado o chamado princípio da continuidade normativo-típica, uma vez que as condutas previstas no tipo penal anterior (art. 95), revogado expressamente por lei posterior (art. 337-K), continuaram a ser por ele abrangidas, não se podendo falar, assim, em *abolitio criminis*.

Contudo, comparando as penas cominadas às duas figuras típicas, percebe-se que aquelas correspondentes ao revogado art. 95 da Lei nº 8.666, de 21 de junho de 1993, (detenção, de 2 (dois) a 4 (quatro) anos, e multa, além da pena correspondente à violência) são inferiores às atualmente previstas pelo art. 337-K do Código Penal (reclusão, de 3 (três) anos a 5 (cinco) anos, e multa, além da pena correspondente à violência), devendo, pois, ser observada a regra da ultratividade da lei penal anterior, mais benéfica, aplicando-se as penas previstas pelo revogado art. 95 da Lei nº 8.666, de 21 de junho de 1993 aos delitos praticados antes da entrada em vigor da Lei nº 14.133, de 1º de abril de 2021, que inseriu o art. 337-K ao Código Penal.

Fraude em licitação ou contrato

Art. 337-L. Fraudar, em prejuízo da Administração Pública, licitação ou contrato dela decorrente, mediante:

I – entrega de mercadoria ou prestação de serviços com qualidade ou em quantidade diversas das previstas no edital ou nos instrumentos contratuais;

II – fornecimento, como verdadeira ou perfeita, de mercadoria falsificada, deteriorada, inservível para consumo ou com prazo de validade vencido;

III – entrega de uma mercadoria por outra;

IV – alteração da substância, qualidade ou quantidade da mercadoria ou do serviço fornecido;

V – qualquer meio fraudulento que torne injustamente mais onerosa para a Administração Pública a proposta ou a execução do contrato.

Pena – reclusão, de 4 (quatro) anos a 8 (oito) anos, e multa.

Introdução

O art. 337-L, que prevê o delito de *fraude em licitação ou contrato*, foi inserido no Código Penal através da Lei nº 14.133, de 1º de abril de 2021, com redação similar ao do revogado art. 96 da Lei nº 8.666, de 21 de junho de 1993.

Infelizmente, as licitações e, consequentemente, os contratos dela advindos são uma fonte inesgotável de crimes. Os criminosos, que atuam nessa área específica, se enriquecem ilicitamente com uma facilidade assustadora. São verdadeiros genocidas, indivíduos onde nunca conheceram o teor das palavras dignidade, cidadania, honestidade, enfim, são verdadeiros parasitas que procuram, a todo momento, lesar a Administração Pública que, em última análise, nos representa a todos.

O tipo penal em análise prevê a conduta de *fraudar*, isto é, atuar com fraude, engano, ardil, engodo, licitação ou contrato dela decorrente, em prejuízo da Administração Pública, mediante algumas condutas consideradas como fraudulentas, que serão brevemente analisadas a seguir.

Embora o *caput* do art. 337-L do Código Penal faça menção em fraude à licitação, todas as condutas elencadas em seus cinco incisos importam, na verdade, na execução de um contrato firmado após o processo de licitação, a saber:

I – *entrega de mercadoria ou prestação de serviços com qualidade ou em quantidade diversas das previstas no edital ou nos instrumentos contratuais.*

Aqui o agente entrega mercadoria ou presta um serviço com qualidade ou em quantidade inferior às previstas no edital ou nos instrumentos contratuais. Não teria sentido algum responder o agente pela conduta prevista no inciso I em análise se, por exemplo, entregasse uma mercadoria ou prestasse um serviço com qualidade diversa, mas superior àquela prevista no edital ou nos instrumentos contratuais.

O que se quer é proteger a Administração Pública para que não sofra qualquer tipo de prejuízo. Assim, por exemplo, pode ocorrer que a Administração Pública faça a compra de computadores e que, momentaneamente, por estarem em falta no mercado, o contratado resolva fornecer um produto de qualidade superior, sem acréscimo no preço. Aqui, obviamente, não haveria prejuízo para a Administração Pública e, consequentemente, não haveria que se falar em crime.

II – *fornecimento, como verdadeira ou perfeita, de mercadoria falsificada, deteriorada, inservível para consumo ou com prazo de validade vencido*

Não é incomum que criminosos queiram obter vantagens ilícitas em prejuízo da Administração Pública, muitas vezes até com a conivência de agentes públicos. Assim, o inciso II do art. 337-L do Código Penal

entende como uma das modalidades de fraude o fornecimento, como verdadeira ou perfeita, de mercadoria falsificada, deteriorada, inservível para consumo ou com prazo de validade vencido.

Hoje, as falsificações ganharam ares de perfeição. Basta ver os grandes centros comerciais, onde não somente vendedores ambulantes, mas lojistas disponibilizam para venda produtos falsificados, com aparência de originais. Essa prática, não somente tem o condão de ludibriar o consumidor comum, como também à própria Administração Pública. Da mesma forma, não é incomum que fornecedores tentem evitar algum tipo de prejuízo com mercadorias com prazo de validade vencido, e queiram fornecê-las à Administração Pública. Essa última situação ocorre, como regra, em produtos perecíveis, a exemplo dos alimentos, mas pode se dar, também, em produtos que, embora aparentemente não perecíveis, perdem sua utilidade com decurso do tempo, como ocorre com os coletes balísticos, utilizados por aqueles que atuam na segurança pública.

III – *entrega de uma mercadoria por outra*

Nessa modalidade de fraude, a Administração Pública compra um tipo de mercadoria, e o fornecedor entrega outra completamente diferente, a exemplo da compra de aparelhos de ar condicionado e o recebimento de ventiladores.

IV – *alteração da substância, qualidade ou quantidade da mercadoria ou do serviço fornecido*

Quando o inciso IV do art. 337-L do Código Penal entende com fraude a alteração da substância, qualidade ou quantidade da mercadoria ou do serviço fornecido, quer isso significar que somente os fatos que importem em prejuízo para a Administração Pública é que se configurarão como crime. Ao contrário, se não houver prejuízo, mas sim vantagem para a Administração Pública, mesmo existindo alteração da substância, qualidade ou quantidade da mercadoria ou do serviço fornecido, o fato será considerado atípico.

Assim, por exemplo, imagine-se a hipótese em que a Administração Pública efetue a compra de um determinado modelo de computador e receba um outro, melhor e mais moderno, pelo mesmo preço contratado; ou o fato de ter adquirido uma determinada quantidade de mercadoria e acabe recebendo um volume a mais, sem que haja efetiva cobrança da quantidade extra. Nesses casos, como se percebe, embora não tenha sido fornecido exatamente aquilo que foi contratado, não se poderá falar em fraude e, consequentemente, em crime.

V – *qualquer meio fraudulento que torne injustamente mais onerosa para a Administração Pública a proposta ou a execução do contrato*

O inciso V do art. 337-L do Código Penal prevê, também, a utilização de qualquer meio fraudulento que torne injustamente mais onerosa para a Administração Pública a proposta ou a execução do contrato, a exemplo do agente que cria situações inexistentes, que supostamente fariam com que a Administração Pública assumisse o pagamento de valores extras.

Classificação doutrinária

Crime próprio, tanto no que diz respeito ao sujeito ativo, quanto ao sujeito passivo; doloso; comissivo (podendo, também, nos termos do art. 13, § 2º, do Código Penal, ser praticado via omissão imprópria, na hipótese de o agente gozar do *status* de garantidor); material; plurissubsistente; monossubjetivo; não transeunte.

Objeto material e bem juridicamente protegido

A Administração Pública é o bem juridicamente protegido pelo delito de *fraude em licitação ou contrato*. Objeto material do delito tipificado no art. 337-L do Código Penal é o processo de licitação ou o contrato dela decorrente.

Sujeito ativo e sujeito passivo

Sujeito ativo do delito tipificado no art. 337-L do Código Penal é o licitante ou o contratante.
Sujeitos passivos são as Administrações Públicas diretas, autárquicas e fundacionais da União, dos Estados, do Distrito Federal e dos Municípios.

Consumação e tentativa

Crime material, o delito se consuma no exato momento em que o agente pratica qualquer um dos núcleos previstos nos incisos I a V, do art. 337-L do Código Penal, vale dizer, quando, efetivamente: I – *entrega* de mercadoria ou prestação de serviços com qualidade ou em quantidade diversas das previstas no edital ou nos instrumentos contratuais; II – *fornece*, como verdadeira ou perfeita, de mercadoria falsificada, deteriorada, inservível para consumo ou com prazo de validade vencido; III – *entrega* de uma mercadoria por outra; IV – *altera* substância, qualidade ou quantidade da mercadoria ou do serviço fornecido; V – se vale de qualquer meio fraudulento que torne injustamente mais onerosa para a Administração Pública a proposta ou a execução do contrato.
Em se tratando de um delito plurissubsistente, será possível o reconhecimento da tentativa.

Elemento subjetivo

As condutas constantes no tipo penal que prevê o delito de *fraude em licitação ou contrato* somente podem ser praticadas dolosamente, não havendo previsão para a modalidade de natureza culposa.

Modalidades comissiva e omissiva

As fraudes previstas nos incisos I a V do art. 337-L do Código Penal pressupõem um comportamento comissivo por parte do agente.

Contudo, será possível que o delito seja praticado via omissão imprópria, nos termos do art. 13, § 2º do Código Penal, quando o agente, garantidor, podendo, nada fizer para evitar a prática do crime, a exemplo daquele que, percebendo que a mercadoria fornecida era diferente da que fora contratada, podendo, dolosamente, nada faz para impedir essa entrega, uma vez que o agente queria que a Administração Pública, efetivamente, sofresse esse prejuízo, cujo fato seria utilizado politicamente em um futuro próximo.

Pena, ação penal e cálculo da pena de multa

A pena cominada para o delito de *fraude em licitação ou contrato* é de reclusão, de 4 (quatro) a 8 (oito) anos, e multa.
A ação penal é de iniciativa pública incondicionada.
De acordo com o art. 337-P do diploma repressivo, a pena de multa cominada aos crimes previstos no Capítulo II-B, correspondente aos *crimes em licitações e contratos administrativos*, seguirá a metodologia de cálculo prevista no Código Penal e não poderá ser inferior a 2% (dois por cento) do valor do contrato licitado ou celebrado com contratação direta.

Princípio da continuidade normativo típica

As condutas constantes do art. 337-L, inserido no Código Penal pela Lei nº 14.133, de 1º de abril de 2021, que prevê o delito de *fraude em licitação ou contrato* encontravam-se, anteriormente, tipificadas no art. 96 da revogada Lei nº 8.666, de 21 de junho de 1993.
In casu, deve ser aplicado o chamado princípio da continuidade normativo-típica, uma vez que as condutas previstas no tipo penal anterior (art. 96), revogado expressamente por lei posterior (art. 337-L), continuaram a ser por ele abrangidas, não se podendo falar, assim, em *abolitio criminis*.
Contudo, comparando as penas cominadas às duas figuras típicas, percebe-se que aquelas correspondentes ao revogado art. 96 da Lei nº 8.666, de 21 de junho de 1993 (detenção, de 3 (três) a 6 (seis) anos, e multa) são inferiores às atualmente previstas pelo art. 337-L do Código Penal (reclusão, de 4 (quatro) a 8 (oito) anos, e multa), devendo, pois, ser observada a regra da ultratividade da lei penal anterior, mais benéfica, aplicando-se as penas previstas pelo revogado art. 96 da Lei nº 8.666, de 21 de junho de 1993 aos delitos praticados antes da entrada em vigor da Lei nº 14.133, de 1º de abril de 2021, que inseriu o art. 337-L ao Código Penal.

Contratação inidônea

Art. 337-M. Admitir à licitação empresa ou profissional declarado inidôneo:
Pena – reclusão, de 1 (um) ano a 3 (três) anos, e multa.
§ 1º Celebrar contrato com empresa ou profissional declarado inidôneo:

Pena – reclusão, de 3 (três) anos a 6 (seis) anos, e multa.
§ 2º Incide na mesma pena do *caput* deste artigo aquele que, declarado inidôneo, venha a participar de licitação e, na mesma pena do § 1º deste artigo, aquele que, declarado inidôneo, venha a contratar com a Administração Pública.

Introdução

O art. 337-M, inserido no Código Penal através da Lei nº 14.133, de 1º de abril de 2021, prevê o delito de *contratação inidônea*, com redação similar ao do revogado art. 97 da Lei nº 8.666, de 21 de junho de 1993.

A idoneidade é requisito fundamental para que a empresa ou o profissional possa regularmente licitar ou contratar com a Administração Pública. A declaração de inidoneidade é uma sanção de natureza administrativa prevista no inciso IV, do art. 156 da Lei nº 14.133, de 1º de abril de 2021, que diz, *verbis*:

Art. 156. Serão aplicadas ao responsável pelas infrações administrativas previstas nesta Lei as seguintes sanções:

I – (...);

II – (...);

III – (...);

IV – declaração de inidoneidade para licitar ou contratar.

Por outro lado, o art. 163 da Lei de Licitações e Contratos Administrativos cuida da chamada reabilitação, dizendo:

Art. 163. É admitida a reabilitação do licitante ou contratado perante a própria autoridade que aplicou a penalidade, exigidos, cumulativamente:

I – reparação integral do dano causado à Administração Pública;

II – pagamento da multa;

III – transcurso do prazo mínimo de 1 (um) ano da aplicação da penalidade, no caso de impedimento de licitar e contratar, ou de 3 (três) anos da aplicação da penalidade, no caso de declaração de inidoneidade;

IV – cumprimento das condições de reabilitação definidas no ato punitivo;

V – análise jurídica prévia, com posicionamento conclusivo quanto ao cumprimento dos requisitos definidos neste artigo.

Parágrafo único. A sanção pelas infrações previstas nos incisos VIII e XII do *caput* do art. 155 desta Lei exigirá, como condição de reabilitação do licitante ou contratado, a implantação ou aperfeiçoamento de programa de integridade pelo responsável.

Assim, enquanto houver a mácula da inidoneidade, não se poderá admitir empresa ou profissional à licitação, ou com eles celebrar contrato perante à Administração Pública.

O artigo 337-M do Código Penal distingue entre a simples admissão no processo licitatório, e a efetiva celebração de contrato com aquele declarado inidô-

neo. Se o agente simplesmente admite, ou seja, não inibe a participação daquele declarado inidôneo perante a Administração Pública, terá praticado o delito previsto no *caput* do mencionado artigo. Ao contrário, se chegar ao ponto de celebrar contrato com empresa ou profissional declarado inidôneo, terá praticado a modalidade qualificada do delito de contratação inidônea, constante do § 1º do art. 337-M do diploma repressivo.

Não somente o agente público responsável pela admissão à licitação ou à celebração do contrato é que será penalmente responsabilizado pela infração penal *sub examen*. Da mesma forma, conforme disposto no § 2º do art. 337-M do Código Penal, incide na mesma pena do *caput* aquele que, declarado inidôneo, venha a participar de licitação e, na mesma pena do § 1º, aquele que, declarado inidôneo, venha a contratar com a Administração Pública.

Aqui a responsabilidade penal é exclusivamente das pessoas físicas, mesmo que pertencentes às empresas. Deverá ser apurado quais são os seus responsáveis legais e eles, na qualidade de pessoas naturais, físicas, é que poderão ser responsabilizados criminalmente, não se podendo falar, *in casu*, na chamada responsabilidade penal da pessoa jurídica.

Classificação doutrinária

Crime próprio com relação ao sujeito ativo (em todas as suas modalidades, já que no *caput* e no § 1º do art. 337-M do Código Penal somente o agente público poderá figurar nessa condição, e no § 2º somente aquele declarado inidôneo), e próprio no que diz respeito ao sujeito passivo; doloso; comissivo; (podendo, contudo, ser praticado via omissão imprópria, nos termos do art. 13, § 2º, do diploma repressivo, nas hipóteses tipificadas no *caput* e no § 1º do art. 337-M do Código Penal); material; plurissubsistente; monossubjetivo; não transeunte.

Objeto material e bem juridicamente protegido

A Administração Pública e, em especial, a moralidade administrativa, é o bem juridicamente protegido pelo delito de *contratação inidônea*.

Objeto material do delito tipificado no art. 337-M do Código Penal é o processo licitatório ou o contrato administrativo.

Sujeito ativo e sujeito passivo

Sujeito ativo previsto no *caput*, bem como no § 1º do art. 337-M do Código Penal é o agente público responsável por admitir à licitação ou contratar empresa ou pessoa declarada inidônea. No § 2º do mencionado artigo, sujeito ativo é a pessoa física admitida à licitação ou contratada pela Administração Pública.

Sujeitos passivos são as Administrações Públicas diretas, autárquicas e fundacionais da União, dos Estados, do Distrito Federal e dos Municípios.

Consumação e tentativa

O delito se consuma, no que diz respeito às condutas previstas no *caput* e no § 1º do art. 337-M do Código Penal, no momento em que ocorre a admissão à licitação ou quando o contrato é efetivamente celebrado com a empresa ou profissional declarado inidôneo. Já no § 2º do aludido artigo, ocorre a consumação quando o agente declarado inidôneo venha a participar de licitação, ou a contratar com a Administração Pública. Em se tratando de um crime plurissubsistente, é possível a tentativa em todas as suas modalidades.

Elemento subjetivo

As condutas constantes no tipo penal que prevê o delito de *contratação inidônea* somente podem ser praticadas dolosamente, não havendo previsão para a modalidade de natureza culposa.

Modalidades comissiva e omissiva

As condutas de admitir à licitação ou celebrar contrato com empresa ou profissional declarado inidôneo, previstas no *caput* e no § 1º do art. 337-M do Código Penal, pressupõem um comportamento comissivo por parte do agente, da mesma forma que aquelas previstas em seu § 2º, quando o agente participa de licitação ou leva a efeito um contrato com a Administração Pública.

Contudo, será possível que os delitos tipificados no *caput* e no § 1º do art. 337-M do Código Penal sejam praticados via omissão imprópria, nos termos do art. 13, § 2º do Código Penal, quando o agente, garantidor, podendo, nada fizer para evitar a prática do crime, a exemplo do superior hierárquico que, percebendo que o agente público, encarregado de verificar os requisitos necessários admitira, dolosamente, empresa ou profissional à licitação declarado inidôneo, almejando o mesmo fim, nada fizer para evitar essa admissão.

Pena, ação penal, suspensão condicional do processo e cálculo da pena de multa

A pena cominada no *caput* do art. 337-M do Código Penal é de reclusão, de 1 (um) ano a 3 (três) anos, e multa.

O § 1º do art. 337-M em estudo prevê uma modalidade qualificada do delito de *contratação inidônea*, cominando uma pena de reclusão, de 3 (três) anos a 6 (seis) anos, e multa, para aquele que celebrar contrato com empresa ou profissional declarado inidôneo.

Diz o § 2º do art. 337-M do diploma repressivo que incide na mesma pena do *caput* aquele que, declarado inidôneo, venha a participar de licitação e, na mesma pena do § 1º, aquele que, declarado inidôneo, venha a contratar com a Administração Pública.

A ação penal é de iniciativa pública incondicionada.

Será possível a confecção de proposta de suspensão condicional do processo, nos termos do art. 89 da Lei nº 9.099/95, para a infrações penais previstas no *caput*, bem como na primeira parte do § 2º do art. 337-M do Código Penal, tendo em vista a pena mínima a eles cominada.

De acordo com o art. 337-P do diploma repressivo, a pena de multa cominada aos crimes previstos no Capítulo II-B, correspondente aos *crimes em licitações e contratos administrativos*, seguirá a metodologia de cálculo prevista no Código Penal e não poderá ser inferior a 2% (dois por cento) do valor do contrato licitado ou celebrado com contratação direta.

Princípio da continuidade normativo típica

As condutas constantes do art. 337-M, inserido no Código Penal pela Lei nº 14.133, de 1º de abril de 2021, que prevê o delito de *contratação inidônea* encontravam-se, anteriormente, tipificadas no art. 97 da revogada Lei nº 8.666, de 21 de junho de 1993.

In casu, deve ser aplicado o chamado princípio da continuidade normativo-típica, uma vez que as condutas previstas no tipo penal anterior (art. 97), revogado expressamente por lei posterior (art. 337-M), continuaram a ser por ele abrangidas, não se podendo falar, assim, em *abolitio criminis*.

Contudo, comparando as penas cominadas às duas figuras típicas, percebe-se que aquelas correspondentes ao revogado art. 97 da Lei nº 8.666, de 21 de junho de 1993 são inferiores às atualmente previstas pelo art. 337-M do Código Penal, que criou, inclusive, uma modalidade qualificada de delito em seu § 1º, devendo, pois, ser observada a regra da ultra-atividade da lei penal anterior, mais benéfica, aplicando-se as penas previstas pelo revogado art. 97 da Lei nº 8.666, de 21 de junho de 1993 aos delitos praticados antes da entrada em vigor da Lei nº 14.133, de 1º de abril de 2021, que inseriu o art. 337-M ao Código Penal.

Impedimento indevido

Art. 337-N. Obstar, impedir ou dificultar injustamente a inscrição de qualquer interessado nos registros cadastrais ou promover indevidamente a alteração, a suspensão ou o cancelamento de registro do inscrito:

Pena – reclusão, de 6 (seis) meses a 2 (dois) anos, e multa.

Introdução

O art. 337-N, inserido no Código Penal através da Lei nº 14.133, de 1º de abril de 2021, prevê o delito de *impedimento indevido*, com redação similar ao do revogado art. 98 da Lei nº 8.666, de 21 de junho de 1993. O registro cadastral é um procedimento auxiliar das licitações e das contratações regidas pela Lei de Licitações e Contratos Administrativos, conforme se verifica pela redação do inciso V, do seu art. 78. A Seção VI, do Capítulo X (Dos Instrumentos Auxiliares), do Título II (Das Licitações) regulamenta o Registro Cadastral nos artigos 87 e 88, dizendo, *verbis*:

Art. 87. Para os fins desta Lei, os órgãos e entidades da Administração Pública deverão utilizar o sistema de registro cadastral unificado disponível no Portal Nacional de Contratações Públicas, para efeito de cadastro unificado de licitantes, na forma disposta em regulamento.

§ 1º O sistema de registro cadastral unificado será público e deverá ser amplamente divulgado e estar permanentemente aberto aos interessados, e será obrigatória a realização de chamamento público pela internet, no mínimo anualmente, para atualização dos registros existentes e para ingresso de novos interessados.

§ 2º É proibida a exigência pelo órgão ou entidade licitante de registro cadastral complementar para acesso a edital e anexos.

§ 3º A Administração poderá realizar licitação restrita a fornecedores cadastrados, atendidos os critérios, as condições e os limites estabelecidos em regulamento, bem como a ampla publicidade dos procedimentos para o cadastramento.

§ 4º Na hipótese a que se refere o § 3º deste artigo, será admitido fornecedor que realize seu cadastro dentro do prazo previsto no edital para apresentação de propostas.

Art. 88. Ao requerer, a qualquer tempo, inscrição no cadastro ou a sua atualização, o interessado fornecerá os elementos necessários exigidos para habilitação previstos nesta Lei.

§ 1º O inscrito será classificado por categorias, considerada sua área de atuação, subdivididas em grupos, segundo a qualificação técnica e econômico-financeira avaliada, de acordo com regras objetivas divulgadas em sítio eletrônico oficial.

§ 2º Ao inscrito será fornecido certificado, renovável sempre que atualizar o registro.

§ 3º A atuação do contratado no cumprimento de obrigações assumidas será avaliada pelo contratante, que emitirá documento comprobatório da avaliação realizada, com menção ao seu desempenho na execução contratual, baseado em indicadores objetivamente definidos e aferidos, e a eventuais penalidades aplicadas, o que constará do registro cadastral em que a inscrição for realizada.

§ 4º A anotação do cumprimento de obrigações pelo contratado, de que trata o § 3º deste artigo, será condicionada à implantação e à regulamentação do cadastro de atesto de cumprimento de obrigações, apto à realização do registro de forma objetiva, em atendimento aos princípios da impessoalidade, da igualdade, da isonomia, da publicidade e da transparência, de modo a possibilitar a implementação de medidas de incentivo aos licitantes que possuírem ótimo desempenho anotado em seu registro cadastral.

§ 5º A qualquer tempo poderá ser alterado, suspenso ou cancelado o registro de inscrito que deixar de satisfazer exigências determinadas por esta Lei ou por regulamento.

§ 6º O interessado que requerer o cadastro na forma do *caput* deste artigo poderá participar de processo licitatório até a decisão da Administração, e a celebração do contrato ficará condicionada à emissão do certificado de que trata o § 2º deste artigo.

O art. 337-N pode ser dividido em duas partes. Na primeira delas, o interessado pretende fazer sua inscrição nos registros cadastrais da Administração Pública e o agente obsta, impede ou dificulta, injustamente, essa inscrição. Na segunda parte, o interessado já está inscrito, mas o agente promove, indevidamente, a alteração, a suspensão ou o cancelamento do registro.

Na primeira parte, de acordo com a redação típica, só haverá a infração penal se os comportamentos forem praticados *injustamente*, isto é, sem algum motivo justo. Assim, por exemplo, se aquele, por alguma razão, não preencher um requisito necessário para que se inscreva no registro cadastral da Administração Pública, o agente público que não fizer o mencionado registro não praticará o delito tipificado no art. 337-N do Código Penal, uma vez que o próprio *caput* do art. 88 da Lei nº 14.133, de 1º de abril de 2021 determina que ao requerer, *a qualquer tempo, inscrição no cadastro ou a sua atualização, o interessado fornecerá os elementos necessários exigidos para habilitação previstos nesta Lei.*

Da mesma forma, somente o agente público que promover, indevidamente, a alteração, a suspensão ou o cancelamento de registro do inscrito é que praticará o delito em estudo. Se for devida a sua atuação, o fato será atípico, uma vez que o § 5º, do art. 88, da Lei nº 14.133, de 1º de abril de 2021 determina que *a qualquer tempo poderá ser alterado, suspenso ou cancelado o registro de inscrito que deixar de satisfazer exigências determinadas por esta Lei ou por regulamento.*

Agindo de forma criminosa, praticando o delito de *impedimento indevido*, o agente impede ou pelo menos dificulta a competitividade entre os interessados de participar do processo licitatório, ferindo, consequentemente, os próprios interesses da Administração Pública.

Classificação doutrinária

Crime próprio com relação ao sujeito ativo (uma vez que somente poderá ser praticado pelo agente público com atribuições para atuar nos registros cadastrais), e comum no que diz respeito ao sujeito passivo; doloso; comissivo ou omissivo, dependendo de como o crime seja praticado; (podendo, contudo, também ser cometido via omissão imprópria, nos termos do art. 13, § 2º, do diploma repressivo); material; plurissubsistente; monossubjetivo; transeunte ou não transeunte (dependendo da existência ou não de vestígios).

Objeto material e bem juridicamente protegido

A Administração Pública é o bem juridicamente protegido pelo delito de *impedimento indevido*.

Objeto material do delito tipificado no art. 337-N do Código Penal é o registro cadastral perante a Administração Pública.

Sujeito ativo e sujeito passivo

Tratando-se de um crime próprio, sujeito ativo é o agente público responsável por levar a efeito o registro cadastral ou que possa alterá-lo de alguma forma. Sujeitos passivos são as Administrações Públicas diretas, autárquicas e fundacionais da União, dos Estados, do Distrito Federal e dos Municípios, bem como o interessado que teve sua inscrição nos registros cadastrais obstada, impedida ou dificultada, ou aquele que teve seu registro indevidamente alterado, suspenso ou cancelado.

Consumação e tentativa

Crime material, o delito se consuma quando o agente, efetivamente, obsta, impede ou dificulta injustamente a inscrição de qualquer interessado nos registros cadastrais ou promove indevidamente a alteração, a suspensão ou o cancelamento de registro do inscrito. Não há necessidade que o interessado venha a ser prejudicado com esses comportamentos, pois a consumação ocorrerá independentemente de qualquer prejuízo, bastando que ocorra prática de qualquer deles, ou seja, que o agente obste, impeça ou dificulte injustamente a inscrição de qualquer interessado nos registros cadastrais ou promova indevidamente a alteração, a suspensão ou o cancelamento de registro do inscrito.

Em se tratando de um delito plurissubsistente, será perfeitamente possível o reconhecimento da tentativa, a exemplo da hipótese que o agente, indevidamente, dava início ao cancelamento do registro de alguém, quando é descoberto e interrompido.

Elemento subjetivo

As condutas constantes no tipo penal que prevê o delito de *impedimento indevido* somente podem ser praticadas dolosamente, não havendo previsão para a modalidade de natureza culposa.

Modalidades comissiva e omissiva

Dependendo da modalidade de conduta praticada, o crime pode ser cometido comissiva ou omissivamente. Assim, por exemplo, o agente pode obstar, impedir ou dificultar injustamente a inscrição de qualquer interessado nos registros cadastrais fazendo ou deixando de fazer alguma coisa. Por outro lado, o núcleo promover, previsto na segunda parte do art. 337-N do Código Penal, somente pode ser praticado comissivamente, atuando o agente no sentido de, indevidamente, alterar, suspender ou levar a efeito o cancelamento de registro do inscrito.

Será possível que o delito seja praticado via omissão imprópria, nos termos do art. 13, § 2º do Código Penal, quando o agente, garantidor, podendo, nada fi-

zer para evitar a prática do crime, a exemplo daquele que, percebendo que seu inferior hierárquico atuava no sentido de dificultar, injustamente, a inscrição de alguém interessado nos registros cadastrais, anui, dolosamente, com esse comportamento, haja vista que o aludido interessado era um antigo desafeto seu.

Pena, ação penal, competência para julgamento, suspensão condicional do processo e cálculo da pena de multa

A pena cominada para o delito de *impedimento indevido* é de reclusão, de 6 (seis) meses a 2 (dois) anos, e multa.

A ação penal é de iniciativa pública incondicionada.

Compete, pelo menos inicialmente, ao Juizado Especial Criminal o processo e o julgamento do delito de impedimento indevido, considerando a pena máxima cominada em abstrato, nos termos do art. 61 da Lei nº 9.099/95.

Tendo em vista a pena mínima cominada no preceito secundário do art. 337-N em análise, será possível a confecção de proposta de suspensão condicional do processo, conforme art. 89 da Lei nº 9.099/95.

De acordo com o art. 337-P do diploma repressivo, a pena de multa cominada aos crimes previstos no Capítulo II-B, correspondente aos *crimes em licitações e contratos administrativos*, seguirá a metodologia de cálculo prevista no Código Penal e não poderá ser inferior a 2% (dois por cento) do valor do contrato licitado ou celebrado com contratação direta.

Princípio da continuidade normativo típica

As condutas constantes do art. 337-N, inserido no Código Penal pela Lei nº 14.133, de 1º de abril de 2021 que prevê o delito de *impedimento indevido* encontravam-se, anteriormente, tipificadas no art. 98 da revogada Lei nº 8.666, de 21 de junho de 1993.

In casu, deve ser aplicado o chamado princípio da continuidade normativo-típica, uma vez que as condutas previstas no tipo penal anterior (art. 98), revogado expressamente por lei posterior (art. 337-N), continuaram a ser por ele abrangidas, não se podendo falar, assim, em *abolitio criminis*.

Será aplicada, contudo, a lei anterior, no que diz respeito às regras quanto ao cumprimento da pena de detenção, uma vez que a lei nova, vale dizer, o art. 337-N do Código Penal, previu uma pena de reclusão, sendo, portanto, considerado uma *novatio legis in pejus*, ficando proibida a sua aplicação retroativa. Assim, no que diz respeito ao cumprimento efetivo da pena, será aplicado o art. 98 da Lei nº 8.666, de 21 de junho de 1993 para os crimes praticados antes da vigência do art. 337-N *sub examen*.

Omissão grave de dado ou de informação por projetista
Art. 337-O Omitir, modificar ou entregar à Administração Pública levantamento cadastral ou

condição de contorno em relevante dissonância com a realidade, em frustração ao caráter competitivo da licitação ou em detrimento da seleção da proposta mais vantajosa para a Administração Pública, em contratação para a elaboração de projeto básico, projeto executivo ou anteprojeto, em diálogo competitivo ou em procedimento de manifestação de interesse.

Pena – reclusão, de 6 (seis) meses a 3 (três) anos, e multa.

§ 1º Consideram-se condição de contorno as informações e os levantamentos suficientes e necessários para a definição da solução de projeto e dos respectivos preços pelo licitante, incluídos sondagens, topografia, estudos de demanda, condições ambientais e demais elementos ambientais impactantes, considerados requisitos mínimos ou obrigatórios em normas técnicas que orientam a elaboração de projetos.

§ 2º Se o crime é praticado com o fim de obter benefício, direto ou indireto, próprio ou de outrem, aplica-se em dobro a pena prevista no *caput* deste artigo.

Introdução

O delito de *omissão grave de dado ou de informação por projetista* foi introduzido no art. 337-O do Código Penal através da Lei nº 14.133, de 1º de abril de 2021, e prevê as condutas de *omitir, modificar* ou *entregar* à Administração Pública levantamento cadastral ou condição de contorno em relevante dissonância com a realidade, em frustração ao caráter competitivo da licitação ou em detrimento da seleção da proposta mais vantajosa para a Administração Pública, em contratação para a elaboração de projeto básico, projeto executivo ou anteprojeto, em diálogo competitivo ou em procedimento de manifestação de interesse. *Omitir* tem o sentido de não fornecer, deixar de entregar; *modificar* deve ser entendido como alterar, mudar; *entregar* importa no efetivo fornecimento à Administração Pública.

Essas condutas têm como objeto o *levantamento cadastral* ou *condição de contorno* em relevante dissonância com a realidade. O § 1º do art. 337-O traduziu o conceito de condição de contorno, dizendo ser *as informações e os levantamentos suficientes e necessários para a definição da solução de projeto e dos respectivos preços pelo licitante, incluídos sondagens, topografia, estudos de demanda, condições ambientais e demais elementos ambientais impactantes, considerados requisitos mínimos ou obrigatórios em normas técnicas que orientam a elaboração de projetos.*

Praticando esses comportamentos, o agente frustra o caráter competitivo da licitação ou em detrimento da seleção da proposta mais vantajosa para a Administração Pública, em contratação para a elaboração de projeto básico, projeto executivo ou anteprojeto, em diálogo competitivo ou em procedimento de manifestação de interesse.

O art. 6º da Lei de Licitações e Contratos Administrativos considera:

(...)

XXIV – anteprojeto: peça técnica com todos os subsídios necessários à elaboração do projeto básico, que deve conter, no mínimo, os seguintes elementos:

a) demonstração e justificativa do programa de necessidades, avaliação de demanda do público-alvo, motivação técnico-econômico-social do empreendimento, visão global dos investimentos e definições relacionadas ao nível de serviço desejado;

b) condições de solidez, de segurança e de durabilidade;

c) prazo de entrega;

d) estética do projeto arquitetônico, traçado geométrico e/ou projeto da área de influência, quando cabível;

e) parâmetros de adequação ao interesse público, de economia na utilização, de facilidade na execução, de impacto ambiental e de acessibilidade;

f) proposta de concepção da obra ou do serviço de engenharia;

g) projetos anteriores ou estudos preliminares que embasaram a concepção proposta;

h) levantamento topográfico e cadastral;

i) pareceres de sondagem;

j) memorial descritivo dos elementos da edificação, dos componentes construtivos e dos materiais de construção, de forma a estabelecer padrões mínimos para a contratação;

XXV – projeto básico: conjunto de elementos necessários e suficientes, com nível de precisão adequado para definir e dimensionar a obra ou o serviço, ou o complexo de obras ou de serviços objeto da licitação, elaborado com base nas indicações dos estudos técnicos preliminares, que assegure a viabilidade técnica e o adequado tratamento do impacto ambiental do empreendimento e que possibilite a avaliação do custo da obra e a definição dos métodos e do prazo de execução, devendo conter os seguintes elementos:

a) levantamentos topográficos e cadastrais, sondagens e ensaios geotécnicos, ensaios e análises laboratoriais, estudos socioambientais e demais dados e levantamentos necessários para execução da solução escolhida;

b) soluções técnicas globais e localizadas, suficientemente detalhadas, de forma a evitar, por ocasião da elaboração do projeto executivo e da realização das obras e montagem, a necessidade de reformulações ou variantes quanto à qualidade, ao preço e ao prazo inicialmente definidos;

c) identificação dos tipos de serviços a executar e dos materiais e equipamentos a incorporar à obra, bem como das suas especificações, de modo a assegurar os melhores resultados para o empreendimento e a segurança executiva na utilização do objeto, para os fins a que se destina, considerados os riscos e os perigos identificáveis, sem frustrar o caráter competitivo para a sua execução;

d) informações que possibilitem o estudo e a definição de métodos construtivos, de instalações provisórias e de condições organizacionais para a obra, sem frustrar o caráter competitivo para a sua execução;

e) subsídios para montagem do plano de licitação e gestão da obra, compreendidos a sua programação, a estratégia de suprimentos, as normas de fiscalização e outros dados necessários em cada caso;

f) orçamento detalhado do custo global da obra, fundamentado em quantitativos de serviços e fornecimentos propriamente avaliados, obrigatório exclusivamente para os regimes de execução previstos nos incisos I, II, III, IV e VII do *caput* do art. 46 desta Lei;

XXVI – projeto executivo: conjunto de elementos necessários e suficientes à execução completa da obra, com o detalhamento das soluções previstas no projeto básico, a identificação de serviços, de materiais e de equipamentos a serem incorporados à obra, bem como suas especificações técnicas, de acordo com as normas técnicas pertinentes;

(...)

XLII – diálogo competitivo: modalidade de licitação para contratação de obras, serviços e compras em que a Administração Pública realiza diálogos com licitantes previamente selecionados mediante critérios objetivos, com o intuito de desenvolver uma ou mais alternativas capazes de atender às suas necessidades, devendo os licitantes apresentar proposta final após o encerramento dos diálogos;

A regulamentação do procedimento de manifestação de interesse encontra-se prevista no art. 81 da Lei nº 14.133, de 1º de abril de 2021.

Classificação doutrinária

Crime comum, no que diz respeito ao sujeito ativo, e próprio quanto ao sujeito passivo; doloso; comissivo (nas modalidades modificar ou entregar) omissivo próprio (com relação ao núcleo omitir), (podendo, também, nos termos do art. 13, § 2º, do Código Penal, ser praticado via omissão imprópria, na hipótese de o agente gozar do *status* de garantidor); material; monossubsistente (com a conduta de omitir) plurissubsistente (com relação às condutas de modificar e entregar); monossubjetivo; não transeunte.

Objeto material e bem juridicamente protegido

A Administração Pública é o bem juridicamente protegido pelo delito de *omissão grave de dado ou de informação por projetista*.

Objeto material do delito tipificado no art. 337-O do Código Penal é o levantamento cadastral ou condição de contorno em relevante dissonância com a realidade.

Sujeito ativo e sujeito passivo

Tratando-se de um crime comum, qualquer pessoa pode ser sujeito ativo do delito tipificado no art. 337-O do Código Penal.

Sujeitos passivos são as Administrações Públicas diretas, autárquicas e fundacionais da União, dos Estados, do Distrito Federal e dos Municípios, bem como o licitante que viu frustrado o caráter competitivo da licitação.

Consumação e tentativa

O delito se consuma no momento em que o agente omite, modifica ou entrega à Administração Pública levantamento cadastral ou condição de contorno em relevante dissonância com a realidade, em frustração ao caráter competitivo da licitação ou em detrimento da seleção da proposta mais vantajosa para a Administração Pública, em contratação para a elaboração de projeto básico, projeto executivo ou anteprojeto, em diálogo competitivo ou em procedimento de manifestação de interesse.

Dependendo do comportamento praticado, será admissível a tentativa. Assim, sendo somente possível o fracionamento do *iter criminis* com relação às condutas de *modificar* ou *entregar*, nessas hipóteses se poderá raciocinar com a possibilidade do reconhecimento da tentativa, não sendo possível, contudo, quando estivermos diante da conduta omissiva própria, configurada através do núcleo *omitir*.

Causa de aumento de pena

O § 2º do art. 337-O do Código Penal prevê uma causa especial de aumento de pena, dizendo, *verbis*:

§ 2º Se o crime é praticado com o fim de obter benefício, direto ou indireto, próprio ou de outrem, aplica-se em dobro a pena prevista no *caput* deste artigo.

Elemento subjetivo

As condutas constantes no tipo penal que prevê o delito de *omissão grave de dado ou de informação por projetista* somente podem ser praticadas dolosamente, não havendo previsão para a modalidade de natureza culposa.

Modalidades comissiva e omissiva

A conduta de *omitir* pressupõe um comportamento omissivo por parte do agente. Por outro lado, os núcleos *modificar* e *entregar* induzem a um comportamento comissivo.

Será possível que o delito seja praticado via omissão imprópria, nos termos do art. 13, § 2º do Código Penal, quando o agente, garantidor, podendo, nada fizer para evitar a prática do crime, quando estivermos diante de comportamentos de natureza positiva, compreendidos através das condutas típicas de *modificar* e *entregar*.

Pena, ação penal, suspensão condicional do processo e cálculo da pena de multa

A pena cominada para o delito de *omissão grave de dado ou de informação por projetista* é de reclusão, de 6 (seis) meses a 3 (três) anos, e multa.

A ação penal é de iniciativa pública incondicionada. Tendo em vista a pena mínima cominada no preceito secundário do art. 337-O em análise, será possível a confecção de proposta de suspensão condicional do processo, nos termos do art. 89 da Lei nº 9.099/95, desde que não seja aplicado o § 2º do referido artigo, que determinada seja aplicada em dobro a pena prevista no *caput* se o crime é praticado com o fim de obter benefício, direto ou indireto, próprio ou de outrem.

De acordo com o art. 337-P do diploma repressivo, a pena de multa cominada aos crimes previstos no Capítulo II-B, correspondente aos *crimes em licitações e contratos administrativos*, seguirá a metodologia de cálculo prevista no Código Penal e não poderá ser inferior a 2% (dois por cento) do valor do contrato licitado ou celebrado com contratação direta.

Art. 337-P A pena de multa cominada aos crimes previstos neste Capítulo seguirá a metodologia de cálculo prevista neste Código e não poderá ser inferior a 2% (dois por cento) do valor do contrato licitado ou celebrado com contratação direta.

O art. 337-P em análise determina que a pena de multa cominada aos delitos tipificados no Capítulo II-B, que prevê os crimes em licitações e contratos administrativos, do Título XI (Dos Crimes contra a Administração Pública), seguirá a metodologia de cálculo do Código Penal, ou seja, será aplicado o artigo 49 do referido diploma legal.

A pena de multa será, no mínimo, de 10 e, no máximo, de 360 dias-multa. O valor do dia-multa será fixado pelo juiz, não podendo ser inferior a um trigésimo do valor do maior salário-mínimo mensal vigente à época do fato, nem superior a cinco vezes esse salário (art. 49, § 1º, do CP). Na fixação da pena de multa, o juiz deve atender, principalmente, à situação econômica do réu, podendo seu valor ser aumentado até o triplo se o juiz considerar que é ineficaz, embora aplicada no máximo (art. 60 e § 1º do CP). O valor da multa será atualizado, quando da execução, pelos índices de correção monetária (art. 49, § 2º, do CP).

O artigo 337-P do Código Penal determina, ainda, que, nos crimes constantes no capítulo II-B, que diz respeito aos crimes em licitações e contratos administrativos, o valor final do cálculo relativo à pena de multa aplicada ao sentenciado não poderá ser inferior a 2% (dois por cento) do valor do contrato licitado ou celebrado com contratação direta.

Assim, levados a efeitos todos os cálculos, o juiz verificará se o valor final é inferior a 2% (dois por cento) do valor do contrato licitado ou celebrado com contratação direta. Caso seja, fará o ajuste e, mesmo sendo inferior, o condenado pagará a importância correspondente a esses 2% (dois por cento). Caso seja superior, será mantido o valor encontrado na sentença penal condenatória.

Só a título de exemplo, calculando os valores máximos previstos no art. 49, §§ 1º e 2º do Código Penal, teríamos o seguinte: 360 dias-multa, multiplicados por 5 (cinco) vezes o salário mínimo mensal vigente ao tempo do fato. Esse total poderá ser multiplicado, ainda, por três (art. 60, § 1º do CP). Dessa forma, em termos atuais, teríamos um valor total aproximado de R$ 5.700.000,00 (cinco milhões e setecentos mil reais).

Esse valor máximo deveria corresponder ao mínimo de 2% de um contrato no valor de R$ 283.500.000,00 (duzentos e oitenta e três milhões e quinhentos mil reais) e sabemos que, muitas vezes, as obras públicas ultrapassam, em muito, esse valor. Portanto, se o agente foi contratado para uma obra licitada no valor de R$ 500.000.000,00 (quinhentos milhões), e como o valor total da multa prevista no Código Penal não alcança os 2% (dois por cento) exigidos pelo art. 337-P do referido diploma legal, o agente, além da condenação à pena privativa de liberdade, terá que pagar o valor de R$ 10.000.000,00 (dez milhões de reais) a título de pena de multa.

Em uma licitação no valor de R$ 1.000.000,00 (um milhão de reais), o valor mínimo a ser pago, a título de condenação a pena de multa, seria o de R$ 20.000,00 (vinte mil reais), e estaria dentro do valor total previsto no Código Penal. Aqui, poderia o julgador aplicá-la até em valor superior, ultrapassando os 2% (dois por cento) mínimos exigidos, uma vez que ainda teria uma margem para sua aplicação, ao contrário do primeiro exemplo, onde o valor máximo aplicado seria mesmo o correspondente aos 2% (dois por cento).

Dessa forma, estejam ou não os valores finais das penas de multa previstos dentro do cálculo determinado pelos artigos 49 e 60, § 1º do Código Penal, sua aplicação nunca poderá ser inferior à 2% (dois por cento) do valor do contrato licitado ou celebrado com contratação direta.

Capítulo III – Dos Crimes contra a Administração da Justiça

Reingresso de estrangeiro expulso
Art. 338. Reingressar no território nacional o estrangeiro que dele foi expulso:

Pena – reclusão, de um a quatro anos, sem prejuízo de nova expulsão após o cumprimento da pena.

Introdução

O núcleo *reingressar* tem o sentido de ingressar nova-mente, voltar. Somente pode *reingressar* aquele que, em algum momento, tiver saído. Dessa forma, não se amolda à figura típica em estudo a conduta do estran-geiro que, expulso, se recusa a sair do nosso território. O reingresso deve ser em *território nacional*, ou seja, em todo espaço (aéreo, marítimo ou terrestre) onde o Brasil exerce sua soberania. No entanto, vale a ad-vertência feita por Damásio de Jesus quando assevera que o delito em estudo cuida do fato do "estrangeiro reingressar em nosso território jurídico, alcançado pela nossa soberania, não abrangendo o chamado território por extensão (CP, art. 5º, § 1º). Assim, não constitui delito penetrar o estrangeiro expulso em na-vios ou aeronaves brasileiros de natureza militar ou navios particulares em alto-mar".[82]

O conceito de estrangeiro deve ser encontrado por exclusão, ou seja, aquele que não gozar do *status* de brasileiro, seja ele nato ou naturalizado, nos termos do art. 12 da Constituição Federal, é que poderá ser considerado estrangeiro.

A Lei nº 13.445, de 24 de maio de 2017, que revogou o Estatuto do Estrangeiro (Lei nº 6.815, de 19 de agosto de 1980), previu as hipóteses de expulsão na Seção IV (Da Expulsão), do seu Capítulo V (Das Medidas de Retirada Compulsória), dizendo, em seus arts. 54 e 55, *verbis*:

Art. 54. A expulsão consiste em medida administrati-va de retirada compulsória de migrante ou visitante do território nacional, conjugada com o impedimento de reingresso por prazo determinado.

§ 1º Poderá dar causa à expulsão a condenação com sentença transitada em julgado relativa à prática de:

I – crime de genocídio, crime contra a humanidade, crime de guerra ou crime de agressão, nos termos defi-nidos pelo Estatuto de Roma do Tribunal Penal Inter-nacional, de 1998, promulgado pelo Decreto nº 4.388, de 25 de setembro de 2002; ou

II – crime comum doloso passível de pena privativa de liberdade, consideradas a gravidade e as possibilidades de ressocialização em território nacional.

§ 2º Caberá à autoridade competente resolver sobre a expulsão, a duração do impedimento de reingresso e a suspensão ou a revogação dos efeitos da expulsão, ob-servado o disposto nesta Lei.

§ 3º O processamento da expulsão em caso de crime comum não prejudicará a progressão de regime, o cumprimento da pena, a suspensão condicional do processo, a comutação da pena ou a concessão de pena alternativa, de indulto coletivo ou individual, de anis-tia ou de quaisquer benefícios concedidos em igualda-de de condições ao nacional brasileiro.

§ 4º O prazo de vigência da medida de impedimento vinculada aos efeitos da expulsão será proporcional ao

prazo total da pena aplicada e nunca será superior ao dobro de seu tempo.

Art. 55. Não se procederá à expulsão quando:

I – a medida configurar extradição inadmitida pela legislação brasileira;

II – o expulsando:

a) tiver filho brasileiro que esteja sob sua guarda ou dependência econômica ou socioafetiva ou tiver pessoa brasileira sob sua tutela;

b) tiver cônjuge ou companheiro residente no Brasil, sem discriminação alguma, reconhecido judicial ou legalmente;

c) tiver ingressado no Brasil até os 12 (doze) anos de idade, residindo desde então no País;

d) for pessoa com mais de 70 (setenta) anos que resida no País há mais de 10 (dez) anos, considerados a gravi-dade e o fundamento da expulsão; ou

e) (Vetado).

Não cabe ao magistrado avaliar se o decreto de expulsão do paciente do território nacional foi justo ou não, para caracterização de eventual tipificação do crime previsto no art. 338 do Código Penal. Prece-dente: HC 218.279/DF, Relator Ministro Teori Albino Zavascki, Primeira Seção, *DJe* 16/11/2011 (STJ, HC 290849/DF, Rel. Min. Benedito Gonçalves, S1, *DJe* 20/06/2014).

Nesse sentido:

TRF 4ª Reg., HC 2008.04.00.040109-1, Rel. Amaury Chaves de Athayde, 7ª T., j. 03/11/2008; TRF 3ª Reg., ACR 2003.61.81.004424-0/SP, Rel. André Nekatschalow, 5ª T., *DJU* 21/02/2006, p. 276; TRF 1ª Reg., ACr 95.01.05229-0/ GO, Rel. Fernando Gonçalves, 3ª T., *DJ* 19/08/1996, p. 58.551.

Classificação doutrinária

Crime próprio, tanto com relação ao sujeito ativo quanto ao sujeito passivo; doloso; comissivo (poden-do, no entanto, ser praticado via omissão imprópria, nos termos do art. 13, § 2º, do Código Penal); perma-nente; de forma livre; monossubjetivo; plurissubsis-tente; transeunte.

Em sentido contrário:

o crime previsto no art. 338 do Código Penal é unissubsistente, pelo que se caracteriza com o sim-ples retorno do estrangeiro, após ter sido expulso do país por meio de decreto presidencial do qual estava ciente (TRF 3ª Reg., ACR 2002.61.81.003707-3/SP, Rel. Luiz Stefanini, 1ª T., *DJU* 10/01/2006, p. 141).

Nesse sentido contrário:

TRF 4ª Reg., Ap. Crim. 2003.72.02.003503-9, Rel. Tada-aqui Hirose, 7ª T., j. 04/06/2008.

Sujeito ativo e sujeito passivo

De acordo com a redação típica, somente o *estrangei-ro expulso* do território nacional é que poderá prati-

[82] JESUS, Damásio E. de. *Direito penal*, v. 4, p. 244.

car o delito previsto pelo art. 338 do Código Penal, tratando-se, pois, de um crime próprio.

O *sujeito passivo* é o Estado.

Objeto material e bem juridicamente protegido

A Administração Pública é o bem juridicamente protegido pelo tipo penal que prevê o delito de *reingresso de estrangeiro expulso* ou, mais especificamente, a administração da justiça.

Não há objeto material.

Consumação e tentativa

O delito se consuma quando o estrangeiro expulso, efetivamente, reingressa em território nacional.

A tentativa é admissível.

O delito de reingresso no território nacional de estrangeiro expulso, tipificado no art. 338 do CP é de natureza permanente, cuja consumação se protrai no tempo. Tratando-se de crime permanente, enquanto não cessar a permanência, entende-se o agente em flagrante delito, a teor do art. 303 do CPP. Logo, cabível a prisão em flagrante, enquanto não cessar a permanência, pois a conduta do agente continua a ferir o bem jurídico protegido (TRF 3ª Reg., HC 2005.03.00.077554-6/SP, Rel. Cecília Mello, 2ª T., *DJU* 19/12/2005, p. 398).

Elemento subjetivo

O dolo é o elemento subjetivo exigido pelo tipo penal que prevê o delito de *reingresso de estrangeiro expulso*, não havendo previsão para a modalidade de natureza culposa.

Modalidades comissiva e omissiva

A conduta de *reingressar* pressupõe um comportamento comissivo por parte do agente, podendo, no entanto, ser cometida via omissão imprópria.

Pena, ação penal e suspensão condicional do processo

A pena cominada ao delito de *reingresso de estrangeiro expulso* é de reclusão, de 1 (um) a 4 (quatro) anos, sem prejuízo de nova expulsão após o cumprimento da pena.

A ação penal é de iniciativa pública incondicionada.

Será possível a confecção de proposta de suspensão condicional do processo.

Competência da Justiça Federal

Vide art. 109, X, da Constituição Federal.

Denunciação caluniosa

Art. 339. Dar causa à instauração de inquérito policial, de procedimento investigatório criminal, de processo judicial, de processo administrativo disciplinar, de inquérito civil ou de ação de improbidade administrativa contra alguém, imputando-lhe crime, infração ético-disciplinar ou ato ímprobo de que o sabe inocente.

Pena – reclusão, de dois a oito anos, e multa.
§ 1º A pena é aumentada de sexta parte, se o agente se serve de anonimato ou de nome suposto.
§ 2º A pena é diminuída de metade, se a imputação é de prática de contravenção.

Introdução

O delito de *denunciação caluniosa* encontra-se tipificado no art. 339 do Código Penal. De acordo com a nova redação que lhe foi conferida pela Lei nº 14.110, de 18 de dezembro de 2020, podemos apontar os seguintes elementos que integram a figura típica: a) a conduta de dar causa à instauração: b) de inquérito policial; de procedimento investigatório criminal; de processo judicial; de processo administrativo disciplinar; de inquérito civil; de ação de improbidade administrativa; c) contra alguém; d) imputando-lhe crime, infração ético-disciplinar ou ato ímprobo; d) de que o sabe inocente.

Dar causa à instauração é fazer com que seja iniciado, inaugurado. A conduta praticada pelo agente leva, portanto, à instauração de:

Inquérito policial. É o instrumento através do qual o Estado, inicialmente, busca a apuração das infrações penais e de seus prováveis autores, ou, como preleciona Paulo Rangel, é um "procedimento de índole meramente administrativa, de caráter informativo, preparatório da ação penal". Dissemos inicialmente porque, através do inquérito policial, buscam-se as primeiras provas, ou o mínimo de prova, a que chamamos de *justa causa*, a fim de que o titular da ação penal de iniciativa pública, vale dizer, o Ministério Público, possa dar início a persecução penal em juízo através do oferecimento de denúncia.

O inquérito policial tem a finalidade de apurar eventual prática de uma infração penal, bem como indícios de sua autoria. O inquérito policial pode ser inaugurado, de acordo com o art. 5º do Código de Processo Penal: a. de ofício, pela autoridade policial; b. mediante requisição do Ministério Público; c. mediante requisição da autoridade judiciária; d. em virtude de requerimento do ofendido ou de quem tenha qualidade para representá-lo. Além das hipóteses previstas expressamente pelo mencionado art. 5º do Código de Processo Penal, também poderá ter início em virtude de prisão em flagrante, oportunidade em que é lavrado o respectivo auto de prisão, a partir do qual terão início as investigações.

Para que ocorra o delito de denunciação caluniosa será preciso a efetiva instauração do inquérito policial, que se dá através da expedição de portaria da autoridade policial ou pelo auto de prisão em flagrante. Assim, não haverá denunciação caluniosa se ocorrerem, tão somente, as chamadas investigações preliminares, previstas no § 3º do art. 5º do Código de Processo Penal que, em algumas regiões, é conhecida com VPI, por conta da expressão contida no mencionado parágrafo (verificada a procedência das informações).

Também não ocorrerá denunciação caluniosa na hipótese de confecção de registro de ocorrência policial, que este não se configura em inquérito policial.

Uma vez instaurado o inquérito policial, levando-se em consideração a imputação de crime a alguém, que o agente sabia ser inocente, para que ocorra o delito em exame não haverá necessidade de indiciamento, bastando a instauração do inquérito policial para apuração dos fatos trazidos ao conhecimento da autoridade policial.

Procedimento Investigatório criminal. De acordo com art. 1º da Resolução nº 181, de 7 de agosto de 2017, com as alterações promovidas pela Resolução nº 183, de 24 de janeiro de 2018, *o procedimento investigatório criminal é instrumento sumário e desburocratizado de natureza administrativa e investigatória, instaurado e presidido pelo membro do Ministério Público com atribuição criminal, e terá como finalidade apurar a ocorrência de infrações penais de iniciativa pública, servindo como preparação e embasamento para o juízo de propositura, ou não, da respectiva ação penal.*

Os artigos 3º e 4º da mencionada Resolução, dizem, *verbis*:

Art. 3º O procedimento investigatório criminal poderá ser instaurado de ofício, por membro do Ministério Público, no âmbito de suas atribuições criminais, ao tomar conhecimento de infração penal de iniciativa pública, por qualquer meio, ainda que informal, ou mediante provocação.

(...)

Art. 4º O procedimento investigatório criminal será instaurado por portaria fundamentada, devidamente registrada e autuada, com a indicação dos fatos a serem investigados e deverá conter, sempre que possível, o nome e a qualificação do autor da representação e a determinação das diligências iniciais.

Parágrafo único. Se, durante a instrução do procedimento investigatório criminal, for constatada a necessidade de investigação de outros fatos, o membro do Ministério Público poderá aditar a portaria inicial ou determinar a extração de peças para instauração de outro procedimento.

Neste caso, tal como se exige com relação ao inquérito policial, para que ocorra a denunciação caluniosa, faz-se necessária a edição de portaria ministerial, dando início, assim, formalmente, à instauração do procedimento investigatório criminal.

Embora outras instituições possam ter seus próprios instrumentos de investigação, entendemos que a lei quis se referir, especificamente, a esse procedimento instaurado pelo Ministério Público, através do qual poderá, na qualidade de *dominus litis*, oferecer a denúncia, dando início, outrossim, à ação penal de iniciativa pública.

Processo Judicial. Diz respeito ao processo onde sua tramitação ocorre perante o Poder Judiciário, tendo, portanto, uma natureza judicial. O processo judicial a que se refere o art. 339 do diploma repressivo pode ter tanto uma natureza penal quanto civil. Antes da modificação levada a efeito pelo trazida pela Lei 14.110/2020, que incluiu a instauração de inquérito civil ou a ação de improbidade administrativa, não restaram mais dúvidas de que a expressão processo judicial abrangia as duas grandes categorias – penal e civil –, uma vez que, se a mera instauração de um inquérito civil já tem o condão de caracterizar a infração penal em estudo, que dirá o ajuizamento de uma ação civil pública, por exemplo, com base no suposto crime praticado pelo agente.

Como o tipo penal constante do art. 339 do Código Penal usa a expressão "dar causa a instauração", devemos nos perguntar quando teremos por inaugurado o processo judicial. Aqui, a resposta terá que se desdobrar. Isso porque, no que diz respeito à seara penal, somente após o recebimento da denúncia é que poderemos falar em processo. Nesse sentido, Tourinho Filho assevera que: "Oferecida a denúncia ou a queixa, e uma vez recebida, está instaurado o processo. Daí para a frente, até a sentença final, são realizados vários atos processuais, cuja ordem e formalidade variam de acordo com o procedimento estabelecido"[83].

Ao contrário, quando estivermos na área cível, o processo já poderá ser assim considerado a partir do protocolo da propositura da ação respectiva, conforme determina o art. 312 do Código de Processo Civil, que diz, *verbis*:

Art. 312. Considera-se proposta a ação quando a petição inicial for protocolada, todavia, a propositura da ação só produz quanto ao réu os efeitos mencionados no art. 240 depois que for validamente citado.

Assim, conforme as lições de Higor Lucas Oliveira da Silva

"o processo inicia-se após a propositura da ação. Outrora, por mais que muitas acreditam que o processo inicia-se efetivamente após a citação do réu, ou ainda com seu efetivo comparecimento, o legislador de forma clara, descreve que a citação apenas de constitui de requisitos de validade do processo, e não requisito de existência, o que nos traz a concluir que o processo ao ser proposto, pode ser considerado efetivamente iniciado"[84].

No mesmo sentido, America Nejaim, quando assevera que:

"No que se refere ao início da propositura da ação, a formação do processo passa a ocorrer com o proto-

[83] TOURINHO FILHO, Fernando da Costa. *Prática de processo penal*, p. 173
[84] OLIVEIRA DA SILVA, Higor Lucas. Formação, suspensão e extinção. Disponível em: <https://jus.com.br/artigos/72489/formacao-suspensao-e-extincao>. Acesso em: 26 dez. 2020.

colo da petição inicial (art. 312) no Poder Judiciário, sem precisar aguardar ser despachada, como ocorria no CPC de 73"[85].

Processo administrativo disciplinar. De acordo com as precisas lições de José do Santos Carvalho Filho: "Processo administrativo-disciplinar é o instrumento formal através do qual a Administração apura a existência de infrações praticadas por seus servidores e, se for o caso, aplica as sanções adequadas. Basicamente essa é também a conceituação adotada pelo Estatuto Federal dos Servidores (art. 148, Lei nº 8.112/1990). Como já anotamos, o processo não abrange apenas os servidores que estejam laborando dentro do órgão a que pertençam, mas alcança também aqueles que, em outras entidades públicas ou privadas, exercem funções que guardem alguma conexão com a repartição de origem. Quando uma infração é praticada no âmbito da Administração, é absolutamente necessário apurá-la, como garantia para o servidor e também da Administração. O procedimento tem que ser formal para permitir ao autor do fato o exercício do direito de ampla defesa, procurando eximir-se da acusação a ele oferecida. O fundamento do processo em foco está abrigado no sistema disciplinar que vigora na relação entre o Estado e seus servidores. Cabe à Administração zelar pela correção e legitimidade da atuação de seus agentes, de modo que quando se noticia conduta incorreta ou ilegítima tem a Administração o poder jurídico de restaurar a legalidade e de punir os infratores. A hierarquia administrativa, que comporta vários escalões funcionais, permite esse controle funcional com vistas à regularidade no exercício da função administrativa. A necessidade de formalizar a apuração através de processo administrativo é exatamente para que a Administração conclua a apuração dentro dos padrões da maior veracidade"[86].

Para que ocorra a infração penal em estudo, é preciso que a conduta do agente dê causa à instauração formal do processo administrativo disciplinar, que pode ocorrer de ofício assim que a autoridade competente toma conhecimento da suposta infração disciplinar atribuída a alguém. Assim, se uma sindicância tiver sido instaurada, conforme preconiza o art. 143 da Lei nº. 8.112, de 11 de dezembro de 1990, que dispõe sobre o regime jurídico dos servidores públicos civis da União, das autarquias e das fundações públicas federais, e, ao final, resultar em arquivamento, sem a instauração do processo administrativo, o fato será considerado atípico no que diz respeito ao delito de denunciação caluniosa.

Inquérito civil. É aquele, de natureza inquisitiva, presidido pelo Ministério Público, que tem por finalidade de investigar fatos ligados à proteção do patrimônio público e social, do meio ambiente e de outros interesses difusos e coletivos, conforme o disposto no art. 129, III, da Constituição Federal, para que, se for o caso, sirva de sustentação ao oferecimento de uma ação civil pública.

Ação de improbidade administrativa. É aquela prevista na Lei nº 8.429, de 2 de junho de 1992, que dispõe sobre as sanções aplicáveis em virtude da prática de atos de improbidade administrativa, de que trata o § 4º do art. 37 da Constituição Federal.

Tal como ocorre na situação em que se exige um processo judicial, para que ocorra o delito de denunciação caluniosa a ação de improbidade administrativa deve ter sido efetivamente proposta em juízo, conforme dispõe o art. 17, da Lei nº 8.429, de 2 de junho de 1992, que aponta o rito a ser obedecido, bem como os legitimados ativos, dizendo:

Art. 17. A ação para a aplicação das sanções de que trata esta Lei será proposta pelo Ministério Público e seguirá o procedimento comum previsto na Lei nº 13.105, de 16 de março de 2015 (Código de Processo Civil), salvo o disposto nesta Lei.

O agente, para que possa ser responsabilizado pela *denunciação caluniosa*, dever Dar causa à instauração de inquérito policial, de procedimento investigatório criminal, de processo judicial, de processo administrativo disciplinar, de inquérito civil ou de ação de improbidade administrativa *contra alguém*, ou seja, deve imputar a uma *pessoa determinada* uma infração penal, uma infração ético-disciplinar ou ato ímprobo de que o sabe inocente. Se não houver uma pessoa determinada, o fato poderá se subsumir à hipótese constante do art. 340 do Código Penal, que prevê o delito de *comunicação falsa de crime ou de contravenção*".

Embora o *caput* do art. 339 do Código Penal mencione, expressamente, a imputação de um crime, o § 2º do mesmo artigo amplia a denunciação caluniosa para a hipótese de imputação de contravenção, com a diferença de que, neste último caso, a pena aplicada ao agente será diminuída de metade.

Infração ético-disciplinar são aquelas condutas que dão origem às sanções disciplinares, a exemplo da advertência, suspensão, demissão, cassação de aposentadoria ou disponibilidade, destituição de cargo em comissão e destituição de função comissionada. Atos ímprobos são aqueles previstos nas seções I (Dos Atos de Improbidade Administrativa que Importam Enriquecimento Ilícito), II (Dos Atos de Improbidade Administrativa que Causam Prejuízo ao Erário), e III (Dos Atos de Improbidade Administrativa que Atentam Contra os Princípios da Administração Pública), do Capítulo II, da Lei nº 8.429, de 2 de junho de 1992.

---

[85] NEJAIM, América. A formação do processo no novo CPC. Disponível em: <https://americanejaim.jusbrasil.com.br/artigos/447819306/a--formacao-do-processo-no-novo-cpc>. Acesso em: 27 dez. 2020.

[86] CARVALHO FILHO, José dos Santos. *Manual de direito administrativo*, p. 1061.

A denunciação caluniosa pode ocorrer quando a infração penal, a infração ético-disciplinar ou ato ímprobo atribuídos a alguém nunca tiver existido, bem como quando, embora existentes, a pessoa a quem o agente imputa a sua prática não for o seu autor.

Finalmente, o agente deve saber que imputa uma infração penal, uma infração ético-disciplinar ou ato ímprobo inexistente, ou mesmo aquele que, efetivamente, ocorreu, a alguém que *sabe ser inocente*. O agente deve ter, portanto, a certeza da inocência daquele a quem acusa ter praticado uma infração ético-disciplinar ou ato ímprobo inexistente. Se houver dúvida, o delito restará afastado.

🏛 A abertura de processo administrativo no âmbito da Ordem dos Advogados do Brasil pode configurar o delito de denunciação caluniosa, desde que preenchidos os demais elementos constitutivos do tipo penal. A concretização do tipo descrito na denunciação caluniosa demanda a presença de três requisitos, a saber: a) que a imputação do ilícito seja dirigida à pessoa determinada; b) que a denúncia aponte a prática de crime, ou seja, de fato específico, classificado como delito pela legislação penal vigente; e c) que o agente ativo detenha ciência da inocência daquele a quem se atribui a infração penal (art. 339 do CP) (STJ, HC 477.243/DF, Rel. Min. Sebastião Reis Junior, 6ª T., *DJe* 07/05/2019).

Nesse sentido:

🏛 STJ, HC 428.355/SP, Rel. Min. Jorge Mussi, 5ª T., *DJe* 1º/08/2018; STJ, RHC 78.297/MG, Rel. Min. Ribeiro Dantas, 5ª T., *DJe* 28/06/2017; STJ, RHC 51.930/MS, Rel. Min. Nefi Cordeiro, 6ª T., *DJe* 1º/08/2016; STJ, AgRg no HC 339.782/ES, Rel. Min. Rogério Schietti Cruz, 6ª T., *DJe* 12/05/2016; STJ, RHC 43.131/MT, Rel. Min. Felix Fischer, 5ª T., *DJe* 25/06/2015; TJES, AC 038090044314, Rel.ª Des.ª Catharina Maria Novaes Barcellos, j. 12/03/2014; TJRS, AC 70042986778, Rel. Des. Constantino Lisbôa de Azevedo, j. 19/01/2012; TJRS, Ap. Crim. 70045335981, Rel. Constantino Lisbôa de Azevedo, j. 19/01/2012.

Classificação doutrinária

Crime comum, tanto com relação ao sujeito ativo quanto ao sujeito passivo; doloso; comissivo (podendo, no entanto, ser praticado via omissão imprópria, nos termos do art. 13, § 2º, do Código Penal); instantâneo; de forma livre; monossubjetivo; plurissubsistente; não transeunte.

Sujeito ativo e sujeito passivo

Qualquer pessoa pode ser *sujeito ativo*.

O sujeito passivo é o Estado, bem como aquele que ficou prejudicado com o comportamento praticado pelo sujeito ativo.

🏛 Consoante a jurisprudência desta Corte Superior, para caracterização do crime de denunciação caluniosa é imprescindível que o sujeito ativo saiba que a imputação do crime é objetivamente falsa ou que tenha certeza de que a vítima é inocente (STJ, RHC 106.998/MA, Rel. Min. Rogério Schietti Cruz, 6ª T., *DJe* 12/03/2019).

Objeto material e bem juridicamente protegido

A Administração Pública é o bem juridicamente protegido pelo tipo penal que prevê o delito de *denunciação caluniosa* ou, mais especificamente, a administração da justiça.

O objeto material é a pessoa que foi vítima da imputação falsa de crime, infração ético-disciplinar ou ato ímprobo.

Consumação e tentativa

O delito restará consumado com a *efetiva instauração* do inquérito policial, do procedimento investigatório criminal, do processo judicial, do processo administrativo disciplinar, do inquérito civil ou da ação de improbidade administrativa contra alguém, imputando-lhe crime, infração ético-disciplinar ou ato ímprobo de que o sabe inocente.

Admite-se a tentativa.

🏛 (...) Consoante a jurisprudência desta Corte Superior, "para caracterização do crime de denunciação caluniosa é imprescindível que o sujeito ativo saiba que a imputação do crime é objetivamente falsa ou que tenha certeza de que a vítima é inocente" (RHC 106.998/MA, Rel. Min. Rogerio Schietti Cruz, 6ª T., julgado em 21/02/2019, *DJe* 12/03/2019). (...) (AgRg no HC 501.188/RO, Rel. Min. Ribeiro Dantas, 5ª T., julgado em 20/02/2020, *DJe* 02/03/2020).

Nesse sentido:

🏛 TJSC, ACr 2010.026597-5, Rel. Des. Subst. Roberto Lucas Pacheco, *DJSC* 06/08/2010, p. 433; STJ, S3, CC 32496/SP, Rel. Min. Arnaldo Esteves Lima, *DJ* 02/03/2005, p. 182; STJ, EDcl no HC 16153/RJ, Rel. Min. Hamilton Carvalhido, 6ª T., *DJ* 15/12/2003 p. 401.

Elemento subjetivo

O dolo é o elemento subjetivo exigido pelo tipo penal em estudo, não havendo previsão para a modalidade de natureza culposa. Na verdade, o delito somente poderá ser praticado com *dolo direto*, conforme se extrai da expressão *de que o sabe inocente*.

🏛 (...) Considerando que a denúncia narra que o acusado agiu imbuído do dolo de imputar falsamente crime a quem sabia ser inocente, pois tinha ciência de que as informações supostamente vazadas pela vítima (violação de sigilo funcional) não eram sequer sigilosas. Por isso, não se vislumbra, no momento, a alegada atipicidade da conduta. (...) (AgRg no HC 501.188/RO, Rel. Min. Ribeiro Dantas, 5ª T., julgado em 20/02/2020, *DJe* 02/03/2020).

Nesse sentido:

🏛 STJ, RHC 43.131/MT, Rel. Min. Felix Fischer, 5ª T., *DJe* 25/06/2015; TJSC, AC 2010.080066-9, Rel. Des. Rodrigo Collaço, j. 14/02/2013; TRF 2ª Reg., ACr 2007.50.01.011406-5, Rel. Des. Fed. André Fontes, *DEJF2* 10/08/2010; TJMG,

APCr. 1378374-50.2008.8.13.0024, Rel. Des. Delmival de Almeida Campos, *DJEMG* 23/07/2010; STJ, HC 20770/GO, Rel. Min. Jorge Scartezzini, 5ª T., *RT* 813, p. 530; STJ, RHC 9765/RJ, Rel. Min. Vicente Leal, 6ª T., *RT* 794, p. 543; STJ, APn 489/SP, Rel. Min. Ari Pargendler, Corte Especial, j. 08/09/2008.

Modalidades comissiva e omissiva

A expressão *dar causa* pressupõe um comportamento comissivo por parte do agente, podendo, no entanto, ser praticado via omissão imprópria.

Causa especial de aumento de pena

Nos termos do § 1º do art. 339 do Código Penal, a pena é aumentada de sexta parte, se o agente se serve de anonimato ou de nome suposto. Na primeira hipótese, o agente não se identifica; na segunda, utiliza um nome fictício como subterfúgio para não ser reconhecido.

Causa especial de diminuição de pena

Determina o § 2º do art. 339 do Código Penal que a pena é diminuída de metade se a imputação é de prática de contravenção, ou seja, aquela infração penal a que a lei comina, isoladamente, pena de prisão simples ou de multa, ou ambas, alternativa ou cumulativamente, conforme o disposto no art. 1º do Decreto-Lei nº 3.914, de 9 de dezembro de 1941 (Lei de Introdução ao Código Penal) e na Lei das Contravenções Penais.

Pena e ação penal

A pena cominada ao delito de *denunciação caluniosa* é de reclusão, de 2 (dois) a 8 (oito) anos, e multa.

A pena é aumentada de sexta parte, nos termos do § 1º do art. 339 do Código Penal, se o agente se serve do anonimato ou de nome suposto.

A pena é diminuída de metade, se a imputação é de prática de contravenção, conforme o disposto no § 2º do citado artigo.

A ação penal é de iniciativa pública incondicionada.

⚖ O delito tipificado no art. 339 do CP (denunciação caluniosa) é de ação penal pública incondicionada, não havendo que se falar em exigência de representação das ofendidas. No que tange ao crime de injúria contra funcionário público em razão de suas funções, constou do v. acórdão vergastado que a ofendida representou pela apuração dos fatos, de modo que não há que se falar em decadência (STJ, RHC 93.363/SP, Rel. Min. Felix Fischer, 5ª T., *DJe* 04/06/2018).

Autodefesa em inquérito ou processo judicial

⚖ Inexiste o crime de denunciação caluniosa quando a falsa acusação é feita por um réu, em sua defesa, no curso do interrogatório do processo-crime ou do inquérito policial (TJSP, AC, Rel. Xavier Honrich, *RT* 504, p. 337).

Dolo subsequente e denunciação caluniosa

Pode ocorrer, ainda, a hipótese em que o agente, ao levar a efeito a denunciação, acredite, realmente, que a pessoa por ele apontada seja a autora da infração penal, no entanto, após o início das investigações, venha a tomar conhecimento da sua inocência. Nesse caso, se o agente se cala, ou seja, se não atua no sentido de levar esse fato ao conhecimento da autoridade encarregada da investigação, poderia ser responsabilizado pela denunciação caluniosa em virtude do seu dolo subsequente? Fragoso, citando Carrara, responde a essa indagação dizendo que não basta: "O dolo superveniente (apresentação de queixa de boa fé e posterior verificação da inocência do acusado), mesmo que o agente se cale e não esclareça o seu equívoco, pois o crime não pode ser praticado por omissão".[87] Apesar da autoridade do renomado autor, ousamos dele discordar. Isso porque, nos termos do art. 13, § 2º, do Código Penal, podemos entender que o agente, ao imputar a alguém a prática de um crime, que depois vem a saber ser inocente, cria para si a responsabilidade de impedir o resultado que, nesse caso, seria a sua condenação por um delito que não cometeu. Caso não atue, segundo nosso raciocínio, poderá ser responsabilizado pelo delito de denunciação caluniosa, via omissão imprópria, dada sua posição de garantidor.

Denunciação de crime cuja punibilidade já se encontrava extinta

O fato de o agente dar causa à instauração, por exemplo, de um inquérito policial cuja punibilidade da infração penal a ser apurada já se encontrava extinta, não importa no reconhecimento do delito de denunciação caluniosa. Ao agente não compete saber, por exemplo, se ocorreu, no caso concreto, qualquer hipótese que pudesse conduzir à extinção da punibilidade, bastando que o fato narrado seja verdadeiro e que a pessoa a quem ele imputa a sua prática seja, pelo menos em tese, a autora do delito.

O mesmo raciocínio se aplica quando estivermos diante de causas que afastem a ilicitude, ou mesmo a culpabilidade, a exemplo daquele que informa à autoridade policial a morte violenta de uma pessoa, imputando o delito de homicídio a alguém que teria agido em legítima defesa.

Lastro probatório mínimo

⚖ A acusação por crime de denunciação caluniosa deve conter um lastro probatório mínimo, no sentido de demonstrar que a instauração de investigação policial, processo judicial, investigação administrativa, inquérito civil ou ação de improbidade administra-

---

87 FRAGOSO, Heleno Cláudio. *Lições de direito penal*, v. 2, p. 505.

tiva teve por única motivação o interesse de atribuir crime a uma pessoa que se sabe ser inocente (STF, Processo 85023, RHC/TO, Rel. Joaquim Barbosa, pub. 1º/02/2008).

Denunciação caluniosa e organização criminosa

A Lei nº 12.850, de 2 de agosto de 2013, definiu organização criminosa e dispôs sobre a investigação criminal, os meios de obtenção de prova, as infrações penais correlatas, bem como o procedimento criminal a ser aplicado.

Na Seção I, do Capítulo I, cuidou da chamada *colaboração premiada*, possibilitando ao colaborado a concessão do perdão judicial, a redução em até 2/3 (dois terços) da pena privativa de liberdade aplicada ou sua substituição por restritiva de direitos, conforme se verifica pela redação constante do art. 4º do referido diploma legal.

Pode, contudo, o agente, pertencente à organização criminosa, com o fim de se beneficiar indevidamente da colaboração premiada, preservando os demais membros do grupo, imputar falsamente a alguém infração penal que sabe ser inocente, ou mesmo revelar informações sobre estrutura de organização criminosa que sabe inverídica.

Para evitar essas situações, o art. 19 da Lei nº 12.850, de 2 de agosto de 2013, criou uma modalidade de denunciação caluniosa, específica para as hipóteses de colaboração premiada, dizendo, *verbis*:

Art. 19. *Imputar falsamente, sob pretexto de colaboração com a Justiça, a prática de infração penal a pessoa que sabe ser inocente, ou revelar informações sobre a estrutura de organização criminosa que sabe inverídicas:*
Pena – reclusão, de 1 (um) a 4 (quatro) anos, e multa.

Denunciação caluniosa contra mortos

Seria possível a denunciação caluniosa contra mortos? Rogério Sanches Cunha, respondendo a essa indagação, corretamente, afirma que:
"A lei pune a ofensa contra mortos somente na calúnia (art. 138, § 2º, do CP). Assim, no silêncio, vedada está a integração incriminadora (art. 1º do CP). Não bastasse, a elementar 'de que o sabe inocente' indica tempo *presente* e *não passado*, o que impede, por si só, falar-se em denunciação caluniosa de pessoa morta."[88]

Denunciação caluniosa no Código Penal Militar

Vide art. 343 do Decreto-Lei nº 1.001/69 (Código Penal Militar).

Denunciação caluniosa e Código Eleitoral

A Lei nº 13.834, de 4 de junho de 2019, inseriu o art. 326-A ao Código Eleitoral (Lei nº 4.737, de 15 de julho de 1965), tipificando o crime de denunciação caluniosa com finalidade eleitoral, dizendo, *verbis*:

Art. 326-A. *Dar causa à instauração de investigação policial, de processo judicial, de investigação administrativa, de inquérito civil ou ação de improbidade administrativa, atribuindo a alguém a prática de crime ou ato infracional de que o sabe inocente, com finalidade eleitoral:*
Pena – reclusão, de 2 (dois) a 8 (oito) anos, e multa.
§ 1º A pena é aumentada de sexta parte, se o agente se serve do anonimato ou de nome suposto.
§ 2º A pena é diminuída de metade, se a imputação é de prática de contravenção.
§ 3º Incorrerá nas mesmas penas deste artigo quem, comprovadamente ciente da inocência do denunciado e com finalidade eleitoral, divulga ou propala, por qualquer meio ou forma, o ato ou fato que lhe foi falsamente atribuído.

Aqui será aplicado o chamado princípio da especialidade, ou seja, quando se tratar de denunciação caluniosa que tenha por finalidade, por exemplo, macular a imagem daquele que concorre a algum cargo eleitoral, imputando-lhe a prática de crime, dando causa a investigação policial, será aplicado o art. 326-A *sub examen*.

Cuida-se do chamado especial fim de agir, ou seja, uma finalidade que, segundo parte da doutrina, transcende ao dolo, sendo, *in casu*, configurado pela expressão *com finalidade eleitoral*, constante da parte final do art. 326-A da Lei nº 4.737/1965.

Abuso de autoridade

O art. 30 da Lei nº 13.869, de 05 de setembro de 2019, previu uma modalidade especial de denunciação caluniosa, com uma abrangência ainda maior do que aquela tipificada no art. 339 do Código Penal, dizendo, *verbis*:

Art. 30. *Dar início ou proceder à persecução penal, civil ou administrativa sem justa causa fundamentada ou contra quem sabe inocente:*
Pena – detenção, de 1 (um) a 4 (quatro) anos, e multa.

Vigência, revogação ou repristinação do art. 19 da Lei de Improbidade Administrativa

Diz o art. 19 da Lei nº 8.429, de 2 de junho de 1992:
Art. 19. Constitui crime a representação por ato de improbidade contra agente público ou terceiro beneficiário, quando o autor da denúncia o sabe inocente.
Pena: detenção de seis a dez meses e multa.
Parágrafo único. Além da sanção penal, o denunciante está sujeito a indenizar o denunciado pelos danos materiais, morais ou à imagem que houver provocado.

Desde a modificação ocorrida no art. 339 do Código Penal, com a redação que lhe foi conferida pela Lei nº 10.028, de 19 de outubro de 2000, tem-se discutido sobre a revogação do transcrito art. 19 da Lei de Improbidade Administrativa.

---

[88] CUNHA, Sanches Rogério. *Manual de direito penal* – parte especial, volume único, p. 895.

Isso porque, após a referida modificação no preceito primário do art. 339 do diploma repressivo, passou a prever como modalidade de denunciação caluniosa o fato de dar causa à instauração de investigação administrativa ou ação de improbidade administrativa. A redação anterior do art. 339 do Código Penal, que previa tanto a investigação administrativa como a própria ação de improbidade administrativa abrangia, como se percebe, a conduta prevista pelo art. 19 da Lei nº 8.429, de 2 de junho de 1992, uma vez que a representação levada a efeito pelo agente podia gerar tanto uma investigação como à própria ação de improbidade.

Assim, o art. 339 do Código Penal, com a redação conferida pela Lei nº Lei nº 10.028, de 19 de outubro de 2000, havia revogado, tacitamente, o art. 19 da Lei de Improbidade Administrativa.

Agora, o novo art. 339 do estatuto repressivo, com a modificação introduzida pela Lei nº 14.110, de 18 de dezembro de 2020, não mais prevê, em seu preceito primário, a conduta de dar causa à investigação administrativa. Assim, pergunta-se: Poderia ter aplicação o art. 19 da Lei de Improbidade Administrativa, já que a atual redação não prevê o procedimento investigatório, mas tão somente a ação de improbidade administrativa?

Entendemos que não, pois se aplicássemos o art. 19 da Lei de Improbidade administrativa estaríamos praticando a chamada repristinação, ou seja, "ressuscitando" uma lei que já havia sido revogada, mesmo que tacitamente, pela lei anterior.

Assim, por mais que pudéssemos raciocinar no sentido de que o mencionado art. 19 poderia ser aplicado aos casos em que somente fosse instaurado um procedimento administrativo investigatório, enquanto o art. 339 do Código Penal ficasse limitado à efetiva propositura da ação de improbidade administrativa, tal conclusão não poderia ser aplicada, tendo em vista a revogação anteriormente ocorrida, mesmo que de forma tácita, pois, caso contrário, estaríamos produzindo a repristinação do revogado artigo.

Comunicação falsa de crime ou de contravenção

Art. 340. Provocar a ação de autoridade, comunicando-lhe a ocorrência de crime ou de contravenção que sabe não se ter verificado:

Pena – detenção, de um a seis meses, ou multa.

Introdução

O núcleo *provocar* deve ser entendido no sentido de dar causa, promover, ensejar. A *autoridade* deve ser aquela encarregada da persecução penal em sentido amplo, aqui abrangida a autoridade policial, judiciária, bem como o Ministério Público.

Não há necessidade de que tenha sido formalizado inquérito policial, ou mesmo que tenha sido oferecida denúncia em juízo, pois que o tipo penal faz referência tão somente à *ação*, ou seja, qualquer comportamento praticado pela autoridade destinado a apurar a ocorrência do crime ou da contravenção penal, falsamente comunicado(a).

O agente comunica, portanto, à autoridade a ocorrência de um crime ou de uma contravenção penal que não ocorreu, fazendo com que o Estado pratique, em vão, qualquer ação no sentido de elucidar os fatos. Essa comunicação pode ser verbal, escrita, ou até mesmo produzida anonimamente. A falsa infração penal comunicada poderá, ainda, ser dolosa, culposa, consumada, tentada etc. Também poderá haver a imputação da prática de uma infração penal a uma pessoa fictícia, imaginária; na hipótese de ser verdadeira a pessoa e falso o delito que se lhe imputa, o fato poderá ser entendido como *denunciação caluniosa*.

Deverá, ainda, o agente, ter a certeza de que o crime ou a contravenção comunicado à autoridade não se verificou, pois que, se houver dúvida quanto à sua existência, não se poderá cogitar da infração penal em estudo.

Não haverá o delito, por exemplo, se o agente comunica à autoridade policial a existência de um roubo quando, na realidade, ocorreu um furto, pois que essencialmente idênticos. Não se exige de qualquer pessoa um conhecimento técnico a ponto de fazer com que seja responsabilizada por uma capitulação equivocada da infração penal praticada, mas que, na sua essência, diz respeito àquela efetivamente cometida. Se o fato apontado for essencialmente diferente, haverá crime.

⚖ O delito inserto no art. 340 do Código Penal se configura com a provocação da autoridade competente pela persecução penal a realizar alguma diligência destinada a apurar a prática de crime ou contravenção, comunicando por qualquer meio a ocorrência de infração penal que sabe não ter ocorrido, tratando-se de crime de forma livre (STJ, REsp 1.727.501/RJ, Rel.ª Min.ª Maria Thereza de Assis Moura, 6ª T., *DJe* 16/08/2019).

Nesse sentido:

⚖ TRF 4ª Reg., RecCrSE 2007.71.10.006803-0/RS, Rel. Juiz Fed. Sérgio Fernando Moro, *DEJF* 20/08/2010, p. 830; TRF 4ª Reg., ACr 0005561-65.2006.404.7107, Rel.ª Juíza Fed. Cláudia Cristina Cristofani, *DEJF* 23/07/2010, p. 298; TJRS, Ap. Crim. 70018821157, 4ª Câm. Crim., Rel. Constantino Lisbôa de Azevedo, j. 14/06/2007; TRF 1ª Reg., Processo 200501000677517, HC/MG, Rel. Des. Fed. Tourinho Neto, pub. 16/12/2005.

Classificação doutrinária

Crime comum no que diz respeito ao sujeito ativo e próprio quanto ao sujeito passivo; doloso; comissivo (podendo, no entanto, ser praticado via omissão imprópria, nos termos do art. 13, § 2º, do Código Penal); instantâneo; de forma livre; monossubjetivo; plurissubsistente; transeunte (dependendo dos atos praticados pela autoridade, poderá ser considerado não transeunte).

Sujeito ativo e sujeito passivo

Qualquer pessoa pode ser *sujeito ativo*.
O *sujeito passivo* é o Estado.

Objeto material e bem juridicamente protegido

A Administração Pública é o bem juridicamente protegido pelo tipo penal que prevê o delito de *comunicação falsa de crime ou de contravenção* ou, mais especificamente, a administração da justiça.
Não há objeto material.

Consumação e tentativa

Entendemos que o delito se consuma não com a mera *provocação*, mas, sim, quando a autoridade, efetivamente, pratica alguma *ação* no sentido de apurar o cometimento do crime ou da contravenção que lhe foi falsamente comunicado(a) pelo agente.
Admite-se a tentativa.

Elemento subjetivo

O dolo (direto) é o elemento subjetivo exigido pelo tipo penal *sub examen*, não havendo previsão para a modalidade de natureza culposa.

Modalidades comissiva e omissiva

O núcleo *provocar* pressupõe um comportamento comissivo por parte do agente, podendo, no entanto, ser cometido via omissão imprópria.

Pena, ação penal, competência para julgamento e suspensão condicional do processo

A pena cominada ao delito de *comunicação falsa de crime ou de contravenção* é de detenção, de 1 (um) a 6 (seis) meses, ou multa.
A ação penal é de iniciativa pública incondicionada.
Compete, pelo menos inicialmente, ao Juizado Especial Criminal o processo e julgamento do delito em estudo.
Será possível, também, a confecção de proposta de suspensão condicional do processo.

Comunicação falsa de crime com finalidade de fraudar o seguro

Se o agente provoca ação de autoridade, comunicando falsamente a ocorrência, por exemplo, de um crime, com a finalidade de fraudar o seguro, não haverá concurso entre as infrações previstas nos arts. 340 e 171, § 2º, V, do Código Penal, haja vista ter sido a comunicação falsa um crime-meio para a prática do delito-fim, que é o estelionato.
Em sentido contrário, posiciona-se Noronha, afirmando serem distintos os sujeitos passivos: "O Estado e a companhia de seguro; diverso o elemento subjetivo – fim de provocar a ação da autoridade e fim de lucro. Além disso, atente-se a que a *falsa comunicação*

à *autoridade não é elemento do tipo* da fraude para recebimento de indenização ou valor do seguro, que pode muito bem ocorrer sem ela."[89]

⚖ A comunicação falsa de crime, no caso dos autos, restou absorvida pelo estelionato, uma vez que foi meio manejado pelo réu ao efeito de dar credibilidade à farsa do furto do veículo, não se constituindo, esse expediente (ação), em delito autônomo (TJRS, Ap. Crim. 70014 654990, 7ª Câm. Crim., Rel. Nereu José Giacomolli, j. 29/11/2006).

Comunicação falsa de crime no Código Penal Militar

Vide art. 344 do Decreto-Lei nº 1.001/69 (Código Penal Militar).

Autoacusação falsa
Art. 341. Acusar-se, perante a autoridade, de crime inexistente ou praticado por outrem:
Pena – detenção, de três meses a dois anos, ou multa.

Introdução

Quando a lei usa o termo *acusar-se*, significa que o próprio agente atribui falsamente a si mesmo a prática de um crime que não existiu ou que foi praticado por outrem. Se alguém, falsamente, atribui a outra pessoa um desses fatos, o delito será o de *denunciação caluniosa*.
Essa autoacusação deverá ser levada a efeito perante a *autoridade*. Na verdade, não é qualquer autoridade, mas, sim, aquela que tem os poderes necessários para verificar a existência do crime, vale dizer, as autoridades policial e judiciária, bem como o Ministério Público, pois cuida-se de um crime contra a administração da Justiça. Se o agente, por exemplo, atribui, falsamente, a si mesmo, a prática de um crime perante um prefeito municipal, entendemos que não haverá o delito em exame. Em sentido contrário, posiciona-se Luiz Regis Prado, quando diz que é imprescindível "que a autoacusação se realize perante autoridade – policial, judicial ou administrativa, desde que esta última tenha o dever de levar o fato ao conhecimento da autoridade competente".[90]
A autoacusação diz respeito à prática de um crime inexistente, ficando afastado o delito, portanto, quando o agente se autoatribui o cometimento de uma contravenção penal.

⚖ Para a configuração do delito tipificado no art. 341 do CP é necessário que o agente assuma crime inexistente ou praticado por outrem, circunstâncias ausentes na espécie, porquanto o acusado era o responsável pelo não repasse ao INSS das verbas previdenciárias dos empregados, sendo, inclusive, benefi-

---

[89] NORONHA, Edgard Magalhães. *Direito penal*, v. 4, p. 375.
[90] PRADO, Luiz Regis. *Curso de direito penal brasileiro*, v. 4, p 641.

ciado pela atenuante da confissão espontânea (TRF 4ª Reg., ACr 2000.72.00.005414-3, Rel. Des. Fed. Élcio Pinheiro de Castro, *DEJF* 19/09/2007, p. 878).

Nesse sentido:

⚖ Turmas Recursais/RS, Rec. Crim. 71000823799, Rel.ª Elaine Maria Canto da Fonseca, Turma Recursal Criminal, j. 23/06/2006; TJRS, Ap.Crim.70008085847, 8ª Câm. Crim., Rel. Luís Carlos Ávila de Carvalho Leite, j. 28/09/2005; TJRS, Ap. Crim. 7000 6226799, 4ª Câm. Crim., Rel. Gaspar Marques Batista, j. 15/05/2003.

Classificação doutrinária

Crime comum no que diz respeito ao sujeito ativo e próprio quanto ao sujeito passivo; doloso; comissivo (podendo, no entanto, ser praticado via omissão imprópria, nos termos do art. 13, § 2º, do Código Penal); instantâneo; de forma livre; monossubjetivo; monossubsistente ou plurissubsistente (pois que o delito pode ser praticado de diversas formas – verbal, escrita etc.); transeunte (dependendo da forma como o delito é praticado, haverá possibilidade de realização de perícia, passando, então, a ser considerado não transeunte).

Sujeito ativo e sujeito passivo

Qualquer pessoa pode ser *sujeito ativo*.
O *sujeito passivo* é o Estado.

Objeto material e bem juridicamente protegido

A Administração Pública é o bem juridicamente protegido pelo tipo penal que prevê o delito de *autoacusação falsa* ou, mais especificamente, a administração da justiça.
Não há objeto material.

Consumação e tentativa

O delito se consuma no momento em que a autoacusação falsa é levada ao conhecimento da autoridade competente, independentemente de que esta última tenha tomado qualquer providência no sentido de apurar os fatos.
Dependendo da forma como o delito for praticado (escrita, verbal etc.), será possível ou não o reconhecimento da tentativa.

⚖ Para a consumação do delito do art. 341 do CP, basta que chegue ao conhecimento da autoridade a autoacusação falsa do cometimento de um ato em tese delituoso, que seja hábil a provocar a atividade policial ou judiciária (TJMG, Processo 1.0000.00. 263342-8/000[1], Rel. José Antonino Baía Borges, pub. 08/10/2002).

Elemento subjetivo

O dolo é o elemento subjetivo exigido pelo tipo penal que prevê o delito de autoacusação falsa, não havendo previsão para a modalidade de natureza culposa.

Modalidades comissiva e omissiva

A conduta de se *acusar* pressupõe um comportamento comissivo por parte do agente.
Conforme preleciona Fernando Galvão:
"É possível responsabilizar o funcionário público por omissão, quando este inobservar o seu dever de impedir a movimentação da autoridade para apurar fato que sabe não ter se verificado. Nesse caso, a realização omissiva da *autoacusação falsa* dependerá sempre da existência de concurso de pessoas, sendo que o funcionário comete crime comissivo por omissão."[91]

Pena, ação penal, competência para julgamento e suspensão condicional do processo

A pena cominada ao delito de *autoacusação falsa* é de detenção, de 3 (três) meses a 2 (dois) anos, ou multa.
A ação penal é de iniciativa pública incondicionada.
Compete, pelo menos inicialmente, ao Juizado Especial Criminal o processo e julgamento do delito em estudo, em virtude da pena máxima cominada em abstrato, que não ultrapassa o limite de 2 (dois) anos, imposto pelo art. 61 da Lei nº 9.099/95, conforme alteração determinada pela Lei nº 11.313, de 28 de junho de 2006.
Será possível, também, a confecção de proposta de suspensão condicional do processo, nos termos do art. 89 da Lei nº 9.099/95.

⚖ O desvalor da conduta, no caso da autoacusação falsa, impede o reconhecimento da bagatela, via *habeas corpus* (TJRS, HC 70013349436, 7ª Câm. Crim., Rel. Nereu José Giacomolli, j. 1º/12/2005).

Nesse sentido:

⚖ TJSC, AC 31.240, Rel. Rogério Domingos Farias Lemos, *DJ* 03/06/1994; *RT* 457, p. 328.

Autoacusação falsa no Código Penal Militar

Vide art. 345 do Decreto-Lei nº 1.001/69 (Código Penal Militar).

Falso testemunho ou falsa perícia

Art. 342. Fazer afirmação falsa, ou negar ou calar a verdade como testemunha, perito, contador, tradutor ou intérprete em processo judicial, ou administrativo, inquérito policial, ou em juízo arbitral:

Pena – reclusão, de 2 (dois) a 4 (quatro) anos, e multa.

§ 1º As penas aumentam-se de um sexto a um terço, se o crime é praticado mediante suborno ou se cometido com o fim de obter prova destinada a produzir efeito em processo penal, ou em processo civil em que for parte entidade da Administração Pública direta ou indireta.

---

[91] GALVÃO, Fernando. *Direito penal* – crimes contra a administração pública, p. 447.

§ 2º O fato deixa de ser punível se, antes da sentença no processo em que ocorreu o ilícito, o agente se retrata ou declara a verdade.

Introdução

A conduta prevista pelo tipo penal em estudo diz respeito ao fato de *fazer afirmação falsa*, isto é, que não condiz com a realidade, mentindo sobre determinado fato, *negar* um fato que ocorreu, não reconhecendo a sua veracidade, ou mesmo se *calar*, impedindo, com o seu silêncio, que os fatos cheguem ao conhecimento daquele que irá proferir o julgamento. Assevera Hungria: "Na primeira hipótese, temos a falsidade *positiva*, consistente na asseveração de um fato mentiroso; na segunda, a falsidade *negativa*, consistente na negação de um fato verdadeiro; na terceira, a *reticência*, isto é, o silêncio acerca do que se sabe ou a recusa em manifestá-lo (ocultação da verdade)."[92]

O *caput* do art. 342 do Código Penal aponta aqueles que serão considerados como sujeitos ativos do delito e que poderão praticar um dos comportamentos anteriormente narrados. São eles: a testemunha, o perito, o contador, o tradutor e o intérprete.

Percebe-se, portanto, que, de um lado, temos o crime de *falso testemunho* e, de outro, o de *falsa perícia*. Na verdade, a qualidade de perito seria o gênero, de onde seriam suas espécies o perito (em sentido estrito, abrangendo, aqui todas as perícias que não dissessem respeito à contabilidade, tradução e interpretação), bem como o contador, o tradutor e o intérprete.

A conduta prevista pelo tipo penal deve ser levada a efeito em *processo judicial, ou administrativo, inquérito policial* ou em *juízo arbitral. Processo judicial* é aquele cuja tramitação ocorre em juízo (cível ou criminal), competindo sua direção a um Juiz de Direito; *processo administrativo* diz respeito a todo aquele que ocorre no âmbito da Administração Pública, que não tenha cunho judicial; o *inquérito policial* é presidido pelo delegado de polícia, que tem por finalidade produzir as provas necessárias a fim de justificar o oferecimento da denúncia, permitindo, assim, o início da *persecutio criminis in judicio; juízo arbitral* é aquele capaz de dirimir extrajudicialmente os litígios relativos a direitos patrimoniais disponíveis, nos termos constantes da Lei nº 9.307, de 23 de setembro de 1996, que dispõe sobre a arbitragem.

⚖ É cediço, no âmbito desta Corte, que o crime de falso testemunho, por albergar o prestígio e a incolumidade da administração da justiça, possui natureza formal, cuja consumação – efetivada no momento em que o agente termina seu depoimento, ulteriormente averbado em ata com sua assinatura, no âmbito de processo judicial (penal ou civil), administrativo (inquérito civil ou sindicância), inquérito policial ou, ainda, perante câmara arbitral – prescinde da ocorrência de qualquer resultado naturalístico, vale dizer,

consuma-se de forma antecipada com a mera prática, pelo depoente, de alguma das condutas previstas no *caput* do art. 342 do Código Penal, de ação múltipla (STJ, AgRg no REsp 1.792.068/SP, Rel.ª Min.ª Laurita Vaz, 6ª T., *DJe* 02/09/2019).

Nesse sentido:

⚖ STJ, REsp 1.549.417/MG, Rel. Min. Sebastião Reis Junior, 6ª T., *DJe* 08/09/2016; STJ, HC 47125/SP, Rel. Min. Hamilton Carvalhido, 6ª T., *DJ* 05/02/2007, p. 389; HC 73.035/DF, *DJ* 19/12/1996, p. 51.766.

Classificação doutrinária

Crime de mão própria; doloso; formal; comissivo (podendo, no entanto, ser praticado via omissão imprópria, nos termos do art. 13, § 2º, do Código Penal), ou omissivo próprio (na hipótese em que o agente, por exemplo, se cala sobre a verdade); instantâneo; de forma livre; monossubjetivo; monossubsistente; não transeunte.

⚖ É pacífico o entendimento desta Corte Superior no sentido de que o crime de falso testemunho é de natureza formal, consumando-se no momento da afirmação falsa a respeito de fato juridicamente relevante. Mesmo que o testemunho não houvesse influído no resultado do julgamento restaria configurada a prática do crime do art. 342 do CP, pois a ação que viola a lei é o próprio depoimento prestado com o fim de subverter a verdade dos fatos, causando dano à Justiça (STJ, HC 238395/SP, Rel. Min. Gilson Dipp, 5ª T., *DJe* 1º/08/2012).

Nesse sentido:

⚖ TRF 4ª Reg., Processo 2007.71. 00.031354-2, RSE/RS, Rel. Fernando Quadros da Silva, j. 30/06/2009; TRF 1ª Reg., Processo 2005340000 34112, ACr/DF, Rel. Des. Fed. Tourinho Neto, pub. 27/04/2007.

Sujeito ativo e sujeito passivo

Os *sujeitos ativos* do delito tipificado no art. 342 do Código Penal são a testemunha, o perito, o contador, o tradutor e o intérprete.

O *sujeito passivo* é o Estado, bem como aquele que foi prejudicado com o comportamento levado a efeito pelo sujeito ativo.

⚖ Tratando-se de falso testemunho cometido em processo cível, deve ser aferida a qualidade de testemunha nos termos do CPC. Lado outro, se o falso testemunho tiver sido praticado em processo criminal, como na hipótese dos autos, a qualidade de testemunha tem que ser verificada de acordo com o CPP, sem necessidade de aplicação analógica do CPC (STJ, AgRg no RHC 108.823/SP, Rel. Min. Reynaldo Soares da Fonseca, 5ª T., *DJe* 30/08/2019).

Objeto material e bem juridicamente protegido

A Administração Pública é o bem juridicamente protegido pelo tipo penal que prevê o delito de *falso tes-*

---

[92] HUNGRIA, Nélson. *Comentários ao código penal*, v. IX, p. 475.

temunho ou falsa perícia ou, mais especificamente, a administração da justiça.

O objeto material é a declaração, bem como o laudo falsos.

Consumação e tentativa

O delito de falso testemunho se consuma no momento em que o juiz encerra o depoimento, sendo o momento consumativo da falsa perícia, como adverte Luiz Regis Prado, o da "entrega do laudo pericial, da tradução, ou com a realização da interpretação falsa. Faz-se mister que o depoimento seja efetivamente concluído – reduzido a termo e devidamente assinado (art. 216, CPP). Até então, pode ele ser retificado ou alterado pelo depoente, o que poderá impedir a consumação da falsidade. Note-se, ainda, que somente o depoimento findo pode pôr em perigo o bem jurídico protegido, vale dizer, pode ser utilizado pela autoridade como meio de prova".[93]

Não há necessidade, para efeito de reconhecimento do delito de falso testemunho, de que o julgador tenha se valido do depoimento falso em sua decisão, bastando, tão somente, a comprovação da falsidade. Nesse sentido, tem entendido o Supremo Tribunal Federal que o crime de falso testemunho é de natureza formal e se consuma com a simples prestação do depoimento falso, sendo de todo irrelevante se influiu ou não no desfecho do processo.[94]

Embora haja divergência, a maioria da doutrina não admite a tentativa na infração penal em exame, posição com a qual concordamos.

✍ Nos termos da jurisprudência consolidada desta Corte Superior de Justiça, "o crime de falso testemunho é de natureza formal, consumando-se no momento da afirmação falsa a respeito de fato juridicamente relevante, aperfeiçoando-se quando encerrado o depoimento" (AgRg no REsp nº 1.269.635/MG, Rel. Min. Sebastião Reis Júnior, 6ª T., 23/09/2013). Assim, tratando-se de crime formal, é irrelevante aferir a potencialidade lesiva do falso testemunho ou seu grau de influência no convencimento do magistrado para que se configure o crime (STJ, AgRg no AREsp 1.428.315/SP, Rel. Min. Ribeiro Dantas, 5ª T., DJe 23/08/2019).

Nesse sentido:

✍ STJ, RHC 82.027/SC, Rel. Min. Felix Fischer, 5ª T., DJe 09/05/2018; STJ, AgRg no AREsp 603.029/SP, Rel. Min. Jorge Mussi, 5ª T., DJe 29/05/2017; STJ, HC 73059/SP, Rel. Min. Gilson Dipp, 5ª T., DJ 29/06/2007, p. 678.

Elemento subjetivo

O dolo é o elemento subjetivo exigido pelo tipo do art. 342 do Código Penal, não havendo previsão para a modalidade de natureza culposa.

✍ Sendo imprescindível para a configuração do falso testemunho, como elemento subjetivo do crime, a vontade livre e consciente dirigida à afirmação sabidamente falsa, exclui o delito a hipótese de atuação mediante coação, onde o vício volitivo – em razão da ausência de liberdade da vontade – afasta o dolo e, por consequência, a própria tipicidade (TJMG, AC 1.0000.00. 305701-5/000, Rel. Des. Tibagy Salles, DJ 13/05/2003).

Modalidades comissiva e omissiva

O delito de falso testemunho ou falsa perícia pode ser praticado tanto comissiva quanto omissivamente, dependendo do comportamento levado a efeito pelo agente.

Causa especial de aumento de pena

Determina o § 1º do art. 342 do Código Penal, com a nova redação determinada pela Lei nº 10.268, de 28 de agosto de 2001, que *as penas aumentam-se de 1/6 (um sexto) a 1/3 (um terço), se o crime é praticado mediante suborno ou se cometido com o fim de obter prova destinada a produzir efeito em processo penal, ou em processo civil em que for parte entidade da administração pública direta ou indireta.*

✍ É desinfluente à configuração do delito previsto no art. 342, § 1º, do Código Penal que a afirmação falsa prestada por médico oficial tenha se dado mediante ofício, e, não, por intermédio de laudo médico. Tratando-se de delito praticado sem violência ou grave ameaça à pessoa e sendo as circunstâncias pessoais favoráveis ao agente a indicar a suficiência da medida, é de rigor a substituição da pena privativa de liberdade não superior a 4 anos por duas restritivas de direitos (art. 44 do Código Penal) (STJ, REsp 303202/MS, Rel. Min. Hamilton Carvalhido, 6ª T., DJ 05/02/2007, p. 403).

Retratação

O § 2º do art. 342 do Código Penal, com a nova redação determinada pela Lei nº 10.268, de 28 de agosto de 2001, assevera que *o fato deixa de ser punível se, antes da sentença no processo em que ocorreu o ilícito, o agente se retrata ou declara a verdade.*

✍ Segundo o § 2º do art. 342 do CP, no crime de falso testemunho, o fato deixa de ser punível se, antes da sentença no processo em que ocorreu o ilícito, o agente se retrata ou declara a verdade. No presente caso, não houve retratação no processo em que ocorrido o ilícito, a saber, o processo previdenciário, não podendo se falar na presença de causa extintiva da punibilidade do agente (STJ, AgRg no REsp 1.803.460/SC, Rel. Min. Reynaldo Soares da Fonseca, 5ª T., DJe 20/05/2019).

[93] PRADO, Luiz Regis. *Curso de direito penal brasileiro*, v. 4, p. 659-660.
[94] *HC* 81951-SP, 1ª Turma, Rel.ª Ministra Ellen Grace, publicado no *DJ* em 30/04/2004.

Nesse sentido:

📖 STJ, RHC 52.539/MG, Rel. Min. Rogério Schietti Cruz, 6ª T., *DJe* 06/04/2015.

Pena, ação penal e suspensão condicional do processo

A pena cominada ao delito de *falso testemunho ou falsa perícia* é de reclusão, de 2 (dois) a 4 (quatro) anos, e multa.

As penas aumentam-se de um sexto a um terço, nos termos do § 1º do art. 342 do Código Penal, se o crime é praticado mediante suborno ou se cometido com o fim de obter prova destinada a produzir efeito em processo penal, ou em processo civil em que for parte entidade da Administração Pública direta ou indireta.

O fato deixa de ser punível, de acordo com o § 2º do art. 342 do Código Penal, se, antes da sentença no processo em que ocorreu o ilícito, o agente se retrata ou declara a verdade.

A ação penal é de iniciativa pública incondicionada.

📖 A prolação de sentença no processo em que ocorreu o falso testemunho não é condição de procedibilidade da ação penal pelo referido delito contra a Administração da Justiça. A decisão acerca do falso depoimento, todavia, é que não pode preceder a do feito no qual ocorrera o eventual ilícito (STJ, HC 16013/SP, Rel. Min. Felix Fischer, 5ª T., *DJ* 02/09/2002, p. 210).

Compromisso de dizer a verdade

Como este não é elementar do delito tipificado no art. 342 do Código Penal, a outra conclusão não podemos chegar a não ser pelo reconhecimento do delito de falso testemunho em qualquer situação, ou seja, haja ou não a testemunha assumido o compromisso de falar a verdade do que souber e lhe for perguntado. Estamos, portanto, com Hélio Tornaghi, quando, com autoridade, preleciona: "Não se pense, portanto, que só têm obrigação de dizer a verdade as testemunhas que prometem fazê-lo; que o dever de veracidade só existe para quem tem dever de prometer. Não! A obrigação de dizer a verdade independe da obrigação de prometer! Da primeira, a lei não dispensa ninguém; da outra, isto é, da de prometer, estão *dispensados* (Código de Processo Penal, art. 208)."[95]

📖 Comprovando-se que a testemunha devidamente compromissada deliberadamente fez falsa afirmação em Juízo para o fim de produzir prova em processo penal, impõe-se a condenação nos termos do artigo 342, § 1º do Código Penal (TJDF, Rec. 2007.03.1.009077-9, Rel. Des. João Egmont, *DJDFTE* 13/08/2010, p. 167).

Nesse sentido:

📖 TJRS, ACr 70034672519, Rel. Des. Gaspar Marques Batista, *DJERS* 14/07/2010; STJ, HC 92.836-SP, Rel.ª Min.ª

Maria Thereza de Assis Moura, j. 27/.4/2010, *Informativo* nº 432; TJMG, AC 1.0000.00.305701-5/000, Rel. Des. Tibagy Salles, *DJ* 13/05/2003; STJ, REsp 198426/MG, Rel. Min. Luiz Vicente Cernicchiaro, 6ª T., *LEXSTJ* 150, p. 345.

Vítima que presta depoimento falso

Não comete o delito de falso testemunho, pois sua situação não se amolda ao conceito de testemunha, exigido pelo tipo do art. 342 do Código Penal.

Falso testemunho em Comissão Parlamentar de Inquérito

Se o delito de falso testemunho ou falsa perícia for praticado em Comissão Parlamentar de Inquérito, deverá ser aplicado o inc. II do art. 4º da Lei nº 1.579, de 18 de março de 1952, que diz:

Art. 4º Constitui crime:

I – [...];

II – fazer afirmação falsa, ou negar ou calar a verdade como testemunha, perito, tradutor ou intérprete, perante a Comissão Parlamentar de Inquérito:

Pena – a do art. 342 do Código Penal.

Note-se que no mencionado art. 4º não existe previsão para o delito praticado pelo contador, nos termos da nova redação constante do art. 342 do Código Penal, que foi dada pela Lei nº 10.268, de 28 de agosto de 2001.

Concurso de pessoas no crime de falso testemunho

Doutrinariamente, tem-se afirmado que o *falso testemunho* é um delito de mão própria, isto é, de atuação personalíssima, de execução intransferível, indelegável. Em virtude dessa natureza jurídica, ou seja, em sendo o falso testemunho um crime de mão própria, seria possível o concurso de pessoas? A resposta, na verdade, deverá ser desdobrada, fazendo-se, de um lado, o raciocínio relativo à coautoria e, do outro, o correspondente à participação.

Assim, podemos afirmar não ser admissível a coautoria em crimes de mão própria. Nilo Batista, com precisão, esclarece: "Se duas pessoas, no mesmo processo – e até na mesma assentada – praticam falso testemunho (art. 342 CP), há dois delitos e dois autores, sendo irrelevante que se houvessem posto de acordo sobre o procedimento adotado. Os crimes de mão própria não admitem coautoria nem autoria mediata na medida em que o seu conteúdo de injusto reside precisamente na pessoal e indeclinável realização da atividade proibida."[96]

No entanto, será perfeitamente possível o reconhecimento da participação, na hipótese em que a testemunha, por exemplo, é induzida ou instigada por alguém a prestar um depoimento falso.

📖 O informante também pratica o crime de falso testemunho. O advogado que instrui a testemunha ou

---

[95] TORNAGHI, Hélio. *Compêndio de processo penal*, v. 3, p. 890.

[96] BATISTA, Nilo. *Concurso de agentes*, p. 97.

o informante a mentir responde, na condição de partícipe, pelo crime de falso testemunho. Precedentes do STF (RHC 81327/SP; HC 75037/SP; RHC 74395/SP) (TRF 1ª Reg., HC 38519/MT. Rel. Des. Fed. Hilton Queiroz, 4ª T., j. 15/01/2008, pub. 29/01/2008, *DJ*, p. 54).

Não podemos, tecnicamente, confundir as duas situações, vale dizer, a coautoria com a participação, razão pela qual entendemos como equivocadas, as seguintes decisões:

🖎 O advogado que orienta a testemunha de processo penal para falsear a verdade dos fatos em favor de seu cliente/constituinte comete o crime de falso testemunho em coautoria com ela (TJMG, Ap. Crim. 1.0388.02.000751-3/001[1], Rel. Adilson Lamounier, j. 03/06/2008).

Nesse sentido:

🖎 HC 19479/SP, HC 2001/0176480-0, Rel. Min. Vicente Leal, j. 02/04/2002, *DJ* 06/05/2002, p. 326; STF, HC/SP, Processo 75037, Rel. Marco Aurélio, pub. 20/04/2001.

Verifica-se, portanto, a confusão havida na ementa entre coautoria e participação. No caso, em razão da natureza jurídica do crime de falso testemunho, vale frisar, pelo fato de ser um crime de mão própria, não podemos cogitar de coautoria, mas tão somente de participação.

🖎 A Corte local assentou que "os Tribunais Superiores têm entendimento pacificado no sentido de que advogado pode ser partícipe em crime de falso testemunho". De fato, é "perfeitamente admissível, na modalidade de participação, o concurso de agentes. Nada impede, tecnicamente, que uma pessoa induza, instigue ou auxilie outra a mentir em juízo ou na polícia" (NUCCI, Guilherme de Souza. *Código Penal Comentado.* 14ª ed. rev., atual. e ampl. Rio de Janeiro: Forense, 2014, p. 1.384). Precedentes (STJ, RHC 106.395/SP, Rel. Min. Reynaldo Soares da Fonseca, 5ª T., *DJe* 16/04/2019).

Nesse sentido:

🖎 HC 36287/SP, HC 2004/0087500-0, Rel. Min. Felix Fischer, j. 17/05/2005, *DJ* 20/06/2005, p. 305; STJ, REsp 287151/SP, Rel. Min. José Arnaldo da Fonseca, 5ª T., *DJ* 17/06/2002, p. 290; STJ, REsp 200785/SP, Rel. Min. Felix Fischer, 5ª T., *RT* 784, p. 579.

Retratação no júri

Na hipótese de julgamento pelo Tribunal do Júri, entendemos que o agente, caso queira retratar-se, deverá fazê-lo antes da decisão proferida pelo Conselho de Sentença, e não somente até a pronúncia, pois, conforme assevera Guilherme de Souza Nucci, "o ápice é a decisão em sala secreta tomada pelos jurados. Se a decisão de mérito somente será proferida pelo Conselho de Sentença, não há cabimento para

se levar em consideração a decisão de pronúncia, que simplesmente julga admissível a acusação".[97]

Prisão em flagrante no crime de falso testemunho

Quando a testemunha, por algum motivo, na presença do juiz, se recusa a prestar suas declarações, não vemos óbice à prisão em flagrante, pois ela tem a obrigação de responder sobre aquilo que lhe perguntarem.

No entanto, se o julgador, durante a inquirição de uma testemunha, vier a se convencer de que suas declarações são falsas ou de que nega a verdade, é sinal de que, antecipando o seu julgamento, entendeu que as demais provas, que até aquele momento foram trazidas para os autos, eram verdadeiras.

Trata-se, portanto, de uma valoração perigosa, principalmente se ainda existirem outras provas a produzir.

Por isso, entendemos que a prisão em flagrante de alguém pela prática do delito de falso testemunho poderá, em algumas situações, conduzir até mesmo à suspeição do julgador, pelo fato de que, com ela, já terá manifestado a sua valoração, entendendo como verdadeira a prova que serviu de parâmetro a fim de concluir pela falsidade testemunhal.

Falso testemunho e início da ação penal

Pode ocorrer a hipótese de alguém ser denunciado pelo delito de falso testemunho, enquanto tramita a ação na qual o delito foi, em tese, praticado. Nesse caso, os Tribunais Superiores já firmaram entendimento no seguinte sentido:

🖎 É possível a propositura da ação penal para se apurar o crime de falso testemunho antes de ocorrer a sentença no processo em que o crime teria ocorrido, desde que fique sobrestado seu julgamento até a outra sentença ou decisão (STJ, REsp 596500/DF, REsp 2003/0171653-8, Rel. Min. José Arnaldo da Fonseca, 5ª T., j. 21/10/2004, *DJ* 22/11/2004, p. 377).

Afirmação de fato falso irrelevante

🖎 A afirmação de fato, falso, mas irrelevante para o deslinde da causa, constitui meio absolutamente ineficaz para a configuração do crime de falso testemunho, tendo em vista a impossibilidade de lesar o bem jurídico referente à Administração da Justiça (TJDFT, Processo 20030110526989, APR/DF, Rel. Vaz de Mello, pub. 02/04/2008).

Falso testemunho ou falsa perícia no Código Penal Militar

Vide art. 346 do Decreto-Lei nº 1.001/69 (Código Penal Militar).

Art. 343. Dar, oferecer ou prometer dinheiro ou qualquer outra vantagem a testemunha, perito, contador, tradutor ou intérprete, para fazer afir-

mação falsa, negar ou calar a verdade em depoimento, perícia, cálculos, tradução ou interpretação:
Pena – reclusão, de 3 (três) a 4 (quatro) anos, e multa.
Parágrafo único. As penas aumentam-se de um sexto a um terço, se o crime é cometido com o fim de obter prova destinada a produzir efeito em processo penal ou em processo civil em que for parte entidade da Administração Pública direta ou indireta.

Introdução

O núcleo *dar* significa entregar; *prometer* nos dá a entender que a entrega do dinheiro ou outra vantagem indevida ocorrerá no futuro; e *oferecer* diz respeito a uma proposta de entrega mais imediata.

O agente dá, oferece ou promete dinheiro (cédulas ou moedas aceitas como meio de pagamento) ou qualquer outra vantagem (que deverá, obrigatoriamente, possuir natureza econômica, tendo em vista que devemos levar a efeito uma interpretação analógica, considerando o dinheiro como a fórmula exemplificativa, e a outra vantagem como a fórmula genérica, que deverá possuir a mesma natureza).

O suborno deve ser dirigido finalisticamente a fazer com que a testemunha, perito, contador, tradutor ou intérprete faça afirmação falsa, negue ou cale a verdade em depoimento, perícia, cálculos, tradução ou interpretação. Caso esses últimos, em virtude do suborno, venham a praticar o crime de falso testemunho ou falsa perícia, deverão ser responsabilizados de acordo com o tipo do art. 342 do Código Penal, enquanto o corruptor ativo praticará a infração penal prevista no art. 343 do mesmo estatuto, razão pela qual se conclui ter havido quebra da teoria monista ou unitária, lembrando-se de que a lei penal considerou mais grave o comportamento do corruptor em oferecer dinheiro ou outra vantagem, do que o falso testemunho ou a falsa perícia, tendo em vista ser a pena cominada ao art. 343 (reclusão, de 3 a 4 anos, e multa) superior àquela prevista no art. 342 (reclusão, de 2 a 4 anos, e multa).

A conduta ativa prevista no art. 343, *caput*, do CP tem como alvo apenas os sujeitos taxativamente nele descritos (testemunha, contador, tradutor ou intérprete), no processo (judicial, administrativo ou mesmo policial) em que a afirmação falsa será prestada, dentre os quais não se situa a vítima do caso em questão, sendo juridicamente impossível o uso da analogia para abarcar situação jurídica não elencada na norma incriminadora (TJES, AC 047120024758, Rel. Des. Adalto Dias Tristão, j. 23/07/2014).

Nesse sentido:

TRF 4ª Reg., RecCrSE 2006.72.00.012016-6, Rel. Des. Fed. Victor Luiz dos Santos Laus, *DEJF* 16/07/2010, p. 321; TRF 2ª Reg., Processo 200051015319270, ACr/RJ, Rel. Messod Azulay Neto, pub. 12/03/2008; TRF 1ª Reg., ACr 2002.30.00.001528-

8/AC, Rel. Hilton Queiroz, 4ª T., *DJ* 12/01/2007, p. 27; TJRS, Ap. Crim. 70012542833, 6ª Câm. Crim. Rel. Aymoré Roque Pottes de Mello, j. 11/05/2006; TJRS, Ap. Crim. 70013499504, 4ª Câm. Crim. Rel. Constantino Lisbôa de Azevedo, j. 26/01/2006; STJ, HC 34834/SP, Rel. Min. Arnaldo Esteves Lima, 5ª T., *DJ* 1º/02/2005, p. 585; STJ, REsp 169212/PE, Rel. Min. Fernando Gonçalves, 6ª T., *RSTJ* 130, p. 486.

Classificação doutrinária

Crime comum no que diz respeito ao sujeito ativo e próprio quanto ao sujeito passivo; doloso; comissivo (podendo, no entanto, ser praticado via omissão imprópria, nos termos do art. 13, § 2º, do Código Penal); instantâneo; de forma livre; monossubjetivo; monossubsistente ou plurissubsistente (dependendo da forma como o delito é praticado, havendo ou não possibilidade de fracionamento do *iter criminis*); transeunte.

Sujeito ativo e sujeito passivo

Qualquer pessoa pode ser *sujeito ativo*.

O sujeito passivo é o Estado, bem como aquele que de alguma forma foi prejudicado com a conduta praticada pela testemunha, perito, contador, tradutor ou intérprete.

O delito previsto no art. 343 do CP somente se configura se o dinheiro for oferecido à pessoa que ostenta a condição de testemunha, não se caracterizando em relação àquela que depõe como informante, não prestando compromisso (TJRS, Ap. Crim. 70017763822, 4ª Câm. Crim., Rel. Constantino Lisbôa de Azevedo, j. 15/02/2007).

Objeto material e bem juridicamente protegido

A Administração Pública é o bem juridicamente protegido pelo tipo do art. 343 do Código Penal ou, mais especificamente, a administração da justiça.

O objeto material é a testemunha, o perito, o contador, o tradutor ou o intérprete.

Consumação e tentativa

O delito se consuma quando o agente, efetivamente, dá, oferece ou promete dinheiro ou qualquer outra vantagem a testemunha, perito, tradutor, contador ou intérprete, para fazer afirmação falsa, negar ou calar a verdade em depoimento, perícia, cálculos, tradução ou interpretação.

A possibilidade de tentativa deverá ser analisada caso a caso, dependendo da forma como o delito for praticado.

O delito previsto no art. 343 do CP é formal e se consuma com o mero oferecimento da vantagem para a mentira. Comprovado que o réu ofereceu vantagem pecuniária a testemunha para que que prestasse falso depoimento, com o intuito de obter benefício econômico em demanda judicial perante a Justiça do Trabalho, deve ser mantida sua condenação (TRF 4ª Reg., ACr 2004.71.00.046570-5, Rel. Juiz Fed. Marcos Roberto Araujo dos Santos, *DEJF* 20/08/2010, p. 855).

Nesse sentido:

⚖ STJ, REsp 200785/SP, 5ª T., Rel. Min. Felix Fischer, *RSTJ* 135, p. 583; TJSP, *RT* 665, p. 287; TJRS, Ap. Crim. 70014000509, 4ª Câm. Crim., Rel. José Eugênio Tedesco, j. 23/03/2006.

Elemento subjetivo

O dolo é o elemento subjetivo exigido pelo tipo penal em estudo, não havendo previsão para a modalidade de natureza culposa.

Modalidades comissiva e omissiva

As condutas *dar, oferecer e prometer* pressupõem um comportamento comissivo por parte do agente, podendo, no entanto, ser praticadas via omissão imprópria.

Causa de aumento de pena

As penas aumentam-se de um sexto a um terço, nos termos do parágrafo único do art. 343 do Código Penal, se o crime é cometido com o fim de obter prova destinada a produzir efeito em processo penal ou em processo civil em que for parte entidade da Administração Pública direta ou indireta.

Pena e ação penal

A pena cominada ao delito tipificado no art. 343 do Código Penal é de reclusão, de 3 (três) a 4 (quatro) anos, e multa.

De acordo com o parágrafo único do art. 343 do Código Penal, as penas aumentam-se de um sexto a um terço, se o crime é cometido com o fim de obter prova destinada a produzir efeito em processo penal ou em processo civil em que for parte entidade da Administração Pública direta ou indireta.

A ação penal é de iniciativa pública incondicionada.

Perito, contador, tradutor ou intérprete oficial

Se o agente dá, oferece ou promete dinheiro ou qualquer outra vantagem a perito, contador, tradutor ou intérprete oficial, o fato se subsumirá ao tipo constante do art. 333 do Código Penal, que prevê o delito de *corrupção ativa*, tendo em vista a qualidade de funcionário público desses últimos.

Corrupção ativa de testemunha, perito ou intérprete no Código Penal Militar

Vide art. 347 do Decreto-Lei nº 1.001/69 (Código Penal Militar).

Coação no curso do processo

Art. 344. Usar de violência ou grave ameaça, com o fim de favorecer interesse próprio ou alheio, contra autoridade, parte, ou qualquer outra pessoa que funciona ou é chamada a intervir em processo judicial, policial ou administrativo, ou em juízo arbitral:

Pena – reclusão, de um a quatro anos, e multa, além da pena correspondente à violência.
Parágrafo único. A pena aumenta-se de 1/3 (um terço) até a metade se o processo envolver crime contra a dignidade sexual.

Introdução

A utilização da violência ou da grave ameaça deve ser dirigida finalisticamente no sentido de obter algum favorecimento de interesse próprio ou alheio que esteja sendo considerado em processo judicial, policial ou administrativo, ou em juízo arbitral.

A conduta do agente é dirigida contra *autoridade* (juiz de direito, promotor de justiça, delegado de polícia, defensor público etc.), *parte* (autor e réu), ou contra qualquer pessoa que funciona ou é chamada a intervir em processo judicial, policial ou administrativo, ou em juízo arbitral, a exemplo do que ocorre com os peritos, escrivães, escreventes, oficiais de justiça, jurado etc.

O processo judicial pode ter qualquer natureza (civil ou penal). Embora pela redação do art. 344 do Código Penal sejamos levados a acreditar na existência de um "processo policial", na verdade, refere-se o artigo em exame ao *inquérito policial*. Processo administrativo, conforme assevera Hungria, "é o que se destina à apuração de ilícito administrativo ou disciplinar, para ulterior julgamento na própria órbita da chamada *jurisdição administrativa*".[98] *Juízo arbitral* é aquele capaz de dirimir extrajudicialmente os litígios relativos a direitos patrimoniais disponíveis, nos termos constantes da Lei nº 9.307, de 23 de setembro de 1996, que dispõe sobre a arbitragem.

⚖ No tipo penal do art. 344 do CP, o legislador busca proteger a Administração da Justiça, evitando que violências ou graves ameaças dirigidas contra autoridade, parte ou qualquer indivíduo que funcione ou seja chamado a intervir em processo, ainda que administrativo, possam turbar o andamento regular de feito e interferir na busca da verdade real. Nesse passo, não há se falar em atipicidade da conduta por ter sido o delito praticado na fase inquisitória, conforme a literalidade do dispositivo legal retromencionado (STJ, RHC 81.292/DF, Rel. Min. Ribeiro Dantas, 5ª T., *DJe* 11/10/2017).

Nesse sentido:

⚖ TJ-DFT, Processo 20111210055206APR, Rel. Des. Souza e Avila, *DJe* 20/06/2016; TJSC, AC 2012.091203-2, Rel. Des. Carlos Alberto Civinski, j. 30/07/2013; TJSC, AC 2012.059366-7, Rel. Des. Carlos Alberto Civinski, j. 21/05/2013; TJSC, AC 2013.001248-3, Rel. Des. Sérgio Rizelo, j. 09/04/2013; TJDF, Rec. 2009.03.1.019475-2, Rel. Des. João Timóteo de Oliveira, *DJDFTE* 16/08/2010, p. 425; TJRS, ACr 70035400951, Rel. Des. Gaspar Marques Batista, *DJERS* 16/08/2010; TJRS, ACr 70035021088, Rel. Des.

---

[98] HUNGRIA, Nélson. *Comentários ao código penal*, v. IX, p. 477.

Constantino Lisbôa de Azevedo, *DJERS* 27/07/2010; TRF 4ª Reg., Ap. Crim. 2004.71.04.007129-5, Rel.ª Cláudia Cristina Cristofani, 8ª T., j. 28/01/2009; STJ, HC 69930/PB, Rel. Min. Gilson Dipp, 5ª T., *DJ* 25/06/2007, p. 268.

Classificação doutrinária

Crime comum no que diz respeito ao sujeito ativo e próprio quanto ao sujeito passivo; doloso; comissivo (podendo, no entanto, ser praticado via omissão imprópria, nos termos do art. 13, § 2º, do Código Penal); instantâneo; de forma livre; monossubjetivo; plurissubsistente; transeunte.

Sujeito ativo e sujeito passivo

Qualquer pessoa pode ser *sujeito ativo*.
O *sujeito passivo* é o Estado, bem como aquele que foi vítima da violência ou grave ameaça praticada pelo sujeito ativo.

O rito previsto para apuração de crimes de responsabilidade dos funcionários públicos só é aplicável aos delitos previstos nos arts. 312 a 326 do Código Penal, não incidindo, portanto, em relação aos crimes comuns, como na espécie, em que o paciente foi condenado pela prática de coação no curso do processo, na qual, embora o agente passivo seja, em primeiro plano, o Estado, e em segundo lugar, a pessoa que sofreu o constrangimento reputado ilegal, o agente ativo pode ser qualquer pessoa (STJ, HC 91228/RS, Rel.ª Min.ª Jane Silva [Desembargadora convocada do TJ/MG], 5ª T., j. 20/11/2007).

Objeto material e bem juridicamente protegido

A Administração Pública é o bem juridicamente protegido pelo tipo penal que prevê o delito de *coação no curso do processo* ou, mais especificamente, a administração da justiça.
O objeto material é a pessoa contra quem foi praticada a violência ou dirigida a grave ameaça.

Consumação e tentativa

O delito se consuma quando o agente, efetivamente, utiliza a *vis absoluta*, ou seja, a violência física, ou a *vis compulsiva,* vale dizer, a grave ameaça, com a finalidade de favorecer interesse próprio ou alheio contra autoridade, parte, ou qualquer outra pessoa que funciona ou é chamada a intervir em processo judicial, policial ou administrativo, ou em juízo arbitral.
Tratando-se de crime formal, de consumação antecipada, não há necessidade de que o agente, efetivamente, consiga o favorecimento de seu interesse que, se vier a ocorrer, deverá ser considerado como mero exaurimento do crime.
A tentativa é admissível.

O crime de coação no curso do processo é formal. Sua consumação independe de resultado naturalístico, bastando a simples ameaça praticada contra qualquer pessoa que intervenha no processo, seja autoridade, parte ou testemunha. É irrelevante que a conduta produza o resultado pretendido. A conduta foi praticada quando o processo se encontrava em curso, o que atende à descrição típica do art. 344 do Código Penal (STF, RHC 124.487 AgR/ES, Rel. Min. Roberto Barroso, 1ª T., *DJe* 1º/07/2015).

Nesse sentido:
TJSC, AC 2012.091203-2, Rel. Des. Carlos Alberto Civinski, j. 30/07/2013.

Elemento subjetivo

O dolo é o elemento subjetivo exigido pelo tipo penal em estudo, não havendo previsão para a modalidade de natureza culposa.

O delito de coação no curso do processo exige como elemento subjetivo específico a finalidade de obter favorecimento a interesse próprio ou alheio em processo judicial, policial ou administrativo ou juízo arbitral. Quando a conduta delitiva do agente visa atingir somente a vítima, não se evidencia o crime do art. 344 do Código Penal, pois o objeto jurídico tutelado é a administração da Justiça (STJ, CC 109.022/RS, 3ª Seção, Rel. Min. Arnaldo Esteves Lima, *DJe* 28/06/2010).

Nesse sentido:
TJRS, Ap. Crim. 70027671759, 4ª Câm. Crim., Rel. José Eugênio Tedesco, j. 28/05/2009.

Modalidades comissiva e omissiva

A conduta narrada no tipo penal – *usar de violência ou grave ameaça* – pressupõe um comportamento comissivo por parte do agente, podendo, no entanto, ser praticada via omissão imprópria.

Causa especial de aumento de pena

A Lei nº 14.245, de 22 de novembro de 2021, que ficou popularmente conhecida como "Lei Mariana Ferrer", inseriu um parágrafo único no art. 344 do Código Penal, dizendo, *verbis*: "Parágrafo único. A pena aumenta-se de 1/3 (um terço) até a metade se o processo envolver crime contra a dignidade sexual."
Assim, se o delito de coação no curso do processo disser respeito a crime contra a dignidade sexual, será aplicada a majorante de 1/3 (um terço) até a metade. Os crimes contra a dignidade sexual são aqueles previstos no Título VI do Código Penal.
Embora do delito de promoção de migração ilegal (art. 232-A) esteja previsto dentro do Título correspondente aos crimes contra a dignidade sexual, *in casu,* somente haverá a aplicação da causa especial de aumento de pena se a finalidade do agente for de natureza sexual, pois, caso contrário, restará afastada a majorante.

Concurso de crimes

Tendo em vista o disposto na parte final do preceito secundário do art. 344 do Código Penal, deverá ser aplicada a regra do concurso formal impróprio, previsto na segunda parte do art. 70 do Código Penal, aplicando-se a regra do cúmulo material entre os crimes de *coação no curso do processo* e aquele resultante da violência.

Pena, ação penal e suspensão condicional do processo

A pena cominada ao delito de *coação no curso do processo* é de reclusão, de 1 (um) a 4 (quatro) anos, e multa, além da pena correspondente à violência.

A pena será aumentada de 1/3 (um terço) até a metade se o processo envolver crime contra a dignidade sexual, nos termos do parágrafo único do art. 344, inserido no Código Penal pela Lei nº 14.245, de 22 de novembro de 2021.

A ação penal é de iniciativa pública incondicionada. Será possível, também, a confecção de proposta de suspensão condicional do processo.

⚖ A existência de um procedimento em curso – seja processo judicial, administrativo, ou mesmo inquérito policial – configura o elemento do tipo descrito no art. 344 do Código Penal. Diante da existência de inquérito policial em andamento no momento em que a vítima sofreu a ameaça – fato posteriormente tipificado como coação no curso do processo –, não há que se falar em ausência de justa causa para a ação penal (STJ, RHC 14619/SP, Rel. Min. Gilson Dipp, 5ª T., *DJ* 24/05/2004, p. 288).

Coação no Código Penal Militar

Vide art. 342 do Decreto-Lei nº 1.001/69 (Código Penal Militar).

Exercício arbitrário das próprias razões
Art. 345. Fazer justiça pelas próprias mãos, para satisfazer pretensão, embora legítima, salvo quando a lei o permite:
Pena – detenção, de quinze dias a um mês, ou multa, além da pena correspondente à violência.
Parágrafo único. Se não há emprego de violência, somente se procede mediante queixa.

Introdução

Fazer justiça pelas próprias mãos tem o significado de agir por si mesmo, de acordo com a sua própria vontade, não solicitando a intervenção do Estado, responsável pela aplicação da Justiça ao caso concreto.

O agente atua no sentido de, ele próprio, satisfazer uma *pretensão*. Conforme esclarece Noronha, "esta é o *pressuposto do delito*. Sem ela, este não tem existência, incidindo o fato em outra disposição legal. A pretensão, por sua vez, se assenta em um *direito* que o agente tem ou julga ter, isto é, pensa de boa-fé possuí-lo, o que deve ser apreciado não apenas quanto ao direito *em si*, mas de acordo com as circunstâncias e as condições da pessoa. Consequentemente, a pretensão pode ser *ilegítima* – o que a lei deixa bem claro:

'embora legítima' – desde que a pessoa razoavelmente assim não a julgue".[99]

É necessário que a pretensão a que alude o art. 345 do Código Penal possa ser apreciada pela Justiça, pois, caso contrário, não se poderá cogitar da infração penal em estudo, a exemplo daquele que fizer justiça pelas próprias mãos a fim de satisfazer-se com o pagamento de uma dívida já prescrita ou, mesmo, uma dívida de jogo.

A pretensão a ser satisfeita pode ser do próprio agente, ou mesmo de terceira pessoa, desde que legítima, como vimos.

⚖ Ajusta-se à figura típica prevista no art. 345 do CP (exercício arbitrário das próprias razões) – e não à prevista no art. 157 do CP (roubo) – a conduta da prostituta maior de dezoito anos e não vulnerável que, ante a falta do pagamento ajustado com o cliente pelo serviço sexual prestado, considerando estar exercendo pretensão legítima, arrancou um cordão com pingente folheado a ouro do pescoço dele como forma de pagamento pelo serviço sexual praticado mediante livre disposição de vontade dos participantes e desprovido de violência não consentida ou grave ameaça (STJ, HC 211.888-TO, Rel. Min. Rogerio Schietti Cruz, *DJe* 07/06/2016, *Informativo* nº 584).

Nesse sentido:

⚖ STJ, REsp 1.720.549, Rel. Min. Joel Ilan Paciornik, *DJe* 08/08/2018; STJ, REsp 1101831/RJ, Rel.ª Min.ª Laurita Vaz, 5ª T., j. 16/04/2009; TRF 2ª Reg., Processo 20035101508 1370, ACr/RJ, Rel.ª Maria Helena Cisne, pub. 20/02/2008.

Tratando-se de um delito de forma livre, o agente poderá valer-se de diversos meios para satisfazer sua pretensão, podendo usar violência, ameaça, fraude etc. O importante é que ele mesmo faça a sua própria justiça, não chamando o Estado para intervir na questão.

Não haverá a infração penal em estudo, conforme ressalva a última parte do art. 345 do Código Penal, quando a própria lei admite a possibilidade de atuação pessoal do agente, a exemplo do que ocorre quando pratica o fato em legítima defesa, exercício regular de direito, etc. Nesses casos, o estudo da causa de justificação é antecipado para o próprio tipo penal. A conduta, portanto, será considerada atípica. Veja-se o exemplo do direito de retenção, disposto nos arts. 319 e 1.219 do Código Civil, ou, ainda, do direito de corte de raízes e ramos de árvore, previsto no art. 1.283 do mesmo diploma civil

⚖ Aquele que profere ameaças contra pessoa a qual entende ser a devedora de valores trabalhistas comete o crime de exercício arbitrário das próprias razões, ainda que ilegítima a cobrança, uma vez evidenciado que o autor da conduta acreditava na sua legitimidade (TJSC, AC 2012.067396-5, Rel. Des. Carlos Alberto Civinski, j. 21/05/2013).

Nesse sentido:

⚖ TJRS, AC 70041224767, Rel. Des. Danúbio Edon Franco, j. 21/03/2012; TJMG, Processo 1.0433.06.185907-3/001[1], Rel. Antônio Armando dos Anjos, j. 12/05/2009;

---

[99] NORONHA, Edgard Magalhães. *Direito penal*, v. 4, p. 392.

STF, HC 89753/SP, Rel. Min. Eros Grau, 2ª T., *DJ* 16/02/2007, p. 86; STF, HC 82476/SP, Rel. Min. Carlos Velloso, 2ª T., *DJ* 29/08/2003, p. 36; TJMG, Processo 1.0000.00.102897-6/000 [1], Rel. Paulo Medina, j. 1º/03/2000; STJ, HC 9444/SP, Rel. Min. Edson Vidigal, 5ª T., *DJ* 20/09/1999, p. 72.

Classificação doutrinária

Crime comum no que diz respeito ao sujeito ativo, bem como quanto ao sujeito passivo; doloso; comissivo (podendo, no entanto, ser praticado via omissão imprópria, nos termos do art. 13, § 2º, do Código Penal); instantâneo; de forma livre; monossubjetivo; plurissubsistente; transeunte.

Sujeito ativo e sujeito passivo

Qualquer pessoa pode ser *sujeito ativo*.
O sujeito passivo é o Estado, bem como aquele prejudicado com a conduta praticada pelo sujeito ativo.

Objeto material e bem juridicamente protegido

A Administração Pública é o bem juridicamente protegido pelo tipo penal que prevê o delito de *exercício arbitrário das próprias razões* ou, mais especificamente, a administração da justiça.
O objeto material é a pessoa ou a coisa contra a qual é dirigida a conduta praticada pelo agente.

Consumação e tentativa

O delito se consuma quando o agente, efetivamente, fazendo justiça com as próprias mãos, consegue satisfazer sua pretensão.
A tentativa é admissível.

Elemento subjetivo

O dolo é o elemento subjetivo exigido pelo tipo penal em estudo, não havendo previsão para a modalidade de natureza culposa.

⚖ A simulação de dívida objetivando alcançar de imediato a meação de certo bem configura não o crime de falsidade ideológica, mas o do exercício arbitrário das próprias razões. A simulação, a fraude ou outro qualquer artifício utilizado corresponde a meio de execução, ficando absorvido pelo tipo do art. 345 do Código Penal no que tem como elemento subjetivo o dolo específico, ou seja, o objetivo de satisfazer pretensão, legítima ou ilegítima (STF, HC 74672/MG, Rel. Min. Marco Aurélio, 2ª T., *DJ* 11/04/1997, p. 12.190).

Modalidades comissiva e omissiva

A conduta de *fazer justiça pelas próprias mãos* pressupõe um comportamento comissivo por parte do agente, podendo, no entanto, ser praticada via omissão imprópria.

Concurso de crimes

Tendo em vista o disposto na parte final do preceito secundário do art. 345 do Código Penal, deverá ser aplicada a regra do concurso formal impróprio, previsto na segunda parte do art. 70 do Código Penal, aplicando-se a regra do cúmulo material entre os crimes de *exercício arbitrário das próprias razões* e aquele resultante da violência.

Pena, ação penal, competência para julgamento e suspensão condicional do processo

A pena cominada ao delito de *exercício arbitrário das próprias razões* é de detenção, de 15 (quinze) dias a 1 (um) mês, ou multa, além da pena correspondente à violência.
A ação penal, como regra, será de iniciativa privada, passando a ser de natureza pública incondicionada se houver o emprego de violência contra a pessoa, vale dizer, a chamada *vis absoluta*, conforme preconiza o parágrafo único do art. 345 do Código Penal. Compete, pelo menos inicialmente, ao Juizado Especial Criminal o processo e julgamento do delito em estudo.
Será possível, também, a confecção de proposta de suspensão condicional do processo.

⚖ O crime de exercício arbitrário das próprias razões praticado sem violência somente se procede mediante queixa (STJ, RHC 78.111/PB, Rel. Min. Jorge Mussi, 5ª T., *DJe* 1º/02/2017).

Nesse sentido:

⚖ STF, HC 83761/PE, Rel. Min. Joaquim Barbosa, 1ª T., *RTJ* 191-01, p. 247; TJMG, Processo 1.0145. 03.056468-9/001[1], Rel. Walter Pinto Rocha, pub. 08/08/2007.

Princípio da consunção

⚖ Tendo em vista a incidência do princípio da consunção, adequada a absorção do delito de porte ilegal de arma de fogo de uso permitido (art. 14, *caput*, da Lei nº 10.826/2003) pelo delito de exercício arbitrário das próprias razões, previsto no art. 345, *caput*, do Código Penal. Consoante a jurisprudência deste Superior Tribunal, o princípio da consunção pressupõe que haja um delito-meio ou fase normal de execução do outro crime (crime-fim), sendo que a proteção de bens jurídicos diversos e a absorção de infração mais grave pelo de menor gravidade não são motivos para, *de per si*, impedirem a referida absorção (Súmula nº 83/STJ) (STJ, AgRg no REsp 1.472.834/SC, Rel. Min. Sebastião Reis Junior, 6ª T., *DJe* 18/05/2015).

> **Art. 346.** Tirar, suprimir, destruir ou danificar coisa própria, que se acha em poder de terceiro por determinação judicial ou convenção:
> Pena – detenção, de seis meses a dois anos, e multa.

Introdução

Tirar tem o sentido de subtrair, retirar; *suprimir* significa fazer com que desapareça; *destruir* importa em eliminar; *danificar* diz respeito a estragar, deteriorar. Essas condutas devem ter como objeto material a *coi-*

sa própria, vale dizer, a coisa móvel pertencente ao agente, que se acha em poder de terceiro por determinação judicial ou convenção.

Conforme esclarece Romeu de Almeida Salles Júnior, "a posse por terceiro deve ser legítima, seja ele credor ou não do agente. Ocorrerá nas hipóteses de penhor ou anticrese, ou de direito de retenção; quando houver ordem judicial ou contrato (depositário de coisa penhorada ou arrestada, locatário, comodatário, comprador com reserva de domínio do vendedor [...]. O delito é uma variante mais grave do crime de exercício arbitrário das próprias razões (art. 345 do CP). Só que no art. 346 não existe pretensão alguma, seja legítima ou supostamente legítima, a fazer valer por parte do agente".[100]

⚖ Para configuração do tipo pretendido, imprescindível que a coisa arrebatada fosse de propriedade do inculpado, o que não ocorre na espécie, porquanto, ao emitir os títulos, a propriedade destes passa a ser do portador ou do beneficiário. No momento em que repassada a cártula para terceiro, opera-se a tradição, com o que o subscritor deixa de ser proprietário dela. Autonomia dos títulos de crédito (TJRS, ACr 70029603396, Rel.ª Des.ª Fabianne Breton Baisch, *DJERS* 05/08/2010).

Nesse sentido:

⚖ STJ, HC 128.937/SP, Rel.ª Min.ª Maria Thereza de Assis Moura, 6ª T., *DJe* 03/08/2009.

Classificação doutrinária

Crime próprio no que diz respeito ao sujeito ativo e comum quanto ao sujeito passivo; doloso; comissivo (podendo, no entanto, ser praticado via omissão imprópria, nos termos do art. 13, § 2º, do Código Penal); instantâneo; de forma livre; monossubjetivo; plurissubsistente; transeunte (podendo, no entanto, em algumas situações ser considerado como não transeunte, quando o agente, por exemplo, destrói ou danifica coisa própria que se acha em poder de terceiro por determinação judicial, tendo em vista a necessidade de comprovação do fato através da prova pericial).

Sujeito ativo e sujeito passivo

Somente o proprietário da coisa que se acha em poder de terceiro por determinação judicial ou convenção é que pode ser considerado *sujeito ativo* do delito tipificado no art. 346 do Código Penal.

O *sujeito passivo* é o Estado, bem como aquele que foi prejudicado com a conduta praticada pelo sujeito ativo.

Objeto material e bem juridicamente protegido

A Administração Pública é o bem juridicamente protegido pelo tipo penal em exame ou, mais especificamente, a administração da justiça.

O objeto material é a coisa pertencente ao agente que se acha em poder de terceiro por determinação judicial ou convenção, que foi tirada, suprimida, destruída ou danificada.

Consumação e tentativa

O delito se consuma quando o agente, efetivamente, tira, suprime, destrói ou danifica coisa própria, que se acha em poder de terceiro por determinação judicial ou convenção.

A tentativa é admissível.

Elemento subjetivo

O dolo é o elemento subjetivo exigido pelo tipo penal em estudo, não havendo previsão para a modalidade de natureza culposa.

Modalidades comissiva e omissiva

Os núcleos *tirar*, *suprimir*, *destruir* e *danificar* pressupõem um comportamento comissivo por parte do agente, podendo, no entanto, ser praticados via omissão imprópria.

Pena, ação penal, competência para julgamento e suspensão condicional do processo

A pena cominada ao delito tipificado no art. 346 do Código Penal é de detenção, de 6 (seis) meses a 2 (dois) anos, e multa.

A ação penal é de iniciativa pública incondicionada.

Compete, pelo menos inicialmente, ao Juizado Especial Criminal o processo e julgamento do delito em estudo.

Será possível, também, a confecção de proposta de suspensão condicional do processo.

⚖ Tratando-se de crime tipificado no art. 346 do Código Penal, procede-se mediante ação pública incondicionada, sendo, portanto, o Ministério Público a parte legítima para intentá-la (STF, RHC 58641/SP, Rel. Min. Rafael Mayer, *RTJ* 98-01, p. 118).

> **Fraude processual**
>
> **Art. 347.** Inovar artificiosamente, na pendência de processo civil ou administrativo, o estado de lugar, de coisa ou de pessoa, com o fim de induzir a erro o juiz ou o perito:
>
> Pena – detenção, de três meses a dois anos, e multa.
>
> **Parágrafo único.** Se a inovação se destina a produzir efeito em processo penal, ainda que não iniciado, as penas aplicam-se em dobro.

Introdução

Inovar artificiosamente é valer-se de um artifício, de um ardil, com a finalidade de enganar, iludir, modificando o estado de lugar, de coisa ou de pessoa. Como esclarece Hungria, "a fraude opera-se com a artificiosa inovação (alteração, modificação, substituição, deformação, subversão) relativamente ao 'estado de lugar,

---

[100] SALLES JÚNIOR, Romeu de Almeida. *Código penal interpretado*, p. 956.

de coisa ou de pessoa' (enumeração taxativa). Inova-se artificiosamente: o estado de lugar, quando, por exemplo, se abre um caminho, para inculcar uma servidão *itineris;* o estado de coisa, quando, *v.g.*, se eliminam os vestígios de sangue numa peça indiciária da autoria de um homicídio, ou se coloca um revólver junto a uma vítima de homicídio, para fazer crer em suicídio; o estado (físico) de pessoa, quando, *in exemplis*, se suprimem, mediante operação plástica, certos sinais característicos de um indivíduo procurado pela justiça".[101]

Há necessidade, ainda, que já esteja em curso, isto é, que já tenha sido iniciado o processo judicial de natureza civil, bem como o processo administrativo. Neste último caso, em virtude dos elementos que integram a figura típica, bem como da impossibilidade de nos valermos do recurso à analogia *in malam partem*, não podemos incluir no conceito de *processo administrativo* as sindicâncias que lhe são anteriores. Tratando-se da seara penal, nos termos preconizados pelo parágrafo único do art. 347 do Código Penal, a inovação artificiosa poderá ocorrer tanto na pendência de processo penal quanto na fase que lhe é anterior, vale dizer, enquanto pendente o inquérito policial.

A conduta praticada pelo agente deve ser dirigida finalisticamente no sentido de induzir a erro o juiz ou o perito. Assim, tanto o julgador como o perito poderão chegar a conclusões equivocadas em razão do comportamento levado a efeito pelo agente, colocando em risco a correta aplicação da lei.

⚖ A utilização de prova surpresa é vedada no sistema pátrio (arts. 10 e 933 do Código de Processo Civil de 2015) por permitir burla ou incentivar a fraude processual (STJ, REsp 1721700/SC, Rel. Min. Ricardo Villas Bôas Cueva, 3ª T., *DJe* 11/05/2018).

Nesse sentido:

⚖ STJ, RHC 45164/DF, Rel. Min. Nefi Cordeiro, 6ª T., *DJe* 03/06/2014; STJ, HC 137.206/SP, 5ª T., Rel. Min. Napoleão Nunes Maia Filho, *DJe* 1º/02/2010; TJRS, Ap. Crim. 70019 396464, 4ª Câm. Crim., Rel. José Eugênio Tedesco, j. 28/06/2007; STJ, AgRg nos EDcl no Ag 711502/SP, Rel. Min. Gilson Dipp, 5ª T., *DJ* 10/04/2006, p. 278; TJRS, Ag. Inst. 70000716548, 20ª Câm. Cív., Rel. Armínio José Abreu Lima da Rosa, j. 28/03/2000; STJ, HC 30796/RJ, Rel.ª Min.ª Laurita Vaz, 5ª T., *RDR* 33, p. 425.

Classificação doutrinária

Crime comum no que diz respeito ao sujeito ativo, bem como quanto ao sujeito passivo; doloso; comissivo (podendo, no entanto, ser praticado via omissão imprópria, nos termos do art. 13, § 2º, do Código Penal); instantâneo; de forma livre; monossubjetivo; plurissubsistente; não transeunte (tendo em vista a necessidade de comprovação da inovação através da prova pericial).

Sujeito ativo e sujeito passivo

Qualquer pessoa pode ser *sujeito ativo*.

O *sujeito passivo* é o Estado, bem como aquele que foi de alguma forma prejudicado com a conduta praticada pelo sujeito ativo.

Objeto material e bem juridicamente protegido

A Administração Pública é o bem juridicamente protegido pelo tipo penal que prevê o delito de *fraude processual* ou, mais especificamente, a administração da justiça.

O objeto material é o lugar, a coisa ou a pessoa sobre a qual recai a conduta praticada pelo agente.

Consumação e tentativa

O delito se consuma com a *inovação artificiosa*, independentemente do fato de ter o agente conseguido alcançar sua finalidade, que era a de induzir a erro o juiz ou o perito.

A tentativa é admissível.

Elemento subjetivo

O dolo é o elemento subjetivo exigido pelo tipo penal em estudo, não havendo previsão para a modalidade de natureza culposa.

⚖ A dissolução da empresa autora, ainda que de forma irregular, não configura fraude processual (art. 347, Código Penal), haja vista a ausência de dolo específico da apelada, ou seja, a vontade de praticar a alteração, exigindo-se que o agente queira induzir em erro o juiz (STJ, AREsp 1.320.004, Rel. Min. Lázaro Guimarães – Desembargador convocado do TRF 5ª Região, *DJe* 13/08/2018).

Modalidades comissiva e omissiva

A conduta de *inovar artificiosamente* pressupõe um comportamento comissivo por parte do agente, podendo, no entanto, ser praticado via omissão imprópria.

Causa especial de aumento de pena

Determina o parágrafo único do art. 347 do Código Penal que *se a inovação se destina a produzir efeito em processo penal, ainda que não iniciado, as penas aplicam-se em dobro.*

⚖ A conduta, em tese, perpetrada pelo ora Paciente – policial civil que enxerta na cena do crime talão de cheques objeto de furto, na clara tentativa de ajudar outros colegas policiais que cometeram brutal homicídio contra vítima inocente – é grave, mormente tendo-se em consideração, como destacou o *Parquet*, a sua condição de agente público, cujo cargo traz consigo o dever de zelar pela investigação criminal. Desrespeitou, assim, o dever inerente às suas funções, elevando o grau de reprovabilidade da conduta. Motivação idônea. A circunstância funcional do ora Paciente, levada em conta pelo *Parquet*, não integra o tipo penal em tela (art. 347, parágrafo único, do Código Penal) (STJ, HC 40511/RS, Rel.ª Min.ª Laurita Vaz, 5ª T., *DJ* 13/02/2006, p. 833).

---

[101] HUNGRIA, Nélson. *Comentários ao código penal*, v. IX, p. 501.

Pena, ação penal, competência para julgamento e suspensão condicional do processo

A pena cominada ao delito de *fraude processual* é de detenção, de 3 (três) meses a 2 (dois) anos, e multa.

Se a inovação se destina a produzir efeito em processo penal, ainda que não iniciado, as penas aplicam-se em dobro.

A ação penal é de iniciativa pública incondicionada.

Compete, pelo menos inicialmente, ao Juizado Especial Criminal o processo e julgamento do delito em estudo.

Será possível, também, a confecção de proposta de suspensão condicional do processo.

Natureza subsidiária do crime de *fraude processual*

Se o agente, por exemplo, na pendência de processo civil, penal, ou administrativo, vier a inovar artificiosamente um documento, falsificando-o, não deverá responder pelas duas infrações penais em concurso material de crimes, pois que o delito mais grave (o crime de falso) absorverá o menos grave (a fraude processual).

⚖ O suposto homicida que, para ocultar o cadáver, apaga ou elimina vestígios de sangue, não pode ser denunciado pela prática, em concurso, dos crimes de fraude processual penal e ocultação de cadáver, senão apenas deste, do qual aquele constitui mero ato executório (STF, HC 88733/SP, Rel. Min. Gilmar Mendes, 2ª T., *DJ* 15/12/2006, p.110).

Direito à autodefesa

Se o réu, por exemplo, com a finalidade de se defender, vier a inovar artificiosamente o estado de lugar, de coisa ou de pessoa com o fim de induzir a erro o juiz ou o perito, entendemos que o fato deverá ser entendido como fazendo parte do seu direito à autodefesa, não podendo ser responsabilizado pela infração penal em exame.

Código de Trânsito Brasileiro (Lei nº 9.503, de 23 de setembro de 1997)

Art. 312. Inovar artificiosamente, em caso de sinistro automobilístico com vítima, na pendência do respectivo procedimento policial preparatório, inquérito policial ou processo penal, o estado de lugar, de coisa ou de pessoa, a fim de induzir a erro o agente policial, o perito ou o juiz:

Penas – detenção, de seis meses a um ano, ou multa.

Parágrafo único. Aplica-se o disposto neste artigo, ainda que não iniciados, quando da inovação, o procedimento preparatório, o inquérito ou o processo aos quais se refere.

Estatuto de Desarmamento (Lei nº 10.826, de 22 de dezembro de 2003)

Art. 16. Possuir, deter, portar, adquirir, fornecer, receber, ter em depósito, transportar, ceder, ainda que gratuitamente, emprestar, remeter, empregar, manter sob sua guarda ou ocultar arma de fogo, acessório ou munição de uso restrito, sem autorização e em desacordo com determinação legal ou regulamentar:

§ 1º Nas mesmas penas incorre quem:

I – [...];

II – modificar as características de arma de fogo, de forma a torná-la equivalente a arma de fogo de uso proibido ou restrito ou para fins de dificultar ou de qualquer modo induzir a erro autoridade policial, perito ou juiz;

§ 2º Se as condutas descritas no caput e no § 1º deste artigo envolverem arma de fogo de uso proibido, a pena é de reclusão, de 4 (quatro) a 12 (doze) anos.

Abuso de autoridade

A Lei nº 13.869, de 05 de setembro de 2019, em seus arts. 23, 25 e 29, tipificou como abuso de autoridade os seguintes comportamentos:

Art. 23. Inovar artificiosamente, no curso de diligência, de investigação ou de processo, o estado de lugar, de coisa ou de pessoa, com o fim de eximir-se de responsabilidade ou de responsabilizar criminalmente alguém ou agravar-lhe a responsabilidade:

Pena – detenção, de 1 (um) a 4 (quatro) anos, e multa.

Parágrafo único. Incorre na mesma pena quem pratica a conduta com o intuito de:

I – eximir-se de responsabilidade civil ou administrativa por excesso praticado no curso de diligência;

II – omitir dados ou informações ou divulgar dados ou informações incompletos para desviar o curso da investigação, da diligência ou do processo.

Art. 25. Proceder à obtenção de prova, em procedimento de investigação ou fiscalização, por meio manifestamente ilícito:

Pena – detenção, de 1 (um) a 4 (quatro) anos, e multa.

Parágrafo único. Incorre na mesma pena quem faz uso de prova, em desfavor do investigado ou fiscalizado, com prévio conhecimento de sua ilicitude.

Art. 29. Prestar informação falsa sobre procedimento judicial, policial, fiscal ou administrativo com o fim de prejudicar interesse de investigado:

Pena – detenção, de 6 (seis) meses a 2 (dois) anos, e multa.

Parágrafo único (Vetado).

Favorecimento pessoal

Art. 348. Auxiliar a subtrair-se à ação de autoridade pública autor de crime a que é cominada pena de reclusão:

Pena – detenção, de um a seis meses, e multa.

§ 1º Se ao crime não é cominada pena de reclusão:

Pena – detenção, de quinze dias a três meses, e multa.

§ 2º Se quem presta o auxílio é ascendente, descendente, cônjuge ou irmão do criminoso, fica isento de pena.

Introdução

O núcleo *auxiliar* significa ajudar, socorrer. Essa ajuda, essa prestação de auxílio, deve ser dirigida no sentido de fazer com que alguém se subtraia à ação de autoridade pública, ou seja, aquela que, de alguma forma, seja a legitimada a determinar ou a proceder à captura do autor do crime, a exemplo do delegado de polícia, promotor de justiça, juiz de direito.

Pressuposto para o cometimento do *favorecimento pessoal* é a prática de um crime anterior pela pessoa a quem o agente auxilia a subtrair-se à ação da autoridade pública.

Extrai-se do dispositivo em comento que o delito de favorecimento pessoal se caracteriza quando um terceiro auxilia o autor do crime a fugir da autoridade pública, esquivando-se. Trata-se de crime material, que exige modificação no mundo exterior, ou seja, efetiva ocultação do agente criminoso, e acessório, porquanto depende da prática de um delito anterior, aspecto que não ocorreu no caso em testilha (STJ, HC 409.771/MS, Rel. Min. Nefi Cordeiro, *DJe* 06/08/2018).

Nesse sentido:

TRF 4ª Reg., ACr 2008.70.07.000404-4; Rel. Juiz Fed. Guilherme Beltrami, *DEJF* 19/03/2010, p. 462; TJRS, ACr 70029626629, Rel.ª Des.ª Isabel de Borba Lucas, *DJE-RS* 05/01/2010, p. 56; STJ, HC 46209/BA, Rel. Min. Hélio Quaglia Barbosa, 6ª T., *RT* 853, p. 526; TJRS, Ap. Crim. 70022123889, 4ª Câm. Crim., Rel. Constantino Lisbôa de Azevedo, j. 06/03/2008; TJRS, Rec. Crim. 71000821728, Rel. Vanderlei Teresinha Tremeia Kubiak, Turma Recursal Criminal, j. 24/01/2006; STJ, RHC 2824/MG, Rel. Min. Edson Vidigal, 6ª T., *DJ* 11/10/1993, p. 21.341; TACrim/SP, Ap. 498.749, Rel. Dias Tatit, j. 23/06/1988.

Classificação doutrinária

Crime comum com relação ao sujeito ativo e próprio no que diz respeito ao sujeito passivo; doloso; comissivo (podendo, no entanto, ser praticado via omissão imprópria, nos termos do art. 13, § 2º, do Código Penal); de forma livre; instantâneo; monossubjetivo; plurissubsistente; transeunte.

Sujeito ativo e sujeito passivo

Qualquer pessoa pode ser *sujeito ativo*.
O sujeito passivo é o Estado.

Objeto material e bem juridicamente protegido

A Administração Pública é o bem juridicamente protegido pelo tipo penal que prevê o delito de *favorecimento pessoal* ou, mais especificamente, a administração da justiça.
Não há objeto material.

Consumação e tentativa

O delito se consuma quando o agente, efetivamente, presta o auxílio necessário para que o autor de crime se subtraia à ação da autoridade pública, sendo necessário o sucesso do referido auxílio, pois, caso contrário, o delito poderá ser reconhecido como tentado.

Elemento subjetivo

O dolo é o elemento subjetivo exigido pelo tipo penal em estudo, não havendo previsão para a modalidade de natureza culposa.

Agente que oculta arma de fogo utilizada em crime anterior não pratica o delito previsto no art. 348 do Código Penal, qual seja, o favorecimento pessoal, mas incorre nas penas previstas no art. 14 da Lei nº 10.826/03, tendo em vista a ausência de dolo para o favorecimento pessoal do assaltante (TJMG, Processo 1.0079.04.122295-5/001[1], Rel. Sérgio Braga, pub. 25/04/2007).

Modalidades comissiva e omissiva

O núcleo auxiliar pressupõe um comportamento comissivo por parte do agente, podendo, no entanto, ser praticado via omissão imprópria.

Modalidade privilegiada

Diz o § 1º do art. 348 do Código Penal que se ao crime não é cominada pena de reclusão, a pena será de detenção, de 15 (quinze) dias a 3 (três) meses, e multa.

Inexigibilidade de conduta diversa

A lei fez previsão expressa de uma causa de exclusão da culpabilidade ao argumento da inexigibilidade de conduta diversa, dizendo, no § 2º do art. 348 do Código Penal, *verbis*:
§ 2º Se quem presta o auxílio é ascendente, descendente, cônjuge ou irmão do criminoso, fica isento de pena.

Relevante destacar que a conduta narrada na inicial acusatória, referente ao recorrente, se amoldaria, eventualmente, ao crime de favorecimento pessoal, constante no art. 348 do Código de Processo Penal. Contudo, se quem presta o auxílio é ascendente, conforme se verifica na hipótese dos autos, tem-se a isenção de pena, nos termos do § 2º do mencionado dispositivo (STJ, RHC 103.816/SP, Rel. Min. Reynaldo Soares da Fonseca, 5ª T., *DJe* 22/04/2019).

Nesse sentido:

TJMG, AC 6809298-54.2009.8.13.0024, Rel. Des. Cássio Salomé, *DJe* 06/07/2012; TJRS, Ap. Crim. 70016566796, 5ª Câm. Crim., Rel. Aramis Nassif, j. 18/04/2007; TJSP, Ap. 40.067-3, Rel. Silva Leme, j. 24/03/1986.

Pena, ação penal, competência para julgamento e suspensão condicional do processo

A pena cominada para a modalidade prevista no *caput* do art. 348 do Código Penal é de detenção, de 1 (um) a 6 (seis) meses, e multa.
Para a modalidade privilegiada, tipificada no § 1º do art. 348 do Código Penal, está prevista uma pena de detenção, de 15 (quinze) dias a 3 (três) meses, e multa.
Se quem presta o auxílio é ascendente, descendente, cônjuge ou irmão do criminoso, fica isento de pena, nos termos do § 2º do citado artigo.

A ação penal é de iniciativa pública incondicionada. Compete, pelo menos inicialmente, ao Juizado Especial Criminal o processo e julgamento do delito de *favorecimento pessoal*.

Será possível, também, a confecção de proposta de suspensão condicional do processo.

✍ Por se tratar de crime de menor potencial ofensivo e por ter a ação observado o rito da Lei dos Juizados Especiais Criminais, compete à Turma Recursal Criminal o conhecimento e julgamento da presente apelação. Competência declinada (TJRS, Ap. Crim. 70013 180039, 4ª Câm. Crim., Rel. José Eugênio Tedesco, j. 24/11/2005).

Diferença entre favorecimento pessoal e participação no crime

Para que ocorra o delito de favorecimento pessoal, aquele a quem o agente auxilia já deverá ter consumado o crime anterior.

Se o auxílio, não importando sua natureza, for oferecido anteriormente à prática do crime, o agente deverá responder a título de participação no delito praticado por aquele a quem supostamente auxiliaria, e não por favorecimento pessoal.

Diferença entre favorecimento pessoal e favorecimento real

✍ A diferença entre o favorecimento pessoal e o real está em que o segundo assegura o proveito do crime (por amizade ou em obséquio ao criminoso), ao passo que o primeiro assegura a fuga, escondimento ou dissimulação do autor do crime (TACrim/SP, Ap. 349.411-1, Rel. Albano Nogueira, j. 13/03/1984).

Favorecimento pessoal no Código Penal Militar

Vide art. 350 do Decreto-Lei nº 1.001/69 (Código Penal Militar).

✍ Só há crime de favorecimento pessoal, definido pelo Código Penal Militar, quando se imputa ao favorecido um crime militar (STJ, S3, CC 10250/SP, Rel. Min. Edson Vidigal, *DJ* 30/10/1995, p. 36.706).

Favorecimento real

Art. 349. Prestar a criminoso, fora dos casos de coautoria ou de receptação, auxílio destinado a tornar seguro o proveito do crime:
Pena – detenção, de um a seis meses, e multa.

Introdução

Prestar auxílio significa ajudar, socorrer. O agente, portanto, auxilia o autor da infração penal, que o artigo denomina de *criminoso*, a preservar, a conservar o proveito do crime. *Proveito*, esclarece Hungria, "no sentido em que é empregado o vocábulo no texto legal, é toda vantagem ou utilidade, material ou moral,

obtida ou esperada em razão do crime anterior, seja direta ou indiretamente: tanto o *produto* do crime (ex.: a *res furtiva*) ou o *resultado* dele (ex.: a posse de menor raptada), quanto a coisa que venha a substituir a que foi objeto material do crime (ex.: o ouro resultante da fusão das joias subtraídas, ou a coisa que veio a ser comprada com o dinheiro furtado), ou, finalmente, o *pretium criminis*. Os *instrumenta sceleris* não são proveito do crime: sua guarda clandestina ou ocultação, porém, se praticada com o fim de despistar a perseguição do criminoso, será favorecimento real".[102]

Para que ocorra o favorecimento real, não poderá o agente ter, de alguma forma, concorrido para o crime anterior, que culminou com seu proveito. Assim, embora o art. 349 mencione o termo *coautoria*, na verdade, quer significar *concurso de pessoas*, abrangendo suas duas modalidades, isto é, a coautoria e a participação. O Código Penal utiliza o termo coautoria porque o mencionado artigo ainda faz parte daqueles que foram criados pelo Código de 1940, sendo que o Título IV de sua revogada Parte Geral cuidava do concurso de pessoas sob a denominação de *coautoria*. Dessa forma, a coautoria seria o gênero, do qual seriam suas espécies a coautoria, em sentido estrito, e a participação. Não poderá o agente, portanto, ter concorrido, de qualquer modo, para o crime anterior.

✍ O art. 348 do CP tipifica a conduta de quem auxilia autor de crime a subtrair-se à ação de autoridade pública. Já o art. 349 do CP tipifica a conduta de pessoa que presta a criminoso, fora dos casos de coautoria ou de receptação, auxílio destinado a tornar seguro o proveito do crime. Hipótese em que o réu ingressou na atividade criminosa e teve domínio funcional do fato. Impossibilidade, também, de incidência da minorante relativa à participação de menor importância, nos termos do art. 29, § 1º, do Código Penal (STJ, HC 429.695/AC, Rel. Min. Felix Fischer, *DJe* 10/08/2018).

Nesse sentido:

✍ TJRJ, Ap. Crim. 2006.050.06605, Rel. Marco Aurélio Bellizze, j. 13/03/2007.

Também menciona o citado art. 349 que não poderá ter havido receptação.

Merece ser ressaltado, ainda, que o art. 349 do Código Penal vale-se da expressão *proveito do crime*, ficando afastado do tipo penal em estudo qualquer proveito que diga respeito, por exemplo, à prática de contravenção penal.

✍ Afigura-se inviável imputar a prática do crime de furto duplamente qualificado (CP, art. 155, 4º, I e IV) ao agente que não participou ativamente na execução do crime, porquanto sua conduta limitou-se à cessão de sua residência para o infratores pernoitarem, bem como permitiu que a *res furtiva* fosse escondida em sua propriedade, de modo a restar caracterizado o crime de favorecimento real (CP, art. 349),

---

[102] HUNGRIA, Nélson. *Comentários ao código penal*, v. IX, p. 510.

que consiste na prestação de auxílio ao criminoso para tornar seguro o proveito do crime (TJSC, ACr 2009.044835-5, Rel.ª Des.ª Salete Silva Sommariva, *DJSC* 03/08/2010, p. 286).

Nesse sentido:

⚖ TJRO, RSE 0081043-43.2009.8.22.0005, Rel. Des. Valter de Oliveira, *DJERO* 23/06/2010; TJRS, Ap. Crim. 70020855748, 8ª Câm. Crim., Rel. Mario Rocha Lopes Filho, j. 17/10/2007; TJMG, Processo 1.0145.03.108340-8/001[1], Rel. Adilson Lamounier, j. 23/09/2008; TJMG, Processo 1.0331.07.003514-1/001[1], Rel. Antônio Armando dos Anjos, j. 04/11/2008; TJMG, Processo 1.0699.05. 044248-1/001[1], Rel. William Silvestrini, pub. 12/06/2006; TJMG, Processo 2.0000.00. 332589-9/000 [1], Rel. Alexandre Victor de Carvalho, pub. 29/06/2002.

Classificação doutrinária

Crime comum com relação ao sujeito ativo e próprio no que diz respeito ao sujeito passivo; doloso; comissivo (podendo, no entanto, ser praticado via omissão imprópria, nos termos do art. 13, § 2º, do Código Penal); de forma livre; instantâneo; monossubjetivo; plurissubsistente; transeunte.

Sujeito ativo e sujeito passivo

Qualquer pessoa pode ser *sujeito ativo*.
O *sujeito passivo* é o Estado.

Objeto material e bem juridicamente protegido

A Administração Pública é o bem juridicamente protegido pelo tipo penal que prevê o delito de *favorecimento real* ou, mais especificamente, a administração da justiça.
O objeto material é o proveito do crime.

Consumação e tentativa

O delito se consuma, como adverte Fragoso, "no momento e no lugar em que o auxílio idôneo for prestado pelo agente, ainda que a pessoa beneficiada não tenha conseguido o objetivo visado".[103]
A tentativa é admissível.

Elemento subjetivo

O dolo é o elemento subjetivo exigido pelo tipo penal em estudo, não havendo previsão para a modalidade de natureza culposa.

⚖ O elemento subjetivo do crime de favorecimento real é o dolo específico consistente na vontade conscientemente dirigida ao auxílio do criminoso, para o fim de lhe assegurar o proveito do crime. Entretanto, tratando-se de objeto material, basta o dolo eventual. E age com dolo eventual o agente que, na dúvida a respeito de um dos ou mais elementos do tipo, se arrisca em concretizá-lo, pois quem age na dúvida assume o risco da prática da conduta típica (TJMG, Pro-

cesso 1.0035.04.038 993-0/001[1], Rel. Paulo Cézar Dias, pub. 25/08/2005).

Modalidades comissiva e omissiva

A conduta de prestar auxílio importa em um comportamento comissivo por parte do agente, podendo, no entanto, ser praticada via omissão imprópria.

Pena, ação penal, competência para julgamento e suspensão condicional do processo

A pena cominada ao delito de *favorecimento real* é de detenção, de 1 (um) a 6 (seis) meses, e multa.
A ação penal é de iniciativa pública incondicionada.
Compete, pelo menos inicialmente, ao Juizado Especial Criminal o processo e julgamento do delito de *favorecimento real*.
Será possível, também, a confecção de proposta de suspensão condicional do processo.

Favorecimento real e receptação

⚖ As figuras do favorecimento real e da receptação dolosa, embora mantenham certas semelhanças, diferem no tocante ao dolo. Para a receptação é preciso que o auxílio praticado o seja no sentido de conseguir vantagem para si ou para outrem que não seja o criminoso. No favorecimento, o agente não visa a um proveito econômico, mas tão somente beneficiar o criminoso (TJPR, ACr 0402370-3, 5ª Câm. Crim., Rel. Lauro Augusto Fabrício de Melo, j. 27/03/2008).

Nesse sentido:

⚖ TJMG, Processo 2.0000.00.504550-1/000 [1], Rel. Vieira de Brito, pub. 18/02/2006.

Favorecimento real e furto

⚖ Tratando-se de transporte de bem em benefício do autor do furto, sem que haja nos autos prova do intuito de lucro do agente, impõe-se a desclassificação para o crime de favorecimento real, nos termos do art. 349, CP (TJMG, Processo 1.0433.05.143081-0/001[1], Rel. Hélcio Valentim, pub. 09/06/2006).

Advogado

⚖ Advogado que, no exercício da profissão, é denunciado por receptação dolosa e favorecimento pessoal e real (arts. 180, 348 e 349 do Código Penal), em virtude de haver recebido, a título de honorários advocatícios, parte do produto do roubo, propiciando ainda aos autores da infração fuga para outro Estado. Improcedência da alegada atipicidade penal dos fatos, que constituem, em tese, os crimes capitulados na denúncia (STF, RHC 56143/RJ, Rel. Min. Cunha Peixoto, 1ª T., *RTJ* 92-03, p. 1.090).

---

[103] FRAGOSO, Heleno Cláudio. *Lições de direito penal*, v. 2, p. 535.

Ato infracional

⚖ É indiferente para a caracterização do crime de favorecimento real que ocorra imputabilidade no delito antecedente (TJRJ, Ap. [EAC] 2005.100.00088, Rel.ª Fátima Clemente, j. 03/05/2005).

Favorecimento real no Código Penal Militar

Vide art. 351 do Decreto-Lei nº 1.001/69 (Código Penal Militar).

Art. 349-A. Ingressar, promover, intermediar, auxiliar ou facilitar a entrada de aparelho telefônico de comunicação móvel, de rádio ou similar, sem autorização legal, em estabelecimento prisional.
Pena – detenção, de 3 (três) meses a 1 (um) ano.

Introdução

Em tese, a pena tem por finalidade a reprovação e a prevenção do crime. Dentre as finalidades preventivas, destaca-se a chamada prevenção especial negativa, que diz respeito ao fato de que com o cumprimento da pena, o Estado, momentaneamente, segrega o agente do convívio em sociedade, impedindo, assim, que venha a praticar novos crimes.

Esse raciocínio, no Brasil, tem sido pulverizado. Isso porque, dada a corrupção no sistema prisional, temos presenciado, através dos meios de comunicação, o fato de que os condenados, mesmo dentro de suas celas, continuam a praticar infrações penais, a exemplo do uso e tráfico de drogas, estupros, lesões corporais, homicídios, extorsões etc.

Os condenados, embora segregados do convívio em sociedade, muitas vezes continuam a praticar as mesmas infrações penais que cometiam quando estavam em liberdade. Para que isso ocorra, a comunicação *extra muros* é de fundamental importância. Mesmo que possam, ainda, se valer das cartas redigidas à mão, a tecnologia permite que esse contato se dê com mais rapidez, através do uso, por exemplo, de rádios ou de aparelhos celulares.

Para que esses aparelhos possam chegar, ilegalmente, às mãos do preso, existem somente dois caminhos. O primeiro deles, que sejam fornecidos por alguém que trabalhe no próprio estabelecimento prisional, que, como regra, responderá pelo delito de corrupção passiva, dependendo da hipótese concreta, pois que, normalmente, essa entrega somente ocorre após o funcionário público receber alguma vantagem indevida. A segunda forma de fazer com que esses aparelhos cheguem até os presos é por meio de alguém, de fora do sistema prisional.

Quando esses aparelhos de comunicação são colocados, sem autorização legal, à disposição dos presos, uma série de infrações penais são cometidas, desde extorsões, onde simulam, para as famílias das víti-

mas, o sequestro de seus parentes, e exigem o depósito de determinado valor em dinheiro, ou mesmo créditos para ligações telefônicas, até o comando do crime organizado.

Por isso, a repressão ao comportamento daquele que, de alguma forma, faz com que esses aparelhos de comunicação cheguem até o interior do estabelecimento prisional torna-se necessária.

Visando, portanto, impedir que o preso tenha, indevidamente, acesso a esses aparelhos de comunicação, a Lei nº 12.012, de 6 de agosto de 2009, inseriu o art. 349-A ao Código Penal, com a seguinte redação, *verbis*:

Art. 349-A. Ingressar, promover, intermediar, auxiliar ou facilitar a entrada de aparelho telefônico de comunicação móvel, de rádio ou similar, sem autorização legal, em estabelecimento prisional.
Pena : detenção, de 3 (três) meses a 1 (um) ano.

Ingressar significa fazer com que efetivamente ingresse, entre no estabelecimento prisional; *promover* diz respeito a diligenciar, tomando as providências necessárias para a entrada; *intermediar* é interceder, intervir, servindo o agente como um intermediário entre o preso que deseja possuir o aparelho de comunicação e um terceiro, que se dispõe a fornecê-lo; *auxiliar* é ajudar de alguma forma; *facilitar* é remover os obstáculos, as dificuldades, permitindo a entrada do aparelho telefônico de comunicação móvel, de rádio ou similar, sem autorização legal.

Todos esses comportamentos proibidos pelo tipo penal em estudo têm por finalidade impedir a entrada de aparelho telefônico de comunicação móvel (celulares), de rádio (*walkie-talkies* etc.) ou similar (*pagers*, aparelhos que permitem o acesso à *internet* etc.) sem autorização legal, em estabelecimento prisional.

Por estabelecimento prisional podemos entender as penitenciárias, cadeias públicas, casas do albergado, enfim, qualquer estabelecimento que seja destinado ao recolhimento de presos, sejam eles provisório ou definitivamente condenados.

Conforme preleciona Rogério Sanches Cunha, "com a novel incriminação, na esteira do art. 319-A do CP, o tipo quer proibir não a *comunicabilidade* do preso com o mundo exterior, mas a *intercomunicabilidade*, isto é, a transmissão de informações entre pessoas (sendo, pelo menos uma, habitante prisional)".[104]

A criatividade daqueles que desejam fazer com que esses aparelhos de comunicação cheguem até os presos não tem limite. Todos os recursos são utilizados com essa finalidade. Muitas mulheres, nos dias de visita, introduzem partes de aparelhos telefônicos móveis em suas partes íntimas (vagina e ânus); parentes e amigos levam bolos, tortas, pães "recheados" com telefones celulares; até mesmo pombos-correios são utilizados para fazer chegar esses aparelhos até os presos.

---

[104] CUNHA, Rogério Sanches. *Comentários à reforma penal de 2009 e à convenção de Viena sobre o direito dos tratados*, p. 31.

É importante ressaltar que, embora, à primeira vista, o tipo penal tenha por destino aqueles que não fazem parte do sistema penitenciário, vale dizer, que não exercem qualquer função dentro do sistema prisional, não será impossível a sua aplicação a algum funcionário público que, sem receber qualquer vantagem com isso, de alguma forma facilite, por exemplo, a entrada desses aparelhos, ou mesmo que faça a intermediação entre o preso e alguém que se encontra fora do sistema. No entanto, caso o funcionário público receba alguma vantagem indevida para, por exemplo, fazer chegar às mãos do preso – provisório ou definitivo – algum aparelho telefônico de comunicação móvel, de rádio ou similar, o fato se subsumirá ao tipo do art. 317 do Código Penal, que prevê o delito de corrupção passiva, cuja pena é significativamente maior do que aquela prevista para o delito em análise.

Para que ocorra o delito em análise, as condutas deverão ser levadas a efeito sem que, para tanto, haja *autorização legal*. Em havendo a mencionada autorização, o fato será considerado atípico.

Pela situação topográfica do artigo, podemos entendê-lo como uma modalidade especial de favorecimento real.

⚖ Inconstitucionalidade. A proibição de ingresso com aparelho de telefonia móvel em estabelecimento prisional, instituída pela Lei nº 12.012/2009, tem por bem juridicamente protegido a administração da justiça e caracteriza delito de perigo abstrato. É ingênuo desconsiderar a potencialidade lesiva que um aparelho de telefonia celular representa em um estabelecimento prisional, assim como soa simplista a tese de que a instituição deste crime fere a Convenção Americana de Direitos Humanos, no ponto em que, no art. 13, protege a liberdade de manifestação do pensamento. Não há que se falar em derrogação de norma penal por presumível inconstitucionalidade reflexa. Prejudicial de inconstitucionalidade do tipo penal que se rejeita. Favorecimento real. Incide nas penas do art. 349-A do Código Penal o agente que ingressa em estabelecimento prisional com aparelho de telefonia celular (TJ-DFT, Processo 20160110159664APJ, Rel. Des. Aiston Henrique de Sousa, *DJe* 08/09/2016).

Nesse sentido:

⚖ TJRS, AC 70060129665, Rel. Des. Gaspar Marques Batista, j. 21/08/2014.

Classificação doutrinária

Crime comum, tendo em vista que o tipo penal não exige qualquer qualidade ou condição especial para o sujeito ativo; doloso; comissivo (no que diz respeito às condutas de ingressar, promover, intermediar, auxiliar e facilitar) e omissivo próprio (pois o núcleo facilitar permite os dois raciocínios); de forma livre; instantâneo; monossubjetivo; monossubsistente; não transeunte (haja vista a necessidade de ser apreendido o aparelho telefônico de comunicação móvel, de rádio ou similar).

Sujeito ativo e sujeito passivo

Qualquer pessoa poderá ser sujeito ativo do delito tipificado no art. 349-A do Código Penal, tendo em vista que o tipo penal não exige qualquer qualidade ou condição especial.

Merece ser frisado o fato de o próprio preso, que se encontra dentro do estabelecimento prisional, poder levar a efeito um dos comportamentos previstos pelo tipo penal em estudo. Renato Marcão, com a precisão que lhe é peculiar, adverte: "Não se pode excluir a possibilidade de algum preso, por exemplo, quando do gozo de permissão de saída (art. 120 da LEP) ou de saída temporária (art. 122 da LEP), ao retornar praticar uma das condutas reguladas.

Mesmo estando preso, dentro dos limites de estabelecimento prisional fechado, é possível que o agente venha a *promover, intermediar ou auxiliar* a entrada de aparelho telefônico de comunicação móvel, de rádio ou similar, sem autorização legal, naquele estabelecimento prisional em que se encontrar ou em outro".[105]

Sujeito passivo é o Estado.

Objeto material e bem juridicamente protegido

A Administração Pública é o bem juridicamente protegido pelo tipo constante do art. 349-A do Código Penal e, mais especificamente, a administração da justiça. O objeto material é o aparelho telefônico de comunicação móvel, de rádio ou similar.

Consumação e tentativa

O delito se consuma quando, após a prática de qualquer das condutas previstas no tipo do art. 349-A do Código Penal (*ingressar, promover, intermediar, auxiliar ou facilitar*), o aparelho telefônico de comunicação móvel, de rádio ou similar chega, sem autorização legal, às mãos de alguém que se encontra preso no estabelecimento prisional.

Em sentido contrário, Rogério Sanches Cunha assevera que: "O crime é de mera conduta, consumando-se com a prática de qualquer um dos núcleos, independentemente se o aparelho chegou até seu destinatário".[106]

Tratando-se de um delito plurissubsistente, torna-se admissível a tentativa.

Elemento subjetivo

O dolo é o elemento subjetivo exigido pelo tipo penal em estudo, não havendo previsão para a modalidade culposa.

---

[105] MARCÃO, Renato. Lei nº 12.012, de 6 de agosto de 2009: ingresso de aparelho de telefonia celular em estabelecimento penal. Disponível em: <http://jusvi.com/artigos/41374>. Acesso em: 18 ago. 2009.

[106] CUNHA, Rogério Sanches. *Comentários à reforma penal de 2009 e à convenção de Viena sobre o direito dos tratados*, p. 32.

Embora não haja essa orientação expressa no tipo, as condutas previstas devem ser praticadas no sentido de fazer com que o aparelho telefônico de comunicação móvel, de rádio ou similar chegue às mãos daquele que se encontra preso no interior do estabelecimento prisional.

Assim, por exemplo, se alguém, mesmo que contrariando as normas expressas do sistema prisional, vier a fazer uma visita a alguém portando seu aparelho de telefone celular, como a finalidade do agente não era a de entregá-lo a algum detento que ali se encontrava encarcerado, o fato deverá ser considerado atípico, mesmo que, aparentemente, se amolde à figura constante do art. 349-A do Código Penal.

Da mesma forma, aquele que, por descuido, pelo fato de portar mais de um aparelho celular, embora, durante uma visita ao sistema penitenciário, tivesse deixado um deles aos cuidados da administração prisional, mas conseguisse, por uma falha na revista, nele ingressar com um segundo aparelho, não poderia responder pelo delito em estudo.

Como se percebe, para que alguém possa ser responsabilizado pelo delito em estudo, faz-se mister a demonstração de seu dolo, mesmo que não se consiga apontar, no caso concreto, quem seria o beneficiado com a entrada do aparelho telefônico de comunicação móvel, de rádio ou similar no estabelecimento prisional.

Modalidades comissiva e omissiva

Os núcleos *ingressar, promover, intermediar e auxiliar* pressupõem um comportamento comissivo por parte do agente, enquanto que a conduta de *facilitar* pode ser entendida tanto comissiva, quanto omissivamente.

Assim, por exemplo, imagine a hipótese em que um agente penitenciário, encarregado de fazer a revista nos dias de visita aos presos de um determinado estabelecimento penitenciário, percebendo que alguém trazia consigo, escondido, costurado na bainha de sua calça jeans, um aparelho de telefone celular, nada faz para impedir a entrada do mencionado aparelho, sabendo que seria entregue a um dos detentos, que comandava, o crime organizado, de dentro daquele local.

Nesse caso, podemos, inclusive, visualizar o concurso de pessoas entre o agente, o preso, bem como aquele que ingressou no estabelecimento prisional com o telefone celular, mesmo que, por hipótese, os demais não soubessem que a entrada do aludido aparelho havia sido dolosamente facilitada pelo servidor público. Como o núcleo facilitar pode ser entendido em um sentido amplo, entendemos que, *in casu*, esse comportamento, quando praticado omissivamente por aquele que tinha o dever de impedir o resultado, importará em uma omissão própria, já que o comportamento está expressamente previsto no tipo penal, não se cuidando, assim, de um delito comissivo por omissão (ou omissivo impróprio).

Pena, ação penal, competência para julgamento e suspensão condicional do processo

A pena cominada ao delito tipificado no art. 349-A do Código Penal é de detenção, de 3 (três) meses a 1 (um) ano.

A ação penal é de iniciativa pública incondicionada. Tendo em vista a pena máxima cominada em abstrato, competirá, pelo menos inicialmente, ao Juizado Especial Criminal, o processo e julgamento do delito em exame.

Será possível a confecção de proposta de suspensão condicional do processo, nos termos do art. 89 da Lei nº 9.099/1995.

Falta grave

O inc. VII, acrescentado ao art. 50 do Lei de Execução Penal, assevera que comete falta grave o condenado a pena privativa de liberdade que tiver em sua posse, utilizar ou fornecer aparelho telefônico, de rádio ou similar, que permita a comunicação com outros presos ou com o ambiente externo.

Súmula nº 533 do STJ – *Para o reconhecimento da prática de falta disciplinar no âmbito da execução penal, é imprescindível a instauração de procedimento administrativo pelo diretor do estabelecimento prisional, assegurado o direito de defesa, a ser realizado por advogado constituído ou defensor público nomeado* (DJe 15/06/2015)

Súmula nº 534 do STJ – *A prática de falta grave interrompe a contagem do prazo para a progressão de regime de cumprimento de pena, o qual se reinicia a partir do cometimento dessa infração* (DJe 15/06/2015).

Súmula nº 535 do STJ – *A prática de falta grave não interrompe o prazo para fim de comutação de pena ou indulto* (DJe 15/06/2015).

A prática de falta grave pelo sentenciado, no curso da execução da pena, altera a data-base para a concessão de novos benefícios, exceto para fins de livramento condicional, indulto e comutação da pena. Entendimento consolidado nas Súmulas 441, 535 e 534 deste Superior Tribunal e no Recurso Especial repetitivo nº 1.364.192/RS. Dessa forma, a data-base para a contagem da aferição do requisito objetivo será a data do cometimento da última falta grave (STJ, AgRg no AREsp 1.260.159/DF, Rel. Min. Ribeiro Dantas, 5ª T., DJe 1º/08/2018).

Nesse sentido:

STJ, HC 285.687/SP, Rel. Min. Gurgel de Faria, 5ª T., DJe 09/06/2015; TJRS, Agravo 70059590489, Rel. Des. Honório Gonçalves da Silva Neto, j. 11/06/2014; TJRS, Agravo 70059210146, Rel. Des. Diogenes Vicente Hassan Ribeiro, j. 05/06/2014; TJRS, Agravo 70049675127, Rel. Des. Julio Cesar Finger, j. 05/09/2012; TJRS, Agravo 70049018203, Rel.ª Des.ª Fabianne Breton Baisch, j. 13/06/2012; STJ, HC 188.072/SP, Rel.ª Min.ª Maria Thereza de Assis Moura, 6ª T., j. 31/05/2011, *Informativo* nº 475.

Concurso de pessoas

Embora, à primeira vista, o art. 349-A do Código Penal seja dirigido a pessoas que não estejam nos estabelecimento prisionais, entendemos que se o preso – provisório ou definitivo – houver solicitado o aparelho telefônico de comunicação móvel, de rádio ou similar, deverá ser responsabilizado pelo mencionado delito, aplicando-se, outrossim, a regra relativa ao art. 29 do Código Penal.

Omissão de dever de vedar ao preso o acesso a aparelho telefônico, de rádio ou similar

Caso o diretor de penitenciária e/ou agente público deixe de cumprir seu dever de vedar ao preso o acesso a aparelho telefônico, de rádio ou similar, que permita a comunicação com outros presos ou com o ambiente externo, deverão ser responsabilizados pelo delito tipificado no art. 319-A do Código Penal.

Devemos ressaltar que o diretor e o agente público não podem ter contribuído para o ingresso dos referidos aparelhos no sistema penitenciário, pois, caso contrário, responderão pelo delito previsto pelo art. 349-A do Código Penal.

Exercício arbitrário ou abuso de poder
Art. 350. (Revogado).

Fuga de pessoa presa ou submetida a medida de segurança
Art. 351. Promover ou facilitar a fuga de pessoa legalmente presa ou submetida a medida de segurança detentiva:
Pena – detenção, de seis meses a dois anos.
§ 1º Se o crime é praticado a mão armada, ou por mais de uma pessoa, ou mediante arrombamento, a pena é de reclusão, de dois a seis anos.
§ 2º Se há emprego de violência contra pessoa, aplica-se também a pena correspondente à violência.
§ 3º A pena é de reclusão, de um a quatro anos, se o crime é praticado por pessoa sob cuja custódia ou guarda está o preso ou o internado.
§ 4º No caso de culpa do funcionário incumbido da custódia ou guarda, aplica-se a pena de detenção, de três meses a um ano, ou multa.

Introdução

Promover a fuga, assevera Hungria, "é levá-la a efeito, praticando todos os atos necessários à sua execução, haja, ou não, prévia ciência do beneficiário. *Facilitar* a fuga é prestar auxílio à executada pelo próprio preso ou internado, como, por exemplo, fornecendo instrumentos (limas, serras, escadas, cordas etc.) ou meios de disfarce, ou instruções úteis. Não há confundir o auxílio prestado para a fuga-libertação (art. 351) e o prestado a criminoso em liberdade, para eximi-lo à ação da autoridade pública, pois, neste último caso, o que se apresenta é o crime de favorecimento pessoal (art. 348)".[107]

As condutas devem ser dirigidas em benefício de pessoa *legalmente* presa ou submetida a medida de segurança detentiva.

A prisão de natureza penal poderá ser *cautelar* (prisão em flagrante, prisão preventiva e prisão temporária)[108] ou *definitiva* (quando o agente já goza do *status* de condenado, após o trânsito em julgado da decisão condenatória), podendo estar sendo cumprida ou efetivada em qualquer estabelecimento carcerário (penitenciárias, delegacias de Polícia etc.).

Poderá, também, o sujeito estar preso *intra* ou *extra-muros*, ou seja, dentro ou mesmo fora de um estabelecimento penal, a exemplo daquele que se encontra no interior de uma viatura policial, após ter sido preso em flagrante delito.

Medida de segurança detentiva é aquela que é cumprida em hospital de custódia e tratamento psiquiátrico ou, à falta, em outro estabelecimento adequado, conforme o disposto no art. 96, I, do Código Penal, aplicável, como regra, ao inimputável e, excepcionalmente, ao semi-imputável, de acordo com os arts. 97 e 98 do mesmo diploma repressivo.

Assim, somente aquele que atua no sentido de promover ou facilitar a fuga daquele que se encontra internado nos mencionados estabelecimentos, por determinação judicial, constante de um processo criminal, é que deverá ser responsabilizado pelo delito em estudo, pois que estaremos diante de uma medida de segurança. Com isso queremos afirmar que se o agente, por exemplo, facilitar a fuga de alguém que havia sido internado em um hospital psiquiátrico por determinação de um juízo cível, que não diz respeito à aplicação de medida de segurança, o fato não se subsumirá ao tipo penal do art. 351.

A expressão "pessoa legalmente presa ou submetida a medida de segurança detentiva", contida no *caput* do art. 351 do Código Penal, não abrange os menores internados em razão do cumprimento de medida socioeducativa decorrente da prática de ato infracional. Conforme a lição de Guilherme Nucci, "o fato é atípico quando se tratar de fuga de menor infrator, pois não se pode considerá-lo preso ou submetido a medida de segurança" (NUCCI, Guilherme de Souza. *Manual de Direito Penal*. 13ª ed., rev., atual. e ampl. Rio de Janeiro: Forense, 2017, p. 1.196). Forçoso reconhecer a impossibilidade de aplicação da lei incriminadora à hipótese por ela não abrangida, por caracterizar analogia *in malam partem*, o

[107] HUNGRIA, Nélson. *Comentários ao código penal*, v. IX, p. 518.
[108] A prisão em virtude de sentença penal condenatória recorrível e a prisão em virtude de sentença de pronúncia, que também se encontravam no rol das prisões de natureza cautelar, foram revogadas, respectivamente, pela Lei nº 11.719, de 20 de junho de 2008, e pela Lei nº 11.689, de 9 de junho de 2008.

que não se admite em razão do princípio da estrita legalidade que rege o sistema penal pátrio. Por certo, não compete ao magistrado, sobrepondo-se ao legislador, ampliar o sentido da norma e o objeto material do crime, por entender que o tipo penal deveria ter previsto conduta assemelhada, de modo a prejudicar o réu. Precedentes (STJ, RHC 86.991/SE, Rel. Min. Ribeiro Dantas, 5ª T., *DJe* 18/10/2017).

Nesse sentido:

🔖 TJDF, Rec. 2007.01.1.087792-9, Rel.ª Des.ª Sandra de Santis, *DJDFTE* 1º/03/2010, p. 133; TJES, ACr 100090019520, Rel. Des. José Luiz Barreto Vivas, *DJES* 14/12/2009, p. 53; TJMG, AC 1.0611.02. 001369-8/001, Rel. Des. Paulo Cézar Dias, *DJ* 03/05/2007; STJ, RHC 9770/SP, Rel. Min. Gilson Dipp, 5ª T., *RT* 789, p. 559; STJ, RHC 9374/MG, Rel. Min. Edson Vidigal, 5ª T., *LEXSTJ* 130, p. 312.

Classificação doutrinária

Crime comum com relação ao sujeito ativo e próprio quanto ao sujeito passivo; doloso; comissivo (quanto às condutas de *promover* e *facilitar*), omissivo próprio (pois que o núcleo *facilitar* pode ser entendido como omissivo próprio) ou, ainda, comissivo por omissão, na hipótese em que o agente, garantidor, dolosamente, nada fizer para evitar que o sujeito promova ou facilite a fuga de pessoa legalmente presa ou submetida à medida de segurança detentiva; instantâneo; de forma livre; monossubjetivo; plurissubsistente (como norma); transeunte.

Sujeito ativo e sujeito passivo

Qualquer pessoa pode ser *sujeito ativo*.
Sujeito passivo é o Estado.

🔖 O crime tipificado no art. 351 do Código Penal – promoção ou facilitação da fuga de pessoa legalmente presa ou submetida a medida de segurança detentiva – constitui infração penal comum, que não requer sujeito ativo especial. Pode, assim, ser cometido por qualquer pessoa penalmente imputável. Nada impede, em consequência, que outro detento incida nesse mesmo tipo penal, desde que, agindo isoladamente ou em concurso com mais de uma pessoa, venha a promover ou a facilitar a fuga de alguém que se encontre legalmente privado de sua liberdade individual. Somente o beneficiário da fuga, ainda que instigue ou induza terceiro a promover-lhe ou a facilitar-lhe a evasão, e que não responde pelo delito em causa, ressalvada, no entanto, a hipótese tipificada no art. 352 do Código Penal (STF, Rel. Min. Celso de Mello, 1ª T., *RTJ* 142-03, p. 889).

Objeto material e bem juridicamente protegido

A Administração Pública é o bem juridicamente protegido pelo tipo penal que prevê o delito de *fuga de pessoa presa ou submetida a medida de segurança*, ou, mais especificamente, a administração da justiça.
O objeto material é pessoa presa ou submetida a medida de segurança detentiva.

Consumação e tentativa

O delito se consuma quando o preso ou aquele sujeito a medida de segurança detentiva consegue, efetivamente, fugir, ou seja, sair do local onde se encontrava sob a custódia do Estado por um espaço razoável de tempo.
A tentativa é admissível.

Elemento subjetivo

O dolo é o elemento subjetivo exigido pelo tipo penal que prevê o delito de *fuga de pessoa presa ou submetida a medida de segurança*.

Modalidades comissiva e omissiva

Entendemos que o núcleo *promover* só pode ser praticado comissivamente, no entanto, a conduta de *facilitar* pode ser concebida tanto comissiva quanto omissivamente, tratando-se, neste último caso, de crime omissivo próprio.
Poderá o delito, ainda, ser praticado via omissão imprópria.

Modalidades qualificadas

Os §§ 1º e 3º do art. 351 do Código Penal preveem duas modalidades qualificadas do delito de *fuga de pessoa presa ou submetida a medida de segurança*, *verbis*:
§ 1º Se o crime é praticado a mão armada, ou por mais de uma pessoa, ou mediante arrombamento, a pena é de reclusão, de 2 (dois) a 6 (seis) anos.
§ 3º A pena é de reclusão, de 1 (um) a 4 (quatro) anos, se o crime é praticado por pessoa sob cuja custódia ou guarda está o preso ou o internado.

🔖 O carcereiro que enseja a libertação de preso sem a pesquisa necessária de antecedentes penais, tal qual determinado pela autoridade policial, realiza conduta que se ajusta ao tipo do art. 351, § 3º, do Código Penal (STJ, HC 40274/SP, Rel. Min. Hamilton Carvalhido, 6ª T., pub. 04/08/2008).

Modalidade culposa

Como regra geral, não prevê a lei penal a modalidade culposa para o delito de *fuga de pessoa presa ou submetida a medida de segurança*.
No entanto, o fato ganha relevo quando quem atua culposamente é o funcionário incumbido da custódia ou guarda daquele que estava legalmente preso ou submetido à medida de segurança detentiva, sendo punido, nos termos do § 4º do art. 351 do Código Penal, com uma pena de detenção, de 3 (três) meses a 1 (um) ano, ou multa.

🔖 Segundo o entendimento desta Corte, o escrivão de polícia que, *in casu*, exerceu função de ordem meramente administrativa, não pode ser responsabilizado por delito de facilitação culposa, pois não detinha o dever de custódia e guarda exigido pelo tipo penal descrito na exordial acusatória (STJ, RHC 16188/SP, Rel. Min. Felix Fischer, 5ª T., *DJ* 16/08/2004, p. 271).

Nesse sentido:

📖 STJ, HC 17679/RJ, Rel. Min. Gilson Dipp, 5ª T., *LEXSTJ* 149, p. 372; TJMG, Processo 1.0713.04. 044124-6/001[1], Rel.ª Beatriz Pinheiro Caires, j. 07/08/2008.

Concurso de crimes

Se houver o emprego de violência contra pessoa, será aplicada também a pena correspondente à violência, nos termos previstos pelo § 2º do art. 351 do Código Penal, em concurso material de crimes.

📖 É certo que a disposição do § 2º do art. 351 do Código Penal caracteriza concurso material *ex vi legis*, a determinar que o juiz, para além da pena prevista para o ilícito de promoção ou facilitação de fuga de pessoa presa, imponha, em cúmulo material, as penas correspondentes à violência contra pessoa, empregada como meio de execução daquele delito. Nada impede, no entanto, não se procedendo à cumulação de pena, que a violência contra pessoa, devidamente comprovada, funcione como circunstância judicial da individualização da resposta penal, salvo quando o concurso material mostrar-se mais benéfico ao réu, questão única a se decidir, já que não pode pretender a defesa alegar nulidade por não reconhecimento do concurso de crimes havido e, a título de um abuso de poder, tornar defeso ao Poder Judiciário que o considere como circunstância influente no estabelecimento da pena, de modo que as instâncias recursais e excepcionais não possam senão reduzir a pena ou determinar que o façam as instâncias inferiores (STJ, HC 33515/SP, Rel. Min. Hamilton Carvalhido, 6ª T., *DJ* 1º/08/2005, p. 565).

Pena, ação penal, competência para julgamento e suspensão condicional do processo

A pena prevista para o *caput* do art. 351 do Código Penal é de detenção, de 6 (seis) meses a 2 (dois) anos. Se o crime for praticado a mão armada, ou por mais de uma pessoa, ou mediante arrombamento, a pena é de reclusão, de 2 (dois) a 6 (seis) anos, conforme determina o § 1º do art. 351 do Código Penal.

Se há emprego de violência contra pessoa, aplica-se também a pena correspondente à violência, nos termos do § 2º do mesmo artigo.

O § 3º do art. 351 do Código Penal comina uma pena de reclusão, de 1 (um) a 4 (quatro) anos, se o crime é praticado por pessoa sob cuja custódia ou guarda esteja o preso ou o internado.

No caso de culpa do funcionário incumbido da custódia ou guarda, aplica-se a pena de detenção, de 3 (três) meses a 1 (um) ano, ou multa, nos termos do § 4º do art. 351 do Código Penal.

A ação penal é de iniciativa pública incondicionada.

Compete, pelo menos inicialmente, ao Juizado Especial Criminal o processo e julgamento da infração penal constante do *caput*, bem como do § 4º do art. 351 do Código Penal.

Será possível, também, a confecção de proposta de suspensão condicional do processo para os delitos previstos no *caput* e §§ 3º e 4º do art. 351 do Código Penal.

📖 O julgamento do delito de auxílio na fuga de pessoa presa, cometido por servidores públicos militares (art. 351, § 4º, do Código Penal) deve ser realizado perante o Juizado Especial Criminal (STJ, REsp 686363/ES, Rel. Min. Gilson Dipp, 5ª T., *DJ* 07/03/2005, p. 342).

Fuga de preso ou internado no Código Penal Militar

Vide art. 178 do Decreto-Lei nº 1.001/69 (Código Penal Militar).

Súmula nº 75 do STJ

📖 *Compete à Justiça Comum Estadual processar e julgar o policial militar por crime de promover ou facilitar a fuga de preso de estabelecimento penal.*

Evasão mediante violência contra a pessoa

Art. 352. Evadir-se ou tentar evadir-se o preso ou o indivíduo submetido a medida de segurança detentiva, usando de violência contra a pessoa:

Pena – detenção, de três meses a um ano, além da pena correspondente à violência.

Introdução

A legislação penal brasileira não pune a evasão, ou mesmo a simples tentativa de evasão do preso ou do indivíduo submetido à medida de segurança detentiva. O fato somente passa a ter relevo para o Direito Penal quando, para fugir, o agente utiliza violência contra a pessoa, conforme o disposto no art. 352 do Código Penal.

O mencionado artigo, no entanto, elevou ao *status* de crime consumado a mera tentativa de evasão, desde que empregada violência contra a pessoa. Assim, o evadir ou tentar evadir-se o preso ou o indivíduo submetido à medida de segurança detentiva terão a mesma resposta penal, desde que praticados com o emprego de violência contra a pessoa.

Não haverá a infração penal em estudo se a violência for praticada contra coisa, na hipótese em que um preso, por exemplo, vier a destruir as grades da cela em que se encontrava recolhido, podendo, neste caso, ser responsabilizado pelo crime de dano qualificado, nos termos do art. 163, parágrafo único, inc. III, do Código Penal. Da mesma forma, em obediência ao princípio da legalidade, não poderá ser responsabilizado pelo delito de *evasão mediante violência contra pessoa* o preso que, ameaçando o agente penitenciário, fazendo-o crer que poderia determinar a morte de toda sua família, dele consegue as chaves necessárias para poder evadir-se daquele estabelecimento penal.

A evasão ou tentativa violenta de evasão poderá ocorrer *intra* ou *extramuros*.

A diferença entre a evasão e a tentativa de evasão deverá ser levada a efeito no momento da aplicação da pena. Não que a tentativa deva ser reconhecida como causa obrigatória de redução de pena, pois que o delito em exame se amolda à ressalva constante do parágrafo único do art. 14 do Código Penal. No entanto, na fixação da pena-base, no momento de avaliação das circunstâncias judiciais, a efetiva evasão deverá ensejar punição maior do que a mera tentativa de evasão, embora as duas tenham recebido idêntico tratamento pelo art. 352 do Código Penal.

⚖ A grave ameaça não é suficiente para caracterizar o tipo penal previsto no art. 352, do CP, o qual exige para a sua configuração que a evasão ou a sua tentativa ocorra mediante violência física contra a pessoa (TJPA, CNC 20103002707-8, Rel.ª Des.ª Vânia Valente do Couto Fortes Bitar Cunha, *DJPA* 09/07/2010).

Nesse sentido:
⚖ *RT* 534, p. 340.

Classificação doutrinária

Crime próprio tanto com relação ao sujeito ativo quanto ao sujeito passivo; doloso, comissivo (podendo, no entanto, ser cometido via omissão imprópria, nos termos do art. 13, § 2º, do Código Penal); instantâneo; de forma livre; monossubjetivo; plurissubsistente; transeunte.

Sujeito ativo e sujeito passivo

Somente o preso ou o indivíduo submetido a medida de segurança detentiva é que poderá ser considerado *sujeito ativo* do delito de *evasão mediante violência contra pessoa.*
O sujeito passivo é o Estado.

Objeto material e bem juridicamente protegido

A Administração Pública é o bem juridicamente protegido pelo tipo penal que prevê o delito de *evasão mediante violência contra a pessoa* ou, mais especificamente, a administração da justiça.
O objeto material é a pessoa que foi vítima da violência.

Consumação e tentativa

O delito se consuma quando o agente consegue evadir-se ou, pelo menos, dá início à execução de sua fuga, usando violência contra a pessoa.
A tentativa receberá, *ab initio*, a mesma pena correspondente ao crime consumado.

⚖ O crime previsto no art. 352 do CP se configura quando a fuga de estabelecimento prisional se dá com violência contra a pessoa, bastando, para tanto, que esta se exercite na forma de vias de fato. Recurso improvido (TJMG, Processo 1.0363.07.027388-5/001[1], Rel. Hélcio Valentim, j. 03/03/2009).

Nesse sentido:
⚖ TJMG, AC 1.0000.00. 186082-4/000, Rel. Des. Reynaldo Ximenes Carneiro, *DJ* 31/08/2000; *RT* 664, p. 294.

Elemento subjetivo

O dolo é o elemento subjetivo exigido pelo tipo penal que prevê o delito de *evasão mediante violência contra a pessoa,* não havendo previsão para a modalidade de natureza culposa.

⚖ Comprovadas as elementares da grave ameaça e da violência praticadas contra o detetive vítima (que foi algemado e trancafiado em uma das celas da carceragem) e restando igualmente demonstrada a intenção patrimonial na subtração dos armamentos e munições, além da viatura utilizada na fuga, impossível é a desclassificação para a figura delitiva prevista no art. 352 do CP (TJMG, AC 1.0024.03. 022840-7/001, Rel. Des. Eduardo Brum, *DJ* 1º/08/2006).

Modalidades comissiva e omissiva

Os núcleos *evadir* e *tentar evadir* pressupõem um comportamento comissivo por parte do agente, podendo, no entanto, o delito ser praticado via omissão imprópria.

Concurso de crimes

Tendo em vista o disposto na parte final do preceito secundário do art. 352 do Código Penal, deverá ser aplicada a regra do concurso material entre os crimes de *evasão mediante violência contra a pessoa*, e aquele resultante da violência.

⚖ Concurso material. Subtração de arma de policial e evasão mediante violência contra a pessoa. Ocorrência. Absorção do roubo pelo crime de fuga mediante violência. Impossibilidade. Presença de *animus furandi* consistente na pretensão de assenhorear-se do bem. Crime autônomo (TJSP, Ap. Crim. 854.125-3/4, Guarulhos, 13ª Câm. do 7º Grupo da Seção Criminal, Rel. Rene Ricupero, 08/06/2006, v.u., Voto 10.234).

Pena, ação penal, competência para julgamento e suspensão condicional do processo

A pena cominada ao delito de *evasão mediante violência contra a pessoa* é de detenção, de 3 (três) meses a 1 (um) ano, além da pena correspondente à violência. A ação penal é de iniciativa pública incondicionada. Compete, pelo menos inicialmente, ao Juizado Especial Criminal o processo e julgamento da infração penal em estudo.
Será possível, também, a confecção de proposta de suspensão condicional do processo.

⚖ É competente a Justiça Federal para processar e julgar os crimes de evasão mediante violência contra a pessoa (art. 352 do Código Penal), corrupção ativa (art. 333) e roubo (art. 157), quando conexos, se houver interesse da União na persecução penal dos réus que se evadiram de penitenciária estadual. Inteligência do art. 109, IV, da Constituição da República (TRF 5ª Reg., Processo 200405000307 381, ACr/PE, Rel. Des. Fed. Ricardo César Mandarino Baretto, pub. 28/03/2008).

Evasão de preso ou internado no Código Penal Militar

Vide art. 180 do Decreto-Lei nº 1.001/69 (Código Penal Militar).

Inexistência do direito à fuga

⚖ Evasão mediante violência contra a pessoa. Caracterização. Tentativa de fuga, acompanhada de qualquer modalidade de violência contra a pessoa. Inexistência do direito à fuga, apenas constituindo irrelevância jurídica o fato de o encarcerado escapar ou tentar evasão. Inteligência do art. 352 do CP (*RT* 769, p. 600).

Arrebatamento de preso

Art. 353. Arrebatar preso, a fim de maltratá-lo, do poder de quem o tenha sob custódia ou guarda:

Pena – reclusão, de um a quatro anos, além da pena correspondente à violência.

Introdução

Arrebatar significa tomar das mãos, arrancar, tirar. A conduta do agente, portanto, é dirigida finalisticamente no sentido de arrebatar *preso*, isto é, aquele que já se encontra sob a custódia ou guarda do Estado.

Trata-se de crime formal, de consumação antecipada, não havendo necessidade de que o agente, efetivamente, consiga maltratar o preso, bastando, no entanto, que aja com essa finalidade.

Conforme lições de Hungria, "os *maus tratos* têm variada casuística, indo desde as vias de fato vexatórias até o extremo do *linchamento* (que ultimamente tem ocorrido com certa e alarmante frequência)".[109]

Para que ocorra o delito em estudo, é necessário que o preso esteja sob a custódia ou guarda do Estado, podendo o fato acontecer *intra* ou *extramuros*, ou seja, dentro ou fora de um estabelecimento prisional, a exemplo do sujeito que quer arrancar do interior de uma viatura policial alguém que havia estuprado uma criança, e que tinha sido preso em flagrante delito, com a finalidade de agredi-lo.

Note-se que o art. 353 do Código Penal somente faz menção ao *preso*, e não ao indivíduo submetido à medida de segurança detentiva, sendo essa uma falha que não pode ser reparada pelo recurso da analogia, pois que utilizada *in malam partem*.

Classificação doutrinária

Crime comum com relação ao sujeito ativo e próprio quanto ao sujeito passivo; doloso, comissivo (podendo, no entanto, ser cometido via omissão imprópria, nos termos do art. 13, § 2º, do Código Penal); instantâneo; de forma livre; monossubjetivo; plurissubsistente; transeunte.

Sujeito ativo e sujeito passivo

Qualquer pessoa pode ser *sujeito ativo*.

O *sujeito passivo* é o Estado, bem como o preso que foi arrebatado.

Objeto material e bem juridicamente protegido

A Administração Pública é o bem juridicamente protegido pelo tipo penal que prevê o delito de *arrebatamento de preso* ou, mais especificamente, a administração da justiça.

O objeto material é o preso que foi arrebatado com a finalidade de ser maltratado.

Consumação e tentativa

O delito se consuma com o efetivo arrebatamento, ou seja, com a retirada do preso do poder de quem o tenha sob custódia ou guarda, independentemente do fato de ter o agente conseguido maltratá-lo, uma vez que se cuida de um crime formal.

A tentativa é admissível.

⚖ O delito de arrebatamento de preso consuma-se no momento em que o preso é tirado, com violência, da esfera de vigilância da escolta, da guarda ou do carcereiro. Assim, ainda que a vítima consiga evadir-se, fugindo das mãos de seus agressores, não há que se falar em delito tentado (TJMG, Ap. 42.947-2, Rel. José Arthur, *RT* 734, p. 716).

Elemento subjetivo

O dolo é o elemento subjetivo exigido pelo tipo do art. 353 do Código Penal, não havendo previsão para a modalidade de natureza culposa.

Modalidades comissiva e omissiva

O núcleo *arrebatar* pressupõe um comportamento comissivo por parte do agente, podendo, no entanto, ser praticado via omissão imprópria.

Concurso de crimes

Tendo em vista o disposto na parte final do preceito secundário do art. 353 do Código Penal, deverá ser aplicada a regra do concurso material entre os crimes de *arrebatamento de preso* e aquele resultante da violência.

Pena, ação penal e suspensão condicional do processo

A pena cominada ao delito de *arrebatamento de preso* é de reclusão, de 1 (um) a 4 (quatro) anos, além da pena correspondente à violência.

A ação penal é de iniciativa pública incondicionada.

Será possível a confecção de proposta de suspensão condicional do processo.

Arrebatamento de preso ou internado no Código Penal Militar

Vide art. 181 do Decreto-Lei nº 1.001/69 (Código Penal Militar).

---

[109] HUNGRIA, Nélson. *Comentários ao código penal*, v. IX, p. 521.

Motim de presos
Art. 354. Amotinarem-se presos, perturbando a ordem ou disciplina da prisão:
Pena – detenção, de seis meses a dois anos, além da pena correspondente à violência.

Introdução

O núcleo *amotinar* tem o sentido de revolta, alvoroço, agito. O art. 354 do Código Penal usa no plural a palavra *preso*, querendo significar, com isso, que estamos diante de um crime de concurso necessário, de condutas convergentes, isto é, praticadas com a mesma finalidade. Assim, para que ocorra a infração penal em estudo, será preciso que o motim seja praticado, no mínimo, por dois presos, embora, dificilmente, o motim possa ocorrer com um número tão insignificante de pessoas.

Não existirá o delito se o motim ocorrer entre pessoas que não gozem do *status* de preso, seja ele provisório ou definitivo, a exemplo do que ocorre com aqueles sujeitos à medida de segurança detentiva.

A conduta praticada pelos presos amotinados deve perturbar a *ordem* ou a *disciplina* da prisão. A prisão, como já deixamos antever, diz respeito a qualquer estabelecimento prisional, isto é, não há necessidade de que o motim ocorra no interior de uma penitenciária, podendo ser levado a efeito em delegacias de polícia, ou mesmo no interior de um ônibus, cuja finalidade seja realizar o transporte de presos.

O inc. IV do art. 39 da Lei de Execução Penal (LEP) diz que se constitui um dever do condenado, ou mesmo do preso provisório, ter uma conduta oposta aos movimentos individuais ou coletivos de fuga ou de subversão à ordem ou à disciplina, fatos esses que, se levados a efeito, importarão em falta grave, nos termos preconizados pelos incs. I e II do art. 50 do mesmo diploma legal.

⚖ Na espécie, contudo, dos autos exsurge que os comportamentos irrogados pelo *Parquet* acomodam-se ao modelo incriminador do art. 354 do Código Penal, conforme a jurisprudência desta Corte, que admite que se atribua a prática de motim, materializado em unidade destinada à submissão a medida socioeducativa de internação (STJ, HC 279.729/SP, Rel.ª Min.ª Maria Thereza de Assis Moura, 6ª T., *DJe* 15/12/2014).

Nesse sentido:
⚖ TJRO, APL 100.601.2007.011075-4, Rel. Juiz Rinaldo Forti da Silva, *DJERO* 17/06/2009, p. 103; TJRS, Ag 700193 00516, 6ª Câm. Crim., Rel. Nereu José Giacomolli, j. 14/06/2007; TJMG, *RT* 823, p. 651; TJRJ, HC 2001.059.01120, Rel. Eduardo Mayr, j. 12/06/2001.

Classificação doutrinária

Crime próprio tanto com relação ao sujeito ativo quanto ao sujeito passivo; doloso; comissivo ou omis-sivo próprio (dependendo do modo como o crime é praticado); de forma livre; permanente; plurissubjetivo (pois exige o concurso de mais de uma pessoa para que possa se configurar); monossubsistente ou plurissubsistente (pois poderá ou não haver o fracionamento do *iter criminis* no caso concreto).

Sujeito ativo e sujeito passivo

Somente os presos podem ser *sujeitos ativos* do delito tipificado no art. 354 do Código Penal.

O *sujeito passivo* é o Estado e, eventualmente, alguém que for vítima da violência praticada durante o motim.

⚖ O crime de motim admite coautoria de pessoas que não somente os presos (HC, 261.988-3/SP, 3ª Câm. Crim. Rel. Walter Guilherme, 18/08/1998, *v.u.*).

Nesse sentido:
⚖ *RT* 653, p. 310.

Objeto material e bem juridicamente protegido

A Administração Pública é o bem juridicamente protegido pelo tipo penal que prevê o delito de *motim de presos*, ou, mais especificamente, a administração da justiça.

Não há objeto material.

Consumação e tentativa

O delito se consuma quando, com o motim dos presos, ou seja, com a reunião tumultuária, ocorre a efetiva perturbação da ordem ou disciplina da prisão.

Embora seja difícil a sua ocorrência, será possível o reconhecimento da tentativa, haja vista tratar-se de crime plurissubsistente.

⚖ Resta configurado o delito de motim, previsto no artigo 354 do CPB, quando presos, com o intuito de entrar em conflito com a ordem vigente, perturbam a ordem ou a disciplina da prisão (TJMG, Processo 1.0480.99.014696-5, Rel. Armando Freire, pub. 11/03/2005).

Elemento subjetivo

O dolo é o elemento subjetivo exigido pelo tipo penal em estudo, não havendo previsão para a modalidade culposa.

Modalidades comissiva e omissiva

A conduta de se amotinar pode ser praticada tanto comissiva quanto omissivamente, pois, conforme esclarece Guilherme de Souza Nucci, "embora o verbo *amotinar-se* tenha significado predominantemente comissivo, é perfeitamente possível uma rebelião passiva, caso os presos resolvam não sair de suas celas ou não desocupar o prédio interno, onde tomam banho de sol".[110]

---

[110] NUCCI, Guilherme de Souza. *Código penal comentado*, p. 1.093.

Concurso de crimes

Tendo em vista o disposto na parte final do preceito secundário do art. 354 do Código Penal, deverá ser aplicada a regra do concurso material entre os crimes de *motim de presos* e aquele resultante da violência.

⚖ Absorção do delito de cárcere privado pelo de motim de presos inadmissível, vez que ambos têm e tiveram motivações diferentes, caracterizando-se a autonomia do dolo (TJSP, Ap. Crim. 266. 620-3, Bauru, 3ª Câm. Crim. Rel. Walter Guilherme, 04/05/1999, *v.u.*).

Pena, ação penal, competência para julgamento e suspensão condicional do processo

A pena cominada ao delito de *motim de presos* é de detenção, de 6 (seis) meses a 2 (dois) anos, além da pena correspondente à violência.

A ação penal é de iniciativa pública incondicionada.

Compete, pelo menos inicialmente, ao Juizado Especial Criminal o processo e julgamento do delito tipificado no art. 354 do Código Penal.

Será possível, também, a confecção de proposta de suspensão condicional do processo.

Falta grave

A Lei nº 12.433, de 29 de junho de 2011, alterou o art. 127 da LEP para prever que, em caso de falta grave, o juiz poderá revogar até 1/3 (um terço) do tempo remido, observado o disposto no art. 57, recomeçando a contagem a partir da data da infração disciplinar.

⚖ Nos termos da jurisprudência desta Corte, o prazo prescricional para aplicação de sanção administrativa disciplinar decorrente do cometimento de falta grave é de três anos, consoante o disposto no art. 109, inciso VI, do Código Penal, com a redação dada pela Lei nº 12.234/2010, contados entre o cometimento da falta e a decisão judicial que homologou o procedimento administrativo instaurado para sua apuração. Precedentes. A caracterização da falta grave justifica a regressão de regime prisional, a interrupção do lapso temporal para obtenção de benefícios, exceto para o livramento condicional, o indulto e a comutação de pena, bem como a perda dos dias remidos. Precedentes (STJ, HC 312.180/RS, Rel.ª Min.ª Maria Thereza de Assis Moura, 6ª T., *DJe* 18/06/2015).

Nesse sentido:

⚖ STJ, HC 285.687/SP, Rel. Min. Gurgel de Faria, 5ª T., *DJe* 09/06/2015; Súmula nº 533 do STJ; Súmula nº 534 do STJ; Súmula nº 535 do STJ.

Amotinamento no Código Penal Militar

Vide art. 182 do Decreto-Lei nº 1.001/69 (Código Penal Militar).

Patrocínio infiel

Art. 355. Trair, na qualidade de advogado ou procurador, o dever profissional prejudicando interesse, cujo patrocínio, em juízo, lhe é confiado:

Pena – detenção, de seis meses a três anos, e multa.

Patrocínio simultâneo ou tergiversação

Parágrafo único. Incorre na pena deste artigo o advogado ou procurador judicial que defende na mesma causa, simultânea ou sucessivamente, partes contrárias.

Introdução

O núcleo trair importa no comportamento daquele que é infiel, que quebrou a confiança que nele havia sido depositada. No artigo em exame, o autor da traição é o *advogado*, isto é, o bacharel em Direito regularmente inscrito na Ordem dos Advogados do Brasil, que atendeu às exigências constantes do art. 8º da Lei nº 8.906, de 4 de julho de 1994, bem como o *procurador*, isto é, aquele, segundo Ney Moura Telles, "admitido a procurar em juízo, o provisionado, o estagiário ou o defensor nomeado, em circunstâncias especiais, para promover a defesa em juízo".[111] Há necessidade, para efeito de reconhecimento do delito de *patrocínio infiel*, que a conduta do agente cause prejuízo ou, pelo menos, tenha sido dirigida finalisticamente no sentido de causá-lo, quando, então, neste caso, poderá ser reconhecida a tentativa.

O prejuízo poderá ser de qualquer natureza – moral ou material –, devendo, no entanto, referir-se a interesse legítimo, pois, como adverte Noronha, "contrariar pretensão ilícita ou ilegal não é causar prejuízo. Poderá haver, entretanto, falta de ética profissional".[112]

O interesse prejudicado deve ter sido levado a *juízo* e patrocinado pelo agente. Aqui, não importa que o seu mandato tenha sido materializado numa procuração escrita, ou que tenha recebido os poderes verbalmente; se o seu patrocínio era oneroso ou gratuito; se foi indicado voluntariamente pelo interessado ou designado judicialmente.

Não importa, ainda, a natureza do juízo a que é submetido o interesse que fora prejudicado pelo patrocínio infiel do agente, podendo tanto dizer respeito à Justiça Penal quanto à Justiça Civil (aqui entendida como gênero, abrangendo a Justiça Trabalhista).

Se o comportamento do advogado ou do procurador, que causa prejuízo a interesse de seu patrocinado, for extrajudicial, não ocorrerá a figura típica em estudo, podendo, por exemplo, se for o caso, ser responsabilizado pelos delitos de *divulgação de segredo* ou *violação do segredo profissional*, previstos, respectivamente, nos arts. 153 e 154 do Código Penal.

---

[111] TELLES, Ney Moura. *Direito penal*, v. 3, p. 539.

[112] NORONHA, Edgard Magalhães. *Direito penal*, v. 4, p. 429.

O consentimento do ofendido no sentido de permitir que o advogado ou procurador pratique comportamentos que vão prejudicar seu interesse em juízo afasta a ilicitude do fato, eliminando, consequentemente, a própria infração penal. No entanto, vale a ressalva feita por Noronha quando diz que "o consentimento do interessado exclui a ilicitude do fato, somente quando se tratar de interesse disponível, o que não ocorre na defesa criminal: o acusado não pode validamente consentir em ser condenado ou, de qualquer maneira, prejudicado, pois não está em jogo apenas interesse seu, mas também público ou da justiça, como é o da defesa penal".[113]

Para a caracterização do delito de patrocínio infiel, deve haver a traição do dever profissional. Na espécie, a orientação errônea e aventureira da acusada ao seu cliente configura, no máximo, infração ética, e não o crime de patrocínio infiel (STJ, REsp 1.716.072/MG, Rel. Min. Sebastião Reis Junior, 6ª T., *DJe* 30/04/2018).

Nesse sentido:

STJ, AgRg no CC 113687/PR, Rel. Min. Jorge Mussi, S3, *DJe* 1º/08/2012; STJ, HC 135.633/PA, Rel. Min. Gilson Dipp, 5ª T., j. 03/03/2011, *Informativo* nº 465; TRF 3ª Reg., ACr 28006, Rel. Juiz Conv. Márcio Mesquita, *DEJF* 17/03/2009, p. 95; STJ, RHC 3714/SP, Rel. Min. Edson Vidigal, 5ª T., *RT* 709, p. 386; *RT* 556, p. 325; TRF 4ª Reg., Ap. Crim. 2005.72.06.001389-1, Rel. Marcos Roberto Araújo dos Santos, 7ª T., j. 22/07/2008; STJ, HC 104007/MS, Rel.ª Min.ª Jane Silva (Des.ª convocada do TJ/MG), 6ª T., j. 26/05/2008; TRF 3ª Reg., HC 2005. 61.03.000833-4/SP, Rel.ª Suzana Camargo, 5ª T., *DJU* 22/11/2005, p. 647; TRF 3ª Reg., RCCr.R 2001.61. 06.002064-1/SP, Rel. André Nekatschalow, 1ª T., *DJU* 14/09/2004, p. 392; TJSP, Ap. Cív. 229.702-1/SP, Rel. Mattos Faria, j. 07/05/1994; STF, HC 69816/SP, Rel. Min. Paulo Brossard, 2ª T., *DJ* 18/12/1992, p. 24.379.

Classificação doutrinária

Crime próprio com relação ao sujeito ativo e comum quanto ao sujeito passivo; doloso; comissivo ou omissivo (podendo a traição acontecer tanto por ação, quanto por inação do agente); instantâneo; de forma livre; monossubjetivo; plurissubsistente; transeunte.

O tipo penal previsto no art. 355, *caput*, do Código Penal é crime próprio, material, doloso, de forma livre, comissivo ou omissivo, instantâneo e plurissubsistente. Tem como objetividade jurídica a Administração da Justiça e por sujeito passivo primário o Estado e secundário o particular prejudicado. No caso concreto, os recorridos, na qualidade de advogados [...] , como constituintes do reclamante e do reclamado, ajuizaram ação trabalhista para que em Juízo fosse homologado acordo que já havia sido firmado em data pretérita e em valor inferior ao descrito na petição inicial a fim de que incidisse a coisa julgada sobre outras verbas a que faria jus o reclamante, pessoa humilde que não pretendia exercer seu direito de ação. O efetivo prejuízo ao reclamante somente não ocorreu porque o Juízo trabalhista percebeu o ardil e julgou o processo extinto sem julgamento de mérito e porque aquele recebera a quantia pretendida a título de verbas trabalhistas diretamente de seu empregador. Todavia, isto não enseja a atipicidade da conduta porque o patrocínio infiel é crime material e, portanto, admite tentativa, perfeitamente descrita na denúncia. Não se pode olvidar que o crime do art. 355, *caput*, do Código Penal atenta também contra a Administração da Justiça, ou seja, contra direitos indisponíveis, e sob esta perspectiva o crime está consumado, na medida que há documentos nos autos do recurso que demonstram que a ação trabalhista foi efetivamente proposta, a despeito da preexistência de acordo entre reclamante e reclamado – com manifesta ausência de interesse de agir, ao menos lícito. Portanto, a atuação jurisdicional foi provocada desnecessariamente, inclusive com a prolação de sentença, em razão do conluio de agentes investidos, constitucionalmente, no dever de colaborar para a sua correta prestação (TRF 3ª Reg., RCCr 2002.61.06.007108-2/SP, Rel. Johonsom Di Savio, 1ª T., *DJU* 20/09/2005, p. 221).

Sujeito ativo e sujeito passivo

Crime próprio, somente o *advogado* ou o *procurador* pode figurar como *sujeito ativo* do delito de *patrocínio infiel*.

O *sujeito passivo* é o Estado, bem como aquele prejudicado pelo patrocínio infiel.

Objeto material e bem juridicamente protegido

A Administração Pública é o bem juridicamente protegido pelo tipo penal que prevê o delito de *patrocínio infiel*, ou, mais especificamente, a administração da justiça.

O objeto material é pessoa que tem seu interesse prejudicado em virtude do comportamento praticado pelo agente.

Consumação e tentativa

O delito se consuma quando, após a traição praticada pelo agente, ocorre o prejuízo.

A tentativa é admissível.

O crime de patrocínio simultâneo, previsto no parágrafo único do art. 355 do CP, é formal, consumando-se quando o agente pratica qualquer ato processual relativo a patrocínio simultâneo de partes contrárias. Por outro lado, são irrelevantes os motivos e o fim do agente (STF, RHC 58.841-7/MG Rel. Min. Décio Miranda, 2ª T., *DJ* 28/08/1981, p. 8.263).

---

[113] NORONHA, Edgard Magalhães. *Direito penal*, v. 4, p. 429.

Elemento subjetivo

O dolo é o elemento subjetivo exigido pelo tipo penal em estudo, não havendo previsão para a modalidade de natureza culposa.

📖 Conforme o reconhecido pelas instâncias ordinárias, a incoativa foi instruída com elementos de convicção a demonstrar que o réu seria, entre os defensores vinculados à sociedade de advogados, o responsável pelo patrocínio da causa e pela retenção dos autos, considerando o depoimento do estagiário responsável pela carga do processo, bem como as mensagens por ele enviadas ao cliente, nas quais afirmou que não seria possível reter os autos por mais tempo, o que comprova, *a priori*, a autoria do crime e o dolo na conduta omissiva do acusado, já que tinha ciência da intimação e da ilicitude da retenção indevida do processo. De mais a mais, parece ilógico concluir que o réu não tinha ciência da necessidade de devolução dos autos após a busca e a apreensão realizadas em seu escritório por oficial de justiça devidamente acompanhado por de representante da OAB, com vistas à localização de processo sob sua responsabilidade. Tratando-se de crime para o qual não é prevista a modalidade culposa, a intimação prévia é essencial para que se possa reconhecer o dolo, que resta caracterizado no momento em que, ciente da necessidade de devolução, o agente opta por reter dos autos. Nesse passo, inexistindo dúvida acerca da intimação prévia e diante da inércia do réu, há que ser reconhecido o dolo da conduta e a consumação do delito previsto no art. 356 do CP (STJ, RHC 75.847/DF, Rel. Min. Ribeiro Dantas, 5ª T., *DJe* 18/08/2017).

Nesse sentido:

📖 STJ, RHC 81.470/MG, Rel. Min. Reynaldo Soares da Fonseca, 5ª T., *DJe* 27/03/2017.

Modalidades comissiva e omissiva

O núcleo *trair* pode ser entendido tanto comissiva quanto omissivamente. O advogado ou procurador pode, portanto, prejudicar interesse de seu patrocinado seja fazendo ou, mesmo, deixando de fazer alguma coisa.

Patrocínio simultâneo ou tergiversação

Conforme esclarece Fragoso, "na forma de patrocínio simultâneo, o agente contemporaneamente defende interesses opostos (por si ou através de terceiros, que serão coautores). No patrocínio *sucessivo* (tergiversação), o agente passa de um lado ao outro, assumindo o patrocínio da parte adversária".[114]

O delito se consuma no momento em que o agente pratica qualquer ato, em Juízo, que importe em defesa da parte contrária a quem vinha patrocinando, devendo ser ressaltado que, ao contrário da infração penal tipificada no *caput* do art. 355 do Código Penal,

o parágrafo único não exige a ocorrência de qualquer prejuízo, para efeitos de reconhecimento do *summatum opus*.

Não se pode descartar a possibilidade de tentativa no delito de *patrocínio simultâneo ou tergiversação*, embora seja de difícil ocorrência.

📖 Patrocínio infiel. Delito caracterizado em tese. Defesa sucessiva de interesses contrários. Ações de alimentos e de reajustamento de pensão alimentícia. Defesa, na primeira, dos interesses da exequente e, na segunda, do executado – justa causa para a ação penal. Inteligência dos arts. 355 do CP de 1940 e 648, I, do CPP (*RT* 603, p. 339).

Nesse sentido:

📖 TRF 1ª Reg., Processo 20050 1000058560, HC/PA, Rel. Des. Fed. Olindo Menezes, pub. 17/06/2005.

Pena, ação penal e suspensão condicional do processo

A pena cominada aos delitos de *patrocínio infiel* e *patrocínio simultâneo ou tergiversação* é de detenção, de 6 (seis) meses a 3 (três) anos, e multa.

A ação penal é de iniciativa pública incondicionada.

Será possível a confecção de proposta de suspensão condicional do processo.

📖 Patrocínio infiel perante a Justiça do Trabalho. Código Penal, art. 355. O bem jurídico primacialmente é a administração da Justiça. Crime praticado em detrimento de serviços e interesses da União. Competência da Justiça Federal. CF, art. 109, IV. Se a suposta ação delituosa, ocorrida em reclamação trabalhista, atingiu a Justiça do Trabalho, à Justiça Federal compete processar e julgar a ação penal. Precedentes (STF, RE 328168/SP, Rel. Min. Maurício Corrêa, 2ª T., *DJ* 14/06/2002, p. 159).

Sonegação de papel ou objeto de valor probatório

Art. 356. Inutilizar, total ou parcialmente, ou deixar de restituir autos, documento ou objeto de valor probatório, que recebeu na qualidade de advogado ou procurador:

Pena – detenção, de seis a três anos, e multa.

Introdução

Inutilizar significa tornar inútil, imprestável, danificar. Essa inutilização pode ser total ou parcial, isto é, o objeto material pode perder completamente a sua utilidade, ou passar a servir somente em parte. *Deixar de restituir* tem o sentido de não devolver, reter, sonegar. As condutas devem ser dirigidas finalisticamente a inutilizar ou deixar de devolver *autos, documento ou objeto de valor probatório*. Os *autos* dizem respeito a um conjunto ordenado de peças constantes de um processo, sendo, no caso do artigo em exame,

---

[114] FRAGOSO, Heleno Cláudio. *Lições de direito penal*, v. 2, p. 554.

um processo judicial, tendo em vista que o art. 356 do Código Penal se encontra inserido no capítulo relativo aos crimes contra a administração da justiça. *Documento*, de acordo com a lição de Hungria, "é o papel escrito especial ou eventualmente destinado à prova de fato juridicamente relevante. *Objeto de valor probatório* é todo aquele que serve ou se pretende que possa servir de elemento de convicção acerca dos fatos em que qualquer das partes, no processo, funda sua pretensão".[115]

Para que ocorra o delito em estudo, determina o art. 356 do Código Penal que o agente tenha recebido os autos, documento ou objeto de valor probatório, na qualidade de advogado ou procurador.

⚖ Na hipótese vertente, cuida-se do delito de sonegação de papel ou objeto de valor probatório, previsto no art. 356 do Código Penal – cujo bem jurídico tutelado é a administração da justiça, de titularidade do Estado, enquanto responsável pelo regular andamento das atividades judiciárias. Tutela-se, portanto, a administração da justiça, lesada com a conduta do advogado ou procurador que interfere, de modo ilegítimo, nos elementos de prova. Nessa linha de raciocínio, resta atingida a proteção do interesse público, afetado pela atuação da Poder Judiciário e, não, do interesse individualizado da parte litigante nos autos extraviados (STJ, RMS 55.901/SP, Rel. Min. Nefi Cordeiro, S3, *DJe* 19/12/2018).

Nesse sentido:

⚖ STJ, RHC 89.059/MG, Rel. Min. Reynaldo Soares da Fonseca, 5ª T., *DJe* 09/03/2018; TJRS, ACr 70037236809, Rel. Des. Marcelo Bandeira Pereira, *DJERS* 16/08/2010; TJMG, HC 0107796-67.2010.8.13.0000, Rel. Des. Eduardo Machado, *DJEMG* 10/05/2010; TRF 4ª Reg., ACr 2007.72.07.001551-0/SC, Rel. Juiz Fed. Luiz Carlos Canalli, *DEJF* 19/03/2010, p. 451; STJ, HC 137.420/RJ, Rel. Min. Napoleão Nunes Maia Filho, 5ª T., *DJe* 22/02/2010; STJ, HC 32468/MS, Rel. Min. Paulo Medina, 6ª T., *RSTJ* 193, p. 625; STJ, RHC 4794/RS, Rel. Min. Vicente Leal, 6ª T., *Rev. Jur.* 225, p. 104; STJ, HC 85912/RJ, Rel. Min. Napoleão Nunes Mais Filho, 5ª T., j. 16/09/2008.

Classificação doutrinária

Crime próprio com relação ao sujeito ativo e comum quanto ao sujeito passivo; doloso; comissivo (no que diz respeito à conduta de *inutilizar*) ou omissivo (quando o agente *deixa de restituir*); instantâneo (na modalidade *inutilizar*) e permanente (quanto ao fato de *deixar de restituir*); de forma livre; monossubjetivo; monossubsistente ou plurissubsistente (dependendo da possibilidade, no caso concreto, de ser fracionado o *iter criminis*); transeunte.

⚖ O delito previsto no art. 356 do CP, de sonegação de papel ou objeto de valor probatório, é crime formal, na modalidade deixar de restituir, sendo desnecessária a prova da ocorrência de prejuízo concreto. Apelação defensiva parcialmente provida, para reduzir a multa (TJRS, Ap. Crim. 70048112320, Rel. Gaspar Marques Batista, j. 30/08/2012).

Sujeito ativo e sujeito passivo

Somente o advogado ou o procurador pode figurar como *sujeito ativo* do delito de *sonegação de papel ou objeto de valor probatório*.

O sujeito passivo é o Estado, bem como aquele prejudicado pela conduta praticada pelo sujeito ativo.

Objeto material e bem juridicamente protegido

A Administração Pública é o bem juridicamente protegido pelo tipo penal que prevê o delito de *sonegação de papel ou objeto de valor probatório* ou, mais especificamente, a administração da justiça. O objeto material são os autos, o documento ou objeto de valor probatório.

⚖ O tipo penal de sonegação de autos tem como objeto jurídico a administração da justiça (STJ, RHC 81.470/MG, Rel. Min. Reynaldo Soares da Fonseca, 5ª T., *DJe* 27/03/2017).

Consumação e tentativa

De acordo com as lições de Damásio de Jesus, "na inutilização, o crime atinge o momento consumativo quando o objeto material perde o seu valor probatório (total ou parcial). Na forma de sonegação de autos, a consumação ocorre quando o sujeito, regularmente intimado, de acordo com a legislação processual, nega-se a devolvê-los. Na sonegação de documento ou objeto, consuma-se o crime quando o sujeito, legalmente solicitado à restituição, deixa de devolvê-lo por um lapso temporal juridicamente relevante".[116]

Tem-se entendido pelo reconhecimento da tentativa quando a conduta do agente diz respeito à inutilização, total ou parcial, de autos, documento ou objeto de valor probatório, haja vista, *in casu*, ser possível o fracionamento do *iter criminis*, ao contrário do que ocorre quando o agente deixa de restituí-los, inviabilizando a tentativa, tendo em vista tratar-se de omissão própria.

⚖ Não poderia o Ministério Público, após reconhecer que o inquérito policial não logrou obter nenhum indício de que o advogado foi intimado para a devolução dos autos, oferecer denúncia em seu desfavor pela prática do crime previsto no art. 356 do Código Penal. É imprescindível para a configuração do tipo penal a intimação do advogado para restituir os autos, documento ou objeto de valor probatório, que recebeu na qualidade de advogado ou procurador, não se podendo punir o sujeito ativo por mera negligência ou a título de culpa (STJ, RHC 29172/BA, Rel.ª Min.ª Laurita Vaz, 5ª T., *DJe* 03/04/2012).

---

[115] HUNGRIA, Nélson. *Comentários ao código penal*, v. IX, p. 528.
[116] JESUS, Damásio. E. de. *Direito penal*, v. 4, p. 340.

Nesse sentido:

📖 STJ, RHC 3912/PR, Rel. Min. Luiz Vicente Cernichiaro, 6ª T., *RT* 712, p. 470.

Elemento subjetivo

O dolo é o elemento subjetivo exigido pelo tipo do art. 356 do Código Penal, não tendo sido prevista a modalidade de natureza culposa.

📖 O tipo inscrito no art. 356 do Código Penal consuma-se com a recusa do agente em restituir os autos, depois de intimado a devolvê-los na forma prevista na legislação processual. Patente, assim, a necessidade de que haja a vontade consciente de deixar de restituir os autos, e que o elemento subjetivo do tipo é o dolo e que não se pune a forma culposa (TJMG, Processo 1.0702.06.302710-7/00[1], Rel.ª Maria Celeste Porto, j. 03/02/2009).

Nesse sentido:

📖 TJMG, Processo 1.0000.08.468665-8/000 [1], Rel.ª Maria Celeste Porto, pub. 12/04/2008.

Modalidades comissiva e omissiva

O núcleo *inutilizar* pressupõe um comportamento comissivo por parte do agente, ao passo que a conduta de *deixar de restituir* importa em uma omissão própria, podendo, no entanto, ser cometido via omissão imprópria.

Pena, ação penal e suspensão condicional do processo

A pena cominada ao delito de *sonegação de papel ou objeto de valor probatório* é de detenção, de 6 (seis) meses a 3 (três) anos, e multa.

A ação penal é de iniciativa pública incondicionada. Será possível a confecção de proposta de suspensão condicional do processo.

Inutilização, sonegação ou descaminho de material probante no Código Penal Militar

Vide art. 352 do Decreto-Lei nº 1.001/69 (Código Penal Militar).

Exploração de prestígio

Art. 357. Solicitar ou receber dinheiro ou qualquer outra utilidade, a pretexto de influir em juiz, jurado, órgão do Ministério Público, funcionário de justiça, perito, tradutor, intérprete ou testemunha:

Pena – reclusão, de um a cinco anos, e multa.

Parágrafo único. As penas aumentam-se de um terço, se o agente alega ou insinua que o dinheiro ou utilidade também se destina a qualquer das pessoas referidas neste artigo.

Introdução

Solicitar deve ser entendido no sentido de pedir, requerer; *receber* tem o significado de aceitar. Ambas

devem ter como objeto dinheiro (cédulas e moedas aceitas como meio de pagamento) ou qualquer outra utilidade (que deve ter uma natureza econômica, haja vista que, *in casu*, deverá ser procedida uma interpretação analógica, tendo o dinheiro como fórmula exemplificativa e a utilidade como fórmula genérica). O agente atua, segundo a doutrina dominante, com uma finalidade especial, qual seja, a de influir em *juiz* (em qualquer grau de jurisdição), *jurado* (aquele que exerce uma função pública perante o Tribunal do Júri), *órgão do Ministério Público* (promotores e procuradores de justiça), *funcionário de justiça* (aquele que exerce suas funções perante o Poder Judiciário), *perito* (o *expertus* em determinado assunto ou matéria, que materializa o seu parecer através de laudos), *intérprete* (pessoa que serve de tradutor ou de intermediário para fazer compreender indivíduos que falam idiomas diferentes) ou *testemunha* (aquele que viu, ouviu, ou tem conhecimento de algum fato que deva ser trazido ao crivo do Poder Judiciário).

📖 Dispõe o art. 357 do Código Penal que, para a configuração do delito de exploração de prestígio, deve o agente "solicitar ou receber dinheiro ou qualquer outra utilidade, a pretexto de influir em juiz, jurado, órgão do Ministério Público, funcionário de justiça, perito, tradutor, intérprete ou testemunha". Na linha da jurisprudência desta Corte, "o crime de exploração de prestígio é, por assim dizer, uma ‹subespécie› do crime previsto no art. 332 do Código Penal (tráfico de influência). É a exploração de prestígio, a venda de influência, a ser exercida especificamente sobre pessoas que possuem destacada importância no desfecho de processo judicial (APn nº 549/SP, Corte Especial, Rel. Min. Felix Fischer, *DJe* 18/11/2009) (STJ, PExt no RHC 55.940/SP, Rel. Min. Antônio Saldanha Palheiro, 6ª T., *DJe* 04/02/2019).

Nesse sentido:

📖 TJMG, Ap. Crim. 1.0390.05. 010709-8/001[1], Rel. Ediwal José de Morais, j. 12/09/2007; TJMG, Processo 1.0000.00.249747-7/000 [1], Rel. Odilon Ferreira, pub. 31/10/2002; TJMG, Processo 1.0000.00.156384-0/000 [1], Rel. Roney de Oliveira, pub. 07/02/2001.

Classificação doutrinária

Crime comum, tanto com relação ao sujeito ativo quanto ao sujeito passivo; doloso; comissivo (podendo, no entanto, ser praticado via omissão imprópria, nos termos do art. 13, § 2º do Código Penal); instantâneo; de forma livre; monossubjetivo; monossubsistente ou plurissubsistente (dependendo da forma como o delito é praticado); transeunte.

Sujeito ativo e sujeito passivo

Qualquer pessoa pode ser *sujeito ativo*.

O *sujeito passivo* é o Estado.

Objeto material e bem juridicamente protegido

A Administração Pública é o bem juridicamente protegido pelo tipo penal que prevê o delito de *exploração de prestígio*, ou, mais especificamente, a administração da justiça.

Objeto material é o dinheiro ou qualquer outra utilidade.

Consumação e tentativa

O delito se consuma quando o agente, efetivamente, *solicita* dinheiro ou qualquer outra utilidade, independentemente do seu recebimento; na modalidade *receber*, somente quando houver a entrega do dinheiro ou qualquer outra utilidade ao agente é que se poderá concluir pela consumação.

Dependendo da forma como for praticado o delito, poderá ser reconhecida a tentativa.

📐 O crime de exploração de prestígio se consuma com a efetiva solicitação, ainda que seja rejeitada ou recebida, e exige o dolo, qual seja, a vontade livre e consciente de solicitar e receber, a pretexto, ou seja, com a desculpa de que irá influenciar alguma das pessoas enumeradas no art. 357 do Código Penal. Não existindo provas de que o acusado tivesse dito antes de receber o dinheiro que ele se destinava a influenciar a juíza, e se, posteriormente, ele fez tal afirmação, a sua conduta, ainda que reprovável, não constitui crime (TJMG, Rel. Antônio Carlos Cruvinel, Processo 1.0105. 01. 037718-9/001[1], pub. 11/01/2006).

Elemento subjetivo

O dolo é o elemento subjetivo exigido pelo tipo penal em estudo, não havendo previsão para a modalidade de natureza culposa.

Modalidades comissiva e omissiva

Os núcleos *solicitar* e *receber* pressupõem um comportamento comissivo por parte do agente, podendo, no entanto, ser cometidos via omissão imprópria.

Causa especial de aumento de pena

As penas aumentam-se de um terço, conforme determina o parágrafo único do art. 357 do Código Penal, se o agente alega ou insinua que o dinheiro ou utilidade também se destina a qualquer das pessoas referidas no *caput* do mencionado artigo.

📐 Comete o delito de tráfico de influência, na sua forma qualificada, o agente que solicita dinheiro a pretexto de influir no comportamento do funcionário público no exercício de sua função, afirmando que o numerário seria a este destinado. Restando comprovado que a apelante recebeu dinheiro da vítima a pretexto de influir na decisão do juiz, passando-se por advogada e esposa do magistrado, incensurável a sua condenação pelo delito de explo-

ração de prestígio (TJMG, Rel. Antônio Armando dos Anjos, Processo 1.0145.00.015975-9/001[1], pub. 06/07/2007).

Pena, ação penal e suspensão condicional do processo

A pena cominada ao delito de *exploração de prestígio* é de reclusão, de 1 (um) a 5 (cinco) anos, e multa.

De acordo com o parágrafo único do art. 357 do Código Penal, as penas aumentam-se de um terço se o agente alega ou insinua que o dinheiro ou utilidade também se destina a qualquer das pessoas referidas no *caput* do mencionado artigo.

A ação penal é de iniciativa pública incondicionada. Será possível a confecção de proposta de suspensão condicional do processo, desde que não incida a majorante prevista no parágrafo único do art. 357 do Código Penal.

Exploração de prestígio no Código Penal Militar

Vide art. 353 do Decreto-Lei nº 1.001/69 (Código Penal Militar).

Violência ou fraude em arrematação judicial

Art. 358. Impedir, perturbar ou fraudar arrematação judicial; afastar ou procurar afastar concorrente ou licitante, por meio de violência, grave ameaça, fraude ou oferecimento de vantagem:

Pena – detenção, de dois meses a um ano, ou multa, além da pena correspondente à violência.

Introdução

Impedir significa obstruir, impossibilitar; *perturbar* tem o sentido de atrapalhar, tumultuar, embaraçar; *fraudar* importa em enganar, iludir, ludibriar. Todas essas condutas devem ser dirigidas à *arrematação judicial*, que diz respeito à venda, em hasta pública, levada a efeito pelo Poder Judiciário. Vicente Greco Filho preleciona: "A arrematação é o ato que consuma a expropriação de bens do devedor mediante alienação em hasta pública. A alienação pública de imóveis é feita mediante *praça*; a dos demais bens mediante *leilão*, ressalvada a competência de corretores da Bolsa de Valores, onde se faz a alienação de títulos da dívida pública. A arrematação é uma forma de transferência coativa da propriedade como ato público de império."[117]

A segunda parte do art. 358 do Código Penal prevê a conduta de *afastar* (eliminar, colocar de lado, tirar do caminho) ou *procurar afastar* (tentar eliminar, tentar colocar de lado, tentar tirar do caminho) concorrente ou licitante, isto é, aquele que participa de um processo de licitação em sentido amplo, haja vista ser a concorrência uma das suas modalidades previstas na Lei 14.133/2021.

Para tanto, o agente vale-se do emprego de violência (*vis absoluta*, física), grave ameaça (*vis compulsiva*,

---

[117] GRECO FILHO, Vicente. *Direito processual civil brasileiro*, v. 3, p. 82.

moral), fraude (ardil, engodo), oferecimento de vantagem (que poderá possuir qualquer natureza – patrimonial, moral, sexual etc.).

📖 Perturbar arrematação judicial, ameaçando o arrematante e impedindo a concretização da hasta pública. Conduta que se amolda ao tipo definido no art. 358 do Código Penal (TRF 5ª Reg., ACr 7243; Proc. 0000483-30.2007.4.05.8303/PE, Rel. Des. Fed. Lázaro Guimarães, *DJETRF5* 16/07/2010).

Classificação doutrinária

Crime comum tanto com relação ao sujeito ativo quanto ao sujeito passivo; doloso; comissivo (podendo, no entanto, ser praticado via omissão imprópria, nos termos do art. 13, § 2º, do Código Penal); instantâneo; de forma livre; monossubjetivo; plurissubsistente; transeunte.

Sujeito ativo e sujeito passivo

Qualquer pessoa pode ser *sujeito ativo*.
O *sujeito passivo* é o Estado, bem como aquele que, de alguma forma, vier a ser prejudicado com o comportamento praticado pelo sujeito ativo.

Objeto material e bem juridicamente protegido

A Administração Pública é o bem juridicamente protegido pelo tipo penal que prevê o delito de *violência ou fraude em arrematação judicial* ou, mais especificamente, a administração da justiça.
O objeto material poderá ser o concorrente ou licitante contra o qual recai a conduta do agente.

Consumação e tentativa

O delito se consuma, na sua primeira parte, quando o agente, efetivamente, impede, perturba ou frauda arrematação judicial; na segunda parte, ocorre a consumação quando do emprego da violência, grave ameaça, fraude ou oferecimento da vantagem.
A tentativa é admissível.

Elemento subjetivo

O dolo é o elemento subjetivo exigido pelo tipo penal em estudo, não havendo previsão para a modalidade de natureza culposa.
Fraude em arrematação judicial. Dolo genérico integrante do tipo. Irrelevância dos motivos determinantes do agir (STF) (*RT* 615, p. 391).

📖 O dolo, que integra a composição do tipo definido no art. 358 do CP, é o genérico, consistente na simples vontade conscientemente dirigida ao impedimento, perturbação ou fraude da arrematação, sem qualquer relevância para os motivos que levaram o agente a assim proceder (TACrim/SP, HC 153.038, Rel. Canguçu de Almeida, j. 21/08/1986).

Modalidades comissiva e omissiva

As condutas de *impedir, perturbar* e *fraudar* arrematação judicial e a de *afastar* ou *procurar afastar* concorrente ou licitante por meio de violência, grave ameaça, fraude ou oferecimento de vantagem pressupõem um comportamento comissivo por parte do agente, podendo, no entanto, ser cometidas via omissão imprópria.

Concurso de crimes

Tendo em vista o disposto na parte final do preceito secundário do art. 358 do Código Penal, deverá ser aplicada a regra do concurso formal impróprio, previsto na segunda parte do art. 70 do Código Penal, aplicando-se a regra do cúmulo material entre os crimes de *violência ou fraude em arrematação judicial* e aquele resultante da violência.

Pena, ação penal, competência para julgamento e suspensão condicional do processo

A pena cominada ao delito de *violência ou fraude em arrematação judicial* é de detenção, de 2 (dois) meses a 1 (um) ano, ou multa, além da pena correspondente à violência.
A ação penal é de iniciativa pública incondicionada.
Compete, pelo menos inicialmente, ao Juizado Especial Criminal o processo e julgamento do delito em estudo.
Será possível, também, a confecção de proposta de suspensão condicional do processo.

Desobediência a decisão judicial sobre perda ou suspensão de direito

Art. 359. Exercer função, atividade, direito, autoridade ou múnus, de que foi suspenso ou privado por decisão judicial:
Pena – detenção, de três meses a dois anos, ou multa.

Introdução

Embora a lei penal use o verbo *exercer*, utilizado, em geral, para demonstrar habitualidade, entendemos ser instantânea a infração penal em estudo, uma vez que a proibição diz respeito à prática de qualquer ato que importe em desobediência à decisão judicial que tenha suspenso ou privado o sujeito do exercício de: "*função*, encargo derivado de lei, convenção ou decisão judicial; *atividade*, que encerra as espécies de profissão, ofício ou ministério; *direito*, como o pátrio poder,[118] autoridade parental, político etc.; *autoridade*, que é o desempenho de funções em que há competência para impor suas decisões; e *múnus*, derivado de lei ou de decisão judicial, como as de jurado, defensor dativo etc."[119]

---

[118] Hoje, reconhecido pelo Código Civil como *poder familiar*.
[119] MIRABETE, Julio Fabbrini. *Código penal interpretado*, p. 2.651.

Não se configura na infração penal em estudo a desobediência à decisão de natureza administrativa, podendo, se for o caso, configurar-se no delito tipificado no art. 330 do Código Penal.

⚖ Nos termos de entendimento pacífico no âmbito desta Corte, o descumprimento de decisão que impõe medida protetiva de urgência prevista na Lei nº 11.340/2006 não configura o crime de desobediência previsto no art. 359 do Código Penal, podendo importar a imposição de outras medidas legais cabíveis. Precedentes (STJ, AgRg no AREsp 1.226.600/MG, Rel. Min. Sebastião Reis Junior, 6ª T., *DJe* 12/06/2018).

Nesse sentido:

⚖ STJ, AgRg no HC 298.202/RS, Rel. Min. Antônio Saldanha Palheiro, 6ª T., *DJe* 12/09/2016; STJ, HC 220392/RJ, Rel. Min. Jorge Mussi, 5ª T., *DJe* 10/03/2014; TJDF, Rec. 2008.03.1.033384-9, Rel. Des. Mario Machado, *DJDFTE* 17/08/2010, p. 303; TRF 4ª Reg., ACr 2005.72.07.007128-0, Rel. Des. Fed. Luiz Fernando Wowk Penteado, *DEJF* 30/04/2009, p. 686; STF, HC 88572/RS, Rel. Min. Cezar Peluso, *DJ* 08/09/2006, p. 62.

Classificação doutrinária

Crime próprio tanto com relação ao sujeito ativo quanto ao sujeito passivo; doloso; comissivo (podendo, no entanto, ser praticado via omissão imprópria, nos termos do art. 13, § 2º, do Código Penal); instantâneo; de forma livre; monossubjetivo; plurissubsistente; transeunte.

Sujeito ativo e sujeito passivo

Somente aquele que teve sua função, atividade, direito, autoridade ou múnus suspenso ou privado por decisão judicial é que pode figurar como *sujeito ativo* do delito tipificado no art. 359 do Código Penal. O *sujeito passivo* é o Estado.

Objeto material e bem juridicamente protegido

A Administração Pública é o bem juridicamente protegido pelo tipo penal que prevê o delito de *desobe-*

diência à decisão judicial sobre perda ou suspensão de direito ou, mais especificamente, a administração da justiça.

Não há objeto material.

Consumação e tentativa

Consuma-se o delito em exame com o efetivo exercício de função, atividade, direito, autoridade ou múnus de que foi suspenso ou privado o agente por decisão judicial. Tratando-se de um crime instantâneo, para efeitos de consumação, basta que o sujeito tenha praticado um único ato que importe no exercício daquilo para o qual havia sido suspenso ou privado por decisão judicial. Admite-se a tentativa.

Elemento subjetivo

O dolo é o elemento subjetivo exigido pelo tipo constante do art. 359 do Código Penal, não havendo previsão para a modalidade de natureza culposa.

Modalidades comissiva e omissiva

O núcleo *exercer* pressupõe um comportamento comissivo por parte do agente, podendo, no entanto, ser cometido via omissão imprópria.

Pena, ação penal, competência para julgamento e suspensão condicional do processo

A pena cominada ao delito de *desobediência à decisão judicial sobre perda ou suspensão de direito* é de detenção, de 3 (três) meses a 2 (dois) anos, ou multa. A ação penal é de iniciativa pública incondicionada. Compete, pelo menos inicialmente, ao Juizado Especial Criminal o processo e julgamento do delito em estudo.

Será possível, também, a confecção de proposta de suspensão condicional do processo.

Desobediência a decisão sobre perda ou suspensão de atividade ou direito no Código Penal Militar

Vide art. 354 do Decreto-Lei nº 1.001/69 (Código Penal Militar).

Capítulo IV – Dos Crimes contra as Finanças Públicas

Contratação de operação de crédito

Art. 359-A. Ordenar, autorizar ou realizar operação de crédito, interno ou externo, sem prévia autorização legislativa:

Pena – reclusão, de 1 (um) a 2 (dois) anos.

Parágrafo único. Incide na mesma pena quem ordena, autoriza ou realiza operação de crédito, interno ou externo:

I – com inobservância de limite, condição ou montante estabelecido em lei ou em resolução do Senado Federal;

II – quando o montante da dívida consolidada ultrapassa o limite máximo autorizado por lei.

Introdução

Ordenar tem o sentido de determinar, mandar que se faça; *autorizar* deve ser entendido como permitir que se faça; *realizar* importa em tornar real, efetivo, concretizar. Os comportamentos devem ser dirigidos à operação de crédito, cujo conceito se encontra previsto no inc. III do art. 29 da Lei Complementar nº 101/2000, que diz ser ela o *compromisso financeiro assumido em razão de mútuo, abertura de crédito, emissão e aceite de título, aquisição financiada de bens, recebimento antecipado de valores provenientes da venda a termo de bens e serviços, arrendamento mercantil e outras operações assemelhadas, inclusive com o uso de derivativos financeiros.* Deve ser ressaltado, ainda, que o § 1º do art. 29 da Lei de Responsabilidade Fiscal ainda equipara à operação de crédito a assunção, o reconhecimento ou a confissão de dívidas pelo ente da Federação, sem prejuízo do cumprimento das exigências constantes dos seus arts. 15 e 16.

Operação de crédito interno é aquela realizada no âmbito nacional; externa é a operação levada a efeito no exterior, devendo-se lembrar, nos termos do inc. IV do § 1º do art. 32 da Lei Complementar nº 101/2002, sobre a necessidade de autorização específica do Senado Federal, quando se tratar de operação de crédito externo.

As condutas de ordenar, autorizar e realizar operação de crédito, interno ou externo, somente poderão ser consideradas como típicas se não houver a necessária e prévia autorização legislativa. Conforme assevera Cezar Roberto Bitencourt, "esse elemento normativo – autorização legislativa anterior – constitui uma espécie de condição de procedimento administrativo do agente público, sem o qual sua conduta não pode ser realizada, sob pena de cometer crime. Em outros termos, a existência de autorização legislativa torna o fato atípico".

E continua o renomado professor gaúcho dizendo: "Autorização legislativa não se confunde com autorização legal. Alguns órgãos públicos não têm seus atos condicionados a autorização legislativa, como autarquias, empresas públicas ou o Poder Judiciário, o Ministério Público etc. Essas instituições, órgãos ou entidades públicas, em regra, têm suas atividades, atos e ações disciplinados em lei e não apenas em autorização legislativa."[120]

Trata-se de tipo misto alternativo, em que a prática de mais de uma conduta importará em infração penal única.

O parágrafo único do art. 359-A do Código Penal assevera que incide na mesma pena quem ordena, autoriza ou realiza operação de crédito, interno ou externo:

I – com inobservância de limite, condição ou montante estabelecido em lei ou em resolução do Senado Federal.

II – quando o montante da dívida consolidada ultrapassa o limite máximo autorizado por lei.

Esclarecem Luiz Flávio Gomes e Alice Bianchini: "No primeiro, a preocupação refere-se à não observância de limites, condição ou montante previamente estabelecidos, seja em lei, seja em resolução do Senado Federal. O segundo refere-se à possibilidade de o agente público praticar qualquer das ações mencionadas no *caput* quando o montante da dívida consolidada ultrapassar o valor máximo autorizado para a sua realização. Esta, nos termos do inc. I do art. 29 da LRF, corresponde ao montante das obrigações financeiras do ente da Federação, assumidas em virtude de lei, contratos, convênios ou tratados e da realização de operações de crédito, para amortização em prazo superior a doze meses".[121]

Classificação doutrinária

Crime próprio, tanto no que diz respeito ao sujeito ativo quanto ao sujeito passivo; doloso; comissivo (podendo, no entanto, ser praticado via omissão imprópria, nos termos do art. 13, § 2º, do Código Penal); de forma vinculada; instantâneo; monossubjetivo; monossubsistente ou plurissubsistente (dependendo da forma como o delito for praticado, poderá ou não ser fracionado o *iter criminis*); não transeunte.

Sujeito ativo e sujeito passivo

Somente o funcionário público competente para ordenar, autorizar ou realizar operação de crédito pode figurar como *sujeito ativo* do delito de *contratação de operação de crédito*.

O *sujeito passivo* é o Estado.

Objeto material e bem juridicamente protegido

O tipo penal que prevê o delito de *contratação de operação de crédito* tem por finalidade proteger as finanças públicas e, em um sentido mais amplo, a própria Administração Pública.

O objeto material é a operação de crédito.

Consumação e tentativa

O delito se consuma quando o agente, efetivamente, ordena, autoriza ou realiza operação de crédito, interno ou externo, sem prévia autorização legislativa, ou com inobservância de limite, condição ou montante estabelecido em lei ou em resolução do Senado Federal, ou quando o montante da dívida consolidada ultrapassa o limite máximo autorizado por lei.

A tentativa é admissível.

Elemento subjetivo

O dolo é o elemento subjetivo exigido pelo tipo penal em estudo, não havendo previsão para a modalidade de natureza culposa.

Modalidades comissiva e omissiva

Os núcleos *ordenar, autorizar* e *realizar* pressupõem um comportamento comissivo por parte do agente, podendo, no entanto, ser praticados via omissão imprópria.

Pena, ação penal, competência para julgamento e suspensão condicional do processo

A pena cominada ao delito de *contratação de operação de crédito* é de reclusão, de 1 (um) a 2 (dois) anos.

A ação penal é de iniciativa pública incondicionada.

---

[120] BITENCOURT, Cezar Roberto. *Tratado de direito penal*, v.4, p. 607.

[121] GOMES, Luiz Flávio; BIANCHINI, Alice. *Crimes de responsabilidade fiscal*, p. 41.

Compete, pelo menos inicialmente, ao Juizado Especial Criminal o processo e julgamento do delito em estudo.

Será possível, também, a confecção de proposta de suspensão condicional do processo.

Crimes de responsabilidade do Presidente da República

Vide Lei nº 1.079, de 10 de abril de 1950.

Crimes de responsabilidade do Prefeito Municipal

Vide inc. XX do art. 1º do Decreto-Lei nº 201, de 27 de fevereiro de 1967.

Inscrição de despesas não empenhadas em restos a pagar

Art. 359-B. Ordenar ou autorizar a inscrição em restos a pagar, de despesa que não tenha sido previamente empenhada ou que exceda limite estabelecido em lei:

Pena – detenção, de 6 (seis) meses a 2 (dois) anos.

Introdução

Ordenar tem o sentido de determinar, mandar que se faça; *autorizar* deve ser entendido como permitir que se faça. De acordo com o art. 36 da Lei nº 4.320, de 17 de março de 1964, que estatui normas gerais de direito financeiro para elaboração e controle dos orçamentos e balanços da União, dos Estados, dos Municípios e do Distrito Federal, *consideram-se restos a pagar as despesas empenhadas mas não pagas até o dia 31 de dezembro distinguindo-se as processadas das não processadas.*

O *empenho de despesa*, conforme esclarece o art. 58 da mencionada Lei nº 4.320/1964, é o ato emanado de autoridade competente que cria para o Estado obrigação de pagamento pendente ou não de implemento de condição, o qual não pode exceder o limite dos créditos concedidos (art. 59), sendo vedada a realização de despesa sem prévio empenho (art. 60). Para cada empenho será extraído um documento denominado "nota de empenho" que indicará o nome do credor, a representação e a importância da despesa, bem como a dedução desta do saldo da dotação própria (art. 61).

Assim, conforme conclui Guilherme de Souza Nucci, "veda este artigo que o agente público ordene ou autorize a inscrição em restos a pagar [...] de despesa que ainda não foi empenhada ou que, apesar de ter sido, excedeu o limite estabelecido na lei. Logo, evita-se deixar para o ano seguinte e, principalmente, para outro administrador, despesas que já não constem expressamente como devidas e cujo pagamento há de se estender no tempo, especialmente se não houver recursos para o pagamento".[122]

Cuida-se de norma penal primariamente remetida (em branco), haja vista que o intérprete deverá, obrigatoriamente, conhecer o limite estabelecido em lei, para saber se houve ou não a prática do delito em estudo.

Classificação doutrinária

Crime próprio, tanto no que diz respeito ao sujeito ativo quanto ao sujeito passivo; doloso; comissivo (podendo, no entanto, ser praticado via omissão imprópria, nos termos do art. 13, § 2º, do Código Penal); de forma vinculada; instantâneo; monossubjetivo; monossubsistente ou plurissubsistente (dependendo da forma como o delito for praticado, poderá ou não ser fracionado o *iter criminis*); não transeunte.

Sujeito ativo e sujeito passivo

Somente o funcionário público competente para ordenar ou autorizar a inscrição de despesa pode figurar como *sujeito ativo* do delito tipificado no art. 359-B do Código Penal.

O *sujeito passivo* é o Estado.

Objeto material e bem juridicamente protegido

O tipo penal que prevê o delito de *inscrição de despesas não empenhadas em restos a pagar* tem por finalidade proteger as finanças públicas, e, em um sentido mais amplo, a própria Administração Pública.

O objeto material é a despesa inscrita.

Consumação e tentativa

O delito se consuma quando o agente, efetivamente, ordena ou autoriza a inscrição em restos a pagar, de despesa que não tenha sido previamente empenhada ou que exceda limite estabelecido em lei.

A tentativa é admissível.

Elemento subjetivo

O dolo é o elemento subjetivo exigido pelo tipo penal em estudo, não havendo previsão para a modalidade de natureza culposa.

Modalidades comissiva e omissiva

Os núcleos *ordenar* e *autorizar* pressupõem um comportamento comissivo por parte do agente, podendo, no entanto, ser praticados via omissão imprópria.

Pena, ação penal, competência para julgamento e suspensão condicional do processo

A pena cominada ao delito de *inscrição de despesas não empenhadas em restos a pagar* é de detenção, de 6 (seis) meses a 2 (dois) anos.

A ação penal é de iniciativa pública incondicionada.

Compete, pelo menos inicialmente, ao Juizado Especial Criminal o processo e julgamento do delito em estudo.

Será possível, também, a confecção de proposta de suspensão condicional do processo.

---

[122] NUCCI, Guilherme de Souza. *Código penal comentado*, p. 1.106.

Assunção de obrigação no último ano do mandato ou legislatura

Art. 359-C. Ordenar ou autorizar a assunção de obrigação, nos dois últimos quadrimestres do último ano do mandato ou legislatura, cuja despesa não possa ser paga no mesmo exercício financeiro ou, caso reste parcela a ser paga no exercício seguinte, que não tenha contrapartida suficiente de disponibilidade de caixa:
Pena – reclusão, de 1 (um) a 4 (quatro) anos.

Introdução

Com a criação do tipo penal em estudo, cuja redação em muito se assemelha àquela constante do art. 42 da Lei de Responsabilidade Fiscal (Lei Complementar nº 101/2000), procurou-se evitar que o agente, no final do seu mandato ou legislatura, vale dizer, nos oito últimos meses, contraia obrigações que não poderão por ele ser quitadas até o final daquele seu último exercício financeiro, ou que, na hipótese de restar alguma parcela a ser paga no exercício seguinte, o que não é incomum, não tenha levado a efeito a reserva de caixa.

De acordo com as lições de Luiz Flávio Gomes e Alice Bianchini, "tipifica, assim, o legislador, a passagem desses passivos (encargos e despesas já compromissadas e que devam ser honradas até o final do exercício) para o mandatário seguinte, cominando sanção de natureza penal àquele que não respeitar os prazos e condições legais de pagamento.

A Lei, nesse dispositivo, ocupa-se em precaver que atos de gestores públicos não venham a comprometer, por falta de recursos, o mandato de seus sucessores. Tratam-se das denominadas heranças fiscais, 'que imobilizam os governos no início do mandato, por terem de pagar dívidas e/ou assumir compromissos financeiros deixados pelo antecessor'.

Outra preocupação também subsiste: *equilíbrio das contas públicas*".[123]

Classificação doutrinária

Crime próprio tanto no que diz respeito ao sujeito ativo quanto ao sujeito passivo; doloso; comissivo (podendo, no entanto, ser praticado via omissão imprópria, nos termos do art. 13, § 2º, do Código Penal); de forma vinculada; instantâneo; monossubjetivo; monossubsistente ou plurissubsistente (dependendo da forma como o delito for praticado, poderá ou não ser fracionado o *iter criminis*); não transeunte.

Sujeito ativo e sujeito passivo

Somente o funcionário público competente para ordenar ou autorizar a assunção de obrigação pode figurar como *sujeito ativo* do delito tipificado no art. 359-C do Código Penal.
O sujeito passivo é o Estado.

Objeto material e bem juridicamente protegido

O tipo penal que prevê o delito de *assunção de obrigação no último ano do mandato ou legislatura* tem por finalidade proteger as finanças públicas e, em um sentido mais amplo, a própria Administração Pública.
O objeto material é a obrigação assumida.

Consumação e tentativa

O delito se consuma quando o agente, efetivamente, ordena ou autoriza a assunção de obrigação, nos últimos dois quadrimestres do último ano do mandato ou legislatura, cuja despesa não possa ser paga no mesmo exercício financeiro ou, caso reste parcela a ser paga no exercício seguinte, que não tenha contrapartida suficiente de disponibilidade de caixa.
Admite-se a tentativa.

Elemento subjetivo

O dolo é o elemento subjetivo exigido pelo tipo penal em estudo, não havendo previsão para a modalidade de natureza culposa.

(...) 2. Nas decisões das instâncias ordinárias, verifica-se a devida narrativa do elemento volitivo – dolo – da conduta descrita no art. 359-C do Código Penal, haja vista que o paciente, prefeito municipal de Onda Verde, nos últimos dois quadrimestres do seu mandato no ano de 2012, ordenou a assunção de obrigação que não foi integralmente cumprida no mesmo exercício financeiro e não deixou disponibilidade de caixa para que referida obrigação fosse cumprida no exercício subsequente, e foi advertido pelo Tribunal de Contas do Estado em quatro oportunidades, o que indica que ele no mínimo assumiu o risco da prática delitiva – dolo eventual. Ademais, para se chegar à conclusão diversa, como pretende o recorrente, transcrevendo planilhas para afirmar que "várias despesas inscritas nos restos a pagar são decorrentes de obrigações assumidas no primeiro quadrimestre do ano de 2012 e também decorrentes de outros exercícios (2007, 2008, 2009, 2010 e 2011)", seria necessário o reexame de todo o conjunto fático-probatório, o que é vedado em recurso especial, tendo em vista o óbice da Súmula 7/STJ. (...) (AgRg no AREsp 1.626.777/SP, Rel. Min. Nefi Cordeiro, 6ª T., julgado em 15/09/2020, *DJe* 23/09/2020).

Modalidades comissiva e omissiva

Os núcleos *ordenar* e *autorizar* pressupõem um comportamento comissivo por parte do agente, podendo, no entanto, ser praticados via omissão imprópria.

Pena, ação penal, competência para julgamento e suspensão condicional do processo

A pena cominada ao delito de *assunção de obrigação no último ano do mandato ou legislatura* é de reclusão, de 1 (um) a 4 (quatro) anos.

---

[123] GOMES, Luiz Flávio; BIANCHINI, Alice. *Crimes de responsabilidade fiscal*, p. 46.

A ação penal é de iniciativa pública incondicionada. Será possível a confecção de proposta de suspensão condicional do processo.

Ordenação de despesa não autorizada
Art. 359-D. Ordenar despesa não autorizada por lei:
Pena – reclusão, de 1 (um) a 4 (quatro) anos.

Introdução

O delito de *ordenação de despesa não autorizada* encontra-se tipificado no art. 359-D do Código Penal. Cuida-se de norma penal em branco, cujo complemento poderá ser encontrado nos arts. 15, 16 e 17 da Lei de Responsabilidade Fiscal.

A Lei de Responsabilidade Fiscal, portanto, será utilizada como complemento necessário para a interpretação e aplicação do art. 359-D do Código Penal.

⚖ O art. 359-D do Código Penal, segundo o qual é crime 'ordenar despesa não autorizada por Lei', consiste em norma penal em branco, uma vez que o rol das despesas permitidas e das não autorizadas se dá por acréscimo de normas legais diversas (TRF 4ª Reg., ACr 2007.72.12.000241-4, Rel. Des. Fed. Néfi Cordeiro, *DEJF* 23/04/2010, p. 856).

Nesse sentido:

⚖ TJPI, APN 2009.0001.002685-5, Rel. Des. Erivan José da Silva Lopes, *DJPI* 11/01/2010, p. 5.

Classificação doutrinária

Crime próprio, tanto no que diz respeito ao sujeito ativo quanto ao sujeito passivo; doloso; comissivo (podendo, no entanto, ser praticado via omissão imprópria, nos termos do art. 13, § 2º, do Código Penal); de forma vinculada; instantâneo; monossubjetivo; monossubsistente ou plurissubsistente (dependendo da forma como o delito for praticado, poderá ou não ser fracionado o *iter criminis*); não transeunte.

Sujeito ativo e sujeito passivo

Somente o funcionário público competente para ordenar despesa pode figurar como *sujeito ativo* do delito tipificado no art. 359-D do Código Penal.

O *sujeito passivo* é o Estado.

Objeto material e bem juridicamente protegido

O tipo penal que prevê o delito de *ordenação de despesa não autorizada* tem por finalidade proteger as finanças públicas e, em um sentido mais amplo, a própria Administração Pública.

O objeto material é a despesa não autorizada por lei.

Consumação e tentativa

O delito se consuma quando o agente, efetivamente, ordena despesa não autorizada por lei.

A tentativa é admissível.

Elemento subjetivo

O dolo é o elemento subjetivo exigido pelo tipo penal em estudo, não havendo previsão para a modalidade de natureza culposa.

Modalidades comissiva e omissiva

O núcleo *ordenar* pressupõe um comportamento comissivo por parte do agente, podendo, no entanto, ser praticado via omissão imprópria.

Pena, ação penal e suspensão condicional do processo

A pena cominada ao delito de *ordenação de despesa não autorizada* é de reclusão, de 1 (um) a 4 (quatro) anos.

A ação penal é de iniciativa pública incondicionada. Será possível a confecção de proposta de suspensão condicional do processo.

Prestação de garantia graciosa
Art. 359-E. Prestar garantia em operação de crédito sem que tenha sido constituída contragarantia em valor igual ou superior ao valor da garantia prestada, na forma da lei:
Pena – detenção, de 3 (três) meses a 1 (um) ano.

Introdução

Presta garantia aquele que a concede. A concessão de garantia, de acordo com a definição constante do inc. IV do art. 29 da Lei de Responsabilidade Fiscal (Lei Complementar nº 101/2000), significa o *compromisso de adimplência de obrigação financeira ou contratual assumida por ente da Federação ou entidade a ele vinculada.* Operação de crédito, conforme explicação contida no inc. III do mencionado artigo, diz respeito ao *compromisso financeiro assumido em razão de mútuo, abertura de crédito, emissão e aceite de título, aquisição financiada de bens, recebimento antecipado de valores provenientes da venda a termo de bens e serviços, arrendamento mercantil e outras operações assemelhadas, inclusive com uso de derivativos financeiros.* O art. 40 da Lei Complementar nº 101/2000, serve de complemento ao art. 359-E do Código Penal.

Classificação doutrinária

Crime próprio, tanto no que diz respeito ao sujeito ativo quanto ao sujeito passivo; doloso; comissivo (podendo, no entanto, ser praticado via omissão imprópria, nos termos do art. 13, § 2º, do Código Penal); de forma vinculada; instantâneo; monossubjetivo; monossubsistente ou plurissubsistente (dependendo da forma como o delito for praticado, poderá ou não ser fracionado o *iter criminis*); não transeunte.

Sujeito ativo e sujeito passivo

Somente o funcionário público competente para prestar garantia em operação de crédito pode figurar como *sujeito ativo* do delito tipificado no art. 359-E do Código Penal.

O *sujeito passivo* é o Estado.

Objeto material e bem juridicamente protegido

O tipo penal que prevê o delito de *prestação de garantia graciosa* tem por finalidade proteger as finanças públicas e, em um sentido mais amplo, a própria Administração Pública.

O objeto material é a operação de crédito levada a efeito pelo agente, sem que tenha sido constituída contragarantia em valor igual ou superior ao valor da garantia prestada, na forma da lei.

Consumação e tentativa

O delito se consuma quando o agente, efetivamente, presta a garantia em operação de crédito sem que tenha sido constituída contragarantia em valor igual ou superior ao valor da garantia prestada, na forma da lei.

A tentativa é admissível.

Elemento subjetivo

O dolo é o elemento subjetivo exigido pelo tipo penal em estudo, não havendo previsão para a modalidade de natureza culposa.

Pena, ação penal, competência para julgamento e suspensão condicional do processo

A pena cominada ao delito de *prestação de garantia graciosa* é de detenção, de 3 (três) meses a 1 (um) ano. A ação penal é de iniciativa pública incondicionada. Compete, pelo menos inicialmente, ao Juizado Especial Criminal o processo e julgamento do delito em estudo.

Será possível, também, a confecção de proposta de suspensão condicional do processo.

Não cancelamento de restos a pagar

Art. 359-F. Deixar de ordenar, de autorizar ou de promover o cancelamento do montante de restos a pagar inscrito em valor superior ao permitido em lei:

Pena – detenção, de 6 (seis) meses a 2 (dois) anos.

Introdução

Aqui, o agente se omite quando deveria agir com a finalidade de ordenar, autorizar ou de promover o cancelamento de restos a pagar inscrito em valor superior ao permitido em lei.

O art. 36 da Lei nº 4.320, de 17 de março de 1964, que estatui normas gerais de direito financeiro para a elaboração e o Controle dos orçamentos e balanços da União, dos estados, dos municípios e do Distrito Federal, esclarece o conceito de restos a pagar, dizendo:

Art. 36. Consideram-se restos a pagar as despesas empenhadas, mas não pagas até o dia 31 de dezembro distinguindo-se as processadas das não processadas.

Conforme esclarecem Luiz Flávio Gomes e Alice Bianchini, "para que se possa punir a conduta daquele que pratica a ação descrita no artigo em tela, há necessidade de que ele não tenha nenhuma responsabilidade (a título de dolo) em relação à inscrição, pois, do contrário, já estaria incurso nas penas previstas no art. 359-B, antes mencionado.

Preocupa-se a lei com a lisura administrativa, de forma que, percebendo o agente público que o valor inscrito em restos a pagar é superior ao permitido em lei, deve, de plano, providenciar, para que ocorra o cancelamento. Não o fazendo, incorre no disposto no tipo penal *sub examen*.

O valor permitido em lei representa a suficiente disponibilidade financeira que permita o pagamento integral das despesas dentro dos dois últimos quadrimestres, ou a disponibilidade de caixa existente para o exercício seguinte. Disponibilidade de caixa consiste no montante remanescente após a execução contábil dos encargos e despesas compromissadas a serem honradas até o final do exercício financeiro".[124]

Trata-se de tipo misto alternativo.

Classificação doutrinária

Crime próprio, tanto no que diz respeito ao sujeito ativo quanto ao sujeito passivo; doloso; omissivo próprio; de forma vinculada; instantâneo; monossubjetivo; monossubsistente; não transeunte.

Sujeito ativo e sujeito passivo

Somente o funcionário público competente para ordenar, autorizar ou promover o cancelamento do montante de restos a pagar inscrito em valor superior ao permitido em lei é que pode figurar como *sujeito ativo* do delito tipificado no art. 359-F do Código Penal.

O *sujeito passivo* é o Estado.

Objeto material e bem juridicamente protegido

O tipo penal que prevê o delito de *não cancelamento de restos a pagar* tem por finalidade proteger as finanças públicas e, em um sentido mais amplo, a própria Administração Pública.

O objeto material é a inscrição de restos a pagar.

Consumação e tentativa

O delito se consuma quando o agente, efetivamente, dolosamente, deixa de ordenar, de autorizar ou de promover o cancelamento do montante de restos a pagar inscrito em valor superior ao permitido em lei. Tratando-se de crime monossubsistente, não será possível o reconhecimento da tentativa.

[124] GOMES, Luiz Flávio; BIANCHINI, Alice. *Crimes de responsabilidade fiscal*, p. 52-53.

Elemento subjetivo

O dolo é o elemento subjetivo exigido pelo tipo penal em estudo, não havendo previsão para a modalidade de natureza culposa.

Modalidade comissiva

A conduta de deixar de ordenar, de autorizar ou de promover importa em um delito omissivo próprio.

Pena, ação penal, competência para julgamento e suspensão condicional do processo

A pena cominada ao delito de *não cancelamento de restos a pagar* é de detenção, de 6 (seis) meses a 2 (dois) anos.

A ação penal é de iniciativa pública incondicionada. Compete, pelo menos inicialmente, ao Juizado Especial Criminal o processo e julgamento do delito em estudo.

Será possível, também, a confecção de proposta de suspensão condicional do processo.

Aumento de despesa total com pessoal no último ano do mandato ou legislatura

Art. 359-G. Ordenar, autorizar ou executar ato que acarrete aumento de despesa total com pessoal, nos cento e oitenta dias anteriores ao final do mandato ou da legislatura:

Pena – reclusão, de 1 (um) a 4 (quatro) anos.

Introdução

Ordenar tem o sentido de determinar, mandar que se faça; *autorizar* deve ser entendido como permitir que se faça; *executar* significa realizar, levar a efeito. O agente, portanto, com o seu comportamento, pratica ato que acarreta aumento de *despesa total com pessoal*, definida pelo art. 18 da Lei de Responsabilidade Fiscal.

O art. 359-G também se coaduna com o parágrafo único do art. 22 da mencionada Lei de Responsabilidade Fiscal, que diz ser *nulo de pleno direito o ato de que resulte aumento da despesa com pessoal expedido nos cento e oitenta dias anteriores ao final do mandato do titular do respectivo Poder ou órgão referido no art. 20.*

Trata-se de tipo misto alternativo.

⚖ A comprovação de que o Decreto-Lei nº 2.137/2004, ordenado pela apelante na condição de ex-prefeita, redundou em aumento de despesa com pessoal nos cento e oitenta dias que antecederam o final do seu mandato, enseja a responsabilização criminal por infração ao art. 359-G do Código Penal. O Decreto-Lei sendo o ato administrativo principal, inquinado como ilegal, caracteriza o crime, sendo que as portarias expedidas com base no Decreto não se revelam como novos delitos autônomos continuados, motivo pelo qual deve ser afastada a majorante do art. 71 do Código Penal (TJRO, ACr 1001936-57.2005.8.22.0009, Rel.ª Des.ª Ivanira Feitosa Borges, *DJERO* 19/01/2010).

Classificação doutrinária

Crime próprio, tanto no que diz respeito ao sujeito ativo quanto ao sujeito passivo; doloso; comissivo (podendo, no entanto, ser praticado via omissão imprópria, nos termos do art. 13, § 2º, do Código Penal); de forma vinculada; instantâneo; monossubjetivo; monossubsistente ou plurissubsistente (dependendo da forma como o delito é praticado); não transeunte.

Sujeito ativo e sujeito passivo

Somente o funcionário público competente para ordenar, autorizar ou executar ato que acarrete aumento de despesa total com pessoal nos 180 dias anteriores ao final do mandato ou da legislatura é que pode figurar como *sujeito ativo* do delito tipificado no art. 359-G do Código Penal.

O sujeito passivo é o Estado.

Objeto material e bem juridicamente protegido

O tipo penal que prevê o delito de *aumento de despesa total com pessoal no último ano do mandato ou legislatura* tem por finalidade proteger as finanças públicas, e, em um sentido mais amplo, a própria Administração Pública.

O objeto material é o ato que faz com que haja o aumento de despesa total com pessoal, de acordo com a proibição temporal prevista pelo art. 359-G do Código Penal.

Consumação e tentativa

O delito se consuma quando o agente, efetivamente, ordena, autoriza ou executa o ato que acarreta aumento de despesa total com pessoal, nos 180 dias anteriores ao final do mandato ou da legislatura.

A tentativa é admissível.

Elemento subjetivo

O dolo é o elemento subjetivo exigido pelo tipo penal em estudo, não havendo previsão para a modalidade de natureza culposa.

Modalidades comissiva e omissiva

A conduta de ordenar, autorizar ou executar pressupõe um comportamento comissivo por parte do agente, podendo, no entanto, ser praticada via omissão imprópria.

Pena, ação penal e suspensão condicional do processo

A pena cominada ao delito de *aumento de despesa total com pessoal no último ano do mandato ou legislatura* é de reclusão, de 1 (um) a 4 (quatro) anos.

A ação penal é de iniciativa pública incondicionada.

Será possível a confecção de proposta de suspensão condicional do processo.

Oferta pública ou colocação de títulos no mercado

Art. 359-H. Ordenar, autorizar ou promover a oferta pública ou a colocação no mercado financeiro de títulos da dívida pública sem que tenham sido criados por lei ou sem que estejam registrados em sistema centralizado de liquidação e de custódia:

Pena – reclusão, de 1 (um) a 4 (quatro) anos.

Introdução

Os núcleos, já estudados, são: *ordenar, autorizar e promover* (que têm o sentido de efetuar, fomentar) e dizem respeito à *oferta pública* ou à colocação no mercado financeiro de *títulos da dívida pública*, sem que tenham sido criados por lei ou sem que estejam registrados em sistema centralizado de liquidação e custódia.

Conforme esclarecem Luiz Flávio Gomes e Alice Bianchini, "os títulos emitidos pela União, inclusive os do Banco Central do Brasil, dos estados e dos municípios, constituem, nos termos do inc. II do art. 29 da LRF, a dívida pública mobiliária.

A preocupação do legislador, neste tipo penal, é com o *controle legislativo do orçamento e das contas públicas*, visto que a colocação no mercado de títulos da dívida pública exige prévia criação legal, bem como, posteriormente, registro no sistema centralizado de liquidação e de custódia. Com isso, busca-se que, com o controle exercido, não venham as ações promovidas por administradores (no caso, colocação no mercado de títulos da dívida pública) a causar prejuízo ao erário e/ou desequilibrar futuros orçamentos".[125]

Classificação doutrinária

Crime próprio, tanto no que diz respeito ao sujeito ativo quanto ao sujeito passivo; doloso; comissivo (podendo, no entanto, ser praticado via omissão imprópria, nos termos do art. 13, § 2º, do Código Penal); de forma vinculada; instantâneo; monossubjetivo; monossubsistente ou plurissubsistente (dependendo da forma como o delito é praticado); não transeunte.

Sujeito ativo e sujeito passivo

Somente o funcionário público competente para ordenar, autorizar ou promover a oferta pública ou a colocação no mercado financeiro de títulos da dívida pública é que pode figurar como *sujeito ativo* do delito tipificado no art. 359-H do Código Penal.

O *sujeito passivo* é o Estado.

Objeto material e bem juridicamente protegido

O tipo penal que prevê o delito de *oferta pública ou colocação de títulos no mercado* tem por finalidade proteger as finanças públicas, e, em um sentido mais amplo, a própria Administração Pública.

O objeto material são os títulos da dívida pública.

Consumação e tentativa

O delito se consuma quando o agente, efetivamente, ordena, autoriza ou promove a oferta pública ou a colocação no mercado financeiro de títulos da dívida pública sem que tenham sido criados por lei ou sem que estejam registrados em sistema centralizado de liquidação e de custódia.

A tentativa é admissível.

Elemento subjetivo

O dolo é o elemento subjetivo exigido pelo tipo penal em estudo, não havendo previsão para a modalidade de natureza culposa.

Modalidades comissiva e omissiva

A conduta de ordenar, autorizar ou promover pressupõe um comportamento comissivo por parte do agente, podendo, no entanto, ser praticada via omissão imprópria.

Pena, ação penal e suspensão condicional do processo

A pena cominada ao delito de *oferta pública ou colocação de títulos no mercado* é de reclusão, de 1 (um) a 4 (quatro) anos.

A ação penal é de iniciativa pública incondicionada.

Será possível a confecção de proposta de suspensão condicional do processo.

---

[125] GOMES, Luiz Flávio; BIANCHINI, Alice. *Crimes de responsabilidade fiscal*, p. 55.

Título XII – Dos Crimes contra o Estado Democrático de Direito

O Título XII foi inserido ao Código Penal através da Lei nº 14.197, de 1º de setembro de 2021, prevendo os chamados "crimes contra o Estado Democrático de Direito".

De acordo com o artigo 1º da mencionada Lei, além de ter sido acrescentado o Título XII ao diploma repressivo, foi também revogada, através dela, a Lei nº 7.170, de 14 de dezembro de 1983 (Lei de Segurança Nacional), bem como o art. 39 da Lei das Contravenções Penais, que tipificava a denominada "associação secreta".

O Projeto de Lei nº 2.108/2021, que culminou com a edição da Lei nº 14.197, de 1º de setembro de 2021, foi objeto de inúmeras críticas. Teve como seu objetivo principal a revogação da Lei de Segurança Nacional, sob o argumento de que este último diploma legal contrariava o chamado Estado Democrático de Direito. No entanto, ao invés proteger esse mesmo Estado Democrático de Direito, a nova lei veio repleta de tipos penais abertos, de conceitos vagos, imprecisos, sendo, segundo nossa percepção tão ruim ou pior do que a própria Lei de Segurança Nacional.

Fruto de um momento conturbado no país, onde o Supremo Tribunal Federal atua usurpando funções dos demais poderes da República, com decisões nunca antes vistas em toda a história da Corte, a aprovação do Projeto de Lei nº 2.108/2021 veio a reforçar, na verdade, o uso nefasto do direito penal como objeto de perseguição política. Se tinha por finalidade abolir a Lei de Segurança Nacional, sob o argumento de que era fruto de um estado de exceção, ditatorial, a nova lei conseguiu piorar a situação, prevendo comportamentos com nítido viés perseguidor, com a criação de tipos penais que estarão disponíveis a uma interpretação extremamente ampla e aberta, permitindo, assim, com que a ditadura do Poder Judiciário se estabeleça, gerando a incerteza e o pânico numa sociedade que anseia pela paz social.

Vários tipos penais que constavam da revogada Lei de Segurança Nacional foram mantidos nos novos dispositivos legais, com redação pouco modificada, permitindo, assim, o raciocínio correspondente à continuidade normativo típica. Assim, as mesmas críticas que se faziam àquele diploma legal ainda permanecem vigentes. Nesse sentido, vale a crítica levada a efeito por Fabiana Figueiredo Felício dos Santos que, analisando a revogada Lei de Segurança Nacional, dizia:

"Os tipos penais incriminadores da LSN são demasiadamente abertos e não discriminam com clareza quais condutas devem ser punidas, violando assim o princípio da taxatividade do Direito Penal, o qual proíbe a criação de tipos penais incriminadores com redação aberta, genérica, sem discriminação e identificação exata da conduta a ser criminalizada"[1].

O Título XII, ora em análise, prevê seis capítulos, a saber:

Capítulo I – Dos Crimes contra a Soberania Nacional:
Art. 359-I (atentado à soberania)
Art. 359-J (atentado à integridade nacional)
Art. 359-K (espionagem)

Capítulo II – Dos Crimes contra as Instituições Democráticas:
Art. 359-L (abolição violenta do Estado Democrático de Direito)
Art. 359-M (golpe de Estado)

Capítulo III – Dos Crimes contra o funcionamento das instituições democráticas no processo eleitoral:
Art. 359-N (interrupção do processo eleitoral)
Art. 359-O (VETADO)
Art. 359-P (violência política)
Art. 359-Q – (VETADO)

Capítulo IV – Dos Crimes contra o funcionamento dos serviços essenciais:
Art. 359-R (Sabotagem)
Capítulo V (VETADO)
Art. 359-S (VETADO)
Capítulo VI – Disposições Comuns:
Art. 359-T (Causa de atipicidade)
Art. 359-U (VETADO)

Faremos, portanto, a análise individualizada de cada tipo penal, constante dos capítulos acima mencionados, tentando, ao máximo possível, traduzir essa gama de conceitos abertos, fluídos que, contrariam, frontalmente, o princípio da legalidade, que exige que os tipos penais sejam claros, certos e precisos.

Capítulo I – Dos Crimes contra a Soberania Nacional

Atentado à soberania
Art. 359-I. Negociar com governo ou grupo estrangeiro, ou seus agentes, com o fim de provocar atos típicos de guerra contra o País ou invadi-lo:

Pena: reclusão, de 3 (três) a 8 (oito) anos.
§ 1º Aumenta-se a pena de metade até o dobro, se declarada guerra em decorrência das condutas previstas no *caput* deste artigo.

---

[1] FIGUEIREDO FELÍCIO DOS SANTOS, Fabiana. *Lei de segurança nacional – de Vargas a Temer, uma necessária releitura*, p. 141.

> **§ 2º Se o agente participa de operação bélica com o fim de submeter o território nacional, ou parte dele, ao domínio ou à soberania de outro país: Pena: reclusão, de 4 (quatro) a 12 (doze) anos.**

Introdução

O art. 359-I, inserido no Código Penal através da Lei nº 14.197, de 1º de setembro de 2021, prevê o comportamento típico de *negociar com governo ou grupo estrangeiro, ou seus agentes, com o fim de provocar atos típicos de guerra contra o País ou invadi-lo*.

Cuida-se de redação semelhante àquela prevista no revogado art. 8º da Lei nº 7.170, de 14 de dezembro de 1983, que dizia, *verbis*:

Art. 8º Entrar em entendimento ou negociação com governo ou grupo estrangeiro, ou seus agentes, para provocar guerra ou atos de hostilidade contra o Brasil.

Pena: reclusão, de 3 a 15 anos.

Parágrafo único. Ocorrendo a guerra ou sendo desencadeados os atos de hostilidade, a pena aumenta-se até o dobro.

Como se percebe, sem muito esforço, o tipo penal em estudo reproduz, mesmo que em outras palavras, o contido no preceito primário do tipo penal incriminador revogado (art. 8º, da Lei nº 7.170/83), permanecendo, outrossim, a mesma situação de incerteza que reinava anteriormente, no que diz respeito ao enquadramento do comportamento do agente no tipo penal em estudo.

Assim, de acordo com a redação constante do *caput*, do art. 359-I do Código Penal, podemos destacar os seguintes elementos: a) a conduta de negociar com governo ou grupo estrangeiro, ou seus agentes; b) com o fim de provocar atos típicos de guerra contra o País; c) ou invadi-lo.

Pelo que se pode extrair dos elementos constantes do mencionado tipo penal, pune-se a conduta daquele que negocia, ou seja, entra em tratativas tanto com um governo, isto é, oficialmente com um chefe de uma nação estrangeira, ou mesmo com um grupo não oficial, mas que pode levar a efeito essa negociação, da mesma forma que poderá ocorrer com seus agentes de uma forma geral.

Essa negociação deve ter por finalidade a provocação de atos típicos de guerra contra o nosso País, ou mesmo a sua invasão territorial.

Com esses atos, atinge-se a soberania de nosso país. Como afirma Manoel Gonçalves Ferreira Filho, é "incontestável que hoje quando se fala em Estado vem à mente a ideia de uma ordem estatal não submetida a outra ordem da mesma espécie. E essa ausência de subordinação é em última análise a soberania. Traço hoje reputado imprescindível ao Estado"[2].

Dissertando sobre o conceito de soberania, Guilherme Peña de Moraes, com a precisão que lhe é peculiar, preleciona que:

"O termo 'soberania' é revestido de três acepções.

A soberania denomina a *qualidade do poder político*, isto é, a capacidade de o Estado organizar-se e dirigir-se de acordo com a sua vontade incoercível e incontrastável, reconhecido pelo Direito e sancionada pela força.

A soberania denota a *titularidade do poder político*, ou seja, a soberania nacional, na qual o poder político é totalmente conferido à nação, e a soberania popular, na qual o poder político é parcialmente concedido a cada membro do povo.

A soberania designa as *competências do Estado*, traduzidas pela nomeação de magistrados, instituição e majoração de tributos, produção de invalidação de normas jurídicas, declaração de guerra e celebração da paz e solução de conflitos de interesses entre os súditos, em última instância"[3].

Classificação doutrinária

Crime comum com relação ao sujeito ativo, e próprio no que diz respeito ao sujeito passivo (já que somente o País pode figurar nessa condição); formal, doloso; comissivo; monossubjetivo; plurissubsistente; transeunte ou não transeunte (dependendo se a infração deixar ou não vestígios).

Objeto material e bem juridicamente protegido

O Estado Democrático de Direito bem como a soberania nacional são os bens juridicamente protegidos pelo tipo penal previsto no art. 359-I do Código Penal.

Objeto material é o Estado brasileiro, que sofre com a conduta praticada pelo agente.

Sujeito ativo e sujeito passivo

Qualquer pessoa pode ser sujeito ativo do delito de atentado à soberania.

Sujeito passivo é o Estado.

Consumação e tentativa

Crime formal, o delito se consuma tão somente quando o agente negocia com governo ou grupo estrangeiro, ou seus agentes, com o fim de provocar atos típicos de guerra contra o País ou invadi-lo, não havendo necessidade, outrossim, que sejam efetivados os atos típicos de guerra ou mesmo a invasão do nosso País.

Em se tratando de um crime plurissubsistente, mesmo considerando a sua natureza formal, dependendo da hipótese concreta, será possível o reconhecimento da tentativa.

---

[2] FERREIRA FILHO, Manoel Gonçalves. *Curso de direito constitucional*, p. 50.
[3] PEÑA DE MORAES, Guilherme. *Curso de direito constitucional*, p. 424-425.

Elemento subjetivo

O delito de atentado à soberania somente pode ser praticado dolosamente, não havendo previsão para a modalidade de natureza culposa.

Modalidades comissiva e omissiva

A conduta de negociar pressupõe um comportamento comissivo por parte do agente, não havendo previsão para modalidade de natureza omissiva.

Modalidade qualificada

Diz o § 2º do art. 359-I do Código Penal, *verbis*:
§ 2º Se o agente participa de operação bélica com o fim de submeter o território nacional, ou parte dele, ao domínio ou à soberania de outro país:
Pena: reclusão, de 4 (quatro) a 12 (doze) anos.
Como analisado anteriormente, a simples negociação com governo ou grupo estrangeiro, ou seus agentes, com o fim de provocar atos típicos de guerra contra o País ou a sua invasão já se configura no delito de atentado à soberania, tratando-se, pois, de um crime formal, de consumação antecipada.
Contudo, se o agente participa de operação bélica com o fim de submeter o território nacional, ou parte dele, ao domínio ou à soberania de outro país, a pena será de reclusão, de 4 (quatro) a 12 (doze) anos, ou seja, para que ocorra a qualificadora em estudo, faz-se necessária a efetiva participação na operação bélica, isto é, aquelas ações onde são utilizados o aparato necessário à realização da guerra, a exemplo de movimentação de tropas, utilização de armamento pesado, estratégias de batalha etc.

Causa de aumento de pena

Assevera o § 1º do art. 359-I do Código Penal:
§ 1º Aumenta-se a pena de metade até o dobro, se declarada guerra em decorrência das condutas previstas no *caput* deste artigo.
Dessa forma, se com as negociações feitas pelo agente, for efetivamente declarada a guerra, será aplicada a majorante prevista no § 1º do art. 359-I do diploma repressivo.
Entende-se por declaração de guerra um ato formal, solene. Nossa Constituição Federal prevê esse ato em diversos artigos, podendo-se se destacar os seguintes:
Art. 21. Compete à União:
I – (...)
II – declarar a guerra e celebrar a paz;
Art. 49. É da competência exclusiva do Congresso Nacional:
I – (...)
II – autorizar o Presidente da República a declarar guerra, a celebrar a paz, a permitir que forças estrangeiras transitem pelo território nacional ou nele permaneçam temporariamente, ressalvados os casos previstos em lei complementar;
Art. 84. Compete privativamente ao Presidente da República:

(...)
XIX – declarar guerra, no caso de agressão estrangeira, autorizado pelo Congresso Nacional ou referendado por ele, quando ocorrida no intervalo das sessões legislativas, e, nas mesmas condições, decretar, total ou parcialmente, a mobilização nacional;
Art. 137. O Presidente da República pode, ouvidos o Conselho da República e o Conselho de Defesa Nacional, solicitar ao Congresso Nacional autorização para decretar o estado de sítio nos casos de:
I – (...)
II – declaração de estado de guerra ou resposta a agressão armada estrangeira.

Pena e ação penal

A pena prevista no *caput* do art. 359-I do Código Penal é de reclusão, de 3 (três) a 8 (oito) anos.
O § 2º do art. 359-I do diploma repressivo prevê uma pena de reclusão, de 4 (quatro) a 12 (doze) anos, se o agente participa de operação bélica com o fim de submeter o território nacional, ou parte dele, ao domínio ou à soberania de outro país.
Determina o § 1º do art. 359-I do Código Penal que a pena aumenta-se de metade até o dobro, se declarada guerra em decorrência das condutas previstas no *caput* deste artigo.
A ação penal é de iniciativa pública incondicionada.

Princípio da continuidade normativo típica

Considerando o fato de que o art. 359-I do Código Penal reproduziu, parcialmente, o mesmo comportamento tipificado no revogado art. 8º da Lei de Segurança Nacional, será possível o raciocínio do princípio da continuidade normativo típica, aplicando-se, contudo, retroativamente, o dispositivo legal em estudo, tendo em vista tratar-se de *novatio legis in mellius*, uma vez ter havido a reduzido de 15 (quinze) anos, para 8 (oito) a pena máxima cominada ao delito de atentado à soberania.

Código Penal Militar

O Código Penal Militar prevê dispositivo semelhante em seu art. 137, que diz:

Provocação a país estrangeiro
Art. 137. Provocar o militar, diretamente, país estrangeiro a declarar guerra ou mover hostilidade contra o Brasil ou a intervir em questão que respeite à soberania nacional:
Pena – reclusão, de doze a trinta anos.

Atentado à integridade nacional
Art. 359-J. Praticar violência ou grave ameaça com a finalidade de desmembrar parte do território nacional para constituir país independente:
Pena – reclusão, de 2 (dois) a 6 (seis) anos, além da pena correspondente à violência.

Introdução

O art. 359-J foi inserido no Código Penal através da Lei nº 14.197, de 1º de setembro de 2021, e prevê a conduta de praticar violência ou grave ameaça com a finalidade de desmembrar parte do território nacional para constituir país independente.

Cuida-se de redação semelhante àquela prevista no revogado art. 11 da Lei nº 7.170, de 14 de dezembro de 1983, que dizia, *verbis*:

Art. 11. Tentar desmembrar parte do território nacional para constituir país independente.

Pena: reclusão, de 4 a 12 anos.

Ao contrário do que dispunha o revogado tipo penal, que não mencionava os meios de execução, o art. 359-J do Código Penal exige, expressamente, que a conduta seja praticada mediante violência ou grave ameaça. Assim, nos termos da atual redação legal, será atípico o comportamento se não houver a prática da *vis absoluta* ou da *vis compulsiva*, a exemplo de um grupo grande de pessoas que, pacificamente, em forma de protesto, reivindica a separação de seu Estado para constituir país independente, sob o argumento de que a distribuição da riqueza nacional é injusta e que acaba por sustentar outros Estados da federação.

Cuida-se, aqui, dos chamados movimentos separatistas, que ocorrem em vários Estados, a exemplo do Rio de Janeiro, Pernambuco, Roraima, Espírito Santo, Paraná e Rio Grande do Sul que formaram, inclusive, aquilo que denominaram de Aliança Nacional, com a finalidade de, futuramente, criar um partido para mudar a Constituição Federal e permitir a sua independência.

Nossa Constituição Federal, portanto, veda essa separação, dizendo, em seu art. 1º, que:

Art. 1º A República Federativa do Brasil, formada pela união indissolúvel dos Estados e Municípios e do Distrito Federal, constitui-se em Estado Democrático de Direito e tem como fundamentos:

I – a soberania;

II – a cidadania;

III – a dignidade da pessoa humana;

IV – os valores sociais do trabalho e da livre iniciativa;

V – o pluralismo político.

Dissertando sobre a expressão *união indissolúvel*, contida no *caput* do art. 1º acima transcrito, Gabriel Dezen Júnior assevera que:

"essa locução informa que as partes materialmente componentes da República não poderão dela se dissociar, o que implica dizer que qualquer tentativa separatista é inconstitucional e pode render intervenção federal, sob o amparo do art. 34, I, além de se constituir em crime. A União não faz parte desse rol por não ter ela existência material, mas apenas jurídica, ou, nos termos do art. 18, político-administrativa"[4].

No Brasil já existem inúmeros grupos separatistas, a exemplo da Amazônia Independente, a Frente Libertária Nordeste Livre (FLNL), O Rio é o Meu País; O Espírito Santo é Meu País; Movimento São Paulo para os Paulistas; República do Grão-Pará; Aliança Livre Sulista; Movimento Ceará meu País; Movimento República de Pernambuco; Resistência Sulista etc. Enfim, existe uma enormidade de movimentos que desejam a separação de sua região do restante do país. Isso, contudo, somente se configurará na infração penal *sub examen* se houver o emprego de violência ou grave ameaça com a finalidade de desmembrar parte do território nacional para constituir país independente.

Classificação doutrinária

Crime comum com relação ao sujeito ativo, e próprio no que diz respeito ao sujeito passivo (já que somente parte do território nacional pode figurar nessa condição); formal, doloso; comissivo; monossubjetivo; plurissubsistente; transeunte ou não transeunte (dependendo se a infração deixar ou não vestígios).

Objeto material e bem juridicamente protegido

O Estado Democrático de Direito bem como a soberania nacional são os bens juridicamente protegidos pelo tipo penal previsto no art. 359-J do Código Penal.

Objeto material é o Estado brasileiro, que sofre com a conduta praticada pelo agente.

Sujeito ativo e sujeito passivo

Qualquer pessoa pode ser sujeito ativo do delito de atentado à integridade nacional.

Sujeito passivo é o Estado.

Consumação e tentativa

Crime formal, o delito se consuma tão somente quando o agente pratica a violência ou grave ameaça com a finalidade de desmembrar parte do território nacional para constituir país independente. Assim, por exemplo, se membros de um movimento separatista, ao invés de reivindicarem pacificamente a mudança da Constituição Federal, vierem a se utilizar de meios violentos ou mesmo a grave ameaça a fim de atingir seus objetivos, poderão ser responsabilizados pelo delito de atentado à integridade nacional. Por outro lado, se pacificamente reivindicarem o desmembramento de seu território, o fato será considerado atípico.

Vale lembrar que vários estados brasileiros foram fruto de separação de outros estados, a exemplo do Mato Grosso do Sul e Tocantins.

Por outro lado, chegaria à beira do ridículo punir alguém pelo crime de atentado à integridade nacional simplesmente por ter agredido alguém, já que tinha

---

[4] DEZEN JUNIOR, Gabriel. *Constituição federal interpretada*, p. 7.

por finalidade desmembrar parte do território nacional para constituir país independente. Dessa forma, para que o delito se configure, deverá ser praticado por um número considerável de pessoas, agindo em concurso.

Em se tratando de um crime plurissubsistente, mesmo considerando a sua natureza formal, dependendo da hipótese concreta, será possível o reconhecimento da tentativa.

Elemento subjetivo

O delito de atentado à integridade nacional somente pode ser praticado dolosamente, não havendo previsão para a modalidade de natureza culposa.

Modalidades comissiva e omissiva

A conduta de praticar violência ou grave ameaça com a finalidade de desmembrar parte do território nacional para constituir país independente pressupõe um comportamento comissivo por parte do agente, não havendo previsão para modalidade de natureza omissiva.

Pena e ação penal

A pena prevista no preceito secundário do art. 359-J do Código Penal é reclusão, de 2 (dois) a 6 (seis) anos, além da pena correspondente à violência.

A ação penal é de iniciativa pública incondicionada.

Princípio da continuidade normativo típica

Considerando o fato de que o art. 359-J do Código Penal reproduziu, parcialmente, o mesmo comportamento tipificado no revogado art. 11 da Lei de Segurança Nacional, será possível o raciocínio do princípio da continuidade normativa típica, aplicando-se, contudo, retroativamente, o dispositivo legal em estudo, tendo em vista tratar-se de *novatio legis in mellius*, uma vez ter havido modificação do preceito secundário, que anteriormente cominava uma pena de reclusão de 4 (quatro) a 12 (doze) anos, sendo, agora, prevista a pena de reclusão, 2 (dois) a 6 (seis) anos, além da pena correspondente à violência.

Código Penal Militar

O Código Penal Militar prevê dispositivo semelhante no inciso II, do seu art. 142, que diz:

Art. 142. Tentar:

I – (...)

II – desmembrar, por meio de movimento armado ou tumultos planejados, o território nacional, desde que o fato atente contra a segurança externa do Brasil ou a sua soberania;

Espionagem

Art. 359-K. Entregar a governo estrangeiro, a seus agentes, ou a organização criminosa estrangeira, em desacordo com determinação legal ou regulamentar, documento ou informação classificados como secretos ou ultrassecretos nos termos da lei, cuja revelação possa colocar em perigo a preservação da ordem constitucional ou a soberania nacional:

Pena – reclusão, de 3 (três) a 12 (doze) anos.

§ 1º Incorre na mesma pena quem presta auxílio a espião, conhecendo essa circunstância, para subtraí-lo à ação da autoridade pública.

§ 2º Se o documento, dado ou informação é transmitido ou revelado com violação do dever de sigilo:

Pena – reclusão, de 6 (seis) a 15 (quinze) anos.

§ 3º Facilitar a prática de qualquer dos crimes previstos neste artigo mediante atribuição, fornecimento e empréstimo de senha, ou de qualquer outra forma de acesso de pessoas não autorizadas a sistemas de informações:

Pena – detenção, de 1 (um) a 4 (quatro) anos.

§ 4º Não constitui crime a comunicação, a entrega ou a publicação de informações ou de documentos com o fim de expor a prática de crime ou a violação de direitos humanos.

Introdução

O art. 359-K foi inserido no Código Penal através da Lei nº 14.197, de 1º de setembro de 2021, criando o delito de *espionagem*, com redação similar àquela prevista na revogada Lei de Segurança Nacional, cujo art. 13 dizia:

Art. 13. Comunicar, entregar ou permitir a comunicação ou a entrega, a governo ou grupo estrangeiro, ou a organização ou grupo de existência ilegal, de dados, documentos ou cópias de documentos, planos, códigos, cifras ou assuntos que, no interesse do Estado brasileiro, são classificados como sigilosos.

Pena: reclusão, de 3 a 15 anos.

Parágrafo único – Incorre na mesma pena quem:

I – com o objetivo de realizar os atos previstos neste artigo, mantém serviço de espionagem ou dele participa;

II – com o mesmo objetivo, realiza atividade aerofotográfica ou de sensoreamento remoto, em qualquer parte do território nacional;

III – oculta ou presta auxílio a espião, sabendo-o tal, para subtraí-lo à ação da autoridade pública;

IV – obtém ou revela, para fim de espionagem, desenhos, projetos, fotografias, notícias ou informações a respeito de técnicas, de tecnologias, de componentes, de equipamentos, de instalações ou de sistemas de processamento automatizado de dados, em uso ou em desenvolvimento no País, que, reputados essenciais para a sua defesa, segurança ou economia, devem permanecer em segredo.

Assim, de acordo com a redação constante do *caput* do tipo penal em estudo, podemos destacar os seguintes elementos: a) a conduta de entregar a governo estrangeiro, a seus agentes, ou a organização criminosa estrangeira; b) em desacordo com determinação legal ou regulamentar; c) documento ou informação classificados como secretos ou ultrassecretos nos termos da lei; d) cuja revelação possa colocar em perigo a preservação da ordem constitucional ou a soberania nacional.

Por governo estrangeiro devemos entender aquele que diz respeito a outro país; agentes são todos aqueles que trabalham oficialmente para o referido governos estrangeiro; organização criminosa estrangeira podemos entender quaisquer grupos criminosos que possuam os requisitos necessários para que possam ser assim reconhecidos, a exemplo das máfias italianas, os cartéis mexicanos, ou mesmo grupos terroristas, que também se amoldam a esse conceito, tal como ocorre com o Estado Islâmico, a Al Qaeda, os Talibãs etc.

A conduta de entregar a governo estrangeiro, a seus agentes, ou a organização criminosa estrangeira em desacordo com determinação legal ou regulamentar, ou seja, sem que isso tenha sido formalmente permitido pelo governo brasileiro, documento ou informação classificados como secretos ou ultrassecretos nos termos da lei. De acordo com disposto no artigo 27 da Lei nº 12.527, de 18 de novembro de 2011, a classificação do sigilo de informações no âmbito da administração pública federal é de competência:

"I – no grau de ultrassecreto, das seguintes autoridades:

a) Presidente da República;

b) Vice-Presidente da República;

c) Ministros de Estado e autoridades com as mesmas prerrogativas;

d) Comandantes da Marinha, do Exército e da Aeronáutica; e

e) Chefes de Missões Diplomáticas e Consulares permanentes no exterior;

II – no grau de secreto, das autoridades referidas no inciso I, dos titulares de autarquias, fundações ou empresas públicas e sociedades de economia mista; e"

Os artigos 23 e 24 da Lei nº 12.527, de 18 de novembro de 2011, dispondo sobre a classificação da informação quanto ao grau e aos prazos do sigilo, aduz:

Art. 23. São considerados imprescindíveis à segurança da sociedade ou do Estado e, portanto, passíveis de classificação as informações cuja divulgação ou acesso irrestrito possam:

I – pôr em risco a defesa e a soberania nacionais ou a integridade do território nacional;

II – prejudicar ou pôr em risco a condução de negociações ou as relações internacionais do País, ou as que tenham sido fornecidas em caráter sigiloso por outros Estados e organismos internacionais;

III – pôr em risco a vida, a segurança ou a saúde da população;

IV – oferecer elevado risco à estabilidade financeira, econômica ou monetária do País;

V – prejudicar ou causar risco a planos ou operações estratégicos das Forças Armadas;

VI – prejudicar ou causar risco a projetos de pesquisa e desenvolvimento científico ou tecnológico, assim como a sistemas, bens, instalações ou áreas de interesse estratégico nacional;

VII – pôr em risco a segurança de instituições ou de altas autoridades nacionais ou estrangeiras e seus familiares; ou

VIII – comprometer atividades de inteligência, bem como de investigação ou fiscalização em andamento, relacionadas com a prevenção ou repressão de infrações.

Art. 24. A informação em poder dos órgãos e entidades públicas, observado o seu teor e em razão de sua imprescindibilidade à segurança da sociedade ou do Estado, poderá ser classificada como ultrassecreta, secreta ou reservada.

§ 1º Os prazos máximos de restrição de acesso à informação, conforme a classificação prevista no *caput*, vigoram a partir da data de sua produção e são os seguintes:

I – ultrassecreta: 25 (vinte e cinco) anos;

II – secreta: 15 (quinze) anos; e

III – reservada: 5 (cinco) anos.

Regulamentando a referida Lei nº 12.527, de 18 de novembro de 2011, dizem os artigos 26, 32 e 39 do Decreto nº 7.724, de 16 de maio de 2012:

Art. 26. A informação em poder dos órgãos e entidades, observado o seu teor e em razão de sua imprescindibilidade à segurança da sociedade ou do Estado, poderá ser classificada no grau ultrassecreto, secreto ou reservado.

Art. 32. A autoridade ou outro agente público que classificar informação no grau ultrassecreto ou secreto deverá encaminhar cópia do TCI à Comissão Mista de Reavaliação de Informações no prazo de trinta dias, contado da decisão de classificação ou de ratificação.

Art. 39. As informações classificadas no grau ultrassecreto ou secreto serão definitivamente preservadas, nos termos da Lei nº 8.159, de 1991, observados os procedimentos de restrição de acesso enquanto vigorar o prazo da classificação.

Da mesma forma, o Decreto 7.845, de 14 de novembro de 2012, também regulamenta os documentos considerados secretos ou ultrassecretos, a exemplo do disposto nos artigos 27 e 28, que dizem:

Art. 27. A expedição, a condução e a entrega de documento com informação classificada em grau de sigilo ultrassecreto serão efetuadas pessoalmente, por agente público autorizado, ou transmitidas por meio eletrônico, desde que sejam usados recursos de criptografia compatíveis com o grau de classificação da informação, vedada sua postagem.

Art. 28. A expedição de documento com informação classificada em grau de sigilo secreto ou reservado será feita pelos meios de comunicação disponíveis, com recursos de criptografia compatíveis com o grau de sigilo ou, se for o caso, por via diplomática, sem prejuízo da entrega pessoal.

Percebe-se, portanto, o cuidado que deve recair sobre esses documentos considerados como secretos ou ultrassecretos, cuja revelação ilegal e criminosa coloca em perigo a preservação da ordem constitucional ou a soberania nacional.

Classificação doutrinária

Crime comum com relação ao sujeito ativo, e próprio no que diz respeito ao sujeito passivo; material; doloso; comissivo; monossubjetivo; plurissubsistente; transeunte ou não transeunte (dependendo se a infração deixar ou não vestígios).

Objeto material e bem juridicamente protegido

O Estado Democrático de Direito bem como a soberania nacional são os bens juridicamente protegidos pelo tipo penal previsto no art. 359-K do Código Penal.

Objeto material é o Estado brasileiro, que sofre com a conduta praticada pelo agente.

Sujeito ativo e sujeito passivo

Qualquer pessoa pode ser sujeito ativo do delito de *espionagem*, não havendo necessidade de qualquer qualidade ou condição especial para a prática da conduta prevista no núcleo do tipo previsto no *caput* o art. 359-K do Código Penal.

Sujeito passivo é o Estado.

Consumação e tentativa

O delito de espionagem, tipificado no *caput* do art. 359-K do Código Penal, se consuma quando o agente, efetivamente, faz a entrega a governo estrangeiro, a seus agentes, ou a organização criminosa estrangeira, em desacordo com determinação legal ou regulamentar, de documento ou informação classificados como secretos ou ultrassecretos nos termos da lei, cuja revelação possa colocar em perigo a preservação da ordem constitucional ou a soberania nacional.

Em se tratando de um delito plurissubsistente, será possível o reconhecimento da tentativa, podendo-se, outrossim, fracionar o *iter criminis*.

Elemento subjetivo

O delito de *espionagem* somente pode ser praticado dolosamente, não havendo previsão para a conduta de natureza culposa, tanto no *caput*, quanto nas modalidades previstas nos §§ 1º, 2º e 3º do art. 359-K do Código Penal.

Modalidades comissiva e omissiva

A conduta de entregar a governo estrangeiro, a seus agentes, ou a organização criminosa estrangeira, em desacordo com determinação legal ou regulamentar, documento ou informação classificados como secretos ou ultrassecretos nos termos da lei, cuja revelação possa colocar em perigo a preservação da ordem constitucional ou a soberania nacional pressupõe um comportamento comissivo por parte do agente, não havendo previsão para modalidade de natureza omissiva.

Da mesma forma, somente há previsão para a modalidade comissiva de conduta para aquele que presta auxílio a espião, conhecendo essa circunstância, para subtraí-lo à ação da autoridade pública (§ 1º do art. 359-K do CP); se o documento, dado ou informação é transmitido ou revelado com violação do dever de sigilo (§ 2º do art. 359-K do CP); ou facilita a prática de qualquer dos crimes previstos no art. 359-K do diploma repressivo mediante atribuição, fornecimento e empréstimo de senha, ou de qualquer outra forma de acesso de pessoas não autorizadas a sistemas de informações (§ 3º do art. 359-K do CP).

Modalidade especial de favorecimento pessoal

Diz o § 1º do art. 359-K do diploma repressivo:

§ 1º Incorre na mesma pena quem presta auxílio a espião, conhecendo essa circunstância, para subtraí-lo à ação da autoridade pública.

Cuida-se, aqui, de uma modalidade especializada de favorecimento pessoal, onde o agente presta auxílio a espião, conhecendo essa circunstância, para subtraí-lo à ação da autoridade pública.

Vale frisar que, para que ocorra a modalidade em estudo, o agente deve, obrigatoriamente, conhecer essa circunstância, ou seja, de que presta, efetivamente, auxílio a alguém reconhecido como espião.

Prestar auxílio tem o sentido de socorrer, ajudar. Essa ajuda deve ser dirigida a fazer com que o espião se subtraia à ação da autoridade pública, ou seja, aquela que, de alguma forma, seja a legitimada a determinar ou a proceder à captura do espião, a exemplo do Delegado de Polícia, Promotor de Justiça, Juiz de Direito.

Aqui, o delito se consuma quando o agente, efetivamente, presta o auxílio necessário para que o espião se subtraia à ação da autoridade pública, sendo necessário o sucesso do referido auxílio, pois, caso contrário, o delito poderá ser reconhecido como tentado.

A pena cominada no § 1º do art. 359-K do Código Penal é mesma constante do *caput* do referido artigo, vale dizer, reclusão, de 3 (três) a 12 (doze) anos.

Modalidade qualificada

Assevera os § 2º do art. 359-K do Código Penal, *verbis*

§ 2º Se o documento, dado ou informação é transmitido ou revelado com violação do dever de sigilo:

Pena – reclusão, de 6 (seis) a 15 (quinze) anos.

O § 2º do art. 359-K do Código Penal prevê uma modalidade qualificada do delito de espionagem, punindo com uma pena de reclusão, de 6 (seis) a 15 (quinze) anos se o documento, dado ou informação é transmitido ou revelado com violação do dever de sigilo.

Há, aqui, uma quebra de confiança entre aquele que divulga o segredo e o Estado brasileiro, que se vê prejudicado com esse comportamento.

Terá o dever de sigilo todo aquele que, em razão da função exercida, tem livre acesso ao documento, dado ou informação classificados como secretos ou ultrassecretos nos termos da lei, cuja revelação possa colocar em perigo a preservação da ordem constitucional ou a soberania nacional.

Atribuição de senha, ou de qualquer outra forma de acesso de pessoas não autorizadas a sistemas de informações

§ 3º Facilitar a prática de qualquer dos crimes previstos neste artigo mediante atribuição, fornecimento e empréstimo de senha, ou de qualquer outra forma de acesso de pessoas não autorizadas a sistemas de informações:

Pena – detenção, de 1 (um) a 4 (quatro) anos.

O disposto no § 3º do art. 359-K do Código Penal se aplica tanto à modalidade simples de espionagem, prevista no *caput* do mencionado artigo, como também à sua forma qualificada, tipificada em seu § 2º.

Aqui, o agente, com seu comportamento, facilita, possibilita, propicia, ou seja, torna mais fácil a prática dos mencionados crimes mediante atribuição, fornecimento e empréstimo de senha, ou de qualquer outra forma de acesso de pessoas não autorizadas a sistemas de informações.

Para efeitos de *inteligência,* nada mais importante do que as informações, razão pela qual não devem ser expostas aquelas que possam colocar em perigo a preservação da ordem constitucional ou a soberania nacional.

O art. 1º do Decreto 9.637, de 26 de dezembro de 2018, com a nova redação que lhe foi conferida pelo Decreto 10.641, de 2 de março de 2021, bem como os artigos 1º a 3º, asseveram, *verbis:*

Art. 1º Fica instituída a Política Nacional de Segurança da Informação – PNSI, no âmbito da administração pública federal, com a finalidade de assegurar a disponibilidade, a integridade, a confidencialidade e a autenticidade da informação em âmbito nacional

Art. 2º Para os fins do disposto neste Decreto, a segurança da informação abrange:

I – a segurança cibernética;

II – a defesa cibernética;

III – a segurança física e a proteção de dados organizacionais; e

IV – as ações destinadas a assegurar a disponibilidade, a integridade, a confidencialidade e a autenticidade da informação.

Art. 3º São princípios da PNSI:

I – soberania nacional;

II – respeito e promoção dos direitos humanos e das garantias fundamentais, em especial a liberdade de expressão, a proteção de dados pessoais, a proteção da privacidade e o acesso à informação;

III – visão abrangente e sistêmica da segurança da informação;

IV – responsabilidade do País na coordenação de esforços e no estabelecimento de políticas, estratégias e diretrizes relacionadas à segurança da informação;

V – intercâmbio científico e tecnológico relacionado à segurança da informação entre os órgãos e as entidades da administração pública federal;

VI – preservação do acervo histórico nacional;

VII – educação como alicerce fundamental para o fomento da cultura em segurança da informação;

VIII – orientação à gestão de riscos e à gestão da segurança da informação;

IX – prevenção e tratamento de incidentes de segurança da informação;

X – articulação entre as ações de segurança cibernética, de defesa cibernética e de proteção de dados e ativos da informação;

XI – dever dos órgãos, das entidades e dos agentes públicos de garantir o sigilo das informações imprescindíveis à segurança da sociedade e do Estado e a inviolabilidade da intimidade da vida privada, da honra e da imagem das pessoas;

XII – **need to know** para o acesso à informação sigilosa, nos termos da legislação;

XIII – consentimento do proprietário da informação sigilosa recebida de outros países, nos casos dos acordos internacionais;

XIV – cooperação entre os órgãos de investigação e os órgãos e as entidades públicos no processo de credenciamento de pessoas para acesso às informações sigilosas;

XV – integração e cooperação entre o Poder Público, o setor empresarial, a sociedade e as instituições acadêmicas; e

XVI – cooperação internacional, no campo da segurança da informação.

Causa de atipicidade do fato

Diz o § 4º do art. 359-K *verbis:*

§ 4º Não constitui crime a comunicação, a entrega ou a publicação de informações ou de documentos com o fim de expor a prática de crime ou a violação de direitos humanos.

Entendeu por bem o legislador em afastar a tipicidade do comportamento daquele que, com o fim de expor a prática de crime ou a violação de direitos humanos, comunica, entrega ou mesmo publica informações ou documentos que, em tese, poderiam se caracterizar como crime de *espionagem*.

A motivação do sujeito, na verdade, é que permite esse tipo de conduta, em regra proibida.

Como a lei menciona expressamente a prática de *crime*, ficam excluídas as contravenções penais da aludida causa que conduz a atipicidade do fato praticado.

De acordo com a doutrina internacionalista, *direitos humanos* são aqueles inerentes à toda pessoa humana e são vinculados ao jusnaturalismo. Quando positivados em âmbito internacional, são chamados de *direitos do homem*. No âmbito interno, ao serem consagrados por uma carta constitucional, recebem o nome de *direitos fundamentais*.

Pena, ação penal e suspensão condicional do processo

A pena prevista no preceito secundário do *caput* do art. 359-K do Código Penal é reclusão, reclusão, de 3 (três) a 12 (doze) anos.

Conforme o § 1º do art. 359-K do diploma repressivo, incorre na mesma pena quem presta auxílio a espião, conhecendo essa circunstância, para subtraí-lo à ação da autoridade pública.

A modalidade qualificada está prevista no § 2º do mesmo dispositivo legal, que diz:

§ 2º Se o documento, dado ou informação é transmitido ou revelado com violação do dever de sigilo:

Pena – reclusão, de 6 (seis) a 15 (quinze) anos.

No § 3º do art. 359-K do Código Penal, pune-se com pena de detenção, de 1 (um) a 4 (quatro) anos, na hipótese em que o agente facilitar a prática de qualquer dos crimes previstos neste artigo mediante atribuição, fornecimento e empréstimo de senha, ou de qualquer outra forma de acesso de pessoas não autorizadas a sistemas de informações.

A ação penal é de iniciativa pública incondicionada. Será possível a suspensão condicional do processo quando o fato disse respeito ao § 4º do art. 359-K do Código Penal, tendo em vista o disposto no art. 89 da Lei nº 9.099/95.

Princípio da continuidade normativo típica

Considerando o fato de que o art. 359-K do Código Penal reproduziu, parcialmente, o mesmo comportamento tipificado no revogado art. 13 da Lei de Segurança Nacional, será possível, no que for cabível, o raciocínio do princípio da continuidade normativo típica.

Código Penal Militar

O Código Penal Militar prevê dispositivo semelhante, em seus arts. 143 a 145, que dizem:

Consecução de notícia, informação ou documento para fim de espionagem

Art. 143. Conseguir, para o fim de espionagem militar, notícia, informação ou documento, cujo sigilo seja de interesse da segurança externa do Brasil:

Pena – reclusão, de quatro a doze anos.

§ 1º A pena é de reclusão de dez a vinte anos:

I – se o fato compromete a preparação ou eficiência bélica do Brasil, ou o agente transmite ou fornece, por qualquer meio, mesmo sem remuneração, a notícia, informação ou documento, a autoridade ou pessoa estrangeira;

II – se o agente, em detrimento da segurança externa do Brasil, promove ou mantém no território nacional atividade ou serviço destinado à espionagem;

III – se o agente se utiliza, ou contribui para que outrem se utilize, de meio de comunicação, para dar indicação que ponha ou possa pôr em perigo a segurança externa do Brasil.

Modalidade culposa

§ 2º Contribuir culposamente para a execução do crime:

Pena – detenção, de seis meses a dois anos, no caso do artigo; ou até quatro anos, no caso do § 1º, nº I

Revelação de notícia, informação ou documento

Art. 144. Revelar notícia, informação ou documento, cujo sigilo seja de interesse da segurança externa do Brasil:

Pena – reclusão, de três a oito anos.

Fim da espionagem militar

§ 1º Se o fato é cometido com o fim de espionagem militar:

Pena – reclusão, de seis a doze anos.

Resultado mais grave

§ 2º Se o fato compromete a preparação ou a eficiência bélica do país:

Pena – reclusão, de dez a vinte anos.

Modalidade culposa

§ 3º Se a revelação é culposa:

Pena – detenção, de seis meses a dois anos, no caso do artigo; ou até quatro anos, nos casos dos §§ 1º e 2.

Turbação de objeto ou documento

Art. 145. Suprimir, subtrair, deturpar, alterar, desviar, ainda que temporariamente, objeto ou documento concernente à segurança externa do Brasil:

Pena – reclusão, de três a oito anos.

Resultado mais grave

§ 1º Se o fato compromete a segurança ou a eficiência bélica do país:

Pena – Reclusão, de dez a vinte anos.

Modalidade culposa

§ 2º Contribuir culposamente para o fato:

Pena – detenção, de seis meses a dois anos.

Capítulo II – Dos Crimes contra as Instituições Democráticas

Abolição violenta do Estado Democrático de Direito
Art. 359-L. Tentar, com emprego de violência ou grave ameaça, abolir o Estado Democrático de Direito, impedindo ou restringindo o exercício dos poderes constitucionais:
Pena – reclusão, de 4 (quatro) a 8 (oito) anos, além da pena correspondente à violência.

Introdução

O art. 359-L foi inserido no Código Penal através da Lei nº 14.197, de 1º de setembro de 2021, criando o delito de *abolição violenta do Estado Democrático de Direito*, tendo sua redação similar àquela constante dos revogados artigos 17 e 18 da Lei nº 7.170, de 14 de dezembro de 1983, que diziam, *verbis:*

Art. 17 – Tentar mudar, com emprego de violência ou grave ameaça, a ordem, o regime vigente ou o Estado de Direito.
Pena: reclusão, de 3 a 15 anos.
Parágrafo único. Se do fato resulta lesão corporal grave, a pena aumenta-se até a metade; se resulta morte, aumenta-se até o dobro.
Art. 18 – Tentar impedir, com emprego de violência ou grave ameaça, o livre exercício de qualquer dos Poderes da União ou dos Estados.
Pena: reclusão, de 2 a 6 anos.

De acordo com a redação típica, podemos extrair os seguintes elementos: a) a conduta de tentar, com emprego de violência ou grave ameaça; b) abolir o Estado Democrático de Direito; c) impedindo ou restringindo o exercício dos poderes constitucionais.

O tipo penal prevê um delito de atentado, onde a mera tentativa é punida com as mesmas penas que seriam correspondentes ao crime consumado. Aqui, o agente se vale do emprego de violência (*vis absoluta*) ou grave ameaça (*vis compulsiva*), com a finalidade de abolir o Estado Democrático de Direito.

O Estado Democrático de Direito, de acordo com a definição, sempre impecável, de Flávia Bahia Martins: "Reúne os princípios do "Estado de Direito" e do "Estado Democrático", aliados a um componente revolucionário de mudança social, de justiça. A noção de Estado Democrático de Direito compreende, portanto: a) Estado de Direito – submissão ao império da lei, divisão de poderes; b) Estado Democrático – é o fundamento na soberania popular, o povo participa na evolução do seu país; c) componente revolucionário – é a vontade de transformação social, o povo participa das decisões principais de seu país"[5].

No mesmo sentido, são as lições de Bernardo Gonçalves Fernandes quando preleciona que:

"O chamado Estado Democrático de Direito é também nominado pelos autores de tradição alemã como *Estado Constitucional*, uma vez que as aquisições históricas deixaram claro que não é a submissão ao Direito que justificaria a limitação quer do próprio Estado quer dos Governantes, mas necessariamente uma subjugação total à Constituição.

Para muitos autores, o Estado Democrático de Direito seria a união de dos princípios fundamentais, o *Estado de Direito* e o *Estado Democrático*. Todavia, mais que uma junção, o produto desses dois princípios acaba por formalizar-se e revelar-se como um conceito novo que, mais do que adicionar um no outro, equivale à afirmação de um novo *paradigma* de Estado e de Direito"[6].

Como bem salientado pelo preâmbulo de nossa Constituição Federal, os representantes do povo brasileiro, reunidos em Assembleia Nacional constituinte, instituíram um:

Estado Democrático, destinado a assegurar o exercício dos direitos sociais e individuais, a liberdade, a segurança, o bem-estar, o desenvolvimento, a igualdade e a justiça como valores supremos de uma sociedade fraterna, pluralista e sem preconceitos, fundada na harmonia social e comprometida, na ordem interna e internacional, com a solução pacífica das controvérsias, promulgamos, sob a proteção de Deus, a seguinte CONSTITUIÇÃO DA REPÚBLICA FEDERATIVA DO BRASIL.

Com a prática do comportamento violento ou mesmo com a grave ameaça, a conduta do agente deve ser dirigida finalisticamente a impedir ou restringir o exercício dos poderes constitucionais. *Impedir* tem o sentido de não permitir, tornar impraticável, e *restringir* significa limitar, dificultar o exercício dos poderes constitucionais.

São três os poderes constitucionais, a saber: Legislativo, Executivo e Judiciário. Nesse sentido, assevera o art. 2º da Constituição Federal:

Art. 2º São Poderes da União, independentes e harmônicos entre si, o Legislativo, o Executivo e o Judiciário.

O art. 359-L do Código Penal não faz distinção se esses poderes se referem exclusivamente à União, ou se também dizem respeito aos Estados e Municípios., como fazia o revogado art. 18 da Lei de Segurança Nacional, que mencionava, expressamente, os Poderes da União e dos Estados. Assim, em atenção ao brocardo que diz que *onde a lei não distingue, não cabe ao intérprete fazê-lo*, entendemos que o mencionado tipo penal se aplica também aos poderes estaduais (Legislativo, Executivo e Judiciário), bem como

---

[5] BAHIA MARTINS, Flávia. *Direito constitucional*, p. 305.

[6] FERNANDES, Bernardo Gonçalves. *Curso de direito constitucional*, p. 320.

aos poderes municipais (Legislativo e Executivo, já que não existe Poder Judiciário em nível municipal).

Classificação doutrinária

Crime comum com relação ao sujeito ativo, e próprio no que diz respeito ao sujeito passivo (já que somente os poderes constitucionais podem figurar nessa condição); formal; de atentado; doloso; comissivo; monossubjetivo; plurissubsistente; transeunte ou não transeunte (dependendo se a infração deixar ou não vestígios).

Objeto material e bem juridicamente protegido

O Estado Democrático de Direito e, mais especificamente, o regular funcionamento das instituições democráticas, são os bens juridicamente protegidos pelo tipo penal em estudo.
Objeto material são os Poderes instituídos, vale dizer, legislativo, executivo e judiciário.

Sujeito ativo e sujeito passivo

Qualquer pessoa pode ser sujeito ativo do delito de *abolição violenta do Estado Democrático de Direito*.
Sujeito passivo é o Estado e, mais especificamente, os Poderes instituídos (legislativo, executivo e judiciário).

Consumação e tentativa

Crime formal, o delito se consuma no momento em que o agente tenta, com emprego de violência ou grave ameaça, abolir o Estado Democrático de Direito, impedindo ou restringindo o exercício dos poderes constitucionais.
Em se tratando de um crime atentado, onde a tentativa é punida com as mesmas penas do crime consumado, fica impedida a aplicação do parágrafo único do art. 14 do Código Penal.

Elemento subjetivo

O delito de *abolição violenta do Estado Democrático de Direito* somente pode ser praticado dolosamente, não havendo previsão para a modalidade de natureza culposa.

Modalidades comissiva e omissiva

A conduta de tentar, com emprego de violência ou grave ameaça, abolir o Estado Democrático de Direito, impedindo ou restringindo o exercício dos poderes constitucionais pressupõe um comportamento comissivo por parte do agente, não havendo previsão para modalidade de natureza omissiva.

Pena e ação penal

A pena prevista no preceito secundário do art. 359-L do Código Penal é de reclusão, de 4 (quatro) a 8 (oito) anos, além da pena correspondente à violência.
A ação penal é de iniciativa pública incondicionada.

Princípio da continuidade normativo típica

Considerando o fato de que o art. 359-L do Código Penal reproduziu, parcialmente, o mesmo comportamento tipificado nos revogados arts. 17 e 18 da Lei de Segurança Nacional, será possível o raciocínio do princípio da continuidade normativo típica, aplicando-se, contudo, retroativamente, o dispositivo legal em estudo, tendo em vista tratar-se de *novatio legis in mellius*, comparativamente às penas cominadas em abstrato pelo tipo penal que prevê *abolição violenta do Estado Democrático de Direito*.

> **Golpe de Estado**
> **Art. 359-M.** Tentar depor, por meio de violência ou grave ameaça, o governo legitimamente constituído:
> Pena – reclusão, de 4 (quatro) a 12 (doze) anos, além da pena correspondente à violência.

Introdução

O art. 359-M foi inserido no Código Penal através da Lei nº 14.197, de 1º de setembro de 2021, criando o delito de *golpe de Estado*, cuja figura típica possui os seguintes elementos: a) a conduta de tentar depor, por meio de violência ou grave ameaça; b) o governo legitimamente constituído.
Paulo Bonavides, dissertando sobre a definição do conceito de golpe de Estado, aduz que:
"Não obstante as afinidades que tem com os conceitos de revolução, guerra civil, conjuração e *putsch*, o golpe de Estado não se confunde com nenhuma dessas formas e significa simplesmente a tomada do poder por meios ilegais.
Seus protagonistas tanto podem ser um governo como uma assembleia, bem assim autoridades, já alojadas no poder.
São características do golpe de Estado: a surpresa, a subitaneidade, a violência, a frieza do cálculo, a premeditação, a ilegitimidade.
Faz-se sempre a expensas da Constituição e se apresenta qual uma técnica específica de apoderar-se do governo, independente das causas e dos fins políticos que a motivam"[7].
Para que o golpe de Estado seja considerado como crime, há necessidade de que a tentativa de deposição do governo legitimamente constituído seja levada a efeito por meio de violência ou grave ameaça.
Traçando a distinção entre o golpe de Estado e a revolução, Paulo Bonavides esclarece que:
"Em alguns países subdesenvolvidos o golpe de Estado tem sido confundido com a revolução. Os movimentos armados de que resulta quebra da legitimidade não raro enganam os seus autores, bem como quantos os observam. Casos há em que supõem estar fazendo uma revolução ou em presença de mudança

---

[7] BONAVIDES, Paulo. *Ciência política*, p. 421.

revolucionária e no entanto outra coisa não fazem ou testemunham senão um golpe de Estado, desferido embora com intenção revolucionária. E outras ocasiões há em que cuidar estar reprimindo motins ou pequenas insurreições e em verdade estão envolvidos já numa revolução ou guerra civil.

Daqui a necessidade de indicar os principais pontos que permitem distinguir com a clareza possível essas duas categorias: o golpe de Estado e a revolução, em ordem a evitar o menor índice possível de equívocos.[8]"

E continua suas lições, dizendo:

"O golpe de Estado de modo usual é contra um governante e seu modo de governar, ao passo que a revolução se faz contra um sistema de governo ou feixe de instituições; contra a classe dominante e sua liderança; contra um princípio de organização política e social e não contra um homem apenas.

(...) Os golpes de Estado em geral são de índole autocrática, reacionária e ditatorial; já as revoluções resultam de um colóquio com as multidões e são de natureza fundamentalmente democrática.

O golpe é a prevalência do interesse egoístico de um grupo ou a satisfação de uma sede pessoal de poder, a revolução, o entendimento dos anseios coletivos, movendo-se de conformidade com novos princípios e ideias; a revolução é a legitimidade, o golpe é a usurpação e como todas as usurpações concomitantemente ilegal e ilegítimo.

As revoluções quase sempre se propagam por toda a nação e representam um levante de vastíssimas proporções; já o golpe se circunscreve geograficamente, atingindo apenas os pontos urbanos vitais, quando não se concentra unicamente nas capitais, no coração político do país, onde o governo tem a sede de todos os órgãos essenciais da administração e do poder"[9].

Tentar depor tem o sentido de tentar destituir, afastar, retirar o governo legitimamente constituído.

Para que se caracterize o golpe de Estado a conduta de tentar depor, por meio de violência ou grave ameaça, deve ser dirigida a um governo legitimamente constituído. Aqui, dever ser entendido o governo que por finalidade ditar os rumos da nação, isto é, o Poder Executivo em nível Federal. Não se fala em golpe de Estado quando estamos diante de violência ou grave ameaça a fim de tomar os governos estaduais e municipais.

Classificação doutrinária

Crime comum com relação ao sujeito ativo, e próprio no que diz respeito ao sujeito passivo (já que somente o governo legitimamente constituído pode figurar nessa condição); formal; de atentado (ou de empreendimento); doloso; comissivo; monossubjetivo; plurissubsistente; transeunte ou não transeunte (dependendo se a infração deixar ou não vestígios).

Objeto material e bem juridicamente protegido

O Estado Democrático de Direito bem como o legítimo exercício dos governos democraticamente eleitos são os bens juridicamente protegidos pelo tipo penal em estudo.

Objeto material é o governo legitimamente constituído.

Sujeito ativo e sujeito passivo

Qualquer pessoa pode ser sujeito ativo do delito de *golpe de Estado*.

Sujeito passivo é o governo legitimamente constituído.

Consumação e tentativa

Crime formal, o delito se consuma no momento em que o agente tenta, depor com emprego de violência ou grave ameaça, governo legitimamente constituído.

Em se tratando de um crime plurissubsistente, mesmo considerando a sua natureza formal, dependendo da hipótese concreta, será possível o reconhecimento da tentativa.

Elemento subjetivo

O delito de *golpe de Estado* somente pode ser praticado dolosamente, não havendo previsão para a modalidade de natureza culposa.

Modalidades comissiva e omissiva

A conduta de tentar depor, com emprego de violência ou grave ameaça, o governo legitimamente constituído, pressupõe um comportamento comissivo por parte do agente, não havendo previsão para modalidade de natureza omissiva.

Pena e ação penal

A pena prevista no preceito secundário do art. 359-M do Código Penal é de reclusão, de 4 (quatro) a 12 (doze) anos, além da pena correspondente à violência.

A ação penal é de iniciativa pública incondicionada.

Capítulo III – Dos Crimes contra o Funcionamento das Instituições Democráticas no Processo Eleitoral

Interrupção do processo eleitoral

Art. 359-N. Impedir ou perturbar a eleição ou a aferição de seu resultado, mediante violação indevida de mecanismos de segurança do sistema eletrônico de votação estabelecido pela Justiça Eleitoral:

Pena – reclusão, de 3 (três) a 6 (seis) anos, e multa.

---

[8] BONAVIDES, Paulo. *Ciência política*, p. 424.

[9] BONAVIDES, Paulo. *Ciência política*, p. 425.

Introdução

O art. 359-N foi inserido no Código Penal através da Lei nº 14.197, de 1º de setembro de 2021, prevendo o delito de *interrupção no processo eleitoral*. De acordo com a redação típica, podemos destacar os seguintes elementos: a) as condutas de *impedir* ou *perturbar* a eleição ou a aferição de seu resultado; b) mediante violação indevida de mecanismos de segurança do sistema eletrônico de votação; c) estabelecido pela Justiça Eleitoral.

O conceito de cidadania está intimamente ligado às eleições. Como bem apontado por José Afonso da Silva "a cidadania se adquire com a obtenção da qualidade de eleitor, que documentalmente se manifesta na posse do título de eleitor válido. O eleitor é cidadão, é titular da cidadania, embora nem sempre possa exercer todos os direitos políticos"[10]. Só por aí já se percebe a importância das eleições, razão pela qual sua regular realização, bem como aferição de seu resultado devem ser devidamente protegidos.

Assim, o art. 359-N do Código Penal prevê as condutas de *impedir*, ou seja, não permitir que se realize, bem como a de *perturbar*, que tem o sentido de atrapalhar, dificultar, obstruir, importunar a *eleição* ou a *aferição de seu resultado*.

Nas eleições, o cidadão exerce o seu direito de voto. Conforme os ensinamentos de Flávia Bahia Martins: "a aquisição dos direitos políticos se faz mediante o alistamento perante o órgão da Justiça Eleitoral. Ao se inscrever como eleitor, o cidadão terá o direito de votar. São características constitucionais do voto: pessoal, há obrigatoriedade formal do comparecimento; livre; sigiloso; direto; periódico e com valor igual para todos.

Pode-se dizer que o voto possui natureza híbrida, pois é, ao mesmo tempo: direito público subjetivo, uma função social (função da soberania popular no regime democrático adotado pelo Brasil), um dever sociopolítico (na eleição dos governantes) e um dever jurídico, pois o seu descumprimento gera sanções legais previstas no Código Eleitoral"[11].

Essas condutas, para que sejam consideradas como típicas, deverão ser levadas a efeito mediante violação indevida de mecanismos de segurança do sistema eletrônico de votação estabelecido pela Justiça Eleitoral.

A Justiça Eleitoral (Tribunais e Juízes Eleitorais) é um órgão do Poder Judiciário, conforme se verifica pelo inciso V, do art. 92 da Constituição Federal. O art. 118 da nossa Lei Maior, a seu turno, assevera serem órgãos da Justiça Eleitoral: I – O Tribunal Superior Eleitoral; II – os Tribunais Regionais Eleitorais; III – o Juízes Eleitorais; IV – as Juntas Eleitorais.

Por mecanismos de segurança devemos entender todos os equipamentos utilizados na eleição, a exemplo das urnas eletrônicas, os computadores, os sistemas de rede, bancos de dados e também os *softwares*, que dizem respeito aos programas das urnas eletrônicas para a votação e totalização desses votos.

Classificação doutrinária

Crime comum com relação ao sujeito ativo, e próprio no que diz respeito ao sujeito passivo (já que somente a Justiça Eleitoral pode figurar nessa condição); material; doloso; comissivo; monossubjetivo; plurissubsistente; transeunte ou não transeunte (dependendo se a infração deixar ou não vestígios).

Objeto material e bem juridicamente protegido

O Estado Democrático de Direito e o regular funcionamento das instituições democráticas no processo eleitoral são os bens juridicamente protegidos pelo tipo penal em estudo.

Objeto material são os mecanismos de segurança do sistema eletrônico de votação estabelecido pela Justiça Eleitoral.

Sujeito ativo e sujeito passivo

Qualquer pessoa pode ser sujeito ativo do delito de *interrupção no processo eleitoral*.

Sujeito passivo é Justiça Eleitoral, bem como o Estado, que sofre com o comportamento praticado pelo sujeito ativo.

Consumação e tentativa

Em se tratando de um crime material, o delito se consuma quando o agente, efetivamente, Impede ou perturba a eleição ou a aferição de seu resultado, mediante violação indevida de mecanismos de segurança do sistema eletrônico de votação estabelecido pela Justiça Eleitoral.

Admite-se a tentativa, tendo em vista a natureza plurissubsistente da infração penal em exame, podendo-se, outrossim, fracionar o *iter criminis*.

Elemento subjetivo

O delito de *interrupção no processo eleitoral* somente pode ser praticado dolosamente, não havendo previsão para a modalidade de natureza culposa.

Modalidades comissiva e omissiva

As condutas de impedir ou perturbar a eleição ou a aferição de seu resultado, mediante violação indevida de mecanismos de segurança do sistema eletrônico de votação estabelecido pela Justiça Eleitoral, pressupõem um comportamento comissivo por parte do agente, não havendo previsão para modalidade de natureza omissiva.

---

[10] AFONSO DA SILVA, José. *Curso de direito constitucional*, p. 307.

[11] BAHIA MARTINS, Flávia. *Direito constitucional*, p. 250-251.

Pena e ação penal

A pena prevista no preceito secundário do art. 359-N do Código Penal é de reclusão, de 3 (três) a 6 (seis) anos, e multa.

A ação penal é de iniciativa pública incondicionada.

Comunicação enganosa em massa

Art. 359-O. ~~Promover ou financiar, pessoalmente ou por interposta pessoa, mediante uso de expediente não fornecido diretamente pelo provedor de aplicação de mensagem privada, campanha ou iniciativa para disseminar fatos que sabe inverídicos, e que sejam capazes de comprometer a higidez do processo eleitoral.~~ (VETADO)
~~Pena – reclusão, de 1 (um) a 5 (cinco) anos, e multa.~~

Ouvidos, o Ministério da Justiça e Segurança Pública, o Ministério da Mulher, da Família e dos Direitos Humanos e o Gabinete de Segurança Institucional da Presidência da República opinaram pelo veto ao dispositivo transcrito a seguir:

Art. 2º do Projeto de Lei, na parte em que acrescenta a especificação temática Comunicação enganosa em massa e o art. 359-O à Parte Especial do Decreto-Lei nº 2.848, de 7 de dezembro de 1940

"Comunicação enganosa em massa

Art. 359-O. Promover ou financiar, pessoalmente ou por interposta pessoa, mediante uso de expediente não fornecido diretamente pelo provedor de aplicação de mensagem privada, campanha ou iniciativa para disseminar fatos que sabe inverídicos, e que sejam capazes de comprometer a higidez do processo eleitoral:

Pena – reclusão, de 1 (um) a 5 (cinco) anos, e multa."

Razões do veto

"A proposição legislativa estabelece como tipo penal a comunicação enganosa em massa definindo-o como 'promover ou financiar, pessoalmente ou por interposta pessoa, mediante uso de expediente não fornecido diretamente pelo provedor de aplicação de mensagem privada, campanha ou iniciativa para disseminar fatos que sabe inverídicos, e que sejam capazes de comprometer a higidez do processo eleitoral', estipulando pena de reclusão, de um a cinco anos, e multa.

A despeito da boa intenção do legislador, a proposição legislativa contraria o interesse público por não deixar claro qual conduta seria objeto da criminalização, se a conduta daquele que gerou a notícia ou daquele que a compartilhou (mesmo sem intenção de massificá-la), bem como enseja dúvida se o crime seria continuado ou permanente, ou mesmo se haveria um 'tribunal da verdade' para definir o que viria a ser entendido por inverídico a ponto de constituir

um crime punível pelo Decreto-Lei nº 2.848, de 7 de dezembro de 1940 – Código Penal, o que acaba por provocar enorme insegurança jurídica. Outrossim, o ambiente digital é favorável à propagação de informações verdadeiras ou falsas, cujo verbo 'promover' tende a dar discricionariedade ao intérprete na avaliação da natureza dolosa da conduta criminosa em razão da amplitude do termo.

A redação genérica tem o efeito de afastar o eleitor do debate político, o que reduziria a sua capacidade de definir as suas escolhas eleitorais, inibindo o debate de ideias, limitando a concorrência de opiniões, indo de encontro ao contexto do Estado Democrático de Direito, o que enfraqueceria o processo democrático e, em última análise, a própria atuação parlamentar."

Violência política

Art. 359-P. Restringir, impedir ou dificultar, com emprego de violência física, sexual ou psicológica, o exercício de direitos políticos a qualquer pessoa em razão de seu sexo, raça, cor, etnia, religião ou procedência nacional:

Pena – reclusão, de 3 (três) a 6 (seis) anos, e multa, além da pena correspondente à violência.

Introdução

O art. 359-P foi inserido no Código Penal através da Lei nº 14.197, de 1º de setembro de 2021, criando o delito de *violência política*, contendo os seguintes elementos: a) as condutas de Restringir, impedir ou dificultar; b) com emprego de violência física, sexual ou psicológica; c) o exercício de direitos políticos; d) a qualquer pessoa em razão de seu sexo, raça, cor, etnia, religião ou procedência nacional.

José Afonso da Silva, dissertando sobre a origem e abrangência dos chamados direitos políticos, esclarece que:

"O regime representativo desenvolveu técnicas destinadas a efetivar a designação dos representantes do povo nos órgãos governamentais. A princípio, essas técnicas aplicavam-se empiricamente nas épocas em que o povo deveria proceder à escolha dos seus representantes. Aos poucos, porém, certos modos de proceder foram transformando-se em regras, que o direito positivo sancionara como normas de agir. Assim, o direito democrático de participação do povo no governo, por seus representantes, acabara exigindo a formação de um conjunto de normas legais permanentes, que recebera a denominação de *direitos políticos*.

A Constituição traz um capítulo sobre esses direitos, no sentido indicado acima, como *conjunto de normas que regula a atuação da soberania popular* (arts. 14 a 16). Tais normas constituem desdobramento do princípio democrático inscrito no art. 1º, parágrafo único, quando diz que o poder emana do povo, que *o exerce por meio de representantes eleitos ou diretamente*"[12]. Como diz o *caput* do art. 14, e seus incisos I, II e III: Art. 14. A soberania popular será exercida pelo sufrágio universal e pelo voto direto e secreto, com valor igual para todos, e, nos termos da lei, mediante:

I – plebiscito;

II – referendo;

III – iniciativa popular.

Assim, o art. 359-P do Código Penal visa a proteger o cidadão tanto no que diz respeito ao seu direito de votar, como também ao de ser votado. Por isso, proíbe as condutas de restringir, impedir ou dificultar, com emprego de violência física, sexual ou psicológica, o exercício desses direitos políticos a qualquer pessoa em razão de seu sexo, raça, cor, etnia, religião ou procedência nacional.

Classificação doutrinária

Crime comum com relação ao sujeito ativo, e próprio quanto ao sujeito passivo (uma vez que somente pode ser vítima desse delito quem possuir os direitos políticos); material; doloso; comissivo; monossubjetivo; plurissubsistente; transeunte ou não transeunte (dependendo se a infração deixar ou não vestígios).

Objeto material e bem juridicamente protegido

O Estado Democrático de Direito e o regular funcionamento das instituições democráticas no processo eleitoral são os bens juridicamente protegidos pelo tipo penal em estudo.

Objeto material são as pessoas contra as quais são dirigidas a conduta praticada pelo agente.

Sujeito ativo e sujeito passivo

Qualquer pessoa pode ser sujeito ativo do delito de *violência política*, não havendo nenhuma qualidade ou condição especial exigida pelo tipo penal em estudo.

Sujeito passivo são as pessoas que se viram restringidas, impedidas ou dificultadas, com emprego de violência física, sexual ou psicológica, no exercício de seus direitos políticos, em razão de seu sexo, raça, cor, etnia, religião ou procedência nacional.

Consumação e tentativa

O delito tipificado no art. 359-P do Código Penal se consuma quando o agente, efetivamente, restringe, impede ou dificulta, com emprego de violência física, sexual ou psicológica, o exercício de direitos políticos a qualquer pessoa em razão de seu sexo, raça, cor, etnia, religião ou procedência nacional.

Em se tratando de um delito plurissubsistente, será possível o raciocínio correspondente à tentativa, podendo, outrossim, fracionar o *iter criminis*.

Elemento subjetivo

O delito de *violência política* somente pode ser praticado dolosamente, não havendo previsão para a modalidade de natureza culposa.

Modalidades comissiva e omissiva

As condutas de *restringir*, *impedir* ou *dificultar*, com emprego de violência física, sexual ou psicológica, o exercício de direitos políticos a qualquer pessoa em razão de seu sexo, raça, cor, etnia, religião ou procedência nacional, pressupõem um comportamento comissivo por parte do agente, não havendo previsão para modalidade de natureza omissiva.

Pena e ação penal

A pena prevista no preceito secundário do art. 359-P do Código Penal é de reclusão, de 3 (três) a 6 (seis) anos, e multa, além da pena correspondente à violência.

A ação penal é de iniciativa pública incondicionada.

Ação penal privada subsidiária

Art. 359-Q. ~~Para os crimes previstos neste Capítulo, admite-se ação privada subsidiária, de iniciativa de partido político com representação no Congresso Nacional, se o Ministério Público não atuar no prazo estabelecido em lei, oferecendo a denúncia ou ordenando o arquivamento do inquérito.~~ (VETADO)

"Ouvidos, o Ministério da Mulher, da Família e dos Direitos Humanos e o Gabinete de Segurança Institucional da Presidência da República manifestaram-se pelo veto ao seguinte dispositivo:

Art. 2º do Projeto de Lei, na parte em que acrescenta a especificação temática Ação penal privada subsidiária e o art. 359-Q à Parte Especial do Decreto-Lei nº 2.848, de 7 de dezembro de 1940.

Ação penal privada subsidiária

Art. 359-Q. Para os crimes previstos neste Capítulo, admite-se ação privada subsidiária, de iniciativa de partido político com representação no Congresso Nacional, se o Ministério Público não atuar no prazo estabelecido em lei, oferecendo a denúncia ou ordenando o arquivamento do inquérito."

Razões do veto

"A proposição legislativa estabelece a ação penal subsidiária privada definindo que 'para os crimes previstos neste Capítulo, admite-se ação privada subsidiária, de iniciativa de partido político com representação no Congresso Nacional, se o Ministério Público não atuar no prazo estabelecido em lei, oferecendo a denúncia ou ordenando o arquivamento do inquérito'.

---

[12] AFONSO DA SILVA, José. *Curso de direito constitucional*, p. 304.

A despeito da boa intenção do legislador, a proposição legislativa contraria o interesse público, por não se mostrar razoável para o equilíbrio e a pacificação das forças políticas no Estado Democrático de Direito, o que levaria o debate da esfera política para a esfera jurídico-penal, que tende a pulverizar iniciativas para persecução penal em detrimento do adequado crivo do Ministério Público. Nesse sentido, não é atribuição de partido político intervir na persecução penal ou na atuação criminal do Estado."

Capítulo IV – Dos Crimes contra o Funcionamento dos Serviços Essenciais

Sabotagem
Art. 359-R. Destruir ou inutilizar meios de comunicação ao público, estabelecimentos, instalações ou serviços destinados à defesa nacional, com o fim de abolir o Estado Democrático de Direito:
Pena – reclusão, de 2 (dois) a 8 (oito) anos.

Introdução

O art. 359-R foi inserido no Código Penal através da Lei nº 14.197, de 1º de setembro de 2021, criando o delito de *sabotagem*, cuja previsão também constava no revogado art. 15, da Lei nº 7.170, de 14 de dezembro de 1983, que dizia, *verbis*:
Art. 15. Praticar sabotagem contra instalações militares, meios de comunicações, meios e vias de transporte, estaleiros, portos, aeroportos, fábricas, usinas, barragem, depósitos e outras instalações congêneres.
Pena: reclusão, de 3 a 10 anos.
§ 1º – Se do fato resulta:
a) lesão corporal grave, a pena aumenta-se até a metade;
b) dano, destruição ou neutralização de meios de defesa ou de segurança; paralisação, total ou parcial, de atividade ou serviços públicos reputados essenciais para a defesa, a segurança ou a economia do País, a pena aumenta-se até o dobro;
c) morte, a pena aumenta-se até o triplo.
§ 2º – Punem-se os atos preparatórios de sabotagem com a pena deste artigo reduzida de dois terços, se o fato não constitui crime mais grave.
De acordo com a redação legal, podemos extrair os seguintes elementos que informam a figura típica do delito de sabotagem: a) as condutas de destruir ou inutilizar; b) meios de comunicação ao público, estabelecimentos, instalações ou serviços destinados à defesa nacional; c) com o fim de abolir o Estado Democrático de Direito.
Destruir tem o sentido de aniquilar, acabar completamente; *inutilizar* significa tornar sem utilidade, tornar imprestável. Essas condutas devem ser dirigidas contra os meios de comunicação ao público, estabelecimentos, instalações ou serviços destinados à defesa nacional, a exemplo dos sistemas de rádio, tv, internet, estradas, portos, aeroportos, fábricas, usinas, barragens, estaleiros, instalações industriais, militares etc., tal como previsto anteriormente na revogada Lei de Segurança Nacional.

Esses comportamentos devem ter por finalidade abolir o Estado Democrático de Direito. Conforme as lições de Leo van Holthe:
"A República Federativa do Brasil adotou como princípio o Estado Democrático de Direito (art. 1º, CF/88), significando que vigoram em nosso Estado os princípios do Estado de Direito – submissão ao império da lei, divisão de poderes e o enunciado dos direitos e garantias individuais – bem como os princípios do Estado Democrático (soberania popular – que impõe a participação efetiva do povo na coisa pública – liberdade de expressão e pluralismo político)"[13].

Classificação doutrinária

Crime comum com relação ao sujeito ativo, e próprio no que diz respeito ao sujeito passivo (já que somente o Estado pode figurar nessa condição); material; doloso; comissivo; monossubjetivo; plurissubsistente; transeunte ou não transeunte (dependendo se a infração deixar ou não vestígios).

Objeto material e bem juridicamente protegido

Bens juridicamente protegidos são o Estado Democrático de Direito e os serviços essenciais destinados à defesa nacional.
Objeto material são os meios de comunicação ao público, estabelecimentos, instalações ou serviços destinados à defesa nacional.

Sujeito ativo e sujeito passivo

Qualquer pessoa pode ser considerada como sujeito passivo do delito de *sabotagem*, não havendo necessidade de nenhuma qualidade ou condição especial, tratando-se, pois, de um crime comum.
Sujeito passivo é o Estado.

Consumação e tentativa

O delito de *sabotagem* se consuma no exato instante em que o agente destrói ou inutiliza meios de comunicação ao público, estabelecimentos, instalações ou serviços destinados à defesa nacional, com o fim de abolir o Estado Democrático de Direito.
Em se tratando de um delito material, será perfeitamente admissível a tentativa, tendo em vista a possibilidade de fracionamento do *iter criminis*.

---

[13] HOLTHE, Leo van. *Direito constitucional*, p. 97.

Elemento subjetivo

O delito de *sabotagem* somente pode ser praticado dolosamente, não havendo previsão para a modalidade de natureza culposa.

Modalidades comissiva e omissiva

As condutas de *destruir* ou *inutilizar* meios de comunicação ao público, estabelecimentos, instalações ou serviços destinados à defesa nacional, com o fim de abolir o Estado Democrático de Direito, pressupõem um comportamento comissivo por parte do agente, não havendo previsão para modalidade de natureza omissiva.

Pena e ação penal

A pena prevista no preceito secundário do art. 359-R do Código Penal é de reclusão, de 2 (dois) a 8 (oito) anos.

A ação penal é de iniciativa pública incondicionada.

Capítulo V – ~~Dos Crimes contra a Cidadania~~ (vetado)

Atentado a direito de manifestação

~~**Art. 359-S.** Impedir, mediante violência ou grave ameaça, o livre e pacífico exercício de manifestação de partidos políticos, de movimentos sociais, de sindicatos, de órgãos de classe ou de demais grupos políticos, associativos, étnicos, raciais, culturais ou religiosos:~~

~~Pena - reclusão, de 1 (um) a 4 (quatro) anos.~~

~~§ 1º Se resulta lesão corporal grave:~~

~~Pena - reclusão, de 2 (dois) a 8 (oito) anos.~~

~~§ 2º Se resulta morte:~~

~~Pena - reclusão, de 4 (quatro) a 12 (doze) anos.~~ (VETADO)

Ouvidos, o Ministério da Defesa, o Ministério da Justiça e Segurança Pública, o Ministério da Mulher, da Família e dos Direitos Humanos e o Gabinete de Segurança Institucional da Presidência da República opinaram pelo veto aos dispositivos transcritos a seguir:

Art. 2º do Projeto de Lei, na parte em que acrescenta o Capítulo V à Parte Especial do Decreto-Lei nº 2.848, de 7 de dezembro de 1940

"CAPÍTULO V

DOS CRIMES CONTRA A CIDADANIA

Atentado a direito de manifestação

Art. 359-S. Impedir, mediante violência ou grave ameaça, o livre e pacífico exercício de manifestação de partidos políticos, de movimentos sociais, de sindicatos, de órgãos de classe ou de demais grupos políticos, associativos, étnicos, raciais, culturais ou religiosos:

Pena – reclusão, de 1 (um) a 4 (quatro) anos.

§ 1º Se resulta lesão corporal grave:

Pena – reclusão, de 2 (dois) a 8 (oito) anos.

§ 2º Se resulta morte:

Pena – reclusão, de 4 (quatro) a 12 (doze) anos."

Razões do veto

"A proposição legislativa estabelece como tipo penal o atentado a direito de manifestação definindo-o como 'impedir, mediante violência ou grave ameaça, o livre e pacífico exercício de manifestação de partidos políticos, de movimentos sociais, de sindicatos, de órgãos de classe ou de demais grupos políticos, associativos, étnicos, raciais, culturais ou religiosos', que resultaria em pena de reclusão de um a quatro anos. Se culminar em lesão corporal grave, resultaria em pena de reclusão de dois a oito anos. Por sua vez, se resultar em morte, a reclusão seria de quatro a doze anos.

A despeito da boa intenção do legislador, a proposição legislativa contraria o interesse público, ante a dificuldade de caracterizar, *a priori* e no momento da ação operacional, o que viria a ser manifestação pacífica, o que geraria grave insegurança jurídica para os agentes públicos das forças de segurança responsáveis pela manutenção da ordem. Isso poderia ocasionar uma atuação aquém do necessário para o restabelecimento da tranquilidade, e colocaria em risco a sociedade, uma vez que inviabilizaria uma atuação eficiente na contenção dos excessos em momentos de grave instabilidade, tendo em vista que manifestações inicialmente pacíficas poderiam resultar em ações violentas, que precisariam ser reprimidas pelo Estado."

Art. 2º do Projeto de Lei, na parte em que acrescenta o inciso III do *caput* do art. 359-U à Parte Especial do Decreto-Lei nº 2.848, de 7 de dezembro de 1940

"III – de metade, cumulada com a perda do posto e da patente ou da graduação, se o crime é cometido por militar."

Razões do veto

"A proposição legislativa estabelece que, nos crimes definidos no Título 'Dos crimes contra o Estado de Direito', acrescido por esta proposição à Parte Especial do Decreto-Lei nº 2.848, de 7 de dezembro de 1940 – Código Penal, a pena seria aumentada de metade, cumulada com a perda do posto e da patente ou da graduação, se o crime fosse cometido por militar.

A despeito da boa intenção do legislador, a proposição legislativa contraria o interesse público, uma vez que viola o princípio da proporcionalidade, colocando o militar em situação mais gravosa que a de outros agentes estatais, além de representar uma tentativa de impedir as manifestações de pensamento emanadas de grupos mais conservadores.

Ademais, em relação à pena acessória da perda do posto e da patente, vislumbra-se violação ao disposto nos incisos VI e VII do § 3º do art. 142 da Constituição, que vincula a perda do posto e da patente pelo oficial das Forças Armadas a uma decisão de um tribunal militar permanente em tempos de paz, ou de tribunal especial em tempos de guerra. Dessa forma, a perda do posto e da patente não poderia constituir pena acessória a ser aplicada automaticamente, que dependesse de novo julgamento pela Justiça Militar, tendo em vista que o inciso I do *caput* do art. 98 e o

art. 99 do Decreto-Lei nº 1.001, de 21 de outubro de 1969 – Código Penal Militar, já preveem como pena acessória no caso de condenação a pena privativa de liberdade por tempo superior a dois anos para a perda do posto e patente pelo oficial."

Capítulo VI – Disposições Comuns

Art. 359-T. Não constitui crime previsto neste Título a manifestação crítica aos poderes constitucionais nem a atividade jornalística ou a reivindicação de direitos e garantias constitucionais por meio de passeatas, de reuniões, de greves, de aglomerações ou de qualquer outra forma de manifestação política com propósitos sociais.

O art. 359-T do Código Penal prevê as chamadas causas de exclusão da tipicidade, dizendo que não constitui crime previsto no Título XII (Crimes contra o Estado Democrático de Direito) a manifestação crítica aos poderes constitucionais nem a atividade jornalística ou a reivindicação de direitos e garantias constitucionais por meio de passeatas, de reuniões, de greves, de aglomerações ou de qualquer outra forma de manifestação política com propósitos sociais.

Em que pese o disposto no art. 359-T do Código Penal, que seria extremamente útil e necessário para se impedir a proibição da criminalização das manifestações de pensamento, ou mesmo as reivindicações por meio de passeatas, de reuniões, de greves, de aglomerações ou de qualquer outra forma de manifestação política com propósitos sociais, como o referido artigo fez menção expressa ao Título XII do diploma repressivo, não vemos onde aplicá-lo no rol da infrações penais por ele previstas, senão, vejamos:

Art. 359-I (atentado à soberania) – não se aplica

Art. 359-J (atentado à integridade nacional) – não se aplica

Art. 359-K (espionagem) – não se aplica

Art. 359-L (abolição violenta do Estado Democrático de Direito) – não se aplica

Art. 359-M (golpe de Estado) – não se aplica

Art. 359-N (interrupção do processo eleitoral) – não se aplica

Art. 359-O (VETADO)

Art. 359-P (violência política) – não se aplica

Art. 359-R (sabotagem) – não se aplica

Art. 359-S (VETADO)

Enfim, não conseguimos vislumbrar, salvo melhor juízo, onde teria aplicação o art. 359-T do Código Penal, embora seus elementos sejam fundamentais em um Estado Democrático de Direito.

Aumento de pena
Art. 359-U. (VETADO)

Ouvidos, o Ministério da Mulher, da Família e dos Direitos Humanos e o Ministério da Justiça e Segurança Pública manifestaram-se pelo veto ao seguinte dispositivo:

Art. 2º do Projeto de Lei, na parte em que acrescenta a especificação temática Aumento de pena, o *caput* e os incisos I e II do art. 359-U, da Parte Especial do Decreto-Lei nº 2.848, de 7 de dezembro de 1940

"Aumento de pena

Art. 359-U. Nos crimes definidos neste Título, a pena é aumentada:

I – de 1/3 (um terço), se o crime é cometido com violência ou grave ameaça exercidas com emprego de arma de fogo;

II – de 1/3 (um terço), cumulada com a perda do cargo ou da função pública, se o crime é cometido por funcionário público;"

Razões do veto

"A proposição legislativa estabelece que, nos crimes definidos neste Título, a pena é aumentada de um terço, se o crime é cometido com violência ou grave ameaça exercidas com emprego de arma de fogo; de um terço, cumulada com a perda do cargo ou da função pública, se o crime é cometido por funcionário público; e de metade, cumulada com a perda do posto e da patente ou da graduação, se o crime é cometido por militar.

Em que pese a boa intenção do legislador, a proposição contraria interesse público, pois não se pode admitir o agravamento pela simples condição de agente público em sentido amplo, sob pena de responsabilização penal objetiva, o que é vedado."

Disposições Finais

Art. 360. Ressalvada a legislação especial sobre os crimes contra a existência, a segurança e a integridade do Estado e contra a guarda e o emprego da economia popular, os crimes de imprensa e os de falência, os de responsabilidade do Presidente da República e dos Governadores ou Interventores, e os crimes militares, revogam-se as disposições em contrário.

Art. 361. Este Código entrará em vigor no dia 1º de janeiro de 1942.
Rio de Janeiro, 7 de dezembro de 1940;
119º da Independência e 52º da República.
GETÚLIO VARGAS
Francisco Campos

Obras Citadas e Pesquisadas

AFONSO DA SILVA, José. *Curso de direito constitucional*. 9. ed. São Paulo: Malheiros, 1994.

ALEXANDRINO, Marcelo; PAULO, Vicente. *Direito administrativo*. 10. ed. Niterói: Impetus, 2006.

ALMEIDA, Gevan. *Modernos movimentos de política criminal e seus reflexos na legislação brasileira*. Rio de Janeiro: Lumen Juris, 2002.

AMARAL, Cláudio do Prado. Princípios penais – da legalidade à culpabilidade. *Revista do IBCCRIM*, São Paulo, v. 24, 2003.

AMARAL, Sylvio do. *Falsidade documental*. 3. ed. São Paulo: Revista dos Tribunais, 1989.

AMISY NETO, Abrão. Estupro, estupro de vulnerável e ação penal. Disponível em: <http://jus2.uol.com.br/doutrina/texto.asp?id=13404>. Acesso em: 30 ago. 2009.

ANDRADE, Eloberg Bezerra. Coexistência de princípios constitucionais: direito à vida e liberdade de crença religiosa. *Revista da Faculdade de Direito da Universidade Federal de Uberlândia*, v. 42, n. 2, 2014. Disponível em: <http://www.seer.ufu.br/index.php/revistafadir/article/view/26029/16326>. Acesso em: 14 mar. 2015.

ANTOLISEI, Francesco. *Manuale di diritto penale – parte generale*. Milano: Giuffrè, 1955.

ARAGÃO, Antônio Moniz Sodré de. *As três escolas penais*. São Paulo: Freitas Bastos, 1955.

ARAÚJO, Fábio Roque. *Curso de direito penal – parte geral*. Salvador: Editora JusPodivm, 2018.

ARAÚJO, Gustavo Garcia. *Boletim do Instituto de Ciências Penais*. Belo Horizonte, n. 31, nov. 2002.

ARRAIS, Gerson Santana. Homicídio simples praticado a partir de atividade de extermínio considerado como hediondo. Disponível em: <http://jus.com.br/revista/texto/14711/homicidio-simples-praticado-a-partir-de-atividade-de-exterminio-considerado-como-hediondo#ixzz27t0tXHHg>. Acesso em: 29 set. 2012.

ARÚS, Francisco Bueno. *La ciencia del derecho penal: un modelo de inseguridad jurídica*. Navarra: Aranzadi, 2005.

ASSEMBLEIA LEGISLATIVA DO ESTADO DO RIO DE JANEIRO. *Relatório final da Comissão Parlamentar de Inquérito*: Resolução n. 433/2008 da Assembleia Legislativa do Estado do Rio de Janeiro, p. 34. Disponível em: <http://www.marcelofreixo.com.br/site/upload/relatoriofinalportugues.pdf>. Acesso em: 29 set. 2012.

AVENA, Norberto. *Processo penal esquematizado*. São Paulo: Método, 2009.

BACIGALUPO, Enrique. *Lineamentos de la teoría del delito*. Buenos Aires: Astrea, 1974.

BACIGALUPO, Enrique. *Manual de derecho penal*. Bogotá: Temis, 1994.

BACIGALUPO, Enrique. *Tratado de derecho penal*. Buenos Aires: Abeledo-Perrot, 1969. v. V.

BAHIA MARTINS, Flávia. *Direito constitucional*. 3. ed. Niterói: Impetus, 2013.

BANDEIRA DE MELLO, Celso Antônio. *Curso de direito administrativo*. 5. ed. São Paulo: Malheiros, 1994.

BARBOSA, Aldeleine Melhor *et al*. *Curso de direito penal – parte especial*. Salvador: Editora JusPodivm, 2013. v. 2.

BARROS, Flávio Augusto Monteiro de. *Direito penal – parte geral*. São Paulo: Saraiva, 1999. v. I.

BARROS, Francisco Dirceu. *Código penal – parte geral*. Niterói: Impetus, 2004.

BARROS, Francisco Dirceu. *Crimes contra a dignidade sexual para concursos*. São Paulo: Campus, 2010.

BARROS, Francisco Dirceu. *Direito penal – parte especial*. Rio de Janeiro: Campus, 2007. v. I.

BARROS, Francisco Dirceu. Feminicídio e neocolpovulvoplastia: as implicações legais do conceito de mulher para os fins penais. Disponível em: <http://franciscodirceubarros.jusbrasil.com.br/artigos/173139537/feminicidio-e-neocolpovulvoplastia-as-implicacoes-legais-do-conceito-de-mulher-para-os-fins-penais>. Acesso em: 14 mar. 2015.

BARROS, Francisco Dirceu. Os agentes passivos do homicídio funcional: Lei n. 13.142/2015. A controvérsia da terminologia autoridade e o filho adotivo como agente passivo do homicídio funcional. Disponível em: <http://jus.com.br/artigos/41302/os-agentes-passivos-do-homicidio-funcional-lei-n-13-142-2015>. Acesso em: 5 ago. 2015.

BARROS, Francisco Dirceu. *Tratado doutrinário de direito penal*. Leme: Mizuno, 2018.

BARROS, Marco Antonio de. *A busca da verdade no processo penal*. São Paulo: Revista dos Tribunais, 2002.

BATISTA, Nilo. *Concurso de agentes*. 2. ed. Rio de Janeiro: Lumen Juris, 2004.

BATISTA, Nilo. *Introdução crítica ao direito penal brasileiro*. Rio de Janeiro: Revan, 1996.

BATISTA, Nilo; ZAFFARONI, Eugenio Raúl; ALAGIA, Alejandro; SLOKAR, Alejandro. *Direito penal brasileiro*. Rio de Janeiro: Revan, 2003. v. I.

BATISTA, Weber Martins. *O furto e o roubo no direito e no processo penal*. 2. ed. Rio de Janeiro: Forense, 1995.

BECCARIA, Cesare. *Dos delitos e das penas*. São Paulo: Revista dos Tribunais, 1999.

BEJERANO GUERRA, Fernando. John Howard: inicio y bases de la reforma penitenciaria. In: VALDÉS, García (Dir.). *Historia de la prisión* – teorías economicistas – crítica. Madrid: Edisofer, 1997.

BERENGUER, Enrique Orts. *Comentarios al código penal de 1995*. Valencia: Tirant lo Blanch, 1996. v. I.

BERGEL, Jean-Louis. *Teoria geral do direito*. São Paulo: Martins Fontes, 2001.

BETANHO, Luiz Carlos. *Código penal e sua interpretação jurisprudencial*. São Paulo: Revista dos Tribunais, 1997.

BETANHO, Luiz Carlos; ZILLI, Marcos. Arts. 107 a 120. In: FRANCO, Alberto Silva; STOCO, Rui (Coord.). *Código penal e sua interpretação* – doutrina e jurisprudência. 8. ed. São Paulo: Revista dos Tribunais, 2007.

BETTIOL, Giuseppe. *Direito penal*. Campinas: Red Livros, 2000.

BETTIOL, Giuseppe. *Direito penal*. São Paulo: Revista dos Tribunais, 1976. v. I.

BÉZE, Patrícia Mothé Glioche. *Concurso formal e crime continuado*. Rio de Janeiro: Renovar, 2001.

BIANCHINI, Alice. *Pressupostos materiais mínimos da tutela penal*. São Paulo: Revista dos Tribunais, 2002.

BÍBLIA DE ESTUDOS GENEBRA. São Paulo: Cultura Cristã, 1999.

BÍBLIA SAGRADA. *Nova tradução na linguagem de hoje*. São Paulo: Sociedade Bíblica do Brasil, 2001.

BIDASOLO, Mirentxu Corcoy. *Delitos de peligro y protección de bienes jurídicos-penales supraindividuales*. Valencia: Tirant lo Blanch, 1999.

BIERRENBACH, Sheila de Albuquerque. *Crimes omissivos impróprios*. Belo Horizonte: Del Rey, 1996.

BIERRENBACH, Sheila de Albuquerque; FERNANDES LIMA, Walberto. *Comentários à lei de tortura* – aspectos penais e processuais penais. Rio de Janeiro: Lumen Juris, 2006.

BITENCOURT, Cezar Roberto. *Código penal comentado*. São Paulo: Saraiva, 2002.

BITENCOURT, Cezar Roberto. Assédio sexual: contribuição jurídico-normativa da globalização. In: JESUS, Damásio Evangelista de; GOMES, Luiz Flávio (Coord.). *Assédio sexual*. São Paulo: Saraiva, 2002.

BITENCOURT, Cezar Roberto. *Erro jurídico-penal*. São Paulo: Revista dos Tribunais, 1996.

BITENCOURT, Cezar Roberto. *Falência da pena de prisão*. São Paulo: Revista dos Tribunais, 1993.

BITENCOURT, Cezar Roberto. *Lições de direito penal* – parte geral. Porto Alegre: Livraria do Advogado, 1995.

BITENCOURT, Cezar Roberto. *Manual de direito penal* – parte geral. São Paulo: Saraiva, 2000. v. I.

BITENCOURT, Cezar Roberto. *Tratado de direito penal*. 3. ed. São Paulo: Saraiva, 2003. v. II.

BITENCOURT, Cezar Roberto. *Tratado de direito penal*. São Paulo: Saraiva, 2003. v. III.

BITENCOURT, Cezar Roberto. *Tratado de direito penal* – parte especial. 7. ed. São Paulo: Saraiva, 2013, v. IV.

BITENCOURT, Cezar Roberto; MUÑOZ CONDE, Francisco. *Teoria geral do delito*. São Paulo: Saraiva, 2000.

BITENCOURT, Cezar Roberto; PRADO, Luiz Regis. *Código penal anotado*. São Paulo: Revista dos Tribunais, 1999.

BIZZOTTO, Alexandre; RODRIGUES, Andreia de Brito. *Nova lei de drogas*. 2. ed. Rio de Janeiro: Lumen Juris, 2007.

BOBBIO, Norberto. *Teoria do ordenamento jurídico*. Brasília: Editora UnB, 1982.

BOCKELMANN, Paul. *Relaciones entre autoría e participación*. Buenos Aires: Abeledo-Perrot, 1960.

BONAVIDES, Paulo. *Ciência política*. 10. ed. São Paulo: Malheiros, 1994.

BONAVIDES, Paulo. *Curso de direito constitucional*. São Paulo: Malheiros, 1996.

BORJA JIMÉNEZ, Emiliano. *Curso de política criminal*. Valencia: Tirant lo Blanch, 2003.

BOSCHI, José Antônio Paganella. *Das penas e seus critérios de aplicação*. 2. ed. Porto Alegre: Livraria do Advogado, 2002.

BRAGA, Vera Regina de Almeida. *Pena de multa substitutiva no concurso de crimes*. São Paulo: Revista dos Tribunais, 1997.

BRANQUINHO, Wesley Marques. O novo divórcio – Emenda Constitucional n. 66. Disponível em: <http://jus.uol.com.br/revista/texto/16997/o-novo-divorcio-emenda-constitucional-n-66>.

BRASIL. Ministério da Saúde. Secretaria de Atenção à Saúde. Departamento de Atenção Especializada. *Regulação médica das urgências*. Brasília: Ed. do Ministério da Saúde, 2006. Módulo II (Série A. Normas e Manuais Técnicos).

BRASIL. Supremo Tribunal Federal. Plenário: dispositivo da lei de contravenções penais é incompatível com a Constituição. *Notícias STF*, Brasília, 3 out. 2013. Disponível em: <http://www.stf.jus.br/portal/cms/ver NoticiaDetalhe.asp?idConteudo=25005>.

BRASIL. Supremo Tribunal Federal. Supremo julga procedente ação da PGR sobre Lei Maria da Penha. *Notícias do STF*, 9 fev. 2012. Disponível em: <www.stf.jus.br/portal/cms/verNoticiaDetalhe.asp?...->.

BRITO FILHO, José Cláudio Monteiro de. Trabalho com redução do homem a condição análoga à de escravo e dignidade da pessoa humana. Disponível em: <http://www.pgt.mpt.gov.br/publicacoes>.

BRUNO, Aníbal. *Crimes contra a pessoa*. 4. ed. Rio de Janeiro: Editora Rio, 1976.

BRUNO, Aníbal. *Direito penal* – parte geral. Rio de Janeiro: Forense, 1967.

BRUNO, Aníbal. *Direito penal*. 4. ed. Rio de Janeiro: Forense, 1984. t. II.

BUSATO, Paulo César. *Direito penal* – parte especial 1. São Paulo: Atlas, 2014.

BUSATO, Paulo César; HUAPAYA, Sandro Montes. *Introdução ao direito penal* – fundamentos para um sistema penal democrático. Rio de Janeiro: Lumen Juris, 2003.

BUSTOS RAMÍREZ, Juan J.; HORMAZÁBAL MA-LARÉE, Hernán. *Lecciones de derecho penal*. Madrid: Trotta, 1999. v. II.

BUSTOS RAMÍREZ, Juan J.; HORMAZÁBAL MA-LARÉE, Hernán. *Leciones de derecho penal*. Madrid: Trotta, 1997. v. I.

BUSTOS RAMÍREZ, Juan J.; HORMAZÁBAL MA-LARÉE, Hernán. *Nuevo sistema de derecho penal*. Madrid: Trotta, 2004.

CABETTE, Eduardo Luiz Santos. A Lei n. 11.923/09 e o famigerado sequestro-relâmpago. Afinal, que raio de crime é esse? Disponível em: <http://jus2. uol.com.br/doutrina/texto.asp?id=12760>. Acesso em: 29 ago. 2009.

CABETTE, Eduardo Luiz Santos. Homicídio e lesões corporais de agentes de segurança pública e forças armadas: alterações da Lei 13.142/15. Disponível em: <http://jus.com.br/artigos/40830/homicidio-e-lesoes-corporais-de-agentes-de-seguranca-publica-e-forcas-armadas-alteracoes-da--lei-13-142-15>. Acesso em: 5 ago. 2015.

CABETTE, Eduardo Luiz Santos. Considerações iniciais sobre a Lei 12.720/12: novas majorantes nos crimes de homicídio e lesões corporais e o novo crime de constituição de milícia privada. Disponível em: <http://www.ambitojuridico.com. br/site /?n_link=revista_artigos_leitura&artigo_id=12427>. Acesso em: 13 maio 2017.

CABRAL NETTO, Joaquim. *Instituições de processo penal*. Belo Horizonte: Del Rey, 1997.

CALDERÓN, Ángel; CHOCLÁN, José Antonio. *Derecho penal* – parte especial. 2. ed. Madrid: Bosch, 2001, v. II.

CALHAU, Lélio Braga. *Desacato*. Belo Horizonte: Mandamentos, 2004.

CALHAU, Lélio Braga. *Vítima e direito penal*. Belo Horizonte: Mandamentos, 2002.

CALLEGARI, André Luis. *Imputação objetiva* – lavagem de dinheiro e outros temas do direito penal. Porto Alegre: Livraria do Advogado, 2001.

CAMARGO, A. L. Chaves. *Culpabilidade e reprovação penal*. São Paulo: Sugestões Literárias, 1994.

CAPARRÓS, José E. Sáinz-Cantero. *La codelinquencia en los delitos imprudentes en el código penal de 1995*. Madrid: Marcial Pons, 2001.

CAPEZ, Fernando. *Arma de fogo*. São Paulo: Saraiva, 1997.

CAPEZ, Fernando. *Curso de direito penal* – parte geral. São Paulo: Saraiva, 2000.

CAPEZ, Fernando. *Curso de direito penal*. 3. ed. São Paulo: Saraiva, 2003. v. 2.

CAPEZ, Fernando. *Curso de direito penal*. São Paulo: Saraiva, 2004. v. 3.

CARMONA SALGADO, C.; GONZÁLEZ RUS, J. J.; MORILLAS CUEVA, L.; POLAINO NAVARRE-TE, M. *Manual de derecho penal* – parte especial. Madrid: Editoriales de Derecho Reunidas, 1993.

CARNELUTTI, Francesco. *Lecciones sobre el proceso penal*. Buenos Aires: Ediciones Jurídicas Europa--América/Bosch, 1950. v. II.

CARRARA, Francesco. *Programa do curso de direito criminal* – parte geral. Campinas: LZN, 2002. v. 2.

CARRARA, Francesco. *Programa de derecho criminal* – parte especial. Bogotá: Temis, 1973. v. 1-2.

CARRARA, Francesco. *Programa de derecho criminal*. Bogotá: Temis, 1991. v. VI.

CARRARA, Francesco. *Programa de derecho criminal*. Bogotá: Temis, 1988. v. III.

CARVALHO FILHO, Aloysio de. *Comentários ao código penal*. Rio de Janeiro: Forense, 1958. v. IV.

CARVALHO FILHO, José dos Santos. *Manual de direito administrativo*. 34. ed. São Paulo: Atlas, 2020.

CARVALHO FILHO, José dos Santos. *Manual de direito administrativo*. Rio de Janeiro: Freitas Bastos, 1997.

CARVALHO, Salo de. *Pena e garantias* – uma leitura do garantismo de Luigi Ferrajoli. Rio de Janeiro: Lumen Juris, 2001.

CARVALHO, Salo de; CARVALHO, Amilton Bueno de. *Aplicação da pena e garantismo*. Rio de Janeiro: Lumen Juris, 2001.

CASTILHO, Ela Wiecko V. de. *Tráfico de pessoas*: da Convenção de Genebra ao Protocolo de Palermo. Política Nacional de Enfrentamento ao Tráfico de Pessoas, Ministério da Justiça, 2007.

CASTILLO JIMENEZ, Cinta. Protección del derecho a la intimidad y uso de las nuevas tecnologías de la información. *Derecho y conocimiento*, Huelva, v. 1, 2001.

CASTRO, Viveiros de. *A nova escola penal*. Rio de Janeiro: Jacintho, 1913.

CAVALCANTE, Márcio André Lopes. Comentários à Lei 12.971/2014, que alterou o Código de Trânsito Brasileiro. Disponível em: <http://www. dizerodireito.com.br/2014/05/comentarios-lei--129712014-que-alterou-o.html>. Acesso em: 19 maio 2014.

CENTRO DE ESTUDOS, RESPOSTA E TRATA-MENTO DE INCIDENTES DE SEGURANÇA NO BRASIL. *Cartilha de segurança*. Disponível em: <http://cartilha.cert.br/malware/>. Acesso em: 10 dez. 2012.

CEREZO, Ángel Calderón; MONTALVO, José Antonio Choclán. *Derecho penal*. 2. ed. Barcelona: Bosch, 2001. t. II.

CEREZO MIR, José. *Curso de derecho penal español* – parte general. Madrid: Tecnos, 2001. v. II e III.

CERNICCHIARO, Luiz Vicente; COSTA JR., Paulo José da. *Direito penal na* Constituição. São Paulo: Revista dos Tribunais, 1995.

CERVINI, Raúl. *Os processos de descriminalização*. Tradução da 2. ed. espanhola. São Paulo: Revista dos Tribunais, 1995.

CHAMPLIN, Russell Norman; BENTES, João Marques. *Enciclopédia de bíblia, teologia e filosofia*. São Paulo: Candeia, 1997. v. 6.

CHIMENTI, Ricardo Cunha; CAPEZ, Fernando; ROSA, Márcio F. Elias; SANTOS, Marisa F. *Curso de direito constitucional*. São Paulo: Saraiva, 2004.

CHOUKR, Fauzi Hassan. *Código de processo penal*. Rio de Janeiro: Lumen Juris, 2005.

CINTRA, Antônio Carlos de Araújo; GRINOVER, Ada Pelegrini; COMPARATO, Fábio Konder. *A afirmação histórica dos direitos humanos*. São Paulo: Saraiva, 2001.

COBO DEL ROSAL, Manuel; VIVES ANTÓN, Tomás S. *Derecho penal* – parte general. Velencia: Tirant lo Blanch, 1999.

COÊLHO, Yuri Carneiro. *Curso de direito penal didático*. São Paulo: Atlas, 2015.

COMPARATO, Fábio Konder. *A afirmação histórica dos direitos humanos*. São Paulo: Saraiva, 2001.

CONSELHO NACIONAL DE JUSTIÇA. O que é tráfico de pessoas? Disponível em: <http://www.cnj.jus.br/programas-e-acoes/assuntos-fundiarios--trabalho-escravo-e-trafico-de-pessoas/trafico-de--pessoas>. Acesso em: 9 out. 2016.

CONTRERAS, Guillermo Portilla. *La influencia de las ciencias sociales en el derecho penal* – la defensa del modelo ideológico neoliberal en las teorías funcionalistas y en el discurso ético de Habermas sobre selección de los intereses penales (Crítica y justificación del derecho penal en el cambio de siglo – el análisis crítico de la Escuela de Frankfurt). Cuenca: Ediciones de la Universidad de Castilla-La Mancha, 2003.

COPELLO, Patricia Laurenzo. *Dolo y conocimiento*. Valencia: Tirant lo Blanch, 1999.

COPETTI, André. *Direito penal e estado democrático de direito*. Porto Alegre: Livraria do Advogado, 2000.

CORDOBA RODA, Juan. *Culpabilidad y pena*. Barcelona: Ariel, 1989.

CORRAL, José Luis. *Historia de la pena de muerte*. Madrid: Aguilar, 2005.

COSTA JÚNIOR, Paulo José da. *Curso de direito penal* – parte geral. São Paulo: Saraiva, 1991. v. I.

COSTA JÚNIOR, Paulo José da. *Agressões à intimidade* – o episódio Lady Dy. São Paulo: Malheiros, 1997.

COSTA JÚNIOR, Paulo José da. *Curso de direito penal*. São Paulo: Saraiva, 1991. vol. 1, 2 e 3.

COSTA JÚNIOR, Paulo José da. *Direito penal objetivo*. Rio de Janeiro: Forense Universitária, 1989.

COSTA JÚNIOR, Paulo José da. *Nexo causal*. São Paulo: Malheiros, 1996.

COSTA JÚNIOR, Paulo José da. *O crime aberrante*. Belo Horizonte: Del Rey, 1996.

COSTA, Álvaro Mayrink da. *Direito penal* – parte especial. 5. ed. Rio de Janeiro: Forense, 2001.

COSTA, Marco Aurélio Rodrigues da. Crimes de informática. *Jus Navigandi*, Teresina, ano 1, n. 12, maio 1997. Disponível em: <http://jus2.uol.com.br/doutrina/texto.asp?id=1826>. Acesso em: 20 jan. 2009.

COSTA, Wille Duarte. *Títulos de crédito*. Belo Horizonte: Del Rey, 2003.

CHAMPLIN, Russell Norman; BENTES, João Marques. *Enciclopédia de bíblia, teologia e filosofia*. São Paulo: Candeia, 1997. v. 6.

CUERDA RIEZU, Antonio. *El legislador y el derecho penal* (una orientación a los orígenes). Madrid: Editorial Centro de Estudios Ramon Areces, 1991.

CUESTA AGUADO, Paz Mercedes de La. *Tipicidad e imputación objetiva*. Argentina: Cuyo, 1998.

CUNHA, Rogério Sanches. Lei 13.718/18: introduz modificações nos crimes contra a dignidade sexual. Disponível em: <http://s3.meusitejuridico.com.br/2018/09/140afc83-crimes-sexuais-lei-13718-18.pdf>. Acesso em: 29 set. 2018.

CUNHA, Rogério Sanches. *Direito penal* – parte especial. São Paulo: Revista dos Tribunais. 2008. v. 3.

CUNHA, Rogério Sanches. *Manual de direito penal* – parte geral. Salvador: JusPodivm, 2013.

CUNHA, Rogério Sanches. *Manual de direito penal* – parte especial, volume único. 5. ed. Salvador: Editora JusPodivm, 2013.

CUNHA, Rogério Sanches. Lei 13.330/16: breves comentários. Disponível em: <https://www.cers.com.br/noticias-e-blogs/noticia/lei-1333016-breves--comentarios>. Acesso em: 19 out. 2016.

CUNHA, Rogério Sanches. Nova Lei 13.142/15: breves comentários. Disponível em: <http://www.portalcarreirajuridica.com.br/noticias/nova-lei-13-142-15-breves-comentarios-por-rogerio-sanches-cunha>. Acesso em: 5 ago. 2015.

CUNHA, Rogério Sanches. Crime de promoção de migração ilegal (Lei nº 13.445/17): breves considerações. Disponível em: <http://meusitejuridico.com.br/2017/05/26/crime-de-promocao-de-migracao-ilegal-lei-no-13-44517-breves-consideracoes/>.

CUNHA, Rogério Sanches; PINTO, Ronaldo Batista. *Crime organizado* – comentários à nova lei sobre o crime organizado – Lei nº 12.850/2013. Salvador: JusPodivm, 2013.

CUNHA, Rogério Sanches; PINTO, Ronaldo Batista. *Tráfico de pessoas* – Lei 13.344/2016 comentada por artigos. Salvador: JusPodivm, 2017.

CUNHA, Sérgio Sérvulo da. O que é um princípio. In: GRAU, Eros Roberto (Coord.). *Estudos de direito constitucional em homenagem a José Afonso da Silva*. São Paulo: Malheiros, 2003.

CURY URZÚA, Enrique. *Derecho penal* – parte general. Santiago: Jurídica de Chile, 1992.

CYBER CIVIL RIGHTS INITIATIVE. *2017 Nationwide online study of nonconsensual porn victimization and perpetration* – a summary report. Disponível em: <https://www.cybercivilrights.org/wp-content/uploads/2017/06/CCRI-2017-Research-Report.pdf>. Acesso em: 9 out. 2018.

D'URSO, Luiz Flávio Borges. A tradição do pendura. Disponível em: <http:// www.novomilenio.inf.br/festas/pendura.htm>.

DAHRENDORF, Ralf. *A lei e a ordem*. Rio de Janeiro: Instituto Liberal, 1997.

DEL-CAMPO, Eduardo Roberto. *Penas restritivas de direitos*. São Paulo: Juarez de Oliveira, 1999.

DELGADO, Lucrecio Rebollo. *Derechos fundamentales y protección de datos*. Madrid: Dykinson, 2004.

DELMANTO, Celso. *Código penal comentado*. Rio de Janeiro: Renovar, 1986.

DELMANTO, Celso; DELMANTO, Roberto; DELMANTO JÚNIOR, Roberto; DELMANTO, Fábio M. de Almeida. *Código penal comentado*. 6. ed. Rio de Janeiro: Renovar, 2002.

DEZEN JUNIOR, Gabriel. *Constituição federal interpretada*. Niterói: Impetus, 2010.

DIAS, Jorge de Figueiredo; ANDRADE, Manuel da Costa. *Criminologia* – o homem delinquente e a sociedade criminógena. Coimbra: Coimbra Editora, 1997.

DIAS, José de Aguiar. *Da responsabilidade civil*. Rio de Janeiro: Forense, 1994.

DIAS, Maria Berenice. O fim da separação judicial – um novo recomeço. Disponível em: <http://www.mariaberenice.com.br>.

DÍAZ, Gerardo Landrove. *La moderna victimología*. Valencia: Tirant lo Blanch, 1998.

DINAMARCO, Cândido Rangel. *Teoria geral do processo*. 17. ed. São Paulo: Malheiros, 2001.

DONNA, Edgardo Alberto. *Derecho penal* – parte general. Buenos Aires: Rubinzal-Culzoni, 2008. t. I: Fundamentos – teoría de la ley penal.

DOTTI, René Ariel. *Curso de direito penal* – parte geral. Rio de Janeiro: Forense, 2001.

DOTTI, René Ariel. *Penas restritivas de direitos*. São Paulo: Revista dos Tribunais, 1999.

DOTTI, René Ariel. *Reforma penal brasileira*. Rio de Janeiro: Forense, 1988.

DOUGLAS, William; CALHAU, Lélio Braga; KRYMCHANTOWSKY, Abouch V. DUQUE, Flávio Granado. *Medicina legal*. 5. ed. Rio de Janeiro: Impetus, 2003.

DUARTE, Antonio Aurélio Abi Ramia. Aspectos concernentes à responsabilidade penal da pessoa jurídica. Disponível em: <http://www.netflash.com.br/ justicavirtual>.

EMILIO SARRULE, Oscar. *La crisis de legitimidad del sistema jurídico penal* – abolicionismo o justificación. Buenos Aires: Editorial Universidad, 1998.

ESQUERDO, Esperanza Vaello. *Introducción al derecho penal*. San Vicente del Raspeig: Universidad de Alicante, 2002.

ESTEFAM, André. *Direito penal* – parte geral. São Paulo: Saraiva, 2013. v. 1.

ESTEFAM, André. *Crimes sexuais* – comentários à Lei n. 12.015, de 7 de agosto de 2009. São Paulo: Saraiva, 2009.

FALCÓN Y TELLA, Maria José; FALCÓN Y TELLA, Fernando. *Fundamento y finalidad de la sanción*: ¿un derecho a castigar? Madrid: Marcial Pons, 2005.

FALEIROS, Eva T. Silveira. A exploração sexual comercial de crianças e de adolescentes no mercado do sexo. In: LIBÓRIO, Renata Maria Coimbra; SOUSA, Sônia M. Gomes (Org.). *A exploração sexual de crianças e adolescentes no Brasil*: reflexões teóricas, relatos de pesquisas e intervenções psicossociais. São Paulo: Casa do Psicólogo, 2004.

FARIA, Bento de. *Código penal brasileiro* (comentado). Rio de Janeiro: Record, 1961. v. V e VI.

FÁVERO, Flamínio. *Medicina legal*. São Paulo: Martins, 1980. v. 1-2.

FERNANDES, Bernardo Gonçalves. *Curso de direito constitucional*. 11. ed. Salvador: Juspodivm, 2019.

FERNANDES GOMES, Abel; PRADO, Geraldo; DOUGLAS, William. *Crime organizado*. Rio de Janeiro: Impetus, 2000.

FERNANDES, Newton; FERNANDES, Valter. *Criminologia integrada*. São Paulo: Revista dos Tribunais, 2002.

FERNÁNDEZ, Gonzalo D. *Bien jurídico y sistema del delito*. Buenos Aires: Editorial BdeF, 2004.

FERRAJOLI, Luigi. *Derechos y garantías* – la ley del más débil. Madrid: Trotta, 2001.

FERRAJOLI, Luigi. *Direito e razão* – teoria do garantismo penal. São Paulo: Revista dos Tribunais, 2002.

FERRAJOLI, Luigi. *El garantismo y la filosofía del derecho*. Colombia: Universidad Externado de Colombia, 2000 (Série de Teoría Jurídica y Filosofía del Derecho, n. 15).

FERRAZ, Esther de Figueiredo. *A codelinquência no direito penal brasileiro*. São Paulo: Bushatsky, 1976.

FERREIRA DA COSTA, Elder Lisbôa. *Curso de direito criminal* – parte geral. Belém: Unama, 2007.

FERREIRA DA COSTA, Elder Lisbôa. *Direito criminal constitucional* – uma visão sociológica e humanista – parte geral. Belém: Editora Paka-Tatu, 2012.

FERREIRA DA COSTA, Elder Lisbôa. *Compêndio teórico e prático do tribunal do júri*. Campinas: Jurídica Mizuno, 2004.

FERREIRA DA COSTA, Elder Lisbôa. *Tratado de direito penal* – historicidade e atualidade do penalismo. 2. ed. Rio de Janeiro: Lumen Juris, 2017.

FERREIRA FILHO, Manoel Gonçalves. *Curso de direito constitucional*. 34. ed. São Paulo: Saraiva, 2008.

FERRÉ OLIVÉ, Juan Carlos; NUÑEZ PAZ, Miguel Ángel; OLIVEIRA, William Terra de; BRITO, Alexis Couto de. *Direito penal brasileiro* – parte geral – princípios fundamentais e sistema. 2. ed. São Paulo: Saraiva, 2017.

FERREIRA, Fernando José Araújo. Processo seletivo vestibular nas universidades e faculdades particulares e a nova LDB (Lei n. 9.394/96). *Revista Eletrônica PRPE*, out. 2003.

FERREIRA, Manuel Cavaleiro de. *Lições de direito penal* – parte geral. Lisboa: Verbo, 1992.

FERRI, Enrico jurista. *I nuovi orizzonti del diritto e della procedura penale*. Bologna: Zanichelli, 1881.

FEU ROSA, Antônio José Miguel. *Direito penal* – parte geral. São Paulo: Revista dos Tribunais, 1993.

FEUERBACH, Johann Paul Anselm von. *Tratado de derecho penal*. Tradução de Eugenio Raul Zaffaroni e Irma Hagemaier. Buenos Aires: Hammurabi, 2007.

FIERRO, Guillermo Julio. *Ley penal y derecho internacional*. Buenos Aires: Editorial Astrea, 2007.

FIGUEIREDO DIAS, Jorge; ANDRADE, Manoel da Costa. *Criminologia* – o homem delinquente e a sociedade criminógena. Coimbra: Coimbra Editora, 1997.

FISCHER, Douglas. O que é garantismo (penal) integral? In: FISCHER, Douglas *et al.* (Org.). *Garantismo penal integral* – questões penais e processuais, criminalidade moderna e aplicação do modelo garantista no Brasil. Salvador: JusPodivm, 2010.

FLETCHER, George P. *Las víctimas ante el jurado*. Valencia Tirant lo Blanch, 1997.

FONSECA NETO, Alcides da. *O crime continuado*. Rio de Janeiro: Lumen Juris, 2004.

FONTÁN BALESTRA, Carlos. *Derecho penal* – parte general. Buenos Aires: Abeledo-Perrot, 1953.

FONTÁN BALESTRA, Carlos. *Misión de garantía del derecho penal*. Buenos Aires: De Palma, 1950.

FONTÁN BALESTRA, Carlos. *Tratado de derecho penal*. Buenos Aires: Abeledo-Perrot, 1969. v. IV-V.

FOUCAULT, Michel. *Vigiar e punir*. 23. ed. Petrópolis: Vozes, 2000.

FRAGOSO, Heleno Cláudio. *Conduta punível*. São Paulo: Bushatsky, 1961.

FRAGOSO, Heleno Cláudio. *Lições de direito penal* – parte especial. Rio de Janeiro: Forense, 1981.

FRAGOSO, Heleno Cláudio. *Lições de direito penal* – parte especial. 4. ed. Rio de Janeiro: Forense, 1984.

FRAGOSO, Heleno Cláudio. *Lições de direito penal*: parte geral. 16. ed. atual. por Fernando Fragoso. Rio de Janeiro: Forense, 2003.

FRAGOSO, Heleno Cláudio. Crimes omissivos por comissão (?). Disponível em: <http://www.buscalegis.ufsc.br/revistas/index.php/buscalegis/article/view/11339/10904>. Acesso em: 3 ago. 2010.

FRANÇA, Genival Veloso de. *Fundamentos de medicina legal*. Rio de Janeiro: Guanabara Koogan, 2005.

FRANÇA, Genival Veloso de. *Medicina legal*. 7. ed. Rio de Janeiro: Guanabara Koogan, 2004.

FRANÇA, Rubens Limongi. *Instituições de direito civil*. 4. ed. São Paulo: Saraiva, 1996.

FRANCO, Alberto Silva. *Código penal e sua interpretação jurisprudencial* – parte geral. São Paulo: Revista dos Tribunais, 1997. v. I, t. I e II.

FRANCO, Alberto Silva. *Crimes hediondos*. 4. ed. São Paulo: Revista dos Tribunais, 2000.

FRANCO, Alberto Silva; LIRA, Rafael; FELIX, Yuri. *Crimes hediondos*. 7. ed. rev. atual. e ampl. São Paulo: Revista dos Tribunais, 2011.

FRANK, Reinhard. *Sobre la estructura del concepto de culpabilidad*. Buenos Aires: IBDEF, 2000.

FREITAS, Gilberto Passos de; FREITAS, Vladimir Passos de. *Abuso de autoridade*. 9. ed. São Paulo: Revista dos Tribunais, 2001.

FÜHRER, Maximiliano Roberto Ernesto; FÜHRER, Maximilianus Cláudio Américo. *Código Penal comentado*. 3. ed. São Paulo: Malheiros, 2010.

FURLANETO NETO, Mário; GUIMARÃES, José Augusto Chaves. Crimes na internet: elementos para uma reflexão sobre a ética informacional. *Revista CEJ*, Brasília, n. 20, jan./mar. 2003.

GAGLIANO, Pablo Stolze. A nova emenda do divórcio – primeiras reflexões. Disponível em: <http://www.pablostolze.com.br>.

GALVÃO, Fernando. *Aplicação da pena*. Belo Horizonte: Del Rey, 1995.

GALVÃO, Fernando. *Direito penal* – crimes contra a administração pública. Belo Horizonte: D'Plácido, 2015.

GALVÃO, Fernando. *Direito penal* – crimes contra a pessoa. São Paulo: Saraiva, 2013.

GALVÃO, Fernando. *Direito penal* – parte geral. Niterói: Impetus, 2004.

GALVÃO, Fernando. *Direito penal* – parte geral. 5. ed. São Paulo: Saraiva, 2013.

GALVÃO, Fernando. *Imputação objetiva*. Belo Horizonte: Mandamentos, 2000.

GALVÃO, Fernando. Imputação objetiva nos delitos omissivos. *Revista Brasileira de Ciências Criminais*, São Paulo, v. 33, mar. 2001.

GALVÃO, Fernando. *Noções elementares sobre a teoria do crime*. Viçosa: Imprensa Universitária, 1993.

GALVÃO, Fernando. *Responsabilidade penal da pessoa jurídica*. Belo Horizonte: Del Rey, 2003.

GALVÃO, Fernando; GRECO, Rogério. *Estrutura jurídica do crime*. Belo Horizonte: Mandamentos, 1999.

GALVETE, Javier. *Fragmentos y ensayos*: apuntes biográficos sobre John Howard. Madrid: Librería Naval y Extranjera, 1876.

GARCIA, Basileu. *Instituições de direito penal*. 7. ed. rev. e atual. São Paulo: Saraiva, 2008. v. 1, t. 1.

GARCÍA DE ENTERRÍA, Eduardo. *La lengua de los derechos* – la información del derecho público europeo tras la revolución francesa. Madrid: Civitas, 2001.

GARCIA-PABLOS DE MOLINA, Antonio. *Tratado de criminologia*. 4. ed. atual. corr. e aum. Valencia: Tirant lo Blanch, 2009.

GAROFALO, Raphaele. *Criminologia*. Lisboa: Clássica, 1916.

GARRIDO, Vicente; STANGELAND, Per; REDONDO, Santiago. *Principios de criminología*. Valencia: Tirant lo Blanch, 2001.

GERBOVIC, Luciana. *Stalking*. São Paulo: Almedina, 2016.

GIACOMOLLI, Nereu José. *Reformas(?) do processo penal*. Rio de Janeiro: Lumen Juris, 2008.

GILABERTE, Bruno. Lei nº 13.718/2018: importunação sexual e pornografia de vingança. Disponível em: <https://canalcienciascriminais.com.br/importunacao-sexual-vinganca/>. Acesso em: 7 out. 2018.

GIORDANI, Mário Curtis. *Direito penal romano*. Rio de Janeiro: Lumen Juris, 1997.

GIRÃO, Rubia Mara Oliveira Castro. *Crime de assédio sexual*. São Paulo: Atlas, 2004.

GOMES, José Jairo. *Teoria geral do direito civil*. Belo Horizonte: Del Rey, 2009.

GOMES, Luiz Flávio. *Crimes previdenciários*. 3. ed. São Paulo: Revista dos Tribunais, 2001.

GOMES, Luiz Flávio. Delito de bagatela, princípio da insignificância e princípio da irrelevância penal do fato. 18 abr. 2004. Disponível em: <http://www.lfg.com.br/public_html/article.php?story=20041008145549539p&mode=print>. Acesso em: 8 ago. 2011.

GOMES, Luiz Flávio. *Erro de tipo e erro de proibição*. São Paulo: Revista dos Tribunais, 1999.

GOMES, Luiz Flávio. *Estudos de direito penal e processo penal*. São Paulo: Revista dos Tribunais, 1999.

GOMES, Luiz Flávio. *Norma e bem jurídico no direito penal*. São Paulo: Revista dos Tribunais, 2002.

GOMES, Luiz Flávio. Medidas de segurança e seus limites. *Revista Brasileira de Ciências Criminais*, n. 2, 1993.

GOMES, Luiz Flávio. *O princípio da ofensividade no direito penal*. São Paulo: Revista dos Tribunais, 2002.

GOMES, Luiz Flávio. *Penas e medidas alternativas à prisão*. São Paulo: Revista dos Tribunais, 1999.

GOMES, Luiz Flávio; BIANCHINI, Alice. *Crimes de responsabilidade fiscal*. São Paulo: Revista dos Tribunais, 2001.

GOMES, Luiz Flávio; BIANCHINI, Alice; CUNHA Rogério Sanches; OLIVEIRA, William Terra de. *Nova lei de drogas comentada*. São Paulo: Revista dos Tribunais, 2006.

GOMES, Luiz Flávio; CUNHA, Rogério Sanches; MAZZUOLI, Valerio de Oliveira. *Comentários à reforma criminal de 2009 e à convenção de Viena sobre o direito dos tratados*. São Paulo: Revista dos Tribunais, 2009.

GOMES, Luiz Flávio; GARCIA-PABLOS DE MOLINA, Antonio. *Direito Penal* – parte geral. São Paulo: Revista dos Tribunais, 2007. v. 2.

GÓMEZ DE LA TORRE, Ignacio Verdugo; ZAPATERO, Luis Arroyo; OLIVÉ, Juan Carlos Ferre; PIEDECASAS, José Ramón Serrano; RIVAS, Nicolas García. *Lecciones de derecho penal* – parte general. 2. ed. Barcelona: Editorial Práxis, 1999.

GONZÁLEZ PARRA, Ricardo. Jeremy Bentham: el utilitarismo y su influencia en la reforma del sistema penitenciario. In: VALDÉS, García (Dir.). *Historia de la prisión* – teorías economicistas – crítica. Madrid: Edisofer, 1997.

GONZÁLEZ RUS, Juan José. *Control electrónico y sistema penitenciario*. VIII Jornadas penitenciarias Andaluzas, Junta de Andalucia, Consejeria de Gobernación, 1994.

GRANDINETTI, Luiz Gustavo; BATISTA, Nilo; MELLO, Adriana Ramos de; PINHO, Humberto Dalla Bernardina de; PRADO, Geraldo. *Violência doméstica e familiar contra a mulher*. Rio de Janeiro: Lumen Juris, 2007.

GRECO FILHO, Vicente. *Manual de processo penal*. São Paulo: Saraiva, 1991.

GRECO FILHO, Vicente. *Direito processual civil brasileiro*. 7. ed. São Paulo: Saraiva, 1993. v. 3.

GRECO, Luís. *Funcionalismo e imputação objetiva no direito penal*. Rio de Janeiro: Renovar, 2002.

GRECO, Rogério. *Curso de direito penal*: parte geral. 18. ed. Rio de Janeiro: Impetus, 2016. v. 1.

GRECO, Rogério. *Curso de direito penal*: parte especial. 12. ed. Rio de Janeiro: Impetus, 2015. v. II

GRECO, Rogério. *Curso de direito penal*: parte especial. 12. ed. Rio de Janeiro: Impetus, 2015. v. III

GRECO, Rogério. *Curso de direito penal*: parte especial. 11. ed. Rio de Janeiro: Impetus, 2015. v. IV

GRECO, Rogério. *Curso de direito penal*: parte geral. 17. ed. Rio de Janeiro: Impetus, 2015

GRECO, Rogério. *Direito penal do equilíbrio* – Uma visão minimalista do direito penal. 8. ed. Rio de Janeiro: Impetus, 2015.

GRECO, Rogério. Os absurdos da Lei 12.971, de 9 de maio de 2014. Disponível em: <http://www.impetus.com.br/artigo/786/os-absurdos-da-lei-n-12971-de-9-de-maio-de-2014>.

GRECO, Rogério. *Sistema prisional* – Colapso atual e soluções alternativas. 2. ed. Rio de Janeiro: Impetus, 2015.

GRINOVER, Ada Pellegrini; FERNANDES, Antonio Scarance; GOMES FILHO, Antônio Magalhães. *As nulidades no processo penal*. São Paulo: Revista dos Tribunais, 1999.

GRINOVER, Ada Pellegrini; GOMES FILHO, Antonio Magalhães; FERNANDES, Antonio Scarance; Luiz Flávio. *Juizados especiais criminais*. 4. ed. São Paulo: Revista dos Tribunais, 2002.

GUILLERMO LUCERO, Pablo; ANDRÉS KOHEN, Alejandro. *Delitos informáticos*. Buenos Aires: Ediciones D & D, 2010.

GUTIÉRREZ FRANCÉS, Mariluz. *Ámbito jurídico de las tecnologías de la información*. Madrid: Consejo General de Poder Judicial, 1996.

HABIB, Gabriel. *Leis Penais Especiais*. 11. ed. Salvador: Juspodivm, 2019. volume único.

HASSEMER, Winfried. *Três temas de direito penal*. Porto Alegre: Fundação Escola Superior do Ministério Público, 1993.

HASSEMER, Winfried; MUÑOZ CONDE, Francisco. *Introducción a la criminología*. Valencia: Tirant lo Blanch, 2001.

HERINGER JÚNIOR, Bruno. *Objeção de consciência e direito penal* – justificação e limites. Rio de Janeiro: Lumen Juris, 2007.

HIRECHE, Gamil Föppel El. *Análise criminológica das organizações criminosas*. Rio de Janeiro: Lumen Juris, 2005.

HOLANDA, Aurélio Buarque de. *Novo dicionário Aurélio da língua portuguesa*. 4. ed. Curitiba: Positivo, 2009.

HOLTHE, Leo van. *Direito constitucional*. 4. ed. Salvador: Juspodivm, 2008.

HOWARD, John. *The state of the prisons in England and Wales*: with preliminary observations, and an account of some foreign prisons. Toscana, 1777.

HULSMAN, Louk; BERNART DE CELIS, Jacqueline. *Penas perdidas* – O sistema penal em questão. Rio de Janeiro: Luam, 1993.

HUNGRIA, Nélson. *Comentários ao código penal*. Rio de Janeiro: Forense, 1958. v. 1, t. I e II.

HUNGRIA, Nélson. *Comentários ao código penal*. Rio de Janeiro: Forense, 1955. v. V.

HUNGRIA, Nélson. *Comentários ao código penal*. Rio de Janeiro: Forense, 1956. v. VIII.

HUNGRIA, Nélson. *Comentários ao código penal*. 4. ed. Rio de Janeiro: Forense, 1958. v. VI.

HUNGRIA, Nélson. *Comentários ao código penal*. Rio de Janeiro: Forense, 1967. v. VII.

IBRAHIM, Fábio Zambitte. *Curso de direito previdenciário*. 7. ed. Rio de Janeiro: Impetus, 2006.

IGLESIAS RÍOS, Miguel Ángel; PÉREZ PARENTE, Juan Antonio. *La pena de localización permanente y su seguimiento con medios de control electrónico*. Estudios jurídicos sobre la sociedad de la información y nuevas tecnologías: con motivo del XX aniversario de la Facultad de Derecho de Burgos, coordenado por Santiago A. Bello Paredes, Alfonso Murillo Villar, 2005.

INSTITUTO BRASILEIRO DE CIÊNCIAS CRIMINAIS – IBCCRIM. *Boletim de Jurisprudência* n. 37, jan. 1996.

INTERNATIONAL LABOUR ORGANISATION, 'ILO 2012 Global estimates of forced labour', jun. 2012 (covering the period 2002-2011).

JAKOBS, Günther. *A imputação objetiva no direito penal*. Tradução de André Luis Callegari. São Paulo: Revista dos Tribunais, 2000.

JAKOBS, Günther. *Derecho penal* – parte general: Fundamentos y teoría de la imputación. Madrid: Marcial Pons, 1997.

JARDIM, Afrânio Silva. *Direito processual penal*. 11. ed. Rio de Janeiro: Forense, 2002.

JESCHECK, Hans-Heinrich. *Tratado de derecho penal* – parte general. Barcelona: Bosch, 1981. v. I.

JESUS, Damásio E. *Comentários ao código penal*. São Paulo: Saraiva, 1985. v. 1 e 2.

JESUS, Damásio E. *Crimes de porte de arma de fogo e assemelhados*. São Paulo: Saraiva, 1997.

JESUS, Damásio E. *Crimes de trânsito*. São Paulo: Saraiva, 1998.

JESUS, Damásio E. *Direito penal*. 22. ed. São Paulo: Saraiva, 1999. v. 2.

JESUS, Damásio E. *Direito penal* 19. ed. São Paulo: Saraiva, 2010. v. 3.

JESUS, Damásio E. *Direito penal* – parte geral. São Paulo: Saraiva, 1994.

JESUS, Damásio E. *Prescrição penal*. São Paulo: Saraiva, 1995.

JESUS, Damásio E. *Teoria do domínio do fato no concurso de pessoas*. São Paulo: Saraiva, 2001.

JESUS, Damásio E. *Violência doméstica*. São Paulo, ago. 2004. Disponível em: <http://www.damasio.com.br/novo/ html/frame_artigos.htm>.

JIMÉNEZ DE ASÚA, Luis. *Tratado de derecho penal*. Buenos Aires: Losada, 1964. t. 1.

JIMÉNEZ DE ASÚA, Luis. *Principios de derecho penal* – la ley y el delito. Buenos Aires: Abeledo-Perrot, 1958.

JORIO, Israel Domingos. *Latrocínio*. Belo Horizonte: Del Rey, 2008.

LARDIZÁBAL Y URIBE, Manuel de. *Discurso sobre las penas*. Cádiz: Servicio de Publicaciones Universidad de Cádiz, 2001.

LEIRIA, Antônio José Fabrício. *Teoria e aplicação da lei penal*. São Paulo: Saraiva, 1981.

LIEBMANN, Enrico Túlio. *Manual de direito processual civil*. Tradução de Cândido Rangel Dinamarco. Rio de Janeiro: Forense, 1984. v. I.

LIMA, Marcellus Polastri. *Curso de processo penal*. Rio de Janeiro: Lumen Juris, 2002. v. 1.

LIMA, Renato Brasileiro de. *Curso de processo penal*. Niterói: Impetus, 2013.

LIMA, Renato Brasileiro de. *Legislação criminal especial comentada*. Niterói: Impetus, 2013.

LIMA, Renato Brasileiro de. *Legislação criminal especial comentada.* 4ª ed. Salvador: Editora JusPodivm, 2016.

LINHARES, Marcello Jardim. *Contravenções penais.* São Paulo: Saraiva, 1980. v. II.

LOPES JÚNIOR, Aury. *Direito processual penal.* 9. ed. São Paulo: Saraiva, 2012.

LOPES, Jair Leonardo. *Crimes de trânsito.* São Paulo: Revista dos Tribunais, 1998.

LOPES, Jair Leonardo. *Curso de direito penal.* 3. ed. São Paulo: Revista dos Tribunais, 1999.

LOPES, Jair Leonardo. *Penas restritivas de direitos.* São Paulo: 1999.

LOPES, Jair Leonardo. *Princípio da legalidade penal –* Projeções contemporâneas. São Paulo: Revista dos Tribunais, 1994.

LOPES, Jair Leonardo. *Teoria constitucional do direito penal.* São Paulo: Revista dos Tribunais, 2000.

LOPES JÚNIOR, Aury. *Direito processual penal.* 15. ed. São Paulo: Saraiva, 2018.

LOPES, Maurício Antônio Ribeiro. *Como julgar, como defender, como acusar.* Rio de Janeiro: José Konfino, 1975.

LOPES MEIRELLES, Hely. *Licitação e contrato administrativo.* 10. ed. São Paulo: Editora Revista dos Tribunais, 1991.

LÓPEZ ORTEGA, Juan José. *Intimidad informática y derecho penal:* derecho a la intimidad y nuevas tecnologías. Madrid: Consejo General del Poder Judicial, 2004.

LUISI, Luiz. *O tipo penal, a teoria finalista e a nova legislação penal.* Porto Alegre: Fabris, 1987.

LUZÓN PEÑA, Diego-Manuel. *Control electrónico y sanciones alternativas a la prisión.* Sevilla: VIII Jornadas Penitenciarias Andaluzas, Junta de Andalucia, Consejeria de Gobernación, 1994.

LUZÓN PEÑA, Diego-Manuel. *Enciclopedia penal básica.* 16. ed. Granada: Comares, 2002.

LYRA FILHO, Roberto; CERNICCHIARO, Luiz Vicente. *Compêndio de direito penal –* parte geral. São Paulo: José Bushatsky, 1973.

LYRA, Roberto. *Comentários ao código penal.* Rio de Janeiro: Forense, 1942. v. II.

LYRA, Roberto. *Como julgar, como defender, como acusar.* Rio de Janeiro: José Konfino, 1975.

MACHADO, Hugo de Brito. *Curso de direito tributário.* 8. ed. São Paulo: Malheiros, 1993.

MADEIRA, Ronaldo Tanus. *A estrutura jurídica da culpabilidade.* Rio de Janeiro: Lumen Juris, 1999.

MAGGIORE, Giuseppe. *Derecho penal.* Bogotá: Temis, 1971. v. I.

MAGGIORE, Giuseppe. *Derecho penal.* 5. ed. Bogotá: Temis, 1971. v. IV.

MAGGIORE, Giuseppe. *Derecho penal.* Bogotá: Temis, 1972. v. II.

MAGGIORE, Giuseppe. *Derecho penal.* Bogotá: Temis, 1972. v. III.

MANUAL MERCK DE MEDICINA. 16. ed. São Paulo: Roca, 1995.

MARANHÃO, Odon Ramos. *Curso básico de medicina legal.* 7. ed. São Paulo: Malheiros, 1995.

MARCÃO, Renato. *Comentários à lei de imprensa.* São Paulo: Revista dos Tribunais, 2007.

MARCÃO, Renato. *Curso de execução penal.* 2. ed. São Paulo: Saraiva, 2005.

MARCÃO, Renato. Lei 11.106/2005: novas modificações ao Código Penal brasileiro. *Migalhas,* Ribeirão Preto, 26 abr. 2005. Disponível em: <https://www.migalhas.com.br/depeso/11796/lei-11-106-2005--novas-modificacoes-ao-codigo-penal-brasileiro---i>.

MARCÃO, Renato. Lei n. 12.012, de 6 de agosto de 2009: ingresso de aparelho de telefonia celular em estabelecimento penal. Disponível em: <http://jus-vi.com/artigos/41374>. Acesso em: 18 ago. 2009.

MARCÃO, Renato. *Tóxicos.* 3. ed. São Paulo: Saraiva, 2005.

MARCÃO, Renato; GENTIL, Plínio. *Crimes contra a dignidade sexual.* São Paulo: Saraiva, 2011.

MARCHI JÚNIOR, Antônio de Padova. *Boletim do Instituto de Ciências Penais,* Belo Horizonte, n. 13, mar. 2001.

MARQUES, Daniela Freitas. *Elementos subjetivos do injusto.* Belo Horizonte: Del Rey, 2001.

MARQUES, José Frederico. *Tratado de direito penal.* Campinas: Bookseller, 1997. v. II.

MARQUES, José Frederico. *Tratado de direito penal.* São Paulo: Millenium, 1997. v. I e II.

MARQUES, José Frederico. *Tratado de direito penal.* São Paulo: Millenium, 1999. v. III e IV.

MARQUES, José Frederico. *Elementos de direito processual penal.* Campinas: Bookseller, 1997, v. 1.

MARREY, Adriano; SILVA FRANCO, Alberto; STOCO, Rui. *Teoria e prática do júri.* São Paulo: Revista dos Tribunais, 2000.

MARTÍNEZ, Olga Sánchez. *Los principios en el derecho y la dogmática penal.* Madrid: Dykinson, 2004.

MASSON, Cleber. *Direito penal –* parte especial. 11. ed. São Paulo: Método, 2018. v. 2.

MASSON, Cleber. *Direito penal esquematizado –* parte geral. 7. ed. São Paulo: Método. 2013. v. 1.

MASSON, Cleber. *Direito penal esquematizado –* parte especial. 5. ed. São Paulo: Método. 2013. v. 2.

MASSON, Cleber. *Direito penal esquematizado –* parte especial. 3. ed. São Paulo: Método, 2013. v. 3.

MATEU, Juan Carlos Carbonell. *Derecho penal –* Concepto y principios constitucionales. Madrid: Tirant lo Blanch, 1999.

MAURACH, Reinhart; ZIPF, Heinz. *Derecho penal –* parte general. Tradução de Jorge Bofill Genzsch e Enrique Aimone Gibson. Buenos Aires: Astrea, 1994. v. 1.

MAURACH, Reinhart; ZIPF, Heinz. *Derecho penal –* parte general. Buenos Aires: Astrea, 1994. v. 1.

MAZILLI, Hugo Nigro. *Manual do promotor de justiça.* 2. ed. São Paulo: Saraiva, 1991.

MÉDICI, Sérgio de Oliveira. *Teoria dos tipos penais –* parte especial do direito penal. São Paulo: Revista dos Tribunais, 2004.

MENDONÇA, Andrey Borges de. *Nova reforma do código de processo penal.* São Paulo: Grupo Editorial Nacional e Editora Método, 2008.

MEIRELLES, Hely Lopes. *Direito administrativo brasileiro.* 19. ed. São Paulo: Malheiros, 1994.

MESTIERI, João. *Do delito de estupro.* São Paulo: Revista dos Tribunais, 1982.

MESTIERI, João. *Manual de direito penal –* parte geral. Rio de Janeiro: Forense, 1999. v. I.

MESTIERI, João. *Teoria elementar do direito criminal.* Rio de Janeiro: Edição do Autor, 1990.

MEZGER, Edmundo. Tratado de derecho penal. Tradução de José Arturo Rodrigues Muñoz. Madrid, *Revista de derecho privado,* 1946, t. I ; 1949, t. II.

MILLER, Jacques-Alain. A máquina panóptica de Jeremy Bentham. In: BENTHAM, Jeremy. *O panóptico.* 2. ed. Tomaz Tadeu (Org.). Belo Horizonte: Autêntica, 2000.

MIR PUIG, Santiago. *Derecho penal –* parte general. 4. ed. Barcelona, 1996.

MIR PUIG, Santiago. *Direito penal – Fundamentos e teoria do delito.* São Paulo: Revista dos Tribunais, 2007.

MIR PUIG, Santiago. *Estado, pena y delito.* Buenos Aires: IBDEF, 2006.

MIRABETE, Julio Fabbrini. *Código de processo penal interpretado.* São Paulo: Atlas, 1997.

MIRABETE, Julio Fabbrini. *Execução penal.* São Paulo Atlas, 2004.

MIRABETE, Julio Fabbrini. *Manual de direito penal.* 16. ed. São Paulo: Atlas, 2000. v. I-II.

MIRABETE, Julio Fabbrini; FABBRINI, Renato N. *Manual de direito penal.* 27. ed. São Paulo: Atlas, 2010. v. 2.

MIRANDA, Darcy Arruda. *Comentários à lei de imprensa.* 3. ed. São Paulo: RT.

MIRANDA, Nilmário. A ação dos grupos de extermínio no Brasil. Disponível em: <http://www.dhnet.org.br/direitos/militantes /nilmario/nilma rio_dossieexterminio.html>. Acesso em: 29 set. 2012.

MONTEIRO, Antônio Lopes. *Crimes contra a previdência social.* São Paulo: Saraiva, 2000.

MONTEIRO, Antônio Lopes. *Crimes hediondos.* São Paulo: Saraiva, 1996.

MONTEIRO, Washington de Barros. *Curso de direito civil.* 22. ed. São Paulo: Saraiva, 1988.

MORAES, Alexandre de. *Direito constitucional.* 9. ed. São Paulo: Atlas, 2001.

MORAES, Flávio Queiroz de. *Delito de rixa.* São Paulo: Saraiva, 1944.

MORAES, Guilherme Peña de. *Curso de direito constitucional.* 10. ed. São Paulo: Atlas, 2018.

MOREIRA NETO, Diogo Figueiredo. *Curso de direito administrativo.* 7. ed. Rio de Janeiro: Forense, 1989.

MOREIRA, Rômulo de Andrade. Ação penal nos crimes contra a liberdade sexual e nos delitos sexuais contra vulnerável – a Lei n. 12.015/99. Disponível em: <http://www.migalhas.com.br/mostra_noticia_articuladas.aspx?cod= 91 630>. Acesso em: 27 ago. 2009.

MORENO CASTILLO, María Asunción. Estudio del pensamiento de Cesare Beccaria en la evolución del aparato punitivo. In: VALDÉS, García (Dir.). *Historia de la prisión –* teorías economicistas – crítica. Madrid: Edisofer, 1997.

MOURA, Grégore Moreira de. *Do princípio da coculpabilidade no direito penal.* Rio de Janeiro: Impetus, 2006.

MOURA, Maria Thereza Rocha de Assis; SAAD, Marta. *Código penal e sua interpretação jurisprudencial.* 8. ed. São Paulo: Revista dos Tribunais, 2007.

MUNHOZ NETTO, Alcidez. *A ignorância da antijuridicidade em matéria penal.* Rio de Janeiro: Forense, 1978.

MUÑOZ CONDE, Francisco. *Derecho penal –* parte especial. 14. ed. Valencia: Tirant lo Blanch, 2002.

MUÑOZ CONDE, Francisco. *Introducción al derecho penal.* Barcelona: Bosch, 1975.

MUÑOZ CONDE, Francisco. *Teoria geral do delito.* Tradução de Juarez Tavares e Luiz Régis Prado. Porto Alegre: Fabris, 1988.

MUÑOZ CONDE, Francisco. *Teoría general del delito.* 3. ed. Valencia: Tirant lo Blanch, 2004.

MUÑOZ CONDE, Francisco; BITENCOURT, César Roberto. *Teoria geral do delito.* São Paulo: Saraiva, 2000.

NAÇÕES UNIDAS. *Convenção das Nações Unidas sobre o uso de comunicações eletrônicas em contratos internacionais.* Disponível em: <http://www.cisg-brasil.net/doc/Traducao_convencao_comunicacoes_Eletr onicas.pdf>. Acesso em: 10 dez. 2012.

NASCIMENTO, Amauri Mascaro. *Iniciação ao direito do trabalho.* 21. ed. São Paulo: LTr, 1994.

NASSIF, Aramis. *O novo júri brasileiro.* Porto Alegre: Livraria do Advogado, 2009.

NEJAIM, América. A formação do processo no novo CPC. Disponível em: <https://americanejaim.jus-brasil.com.br/artigos/447819306/a-formacao-do-processo-no-novo-cpc>. Acesso em: 27 dez. 2020.

NERY JÚNIOR, Nelson; ANDRADE NERY, Rosa Maria de. *Código de Processo Civil comentado.* São Paulo: Revista dos Tribunais, 1997.

NEUMANN, Ulfrid. *Alternativas al derecho penal –* crítica y justificación del derecho penal en el cambio de siglo – el análisis crítico de la Escuela de Frankfurt. Cuenca: Ediciones de la Universidad de Castilla-La Mancha, 2003.

NOGUEIRA, Ataliba. *Pena sem prisão.* São Paulo: Saraiva, 1956.

NOGUEIRA, Gustavo Santana. *Das súmulas vinculantes* (reforma do Judiciário – primeiras reflexões sobre a Emenda Constitucional n. 45/2004). São Paulo: Revista dos Tribunais, 2005.

NOGUEIRA, Sandro D'Amato. *Crimes de informática*. Leme: Editora BH, 2009.

NORONHA, Edgard Magalhães. *Direito penal – parte geral*. 38. ed. rev. e atual. por Adalberto José Q. T. de Camargo Aranha. São Paulo: Saraiva, 2004. v. 1 e 2.

NORONHA, Edgard Magalhães. *Direito penal*. 24. ed. São Paulo: Saraiva, 2003. v. 4.

NORONHA, Edgard Magalhães. *Direito penal*. 27. ed. São Paulo: Saraiva, 2003. v. 3.

NORONHA, Edgard Magalhães. *Do crime culposo*. São Paulo: Saraiva, 1957.

NUCCI, Guilherme de Souza. *Curso de direito penal – parte especial*. 2. ed. Rio de Janeiro: Forense, 2018. v. 2.

NUCCI, Guilherme de Souza. *Código penal comentado*. 3. ed. São Paulo: Revista dos Tribunais, 2003.

NUCCI, Guilherme de Souza. *Crimes contra a dignidade sexual* – comentários à Lei n. 12.015, de 7 de agosto de 2009. São Paulo: Revista dos Tribunais, 2009.

NUCCI, Guilherme de Souza. *Leis penais e processuais penais comentadas*. 3. ed. São Paulo: Revista dos Tribunais, 2008.

NUCCI, Guilherme de Souza. *Organização criminosa* – comentários à Lei 12.850, de 2 de agosto de 2013. São Paulo: Revista dos Tribunais, 2013.

NUÑEZ PAZ, Miguel Ángel. *El delito intentado*. Madrid: Colex, 2003.

O GLOBO. Brasil tem 20 mil trabalhadores em condição análoga à escravidão. 27 maio 2011. Disponível em: <http://oglobo.globo.com/pais/mat/2011/05/27/brasil-tem-20-mil-trabalhadores-em-condicao-analoga-escravidao-924549388.asp>.

OLIVARES, Gonzalo Quintero. *Adonde va el derecho penal*. Madrid: Thomson; Civitas, 2004.

OLIVARES, Gonzalo Quintero. *Los delitos de riesgo en la política criminal de nuestro tiempo* (crítica y justificación del derecho penal en el cambio de siglo – el análisis crítico de la Escuela de Frankfurt). Cuenca: Ediciones de la Universidad de Castilla-La Mancha, 2003.

OLIVEIRA, Cláudio Brandão de. *Manual de direito administrativo*. 3. ed. Niterói: Impetus, 2006.

OLIVEIRA DA SILVA, Higor Lucas. Formação, suspensão e extinção. Disponível em: <https://jus.com.br/artigos/72489/formacao-suspensao-e-extincao>. Acesso em: 26 dez. 2020.

OLIVEIRA, Edmundo. *Direito penal do futuro* – a prisão virtual. Rio de Janeiro: Forense, 2002.

OLIVEIRA, Edmundo. *O futuro alternativo das prisões*. Rio de Janeiro: Forense, 2002.

OLIVEIRA, Rafael Carvalho Rezende. *Curso de direito administrativo*. 8. ed. São Paulo: Método, 2020.

ONASSIS, Elena Florencia. *Trata de personas*: la esclavitud del siglo XXI. Córdoba: Lerner Editora, 2011.

ORTEGA, Juan José López. *Intimidad informática y derecho penal* – derecho a la intimidad y nuevas tecnologías. Madrid: Consejo General del Poder Judicial, 2004.

PABLOS DE MOLINA, Antonio Garcia; GOMES, Luiz Flávio. *Criminologia*. 7. ed. São Paulo: Revista dos Tribunais, 2014.

PALMA, Maria Fernanda. *Da tentativa possível em direito penal*. Coimbra: Almedina, 2006.

PARMA, Carlos. *Culpabilidad*. Mendoza: Cuyo, 1997.

PARMA, Carlos. *La tentativa*. Argentina: Cuyo, 1996.

PASCHOAL, Janaína Conceição. *Constituição, criminalização e direito penal mínimo*: São Paulo: Revista dos Tribunais, 2003.

PEDROSA, Ronaldo Leite. *Direito em história*. Nova Friburgo: Imagem Virtual, 2002.

PEIXINHO, Manoel Messias. *A interpretação da Constituição e os princípios fundamentais*. 3. ed. Rio de Janeiro: Lumen Juris, 2003.

PEREIRA, Caio Mário da Silva. *Instituições de direito civil*. Rio de Janeiro: Forense, 1992. v. IV.

PEREIRA, Jeferson Botelho. Breves apontamentos sobre a Lei n. 13.104/2015, que cria o crime de feminicídio no ordenamento jurídico brasileiro. Disponível em: <http://jus.com.br/artigos/37061/breves-apontamentos-sobre-a-lei-n-13-104-2015-que-cria-de-crime-feminicidio-no-ordenamento-juridico-brasileiro>. Acesso em: 14 mar. 2015.

PEREIRA, Jeferson Botelho. Morte de policiais – uma lei que tenta inibir a ação contra o Estado. Disponível em: <http://jus.com.br/artigos/40770/morte-de-policiais-uma-lei-que-tenta-inibir-a-acao-contra-o-estado>. Acesso em: 5 ago. 2015.

PESSINA, Enrique. *Elementos de derecho penal*. 2. ed. Madrid: Hijos de Reus Editores, 1913.

PESSINI, Léo. Distanásia: até quando investir sem agredir. Disponível em: <http// www.cfm.org.br/revista/411996/dist.htm>.

PIEDADE JÚNIOR, Heitor. *Vitimologia* – evolução no tempo e no espaço. Rio de Janeiro: Freitas Bastos, 1993.

PIERANGELI, José Henrique (Coord.). *Códigos penais do Brasil* – evolução histórica. Bauru: Jalovi, 1980.

PIERANGELI, José Henrique. *Da tentativa*. São Paulo: Revista dos Tribunais, 1988.

PIERANGELI, José Henrique. *Escritos jurídico-penais*. São Paulo: Revista dos Tribunais, 1992.

PIERANGELI, José Henrique. *Manual de direito penal brasileiro* – parte especial (arts. 121 a 234). São Paulo: Revista dos Tribunais, 2005.

PIERANGELI, José Henrique. *O consentimento do ofendido na teoria do delito*. São Paulo: Revista dos Tribunais, 1989.

PIMENTEL, Manoel Pedro. *O crime e a pena na atualidade*. São Paulo: Revista dos Tribunais, 1983.

PIRES, Ariosvaldo de Campos; SALES, Sheila Jorge Selim de. *Crimes de trânsito*. Belo Horizonte: Del Rey, 1998.

PRADO, Geraldo; CARVALHO, Luis Gustavo Grandinetti Castanho de. *Lei dos juizados especiais criminais*. 3. ed. Rio de Janeiro: Lumen Juris, 2003.

PRADO, Luiz Regis. *Bem jurídico-penal e Constituição*. São Paulo: Revista dos Tribunais, 1999.

PRADO, Luiz Regis. *Crimes contra o ambiente*. 2. ed. São Paulo: Revista dos Tribunais, 2001.

PRADO, Luiz Regis. *Curso de direito penal brasileiro* – parte geral. 2. ed. São Paulo: Revista dos Tribunais, 2000.

PRADO, Luiz Regis. *Curso de direito penal brasileiro* – parte especial. 8. ed. São Paulo: Revista dos Tribunais, 2010, v. 2.

PRADO, Luiz Regis; CARVALHO, Érika Mendes de. *Teorias da imputação objetiva do resultado*. São Paulo: Revista dos Tribunais, 2002.

QUEIROZ, Narcélio de. *Teoria da "actio libera in causa" e outras teses*. Rio de Janeiro: Forense, 1963.

QUEIROZ, Paulo. *Boletim do Instituto de Ciências Penais*, Belo Horizonte, dez. 2000.

QUEIROZ, Paulo. *Direito penal* – introdução crítica. São Paulo: Saraiva, 2001.

QUEIROZ, Paulo. *Direito penal* – parte geral. 4. ed. Rio de Janeiro: Lumen Juris, 2008.

QUEIROZ, Paulo. *Direito processual penal* – por um sistema de direito, processo e execução penal. Salvador: Editora JusPodivm, 2018.

QUEIROZ, Paulo. *Funções do direito penal*. Belo Horizonte: Del Rey, 2001.

QUEIROZ, Paulo et al. *Curso de direito penal* – parte especial. Salvador: Editora JusPodivm, 2013. v. 2.

QUERALT, Joan J. *Derecho penal español*. Barcelona: Bosch. 1987, v. 2.

RAMAYANA, Marcos. *Leis penais especiais comentadas*. Rio de Janeiro: Impetus, 2007.

RAMOS, Beatriz Vargas. *Do concurso de pessoas*. Belo Horizonte: Del Rey, 1996.

RANGEL, Paulo. *Direito processual penal*. 17. ed. Rio de Janeiro: Lumen Juris, 2009.

RANGEL, Paulo. *O processo penal e a violência urbana* – uma abordagem crítica construtiva à luz da Constituição. Rio de Janeiro: Lumen Juris, 2008.

REALE JÚNIOR, Miguel. *Instituições de direito penal* – parte geral. Rio de Janeiro: Forense, 2002. v. I.

REALE JÚNIOR, Miguel. *Teoria do delito*. São Paulo: Revista dos Tribunais, 1998.

REYES ECHANDÍA, Afonso. *Antijuridicidad*. Bogotá: Temis, 1997.

REZENDE, Jorge de. O parto. In: REZENDE, Jorge de et al. (Coord.). *Obstetrícia*. 8. ed. Rio de Janeiro: Guanabara Koogan, 1998.

REZENDE, Jorge de. O puerpério In: REZENDE, Jorge de et al. (Coord.). *Obstetrícia*. 8. ed. Rio de Janeiro: Guanabara Koogan, 1998.

REZENDE, Jorge de. Operação cesariana. In: REZENDE, Jorge de et al. (Coord.). *Obstetrícia*. 8. ed. Rio de Janeiro: Guanabara Koogan, 1998.

REZENDE, Jorge de. Prenhez ectópica. In: REZENDE, Jorge de et al. (Coord.). *Obstetrícia*. 8. ed. Rio de Janeiro: Guanabara Koogan, 1998.

REZENDE, Jorge de; MONTENEGRO, Carlos Antônio Barbosa; BARCELLOS, José Maria. Abortamento. In: REZENDE, Jorge de et al. (Coord.). *Obstetrícia*. 8. ed. Rio de Janeiro: Guanabara Koogan, 1998.

RODRIGUES DA COSTA, Marco Aurélio. Crimes de informática. *Jus Navigandi*, Teresina, ano 1, n. 12, maio de 1997. Disponível em: <http://jus2.uol.com.br/doutrina/texto.asp?id=1826>. Acesso em: 20 jan. 2009.

RODRIGUES, Cristiano. *Temas controvertidos de direito penal*. Rio de Janeiro: Lumen Juris, 2009.

RODRIGUES, Eduardo Silveira Melo. *A embriaguez e o crime*. Brasília: Brasília Jurídica, 1996.

RODRIGUEZ, Laura Zúñiga. *Política criminal*. Madrid: Colex, 2001.

RODRIGUEZ NUÑEZ, Alicia. Violencia en el ámbito familiar. In: COLLADO MEDINA, José (Coord.). *Elementos básicos de investigación criminal*. Disponível em: <https://iugm.es/wp-content/uploads/2016/07/LIBRO_elementos_basicos_ok.pdf>.

ROSA, Antônio José Miguel Feu. *Direito penal* – parte especial. São Paulo: Revista dos Tribunais, 1995.

ROSSINI, Augusto. *Informática, telemática e direito penal*. São Paulo: Memória Jurídica Editora, 2004.

ROXIN, Claus. *Culpabilidad y prevención en derecho penal*. Instituto Editorial Reus. Madrid: 1981.

ROXIN, Claus. *Derecho penal* – parte general. Madrid: Civitas, 1997. t. I.

ROXIN, Claus. *Funcionalismo e imputação objetiva no direito penal*. Tradução e introdução de Luís Greco. Rio de Janeiro: Renovar, 2002.

ROXIN, Claus. *La evolución de la política criminal, el derecho penal y el proceso penal*. Valencia: Tirant lo Blanch, 2000.

ROXIN, Claus. *Política criminal e sistema jurídico-penal*. Tradução e introdução de Luís Greco. Rio de Janeiro: Renovar, 2000.

ROXIN, Claus. *Problemas fundamentais de direito penal*. Lisboa: Vega, 1986. (Coleção Veja Universidade).

ROXIN, Claus. *Teoría del tipo penal*. Buenos Aires: Depalma, 1979.

ROXIN, Claus; ARZT, Gunther; TIEDEMANN, Klaus. *Introducción al derecho penal y al derecho penal procesal*. Barcelona: Ariel, 1989.

SALES, Sheila Jorge Selim de. *Dos tipos plurissubjetivos*. Belo Horizonte: Del Rey, 1997.

SALLES JÚNIOR, Romeu de Almeida. *Código penal interpretado*. São Paulo: Saraiva, 1996.

SALLES JÚNIOR, Romeu de Almeida. *Inquérito policial e ação penal*. São Paulo: Saraiva, 1989.

SÁNCHEZ HERRERA, Esiquio Manuel. *La dogmática de la teoria del deito* – evolución científica del sistema del delito. 1. reimp. Colombia: Universidad Externado de Colombia, 2011.

SANMARTÍN, Jose. *Inquérito policial e ação penal*. São Paulo: Saraiva, 1989.

SANMARTÍN, Jose. *La violencia y sus claves*. Barcelona: Ariel, 2004.

SANTOS, Fabiana Figueiredo Felício dos. *Lei de segurança nacional – de Vargas a Temer, uma necessária releitura*. Rio de Janeiro: Lumen Juris, 2019.

SANTOS, Juarez Cirino dos. *A moderna teoria do fato punível*. Rio de Janeiro: Freitas Bastos, 2000.

SANTOS, Juarez Cirino dos. *Teoria do crime*. Rio de Janeiro: Forense, 1985.

SANTOS, William Douglas Resinente dos. *Ensaios críticos sobre direito penal e direito processual penal*. Rio de Janeiro: Lumen Juris, 1995.

SANZO BRODT, Luis Augusto. *Da consciência da ilicitude no direito penal brasileiro*. Belo Horizonte: Del Rey, 1996.

SARRULE, Oscar Emilio. *La crisis de legitimidad del sistema jurídico penal* – abolicionismo o justificación. Buenos Aires: Editorial Universidad, 1998.

SCHMIDT, Andrei Zenkner. *Da prescrição penal*. Porto Alegre: Livraria do Advogado, 1997.

SCHELB, Guilherme. *Segredos da violência* – estratégias para a solução e prevenção de conflitos com crianças e adolescentes. Brasília: Thesaurus, 2008.

SEGUNDO, Luiz Carlos Furquim Vieira. *Crimes contra a vida*. São Paulo: Memória Jurídica, 2009.

SHECAIRA, Sérgio Salomão. *Responsabilidade penal da pessoa jurídica*. São Paulo: Revista dos Tribunais, 1999.

SHECAIRA, Sérgio Salomão; CORRÊA JÚNIOR, Alceu. *Teoria da pena*. São Paulo: Revista dos Tribunais, 2002.

SILVA FRANCO, Alberto. *Código penal e sua interpretação jurisprudencial* – parte geral. São Paulo: Revista dos Tribunais, 1997. v. I, t. I e II.

SILVA FRANCO, Alberto. *Crimes hediondos*. 4. ed. São Paulo: Revista dos Tribunais, 2000.

SILVA JÚNIOR, José. *Código penal e sua interpretação jurisprudencial*. 6. ed. São Paulo: Revista dos Tribunais, 1997. v. 1, t. II.

SILVA SÁNCHEZ, Jesús-Maria. *Medio siglo de dogmática penal alemana* – un punto de vista iberoamericano. Bogotá: Universidade Externado de Colombia, 2013. (Cuadernos de Conferencias y artículos, n. 46).

SILVA, Evandro Lins e. *De Beccaria a Filippo Gramatica*: uma visão global da história da pena. S.l.: Edição do autor, 1991.

SILVA, Justino Adriano Farias da. *Direito funerário penal*. Porto Alegre: Livraria do Advogado, 1992.

SILVESTRONI, Mariano H. *Teoria constitucional del delito*. Buenos Aires: Editores Del Puerto, 2004.

SLAIB FILHO, Nagib. *Direito constitucional*. Rio de Janeiro: Forense, 2004.

SOARES Orlando. *Comentários à Constituição da República Federativa do Brasil*. Rio de Janeiro: Forense, 1998.

SODRÉ, Moniz. *As três escolas penais*. Rio de Janeiro: Freitas Bastos, 1955.

SOLER, Sebastian. *Derecho penal argentino*. Buenos Aires: Tipográfica Editora Argentina, 1951. v. II.

SOLER, Sebastian. *Derecho penal argentino*. Buenos Aires: Tipográfica Editora Argentina, 1976. v. III.

SOUZA, José Barcelos de. *Direito processual civil e penal*. Rio de Janeiro: Forense, 1995.

SOUZA, Sérgio Ricardo de. *A nova lei antidrogas*. Niterói: Impetus, 2006.

STOCO, Rui. *Código de trânsito brasileiro* – disposições penais e suas incongruências. *Boletim do IBC-Crim*, São Paulo, ano 5, n. 61, p. 9, dez. 1997.

STOCO, Rui. *Código penal e sua interpretação jurisprudencial*. 6. ed. São Paulo: Revista dos Tribunais, 1997. v. 2.

STOCO, Rui. *Responsabilidade civil e sua interpretação jurisprudencial* – parte geral. São Paulo: Revista dos Tribunais, 1994.

STRATENWERTH, Günter. *Derecho penal* – parte general I. Navarra: Thomson; Civitas, 2005.

STRECK, Lenio Luiz; MORAIS, José Luis Bolzan. *Ciência política e teoria geral do Estado*. Porto Alegre: Livraria do Advogado, 2000.

STRECK, Lenio Luiz. A dupla face do princípio da proporcionalidade: da proibição de excesso (*Übermassverbot*) à proibição de proteção deficiente (*Untermassverbot*) ou de como não há blindagem contra normas penais inconstitucionais. *Revista da Ajuris*, Ano XXXII, n. 97, mar. 2005, p. 180.

SZNICK, Valdir. *Crimes sexuais violentos*. São Paulo: Ícone, 1992.

TAVARES, Juarez. *As controvérsias em torno dos crimes omissivos*. Rio de Janeiro: Instituto Latino-Americano de Cooperação Penal, 1996.

TAVARES, Juarez. Critérios de seleção de crimes e cominação de penas. *Revista Brasileira de Ciências Criminais*, número especial de lançamento, São Paulo, 1992.

TAVARES, Juarez. *Direito penal da negligência*. São Paulo: Revista dos Tribunais, 1985.

TAVARES, Juarez. *Teoria do injusto penal*. Belo Horizonte: Del Rey, 2000.

TAVARES, Juarez. *Teorias do delito*. São Paulo: Revista dos Tribunais, 1980.

TÁVORA, Nestor; ALENCAR, Rosmar A. R. C de. *Curso de direito processual penal*. 2. ed. Salvador: JusPodivm, 2009.

TELES, Ney Moura. *Direito penal* – parte especial. São Paulo: Atlas, 2004. v. 2.

TELES, Ney Moura. *Direito penal* – parte especial. São Paulo: Atlas, 2004. v. 3.

TELES, Ney Moura. *Direito penal* – parte geral. São Paulo: Editora de Direito, 1996. v. I e II.

THEODORO JÚNIOR, Humberto. *Curso de direito processual civil*. Rio de Janeiro: Forense, 1989. v. I.

TOLEDO, Francisco de Assis. *Ilicitude penal e causas de sua exclusão*. Rio de Janeiro: Forense, 1984.

TOLEDO, Francisco de Assis. *Penas restritivas de direitos*. São Paulo: Revista dos Tribunais, 1999.

TOLEDO, Francisco de Assis. *Princípios básicos de direito penal*. São Paulo: Saraiva, 1994.

TORNAGHI, Hélio. *Compêndio de processo penal*. Rio de Janeiro: José Konfino, 1967. v. II.

TORNAGHI, Hélio. *Compêndio de processo penal*. Rio de Janeiro: José Konfino, 1967. t. III.

TORRES, Sergio Gabriel. Características y consecuencias del derecho penal de emergência: la emergencia del miedo. In: ZAFFARONI, Eugenio Raul; FERRAJOLI, Luigi; TORRES, Sergio Gabriel; BASÍLICO, Ricardo Angel. *La emergencia del miedo*. Buenos Aires: Ediar, 2012.

TOURINHO FILHO, Fernando da Costa. *Prática de processo penal*. 30. ed. São Paulo: Saraiva, 2009.

TOURINHO FILHO, Fernando da Costa. *Código de processo penal comentado*. São Paulo: Saraiva, 1999. v. I.

TOURINHO FILHO, Fernando da Costa. *Manual de processo penal*. 2. ed. São Paulo: Saraiva, 2001.

TOURINHO FILHO, Fernando da Costa. *Processo penal*. São Paulo: Saraiva, 1989. v. IV.

TOURINHO FILHO, Fernando da Costa. *Prática de processo penal*. 13. ed. São Paulo: Jalovi.

TOURINHO NETO, Fernando da Costa; FIGUEIRA JÚNIOR, Joel Dias. *Juizados especiais federais cíveis e criminais*. São Paulo: Revista dos Tribunais, 2002.

TUBENCHLAK, James. *Teoria do crime*. Rio de Janeiro: Forense, 1980.

UNITED NATIONS OFFICE ON DRUGS AND CRIME. *Global report on trafficking in persons* – 2014. Disponível em: <https://www.unodc.org/documents/data-and-analysis/glotip/GLOTIP_2014_full_report.pdf>. Acesso em: 9 out. 2016.

UNITED NATIONS OFFICE ON DRUGS AND CRIME. *Manual sobre la lucha contra la trata de personas para profesionales de la justicia penal*. New York: Oficina de las Naciones Unidas contra la droga y el delito, 2010.

UNITED NATIONS OFFICE ON DRUGS AND CRIME. Tráfico de pessoas e contrabando de migrantes. Disponível em: <https://www.unodc.org/lpo-brazil/pt/trafico-de-pessoas/index.html>. Acesso em: 15 out. 2016.

VARGAS, José Cirilo de. *Do tipo penal*. Belo Horizonte: UFMG, 1997.

VARGAS, José Cirilo de. *Instituições de direito penal* – parte geral. Belo Horizonte: Del Rey, 1997. t. I.

VARGAS, José Cirilo de. *Instituições de direito penal* – parte geral. Rio de Janeiro: Forense, 2000. t. II.

VARGAS, José Cirilo de. *Introdução ao estudo dos crimes em espécie*. Belo Horizonte: Del Rey, 1993.

VENOSA, Sílvio de Salvo. *Direito civil*. 4. ed. São Paulo: Atlas, 2004. v. VI.

VERGARA, Pedro. *Dos motivos determinantes no direito penal*. Rio de Janeiro: Forense, 1980.

VICO MAÑAS, Carlos. *O princípio da insignificância como excludente da tipicidade no direito penal*. São Paulo: Saraiva, 1994.

VILCHEZ GUERRERO, Hermes. *Do excesso em legítima defesa*. Belo Horizonte: Del Rey, 1997.

VILLA, Guillermo. *Fundamentos metodológicos de la nueva teoría del delito*. Santa Fé de Bogotá: Editorial Temis, 1991.

VIVES ANTÓN, T. S.; BOIX REIG, J.; ORTS BERENGUER, E.; CARBONELL MATEU, J. C.; GONZÁLEZ CUSSAC, J. L. *Derecho penal* – parte especial. 3. ed. Valencia: Tirant lo Blanch, 1999.

VON LISZT, Franz. *Tratado de direito penal alemão*. Tradução de José Hygino Duarte Pereira. Rio de Janeiro: F. Briguiet, 1889. t. I.

WELZEL, Hans. *Derecho penal alemán*. Tradução de Juan Bustos Ramirez e Sergio Yañes Peréz. Chile: Jurídica de Chile, 1987.

WELZEL, Hans. *El nuevo sistema del derecho penal* – una introducción a la doctrina de la acción finalista. 3. reimpr. Montevideo: Editorial B de f, 2006.

WELZEL, Hans. *O novo sistema jurídico-penal* – uma introdução à doutrina da ação finalista. Tradução de Luiz Regis Prado. São Paulo: Revista dos Tribunais, 2001.

WESSELS, Johannes. *Derecho penal* – parte general. Buenos Aires: De Palma, 1980.

WESSELS, Johannes. *Direito penal* – parte geral. Porto Alegre: Fabris, 1976.

YAROCHEWSKY, Leonardo Isaac. *Da inexigibilidade de conduta diversa*. Belo Horizonte: Del Rey, 2000.

ZAFFARONI, Eugenio Raúl. *Estructura básica del derecho penal*. 1. reimp. Buenos Aires: Ediar, 2011.

ZAFFARONI, Eugenio Raúl. *Manual de derecho penal* – parte general. Buenos Aires: Ediar, 1996.

ZAFFARONI, Eugenio Raúl. *Tratado de derecho penal* – parte general. Buenos Aires: Ediar, 1981. t. I, II, III e IV.

ZAFFARONI, Eugenio Raúl; ALAGIA, Alejandro; SLOKAR, Alejandro. *Derecho penal* – parte general. Buenos Aires: Ediar, 2000.

ZAFFARONI, Eugenio Raúl; PIERANGELI, J. Henrique. *Da tentativa*. São Paulo: Revista dos Tribunais, 1995.

ZAFFARONI, Eugenio Raúl; PIERANGELI, J. Henrique. *Manual de direito penal brasileiro* – parte geral. 2. ed. São Paulo: Revista dos Tribunais, 1999.

Índice remissivo

D

E

F

N

O

S